ADAC
SommerGuide
Alpen

IMPRESSUM

Autoren: Antes & Antes, Marianne Bitsch, Ulf Böhringer, Beat Christen, Andi Dick, Saskia Engelhardt, Bettina Freitag, Dietmar Fuchs, Gaby Funk, Traian Grigorian, Andrea Händel (DAV), Stefan Herbke, Beate Hitzler, Eugen Hüsler, Christoph Kirsch, Axel Klemmer, Günter Lehofer, Pressebüro Seegrund, Herbert Steffe, Sabine Stehrer, Georg Weindl, Alfons Zaunhuber

© 2005 ADAC Verlag GmbH, München

Projektleitung: Dr. Hans Joachim Völse

Konzeption, Redaktion und Bildredaktion:
ADAC Verlag, München: Claudia Bammert, Christian Berndt, Thomas Biersack, Christine Gruber-Scheuermann, Tanja Kloiber, Thomas Nitsch, Peter Schmidhuber
txt redaktion & agentur, München • Lünen: Stefanie Schuhmacher
Redaktionsbüro Pause, Weyarn: Moritz Attenberger, Michael Düchs, Mirjam Hempel, Rita Knollmann, Betty Mehrer, Sandra Petrowitz, Silvia Schmid
Redaktionelle Beratung: Michael Pause

Herstellung: Harald Stockinger, Astrid Wedemeyer
Grafische Konzeption, Layout und Satz: txt redaktion & agentur, München • Lünen: Stephan Piper, Andreas Schmid, Thomas Semmler
Titelgestaltung: Parzhuber & Partner, München unter Verwendung eines Bildes von Gavin Hellier, Getty Images Deutschland GmbH, München
Kartografie: CartoTravel GmbH & Co.KG, Bad Soden; Müller & Richert GbR, Gotha
Bildnachweis: siehe Seite 864
Anzeigen: ADAC Verlag GmbH, München
Reproduktion, Druck und Bindung: MOHN Media • Mohndruck GmbH, Gütersloh

Das Werk einschließlich aller seiner Teile ist urheberrechtlich geschützt. Jede Verwendung außerhalb der engen Grenzen des Urheberrechtsgesetzes ist ohne Zustimmung der Verlage unzulässig und strafbar. Das gilt insbesondere für Vervielfältigungen, Übersetzungen, Mikroverfilmungen und die Einspeicherung und Verarbeitung in elektronischen Systemen.
Gebrauchsnamen, Handelsnamen, Warenbezeichnungen und dergleichen, die in diesem Buch ohne besondere Kennzeichnung aufgeführt sind, berechtigen nicht zu der Annahme, dass solche Namen ohne weiteres von jedem benutzt werden dürfen. Vielmehr kann es sich auch dann um gesetzlich geschützte Warenzeichen handeln.
Alle Daten, Termine und Preisangaben sind sorgfältig recherchiert worden und auf dem neuesten Stand. Für deren Richtigkeit und Vollständigkeit kann aber keine Gewähr übernommen werden. Höhenangaben liegen in der Regel unterschiedliche Quellen oder sogar unterschiedliche geographische Bezugspunkte zu Grunde; Abweichungen in Texten, Straßenkarten und Panoramazeichnungen können deshalb nicht immer vermieden werden.

Printed in Germany
ISBN 3-89905-236-6

VORWORT

Michael Pause
Moderator der
Bergsteigersendung
Bergauf–Bergab
im Bayerischen
Fernsehen

Eine Vision wird Wirklichkeit:
Die Alpen als »Spielplatz Europas«

Die Alpen würden eines Tages der »Playground of Europe« sein, also der Spielplatz Europas – das hat der Engländer Leslie Stephen vorausgesagt, der ein Mann mit prophetischen Gaben gewesen sein muss. Sein Buch mit diesem Titel erschien nämlich bereits 1871! Der Mathematik- und Theologieprofessor aus Oxford – der Vater der Schriftstellerin Virgina Wolf – gehörte zum Kreis jener manchmal etwas »spleenigen« Gruppe von Engländern, die in der zweiten Hälfte des 19. Jahrhunderts im Ersteigen von hohen Alpengipfeln ihre Abenteuerlust und ihre sportliche Begeisterung auslebten. Bergsteigen war »absolutely cool«, von Anfang an. Als Alpinist machte Stephen durch verschiedene Erstbesteigungen stolzer Schweizer Gipfel von sich reden. 1858 trat er dem ein Jahr zuvor gegründeten Alpine Club bei, dem ersten Bergsteigerverein der Welt.

Die Entwicklung jener Bewegung, als deren Pioniere diese Engländer gelten, hat jenen großartigen Gebirgszug im Herzen Europas mittlerweile genau in den vorausgesagten Spielplatz verwandelt. Allerdings viel umfassender, als sich das die kühnsten Visionäre noch vor hundert oder gar fünfzig Jahren hätten vorstellen können. Längst konzentriert sich der Tourismus zwischen Nizza und Wien nicht mehr auf das erhabene Bergerlebnis; einerseits haben sich die sportlichen Aktivitäten enorm ausgeweitet, andererseits bedingt die Suche nach Ruhe, Entspannung, Erholung und Geborgenheit ganz neue Urlaubsangebote.

ADAC-Experten haben in diesem Band für Sie die attraktivsten Sommer-Destinationen der Alpen zusammengestellt: Wir informieren Sie umfassend über die Angebote der abwechslungsreichsten Urlaubsregionen der Alpen. Sie lernen natürlich die schönsten Wanderwege und Gipfelziele kennen, aber genauso die vielen anderen sportlichen Möglichkeiten, vom Mountainbiking bis zum Gleitschirmfliegen, vom Golfspielen unter Viertausendern bis zum Tauchen in klaren Gebirgsseen. Sie finden hier tolle Tipps für die Familie und genussvolle Empfehlungen für den Wellness-Urlaub. Wir führen Sie durch die schönsten Alpenstädte, erläutern spannende Aspekte rund um diesen Gebirgszug und informieren Sie über die aktuellsten Themen rund um den Sommer in den Alpen. Eine faszinierende Ergänzung zu diesen Spezialthemen sind Aufnahmen aus dem Weltraum.

Die Fülle an Informationen ist überwältigend, aber für Sie überschaubar gegliedert. Mit einem Blick können Sie mit Hilfe unserer Test-Diagramme die individuellen Stärken der einzelnen Regionen erfassen; da hier auch so schwer messbare Faktoren wie etwa der Erlebniswert eine Rolle spielen, sind diese Bewertungen immer im Vergleich der Regionen untereinander zu verstehen. Die Details finden Sie in anregenden Texten, vielen Bildern und vor allem in übersichtlichen Kästen – dort steht alles, was Sie für Ihre Urlaubsplanung wissen müssen. Auf Panoramakarten gewinnen Sie einen optischen Eindruck von der jeweiligen Region, und dort können Sie sich auch mit Hilfe von nummerierten Punkten die Top-Tipps und Bergbahnen wieder finden.

Trotz der vielen neuen – auch spektakulären und trendigen – Sportarten gilt Wandern wohl noch immer als beliebteste Urlaubsbetätigung in den Alpen; an dieser Tatsache kann auch die Verwendung von Modewörtern wie Trekking und Walking nichts ändern. Dies unterstreicht auch, dass die Alpen als Feriendestination immer attraktiv bleiben werden. Dazu passt gut ein Satz, den der bayerische Schriftsteller Josef Hofmiller einmal aufgeschrieben hat: »Wandern ist eine Tätigkeit der Beine und ein Zustand der Seele.« Wir wünschen Ihnen, dass Sie schon beim Blättern in diesem Buch etwas Ihre Seele baumeln lassen können und dass Sie Lust bekommen auf Ihren Alpenurlaub – und wir wünschen Ihnen bei Ihren konkreten Entdeckungstouren zwischen Nizza und Wien, zwischen Wendelstein und Montblanc, zwischen Wörthersee und Aletschgletscher viel Freude und viele unvergessliche Erlebnisse.

Michael Pause

Inhalt

Vorwort 5

Die Alpen 10
Entstehung • Naturraum • Lebensraum • Tourismus

Geologische Entdeckungsreise 12
Wetter, Klima und die Folgen 18
Lebensraum Alpen 22
Urlaubsregion Alpen 26

Freizeit in den Bergen 30
abwechslungsreich und immer aktiv

Bergwandern 32
Canyoning 34
Drachenfliegen Paragliding 36
Fun & Family 38
Gipfeltouren 40
Golf 42
Höhenwege Alpencross 44
Kanusport 46
Sportklettern 48
Klettersteige 50
Mountainbiken 52
Rennradfahren 54
Tauchen 56
Traumstraßen 58
Wellness 60
Windsurfen / Badeseen 62

153 mal Ferien 64
die Urlaubsregionen der Alpen

 Deutschland

Westallgäu 68
Grünten – Immenstadt 70
Bad Hindelang – Oberjoch 72
Oberstorf, Hörnerkette und Kleinwalsertal 76
Ostallgäu 82
Pfronten und Nesselwang 86
Oberammergau 88
Garmisch-Partenkirchen 92
Kochelsee und Walchensee 96
Mittenwald 98
Bad Tölz – Lenggries 102
Tegernseer Tal 106
Schliersee und Spitzingsee 110
Bayrischzell – Wendelstein 112
Westlicher Chiemgau 116
Östlicher Chiemgau 120
Berchtesgadener Land 122

Österreich

Bregenzerwald 126
Alpenregion Bludenz 130
Montafon 136
Lech und Zürs am Arlberg 142
St. Anton am Arlberg 144

INHALT

Tannheimer Tal 146
Reutte und Außerfern – Tiroler Lechtal 150
Tiroler Zugspitz Arena 154
Paznaun 158
Serfaus – Fiss – Ladis 162
Nauders und Reschenpass 164
Kaunertal 166
Landeck – Venetregion 168
Imst – Mieminger Plateau 170
Pitztal 172
Ötztal 176
Seefeld mit Leutaschtal 182
Innsbruck 186
Stubaital 192
Wipptal 196
Achensee-Region 198
Alpbachtal – Tiroler Seenland 202
Vorderes Zillertal 204
Hinteres Zillertal und Tux 208
Kaiserwinkl 212
Kufstein mit Thiersee 216
Wildschönau 218
Wilder Kaiser – Brixental 220
Kitzbühel und Kirchberg 224
Pillerseetal – St. Johann 228
Matrei, Kals und Defereggental 232
Lienzer Dolomiten 238
Lofer 242
Hochkönig 244
Saalfelden – Leogang – Maria Alm 248
Saalbach Hinterglemm 252
Zell am See und Kaprun 254
Oberpinzgau 258
Raurisertal 262
Werfen – Werfenweng – Pfarrwerfen 264

Dachstein-West und Lammertal 266
Hallstätter See 270
Traunsee und Almtal 272
Wolfgangsee 274
Gasteinertal 276
Großarltal 280
Obertauern 282
Salzburger Sportwelt 284
Lungau 290
Pyhrn – Priel 294
Gesäuse 298
Ötscherland 300
Ausseerland 302
Dachstein-Tauern-Region 306
Murau 312
Hochschwab 314
Almenland 316
Bad Kleinkirchheim und Nockberge 318
Heiligenblut 322
Millstätter See 326
Nassfeld – Hermagor 328
Oberes Gailtal – Lesachtal 332
Villach – Faaker See – Ossiacher See 334
Wörthersee und Klagenfurt 338
Mölltal 342

🇨🇭 Schweiz

Gstaad und Saanenland 344
Adelboden – Frutigen – Kandersteg 348
Lenk und Simmental 350
Jungfrau-Region und Interlaken 352

Inhalt

Meiringen und Hasliberg 360
Les Portes du Soleil 362
Leysin – Les Mosses 366
Verbier – Val de Bagnes 370
Val d´Hérens 374
Crans Montana 376
Val d´Anniviers 378
Leukerbad 382
Lötschental 384
Zermatt 386
Saas-Fee und Saastal 390
Aletschgebiet 394
Goms 398
Valle Leventina – Valle di Blenio 400
Locarno – Valle Maggia – Val Verzasca 404
Lugano und Luganer See 406
Schwyz mit Einsiedeln 408
Vierwaldstättersee 412
Engelberg 416
Melchsee-Frutt 420
Sörenberg-Flühli 422
Appenzellerland 424
Toggenburg 428
Heidiland 430
Glarner Land 432

Liechtenstein 436

Disentis und Sedrun 438
Obersaxen – Lumnezia 440
Flims – Laax – Falera 444
Lenzerheide – Valbella 448
Savognin 452
Arosa 454
Davos und Klosters 456
St. Moritz und Oberengadin 462
Scuol und Unterengadin 470
Samnaun 474

Italien

Vinschgauer Oberland – Reschenpass 476
Ortler-Region 480
Meraner Land 484
Sarntal 490
Bozen – Eppan – Kaltern – Ritten 492
Sterzing und Wipptal 496
Brixen und Eisacktal 500
Tauferer Ahrntal 504
Bruneck mit Kronplatz und Antholzer Tal 508
Hochpustertal 512
Grödnertal 516
Seiser Alm und Schlern 520
Rosengarten und Latemar 524
Alta Badia 528
Marmolada 532
Cortina d´Ampezzo 534
Madonna di Campiglio 538
Paganella 542
Val di Fassa 544
Val di Fiemme 548
Sappada und Sauris 552
Gardasee 554
Comer See 560
Lago Maggiore 564
Aostatal – Gran Paradiso 568

INHALT

Frankreich

Montblanc-Gebiet 574
Val d´Isère mit Tarentaise 580
Alpe d´Huez 584
Briancon – Massif des Écrins 586

Slowenien

Triglav 590
Bled und Wocheiner See 594

DIE SCHÖNSTEN ALPENSTÄDTE 506

von Grenoble bis Salzburg
von Garmisch-Partenkirchen
bis Bozen

Aosta 598
Bellinzona 599
Berchtesgaden 600
Bozen 601
Chamonix 602
Chur 603
Davos 604
Garmisch-Partenkirchen 605
Grenoble 606
Innsbruck 607
Kitzbühel 608
Luzern 609
Meran 610
Salzburg 611
Trient 612
Villach 613

SICHER IN DIE BERGE MIT DEM 614

Ausrüstung • Orientierung • Naturschutz

Vorbereitung der Bergtour 616
Ausrüstung und Ausstattung 618
Mit Kindern unterwegs 620
Karten und Orientierung 622
Unterwegs bei jedem Wetter 624
Natur und Zukunft schützen –
auf jeder Bergtour 626

SERVICE 628

Glossar • Bergbahnen • Hotels

Glossar 630
Preise Bergbahnen 634
Hotels 654

STRASSENATLAS ALPEN 756

1 : 300 000

Legende 758
Karten 760

Register 816
Bildnachweis 863

Die Alpen

Entstehung • Naturraum • Lebensraum • Tourismus

GEOLOGISCHE ENTDECKUNGSREISE

Die Erosion zeichnet in Jahrtausenden deutliche Spuren in die Berglandschaft.

Der Vorderrhein hat bei Flims eine der eindrucksvollsten Schluchten der Alpen in den Fels gegraben.

Kontinente auf Kollisionskurs: Die Entstehung der Alpen

In einem weiten Bogen erstrecken sich die Alpen über 1200 km von der Côte d'Azur im Westen bis zum Wiener Becken im Osten. Die Alpen sind wiederum nur ein Glied einer viel längeren Gebirgskette, die vom Nordosten der iberischen Halbinsel über Pyrenäen, Karpaten, Kaukasus, Karakorum bis zum Himalaya verläuft. Gigantische Kräfte im Erdinneren sorgen seit Jahrmillionen für Veränderungsprozesse, die das Gesicht der bis zu 100 km dicken Lithosphäre, der starren Oberfläche der Erde, langsam aber unaufhaltsam immer wieder neu formen und dadurch Gebirge wie die Alpen entstehen lassen.

Wie Eisschollen treiben sechs große und mehrere kleine Platten mit einer Geschwindigkeit von einigen Zentimetern pro Jahr auf dem heißen, zähflüssigen Untergrund des Erdmantels. Wenn diese Platten, die unter anderem unsere Kontinente bilden, auf Kollisionskurs gehen, schieben sie sich übereinander. Das Großrelief eines Gebirges wird geschaffen. Dabei können sie durchaus ihren Kurs ändern, wie die Entstehungsgeschichte der Alpen zeigt. Sie sind ein Produkt des Zerbrechens und Wiederzusammenfügens eines Kontinentes, gleichermaßen Riss und Schweißnaht in einem. Noch vor 200 Mio. Jahren drifteten Ureuropa und die Afrikanische Platte auseinander. Ein gewaltiger Graben bildete sich, wurde von einem Meer überflutet. Durch die Risse und Spalten unter Wasser drang immer neue Magma, die schnell abkühlte. Der Meeresboden wurde dadurch immer schwerer, bis er vor 100 Mio. Jahren aufgrund seines Gewichtes im zähflüssigen Mantel der Erde versank – und eine gigantische Wellenbewegung auslöste, die die vorübergehend getrennten Kontinente wieder auf Kollisionskurs brachte. Entlang der Schelfmeere, einem maximal 200 m tiefen Küstenstreifen, der die Kontinente umgibt, begann sich vor 50 Mio. Jahren ein von der afrikanischen Platte losgelöster »Splitter« über den Südrand Ureuropas zu schieben.

Der Meeresgrund dieser Adriatischen Platte, auf dem sich im Laufe der Zeit Millionen von Kleinstlebewesen abgelagert hatten, wurde durch den Druck von Süden her Millimeter für Millimeter bis zu 200 km über Ureuropa geschoben, das dadurch bis zu 30 km in die Tiefe gedrückt wurde. Die Sedimente beider Decken stapelten sich übereinander, und einst ebene Schichtablagerungen am Meeresboden wurden steil aufgestellt oder in S-förmige Linien gepresst. Wie die oft komplizierten Schichtfolgen in gut sichtbaren Felswänden zeigen, geschah dies aber nicht so gleichmäßig wie bei einem Modell. Denn während dieses Prozesses lösten sich riesige Gesteinspakete ab, die viele Kilometer verfrachtet wurden und sich wie eine Decke über die eigentlichen Schichten legten. Ein großartiges Beispiel für diesen Vorgang ist die Glarner Überschiebung, die an den Wänden der Tschingelhörner oberhalb von Flims (Region Flims/Laax/Falera) auch für den Laien hervorragend zu erkennen ist: In dieser Region hat sich ein mehrere Kilometer dickes Felspaket 40 km weit über eine 200 Mio. Jahre jüngere Schieferschicht geschoben. Wie mit dem Lineal gezogen verläuft die gut sichtbare, horizontale Trennlinie zwischen den verschiedenen Gesteinsarten durch die Felsabbrüche. Andere Gesteinspakete wurden in die Tiefe gepresst und verfrachtet, um an anderer Stelle – verwandelt durch Hitze und Druck – langsam wieder an die Oberfläche zu kommen.

Denn in der Tiefe geriet das Gestein in einen regelrechten Schmelzofen, in dem Temperaturen um die 600 °C herrschten. Dadurch veränderte sich das Gestein (Metamorphose), es wurde weich und formbar wie Knetmasse. Der andauernde Druck presste es wieder nach oben oder quetschte es seitlich hervor. In einzelnen Hebungszentren, wie z. B. den Hohen Tauern, den Zillertaler Alpen, dem Tessin und dem Montblanc-Massiv, treten diese nun metamorphen Gesteine als Marmor, Glimmerschiefer und Gneis wieder an die Oberfläche.

In den Westalpen war der Druck von Süden wesentlich größer als in den Ostalpen; daher befinden sich im Westen die höchsten Berge der Alpen, die Wände sind dort steiler, die Talfurchen tiefer. Während in den Westalpen die geologischen Grenzen diffus sind, ist die Symmetrie der Ostalpen augenfällig: Dem kristallinen Zentralalpenkamm sind im Norden und im Süden die Kalkalpen vorgelagert. Als gedachte Grenze zwischen Ost- und Westalpen haben sich die Fachleute auf die Linie Bodensee – Rheintal – Splügenpass – Comer See geeinigt; nirgendwo sonst reichen die tiefen Täler so nah aneinander heran wie an dieser Stelle.

Bröckelnde Riesen

Schroffe Felswände sowie von Wasser und Gletschern geformte Täler, so präsentieren sich dem Betrachter die Alpen an den meisten Orten. Neben den Veränderungsprozessen im Erdinneren sind es vor allem die äußeren Einflüsse, die das Erscheinungsbild dieses – in erdgeschichtlichen Dimensionen – jungen Faltengebirges stetig verändern.

Kalkstein – Wasser und Eis hinterließen scharfe Kanten und von Kletterern geschätzte Rillen.

Eis und Schnee, Wind und Wasser, Hitze und Kälte sind die Baumeister, die den Alpen ein sich stetig wandelndes Aussehen verpassen. Sie modellieren Täler, schaffen Schluchten und lassen Gipfel verschwinden. Gäbe es sie nicht, würde die Überschiebung der Erdkrusten »nur« gewaltige Hochebenen schaffen. In diese Ebenen haben vor allem Gletscher tiefe Täler und Mulden gehobelt, durch den Einfluss von Wasser und Erosion entstand die vielfältige Gestalt der Gebirge. Die Gipfel der Alpen sind also nichts anderes als die noch nicht entfernten Reste der einstigen Hochebene. Die riesigen »Mülldeponien«, in denen der abgetragene Schutt der Berge gelagert wird, sind die Ebenen, welche die Alpen umgeben: die Poebene, das Wiener Becken oder das Molassebecken zwischen Genf und Passau.

Diese Ebenen werden immer schwerer, und da auch sie auf zähflüssigem Material schwimmen, sinken sie wie ein Schiff, das beladen wird, immer tiefer ein – im Gegensatz zu den Bergen: Da diese vor allem durch Wind und Wasser quasi entrümpelt werden, wird ihr Gewicht geringer, sie haben Auftrieb und wachsen bis zu einem Millimeter pro Jahr. Da die Gipfel aber gleichzeitig etwa um denselben Betrag abgetragen werden, bleibt ihre Höhe insgesamt gleich. Doch nur durch diesen Vorgang gelangt neues, Jahrmillionen tief im Berg verborgenes Gestein ans Tageslicht. Die Dimensionen sind gewaltig – die Zeiträume allerdings auch, wie etwa im Zillertal eindrucksvoll zu sehen ist: Der dort ans Tageslicht gekommene Garbenschiefer besteht aus einem Gestein, das 30 km in die Tiefe gepresst wurde, als sich die afrikanische Platte über die europäische schob. 30 Mio. Jahre mussten die Elemente arbeiten, Stein für Stein, Staubkörnchen für Staubkörnchen abtragen, um ihn wieder an die Oberfläche zu bringen.

Wertvolles aus dem Untergrund

Wie in einem Tagebuch ist die Entstehung der Alpen in den Steinen dokumentiert. Meist verborgen in der Tiefe warten Kristalle und Edelsteine darauf, entdeckt zu werden.

Einen wichtigen Beitrag, das Geheimnis der Steine zu entschlüsseln, liefern Fossilien – zu Stein gewordene Lebewesen. Sie bildeten sich vor allem am Meeresgrund, wo sich die abgestorbenen Organismen sammelten, umgewandelt wurden und dabei Abdrücke hinterließen. Auf den höchsten Bergen der nördlichen und südlichen Kalkalpen finden sich versteinerte Muscheln, Tintenfische und Farne. Wurde eine dieser Gesteinsschichten in die Tiefe gepresst, so wurden sämtliche Fossilien vernichtet. In den Zentralalpen sucht man deshalb vergeblich nach ihnen. Dafür verbergen sich dort andere Schätze: Edelsteine.

Sie entstanden, wenn Mineralien unter hohem Druck und Temperaturen um die 600 °C neue chemische Verbindungen eingingen. Einem besonders ausgeprägten Umwandlungsprozess war das Gestein der Hohen Tauern ausgesetzt. Edelsteine – sogar riesige Smaragde – und Kristalle entstanden, die sich durch Glanz, Färbung, extreme Härte und Widerstandsfähigkeit auszeichnen.

Zu den ergiebigsten Fundstellen zählen das Raurisertal und die Venedigergruppe. Gold, Silber, Kupfer und Salz brachten den Städten der Ostalpen Wohlstand, während es in den Westalpen kaum Bergbau gab.

Wanderungen in den Dolomiten führen oft an bizarren Felsformationen vorbei.

GEOLOGISCHE ENTDECKUNGSREISE

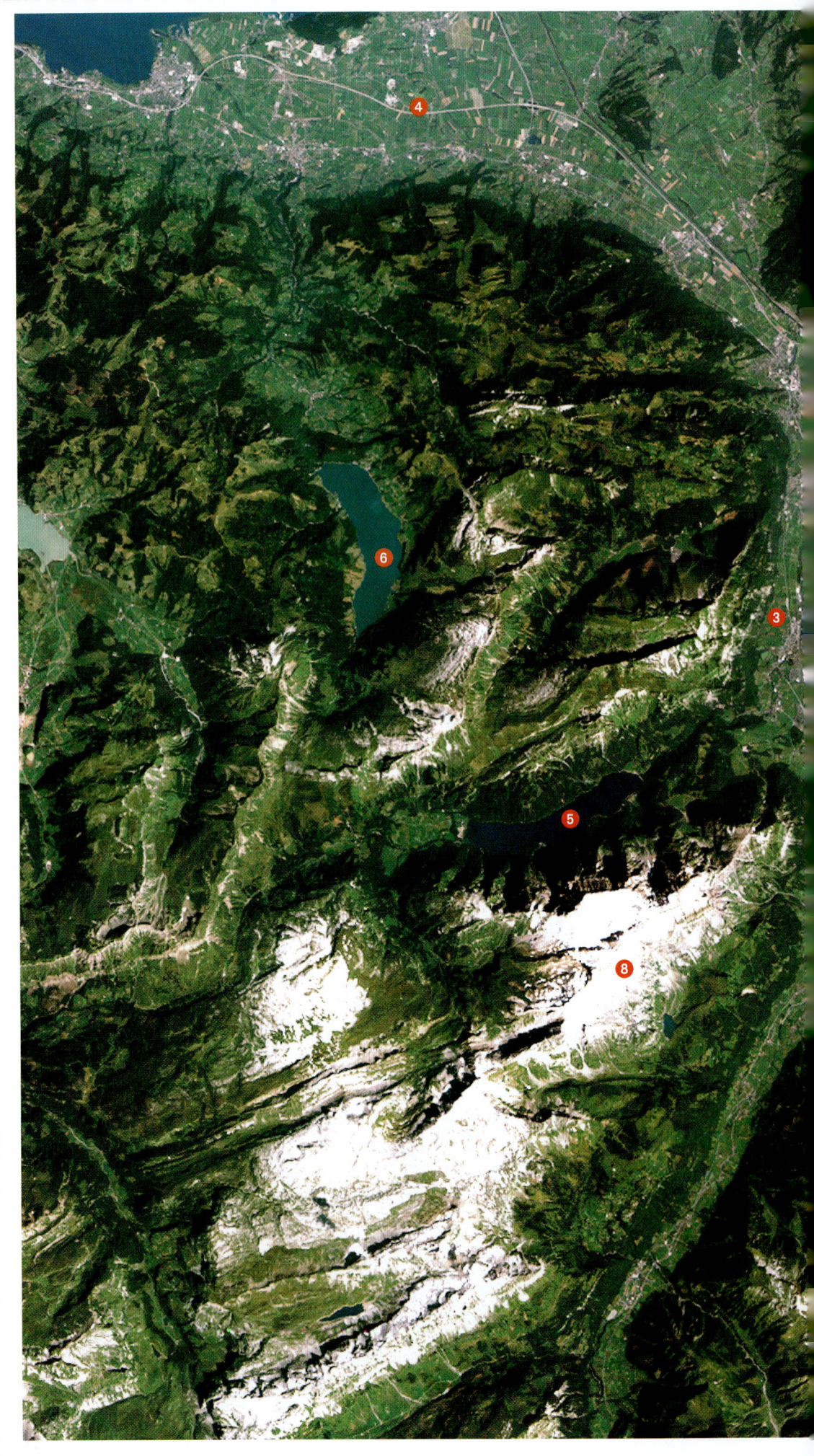

Das Glarner Land

Nur in wenigen Gegenden sind Überschiebungen in der obersten Schicht der Erdkruste so prachtvoll zu sehen wie in den Glarner Alpen im rechten Bildbereich. Die Gipfelpartien aus Konglomeraten sind Richtung Norden an einer messerscharfen Grenze über 200 Mio. Jahre jüngeren Schiefer geschoben worden. Die Überschiebung verläuft etwa von Sargans ❶ entlang der markanten Talfurche mit dem Walensee ❷ bis in das tief eingekerbte Tal bei Glarus ❸. Vom nördlichen Ende des Glarner Tals erstreckt sich nach links (Westen) die Ebene in Richtung Zürichsee ❹. Während der Eiszeit schufen die Gletscher riesige Trogtäler, in denen sich große Seen bildeten, von denen heute nur noch kleine Reste geblieben sind, wie der Klöntaler See ❺ im Graben westlich von Glarus und der Wägitaler See ❻ in der nach Norden abfließenden Talmulde. Gut zu sehen ist auch das vom Glarner Tal rechts abzweigende, anfangs schmale, sich dann weitende Tal nach Elm ❼. Beherrschendes Bergmassiv auf der linken Seite ist der Glärnisch ❽, in dem Licht und Schatten deutlich die zusammengeschobenen und aufgeschichteten Kalkplatten erkennen lassen; markant die teilweise schattige Riesenflanke über dem Klöntaler See. Auffällig ist auch im rechten oberen Bildteil die Gipfelreihe der Churfirsten ❾: ein deutlicher, glatter Abbruch auf der Südseite und die flacheren, sich nach Norden ziehenden Graskämme.

Geologische Entdeckungsreise

Hohe Tauern und Pinzgau

Geologisch klar strukturiert sind die Höhenzüge des Alpenhauptkammes, wie hier in den Hohen Tauern gut zu sehen ist. Der Blick aus dem All zeigt die schnurgerade Linie des oberen Salzachtals ❶, das den Pinzgau bildet. Nördlich des Tals bauen sich die grünen Höhenzüge der Kitzbühler Alpen auf, die bei Zell am See ❷ von einem auffallenden, von Gletschern geformten Graben durchschnitten werden. Sie bestehen aus wesentlich weicherem Gestein (Schiefer), so hat die Erosion in Jahrmillionen das Relief hier deutlich zahmer gestaltet als im Bereich der härteren Gesteine (Urgestein) der Tauerngipfel südlich des Pinzgaues. Markant sind hier die zahlreichen parallel nach Süden, zum Hauptkamm ziehenden Seitentäler. Die beiden stark vergletscherten Regionen sind links der Großvenediger ❸ und rechts der Großglockner ❹ mit der auffallenden Eiszunge der Pasterze. Dazwischen liegt die Granatspitzgruppe ❺, den eisigen Außenposten im Osten bilden Hocharn, Sonnblick und Schareck ❻. Hellblau leuchten die von Gletscherwassern gespeisten Stauseen südlich von Kaprun und Uttendorf ❼ – eine bedeutende Stromquelle der österreichischen Energiewirtschaft. Gut zu erkennen ist der Felbertauernpass ❽. Die Haupttäler auf der Südseite des Hauptkammes bilden das im Bild waagrecht verlaufende Virgental ❾, das vom Felbertauern nach Süden ziehende Tauerntal ❿, die beide bei Matrei münden; parallel erstreckt sich das Kalser Tal ⓫. Wie Finger greifen die Quellentäler der Möll bei Heiligenblut ⓬ ins Glocknermassiv.

Wetter, Klima und die Folgen

Gletscherschwund

Einen historischen Höchststand hatten die Alpengletscher in der Mitte des 19. Jh.; ausgelöst durch natürliche Klimaschwankungen, in immer größerem Maße wohl aber auch aufgrund der durch die Umweltverschmutzung bedingten globalen Erwärmung, begann das Eis zu schmelzen – ein Vorgang, der sich laut Prognosen weiter beschleunigen wird. Und je kleiner die Gletscher werden, umso schmerzlicher sind die Verluste – nicht nur, was die Optik betrifft. Doch was die Situation dramatisch macht, ist die Tatsache, dass die Alpen mit dem Schmelzen der Gletscher ihren wichtigsten Süßwasserspeicher verlieren. Die Wasserstände der großen Alpenflüsse wie Rhône, Rhein und Inn könnten dadurch empfindlich absinken. Probleme ergeben sich vermutlich auch für die Energieversorgung. Denn die großen Speicherseen der Wasserkraftwerke könnten ebenfalls einmal leer bleiben, wenn das Gletschereis vielleicht in 100 Jahren endgültig zerronnen ist.

Dramatischer Rückzug: die Pasterze am Großglockner, oben 1910, unten 2000

Der Alpenbogen als Wolkenbremse

In den Gebirgszügen der Alpen ist nicht nur die Großwetterlage dafür verantwortlich, dass der Himmel strahlend blau oder wolkenverhangen ist. Oft reicht es schon aus, einige Kilometer zu fahren, um vom Regen in die Sonne zu kommen. Grundsätzlich ist der Alpenbogen durch seine Ost-West-Ausdehnung in der Mitte Europas jedoch eine ausgeprägte Klima- und Wetterscheide.

Die Alpen liegen im großen Westwindgürtel der Nordhalbkugel. Sie sind in Mitteleuropa das erste große Hindernis, auf das die feuchten, vom Atlantik kommenden Luftmassen treffen. Auf der windzugewandten Seite (Luv) stauen sich die Wolken; um das Hindernis zu überwinden, ist die Luft gezwungen, aufzusteigen. Dabei kühlt sie ab, ihr Wassergehalt kondensiert zu Wolken, es kommt zu manchmal ergiebigen Niederschlägen. Eine wahre Wetterküche sind deshalb die ersten Erhebungen im Westen, die Französischen Voralpen. Mit einer Niederschlagsmenge von 4000 mm pro Jahr sind sie diesbezüglich alpenweiter Spitzenreiter. Wolkenbremsen und -gestalter sind außerdem die Glarner Alpen, das Allgäu und das Salzkammergut (2000 bis 3000 mm pro Jahr). In den oft nur wenige Kilometer entfernten Tälern im Windschatten (Lee) sind Niederschläge hingegen Mangelware, wie am Arlberg gut zu beobachten ist. Während auf der Vorarlberger Seite jährlich 1820 mm Regen fallen, sind es nicht einmal 40 km östlich der Passhöhe, in der Region Landeck, nur noch 580 mm pro Jahr. Weitere Beispiele für diese alpinen Trockentäler sind das Engadin, das Wallis oder der Vinschgau.

Wie ein mächtiger Schutzwall verhindern die Alpen auch, dass polare Kaltluftmassen nach Süden in den Mittelmeerraum gelangen. Im Vergleich zu Regionen entlang desselben Breitengrads auf anderen Kontinenten herrscht deshalb südlich der Alpen ein ausgesprochen mildes Klima. Und dies bereits am Alpenrand, vor allem im Bereich der oberitalienischen Seen. Verstärkt wird die Wirkung durch steile Südhänge, die aufgrund der höhenbedingten, sehr intensiven Sonneneinstrahlung viel Wärme speichern – diese allerdings auch schneller wieder abgeben. Denn mit zunehmender Höhe verringert sich die Dichte der Luft und die Anzahl der darin enthaltenen Staubpartikel, die in tiefen Lagen gleichermaßen als Isolationsschicht und als Minispeicher wirken. Die Sonneneinstrahlung ist in der Höhe deshalb zwar intensiver, die Luft kann jedoch nicht soviel Wärme aufnehmen wie im Tal. Die unmittelbaren Folgen sind eine schnelle Abkühlung sowie enorme Temperaturunterschiede zwischen Tag und Nacht, Sonnen- und Schattenseite – und das Phänomen, dass die Temperatur pro 100 m Höhenzunahme in der Regel um 0,5 bis 0,8 °C sinkt. Eine Ausnahme sind Inversionswetterlagen im Winter, bei denen sich dieses natürliche Temperaturgefälle genau umkehrt: Die kalte Luft fließt dann von den Gipfeln in die Täler ab, wo sie in Form von Kaltluftseen »liegen« bleibt, während es in den Höhenlagen recht mild werden kann. Die Grenze der kalten Luftschicht wird dabei durch den nach oben fast messerscharf abgetrennten Nebel sichtbar.

Ebenso ändert sich im Laufe eines Tages mit einer gewissen Regelmäßigkeit die Windrichtung. Auch hier ist die unterschiedliche Erwärmung und Abkühlung der Luft im Tal und in der Höhe der Grund: Im Laufe der Nacht beginnen die stark abgekühlten Luftmassen ins Tal abzufließen. Sie bilden den bis in den Vormittag anhaltenden Bergwind. In der zweiten Tageshälfte wird er von den erwärmten, aus den Tälern aufsteigenden Luftmassen, dem Talwind, abgelöst.

Stark beeinflusst werden diese allgemeinen Regeln durch regionale Besonderheiten. Verantwortlich dafür sind in erster Linie das Relief der Gebirgsketten sowie deren Lage. Ebenfalls vom Relief abhängig ist der Föhn. Der extrem trockene Fallwind, der eine fantastische Fernsicht beschert, ist wohl das bekannteste Klimaphänomen der Alpen.

Vom Aussterben bedroht – die Gletscher

Die Auswirkungen einer globalen Erwärmung des Klimas werden in den Alpen drastisch sichtbar: Von einst gewaltigen Gletschern ist bereits heute oft nur noch ein kümmerlicher Rest übrig geblieben. Dennoch gehört die gleißende Eispanzerung der höchsten Gipfel noch immer zu den faszinierendsten Landschaftselementen der Alpen.

Föhnwolke am Alpenhauptkamm

Gletscher bestehen nahezu vollkommen aus Eis. Der ständige Wechsel von Frost- und Tauwetter wandelt den Schnee in grobkörnigen Firn um. Unter der Last des Jahr für Jahr hinzukommenden Schnees und des eindringenden Schmelzwassers verdichtet sich diese Firnschicht etwa innerhalb eines Jahrzehnts zu festgefügtem, undurchlässigem Gletschereis, das blaugrün schimmert. Gebildet wird das Eis der Gletscher in ihrem Nährgebiet; dort, wo im Laufe des Jahres mehr Schnee fällt, als abschmelzen kann. In den niederschlagsreichen, relativ hohen Massiven der Westalpen konnten sich so die größten Gletscher bilden. Unter dem gigantischen Druck des viele hundert Meter dicken Eispanzers fließen sie der Schwerkraft folgend als riesige Ströme Richtung Tal. In den Westalpen reichen die Gletscherzungen zum Teil noch heute bis unter die Waldgrenze. Je nachdem, wie steil der Untergrund und wie mächtig der Eisstrom ist, bewegen sich die Alpengletscher zwischen 20 und 210 m pro Jahr. Der mit einer Länge von ca. 23 km und einer maximalen Dicke von 900 m größte Gletscher der Alpen, der Aletschgletscher (Berner Oberland/Wallis), fließt an manchen Tagen im Sommer bis zu 75 cm Richtung Tal.

Bei Bergsteigern sind die Spalten gefürchtet, die sich durch die Fließbewegung in den Eismassen bilden. Sie treten nicht willkürlich auf, sondern sind an das Relief des Untergrundes und die unterschiedliche Fließgeschwindigkeit innerhalb eines Gletschers (in der Mitte des Stroms schneller als an den Rändern) gebunden. Die Risse im Eis öffnen sich so z. B. an Steilstufen, in der anschließenden Stauchzone schließen sie sich und vernarben. Gefährlich sind Spalten vor allem dann, wenn sie im Frühsommer noch unter einer Schneedecke verborgen liegen. Bei Belastung können diese trügerischen Brücken brechen, Spaltenstürze in eine Tiefe von bis zu 40 m sind die oft tödliche Folge. Bergführer und erfahrene Alpinisten sind jedoch in der Lage, an der Topographie eines Gletschers zu erkennen, wo mit Spaltenzonen zu rechnen ist, und können diese umgehen – oder entsprechende Vorsichtsmaßnahmen wie Anseilen ergreifen.

Unterhalb der Schneegrenze, die in den Süd- und Ostalpen derzeit bei etwa 2800 m, in den Zentralalpen bei 3400 m liegt, befindet sich das Zehrgebiet; dort beginnt das Eis abzuschmelzen. Überwiegt der Zuwachs im Nährgebiet den Abtrag im Zehrgebiet, wächst der Gletscher, das Zungenende verschiebt sich Richtung Tal. Derzeit befinden sich die Alpengletscher jedoch durchwegs auf dem Rückzug: Aufgrund des fehlenden Nachschubs ziehen sich die Zungen zum Teil mit dramatischer Geschwindigkeit zurück. Der Aletschgletscher wurde im Verlauf des 20. Jh. um 3 km kürzer, seine Oberfläche liegt im Zungenbereich heute 300 m tiefer als noch um 1900.

Rund 1000 Gletscher gibt es derzeit in den Alpen. Noch bedecken sie etwa 1% der Gesamtfläche des Hochgebirges. Doch allein im Rekordsommer 2003 schmolzen bis zu 10% Prozent dieser Eismassen, schätzen Schweizer Wissenschaftler. Nicht zu übersehen sind die Spuren, die ein Gletscher hinterlässt: riesige Moränen, abgerundete Felsbuckel und tief im Gestein eingegrabene Rillen zeugen von der immensen hobelnden, schleifenden und gestaltenden Wirkung der einst so gigantischen Eisströme.

Phänomen Föhn

Voraussetzung dafür, dass Föhn entsteht, ist ein Tiefdruckgebiet, das vom Atlantik Richtung Oberitalien zieht und gut aufgeheizt gegen die Alpensüdseite prallt. Dort bleibt der warmen Luft nur der Weg nach oben. Beim Aufsteigen kühlt sie ab, die gespeicherte Feuchtigkeit kondensiert, es bilden sich Wolken. Aufgrund der frei werdenden Kondensationsenergie wird die Abkühlung nun gedrosselt. Nach Überschreiten des Hauptkamms sinken die Luftmassen mit beträchtlicher Geschwindigkeit auf der Alpennordseite ab und erwärmen sich; die Wolken lösen sich sofort auf. Beim Abfallen der Luftmassen werden vor allem in den von Nord nach Süd gerichteten Quertälern wie Wipptal oder Graubündner Rheintal oft orkanartige Windstärken erreicht. Gegenstück zum warmen Südföhn ist der Nordföhn, der auf der Alpensüdseite bläst. Aufgrund ihrer tieferen Ausgangstemperatur kann sich die Luft aus dem Norden trotz Abfallen weniger stark erwärmen. Typisch sind jedoch auch hier die transparente, sehr trockene Luft und die Auflösung der Wolken am Alpenhauptkamm.

Der Suldenferner an der Königsspitze (Ortler), aufgenommen 1913 und 2003

Wetter, Klima und die Folgen

Berner Alpen

Prächtig ist der Blick aus der Vogelperspektive auf die weitläufigen Gletscherflächen der Berner Alpen und die herrliche Region davor. Gut zu erkennen ist der Ort Thun mit dem Thuner See ❶, Interlaken am Brienzer See ❷ und ganz am Bildrand der Sustenpass ❸. Das breite diagonal durchs Bild ziehende Band zeigt die vergletscherten Gipfel der Berner Alpen. Wie ein mächtiger Riegel stellen sich die zum Teil über 4000 m hohen Berge den anbrausenden Luftmassen entgegen und zwingen sie, aufzusteigen. Ergiebige Niederschläge sind die Folge. Auf den Bergen konnte so ein am Konkordiaplatz ❹ bis zu 900 m dicker Eispanzer gedeihen. Wesentlich weniger Niederschläge hat dagegen das markante, sehr milde und trockene Rhônetal ❺. Doch nicht alle weißen Flächen zeigen Gletscher, da das Bild entstand, als die Hochlagen oberhalb etwa 2500 m schneebedeckt waren. Die beiden Hauptgruppen in der linken Bildhälfte sind Wildstrubel ❻ und Blümlisalp ❼. Die lange Zunge des Aletschgletschers ❽ bündelt das Eis, das von Lötschenlücke, Jungfraujoch und Ewigschneefeld am Konkordiaplatz zusammenfließt. Hier ist auch der Rückgang der Gletscher sehr gut dokumentiert: Sowohl Mittelaletsch- als auch Oberaletschgletscher ❾ mündeten bis vor wenigen Jahrzehnten noch direkt in den damals ebenfalls noch wesentlich längeren Aletschgletscher. Parallel zum größten Alpengletscher streckt der Fieschergletscher ❿ seine Zunge nach Süden. Die drei grünen Täler, die sich von Süden in die Berge graben, sind (v.l.n.r.): Leukertal, Lötschental und die schnurgerade Furche des Goms. Die kurzen Schatten auf der Nordseite zeigen, dass das Massiv hier besonders steil abbricht; eindrucksvoll wirft der Eiger ⓫ seinen Schatten als Dreieck ins Tal; daneben Jungfrau und Mönch ⓬ und ganz rechts die Wetterhörner ⓭. Die markanten Täler sind Lauterbrunnental ⓮ mit dem ostwärts abzweigenden Grindelwalder Tal ⓯. Vom flachen Boden bei Meiringen ⓰ zieht sich das Haslital weit hinauf zu den Grimselstauseen und zum Grimselpass ⓱.

LEBENSRAUM ALPEN

Seit Jahrtausenden nutzen die Bauern die steilen Bergwiesen für die Viehwirtschaft.

Tummelplatz Alpen

Auf den ersten Blick erscheint der Lebensraum feindlich, doch es gibt Pflanzen und Tiere, die sich nur im Hochgebirge wohl fühlen. Es herrscht ein sensibles Gleichgewicht, das der Mensch bereits empfindlich gestört hat. Vor allem, als man im 19. Jh. völlig planlos auf die Jagd ging. Fast zu spät drang ins Bewusstsein, wie bedeutend die Erhaltung der Artenvielfalt ist. Umweltschützern gelang es nach und nach, in Natur- und Nationalparks die Sünden der Vergangenheit wieder gut zumachen. So sind Gämsen und Steinböcke, aber auch Luchse, Adler und die mächtigen Bartgeier nun zumindest in manchen Regionen wieder zu Hause. Überlebenskünstler sind Flechten und Algen, die sich in eisigen Höhen an den nackten Fels klammern; in Ritzen schaffen Moose eine Grundlage für neue Lebensräume. Kaum bedeckt etwas Humus die Felsen, macht sich ein herrliches Blütenmeer breit.

Adler wurden z. B. im Nationalpark Hohe Tauern mit Erfolg wieder angesiedelt.

»Ötzi« und seine Folgen

Die Entdeckung des »Ötzi« hat die frühe Besiedlungsgeschichte der Alpen in ein neues Licht gerückt. Nachdem der Beweis erbracht war, dass bereits vor mehr als 5000 Jahren Menschen in den Bergen des Ötztals zu Hause waren, machte man sich auf die Suche nach weiteren Spuren der ersten Bewohner der Alpenregionen – und wurde fündig.

Im Wildkirchli, einer Höhle am Fuß einer Felswand im Säntis-Massiv bei Appenzell, sollen bereits vor etwa 40000 Jahren Menschen gelebt haben, wie Knochenfunde und zu Werkzeugen behauene Steine vermuten lassen. Die letzte Eiszeit vertrieb diese Urvorfahren aus ihrem alpinen Unterschlupf. Man geht davon aus, dass etwa 10000 Jahre später wandernde Jäger von Westen kommend auf der Suche nach Beute langsam in die Alpentäler vordrangen. Im 6. Jh. v. Chr. begannen sie, sesshaft zu werden. Im Uferbereich von Seen errichteten sie zum Schutz vor Hochwasser und Wildtieren Pfahlbauten. Um die 200 dieser Siedlungen fand man entlang der Schweizer Seen, weitere im Salzkammergut am Mondsee und Hallstätter See, bei den Kärntner Seen und auch am Ledrosee in der Nähe des Gardasees. Die Menschen lebten vom Fischfang und von der Jagd, bis in der jüngeren Steinzeit dann Viehzucht und Ackerbau betrieben wurde.

Um die harten klimatischen Bedingungen optimal nutzen zu können, zogen die Hirten schon damals mit ihren Herden von Süden her auf Säumerpfaden über den Alpenhauptkamm auf die Nordseite. Im Gegensatz zu den südlichen Trockentälern fand das Vieh im Norden auf den wasserreichen Weiden oberhalb der Waldgrenze reichlich Futter. Im milden Talboden wurden die Flächen genutzt, um Ackerbau zu betreiben und Obst anzubauen; das Wasser wurde bereits in der Bronzezeit über ausgefeilte Bewässerungssysteme (Waale in Südtirol, Suonen im Wallis) zu den Feldern gebracht. Auf ihren alljährlichen Wanderungen erreichten Mensch und Tier Höhen von über 3000 m. Fachleute hatten dies schon lange vermutet, doch erst der Fund der 5300 Jahre alten Gletschermumie »Ötzi« 1991 auf 3210 m beim Tisenjoch, einem öden Bergsattel zwischen dem Südtiroler Schnalstal und dem Tiroler Ötztal, lieferte den Beweis. Diese Entdeckung ermutigte die Wissenschaftler, auch dort nach Spuren der Vergangenheit zu suchen, wo man es bislang nicht für möglich gehalten hatte, welche zu finden. Die aufwändigen und mühsamen Arbeiten der Archäologen wurden mit beeindruckenden Funden belohnt: Werkzeuge aus der Steinzeit, urzeitliche Feuerstellen, historische Pfade, die

Die Ötzi-Fundstelle am Tisenjoch

Reste von Sommersiedlungen wie etwa im Ötztal oberhalb von Vent am Hohen Stein. Damit gilt als bewiesen, dass nicht nur im Ötztal bereits 8000 v. Chr. Menschen gelebt haben, die die Alpenlandschaft genutzt und mitgestaltet haben. Während den Experten die Spuren der urgeschichtlichen Bewohner allerorts begegnen, bleiben sie dem nicht geschulten Auge meist auch weiterhin verborgen. Hilfreich ist da ein Besuch des wissenschaftlich fundierten archäologischen Freilichtparks »Ötzidorf«, der in Umhausen im Ötztal aufgebaut wurde. Ötzi selbst sucht man dort jedoch vergeblich. Nachdem er vorwiegend an der Universität Innsbruck von 64 Forschungsgruppen unter die Lupe genommen wurde, fand er seine letzte Ruhestätte im Archäologiemuseum von Bozen, in einer speziell für ihn gefertigten Kühlzelle. Rund 300000 Besucher pro Jahr statten ihm dort einen Besuch ab.

Arbeitsplatz Alpen

Wer sich im Gebirge niederlässt, muss seinen Lebensunterhalt hart verdienen. Bevor die Alpen als Erholungsgebiet entdeckt wurden, boten sich dazu oft nur zwei Möglichkeiten: die Landwirtschaft und der Bergbau. Während der Bergbau bis auf wenige Ausnahmen unrentabel geworden ist, spielt die Landwirtschaft weiterhin eine bedeutende Rolle: sei es in Sachen Landschaftspflege oder zur Produktion regionaler Köstlichkeiten.

Bereits in der jüngeren Steinzeit suchten die Menschen in den Alpen nach wertvollen Erzen, Salz und Edelsteinen. In den Ostalpen wurden sie an vielen Orten fündig. In Hallstatt im Salzkammergut, einem der wichtigsten Zentren der alpinen Vorgeschichte, betrieben bereits die Kelten um etwa 1000 v. Chr. Bergbau in großem Maße. Aufschluss über die Zeit bis etwa 500 v. Chr. gab ein bei Hallstatt gefundenes Gräberfeld – ein sensationeller Fund, nach dem eine ganze historische Epoche benannt wurde: die Hallstatt-Kultur. Etwa 20000 Grabbeigaben lieferten wertvolle Informationen des Übergangs von der Bronze- in die Eisenzeit. Ergänzt wurde das Bild dieser Epoche durch die Opfer von Bergwerkskatastrophen, die zum Teil tief im Inneren des Berges in den Salzstöcken konserviert und erst Jahrhunderte später wieder entdeckt wurden. So weiß man, dass die Bergleute eine speziell gefertigte Lederbekleidung trugen. Kienspanbündel erleuchteten die Stollen, und in Fellsäcken schleppten die Knappen die Salzblöcke ans Tageslicht.

In den Alpen wurde jedoch nicht nur Salz gefördert. Bis ins 18. Jh. florierte in den Hohen Tauern der Abbau von Gold und Edelsteinen. Für damalige Zeiten hochmoderne Schmelzöfen wurden errichtet, allein im Gasteiner Tal und im Rauris waren insgesamt bis zu 5000 Menschen in den Bergwerken beschäftigt. Silber und Kupfer wurde in Tirol bei Schwaz gefördert, Blei- und Zink-Erze in Kärnten. Eindeutig benachteiligt waren die Westalpen, in denen kaum Bodenschätze zu finden waren. Hier mussten sich die Bergbewohner ganz auf die Landwirtschaft konzentrieren.

Lange Frostperioden erschwerten den Ackerbau, bebaubare Flächen waren Mangelware und die Transportmöglichkeiten waren begrenzt. Die Bauernfamilien mussten also versuchen, unabhängig von der Außenwelt die zum Überleben notwendigen Dinge selbst zu produzieren. Möglich war dies nur durch ein enges Zusammenspiel der Tal- und Hochgebirgswirtschaft. Die fruchtbaren Talböden blieben dem Anbau von Getreide, Obst und Wein vorbehalten, während das Vieh im Sommer auf die Almen getrieben wurde, wo meistens Kinder als Hirten arbeiten mussten. Da die Milch schnell verdarb, verarbeiteten die Sennen sie sofort zu Käse. In manchen Regionen, etwa im Wallis, zogen nicht nur die Kühe, sondern das ganze Dorf samt Pfarrer und Lehrer hinauf zu den Sommerweiden. Doch der Ertrag der harten Arbeit reichte vor allem in den abgeschiedenen Tälern der Alpennordseite, wo man allein auf die Viehzucht angewiesen war, oft nicht aus. Die Bauern waren gezwungen, auf Wanderschaft zu gehen und mit einfachem Handwerk zusätzlich Geld zu verdienen. Kinder aus Tiroler Bergtälern wurden den Sommer über zu Bauern ins Schwabenland geschickt. Trotzdem blieb vielen nichts anderes übrig, als aufzugeben und die Heimat zu verlassen. Hätte man die Alpen nicht als Urlaubsregion entdeckt, so wären heute wohl viele Täler verödet.

Zweifellos bietet der Fremdenverkehr eine willkommene Einkommensquelle, die auch genutzt wird. Entscheidend ist jedoch, dass es weiterhin für die Landwirte interessant und lukrativ bleibt, die über Jahrtausende gestaltete Kulturlandschaft zu pflegen. Die staatlichen Finanzspritzen helfen zwar, für die meisten Landwirte reichen sie jedoch nicht aus. In einigen Regionen versucht man deshalb inzwischen auf vorbildliche Weise, Tourismus und Landwirtschaft enger aneinander zu koppeln und so neue Absatzmärkte für die regional erzeugten Produkte zu schaffen. So profitieren letztendlich alle; vor allem jedoch der Gast selbst, der in einer idyllischen Landschaft einen Urlaub lang die Köstlichkeiten der Region ausgiebig und mit bestem Gewissen genießen kann.

Verspielte Gefährten am Wegesrande: Murmeltiere

Verwandelt Bergwiesen in ein Blumenmeer: der Enzian.

Gibt sich mit wenig zufrieden: das Edelweiß.

Der Weinanbau verhilft den Bauern in den warmen Tälern der Alpensüdseite zu einem besseren Auskommen.

Lebensraum Alpen

Sarntaler Alpen und Dolomiten

So klare landschaftliche Strukturen sich aus dem All in den Hohen Tauern erkennen lassen (S. 16/17), so ungeordnet erscheint die Aufteilung der Dolomiten. Deutlich wird auch, wie stark die topographischen Gegebenheiten die wirtschaftliche Entwicklung beschränken. Die Fläche für Siedlungen und Bodennutzung ist trotz umfangreicher Erschließungen äußerst begrenzt, das Ödland prägt die Landschaft. Die einzige dichter besiedelte Region befindet sich in der linken unteren Ecke in der Umgebung der Stadt Bozen ❶, wo das Etschtal mit seinem fruchtbaren Talboden in Richtung Nordwesten abbiegt. In einer deutlich schmäleren Furche bewegt sich die Trasse der Brennerautobahn von Bozen durch das Eisacktal bis Brixen ❷. Die Verkehrsader zwängt sich dann durch die Sachsenklemme ❸ zum Talkessel von Sterzing ❹. Nördlich von Brixen nach rechts zieht das Pustertal ❺ durchs Bild, als Trennlinie zwischen den kristallinen Gesteinen des Alpenhauptkamms und den Kalkmassiven der Dolomiten. Deutlich zeichnet sich das charakteristische Hufeisen der Sarntaler Alpen ❻ ab. Die hellgrünen Flächen in den Tälern zeigen überall deutlich an, wie weit die Bauern den Boden im Talbereich nutzbar gemacht haben. Zwei touristische Brennpunkte sind das Grödnertal ❼ und der Ort Cortina d'Ampezzo ❽. Besonders deutlich zeigt diese Ansicht die Dimensionen der Seiser Alm ❾. Gut erkennen lassen sich die bekanntesten Dolomitengipfel, die sich im Bogen vom Schlern ❿ über Rosengarten und Langkofel zur Sella ⓫ ziehen. Nördlich davon ist der Peitlerkofel ⓬, im Süden die Marmolada ⓭ und im Osten der Kreuzkofel ⓮. Zwischen ihm und den Drei Zinnen ⓯ liegen die Fanesgruppe, die Tofanen und der Cristallo. Die vergletscherten Gipfel am oberen Bildrand rechts gehören zur Riesenferner-Gruppe ⓰. Die größte Siedlung im Pustertal ist Bruneck ⓱. Nördlich davon zweigen das Tauferer Ahrntal, das Antholzer Tal und das Gsieser Tal ab.

Urlaubsregion Alpen

Forschergeist und Gipfelglück

Gegen Ende des 18. Jh. wandelte sich in Mitteleuropa das Verhältnis der Gesellschaft zur Natur – und damit auch zu den Alpen. War es zuerst noch der Forschergeist, der wagemutige Menschen in die unberührte Wildnis der Alpen trieb, machten sich schon bald die ersten Alpinisten auf den Weg. Aus sportlichem Ehrgeiz und zum persönlichen Vergnügen suchten sie Routen hinauf zu den damals als unbezwingbar geltenden Gipfeln.

Der erste Bergsteiger machte sich 1336 auf den Weg: Er war Dichter und hieß Francesco Petrarca. Am 26. April stand er auf dem Mont Ventoux (1909 m) in den französischen Voralpen und war schlichtweg fasziniert von dem Erlebnis, über den Dingen zu stehen, wie er in einem Bericht später niederschrieb. Getrieben habe ihn nichts als das Verlangen, die ungewöhnliche Höhe dieses Fleckens Erde selbst in Augenschein zu nehmen, notierte er. Petrarca war wohl der erste Mensch, der die besondere Schönheit der Bergwelt als solche bewusst wahrnahm und sie auch in Worte gefasst hat.

Selten, aber doch immer wieder, wagten sich in den folgenden Jahrhunderten Menschen auf die Gipfel. 1492 zum Beispiel, als man mit Seilen, Stangen und Eisenleitern bewaffnet auf Anordnung von König Karl VIII. den Mont Aiguille, einen markanten Felszacken in der Vercorsgruppe südlich von Grenoble, eroberte. Im 16. Jh. begannen Wissenschaftler zögernd, erste Erkundungen über die Alpen anzustellen, Topographien zu fertigen, die Geologie und die Tier- und Pflanzenwelt unter die Lupe zu nehmen. Verheerende Kriege erstickten im folgenden Jahrhundert jegliche weiteren Forschungen. Die Berge wurden wieder zum Hort des Schreckens, eine gefährliche Gegend, in der Drachen und Lindwürmer nur darauf warteten, verirrte Menschen zu verschlingen.

Die Wende leitete ein Lehrgedicht mit dem Titel »Die Alpen« ein, 1732 verfasst vom Berner Dichter und Wissenschaftler Albrecht von Haller. Ein Bergsteiger im heutigen Sinne war er nicht, ihn lockten vielmehr wissenschaftliche Interessen in die Berge. Durch seine Arbeit wuchs jedoch seine Begeisterung für die Landschaft an sich. Großer Verkünder des neuen Naturgefühls war schließlich Jean-Jacques Rousseau (1712-1778); er schaffte es als einer der ersten, das Erlebnis der Bergwelt packend zu schildern und dadurch ein ganz neues, intensives Naturgefühl zu wecken. Aus dem furchterregenden Hochgebirge wurde ein interessanter Ort voll erhabener, bezaubernder Schönheit.

Beseelt von diesem Geist kam 1760 der Wissenschaftler Horace-Bénédict de Saussure nach Chamonix – magisch angezogen vom Montblanc, dem mit 4808 m höchsten Gipfel der Alpen. Er war besessen von der Idee, diesen Berg selbst zu besteigen. Oben wollte er Messungen durchführen und zu neuen Erkenntnissen kommen. Saussure setzte eine hohe Prämie für jenen aus, der ihm den Weg durch die wilden Gletscher zeigen würde. Mehrere Versuche scheiterten, erst 1786 gelang es Michel-Gabriel Paccard und Jacques Balmat, die Firnkuppe des Gipfels zu erreichen. Einige Wochen später stand Saussure selbst ganz oben und machte wie angekündigt seine Messung. Inzwischen war auch er infiziert vom »Bergfieber«, begeistert schilderte er seine Eindrück.

Viele ließen sich davon anstecken und wollten selbst an dem Erlebnis teilhaben. Bergsteigen wurde zu einer beliebten Freizeitbeschäftigung, die Geschichte des Alpinismus nahm ihren Lauf. Eine wichtige Rolle spielten dabei die Engländer; einer von ihnen war Edward Whymper, dem 1865 die Erstbesteigung des Matterhorn glückte – wenn auch zu einem hohen Preis: Vier Mitglieder seiner Seilschaft stürzten beim Abstieg in den Tod. Eine Katastrophe, die Zermatt weltweit in die Schlagzeilen brachte, die Anziehungskraft des Berges aber nicht schmälerte. Das kleine, arme Bergdorf am Fuß der grandiosen Felspyramide entwickelte sich zu einem noblen Bergsteigerzentrum mit Gasthäusern und Hotels. 1874 erreichten bereits 13 Seilschaften den stolzen Gipfel.

Noch vor Beginn des 20. Jh. waren die wichtigsten Berge der Alpen bestiegen. Bei der Suche nach neuen Herausforderungen ging es nun darum, die Gipfel über möglichst schwierige Routen zu erreichen. Die Erstbegehung der fast 2000 m hohen Watzmann-Ostwand in den Berchtesgadener Alpen 1881 signalisiert den Auftakt dieser Epoche. Durch die erschließerische Tätigkeit der Alpenvereine – der Bau von Hütten und Wegen rückte in den Vordergrund – und die Entwicklung der Eis- und Klet-

Der Montblanc, wie er zur Zeit der Erstbesteigung 1786 dargestellt wurde

tertechnik nahm der Alpinismus vor allem nach dem Ersten Weltkrieg einen großen Aufschwung. Die Ausrüstung wurde weiter verfeinert, unter erheblichem technischem Aufwand gelang es ab Mitte des 20. Jh., selbst die kühnsten Routen zu bezwingen. Das Unmögliche wurde möglich.

Erholung in den Alpen

Nicht nur verwegene Bergsteiger begaben sich seit Beginn des 19. Jh. in die Alpenregionen. Nach und nach entstanden immer mehr touristische Einrichtungen, um auch Urlaubern ohne Gipfelstürmer-Ambitionen den Aufenthalt in den Bergen zum erholsamen – oft auch heilsamen – Genuss zu machen.

Schwärmerische Schilderungen von Reiseerlebnissen wie zum Beispiel Goethes Reise durch die Schweiz sorgten dafür, dass sich die Kunde von der Schönheit der Alpennatur wie ein Lauffeuer in Mitteleuropa verbreitete. Die erste große Phase des Tourismus setzte Mitte des 19. Jh. ein, nach der ersten Industrialisierungswelle. In seinen Anfängen war der Fremdenverkehr eng mit dem Alpinismus verbunden. Orte wie Grindelwald, St. Moritz, Garmisch-Partenkirchen und Zermatt blühten auf, weil sie durch ihre Berge berühmt wurden. Doch bald waren sie auch für jene interessant, die die fantastischen Gipfel nur betrachten, ihnen höchstens auf Wanderungen näher kommen wollten. Manche ließen sich in Sänften hinauftragen zu herrlichen Aussichtspunkten wie etwa dem Gornergrat bei Zermatt, bis dort 1889 eine Bahn gebaut wurde.

Um 1900 wurde es in der gehobenen Gesellschaft schick, in die Heilbäder der Alpen zu reisen, um sich dort gesund zu baden. Davon profitierten Regionen wie das Gasteinertal im Salzburger Land und das Engadin. Die noblen Alpenbäder mit ihren Mineral- und Thermalquellen wurden zum Treffpunkt der High Society. Doch die Entwicklung der Infrastruktur war zaghaft, oft wollten die Einheimischen nichts mit den wohlhabenden Fremden zu tun haben. Zu welch wichtigem Wirtschaftsfaktor sich der Tourismus entwickeln würde, ahnten damals nur wenige. Diese Vordenker jedoch forcierten die Entstehung von Hotels und den Bau von Eisenbahnlinien und Straßen, die es den Gästen ermöglichten, bequem und gefahrlos anzureisen. Als vor allem in Deutschland nach 1950 das Wirtschaftswunder neuen Wohlstand brachte, wurde der Fremdenverkehr zur Massenbewegung. Straßen wurden bis in alpine Hochlagen gebaut, Liftanlagen wurden für die Skifahrer errichtet, und in den Tälern schossen Hotels wie Pilze aus dem Boden. Die Alpen machten sich als vielseitiges, kontrastreiches Erholungsgebiet einen Namen. Kurorte und Sportzentren, tausende Aufstiegshilfen und ein 60000 km umfassendes Wegenetz bieten heute Möglichkeiten in Hülle und Fülle. Es gibt kaum eine Sportart, die in den Alpen nicht betrieben werden kann – und immer wieder kommen neue dazu. Und dies alles in einem Landschaftsraum, der noch vor 200 Jahren als menschenfeindlich und lebensgefährlich galt.

Verdiente Rast um die Jahrhundertwende auf dem Schlern mit Blick auf den Rosengarten

Sportklettern

In den 1970er Jahren war es plötzlich verpönt, mit Hilfe von Haken und Trittschlingen Überhänge zu überlisten. Freiklettern oder Sportklettern ist seitdem angesagt: Ohne fremde Hilfsmittel eine Route zu meistern; Seil und Haken dienen allein der Sicherung. Der Gipfel verliert immer mehr an Bedeutung, was zählt ist der Schwierigkeitsgrad einer Route. Da das Klettern damit nicht mehr an das Hochgebirge mit all seinen Mühen und Gefahren gebunden ist, kann ein weit größeres Publikum diesen »neuen« Sport ausüben. So ist es auch durchaus spannend, im Klettergarten, direkt neben dem Parkplatz, gut gesichert die Herausforderung zu suchen. Unglaubliches, Akrobatisches wird dadurch möglich. Bis 1977 reichte die sechsstufige Einteilung der klettertechnischen Schwierigkeitsgrade aus; doch dann bezwang die deutsche Seilschaft Reinhard Karl und Helmut Kiene im Wilden Kaiser bei Kufstein die so genannten Pumprisse – eine Route, die deutlich schwieriger war als alles bisher Dagewesene. Die Kletterer einigten sich darauf, die Skala nach oben zu öffnen; inzwischen werden bereits Routen mit Schwierigkeitsgrad elf geklettert.

Alpenrosenblüte vor der Lalidererkante im Karwendelgebirge

Urlaubsregion Alpen

Region Unterinntal – Wilder Kaiser

In dieser Urlaubslandschaft nach Maß spielt der Tourismus sowohl im Sommer wie auch im Winter die Hauptrolle. Kein Wunder, hat doch die Region schon allein aufgrund ihrer vielfältigen Landschaft reichlich Abwechslung zu bieten. Den Blickfang bildet im linken Bildteil das Inntal ❶, in dem gut die dichte Besiedlung um Kufstein ❷ zu erkennen ist. Rechts davon erheben sich die Felsmassive von Zahmem ❸ und Wildem Kaiser ❹, einem herrlichen Wander- und Klettergebiet. Nördlich des Kaisergebirges breitet sich in einem Ost-West-Tal der malerische Kaiserwinkel ❺ aus, mit dem Hauptort Kössen ❻ und der bayerischen Fortsetzung Reit im Winkl ❼. Familien finden hier von der Sommerrodelbahn über Bademöglichkeiten bis zu leichten Radtouren ein vielfältiges Urlaubsrevier. Paraglider besitzen in Kössen einen prächtigen Flugberg, Kajakfahrer und Rafter paddeln auf der Tiroler Ache. Etwas ruhigere Urlaubsreviere befinden sich im Schatten der Loferer Steinberge ❽: das Pillerseetal ❾ und das Dorf Waidring ❿, dessen Ausflugsberg Steinplatte sich im Norden erhebt. Das Wandergebiet von Fieberbrunn ⓫ wiederum gehört zu den Kitzbühler Alpen, mit grünen Gipfelkämmen und offenen Almflanken. Den bekanntesten Namen im Gebiet hat die alte Bergstadt Kitzbühel ⓬; die Möglichkeiten sind hier vielfältig, sie reichen vom klassischen Wandern über Mountainbiken bis zu Golf und Tennis. Die Auswahl zwischen Fels- und Almlandschaft haben Urlauber in Ellmau ⓭, Scheffau ⓮ und Söll ⓯. Inmitten von Wanderbergen befindet man sich im Brixental ⓰. Zu ahnen ist die versteckte Lage der Wildschönau ⓱, die durch einen grünen Riegel vom Inntal abgetrennt ist. Auch das Hochtal von Thiersee ⓲ befindet sich hinter einem hohen Schutzwall, wobei der Hausberg Pendling sich als herrliche Aussichtsloge darstellt.

Freizeit in den Bergen

Abwechslungsreich und immer aktiv

WUNDERBAR »WANDERBARE« ALPEN

Wandern ist in. Und das ist kein Wunder. Ein bestens instand gehaltenes, meist hervorragend ausgeschildertes Wegenetz eröffnet gerade in den Alpen eine unerschöpfliche Quelle von Möglichkeiten, die großartige Landschaft zu erkunden, Gipfel zu ersteigen oder ihnen zumindest nahe zu kommen. Wandern in den Alpen bedeutet aber auch, eigene Grenzen auszuloten; Erfahrungen und Kräfte zu sammeln, die es ermöglichen, diese Grenzen verantwortungsbewusst zu verschieben: Weiter hinaufzukommen, anspruchsvollere Wege zu wählen – ohne Leistungsdruck, aber voller Freude darüber, auch höhere Ziele erreichen zu können.

Idyllische Almen sind ideale Ziele für Wanderungen mit der ganzen Familie.

Will man aktuellen Statistiken und einschlägigen Studien glauben, erlebt das gute alte Wandern eine Wiederentdeckung als Trendsportart. Das hat auch mit der Wellness-Welle zu tun, denn Wandern gilt unumstritten als gesunde Sportart. Die einzigartige Kulisse und die gesunde Bergluft, die übrigens auch schlank machen soll (wie auf einem Werbeplakat des schweizerischen Tourismusverbandes bereits vor 30 Jahren zu lesen war), lockte Menschen schon seit dem späten 18. Jh. in die Berge. Prominente Zeitgenossen wie der »Urgrüne« Jean-Jacques Rousseau, der Berner Universalgelehrte Albrecht von Haller (»Die Alpen«) und Johann Wolfgang von Goethe (der 1779/80 das Berner Oberland besuchte) entfachten mit ihren Schilderungen jene Naturschwärmerei, die ein regelrechtes alpines Reisefieber auslöste. Dass ausgerechnet im Berner Oberland begann, was heute Millionen – im doppelten Sinn des Wortes – bewegt, ist kein Zufall. Wer einmal in Interlaken war, weiß, warum sich hier besonders eindrucksvoll wandern lässt: Wie eine riesige Theaterkulisse bauen sich Eiger, Mönch und Jungfrau über dem Lütschinental auf. Ein Bild, das unweigerlich süchtig macht: nach Bergen, nach Wandern.

Erste Wanderwege wurden hier errichtet – keine ausschließlich zweckmäßigen Verbindungswege mehr wie bisher, sondern reizvolle Routen, die nichts anderes als einen schillernden See oder einen aussichtsreichen Gipfel zum Ziel hatten. Bereits seit 1832 krönt ein Berggasthaus den Gipfel des Faulhorns; genau wie früher verbringen die Gäste von heute vor der Kulisse der Berner Hochalpen unvergessliche Dämmerstunden. 1838 erschien dann in London das »Handbook for Travellers in Switzerland«. Es wurde umgehend zum Bestseller; kein Wunder, stellten die reisefreudigen und sportlichen Engländer doch das Gros der Alpenreisenden. Und gerade sie beschränkten sich nicht darauf, die Gipfel von unten zu bestaunen: Sie wollten hinauf.

Wandertipps früher und heute

Da erscheint es nur folgerichtig, dass in den einschlägigen Publikationen schon bald erste Wanderregeln auftauchten: »Wer starkem Blut-Andrang nach dem Kopfe ausgesetzt ist, der beim Bergaufsteigen und in der Sonnenhitze sich noch steigert, möge ein vierfach zusammengelegtes Handtuch, von Zeit zu Zeit in frisches Quell- oder Bachwasser eingetaucht, über den Kopf legen. Ich erinnere hier wiederholt an das Tragen wollener Hemden auf dem Marsche, selbst während starker Sonnenhitze; der Flanell saugt den Schweiß viel leichter auf und verdunstet ihn wieder rascher als Baumwolle und Leinen; man hat deshalb nie, wenn man den Rock auszieht, das erkältende Gefühl eines nassen Hemdes« (Berlepsch-Reiseführer, 1871).

Flanell trägt längst niemand mehr auf Bergwanderungen, auch das rot-weiße Hemdkaro und die Bundhosen sind aus der alpinen Garderobe verschwunden. Schnell trocknende Funktionswäsche sorgt heute für ein angenehmes »Mikroklima«.

Bei allen Erleichterungen, die dem modernen Bergsteiger heute zugute kommen, vergisst man dabei aber allzu leicht, dass der Weg vom Büroarbeitsplatz in alpine Regionen ein Weg in eine andere Welt ist, in der auch reale Gefahren lauern. Wer schon einmal auf einer Bergwanderung erlebt hat, wie sich ein strahlender Morgen am Nachmittag in ein sturmgepeitschtes Inferno verwandelt hat, kann sich gut vorstellen, was gemeint ist. Bergwandern ist eine sehr intensive, aber nicht ganz risikofreie Naturerfahrung. Ein einfacher Wanderweg kann sich bei Regen schnell in eine lebensgefährliche Rutschbahn verwandeln, manchmal ist die Route doch schwieriger als gedacht – da hilft nur eines: frühzeitig die Situation erkennen und sofort umkehren.

Das Schöne am Wandern ist jedoch, dass gerade hier das Erlebnis so wenig von der Schwierigkeit der Route abhängig ist. Wandern in den Alpen heißt, die Natur erleben, in all ihren Facetten, die großen Wunder ebenso wie die kleinen: Auf dem »Eiger-Trail« unterwegs sein und sich vor der monumentalen Nordwand ganz winzig fühlen; in das Blumenwunder der Julischen Alpen eintauchen; auf der Hüttenterrasse hocken, die Beine ausstrecken und der Sonne zuschauen, wie sie hinter dem Zackenprofil des Rosengartens verschwindet. Bergwandern bedeutet aber auch: Schwitzen, Blasen an den Füßen, weitergehen; auf die Zähne beißen, wenn der Weg weiter ist als die Lust reicht.

Die Berge sind zur Gegenwelt unseres Alltaglebens geworden, im guten Sinn: Stein statt Beton, grün statt grau, Zeit statt Stress, Kuhglocken statt Handy-Geklingel. Jeder entscheidet selbst über das Ziel und den Weg dorthin. Und wer will, legt sich einfach auf die Wiese, schaut den weißen Wattewolken zu, wie sie an den Gipfeln vorbei übers blaue Firmament ziehen. Solche (Wander-)Tage sind nicht nur gut für den Körper, davon profitiert auch die Seele. Unter freiem Himmel weicht der Alltag zurück, der langsame Schritt gibt den idealen Takt. Endlich wieder Zeit zu sehen, zu beobachten, eins zu werden mit der Natur. Sonne auf der Haut, ein kühler Windhauch, das Pfeifen eines Murmeltiers. Wen mag es da noch wundern, dass Wandern gerade heute wieder in ist?

ADAC top ten

- **Tegelberg • Ostallgäu** (S. 82) Abstiege können ihren Reiz haben, wenn sie am Märchenschloss Neuschwanstein vorbei und durch eine malerische Klamm hindurchführen. Bergauf von Hohenschwangau per Seilbahn zum Aussichtsberg Tegelberg/Bergstation (1720 m) – Branderfleck – Reitweg zum Berggasthaus Bleckenau (1167 m) – auf Fahrstraße (auch Taxi möglich) bis zur Marienbrücke – durch die Pöllatschlucht zur Talstation; 4–5 Std.; einfache Wanderung auf angenehmen Wegen.

- **Falkenhütte • Bad Tölz – Lenggries** (S. 102) Die Runde im Karwendel bietet Einblick in ein berühmtes Klettergebiet der Nordalpen: die Laliedererwände. Dank des Busses in die Eng lässt sich die Tour problemlos durchführen. Zurück durch das Johannestal nach Hinterriß. Eng (1203 m, Bus bzw. Mautstraße von Hinterriß) – Hohljoch (1794 m) – Spieljoch (1773 m) – Falkenhütte (1848 m) – Ladizalm (1573 m) – Johannestal – Hinterriß (928 m); 5–6 Std.; einfache, lange Bergwanderung auf guten Wegen.

- **Wilder-Kaiser-Steig • Wilder Kaiser – Brixental** (S. 220) Aussichtspromenade vor den Klettergipfeln des Wilden Kaisers mit Blick bis zu den Hohen Tauern; Ausgangspunkt: St. Johann in Tirol (659 m, Region Pillerseetal, S. 228) – Gscheuerkopf (1279 m) – Baumgartenköpfl (1572 m) – Gruttenhütte (1620 m, Übernachtung); Kaiserhochalm (1417 m) – Walleralm (1150 m) – Kufstein (503 m). 2-Tage-Tour mit jeweils 7-stündigen Etappen auf teilweise schmalen Bergpfaden; nur für konditionsstarke, trittsichere und erfahrene Bergwanderer geeignet. Kürzere Varianten möglich.

- **Adolf-Munkel-Weg • Brixen und Eisacktal** (S. 500) Einer der schönsten (und gemütlichsten) Höhenwege der Dolomiten, stets an der Waldgrenze unter den faszinierenden Nordabstürzen der Geislerspitzen (3025 m). Ausgangspunkt: Parkplatz auf der Zanser Alm (1689 m) im innersten Villnößtal. Zanser Alm – Adolf-Munkel-Weg – Brogleshütte (2045 m) – Klieferbachtal – Zanser Alm; 4,5–5 Std.; leichte, Ausdauer erfordernde Tour auf guten Bergwegen.

- **Monte-Baldo-Höhenweg • Gardasee** (S. 554) Den Gardasee von oben erleben, am blumenreichen Rücken des Monte Baldo. Aussichtspromenade, die von Malcèsine mit der Seilbahn zu erreichen ist. Bergstation Baita die Forti (1745 m) – Cima Valdritta (2218 m) – La Guardia (1523 m) – Co. di Piombi (1164 m) – Mittelstation Baldo (536 m); 7–8 Std.; Bergwanderung in hochalpinem, teilweise felsigem Gelände, nur für trittsichere und schwindelfreie Bergwanderer; Vorsicht bei Wettersturz!

- **Zsigmondy-Comici-Hütte – Drei-Zinnen-Hütte • Hochpustertal** (S. 512) Die schönste und abwechslungsreichste Wanderrunde in den Sextener Dolomiten, ausgehend vom Fischleintal bei Sexten mit dem berühmten Drei-Zinnen-Blick ins Herz der Dolomiten. Fischleinboden/Hotel Dolomitenhof (1454 m) – Talschlusshütte (1526 m) – Zsigmondy-Comici-Hütte (2235 m) – Büllelejoch-Hütte (2528 m) – Drei-Zinnen-Hütte (2405 m) – Altensteiner Tal – Fischleinboden; 6–7 Std.; nicht schwierige, aber anstrengende Tour mit großem Höhenunterschied! Gute, teilweise steile Bergpfade.

- **Faulhorn • Jungfrau-Region und Interlaken** (S. 352) Der Name bezieht sich auf das Gestein (faul = mürbe), keinesfalls auf die Aussicht: Die ganze Gipfelpracht der Berner Alpen breitet sich aus, Eiger, Mönch und Jungfrau vornweg. Tipp: Im Gipfelhotel nach Röschti, Bratwurst und herrlichem Sonnenuntergang übernachten und den traumhaften Sonnenaufgang genießen. Schynige Platte (1967 m, Bergstation Zahnradbahn von Interlaken/Wilderswil) – Faulhorn (2681 m) – Bachsee (2265 m) – First (Gondelbahn nach Grindelwald); 5–6 Std., einfache Wanderung auf guten, nur streckenweise steileren Wegen.

- **Via Engiadina • St. Moritz und Oberengadin** (S. 462) Über der Oberengadiner Seenplatte von St. Moritz bis zu Segantinis später Heimat Maloja. Im Herbst, wenn sich die Lärchen gelb verfärben, ist diese Tour ein Traum. St. Moritz/Bergstation der Signalbahn (2110 m) – Alp Suvretta (2211 m) – Julier-Passstraße (Abstieg nach Silvaplana mögl.) – Grevasalvas (1941 m) – Maloja (1803 m, Bus zurück nach St. Moritz); 5–6 Std.; einfache Bergwanderung auf bequemem, gut ausgeschildertem Weg.

- **Monte San Salvatore – Morcote • Lugano und Luganer See** (S. 406) Die Landschaft rund um den Luganer See erlebt man am schönsten zu Fuß. Der Monte San Salvatore bietet ein beeindruckendes Panorama, die Orte Carona und Morcote alte Tessiner Architektur. San Salvatore (912 m; Standseilbahn von Lugano) – Carona (559 m) – Morcote (272 m, mit Bus oder Schiff nach Lugano); 3 Std.; nicht schwierige Bergab-Wanderung, anfangs auf steilerem Pfad, dann auf guten Wegen.

- **Europaweg • Zermatt** (S. 386) Zwei-Tage-Wanderung durch das Mattertal zum schönsten Berg der Alpen, denn das Matterhorn zeigt sich auf diesem Weg von seiner schönsten Seite. Grächen (1615 m) – Galenberg (2600 m) – Europahütte (2220 m, Übernachtung) – Bergrest. Täschalp-Ottavan (2187 m) – Tufteren (2215 m) – Zermatt (1616 m); 12 Std. in 2 Tagen; anspruchsvolle Tour für erfahrene, trittsichere und schwindelfreie Bergwanderer mit guter Kondition.

BERGSPORT IM WILDEN WASSER

Der Begriff »Canyoning« steht für die alpine Begehung von Klammen und Schluchten in einer Urwelt aus Wasser und Stein. Alpinisten mit Helm, Schutzanzug und Kletterausrüstung steigen in die tiefen Abgründe von Gebirgsbächen und berichten leidenschaftlich von ihren Abenteuern: Abseilaktionen in bis zu 100 m hohen Wasserfällen, wilde Rutschpartien über steile Felsrinnen und Sprünge aus 10–12 m Höhe in glasklare Wasserbecken. All dies findet in einer bizarren Welt statt, in der das Wasser den Ton angibt und scheinbar unbezwingbare Felswände den eigenen Aktionsradius begrenzen. In dieser Unterwelt zählt nur eigene Kraft, Wissen und Erfahrung.

Rutschpartie in die fazinierde, weitgehend unberührte Natur der Schluchten und Klammen

Klammen, Schluchten und Höhlen sind schon seit Urzeiten mystische Plätze. Bei den alten Griechen vermutete man hier den Eingang zur Unterwelt, zum Reich des Bösen. Verkehrswege durch enge Schluchten, wie z. B. die Via-Mala-Schlucht in Graubünden, wurden lange Zeit nur mit Schaudern begangen. Erst Ende des 19. Jh. begannen mutige Männer, Klammen und Schluchten systematisch zu erforschen. In Frankreich begegnet man dabei häufig dem Namen Alfred Martel. Der französische Jurist (1859–1938) erforschte zahllose Canyons und Höhlen in Frankreich und Spanien. In den Alpen wurden zu dieser Zeit Klammsteige zur Bewältigung der Holztrift – Holz wurde auf dem Wasser an seinen Bestimmungsort geschwemmt – errichtet, eine gefahrvolle Aktion, bei der viele Männer ertranken.

Nach 1950 begannen Abenteuerlustige – oft Höhlenforscher, Alpinisten und Kanuten –, die bislang unzugänglichen Felsklammen zu erforschen: zunächst mit Hanfseilen und einfachem Klettergerät, später mit zunehmend modernerem Equipment und Kälteschutzanzügen. Spaniens Sierra de Guarra (ein Vorgebirge der Pyrenäen) ist der Klassiker aller Canyonisten, doch ebenso großartig sind die Seitenschluchten des Verdon, Esteron und der Roya in Südfrankreich. 1974 schwamm der Franzose Roger Verdegen durch die fast 30 km langen Gorges du Verdon. In Mallorca führt ein Canyon durch einen völlig dunklen Höhlenabschnitt. Korsika, Sardinien und die Kanarischen Inseln sind Canyoning-Gebiete unter südlicher Sonne.

Doch auch in den Alpen gibt es fantastische Canyons: Karwendelgebirge, der Tennengau im Salzburger Land, die Umgebung von Imst sowie das Kärntner Mölltal zählen zu den schönsten Regionen. Beschreibungen und Topos der Canyons, die meist von den Gründungsmitgliedern des sehr aktiven Deutschen Canyoning Vereins erstbegangen wurden, werden nur hinter vorgehaltener Hand weitergegeben, um nicht den Unmut einiger Naturschützer hervorzurufen, denen das Tun der »Schluchtler« absolut suspekt ist. Dabei belastet Canyoning bei Beachtung einiger Regeln die Umwelt kaum. Zumal jedes Hochwasser einen größeren Schaden anrichtet als 1000 Begehungen. Generell gilt jedoch: Zustiege nur an geeigneter Stelle wählen, die Ufervegetation nicht zertrampeln und vor allem keinen Müll hinterlassen! Die meisten Canyonisten fühlen sich aber ohnehin selbst dem Naturschutz verpflichtet, der schonende Umgang mit der Umwelt ist für sie eine Selbstverständlichkeit. Auch die geprüften Guides, die für professionelle Veranstalter Canyoning-Touren führen, sind sich ihrer Verantwortung gegenüber Mensch und Natur sehr bewusst. Spaß steht an erster Stelle, doch nicht um jeden Preis.

Auf jeden Fall sind die erfrischenden Aktionen im glasklaren, eiskalten Bergbach ganz schön aufregend: Mancher bewältigt seine Ängste nur durch den sanften Zwang

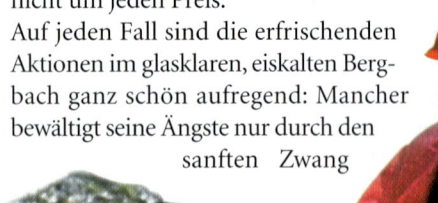

der Gruppe und sprengt so die eigenen Grenzen. Die ungebändigte Kraft des Wassers, die Eindrücke zwischen steilen, Schwindel erregenden Felswänden und tosenden Bächen, dazu Kontraste vom gleißenden Sonnenlicht bis zu völliger Dunkelheit in höhlenartigen Abgründen – beeindruckende Gegensätze, die eine tiefe Faszination hinterlassen. Auch die Geräuschkulisse setzt eigene Akzente: dumpfes Gurgeln und mächtiges Rauschen, dazu die Angst- oder Lustschreie der Akteure.

Spaß und Vorsicht kombinieren!

Auch Kinder können oft nicht genug von den prickelnden Aktionen bekommen, doch aufgrund ihres geringeren Körpervolumens kühlen sie auch an heißen Sommertagen im durchschnittlich etwa 5–10 °C Wasser der Gebirgsbäche schnell aus; bei allem Spaß ist deshalb Vorsicht angesagt. Auch Erwachsene werden im Wasser vom Spieltrieb erfasst. Sprünge und Rutschpartien im schäumenden Wildbach machen schließlich Laune und verdrängen jeden Gedanken an den Alltag.

So ein Canyon lässt niemanden unberührt, das Wechselbad der Gefühle wirkt nachhaltig. Vor dem Spaß steht beim Eintauchen in die unbeschreiblich faszinierende Welt der Schluchten jedoch die Sicherheit an erster Stelle. Fels und Wasser diktieren die Spielregeln. Gegen eine starke Strömung anzuschwimmen ist unmöglich. Viele Klammen sind eine Einbahnstraße, wer den ersten Wasserfall abgeseilt hat, kommt in der Regel nicht mehr zurück. Nun führt der Weg nur noch nach unten. Bereits ein verstauchter Knöchel wird dann zum Problem. Und ein Gewitterregen in einem engen Spaltencanyon kann tödliche Folgen haben – wie man spätestens seit dem ersten großen Canyoning-Unfall in der Schweiz im Juli 1999 weiß. 18 Menschen kamen damals ums Leben.

Canyons sind aber auch spannende Naturlehrpfade durch eine vom wilden Wasser geschaffene Szenerie: Strudeltöpfe, Kolke und bizarre Felsbogen zeugen von den Erosionskräften der vom Wasser mitgeführten Sedimente. Das weiche Kalkgestein formt sich besonders rasch. So bilden sich oft kreisrunde Pools, gefüllt mit schillerndem, smaragdgrünem Wasser. Helle Felswände schimmern wie glatt polierter Marmor. Bemooste Felsen ragen zwischen Wasserkaskaden hervor.

Vielfältig sind die Gesteinsarten, in die das Wasser in den Alpen tiefe Canyons gefressen hat: Granit, Gneis, Basalt, Schiefer, Konglomerat oder Porphyr sorgen je nach Region für ein spezielles Ambiente. Kein Canyon ist wie der andere – und wer

ADAC top ten

- **Tennengebirge • Dachstein West Lammertal** (S. 266) Taugl, Strubklamm, Zinkenbach und Almbachklamm sind zwar noch sanfte Canyons im Konzert der Großen. Trotzdem vermitteln sie fantastische Natur gepaart mit dosierter Aktion. Das Gebiet befindet sich nur wenige Kilometer von Salzburg entfernt.
- **Inntal • Imst – Mieminger Plateau** (S. 170) Im Umfeld der bekannten Raftstrecke »Imster Schlucht« locken abwechslungsreiche Canyons aller Schwierigkeitsgrade. Mehrere Veranstalter bieten Touren an. Der einfachste Canyon beginnt in Hochimst und führt durch einen Teil der Rosengartenschlucht. Die heftigsten Touren begeistern mit Sprüngen bis zu 14 m Höhe.
- **Nationalpark Kalkalpen • Pyhrn – Priel** (S. 294) Keine Canyoningtour im eigentlichen Sinn, aber Canyonerlebnis für die ganze Familie: die »Große Schlucht« im Reichraminger Hintergebirge. Leichte Klettersteigpassagen und herrliche Pools in einer malerischen Schlucht – sanfte Einstiegsdroge für weitere Abenteuer.
- **Hallstatt • Hallstätter See** (S. 270) Zwischen Bad Goisern und dem Hallstätter See befinden sich im Salzkammergut im Schatten des Dachsteingletschers mehrere tolle Canyons. Bestens ausgebildete Guides und vorbildlich eingesicherte Routen sind garantiert. Für Schlechtwettertage empfehlen sich die Dachstein-Eishöhlen und das Salzbergwerk Hallein als Alternative an.
- **Mölltal** (S. 342) Die Maltaschlucht gilt als »größte Waschmaschine Österreichs«. Sanfte Gemüter sollten daher lieber mit der Tscheppa-Schlucht beim Kleinen Loiblpass anfangen. Der Fallbach-Wasserfall bietet die höchste Abseilstelle Österreichs mit 200 m – etwas für harte Kerle und mutige Mädels.
- **Massaschlucht • Aletschgebiet** (S. 394) Die Schmelzwasser des Aletschgletschers formten den Fels der 600 m tiefen Massaschlucht bei Bitsch im Oberwallis. Mit glasklaren, eiskalten Pools und herrlicher Natur. Veranstalter vor Ort garantieren ein kalkulierbares Abenteuer im Herzen der Schweiz.
- **Lago Maggiore** (S. 564) Die Region rund um den nördlichen Lago Maggiore birgt spektakuläre Canyons. Als Schnuppertour eignet sich eine Wanderung entlang der Verzasca in der Region Locarno. Verschiedene Veranstalter bieten geführte Touren an, meist im Centovalli oder Val Malvaglia.
- **Gardasee** (S. 554) Rund um den Gardasee gefällt es nicht nur Mountainbikern, Kletterern und Surfern. Hier gibt es auch tolle Canyons zu entdecken. Die meisten Veranstalter sitzen in den Touristenzentren Arco und Torbole. Der Klassiker »Vajo dell'Orsa« führt vom Felsenkloster Madonna della Corona hinunter ins Etschtal nach Brentino.
- **Belluno • Abstecher von Cortina d'Ampezzo** (S. 534) Val Clusa, Gole del Torrente Soffia und Val Zemola sind Canyons der Superlative. Viele Schluchtenwege der Seitencanyons von Cordevole und Piave wurden ab 1958 erforscht und abgesichert. Am Abend sollte man sich der köstlichen Regionalküche widmen.
- **Sočatal • Triglav** (S. 590) In den Julischen Alpen begegnen sich Fliegenfischer, Kanuten und Canyonisten. Jeder kommt hier auf seine Kosten. Das Wasser kommt vom Triglav smaragdgrün herunter und in den Wäldern gibt es noch Bären. Die schönsten Canyons um Bovec: Globoski Potoc, Mlinarica, Predelica und Susek (mit einer 12-m-Rutsche).

dem Reiz der Canyons einmal verfallen ist, kann nicht mehr genug davon bekommen. Bei jeder Tour wird man aufs Neue eine Gratwanderung der Gefühle erleben. Der Bergsport im Wasser verlangt alles von denen, die ihn verantwortungsvoll betreiben. Denn eines ist klar: Obwohl Canyoning Spaß macht, ist es alles andere als eine Funsportart! Leichtsinn und Unwissenheit haben an diesen schwer zugänglichen Stellen der Alpen keine Existenzberechtigung; jeder, der sich nicht hundertprozentig auskennt und über keinerlei Erfahrung verfügt, sollte sich unbedingt einem der professionellen Veranstalter anvertrauen! Nur so wird man die Abenteuer in der Unterwelt voll und ohne negative Folgen genießen können.

FREIHEIT GRENZENLOS

Man steht auf einem Gipfel, um sich herum nichts als Berge. Wer hat in einem solchen Moment nicht schon geträumt: Jetzt einfach die Arme ausstrecken, loslaufen und lautlos über Berge und Täler gleiten … Beim Drachen- und Gleitschirmfliegen wird dieser Traum wahr. Die einstigen Extrem-Sportarten sind heute von jedermann erlernbar. Und die besten »Flugplätze« der Welt liegen vor der Haustür: in den Alpen.

Garmisch-Partenkirchen, 19. April 1973: Mike Harker, ein kalifornischer Wasserskifahrer, fliegt mit einem stoffbespannten Aluminium-Gestell von der Zugspitze – eine Sensation, die fast so viel Aufsehen erregt wie die Nachricht von Neil Armstrongs Mondlandung 1969. Über Nacht ist »Hängegleiten«, wie der Sport zunächst heißt, in aller Munde. Kluge Aerodynamiker entwickeln Mike Harkers fragilen »Rogallo-Segler« (der NASA-Ingenieur Francis Rogallo plante damit ursprünglich die Rückführung von Raumkapseln) zu einem sicheren und ästhetischen Hightech-Fluggerät weiter. Anfangs noch als Extremsport verrufen, nimmt das Drachenfliegen bald einen enormen Aufschwung. In den Mittelgebirgen und den Alpen schießen Flugschulen wie Pilze aus dem Boden. Und bereits Anfang der 1980er Jahre zählt der frisch gegründete Deutsche Hängegleiter Verband über 10000 Mitglieder.

Doch schon bald drängt ein neuer Sport die Flugdrachen aus dem Rampenlicht. 1985 fliegen – besser wäre allerdings das Wort »fallen« – in Frankreich mutige Aerodynamik-Tüftler mit modifizierten Fallschirmen von steilen Berghängen. Auch hier geht die Geräteentwicklung mit großen Schritten voran, und es dauert nicht lange, bis die ersten Bergsteiger die nur 5 kg schwere Ausrüstung als, sagen wir mal, knieschonende Abstiegshilfe entdecken. Die Schirme bestehen aus nichts außer 30 m² Tuch und 300 m langen Leinen, können in einem relativ kompakten Rucksack transportiert werden und bereiten jede Menge Spaß. Das Gleitschirmfliegen – »die einfachste Art zu fliegen«, so ein Werbeslogan – ist geboren. Heute betreiben allein in Deutschland fast 30000 Menschen diesen faszinierenden Sport. In den Alpen gibt es an fast jedem Urlaubsort seriöse Flugschulen, und an schönen Sommertagen gehören die bunten Farbtupfer in den Bergen längst zum vertrauten Erscheinungsbild.

Vor vier Jahren flog Toni Bender, ein quirliger Starnberger Fluglehrer, gemeinsam mit einem Kameramann in mehreren Etappen quer über die Alpen – vom Brauneck bei Bad Tölz bis nach Bassano in Venetien – angetrieben nur von thermischen Aufwinden. »Das war das intensivste Erlebnis meiner Fliegerkarriere«, sagte Toni Bender nach dem Flug begeistert. Die Ausrüstung, die ihn über die Alpen trug, ist immer noch genauso einfach aufgebaut wie einst: »Auch ein moderner Gleitschirm besteht nur aus Stoff, Leinen und einigen Metallkarabinern«, erklärt Bender, der als Testpilot für einen großen Gleitschirmhersteller neue Modelle auf ihre Alltagstauglichkeit prüft. »Allerdings hat sich die Leistung der Schirme in den letzten 15 Jahren verdreifacht und die Sicherheit bedeutend verbessert.« Dafür sorgen optimierte Profile und Segelgrundrisse sowie komplexe Konstruktionen im Kappeninneren.

Ein moderner Schirm sinkt auf einer Gleitstrecke von 1 km nur 120 m und ist bis zu 60 Stundenkilometer schnell – das reicht aus, um auch große Distanzen zu bewältigen: Christian Maurer, ein junger Schweizer, schraubte im Juli 2004 die Alpenbestleistung auf 323 km herauf – er flog vom Berner Oberland bis ins Inntal!

Flugparadies Alpen

Natürlich sind nicht alle Piloten so leistungshungrig wie Christian Maurer. Den meisten genügt es, genussvoll in der Thermik über ihrem Hausberg zu fliegen, der Natur aus der Vogelperspektive neue Blickwinkel zu entlocken und abends mit Freunden über die Erlebnisse zu plaudern.

Das Schöne an diesem Sport: Weite Reisen sind nicht notwendig, um Träume wahr werden zu lassen. Denn das unbestrittene Flugparadies der Welt sind die Alpen. Kein anderes Gebirge bietet eine so gute Infrastruktur und so überschaubare Wetterverhältnisse. Wer nicht zu Fuß auf den Berg gehen will, kommt mit den zahllosen Bergbahnen bequem zum Startplatz und nach einem Streckenflug mit öffentlichen Verkehrsmitteln schnell wieder zurück. Für sichere Flugbedingungen sorgen die starke, aber nicht zu aggressive Thermik und mäßige Talwinde.

Vom bewaldeten Jura bis zum vergletscherten Hochgebirge des Wallis eröffnen sich gerade in der Schweiz schier endlose Flugmöglichkeiten. Die

Ein Tandemflug ist die angenehmste und sicherste Art, erstmals abzuheben in die dritte Dimension.

hochalpinen Fluggebiete bleiben im Sommer allerdings den Cracks vorbehalten – zumindest in den Mittagsstunden, wenn die Thermik kräftige Turbulenzen verursacht. Übrigens genießen die Schweizer Flugschulen einen sehr guten Ruf. Allerdings wird das »Brevet« in Deutschland nicht anerkannt. In puncto Vielfalt steht Österreich seinem Nachbarland in nichts nach. Wer schon immer davon geträumt hat, den »Pinzgauer Spaziergang« fliegend kennen zu lernen und dabei die Aussicht auf den Großglockner zu genießen, kommt an der Schmittenhöhe in Zell am See voll auf seine Kosten. Interessant sind auch die zahlreichen Fluggebiete auf der Alpensüdseite wie die Gerlitzen am Ossiacher See, wo es schon im April sommerlich warm ist.

Noch weiter im Südosten lockt Slowenien mit einer Fülle an Startplätzen und mildem Adria-Klima. Vom Baden am Meer übers Raften in der Soca bis zum Kraxeln in den einsamen Karstgebirgen ist hier alles geboten – und das für wenig Geld. Wer nicht so weit reisen will, findet natürlich auch in Deutschland gute Fluggebiete und erfahrene Fluglehrer. Die Möglichkeiten sind vielfältig: von ruhigen Gleitflügen im Alpenvorland bis zu Thermik-Ritten in der hochalpinen Landschaft Garmisch-Partenkirchens oder Berchtesgadens. Auch die Kultur kommt dabei nicht zu kurz: Am Tegelberg in Füssen kann man die Schlösser König Ludwigs II. von oben besichtigen!

Die angenehmste Art, das erste Mal in die dritte Dimension abzuheben, eröffnet sich bei einem Tandemflug – ein Service, den fast jede Flugschule im Programm hat. Viele Passagiere sind gleich so begeistert, dass sie sich am nächsten Tag in der Flugschule zu einem Grundkurs anmelden! Dieser dauert etwa vier bis sieben Tage – je nach Wetterverhältnissen und Talent. In einer weiteren Woche kann man den »Luftfahrerschein« erwerben, der zum selbstständigen Fliegen berechtigt. Weiterbildung ist für Piloten natürlich auch später angesagt. Doch nach Streckenflugseminar und Sicherheitstraining steht einer Alpenüberquerung à la Toni Bender eigentlich nichts mehr im Weg!

ADAC top ten

- **Oberstdorf** (S. 76) Im Allgäu lockt mit dem Oberstdorfer Tal Deutschlands vielseitigstes Fluggebiet. Von beschaulichen Gleitflügen über die Almwiesen der »Hörner« bis zu wilden Thermikritten in hochalpiner Landschaft am Nebelhorn wird alles geboten; www.oase-paragliding.com
- **Tegernsee • Tegernseer Tal** (S. 106) Der Wallberg begrenzt das Tegernseer Tal im Süden wie ein Wall – ideal für ausgedehnte Flüge im anströmenden Talwind. Nach dem Flug lockt ein erfrischendes Bad im Tegernsee; www.para.pbm.de
- **Interlaken • Jungfrau-Region und Interlaken** (S. 352) Der Blick auf Eiger, Mönch und Jungfrau lässt auch abgebrühte Piloten nicht kalt. Interlakens Flugberge haben bereits mehrere Weltcupsieger und Europameister hervorgebracht: Kari Eisenhut gibt sein Wissen in Seminaren weiter; www.karieisenhut.com
- **Annecy • Abstecher aus der Montblanc-Region** (S. 574) Hochsavoyen gilt als Wiege des Gleitschirmfliegens – in Mieussy »flogen« in den Achtzigern die ersten Piloten mit umgebauten Sprungfallschirmen. Der Col de la Forclaz am Lac d'Annecy ist Frankreichs beliebtestes Fluggebiet. Ein ideales Gelände, um Flug- und Badeurlaub zu verbinden; www.lespassagersduvent.com
- **Tolmin • Triglav** (S. 590) Vor einigen Jahren wanderte der Deutsche Volker Rademacher nach Slowenien aus, wo er Fliegern in einem der wetterbeständigsten Gebiete der Alpen Rundum-Betreuung anbietet – vom Shuttleservice bis zum Mountainbike-Verleih; www.paragliding-adventure.com
- **Bassano • Abstecher vom Gardasee** (S. 554) Am geschichtsträchtigen, äußerst lebendigen Städtchen am Alpen-Südrand sind für Flieger die Hänge des Monte Grappa eine Wallfahrtsstätte – wegen der ganzjährig vom Mittelmeer heranströmenden Warmluft und wegen der Prosecco-Traube, die hier ihre Heimat hat; www.montegrappa-airpark.it
- **Canazei • Val di Fassa** (S. 544) Die Zacken und Zinnen der Dolomiten sind ein Paradies für Flieger. Wenn im Herbst die Thermik andernorts schwächer wird, haben die Startplätze rund um das Sella-Massiv Hochsaison. Erfahrene Piloten fliegen bis zur Marmolada (S. 532); www.dolomitihighfly.com
- **Hallstatt • Hallstätter See** (S. 270) Über dem See geht's rund – im wahrsten Sinne des Wortes. Der Skyclub Austria, die größte Flugschule Österreichs, hat in der Dachstein-Region ein Aus- und Fortbildungszentrum für Gleitschirmflieger aufgebaut, das sogar Kunstflugkurse anbietet. Atemberaubende Ausblicke auf das Weltkulturerbe sind garantiert; www.skyclub-austria.at
- **Andelsbuch/Bezau • Bregenzerwald** (S. 126) Im Bregenzerwald sorgt der nahe Bodensee für mildes Klima und zuverlässige Flugbedingungen. Dank der einfachen Startplätze, die von den Talorten Bezau und Andelsbuch optimal erreichbar sind, haben sich das »Sonderdach« und die Niedere zu einer Hochburg für Flieger entwickelt; www.gleitschirmschule.at
- **Kössen • Kaiserwinkl** (S. 212) Kössen ist Kult: Hier fand 1975 die 1. Weltmeisterschaft im Drachenfliegen und 1989 die 1. Gleitschirm-WM statt. Seitdem ist das Unterberghorn bei Drachen- und Gleitschirmfliegern für seine zuverlässigen Aufwinde und guten Streckenflugmöglichkeiten berühmt; www.fly-koessen.at

Die Vielfalt der Alpen

Fahren wir in die Berge oder ans Meer? Jahr für Jahr sorgt diese Frage in Millionen Familien für heiße Diskussionen. Wer Kinder für eine Reise in die Alpen begeistern will, braucht dabei gute Argumente. Die sind gar nicht schwer zu finden. Gut geplant, wird der Ferienaufenthalt im Gebirge zum spannenden Erlebnis für Groß und Klein.

Manche, die als Kinder mit ihren Eltern jeden Sommer ins Gebirge gefahren sind, machen später mit ihren eigenen Kindern einen großen Bogen um jede Erhebung im Gelände. Warum? Weil sie sich nur an langweilige, anstrengende Wanderstrapazen erinnern. Weil sie niemals erlebt haben, welche Vielfalt die Berge bieten: Spannung und Spaß, Pflanzen und Tiere, einfach zahllose Möglichkeiten für eine aktive Feriengestaltung. Damit sind also zuallererst die Eltern angesprochen. Sie sollten ihre Kinder schon bei der Urlaubsplanung zu Hause mit einbeziehen. Ein guter Anfang ist, gemeinsam durch Prospekte zu blättern und mit dem Finger über bunte Panoramakarten zu »wandern«.

Aufzusteigen zu Almen, Hütten und Gipfeln steht bei erwachsenen Alpenurlaubern auf der Liste der beliebtesten Freizeitaktivitäten immer noch ganz oben. Kinder sehen das meistens anders. Lange Anstiege über Forststraßen und Schotterpisten – und von denen gibt es in vielen Regionen der Alpen leider zu viele! – erleben sie als eine Zumutung. Autoren einschlägiger Wanderführer sollten solche Routen nicht mehr allein deshalb als »familienfreundlich« bezeichnen, weil man von ihnen nicht runterfallen kann. Denn Kinder wollen Spannung und Abenteuer. Sie wollen die Natur voller Geheimnisse erleben und auf schmalen Pfaden. So wie Ronja, die Räubertochter, bei Astrid Lindgren. Ihr Vater, der Räuberhauptmann, sagt, sie solle sich vor dem tiefen Wald hüten, vor dem Fluss und vor dem Höllenschlund. Und Ronja hütet sich: Zuerst geht sie in den Wald, dann klettert sie in den Felsen über dem Fluss und zuletzt springt sie über den Höllenschlund …

Eltern mag diese Vorstellung Kopfschmerzen bereiten. Viele Bergsteiger erinnern sich aber nur zu gern an frühe »Expeditionen« in die wilde Natur, zu Felsen, Höhlen, Bächen, Seen, Hirschen, Gämsen und Murmeltieren. Positive Erlebnisse können den Keim einer lebenslangen Leidenschaft für das Gebirge legen – übrigens auch ganz ohne das frühe Sammeln von Gipfeltrophäen, die manchen ehrgeizigen Eltern so viel bedeuten! Merke: Wasser ist zum Nassspritzen, Staudammbauen und Baden da. Und Felsen sind zum Klettern da. Bäume auch. Lange und ernste alpine Touren scheiden selbstverständlich aus dem Familienprogramm aus. Kinder zu überfordern, ist sträflich; sie zu unterschätzen – in ihrem Bewegungsdrang und ihrer Neugier –, ist dagegen unendlich schade.

Das richtige Maß zu finden, verlangt von den Eltern viel Fingerspitzengefühl und eine realistische Einschätzung. Wer unsicher ist, was die eigenen Fähigkeiten und die seiner Kinder angeht, findet aber fachkundige Hilfe: Tourismusverbände sowie autorisierte Bergsteiger- und Outdoorschulen bieten Eltern in vielen Orten die Möglichkeit, ihre Sprösslinge zusammen mit anderen Kindern Dinge tun zu lassen, die sie im Alltag niemals tun würden: klettern, abseilen, raften, Wildtiere beobachten …

Wo sich Familien wohl fühlen

Wie sieht also der ideale Ferienort für die ganze Familie aus? Zunächst einmal sollte er nicht zu klein und zu entlegen sein. Sehr wichtig ist ein vielgestaltiges Landschaftsbild mit Wiesen, Wald, Felsen und, ganz besonders wichtig, Wasser in jeder Form – ob Badeseen, Bäche, Wasserfälle oder Klammen. Eine »idyllische Lage« allein begeistert zumeist nur die Eltern. Kinder suchen weniger Ruhe als vielmehr Abwechslung in jeder Form und den Kontakt zu Gleichaltrigen. Das Prädikat »kinderfreundlich« darf als verbindliches Angebot gesehen werden, gleich ob in Hotels oder Ferienwohnungen. Weder Kinder noch ihre Eltern sollen ein schlechtes Gewissen haben, wenn Geräuschpegel und Bewegungsdrang steigen.

Urlaub auf dem Bauernhof ist für Familien mit Kindern nach wie vor eine höchst empfehlenswerte und vergleichsweise preisgünstige Art zu verreisen. Der tägliche Kontakt mit den Tieren und die Möglichkeit zur Mitarbeit am Hof gefallen Kindern ebenso wie die Herstellung und der Verzehr leckerer regionaler Lebensmittel.

Doch es muss nicht alles »bio« sein. Kinder freuen sich ebenso über moderne Infrastrukturen wie Erlebnisbäder, Hochseil-

Ein Höhepunkt bei jeder Wanderung: die Einkehr unterwegs in einer gemütlichen Hütte

gärten (nur mit größeren Kindern), Sommerrodelbahnen, Themenparks, Museen und Bergbahnen. Überhaupt bieten Seilbahnen und – fast noch spannender! – Zahnradbahnen einige unschätzbare Vorteile: Sie verkürzen lange und langweilige Anstiege zum Gipfelkreuz. Und sie gewähren die schnelle Flucht in luftige Höhen, wenn es unten im Tal zu heiß wird. Ist die Familie dann auf Wandertour, gehört die Einkehr in Almen und Berggasthäusern natürlich zum Tourenprogramm dazu. Ein besonders aufregendes Erlebnis verspricht die Übernachtung in einer »richtigen« Berghütte.

Viele Kinder sind leichter zu Ausflügen in die Natur zu bewegen, wenn sie sich dazu nicht auf zwei Beinen bewegen müssen, sondern auf den Sattel eines Fahrrads schwingen dürfen. Familienfreundlich ist also auch ein gut bezeichnetes Radwegenetz, das auch Touren ohne anstrengende Steigungen ermöglicht. Wer die eigenen Räder nicht von zu Hause mitnehmen kann, sollte sich vorab informieren, ob vor Ort ausreichend Leihmöglichkeiten bestehen. Doch kommen wir nun auf die entscheidende Frage zum Ferienziel zurück: Strand oder Berge? Doch warum wählt man nicht einfach beides? Bademöglichkeiten, natürlich oder künstlich, gibt es in den Alpen in Hülle und Fülle: von der romantischen Gumpe unter dem kleinen Wasserfall über malerische Badeseen und Freibäder bis hin zu großen Spaßbädern mit allen Schikanen. Auf größeren Seen verkehren Linienschiffe, die besonders lohnende Ausflugsmöglichkeiten erschließen. Zu einem Höhepunkt des Urlaubs kann auch eine organisierte Raftingtour werden. Zahlreiche autorisierte Veranstalter bieten spezielle Pauschalen für Familien an.

So gerne sich große und kleine Feriengäste selber nass machen, so ungern haben sie es, wenn die »Erfrischung« ungebeten vom Himmel fällt. Denn dann setzt im Urlaubsquartier bald das große Quengeln ein. Ein Schlechtwetterprogramm muss her, und zwar bevor der Regen fällt; am besten schon zu Hause geplant. Erlebnisbäder zum Toben, Museen zum Schauen – das funktioniert erfahrungsgemäß gut. Ideal ist, wenn die Familie nicht nur auf, sondern auch in den Berg hineingehen kann: Schaubergwerke und Höhlen finden nicht nur Kinder spannend.

Ein letzter Tipp: Viele Regionen bieten günstige All-Inclusive-Cards, die unbegrenzten Zugang zu Bahnen, Bädern, Museen und anderen Freizeiteinrichtungen ermöglichen!

ADAC top ten

- **Bad Tölz – Lenggries** (S. 102) Wasserspiele für die ganze Familie: Im »Alpamare« gibt es sieben Wasserrutschen, die längste 330 m lang, die wildeste mit 92 % Gefälle. Und danach zum Raften auf die Isar; www.toelzer-land.de
- **Grünten – Immenstadt** (S. 70) Im Freilichtmuseum Diepolz erleben Kinder Berglandwirtschaft zum Anfassen, stürzen sich im Erlebnisbad »Wonnemar« über die Kamikaze-Rutsche und fahren mit einem historischen Lastensegler über den schillernden Alpsee; www.alpsee-gruenten.de
- **Bregenzerwald** (S. 126) 100 Jahre alte Dampflokomotiven ziehen das Wälderbähnle auf Schmalspurgleisen zwischen Bezau und Bersbuch. Schlucht- und Themenwanderwege sowie die Sommerrodelbahn in Bizau mit 1850 m Länge und 80 Kurven versprechen noch mehr Ferienspaß; www.bregenzerwald.at
- **Montafon** (S. 136) Spiel, Sport und Spaß auf 35000 m² bietet der Aktivpark Montafon in Schruns. Auf dem riesigen Areal kann man so ziemlich alles ausprobieren, was gerade angesagt ist. Ein großartiges Naturerlebnis verspricht auch der »Mountain Beach« mit Naturbadeseen in Gaschurn; www.montafon.at
- **Traunsee und Almtal** (S. 272) Braunbären, Luchse, Elche und Geier im Salzburger Land? Das erlebt man im Cumberland-Wildpark bei Grünau im idyllischen Almtal. Außerdem liegt die Region ideal für Ausflüge im ganzen Salzkammergut, z. B. zum berühmten Salzbergwerk bei Hallstatt und nach St. Wolfgang mit seiner historischen Dampf-Zahnradbahn auf den Gipfel des Schafbergs; www.traunsee.at und www.gruenau-almtal.at
- **Salzburger Sportwelt** (S. 284) Das Winterparadies der Sportwelt Amadé ist auch im Sommerparadies für die ganze Familie. Im Alpendorf bei St. Johann können Kinder spielen und Spaß haben bis zum Umfallen, Eltern genießen das tolle Wander- und Wellness-Programm; www.sportwelt-amade.com
- **Disentis und Sedrun** (S. 438) Zuschauen, wie der längste Tunnel der Welt (Gotthard-Basistunnel, 57 km) gegraben wird, ist ein nicht alltägliches Urlaubserlebnis. Viel Spannung versprechen auch ein Lamatrekking und eine Tagesexkursion zum Goldwaschen – Goldfunde garantiert! www.disentis-sedrun.ch
- **Jungfrau-Region und Interlaken** (S. 352) Baden vor dem vergletscherten Jungfrau-Massiv, ein aufregender Gang in die Unterwelt in den St.-Beatus-Höhlen und eine spektakuläre Greifvogelschau auf der Kleinen Scheidegg über Grindelwald, am Fuß der berüchtigten Eiger-Nordwand – das sind lockende Ferienangebote für Groß und Klein; www.interlakentourism.ch
- **Meraner Land** (S. 484) Ganz oben im Passeiertal liegt unter dem Schneeberg das vielleicht eindrucksvollste Schaubergwerk in den ganzen Alpen. Und unten sorgen Burgen, Obstgärten, Natur- und Freizeitparks sowie originelle Museen für beste Urlaubslaune; www.meranerland.com
- **Gardasee** (S. 554) Kein Geheimtipp, aber immer noch eine der lohnendsten und vielseitigsten Alpenregionen. Wie wäre z. B. mit der Besichtigung der malerischen Burg über dem Städtchen Arco, mit Kletter- und Canyoningkursen speziell für Kinder oder mit einem Besuch des Vergnügungsparks Gardaland in Peschiera? www.gardatrentino.it und www.aptgardaveneto.com

AM ZIEL DER SEHNSUCHT

Alpenurlaub ohne Gipfel ist wie Klavierspielen ohne Saiten. Wozu sind die Berge gut, wenn keiner raufsteigt? Wer den Lockruf der Höhen gehört hat, der findet in den Alpen Ziele für mehr als ein Leben. Und Erlebnisse, die über den sportlichen Erfolg hinausgehen.

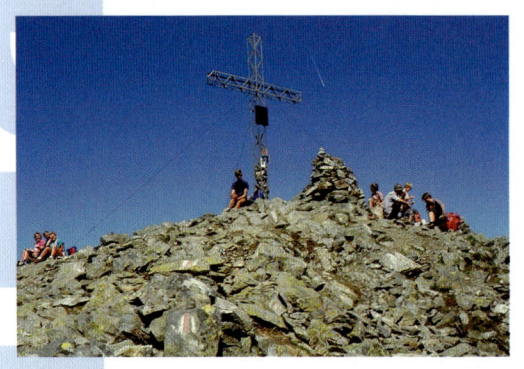

Einer der schönsten Momente: Der Gipfel ist erreicht!

Die Alpen bestehen aus Gipfeln – und die wollen erklommen werden. Zwar kann man in Europas großem Gebirge auch Rad fahren, rollerskaten oder Golf spielen, aber wer ein Fünkchen Begeisterung im Herzen trägt, der muss einfach einmal hinauf auf einen dieser Zacken.
Freilich: Wer nicht schon einige Wander-Erfahrung und eine zumindest passable Kondition mitbringt, der wird keine Freude haben an hohen Zielen. Fünf bis sechs Stunden durchhalten sollte man mindestens für die kürzesten der in den »top ten« vorgestellten Routen. Wenn keine Seilbahn den Anstieg verkürzt, kann es auch länger dauern, und eine Übernachtung in einer Hütte kann nötig sein.
Beim Anmarsch bleibt das lärmende, bevölkerte Tal langsam unter den Füßen zurück; immer höher hinauf, weiter hinein in eine wilde Welt führt der Weg. Mal steinig, mal ausgesetzt und Aufmerksamkeit erfordernd, zieht er hinauf in die Wiesenregion, wo blau, violett und rosa die Alpenblumen leuchten: Enzian, Türkenbund, Steinbrech. Vielleicht erspäht man eine Gämsenfamilie oder ein Murmeltier, badet die heißen Füße im spiegelnden Bergsee. Dann ist die Hütte erreicht. Beim Abendessen schauen die Gipfel zum Fenster herein, man beobachtet, wie mit dem Sinken der Sonne die Schneefelder und Felsen orange aufleuchten und langsam verglühen.
Natürlich haben Hütten auch ihre rustikalen Seiten. Selten ist man dort oben allein; hungriges Warten aufs Abendessen oder auch Gedränge und Schnarchen im Schlafsaal sind der Preis für den günstigen Ausgangspunkt und das besondere Erlebnis eines Sonnenaufgangs in den Bergen, das man am nächsten Morgen geboten bekommt.

Zauberwort: Akklimatisation

Seilbahnen erleichtern natürlich den Zugang zu manch berühmtem, hohem Gipfel und erlauben, die Trophäe in einem Tagestrip abzuholen. Dabei sollte man sich jedoch bewusst sein, dass die Auffahrt auf über 3000 m mit gleich anschließendem Aufstieg den Körper heftig belastet: Mehr Plage als Genuss, vielleicht Übelkeit oder auch Tourenabbruch können die Folge ungenügender Akklimatisation sein. Seilbahn-Tagestouren macht man deshalb am besten erst nach einigen Urlaubstagen mit Wanderungen in mittleren bis höheren Regionen, die dem Körper Zeit und Möglichkeit geben, sich anzupassen. Und dass gegen die starke Sonneneinstrahlung, gegen Kälte, Wind und plötzliche Wetterumstürze mit der richtigen Ausrüstung vorgesorgt sein muss, sollte sich von selbst verstehen.
All das kann einem natürlich auch ein Bergführer erklären: kein krautiger Wurzelsepp mehr wie einst, sondern Partner und Berater, der hilft, die Tür zum großen Abenteuer Bergsteigen aufzustoßen. Denn Akklimatisation, Ausrüstung und Kondition allein reichen noch nicht aus: Die hohen Gipfel sind nicht auf sanften Wanderpfaden zu erreichen. Oft führt der Anstieg über Gletscher, deren Spalten für eine kundige Seilschaft keine große Gefahr darstellen, wohl aber für den unbedarften Wanderer. An manchen Gipfeln muss man im leichten Fels klettern, hoch

ADAC top ten

- **Hoher Dachstein (2993 m) • Dachstein-Tauern-Region** (S. 306) Mit einer mächtigen Felswand bricht der Dachstein nach Süden in die Ramsau ab; zum Glück führt eine Seilbahn hier hinauf. Oben marschiert man ein Stück auf einem relativ harmlosen Gletscher, dann heißt es in leichtem Fels mit einigen Drahtseilen zupacken – geschafft! Ausgangspunkt: Station Hunerkogel (2694 m) der Dachstein-Südwandbahn; auf dem teilweise mit künstlichen Tritten gesicherten Normalweg, Kletterei im 2. Schwierigkeitsgrad; Auf- und Abstieg 3,5–4 Std.; www.ramsau.com

- **Watzmann (2714 m) • Berchtesgadener Land** (S. 122) Wen er einmal gerufen hat, den holt er sich – die prächtige Pyramide mit Frau und Kindern krönt den Berchtesgadener Talkessel. Ein weiter Weg ist es schon aufs Watzmannhaus; von dort kraxelt man am nächsten Tag an ein paar Drahtseilen und über schräge Platten aufs Hocheck. Die Überschreitung mit dem langen Abstieg durchs Wimbachtal ist ein Genuss, fordert aber trittsicheres Klettern am ausgesetzten Gipfelgrat. Ausgangspunkt: Watzmannhaus (1928 m); Anstieg zum Hocheck (2651 m) – teilweise ausgesetzte, aber einfache Kletterei mit Drahtseilsicherungen und Steighilfen zur Mittelspitze (2713 m) – am Grat zur Südspitze (2712 m) – steiler Abstieg zur Wimbachgrieshütte (1327 m) – flach zum Parkplatz Wimbachbrücke (670 m); gesamte Gehzeit für Überschreitung 8–10 Std.; www.bergschule-watzmann.de

- **Marmolada (3344 m) • Marmolada** (S. 532) **Val di Fassa** (S. 544) Die »Königin der Dolomiten« leuchtet mit ihrem Gletschermantel von vielen Passstraßen ins Auge; über den Gletscher (nicht über die Südwand, das Reich der Extremkletterer) führt der Normalaufstieg mit einer kurzen Kletterpassage. Sesselbahn verkürzt den Zustieg. Ausgangspunkt: Fedaia-Stausee (2053 m, bei Canazei) bzw. Liftstation Pian die Fiacconi (2625 m) – auf dem Normalweg über Gletscher (Spaltensturzgefahr!) und Felspassage zum Gipfel; Auf- und Abstieg 5 Std.; www.fassa.com/de

- **Großvenediger (3674 m) • Oberpinzgau** (S. 258) Schon Erzherzog Johann versuchte 1828 vergeblich, diesen edlen Gletschergipfel zu besteigen. Heute ist man dort nicht allein; ganze Scharen von Gästen führen die heimischen Bergführer von der abgelegenen Kürsingerhütte an den Spalten des Obersulzbachkees vorbei auf den Gipfel. Ausgangspunkt: Kürsinger-Hütte (2562 m), Zustieg von Neukirchen a. Großvenediger, 6–7 Std.; Normalweg über das spaltenreiche Obersulzbachkees zur Venedigerscharte (3413 m) und zum Gipfel; Auf- und Abstieg 7–8 Std.; www.neukirchen.at

- **Zuckerhütl (3505 m) • Stubaital** (S. 192) Der höchste Gipfel der Stubaier Alpen wird durch die neueste Seilbahn der Stubaier Gletscherlifte zur Tagestour: Auf neu angelegtem Weg quert man unter die elegante Gipfelpyramide und freut sich am steilen und oft eisblanken Gipfelgrat über gute Sicherung durch einen Bergführer. Ausgangspunkt: Station Jochdohle (3150 m, Stubaier Gletscherbahnen); Normalweg über Fernaujoch und auf neuer, mit Drahtseilen gesicherter Route zum Pfaffenjoch, dann über Sulzenauferner zum Pfaffensattel und steil (oft Blankeis!) zum Gipfel; Auf- und Abstieg 5–6 Std.; www.tourismus-tirol.com/neustift

- **Wildspitze (3770 m) • Pitztal** (S. 172) Mit »Bergsteigerfrühfahrten« mittwochs oder samstags um 7 Uhr zur Gipfelstation der Pitztaler Gletscherbahn, auf dem oberen Taschachferner unter den Gipfelaufbau und über leichte Felsen zum Kreuz, mit Blick von Südtirol bis zur Zugspitze. Ausgangspunkt: Bergstation der Pitztaler Gletscherbahn (2841 m); Normalweg über Mittelbergferner zum Mittelbergjoch (3166 m) – über den Taschachferner (Spalten!) westlich ausholend zum steilen Gipfelaufschwung; Auf- und Abstieg 6–7 Std.; www.pitztal.com

- **Piz Palü (3905 m) • St. Moritz mit Oberengadin** (S. 462) Das »Silberschloss des Engadin« bei St. Moritz gilt als einer der schönsten Berge der Alpen: Drei Pfeiler bündeln die Nordwand, von wilden Hängegletschern getrennt. Links daneben führt der »Normalweg« auch schon ganz schön wild durch einen Eisbruch und über einen steilen, scharf geschnittenen Eisgrat zum Ostgipfel und weiter zum Hauptgipfel. Ein Bergführer und die Übernachtung im Diavolezza-Gasthaus in der Bergstation der Seilbahn sind sehr zu empfehlen. Ausgangspunkt: Bergstation/Berghaus Diavolezza (2973 m); Normalweg über Persgletscher (Spalten!) zum Ostgipfel und Hauptgipfel; Auf- und Abstieg 8–10 Std.; www.pontresina.ch

- **Mönch (4105 m) • Jungfrau-Region und Interlaken** (S. 352) Das Dreigestirn Eiger, Mönch und Jungfrau dominiert das Panorama von Grindelwald. Von der Gipfelstation der Jungfraujochbahn aus lässt sich der Mönch an einem Tag besteigen; allerdings muss man sich hier öfter an körnigem Granit richtig festhalten und braucht am ausgesetzten Gipfelgrat gesunde Nerven. Ausgangspunkt: Mönchsjochhütte (3657 m, 1 Std. von Station Jungfraujoch); auf dem Normalweg über den teilweise ausgesetzten und oft heiklen Ostgrat zum Gipfel; Auf- und Abstieg 5–7 Std.; www.grindelwald.com

- **Weissmies (4023 m) • Saas Fee und Saastal** (S. 390) Das Weissmies gehört zu den leichteren Viertausendern der Alpen – was immer relativ zu verstehen ist: Ein Gletscherbruch und ein steiler Gipfelhang fordern gute Sicherung. In der Hohsaashütte kann man bei einer Übernachtung die Abend- und Morgenstimmungen an den Walliser Hochgipfeln genießen. Ausgangspunkt: Berghütte Hohsaas (3101 m, Seilbahn von Saas Grund); Normalroute über den teilweise steilen Triftgletscher und den flacheren Südwestgrat zum Gipfel; Auf- und Abstieg 5–6 Std.; www.saastal.ch

- **Zermatter Breithorn (4164 m) • Zermatt** (S. 386) Direkt gegenüber dem Matterhorn liegt dieser massige Gletscherberg mit einer gewaltigen, nach Zermatt abbrechenden Nordwand; von Süden her führt ein sanfter Gletscherhang zum Gipfel, den man in knapp 2 Std. von der Seilbahnstation Klein Matterhorn aus erreicht. Der Kraftaufwand hält sich in Grenzen, doch der Gipfel und die Freude sind echt. Ausgangspunkt: Station Kleinmatterhorn (3884 m); Normalweg über das Breithornplateau, dann von Westen oder Osten über einen steileren Firnhang zum Westgipfel; Auf- und Abstieg: 5–6 Std.; www.zermatt.ch

---

überm Abgrund an griffigen, aber kalten und steilen Zacken hinaufturnen. Ein Vergnügen, das nur jene genießen können, die im Klettergarten oder zumindest auf einem Klettersteig bereits Erfahrungen gesammelt haben.

Am anspruchsvollsten ist das Gehen mit Steigeisen, ohne die man an den steilen, eisigen Gipfelhängen von Zuckerhütl, Piz Palü, Weissmies oder Mönch verloren ist. Wer diese Ziele wählt, sollte den Bergführer nicht nur für die Gipfelbesteigung engagieren, sondern vorher schon für einen Trainingstag auf dem Gletscher und im Klettergarten. Übrigens: Für die klassischen Gipfel organisieren die Bergführerbüros vor Ort manchmal fahrplanmäßige Angebote für Tagesgäste. Und endlich: Mit der richtigen Vorbereitung und Begleitung steht dem großen Erlebnis nichts mehr im Wege. Verborgen in einsamen Karen und Gletscherflächen, manchmal direkt auf dem Grat, der den Horizont bildet, führt der Weg hinauf. Schwitzend und mit schwerem Atem steigt man höher, im Bewusstsein des einzigartigen Privilegs, an diesem leuchtenden Tag als Gast willkommen zu sein in dieser steilen Welt. Auf den letzten Metern zum Gipfel fallen mit jedem Schritt Sorgen, Ängste und Widerstände ab – und dann steht der kleine Mensch auf diesem riesigen Klotz Berg, inmitten eines kreisrunden, zackengespickten Horizonts, schaut hinaus, hinab, hinunter auf die Playmobilwelt der Alltagsthemen und braucht für einen Augenblick, für einen endlos erinnerten Augenblick, keine Fragen mehr. Denn er weiß die Antwort.

Golf in den Bergen

Wer bereits Golf spielt, weiß es längst. Und wer den Golfsport erst noch ausprobieren möchte, wird es schnell erfahren: Einer der ganz großen Reize dieser ebenso aufstrebenden wie faszinierenden Sportart ist die Tatsache, dass keiner der etwa 30 000 Golfplätze auf dieser Erde dem anderen auch nur annähernd gleicht; dass jeder Golfplatz sein ganz persönliches Profil, sein ganz persönliches Erscheinungsbild, seinen ganz persönlichen Liebreiz und seine ganz persönlichen Tücken hat.

Jeder Golfplatz auf dieser Welt stellt eine eigene, eine neue Herausforderung für den Golfer dar, egal ob für den Profi, den Handicap-Spieler oder den Anfänger. Eine Tatsache, die auch – oder vielleicht sogar ganz besonders – auf die immer mehr werdenden Golfplätze und -anlagen in den Alpen zutrifft. Golf und Berge – passt das eigentlich zusammen? Und wie es das tut! Es mag vielleicht zunächst unlogisch klingen, genau das Gegenteil ist aber der Fall. Denn für viele Spieler ist der Golfsport gerade in dieser Kombination interessant: Beim »Spaziergang« durch die beeindruckende Bergwelt kann man die gesunde Höhenluft genießen und gleichzeitig eine faszinierende Sportart ausüben. Wer Golf in den Alpen einmal probiert hat, wird schwer davon loskommen und möglicherweise künftig Probleme haben, auf seinem flachen Heimatplatz wieder den gleichen Spaß an seinem Sport zu haben wie vor der Bergerfahrung.

Was in vielen Fällen zunächst eine rein wirtschaftliche Überlegung war (nach dem Motto: »Wie kann man außerhalb der Skisaison die Bergregion interessant für Urlauber machen?«), hat sich inzwischen zu einer eigenständigen Art des Golfsports entwickelt, die viele Golfer nicht mehr missen möchten. Aber ist es überhaupt möglich, »richtiges« Golf in den Bergen zu spielen? Oder geht es da einfach querfeldein über Wiesen und Weiden, durch Berg und Tal, über feuchte Bachläufe und steinige Felsbrocken? Beides ist möglich, Querfeldein-Golf, aber auch Golf der traditionellen Art auf 18 gepflegten Bahnen vom Abschlag übers Fairway zum Grün. Und Letzteres ist beim Großteil der zahlreichen Golfplätze in den Alpen der Fall. Sonst wäre es wohl kaum denkbar, dass sich die Welt-Elite des Golfsports einmal jährlich zu einem Turnier der European Tour auf dem 1500 m hoch gelegenen Golfplatz Crans-sur-Sierre (Wallis) trifft, um dort um Ranglistenpunkte und viel Geld zu spielen.

Anspruchsvolle Plätze vor herrlicher Kulisse: das ist Golf in den Alpen.

Der kleine Unterschied

Natürlich unterscheidet sich Golf in den Alpen vom klassischen Golf; es bietet viele Vorteile, aber auch ein paar Nachteile. Die einzelnen Bahnen sind oft von der Natur vorgegeben. Da kann es schon mal vorkommen, dass bei einem Par-4-Loch (das Grün sollte mit zwei Schlägen erreicht werden) die Landezone nach dem Abschlag (normalerweise der längste Schlag im Golf; 200 m und mehr sind eigentlich kein Problem) schon nach etwa 150 m erreicht ist und der zweite Schlag ins Grün mit 200 m dann länger ausfallen müsste als der erste.

Auch mit Schräglagen auf den Fairways muss der Golfer rechnen. Verfehlt man die im Gebirge oft sehr schmale Landezone, kann es sein, dass der Ball statt im Rough auf felsigem Gestein aufkommt und von dort in irgendwelche unvorhersehbare Richtungen springt. Den Golf-Puristen (der möglicherweise nur auf ein gutes Ergebnis aus ist) mag es stören. Na und! Dafür gibt es aber auch einmalige Golf-Erlebnisse, wie sie nur in den Alpen vorkommen. Einige Beispiele gefällig? Gerne: Eine Golf-Gondel, die Spieler plus Ausrüstung zum nächsten Abschlag in luftige Höhe befördert (Birdie-Jet in Radstadt, Salzburger Land); Höhenunterschiede von 100 m und mehr vom Abschlag zum Ziel; oder auch grenzüberschreitendes Golfspiel während einer Runde wie in Reit im Winkl (Oberbayern), wo man einige der 18 Löcher in Deutschland spielt, die anderen in Österreich – immer umgeben von der herrlichsten Landschaft, die man sich vorstellen kann. Golfplätze in den Alpen sind naturbedingt oft kleiner als Plätze im Flachland. Dadurch sind sie aber nicht unbedingt leichter zu spielen, im Gegenteil. Taktische Überlegungen sind bei fast jedem Schlag erforderlich. Die sonst quasi automatische Wahl des Drivers (Holz 1) für den Abschlag sollte nochmals überdacht werden, will man nicht allzu viele Bälle verlieren und am Ende ein ordentliches Ergebnis erzielen.

Hat man aber Platz für einen langen Drive (in der Länge und vor allem auch Breite!), dann darf man sich ruhig austoben und den kleinen weißen Ball mit Holz 1 so richtig fliegen lassen. Denn in der dünnen Höhenluft fliegen die Bälle weiter als üblich; 10 % und mehr sind locker drin – ohne größeren Kraftaufwand oder verbesserte Technik des Spielers, mit dem gleichen Material wie sonst. Der Traum eines jeden Golfspielers!

Auch für Anfänger geeignet

Golf in den Alpen empfiehlt sich aber – nicht nur wegen der Tatsache, dass die Bälle weiter fliegen als sonst – durchaus auch für Anfänger und Einsteiger, die einfach ausprobieren wollen, ob die Sportart überhaupt zu ihnen passt. Das mag verwundern, ist aber so. Denn viele Anlagen in den Alpen bieten in Kombination mit Urlaubsaufenthalten Schnupper- oder so genannte Platzreife-Kurse an; meist verbunden mit der Möglichkeit, die frisch erworbenen Golf-Kenntnisse auch gleich auf einem richtigen Platz – und eben nicht nur auf dem reinen Übungsgelände – zu testen.

Ein weiterer Vorteil einer erworbenen Platzreife in den Alpen: Nach den meist schwierigen Bedingungen im bergigen Golf-Terrain mag einem das Spiel auf einem flachen Platz zu Hause vielleicht ein bisschen langweilig, aber wahrscheinlich auch verhältnismäßig leicht vorkommen. Der Score, das Ergebnis, wird sich hier schnell und deutlich verbessern.

Leider ist die Golf-Saison in den Alpen zeitlich begrenzt und häufig deutlich kürzer als anderswo. Sie kann erst beginnen, wenn der Schnee geschmolzen ist, und muss spätestens dann enden, wenn die weiße Pracht wieder vom Himmel fällt und die Fairways sich in Skipisten verwandeln. Mehr als sechs Monate Golf im Jahr (Mai – Oktober) sind in den Alpen kaum möglich. Teilweise ist die Saison sogar noch kürzer.

Die alpinen Platzwarte haben es wesentlich schwerer als ihre Kollegen im Flachland. Denn die Pflege und Instandhaltung der Abschläge, Fairways und Grüns ist oft schwieriger und kostenintensiver als auf normalen Plätzen. Das schlägt sich natürlich auch im Preis für eine Runde Golf, dem so genannten »Greenfee«, nieder: Zwischen 50 und 60 € pro 18-Loch-Runde muss man schon rechnen, auf manchen Spitzen-Plätzen auch mit mehr. Dafür wird man dann aber reichlich belohnt: Mit meist topgepflegten Anlagen, gesunder Bergluft und einem Panorama, das weltweit seinesgleichen sucht. Die Alpen sind auch als Golf-Kulisse einfach einmalig!

ADAC top ten

Garmisch-Partenkirchen (S. 92) Der bereits 1928 gebaute Golfplatz bietet eine ideale Kombination aus einem erstklassigen Meisterschaftsplatz (kaum Schräg- oder Hanglagen) und der sensationellen Kulisse der oberbayerischen Alpen mit Alpspitze und Zugspitzmassiv; www.golfclub-garmisch-partenkirchen.de

Kitzbühel (S. 224) 22 Golfplätze in und um Kitzbühel bieten eine Abwechslung, die ihresgleichen sucht. Unter ihnen ist der vielleicht beste Platz Österreichs »Eichenheim«, auf dem man die Felskulisse des Wilden Kaisers als ständigen Begleiter hat und den echten Kaiser (Franz Beckenbauer) durchaus mal auf der Runde antreffen kann; www.kitzbuehel-golf.com

Arosa (S. 454) Auf dem höchstgelegensten Golfplatz Europas kann man nicht nur die spektakuläre Aussicht der Aroser Bergwelt genießen, sondern durch die dünne Höhenluft bei seinen Schlägen auch ein gehöriges Maß an Extra-Weite dazubekommen; www.arosa.ch/golf/

Wörthersee (S. 338) Rund um den Wörthersee hat sich eine ausgesprochen feine Golf-Destination entwickelt, die einiges zu bieten hat: Von einem der ältesten Golfplätze Österreichs, Dellach, bis zum US-Design-Highend-Golfplatz Klagenfurt-Seltenheim offeriert die Region alles, was das Golferherz höher schlagen lässt; www.golfktn.at

Bled (S. 594) Der 1972 von Donald Harradine umgebaute Platz zwischen Julischen Alpen und Karawanken ist zwar kein echter Geheimtipp mehr, aber er zählt immer noch zu den preisgünstigen Golf-Perlen in den Alpen. www.golf.bled.si

Petersberg • Rosengarten und Latemar (S. 524) Der inzwischen auf Par 71 umgebaute Golfplatz Deutschnofen im Eggental ist gleichermaßen anspruchsvoll wie spektakulär. Und mit den Gipfeln von Latemar und Rosengarten im Hintergrund ist das Panorama einfach grandios; www.golfclubpetersberg.it

Crans-sur-Sierre • Crans Montana (S. 376) Der einzige hochalpine Golfplatz, auf dem ein Turnier der European Tour ausgetragen wird, an dem die besten Golfer der Welt teilnehmen. Und der Blick vom Matterhorn bis zum Montblanc ist einfach fantastisch; www.golfplayer.ch

Chamonix • Montblanc-Gebiet (S. 574) Die Handschrift des großartigen Golfplatzarchitekten Robert Trent Jones sen. ist auf diesem in einem Gletschertal gelegene Platz unverkennbar, der grandios zwischen der Montblanc-Kette und den Aiguilles Rouges eingebettet liegt; www.golfdechamonix.com

Allgäu • Westallgäu (S. 68), **Grünten-Immenstadt** (S. 70) Das Allgäu ist ein Golf-Geheimtipp: Vom 45-Loch-Top-Resort Sonnenalp bis zur anfängerfreundlichen 9-Loch-Anlage Oberstaufen-Buflings bietet die Region Plätze für Golfer aller Leistungsklassen. Und im Golfclub Waldegg-Wiggensbach weiß man auf Bahn 5, vom höchstgelegenen Abschlag Deutschlands (1011 m) aus, nie so genau, ob man das ca. 170 m entfernte Grün des Par-3-Loches mit Eisen 8 oder Holz 5 anspielen soll; www.dein-allgaeu.de/freizeit

Küssnacht • Vierwaldstättersee (S. 412) Ein erstklassiger Golfplatz, dessen Namen jedem Spieler verdeutlichen sollte, dass es auch ein Leben nach der Runde Golf gibt! www.golfkuessnacht.ch

ANDAUERNDES GIPFELGLÜCK

»Gipfelglück« heißt das schlichte Wort, das jene Augenblicke höchster emotionaler Empfindungen beschreibt, die manche Bergsteiger und Wanderer beim Erreichen des höchsten Punktes spüren. Ideale Voraussetzungen, diese Glücksmomente auszudehnen, bieten Routen, die sich über eine längere Strecke in der Höhe bewegen: Höhenwege sind dabei Klassiker, Alpenüberquerungen regelrecht ein Trend.

Heutzutage steigen die Menschen aus den unterschiedlichsten Gründen auf Berge – und die meisten tun es aus reinem Vergnügen. Da stehen sie dann auf einem Gipfel und genießen den Augenblick, haben über sich nur den endlosen Himmel. Was uns nichts als Freude bereitet, haben die Menschen einst ganz anders empfunden: Das Obensein und Hinunterblicken befriedigte über Jahrtausende in erster Linie das Sicherheitsbedürfnis. Festungen und Burgen wurden fast immer auf erhöhten Orten errichtet, weil aus dieser Position ein herannahender Feind frühzeitig zu erkennen und eine Verteidigung leichter möglich war. Die Oben-Unten-Perspektive entwickelte sich zu einem Urbedürfnis des Menschen.

Man darf ruhig einmal über diesen Aspekt nachdenken, wenn man auf einer der großartigen Höhenpromenaden der Alpen unterwegs ist. Da lässt man nicht nur die Täler unter sich, sondern entledigt sich gleichzeitig auch der alltäglichen Sorgen und Nöte – in dem Bewusstsein allerdings, dass die Flucht in die Höhe nur vorübergehend sein kann und auf jedes Bergauf auch ein Bergab folgt. Die Augenblicke des in der Höhe erlebten Glücks können allerdings Langzeitwirkung entfalten, und genau deshalb sind Wanderungen hoch über den Tälern besonders populär.

Natürlich lässt sich die Oben-Unten-Situation auf jedem beliebigen Gipfel erleben, also auch von Autofahrern und Seilbahnausflüglern. Dennoch ist das Erlebnis umso intensiver, je mehr körperlicher Einsatz damit verbunden ist, je länger der Ausflug in die Gipfelregion dauert und je mehr Eindrücke die romantische Vorstellungswelt bestätigen. Die Kombination von Wandern und dem Höhenerlebnis wirkt entspannend und anregend zugleich. In den Alpen sind die Möglichkeiten, seinen Hunger nach positiven Höhenerlebnissen zu stillen, nahezu unbegrenzt: Sie beginnen bei aussichtsreichen Spaziergängen auf gepflegten Wegen durch Blumenwiesen; sie schließen Pfade auf Gipfelgraten und Höhenrücken ein; und sie reichen bis hin zu mehrtägigen Unternehmungen, die von Hütte zu Hütte, über Gipfel und Jöcher, durch Fels und Eis führen. Diese Touren können völlig harmlos sein, sie können genauso sämtliche alpinen Gefahren beinhalten. Und während gewisse Touren ohne nennenswerte konditionelle Anforderungen gemacht werden können, setzen andere absolute Fitness und Durchhaltevermögen voraus.

Das Montblanc-Massiv als Kulisse

Es mag paradox erscheinen, aber häufig lernen Wanderer das »Gipfelglück« auf Höhenwegen kennen, die zwar »nur« auf halber (Berges-)Höhe

Ein Erlebnis mit Langzeitwirkung: tagelang auf einem der Höhenwege über den Dingen zu stehen.

dahinführen, aber dafür den Blick auf große Gipfel freigeben. Ein Paradebeispiel ist die Wanderung vom Col des Montets bei Chamonix über den »Grand Balcon«: Zunächst eröffnet sich Schritt für Schritt das Panorama des Montblanc-Massivs, bevor man später stundenlang respekt- oder sehnsuchtsvoll zur Gletscherhaube des Montblanc und zu den spitzen Felsnadeln seiner Nachbargipfel hinüberblicken kann. Auch der Pinzgauer Spaziergang, der oberhalb von Zell am See beginnt, schafft Glücksmomente im Almgelände allein durch die Betrachtung der gegenüber aufragenden Gipfel der Hohen Tauern. Oft genug bleibt man im »grünen Bereich« der alpinen Vegetationszonen, auf sonnenüberfluteten Wiesen oder in der Übergangszone zur kargen Hochgebirgswelt – den großen Reiz schafft das landschaftliche Kontrastprogramm vis-à-vis: lebensfeindlicher Fels und Firn, Steilwände und Gletscherbrüche.

Höhenwanderungen reichen von Tagesausflügen (wie den beiden erwähnten) bis zu mehrtägigen Unternehmungen, die von Hütte zu Hütte führen.

ADAC top ten

- **Gsponer Höhenweg • Saas-Fee und Saastal** (S. 390) Großartiger Höhenweg gegenüber den Viertausendern der Mischabelgruppe. Per Seilbahn von Stalden (809 m, Straße/Bahn von Visp) zum Dorf Gspon (1893 m) – Siwibode (ca. 2250 m) – Saas Grund (1559 m; markierter Wanderweg) oder zur Station Kreuzboden (2400 m) und mit der Gondelbahn ins Tal. Zeit: 4,5–5 Std. (oder 5,5 Std. bis Kreuzboden).
- **Col de Montets Grand Balcon La Flegère Planpraz • Montblanc-Region** (S. 574) Tagestour mit atemberaubenden Ausblicken zum Montblanc-Massiv. Start am Parkplatz Tré-le-Champ (1417 m, unterhalb des Col des Montets), Aufstieg zum »Grand Balcon« (ca. 2000 m) – Querung zu Hotel und Seilbahnstation La Flégère (1887 m, Talfahrt möglich) – Weiterweg zur Mittelstation Planpraz (1999 m) der Seilbahn Chamonix-Brévent. Mit Bahn ins Tal von Chamonix. Zeit: 6 Std.
- **Pinzgauer Spaziergang • Zell am See und Kaprun** (S. 254) Einer der schönsten Höhen-Wanderwege der Ostalpen mit faszinierenden Blicken zu den Firngipfeln der Hohen Tauern. Ausgangspunkt: Schmittenhöhe (1965 m, Seilbahn von Zell am See); markierter Weg in westlicher Richtung durch die Flanken von Piesendorfer und Niedersiller Hochsonnberg vorbei an diversen Raststationen zum Klinglertörl (2017 m); die Hauptroute hält die Richtung bei, während eine lohnende Variante dem nach Norden ziehenden Gipfelkamm zum Schattberg (2095 m) folgt. Von dessen Ostgipfel (2018 m) geht es per Seilbahn nach Saalbach (Busverbindung nach Zell am See). Insgesamt 7 Std. Gehzeit.
- **Hohe Route in den Allgäuer Alpen • Tannheimer Tal** (S. 146), **Oberstdorf** (S. 76) Dreitägige Routenkombination vom Tannheimer Tal zum Nebelhorn. Mit Liften von Tannheim zum Neunerköpfle, in 2,5 Std. zur Landsberger Hütte (1810 m, Übernachtung) – anspruchsvolle Etappe über Saalfelder Weg und Jubiläumsweg zum Prinz-Luitpold-Haus (1846 m, Übernachtung, mindestens 6–7 Std. Gehzeit, teilweise ausgesetzt, Vorsicht bei Schneefeldern!) – Schlussetappe über Bärgündele und Laufbacher Eck (2178 m, anstrengender Anstieg!) zum Edmund-Probst-Haus (1920 m) und der Bergstation der Nebelhorn-Seilbahn (Gehzeit 6 Std., Talfahrt nach Oberstdorf).
- **Berliner Höhenweg • Hinteres Zillertal** (S. 208) Der Höhenweg-Klassiker führt hoch in den Bergflanken über den »Gründen« des innersten Zillertals dahin und bietet mit dem Schönbichler Horn (3134 m) einen Dreitausender-Gipfel. Ein Höhepunkt der Tour ist auch die Übernachtung auf der denkmalgeschützten Berliner Hütte. Nach Belieben lässt sich die Tour auf 5–7 Tage verteilen. Komplett sind 75 km und 6100 Höhenmeter im Aufstieg zu absolvieren. Tagesetappen zwischen 4 und 7 Std.
- **Dolomiten-Höhenweg Nr. 1 • Hochpustertal** (S. 512) Von den zehn Höhenwegen, die kreuz und quer die Dolomiten durchziehen, führt die Nummer 1 vom Pragser Wildsee bis nach Belluno, der bereits am Alpensüdrand gelegenen Provinzhauptstadt. Viele landschaftliche Höhepunkte: Fanesgruppe, Sellamassiv, Marmolada, Civetta, Schiaragruppe. Der markierte Weg hat eine Gesamtlänge von 150 km; je nach Tempo erfordert er mindestens 10, meist jedoch 13 Tage. Auf 18 bewirtschafteten Hütten kann man übernachten.
- **Tauern-Höhenweg • Oberpinzgau** (S. 258) Der traditionsreiche Höhenweg folgt dem gesamten Kamm von Niederen und Hohen Tauern. Die rund 200 km lange Route beginnt im Osten in den Seckauer Tauern bei Mautern und endet am Fuß des Großvenedigers im obersten Pinzgau. 36 anspruchsvolle Abschnitte (mit zahlreichen Varianten) führen von Hütte zu Hütte. Spektakuläre landschaftliche Höhepunkte sind die Etappen im Bereich von Großglockner und Großvenediger.
- **Einsame Tage am Sentiero Roma, Bergell • Abstecher vom Comer See** (S. 560) Große Einsamkeit in urweltlichen Felskaren ist auf der Südseite der Bergeller Berge fast garantiert. Nach langem Aufstieg quert der teilweise ausgesetzte und mit Ketten gesicherte Weg zwischen 2000 und knapp 3000 m die kargen Bergflanken über dem Val Masino. Alle Hütten am Weg sind bewirtschaftet. Nur für erfahrene und konditionsstarke Bergwanderer mit Praxis im Felsgelände.
- **Transalp 1: Oberstdorf – Meran bzw. Bozen** (S. 76) Die abwechslungsreiche Wanderroute führt auf dem Fernwanderklassiker E 5 von Deutschland über Österreich nach Italien. Bunte Blumenwiesen in den Allgäuer Alpen, schroffe Kalkgipfel in den Lechtaler Alpen, weite Gletscher und Firndreitausender über dem Ötztal und schließlich das südliche Klima von Meran zählen zu den Reizen dieser Wanderung. 6–7 Tagesetappen.
- **Transalp 2: München – Venedig** In vier Wochen gelangen Wanderer vom Marienplatz zum Markusplatz und legen rund 20000 Höhenmeter im Auf- und Abstieg zurück, überqueren 33 Jöcher, Scharten und Pässe und bewältigen insgesamt 520 km. Die Akzente setzen das einsame Karwendel, die Überquerung des Alpenhauptkamms in den Zillertaler Alpen und die Durchquerung der Dolomiten. 28 Tagesetappen.

Je länger wir bergauf-bergab hoch über den Tälern dahinbummeln, umso weiter bleiben Alltag und Sorgen zurück. Spätestens beim stimmungsvollen Sonnenuntergang vor der Hütte steigen die Gefühle zu Gipfelhöhen auf. In solchen Momenten gelingt es nur wenigen, sentimentale Empfindungen zu unterdrücken.

Am wichtigsten bei mehrtägigen Touren ist die kritische Einschätzung der eigenen alpinen Fähigkeiten. Die körperlichen Voraussetzungen müssen stimmen (Kondition), die Ausrüstung muss auf die besonderen Verhältnisse des Hochgebirges und der Route abgestimmt sein (feste Wander- oder Trekkingschuhe, Wetterschutz, Proviant), und selbstverständlich muss ein Minimum an alpinen Kenntnissen vorhanden sein. Wer Zweifel hat, sollte sich einer geführten Tour anschließen; die sich in den Programmen zahlreicher Bergsteigerschulen und Bergführervereinigungen finden.

Die Alpenüberquerung

Eine gute Vorbereitung und die richtige Ausrüstung ist auch für jene nötig, die zu Fuß die Alpen überqueren wollen. Diese Spielart des Fernwanderns kann alpine Zentren auf teilweise historischen Routen verbinden. Das Reiseerlebnis unterscheidet sich jedoch deutlich von frühgeschichtlichen Vorbildern, zumindest sind die Übernachtungsmöglichkeiten heute höchst komfortabel.

Meist werden diese Alpenüberquerungen von Nord nach Süd zurückgelegt – der Sonne entgegen. Klassikerstatus besitzen die Touren von Oberstdorf nach Meran sowie die große Wanderung vom Marienplatz zum Markusplatz, also von München nach Venedig. Während die Oberstdorf-Meran-Route in verschiedenen Varianten dem Europäischen Fernwanderweg Nr. 5 folgt und die Alpen in sechs oder sieben Tagesetappen überschreitet, benötigt man für die Strecke von Bayerns Landeshauptstadt zur berühmten Lagunenstadt vier Wochen. Trotz (oder gerade wegen) der körperlichen Strapazen und den vielen Entbehrungen erreichen Wanderer das Ziel einer solchen alpinen Trekkingtour manchmal mit erstaunlichen Erkenntnissen über sich selbst – und begreifen spätestens jetzt den berühmten Satz von Konfuzius: »Der Weg ist das Ziel.«

Abenteuer Natur – entdeckt in kleinen Booten

Wenn man an Begriffe wie Sommer und Sonne denkt, verbindet man das meist mit Wasser. Besonders intensiv wird das Erlebnis mit diesem faszinierenden Element, wenn man mit einem kleinen Paddelboot der Strömung folgt: Der Fluss gibt den Takt vor und bestimmt mit seiner mal ruhigen, mal flotten Fließgeschwindigkeit das Tempo. Zeit, sich zu entspannen, zur Ruhe zu finden – zumindest bis zur ersten Stromschnelle, wo die Kraft des Wassers offenbar wird und höchste Konzentration gefordert ist. Am Abend vor dem Zelt am Lagerfeuer, das Rauschen des Flusses im Hintergrund, stellen viele fest, dass der Sport für sie bereits zur Sucht geworden ist.

Schon in den 1930er Jahren haben Abenteurer damit begonnen, mit Faltbooten die Flüsse und Küsten der Welt zu erkunden. Männer wie Walter Frentz und Herbert Rittlinger entdeckten ihre Passion auf der Donau oder der Enns. Später zog es die Pioniere mit ihren zerlegbaren »Hadernkähnen« (so nannte man die Faltboote aus Stoff und Holz) zu ferneren Zielen wie dem Nil oder dem Amazonas. Nach dem Zweiten Weltkrieg baute man Boote aus Kunststoff und entdeckte den Reiz der Flüsse, Seen und Küsten aufs Neue.

Die Faszination des Kanusports ist ungebrochen und erlebt heute, in einer Zeit, in der Fernreisen etwas von ihrem Geheimnis eingebüßt haben, eine wahre Renaissance. Von vielen werden die heimischen Gewässer als Urlaubsparadiese wiederentdeckt. Interessante Möglichkeiten gibt es in Hülle und Fülle – und sie sind so einfach zu erkunden: Man wählt einen Fluss, setzt sich ins Boot und paddelt los. Boote machen keinen Lärm, die Wasserwege kennen keine Staus. Man lebt in der Natur und fügt sich den Gesetzmäßigkeiten des Stromes. Neben dem gemächlichen Treibenlassen und der Lagerfeuerromantik reizen geübte Kanuten natürlich auch erfrischende Stromschnellenabenteuer.

Die Vorbereitung

Bevor man zum ersten Mal in ein Paddelboot steigt, empfiehlt sich ein Kajakkurs. Nur wer die Gefahren kennt und zumindest die Grundtechnik des Bootfahrens beherrscht, kann auf eigene Faust den Ausflug zu Wasser beginnen. Genauso wichtig ist die Wahl des richtigen Boottyps: Wanderboot oder Wildwasserboot, Einer oder Zweier, Schlauchkanu oder Faltboot. Letztere kann man im Kofferraum und sogar im Flugzeug transportieren und zu Hause Platz sparend lagern. Außerdem muss man sich für eine Technik entscheiden: Viele Boote werden mit einem Doppelpaddel gefahren, Kanadier dagegen mit einem Stechpaddel. Der Paddelneuling muss sich zunächst einer Menge Fragen stellen. Deshalb empfiehlt es sich, zunächst einmal ein Boot auszuleihen beziehungsweise verschiedene Bootstypen zu testen, bevor man sich für eine Ausrüstung entscheidet. Schließlich ist eine komplette Ausrüstung nicht billig und sollte auch nach Jahren noch Spaß machen. Wer einen Grundkurs bei einer guten Kanuschule absolviert hat, weiß zumindest schon, in welche Richtung es geht. Und die Beratung eines kompetenten Fachhändlers kann dem Neuling viele unangenehme Erfahrungen ersparen. Das ist meist mehr wert als das vermeintliche Schnäppchen aus dem Internet.

Die Wahl des richtigen Gewässers

Wer sich für sanftere Gewässer entscheidet, dürfte schnell die Reize des Kanuwanderns kennen lernen. Selbst einfache Kanuziele bieten Natur pur. Mit etwas Erfahrung wird man sicher auch sehr bald flottere Gewässer ansteuern, etwa den Lech, die Isar oder den Ticino. Sie bieten eine wilde Naturlandschaft mit leichten Stromschnellen, weiten Mäanderbogen und stillen Altarmen, die einer reichen Tier- und Pflanzenwelt eine Lebensgrundlage bieten. Unterwegs entdeckt man Biber und Eisvögel, Wasseramseln und Reiher – Eindrücke, die einen dazu bewegen, sich intensiver mit der heimischen Natur auseinander zu setzen. Reizvoll ist es auch, den Wechsel der Jahreszeiten und die Auswirkungen von häufigen Niederschlägen oder von langen Trockenperioden auf Gewässer beziehungsweise Fauna und Flora zu beobachten. Vor allem für Kinder ist es ein spannendes, lehrreiches Erlebnis, die Welt vom Wasser aus zu entdecken: Kanusport ist der ideale Familiensport.

Zahlreiche Kanuten träumen von Paddelerlebnissen in Schweden oder Kanada – Jugendträume, die sich nicht jeder erfüllen kann. Aber man muss gar nicht so weit in die Ferne schweifen; gerade in den Alpen gibt es viele naturbelassene Gewässer, die nahezu jedem Vergleich mit den »großen« Kanuzielen standhalten. In den letzten Jahren sind bei uns viele Naturparks und Schutzgebiete entstanden, und viele uferbegradigte und kanalisierte Flüsse wurden durch geschickte

Rafting: spannende Action in einzigartiger Natur

te), mit denen man auf Seen, Großflüssen oder an Meeresküsten paddelt. Bedingt durch ihre Form sind sie pfeilschnell und auch für mehrtägige Gepäcktouren geeignet. Nahe Ziele sind der Chiemsee, der Bodensee oder die Donau; als Topreviere gelten die Küsten von Sardinien, Korsika oder Kroatien. Das Paddeln auf Salzwasser gilt als die hohe Schule, denn Küstenpaddeln ist Wildwasserfahren im Meer.

Welche Form des Kanusports man auch ausübt, zu welchen Ufern man aufbricht: Das Paddeln übt auf die meisten Akteure einen Reiz aus, der für viele ein Leben lang zur Passion wird.

Renaturierungsmaßnahmen wieder zu reizvollen Wildflüssen.

Wer sich mehr für Action begeistert, wird Gefallen am Wildwassersport finden. Das Wildwasserpaddeln ist ein feuchtfröhliches Vergnügen, ein Spiel mit der Urgewalt des Wassers. Moderne, kleinvolumige Boote ermöglichen einen schnellen Lernerfolg. Nicht Kraft ist wichtig, sondern Geschicklichkeit. Wer über eine bewegliche Hüfte verfügt, lernt in einer guten Kanuschule die Eskimorolle in wenigen Stunden und ist damit bereits fit für leichteres Wildwasser wie zum Beispiel die Salza oder Soca. Mit etwas Ausdauer dauert es dann nur kurze Zeit, bis man alle Standardsituationen meistert, und schnell wird man sich mit Stromschnellen, Walzen und Wasserfällen der massiveren Art lustvoll auseinander setzen. Doch der eigene Mut sollte auch Grenzen kennen: Eine der wichtigsten Regeln im Wildwasser ist, niemals allein zu paddeln! Die Alpen mit ihren Gletscherflüssen und steilen Felsrinnen bieten selbst für Spitzenfahrer ein reiches Betätigungsfeld. Manch Wildwasserpilot hat aus dem Hobby einen Beruf gemacht und später als Kajaklehrer oder Bootskonstrukteur gearbeitet. In den Vereinigten Staaten, aber auch bei uns in Europa, boomt in den letzten Jahren das Seekajakfahren. Seekajaks sind schnittige Kajaks (Einer- oder Zweierboo-

ADAC top ten

- **Bodensee • Westallgäu** (S. 68), **Bregenzerwald** (S. 126), **Appenzellerland** (S. 424) Im Dreiländereck lockt eine lange und abwechslungsreiche Seeumrundung (217 km). Weitläufige Schutzgebiete bei Bregenz sowie die Inseln Mainau und Lindau gehören zu den Höhepunkten dieser Kanu-Kulturreise.
- **Isar Tirol Oberbayern • Seefeld mit Leutaschtal** (S. 182) **Bad Tölz Lenggries** (S. 102) Im Hinterautal bei Scharnitz. Leichtes Wildwasser in malerischen Schluchten (Bootstaxi ab Scharnitz). Zwischen der Sylvenstein-Staumauer und München schlängelt sich die meist grün schimmernde Isar durch eine eindrucksvolle Landschaft und begeistert von Frühjahr bis Herbst Kanuten und Schlauchbootkapitäne. Längere Abschnitte der Isar führen durch Natur- und Landschaftsschutzgebiete.
- **Chiemsee und Alz • Westlicher Chiemgau** (S. 116) Weite Schilfufer und tolle Bergsicht garantieren dem Paddler ein Revier der Superlative. Sehr schön ist auch die Alz, der Abfluss des Sees, ein ruhiges Gewässer, das sich durch eine hügelige Moränenlandschaft windet. Bootsverleih in Seebruck.
- **Saalach • Lofer** (S. 242) Die Saalach und die zum Teil wilden Zuflüsse aus den Seitentälern sind ideale Reviere für abenteuerlustige Wassersportler. Geführte Touren aller Schwierigkeitsgrade, auch für Kinder und Familien, werden angeboten. Ein besonderer Leckerbissen für Kajakfahrer ist die Weltmeisterschaftsstrecke durch die Teufelsschlucht.
- **Flimser Schlucht • Flims – Laax – Falera** (S. 444) Ein gewaltiger Bergsturz war Baumeister der spektakulären Schluchtstrecke unterhalb von Laax/Flims. Den Vorderrhein begleiten auch die Trasse der Rhätischen Bahn und ein Wanderweg. Die Kanustrecke ist als WW II–III einzustufen, ab Versam als I–II. Bootsverleih und Kanuschule inmitten der Schlucht am Bahnhof Versam.
- **Ticino • Lago Maggiore** (S. 564) Der Ticino windet sich unterhalb des Sees auf fast 100 km Länge durch eine herrliche Voralpenlandschaft mit breiten Kiesbänken und bietet zwischen Somma Lombardo und Pavia eine Kanustrecke der Superlative.
- **Lech • Reutte und Ausserfern – Tiroler Lechtal** (S. 150) Der Lech gilt als letzter Wildfluss der Ostalpen. Lange Zeit musste das Tal gegen Verbauungspläne der Energiewirtschaft verteidigt werden. In den Lechauen bei Forchach haben seltene Tiere und Pflanzen ihren Lebensraum. Bootsverleih in Häselgehr.
- **Traun • Hallstätter See** (S. 270) Die Koppentraun ist eine berühmte Rafting-Wildwasserstrecke. Eine genussreiche Kanufahrt auf der Traun beginnt in Lauffen und endet im Traunsee. Doch kein See im Salzkammergut ist schöner als der Hallstätter See, besonders im Herbst. Nicht umsonst wurde die Region Inneres Salzkammergut zum Weltkultur- und Naturerbe erklärt.
- **Salza • Hochschwab** (S. 314) Österreichs Wildwassermekka befindet sich in der Region um Wildalpen. Wo früher Holz geflößt wurde, paddeln heute Kanuten durch malerische Canyons mit bemoosten Felsen und Schleierfällen. Das Wasser hat Trinkwasserqualität (Bootsverleih und Kanuschulen um Wildalpen).
- **Soča • Triglav** (S. 592) Das Naturparadies in den Julischen Alpen lockt zahlreiche Wildwasser-Kanuten an. Das Wasser der Soča ist grün wie kaum irgendwo sonst, in ihm tummeln sich (schmackhafte) Forellen. In Bovec haben sich zahlreiche Outdoor-Veranstalter angesiedelt.

SPIEL MIT DER SCHWERKRAFT

Nicht von ungefähr liegt Sportklettern voll im Trend. Die turnerische Bewegung im festen Fels bringt Balance, Kraft und Selbstvertrauen, am Seil des Bergführers gibt es keine Sicherheitsprobleme – und wenn doch einmal ein bisschen Angst aufkommt: Sie ist das Salz in der Suppe.

Nicht mal Fliegen sei schöner, sagen jene, die jede freie Minute damit verbringen, an steilen Zacken und überhängenden Wänden die Schwerkraft zu überlisten. Kraftvoll packen die Finger den soliden Fels, präzise stehen die Zehenballen auf den Tritten, geschmeidig fließt die Bewegung, elegant schiebt sich der Körper nach oben, reihen sich Griff an Griff und Tritt an Tritt – zu einem faszinierenden Tanz in der Vertikalen.

Zugegeben: Dieser Glückszustand stellt sich bei den ersten Schritten am Fels nicht sofort ein. Dazu braucht es Einiges an Übung und Erfahrung. Doch schon der absolute Anfänger kann intensive Erlebnisse sammeln. Die Beherrschung des nur scheinbar komplexen Sicherungsmaterials, die ersten Meter Aufstieg an der Steilwand, pochendes Herz und grummelnder Magen beim Blick in die zunehmende Tiefe, der Adrenalinkick beim ersten Sturz in die verlässliche Sicherung, der Rückblick auf das bewältigte Stück Fels.

Klettern – ist das nicht furchtbar anstrengend? Braucht man dafür nicht viel Kraft? Fragen, die sich geradezu aufdrängen, wenn man Bilder sieht von den Spitzenkletterern, die an einer Hand hängend an Dächern baumeln und sich mit einarmigen Klimmzügen über die Überhänge hinaufhangeln. Keine Angst: Man muss kein Supermann sein, um sich auf diesen Sport einlassen zu dürfen, Kraft ist erst in höheren Schwierigkeitsgraden ein wichtiges Element der körperlichen Voraussetzungen. Probieren – und zwar mit berechtigter Hoffnung auf Erfolg – darf das Klettern jeder, der einigermaßen sportlich und beweglich ist und auf einem Bein stehen kann. Die ersten Schritte wird man in geneigtem Fels unternehmen; dort kommt es mehr darauf an, sauber auf Tritten zu stehen als Klimmzüge an den Fingerspitzen zu ziehen. Gleichgewichts- und Körpergefühl sind wichtiger als rohe Kraft; deshalb ist dieser Sport vor allem auch für Frauen reizvoll.

Und natürlich werden diese Fähigkeiten durch das Klettern auch gefördert. Die Anforderungen an Balance und Koordination halten den Kopf frisch; die (manchmal halt doch nötige) Kraftbelastung stärkt Muskeln und Knochen und beugt Osteoporose vor; die aufrechte, gestreckte Haltung hat schon manchem gut getan, der an Rückenschmerzen litt; die Leistungsfähigkeit kann lange erhalten werden, da mit den Jahren die gewachsene Erfahrung die schwindenden Kräfte ausgleicht; und die gemeinschafts- und vertrauensbildenden Wirkungen des gegenseitigen Sicherns und Verantwortung-Übernehmens werden heute sogar von Psychologen und Pädagogen gezielt zur Persönlichkeitsentwicklung eingesetzt. Doch am besten von allem: Dieses Universal-Medikament für mehr Gesundheit und Lebensfreude macht auch noch Spaß!

»Bis man am Boden liegt«, murren Skeptiker nun vielleicht. Freilich: Wer mit der Schwerkraft spielt, muss mit ihren Regeln leben. Und die heißen: Wenn man nicht aufpasst, geht's abwärts. Dagegen gibt es allerdings mittlerweile eine EU-genormte,

ADAC top ten

- **Arco · Gardasee** (S. 554) Südliche Sonne, Cappuccino, Erfrischung im See – und drum herum steile Berge und jede Menge Fels. Hier sind Kletterer willkommen; die Gemeinde finanzierte die Bohrhaken in den Klettergärten, die Festigkeit und Griffigkeit des Trentiner Dolomitgesteins ist legendär. www.gardasee.de
- **Lecco · Comer See** (S. 560) Für jede Tageszeit findet sich ein schattiger oder sonniger Fels, die Bohrhaken sind neu und verlässlich, und für Rasttage warten Dutzende von Klettersteigen, Wandergipfeln und Seen. www.larioonline.it/english/lecco
- **Durancetal · Briançon Massif des Écrins** (S. 586) Der Hauptort des Tals im Regenschutz der Dauphiné-Dreitausender, wirbt mit 300 Sonnentagen im Jahr. Nirgends sonst findet man eine derartige Vielfalt an Gesteinsarten (Kalk, Granit, Gneis, Konglomerat…) www.ot-briancon.fr
- **Verdon/Provence · Abstecher von Briançon** (S. 586) Das Mekka des Freikletterns war der Grand Canyon des Verdon in den 1980er Jahren; wilde Routen im unvergleichlich ziselierten Provençe-Kalk 500 m über dem Fluss. Unter dem 6. Schwierigkeitsgrad ist hier nicht viel zu holen, leichtere Routen findet man eine Stunde entfernt in Quinson, doch das Verdon muss man erlebt haben; www.lapaludsurverdon.com/
- **Ötztal** (S. 176) Nicht nur Ötzi, Jagatee und Gletscherski findet man im Tiroler Tal: An den Granitblöcken und -wänden rund um den Talboden gibt es jede Menge Klettergärten, die auch schöne leichtere Granitrouten offerieren. Genau richtig, um bei einem Wanderurlaub mal in die Vertikale zu schnuppern; www.oetztal.at
- **Tessin · Locarno – Valle Maggia – Val Verzasca** (S. 404) Granitklötze in Kastanienwäldern, danach ein Sprung in die Gumpen der Maggia oder Verzasca und abends Tessiner Merlot – dieses Stück Schweiz gehört nicht nur sprachlich schon fast nach Italien. Besonders viele leichtere Routen gibt es in Maccagno bei Luino am Südostufer des Lago Maggiore und bei Ponte Brolla im Maggiatal; www.ticino-tourism.ch, www.prolocomaccagno.it
- **Dolomiten · Cortina d'Ampezzo** (S. 534) Die »bleichen Berge« sind nicht nur für Bergsteiger und Klettersteigfreunde ein Fix- und Höhepunkt der Urlaubsplanung. Am Sellapass, am Valparolapass und rund um Cortina d'Ampezzo kann man sich in entspannter Atmosphäre mit der Schwerkraft messen und Dolomit vom Feinsten genießen; www.cortina.dolomiti.com
- **Chamonix · Montblanc-Region** (S. 574) Die »Welthauptstadt für Ski und Alpinismus«, wie sich die Bergsteigermetropole ohne falsche Bescheidenheit nennt, bietet absolute alpine Höhepunkte. In einigen leichteren Klettergärten – Le Fayet, Les Gaillands, Vallorcine – helfen einheimische Bergführer ihren Gästen gerne bei den ersten Metern im Fels; www.chamonix.com
- **Schweizer Rheintal · Heidiland** (S. 430) Im Dreieck zwischen Chur, Bodensee und Walensee geht es gemütlich zu: grüne Wiesen, darüber aussichtsreiche Wandergipfel. Koblach, Brochne Burg, Balzers und Haldenstein sind Klettergärten, in denen auch der Anfänger zu Erfolgserlebnissen kommt; www.heidiland.com
- **Garmisch-Partenkirchen** (S. 92) Unter der markanten Alpspitze warten einige neu eingerichtete Klettergärten mit rauem Kalk auf Anfänger, die hier in alpiner Umgebung den neuen Sport ausprobieren wollen. Weitere Möglichkeiten gibt es am Frauenwasserl bei Oberammergau und an den geneigten Platten bei Bad Heilbrunn; www.garmisch-partenkirchen.de

Beim Sportklettern zählt nicht mehr der Gipfel, sondern allein die Route.

TÜV-geprüfte und qualitätskontrollierte Ausrüstung. Im Fels stecken einbetonierte Bohrhaken; die dünnen und geschmeidigen Bergseile halten Tonnen von Gewicht aus und garantiert jeden Sturz, und im Klettergurt sitzt man, frei in der Luft hängend, fast so bequem wie im Lehnstuhl. Richtiges Verhalten und einwandfreies Equipment vorausgesetzt, kann beim Sportklettern eigentlich fast nichts passieren – vom blauen Fleck oder Kratzer, den es bei jeder Sportart gibt, einmal abgesehen. Das richtige Verhalten freilich muss gründlich gelernt werden. Anseil- und Sicherungsknoten, die richtige Bremshaltung, die Bedienung des Sicherungsgerätes, das Einhängen des Seils in die Karabiner: Es gibt einige lebenswichtige Techniken, die man schlafwandlerisch beherrschen muss, doch sie sind sicher nicht komplizierter als das Sortieren der Leinen beim Gleitschirm oder das Bedienen des Atemgeräts beim Tauchen. Wer sich einem staatlich geprüften Bergführer für einen Kletter-Grundkurs anvertraut, lernt alles Nötige, um in den beliebten Klettergärten der Alpen selbstständig losziehen zu können. Dort gibt es keine Eintrittsgebühren, keine Kontrollen, man kann (und muss) sich eigenverantwortlich bewähren. Wobei natürlich nichts dagegen spricht, auch als Fortgeschrittener einmal einen Trainings- oder Weiterbildungskurs zu besuchen; auch am Fels lernt man nie aus.

Wer klettert, sieht die Alpen aus einer neuen Perspektive. Nicht mehr die großen Gipfel sind wichtig, sondern die kleinen, fast unscheinbaren Blöcke und Wandstücke in Talnähe, möglichst nur wenige Meter vom Parkplatz entfernt. Wer klettert, lernt die Gesteinsarten kennen: den hellgrauen Kalk, der vom Wasser zu griffigen Rillen zerfressen wird. Er erlebt den löchrigen, körnigen Dolomit, der in den südalpinen Zentren um Arco oder Lecco in gediegenster Qualität vorkommt. Er bewegt sich an anstrengenden Leisten und Rissen durch rauen Granit wie im hochalpinen Chamonix, im urigen Ötztal oder im Tessin – oder an allem im Wechsel, wie im Durançetal bei Briançon.

Und mit steigender Erfahrung wächst der Wunsch, höhere Wände zu erklettern: So genannte »Plaisir«-Routen erlauben dies bei bester Absicherung in moderaten Schwierigkeiten. Zufrieden mit sich, seiner Leistung und der Welt kann man nach solch einer Traumtour mit gutem Gewissen zum See verschwinden oder über die Piazza schlendern, dem nächsten Cappuccino entgegen.

Auf in die Vertikale

Adrenalin pur, Nervenkitzel in der Senkrechten: Klettersteiggehen. Die andere Art, das Gebirge zu erleben; am Seil zwar, doch dieses ist hier aus Stahl und fest installiert. Kletterer blicken deshalb eher indigniert auf die »Ferratisti«, die in ihrem Gelände wildern, an Eisenkrücken herumturnen, ohne klettern zu können – und dabei auch noch jede Menge Spaß haben.

Das straff gespannte Drahtseil weist nach oben, in gestuftes Felsgelände. Überall findet sich ausreichend Griff und Tritt. »Klick, klick!« machen die Karabiner beim Umhängen an den Verankerungspunkten. Unwillkürlich packt man das 12 mm dicke Drahtseil etwas fester. Die Wand hängt ganz leicht nach außen, sodass der Blick pfeilgerade hintergeht in das wüste Geröllkar: Turnen am Abgrund. Leichtes Kribbeln in der Magengrube, gleichzeitig aber auch jenes Hochgefühl, das einen immer wieder in die Berge treibt.

Klettersteige, eine moderne »Abart« des Bergsteigens? Von wegen, da lehrt uns die (Alpin-)Geschichte ganz anderes. Man muss ja nicht gleich auf die historische Erstbesteigung des Mont Aiguille (2087 m) im Dauphiné von 1492 (!) verweisen, als ein Trupp französischer Soldaten auf königlichen Befehl hin den Felszacken mit Hilfe von Sturmleitern – sozusagen einer mobilen Via ferrata – eroberte. Bis der erste richtige Klettersteig erbaut wurde, sollte es noch dauern. Kühn trassierte Pfade gab es in den Alpen allerdings schon sehr früh, man denke nur an die legendäre »Twärrenbrücke« am alten Gotthardweg, einen mit Ketten am Fels aufgehängten Steg über stiebenden Wassern. Recht mulmig dürfte es auch manchen Gipfelstürmern zumute gewesen sein, die sich an dicken, geschmiedeten Eisenkrampen zum Gipfel des Dachstein (2995 m) hinaufhangelten. Diese waren 1843 auf Betreiben des Geologen und Gletscherforschers Friedrich Simony angebracht worden – wohl das Geburtsjahr der Klettersteige.

Mit der Gründung der großen alpinen Vereine begann die eigentliche Erschließung der Berge. So mancher Gipfel erhielt sein eisernes Korsett: der Watzmann ebenso wie die Zugspitze oder der Großglockner. Im Ersten Weltkrieg wurden in den Dolomiten, am Karnischen Hauptkamm und in den Julischen Alpen kühn ins Felsgelände trassierte, mit Drahtseilen und Leitern versehene Front- und Nachschubsteige errichtet, die heute als herrliche Klettersteige genutzt werden, wie z. B. am Monte Piano (2305 m) in den Sextner Dolomiten.

Ihre Bezeichnung Klettersteig – oder auf Italienisch Via ferrata – bekamen diese Routen erst viel später. Eine Vorreiterrolle spielte Cortina d'Ampezzo, als die gesicherten Wege in den 1960er Jahren immer beliebter wurden. Damals wandelten die Steigbauer – unbewusst – bereits auf den Spuren der Kletterer, denen der Gipfel als Ziel immer weniger wichtig wurde, der gewählte Weg jedoch alles bedeutete. 30 Jahre später nahmen die Franzosen – die bis dahin Klettersteige höchstens vom Hörensagen kannten – diese Idee auf und perfektionierten sie auf ihre Weise. Aus den klassischen alpinen Steigen wurden Klettersteiggärten, in Talnähe angelegt als vertikale Spielwiesen mit allerlei Schnickschnack wie schwankenden Seilbrücken über bodenlosen Abgründen. Vielfalt ist heute Trumpf im »eisernen Angebot«. Da gibt es große alpine Routen klassischen Zuschnitts, gesicherte Gipfel- und Höhenwege, spektakuläre Sportklettersteige, die maximal viel Luft unter den Schuhsohlen bieten. So mancher Hüttenwirt hat gleich hinterm Haus eine Via ferrata, was ihm zusätzliche Tagesgäste garantiert, und auch Seilbahnen investieren gerne in Klettersteige. Über 800 gesicherte Routen verzeichnet »Hüslers Klettersteigatlas Alpen«, und es werden immer mehr. Da wird gebohrt und gehämmert, werden Drahtseile eingezogen und Leitern montiert: »Königsjodler« (am Hochkönig/Salzburger Land) oder »Pidinger Klettersteig« (an der Staufenspitze bei Bad Reichenhall) heißen dann die Ergebnisse, die Ferrata-Freaks in Scharen anlocken.

Abenteuer – mit Sicherheit!

Klettersteiggehen ist dem richtigen Klettern aller Unterschiede zum Trotz ähnlich, man bewegt sich ebenfalls im Absturzgelände, im Steilfels. Da ist Sicherheit ganz wichtig, und die vermittelt eine spezielle Ausrüstung: Sitz- oder Kombigurt, Klettersteigset und Helm. Das Set ist dabei das Herzstück, es verbindet den Klettersteiggeher mit dem fix installierten Drahtseil und dämpft – dank des Sturzabsorbers – im Falle eines Falles die dabei auftretenden Energien. Klettersteiggehen – eine kinderleichte Sache?

Beim Zuschauen könnte man es glauben. Ein eher bedächtiger, aber rhythmischer Bewegungsablauf, stetiges Höhersteigen bei (scheinbar) geringem Krafteinsatz. So einfach ist die Sache aber nicht. Der »Ferratist« ist erst einmal ein Bergsteiger – dieses ABC sollte er auf jeden Fall beherrschen, bevor er sich ans Drahtseil wagt. Das Klettersteiggehen übt man am besten zunächst unter kundiger Anleitung. Alpine Vereine und Bergschulen bieten Ausbildungskurse. Theoretisches Wissen vermitteln außerdem verschiedene Lehrbücher.

Klettersteige sind eine Faszination für viele, nicht unumstritten, aber unbestritten populär. Ihre Anhängerschaft wächst noch rascher als die Zahl der Eisenwege; es lockt das Abenteuer im Steilfels.

Faszinierender Nervenkitzel entlang der Drahtseile

ADAC top ten

Leukerbader Klettersteig · Leukerbad (S. 382) Der längste und schwierigste Klettersteig der Schweiz mit Schwindel erregenden Leitern, einer mächtigen Grotte, die zu durchsteigen ist, und einer Kulisse vom Allerfeinsten. Hinterher war schon mancher froh um das Wellness-Angebot des Kurortes… Ausgangspunkt: Gemmipass (2322 m), Seilbahn von Leukerbad; Großer Klettersteig auf das Daubenhorn (2942 m) mit rund 800 m Drahtseil und 100 m Leitern, mit einer kürzeren und leichteren Variante; Zeit: 8 Std. für Aufstieg und Abstieg über den (spaltenfreien) Daubenhorngletscher; schwieriger, stellenweise sehr schwieriger Klettersteig.

Via ferrata Costantini · Abstecher von Cortina d'Ampezzo (S. 534) Die Superferrata im Klettersteig-Dorado Dolomiten ist etwas für Leute, die weder Konditionsprobleme noch Schwindelgefühle kennen. Als Kontrast hinterher: Pasta und Parlando im Rifugio San Sebastiano. Der Hüttenwirt kennt die Ferrata und den Berg (Moiazza Sud, 2878 m) in- und auswändig. Ausgangspunkt: Rif. Carestiato (1834 m), 1 Std. oberhalb des Passo Duran (1601 m); über die Gipfel Cresta delle Masenade (2737 m), Cima Moiazza Sud (2878 m) zur Forcella delle Neve (2601 m), mit sehr schwierigen und anstrengenden Passagen; 9–10 Std. Gehzeit für Auf- und Abstieg; Anspruchsvollster Klettersteig der Dolomiten, nur für sehr erfahrene Klettersteiggeher.

Via delle Bocchette · Paganella (S. 542) Madonna di Campiglio (S. 538) Die längsten Leitern und die schönsten Felsbänder (Achtung: Abgrund!) bietet dieser legendäre »Wanderweg« in den Brenta-Dolomiten, der von Scharte zu Scharte (= Bocchetta) verläuft. Ausgangspunkte: Rif. Grostè (2460 m), Seilbahn von Madonna di Campiglio, und Rif. Pedrotti (2491 m), südlich unter der Bocca di Brenta; der Bocchetteweg setzt sich aus drei Teilabschnitten zusammen; 11–12 Std. Gehzeit für die gesamte Strecke, die sich unterteilen lässt (Übernachtung z. B. auf Rif. Alimonta 2591 m); mittelschwer.

Via ferrata »Che« Guevara · Gardasee (S. 554) Super-Klettersteig im Sarcatal, unweit vom Gardasee: 5 Std. kraxeln unter südlicher Sonne. Da kann es allerdings ganz schön feucht werden unterm Hemd – auch beim gelegentlichen Blick in die bodenlose Tiefe. Ausgangspunkt: Parkplatz bei Pietramurata (254 m), 13 km nördlich von Arco im Sarcatal; atemberaubende Route durch die Riesenwand des Monte Casale (1632 m), mit 600 m hohem zentralem Wandteil; 7,5–9 Std. für Aufstieg mit Abstieg auf Bergpfad Nr. 427; mittelschwer, aber lang und anstrengend!

Königsjodler-Steig · Hochkönig (S. 244) Ob einem nach dem siebenstündigen Aufstieg zum Hochkönig (2941 m) noch zum Jodeln zumute ist, muss bezweifelt werden – eher schon am nächsten Morgen, nach einer Nacht auf der Gipfelhütte (Matratzenhaus). Ausgangspunkt: Dientner Sattel (1380 m) an der Höhenstraße zwischen Saalfelden und Bischofshofen; großzügiger und äußerst anspruchsvoller Klettersteig mit Einstieg in der Hohen Scharte (2282 m) und anschließend 1700 m langem Bergauf-Bergab über acht Felstürme zum Gipfel; Aufstieg zum Gipfel 6–7 Std., Abstieg ins Tal je nach Route 3,5–4 Std.; sehr schwierig, nur für erfahrene und konditionsstarke Klettersteiggeher.

Braunwalder Klettersteig · Glarner Land (S. 432) Obwohl erst ein paar Jahre jung, ist die Route ein absolutes Highlight der Schweizer Klettersteigszene. Drei Teilstrecken, zwei genussvoll, die dritte etwas für Unerschrockene. Ausgangspunkt: Braunwald (1256 m), Standseilbahn von Linthal im Kanton Glarus; Einstieg am Türli (2120 m) oberhalb des Berggasthauses Gumen (1901 m, Sessellift-Station), dann luftige Überschreitung der drei Eggstöcke (bis 2420 m) mit Strickleiter-Passagen und Überhängen zum Sattel Bützi (2155 m), schließlich Wanderweg; 7–8 Std. für Auf- und Abstieg; zunächst mittelschwer bis ziemlich schwierig, im letzten Teil sehr schwierig (Zwischenabstieg möglich).

Via ferrata de la Tovière · Val d'Isère (S. 580) Wer sich einmal buchstäblich wie die berühmte Fliege an der Wand fühlen möchte, muss diese Extremroute in Savoyen gemacht haben. Zustieg in die große Mauer über eine 40 m lange Hängebrücke! Ausgangspunkt: Parkplatz im Ortsteil La Daille (1795 m) von Val d'Isère; Schwindel erregender Klettersteig auf den Felsriegel des Roc de la Tovière (2347 m), der den Talkessel von Val d'Isère vom Stausee Lac de Chevril trennt; 5,5–6,5 Std. für die gesamte Tour (kürzere und einfachere Varianten möglich); Schwierigkeiten von leicht bis extrem schwierig und maximal ausgesetzt!

Arlberger Klettersteig · St. Anton am Arlberg (S. 144) An den Felsen hoch über dem Tiroler Nobelferienort sind Drahtseile gespannt, 2 km weit: ein höchst anregendes, teilweise extrem luftiges Auf und Ab für ausdauernde Klettersteiger mit dickem Bizeps. Ausgangspunkt: Seilbahnstation Vallugagrat (2664 m); der Klettersteig überschreitet ab dem Valfagehrjoch (2543 m) den Felskamm der Weißschrofenspitze oberhalb von St. Anton, mit stets spannenden und stellenweise luftigen Abschnitten; 5–6 Std. Gehzeit bis Station Kapall (2333 m); schwieriger, für Könner aber genussvoller Klettersteig mit guter Drahtseilsicherung.

Pisciadù-Klettersteig · Alta Badia (S. 528) Die beliebteste Dolomiten-Ferrata mit kurzem Zustieg, großer Kulisse und einem bewirtschafteten Rifugio am Ausstieg. Da kann es schon mal eng werden, nicht nur auf der Terrasse vor der Hütte. Ausgangspunkt: Parkplatz (1956 m) in einer Schottergrube an der Ostrampe der Grödnerjoch-Passstraße; Klettersteig auf der Nordseite des Sellastocks mit mittelschwerem Beginn und furiosem Finale (Hängebrücke) am senkrechten Exnerturm; vom Parkplatz bis zur wenige Min. oberhalb des Ausstiegs gelegenen Pisciadù-Hütte (2585 m) 3,5–4 Std., dann 1,5 Std. Abstieg durch das steile Val Setus; ziemlich schwer, im oberen Teil anstrengend.

Mindelheimer Klettersteig · Oberstdorf, Hörnerkette und Kleinwalsertal (S. 76) Lange, sehr genussvolle Gratüberschreitung im Allgäu, lässt sich bestens mit einer Hüttennacht verbinden, in der Fiderepass- oder der Mindelheimer Hütte. Ausgangspunkt: Fiderepass-Hütte (2067 m), Zustieg von Fellhorn oder Kanzelwand (Seilbahnen) oder von Mittelberg/Schwendle (1176 m) im Kleinwalsertal; der Klettersteig überschreitet die Kalkgipfel der Schafalpenköpfe zwischen Fiderescharte (2199 m) und Kemptner Kopf (2191 m), mit einigen luftigen, gut abgesicherten Wandstellen; Gehzeit von Hütte zu Hütte ca. 4 Std.; mittelschwer.

GENUSSVOLL ÜBER STOCK UND STEIN

Wer das Radfahren auf breiten Stollenreifen abseits geteerter Straßen liebt, der liegt in den Alpen goldrichtig. Das weltweit größte Wegenetz bietet zwischen Donau und Mittelmeer unzählige Möglichkeiten. Und zum ursprünglichen Wunsch, neue Regionen kennen zu lernen, kommt seit einigen Jahren der Drang, die Alpen auf zwei Rädern zu überqueren.

Wenn eine Natursportart in Europa Karriere gemacht hat, dann ist es das Mountainbiken. Vor etwa 15 Jahren noch weitgehend unbekannt, wagten sich damals nur wenige auf die mit breiten Gummireifen ausgestatteten Spezialräder aus den Vereinigten Staaten. Wurden sie hierzulande zunächst misstrauisch bis spöttisch betrachtet, kam noch erschwerend hinzu, dass es keinerlei Kenntnisse über befahrbare Wege, Routen und Regionen gab. Uli Stanciu, der Chefredakteur der neu gegründeten Zeitschrift BIKE, und Andreas Heckmair, ein Bergführer aus Oberstdorf, durften sich noch wie große Pioniere und Abenteurer fühlen. Mit ihren Unternehmungen und Reiseberichten weckten sie in vielen wieder die Sehnsucht, selbst aufzubrechen und aus eigener Kraft mit dem Rad abgelegene Gebiete zu entdecken. Trotzdem spielte diese Zielgruppe für den Tourismus lange Zeit keine Rolle. Das hat sich inzwischen gründlich geändert: Immer mehr Destinationen schielen nun auf den sportlich aktiven Gast, dem Marktanalysen attestieren, dass er sich seinen Urlaub überdurchschnittlich viel kosten lässt.

Es ist wohl auch das menschliche Bedürfnis, einmal aus dem geregelten Leben ausbrechen zu wollen, das den Erfolg des Mountainbikens ausmacht: Denn dort, wo die Straße aufhört, fängt die Freiheit an, oder? Ein Gefühl, das auf den flachen Pfaden entlang eines Flusses ebenso nachempfunden werden kann wie auf einem steilen Bergweg. Fürs Bikeglück ist noch nicht einmal ein Berg notwendig. Ein technisch kniffliger Weg ist ebenso eine Herausforderung wie eine steile Rampe. Unbestritten ist jedoch, dass die Alpen hierfür ein nicht zu überbietender Spielplatz sind. Es mag größere Gebirge geben, aber es gibt wohl keines mit einem größeren Wegenetz.

Und ewig lockt der Süden

Seit Jahren ist der Gardasee unbestritten die Nummer eins bei Mountainbikern, genau genommen der nördliche Teil um Riva, Torbole und Arco mit seinen bis zu 2500 m hohen Bergen. Der Erfolg liegt hier in der Mischung: Nirgendwo sonst kann man die Vielfalt des Mountainbikens (von einfachen bis extrem schweren Routen) gepaart mit der italienischen Genussfreude so intensiv erleben. Wenn man zum Abschluss einer aufregenden Tour auf einer Terrasse an der palmenbestandenen Seeuferpromenade einen Cappuccino schlürfen darf, dann ist das Bikerglück perfekt. Im milden Süden ist nahezu ganzjährig Saison und über die Brennerautobahn ist das Biker-Arkadien auch recht schnell zu erreichen.

Die besonders reizvolle Kombination von Bergen und Seen erfüllt auch andernorts Bikersehnsüchte: In den Ausläufern der Alpen beispielsweise, am Neuenburger See und den Höhenwegen des Jura in der Schweiz, im oberbayerischen Seengebiet zwischen Tegernsee, Schliersee und Spitzingsee etwa oder an den oberitalienischen Seen Lago Maggiore, Luganer See und Comer See. Generell gilt: Je südlicher eine Region liegt, desto länger ist dort Saison.

Ebenfalls sehr beliebt bei Bikern sind die Dolomiten. Die »bleichen Berge« üben einen erhabenen Reiz aus und die Möglichkeiten sind auch hier sehr groß. Zwar ist das vom Hochgebirge geprägte Gebiet nur in den schneefreien Sommermonaten befahrbar und die meisten Touren sind recht anstrengend, aber das gleichen die landschaftlichen Eindrücke der bizarren Felsformationen locker aus. Etwas Kondition muss man in diesem Gelände allerdings schon mitbringen. Aber wenn man erschöpft zum Abendessen in einer urigen Berghütte lokale Kost genießen darf, ist die Welt schnell wieder in Ordnung.

Ebenso attraktiv für Biker ist Graubünden. Die »Ferienecke der Schweiz« hat einige Traumrouten zu bieten. Ob auf einfachen Familientouren auf der Lenzerheide, auf halsbrecherischen Trails im Oberengadin oder auf einer mehrtägigen »Top-of-Graubünden«-Runde über die höchsten Gebirgszüge des Kantons – wer einmal hier war, kommt immer wieder. Zwar ist auch hier die kurze schneefreie Saison ein Wermutstropfen, der wird aber durch die vorbildliche Schweizer Gastronomie mehr als wettgemacht.

Mountainbiker willkommen

Lange Zeit waren Mountainbiker in Tirol nicht willkommen, doch seit einiger Zeit sorgt nun ein landesweites Wegekonzept für vorbildliche Zustände. Beschilderte und nach Schwierigkeitsgrad klassifizierte Routen machen es dem Gast leicht, sich zurechtzufinden. Im beliebten Karwendelgebirge haben Biker den Wanderern längst den Rang abgelaufen, und auch rund um die Zugspitze und in den Tiroler Alpentälern sind die Aussichten im doppelten Wortsinn grandios.

Ob es an der Sprachbarriere liegt, dass die Westalpen bei deutschsprachigen Mountainbikern noch nicht so recht bekannt sind? Eingeweihte wissen längst, dass im Alpenbogen südlich des Genfer Sees eine Fülle von Bike-Revieren der Extraklasse warten. Im Skigebiet der Portes du Soleil finden Biker paradiesische Zustände vor, denn alle Gondeln und Lifte befördern hier im Sommer auch Radfahrer nach oben. In den weniger bekannten Seitentälern des Piemont locken beinahe unerschlossene Touren noch zu Abenteuern im Gebirge. Und auf den vom Zahn der Zeit angenagten Militär- und Kammstraßen der West- und Seealpen fühlen sich heute Mountainbiker geradezu in ihrem Element.

Doch seit einigen Jahren beschäftigt vor allem ein Thema die Gemüter der Mountainbiker: die Alpenüberquerungen. Mindestens einmal im Leben muss man einen »Alpencross« oder »Transalp« gefahren sein. Eine strapaziöse Reise steht jedem bevor, ehe er nach zumeist sieben Tagen über höchste Alpenpässe am Ziel seiner Wünsche ankommt. Das setzt Emotionen frei und mancher ist danach schon mit feuchten Augen mitsamt seinem treuen Untersatz ins kalte Wasser des Gardasees gesprungen. Das ist sie eben: die süchtig machende Faszination, die eigene Leistungsfähigkeit neu kennen zu lernen.

Das intensive Naturerlebnis macht das Mountainbiken so reizvoll – für Sportler ebenso wie für Genießer.

ADAC top ten

Tremalzo • Gardasee (S. 554) Die schönste Tour im Mountainbike-Mekka führt vom Tremalzo-Scheiteltunnel über die alte Militärstraße zum Passo Rocchetta und von dort mit atemberaubenden Tiefblicken hinunter an den »Lago«. Ausgangspunkt: Molina di Ledro; 48 km, 1981 Höhenmeter; sehr schwierig

Fanesrunde • Bruneck mit Kronplatz und Antholzer Tal (S. 508) Im Sagenreich des Fanes-Naturparks streiten viele Routen um den Titel, die schönste zu sein. Die allerschönste ist vielleicht diese: St. Vigil – Pederü – Pischodelsee – Fanes-Hütte – Limojoch – Fanestal – Sennes-Hütte – Fodara-Hütte – Pederü – St. Vigil; 47 km, 1745 Höhenmeter, mittelschwer

Tegestal-Dirstentrittkreuz • Tiroler Zugspitzarena (S. 154) Eindrucksvolle Route hinauf von Ehrwald zum Fernpass und durchs Tegestal zum Dirstentrittkreuz (900 Höhenmeter, 53 km, mittelschwer); auch im Karwendel, in Ischgl oder in den Kitzbühler Bergen bieten sich unzählige Möglichkeiten. In Tirol gibt es Trails satt – einer schöner als der andere; www.bike.tirol.at

Uinaschlucht • Scuol und Unterengadin (S. 470) Eine der spektakulärsten Biketouren in den Alpen führt ungesichert durch eine senkrechte Felswand, ein Stück weit muss notgedrungen geschoben werden. Man kann bis zum Reschenpass weiterfahren oder an der Sesvenna Hütte umkehren und die fantastische Abfahrt zurück nach Scuol genießen: Scuol – Sur En – Uina Dadaint – Uinaschlucht – Sesveanna Hütte – zurück nach Scuol; 1350 Höhenmeter, 50 km, schwierig. Graubünden hat mehr fahrerische Superlative zu bieten, die man bestens in einer mehrtägigen Runde bewältigen kann; www.topofgraubuenden.ch

Ligurische Grenzkammstraße • Abstecher von Briançon und Massif des Écrins (S. 586) Einst Kriegsschauplatz, heute beliebter Spielplatz für Mountainbiker: Die Grenzkammstraße zwischen Ligurien und den französischen Seealpen ist der Höhepunkt eines verästelten Trailwegenetzes zwischen Gebirge und Meer. Für die Strecke sollte man sich zwei Tage Zeit nehmen, sie führt von Tende im Royatal über mehrere Pässe nach Ventimiglia; 3500 Höhenmeter, 140 km, mittelschwer

Assietta-Kammstraße • Abstecher aus dem Aostatal (S. 570) Da bleibt einem die Luft weg, nicht nur wegen der Höhe, in der sich die Assietta-Kammstraße in den Cottischen Alpen zwischen Susa und Sestrière spektakulär über fünf Pässe westlich von Turin teilweise weit über der 2000-m-Marke entlangwindet. Verlauf: Sestrière (2035 m) – Nationalstraße Nr. 23 bis Pourrières (1418 m) – Balboutet, Abzweigung der Finestre-Passstraße – Colle dell Assietta – Testa dell'Assietta (2567 m) – Colle Blegier – Colle Costa Piana – Colle Bourget – Colle Bassett – Sestrière; ca. 60 km, ca. 1500 Höhenmeter, anstrengend.

Monviso/Chaberton • Abstecher aus dem Aostatal (S. 570) Militärstraßen im westlichsten Zipfel Piemonts an der Grenze zu Frankreich: Rund um Col du Montgenèvre, Montcenis, Mont Chaberton und Monte Viso führen verfallene Versorgungspisten bis auf 3000 m Höhe; verschiedene Längen und Schwierigkeitsgrade

Passo San Jorio • Lugano und Luganer See (S. 406) Schweizer Biker wissen es längst: Das Tessin ist ein Dorado. Die Übergänge vom Comer an den Luganer See sind vom Feinsten, und wer noch ein, zwei Tage anhängen kann, sollte auch noch den Kammweg am Monte Tamaro und die alte Militärpiste auf den Monte Zeda westlich des Lago Maggiore in Angriff nehmen.

Transalp Oberstdorf (S. 76) **• Gardasee** (S. 554) Einmal im Leben sollte man eine Alpenüberquerung gefahren sein. Klassischerweise beginnt man im Allgäu, das dazugehörige Ziel ist der Gardasee. Dazwischen ist alles erlaubt, was machbar ist; www.traumtouren-transalp.de

Portes du Soleil (S. 362) Im französisch-schweizerischen Skigebiet geht im Sommer für Biker die Post ab. 24 Lifte und Gondelanlagen befördern vor allem Freerider nach oben, die es vornehmlich bergab krachen lassen.

DER MYTHOS DER BERGE

Rennradfahrer sind genügsam. Sie brauchen nichts als die Berge und deren geteertes Wegenetz. Und das finden sie im bestens mit Straßen erschlossenen Alpenbogen von Nizza bis Wien in reichhaltigem Maß vor.

Rennradfahren in den Alpen? Nur Nicht-Radfahrer setzen hier ein Fragezeichen. Man kann es sich vielleicht nur schwer vorstellen, aber jeder, der mit diesem Virus infiziert ist, wird bestätigen: Rennradfahren ist nicht in erster Linie eine schweißtreibende, anstrengende Freizeitbeschäftigung, sondern vielmehr eine philosophische: Sysiphos war es, der immer wieder den Stein den Berg hinaufrollen musste, Rennradfahrer müssen, als sei es ihnen von einer höheren Macht auferlegt, immer wieder endlose Pässe unter die schmalen Reifen nehmen, obwohl es genügend bequeme Alternativen gäbe – doch am Ende lächeln alle: die Rennradfahrer und Sysiphos, die mythologische Gestalt.
So ist es nicht verwunderlich, dass das Rennradfahren bereits viele Moden überlebt hat und wohl auch künftig noch einige überdauern wird. Man ist schon vor 100 Jahren über die Berge geradelt, man tut es heute immer noch und man wird es voraussichtlich auch noch tun, wenn in den Alpen die Gletscher geschmolzen sind.
Rennradfahren lebt auch vom Mythos seiner sportlichen Helden, deren Geschichten in den großen Rundstreckenrennen Europas geschrieben wurden. Denn in den Bergen kommt es zur Entscheidung. Das Schöne daran: Jeder, der auf einem Zweirad balancieren kann, kann es ihnen nachtun. Die Bühne dieser Epen sind die Berge und man kann für Momente in die Rolle der Akteure schlüpfen – und wird am Ende vielleicht froh sein, sie ohne Zuschauer bewältigt zu haben.

Der Drang nach Höherem

Man kann sich aber auch einfach so aufs Rad setzen: genüsslich drauflos radeln und dabei einiges für die Fitness tun! Landschaftlich schöne Routen gibt es in den Alpen in Hülle und Fülle. Für den Anfang dürfte eine Tour durchs bayerische Oberland mit seinen sanft geschwungenen Hügeln das Passende sein. Es ist auch keine Schande, einfach dem geteerten Radweg entlang eines Flusses zu folgen und den Blick auf die Berge zu richten, anstatt sich hinaufzukämpfen. Jeder wie er mag, lautet das Motto. Doch mit den Kilometern wächst die Kondition – und damit der Reiz, neue Grenzen auszuloten. Irgendwann kommt der Zeitpunkt, da will man die Klassiker selbst kennen lernen, die Berge erleben, spüren, erfahren.

Dann locken beispielsweise die Dolomiten. Eine der einfachsten Routen ist die Sellarunde. Sie beginnt in Corvara und führt über Campolongo-Pass, Pordoijoch, Sellajoch und Grödnerjoch wieder zurück zum Ausgangspunkt. Die Runde ist nur 54 km lang, weist aber über 2000 Höhenmeter auf. Wie viele Tage man dafür ansetzt, das bleibt jedem selbst überlassen. Doch man sollte sich auf jeden Fall genügend Zeit nehmen, um die landschaftlichen Eindrücke auf sich wirken zu lassen.
Nicht weniger eindrucksvoll ist die Straße aufs Stilfserjoch, auf jenen endlos gewundenen Straßenlindwurm, der aus dem Südtiroler Vinschgau 1800 Höhenmeter himmelstürmend der Grenze zur Schweiz entgegenfiebert. Auf 2757 m ist die höchste befahrbare Straße der Ostalpen endlich überwunden. In der Schweiz faszinieren Furka, Grimsel, Susten – drei Pässe in Gletschernähe, die sich gut in einem Stück bewältigen lassen. Wer ganz besonders fit ist, fügt noch den Nufenenpass hinzu und landet im Tessin. Allerdings sei dabei noch darauf hingewiesen, dass zur Rückkehr auch noch der Gotthardpass überwunden werden muss …
Rennradfahrer sind zwar Einzelkämpfer, jedoch meistens keine Einzelgänger: Zuerst gab es die Radtouristikfahrten, dann kamen die Radmarathons und die »Granfondos«: Dabei fährt man mit Gleichgesinnten im Rahmen einer Veranstaltung über die Berge und misst sich mit ihnen – beim »Maratona delle Dolomites« etwa, dem Ötztaler Radmarathon, oder dem Schweizer Alpenbrevet. Zu Tausenden nehmen Radfahrer dann die Straßen unter ihre Reifen und lassen dem motorisierten Verkehr für einen Tag keine Chance.
Im Mai, wenn der »Giro d'Italia« gestartet wird, grassiert in Italien das Radsportfieber. Für Zuschauer ist es besonders lohnend, in der Lombardei die Etappe über den

Rennradfahrer sind zwar Einzelkämpfer, aber keine Einzelgänger – wie die vielen Veranstaltungen zeigen.

2600 m hohen Gaviapass mitzuverfolgen. Ebenso gefürchtet ist bei den Profis der gleich nebenan liegende Passo di Mortirolo, vom dem einst Toni Rominger sagte, es sei der »härteste Berg der Alpen«. In Frankreich heißt das Radsport-Mekka Alpe d'Huez mit seinen 21 anstrengenden Kehren.
Wer Feuer gefangen hat, aber nicht gleich auf eigene Faust durchstarten möchte, sollte an der »Radfernfahrt« des ADFC (Allgemeiner Deutscher Fahrradclub) teilnehmen. In fünf Tagen führt sie von München über den Brenner bis an die Adria. Die Zeit spielt bei dieser Veranstaltung keine Rolle, hier geht es allein um den Genuss – und der ist ungetrübt: Die Straßen sind für den Autoverkehr gesperrt, der Radfahrer-Tross wird von der Polizei und Begleitfahrzeugen eskortiert.
Für Genießer ist die »Route des Grandes Alpes« eine der schönsten Strecken, die von Thonon-les-Bains am Genfersee über die höchsten Westalpenpässe ans Mittelmeer führt. Wie auf einer Perlenschnur aufgezogen reihen sich so klingende Namen wie Iséran, Galibier, Lautaret, Izoard und la Bonette aneinander. Für die über 600 km lange Strecke mit über 15000 Höhenmetern sollte man sich mindestens eine Woche Zeit nehmen.
Wer topfit ist und auch einmal gegen die Uhr fahren möchte, sollte bei der TOUR-Transalp mitmachen. Das siebentägige Etappenrennen führt von Oberammergau quer über die Alpen bis an den Gardasee. Die Strapazen sind beachtlich: Fast 800 km und annähernd 20000 Höhenmeter müssen im Kampf um die Plätze bewältigt werden. Doch wer einfach nur Spaß haben will,

ADAC top ten

- **Stilfserjoch • Ortler-Region** (S. 480) Vom Vinschgau auf den mit 2757 m höchsten befahrbaren Pass der Ostalpen mit fantastischem Blick auf den Ortler; die Steigung ist relativ gering; 27 km, 1869 Höhenmeter; www.stelviobike.com
- **Alpe d'Huez** (S. 584) Wenn die »Tour de France« hier gastiert, herrscht Volksfeststimmung. Als Rennradfahrer ist man selten allein, zu verlockend ist es, selbst die 21 Kehren auf das 1860 m hoch gelegene Plateau zu fahren; 13,5 km, 1103 Höhenmeter; www.tourisme-oisans.com
- **Timmelsjoch Ötztaler Radmarathon • Ötztal** (S. 176) Legendäre Veranstaltung über Kühtai, Brenner, Jaufenpass und als krönendem Abschluss über das 2497 m hohe Timmelsjoch; meist Ende August; die herrliche Strecke ist auch ohne Wettkampf sehr zu empfehlen. Ein Genuss wird sie, wenn man sich 2–3 Tage Zeit nimmt; 228 km, 5500 Höhenmeter; www.oetztaler-radmarathon.com
- **Schweizer Alpenbrevet • Goms** (S. 398) **Valle Leventina-Valle di Blenio** (S. 400) **Disentis und Sedrun** (S. 438) Harte Prüfung über fünf Schweizer Alpenpässe: Wer sich Susten-, Grimsel-, Nufenen-, Lukmanier- und Oberalppass hintereinander nicht zutraut, kann über Gotthard- oder Furkapass »abkürzen« und kommt so auch auf respektable 160 oder 120 km; 260 km, 6619 Höhenmeter. Mehr hat man sicher von dieser fantastischen Pässetour, wenn man sich 3 Tage Zeit lässt; www.alpenbrevet.ch
- **Panoramafahrt über die Große Scheidegg • Jungfrau-Region und Interlaken** (S. 352) Interlaken – Grindelwald – auf einer für Pkw gesperrten Straße am Gletscher vorbei hinauf zur Großen Scheidegg (1962 m) mit Blick auf Eiger, Jungfrau und Mönch – Rosenlauischlucht – Meiringen – am Ufer des Brienzersees entlang – Interlaken. Traumtour für sportliche Genießer; 85 km, 1600 Höhenmeter
- **Sellarunde/Dolomiten-Marathon • Alta Badia** (S. 528) **Val di Fassa** (S. 544) **Grödnertal** (S. 516) Die Veranstaltung im Juli ist schon vor Weihnachten des Vorjahrs ausgebucht (bis zu 8000 Starter): Campolongo – Pordoi – Sella – Grödnerjoch; Ausdauer ist gefordert, sollen im Anschluss Passo Giau und Falzarego bewältigt werden; lohnende Tour im Herzen der Dolomiten; 147 km, 4345 Höhenmeter; www.maratona-dolomites.com
- **Transalp** Wer die Tour über die Alpen nicht allein antreten möchte, kann bei der »ADFC Radfernfahrt München–Adria« mitmachen: In 5 Tagen bis ans Meer mit Polizeischutz, auf abgesperrten Straßen, ganz ohne Hetze im Team Gleichgesinnter; im Mai; 750 km; www.adfc-bayern.de/radfernfahrt/ Alternative: »Tour Transalp«: Vom gleichnamigen Rennradmagazin initiiertes siebentägiges Etappenrennen über die Alpen; über 800 km, 20000 Höhenmeter; www.tourtransalp.de
- **Route des Grandes Alpes • Val d'Isère** (S. 580) **Briançon** (S. 586) Vom Genfersee ans Mittelmeer über die höchsten Pässe der Westalpen; Thonon-les-Bains – Cluses – Sallanches – Albertville – Bourg-St.-Maurice – Col de l'Iseran – Col du Mont Cenis – Col du Galibier – Briançon – Col d'Izoard – Col de Vars – Col de la Bonette – Col St.-Martin – Col de Turini – Nizza; 700 km, 15000 Höhenmeter; www.routedesgrandesalpes.com
- **Mont Ventoux • Abstecher von Briançon** (S. 586) Geschichtsträchtiger Felsklotz am Übergang zwischen Alpen- und Mittelmeerregion; landschaftlich fantastisch, aber ohne einen Schatten spendenden Strauch. Der 1909 m hohe Schicksalsberg der »Tour de France« ist für jeden Rennradfahrer eine Herausforderung; zwischen Malaucène und Bédoin; 22 km, 1634 Höhenmeter; www.lemontventoux.net
- **Passo di Mortirolo • Abstecher vom Comer See** (S. 560) Klingt nicht nur mörderisch, ist es auch! Das Wort »steil« ist nicht annähernd in der Lage auszudrücken, was diese lombardische Teerrampe bei Tirano im Adda-Tal für den Rennradler bereithält; 9 km, 830 Höhenmeter; www.mortirolo.net

sollte sich die »Rennrad-Bibel« zulegen: In »Denzels Alpenstraßenführer« sind alle befahrbaren Alpenpässe gut beschrieben. Wer diese alle befahren hat, hat den Zustand der ewigen Glückseligkeit längst erreicht ...

DAS LETZTE GROSSE ABENTEUER

Weiße Flecken auf der Landkarte gibt es nur noch in den Ozeanen. Die aber sind weniger erforscht als der Mond. Das letzte große Abenteuer der Menschheit liegt also unter Wasser. Das Schönste daran: Dieses Abenteuer erwartet uns direkt vor der Haustür, denn einige der eindrucksvollsten Tauchplätze der Welt liegen mitten in den Alpen.

»Tauchen kann heutzutage jeder erlernen. Er oder sie muss nicht einmal ein besonders guter Schwimmer sein«, sagt Alois Männer, Tauchbasenleiter der Tauchstation »Nautilus« in Weyregg am Attersee. »Wir bringen Kindern ab zwölf Jahren das Tauchen genauso bei wie älteren Menschen, die Spaß an etwas Neuem, Besonderem haben. Durch die moderne Tauchtechnik kann man unbeschwert die Natur unter Wasser genießen.«

Top-Ziele für Taucher sind vor allem die großen Seen und klaren Flüsse Oberösterreichs. Die erstklassig erschlossene touristische Infrastruktur bietet Unterkünfte jeglicher Preislage, von der kleinen Pension bis zum Fünf-Sterne-Sporthotel. Es gibt sogar ganz spezielle Herbergen für Taucher, beispielsweise den »K.u.K. Landgasthof zur Post« in Weyregg am Attersee. Hausherr Georg Eichhorn ist ein leidenschaftlicher Sammler wertvoller Museumsstücke aus der Kaiserzeit und verbindet seine nostalgische Herberge gern mit der Natursportart Tauchen. Mehrmals jährlich dient das Hotel als Unterkunft bei den populären Tauch-Events der Tauchbasis von Alois Männer. Männer versteht es wie kein anderer, auf die Bedürfnisse der Urlaubs- und Freizeitgesellschaft einzugehen und bietet an seiner Basis die Sportarten Tauchen, Gleitschirmfliegen, Biken und natürlich Scuben an – das »Fliegen« durch die klaren Flüsse Ager und Traun.

Abenteuer Flusstauchen

Allerdings war es ein Schweizer Flüsschen, die Verzasca, die das Flusstauchen populär gemacht hat. Unterhalb der römischen Brücke in Lavertezzo ist deshalb wohl der bekannteste Platz zum Flusstauchen in den Alpen. Und das Unterwasserfoto mit der Spiegelung der Brücke an der Oberfläche ist das Synonym für das Erlebnis des schwerelosen Gleitens durch die glasklaren Fluten des Gebirgsbachs. Nur wenige Kilometer weiter östlich kann man Vergleichbares auch in der Maggia erleben. Wer den Gebirgsfluss bis hinauf zum Quellsee verfolgt, kann dort mitten im Sommer in einer Kulisse von Eisbergen tauchen. Beim Flusstauchen spielt auch die slowenische Soca eine gewichtige Rolle, insbesondere deshalb, weil man in der abgelegenen Region des Lepena-Tales auf die nahezu ausgestorbene Marmorata-Forelle treffen kann.

Derart unterschiedliche Tauch-Erlebnisse können so dicht gedrängt nur die Alpen bieten. Überhaupt wartet dieses Gebirge aus Tauchers Sicht noch mit einer Vielzahl weiterer Superlativen auf: Der Attersee ist der größte See Österreichs, der Walchensee das tiefste Gewässer Deutschlands. 200 m Tiefe erreicht der südlich von München gelegene See. Und weil er nicht gerade groß ist, müssen seine Ufer unweigerlich steil zum Grund abfallen. Was sie an der »Galerie« und der »Pioniertafel« eindrucksvoll beweisen. Diese taucherischen »Tiefpunkte« dürfen deshalb auch in keinem Logbuch eines Extremtauchers fehlen. Sind sie doch vergleichbar mit den bergsteigerischen »Höhepunkten« wie der Eiger-Nordwand oder dem Freneypfeiler in der Ostwand des Montblanc.

Allerdings sind es beim Tauchen wie beim Bergsteigen nicht die Extreme, die die Massen der Erholungsuchenden in die Alpen führen. Vielmehr ist es die unglaubliche Schönheit der Natur, die unter Wasser oft gleichzusetzen ist mit der Reinheit und Unberührtheit der jeweiligen Gewässer. In den eiskalten und meist hoch gelegenen Alpenseen schwärmen Taucher von Sichtweiten, die selbst tropische Traumziele wie die Malediven oder das Rote Meer zur »trüben Suppe« verkommen lassen. Allen voran der »Grüne See« nahe der Ortschaft Tragöß in der Steiermark: Insbesondere nach der Schneeschmelze erlebt man dort einzigartige Tauchgänge, wenn der See durch unterirdische

Schon kleine Seen wie die Fernsteinseen, versprechen durch ihr klares Wasser fantastische Tauchabenteuer.

Quellen bis auf eine Wassertiefe von 11 m aufgepumpt wird, ohne dass ihn einlaufendes Schmelzwasser trübt. Dieses einmalige Erlebnis darf man sich als Taucher auf keinen Fall entgehen lassen. Stets klar ist der Samaranger See am Fernpass, der mit Sichtweiten von einem Ufer zum anderen aufwarten kann. Das Gewässer ist in Privatbesitz, was bedeutet, dass Gäste hier nur in Verbindung mit einer Übernachtung im Fernsteinsee-Hotel tauchen dürfen. Ein ähnliches Arrangement bietet das nur wenige Kilometer entfernte »Hotel Drei Mohren« seinen Gästen: Eine Übernachtung im Hotel ermöglicht unvergessliche Tauchgänge im unterseeischen Wald des Blindsees. Wer es noch sportlicher mag, kann im »Mohr Life Ressort« auch noch Westernreiten und Fliegenfischen erlernen.

Eintauchen in Geschichte

Wenn Sport nicht alles sein soll, dann lässt sich Tauchen in den Alpen auch hervorragend mit einer Geschichtsstunde verbinden, z. B. in Hallstatt im Salzkammergut – der Wiege der Menschheit in den Alpen. Hier lernt man bei einem Besuch des ältesten Salzbergwerks der Welt den »Mann im Salz« kennen, einen steinzeitlichen Bergwerksarbeiter, der ähnlich wie »Ötzi« über Jahrtausende hinweg (im Salz) konserviert wurde. Auch einen »Mann im See« kann man im Ort Hallstatt treffen: Gerhard »Wurzi« Zauner ist seit Anbeginn des Sporttauchens die Anlaufstelle für historisch interessierte Taucher schlechthin. Zauner kennt die versunkenen Pfahlbauten wie kein anderer, kann jede der gefundenen Ton-Urnen zeitgeschichtlich datieren und gilt unter Historikern als die Kapazität, wenn es um die versunkenen »Nazischätze« im Salzkammergut geht. Am Ende des Zweiten Weltkrieges sollen Nazigrößen in den tiefen Seen der Region ihre Reichtümer versenkt haben, zusammen mit technologischen Geheimwaffen und erbeuteten Kriegsgütern. Vom Hallstätter See bis hoch hinauf zum Toplitzsee werden diese Schätze bis heute gesucht. Allerdings mit wenig Erfolg. Um die Suche in geordnete Bahnen zu lenken, wurde der sagenumwitterte Toplitzsee 1963 mit einem Tauchverbot belegt. Weil aber sogar genehmigte Tauchexpeditionen wie etwa die U-Boot-Fahrt eines Forscherteams im Jahr 1983 keinen Goldschatz ans Tageslicht befördern konnten, werden die Reichtümer immer noch in der Tiefe vermutet.

Da liegen sie wohl heute noch – und warten auf einen Taucher, der sich auf der Suche nach den Reichtümern der Natur in das letzte große Abenteuer Unterwasserwelt Alpen gestürzt hat.

ADAC top ten

Attersee • Abstecher Wolfgangsee (S. 274) Mit 54 km² ist der Attersee das größte Binnengewässer Österreichs. Kilometerlange Tauchzonen bieten viele unterschiedliche Tauchplätze. Die besten Sichtweiten herrschen von Dezember bis März – der See friert nicht zu! www.nautilus.at

Blindsee • Tiroler Zugspitzarena (S. 154) Wer ein erholsames Tauchwochenende plant, bucht sich im »Hotel Drei Mohren« am Fernpasses bei Reutte ein und erhält damit die Erlaubnis, im eindrucksvollen Blindsee mit seinem versunkenen Wald zu tauchen. www.mohr-resort.at/de/tauchen.htm

Grüner See • Hochschwab mit Mariazell (S. 314) Der wahrscheinlich klarste See der Alpen bietet insbesondere nach der Schneeschmelze unvergessene Tauchgänge bis in 11 m Tiefe. Im Sommer hat der See meist zu wenig Wasser zum Tauchen; www.tragoess.steiermark.at

Hallstätter See (S. 270) Der See ist untrennbar mit der Mär der »versunkenen Nazischätze« verbunden. Tauch-Urgestein Gerhard Zauner legt seine Theorien vor oder nach einem Tauchgang gern offen

Samaranger See • Tiroler Zugspitzarena (S. 154) Neben dem Grünen See ein weiterer glasklarer Alpensee auf der Südseite des Fernpasses bei Nassereith. Wie beim Blindsee ist eine Anmeldung/Übernachtung im Hotel Voraussetzung für einen unvergesslichen Tauchgang; www.schloss-fernsteinsee.at

Soča • Triglav (S. 590) In den klaren Flüssen der Ostalpen taucht man am besten im Herbst. Dann kann man sich durch die Unterwassercanyons gleiten lassen – auf der Suche nach den fast ausgestorbenen Marmorata-Forellen; www.clownfisch.de

Traunsee • Traunsee und Almtal (S. 272) Steilwände, versteckte Buchten und eine bestens erschlossene Tauch-Infrastruktur; www.tauchschule-traunsee.at

Vercasca • Locarno–Valle Maggia–Val Verzasca (S. 404) Abenteuer am Ursprung des Flusstauchens in der Region Locarno: Unterhalb der stilvollen Bogenbrücke von Lavertezzo ist wohl der schönste Ort zum Ab- oder Auftauchen; www.verzasca.ch

Walchensee • Kochelsee und Walchensee (S. 96) Der eindrucksvollste Tauchsee Deutschlands muss in den Alpen liegen. Kein anderer See bietet eine grandiosere Steilwand als der bis zu 200 m tiefe Walchensee; www.tauchen-walchensee.de

Vierwaldstättersee (S. 412) Von leicht abfallenden Steilwänden, Canyons, Felsen bis hin zu Wracks hat der Vierwaldstättersee alles zu bieten, was das Taucherherz begehrt. Fauna und Flora sind abwechslungsreich: Seegras, Hechte, Eglis, Aale und Groppen sind hier anzutreffen; www.idtc.ch

Die schönsten Alpenstrassen

Passionierten Cabrio- und Motorradfahrern bereiten Alpenstraßen in der Regel den meisten Genuss. In Europas größtem und attraktivstem Gebirge gibt es eine Vielzahl von Straßen, die sich auf unzähligen Kilometern durch die Landschaft schlängeln und Fahrspaß pur versprechen. Die objektiv schönsten herauszufiltern scheint unmöglich, dennoch folgt hier ein Versuch, die Alpen aus der Sicht des fahrenden Genussmenschen zu skizzieren.

So unterschiedlich wie in den Alpen präsentieren sich Verkehrswege sonst nirgendwo: Teils hangeln sich kleine, vielfach gewundene Sträßchen über mehr als 2000 Höhenmeter die Berge hinauf, bevor es auf der anderen Seite wieder hinunter ins nächste Tal geht; teils durchschneiden Autobahnen mit riesigen Kurvenradien Europas grandioses Gebirge. Die Existenz mancher Straßentrassen ist seit Jahrtausenden bezeugt, manch andere Straße ist erst in der zweiten Hälfte des vergangenen Jahrhunderts fertig gestellt worden. Welche dieser Routen als schön und welche als weniger schön empfunden wird, ist von vielen Faktoren abhängig: verfügbare Zeit, Interessen, Wetter, Fahrkönnen und nicht zuletzt spielen möglicherweise Ängste eine Rolle: Es ist schließlich nicht jedermanns Sache, an steilen Abgründen entlangzufahren.

So sind gut ausgebaute, flüssig zu fahrende und damit höhere Geschwindigkeiten erlaubende Alpenstraßen für die Fahrer leistungsstarker Motorräder oder Autos häufig interessanter als kleine, winkelige Nebenstrecken mit zahllosen engen Kurven und oft holpriger Oberfläche. Diese meist weniger befahrenen Routen wiederum werden oftmals von jenen Motorradfahrern bevorzugt, die ein ausgeprägtes Erlebnis suchen, das mehr vom Fahrspaß als von der absoluten Geschwindigkeit lebt. Auf fast allen Bergstraßen ist in Ferienzeiten vormittags weniger los als am Nachmittag – antizyklisches Verhalten steigert das Landschaftserlebnis durchaus.

Panoramastraßen auf höchstem Niveau

Enorm beliebt sind stets die Panoramastraßen. Womit wir bereits bei einem wichtigen Kriterium für schöne Strecken sind: Bevorzugt werden jene Routen, die hervorragende Aussichtspunkte zugänglich machen. Zu ihnen gehört beispielsweise der »Gacher Blick« an der Pillerhöhe (1559 m)

Fahrspaß pur in den Dolomiten: herrliche Pässe, eine traumhafte Kulisse und ausnahmsweise kaum Verkehr

zwischen Pitztal und Kaunertal in Tirol; von dort reicht die Aussicht weit über das Inntal und die Silvrettagruppe.

Neben der Höhe des Scheitelpunkts ist auch – vor allem für engagierte Fahrer – die Höhendifferenz zwischen dem Ausgangsort im Tal und der Passhöhe ein Kriterium für die Attraktivität. Wer will nicht gerne einmal »hoch hinaus«! Bei Motorradfahrern entscheidet die Zahl der Serpentinen: So genießt die zwischen 1820 und 1825 für den Postkutschenverkehr erbaute, 49 km lange Stilfserjochstraße zwischen Spondinig im Vinschgau und Bormio im Veltlin ihren Ruf nicht allein wegen der enormen Passhöhe (2758 m) und der Nähe zu »König Ortler«; ihre herausragende Position rührt auch von den 48 Kehren der Ostrampe und den

ADAC top ten

- **Route des Grandes Alpes: Genfer See-Nizza – Val d'Isère** (S. 580) **Briançon** (S. 586) Die 700 km lange Strecke führt über einige der schönsten Alpenpässe. Abstecher sind möglich zum Col de Restefond/La Bonnette (2802 m), dem höchsten Alpenübergang; ab 3 Tage; www.routedesgrandesalpes.com (nur franz.)
- **Große Dolomitenstraße Bozen–Cortina – Bozen** (S. 492) **Cortina d'Ampezzo** (S. 534) 110 km sind von Südtirols Landeshauptstadt in die Olympiastadt von 1956 zu bewältigen. An der Strecke liegen die imposante Eggenschlucht und die Pässekette Karerpass – Pordoijoch – Falzaregopass. Möglichkeit zum Umrunden des Sellamassivs: Die »Sella Ronda« misst 56 km und führt über vier der schönsten Dolomitenpässe.
- **Deutsche Alpenstraße Lindau–Berchtesgaden (Roßfeld)–Westallgäu** (S. 68) **Berchtesgadener Land** (S. 122) Rund 400 km durch das bayerische Alpenvorland liegen zwischen Bodensee und Königssee mit dem Roßfeld. Unbedingt in West-Ost-Richtung fahren, mindestens 2 Tage, besser mehr, denn es locken viele kulturelle Highlights; www.deutsche-alpenstrasse.de
- **Großglockner-Hochalpenstraße – Zell am See und Kaprun** (S. 254) **Heiligenblut** (S. 322) 1935 eröffnet, war sie die erste für den Kraftfahrzeugverkehr geplante Passstraße der Alpen. Sie führt auf 48 km von Bruck nach Heiligenblut und besitzt zwei Stichstraßen, u. a. direkt zum Fuß der Pasterze, Österreichs größtem Gletscher; www.grossglockner.at
- **Die große »Pässe-Acht« in der Zentralschweiz** – u. a. **Meiringen-Hasliberg** (S. 360) **Valle Leventina-Valle di Blenio** (S. 400) **Goms** (S. 398) Die fünf großartigen Pässe Susten, Grimsel, Furka, Nufenen und Gotthard lassen sich in Form einer Acht hintereinander befahren, wobei nur der Furka zweimal überquert wird. Großartige landschaftliche und kulturhistorische Eindrücke auf ca. 220 km Bergstrecke rund um Dammastock und Piz Rotondo. Mindestens ein ganzer Tag.
- **Stilfserjoch-Rundfahrt – Ortler-Region** (S. 480) Mit 2752 m Höhe ist die Stilfserjochstraße nicht nur die höchste der Ostalpen, sondern sie besitzt mit 48 Serpentinen zwischen Gomagoi und der Passhöhe auch die kehrenreichste Rampe. Besonders schön einbetten lässt sich die Joch-Überquerung in die Strecke Landeck – Reschenpass – Stilfserjoch – Umbrailpass – Ofenpass – Unterengadin – Landeck. Mindestens ein randvoller Fahrtag.
- **Timmelsjochstraße – Ötztal** (S. 176) Die hochalpine, bis auf 2509 m führende Timmelsjochstrecke (Maut derzeit nur auf österreichischer Seite) ist seit 1959 durchgehend befahrbar. In Tirol lohnen Abstecher nach Vent, zum Rettenbach- und Tiefenbachferner, in Südtirol mäßiger Straßenzustand im Passeiertal aber grandiose Ausblicke. Mindestens ein halber Tag.
- **Zillertaler Höhenstraße/Schlegeisspeicher – Vorderes Zillertal** (S. 204) Erlebnisreich ist die anspruchsvolle Fahrt über die in verschiedenen Abschnitten nur einspurige Straße. Statt 13 km im 600 m hoch gelegenen Tal zwischen Ried und Hippach schlängelt sich die Höhenstraße zwischen 1700 und 2000 m über fast 48 km. Die ebenfalls mautpflichtige Strecke zum Schlegeisspeicher krönt das Vergnügen. Mindestens ein halber Tag.
- **Karnische Rundfahrt** – u. a. **Oberes Gailtal–Lesachtal** (S. 332) **Hochpustertal** (S. 512) **Sappada und Sauris** (S. 552) Eine eindrückliche Tour ist die Runde um den westlichen Teil der Karnischen Alpen. Von Kötschach-Mauthen durch das ursprüngliche Lesachtal erst westlich bis Innichen, dann über den Kreuzbergpass und den Mauriapass südöstlich ins Friaul. Von Tolmezzo über den sehr kurvenreichen Plöckenpass nördlich zurück nach Kötschach-Mauthen. Zwei Tage. Tipp: Abstecher ab Ampezzo über den Passo del Pura nach Sauris (deutsche Sprachinsel).
- **Trentiner Tavolozza – Gardasee** (S. 554) Die ganze Palette (Tavolozza) der Trentiner Schönheit ist auf nur 70 km Strecke zwischen Trento (198 m) und Riva del Garda (73 m) geboten: Über den Monte Bondone (1650 m) und das Valle di Dro mit der markanten Gesteinsformation Marocche di Dro zum Gardasee. Empfehlenswerter Umweg ab Lasino über den See und das Schloss Toblino. Ein schöner halber Tag.

---

34 Serpentinen der westlichen Auffahrt her. An besonders schönen Sommertagen werden bis zu 4000 Motorräder am Stilfserjoch registriert. Anders als die Stilfserjochstraße wurde die nicht minder berühmte und beliebte Großglockner-Hochalpenstraße ausschließlich für den Kraftfahrzeugverkehr gebaut, was sich noch heute an ihrem flüssigen Verlauf und ihren vergleichsweise großen Kurvenradien zeigt. Um dem Besucher die Naturschönheiten rund um den Großglockner (3798 m), Österreichs höchstem Berg, zugänglich zu machen, wurden gleich zwei Ausflugsstraßen gebaut, die von der Großglockner-Hochalpenstraße abzweigen: die 1,6 km lange Stichstraße auf die Edelweißspitze nahe dem Fuscher Törl und die rund 11 km lange Straße zur Kaiser-Franz-Josefs-Höhe und damit zur Pasterze, dem mächtigen Gletscher am Fuße des Großglockner.

Die Große Dolomitenstraße

Im Gegensatz zu den beiden bisher genannten Straßen führt die Große Dolomitenstraße über mehrere Pässe von Bozen nach Cortina d'Ampezzo. Der Beschluss zum Ausbau und der Verbindung bestehender Einzelstücke fiel im Jahr 1898 anlässlich des 50-jährigen Regierungsjubiläums von Kaiser Franz Joseph I. Zu den schönsten Alpenstraßen gehört diese Route, weil sie sehr vielfältig ist und herrliche Ausblicke auf die vergletscherte Marmolada und weitere eindrucksvolle Dolomitengipfel bietet. Versuche, historische Bezeichnungen für Alpenstraßen wieder ins Leben zu rufen, gibt es auch in Deutschland und Frankreich. So finden sich entlang der rund 700 km langen »Route des Grandes Alpes« vom Genfer See bis Nizza zwar keine Straßenschilder mit diesem Begriff, aber es gibt immerhin eine entsprechende Website. Die Deutsche Alpenstraße zwischen dem Bodensee und dem Königssee, eine eindrucksvolle Route durch das bayerische Voralpenland, ist dagegen stellenweise wieder ausgeschildert.

Zu den schönsten Eindrücken, die auf zwei oder vier Rädern gewonnen werden, zählen die Umrundungen von Gebirgsstöcken. Herausragende Beispiele dafür sind die »Sella Ronda« rund um die Sellagruppe und die Pässe-Tour in der Zentralschweiz, bei der neben dem Dammastock auch der Piz Rotondo umfahren wird. Der Reiz liegt neben den in schneller Folge wechselnden Ausblicken auch darin, dass die kulturelle und sprachliche Vielfalt von Alpentälern erleb- und fassbar wird, die lediglich durch eine Passhöhe voneinander getrennt sind. So hat jede der Alpenstraßen ihren ganz eigenen, individuellen Reiz. Auf dem Navigationsgerät lässt sich zwar häufig zwischen der schnellsten und der kürzesten Route wählen – die »schönste« Strecke kann das Navigationsprogramm aber nicht nennen, die muss jeder für sich selbst entdecken.

WELLNESS – DIE HEILKRAFT DER NATUR

Die einen haben das Meer, haben Salzwasser und Thalasso. Die anderen haben die Alpen, Gipfel bis weit über 4000 m hoch, dazu den Himmel zum Greifen nah. Zwar lassen sich Berg und Tal nicht ans Meer versetzen, doch umgekehrt fließt schon seit einigen Jahren auch Meerwasser durchs Gebirge. Genauer gesagt durch so manche Hoteldestination mit einem exklusiven Angebot.

Urlaub in den Bergen, Erholung für Körper, Geist und Seele. Dass die Höhe körperliche Reserven mobilisiert, dass sie Krankheiten und Gebrechen vorbeugen, mildern und heilen kann, das weiß man schon seit langer Zeit. 1907 wurde in St. Moritz eine Quellfassung aus der Bronzezeit ausgegraben, die von 1466 v. Chr. stammt. Die zahlreichen Römerthermen in den Alpen zeugen von einer Jahrtausende alten Heil- und Thermalquellen-Kultur. Vor allem seit Anfang des 18. Jh. wurden das gesunde Höhenklima, die frische, kühle Alpenluft und die gesunden, reinen Bergwasser immer beliebter. Badeanstalten und Kurhäuser entstanden, es gab Trinksäle und Schwitzräume. In Bad Gastein mit seinen 17 Quellen und dem über 40 Grad warmem Wasser ließen es sich Kaiser und Könige, Klerus und Adlige in der gesunden Sommerfrische gutgehen; dazu genoss man Pflanzensäfte und Weine und ein reichhaltiges Mahl.

Sommerurlaub in den Bergen ist stark im Kommen. So konnte St. Moritz 2003 erstmals wieder mehr Sommer- als Wintergäste verzeichnen. Zu den unterschiedlichsten Erholungs-Schwerpunkten dieses größten Gebirgzuges in Europa gehören vor allem die zahlreichen Thermen. Ehemals Badeanstalt und Kurhaus genannt, heißen sie heute Spa und Wellness-Oase. Alpenhotels rüsten auf mit Beauty, Health Club, Gym und Fitness, bieten zeitgemäße Wohlfühlurlaube mit modernsten Therapien an. So verwöhnen Gesundheits- und Wellness-Experten Körper, Geist und Seele etwa mit Steinöl-Massagen, Molke- und Heubädern sowie Moorpackungen. Unterstützt durch einheimische, natürliche Zutaten und alpine Kosmetikprodukte wird der Wohlfühl-Effekt noch verstärkt. Gäste saunieren mit Blick auf die Alpen, inhalieren den Bergduft in Kräuterdampfbädern, erleben Kristall-Meditationen, begeben sich in Sole-Grotten oder steigen tief ins Innere der Berge: in Heilstollen mit feuchtem, warmem und radonhaltigem Klima. Sie tanken auf bei unvergesslichen Gipfelaufstiegen, genießen Alpen-Picknicks, wandeln durch Panoramagärten und entlang von Wasserwegen – Erlebnis und Stimulation für alle Sinne.

Auch Kinder spüren diese ganzheitliche Form des Genießens, wenn etwa im Sporthotel Achensee, Europas erstem Kinder-Wellness-Hotel, die Kleinen lernen, Masken und Peelings anzurühren und sich damit gegenseitig zu behandeln – eingebettet in ein Konzept, das abgerundet mit kindgerechten Naturwanderungen und Sportangeboten stets auf die alpine Landschaft ausgerichtet ist. Inzwischen besteht Alpen-Wellness auch aus Wohlfühl-Therapien aus aller Welt. So paaren sich hier ganzheitliche Gesundheitslehren, etwa die der chinesischen Medizin oder des Ayurveda, mit moderner Wissenschaft und westlicher Technik.

Die Berge als Jungbrunnen

Doch was genau macht die Alpen zum Gesundheits- und Wohlfühlterrain? Etwa die Höhenlage und das Reizklima mit seiner »würzigen« Luft? Wissenschaftlich erwiesen wurde erst vor wenigen Jahren, dass der »geringere Partialdruck des Sauerstoffs« – der Laie spricht von der »dünneren Luft« – in Höhen zwischen 1400 und 2000 Metern viel Positives im Körper auslöst. Denn das, was allgemein – und falsch – als niedriger Sauerstoffgehalt bezeichnet wird, registriert der menschliche Organismus. Und um die Sauerstoffversorgung aufrecht zu erhalten, produziert er zusätzliche rote Blutkörperchen. Diese wiederum sorgen dafür, dass sich der Sauerstofftransport zu den Zellen verbessert.

Eine Art »Jungbrunneneffekt«, der leistungsfähiger macht und widerstandsfähiger gegen Stress, der Herz und Kreislauf reguliert – und das auch noch lange nach dem Bergurlaub.

Nordic Walking: mit Bewegungen, die an Skilanglauf erinnern, zu mehr Fitness und Kondition

Überhaupt stellen Fitness und Sport in den Alpen eine andere Herausforderung an den Körper dar als im Flachland. Die meisten Wellness-Aktivitäten finden hier im Sommer mitten in der Natur statt: Schwimmen in klaren Bergseen, Kneippen in eiskalten Bächen, Kuren in warmen Outdoor-Thermen, Wandern auf einsamen Höhenwegen. Dazu Nordic Walking, Klettern, Raften, Biken, Reiten inmitten alpiner Landschaft. Im Vergleich zu unseren Städten sind hier das Licht heller und die Farben klarer. So wirken diese typischen Attribute der Berge auf alle, die dafür empfänglich sind, fast schon meditativ. Sie setzen Prozesse in Gang, die sich mit Inspiration, Energieladung, spiritueller Kraft und Lebensfreude umschreiben lassen.

Noch etwas steht bei Wohlfühlsuchenden hoch im Kurs: Kühler ist es auf den Bergen und in den Tälern der Alpen als im restlichen Flachland – eine Wohltat vor allem an heißen Sommertagen. Dazu kommen extremere Wetter- und Temperaturschwankungen. Sie zwingen den Körper zur Reaktion: Frösteln fordert Kalorien, der Körper reagiert mit erhöhtem Stoffwechsel, Schlacken werden rascher abgebaut. Eine Wirkung, die auch heiße Dampfbäder und kalte Güsse haben, genauso reinigende Bäder von außen und heiße Tees von innen. Ab einer Seehöhe von 1500 Metern gibt es übrigens so gut wie keine Hausstaubmilben, Pollen oder Schimmelpilze – ideale Voraussetzung für allergiefreie Ferien. Denn zu den alpinen Heilmitteln, wie frische Luft und reinem Quellwasser, gehören letztendlich auch die gesunden, hochwertigen Kräuter und Nahrungsmittel aus der Region. Festgestellt wurde etwa, dass die in der fetten Alpenmilch enthaltene spezielle Linolsäure den Fettabbau beschleunigt und vorbeugend gegen Krebs wirken soll.

Fast schon gelten die Alpen mit ihrer uralten Heilkraft als Regenerationstempel, als Arzt, Apotheke, Therapeut und Fitnesspark in einem. »Die Kraft und die Geheimnisse der Alpen wurden schon vor langer Zeit entdeckt«, sagt Roland Huber, Tourismusdirektor von Adelboden und Präsident des Vereins Alpine Wellness Adelboden-Schweiz. »Doch wir Menschen müssen uns nur wieder auf das Wesentliche beschränken, um das alpine Wohlbefinden entschleunigt zu erleben!«

ADAC top ten

- **Bad Gastein – Gasteinertal** (S. 276) Die nagelneue Alpentherme, ein 360-Grad-Alpenpanorama-Bad mit 30000 m² Wasser- und Erholungsareal, die Felsentherme und viele erstklassige Wellness-Hotels bieten Erholung pur; www.gastein.com
- **St. Moritz und Oberengadin** (S. 462) Man setzt auf alternative Energiegewinnung und ökologischen Wohlfühl-Tourismus. Neben dem riesigen Freizeitangebot locken dank der fünf 5-Sterne-Häuser einige der exklusivsten Spas der Welt; www.stmoritz.ch
- **Chamonix – Montblanc-Gebiet** (S. 574) Zu Füßen des Montblanc wird man nicht nur mit atemberaubenden Bergblicken, sondern auch mit schönen Bädern und französischer Haute Cuisine verwöhnt; www.chamonix.com
- **Bormio – Abstecher aus der Ortler-Region** (S. 480) Wellness gibt's reichlich: Etwa im Thermalzentrum Terme di Bormio, in den Bagni Vecchi mit ihren 2000 Jahre alten Steinwannen, in den Dampf-Heilgrotten und Moorbädern, und in fast 50 heimeligen Hotels; www.valtelinaonline.com
- **Leukerbad** (S. 382) Mit bis zu 51 °C heißen Quellen, täglich 3,9 Mio. Liter Thermalwasser und über 130 verschiedenen Anwendungen findet sich hoch über dem Rhônetal in reiner, prickelnder Höhenluft das größte Thermal- und Wellness-Angebot der Alpen; www.leukerbad.ch
- **Vigaun/Salzburger Land – Abstecher aus dem Berchtesgadener Land** (S. 122) Die Kur- und Wellness-Programme reichen vom klassischen Kneippen über chinesische Medizin bis hin zu modernen Beautybehandlungen. Die gesunde Naturküche ist ausgezeichnet mit der »Grünen Haube«; www.bad-vigaun.at
- **Oberstdorf, Hörnerkette und Kleinwalsertal** (S. 76) Im Kleinwalsertal und im Oberallgäu ist Wellness angesagt: Da lässt man in der Therme die Seele baumeln, sauniert in 300 Jahre alten Bauernhäusern oder steigt in einem der vielen Wohlfühlhotels (mit eigenen Quellen) ab; www.vitaldorf.de
- **Scuol und Unterengadin** (S. 470) Im malerischen Bergdorf speisen 20 Quellen, davon neun gefasst, zahlreiche Erlebnis- und Gesundheitsbäder mit vielfältigen Wellness- und Therapieangeboten; www.scuol.ch
- **Brixen und Eisacktal** (S. 500) Wellness satt: Mit Südtiroler Spezialitäten, Genusswandern, Baden im Biotop des Vahrner Sees, Kneippen auf einer Waldlichtung und natürlich original »Heubadln«. Das geht auch im neuen riesigen, aber gemütlichen Acquarena mit Sport-, Solbad, Holzkräutersauna und Body-Well-Bereich. www.brixen.org
- **Vals – Obersaxen-Lumnezia** (S. 440) Weit weg von Hektik und Massentourismus geht es in diesem abgeschlossenen Seitental des Bündner Oberlandes auf 1252 Meter über dem Meer wunderbar erholsam zu; sehens- und erlebenswerte Therme mit Stein-Klängen und herrlichem Wasser; www.therme-vals.ch

»Seensucht« nach Mehr

Die Alpen haben mehr zu bieten als Gipfel und Almwiesen. Unzählige, glasklare Seen verstecken sich bescheiden zwischen steilen Berghängen; nur einige wenige machen sich regelrecht breit an der Grenze zwischen Alpenvorland und Hochgebirge. Sie alle sind weit mehr als funkelndes Beiwerk einer ansonsten schroffen Landschaft. Sie eröffnen gerade Familien hervorragende Möglichkeiten, die Ferientage abwechslungsreich zu gestalten.

Was sonst nur schwer zu schaffen ist, ermöglichen die Alpenseen quasi mit einem Wellenschlag: Wo eingefleischte Bergfreunde auf überzeugte Wasserratten treffen, können beide etwas voneinander lernen – und so hat sich schon mancher in das bislang suspekte Medium verliebt. Vom Klettersteig geht es an den Strand, vom Wanderweg ins Ruderboot; fast fliegend ist der Wechsel vom Mountainbike aufs Surfbrett. Am Abend schwärmen alle gemeinsam von der fantastischen Kombination aus Fels und Wasser. Geschaffen wurde dieses Urlaubsparadies, das sich kein Tourismusmanager hätte besser ausdenken können, von den eiszeitlichen Gletschern. Langsam wälzten sie sich ins Alpenvorland und gruben sich ihr eigenes Bett. Als das Klima milder wurde, schmolz das Eis, in den weiten Becken sammelte sich das Wasser. Die Gebirgszüge der Alpen begannen sich mit blau schimmernden Juwelen zu schmücken – Kostbarkeiten, die schon früh eine besondere Faszination auf Erholung suchende Menschen ausübten.

Die schönsten Seen in den Alpen

Als man Ende des 18. Jh. das Reisen lernte, entwickelten sich einige der Alpenseen zu Hochburgen des Fremdenverkehrs. Die Seen des Salzkammergutes sind nur ein Beispiel, wenn auch ein besonders schönes: Sattgrüne Almwiesen, stille Bergwälder und markante Felszacken spiegeln sich im glasklaren Wasser, reizende Ortschaften fügen sich harmonisch ins Landschaftsbild. Hier traf die Prominenz aus Politik und Kunst, drückte der Region – noch heute unverkennbar – das Siegel der Kaiserzeit auf. Der inzwischen über 120 Jahre alte Raddampfer »Kaiser Franz Joseph« schaufelt zwar noch immer erhaben über den Wolfgangsee, doch um ihn herum tummeln sich Surfer und Segler. Herrliche Strandbäder bieten reichlich Möglichkeiten, sich in der Sonne zu aalen und zur Abkühlung ins kühle Wasser zu springen. Generell lässt die meist sehr exakt auf die Bedürfnisse der Urlauber abgestimmte Infrastruktur kaum Wünsche offen: Gepflegte Wanderwege, Bergbahnen, Hallenbäder mit umfassenden Wellness-Angeboten, Museen, Surf- und Segelschulen, vielfältige Sportmöglichkeiten, ein abwechslungsreiches Kulturprogramm und eine hervorragende Gastronomie sind nur einige Punkte, die nahezu alle Seenregionen der Alpen ihren Gästen bieten.

So auch in Kärnten, am Ossiacher See oder am Millstätter See mit seinem einsamen Südufer. Wem es in den Strandbädern zwischen Seeboden, Millstatt und Döbriach zu turbulent wird, der entflieht ans Südufer; dort findet man noch romantische kleine Buchten, in denen man weitgehend ungestört sein Badetuch ausbreiten kann. Ein beständiger Wind aus den Bergen sorgt für angenehme Abkühlung und lockt zahlreiche Segler und Surfer an. Wesentlich kleiner ist der nahe gelegene Weissensee, der sich türkisblau in ein Gletscherbecken schmiegt und trotz eisiger Vergangenheit recht warm wird.

Der Gardasee – Surf- und Badeparadies

Einer der beliebtesten Seen liegt ebenfalls auf der Alpensüdseite und zieht Badenixen, Surfer, Kletterer, Wanderer und Mountainbiker gleichermaßen an: der Gardasee. Im Norden, wo die Alpen ihre Gipfel noch einmal kräftig in die Höhe recken, bewahrt der Zufluss der kühlen Sarca die Wassertemperaturen vor Höhenflügen, steile Felswände lassen wenig Platz für Badestrände. Wasserratten zieht es deshalb eher nach Süden, wo der Gardasee das Gebirge hinter sich gelassen hat. Gargano, Garda, Sirmione oder Bardolino bieten herrliche Badeplätze mit flachen Uferstreifen. Dank seiner stabilen Windverhältnisse ist der Gardasee ein Paradies für Surfer. Regelmäßig bläst morgens der Vento von Norden her; ab Mittag sorgt die Ora aus dem Süden für geblähte Segel. Ähnliche Voraussetzungen begeistern am Comer See, der den Vorteil hat, nicht so überlaufen zu sein wie der Gardasee.

Ein Mekka für gute Surfer und Segler ist der Silvaplanersee bei St. Moritz. Auf fast 1800 m Höhe sind die Gletscher in greifbarer Nähe, die Wassertemperaturen entsprechend niedrig. Dafür sorgt der

Berge und Seen – die ideale Kombination für einen abwechslungsreichen Urlaub

und Surfbedingungen. Anfang August finden hier auch spektakuläre Regatten wie der Engadin-Windsurf-Marathon statt. Und neben den »normalen« Surfern tauchen gerade auf dem Silvaplanersee immer öfter Kite-Surfer auf: Statt Segel sorgen hier gleitschirmähnliche Lenkdrachen schon bei geringer Windstärke für gewaltigen Speed.

Wem angenehme Badetemperaturen wichtiger sind, sollte in der Schweiz einen Abstecher zum Brienzer See und zum Thuner See im Berner Oberland machen, wo man neben herrlichen Strandbädern gute Wasserskischulen findet. Surfen und Segeln kann man hier auch, der Wind ist jedoch oft böig. Eindrucksvoll ist auch das Panorama rund um den Vierwaldstättersee, der sich von den sanften Hügeln des Alpenvorlandes im Norden wie ein Fjord hinein ins Reich der vergletscherten Dreitausender. Die steilen Bergflanken weichen an manchen Stellen zurück, machen Platz für idyllische Wiesen und kleine Orte. Zum Baden eignet sich vor allem der Norden bei Luzern, einer wunderschönen Stadt (s. a. Städteseite Luzern, S. 609) – ein Detail, das den Urlaub am See noch um einiges bereichert.

Vo der Schweiz zu einer anderen geschichtsträchtigen Seenregion, der Allgäuer Seenplatte. Das günstige Klima sorgt hier für angenehme Wassertemperaturen. Den Titel »Riviera des Allgäus« trägt der warme Hopfensee nördlich von Füssen. Der größere Forggensee ist bei Surfern und Seglern beliebt. Etwas versteckt liegt der Alpsee bei Schwangau: Sein Wasser ist kühl, doch wer hinausschwimmt, wird mit einem unvergleichlichen Blick auf Schloss Neuschwanstein belohnt. Aber auch die Gipfel, die sich im Wasser spiegeln, sind verlockend; selbst Wasserratten bekommen da Lust, hinaufzusteigen, um die Landschaft von oben zu betrachten und zu sehen, wie eine Kette blau funkelnder Juwele die Berge schmückt.

ADAC top ten

- **Gardasee** (S. 554) Fantastischer See an der Alpensüdseite, der jedem etwas zu bieten hat: herrliche Badeplätze für Familien im Süden, beste Windverhältnisse für Surfer und Segler im Norden, Felswände für Kletterer, aussichtsreiche Höhenwege für Wanderer, dazu nette Städtchen mit italienischem Flair – das Urlaubsparadies schlechthin; www.gardasee.de

- **Salzkammergut • Hallstätter See** (S. 270) **Traunsee** (S. 272) **Wolfgangsee** (S. 274) Eine ganze Anzahl herrlicher Seen, auf und in denen sich Wassersportler sämtliche Wünsche erfüllen können; dazu eine perfekte Infrastruktur für Urlauber. Aufmerksamkeit sollte man unbedingt auch den Sehenswürdigkeiten und Museen der traditionsreichen Urlaubsregion schenken. Voll auf ihre Kosten kommen in der Region auch Wanderer, Kletterer und Klettersteiggeher; www.salzkammergut.at

- **Kärntner Seen • Millstätter See** (S. 326) **Villach–Faaker See–Ossiacher See** (S. 334) **Wörthersee und Klagenfurt** (S. 338) Wassersport in allen Facetten ist am Millstätter See, Ossaicher See und Wörthersee möglich. In den Strandbädern ist Fun und Action angesagt. Alle Seen haben Trinkwasserqualität, besonders reizvoll ist der in den Nationalpark Nockberge eingebettete Millstätter See. Ruhig und ursprünglich zeigt sich der Weissensee, der in einer wunderschönen Wanderregion liegt; www.woerthersee.com; www.millstättersee.at; www.weissensee.com

- **Walchensee • Kochelsee und Walchensee** (S. 96) Nicht nur für Surfer gehört der Walchensee mit zum Schönsten, was die bayerischen Alpen zu bieten haben. Das saubere Wasser kann durchaus angenehme Badetemperaturen erreichen, am weitgehend unverbauten Ufer liegen idyllische Badeplätze mit traumhafter Aussicht auf die Berge, die den See einrahmen. Die meist relativ flachen Uferzonen sind ideal für Familien; www.walchensee.de

- **Oberengadiner Seen • St. Moritz und Oberengadin** (S. 462) Silvaplanersee und Silsersee stehen bei Seglern und Surfern zu Recht hoch im Kurs. Doch es gibt in der Region auch noch eine Reihe kleinerer, fantastisch gelegener Seen, etwa den Stazersee, den Lej Nair oder den Lej Marsch, die teilweise nur zu Fuß erreichbar sind und einen stillen, ungestörten Badetag in herrlicher Umgebung abseits von jeglichem Trubel ermöglichen.

- **Vierwaldstättersee** (S. 412) Noble Strandbäder oder lieber verschwiegene, romantische Badebuchten? Der Vierwaldstättersee bietet beides. Und außerdem noch herrliche Ausflugsziele, etwa die Aussichtskanzel der Rigi, auf die auch eine historische Zahnradbahn hinaufführt. Natürlich kommen auch alle Wassersportler im Herzen der Schweiz auf ihre Kosten; www.lakeluzern.ch

- **Comer See** (S. 560) Nicht ganz so überlaufen wie der Gardasee, bietet der Comer See Surfern und Seglern ähnlich stabile Windverhältnisse. Auch für Badegäste ist einiges geboten, an vielen Stellen ist das Ufer frei zugänglich. Der See ist 50 km lang und ganz von Bergen eingerahmt, die Wanderern und Kletterern viele Möglichkeiten bieten. Zentrum am See ist Lecco mit seiner schönen Altstadt; www.comersee-info.de

- **Achensee** (S. 198) Ein fjordähnlicher Bergsee wie aus dem Bilderbuch ist der Achensee. Segler, Surfer und Kite-Boarder wissen die Windverhältnisse zu schätzen, Wanderer die herrlichen Wege in Karwendel und Rofan. Schöne Strandbäder befinden sich unter anderem in Pertisau und in Maurach; www.achensee.com

- **Chiemsee • Westlicher Chiemgau** (S. 116) Herrliche, weitläufige Badestrände mit flachen und damit kinderfreundlichen Uferbereichen bietet der größte bayerische See. Bezaubernd ist es, in aller Stille mit dem Ruderboot über den See zu gleiten. An schönen Tagen tummeln sich hier auch unzählige Surfer und Segler; www.chiemsee.de

- **Allgäuer Seen • Grünten-Immenstadt** (S. 70) **Ostallgäu** (S. 82) Neben den fantastischen Seen rund um König Ludwigs Märchenschloss Neuschwanstein lohnt sich auch ein Abstecher zum landschaftlich reizvollen Großen Alpsee bei Immenstadt. Baden ist hier ebenso erlaubt wie Segeln und Surfen. Ein besonderes Erlebnis ist es, mit dem historischen Lastensegler über den Bergsee zu gleiten; www.alpsee-gruenten.de; www.schwangau.de; www.ostallgaeu.de

153 MAL FERIEN
DIE URLAUBSREGIONEN DER ALPEN

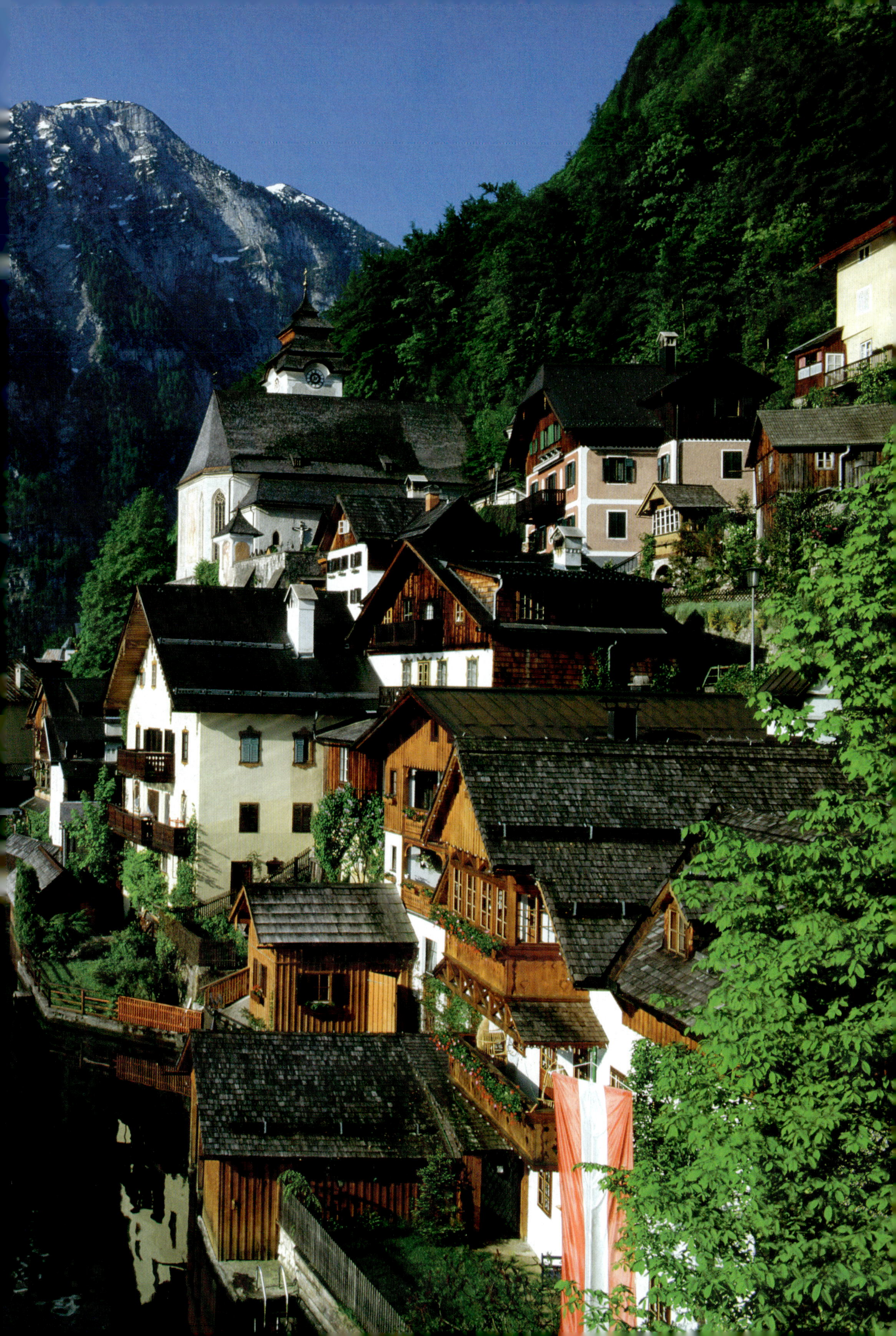

DER SOMMER IN DEN ALPEN

Das größte Gebirge Europas dehnt sich in weitem Bogen über eine Länge von rund 1200 km und einer Breite von 150 bis 300 km aus. Von seinen östlichsten Ausläufern bei Wien erstrecken sich die Gipfelketten bis zu den Seealpen im Südwesten Frankreichs. Der höchste Gipfel ist der Montblanc mit 4808 m; er liegt – wie die meisten weiteren Viertausender – in den Westalpen. Die Ostalpen können zwar nicht mit Rekordhöhen glänzen, dafür aber mit einer abwechslungsreichen Urlaubslandschaft und unzähligen interessanten Gipfelzielen. Kurzum, die Alpen stellen gerade im Sommer eine Ferienregion dar, die an Vielfalt kaum zu übertreffen ist.

Angesichts der vielfältigen Möglichkeiten, seinen Urlaub zu gestalten, ist die Auswahl der schönsten Gebiete der Alpen natürlich nicht leicht gefallen. Denn jeder hat seine persönliche Lieblingsregion, seien es verträumte, einsame Täler oder die pulsierenden Destinationen, in denen ein umfassendes Freizeit- und Wellness-Angebot im Mittelpunkt steht. Allen gemeinsam ist die fantastische landschaftliche Kulisse, geformt aus eisbedeckten Gipfeln, schroffen Felszacken, blumenreichen Almen, lieblichen Tälern und malerischen Orten.

Bei den 153 Regionen, die auf den folgenden Seiten vorgestellt werden, haben uns – neben der reizvollen Umgebung – vor allem die touristische Infrastruktur und die damit verbundenen zahlreichen Möglichkeiten begeistert: Die herrlichen Wanderziele, die imposanten Gipfel oder die glasklaren Seen; die verschiedenen Museen, die interessanten Schaubergwerke oder die modernen Sport- und Erlebnisparks, die vor allem einen Familienurlaub abwechslungsreich machen. Damit können »unsere« 153 Regionen aufwarten, egal ob sie in Frankreich, Italien, Slowenien, Österreich, Deutschland oder in der Schweiz liegen. Über jedes der vorgestellten Täler und Orte könnte man ganze Bücher schreiben. So war vor allem die Kunst des Weglassens gefragt, um einen Überblick zu geben und Schwerpunkte herauszuarbeiten, damit die Urlaubsplanung mehr Spaß macht und man das gewählte Ziel besser einschätzen kann.

Die folgenden Seiten führen Sie hin zu den Regionen, wecken die Aufmerksamkeit. Sind Sie erst einmal dort, bleibt es sicher nicht dabei, die vorgestellten Tipps und Top Tipps auszuprobieren. Vieles kann vor Ort noch entdeckt werden. Erlebnisse und Eindrücke, die jeder ganz persönlich für sich sammelt und wertet, welche die Listen der Tipps beliebig verlängern könnten. Vielleicht ist es aber auch besser, sie als ganz individuelle Geheimtipps gut zu hüten, da sie um so schöner sind, wenn man sie selbst entdecken kann.

WESTALLGÄU
ALLGÄU

ACTION & SPORT

WANDERN & BERGTOUREN

FUN & FAMILY

WELLNESS & GENUSS

Hütten

Staufner Haus (1640 m)
Urige Hütte mit hervorragenden Kässpätzle; Tourenziele sind Hochgrat (1834 m), das Rindalphorn (1822 m) und der Höhenweg über die Nagelfluhkette zum Mittagberg bei Immenstadt; Zustieg: 10 Min. im Abstieg von der Bergstation der Hochgratbahn ❷; Tel. 0 83 86/82 55

Wanderkarten

Karte des **Bayerischen Landesvermessungsamtes**, UK L 11 Lindau-Oberstaufen und Umgebung; 1:50000

Scheidegger Wasserfälle
Über zwei Felsstufen aus Sandstein und Nagelfluh stürzt der Rickenbach bei Scheidegg insgesamt 40 m in die Tiefe. An den Gesteinsschichtungen lässt sich die Ablagerungsgeschichte des alpinen Raumes nachvollziehen. Erläuterungen finden sich auf Schautafeln vor Ort; www.geotope.bayern.de

ADAC *der perfekte Urlaubstag*

- **9 Uhr:** Erkundung der Hausbachklamm in Weiler im Allgäu
- **12 Uhr:** Fahrt nach Stiefenhofen, Mittagessen im Landgasthof Rössle mit Besichtigung des Kräuterlehrgartens
- **14 Uhr:** Fahrt nach Oberstaufen, Wellness und Spaß im Erlebnisbad Aquaria
- **18 Uhr:** Mit der Bergbahn von Steibis zum Sonnenuntergang auf den Hochgrat (im Sommer immer dienstags, www.hochgrat.de) ❷

Das Tor zu den Alpen

Wie grüne Wellen bauen sich die Hügelketten und Höhenzüge des Westallgäus vor den Allgäuer Bergen auf und bilden mit der Nagelfluhkette den sanften Übergang zum Hochgebirge. So beschaulich wie die Landschaft präsentiert sich auch das Urlaubsangebot: Erholung mit der Familie steht hier an erster Stelle, ergänzt durch die wohltuenden Angebote der Kurorte und einige Herausforderungen für sportlich Aktive.

Die sanfte, grüne Hügellandschaft wie hier bei Scheidegg ist typisch für das Westallgäu.

Abseits der großen Verkehrsverbindungen gelegen, ist das Westallgäu ein Hort der Ruhe geblieben. Der breite, aussichtsreiche Pfänderrücken – ein ideales Gebiet für Mountainbiker und Wanderer – sowie die Nagelfluhkette mit dem Hochgrat bei Steibis schirmen die Region vom rauen Hochgebirge ab. Saftig grüne Wiesen und dunkle Wälder überziehen die runden Hügelkuppen, malerische Dörfer, stolze Bauernhöfe und mit bunten Holzschindeln verzierte Häuser schmiegen sich ins Landschaftsbild. Im Einklang mit der landwirtschaftlich geprägten Struktur florieren moderne, familienorientierte Tourismusbetriebe. Wie etwa in Scheidegg, einem heilklimatischen Kurort am nördlichen Ausläufer des Pfänderrückens. Neben einem umfassenden Kur- und Wellness-Angebot versprechen ein Hochseilgarten, ein Reptilienzoo und das Alpenfreibad Abwechslung. Anziehungspunkt für Kletterer ist die Sportalm: Mit 800 m² ist sie eine der größten und modernsten Kletterhallen Deutschlands (www.sportalm-scheidegg.de).

Von Scheidegg aus sind es nur wenige Kilometer bis ins kleine Städtchen Lindenberg. Hier begann vor über 100 Jahren die industrielle Produktion von Strohhüten. Um 1900 fertigten 34 Betriebe pro Jahr rund 4 Mio. Hüte an. Dokumentiert sind diese längst vergangenen goldenen Zeiten der Hutmacher im Lindenberger Hutmuseum (Tel. 0 83 81/ 8 03 23). Mit drei sehenswerten Museen kann Weiler aufwarten: Im Westallgäuer Heimatmuseum wird gezeigt, wie man im 18. Jh. in der Region lebte und arbeitete. Eine große Sammlung von Arbeitsgeräten ist im Kornhaus-Museum ausgestellt. Die Schönheit und Vielfalt der Flora und Fauna des Westallgäus wird in der Pflanzen- und Naturschau präsentiert. Wer die Schätze der Natur lieber selbst entdeckt, braucht nicht weit zu gehen: Die Wanderung am Hausbach entlang Richtung Sulzberg führt durch eine fast unberührte Landschaft.

Eine kulinarische Entdeckungsreise verläuft ebenfalls durch Weiler: die Westallgäuer Käsestraße. In den Sennereien entlang der 46 km langen Route wird der Besucher in die Tradition des Allgäuer Käsehandwerks eingeweiht und kann selbstverständlich von den vielen Spezialitäten kosten (www.westallgaeuer-kaesestrasse.de).

Oberstaufen hat sich durch seine Schroth-Kuren einen Namen gemacht. Neben dem traditionellen Kurangebot wartet der Ort z.B. mit dem Erlebnisbad Aquaria auf – und mit einer herrlichen Umgebung, die zum Wandern einlädt.

Den wohl schönsten Ausblick über das gesamte Westallgäu bietet der Hochgrat. Wer mit der Bahn dort hinauffährt, kann über die Nagelfluhkette bis

Adressen & Bergbahnen

Landesvorwahl 00 49

Urlaubsregion	Touristikverband **Lindau-Westallgäu**; Tel. 0 83 82/27 01 36; E-Mail: tourismus@landkreis-lindau.de; www.lindau-westallgaeu.org
Orte	**Isny** www.isny.de • **Lindenberg** www.lindenberg.de • **Oberreute** www.oberreute.de • **Oberstaufen** www.oberstaufen.de • **Scheidegg** www.scheidegg.de • **Steibis** www.steibis.de • **Weiler-Simmerberg** www.weiler-simmerberg.de
Entfernungen	Hamburg 808 km; Berlin 736 km; Köln 595 km; Frankfurt a. M. 425 km; Stuttgart 220 km; München 166 km

❶ Oberstaufen
Hündlebahn
Berg/Tal 7 €

❷ Steibis
Hochgratbahn
Berg/Tal 13,50 €

❸ Steibis
Imbergbahn
Berg/Tal 7 €

Siehe auch Preisteil S. 634

EVENTS

- Juli: Kinderfest, Isny – 4-tägiges Fest mit umfassendem Kinderprogramm, Konzerten und historischen Umzügen

Opern-Festival, Isny

Marktfest, Scheidegg

- August: Theater-Festival, Isny

Hotelempfehlungen

Isny S. 658
Oberstaufen S. 659
Weiler S. 662

Straßenatlas S. 763

---

zum Mittagberg bei Immenstadt wandern (vgl. S. 70–71, Region Grünten-Immenstadt). Auf schonende Weise fit halten kann man sich im Nordic-Walking-Park zwischen Oberstaufen und Steibis. Insgesamt 88,8 km lang sind die zwölf Routen verschiedener Schwierigkeitsgrade. Ideal für diesen Sport ist auch das Gelände rund um Isny und Argenbühl. Zehn Routen (insgesamt 62,8 km) sind hier speziell ausgeschildert.

Es lohnt sich aber auch, einen Blick ins Ortszentrum von Isny zu werfen: Mittelalterliche Befestigungsanlagen zeugen von der Bedeutung des früheren Handelsknotens. Lebendigstes Zeichen der großen Vergangenheit der ehemals freien Reichsstadt ist das historische Kinderfest, das seit 1620 alljährlich im Sommer gefeiert wird. Opern- und Theaterfestivals runden das interessante Angebot ab. Die verkehrsgünstige Lage macht den Ort zum idealen Ausgangspunkt für Erkundungstouren durch das Westallgäu, nach Lindau am nahen Bodensee und auf den breiten Pfänderrücken mit seiner herrlichen Aussicht.

Fun & Family

Aquaria Oberstaufen	Erlebnisbad mit Rutschen, Sprungturm, Wildwasserkreisel, Unterwassermusik, Saunalandschaft, Wellness-Angeboten; Tel. 0 83 86/9 31 30; www.aquaria.de
Reptilienzoo Scheidegg	Tropenhaus und Freianlage; Schlangen, Echsen und Schildkröten; Tel. 0 83 81/74 49; www.reptilienzoo-scheidegg.de
Burgruine Alt-Trauchburg Weitnau	Gut erhaltene Burganlage, die zwischen dem 13. und 16. Jh. entstanden ist; Tel. 0 83 75/92 02 12
Sommerrodelbahn Oberstaufen	800 m lange Sommerrodelbahn am Hündlekopf ❶; Tel. 0 83 86/27 20; www.huendle.de
Eistobel Maierhöfen	Exkursion durch die romantische, geologisch interessante Schlucht mit seltenen Tieren und Pflanzen; Infoblatt bei Tourist-Info; Tel. 0 83 83/9 80 40

TOP TIPP Die **Miniwelt** ❶ in Weitnau-Wengen bei Isny begeistert nicht nur H0-Fans. In der 88 m langen Modelleisenbahnlandschaft fahren 110 Züge aus allen Epochen durch die verschiedenen, detailgetreu gestalteten Landschaftsbilder. Mit optischen und akustischen Effekten; Tel. 0 83 75/86 22, www.miniland.de

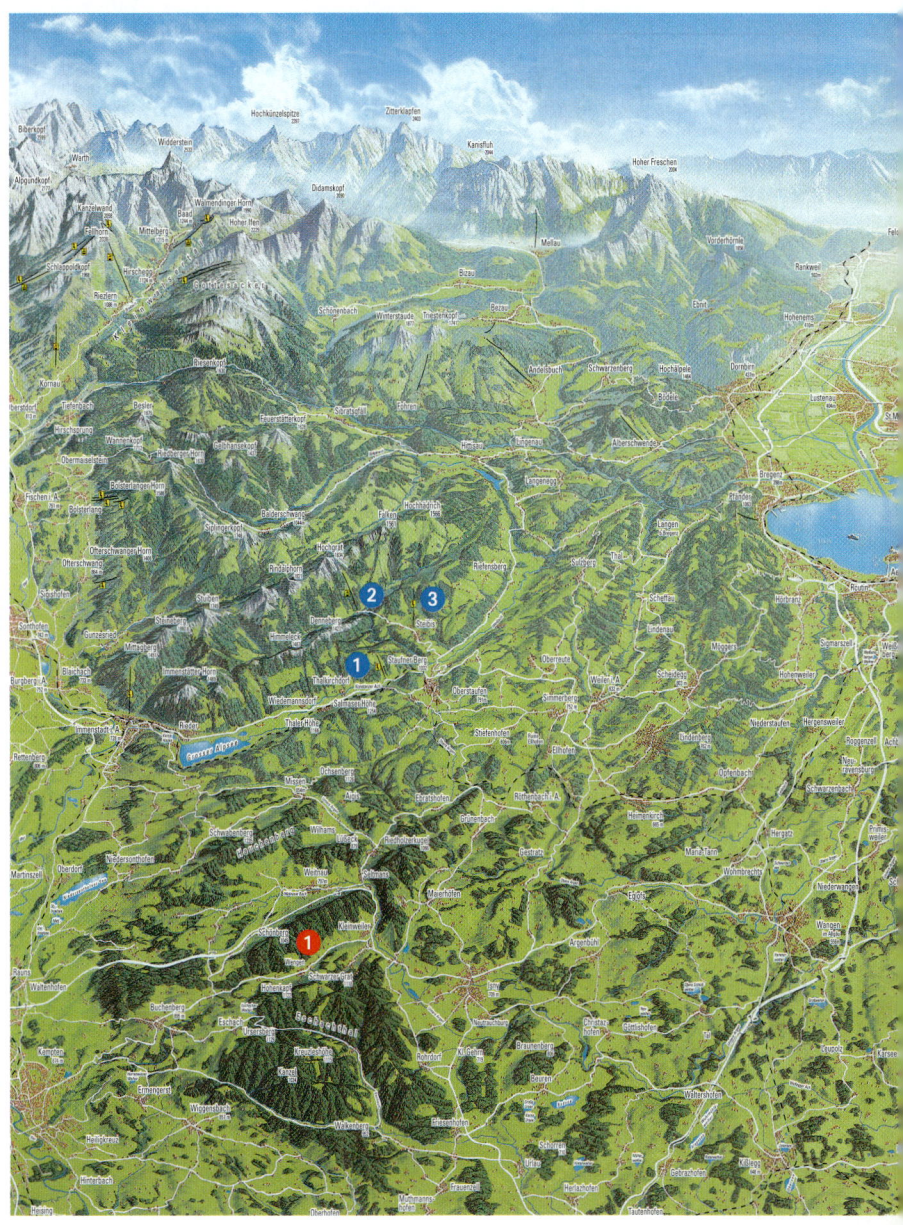

GRÜNTEN – IMMENSTADT
ALLGÄU

Der Große Alpsee bei Immenstadt, eingebettet in grüne Berghänge, lockt Wassersportler an. Weiße und bunte Segel tupfen kleine Punkte in das Blau.

ACTION & SPORT

WANDERN & BERGTOUREN

FUN & FAMILY

WELLNESS & GENUSS

TOP TIPP
Wasserskilift Allgäu ❶
Am Inselsee bei Immenstadt. Öffentlicher Betrieb; tgl. 12–19 Uhr, ständig Anfängerkurse. Tel. 0 83 23/81 76; www.wakeboard-allgaeu.de

ADAC – der perfekte Urlaubstag

9 Uhr: Auffahrt mit der Mittagbahn ❶ zum Gipfel (1451 m), kurze Wanderung zur Alpe Oberberg, beim Käsen zuschauen, Brotzeit machen
11 Uhr: Aussichtsreiche Wanderung über Steineberg (1660 m), Alpe Gund (1502 m) und Steigbachtobel nach Immenstadt
15.30 Uhr: Altstadtspaziergang zu Brunnen, Bronzefiguren und Kunstobjekten in Immenstadt
18.30 Uhr: Fahrt nach Bühl zum Großen Alpsee: Abendstimmung mit Sonnenuntergang über dem See

Segeln, surfen und zu Sennalpen wandern

Eingebettet in grüne Bergwiesen liegt der Große Alpsee zwischen Grünten, Nagelfluhkette und Bergstättgebiet. Dahinter ragt die gewaltige Kulisse des Allgäuer Hauptkamms in den Himmel. Wald und Weiden, Licht und Schatten wechseln sich auf den von Bauern gepflegten Berghängen ab und immer wieder fasziniert der grandiose Fernblick. Mit interessanten kulturellen Angeboten überraschen die malerisch ins Landschaftsbild geschmiegten Orte.

Im tiefblauen Wasser spiegeln sich die Allgäuer Voralpen, die hier gemächlich ansteigen, auf dem Nagelfluhkamm aber doch eine Höhe von über 1700 m erreichen. Die Wanderer, die dort oben auf dem herrlichen Höhenweg zwischen Hochgrat, Stuiben und Mittagberg unterwegs sind, können vom ersten bis zum letzten Meter einen Traumblick auf Oberstdorfer und Kleinwalsertaler Felsgipfel, Bregenzerwald und Alpstein genießen.

Fast noch ein Geheimtipp ist das Gunzesrieder Hochtal, das sich auf der Südseite an die Nagelfluhkette schmiegt. Abseits von jeglichem Tourismusrummel kann man hier die Natur genießen, z.B. bei einer Wanderung an der Gunzesrieder Ache entlang. Niemand darf sich allerdings wundern, wenn plötzlich Menschen in Neopren-Anzügen auftauchen. Körperlich fitte Canyoning-Einsteiger finden hier einen idealen Startplatz ins feuchte Abenteuer. Angenehm ausklingen wird der Tag für alle, die abends noch beim Gunzesrieder Dorfwirt im »Goldenen Kreuz« mit der inzwischen auch überregional bekannten Kleinkunstbühne vorbeischauen.

Adressen & Bergbahnen   Landesvorwahl 00 49

Urlaubsregion	Ferienregion **Alpsee-Grünten**; Tel. 0 18 05/25 77 33; E-Mail: info@alpsee-gruenten.de; www.alpsee-gruenten.de	❶ Immenstadt Mittagbahn Berg/Tal 11 €
Orte	Blaichach www.blaichach.de • Burgberg www.burgberg.de • Immenstadt www.immenstadt.de • Rettenberg www.rettenberg.de • Sonthofen www.sonthofen.de	
Entfernungen	Hamburg 799 km; Berlin 727 km; Köln 586 km; Frankfurt a. M. 416 km; Stuttgart 211 km; München 157 km	Siehe auch Preisteil S. 634

Fun & Family ☀︎☀︎☀︎☀︎☀︎

Erlebnisbad Wonnemar Sonthofen	Mit Wellenbecken, Kamikaze-Rutsche, Kinderwelt, Babymulde, Saunawelt und Gesundheitsbad. Tel. 0 83 21/78 09 70; www.wonnemar.de
Heimatmuseum Hofmühle Immenstadt	Eindrucksvolle Darstellung der Geschichte und der Katastrophen der Region. Tel. 0 83 23/91 41 76; www.immenstadt.de
Alpsee-Segler »Santa Maria Loreto« Immenstadt-Bühl	Rundfahrten auf dem Alpsee mit einem Nachbau eines historischen Lastenseglers. Tel. 0 83 23/91 41 76; www.alpsee-segler.de
Mini-Mobil Sonthofen	12000 Modelle im H0-Format dokumentieren die Geschichte des Automobils, der Eisenbahn sowie der See-, Luft- und Raumfahrt. Tel. 0 83 21/8 77 17
Eisenerzweg Burgberg	Geführte Bergbau-Wanderung mit Stollenbegehung. Tel. 0 83 21/78 78 97

TOP TIPP **Bergbauernmuseum Diepolz** ② Ein Museum zum Anfassen mit Bauernhof, Alpe, Tieren, großem Freigelände, Abenteuerspielplatz und Kinderkino. In den historischen Räumlichkeiten kann die ganze Familie hautnah den Alltag von Hütebub und Bergbauer miterleben. Brotzeit gibt es auf der bewirtschafteten Alpe und Käse in der Dorfsennerei. Tel. 0 83 20/70 96 70; www.bergbauernmuseum.de

Gegenüber, auf der anderen Seite der Iller, ragt der 1738 m hohe Grünten in den Himmel. Das Haupt des »Wächters des Allgäus« ist gekrönt vom Sendeturm des Bayerischen Rundfunks, seine Flanken sind überzogen mit einem Netz schöner Wanderwege und sein Inneres ist durchlöchert wie ein Allgäuer Emmentaler. Denn an seinen Südhängen wurde früher Eisenerz abgebaut. Ein Lehrpfad bei dem ehemaligen Knappendorf Burgberg sowie geführte Wanderungen zu den Gruben und den alten Stollen geben Einblicke in die mühevolle Arbeit von damals. Nicht weit von den Stollen entfernt, oberhalb des Luftkurortes Sonthofen, hat sich die Starzlach über Jahrmillionen wild und ungestüm in den Fels des Grünten gefressen. Beeindruckend sind vor allem die Wasserfälle in der schmalen Klamm, durch die ein gut befestigter Steig führt. Zu Füßen des Grünten, im »Brauereidorf« Rettenberg, hat eine Bierkönigin das Zepter in der Hand: Mit Seminaren, Diplom und Starkbierfesten dreht sich hier fast alles um das Bier, das seit über 550 Jahren in Rettenberg gebraut wird. Den für dieses Programm notwendigen Durst kann man sich im Bergstättgebiet im Norden des Alpsees holen: Rund um Hauchenberg und Thaler Höhe warten eine Reihe netter, aussichtsreicher Wanderungen.

Dort oben liegt auch Diepolz, Deutschlands höchstgelegene Pfarrgemeinde. Interessant ist vor allem der Besuch im hervorragenden, 2002 eröffneten Bergbauernmuseum mit Kühen, Hühnern, Schweinen, Schafen und Katzen, in dem der oft auch heute noch harte Alltag der Bergbauern lebensecht dargestellt wird. Ein weiterer kinderfreundlich gestalteter Ausflug in die Vergangenheit der Region führt durch das Museum Hofmühle in Immenstadt. Das nette alte Residenzstädtchen zwischen Iller, Alpseen und Nagelfluhkette war früher ein bedeutender Handelsplatz an der Salzstraße, die von Innsbruck über das Oberjoch zum Bodensee führte. Kontrolliert wurde die wichtige Verbindungsroute vom Stadtschloss aus und von vier Burgen, von denen allerdings nur noch geheimnisvolle Ruinen übrig geblieben sind.

TOP TIPP **Kulturwerkstatt Sonthofen** ③ In der früheren Schmiedewerkstatt ihres Vaters hat Monika Bestle eine Kulturwerkstatt mit Kulturgarten und Bistro eingerichtet. Mit Frühstückskonzerten, Kultur-Café, Kindertheater, Kleinkunst. Tel. 0 83 21/24 92; www.kult-werk.de

Hütten

Grüntenhaus (1535 m)
Das älteste »Berghotel« im Allgäu wurde 1855 eröffnet. Bauherr Carl Hirnbein, Pionier der Alpwirtschaft und des Tourismus, gab dazu den ersten Fremdenverkehrsprospekt der Region heraus. Stammgäste schätzen den guten Presssack, den der Hüttenwirt mit Essig und Zwiebeln serviert. Umfassender Rundblick vom 20 Min. höher gelegenen Gipfel. Schönster Aufstieg von Burgberg (751 m) über den Waldsteig. Zeit: ca. 2,5 Std.
Tel. 0 83 21/33 72

Wanderkarten

Freytag & Berndt WK 363, Oberstdorf, Kleines Walsertal, Sonthofen; 1:50000
Karte des **Bayerischen Landesvermessungsamtes**; UK L17, Kempten und Umgebung; 1:50000

Hotelempfehlungen

Immenstadt S. 658
Rettenberg S. 661
Sonthofen S. 662

Straßenatlas S. 777

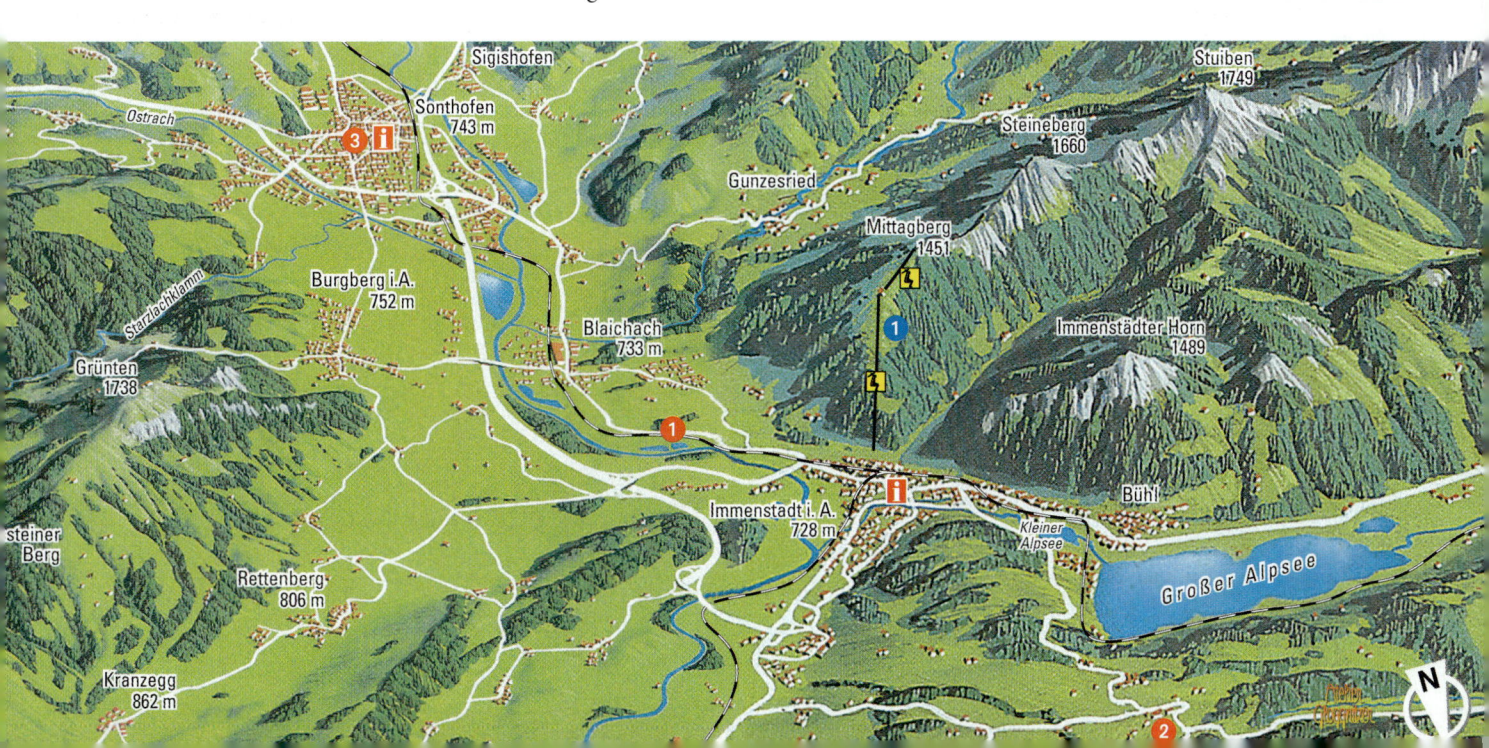

BAD HINDELANG – OBERJOCH
ALLGÄU

ACTION & SPORT

WANDERN & BERGTOUREN

FUN & FAMILY

WELLNESS & GENUSS

Reine Luft für Adler und Allergiker

Der majestätische Gipfel des Hochvogels, das sonnige Oberjoch und die sanften Talauen der wilden Ostrach: Die Umgebung von Bad Hindelang bietet Bergsport, Wandern und Wohlfühlen auf drei Etagen. Bergsteiger und Wanderer können in den Gipfelregionen Adler, Murmeltiere und Gämsen beobachten; Allergiker holen in den Höhenlagen in Oberjoch tief Luft – und Familien freuen sich, im Tal die intakte Natur- und Kulturlandschaft genießen zu können.

Bad Hindelang liegt in einem weiten Talkessel, umgeben von den Gipfeln der Allgäuer Alpen.

Restaurants

Obere Mühle
Das historische Gebäude in Bad Oberdorf ist heute Schaukäserei, Museum und Gasthof zugleich. In der original holzgetäfelten Stube werden Spezialitäten aus regionalen Produkten serviert, z.B. ein feines Kalbs-Carpaccio mit Fleisch vom artgerecht aufgewachsenen heimischen Kalb. Ideenreiche Küche für Feinschmecker;
Tel. 0 83 24/28 57

Weinhaus Rehbach
Zum Weintrinken (und Weinschmuggeln) gingen die Allgäuer gern über die Grenze nach Österreich, wo es guten Südtiroler Roten gab. Heute müssen Grenzgänger keinen Zöllner fürchten, wenn sie von Unterjoch ins Weinhaus nach Tirol wandern. Zum Wein gibt's Fleisch aus eigener Landwirtschaft oder die legendären »Rehbacher Pfannenkuchen«; Tel. 00 43/56 75/66 94

ADAC der perfekte Urlaubstag

- **10 Uhr:** Kurze Wanderung an der Ostrach zum märchenhaften Kutschenmuseum in Hinterstein
- **12 Uhr:** Mit Bus oder PKW nach Jungholz, Wanderung auf dem Holzschnitzerweg mit Skulpturen junger Künstler
- **15.30 Uhr:** Zurück nach Oberjoch, Entspannen im Hochmoorschwimmbad, nach Hindelang
- **19 Uhr:** Kurze Wanderung zur Bergandacht zum Sonnenuntergang (jeden Donnerstag) beim Kreuz auf der »Imne« bei Hindelang/Gailenberg (1040 m)

Wenn der bayerische Prinzregent Luitpold vor gut 100 Jahren zur Jagd ins Ostrachtal kam, pflegte er zum Entsetzen der Jagdgenossen selbst an kühlen Tagen im eisigen Zipfelsbach ein Bad zu nehmen. »Blau wie eine Pflaume« sei er oft aus dem Wasser gestiegen, heißt es. Auch heute noch tauchen die Urlauber im Hintersteiner Kneipp-Kurgarten »Prinzegumpe« ins kühle Nass des Zipfelsbaches. Wohltuende Linderung verschiedener Leiden verspricht auch eine Kur im Schwefel-Mineralbad bei der höchstgelegenen Schwefelquelle Deutschlands im Hotel Prinz-Luitpold-Bad.

Begeistert war der Prinzregent sicher auch von dem Weg durch Hintersteiner- und Bärgündeletal, vorbei an zahlreichen Wasserfällen, hinauf zum Prinz-Luitpold-Haus. Er hatte 1881 den Bau der Hütte und der Weganlagen auf seinem Grund nicht nur genehmigt, sondern auch noch huldvoll gestattet, das Haus nach ihm zu benennen. Prinzregent Luitpold kannte die Gegend gut, schließlich war hier, zwischen Giebel und Hochvogel, sein Jagdrevier.

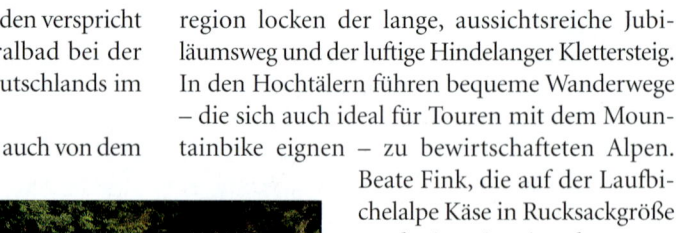

Zur Viehscheid werden Mensch und Tier prächtig herausgeputzt.

Wie damals kreisen auch heute noch die Adler majestätisch über den Allgäuer Bergen – zum Glück konnte sie der königliche Adlerjäger Leo Dorn seinerzeit nicht ausrotten.

Bester Ausgangspunkt für alle Touren zwischen Breitenberg, Großem Daumen, Nebelhorn, Schneck, Hochvogel und Gaishorn ist das ab Hinterstein autofreie Hintersteinertal. In der Felsregion locken der lange, aussichtsreiche Jubiläumsweg und der luftige Hindelanger Klettersteig. In den Hochtälern führen bequeme Wanderwege – die sich auch ideal für Touren mit dem Mountainbike eignen – zu bewirtschafteten Alpen.

Beate Fink, die auf der Laufbichelalpe Käse in Rucksackgröße produziert, ist eine der ersten Sennerinnen in der Region, denn im Allgäu sind die Bewirtschaftung der Alpen und die Käserei nach wie vor Männersache. Die Emanzipation lässt sich zwar selbst am Berg nicht aufhalten, doch Tradition gilt hier noch viel: So dürfen nur die Milchkühe auf der Alpe die wohlklingenden Glocken tragen, während sich

Wandern & Bergtouren

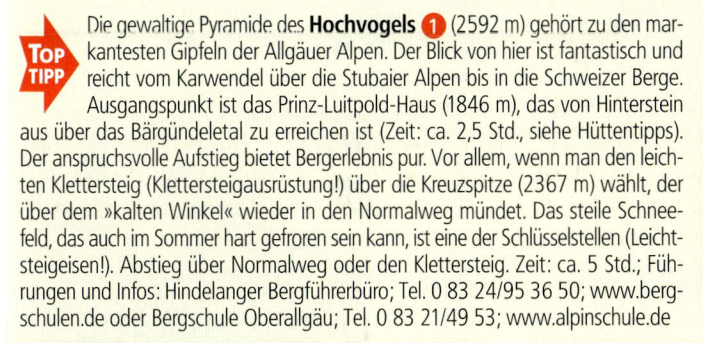

TOP TIPP Die gewaltige Pyramide des **Hochvogels** ❶ (2592 m) gehört zu den markantesten Gipfeln der Allgäuer Alpen. Der Blick von hier ist fantastisch und reicht vom Karwendel über die Stubaier Alpen bis in die Schweizer Berge. Ausgangspunkt ist das Prinz-Luitpold-Haus (1846 m), das von Hinterstein aus über das Bärgündeletal zu erreichen ist (Zeit: ca. 2,5 Std., siehe Hüttentipps). Der anspruchsvolle Aufstieg bietet Bergerlebnis pur. Vor allem, wenn man den leichten Klettersteig (Klettersteigausrüstung!) über die Kreuzspitze (2367 m) wählt, der über dem »kalten Winkel« wieder in den Normalweg mündet. Das steile Schneefeld, das auch im Sommer hart gefroren sein kann, ist eine der Schlüsselstellen (Leichtsteigeisen!). Abstieg über Normalweg oder den Klettersteig. Zeit: ca. 5 Std.; Führungen und Infos: Hindelanger Bergführerbüro; Tel. 0 83 24/95 36 50; www.bergschulen.de oder Bergschule Oberallgäu; Tel. 0 83 21/49 53; www.alpinschule.de

Jubiläumsweg (2164 m) Lange, anspruchsvolle Bergwanderung auf aussichtsreichem Felssteig	Ausgangspunkt: Hinterstein (866 m); Willersalpe (1456 m) – unterhalb von Rauhhorn und Kugelhorn zum Schrecksee (1802 m) – Abstieg ins Hintersteinertal möglich, ansonsten vorbei an Schänzlekopf – Sattelköpfen – Glasfelderkopf – zur Bockkarscharte (2164 m) – Prinz-Luitpold-Haus (1846 m); Abstieg zum Giebelhaus (1065 m), mit Bus zurück nach Hinterstein. Trittsicherheit, Erfahrung und Ausdauer unbedingt nötig; Zeit: ca. 10 Std.; Einkehr: Prinz-Luitpold-Haus
Iseler (1876 m) – **Kühgundkopf** (1907 m) Abwechslungsreiche Überschreitung mit Aufstiegshilfe	Ausgangspunkt: Bergstation Iselerbahn (1560 m) ❷; Iseler (1876 m) – Kühgundkopf (1907 m) – Wiedhag – Oberjoch (1136 m). Leichte Bergwanderung, die etwas Trittsicherheit erfordert; Zeit: ca. 4–5 Std.; Einkehr: Abstecher zur Iselerplatzhütte (1586 m) möglich, Gasthäuser in Oberjoch
Zipfelsalp (1526 m) Blumenreicher Rundweg mit uriger Einkehr	Ausgangspunkt: Bad Oberdorf (822 m); Palmweg zur Iselerplatzhütte (1586 m) – Zipfelsalp (1526 m) – Zipfelsfälle – Hinterstein (866 m) – Bärenweg – Vaterlandsweg – Bad Oberdorf. Leichte Wanderung. Zeit: ca. 4 Std.; Einkehr: Zipfelsalp, Iselerplatzhütte
Wertacher Hörnle (1685 m) Über Wiesenwege zur Alpenrosenblüte	Ausgangspunkt: Unterjoch/Obergschwend (1013 m); Buchelalpe – Hörnlesee mit Alpenrosenhang – Wertacher Hörnle (1685 m) – über Oberallgäuer Rundwanderweg zum Spieser (1649 m) – Hirschalpe (1493 m) – auf Maximiliansweg zurück nach Unterjoch/Obergschwend. Zeit: ca. 5–6 Std.; Einkehr: Buchelalpe, Hirschalpe
Engeratsgundsee (1878 m) Durch zauberhafte Alpenflora zum Bergsee	Ausgangspunkt: Hinterstein/Bushaltestelle Hinterer Erzberghof (1045 m); Schwarzenberghütte (1400 m) – Gundlesalpe (1621 m) – Engeratsgundsee (1878 m); bis Käseralpe (1400 m) auf gleichen Weg zurück – dann direkter Abstieg zur Engeratsgundalpe (1156 m) – Giebelhaus (1065 m); mit Bus zurück nach Hinterstein; leichte Wanderung; Zeit: ca. 5 Std. Einkehr: Schwarzenberghütte, Engeratsgundalpe, Giebelhaus

Hütten

Prinz-Luitpold-Haus (1846 m)
Wasserfälle säumen den Weg vom Bärgündeletal hinauf zu der malerisch gelegenen DAV-Hütte. Um die Hütte türmen sich die bizarr gefalteten Wände von Fuchskarspitze (2314 m) und Wiedemerkopf (2163 m), vor allem die Gelbe Wand ist ein Tipp für Kletterer. Hier kreuzen sich der Panoramaweg vom Nebelhorn und der Jubiläumsweg. Beliebtestes Gipfelziel ist der Hochvogel (2592 m). Zustieg: von Hinterstein mit dem Bus zum Giebelhaus (1065 m), von hier aus zu Fuß durchs Bärgündeletal und auf gut ausgeschildertem Weg zur Hütte; Zeit: ca. 2,5 Std. ab Giebelhaus;
www.prinz-luitpoldhaus.de

Hirschalpe (1493 m)
Die Alpe unter dem Spieser (1649 m) bietet den schönsten Blick auf die Hintersteiner Berge. Unbedingt probieren muss man die gute Hirschsalami.

Schönster und bequemster Aufstieg von Oberjoch (1136 m) über den Panoramaweg. Zeit: ca. 1 Std.
Tel. 01 75/2 07 89 61

Stubentalalpe (1271 m)
Auf der Alpe bei Jungholz (1058 m) gibt es Schmalzbrot nach Großvaters Hausrezept und im Herbst ein Schlachtfest mit Schlachtplatte von den im Sommer auf der Alm aufgezogenen Schweinen. Am besten gemütlich mit dem Mountainbike in etwa 20 Min. auf dem geteerten Fahrweg zur Alpe. Tel. 01 74/3 45 34 97

---

das Jungvieh mit geschmiedeten Schellen begnügen muss. Wie seit Generationen wird die Willersalpe oberhalb von Hinterstein bewirtschaftet, zu der nicht einmal ein Fahrweg führt. Den Transport von Bier (aufwärts) und Käse (abwärts) besorgen die engagierten Älpler mit ihren Haflingern.

Überhaupt ist man in Bad Hindelang darauf bedacht, schonend mit der Natur umzugehen und ein stimmiges Miteinander von Naturschutz, Landwirtschaft und Tourismus zu fördern. Unter dem Markenzeichen »Hindelang – Natur & Kultur« werden Käse, Milch- und Fleischwaren von Bauern angeboten, die sich zum Schutz der Natur strenge Regeln auferlegt haben und z.B. keinen Mineraldünger verwenden. Für Urlauber bedeutet das doppelten Genuss: eine intakte Berglandschaft und gesunde Qualitätsprodukte.

Besonders saubere Luft

Gesundheit und Wellness spielen auch in Oberjoch eine wichtige Rolle – und im Winter natürlich das Skifahren. Angenehm ist die Höhenlage vor allem für Allergiker: Hausstaubmilben gibt es keine, Pollen und Schimmelpilzsporen nur sehr wenige. Eine Reha-Klinik für Kinder und Jugendliche sowie Deutschlands einzige Hochgebirgsklinik für Erwachsene nutzen das besondere Klima; gemeinsam mit Hotels und Privatvermietern bieten sie

Wild schäumende Wasserfälle säumen den Weg durchs Hintersteinertal Richtung Bärgündele.

DAV-Tipp

Steinmeile des DAV Oy-Mittelberg
Der Spaziergang durch 200 Mio. Jahre Erdgeschichte beginnt am Kurhaus Oy und führt über Mittelberg, Gerhalde und den Pestfriedhof zurück nach Oy. Der naturkundlich-geologische Lehrpfad wurde von der DAV-Sektion Oy errichtet und wird nach wie vor von den Mitgliedern betreut. Themen der sieben Stationen sind u.a. die Geologie der Allgäuer Alpen, Moränenwälle und ein historischer Abriss der Region.

Fliegenragwurz
Die Blüten dieser merkwürdig aussehenden Orchidee imitieren ein weibliches Insekt. So lockt die Pflanze Insektenmännchen an, die sie bestäuben. Der Fliegenragwurz blüht auf kalkreichen Böden, im Allgäu bevorzugt er die warmen, halbtrockenen Südhänge. Wer genau wissen möchte, welche Pflanzen wann in voller Blüte stehen, bekommt alle Informationen über ein spezielles Blütentelefon unter Tel. 0 83 24/8 92 21.

Steinadler
Am Giebel im Hintersteinertal brütet eines von zehn Allgäuer Adlerpaaren – ein Erfolg, denn die Allgäuer Adler bleiben oft ohne Nachwuchs. Der Landesbund für Vogelschutz hat im Rahmen des Steinadler-Hilfsprogramms eine Beobachtungsstation am Giebelhaus im Hintersteinertal eingerichtet.

🇩🇪 BAD HINDELANG – OBERJOCH

Action & Sport

MOUNTAINBIKE	KLETTERSTEIGE	RAFTING	CANYONING	REITEN
PARAGLIDING	DRACHENFLIEGEN	KLETTERGÄRTEN	TENNIS	WINDSURFEN
KAJAK/KANU	WASSERSKI	TAUCHEN	HOCHSEILGARTEN	GOLF

TOP TIPP Ein Muss für Mountainbiker ist der **Bikepark am Imbergerhorn in Hindelang** ❷. Die Hornbahn ❶ bringt Fahrer und Mountainbikes nach oben. Für die Talfahrt (523 Höhenmeter) stehen vier Routen von »Medium« bis »Extrem« zur Auswahl: Sie führen über Alp- und Forstweg, Schotterstrecken oder schmale Freeride-Trails mit steilen Passagen, Absätzen und Schanzen. Bereits die leichteste Route, der »blue course«, setzt gute Ausrüstung und einiges an Fahrtechnik voraus. Der »black course« bleibt Profis mit entsprechender Schutzausrüstung vorbehalten. Tel. 0 83 24/24 04; www.bikepark-hindelang.de. Kurse, geführte Touren und Mountainbikeverleih bei der Hindelanger Bikestation Mountainsbest; Tel. 0 83 24/95 37 66; www.mountainsbest.de. Ein Mountainbikeführer mit 20 Tourenvorschlägen und Karte ist bei der Tourist-Information Hindelang erhältlich.

Klettern	Prinz-Luitpold-Haus	Alpine Kletterrouten beim Prinz-Luitpold-Haus. Infos, Kurse, Führungen: Hindelanger Bergführerbüro; Tel. 0 83 24/95 36 50; www.bergschulen.de, oder Bergschule Oberallgäu; Tel. 0 83 21/49 53; www.alpinschule.de
	Bad Hindelang	Wochenkletterkurse für Kinder und Jugendliche (Anmeldung!) in der DAV-Jugendausbildungsstätte Bad Hindelang; Tel. 0 83 24/9 30 10
Canyoning/ Rafting	Oberjoch Adventures	Abenteuer in Allgäuer Tobeln und Gumpen; geführte Touren und Ausrüstungsverleih bei Oberjoch Adventures; Thomas Heckelmiller; Tel. 0 83 24/73 99
Tennis	Bad Hindelang	Tennis- und Fitnesspark Bad Hindelang; Sand- und Hallenplätze, Tennisschule; Tel. 0 83 24/5 55; www.tennispark-hindelang.de
	Wertach	Tennispark Wertach mit Schule, Fitnesspark und Saunalandschaft, Tel. 0 83 65/10 27; www.tennis-allgaeu.de
Inlineskating	Oberjoch – Unterjoch Bad Hindelang Wertach	Ideale Wege im Hochtal Oberjoch–Unterjoch und Richtung Tannheimer Tal. Beliebt bei Inlineskatern ist der Radweg Hindelang–Sonthofen. Gute Möglichkeiten bietet auch das relativ flache Wertachtal.

»Ferien von der Allergie« an. Ideal als Starthilfe für Wanderer ist in Oberjoch die Iselerbahn. Von der Bergstation aus hat man nach einer 40-minütigen Wanderung den Gipfel des Iselers erreicht und kann die herrliche Aussicht genießen – oder geht in einer abwechslungsreichen Überschreitung weiter zum Kühgundkopf.

Zu Füßen liegt einem dann mitten im bayerischen Allgäu auch ein Stück Tirol: Nur ein messerscharfer Grat am Sorgschrofen, dem letzten Felsgipfel über dem Wertachtal, verbindet das Bergdorf Jungholz mit Österreich, wozu es offiziell gehört. Über den steil abfallenden Fels führt nicht einmal ein Fußweg. Die teilweise bewaldeten Höhenrücken rund um Jungholz eignen sich ideal für ausgiebige Familienwanderungen und abwechslungsreiche Mountainbiketouren.

Kostbarkeiten für Kunstliebhaber

Unten, im breiten Tal der Wertach, hätte der Wasserfreund Prinzregent Luitpold heute seine Freude: Vor Jahrzehnten ist dort die Wertach zum Grüntensee aufgestaut worden. Noch relativ neu ist im Nachbartal der Rottachsee, der erst 1992 zum zweitgrößten See des Allgäus aufgestaut wurde. Bei der Ufergestaltung wurden neben Bade- und Wassersportbereichen ausgedehnte Flachwasser- und Schilfzonen angelegt. Anstelle des einst mäandern-

Adressen & Bergbahnen — Landesvorwahl 00 49

Urlaubsregion	Ferienregion **Bad Hindelang – Bad Oberdorf – Oberjoch – Unterjoch – Hinterstein**; Tel. 0 83 24/89 20; E-Mail: info@hindelang.net; www.bad-hindelang.info	❶ Bad Hindelang Hornbahn Berg/Tal 11 €
Jungholz (1058 m)	Touristik-Information Jungholz; Tel. 00 43 56 76/81 20; E-Mail: info@jungholz.com; www.jungholz.com	❷ Oberjoch Iselerbahn Berg/Tal 10 €
Wertach (915 m)	Touristik-Information Wertach; Tel. 0 83 65/2 66; E-Mail: info@wertach.de; www.wertach.de	
Entfernungen	Hamburg 805 km; Berlin 733 km; Köln 593 km; Frankfurt a. M. 423 km; Stuttgart 218 km; München 152 km	Siehe auch Preisteil S. 634

den Bachs entwickeln sich so neue Biotope. Wer auf dem Seerundweg am Ufer entlang wandert, kann unzählige Frösche, Libellen und Vögel beobachten, die sich inzwischen hier angesiedelt haben.

Auf ihre Kosten kommen in dieser Region aber nicht nur Natur- und Wanderfreunde, sondern auch Kunstliebhaber. Das gesamte Allgäu ist ja reich gesegnet mit Kirchen und Kapellen, im Wertachtal befinden sich zwei besondere Kostbarkeiten: Die Kapelle St. Sebastian bei Wertach ist als »Kleine Wies« bekannt, weil sie im Chor im kleinen Maßstab Architekturformen ihres berühmten Vorbildes wiederholt. Einen Besuch lohnt die Wallfahrtskirche Maria Rain im nahen Oy. Die Ausstattung in Chor und Kirchenschiff verbindet in erstaunlicher Harmonie Spätgotik und Rokoko. Ein weiterer Kunstschatz führt zurück nach Bad Hindelang in das 1660 vom Augsburger Fürstbischof Sigismund Franz in Auftrag gegebene Jagdschloss. Im heute als Rathaus genutzten Gebäude erstrahlt ein prachtvoller, frühbarocker Saal in altem Glanz.

Routen mit Aussicht: Die Höhenrücken um Jungholz eignen sich ideal für Mountainbiketouren.

Fun & Family

Waldspielplatz mit Erlebnispfad Wertach	Fantasievoll mit Holz gestalteter Waldspielplatz im Großen Wald; mit Waldlehrpfad. In ca. 20 Min. vom Parkplatz Großer Wald zu erreichen
Naturerlebnispfad Wertach	Walderlebnis mit Baumtelefon, Barfußpfad, Ast-Xylofon und vielen Informationen zu Bäumen und Tieren. Ausgangspunkt: Kolpinghaus
Kutschenmuseum Hinterstein	15 Kutschen aus 3 Jahrhunderten, in liebevollen Ensembles der jeweiligen Zeit entsprechend präsentiert. 15-Min.-Spaziergang zum Museum. Tel. 0 83 24/8 92 17
Starzlachauenbad Wertach	50-m-Becken, Kinderbecken, Planschbecken, 52-m-Rutsche, Wasserpilz, Wassersitzbank mit Massagedüsen. Tel. 0 83 65/2 66

TOP TIPP Mit ohrenbetäubendem Lärm sausen in den **Hammerschmieden** ❸ die schweren Hämmer auf rotglühendes Eisen. Im 15. und 16. Jh. war das Ostrachtal ein Zentrum der süddeutschen Waffenschmiede. Wo früher mit Wasserkraft Hellebarden und Spieße geschmiedet wurden, entstehen heute in jahrhundertealter Technik gefertigte Schaufeln, Schellen und Pfannen. Hammerschmieden, die noch in Betrieb sind, können in Bad Hindelang, Bad Oberdorf und Wertach besichtigt werden. Infos bei den Tourist-Informationen: www.bad-hindelang.info; www.wertach.de

EVENTS

11. September: Erster Viehscheid im Allgäu mit über 1000 Tieren, Bad Hindelang. Weitere Viehscheide bis Ende September u.a. in Wertach

Oktober: Oldtimer-Memorial-Rallye auf der Jochpassstraße bei Bad Hindelang

»Ein Ort wird Musik«; Konzerte und Kulinarisches in Bad Hindelang

Wanderkarten

Freytag & Berndt WK 363, Oberstdorf, Kleines Walsertal, Sonthofen; 1:50000
Freytag & Berndt WK 352, Ehrwald, Lermoos, Reutte, Tannheimer Tal; 1:50000
Karte des **Bayerischen Landesvermessungsamtes**, UK L10, Füssen und Umgebung; 1:50000

Hotelempfehlungen

Bad Hindelang S. 654
Oberjoch S. 659

Straßenatlas S. 777

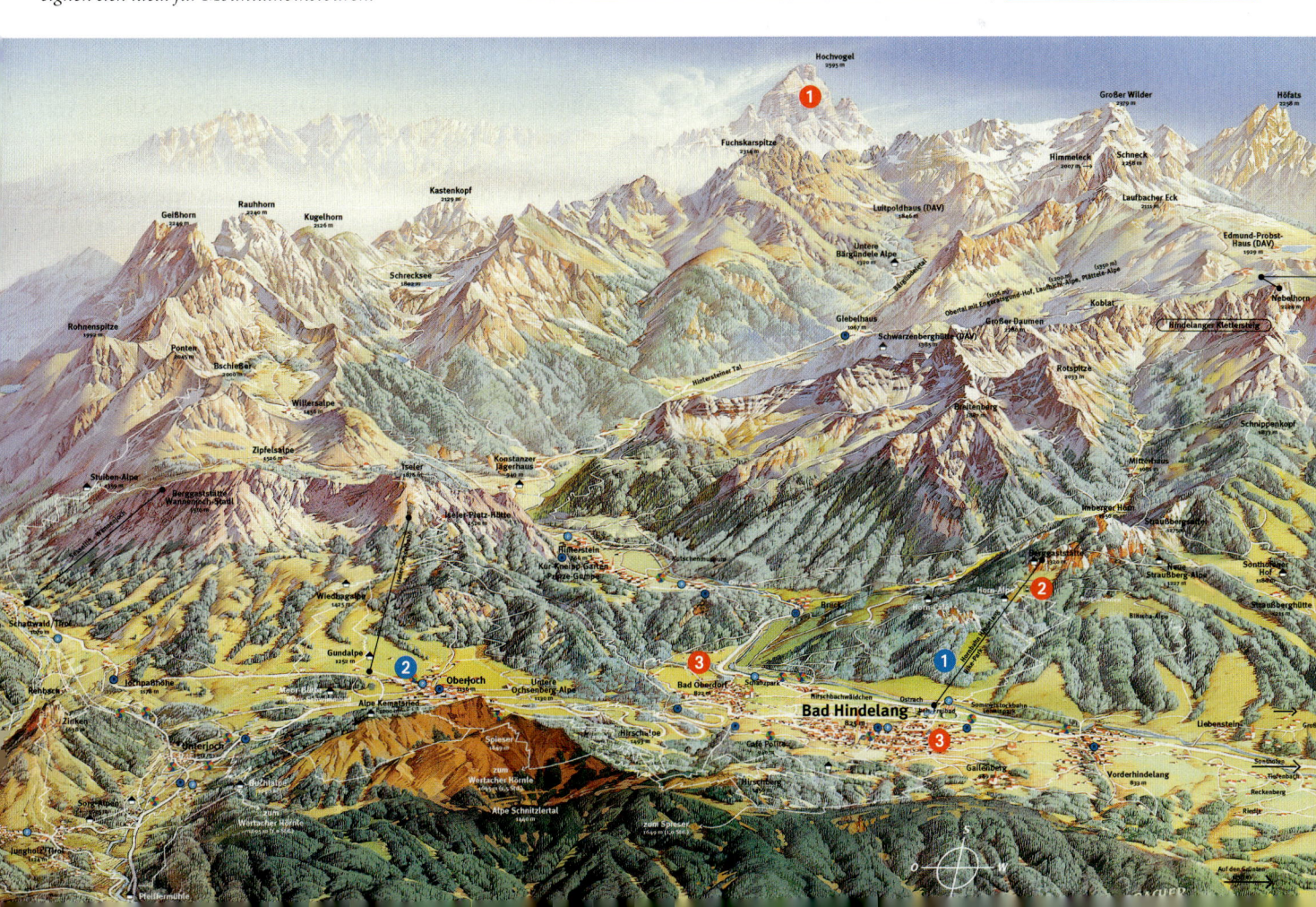

Oberstdorf, Hörnerkette und Kleinwalsertal
Allgäu

Während an der Kanzelwand schon der Frühling eingezogen ist, zeigen sich die Kleinwalsertaler Berge noch im Winterkleid.

ACTION & SPORT
✳✳✳

WANDERN & BERGTOUREN
✳✳✳

FUN & FAMILY
✳✳✳

WELLNESS & GENUSS
✳✳✳

Im Reich von Birkhuhn, Steinbock und Murmeltier

Flankiert von den Grasbergen der Hörnerkette im Westen und den mächtigen, felsigen Klötzen von Breitenberg, Großem Daumen und Nebelhorn im Osten, zieht sich das breite Illertal Richtung Oberstdorf. Dass dort zumindest für Autofahrer Endstation ist, verwundert nicht: Vom Widderstein über den Allgäuer Hauptkamm mit Trettachspitze und Mädelegabel bis zur Höfats schaffen eindrucksvolle Kalkgipfel das fantastische Panorama. Die Quellflüsse der Iller bilden einen Fächer lang gestreckter Täler und eröffnen auch weniger berggängigen Urlaubern traumhafte Ausflugsziele.

ADAC der perfekte Urlaubstag

- **5.30 Uhr:** Sonnenaufgangsfahrt Fellhornbahn ❺, Sonnenaufgang über dem Allgäuer Hauptkamm, Frühstück
- **8 Uhr:** aussichtsreiche leichte Gratwanderung vom Fellhorn zum Söllereck, Abstieg über Hochleite und Gasthof Schwand, dort gemütlich rasten
- **14 Uhr:** weiter absteigen zum Skiflugstadion, Besichtigung der Skiflugschanze bei Oberstdorf
- **17 Uhr:** Entspannung in der Vitaltherme Oberstdorf

Vierschanzentournee, Nordische Skiweltmeisterschaften und Skiflugwochen haben Oberstdorf zu einem weltweit bekannten Wintersportort gemacht. Aber entdeckt wurde das Sportdorf von Sommerfrischlern und Bergsteigern schon Mitte des 19. Jh. Kein Wunder, bietet die Region doch für jeden etwas: Fast eben sind die Spazierwege in den abwechslungsreichen Tälern, bequem die Wanderwege über die blumenreichen Bergwiesen der Almen und anspruchsvoll die alpinen Steige in der Felsregion im Naturschutzgebiet Allgäuer Hochalpen. Bereits 1848 rühmte der damalige Pfarrer die Region als »die Schweiz im Kleinen«, und der erste Oberstdorfführer beschreibt 1856 unter anderem die Besteigung von Nebelhorn, Höfats, Daumen und Mädelegabel. Johann Baptist Schraudolph, der erste autorisierte Bergführer in Oberstdorf, führte bis 1879 schon 416 Touristen auf die Mädelegabel und schwindelfreie Kletterer wie den Bergpionier Hermann von Barth auf die elegante Trettachspitze. Auch der berühmte Heilbronner Weg, ein großartiger, teils mit Drahtseilen abgesicherter Höhenweg in 2500 m Höhe, wurde schon 1899 eingeweiht. Wenig später ließ sich der wagemutige Pfarrer Johannes Schiebel an einem Hanfseil in den »Höllenschlund« der Breitachklamm abseilen. Tief beeindruckt sorgte er 1904 für die Erschließung des eindrucksvollen Naturschauspiels am Beginn des Kleinwalsertals.

Der langsam, aber stetig gewachsene Tourismus hat den Kurort Oberstdorf, in dem heute 2,5 Mio. Übernachtungen jährlich gezählt werden, geprägt. Zum Glück blieb der dörfliche Charakter aber weitgehend erhalten: Wie seit je trotten die Kühe jeden

Wandern & Bergtouren

TOP TIPP Abgehoben vom Alltag, sechs Tage von Hütte zu Hütte durch die fantastische Bergwelt wandern: Die **Allgäuer Hüttentour** ❶ bietet Bergerlebnis pur. Die Steige verlaufen stets im Gipfelbereich zwischen 1500 und 2600 m und bieten Traumausblicke, Fels zum Anfassen, die ganze Pracht der Alpenflora und gastliche Hütten. Nötig sind Ausdauer, Kondition und vor allem auf dem Heilbronner Weg Trittsicherheit und Schwindelfreiheit. Ausgangspunkt ist Mittelberg (1215 m) im Kleinwalsertal. Über die Fiderepasshütte (2065 m) und den Krumbacher Höhenweg zur Mindelheimer Hütte (2058 m, Übernachtung). Weiter zur Rappenseehütte (2091 m, Übernachtung) und über den Heilbronner Weg zur Kemptener Hütte (1844 m, Übernachtung). Die folgende Etappe zum Prinz-Luitpold-Haus (1846 m, Übernachtung) ist sehr lang und anstrengend. Über das Laufbacher Eck (2178 m) zum Edmund-Probst-Haus am Nebelhorn (1929 m), Übernachtung oder mit der Seilbahn ins Tal ❺. Abstieg an den Geißalpseen vorbei nach Reichenbach (867 m) bei Oberstdorf. Mit dem Bus zurück zum Ausgangspunkt.

Hahnenköpfle (2158 m) Lange Wanderung über den fantastischen steinernen Gletscher des Gottesackerplateaus	Ausgangspunkt: Riezlern/Bergstation Ifenhütte (1586 m) ❷; Aufstieg zum Hahnenköpfle (2158 m) – Gottesackerplateau – Obere Gottesackerwände/Torkopfscharte (1963 m) – Windecksattel (1752 m) – Abstieg durchs Mahdtal – Innerschwende (1058 m) – Riezlern (1088 m); mit Bus zurück zur Talstation; mittelschwer, Trittsicherheit erforderlich; nur bei guter Sicht; unbedingt Markierungen beachten; Zeit: ca. 8 Std.; Einkehr: »Bergadler« bei der Bergstation
Breitachklamm Schöne leichte Wanderung zu großartigem Naturschauspiel	Ausgangspunkt: Riezlern (1088 m); Schwendetobel – Breitachweg – Waldhaus (850 m) – Zwingsteg – Breitachklamm (enge, eindrucksvolle Schlucht, Infos: Tel. 0 83 22/48 87) – Parkplatz; zurück mit dem Bus; Zeit: ca. 3 Std.; Einkehr: Waldhaus, Restaurant Breitachklamm
Besler (1680 m) Überraschende Ausblicke auf königlichem Reitweg	Ausgangspunkt: Obermaiselstein am Riedbergpass (859 m); Königsweg – Jagdhütten – Besler – Beslerkopf (1653 m) – Freyburger Alpe – Simonsalpe – Gundalpe – Schwabenalpe (1205 m) – der Lobach folgen bis zur schmalen Straße – Richtung Ried – kurz vor Ried abbiegen nach Haubeneck – Obermaiselstein; am Gipfel (kann ausgelassen werden) Trittsicherheit und Schwindelfreiheit nötig; Zeit: ca. 5 Std.; Einkehr: Obere Gundalpe
Rund um den Widderstein (2533 m) Durch Purpurenzianwiesen um den höchsten Berg des Kleinwalsertals	Ausgangspunkt: Bödmen/Kleinwalsertal (1250 m); Gemsteltal – Untere Gemstelalpe (1321 m) – Gemstelpass (1971 m) – Widdersteinhütte (2009 m) – für trittsichere, schwindelfreie Bergwanderer Abstecher auf den Gipfel des Widdersteins (plus 2 Std., Steinschlaggefahr) – ansonsten direkt weiter zum Hochalppass (1938 m) – durchs Bärgunttal zur Bärguntalpe (1391 m) – Baad (1243 m); mit Bus zurück nach Bödmen; mittelschwer; Zeit: ca. 6 Std.; Einkehr: Widdersteinhütte, Bärgunthütte
Rund um die Höfats Eindrucksvolle Tour, vorbei an vielen Almen und einer malerischen Bergsiedlung	Ausgangspunkt: Oberstdorf (815 m); Hohenadlweg – Oytalhaus (1010 m) – Untere Gutenalpe (1092 m) – Stuibenfall – Käseralpe (1401 m) – Älpelesattel (1780 m) – steil bergab zur Dietersbachalpe (1325 m) – Gerstrubneralpe (1216 m) – malerisches, fast verlassenes Bergdorf Gerstruben (1154 m) – Hölltobel – Oberstdorf; mittelschwer, landschaftlich eindrucksvoll; Zeit: ca. 6 Std.; Einkehr: Oytalhaus, Käseralpe, Dietersbachalpe, Gerstrubneralpe
Schnippenkopf (1833 m) Panoramawanderung über dem Illertal	Ausgangspunkt: Reichenbach/Oberstdorf (867 m); Gaisalptobel – Gaisalpe (1149 m) – Schnippenkopf – Heidelbeerkopf (1767 m) – Sonnenkopf (1712 m) – Entschenalpe – Sonnenklause (1030 m) – Hinanger Wasserfall – Hinang (823 m); mit dem Bus zurück nach Reichenbach; leicht, aber anstrengend; Zeit: ca. 5 Std.; Einkehr: Gaisalpe, Sonnenklause

Mittelberg ist die älteste Ortschaft im Kleinwalsertal.

Hütten

Schwarzwasserhütte (1651 m)
Oberhalb der Melköde im Kleinwalsertal genießen Gäste frisch gepressten Apfel-Karotten-Saft, selbst gebrannten Bauernobstler und den Blick auf den Hohen Ifen. Landschaftlich reizvoller Zustieg von Baad (1243 m) in ca. 2 Std.; Tel. 00 43/55 17/3 02 10

Mindelheimer Hütte (2058 m)
Die auf einem Aussichtsbalkon unter den Schafalpenköpfen (2320 m) gelegene Hütte hat mit Photovoltaikanlage, Energie- und Wassermanagement sowie Abwasserentsorgung seit langem eine Vorreiterrolle als umweltverträgliche Berghütte. Hüttenwirt Jochen Krupinski verwöhnt Gäste mit Fleisch von Oberstdorfer Vieh aus dem Stillachtal. Ausgangs- oder Endpunkt des Mindelheimer Klettersteigs; Zustieg von Mittelberg (1215 m) durchs Wildental in ca. 3 Std.; Tel. 0 83 78/72 38

Waltenberger Haus (2084 m)
Eine einfache, urige Hütte unter dem Bockkarkopf (2608 m), die noch ohne Materialseilbahn auskommt. Haltbare Sachen liefert der Hubschrauber vor Saisonbeginn, frische Lebensmittel muss Hüttenwirt Mandi Böllmann zu Fuß zur Hütte bringen. Wer vom Holzstapel im Tal ein Scheit für den Ofen mitnimmt, wird mit einem »Schnäpsle« oder »Schokolädle« belohnt. Gipfelziele für Bergwanderer sind Bockkarkopf und Mädelegabel (2644 m) sowie für Kletterer die Trettachspitze (2595 m); Zustieg von Oberstdorf/Ebene (920 m) in ca. 3 Std.; Tel. 0 83 79/74 86

OBERSTDORF HÖRNERKETTE KLEINWALSERTAL

Action & Sport

MOUNTAINBIKE	KLETTERSTEIGE	RAFTING	CANYONING	REITEN
PARAGLIDING	DRACHENFLIEGEN	KLETTERGÄRTEN	TENNIS	WINDSURFEN
KAJAK/KANU	WASSERSKI	TAUCHEN	HOCHSEILGARTEN	GOLF

TOP TIPP Der mittelschwere **Mindelheimer Klettersteig** ❷ über die Schafalpenköpfe ist eine luftige Gratkletterei mit Aussicht. Ausgangspunkt ist Mittelberg/Kleinwalsertal (1215 m). Zur Fiderepasshütte (2065 m), von dort in wenigen Minuten zum Einstieg. Senkrechte Leitern und luftige Brücken testen gleich im ersten Teil die Schwindelfreiheit. Es folgt eine ausgesetzte Turnerei an Eisenbügeln, Fels und Leitern über den wilden Zackengrat der Schafalpenköpfe (2320 m). Die Genusstour setzt trotz der Seilsicherungen Trittsicherheit und Schwindelfreiheit sowie Kraft und Ausdauer voraus. Nach dem Ausstieg kurzer Abstecher zur Mindelheimer Hütte (2058 m) oder direkter Abstieg durch das Wildental nach Mittelberg; Zeit: ca. 8 Std.; Einkehr: Fiderepasshütte, Mindelheimer Hütte

Mountainbike	Mountainbike-Park, Hirschegg-Wäldele	Im Mountainbike-Park wird die Fahrtechnik auf harte Proben gestellt: mit Tables, Steilkurven-Wellenbahn, Schanze u. a.; Helm/Schutzausrüstung empfohlen; unzählige herrliche Tourenmöglichkeiten in den langen Seitentälern sowie in der Hörnergruppe; geführte Touren/Verleih: Walser Bike Tours, Tel. 00 43/67 67/56 29 09; www.walserbiketours.de
Paragliding	Nebelhorn, Oberstdorf	Fantastisches Fluggelände, Startplätze am Nebelhorn ❺ und am Walmendingerhorn ❸ sowie an weiteren Bergstationen. Kurse, Tandemflüge, Sicherheitstraining: OASE-Gleitschirmschule Obermaiselstein; Tel. 0 83 26/3 80 36; www.oase-paragliding.de; Flugschule Eberle; Tel. 0 83 21/7 22 13; www.tandemflug.info
Wildwassersport	Gesamte Region	Fantastische Voraussetzungen für Wildwassersportler in den Seitentälern. Canyoningtouren verschiedener Schwierigkeitsgrade, Rafting; Geführte Touren, Kurse, Schnuppertage: ICO Impuls Company Oberstdorf; Tel. 0 83 21/8 70 33, www.impulscompany.de; Wildwasserschule Oberstdorf, Tel. 0 83 22/9 82 62; www.wildwasserschule.com
Golf	Fischen-Bolsterlang, Oberstdorf, Ofterschwang	18-Loch-Platz sowie 9-Loch-Kurz-Platz, Golfplatz Oberallgäu Bolsterlang; Übungsanlagen, Golfakademie, Kurse; Tel. 0 83 26/3 85 94 10; 9-Loch-Platz, Driving Range, Golfclub Oberstdorf; Tel. 0 83 22/28 95; 18-Loch-Platz, Golfplatz Sonnenalp Ofterschwang, Golfschule; Tel. 0 83 21/27 21 81
Eislauf	Eissportzentrum Oberstdorf	Wer im Sommer nicht selber die Schlittschuhe anziehen will, kann den Spitzensportlern (Eiskunstlauf, Eistanz, Eishockey, Eisschnelllauf) beim Training zusehen; Tel. 0 83 22/91 51 30; www.oberstdorf-sport.de

Hütten

Kemptner Hütte (1844 m)
Die gastliche Hütte am Mädelejoch ist Stützpunkt für Bergwanderer, die auf dem E 5 oder dem Heilbronner Weg unterwegs sind. Ernst und Elvi Wagner haben die Hütte mehr als 25 Jahre lang bewirtschaftet. Die Tradition führen Tochter Gabi und Ehemann Martin Braxmair fort. Zustieg von Oberstdorf (815 m) über Spielmannsau in ca. 4 Std.; Tel. 0 83 22/70 01 52; www.kemptner-huette.de

Edmund-Probst-Haus (1930 m)
Ein idealer Platz, um den Sonnenuntergang am Nebelhorn zu genießen. Trotz direkter Nähe zur Bergbahn ist die Hütte urig und gemütlich geblieben. Besonders zu empfehlen sind die selbst gebackenen Kuchen; Ausgangspunkt für den Hindelanger Klettersteig und herrliche Wanderungen. Von der Nebelhornbahn ❺ in wenigen Minuten zu erreichen; Tel. 0 83 22/47 95

DAV-Tipp

Rappenseehütte (2091 m)
Ein unvergessliches Erlebnis ist es, am Rappensee bei der Rappenseehütte die Abendstimmung zu genießen. Die Rappenseehütte ist eine der größten AV-Hütten, aber trotzdem sehr gemütlich. Sie ist ein hervorragender Ausgangspunkt für die Begehung des Heilbronner Höhenweges zur Kemptner Hütte (1844 m) und für die Besteigung einiger schöner Allgäuer Gipfel wie dem Hohen Licht (2651 m). Zustieg zur Rappenseehütte vom Parkplatz Oberstdorf/Ebene (920 m) durch das Stillachtal in ca. 3 Std.; Tel. 0 83 21/2 65 66

Heilbronner Weg
Der Heilbronner Weg führt aussichtsreich durch Scharten, über kleine Gipfel und einige Eisenleitern, von der Rappenseehütte bis zur Kemptner Hütte (oder anders herum). Unterwegs bieten sich fantastische Ausblicke bis zum Alpenhauptkamm bzw. weit ins Allgäu hinein.

Via Alpina
Die Via Alpina ist ein relativ neuer, europäischer Fernwanderweg von der Adria (Slowenien) bis zum Mittelmeer. In Oberstdorf teffen sich drei »Äste« des Weges und laden zu alpenweiten Entdeckungen ein.

Stadtbummel in Oberstdorf

Tag auf die Gemeinschaftsweide, vorbei an noblen Boutiquen und alten Holzhäusern, die der »Große Brand« 1865 verschont hat. Erhalten hat sich auch eine kraftvolle, vokalreiche Mundart: »Dees khaaba em Büüre it züemüete« (»das kann man dem Bauern nicht zumuten«), meint der Bergbauer entrüstet, wenn er schon wieder ein neues Antragsformular ausfüllen soll.

Den eigenen Wurzeln treu geblieben

»Da gschiida Chatza chönna au Müüs vrtrenna« (»den gescheiten Katzen können auch Mäuse entrinnen«), sagt ein Sprichwort im österreichischen Kleinwalsertal, im südwestlichen Bereich des Oberstdorfer »Täler-Fächers«. Wer dabei eher an Schweizer Mundart denkt, ist auf der richtigen Spur. Auch Tracht und Baustil verraten, dass die Kleinwalsertaler trotz jahrhundertelanger Nachbarschaft zum Allgäu und österreichischer Staatsbürgerschaft ihren eigenen Wurzeln treu geblieben sind. Ihre Vorfahren wanderten im 13. Jh. vom Wallis über Hochtannberg und Hochalppass, am mächtigen Widderstein vorbei, durchs Bärgunttal in die neue Heimat. Der »Große Walserweg« der »armen Lüt aus dem Wallis« ist seit einigen Jahren wieder ein beliebter Fernwanderweg.

Schweizer Spuren im österreichischen Kleinwalsertal

Die Siedler aus der Schweiz sind heute Österreicher – in einem Tal, das auf Fahrwegen nur von Deutschland her erreichbar ist. Das vom Mutterland abgeschnittene Kleinwalsertal konnte sich erst als deutsches Zollanschlussgebiet wirtschaftlich entwickeln. EU, Euro und Schengener Abkommen haben die Sonderrolle und die damit verbundenen Kuriositäten – wie die österreichische Briefmarke zum DM-Preis – teilweise wieder verschwinden lassen. Aber während überall Grenzen fallen, schafften es findige Bürokraten, neue aufzubauen: War das Kleinwalsertal bis vor kurzem von Deutschland aus telefonisches Inland, so müssen die Allgäuer Nachbarn nun die österreichische Vorwahl eingeben und den teuren Auslandstarif zahlen. Das wird freilich niemanden davon abhalten, zum Wandern und Bergsteigen in das herrliche Hochtal zu kommen. Mehrere Bergbahnen erschließen aussichtsreiche Höhenwege, einmalig ist das fantastische Schrattenkalkgebiet des »Gottesackers« am Hohen Ifen: Tiefe Spalten und messerscharfe Grate prägen

Gämsen kann man im Naturschutzgebiet Allgäuer Hochalpen häufig beobachten.

diese einzigartige Felslandschaft, die einem zu Stein gewordenen Gletscher gleicht und trotz ihrer Kargheit Botaniker mit einer Reihe seltener Pflanzen wie dem Schweizer Mannsschild überrascht.

Östlich des Kleinwalsertals schiebt die Gipfelkette von Söllereck, Fellhorn, Kanzelwand und Schafalpenköpfen, über die der aussichtsreiche, mittelschwere Mindelheimer Klettersteig führt, einen felsigen Riegel zwischen Österreich und Deutschland. Auf der deutschen Seite zieht sich das lange, autofreie Stillachtal nach Einödsbach, dem südlichsten ständig bewohnten Ort Deutschlands. Im gemütlichen Gasthof ziert ein mächtiger Yakkopf die Wand: Er stammt von Moses, der es nur kurze Zeit verstand, sein Asyl im hintersten Winkel des Allgäus zu genießen. Dann begann er, Kühen und Touristen nachzustellen, Ersteren aus Liebe, Letzteren aus Unmut – unangenehm belästigt fühlten sich beide Gattungen. So fand Moses schließlich ein trauriges Ende; festgenagelt über den Wirtshaustischen stört er weder die einen noch die anderen.

Gipfelziele über Spielmannsau

Auch das Trettachtal »eine Bergrippe weiter« beginnt harmlos mit einem fast ebenen Talboden. Wer von Spielmannsau jedoch weiter will zur Kemptner Hütte, kommt ins Schwitzen, wird dafür aber auch reichlich belohnt mit der fantastischen Landschaft der Allgäuer Alpen. Einen umfassenden Eindruck bekommt man davon auf dem Heilbronner Weg, einem mittelschweren Höhenweg

Fun & Family

Alpenkräutergarten Hörnlepass, Riezlern	450 Heilkräuter von Arnika bis Zitronenmelisse, Pfad der Sinne, Führungen; Tel. 00 43/55 17/5 70 70
Heimatmuseum Oberstdorf	In 38 Räumen wird die Geschichte der Region dokumentiert: Handwerk, Landwirtschaft, Tourismus, Kunst usw.; Tel. 0 83 22/54 70; www.heimatmuseum-oberstdorf.de
Obermühle-Säge Fischen	Historische Säge, prachtvoll renoviert; Sägevorführung mit viel Informationen über Holz und die Wirkung von Stern- und Mondphasen; Tel. 0 83 26/3 64 60
Freibergsee Oberstdorf	Wunderschön gelegener Badesee in der Nähe der Skiflugschanze; Bootsverleih, Schwimmbad, Spielplatz; Tel. 0 83 22/48 57; www.freibergsee.de

TOP TIPP ❸ In der **Sturmannshöhle bei Obermaiselstein** ist es eng, und für große Leute heißt es: Kopf einziehen. Die einzige öffentlich zugängliche Höhle im Oberallgäu ist eine Klufthöhle, ein tiefer Felsspalt. Vorbei an eindrucksvollen Felsformationen, hohen Felskaminen und tosenden unterirdischen Bächen führt der schmale Steig zum Höhlensee, 300 m tief im Berg; Tel. 0 83 26/3 83 09; www.obermaiselstein.de/hoehle

Hochzeit in den Allgäuer Bergen
Heiraten in knapp 2000 m Höhe können Paare auf dem Nebelhorn in Oberstdorf. Standesbeamtin Winfriede Helm verlegt das Standesamt bei Bedarf ins Kaminzimmer in der Bergstation der Bahn. »Ja« sagen können Heiratswillige auch in der Bauernstube des Heimatmuseums oder stilvoll in einer Jugendstilvilla.

Vital-Therme
Nach einem Tag in den Bergen kann man sich in der Vital-Therme in Oberstdorf in stilvollem Ambiente fantastisch erholen. Große Saunalandschaft mit fünf verschiedenen Saunen, Dampfbäder, Wellenbad, Natursolebecken, Wassergymnastik, Wellness- und Massage-Angebote;
Tel. 0 83 22/60 69 60;
www.thermeoberstdorf.de

Skiflugschanze Oberstdorf
Per Aufzug kommen Besucher bis zum Start in 72 m Höhe. Die Aussicht ist fantastisch, doch es wird auch klar, wie viel Mut es erfordert, sich von dort oben in die Tiefe zu stürzen! Der Schanzenrekord liegt übrigens bei 223 m; Tel. 0 83 22/28 55; www.skiflugschanze.de

OBERSTDORF HÖRNERKETTE KLEINWALSERTAL

Restaurants

Königliches Jagdhaus

In historischem Ambiente speisen Feinschmecker wahrhaft königlich. 1856 wurde das Holzblockhaus erbaut, Prinzregent Luitpold bewohnte es, wenn er zur Jagd nach Oberstdorf kam. In Kaminstube, blauem Salon und der Gartenwirtschaft unter alten Bäumen serviert Kurt Podobnik Allgäuer und internationale Spezialitäten mit ausgesuchten, frischen Zutaten; Tel. 0 83 22/98 73 80

Berggasthof Laiter

Kässpätzle und Wildgerichte (der Hausherr ist selbst Jäger) sind die ...wischen legendären Spezialitäten ...erggasthofs im Stillachtal. In der ... Holzstube verweilt man gerne. ...o sollte für die Rückwanderung ... Taschenlampe dabei sein. Über ...Weg in ca. 20 Min. von der Tal... der Fellhornbahn ❻ zu erreichen; Tel. 0 83 22/48 60

Gipfelstuba (1940 m)

...e Kräuter für die Küche pflückt ... Edlinger von der »Gipfelstuba« ... Bergstation der Walmendinger... ❸ im eigenen Bergkräuter... Er kocht mit Naturprodukten ...ickt seine Gäste gern auf dem ...enblumenlehrpfad zum Gipfel ... Jeden Mittwoch »Tag-Erwa... Horn mit ausgiebigem Früh... ffet; Tel. 00 43/55 17/56 73

---

zwischen Kemptener Hütte und Rappenseehütte. Besonders abwechslungsreich wird die Tour, wenn man sich auch Gipfelziele wie Krottenkopf, Mädelegabel, Hohes Licht und Biberkopf vornimmt. Wesentlich anspruchsvoller ist der Ausflug auf die Trettachspitze, das markante »Allgäuer Matterhorn«. Wer diesen kühnen Felszacken bezwingen will, sollte den 3. Schwierigkeitsgrad auf jeden Fall beherrschen.

Knotenpunkt für Fernwanderer

Keine klettertechnischen Probleme bringen die Routen der »Via Alpina« und des berühmten Europäischen Fernwanderweges E 5 mit sich, die sich in Oberstdorf kreuzen. Ein Leckerbissen für konditionsstarke Bergsteiger ist auch eine Vier- bis Sechs-Tage-Tour von Hütte zu Hütte, weit abgehoben vom Alltag, zwischen Fels und Bergblumen – vom Kleinwalsertal über den Allgäuer Hauptkamm mitten durch das Naturschutzgebiet Allgäuer Hochalpen bis zum Nebelhorn. Klettersteiggeher können von dort über den mittelschweren Hindelanger Klettersteig die gesamte Kette parallel zur Iller bis Hindelang überschreiten.

Naturfreunde sollten sich viel Zeit nehmen, um Murmeltiere und Alpensalamander, Gämsen und Steinböcke, Raufußhühner und Birkhuhn in Ruhe zu beobachten. Informationsstationen im Walserhaus in Hirschegg im Kleinwalsertal, in Oberstdorf und auf dem Fellhorn vermitteln einen Eindruck von alpiner Natur und Kultur, vom geologischen Aufbau der Berge und vom Leben mit den alpinen

Adressen & Bergbahnen — Landesvorwahl 00 49

Fischen (761 m)	Kurverwaltung Fischen; Tel. 0 83 26/3 64 60; E-Mail: touristikinfo@fischen.de; www.fischen.de	❶ Bolsterlang Hörnerbahn Berg/Tal 13,50 €
Hörnerdörfer	Tourismusgemeinschaft Hörnerdörfer; Tel. 0 83 26/3 64 60; E-Mail: info@hoernerdoerfer.de; www.hoernerdoerfer.de	❷ Hirschegg Ifenbahn Berg/Tal 5 €
Kleinwalsertal	Kleinwalsertal Tourismus; Tel. 00 43/55 17/5 11 40; E-Mail: info@kleinwalsertal.com; www.kleinwalsertal.com	❸ Mittelberg Walmendingerhornbahn Berg/Tal 18,50 €
Oberstdorf (815 m)	Kurverwaltung Oberstdorf; Tel. 0 83 22/70 00; E-Mail: info@oberstdorf.de; www.oberstdorf.de	❹ Mittelberg Zafernabahn Berg/Tal 5 €
Weitere Orte	**Baad** www.kleinwalsertal.com • **Balderschwang** www.balderschwang.de • **Bolsterlang** www.bolsterlang.de • **Hirschegg und Mittelberg** www.kleinwalsertal.com • **Obermaiselstein** www.obermaiselstein.de • **Ofterschwang** www.ofterschwang.de • **Riezlern** www.kleinwalsertal.com	❺ Oberstdorf Nebelhornbahn Berg/Tal 23 €
		❻ Oberstdorf Fellhornbahn Berg/Tal 21 €
		❼ Oberstdorf Söllereckbahn Berg/Tal 12 €
		❽ Ofterschwang Weltcup-Express-Bahn Ofterschwanger Horn Berg/Tal 9,50 €
Entfernungen	Hamburg 810 km; Berlin 738 km; Köln 597 km; Frankfurt a. M. 427 km; Stuttgart 220 km; München 168 km	❾ Riezlern Kanzelwandbahn Berg/Tal 18,50 €

Siehe auch Preisteil S. 634

Einödsbach mit Trettachspitze und Mädelegabel

Der Grasrücken der Hörnerkette bei Bolsterlang

Fischinger Ski- und Heimatmuseum
Herrliches historisches Bauernhaus in Fischen, in dem das liebevoll zusammengestellte Heimatmuseum untergebracht ist. Besonders zu empfehlen ist das Skimuseum, das 95 Jahre Fischinger Skigeschichte dokumentiert; Tel. 0 83 26/3 64 60; www.fischen.de

Gefahren in den Allgäuer Hochalpen. Um den Schutz von Edelweiß und der übrigen Alpenflora in den fast senkrechten Grashängen der Höfats im Oytal, im östlichsten Teil des Oberstdorfer Tälerfächers, bemüht sich seit Jahrzehnten auch die Allgäuer Bergwacht mit ihren Rettungs- und Naturschutzstützpunkten, den so genannten Edelweißposten.

Eine Schatzkammer für Pflanzenfreunde ist auch die Hörnerkette, die bei Fischen westlich des breiten Illertals familientaugliche Gipfel-Alternativen eröffnet: Ofterschwangerhorn, Sigiswangerhorn und Bolsterlangerhorn verraten mit ihren Namen bereits, welche Dörfer ihnen zu Füßen liegen. Bei Riedbergerhorn wird es schwieriger: Einer der Talorte ist hier das ruhige, gemütliche Bergdorf Balderschwang. Wer vom Illertal dorthin gelangen will, muss über den höchsten Straßenpass Deutschlands fahren: den 1420 m hohen Riedbergpass. Bevor man von Obermaiselstein aus über ihn fährt und sich den Gipfelzielen widmet, sollte am jedoch noch der eindrucksvollen Sturmannshöhle einen Besuch abstatten. Zurückgekehrt aus dem Inneren der Erde sind die herrlichen Bergwälder, das Blumenmeer der Almwiesen und die sonnenüberfluteten Grasgipfel ein Paradies zum stressfreien Wandern und Mountainbiken. Die hochalpinen Felszacken, die Oberstdorf umgeben, sind hier »nur« noch schöne Kulisse.

Hotelempfehlungen

Balderschwang S. 655
Bolsterlang S. 655
Fischen S. 655
Oberstdorf S. 660
Ofterschwang S. 660
Oy-Mittelberg S. 660

Wanderkarten

Freytag & Berndt; WK 363 Oberstdorf, Kleines Walsertal, Sonthofen; 1:50000

Straßenatlas Siehe S. 777

OSTALLGÄU
ALLGÄU

Schloss Neuschwanstein mit seiner unverwechselbaren Silhouette thront auf einem Felssporn über Hohenschwangau und dem malerischen Alpsee.

ACTION & SPORT
WANDERN & BERGTOUREN
FUN & FAMILY
WELLNESS & GENUSS

Im Land der Seen und Schlösser – der Königswinkel

Neuschwanstein und Hohenschwangau haben das Land der Königsschlösser und Seen in der ganzen Welt bekannt gemacht. Doch der Königswinkel im Ostallgäu hat noch weit mehr zu bieten: Säuling, Tegelberg und Ammergauer Berge locken mit ausgedehnten Wandermöglichkeiten, die Füssener Seenplatte ist mit mehr als einem Dutzend zauberhafter Seen und idyllischer Kurorte ein ideales Urlaubsziel für Familien und Erholungsuchende.

»Von den Bergen bin ich ganz weg!«, soll Prinzessin Marie gerufen haben, als der bayerische Kronprinz und spätere König Maximilian II. seine frisch angetraute Gattin zur Hochzeitsreise nach Schwangau brachte. Als Sommerresidenz hatte er zwischen Alpsee und Schwansee das romantische Ritterschloss Hohenschwangau wieder aufgebaut. Seiner bergbegeisterten Gattin schenkte er ein »Schweizerhaus« in der Bleckenau, dem idyllischen Tal zwischen Säuling und Tegelberg. Sohn Ludwig II. übertraf seinen Vater noch im Schlösserbauen: Kühn setzte er Neuschwanstein auf einen Felssporn über Hohenschwangau. Königsschlösser, Seen und Berge bilden ein unvergleichliches Gesamtkunstwerk von Natur und Kultur, das zu Recht Besucher aus aller Welt anlockt. Romantisch ist der Anblick vor allem am Abend, wenn Hohenschwangau in freundlich gelbem und Neuschwanstein in geheimnisvoll blauem Licht vor den dunklen Bergen stehen – das Schloss, in dem das tragische Schicksal des Märchenkönigs besiegelt wurde, als man ihn trotz des Widerstands der tapferen Schwangauer Feuerwehr verhaftete.

Die Schwangauer lassen bis heute nichts auf ihren König kommen. Hier erweist sich seine Ver-

ADAC – der perfekte Urlaubstag

- **10 Uhr:** Spaziergang von Füssen durch das Faulenbacher Tal zum reizvollen Alatsee, Mittagessen im dortigen Restaurant, anschließend auf dem Waldweg zurück
- **14 Uhr:** Stadtbummel durch die historische Altstadt von Füssen mit Hohem Schloss
- **16.30 Uhr:** Kleine Rundfahrt auf dem Forggensee
- **20 Uhr:** Wellness in der Königlichen Kristalltherme Schwangau bei Kerzenlicht in der Edelstein-Meditationsgrotte

Der Hopfensee gehört zur Füssener Seenplatte.

Wandern & Bergtouren

TOP TIPP Herausfordernd steht der **Säuling** ❶ (2047 m) als markanter Einzelgänger hinter den Königsschlössern. Trotz guter Wege ist die Tour auf den Gipfel anstrengend: Über 1200 Höhenmeter führt der Steig von Hohenschwangau (808 m) aus durch Wald und Latschen über eine Leiter zur Gemswiese und durch Schrofen zum Kreuz auf dem Westgipfel (ca. 4 Std.). Als Lohn wartet ein herrlicher Blick über die Königsschlösser, die Füssener Seenplatte und das schwäbisch-bayerische Alpenvorland. Reizvoll ist auch der anspruchsvollere Aufstieg über die Bleckenau (1167 m, mit Pendelbus von Hohenschwangau aus zu erreichen) durch die Nordflanke zum Gipfel (ca. 3 Std.). Abstieg über Säulinghaus (1693 m) und Pilgerschrofen. Einkehr: Säulinghaus, Bleckenau

Tegelberg (1707 m) – **Bleckenau** (1167 m) Leichte Wanderung mit kühnen Felsgestalten und königlicher Jagdhütte	Ausgangspunkt: Bergstation Tegelbergbahn ❷, Schwangau (1707 m); Branderfleck – Niederer Straußbergsattel – Jägerhütte – einstige königliche Jagdhütte Bleckenau (1167 m, Rückfahrt mit Hüttenbus) – Abstieg durch die wilde Pöllatschlucht – Gipsmühle – Talstation Tegelbergbahn (830 m); Zeit: ca. 5 Std.; Einkehr: Jägerhütte, Bleckenau
Weißensee (800 m) Reizvoller Rundweg zwischen Schilf und Steilufer	Ausgangspunkt: Parkplatz Alatsee; Seerundweg – Weißensee (Strandbad) – Seerundweg – Parkplatz; Zeit: ca. 2,5 Std.; Einkehr: Weißensee
Hochplatte (2082 m) Anspruchsvolle Gipfelüberschreitung mit Traumblick	Ausgangspunkt: Wanderparkplatz bei Halblech, mit Kenzenbus zur Kenzenhütte (1285 m); Kenzensattel (1650 m) – Gumpenkar – Fensterl (1916 m) – Westgipfel (2082 m) – Gipfelgrat – Ostgipfel (2079 m) – Gamsangerl – Kenzenhütte (Bus); Trittsicherheit und Schwindelfreiheit erforderlich, teilweise Seilsicherung, bei Gewitter gefährlich; Zeit: ca. 5–6 Std. ab Kenzenhütte; Einkehr: Kenzenhütte
Geiselstein (1884 m) Leichte Rundtour um das »Ammergauer Matterhorn«	Ausgangspunkt: Wanderparkplatz bei Halblech, mit Kenzenbus zum Wankerfleck (ca. 1200 m); Geiselsteinjoch – Gumpenkar – Kenzensattel (1650 m) – Kenzenhütte (1285 m, Bus); leicht, aber teilweise steil; Zeit: ca. 4 Std.; Einkehr: Kenzenhütte
Tegelberg – Linderhof Ausgedehnte Wanderung durchs Ammergebirge zum Schloss Linderhof	Ausgangspunkt: Bergstation Tegelbergbahn ❷, Schwangau (1707 m); Lobental – Kenzenhütte (1285 m, evtl. Übernachtung) – Bäckenalmsattel (1536 m) – Sägertal – Linderhof (943 m, Bus); leichte, aber lange Wanderung, evtl. als 2-Tages-Tour (Busverbindung vorher prüfen); Zeit: ca. 7 Std.; Einkehr: Kenzenhütte

Action & Sport

MOUNTAINBIKE	KLETTERSTEIGE	RAFTING	CANYONING	REITEN
PARAGLIDING	DRACHENFLIEGEN	KLETTERGÄRTEN	TENNIS	WINDSURFEN
KAJAK/KANU	WASSERSKI	TAUCHEN	HOCHSEILGARTEN	GOLF

TOP TIPP Gurte anlegen, beherzt loslaufen – und schweben: Beim Tandemflug mit dem **Paraglider** ❷ kann sich der Passagier voll auf den Piloten verlassen, den Flug in Ruhe genießen und hinunterschauen auf die Königsschlösser, auf Alp-, Schwan- und Forggensee und auf die Ammergauer Gipfel. Der Startplatz am Tegelberg auf 1690 m Höhe garantiert ein Flugerlebnis der Extraklasse.
Tandemflüge und Kurse für Gleitschirm- und Drachenflieger: Flugschule Aktiv, Tel. 0 83 62/92 14 57; www.flugschule-aktiv.de oder 1. DAeC-Gleitschirmschule, Tel. 0 83 62/3 70 38; www.erste-daec-gleitschirm-schule.de

Reiten	Reitschule Küffner, Buching	Wanderreiten im Königswinkel, Ausritte, Reitunterricht für Anfänger und Fortgeschrittene; Andrea Küffner, Buching; Tel. 0 83 68/72 52
Klettern	DAV-Kletterzentrum Allgäu, Rieden	Halle mit ca. 70 Touren für Anfänger und Geübte; Tel. 0 83 62/94 01 87; www.alpenverein-fuessen.de Lohnende alpine Routen z.B. am Geiselstein und am Säuling; Kletterkurse und Führungen: Bergschule Ostallgäu, Füssen; Tel. 0 83 62/64 64
Windsurfen/ Segeln	Surfschule Hopfen, Yachtschule Forggensee	Hervorragende Bedingungen für Surfer und Segler vor allem auf den größeren Seen der Region. Schnupper-, Anfänger- und Kinderkurse, Bootsverleih: Surfschule Hopfen am See; Tel. 0 83 64/14 87. Forggensee Yachtschule Dietringen, Rieden; Tel. 0 83 67/4 71; www.segeln-info.de
Inlineskating	Füssener Seenplatte	Die flachen, meist geteerten Radwege in der Umgebung der Seen eignen sich ideal zum Inlineskaten. Kurse und geführte Touren bietet Monika Bartel-Weber an, mehrfache Deutsche Meisterin im Inlineskaten; Tel. 0 83 62/8 12 26

Hütten

Kenzenhütte (1285 m)
Die Hütte ist der Treffpunkt schlechthin für Wanderer und Kletterer zu Füßen von Hochplatte (2082 m) und Geiselstein (1884 m).

Erreichbar mit dem Kenzenbus ab dem Wanderparkplatz bei Halblech. Zu Fuß dauert der Aufstieg durch das wildromantische Halblechtal ca. 3 Std.
Tel. 0 83 68/3 90

Drehhütte (1210 m)
Auf der urigen Hütte auf der Drehalpe am Tegelberg kocht Wirtin Hedwig Müller wunderbare Gerichte. Zur Brotzeit sind Kaminwurzn von der Gams zu empfehlen. Schnellster Aufstieg ist vom Wanderparkplatz Adlerhorst östlich von Schwangau auf der Bergstraße direkt zur Drehhütte (ca. 1 Std.). Landschaftlich lohnender ist der Weg über die Rohrkopfhütte (1361 m).
Tel. 0 83 62/85 85;
www.drehhuette.de

Bleckenau (1167 m)
In der einstigen königlichen Jagdhütte verbrachte der spätere Märchenkönig Ludwig II. glückliche Kindertage. Das urige Holzhaus mitten im Naturschutzgebiet Ammergebirge ist eine beliebte Einkehr und Zielpunkt des Naturpfades »Ahornreitweg«; auch mit Hüttenbus von Hohenschwangau aus erreichbar. Lohnend ist der Aufstieg durch die wilde Pöllatschlucht mit dem Wasserfall und einem herrlichen Blick auf die Schlösser und das Pöllattal (ca. 1,5 Std.).
Tel. 0 83 62/8 11 81

Promi-Tipp

Wigald Boning Die Wahlheimat des Kabarettisten, Schauspielers, Sängers und Journalisten ist das Ostallgäu, eines seiner Hobbys ist Bergwandern:

»Mein Lieblings-Ausflugsziel im Ostallgäu ist der Tegelberg. Um hinaufzukommen, stehen eine bequeme Seilbahn, ein abwechslungsreicher Wanderweg sowie ein rassiger Klettersteig zur Verfügung. Von oben ist die Aussicht auf Füssen, Säuling und Forggensee grandios.«

🇩🇪 OSTALLGÄU

Füssener Wahrzeichen: Das ehemalige Kloster St. Mang liegt direkt am Lech.

»Ammergauer Matterhorn«: der Geiselstein (1884 m)

schwendungssucht nach wie vor als Segen: Ende des 19. Jh. brachte der Schlösserbau Brot und Arbeit, heute sichert er den Tourismus. Und die Königinmutter, die preußische Prinzessin Marie, war eine der ersten Bergsteigerinnen. Um 1850 war dies keine schickliche Beschäftigung für eine Frau, aber als Königin konnte sie sich Exzentrik leisten. Die königlichen Sommerfrischler hinterließen neben den Schlössern auch Jagdhäuser, Reitwege, Bergpfade, Straßen und die Eisenbahn. Ungewollt schufen sie so die Grundlage für die touristische Erschließung.

Oasen abseits des Trubels

Noch immer ist die Landschaft schön wie zu königlichen Zeiten – viel zu schade, um sie während eines Tagesausflugs mit eiliger Schlossführung nur kurz zu streifen. Abseits der Großparkplätze könnte der die Einsamkeit liebende König auch heute noch zauberhafte und zumindest wochentags ruhige Flecken entdecken. Etwa den geheimnisvollen, tiefgrünen Alatsee am Ende des Faulenbacher Tales. Im Frühjahr leuchtet hier das Blau der Leberblümchen, im Frühsommer das Violett des Knabenkrauts. Sogar rund um Schwansee und Alpsee sind Spaziergänger oft allein, weil sich nur wenige Schlossbesucher ein paar Schritte ins Abseits wagen. Wanderern und Naturfreunden kann das nur recht sein. Wer vom Rummel nichts wissen will, findet in Buching, Halblech und Trauchgau ländliche Ruhe. Und ein ausgedehntes Wandergebiet, das von den Halblechauen bis ins Kenzengebiet mitten im Naturschutzgebiet Ammergauer Berge reicht. Naturerlebnis wird hier groß geschrieben, sogar der Bürgermeister ist geprüfter Natur- und Landschaftsführer. Erwandert werden können nicht nur Berggipfel, sondern auch weitere kulturelle Juwele der Region: Eine lange, aber sehr schöne Route führt über die Kenzenhütte zum Königsschloss nach Linderhof, eine andere, gemütlichere, zur berühmten Wieskirche. Der breite Felsrücken der Hochplatte ist ein alpines Bergziel bei Halblech, der elegante Geiselstein – das »Ammergauer Matterhorn« – lockt die Kletterer.

Die Füssener Seenplatte ist ideal für Spaziergänge, für Nordic Walking, Inlineskate- und Radtouren –

Wanderkarten

Karte des **Bayerischen Landesvermessungsamtes**, UK L10, Füssen und Umgebung, 1:50000

EVENTS

- Mai: Fronleichnamsprozession St. Coloman, Schwangau
- Juli/August: Fürstensaalkonzerte, Füssen
- August: Schwangauer Töpfermarkt
- September: Schlosskonzerte, Neuschwanstein

Kunstgenuss im Sängersaal, Neuschwanstein

- Buchinger Herbstfest mit Viehmarkt
- Oktober: Colomansritt, Schwangau

Fun & Family ☀☀☀☀

Museum der Stadt Füssen Kloster St. Mang	Ältester Totentanz Bayerns, herrliche Barockräume, Sammlung historischer Geigen und Lauten; Tel. 0 83 62/90 31 46; www.fuessen.de
Zeitschienen – Eisenbahnen und Autos im Modell Füssen	Dauerausstellung historischer Modelle, große Modelleisenbahn-Schauanlage, Dokumentationen regionaler Eisenbahnereignisse; Tel. 0 83 62/92 96 78; www.zeitschienen.de
Märchenstube Schwangau	Märchen und Literatur, Kinderprogramm mit Märchenfee; im Sommer Mi–So 15–17 Uhr; Tel. 0 83 62/8 19 80
Walderlebniszentrum, Füssen Ziegelwies	Lehrpfade durch Berg- und Auwald, Führungen, Ausstellungen, auch Veranstaltungen für Kinder; Tel. 0 83 62/92 39 99; www.wez-ziegelwies.de
Rent a Camel Seeg	Der derzeit allerletzte Schrei sind Kamel-Wanderritte im Königswinkel; Tel. 0 83 64/3 39; www.rent-a-camel.de

TOP TIPP Trotz Massenandrang – die **Königsschlösser** ❸ sind ein Muss. Bayernkönig Maximilian II. baute die Ruine Hohenschwangau wieder auf, Ludwig II. verwirklichte mit Neuschwanstein seinen Traum. Verblüffend ist das Nebeneinander von mittelalterlicher Sagenromantik und damals modernster Technik. Fantastisch sind in Schloss Neuschwanstein vor allem der Thronsaal, der Sängersaal und das reich geschnitzte Bett. Tickets nur beim Ticketservice Hohenschwangau, Tel. 0 83 62/93 08 30; www.ticket-center-hohenschwangau.de

Adressen & Bergbahnen

Landesvorwahl 00 49

Urlaubsregion	Tourismusverband **Ostallgäu**, Tel. 0 83 42/91 13 13; E-Mail: tourismus@ostallgaeu.de; www.ostallgaeu.de	
Füssen (808 m)	Tourist Information Füssen, Tel. 0 83 62/9 38 50; E-Mail: tourismus@fuessen.de; www.fuessen.de	
Halblech (825 m)	Halblech Gästeinformation Halblech – Buching – Trauchgau, Tel. 0 83 68/ 2 85 E-Mail: tourismus-halblech@t-online.de; www.halblech.de	
Schwangau (796 m)	Tourist Information Schwangau, Tel. 0 83 62/8 19 80; E-Mail: info@schwangau.de; www.schwangau.de	
Weitere Orte	**Rieden** www.rieden.de • **Roßhaupten** www.rosshaupten.de	
Entfernungen	Hamburg 804 km; Berlin 731 km; Köln 591 km; Frankfurt a. M. 421 km; Stuttgart 216 km; München 130 km	

❶ Buching — Buchenbergbahn Berg/Tal 7,50 €
❷ Schwangau — Tegelbergbahn Berg/Tal 15 €

Siehe auch Preisteil S. 634

TOP TIPP: Königliche Kristall-Therme Schwangau ❹

Märchenhafte Therme, die mit 15 Tonnen Edel- und Halbedelsteinen verziert ist. Die Steine wurden nach der Heilslehre der Hildegard von Bingen angeordnet. Natursole-Heilwasser-Becken mit verschiedenen Salzgehalten. Mit Strömungskanal, Whirlpools, Unterwasser-Massageliegen, stimmungsvollen Saunawelten, osmanischem Hamam, Edelstein-Meditationsgrotte, Kristall-Wellness-Center (Tel. 0 83 62/9 30 89 30). Von jedem Becken aus ist Schloss Neuschwanstein zu sehen. Im Freibereich zwei große Becken, Rutsche, Kleinkinderbereich, Spielplatz und Liegewiese. Tel. 0 83 62/81 96 30; www.kristallbaeder.de

und ein Dorado für Wassersportler. Der größte der Seen, der Forggensee, wurde 1954 aufgestaut. Der Weiler Forggen versank in den Fluten des Lechs, entstanden ist ein 12 km langer und fast 17 km² großer See. An seinem Ufer steht das eigens für das Musical »Ludwig II.« errichtete Theater, in dem ab 2005 ein neues Stück gezeigt werden soll.

Kultur beschränkt sich im Ostallgäu aber nicht allein auf Märchenkönig und Königsschlösser. Schon seit Urzeiten war die Region besiedelt. Im heutigen Kurort Füssen badeten einst komfortgewohnte Römer in einer Therme. Später, im 8. Jh., kam der heilige Magnus von St. Gallen, um die Region zu missionieren. Der »Apostel des Allgäus« gründete das Kloster St. Mang, das im Barock prächtig neu aufgebaut wurde und zusammen mit dem imposant über dem Lech thronenden Hohen Schloss das Wahrzeichen von Füssen ist. Eine besondere Kostbarkeit des »Museums der Stadt Füssen«, das im Hohen Schloss untergebracht ist, ist Jakob Hiebelers eindrucksvolle Darstellung des Totentanzes in der Annakapelle.

Ein weiteres kulturelles Kleinod der Region ist die Kirche St. Coloman, die malerisch in einer Wiese bei Schwangau liegt. Unzählige Paare kommen zum Teil von weit her, um in diesem Gotteshaus getraut zu werden. Auch wenn sie nicht wie einst König Maximilian II. die Flitterwochen im Schloss Hohenschwangau verbringen können, so werden sie doch eines mit Prinzessin Marie teilen: die Begeisterung für die Schönheit dieser königlichen Region zwischen idyllischen Seen und majestätischer Bergwelt.

Hotelempfehlungen

Füssen S. 656
Schwangau S. 662

Straßenatlas S. 764

PFRONTEN UND NESSELWANG
ALLGÄU

ACTION & SPORT

WANDERN & BERGTOUREN

FUN & FAMILY

WELLNESS & GENUSS

Wallfahrtskirche Maria Trost
Nicht nur für Kunstinteressierte lohnt sich in Nesselwang ein Besuch der herrlich gelegenen barocken Wallfahrtskirche von 1704 mit ihrem berühmten Gnadenbild. Das Muttergottesgemälde wird schon seit Jahrhunderten von Marienwallfahrern verehrt. Zu erreichen entweder von Nesselwang aus über die Mautstraße oder zu Fuß über den schönen Kreuzweg (Zeit: ca. 1 Std.).

TOP TIPP — Nordic Walking ①
In Nesselwang gibt es den »1. Nordic.Fitness.Park« des Allgäus: fünf vom Deutschen Nordic-Walking-Verband speziell ausgewiesene Touren verschiedener Schwierigkeitsgrade. Außerdem Nordic-Walking-Treffs, Vollmond-Touren, Einsteigerkurse. Anmeldung zu den Kursen unbedingt erforderlich, Tel. 0 83 61/ 92 30 40; www.nesselwang.de; Verleih von Stöcken: Sport Manhard, Tel. 0 83 63/71 82; Kurse in Pfronten: Allgäu Nordic Walking, Martina Mayr; Tel. 0 83 63/7 15

ADAC der perfekte Urlaubstag
- **9.30 Uhr:** Leichte, abwechslungsreiche Wanderung von Nesselwang über Wasserfallweg und Nesselburg zur Wallfahrtskirche Maria Trost, zurück über den Kreuzweg
- **13.30 Uhr:** Fahrt nach Pfronten, Entspannen und Kneippen im Kurpark
- **16 Uhr:** Fahrt zum Parkplatz Falkenstein, Wanderung zur höchstgelegenen Burgruine Deutschlands mit Fernblick bei klarem Wetter
- **18.30 Uhr:** Abendessen im Burghotel auf dem Falkenstein (Tel. 0 83 63/91 45 40)

Pfronten liegt in einem ebenen Talboden, zu Füßen der Allgäuer Alpen.

Wandern und Wellness zwischen Arnika und Baldrian

Sanfte Hügel und schroffe Felsen, romantische Wasserfälle und geheimnisvolle Burgruinen bestimmen das Bild am Eingangstor zum Hochgebirge der Ostallgäuer und Tiroler Bergwelt. Hier wollte Bayernkönig Ludwig II. seinen letzten Traum verwirklichen. Doch dazu kam es nicht mehr. Ein Märchenschloss kann die Region deshalb nicht bieten, dafür aber traumhafte Voraussetzungen, um einen Urlaub lang die Seele baumeln zu lassen und den Körper auf Trab zu bringen.

Zweifellos, für seine Märchenschlösser wählte Ludwig II. die schönsten Orte am bayerischen Alpenrand. Einer davon war der Falkenstein bei Pfronten, auf dem bereits die Ruine einer im 13. Jh. erbauten Burg stand. Ein fantastisches Schloss im gotischen Stil sollte auf dem kühnen Felsen entstehen – doch gebaut wurden nur die Wasserleitung und der Fahrweg. Nach dem Tod Ludwigs wurden angesichts der leeren Staatskassen alle Bauarbeiten eingestellt. Statt des Traumschlosses ragen so auch heute noch die mittelalterlichen Mauern der höchstgelegenen Ruine Deutschlands in den Himmel.

Fantastisch ist der Platz dort oben, ebenso wie der schmale Felspfad, der von der Ruine Falkenstein über den Zirmgrat zur Saloberalpe führt. Tief unter der fast senkrecht abfallenden Wand liegt die Ruine Vilseck im Tiroler Vilstal; im hügeligen und seenreichen Voralpenland grüßen die eindrucksvollen Mauern der Zwillingsburgen Eisenberg und Hohenfreyberg; im Wald an der Alpspitze versteckt sich die Ruine der Nesselburg – lohnende Wanderziele für Burgenromantiker. Ideale Gebiete für Familientouren, bei denen Bergbahnen den Aufstieg erleichtern, sind die Alpspitze mit der Sommerrodelbahn und der Edelsberg bei Nesselwang sowie der Breitenberg bei Pfronten mit einem großen Abenteuerspielplatz an der Talstation. Dahinter ragen die schroffen Felsgipfel des Aggensteins und der Tannheimer Berge auf. Eine anspruchsvolle, sehr lehrreiche Tour für geübte, trittsichere Wanderer ist der Geopfad: Er führt von der Bergstation der Breitenbergbahn über Aggenstein, Bad Kissin-

Adressen & Bergbahnen — Landesvorwahl 00 49

Nesselwang (867 m)	Tourist-Information Nesselwang; Tel. 0 83 61/92 30 40; E-Mail: info@nesselwang.de; www.nesselwang.de	① Nesselwang Alpspitzbahn Berg/Tal 10 €
Pfronten (853 m)	Pfronten Tourismus; Tel. 0 83 63/6 98 88; E-Mail: info@pfronten.de; www.pfronten.de	② Pfronten Breitenbergbahn Berg/Tal 15 €
Entfernungen	Hamburg 794 km; Berlin 722 km; Köln 581 km; Frankfurt a. M. 411 km; Stuttgart 206 km; München 132 km	③ Pfronten Hochalpbahn Berg/Tal 15 €

Siehe auch Preisteil S. 634

Wellness & Genuss

TOP TIPP — **Pfrontener Bergwiesen-Heukur** ❷ Ein altes Hausmittel der Bergbäuerinnen waren feuchtwarme Wickel aus Heublumen. Die Pfrontener haben die Methoden verfeinert und daraus eine Naturtherapie gemacht, mit der man sich bei den örtlichen Anbietern verwöhnen lassen kann. Das Heu wird in Naturleinenlaken gefüllt und in einem eigens dafür konzipierten Dampfofen erwärmt. Die Patienten werden nun in die Laken gehüllt und können die Wärme und den wohltuenden Duft von Ruchgras, Schafgarbe, Johanniskraut, Arnika, Thymian und vielen weiteren Kräutern genießen. Die Pfrontener Bergwiesen-Heukur wird ergänzt durch einen abgestimmten Speiseplan, Massagen, Güsse, Bäder und Bewegungstherapie. Hilft unter anderem bei Durchblutungsstörungen, Schlaflosigkeit, Störungen des Bewegungsapparats und des Magen-Darm-Trakts sowie bei Erschöpfung und Frauenleiden. Heu-Kurverband e.V.; Tel. 0 83 63/91 13 65 oder 13 07

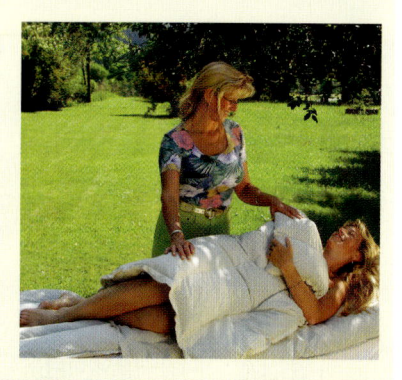

Alpengarten Pfronten-Steinach	Liebevoll angelegter Park mit über 450 verschiedenen Pflanzen an der Steinacher Ach. Mit Ruhepunkten und Kneippanlagen; Wassertreten und Entspannen zwischen Enzian und Edelweiß, Spinnwebhauswurz und Himmelsleiter. Interessant ist auch der Gesteinsgarten. Immer zugänglich, kein Eintritt, Führungen auf Anfrage. Tel. 0 83 63/6 98 88; www.pfronten.de
ABC-Alpspitz-Bade-Center Nesselwang	Wasserlandschaften im Innen- und Außenbereich, Naturbadesee, Sprudelliegen, Strömungskanal. Stadelsauna, Blockhaussauna, finnische Sauna, Ruhehaus, Saunagarten. Im Erlebnisbereich Reifenrutsche und Wildwasserkanal, Kinderbereich mit Piratenschiff, Babymulde. Tel. 0 83 61/92 16 20; www.abc-nesselwang.de
Alpenbad Pfronten	Hallen- und Freibad mit Traumaussicht. Sauna- und Fitnessbereich, Felsenrutsche und Felsengrotte, Eltern-Kind-Bereich, Heißwasserbecken im Freien, 73-m-Großwasserrutsche, Beachvolleyball. Tel. 0 83 63/85 85; www.pfronten.de

ger Hütte, Sebenalp und Vilseralm bis nach Vils in Tirol. An seinen Stationen werden Entstehung und Geologie der Region erklärt; ausführliche Begleithefte liegen in der Bad Kissinger Hütte, an der Breitenbergbahn und im Haus des Gastes in Pfronten bereit.

Bei nahezu allen Touren ist man vom Frühjahr bis zum Herbst umhüllt vom Duft der blühenden Bergwiesen. Arnika, Bergbaldrian, Enzian, Frauenmantel und weitere 80 verschiedene Blumen und Kräuter gedeihen hier. Man sollte sich Zeit nehmen, um die gesunde, würzige Luft tief einzuatmen – vor allem dann, wenn die Wiesen frisch gemäht sind und die Gräser in der Sonne trocknen. Im Allgäu ist die wohltuende Kraft des Heus schon lange bekannt: Holzknechte schliefen im Heu und wurden so vom Muskelkater geheilt. Wer über Gliederschmerzen klagte, bekam von der Bergbäuerin einen Heuwickel verpasst. Aus diesen alten Hausmitteln wurde die »Pfrontener Bergwiesen-Heukur« entwickelt. Sie kombiniert Kräuterkraft und Wärme, die angenehmen Folgen sind wohlige Entspannung und die Linderung einer ganzen Reihe von Beschwerden.

Und damit nicht genug: Das Heu der ungedüngten, nicht beweideten Bergwiesen wird auch für wohlschmeckende Spezialitäten verwendet: Köstlichkeiten sind das Heusüppchen, Schinken oder Forelle im Heumantel, in Heu gegarter Lammbraten – und zur Verdauung gibt's dann hinterher ein Heuschnäpsle.

Sportliche Nordic-Walking-Runden im Nesselwanger Nordic-Fitness-Park, abwechslungsreiche Radtouren und erfrischendes Badevergnügen runden das Gesundheits- und Wohlfühlprogramm ab. Ebenso wie ein Abendspaziergang hinauf zur Ruine Falkenstein. Wer dort oben in aller Stille den Sonnenuntergang erlebt, wird vielleicht sogar ganz froh darüber sein, dass es damals nichts wurde mit dem Traumschloss König Ludwigs hoch über Pfronten.

Hütten

Ostlerhütte (1838 m)
In Panoramalage thront die Hütte auf dem Felskamm des Breitenberges. Über den breiten Berghang ist sie leicht zu erreichen. Zeit: von Pfronten ca. 3 Std.; mit Breitenbergbahn ❷ und Sessellift ❸ 30 Min.; Tel. 0 83 63/4 24

Kappeler Alp (1340 m)
Bei schönem Wetter genießt man hier eine Traumaussicht bis zur Zugspitze. Die Hütte ist bequem von der Bergstation der Alpspitzbahn ❶ (1461 m) in ca. 20 Min. zu erwandern oder von Pfronten-Kappel (886 m) aus steil bergauf in ca. 1 Std.; kein Telefon

Hotelempfehlungen

Nesselwang S. 659
Pfronten S. 660

Wanderkarten

Karte des **Bayerischen Landesvermessungsamtes**, UK L17, Kempten und Umgebung; UK L10, Füssen und Umgebung, 1:50 000

Straßenatlas S. 763

OBERAMMERGAU
OBERBAYERN

Bunte Pracht: In Oberammergau sind die Passionsspiele stets präsent.

ACTION & SPORT
WANDERN & BERGTOUREN
FUN & FAMILY
WELLNESS & GENUSS

ADAC der perfekte Urlaubstag

- **9 Uhr:** mit der Laberbergbahn ❸ zum Laberjoch; Bergtour über das Ettaler Manndl zum Kloster Ettal
- **12 Uhr:** Besuch des Klosters und des Brauereimuseums
- **14 Uhr:** mit dem Bus nach Linderhof, Besichtigung des Schlosses und der Grotte
- **17.30 Uhr:** Rückfahrt mit dem Bus nach Oberammergau
- **19 Uhr:** Entspannen im Erlebnisbad WellenBerg

Urlaub zwischen Königsschloss und Klosterlikör

Kultur- und Naturerlebnis gehen in der Region Oberammergau eine grandiose Symbiose ein. Die Stadt der Passionsspiele, Schloss Linderhof und Kloster Ettal sind nicht nur Touristenattraktionen, sondern auch Ausgangsorte für reizvolle Wanderungen und erlebnisreiche Mountainbike-Touren. Während der südliche Teil für versierte Bergwanderer und Familien einiges bietet, kann man sich im Norden in den Moorbädern der Kurorte Bad Bayersoien und Bad Kohlgrub erholen.

»In der Ferne, am Ende des Tals, ragt die Kirche zu Ettal empor aus dem dunklen Tannengrün«, schrieb 1865 König Ludwig II. an seinen Freund Richard Wagner. Der bayerische Monarch meinte damit das Graswangtal, durch das die Ammer fließt. Die Ammerquellen sprudeln aus den Berghängen neben der Straße zwischen Ettal und Graswang: Südlich befinden sich die Großen Ammerquellen, nördlich, beim Rahmbauern, die Kleinen Ammerquellen. Majestätisch säumen die Höhenzüge der Ammergauer Alpen die Ufer des Flusses. Die Täler mit den weit verzweigten Bächen, den glasklaren Ammerquellen, den dunklen Wäldern und den teils schroffen Felsen machen diese unter Naturschutz stehende Region so reizvoll. Auch wenn die Ammergauer Alpen im Vergleich zum benachbarten Wettersteingebirge nur weniger spektakulär erscheinen, finden sich hier viele lohnende Gipfeltouren und einsame Wanderwege.

Kein Wunder, dass sich König Ludwig westlich von Graswang, nur wenige Kilometer von Kloster Ettal entfernt, eines seiner Märchenschlösser bauen ließ. Das Rokoko-Schlösschen Linderhof mit seinem wundervollen Park zählt neben Neuschwanstein zu den meistbesuchten Ausflugszielen in Bayern. Es ist aber auch Ausgangspunkt für Bergwanderungen zum Höhenzug nördlich des Graswangtales. Dieser führt vom Teufelskopf und dem Dreisäulerkopf über den Brunnenkopf, die Kleine und Große Klammspitze weiter zum Grubenkopf. Das urige Brunnenkopfhaus bietet sich als ideale Übernachtungsmöglichkeit an.

Zum Biermuseum ins Kloster

Vom Schloss Linderhof führt ein malerischer Weg durch die parkartige Landschaft des Naturschutzgebietes zum Kloster Ettal: Über den Kohlbachweg geht es nach Graswang, einem idyllischen, kleinen Dörfchen. Der Weg wechselt nun auf die südliche Seite des Tals und führt an den Großen Ammerquellen vorbei zum Benediktenhof und weiter nach Ettal (ca. 4 Std.) zur 1330 gegründeten Benediktinerabtei. Umgeben von Wiesen und Wäldern, wird das gewaltige Bauwerk von einer mächtigen Kuppel überragt. Ettal zählt mit seiner herrlichen Basilika zu den schönsten Zeugnissen des bayerischen Barock und beherbergt mit dem Gnadenbild – einer marmornen Madonna aus dem Mittelalter – einen kostbaren Kunstschatz.

Zum Klosterbesuch gehört ein Abstecher ins Biermuseum und in die Destillerie, wo der berühmte

Eines der schönsten Zeugnisse bayerischen Barocks: Kloster Ettal

Wandern & Bergtouren

TOP TIPP Eine abwechslungsreiche, anspruchsvolle Bergtour führt vom Kloster Ettal (877 m) aufs **Ettaler Manndl** (1633 m) ❶. Ein gemütlicher Wanderweg verläuft nach Nordosten in den Tiefentalgraben. Vorbei an der Tiefental-Diensthütte schlängelt sich der Pfad in engen Kehren durch den Wald bis zu den Felswänden, durch die ein gesicherter Steig führt. Der Anstieg zu dem markanten Doppelgipfel erfordert Trittsicherheit; wer nicht schwindelfrei ist, sollte auf jeden Fall unten bleiben. Für den Rückweg bietet sich die Route über den romantisch gelegenen Soilsee (1398 m) hinunter nach Oberammergau an. Ein Bus bringt den Wanderer wieder zurück zum Kloster Ettal. Zeit: ca. 4 Std.; Einkehr: keine

Kofel (1342 m) Kurze Bergtour mit einem gut gesicherten Steig	Ausgangspunkt: Parkplatz Jugendherberge Oberammergau (837 m); Fußweg zum Friedhof, dort auf dem Grottenweg Richtung Süden – vorbei an der Mariengrotte zur Lichtung vor dem Dottenbühl – rechts über die Wiese in den Wald – dem kurvenreichen Pfad bis zum Gipfelfelsen folgen – über gesicherten Steig die letzten Meter zum Gipfel – Abstieg unterhalb des Brunnenbergs durch den Wald zur Kolbenalm (1042 m); Zeit: ca. 3 Std.; Einkehr: Kolbenalm
Oberammergau – Graswang – Linderhof Schöne, leichte Wanderung durchs blumenreiche Tal	Ausgangspunkt: Bahnhof Oberammergau; Arme-Seelen-Straße ins Naturschutzgebiet Weidmoos – Waldweg durch den Dickenwald – vorbei an den Rahmbauernhöfen durch das Graswangtal – weiter ins Kohlbachtal – dort weiter zum Schloss Linderhof; Rückfahrt mit dem Bus; Zeit: ca. 4 Std.; Einkehr: Gasthöfe in Oberammergau, Graswang und Linderhof
Teufelstättkopf (1758 m) Abwechslungsreiche Höhenwanderung von Gipfel zu Gipfel	Ausgangspunkt: Schloss Linderhof (943 m); dem E4 folgend zum August-Schuster-Haus (1564 m) – markierter Steig zum Teufelstättkopf – Weiterweg auf der Nordseite des Gipfelkamms zum Laubeck (1758 m) – Übergang zum Hennenkopf (1768 m) – unter dem Dreisäuler Kopf (1629 m) vorbei zum Brunnenkopfhaus (1602 m) – auf dem bequemen Wanderweg zurück nach Linderhof; Zeit: ca. 6–7 Std.; Einkehr: August-Schuster-Haus, Brunnenkopfhaus
Klammspitze (1924 m) Längere Bergtour mit Panoramablick für anspruchsvollere Wanderer	Ausgangspunkt: Linderhof (943 m); auf markiertem Weg zum Brunnenkopfhaus (1602 m) – auf schmalem Pfad zum Südgrat der Großen Klammspitze (1924 m) – in leichtem Felsgelände zum Gipfel – teils ausgesetzter Übergang (kurze Stellen mit Drahtseil gesichert) zum Feigenkopf (1867 m) – Abstieg zum Bäckenalmsattel (1536 m) – durch das Sägertal zurück; Trittsicherheit und Schwindelfreiheit im Felsgelände erforderlich; Zeit: ca. 6–7 Std.; Einkehr: Brunnenkopfhaus

Ettaler Klosterlikör gebrannt wird. Aber nicht nur für Kunst-, Bier- und Schnapsliebhaber lohnt sich der Weg. In der Umgebung des Klosters locken auch herrliche Berg- und Klettertouren wie zum Beispiel auf das nördlich gelegene Ettaler Manndl oder zur Notkarspitze im Süden. Der Hauptverkehrsweg führt Richtung Westen, über den Ettaler Sattel hinunter ins Loisachtal und ins Werdenfelser Land. In der Gegenrichtung macht die Straße – genau wie die Ammer – eine Wendung nach Norden, nach Oberammergau. Die oberbayerische Bilderbuchstadt wurde vor allem durch die Passionsfestspiele bekannt. Rund eine halbe Million Besucher kommen in die Region, wenn dem Gelübde entsprechend alle zehn Jahre – das nächste Mal im Jahr 2010 – Aufführungen stattfinden. Als 1632 in der Region die Pest ausbrach, gelobten die Bewohner, alle zehn Jahre die Passionsspiele aufzuführen. Über den Gräbern der Pesttoten wurde die erste Bühne errichtet, heute steht dort ein großes Theater. Noch immer ist bei den rund 100 Aufführungen nahezu der ganze Ort beteiligt, mehr als 2000 Oberammergauer Bürgerinnen und Bürger sind aktiv dabei.

Aber auch außerhalb der Spielzeit sind Ober- und Unterammergau ein lohnenswertes Reiseziel – besonders für Familien. Von den berühmten hei-

Symmetrische Schönheit: Schloss Linderhof mit seinem sehenswerten Park

Hütten

August-Schuster-Haus (1564 m)
Die Hütte liegt fast auf dem Gipfel des Pürschlings (1566 m). Herrlicher Panoramablick von der Aussichtsterrasse auf Schloss Linderhof, die Zugspitze und die Ammergauer Alpen. Die gemütliche Gaststube lädt ein zu zünftigen Hüttenabenden. Schnellster Zustieg über schönen, leichten Wanderweg von Unterammergau (836 m) in ca. 2 Std.; Tel. 0 88 22/35 67

Berggasthof Kolbenalm (1040 m)
Der urige Wirt Lorenz Gröbmöller hat erst vor kurzem die Alm im Ammertal komplett umgebaut und erweitert. Nach einem langen Wandertag entspannt man in der gemütlichen Stube bei einem deftigen Holzfällersteak und Live-Musik; Zustieg von Oberammergau in ca. 20 Min.; Tel. 0 88 22/63 64

Kolbensattelhütte (1270 m)
Die urige Hütte liegt malerisch im Kolbensattel. Legendärer Kaiserschmarrn, frische Buttermilch und viele weitere Köstlichkeiten schmecken auf der Sonnenterrasse am besten. Das handgeschnitzte weiße Schaukelpferd ist das Maskottchen der Hütte und von Kindern heiß geliebt; direkt an der Bergstation der Kolbenbahn ❷ gelegen; Tel. 0 88 22/12 22

Laberhaus (1686 m)
Direkt an der Bergstation der Laberbergbahn ❸ liegt das Laberhaus. Herrlicher Blick von der Terrasse über die oberbayerischen Seen bis zum Estergebirge. In der Stube sind die Plätze an den großen Panorama-Fenstern begehrt. Das Haus ist ein guter Ausgangspunkt für Wanderungen zum Ettaler Manndl; Tel. 0 88 22/42 80

Brunnenkopfhaus (1602 m)
Familie Mannhofer führt die urige Hütte, die am Europäischen Fernwanderweg liegt. Ausgangspunkt ist Schloss Linderhof (943 m); Zustieg in ca. 1,5 Std.; Tel. 0 88 21/ 8 24 89

OBERAMMERGAU

Wellness & Genuss

TOP TIPP Im edlen und geschmackvollen Ambiente des **Johannesbades** ❷ in Bad Kohlgrub kann man zwischen verschiedenen Angeboten wählen: So gibt es z. B. eine Blütengrotte, die Atemwegsbeschwerden lindern hilft, oder das Römische Bad mit Laconium und Tepidarium – ein sanftes Schwitzbad, das schon die römischen Patrizier genossen. Im Kräuterbadl atmet man die aromatische Luft frischer Bergkräuter ein. Und zur Abkühlung taucht man in Eiskristalle oder stellt sich unter die prickelnde Aromadusche. Moorpackungen und Massagen runden das Gesundheitsprogramm ab; Tel. 0 88 45/8 40; www.johannesbad-schober.de

Heubäder in der ganzen Region	Ein Markenzeichen der Ammergauer Alpen ist das duftende, kräuterreiche Wiesmahdheu. Die auf den Bergwiesen wachsenden Pflanzen – Arnika, Knabenkraut, Prachtnelken, Fingerkraut und Katzenpfötchen – werden gemäht, getrocknet und für Heubäder oder -kissen verwendet. Die heilenden Stoffe wirken am besten im Bad, entspannen und lindern Schmerzen. Anwendungen in Kurmittelhäusern sowie Wellness- und Kurhotels der Region
Parkhotel Bad Bayersoien	Wellness-Center mit Kristallsauna, Amethyst-Dampfgrotte, Barfußparcours und orientalischer Kuschelecke mit Teebar, Heubädern; verschiedene Anwendungen vom Avocado-Sahne- oder Molkebad bis zu Milch-Honig-Softpacks und Peelings; Tel. 0 88 45/1 20; www.parkhotel-bayersoien.de
Kurmittelhaus Bad Bayersoien	Wer Venenleiden und Gelenkentzündungen heilen will, kann hier ein Moorbad in der Holzwanne nehmen oder sich auf einer Spezialliege eine Naturmoorpackung geben lassen. Außerdem im Angebot: Kräuter- und Sauerstoffbäder; Tel. 0 88 45/87 00
Kurbad am Moosanger Bad Bayersoien	Gehobenes Kurhotel mit großem Wellness- und Beautybereich. Verschiedenste Moorbehandlungen und Heubäder; Highlight: ein Cleopatra-Bad mit Nachtkerzenöl; Tel. 0 88 45/93 10
Salzgrotte im Kur-Apart-Hotel St. Georg Bad Bayersoien	Auch wer nicht im Hotel wohnt, kann die künstliche Salzgrotte im Haus besuchen. Die bakterienlose feuchte Luft ist mit Mineralien und Spurenelementen wie Jod, Kalzium und Selen angereichert. Die Totes-Meer-Salztherapie hilft bei Erkrankungen der Luftwege und der Haut; Tel. 0 88 45/7 43 00

Klettergarten Frauenwasserl
Oberammergau
Die Kletterwand hat in ihren drei Sektionen insgesamt 22 Routen mit dem Schwierigkeitsgrad 4+ bis 7, die bis 33 m lang sind. Der sonnige Felsen eignet sich für Einsteiger und Fortgeschrittene, die gern Mehrseillängen gehen. Auf der B 2 nach Ettal links Richtung Linderhof, nach 1,5 km rechts, 1 km zum Parkplatz.

Paragliding Oberammergau
Die Wiese neben der Bergstation Laber ❸ ist ein Geheimtipp für Drachenflieger und Paraglider. Die Thermik erlaubt teilweise Flüge bis über eine Stunde. Wer es mal ausprobieren möchte, kann auch einen Tandemflug mit dem Gleitschirm buchen. Info: Stefan Muth; Tel. 0 88 24/9 41 52; www.air-glide.de

Wildwassersport Saulgrub
Für alle Wildwasserfans ist die 11,7 km lange Strecke auf der Ammer vom Kammerl zur Rottenbucher Brücke genau das Richtige; Schwierigkeitsgrad WW II–III. Schwierigste Stelle der Ammer: abwärts durch die Felsenge und den Wirbel »Scheibum«. Befahrvorschriften bei der Tourist-Info Saulgrub.

Schloss Linderhof
So mythen- und märchenhaft wie König Ludwig selbst zeigt sich auch das prunkvolle kleine Schlösschen, in dem er viel Zeit verbrachte. In dem 50 ha großen Park mit Parterre-Gärten, Brunnen, Wasserkaskaden und einem maurischen Teehaus lohnt sich auch der Besuch der Venusgrotte. Sie ist einem Bühnenbild der Oper »Tannhäuser« nachempfunden. Dort ließ sich der König über den künstlichen kleinen See rudern und genoss die Werke von Wagner bei bunten Lichteffekten; Tel. 0 88 22/92 03 49; www.linderhof.de

---

mischen Holzschnitzern gefertigte Kruzifixe und Figuren stehen in den Schaufenstern, der Zwiebelturm der Pfarrkirche St. Peter und Paul ragt in den – wenn man Glück hat – weiß-blauen Himmel. Herrliche Lüftlmalereien schmücken die Häuserfassaden, Blumenkästen mit üppig blühenden Geranien zieren die Balkone. Das breite Tal lockt mit leichten Fahrradtouren und einfachen, aber schönen Bergwanderungen.

Im benachbarten Unterammergau gehört die Schleifmühlklamm unterhalb des Pürschlings mit ihrem Lehrpfad, dem Wildbach und den imposanten Wasserfällen zu den reizvollsten Spaziergängen. Östlich von Oberammergau ragt die Spitze des Laber in den Himmel, westlich führt die Kolbensesselbahn zur Kolbensattelhütte in ein nettes Familienwandergebiet in der Region des Pürschlings. Von Oberammergau führt der Altenau-Talweg, ein herr-

Adressen & Bergbahnen — Landesvorwahl 00 49

Bad Bayersoien (811 m)	Kur- und Touristikinformation Bad Bayersoien; Tel. 0 88 45/7 03 06 20; E-Mail: info@bad-bayersoien.de; www.bad-bayersoien.de	❶ Bad Kohlgrub Vorderes Hörnle Berg/Tal 11 €
Bad Kohlgrub (828 m)	Kur- und Tourist-Information Bad Kohlgrub; Tel. 0 88 45/7 42 20; E-Mail: bad.kohlgrub@gaponline.de; www.bad-kohlgrub.de	❷ Oberammergau Kolbensesselbahn Berg/Tal 7 €
Ettal (877 m) und **Graswang** (866 m)	Tourismus-Information Ettal; Tel. 0 88 22/35 34; E-Mail: info@ettal.de; www.ettal.de	❸ Oberammergau Laberbergbahn Berg/Tal 12,50 €
Oberammergau (837 m)	Touristinformation Oberammergau; Tel. 0 88 22/9 23 10; E-Mail: info@oberammergau.de; www.oberammergau.de	
Weitere Orte	Unterammergau www.unterammergau.de • Saulgrub	
Entfernungen	Hamburg 863 km; Berlin 675 km; Köln 629 km; Frankfurt a. M. 481 km; Stuttgart 254 km; München 89 km	

Siehe auch Preisteil S. 634

Fun & Family

Erlebnisbad WellenBerg Oberammergau	Spaßbad mit Wellenbecken, Sauna und Dampfbad, Riesenrutschen, Erlebnispools und großer Kinderwelt; Tel. 0 88 22/9 23 60; www.wellenberg-oberammergau.de
Sommerrodelbahn im Spiel- und Freizeitpark Steckenberg, Unterammergau	650 m lange Bahn mit modernen Gleitschlitten; Speziallift zieht Bobs und Besatzung nach oben; 9 Steilkurven, 3 Tunnels; Tel. 0 88 22/40 27; www.steckenberg.de
Kloster Ettal Ettal	Berühmtes Barockkloster mit Basilika, Brauereimuseum und Klosterbrennerei; Tel. 0 88 22/7 40; www.ettal.de
Reptilienhaus Oberammergau	Mehr als 100 Tiere wie seltene Giftschlangen, Frösche, Lurche, Boas und Vogelspinnen können in den Terrarien bestaunt werden; Tel. 0 88 22/14 77; www.reptilien-haus.de
Kraftwerk Kammerl Saulgrub	Das älteste Bahnkraftwerk für Einphasenwechselstrom wurde 1897 erbaut und kann nach vorheriger Anmeldung besichtigt werden. Tourist-Info Saulgrub; Tel. 0 88 45/10 66

TOP TIPP Schon allein die Lüftlmalerei auf der Fassade des Pilatushauses in Oberammergau ist sehenswert. Im Haus selbst können Besucher in der »**Lebenden Werkstatt**« ❸ Holzschnitzern, Fass- und Hinterglasmalern über die Schulter schauen und die Handwerker zu den traditionsreichen Arbeitsmethoden befragen. Kunst-Ausstellungen, Krippenschauen und Schnitzkurse finden regelmäßig statt; Tel. 0 88 22/16 82

licher Spazierweg, durch das offene, weite Ammertal Richtung Bad Bayersoien und Bad Kohlgrub, dem höchstgelegenen Heilbad Deutschlands. Die beiden Orte sind umgeben von einer der größten

Schauplatz großer Aufführungen: das Passionsspielhaus.

Moorlandschaften des Landes, die sich über Jahrtausende in den weiten, von eiszeitlichen Gletschern ausgeschürften, seenreichen Talbecken bildete. Die heilende Kraft der Bäder und Packungen aus dem Hochmoor lindern Schmerzen bei Rheuma und Gelenkerkrankungen. Wer nicht mit Kuren beschäftigt ist, der lässt sich mit der Schwebebahn auf das Hörnle bringen oder fährt mit dem Fahrrad die Geizenmoortour (15 km). Oder er besucht die Schleierfälle bei Hargenwies, wo die inzwischen zu einem stattlichen Fluss angeschwollene Ammer eindrucksvoll über Felsstufen stürzt, bevor sie dann die letzten Ausläufer der Oberammergauer Berge hinter sich lässt und ruhig plätschernd ins idyllische, sanft gewellte Alpenvorland davonfließt.

Restaurants

Parkhotel Bayersoien
Bad Bayersoien
Das gehobene Wellness- und Kurhotel wartet im Gourmet-Restaurant mit klassischen Gourmetmenüs, internationalen Spezialitäten und bayerischen Schmankerln auf. Außerdem werden viele Gerichte aus der südafrikanischen Küche kredenzt. Der exklusive Weinkeller beherbergt viele preisgekrönte Jahrgänge aus den besten Anbaugebieten der Welt; Tel. 0 88 45/1 20; www.parkhotel-bayersoien.de

Hotelempfehlungen

Bad Kohlgrub S. 654
Oberammergau S. 659

Wanderkarten

Karte des **Bayerischen Landesvermessungsamtes**; Blätter UK L 3 Pfaffenwinkel – Staffelsee, UK L 31 Werdenfelser Land; 1:50000

Straßenatlas Siehe S. 764

GARMISCH-PARTENKIRCHEN
OBERBAYERN

ACTION & SPORT

WANDERN & BERGTOUREN

FUN & FAMILY

WELLNESS & GENUSS

Sommerparadies am Fuße der Zugspitze

Der Olympiaort von 1936 hat in Bezug auf den Wintertourismus etwas Nachholbedarf, im Sommer läuft Garmisch-Partenkirchen allerdings zu Höchstform auf: Rund um die Zugspitze gibt es alles, was der bergbegeisterte Urlauber sich vorstellen kann – und als Sahnehäubchen ein umfangreiches Kulturprogramm.

Bereits die Anreise nach Garmisch-Partenkirchen ist ein Erlebnis. Aus dem Flachland geht es hinein ins enge Loisachtal, das wie eine Pforte den Zustrom ins Werdenfelser Land kanalisiert. Am Ende des Tales wartet das Paradies, zumindest wenn man nach den landschaftlichen Gegebenheiten urteilt: spitze. Der höchste Berg Deutschlands hat zweifellos die größte Anziehungskraft. Dies umso mehr, da sich der Gipfel mit Bergbahnen bequem erreichen lässt. Beim zentral gelegenen Bahnhof in Garmisch-Partenkirchen startet die 1930 in Betrieb genommene Zahnradbahn über den Eibsee zum

Der Wank hoch über Garmisch-Partenkirchen ist eine erstklassige Aussichtsloge vis-à-vis von Alpspitze (links) und Zugspitze.

ADAC *der perfekte Urlaubstag*

- **9 Uhr:** Ausflug zur Partnachklamm; anschließend Anstieg auf den Eckbauer und mit der nostalgischen Gondelbahn zurück ins Tal
- **12 Uhr:** Wanderung um den Eibsee, an heißen Tagen Sprung ins erfrischend kühle und saubere Nass
- **16 Uhr:** Mit der Gondelbahn auf den Wank und den Panoramaweg um den Ameisberg wählen
- **21 Uhr:** Im Wankhaus übernachten: auf der Terrasse den traumhaften Sonnenuntergang genießen und nach einem gemütlichen Hüttenabend ins Bett fallen

Über einem weiten, offenen und sonnigen Talbecken ragt wie eine Mauer die mächtige, kilometerlange Kette des Wettersteins mit ihren markanten Gipfeln auf.

Bis 1935 waren Garmisch und Partenkirchen noch getrennte Märkte mit eigenständigen Entwicklungen. Die Vergabe der Olympischen Winterspiele 1936 war schließlich der Grund, dass die beiden benachbarten Orte zu einer Marktgemeinde zusammengelegt wurden. Nicht alles ist zusammengewachsen: Noch heute gibt es zwei Skiklubs, zwei Trachtenvereine, zwei Feuerwehren und zwei Fingerhaklergruppen.

Die Wahrzeichen von Garmisch-Partenkirchen bilden die elegante Alpspitze und die kühnen Waxensteine, aber touristisch dreht sich alles um die Zug-

Schneeferner. Vom Eibsee aus schwebt außerdem eine kühne Seilbahn in zehn Minuten direkt zum Zugspitz-Gipfel. Vom Schneeferner schließt eine weitere Seilbahn die Lücke zwischen Zahnradbahn und Fast-Dreitausender, der mit einem 360-Grad-Rundblick auch in Sachen Panorama Spitze ist. Bis zu 200 km weit reicht der Blick, im Westen sieht man bis zur Bernina-Gruppe, im Osten bis zum Großglockner.

Kein Wunder, dass die Zugspitze bei Ausflüglern und Bergsteigern ganz oben auf der Wunschliste steht; entsprechend stark frequentiert sind die langen Anstiege durch das Reintal und das Höllental, die allerdings neben ausreichender Kondition entsprechende Bergerfahrung erfordern. In der Regel braucht man für beide Touren jeweils zwei Tage:

Die Reintal-Variante schaffen auch ausdauernde und geübte Wanderer, die Höllentaltour hingegen verlangt in etlichen Felspassagen Trittsicherheit und Schwindelfreiheit sowie auf dem kleinen, aber nicht zu unterschätzenden Gletscher des Höllentalferners Erfahrung im Umgang mit Seil, Steigeisen und Pickel.

Finstere Felsschluchten

Sehenswerte Ausflugsziele gibt es in der Region zur Genüge. Eng und dunkel sind die Schluchten von Höllental- und Partnachklamm. Selbst im Sommer dringt kaum ein Sonnenstrahl in die nur wenige Meter breiten Klammen, die durch die Kraft des Wassers tief in die umgebenden Felswände gefräst wurden. Auf Stegen und Brücken, teilweise auch durch in den Fels gesprengte Stollen können die eindrucksvollen Schluchten bequem durchwandert werden. Angenehme Erfrischung selbst an heißen Sommertagen bietet der glasklare Eibsee am Fuß der Zugspitze. Sein Wasser ist so sauber, dass sogar der vom Aussterben gefährdete Edelkrebs hier eine Heimat gefunden hat.

Auch an neuen Häusern findet man Lüftlmalerei.

Auf schattige Kühlung bedachte Klettersteigfreunde steuern die Alpspitze an; sie bietet mit der »Nordwand-Ferrata« einen bestens gesicherten Klettersteig. Ein Muss für Blumenfreunde ist die Tour zum Alpenblumengarten am Schachen: Mehr als 1000 verschiedene Blumen- und Pflanzenarten offenbaren hier die bunte Vielfalt der Alpenflora. Gleich daneben steht das einstige Jagdschloss des Märchenkönigs Ludwig II. Der im maurischen Stil ein-

DAV-Tipps

Münchner Haus (2960 m)
Das Münchner Haus – unmittelbar neben Deutschlands höchstem Gipfel – trägt die Hausnummer »Partenkirchen 1«. Die Hütte ist komplett mit Lärchenschindeln verkleidet und lädt zur aussichtsreichen Rast ein. 1897 erbaut, wird sie seit 1925 von der Familie Barth bewirtschaftet. Nur 27 Lager stehen zur Verfügung. Wer einen Platz ergattert, kommt in den Genuss eines einmaligen Sonnenauf- und -untergangs. Tel. 0 88 21/29 01; www.muenchner-haus.de

Kreuzeck-Haus (1652 m)
Hoch über Garmisch gelegen, ist das Kreuzeck-Gebiet ein perfekter Aussichtspunkt. In der Nähe des Kreuzeck-Hauses startet im Winter die berühmte 3,7 km lange »Kandahar«-Abfahrt. Im Sommer kann man einfache Wanderungen vor prächtiger Kulisse unternehmen. Etwas anspruchsvoller ist der Weg über das Hupfleitenjoch zur Höllentalangerhütte und durch die Höllentalklamm nach Hammersbach (Zeit: ca. 4–4,5 Std.); Tel. 0 88 21/22 02

Hütten

Reintalangerhütte (1366 m)
Hüttenwirt Charly Wehrle ist ein Original. Vor der Hütte wehen tibetische Gebetsfahnen, Sherpa Gyalzen macht seit einigen Jahren den besten Kaiserschmarrn, abends gibt es gelegentlich ein kleines Konzert mit bayerischen, aber auch nepalesischen Stücken, und in der Früh werden die Zugspitzaspiranten mit Hackbrett, Gitarre und Kontrabass geweckt. Ausgangspunkt ist das Skisprungstadion in Garmisch-Partenkirchen, durch das Reintal geht es zur Hütte; Zeit: ca. 5 Std.; Tel. 0 88 21/29 03; www.reintalangerhuette.de

Wankhaus (1780 m)
Marion Becker und Jürgen Stoll heißen die beiden sympathischen Hüttenwirte, die seit einigen Jahren das Wankhaus in Panoramalage über dem Garmischer Talkessel bewirtschaften. Von hier sieht man das Wettersteingebirge in seiner ganzen Breite. Von der Bergstation der Wankbahn ca. 10 Min. Gehzeit; Tel. 0 88 21/5 62 01; www.becker-stoll.de

Wandern & Bergtouren

TOP TIPP Auf den höchsten Berg Deutschlands – zu Fuß. Der längste, aber einfachste **Zugspitzweg** ❶ führt durch das Reintal und erfordert zwei Tage Zeit, stabiles Wetter und für den Steilaufschwung vom Schneeferner zum Gipfel Trittsicherheit und Schwindelfreiheit. Alternativ kann man dieses etwas anspruchsvollere Schlussstück auch mit der Gletscherbahn ❼ überwinden. Der Anstieg beginnt beim Olympia-Skistadion in Garmisch-Partenkirchen (708 m) und führt durch die Partnachklamm und das Reintal zur Reintalangerhütte (1366 m, Übernachtung). Am zweiten Tag geht es steil bergauf, erst zur Knorrhütte (2051 m), dann über die immer karger werdenden Böden des Zugspitzplatts zum Schneeferner (2650 m). Über eine Schuttreiße und einen teils mit Drahtseil gesicherten Steig erreicht man das Münchner Haus (2960 m) und die Seilbahnstationen und kurz darauf den mit einem goldenen Kreuz geschmückten Gipfel (2962 m). Zeit: ca. 11 Std.; Einkehr: Bockhütte, Reintalangerhütte, Knorrhütte, Sonn Alpin, Münchner Haus. Geführte Touren: Werdenfelser Bergführerbüro, Tel. 0 88 21/18 07 44, www.bergfuehrer-werdenfels.de; Bergsteigerschule Zugspitze, Tel. 0 88 21/5 89 99, www.bergsteigerschule-zugspitze.de

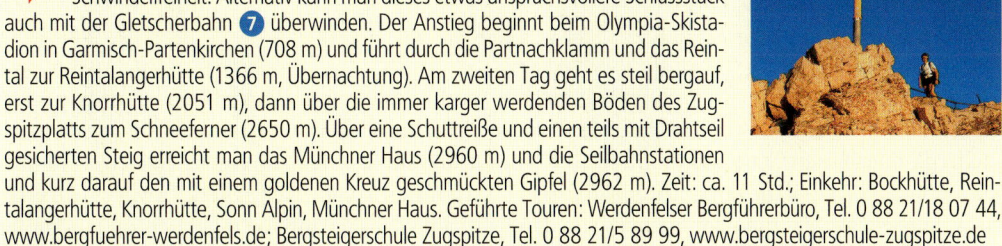

Eckbauer (1236 m) Über Wamberg in die Partnachklamm	Ausgangspunkt: Garmisch-Partenkirchen (708 m), Olympia-Skistadion; Kainzenbad – Wamberg (996 m) – Eckbauer – Vorder-Graseck (800 m) – Partnachklamm – Olympia-Skistadion; einfache Wanderung mit schönen Ausblicken; Zeit: ca. 4 Std.; Einkehr: Gasthäuser in Wamberg, Eckbauer, Forsthaus Graseck, Gasthaus und Kiosk am Eingang zur Partnachklamm
Kramer (1985 m) Lange Bergwanderung auf einen großartigen Aussichtsberg	Ausgangspunkt: Almhütte (780 m), Garmisch; Kramerplateauweg – St. Martin (1028 m) – Kramersteig – Kramer – Stepbergalm (1583 m) – Stepbergalpensteig – Almhütte; mittelschwere Wanderung, Trittsicherheit erforderlich; Zeit: ca. 7 Std.; Einkehr: St. Martin, Stepbergalm
Krottenkopf (2086 m) Auf den höchsten Gipfel des Estergebirges	Ausgangspunkt: Farchant (671 m); Kuhfluchtgraben – Frickenhöhle – Hoher Fricken (1940 m) – Weilheimer Hütte (1946 m, evtl. Übernachtung) – Krottenkopf – Farchanter Alm (1272 m) – Esterbergalm (1264 m) – Farchant; lange Bergwanderung mit steilem Anstieg auf schmalen Steigen, evtl. zur Zweitagestour ausdehnen; Zeit: ca. 11 Std.; Einkehr: Weilheimer Hütte, Farchanter Alm, Esterbergalm
Osterfelderkopf (2050 m) Eindrucksvolle Bergabwanderung vor der Zugspitze	Ausgangspunkt: Osterfelderkopf (2050 m), Bergstation der Alpspitzbahn ❶; Hupfleitenjoch – Knappenhäuser – Höllentalangerhütte (1379 m) – Höllentalklamm – Hammersbach; Rückkehr zur Seilbahn-Talstation mit der Zugspitz-Zahnradbahn ❻; traumhafte, mittelschwere Bergwanderung auf teils schmalen Steigen; Zeit: ca. 3,5 Std.; Einkehr: Höllentalangerhütte, Klammeingangshütte

GARMISCH-PARTENKIRCHEN

Hütte

Wallfahrtskirche St. Anton
Seit 1998 erstrahlt die Votiv- und Wallfahrtskirche St. Anton am Fuß des Wank bei Garmisch-Partenkirchen wieder im ursprünglichen Glanz. Zehn Jahre dauerten die Renovierungsarbeiten der künstlerisch wertvollen Rokokokirche, bei denen u.a. das Kuppelfresko des Augsburger Malers Johann Evangelist Holzer restauriert wurde.

Restaurants

Reindl's Partenkirchner Hof
Erstklassiges Hotel in Garmisch-Partenkirchen mit ebensolcher Küche. Ob feine bayerische Spezialitäten oder leichte französische Speisen in Verbindung mit einem guten Tropfen aus dem Weinkeller: Man kann nichts Falsches wählen. Tel. 0 88 21/94 38 70; www.reindls.de

Bräustüberl
Die Anlaufstelle für Freunde der Gemütlichkeit und des Bieres. Das echt oberbayerische Lokal in Garmisch-Partenkirchen ist außen mit Lüftlmalerei geschmückt, innen herrscht ausgelassene Fröhlichkeit. Tel. 0 88 21/23 12

Gasthof Fraundorfer
Ein Wirtshaus wie aus dem Bilderbuch: Die Fassade wird geziert durch farbenfrohe Lüftlmalerei, innen sitzt man in einer großen Gaststube und isst bayerische Schmankerln zu bayerischer Stubenmusik. In Garmisch-Partenkirchen; Tel. 0 88 21/92 70; www.gasthof-fraundorfer.de

Hotelempfehlungen

Garmisch-Partenkirchen S. 656
Grainau S. 656

Wanderkarten

Karte des **Bayerischen Landesvermessungsamtes**; UK L 31, Werdenfelser Land; 1:50000
Alpenvereinskarte; Blätter 4/2 und 4/3, Wetterstein- und Mieminger Gebirge; 1:25000

Action & Sport

MOUNTAINBIKE	KLETTERSTEIGE	RAFTING	CANYONING	REITEN
PARAGLIDING	DRACHENFLIEGEN	KLETTERGÄRTEN	TENNIS	WINDSURFEN
KAJAK/KANU	WASSERSKI	TAUCHEN	HOCHSEILGARTEN	GOLF

TOP TIPP Ein Muss ist die **Alpspitz-Ferrata** ❷ – und das nicht nur für ausgemachte Klettersteigfans: Der mit Eisenstiften und Drahtseilen gesicherte Weg durch die Nordwand der Alpspitze ist so schweißtreibend wie spektakulär. Trittsicherheit, Schwindelfreiheit und ein Klettersteig-Set samt Helm sowie das bergsteigerische Know-how vorausgesetzt, ist die Ferrata als mittelschwer einzustufen. Route: Mit der Seilbahn ❶ auf den Osterfelderkopf (2050 m). Von dort in südlicher Richtung gemeinsam mit dem Nordwandsteig unter dem Höllentorkopf vorbei. Etwa 100 m nach einem markanten Felsturm zum Felsansatz und bald die ersten Leitern hinauf. Durch Rinnen und zerklüftete Felspartien; später steiler auf den Nordwestgrat. Ihn entlang bis zum Gipfelaufschwung und über eine Rinne zum Kreuz. Leichtester Rückweg über den Nordwandsteig zur Seilbahnstation. Zeit: ca. 4–5 Std.

Mountainbike	Esterbergalm (1264 m)	Ausgangspunkt: Parkplatz der Wankbahn; Dauer/Charakter: ca. 3–4 Std., Schotterwege, mittelschwer; geführte Touren: MTB-Schule Garmisch-Partenkirchen, Tel. 0 88 21/5 48 44
Klettersteige	Bergführerbüro Werdenfels	Geführte Touren: Tel. 0 88 21/18 07 44, www.bergfuehrer-werdenfels.de
Rafting	Bavariaraft	Organisierte Touren auf der Loisach: Tel. 0 88 41/6 76 98 70 (Ohlstadt), www.bavariaraft.de
Reiten	Bichlerhof am Hausberg	Reiten und Kutschfahrten, Tel. 0 88 21/17 69
Paragliding, Drachenfliegen	Gleitschirmschule Garmisch-Partenkirchen	Startplätze am Wank und am Osterfelderkopf, Landeplätze an der Straße zum Parkplatz der Osterfelderbahn und beim »Gschwandner Bauer« südöstlich vom Wank; Tel. 0 88 21/7 42 60, www.gleitschirmschule-gap.de
Kajak/Kanu	Wildwasserschule Garmisch-Partenkirchen	Touren auf der Loisach: Tel. 0 88 21/14 96, www.ww-gap.com
Hochseilgarten	Hochseilpark Werdenfels; Naturhochseilgarten Eibsee-Zugspitze	In Farchant: Tel. 0 88 21/63 23, www.hochseilpark-werdenfels.de; Am Eibsee: Tel. 0 88 21/9 88 10, www.eibsee-hotel.de

gerichtete »Türkische Saal« ist verschwenderisch ausgestattet mit opulent bestickten Textilien, Pfauenfedern und farbigen Glasfenstern.

Den schönsten Blick auf die Zugspitze und den ganzen Wetterstein genießt man naturgemäß von den Gipfeln gegenüber, vom Kramer oder vom Estergebirge mit dem Wank. Der Garmischer Sonnenberg ist wie Zugspitze, Osterfelderkopf, Kreuzeck und Eckbauer mit Bergbahnen bequem zu erreichen, bietet aber auch mehrere Anstiegsmöglichkeiten auf schönen und einfachen Steigen. Eine der schönsten Möglichkeiten bergab: Mit einem erfahrenen Gleitschirmpiloten geht es im Tandemflug zurück ins Tal.

Vielseitiges Kulturangebot

Es gibt viel Augenfälliges zu sehen, doch manches will auch entdeckt werden. Etwa die Wallfahrts- und Klosterkirche St. Anton, malerisch etwas oberhalb von Partenkirchen gelegen und auf einem Kreuzweg leicht zu erreichen. Weitere interessante Ziele sind die Schalmerschlucht am Fuß des Wank, der kleine Pflegersee östlich des Kramer, in dem man auch baden kann, oder die Reste der einst großen Burg Werdenfels. Die Kuhflucht-Wasserfälle oberhalb von Farchant sind am schönsten nach der Schneeschmelze oder nach einem sommerlichen Gewitterregen, wenn das Wasser mit aller Kraft aus der senkrechten Felswand schießt und in mehreren Kaskaden talwärts fließt. Nach längeren Trockenperioden versiegt das Schauspiel, die Quelle wird zu einem dünnen Rinnsaal. Vielseitig zeigt sich Garmisch-Partenkirchen auch beim kulturellen

Das Jagdschloss König Ludwigs II. am Schachen.

Adressen & Bergbahnen
Landesvorwahl 00 49

Eschenlohe (639 m)	Verkehrsamt Eschenlohe, Tel. 0 88 24/82 28, E-Mail: verkehrsamt@eschenlohe.de; www.eschenlohe.de	
Farchant (671 m)	Tourist-Info Farchant; Tel. 0 88 21/96 16 96; E-Mail: info@farchant.de; www.farchant.de	
Garmisch-Partenkirchen (708 m)	Garmisch-Partenkirchen Tourismus; Tel. 0 88 21/18 04 14; E-Mail: tourismusdirektion@gapa.de; www.garmisch-partenkirchen.de	
Grainau (758 m)	Kurverwaltung Grainau; Tel. 0 88 21/98 18 50; E-Mail: info@grainau.de; www.grainau.de	
Oberau (659 m)	Verkehrsamt Oberau, Tel. 0 88 24/9 39 73, E-Mail: info@oberau.de; www.oberau.de	
Entfernungen	Hamburg 863 km; Berlin 674 km; Köln 676 km; Frankfurt a. M. 481 km; Stuttgart 301 km; München 88 km	

1. Garmisch-Partenkirchen Alpspitzbahn/Osterfelderkopf Berg/Tal 19 €
2. Garmisch-Partenkirchen Eckbauerbahn Berg/Tal 10 €
3. Garmisch-Partenkirchen Graseckbahn Partnachklamm einfache Fahrt 3,50 €
4. Garmisch-Partenkirchen Kreuzeckbahn Berg/Tal 17 €
5. Garmisch-Partenkirchen Wankbahn Berg/Tal 16,50 €
6. / 7. Garmisch-Partenkirchen Zugspitzplatt/Zugspitze Berg/Tal 43 €
8. Garmisch-Partenkirchen GAP/Eibsee Zugspitze Berg/Tal 43 €
9. Garmisch-Partenkirchen GAP/Hochalm Osterfelderkopf nur einfache Fahrt 4 €
6. / 7. / 8. Garmisch-Partenkirchen Rundfahrt Zahnradbahn Zugspitzplatt, Seilbahn Zugspitze und Seilbahn Eibsee 43 €

Siehe auch Preisteil S. 634

Partnachklamm
Fantastische, 700 m lange und bis zu 80 m tief eingeschnittene Klamm. 1912 wurde der erste gesicherte Steig durch die Felsschlucht gebaut. Nachdem 1991 ein Felssturz Teile des Weges verschüttete, wurde ein 108 m langer Tunnel in den Fels gesprengt, durch den man die gefährdete Zone umgeht. Ansonsten führt der Weg fast immer nur wenige Meter über dem Wasser der Partnach entlang, die seitlichen Felswände steigen senkrecht bis überhängend in die Höhe und lassen nur einen kleinen Spalt frei, durch den Licht in die Schlucht fällt; Tel. 0 88 21/31 67

Straßenatlas Siehe S. 778

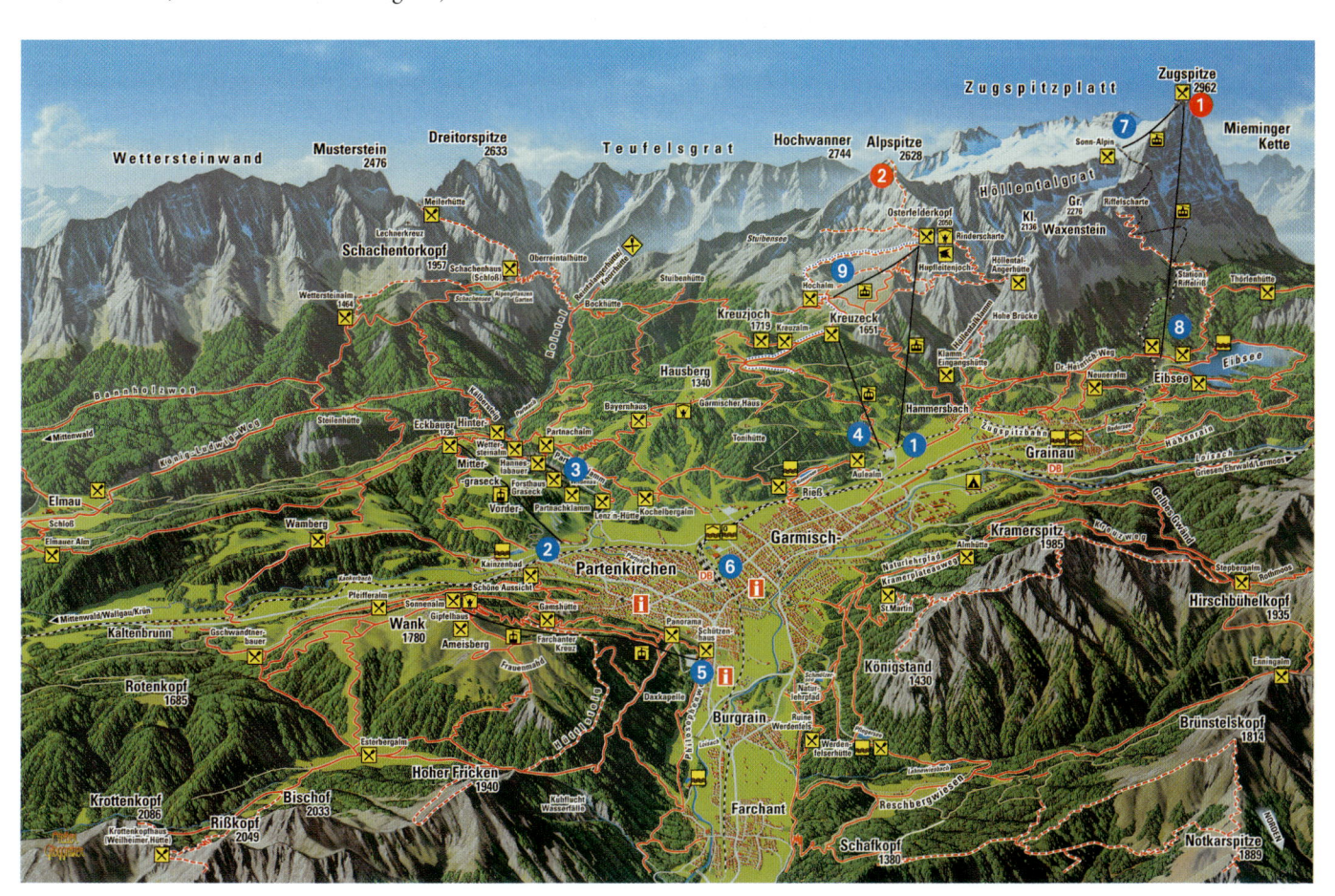

Angebot. Im Werdenfels Museum (Tel. 0 88 21/21 34) sind auf fünf Etagen und 900 m² interessante Zeugnisse zu Kultur und Geschichte der Region ausgestellt, im historischen Ortskern von Partenkirchen erfreuen Häuser mit schöner Lüftlmalerei. Das Richard-Strauss-Institut (Tel. 0 88 21/91 09 50, www.richard-strauss-institut.de) erinnert mit wechselnden Ausstellungen an Leben und Schaffen des in München geborenen Komponisten und prominentesten Ehrenbürgers von Garmisch-Partenkirchen. Die traditionellen Richard-Strauss-Tage (Tel. 0 89/89 39 92 40, www.richard-strauss-tage.de) werden ergänzt durch ein umfangreiches Programm im Rahmen des Kultursommers. Das genaue Gegenteil des lebhaften Garmisch-Partenkirchen, das sich übrigens heilklimatischer Kurort nennen darf, ist das nur wenige Kilometer entfernte Wamberg, das höchste Kirchendorf Deutschlands. Eine Handvoll Häuser gruppiert sich um die am Rand einer leichten Hangterrasse stehende Kirche, wunderschön platziert inmitten ausgedehnter Wiesen am Nordhang des Waldrückens des Wamberg – ein ruhiges Paradies, nur einen Wimpernschlag von Garmisch-Partenkirchen entfernt.

KOCHELSEE UND WALCHENSEE
OBERBAYERN

ACTION & SPORT

WANDERN & BERGTOUREN

FUN & FAMILY

WELLNESS & GENUSS

Vielfalt im Zwei-Seen-Land

Die abwechslungsreichen Möglichkeiten machen die Region Kochel-/Walchensee zu einem der beliebtesten Ausflugsziele der Münchner. Familien bietet die Region kinderfreundliche Ausflugsziele und Bademöglichkeiten, Mountainbikern und Wanderern abwechslungsreiche Routen. Auch Wassersportler kommen auf ihre Kosten, gilt doch der Walchensee als Paradies für Surfer und Taucher.

Einmalig ist der Blick vom Herzogstand auf Jochberg und Kochelsee.

Erlebnisbad trimini
Badespaß in allen Varianten mit Innen- und Außenbecken, Outdoor-Heißbecken, Wasserrutschbahn, Biosauna mit Farblichttherapie und Bergblick, Dampfbädern und Whirlpool. Schwitzen kann der Besucher auch im Fitness- und Aerobicstudio. Entspannung bringen Massagen und Fangopackungen. Für Kinder gibt es eine Kinderspielhöhle mit Wasserfontäne und einen Ballpool; Tel. 0 88 51/53 00; www.trimini.de

Franz-Marc-Museum
Der Künstler Franz Marc kam um 1900 oft nach Kochel am See, um sich mit seinen Freunden Paul Klee oder Wassily Kandinsky zu treffen. In vielen Bildern der Künstlergruppe des »Blauen Reiters« finden sich Motive aus dem Zwei-Seen-Land. Das kleine, aber feine Museum in Kochel beherbergt eine stattliche Auswahl an Gemälden, Zeichnungen, Plastiken und persönlichen Dingen von Franz Marc; Tel. 0 88 51/ 71 14; www.franz-marc-museum.de

Hotelempfehlungen
Walchensee S. 662

Kurve um Kurve schlängelt sich die Kesselbergstraße vom Kochelsee hinauf zum Pass. Auf der einen Seite blitzt immer wieder das dunkle Blau des Sees durch die Baumwipfel, auf der anderen Seite leuchten die schroffen Felsformationen des Jochberg imposant in der Mittagssonne. Kleine Aussichtsbuchten laden zu kurzen Pausen ein, um den Blick über die weitläufige Landschaft des Alpenvorlandes bis zum Ammersee zu genießen.

Schon in der Bronzezeit war die Strecke zwischen Kochel- und Walchensee die wichtigste Verkehrsverbindung zwischen Oberbayern und dem Innsbrucker Land. Herzog Albrecht IV. ließ den morastigen Weg ausbauen, um den Handel voranzutreiben. Mit einer Steigung von bis zu 25 % ist die rund 3 km lange alte Kesselbergstraße eine beliebte, aber anspruchsvolle Mountainbiketour.

Auf der Passhöhe nehmen mehrere schöne Wanderungen ihren Ausgangspunkt. Auf der Ostseite führt ein abwechslungsreicher Weg zum Jochberg und zur Jocher-Alm. Für Familientouren sind die Wege ideal, und die Aussicht hinab zu den tiefblauen Seen ist grandios. Die Künstler des »Blauen Reiters« wie Franz Marc, der in Kochel wohnte, ließen sich durch dieses Naturschauspiel inspirieren. Werke dieser Zeit sind im Franz-Marc-Museum in Kochel zu bewundern.

Westlich des Kesselbergpasses beginnt der leicht begehbare, aber sehr steile Reitweg hinauf zum Herzogstand. Wer nach der schweißtreibenden zweistündigen Wanderung am Herzogstandhaus angekommen ist, versteht sehr schnell, warum Ludwig II. 1865 hier ein Königshaus erbauen ließ. Auch wenn von dem alten Gemäuer nichts mehr zu sehen ist, die atemberaubende Aussicht hat sich seit damals kaum verändert: Sie reicht von München bis Innsbruck, von den Allgäuer Alpen über das Karwendel bis zum Wilden Kaiser. Wer mag, fährt mit der neu-

ADAC – der perfekte Urlaubstag
9 Uhr: Fahrt mit der Herzogstandbahn ❶, kleine Wanderung zum Herzogstand; Panoramablick genießen, Einkehr im Herzogstandhaus
11 Uhr: Abstieg zum Walchensee, Fahrt zum Kochelsee
15 Uhr: Besuch des Franz-Marc-Museums in Kochel
17 Uhr: Schwimmen im Kochelsee oder Besuch des Erlebnisbades »trimini«

Adressen & Bergbahnen — Landesvorwahl 00 49

Urlaubsregion	Tourist Info **Kochel am See**; Tel. 0 88 51/3 38; E-Mail: info@kochel.de; www.kochel.de; www.kochelamsee.com	❶ Walchensee Herzogstandbahn Berg/Tal 12 €
	Tourist Info **Walchensee**; Tel. 0 88 58/4 11; E-Mail: info@walchensee.net; www.walchensee.net	
Orte	**Jachenau** www.jachenau.de • **Schlehdorf** www.schlehdorf.de	
Entfernungen	Hamburg 858 km; Berlin 669 km; Köln 670 km; Frankfurt a. M. 475 km; Stuttgart 295 km; München 83 km	Siehe auch Preisteil S. 634

Wandern & Bergtouren

TOP TIPP Zu den schönsten Gratwanderungen Bayerns zählt der mittelschwere Höhenweg vom **Herzogstand** (1731 m) **zum Heimgarten** (1790 m) ❶, der Ausdauer und Trittsicherheit erfordert. Vom Parkplatz der Talstation der Herzogstandbahn (815 m) ❶ wandert man in Kehren gegen Norden den Berg hinauf zum Herzogstandhaus (1627 m). Von hier schlängeln sich Serpentinen am Martinskopf vorbei zum ersten Gipfelkreuz beim Aussichtspavillon des Herzogstand (1731 m). Auf der westlichen Seite des Gipfels beginnt der Gratweg. Der schmale Pfad führt ausgesetzt auf und ab über den Felsengrat. Dann durch Latschen hinauf zum Heimgarten. Beim Heimgarten-Haus (1788 m) beginnt der Abstieg nach Süden, vorbei an der malerisch gelegenen Ohlstädter Alm (1423 m). Unterhalb des Rotwandkopfes zieht der Weg im weiten Bogen zurück zum Walchensee; Zeit: ca. 6 Std.; Einkehr: Herzogstandhaus, Heimgartenhütte

Hirschhörnlkopf (1516 m) Leichte Wanderung auf sanften Gipfel	Ausgangspunkt: Parkplatz am Schützenhaus in Jachenau (790 m); ins Tal der Kleinen Laine – an der Brücke rechts der Beschilderung Hirschhörnlkopf folgen – Aufstieg in Serpentinen zur Pfund-Alm (1400 m) – über die Almwiese zum Gipfel; Abstieg über die Kotalm und den Kotbach; Zeit: ca. 4,5 Std.; Einkehr: keine
Jochberg (1565 m) Abwechslungsreicher, leichter Wanderweg mit traumhaftem Zwei-Seen-Blick	Ausgangspunkt: Parkplatz Passhöhe am Kesselberg (850 m); Straße überqueren – steiler Waldweg führt Richtung Osten unter dem Desselkopf in den Wald hinein – nach ca. 1300 m gabelt sich der Weg, links weiter zum Jochberg – vorbei an Felswänden über den freien Wiesenrücken zum Gipfel – Abstieg über die Jocher-Alm (1381 m) – Richtung Urfeld zurück zum Kesselberg; Zeit: ca. 5 Std.; Einkehr: Jocher-Alm
Simetsberg (1840 m) Längere Wanderung zu einem einsamen Berggipfel	Ausgangspunkt: Parkplatz nördlich von Einsiedl (805 m); schmaler Pfad in den Wald hinein – dann dem Forstweg links folgen – durch Waldpassagen, steile Grasleiten, sanfte Almwiesen und Latschen zur kleinen Diensthütte Simetsberg – weiter zum Gipfelkreuz hinauf; Abstieg wie Aufstieg; Zeit: ca. 6 Std.; Einkehr: keine

en Kabinenbahn wieder abwärts zum Walchensee oder übernachtet auf dem Herzogstandhaus, um am nächsten Morgen den mittelschweren Gratweg zum Heimgarten anzutreten und über den Rotwandkopf zum Walchensee abzusteigen.

An schönen Sommertagen fegen dort unzählige bunte Segel übers Wasser. Entlang der Uferstraße, die teilweise für den Autoverkehr gesperrt ist, haben Surfer und Taucher ihr Tageslager aufgebaut. Regelrecht bevölkert wird die Strecke von Eltern mit Kinderwagen, Inlineskatern und Fahrradfahrern. Nur wenige ahnen wohl, dass – so die Sage – ein Riesenfisch auf dem Grund des Walchensees leben soll, der einst mit seiner Flosse den Kesselberg zerschlagen wird. Das zu Tal stürzende Wasser werde das Land bis zur bayerischen Hauptstadt überschwemmen, heißt es. Schon heute stürzt das Wasser in die Tiefe, allerdings kontrolliert in dicken Rohren, zur Stromerzeugung. Ein Besuch des Infozentrums (Tel. 0 88 51/7 72 11) des Kraftwerks Walchensee, das 1924 erbaut wurde, ist ein schöner Abschluss nach einem herrlichen Wandertag.

Hütten

Herzogstandhaus (1627 m)
Moderner Berggasthof mit Tradition, guter Küche und einer herrlichen Aussicht. Ausgangspunkt: Parkplatz an der Talstation Herzogstandbahn ❶, mit der Bahn bis fast zur Hütte oder zu Fuß in ca. 2 Std. über herrlichen Bergsteig; Tel. 0 88 51/2 34

Jocher-Alm (1381 m)
Die Jocher-Alm liegt mitten in blumenreichen Bergwiesen unterhalb des Jochberg-Gipfels (1565 m). An den Holztischen vor dem Almhaus genießt man nicht nur die Brotzeit, sondern auch den Blick zur Benediktenwand. Schon der Weg macht die leichte Wanderung lohnend. Ausgangspunkt: Parkplatz Kesselberg (850 m); keine Übernachtung; Zeit: ca. 2 Std.; Tel. 01 71/4 78 29 21

Heimgarten-Haus (1788 m)
Gemütliche Hütte mit prächtiger Aussicht, nur wenige Meter vom Gipfel des Heimgarten entfernt. Die junge Wirtsfamilie gibt sich alle Mühe, um die Gäste zufrieden zu stellen; keine Übernachtung; Ausgangspunkt: Walchensee über Herzogstand oder Rotwandkopf; Zeit: ca. 3 Std.; Tel. 0 88 41/7 91 30

Freilichtmuseum Glentleiten
Besonders für Familien lohnt sich die Besichtigung des Freilichtmuseums Glentleiten. Ob Spitzenklöppeln, Schmieden von Hufeisen oder Brot backen im Steinofen – in den original wiedererbauten Bauerngehöften zeigen Handwerker anschaulich das historische Landleben der letzten Jahrhunderte und lassen schon ausgestorbene Berufe wieder lebendig werden; Tel. 0 88 51/1 85; www.glentleiten.de

Wanderkarten

Karte des Bayerischen Landesvermessungsamtes
UK L 18; Bad Tölz – Lenggries; 1:50000

Straßenatlas Siehe S. 765

MITTENWALD
OBERBAYERN

Blick auf Mittenwald mit der Pfarrkirche und dem Wettersteinkamm, rechts im Hintergrund die Alpspitze

ACTION & SPORT

WANDERN & BERGTOUREN

FUN & FAMILY

WELLNESS & GENUSS

ADAC *der perfekte Urlaubstag*

- **9 Uhr:** Bergfahrt mit der Karwendelbahn ❶ und kurze Wanderung auf die Nördliche Linderspitze, anschließend Talfahrt
- **12 Uhr:** Fahrt mit der Sesselbahn ❷ nach St. Anton, Mittagessen
- **14 Uhr:** Abstieg zum Lautersee und Relaxen auf der Liegewiese
- **17 Uhr:** Spaziergang durch die Buckelwiesenlandschaft zwischen Krün und Mittenwald

Zwischen Karwendel und Wetterstein

Berge bestimmen das Blickfeld, Geigen das Leben: Die Marktgemeinde am Fuß der Karwendelkette war ein wichtiger Handelsort, als Ende des 17. Jh. Matthias Klotz die Kunst des Geigenbauhandwerks an die Isar brachte. Bis heute wird diese Tradition gepflegt, dazu bieten die Berge reichlich Anreiz für abwechslungsreiche Wanderungen.

Zum Greifen nah ragen die Berge über Mittenwald auf. Wie eine breite Wand endet oder – je nach Blickwinkel – beginnt die Karwendelkette, jener lange und unberührte Gebirgszug zwischen dem Isartal und dem Achensee, der zum Großteil unter Naturschutz steht. So jäh die Kalkmauern auch aufragen, bedrohlich ist die Nähe nicht. Zum einen ist das nach Süden offene Tal von der Sonne verwöhnt, zum anderen breitet sich westlich von Mittenwald und damit gleich gegenüber den Felsabbrüchen eine sanft geschwungene Hügellandschaft aus, die eher an ein Mittelgebirge als an die Alpen erinnert.

Im Zentrum der Wald- und Wiesenlandschaft steht der Hohe Kranzberg. Er misst gerade einmal 1391 m und ist dennoch einer der schönsten Aussichtspunkte weit und breit. Imposant ist der Blick auf die Karwendelkette, atemberaubend die Sicht auf die Ausläufer des Wettersteins bis zur Pyramide der Alpspitze. Der Hohe Kranzberg liegt genau zwischen Karwendel, Wetterstein und dem Estergebirge und ist ein wunderbares Wanderziel – nicht zuletzt, weil auf dem Gipfel mit dem Kranzberghaus eine gemütliche Einkehr steht. Den passenden Kontrast zur Strenge des Hochgebirges bilden die malerischen Seen, die sich um den Hohen Kranzberg scharen. Nordöstlich verstecken sich Wildensee und Luttensee, südlich der Bergkuppe Ferchen- und Lautersee, die von Mittenwald am bequemsten mit einem Bus zu erreichen sind, am schönsten jedoch zu Fuß auf wunderbaren Wegen entlang des Lainbachs. An schönen Sommertagen trifft man sich hier zum Baden und Sonnenbaden, an kühlen

Wandern & Bergtouren

TOP TIPP

Mittenwalder Höhenweg ①, der Name klingt verlockend. Allerdings handelt es sich hier nicht um einen Weg, sondern um einen leichten Klettersteig mit luftigen Passagen. Die schwierigen Passagen sind nur kurz, der Ausgangspunkt mit der Karwendelbahn ① bequem zu erreichen, sodass der Mittenwalder Höhenweg auch für Klettersteigneulinge geeignet ist. Mit herrlichen Ausblicken geht es über die Gipfel der Linderspitzen (2374 m), Sulzleklammspitze (2323 m) und Kirchlspitze (2303 m), häufig auf, teilweise auch etwas unterhalb des Grates bis in den flachen Wiesensattel unter der Rotwandlspitze (2192 m), wo der lange Abstieg über die Brunnsteinhütte (1523 m) zurück nach Mittenwald beginnt. Trittsicherheit und Schwindelfreiheit sowie Klettersteigausrüstung erforderlich; Zeit: ca. 7 Std.; Einkehr: Brunnsteinhütte; geführte Touren bei Vivalpin, Tel. 0 88 21/9 43 03 23, www.vivalpin.de, und den Mittenwalder Bergführern, Tel. 0 88 23/9 26 96 66, www.bergfuehrer-mittenwald.de

Hoher Kranzberg (1391 m) Genussreiche Wanderung mit traumhaften Ausblicken	Ausgangspunkt: St. Anton (1223 m), Sesselbahn von Mittenwald ②; Hoher Kranzberg – Ferchensee (1060 m) – Lautersee (1013 m) – Lainbach – Mittenwald; einfache Bergab-Wanderung, Bademöglichkeit an den Seen; Zeit: ca. 2 Std.; Einkehr: St. Anton, Hoher Kranzberg, Gasthäuser am Ferchen- und Lautersee
Grünkopf (1587 m) Der zahme Eckpunkt des Wettersteins	Ausgangspunkt: Mittenwald (911 m); Lainbach – Lautersee (1013 m) – Ferchensee (1060 m) – Grünkopf – Ederkanzel (1181 m) – Burgbergsteig – Mittenwald; einfache Wanderung mit traumhaften Ausblicken in drei Täler; Zeit: ca. 4,5 Std.; Einkehr: Ederkanzel
Schöttelkarspitze (2050 m) Beliebter Panoramagipfel in der Soierngruppe	Ausgangspunkt: Krün (875 m); Seinskopf (1961 m) – Feldernkreuz (2048 m) – Schöttelkarspitze – Soiernhaus (1622 m) – Lakaiensteig – Fischbachalm (1403 m) – Krün; mittelschwere Tour für konditionsstarke, trittsichere Wanderer, teilweise schmale Steige; Zeit: ca. 8 Std.; Einkehr: Soiernhaus, Fischbachalm

Tagen zu ausgedehnten Spaziergängen, wobei Gasthäuser bestens fürs leibliche Wohl sorgen.
Wer endlich einmal selbst hinauf auf die Berge möchte, muss nicht unbedingt bergerfahren sein. Die Karwendelbahn bringt Gipfelaspiranten in acht Minuten hinauf auf den Kamm der Karwendelkette mit ihrem imposanten Tiefblick nach Mittenwald. Ein bequemer Weg führt noch weiter hinauf auf die Nördliche Linderspitze: ein echter Gipfel mit traumhaftem Ausblick, der dazu einen ersten Eindruck von der Dimension des Karwendels vermittelt. Wer weiter möchte, kann auf dem Mittenwalder Höhenweg den Kamm bis zur Rotwandlspitz überschreiten. »Höhenweg« klingt zwar harmlos, doch er entpuppt sich schnell als leichter, aber waschechter alpiner Klettersteig, der entsprechende Bergerfahrung voraussetzt und nicht unterschätzt werden sollte. Für die Tour ist zudem eine vollständige Klettersteig-Ausrüstung notwendig. Einfach ist dagegen der Abstieg durch das Dammkar hinunter nach Mittenwald, für den man lediglich etwas Kondition und wegen des Gerölls Trittsicherheit und feste Bergschuhe benötigt. Das karge Schuttkar zwischen mächtigen Felsabbrüchen zählt im Winter zu den anspruchsvollsten Skiabfahrten Deutschlands.

Geigenbau in jedem Haus

Bis zum Beginn des 17. Jh. war Mittenwald ein Handelszentrum an der wichtigen Verkehrsachse Venedig–Augsburg, einer der ältesten Römerstraßen. 1684 führte dann der Mittenwalder Matthias

Hoch über Mittenwald: der Kamm des Wetterstein

Hütten

Dammkarhütte (1667 m)
Fast übersieht man den Flachbau im Dammkar, so duckt sich die Hütte hinter einen Wall, der im Winter Schutz vor Lawinen bietet. Das Gelände ist hochalpin, die Felsszenerie spektakulär, der Anstieg für trittsichere Geher aber ohne Schwierigkeiten. Ausgangspunkte sind Mittenwald (ca. 2 Std.) oder die Bergstation der Karwendelbahn ① (ca. 1 Std.); Tel. 01 73/3 51 46 59

Brunnsteinhütte (1523 m)
Wer vom Mittenwalder Höhenweg kommt, der wird die Brunnsteinhütte wie eine Oase inmitten heißer Latschenflanken empfinden – endlich gibt es etwas zu trinken. Wegen innovativer Pilotprojekte im Bereich Umwelttechnik wurde der Hütte vom Alpenverein ein Umweltgütesiegel verliehen. Anstiege von Mittenwald oder vom Parkplatz 1,5 km vor der Grenze (ca. 1,5 Std.); Tel. 01 72/8 90 96 13; www.brunnsteinhuette.de

Mittenwalder Hütte (1518 m)
Abweisend schaut sie aus, die steile Westflanke der Westlichen Karwendelspitze (2384 m), und dennoch gibt es hier eine Hütte. Ein Gratrücken am Fuß der eigentlichen Felswände bietet ausreichend Platz für die kleine Alpenvereinshütte, ein beliebtes Ausflugsziel. Leichter Anstieg von Mittenwald in ca. 1,5 Std.; Tel. 01 72/8 55 88 77; www.mittenwalder-huette.de

Soiernhaus (1622 m)
Im ehemaligen königlichen Jagdhaus darf heute jeder einkehren. Die kleine Hütte steht etwas oberhalb der Soiernseen und ist umgeben von einem markanten Gipfelkranz. Anstieg von Krün (875 m) über die Fischbachalm (1403 m) und den landschaftlich sehr schönen Lakaiensteig; Zeit: ca. 2,5 Std.; Tel. 01 71/5 46 58 58

Hotelempfehlungen

Mittenwald S. 659

🇩🇪 MITTENWALD

Leutaschklamm
Rund 100 m tief hat sich die Leutascher Ache, die das Hochplateau der Leutasch Richtung Isartal entwässert, in das Kalkgestein gegraben. Die großartige Klamm kann erst seit einigen Jahren von Mittenwald aus erkundet werden. Ein kühner, aber einfach zu begehender Steig führt entlang der senkrechten Felswände, knapp oberhalb des Wassers, in die Klamm hinein.

Schloss Elmau
Einer der schönsten Ausflüge im Oberen Isartal führt nach Elmau in einem abgeschiedenen Hochtal am Fuß des Wettersteins. Schon König Ludwig schätzte den traumhaften Ort; er machte auf der Fahrt zu seinem Jagdschloss Schachen hier Rast und wechselte die Pferde. Der Schriftsteller Dr. Johannes Müller baute schließlich im Jahr 1916 auf rund 1000 m Höhe das Hotel Schloss Elmau, das noch heute mit seiner Architektur verzaubert. Ein großzügiges Hotel mit Veranstaltungsräumen, Wellness-Angeboten sowie musischen und literarischen Veranstaltungen; Tel. 0 88 23/1 80; www.schloss-elmau.de

Klotz nach langen Lehrjahren beim italienischen Meister Amati den Geigenbau in Mittenwald ein – mit Erfolg. In fast jedem Haus befand sich eine Werkstatt, und selbst heute noch wird die Geigenbautradition in Mittenwald gepflegt: Hier gibt es die einzige Geigenbauschule Deutschlands. Im Geigenbau-Museum (Tel. 0 88 23/25 11) sind einige wertvolle Geigen von Jakob Stainer, Matthias Klotz – ein Denkmal vor der Pfarrkirche erinnert an ihn – und anderen Mittenwalder Meistern ausgestellt. Die traditionsreiche Marktgemeinde ist auch der höchstgelegene Luftkurort Bayerns – ein malerischer Ort mit einer Kirche des Wessobrunner Bau-

Der Geigenbau hat in Mittenwald Tradition.

Action & Sport

MOUNTAINBIKE	KLETTERSTEIGE	RAFTING	CANYONING	REITEN
PARAGLIDING	DRACHENFLIEGEN	KLETTERGÄRTEN	TENNIS	WINDSURFEN
KAJAK/KANU		WASSERSKI	TAUCHEN	HOCHSEILGARTEN	GOLF

TOP TIPP Ein eigener **Rad- und Mountainbike-Führer** listet die zahlreichen Möglichkeiten im Oberen Isartal auf. Viele Wege und Straßen durchziehen die malerische Buckelwiesenlandschaft rund um Mittenwald, führen vorbei an idyllischen Seen oder hinein in wunderbare Täler. Zu den einfacheren Strecken zählen die Runde von Mittenwald über Lauter- und Ferchensee nach Elmau (1008 m) mit Rückfahrt über Klais sowie entlang der Isar nach Vorderriß (782 m). Anspruchsvoller sind die Mountainbike-Touren durch das Seinsbachtal zur Krinner-Kofler-Hütte (1394 m) oder von Krün zur Fischbachalm (1403 m). Die Strecken können beliebig miteinander verbunden werden, sodass für jedes Können die passende Runde zusammengestellt werden kann; geführte Touren und Mountainbike-Verleih: Skischule Krün; Tel. 0 88 25/92 18 80

Golf	Golfclub Wallgau	9-Loch-Platz, Drivingrange beim Golf- und Landclub Karwendel; Tel. 0 88 25/21 83; www.golfclub-karwendel.de
Tennis	Tennis-Center Mittenwald	Tennishalle in Mittenwald im Ried sowie 11 Sandplätze; Tel. 0 88 23/17 17; www.mittenwalder-sportcenter.de Weitere Tennisanlagen in Krün und Klais; Tel. 0 88 25/15 38
Reiten	Reitschule Krün	Ausritte, Kurse, Wanderritte in der Reitschule im Gestüt Schmalensee; Tel. 0 88 23/23 54

meisters Josef Schmutzer und zahlreichen mit Lüftlmalereien verzierten Häusern, die wie der Geigenbau zum Ruf Mittenwalds beigetragen haben. Die Kultur ist hier wie in den anderen Gemeinden des Oberen Isartals nicht nur verwurzelt, sie wird auch gelebt. Ein Beweis dafür sind zahlreiche traditionellen Feste, die hier den Sommer über gefeiert werden.

Blumenreiche Buckelwiesen

Zu den Besonderheiten zählt auch die Kulturlandschaft, die sich in den Mittenwalder Buckelwiesen in kostbarer Ausprägung zeigt. Die bucklige Oberfläche mit blumenreichen Wiesen, die besonders schön auf einem Rücken zwischen Mittenwald und dem nördlich gelegenen Krün zu sehen sind, entstand bereits am Ende der Eiszeit. Weite Teile werden noch heute traditionell bewirtschaftet: nicht gedüngt und mit der Sense gemäht – viel Arbeit für wenig Lohn. Auf Wander- und Radwegen, vorbei an der 1998 eingeweihten Kapelle Maria Rast, kann jeder die größten Buckelwiesenbestände der Alpen erkunden und sich an der Blumenpracht erfreuen. Der Fremdenverkehr spielte im Oberen Isartal schon im 19. Jh. eine wichtige Rolle, und daran hat sich bis heute nichts geändert. Bereits 1879 wurde bei Krün ein erstes Hotel am Barmsee errichtet, der noch heute zu den beliebtesten Badegewässern weit und breit zählt. Zwischen den Ausläufern des Estergebirges, Krün, Wallgau und dem Barmsee dehnen sich weite Wiesen aus, geschmückt mit zahlreichen Holzstadeln. Zum Greifen nah ist hier lediglich die Soierngruppe mit der Schöttelkarspitze. Das schönste Motiv geben allerdings die Wiesen mit der Kette des Wettersteins ab – ein beliebtes Postkartenmotiv, an dem niemand vorbeikommt.

Ausflugsziel beim Kranzberg: der Lautersee

Adressen & Bergbahnen — Landesvorwahl 00 49

Mittenwald (912 m)	Kurverwaltung Mittenwald; Tel. 0 88 23/3 39 81; E-Mail: kurverwaltung@mittenwald.de; www.mittenwald.de	❶ Mittenwald Karwendelbahn Berg/Tal 20 €
Krün (875 m)	Verkehrsamt Krün; Tel. 0 88 25/10 94; E-Mail: tourist-info@kruen.de; www.kruen.de	❷ Mittenwald Kranzberg-Sesselbahn Berg/Tal 5,50 €
Wallgau (866 m)	Verkehrsamt Wallgau; Tel. 0 88 25/92 50 50; E-Mail: tourist-information@wallgau.de; www.wallgau.de	
Entfernungen	Hamburg 884 km; Berlin 695 km; Köln 697 km; Frankfurt a. M. 502 km; Stuttgart 322 km; München 109 km	Siehe auch Preisteil S. 634

Restaurants

Arnspitze
Von außen ist das Lokal eher unscheinbar, doch Feinschmecker kennen das kleine Familienrestaurant schon lange.

Küchenchef Herbert Wipfelder ist verantwortlich für die Köstlichkeiten gehobener bayerischer, französischer und italienischer Küche; Tel. 0 88 23/24 25; www.arnspitze-mittenwald.de

Alpengasthof Gröblalm
Unter Einheimischen in Mittenwald ist die Gröblalm als Windbeutel-Alm bekannt, hier gibt es die größten Windbeutel weit und breit. Wer zu viele davon gegessen hat, der geht am besten im Anschluss in die familieneigene Schnapsbrennerei; Tel. 0 88 23/91 10; www.groeblalm.de

Gasthof Stern
Stammtisch, regionale Schmankerl, hausgemachte Kuchen und rustikale Räumlichkeiten: Das Mittenwalder Gasthaus zeigt Bayern, wie man es sich vorstellt. Besonders zu empfehlen sind die Lammgerichte; Tel. 0 88 23/93 58; www.stern-mittenwald.de

Gasthof Schöttlkarspitz
Die hauseigene Metzgerei des traditionsreichen Krüner Gasthauses bürgt für die Qualität der Fleischgerichte, auf den Tisch kommen bayerische Schmankerln, Grill-, Fisch- und Wildgerichte; Tel. 0 88 25/20 05; www.gasthof-schoettlkarspitz.de

Alpenpark Karwendel
Im Juni 1998 wurde das Besucherzentrum des Alpenparks Karwendel im Tourismusbüro in Scharnitz (direkt nach dem Grenzübergang Mittenwald) eröffnet. In der Informationsstelle bekommt man alle notwendigen Wanderinformationen über das Karwendel wie Hütten-Öffnungszeiten und Kartenmaterial. Zu sehen sind auch Ausstellungsstücke aus dem und um das Karwendelgebirge, historische, geologische und biologische Besonderheiten sowie ein 8000 Jahre altes Elchskelett, das der Bergführer Toni Gaugg in der Vorderkarhöhle gefunden hat; www.karwendel.org

Wanderkarten

Karte des **Bayerischen Landesvermessungsamtes**; UK L 30 Karwendelgebirge, 1:50000
Alpenvereinskarte; Blätter 4/3 Wetterstein- und Miemninger Gebirge, 5/1 Karwendel; 1:25000
Freytag & Berndt WK 323, Karwendel; 1:50000

Straßenatlas Siehe S. 778

BAD TÖLZ – LENGGRIES
OBERBAYERN

ACTION & SPORT

WANDERN & BERGTOUREN

FUN & FAMILY

WELLNESS & GENUSS

Bayern aus dem Bilderbuch

Ferien und Wasser: Das sind zwei Begriffe, die zusammengehören. Umso besser, wenn noch Berge dazukommen. Und Action und Fun für die jungen Gäste, Kunst und Kultur für die jung Gebliebenen. Dazu noch Wellness für alle. Wo man das ganze Angebot bekommt, ohne um die halbe Welt zu reisen? Im Isarwinkel, am Rand der Bayerischen Alpen!

In Bad Tölz wetteifern malerische Fassaden und schmucke Cafés um die Gunst der Besucher.

Promi-Tipp

Florian Rein, Schlagzeuger bei der Kultband »Bananafishbones« und bei der Tölzer Stadtkapelle: »Tölz ist Heimat. In die Berge gehen, mit Freunden am Kirchsee rumlümmeln, beim Jagerwirt in Kirchbichl eine Halbe trinken, ein Traumprogramm! Oder mit der Stadtkapelle durch die Marktstraße marschieren, am Schlagzeug, wie früher. Einfach schön.«

ADAC der perfekte Urlaubstag

10 Uhr: mit dem Sessellift auf den Blomberg ❶, kleine Wanderung zum Zwiesel mit großem Gipfelpanorama, danach Mittagessen im Blomberghaus

13 Uhr: zu Fuß zur Mittelstation, auf der Sommerrodelbahn zur Talstation hinab und nach Bad Tölz; Stadtbummel und Kaffeetrinken

18 Uhr: abendliche Ballonfahrt am Alpenrand mit Ballooning Reichart; Tel. 0 80 41/7 71 55, www.ballooning-reichart.de

20 Uhr: »Zauberfondue« in Bad Heilbrunn: sich beim Abendessen verzaubern lassen

---

Lässt man Kinder eine Berglandschaft zeichnen, sehen die Ergebnisse meist sehr ähnlich aus: oben die Bergspitzen, grün und ein bisschen grau. Viel Wald und Almen mit Kühen und Blumen. Im Tal Bauernhöfe, Dörfer, die Eisenbahn, ein Fluss, ein See und ein großes Schwimmbad mit Wasserrutsche. Wie herrlich, dass es diese Kinderfantasie auch in natura gibt: zwischen der Kurstadt Bad Tölz und dem vor allem als Skiort bekannten Lenggries, nur eine knappe Autostunde Fahrt von München entfernt.

Auf den Mauern einer 1180 erbauten großen Burg wurde das alte Tölz gegründet. Frühen Reichtum erlangten seine Einwohner ab dem 13. Jh., als sie von ihrem Standort am Schnittpunkt zweier wichtiger Verkehrswege profitierten – der Isar und der alten Salzstraße von Bad Reichenhall ins Allgäu. Das »neue Tölz« entstand 1845 – mit der Entdeckung von Jodquellen am Fuß des Blombergs. Seit 1899 führt der Ort das »Bad« im Namen. Diverse Kureinrichtungen gibt es zwar immer noch, doch die Ferienregion hat längst einen modernen, vielgestaltigen Gesundheitstourismus etabliert. Sinnbild für den Imagewandel ist das große Spaßbad »Alpamare« mitten in Bad Tölz. Sieben Wasserrutschen gibt es da, das längste Rohr misst 330 m, auf der steilsten Rutschfahrt geht es mit 92 Prozent Gefälle in die Tiefe.

Wer danach Lust auf einen richtigen Badesee hat, fährt an Lenggries vorbei zum Sylvensteinsee. Sein 42 m hoher Staudamm, 1959 errichtet, dient nicht der Stromerzeugung, sondern dem Hochwasserschutz. Im Sommer wird das Wasser im See oft über 22 °C warm, kinderfreundliche Badeplätze findet man nahe der 400 m langen Straßenbrücke am Südufer sowie südlich der Ortschaft Fall.

Familienfreundliche Bergerlebnisse

Vom Sylvensteinsee nach Westen bis Vorderriß erscheint das Isartal als eine unbesiedelte, an die kanadische Wildnis erinnernde Busch- und Kieslandschaft. Hier können Kinder mit Steinen und Wasser spielen, über die weiten Kiesflächen stromern und zwischen Büschen, feuchten Mooswiesen und Waldstücken zu biologischen Exkursionen starten.

Im idyllisch gelegenen Vorderriß verbrachte übrigens der Schriftsteller Ludwig Thoma von 1867 bis 1873 seine Jugend. Dann und wann hatte er während dieser Jahre auch den bayerischen Märchen-

Wandern & Bergtouren

TOP TIPP
Wie der Rücken eines riesigen Urwelttieres erhebt sich die **Benediktenwand** ❶ (1800 m) am Alpenrand über Benediktbeuern. Der lange Höhenweg von der Seilbahn-Bergstation am Brauneck (1555 m), ❷ zur Benediktenwand ist eine der schönsten und aussichtsreichsten Bergwanderungen in den Bayerischen Alpen und entsprechend beliebt (ca. 3–4 Std.). Nur der Abschnitt über die Achselköpfe (1709 m) verlangt etwas Trittsicherheit und Schwindelfreiheit, er kann aber auf der Hauptroute nördlich bequem umgangen werden. Vom Gipfel mit seinem einzigartigen Panorama geht es nach Süden zur Bichleralm (1438 m) steil hinab und »ein Stockwerk tiefer« auf dem Höhenweg über sonnige Almterrassen (Scharnitzalm, Krottenalm) zurück zum Brauneck (ca. 3 Std.). Einkehr: Brauneckhaus, Tölzer Hütte, Stie-Alm (mit Schaukäserei), Quengeralm

Zwiesel (1348 m) – **Blomberg** (1237 m) Über den Tölzer Hausberg mit hervorragender Aussicht	Ausgangspunkt: Waldherralm, Wackersberg (750 m); Seiboldsalm – Schnaiteralm (1245 m) – Zwiesel – Blomberghaus (1203 m) – Blomberg – Heiglkopf (1205 m) – Waldherralm; einfache Wanderung; Zeit: ca. 4 Std.; Einkehr: Waldherralm, Blomberghaus
Geierstein (1491 m) Wunderschöne Rundtour in ursprünglichem Gelände, teilweise auf recht steilen Steigen	Ausgangspunkt: Schloss Hohenburg, Lenggries (708 m); Markeck (1057 m, Ausblick) – Geierstein – über den Gipfelgrat und am Ende links steil hinab (unangenehm bei Nässe) zur Weggabelung – links hinab nach Lenggries und auf Feldwegen und Sträßchen am oberen Ortsrand zurück zum Ausgangspunkt; etwas Trittsicherheit im Gipfelbereich erforderlich, Abstieg vom Gipfel bei Nässe unangenehm; Zeit: ca. 5 Std.; Einkehr: keine
Seekarkreuz (1601 m) Ein herrlicher, einfacher Aussichtsberg mit gemütlicher Einkehr	Ausgangspunkt: Schloss Hohenburg, Lenggries (708 m); auf Forstweg bis knapp hinter die Sticklalm (910 m) – rechts auf Wanderweg zur Lenggrieser Hütte (1338 m) – auf Gipfelweg zum Seekarkreuz und zurück zur Hütte – auf gutem Pfad nach Westen hinab und über die Grasleite und Mühlbach zurück zum Ausgangspunkt; einfache Bergwanderung; Zeit: ca. 5–6 Std.; Einkehr: Lenggrieser Hütte
Staffel (1532 m) Gemütliche Bergwanderung über der lieblichen Kulturlandschaft der Jachenau	Ausgangspunkt: Niggeln in der Jachenau (742 m); Raitgraben – Staffelalm – Staffel – Staffelalm – auf gutem Steig nach Westen zu Forststraße im Wilfetsgraben – Fleck – Niggeln; einfache Bergwanderung; Zeit: ca. 4 Std.; Einkehr: keine
Rabenkopf (1555 m) Etwas längere, aber abwechslungsreiche und stille Bergwanderung von Jachenau aus	Ausgangspunkt: Jachenau Ort, bei der Kirche (790 m); auf Wanderweg nach Norden ins Laintal – kurz vor der Lainlalm links ins Tal des Rappinbaches – Rappinalm (910 m) – Kochleralm (1173 m) – Staffelalm – Rabenkopf – Staffelalm – Walchenalm (1132 m) – Lainlalm – Laintal – Jachenau; lange Bergwanderung, in der Rappinschlucht etwas Trittsicherheit erforderlich; Zeit: ca. 6 Std.; Einkehr: keine

EVENTS

- Mai/Juni: Tölzer Rosentage
- August: Hillside Festival, Bad Tölz, www.hillside.de
- November: Leonhardifahrt, Bad Tölz

TOP TIPP

Nordic-Fitness-Park Tölzer Land ❷
Rund 40 km misst das Streckennetz in diesem 2003 eröffneten Fitnesspark für Nordic Walking. Es gibt sechs Strecken von 2,3 km bis 11,5 km Länge am linken Isar-Hochufer zwischen Bad Tölz und Wackersberg. Am anspruchsvollsten ist die 8,6 km lange »schwarze« Route auf den Blomberg (667 Höhenmeter). An den Ausgangspunkten sind Tafeln aufgestellt, unterwegs weisen Schilder die Richtung. Die Tölzer Nordic-Walking-Hotels bieten spezielle 2- und 7-Tage-Pauschalen. Schnupper- und Aufbaukurse sowie Erlebnistouren und Fitnesstests bei Montevia, Tel. 0 88 51/61 46 30, www.montevia.de

könig Ludwig II. im Königshaus nebenan zum Nachbarn.

Die Isar ist die Lebensader des Tölzer Landes. Seit den Stadtgründungen von München (1158) und Landshut (1204) war sie ein wichtiger Transportweg, auf dem Holz und Holzkohle, seit dem 16. Jh. auch die gefragten »Kisten« (Truhen) und »Kästen« (Schränke) der Tölzer Schreinerzunft nach Norden trieben. Ein weiteres Transportgut war Kalk, der in mehr als 40 Kalköfen zwischen Mittenwald und Tölz gebrannt wurde. Den Rohstoff, angeschwemmte Kieselsteine, sammelten Frauen – die »Stoaklauberinnen« – aus dem Bett der Isar und trugen sie zu den kegelförmigen, gut 6 m hohen Öfen. Heute ist in Lenggries noch einer der alten Kalkbrennöfen zu besichtigen (am westlichen Isarufer am Kalkofenweg, mit Infotafeln). Und auf der 26 km langen Flussstrecke vom Sylvensteinspeicher

Das Erlebnisbad »Alpamare« in Bad Tölz bietet Wasserspaß drinnen und draußen.

An der Isar führen fantastische Radwege entlang.

🇩🇪 Bad Tölz – Lenggries

bis nach Bad Tölz vergnügen sich Jung und Alt beim Rafting.

Gleichermaßen beliebt und familienfreundlich sind die Radwege der Region, allen voran der ausgeschilderte Isarradweg mit seinem Teilstück zwischen Bad Tölz und dem Sylvensteinsee. Eine Empfehlung verdient auch die Rundtour auf schönen Wegen und Nebenstraßen zwischen Bad Tölz und Lenggries: links der Isar über Wackersberg und Arzbach hin, rechts der Isar über Obersteinbach, Untermberg, Mühle und Gaißach zurück. Immer am Saum der Berge entlang, ohne große Steigungen, fährt man durch das seit Jahrhunderten gewachsene Bauernland. Wer mit dem Mountainbike unterwegs ist, kann sich im dichten Netz von Wirtschaftswegen und Forststraßen nach Lust und Laune vergnügen.

Weite Bereiche der lieblichen Berglandschaft auf beiden Seiten der Isar sind jedoch »Fußgängerzone«. Der Sessellift auf den Blomberg über Bad Tölz und die Gondelbahn zum Brauneck erschließen einzigartige Aussichten, schöne Höhenwege und gemütliche Berggasthäuser. Auch Familien mit Kindern freuen sich über die Aufstiegshilfen, vor allem am Blomberg, wo man auf einer gut 1,2 km langen Sommerrodelbahn rasant zu Tal rutschen kann. Spannendes Naturerleben vermittelt das Zentrum für Umwelt und Kultur ZUK im Kloster Benediktbeuern: Hofbesichtigungen, Moorexkursionen, Kräuter-, Bach- und Waldwanderungen stehen ebenso auf dem Plan wie künstlerisches Gestalten in und mit der Natur. Der Besuch in Benediktbeuern ist ohnehin Pflicht: Das im Jahr 1803 säkularisierte Kloster mit seinen zwei Zwiebeltürmen vor

Hütten

Lenggrieser Hütte (1338 m)
Die gemütliche DAV-Hütte unter dem Seekarkreuz (1601 m) ist ein beliebtes Ausflugsziel. Besonders lecker schmecken hier der Schweinebraten (nur am Wochenende) und zum Kaffee die selbst gemachten Kuchen. Von Schloss Hohenburg bei Lenggries entweder über die Stickelalm (910 m) oder über Mühlbach und die Grasleite erreichbar, jeweils 2 Std. (schöner Rundweg, lohnender Abstecher zum Seekarkreuz, 1 Std.). Di Ruhetag, 44 Schlafplätze; Tel. 01 75/5 96 28 09

Stie-Alm (1520 m)
Die Stie-Alm mit ihrer bekannten Schaukäserei ist ein großes Berggasthaus am Fuß des »Idealhanges« im Ski- und Wandergebiet Brauneck. Zugleich ist sie die höchstgelegene Bergbauernhof in Deutschland und Aufzuchtbetrieb für Kaltbluthengste. Die ausgezeichnete Küche bietet Fleisch vom eigenen Almvieh, selbst gebackenes Holzofenbrot sowie Milch und Käse aus eigener Herstellung. In ca. 30 Min. von der Bergstation der Brauneck-Bergbahn ② erreichbar; 115 Schlafplätze in Doppelzimmern und Lagern; Tel. 0 80 42/23 36, www.stie-alm.de

Kletterzentrum Bad Tölz
Frei von Wettersorgen klettert man im 2004 eröffneten Kletterzentrum des Alpenvereins auf dem Gelände der ehemaligen Flintkaserne. Die hochmoderne Anlage bietet 165 Routen indoor und 25 Routen outdoor bei Wandhöhen bis zu 12 m und Kletterschwierigkeiten zwischen 3 und 10. Mit Bistro und Seminarraum. Geöffnet Mo–Fr 14.30–23 Uhr, Sa/So und feiertags 10–19 Uhr. Tel. 0 80 41/7 95 20 30, www.kletterzentrum-badtoelz.de

Wer Naturfels bevorzugt, erreicht mit kurzen Zustiegen die schönen Klettergärten in Bad Heilbrunn (viele leichtere Routen) und auf dem Brauneck. Kletterkurse für Groß und Klein bietet u.a. die Bergschule Hydroalpin in Lenggries, Tel. 0 80 42/9 85 31, www.hydroalpin.de

Wellness & Genuss ✺✺✺✺

TOP TIPP Gläser verschwinden plötzlich, Karten mischen sich auf mysteriöse Weise, Geister kommen ins Spiel – und das alles beim Abendessen. Natürlich nicht bei irgendeinem, sondern beim **Zauberfondue** ③ im Hotel Oberland (Bad Heilbrunn). Eingebettet in lustige, manchmal auch gruslige Geschichten entführt der Abend ins Reich der Magie. Der Chefzauberer ist übrigens auch der Chefkoch und holt seine Gäste mit einem üppigen Fleischfondue mit fünferlei Saucen und einem großen Büfett auf den Boden der Tatsachen zurück. Jeden Samstag ab 20 Uhr, für Gruppen auf Anfrage; für Kinder unter 6 Jahren nicht geeignet. Infos: Gästeinformation Bad Heilbrunn, Tel. 0 80 46/3 23

Wellness-Hotel Villa Bellaria Bad Tölz	Eines von vielen Angeboten im Wellness-Hotel: Die Sand- und Lichttherapie »Sabbia med« setzt auf warmen Wüstensand und sanftes UV-Licht für gesunde Bräune. So lässt sich – auch bei schlechtem Wetter – die wohlige Entspannung eines Sonnentages erleben, vom Sonnenaufgang bis zum Sonnenuntergang. Begleitet von dezenter Musik. Tel. 0 80 41/8 00 80, www.villa-bellaria.de
Meditationsgarten Benediktbeuern	Auf dem Klostergelände gibt es einen Meditationsgarten, der sich an die archaische Kunstform eines Labyrinths anlehnt. Der Grundriss des Benediktbeurer Labyrinths orientiert sich an dem berühmten Bodenlabyrinth in der Kathedrale im französischen Chartres. Tel. 0 88 57/8 87 01, www.zuk-bb.de
Villa Vivendi Bad Tölz	In der denkmalgeschützten Jugendstilvilla am Stadtrand von Bad Tölz findet eine Vielzahl von Wochenendseminaren zum Themenkomplex Wohlbefinden statt, z.B. »Der Weg zum Glück – Was das Leben lebenswert macht«. Theologen, Therapeuten, Philosophen und Künstler gestalten die Angebote. Tel. 0 80 41/7 92 95 77, www.villavivendi-badtoelz.de

Adressen & Bergbahnen — Landesvorwahl 00 49

Urlaubsregion	**Tölzer Land** Tourismus, Tel. 0 80 41/50 52 06; E-Mail: info@toelzer-land.de; www.toelzer-land.de
Bad Tölz (658 m)	Tourist-Information Bad Tölz, Tel. 0 80 41/7 86 70; E-Mail: info@bad-toelz.de; www.bad-toelz.de
Lenggries (679 m)	Gästeinformation Lenggries, Tel. 0 80 42/5 01 80; E-Mail: info@lenggries.de; www.lenggries.de
Weitere Orte	**Bad Heilbrunn** www.bad-heilbrunn.de • **Benediktbeuern** www.benediktbeuern.de • **Jachenau** www.jachenau.de
Entfernungen	Hamburg 830 km; Berlin 641 km; Köln 632 km; Frankfurt a. M. 448 km; Stuttgart 270 km; München 55 km

① Bad Tölz
Blombergbahn
Berg/Tal 7 €

② Lenggries
Brauneckbahn
Berg/Tal 14 €

Siehe auch Preisteil S. 635

Wandern mit Aussicht am Brauneck-Höhenweg

der Bergkulisse der Benediktenwand gehört zu den Wahrzeichen Oberbayerns. Heute sind hier neben dem Umweltmuseum eine Jugendherberge, ein Jugendclub und eine Jugendbildungsstätte untergebracht.

Die Benediktenwand ist übrigens der höchste Wanderberg der Region. Kenner schwärmen darüber hinaus von Geierstein, Seekarkreuz und Schönberg auf der anderen Seite der Isar. Regelrechte Geheimtipps sind die Gipfel über dem bezaubernden Hochtal der Jachenau, etwa Staffel, Hirschhörnlkopf oder Rabenkopf. Überhaupt die Jachenau: Wer sie zu Fuß, auf dem Fahrrad oder Mountainbike besucht, fühlt sich in ein lebendiges Bilderbuch versetzt. Über den Talboden verstreut liegen kleine Orte und malerische Höfe, die zu den schönsten in ganz Bayern zählen. Im Talgrund fließt ein Bach, darüber thronen die Bergspitzen – wie auf dem Kinderbild eben.

Fun & Family

Alpamare Bad Tölz	Lange Wasserrutschen, Indoor-Surfen, Wellenbad, Thermalbecken; Tel. 0 80 41/50 99 99; www.alpamare.de
Sommerrodelbahn Blomberg, Bad Tölz	17 Steilkurven, 40 Schikanen, 220 m Höhenunterschied; ab 8 Jahren allein; Tel. 0 80 41/37 26; www.blombergbahn.de
Falkenhof Lenggries	Flugvorführungen mit Greifvögeln am Jaudenhang bei Wegscheid, Mai bis Okt. Mi–So 11 u. 16 Uhr; Tel. 0 80 42/97 85 08; www.vogeljakob.de
Tiermuseum Lenggries	Größtes privates Museum mit Tierpräparaten in Deutschland; tägl. 10–16 Uhr; Tel. 0 80 42/25 10
Natur erleben Benediktbeuern	Erlebnispädagogische Programme im Zentrum für Umwelt und Kultur im Kloster Benediktbeuern, Tel. 0 88 57/8 87 00; www.zuk-bb.de

TOP TIPP Dem Weg des Wassers folgen: Beim **Rafting** ④ auf der Isar lässt man sich das kühle Nass um die Ohren spritzen und bekommt einen lebhaften Eindruck von der Arbeit der alten Flößer. Das Abenteuer ist familienfreundlich: Kinder ab etwa 4 Jahren dürfen mit in die Schlauchboote. Informationen: Viactiva (Tel. 0 80 45/91 69 16, www.viactiva.de) oder bei Active Events (Tel. 0 80 42/50 13 27, www.active-events.de)

TOP TIPP **Fliegenfischen** ⑤ Die Urform des Angelns und gleichzeitig seine hohe Kunst: An der Isar kann man sich in die Geheimnisse des Fliegenfischens einweihen lassen – ein faszinierendes Naturerlebnis mit sportlicher Note. »Alpine Angler« (www.alpineangler.de) bieten spezielle Kurse und Seminare an. Für Einsteiger eignen sich 2-Tage-Pauschalen. Infos bei der Tourist-Information Bad Tölz, Tel. 0 80 41/7 86 70, www.bad-toelz.de

Wanderkarten

Karte des **Bayerischen Landesvermessungsamtes**, UK L18, Bad Tölz – Lenggries und Umgebung, 1:50000
Wanderkarte der Tourist-Information Bad Tölz, 1:25000 (mit Radwegen, Mountainbikerouten und zusätzlichem Wanderführer)

Hotelempfehlungen

Lenggries S. 659

Straßenatlas S. 765

TEGERNSEER TAL
OBERBAYERN

Ein oberbayerisches Bilderbuchidyll: Der Ort Tegernsee liegt am Ostufer des gleichnamigen Sees. Der Wallberg beherrscht die alpine Kulisse.

ACTION & SPORT

WANDERN & BERGTOUREN

FUN & FAMILY

WELLNESS & GENUSS

Blicke ins Paradies

Die Landschaft um den Tegernsee steht für viele Urlauber als Synonym für Oberbayern pur. Wie in einem Bilderbuch finden sie hier alles, was das Herz begehrt – Berge, Seen und bayerische Lebensart.

ADAC der perfekte Urlaubstag

- **9 Uhr:** mit der Wallbergbahn ❶ und dann zu Fuß (Zeit: ca. 30 Min.) zum Wallberg-Gipfel; Abstieg mit Einkehr in der Wallbergmoos-Hütte
- **13 Uhr:** entspannen im See- und Warmbad Rottach-Egern – mit schönem Blick zurück zum Wallberg
- **16 Uhr:** Seerundfahrt auf dem Tegernsee
- **18 Uhr:** Besuch im traditionsreichen Tegernseer Bräustüberl – Bier aus der Herzoglichen Brauerei Tegernsee, bayerische Küche mit sympathischem Preis-Leistungs-Verhältnis (www.braustuberl.de)

Irgendwie sind sie wirklich zu beneiden, die Menschen, die am Tegernsee leben. Haben sie doch alles direkt vor der Haustür, was einen Oberbayern-Prospekt ziert. Kein Wunder also, dass an den Wochenenden zahlreiche Münchner »ins Tal« kommen und dass die Gegend für so manchen, der einst als Tourist kam, zur zweiten Heimat wurde.

Eingangstor für die meisten Gäste ist die Ortschaft Gmund am Nordufer des 6 km langen, etwa 2 km breiten und bis zu 72 m tiefen Sees. Welch malerischer Flecken sich hinter diesen nüchternen Zahlen verbirgt, lässt sich genüsslich vom Biergarten des Wirtshauses Kaltenbrunn (etwa 1 km westlich vom Ortskern) überblicken. Der ehemals herzogliche Gutshof auf dem grünen Uferhügel zählt zu den schönsten Aussichtspunkten des Tegernseer Tales. Als könne ihn kein Wässerchen trüben, glitzert der blaue See zwischen grünen Bergen. Die Gemeinden am Ufer fügen sich diskret ins harmonische Gesamtbild. Rechts herum geht es nach Bad Wiessee, links nach Tegernsee. Hinten, am Südende des Sees, liegt Rottach-Egern. Und ganz hinten, wenige Kilometer vor der Grenze zu Österreich, befindet sich das vergleichsweise ländlich ruhige Dorf Kreuth.

Die Berge rundum sind typische Vertreter der bayerischen Voralpen: nicht besonders hoch und von eher sanften Formen. Nur selten stößt ein kleiner, schroffer Kalkgipfel oder eine vorwitzige Felsnadel zwischen dunklen Waldbuckeln hervor. Wenngleich die alpinistischen Herausforderungen sich in Grenzen halten, haben die kleinen Berge im Vorfeld der großen Alpen einen herausragenden Vorteil zu bieten. Gerade hier finden sich nämlich die besten Logenplätze mit freiem Blick hinüber zu den »richtigen Bergen« im Alpenhauptkamm.

Das bekannteste Bergmassiv am Tegernsee ist der Wallberg über Rottach-Egern. Unübersehbar – wie ein Wall eben – steht er im Süden des Tales. Eine Gondelbahn führt bis kurz unter den Gipfel und

Wandern & Bergtouren

TOP TIPP Das Felsmassiv von Ross- und Buchstein gehört zu den imposantesten Vertretern der Tegernseer Berge und hat Wanderern und Kletterern einiges zu bieten. Seinen Bekanntheitsgrad verdankt es allerdings der **Tegernseer Hütte** (1650 m) ❶, die wie ein Adlerhorst zwischen den beiden Gipfeln klebt. Die Rast im Mini-Biergarten über dem Abgrund ist ein außergewöhnliches – wenn auch selten exklusives – Erlebnis. Der kürzeste Aufstieg beginnt am großen Wanderparkplatz (ca. 850 m) an der Straße von Kreuth zum Achenpass. In steilen Serpentinen geht es über die Sonnbergalmen zum Fuß des Massivs. Der direkte Weg zur Hütte führt dann entlang der soliden Sicherungen über die Felsen hinauf. Wem dies zu exponiert erscheint, der wählt die leichtere – aber längere – Variante, die nach links abzweigt. Zeit: ca. 2,5 Std.; auf die beiden Gipfel (beim Buchstein unbedingt Trittsicherheit nötig!) jeweils ca. 15 Min.; Informationen unter Tel. 01 75/4 11 58 13

Neureuth (1263 m) Traditionstour der Tegernseer – und der Münchner	Ausgangspunkt: Bahnhof Tegernsee (ca. 750 m); den Wegweisern am Bahnhofsvorplatz folgend nach links Richtung Hotel Bayern – kurzer Höhenweg nach Norden – in Serpentinen durch Wald auf den freien Rücken – Neureuth; Rückweg evtl. über den Winterweg zum Lieberhof; einfache, breite, markierte und beschilderte Steige; Zeit: ca. 3 Std.; Einkehr: Neureuthhaus
Baumgartenschneid (1444 m) Reizvoller Aufstieg und prächtiger Tegernsee-Blick	Ausgangspunkt: Wanderparkplatz oberhalb vom Schwaighof, zwischen Tegernsee und Rottach (ca. 800 m); Berggasthof Galaun (1060 m) – Riederstein (1207 m) – Baumgartenschneid; Rückweg auf gleicher Route; zum Galaun breiter Wirtschaftsweg, danach mittelschwerer, markierter Bergsteig; Zeit: ca. 3,5 Std.; Einkehr: Berggasthof Galaun
Risserkogel (1826 m) Kammwanderung zum höchsten der Tegernseer Berge	Ausgangspunkt: Bergstation der Wallbergbahn ❶ (1624 m); Abstieg zum Wallberghaus – weiter auf dem Waldlehrpfad, der zuerst die Setzberg-Ostflanke quert und dann meist am Kamm zum Gipfel des Risserkogels führt; Rückweg auf gleicher Route; am Gipfelkamm Trittsicherheit erforderlich (stellenweise Drahtseilsicherung); Zeit: ca. 4 Std.; Einkehr: Wallberg-Bergstation, Wallberghaus
Hirschberg (1670 m) Beliebter Wanderklassiker	Ausgangspunkt: Wanderparkplatz in Scharling bei Kreuth (760 m); Aufstieg auf breitem Wirtschaftsweg zur Hirschlache – Wanderpfad durch die Nordflanke oder über den Kratzer – Hirschberghaus – Rauheck – Gipfel; Rückweg auf gleicher Route; leichte Bergwanderung; Zeit: ca. 4 Std.; Einkehr: Hirschberghaus
Fockenstein (1564 m) Hausberg der Wiesseer mit obligatorischer Einkehr	Ausgangspunkt: Wanderparkplatz beim Wirtshaus Sonnenbichl über Bad Wiessee (840 m); Zeiselbachtal – Aueralm (1270 m) – Neuhüttenalm – Fockenstein; Abstieg zur Aueralm, dann über Waxlmoosalm und Waxlmooseck zurück zum Ausgangspunkt; leichte Bergwanderung, bis Neuhüttenalm Wirtschaftsweg, dann Bergsteig; Zeit: ca. 5 Std.; Einkehr: Aueralm

eine mautpflichtige Panoramastraße hinauf zum Wallbergmoos. Genügend Spielraum für Wanderer und Bergsteiger ist trotzdem geblieben. Hinter dem breiten Klotz verbergen sich ein paar stattliche Trabanten von unterschiedlicher Statur. Während am bizarr gezackten Kalkriff des Blankensteins ohne Kletterkenntnisse nichts geht, ist der benachbarte Risserkogel auch für trittsichere Wanderer ein lohnendes Ziel. Mit seinen steilen Felspartien und tiefen Schluchten wirkt der lange Kamm der Blauberge auf den Betrachter eher abschreckend: Wie ein Bollwerk riegelt er das Kreuther Tal nach Süden hin ab. Entsprechend abenteuerlich ist der mühsame Aufstieg durch die Wolfsschlucht und lang der Weg über den Grat zum höchsten Gipfel, dem Halserspitz. Deshalb geben sich viele mit dem Schildenstein zufrieden, dem zahmen Außenposten im Westen.

Berge locken – und Hütten auch

Fast ein Muss für den wandernden Tegernsee-Besucher ist der Aufstieg zur Tegernseer Hütte, die spektakulär zwischen Ross- und Buchstein über einer steilen Felswand steht. Ebenfalls zu den Klassikern gehört der Hirschberg bei Kreuth. Und auch hier lockt nicht der Berg allein, sondern das ganzjährig geöffnete Hirschberghaus eine halbe Stunde unterhalb des Gipfels. Der Leonhardstein hat kein Wirts-

Rottach-Egern am Südende des Sees. Mit dem Ruderboot kann man an der Engstelle romantisch ans andere Ufer wechseln.

See- und Warmbad
Nicht nur dann, wenn das kristallklare Wasser des Sees noch oder schon zu kalt ist, empfiehlt sich der Besuch im See- und Warmbad in Rottach-Egern. Die Erlebniswelt rund ums Wasser bietet Trainingsmöglichkeiten und Entspannung gleichermaßen. Vom Seeufer nur durch einen Sandstrand getrennt ist das große, 26 °C warme Sportbecken in wettkampftauglicher Größe. Daneben gibt es ein 560 m² großes Spaßbecken, einen Strömungskanal, die 51 m lange Wasserrutsche – und im 33 °C warmen Massagebecken Whirlpools mit acht Luftperl-Liegen. Kinderbecken mit Verbindungsrutsche, diverse Spielgeräte; Tel. 0 80 22/9 28 90

Schifffahrt auf dem Tegernsee
Kleine und große Rundfahrten auf dem See machen das gemütliche Entdecken der Urlaubsregion möglich. Die »Südliche Rundfahrt« dauert ca. 70 Min., die »Große Rundfahrt« ca. 90 Min. Eine Unterbrechung der Fahrt ist möglich; Tel. 0 80 22/9 33 11; www.bayerische-seenschifffahrt.de

Olaf-Gulbransson-Museum Tegernsee
Dauerausstellung des Wahl-Tegernseers; Wechselausstellungen in den Bereichen Karikatur und Grafik; Tel. 0 80 22/33 38; www.olaf-gulbransson-museum.de

Ruder-Taxi
Der »Überfahrer-Sepp« an der Egerer Bucht ist in eiligen Zeiten wie diesen eine Kuriosität: Mittels einer Glocke wird das Ruder-Taxi über die Egerer Bucht geordert. Anlegestellen: Überfahrt in Egern/Halbinsel Point bei Tegernsee

TEGERNSEER TAL

Hütten

Neureuthhaus (1263 m)
Viele Wege führen hinauf zur beliebten Berggaststätte, die auf einem freien, aussichtsreichen Rücken über Tegernsee steht. Kürzester Zustieg vom Parkplatz am Lieberhof, ca. 1 Std.; keine Übernachtung; Tel. 0 80 22/44 08

Berggasthof Galaun (1060 m)
Die gemütliche Privathütte unterhalb des Riedersteins ist auf dem teilweise steilen Wirtschaftsweg in ca. 1 Std. erreichbar; Tel. 0 80 22/27 30 22

Tegernseer Hütte (1650 m)
In einzigartiger Lage zwängt sich die Hütte des Tegernseer Alpenvereins zwischen die felsigen Gipfel von Ross- und Buchstein. Der Aufstieg auf der Standardroute dauert ca. 2,5 Std.; Tel. 01 75/4 11 58 13, www.dav-tegernsee.de

Buchsteinhütte (1271 m)
Die große Hütte hinter Ross- und Buchstein wird auf breiten Wirtschaftswegen durchs Schwarzenbachtal erreicht. Ausgangspunkt für den ca. 1,5 Std. dauernden Aufstieg ist der Parkplatz Klamm zwischen Kreuth und Achenpass; Tel. 0 80 29/2 44

Schwarzentennalm (1027 m)
Die Almgaststätte im weiten Kessel zwischen Hirschberg sowie Ross- und Buchstein ist beliebte Einkehrstation für Mountainbiker und Wanderer, die von Bad Wiessee oder der Achenpass-Straße heraufkommen; ca. 1 Std. von Klamm an der Achenpassstraße; Tel. 0 80 22/8 30 91

Hirschberghaus (1511 m)
Die beliebte Einkehrstation am viel begangenen Weg zum Hirschberg ist von Scharling bei Kreuth in ca. 2 Std. erreichbar; Tel. 0 80 29/4 65

Aueralm (1270 m)
Die rustikale Almwirtschaft unter dem Fockenstein ist bekannt für deftige, regionale Kost. Aufstieg vom Sonnbichl oberhalb Bad Wiessee durch das Zeiselbachtal in ca. 2 Std.; Tel. 0 80 22/8 36 00

Wallbergmoos-Hütte (1117 m)
Ausgezeichnete regionale Küche, jeden Freitag gibt es Speisen nach altbayerischen Rezepten; Sonnenterrasse; Di Ruhetag; erreichbar auf der Mautstraße von Rottach-Egern oder im Abstieg vom Wallberg; Tel. 0 80 22/56 38; www.wallbergmoos.de

Action & Sport

MOUNTAINBIKE · KLETTERSTEIGE · RAFTING · CANYONING · REITEN
PARAGLIDING · DRACHENFLIEGEN · KLETTERGÄRTEN · TENNIS · WINDSURFEN
KAJAK/KANU · WASSERSKI · TAUCHEN · HOCHSEILGARTEN · GOLF

TOP TIPP: Nachdem der **Ballon** gemeinsam aufgerüstet wurde, bittet der Ballonfahrer an Bord. Sanft geht es nun hinauf in den **Himmel über dem Tegernsee** ❷; nur vom Wind getrieben schwebt der Ballon über Berge und Täler dahin. Ca. 1,5 Std. dauert die Ballonfahrt über dem Alpenvorland. Insgesamt 4 Std. Zeit sollte man allerdings einplanen: für das Aufrüsten, die Ballonfahrt, die traditionelle Tauffeier nach der Landung und die Rückkehr mit dem Verfolgerfahrzeug zum Ausgangspunkt. Gestartet wird ab vier Personen. Ballooning Tegernsee; Tel. 0 80 29/12 21; www.ballooning-tegernsee.de

Mountainbiken	Schwarzentennalm-Runde	Ausgangspunkt: Parkplatz Klamm zw. Kreuth u. Achenpass (ca. 820 m); Schwarzentennalm (1027 m) – am Söllbach nach Bad Wiessee – an der Weissach nach Kreuth – Wildbad Kreuth –Ausgangspunkt; Länge: ca. 30 km, breite Wirtschaftswege, mittelschwer; ca. 2 Std.; geführte Touren, Verleih: Bertls Bikeshop; Tel. 0 80 22/6 54 28; www.bertls-bikeshop.de
Reiten	Reitanlage Kirschner-Alm	Reithalle, Dressurviereck, Longierzirkel, Vielseitigkeitsstrecke, Galopp-Trainingsbahn, Springplatz, Boxen; Schulbetrieb für Anfänger und Fortgeschrittene; Tel. 01 60/4 34 84 89
Paragliding	Fluggebiet Wallberg	Am Wallberggipfel Startplätze für Paraglider und Drachenflieger beim Wallbergkircherl, an der Hintermaueralm und am Gipfel; bei Süd- und Ostwind nicht geeignet!
	Paragliding Tegernsee	Kurse und Tandemflüge; Tel. 0 80 22/25 56; www.para.pbm.de
Tennis	Tennisanlage Tegernseer Tal	Tennishalle mit vier Plätzen, Außenplätze, Tennisschule, Spielervermittlung; Tel. 0 80 22/2 60 71; www.tennis-tegernseer-tal.de
Windsurfen	Segel- und Surfschule Stickl	Segel- und Surfkurse, auch für Kinder; Vermietung von Segel- und Surfausrüstung; Tel. 0 80 22/7 54 72; www.segelschule-stickl.de
Golf	Bad Wiessee	18-Loch-Platz, Par 70; am Rohbognerhof, in reizvoller Hügellandschaft oberhalb vom See; Tel. 0 80 22/87 69; www.tegernseer-golf-club.de
	Birdie-Tegernsee	6-Loch-Platz, Par 18; Driving Range; anspruchsvoller Übungsplatz; Tel. 0 80 22/9 53 79

haus nötig, um auf sich aufmerksam zu machen. Der markante Felszahn über Kreuth behauptet sich geradezu keck zwischen den deutlich höheren Nachbarn. Auf Wanderer wirkt er auf den ersten Blick abschreckend, doch hinter der schroffen Vorderseite verbirgt sich ein breiter, bewaldeter Rücken, über den ein markiertes Steiglein steil und holprig zum luftigen Gipfel führt.

Bevorzugtes Wanderziel von Bad Wiessee aus ist der Fockenstein – und natürlich die gemütliche Aueralm am Aufstiegsweg. Während dort fast immer reger Betrieb herrscht, muss man sich die Aussicht vom Gipfel des gleich nebenan liegenden

Beliebtes Ausflugsziel: das Hirschberghaus.

Adressen & Bergbahnen — Landesvorwahl 00 49

Urlaubsregion	**Tegernseer Tal** Tourismus GmbH; Tel. 0 80 22/92 73 80; E-Mail: info@tegernsee.com; www.tegernsee.com
Orte	**Bad Wiessee** www.bad-wiessee.de · **Gmund** www.gmund.de · **Kreuth** www.kreuth.de · **Rottach-Egern** www.rottach-egern.de · **Tegernsee** www.tegernsee.de
Entfernungen	Hamburg 829 km; Berlin 641 km; Köln 631 km; Frankfurt a. M. 447 km; Stuttgart 288 km; München 54 km

❶ Rottach-Egern
Wallbergbahn
Berg/Tal 14 €

Siehe auch Preisteil S. 635

Traditionelle Gastlichkeit im Tegernseer Bräustüberl.

Ochsenkamp meist nur mit wenigen Gleichgesinnten teilen.

Was den Wiesseern die Aueralm, das ist den Tegernseern auf der anderen Seite des Sees das Neureuthhaus. Die Rottacher wiederum schätzen den Nachmittagsausflug zum Berggasthaus Galaun unter dem Felskegel des Riedersteins. Östlich vom Wallberg schlängelt sich eine Mautstraße entlang der tief eingeschnittenen Rottach zu den Wiesenböden der Sutten und danach weiter zum abgelegenen Wirtshaus Valepp. Lediglich einige Almgaststätten, Almen und Forsthütten sind in diesem Gebiet zu finden; es ist Ausgangspunkt für einige großartige Touren, etwa zum aussichtsreichen Kamm der Bodenschneid, durch die wilde Schlucht der Valepp zur Erzherzog-Johann-Klause und hinauf zum Schinder.

Zahlreiche Künstler und viel Prominenz hat es im Laufe der Zeit an den Tegernsee gezogen, etwa die Schriftsteller Ludwig Thoma und Ludwig Ganghofer, den Kammersänger Leo Slezak und den norwegischen Maler Olaf Gulbransson, die freilich am Tegernsee um die Jahrhundertwende nicht ausschließlich den edlen Künsten frönten, sondern es auch verstanden – vorzugsweise im Tegernseer Bräustüberl – ganze Nächte durchzufeiern. Diese Oase für passionierte Wirtshausbesucher existiert übrigens noch immer.

Und noch immer gibt es reichlich Gelegenheiten und Plätze, die an die alte Geschichte vom »Brandner Kaspar« erinnern. Dem soll einst von höchster Stelle erlaubt worden sein, einen Blick ins Paradies zu werfen. Und er staunte nicht schlecht, als er dort seine Tegernseer Heimat wiedererkannte.

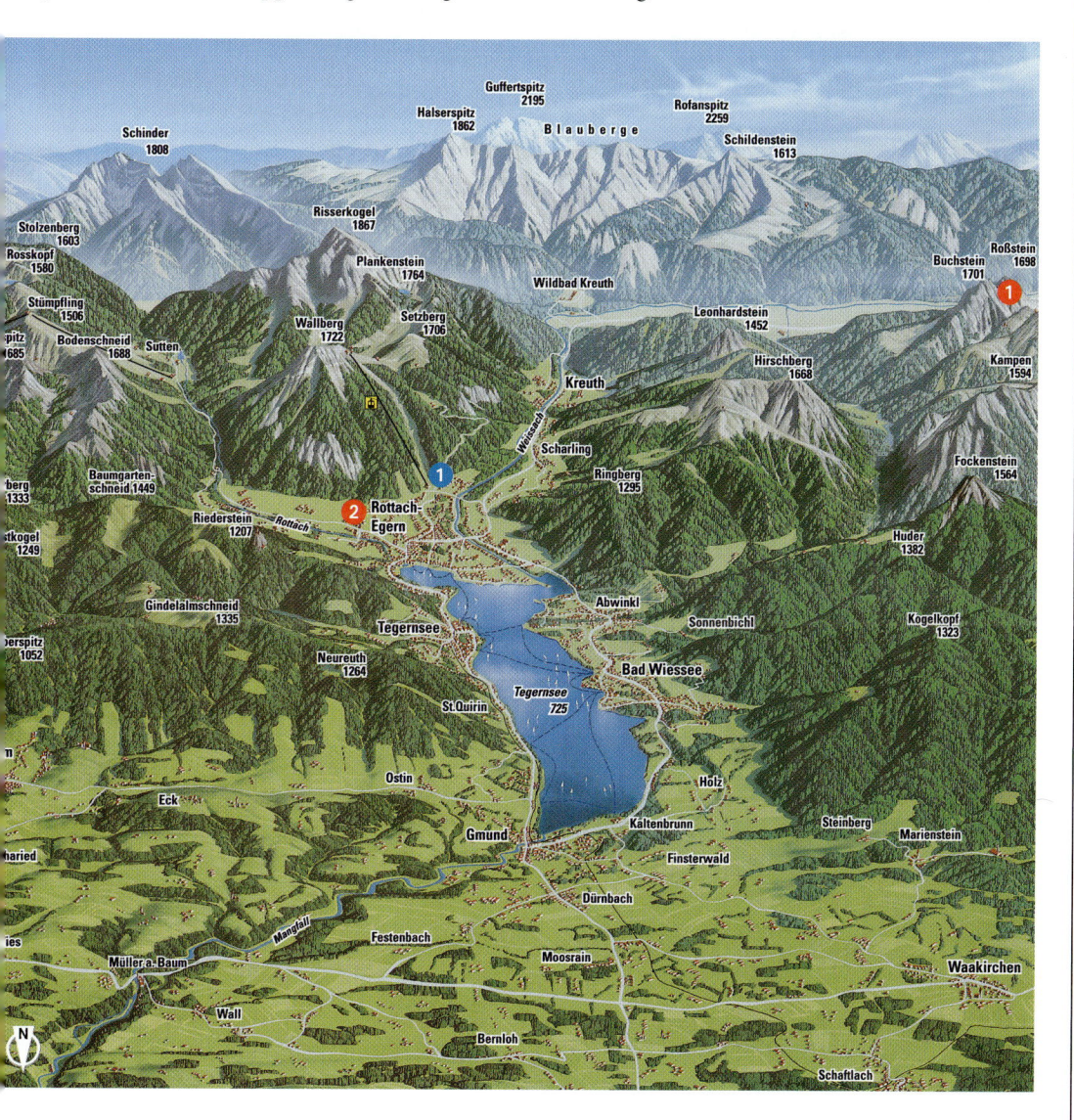

EVENTS

- Januar: Montgolfiade Bad Wiessee, Heißluftballons über dem Tegernsee (www.bad-wiessee.de/d/montgolfiade)
- Mai: Skate the Tegernsee, Skaten rund um den See (www.skateoberland.de)
  Wiesseer Blues-Festival
- Juni: Mountainbike-Festival am Tegernsee
- Juli: Tegernseer Tal Triathlon, Gmund
  Oleg Kagan Musikfest, Wildbad Kreuth; deutsch-russische Kulturbegegnungen (www.oleg-kagan-musikfest.de) 
- August: Rosstag Rottach-Egern, Treffen der Fuhrleute, Pferdezug zur Festwiese
- September/Oktober: Tegernseer Woche, Kultur und Brauchtum
- Oktober: Internationales Bergfilm-Festival Tegernsee (www.bergfilm-festival-tegernsee.de)
- November/Dezember: Tegernseer Wintermärchen im Kurgarten (www.wintermaerchen-tegernsee.de)

Kutschen-, Wagen- und Schlittenmuseum
Einzigartige Sammlung auf 700 m² Ausstellungsfläche im Gsotthaberhof in Rottach-Egern; Tel. 0 80 22/67 13 41; www.rottach-egern.de

Hotelempfehlungen

Bad Wiessee S. 654
Gmund S. 656
Rottach-Egern S. 661
Tegernsee S. 662

Wanderkarten

Karte des **Bayerischen Landesvermessungsamtes** UK L12; Mangfallgebirge, Tegernsee, Schliersee, Rosenheim; 1:50000

Straßenatlas Siehe S. 765

SCHLIERSEE UND SPITZINGSEE
OBERBAYERN

ACTION & SPORT

WANDERN & BERGTOUREN

FUN & FAMILY

WELLNESS & GENUSS

Bergspitzen mit Seeblick

Die Region rund um Schliersee und Spitzingsee hat eine lange touristische Tradition – kein Wunder: Die malerische Voralpenlandschaft ist ein Paradies für Bergwanderer. Kultur und Brauchtum werden gepflegt, aber nicht verramscht.

Ein Wanderrevier mit traumhaften Touren: Blick von der Brecherspitz auf den Schliersee.

Mit dem Mountainbike um die Brecherspitze
Die mittelschwere Rundtour führt in einige der schönsten Winkel der Gegend. Von Neuhaus (801 m) südlich des Schliersees geht es auf der für den Verkehr gesperrten alten Spitzingstraße hinauf zur Stockeralm. Nach einigen Metern auf der Hauptstraße am Spitzingsattel (1127 m) rechts abbiegen, über Wirtschaftsweg zur Oberen Firstalm. Hinter dem Freudenreichsattel (1377 m) kurzes, technisch anspruchsvolles Stück. Danach über breite Wirtschaftswege bergab durch das Dürnbachtal zurück nach Neuhaus. Anstieg: ca. 600 Höhenmeter; Zeit: ca. 2,5 Std.

Ferienpark Schliersbergalm
(1064 m) Die Schliersbergalm ist von Schliersee aus mit der Gondelbahn ❶ oder in 45 Min. zu Fuß über einen schönen Wanderweg zu erreichen. Oben warten vor allem für Kinder viele Attraktionen wie Alpenroller, Riesentrampolin und Streichelzoo. Hinunter geht es dann wieder mit der Seilbahn oder mit den Schlitten über die 950 m lange Sommerrodelbahn; Tel. 0 80 26/ 67 22
www.schliersbergalm.de

ADAC der perfekte Urlaubstag
- **9 Uhr:** Fahrt zum Spitzingsee – mit eigenem PKW oder Linienbus
- **10 Uhr:** Auffahrt mit der Taubensteinbahn. Sanft ansteigende Panoramawanderung in etwa 1,5 Std. zum Jägerkamp
- **12 Uhr:** Abstieg in den Kessel der Schönfeldalm und gemütliche Mittagsrast in der Schönfeldhütte, Abstieg zum Spitzingsee
- **15 Uhr:** Fahrt zum Schliersee, Schifffahrt zur Inselgaststätte auf der Insel Wörth. Wer das letzte Schiff verpasst, kann sich mit dem Solartaxi des Wirtshauses zurück an Land bringen lassen (Tel. 0 80 26/46 41).

Als würde ein oberbayerisches Hochglanzpanorama aufgeschlagen, so präsentiert sich beim Blick von den Wiesenhügeln bei Westenhofen nach Süden die Landschaft um den Schliersee. Dunkelgrüne Waldberge umrahmen das weite, sonnige Tal, im Hintergrund ragen ein paar markante Berggestalten in den Himmel – und machen neugierig auf das, was sich dazwischen und dahinter verbirgt.

Der Schliersee zählt zu den saubersten Seen Oberbayerns und erwärmt sich im Sommer rasch auf über 20 °C – ideale Bedingungen also für Badefreuden mit Bergblick. Besiedlung und Verkehr sind auf das Ostufer beschränkt. Auf der Westseite können Wanderer und Radler auf breiten Uferwegen weitgehend unberührte Natur genießen. Ein besonders reizvoller Fleck ist die knapp 200 m lange Insel Wörth – selbstredend mit Wirtshaus und Biergarten. Während im Ort Schliersee der Fremdenverkehr pulsiert, überwiegt in den südlichen Gemeinden Fischhausen und Neuhaus ländlicher Charme. So bieten sich dem Gast rund um den See die unterschiedlichsten Attraktionen: vom quirligen Ferienpark mit 950 m langer Sommerrodelbahn auf der Schliersbergalm über Seerundfahrten und Talwanderungen bis hin zum berühmten, seit 1893 bestehenden Schlierseer Bauerntheater.

Geradezu Kulturgut geworden ist hier in seinem einstigen Revier der Mythos um den Wildschützen Georg Jennerwein. Nachdem der leidenschaftliche Wilderer am 6. November 1877 am Hohenpeißenberg hinterrücks erschossen wurde, avancierte er zum Volkshelden und Märtyrer, dessen Tod in einem schaurig-pathetischen Lied besungen wird. Auf dem Friedhof in Westenhofen am Ortsanfang von Schliersee blieb sogar sein Grabkreuz aus dem Jahr 1877 erhalten.

Adressen & Bergbahnen — Landesvorwahl 00 49

Urlaubsregion	Tourismusverband **Schliersee**; Tel. 0 80 26/6 06 50; E-Mail: tourismus@schliersee.de; www.schliersee.de
Orte	**Fischhausen · Neuhaus · Schliersee · Spitzingsee · Westenhofen**
Entfernungen	Hamburg 830 km; Berlin 642 km; Köln 632 km; Frankfurt a. M. 448 km; Stuttgart 289 km; München 55 km

❶ Schliersee Schliersbergalm Berg/Tal 6 €
❷ Spitzingsee Taubensteinbahn Berg/Tal 13 €
❸ Spitzingsee Stümpflingbahn Berg/Tal (ab 2006 wieder in Betrieb)

Siehe auch Preisteil S. 635

Wandern & Bergtouren

TOP TIPP Die **Rotwand** ❶ (1884 m) ist einer der beliebtesten Münchner Hausberge. Die abwechslungsreiche, leichte Tour führt durch eine Landschaft wie aus dem Bilderbuch: durch Bergwälder und über satte Almwiesen, bis sie ganz oben sogar schroffe, felsige Regionen streift und vom Gipfel aus noch eine grandiose Aussicht bietet. Hinzu kommt kurz unterhalb des Gipfels eine schöne Hütte, auf der man bestens rasten kann. Ausgangspunkt ist der Parkplatz beim Spitzingsee (1085 m). Über breite Forstwege hinauf zur Wildfeldalm (1607 m) und zum Rotwandhaus (1737 m). Auf dem schmalen Bergweg (Trittsicherheit erforderlich!) zum Gipfel; Rückweg über den Lämpersberg (1817 m) zur Bergstation der Taubensteinbahn (1613 m) ❷ und mit ihr oder zu Fuß über den schönen Wanderweg zum Spitzingsee; Zeit: mit Bahn ca. 4 Std., ohne Bahn ca. 5 Std.; Einkehr: Rotwandhaus, Taubensteinhaus

Huberspitz (1052 m) Gemütliche Wanderung mit Gipfeleinkehr	Ausgangspunkt: Ortsteil Breitenbach im Nordwesten des Schliersees (800 m); den Wegweisern und Markierungen folgend teilweise steil zur Kammhöhe; rechts in wenigen Min. zum Berggasthaus Huberspitz am höchsten Punkt; Rückweg auf gleicher Route; leichte Wanderung auf Wirtschaftsweg und Bergsteig; Zeit: ca. 2,5 Std.; Einkehr: Berggasthaus Huberspitz
Bodenschneid (1669 m) Aussichtsbalkon zwischen Schliersee und Tegernsee	Ausgangspunkt: Spitzingsattel (1127 m); Obere Firstalm (1369 m) – Bodenschneidhaus (1353 m) – Bodenschneid – Kammweg zum Suttenstein (1398 m) – Untere Firstalm (1318 m) – Spitzingsattel; im Almbereich nicht schwierige Wanderung auf breiten Wegen, in der Gipfelregion Bergsteige, Trittsicherheit erforderlich; Zeit: ca. 5,5 Std.; Einkehr: Firstalmen, Bodenschneidhaus
Brecherspitz (1683 m) Markante Pyramide zwischen Schliersee und Spitzingsee	Ausgangspunkt: Neuhaus (801 m), Parkplatz bei der Kirche an der Straße nach Josefsthal; Ankelalm (1311 m) – Nordgrat (Brecherschneid) – Gipfel; Abstieg über den schmalen Westgrat – am NW-Kamm vorbei an der kleinen Kapelle – Abstieg zur Ankelalm und nach Neuhaus; im Gipfelbereich steil und felsig, am Westgrat Drahtseilsicherungen, Trittsicherheit und Schwindelfreiheit erforderlich; Zeit: ca. 5 Std.; Einkehr: Ankelalm
Aiplspitz (1759 m) Schneidiger Felserker hoch über dem Leitzachtal	Ausgangspunkt: Spitzingsattel/Bergstation der Taubensteinbahn (1613 m) ❷; Rauhkopf (1689 m) – Tanzeck – Aiplspitz; Abstieg zur Schönfeldhütte (1410 m) – weiter zum Spitzingsattel (1127 m); Bergsteige, am Gipfelgrat Trittsicherheit und Schwindelfreiheit erforderlich (Drahtseilsicherung); Zeit: mit Bahn ca. 3 Std., ohne Bahn ca. 4,5 Std.; Einkehr: Taubensteinhaus, Schönfeldhütte

Hütten

Bodenschneidhaus (1353 m)
Die Alpenvereinshütte unter der Bodenschneid wird von Tegernseer wie Schlierseer Seite das ganze Jahr über gern besucht. Der Aufstieg vom Spitzingsattel (1127 m) über die Obere Firstalm dauert ca. 1,5 Std.; Tel. 0 80 26/46 92

Rotwandhaus (1737 m)
Die große Alpenvereinshütte unter der Rotwand ist Ausgangs- und Mittelpunkt für etliche reizvolle Touren im Rotwandgebiet: zur Rotwand (1884 m), auf den Auerspitz (1811 m) sowie für Klettereien an den Ruchenköpfen (1805 m). Seit 1990 dreht sich neben dem altehrwürdigen Haus das riesige Rad einer modernen Windkraftanlage. Aufstieg vom Spitzingsee in ca. 2,5 Std.; Tel. 0 80 26/76 83

Hotelempfehlungen

Schliersee S. 661
Spitzingsee S. 662

Wanderkarten

Karte des **Bayerischen Landesvermessungsamtes**; UK L 12 Mangfallgebirge; 1:50000

Straßenatlas S. 765

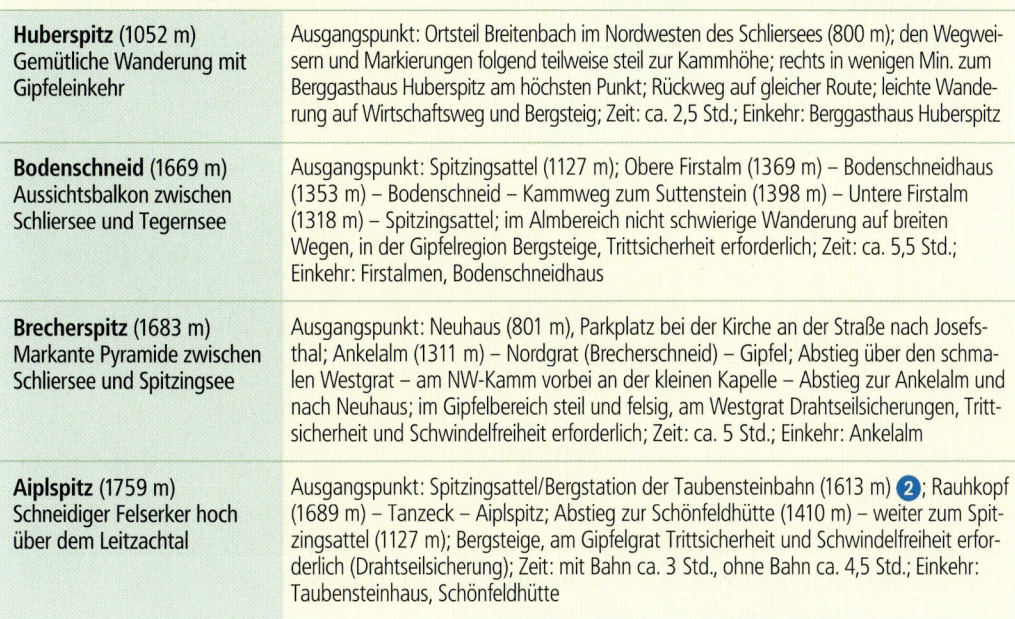

Südlich des Schliersees geht es hinauf ins Gebirge und zum Spitzingsee. Der kleine Bergsee auf 1067 m Höhe ist Mittelpunkt eines beliebten Wander- und Ausflugsgebietes. Zwei Bergbahnen ermöglichen den Kraft sparenden Aufstieg in sonnige Höhen. Unübersehbar thront der mächtige Klotz der Brecherspitz zwischen den beiden Seen. Die Aussicht von seinem steinigen Gipfel kann einfach nur eine außergewöhnliche sein. Und wie so oft fasziniert dort oben nicht allein der Blick in die Ferne, sondern auch jener auf die nähere Umgebung.

Drüben, über dem Spitzingsee, steht schließlich einer der bekanntesten Berge der Bayerischen Voralpen, die Rotwand. Um ihn scharen sich weitere respektable Berggestalten wie Aiplspitz und Jägerkamp, die sich zu einer schönen Rundtour verbinden lassen. Idyllische Almkessel mit urigen Hütten sowie meist sanft gerundete, leicht erreichbare Gipfel prägen diese einzigartige Berglandschaft. Ein Glück, dass das Rotwandgebiet durch den jahrelangen Kampf einiger Idealisten vor der totalen Erschließung bewahrt werden konnte – und letztendlich unter Naturschutz gestellt wurde.

Eine perfekte Wanderlandschaft lockt auch im Süden des Spitzingsees bis hin zum Forsthaus Valepp. Auf der schmalen Straße verkehren nur noch Spaziergänger und Radfahrer – und hin und wieder ein Linienbus.

BAYRISCHZELL – WENDELSTEIN
OBERBAYERN

ACTION & SPORT

WANDERN & BERGTOUREN

FUN & FAMILY

WELLNESS & GENUSS

Ferienglück unter dem Wendelstein

In den eher sanft geformten Bayerischen Alpen fällt der Kalkkegel des Wendelsteins naturgemäß auf. Er bildet den Mittelpunkt einer typisch oberbayerischen Ferienregion mit schönen Tälern, saftigen Wiesen und glasklaren Bächen. Stattliche Bauernhäuser mit blumengeschmückten Balkonen vervollständigen die Postkarten-Idylle. Und am Wendelstein selbst, aber auch an den umliegenden Gipfeln findet sich manch spannende Wandertour mit großartiger Aussicht.

Promi-Tipp

1988 gewann **Hubert Schwarz** bei der Olympiade die Goldmedaille in der Nordischen Kombination. Nach wie vor lebt er in seiner Heimat: »Oberaudorf ist ein wunderschön gelegener Ort am Alpenrand. Es gibt zahlreiche Freizeitmöglichkeiten, viele Badeseen und Wandermöglichkeiten mit Jausenstationen – man kann es eigentlich nicht schöner haben.«

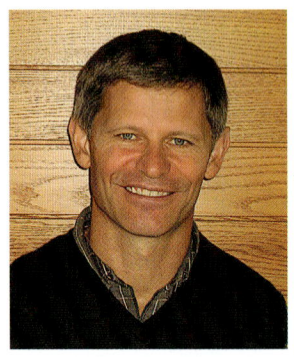

ADAC – der perfekte Urlaubstag

- **9 Uhr:** Wanderung von Kiefersfelden in die Gießenbachklamm
- **11.30 Uhr:** mit der Sesselbahn aufs Hocheck ❸ und auf der Sommerrodelbahn bergab
- **12 Uhr:** Mit dem Auto über das Sudelfeld nach Bayrischzell, dazwischen Pausen an den schönsten Panoramaplätzen
- **14 Uhr:** Kaffeefahrt auf den Wendelstein (verbilligtes Seilbahnticket inkl. Kaffee und Kuchen in der Berggaststätte) ❶ mit Gipfelbesteigung; dann mit der Seilbahn wieder hinunter
- **16.30 Uhr:** mit dem Auto aufs Sudelfeld und hinauf zur Walleralm; dort einen traumhaften Sonnenuntergang genießen

Wahrzeichen und Wächter: Der Wendelstein thront als markanter Kalkkegel hoch über Bayrischzell.

Gut geschützt durch die umgebenden Bergketten, schmiegt sich Bayrischzell an den Rand des grünen Leitzachtals. Der gastliche Ort mit den gutbürgerlichen Wirtshäusern, einladenden Cafés und komfortablen Übernachtungsmöglichkeiten bleibt dank der Umgehungsstraße vom Durchgangsverkehr weitgehend verschont. An manchen Stellen wirkt der Ort geradezu malerisch: Die schmucken Häuser und stattlichen Höfe stehen stolz inmitten grüner Wiesen und tragen Balkone, die sich unter der Blumenlast beinahe biegen. Überhaupt leuchten die Blüten vor den Fenstern und auf den Balkonen der meisten Häuser farbenfroh und tragen viel zum Charme von Bayrischzell bei. Und über alledem thront wie ein Wächter der Wendelstein als markanter Blickfang.

An Bayrischzell vorbei fließt die Leitzach durch das breite Wiesental und biegt bei Aurach in Richtung Norden ab. Eingebettet zwischen den bewaldeten Bergrücken von Schliersberg und Schwarzenstein begeistert das weite Tal den Besucher mit einer geradezu verschwenderischen Fülle an Natur. Hier stehen noch bayerische Höfe wie aus dem Bilderbuch, vor allem im Frühjahr verwandeln sich die Wiesen in ein Blumenmeer, dahinter bilden die markanten Berge zwischen Breitenstein, Wendelstein, Miesing und Aiplspitz die passende Kulisse. Am westlichen Rand des Tales, weit abseits der Straße, plät-

Wandern & Bergtouren

TOP TIPP Dank seiner markanten Form und dem unübersehbaren, 50 m hohen Sendemasten ist der **Wendelstein** (1838 m) ❶ einer der auffälligsten Berge der Region. Und einer der besuchenswertesten: Auf einem exponierten Felsen thront malerisch das 1890 erbaute Wendelsteinkircherl, die Wetterstation und die Bergstation der von zwei Seiten heraufführenden Bergbahnen ❶ ❷ liegen ganz in der Nähe. Besonders interessant ist es, mit der ältesten Zahnradbahn Deutschlands ❷, die sich seit 1912 von Brannenburg im Inntal bis kurz unter den Gipfel schraubt, hinaufzufahren. Von der Bergstation ist der höchste Punkt auf einem gut ausgebauten Steig in rund 20 Min. zu erreichen. Direkt hinter der Bergstation liegt die 300 m lange, sehenswerte **Wendelsteinhöhle**. Schmale Gänge führen zum »Höhlendom« und zur »Kältefalle«, wo selbst im Sommer häufig noch Eisreste zu finden sind. Der **Geo-Park Wendelstein** umfasst vier Wanderwege mit insgesamt 35 Schautafeln zur Entstehung und Geologie der Alpen. Ausgangspunkt der Wege ist die Bergstation; Tel. 0 80 34/30 80; www.wendelsteinbahn.de

Seebergkopf (1538 m) Isolierter Gipfel zwischen Wendelstein und Rotwand	Ausgangspunkt: Bayrischzell (800 m); Neuhütte (1235 m) – Seebergkopf – Seebergalm (1364 m) – Niederhofer Alm – Wackbachtal – Ursprungtal – Bayrischzell; einfache Wanderung auf teils sehr schmalen Steigen; Zeit: ca. 5 Std.
Großer Traithen (1852 m) Aussichtsreiche Kammwanderung	Ausgangspunkt: Rosengasse (1200 m), Zufahrt von der Sudelfeldstraße bei Tatzlwurm; Rosengassenalm – Fellalm (1621 m) – Großer Traithen – Steilner Joch (1500 m) – Steilner Grat (1564 m) – Himmelmoosalm (1320 m) – Rosengassenalm – Rosengasse; einfache, allerdings lange und bei Nässe unangenehm rutschige Wanderung für Konditionsstarke; Zeit: ca. 5–6 Std.
Brünnstein (1634 m) Felsriff über dem Inntal	Ausgangspunkt: Gasthaus Tatzlwurm (764 m), Parkplatz etwas oberhalb an der Sudelfeldstraße; Schoißeralm – Brünnsteinhaus (1342 m) – Dr.-Julius-Mayr-Weg – Brünnstein – Himmelmoosalm (1320 m) – Seelacher Alm (1308 m) – Schoißeralm – Tatzlwurm; für den kurzen Dr.-Julius-Mayr-Weg (sehr leichter Klettersteig, Klettersteigausrüstung empfehlenswert) Trittsicherheit u. Schwindelfreiheit nötig, ansonsten leichte Bergtour; Zeit: ca. 6 Std.; Einkehr: Brünnsteinhaus

schert die Leitzach in ihrem naturbelassenen Bett durch einsame Wiesen und Wälder. Oberhalb von Fischbachau steht die Rokoko-Kirche von Birkenstein, die hier 1709 samt einer Klause erbaut wurde und heute gleichermaßen Ziel von frommen Wallfahrern wie interessierten Ausflüglern ist.

Aussichtsberg der Extraklasse

So lieblich wie die Orte zeigen sich auch die Berge – zumindest der Großteil der hier eher sanften Bayerischen Alpen. Mit einer Ausnahme: Die felsige Gipfelhaube des Wendelsteins überragt ihre Nachbargipfel deutlich und bietet eine der schönsten Aussichten weit und breit. Sowohl von Osterhofen bei Bayrischzell im Süden als auch von Brannenburg im Nordwesten führen Bergbahnen unter den Kalkkegel, ein gut ausgebauter Weg führt schließlich auf den höchsten Punkt mit Wetterstation (seit über 100 Jahren!) und Observatorium.

Oben gibt es viel zu schauen: Berchtesgadener und Chiemgauer Alpen, Zahmer und Wilder Kaiser, die eisbedeckten Gipfel der Hohen Tauern mit Großglockner und Großvenediger, die Bayerischen Voralpen, der markante Guffert, daneben Karwendel und Wetterstein mit der Zugspitze, im Norden das Flachland, der Blick hinaus nach München und bei ganz guter Fernsicht bis zu den Höhen des Bayerischen Waldes.

Weniger Weitblick, dafür schöne Nahsichten bietet das Sudelfeld südwestlich von Bayrischzell, ein beliebtes Ziel für Ausflügler und Wanderer: ein Bergrücken mit ausgedehnten Almwiesen, über die im Winter die Skifahrer carven und im Sommer Wanderer zwischen weidenden Kühen Richtung Gipfelglück ziehen. Die Deutsche Alpenstraße führt von Bayrischzell in großzügigen Serpentinen hinauf auf die Passhöhe und von dort hinunter nach Brannenburg. Das Sudelfeld ist eine der wenigen Bergstraßen in den Bayerischen Alpen und dementsprechend frequentiert. Vor allem Motorradfahrer schätzen die Serpentinen und Kurven, die sie in abenteuerlicher Schräglage nehmen. Ausflügler gehen die Strecke gemütlicher an, halten mal hier, mal da und fahren auf der Mautstraße hinauf zur Walleralm am Oberen Sudelfeld, dem höchsten mit dem Auto erreichbaren Punkt.

Einsam ist es hier natürlich nicht, zu leicht sind die Almen und Gipfel zu erreichen. Doch mit jedem Meter Entfernung lässt man den Trubel weiter hinter sich und taucht ein in die dann doch überra-

Malerische blumengeschmückte Häuser in Bayrischzell

Wachtl-Express

Ein Muss, nicht nur für Eisenbahnfans: Auf der 5 km langen Schmalspurbahn (Spurweite 900 mm) von Thiersee in Tirol nach Kiefersfelden zum Heidelberger Zementwerk verkehren noch heute täglich 12 bis 14 Züge, die jeweils ca. 400 t Kalkstein transportieren. Bis 1990 wurde die Strecke ausschließlich für den Güterverkehr genutzt, ehe die Museums-Eisenbahn-Gemeinschaft Wachtl e.V. mit mittlerweile drei Personenwagen der Wendelsteinbahn an sieben Wochenenden im Jahr einen Personenverkehr startete. Stolz meldet sie, dass aufgrund des Zieles in Tirol der Wachtl-Express zu den internationalen Zugverbindungen zählt; Infos: Tel. 0 80 33/30 48 13 oder beim Tourismusverband Kiefersfelden

Hütten

Brünnsteinhaus (1342 m)
Egal ob Wanderer oder Mountainbiker, wer das Brünnsteinhaus am Fuß des felsigen Gipfelaufbaus des Brünnstein (1634 m) sieht, der freut sich über eine Erfrischung. Anstiege von der Rosengasse (1200 m) und von Tatzlwurm (764 m) jeweils ca. 2 Std.; Tel. 0 80 33/14 31

Hubertushütte (1535 m)
Der Gipfel des Breitenstein (1622 m) liegt bereits im Blickfeld, doch dann kommt auf einmal die kleine Hubertushütte. Gleich einkehren oder erst auf den Gipfel? Egal, Hauptsache man kehrt überhaupt ein und lässt sich die Brotzeit schmecken. Schnellster Anstieg von Birkenstein (853 m) bei Fischbachau über die Kesselalm (ca. 2 Std.); Tel. 01 72/8 62 00 80

Sillberghaus (1060 m)
Mehr ein Ausflugsziel als ein Bergsteigerstützpunkt, allerdings ein sehr beliebtes mit großer Sonnenterrasse. Zustieg vom Ursprungtal (820 m) südlich von Bayrischzell aus (ca. 30 Min.); Tel. 0 80 23/5 23

BAYRISCHZELL – WENDELSTEIN

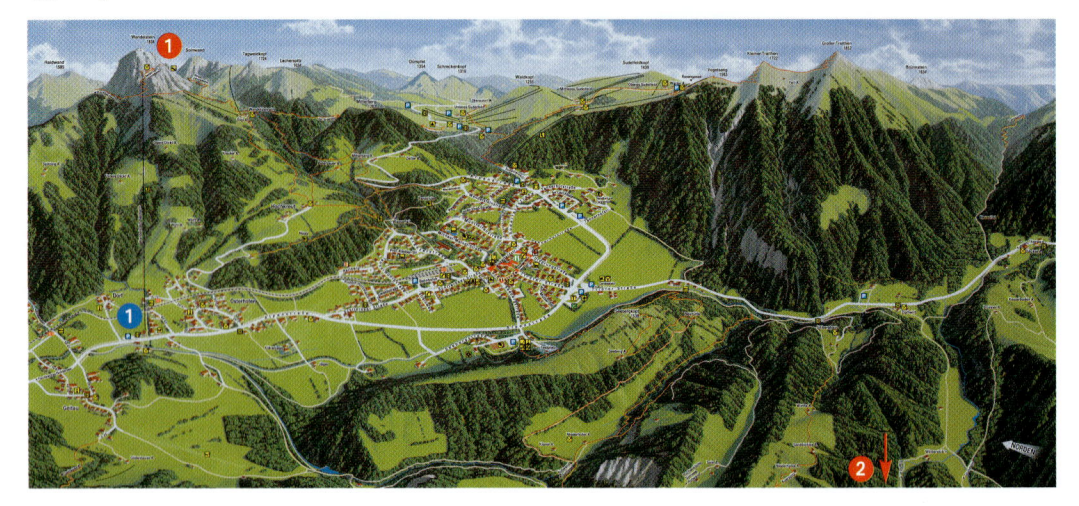

Restaurants

Feuriger Tatzlwurm
Das komfortable Hotel mit seinem guten Restaurant befindet sich am Kreuzungspunkt der von Brannenburg und Oberaudorf zum Sudelfeld führenden Straßen. Trotz des bayrisch-gemütlichen Eindrucks finden sich auf der Speisekarte neben Deftigem auch feine Wild- und Fischgerichte; Tel. 0 80 34/3 00 80, www.tatzlwurm.de

Gasthof zur Post
Vom Spanferkel in Dunkelbiersoße bis zum traditionellen Münchner Zwiebelfleisch: Die Speisekarte listet eine feine Auswahl urbayerischer Gerichte auf.

Gemütlich sitzt man im Bräustüberl mit seinem Kachelofen oder in der holzgetäfelten Poststube mit den alten Schützenscheiben; in Bayrischzell; Tel. 0 80 23/81 97 10

Gasthof Waller
Hier kommt keiner zufällig vorbei, zu unscheinbar und klein ist die Straße von Niederaudorf zum Kloster Reisach. Dennoch ist das bayerische Wirtshaus in Niederaudorf immer gut besucht. Ein schöner Biergarten, urgemütliche Stuben und eine gutbürgerliche Küche sprechen für sich – wer einmal hier war, kommt immer wieder.
Tel. 0 80 33/14 73, Mo Ruhetag

Innfähre

An einem Hochseil wird die nach alter Handwerkskunst hergestellte, aus Lärchenholz angefertigte 11 m lange und 2,80 m breite Fähre von Ufer zu Ufer geführt. Der traditionelle Fährdienst wurde 1998 nach 18-jähriger Unterbrechung wieder aufgenommen. Die Fähre bietet Platz für 12 Fahrgäste und mehrere Fahrräder und verbindet Kiefersfelden in Bayern mit Ebbs/Eichelwang in Tirol.

---

schend einsame Bergwelt. Ob bei einer Wanderung auf den Großen Traithen, gegenüber auf das Wildalpjoch oder auf den Seebergkopf direkt über Bayrischzell, Wanderer finden hier aussichtsreiche und lohnende Gipfel.

Über das Sudelfeld führt die kürzeste und landschaftlich schönste Verbindung ins Inntal. Beim Berggasthaus Tatzlwurm teilt sich die Straße, mautpflichtig ist die Strecke Richtung Brannenburg, während die Deutsche Alpenstraße weiter nach Oberaudorf führt. Wieder ein schöner Urlaubsort mit schmuckem Ortskern, engen Gassen und blumengeschmückten Häusern – und mit dem Hocheck, einem sonnigen Almplateau mit Traumblick über das Inntal. Erst vor wenigen Jahren wurde das traditionsreiche Skigebiet einer Generalüberholung unterworfen. Ein Großteil der Investitionen galt der Verbesserung der Attraktivität im Winter, von der neuen Vierersesselbahn und der Sommerrodelbahn profitieren aber auch die Sommerurlauber.

Südlich davon, direkt an der Grenze zu Österreich, liegt Kiefersfelden. Der historische Ortsteil befin-

Action & Sport

MOUNTAINBIKE	KLETTERSTEIGE	RAFTING	CANYONING	REITEN
PARAGLIDING	DRACHENFLIEGEN	KLETTERGÄRTEN	TENNIS	WINDSURFEN
KAJAK/KANU	WASSERSKI	TAUCHEN	HOCHSEILGARTEN	GOLF

TOP TIPP 
Zahlreiche Forststraßen führen durch die Bergwälder rund um den Wendelstein und ermöglichen so abwechslungsreiche Rundtouren für **Mountainbiker** ②. Zu den einfacheren Strecken zählt die Umrundung der Rotwand (1884 m) von Bayrischzell durch das Kloo-Aschertal zum Elendsattel (1143 m) und über den Spitzingsee (1084 m) und das Leitzachtal zurück (39 km, 640 Höhenmeter). Sehr sportlich und anstrengend ist dagegen die Umrundung des Wendelsteins (50 km, 1420 Höhenmeter). Eine Herausforderung ist die extrem steile Straße von Rechenau (720 m, an der Deutschen Alpenstraße zwischen Tatzlwurm und Oberaudorf) hinauf zum Brünnsteinhaus (1342 m). Gemütlich sind die Touren im Leitzachtal, sofern man sich im Talboden bewegt.

Reiten	Reitstall Roßwiesenhof, Bayrischzell	Reitanlage der Pferdefreunde St. Leonhard mit rund 30 Pferden in Osterhofen bei Bayrischzell; Tel. 0 80 23/7 84
Wasserski	Hödenauer See, Kiefersfelden	Wasserskilift für Wasserski oder Wakeboard www.wakeboard-kiefersfelden.de; außerdem Beachvolleyballplätze; Tel. 0 80 33/66 48, www.wetsports.de
Tennis	Tennisland, Oberaudorf	Tennisland »Wilder Kaiser«, 6 Außen- und 3 Hallenplätze; Reservierung, Kurse und Trainerstunden; Tel. 0 80 33/16 21; weitere Tennisanlagen in Fischbachau und Bayrischzell
Hochseilgarten	Geitau	Konstruktion aus 26 künstlich aufgestellten Baumstämmen, Stahlseilen, Tauen, Balken und Brücken, die in zwei verschiedenen Ebenen (7 und 14 m Höhe) begangen werden kann; Hasenöhrl-Hof und Hochseilgarten; Tel. 0 80 71/9 33 44; www.hasenoehrl.de
Paragliding	Flugschule Oberaudorf	Tandemflüge, Schnupperwochenenden, Grundkurse und weiterführende Kurse, Übungsgelände am Hocheck ③; Tel. 0 80 33/30 37 04; www.flugschule-oberaudorf.de
Canyoning, Rafting	Wildwasserschule Kiefersfelden	Canyoning, Rafting auf der Thierseer Ache und anderen Flüssen, Hydro Speed; Tel. 0 80 33/85 67; www.outdoor-adventure.de

det sich abseits der Durchgangsstraße und wartet darauf, erkundet zu werden: Herrliche Bauernhöfe, schmucke Fachwerkvillen, prächtige Handwerker- und Arbeiterhäuser zeugen von einer reichen Vergangenheit. Die Kiefersfeldener Bürger verdienten sich ihr Geld nicht allein mit der Landwirtschaft, sondern ebenso in den Marmorschleifereien, bei der Inn-Schifffahrt und in den einst großen Hammerschmiedewerken, die hier angesiedelt waren. Bekannt geworden ist Kiefersfelden jedoch vor allem durch die Ritterspiele. Seit 1618 werden im ältesten Volkstheater Deutschlands jeden Sommer Werke von Joseph Schmalz, dem »Bauernshakespeare« von Kiefersfelden, aufgeführt. Als Schauspieler stehen bei den herrlichen, sehr amüsanten Aufführungen ausschließlich die Einwohner von Kiefersfelden auf der Bühne.

An der Schnittstelle der bayerischen Alpen mit dem imposanten Kaisergebirge gelegen, ist Kiefersfelden natürlich auch ein Ziel für Wanderer und Bergsteiger. Wer Berge lieber von unten anschaut, ist in Kiefersfelden dennoch gut aufgehoben. Ob bei einer einfachen Wanderung in die wildromantische Gießenbachklamm (etwa 30 Min.), an deren Eingang sich eines der größten Wasserräder Europas befindet, bei einer Fahrt mit dem Wachtl-Express, der als »Museums-Eisenbahn« Kiefersfelden mit Wachtl in Tirol verbindet, oder bei einer Schifffahrt auf dem Inn (Tel. 0 52 43/5 25 30, www.tirol-schifffahrt.at) – Kiefersfelden bietet überraschend viele Attraktionen.

Lohnendes Ausflugsziel mit schmucken Gebäuden: die Altstadt von Kiefersfelden

Adressen & Bergbahnen — Landesvorwahl 00 49

Bayrischzell (800 m)	Tourist-Info Bayrischzell; Tel. 0 80 23/6 48; E-Mail: tourist-info@bayrischzell.de; www.bayrischzell.de	❶ Bayrischzell-Osterhofen Wendelstein Berg/Tal 17 €
Fischbachau (772 m)	Tourismusbüro Fischbachau; Tel. 0 80 28/8 76; E-Mail: info@fischbachau; www.fischbachau.de	❷ Brannenburg Wendelstein Berg/Tal 23,50 €
Kiefersfelden (493 m)	Kur- und Verkehrsamt Kiefersfelden; Tel. 0 80 33/97 65 27; E-Mail: info@kiefersfelden.de; www.kiefersfelden.de	❸ Oberaudorf Hocheck Berg/Tal 3,90 €
Oberaudorf (482 m)	Kur- & Verkehrsamt Oberaudorf; Tel. 0 80 33/3 01 20; E-Mail: info@oberaudorf.de, www.oberaudorf.de	
Weitere Orte	Aurach • von Brannenburg • Geitau • Osterhofen • Rechenau	
Entfernungen	Hamburg 846 km; Berlin 657 km; Köln 648 km; Frankfurt a. M. 464 km; Stuttgart 304 km; München 71 km	Siehe auch Preisteil S. 635

Hotelempfehlungen
Bayrischzell S. 655
Oberaudorf S. 659

Wanderkarten
Karte des **Bayerischen Landesvermessungsamtes** UK L12; Mangfallgebirge; 1:50000

Straßenatlas   Siehe S. 765

WESTLICHER CHIEMGAU
OBERBAYERN

Reit im Winkl mit den Felsengipfeln des Wilden Kaisers

ACTION & SPORT
✶✶✶

WANDERN & BERGTOUREN
✶✶✶✶

FUN & FAMILY
✶✶✶

WELLNESS & GENUSS
✶✶

ADAC – der perfekte Urlaubstag

- **10 Uhr:** Führung im Schloss Hohenaschau mit Prientalmuseum
- **12 Uhr:** mit der Seilbahn ❶ auf die Kampenwand, Höhenwanderung über die Hochplatte zur Bergstation ❷, mit der Bahn nach Marquartstein
- **15 Uhr:** Fahrt nach Unterwössen und Segel-Rundflug über die Chiemgauer Alpen
- **17.30 Uhr:** Fahrt nach Reit im Winkl, Erholung im Schwimmstadl

Familienurlaub zwischen Märchenpark und Motorflug

Vor allem Wanderer, Mountainbiker und Kulturfreunde kommen im Prien- und Achental auf ihre Kosten. Burgen, idyllische Orte, Bergseen, viele urige Almhütten und angenehm leicht erreichbare Gipfel machen diese Region für alle Altersgruppen so reizvoll. Besonders Kinder sind zwischen Aschau und Reit im Winkl gern gesehene Gäste. Die Orte haben sich mit ihren Programmen und Hotelangeboten auf Familien eingestellt. Ob ein Besuch im Märchenpark Marquartstein oder ein Rundflug mit dem Segelflieger – das Ferienprogramm ist bunt.

Zwei mächtige Burgen überwachen die Eingänge der beiden Täler im westlichen Chiemgau. Die Burg von Marquartstein ist eine von ihnen, sie thront erhaben über dem Achental. 1075 wurde sie durch Graf Marquart II. von Hohenstein erbaut, der, so berichtet die Legende, bei der Jagd auf dem Schnappen durch einen Pfeil tödlich verwundet wurde. Die Schnappenkirche, die im Schatten des Hochgern steht, erinnert an den Adelsherrn, der dem Ort seinen Namen gab. Begeistert von dem großen Märchenpark sind vor allem die Kinder. Auf der anderen Seite der Tiroler Ache liegt der zweite Hausberg von Marquartstein, die Hochplatte. Sie ist das beliebteste Wandergebiet des Ortes. Wer es gemütlich mag, fährt einfach mit der Sesselbahn zum Großstaffen hinauf, wo angenehme Höhenrundwanderwege an etlichen Almen vorbei zum Gipfelkreuz der Hochplatte führen. Bei gutem Wetter drängen sich die Drachenflieger am Startgelände, um von hier aus in den Himmel aufzusteigen.

Wer gerne selbst einmal durch die Lüfte segeln möchte, hat dazu wenige Kilometer weiter südlich in Unterwössen die Möglichkeit. Denn hier lockt nicht nur Deutschlands längste Natur-Kneipp-Anlage Besucher an, die auf 300 m Länge im Wössener Bach wassertreten können, sondern auch die deutsche Alpensegelflugschule, bei der unvergessliche Erlebnisflüge über die Chiemgauer Alpen gebucht werden können. Ein 140 km langes gut ausgebautes Mountainbike- und Wanderwege-Netz macht diesen Ort für Sporturlauber zusätzlich interessant.

Wer weiter dem Achental Richtung österreichische Grenze folgt, landet in Reit im Winkl, dem größten Touristenort der Region. Freunden der volkstümlichen Musik ist Reit im Winkl schon allein wegen des bekannten Duos Margot und Maria Hellwig ein Begriff. Die waldbedeckten Berge, die bis zu 2000 m ansteigen, werden im Südwesten überragt vom gezackten Massiv des Kaisergebirges. Laut

Das Dürrnbachhorn vor dem Kletterparadies Wilder Kaiser

Wandern & Bergtouren

TOP TIPP Zwei der bekanntesten und beliebtesten Gipfel der Region sind verbunden durch die **Kampenwand-Geigelstein-Höhenwanderung** ❶, die von Aschau (615 m) nach Sachrang (738 m) führt. Mit der Kampenwandbahn ❶ geht es zunächst von Aschau aus bergwärts bis zum Münchner Haus (1467 m), dann wandert man gemütlich mit leichteren An- und Abstiegen über die Dalsenalmen (1020 m) auf den Weitlahnerkopf (1615 m). Nun weiter nach Süden hinauf zum Gipfel des Geigelstein (1813 m). Nach einer Stärkung in der Priener Hütte (1411 m) geht es bergab bis nach Sachrang. Zurück nach Aschau mit dem Bus; Zeit: ca. 5 Std., Einkehr: Münchner Haus, Priener Hütte

Klausen (1508 m) Mittelschwere Wanderung zu idyllisch gelegener Alm		Ausgangspunkt: Aschau, Ortsteil Hammerbach (690 m); Hammerbach – Ellandalm – Angeralm (1196 m) – Klausenhütte; Rückweg wie Hinweg oder ab Angeralm nach Hainbach im Priental und zurück nach Aschau mit dem Bus; Zeit: ca. 6 Std., Einkehr: Klausenhütte
Hochgern (1744 m) Leichte Bergwanderung mit einer kurzen Etappe, die Trittsicherheit verlangt		Ausgangspunkt: Unterwössen-Au (620 m); breiter Forstweg zur Agergschwendalm (1030 m) – Enzian-Hütte – in breiten Kehren zum Hochgernhaus (1462 m) – Richtung Osten zum Hochgern (1744 m); Abstieg wie Aufstieg; Dauer: ca. 5,5 Std. Einkehr: Hochgernhaus, Enzian-Hütte
Hemmersuppenalm (1260 m) Klassische Bergwanderung bei Reit im Winkl		Ausgangspunkt: Ortszentrum Reit im Winkl (696 m); Talwiesen – Blindau (707 m) – Gschwendtalm – Hindenburghütte – Hemmersuppenalm (1260 m); Rückweg wie Hinweg; mittelschwere Wanderung; Dauer: ca. 2,5 Std.; Einkehr: Hindenburghütte

Legende soll König Max II. von Bayern einst um den Ort gespielt und gewonnen haben. Mitte des 19. Jh. weilte er oft mit seiner noblen Entourage in Reit im Winkl. Heute lockt der Luftkurort mit seinem ausgewogenen Klima und einem vielfältigen Freizeitangebot vor allem Familien an. Viele leichte Bergwanderungen, beschauliche Seen in der Nähe und einer der schönsten Golfplätze Europas machen Reit im Winkl so beliebt, dass 80 % der Bevölkerung vom Tourismus leben können. Trotzdem:

Action & Sport

MOUNTAINBIKE	KLETTERSTEIGE	RAFTING	CANYONING	REITEN
PARAGLIDING	DRACHENFLIEGEN	KLETTERGÄRTEN	TENNIS	WINDSURFEN
KAJAK/KANU		WASSERSKI	TAUCHEN	HOCHSEILGARTEN	GOLF

TOP TIPP Im **Hochseilgarten** ❷ Aschau führen in 8 bis 14 m Höhe verschiedene Parcours über Seile, Stahlkabel, Bäume und künstliche Hindernisse. Speziell ausgebildete Hochseilgartentrainer betreuen alle Wagemutigen, die von einer Plattform zur anderen hangeln, klettern und balancieren wollen. Die Parcours haben unterschiedliche Schwierigkeitsgrade; Anmeldung und Info: Michael Paul, Tel. 0 80 52/54 60; www.chiemgauer-hochseilgarten.de

Mountainbiken	Priener Hütte (1411 m)	Ausgangspunkt: Parkplatz bei Sachrang (738 m); Ritzgraben – Rettenschöss (680 m) – Walchsee (658 m) – Ottenalm – Baumgartneralm (1180 m) – Priener Hütte – Talalm (1119 m) – Sachrang; mittelschwer, viele einsame, aussichtsreiche Trails; Zeit: ca. 4 Std.; Fahrradverleih Chiemsee; Tel. 0 80 51/71 47; www.fahrradverleih-chiemsee.de
Tennis	Reit im Winkl	Harry's Tenniscamp in Reit im Winkl bietet acht Freiplätze und vier Hallenplätze; Tel. 0 86 40/4 45
	Aschau	Auf der Aschauer Tennisclub-Anlage sind Sandplätze unter Tel. 0 80 52/ 43 88 zu buchen.
Golf	Golfclub Reit im Winkl	Die 18-Loch-Anlage zwischen Reit im Winkl und Kössen (Tirol) ist nicht nur einer der am schönsten gelegenen Golfplätze Europas, sondern wohl auch der einzige grenzübergreifende Golfplatz; Tel. 0 86 40/79 82 54; www.gcreit.de
Paragliding, Drachenfliegen	Kampenwand, Aschau Hochplatte, Marquartstein	Am Nordstartplatz der Kampenwandbahn ❶ nehmen die Paraglider am Bergrücken Anlauf für ihre Flüge. Startplatz für Drachenflieger an der Hochplatte bei Marquartstein ❷; Paragliding Flugschule Chiemsee; Thomas Beyhl; Tel. 0 80 52/94 94 0 oder 0 171/4 25 22 33; www.flugschule-chiemsee.de

EVENTS

- Juli/August: Reit im Winkler Straßenfest
- August: Festivo, Konzertreihe klassischer Musik in Aschau

Almfest auf der Chiemhauser Alm, Schleching

Hütten

Priener Hütte (1411 m)
Unterhalb des Geigelsteingipfels steht in sonniger Lage die stattliche Alpenvereinshütte. Sie ist ein beliebtes Ziel von Wanderern und Mountainbikern. Zustieg von Sachrang (738 m) in ca. 3 Std.; Tel. 0 80 57/4 28

Hindenburghütte (1260 m)
Auf einem Almgebiet mit Mooren und Buckelwiesen liegt die Hindenburghütte. Ein Besuch lohnt sich wegen der leckeren Küche mit bayrisch-alpenländischen Schmankerln wie ofenfrischen Schweinshaxen, Jagerpfandl, Hüttengröstl, hausgemachten Kuchen sowie Strudel und Fruchtschnäpsen; Ausgangspunkt ist Reit im Winkl (Parkplatz im Ortsteil Blindau), der Zustieg dauert ca. 1,5 Std.; Tel. 0 86 40/84 25

Klausenhütte (1548 m)
Im Sommer bevölkern die Haflinger vom Gestüt Fohlenhof in Ebbs bei Kufstein die weite Almfläche. Nicht nur deshalb lohnt sich der weite Weg von Aschau oder der etwas kürzere von Sachrang (ca. 3 Std.). Kleine gemütliche Hütte; Tel. 01 71/9 95 49 52

Promi-Tipp

Die Langläuferin **Evi Sachenbacher** aus Reit im Winkl konnte bei Olympischen Spielen und Weltmeisterschaften bereits viermal eine Medaille gewinnen. Sommerurlaubern empfiehlt sie eine Nordic-Walking-Tour: »Reit im Winkl und Umgebung sind optimal fürs Nordic Walking: Eine schöne Route beginnt in der Ortsmitte von Reit im Winkl und führt über den Ortsteil Entfelden am »Pötschbauern« vorbei zur Entfeldmühle. Weiter geht's über den Jochberg zum Weitsee. Zurück walken Sie über Seegatterl nach Reit im Winkl. Die Strecke ist ca. 17 km lang (Dauer ca. 4 Std.) – optimal ist zwischendurch eine Pause auf der Angerer Alm.«

WESTLICHER CHIEMGAU

Steinerner Wächter über dem Achental: Die Burg Marquartstein wurde im Jahr 1075 erbaut.

Restaurants

Gasthaus Zum Baumbach
Klassischer bayerischer Gasthof im Ortsteil Hohenaschau. Vom Biergarten hat man nicht nur einen schönen Blick auf die Burg, sondern auch rückwärtig auf die Kampenwand. Gediegenes Interieur und gehobene bayerische Küche mit mediterranen Einflüssen; Tel. 0 80 52/14 81, www.zum-baumbach.de

Streichenwirt
Ein Bilderbuchwirtshaus oberhalb von Schleching direkt an der Streichenkirche: innen schlichte, aber gemütliche Gaststuben und vor dem Haus eine Terrasse mit herrlichem Blick auf den Geigelstein; bodenständige Küche; Tel. 0 86 49/2 65

Gasthof Zellerwand
Direkt an der Straße von Marquartstein nach Schleching steht das gepflegte Gasthaus, das seit 1853 in Familienbesitz ist. Mit nostalgischer Gaststube, einem schattigen Biergarten und einer klassisch bayerischen Küche, bei der viele Ökoprodukte der Schlechinger Bauern verwendet werden; Tel. 0 86 49/2 17

Öko-Kulturweg und Müllner-Peter-Museum

Der Themenweg beginnt gleich hinter dem Müllner-Peter-Museum in Sachrang. Auf der 5 km langen Strecke werden an 12 Stationen die Zusammenhänge zwischen Natur, Landwirtschaft und Kultur der bäuerlich geprägten Alpenregion im oberen Priental erklärt. Die informative Wanderung ist gut kombinierbar mit dem Besuch des ehemaligen Schulhauses Sachrang, in dem das Museum über den bekannten Kirchenmusiker und Heilpraktiker »Müllner Peter« untergebracht ist. Im Obergeschoss ist das Lehrer-Hickl-Zimmer mit der Original-Einrichtung von 1910 sehenswert. Außerdem lohnt sich ein Rundgang durch den Heilkräutergarten.

Selbst in der Hochsaison findet man immer noch ruhige Plätze zum Ausspannen.

Zwar hat Reit im Winkl keine bekannten Berge zu bieten, aber dem passionierten Wanderer stehen etliche lohnende Touren und viele urige Hütten zur Auswahl. Viele Wege beginnen direkt im Ort und führen in entlegene Winkel. Ausgangspunkt für Wanderungen zum Eggenalmkogel oder auf das Fellhorn ist Seegatterl an der Deutschen Alpenstraße bei Reit im Winkl. Wer hier in die Mautstraße abbiegt, gelangt zur Winklmoos-Alm, der Heimat der sympathischen Ex-Skirennläuferin und dreifachen Olympiamedaillengewinnerin Rosi Mittermaier. Der Besuch der sehenswerten Hochalm lohnt sich allein schon wegen des Panoramablicks auf die Loferer Steinberge. Außerdem ist das Hochplateau zwischen Dürrnbachhorn und der Kammerköhrplatte ein idealer Ausgangspunkt für ausgedehnte Wanderungen und Mountainbike-Touren, aber auch für erholsame Spaziergänge.

Delikatessen unter der Kampenwand

Am Eingang zum benachbarten Priental steht die mittelalterliche Burganlage Hohenaschau, die zu einer Besichtigungstour durch die Fürstenzimmer einlädt. Der Ort Aschau hat kulturell noch einiges mehr zu bieten, und auch Gourmets kommen auf ihre Kosten: In der »Residenz«, in der man auch übernachten kann, serviert Sternekoch Heinz Winkler feine Delikatessen aus seiner Nobelküche. Überragt wird Aschau jedoch nicht nur von der mächtigen Burg, sondern auch von der Kampenwand. Eine Seilbahn führt zum Kampenwandhaus und erleichtert so Kletterern und Wanderern das Erreichen ihres Zieles. Auf der gegenüberliegenden Seite ragt der Hochries in den Himmel, der ebenfalls von einem schönen Mountainbike- und Wandergebiet umgeben ist.

Fun & Family

Märchenpark Marquartstein	Freizeit- und Erlebnispark mit Sommerrodelbahn, Gaudi-Gondel, Streichelzoo, Wasserspielgarten, Spaziergang durch die Märchenwelt, Fahrt mit der Parkeisenbahn; Tel. 0 86 41/71 05; www.maerchenpark.de
Schwimmstadl Reit im Winkl	Hallenbad mit Sauna- und Massagebereich, Wasserrutsche, Kinderbecken; Freibad mit 105-m-Riesenrutsche; Tel. 0 86 40/88 37
Pferdekutschfahrten Reit im Winkl	Einstündige Pferdekutschfahrten vom Standplatz bei der Kirche; Tel. 01 75/44 78 136; Nachtkutschfahrten mit dem Haflingergespann, Bernd Bauer, Tel. 01 71/6 98 05 04
Skimuseum Reit im Winkl	Eine der größten Skisammlungen Europas aus drei Jahrhunderten im ehemaligen Schulhaus; Tel. 0 86 40/8 00 20

TOP TIPP Ein besonderer Familienausflug ist ein Besuch der **Deutschen Alpensegelflugschule** ❸ in Unterwössen. Man kann nicht nur Segel- und Motorflieger beim Starten und Landen beobachten oder den Funkverkehr im Tower mitverfolgen, sondern auch einen Erlebnis-Rundflug über die Chiemgauer Gipfel buchen; Tel. 0 86 41/69 87 87; www.dassu.de

Adressen & Bergbahnen — Landesvorwahl 00 49

Aschau (615 m)	Tourist Info Aschau; Tel. 0 80 52/90 49 37; E-Mail: info@aschau.de; www.aschau.de
Marquartstein (546 m)	Tourist-Info Marquartstein; Tel. 0 86 41/69 95 58; E-Mail: verkehrsamt@marquartstein.de; www.marquartstein.de
Reit im Winkl (696 m)	Tourist Information Reit im Winkl; Tel. 0 86 40/8 00 20; E-Mail: info@reit-im-winkl.de; www.reit-im-winkl.de
Weitere Orte	**Mettenham** · **Oberwössen** · **Sachrang** www.sachrang.de · **Schleching** www.schleching.de · **Seegatterl** · **Unterwössen** www.unterwoessen.de
Entfernungen	Hamburg 884 km; Berlin 695 km; Köln 685 km; Frankfurt a. M. 501 km; Stuttgart 342 km; München 108 km

1. Aschau — Kampenwand — Berg/Tal 14,50 €
2. Marquartstein — Hochplatte — Berg/Tal 6,50 €
3. Reit im Winkl — Dürrnbachhorn — Berg/Tal 9 €

Siehe auch Preisteil S. 635

Schloss Hohenaschau
Im letzten Drittel des 12. Jh. erbauten Konrad und Arnold von Hirnsberg die Burg Hohenaschau als Stützpunkt am Eingang zum Oberen Priental. Bedeutsame Adelsgeschlechter erweiterten den Besitz und bauten das Schloss zum Mittelpunkt des Verwaltungssitzes ihrer Herrschaft aus. Die Wehranlage, die Schlosskapelle, der Bergfried, die Preysingsäle und der Innenhof können besichtigt werden; Anmeldung unter Tel. 0 80 52/90 49 37

Wesentlich bodenständiger präsentiert sich das beschauliche Dorf Sachrang südlich von Aschau. Hier ragt keine Burg wachsam in die Höhe; kontrolliert wird nicht einmal mehr an der nahen Grenze zu Österreich. Bekannt wurde Sachrang einst durch den »Müllner Peter Huber«, ein Allroundgenie, das Anfang des 19. Jh. in dem Bergort lebte. Er war Kirchenmusiker, Komponist, Heilkundiger und Arzt in einem; ihm ist das Museum im ehemaligen Schulhaus gewidmet.

Für Wanderer ist Sachrang ein beliebter Ausgangspunkt, hier beginnen die Touren hinauf zum Geigelstein, dem Blumenberg des Chiemgaus, oder auf den Spitzstein mit seinem herrlichen, freien Blick weit über das Alpenvorland.

Ländliches Idyll im Priental

Hotelempfehlungen
Aschau S. 654
Reit im Winkl S. 661
Traunstein S. 662

Wanderkarten
Karte des Bayerischen Landesvermessungsamtes UKL 7 Chiemsee, Chiemgauer Alpen; 1:50000

Straßenatlas Siehe S. 766

ÖSTLICHER CHIEMGAU
OBERBAYERN

ACTION & SPORT

WANDERN & BERGTOUREN

FUN & FAMILY

WELLNESS & GENUSS

Wanderkarten

Topographische Karte des **Bayerischen Landesvermessungsamtes**, UK L4, Berchtesgadener Land; 1:50000

Topographische Karte des **Bayerischen Landesvermessungsamtes**, UK L7, Chiemsee – Chiemgauer Alpen; 1:50000

Das Erlebnis- und Wellnessbad **Vita Alpina** in Ruhpolding kombiniert geschickt Badespaß mit gesundheitsfördernden Elementen. Großes Freibad, Liegewiese, Solebecken, Massagebecken, Wellenbäder, Wasserspielplätze, Saunalandschaften u.v.m.
Tel. 0 86 63/4 19 90

ADAC – der perfekte Urlaubstag

9 Uhr: Leichte Mountainbiketour von Ruhpolding auf die Röthelmoos-Alm und zurück über den Weitsee nach Ruhpolding

13 Uhr: Besuch des Holzknechtmuseums Laubau (bei Ruhpolding)

15 Uhr: Ausflug zum Badepark nach Inzell mit großer Saunalandschaft für die Erwachsenen und einer 62 m langen Riesenrutsche für die Kinder

18 Uhr: Abendausflug zum romantisch gelegenen Forsthaus Adlgass mit schönem Biergarten

Im Herzen der Chiemgauer Berge

Ruhpolding und Inzell sind nicht nur im Winter beliebte Urlaubsziele. Im Sommer locken abwechslungsreiche Bergwanderungen, malerische Bergseen, gemütliche Hütten und traditionelle bayerische Wirtshäuser. Auch die Nachbarorte Siegsdorf und Schneizlreuth sind wegen ihrer idyllischen Lage einen Besuch wert.

Vom Rauschberg aus hat man einen schönen Blick auf Ruhpolding. Im Hintergrund ist der Chiemsee zu sehen.

Vor allem bei Familien sind Ruhpolding und seine Nachbarorte beliebte Urlaubsziele. Das liegt vor allem am betont gemütlichen Charakter. Am Nordrand der Alpen sind die Gipfel eher sanft, die Wander- und Mountainbiketouren tendenziell leicht. Vor allem für Radler bietet sich die Möglichkeit, Wege in der Ebene mit leichten Anstiegen zu kombinieren, etwa bei Ausflügen zur Röthelmoos-Alm oder nach Inzell zum Forsthaus Adlgass.

Wie stark bayerisches Brauchtum auch heute noch das touristische Angebot prägt, dokumentiert der Veranstaltungskalender: Volksmusik, Georgi- und Michaeliritt gehören zu den Highlights, und das scheint den Gästen nach wie vor zu gefallen. Einblicke in die wirtschaftliche Vergangenheit eröffnet das Holzknechtmuseum Laubau bei Ruhpolding. Auf dem großzügig angelegten Freigelände finden regelmäßig für die ganze Familie interessante Vorführungen rund um die Arbeit mit dem Material Holz statt.

Großes Angebot für Familien

Apropos Familien: In Ruhpolding legt man viel Wert darauf, Eltern und Kindern den Urlaub angenehm und abwechslungsreich zu gestalten. Mit Erfolg, urteilten die Fachleute von Bayern-Tourismus – und zeichneten Ruhpolding 2003 als ersten »Kinderlandort« Oberbayerns aus. Während die Eltern vor allem Leihkinderwagen, Kinderbetreuung und das familienorientierte Übernachtungsangebot schätzen, begeistert die kleinen Gäste eher der fantasievoll gestaltete Freizeitpark (www.freizeitpark.by). Auf dem Gelände mitten im Bergwald schnitt früher eine »Hörndlsäge« die geschwungenen Hölzer für Pferdeschlitten und das Kummet zu. Wasserkraft trieb die Sägen an. Die eindrucksvolle Anlage mit ihren mächtigen Zahnrädern aus Holz ist heute noch im Park zu sehen. Den Kindern sind jedoch garantiert die zwischen den Bäumen dargestellten Szenen aus der Märchen- und Sagenwelt wichtiger, die fast immer zum Mitmachen anregen. Im Kristallbergwerk können die Kinder selbst fündig werden, ebenso an der von einem mächtigen Dinosaurier bewachten Ausgrabungsstelle. Wer sich mehr für vorgeschichtliche Erkenntnisse interessiert, dem sei ein Kuriosum in Siegsdorf empfohlen: Nachdem vor 30 Jahren hier ein 40000 Jahre altes Mammutskelett ausgegraben wurde, entstanden gleich zwei Museen, die Erdgeschichte anschaulich und spannend dokumentieren.

Von Siegsdorf aus ist es nicht mehr weit nach Inzell – im Winter bekannt für Eisschnelllaufbahn und Langlaufloipen. Im Sommer lädt das von den Gipfeln der Chiemgauer Berge umrahmte Becken vor

Wandern & Bergtouren

TOP TIPP Fast ein Muss ist die Tour auf den Hausberg von Ruhpolding, den 1645 m hohen **Rauschberg** ❶. Vom Parkplatz beim Holzknechtmuseum Laubau (700 m) geht man zunächst auf der Forststraße bis Sackgraben. Nach der Kreuzung auf Weg 22 hinauf in Richtung Rauschberg, an den ehemaligen Skipisten entlang zum Gipfel. Nach einer Stärkung im Rauschberghaus sollte man einen Blick auf die mehr als 60 Schautafeln des Alpenlehrpfades werfen, die über Natur, Geschichte und Geologie der Region informieren. Zurück geht es dann knieschonend mit der Seilbahn ❶. Wer noch Kraftreserven hat, kann aber auch am Kienberg vorbei nach Aschenau absteigen und von dort mit dem Bus zurück nach Ruhpolding fahren. Zeit: 3 Std. bis zum Gipfel

Hörndlwand (1684 m) Interessante Wanderung auf die markante Felsnadel	Ausgangspunkt: Parkplatz beim Gasthaus Seehaus zwischen Ruhpolding und Weitsee; Seehaus – Branderalm – Ostertal – Hörndlwand. Rückweg wie Hinweg; Zeit: 3–4 Stunden; Einkehr: Branderalm. Nach der Wanderung bietet sich ein Bad im Weitsee an.
Großer Kienberg (1594 m) Anspruchsvolle Tour mit steilen Auf- und Abstiegen	Ausgangspunkt: Parkplatz beim Gasthaus Schmelz an der Alpenstraße bei Inzell; Schmelz – Knappensteig – Großer Kienberg; Rückweg wie Hinweg oder auf der Südseite über die Kaitlalm und auf dem Alpensteig (Trittsicherheit und Schwindelfreiheit nötig) in Richtung Gasthaus Zwing südlich von Inzell; Zeit: ca. 5 Std.; Einkehr: Kaitlalm, Bichleralm
Zwiesel (1782 m) Mittelschwere Wanderung	Ausgangspunkt: Parkplatz an der Jochbergstraße bei Weißbach; Jochbergstraße – Zwieselweg – Zwieselalm – Zwiesel; Rückweg wie Hinweg; Zeit: 4–5 Std.; Einkehr: Zwieselalm

allem zum Wandern ein. Unbedingt anschauen sollte man sich die eindrucksvollen Felsformationen des Gletschergartens bei Inzell/Zwing: Über 500 m dicke Eismassen wälzten sich in der Würmeiszeit über die Felsen und hinterließen markante Spuren: Eisschurf und Eisschliff, tief ausgehöhlte Gletschermühlen, Muschelbrüche und Rundhöcker. Vor allem jene, die sich nach alpiner Umgebung sehnen, sind in den kleinen Orten Weißbach und Schneizlreuth gut aufgehoben. Man logiert umgeben von steilen Berghängen, muss sich vielleicht mit einem überschaubareren gastronomischen und kulturellen Angebot begnügen, hat aber viele interessante Wandermöglichkeiten vor der Haustür, darunter die historischen Salinenwege in Richtung Thumsee. Und ein gewisser nostalgischer Charme ist den Orten auch eigen – fast so wie zu den Gründerzeiten des Tourismus.

Adressen & Bergbahnen — Landesvorwahl 00 49

Ruhpolding (673 m)	Tourist-Info Ruhpolding; Tel. 0 86 63/8 80 60; E-Mail: tourimus@ruhpolding.de; www.ruhpolding.de
Weitere Orte	**Inzell** www.inzell.de • **Siegsdorf** www.siegsdorf.de • **Schneizlreuth** www.schneizlreuth.de • **Weißbach**
Entfernungen	Hamburg 890 km; Berlin 701 km; Köln 691 km; Frankfurt a. M. 507 km; Stuttgart 348 km; München 114 km

❶ Ruhpolding Rauschbergbahn Berg/Tal 15 €

❷ Ruhpolding Unternbergbahn Berg/Tal 7,50 €

Siehe auch Preisteil S. 635

EVENTS

- Mai/Juni: Fest der Berge, Ruhpolding
- August: Days of Bike, Ruhpolding
- September: Georgi-Ritt, Ruhpolding Michaeliritt, Inzell

Hütten

Die urige **Bäckeralm** (1067 m) liegt am Teisenberg, östlich von Inzell. Sie ist bequem in einer einstündigen Wanderung zu erreichen. Schöne Aussicht auf die Umgebung von Inzell. Keine Übernachtungsmöglichkeiten. Tel. 0 86 65/70 15

Auf dem Röthelmoos bei Ruhpolding liegt die kleine, gemütliche Almhütte **Langenbauer-Alm** (direkt neben dem Gebäude der Röthelmoos-Alm). Beliebtes Ziel für Wanderer und Mountainbiker. Letztere machen eine Rundtour von Brand über Röthelmoos und zum Weitsee. Auf der Hütte gibt es deftige Brotzeiten mit Käse und Geräuchertem.

Hotelempfehlungen

Inzell S. 658
Ruhpolding S. 661

Straßenatlas S. 766

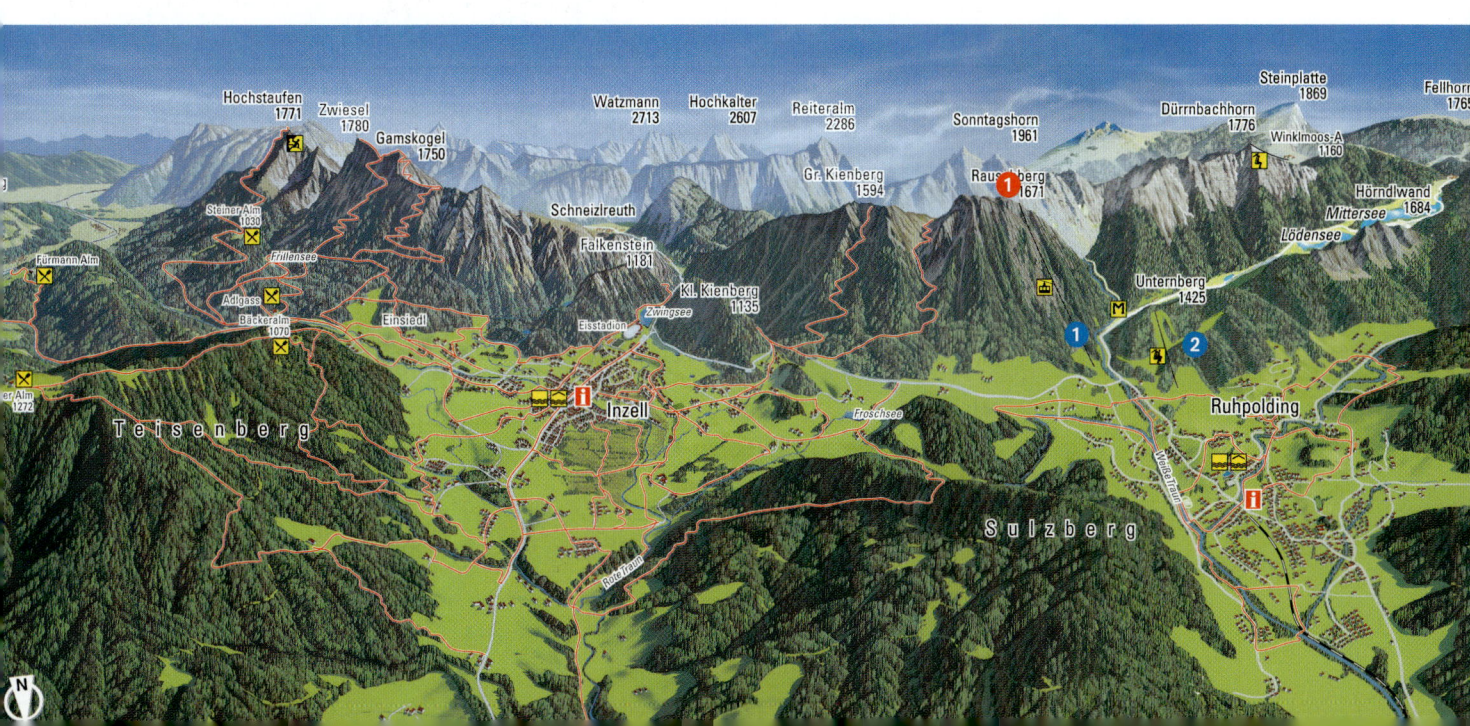

BERCHTESGADENER LAND
OBERBAYERN

ACTION & SPORT
WANDERN & BERGTOUREN
FUN & FAMILY
WELLNESS & GENUSS

Restaurants

Gasthof Altes Forsthaus
Alteingesessenes Gasthaus mit klassisch bayerischer Küche in Ramsau an der Deutschen Alpenstraße. Rustikales Interieur; Tel. 0 86 57/2 58

Gasthaus Auzinger
Ein Bilderbuchwirtshaus am Ufer des Hintersees mit bekannt gutem Schweinsbraten. Einst war das Gasthaus Auzinger in Ramsau Stammlokal vieler Kunstmaler. Romantische alte Stube, gemütliche Gästezimmer; Tel. 0 86 57/2 30

Bräustüberl
Das urige Lokal gehört zum Berchtesgadener Hofbräu und bietet bayerische und internationale Spezialitäten an; Tel. 0 86 52/97 67 24

Windbeutelbaron/ Alpengasthaus Graflhöhe
»Windbeutelbaron« ist kein Filmtitel, sondern die Bezeichnung für ein Gasthaus in Berchtesgaden und seinen Chef: Hans Ebner zaubert die größten Windbeutel nach geheimem Rezept, gefüllt mit Sauerkirschen und Vanilleeis, mit Himbeer- oder Schokoladensauce u.v.m.; Panoramaterrasse, Kinderspielplatz; Mi Ruhetag; Tel. 0 86 52/25 77; www.windbeutelbaron.de

ADAC *der perfekte Urlaubstag*

- **9 Uhr:** Mountainbike-Tour zur Gotzenalm, von dort zu Fuß zum Feuerpalfen; Aussicht genießen, danach Einkehr
- **15 Uhr:** Bootsfahrt auf dem Königssee, Besuch von St. Bartholomä
- **19 Uhr:** Fahrt zum Hintersee, deftiger Schweinsbraten im Gasthof Auzinger

Auf den Spuren des bayerischen Hochadels

An Sehenswürdigkeiten mangelte es dem Berchtesgadener Land schon zu den Zeiten nicht, als noch das bayerische Königshaus mit Vorliebe hier logierte. Und auch heute hat die Region rund um Watzmann und Königssee vielseitige Freizeitmöglichkeiten zu bieten: von hochalpinen Erlebnissen über romantische Bootsausflüge bis zu sportlichen Herausforderungen.

Die Wahrzeichen der Region schlechthin: St. Bartholomä am Königssee vor der Watzmann-Ostwand.

Dass König Max II. von Bayern ein leidenschaftlicher Jäger war, hat im Berchtesgadener Land Spuren hinterlassen. Auf der Gotzenalm ließ er sich eine feudale Jagdhütte bauen, und die königliche Villa im Zentrum von Berchtesgaden zählt noch heute zu den stattlichsten Anwesen im Ort. Man kann den Wittelsbachern ihre Wahl nicht verdenken: Die Schönheit der Landschaft und die Ursprünglichkeit der Natur, zumindest so wie sie seinerzeit war, dürfte den adligen Wünschen entgegengekommen sein. Das sah auch später Prinzregent Luitpold so, ebenfalls ein Vollblutjäger. Ihm verdankt man die Einführung der Elektroboote auf dem Königssee. Nicht aus Gründen des Umweltschutzes, wie man meinen könnte, sondern weil er damit besser auf die Pirsch gehen konnte und das Wild nicht vom Lärm vertrieben wurde.

Adlige sieht man heutzutage in Berchtesgaden kaum noch. Überhaupt hat der Tourismus nicht mehr viel von der alten Noblesse. Dennoch zählt das Berchtesgadener Land immer noch zu den reizvollsten und attraktivsten Gebieten in den bayerischen Alpen. Der Königssee ist ein Publikumsmagnet, auch wenn die Anlegestelle mit den Geschäften und Lokalen mittlerweile etwas billig und lieblos erscheint. Aber rund um den See gibt es herrliche Wandermöglichkeiten, zum Beispiel in Richtung Watzmann, am Jenner oder zur Gotzen-

Fun & Family

Watzmann-Therme Berchtesgaden	Erlebnisbad mit 900 m² Wasserfläche, Saunawelt und 80-m-Rutsche; Tel. 0 86 52/9 46 40; www.watzmann-therme.de
Sommer-rodelbahn Obersalzberg	600 m lange Rodelbahn am Obersalzberg ❷ mit vollautomatischem Aufzug; Kart-Bahn, Spielplatz, Bungee; Alpengasthof Hochlenzer; Tel. 0 86 52/21 05; www.hochlenzer.de
Kinder-Kletterkurse Berchtesgaden	2-Std.-Kurs; Mi 16.30 Uhr, Treffpunkt/Anmeldung: Jennerkaser, Schönau; Bergschule Watzmann; Tel. 0 86 57/7 11; www.bergschule-watzmann.de
Adlergehege Obersalzberg	Nicht nur Adler und Falken lassen sich beobachten, sondern auch Fische, Schlangen und Murmeltiere. An der Bushaltestelle Kehlstein-Hintereck, tgl. 11–16 Uhr geöffnet; Eintritt frei.
Salzbergwerk Berchtesgaden	Führungen (ca. 2 Std.) in die Unterwelt mit dunklen Stollen und langen Rutschen; Salzgrotte, Salzsee, Museum; Tel. 0 86 52/60 02 00; www.salzwelt.de

TOP TIPP Beim **Ferienclub Watzmannkinder** ❶ ist immer was los, egal ob bei Sonnenschein oder Regen: Mal geht es zum Klettern, mal zur Sprungschanze, wo sich der Nachwuchs der Nordisch-Kombinierer über die Schulter schauen lässt, mal bekommt man beim Imker leckeren Honig und nebenbei jede Menge Geschichten zu den Bienen erzählt – oder die Watzmannkinder tauchen in die Unterwelt ab und besuchen geheimnisvolle Salzgrotten und enge Bergwerksstollen. In der Ferienzeit jeden Di und Do 13–17 Uhr; Treffpunkt: Clubraum der Watzmann-Therme; Infos: Berchtesgaden Tourismus; Tel. 0 86 52/96 71 50

Spaziergänge in Natur und Kultur

Aber es geht auch gemütlicher: Naturliebhaber finden im Nationalpark viele interessante geführte Touren zur Wildfütterung oder mit detaillierten Informationen zu Flora und Fauna (Tel. 0 86 52/6 43 43; www.nationalpark-berchtesgaden.de). Ideale Ergänzung zu einem Ausflug in die Berge ist ein Abstecher in die moderne Watzmann-Therme mit ihrer großzügigen Badelandschaft.

In Anbetracht der besonderen Geschichte von Berchtesgaden hat der Ort aber auch kulturell einiges zu bieten. Allem voran das Schloss, das einst ein Augustiner-Chorherrenstift war und von den Wittelsbachern nach der Säkularisation 1803 zur Sommerresidenz umfunktioniert wurde. Die wechselvolle Historie kann man im Schloss-Museum (Tel. 0 86 52/94 79 80; www.haus-bayern.com) anschaulich nachvollziehen. Vom Schlossplatz aus bietet sich dann ein Spaziergang durch die Fußgängerzone an, vorbei am Hotel Post am Marktplatz, dem ältesten Gasthaus Berchtesgadens, dessen Ursprünge bis auf das Jahr 1328 zurückgehen. Nachtschwärmer sollten in Berchtesgaden keine allzu großen Erwartungen hegen. Die Einheimischen zieht es ins nahe Salzburg, wo das Angebot ungleich größer ist. Denn grundsätzlich ist das Berchtesgadener Land heute eher ein Fall für Natur- und Bergliebhaber, weniger für das illustre Volk, wie es sich zu Zeiten der Wittelsbacher gern

alm. Letztere ist übrigens auch ein lohnenswertes Mountainbike-Ziel; davon gibt es in der Region allerdings noch viele mehr, beispielsweise die Wallfahrtskirche Ettenberg oberhalb von Marktschellenberg oder die klassische Umrundung des Hohen Göll, eine anspruchsvolle Tagestour mit anstrengenden Bergauf- und rasanten Bergab-Passagen. Die Touren sind nicht nur bei den Gästen, sondern auch bei den Einheimischen beliebt.

Doch zurück zum Wandern: Als ideale Reviere gelten auch die Gebiete am Untersberg, rund um Ramsau und – mit deutlich alpinem Charakter – die Wege hinauf zur Blaueisspitze und zum Hochkalter, die allerdings erfahrenen Bergsteigern mit der entsprechenden Ausrüstung vorbehalten sind. Kletterer lockt die berühmte Watzmann-Ostwand, ambitionierte Bergsteiger die Überquerung der Watzmanngipfel. Vielfältige Möglichkeiten für Sportkletterer und für alpine Touren gibt es unmittelbar bei der Blaueishütte.

Schönes Wanderziel: Die Bindalm im Klausbachtal, dahinter die Südabstürze der Reiteralpe.

EVENTS

- Mai: »Rossfeld Historic«, Oldtimer-Rallye, Berchtesgaden (www.rossfeld historic.de)
- Juli: Schellenberger Dult, Marktschellenberg
- Seefest, Königssee
- September: Almabtrieb
- Oktober: Jenner-Berglauf

DAV-Tipp

Das Watzmannhaus (1928 m) ist eine traditionsreiche Unterkunft in einem der schönsten deutschen Bergmassive – und ein idealer Standort für Touren zu den Watzmannkindern oder für die Überschreitung des Watzmanns; Zustieg von der Wimbachbrücke in ca. 3–4 Std.; Tel. 0 86 52/96 42 22

BERCHTESGADENER LAND

Hütten

Blaueishütte (1680 m)
Die Blaueishütte hoch über Ramsau ist ein idealer Ausgangspunkt für hochalpine Touren etwa auf die Blaueisspitze (2481 m) oder den Hochkalter (2607 m). Gute Alpin- und Sportklettermöglichkeiten in unmittelbarer Nähe; Betten und Matratzenlager; Zustieg von Ramsau (Parkplatz Pfeiffenmacherbrücke) in ca. 3 Std. oder von Ramsau-Hintersee ca. 2,5 Std.; Tel. 0 86 57/2 71; www.blaueishuette.de

Carl-v.-Stahl-Haus (1763 m)
Direkt an der Grenze zwischen Deutschland und Österreich gelegen, ist man von hier aus in ca. 2 Std. auf dem Schneibstein (2276 m), einem schönen Aussichtsberg. Ganzjährig bewirtschaftet, Aufstieg ab Parkplatz Hinterbrand ca. 2,5 Std., von der Jennerbahn ❹ ca. 30 Min.; Tel. 0 86 52/27 52

Reichenhaller Haus (1750 m)
Fast direkt am Gipfel des Hochstaufen (1771 m) befindet sich das Reichenhaller Haus. Es ist Stützpunkt unter anderem für jene, die den schwierigen Klettersteig in der Nordwand des Hochstaufen gehen (Pidinger Klettersteig). Von Bad Reichenhall in ca. 4 Std. zu erreichen; Tel. 0 86 51/55 66

Stöhrhaus (1894 m)
Urige Hütte auf dem Berchtesgadener Hochthron am Untersberg-Massiv. Betten und Matratzenlager; Tel. 0 86 52/72 33

Schellenberger Eishöhle
Die einzige Eisschauhöhle Deutschlands im Untersberg-Massiv bietet fantastische Eindrücke von unterschiedlichsten Eisformationen, die auch im Sommer nicht schmelzen. Bei einer Führung (ca. 45 Min.) erläutern Höhlenführer die Entstehung der Höhle und bringen den Besuchern die Erschließung der eisigen Hohlräume näher. Festes Schuhwerk und Trittsicherheit nötig; vom Parkplatz ca. 2 km nach Marktschellenberg Aufstieg zur Höhle in ca. 3 Std.; Einkehr in der Toni-Lenz-Hütte nahe der Höhle möglich; (Tel. 00 43 6 64/1 34 16 90); www.eishoehle.net

Hotelempfehlungen

Berchtesgaden S. 655
Bischofswiesen S. 655
Schönau S. 662

Action & Sport

MOUNTAINBIKE	KLETTERSTEIGE	RAFTING	CANYONING	REITEN
PARAGLIDING	DRACHENFLIEGEN	KLETTERGÄRTEN	TENNIS	WINDSURFEN
KAJAK/KANU	WASSERSKI	TAUCHEN	HOCHSEILGARTEN	GOLF

TOP TIPP An einen der schönsten Plätze im Königsseegebiet führt die **Mountainbike-Tour zur Gotzenalm** (1685 m) ❷. Zwar muss man sich die fantastische Aussicht hart erarbeiten, aber wer über eine gute Kondition verfügt, darf sich die Tour zutrauen. Start bei der Kurdirektion in Berchtesgaden (ca. 571 m). Hinauf nach Hinterbrand (ca. 1100 m; wer sich die ersten Höhenmeter sparen will, fährt mit dem Auto und beginnt die Tour hier) und fast auf gleicher Höhe zur Königsbachalm (1191 m). Dann steil hinauf zur Gotzental-Alm und zum Plateau der Gotzenalm. Abstecher zu Fuß zum Aussichtspunkt Feuerpalfen möglich; die Mühe wird belohnt durch einen fantastischen Blick auf den 1000 m tiefer liegenden Königssee und in die Watzmann-Ostwand mit der Kapelle von St. Bartholomä davor. Rückweg auf der gleichen Route. Länge/Charakter: bis zur Königsbachalm unproblematisch, danach steiler und anstrengend; ca. 37 km, 1200 Höhenmeter; Zeit: ca. 3–4 Std.; Einkehr: Königsbachalm, Gotzenalm

Klettersteig	Pidinger Klettersteig	Neu eingerichteter, schwieriger Klettersteig am Hochstaufen (1771 m); Zustieg ab Parkplatz Urwies bei Piding (nordöstl. von Bad Reichenhall); geführte Touren: Bergschule Watzmann; Tel. 0 86 57/7 11; www.bergschule-watzmann.de; Bergschule Berchtesgadener Land; Tel. 0 86 52/53 71; www.berchtesgaden-bergschule.de
Rafting	Königsseer Ache, Berchtesgadener Ache	Geführte Rafting-Tour (ca. 3,5 Std.), Familienrafting-Angebote (ab 12 Jahre): Treff-aktiv, Schönau; Tel. 0 86 52/6 67 10; www.treffaktiv.de
Paragliding	Startplatz am Jenner ❹	Tandemflüge: ParaTaxi, Berchtesgaden; Tel. 0 86 52/94 84 50; www.parataxi.de; Berchtesgadener Gleitschirmschule; Tel. 0 86 52/6 22 46
Golf	Obersalzberg, Berchtesgaden	Neu umgebaute 9-Loch-Anlage (Par 70), einer der höchstgelegenen Plätze Deutschlands (ca. 1000 m); Golfschule, Pro-Shop, Restaurant; Golfclub Berchtesgaden; Tel. 0 86 52/21 00; www.golfclub-berchtesgaden.de
Kajak	Ramsauer Ache, Königsseer Ache, Bischofswiesener Ache, Berchtesgadener Ache	Informationen bei: Treff-aktiv, Schönau; Tel. 0 86 52/6 67 10; www.treffaktiv.de

Wandern & Bergtouren

TOP TIPP Eine Tour zum **Watzmann-Hocheck** (2651 m) ❸ ist ein großartiges Erlebnis, aber auch sehr lang und anstrengend. Dafür steht man dann allerdings auf dem Wahrzeichen der gesamten Region. Wanderer, die diesen Gipfel in Angriff nehmen, sollten über eine gute Kondition und Trittsicherheit verfügen. Ausgangspunkt ist der Parkplatz an der Wimbachbrücke zwischen Schönau und Ramsau (ca. 700 m). Durch die Wimbachklamm zur Stuben-Alm und auf Weg 441 weiter zum Watzmannhaus (1928 m), wo übernachtet wird. Am nächsten Tag zuerst im Zick-Zack, später etwas steiler über zerklüftete Felspartien zum Grat und auf diesem zum Hocheck. Abstieg wie Aufstieg; anstelle der Route durch die Klamm kann man auf dem Fahrweg bleiben, der ebenfalls wieder am Parkplatz einmündet. Zeit: insgesamt ca. 12 Std.; Einkehr: Watzmannhaus

Wimbachgrieshütte (1326 m) Landschaftlich überaus reizvolle, ausgedehnte Talwanderung	Ausgangspunkt: Parkplatz Wimbachbrücke (ca. 700 m, zwischen Schönau und Ramsau); auf gutem Wanderweg taleinwärts zum Wimbachschloss (937 m), einem ehemaligen Jagdschloss der bayerischen Könige – Wimbachgrieshütte (Übernachtungsmöglichkeit); Rückkehr auf gleicher Route; einfache, aber lange Wanderung im Tal zwischen Watzmann und Hochkalter; Zeit: ca. 5–6 Std.; Einkehr: Wimbachgrieshütte
Grünstein (1304 m) Mittelschwere Wanderung zu einem der schönsten Aussichtsgipfel der Region	Ausgangspunkt: Parkplatz Hammerstiel in Hinterschönau (755 m); auf dem Forstweg bis zur Gabelung – weiter auf steilerem Wanderpfad bis Grünsteinhütte (1200 m) – Grünstein-Gipfel; Rückweg wie Hinweg; Zeit: ca. 4 Std.; Einkehr: Grünsteinhütte
Predigtstuhl (1618 m) – **Karkopf** (1738 m) Aussichtskanzeln des Lattengebirges südlich von Bad Reichenhall	Ausgangspunkt: Bergstation der Seilbahn von Bad Reichenhall ❶; von der Bergstation südlich zum Hochschlegel (1688 m) – Karkopf; kurze und leichte, aber aussichtsreiche Wanderung zur höchsten Erhebung des Lattengebirges; Rückweg wie Hinweg, Rückkehr ins Tal mit der Bergbahn; Zeit: ca. 2 Std.; Einkehr: Predigtstuhlhotel

Adressen & Bergbahnen

Landesvorwahl 00 49

Urlaubsregion	Berchtesgaden Tourismus; Tel. 0 86 52/96 70; E-Mail: info@berchtesgadener-land.com; www.berchtesgadener-land.com
Bad Reichenhall (473 m)	Kur- und Verkehrsverein; Tel. 0 86 51/60 63 03; E-Mail: info@bad-reichenhall.de; www.bad-reichenhall.de
Berchtesgaden (571 m)	Tourist-Information; Tel. 0 86 52/9 44 53 00; E-Mail: info.kurhaus@berchtesgaden.de; www.berchtesgaden.de
Weitere Orte	**Bischofswiesen** www.bischofswiesen.de • **Marktschellenberg** • **Ramsau** www.ramsau.de • **Schönau** www.koenigssee.de • **St. Leonhard** (Österreich)
Entfernungen	Hamburg 930 km; Berlin 741 km; Köln 731 km; Frankfurt a. M. 547 km; Stuttgart 388 km; München 154 km

1. Bad Reichenhall Predigtstuhl Berg/Tal 15 €
2. Berchtesgaden Obersalzbergbahn Berg/Tal 7,50 €
3. Ramsau Hochschwarzeck Berg/Tal 8 €
4. Schönau Jenner Berg/Tal 18,80 €
5. St. Leonhard (Österreich) Untersbergbahn Berg/Tal 17 €

Siehe auch Preisteil S. 635

Schifffahrt auf dem Königssee

Geräuschlos über smaragdgrünes Wasser gleiten, gebannt in die gewaltigen Bergwände blicken und dem beeindruckenden Echo lauschen: Wer mit einem der Elektroboote über den Königssee schippert, bekommt weit mehr geboten als nur eine Fahrt übers Wasser. Das Wasser hat übrigens Trinkwasserqualität – der fjordartige Königssee ist der sauberste See Deutschlands. Auf der Halbinsel St. Bartholomä, die von den Booten angesteuert wird, steht die weltbekannte kleine Kirche gleichen Namens unter der mächtigen Ostwand des Watzmann, und im Fischerstüberl (Tel. 0 86 52/31 19; www.fischervomkoenigssee.de) gleich nebenan gibt's frischen Fisch aus dem See; Tel. 0 86 52/96 36 18; www.bayerische-seenschifffahrt.de

hier aufhielt. Das gilt insbesondere für die kleineren Nachbargemeinden, für das beschauliche Marktschellenberg und das romantische Ramsau mit der berühmten Kirche, eines der populärsten Postkartenmotive der Region.

Eine Ausnahme stellt der traditionsreiche Kurort Bad Reichenhall mit seinen Kuranlagen und der Spielbank dar. Die Salzgewinnung und die Solequellen prägten die Geschichte des Ortes, und wer sich für Historie interessiert, kann ihr zum Beispiel in der Alten Saline begegnen, die König Ludwig I. von Bayern 1834 erbauen ließ (www.salzwelt.de). Bad Reichenhall bezog seine Sole durch eine hölzerne Leitung von Berchtesgaden her, die bereits 1817 eröffnet worden war. Ihre Entwicklung war maßgeblich von König Max I. und seinem berühmten Minister Montgelas vorangetrieben worden – ein Zeichen dafür, dass der Adel Berchtesgaden nicht nur als Jagdgebiet schätzte.

Beliebtes Motiv: die berühmte Kirche von Ramsau

Wanderkarten

Karte des **Bayerischen Landesvermessungsamtes** UK L4; Berchtesgadener Alpen, Königssee, Bad Reichenhall; 1:50000

Straßenatlas Siehe S. 766

BREGENZERWALD
VORARLBERG

ACTION & SPORT
WANDERN & BERGTOUREN
FUN & FAMILY
WELLNESS & GENUSS

Auf idyllischen Wegen zu hohen Zielen

Über den sanft geschwungenen Bergen im Vorderen Bregenzerwald liegt eine zarte Lieblichkeit. Sie erinnert daran, dass geologisch gesehen hier das Allgäu seine westlichen Ausläufer hat. Zugleich aber geben die schroffen Gipfel Richtung Hochtannberg einen herben Vorgeschmack aufs Hochgebirge. Im Bregenzerwald kann man so auf gemütlichen Spazier- und Radwegen von Dorf zu Dorf pilgern oder sich auf interessanten Wanderrouten und Mountainbikestrecken durch dunkle Hochgebirgswälder und über blumenreiche Almen langsam zu hohen Zielen vortasten. Außerdem sorgt ein breit gefächertes Freizeit- und Wellness-Angebot dafür, dass sich auch Familien und Genießer wohl fühlen.

Sanfte Hänge und schroffe Gipfel hoch über Au und Schoppernau: Der Bregenzerwald bietet Wanderern vielfältige Möglichkeiten.

ADAC der perfekte Urlaubstag

- **9 Uhr:** Wanderung durch das »Naturerlebnis Holdamoos« in Au mit Kneipp-Einrichtungen, Kräutergarten und alter Vorsässhütte
- **11 Uhr:** Fahrt nach Hittisau ins Familienbad mit Erlebnisrutsche, Beachvolleyball u.v.m.
- **15 Uhr:** Blick in die Vergangenheit der Bregenzerwälder Käseherstellung beim Besuch des Alpsennereimuseums Hittisau (Voranmeldung nötig, Tel. 0 55 13/62 09 50)
- **20 Uhr:** Schubertiade-Konzert im Angelika-Kauffmann-Saal, Schwarzenberg (Tel. 0 55 12/ 23 65)

Auf einer Strecke von 76 km windet sich die Bregenzerache von ihrer Quelle unter der Mohnenfluh am Hochtannbergpass bis zur Mündung in den Bodensee durch den Bregenzerwald. Dazwischen schieben sich ihr immer wieder mächtige Höhenzüge in den Weg: das Kalkriff der Kanisfluh bei Au, die Winterstaude bei Bezau. Tief ins Tal eingegraben hat sich der Fluss im Vorderen Bregenzerwald, zwischen Müselbach und Kennelbach. Von 1902 bis 1983 schnaufte das Wälderbähnle, das jetzt nur noch auf einer kleinen Teilstrecke als Museumsbahn verkehrt, durch dieses wildromantische Naturparadies, in dem Tiere und Pflanzen heute wieder unbehelligt leben können. Da stören auch die vorbei gleitenden Kajaks, Kanus oder Raftingboote nicht, die beim einstigen Bahnhof von Lingenau – in dem heute das Outdoorcenter »High 5« (Tel. 0 55 13/41 40) seinen Sitz hat – zu Wasser gelassen werden. Immer am Sonntagnachmittag wird hier auch Bungee-Jumping von der 106 m hohen Brücke angeboten.

Das Erscheinungsbild der 22 Dörfer entlang der Bregenzerache ist geprägt von teilweise über 100 Jahre alten Bauernhöfen. Der Stall und das meist zweistöckige Wohnhaus mit dem »Schopf«, einer Art Veranda im Eingangsbereich, befinden sich immer unter einem Dach, die Fassaden sind mit Holzschindeln bedeckt und verleihen den Bauernhöfen ihr für diese Region so typisches Aussehen. Schließlich ist der Baustoff Holz im Bregenzerwald in Hülle und Fülle vorhanden. Diese Einheitlichkeit wird in fast allen Orten von der kühlen Funktionalität mindestens eines hochmodernen Gebäudes durchbrochen. Die Spannung zwischen Alt und Neu unterstreicht den hohen Stellenwert, den die zeitgenössische Architektur in Vorarlberg einnimmt. Beispiele dafür sind die Sennschule in Egg und die Schule in Warth – und der Käsekeller am Ortseingang von Lingenau: ein schlichter, rechteckiger Klotz aus Sichtbeton mit Vertiefungen in der Außenfassade, die – zumindest wenn sie nachts angestrahlt werden – aussehen wie die Löcher im Käse. 33 000 Laibe lagern im Käsekeller, werden von Robotern sorgfältig gewendet und mit Salzwasser gebürstet. Schmackhaft und interessant für Genießer und Feinschmecker sind die Führungen inklusive der Verköstigung von Käsespezialitäten mit einem guten Glas Wein.

Die mit Holzschindeln verkleideten Bauernhäuser sind typisch für die Region.

Überhaupt hat der Bregenzerwald Genießern einiges zu bieten: Neun Restaurants – und damit mehr als in jeder anderen Region Österreichs – wurden mit den begehrten Hauben ausgezeichnet. Zu empfehlen sind auch die 49 Käsewirte, die unter anderem traditionelle Wälderkost wie »Käsknöpfle« anbieten und oft in den gemütlichen Stuben der typischen Bregenzerwälder Häuser für ihre Gäste den Tisch decken. Neben den kulinarischen Genüssen hat die Region auch kulturellen Feinschmeckern ein besonderes Häppchen zu bieten: die Schubertiade in Schwarzenberg mit ihren erstklassigen Konzerten, Liederabenden und Lesungen, die von Mitte Mai bis Mitte September stattfinden. Veranstaltungsort ist meistens der neu gestaltete, jetzt hochmoderne Angelika-Kauffmann-Saal. Symbolisch soll der Saal dafür stehen, die Tradition der Barockmalerin und berühmtesten Tochter des Ortes mit dem Geist neuer Zeit zu verbinden. Sehenswert ist auch der denkmalgeschützte Dorfkern von Schwarzenberg mit seinen kreisförmig angeordneten historischen, schindelbedeckten Häusern – ein Anblick, der auch aus der Vogelperspektive fasziniert. Das sagen zumindest die Gleitschirmflieger, die gegenüber auf der 1711 m hohen Niedere bei Andelsbuch optimale Bedingungen vorfinden. Aufwinde, eine relativ gut einschätzbare Thermik und leicht erreichbare Startplätze sind Gründe dafür,

Hier entsteht ein Qualitätsprodukt: Käseherstellung auf der Alp ist aufwändige Handarbeit.

Fun & Family ✳✳✳✳✳

Märchen- und Sagenweg Damüls-Kirchdorf	Neun Stationen stellen Sagen aus dem Bregenzerwald dar und motivieren Kinder zum Nachspielen einzelner Szenen. Zeit: ca. 3 Std.
Sommerrodelbahn Bizau	Mit 1850 m und 80 Kurven eine der längsten Sommerrodelbahnen der Welt. Hinauf geht es mit der Hirschbergbahn. Tel. 0 55 72/ 2 50 79; www.hirschberg.at
Rappenloch- und Alplochschlucht Dornbirn	Bis zu 80 m hat sich die Dornbirnerache ins Gestein gefressen. Gesicherte Steige machen die engen Schluchten bei Dornbirn-Gütle zugänglich. Tel. 0 55 72/2 21 80
Rolls-Royce Museum Dornbirn	Eine der bedeutendsten Sammlungen mit Show-Restauration, Informationen zur Geschichte und 20 historischen Modellen. Tel. 0 55 72/5 26 52; www.rolls-royce-museum.at
Quelltuff-Rundweg Lingenau	Lehrpfad zum größten Tuffgebiet nördlich der Alpen. Bizarre Gebilde aus Kalkablagerungen. Dauer: ca. 1,5 Std. vom Zentrum und zurück
Themenwanderwege Bregenzerwald	Ca. 30 ausgeschilderte Routen zu verschiedenen Themen wie Kultur, Sagen, Wasser und Natur. Eine kostenlose Broschüre dazu gibt es bei den Tourismusbüros.

TOP TIPP Die Fahrt mit dem **Wälderbähnle** ❶ zwischen Bezau und Bersbuch gehört zum Pflichtprogramm für Familien. Angetrieben wird die Museumsbahn, deren Schmalspurgleise sich entlang der Bergenzerache schlängeln, von fast 100-jährigen Dampfloks oder historischen Diesellokomotiven. Befahren wird nur dieses kurze Teilstück. Andere Abschnitte der insgesamt 34,5 km langen, aufgelassenen Trasse werden inzwischen als sehr empfehlenswerte Rad- und Spazierwege genutzt. Fahrtzeiten: Sa, So, Feiertage und auf Anfrage. Tel. 0 55 14/22 95; www.waelderbaehnle.at

Hütten

Biberacher Hütte (1862 m)
Die Hütte liegt in hochalpiner Umgebung auf dem Schadonapass im Lechquellengebirge. Lohnende Gipfelziele sind die Hochkünzelspitze (2397 m) und die Braunarlspitze (2648 m). Zustieg: ca. 3 km vor Schröcken (1269 m) führt der Weg hinein in den Schandelstobel; Zeit: ca. 2,5 Std.; Tel. 0 55 19/2 57

Frauenmuseum Hittisau
Das Frauenmuseum Hittisau befindet sich in einem modernen Holzbauwerk. Dargestellt werden Frauen, die einen wichtigen Teil zur Geschichte des Bregenzerwaldes beigetragen haben.

Auch unbequeme zeitgeschichtliche Fragen werden thematisiert.
www.frauenmuseum.com

BREGENZERWALD

Wellness & Genuss

Restaurants

Gasthaus Am Holand
Das Gasthaus liegt etwas oberhalb der Ortschaft Au mit traumhafter Aussicht auf die Kanisfluh. Serviert werden in dem urigen Gasthaus vor allem regionale Spezialitäten.
Tel. 0 55 15/29 32

Romantikhotel Hirschen
Eine besondere Adresse ist das traditionsreiche, mit vier Sternen ausgezeichnete Romantikhotel im malerischen Ortszentrum von Schwarzenberg. In dem barocken Gebäude mit der Schindelfassade werden erstklassige Gerichte serviert, die in erster Linie aus regionalen Produkten hergestellt werden.
Tel. 0 55 12/2 94 40

TOP TIPP Ein spannendes Erlebnis, das alle Sinne anspricht, ist der **Wasserwanderweg bei Hittisau** ❷. Er führt durch Schluchten, über historische Brücken, vorbei an Biotopen und Auen, aber auch an historischen Mühlen und Sägewerken, einem Waschhäuschen und dem ersten Wasserkraftwerk des Bregenzerwaldes. So erleben Besucher die verschiedenen Bedeutungen und Nutzungen des Wassers hautnah. Besonders eindrucksvoll ist diese leichte Wanderung ins Tal der Bolgenach übrigens bei Regenwetter. Eine Infobroschüre ist beim Tourismusbüro Hittisau erhältlich. Dauer: ca. 2 Std.

Aqua Mountain Lingenau	Neu eröffneter Gesundheits- und Badepark mit Außenbecken, Sauna-, Vital- und Kosmetikbereich, einem gesundheitsorientierten Aqua-Fitnesszentrum sowie einer betreuten Kinderwelt. Tel. 0 55 13/63 21
Nordic Walking Zentrum Sibratsgfäll	6 beschilderte, insgesamt 40 km lange Trails unterschiedlicher Schwierigkeitsgrade. Ausführliche Beschreibung der Strecken im kostenlosen Info-Flyer vom Tourismusbüro. Einführungskurse, geführte Wanderung und Stöcke zum Ausleihen. Tel. 0 55 13/21 12; www.sibra.at
Hildegard-Hotel Bizau	Ganzheitliche Betreuung im Hotel Schwanen nach der Lehre der Hildegard von Bingen: spannungsabbauende Bewegung bei Kräuterwanderungen, Kneippen, Moorbaden, Tai Chi und Qi Gong. Kräftigende Küche nach Hildegard von Bingen. Tel. 0 55 14/21 33; www.schwanen.at

dass sich Orte wie Andelsbuch, Bezau und Schoppernau inzwischen zu renommierten Gleitschirmzentren entwickelt haben.

Nicht nur von oben, sondern auch von den Wanderwegen aus (2000 km umfasst das Wegenetz) ist deutlich zu erkennen, dass sich der Bregenzerwald seine Ursprünglichkeit bewahren konnte. Zu verdanken ist dies vor allem der Landwirtschaft. In den meist kleinen Betrieben ist sie nicht nur Tradition, sondern als lebendige Gegenwart spürbar. Almenland ist Wanderland – insofern ist es nur nahe liegend, eine der zahlreichen Sennalpen als Ziel zu wählen. Oben angekommen, wartet mit den hauseigenen Produkten eine köstliche Stärkung. Um diese wertvolle kleinbäuerliche Struktur zu erhalten, arbeiten Tourismus und Landwirtschaft eng zusammen, etwa in einem der größten gemeinsamen Projekte, der »Käsestraße Bregenzerwald«. Dabei handelt es sich nicht um einen festen Routenverlauf, sondern um einen Verbund von ent-

Wandern & Bergtouren

EVENTS

- Mai–September: Schubertiade Schwarzenberg, anspruchsvolles Klassik-Festival
- Juli/August: Bregenzer Festspiele auf der Seebühne
- August: Outdoortrophy, internationaler Staffelwettbewerb für Mountainbiker, Paraglider, Bergläufer und Kajakfahrer im Bregenzerwald

Dornbirner Sommermesse

- September: Alpabtrieb mit großem Käsemarkt in Schwarzenberg

TOP TIPP Die **Kanisfluh** (2044 m) ❸ ist zwar nicht der höchste, aber mit Sicherheit der markanteste Gipfel des Bregenzerwaldes. Obwohl man es angesichts der finsteren, schroffen Nordabstürze kaum glauben kann: Von Süden her führt ein relativ einfacher Bergsteig über den breiten, aber am Ende steilen Grasrücken zum Gipfel. Ausgangspunkt ist Au/Argenstein (780 m). Am Ahorn-Berggut (1090 m) vorbei auf gut ausgeschildertem Weg zur Feuersteinalpe (1350 m) und weiter zum Alpengasthof Edelweiß (1495 m). Nun auf steilem Zick-Zack-Steig über den Grasrücken zum Hählesattel (1870 m). Von dort über den einfachen Grat problemlos zum Hauptgipfel Hohlenke. Herrlicher Blick ins Lechquellengebirge, ins Allgäu und ins Tal der Bregenzerache; Abstieg wie Aufstieg; Zeit: ca. 7 Std.; Einkehr: Alpengasthof Edelweiß

Winterstaude (1877 m) Mittelschwere, blumenreiche Rundtour im Herzen des Bregenzerwaldes	Ausgangspunkt: Schetteregg (1075 m); Schetteregalpe (1245 m) – steil zum Tristenkopf (1741 m) – Strangerhöhe (1778 m) – über ausgesetzten, teils mit Drahtseilen gesicherten Hasenstricksteig zur Scharte (1730 m) – über steile Blumenwiese zum Gipfel – Abstieg über Südostgrat zum Bühler Sattel (1750 m) – Überschreitung Hohe Kirche (1747 m) – Bullerschkopf (1761 m) – Abstieg nach Norden über Falzalpe (1140 m) nach Schetteregg; Zeit: ca. 7,5 Std.; Einkehr: keine
Körbersee (1662 m) Leichte Rundwanderung im Pflanzenschutzgebiet	Ausgangspunkt: Hochtannbergpass (1676 m); Kalbelesee – Fuchswald – Körbersee (1662 m, evtl. Abstecher zur Batzenalp, hin und zurück ca. 40 Min.) – Saloberalm – Salobersattel (1794 m) – Fuchswald – Hochtannbergpass; Zeit: ca. 3 Std.; Einkehr: Hochtannbergpass, Körbersee, bei Abstecher Batzenalp
Mohnenfluh (2542 m) Anspruchsvolle, lange Tour auf herrlichen Aussichtsberg	Ausgangspunkt: Schröcken (1269 m); Alpe Felle (1385 m) – über abschüssiges Schrofengelände zur Hochgletscheralpe (1835 m) – über teils mit Drahtseilen gesicherten, ausgesetzten Steig (Trittsicherheit unbedingt erforderlich!) zum malerischen Butzensee (2115 m) – über Geröllfeld zum Mohnensattel (2315 m) – weiter über Südflanke zum Gipfel mit herrlicher Aussicht auf Lechtaler Alpen, Verwall und Bregenzerwald; Abstieg wie Aufstieg; Zeit: ca. 8 Std.; Einkehr: keine

Adressen & Bergbahnen — Landesvorwahl 00 43

Urlaubsregion	**Bregenzerwald** Tourismus GmbH; Tel. 0 55 12/23 65; E-Mail: info@bregenzerwald.at; www.bregenzerwald.at	
Orte	**Alberschwende** • **Au-Schoppernau** www.au-schoppernau.at • **Bezau** www.tiscover.at/bezau • **Bizau** • **Damüls** www.damuels.at • **Dornbirn** www.dornbirn.at • **Hittisau** • **Lingenau** • **Schetteregg** • **Schröcken** • **Schwarzenberg** • **Sibratsgfäll** • **Sulzberg** • **Warth** www.warth.at	
Entfernungen	Hamburg 854 km; Berlin 782 km; Köln 642 km; Frankfurt a. M. 472 km; Stuttgart 267 km; München 238 km	

❶ Andelsbuch — Niedere — Berg/Tal 11,10 €
❷ Au/Schoppernau — Diedamskopf — Berg/Tal 13,50 €
❸ Bezau — Baumgarten-Niedere — Berg/Tal 12 €
❹ Damüls — Uga Express — Berg/Tal 8,50 €

Siehe auch Preisteil S. 635

Wanderkarten
Freytag & Berndt, WK 364 Bregenzerwald; 1:50000

Hotelempfehlungen
Au S. 666
Bezau S. 667
Bizau S. 668
Damüls S. 668
Egg S. 669
Mellau S. 690
Reuthe S. 699
Riefensberg S. 699
Schoppernau S. 701
Schröcken S. 701
Schwarzenberg S. 701
Warth am Arlberg S. 710

Straßenatlas S. 777

---

deckenswerten Stationen und Betrieben, die sich allesamt auf die Fahnen geschrieben haben, regionale Strukturen zu bewahren und zu stärken. Ihren Beitrag liefern Sennereien, Sennalpen, Restaurants, Bauernhöfe, Metzger und Bäcker, aber auch Bergbahnen und traditionelle Handwerker wie Küfer oder Schindelmacher. Sie alle tragen das Logo der Käsestraße und signalisieren so dem Gast, dass es hier etwas »typisch Wälderisches« zu entdecken gibt.

Das gibt es auch im Hinteren Bregenzerwald, dort wo sich nach Schoppernau der Hochtannbergpass in zwölf Kehren steil bergauf windet. Oben auf 1600 m liegt Warth in einer von eiszeitlichen Gletschern ausgehobelten Senke, eingerahmt von wilden Bergen wie Widderstein, Mohnenfluh und Braunarlspitz, allesamt interessante Ziele für Bergsteiger. Zum herrlichen Panoramablick des Karhorns hinauf führt ein mittelschwerer Klettersteig. Ein traumhafter Weg lockt Wanderer vom Kalbelesee bei der Passhöhe zum malerischen Körbersee. Wer der Versuchung widersteht, einfach an diesem idyllischen Plätzchen zu verweilen, und weiterwandert, kommt schon bald zur Batzenalpe mit ihrem kleinen Alpmuseum. Und von dort ist es nicht mehr weit zu einem kleinen Wildbach, der munter von den Steilhängen der Mohnenfluh herunterschießt: der hier noch jungen Bregenzerache.

ALPENREGION BLUDENZ
VORARLBERG

ACTION & SPORT

WANDERN & BERGTOUREN

FUN & FAMILY

WELLNESS & GENUSS

Vielseitiges Wanderparadies vor dem Arlberg

An Abwechslung mangelt es in der Alpenregion Bludenz nicht: Fantastische, ursprüngliche Täler wie das Große Walsertal oder das Brandnertal bieten Wandermöglichkeiten in Hülle und Fülle. Im Klostertal ist der Sonnenkopf ein bequem erreichbares, hochalpines Ziel. Und die beiden sehenswerten und äußerst lebendigen Städtchen Feldkirch und Bludenz sorgen für ein überraschend breit gefächertes Kultur- und Freizeitprogramm.

Propstei St. Gerold
Hier begann vor 1000 Jahren die Siedlungsgeschichte des Großen Walsertals. Heute ist die Propstei Kloster und Kulturzentrum in einem. Eine schöne Kirche, ein fantastischer Klostergarten und ein gemütliches Restaurant mit ausgezeichnetem Weinkeller (Klosterkeller) machen den Besuch immer lohnend. Interessant ist außerdem das umfangreiche Kulturprogramm. Berühmt sind auch die St. Gerolder Werkstätten, in denen u. a. Ferienkurse in Keramik, Malen, Grafik, Bildhauerei angeboten werden; Tel. 0 55 50/21 21; www.propstei-stgerold.at (Propstei); Werkstätten: Tel. 0 55 50/33 44; www.stgerolderwerkstaetten.net

Rekordverdächtige 1100 km Wanderwege ziehen sich in der Alpenregion Bludenz über Berg und Tal. Und beide, Berg und Tal, formen das vielfältige Gesicht der Region. Dies zeigt sich bereits deutlich im Großen Walsertal, das sich nördlich von Bludenz aus dem Walgau hinaufwindet nach Faschina, der höchstgelegenen der sechs Talgemeinden. Im Herbst 2000 erklärte die UNESCO das Große Walsertal zum Biosphärenpark, zu einer der weltweit 391 Modellregionen für nachhaltige Wirtschafts- und Lebensweise. Hier wird auf natur- und umweltverträgliche Landwirtschaft gesetzt, um die uralten Wälder, die wilden Schluchten, die blühenden Almen und die klaren Quellen und Bäche im Biosphärenpark weiterhin zu erhalten. Besonders ernst genommen wird dies im malerischen kleinen Bergdorf Marul, das zum Biodorf erklärt wurde und in dem alle landwirtschaftlichen Produkte mit einem Gütesiegel ausgezeichnet sind. Für die Feriengäste bedeutet dies, dass sie stets frische regionale Produkte auf der Speisekarte vorfinden. Aber auch, dass statt austauschbarem Action-Programm unberührte Landschaft und naturnahe Erholungs- und Freizeitangebote im Vordergrund stehen.

Geologisch gesehen ist das Walsertal zweigeteilt: Während im westlichen Teil die sanft gewellten, mit sattgrünen Almwiesen überzogenen Skiberge anzeigen, dass diese Gipfel aus weichem Schiefer (Flysch) geformt sind, ragen auf der gegenüberliegenden Talseite bei Marul die schroffen Gipfel der Kalkhochalpen aus den Schuttkaren – wie etwa die mächtige Rote Wand, die alpin erfahrene Bergwanderer über die malerische Alpe Laguz besteigen können. Diese spannenden Gegensätze bieten ideale Voraussetzungen für eine ungewöhnlich viel-

ADAC – der perfekte Urlaubstag

- **9 Uhr:** vom Brandnertal aus mit der Lünerseebahn ❶ zum Lünersee. Aufstieg zur Totalphütte
- **11 Uhr:** ausgiebige Rast bei der schön gelegenen Hütte
- **12 Uhr:** Abstieg zum Lünersee, Wanderung um den See zurück zur Bahn ❶, Abfahrt ins Brandnertal
- **15 Uhr:** Fahrt nach Bludenz, Erholung im Val Blu
- **20 Uhr:** Besuch einer der Kulturveranstaltungen in Bludenz oder Feldkirch

Von der UNESCO zum Biosphärenpark erklärt: das malerische Große Walsertal bei Bludenz.

fältige Flora: Im Gadental bei Buchboden, dem größten Naturschutzgebiet Vorarlbergs, sind allein acht verschiedene Waldtypen zu finden. Interessant ist dort auch die Kessischlucht, in der das Wasser riesige Becken in den Felsen geschliffen hat.
Wer das Tal in seiner ganzen Vielfalt kennen lernen will, sollte auf dem historischen Walserweg von der Propstei St. Gerold bis hinauf nach Faschina wandern (in etwa 5 Std.). Informationstafeln weisen jeweils auf die Besonderheiten am Wegesrand hin und erläutern die Geschichte des Tals. Die nahm ihren Lauf, als sich in St. Gerold vor rund 1000 Jahren der Eremit Gerold niederließ. Aus der Einsiedelei wurde unter Einfluss des Schweizer Klosters Einsiedeln eine Propstei – und der kulturelle Mittelpunkt der Region. Heute werden in St. Gerold interessante Seminare und hervorragende Konzerte angeboten. Wer einmal gänzlich abschalten möchte, kann im Rahmen der Klostertage seine innere Ruhe wiederfinden. Zur Probstei gehören außerdem ein prächtiger Garten und eine Pferdezucht. Sehenswert sind auch die Arbeiten der St. Gerolder Werkstätten; in den Ateliers für Grafik, Malerei und Keramik werden auch Kurse angeboten.

Von den sanften Almwiesen gelangt man schnell ins felsige Gelände.

Auf den Spuren der Walser

Geprägt wurde das Große Walsertal jedoch nicht nur von der Geistlichkeit, sondern vor allem durch die im 14. Jh. vom schweizerischen Wallis zugewanderten Menschen. Sie ließen sich in dem unbesiedelten Tal weit verstreut über die Berghänge nieder. Im Auftrag der Grafen Montfort, den in der Region herrschenden Adeligen, kontrollierten sie die Pässe und Grenzen der unwegsamen Gegend. Dafür durften sie sich freie Bauern nennen und mussten keinen Zins bezahlen. In dem abgeschiedenen Tal bewahrten sie ihre Eigenständigkeit – ihre Kultur, ihren Dialekt, ihre Lebensphilosophie. Obwohl längst ein Tunnel bei Faschina das Große Walsertal mit Damüls im Bregenzerwald verbindet, ist das Tal vom Durchgangsverkehr völlig ver-

Lawinenlehrpfad Blons
Auf speziell markierten Wanderwegen können hier im Großen Walsertal alle Arten von technischen Lawinenverbauungen begutachtet werden. Dokumentationen verschiedener Lawinenabgänge im Gemeindezentrum Blons; www.blons.at

Heimatmuseum Großes Walsertal
Äußerst sehenswerte, liebevoll zusammengestellte Sammlung in herrlichem, historischem Gebäude in Sonntag. U. a. mit Walserküche und -schule, Spinn- und Webstube, Brauchtumsraum, Alpkammer, Handwerkerraum. Besonders sehenswert ist die große Bürgerstube; Tel. 0 55 54/52 19; www.walsermuseum.at

Wandern & Bergtouren ✸✸✸✸

TOP TIPP Eine eindrucksvolle hochalpine Bergwanderung führt auf den höchsten Berg des Rätikons, die **Schesaplana** (2965 m) ❶. Schon die Zufahrt durch das romantische Brandnertal bis zur Talstation der Lünerseebahn ❶ hat ihre Reize. Mit der Seilbahn geht es hinauf zur Douglashütte (1979 m) am malerischen Lünersee, der umgeben ist von schroffen Kalkgipfeln. Am See entlang bis zur Abzweigung zur Totalphütte (2318 m). Auf dem Weg zur Hütte begeistert immer wieder der herrliche Blick zurück auf den Lünersee. Weiter auf einem abwechslungsreichen Bergsteig zur Toten Alpe (2520 m). Auf gut markiertem, teilweise gesichertem Steig zum Gipfel. Fantastische Aussicht, vor allem auf die Schweizer Berge, vom Tödi bis zur Bernina, sowie Richtung Bregenzerwald und den Bodensee; Abstieg wie Aufstieg; anspruchsvolle Bergwanderung, Trittsicherheit und Schwindelfreiheit erforderlich; Zeit: ca. 7 Std.; Einkehr: Douglashütte, Totalphütte

Burtschakopf (2274 m) Aussichtsreiche Rundtour über dem Klostertal	Ausgangspunkt: Klösterle/Bergstation Sonnenkopfbahn (1841 m) ❺; Burtschasattel – Burtschakopf – Thüringer-Alpe (1819 m) – Eisentäli – Nenzigast-Alpe (1476 m) – Klösterle (1073 m); Trittsicherheit und Schwindelfreiheit erforderlich; Zeit: ca. 7 Std.; Einkehr: Bergrestaurant Sonnenkopf, Nenzigast-Alpe
Glatthorn (2134 m) Blumenreiche, leichte Bergwanderung im Biosphärenpark	Ausgangspunkt: Faschina, Bergstation Hahnenkopf (1777 m) ❹; über den landschaftlich reizvollen, blumengesäumten Kammweg wandern – Franz-Josef-Hütte (1978 m) – Schluchtensattel – Glatthorn – Staffelalm (1620 m) – Faschina (1486 m); Zeit: ca. 3,5 Std.; Einkehr: Franz-Josef-Hütte, Staffelalm
Garmilsattel (1810 m) Leichte Allwetter-Rundtour von Alpe zu Alpe	Ausgangspunkt: Sonntag, Bergstation Stein ❼; Unterpartnom-Alpe (1552 m) – Oberpartnom-Alpe (1652 m) – Garmilsattel (1810 m; trittsichere Wanderer sollten einen Abstecher auf den Gronggenkopf, 1978 m, machen; ca. 40 Min.) – Abstieg zur malerischen Alpe Laguz (1584 m) am Fuß der mächtigen Roten Wand; mit Wanderbus über Marul nach Sonntag; Zeit: ca. 3 Std.; Einkehr: Unter- und Oberpartnom-Alpe, Laguz-Alpe
Schillerkopf (2006 m) Mittelschwere Aussichtstour mit Gletscherblick	Ausgangspunkt: Bürserberg/Parkplatz Schwaben-Haus (1100 m); Schillerweg – Schillersattel (1847 m) – Schillerkopf, herrliche Aussicht auf die Schesaplana, die Lechtaler Gipfel und die Schweizer Berge – Tälisteig – Alte-Statt-Weg – Bürserberg; mittelschwere Bergwanderung; Zeit: ca. 5 Std.; Einkehr: keine

Promi-Tipp

Manfred Beck, Abgeordneter des Vorarlberger Landtags, ist ein begeisterter Mountainbiker – deshalb schätzt er vor allem die große Routen-Auswahl der Region: »Wer anspruchsvolle Mountainbike-Routen liebt und gleichzeitig eine imposante Gebirgswelt genießen will, der fährt in die Region Brandnertal. Dort finden Sie das, was Sie sich vorstellen!«

ALPENREGION BLUDENZ

Eine Seilbahn erleichtert den Aufstieg ins Wanderparadies am Lünersee.

Regenwanderungen
Eine Mappe mit 25 Wanderungen, die auch bei schlechtem Wetter ideal zu unternehmen sind, ist in den Hotels erhältlich. Die Wanderungen führen entlang sicherer Wege, zudem wird auf Sehenswürdigkeiten und kulinarische Tipps hingewiesen.

Klostertal Museum
Außergewöhnliches Heimatmuseum im prächtigen Thöny-Hof in Wald. Rechnung getragen wird der Sozialgeschichte des Tals ebenso wie der Rolle der Verkehrsentwicklung am Fuße des Arlbergpasses, der schon seit Urzeiten eine wichtige Ost-West-Verbindung darstellt. Weitere Themen sind Volksfrömmigkeit, die heimische Künstlerfamilie Leu sowie bäuerliches Wohnen und Arbeiten; 1997 wurde das Museum mit dem Österreichischen Museumspreis ausgezeichnet; Tel. 0 55 85/73 63

Restaurants

Altes Gericht
Vorzüglich speisen in stilvollem Ambiente: Das Alte Gericht ist ein historisches, vorwiegend aus Holz gefertigtes Bauwerk in Sulz; serviert werden der Jahreszeit entsprechende, sorgfältig mit Produkten der Region zubereitete Gerichte. Bewertet mit 14 von 20 Gault-Millau-Punkten; Tel. 0 55 22/4 31 11

Action & Sport

MOUNTAINBIKE	KLETTERSTEIGE	RAFTING	CANYONING	REITEN
PARAGLIDING	DRACHENFLIEGEN	KLETTERGÄRTEN	TENNIS	WINDSURFEN
KAJAK/KANU	WASSERSKI	TAUCHEN	HOCHSEILGARTEN	GOLF

TOP TIPP Eine mittelschwere, abwechslungsreiche **Mountainbike-Tour ❷** führt von Bludenz (588 m) zur Elsalpe (1594 m). Die gesamte Strecke ist nach dem neuen Vorarlberger Mountainbike-Beschilderungskonzept ausgewiesen. Von Bludenz aus auf der Bergstraße nach Laz (922 m), weiter zum Gasthof Schönblick. Von hier schlängelt sich die neu erbaute Natur-Panoramastraße mit leichtem Anstieg und herrlichen Ausblicken hinauf zum Fischweiher (1350 m). Kurzer Abstecher zum Alpengasthof Muttersberg auf dem Madeisakopf (1402 m), um die fantastische Aussicht zu genießen. Am Muttersberg entlang zum Tiefenseesattel (1562 m), weiter zur Elsalpe (1594 m). Nach kurzer Rast und einer Alpjause 14 km Abfahrt auf derselben Route; Zeit: ca. 3 Std.; ca. 1000 Höhenmeter; Einkehr: Gasthof Schönblick, Alpengasthof Muttersberg, Elsalpe. Daneben gibt es viele weitere hervorragend ausgeschilderte Routen in der Region; Karte bei den Fremdenverkehrsämtern erhältlich. Verleih, geführte Touren: High-Live Natur, Faschina; Tel. 0 55 10/3 22; www.thomas-schaefer.at

Reiten	Pferdehof Drei Linden, Sonntag	Mehrtägige Ausritte durchs Walsertal und auf die Alpe mit Ponys und Islandpferden; Indianerausritte und Abenteuerwochen für Kinder; Kurse; Pferdehof Drei Linden; Tel. 0 55 54/ 51 56; www.drei-lindenhof.at – weitere Reitställe und Pferdehöfe u. a. in Bürs, Brand, Nenzing, Bürserberg, Sonntag, Raggal
Bogenschießen	Jagdbogen-Parcours, Brand	3-D-Jagdbogenparcours mit 36 Figuren in Brand. Die Nachbildungen heimischer Tiere verstecken sich im Wald, der den landschaftlich reizvollen Parcours umgibt. Für alle, die sich einmal wie Robin Hood fühlen wollen; Tel. 0 55 59/55 50
Golf	Golfclub Brand	9-Loch-Platz, herrliche Lage mitten im Rätikon, mit Golfschule; Golfclub Brand; Tel. 0 55 59/45 00
	Golfclub Bludenz-Braz	9-Loch-Platz, selektive, alpine Anlage am Fuße der Lechtaler Alpen bei Braz; Schnupperkurse, Intensiv- und Perfektionskurse werden angeboten; Golfclub Bludenz-Braz; Tel. 0 55 52/33 50 30; www.gc-bludenz-braz.at
Canyoning	Alvierbach, Brand	Schmale, eindrucksvolle Schlucht des Alvierbachs, ideal für Canyoning-Abenteuer; weitere Möglichkeiten im Großen Walsertal; geführte Touren und Ausrüstungsverleih: Alpin-Live; Brand; Tel. 0 55 59/5 95. High-Live Natur, Faschina; Tel. 0 55 10/3 22; www.thomas-schaefer.at

Fun & Family

Puppenmuseum Blons	Puppen und Spielzeug von 1860 bis 1960; außerdem Puppenstuben, -küchen, -apotheken; Tel. 0 55 52/6 77 54
Stadtmuseum Bludenz	Archäologische Funde und viele Exponate dokumentieren die bewegte Geschichte der Stadt im historischen Herzog-Friedrich-Tor; Tel. 0 55 52/63 62 12 37
Erlebnissennerei Sonntag-Boden	Selbst nach uralter Tradition Käse herstellen, dabei Wissenswertes über Tal und Menschen erfahren und Walsertaler Käsespezialitäten kosten; Tel. 0 55 54/55 64
Jagd- und Wilderersteig Sonnenkopf im Klostertal	Sämtliche heimischen Wildtierarten verstecken sich in Originalgröße geschnitzt am Wegesrand; mit Alpenblumen-Lehrpfad (ca. 30 Min.); an der Bergstation Sonnenkopf ⑤
Alvier-Bad Brand	Kristallklarer Naturbadesee mitten im Dorf; mit Abenteuercamp und Erlebnisbereich für Kinder; schöne Liegewiese und Sonnenterrasse
Seewaldsee Fontanella	Traumhafter Badesee mit nettem Gasthaus, schöne 35-Min.-Wanderung von Fontanella zum See oder mit dem Seewaldseezügle; Tel. 0 55 54/52 21

TOP TIPP Der **Feldkircher Ardetzenberg** ③ ist ein abwechslungsreiches, landschaftlich fantastisches Ausflugsziel für die ganze Familie. Man kann zum Beispiel durch die romantischen Weinberge mit herrlichem Blick auf Rheintal, Rätikon und Alpstein zum Wasserschloss spazieren und von dort weiter zum Wildpark gehen, einem großzügig angelegten Freigehege, in dem man den Tieren des Alpenraums begegnet. Für informative Abwechslung sorgt außerdem der Waldlehrpfad; Tel. 0 55 22/7 41 05 (Info Wildpark)

entdeckten. Zahlreiche wunderschöne alte Walserhöfe zeugen von dieser Vergangenheit, unberührt von Bausünden liegen sie in der malerischen Berglandschaft. Kaum satt sehen kann man sich im Naturschutzgebiet Lünersee, das vom Talschluss aus bequem mit der Bergbahn erreichbar ist. Knapp 2 Std. dauert der leichte Rundweg um den von schroffen Kalkgipfeln umgebenen See. Trittsichere, schwindelfreie Bergwanderer sollten es jedoch nicht bei diesem Spaziergang belassen, sondern hinaufsteigen zur Schesaplana: Ein mittelschwerer Bergsteig führt vom Lünersee aus zur Totalphütte und weiter zum aussichtsreichen Gipfel. Der schöne Ferienort Brand ist Ausgangspunkt einer langen, anspruchsvollen Route über den teilweise mit Drahtseilen abgesicherten Leibersteig zur Mannheimer Hütte und von dort über den Gletscher weiter bis zur Schesaplana; am eindrucksvollsten ist für Bergsteiger sicherlich diese zweitägige Überschreitung.

Wer die wilden Bergregionen lieber aus sicherer Distanz betrachtet, ist in Bürserberg mit dem Tschengla-Hochplateau, dem zweiten Ferienort des Tals, gut aufgehoben. Herrliche, sonnige und für trittsichere Bergwanderer einfache Wege führen zum Beispiel zum Schillerkopf und zur Mondspitze. Von dort oben ist vor allem der Tiefblick ins flache, grüne Walgau beeindruckend. Den direkten Weg dort hinunter hat sich der Alvierbach durch das Konglomeratgestein gefressen und die eindrucksvolle Bürser Schlucht geschaffen, durch die von Bürs ein Steig führt. Canyoning-Freunde können zumindest abschnittsweise den direkten Weg des Wassers wählen.

Städtchen mit Reiz

Bevor man zum nächsten Ausflug auf einen der Gipfel aufbricht, sollte man auch einen Blick auf die reizvollen Städtchen der Region werfen: Da ist zum einen Bludenz, das kulturelle und wirtschaftliche Zentrum des Vorarlberger Oberlands, und zum anderen Feldkirch am Fuße der Drei Schwestern, dem letzten Ausläufer des Rätikons. Fantastisch ist schon allein die zentrale Lage der beiden Städte zwischen Bodensee, Montafon und Arlberg: Vier Länder und fünf Täler bilden den eindrucksvollen Rahmen.

In Feldkirch, der westlichsten Stadt Österreichs, ließen sich im 13. Jh. die Grafen Montfort in der mächtigen Schattenburg nieder und herrschten von dort

Die reizende Innenstadt von Feldkirch

schont geblieben. Der große Verkehrsstrom durchs Rheintal, Walgau und Klostertal Richtung Arlbergpass oder zum Bodensee.

Einen Abstecher wert ist auch das schöne Brandnertal, das südlich von Bludenz zum Lünersee verläuft und zur Schesaplana im Herzen des Rätikons führt. Auf diesem mächtigen, fast 40 km langen Kalkstock verläuft die Grenze zur Schweiz beziehungsweise zu Liechtenstein. Und auch hier waren die Walser die ersten, die das Tal als Lebensraum

---

Val Blu
Modernes Alpen-Erlebnisbad in Bludenz; mit fantastischer, fast 500 m² großer Saunalandschaft; außerdem Freibad, Erlebnisbecken, Baby-Beach, 85-m-Hightech-Rutsche, 25-m-Sportbecken, Wellness-Bereich; Tel. 0 55 52/6 31 06; www.valblu.at

EVENTS

- **Mai:** Montfortmarkt in Feldkirch; mittelalterlicher Markt in der Innenstadt: leben, essen, singen, feiern wie vor 700 Jahren
- **Juni:** Feldkirch-Festival; hervorragende Konzerte von Klassik bis Jazz; www.feldkirchfestival.at
- **Juli:** Internationales Milka-Schokolade-Fest in Bludenz; weltgrößtes Schokoladefest mit Musik, Theater, Spielen in der ganzen Stadt; zu gewinnen gibt es u. a. 1000 kg Schokolade

Bludenzer Abenteuer-Sport-Camp; 5 Tage Sport- und Spielanimation für 7- bis 15-Jährige

Festival der Magie in Bludenz; internationale Straßen-Magie auf drei Aktionsbühnen in der Altstadt; zum Abschluss große Magic Night

Gauklerfestival, in Feldkirch; jährliches Treffen von über 100 Straßenkünstlern aus aller Welt, die Feldkirchs Altstadt in eine riesige Bühne verwandeln

- **August:** Klostertaler Open Air, Klösterle
- **September:** Walserherbst, Kulturfestival im Großen Walsertal; www.walserherbst.at

Leonhardiritt, Großes Walsertal

Klostermarkt, Bludenz

ALPENREGION BLUDENZ

Die Aussicht vom Muttersberg aus auf Bludenz ist unvergleichlich.

Hütten

Fraßen-Hütte (1725 m)
Von der Bergstation Muttersberg ❸ auf dem Madeisakopf (1402 m) leicht zu erreichen. Das Gleiche gilt für den Hausberg der Hütte, den Hohen Fraßen (1979 m). Die gemütliche Hütte liegt aussichtsreich über dem Walgau; Tel. 0 55 52/6 74 02

Sarottla-Hütte (1611 m)
Urige, sehr gemütliche Hütte am Fuße der Zimba (2643 m), einem schönen Kletterberg. Der Zustieg von Brand durchs wildromantische Sarottlatal ist ein idealer Familienausflug, Trittsicherheit ist jedoch erforderlich. Bei der Hütte bietet sich ein mächtiges, hochalpines Bild; mit Übernachtung; Zeit: ca. 2,5 Std.; Tel. 06 64/9 65 29 95

Mannheimer Hütte (2679 m):
Der nicht zu unterschätzende Leibersteig führt von Brand (1007 m) aus zur großen, schönen Mannheimer Hütte (ca. 6 Std.), die direkt in hochalpiner Umgebung am Brandner Gletscher liegt. Auf den Gipfel des Hausbergs, der Schesaplana (2965 m), ist es noch etwa eine Stunde; Trittsicherheit und Schwindelfreiheit erforderlich; mit Übernachtung; Tel. 0 55 59/5 55

Alpe Laguz (1584 m)
Traumhaft schöne, gemütliche Alpe am Fuß der mächtigen Roten Wand (2704 m), auf den Tisch kommen köstlich zubereitete Walserspezialitäten. Die Alpe Laguz ist eine der ältesten Alpen der Region. Schöne Familientour von Marul aus mit dem Mountainbike oder zu Fuß (ca. 1,5 Std.). Ganz Gemütliche können auch den Wanderbus nehmen; keine Übernachtung; Tel. 0 55 50/43 97

Totalphütte (2385 m)
Die Rast auf der netten Hütte oberhalb des Lünersees (1970 m) ist der wohlverdiente Lohn nach einer Besteigung der Schesaplana (2965 m). Wer Zeit hat, sollte hier übernachten, um die fantastische Landschaft und die herrliche Alpenflora zwischen Gipfel und See richtig genießen zu können; leichter Zustieg von der Bergstation der Lünerseebahn (1979 m) ❶ in ca. 1,5 Std.; Tel. 06 64/2 40 02 60

über die gesamte Region bis zum Bodensee. Noch heute ist das mittelalterliche Stadtbild von der Burg geprägt, in dem sich das Heimatmuseum und ein gutes Restaurant befinden. Ein Rundgang entlang der Lauben, vorbei an den mittelalterlichen Türmen und Bürgerhäusern sowie über die historischen Brücken, die über die Ill führen, gehört zum Pflichtprogramm. Eine Kulisse, die sich perfekt für das große, mittelalterliche Straßenfest eignet, das jedes Jahr Ende Mai in Feldkirch stattfindet: Drei Tage lang wird dann die Zeit um knapp 1000 Jahre zurückgedreht. Der richtige Wein für das Fest wächst in den romantischen Rebgärten am Ardetzenberg, einem wunderschönen Ausflugsziel mit Wildpark am Stadtrand von Feldkirch.

Auch Bludenz, das östlich von Feldkirch am anderen Ende des Walgaus liegt, ist ein reizvolles Städtchen. Der Altstadt verleihen verwinkelte Gassen, malerische Laubengänge und prächtige Bürgerhäuser einen besonderen Charme. Auf einem Fels über der Stadt thronen die Pfarrkirche St. Laurentius (830 erstmals erwähnt, 1514 in heutiger Form erbaut) und das Schloss Gayenhofen (1764 neu erbaut). Das älteste erhaltene Bauwerk ist das Obere Tor, in dem sich heute das sehenswerte Stadtmuseum befindet. Wie auf dem Fresko des Turms

Adressen & Bergbahnen — Landesvorwahl 00 43

Urlaubsregion	Alpenregion **Bludenz**; Tel. 0 55 52/3 02 27; E-Mail: alpenregion@bludenz.at; www.alpenregion.at Biosphärenpark **Großes Walsertal**, Tel. 0 55 50/2 03 60; E-Mail: info@grosseswalsertal.at; www.grosseswalsertal.at	❶ Brand Lünerseebahn Berg/Tal 7,60 € ❷ Brand Niggenkopfbahnen Berg/Tal 8 € ❸ Bludenz Muttersberg Berg/Tal 9,30 € ❹ Faschina Hahnenkopf Berg/Tal 8,50 € ❺ Klösterle Sonnenkopfbahnen Berg/Tal 10,50 € ❻ Schnifis Bergbahn Älpele Berg/Tal 7 € ❼ Sonntag Stein Berg/Tal 8,50 €
Brand (1007 m)	Brand Tourismus GmbH; Tel. 0 55 59/55 50; E-Mail: brand@brand.vol.at; www.brand.at	
Feldkirch (564 m)	Feldkirch Tourismus; Tel. 0 55 22/7 34 67; E-Mail: tourismus@feldkirch.at; www.feldkirch.at Bodensee-Alpenrhein-Tourismus; Tel. 0 55 74/43 4 43; E-Mail: office@bodensee-alpenrhein.at; www.bodensee-alpenrhein.at	
Fontanella (1145 m)	Tourismusbüro Fontanella – Faschina – Großes Walsertal; Tel. 0 55 54/51 50; E-Mail: info@fontanella.at; www.fontanella.at	
Klösterle (1073 m)	Klösterle Tourismus; Tel. 0 55 82/7 77; E-Mail: tourismus@kloesterle.com; www.kloesterle.com	
Weitere Orte	**Blons** www.blons.at • **Buchboden** • **Bürs** www.buers.at • **Bürserberg** www.buerserberg.at • **Dalaas und Wald** www.dalaas-wald.at • **Faschina** www.faschina.at • **Marul und Raggal** www.raggal.net • **Nenzing** www.nenzing.at • **Sonntag** • **St. Gerold** www.st-gerold.at	
Entfernungen	Hamburg 854 km; Berlin 782 km; Köln 642 km; Frankfurt a. M. 472 km; Stuttgart 267 km; München 238 km	Siehe auch Preisteil S. 635

zu sehen ist, wurde Bludenz 1420 von Herzog Friedrich IV. zur Stadt erhoben. Wer einen guten Überblick bekommen möchte, sollte mit der Muttersberg-Seilbahn auf den Hausberg der Bludenzer, den Madeisakopf, fahren. Von dort aus ist die Aussicht auf den »Fünftälerstern«, der Bludenz umgibt, einzigartig: Der Blick schweift vom Großen Walsertal über den Walgau zum Rheintal, weiter in südlicher Richtung zum Brandnertal mit der Schesaplana, dann ins Montafon mit der Silvretta-Gruppe und schließlich nach Osten ins Klostertal in Richtung Arlberg.

Dort lockt ein Berg mit dem viel versprechenden Namen »Sonnenkopf«. Eine Bergbahn macht den Anstieg bis auf 1841 m leicht; Themenwege, ein Abenteuerspielplatz, schöne Wanderziele und herrliche Mountainbike-Routen gewährleisten einen interessanten Aufenthalt. Früher reichte den meisten wohl schon der damals gefährliche Weg über den Arlbergpass. Die Klostertaler Orte Braz, Dalaas, Wald und Klösterle liegen alle an der alten Arlbergstraße, auf der schon die Postkutschen verkehrten. Obwohl die Überquerung beschwerlich war, stellte der Arlberg eine wichtige Ost-West-Verbindung vor allem für Salztransporte dar. Das Leben im Tal veränderte sich schlagartig, als 1880 der Bau der Arlbergbahn begann: Über Brücken und Rampen führten die Bauingenieure die Bahngleise bis zum Eingangsportal des Arlbergtunnels bei Langen. Auch heute noch kennen die meisten das Klostertal wohl nur von der Durchfahrt. Schade eigentlich, denn seit es die Arlbergschnellstraße gibt, bleiben die Orte vom Durchgangsverkehr verschont – und schnell haben sie es geschafft, wieder zu ihrem einstigen Charme zurückzufinden. Unberührt von alledem blieb die Bergwelt. Und die hat, wie in der gesamten Bludenzer Alpenregion, vor allem eines zu bieten: ein fantastisches, übersichtliches und einheitlich beschildertes Wanderwegenetz, das kaum Wünsche offen lässt.

Hotelempfehlungen

Bludenz S. 668
Brand S. 668
Braz S. 668
Faschina S. 669
Fontanella S. 671
Klösterle S. 685
Laterns S. 687
Raggal S. 698
Stuben am Arlberg S. 707

Wanderkarten

Freytag & Berndt, WK 371 Bludenz, Klostertal, Montafon 1:50 000

Straßenatlas   Siehe S. 777

MONTAFON
VORARLBERG

ACTION & SPORT

WANDERN & BERGTOUREN

FUN & FAMILY

WELLNESS & GENUSS

Restaurants

Sporthotel-Restaurant Silvretta Nova
Hier wird dem Gast in Gaschurn hervorragende regionale und internationale Küche geboten; große Terrasse; Tel. 0 55 58/88 88

Montafoner Hof
Vorzügliche regionale Küche in freundlichem Ambiente in Tschagguns; ausgezeichnet mit zwei Gault-Millau-Hauben; manchmal sogar mit musikalischer Umrahmung, denn echte Volksmusik ist eine Leidenschaft der Familie; Tel. 0 55 56/7 10 00

Gasthof Löwen
Exquisite Küche und traditionelles Ambiente in Schruns: Sehenswert sind schon allein die stilvollen historischen Gaststuben; hinzu kommen ein bestens sortierter Weinkeller und fantastische Gerichte; Tel. 0 55 56/71 41

ADAC *der perfekte Urlaubstag*

9 Uhr: Fahrt mit der Golmer Bahn ⑨, Wanderung zur Geißspitze, Abstieg zur Lindauer Hütte
13 Uhr: ausgiebige Rast auf der Lindauer Hütte, Besichtigung des herrlichen Alpengartens
15 Uhr: durch das malerische Gauertal zurück zur Talstation in Tschagguns/Latschau
17 Uhr: Besichtigung des Schauraums des Kraftwerks an der Talstation
20 Uhr: Abendessen genießen im Montafoner Hof in Tschagguns

Urlaubsparadies zwischen Kletterbergen und Gletschereis

Traumhafte Gipfel und schroffe Felswände bieten unzählige bergsportliche Herausforderungen, im Tal bilden blühende Wiesen und blumengeschmückte Dörfer den sanften Kontrast. Und als ob dies nicht schon genug wäre, überzeugen auch noch das Freizeitangebot für Familien und die Sportmöglichkeiten, die das Montafon in Hülle und Fülle zu bieten hat.

Umgeben von den Gipfeln des Verwalls im Osten, den markanten Kalkfelsen des Rätikons im Westen und dem kristallinen Gestein der Gletscherberge der Silvretta, ist das Montafon prädestiniert für alle Berg- und Aktivsportarten. 500 km Wanderwege sind, wie in ganz Vorarlberg, entsprechend ihren Anforderungen einheitlich untergliedert und beschildert, ebenso die insgesamt 325 km langen Mountainbike-Strecken. Die eindrucksvollen Wände des Rätikons bieten unzählige Klettermöglichkeiten, und in der Silvretta locken herrliche Hochtouren.

Pass auf die Silvretta-Hochflächen und prägten das Tal, in dem bis ins 16. Jh. rätoromanisch gesprochen wurde. Dort, wo heute das Wasser des Silvretta-Stausees glitzert, fanden bis zum Ersten Weltkrieg große Viehmärkte statt, ebenso in Schruns, dem Hauptort des Tals. Das widerstandsfähige Montafoner Braunvieh war begehrt, bis zu 2000 Tiere wechselten auf den Märkten die Besitzer. Auch die Walser entdeckten auf ihrer Suche nach einer neuen Heimat das Montafon. Obwohl die Bauern die kargen Möglichkeiten der Bergwelt geschickt zu nutzen wussten, waren die Einkommensmög-

Im Herzen des Rätikons ragen Sulzfluh, Drei Türme und Drusenfluh in den Himmel.

Doch das 39 km lange Tal mit seinen elf Gemeinden und den wunderschönen Seitentälern hat weit mehr zu bieten. Zum Beispiel eine interessante Geschichte: Einzelne Parzellen waren bereits in vorchristlicher Zeit besiedelt. Ein wichtiger Saumpfad führte vom Montafon aus über Gargellen und das Schlappiner Joch nach Graubünden. Engadiner Bauern trieben im Sommer ihr Vieh durch das Tuoital über den damals noch eisfreien Vermunt-

lichkeiten knapp, viele – auch Kinder – wanderten im Sommer ins Schwabenland, um zusätzliches Geld zu verdienen.
Im frühen Mittelalter sorgten die Erzvorkommen im Silbertal bei Schruns noch für etwas Wohlstand. Acht Schmelzöfen sollen in Bartholomäberg und am Kristberg im 10. Jh. in Betrieb gewesen sein. Gefördert wurde in erster Linie Silber, wie der Name des Tals schon vermuten lässt. Ein schönes Zeug-

nis dieser Zeit ist die Knappenkapelle am Kristberg. Errichtet zu Beginn des 15. Jh., ist sie die älteste erhaltene Kirche des Montafons. Zur Kapelle und in das wunderschöne Wandergebiet gelangt man mit der Kristbergbahn (www.kristberg.at). Unten im malerischen Dorf Silbertal, das 2003 zur schönsten Blumengemeinde Vorarlbergs gekürt wurde, befindet sich ein sehenswertes Bergbaumuseum; spannend sind auch die Führungen durch die historischen Stollen bei Bartholomäberg. Die reich ausgestattete Kirche des schmucken kleinen Dörfchens Bartholomäberg ist ein wahres Kleinod mit einer herrlich bemalten Kassettendecke, dem gotischen Knappenaltar (1525) und einer hervorragend klingenden Orgel. Der größte Kunstschatz ist das romanische Vortragekreuz (1150).

Wer sich für Geologie interessiert, sollte von der Kirche aus dem 16 km langen geologischen Lehr-

Per Kutsche die Schrunser Innenstadt entdecken.

wanderweg folgen, der zuerst zu einem traumhaften Aussichtspunkt, dem Rellseck, führt, dann dem mehr als 2000 m hohen Gipfelkamm folgt und zu einem 180 Mio. Jahre alten Korallenriff leitet.

Wandern & Bergtouren

TOP TIPP Eine aussichtsreiche, landschaftlich faszinierende **Höhenwanderung ❶** führt vom Golmer Joch (2124 m) über die Geißspitze (2334 m) zur Lindauer Hütte. Zurück zum Parkplatz geht es durch das idyllische Gauertal. Ausgangspunkt ist die Bergstation der Golmer Bergbahnen (1892 m) ❾ bei Tschagguns/Latschau. Bequemer Aufstieg zum Golmer Joch, dann mit leichtem Auf und Ab meist auf dem Kamm zum Latschätzkopf (2219 m) und zum Hätaberg-Joch (2154 m). Auf dem schmalen, aber sehr schönen Geißspitzsteig über den Wilden Mann (2291 m), dann über steilen Grashang hinauf zum Gipfel der Geißspitze. Eindrucksvoller Blick auf Sulzfluh, Drei Türme und Drusenfluh. In steilen Kehren hinunter zur Lindauer Hütte (1744 m), dort ausgiebig rasten und den herrlichen Alpengarten besichtigen. Durch das idyllische Gauertal auf der westlichen Talseite zurück zur Talstation der Golmer Bergbahnen; mittelschwere, aber lange Bergwanderung, die Trittsicherheit erfordert; Zeit: ca. 6 Std.; Einkehr: Berghof Golm, Lindauer Hütte. Außerdem werden im Montafon täglich Wanderungen von geprüften Wanderführern angeboten. Plan und Infos in den Tourismusämtern.

Saulakopf (2517 m) Mittelschwere Bergwanderung zu prächtigem Aussichtsgipfel	Ausgangspunkt: Vandans, Gasthaus Rellstal (1490 m), mit dem Wanderbus zu erreichen; Heinrich-Hueter-Hütte (1766 m) – Saulajochsteig – kurz vor dem Saulajoch (2000 m) nach Norden abbiegen und auf dem schmalen, felsigen Bergsteig, teils mit Drahtseilen abgesichert, steil hinauf zum Gipfel; Abstieg wie Aufstieg; Trittsicherheit und Schwindelfreiheit nötig; landschaftlich großartig, imposanter Felsengipfel; Zeit: ca. 6 Std.; Einkehr: Gasthaus Rellstal, Hueter-Hütte
Heimspitze (2685 m) Abwechslungsreiche Bergwanderung durch Blumenwiesen und Schrofen zu schönem Gipfel	Ausgangspunkt: Gargellen, Parkplatz Schafbergbahn (1480 m); bequem auf breitem Weg durch das Vergaldatal – Vergaldaalpe (1820 m) – kurz nach der Alpe nach links halten – in steilen Kehren über schrofendurchsetzten Hang – unterhalb des Heimbühel queren – über den Kamm und Schrofen zum Gipfel mit seiner herrlichen Aussicht auf Rätikon, Verwall und Silvretta; Abstieg wie Aufstieg; mittelschwer, Trittsicherheit erforderlich; Zeit: ca. 7 Std.; Einkehr: Vergaldaalpe
Hohes Rad (2934 m) Fantastischer, aber anspruchsvoller Aussichtsberg in hochalpiner Umgebung	Ausgangspunkt: Bielerhöhe am Silvretta-Stausee (2036 m); durch das Bieltal steiler Aufstieg zum Radsee (2470 m) – felsiger Steig zum Radsattel (2652 m), herrlicher Blick auf Piz Buin, Vermuntgletscher, Ochsentalergletscher – Geröllhang und leichte Kletterstelle (Schwierigkeitsgrad 1) – über steiles Schrofengelände zum Gipfel – Abstieg direkt durch Blockwerk ins Radkar – Bielerhöhe; nur für völlig trittsichere, geübte Bergwanderer; Zeit: ca. 7 Std.; Einkehr: keine
Silbertaler Winterjöchle (1945 m) Traumhafte, leichte Wanderung in unvergleichlicher Landschaft	Ausgangspunkt: Silbertal (889 m); Gasthaus Fellimännle (1093 m) – Untere Gaflunaalpe (1360 m) – Untere Dürrwaldalpe (1473 m) – Untere Freschhütte (1572 m) – Schwarzsee – Obere Freschhütte (1890 m) – Pfannsee – Langersee – Silbertaler Winterjöchle; herrlicher Blick auf den Patteriol (3056 m), landschaftlich einzigartig; Abstieg wie Aufstieg; Zeit: ca. 6 Std.; Einkehr: Freschhütte
Geologischer Lehrwanderweg (2089 m) Fesselnder Ausflug in die Erdgeschichte	Ausgangspunkt: Bartholomäberg, Kirche (1087 m); Kapelle Rellseck (1483 m) – Itonskopf (2089 m) – Obere Wiesn (1800 m) mit 180 Mio. Jahre altem Korallenriff – Worins – Kirche Bartholomäberg; eindrucksvolle und sehr informative leichte, aber lange Wanderung (16 km, 1000 Höhenmeter) über den Kamm des Bartholomäberg-Massivs; gut beschildert, 24 Hinweistafeln, die interessant und verständlich auf Besonderheiten hinweisen; Zeit: ca. 8 Std.; Einkehr: Rellseck

Aqua-Wanderweg, Tschagguns
Ausgangspunkt ist Tschagguns/Latschau (bei der Talstation der Golmerbahn ❾). Erste Station sind die Vorarlberger Illwerke, der Rundweg führt dann vorbei an Brunnen, Mühlen und Quellen zur »Aquastiege«, einer Treppe mit 914 Stufen entlang einer Druckrohrleitung (müssen bei dem Rundweg aber nicht bewältigt werden). Einzelne Stationen sind der Dorfbrunnen in Tschagguns, die Schauräume der Vorarlberger Illwerke in Tschagguns/Latschau, verborgene Schwefelquellen, Stauseen und ein ferngesteuertes Kraftwerk. Hervorragend ist die beim Tourismusamt erhältliche, sehr informative Broschüre zum Aquaweg. Landschaftlich reizvolle, leichte Wanderung, bei der man viel Interessantes über die Nutzung des Wassers erfährt; Zeit: ca. 3 Std.

DAV-Tipp

Lindauer Hütte (1744 m)
Wie vielfältig die Alpenflora ist, kann man im herrlichen, liebevoll gepflegten Alpengarten bei der Lindauer Hütte erleben. Je nach Jahreszeit zeigt sich hier die Pflanzenwelt in ihrer ganzen, abwechslungsreichen Pracht. Aber auch sonst ist die gemütliche, herrlich gelegene Hütte unbedingt einen Besuch wert: Umgeben von den mächtigen Felsgipfeln von Sulzfluh (2818 m), Drei Türme (2830 m) und Drusenfluh (2827 m) liegt sie in einem grünen, malerischen Talkessel. Die Gipfel können übrigens nicht nur von Kletterern, sondern auch von trittsicheren Bergwanderern gut bestiegen werden. Ein schöner, leichter Wanderweg führt durch das reizvolle Gauertal von Tschagguns/Latschau (994 m) aus in ca. 2 Std. zur Hütte; Tel. 0 55 59/5 82

🇦🇹 MONTAFON

Ganz so alt sind die Sagen, die in Silbertal jährlich aufgeführt werden, zwar nicht, trotzdem war dieses Kulturgut bereits bei vielen in Vergessenheit geraten. Der Kulturverein von Silbertal hat es sich deshalb zur Aufgabe gemacht, den reichen Schatz zu pflegen. Auf einer Freilichtbühne wird jedes Jahr vor eindrucksvoller Bergkulisse eine der Sagen unter die Haut gehend aufgeführt.

Ein weiteres Juwel des Silbertals ist die Landschaft, die man bei einer Wanderung zum Winterjöchl entdecken kann: Der Weg führt durch eine ursprüngliche Bergwelt mit gletschergeschliffenen Rundhöckern, Zwergföhrenwäldern und einer wildromantischen, mit Seen geschmückten Hochmoorlandschaft. Eindrucksvoll ragt der Patteriol, der höchste Berg des Verwalls, mächtig über dem Langersee am Winterjöchl auf.

Tiefblick von der Silvretta auf den Kopssee

Fantastisch ist auch der Blick vom Silbertal hinüber nach Süden, auf die andere Talseite des Montafons. Dort ragen die schroffen Kalkzacken des

Hütten

Saarbrücker Hütte (2538 m)
Eine urige Schutzhütte in der Silvretta mit fantastischem Blick auf die Gletscherwelt um Seehorn (3121 m) und Großlitzner (3109 m). Schöne Wanderung vom Vermuntstausee (1747 m) durch die grandiose Hochgebirgswelt der Silvretta zur Hütte in ca. 2 Std.; Tel. 0 55 58/42 35

Wiesbadener Hütte (2443 m)
Ein auch für Bergwanderer gut zu bewältigender Steig führt vom Silvretta-Stausee (2034 m) aus ins wilde Herz der Silvretta, zur Wiesbadener Hütte (2307 m). Zu sehen ist von dort aus auch der Piz Buin (3312 m). Wer ihn besteigen möchte, sollte sich einen Bergführer nehmen, hochalpine Erfahrung ist unbedingt notwendig. Aber auch ohne Gipfelziel lohnt sich der Weg (ca. 2 Std.) zu der gemütlichen Hütte; Tel. 0 55 58/42 33

Heinrich-Hueter-Hütte (1766 m)
Wunderschöne, urig-gemütliche Hütte am Fuße der schroffen Kalkgipfel von Zimba (2643 m) und Saulakopf (2517 m). Sehr familienfreundlich. Eine wunderschöne Wanderung führt von Vandans (648 m) entlang des Rellsbachs zur Hütte (ca. 4 Std.). Wesentlich bequemer, aber landschaftlich nicht so eindrucksvoll ist die Fahrt mit dem Wanderbus von Vandans aus zum Alpengasthof Rellstal (1490 m), von dort dauert der Zustieg ca. 30 Min.; bei Voranmeldung geführte Klettertouren auf Zimba und Saulakopf; Tel. 0 55 56/7 65 70; www.hueterhuette.at

Montafoner Heimatmuseum Schruns

Liebevoll aufgebautes Museum, faszinierender Einblick in Geschichte, Kultur und Tradition der Talschaft in einem prächtigen rätoromanischen Bauernhaus aus dem 15. Jh.; Themen sind Schule, Wohnkultur, Alpsennerei, Handwerk; Tel. 0 55 56/7 47 23

Action & Sport ✸ ✸ ✸ ✸

MOUNTAINBIKE	KLETTERSTEIGE	RAFTING	CANYONING	REITEN
PARAGLIDING	DRACHENFLIEGEN	KLETTERGÄRTEN	TENNIS	WINDSURFEN
KAJAK/KANU	WASSERSKI	TAUCHEN	HOCHSEILGARTEN	GOLF

TOP TIPP Gleich mehrere Startplätze am Golmerjoch und am Sennigrat (2289 m) ④⑤ ermöglichen **Paraglidern** ❷ einen Flug, (fast) egal woher der Wind pfeift; 1600 Höhenmeter liegen zwischen dem Sennigrat und dem Landeplatz in Schruns (690 m), wer eine gute Thermik erwischt, kann mehrere Stunden in der Luft bleiben; ein neuer Startplatz wurde am Glomerjoch (ca. 2000 m) ❾ eingerichtet, der vor allem für Ostwindlage ideal ist; grandios ist die hochalpine Umgebung beim Startplatz bei der Nova Stoba (2010 m), die von Gaschurn aus mit der Versettlabahn zu erreichen ❷ ist; Info-Tel. 0 55 56/ 7 67 17, www.montafon.com/paragliding; Schule/Tandemsprünge: Michael Rüdisser, Schruns; Tel. 0 55 56/7 67 17; oder Flying for 2; Tel. 06 64/3 57 96 59; www.flyingfor2.at

Klettern	Rätikon, BergAktiv, Montafon	Mehrere Klettergärten in Schruns/Gantschier, Latschau, Vandans, Partenen, Bielerhöhe; ca. 25 Routen eingerichtet, 3.–7. Schwierigkeitsgrad; fantastische alpine Routen an Sulz- und Drusenfluh, den Drei Türmen, der Kirchlispitze; geführte Touren, Kurse, Klettertouren: BergAktiv Montafon; Tel. 06 64/ 4 31 14 45; www.montafon.bergfuehrer.at
Mountainbike	Bartholomäberg Aktivpark Montafon	Ausgangspunkt: Bartholomäberg (1087 m) – Sailerslegi/Goritschang – Rellseck (1483 m) – Alplegi (1802 m) – Alpe Latons (1750 m) – Singletrail zur Falle – Botzis – Gasthaus Innerberg (1151 m) – Kirche Innerberg – Bartholomäberg; anspruchsvoll; Zeit: ca. 3 Std.; geführte Touren/Verleih: Aktivpark Montafon; Tel. 0 55 56/72 16 60; ww.aktivpark-montafon.at
Fitness	Europatreppe 4000, Partenen	Wer seine Fitness auf die Probe stellen will, spurtet die mit 4000 Stufen, 700 Höhenmetern und 86% Steigung längste Treppe Europas von Partenen aus zur Bergstation der Vermuntbahn ❸; vielleicht begegnet man ja einem der Spitzensportler, die hier immer wieder trainieren. Den Knien zuliebe sollte man mit der Bergbahn zurück nach Partenen fahren.
Golf	Golfclub Montafon, Tschagguns	9-Loch-Platz, Par 62; mit Schnupperkursen und Kindertraining; Golfclub Montafon; Tel. 0 55 56/7 70 11; www.golfclub-montafon.at 9-Loch-Anlage, am Fuße der Silvretta, Golfunterricht, Golfclub Hochmontafon, Partenen; Tel. 0 55 58/81 00; www.gchm.at
Canyoning	Clear Water Canyoning Montafon, Partenen	Unzählige kleine und größere Schluchten bieten im Montafon eine umfangreiche Auswahl an Canyoning-Möglichkeiten; Routen aller Schwierigkeitsgrade führen die geprüften Canyoningspezialisten von Clear Water Canyoning Montafon in Partenen; Tel. 06 64/4 31 14 33
Outdoor- und Bergsport	Fun Club Gargellen	Mountainbike-Downhill und Trialfahren, Klettern im Klettergarten (Schwierigkeitsgrad 3–5), Hochseilgarten, Inlineskaten, Inlinehockey, Volleyball; zusätzlich Erlebnis- und Spielprogramm für Kinder, Sagenwanderungen; Ausrüstung wird jeweils gestellt; Fun Club Gargellen, Bergsport- und Outdoorzentrum; Tel. 0 55 57/63 03; www.gargellen.at

Rätikons in den Himmel: Sulzfluh, Drei Türme, Drusenfluh und Zimba sind die markantesten, in Kletterkreisen gut bekannten Gipfel. Unten im weit gewordenen Talboden zwischen Verwall und Rätikon schmiegt sich Schruns an den Bartholomäberg. Der Hauptort des Tals war schon im 14. Jh. ein blühendes Städtchen, der Bergbau und viel begangene Säumerwege sorgten für frühen Wohlstand. Anfang der 1920er Jahre wurde Schruns zu einem beliebten Urlaubsort – im Sommer lockten die nahen Kletterberge, im Winter herrliche Skihänge, die 1951 durch die Hochjochbahnen erschlossen wurden.

Auf den Spuren Hemingways

Der wohl berühmteste Schrunser Gast war Ernest Hemingway. Allerdings war er in den zwei Wintern, die er 1925 und 1926 im Montafon verbrachte, noch keineswegs bekannt, sondern vielmehr auf der Suche nach einem günstigen Quartier, das er in Schruns im Hotel Taube fand. Im schmucken Ortskern befindet sich auch das sehenswerte Montafoner Heimatmuseum, in dem Hemingway natürlich ebenfalls seine Spuren hinterlassen hat – ebenso wie im interessanten Tourismus-Museum in Gaschurn.

Zwischen Schruns und Tschagguns liegt nicht nur die Ill, sondern auch der Aktivpark, ein riesiges Sport- und Freizeitzentrum mit umfangreichem Angebot und abwechslungsreichem Spiel- und Sportprogramm für jede Altersgruppe. Wer auf Animation verzichten kann und lieber in Ruhe die Landschaft genießen will, sollte von Tschagguns aus in eines der beiden märchenhaft schönen Seitentäler wandern: Durch das Gampadelstal gelangt man zur Tilisunahütte. Die andere Alternative führt von Tschagguns/Latschau durch das romantische Gauertal zur Lindauer Hütte, die in einem eindrucksvollen Talschluss liegt, umgeben von Sulzfluh, Drei Türmen, Drusenfluh und Geißspitze. Geübte, trittsichere Bergwanderer können diese Gipfel ebenso erobern wie ambitionierte Kletterer. Für weniger Gebirgstüchtige ist schon die Wanderung zur Hütte ein Erlebnis, das mit dem Besuch des Alpengartens bei der Hütte wunderbar abgerundet werden kann.

Zurück aus der idyllischen, ursprünglichen Bergwelt, sollte man in Tschagguns/Latschau einen Blick in das imposante Wasserkraftwerk der Illwerke werfen. Wie man in dem Schauraum erfährt, ist dieses Pumpspeicherwerk nur einer der Mosaiksteine der umfangreichen, ausgetüftelten Nutzung der Wasserkraft im Montafon – des wichtigsten Wirtschaftsfaktors der Region. Genutzt wurde die Kraft des Wassers schon von alters her, wie entlang des Tschaggunser Aqua-Weges gut zu sehen ist. Er führt

Der Silvrettastausee mit dem Piz Buin

Fun & Family

Mountain Beach Gaschurn	Sehr schöner Erlebnis-, Natur- und Freizeitpark mit Naturbadeseen; geschwommen wird in reinem Gebirgswasser; Tel. 0 55 58/80 45
Sagenfestspiele Silbertal	Auf der Freilichtbühne wird jedes Jahr eine andere Sage der Region aufgeführt; tolle Kulisse, gute Inszenierungen; Tel. 0 55 56/7 41 14; www.freilichtspiele.at
Bergbaumuseum Silbertal	Interessante Geschichte des Bergbaus mit Schaustollen; ausgestellt sind historische Fotos, Werkzeuge und zahlreiche Erze; Tel. 0 55 56/ 7 41 12; www.silbertal.at
Bergwerk Bartholomäberg	Führung durch den historischen Stollen vermittelt viele Infos über die Arbeit der Knappen, Geologie und Geschichte des Tals; Wanderung von Bartholomäberg zum Stollen ca. 45 Min.; Tel. 0 55 56/7 31 01
Montafoner Tourismusmuseum Gaschurn	Liebevolle, detaillierte Dokumentation von den Anfängen des Fremdenverkehrs bis heute; historische Plakate und Prospekte; eingerichtet wie ein Hotel um die Jahrhundertwende; Tel. 0 55 58/8 20 10

TOP TIPP Der **Aktivpark Montafon** in Schruns ist ein über 35000 m² großes Sport- und Freizeitzentrum, in dem alles geboten wird: ein fantastisches Erlebnisbad mit Wellness-Bereich; Beachvolleyball, Tennisplätze, Skaterplatz, Fußballstadion; für Kinder gibt es einen Erlebniswald mit vielen Spielstationen, Kletterburg, Trampolin, Airhockey, Bootteich etc.; außerdem regelmäßiges Sportprogramm (Nordic Walking, Beachvolleyball, Inlineskating); Kinder- und Jugendanimation; Mountainbike-Touren, Mountainbike-Verleih u.v.m.; Tel. 0 55 56/72 16 60; www.aktivpark-montafon.at

EVENTS

- **Juli:** Silvretta Classic Rallye Montafon; dreitägiges Oldtimer-Rennen, u. a. über die Silvretta-Hochalpenstraße, historisch wertvolle Fahrzeuge bis Baujahr 1976 sind zugelassen

- Montafon Silvretta(wo)man; Extremsport in zwei Etappen: am ersten Tag Rennen über die Europatreppe mit 4000 Stufen und 700 Höhenmetern, am zweiten Tag mit dem Mountainbike auf der anspruchsvollsten Hillclimb-Strecke Österreichs von Gaschurn zur Bergstation der Versettlabahn

- **Juli/August:** Kulturfestival Montafoner Sommer; Konzerte und Theater mit Bezug zur Region

- **August:** Montafoner Pferdesporttage; hochklassiges Turnier in Schruns-Tschagguns

- Montafoner Volksmusiktage

Wassererlebnisstollen Tominier, Partenen

1,5 km langer Stollen zwischen der Seilbahnbergstation der Vermuntbahn und dem Vermuntsausee. Märchenhafte Wasserprojektionen, Kunst- und Toninstallationen sowie Lichteffekte schaffen gruselig-schöne Eindrücke während der Suche nach dem geheimnisvollen »Stein der Weisen«. Eine Waldfee erzählt die Geschichte König Midas', ein Bergkobold reißt freche Sprüche. Schließlich löst ein weiser Mann das Rätsel des wirklichen Steins der Weisen; fantasievoll gestaltete Stationen, die einen Besuch lohnen; Tel. 0 55 56/70 18 52 31; www.vermuntbahn.at; www.illwerke-tourismus.at

MONTAFON

vom Kraftwerk aus vorbei an Mühlen und Sägewerken, Brunnen und Kneippanlagen. Ende des 19. Jh. begann man, das Wasser zur Energiegewinnung zu verwenden. Ab 1928 setzten die Illwerke die großen Pläne um, und 1930 war der Vermunt-Speichersee in der Silvretta fertig gestellt. Über einen steilen Karrenweg und mit Hilfe eines Schrägaufzugs wurde das gesamte Material von Partenen aus hinaufgeschafft. 1938 folgte der Silvrettastausee, 1969 der Kopssee mit seiner 122 m hohen Staumauer; außerdem wurden Ausgleichsbecken im Rätikon geschaffen: der Lünersee im Brandnertal und der Stausee in Tschagguns/Latschau. Alle Seen sind durch Stollen verbunden, ein perfekt konstruiertes System sorgt dafür, dass im Sommer wie im Winter stets genügend Wasser vorhanden ist, um die Stromversorgung unter anderem von Vorarlberg und einem großen Teil von Baden-Württemberg auch zu Spitzenzeiten sicherzustellen.

Fantastisch: Die Silvretta-Hochalpenstraße

Die Stromgewinnung durch Wasserkraft brachte – und bringt – aber überdies entscheidende Impulse für den Tourismus: Aus dem Karrenweg von einst zwischen Partenen und Bielerhöhe wurde 1954 eine kleine Straße, das 1962 zur fantastischen Silvretta-Hochalpenstraße (mautpflichtig) ausgebaut wurde. Inzwischen ist die kühne Verbindung zwischen Montafon und Paznaun eine der meistbefahrenen Panoramastraßen Europas. In 32 Kehren windet sie sich 700 Höhenmeter durch das von Lawinenrinnen zerfurchte Vermunttal hinauf zum Silvrettastausee; dort verkehrt übrigens Europas höchstgelegene Schifffahrtslinie. Vor allem ist hier jedoch ein bequem erreichbarer Ausgangspunkt für fantastische Touren ins Hochgebirge. Geübte Bergsteiger lockt die anspruchsvolle Hochtour auf den Piz Buin, den höchsten Berg Vorarlbergs. Erfahrene Bergwanderer können immerhin zur Wiesbadener Hütte oder auf den Gipfel des Hohen Rades steigen, um überwältigende Eindrücke einer wilden, kargen Hochgebirgslandschaft zu sammeln. Einmalig ist das Panorama, das sich Gipfelstürmern auf dem Hohen Rad bietet: Es reicht von der Zugspitze im Osten bis zum Rheinwaldhorn über dem San-Bernardino-Paß im Westen.

Weniger bequem ist der Weg von Partenen aus über die 4000 Stufen der Europatreppe zur Bergstation der Vermuntbahn. Die Treppe war einst notwendig, um zum einen die Druckrohrleitung, in der das Wasser 700 Höhenmeter hinunter ins Kraftwerk bei Partenen stürzt, und zum anderen den ehemaligen Schrägaufzug zu warten. Vor kurzem wieder in Stand gesetzt, ist die Europatreppe wohl das längste Fitnessgerät der Welt, das Ski-Nationalteams ebenso wie Fußballmannschaften und Marathonläufer gern nutzen, um Abwechslung in ihren Trainingsplan zu bringen. Der derzeitige Rekord liegt bei 22:35 Minuten, Stoppuhren an Start und Ziel ermöglichen es jedem, zu prüfen, ob er die Zeit unterbieten konnte.

Auf ganz andere Art weiß man in Gaschurn am Fuße der Silvretta den Rohstoff Wasser zu nutzen: Das herrlich gelegene, ungewöhnliche Alpenbad »Mountain Beach« wurde 2003 sogar mit dem Österreichischen Staatspreis für Tourismus ausgezeichnet. Das Erlebnisbad besteht aus einer gelungenen Kombination von Naturseen, die unterteilt sind in Bade- und Regenerationsbereich. Das Was-

Ein Erlebnisbad der Sonderklasse: Das Alpenbad »Mountain Beach« in Gaschurn

Vorarlberger Illwerke, Tschagguns/Latschau bzw. Partenen
Die Besichtigung des Schauraums in Latschau, im größten Pumpspeicherwerk Österreichs, bietet Einblick in das umfassende Stollensystem, das die Speicherseen in Silvretta und Rätikon verbindet. Eine Führung (nur nach Voranmeldung) lohnt sich; in Partenen finden ebenfalls sehr interessante Kavernen- und Kraftwerksführungen statt, lohnend ist auch das neue Technikmuseum an der Bergstation Vermunt ❸;

Infos bei Illwerke Tourismus; besichtigt werden kann auch das Kraftwerk des Speichers Kops mit seiner mächtigen, 122 m hohen Staumauer; Tel. 0 55 56/70 18 82 14; www.illwerke-tourismus.at

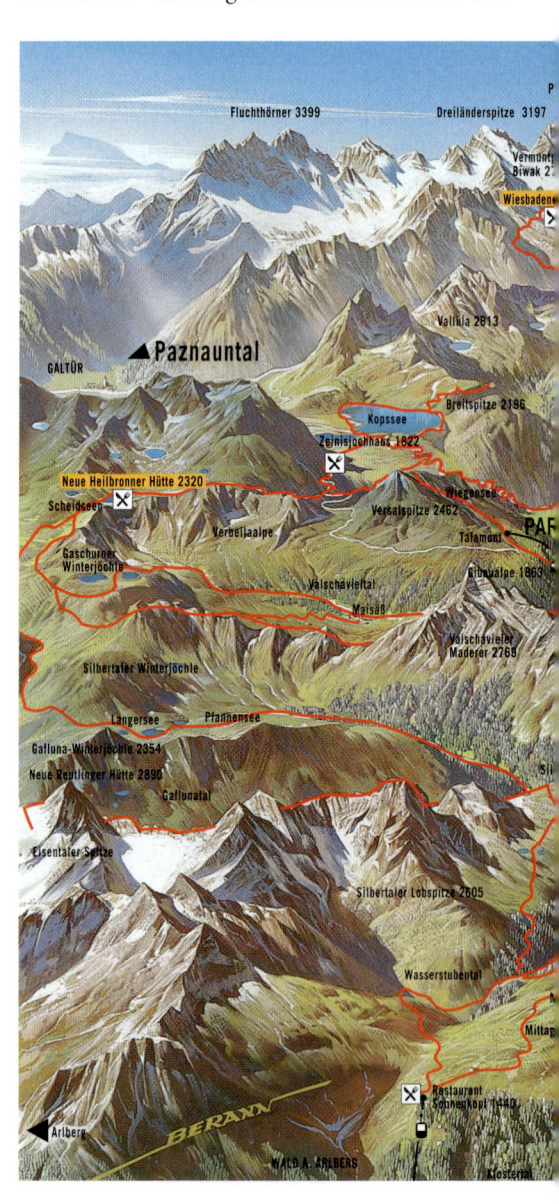

Adressen & Bergbahnen

Landesvorwahl 00 43

Urlaubsregion	Montafon Tourismus; Tel. 0 55 56/72 25 30; E-Mail: info@montafon.at; www.montafon.at	
Gargellen (1423 m)	Gargellen Tourismus; Tel. 0 55 57/63 03; E-Mail: tourismus@gargellen.at; www.gargellen.at	
Gaschurn (979 m)	Gaschurn-Partenen Tourismus; Tel. 0 55 58/8 20 10; E-Mail: info@gaschurn-partenen.com; www.gaschurn-partenen.com	
Schruns (690 m)	Schruns-Tschagguns Tourismus; Tel. 0 55 56/72 16 60; E-Mail: info@schruns-tschagguns.at; www.schruns-tschagguns.at	
Weitere Orte	**Bartholomäberg** www.bartholomaeberg.at • **Bielerhöhe** • **Partenen** www.gaschurn-partenen.com • **Silbertal** www.silbertal.at • **St.Anton** • **St. Gallenkirch** • **Tschagguns** www.schruns-tschagguns.at • **Vandans**	
Entfernungen	Hamburg 866 km; Berlin 794 km; Köln 654 km; Frankfurt a. M. 484 km; Stuttgart 279 km; München 249 km	

① Gargellen Schafbergbahnen Berg/Tal 10,30 €
② Gaschurn Versettlabahn Berg/Tal 12,80 €
③ Partenen Vermuntbahn/Torminier Berg/Tal 10,10 €
④ ⑤ Schruns Hochjochbahnen/Sennigrat • Berg/Tal 15,20 €
⑥ Silbertal Kristbergbahn Berg/Tal 10 €
⑦ St. Gallenkirch Grafreschabahn Berg/Tal 6 €
⑧ Tschagguns Grabserbahn Berg/Tal 9,30 €
⑨ Tschagguns/Latschau Golmerbahn Berg/Tal 10,90 €

Siehe auch Preisteil S. 636

Hotelempfehlungen

Gargellen S. 672
Gaschurn S. 672
Gortipohl S. 673
Partenen S. 697
Schruns S. 701
Silbertal S. 704
St. Anton im Montafon S. 705
St. Gallenkirch S. 706
Tschagguns S. 708
Vandans S. 709

Wanderkarten

Freytag & Berndt; WK 371 Bludenz, Klostertal, Montafon; WK 372 Arlberggebiet; Paznaun, Verwallgruppe; WK 373 Silvretta Hochalpenstraße, Piz Buin, 1:50000

ser wird ohne chemische Zusätze durch 13000 Pflanzen gereinigt, verbunden sind die Seen mit der wohl einzigen »Luftmatratzen-Raftingstrecke« des Alpenraums. Besonders wohltuend ist das Relaxen im Alpenbad natürlich, wenn man dem Lockruf der prächtigen Gipfel von Verwall, Rätikon und Silvretta bereits gefolgt ist und nach einer eindrucksvollen Hochtour, einer herrlichen Klettertour oder einer schönen Wanderung hier den Tag angenehm ausklingen lässt.

Straßenatlas Siehe S. 777

LECH UND ZÜRS AM ARLBERG
VORARLBERG

ACTION & SPORT

WANDERN & BERGTOUREN

FUN & FAMILY

WELLNESS & GENUSS

Lecher Gipslöcher
Oberhalb des verkehrsfreien Oberlech, in einer Höhe von etwa 1900 m, bildeten sich vor 250 Mio. Jahren aus einer Lagune große Kalk- und Gipslagerstätten. Niederschläge wuschen das weichere Material aus. Hunderte zum Teil kreisrunde Einbrüche (Dolinen) bildeten sich und schufen eine einzigartige, bizarre Landschaft, durch die ein geologischer Lehrpfad führt. Informationsbroschüren zu allen Themenwegen der Region beim Tourismusverband, Tel. 0 55 83/2 16 10

Der junge Lech sprudelt munter durch das berühmte Skidorf, das sich im Sommer familienfreundlich zeigt.

Blumenmeer statt Skiparadies

Was macht einen Wintersportort der Nobelklasse im Sommer attraktiv? »Sehr viel und immer mehr«, betonen die Sommerurlauber, die hier in Lech nicht nur ein idyllisches, reich mit Blumen geschmücktes Dorf vorfinden, sondern auch eine fantastische Bergregion, in der es sich herrlich wandern lässt.

Der Sommer auf fast 1500 m ist verhältnismäßig kurz – und deshalb umso kostbarer. Kaum sind mit dem Schnee die letzten noblen Gäste verschwunden, erwacht die Natur zu neuem Leben und taucht Lech in ein Blumenmeer. Das 2004 zur »Schönsten Blumengemeinde Österreichs« erkorene Bergdorf schmiegt sich in grüne Matten, ringsum ragen schützende Berge in die Höhe. Die Almwiesen sind mit einer außergewöhnlichen Vielfalt an Blumen gesegnet, deren Namen so schön sind wie sie selbst: Fuchsknabenkraut und Kugelorchidee, Türkenbund und Alpenrose.

Auch das touristische Angebot zeigt im Sommer ein anderes Profil; statt Promis stehen Familien im Mittelpunkt. Attraktive Angebote der Hotels ermöglichen es, in Zürs oder in Lech mit Kind und Kegel auf gehobenem Niveau herrliche Ferien zu verbringen. Bergbahnen erleichtern den Weg nach oben, das schöne Waldschwimmbad am Lech ist beheizt und der Wanderbus pendelt regelmäßig zwischen Lech, Zug und dem Formarinsee am Fuße der Roten Wand, auf die eine anspruchsvolle Bergwanderung führt. Für Sommergäste gilt der Nulltarif: Ab der ersten Übernachtung erhalten sie die »All-inclusive-Card«, mit der sie Busse und Bergbahnen kostenfrei nutzen, Museen und Büchereien ohne zusätzliche Ausgaben besuchen können. Und nicht zu vergessen: Für die Betreuung von Kindern zwischen drei und 15 Jahren ist ebenfalls gesorgt. Die beliebteste Aktivität ist natürlich das Bergwandern. Themenwanderungen erschließen das »Steinerne Meer«, auf denen man eine faszinierende

---

ADAC — *der perfekte Urlaubstag*

- **10 Uhr:** Fahrt mit dem Wanderbus zur Formarinalpe; von dort Aufstieg am Formarinsee vorbei zur Freiburger Hütte
- **11.30 Uhr:** Bei der Freiburger Hütte kurze Rast, dann weiter durchs Steinerne Meer und über den landschaftlich herrlichen Wanderweg gemütlich zum Spullersee
- **16 Uhr:** Mit dem Wanderbus vom Spullersee wieder zurück in Richtung Lech
- **16.30 Uhr:** Im wunderschönen Waldbad (Haltestation des Wanderbusses zwischen Zug und Lech) einige Runden schwimmen und die herrliche Abendstimmung am See genießen

---

Adressen & Bergbahnen — Landesvorwahl 00 43

Urlaubsregion	**Lech Zürs** Tourismus GmbH; Tel. 0 55 83/2 16 10; E-Mail: info@lech-zuers.at; www.lech-zuers.at
Orte	Lech • Zürs • Zug
Entfernungen	Hamburg 894 km; Berlin 822 km; Köln 681 km; Frankfurt a. M. 511 km; Stuttgart 306 km; München 188 km

① Lech Oberlech — Berg/Tal 5,60 €
② Lech Petersbodenbahn — Berg/Tal 5,60 €
③ Lech Rüfikopf — Berg/Tal 11,50 €
④ Lech Schlegelkopfbahn — Berg/Tal 7 €

Siehe auch Preisteil S. 636

Wandern & Bergtouren

TOP TIPP Eine fantastische, anspruchsvolle Tour für geübte, trittsichere Bergwanderer und Bergsteiger führt auf den mächtigen Felsklotz der **Roten Wand** ❶ (2704 m) im Lechquellengebirge. Ausgangspunkt ist die Formarinalpe (1871 m) am Ende der Mautstraße von Lech/Zug. Auf schönem Wanderweg hinauf zum Formarinsee (1789 m), nun über steilen Bergsteig zum Sattel der Schwarzen Furka (2363 m). Westseitig, teils mit Drahtseilen gesichert, queren, über gestufte Felsen hinauf zum Oberen Sättele. Über schuttige Nordwestflanke steil hinauf zum Nordgrat. Diesem folgen bis zum Gipfel. Die leichte Kletterei (Schwierigkeitsgrad 1) erfordert Trittsicherheit und Schwindelfreiheit. Fantastische Fernsicht zum Bodensee, in die Silvretta, die Bernina und die Ötztaler Alpen. Abstieg wie Aufstieg; Zeit: ca. 7 Std.

Rüfikopf (2362 m) Mittelschwere Genusswanderung mit Aufstiegshilfe	Ausgangspunkt: Lech, Bergstation Rüfikopf (2350 m) ❸; kurzer Anstieg auf den Rüfikopf – durchs Ochsengümple zum Bockbachsattel (2336 m) – nach Westen zum Friedrich-Mayer-Weg – auf diesem gemütlich bis unterhalb des Wöstersattels (2100 m) – in steilen Serpentinen hinunter zur Tälialp (1681 m) – Stubenbach (1490 m) – Lech; landschaftlich sehr abwechslungsreich; Trittsicherheit erforderlich; Zeit: ca. 5 Std.; Einkehr: Rüfikopf
Steinernes Meer Geologische Themenwanderung durch Traumlandschaft	Ausgangspunkt: Alpe Formarin (1871 m; Mautstraße von Lech/Zug); Freiburger Hütte (1918 m) – auf dem Themenweg durchs Steinerne Meer (ca. 2000 m) – zurück zur Freiburger Hütte – Alpe Formarin; neben dem leichten, herrlichen Weg ist ein kleines Korallenriff mit versteinerten Muscheln und Meerestieren zu sehen; Zeit: ca. 3,5 Std.; Einkehr: Freiburger Hütte
Bürstegg (1719 m) Leichte Erlebniswanderung auf den Spuren der Walser	Ausgangspunkt: Schlössle, Oberlech (1669 m); Gaisbühelalpe (1690 m) mit kleinem Sennereimuseum – am Auenfeldsattel (1710 m) Abstecher zur oberen Auenfeldalpe (1750 m) mit Schausennerei möglich (ca. 30 Min. hin und zurück) – Walsersiedlung Bürstegg mit Kirchlein (17. Jh.) und Wang-Hus (ältestes Walser-Haus von 1495) – Abstieg zur Bushaltestelle Flexenpassstraße (1458 m); mit Bus zurück; Zeit: ca. 3 Std.; Einkehr: in Oberlech

Vielfalt versteinerter Korallen, Schnecken und Muscheln zwischen dem Formarinsee und dem Spuller See im Lechquellengebirge ebenso wie die fantastischen »Gipslöcher« entdecken kann. Wer eher an Kultur interessiert ist, wandert auf den »Spuren der Walser« nach Bürstegg am Fuße des Warther Horn. Hier rodeten die eingewanderten Walser um 1300 die Wälder und schufen Platz für Weiden und eine erste Siedlung.

Zwischen Warther Horn und Karhorn haben die Bergführer der Region einen relativ leichten Klettersteig errichtet, der ideal für Einsteiger ist. Gipfel wie die Roggalspitze hingegen sind guten Kletterern mit alpiner Erfahrung vorbehalten. Einfacher zu erreichen sind Ziele wie die Ravensburger Hütte beim Spuller See, die Göppinger Hütte am Fuße der Braunarlspitze oder die Stuttgarter Hütte auf der anderen Talseite, von der aus Höhenwege sternförmig in die Lechtaler Alpen hineinführen.

Auch aus medizinischer Sicht ist der Aktiv-Urlaub aufgrund der Höhenlage in Lech und Zürs ideal. »Welltain« – »wellbeing in the mountains« – lautet das Motto der Arlberger für ihre Fitnessangebote. Für Nordic Walker, Läufer und Bergwanderer werden Pakete angeboten, die Urlauber fit machen. Denn der Winter kommt bestimmt, und dann braucht man Kondition, um über die tief verschneiten Hänge von Lech carven zu können.

Hütten

Ravensburger Hütte (1947 m)
Gemütliche Hütte beim Spuller See. Hausberg ist der Spuller Schafberg (2679 m), ein leichter, aussichtsreicher Wandergipfel. Ausgangspunkt ist der Parkplatz an der Staumauer des Spuller Sees (1827 m, Mautstraße von Lech/Zug); schöne, leichte Wanderung zur Hütte (ca. 45 Min.), im Blickfeld die herrliche Roggalspitze (2673 m) mit ihren interessanten Kletterrouten; Tel. 06 64/5 00 55 26

Göppinger Hütte (2245 m)
Aussichtsreich auf dem Gamsboden im Lechquellengebirge gelegene Hütte. Schöner Ausgangspunkt für anspruchsvolle Bergwanderungen auf die Braunarlspitze (2649 m) oder die Hochlichtspitze (2600 m). Auch der Hüttenzustieg von Unteralpe (1562 m, an der Mautstraße von Lech/Zug gelegen) ist lohnend (ca. 2 Std.); Tel. 0 55 83/35 40

Freiburger Hütte (1918 m)
Familienfreundliche, idyllisch gelegene Hütte auf dem Rauhen Joch über dem Formarinsee. Herrliche Wanderungen ins »Steinerne Meer« über den Geologischen Lehrpfad zum Spuller See (1827 m) hinüber und auf den Formaletsch (2292 m); schöner, einfacher Zustieg von der Formarinalpe (1871 m, Ende der Mautstraße von Lech/Zug) in ca. 30 Min.; Tel. 0 55 56/7 35 40

Hotelempfehlungen

Lech am Arlberg S. 687
Steeg S. 706
Zürs am Arlberg S. 711

Wanderkarten

Freytag & Berndt; WK 364 Bregenzerwald; 1:50000
Freytag & Berndt; WK 371 Bludenz, Klostertal, Brandnertal, Montafon; 1:50000
Freytag & Berndt; WK 372 Arlberggebiet, Paznaun, Verwallgruppe; 1:50000

Straßenatlas   Siehe S. 777

ST. ANTON AM ARLBERG
TIROL

ACTION & SPORT
WANDERN & BERGTOUREN
FUN & FAMILY
WELLNESS & GENUSS

Arlberg-well.com
Wellness- und Kommunikations-Zentrum in St. Anton. Schwimmbad mit beheiztem Sportfreibecken, Innenbecken mit Ausschwimmkanal; große Saunalandschaft; Fitnessstudio; Tennisfreiplätze; große Vielseitigkeitshalle, in der zahlreiche Veranstaltungen stattfinden; Tel. 0 54 46/40 01; www.arlberg-well.com

Ski- und Heimatmuseum
In den Räumen des Arlberg-Kandahar-Hauses – das an sich schon eine Sehenswürdigkeit ist – wird interessant dokumentiert, wie aus einem kleinen Bergdorf ein international bekanntes Skisportzentrum wurde. Dargestellt ist auch die rasante Erschließungsgeschichte der Bergregion rund um den Arlberg sowie die Entwicklung des Skisports, für die die Skischule Arlberg oft entscheidende Impulse lieferte; Tel. 0 54 46/2 26 90

ADAC der perfekte Urlaubstag

- **9 Uhr:** Fahrt auf die Valluga ❸ ❶ ❻, herrliche Aussicht genießen. Abstieg zur Bergstation Kapall
- **12 Uhr:** nach gemütlicher Rast Fahrt mit den Bergbahnen ❷ ❹ zurück nach St. Anton
- **15 Uhr:** Besuch des Ski- und Heimatmuseums
- **17 Uhr:** Erholen im Wellness-Center »Arlberg-well.com«

Sommerliche Idylle im noblen Wintersportzentrum

Wer glaubt, St. Anton sei nur im Winter eine Reise wert, täuscht sich gewaltig. Auch das zweite Gesicht der Arlbergregion kann sich sehen lassen. Es ist weniger glamourös, dafür aber umso herzlicher. Und die fantastische Bergwelt geizt auch im Sommer nicht mit ihren Reizen – nur haben diese noch nicht viele entdeckt.

Die Leutkircher Hütte mit der Weißschrofenspitze; unten im Tal drängen sich die Häuser von St. Anton.

Hell ragen die schroffen Gipfel der Lechtaler Alpen im Norden auf. Südlich der Arlbergstraße türmen sich die dunklen Wände des Verwalls. Täler reichen weit hinein, in den Karen drängen sich kleine Gletscherbecken. Und dazwischen, am östlichen Fuße des Arlbergpasses, liegt St. Anton, das sich im Sommer vom noblen Wintersportzentrum in ein nettes Bergdorf verwandelt. In Herden ziehen zu dieser Jahreszeit nur die Kühe durchs Dorf, selbst Bergsteiger sind rar, obwohl gerade sie traumhafte Möglichkeiten vorfinden.

Der erste lohnende Einstieg ins Wanderparadies ist auf dem Arlbergpass in St. Christoph. Heinrich Findelkind baute dort 1386 ein Hospiz und rettete damit vielen erschöpften und halb erfrorenen Säumern das Leben. Aus der Notunterkunft von damals ist ein nobler Hotelkomplex geworden, der vor allem im Winter ausgebucht ist. Im Sommer kommen sich die wenigen Wanderer selten in die Quere. Dabei ist etwa der »Berggeistweg« zur gemütlichen Kaltenberghütte ein landschaftlich abwechslungsreicher und vor allem aussichtsreicher Ausflug ins Hochgebirge.

Schon mehr Publikum trifft sich auf dem Gipfel der Valluga. Es ist ja auch ein Leichtes, von St. Anton aus mit den Bergbahnen dort hinaufzukommen. Wer trittsicher ist, sollte sich die Talfahrt sparen und durch die eindrucksvolle, zerklüftete Landschaft über das Valfagehrjoch hinunter zur Liftstation Kapall wandern. Erfahrenen Bergsteigern bleibt es vorbehalten, am Matunjoch in den langen, schwierigen und ausgesetzten Klettersteig einzusteigen (Zeit: ca. 7 Std., Klettersteigausrüstung und Helm erforderlich!).

Auch die meisten Gipfel der Lechtaler Alpen sind nur über lange, anspruchsvolle Anstiege zu errei-

---

Adressen & Bergbahnen
Landesvorwahl 00 43

Urlaubsregion	Tourismusverband **Arlberg-Stanzertal**, Tel. 0 54 48/82 21; E-Mail: info@arlberg-stanzertal.at; www.arlberg-stanzertal.at
St. Anton (1284 m)	Tourismusverband **St. Anton**; Tel. 0 54 46/2 26 90; E-Mail: info@stantonamarlberg.com; www.stantonamarlberg.com
Weitere Orte	**Flirsch · Pettneu · Schnann** www.arlberg-stanzertal.at · **St. Christoph · St. Jakob** www.stantonamarlberg.com
Entfernungen	Hamburg 894 km; Berlin 822 km; Köln 682 km; Frankfurt a. M. 512 km; Stuttgart 307 km; München 187 km

❶ Galzig Vallugagrat Berg/Tal 11 € (Pauschal St. Anton-Vallugagrat 17 €)
❷ Gampen Kapallbahn Berg/Tal 11 € (Pauschal St. Anton-Kapall 17 €)
❸ St. Anton Galzigbahn Berg/Tal 11 €
❹ St. Anton Gampenbahn Berg/Tal 11 €
❺ St. Anton Rendlbahn Berg/Tal 11 €
❻ Vallugagrat Vallugagipfel Berg/Tal 4,50 € (Pauschal St. Anton-Vallugagipfel 19 €)

Siehe auch Preisteil S. 636

Wandern & Bergtouren

TOP TIPP
Eine traumhafte Zweitagestour für Trittsichere führt von St. Anton aus auf den **Scheibler** (2978 m) ❶. Eingerahmt von den wilden Felsgraten des Verwalls ist dieser herrliche Aussichtsberg relativ einfach zu erreichen – wenn auch der Zustieg eine gute Kondition erfordert. Ausgangspunkt ist das Hotel Moserkreuz (1434 m) an der Arlbergpassstraße bei St. Anton. Von dort geht es bequem entlang der Rosanna durch das reizvolle Verwalltal. Nach dem Verwallsee (1445 m) eröffnet sich ein erster Blick auf den mächtigen Patteriol (3056 m). Nun geht es über einen steileren Weg hinauf zur schönen Konstanzer Hütte (1710 m, Übernachtung), von da weiter ins Fasultal bis zur Brücke. Bach überqueren, dann langer, steiler Anstieg zum Kuchenjoch (2730 m). Ein Steig führt über den felsigen Südgrat bis zum Gipfel. Abstieg wie Aufstieg; leichte Kletterstellen (I) am Gipfelgrat erfordern alpine Erfahrung, Trittsicherheit und Schwindelfreiheit; Zeit: ca. 3 Std. bis zur Hütte, ca. 4,5 Std. zum Gipfel, ca. 5 Std. Abstieg; Einkehr: Konstanzer Hütte

Hoher Riffler (3168 m) Zweitagestour zu schroffem Gipfel	Ausgangspunkt: Pettneu (1222 m); idyllischer Wanderweg durch das einsame Malfontal – Vordere Malfonalm (1687 m) – markiertem Weg folgen zur Edmund-Graf-Hütte (2375 m, Übernachtung) – auf gut markiertem Weg zum Gipfel; Abstieg wie Aufstieg; Trittsicherheit vor allem im Gipfelbereich wichtig; Vorsicht im Frühsommer, wenn viel Schnee liegt, evtl. Leichtsteigeisen nötig! Zeit: ca. 3,5 Std. bis Hütte, 4 Std. bis Gipfel, 5 Std. Abstieg; Einkehr: Malfonalm, E.-Graf-Hütte
Kaltenberghütte (2089 m) Abwechslungsreicher »Berggeistweg« zu idyllischer Hütte	Ausgangspunkt: St. Christoph (1765 m, Höhe Arlbergpass); Berggeistweg zum Maroijöchl (2391 m) – Kaltenberghütte; Rückweg nach St. Christoph über Paul-Bantlin-Weg (Wegweiser bei Hütte beachten!); leichte Bergwanderung; Zeit: ca. 6 Std.; Einkehr: Kaltenberghütte
Von der **Valluga** (2809 m) zum **Kapall** (2333 m) Spektakuläre Bergwanderung mit Seilbahnhilfe	Ausgangspunkt: Bergstation Valluga ❸❶❻; durch imposante Hochgebirgslandschaft zum Valfagehrjoch (2543 m) – Mattunjoch – Bergstation Kapall; entweder zu Fuß auf schönen Wegen über Gampen nach St. Anton oder mit Bergbahnen zurück ❷❹; Zeit: ca. 3 Std.; Einkehr: Kapall

chen. Ein guter Kompromiss sind da die Hütten, z. B. das Kaiserjochhaus mit seinem eindrucksvollen Blick hinüber zu den düsteren, mächtigen Urgesteingipfeln des Verwall. Der eher abweisende Eindruck trügt nicht: Wer dort Gipfelglück genießen will, muss Erfahrung und Ausdauer mitbringen. Zwei auch für konditionsstarke Bergwanderer gut zu erreichende Ziele sind der Scheibler und der Hohe Riffler, der höchste Gipfel des Verwalls. Wunderschön und leicht sind hingegen die Hüttenzustiege: von St. Anton aus an der Rosanna entlang durch das Verwalltal zur Konstanzer Hütte oder von Pettneu aus durch das einsame, malerische Malfontal zur Edmund-Graf-Hütte.

Einfache, kurze Wander- und Spazierwege führen bei St. Anton zu Naturschönheiten wie etwa dem Mühltobel. Zumindest einen Tag sollte man aber auch im Dorf bleiben: Besondere Schmuckstücke sind das Arlberg-Kandahar-Haus, in dem das interessante Ski- und Heimatmuseum untergebracht ist, sowie das 1465 erbaute Thöni-Haus, das früher als Zollstation diente. Mit Architekturpreisen ausgezeichnet wurde der neue Bahnhof. Das alte Areal verwandelten die Planer in eine schöne Parkanlage mit kleinen Seen. Und so kann es gut vorkommen, dass im sommerlichen St. Anton hinter der Kuhherde auch noch eine Entenfamilie durchs Dorf watschelt.

Hütten

Kaltenberghütte (2089 m)
Herrlich bei einem See gelegene, bestens geführte Hütte hoch über dem Klostertal. Reizvoll ist vor allem der Zustieg von St. Christoph aus über den Berggeistweg (siehe Tabelle Wandern & Bergtouren). Gipfelziel für erfahrene Bergwanderer ist der Kaltenberg (2896 m). Schnellster Zustieg: von St. Christoph über Paul-Bantlin-Weg; Zeit: ca. 2,5 Std.

Edmund-Graf-Hütte (2375 m)
Schon der Weg durch das idyllische Malfontal macht die leichte Wanderung lohnend. Die Hütte liegt an einem sonnigen Plätzchen, ein kleiner Bergsee ist ganz in der Nähe. Obligatorisch für geübte Bergwanderer ist die Besteigung des Hohen Rifflers (3168 m), des höchsten Verwall-Gipfels. Ausgangspunkt: Pettneu im Stanzertal (1222 m); Zeit: ca. 3,5 Std.; Tel. 0 54 48/85 55

Kaiserjochhaus (2310 m)
Aussichtsreich liegt die schöne Hütte auf einem Sattel 1200 m über dem Stanzertal. Entsprechend steil und anstrengend ist der Zustieg. An der Hütte vorbei führt der Lechtaler Höhenweg, rund um die Hütte liegen zahlreiche Gipfel. Ausgangspunkt: Pettneu im Stanzertal (1222 m); Zeit: ca. 4 Std.; Tel. 06 64/4 35 36 66

Konstanzer Hütte (1710 m)
Malerisch gelegene Hütte an der Rosanna mit herrlichem Blick auf die finsteren Wände des Patteriols (3056 m). Der Zustieg durch das Verwalltal ist leicht und lohnend. Ausgangspunkt: St. Anton; Zeit: ca. 3 Std.; Tel. 06 64/5 12 47 87; www.konstanzerhuette.at

Hotelempfehlungen

Pettneu S. 697
St. Anton am Arlberg S. 705
St. Christoph am Arlberg S. 705

Wanderkarten

Freytag & Berndt WK 372; Arlberggebiet, Paznaun, Verwallgruppe; 1:50000

Straßenatlas   Siehe S. 777

TANNHEIMER TAL
TIROL

Freizeitmöglichkeiten für jeden Geschmack: beschaulich unten im sonnigen Talboden und abenteuerlich in den Felswänden von Gimpel und Roter Flüh

ACTION & SPORT

WANDERN & BERGTOUREN

FUN & FAMILY

WELLNESS & GENUSS

Reizvolle Vielseitigkeit zwischen Gipfeln und Seen

Die Spielplätze für aktive Urlauber sind im Tannheimer Tal vielfältig, aber auch sehr klar definiert: Die Felsregionen um Gimpel, Rote Flüh und Aggenstein gehören den Kletterern, Klettersteiggehern und alpinen Wanderern. Die grünen Bergkuppen im Süden sind Genusswanderern, sportlich ambitionierten Mountainbikern und Paraglidern vorbehalten. Und die malerischen Bergseen laden Wassersportler ein, während sich im breiten Talboden Radfahrer und Nordic-Walker aktiv erholen.

»Da liegt am Fuße der Berge der heitere Wasserspiegel eines Sees und daneben erheben sich – gleich aus den Wiesen ansteigend – ungeheure, in die kühnsten Formen zerspaltene Felsennadeln«, rühmte bereits 1856 einer der ersten Reiseführer das Tannheimer Tal. Für den Schriftsteller Ludwig Steub (1812–1888) war es schlichtweg »das schönste Hochtal Europas«. Reisende kamen schon früh auf der alten Salzstraße von Reutte her über den Gaichtpass. Radler und Wanderer, die auf dem wiederhergestellten alten Passweg bergauf keuchen, können nur darüber staunen, dass auf dem steilen Weg über der wildromantischen Schlucht allein im Jahr 1659 insgesamt 16000 Salzfässer transportiert wurden – eine enorme Leistung für Mensch und Tier. Die Salzfuhrwerke waren vor allem im Winter unterwegs, wenn die Bauern Zeit für den begehrten Nebenverdienst hatten und ihre Rösser nicht zu anderen Arbeiten benötigten.

Zu dieser Jahreszeit schätzen heute Langläufer, Winterwanderer und Alpinskifahrer das schneesichere, sonnige Hochtal. Im Sommer hat das Tannheimer

ADAC der perfekte Urlaubstag

4.30 Uhr: Sonnenaufgangsfahrt von Schattwald mit der Wannenjochbahn ❸, Aufstieg zum Wannenjoch (1890 m), Sonnenaufgang genießen

7 Uhr: Hüttenfrühstück auf der Stuibenalpe, Wanderung am Stuibenbach entlang ins Tal

12 Uhr: Fahrt nach Haldensee, kleine Wanderung zur Strindenschlucht, Spaziergang am See oder Ruderrunde

17 Uhr: Badespaß im Freibad Wasserwelt Haldensee (bis 19 Uhr geöffnet; Tel. 0 56 75/62 85)

Start frei am Neunerkopf.

Wandern & Bergtouren

✶ ✶ ✶ ✶ ✶

TOP TIPP Mit drei zauberhaften Bergseen und Almwiesen voller Arnika, Orchideen, Enzian und Edelweiß gehört die **Drei-Seen-Wanderung** ❶ zu den schönsten im Tal. Von Tannheim (1097 m) führt ein Wiesen- und Waldweg zum idyllisch im Talkessel gelegenen Vilsalpsee (1165 m). Ab jetzt geht es bergauf, zuletzt über eine kleine, seilgesicherte Felsstufe zum Traualpsee (1631 m). Eine Etage höher liegt der kleine Lachensee in der Nähe der Landsberger Hütte (1805 m). Für den Abstieg gibt es drei Alternativen, die alle über die Schochenspitze (2069 m) zur Gappenfeldalpe führen. Die erste Möglichkeit ist, von dort direkt ins Tal zu steigen. Die knieschonende Variante ist der Höhenweg zum Neunerköpfle (1862 m), von dort bringt die Bergbahn ❹ Wanderer ins Tal. Am schönsten ist es jedoch, die Tour zur 4-Seen-Wanderung auszubauen und über Almwege zur Strindenscharte und von dort zum Haldensee (1124 m) zu wandern; Zeit für Variante 3: ca. 6 Std.; Einkehr: Landsberger Hütte, Gappenfeldalpe. Geführte Wanderungen: Berg- und Wanderführer Josef Sint; Tel. 0 56 75/66 75

Aggenstein (1987 m) Höhenweg mit kleiner Gipfelkletterei	Ausgangspunkt: Grän, Bergstation Füssener Jöchle (1818 m) ❶; Tannheimer Höhenweg – Bad Kissinger Hütte (1792 m) – über steilen, felsigen Steig zum Aggenstein (1987 m); Bad Kissinger Hütte – Abstieg direkt nach Enge (1210 m) – Lumberg – Grän (1138 m). Trittsicherheit und Schwindelfreiheit für den Gipfel erforderlich; Zeit: ca. 5 Std.; Einkehr: Bad Kissinger Hütte
Einstein (1866 m) Aussichtskanzel über dem Tal	Ausgangspunkt: Tannheim (1097 m); Berg – Einsteinweg – Felssteig zum Gipfel; zurück auf demselben Weg; mittelschwere Wanderung; Zeit: ca. 4 Std.; Einkehr: nur im Tal
Krinnenspitze (2000 m) Eckpfeiler mit Panoramablick	Ausgangspunkt: Nesselwängle, Bergstation Krinnenalpe (1547 m) ❷; Gamsbocksteig – teilweise mit Seilen gesicherter Steig zur Krinnenspitze (2000 m) – Gräner Ödenalpe (1714 m) – Alpenrosenweg – Bergstation; Trittsicherheit und Schwindelfreiheit nötig; Zeit: ca. 2,5 Std.; Einkehr: Gräner Ödenalpe, Krinnenalpe
Gaichtspitze (1986 m) Wenig begangener, blumenreicher Wiesenweg	Ausgangspunkt: Gaicht (1117 m); Wiesenweg bis zum aussichtsreichen Gipfel der Gaichtspitze; Abstieg wie Aufstieg; auf den Wiesen blüht die blassgelbe, unter Naturschutz stehende Straußglockenblume; Zeit: ca. 5 Std.; Einkehr: Gasthäuser in Gaicht

Tal aber noch viel mehr Möglichkeiten zu bieten, denn die markanten Felsgipfel von Gimpel, Roter Flüh und Kellespitze sind gar nicht so abweisend, wie sie vom Tal her wirken. Die Kletterrouten sind neu saniert und gut abgesichert. Vom Schartschrofen führt der Friedberger Klettersteig zur Roten Flüh. Auch trittsichere, schwindelfreie Wanderer können den Blick von diesem Gipfel genießen, wenn sie den Steig von Nesselwängle über das Gimpelhaus wählen. Ausgedehnte Wandermöglichkeiten findet der begeisterte Bergfreund aber vor allem auf der anderen Talseite von der Krinnenspitze bis zum Gaishorn. Ideale Bedingungen herrschen hier auch für Paraglider, die mit der Bergbahn aufs Neunerköpfle zum Startplatz auf 1800 m fahren.

Stille Täler und schöne Routen

Wie bunte Adler kreisen sie hier lange über dem Haldensee, der die Engstelle des Tals fast ausfüllt. Zwischen Wasser und Bergen bleibt kaum Platz für Straße und Fußweg. Doch gerade das macht die Strecke von Bad Hindelang über Oberjoch und durch das Tannheimer Tal Richtung Weißenbach im Lechtal so interessant für Cabrio- und Motorradfahrer. Dagegen sind im Vilsalptal, einem Seitental, das unter Naturschutz steht, Autos unerwünscht (Fahrverbot zwischen 10 und 17 Uhr, es verkehren Busse und Pferdekutschen). Unbehelligt von Motorenlärm und Abgasen können die Urlauber den Seerundwanderweg genießen. Ein Muss ist auch der Abstecher zum Wasserfall im wilden Talschluss hinter der Vilsalpe. Wer höher hinauf will, sollte die Drei-Seen-Tour in Angriff nehmen, die zu den schönsten Bergwanderungen der Region gehört (siehe TopTipp 1).

Auf der anderen Talseite, am Aggenstein, werden sich einige Wanderer wundern, wenn sie in der Bad Kissinger Hütte statt eines Wirts auf eine zierliche, aber energische Hüttenwirtin treffen. »Die Leute erwarten einen Hüttenwirt mit Lederhose und Vollbart«, erzählt Andrea Walch aus ihrer Pionierzeit. Inzwischen ist zumindest den Stammgästen klar, dass auch eine Frau die Hüttenruhe um 22 Uhr durchsetzen kann. Maria Nöß hat sich ebenfalls einen Jugendtraum erfüllt, als sie die kleine Tann-

Ungetrübter Badespaß am Vilsalpsee

Hütten

Bad Kissinger Hütte (1792 m)
Die Hütte liegt auf einem Sonnen- und Aussichtsbalkon am Aggenstein (1987 m). Die frühere Pfrontner Hütte hat mit der DAV-Sektion auch den Namen gewechselt. Zustieg entweder von Enge (1210 m) aus auf schönem Weg zur Hütte (ca. 1,5 Std.) oder von der Bergstation Füssener Jöchle (1818 m) ❶ über den abwechslungsreichen Tannheimer Höhenweg (ca. 2 Std.). Tel. 06 76/3 73 11 66

Landsberger Hütte (1805 m)
Bergblumenfreunde genießen die Blütenpracht rund um die nette Hütte, die umgeben ist von schönen Wanderzielen wie Rote Spitze (2130 m), Lachenspitze (2126 m) und Schochenspitze (2069 m). Hüttenwirt Bruno Friedl bewirtet die vielen Stammgäste mit hervorragend zubereiteten Tiroler Spezialitäten; Tel. 0 56 75/62 82

Tannheimer Hütte (1713 m)
Maria Nöß ist mit Leib und Seele Wirtin auf der kleinen, urigen Hütte zwischen Gimpel (2173 m) und Kellespitze (2238 m). Sie kennt sämtliche Kletterrouten und bewirtet ihre Gäste mit frisch gebackenem Kuchen aus dem Holzofen. Wer eine Bierkiste von der Materialbahn am Gimpelhaus mitbringt, wird »hochprozentig« belohnt. Nur 18 Lager, unbedingt reservieren! Tel. 06 76/3 42 32 39

Wanderkarten

Freytag & Berndt WK 352 Ehrwald-Lermoos, Reutte, Tannheimer Tal, 1:50000

EVENTS

- Juni: Herz-Jesu-Feuer auf den Bergen
- September: Almabtrieb
- Talfeiertag mit Prozession und Musik
- Internationales Älplerletze
- Volksmusikfest auf dem Neunerköpfle, Tannheim

Restaurants

Landhotel Hohenfels, Tannheim
In herrlicher Aussichtslage über Tannheim befindet sich das Abendrestaurant »Tannheimer Stube« im Landhotel Hohenfels. Serviert wird Feines aus der österreichischen Küche, das der Küchenchef mit internationalen Spezialitäten geschickt kombiniert. Das Restaurant wurde 2004 mit 2 Gault-Millau-Hauben ausgezeichnet; Tel. 0 56 75/62 86; www.hohenfels.at

Hotelempfehlungen

Grän S. 676
Nesselwängle S. 694
Tannheim S. 708

TANNHEIMER TAL

Action & Sport

MOUNTAINBIKE	KLETTERSTEIGE	RAFTING	CANYONING	REITEN
PARAGLIDING	DRACHENFLIEGEN	KLETTERGÄRTEN	TENNIS	WINDSURFEN
KAJAK/KANU	WASSERSKI	TAUCHEN	HOCHSEILGARTEN	GOLF

TOP TIPP In luftiger Höhe über dem Tal am Felsen turnen: Die **Kletterarena** ❷ rund um Aggenstein (1987 m), Gimpel (2173 m) und Rote Flüh (2108 m) bietet mehrere Klettergärten und alpine Routen von leicht bis extrem schwierig. Rund 100 Kletterrouten sind saniert und neu abgesichert. Stützpunkte für Kletterer sind das Gimpelhaus und die Tannheimer Hütte. Die Klettergärten an der Läuferspitze (1956 m) sind mit der Füssener-Jöchle-Bahn ❶ bei Grän schnell zu erreichen. Im Gebäude der Tourist-Information Tannheim befindet sich außerdem eine 10 m hohe **Indoor-Kletterwand** mit senkrechtem Bereich und Überhang (Kinder bis 14 nur in Begleitung von Erwachsenen); Kurse und Führungen: Bergschule Club Alpin, Grän; Tel. 0 56 75/66 54

Mountainbike	Bike-Arena, Nesselwängle	3 km lange, ausgeflaggte Buckelpiste mit verschiedenen Hindernissen in Nesselwängle am Neuschwandlift (Lift nicht in Betrieb!); Mountainbike-Tourenkarte bei den Tourist-Informationen; Tel. 0 56 75/6 25 30; www.tannheimertal.com
Paragliding	Flugschule Tannheimertal, Tannheim	Ideales Fluggebiet, Startplatz bei der Bergstation am Neunerköpfle ❹ auf 1800 m; Kurse und Tandemflüge; Tel. 06 64/3 38 21 63; www.flugschule-tannheimertal.at
Reiten	Reitschule Berggut Gaicht, Nesselwängle	Ausritte, Ferienreitkurse für Kinder und Erwachsene; Tel. 06 76/9 36 71 51; www.berggut-gaicht.at
Tennis	Sägerhof-Center; Völkl Tennis-Akademie Jungbrunn, Tannheim	Sägerhof-Center: 2 Hallenplätze mit Granulat-Boden, 2 Sandfreiplätze; Kurse; Tel. 0 56 75/6 23 97 00 Kurse und Plätze außerdem bei der Völkl Tennis-Akademie Jungbrunn, Tannheim; Tel. 0 56 75/6 24 84 46
Nordic Walking	Body Balance, Tannheim	Ideales Gelände für Nordic Walking im Talbereich, vor allem der Rundweg um den Vilsalpsee. Kurse und geführte Touren bei Body Balance, Vital- und Wellnesstraining; Tel. 06 76/5 42 78 93; www.tannheimertal.at/grad-markus

heimer Hütte übernahm, eine urige Bergsteigerunterkunft am Gimpel. Wer in den 18 Lagern nicht mehr unterkommt, bleibt gleich nebenan im gastlichen Gimpelhaus. In ihrer knappen Freizeit widmet sich die Hüttenwirtin zwei Dingen: dem Klettern und der echten heimischen Volksmusik, die im Tal noch vielerorts gepflegt wird.

Nicht nur musikalisch wird im Tannheimer Tal die Tradition hochgehalten. Im Herbst gibt es sogar einen eigenen Talfeiertag: Mit Prozession, Hoch-

Aussichtsreich und gut bewirtet: die Bad Kissinger Hütte am Aggenstein

Adressen & Bergbahnen

Landesvorwahl 00 43

Urlaubsregion	**Tannheimer Tal** Tourismus; Tel. 0 56 75/6 22 00; E-Mail: info@tannheimertal.com; www.tannheimertal.com	
Grän-Haldensee (1138 m)	Tourismusinfo Grän-Haldensee; Tel. 0 56 75/62 85; E-Mail, Internet siehe Urlaubsregion	
Nesselwängle-Haller (1136 m)	Tourismusinfo Nesselwängle-Haller; Tel. 0 56 75/82 71; E-Mail, Internet siehe Urlaubsregion	
Schattwald (1080 m)	Tourismusinfo Schattwald; Tel. 0 56 75/43 61; E-Mail, Internet siehe Urlaubsregion	
Tannheim (1097 m)	Tourismusinfo Tannheim; Tel., E-Mail, Internet siehe Urlaubsregion	
Weitere Orte	**Gaicht · Zöblen**	
Entfernungen	Hamburg 809 km; Berlin 737 km; Köln 596 km; Frankfurt a. M. 426 km; Stuttgart 221 km; München 146 km	

Bergbahnen:
1. Grän – Füssener Jöchle – Berg/Tal 12,50 €
2. Nesselwängle – Krinnenalpe – Berg/Tal 8,70 €
3. Schattwald – Wannenjoch – Berg/Tal 10 €
4. Tannheim – Neunerköpfle – Berg/Tal 13 €

Siehe auch Preisteil S. 636

TOP TIPP: Heimatmuseum Tannheimer Tal

Liebevoll eingerichtete Stuben, Sammlungen alter Musikinstrumente und Handwerksgeräte im Stofflerhaus in Tannheim. Guter Einblick in das Leben im Tal, bevor der Tourismus Wohlstand brachte; Eintritt frei; Tel. 0 56 75/6 22 00

Promi-Tipp

Harti Weirather Für den ehemaligen Skistar aus Reutte, der 1982 Weltmeister im Abfahrtslauf wurde, ist das Tannheimer Tal landschaftlich das schönste Tal Tirols: »Vor allem für mich als begeisterter Mountainbiker ist es ein Dorado mit unvergleichlichen Möglichkeiten.«

Straßenatlas S. 777

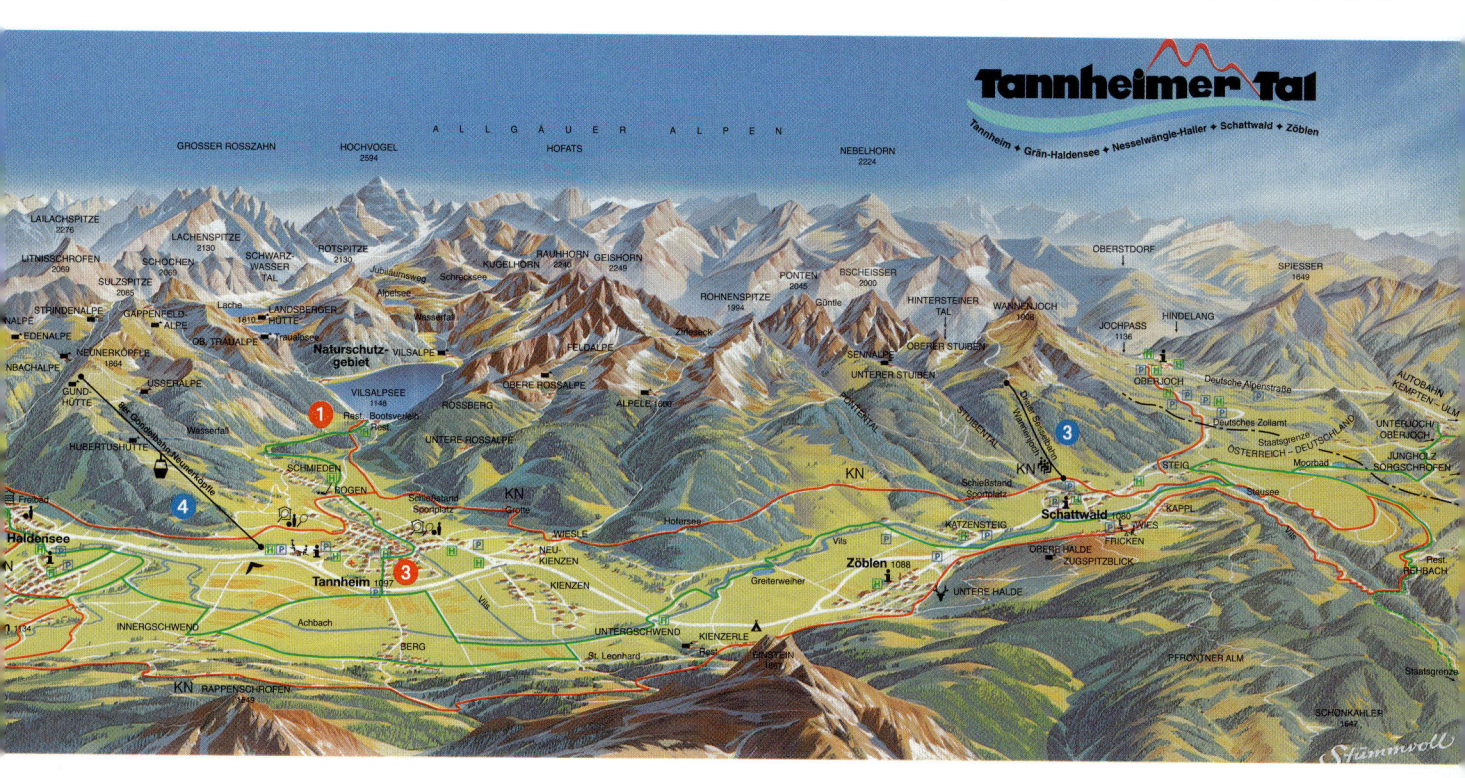

Festliche Prozession am Talfeiertag im September

amt und Musik wird daran erinnert, dass einheimische Schützen im Jahr 1796 mit etwas List und der Unterstützung von Frauen und Kindern einen drohenden Einmarsch französischer Truppen verhindern konnten. Längst sind aus »Fremden« willkommene Gäste geworden, egal aus welchen Ländern sie anreisen. Schließlich hatten es die Tannheimer dem zu Ludwig Steubs Zeiten langsam aufblühenden Tourismus zu verdanken, dass sie im Sommer im Tal bleiben konnten. Zuvor mussten sich die Erwachsenen vor allem als Stukkateure und Bauleute anderswo Arbeit suchen, die Kinder wurden als billige Hilfskräfte zu reichen Bauern ins Schwabenland gebracht. Ein Wermutstropfen des florierenden Gastgewerbes ist, dass viele der alten holzgeschindelten Häuser den zahlreichen Pensionen und Hotels mit ausladenden Balkonen zum Opfer fielen. Doch trotz allem konnten die Talorte ihren ursprünglichen Charakter bewahren, denn im Tannheimer Tal ist »die Kirche im Dorf geblieben«. Und noch immer kann sich der unverwechselbare Doppelgipfel von Gimpel und Roter Flüh im ungetrübten Wasser des Haldensees spiegeln.

REUTTE UND AUSSERFERN – TIROLER LECHTAL
TIROL

Von der Ruine Ehrenberg oberhalb von Reutte blicken Wanderer weit über das Lechtal.

ACTION & SPORT
WANDERN & BERGTOUREN
FUN & FAMILY
WELLNESS & GENUSS

Wilder Fluss, Seen und Wanderberge

Eine der letzten Wildflusslandschaften Europas zieht Naturfreunde, Wanderer und Radler ins Tiroler Lechtal. Die aus den Seitentälern kommenden Bergbäche haben wildromantische Schluchten und Wasserfälle geschaffen. Zahlreiche Berghütten und Wege erschließen das weiträumige Wandergebiet der Lechtaler und Allgäuer Alpen. Kultureller Mittelpunkt des Außerfern ist Reutte mit seinen reich bemalten Bürgerhäusern, dem interessanten Burgenmuseum und einem abwechslungsreichen Ferienangebot für Familien.

ADAC der perfekte Urlaubstag

- **9.30 Uhr:** Geführte Erlebniswanderung am wilden Lech mit einer kurzen »Kneippkur« (Tel. 06 76/8 85 08 79 41; www.tiroler-lech.at)
- **13 Uhr:** Bummel durch das historische Zentrum von Reutte
- **15 Uhr:** Spaziergang zur Ruine Ehrenberg und zur Ehrenberger Klause
- **17 Uhr:** Besuch des »Historical«: Multimedia-Zeitreise durch 700 Jahre Burgengeschichte in der Ehrenberger Klause (Tel. 0 56 72/ 6 20 07; www.ehrenberg.at)

Milchig grün wälzt sich der Lech nach einem Gewitterschauer durch das breite Kiesbett, teilt sich in Seitenarme, bildet Inseln und sucht sich neue Wege. Der Tiroler Lech, seine Auen und Zuflüsse gehören zu den letzten Wildflusslandschaften in Europa und bilden ein Rückzugsgebiet für eine Fülle seltener Tier- und Pflanzenarten: Bileks Azurjungfer, eine Libellenart, kommt in Europa nur noch hier vor; die gefleckte Schnarrschrecke entfaltet ihre leuchtend roten Flügel nur noch selten, und die Deutsche Tamariske, ein graugrüner schlanker Strauch, ist vom Aussterben bedroht.

Für die Lechtaler war der Fluss lange Zeit nichts als »der größte Grundbesitzer«, der Bauern und Siedlern den Boden streitig machte und allenfalls zur Kiesausbeute taugte. Vom Bau eines Wasserkraftwerkes versprach man sich einen wirtschaftlichen Aufschwung. Doch viele Menschen und Institutionen setzten alles daran, die unvergleichliche Naturlandschaft zu erhalten, und konnten die drohenden Verbauungen der Seitentäler verhindern. Inzwischen ist das Tiroler Lechtal »Natura-2000-Gebiet«: Im Rahmen dieses von Vorträgen und Führungen begleiteten Naturschutzprojektes sollen die Flusslebensräume erhalten werden (www.tiroler-lech.at). Vielleicht, so hoffen die Naturschützer, könnte dies die Keimzelle eines künftigen Nationalparks sein. Eine gute Möglichkeit, die von steilen Berghängen umrahmte Flusslandschaft kennen zu lernen, ist eine Tour auf dem Radwanderweg Lechtal.

Im Süden des Lechs sorgen die Lechtaler Alpen für Superlative: Der rund 60 km lange Gebirgszug ist der längste und höchste der Nördlichen Kalkalpen. Mit der Parseierspitze krönt sogar ein 3000er die

Wandern & Bergtouren

TOP TIPP Der **Große Krottenkopf** ❶ (2657 m) ist der höchste Gipfel der Allgäuer Alpen. Der markante Kalksteinklotz bereitet trittsicheren Bergsteigern kaum Schwierigkeiten. Von Elbigenalp (1039 m) geht es zur Hermann-von-Barth-Hütte (2131 m; ca. 3,5 Std). Nun führt der Weg durch das eindrucksvolle Hermannskar, vorbei am kleinen Karsee. Ab der Krottenkopfscharte über Blockwerk zum Gipfel (Zeit ab Hütte: ca. 3,5 Std.). Abstieg über Gumpensattel (2277 m) und Jöchelspitze (2226 m) zur Bergstation ❶ (Zeit: ca. 2,5 Std.), mit der Lechtaler Bergbahn nach Bach, mit Bus zum Ausgangspunkt. Eine ideale Alternative ist der Abstieg zur Kemptner Hütte (1844 m, ca. 2 Std., Übernachtung). Von dort Aufstieg zum Mädelejoch (1973 m), durch das Höhenbachtal am gewaltigen Simms-Wasserfall vorbei nach Holzgau (1114 m). Zeit: ca. 2,5 Std.; mit Bus zum Ausgangspunkt.

Einsame Bergseen unter wilden Felsgipfeln (2434 m) Mittelschwere Zweitagestour durch herrliche Bergregionen	Ausgangspunkt: Boden im Bschlabertal (1356 m) – Hanauer Hütte (1922 m) – Dremelscharte (2434 m) – Steinsee (2222 m) – Steinseehütte (2061m, Übernachtung); Gufelgrasjoch (2382 m) – Gufelsee – Gufelseejöchle – Parzinnsee – Hanauer Hütte – Boden; Trittsicherheit erforderlich; Zeit: ca. 5 Std. (1. Tag), ca. 8 Std. (2. Tag); Einkehr: Hanauer Hütte, Steinseehütte
Seekogel (2412 m) Mittelschwerer Aussichtsberg bei der Memminger Hütte	Ausgangspunkt: Madau/Hüttenparkplatz (1420 m); Parseiertal – Memminger Hütte (2242 m) – Seekogel (2412 m) mit herrlichem Blick auf die Parseierspitze; Abstieg über Seewibach – Wasserfall – Madau; Zeit: ca. 6 Std.; Einkehr: Gasthof Hermine Madau, Memminger Hütte
Jöchelspitze (2226 m) Aussichtsreiche, leichte Bergbahnwanderung mit Blumengarantie	Ausgangspunkt: Bach/Bergstation Lechtaler Bergbahn (1768 m) ❶; botanischer Lehrpfad – Jöchelspitze – Panoramaweg – Gumpensattel (2277 m) – Bernhardseck (1812 m) – Alpenrosensteig – Bergstation; im Abstieg Vorsicht bei Nässe. Zeit: ca. 5 Std.; Einkehr: Berggasthof Jöchelspitze, Bernhardseckhütte
Heiterwanger See – Plansee (976 m) Bequeme Zwei-Seen-Wanderung mit Bootsfahrt	Ausgangspunkt: Seespitz am Plansee; Seerundweg zum Heiterwanger See bis zur Engstelle – Kanalbrücke überqueren – am Plansee-Südufer bis Seewinkel – weiter bis zum Hotel Forelle – Bootsfahrt über Plansee und Heiterwanger See zum »Fischer am See« – Rückweg über Panoramaweg zur Seespitz am Plansee; Zeit: ca. 4 Std.; Einkehr: Hotel Seespitz, Hotel Forelle, Hotel Fischer am See
Kaiserjochhaus (2310 m) Auf mittelschweren Wegen zu aussichtsreichem Joch	Ausgangspunkt: Kaisers (1530 m); leicht zur Kaiseralm (1689 m) – steil zum Kaiserjochhaus zwischen Lechtal und Inntal; Abstieg wie Aufstieg; Zeit: ca. 6 Std.; Einkehr: Kaiseralm, Kaiserjochhaus

Kette der weitgehend einsamen Gipfelziele. Gemeinsam mit den Allgäuer Alpen, die das Tal im Westen begrenzen, eröffnet sich hier ein fast unerschöpfliches Gebiet für ausdauernde Bergsteiger und Wanderer. Da nur zwei Bergbahnen bei Bach und Reutte das Gebiet erschließen, sind die Wege nie überlaufen. Doch wer sich hinauftraut, wird reichlich belohnt: Denn nach der ersten Höhen-

Der Lech bildet mit seinem breiten Kiesbett eine der letzten Wildflusslandschaften Europas.

Tauchen

Zum Tauchen in die Berge – Tauchkurse im Urisee bei Reutte lassen eine Unterwasserlandschaft mit Felsen und abgestorbenen Bäumen bis in 36 m Tiefe erleben. Tauchgenehmigungen beim Sporthotel Urisee; Tel. 0 56 72/6 23 01; www.urisee.at. In drei gekennzeichneten Zonen darf auch im Plansee getaucht werden. Tauchgenehmigungen unter Tel. 0 56 72/7 81 13

DAV-Tipp

Fluss und Berg: Im höchsten Gebirge der nördlichen Kalkalpen finden Bergsportler noch viele ursprüngliche, ruhige Ecken. Daneben lädt der Lech mit seiner einzigartigen Wildflusslandschaft zum Wandern und Beobachten von Tieren ein.

Hütten

Säulinghaus (1693 m)
In Traumlage direkt unter dem markanten Säulinggipfel steht auf Tiroler Seite das Säulinghaus (1693 m). Ausgangspunkt des schönen Hüttenzustiegs ist Pflach (840 m) bei Reutte. Zeit: ca. 2 Std.; Tel. 06 64/2 52 44 15

Hermann-von-Barth-Hütte (2131 m) Hinter der gemütlichen Hütte ragen die fast senkrecht gestellten Felsschichten der Wolfebnerspitzen (2432 m) auf – ein Treffpunkt für Kletterfans, während weniger Tatendurstige auf dem Sonnenplateau rund um die Hütte faulenzen. Namensgeber war der Bergpionier Hermann von Barth, der im Sommer 1869 im Alleingang 44 Allgäuer Gipfel erkundete. Zustieg von Elbigenalp (1039 m); Zeit: ca. 3,5 Std.; Tel. 0 56 35/3 06 21; www.hermann-von-barth.at

Simmshütte (2004 m)
Die Hütte klebt spektakulär auf einem kleinen Vorsprung unter der Wetterspitze (2895 m). Der Logenplatz gewährt eine fantastische Aussicht. Die echte Bergsteigerhütte ist das richtige Ziel für Bergfreunde, denen Gemütlichkeit wichtiger ist als viel Komfort. Ausgangspunkt ist Bach/Stockach, durch das Sulztal in ca. 3 Std. zur Hütte; Tel. 06 64/4 84 00 93

REUTTE UND AUSSERFERN – TIROLER LECHTAL

Restaurants

Gasthof Post
Wie Königin Marie von Bayern können sich Gäste im historischen Gasthof Post in Elbigenalp fühlen, wenn sie in den behutsam renovierten Originalzimmern übernachten. Das 1826 erbaute Haus diente ab 1867 der bayerischen Königin als Sommerresidenz; Tel. 0 56 34/62 05

Gasthof »Zur Gemütlichkeit«
Nomen est omen: Der Gasthof »Zur Gemütlichkeit« in Bschlabs verwöhnt Gäste mit Gamskaminwurzn, Hirschwurst und Wildspezialitäten oder mit extra feinen selbst gebackenen Kuchen. Hier lässt sich eine Bergtour genussvoll beenden; Tel. 0 56 35/2 59

Die »Geierwally«
Anna Stainer-Knittel lebte in Elbigenalp und nahm 1858 als 17-Jährige allein einen Adlerhorst aus. Seitdem ist sie unter dem Namen »Geierwally« in die Geschichte eingegangen. Entgegen aller Widerstände ertrotzte sie sich für ein Mädchen damals äußerst ungewöhnliche Ausbildung als Malerin. Später gründete sie in Innsbruck selbst eine Zeichenschule.

Nordic Walking
Treffpunkte für Nordic Walker sind die Lauf- und Walking-Arena Weißenbach (3 Strecken, insgesamt 31,5 km) sowie die fünf Strecken (27 km insgesamt) um Reutte, Lechaschau und Wängle. Eine Besonderheit für Fortgeschrittene ist der High-Parcours (3,5 km) bei der Bergstation der Seilbahn Höfen auf dem Hahnenkamm ❷ bei Reutte. Tipps und Informationen jeweils bei den Startpunkten der Routen. Infoheft mit Routenplan beim Tourismusverband Reutte, Tel. 0 56 72/6 23 36

Fun & Family

Geierwally-Freilichtbühne Elbigenalp	Tolle Atmosphäre auf der von Felsen umgebenen Bühne. Theater und Konzerte; Tel. 0 56 34/53 15; www.geierwally.lechtal.at
Alpenblumengarten und Barfußwanderweg Bergstation Hahnenkamm ❷, Reutte	Barfuß über Stock und Stein, durch Wiesen und Wasser zum 2 ha großen Alpengarten mit 600 verschiedenen Pflanzen, Tel. 0 56 72/6 24 20
Grünes Haus Reutte	Heimatmuseum im prächtig bemalten historischen Bürgerhaus; Darstellung der künstlerischen und handwerklichen Entwicklung der Region; Tel. 0 56 72/7 23 00; www.reutte.com
Familienrafting und Schnuppercanyoning Häselgehr	Wassererlebnis für Eltern und Kinder, aber auch für Profis; Lechtaler Wildwassersport, Tel. 0 56 34/63 04; www.fun-rafting.at
Hängebrücke Forchach	1906 erbaute, 75 m lange Hängebrücke über den Lech; vor allem für Kinder ist es ein Erlebnis, die Brücke zu überqueren. Frei für Radler und Fußgänger.
Weg der Sinne – Ort der Stille Bschlabertal	Kunstwerke und »akustische Nullzonen« im wildromantischen Hölltal; interessanter Themenweg zwischen Bschlabs und Boden

TOP TIPP **Weg der Tugend – Orte der Kraft** ❷ Die erste der sieben Stationen dieser Route zu historischen Orten ist die beeindruckende Ruine Ehrenberg hoch über Reutte. Ehrenberger Klause, Ruine Hochschanz, Magnussitz, Schloss-Loch, Frauensee, Ottilien-Kapelle und Gaichtpass sind die weiteren »Orte der Kraft«, die besucht werden. An jeder Station wird auf eine ritterliche Tugend hingewiesen – und natürlich zur Nachahmung empfohlen. Auf lebendige Art und Weise werden so interessante Informationen über das Mittelalter und die Rittersleut' vermittelt. Das informative Begleitheft liegt beim Tourismusverband Reutte bereit; Tel. 0 56 72/6 23 36

stufe weiten sich die vom Tal aus schroff ansteigenden Berge überraschend oft zu einer »Belletage« mit ausgedehnten Bergweiden. Überwältigend ist die Blütenpracht: Storchschnabel, Margeriten, Akelei, Ferkelkraut, Wundklee und Teufelskralle sorgen für ein reiches Farbenspiel. Dazu kommen heimische Orchideen vom prächtigen Frauenschuh bis zum duftenden Kohlröschen. Wer Näheres über die Heilkraft der Kräuter erfahren will, sollte in Steeg an einer Führung durch den Lechtaler Heilpflanzengarten teilnehmen (Tel. 0 56 33/51 06; www.heilpflanzenschule.at).

Malerische Höhensiedlungen

Entlang der Wege laden urige Alpen zur Brotzeit ein, und zahlreiche Hütten bieten Übernachtungsmöglichkeiten – wer kann, sollte dies ausnutzen. Eine mehrtägige Tour für erfahrene, trittsichere Bergwanderer ist z.B. der Lechtaler Höhenweg, der von Zürs am Arlberg zur Anhalter Hütte beim Hahntennjoch führt. In 8–13 Etappen folgt man der Route des Europäischen Fernwanderwegs E 4 alpin auf einer Höhe zwischen 2000 und 2500 m quer durch die Lechtaler Alpen. Weniger erfahrene Wanderer sollten sich einer der geführten Wan-

In den Seitentälern wie hier bei Bschlabs finden sich noch viele alte Holzhäuser.

derwochen der Bergschulen (z.B. Bergführerbüro Reutte, Tel. 0 56 72/6 56 59) anschließen. Diese bieten auch Einsteigerkurse im Felsklettern an, denn dafür gibt es im Lechtal reichlich Gelegenheit (fünf Klettergärten, ein Kletterturm in Reutte/Höfen sowie ungezählte alpine Touren).
Unterhalb der Felsregion ist das Lechtal eine seit alters her von Bergbauern gepflegte Kulturlandschaft. In den Seitentälern sind oft noch malerische alte Höhensiedlungen erhalten: In Kaisers, Gramais, Bschlabs oder Hinterhornbach schmiegen sich die verwitterten Holzhäuser eng an die steilen Hänge. Alemannen von Norden und Rätoromanen von Süden waren die ersten Siedler, im Mittelalter kamen bajuwarische Tiroler. Doch das Leben war hart: Schon die Jüngsten mussten sich als »Schwabenkinder« ihr Brot in der Fremde bei schwäbischen Bauern verdienen. Viele Männer verließen im Sommer das Tal und arbeiteten als Handwerker oder Stuckateure. Einige kehrten als wohlhabende Kaufleute zurück und schmückten ihre Häuser in Holzgau, Steeg und Elbigenalp mit reicher, spätbarocker Lüftlmalerei.
Auch der Markt Reutte, der Mittelpunkt des Außerfern (wie die Tiroler Gebiete jenseits des Fernpasses genannt werden), glänzt mit stattlichen bemalten Bürgerhäusern. Der Bau der Lechbrücke 1464 bescherte zahlreichen Gastwirtschaften und Han-

Adressen & Bergbahnen — Landesvorwahl 00 43

Elbigenalp (1039 m)	Ferienregion Tiroler Lechtal; Tel. 0 56 34/53 15; E-Mail: info@lechtal.at; www.lechtal.at	
Reutte (853 m)	Ferienregion Reutte; Tel. 0 56 72/6 23 36; E-Mail: office@reuttetourism.at; www.reuttetourism.at; www.reutte.com	
Steeg (1124 m)	Ferienregion Oberlechtal; Tel. 0 56 33/53 56; E-Mail: oberlechtal@tirol.com; www.oberlechtal.com	
Weitere Orte	**Bach** www.lechtal.at • **Breitenwang** www.breitenwang.tirol.gv.at • **Bschlabs** www.lechtal.at • **Ehenbichl** www.ehenbichl.tirol.gv.at • **Holzgau** www.oberlechtal.com • **Pinswang** www.pinswang.tirol.gv.at • **Pflach** www.pflach.at • **Vils** www.vils.at	
Entfernungen	Hamburg 813 km; Berlin 708 km; Köln 600 km; Frankfurt a. M. 430 km; Stuttgart 225 km; München 122 km	

❶ Bach — Lechtaler Bergbahn, Berg/Tal 12 €
❷ Reutte — Seilbahn Höfen, Berg/Tal 13 €

Siehe auch Preisteil S. 636

Hotelempfehlungen
Reutte S. 699

Wanderkarten
Freytag & Berndt, WK 351 Lechtaler und Allgäuer Alpen, 1:50000
Freytag & Berndt, WK 352 Ehrwald-Lermoos, Reutte, Tannheimer Tal, 1:50000
Freytag & Berndt, WK 363 Oberstdorf, Kleines Walsertal, Sonthofen, 1:50000

---

delsniederlassungen eine jahrhundertelange Blütezeit. Die Salzstraße von Hall in Tirol und der Fernhandel von Venedig nach Augsburg liefen über Reutte und brachten Wohlstand. Stolzer Wächter dieser Routen war die Burg Ehrenberg, deren Ruine heute noch beeindruckend über dem Lechtal thront. Nicht verpassen sollte man das »Historical«, eine multimediale Zeitreise durch die 700-jährige Geschichte der Festung.

Eine Umgehungsstraße sorgt dafür, dass man im Ortskern ungestört bummeln kann, denn Reutte ist noch immer ein wichtiger Verkehrsknotenpunkt. Besonders gut sind die Verbindungen vom »Tor zu Tirol« ins Allgäu und nach Oberbayern: Der »Königswinkel« liegt gleich hinter dem Säuling, am fjordartig zwischen Bergwäldern ruhenden Plansee entlang geht es zum Ammergebirge; über den Gaichtpass ist das Tannheimer Tal nicht weit und die Fernpassstraße erschließt die Tiroler Zugspitzregion. Die reizvollste Route führt jedoch nicht in die Ferne, sondern hinein ins Tiroler Lechtal, in eine schützenswerte alpine Landschaft wie aus dem Bilderbuch.

Über dem Talboden von Reutte erheben sich die Tannheimer Berge mit der Gehrenspitze.

Straßenatlas S. 777

Tiroler Zugspitz-Arena
Tirol

Ehrwald mit der Sonnenspitze (rechts) und den Gipfeln der Mieminger Kette

ACTION & SPORT
✹✹✹✹✹

WANDERN & BERGTOUREN
✹✹✹✹✹

FUN & FAMILY
✹✹✹

WELLNESS & GENUSS
✹✹✹

ADAC – der perfekte Urlaubstag

- **8.30 Uhr:** Bergwanderung von der Bergstation Ehrwalder Alm ❺ zur Coburger Hütte, gemütliche Rast und zurück zur Bahn
- **14 Uhr:** Fahrt zum Heiterwanger See: dort Rundfahrt mit dem Linienschiff (alternativ: Rudern oder Baden)
- **18 Uhr:** Rückfahrt nach Ehrwald, Abendessen im Landhotel Spielmann, speziell mit »Spielmanns Nachspeiseteller«
- **20.30 Uhr:** Besuch des Ehrwalder Bauerntheaters »Die Zugspitzler«

Eine Arena für alpine Gladiatoren und Genießer

Der klingende Name bei dieser Region ist vor allem im benachbarten Deutschland ein Begriff, weil es dort keinen höheren Berg gibt als die Zugspitze. Diesen Superlativ behält der 2962 m hohe Berg auch über dem Talkessel von Lermoos und Ehrwald, und doch ist die Zugspitze hier nur eines von vielen attraktiven Revieren für eine alpine Urlaubsgestaltung.

Die Seilbahnfahrt in der Panoramagondel der Tiroler Zugspitzbahn von Ehrwald-Obermoos auf die Zugspitze führt deutlich vor Augen, warum der Begriff »Arena« für die Region gut gewählt ist. Aus der Vogelperspektive lässt sich die klare landschaftliche Gliederung des Talbeckens deutlich erkennen, mit dem topfebenen Lermooser Moos als »Kampfplatz« und den wie im antiken Amphitheater rundum aufsteigenden steilen Zuschauerrängen: die Riesenwand des Zugspitzmassivs im Osten, die Mieminger Kalkgipfel im Südosten, die Lechtaler Alpen im Westen und die Ammergauer Alpen im Norden. Genauso deutlich lassen sich die Ein- und Ausgangstore dieser Arena ausmachen: das Loisachtal, der nach Heiterwang und weiter nach Reutte ziehende Einschnitt, das Gaistal in Richtung Leutasch und der Fernpass im Süden, zum Inntal hin; als eine Art Geheimgang könnte man in diesem System das Seitental von Berwang bezeichnen. Über den Fernpass zogen übrigens einst auf der Via Claudia Augusta auch römische Legionäre in den kühlen Norden – an eine Arena dachten sie wahrscheinlich nicht beim Marsch durch das oberste Loisachtal. Und wohl auch nicht, dass später einmal Urlauber als Hobby-Archäologen dort nach ihren Spuren suchen würden (nähere Informationen zu den Grabungen beim Tourismusverband).

Wenn die Menschen vor mehr als 2000 Jahren in den Arenen Gladiatoren zujubelten und sich von Grausamkeiten unterhalten ließen, so haben sich die Zeiten Gott sei Dank gewandelt: In der Zugspitz-Arena sind Gladiatoren und Genießer friedlich vereint. Das Angebot zum Wandern, Klettern und Radfahren lässt für die einen wie die andern keine Wünsche offen. So vielfältig sind hier die Möglichkeiten, dass sich auch ein spannendes Aufbauprogramm zusammenstellen lässt, um vom Genießer zum Gladiator zu werden.

Die Zugspitze immer im Blick

Einer der sanftesten und doch spektakulären Einstiege in die Wanderungen der Region beginnt in Ehrwald, wo die Kabinenbahn zur Ehrwalder Alm für ein müheloses Bergauf sorgt. Von den grünen Almwiesen führt ein Fahrweg in den lichten Bergwald und auf jene breite Terrasse, die hier unter den Karen und Gipfeln der Mieminger Berge nach Westen zieht. Bei Ganghofers Rast darf man die Aussicht genießen und kurz darauf bei der bewirtschafteten Seebenalm den Durst löschen. Bald danach biegt der Fahrweg in den von Felsgipfeln eingerahmten Kessel mit dem malerischen Seebensee ein; das berühmte Postkartenmotiv »Seebensee mit Zugspitze« lässt sich kein Fotograf entgehen. Bis hierher handelt es sich tatsächlich um eine Höhenpromenade und wer die Kondition hat, um noch eine knappe Dreiviertelstunde auf dem Serpentinensteig bis zur Coburger Hütte zu steigen, kann dort befriedigt über die eigene Leistung einkehren.

Die Zugspitze bleibt bei Wanderungen über dem Lermooser Moos stets optischer Bezugspunkt, egal, ob man am Grubigstein bei Lermoos wandert – evtl. ebenfalls mit Seilbahnhilfe bis zur Grubigalm – oder in der sonnigen Südflanke des Daniel, wo es nur mit eigener Kraft nach oben geht. Auch das in einem Seitental etwas versteckt und damit abseits vom Durchgangsverkehr gelegene Berwang besitzt zwei lohnende Wandergipfel: im Süden den vor allem im Frühsommer wegen seiner Blumenpracht bekannten Hönig sowie im Nordwesten die wuchtige Felspyramide des Thaneller.

Wandern & Bergtouren

TOP TIPP Die reine **Bergabwanderung von der Zugspitze** (2962 m) ❶ beginnt erst nach einer bequemen Überquerung des Gipfels mit der Zugspitzbahn ❹ hinauf und ein Stück bergab zur Station Sonnalpin (2576 m) auf dem Zugspitzplatt. Auf einem Moränensteig geht es nun abwärts zur Knorr-Hütte (2051 m) und weiter durch die obersten Latschenfelder (Legföhren) über das weitläufige Karstplateau zur Felsscharte des Gatterl (2024 m). Hier wechselt der Pfad über die Landesgrenze und auf die Südseite des Wettersteinkamms. Kurze Querung zum Feldernjöchl (2045 m) und zum herrlichen Rastplatz »Am Brand« (2120 m), bevor der Max-Klotz-Steig bergab führt zur Hochfeldernalm (1732 m). Dann passiert der Weg die Pestkapelle (1617 m) und zieht flach hinunter zur Ehrwalder Alm (1502 m). Um einem »Knieschnackler« vorzubeugen, endet die Tour auch mit einer Seilbahnfahrt ❺; Zeit: ca. 5–6 Std.; Einkehr: Knorr-Hütte, Hochfeldernalm, Ehrwalder Alm. Die Tiroler Zugspitzbahn verkauft für 26,50 € eine »Gatterlkarte«, in der alle genannten Seilbahn-Fahrten sowie der Bus von der Ehrwalder Almbahn zur Talstation der Zugspitzbahn enthalten sind. Geführte Wanderungen: Ski- und Bergsport Total; Tel. 0 56 73/30 00; www.bergsport-total; Tiroler Bergsport; Tel. 0 56 73/23 71; www.intersport-leitner.com

Daniel (2340 m) Lange Bergwanderung auf den höchsten Gipfel der Ammergauer Alpen	Ausgangspunkt: Lermoos (994 m); Kohlberg – Duftel-Alm (1496 m) – Daniel; Abstieg wie Aufstieg; Trittsicherheit u. Schwindelfreiheit nötig; nur für konditionsstarke Bergwanderer! Zeit: ca. 7 Std.; Einkehr: Duftel-Alm
Hinterer Tajakopf (2408 m) Anspruchsvolle Wanderung mit schönen Zugspitz-Blicken	Ausgangspunkt: Bergstation Ehrwalder Alm (1502 m) ❺; Knappensteig zum Sattel (1585 m) nahe dem Igelsee – Abzweigung Ganghofersteig – Brendlsee – Brendlkar (ca. 2000 m) – Tajatörl – Hint. Tajakopf – Coburger Hütte (1917 m) – Seebensee – Hoher Gang – Ehrwald (oder ab Seebensee zurück zur Ehrwalder Alm); Trittsicherheit und gute Kondition erforderlich; Zeit: ca. 7–8 Std.; Einkehr: Coburger Hütte
Thaneller (2341 m) Aussichtspyramide bei Berwang – einfach für Geübte	Ausgangspunkt: Berwang (1342 m); Grießltal – entlang dem Südrücken zum Gipfel; einfache Bergtour für geübte Wanderer; Zeit: ca. 5 Std.; Einkehr: keine

Wer ein echter Wandergladiator sein will, darf sich an den höchsten Gipfel wagen, auch wenn die Felswände der Zugspitze zunächst keine Schwachstelle erkennen lassen. Eine solche versteckt sich halb »ums Eck« herum auf der Südseite und heißt Gatterl. Diese Scharte im langen, felsigen Wettersteinkamm ermöglicht auch Wanderern einen unvergesslichen Zugspitztag der besonderen Art. Er beginnt per Seilbahn über den Gipfel zum Zugspitzplatt mit seinem dahinschmelzenden Gletscherrest, dann führt die Tour aus dem fast lebensfeindlichen Geröll- und Felsgelände zu den Lärchenwäldern und den Almmatten bei der Ehrwalder Alm. Ein wesentlich direkterer Weg auf bzw. von der Zugspitze führt über die Wiener Neustädter Hütte, ist im steilen, teilweise mit Drahtseilen gesicherten Felsgelände (»Stopselzieher«) nahe dem Gipfelgrat jedoch deutlich anspruchsvoller als jener über das Gatterl.

Oben die Sonnenspitze, unten der Seebensee: Das smaragdgrüne Seeauge ist ein beliebtes Wanderziel.

Sommerrodelbahnen und Tubing

Am Ortsrand von Biberwier lädt die längste Sommerrodelbahn Tirols zum lustigen Bergabvergnügen ein. Mit der ersten Sektion der Marienbergbahn ❸ geht's bequem zum Start. 1300 m lang führt die Fahrrinne durch insgesamt 40 Kurven, kitzelt bei einem Jump die Nerven und verschwindet einmal in einem Mini-Tunnel. Im Auslauf befindet sich außerdem die erste Sommertubingbahn Österreichs, wo man in großen aufgeblasenen Reifen auf Plastikmatten den Hang hinunterrutschen kann. Eine weitere Sommerrodelbahn gibt es in Bichlbach bei der Almkopfbahn ❷.

Restaurants

Landhotel Spielmann
In dem traditionsreichen Haus in Ehrwald schaffen zahlreiche alte Truhen, bemalte Bauernschränke und -tische eine stilvoll-gemütliche Atmosphäre, die sich auch im Restaurant mit seiner heimeligen holzgetäfelten Stube wiederfindet. Seit Jahren loben die Gourmets von Gault-Millau die Küche mit ihrem originellen Angebot Tiroler und internationaler Speisen;
Tel. 0 56 73/2 22 50;
www.landhotels.at/spielmann

Gasthof Juchhof
In dem vor Jahrzehnten in ein Gästehaus verwandelten ehemaligen Bauernhof in Lermoos hat sich eine bodenständige Wirtshaustradition entwickelt, zu der gehört, dass der Wirt Helmut Koch gelegentlich persönlich auch für die musikalische Unterhaltung sorgt. In der Küche, die gastronomische Kultur mit regionalen Wurzeln pflegt, werden Produkte direkt von Bauern aus der Umgebung frisch verarbeitet;
Tel. 0 56 73/22 05; www.juchhof.at

🇦🇹 TIROLER ZUGSPITZ-ARENA

Im »Stopselzieher« auf dem Weg zur Zugspitze

Bei so viel Steilfels in der Arena darf die zwischen Wandern und Klettern angesiedelte bergsteigerische Spielart nicht fehlen: Klettersteig-Fans wenden sich den Mieminger Bergen zu. Dort lockt eine rassige Route durch die 200 m hohen Seebenwände, darüber sozusagen die Fortsetzung auf den Vorderen Tajakopf. Beide Anstiege gelten als höchst anspruchsvoll und sind nichts für Einsteiger; mit Hilfe eines Bergführers (www.bergsport-total.at, www.intersport-leitner.com) können klettergewandte und erfahrene Bergwanderer durchaus einmal den Balance- und Kraftakt in der Vertikalen wagen. Nervenkitzel ist garantiert. Und während die Erwachsenen an den großen Bergen klettern, dürfen die Kinder im Tal unter bester Betreuung spielerisch die Natur kennen lernen.

Hundert Touren auf zwei Rädern

Auch beim Thema Radfahren verwöhnt die Zugspitz-Arena Genießer ebenso wie Mountainbike-Gladiatoren. Im Boden des Lermooser Mooses sind die Höhenunterschiede naturgemäß zu vernachlässigen; bei einer Rundtour kann man sich also ganz dem wechselnden Panorama widmen. Flache Radausflüge lassen sich auch von Heiterwang entlang den Ufern von Heiterwanger See und Plansee unternehmen, die sich wie Fjorde zwischen die Ammergauer Berge zwängen. Alle weiteren Touren führen dann aber in die Ränge der Arena hinauf – da zwickt es bald in den Waden, wenn man nicht mit der entsprechenden Kondition angereist ist. Über 100 Touren lassen sich in dem Netz von Straßen, Radwegen und Trails zusammenstellen. Glanzpunkte sind dabei Ausflüge von Biberwier zu den Seen unter dem Fernpass sowie die Strecke von Ehrwald zur Ehrwalder Alm und durch das lange Gaistal in Richtung Leutasch. Eine besonders reizvolle Herausforderung für Biker ist die Rundtour um den Daniel, bei dessen Bergauf-Bergab sich auf rund

Hütten

Coburger Hütte (1917 m)
Auf drei Seiten von Felsgipfeln eingerahmt thront die Hütte auf einem grünen Absatz über dem kleinen Drachensee; der Ausblick zum Seebensee, ins Ehrwalder Tal und zum Zugspitzmassiv ist großartig. Hausberge sind der Vordere Drachenkopf (2302 m) und der Hintere Tajakopf (2408 m); Zustieg von der Bergstation Ehrwalder Alm ❺ in ca. 2 Std.; Tel. 06 64/3 25 47 14

Wiener-Neustädter-Hütte (2209 m)
Trotz der bequemen Möglichkeit, mit der Tiroler Zugspitzbahn in wenigen Minuten zum Gipfel zu schweben, wollen zahlreiche Bergsteiger denselben Punkt mühsam aus eigener Kraft erreichen, und sie sind froh, sich auf halber Strecke in der kleinen Hütte im schattigen österreichischen Schneekar stärken zu können, bevor sie die Felspartien des »Stopselziehers« angehen. Tagesausflügler erreichen die Hütte von Ehrwald-Obermoos in ca. 3 Std. und genießen neben einer kräftigen Brotzeit den herrlichen Tiefblick ins Tal; Tel. 06 76/4 77 09 25

Wolfratshauser Hütte (1751 m)
Die Alpenvereinshütte erstrahlt nach der Renovierung 2004 in neuem Glanz; ihre gemütliche Atmosphäre aber ist geblieben. Bei Touren im Gebiet des Grubigsteins (2233 m) kann man hier gemütlich rasten – der Zugspitzblick wird gratis serviert. Von der Seilbahn-Bergstation Grubigalm ❻ bummelt man über den Höhenweg in ca. 1 Std. zur Hütte; Tel. 06 64/9 05 89 20

Action & Sport ✹✹✹✹

MOUNTAINBIKE	KLETTERSTEIGE	RAFTING	CANYONING	REITEN
PARAGLIDING	DRACHENFLIEGEN	KLETTERGÄRTEN	TENNIS	WINDSURFEN
KAJAK/KANU	WASSERSKI	TAUCHEN	HOCHSEILGARTEN	GOLF

TOP TIPP Die **Mountainbike-Tour »Rund um den Daniel«** ❷ ist eines der Highlights im riesigen Radtourenangebot der Region. In jedem der an der Route gelegenen Orte kann man starten, ein idealer Ausgangspunkt ist Heiterwang (994 m). Am Heiterwanger See und dem Plansee-Westufer bis zur schmalen Brücke beim Hotel Seespitz (980 m) gemütlich einrollen. Am Ostende des Sees flach bergauf zum Sattel »In der Neidernach« (1003 m), durchs Neidernachtal bergab nach Griesen (816 m) im Loisachtal. Weiter zur »Schanz« und nach Ehrwald. Vorbei am neuen Golfplatz rollt man wieder eben nach Lermoos (994 m), um von dort auf dem Panoramaweg zum höchsten Punkt in Lähn (1112 m) zu gelangen und nach Heiterwang zurückzufahren; Streckenlänge: knapp 50 km; Höhenmeter: rund 400 m; Zeit: ca. 3,5 Std.; Einkehr: diverse Gelegenheiten an Heiterwanger See und Plansee sowie in den Ortschaften entlang der Strecke. Geführte Touren und Bike-Testmöglichkeiten (Mietbikes werden ins Hotel geliefert!): Bikeguiding Zugspitz Arena; Tel. 0 56 73/41 26

Klettersteig	Vord. Tajakopf (2450 m) / Westkante	Ausgangspunkt: Bergstation Ehrwalder Alm (1502 m) ❺; Zustieg über Seebensee zum Einstieg in 1800 m Höhe; entlang der Westkante, teilweise über senkrechte Felsstufen zum Gipfel; Abstieg zu Coburger Hütte und Seebensee, dann über Hohen Gang direkt ins Tal; sehr schwierig und anstrengend; nur für erfahrene Klettersteiggeher; Zeit: ca. 8 Std.
Golf	Tiroler Zugspitz Golf	2005 eröffneter 9-Loch-Platz zwischen Ehrwald und Lermoos (Erweiterung auf 18-Loch geplant); Par 36 Golfclub Zugspitze; Tel. 0 56 73/2 00 00; www.tiroler-zugspitzgolf.at
Reiten	Westernreiten; Reitställe	Mohr Life Resort, Lermoos: Ausbildung für Anfänger und Fortgeschrittene im Westernreiten, Quarterhorse-Zucht, Reithalle; Tel. 0 56 73/23 62 Reitstall Biberwier; Tel. 0 56 73/23 44 Haflinger Reitstall Hubert Feineler, Heiterwang; Tel. 06 64/1 77 87 06
Tauchen	Heiterwanger See, Plansee, Blindsee	Tauchen im klaren Wasser der Bergseen ist etwas ganz Besonderes. Tauchgebiete gibt es an Heiterwanger See und Plansee (Genehmigungen in Heiterwang im Hotel Fischer am See sowie im Hotel Forelle im Ort Plansee) sowie am Fernpass am Blindsee (Informationen im Mohr Life Resort in Lermoos); www.tauchen-in-tirol.at

Adressen & Bergbahnen

Landesvorwahl 00 43

Urlaubsregion	Tiroler Zugspitz Arena; Tel. 0 56 73/2 00 00; E-Mail: info@zugspitzarena.com; www.zugspitzarena.com	
Orte	Berwang • Biberwier • Bichlbach • Ehrwald • Heiterwang • Lermoos • Lähn-Wengle	
Entfernungen	Hamburg 832 km; Berlin 698 km; Köln 620 km; Frankfurt a. M. 450 km; Stuttgart 245 km; München 112 km	

1. Berwang Sonnalmbahn Berg/Tal 7 €
2. Bichlbach Almkopfbahn Berg/Tal 9 €
3. Biberwier Marienbergbahnen (2 Sektionen) Berg/Tal 11,20 €
4. Ehrwald Tiroler Zugspitzbahn (Zugspitze/Zugspitzplatt) Berg/Tal 32 €
5. Ehrwald Ehrwalder Almbahn Berg/Tal 11 €
6. Lermoos Bergbahnen Brettlalm–Grubigalm Berg/Tal 14,60 €

Siehe auch Preisteil S. 636

EVENTS

- Juni: Herz-Jesu-Feuer auf den Bergen
- September: Almabtrieb und Schafschoad

Hotelempfehlungen

Berwang S. 667
Ehrwald S. 669
Lermoos S. 688

Wanderkarten

Freytag & Berndt WK 352, Ehrwald-Lermoos-Reutte-Tannheimer Tal, 1:50.000

Straßenatlas Siehe S. 778

---

50 km Streckenlänge gut 400 Höhenmeter summieren; die Rastplätze sind zahlreich, wobei zur Abkühlung auch Plansee und Heiterwanger See locken. Für harte Konditionstests eignen sich die Auffahrten von Biberwier zum Marienbergjoch. Wer beim Radeln auf Geselligkeit Wert legt, kann sich von Mai bis Mitte Oktober geführten Touren anschließen, die in unterschiedlichen Leistungsgruppen angeboten werden (www.bikeguiding.at). Und sollten einmal die Kräfte nachlassen, werden Radler und Rad auch per Eisen- oder Seilbahn transportiert.

Bei der neuesten Sportattraktion in der Tiroler Zugspitz-Arena bilden die Berge »nur« die eindrucksvolle Kulisse: Auf dem neuen Golfplatz, zwischen Lermoos und Ehrwald elegant am Rand des Mooses angelegt, bleiben Genießer und Gladiatoren stets am Boden.

PAZNAUN
TIROL

ACTION & SPORT

WANDERN & BERGTOUREN

FUN & FAMILY

WELLNESS & GENUSS

Der Reiz der Gegensätze

Es gab Zeiten, da war das Paznaun einer der entlegensten Winkel der Ostalpen. Heute ist das Tal hinter den Bergen mittendrin im touristischen Geschehen – und dennoch, zumindest weitgehend, sich selbst treu geblieben. Von bodenständiger Bergbauernkultur zur quirligen Fun-Arena, von der leichten Wanderung zur anspruchsvollen Gletschertour – die Urlaubsregion zwischen Silvretta, Samnaun- und Verwallgruppe hat viele Facetten.

Es gibt zahlreiche Gründe, um westlich von Landeck ins Tal der Trisanna abzubiegen: Im Winter machen schneesichere Pistenskigebiete das Paznaun interessant, im Frühjahr locken klassische Skitouren in der Silvretta. Doch auch im Sommer und im Herbst kommen bergbegeisterte Urlauber voll auf ihre Kosten, egal ob man gleich in See Station macht oder über die Silvretta-Hochalpenstraße hinauf bis zum blau schillernden Stausee auf der Bieler Höhe fährt. An den See, der früher gleich nach der engen Einfahrt ins Tal zu sehen war, erinnert heute nur noch der Name des kleinen Ortes, in dem vor allem Familien mit Kindern ein abwechslungsreiches Programm angeboten wird. Etwas abseits der Durchgangsstraße liegt Kappl, das seinen typischen Dorfcharakter bewahren konnte. Bis auf 2500 m Höhe kleben winzige Weiler, Bergbauernhöfe und Almen – die hier Alpen heißen – an den extrem steilen Son-

Entspannung und Erholung zum Nulltarif bietet der **Gesundheits- und Wellnesspark Medrigalm** bei der Bergstation der Bergbahn See. Im Freigelände sind verschiedene Stationen eingerichtet, die gerade nach einer anstrengenden Wanderung sehr wohltuend wirken. Mit Kneippbecken für Arme und Füße, Fußreflexzonenpfad, Aromatherapie, Chromotherapie, Kristallen und Steinen. Tel. 0 54 41/82 96; www.bergbahn.com

ADAC *der perfekte Urlaubstag*

- **8 Uhr:** Mountainbike-Tour von Ischgl zunächst auf dem bequemen Talweg nach Westen, dann von Tschafein zur Larainalpe und zur Zollhütte (2133 m) im hintersten Laraintal; auf dem Rückweg Einkehr in der Larainalpe
- **11.30 Uhr:** Relaxen im geheizten Waldbad von Ischgl
- **13 Uhr:** Ausflug über die Silvretta-Hochalpenstraße zum Silvretta-Stausee an der Bieler Höhe
- **16 Uhr:** Besuch der aktuellen Ausstellung im Alpinarium Galtür. Und wer noch nicht genug erlebt hat: ran an die Kletterwand!

Berglandschaft, wie sie schöner kaum sein kann: Die Trisanna durchfließt Ischgl und das gesamte Paznauntal.

Wandern & Bergtouren

TOP TIPP Der Aufstieg zum berühmtesten Gipfel der Silvretta, dem **Piz Buin** (3312 m) ❶, ist eine anspruchsvolle Hochtour, vorbehalten jenen, die im Umgang mit Seil und Steigeisen geübt sind. Es empfiehlt sich, diese Tour mit einem Bergführer zu machen, da die Route von der Wiesbadener Hütte aus über spaltenreiche Gletscher und einen luftigen Grat mit einigen Kletterpassagen führt. Vom Gipfel atemberaubende Aussicht über die 3000er der Silvretta zu den schroffen Zacken des Verwall und bis weit hinein ins Engadin. Zeit: Aufstieg Bieler Höhe – Wiesbadener Hütte ca. 3 Std.; Hütte – Gipfel ca. 4 Std. Infos: Bergführerbüro Galtür-Silvretta; Tel. 0 54 43/85 65. Übrigens: Für Wanderer liegt bei den Tourismusbüros eine kostenlose Broschüre mit 80 gut beschriebenen Tourentipps bereit.

Mittagspitze (2249 m) Abwechslungsreiche Rundtour über einen stillen Samnaungipfel	Ausgangspunkt: Kappl, Bushaltestelle Lochau (1170 m); Visnitztal – Visnitzalpe (1825 m) – Mittagspitze; Abstieg kurz zurück auf der Aufstiegsroute, dann rechts steil hinab über Forstwege und Steige durch den Mittereckwald. Im Gipfelbereich Trittsicherheit erforderlich; Zeit: ca. 5,5–6 Std.; Einkehr: Visnitzalpe
Rauher Kopf (2478 m) Großartige Bergtour auf einen einsamen Außenposten der Silvretta	Ausgangspunkt: Mathon, Bushaltestelle am Dorfeingang (1440 m); Außerbergler Alpe (2080 m) – Rauher Kopf; Rückweg auf gleicher Route oder Abstieg über den NO-Kamm nach Ischgl; teilweise steiles Gelände, Trittsicherheit erforderlich; Zeit: ca. 6 Std.
Madleinsee (2437 m) Leichte Wanderung zu einem romantischen Alpensee	Ausgangspunkt: Ischgl, Bushaltestelle bei der Post (1370 m); Aufstieg auf dem alten Heuweg auf der östlichen Seite des Madleinbaches; Rückweg auf gleicher Route; evtl. Abstecher nach Osten zwischen gigantischen Lawinenverbauungen zum Aussichtspunkt Mutmanör; keine nennenswerten Schwierigkeiten; Zeit: ca. 5 Std.
Hohes Rad (2934) Sehr lange, außergewöhnlich lohnende Rundtour mit kurzer Klettereinlage am Gipfel	Ausgangspunkt: Bieler Höhe (2036 m), Zufahrt über Silvretta-Hochalpenstraße; Bieltal – Radsee (2477 m) – Radsattel (2652 m) – Radschulter (2697 m) – Hohes Rad; Abstieg von der Radschulter nach N zur Bieler Höhe; ohne Gipfel leichte Wanderung, für den Gipfelanstieg etwas Kletterei und Trittsicherheit erforderlich; Zeit: ca. 6–7 Std.; Einkehr: mehrere Möglichkeiten an der Bieler Höhe

EVENTS

- Juni: Ischgl Sommer-Opening
- Juli: Silvretta-Classic, Oldtimer-Rallye Harley-Festival Ischgl, Biker-Treffen
- August: Internationaler Verwall-Silvretta-Marsch, Marathon

Art of Jazz, Ischgl

Ironbike, Mountainbike Marathon Ischgl

Die **Rostblättrige Alpenrose** ist eine prächtige, rosarot blühende Strauchpflanze aus der Familie der Heidekrautgewächse. Sie bedeckt meist ganze Berghänge, ist aber trotzdem geschützt. Zu Recht, denn ihre volle Entwicklung dauert lange: Viele Stämmchen weisen über 100 Jahresringe auf. Die häufig auch **Almrausch** genannte Pflanze wächst auf humusreichen, mäßig feuchten Böden zwischen 1500 und 3000 m Höhe. Blütezeit: Mai bis Juli.

nenhängen des Unteren Paznaun, verbunden durch mehr als 90 km herrliche Spazier- und Wanderwege. So reizvoll diese bäuerliche Kulturlandschaft für den Gast heute ist – die Menschen, die sie einst schufen und pflegten, mussten sich ihr Brot hart verdienen. Erst der Fremdenverkehr milderte die Not etwas und brachte neue Einnahmequellen.

Silvretta – ein Zauberwort

Diese wusste vor allem die einst bitterarme Berggemeinde Ischgl zu nutzen. Nach wie vor steht zwar die prächtige Kirche mitten im Dorf, doch mit der Eröffnung der ersten Seilbahn 1963 entwickelte sich der Ort zu einem der renommiertesten Wintersportzentren der Alpen. Hotels und Pensionen prägen das Ortsbild, moderne Seilbahnanlagen führen hinauf zur Idalp, und alles scheint sich um Action und Fun zu drehen – zumindest im Winter. Im Sommer präsentiert sich Ischgl etwas ruhiger, man scheint Luft zu holen für die nächste Runde. Wer weiter durch harmonisches Bauernland taleinwärts fährt, hat den Trubel schnell hinter sich gelassen. Auf der anderen Seite der Trisanna tauchen Reste der uralten Siedlung Paznaun auf, die dem Tal seinen Namen gab; rätoromanische Orts- und Flurbezeichnungen weisen immer wieder auf die Besiedlungsgeschichte hin. Hinter Mathon und Valzur verbreitert sich das enge V-Tal endlich. Im einzigen größeren Wiesenboden liegt der sympathisch ruhige Bergsteigerort Galtür. Wenige Kilometer weiter wird die Talstraße zur mautpflichtigen Silvretta-Hochalpenstraße, die sich über die Bieler Höhe hinüber ins Montafon windet. Silvretta, so heißt das Zauberwort, das schon Generationen von Bergsteigern ins Paznaun gelockt hat. Ein Name, der Fantasien beflügelt – wie glänzender Firn unter blauem Himmel. Und tatsächlich finden in dieser vielseitigen Gebirgsgruppe die Anhänger nahezu aller alpinen Freizeitaktivitäten die schönsten Voraussetzungen für Entspannung, Abenteuer oder Nervenkitzel. Die 3000er-Experten streben mit Steigeisen, Seil und Pickel über ausgedehnte Gletscherfelder zu dunklen Felsgipfeln. Die meisten zum Piz Buin, dem Star unter all den Spitzen und Hör-

Lange Täler wie hier das Jamtal ziehen vom Paznaun nach Süden in die Silvretta. Im Hintergrund erheben sich die Gipfel des Verwall mit dem markanten Patteriol (links).

PAZNAUN

Sanfte Hänge und schroffe Zacken: Wanderer im Verwall.

Fun & Family ☀☀☀☀

Silvretta-Center Ischgl	Erlebnishallenbad mit Liegewiesen im Freien; 47-m-Rutsche; Sauna; Massagedüsen; Solarium; Bowling; Restaurant
Silvretta-Hochalpenstraße (s.S. 58–59)	Spektakuläre Hochgebirgs-Panoramastraße zwischen Tirol und Vorarlberg; mautpflichtig; nur im Sommer geöffnet
Almfest und Indianerlager	Oberhalb See, beim Panoramarestaurant Medrigalpe; jede Woche Almfest mit Musik; für Kinder Indianerlager mit Tipis und Würstlgrillen am Lagerfeuer; Tel. 0 54 41/82 96
Funsport-City Ischgl	Beachvolleyball, Skate- und Inlineplatz, Inlinehockey. Tischtennis, Streetsoccer, Sprungburg; Tel. 0 54 44/5 26 60
Funpark Seeland See	Inlineplatz, Tischtennis, Streetsoccer, Volleyball, Basketball, großer Abenteuerspielplatz; tgl. mit Animation; Tel. 0 54 41/82 96

TOP TIPP Nach den Lawinen im Jahr 1999 errichtete man in Galtür eine 135 m lange und bis zu 19 m hohe Schutzmauer. An der dem Dorf zugewandten Seite des Bauwerks haben Feuerwehr, Bergrettung, Rotes Kreuz und das **Alpinarium Galtür** ❷ Platz gefunden. Wechselnde Ausstellungen, Vorträge, Seminare und Tagungen erfüllen die Erinnerungs- und Begegnungsstätte mit Leben. Tel.: 0 54 43/2 00 00, www.alpinarium.at

Hütten

Wiesbadener Hütte (2443 m)
Die traditionsreiche Hütte im hinteren Ochsental wird umrahmt von den Gletscherbergen der Silvretta: Dreiländerspitze (3197 m), Piz Buin (3312 m) und Silvrettahorn (3244 m). Der Aufstieg zu diesen Gipfeln setzt Gletschererfahrung und entsprechende Ausrüstung voraus – oder die Begleitung eines Bergführers. Doch auch der leichte Hüttenanstieg von der Bieler Höhe (2036 m) aus bietet ein großes Hochgebirgserlebnis. Zeit: ca. 3 Std.; Tel. 0 55 58/42 33; www.wiesbadener-huette.com

Heidelberger Hütte (2264 m)
Sie steht auf Schweizer Gebiet im hintersten Winkel des Fimbertales. Ideal ist die Strecke für Mountainbiker. Hausberge sind Piz Tasna (3179 m), Breite Krone (3079 m) und Larainfernerspitze (3009 m). Eine reizvolle Rundwanderung führt über das Ritzenjoch durch das Laraintal zurück ins Paznaun. Zeit: ca. 4–5 Std.; Tel. 0 54 44/54 18

Jamtalhütte (2165 m)
Die Hütte wurde im Lawinenwinter 1999 stark beschädigt, ist inzwischen aber hochmodern renoviert. Der traditionelle Skitourenstützpunkt bietet auch im Sommer attraktive Tourenmöglichkeiten – z.B. zur Dreiländerspitze. Aufstieg von Galtür durch das Jamtal; Zeit: ca. 3 Std.; Tel. 0 54 43/84 08; www.jamtalhuette.at

Niederelbehütte (2310 m)
Die urige Hütte liegt am malerischen Seßsee, unter den grauen Felszacken des Verwalls. Aufstieg von Kappl über die Seßladalpe durch ein einsames Hochtal; Zeit: ca. 3 Std.; Tel. 06 76/8 41 38 52 00; www.kappl.at/niederelbehuette

nern, der auf keiner alpinistischen Erfolgsliste fehlen darf. Doch wie so oft stehen auch in der Silvretta neben den Publikumsmagneten kaum weniger attraktive Zacken, von denen aus man mitunter völlig ungestört die Aussicht genießen kann.

Unten, im »grünen Bereich«, tummeln sich die Wanderer und Mountainbiker. Und das mit dem größten Vergnügen: Breite Almwege führen durch die langen Täler weit ins Hochgebirge hinein – und nicht selten steht im hintersten Winkel eine Hütte, von deren Terrasse aus sich das grandiose Panorama besonders gut genießen lässt. Eines der beliebtesten Ziele für Wanderer ist die Jamtalhütte, in deren Umgebung gleich 17 Dreitausender aufragen. Ebenso reizvoll, aber sehr weit ist der Weg durch das Fimbertal zur Heidelberger Hütte. Bei Ischgl mündet dieses längste aller Seitentäler ins Paznaun; da freuen sich eigentlich nur die Mountainbiker, Fußgänger dagegen steigen gern ins Hüttentaxi ein. Östlich vom Fimbertal beginnt die Samnaungruppe, die jenseits der Idalp- und Alp-Trida-Pisten unerschlossen und einsam geblieben ist – ein Paradies für Individualisten und Entdecker.

In hartem Kontrast zu den leuchtenden Gletscherkämmen im Süden stehen die schroffen Felsgestalten im Norden des Paznaun. Unvermittelt schießen die grünen Flanken und graubraunen Mauern des südlichen Verwall aus dem Tal bis an und über die 3000-m-Linie. Dort, wo unter den Felsen die Wanderzone endet, schlängeln sich einzigartig schöne Höhenwege durch die Sonnenseite, von Hütte zu Hütte, zu idyllischen Bergseen und Blumenböden. Wenn dann noch im Frühsommer die Hänge mit einem roten Teppich aus Alpenrosen überzogen sind, braucht man eigentlich gar keine weiteren Gründe mehr, um immer wieder zur Urlaubszeit bei Landeck ins Tal der Trisanna einzubiegen.

Adressen & Bergbahnen — Landesvorwahl 00 43

Ischgl (1376 m)	Tourismusverband Ischgl; Tel. 0 54 44/5 26 60; E-Mail: info@ischgl.info; www.ischgl.com
Galtür (1584 m)	Tourismusverband Galtür; Tel. 0 54 43/85 21; E-Mail: info@galtuer.com; www.galtuer.com
Kappl (1256 m)	Tourismusverband Kappl; Tel. 0 54 45/62 43; E-Mail: info@kappl.at; www.kappl.at
See (1056 m)	Tourismusverband See; Tel. 0 54 41/82 96; E-Mail: office@see1.at; www.see.at
Entfernungen	Hamburg 918 km; Berlin 776 km; Köln 705 km; Frankfurt a. M. 535 km; Stuttgart 330 km; München 190 km

❶ Ischgl
Silvretta-Seilbahn
Berg/Tal 12,30 €

❷ Ischgl/Idalp
Flimjochbahn
Berg/Tal 5,60 €

❸ Galtür
Birkhahnbahn
Berg/Tal 8 €

❹ Kappl
Bergbahnen Dias-Alpe
Berg/Tal 9 €

❺ See
Bergbahnen Medrigjoch
Berg/Tal 9 €

Siehe auch Preisteil S. 637

Action & Sport

MOUNTAINBIKE	KLETTERSTEIGE	RAFTING	CANYONING	REITEN
PARAGLIDING	DRACHENFLIEGEN	KLETTERGÄRTEN	TENNIS	WINDSURFEN
KAJAK/KANU	WASSERSKI	TAUCHEN	HOCHSEILGARTEN	GOLF

TOP TIPP Eine durchschnittliche Kondition genügt, um im 5000 m² großen **Hochseilgarten** ❸ in Ischgl an den originellen Gerätschaften Selbstvertrauen und Mut, Schwindelfreiheit und Gleichgewichtssinn zu testen. Unter Anleitung einer versierten Crew geht es gut gesichert durch schwankende Seilschlaufen, über Netze, Balken und Holzstämme und einige luftige Hindernisse mehr. Besonders aufregend ist der »Cable Walk«, ein kniffliger Balanceakt über ein gespanntes Seil.
Tel. 0 54 44/5 26 60; www.ischgl.com

Mountainbiken	Heidelberger Hütte (2264 m)	Ausgangspunkt: Ischgl; Dauer/Charakter: ca. 3 Std., breite Wirtschaftswege, mittelschwer. Broschüre mit 36 Touren kostenlos erhältlich bei den Tourismusbüros. Geführte Touren, Fahrtechnik-Seminare, Tel. 0 54 44/55 43, www.ischglbike.at/academy
Klettersteig Ischgl	Greitspitze (2850 m)	Ausgangspunkt: Bergstation Silvretta-Seilbahn ❶; Länge: 200 m; Zeit: ca. 45 Min.; sehr ausgesetzt und steil, durchgehende Stahlseilsicherung; Klettersteig-Ausrüstung und Erfahrung unbedingt notwendig
Paragliding	Flugschule high & fun, Galtür	Hotel und Flugschule: All-inclusive-Wochen, Aus- und Weiterbildung, Tandemflüge; Tel.: 0 54 43/82 56, E-Mail: silbertaler@galtuer.at; www.galtuer.at/flugschule
Kletterwände	Alpinarium Galtür	Großzügige Indoor-Kletteranlage im Alpinarium, an der Außenseite befindet sich Österreichs größte Naturkletterwand. Professionelle Anleitung durch Galtürer Bergführer; Tel. 0 54 43/85 65, E-Mail: bergfuehrer.galtuer@cable.vol.at; siehe auch Top Tipp ❷

Hotelempfehlungen

Galtür S. 672
Ischgl S. 682
Kappl S. 683
See im Paznaun S. 704

Wanderkarten

Freytag & Berndt, WK 372 Arlberggebiet – Paznaun – Verwallgruppe; 1:50000

Straßenatlas S. 777

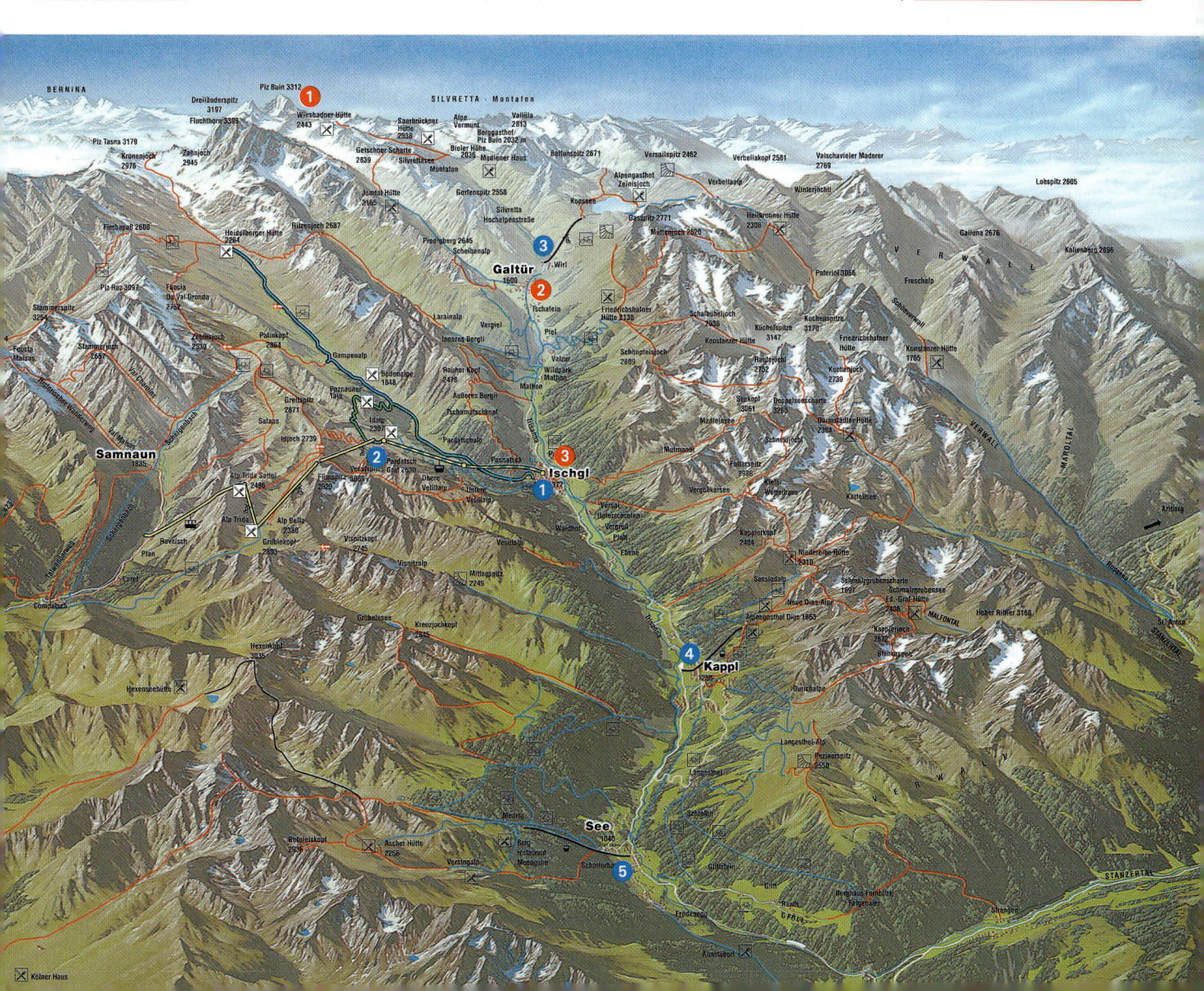

SERFAUS – FISS – LADIS
TIROL

Ein Paradies für den Familienurlaub: Serfaus ist autofrei und sonnenverwöhnt.

ACTION & SPORT

WANDERN & BERGTOUREN

FUN & FAMILY

WELLNESS & GENUSS

Wanderkarten

Freytag & Berndt WK 253, Landeck, Reschenpass, Kaunertal, 1:50000

ADAC *der perfekte Urlaubstag*

- **9 Uhr:** Mit den Bergbahnen ④ ② auf den Lazid (2346 m) und von dort aus zum Furglersee und Blankasee (2603 m) wandern
- **11 Uhr:** Picknick und gemütliche Rast am Seeufer, dann Abstieg über das Kölner Haus (1965 m) nach Serfaus
- **15 Uhr:** Schwimmen im Freibad Serfaus (Platöll)
- **18 Uhr:** Fahrt nach Ladis, Abendspaziergang durch das malerische Dörfchen mit seinen verwinkelten Gassen, Abendessen im Restaurant Geigaloch, Tel. 0 54 72/2 10 31

Sonnenterrasse über dem Inn

Unten bahnt sich der Inn tosend seinen Weg Richtung Landeck. Steil ragen die Bergflanken auf. In etwa 1100 m Höhe ändert sich dann das Bild – zumindest auf der Westseite – vollkommen: Eine weite, liebliche Sonnenterrasse öffnet sich, die vor allem Familien und Bergwanderer zum Verweilen einlädt. Zum Beispiel in einem der drei geschichtsträchtigen Dörfer, die jeweils einen separaten Balkon des sonnigen Plateaus für sich in Anspruch nehmen.

Die sanften Hänge sind mit lichtem, sonnendurchflutetem Wald überzogen, dazwischen sattgrüne Wiesen, hin und wieder ein uraltes Gehöft. Langsam steigt das Plateau an, bis sich die Hänge erneut steil aufbäumen und ins schroffe, hochalpine Gelände der Samnaungruppe übergehen. Gegenüber, auf der anderen Seite des Inntals, bilden die markanten Gipfel des Kaunergrats und des Ötztals die eindrucksvolle Kulisse.

Erste Station auf dem Sonnenplateau ist Ladis. Erhaben thront die Burg Laudegg auf ihrem Hügel. Seit dem 13. Jh. beherrscht die auch vom Inntal aus gut sichtbare Wehranlage den kleinen Ort. Hier tagte einst das Hoch- und Blutgericht, was Ladis Bedeutung verlieh. Zeugen dieser Zeit sind die alten, mit herrlicher Fassadenmalerei verzierten Patrizierhäuser.

Doch die Geschichte reicht wesentlich weiter zurück, denn Weidewirtschaft wurde auf dem Plateau bereits vor 4000 Jahren betrieben, wie Funde beweisen. Geprägt haben die Gegend jedoch die Rätoromanen. Die malerischen alten Bauernhäuser, die sich in den Ortskernen von Ladis und Fiss eng aneinander schmiegen, zeugen vom kargen Leben der weitgehend auf sich gestellten Bergbauern. Wohlstand brachte erst eine Mineralquelle, die zwar bereits im 13. Jh. von Hirten entdeckt, aber erst im 17. Jh. berühmt wurde, als sie den bayeri-

Fun & Family

Murmeltierweg Serfaus	Mit etwas Geduld kann man die neugierigen Tiere entdecken. Das weiß auch der Steinadler, was schon manchem Murmeltier das Leben gekostet hat. Rundwanderung (ca. 2 Std.) ab Bergstation Lazidbahn ④ ② in Richtung Furglersee; www.serfaus.com
Löwe & Bär Serfaus	Zwei familien- und kinderfreundliche Hotels (Hotel Bär, Hotel Löwe) haben gemeinsam ein kindergerechtes Badeparadies, eine Indoor-Spielanlage und ein attraktives Kinderprogramm geschaffen, das leider nur Hotelgäste nutzen dürfen; Tel. 0 54 76/60 58
Murmli-Club Serfaus	Einfallsreiches Erlebnisprogramm für Kinder; mit Indianerdorf, Kinderrutschbahn, Bergwerkstollen etc.; Infos: Tel. 0 54 76/62 39
Mini & Maxi Club Fiss	Kinderprogramme für div. Altersgruppen; Ponyreiten, Klettern, Mountainbiken, Rafting etc.; spielerisch wird der Umgang mit Natur und das Verhalten in den Bergen vermittelt; Tel. 0 54 76/64 41; www.minimaxiclub.at
Spiel- und Sportareal Platöll Serfaus	Fun-Park mit Kletterwand, Freischwimmbad, Bogenschießplatz etc.; Tel. 0 54 76/6 23 90

TOP TIPP Der **Wasserwanderweg** ① ist ein landschaftlich schöner und auch für Kinder sehr spannender Rundweg von Ladis zum Mineralbrunnen in Obladis und zurück. Er führt an Kunstobjekten, Wasserrädern, einem Wasserxylophon, einem Kinderspielplatz mit Wassergeräten sowie weiteren interessanten Stationen vorbei zur Mineralquelle. Seit alter Zeit werden die Heilkräfte des Wassers hoch geschätzt. Auch die moderne Medizin setzt den »Sauerbrunn« bei Erkrankungen von Niere, Leber, Darm oder Magen erfolgreich ein.

Adressen & Bergbahnen
Landesvorwahl 00 43

Fiss (1438 m)	Tourismusverband Fiss; Tel. 0 54 76/64 41; E-Mail: info@fiss.at; www.fiss.at	① Fiss Schönjochbahnen (Fisser Joch) Berg/Tal 15 €
Ladis (1189 m)	Tourismusverband Ladis; Tel. 0 54 72/66 01; E-Mail: ladis@netway.at; www.ladis.at	② Komperdell Lazidbahn Berg/Tal 11 €
Serfaus (1429 m)	Tourismusverband Serfaus; Tel. 0 54 76/6 23 90; E-Mail: info@serfaus.com; www.serfaus.com	③ Ladis Sonnenbahn Fiss Berg/Tal 11 € (Kombi-Karte Ladis-Schönjoch 18,70 €)
Entfernungen	Hamburg 901 km; Berlin 768 km; Köln 689 km; Frankfurt a. M. 519 km; Stuttgart 314 km; München 182 km	④ Serfaus Komperdellbahn Berg/Tal 11 € (Kombi-Karte Serfaus-Lazid 15 €)

Siehe auch Preisteil S. 637

Kirche St. Georgen
Besonders eindrucksvoll sind die Fresken der Kirche St. Georgen oberhalb von Tösens im Oberinntal. Von dort aus soll die alte Römerstraße Via Claudia Augusta hinauf nach Serfaus geführt haben, um die Engstelle im Inntal zu umgehen.

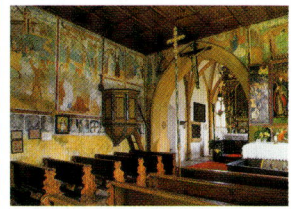

Hütten

Hexenseehütte (2588 m)
Von der Bergstation Lazid ④ ② (2346 m) aus führt ein schöner, leichter Wanderweg (ca. 4 Std.) über das Lader Moos und das Arrezjoch (2587 m) zum Hexensee. Die idyllische, 1996 nach einem Brand neu aufgebaute Hütte ist idealer Ausgangspunkt für die Besteigung des Hexenkopfs (3035 m), die allerdings alpine Erfahrung, Trittsicherheit und Schwindelfreiheit voraussetzt; Tel. 0 54 76/62 14 (Anmeldung über Kölner Haus)

Kölner Haus (1965 m)
Große Alpenvereinshütte, zu der 1959 der erste Lift des Sonnenplateaus gebaut wurde. Auch heute noch mit der Komperdellbahn ④ zu erreichen. Hausberg ist der Furgler (3004 m), auf den ein schöner, anspruchsvoller Wanderweg führt; Tel. 0 54 76/62 14; www.koelner-haus.at

Hotelempfehlungen

Fiss S. 670
Ladis S. 686
Ried i. O. S. 699
Serfaus S. 704

Straßenatlas Siehe S. 778

---

schen Adel zur Kur nach Ladis lockte. Nachdem 1835 ein nobles Kurhotel neben der Quelle in Obladis errichtet wurde, boomte plötzlich der Sommertourismus.

Von Ladis aus steigt das Plateau leicht nach Westen hin an, hinauf zum nächsten Balkon, auf dem sich die Häuser von Fiss behaglich sonnen. Die kleine Straße, die Ladis und Fiss fast direkt verbindet, führt am Naturbadesee »Überwasser« vorbei, bevor sie in die vom Inntal direkt heraufkommende Hauptstraße einmündet. Doch auch ohne Auto gelangt man bequem mit der »Sonnenbahn« von Ladis nach Fiss. Eine weitere Bergbahn führt hinauf aufs Fisser Joch. Von dort sind es nur noch ca. 30 Min. bis auf den Zwölferkopf, einem herrlichen Aussichtsberg.

Mit der U-Bahn durchs Dorf

Im Westen des Plateaus, auf einem dritten Balkon, befindet sich mit Serfaus der größte Ort. Mit der Eröffnung einer spektakulären Luftkissenseilbahn wurden 1985 die Autos verbannt. Diese Dorf-U-Bahn führt vom Parkhaus am Ortseingang bis zur Talstation der Seilbahnen. Befreit vom Autoverkehr ist der Ort vor allem für Familien ein Paradies. Der historische Kern von Serfaus wurde 1942 von einer verheerenden Feuersbrunst zerstört. Einen Blick sollte man unbedingt in Tirols bedeutendste Wallfahrtskirche »Unsere liebe Frau im Walde« werfen. Das wertvolle Gnadenbild der Madonna mit Kind haben die Serfauser laut Überlieferung im 12. Jh. im Wald gefunden. Apropos familienfreundlich: Für die Urlaubskinder wird in den Orten ein abwechslungsreiches Ferienprogramm angeboten, und die sonnigen Hänge eignen sich bestens für Familienwanderungen.

Ambitionierte Bergwanderer sollten zumindest einige der jährlich 1830 Sonnenstunden nutzen, um auf die Gipfel der Samnaungruppe zu steigen: über gute und relativ häufig begangene Bergwege auf den Furgler oder den Hexenkopf – oder auf schwierigeren, manchmal kaum sichtbaren Pfaden zu den Bergen rund um den Blankasee wie Glockspitze oder Kleinfurgler. Es lohnt sich aber auch, mit der ganzen Familie hinauf zum Blankasee zu steigen, um die schroffe hochalpine Szenerie rund um den Talkessel zu erleben. Umso lieblicher erscheinen dann die sanften, weichen Formen des Hochplateaus, auf dem Serfaus, Fiss und Ladis in der Sonne ruhen.

NAUDERS UND RESCHENPASS
TIROL

ACTION & SPORT

WANDERN & BERGTOUREN

FUN & FAMILY

WELLNESS & GENUSS

Im familienfreundlichen Dreiländereck

Gut geschützt durch die Gebirgsstöcke des Ötztals, des Ortlers und der Sesvennagruppe ist die grüne, liebliche Talebene auf dem Reschenpass eine der sonnigsten Regionen Österreichs. Ideal sind die zahm gewordenen Ausläufer der großen Höhenzüge für Familienwanderungen. Mountainbike- und Laufstrecken sowie zwei Klettersteige machen Nauders aber auch zum interessanten Ziel für Aktivurlauber.

Nauders liegt auf einer Hangterrasse zwischen Inntal und Reschenpass.

Hütten

Labaunalm (1977 m)
Nette Zwischenstation auf dem Weg zum Schmalzkopf (2724 m) oder zu den Blumenwiesen an der Fluchtwand. Ideales Ziel für Mountainbiker. Hier verbringen die Nauderer Kühe den Sommer. Bäuerliche Spezialitäten; keine Übernachtung; ca. 1 Std. Aufstieg von Parditsch aus; Tel. 06 64/9 40 41 75

Goldseehütte (1913 m)
Sonnig gelegene Hütte auf dem Weg zum Großen Schafkopf (2998 m) und zum Mataunkopf (2892 m). Zu den Goldseen (2585 m) muss man allerdings gut 1 Std. über einfache, herrliche Bergwege marschieren. Von Nauders aus ca. 2 Std. Zustieg; von der Bergstation Bergkastel (2173 m) ❶ ca. 30 Min.; Übernachtung nur für Gruppen auf Voranmeldung; Tel. 0 54 73/8 62 61

ADAC der perfekte Urlaubstag

- **9 Uhr:** Mit dem Sessellift zum Kleinmutzkopf ❷; von der Bergstation aus Wanderung an den Seen vorbei zum Dreiländereck
- **12 Uhr:** Abstieg über das Gasthaus Riatschhof; entweder dort einkehren oder Picknick auf einer der herrlichen Blumenwiesen
- **15 Uhr:** Mit dem Fahrrad entlang der Via Claudia über die Grenze zum Reschensee; baden, erholen, Sonnenuntergang genießen; in der Dämmerung zurück nach Nauders
- **20 Uhr:** Abendessen auf Schloss Naudersberg

Schon zur Römerzeit war der Weg vom Oberinntal aus der Finstermünz über den Reschenpass eine wichtige Handelsstraße, die Via Claudia Augusta. Und vermutlich waren die Säumer bereits damals froh, als die finsteren Felswände endlich auseinander rückten, um einem fast ebenen Talboden Platz zu machen.

Auch die Berge geben sich plötzlich weniger schroff. Im Osten sind es die letzten Ausläufer des Ötztals, die einen »wanderbaren« Eindruck machen; wie ein uralter Vulkan thront auf der westlichen Seite der Piz Lad über der Passhöhe. Für Familien ist vor allem der Ausflug zum Dreiländereck an der Nordseite des Piz Lad interessant. Wann sonst hat man die Möglichkeit, mit einem Schritt von Österreich in die Schweiz, von dort nach Italien und dann wieder zurück nach Tirol zu kommen?

So einträchtig wie heute lebten die Nachbarn allerdings nicht immer zusammen. Oft waren sie in Streitigkeiten verwickelt, die noch mehr Not unter die ohnehin leidgeprüfte Bergbevölkerung brachten, die weder von Epidemien noch von Muren oder gewaltigen Lawinenabgängen verschont blieb.

Zeuge der wehrhaften Vergangenheit der Reschenregion ist Schloss Naudersberg, in dem man Zellen und Richterstube besichtigen kann (www.schloss-nauders.com). Auch Festung Nauders von 1840 ist ein Relikt aus kriegerischen Zeiten. Früher diente der Steinquaderbau dazu, das Inntal vor Truppen aus der Lombardei zu schützen. Heute ist dort ein Militär- und Verkehrsmuseum untergebracht (Besichtigung auf Anfrage, Tel. 0 54 73/8 72 42). Den Einfluss der Nachbarländer will Nauders aber nicht verbergen: Das südländische Flair kommt in den Speisekarten zum Ausdruck, rätoromanische Namen geben Hinweise auf die Nähe zum Engadin, das über die Norbertshöhe in vielen Serpentinen direkt von Nauders aus erreichbar ist.

Doch wer die vielen Möglichkeiten entdeckt hat, die Nauders vor allem Familien bietet, bleibt lieber oben, bei den sonnigen Bergwiesen. Gipfel wie der Schmalzkopf locken mit herrlichen Aussichten und gemütlichen Jausenstationen wie der Labaunalm oder dem Parditschhof. Für Mountainbiker sind die Touren zu hochgelegenen Hütten (z.B. Goldseehütte) und Seen (z.B. Grüner See) ein Traum. Die Bergkastelbahn ist eine ideale Starthilfe für anspruchsvolle Klettersteige auf Bergkastelspitze und Plamorterspitze. Hier zeigen die Ausläufer des Ötztals noch einmal, dass sie nicht so zahm sind, wie sie erscheinen, wenn man nach der düsteren Finstermünz den Talboden um Nauders erblickt.

Wandern & Bergtouren

TOP TIPP

Der **Schmalzkopf** ❶ (2724 m) ist der Paradeberg von Nauders für trittsichere Wanderer. Mit dem Auto von Nauders nach Parditsch (1653 m), einem traumhaft gelegenen Bergbauernhof mit Jausenstation. Nun zu Fuß zur Labaunalm (1977 m). Oberhalb der Alm lohnt sich ein Abstecher zu den herrlichen, zum Teil mit Edelweiß übersäten Blumenwiesen Richtung Fluchtwand. An ihrem Abbruch fällt die Wand 1000 m steil in die Innschlucht von Finstermünz ab. Der direkte Weg zum Schmalzkopf führt von der Labaunalm übers Zadresjoch (2397 m) hinauf zum nordwestlichsten Ausläufer der Ötztaler Alpen. Zugspitze, Wildspitze, Weißkugel, Ortler und Bernina heißen die namhaftesten der unzähligen Gipfel, die bei schönem Wetter im Panorama auftauchen. Abstieg auf derselben Route; mittelschwere Bergwanderung; Zeit: ca. 6 Std.; Einkehr: Parditsch, Labaunalm

Piz Lad (2808 m) Leichte Wanderung für Trittsichere auf markanten Kalkgipfel	Ausgangspunkt: mit dem Auto von Reschen aus zur Reschener Alm (2005 m); über Seßlat dem guten Steig auf der Südostseite zum Gipfel folgen; Abstieg wie Aufstieg; herrliche Aussicht; im Gipfelbereich Trittsicherheit erforderlich; beliebt bei Kletterern ist der Nordgrat (Schwierigkeitsgrad 3–4); Zeit: ca. 5,5 Std.; Einkehr: Reschener Alm
Dreiländereck (2179 m) Idyllische Familienwanderung zum Schnittpunkt Italien–Österreich–Schweiz	Ausgangspunkt: Bergstation Mutzkopf (1812 m) ❷; Hocheck – Schwarzer See (1712 m) – Grüner See (1836 m) – Dreiländereck (2179 m, zwischen dem Geröll ist der Dreiländergrenzstein); auf gleichem Weg zurück bis etwa 2000 m, dann Weg zum Großmutzkopf (1987 m) – Tiefhof (1574 m) – entweder zur Bergstation ❷ oder über Riatschhof (1522 m) Abstieg nach Nauders (1394 m); leichte Wanderung; Zeit: ca. 3 Std.; Einkehr: Bergstation Mutzkopf, Riatschhof
Mataunkopf (2892 m) Mittelschwere Wanderung durch herrliche Landschaft	Ausgangspunkt: Bergstation Bergkastel (2173 m) ❶; Ganderbild – Pedroß-Scharte – Mataunkopf; Abstieg durch den Mataunboden – Saletztal – Goldseehütte (1913 m) – am Piengbach entlang zur Talstation Bergkastel (1400 m); mittelschwere Bergtour, Trittsicherheit erforderlich; Zeit: ca. 5 Std.

Adressen & Bergbahnen
Landesvorwahl 00 43

Nauders (1394 m)	Tourismusverband Nauders; Tel. 0 54 73/8 72 20; E-Mail: nauders@reschenpass.info; www.nauders.info
Entfernungen	Hamburg 917 km; Berlin 784 km; Köln 705 km; Frankfurt a. M. 535 km; Stuttgart 330 km; München 199 km

❶ Nauders Bergkastelseilbahn Berg/Tal 12 €
❷ Nauders Mutzkopfbahn Berg/Tal 9,50 €
Siehe auch Preisteil S. 637

Restaurants

Restaurant Schloss Naudersberg
Gute Tiroler Küche, vegetarische Fondues oder Speisen wie zu Ritterszeiten in den ehemaligen Stallungen und Kornkammern des Schlosses aus dem 13. Jh.; Tel. 0 54 73/8 75 96

Jausenstation Parditschhof
Etwas oberhalb von Nauders gelegenes, prächtiges Gehöft. Tiroler Hausmannskost, gebratene Schweinshaxn und Forellen auf Vorbestellung; gemütlich speisen in der Tiroler Stube aus dem Jahr 1891 oder vor dem Haus mit herrlichem Ausblick aufs Unterengadin, Piz Lad und Richtung Reschenpass. Ideal mit Kindern; Tel. 0 54 73/8 73 39

Wanderkarten

ÖAV-Karte, Blatt Nr. 30/4 Ötztaler Alpen / Nauderer Berge; 1:25000
Freytag & Berndt WK 253 Landeck, Reschenpass, Kaunertal; 1:50000

Hotelempfehlungen

Nauders S. 694
Pfunds S. 697

Straßenatlas   Siehe S. 778

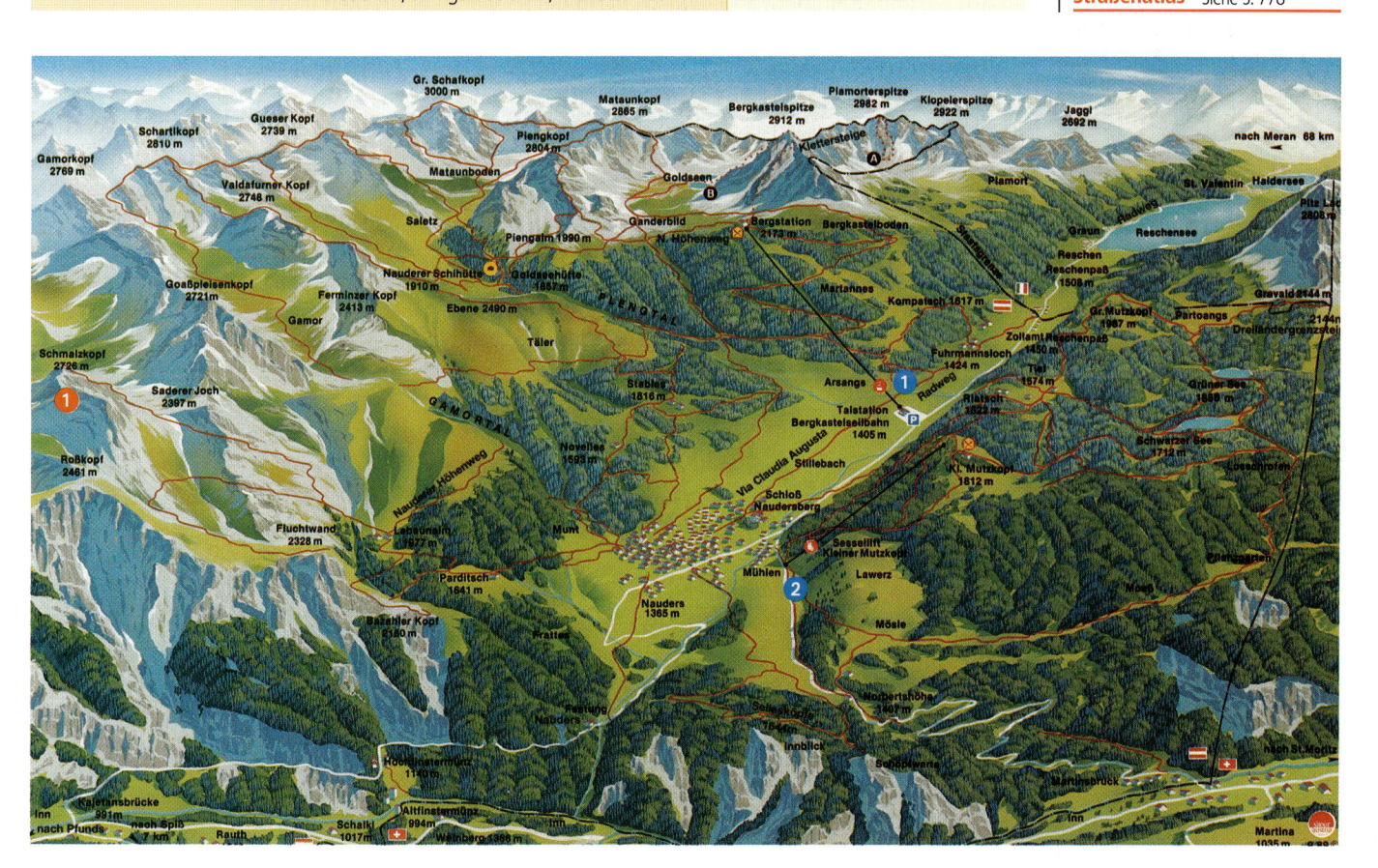

KAUNERTAL
TIROL

ACTION & SPORT

WANDERN & BERGTOUREN

FUN & FAMILY

WELLNESS & GENUSS

Wanderkarten
Freytag & Berndt, WK 251 Ötztal-Pitztal-Kaunertal-Wildspitze; 1:50000
Freytag & Berndt, WK 253 Landeck-Reschenpass-Kaunertal; 1:50000

Stängelloses Leimkraut
Als rote, blütenstrotzende Inseln leuchten die Polster des Stängellosen Leimkrautes während des kurzen Bergsommers zwischen grauem Fels und Schutt. Der Überlebenskünstler dringt mit einer starken, 70 bis 130 cm langen Pfahlwurzel tief in Geröll und Gestein ein und kann sich so auch im steilen, instabilen Gelände halten. Die langsam wachsenden Polster können bis zu 100 Jahre alt werden und 2 m Durchmesser erreichen.

ADAC der perfekte Urlaubstag

9 Uhr: Fahrt auf der Kaunertaler Gletscherstraße (mautpflichtig) am Gepatsch-Stausee entlang zum Parkplatz Faggebach (1920 m)
10 Uhr: Rundwanderung auf dem Gletscherlehrpfad; der markierte Steig führt bis auf 2220 m Höhe über markante Gletscherschliffplatten, am Bach entlang und zum Gletschertor des Gepatschferners
12.30 Uhr: Einkehr in der Oberen Birgalphütte am Endpunkt der Wanderung, anschließend Rückfahrt nach Kaunertal/Platz
15 Uhr: Besuch des Kaunertalmuseums in Platz. Die zahlreichen Exponate geben Zeugnis von Handwerk, Kunst und Geschichte des Tales sowie der alpinistischen Erschließung der Bergwelt.

Im Angesicht von vergletscherten Dreitausendern lässt es sich im Kaunertal herrlich wandern.

Zwischen Bergwildnis und Gletscherpisten

Zwei grundverschiedene Bergwelten liegen im Kaunertal nahe beieinander: Am Talschluss ziehen die Panoramastraße und die durch Bergbahnen erschlossenen Gletscherhänge zahlreiche Motorradfahrer, Skifahrer und Bergwanderer an. Unberührt davon ragen zu beiden Seiten des Tals die einsamen, kantigen Spitzen von Kaunergrat und Glockturmkamm in den Tiroler Himmel – eine grandiose, unbezähmbare Berglandschaft, in der es viel zu entdecken gibt.

Bemerkenswert ist im westlichsten und kürzesten Tal der Ötztaler Alpen, das vom Faggebach durchflossen wird, schon der Höhenunterschied: Von 864 m bei Prutz im Inntal zieht sich das Kaunertal bis zum Ende der Gletscherstraße auf 2750 m hinauf, wo eindrucksvoll die 3518 m hohe, vergletscherte Weißseespitze aufragt. Während im Talschluss, auf den autobahnbreiten Pisten des Weißseeferners, eine auf den Skisport fixierte touristische Zukunft propagiert wird, hat sich der Fremdenverkehr im vorderen und mittleren Talbereich deutlich behutsamer entwickelt. Und die beiden hohen Gebirgsketten rechts und links des Tales – Kaunergrat und Glockturmkamm – sind so wenig erschlossen wie kaum eine andere Hochregion der Ostalpen.

Ausgesprochen freundlich begrüßt das Kaunertal seine Besucher im unteren Abschnitt. Erhaben thront die Burg Berneck auf einer 130 m hohen Felswand in Kauns. Die Berghänge sind sanft und weitläufig, durch Wälder und Weiden gegliedert. Ein dichtes Netz von Wanderwegen durchzieht das typische Bergbauernland. In den kleinen Weilern auf der Sonnenterrasse um Kaunerberg setzt man auf sanften Tourismus, vor allem Familien und Wanderer sind herzlich willkommen. Weiter taleinwärts, um den Hauptort Feichten, rücken die Berge näher zusammen, werden schroffer und höher. Die 13 Höfe, die hier einst bewirtschaftet wurden, sind inzwischen alle verschwunden – zu hart waren die Bedingungen zum Überleben, zu zermürbend der Kampf gegen Muren, Lawinen und

Adressen & Bergbahnen
Landesvorwahl 00 43

Urlaubsregion	Tourismusverband **Kaunertal**; Tel. 0 54 75/29 20; E-Mail: info@kaunertal.com, www.kaunertal.com
Orte	Feichten • Fendels • Kauns • Prutz
Entfernungen	Hamburg 900 km; Berlin 641 km; Köln 687 km; Frankfurt a. M. 517 km; Stuttgart 312 km; München 181 km

❶ Fendels
Ried – Sattelklause
Berg/Tal 10,50 €

Siehe auch Preisteil S. 637

Wandern & Bergtouren

TOP TIPP 
Eine abwechslungsreiche, anspruchsvolle Wanderung führt in etwa 2100 m Höhe über den **Dr.-Angerer-Höhenweg** ① am felsigen Fuße des Kaunergrats entlang. Bei Vergötschen (1270 m) dem Wanderweg Nr. 6 zur Gsallalm folgen. Durch leicht felsiges, teilweise gesichertes Gelände geht es zur Gallruttalm (1980 m). Von dort ist der Abstieg nach Kaltenbrunn möglich, es lohnt sich aber, dem Höhenweg weiter bis zur Falkaunsalm (1962 m) zu folgen. Über die Wiesenhöfe (1602 m) kommt man nach Kaltenbrunn zurück ins Tal. Zeit: ca. 6 Std.; Einkehr: Gallruttalm, Falkaunsalm.

Wallfahrtsjöchl (2766 m) Schöne Wanderung auf einer alten Wallfahrtsroute	Ausgangspunkt: Wallfahrtskirche Kaltenbrunn (1260 m), Bushaltestelle zwischen Kauns und Feichten; Gallrutalpe (1980 m) – Wallfahrtsjöchl; Rückweg auf gleicher Route; breiter Wirtschaftsweg, dann markierter Bergsteig; Zeit: ca. 5–6 Std.; Einkehr: Kaltenbrunn
Madatschkopf (2778 m) Reizvolle Gipfelwanderung vor wilder Kulisse	Ausgangspunkt: Feichten, Verpeilalm (1802 m); Verpeilhütte (2016 m) – Madatschkopf; markierter Steig über Wiesen und Geröll, Abstecher zum Mooskopf (2532 m) möglich; Rückweg auf gleicher Route; leichte Wanderung; Zeit: ca. 5 Std.; Einkehr: Verpeilhütte
Glockturm (3355 m) Formschöner Dreitausender für erfahrene Bergwanderer	Ausgangspunkt: Krumpgampen (2335 m), Parkplatz und Bushaltestelle an der Kaunertaler Gletscherstraße bei der Einmündung des Rifflbaches; Rifftal – Rifflkar – Rifljoch (3146 m) – über die NO-Flanke zum Gipfel; markierte Bergwege, im Gipfelbereich steiler Firn und Blockkletterei, Trittsicherheit erforderlich; Zeit: ca. 7 Std. Abstieg wie Aufstieg

Hochwasser. Wo lange Zeit bittere Armut zu Hause war, herrscht heute rege Geschäftigkeit. Begonnen hatte der Umschwung 1965, mit der Fertigstellung des 6 km langen und bis zu 1 km breiten Gepatsch-Stausees. Diesem folgte der Ausbau der 1980 eröffneten, 26 km langen Kaunertaler Gletscherstraße, einer aussichtsreichen Traumroute, die sich kein Motorradfahrer entgehen lassen sollte (siehe »Traumstraßen« S. 58–59). Die mautpflichtige Panoramastraße beginnt kurz nach Feichten, windet sich am See entlang und endet nach 29 Kehren auf 2750 m Höhe an der Talstation der Gletscherlifte. Dort befindet sich auch die höchstgelegene Postautobushaltestelle Österreichs.

Über dem Talschluss breitet sich mit Gepatsch- und Weißseeferner eines der größten Gletschergebiete der Ostalpen aus. Das ganze Jahr über schnallen hier Skifans die Bretter an. Doch auch für Nichtskifahrer lohnt sich die Fahrt mit dem Sessellift bis knapp über die 3000-m-Grenze, um von dort in 1,5 Std. hinauf zum Dreiländerblick zu steigen: Die Aussicht auf die Bernina-Gruppe, das Ortler-Massiv und die Ötztaler Alpen ist unvergleichlich.

Im Westen flankiert der einsame Glockturmkamm das Kaunertal. Der gut 20 km lange und mehr als 3000 m hohe Gebirgszug weist eine Reihe stattlicher Gipfel auf. Die meisten davon sind kaum bekannt und nur ohne Wege zu erreichen.

Am gegenüber aufragenden, viel wilder aufgebauten Kaunergrat erleichtern etliche Pfade den Zugang. Besonders interessant sind die Lehrpfade und die geführten Exkursionen ins Herz dieses Naturparks (Infos unter Tel. 0 54 49/63 04, www.naturpark-kaunergrat.at).

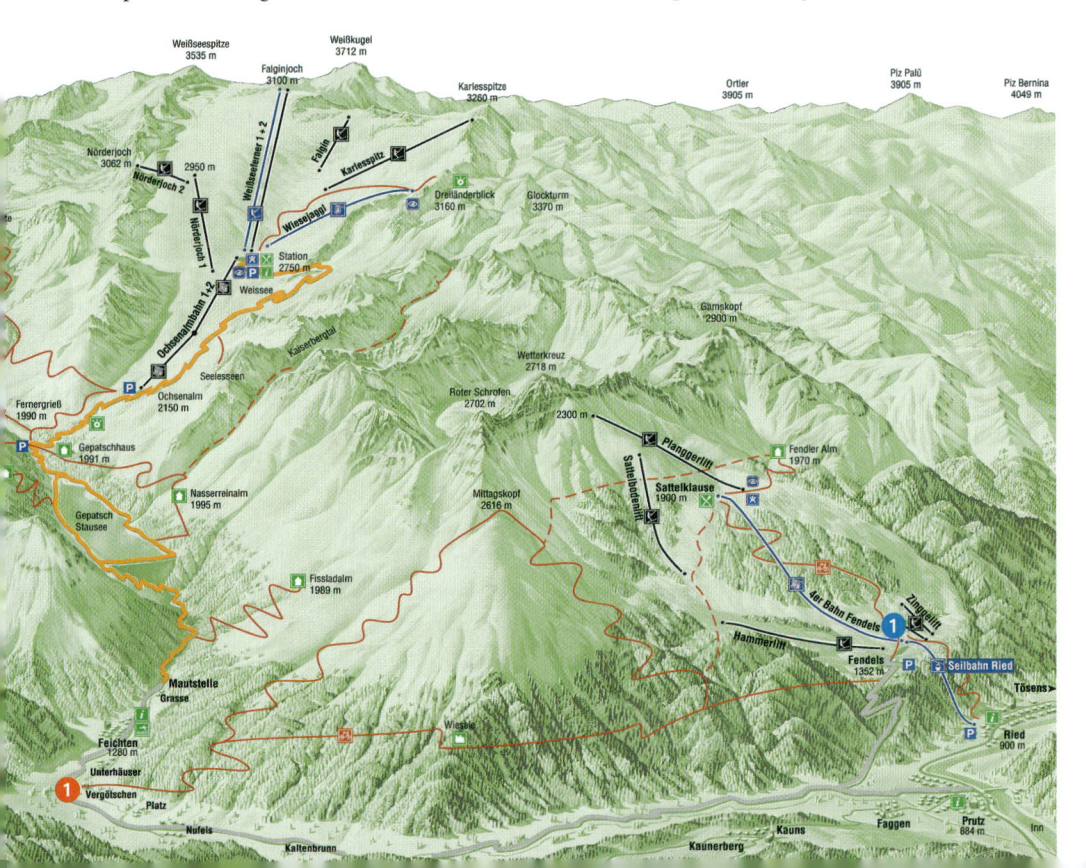

EVENTS

Juli: »Hot Heels«-Weltmeisterschaft im Downhill-Skating auf der Kaunertaler Gletscherstraße in der zweiten Juliwoche

Flügelhaus
Das Flügelhaus in Nufels im Kaunertal ist ein in der Form eines Konzertflügels erbautes Museum, in dem historische Flügel und Klaviere aus der Wiener Zeit von 1820 bis 1870 ausgestellt sind. Besichtigung Fr und So 14-18 Uhr; Instrumentenvorführung Fr ab 20 Uhr.

Hütten

Verpeilhütte (2016 m)
Die ebenso ursprüngliche wie behagliche Alpenvereinshütte wird seit Jahrzehnten von der Familie Hafele bewirtschaftet. Ihr Standort mitten in einer idyllischen Wiese, umrahmt von den wildesten Urgesteinsriesen des Kaunergrates, könnte nicht schöner sein. Einziges leichtes Wanderziel ist der Madatschkopf (2778 m). Aufstieg zur Hütte: von Feichten ca. 2 Std.; bei Auffahrt auf dem Wirtschaftsweg zur Verpeilalm ca. 30 Min.; Tel. 06 64/4 31 96 34

Gepatschhaus (1928 m)
Das große, bereits 1873 erbaute Alpenvereinshaus war einst wichtige Zwischenstation auf dem langen Weg vom Tal hinauf zu den Gletscherbergen. Heute steht es neben der mautpflichtigen Gletscherstraße und wird hauptsächlich von Tagesgästen, Wanderern und Besuchern des Gletscherskigebietes frequentiert; Tel. 06 64/5 34 90 44

Rauhekopfhütte (2731 m)
Die winzige Alpenvereinshütte ist eine Bergsteigerunterkunft im klassischen Stil – mit einfachster Bewirtung und bescheidenem Komfort. Der Hüttenaufstieg führt über die zerklüftete Zunge des Gepatschferners. Sämtliche Gipfel sind nur auf hochalpinen Routen zu erreichen, entsprechend imposant ist die Umgebung. Aufstieg: vom Gepatschhaus ca. 3 Std.; Tel. (über Gepatschhaus) 06 64/5 34 90 44

Hotelempfehlungen
Feichten S. 669

Straßenatlas Siehe S. 778

LANDECK – VENETREGION
TIROL

ACTION & SPORT

WANDERN & BERGTOUREN

FUN & FAMILY

WELLNESS & GENUSS

Unterwegs auf jahrhundertealten Reisepfaden

Lechtaler und Ötztaler Alpen bilden den Rahmen für dieses in vielfacher Hinsicht hoch interessante Gebiet. Malerische Burgen, imposante Schlösser und die römische Kaiserstraße Via Claudia Augusta erinnern an alte Zeiten. Eindrucksvolle Klammen und aussichtsreiche Gipfel wie der des Hausbergs Venet bilden die landschaftlichen Attraktionen der Region um Landeck.

Hütten

Augsburger Hütte (2289 m)
Einem Adlerhorst gleich thront die Hütte der Alpenvereinssektion auf einem Geländeabsatz inmitten der steilen Hänge südöstlich der Parseierspitze (3036 m). Der höchste Gipfel der Lechtaler Alpen ist nur etwas für geübte Bergsteiger, die Hütte ist dagegen auch von Wanderern gut zu erreichen. Wegen des sonnigen Anstiegs wird ein früher Aufbruch von Grins aus empfohlen; Zeit: ca. 3 Std.; Tel. 0 54 42/6 36 04

Württemberger Haus (2220 m)
Schon der Zustieg durch das wilde Zammer Loch von Zams/Lötz (767 m) aus ist ein Erlebnis. Nach der schluchtartigen Verengung weitet sich das Gelände, die Hütte selbst liegt in einem offenen Kar, unterhalb eines kleinen Sees; Zeit: ca. 5 Std.; Tel. 0 66 44/40 12 44

ADAC der perfekte Urlaubstag

- **9 Uhr:** Wanderung von Fließ in die eindrucksvolle Klamm »Zammer Lochputz«
- **11.30 Uhr:** Bummel durch die Landecker Innenstadt, anschließend Einkehr in einem der gemütlichen Gasthäuser
- **14 Uhr:** Besuch des Schlossmuseums Landeck
- **16 Uhr:** Relaxen am Tramser Weiher mit Abenteuerspielplatz, vom Schloss 30 Min. Gehzeit
- **20 Uhr:** Sonnenuntergangsfahrt mit der Venetbahn (Di und Do)

In der Venetregion sind ausgedehnte Spaziergänge genauso möglich wie anspruchsvolle Bergtouren.

Schon die Römer schätzten die verkehrsgünstige Lage Landecks am Schnittpunkt von Inn- und Stanzertal. Auf der vor 2000 Jahren gebauten Via Claudia Augusta zogen sie von der Adria über den Reschenpass bis nach Bayern. Oberhalb von Landeck folgte die Straße nicht der engen Schlucht, sondern führte durch die Fließer Sonnenhänge, wie die alten Wagenspuren im Bereich der Fließer Platte beweisen. Heute befindet sich hier ein Naturschutzgebiet, um den Artenreichtum dieses inneralpinen Trockenrasengebietes zu erhalten.

Die Lage an den Zufahrten zu Reschenpass, Arlberg und Fernpass sowie ins Paznaun führte immer wieder zu Engpässen im Ortsverkehr. Inzwischen fließt der Verkehr in den Tunnels entweder nördlich vorbei Richtung Arlberg oder unter dem Hausberg Venet hindurch Richtung Oberinntal. Dies stellt einen nicht zu unterschätzenden Pluspunkt für Landeck mit seinem Nachbarort Zams dar, auch wenn die Region dadurch leicht übersehen wird – zu schnell ist man vorbei, statt mittendrin.

Das Urlaubsrevier verbindet klassische Bergaktivitäten wie Wandern mit modernen Trends wie Rafting. So begeistert der durch den Pillersattel von den Ötztaler Alpen getrennte Venet dank seiner Seilbahn als leicht zu erreichendes Wander- und erstklassiges Fluggebiet für Gleitschirm- und Drachenflieger und ganz nebenbei ist er einer der besten Aussichtspunkte weit und breit.

Die Wandermöglichkeiten reichen von der gemütlichen Tour zur Goglesalm am Venet über eindrucksvolle Täler wie das Zammer Loch bei Zams bis hin zum Augsburger Höhenweg über die höchsten Gipfel der Lechtaler Alpen. Diese anspruchsvolle Tour ins Hochgebirge ist nur erfahrenen Bergsteigern zu empfehlen.

Natur gibt es im Überfluss, und auch die Kultur sorgt für unübersehbare Highlights: Landeck wird überragt vom gleichnamigen Schloss, das im 13. Jh. gebaut wurde und in dem sich heute das heimatkundliche Museum (www.schlosslandeck.at) befindet. Hier pulsiert das Leben, man flaniert, geht einkaufen oder sitzt gemütlich in einem Café oder Restaurant. Den Kontrast bilden idyllische Orte wie Fließ oder das Zwetschgendorf Stanz, das bei gerade 600 Einwohnern 65 Schnapsbrennereien zählt. Wer die Spuren der schwer beladenen Fuhrwerke finden will, die auf der Via Claudia Augusta verkehrten, muss sich in den Wäldern der Fließer Platte auf die Suche machen. Garantiert fündig wird man im Archäologischen Museum in Fließ (www.museum.fliess.at), das alle wichtigen Informationen zur Römerstraße sowie Keramik- und Feuersteinfunde aus der Bronzezeit zeigt.

Action & Sport

MOUNTAINBIKE	**KLETTERSTEIGE**	**RAFTING**	**CANYONING**	**REITEN**
PARAGLIDING	**DRACHENFLIEGEN**	**KLETTERGÄRTEN**	**TENNIS**	**WINDSURFEN**
KAJAK/KANU	**WASSERSKI**	**TAUCHEN**	**HOCHSEILGARTEN**	**GOLF**

TOP TIPP Schwerelos schweben die bunten **Drachenflieger und Paraglider** ❶ über der runden Kuppe des Venet. Die Vorzüge dieser »Location« sind die freie Lage hoch über dem Inntal, die ausgezeichnete Thermik und die damit verbundene lange Flugzeit. Der Startplatz liegt auf 2212 m Höhe, der Höhenunterschied misst mindestens 1400 m, bei Thermikflügen noch einiges mehr. Nur gut, dass die Venetseilbahn ❶ ein Herz für Flieger hat und die Fluggeräte gratis transportiert. Tandemflüge werden angeboten von der Flugschule Seppl Sturm, Tel. 0 54 42/6 43 11, und High Fly, Tel. 06 99/10 06 50 45.

Mountainbiken	Zammer Alm (1740 m)	Ausgangspunkt: Parkplatz Venetbahn (775 m); Lahnbach (1122 m) – Zammer Berg – Langesbergalm (1760 m) – Himmelswiesberg (1554 m) – Zams; Dauer/Charakter: 3-3,5 Std., Schotterwege, mittelschwer; geführte Touren: Sport Camp Tirol, Tel. 0 54 42/6 46 36, www.sportcamptirol.at
Rafting	Inn	Schlauchbootfahrten auf dem Inn, Familientouren (Landeck–Imst), Tagestouren (Landeck–Haiming) und Abenteuertouren (Imster Schlucht, nur mit Führern!); Sport Camp Tirol, Tel. 0 54 42/6 46 36, www.sportcamptirol.at
Klettergärten	Affenhimmel, Zams	Direkt an der B 171 östlich von Zams, 230 Routen, bis zu 80 m Wandhöhe, Schwierigkeitsgrade 3–10+. Weitere Möglichkeiten: Burschlwand bei Stams; Lötzer Wasserfall im Zammer Loch; Kletterwand beim Sportareal Landeck/Perjen; Kurse und geführte Touren bei Alpin Treff, Tel. 0 54 42/6 53 71
Reiten	Reitstall Piller – Neu Amerika, Wenns	Westernreitstall mit Unterricht, Ausritten, Wanderreiten und Ponyreiten; Tel. 0 54 14/8 75 10, www.neu-amerika.at
Tennis	Tennisplätze Landeck, Zams, Fließ	Tennisplätze in Landeck (Tel. 0 54 42/6 45 13), Zams (Tel. 0 54 42/6 38 08) und Fließ (Tel. 0 54 49/52 24); Trainerstunden jeweils nach Absprache

Adressen & Bergbahnen — Landesvorwahl 00 43

Urlaubsregion	Tourismusverband **TirolWest**; Tel. 0 54 42/6 56 00; E-Mail: info@tirolwest.at; www.tirolwest.at
Entfernungen	Hamburg 882 km; Berlin 749 km; Köln 669 km; Frankfurt a. M. 499 km; Stuttgart 294 km; München 163 km

❶ Zams
Venetbahn
Berg/Tal 13,30 €

Siehe auch Preisteil S. 637

Restaurants

Hotel Schrofenstein
Das Restaurant in Landeck verwöhnt die Gäste mit Traditionellem wie Rahmbeuscherl, feinen Nudelgerichten und Gehobenem wie Wachteln oder Lammrücken. Tel. 0 54 42/6 23 95

Postgasthof Gemse
Wer auf uriges Ambiente steht, der findet mit dem Postgasthof Gemse in Zams einen der ältesten Gasthöfe Tirols (seit 726 n. Chr.). Das stattliche Haus begeistert mit einer ausgezeichneten Küche. Tel. 0 54 42/6 24 78

Wanderkarten

Österreichische Landeskarte Blatt 144, Landeck, Blatt 145, Imst, 1:50000
Alpenvereinskarte Nr. 3/3, Lechtaler Alpen–Parseierspitze, 1:25000

Straßenatlas Siehe S. 778

IMST – MIEMINGER PLATEAU
TIROL

ACTION & SPORT

WANDERN & BERGTOUREN

FUN & FAMILY

WELLNESS & GENUSS

Ein Fall für Wanderer, Sportler und Abenteurer

Hochgebirge ist schön und sei es auch nur als Kulisse – wie am Rande des Inntals bei Imst, bei den Fernpass-Seen und auf dem Mieminger Plateau. Das Gebiet, das als Drehort der TV-Serie »Der Bergdoktor« seinen Bekanntheitsgrad deutlich steigern konnte, präsentiert sich als romantisches Wandergebiet. Im sehenswerten Imst, wo das Gurgltal ins Inntal mündet, hat man sich dagegen auf Sport und Kultur spezialisiert.

Hütten

Lehnberghaus (1554 m)
Die gemütliche rustikale Hütte ist Ausgangspunkt für Wanderungen und für den Klettersteig auf die Wankspitze (2209 m). Ausgangspunkt: Gasthof Arzkasten bei Obsteig. Dauer: 1,5 Std.; Übernachtungsmöglichkeiten. Tel. 06 76/5 34 47 91

Muttekopfhütte (1934 m)
Die neu renovierte Hütte in den Lechtaler Alpen ist der Ausgangspunkt für den Imster Klettersteig und für schöne Wanderungen, z.B. auf den Muttekopf (2774 m). Am schnellsten ist die Hütte von der Bergstation der Imster Bergbahnen ❶ aus über den Dirschlsteig zu erreichen (45 Min.). Hervorragende Küche, in der weitgehend Bioprodukte verwendet werden.

Saftige Wiesen, sonnengebräunte Stadel, schroffe Berge: Das Mieminger Plateau bietet eine grandiose Kulisse.

Nur wenige Autominuten vom Inntal entfernt breiten sich sanfte, von steilen Bergmassiven umrahmte Almwiesen aus. Dazwischen schaffen malerisch gelegene Seen wie der Fernsteinsee, Föhrenwälder und die im Herbst gelb leuchtenden Lärchen ein ideales Bühnenbild – nicht nur für eine Fernsehserie, sondern auch für den Urlaub. Doch es hat durchaus seinen Reiz, auf den Spuren der beliebten TV-Reihe zu spazieren oder zu radeln: etwa auf dem »Bergdoktor-Radwanderweg«, der vom Mieminger See aus zu den verschiedenen Drehorten führt. Höhepunkt ist der romantische kleine Ort Wildermieming, in dem das Haus des Bergdoktors steht. Man mag von der Serie halten, was man will, aber die 28 km lange, relativ leichte Genusstour lohnt sich auf jeden Fall, kommt man dabei doch zu einigen der schönsten Plätze des Hochplateaus. Anspruchsvollere Mountainbike-Touren führen hinein in die Bergwelt der Mieminger Kette, z.B. von Holzleiten hinauf zum Marienberg. Radfahrer mit genügend Kondition kurbeln weiter Richtung Fernpass, kommen an dem smaragdgrünen Weißensee und dem Blindsee vorbei, bevor es über die Muthenau-Alm zurück aufs Mieminger Plateau geht.
Wer lieber mit beiden Beinen auf dem Boden bleibt, findet gemütliche, gut ausgeschilderte Rundtouren auf dem Plateau; die Wanderwege im Landschaftsschutzgebiet bei Obsteig tragen das Bergweg-Gütesiegel. Von dem netten Ort, dem die Burg Klamm malerisch zu Füßen liegt, führt der Alpsteig hinauf zum Simmering mit seiner prachtvollen Aussicht aufs Ötztal und weit übers Inntal hinweg.

ADAC der perfekte Urlaubstag

9 Uhr: Bergdoktor-Radwanderweg vom Badesee Mieming zum Bergdoktor-Haus und zurück
12 Uhr: Baden und Picknicken am Badesee Mieming
15 Uhr: Fahrt mit der Bergbahn Imst zum Alpine Coaster
19 Uhr: Besuch der Kleinkunstbühne in der Waldarena Tarrenz

Adressen & Bergbahnen — Landesvorwahl 00 43

Urlaubsregion	Tourismusverband **Imst-Gurgltal**; Tel. 0 54 12/6 91 00; E-Mail: info@imst.at; www.imst.at; Tourismusverband **Mieminger Plateau & Fernpass-Seen**, Tel. 0 52 64/81 06; E-Mail: info@mieminger-plateau.at; www.mieminger-plateau.at
Entfernungen	Hamburg 862 km; Berlin 729 km; Köln 649 km; Frankfurt a. M. 479 km; Stuttgart 274 km; München 143 km

❶ Imst
Imster Bergbahnen
Berg/Tal 12,50 €

❷ Obsteig
Grünberglift
nur Di und Do in Betrieb
Berg/Tal 7 €

Siehe auch Preisteil S. 637

Action & Sport

MOUNTAINBIKE	KLETTERSTEIGE	RAFTING	CANYONING	REITEN
PARAGLIDING	DRACHENFLIEGEN	KLETTERGÄRTEN	TENNIS	WINDSURFEN
KAJAK/KANU	WASSERSKI	TAUCHEN	HOCHSEILGARTEN	GOLF

TOP TIPP Für **Kletterer** ❶ ist Imst eine ideale Urlaubsregion: 6 Klettergärten mit mehr als 280 verschiedenen Routen und zahlreiche alpine Touren lassen kaum Wünsche offen – außer bei Regen. Dann steht Kletterern in Imst eine der modernsten Kletterhallen Europas offen. 93 Routen mit bis zu 28 m Länge; 850 m² Vorstieg und Toprope; 170 m² Boulderbereich. Die Ausrüstung kann komplett ausgeliehen werden. Schnupperkurse gibt es nach Absprache. Tel. 0 54 12/62 65 22; www.kletterhalle.com

Bungee-Jumping	Pitzenklammbrücke, Imst	94 m hoch ist die höchste Fußgängerhängebrücke Europas, von der aus sich Wagemutige am Gummiseil in die Tiefe stürzen können – wenn nicht im letzten Moment doch noch die Nerven versagen. Sprungbetrieb ist von Mai bis Sept. Sa und So, Juli und Aug. auch Mi und Do. Tel. 0 54 12/6 91 00
Tauchen	Fernsteinsee/ Samerangersee	Das glasklare Wasser ist der besondere Reiz, den die beiden Seen am Fernpass Tauchern bieten. Die Sichtweite liegt bei optimalen Bedingungen bei 30 m und mehr. Beide Seen sind Privatbesitz des Hotels Schloss Fernsteinsee; tauchen dürfen nur Hotelgäste. Tel. 0 52 56/52 10
Canyoning	Hachleschlucht/ Salvesenschlucht/ Rosengartenschlucht	Vor allem die Hachleschlucht ist eine anspruchsvolle Canyoningtour, die einiges an Erfahrung voraussetzt. Mit Abseilstellen, Sprüngen und Kletterpassagen. Ideal für Einsteiger ist die Rosengartenschlucht. Ein geprüfter Canyoningführer ist aber auch hier notwendig. Tel. 0 54 12/6 91 00

Mit einem äußerst rassigen Klettersteig kann Imst aufwarten: In grandioser Umgebung führt er ausgesetzt und schwierig auf den Maldonkopf. Doch Nervenkitzel gibt es auch bequemer direkt bei der Imster Bergbahn: den 3,5 km langen Alpine Coaster. Die weltweit längste derartige Strecke führt durch atemberaubende Steilkurven, über Sprünge und Wellen den Berg hinunter. Auch in anderen Bereichen setzen die Imster auf die Abenteuerlust ihrer Gäste. Die Hauptrolle dabei spielt das Wasser: Eine Rafting-Tour auf dem Inn führt durch die schmale Imster-Karrer-Schlucht, Canyoning wird in der Hachle- oder der Salvesenschlucht zum Erlebnis, viel Geschick und Kraft brauchen Kajakfahrer und Kanuten auf den interessanten Weltcupstrecken. Wesentlich zahmer, aber unbedingt zu empfehlen ist die Wanderung durch die tief eingegrabene Rosengartenschlucht mit ihren ausgesprochen beeindruckenden Wasserfällen und der einzigartigen Pflanzenwelt. Der »Einstieg« zur Klamm befindet sich fast im Ortszentrum bei der Johanneskirche.

Dort, mitten in Imst, ist das Thema Wasser ohnehin allgegenwärtig: Mehr als 40 Brunnen verleihen der kleinen Stadt ein besonderes Flair. 18 davon waren einst Tränken für die vielen Gespanne, die in Imst Rast machten, bevor sie weiter Richtung Innsbruck, Arlberg, Reschen- oder Fernpass zogen. Die Lage an den wichtigen Handelswegen brachte der Stadt Reichtum, genau wie die Bodenschätze, die in den Erzbergwerken gefördert wurden. Daneben florierte noch ein anderes Geschäft: der Handel mit Kanarienvögeln. Ursprünglich wurden sie in den Gruben eingesetzt, um vor Gaseinbrüchen zu warnen. Die Bergleute begannen sie zu züchten, und es entwickelte sich daraus ein europaweit blühendes Gewerbe, wie im Heimatmuseum anschaulich dokumentiert wird.

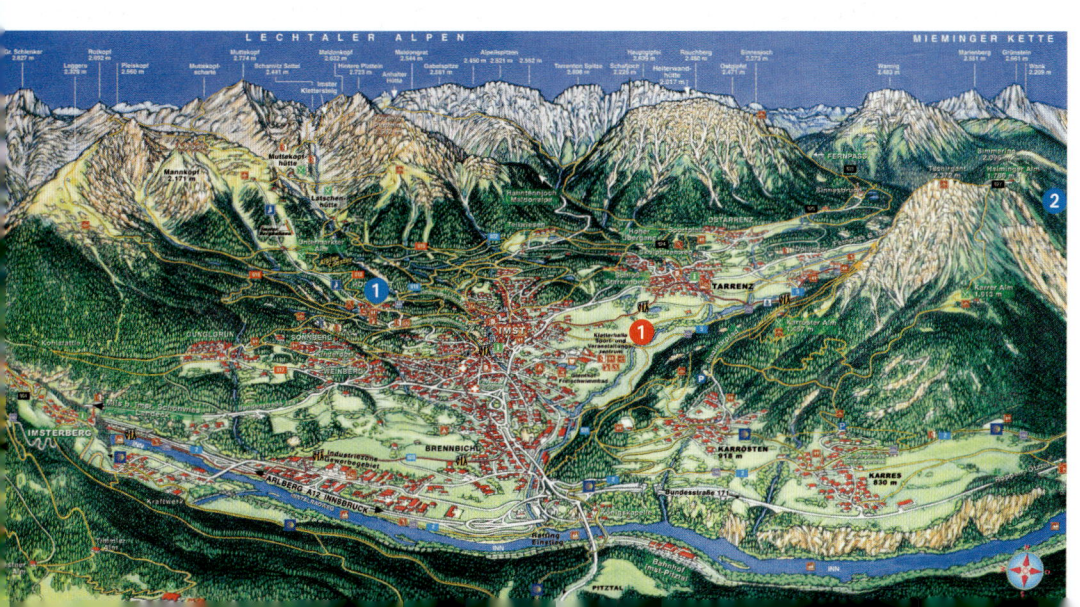

Restaurants

Grüner Baum
Traditionsgasthof in der Imster Oberstadt neben der Pfarrkirche mit bodenständiger Tiroler und österreichischer Küche. Tel. 0 54 12/69 01

Moosalm
Ein klassischer Landgasthof am Waldrand bei Mieming. Stilgerecht speist man hier Tiroler Hausmannskost inklusive hausgemachter Mehlspeisen. Ideal für Familien mit Kindern (großer Spielplatz vor dem Haus). Tel. 0 52 64/56 88, www.moosalm.at

Eine Kunstgalerie der besonderen Art ist der **Skulpturenweg Salvesen** in Tarrenz. Erschaffen wurden die Kunstwerke, die entlang des Weges zur wildromantischen Salvesenschlucht »erwandert« werden können, in den alle zwei Jahre stattfindenden Tarrenzer Bildhauersymposien. www.salvesen.at

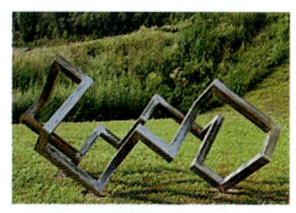

EVENTS

• Juni: Gurgltalfest
TschirgArt Jazz-Festival Imst
• Juli: KultURlaub Imst (Veranstaltungen/Workshops)
Volksmusikfest beim Bergdoktor-Haus
Dorffest Nassereith

Tarrenzer Gassenfest
Kleinkunst Waldarena Tarrenz
• Juli/August: Freilichtaufführungen des Theatervereins Humiste
• September: Mountainbike-Marathon Mieminger Plateau

Wanderkarten

Freytag & Berndt, WK 252 Imst, Landeck-Telfs, Fernpass 1:50000

Hotelempfehlungen

Imst S. 680
Innerkrems S. 680

Straßenatlas Siehe S. 778

PITZTAL
TIROL

ACTION & SPORT

WANDERN & BERGTOUREN

FUN & FAMILY

WELLNESS & GENUSS

Zeitreise unter dem Dach Tirols

Südlich der Imster Schlucht versteckt sich ein schmales Tal zwischen hohen Bergen. Jahrhundertelang hat sich dort nur wenig verändert, der Strom der Zeit schien einfach vorbeizufließen; bis 1983 die Gletscherwelt mit modernen Bergbahnen erschlossen wurde und damit im Pitztal ein neues Zeitalter begann. Neben armen Bergbauernhöfen stehen heute luxuriöse Hotels und Freizeitanlagen. Während früher die wenigen Sommergäste vor allem kamen, um auf die Berge zu steigen, lockt die Region heute auch mit einem trendigen, actionreichen Sportprogramm.

Vom Plattenrain im Unteren Pitztal aus ist die Sicht auf den markanten Tschirgant und ins Inntal bei Imst fantastisch.

ADAC der perfekte Urlaubstag

- **8.30 Uhr:** Auffahrt von Mandarfen mit der Rifflseebahn ❸ zum Rifflsee. Am Ostufer des Sees entlang zur nahen Rifflseehütte; zweites Frühstück vor grandiosem Panorama
- **10 Uhr:** über den Seebach zum Fuldaer Höhenweg. Der gut ausgebaute Steig führt ohne nennenswerte Schwierigkeiten, mit geringen Höhenunterschieden und fantastischer Aussicht zum Taschachhaus (2432 m)
- **13 Uhr:** Mittagsrast vor großer Hochgebirgskulisse am Taschachhaus
- **15 Uhr:** bequemer Abstieg durch das Taschachtal nach Mittelberg

»Was findet man im Pitztal? Links Felsen, rechts Felsen, und in der Mitte drin ist nichts.« So lautete das harsche Resümee einer frühen Reisebeschreibung. Wer heute bei Imst von der Inntal-Autobahn abbiegt, um ins Pitztal zu fahren, weiß sehr wohl, dass dem keinesfalls so ist: Besucher erwartet eine großartige Berglandschaft und ein von spannenden Kontrasten geprägtes Tal.

Von ihrem Ursprung im Herzen der Ötztaler Alpen zwängt sich die Pitze über 40 km lang zwischen die mächtigen Felswände von Geigenkamm im Osten und Kaunergrat im Westen. Weit, sonnig und zum Inntal hin offen empfängt der vordere Talbereich mit den Orten Arzl, Wenns und Jerzens den Besucher. Geschützt von den Bergen, lässt das milde Alpenklima auf einer Höhe von 1000 m Obst und Gemüse, ja sogar Getreide gedeihen. Dass es hier den Menschen allzeit besser ging als in den kargen Hochregionen im hinteren Talabschnitt, zeigt sich an den stattlichen Häusern von Wenns, unter denen vor allem das Richterhaus (»Platzhaus«) mit seiner prächtigen Renaissancebemalung hervorsticht. Die grünen Kögel und Almböden im Vorfeld des Hochgebirges sind ein Paradies für Spaziergänger und Wanderer. Etwas Besonderes bietet der Kulturweg: Er führt von Piller aus zum Gacher Blick auf der Pillerhöhe zu einem prähistorischen Brandopferplatz. 1500 Jahre, von der Bronzezeit bis zur Eisenzeit, wurden auf dem Steinaltar Tiere, Schmuck und

Verdiente Rast am Hochzeiger

Wandern & Bergtouren

TOP TIPP Ein kühles Sommerabenteuer ist die von ortskundigen Bergführern organisierte **Eis-Safari** ❶ durch die Pitztaler Gletscherwelt. Sie ist auch für Gletscher-Neulinge geeignet. Die eisigen Höhen an der Bergstation (3438 m) werden mühelos per Auffahrt mit dem Pitzexpress ❹ und der Panoramabahn ❺ erreicht. Die große Runde beinhaltet die professionelle Anleitung zum Gehen mit Steigeisen und die Durchquerung eines Eisbruchs mit Abseilen in eine Gletscherspalte nebst Spaltenbergung. Inmitten atemberaubender Szenerie führt der Abstieg über den Gletschersteig zum Taschachhaus (2432 m). Nach einer gemütlichen Brotzeit wird von dort mit dem Mountainbike zurück ins Tal gefahren. Tagestour inklusive Bergführer, Ausrüstung, Jause, Liftkarte und Leihbike: 83 €; Info: Club Alpin Pitztal; Tel. 0 54 13/8 50 00; www.club-alpin-pitztal.at

St. Leonharder Höhenweg Ausgedehnte Panoramawanderung für Trittsichere	Ausgangspunkt: Mittelstation Hochzeigerbahn ❶ (2000 m); Kugleter See – Hoher Gemeindekopf (2771 m) – Ludwigsburger Hütte (1935 m; evtl. Übernachtung) – Maurerköpfl (2528 m) – Innere Schwarzenbergalpe – Abstieg nach St. Leonhard/Eggenstall (1366 m); schmale Bergsteige, Trittsicherheit erforderlich; Zeit: ca. 8 Std.; Einkehr: Bergstation Hochzeiger, Ludwigsburger Hütte
Hohe Geige (3395 m) Relativ leichter, häufig bestiegener Dreitausender	Ausgangspunkt: Plangeroß (1612 m); Aufstieg zur Rüsselsheimer Hütte (2323 m, evtl. Übernachtung) – Richtung Weißmaurachkar, bei der Verzweigung links ins Hochkar – in Serpentinen durch die Südflanke zur Mulde unter dem Gipfel – über Firn und Geröll zum höchsten Punkt; Rückweg auf gleicher Route; steile, markierte Steige, Fels und Geröll, Trittsicherheit erforderlich; Zeit Plangeroß-Hütte: ca. 2 Std.; Hütte-Gipfel: ca. 5 Std.; Einkehr: Rüsselsheimer Hütte
Mainzer Höhenweg Hochalpiner Weg über den südlichen Geigenkamm	Ausgangspunkt: Plangeroß (1612 m); Aufstieg zur Rüsselsheimer Hütte (2323 m, Übernachtung) – Weißmaurachjoch (2953 m) – Rheinland-Pfalz-Biwak (3252 m) – Pitztaler Jöchl (2996 m) – Braunschweiger Hütte (2758 m, Übernachtung) – Mittelberg; Trittsicherheit und alpine Erfahrung nötig, für Firnfelder Steigeisen erforderlich; Zeit: ca. 2,5 Tage; Einkehr: Rüsselsheimer Hütte, Braunschweiger Hütte
Rappenkopf (2320 m) Mittelschwere Genusswanderung zu Füßen der Rofelewand	Ausgangspunkt: St. Leonhard/Piösmes (1366 m); Arzler Alpl (1880 m) – Jagdhütte (1983 m) – von Osten auf den Gipfel; Abstieg westlich vom Gipfel zur Jagdhütte – von dort weiter auf der Aufstiegsroute; breiter Almweg und markierter Bergsteig, Trittsicherheit erforderlich; Zeit: ca. 5 Std.; Einkehr: Arzler Alpl
Wildspitze (3770 m) Großartige Gletschertour auf den höchsten Gipfel Nordtirols	Ausgangspunkt: Mittelstation Pitztaler Gletscherbahn (2860 m) ❹; Mittelbergferner – Mittelbergjoch (3166 m) – über den oberen Taschachferner Richtung Mitterkarjoch – am Südwestrücken zum Südgipfel; Rückweg auf gleicher Route; anspruchsvolle Hochtour über weite, spaltenreiche Gletscher; hochalpine Erfahrung und Ausrüstung (Pickel, Steigeisen, Seil) notwendig; Bergführer empfehlenswert; Zeit: ca. 7 Std.; Club Alpin Pitztal; Tel. 0 54 13/8 50 00; www.club-alpin-pitztal.at

Münzen geopfert. Lohnend ist die Wanderung aber auch wegen der herrlichen Aussicht ins Inntal. Völlig anders wird das Landschaftsbild südlich von Jerzens, im inneren Pitztal. Die Berge rücken näher zusammen, dichter Wald und Buschwerk bedecken die steilen, über 1000 m hohen Flanken. Die Gipfel reichen oft über die 3000-m-Grenze. Nur wenige Häuser haben Platz im schmalen Talboden. Über 22 km erstrecken sich die 23 Weiler von St. Leonhard, der einzigen Innerpitztaler Gemeinde. Vorbei an mehr als 40 tosenden Wasserfällen geht es schließlich nach Mittelberg, wo sich das Tal in Mittelberg- und Taschachtal gabelt. Beide führen hinein ins hohe Gebirge, in eine grandiose Gletscherwelt, die von der Wildspitze überragt wird, dem höchsten Berg Nordtirols.

Die rasante Entwicklung von einem bitterarmen, abgeschiedenen Tal zu einer modernen Tourismusregion zeigt sich besonders deutlich an den Siedlungen im Talschluss. Neben bescheidenen Almen und bodenständigen Bergbauernhöfen stehen heute moderne, große Hotels. Ausgelöst wurde der Boom 1983 durch die Erschließung der Gletscher als Ganzjahresskigebiet. Aus dem urtümlichen, abgeschiedenen Tal wurde eine spannende Freizeitarena, in der nahezu alles geboten wird, was trendig ist: vom Bungee-Jumping in Arzl über Canyoning in den wilden Schluchten, Mountain-

Die letzten Meter zum Gipfel der Wildspitze

Hütten

Ludwigsburger Hütte (1935 m)
Die familienfreundliche, früher unter dem Namen Lehnerjochhütte bekannte Alpenvereinsunterkunft steht in aussichtsreicher Position unter den Spitzen des nördlichen Geigenkamms. Sie ist Ausgangspunkt für die Besteigung des Fundusfeiler (3079 m) sowie hochwillkommene Zwischenstation am langen St. Leonharder Höhenweg; Ausgangspunkt: Zaunhof bei Wiese (1266 m); Zeit: ca. 2 Std.; Tel. 0 54 14/8 75 37

Rüsselsheimer Hütte (2323 m)
Die ehemalige Neue Chemnitzer Hütte unterhalb des wilden Weißmaurachkars ist Rast- und Übernachtungsstation für Gipfelaspiranten der Hohen Geige (3395 m) und für Bergsteiger, die auf dem langen Mainzer Höhenweg unterwegs sind; Ausgangspunkt: Plangeroß (1612 m); Zeit: ca. 2 Std.; Tel. 06 64/2 80 81 07, www.dav-ruesselsheim.de

Kaunergrathütte (2817 m)
Die traditionsreiche Alpenvereinshütte ist zwar ein lohnendes Ziel für Wanderer, die rundum mächtig aufragenden Urgesteinsgipfel sind jedoch kletter- und hochgebirgserfahrenen Bergsteigern vorbehalten. Der markanteste – und auch am häufigsten bestiegene – Berg ist die Watzespitze (3532 m). Kaum weniger große Brocken sind Verpeilspitze (3423 m) und Seekarlesschneid (3207 m); Ausgangspunkt: Plangeroß (1612 m); Zeit: ca. 3,5 Std.; Tel. 0 54 13/8 62 42

Rifflseehütte (2289 m)
Die Alpenvereinshütte steht auf einer Sonnenterrasse am Ufer des Rifflsees mit hervorragender Aussicht zum Ötztaler Hauptkamm. Im Sommer ist sie Ausgangspunkt für den Cottbuser und den Fuldaer Höhenweg; Ausgangspunkt: Tieflehn (1650 m); Zeit: ca. 2,5 Std.; bequemer ist es, mit der Rifflseebahn ❸ bis kurz vor die Hütte zu fahren; Tel. 0 54 13/8 62 35

Braunschweiger Hütte (2758 m)
Das Alpenvereinshaus über der Quelle der Pitze war einst Ausgangspunkt für große Gletschertouren. Die erste Bergsteigerunterkunft des Tales liegt heute zwischen zwei Liftgebieten, die Gipfelauswahl ist entsprechend eingeschränkt. Hauptziele sind der Mainzer Höhenweg und die Wildspitze (3768 m); Ausgangspunkt: Mittelberg (1736 m), weiter durch das Taschachtal; Zeit: ca. 2,5 Std.; Tel. 0 54 13/8 62 36, www.braunschweiger-huette.at

PITZTAL

Action & Sport

MOUNTAINBIKE	KLETTERSTEIGE	RAFTING	CANYONING	REITEN
PARAGLIDING	DRACHENFLIEGEN	KLETTERGÄRTEN	TENNIS	WINDSURFEN
KAJAK/KANU	WASSERSKI	TAUCHEN	HOCHSEILGARTEN	GOLF

TOP TIPP Atemberaubende 94 m über der Arzler Pitzenklamm spannt sich die **Pitzenklammbrücke** ❷, ein Hängebrücke mit einer Spannweite von 137,7 m. Für die meisten reicht es schon, über Europas höchste Fußgängerbrücke zu spazieren, Wagemutige können hier beim **Bungee-Jumping** ihre Nerven testen. Denn es gehört eine große Portion Mut dazu, das sichere Geländer loszulassen, um im freien Fall in die Tiefe zu stürzen. Weniger Mutige können sich auch von der Brücke abseilen lassen; Info: Pitztal Bungy; Tel. 0 54 12/6 15 71; www.pitztal-bungy.com

Mountainbiken	Pitztal Bike Weg	Ausgangspunkt Imst (827 m); auf interessanten Wegen bis Mittelberg/Gletscherstube (1891 m); Dauer/Charakter: ca. 5 Std.; 42 km; 1400 Höhenmeter, überwiegend mittlere Schwierigkeit Mountainbike-Karten bei den Tourist-Infos erhältlich; geführte Touren: Club Alpin Pitztal; Tel. 0 54 13/8 50 00; www.club-alpin-pitztal.at
Reiten	Reithof Pitztal, Tieflehn Reitstall Piller, Wenns	Haflingerhof mit Unterricht, Ausritten, Trekking- und Wanderritten; Tel. 0 54 13/8 63 47; www.reithof-pitztal.com Western-Reitschule, Ausritte, Trekking- und Wanderritte; Tel. 0 54 14/8 75 10; www.neu-amerika.at
Paragliding	Fluggebiet Hochzeiger, Jerzens	Ideales Fluggebiet bei Jerzens, Startplatz neben der Bergstation Hochzeiger (2370 m) ❶ ❷. Tandemflug/Flugschule: Parataxi; Tel. 0 54 14/8 64 94; E-Mail: parafly@telering.at

L(M)ärchenwald – Tier- und Spielparadies

Alles, was sich Kinder – und Eltern – nur erträumen können, wird in diesem schön gelegenen Familienhotel der besonderen Art in Wald bei Arzl geboten: 25000 m² Freizeitareal, ein 170 m²-Kinderspielhaus, 150 Tiere von Kängurus bis zur Lamaherde. Geschulte Kinderbetreuer ermöglichen freie Tage für die Eltern und tolle Abenteuer für die Junioren, von 7 bis 22 Uhr. Besondere Attraktionen sind Pony-Reiten und Lama-Trekking. Leider gilt das Angebot nur für Hotelgäste.
Tel. 0 54 12/64 13 10, www.laerchenwald.com

Luis-Trenker-Steig

Durch die bei Arzl tief in den Felsen gefressene wilde Pitzenklamm führt der gut ausgebaute Luis-Trenker-Steig. Die teilweise auf Holzstegen verlaufende Weganlage schlängelt sich manchmal direkt über dem schäumenden Wasser an den steilen Felswänden entlang. Auch für gehfreudige Kinder ist diese Tour ein faszinierendes Abenteuer. Seinen Namen erhielt der Steig übrigens, weil der Vater des berühmten Bergsteigers Luis Trenker aus Arzl stammte; Zeit: ca. 1 Std.

---

biken hinauf zu den Hütten und Paragliden von der Bergstation Hochzeiger.

Die ersten Touristen im Pitztal waren selbstverständlich die Bergsteiger. 1892 wurde die Braunschweiger Hütte als wichtige Zwischenstation auf dem Weg zur Wildspitze fertig gestellt. Weitere Alpenvereinshütten und Bergwege kamen hinzu, die Region wurde dadurch immer stärker erschlossen. Oberste Priorität für Gipfelstürmer hat jedoch nach wie vor die Besteigung der Wildspitze. Dank dem Pitzexpress, der Gletscherbahn, ist aus der Zweitagestour eine Halbtagestour geworden. Trotzdem führt die Route über tückisch zerklüftete Gletscher. Gleiches gilt für die zahlreichen anderen eisgekrönten Gipfel um Sexegerten-, Taschach- und Mittelbergferner. Auch wenn Seilbahnen in der Nähe sind: Wer hier weiter nach oben will, betritt hochalpines Gelände und muss entsprechend ausgerüstet und ausgebildet sein. Auf alle Fälle ist man am Seil eines Bergführers auf der sichersten Seite. Bei 380 km markierten Wanderwegen finden sich jedoch auch genügend Alternativen. Intensiv erwandern und erleben kann man die atemberaubende Landschaft auf den aussichtsreichen Höhenwegen. Je nach Zeit und Bergerfahrung stehen Fuldaer, Cottbuser, St. Leonharder und Offenbacher Höhenweg zur Auswahl. Eine anspruchsvolle Hochtour ist der über etliche 3000er führende Mainzer Höhenweg. Aus einer interessanten Kombination verschiedener Routen entstand der Pitztal-Höhenweg, der in sechs Tagesetappen von der Hochzeigerbahn zur Braunschweiger Hütte führt.

Endstation für Wanderer

Ziemlich wilde Berggestalten halten an Geigenkamm und Kaunergrat den Wanderer auf Distanz. Selbst die Hüttenanstiege sind ausgewachsene Bergtouren – wie z. B. die Tour von Plangeroß zur Kaunergrathütte. Die schroffen Felsflanken und -grate von Seekarlesschneid, Verpeil- und Watzespitze fordern den klassischen, vielseitig talentierten Alpinisten; so wird für die meisten die Hütte Endstation sein. Auf der gegenüberliegenden Seite, am Geigenkamm, steht die Rüsselsheimer Hütte. Die frü-

Adressen & Bergbahnen — Landesvorwahl 00 43

Urlaubsregion (880 m -1740 m)	Tourismusverband **Pitztal**; Tel. 0 54 14/8 69 99; E-Mail: info@pitztal.com; www.pitztal.com	❶ ❷ Jerzens Hochzeiger Bergbahnen Berg/Tal 13 €
Weitere Orte	Arzl • Jerzens • Mandarfen • Mittelberg • St. Leonhard • Wenns • alle www.pitztal.com	❸ Mandarfen Rifflseebahn Berg/Tal 13 €
Entfernungen	Hamburg 888 km; Berlin 755 km; Köln 676 km; Frankfurt a. M. 506 km; Stuttgart 301 km; München 169 km	❹ ❺ Mittelberg Pitztaler Gletscherbahnen Berg/Tal 21,50 € Siehe auch Preisteil S. 637

here Chemnitzer Hütte ist ein ausgesprochen beliebtes Ziel, zumal trittsicheren Bergwanderern auch der Weg nach oben offen steht: Der Aufstieg zum Gipfel der Hohen Geige ist relativ problemlos. Auf beiden Talseiten, im Naturpark Kaunergrat und am Geigenkamm, fühlen sich die 1953 wieder eingebürgerten Steinböcke derart wohl, dass dort inzwischen die größten Steinwild-Kolonien Tirols heimisch geworden sind. Um den Bestand in Grenzen zu halten, endet das eine oder andere Tier schon mal in den Kochtöpfen der Rüsselsheimer Hütte. Bei Steinbockbraten und Gletscherblick lässt es sich dann trefflich philosophieren über ein faszinierendes Alpental zwischen gestern und heute, zwischen Pitzexpress und einsamer Bergwelt.

Keine Seltenheit sind im Pitztal inzwischen die Steinböcke.

Hotelempfehlungen

Arzl-Wald S. 666
Jerzens S. 682
St. Leonhard S. 706
Wenns S. 710

Wanderkarten

Freytag & Berndt WK 251, Ötztal, Pitztal-Kaunertal, Wildspitze; 1:50000

Straßenatlas Siehe S. 778

ÖTZTAL
TIROL

Die »Heumandln« beweisen: Auch Sölden, das heute als modernes touristisches Zentrum des Ötztals gilt, hat eine bäuerliche Tradition.

ACTION & SPORT

WANDERN & BERGTOUREN

FUN & FAMILY

WELLNESS & GENUSS

ADAC *der perfekte Urlaubstag*

- **9 Uhr:** auf dem »Ötztal Mountainbike Trail« von Oetz bis Längenfeld
- **11 Uhr:** Baden und Relaxen in der Therme Längenfeld
- **13 Uhr:** Mittagessen bei den Mesner Stuben in Längenfeld
- **15 Uhr:** Besuch im Ötzi-Dorf in Umhausen
- **19 Uhr:** deftiges Tiroler Abendessen im Gasthaus Moos im Ortsteil Moos bei Sölden

Ein Tal mit vielen Gesichtern

Wer denkt, das Ötztal fällt nach langen, intensiven Wintern in den Sommerschlaf, der täuscht sich. Denn die Berge bieten auch für Wanderer und Bergsteiger reichlich Möglichkeiten. Unten im Tal spaziert man auf den Spuren von Ötzi, relaxt in modernen Erlebnisbädern oder verausgabt sich beim extremen Radmarathon. Und entdeckt das Ötztal von einer neuen, eher beschaulichen, aber nie langweiligen Seite.

Ob man es nun laut mag oder leise, ob man den Urlaub in den Bergen vor allem mit Unterhaltung und Nachtleben füllen will oder doch lieber in einsamen Höhen die Natur genießen möchte: Kaum ein anderes Tal in den Tiroler Bergen schafft es, derart unterschiedliche Geschmäcker und Interessen unter einen Hut zu bringen. Im Winter mag das Ötztal – und hier speziell der Hauptort Sölden – der Inbegriff für Partys und ausgelassene Stimmung sein. Die bemerkenswerte Anhäufung von entsprechenden Lokalitäten unterstreicht das auch, doch im Sommer hat das Ötztal seinen Besuchern weit mehr zu bieten.

Das tief zwischen die Stubaier und Ötztaler Alpen eingeschnittene Tal führt vom Inntal aus in südlicher Richtung bis zum Alpenhauptkamm und ist mit rund 60 km das längste Seitental des Inns. Das Landschaftsbild ist entsprechend vielfältig und reicht vom klimatisch begünstigten Taleingang auf rund 700 m Höhe bis zur mehr als 3700 m hohen Wildspitze. Der höchste Tiroler Gipfel liegt inmitten der größten Gletscherregion der Ostalpen und steht bei Bergsteigern nach wie vor ganz weit oben auf der Wunschliste. Das Ötztal selbst ist relativ schmal, die Bergflanken links und rechts sind steil und abweisend. Sie verbergen mehr als sie zeigen, erst ganz weit hinten im Gurgler Tal werden die wunderschönen Gletschergipfel wie auf einem Tablett serviert – ein atemberaubender Anblick, vor allem bei Sonnenaufgang.

Wandern & Bergtouren

TOP TIPP — Eine hochalpine Wanderung in der Welt der Dreitausender, allerdings ohne größere Strapazen und mit zahlreichen gemütlichen Hütten: Die **Venter Hüttenwanderung** ❶ ist eine echte Genusstour, eine gute Kondition und etwas Trittsicherheit sollte man dennoch mitbringen. Der Auftakt der Rundtour ist bequem, die Sesselbahn Wildspitze ❽ bringt einen von Vent (1895 m) zur Stableinalm (2356 m). Auf gutem Steig geht es erst flach, dann zunehmend steiler hinauf zur Breslauer Hütte (2844 m). Ohne große Höhenunterschiede quert man aussichtsreich die sonnseitigen Hänge ins Vernagttal und steigt kurz zur Vernagthütte (2755 m) auf. Die Alpenvereinshütte liegt inmitten eines schönen Wiesenfleckens, eingerahmt von Moränenwällen. Leicht fallend führt der Weg um den Kamm der Guslarspitzen (3147 m) zum Hochjochhospiz (2413 m), das auf einer kleinen Terrasse rund 150 m über dem Rofental liegt. Durch das Tal wandert man schließlich an den Rofenhöfen (2011 m), den höchstgelegenen ganzjährig bewirtschafteten Höfen im Ötztal, vorbei und zurück nach Vent. Leichte, aber lange Bergwanderung; Zeit: ca. 8 Std.; Einkehr: Breslauer Hütte, Vernagthütte, Hochjochhospiz, Gasthof Rofenhof; geführte Touren beim Bergführerbüro Vent; Tel. 0 52 54/81 06

Andreas-Hofer-Weg Zum Naturschutzgebiet Piburger See	Ausgangspunkt: Brandachbrücke bei Oetz (812 m); Ötztaler Ache – Habichen – Wellerbrücke – Piburger See (914 m) – Piburg (959 m); abwechslungsreiche, leichte Wanderung; Zeit: ca. 2 Std.; Einkehr: Piburger See
Schmugglerweg (2862 m) Hochalpine, schwierige Tour auf historischen Pfaden	Ausgangspunkt: Sölden (1368 m); Windachtal – Siegerlandhütte (2710 m) – Windachscharte (2862 m) – Timmelsalm (1975 m) – Gasthaus Hochfirst (ca. 1760 m, Südtirol); Rückweg mit dem Bus über das Timmelsjoch; die hochalpine Tour kann man jeden Mittwoch unter Leitung eines Bergführers machen; Zeit: ca. 8 Std.; Einkehr: Lochlealm, Gasthaus Fiegl, Siegerlandhütte, Gasthaus Hochfirst
Hohe Mut (2653 m) Traumhafter Aussichtsrücken mit Postkarten-Motiv	Ausgangspunkt: Obergurgl, Bergstation Hohe Mut (2653 m) ❶; Bärenhoppet – In Kirchen (2641 m) – Rotmoostal – Schönwieshütte (2266 m) – Zirbenwald – Obergurgl (1907 m); einfache, überaus aussichtsreiche Bergabwanderung; Zeit: ca. 4,5 Std.; Einkehr: Hohe-Mut-Häusl, Schönwieshütte
Kreuzspitze (3455 m) Dreitausender für Bergwanderer	Ausgangspunkt: Vent (1895 m); Niedertal – Martin-Busch-Hütte (2501 m, evtl. Übernachtung) – Kreuzspitze; Rückweg auf dem Anstiegsweg; lange, mittelschwere Tour auf einen der höchsten für Wanderer erreichbaren Dreitausender der Ostalpen; Zeit: ca. 9 Std.; Einkehr: Martin-Busch-Hütte

DAV-Tipp

Brandenburger Haus (3274 m)
Majestätisch thront die stattliche Berghütte auf dem Südrücken der Dahmannspitze (3397 m), hoch über den ausgedehnten Firnfeldern des Gepatsch- und Kesselwandferners. Damit ist das Brandenburger Haus die höchste Alpenvereinshütte in den Ostalpen. Alle Anstiege führen im Schlussteil über zum Teil spaltige Gletscher, entsprechende Erfahrung und Ausrüstung sind daher Voraussetzung. Hüttenwirt Markus Pirpamer bewirtschaftet die Hütte im Sommer, im Winter kümmert er sich um das Hochjochhospiz (2412 m). Ausgangspunkt ist Vent (1895 m), über das Hochjochhospiz und den Kesselwandferner zur Hütte; Zeit: ca. 7 Std.; Tel. 06 64/5 40 25 74

Stuibenfall
Rund 150 m stürzen die Wasser des Horlachbaches auf ihrem Weg von Niederthai ins Ötztal bei Umhausen in die Tiefe. Damit gilt der Stuibenfall als Tirols größter und schönster Wasserfall. Ein Wanderweg führt zu der Sehenswürdigkeit, die von Mai bis Oktober jeden Mittwoch beleuchtet wird. Eine kostenlose Informationsbroschüre zum Stuibenfall ist im Tourismusbüro erhältlich.

In Zwieselstein teilt sich das Ötztal in das Gurgler Tal mit Obergurgl und das Venter Tal mit dem gleichnamigen, beschaulichen Bergdorf auf 1896 m Höhe. »Bergsteigerdorf« wird Vent gern genannt, was aber nur die halbe Wahrheit ist. Vent ist ein lohnenswertes Ziel für alle Bergbegeisterten und bietet sowohl Spaziergängern und Wanderern als auch Bergsteigern der extremen Richtung zahlreiche Ziele. Dazu tragen vor allem die vielen Hütten bei, die die Anstiege auf die unzähligen Dreitausender wie Similaun, Wildspitze oder Hochvernagtspitze verkürzen, aber auch mehrtägige Wanderungen von Unterkunft zu Unterkunft ermöglichen.

Die Tour zur Similaunhütte auf dem Niederjoch, die bereits auf Südtiroler Gebiet steht, ist schon deshalb interessant, weil das Haus nur eine halbe Stunde von der Fundstelle des Ötzi entfernt ist. Ein Denkmal steht wenige Meter von der Stelle entfernt, an der am 19. September 1991 das Ehepaar Simon zufällig die Mumie entdeckte.

Erfahren, wie Ötzi lebte

Auch wenn der Steinzeitmann aus dem Eis nun bei den Nachbarn in Südtirol im Archäologischen Museum in Bozen ausgestellt ist, nutzen die Ötztaler den »Ötzi-Effekt« bestmöglich aus. Nicht nur dass viele zur Fundstelle pilgern, im »Ötzidorf« in Umhausen kann man auch Ötzis Lebensweise kennen lernen. Mit wissenschaftlicher Hilfe hat man dort ein prähistorisches Dorf nachgebaut, das eine der touristischen Attraktionen im Tal geworden ist. Überhaupt bietet das Ötztal seinen Besuchern eine umfangreiche und attraktive Infrastruktur. Dazu gehört beispielsweise das besagte Ötzi-Dorf oder das Ötztaler Heimat- und Freilichtmuseum in Län-

Ausgangspunkt und Ausflugsziel gleichermaßen: das »Bergsteigerdorf« Vent

🇦🇹 ÖTZTAL

Action & Sport ✹✹✹✹✹

MOUNTAINBIKE	KLETTERSTEIGE	RAFTING	CANYONING	REITEN
PARAGLIDING	DRACHENFLIEGEN	KLETTERGÄRTEN	TENNIS	WINDSURFEN
KAJAK/KANU	WASSERSKI	TAUCHEN	HOCHSEILGARTEN	GOLF

TOP TIPP Mit dem Mountainbike durch das gesamte Ötztal: Der **»Ötztal Mountainbike Trail«** ❷ zählt zu den klassischen Routen in Tirol, ist allerdings höchst anspruchsvoll. Von Ötztal Bahnhof (704 m) im Inntal bis zur Langtalereckhütte (2430 m) unterhalb des Gurgler Ferners – und damit von den Apfelplantagen bis zum ewigen Eis – führt die Strecke, die nur von konditionsstarken Fahrern an einem Tag zu bewältigen ist. In Zahlen ausgedrückt: rund 78 km Länge und 2210 Höhenmeter. Bequemer ist es, die Tour auf zwei Tage aufzuteilen. Am Taleingang bei Ötztal Bahnhof und Sautens (809 m) ist die Strecke noch relativ harmlos. Ab Sölden (1368 m) kommen dann die schweren Anstiege, erst auf die Gaislachalm (1968 m) mit Trial ins Venter Tal und schließlich von Obergurgl (1907 m) zur Langtalereckhütte (2430 m). Man fährt überwiegend auf Rad- und Schotterwegen und ruhigen Asphaltstraßen. Infos und geführte Touren: Outdoor Vacancia, Sölden; Tel. 0 52 54/31 00; Mountainbike-Verleih in nahezu allen Bike-Handlungen und Sportgeschäften

Klettersteige	Lehner Wasserfall, Umhausen	Anspruchsvolle Sportklettersteige mit teils senkrechten Stellen; Infos und Führungen: Bergführerstelle Längenfeld – Huben; Tel. 0 52 53/55 21; www.bergfuehrer-laengenfeld.com
	Reinhard-Schiestl-Klettersteig, Längenfeld	Bergsport- und Erlebnisschule Sölden; Tel. 0 52 54/23 40; www.bergfuehrer-soelden.com
Rafting	Ötztaler Ache und Inn	Feelfree Touristik Oetz; Tel. 0 52 52/6 03 50; www.rafting-tirol.at Kajak- und Raftingschule Ötztal, Oetz; Tel. 0 52 52/67 21; www.rafting-oetztal.at A2, Sölden; Tel. 06 64/2 55 42 62; www.aquadrat-soelden.at Vacancia, Sölden; Tel. 0 52 54/31 00; www.vacancia.at
Canyoning	Auer Klamm, Albach bei Oetz	Eindrucksvolle Canyoning-Touren verschiedener Schwierigkeitsgrade, auch für Einsteiger; Touren werden angeboten von: Feelfree Touristik, Oetz; Tel. 0 52 52/6 03 50; www.rafting-tirol.at Kajak- und Raftingschule Ötztal, Oetz; Tel. 0 52 52/67 21; www.rafting-oetztal.at
Klettergärten	Engelswand, Umhausen Astlehn, Längenfeld Oetz	Mehrere gut abgesicherte Klettergärten in Straßennähe, kurze Zustiege, Routen in den Schwierigkeitsgraden 4 bis 9; Infos und Kurse bei: Bergführerstelle Längenfeld – Huben; Tel. 0 52 53/55 21; www.bergfuehrer-laengenfeld.com; Bergsport- und Erlebnisschule Sölden; Tel. 0 52 54/23 40; www.bergfuehrer-soelden.com
Reiten	Reitschule Ötztal	Reitunterricht, Wanderritte durch das Ötztal oder Pferdetrekking mit einem Führer; Reiterhof Haderlehn; Tel. 0 52 52/61 42

Stille Schönheit: Der Piburger See bei Oetz liegt inmitten eines Naturschutzgebiets.

Hütten

Breslauer Hütte (2844 m)

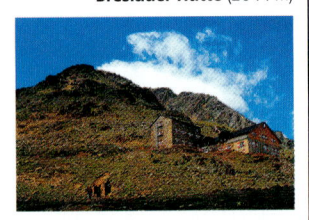

Die Alpenvereinshütte am Fuß der Wildspitze (3768 m) ist ein beliebtes Ausflugsziel. Schöner Höhenweg zur Vernagthütte (2766 m), wichtiger Stützpunkt für die Wildspitze, den höchsten Tiroler Gipfel. Ausgangspunkt ist Vent; Zeit: ca. 3 Std.; der Anstieg kann bei Benutzung der Sesselbahn bis Stablein (2356 m) ❽ auf ca. 1,5 Std. verkürzt werden; Tel. 0 52 54/81 56; www.venter.at

Gampealm (2020 m)
Die urige Hütte oberhalb von Sölden empfiehlt sich für gemütliche Familienausflüge. Einerseits, weil das kleine Almdorf wirklich malerisch liegt, andererseits ist die Hütte von der Ötztaler Gletscherstraße aus in einer Viertelstunde zu Fuß erreichbar. Tiroler Küche, hausgemachte Mehlspeisen; Spielplatz für Kinder; Tel. 0 52 54/21 44

Similaunhütte (3017 m)
Die über 100 Jahre alte Hütte auf dem Niederjoch mit Traumblick auf den Similaun (3599 m) liegt auf Südtiroler Grund, befindet sich aber im Besitz der Familie Pirpamer aus Vent. Außen wurde sie frisch mit Holzschindeln verkleidet und auch innen zeigt sie sich renoviert. Rund eine halbe Stunde oberhalb der Hütte befindet sich die Fundstelle des legendären Ötzi. Ausgangspunkt ist Vent, Anstieg durch das Niedertal über die Martin-Busch-Hütte (2501 m); Zeit: ca. 4,5 Std.; Tel. 00 39 04 73 66 97 11

Ramolhaus (3006 m)
Was für eine Lage! Die Hütte im hintersten Gurgler Tal bietet einen spektakulären Blick auf die gegenüberliegenden Eisflächen des riesigen Gurgler Ferner, der in seiner ganzen Größe zu bestaunen ist. Und das ist noch nicht alles: Die Krönung ist der Sonnenaufgang! Zustieg von Obergurgl; Zeit: ca. 4 Std.; Tel. 0 52 56/62 23

Oetz: Der Ort am Taleingang gab dem ganzen Tal seinen Namen.

genfeld/Lehn. Daneben gibt es aber auch das naturverbundene und romantische Ötztal, das man zum Beispiel im Naturschutzgebiet am Piburger See erleben kann, einem idyllischen Bergsee bei Oetz, der im Sommer schnell angenehme Badetemperatur erreicht. Wem das Wasser trotzdem zu kalt ist, der kann sich ein Ruderboot mieten oder einfach durchs Naturschutzgebiet wandern, um die kleinen Schönheiten am Wegesrand zu entdecken.

Für alle, denen dies zu langweilig ist, gibt es natürlich auch das moderne, trendige und actionreiche Ötztal, das einen Riecher für Geschäftsideen hat und vor allem in Sölden beheimatet ist. Das Hoteldorf ist vom Tourismus geprägt wie kaum ein anderer Ort in Österreich, ein Ende des Wachstums ist nicht in Sicht. Nach Wien ist Sölden der Ort mit den meisten Übernachtungen in Österreich. Der Wintertourismus ist dabei die Hauptstütze, doch auch im Sommer gibt es genügend Attraktionen. Am Rettenbach- und Tiefenbachferner sind die Pisten das ganze Jahr über bestens präpariert, die Gletscherstraße bis zum Rand des ewigen Eises ist gleichzeitig ein beliebtes Ausflugsziel, und Gondelbahnen bringen Gäste bequem hinauf in die Welt der Dreitausender. Von der Bergstation der Schwarzen-Schneid-Bahn sind es nur noch wenige Minuten auf den Gipfelkamm der Schwarzen Schneid und damit zum höchsten Punkt der »Big 3«, eine der neuesten Attraktionen von Sölden. Drei Plattformen auf drei mit Bergbahnen erschlossenen Dreitausendern bieten Platz zum Schauen und Staunen. Auf der Schwarzen Schneid markiert ein Obelisk in der Mitte einer runden Holzplattform den Gipfel mit 360-Grad-Rundumblick. Unter dem Gipfelkreuz des Gaislachkogels ragt ein auf hohen, dünnen Stelzen stehendes Rondell ins Freie, und neben der Gondelbahn-Bergstation unter dem Tiefenbachkogel überrascht die spektakulärste Plattform: Ein 25 m langer, von zwei Stahlseilen gehaltener Steg schwebt kühn über dem Abgrund und bietet traumhafte Aus- und Tiefblicke.

Lange Wellness-Tradition

Unten im Tal haben die Söldener im Nachbarort Längenfeld kräftig investiert und mit dem neuen »Aqua Dome« das Thema Wellness ins Ötztal geholt. Längenfeld blickt zwar auf eine lange Kurbad-Tradition zurück – das Thermalwasser (44 °C) wurde bereits im 16. Jh. erwähnt –, doch so richtig Gewinn bringend wurden die heißen Schwefelquellen nicht genutzt. Stattdessen floss das Wasser in eine Naturtherme am Rand des Tales, nur wenige Minuten von der Straße entfernt. Die gibt es heute leider nicht mehr, da das Wasser aus einem unterirdischen See in 1865 m Tiefe jetzt komplett für den modernen »Aqua Dome« gebraucht wird, eine aufwändig gestaltete Bade- und Wellnesslandschaft mit Aufsehen erregender Architektur.

Fun & Family

Skate- und Funpark Sölden	An der Talstation der Gaislachkogelbahn für Inlineskates, Rollerskates, Skateboards, Snakeboards; Street Soccer, Street Hockey, Basketball
Base Youth World	Funpark am Parkplatz beim Rettenbachferner mit Street Soccer, Street Ball, Gamecenter, Cyber Lounge und Möglichkeiten für Skateboarder
Ötztaler Heimat- und Freilichtmuseum Längenfeld/Lehn	Museum mit alten Bauernhöfen und Ställen, zeigt die Geschichte des bäuerlichen Lebens; Tel. 0 52 53/ 55 40; www.oetztal-museum.at
Mineralienschau im Berggasthof Silbertal Sölden	Die Sammlung auf der Gaislachalm zeigt nicht nur den größten Einzelgranat Europas, sondern auch Mineralien aus aller Welt; Infos: Tel. 0 52 54/29 87

TOP TIPP Eine Reise in die Steinzeit: Wie Ötzi einst gelebt hat, das vermittelt das im Jahr 2000 eröffnete Ötzidorf ❸ in Umhausen. Auf rund 9000 m² wurde eine Dorfgemeinschaft aus Ötzis Zeit unter wissenschaftlicher Leitung nachgebaut. Dazu gehören ein Hüttenlager, Brotbacköfen, Bogenschießplatz und ein Jägerbiwak; Tel. 0 52 55/5 00 22; www.oetzi-dorf.com

EVENTS

- **Juni:** Schafübertrieb vom Schnalstal nach Vent
- **Juli:** Kirchweihfest in Sölden
  Sommer-Musikfestival
  Kirchweih in Vent
- **August:** Ötztaler Gletscherflohmarsch
  Ötztaler Radmarathon 
- **September:** Jochfest an der Timmelsjochstraße
  Schafübertrieb von Vent ins Schnalstal

Vent – in Ötzis Nachbarschaft
Rund um das Bergsteigerdorf Vent findet man noch eine relativ unberührte, hochalpine Gebirgslandschaft mit grenzüberschreitenden Kontakten. Seit Jahrhunderten haben die Südtiroler Hirten aus dem Schnalstal das Recht, ihre Herden im Sommer auf den Bergwiesen rund um Vent weiden zu lassen. Der Deutsche Alpenverein unterstützt den kleinen Ort im Ötztal seit Jahren mit der Aktion »Pro Vent« bei der Etablierung eines nachhaltigen Tourismus für alle Bergsportler.

Freizeitarena Sölden
Erlebnisbad mit vielseitigem Angebot: Wellnessbad, Spaßbad für Kinder, Wildwasserkanal, Saunalandschaft, Tennishalle, Badminton, Volleyball, Handball, Fitness-Center und Fungames; Tel. 0 52 54/25 14; www.freizeit-soelden.com

ÖTZTAL

Restaurants

Gasthof zum Stern
Im alten Dorfkern von Oetz steht der historische Gasthof, dessen Wurzeln aus dem 16. Jh. stammen. So besagt es zumindest eine Inschrift am Gebäude. Ein traditionelles Haus mit sehenswertem Interieur und bodenständiger Küche; Tel. 0 52 52/63 23

Mesner Stuben
Das ehemalige Längenfelder Pfarrhaus aus dem 15. Jh. ist heute ein klassisches Tiroler Wirtshaus. Nostalgisches Ambiente, regionale Spezialitäten; Tel. 0 52 53/62 90

Ötztaler Stube
Was nach Wirtshaus klingt, ist in Wirklichkeit ein Gourmetrestaurant im noblen Fünf-Sterne-Hotel Central in Sölden. Hochdekorierte Haubenküche mit internationaler Prägung; Tel. 0 52 54/2 26 00; www.central-soelden.at

Wildspitz
In frischem Glanz zeigt sich das bereits zur Jahrhundertwende erbaute Haus am Ortseingang von Vent. Die gemütlichen, holzgetäfelten Stuben sind jedoch erhalten geblieben, sodass man sich auf Anhieb wohl fühlt. Tel. 0 52 54/81 19; www.wildspitz.at

Wanderkarten

Österreichische Landeskarte; Blätter 146 Oetz, 172 Weißkugel, 173 Sölden, 174 Timmelsjoch, 1:50000
Alpenvereinskarte; Blätter 30/1 Ötztaler Alpen, Gurgl; 30/2 Ötztaler Alpen, Weißkugel; 30/5 Ötztaler Alpen, Geigenkamm; 31/1 Stubaier Alpen, Hochstubai; 1:25000
Freytag & Berndt; WK 251 Ötztal, Pitztal, Kaunertal, Wildspitze; 1:50000

Adressen & Bergbahnen — Landesvorwahl 00 43

Urlaubsregion	Urlaubsregion **Ötztal**; Tel. 0 52 52/22 69 11; E-Mail: info@oetztal.at; www.oetztal.at	
Längenfeld (1180 m)	Tourismusverband Längenfeld; Tel. 0 52 53/52 07; E-Mail: info@laengenfeld.com; www.laengenfeld.com	
Obergurgl (1907 m)	Tourismusverband Obergurgl-Hochgurgl; Tel. 0 52 56/64 66; E-Mail: info@obergurgl.com; www.obergurgl.com	
Oetz (812 m)	Tourismusverband Oetz; Tel. 0 52 52/66 69; E-Mail: info@oetz.com; www.oetz.com	
Sölden (1368 m)	Tourismusverband Sölden – Ötztal Arena; Tel. 0 52 54/51 00; E-Mail: info@soelden.com; www.soelden.com	
Vent (1895 m)	Tourismusverband Vent; Tel. 0 52 54/81 93; E-Mail: info@vent.at; www.vent.at	
Weitere Orte	**Gries** www.tiscover.at/gries.laengenfeld • **Sautens** www.sautens.com • **Umhausen** www.tiscover.at/umhausen	
Entfernungen	Hamburg 910 km; Berlin 835 km; Köln 697 km; Frankfurt a. M. 527 km; Stuttgart 322 km; München 195 km	

1. **Obergurgl** Gaisberg- und Hohe-Mut-Lift Berg/Tal 11 €
2. **Oetz** Panoramagondelbahn Acherkogel Berg/Tal 12,50 €
3. **Sölden** Gaislachkogelbahn Berg/Tal 19 €
4. **Sölden** Schwarze-Schneid-Bahn Berg/Tal 11 €
5. **Sölden** Tiefenbachferner Berg/Tal 11 €
6. **Sölden** Hochsölden Berg/Tal 7 €
7. **Sölden** Rotkogl Berg/Tal 3,50 €
8. **Vent** Stablein/Wildspitze Berg/Tal 8,80 €

Siehe auch Preisteil S. 637

Zurück nach Sölden, in einen Ort mit zwei Seiten, die unterschiedlicher nicht sein könnten: Westlich des Tales wurden die Hänge zwischen Gaislachkogel und Hochsölden komplett für den Skizirkus geopfert, während das Windachtal gegenüber absolut einsam und ursprünglich geblieben ist. Hier ist sie noch zu finden, die unberührte Bergwelt und das nur wenige Meter entfernt vom quirligen Hoteldorf Sölden. Das lange Tal führt bis unter das Zuckerhütl, den höchsten Gipfel der Stubaier Alpen; hier erleichtert keine Seilbahn den Anstieg, lediglich ein Taxi verkürzt den Zustieg.

Das Ötztal, ein Tal mit vielen Gesichtern: Oetz am Eingang des Ötztals zeichnet sich durch sein außergewöhnlich mildes Klima aus. Die Vegetation ist geradezu üppig, sogar Pfirsiche, Aprikosen und Edelkastanien gedeihen hier dank der geschützten Lage. Was für ein Kontrast zum Talschluss, wo die Sommer kurz und die Gletscher nahe sind. Vor allem ganz hinten, wo das von stolzen Dreitausendern und zahlreichen Gletschern umgebene Gurgler Tal liegt. In den Wintermonaten liegt hier so viel Schnee, dass die Straße übers Timmelsjoch, die kurvenreich ins Südtiroler Passeiertal führt, sogar gesperrt werden muss. Doch auch im Sommer hat das Gebiet seinen Besuchern einiges zu bieten. Obergurgl, das höchste Kirchdorf Österreichs, machte im Jahr 1931 weltweit Schlagzeilen, nachdem der Stratosphären-Ballon von Auguste Piccard auf dem Gurgler Ferner landete. Zudem ist Obergurgl ein Paradies für Wanderer und Bergsteiger. Das offene und sonnenverwöhnte Tal ist umgeben von stolzen Dreitausendern und bietet auch Wanderern die Möglichkeit, gefahrlos bis in den Bereich des ewigen Eises zu steigen oder auf Logenplätzen wie dem Ramolhaus zu übernachten. Wer dort oben einmal einen der traumhaften Sonnenunter- und aufgänge erlebt hat, wird dieses Erlebnis wohl nie vergessen.

Viel Sonne und reine Luft

Die Höhenlage von Obergurgl führt zwar dazu, dass der Schnee erst im Mai langsam dem Grün der Wiesen weicht, doch dafür bietet der Ort reinste Höhenluft. Ein Pluspunkt vor allem für Pollenallergiker, die hier selbst während der Hauptblütezeit keine Probleme haben. Auch Hausstaubmilben oder Schimmelpilze gibt es in dieser Höhe nicht. Außerdem ist die Wahrscheinlichkeit, dass es regnet, relativ gering: Mit gerade einmal 800 mm fallen in dieser Region im Jahr nur halb so viel Niederschläge wie in den bayerischen Bergen und damit verbunden scheint außergewöhnlich viel Sonne – die Son-

Wo das Tal noch sanft ist: Oetz mit dem Piburger See.

nenscheindauer soll um zehn Prozent höher sein als im italienischen Bozen.

Berge sind schön, doch nicht alle zieht es auf die Gipfel. So mancher sportliche Höhepunkt wartet auch im Tal. Die Ötztaler Ache ist das passende Terrain für rasante Rafting- und Kajakausflüge. Canyoning – oder Schluchtenwandern – kann man im Ötztal ebenso ausprobieren wie Inlineskating oder Street Soccer, wobei auch hier Sölden die Nase vorn hat. Nur wenige Minuten sind es von der Straße bis zu den Einstiegen überaus schwieriger Sportkletterrouten in Klettergärten. Luftig und äußerst fotogen sind die Klettersteige, die ebenfalls alle relativ kurze Zustiege haben.

Auch Mountainbiker können hier auf ihre Kosten kommen: Der »Ötztal Mountainbike Trail« führt durch das ganze Tal von Ötztal Bahnhof bis zur Langtalereckhütte oberhalb von Obergurgl; dazwischen liegen rund 78 km und 2210 Höhenmeter. Wem das zu wenig ist, der sollte sich beim alljährlichen Ötztaler Radmarathon anmelden: Von Sölden führt die Route nach Kühtai, via Innsbruck über den Brenner bis nach Sterzing. Nächstes Ziel ist der Jaufenpass, dann fährt man ins Passeiertal und über das Timmelsjoch zurück ins Ötztal – 238 km und 5500 Höhenmeter – und das nicht in einer Woche, sondern an nur einem Tag. Auch so kann man das Ötztal erleben.

Nasskaltes Erlebnis: Canyoning gehört zu den Trend-Angeboten im Ötztal.

Aqua Dome
Die »Tirol Therme Aqua Dome« in Längenfeld ist das neue und spektakuläre Erlebnisbad im vorderen Ötztal. Neben der Therme mit Thermenhalle und verschiedenen Außen- und Innenbecken gibt es noch das Spaß- und Wellness-Center Aqua Dome mit Saunadorf, Beauty-Angeboten und dem Arche-Noah-Familienbereich. Hier gibt es einen Kinderaußenbereich mit Kaskadenwasserfällen, einen Pool mit Sandbänken und ein Kinderrestaurant. Zum exklusiven Relaxen empfiehlt sich der Aqua Dome Club, zum Übernachten das angrenzende Hotel;
Tel. 0 52 53/64 00;
www.aqua-dome.at

Hotelempfehlungen

Hochgurgl S. 678
Hochsölden S. 678
Huben S. 680
Obergurgl S. 695
Oetz S. 697
Sölden S. 704
Vent S. 709
Zwieselstein S. 711

Straßenatlas   Siehe S. 778

Seefeld mit Leutaschtal
Tirol

ACTION & SPORT

WANDERN & BERGTOUREN

FUN & FAMILY

WELLNESS & GENUSS

Sommerfrische im Langlaufparadies

Golfen statt Winterwandern, Mountainbiken statt Langlaufen, Bergsteigen statt Skifahren – die Olympiaregion Seefeld gibt sich auch im Sommer betont sportlich. Die Kulisse ist in der gesamten Region faszinierend, Unterschiede gibt es dagegen bei den beiden Hauptorten Seefeld und Leutasch, die zwei Welten symbolisieren: Während Seefeld mondän, fast schon luxuriös ist, gibt man sich in Leutasch bäuerlich und familiär.

Wie eine Arena liegt das Seefelder Plateau inmitten der Bergketten. Vor kalten Nordwinden schützt die Mauer des Wettersteins; links und rechts bilden die Ausläufer des Karwendels und der Felsklotz der Hohen Munde, dem markanten und nicht zu übersehenden Eckpunkt der Mieminger Kette, den Rahmen. Im Süden liegt die breite Furche des Inntals, dahinter ragen die Stubaier Alpen in den Himmel. Die Arena selbst ist eine von der Sonne verwöhnte, zweigeteilte Wiesenterrasse mit Seefeld auf der einen und Leutasch auf der anderen Ebene. Dazwischen liegt ein sanft gewellter, dicht bewaldeter Höhenrücken.

»Olympiaregion« nennt sich das Hochplateau, auf dem Seefeld, Leutasch, Mösern, Reith und Scharnitz liegen, nicht von ungefähr. Während der Olympischen Winterspiele von Innsbruck 1964 und 1976 wurden hier die nordischen Wettbewerbe ausgetragen; 1985 fanden die Nordischen Skiweltmeisterschaften statt. Im Sommer präsentiert sich die Langlaufhochburg als Freizeit- und Familienparadies mit einer schier grenzenlosen Auswahl an Aktivitäten: Golfen kann man auf einem herrlichen Golfplatz; einer der unzähligen Spaziergänge auf dem Plateau führt zur Friedensglocke des Alpenraums bei Mösern, die an einem traumhaften Platz hoch über dem Inntal steht. Mountainbiker können entweder bequem auf dem Plateau über Wiesen und durch Wälder radeln oder in einem der grandiosen Karwendeltäler die sportliche Herausforderung suchen. Urige Almen, gemütliche Hütten und aussichtsreiche Berge locken Wanderer in die Höhe. Und selbstverständlich werden auch geführte Nordic-Walking-Touren angeboten (Tel. 0 52 12/23 13, Anmeldung erforderlich). Kinder haben ihre Freude im

Oben die einsamen Gipfel, unten der quirlige Ort: Seefeld liegt geschützt im Talboden, umgeben von beeindruckenden Bergen.

ADAC *der perfekte Urlaubstag*

- **9 Uhr:** Bergfahrt auf das Seefelder Joch ❹ ❺ und Rundwanderung über Seefelder Spitze, Reither Spitze und Nördlinger Hütte zur Bergstation Härmelekopf ❻ ❹; mit der Bahn zurück nach Seefeld
- **15 Uhr:** Besuch des Ganghofermuseums in Leutasch
- **16.30 Uhr:** Relaxen am Möserer See
- **18 Uhr:** Spaziergang zur Friedensglocke bei Mösern

• 182 •

Wandern & Bergtouren

TOP TIPP Viel zu schauen gibt es auf der **Panoramawanderung** ① vom Seefelder Joch (2060 m) auf die **Seefelder Spitze** (2221 m) und weiter zur **Reither Spitze** (2374 m). Bergauf geht es ganz bequem mit der Standseilbahn ④ und einer Seilbahn ⑤ bis zum Seefelder Joch. Auf den nahen Aussichtsgipfel der Seefelder Spitze führt ein Wanderweg. Wer bei dieser Kulisse Lust auf mehr bekommt, der kann gleich weitergehen. Erst durch die Schuttmassen des kargen Reither Kars, dann auf gesichertem Steig durch leichte Felsen auf die Reither Spitze, eine Aussichtskanzel direkt über dem Inntal. Abstieg zur etwas unterhalb liegenden Nördlinger Hütte (2239 m, siehe Hüttentipp). Von hier aus zur Seilbahnbergstation Härmelekopf ⑥ und gelenkschonend mit den Bahnen ins Tal. Mittelschwere Wanderung, Trittsicherheit erforderlich; Zeit: ca. 3 Std.; Einkehr: Nördlinger Hütte; geführte Touren bei der Leutascher Bergwanderschule; Tel. 0 52 14/6 32 30, oder bei der Bergwanderschule Karwendel; Tel. 06 76/3 00 98 59

Eppzirler Alm (1455 m) Einfache Wanderung in einen großartigen Almboden	Ausgangspunkt: Gießenbach (1011 m); Gießenbachtal – Eppzirler Tal – Eppzirler Alm; Rückweg auf dem Anstiegsweg; einfache Wanderung, Zeit: ca. 2 Std.; Einkehr: Eppzirler Alm
Scharnitzjoch (2046 m) Leichte Wanderung für Konditionsstarke durch ein einsames Tal	Ausgangspunkt: Leutasch/Lehner (1105 m); Puittal – Scharnitzjoch – Scharnitztal – Wangalm – Klamm (1172 m); Rückkehr nach Lehner mit dem Bus; Zeit: ca. 5 Std.; Einkehr: Wangalm
Hohe Munde-Ostgipfel (2592 m) Lange Bergtour auf einen außergewöhnlichen Aussichtsgipfel	Ausgangspunkt: Moos/Bergstation des Mundelifts (1605 m); Rauthhütte – Moosalm – Ostflanke der Hohen Munde – Munde-Ostgipfel; trittsichere Bergsteiger gehen noch weiter auf den Westgipfel (2662 m); Rückweg auf dem Anstiegsweg; Trittsicherheit und Schwindelfreiheit nötig; Zeit: ca. 6 Std.; Einkehr: Rauthhütte

Fun-Spielpark Leutasch mit Sommerrodelbahn (Tel. 0 52 14/62 19) oder – vor allem bei Schlechtwetter ein Tipp – im Play Castle Seefeld (Tel. 0 52 12/5 26 90; www.marcati.at).

Gegensätzlicher als Leutasch und Seefeld können zwei Nachbarorte kaum sein, doch genau das ist wohl das Geheimnis des Erfolgs. Wie willkürlich hingestreut liegen die 24 Ortsteile von Leutasch inmitten wunderschöner Wiesen. Traumhafte Höfe und malerische Häuser bestimmen das Bild, ursprünglich und familiär geht es zu – eine alpenländische Idylle wie im Heimatfilm. Ein Klischee, das nicht zuletzt Ludwig Ganghofer zu verdanken ist: In seinem Jagdhaus Hubertus im Gaistal verbrachte der Schriftsteller, dessen Werke viel gelesen und häufig verfilmt wurden, mehrere Jahre seines Lebens. Dort verfasste er unter anderem auch sein bekanntestes Werk, »Das Schweigen im Walde«. Im Ganghofer-Museum in Leutasch wird sein Leben und Wirken dokumentiert, ebenso die Dorfgeschichte.

Ursprüngliche Bergwelt

Seefeld dagegen ist fast schon mondän, vor allem in den Wintermonaten, wenn viel Nerz das Straßenbild prägt. Anziehungspunkte sind das Casino, eine erstklassige, mit Sternen überhäufte Hotellerie (darunter gleich vier Fünf-Sterne-Hotels) und die Fußgängerzone. Da wird fast der Platz für das »Seekirchl« knapp, das idyllisch am Ortsrand von Seefeld steht – ein Hort der Ruhe inmitten des quirligen Tourismusortes. Viel versprechend ist auch die Flucht nach oben: Eine Standseilbahn und zwei Seilbahnen erschließen Seefelder Joch sowie Härmelekopf und erleichtern somit den Zugang zu der Gipfelwelt um die Reither Spitze, die entsprechend frequentiert ist.

Nur wenige Meter abseits davon taucht man bereits in die einsame Bergwelt ein, etwa auf dem für trittsichere Geher äußerst lohnenden Panoramasteig des Freiungen-Höhenwegs zum Solsteinhaus. Gegenüber lockt das Massiv der Hohen Munde. Der stumpfe Kegel ragt mit seiner breiten Ostflanke unübersehbar über dem Seefelder Plateau auf und begeistert vor allem durch seine freie Lage. Ein Aussichtsberg der Extraklasse, doch vor dem Gipfelgenuss steht ein schweißtreibender Anstieg.

Die eher schroffen, teils mit senkrechten Felswänden aufragenden Berge nördlich des Plateaus sind für den Großteil der Besucher ein schönes, aber unerreichbares Beiwerk. Lediglich die Gehrenspitze wird häufiger bestiegen, der große Rest bleibt Kletterern vorbehalten, die sich auch von etwas brüchigem Kalk nicht abschrecken lassen. Dafür ist es in diesen Routen garantiert einsam. Das gilt auch

Das Karwendel bei Scharnitz lockt mit zahlreichen Mountainbike-Zielen vor großartiger Bergkulisse.

Restaurants

Hotel Klosterbräu
Schön das Ambiente, fein die Küche – die »Ritter-Oswald-Stube« in einem ehemaligen Kloster in Seefeld aus dem 16. Jh. gefällt nicht nur Feinschmeckern; Tel. 0 52 12/2 62 10; www.klosterbraeu.at

Restaurant Kracherle Moos
Der ungewöhnliche Name ist leicht erklärt. »Kracherle« ist das Tiroler Wort für Limonade, die früher an diesem Ort hergestellt wurde. Limo gibt's noch immer als Getränk, doch das Niveau dieses Seefelder Hauses ist eher gehoben, sodass man zum Essen in den rustikalen Stuben des alten Tiroler Bauernhauses eher einen der zahlreichen Weine genießt; Tel. 0 52 12/46 80

Restaurant Monika
Das bürgerliche Gasthaus passt ideal zur Leutasch. Verwendet werden vor allem Produkte aus heimischen Bauernhöfen, die nach alter Familientradition bewirtschaftet werden. Die Speisen werden frisch zubereitet, die Beilagen sind hausgemacht; Tel. 0 52 14/66 11

Friedensglocke des Alpenraums
Die Bronze-Glocke steht an einem Panoramaplatz westlich von Mösern hoch über dem Inntal. Sie ist die größte frei stehende Glocke des Alpenraums und wurde anlässlich der gelungenen 25-jährigen grenzüberschreitenden Zusammenarbeit zwischen Tirol, Bayern und Südtirol im Rahmen der ARGE ALP (Arbeitsgemeinschaft Alpenländer) errichtet. Täglich um 17 Uhr wird die 10 t schwere, 2,51 m hohe Glocke geläutet.

🇦🇹 SEEFELD MIT LEUTASCHTAL

Action & Sport ☀☀☀☀

MOUNTAINBIKE	KLETTERSTEIGE	RAFTING	CANYONING	REITEN
PARAGLIDING	DRACHENFLIEGEN	KLETTERGÄRTEN	TENNIS	WINDSURFEN
KAJAK/KANU	WASSERSKI	TAUCHEN	HOCHSEILGÄRTEN	GOLF

Olympia Seefeld
Großzügiges Hallenbad mit Badelandschaft, Wildbachströmung, Felsinseln, eigener Halle mit Nichtschwimmer- und Kinderplanschbecken, Freibecken, Saunawelten, Warmwasser-Säulenhalle, Wellnessangeboten; Tel. 0 52 12/32 20, www.members.aon.at/olympia-seefeld

Alpenbad Leutasch
Ein ähnliches Angebot hat das Alpenbad Leutasch, zusätzlich mit FKK-Bereich und 82-m-Rutsche; Tel. 0 52 14/63 80, www.leutasch.com/alpenbad

TOP TIPP Ob Einsteiger oder Sportfreak: **Mountainbike-Touren** ❷ in die langen Karwendeltäler machen einfach Spaß. Kilometerweit geht es auf teils flachen, dann auch wieder kräftig ansteigenden Forstwegen hinein ins Herz des Karwendels. An erster Stelle der Beliebtheitsskala steht dabei das Karwendeltal mit der urigen Larchetalm inmitten einer wunderschönen Wiese als Rastpunkt und dem Karwendelhaus (1771 m) als Ziel. Herrlich sind auch die Touren ins Hinterautal zur Quelle der Isar und weiter bis zum Hallerangerhaus ins Gleirschtal zur Pfeishütte. Geführte Touren: Tirolalpin Natur-Sport-Events; Tel. 0 52 14/51 52; www.tirolalpin.at, und Bike Academy; Tel. 0 79/7 97 73 86, www.tirol.com/bike-academy

Paragliding	Härmelekopf, Seefeld	Startplatz bei der Liftstation (2034 m) ❹ ❻; Tandemflüge: Tel. 06 64/1 24 40 10, www.parashuttle.info; Gleitschirmfliegen-Schnupperkurs bei Tirolalpin Natur-Sport-Events, Tel. 0 52 14/51 52, www.tirolalpin.at
Golf	Golfclub Seefeld-Wildmoos	18-Loch-Meisterschaftsplatz, Par 72, Driving Range, Übungsgelände; Tel. 06 99/16 06 60 60; www.seefeldgolf.com
	Golfacademy Lenerwiese	Großes Übungsareal im Dorfzentrum von Seefeld, Driving Range und 6 Spielbahnen; Tel. 06 64/3 84 24 80; www.golfnadine.com
Tennis	Estess Tennisschule, Seefeld	Estess Tennisschule; Tel. 0 52 12/23 13; www.estess.com Casino-Tennishalle (WM-Halle); Tel. 0 52 12/20 95 und Tennisclub, Tel. 0 52 12/28 88, www.tennisclub-seefeld.com
	Tenniszentrum, Reith	Tenniszentrum Reith, Hotel Alpenkönig Tirol; Tel. 0 52 12/33 20
Reiten	Reitschule Seefeld	Reitanlage mit Reithalle, Außenplatz; Reitunterricht und Ausritte; Tel. 0 52 12/25 54
	Reitstall Leutasch	Tschapers Reitstall mit Außenplatz; Dressur- und Springstunden, Ausritte, Tel. 0 52 14/63 66

Wanderkarten

Österreichische Landeskarte Blatt 117, Zirl, Blatt 118, Innsbruck, 1:50000
Alpenvereinskarte Blatt 4/3, Wetterstein- und Mieminger Gebirge – Östliches Blatt; Blatt 5/1, Karwendelgebirge – Westliches Blatt, 1:25000
Freytag & Berndt WFK 322-1 Seefeld–Leutasch–Scharnitz; 1:25000

für den Großteil des Karwendels. Der rund 920 km² große Gebirgszug ist nach wie vor ursprünglich und weitgehend unberührt. Kilometerlange Täler führen zu schönen Almen und gastlichen Hütten. Dank mehrerer Natur-, Ruhe- und Landschaftsschutzgebiete, die zum Alpenpark Karwendel zusammengefasst wurden, ist die Berggruppe auch in Zukunft vor Erschließungen sicher. Interessante Details sowohl über Geologie als auch über Flora und Fauna erfährt man im Infozentrum in Scharnitz. Dort kann man sich auch zu einer der geführten Exkursionen anmelden (Tel. 0 52 45/2 50; www.karwendel.org).

Die Berge sind nicht zu übersehen, einige der Naturschönheiten auf dem Hochplateau wollen dagegen erst entdeckt werden. Etwa der Möserer See oberhalb des gleichnamigen Ortes, der zu den wärmsten Badeseen Tirols zählt. Lotten- und Wildmoos-

Wanderfinale am Gipfelgrat: Die Reitherspitze ist ein grandioser Aussichtsberg oberhalb von Seefeld.

Adressen & Bergbahnen
Landesvorwahl 00 43

Urlaubsregion	**Olympiaregion Seefeld**; Tel. 0 52 12/23 13; E-Mail: region@seefeld.com; www.seefeld.com	❶ Leutasch Kreitlift Berg/Tal 7 €
Leutasch (1136 m)	Infobüro Leutasch; Tel. 0 52 14/62 07; E-Mail: info@leutasch.com; www.leutasch.com	❷ Leutasch/Moos Mundelift Berg/Tal 10 €
Seefeld (1180 m)	Infobüro Seefeld; Tel. 0 52 12/23 13; E-Mail: info@seefeld.at; www.seefeld.com	❸ Seefeld Gschwandtkopflift Berg/Tal 10,50 €
Weitere Orte	**Mösern** www.tiscover.com/moesern • **Reith** www.tiscover.at/reith.seefeld • **Scharnitz** www.tiscover.at/scharnitz	❹ Seefeld ❺ Rosshütte–Seefelder Joch Berg/Tal 14,50 €
Entfernungen	Hamburg 899 km; Berlin 710 km; Köln 712 km; Frankfurt a. M. 517 km; Stuttgart 337 km; München 125 km	❹ Seefeld ❻ Rosshütte–Härmelekopf Berg/Tal 14,50 €

Siehe auch Preisteil S. 637

see leuchten wie kleine Juwelen inmitten ausgedehnter Wälder und schöner Wiesen – falls sie Wasser haben. »Im Winter viel Schnee, im Sommer viel See«, lautet die Bauernregel für die beiden »aperiodischen Gewässer«, die alle paar Jahre austrocknen. Damit die Gäste der Olympiaregion Seefeld unterwegs nicht »austrocknen«, gibt es zuhauf kulinarische Verführungsstationen. Manch geplante Wanderung ist allerdings so schon frühzeitig zu einem gemütlichen Ende gekommen.

Hütten

Oberbrunnalm (1523 m)
Gut, die Lage der benachbarten Eppzirleralm ist etwas schöner, gegen diesen Almkessel kommt man nicht an. Dafür ist hier alles eine Spur ruhiger, gemütlicher, uriger. Die Almhütte aus Holz ist klein und auf den Tisch kommt nur Hausgemachtes. Wer Ruhe und Ursprünglichkeit sucht, der ist hier genau richtig; Ausgangspunkt ist Gießenbach (1011 m, durch Gießenbach- und Karltal auf Forstwegen zur Alm; Zeit: ca. 1,5 Std.; Tel. 06 64/5 23 45 67

Nördlinger Hütte (2239 m)
So stellt man sich eine Hütte vor: aussichtsreich gelegen hoch über dem breiten Inntal, nach Süden ein überwältigender Blick auf die Stubaier Alpen, nach Westen eine Terrasse, auf der man die Abendsonne genießen kann. Hüttengipfel ist die Reither Spitze (2374 m), die in ca. 20 Min. zu erreichen ist. Von Seefeld aus zur Bergstation Härmelekopf ❹ ❻; von dort ca. 1 Std.; Tel. 06 64/1 63 38 61; www.noerdlingerhuette.at

Pleisenhütte (1757 m)
Die einzige private Schutzhütte des Karwendels ist etwas Besonderes. Maßgeblich verantwortlich für das gemütliche Ambiente der kleinen Hütte ist der »Pleisen-Toni«. Wer einmal dort war, kommt immer wieder, wegen des legendären Hüttenwirts – vielleicht aber auch wegen der schönen Lage oder der Pleisenspitze (2569 m), dem Hüttengipfel; Ausgangspunkt ist Scharnitz (964 m), Karwendeltal; Zeit: ca. 3 Std.; Tel. 06 64/9 15 87 92

Hallerangeralm (1774 m)
Vor rund 100 Jahren war der Zugang in dieses Jagdgebiet streng verboten. Heute dürfen alle ins Herz des Karwendels, von Scharnitz aus (964 m) durch das Hinterautal am Ursprung der Isar vorbei bis in den romantischen Talboden mit seiner einmaligen Kulisse. Von hier genießt man den schönsten Blick auf den Lafatscher mit seiner markanten Felsverschneidung, ein klassisches Postkartenmotiv aus dem Karwendel; Zeit: ca. 3 Std.; Tel. 0 52 13/52 77; www.halleranger-alm.at

Hotelempfehlungen

Leutasch S. 688
Mösern S. 690
Obsteig S. 697
Reith bei Seefeld S. 699
Scharnitz S. 701
Seefeld S. 704
Telfs-Buchen S. 708

Straßenatlas   Siehe S. 778

INNSBRUCK
TIROL

Herrliche Mountainbike-Routen führen von Innsbruck hinauf in Richtung Nordkette mit Blick auf die Stadt, den Patscherkofel und die Stubaier Gipfel.

ACTION & SPORT
WANDERN & BERGTOUREN
FUN & FAMILY
WELLNESS & GENUSS

ADAC – der perfekte Urlaubstag

- **8.30 Uhr:** Fahrt auf mautpflichtiger Bergstraße ins Halltal; Besuch der Anlagen des ehemaligen Salzbergwerks und der Herrenhäuser
- **10 Uhr:** Wanderung über das Issjöchl zum Lafatscher Joch (2081 m) im Herzen des Karwendel; Rückweg über den Issanger und Einkehr im stilvollen Gasthaus St. Magdalena, Rückfahrt nach Hall
- **14 Uhr:** Stadtbummel durch die verwinkelten Gassen im mittelalterlichen Zentrum von Hall
- **17 Uhr:** Abendfahrt mit der Nordkettenbahn ❹; herrliche Aussicht auf Sonnenuntergang, Berge und Lichtermeer; letzte Talfahrt 23.30 Uhr; Restaurant geöffnet; Tel. 05 12/29 33 44; www.nordpark.at

Beste Aussichten in der Alpenmetropole

So unterschiedliche Gebirgsgruppen wie Karwendel, Tuxer und Stubaier Alpen umrahmen den weiten Kessel um die Alpenmetropole Innsbruck und bieten Bergsteigern und Wanderern traumhafte Bedingungen. Doch auch für Familien sind die 25 Feriendörfer der Region ein ideales Ziel. Und das Sahnehäubchen bildet schließlich ein umfassendes, zum Teil recht abenteuerliches Sport- und Freizeitprogramm.

Wer hoch über dem Inntal wandert, will nicht so recht vom Fleck kommen. Zu vielgestaltig ist das Panorama, zu stark sind die Eindrücke und Erinnerungen. Mit der ersten Gondel schwebt man 1400 m hinauf zur Bergstation der Nordkettenbahn. Nur wenige Schritte sind es von dort bis zum Gipfelkreuz auf der Hafelekarspitze. Hier oben, genau 1760 m über den Dächern von Innsbruck, scheint die Welt mehrheitlich aus Bergen zu bestehen. Da ist es gar nicht so einfach, das Durcheinander der Kofel, Kögel und Spitzen zu enträtseln und jeden einzelnen Berg namentlich zu bestimmen.

Gegenüber, im Süden, zwängt sich das Wipptal zwischen Stubaier, Tuxer und Zillertaler Alpen gen Brenner. Rechts, vor den Zacken der Kalkkögel, geht es hinein ins Sellrain, welches vorrangig wegen seiner klassischen Skitourenziele geschätzt wird. Ein Image, das freilich zur Folge hat, dass es dort im Sommer außergewöhnlich ruhig ist. Und das wiederum wäre allein schon ein guter Grund, öfter mal im Sellrain die Wanderschuhe zu schnüren: Die Landschaft ist ausgesprochen reizvoll, es gibt malerische Seen, glitzernd klare Bergbäche und ein paar urige Alpenvereinshütten. Die Gipfel sind ohne Fehl und Tadel – einige davon sogar über 3000 m hoch und dennoch auf gletscherfreien Pfaden zu erreichen. Im Frühsommer leuchten Felder von Alpenrosen an den Hängen, die Pflanzenvielfalt ist legendär. Ein ursprünglich gebliebenes Wanderparadies, das zwar abseits der breiten Durchgangsstraßen und Modegebiete gelegen ist, sich jedoch keineswegs verstecken muss.

Tief unten liegt die sympathische Alpenmetropole Innsbruck, der unter anderem Kaiser Maximilian I. seinen Stempel aufgedrückt hat. Er war es, der das berühmteste Gebäude der Stadt, das Goldene Dachl, errichten ließ. Ein Besuch in einem der hervorragenden Museen wie dem Tiroler Landesmuseum (www.tiroler-landesmuseum.at),

Wandern & Bergtouren

TOP TIPP Einer der landschaftlich eindrucksvollsten Höhenwege ist der **Goetheweg** ❶, der zwischen wilden Karwendelzacken vom Hafelekar (2269 m) zur Mandlscharte (2277 m) führt. Ausgangspunkt ist die Bergstation Hafelekar der Nordkettenbahn bei Innsbruck ❹; auf herrlichen, aussichtsreichen Steigen zu Gleirschjöchl (2208 m), Mühlkarscharte (2243 m) und Mandlscharte (2277 m); der Bergsteig ist wenig anstrengend, da kaum Höhenunterschiede zu überwinden sind, Trittsicherheit und Schwindelfreiheit sind aber an manchen Stellen nötig (kurze Drahtseilsicherungen). Der Steig bietet sich auch als idealer Familienausflug an. Abstieg über die Arzlerscharte (2162 m) hinunter zur Talstation Hungerburg (850 m). Wer die Knie schonen will, sollte über den Goetheweg auch zurückgehen – er wird überrascht sein, welch großartige neue Perspektiven sich dabei eröffnen; Zeit: ca. 5 Std.; Einkehr: Bergstation Hafelekar

Zirbenweg Bequeme Panoramawanderung durch uralten Zirbenbestand	Ausgangspunkt: Igls/Bergstation Patscherkofelbahn (2246 m) ❷; Jausenstation Boscheben (2030 m) – Zirbenweg – Tulfeinalm (2035 m); fast ebene Bergpromenade auf 2000 m; Zeit: ca. 2 Std.; Abstecher auf gutem Steig zur Glungezerhütte und auf den Glungezer (2678 m, ca. 3 Std.); zurück nach Tulfes mit der Glungezerbahn ❺, mit Bus zum Ausgangspunkt (Rundtourkarte!); Einkehr: Patscherkofelhaus, Boscheben, Tulfeinalm, Glungezerhütte
Schlicker Seespitze (2804 m) Steiler Zacken im schroffen Kamm der Kalkkögel	Ausgangspunkt: Grinzens/Kemater Alm (1673 m); durch das Senderstal – Adolf-Pichler-Hütte (1977 m) – Franz-Senn-Weg – Seejöchl (2518 m) – Schlicker Seespitze; Rückweg auf gleicher Route; bis Seejöchl einfach, Gipfelanstieg durch brüchiges Gelände, Trittsicherheit und Schwindelfreiheit erforderlich; Zeit: ca. 6 Std.; Einkehr: Adolf-Pichler-Hütte
Roter Kogel (2832 m) Landschaftlich reizvolle Wanderung über einen einsamen Aussichtsgipfel im Sellrain	Ausgangspunkt: Sellrain/Fotscher Bergheim (1464 m); durch das Fotscher Tal – Potsdamer Hütte (2009 m) – über die Seenböden der Schafalm – Auf dem Sömen (2796 m) – Steig über den Kamm auf den Roten Kogel; Rückweg über die Schafalm zur Potsdamer Hütte und zurück zum Fotscher Bergheim; leichte, aber recht lange Bergwanderung; Zeit: ca. 7 Std.; Einkehr: Fotscher Bergheim, Potsdamer Hütte
Großer Bettelwurf (2726 m) Karwendel-Klassiker mit anstrengendem Aufstieg und einmaliger Aussicht	Ausgangspunkt: Hall/Parkplatz an der Salzbergstraße vor St. Magdalena (1287 m); teilweise gesicherter Steig zur Bettelwurfhütte (2079 m) – Gipfelaufstieg entlang der Markierungen und Drahtseilsicherungen über Geröll und felsiges Gelände; etwas Kletterei sowie Trittsicherheit, Schwindelfreiheit und Ausdauer erforderlich; Abstieg auf gleicher Route; Zeit: ca. 7 Std.; Einkehr: Bettelwurfhütte

dem Kunsthistorischen Museum im Schloss Ambras, dem Tiroler Volkskunstmuseum (www.tiroler-volkskunstmuseum.at) oder dem Alpenvereinsmuseum gehört ebenso zu einem Innsbruck-Aufenthalt wie ein Einkaufsbummel durch die Maria-Theresien-Straße. Und auch für Adrenalinsüchtige ist einiges geboten: Zum Beispiel ein Sprung von der 192 m hohen Europabrücke – ins Bungee-Seil versteht sich. Oder mit über 100 km/h durch die Steilkurven der Olympia-Bobbahn in Igls rasen. Oder sich bei Hall mitten durch die tosenden Wasserfälle des Fallbachs abzuseilen. Oder sich doch wieder hinauf zu den steilen Graten begeben?

Die Innsbrucker Residenz

Hütten

Halleranger Alm (1774 m)
Schöner kann eine Berghütte kaum stehen. Die private Almhütte inmitten des blumengetupften Hallerangers, den Hochweiden von Hall, ist umgeben von stattlichen Karwendelspitzen: Bettelwurf (2726 m), Speckkarspitze (2621 m) und Großer Lafatscher (2696 m). Eher unscheinbar wirkt dagegen der leicht besteigbare Hüttengipfel namens Suntiger (2321 m), ein mehr als lohnendes Ziel. Aufstieg aus dem Halltal (Mautstraße von Hall aus bis kurz vor die Herrenhäuser beim Salzbergwerk) in ca. 2 Std.; Tel. 0 52 13/52 77; www.halleranger-alm.at

Bettelwurfhütte (2079 m)
Allein schon der Aufstieg zu dieser Alpenvereinshütte ist ein unvergessliches Erlebnis. Wer höher hinauf steigen will, auf den Gipfel des Großen Bettelwurf (2726 m), sollte allerdings über etwas mehr Erfahrung verfügen als für eine durchschnittliche Bergwanderung erforderlich ist. Die Aussicht von Gipfel und Hütte ist mehr als grandios. Ein Karwendel-Klassiker! Aufstieg aus dem Halltal (Mautstraße von Hall bis zum Parkplatz kurz vor St. Magdalena) in ca. 2,5 Std.; Tel. 0 52 23/5 33 53; www.bettelwurfhuette.at

Lizumer Hütte (2019 m)
Inmitten der Wattener Lizum oberhalb von Wattens (564 m) steht diese bei Wanderern beliebte Alpenvereinshütte. Leichte Wanderungen führen auf aussichtsreiche Gipfel wie Geier- oder Hippoldspitze (2857 m/2643 m). Aufstieg vom Militärlager Walchen (1410 m) in ca. 2 Std.; Tel. 0 52 24/5 21 11; www.lizumerhuette.at

INNSBRUCK

Hochalpines Szenario für Wanderer im Sellrain

Denn mit dem Tiefblick auf Innsbruck ist der Rundblick von der Hafelekarspitze nicht beendet. Die Augen schweifen über die sonnigen Wiesenterrassen um Oberperfuss und Axams zu den Kalkkögeln. Geradezu dolomitenartig zacken die grauen Gestalten in den Nordtiroler Himmel. Allein die Geröllfächer zu ihren Füßen signalisieren, dass diese Kögel aus erheblich labilerem Material bestehen als ihre Südtiroler Kollegen – was die Tauglichkeit zum Klettern einschränken mag, der Faszination des Anblick indes keinen Abbruch tut. Und somit wird für »demnächst« vorgemerkt: unter den zerfurchten Wänden der Kalkkögel von der Kemater Alm im Senderstal bei Grinzens zur Adolf-Pichler-Hütte spazieren, auf jeden Fall hinauf ins Seejöchl und je nach Lust und Laune über Fels und Geröll weiter auf die Schlicker Seespitze – und das Ganze möglichst an einem wolkenlosen Herbsttag. Man will ja schließlich etwas haben von der viel gerühmten Aussicht auf die Stubaier Eisriesen. Was wäre der Mensch ohne seine Pläne!

Nun aber genug geträumt und geschaut. Schließlich ist das Hier und Jetzt reizvoll genug! Denn von der Hafelekarspitze führt der Goetheweg, einer der

Sommerbob
Mit einem erfahrenen Piloten kann man auch im Sommer durch die 1210 m lange Olympia-Bobbahn in Igls rasen. Nur nach Vereinbarung!
Tel. 0 52 75/53 86;
www.sommerbobrunning.at

EVENTS

- Juni: Tirol Speed Marathon, weltweit schnellster Marathon vom Brenner nach Innsbruck (www.tirol-speed-marathon.com)
- Juni/Juli: Tanzsommer Innsbruck, www.tanzsommer.at
- Juli: Innsbrucker Promenadenkonzerte, hochkarätige Blasmusik aus Alt-Österreich im Innenhof der Kaiserlichen Hofburg; www.promenadenkonzerte.at
- August: New Orleans Jazz Festival, Innsbruck; www.innsbruckmarketing.at
- Austria Imperial, Innsbruck: musizieren, tanzen, feiern wie in der Donaumonarchie; www.austria-imperial.at
- Festwochen der Alten Musik, Innsbruck; www.altemusik.at
- Festival der Träume, Innsbruck; Comedy-Acts auf höchstem Niveau; www.festival-der-traeume.at

Action & Sport

MOUNTAINBIKE	KLETTERSTEIGE	RAFTING	CANYONING	REITEN
PARAGLIDING	DRACHENFLIEGEN	KLETTERGÄRTEN	TENNIS	WINDSURFEN
KAJAK/KANU	WASSERSKI	TAUCHEN	HOCHSEILGARTEN	GOLF

TOP TIPP Der originelle **Glungezer Klettersteig** ❷ verläuft in der Grundrichtung eher horizontal als vertikal. Einen »richtigen« Klettersteig kann man sich in dieser Wanderregion auch kaum vorstellen. Trotzdem ist es 1989 dem Wirt der Glungezerhütte (2600 m) gelungen, eine sportliche Variante zum Normalweg auszutüfteln. Die Markierung leitet in oft überraschenden Windungen über Blöcke, Türmchen und Grate. Was immer sich in dem Blockgelände unterhalb des Glungezers (2678 m) an Schwierigkeiten bietet, es wird beherzt angegangen. Logisch kann eine solche Route nicht sein, aber ungemein spannend und kurzweilig. Ein Vergnügen auch für geländegängige Kinder, die man an kniffligen Stellen ans kurze Seil nehmen sollte. Ausgangspunkt ist oberhalb der Bergstation der Glungezerbahn ❺ bei der Tulfeinalm (2035 m), der Endpunkt kurz unterhalb der Glungezerhütte; Zeit: ca. 3 Std.; Einkehr Glungezerhütte

Mountainbiken	Rosskogelhütte (1777 m), Oberperfuß	Ausgangspunkt: Oberperfuß (812 m); Haggenweg – Stieglreith (1363 m) – Roßkogelhütte – Abfahrt auf derselben Route; Dauer/Charakter: 9 km, 3 Std., Teer- und Schotterwege, steil, anstrengend, tolle Fernsicht; Viele weitere herrliche Touren in der Region, Karte mit Mountainbike-Routen bei den Tourismusbüros; Verleih: versch. Sporthändler der Region
Klettersteige	Innsbrucker Klettersteig	Ausgangspunkt: Innsbruck/Bergstation Hafelekar (2269 m) ❹; schwieriger, ausgesetzter, sehr schöner Steig über 7 Gipfel, 3000 m lang; exponierter Steilabstieg; Klettersteig-Ausrüstung unbedingt notwendig; Infos: Tel. 05 12/29 33 44; www.nordpark.at; geführte Touren: Alpinschule Innsbruck; Tel. 05 12/5 46 00 00; www.asi.at
Canyoning	Fallbach, Hall	Spektakuläre Canyoning-Tour mit 13 Abseilstrecken (bis zu 90 m), ca. 3,5 Std.; geführte Touren und Ausrüstungsverleih: Tel. 0 52 23/5 62 69; www.regionhall.at
Klettergärten	Birgitzköpfl, Axams	Beim Birgitzköpflhaus, von der Axamer Lizum mit Lift ❶ oder zu Fuß in ca. 1 Std. zu erreichen; Charakter: leicht bis mittelschwer; geführte Touren, Ausrüstungsverleih im Birgitzköpflhaus; Tel. 0 52 34/6 81 00; www.wildlife.at
	Goldbichl, Igls	10 Routen am Goldbichl in allen Schwierigkeitsgraden
Golf	Golfclub Lans	9-Loch-Platz; Par 66; ebene Fairways für Genießer; Tel. 05 12/37 71 65
	Golfclub Rinn	18-Loch-Platz; Par 71; fordernder Meisterschaftsplatz; Driving Range; Tel. 0 52 23/7 81 77; www.golfclub-innsbruck-igls.at

schönsten Höhenwege des Karwendels, hinüber zur Mandlscharte. In fast gleich bleibender Höhe schlängelt sich der schmale Steig entlang der Innsbrucker Nordkette. Diese ist eigentlich die südlichste Karwendelkette, aber weil sie nun einmal im Norden Innsbrucks aufragt, wird sie Nordkette genannt. Der Goetheweg – auf den der Dichter übrigens garantiert nie einen Fuß gesetzt hat – ist kein Parcours für forsche Flitzer: weniger aufgrund einiger luftiger Engstellen, die mit soliden Drahtseilen gesichert sind, als wegen der atemberaubenden Blicke in die Falten und Abgründe des Karwendels.

Im größten Naturpark der Ostalpen

Dieses wildromantische Bergland zwischen Isar und Inn steht als Alpenpark Karwendel unter Schutz. Mit insgesamt 920 km² – einem kleineren bayerischen und dem wesentlich größeren Tiroler Anteil – ist dies der größte Naturpark der Ostalpen und zugleich eines der größten unbesiedelten Gebiete Mitteleuropas. Ein kantiges Stück Erde, gegliedert durch vier mächtige Hauptketten aus hellem Wettersteinkalk, zwischen denen lange, abgeschiedene Täler auch dem Wanderer den Zutritt ins Herz der Wildnis ermöglichen. Der innere Bereich präsentiert sich als anarchische, auf unerklärbare Weise harmonische Komposition aus grünen Tälern und Böden, wunderlichen Felszapfen, jähen Wandfluchten und nahezu vegetationslosen, der Zeit entrückten Flanken und Karen. Rigoros beherrschen die Felsen die Szenerie: Mitten durch die Latschenhänge, ja sogar bis herab in die Wiesen greifen sie mit ihren grauen Geröllfingern. Die Statik der Gipfel muss selbst bei wohlwollender Beurteilung als fragwürdig bezeichnet werden, weshalb heutzutage im Karwendel mehr gewandert als geklettert wird. Die heroischen Kletterrouten im brüchigen Fels sind außer Mode gekommen. Die bunten Mountainbiker auf den breiten Wirtschaftswegen hingegen werden inzwischen nicht mehr als Exoten angesehen, sondern akzeptiert.

Generationen von Münchner wie Innsbrucker Alpinisten haben im Karwendel ihre Lehrjahre absolviert, ihren Hausbergen die Treue gehalten und die Geheimtipps für sich behalten. Eine lange Bekanntschaft verbindet sie mit diesem eigenwilligen Gebirge noch in bester Erinnerung sind einigen von ihnen die strahlend schönen Sommerabende auf der Halleranger Alm im Halltal bei Hall. Einige sind auch von St. Martin aus durch das Vomperloch heraufgekommen – auf abenteuerlichen Steigen entlang der wilden, düsteren Schlucht, eingezwängt zwischen himmelhohen Wänden. Ein völlig anderes, ja heiteres Landschaftsbild eröffnete sich ihnen dann am Überschalljoch, wo die Bergkämme auseinander treten, als wollten sie Platz machen für die sattgrünen Böden des Halleranger. Welch ein Privileg, an einem perfekten Tag wie diesem unterwegs zu sein und im Licht der untergehenden Sonne auf der Bank vor der Halleranger Alm zu sitzen.

Ein Schmuckstück: das Rosenhaus in Hall

Fun & Family

Alpengarten Patscherkofel	Höchstgelegener botanischer Garten Europas (2000 m) mit mehr als 400 verschiedenen hochalpinen Pflanzen; Bergstation Patscherkofel ❷; Tel. 05 12/37 72 34; www.patscherkofelbahnen.at
Floßfahrten auf dem Inn	Innsbruck und das Inntal aus völlig ungewöhnlicher Perspektive – gesellige Floßtouren auf dem grünen Inn; Tel. 0 52 63/55 83; www.flossfahrt.at
Swarovski Kristallwelten Wattens	Faszinierende Wunderwelt aus Kristall, kreiert von André Heller; Rundgang durch Hallen mit versch. Themen; Tel. 0 52 24/5 10 80; www.swarovski.com/kristallwelten
Münzmuseum Hall Burg Hasegg	Lebendige Dokumentation der Geschichte des Haller Talers, der ersten weltweiten Einheitswährung; Prägemaschinen, Münzsammlung, Kinderprogramm; Tel. 0 52 23/ 5 85 51 65; www.muenze-hall.at
Zauberwald am Natterer See Natters	Kleines Ferienparadies: für kleine Indianer und Piraten mit Wasserkletterinsel und Wasserspielgeräten; herrlicher, malerisch gelegener Badesee; Tel. 05 12/54 67 32; www.natterersee.com

TOP TIPP Seit 1962 gibt es mit dem **Alpenzoo Innsbruck** ❸ einen weltweit einzigartigen Themenzoo, in dem über 2000 Tiere (150 Arten) des Alpenraumes in ihrer natürlichen Umgebung zu sehen sind. Ob es die tapsigen Bären sind, die verspielten Fischotter und Murmeltiere, die majestätischen Adler und Steinböcke oder die Luchse, die sich in der Sonne räkeln – ein Erlebnis für Tierfreunde jeden Alters. Durchschnittlich 300000 Besucher kommen pro Jahr in den höchstgelegenen Zoo Europas (727 m), der sich am sonnigen Fuß der Nordkette, hoch über den Dächern von Innsbruck, befindet; Tel. 05 12/29 23 23; www.alpenzoo.at

Hütten

Glungezerhütte (2600 m)
Der Glungezer (2678 m) im Tuxer Kamm, südlich vom Inntal, zählt zu den traditionellen Wanderzielen der Innsbrucker Bergfreunde, die Alpenvereinshütte kurz unterhalb des Gipfels ebenso. Der kurze Aufstieg von der Bergstation der Glungezerbahnen ❺ bei der Tulfeinalm (ca. 1,5 Std.) lässt ausreichend Zeit für Abstecher zu Kreuz- oder Viggarspitze (2746 m / 2306 m). Etwas mehr Betrieb herrscht am Zirbenweg hinüber zur Bergstation am Patscherkofel ❷ – einer einmaligen, 7 km langen Panorama-Promenade; Tel. 0 52 23/7 80 18, www.glungezer.at

Adolf-Pichler-Hütte (1977 m)
Der relativ kurze Aufstieg zu dieser Alpenvereinshütte führt mitten hinein in eine faszinierende, fast dolomitenartige Bergszenerie. Auch wer keinen der schroffen Gipfel der Kalkkögel besteigt oder nur bis ins Seejoch (2518 m) wandert, wird begeistert sein. Aufstieg von der Kematen Alm oberhalb von Grinzens durch das Senderstal in ca. 1 Std.; Tel. 0 52 38/5 31 94

Potsdamer Hütte (2009 m)
Die ursprüngliche, gemütliche Alpenvereinshütte steht in einem der hintersten Winkel der Sellrainberge – kein Modeziel, vielmehr eines für Genießer. Nicht versäumen sollte man die zauberhafte Tour auf den Roten Kogel (2832 m) – und den Kaiserschmarrn, die Spezialität von Hüttenwirt Lois. Aufstieg vom Fotscher Bergheim (1464 m) bei Sellrain durch das Fotscher Tal in ca. 1,5 Std.; Tel. 0 52 62/6 62 40

INNSBRUCK

Peter-Anich-Museum
Das Museum in Oberperfuß ist dem Schaffen und Werk der Kartografen Peter Anich und Blasius Hueber gewidmet, den beiden größten Söhnen der Gemeinde. Ihr 1774 erschienener »Atlas Tyrolensis« zählt zu den ersten exakten Landkartenwerken von Tirol. Darin sind bereits einige der höchsten Berge verzeichnet, amüsant sind Anmerkungen wie »Großes Steingeraffel« oder »Alpeiner Ferner wo Christall zu finden«. Das kleine, liebevoll eingerichtete Museum dokumentiert die Pionierleistung von zwei Enthusiasten, die von Bauernbuben zu weltberühmten Geografen wurden. Zu den Exponaten gehören Vermessungs- und Zeicheninstrumente sowie Aufzeichnungen. Im Mittelpunkt stehen die großen Globen – Unikate, die Peter Anich gefertigt hat; Tel. 0 52 32/8 14 89

Salzbergwerk Hall/ Bergbaumuseum
Im Bergbaumuseum in Hall ist das stillgelegte Salzbergwerk im Kleinformat nachgebildet. Lohnend ist es aber auch, über die mautpflichtige Salzbergstraße hinaufzufahren zum ehemaligen Bergwerk und den prächtigen alten Herrenhäusern – leider wurden die meisten durch eine gewaltige Lawine 1999 zerstört; Tel. 0 52 23/5 62 69

Alpenvereinsmuseum Innsbruck
Im Museum des Österreichischen Alpenvereins bieten alpine Malerei und Grafik, Bergreliefs, Karten und Ausrüstung einen umfassenden Überblick über die Geschichte des Alpinismus, aber auch über die Entwicklung des Fremdenverkehrs in den Alpen; Tel. 05 12/5 95 47; www.alpenverein.at

Museum des Institutes für Anatomie Innsbruck
Gute Nerven sollte man schon haben, wenn man diese Ausstellung besucht. Gezeigt werden Präparate von Menschen: ganze Skelette, Schädel, Feucht- und Trockenpräparate verschiedener Organe sowie Modelle; Tel. 05 12/5 07 30 51

Die Dörfer auf der Sonnenterrasse oberhalb von Innsbruck sind Oasen der Ruhe.

Der Weg vom Halleranger zurück ins Inntal führt über das Lafatscher Joch und durch das Areal des ehemaligen Salzbergwerks im Halltal durch ein wesentliches Kapitel Nordtiroler Geschichte: Seit dem frühen Mittelalter wurde unter dem Issjöchl mit einfachen Methoden Salz gewonnen. Den ersten richtigen Stollen trieben die Salzknappen 1272 auf Anordnung des Herzogs Meinhard von Tirol in den Boden. Die Erzeugung und der Verkauf des weißen Goldes verhalfen dem 1303 zur Stadt ernannten Hall zu Reichtum und Ansehen – und einer prächtigen Altstadt. In der Blütezeit lag die Jahresproduktion bei 10000 t. Erst 1968 musste der Abbau in Tirols ältestem Industriebetrieb wegen mangelnder Rentabilität eingestellt werden. Zurück blieben die stattlichen Herrenhäuser, welche zwischen 1777 und 1781 auf 1485 m Höhe in barockem Baustil errichtet wurden und als Amtsgebäude und Unterkünfte für Verwaltungsbeamte und Knappen dienten. Kurz vor dem endgültigen Verfall wurden sie renoviert und 1982 zusammen mit mehreren Anlagen als Salzbergmuseum zugänglich gemacht, bis 1999 eine Lawine große Teile der Bauwerke unwiederbringlich zerstörte. Nach wie vor erhalten ist hingegen das reizvolle mittelalterliche Zentrum von Hall. Besonders sehenswert ist das ungewöhnliche Königshaus aus dem Jahr 1406, in dem sich heute das Rathaus befindet, und die spätgotische Pfarrkirche St. Nikolaus, eine der bedeutendsten Kirchen Tirols.

Gute Aussichten: die Tuxer Alpen

Zurück zur Mandlscharte und dem Goetheweg. Wer von hier aus nach Südosten blickt, bleibt natürlich zuerst an den hohen Spitzen des Zillertaler Hauptkammes hängen, bevor er sich eine Etage hinabbewegt zu den überwiegend grünen Tuxer Alpen. Bei der Aufteilung der Alpen wurden diese einst als Tuxer Voralpen den Zillertaler Alpen zugeschlagen. Mittlerweile haben die Gebirgsverwalter befunden, dass die ungleichen Nachbarn weder geografisch noch geologisch zusammenpassen. Die Zwangsehe wurde aufgelöst und die Vorberge als Tuxer Alpen zu einem eigenständigen Gebirge befördert. Ob Anhängsel oder souverän, unter Freunden unbeschwerter Wanderlust und erst-

Faszinierend: das abwechslungsreiche Halltal bei Hall

Adressen & Bergbahnen
Landesvorwahl 00 43

Innsbruck (574 m)	**Innsbruck** Tourismus; Tel. 05 12/5 98 50; E-Mail: office@innsbruck.info; www.innsbruck.info	① Axams/Axamer Lizum Birgitzköpfl Berg/Tal 10 €
Axams (878 m)	Tourismusbüro Axams – Axamer Lizum; Tel. 0 52 34/6 81 78; E-Mail: axams@innsbruck.tvb.co.at; www.innsbruck-tourismus.com/axams	② Igls Patscherkofelbahn (2 Sektionen) 15 €
Hall i. Tirol (574 m)	Tourismusverband Hall-Thaur-Gnadenwald; Tel. 0 52 23/5 62 69; E-Mail: office@regionhall.at; www.regionhall.at	③ Innsbruck Hungerburgbahn Berg/Tal 4,20 €
Gries im Sellrain (1187 m)	Tourismusbüro; Tel. 0 52 36/2 24; E-Mail: sellraintal@tirol.com; www.sellraintal.at	④ Innsbruck/Hungerburg Nordkettenbahn Seegrube/Hafelekar Berg/Tal 18,50 €
Weitere Orte	Aldrans • Ampass • Götzens • Grinzens • Igels • Mutters • Natters • Oberperfuss www.tiscover.com/oberperfuss • Tulfes www.tulfes.at • Wattens • Zirl	⑤ Tulfes Glungezerbahnen (2 Sektionen) 11,50 €
Entfernungen	Hamburg 940 km; Berlin 751 km; Köln 742 km; Frankfurt a. M. 558 km; Stuttgart 320 km; München 164 km	Siehe auch Preisteil S. 637

Bungeejumping von der Europabrücke
Im freien Fall von der 192 m hohen Europabrücke (Brennerautobahn) in die Tiefe! Einer der eindrucksvollsten Bungeejumps und sicher ein unvergessliches Erlebnis; Tel. 03 16/68 87 77; www.europabruecke.at

Hotelempfehlungen

Innsbruck S. 680
Mutters S. 694
Oberperfuss S. 695
Schwaz S. 701
Zirl S. 711

Wanderkarten

Freytag & Berndt, WK 241 Innsbruck, Stubai, Sellrain, Brenner; WK 322 Wetterstein, Karwendel, Seefeld-Leutasch, Garmisch-Partenkirchen; 1:50000

Straßenatlas Siehe S. 779

klassiger Aussichten wurden die »Tuxer« schon immer als gute Adresse angesehen.
Neben den namhaften Panorama-Logen wie Glungezer, Malgrübler, Geierspitze und Hirzer locken etliche ebenso attraktive, aber unbekannte Größen, verträumte Winkel und lange Rundtouren. Am nördlichen Zipfel der Tuxer Alpen, unter dem Kamm von Patscherkofel und Glungezer, breitet sich in 900 m Höhe ein sonniges Plateau aus – eine Oase der Ruhe über dem verkehrsreichen Inntal. Schmucke Tiroler Dörfer wie Lans oder Sistrans und alte Bauernhöfe wechseln sich ab mit Wiesen und Feldern. Trends hat man hier genüsslich verschlafen. Liebevoll gepflegt wird in der gesamten Region jedoch die traditionelle Wirtshauskultur – die ideale Gegend für eine kulinarische Safari.
Für die Wanderer auf dem Goetheweg ist es inzwischen Zeit geworden, die Brotzeit aus dem Rucksack auszupacken, den Blick noch einmal rundum zufrieden über die prächtige Innsbrucker Bergwelt schweifen zu lassen – und noch einmal die lange Wunschliste an Bergtouren in Erinnerung zu rufen, die sie im Laufe dieser Wanderung zusammengestellt haben.

STUBAITAL
TIROL

Traumziele für Alpinisten: Wilder Pfaff und Zuckerhütl.

ACTION & SPORT

WANDERN & BERGTOUREN

FUN & FAMILY

WELLNESS & GENUSS

ADAC *der perfekte Urlaubstag*

9 Uhr: Auffahrt von Fulpmes mit der Gondelbahn Schlick 2000 ❶ zum Kreuzjoch, Bummel über den Alpenpflanzen-Lehrpfad
11 Uhr: Klettergarten und Klettersteige im Schlicker Alpin-Erlebnispark oder Wanderung auf den Hohen Burgstall (2611 m)
13 Uhr: Abstieg zur Schlicker Alm, Einkehr; weiter zur Bruggeralm bei der Mittelstation; Talfahrt nach Fulpmes ❶
17 Uhr: Fahrt nach Gleins oberhalb von Schönberg zum Alpengasthaus Gleinserhof (1420 m) mit Panoramablick über das Stubaital; Tel. 0 52 25/6 21 00

Das schöne Tal hinter Schönberg

Auf gerade einmal 33 km – von der Autobahnausfahrt bis zum Gletscher – entfaltet das Stubaital eine Landschaft, die von der ersten Begegnung an Neugier weckt und Lust auf eine genauere Erkundung macht. Über den Wiesen und schmucken Ortschaften – von Mieders über Telfes, von Fulpmes bis Neustift und Ranalt – locken Berge und Hochtäler zu erholsamen Wanderungen und spannenden Entdeckungstouren.

Als würde man unvermittelt in einen Breitwandfilm hineinfahren, so öffnet sich bei der Autobahnausfahrt nahe Schönberg das Stubaital – weit, sonnig und einladend. Die grünen Böden im Vordergrund mögen noch so reizvoll sein, das Auge ist gefesselt von der beispiellosen Kulisse im Talschluss. Ein Wall aus eisigen Riesen bildet im Süden den Horizont. Breite Gletscherarme reichen tief hinunter ins Tal. Zuoberst, unverkennbar, ragt der weiße, ebenmäßige Kegel des Zuckerhütl in den Himmel – ohne Frage eine der schönsten Berggestalten der Ostalpen.

Der vordere Abschnitt zwischen Mieders und Neustift wird flankiert von der Felsburg der Serles auf der einen und den wilden Kalkkögeln auf der anderen Seite. Die Serles ist einer der »heiligen« Berge, den ein gestandener Tiroler wenigstens einmal in seinem Leben bestiegen haben sollte. Die Kalkkögel gegenüber sind kantige, oft schaurig verwitterte Zinnen, Türme und Klötze mit steilen und steinigen Steigen zwischen den schroffen Gipfeln und auf diese hinauf. Auf die Große Ochsenwand führt ein Klettersteig, der es an Schwierigkeit und Exponiertheit sogar mit den anspruchsvollen Eisenwegen der Dolomiten aufnehmen kann. Doch schon wenig weiter, am Seejöchl, ändert sich die Kulisse: Hell und zerfurcht sind noch die Kalkwände der Schlicker Seespitze, während ihr »Nachbar«, der Gamskogel auf der anderen Seite des Jochs, behäbig seinen Gipfel aus Schiefergneis erhebt.

In den Dörfern im Talboden, der bereits seit der Bronzezeit besiedelt ist, scharen sich sauber herausgeputzte Ferienpensionen und Familienhäuser, prächtige Hotelbauten und alte Bauernhäuser um stattliche Kirchen. Einen größeren Handwerksbetrieb gibt es lediglich im ehemaligen Berg-

Fun & Family

Greifvogelpark Telfes	Wunderschön gelegener Vogelpark mit beeindruckender Flugschau; tgl. 11–18 Uhr geöffnet; Tel. 06 64/3 41 58 78
Alpenpflanzen-Lehrpfad Kreuzjoch	Ausgangspunkt: Bergstation der Gondelbahn Kreuzjoch/Schlick 2000 ❶; Rundwanderweg ca. 1,5 Std.; Führungen Di; Treffpunkt: 9 Uhr an der Talstation
Sommerrodelbahn Hochserles/Mieders	Extrem steile Rodelbahn mit 40 Steilkurven; Länge: 2,6 km; Höhendifferenz: 604 m; hinauf geht's mit der Gondelbahn ❷; Tel. 0 52 25/ 62 77 60; www.hochserles.at

TOP TIPP Die beschaulichste Art, sich dem Stubaital zu nähern, ist die Fahrt mit der **Stubaitalbahn** ❶ von Innsbruck nach Fulpmes. Die 1904 erbaute, elektrisch betriebene Bahn hat dieselbe Spurweite wie die Straßenbahn in Innsbruck. Für die 18 km über Mutters, Kreith und Telfes benötigt die »Straßenbahn ins Gebirge« eine Stunde. Besonders reizvoll ist der Abschnitt durch die idyllischen, mit Lärchen bewachsenen Telfer Wiesen. In den Sommermonaten wird jeden Mittwoch eine – erheblich langsamere – Nostalgiebahn auf die Strecke geschickt: Die Fahrt mit Musik und Schnapserl startet am frühen Nachmittag in Fulpmes; 1,5 Std. Aufenthalt in Innsbruck; dann gemächliche Rückfahrt nach Fulpmes; Tel. 0 52 25/6 22 35

Wandern & Bergtouren

TOP TIPP Eine Hochtour **auf das Dach der Stubaier Alpen** ❷ ist ein Traumziel für den routinierten Alpinisten. Wem es an entsprechender Erfahrung mangelt, der sollte unbedingt einen Bergführer engagieren. Der Traditionalist steigt zu Fuß (mit Hüttenübernachtung) hinauf in die eisigen Höhen, der Pragmatiker fährt mit der Gletscherbahn und absolviert eine stramme Tagestour. Star unter den weißen Riesen ist das Zuckerhütl (3505 m). Wer den stolzen Gipfel geschafft hat, wird danach gewiss noch den unmittelbaren Nachbarn, den Wilden Pfaff (3332 m), »mitnehmen«. Bergführer: Stubai Alpin; Tel. 0 52 26/34 61; www.stubai.org/alpin; www.bersteigen-stubaital.at

Rinnenspitze (3000 m) Gletscherfreier Gipfel über der Franz-Senn-Hütte	Ausgangspunkt: Oberisshütte im Oberbergtal (1742 m); Franz-Senn-Hütte (2149 m) – weiter auf markiertem Steig vorbei am Rinnensee – über Rinnennieder zum Gipfel; Rückweg auf gleicher Route. Blockgelände, Trittsicherheit erforderlich, teilweise gesichert; Zeit: ca. 6 Std.; Einkehr: Oberisshütte, Franz-Senn-Hütte (Übernachtung möglich)
Kreuzspitze (3082 m) Leichte 2-Tages-Tour mit Panoramablick	Ausgangspunkt: Falbeson bei Ranalt; Neue Regensburger Hütte (2287 m, Übernachtung) – Südanstieg zum Gipfel auf markiertem Steig durch das Jedlasgrübl; Rückweg auf gleicher Route; Trittsicherheit erforderlich; Zeit: zur Hütte ca. 3 Std., zum Gipfel ca. 5 Std.; Einkehr: Falbesoner Ochsenalm, Neue Regensburger Hütte
Großer Trögler (2902 m) Berühmter Aussichtsgipfel vor den Stubaier Eisriesen	Ausgangspunkt: Mittelstation Fernau der Gletscherbahn (2300 m) ❹; Aufstieg auf markiertem Steig durch die steinige Westflanke; Rückweg auf gleicher Route. Trittsicherheit erforderlich; Zeit: ca. 3,5 Std.; Überschreitung zur Sulzenauhütte möglich, stellenweise mit Drahtseilen gesichert; Einkehr: Dresdner Hütte an der Mittelstation
Mairspitze (2780 m) Leichte 2-Tages-Tour zur Panoramaloge über der Nürnberger Hütte	Ausgangspunkt: Ranalt; durch das Langental zur Nürnberger Hütte (2288 m, Übernachtung) – durch die Ostflanke und über den Kamm zum Gipfel – Rückweg auf gleicher Route; leichte Bergwanderung; Zeit: zur Hütte ca. 3 Std., zum Gipfel ca. 3 Std.; Einkehr: Nürnberger Hütte

»Faszination Ewiges Eis« lautet das Motto einer Infostunde, die täglich um 12 Uhr beim **Bergrestaurant Jochdohle** (Bergstation Schaufeljoch der Stubaier Gletscherbahnen ❹ ❻) stattfindet. Erklärt werden die umliegenden Gipfel, die Geschichte der Gletscher und die Erschließung des Stubais. Außerdem führt ein markierter und gesicherter Gletscherpfad von der Bergstation Eisgrat (2900 m) hinauf zur Jochdohle (3150 m);
Tel. 0 52 26/81 41;
www.stubaier-gletscher.com

werksort Fulpmes, wo Werkzeuge und alpine Ausrüstung wie Steigeisen, Pickel, Eisschrauben und Karabiner der Marke »Stubai« geschmiedet werden. Dass dieses Handwerk im Tal eine lange Tradition hat, zeigt ein Besuch des kleinen Schmiedemuseums in Fulpmes, in dem die lokale Geschichte der Eisenindustrie anschaulich dargestellt wird.

Hochgenuss für Mountainbiker

Bei Neder verlockt das Pinnistal zum Abschweifen und Aufsteigen. Ein für den Verkehr gesperrter Wirtschaftsweg führt in das durch ein paar Almen erschlossene Hochtal – eine Genussstrecke für Mountainbiker. Gut 1000 m über den Blumenwiesen zackt eine Reihe verwegener Kalkspitzen in den Tiroler Himmel: Zwölfer-, Ilm- und Kirchdachspitze sind offensichtlich keine einfachen Wandergipfel. Gleiches gilt für den gewaltigen Urgesteinsbrocken über dem Talschluss: Um dem Habicht, einem der prominentesten Stubaier Berge, aufs Haupt steigen zu können, sollte man solide bergsteigerische Erfahrung und Ausdauer mitbringen. Hinter Neustift, bei Mieders, teilt sich das Stubaital – das im Grunde das Tal der Ruetz ist – in zwei Äste. Mit einem Schlag ändert sich der Charakter der Landschaft. Unter- wie Oberbergtal führen hinein ins hohe Gebirge. Die Bergbauern, von denen nur noch wenige übrig geblieben sind, hatten an den steilen Hängen einst ein hartes Leben. Heutzutage prägt der Tourismus die Region, und viele der hoch gelegenen Höfe und Almen sind geschätzte Ausflugsziele. Die Straße ins Oberbergtal zweigt ab von der Hauptroute und führt in einen ruhigen, grünen Winkel, in dem die einzigen Siedlungen aus sporadischen Ansammlungen von Höfen und Almhütten bestehen. Vom Ende des Tales geht es hinauf zur Franz-Senn-Hütte und von dort geradewegs hinein ins Reich der Dreitausender. Insgesamt überragen im Stubai 71 Gipfel diese magische Grenze. Die Gletscherberge um den Alpeiner Ferner sind zwar traditionsreiche Skitourenziele, haben aber auch im Sommer ihre Reize.

Die große Bergsteigerunterkunft am Alpeiner Bach trägt einen berühmten Namen: Franz Senn ist als

Kantiges für Kletterer oberhalb von Fulpmes: die Kalkkögel

STUBAITAL

Ein guter Stützpunkt: die Franz-Senn-Hütte

Mitbegründer des Alpenvereins und unermüdlicher »Gletscherpfarrer« in die alpine Geschichte eingegangen. Er verbrachte seine letzten Lebensjahre von 1881 bis 1884 als Pfarrer in Neustift. Die feierliche Eröffnung der nach ihm benannten Hütte 1885 erlebte er jedoch nicht mehr. Franz Senn, der »Rufer im alpinen Ödland«, gab wesentliche Impulse für dessen touristische Erschließung. Und mittlerweile machen die zahlreichen Hütten und Wege große Teile der Stubaier Alpen zu einer Gebirgsregion, die nicht allein den Alpinisten vorbehalten ist.

Letzter Ort im Unterbergtal, dem Haupttal, ist Ranalt. Einstmals war es das Ende der Stubaier Welt, heute ist der Ort Durchgangsstation auf dem meist eiligen Weg zum Gletscherskigebiet. Wo früher die Bergsteiger in schweren Lodenhosen und mit großen Rucksäcken loszogen, beginnt jetzt eine neue Bergwelt mit Seilbahnen, Pisten und Ganzjahresbetrieb. Mittendrin steht die Dresdner Hütte, die 1875 errichtete erste Alpenvereinshütte im Stubai. Auch hier sind es nur wenige Schritte, die in die Einsamkeit und Wildnis führen. Ungezähmt und in makelloser Schönheit strahlt das Dach der Stubaier Alpen über Tälern und Trubel. Um der noblen Dreifaltigkeit – Wilder Freiger, Wilder Pfaff und Zuckerhütl – auf den Firnpelz zu rücken, kann man eine Menge an Höhenmetern mit der Seilbahn zurücklegen. Das nachhaltigere Erlebnis bringt indes der anstrengendere und schwierigere Weg über die Nürnberger Hütte oder über Sulzenau- und Müllerhütte. Wer sich an die klassischen Anstiege in Eis und Urgestein wagt, muss allerdings mit Seil, Pickel und Steigeisen umgehen können – oder einen Bergführer engagieren. Die Gletscher sind inzwischen zwar auch nicht mehr das, was sie einmal waren, die Spaltengefahr ist dadurch aber eher größer geworden. Doch es lohnt sich, auch die höchste Etage des Stubais zu erkunden, fernab von Autobahn und Seilbahn: Grandiose Landschaftsbilder und nicht zuletzt der Blick von ganz oben über Berge und Gletscher hinweg sind es wert, manche Mühen in Kauf zu nehmen.

Hütten

Franz-Senn-Hütte (2149 m)
Die moderne, nach dem Mitbegründer des Alpenvereins benannte Hütte steht über dem Talschluss des Oberbergtales und ist im Sommer wie im Winter ein gern besuchtes Ziel. Viele der Anstiege im Hüttenbereich führen über Gletscher. Eisfrei und daher auch für Wanderer geeignet ist die lohnende Tour auf die Rinnenspitze (3000 m). Aufstieg von der Oberisshütte zur Franz-Senn-Hütte ca. 1,5 Std.; Tel. 0 52 26/22 18; www.fankhauser.at

Neue Regensburger Hütte (2287 m)
In reizvoller Umgebung steht die Hütte am Rande des flachen Bodens des Hohen Moos, eingerahmt von schroffen Bergen. Die meisten Anstiege sind anspruchsvoll, das Top-Ziel für Wanderer ist die Kreuzspitze. Aufstieg zur Hütte durch das Falbesontal in ca. 2,5 bis 3 Std.; Tel. 0 52 26/25 20; www.regensburgerhuette.at

Sulzenauhütte (2191 m)
1975 wurde die Hütte am Nordfuß des Wilden Freiger durch eine Lawine zerstört und 1978 wieder aufgebaut. Das Haus steht inmitten einer einzigartig wilden Szenerie. Die Aufstiege über die Gletscher sind infolge des Gletscherrückganges zunehmend heikler geworden. Zu den leichteren Gipfelzielen zählen Großer Trögler und Mairspitze. Doch allein schon der zweistündige Aufstieg von der Grabaalm aus, die zwischen Ranalt und der Talstation der Gletscherbahn liegt, ist ein großartiges Landschaftserlebnis; Tel. 0 52 26/24 32; www.sulzenau.com

Action & Sport

MOUNTAINBIKE	KLETTERSTEIGE	RAFTING	CANYONING	REITEN
PARAGLIDING	DRACHENFLIEGEN	KLETTERGÄRTEN	TENNIS	WINDSURFEN
KAJAK/KANU	WASSERSKI	TAUCHEN	HOCHSEILGARTEN	GOLF

TOP TIPP Für jede alpine Kragenweite – vom Junior bis zum Senior, vom Sport- bis zum Genusskletterer – findet sich im **Schlicker Alpin-Erlebnispark** ❸ oberhalb von Fulpmes nahe der Bergstation Kreuzjoch das passende vertikale Spielfeld. In den Wänden des Wetzsteinschrofens haben ein paar engagierte Tüftler ihre Fantasie spielen lassen. Das Ergebnis ist ein pfiffiger Erlebnispark rund ums Klettern. Im Klettergarten können sich Sportkletterer in den oberen Schwierigkeitsbereichen austoben. Daneben gibt es mittlere bis leichte, ja sogar kindertaugliche Routen, kurze Klettersteige zum Reinschmecken, einen 25 m hohen Abseilfelsen, einen Panoramaweg sowie eine Biwak-Grotte. Das absolute Schmankerl ist die 40 m lange Seilrutsche von Gipfel zu Gipfel; Info: www.schlick2000.at

Mountainbiken	Starkenburger Hütte (2237 m)	Ausgangspunkt: Neder (970 m); Auffahrt über Omesberg und Kaserstattalm; Länge/Charakter: ca. 1300 Höhenmeter, breite Wirtschaftswege, steil und anstrengend; evtl. Abfahrt über Schönegg ins Oberbergtal; Karte mit Mountainbike-Touren bei den Tourismusbüros erhältlich
Klettersteige	Klettersteig Fernau	Ausgangspunkt: Mittelstation Fernau/Gletscherbahn (2300 m) ❹; Dauer/Länge/Charakter: ca. 2,5 Std., 200 Höhenmeter, teilweise sehr ausgesetzte Tour über den Ostpfeiler des Egesengrates; Erfahrung, Helm und Klettersteigausrüstung notwendig
Reiten	Reiterhof zur Geierwally	Exkursionen zu Pferd – auch für Kinder; Neustift; Tel. 0 52 26/26 10
Paragliding	Fluggebiet Elfer Kreuzjoch	Bei Neustift ❸; seit 1988 Austragungsort für den Stubai-Cup; Start- und Landeplätze sind eingerichtet; herrliches Fluggelände.
Klettergärten	Egesengrat	Bei der Mittelstation Fernau/Gletscherbahn (2300 m) ❹; Charakter: Schwierigkeitsgrad III bis VIII; Routenbeschreibungen im Bergführerbüro und an der Talstation; Tel. 0 52 26/81 41

Adressen & Bergbahnen

Landesvorwahl 00 43

Urlaubsregion	Tourismusverband **Stubai**; Tel. 0 52 25/6 22 35; E-Mail: info@stubai.at; www.stubai.at
Fulpmes (937 m)	Siehe Tourismusverband Stubai
Mieders (952 m)	Tourismusbüro Mieders; Tel. 0 52 25/6 25 30; E-Mail: info@stubai.at; www.stubai.at
Neustift (993 m)	Tourismusverband Neustift, Tel. 0 52 26/22 28, E-Mail: tv.neustift@neustift.at; www.neustift.com
Ranalt (1303 m)	Siehe Tourismusverband Stubai
Schönberg (1013 m)	Tourismusbüro Schönberg; Tel. 0 52 25/6 25 67; E-Mail: info@stubai.at; www.stubai.at
Entfernungen	Hamburg 960 km; Berlin 771 km; Köln 761 km; Frankfurt a. M. 577 km; Stuttgart 337 km; München 184 km

❶ Fulpmes
Gondelbahn Schlick 2000
Berg/Tal 12,80 €

❷ Mieders
Gondelbahn Hochserles
Berg/Tal 9,50 €

❸ Neustift
Elfer Lifte
Berg/Tal 11,50 €

❹ Ranalt
Stubaier Gletscherbahnen:
Mutterberg – Mittelstation Fernau
Berg/Tal 10 €

❺ Ranalt
Stubaier Gletscherbahnen:
Mutterberg – Eisgrat
Berg/Tal 16 € (incl. ❹)

❻ Ranalt
Stubaier Gletscherbahnen:
Mutterberg – Eisgrat-Schaufeljoch
Berg/Tal 18,50 € (incl. ❹ ❺)

Siehe auch Preisteil S. 638

EVENTS

- Juli: Stubaier Kreativtage
  Stubaier Talfest
- August: Schützenfest in Neustift
  Almsingen auf der Karalm
- September: Kirchtag auf der Grawaalm
  Almabtrieb

TOP TIPP

Sommerski ❹ ❹ ❺ ❻
Über fünf Gletscher erstreckt sich unterhalb der Schaufelspitze (3333 m) das mit 12 km² größte Gletscherskigebiet Österreichs. Je nach Schneelage sind die Pisten im Sommer und im Herbst befahrbar. Umfassend erschlossen ist die Region durch die Stubaier Gletscherbahnen; Tel. 0 52 26/81 41; www.stubaier-gletscher.com

Wanderkarten

Freytag & Berndt, WK 241 Innsbruck, Stubai, Sellrain, Brenner; 1:50000

Hotelempfehlungen

Fulpmes S. 672
Mieders S. 690
Neustift S. 694
Schönberg S. 701
Telfes S. 708

Straßenatlas Siehe S. 778

WIPPTAL
TIROL

ACTION & SPORT

WANDERN & BERGTOUREN

FUN & FAMILY

WELLNESS & GENUSS

Hotelempfehlungen

Gries S. 676
Steinach S. 706

Wanderkarten

Freytag & Berndt WK 241
Innsbruck, Stubai, Sellrain, Brenner;
1:50000

TOP TIPP Ein ideales **Wandergebiet für Familien mit Kindern** ❶ sind die Bergeralm (1557 m) und das Nößlachjoch (2231 m) oberhalb von Steinach (mit der Bergbahn bis auf 2022 m). Interessante Ziele sind das Eggerjoch (2132 m) und der Lichtsee. Wem das zu langweilig ist, der kann sich im Erlebnisspielpark bei der Bergeralm (Mittelstation) austoben. Ein Erlebniswanderweg (40 Min.) mit verschiedenen Spielstationen begeistert dort auch kleine Wandermuffel. Unten im Wipptal gibt es für Kinder täglich Veranstaltungen in der Natur. Tel. 0 52 72/62 70

ADAC – der perfekte Urlaubstag

- **8.30 Uhr:** Aufstieg von Obernberg zu den Obernberger Seen (1590 m); durch Wald- und Wiesengelände hinauf zur Allerleigrubenspitze (2131 m)
- **11 Uhr:** Mit grandioser Aussicht immer am breiten Kamm entlang ins Sandjöchl; kurzer Aufstieg zum Grubenkopf (2337 m) – und ausgiebige Mittagsrast
- **14 Uhr:** Weiter am Kamm, auf- und absteigend zum Portjoch (2110 m); Abstieg über Almwiesen zu den Obernberger Seen
- **17 Uhr:** Einkehr im Gasthaus am Obernberger See und – irgendwann – Abstieg auf breitem Fahrweg ins Tal

»Seitensprünge« vor dem Brenner

Seit von den alten Römern die erste Reisewelle übers Gebirge angezettelt wurde, zählt der mit 1370 m relativ niedrige Brennerpass zu den beliebtesten Übergängen im Alpenhauptkamm. Kein Grund, deshalb achtlos durch das Wipptal gen Süden zu brausen. In den malerischen Orten abseits der Transitstrecke herrscht Ruhe statt Rummel, in den weiten Seitentälern begeistern ursprüngliches Bauernland und eine grandiose Bergwelt.

Berglandschaft aus dem Bilderbuch: Im Gschnitztal erheben sich Firngipfel über den Wiesen im Talgrund.

Dass es den Horizont erweitert, gelegentlich vom geraden, allgemein als bequem erachteten Weg abzuweichen, bewahrheitet sich selten so überzeugend wie im Wipptal. Wer bei Innsbruck aus der eiligen Karawane gen Süden ausschert und über Igls und die frühere Römerstraße hoch über dem östlichen Ufer der Sill nach Matrei kurvt, begibt sich zwar auf den langsameren, aber besten Weg, um die Region vor dem Brenner zu entdecken.
Im Ortskern von Matrei prunken stattliche, mit Erkern, Fresken und verschnörkelten Wirtshausschildern geschmückte Tiroler Bürgerhäuser. Hier bieten sich gleich zwei attraktive Möglichkeiten, von der Hauptroute abzuzweigen: Eine Mautstraße führt hinauf nach Maria Waldrast, einem der höchstgelegenen Klöster Mitteleuropas. Wer dem Himmel noch ein Stück näher sein will, steigt im Landschaftsschutzgebiet durch ein Blumenmeer eine Etage höher, auf den steinigen Gipfel der Serles. Genauso lohnenswert ist ein Abstecher in die andere Richtung: Südlich von Matrei zweigt das Navistal ab. 8 km führt es hinein in die Tuxer Alpen, ein ebenso reizvolles wie familientaugliches Wandergebiet.
Bei Steinach geht es ins Gschnitztal, eine geradezu atemberaubend schöne Berglandschaft. Schroffe Felsburgen ragen mehr als 1000 m über grünen Böden und alten, prächtig bemalten Bauernhöfen

Adressen & Bergbahnen — Landesvorwahl 00 43

Urlaubsregion Wipptal	Tourismusverband **Wipptal**; Tel. 0 52 72/62 70; E-Mail: tourismus@wippregio.at, www.wipptal.at	❶ Steinach Steinach – Bergeralm Gondelbahn Berg/Tal 7,60 €
Matrei (993 m)	Ortsstelle Matrei, Mühlbachl, Pfons; Tel. 0 52 73/62 78; E-Mail: info-matrei@wippregio.at, www.wipptal.at	❷ Steinach Bergeralm – Nösslachjoch Sessellift Berg/Tal 4,60 €
Weitere Orte	**Obernberg • Steinach • Navis • Gschnitz • Schmirn • St. Jodok • Trins • Vals**	
Entfernungen	Hamburg 962 km; Berlin 773 km; Köln 763 km; Frankfurt a. M. 579 km; Stuttgart 340 km; München 186 km	

Siehe auch Preisteil S. 638

Wandern & Bergtouren

TOP TIPP 400 steile Meter über dem Boden des Gschnitztales erhebt sich die **Bergkirche St. Magdalena** ❷, die zu Recht als einer der schönsten Aussichtspunkte Nordtirols gerühmt wird. Das sagenumwobene Bergheiligtum wurde 1307 erstmals urkundlich erwähnt, die romanischen Fresken im Kirchenraum zählen zu den ältesten auf Tiroler Boden. Buchstäblich überragend ist der Standort auf einer vorgeschobenen Felskanzel auf 1661 m. In der angebauten, ehemaligen Einsiedelei bekommt der Wanderer heute Speis und Trank. Die fantastische Aussicht vom Serleskamm bis zum dunklen Klotz des Habichts ist gratis. Aufstieg von Gschnitz aus auf dem Jubiläumsweg. Zeit: 1 Std.

Serles (2717 m) Stolze Pyramide zwischen Stubai- und Wipptal	Ausgangspunkt: Maria Waldrast (1638 m), Zufahrt auf Mautstraße; auf markiertem Steig durch Latschen und Geröll ins Serlesjöchl – gesicherte Felsstufe – über Geröll und Schrofen zum Gipfel; Rückweg auf gleicher Route; Gipfelhang steil, Trittsicherheit erforderlich, teilweise gesichert; Zeit: 5–5,5 Std.; Einkehr: Maria Waldrast
Blaser (2241 m) Leichte Wanderung auf den blumenreichsten Berg Tirols	Ausgangspunkt: Leiten, Ortsteil von Trins im Gschnitztal (1235 m); Aufstieg auf Weg Nr. 30 durch den Platzerwald – über die Sanddürrenmähder zur Blaserhütte (2180 m) – weiter zum Gipfel – Rückweg auf gleicher Route oder auf Weg Nr. 31; gut angelegte, markierte Steige ohne Schwierigkeiten; Zeit: 4,5 Std.; Einkehr: Blaserhütte
Kreuzjöchl (2536 m) Wandergenuss über der Naviser Hütte	Ausgangspunkt: Navis (1337 m) am Ende des Navistales; Naviser Hütte (1787 m) – Stöcklalm – Kreuzjöchl; Abstieg über Bettlersteig und Poltenalm; bis zur Hütte breite Wege, meist Wiesengelände; zum Gipfel markierte Bergsteige; Zeit: 6 Std.; Einkehr: Naviser Hütte, Stöcklalm, Poltenalm

auf. Gschnitzer Tribulaun und Habicht – das sind Gipfelziele, die wie Musik in den Ohren eines ambitionierten Alpinisten klingen. Aber auch der wandernde Genießer findet hier wunderbare Wege und Pfade zum Schwelgen in unberührter Natur. 4 km südlich von Steinach, bei St. Jodok, vereinigen sich Valser- und Schmirntal und münden gemeinsam ins Wipptal. In beiden Tälern bezaubert eine harmonische, bäuerliche Kulturlandschaft – die allerdings am Ende unvermittelt von wildestem Hochgebirge abgelöst wird. Ein verborgenes Paradies, das über 400 Pflanzenarten beherbergt und in dem rundum mehr Steige, Scharten und Gipfel locken, als ein Urlaub Tage hat.

Kaum 5 km entfernt vom verkehrsreichsten Pass der Alpen zweigt eine Straße ins Obernbergtal ab. In diesem weitgehend unter Landschaftsschutz stehenden Gebiet scheinen Lärm und Hast Lichtjahre entfernt zu sein. Kaum ist man ins Tal eingebogen, entfaltet sich eine alpenländische Bilderbuchlandschaft: Lärchenwälder, Wiesen, urige Bauernhöfe, runde und ganz zuhinterst auch ziemlich klotzige Berge. Mittendrin, auf dem grünen Moränenhügel neben dem Dorf, steht die barocke Kirche von Obernberg, ein perfektes Fotomotiv. Relativ kurz ist der Aufstieg vom Talschluss zum Obernberger See. Diese höhere Warte bietet neue und faszinierende Einblicke in einen – nur vermeintlich bekannten – Winkel der Alpen, in dem jeder Umweg reichen Gewinn bringt. Wie Recht hatte doch schon Johann Wolfgang von Goethe, als er im Jahr 1786 auf dem Weg nach Italien schwärmte: »Von Innsbruck herauf wird es immer schöner – da hilft kein Beschreiben.«

Hütten

Geraer Hütte (2326 m)
Die gemütliche Hütte steht im weiten Alpeiner Kar vor der gewaltigen Eis- und Felskulisse von Olperer (3476 m), Fußstein (3380 m) und Schrammacher (3410 m). Der beliebte Stützpunkt für Wanderer, Hochalpinisten und Kletterer ist bekannt für die Schmankerl aus der heimischen Küche. Klettergarten und Schulungsgelände für Alpinkurse neben der Hütte. Ausgangspunkt: Innervals im Valsertal; 3 Std.; Tel. 06 76/9 61 03 03, www.geraerhuette.com

Landshuter-Europa-Hütte (2693 m)
Die jahrelang zweigeteilte Hütte auf der Grenze zwischen Österreich und Italien ist seit 1988 wiedervereinigt und uneingeschränkt bewirtschaftet. Jede der diversen Aufstiegsrouten ist eine großartige Tour für sich. Dem nahen Hausberg namens Kraxentrager fehlt zwar der eine entscheidende Meter zum Dreitausender – ein toller Aussichtsgipfel ist er dennoch. Aufstieg: von der Bahnstation Brennersee durchs Venntal; Zeit: 4 Std.; Tel. 04 72/64 60 76

Eine fantastische Wanderung führt vom Gschnitztal zur **Bremer Hütte** (2411 m) unter den Feuersteinen. Der traumhafte Blick in das Becken der Simmingalm wäre alleine schon alle Mühen wert. Die hohen Gipfel im Umkreis der Hütte sind allerdings nur auf steinig steilen Pfaden oder über Gletscher erreichbar. Ausgangspunkt: Obertal im hinteren Gschnitztal; Zeit: 4 Std.; Tel. 06 64/4 60 58 31

Straßenatlas Siehe S. 779

ACHENSEE-REGION
TIROL

ACTION & SPORT

WANDERN & BERGTOUREN

FUN & FAMILY

WELLNESS & GENUSS

Sportliches Urlaubsparadies zwischen Karwendel und Rofan

Das sanfte Hochtal mit dem Achensee als leuchtendem Juwel gibt sich betont sportlich. Wer es gemütlich mag, der geht im Talboden walken oder radeln, wer es anstrengender liebt, den zieht es auf die Gipfel, die von der geruhsamen Wanderung bis zur anstrengenden Bergtour mit Klettersteigeinlage viel zu bieten haben. Und gegen den drohenden Muskelkater hilft Tiroler Steinöl.

Dampfzahnradbahn
Im Sommer fährt von Jenbach im Inntal die älteste noch funktionierende Dampfzahnradbahn bis zur Anlegestelle Seespitz am Südufer des Achensees. Seit 1889 geht es im Schritttempo aus dem Inntal hinauf nach Maurach und weiter zum Achensee, die bestens gewarteten Dampfloks zählen damit zu den ältesten fahrplanmäßig im Einsatz stehenden Dampflokomotiven der Welt; Tel. 0 52 44/6 22 43; www.achenseebahn.at

Eingeschlossen von steilen Berghängen wirkt der Achensee wie ein Fjord. Im Hintergrund das Karwendel.

ADAC – der perfekte Urlaubstag

- **9 Uhr:** Besuch des Vitalbergs in Pertisau
- **10 Uhr:** Wanderung am Achenseeuferweg zur Gaisalm und weiter nach Achenkirch
- **13.30 Uhr:** Besuch des Heimatmuseums Achental
- **14.55 Uhr:** Mit dem Schiff ab Scholastika (bei Achenkirch) über den Achensee zur Haltestelle Seespitz
- **15.55 Uhr:** Mit der Dampfzahnradbahn nach Jenbach und wieder zurück zum Achensee
- **16.30 Uhr:** Relaxen am Ufer des Achensees
- **17.40 Uhr:** Mit dem Schiff von der Haltestelle Seespitz zurück nach Pertisau

Der Name verspricht Bewegung: »Tirols Sport- und Vitalpark« nennt sich die Urlaubsregion rund um den Achensee, der die tiefe Furche zwischen Karwendel und Rofan so schön und romantisch ausfüllt. Rund 10 km lang, maximal 1 km breit und bis zu 133 m tief ist dieses blaue Juwel, das die Region trennt, aber auch verbindet. Bereits im Jahr 1887 begann mit einem Dampfschiff die Achenseeschifffahrt (Tel. 0 52 43/52 53), die auch heute noch bequemste und schönste Art ist, zwischen Maurach im Süden, Pertisau und Achenkirch im Norden zu verkehren. Der See ist ein Paradies für Wassersportler, auch wenn die Badetemperatur nur in Ausnahmen über die 20 °C-Marke klettert. Vor allem Segler, Surfer und neuerdings auch Kite-Surfer schätzen den reichlich vorhandenen Platz und den Wind, der spätestens nachmittags wie in einer Düse zuverlässig durch das in Süd-Nord-Richtung verlaufende Tal bläst.

Berge und Wasser: Dieser Kontrast steht für traumhafte Landschaftseindrücke und eine spannende Urlaubsvielfalt. Westlich des größten Tiroler Sees (481 Mio. m³ Trinkwasser) erhebt sich das Karwendel mit einem unerschöpflichen Reservoir an Gipfeln, Wegen und Touren. Zwischen Bergen und See breitet sich Pertisau auf einer wunderschönen Landzunge aus: in der einen Richtung die Uferpromenade, in der anderen die kilometerlangen, traumhaften Karwendeltäler. Eine Mautstraße führt durch das großartige Falzthurntal zur Gramaialm und damit mitten hinein in die faszinierende Bergwelt des Alpenparks Karwendel. Die ausgedehnte Berggruppe zählt zu den größten Schutzgebieten der Ostalpen, weite Bereiche stehen sogar unter Naturschutz. Zahlreiche Wanderungen und Bergtouren beginnen hier, die Gramaialm selbst ist zudem ein beliebtes Ausflugsziel mit entsprechendem Andrang.

Wandern & Bergtouren

TOP TIPP Die **Hochiss** ❶ (2299 m) ist der höchste Gipfel im Rofan und wird von der Seilbahnbergstation ❶ bei der Erfurter Hütte (1831 m) bestiegen. Etwas abschreckend mag der erste Blick auf den steilen Gipfelaufbau zwar wirken, doch der Weg ist für trittsichere Geher ohne Probleme. Fasziniert blickt man auf die Karstformen im Gscholl, auf die Felsabbrüche der Dalfazer Wände, entdeckt auf den Wiesen zwischen kurzen Felsabsätzen ganze Gamsrudel und hält in der Scharte zwischen Hochiss und Spieljoch plötzlich den Atem an. Unvermittelt öffnet sich der Blick auf die kilometerlangen Nordabbrüche des Rofan. Der landschaftlich schönste Abstieg führt über das Streichkopfgatterl (2243 m) und die Dalfazalm (1693 m) zurück nach Maurach, erfordert aber kurz unter dem Gipfel Trittsicherheit im Roten Klamml, einer mit Drahtseilen gesicherten steilen Rinne. Mittelschwere Wanderung, für trittsichere Bergwanderer ohne Probleme, am Gipfelaufbau teils gesichert; Zeit: ca. 6 Std.; Einkehr: Erfurter Hütte, Dalfazalm

Gaisalm (938 m) Traumhafte Wanderung am Ufer des Achensees	Ausgangspunkt: Pertisau (952 m); Prälatenbuche – Breitgries – Gaisalm – Hotel Scholastika – mit dem Schiff zurück nach Pertisau; einfache Wanderung mit kurzen An- und Abstiegen; Zeit: ca. 3 Std.; Einkehr: Gaisalm
Hochplatte (1813 m) Einfacher Wandergipfel bei Achenkirch	Ausgangspunkt: Achenkirch (916 m), Parkplatz der Christlumlifte; Bründlalm – Jochalm (1430 m) – Seewaldhütte (1582 m) – Hochplatte; Rückweg auf dem Anstiegsweg; einfache Wanderung; Zeit: ca. 5 Std.; Einkehr: Seewaldhütte
Guffert (2195 m) Eleganter Felsgipfel über Steinberg	Ausgangspunkt: Steinberg (1010 m); Unterberg – Guffert – Guffertstein (1963 m) – Luxeggalm – Vordersteinberg – Steinberg; mittelschwere Tour für konditionsstarke Wanderer, im Gipfelbereich Trittsicherheit erforderlich; Zeit: ca. 7 Std.
Lamsenspitze (2508 m) Aussichtsgipfel mit kurzen Klettereinlagen	Ausgangspunkt: Gramaialm (1263 m), Zufahrt auf Mautstraße von Pertisau (952 m); Gramaier Grund – Lamsenjochhütte (1953 m; evtl. Übernachtung) – Brudertunnel – Lamsscharte – Lamsenspitze; Abstieg auf dem Normalweg direkt zum Lamsenjochhaus; anstrengende Bergtour mit kurzem Klettersteig und leichten Kletterstellen im Gipfelbereich; Zeit: ca. 9 Std.; Einkehr: Gramaialm, Lamsenjochhütte

Wer dagegen Ruhe und Einsamkeit sucht, der muss in der Achenseeregion nicht weit gehen. Gleich neben den touristischen Magneten ist es häufig überraschend ruhig und beschaulich, etwa in Steinberg. Das kleine Dorf zwischen Guffert, Unnütz und Rofanspitze liegt in einem Seitental und ist auf der Straße nur von Achenkirch zu erreichen. Kein Durchgangsverkehr stört die Idylle, Steinberg steht für geruhsame und erholsame Ferien.

Vielfalt auf kleinem Raum

Auf seiner Ostseite wird der fjordartige Achensee vom Rofan überragt, einer Berggruppe, die auf kleinem Raum die ganze Vielfalt der Kalkalpen mit ausgedehnten Almwiesen, kargen Karstflächen, kurzen Felsstufen, kleinen Seeaugen, kecken Felszacken sowie unzähligen Blumen und Tieren zur Schau stellt. Auf der Nordseite zeigen sich die Berge mit ihren jähen und düsteren Wänden abweisend und bedrohlich, doch von Süden, etwa von der mit der Rofan-Seilbahn bequem zu erreichenden Erfurter Hütte, sind fast alle Gipfel auch für Wanderer einfach zu besteigen. Wie die Spinne in ihrem Netz steht die Erfurter Hütte im Zentrum der Wanderwege. Naturgemäß zieht es die meisten auf die höchsten Gipfel, also auf Rofanspitze oder Hochiss, doch auch die weniger bekannten Nachbarn wie das Spieljoch oder das etwas abseits stehende Ebner Joch verdienen einen Besuch. Vor allem Letzteres überrascht wegen seiner vorgeschobenen Lage über dem Inntal mit außergewöhnlichen Aus- und Tiefblicken.

Gegenüber am Seeberg, auf den durch einen lang gezogenen Gratkamm verbundenen Gipfeln von Seebergspitze und Seekarspitze, ist es dagegen wieder überraschend einsam. Rinnen, Grate, Schuttkare und Felsstufen gliedern die breite Flanke, die sich über 1000 m aus dem glasklaren Wasser des Achensees erhebt. Der lang gezogene Bergkamm ermöglicht geübten Gehern eine aussichtsreiche Überschreitung, Wanderer wählen dagegen den schmalen Steig, der mal am, dann wieder nur wenige Meter oberhalb des Wassers in leichtem Auf und Ab von Pertisau ans Nordufer des Achensees führt.

Viel Platz und zuverlässige Winde: Surfer schätzen den Achensee.

Restaurants

Posthotel
Das Restaurant im Wohlfühlhotel verwöhnt mit Spezialitäten vom hauseigenen Landgut und aus dem Gebiet des Karwendels. Seit vielen Jahren ist Herbert König Küchenchef im Posthotel Achenkirch, der Lohn für seine Leidenschaft sind eine Haube und 13 Gault-Millau-Punkte; Tel. 0 52 46/66 04; www.posthotel.at

Tiroler Weinhaus
Die Wurzeln des gemütlichen Gasthauses in Achenkirch reichen bis ins 14. Jh. zurück. Das ist von außen unverkennbar – und innen in den Alttiroler Stuben ist man sofort gefangen von der urgemütlichen Atmosphäre; Tel. 0 52 46/62 14; www.tiroler-weinhaus.at

Pletzachalm
Die gemütliche Alm im Gerntal ist tagsüber ein beliebtes Ausflugsziel, man kann jedoch bei rechtzeitiger Anmeldung auch abends dort essen. Dann ist es angenehm ruhig und die frisch gefangenen Forellen aus dem Teich schmecken doppelt so gut; in der Nähe von Pertisau; Tel. 0 52 43/55 73; www.pletzachalm.at

ACHENSEE-REGION

Auf halber Strecke liegt die Gaisalm auf einer Halbinsel, eine grüne Oase zwischen See und Berg sowie ein wunderbarer Platz zum Rasten.

Auf den ersten Blick sieht alles ganz normal aus, doch der Seeberg ist etwas Besonderes: In seinem Inneren befinden sich ölhaltige Gesteinsschichten, die vor rund 180 Mio. Jahren entstanden sind. Ein erstes Vorkommen am Fuß des Seebergs entdeckte Martin Albrecht sen. im Jahr 1902 und baute es für medizinische Zwecke ab. Im Jahr 1908 fand er die Fortsetzung der ölhaltigen Gesteinsschicht etwa 4 km Luftlinie entfernt im Bächental im Karwendel auf 1400 m Höhe. Die Ölschiefermächtigkeit beläuft sich dort auf rund 7 Mio. t. Das Gestein wird heute noch im Tagebau abgebaut. Tiefschwarz ist das gewonnene Steinöl, dem aufgrund seiner Fettstoffe und des hohen Gehalts an natürlich gebundenem Schwefel eine besonders wohltuende Heil- und Pflegekraft zugeschrieben wird. So soll Steinöl bei Gelenkentzündungen, Rheuma, Venenentzündungen und Ausschlägen helfen. Das alte Bergwerk am Seeberg wurde 1983 als Schaubergwerk hergerichtet. Eine echte Sehenswürdigkeit, die allerdings vor einigen Jahren wieder geschlossen wurde. Stattdessen baute man für viele Millionen Euro ein Erlebniszentrum in Pertisau mit künstlichem Bergwerksstollen (Tel. 0 52 43/52 26, www.vitalberg.at).

Bergparadies Rofan: Wanderer auf dem Weg zur Rofanspitze.

Hütten

Erfurter Hütte (1831 m)
Wie die Zacken einer Krone ragen die Felsen der Dalfazer Wände hinter der Alpenvereinshütte auf. Der für Touren im Rofan ideal gelegene Stützpunkt wird seit über 50 Jahren von der Familie Kostenzer bewirtschaftet und befindet sich direkt neben der Bergstation der Rofanbahn ❶; Tel. 0 52 43/55 17

Dalfazalm (1693 m)
Eine wunderschöne Alm mit gemütlicher Sonnenterrasse, von der man gar nicht mehr aufstehen möchte. Zu gut schmeckt der Kaiserschmarrn, zu schön ist der Blick über den Achensee auf das Karwendel. Anstiege von Buchau und der Bergstation der Rofanbahn ❶; Zeit: ca. 2 Std. bzw. ca. 45 Min.; Tel. 06 64/9 15 98 07

Lamsenjochhütte (1953 m)
Wiesenpolster umgeben die Hütte, doch gleich oberhalb dominiert graues Geröll. Mit ihren Steinmauern passt sich die Hütte gut an die umliegenden Karwendelgipfel an. Die Lage ist wunderschön, vor allem wenn die markante Ostwand der Lamsenspitze (2508 m) von der aufgehenden Sonne in zarte Rottöne getaucht wird. Anstieg von der Gramaialm durch das Falzthurntal; Zeit: ca. 2 Std.; Tel. 0 52 44/20 63; www.lamsenjochhuette.at

Action & Sport

MOUNTAINBIKE	KLETTERSTEIGE	RAFTING	CANYONING	REITEN
PARAGLIDING	DRACHENFLIEGEN	KLETTERGÄRTEN	TENNIS	WINDSURFEN
KAJAK/KANU	WASSERSKI	TAUCHEN	HOCHSEILGÄRTEN	GOLF

TOP TIPP: Wer Pferde liebt, der muss nach Achenkirch. Das Posthotel besitzt das größte private **Lipizzanergestüt** ❷ Europas. Angeboten werden Ausflüge im Sattel eines blaublütigen Lipizzaners und Geländeritte mit rustikalen Haflingern oder schottischen Shetland-Ponys. In der hoteleigenen Reitschule lernt man das Reiten auf klassische Art ebenso wie das Gespannfahren. Zur Verfügung stehen je ein Marathonwagen, ein Jagdwagen, eine Wagonette, ein Landauer, eine Viktoria-Kutsche und ein Planwagen. Posthotel Achenkirch; Tel. 0 52 46/66 04; www.posthotel.at

Paragliding	Flugschule Achensee	Ideales Fluggelände; Passagierflüge und Schnuppertage in Maurach und Pertisau; Tel. 0 52 43/2 01 34; www.skyconnection.at
Golf	Golfclub Achenkirch	Driving Range und 9-Loch-Anlage beim Posthotel Achenkirch; Alpengolf Achenkirch; Tel. 0 52 46/66 04; www.posthotel.at
	Golfclub Achensee, Pertisau	9 Spielbahnen mit 18 Greens; der Golf- und Landclub Achensee ist der älteste Golfclub Tirols (seit 1934); Tel. 0 52 43/53 77; www.golfclub-achensee.com
Tennis	Posthotel, Achenkirch	Tennishalle mit 2 Plätzen sowie Sand-Freiplätze; Tel. 0 52 46/66 04; www.posthotel.at
	Maurach	Tennispark Buchau mit 4 Top-Court-Freiplätzen und Übungswand; Tel. 06 76/7 00 39 55
	Pertisau	Sportcenter Pertisau mit Hallen- und Freiplätzen; Tel. 0 52 43/52 51
Kanu	Yachtschule Schwaiger, Achensee	Kanufahrten am Achensee ab der Yachtschule Schwaiger, Kanadierverleih; Tel. 0 52 46/62 63
Windsurfen	Surfschule Schwarzenau Achensee	Wind- und Kitesurfen, Verleih von Surfboards und Anzügen; Surfschule Schwarzenau, Tel. 06 64/3 50 80 66; www.kite-surfen-achensee.at Surfkurse und Surfbrettverleih; Yachtschule Schwaiger; Tel. 0 52 46/62 63
Tauchen	Tauchschule Austria Achensee	Zwischen Achenkirch-Süd und Tunnel-Süd ist im Achensee Tauchen erlaubt; Genehmigungen beim Campingplatz Schwarzenau, im Büro der Achenseeschifffahrt und im Hotel Post in Pertisau; Ausrüstungsverleih und Tauchkurse bei der Tauchschule Austria; Tel. 06 76/4 20 97 17

So ändern sich die Attraktionen. In den Karwendeltälern stand früher die Jagd im Vordergrund, und Kaiser Maximilian schätzte den Achensee als Angelrevier. Heute stehen in Tirols Sport- und Vitalpark Aktivitäten zu Wasser, zu Lande und in der Luft im Blickpunkt. Rund 450 km Wanderwege stehen bereit für Bergsteiger, Wanderer und Walker, die in der Region um den Achensee bestens aufgehoben sind, denn jede Menge gut ausgeschilderte Wege ziehen ohne große Höhenunterschiede durch die sanften Täler. Aber auch Radfahrer kommen auf ihre Kosten: Neben anstrengenden Mountainbike-Touren können sie auf der Via Bavarica hinüber nach Bayern radeln. Der Radweg führt seit 2004 von München zum Achensee und verbindet Bayern mit Tirol. Ergänzt wird das Sportangebot noch durch 160 km Laufstrecken. Da ist es nur gut, dass das Steinöl auch gegen Muskelkater helfen soll.

Im Mariastollen wurde Ölschiefer abgebaut.

DAV-Tipp

Rund um die Gufferthütte (1465 m) oberhalb des Achensees lädt ein geologischer Lehrpfad zur Entdeckungsreise in die Geschichte der Erde ein. Von der Terrasse der frisch renovierten Hütte bieten sich schöne Ausblicke ins Rofangebirge.

Hotelempfehlungen

Achenkirch S. 664
Maurach S. 689
Pertisau S. 697
Wiesing S. 710

Adressen & Bergbahnen — Landesvorwahl 00 43

Urlaubsregion	Achensee-Tourismus, Tel. 0 52 46/53 00; E-Mail: info@achensee.info; www.achensee.com
Orte	Achenkirch • Maurach • Pertisau • Steinberg
Entfernungen	Hamburg 862 km; Berlin 673 km; Köln 664 km; Frankfurt a. M. 479 km; Stuttgart 320 km; München 86 km

① Maurach
Rofan-Seilbahn
Berg/Tal 13,50 €

② Pertisau
Karwendel-Bergbahn
Zwölferkopf
Berg/Tal 11 €

Siehe auch Preisteil S. 638

Wanderkarten

Freytag & Berndt WK 321; Achensee, Rofan, Unterinntal, 1:50000
Alpenvereinskarte; Blätter 5/3 Karwendelgebirge – Östliches Blatt 6 Rofan, 1:25000

Straßenatlas   Siehe S. 779

ALPBACHTAL – TIROLER SEENLAND
TIROL

- ACTION & SPORT
- WANDERN & BERGTOUREN
- FUN & FAMILY
- WELLNESS & GENUSS

Hütten

Zottahof (1250 m)
Berggasthof oberhalb von Alpbach an der Straße mit kleinen Stuben und Terrasse. Schöne Aussicht. Spezialität ist der Kaiserschmarrn, der in üppigen Portionen serviert wird;
Tel. 0 53 36/51 14

Erzherzog-Johann-Klause (814 m)
Bei Wanderern und Mountainbikern beliebter Berggasthof an der Brandenberger Ache. Bekannt für seine gute Küche. Schöne Terrasse;
Tel. 0 53 37/83 46

ADAC – der perfekte Urlaubstag

- **9 Uhr:** Besichtigung des Bergbauernmuseums in Inneralpbach, einem 1636 erbauten Bauernhof, in dem heute 800 Einrichtungs- und Gebrauchsgegenstände ausgestellt sind
- **11 Uhr:** Wanderung auf dem Oberen Höhenweg von Inneralpbach nach Alpbach
- **12 Uhr:** Unterwegs Einkehr beim Gasthaus Rossmoos oberhalb von Alpbach
- **14 Uhr:** Radtour von Kramsach zum Reintaler See (Bademöglichkeit) und weiter über Breitenbach auf die andere Innseite
- **15 Uhr:** Rückfahrt über Rattenberg (Kaffeepause bei der Konditorei Hacker) nach Kramsach
- **19 Uhr:** Abendessen im Wirtshaus Berglsteiner See bei Kramsach

Blumengeschmückte Bauernhäuser kontrastieren in Alpbach mit sanften Wiesenhängen und schroffen Felsgipfeln.

Es lockt nicht nur die Dorfschönheit

Dass es rechts und links des Tiroler Inntals viel zu entdecken gibt, dafür ist Alpbach mit dem Tiroler Seenland das beste Beispiel. Die nostalgischen Bauernhöfe von Alpbach, Ausflüge in die wildromantischen Klammen der Brandenberger Ache oder Spaziergänge durch Rattenberg, die mit knapp 500 Einwohnern kleinste Stadt Österreichs – von genussvoller Gemütlichkeit bis hin zu actionreichen Sportangeboten ist für jeden Geschmack etwas dabei.

An Auszeichnungen mangelt es Alpbach nun wirklich nicht. Zu Recht ist das »Schönste Dorf Europas«, gleichzeitig das »Schönste Blumendorf Europas«, mit seinen prächtigen Bauernhöfen gut besucht. Anerkennung gebührt aber auch den vielen Wandermöglichkeiten zwischen Wiedersberger Horn, Schatzberg und Gratlspitz, die zum Teil bis ins benachbarte Zillertal führen. Am Talschluss scheint es hingegen das schlichtere Inneralpbach geradezu zu genießen, etwas im Schatten von Alpbach zu ruhen. Wie auf einer Sonnenterrasse liegt als ideales Ferienziel für Familien Reith über dem Inntal: Mit dem großen Kinderpark und dem »Juppi Kids Club«, einer ganztägigen, abwechslungsreichen Kinderbetreuung, hat man hier eine Attrak-

Adressen & Bergbahnen — Landesvorwahl 00 43

Urlaubsregion	Ferienregion **Alpbach & Tiroler Seenland**; Tel. 0 53 37/6 34 80; E-Mail: info@tirol-pur.at; www.tirol-pur.at
Alpbach 1563 m	Tourismusverband im Congress Centrum Alpbach; Tel. 0 53 36/60 00; E-Mail: info@alpbach.at; www.alpbach.at
Weitere Orte	**Brixlegg** www.tvb-brixlegg.at • **Kramsach** www.tiscover.com/kramsach • **Rattenberg** www.tiscover.com/rattenberg-radfeld • **Reith** www.reith-alpbachtal.at
Entfernungen	Hamburg 906 km; Berlin 717 km; Köln 708 km; Frankfurt a. M. 523 km; Stuttgart 364 km; München 131 km

❶ Alpbach
Wiedersbergerhornbahn
Berg/Tal 12,50 €

❷ Reith
Reitherkogelbahn
Berg/Tal 9,50 €

Siehe auch Preisteil S. 638

tion für die Jüngsten auf die Beine gestellt. Vom Alpbachtal sollte man auch ein Auge auf die Orte im Tiroler Seenland werfen: Das lebhafte Brixlegg z.B. ist besonders für seine anspruchsvolle Gastronomie mit den vornehmen Tiroler Weinstuben als Aushängeschild bekannt. Wohltuend ist ein Besuch des Mineralheilbades Mehrn mit seinen heilkräftigen Quellen. Wer Action vor Genuss und Wellness stellt und mit Inlines und Skateboard umzugehen weiß, für den ist der über 3000 m² große »Cradle Skatepark« ein Anziehungspunkt der Extraklasse.

Etwas ruhiger geht es auf der anderen Talseite zu. Das bodenständige Kramsach ist ein idealer Ausgangsort für Touren nach Norden, z. B. entlang der wild schäumenden Brandenberger Ache, auf der man früher das Holz aus dem Gebirge heraustransportiert hatte. Besonders reizvoll ist ein Ausflug zur Erzherzog-Johann-Klause und der Kaiserklamm. Zwar nur wenige hundert Meter lang, lässt sich doch eindrucksvoll erkennen, wie sich das reißende Wasser hier in Jahrmillionen in den Kalkfelsen gefräst hat. Bekannt ist Kramsach aber auch für das Bauernhausmuseum in der Nähe des Reintaler Sees. Für alle, die es eher schöngeistig mögen, ist ein Ausflug nach Rattenberg mit seiner lebendigen Glasbläsertradition ein lohnendes Ziel. Es geht aber auch dort sportlicher – beispielsweise bei einer Kajaktour auf der Brandenberger Ache oder im neuen Hochseilklettergarten Kramsach.

Fun & Family

Alpbacher Erlebnis-Hallenbad	Sportbecken, Wasserrutsche, Insel mit Wasserfall, Solarium und Kinderbereich; Montag Ruhetag; Tel. 0 53 36/53 28
Kinderpark Reith	Unterhaltungsprogramm für junge Gäste mit Elektroautos, Eisenbahn, Trampolin, Kleintierzoo (Affengehege) etc.; Tel. 0 53 37/6 24 28; www.kinderpark.at
Museum Tiroler Bauernhöfe	Museumsgelände außerhalb von Kramsach: sehenswerte Höfe, Ausstellungen und viele Veranstaltungen; Tel. 0 53 37/6 26 36; www.museum-tb.at

TOP TIPP — **Kisslinger Kristallglas** ❶: Nachdem die große Glashütte in Kramsach im Zweiten Weltkrieg zerstört wurde, siedelten sich viele der arbeitslosen Glaser in Rattenberg an. Der Graveur Ferdinand Kisslinger gründete seinen Betrieb 1946 und entwickelte sich zum bedeutendsten Glashersteller und -veredler der »Glasstadt«. Und er öffnete die Tore seiner Werkstätten: So haben Gäste die einzigartige Möglichkeit, den Weg des Glases vom glühend heißen Ofen bis hin zum fertigen Glas zu verfolgen und Glasbläsern, Schleifern, Graveuren und Malern bei ihrer Arbeit über die Schulter zu schauen. www.kisslinger-kristall.com

EVENTS

- Juli: Schlossbergspiele Rattenberg
- August/September: Europäisches Forum Alpbach
- September: Herbstfest Breitenbach Almabtrieb in Kramsach, Breitenbach und Münster

Oktober: Kirchtagsfest in Reith Alpbacher Kirchtag

Wanderkarten

Freytag & Berndt WK 151 Zillertal, Tuxer Alpen. Jenbach-Schwarz, 1:50000

TOP TIPP — **The Cradle Skatepark** ❷
Ein Skatepark, der seinesgleichen sucht: über 1100 m² große Bowl aus Beton mit Vert Ramp, Spine und Cradle, der weltweit ersten innen befahrbaren Halbkugel. Über 2000 m² großer Streetpark mit den IOU-Rampen der European Championships, Riesenbanks und Ledges. Geöffnet tgl. 12–20 Uhr. www.skateTHEcradle.com

Hotelempfehlungen

Alpbach S. 664
Kramsach S. 685
Reith im Alpbachtal S. 699

Straßenatlas Siehe S. 779

VORDERES ZILLERTAL
TIROL

Charakteristisches Landschaftsbild bei Zell am Ziller: ein breites Wiesental, durchflossen vom Ziller und gesäumt von bewaldeten Berghängen

ACTION & SPORT

WANDERN & BERGTOUREN

FUN & FAMILY

WELLNESS & GENUSS

In der Heimat der Schürzenjäger

Für viele ist das Zillertal ein Synonym für Urlaub in den Tiroler Bergen. Nach wie vor gehört es zu den beliebtesten Zielen in den Alpen – mit entsprechend großem Andrang. Nicht zuletzt die Schürzenjäger haben zum Bekanntheitsgrad beigetragen; doch in den einsamen Seitentälern entdeckt man schnell das ursprüngliche Gesicht des Zillertals.

ADAC der perfekte Urlaubstag

- **9 Uhr:** Bergfahrt mit der Spieljochbahn ❶, Wanderung zum Kellerjoch mit Besuch des Schaubergwerks
- **12 Uhr:** Brotzeit in der Kellerjochhütte mit Traumblick über das Inntal
- **15 Uhr:** Talfahrt, anschließend mit dem Auto auf die Zillertaler Höhenstraße
- **16.30 Uhr:** Einkehr in der Jausenstation Grünalm, anschließend kurze Wanderung auf den Arbiskopf (2133 m); Rückfahrt auf der Hauptstraße
- **19 Uhr:** Abendessen beim Landgasthof Linde in Stumm

Zugegeben, wenn man bei Jenbach von der Inntal-Autobahn ins Zillertal abbiegt, sieht es nicht nach Urlaub aus. Die Straße ist stark befahren, gesäumt von architektonisch höchst fragwürdigen Gewerbeansiedlungen, die selbst in einer Stadt unangenehm auffallen würden und den Blick auf die Schönheiten des Zillertales erst einmal verstellen. Zum Glück konzentriert sich der Verkehr auf die Hauptstraße, schon wenige Meter abseits entdeckt man ein völlig anderes Tal, dessen Faszination man sich nicht entziehen kann.

Das Zillertal ist ein liebliches Tal, zumindest zwischen Strass am Taleingang und Mayrhofen, dem Hauptort. Ein breites Wiesental, durch das sich die Ziller mit dem eiskalten Schmelzwasser der Zillertaler Gletschergipfel ihren Weg Richtung Inn bahnt. Rechts und links wird es flankiert von grünen, teilweise dicht bewaldeten Hängen, die aber zwischendurch immer wieder große, sonnige Lücken lassen: Raum für Mensch und Tier.

Bis auf eine Höhe von rund 1200 m stehen Bauernhöfe, umgeben von blühenden Wiesen und schattigen Wäldern. Die Almen beginnen erst auf Höhe der Baumgrenze. Aufgereiht wie die Perlen einer Kette folgen im Zillertal die Orte aufeinander: Schlitters, Fügen, Uderns, Ried, Kaltenbach, Stumm, Aschau und Zell am Ziller heißen die touristischen Anlaufstellen im Vorderen Zillertal. Die alten Ortskerne liegen etwas abseits. Um sie zu erkunden, muss man schon die Hauptstraße verlassen. Wer zu Fuß geht, der entdeckt etwa den wunderschönen Dorfplatz von Stumm oder die Wallfahrtskirche Maria Brettfall in Strass gleich am Taleingang. Interessant sind die unterschiedlichen Kirchtürme: Auf der linken Uferseite der Ziller tragen sie rote, auf der rechten grüne Dachschindeln. Ausnahmen bestätigen die Regel, doch letztlich markieren die verschiedenen Farben die Grenze zwischen den beiden Diözesen Innsbruck und Salzburg.

Es gibt natürlich viele Arten, um das Zillertal zu erkunden: Am schnellsten geht es mit dem Auto, nur sieht man dabei am wenigsten – es sei denn, man wählt die Variante über die mautpflichtige Zillertaler Höhenstraße. Diese verlässt in Ried kurz vor Kaltenbach die Talstraße und führt hinauf bis auf 2000 m Höhe, um schließlich bei Hippach kurz

Wandern & Bergtouren

TOP TIPP Der Bergwanderweg von der **Rosenalm (1740 m)** zum **Kreuzjoch (2558 m)** ❶ im Gebiet der Zillertal-Arena bei Zell am Ziller ist eine aussichtsreiche, abwechslungsreiche Tour. Zunächst fährt man mit der Kreuzjochbahn ❺ zur Bergstation und folgt bei der Rosenalm dem Güterweg zur Gründlalm (1831 m). Ab hier über Almwiesen direkt hinauf zum Törljoch (2189 m). Dort lohnt sich ein kurzer Abstecher zum vorgeschobenen Aussichtsgipfel der Karspitze (2257 m). Dann dem Gratrücken bis zum Kreuzjoch folgen. Von dort blickt man nach Norden in die Seenlandschaft der Wilden Krimml mit Katzenkopf (2535 m) und Torhelm (2494 m), ebenfalls lohnenden Tourenzielen. Und im Süden locken die Zillertaler Dreitausender. Auf dem Anstiegsweg zurück zur Rosenalm. Leichte, aussichtsreiche Bergwanderung; Zeit: ca. 5 Std.; Einkehr: Rosenalm; geführte Touren bei der Wanderschule Andreas Lechner; Tel. 0 52 82/41 36

Kellerjoch (2344 m) Leichte Rundwanderung mit Panoramablick	Ausgangspunkt: Fügen, Bergstation der Spieljochbahn (1865 m) ❶; Spieljoch – Geolsalm (1733 m) – Gartalm-Hochleger (1849 m) – Kellerjochhütte (2237 m) – Kellerjoch (Kreuzjoch) – Alpinsteig – Bergstation der Spieljochbahn; Rückweg über den Alpinsteig nur für erfahrene Alpinisten, alle anderen sollten über den Aufstiegsweg, einen einfachen Bergsteig, zurückwandern; Zeit: ca. 5 Std.; Einkehr: Geolsalm, Gartalm-Hochleger, Kellerjochhütte
Hochfeld (2350 m) Reizvolle Wanderung auf den Hausberg von Ramsau	Ausgangspunkt: Gerlossteinhaus (1620 m) bei der Bergstation der Gerlossteinbahn ❼; Gerlossteinalm – Gerlossteinwand (2166 m) – Freikopf – Hochfeld – Geiskopf (2277 m) – Heimjoch – Gerlossteinhaus; leichte Bergtour auf guten Pfaden; Zeit: ca. 4 Std.; Einkehr: Gerlossteinhaus
Hamberg (2096 m) Aussichtsloge über dem Zillertal	Ausgangspunkt: Inneröfen (1212 m), Zufahrt von Stumm (556 m); Jausenstation Almluft – Dematsteinaste – Steinbergaste (1752 m) – Hamberg; Rückweg auf dem Anstiegsweg; schöne, leichte Bergwanderung; Zeit: ca. 2,5 Std.; Einkehr: Jausenstation Almluft

Schaubergwerk am Spieljoch

Auf 1783 m befindet sich das höchstgelegene Schaubergwerk Österreichs mit alten Stollen und großen Abraumhalden. 400 Jahre Bergbaugeschichte werden dokumentiert. Wer dorthin gelangen will, muss allerdings einen ca. 45-min. Anstieg von der Bergstation der Spieljochbahn ❶ in Kauf nehmen. Eine kleine Ausstellung über den Bergbau gibt es auch in der Knappenstube bei der Bergstation; www.spieljochbahn.at

---

vor Mayrhofen wieder die Talsohle zu erreichen. Ein Erlebnis für die Augen, vor allem wenn man die Straße in Nord-Süd-Richtung befährt und dabei auf die Gletscher der Zillertaler Alpen blickt.

Die anstrengendste, aber vielleicht auch reizvollste Variante, das Tal kennen zu lernen, ist die Fahrt mit dem Fahrrad auf dem Zillertaler Radweg von Strass bis nach Mayrhofen. Teils auf Nebenstraßen, dann wieder auf Radwegen und Schotterstraßen geht es abseits des Verkehrs zwischen Wiesen und durch ruhige Dörfer sanft bergauf ins Tal hinein. Eine andere, betont nostalgische Alternative ist die Fahrt mit der über 100 Jahre alten Zillertalbahn, die mit kommoden 30 km/h zwischen Jenbach und Mayrhofen verkehrt. Viel schneller als ein Radfahrer ist man damit allerdings auch nicht.

»Bestes Fluggebiet der Alpen«

Am schönsten ist der Blick von oben, aus der Luft. Gleitschirmflieger bezeichnen das Zillertal gern als »das beste Fluggebiet der Alpen«. Darüber lässt sich natürlich streiten, aber fest steht, dass es hier tatsächlich überaus viele Flugberge, hervorragende Streckenflugmöglichkeiten und leicht zu erreichende Startplätze gibt. Mehrere Flugschulen bieten Kurse und Tandemflüge an. Am originellsten ist dabei Pizza Air, nach eigenen Angaben die »kleinste Fluglinie der Welt«; die Flotte besteht derzeit aus drei Tandem-Paraglidern.

Spaziergänger finden bereits unten im Talboden und an den Seitenhängen reichlich Wanderwege. Ein Muss für Genusswanderer sind jedoch die Pfade in die Gründe, wie im Zillertal die Nebentäler genannt werden. Am bekanntesten sind die vier Quelltäler der Ziller, die sich bei Mayrhofen vereinigen. Im Vorderen Zillertal lohnt dagegen eine Wanderung in den stillen Märzengrund, der am Fuß des Großen Galtenberg entlang bis fast zum Donnenjoch weit in die Kitzbüheler Alpen reicht. Der Zustieg ist lang und bis zum Wiesenboden der Gmündasten eher eintönig, doch wer weiter vordringt und schließlich die Hämmerer Alm erreicht, der befindet sich weit abseits von den üblichen Wanderrouten inmitten einer idyllischen Berglandschaft. Deutlich alpiner geben sich die Seitentäler, die von Gerlos Richtung Süden ziehen. Schwarzachgrund, Wimmertal, Schönachtal und Wildgerlostal heißen die vier parallel verlaufenden

Prächtig präsentieren sich die Bauernhäuser wie hier am Bruckberg.

EVENTS

- April/Mai: Gauderfest in Zell am Ziller 
- Juli: Mille Zillia, Oldtimertreffen
- August: Schützenfest in Aschau
  Zillertaler Alpenparty in Fügen
  Gmündner Kirchtag in Stumm
- September: Almabtrieb in allen Orten

VORDERES ZILLERTAL

Action & Sport

MOUNTAINBIKE	KLETTERSTEIGE	RAFTING	CANYONING	REITEN
PARAGLIDING	DRACHENFLIEGEN	KLETTERGÄRTEN	TENNIS	WINDSURFEN
KAJAK/KANU	WASSERSKI	TAUCHEN	HOCHSEILGARTEN	GOLF

TOP TIPP Auf zahlreichen Routen können Mountainbiker den Talboden des Zillertals verlassen und Meter für Meter bergauf strampeln. Wer lieber auf einer einfachen und gemütlichen Radtour das Zillertal von seiner beschaulichen Seite kennen lernen möchte, für den ist der **Zillertal Radweg** ❷ genau das Richtige. Er startet in Strass (523 m) am Taleingang und führt auf Nebenstraßen, Radwegen und Schotterstraßen taleinwärts. Über Bruck, Fügen, Kaltenbach und danach Stumm und Zell am Ziller kommt man schließlich nach Mayrhofen (633 m). Keine besonders anstrengende Fahrt, denn unterwegs sind gerade einmal 100 Höhenmeter zu überwinden (Zeit: ca. 3 Std.). Zurück geht es am bequemsten mit der Zillertalbahn, der Radtransport ist kostenlos. Daneben gibt es auch viele interessante, teilweise anstrengende Routen für alle, die höher hinauf wollen. Geführte Mountainbike-Touren beim Action-Club-Zillertal; Tel. 0 52 85/6 29 77; www.action-club-zillertal.com

Paragliding	Zell am Ziller	Startplätze u. a. Rosenalm, Karspitz, Kreuzjoch; Flugschule, Tandemflüge: Pizza Air, Zell am Ziller; Tel. 06 64/2 00 42 29; www.zell.cc
	Fügen	Startplatz bei der Bergstation der Spieljochbahn ❶; Tandemflüge bei Stocky Air; Tel. 06 64/3 40 79 76
	Gerlos	Tandemflüge bei Kalle Airline; Tel. 0 52 84/55 11
Tennis	Freizeitpark Zell im Zillertal	Fantastische Tennishalle mit drei Indoor-Plätzen und vier Freiplätzen; Trainerstunden, Intensivkurse, Matchtraining, Videoanalyse und Kinderkurse: IAT-Tennisschule Wallner; Tel. 06 64/3 83 05 01
Reiten	Fügen	Reitschule: Springen, Dressur, Reithalle, Außenplätze und Ausritte; Reitanlage Edhof; Tel. 06 76/4 77 12 92
		Ponyreiten beim Hotel Almhof in Hochfügen; Tel. 0 52 80/2 11
	Gerlos	Westernreiten auf der Ferienranch Kröller, Gerlos; Tel. 0 52 84/52 02

Restaurants

Landgasthof Linde
Der historische Landgasthof in Stumm gefällt nicht nur wegen seines klassisch-gediegenen Ambientes, sondern vor allem wegen der verfeinerten Tiroler Küche. Dafür verantwortlich ist Hannes Ebster: Sein Zillertaler Berglamm oder die Zillertaler Ofenleber sind regionale Köstlichkeiten, die man nicht überall findet; Tel. 0 52 83/2 27 79; www.landgasthof-linde.at

Restaurant Alexander
Das Gourmetrestaurant im Vier-Sterne-Hotel Lamark in Hochfügen gehört zur Spitzenklasse der Tiroler Gastronomie. Die kreative österreichische und internationale Küche wurde von Gault Millau mit drei Hauben ausgezeichnet. Etwas für den ganz besonderen Abend; Tel. 0 52 80/2 25; www.sporthotel-lamark.at

Almdiele
Von außen schaut die Grillstube in Hart bei Fügen gar nicht so einladend aus, doch innen fühlt man sich auf Anhieb wohl. Das Ambiente ist urig und die Grillspezialitäten sind nicht nur beim Grillabend am offenen Feuer jeden Mittwoch äußerst lecker; Tel. 0 52 88/6 25 98

Einschnitte, die durch scharfe Bergkämme getrennt sind und deren Talschlüsse von West nach Ost immer alpiner werden. Den Höhepunkt bilden die Gipfel der Reichenspitzgruppe, die das Wildgerlostal mit dem Stausee Durlaßboden spektakulär abschließen.

Abwechslungsreicher Urlaub

Die Spieljochbahn bei Fügen sowie die Kreuzjoch- und Gerlossteinbahn bei Zell am Ziller erleichtern den Zugang in die hochgelegenen Wanderregionen. Vom Spieljoch aus führen Wege auf das Kellerjoch, das mit Ausblicken ins Inntal und hinüber ins Karwendel begeistert. Von der Rosenalm bei Zell am Ziller schweift der Blick dagegen Richtung Süden auf die schneebedeckten Dreitausender des Alpenhauptkamms. Vor allem Bergwanderer fühlen sich inmitten der eher sanft geformten Berge des Vorderen Zillertals wohl. Westlich der Zillertaler Alpen erheben sich die Tuxer Alpen, östlich davon die Kitzbüheler Alpen, und die sind – Skifahrer wissen es schon lange – bekannt für ihre sanften Almwiesen.

Das Vordere Zillertal ist ideal für Familienurlauber, denen es nicht so sehr um möglichst viele Höhenmeter geht, sondern eher darum, einen abwechslungsreichen Urlaub in den Bergen zu verbringen. Dazu passen auch die eher kleinen Orte mit ihren Hotels, Erlebnisbädern und verschiedensten Sportmöglichkeiten, abgerundet durch eine Prise Kultur. Das Angebot reicht von klassischen Brauch-

Fun & Family

Freizeitpark Zell	45000 m² großes Freizeitareal mit Erlebnisfreibad, großem Kinderspielplatz, Volleyball, Basket- und Streetball sowie Minigolf; Tel. 0 52 82/49 46 30
Zillertaler Gold-Schaubergwerk	Im Stollen auf der Spur des einstigen Goldbergbaus, mit Multimedia-Show; Tel. 0 52 82/48 20; www.goldschaubergwerk.com
Kristalleum Zillertal Aschau	Ausstellung mit Zillertaler Mineralien, Infos zur Bergbaugeschichte und wechselnde Sonderschauen in der Freizeitanlage Aufenfeld; Tel. 0 52 82/29 16

TOP TIPP Seit 1902 verbindet die **Zillertalbahn** ❸ Jenbach im Inntal mit Mayrhofen. Die 32 km lange Strecke (Spurweite 760 mm) verkörpert ein Stück Nostalgie, vor allem, wenn wie früher der Dampfzug mit maximal 35 km/h durch das Zillertal zuckelt. Zusätzliche Abwechslung bieten das Cabrio, ein offener Güterwagen oder ein Glas Sekt im mit 62000 geschliffenen Swarovski-Kristallen verzierten Kristallwaggon. Doppelt so schnell geht es allerdings mit den modernen Triebwagen; Tel. 0 52 44/60 60; www.zillertalbahn.at

Adressen & Bergbahnen — Landesvorwahl 00 43

Urlaubsregion	**Zillertal** Information, Tel. 0 52 88/8 71 87; E-Mail: info@zillertal.at; www.zillertal.at	
Fügen (545 m)	Ferienregion Fügen – Hochfügen – Fügenberg – Hart – Uderns; Tel. 0 52 88/6 22 62; E-Mail: tvb.fuegen@aon.at; www.fuegen.cc	
Gerlos (1245 m)	Tourismusverband Gerlos; Tel. 0 52 84/5 24 40; E-Mail: info@gerlos.at; www.gerlos.at	
Kaltenbach (577 m)	Tourismusverband Zillertal Mitte; Tel. 0 52 83/22 18; E-Mail: tourist-info@zillertal-mitte.at; www.zillertal-mitte.at	
Zell am Ziller (575 m)	Tourismusverband Zell am Ziller; Tel. 0 52 82/2 28 10; E-Mail: info@zell.at; www.zell.at	
Weitere Orte	**Wald-Königsleiten** www.wald-koenigsleiten.info • **Schlitters** www.schlitters.at • **Strass** www.strassimzillertal.at	
Entfernungen	Hamburg 926 km; Berlin 737 km; Köln 728 km; Frankfurt a. M. 544 km; Stuttgart 384 km; München 151 km	

1. Fügen – Spieljochbahn – Berg/Tal 12 €
2. Gerlos – Isskogelbahn – Berg/Tal 8,80 €
3. Gerlos – Fürstalmbahn – Berg/Tal 9,80 €
4. Königsleiten – Larmachkopf – Berg/Tal 9,50 €
5. Zell am Ziller – Kreuzjochbahn – Berg/Tal 14,60 €
6. Zell am Ziller/Ramsau – Ramsberglift – Berg/Tal 9,80 €
7. Zell am Ziller/Hainzenberg – Gerlossteinbahn – Berg/Tal 9,80 €

Siehe auch Preisteil S. 638

tumsveranstaltungen, die natürlich in einem touristischen Gebiet wie dem Zillertal nicht selten einen kommerziellen Touch bekommen, bis zur so genannten volkstümlichen Musik, die im Zillertal eine besondere Tradition hat. Immerhin ist hier die Wiege der »Schürzenjäger«, die nach wie vor alljährlich mit ihrem Open Air im August die Massen anziehen und denen im Tal einige recht erfolgreiche, artverwandte Interpreten folgen.

Ein Teil der Gäste freut sich über dieses Angebot, die anderen sollten sich davon nicht abschrecken lassen. Im Zillertal kann man immer noch Ecken finden, in denen nicht alles komplett vermarktet wird. Es gibt gastronomische und Freizeit-Angebote, die sich durch Authentizität vom Rest unterscheiden. Wer sich an diesen orientiert, kann im Zillertal einen abwechslungsreichen, entspannenden Urlaub verleben.

Hütten

Schwarzachalm (1378 m)
Auch wenn man die gemütliche Alm nur zu Fuß erreicht, das Motto lautet: »Auf der Schwarzachalm isch noch niemand schlank wordn!« Eine gemütliche Einkehrstation, vorausgesetzt man hält sich an die Regel »Würstel isst man mit der Hand und nicht mit dem Besteck«; Anstieg vom Gasthaus Kühle Rast/Schwarzach (1191 m); Zeit: ca. 40 Min.; keine Übernachtung; Tel. 06 76/3 35 49 54; www.schwarzachtal.com

Kreuzjochhütte (2000 m)
Die urige Hütte östlich von Zell am Ziller ist ein beliebtes Wanderziel. Neuerdings auch bei Nordic Walkern, denn dort endet eine Walking-Strecke. Herrliche Aussicht, Hausmannskost, Verkauf von landwirtschaftlichen Produkten. Erreichbar ist die Hütte von der Bergstation der Kreuzjochbahn ❺; Zeit: ca. 30 Min; keine Übernachtung; Tel. 06 64/3 07 54 48

Jausenstation Grünalm (1725 m)
Kleine urgemütliche Hütte an der Zillertaler Höhenstraße, am Zellberg westlich von Zell am Ziller. Zu essen gibt es Almspezialitäten und Speisen aus eigener Herstellung. Ausgangspunkt für Touren auf den Marchkopf (2499 m) oder Wimbachkopf (2442 m); keine Übernachtung; Tel. 06 64/5 25 74 16

Kellerjochhütte (2237 m)
Bei einem Besuch dieser kleinen Hütte sollte man unbedingt viel Zeit zum Schauen mitbringen. Die Hütte steht völlig frei auf dem Gipfelrücken des Kellerjochs und gewährt einen einmaligen Blick über das Inntal. Mehr Aussicht bietet da nur das Kreuzjoch (2344 m), das in ca. 20 Minuten zu besteigen ist. Anstieg von der Bergstation der Spieljochbahn ❶; Zeit: ca. 2 Std.; Tel. 0 52 42/7 24 33

Hotelempfehlungen

Fügen S. 672
Gerlos S. 673
Kaltenbach S. 683
Uderns S. 709
Zell am Ziller S. 711

Wanderkarten

Österreichische Landeskarte; Blätter 119 Schwaz, 120 Wörgl, 1:50000
Freytag & Berndt; WK 151 Zillertal, Tuxer Alpen, Jenbach, Schwaz; 1:50000

Straßenatlas Siehe S. 779

HINTERES ZILLERTAL UND TUX
TIROL

ACTION & SPORT

WANDERN & BERGTOUREN

FUN & FAMILY

WELLNESS & GENUSS

Ein Tal der Kontraste

Moderne Wellness-Hotels und uralte Holzhäuser, Sommerskilauf und Klettergärten, eisgepanzerte Dreitausender und sanfte Wandergipfel, quirlige Orte und stille Seitentäler – das Zillertal bietet modernste Infrastruktur und mit dem Hochgebirgs-Naturpark Zillertaler Alpen reichlich unberührte Natur.

Die Richtung ist klar vorgegeben: Die breite Pyramide der Ahornspitze bildet bei der Fahrt durch das Zillertal den unübersehbaren Orientierungspunkt. Am Fuß dieses auffallenden Berges liegt Mayrhofen, der Hauptort der beliebten Ferienregion. Der lebhafte Ort mit seinen zahllosen Hotels und Restaurants kam vor etlichen Jahren unerwartet zu Ruhm, als er für den Fernsehfilm der berühmt-berüchtigten »Piefke-Saga« als Schauplatz diente.

Die Ahornspitze steht allerdings auch für einen Wechsel im Landschaftsbild. War das Zillertal bis Mayrhofen noch breit und sanft, die Berge mehr schmückendes Beiwerk als dominierend, so ändert sich das hier mit einem Schlag. Wie ein Riegel schließen die Ausläufer der Ahornspitze den flachen Talboden ab, das Zillertal verzweigt sich in vier tief eingeschnittene, von steilen Berghängen flankierte Täler: Ziller Grund, Stillupprund, Zemmtal und Tuxer Tal führen weiter hinein ins Hochgebirge und damit ins Zentrum der Zillertaler Alpen. Vier Täler, vom Aufbau her ähnlich, doch in der Entwicklung vollkommen unterschiedlich.

In Serpentinen windet sich die Straße von Mayrhofen über das am Hang liegende Finkenberg, Heimatort des Ex-Olympia-Abfahrtsiegers Leonhard Stock, aufwärts ins Tuxer Tal, die Grenze zwischen den sanfteren Tuxer Alpen und den schrofferen Zil-

Erlebnissennerei Zillertal
Interessantes zur Milch- und Käseerzeugung sowie regionale Spezialitäten. Mit Ab-Hof-Verkauf. In Mayrhofen/Hollenzen; Tel. 0 52 85/6 27 13; www.sennerei-zillertal.at

---

Restaurants

Gasthof Forelle
Klassisches Gasthaus in Vorderlanersbach mit schöner alter Zirbenstube. Spezialität des Hauses sind Forellen aus der eigenen Zucht; Tel. 0 52 87/8 72 14; www.forelle.at

Wirtshaus zum Griena
Ein uraltes Bauernhaus am Ortsrand mit originalem Interieur und einer Speisekarte, auf der man Gerichte von anno dazumal findet. Ein Fall für Romantiker; Tel. 0 52 85/6 27 78

Unterwirt
»Das habe ich doch schon mal gesehen«, werden sich einige Gäste beim Betreten des Unterwirts in Lanersbach denken. Richtig, die Gaststube diente bereits öfter als Filmkulisse. Kein Wunder, das fast 400-jährige Gebäude könnte auch ein Museum sein; Tel. 0 52 87/8 76 55

ADAC *der perfekte Urlaubstag*

- **9 Uhr:** Canyoning-Schnuppertour bei Mayrhofen
- **12 Uhr:** Besuch der Erlebnissennerei Zillertal
- **13.30 Uhr:** mit dem Gletscherbus von Hintertux zur Aussichtsterrasse auf 3250 m. Bei der Talfahrt Besichtigung der Spannagelhöhle
- **18 Uhr:** Abendessen im Wirtshaus zum Griena in Mayrhofen

---

Hausberg von Mayrhofen ist die fast 3000 Meter hohe Ahornspitze.

lertaler Bergen. Dieser Kontrast hat seinen Reiz. Für Wanderer gibt es reichlich Möglichkeiten, auf guten Pfaden oder mit Hilfe von Bergbahnen die Höhen der Tuxer Berge zu erreichen und die oft einsame Gipfelwelt zwischen Mittlerer Grinbergspitze, dem östlichen Eckpunkt des lang gezogenen Tuxer Hauptkammes, dem Hohen Riffler mit seinem markanten Gipfeleisfeld und der Pyramide des Olperer zu betrachten.

Einsam ist dabei nur der vordere Teil des Bergzuges, unter dem Olperer herrscht dagegen Hochbetrieb. Zum einen tummeln sich auf den weiten Gletscherfeldern die Skifahrer und Snowboarder 365 Tage im Jahr, zum anderen zieht es vermehrt Ausflügler hinauf ins Reich des ewigen Eises. Eine moderne Zweiseilumlaufbahn mit dem passenden Namen »Gletscherbus« führt bis kurz unter den Gipfel der Gefrorenen Wand. Kühn klebt die Bergstation am Grat, umwerfend ist der Blick von der Aussichtsterrasse auf den Hauptkamm der Zillertaler Alpen.

Entsprechend frequentiert ist das Tuxer Tal. Zwischen Vorderlanersbach und Hintertux drängen sich Pensionen und Hotels entlang der Straße. Doch man muss nur wenige Meter gehen, um quasi in der zweiten Reihe das ursprüngliche Tuxer Tal zu entdecken: traumhafte alte Holzhäuser, mit Steinen gedeckte Dächer, blumenreiche Gärten, in denen die Wäsche zum Trocknen aufgehängt ist. Besonders schön anzuschauen ist die denkmalgeschützte Hofsiedlung im Weiler Gemais aus dem 18. Jh. Wie es in den prächtigen Gebäuden aussieht, zeigt das im Jahr 1999 von der Gemeinde Tux renovierte Mehlerhaus aus dem 17. Jh. Bis 1992 war es sogar noch bewohnt, heute können die alten Holzstuben und die Küche – als Mittelpunkt der ehemals bäuerlichen Wohnkultur – besichtigt werden. Wer absolut ruhige, einsame Urlaubstage verbringen möchte, der ist in Ginzling im Zemmtal bestens aufgehoben. Von Mayrhofen aus führt nur eine schmale Straße durch die Dornaubergklamm (Zemmschlucht) in dieses enge Tal, das sich erst

Eine charakteristische Pyramide überragt das Tuxer Tal: der Olperer (3476 m).

Hochgebirgs-Naturpark
Informationen zu dem 372 km² großen Ruhegebiet sowie zu Hütten und Wegen der Zillertaler Alpen vermittelt die Info-Stelle des Naturparks im Europahaus Mayrhofen. Eine Sonderausstellung »KulturSchafftLand« zeigt die Kulturlandschaft Brandberg, das Zillertaler Alpenrelief ist eine dreidimensionale Darstellung der Zillertaler Bergwelt; Tel. 0 52 85/6 36 01; www.naturpark-zillertal.at

Erlebnisbad
Ideal nach langen Bergtouren oder Radausflügen: Bei schönem Wetter lockt das Freibad in Mayrhofen mit über 100 m langer Riesenrutsche und einem Crazy River (65 m). Wenn das Wetter nicht mitspielt, kann man sich im Hallenbad, in der Solariengrotte oder einer großen Saunalandschaft entspannen. Dazu gibt es einen Strömungskanal und einen speziellen Kinderbereich; Tel. 0 52 85/6 25 59; www.erlebnisbad-mayrhofen.at

Spannagelhöhle
Mit einem Höhlenführer kann man die mit 10 km Länge größte Naturhöhle Tirols erkunden, die sich am Hintertuxer Gletscher befindet. Der Eingang ist direkt am Spannagelhaus (2531 m) oberhalb von Hintertux; Tel. 0 52 87/8 77 07; www.spannagelhaus.at

Wandern & Bergtouren

TOP TIPP Ginzling (985 m) im Zemmtal ist der ideale Ausgangspunkt für zahlreiche Touren. Unter den klassischen Klettertouren zählt die **Zsigmondyspitze** (3089 m) ❶ zu den besonders populären. Das kühne Felshorn galt lange als unbesteigbar, ehe Emil und Otto Zsigmondy im Jahr 1879 das Gegenteil bewiesen und als Erste den Gipfel betraten. Zunächst geht es vom Gasthof Breitlahner (1257 m) hinauf zur Berliner Hütte (2042 m), ehe man am nächsten Tag über den Schwarzensee zur Feldscharte steigt und schließlich nach leichter Kletterei über den Südgrat und die Südwestwand den Gipfel erreicht. Eine landschaftlich reizvolle, nicht übermäßig anspruchsvolle Klettertour (Schwierigkeitsgrad 2). Mit leichten Kletterabschnitten, nur mit entsprechender Erfahrung; Zeit: insgesamt ca. 10 Std.; Einkehr: Grawandhütte, Alpenrosehütte, Berliner Hütte; geführte Touren: Alpinschule Mount Everest – Peter Habeler; Tel. 0 52 85/6 28 29; www.habeler.com

Grüblspitze (2395 m) Gemütliche Wanderung mit reizvoller Einkehr auf dem Rückweg	Ausgangspunkt: Lanersbach (1281 m), Bergstation der Eggalmbahn (2000 m) ❸; über den Gratrücken zur Grüblspitze; Rückweg über Zilljöchl – Junsberg – Jausenstation Stoankasern (1984 m, Junsalm, mit Bergkäserei) – Lanersbach; leichte und aussichtsreiche Bergwanderung mit langem Abstieg; Zeit: ca. 5 Std.; Einkehr: Jausenstation Stoankasern
Ahornspitze (2973 m) Beherrschende Pyramide im Talschluss	Ausgangspunkt: Mayrhofen, Bergstation Ahornbahn (1950 m) ❹; Edelhütte (2238 m) – Fellenbergkar – Ahornspitze; Rückweg auf dem Anstiegsweg; mittelschwere Tour, am steilen Gipfelaufbau Trittsicherheit erforderlich; Zeit: ca. 5 Std.; Einkehr: Edelhütte
Schönbichler Horn (3134 m) Dreitausender für Bergwanderer	Ausgangspunkt: Schlegeisspeicher (1782 m), Zufahrt (Maut) aus dem Zemmtal; Schlegeistal – Furtschaglhaus (2293 m) – Furtschaglkar – Schönbichler Horn; Rückweg auf dem Anstiegsweg oder Überschreitung des Gipfels zur Berliner Hütte (2042 m) mit Abstieg durch den Zemmgrund zum Gasthof Breitlahner (1257 m); einfache Bergtour; Zeit: ca. 8 Std.; Einkehr: Furtschaglhaus
Olperer (3476 m) Klassischer Anstieg auf einen der bekanntesten Zillertaler Dreitausender	Ausgangspunkt: Schlegeisspeicher (1782 m), Zufahrt (Maut) aus dem Zemmtal; Olperer Hütte (2389 m) – Riepenkar – Südostgrat (Schneegupfgrat); mit leichten Kletterabschnitten (Schwierigkeitsgrad 2), teilweise gesichert; Trittsicherheit und Schwindelfreiheit unbedingt erforderlich; Zeit: ca. 10 Std.; Einkehr: Olperer Hütte

DAV-Tipp

Berliner Hütte (2042 m)
Die wohl berühmteste Berghütte im Zillertal ist nicht nur gut 125 Jahre alt, sondern auch noch eine der größten und schönsten Unterkünfte. Seit 1997 steht die Berliner Hütte der DAV-Sektion Berlin unter Denkmalschutz. Das Interieur ist nostalgisch, sehenswert sind vor allem die Speisesäle mit original Zillertaler Handwerkskunst und der einstige Damensalon. Ausgangspunkt ist der Gasthof Breitlahner (1257 m) an der Straße zum Schlegeisspeicher; Zeit: ca. 3 Std.; Tel. 0 52 86/52 23

Hinteres Zillertal und Tux

Hotelempfehlungen
Finkenberg S. 670
Hintertux S. 678
Hippach S. 678
Lanersbach S. 686
Mayrhofen S. 690

Hütten

Karl-von-Edel-Hütte (2238 m)
Winzig wirkt die Hütte inmitten des riesigen Fellenbergkars am Fuß der Ahornspitze (2973 m). Der Gipfel ragt markant über Mayrhofen (633 m) auf und ist für geübte Geher leicht zu besteigen, die Hütte selbst ist ein schönes Ausflugsziel. Interessant ist, dass die Hütte noch »gesäumt« wird: Die Versorgung erfolgt ausschließlich mit Pferden und Maultieren. Anstieg von der Bergstation der Ahornbahn ❹; Zeit: ca. 1,5 Std.; Tel. 06 64/9 15 48 51

Furtschaglhaus (2293 m)
Grandios gelegene Hütte in hochalpiner Umgebung mit dem von Spalten zerrissenen Schlegeiskees und den markanten Gipfeln von Großem Möseler (3480 m) und Hochfeiler (3509 m). Die bereits im Jahr 1889 erbaute Alpenvereinshütte der Sektion Berlin ist ein beliebter Stützpunkt für Bergsteiger und Wanderer sowie Ziel für Ausflugsgäste. Anstieg vom Ende der Mautstraße am Schlegeisspeicher; Zeit: ca. 2,5 Std.; Tel. 06 76/9 57 98 18

Gamshütte (1921 m)
Klein und gemütlich ist die mit Holzschindeln verkleidete Hütte am Nordostrücken der Mittleren Grinbergspitze (2867 m), hoch über Mayrhofen. Ein schönes Ausflugsziel mit freiem Blick zum Alpenhauptkamm, aber auch ein wichtiger Stützpunkt: Je nach Startpunkt ist die Hütte der Anfangs- oder Endpunkt des Berliner Höhenwegs. Tel. 06 64/2 40 31 34

Rastkogelhütte (2117 m)
In den Tuxer Alpen zeigen sich die Berge von ihrer sanften Seite, entsprechend beliebt sind die Gipfel und die Wandermöglichkeiten rings um die Hütte. Relativ kurzer Anstieg von der Zillertaler Höhenstraße (Kehre, ca. 1880 m); Zeit: ca. 1 Std.; Tel. 06 64/9 20 75 23

Der Schlegeisspeicher im Zemmgrund ist nur über eine Mautstraße zu erreichen.

beim Schlegeisspeicher etwas weitet. Der riesige Stausee fasst 126,5 Mio. m³ Wasser. Die 725 m lange und 131 m hohe Staumauer ist über eine Mautstraße zu erreichen (Infos: Tel. 0 52 85/8 12 72 54 55, www.tauerntouristik.at) – ein lohnendes, leicht zu erreichendes Ausflugsziel mit einem traumhaft schönen Blick auf die zerrissenen Eisfelder des Schlegeiskees sowie auf den Großen Möseler und den Hochfeiler. Der höchste Gipfel der Zillertaler Alpen beeindruckt mit seiner steilen Eiswand. Wie bei fast allen Gipfeln entlang des Zillertaler Hauptkamms ist die Besteigung schwierig und setzt entsprechende alpine Erfahrung und Ausrüstung voraus. Für Bergwanderer bilden sie die fotogene Kulisse, etwa beim Übergang vom Furtschaglhaus über das Schönbichler Horn zur Berliner Hütte. Eine lohnende Tour, nicht zuletzt wegen der Berliner Hütte, die als einzige Berghütte Europas unter Denkmalschutz steht. Sie wurde zu Beginn des letzten Jahrhunderts großzügig ausgebaut und ähnelt mit ihrem stilvollen Interieur eher einem Grandhotel.

Action & Sport

Mountainbike	Klettersteige	Rafting	Canyoning	Reiten
Paragliding	Drachenfliegen	Klettergärten	Tennis	Windsurfen
Kajak/Kanu	Wasserski	Tauchen	Hochseilgärten	Golf

TOP TIPP Der ca. 200 m lange, mittelschwere **Spannagel-Klettersteig** ❷ führt in der Nähe des Spannagelhauses durch bombenfestes Urgestein. Die hervorragende Qualität des Felsens und die landschaftlich reizvolle Lage machen den Steig zu einem der schönsten der Region. Eine Begehung kann ausnahmslos nur mit Klettersteigausrüstung und der dazu notwendigen Bergerfahrung erfolgen. Für Ungeübte ist ein Bergführer erforderlich! Zustieg: Von Hintertux mit der Bergbahn ❷ zur Sommerbergalm (1986 m), in ca. 1 Std. auf gut markiertem Steig zum Einstieg in der Kleegrube (2200 m). Abstieg auf markiertem Steig zum Spannagelhaus (2531 m), von dort zurück zur Bergstation. Beim Klettersteig befindet sich ein neu eingerichteter Klettergarten mit zahlreichen Routen vom 2. bis zum 7. Schwierigkeitsgrad. Das Gelände ist somit ideal für Einsteiger, die bereits einen alpinen Kletterkurs absolviert haben und hier erste eigene Erfahrungen sammeln wollen. Kurse und Führungen werden angeboten von Natursport Tirol; Tel. 0 52 87/8 72 87; www.natursport.at; Alpinschule Mount Everest – Peter Habeler; Tel. 0 52 85/6 28 29; www.habeler.com; Bergsportschule Tux; Tel. 0 52 87/8 73 72; www.bergsportschule-tux.at

Mountainbiken	Geiseljoch (2292 m) Zillertal	Ausgangspunkt: Vorderlanersbach (1257 m); Geislerhof – Geiselalm (1880 m) – Geiseljoch; schwierige, anstrengende Tour; 1035 Höhenmeter, ca. 3 Std.; Einkehr: Geislerhof; geführte Touren bei Action Club Zillertal; Tel. 0 52 85/6 29 77; www.action-club-zillertal.com; Mountain Sports Zillertal; Tel. 0 52 85/6 29 86; www.mountain-sports-zillertal.com
Canyoning	Stillupp und andere Schluchten	Touren für Anfänger und Fortgeschrittene: Action Club Zillertal, Tel. 0 52 85/6 29 77; www.action-club-zillertal.com Mountain Sports Zillertal; Tel. 0 52 85/6 29 86; www.mountain-sports-zillertal.com Erlebnisclub Tuxertal; Tel. 0 52 87/8 72 87; www.natursport.at
Kajak	Zemmschlucht, Ziller	Wildwasserschule Mayrhofen c/o Zillertaler Flugschule, Michael Platzgummer; Tel. 06 64/1 80 24 83
Reiten	Mayrhofen	Ausritte und Unterrichtsstunden für Anfänger und Fortgeschrittene; Reitstall Wechselberger; Tel. 0 52 85/6 33 50
	Vorderlanersbach	Wanderritte und Unterrichtsstunden; Reitstall Brente; Tel. 0 52 87/8 77 82
	Hippach	Reitstall Kiendlerhof; Tel. 0 52 82/36 60

Adressen & Bergbahnen

Landesvorwahl 00 43

Urlaubsregion	**Zillertal** Information; Tel. 0 52 88/8 71 87; E-Mail: info@zillertal.at; www.zillertal.at	
Mayrhofen (633 m)	Tourismusverband Mayrhofen; Tel. 0 52 85/67 60; E-Mail: info@mayrhofen.at; www.mayrhofen.at	
Finkenberg (839 m)	Tourismusverband Finkenberg; Tel. 0 52 85/6 26 73; E-Mail: info@finkenberg.at; www.finkenberg.at	
Tux – Vorderlanersbach, Lanersbach, Hintertux (1257–1493 m)	Tourismusverband Tux; Tel. 0 52 87/85 06; E-Mail: info@tux.at; www.tux.at	
Weitere Orte	**Ginzling** www.ginzling.net • **Hippach** www.hippach.com	
Entfernungen	Hamburg 946 km; Berlin 757 km; Köln 748 km; Frankfurt a. M. 564 km; Stuttgart 404 km; München 171 km	

① Finkenberg – Finkenberger Almbahnen – Berg/Tal 12,50 €
② Hintertux – Zillertaler Gletscherbahn – Berg/Tal 23,60 €
③ Lanersbach – Eggalmbahnen – Berg/Tal 12 €
④ Mayrhofen – Ahornbahn – Berg/Tal 14,40 €
⑤ ⑥ Mayrhofen – Penkenbahnen – Berg/Tal 14,40 €

Siehe auch Preisteil S. 638

EVENTS

- **Juli:** Internationaler Gamshüttenlauf; Finkenberg
  Wald- und Wiesenfest; Tux
- **August:** Steinbocklauf und Volkswandertag; Ginzling
  Open Air der Schürzenjäger; Finkenberg
- **September:** Oktoberfest in Tux mit Almabtrieb

Wanderkarten

Österreichische Landeskarte; Blätter 149 Lanersbach, 150 Mayrhofen; 1:50000
Alpenvereinskarte; Blätter 35/1 Zillertaler Alpen – Östliches Blatt, 35/2 Zillertaler Alpen – Westliches Blatt; 1:25000
Freytag & Berndt; WK 152, Mayrhofen, Zillertaler Alpen, Geros, Krimml; 1:50000

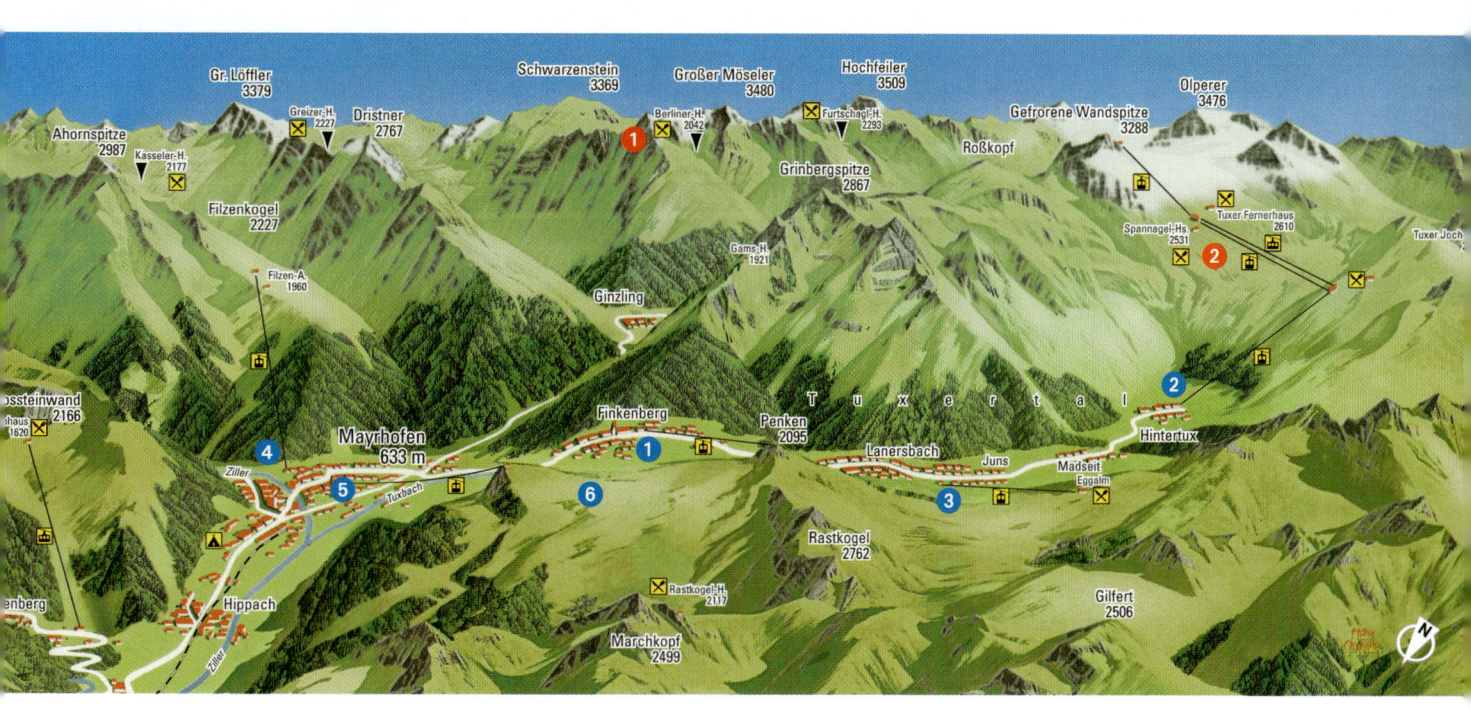

Straßenatlas Siehe S. 779

Einsam, ohne Ortschaft oder eine Dauerbesiedlung, ziehen der Stilluppgrund und der Ziller Grund von Mayrhofen Richtung Alpenhauptkamm. Kilometerlange Bergkämme, riesige Schuttkare und zahlreiche Gipfel, die nur alle paar Jahre einmal bestiegen werden, säumen die von Gletschern geformten Täler. Hier offenbart sich auch die Faszination des Hochgebirgs-Naturparks Zillertaler Alpen (www.naturpark-zillertal.at), der seit 1991 weite Bereiche der Zillertaler Alpen umfasst. Der 372 km² große Naturpark ist ein Beispiel, wie Natur geschützt werden kann, ohne dass Wanderer ausgesperrt werden.

Auf der anderen Seite bilden bereits die Länge und Schwierigkeit der Touren im Stillupp- und Ziller Grund einen »natürlichen Filter«. Lediglich zwei Hütten sind als Stützpunkte vorhanden, darunter die Kasseler Hütte im Talschluss des Stillupptals. Mit dem Berliner Höhenweg führt einer der beliebtesten Höhenwanderungen an der Alpenvereinshütte vorbei. In sieben Tagen verläuft die Tour durch die schönsten Ecken der Zillertaler Alpen, vorbei an den endlosen Karen über dem Stillupptal. Je nach Ausgangspunkt bildet dabei die Ahornspitze über Mayrhofen den Anfangs- oder Endpunkt der Tour, die nicht zuletzt wegen ihres 360-Grad-Rundblick und der vorgeschobenen Lage immer wieder gern bestiegen wird.

Wunderschön und einsam: der Stilluppgrund

KAISERWINKL
TIROL

ACTION & SPORT

WANDERN & BERGTOUREN

FUN & FAMILY

WELLNESS & GENUSS

Restaurants

Hotel Peternhof
Als erste Adresse für gehobene Gaumenfreuden gilt in Kössen das Restaurant im Hotel Peternhof, dessen regionale (Kaiserschmarrn!) bis internationale Küche für jeden etwas zu bieten hat; Tel. 0 53 75/62 85; www.peternhof.com

Restaurant Kaiseralm
Nicht nur die Gäste des Campingplatzes »Eurocamp Wilder Kaiser« südlich von Kössen schätzen das Gasthaus, auch die Einheimischen gehen gern hin. Die Kinder werden am Abenteuerspielplatz ihre Freude haben, während die Erwachsenen jeden Freitag Live-Musik genießen. Zu den berühmten Ripperln vom Grill fühlen sich allerdings alle Altersklassen hingezogen; Tel. 0 53 75/64 44; www.eurocamp-koessen.com

Restaurant Zum Fischer
Frischer können Fische gar nicht sein als hier in Kössen. Wer Zeit hat, der angelt sich sein Essen im dazugehörigen Angelteich selbst. Schneller geht es natürlich, wenn man einfach eine der Forellen bestellt; Tel. 0 53 75/68 07

ADAC *der perfekte Urlaubstag*

- **9 Uhr:** Fahrt ins vormittags noch angenehm ruhige Kaiserbachtal zur Griesneralm, zweites Frühstück dort genießen
- **11 Uhr:** Rückfahrt nach Kössen, Wanderung zum Taubensee und wieder zurück
- **15 Uhr:** am Landeplatz in Kössen den Gleitschirmfliegern bei ihren Flügen über dem Unterberghorn zuschauen, Fahrt nach Walchsee
- **16 Uhr:** gemütlich Eisessen in Walchsee, dann mit dem Ruder- oder Tretboot im herrlichen Abendlicht über den See gleiten

Wo der Gast König ist

Gleitschirmflieger am Unterberghorn in Kössen genießen den schönsten Blick über den Kaiserwinkl, einen besonders malerischen Flecken zwischen dem wilden Kaisergebirge und den sanfteren Bergen der Chiemgauer Alpen. Für traumhafte Ansichten muss man allerdings nicht unbedingt in die Luft gehen: Da reichen bereits Spaziergänge am Ufer des Walchsees oder im Kaiserbachtal.

Wasser, Wiesen und Berge, das bieten viele Ferienziele in den Alpen. Trotzdem ist die Region zwischen den Chiemgauer Alpen im Norden und dem Kaisergebirge im Süden, die den wohlklingenden Namen Kaiserwinkl trägt, etwas Besonderes. Vielleicht liegt es am Kontrast zwischen den eher rund geformten Bergen der Chiemgauer Alpen und den schroffen Felszacken des Zahmen Kaisers, der von hier aus gar nicht zahm wirkt; vielleicht aber auch Sie locken genauso wie die himmelhohen Felsmauern des benachbarten Wilden Kaisers. Derartige Wände und Zacken hat der Zahme Kaiser zwar nicht zu bieten, doch die steilen Nordabstürze mit ihren Karen und Rinnen sind als Kontrast zu den welligen Hügeln der Ausläufer der Chiemgauer Alpen und zum idyllischen Walchsee imposant genug – eine Kombination landschaftlicher Gegensätze, die viel Abwechslung verspricht: Der rund

Das beschauliche Urlaubsparadies Kössen – und in der Ferne grüßen die Felswände des Wilden Kaisers.

an dem fast kreisrunden, tiefblauen Walchsee mit seinem wohlig warmen Wasser. Umgeben von malerischen Schilfzonen, füllt er inmitten ausgedehnter Wiesen den Talboden aus. Doch es könnten ebenso die zahlreichen Wander- und Mountainbike-Möglichkeiten sein, die immer wieder neue Blickwinkel auf See, Wiesen und das Kaisergebirge eröffnen. Auf andere Besucher wiederum werden die traumhaft gelegenen Golfplätze eine besondere Anziehungskraft ausüben. Wie auch immer: Die Reize des schönen Kaiserwinkls sind einzigartig und attraktiv.

98 ha große und bis zu 20 m tiefe Walchsee ist ein kleines Wassersport- und Badeparadies, wobei er mit sommerlichen Wassertemperaturen von bis zu 24 °C auch verfrorene Naturen zu einem Sprung ins erfrischende Nass bewegen kann.
Im Hinterland versteckt sich die zweite Attraktion, die »Schwemm«: Nordtirols größte erhaltene Moorlandschaft beheimatet eine Fülle seltenster Tier- und Pflanzenarten. Das rund 63 ha große Gebiet befindet sich nur wenig abseits des quirligen Dorfes Walchsee mit seinen Hotels – und dennoch liegen Welten dazwischen. Darüber erheben sich die

Ausläufer der Chiemgauer Alpen. Runde Bergrücken mit ausgedehnten Almflächen, auf denen die Kühe einen glücklichen Sommer verbringen und Wanderer reichlich Möglichkeiten für leichte Touren finden; unterwegs ist die Wandberghütte eine Einkehrstation mit herrlichen Ausblicken.

Wenn der Kaiser erglüht

Die passende Kulisse bildet der Zahme Kaiser, immer schön anzuschauen, einmalig allerdings an Sonnwend, wenn entlang der Grate die Feuer entzündet werden und die geschwungene Silhouette sichtbar wird. Beliebtestes Gipfelziel im Zahmen Kaiser ist die Pyramidenspitze. Von der anderen Seite, von Kufstein aus, ist dies eine lange, aber leichte Bergtour. Wer in Durchholzen startet, der sollte nicht nur Kondition, sondern auch Trittsicherheit und Schwindelfreiheit mitbringen. Spätestens oben auf der Pyramidenspitze rückt der zerfurchte Zackengrat des Wilden Kaisers ins Blickfeld, und schnell wird klar, warum die Gipfel rund um die Pyramidenspitze trotz ihrer schroffen Abstürze »nur« der Zahme Kaiser sind.

Der Wilde Kaiser ist eine Felsburg, eine mächtige Kalkbastion über grünen Tälern. Hohe, senkrechte, teils überhängende Wände bestimmen das Bild. Ein Paradies für Kletterer: Namen wie Fleischbank, Totenkirchl, Karlspitze oder Predigtstuhl zergehen Kletterern auf der Zunge, wecken sofort Erinnerungen oder Sehnsüchte nach bekannten, klassischen Kletterrouten im festen, rauen Fels. Für Wanderer gibt es zwischen den Wänden, Graten und Rinnen kaum Platz, doch die wenigen Möglichkeiten führen immer hautnah an faszinierenden Felsabbrüchen vorbei auf stolze Gipfelziele. Ein

Der Walchsee: ein kleines Paradies für Wassersportler und Sonnenanbeter

Hütten

Wandberghütte (1350 m)
Gleich mehrere Wege führen von Walchsee (658 m) hinauf zum Berggasthaus. Ob man nun über die Brennalm und den Brennkopf (1353 m) oder über die Kohlenriedalm und die Westneraualm aufsteigt, traumhafte Ausblicke zum Zahmen Kaiser sind garantiert; Zeit: ca. 3 Std.;
Tel. 06 64/4 32 17 70

Taubenseehütte (1165 m)
Die Einkehr in der schön gelegenen Hütte muss sein, doch den benachbarten Taubensee darf man dabei nicht übersehen. Der kleine See füllt eine wunderschöne Talsenke aus und ist von der Hütte in rund 10 Min. zu erreichen. Im glasklaren Wasser fühlen sich die Fische wohl, sogar Süßwasserkrebse soll es geben. Mehrere Anstiegsmöglichkeiten von Kössen, u. a. vom Parkplatz Waldbad (589 m) oder vom Parkplatz Hohe Brücke an der Straße zur Jausenstation Mühlberg (660 m); Zeit: ca. 1,5 Std.

Stripsenjochhaus (1577 m)
Zum Greifen nah ragen die senkrechten Felsmauern des Totenkirchls auf. Die jähen Abstürze des Wilden Kaisers sind ein Paradies für Kletterer, die Hütte ein wunderbares Ziel für Wanderer. Anstieg von der Griesneralm (1024 m) im Kaiserbachtal in 1,5 Std.;
Tel. 0 53 72/6 25 79

Wandern & Bergtouren

TOP TIPP **Stripsenkopf** (1807 m) und **Feldberg** (1813 m) ❶ heißen die beiden Aussichtslogen des Zahmen Kaiser, von denen aus man den schönsten Blick auf die Felsfluchten des Wilden Kaiser genießt. Erst in Serpentinen, dann dicht unter den Abstürzen entlang leitet der Weg von der Griesneralm (1024 m) im Kaiserbachtal hinauf zum Stripsenjochhaus (1577 m) im gleichnamigen Sattel am Fuß der Felswände des Totenkirchls. Ein schöner Steig führt weiter auf den Stripsenkopf, der seit dem Jahr 2002 wieder wie bereits Anfang des 20. Jh.s von einem hölzernen Pavillon gekrönt wird. Der Weg hinüber zum Feldberg ist kaum zu verfehlen, er führt stets auf einem markanten Höhenrücken entlang. Ein Kreuz markiert den Gipfel und damit das Ende des Aufstiegs, ab jetzt geht's bergab: erst entlang des Kammes bis zum Sattel bei der Scheibenbichlalm, dann steil hinunter zur Griesneralm; Zeit: ca. 6 Std.; Einkehr: Stripsenjochhaus; geführte Touren bei Paul Koller; Tel. 0 53 75/28 65; www.abenteuerberg.at

Taubenseehütte (1165 m) Leichte Wanderung zu einem idyllischen See	Ausgangspunkt: Kössen, Parkplatz Hohe Brücke an der Straße zur Jausenstation Mühlberg (660 m); Mühlberg – Schaffler – Ast zu Moosenalm (920 m) – Schafflerkaralm – Taubenseehütte – Taubensee (1180 m) – Hirzinghütte (1050 m) – Frankenalm – Rinderbrachalm (860 m) – Mühlberg – Hohe Brücke; schöne Wanderung ohne Schwierigkeiten; Zeit: ca. 4 Std.; Einkehr: Jausenstation Mühlberg, Taubenseehütte
Harauer Spitze (1117 m) Panoramatour über dem Walchsee	Ausgangspunkt: Walchsee (658 m); Hausberg – Kranzingerberg (1015 m) – Harauer Spitze – Ottenalm (965 m) – Riederalm (710 m) – Walchsee; einfache Wanderung über einen schönen Bergkamm; Zeit: ca. 3 Std.; Einkehr: Ottenalm, Riederalm
Unterberghorn (1773 m) Leichte Wanderung auf den Kössener Hausberg	Ausgangspunkt: Bergstation der Unterberghornbahn (1500 m), Gondelbahn von Thurnbichl/Kössen ❷; Unterberghorn – Lackalm (1410 m) – Schnappenalm – Stegeralm (1078 m) – Veitenalm (920 m) – Schwendt – Kössen; wunderbare Bergabwanderung mit traumhaften Blicken auf Wilden und Zahmen Kaiser; Zeit: ca. 5 Std.; Einkehr: Bärenhütte, Lackalm, Untere Schnappenalm
Pyramidenspitze (1997 m) Anspruchsvolle Bergtour im Zentrum des Zahmen Kaisers	Ausgangspunkt: Bergstation der Sesselbahn Zahmer Kaiser (ca. 1030 m) ❶; Gruberberg – Jofenalm (1342 m) – Winkelalm (1193 m) – Winkelkar – Pyramidenspitze – Winkelalm – Großpoitneralm – Durchholzen (690 m); eindrucksvolle Bergtour, im Gipfelbereich leichter Klettersteig, Trittsicherheit und Schwindelfreiheit erforderlich; Zeit: ca. 7 Std.; Einkehr: keine

KAISERWINKL

Die Tiroler Ache ist ideal zum Kajakfahren.

landschaftlicher Höhepunkt ist sicherlich die Steinerne Rinne, die zwischen imposanten Felswänden wie ein Schlauch zum Ellmauer Tor zieht. Ein teils mit Drahtseilen gesicherter alpiner Steig führt hinauf. Wer ihn wählt, sollte auf jeden Fall trittsicher sein. Doch zuschauen ist auch von unten erlaubt – und das geht am besten bei der Griesneralm im Naturschutzgebiet Wilder Kaiser. Das beliebte Ausflugsziel liegt wunderschön im Talschluss des malerischen Kaiserbachtals, dicht unter den jähen Felswänden, die scheinbar direkt aus den hellgrünen Buchenwäldern emporwachsen. Ein leichter Steig führt Bergwanderer von hier aus bequem in etwa eineinhalb Stunden hinauf zum Stripsenjoch, einem fantastischen Aussichtspunkt zwischen Wildem und Zahmem Kaiser.

Ideal für Gleitschirmflieger

Mittelpunkt des Kaiserwinkls ist Kössen am Fuße des Unterberghorns. Der beschauliche Ort mit seinen 3900 Einwohnern und fast ebenso vielen Gästebetten liegt auf der Sonnenseite des weiten Talkessels mit wunderbarem Blick auf den Wilden Kaiser und das Unterberghorn. Der Kössener Hausgipfel mit seinem pultartig abfallenden Bergrücken steht weitgehend isoliert und ist bekannt für seine außerordentlich gute Thermik. Entsprechend groß ist die Zahl der Gleitschirmflieger, die oft stundenlang über dem Gipfel schweben. Zumindest am Unterberghorn sind die Wanderer in der Minderheit, die Hauptrolle spielen hier eindeutig die Paraglider. Auf der Tiroler Ache, die sich nördlich von Kössen einen Durchlass hinüber nach Bayern – und

Wildpark Wildbichl

Hirsche, Steinböcke und Bergziegen sind nur einige der vielen Bewohner des im Jahr 1980 eröffneten Wildparks Wildbichl. In naturbelassener Umgebung können Wildschweine, Luchse und Gämsen, aber auch Kolkraben und Eulen aus nächster Nähe beobachtet und fotografiert werden. Die Spazierwege führen vorbei an 80000 m² Gehegefläche, ein Lehrpfad zeigt zudem über 60 heimische Gewächse. Der Wildpark liegt auf dem Niederndorferberg kurz vor dem Grenzübergang nach Sachrang. Mit dem Auto von Walchsee nach Niederndorf, von dort Richtung Sachrang; Tel. 0 53 73/6 22 33; www.wildbichl.com

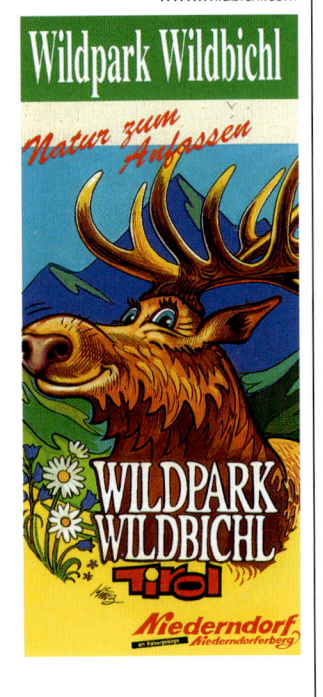

Action & Sport

MOUNTAINBIKE	KLETTERSTEIGE	RAFTING	CANYONING	REITEN
PARAGLIDING	DRACHENFLIEGEN	KLETTERGÄRTEN	TENNIS	WINDSURFEN
KAJAK/KANU	WASSERSKI	TAUCHEN	HOCHSEILGARTEN	GOLF

TOP TIPP Über dem Kössener Unterberghorn hängt jeden Tag eine Traube bunter **Paraglider** ❷. Der isoliert stehende Bergrücken bietet eine wunderbare Thermik und ist mit der Gondelbahn ❷ bequem zu erreichen. Die Drachenflieger wussten das schon früher zu schätzen, seit dem Boom der Gleitschirme wissen es auch die Paraglider, die »Schwammerlflieger«. Das Unterberghorn zählt zu den beliebtesten Tiroler Flugbergen. Am Landeplatz mit »Fliegerbar« kann man auf einem Großbildfernseher sogar live den Startplatz beobachten. Tandemflüge, Grund- und Schnupperkurse sowie Höhenflugkurs bei der Flugschule Kössen; Tel. 0 53 75/65 59; www.fly-koessen.at.

Golf	Kössen	18-Loch-Golfplatz Kaiserwinkl in Mühlau; Tel. 0 53 75/21 22
		18-Loch-Golfplatz Reit im Winkl – Kössen; Tel. 0 53 75/62 85 35
	Golfclub Walchsee	9-Loch-Golf- und Übungsanlage im Hochmoorgebiet der Schwemm; Tel. 0 53 74/53 78; www.moarhof.at
Tennis	Walchsee	Frei- und Hallenplätze sowie Kurse und Trainerstunden im Tenniszentrum Walchsee; Tel. 0 53 74/5 33 18 30
		4 Hallen- und 2 Freiplätze beim Hotel Seehof; Tel. 0 53 74/56 61
	Kössen	6 Sandplätze bei der Grenzlandhalle Kössen; Tel. 0 53 75/64 48
		2 Top-Court-Plätze beim Eurocamp »Wilder Kaiser«; Tel. 0 53 75/64 44
Rafting	Adventure Club Kössen	Rafting auf und Flusswandern an der Tiroler Ache, Canyoning-Touren, geführte Mountainbike-Touren; Adventure Club Kaiserwinkl; Tel. 0 53 75/26 07
Reiten	Reitschule Walchsee	Reitschule im Pferdeland Steinerhof in Schwendt, Reitstunde, Kurse und Ponyreiten; Tel. 0 53 75/26 42; www.pferdeland-steinerhof.at
		Ausritte halbtags, ganztags oder mehrtägig beim Wanderreitverein Walchsee; Tel. 06 76/4 60 00 94
Mountainbike	Kaiserwinkl	Zahlreiche Forstwege und Straßen sind für Radler und Mountainbiker freigegeben, eine einheitliche Beschilderung erleichtert die Routenplanung; Karten mit Routenverlauf beim Tourismusverein; geführte Mountainbike-Touren beim Adventure Club Kaiserwinkl; Tel. 0 53 75/26 07

Adressen & Bergbahnen
Landesvorwahl 00 43

Urlaubsregion	Ferienregion **Kaiserwinkl**; Tel. 0 53 74/52 23; E-Mail: info@kaiserwinkl.com; www.kaiserwinkl.com	
Walchsee (658 m)	Tourismusverband Walchsee; Tel. 0 53 74/52 23; E-Mail: info@walchsee.at; www.walchsee.at	
Kössen (589 m)	Tourismusverband Kössen-Schwendt; Tel. 0 53 75/62 87; E-Mail: info@koessen.at; www.koessen.at	
Weitere Orte	**Schwendt** www.tiscover.com/schwendt	
Entfernungen	Hamburg 878 km; Berlin 689 km; Köln 680 km; Frankfurt a. M. 496 km; Stuttgart 336 km; München 103 km	

❶ Durchholzen — Bergbahn Zahmer Kaiser, Berg/Tal 5,50 €
❷ Kössen — Unterberghornbahn, Berg/Tal 13,80 €

Siehe auch Preisteil S. 638

Der Kaiser von Norden.

damit zum Chiemsee – gegraben hat, sind dagegen die Kajakfahrer unter sich. Der Fluss zählt zu den leichteren Wildwasserflüssen, darf allerdings keinesfalls unterschätzt werden. Von der Straße ist dieser Abschnitt nirgendwo zu sehen, lediglich bei Klobenstein, direkt an der Grenze zu Bayern, überspannt eine Brücke den Einschnitt und erlaubt auch Wanderern einen Einblick. Den sollte man genießen, denn auf dem Schmugglerweg, der weitgehend parallel zur Tiroler Ache ins bayerische Schleching führt, wandert man vor allem durch wunderbar schattigen Wald, auf Ausblicke in die Schlucht aber muss man hier verzichten.

Dass es einmal keinen Ausblick gibt, ist jedoch sehr untypisch für den Kaiserwinkl, der mit fantastischen Perspektiven wirklich nicht geizt. Ob Zahmer oder Wilder Kaiser, beide bilden eine grandiose Kulisse für einen herrlichen Aktivurlaub. Der Kaiserwinkl ist eben etwas Besonderes – in der Luft ebenso wie im Wasser, auf schönen Almen ebenso wie im steilen Fels, das werden Kletterer, Bergwanderer, Mountainbiker, Paraglider und Wassersportler gleichermaßen begeistert bestätigen.

Freizeitzentrum Zahmer Kaiser
Highlights sind zwei fast parallel geführte, 1000 m lange Sommerrodelbahnen von der Mittelstation der Sesselbahn Durchholzen ❶ zur Talstation. Dort befindet sich ein Freizeitpark mit Skydive, Nautic Jet und Ähnlichem, ein Simulator mit verschiedenen Programmen, ein Abenteuerspielplatz mit Riesentrampolin sowie ein Tiergehege; Tel. 0 53 74/52 86; www.zahmerkaiser.com

Hotelempfehlungen
Kirchdorf in Tirol S. 684
Kössen S. 685
Schwendt S. 704
Walchsee S. 710

Wanderkarten
Österreichische Karte, Blätter 90 Kufstein und 91 Sankt Johann in Tirol, jeweils 1:50000;
Freytag & Berndt WK 301, Kaisergebirge, 1:50000
Alpenvereinskarte Blatt 8, Kaisergebirge, 1:25000

Straßenatlas Siehe S. 766

KUFSTEIN MIT THIERSEE
TIROL

ACTION & SPORT

WANDERN & BERGTOUREN

FUN & FAMILY

WELLNESS & GENUSS

Abwechslung, die süchtig macht

Ob das Städtchen Kufstein nun, wie es in dem bekannten Lied heißt, die Perle Tirols ist oder nicht – wer einmal dort war, wird wiederkehren: Familien, um die vielen, abwechslungsreichen Ausflugsziele zu erkunden. Kletterer, um die prächtigen Wände des Wilden Kaiser zu erobern. Und Bergwanderer, um die herrlichen Wege hinauf zu schönen Almen, Hütten und Gipfeln unter die Sohlen zu nehmen.

EVENTS

Juni–Oktober:
Thierseer Passionsspiele; 1504 und 1703 wurde Thiersee in den kriegerischen Auseinandersetzungen zwischen Tirol und Bayern vollständig verwüstet. Um weiteres Unheil abzuwenden, gelobten die Thierseer 1799, als sie von den Gräueltaten im Zuge der Französischen Revolution hörten, regelmäßig das Leiden und den Tod Christi in einem Mysterienspiel aufzuführen. Die viel besuchten Passionsspiele finden alle sechs Jahre statt. 2005 ist es wieder so weit: Über 250 ehrenamtliche Darsteller und Musiker aus Thiersee werden getreu dem Gelöbnis diese Tradition weiterpflegen; Tel. 0 53 76/52 20; www.passionsspiele.thiersee.at

Hotelempfehlungen

Kufstein S. 686
Thiersee S. 708

Wanderkarten

Freytag & Berndt WK 301 Kufstein – Kaisergebirge – Kitzbühel; 1:50000

ADAC der perfekte Urlaubstag

- **9 Uhr:** Wanderung durch das Kaisertal an der Antoniuskapelle und dem Vorderkaiserhof vorbei zum Hans-Berger-Haus
- **12 Uhr:** gemütliche Rast auf dem Hans-Berger-Haus, dann über den Kaisertalweg zurück nach Kufstein
- **16 Uhr:** Besuch der Festung von Kufstein
- **18 Uhr:** Stadtbummel durch Kufstein, in der Römerhofgasse den Tag ausklingen lassen

Der Hinterkaiserhof im Kaisertal wird überragt von Totenkirchl, Kleiner Halt, Ellmauer Halt und Sonneck.

Es scheint gerade so, als ob die Alpen zum Auftakt ihre ganze Vielfältigkeit unter Beweis stellen wollten. Im Osten ragen die senkrechten Wände des Wilden Kaisers in den Himmel, westlich davon die bewaldete Pyramide des Pendlings. An seine Seite schmiegen sich sanfter geformte, abgerundete Gipfel, die ein ausgedehntes Wandergebiet bilden, in dem sich herrliche Badeseen wie der Hechtsee und der Thiersee verstecken.

Breit und behäbig fließt zwischen Pendling und Kaiser der Inn durch das Tal. Unübersehbar ragt auf einem Felshöcker direkt über dem Wasser das Wahrzeichen Kufsteins heraus: die Festung, ein im 13. Jh. errichtetes Bollwerk mit bis zu 4 m dicken Mauern, das jahrhundertelang als blutig umkämpfter Zankapfel zwischen Tirol und Bayern lag. Ruhe kehrte erst ein, als Kufstein 1814 vom Wiener Kongress endgültig Österreich zugesprochen wurde. Im sehr empfehlenswerten Heimatmuseum auf der Festung ist die wechselvolle Geschichte eindrucksvoll dokumentiert. Überhaupt ist das wuchtige Bauwerk einen Besuch wert, egal ob man sich für die kriegerische Vergangenheit, für schauderhafte Gefängniszellen oder liebliche Kräutergärten interessiert. Nicht zu

Adressen & Bergbahnen — Landesvorwahl 00 43

Urlaubsregion	Tourismusverband **Kufstein**; Tel. 0 53 72/6 22 07; E-Mail: kufstein@netway.at; www.kufstein.at Tourismusverband Thierseetal; Tel. 0 53 76/52 30; E-Mail: thierseeinfo@tirol.com; www.thiersee.com
Orte	Ebbs www.ebbs.at • **Kufstein** www.kufstein.at • Thiersee www.thiersee.com
Entfernungen	Hamburg 868 km; Berlin 679 km; Köln 669 km; Frankfurt a. M. 485 km; Stuttgart 326 km; München 92 km

❶ Kufstein Kaiserlift Berg/Tal 10,15 €

Siehe auch Preisteil S. 638

Fun & Family

TOP TIPP — Eine abwechslungsreiche Reise in die Vergangenheit verspricht ein Besuch der **Festung Kufstein** ❶. Dort hinauf führen ein fantastisches Treppengewölbe mit über 300 Stufen oder ein gläserner Schrägaufzug. Oben kann man die gesamte Anlage mit ihren dicken Mauern erkunden, einen herrlichen Kräutergarten bewundern, im ehemaligen Staatsgefängnis das Gruseln lernen oder im hervorragenden, neu gestalteten Festungs- und Heimatmuseum Einblick in Geschichte, Geologie, Flora und Fauna der Region erhalten; Tel. 0 53 72/60 23 50; www.festung.kufstein.at

Raritätenhof Ebbs	Blumen- und Vogelparadies am Fuße des Zahmen Kaisers; allein 80 verschiedene Vogelarten aus fünf Kontinenten leben hier; schöne parkähnliche Anlage; Tel. 06 64/5 05 99 99; www.ebbs.at
Haflinger-Erlebniswelt Fohlenhof Ebbs	Besichtigung des bedeutendsten Haflingergestüts der Welt; Haflinger- und Kutschenmuseum; Schauprogramm Fr 20 Uhr; Reit- und Fahrschule; Kinderprogramm immer Mi; Tel. 0 53 73/4 22 10; www.haflinger-tirol.com
»Hallo Du« Erlebnis- und Freizeitpark Ebbs	Großes Erlebnisbad, Rutschen, Abenteuerspielplatz, Funpark für Inline-Fahrer und Skateboarder, Beachvolleyball, Kegelbahnen, Wellness-Bereich, acht Saunawelten etc.; Tel. 0 53 73/43 28 20; www.hallodu.at

überhören ist eine weitere Attraktion, die 1931 zum Gedenken der Opfer des Ersten Weltkriegs errichtete Heldenorgel. 4307 Pfeifen und 46 Register muss der Organist unter Kontrolle haben, wenn er vom 80 m tiefer gelegenen Spieltisch täglich Punkt 12 Uhr die ersten Töne anstimmt.

Zu hören ist die Orgel selbst auf den Gipfeln des Wilden Kaisers. Am schnellsten gelangt man mit dem Kaiserlift in ihre Nähe. Von der Bergstation am Brentenjoch bietet sich ein fantastischer Blick auf die steilen Kletterwände des Scheffauers. Zu den idyllischen Almwiesen am Fuß der Wände führen Wanderwege, zu den Gipfeln meist nur lange Klettertouren im festen, rauen Kalkfels sowie anspruchsvolle alpine Steige. Wesentlich einfacher ist es da, ins idyllische Kaisertal zu wandern.

Fast genau gegenüber schlängelt sich nördlich des Pendlings eine Straße hinauf zur Marblinger Höhe. Dort öffnet sich ein beschauliches Talbecken mit einem schönen Badesee und winzigen Dörfchen: das Thierseetal, ein Stück sanftes Alpenvorland, umgeben von hohen Bergen. Eingekeilt zwischen Bayern und Tirol in einem strategisch wichtigen Durchzugsgebiet – wer der Straße weiter folgt, kommt zur bayerischen Grenze am Ursprungpass und bald darauf nach Bayrischzell –, mussten die Menschen hier viele Schicksalsschläge erdulden. Im krassen Gegensatz zur leidvollen Geschichte steht die idyllische Landschaft mit ihren unzähligen Möglichkeiten für Wanderer und Mountainbiker.

Letztere können zum Beispiel über das Dreibrunnenjoch wieder hinunter ins Unterinntal nach Kufstein gelangen. Und wer dort ist, muss natürlich einen Blick in die berühmte Römerhofgasse werfen. In prächtig bemalten, historischen Weinhäusern wie dem »Auracher Löchl« und dem »Batzenhäusl Schiketanz« kann man dort, wie es schon im Kufsteinlied heißt, einen Urlaubstag »bei einem Glaserl Wein« herrlich ausklingen lassen. Apropos: Gleich neben den Weinhäusern steht auch das Denkmal Karl Ganzers, der das Lied 1951 schrieb und Kufstein damit schlagartig berühmt machte.

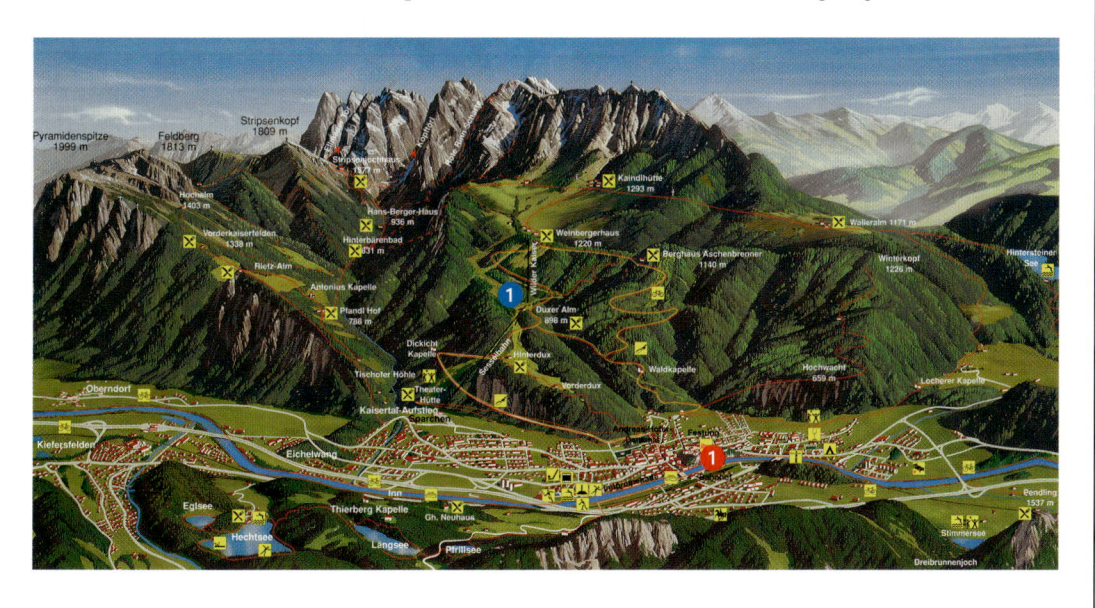

Hütten

Hans-Berger-Haus (936 m)
Gemütliche, bestens bewirtschaftete Hütte am Ende des Kaisertals zwischen Zahmem und Wildem Kaiser. Sitz der Bergsteigerschule Wilder Kaiser (Kletter- und Kinderkurse, Führungen) und guter Ausgangspunkt für den Kaiserschützensteig (langer, mittelschwerer Klettersteig zur Ellmauer Halt, 2344 m) sowie für Klettertouren und Wanderungen. Zur Hütte führt vom Kaisertalparkplatz in Kufstein (499 m) ein leichter, schöner Wanderweg durch das idyllische Kaisertal (ca. 2,5 Std.); Tel. 0 53 72/6 25 75; www.bergsteigerschule.at

Vorderkaiserfeldenhütte (1388 m)
Am Westrand des Zahmen Kaisers gelegene, aussichtsreiche Hütte am Fuße der Naunspitze (1633 m). Weitere Ziele sind das Petersköpfl (1745 m) und die Pyramidenspitze (1997 m). Herrliche Wanderung von Kufstein (499 m, Parkplatz Kaisertal) aus über den Veithenhof und die bewirtschaftete Ritzau-Alm (1161 m) in ca. 3 Std.; Tel. 0 53 72/6 34 82

Kaindlhütte (1293 m)
Idyllische Hütte auf den malerischen Almböden unterhalb der Nordwand des Scheffauers (2111 m). Herrliche Kletterrouten sowie der Widauersteig (leichter Klettersteig) führen zum Gipfel. Die gut bewirtete Hütte ist in ca. 1 Std. von der Bergstation des Kaiserliftes ❶ am Brentenjoch (1272 m) über einen schönen Wanderweg zu erreichen; Tel. 06 64/5 30 48 82

Thiersee/Hechtsee
Herrliche Badeseen, eingebettet in die idyllische, hügelige Landschaft westlich von Kufstein. Das Wegenetz durch die Wälder um den verträumten Hechtsee ist optimal für Läufer und Nordic Walker. Der von Wiesen umgebene wesentlich größere Thiersee, auf dem man auch surfen, rudern oder Tretboot fahren kann, ist ein ideales Bade- und Urlaubsgebiet für Familien.

Straßenatlas Siehe S. 765

WILDSCHÖNAU
TIROL

ACTION & SPORT

WANDERN & BERGTOUREN

FUN & FAMILY

WELLNESS & GENUSS

Wanderkarten

Freytag & Berndt, WK 301 Kufstein, Kaisergebirge, Kitzbühel; WK 321 Achensee, Rofan, Unterinntal; 1:50000

Nordic Walking

Im »Nordic Fitness Park Wildschönau« bei Oberau sind sieben Strecken zwischen 2,4 km und 10,3 km in verschiedenen Schwierigkeitsbereichen ausgewiesen. Mit Verleihstation und Nordic-Walking-Kursen; www.nordicfitnesscenter.at

Paragliding

Die größte Flugschule Tirols ermöglicht es jedem, die Wildschönau aus der Vogelperspektive kennen zu lernen. Angeboten werden Schnupper- und Einsteigerkurse sowie Tandemflüge; Tel. 0 53 39/80 24; www.paragliding.at

ADAC *der perfekte Urlaubstag*

- **9 Uhr:** mit dem Bummelzug von Mühltal durch Blumenwiesen und Wildwasserauen zur Kundler Klamm. Wanderung durch die Klamm; zurück mit dem Zug
- **12 Uhr:** Besichtigung des Bergbauernmuseums »z'Bach«
- **14 Uhr:** Bad in den Dreiweihern hoch über der Stadt St. Gallen. Anschließend Stadtbummel
- **19 Uhr:** Abendessen beim Kellerwirt in Oberau; zum Ausklang des Tages Besuch eines der zahlreichen, anspruchsvollen Volksmusikabende

Oberau hat nicht nur idyllische Plätze wie diesen, sondern auch das hervorragende Bergbauernmuseum »z'Bach«.

Verborgene Idylle jenseits des Inntals

Gut abgeschirmt vom großen Verkehrsstrom im Inntal liegt die Wildschönau versteckt im Norden der Kitzbühler Alpen. Die eher sanfte Berglandschaft lockt seit vielen Jahren Urlauber an; gemütliche Wanderungen und ein familienfreundliches Freizeitangebot kennzeichnen die Erholung in diesem Hochtal.

Ein breiter Bergrücken trennt die Wildschönau bei Wörgl vom Inntal. Zwei tiefe Einschnitte verbinden die Täler: Durch den einen führt von Wörgl aus die Hauptstraße nach Niederau; westlich davon, bei Kundl, hat sich die eindrucksvolle, wildromantische Kundler Klamm Richtung Auffach tief in den Fels eingeschnitten, die aber allein Fußgängern vorbehalten ist.

In einem weiten Bogen zieht sich das am Ende zweigeteilte, 24 km lange Hochtal Wildschönau von Hopfgarten im Brixental aus nach Südwesten. Die grünen Bergrücken zu beiden Seiten deuten auf ein viel versprechendes Wander- und Mountainbikegebiet hin, zwei Bergbahnen erlauben Ausflüglern ein bequemes Bergauf-Bergab. Fünf malerische Orte, die sich dem Fremdenverkehr und der Landwirtschaft verschrieben haben, strahlen Gemütlichkeit aus und laden zum Verweilen ein. Winzig und romantisch ist das Bergdorf Thierbach, der höchstgelegene Ort der Region, mit dem Erlebnisbergwerk Lehenlahn. Hier wird die Zeit zwischen 1450 und 1861 wieder lebendig, als in der Wildschönau noch Kupfer und Silber gefördert wurde. Bei aller Behaglichkeit müssen Gäste jedoch kei-

---

Adressen & Bergbahnen — Landesvorwahl 00 43

Urlaubsregion	Tourismusverband **Wildschönau**; Tel. 0 53 39/82 55; E-Mail: info@wildschoenau.tirol.at; www.wildschoenau.com	❶ Auffach Schatzbergbahn Berg/Tal 12,20 €
Orte	Auffach · Mühltal · Niederau · Oberau · Thierbach	❷ Niederau Markbachjochbahn Berg/Tal 8,80 €
Entfernungen	Hamburg 893 km; Berlin 704 km; Köln 695 km; Frankfurt a. M. 511 km; Stuttgart 351 km; München 118 km	**Siehe auch Preisteil S. 638**

neswegs auf ein attraktives Sport- und Freizeitangebot verzichten, mit dem vor allem Oberau als größter Ort des Tals aufwarten kann. Wasserratten zieht es ins »Bergbadl«, ein landschaftlich herrlich gelegenes Freibad. Außerdem befindet sich in der Wildschönau die größte Paragliderschule Tirols. Ideale Fluggebiete sind das Markbachjoch bei Niederau – auf das 1946 der erste Sessellift Tirols gebaut wurde – und die Bergstation der Schatzbergbahn bei Auffach. Ein ausgezeichneter Nordic-Walking-Park und reizvolle Mountainbike-Trails vervollständigen das Angebot.

Hier hauste einst ein Drache

Interessante Einblicke in die Vergangenheit des Tals gewährt das ausgezeichnete Bergbauernmuseum »z'Bach« in Oberau, das 2002 den Museumspreis des Landes Tirol bekam. Spannend ist auch ein Ausflug ins Tiroler Holzmuseum in Auffach. Die zum Teil kuriosen Exponate zeigen, was aus Holz alles hergestellt werden kann. Daneben werden informative Einblicke in die Holzwirtschaft gewährt. Wer will, kann sich auch auf den Holzweg begeben – einen interessanten Themenweg.

Neben dem großen Freizeitangebot sind in der Wildschönau vor allem die herrlichen Wandermöglichkeiten interessant. Die Gartlspitze ist vom Parkplatz beim Hochalmhaus eine lohnende, mittelschwere Gipfeltour. Eine leichte Höhenwanderung führt von der Bergstation Markbachjoch über das Halsgatterl auf den aussichtsreichen Roßkopf. Und ein Muss ist natürlich der Besuch der Kundler Klamm, in der vor langer Zeit ein Drache gehaust haben soll. Wer das Wasser nicht nur anschauen will, dem sei eine Canyoning- oder Rafting-Tour empfohlen. Oder aber ein Abstecher nach Wörgl, zur neuen WAVE Wasserwelt, einem Erlebnisbad (www.woerglerwasserwelt.at). Auch das ist schließlich einer der Vorzüge der Wildschönau: Auf der einen Seite ist es im Tal ruhig und gemütlich und auf der anderen Seite liegt es vergleichsweise zentral, denn die Städte Innsbruck, Kitzbühel und Kufstein sind nur einen Katzensprung entfernt.

Fun & Family

Bergbadl Oberau	Landschaftlich herrlich gelegenes Freizeitbad mit Sportbecken, Wasserrutschen, Kinderbecken, Spielplatz, Beachvolleyball; Tel. 0 53 39/82 55
Erlebnisbergwerk Lehenlahn Thierbach	Das Silberbergwerk gewährt Einblick in den harten Alltag der Knappen; mit Märchenstollen für Kinder; Tel. 0 53 39/81 10 14
Tiroler Holzmuseum Auffach	Kurioses und Wissenswertes zur Geschichte des Holzbaus. 2000 Exponate vom hölzernen BH bis zur ältesten Tiroler Holzkrippe; www.holzmuseum.com
Kundler Klamm Mühltal	Mit dem Bummelzug zum Eingang. Zu Fuß auf einfachen Wegen durch die eindrucksvolle Schlucht zum Gasthaus Kundler Klamm. Auf dem gleichen Weg zurück; ca. 2,5 Std.

TOP TIPP Der herrliche alte Bergbauernhof, in dem das Museum »z'Bach« ① bei Oberau untergebracht ist, wurde bis 1995 bewirtschaftet. Vielleicht liegt es daran, dass das Museum so lebendig wirkt und einen umfassenden Einblick in das Leben der Bergbauern gibt. Der Schauspielerfamilie Hörbiger, die aus der Wildschönau stammt, ist ein ganzer Raum gewidmet, und im Stallgebäude finden kulturelle Veranstaltungen statt. Besonders interessant ist der Handwerksmarkt (immer Do), auf dem historische Handwerkskünste wie Spinnen, Drechseln, Schnitzen, Goldsticken und Korbflechten gezeigt werden; Tel. 0 53 39/82 55; www.wildschoenau.com

Hütten

Rübezahl-Hütte (1442 m)
Aussichtsreiche Lage oberhalb von Niederau auf dem Markbachjoch, sehr beliebtes Ausflugsziel. Zu Fuß von Niederau in ca. 1,5 Std. zu erreichen. Schneller geht es mit der Bergbahn (ca. 10 Min. von der Bergstation) ②. Von dort aus herrliche Wanderungen zum Roßkopf (1731 m) oder hinüber in die Kelchsau; Tel. 0 53 39/82 02

Restaurants

Kellerwirt
Die ehemalige Propstei der Benediktiner vom Kloster Seeon in Oberau ist heute ein klassisches Wirtshaus mit typisch Tiroler Küche. Beim Kellerwirt hat der Starkoch Hans Haas vom Münchner Restaurant Tantris seine Lehrjahre verbracht; Tel. 0 53 39/81 16; www.kellerwirt.com

Sonnberg Stüberl
Ein populäres Ausflugslokal bei Oberau, das sich ganz auf Tiroler Spezialitäten und vor allem Knödel in allen Variationen spezialisiert hat. Rustikales Interieur; Tel. 0 53 39/23 43

Hotelempfehlungen

Auffach-Wildschönau S. 666
Oberau-Wildschönau S. 695

Straßenatlas Siehe S. 779

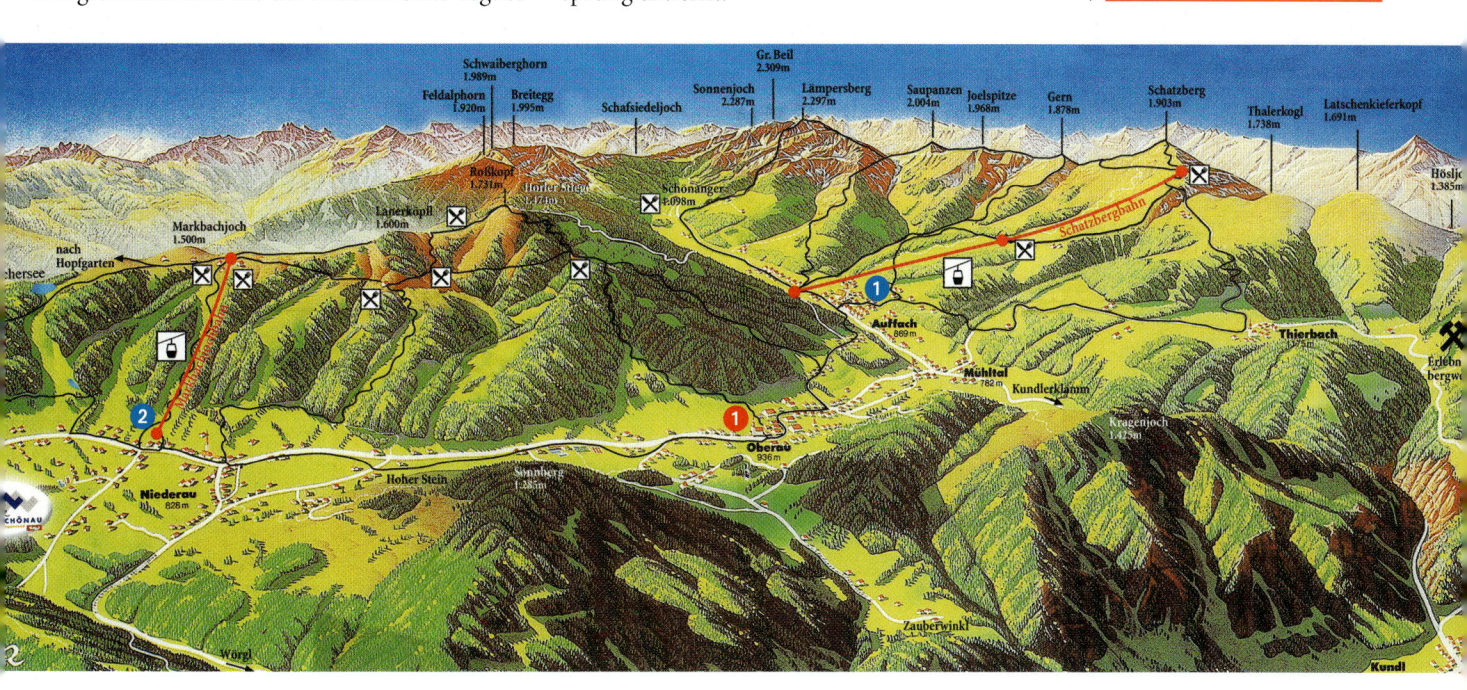

Wilder Kaiser – Brixental
Tirol

ACTION & SPORT
WANDERN & BERGTOUREN
FUN & FAMILY
WELLNESS & GENUSS

Des Kaisers ganze Vielfalt

Im Norden flankiert das hell leuchtende, zerfurchte Felsmassiv des Wilden Kaiser die Region, im Süden wellen sich die sanften, von einem Blumenmeer überzogenen Grashügel der Kitzbüheler Alpen. Dazwischen verstecken sich neun Orte, die ein über 700 km langes Wanderwegenetz miteinander verbindet. Und die Gegend ist längst nicht nur für Wanderer und Kletterer interessant – die Freizeitangebote sind abwechslungsreich, die Sportmöglichkeiten vielfältig.

Respektvoller Abstand: Selbst von Ellmau aus sind die hellen Kaiser-Wände beeindruckend.

Fun & Family

Kaiserland Brandstadl Scheffau	Spielpark an der Bergstation mit Trampoline, Tretfahrzeugen, Mini-Seilbahn etc.; Kernstück ist der Kaiserwald mit Baumhütten, Hochständen, Kletter- und Balanciergeräten und vielen Infos zur Natur; Tel. 0 53 58/8 15 30
Alpinolino Choralpe Westendorf	Lehrreicher Erlebnisweg rund um die Choralpe an der Bergstation Talkaser ❿; mit Schnitzmeile, Hängebrücke, Rätselstationen, Baumhütten und Abenteuerspielplatz; Tel. 0 53 34/20 00; www.alpinolino.at
Erlebniswelt Filzalmsee Brixen	Erlebnis-Wanderweg um Tirols größten Beschneiungsteich mit Biotop, Erlebnis- und Wissensstationen sowie einem Almmuseum; Bergstation Hochbrixen ❶; Tel. 0 53 34/84 33
Heimatmuseum Ellmau	Liebevoll eingerichtetes Museum in altem Knappenhaus; gezeigt werden Lebens- und Arbeitsweise der Region vor etwa 100 Jahren; Tel. 0 53 58/23 01
Freizeitpark SalvenaLAND Hopfgarten	Badesee, Schwimmbecken, Wasserspielstraße, kleine Sommerrodelbahn, Funpark, Skaterpark, Kletterburg, Elektro-Minikart, Tennis, Beachvolleyball etc.; Tel. 0 53 35/22 00

TOP TIPP: Der interessante **Themenpark »Hexenwasser«** ❶ wurde 2003 mit dem Tourismus-Staatspreis ausgezeichnet. Er umfasst mehr als 30 Spiel- und Wellness-Stationen rund ums Thema Wasser und führt vorbei an Hexenbach, Hexenwald und Hexenwasser mit Kneippbecken, Kletterteich, Wasserlabyrinth, Hexenseilbahn, Barfußweg und einer alten Kornmühle. Der Park befindet sich direkt bei der Mittelstation Hochsöll ❽, täglich gibt es Angebote für Familien; Tel. 0 53 33/ 52 60; www.hexenwasser.at

ADAC – der perfekte Urlaubstag

- **9 Uhr:** Fahrt von Söll aus auf die Hohe Salve ❽ ❾, über den Höhenrundweg zur Keat-Alm, Abstieg zur Mittelstation Hochsöll
- **12 Uhr:** Abstecher in den Themenpark »Hexenwasser«, dann mit der Bahn ❽ zurück nach Söll und mit dem Auto weiter nach Ellmau
- **14 Uhr:** Besuch des Kaiserbades in Ellmau
- **18 Uhr:** mit dem Auto nach Scheffau und zum Hintersteiner See fahren. Abendspaziergang am See mit Einkehrmöglichkeit

Vor rund 200 Mio. Jahren wurde hier ein Korallenriff aus der Tiefe gehoben, dem Gletscher während der Eiszeit den richtigen Schliff verliehen haben. Entstanden ist ein 15 km langer, bizarr geformter Gebirgszug, dessen Grate und Türme im hellen Sonnenlicht fast weiß schimmern: der Wilde Kaiser.

Zwischen seinen Felszacken schaffen steile Schuttkare und markante Einschnitte wie das Ellmauer Tor Übergänge, die auch von trittsicheren, schwindelfreien und in alpinem Gelände erfahrenen Bergwanderern überschritten werden können. Sehr viel schwieriger ist es da, auf einen der kühnen Kaisergipfel selbst zu gelangen. Das einfachste, aber trotzdem immer noch anspruchsvolle Ziel ist die Goinger Halt, die einen atemberaubenden Tiefblick in die Steinerne Rinne bietet. Dieser steile Schlauch, durch den ein eindrucksvoller alpiner Steig führt, ist umgeben von den senkrechten Wänden der Fleischbank, der beiden Karlspitzen und des Predigtstuhl.

Malerisches Ausflugsziel: der Hintersteiner See

Noch anspruchsvoller ist der teils mit Drahtseilen und mit einer Leiter abgesicherte Steig auf den höchsten Kaisergipfel, die Ellmauer Halt. Da der Wilde Kaiser isoliert am Alpenrand in die Höhe ragt, ist die Aussicht fantastisch. Zu sehen sind nahezu alle wichtigen Gipfel der Ostalpen: Großglockner, Großvenediger, Wildspitze und Ortler in der Ferne, der Watzmann ganz in der Nähe. Und nach Norden – über den Zahmen Kaiser hinweg – reicht der Blick weit ins bayerische Alpenvorland hinein.

Viele Ziele für Fotofreunde

Obwohl die Gipfel des Wilden Kaisers weitgehend Kletterern vorbehalten sind, ist die Region im Ganzen gesehen ein Paradies für Wanderer. Denn die eiszeitlichen Gletscher haben bei den Kitzbüheler Alpen südlich des Kaisers ganze Arbeit geleistet und die Schieferberge abgehobelt, ihnen runde, grasbedeckte Kuppen verpasst, die im Winter Skifahrer begeistern und im Sommer Wanderern eine unerschöpfliche Auswahl bieten. Den Aufstieg erleichtern dabei ein rundes Dutzend Bergbahnen.

Im Sölltal zwischen Kaiser und Kitzbüheler Alpen liegen vier malerische Orte: Für Fotofreunde bietet Going mit der schmucken Pfarrkirche, die genau

Direkt unter den Felswänden: der Kaiserhof

Wandern & Bergtouren

TOP TIPP Der alpine Steig hinauf auf die **Ellmauer Halt** (2344 m) ❷, den höchsten Gipfel des Wilden Kaiser, kommt einem Klettersteig schon sehr nahe. Wer hier einsteigt, sollte nicht nur gut trainiert, trittsicher und schwindelfrei sein, sondern auch alpine Erfahrung mitbringen und sich in felsigem Gelände gut zurechtfinden. Klettersteigset und Helm sind zu empfehlen. Vom Parkplatz Wochenbrunner Alm (981 m) oberhalb von Ellmau auf einfachem Weg zur Gruttenhütte (1620 m, evtl. Übernachtung). Durch den Karkessel Hochgrubach geht man in Richtung Rote Rinnscharte. In mehreren Stufen geht es auf alpinem, schmalem Steig hinauf zu den Gamsängern. Über große Trittbügel an der Gelben Wand entlang, dann über eine Eisenleiter und mit Drahtseilen abgesicherte Stellen zur Babenstuber Hütte (nicht bewirtschaftet) und weiter zum Gipfel mit seinem grandiosen Rundblick; Abstieg wie Aufstieg; Zeit: ca. 9 Std.

Goinger Halt (2192 m) Mittelschwere Tour für Trittsichere auf den leichtesten Kaiser-Gipfel	Ausgangspunkt: Parkplatz Wochenbrunner Alm oberhalb von Ellmau (981 m); Gaudeamushütte (1263 m) – über Almwiesen, Latschenfelder, dann durch weites Schotterfeld des Kübelkars (teils Drahtseile) zum Ellmauer Tor (2000 m) – nordöstlich über steiles Gelände (teils Drahtseile), dann über Schrofen und einen letzten felsigen Absatz zum Gipfel; Abstieg wie Aufstieg; Trittsicherheit und Schwindelfreiheit unbedingt notwendig; Zeit: ca. 5 Std.; Einkehr: Gaudeamushütte
Walleralm (1171 m) Vom malerischen See zu idyllischer Alm	Ausgangspunkt: Parkplatz am Ostufer des Hintersteiner Sees (892 m, bei Scheffau); auf gut markiertem Waldweg zur Walleralm und dem Kreuzbichl (1199 m), einem herrlichen Aussichtspunkt – über den Almweg zur Hölzentalalm (993 m) – Jausenstation Maier (922 m) – am südlichen Ufer dem schönen Seeweg zurück zum Parkplatz folgen; leichte Wanderung; Zeit: ca. 3,5 Std.; Einkehr: Seestüberl beim Parkplatz, Walleralm, Jausenstation Maier
Hohe Salve (1827 m) Leichte Wanderung um den prächtigen Aussichtsgipfel	Ausgangspunkt: Söll/Bergstation Hohe Salve ❽ ❾; Salvenhaus – zur Abzweigung am Wegkreuz (1647 m) – dem Höhenrundweg folgen zum Berggasthaus Rigi – Kälberalm – Keat-Alm (1480 m) – über den Bergwelt-Panoramaweg zur Silleralm – Mittelstation Hochsöll (1440 m); dort Hexenwasser-Themenpark; mit der Bergbahn ❽ zurück nach Söll; leichte Wanderung; Zeit: ca. 3 Std.; Einkehr: auf den Almen, Berggasthaus Hochsöll
Filzenscharte (1686 m) Wanderung im malerischen Windautal mit eisigen Perspektiven	Ausgangspunkt: bei Westendorf ins Naturschutzgebiet Windautal, über die Mautstraße bis zum Parkplatz Foisching (1170 m); Obere Foisching-Alm (1450 m) – Filzenscharte, von hier prächtiger Blick auf die Gletscherberge der Hohen Tauern – Abstieg zur Rotwandalm (1559 m) – zuerst über Almwiesen, dann durch den Wald und idyllisch an der Windauer Ache entlang – Baumgarten-Alm (1242 m) – Foisching; leichte Wanderung; Zeit: ca. 3,5 Std.; Einkehr: Rotwandalm

---

Stanglwirt
Der Stanglwirt in Going heißt seit 250 Jahren Gäste willkommen; er ist nicht nur in der Region, sondern inzwischen bereits weltweit bekannt: Das Hotel zählt zu den besten in Österreich. Im Restaurant werden sorgfältig zubereitete, verantwortungsvoll im eigenen Biohof erzeugte Köstlichkeiten serviert. Der hoteleigene Golfplatz, ein Lipizzanergestüt mit Reitschule, eine Tennisschule, ein umfassender Beauty- und Wellness-Bereich sowie ein Kinderbauernhof, in dem die Kinder ganztägig betreut werden, vervollständigen diese Urlaubsoase der Sonderklasse; Tel. 0 53 58/20 00

Hütten

Gruttenhütte (1620 m)
Große Hütte in sonniger, aussichtsreicher Lage direkt unter den eindrucksvollen Südwänden der Ellmauer Halt (2344 m). Guter Ausgangspunkt für Klettertouren auf der Südseite des Kaisers sowie für herrliche, anspruchsvolle Bergwanderungen über das Ellmauer Tor, den Hohen Winkel (Kopftörl) oder die Rote Rinnscharte auf die Nordseite des Wilden Kaisers. Ein anspruchsvoller, teils gesicherter Steig führt auf die Ellmauer Halt (2344 m); Zustieg von der Wochenbrunneralm (981 m, mit dem Auto von Ellmau aus erreichbar) in ca. 2 Std. über schönen Wanderweg; Tel. 0 53 58/22 42

Tiefentalalm (1439 m)
Die älteste Alm in den Kitzbüheler Alpen wurde 1530 erbaut. Gemütliche, urige Stuben mit einer 500 Jahre alten Steinfeuerstelle, auf der früher die Mahlzeiten zubereitet wurden. Heute werden in der Alm hausgemachte Produkte vom Bauernhof und köstliche Kuchen angeboten. Über die Mautstraße von Kelchsau aus in den Langen Grund zum Parkplatz Almerla (1285 m). Einfacher Zustieg in ca. 45 Min. Ideal auch als Mountainbike-Tour von Kelchsau aus (ca. 1 Std.); herrlicher alter Zirbenwald; keine Übernachtung; Tel. 06 64/9 75 72 21

Brechhornhaus (1660 m)
Herrlicher Ausblick vom Kreuzjöchlsee auf die Kitzbüheler Alpen. Schnellster Zustieg von der Bergstation der Talkaserbahn ❿ in ca. 45 Min.; eine schöne, aber anspruchsvolle Mountainbike-Tour führt von Westendorf (784 m) über Vorderwindau zur Hütte (ca. 1,5 Std.); Tel. 06 64/3 80 70 11

Kaiserbad Ellmau

Das Kaiserbad Ellmau ist eigentlich nicht nur ein Bad, sondern eine große, moderne Sport- und Wellness-Anlage mit großem Außenbereich und attraktiven Innenanlagen. Außen: Erlebnisbad mit Rutschen, Sportbecken, Sprunganlage, Abenteuer-Wasserspielplatz, Biobadeteich, Beachvolleyball; Innen: Hallenbad, Whirlpool, Wellness-Bereich, Saunawelten; Sport: Kletterwand, Squash, Tennis etc.; Tel. 0 53 58/38 11

Schaubrennerei Erber Brixen

Schnaps wird in der Brennerei Erber schon seit dem 16. Jh. destilliert. Heute gehört sie zu den besten Österreichs, wie die vielen prämierten Produkte zeigen. In der Schaubrennerei kann man erfahren, wie die edlen Tropfen gewonnen werden. Von der Qualität darf man sich anschließend im Degustationskeller überzeugen; Tel. 0 53 34/81 07; www.erber-edelbrand.com

Hotelempfehlungen

Brixen S. 668
Ellmau S. 669
Going S. 673
Hopfgarten S. 680
Scheffau S. 701
Söll S. 705

WILDER KAISER – BRIXENTAL

Action & Sport

MOUNTAINBIKE	KLETTERSTEIGE	RAFTING	CANYONING	REITEN
PARAGLIDING	DRACHENFLIEGEN	KLETTERGÄRTEN	TENNIS	WINDSURFEN
KAJAK/KANU	WASSERSKI	TAUCHEN	HOCHSEILGARTEN	GOLF

TOP TIPP »Des Kaisers schönster Garten« nennt sich die 62 ha große **Golfanlage** ❸ in Ellmau. 18-Loch- und 9-Loch-Platz bieten ideale Voraussetzungen für Anfänger und Könner. Ein besonderer Reiz ist das frontale Anspielen der Felskulisse des Wilden Kaisers und des Ortes Ellmau; Golfkurse jeder Leistungsklasse bei der Golfschule Wilder Kaiser (Golfclub Wilder Kaiser), Ellmau; Tel. 0 53 58/42 82; www.wilder-kaiser.com – Ein zweiter öffentlicher 9-Loch-Golfplatz befindet sich in Ellmau beim Mühlberghof. Ohne Clubzwang und Handicap, mit Golfschule. Ideal für Einsteiger; Kaisergolf Ellmau; Tel. 0 53 58/23 79; www.muehlberghof.com

Nordic Walking	Nordic-Fitness-Park, Westendorf Nordic-Walking-Schule, Hochbrixen	Drei verschieden schwere Routen rund um Westendorf und die Bergstation Talkaser ❿; Karte und Infos beim Verkehrsamt; Tel. 0 53 34/62 30; Nordic-Walking-Kurse in allen Orten; Nordic-Walking Schule Hochbrixen (Bergstation) ❶; Tel. 0 53 34/84 33
Paragliding	Talkaser, Westendorf Hohe Salve, Söll/Hopfgarten	Eine der Top-Adressen für Gleitschirmflieger ist der Talkaser ❿ bei Westendorf. Am Startplatz bei der Choralpe (1800 m) herrschen meist gute thermische Bedingungen. Ein weiterer Top-Tipp ist die Hohe Salve ❹ ❾. Kurse, Tandemflüge und Schnupperkurse bei der Flugschule Westendorf; Tel. 0 53 34/68 68; www.para.at
Klettern	Bergsteigerschule und Alpinschule Wilder Kaiser	500 Routen aller Schwierigkeitsgrade; rauer, fester Kalkstein; meist alpine Touren mit oft langen Zustiegen und anspruchsvollen Abstiegen; weniger erfahrenen Kletterern wird ein Bergführer empfohlen; Bergsteigerschule Wilder Kaiser; Tel. 0 53 72/6 25 75; www.bergsteigerschule.at; Alpinschule Wilder Kaiser; Tel. 0 53 58/30 62; www.alpinistik.com
Mountainbiken	Brixental/ Outdoorsport & Abenteuerschule Roman Hofer	Ausgangspunkt: Dorfplatz Brixen (800 m) – Brixenbachalm – Wiegalm (1505 m) – Gaisberg (1767 m) – Bärstättalm (1451 m) – Gaisbergmoos – Kirchberg (837 m) – Brixen; mittelschwere Tour; Zeit: ca. 3 Std.; die gesamte Region ist ein Dorado für Mountainbiker; Karten bei Verkehrsämtern; geführte Touren: Abenteuerschule Hofer; www.outdorhofer.com

vor den Südwänden des Kaisers ins Bild gerückt werden kann, das optimale Motiv. Der größte Ort ist Ellmau, der sich inzwischen als Top-Adresse für Golfer etabliert hat. Nach wie vor fühlen sich hier auch Wanderer wohl, vor allem, wenn sie möglichst schnell an Höhe gewinnen wollen: Österreichs längste Standseilbahn bringt die Fahrgäste in einer Fahrzeit von nur vier Minuten von 804 m auf 1550 m Höhe ins Wanderparadies bei der Bergstation Hartkaiser. Ein weiterer Anziehungspunkt Ellmaus ist die große Wellness-, Sport- und Freizeit-Arena »Kaiserbad«.

Scheffau ist der kleinste Ort im Sölltal. Idyllisch schmiegen sich die Häuser abseits der Hauptverkehrsstraße an die Südausläufer des Kaisers. Die Hälfte des Ortsgebietes liegt bereits im Naturschutzgebiet Wilder Kaiser, das 1963 ausgewiesen wurde. Und am Hintersteiner See bei Scheffau zeigt sich der Kaiser von seiner lieblichen Seite. Blühende Almwiesen halten die Felsen auf Abstand, Spazier- und Wanderwege führen um den See und hinauf zu schönen Zielen wie der Walleralm oder der Steiner Hochalm.

Auf den Spuren der Hexensagen

Vierter Ort am Fuße des Kaisers ist Söll. Hier ist der Blick weniger auf die Felsregionen gerichtet als vielmehr auf die imposante Graspyramide der Hohen Salve, dem markanten Auftakt der Kitzbüheler Alpen. Bergbahnen führen auf den prächtigen Aussichtsgipfel. Oben befindet sich die höchste Kirche Österreichs, das 1589 erbaute Salvenkirchlein. Es lohnt sich allerdings auch, bereits an der Mittelstation in Hochsöll einen Halt einzulegen. Hier sollen im 16. Jh. zwei als Hexen bekannte Frauen gehaust haben. Auf den Spuren der vielfältigen Sagen, die sich um die beiden ranken, wurde der Themenpark »Hexenwasser« geschaffen.

Von Tal zu Tal: Auf dem Brixentaler Höhenweg

Auf der Südseite der Hohen Salve liegt Hopfgarten, ein romantisches kleines Städtchen mit einer prächtigen Barockkirche, einem historischen Marktplatz und schmalen Gässchen. Von hier aus zieht sich fast parallel zum Sölltal das Brixental durch die Kitzbüheler Alpen. Die Bergwelt zeigt sich lieblich, sanfte Almen und kleine Seen ersetzen schroffe Felsen. Besonders reizvoll sind die oft noch völlig ursprünglichen Seitentäler wie die Kelchsau. Schon der kleine Ort selbst gibt sich mit seinen historischen Häusern traditionell. Wer weiterfährt, muss sich entscheiden: Der Kurze Grund führt hinauf ins Wandergebiet der Bamberger Hütte, im Langen Grund geht die Mautstraße weit hinein, sodass es nur noch eine gemütliche Wanderung zur ältesten Alm der Region, der Tiefentalalm, ist. Ein weiteres Kleinod ist das malerische Windautal, in das von Westendorf aus, einem sonnigen Ort mit blumengeschmückten Häusern, eine Mautstraße führt. Weitaus schöner ist es allerdings, diese Täler nicht mit dem Auto, sondern mit dem Mountainbike zu erkunden. Oder zu Fuß über den Brixentaler Höhenweg auf herrlichen, einfachen Steigen von Tal zu Tal zu wandern.

Der neunte Ort der Ferienregion ist Brixen im Thale mit seiner weithin sichtbaren Barockkirche, die auch gerne »Bauerndom« genannt wird. Das einstige Bergbaudorf wurde schon von den Kelten besiedelt, heute bietet es Urlaubern im Rahmen des Kultursommers ein abwechslungsreiches Programm. Auch für jene, die Wert auf Esskultur legen, wird einiges geboten: Denn die Region zwischen den schroffen Kaiser-Spitzen und den glatten Kuppen der Kitzbüheler Berge ist auch für ihre hervorragende Gastronomie bekannt.

Adressen & Bergbahnen

Landesvorwahl 00 43

Urlaubsregion	Wilder Kaiser-Brixental Tourismus GmbH; Tel. 0 53 58/50 50; E-Mail: info@skiwelt.at; www.wilderkaiser-brixental.at
Orte	Brixen im Thale www.brixenimthale • Ellmau www.ellmau.at • Going www.going.at • Hopfgarten www.hopfgarten.at • Itter • Kelchsau • Scheffau www.scheffau.net • Söll www.soell.at • Westendorf www.westendorf.com
Entfernungen	Hamburg 882 km; Berlin 693 km; Köln 684 km; Frankfurt a. M. 500 km; Stuttgart 341 km; München 107 km

1. Brixen im Thale Bergbahn Hochbrixen/Filzalm Berg/Tal 8 €
2. Ellmau Hartkaiser Berg/Tal 11 €
3. Going Astbergbahn Berg/Tal 9 €
4. Hopfgarten Hohe Salve (3 Sektionen) Berg/Tal 12 €
5. Itter Salvistabahn Berg/Tal 7 €
6. Kelchsau Hofstattbahn Berg/Tal 6 €
7. Scheffau Brandstadlbahn Berg/Tal 11,50 €
8. Söll Hochsöll Berg/Tal 9 €
9. Söll/Hochsöll Hohe Salve Berg/Tal 7 € (Kombi-Ticket Söll–Hohe Salve 13 €)
10. Westendorf Talkaser (Alpenrosenbahn, 2 Sektionen) Berg/Tal 13 €

Siehe auch Preisteil S. 638

EVENTS

- **Mai:** Brixentaler Antlassritt, Brixen; aus Dankbarkeit, dass das Brixental im Dreißigjährigen Krieg von plündernden Schweden verschont blieb, satteln die Bauern jedes Jahr an Fronleichnam ihre prächtig herausgeputzten Pferde. Die Prozession durch Brixen, die von Trachtenkapellen begleitet wird, ist nicht nur für Pferdefreunde ein Genuss.
- **Juni:** Intern. Kutschentreffen, Söll Brixentaler Bergleuchten
- **Juni–September:** Handwerkskunst-Markt, Going (einmal monatlich); Tel. 0 53 58/24 38
  Kultursommer Brixen im Thale; Tel. 0 53 34/84 33
- **Oktober:** Alpenländischer Musikherbst, Ellmau; Topstars der volkstümlichen Musik und echte Volksmusik

Wanderkarten

Freytag & Berndt; WK 301 Kufstein – Kaisergebirge – Kitzbühel, WK 121 Großvenediger – Oberpinzgau; jeweils 1:50000

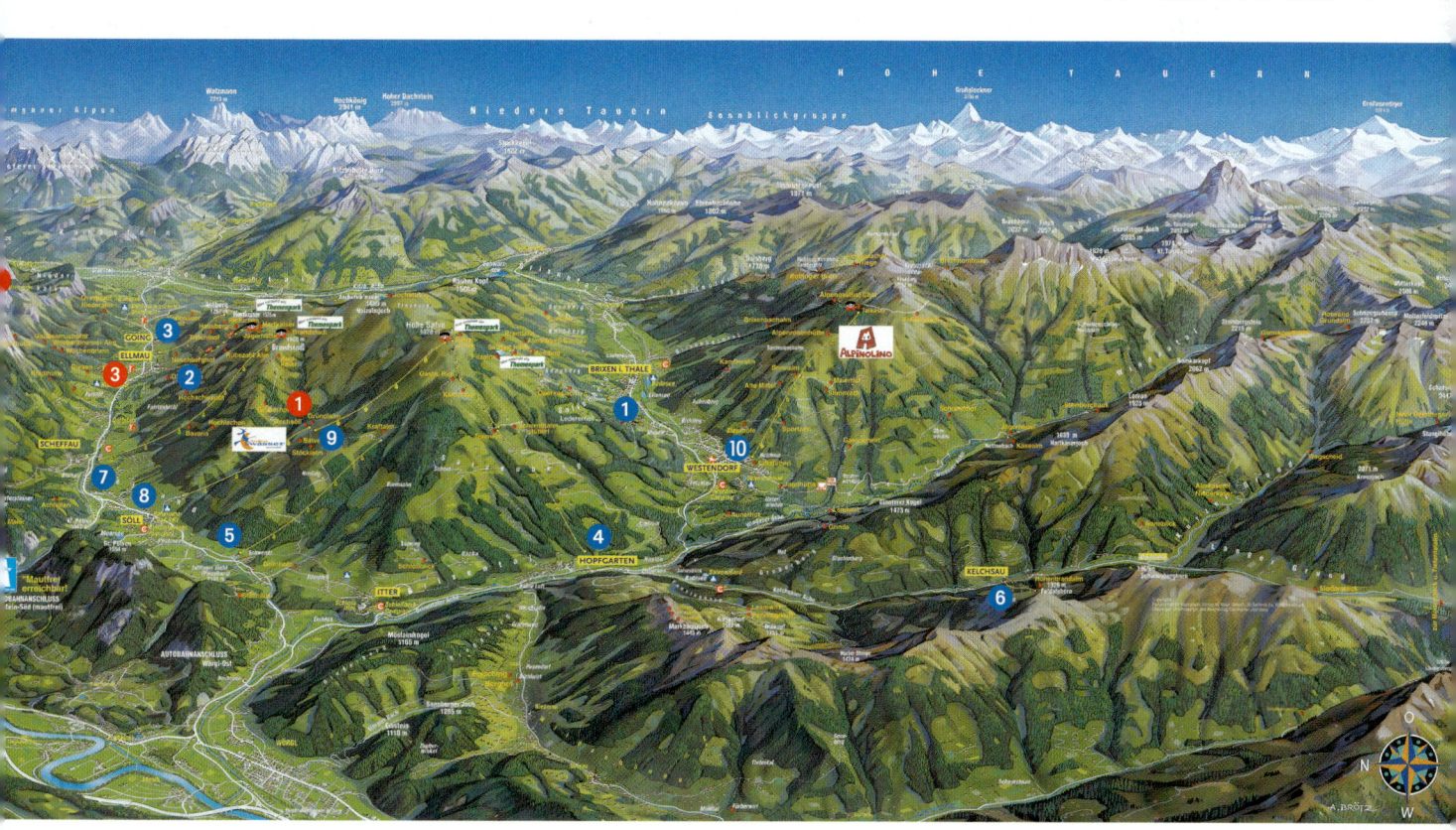

Straßenatlas Siehe S. 780

KITZBÜHEL UND KIRCHBERG
TIROL

ACTION & SPORT

WANDERN & BERGTOUREN

FUN & FAMILY

WELLNESS & GENUSS

Glamour unterm Hahnenkamm

Wer Kitzbühel als Partybühne der noblen Gesellschaft sieht, liegt zwar nicht falsch, kennt aber nicht die ganze Wahrheit. Denn rund um das Kitzbüheler Horn und den Hahnenkamm eröffnen sich vielfältige Möglichkeiten: Kunstfreunde werden überrascht sein, was sie in der traditionsreichen Bergstadt für Schätze entdecken, Wanderer genießen die Stille auf einsamen Pfaden, und für Sportler bietet sich eine ganze Palette interessanter Angebote, egal ob aktiv dabei oder passiv auf den Zuschauerrängen.

Es muss etwas Besonderes an Kitzbühel sein, denn die unzähligen Schönen und Reichen, die sich hier zumindest zeitweise niederlassen, können ja nicht alle irren. Zwar liegt der Wilde Kaiser mit seinen spektakulären Felszacken nur als Kulisse in der Ferne, und die eisbedeckten Bergriesen der Hohen Tauern im Süden verstecken sich noch hinter den Grasbuckeln der Kitzbüheler Berge. Doch zwischen Kalkgraten und Eisgipfeln scheinen die Alpen hier ein grünes, sanft geformtes Intermezzo einzulegen. Von mächtigen, kilometerdicken Gletschern der Eiszeit wurden die Schieferberge zu wenig spektakulären, aber dafür umso herrlicheren Mountainbike-, Wander- und Skibergen geformt. Ein Beispiel dafür ist der Hahnenkamm (Ehernbachhöhe), an dem immer im Januar die besten Abfahrtsläufer der Welt auf der berühmten »Streif« um Hundertstelsekunden kämpfen. Ein gesellschaftliches Großereignis, bei dem jeder dabei sein muss, der glaubt, Rang und Namen zu haben. Ähnlich ist es im Sommer, wenn sich die besten Tennisspieler beim ATP-Tennisturnier, den Generali Open, begegnen. Oder wenn sich die Stars der Golfszene im Juni zu wichtigen Wettkämpfen in Kitzbühel versammeln.

Doch das ist nur eine Seite. Jenseits der Schickeria-Fassade wartet eine reizende Stadt mit einer interessanten Geschichte darauf, von den Gästen entdeckt zu werden. Das Straßenbild ist geprägt von bemalten Häusern mit breiten Fronten, verspielten Erkern, gemeißelten Steinportalen und weit vorspringenden Giebeldächern.

Bereits die Kelten bedienten sich an den reichen Kupfer- und Silbervorkommen, und zur Römerzeit führte eine wichtige Straße durch die Region. Kitzbühel entwickelte sich zu einem Bergbau- und Handelszentrum. 1271 wurde Kitzbühel, das damals noch zu Bayern gehörte, zur Stadt erhoben und mit einer mächtigen Befestigungsanlage wehrhaft gemacht, um den südöstlichsten Zipfel des Landes zu stärken. Seit 1506 gehört die Stadt zu Tirol.

In dieser Zeit florierte der Bergbau. Rund 1500 Bergleute arbeiteten in den Schächten, die bis zu

Partybühne mit Geschichte und Aussicht: Kitzbühel umgeben sanfte, grüne Wanderhügel. Der Wilde Kaiser im Hintergrund ist eine grandiose Kulisse.

ADAC — der perfekte Urlaubstag

- **9 Uhr:** Mountainbike-Tour zum Seidlalmsee auf dem Hahnenkamm (Bademöglichkeit), Einkehr auf der Seidlalm
- **13 Uhr:** Besuch im Schaubergwerk »Erbstollen Kupferplatte« bei Jochberg
- **16 Uhr:** Badeausflug zum Schwimmbad am Schwarzsee
- **19 Uhr:** Abendessen beim Gasthof Falkenstein in Kirchberg/Spertental

Pflanzenparadies: der Alpenblumengarten.

Künstlerfamilie Faistenberger. Als die Einnahmequelle Bergbau versiegte, begann eine andere zu sprudeln: Mit den ersten Wintersportgästen kam 1892 ein neuer Aufschwung. Boutiquen und Luxusherbergen zeugen im Ortskern heute davon, dass das Publikum hier nicht aufs Geld achten muss. Vom umfassenden Freizeitangebot in der Region profitiert allerdings jeder: Das Kulturprogramm, die Gastronomie, die Sportanlagen, die Mountainbike-Strecken oder die Wanderwege zu den Gipfeln machen die Gegend auch für den »normalen« Gast attraktiv. Oft helfen Bergbahnen beim Überwinden der Höhenmeter, etwa am markanten Kitzbüheler Horn. Egal ob man nun zu Fuß, mit dem Mountainbike, der Bergbahn oder mit dem Auto über die schöne Panoramastraße (mautpflichtig)

900 m tief in den Berg reichten. Im 18. Jh. wurden jährlich 134 t Kupfer gefördert, danach wurden die Erträge geringer, bis der Bergbau 1926 gänzlich eingestellt wurde. Einen guten Eindruck davon, wie die Knappen in den Schächten und Stollen damals arbeiteten, bekommen die Besucher des Schaubergwerks Kupferplatte am Jochberg.

Kitzbühel war eine reiche Stadt, aber Pest und Dreißigjähriger Krieg brachten auch hierher Not und Elend sowie eine neue Welle der Gläubigkeit. Da der Bergbau nach wie vor für Wohlstand sorgte, konnte man es sich leisten, Kunstmaler, Bildhauer und Baumeister in die Stadt zu holen, die im 17. und 18. Jh. bedeutende Werke der Barockkunst schufen, allen voran die in Kitzbühel ansässige

Pfarrkirche St. Andreas und Liebfrauenkirche, Kitzbühel

Wandern & Bergtouren

TOP TIPP Ein herrlicher Höhenspaziergang führt auf dem **Panoramaweg von der Hahnenkamm-Bergstation** (1655 m) ❶ Richtung Westen bis zum Wiesensattel vor der Ehrenbachhöhe (1802 m). Der kurze und gemütliche Weg ist gespickt mit Sehenswürdigkeiten: Bereits an der Hahnenkamm-Bergstation ❻ lohnt sich ein Abstecher ins Bergbahnmuseum. Wenige Schritte weiter kommt man am Starthaus des Hahnenkammrennens vorbei. Dort hat man einen Blick auf die legendäre Mausefalle, die erste Schlüsselstelle der berühmten Abfahrtstrecke »Streif«. Am Ende des Panoramawegs bei der St.-Bernhard-Kapelle kann man aus dem Spaziergang eine Wanderung machen, indem man nicht zurückgeht, sondern zur Ehrenbachhöhe hinaufsteigt und noch 2 Std. bis zum Pengelstein (1939 m) wandert (einfach, Abstieg wie Aufstieg). An Einkehrmöglichkeiten mangelt es nicht. Kaum ein anderer Berg in Tirol ist so gut mit Hütten erschlossen wie der Hahnenkamm.

Kitzbüheler Horn (1966 m) Von der Mittelstation zum Gipfel mit Panoramablick	Ausgangspunkt: Mittelstation der Kitzbüheler Hornbahnen (1266 m) ❹; Alpenhaus – Alpenblumengarten – Kitzbüheler Horn; prächtiger Blick; Rückweg wie Hinweg oder mit der Bahn ins Tal direkt nach Kitzbühel; leichte Wanderung; Zeit: ca. 2 Std.; Einkehr: Adlerhütte, Alpenhaus
Schwarzkogel (2030 m) Mittelschwere Tour zu einem der höchsten Gipfel rund um Kitzbühel	Ausgangspunkt: Aschau (1014 m); Kleinmoosalm (1622 m) – Schwarzkogelscharte (1950 m) – schöner Bergsteig über den gestuften Rücken zum Schwarzkogelgipfel; Abstieg wie Aufstieg; Trittsicherheit nötig; Zeit: ca. 5 Std.; Einkehr: in Aschau
Roßgruber (2156 m) Herrliche, mittelschwere Höhenwanderung am Pass Thurn	Ausgangspunkt: Pass Thurn, Bergstation Resterhöhe (1728 m) ❼; Panoramahöhenweg – Tanztörl (1940 m) – Hartkaser (1901 m) – Panorama-Alm (1989 m) – ab hier schmalerer Bergsteig, Trittsicherheit erforderlich, bis zum Gipfel; Abstieg wie Aufstieg; herrlicher Blick auf die Hohen Tauern und den Großvenediger; Zeit: ca. 4,5 Std.; Einkehr: Resterhöhe, Panorama-Alm
Naturlehrpfad Spertental Natur erleben im Landschaftsschutzgebiet	Ausgangspunkt: Parkplatz bei der Hintenbachalm im Spertental (1190 m); Hintenbachalm – Schöntalweg – Sonnwendalm – Bürgermeister-Herbert-Noichl-Weg – Stieralm – Unterer-Grund-Weg – Hintenbachalm; leichte Wanderung ohne große Höhenunterschiede mit zahlreichen Info-Stationen zur Tier- und Pflanzenwelt; Zeit: ca. 2,5 Std.; Einkehr: Almgasthof Labalm

EVENTS

- Mai: Kitzbüheler Alpenrallye für Oldtimer
- Juni: Tristkogel Challenge, Mountainbike und Berglauf

Kitz Alp Mountainbike-Marathon

Golf-Festival-Kitzbühel

- Juli: Generali Open Tennisturnier (ATP-Turnier)

Kirchberger Dorffest

- August: Kitzbüheler Mountainbike-Rennen

Kitzbüheler Sommerkonzerte

Hansi-Hinterseer-Open-Air

- September: Int. Tirol Ballon Cup, Kirchberg

Restaurants

Wirtshaus zum Rehkitz
Wirtshaus in einem romantischen alten Bauernhaus in herrlicher Berglage. Es ist entsprechend gemütlich, wenn auch eine gewisse Kitzbüheler Noblesse unvermeidbar scheint. Klassische österreichische und internationale Küche; beliebter Promitreff in Kitzbühel;
Tel. 0 53 56/6 61 22

Gasthof Falkenstein
Ein bodenständiger und beliebter Gasthof im Spertental bei Kirchberg. Typische Tiroler Küche mit Zutaten vom Biobauer; besonders zu empfehlen sind die Wildspezialitäten;
Tel. 0 53 57/81 16

Restaurant Rosengarten
Wenn es besonders fein und gehoben sein soll, dann empfiehlt sich ein Ausflug ins Restaurant Rosengarten im Drei-Sterne-Hotel Taxacher Hof in Kirchberg. Ländlich-elegantes Ambiente und eine hochgelobte Gourmetküche, die mit zwei Hauben von Gault-Millau ausgezeichnet ist.
Tel. 0 53 57/25 27,
www.geniesserrestaurant.at

KITZBÜHEL UND KIRCHBERG

Action & Sport

MOUNTAINBIKE	KLETTERSTEIGE	RAFTING	CANYONING	REITEN
PARAGLIDING	DRACHENFLIEGEN	KLETTERGÄRTEN	TENNIS	WINDSURFEN
KAJAK/KANU	WASSERSKI	TAUCHEN	HOCHSEILGARTEN	GOLF

TOP TIPP Eine spannende, anspruchsvolle **Mountainbike-Tour** ❷ führt zu den markantesten Punkten der »Streif«, einer der berühmtesten Skiabfahrtsstrecken der Welt. Ausgangspunkt ist Kitzbühel, Talstation Hahnenkammbahn. Einsiedelei, Seidlalm, Steilhang und Mausefalle sind die einzelnen Stationen, bevor man nach 9 km die Bergstation der Hahnenkammbahn ❻ erreicht hat. Das Sahnehäubchen für Cracks ist die Abfahrt über die anspruchsvolle 5,5 km lange Downhillstrecke »Ehrenbach-Trail«; bei den schwierigen Stellen gibt es leichtere Ausweichstrecken, außerdem führen auch »normale« Wege zurück ins Tal. Wer nur auf den Abfahrtsspaß setzen möchte, kann natürlich auch mit der Bergbahn hinauf fahren. Insgesamt führen sechs unterschiedlich schwere Strecken auf den Hahnenkamm und wieder hinunter. Geführte Touren, Technik-Workshops und Bikepark: Bike Academy Kitzbühel; Tel. 05 35 73 52 18; www.bikeacademy.at

Paragliding	Kitzbühel-Tandemflüge	Herrliches Fluggebiet; idealer Startplatz bei der Hahnenkamm-Bergstation ❻; Tandemflüge bei Manfred Hofer, Hahnenkamm-Bergstation; Tel. 06 64/1 00 05 80
Golf	Golfclubs Kitzbühel	Je zwei 18-Loch- und 9-Loch-Plätze (www.kitzbuehel-golf.com): Am exklusivsten und anspruchsvollsten ist der Championship-Platz Eichenheim in Aurach, mit Golfschule; Tel. 0 53 56/6 66 15. Hervorragend ist auch der 18-Loch-Platz Schwarzsee; Schnupperkurs, Golf-Akademie; Tel. 0 53 56/71 64 50
Tennis	Tennisstadion und -halle, Kitzbühel	12 Sandplätze, 3 Hallenplätze, Tennisschule mit Anfänger- und Fortgeschrittenenkursen sowie dem Tennis-Kinderland; Tel. 0 53 56/6 43 20; viele weitere, öffentlich zugängliche Plätze bei versch. Hotels, Infos beim Fremdenverkehrsverband
Schwimmen	Badezentrum Aquarena, Kitzbühel	Große, moderne Schwimmhallen; Wasserrutsche, Kleinkinderbecken; Aquagymnastik, Wellness-Bereich mit Sauna und Türkischem Bad; Tel. 0 53 56/6 43 85

Hütten

Gipfelhaus Kitzbüheler Horn (1970 m)
Ob man zu Fuß, mit dem Rad oder mit der Bahn ❹ ❺ das Horn erklimmt, die Aussicht ist in jedem Fall grandios. Das Gipfelhaus ist äußerlich urig und innen modern-rustikal mit großem SB-Restaurant und Tiroler Küche; große Sonnenterrasse und Kinderspielplatz; Tel. 0 53 56/6 47 73; www.gipfelhaus-kitzbuehel.com

Lämmerbichlalm (1553 m)
Eine herrlich gelegene klassische Almhütte, wo es hausgemachte Spezialitäten wie Käse, Geräuchertes, Bauernbrot und als Abschluss das obligate Schnapserl gibt; die Almkäserei kann besichtigt werden; schöne, auch für Kinder geeignete Wanderung zur Alm von der Bergstation Bichlalm (1580 m) ❶ in ca. 45 Min.; keine Übernachtung; Tel. 06 64/1 31 73 65

Hocheckhütte (1670 m)
Gemütliche Hütte unterhalb der Bergstation der Hahnenkammbahn ❻, zwischen Starthäuschen der »Streif« und »Mausefalle«; Übernachtung nur auf Anfrage; Tel. 0 53 56/6 25 54; www.hocheckhuette.at

Kobingerhütte (1504 m)
Aussichtsreiche Hütte, vom Gaisberglift ❸ in einer schönen Wanderung in ca. 1 Std. zu erreichen. Bei der Hütte liegt eine nette kleine Bergkapelle. Serviert wird gute Hausmannskost, die Produkte stammen vorwiegend aus der eigenen Landwirtschaft; Tel. 0 53 57/36 33

zum Gipfel kommt, oben ist einfach jeder vom atemberaubenden Panorama fasziniert: Karwendel, Rofangebirge, Wilder Kaiser, Leoganger Steinberge, Berchtesgadener Alpen, Hohe Tauern, Großglockner, Großvenediger, Zillertaler Alpen – sie alle sind bei guten Verhältnissen zu sehen. Doch auch den nahe liegenden Dingen sollte man Beachtung schenken. Etwa dem in eine bizarre Felslandschaft eingebetteten Alpenblumengarten beim Alpenhaus. Wer vom Parkplatz am Ende der Panoramastraße in etwa 30 Min. zum Gipfel steigt, kommt direkt am hochalpinen Blumenparadies vorbei.
Weitere blumenreiche Spazierwege findet man im Dreieck zwischen Kitzbühel, Kirchberg und Reith. Sie führen zu Schwarzsee, Gieringer Weiher und Vogelsberger Weiher. Für Liebhaber alpiner Ruhe und Beschaulichkeit lohnt es sich, ein paar Schritte weiter abseits zu gehen. Etwa ins bodenständige Kirchberg westlich von Kitzbühel und von dort weiter ins Landschaftsschutzgebiet Spertental mit dem malerischen kleinen Dorf Aschau. Ein interessanter Naturlehrpfad bei der Hintenbachalm gewährt Einblicke in die Besonderheiten von Flora und Fauna. Leichte Wanderwege führen aufs Brechhorn, anspruchsvoller ist der Steig auf den höchsten Gipfel der Kitzbüheler Alpen, den Großen Rettenstein, das schroffe, felsige Oberhaupt der grasigen Hügel. Auch südlich von Kitzbühel, Richtung Pass Thurn,

Museum Kitzbühel

In den Ausstellungsräumen im ehemaligen Getreidekasten und im mittelalterlichen Turm der Stadtbefestigung wird alles dokumentiert, was in der Geschichte der Region eine Rolle spielte: der bronzezeitliche Bergbau um 1000 v. Chr., die Stadtgeschichte, die Kunstschätze, die Entwicklung des Tourismus und des Wintersports. Nicht fehlen dürfen natürlich auch Informationen zur Kitzbüheler Skilegende Toni Sailer. Im Obergeschoss befindet sich außerdem die sehenswerte Alfons-Walde-Galerie mit etwa 50 Ölbildern, Zeichnungen und Entwürfen des Kitzbüheler Malers; Tel. 0 53 56/6 45 88; www.museum-kitzbuehel.at

Adressen & Bergbahnen — Landesvorwahl 00 43

Jochberg (924 m)	Tourismusverband Jochberg; Tel. 0 53 55/52 29; E-Mail: jochberg@netway.at; www.jochberg.com
Kirchberg (837 m)	Tourismusverband Kirchberg; Tel. 0 53 57/20 00; E-Mail: info@kirchberg.at; www.kirchberg.at
Kitzbühel (762 m)	Tourismusverband Kitzbühel; Tel. 0 53 56/62 15 50; E-Mail: info@kitzbuehel.com; www.kitzbuehel.com
Weitere Orte	Aschau • Aurach • Reith
Entfernungen	Hamburg 906 km; Berlin 717 km; Köln 707 km; Frankfurt a. M. 523 km; Stuttgart 364 km; München 130 km

❶ Aurach Bichlalmlift Berg/Tal 6,50 €
❷ Kirchberg/Klausen Fleckalmbahn Berg/Tal 14,50 €
❸ Kirchberg Gaisberglift Berg/Tal 6,50 €
❹ ❺ Kitzbühel Kitzbüheler Horn/Hornbahnen (2 Sektionen); Berg/Tal 14,50 €
❻ Kitzbühel Hahnenkammbahn Berg/Tal 14,50 €
❼ Pass Thurn Resterhöhelift Berg/Tal 6,50 €

Siehe auch Preisteil S. 639

Farbenfrohes Kitzbühel: Bunte Häuser mit breiten Fronten und vorspringenden Giebeldächern prägen das Stadtbild.

findet man ruhige Wanderwege und interessante Orte: etwa das kleine Aurach mit einem weitläufigen Wildpark, einer schönen Kirche und herrlichen alten Bauernhöfen. Im netten Bergdorf Jochberg führt eine leichte Wanderung (Zeit: ca. 1 Std.) zum imposanten Sintersbacher Wasserfall. Über einen mittelschweren Steig gelangt man auf der westlichen Talseite durch den Saukasergraben hinauf zur malerischen Blauen Lacke (Zeit: ca. 3 Std.) am Fuße der felsigen Abbrüche des Kleinen Rettensteins. Party-Löwen und »Adabeis« (solche, die unbedingt überall dabei sein müssen) trifft man dort oben nur selten. Und wenn, dann zeigen sie sich von ihrer ganz normalen, menschlichen Seite. Vielleicht macht genau dies den besonderen Reiz von Kitzbühel aus: Glamour und Natur liegen hier so nahe beieinander, dass man jederzeit für sich selbst entscheiden kann, was einem wichtiger ist.

Schaubergwerk Kupferplatte
Im Schaubergwerk an der Pass-Thurn-Straße in Jochberg kann man sich auf die Spuren des historischen Bergbaus begeben. Bei den halbstündigen Führungen fährt die Grubenbahn 150 m tief in den Berg ein, an verschiedenen Stationen erfährt man Interessantes und auch Unterhaltsames über die Knappen, ihre Arbeit und ihr Leben; Tel. 0 53 55/57 79; www.schaubergwerk.kupferplatte.at

Hotelempfehlungen

Kirchberg S. 684
Kitzbühel S. 684

Wanderkarten

Freytag & Berndt; WK 301 Kufstein, Kaisergebirge, Kitzbühel; 1:50000
Freytag & Berndt; WK 121 Großvenediger, Oberpinzgau; 1:50000

Straßenatlas Siehe S. 780

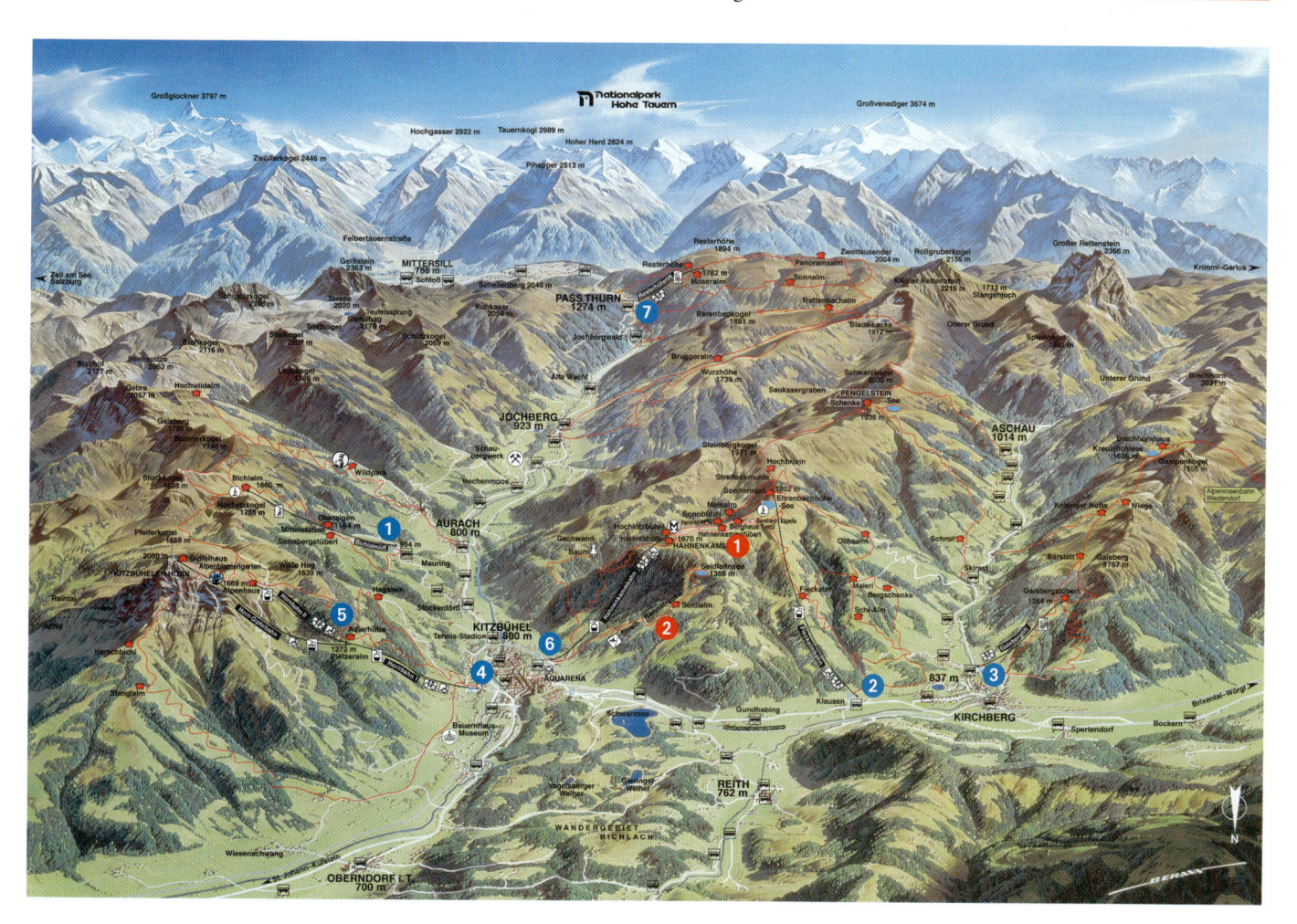

PILLERSEETAL – ST. JOHANN
TIROL

Felszinnen überm grünen Talboden: Die Loferer Steinberge überragen Waidring, das direkt an der Grenze zu Bayern liegt.

- ACTION & SPORT
- WANDERN & BERGTOUREN
- FUN & FAMILY
- WELLNESS & GENUSS

ADAC – der perfekte Urlaubstag

- **9 Uhr:** Schwimmen im Badesee Waidring
- **10 Uhr:** Mountainbike-Tour von Fieberbrunn zum Wildalpgatterl, einem Berggasthof mit guter Speisekarte, Kneippanlagen, Holzskulpturenpark und Kinder-Wasserwelt
- **14 Uhr:** Besuch des Hochseilgartens im Fun- und Actionpark Fieberbrunn (Anmeldung unter Tel. 06 64/4 32 97 30)
- **18 Uhr:** Abendspaziergang am Pillersee, dann Abendessen im Seerestaurant Pillersee

Idyllisches Landleben im Schatten des Kaisers

Es gehört nicht zu den bekannten und glamourösen Zielen im Tiroler Land, aber trotzdem bietet das Pillerseetal ein vielseitiges Freizeitprogramm. Umrahmt von schroffen Gipfeln, prägen abgerundete Berge, kristallklare Seen und ursprüngliche Dörfer das Bild einer Region, in der Bergwanderer und Mountainbiker umfangreiche Tourenmöglichkeiten finden. Dazu gibt es attraktive Angebote für Familien und viel Spaß für Kinder.

Wenn es um berühmte Gipfel und Namen geht, hat das Pillerseetal handfeste Konkurrenz in der Nachbarschaft: den Wilden Kaiser, daneben Kitzbühel mit dem Hahnenkamm und auf der Ostseite die Leoganger und Loferer Steinberge. Aber man kann auch ohne prominente Berge glänzen, dafür ist der östlichste Winkel Tirols der beste Beweis. Fieberbrunn und Hochfilzen im Süden sind ohnehin etablierte Wintersportorte und bieten ebenso wie St. Jakob in Haus, St. Ulrich am Pillersee und ganz im Norden Waidring an der Grenze zu Bayern auch im Sommer viele Freizeitmöglichkeiten. Einen besonderen Reiz – um den sie von den Tiroler Nachbarn vielleicht sogar beneidet werden – übt hier die Kombination von Bergen und Wasser aus: Da ist natürlich der Pillersee bei St. Ulrich, dann gibt es den besonders idyllischen Badesee in Waid-

Die Kirche von St. Ulrich und der Pillersee

ring und den kleinen Lauchsee bei Fieberbrunn. Der Pillersee ist übrigens groß genug, um neben Liegewiesen, Spielplätzen und Beachvolleyball auch noch ruhige Plätze für Angler zu bieten. Der Besuch der gotischen Wallfahrtskirche St. Adolar am Nordende des Pillersees macht die leichte Wanderung entlang des stillen Ostuferwegs besonders lohnend.
Von den Seen im Tal hinauf zu den Bergen: Die sind stattlich, aber im Gegensatz zu ihren Nachbarn nicht bedrohlich. Die Wanderwege sind alpin, aber nicht extrem und viele eignen sich auch für Mountainbiker. Und Hütten gibt es reichlich.
Eine Besonderheit ist die Steinplatte bei Waidring, die Wanderer, Kletterer, Mountainbiker und Geologen gleichermaßen fasziniert. Denn das herrliche Hochplateau mit seiner markanten Steilwand ist Europas einziges Trockenriff, das vor Jahrmillionen aus einem Korallenmeer entstanden ist. Unzählige Organismen haben das mächtige Riff aufgebaut. Vor allem im Gipfelbereich sind die im hellgrauen Kalk eingeschlossenen Versteinerungen gut zu erkennen.

Wandergebiet für Familien: am Fuße der Steinplatte

Viel Abwechslung für Kinder

Ideal zum Wandern und Mountainbiken ist auch die Gegend um St. Johann in Tirol im Nordwesten der Region. Hinauf auf den Harschbichl geht's mit der Gondelbahn, von dort aus können Wanderer aufs markante Kitzbüheler Horn steigen oder über die üppig blühenden Almwiesen am Bergsee vorbei zurück ins Tal wandern. Eine besondere Attraktion für Groß und Klein ist die Sommerrodelbahn mit zwei fast parallelen Strecken, ihr Start ist bei der Bergstation der Hochfeldbahn.
Besonders die kleinen Gäste werden vom umfassenden Freizeitprogramm im Pillerseetal begeistert sein: Erste Adresse für die Kinder ist das Familienland in St. Jakob mit Ritterburgen, Piratenschau-

Der Wilde Kaiser vom Bergsee bei St. Johann

Restaurants

Alpengasthaus Möseralm
Von der Bergstation der Steinplattenbahn erreicht man in ca. 45 Min. den Berggasthof, der seine Gäste mit einer großen Terrasse und deftigen Tiroler Speisen verwöhnt. Dazu gehört Schwergewichtiges wie Schweinshaxen, Knödel und »Kasspatzn«. Übernachtungsmöglichkeiten in Zimmern und Ferienwohnungen;
Tel. 0 53 53/53 72;
www.moeseralm.at

Wandern & Bergtouren

TOP TIPP Das **Wildseeloderhaus** ❶ auf 1854 m ist nicht nur einer der schönstgelegenen Berggasthöfe im Pillerseetal, sondern auch ein Ausgangspunkt für viele Touren. Man erreicht es von Fieberbrunn aus über den Lauchsee, dann weiter über Rettenwand und Lucht bis zum Gasthof Streuböden, dann geht es rechts weiter über die Wildalm zum Wildseeloderhaus, das direkt am idyllischen Bergsee liegt; Gehzeit: ca. 3 Std. Schneller und bequemer kommt man mit der Gondelbahn ❶ bis zum Lärchfilzkogel und über den Fieberbrunner Höhenweg zum Ziel. In ca. 1 Std. erreicht man den Gipfel des Wildseeloder (2117 m) oder den Hennegipfel (2078 m).

Römersattel (1205 m) Leichte Wanderung auf altem Wallfahrtsweg mit herrlichen Ausblicken	Ausgangspunkt: Hochfilzen (959 m); Biathlonanlage – Schüttachstraße – Römersattel – Vorderkaserklamm – Ausgang Klamm – Bushaltestelle; Rückweg nach Hochfilzen mit dem Bus oder Zug; Zeit: ca. 2 Std. Bei Schießübungen ist der Weg gesperrt.
Steinerne Stiege Panoramarundweg bei St. Ulrich	Ausgangspunkt: Latschenbrennerei in St. Ulrich; Steinerne Stiege – Kalktal – Kirchberggipfel – Gerstbergalm – Wintersteralm – Lindtal – Latschenbrennerei St. Ulrich; Zeit: ca. 4–5 Std.; Einkehr: Wintersteralm, Lindtalalm
Naturlehrpfad Steinplatte (1413 m) – Erlebniswandern für Jung und Alt bei Waidring	Ausgangspunkt: Parkplatz an der Mautstraße Steinplatte; Gasthof Brennhütte – Durchkaseralm – Windbühel; Stationen mit Informationen und Spielmöglichkeiten für Kinder; Zeit: 2 Std.; Einkehr: Gasthof Brennhütte

EVENTS

- Juni: »Berge in Flammen« in St. Johann
- Juli/August: Bummelnächte in Fieberbrunn
- August: Bourbon Street Festival in Fieberbrunn
- September: Knödelfest in St. Johann

Almabtriebe

PILLERSEETAL – ST. JOHANN

Action vor wilder Felskulisse: Die Achterbahn ist nur eine der Attraktionen im Familienland St. Jakob.

Hütten

Jausenstation Gerstberg (1119 m)
Nostalgische Einkehrstation bei St. Jakob in einem 700 Jahre alten Bergbauernhof. Urige »Rauchkuchl«, Sonnenterrasse mit schöner Aussicht; Di Ruhetag; Tel. 0 53 54/5 23 39

Wildseeloderhaus (1854 m)
Herrlich gelegener Berggasthof am Wildseeloder bei Fieberbrunn nicht nur wegen der Aussicht, sondern auch wegen des malerischen Bergsees vor der Tür. Deftige Tiroler Küche; Gute Ausgangsposition für Gipfeltouren im Wildseelodergebiet; Tel. 06 64/3 25 45 83

Hotelempfehlungen

Fieberbrunn S. 670
St. Johann in Tirol S. 706
St. Ulrich am Pillersee S. 707
Waidring S. 710

keln, Floßfahrten und vielem mehr. Im »Tatzi-Club« finden die Kinder ihr spezielles Programm, wenn der Ausflug mit den Eltern doch zu langweilig sein sollte. Wer aber lieber gemeinsam etwas unternimmt, findet genügend Möglichkeiten. Zum Beispiel eine Tour mit den Inlineskates im Gelände des Biathlonzentrums Hochfilzen.

Man sollte sich nicht entmutigen lassen, wenn plötzlich ein Skater im Expresstempo mit eleganten Bewegungen an einem vorbeizieht. Immerhin sind es Profisportler, die sich hier auf den weitläufigen, auch für Gäste zugänglichen Trainingsstrecken für die Wintersaison vorbereiten.

Gemütlicher geht es in den Dörfern zu meistens jedenfalls. Das gilt für die kleinen Orte Waidring und St. Jakob ebenso wie für St. Ulrich. Und auch im abgelegenen Hochfilzen auf fast 1000 m Höhe

Eingerahmt von Bergen: Fieberbrunn

Fun & Family

Familienland Pillerseetal, St. Jakob	Große Freizeitanlage mit Achterbahn, Piratenschiff, Wellenrutsche, Teufelsgrotte, Streichelzoo und vielem mehr; tgl. 9–19 Uhr; Tel. 0 53 54/8 83 33; www.familienland.net
Aubad Fieberbunn	Frei- und Hallenbad mit 65-m-Riesenrutsche, Sprungturm, Strömungskanal, Saunadorf, Massagen; tgl. 10–20 Uhr; Tel. 0 53 54/5 62 93; www.fieberbrunn.at/aubad
Sommerrodelbahn St. Johann	1000 m lang, mit zwei fast parallel laufenden Bahnen, 15 Kurven. Hinauf mit der Sesselbahn Hochfeld ❹; Tel. 0 53 52/6 22 93; www.bergbahnen-stjohann.at
Ballonfahrt St. Johann	Ballonfahrt über die Gipfel des Pillerseetals, der Kitzbüheler Alpen oder des Wilden Kaisers. Anmeldung: Ballooning tyrol; Tel. 0 53 52/6 56 66; www.ballooningtyrol.com

TOP TIPP Die **Knappenlöcher** ❷ oberhalb des Lauchsees am Rettenwandberg bei Fieberbrunn sind über 400 Jahre alte Schächte, in denen einst Bleierz abgebaut wurde. Sie wurden weder ausgebaut noch vergrößert oder beleuchtet, sondern so belassen, dass man sich gut vorstellen kann, wie ein Arbeitstag dort unten ausgesehen haben mag. Ausgerüstet mit Schutzhelmen, Anzügen und Stirnlampen steigt man ca. 2,5 Std. durch die engen, dunklen Felsgänge; ab 8 Jahren; Anmeldung einen Tag vorher unter Tel. 0 53 54/5 63 04

Adressen & Bergbahnen
Landesvorwahl 00 43

Urlaubsregion	Tourismusverband **Pillerseetal**; Tel. 0 53 54/5 63 04; E-Mail: info@pillerseetal.at; www.pillerseetal.at	
Fieberbrunn (790 m)	Tourismusverband Fieberbrunn; Tel. 0 53 54/5 63 04; E-Mail: fieberbrunn@pillerseetal.at	
Hochfilzen (959 m)	Tourismusverband Hochfilzen; Tel. 0 53 59/3 63; E-Mail: hochfilzen@pillerseetal.at; www.pillerseetal.at	
St. Jakob in Haus (856 m)	Tourismusverband St. Jakob in Haus; Tel. 0 53 54/8 81 59; E-Mail: stjakob@pillersee.at; www.pillerseetal.at	
St. Johann in Tirol (659 m)	Tourismusverband St. Johann in Tirol; Tel. 0 53 52/63 33 50; E-Mail: info@st.johanntirol.at	
St. Ulrich am Pillersee (847 m)	Tourismusverband St. Ulrich am Pillersee; Tel. 0 53 54/8 81 92; E-Mail: stulrich@pillerseetal.at; www.stulrich.at	
Waidring (778 m)	Tourismusverband Waidring; Tel. 0 53 53/52 42; E-Mail: waidring@pillerseetal.at; www.pillerseetal.at	
Entfernungen	Hamburg 910 km; Berlin 721 km; Köln 712 km; Frankfurt a. M. 528 km; Stuttgart 368 km; München 135 km	

① Fieberbrunn Streuböden–Lärchfilzkogel Berg/Tal 11 €
② St. Jakob in Haus Buchensteinwand Berg/Tal 8,50 €
③ St. Johann in Tirol Harschbichl Berg/Tal 13 €
④ St. Johann in Tirol Hochfeld Berg/Tal 6,50 €
⑤ Waidring Steinplatte Berg/Tal 12 €

Siehe auch Preisteil S. 639

Lugmair's Metallgießerei
Alle 40 Min. entsteht in der Werkstatt des ältesten Glockengießers von Tirol in Handarbeit eine wohlklingende, geschmackvoll verzierte Kuhglocke.

Über die Schulter schauen kann man dem Glockengießer jeden Di, 11 Uhr; Tel. 0 53 53/55 30; www.glockengiesser.com

Wanderkarten
Freytag & Berndt, WK 301 Kufstein-Kaisergebirge-Kitzbühel, 1:50000

Straßenatlas   Siehe S. 766

---

lebt es sich recht beschaulich. Wer Lifestyle und Trendsport sucht, wird in Fieberbrunn fündig: im Fun- und Actionpark mit Kletterturm und Hochseilgarten oder im Erlebnisbad Aubad. Mit gemütlichen Lokalen, schönen Restaurants und fetzigen Discos wird in St. Johann und Fieberbrunn auch etwas für die Abendunterhaltung geboten.

Für den einen oder anderen mag es beruhigend wirken, dass man auch im Pillerseetal nicht ganz ohne die Segnungen der modernen Freizeitindustrie auskommen muss. Aber die meisten werden ohnehin eher kommen, um ihre freien Tage mit der Familie erholsam in der Natur zu genießen. Und dazu braucht es wahrlich keine großen Namen.

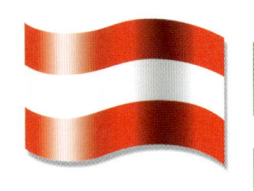

Matrei, Kals und Defereggental
Osttirol – Nationalpark Hohe Tauern

Österreichs Höchster: Als elegante Pyramide aus Fels und Eis baut sich der Großglockner über dem Ködnitztal auf.

- ACTION & SPORT
- WANDERN & BERGTOUREN
- FUN & FAMILY
- WELLNESS & GENUSS

ADAC der perfekte Urlaubstag

- **7 Uhr:** Von Kals am Großglockner über die Mautstraße zum Lucknerhaus; leichter Wanderweg »Berge Denken« im Angesicht des Großglockners
- **11 Uhr:** Besuch der Nationalparkausstellung Großglockner in Kals
- **13 Uhr:** Fahrt nach Virgen, auf dem romantischen Wallfahrtsweg nach Obermauern und Besichtigung der Wallfahrtskirche »Maria Schnee« mit ihren farbenprächtigen spätgotischen Wandfresken
- **17 Uhr:** Spaziergang auf dem »Weg der Sinne« in Virgen

Bauernland unter Gletschereis

Den Weg durch den Felbertauerntunnel nach Matrei in Osttirol nehmen viele nur, um die Staus am Brenner oder auf der Tauernautobahn zu umgehen. Andere wissen es besser und bleiben hier. Auf der Südseite der Hohen Tauern, zwischen Großglockner und Großvenediger, genießen sie das große Urlaubserlebnis inmitten einer streng geschützten und seit Jahrhunderten gepflegten Natur- und Kulturlandschaft.

Nachdem Bergwandern zum »Trendsport« ausgerufen wurde, hätte man Osttirol als »Trendregion« bezeichnen müssen. Und das bereits vor einer Ewigkeit: 1868 baute der Alpenverein hier seine ersten Hütten und legte frühzeitig ein ganzes Netz von Wegen durch Täler und über hoch gelegene Pässe an. Trotzdem gilt Osttirol bis heute als Geheimtipp. Das liegt vor allem an seiner geografischen Lage abseits der großen Verkehrswege auf der Südseite des Felbertauertunnels. Der 1965 erbaute Straßentunnel unter dem seit alters her genützten Passübergang eröffnet zwar eine Alternative zu den notorisch staugeplagten Transitstrecken von Brenner und Tauerntunnel. Doch wer den Tunnel nur auf der Durchreise zu den Adriastränden passiert, versäumt das Beste: eine spektakuläre Naturlandschaft, in der die vielen Jahrhunderte bäuerlichen Lebens und Arbeitens deutlich stärkere – und obendrein viel ansehnlichere – Spuren hinterlassen haben als die Jahrzehnte der maßvollen touristischen Nutzung.

Auf hohen Wegen von Hütte zu Hütte wandern – für diese ebenso erholsame wie erlebnisreiche Form des »Trendsports« Bergwandern ist das Virgental prädestiniert. An den auf der südlichen Talseite verlaufenden Lasörling-Höhenweg schließt sich auf der nördlichen Talseite der Venediger-Höhenweg an; er führt unter den eindrucksvollen Gletschern des Großvenedigers entlang durch den Nationalpark Hohe Tauern. Während der knapp zwei Wochen, die das gesamte Unternehmen dauert – Abstiege ins Tal sind fast überall problemlos möglich –, lernen Wanderer die meisten Hütten kennen: Alpenvereinshütten ebenso wie viele private Hütten im Besitz von Bauern, die dort ihre eigenen Erzeugnisse wie Brot, Milchprodukte und Fleisch

Wandern & Bergtouren

TOP TIPP Im Stil der Pioniere geht es auf den höchsten Berg Österreichs: Beim **»Glockner Treck Kals«** ❶ transportieren Haflinger die Rucksäcke der Teilnehmer vom Lucknerhaus (1918 m) zur Salmhütte (2644 m). Für die von Bergführern sicher geleitete **Besteigung des Großglockners** (3798 m) über die Erzherzog-Johann-Hütte (3454 m, Übernachtung) sind gute Kondition, Schwindelfreiheit und Trittsicherheit erforderlich. Wer sich den großen Gipfel nicht zutraut, auf das Pioniererlebnis aber nicht verzichten möchte, kann den dreitägigen »Großen Tauern Treck« buchen. Er führt, zunächst von Haflingern begleitet, von Matrei (977 m) zur Badener Hütte, danach ohne Haflinger über das Löbbentörl ins Tauerntal und zurück nach Matrei.

Seespitze (3021 m) Im letzten Teil anspruchsvolle Bergwanderung	Ausgangspunkt: Mariahilf im Defereggental (1422 m); Seespitzhütte (2327 m, evtl. Übernachtung) – Oberseitsee – Seespitze; ab Oberseitsee wird die Wanderung anspruchsvoller, im Gipfelbereich ein leichter Kletterabschnitt, eine Felsplatte ist gesichert; Zeit: ca. 7 Std.; Einkehr: Seespitzhütte
Kalser Höhe (2434 m) Einfache Höhenpromenade mit großartiger Aussicht	Ausgangspunkt: Bergrestaurant Blauspitz (2305 m), Sessellifte von Kals ❶ ❷; Kalser Höhe (2434 m) – Kals-Matreier-Törl – Europapanoramaweg – Bergrestaurant Blauspitz; Zeit: ca. 2 Std.; Einkehr: Bergrestaurant Blauspitz, Kals-Matreier-Törl-Haus; Variante: Erfahrene Wanderer können die Runde mit dem Weg über die Blauspitze (2575 m) und den Weißen Knopf (2577 m) um ca. 1 Std. verlängern.
Clarahütte (2036 m) Leichte Bergwanderung in toller Nationalparklandschaft	Ausgangspunkt: Parkplatz/Bushaltestelle Ströden (1403 m) im Virgental; Pebellalm – Umbalfälle – Clarahütte; zurück auf gleichem Weg; Zeit: ca. 6 Std.; Einkehr: Pebellalm, Islitzer Alm, Clarahütte
Sajathütte (2600 m) Etwas anstrengende, aber sehr schöne, blumenreiche Wanderung	Ausgangspunkt: Wanderparkplatz Frößach (1478 m) oberhalb Bichl im Virgental; Blumenweg Sajatmähder – Sajathütte (evtl. Übernachtung) – Prägratener Höhenweg – Ochsnerhütte (2128 m) – Timmeltal – Wiesachweg – Wanderparkplatz Frößach; Zeit: ca. 6 Std.; Einkehr: Sajathütte

Nationalpark Hohe Tauern

Der Nationalpark Hohe Tauern ist weit mehr als eine Institution zum Schutz der großartigen Landschaft. Interessierte Besucher werden nicht »hinausgeschützt«, sondern eingeladen, die Schönheiten der Natur hautnah zu erleben. Die Nationalparkverwaltung bietet zahlreiche geführte Wanderungen, Vorträge und Packages an, manche davon speziell für Kinder. Für den Tourismus in der Region schafft sie so ein reichhaltiges, unverwechselbares Angebot zur aktiven Erholung. Zentrale Anlaufstelle ist das modern gestaltete Nationalparkhaus in Matrei. Nationalpark Hohe Tauern Tirol; Tel. 0 48 75/51 61; www.hohetauern.at

anbieten; besser kann Bergwandern nicht schmecken. Wer es bequemer mag, der kann von Virgen zur Wetterkreuzhütte unter dem Zupalsee und von Prägraten/Hinterbichl zur Johannishütte mit dem Taxibus fahren. Auch Arnitzalm und Zunigalm sind per Taxibus erreichbar. Und natürlich gibt es noch den öffentlichen Bus, der von Matrei durch das ganze Virgental bis hinauf nach Ströden fährt.
Die Steige entlang des Lasörling-Höhenwegs sind bestens markiert und gepflegt. Aber es sind über-

Romantischer geht's kaum: Der Talschluss von Innergschlöß, im Hintergrund zwei Nebengipfel des Großvenedigers

MATREI, KALS UND DEFEREGGENTAL

wiegend echte Bergsteige, teilweise mit großen Höhenunterschieden. Wer beispielsweise von Ganz, einem der Ausgangspunkte des Höhenweges bei Matrei, auf den Großen Zunig gestiegen ist, wird schwitzen, aber kaum klagen: Manchen Kennern gilt der Zunig als der beste Aussichtsberg in Osttirol. Im Zunigsee, ein gutes Stück unterhalb, spiegelt sich der Großglockner.

Auf dem faszinierenden Weiterweg lässt sich drei Tage später der Dreitausender Lasörling etwas mühsam, aber ohne Schwierigkeiten ersteigen. Im hintersten Iseltal gelangen Wanderer am Lasörling-Höhenweg zu den berühmten Umbalfällen und wechseln auf die andere Talseite über. Der anschließende Venediger-Höhenweg ist noch ein Stück anspruchsvoller. Hochalpine Dramatik verspricht der Abstecher auf markiertem Pfad von der Eisseehütte zum Wallhorntörl. Wie durch ein Fenster blickt man hier über weite Gletscherflächen zum nahen Großvenediger, der auch konditionsstarken Bergwanderern zugänglich ist – wegen der langen, spaltengefährlichen Gletscherroute allerdings nur am Seil eines Bergführers. Beim Abstieg in den großartigen Talschluss von Innergschlöß, gleich

Leben am Abhang: Höfe im Virgental

südlich des Felbertauerntunnels, klingt der Venediger-Höhenweg förmlich mit einem Paukenschlag aus. Hierher gelangen Wanderer übrigens auch auf dem »Großen Tauerntreck«: Dieser führt, begleitet von Haflingern, in drei Tagen von Matrei über die Badener Hütte zurück ins Tauerntal.

Parallel zum Virgental im Süden verläuft das Defereggental. Ganz hinten, bei Erlsbach, beginnt die Panoramastraße über den Staller Sattel (mit Bergsee) und hinab ins Antholzertal nach Südtirol. Ganz hinten steht auch ein herrlicher Berg: der Hochgall; er ist erfahrenen Bergsteigern vorbehalten. Zur Barmer Hütte an seinem Fuß gelangen auch Wanderer ohne Probleme. Und wenn sie trittsicher und schwindelfrei sind, dürfen sie sich sogar an Dreitausendern wie dem Roßhorn, dem Fennereck oder dem Großen Lenkstein mit seinem fantastischen Gipfelpanorama versuchen. Sehr begehrt bei Bergwanderern ist die Seespitze über dem Hauptort St. Jakob. Von der bewirtschafteten Seespitzhütte leitet ein steiler Aufstieg zum Oberseitsee. Dieses Naturjuwel allein lohnt schon den Aufstieg. Doch fast alle gehen weiter und erreichen das geräumige, äußerst aussichtsreiche Gipfelplateau. Die kurze, einfache Kletterei (Drahtseil) am Grat schreckt die wenigsten ab. Max Planck, Nobelpreisträger für Physik und prominenter Urlaubsgast, schaffte den Aufstieg auf die Seespitze und zurück übrigens noch mit 80 Jahren.

Wo die Glockner-Fotos entstehen

Einen ebenso schönen wie interessanten Streifzug durch die bergbäuerliche Kultur im Defereggental erschließt der Themenweg »Leben am Steilhang« von Bruggen nach St. Veit. Ein weiteres lohnendes Ziel ist die Brunnalm; wer hinaufmöchte, kann den Sessellift auf der anderen Talseite nehmen. Beim

---

Hütten

Sajathütte (2600 m)
1977 eröffnete Friedl Kratzer sein erstes »Schloss in den Bergen« im Sajatkar hoch über dem heimatlichen Prägraten im Virgental. Nach der Zerstörung durch eine Lawine im April 2001 wurde die Sajathütte neu errichtet und schon im Juli 2002 eingeweiht. Indoor-Kletterwand (10 m), offener Kamin. Gleich oberhalb der komfortablen Hütte lockt der kurze, aber sehr sportliche Klettersteig auf die Rote Säule (2820 m); Klettersteigausrüstung kann in der Hütte geliehen werden.

Sehr empfehlenswert für erfahrene, trittsichere und schwindelfreie Bergsteiger ist der Aufstieg zur aussichtsreichen Kreuzspitze (3164 m, klettersteigartige Sicherungen). Der schönste Hüttenanstieg von Prägraten-Bichl über den »Blumenweg Sajatmähder« dauert ca. 3 Std.; 30 Min. kürzer ist der Weg von der Johannishütte (2116 m; Zufahrt mit Taxibus, Tel. 0 48 77/ 53 69) über die Sajatscharte (2750 m); Tel. 06 64/5 45 44 60, www.sajathuette.at

Venedigerhaus Innergschlöß (1700 m)
Malerische Lage im einzigartigen Talschluss von Innergschlöß, Ausgangspunkt für den spektakulären Gletscherlehrweg Innergschlöß (ca. 4 Std.); mit Hüttentaxi und Pferdekutsche ab Matreier Tauernhaus erreichbar (zu Fuß ca. 1 Std.); Tel. 0 48 75/88 20

Glorerhütte (2644 m)
Gemütliche Hütte am Übergang von Kals ins Mölltal nach Heiligenblut gelegen, Zustieg vom Lucknerhaus (1918 m, Mautstraße von Kals) in ca. 2 Std.; Tel. 0 48 76/85 66, www.glorerhuette.at

Jagdhausalmen
Fast wie ein Gebirgsdorf im Himalaja wirken die aus dem 13. Jh. stammenden Jagdhausalmen (2000 m). Die Steinhütten waren 40 Jahre lang ganzjährig bewohnt. Heute sind die Hirten nur im Sommer auf den Almen und bieten Gästen kleine, selbst zubereitete Jausen an. Von Erlsbach über die Mautstraße zur Oberhausalm (1786 m). Durch das Patschertal (Lehrpfad) mit dem größten zusammenhängenden Zirbenwald der Ostalpen ca. 1 Std. hinauf zur Alm.

Fun & Family

Haus des Wassers St. Jakob im Defereggental	Erlebnisorientierte Mehrtageskurse des Nationalparks Hohe Tauern für ältere Kinder und Jugendliche; Anfrage: Nationalpark Hohe Tauern; Tel. 0 48 75/51 61; www.hohetauern.at
Naturerlebnispfad Kals am Großglockner	Lehrreicher Weg für Eltern und Kinder. Die sieben originellen Stationen werden in einer Begleitbroschüre erklärt (beim Tourismusverband erhältlich). Mitmachen erwünscht!
Zedlacher Paradies Spazierweg im uralten Lärchenwald	Spazieren und Umhertollen zwischen riesigen, bis zu 500 Jahre alten Bäumen; Lehrpfad vermittelt alle interessanten Details; Künstler haben schmiedeeiserne Tiere versteckt; Zufahrt von Matrei nach Zedlach oder zum Strumerhof
»Im Banne des Großglockners« Kals	Großzügig gestaltete, interessante Ausstellung, die spannende Einblicke in die Geschichte dieser einzigartigen Kulturlandschaft gibt; Tel. 0 48 76/88 00

TOP TIPP **Rafting** ❷ auf der wilden Isel: Die »Einsteiger- und Familientour« von Osttirol Adventures bietet Groß und Klein ein prickelndes Ferienvergnügen. Für die 10 km lange Flussstrecke von Ainet bis Lienz werden Kinder ab 6 Jahren mit ins Boot genommen. Jugendliche ab 12 dürfen die abenteuerlichere »Sporttour« mitmachen: 12 km von Huben bis Ainet, bei denen garantiert keiner trocken bleibt; Tel. 06 64/3 56 04 50; www.osttirol-adventures.at

Adressen & Bergbahnen

Landesvorwahl 00 43

Urlaubsregion	**Osttirol Werbung**; Tel. 0 48 52/6 53 33; E-Mail: info@osttirol.com; www.osttirol.com
Matrei (977 m)	Informationsbüro Matrei; Tel. 0 48 75/65 27; E-Mail: matrei.osttirol@netway.at; www.tiscover.at/matrei-osttirol
Kals (1325 m)	Tourismusverband Kals am Großglockner; Tel. 0 48 76/88 00; E-Mail: kals@tirol.com; www.tiscover.com/kals
Virgen (1194 m)	Tourismusverband Virgen; Tel. 0 48 74/52 10; E-Mail: tvb.virgen@netway.at; www.tiscover.at/virgen
Prägraten (1312 m)	Informationsbüro Prägraten; Tel. 0 48 77/63 66; E-Mail: praegraten@netway.at; www.tiscover.at/praegraten
St. Jakob im Defereggental (1389 m)	Urlaubsregion Defereggental; Tel. 0 48 73/6 36 00; E-Mail: stjakob@defereggental.at; www.defereggental.at
Entfernungen	Hamburg 969 km; Berlin 781 km; Köln 771 km; Frankfurt a. M. 587 km; Stuttgart 428 km; München 194 km

① ② Kals Blauspitz (via Figol); Berg/Tal 13,50 €

③ Matrei Goldried-Bergbahn; Berg/Tal 17 €

④ ⑤ St. Jakob Mooserberg (via Brunnalm) Berg/Tal 15 €

Siehe auch Preisteil S. 639

gemütlichen Hinabwandern zur Bruggeralm erlebt man die Rinder bei ihrem glücklichen »Almurlaub«. Und wer sportlichen Ehrgeiz besitzt, hat mit dem Großen Leppleskofel ein kurzes und mit den beiden Degenhörnern zwei lange, gleichermaßen lohnende Wanderziele zur Auswahl.

Verlässt man das Defereggental in Richtung Huben im Iseltal und fährt von dort gleich wieder hinauf, gelangt man nach Kals im Ködnitztal – an den Fuß des höchsten Berges Österreichs. Auf der Mautstraße zum Lucknerhaus kommt man dem Großglockner schon recht nahe. Ein Tipp für Fotografen: Die berühmten Glocknerfotos aus der Werbung werden immer auf der Wiese neben dem Lucknerhaus geschossen – »Nachschießen« ist erlaubt. Empfehlenswert ist auch der gut einstündige Lehrweg »Glocknerspur-Berge Denken« zur Lucknerhütte und zurück; der Weg wird bestens

Malerische Eindrücke: Alm am Zunig, dem Hausberg von Matrei

DAV-Tipp

Zu Füßen des Großglockners
Die Stüdlhütte ist nach Johann Stüdl benannt, einem der Gründer des DAV, die 1869 den Alpenverein in München aus der Taufe hoben. Nachdem 1996 ein Ersatzbau für die alte Hütte eingeweiht wurde, zählt die Stüdlhütte heute zu den modernsten AV-Hütten der Alpen. Von ihr aus starten jedes Jahr zahlreiche Bergsteiger, um den Großglockner zu besteigen.
Tel. 0 48 76/82 09; www.stuedlhuette.at

Venediger-Höhenweg
Von Hütte zu Hütte im Angesicht vergletscherter Dreitausender: Der Venediger-Höhenweg ist eine der schönsten Weganlagen seiner Art in den Alpen. Einzelne Abschnitte erfordern Kondition und etwas Trittsicherheit. Der Weg beginnt beim Venedigerhaus Innergschlöß. Für die Strecke über Badener Hütte, Bonn-Matreier-Hütte, Eisseehütte und Johannishütte zur Essener-Rostocker-Hütte sind vier Tage zu veranschlagen. In Ströden hat man direkten Anschluss an den Lasörling-Höhenweg, der auf der anderen Talseite entlang führt; Stationen: Reichenberger Hütte, Bergerseehütte, Lasörlinghütte, Zupalseehütte, Arnitzalm, Zunigalm. Die gesamte Höhenwegrunde über dem Virgental dauert etwa acht Tage, sie kann aber nach Belieben verkürzt und individuell gestaltet werden.

Hoch Tirol
Die hochalpine Variante der Höhenwege der Region, das Spitzenangebot für Bergsteiger und erfahrene Bergwanderer mit Kondition und alpiner Grunderfahrung, ist die Sommerroute »Hoch Tirol«. Sie führt in sechs Tagen von der Clarahütte durch die Kernzone des Nationalparks Hohe Tauern: über riesige Gletscherflächen von Hütte zu Hütte und auf die großartigen Gipfel von Dreiherrenspitze (3499 m), Großvenediger (3674 m) und Großglockner (3798 m). Auskünfte und Buchung bei den Venediger-Bergführern, Tel. 0 48 77/54 64; www.venediger-bergfuehrer.at

MATREI, KALS UND DEFEREGGENTAL

Die Alpe Oberhaus im obersten Defereggental. Im Hintergrund ist die Gabelspitze zu sehen.

riedbergbahn zum bewirtschafteten Kals-Matreier-Törl-Haus ist auch von kleinen Kindern leicht zu bewältigen. Genau gegenüber ragt steil und felsig der Großglockner auf. Mit geringem Höhenunterschied und auf schmalerem Bergsteig geht es dann weiter zum Bergrestaurant Blauspitz neben der Bergstation der Sesselbahn von Kals im Ködnitztal. Dieser Bergsteig ist Teil eines Lehrweges über das »Leben in Schnee und Eis«.

Größter Zirbenwald der Ostalpen

Auch im Defereggental sind einige einfache, aber hochinteressante Themenwanderungen ausgeinstand gehalten und empfiehlt sich besonders für Familien. Unter den vielen Lehr- und Themenwegen in der Region nur einzelne herauszuheben, fällt schwer. Wunderschön ist der »Weg der Sinne« durch die Feldflur bei Virgen. Hier erfährt man, warum die gepflegte Kulturlandschaft mit ihren Wiesen und Hecken besonders artenreich ist. Der Weg ist auch für Blinde geeignet; diese können die Informationen ertasten. Wer auf der Suche nach einem lauten und spektakulären Abenteuer ist, der sollte unbedingt den Wasserschaupfad entlang der Umbalfälle in Angriff nehmen.

Eine wunderbare Aussicht bietet sich vom erst kürzlich eingeweihten Europapanoramaweg: Hier gibt es gezählte 61 Dreitausender zu bestaunen. Der fast ebene Wanderweg von der Bergstation der Gold-

Wanderkarten

Freytag & Berndt Wanderkarte; Blätter WK 123 Defereggen- und Virgental; WK 181 Kals, Heiligenblut, Matrei; 1:50000
Freizeitkarte Matrei in Osttirol der Tourismusinformation; 1:50000 (mit Ortsplänen und Zentrumsplan Matrei)

Wissensvermittlung: In der Informationsstelle des Nationalparks Hohe Tauern in Virgen

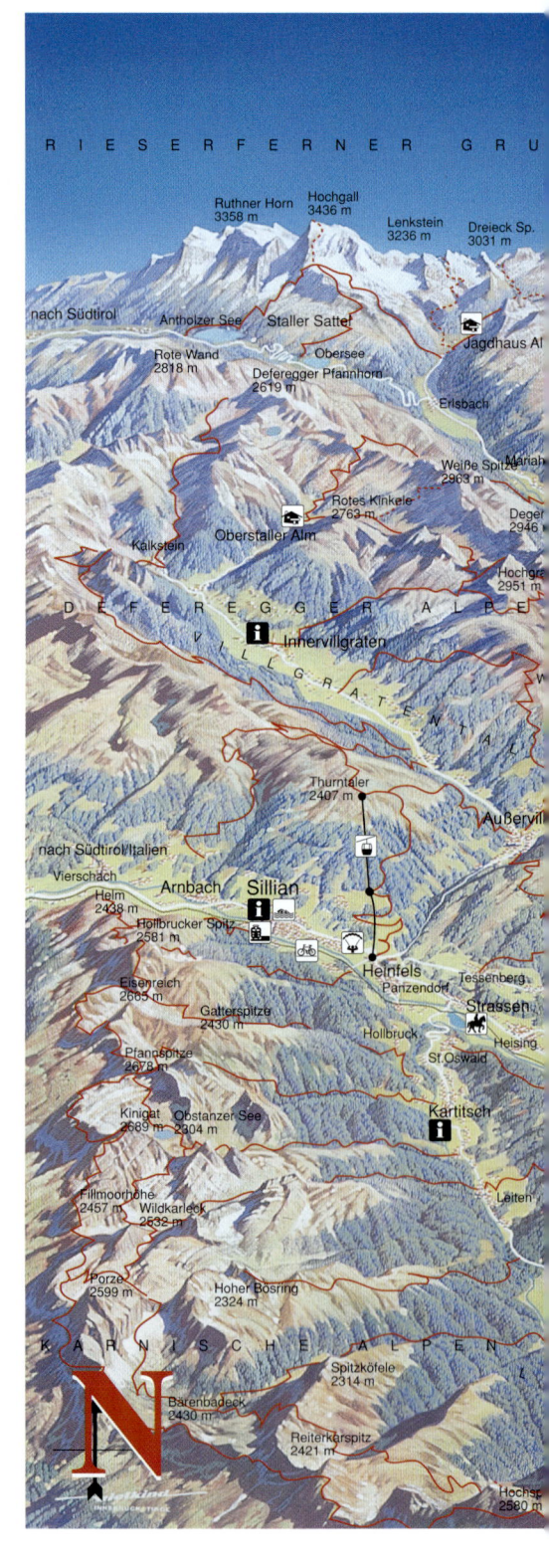

schildert. Von der Oberhausalm, die auf einer Mautstraße von Erlsbach hinter St. Jakob erreichbar ist, führt ein Lehrweg durch den größten Zirbenwald der Ostalpen. Ab dem Scheitelpunkt des Lehrpfads führt eine sehr lohnende Wanderung zur faszinierenden Jagdhausalm, die heute noch Südtiroler Bauern gehört und im Mittelalter zeitweise ständig bewohnt war.

Im Gebiet des Nationalparks Hohe Tauern gibt es zurzeit sieben Wege, zu denen spezielles Informationsmaterial in den Nationalparkhäusern in Matrei und Kals ausliegt. Besucher können hier außerdem in hochwertigen Ausstellungen Wissenswertes über die Landschaft im Nationalpark erfahren. Neben den gedruckten Info-Broschüren werden auch geführte Wanderungen mit Nationalpark-Rangern angeboten.

Und wer ganz hoch hinaus will – auf die vergletscherten Traumberge Großvenediger und Großglockner –, der sollte sich einem der zahlreichen Bergführer in der Region anvertrauen. Neben Touren auf die beiden prominenten Gipfel organisieren diese auch Abenteuercamps für Kinder und Mondscheingipfeltouren, darüber hinaus Tandem-Paragliding, Rafting, Canyoning und Mountainbike-Ausflüge.

Hotelempfehlungen

Kals am Großglockner S. 683
Matrei in Osttirol S. 689
Prägraten a. Gr. S. 698
St. Jakob i. D. S. 706

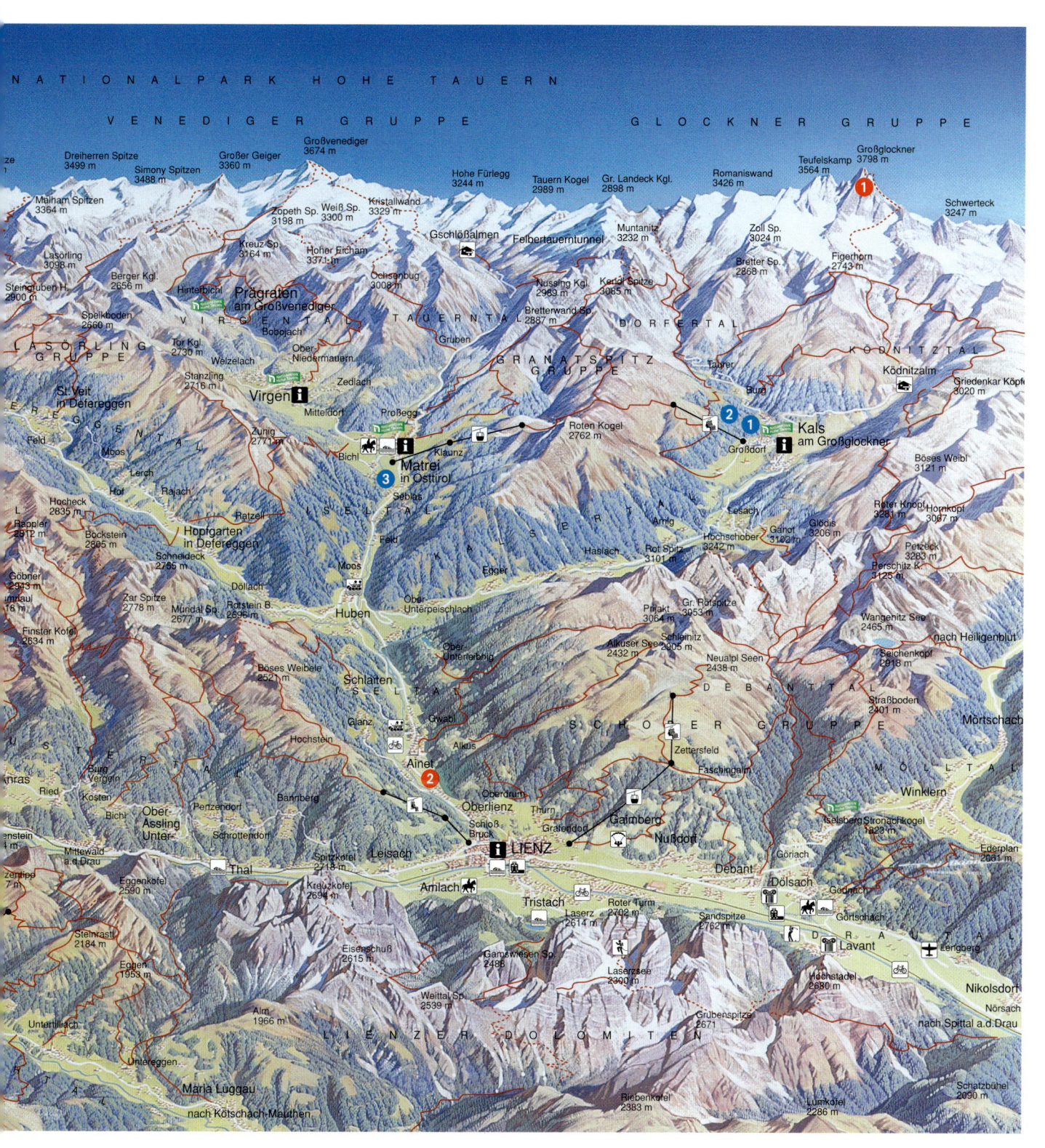

Straßenatlas Siehe S. 780

LIENZER DOLOMITEN
OSTTIROL

ACTION & SPORT

WANDERN & BERGTOUREN

FUN & FAMILY

WELLNESS & GENUSS

Hütten

Hochschoberhütte (2322 m)
Ein freundlicher Hüttenwirt, schmackhafte Hausmannskost und drei wunderschöne Bergseen in unmittelbarer Nähe – die Hochschoberhütte des ÖAV ist der angenehmste Ausgangspunkt für die Erkundung der westlichen Schobergruppe. Anstieg zu Fuß durch das Leibnitztal, ab Parkplatz Leibnitzbachbrücke (1640 m); Zeit: ca. 2 Std.; Tel. 06 64/9 15 77 22

Karlsbader Hütte (2260 m)
Von diesem zentralen DAV-Stützpunkt in den Lienzer Dolomiten hat man einen wunderbaren Blick über das Iseltal. Hier beginnt z. B. der Große Törlweg. Zustieg ab Lienzer Dolomitenhütte (Mautstraße, Parkplatz); Zeit: ca. 2 Std.; Tel. 06 64/9 75 99 98

Kalser Hütte (1790 m)
Die Hütte betreibt eine eigene Sennerei, in der Butter und Käse hergestellt wird. Dazu gehört auch ein uriges Hüttenmuseum. Anstieg zu Fuß ca. 3 Std.; Auffahrt zur Hütte möglich, Schlüssel für Schranke unter Tel. 0 47 10/26 44; Hütte: Tel. 06 64/9 75 03 99

ADAC der perfekte Urlaubstag

- **9 Uhr:** Fahrt mit den Bergbahnen von Lienz aufs Steinermandl ❶
- ❷, leichte Wanderung zu den Neualplseen
- **11 Uhr:** gemütliche Rast mit Picknick und (Sonnen-)Bad
- **13 Uhr:** Wanderung zurück aufs Steinermandl, mit den Bergbahnen hinab nach Lienz
- **15.30 Uhr:** Besuch des Museums auf Schloss Bruck
- **18 Uhr:** Spaziergang durch die malerische Altstadt von Lienz, viele Einkehrmöglichkeiten

Mittendrin statt abgeschieden

Die Region Osttirol liegt abgekoppelt vom Rest des Bundeslandes Tirol zwischen Kärnten, Salzburg und Südtirol. Dabei fristet seine Bezirkshauptstadt Lienz keineswegs ein abgeschiedenes Dasein, vielmehr läuft an diesem Ort vieles zusammen: die Flüsse, die Gebirgszüge, und es gibt unzählige Möglichkeiten, Urlaub aktiv zu gestalten. Das Klima der Region ist vom milden, südlichen Einfluss geprägt und bietet somit optimale Voraussetzungen für die vielen Outdoor-Aktivitäten.

Aus allen Richtungen scheinen die Höhenrücken auf Lienz zuzulaufen: die Schobergruppe aus dem Norden, westlich liegen die Deferegger Alpen, im Süden türmen sich die wild zerklüfteten Kalkfelsen der Lienzer Dolomiten und gen Osten stößt man alsbald auf die Kreuzeckgruppe. Dazwischen schlängeln sich Isel und Drau bis zu ihrem Zusammenfluss bei Lienz durch die Täler. Etwas weiter westlich, im Villgratental, erinnert der Dialekt der Einwohner schon stark an die Aussprache der Südtiroler.

Wenn man von Lienz aus nach Norden schaut, wird einem der Weitblick von einem wuchtigen Bergklotz verstellt, der Schleinitz. Sie ist das Tor zur idyllischen Bergwelt der südlichen Schobergruppe. Wer hinauf will, nimmt am besten zunächst die Bergbahn oder fährt über die Mautstraße von Lienz aus auf das Zettersfeld. Auch die nächste Etappe bewältigt man kräfteschonend mit dem Sessellift, und schon steht man auf dem Steinermandl. Fast 1500 Höhenmeter Aufstieg kann man sich auf diese Weise sparen. Dadurch gewinnt man Zeit für einen tollen Abstecher an einem warmen Sommertag: Bei einer Wanderung zu den Neualplseen sollte niemand versäumen, sich am Seeufer nach einem gemütlichen Picknick zum Sonnenbad auszustrecken, denn trotz der Höhenlage herrscht dort oft ein angenehm mildes Klima. Danach lockt natürlich der nahe Gipfel der Schleinitz. Die Tour dort hinauf über unzählige Steinblöcke hinweg

Panoramablick vom Zettersfeld aus auf Lienz und die Felsbastion des Spitzkofel (Lienzer Dolomiten)

Fun & Family ✹✹✹✹

Streichelzoo auf dem Schlossberg bei Lienz	Kinderwelt mit Abenteuerspielplatz, Streichelzoo, Aussichtsturm. Mit Hochstein-Sessellift ❸ oder zu Fuß über Wanderweg von Lienz zur Mittelstation am Taxermoos (1017 m); Tel. 0 48 52/6 38 37; www.moosalm.info
Rafting auf der Isel	Einsteiger- und Familientour, von Ainet nach Lienz; Osttirol Adventures; Tel. 06 64/3 56 04 50; www.osttirol-adventures.at
Wildpark Assling	Mehr als 100 Tiere, 30 verschiedene Arten von Adler bis Wildschwein; Tel. 0 48 55/2 04 74; www.wildpark-assling.at

TOP TIPP Ein Erlebnis der ganz besonderen Art ist das **Lamatrekking** ❶. Die individuell abgestimmten Touren mit geprüftem Bergwanderführer erschließen einsame Winkel der Umgebung, je nach Wunsch von 2 Std. bis zu einer Woche. Die Lamas tragen das Gepäck und auch gelegentlich ein Kind. Wenn sie nicht mit einer Wandergruppe unterwegs sind, werden die friedlichen Tiere auch als Lasttiere zur Hüttenbelieferung eingesetzt; Tel. 06 64/4 31 27 29 bzw. 0 48 52/6 80 87

Die idyllischen Neualplseen oberhalb von Lienz sind bequem zu erreichen.

macht Freude, oben begeistert ein traumhaftes Panorama: Vom slowenischen Triglav im Süden bis zum Ortler im Norden reiht sich Gipfel an Gipfel. Wer allerdings weiter in die Schobergruppe vordringen will, muss sich gut vorbereiten. Diese abgelegene, fast weglose Region ist nur etwas für erfahrene Bergwanderer mit gutem Orientierungssinn. Für diese ist es allerdings ein unvergleichliches Erlebnis, auf einsamen Pfaden am Barrenlesee vorbei hinauf zum Hohen Prijakt zu steigen.

Liebliche Deferegger Alpen

Unmittelbar auf der anderen Seite des Iseltals fällt der Blick auf die sanfteren Deferegger Alpen mit dem von Lienz aus erreichbaren Hochstein und dem Bösen Weibele. Die Sessellifte am Hochstein helfen beim Aufstieg, als Alternative zur Bahn bietet sich eine Mautstraße an, die bis fast vor die

Archäologischer Park Aguntum
Die einzige ausgegrabene römische Stadt Tirols ist im Archäologischen Park Aguntum zu bewundern. Die Stadt erfüllte damals aufgrund der verkehrsgeografisch günstigen Lage eine wichtige Funktion. Besonders eindrucksvoll ist der Überblick über die gesamte Anlage vom Aussichtsturm aus. Ganz in der Nähe befinden sich die Ausgrabungen von **Lavant** mit Ruinen einer

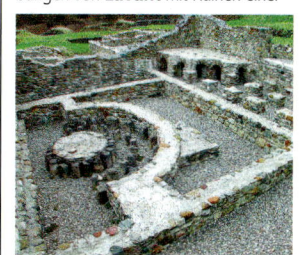

spätantiken Siedlung, einer frühchristlichen Kirche und mittelalterlichen Türmen; Tel. 0 48 52/6 15 50; www.aguntum.info

Wandern & Bergtouren ✹✹✹✹

TOP TIPP Der **»Große Törlweg«** ❷, früher auch als »Dreitörlweg« bekannt, ist die Paradetour in den Lienzer Dolomiten. Er führt in zwei Tagen von der Lienzer Dolomitenhütte (1620 m, über eine Mautstraße erreichbar) zur Karlsbader Hütte (2260 m, Übernachtung) und über Laserztörl (2497 m), Kühleitentörl (2283 m), Baumgartentörl (2330 m) und das unauffällige Leitentörl (2361 m) zum Hochstadelhaus (1780 m, von hier zu Fuß oder mit dem Hüttenbus zurück ins Tal). Beeindruckend ist vor allem die schroffe Hochgebirgslandschaft. Inzwischen sind einige Weg-Varianten hinzugekommen, und so lässt sich die Tour auch auf fünf Tage und noch einige weitere »Törl« ausdehnen. Über die Möglichkeiten informiert eine Broschüre des Tourismusverbandes Lienzer Dolomiten; Tel. 0 48 52/6 52 65

Neualplseen (2433 m) Gemütliche, leichte Wanderung zu idyllischen Bergseen	Ausgangspunkt: Lienz/Bergstation Steinermandl (2213 m) ❶ ❷; Neualplseen (2433 m) – schönes Seeufer zum Picknicken und Sonnenbaden – wer noch Reserven hat und trittsicher ist, sollte auf den Gipfel der Schleinitz (2905m) steigen (ca. 2,5 Std. zusätzlich); Abstieg wie Aufstieg; Zeit: ca. 3 Std.; Einkehr: Bergstation Steinermandl
Böses Weibele (2521 m) Lohnende, mittelschwere Aussichtswanderung	Ausgangspunkt: über Mautstraße von Lienz zur Hochsteinhütte (2023 m) – Hochstein (2057 m) – Böses Weibele (2521 m) – Abstieg vom Gipfel südwestlich – Moar-Kasern (1943 m) – über den Pustertaler Almweg zur Gamperle-Hütte (2042 m) – Bannberger Alm; Zeit: ca. 5 Std.; Hochsteinhütte, Gamperle-Hütte
Hochgrabe (2951 m) Lange Tour durch ein wildromantisches Tal auf einen großen Aussichtsberg	Ausgangspunkt: mit dem Auto von Außervillgraten durch das Winkeltal zur Volkzeiner Hütte (1886 m); an der linken Talseite Beginn des gut markierten Weges – Wilde Platte (2512 m) – Hochgrabe (2951 m); Abstieg wie Aufstieg; mittelschwere Wanderung; Zeit: ca. 7 Std.; Einkehr: Volkzeiner Hütte

EVENTS

September: Der Red-Bull-Dolomitenmann ist ein Wettkampf für Extremisten und gilt als das Event des Jahres in Lienz. Die Teammitglieder wechseln sich in den Disziplinen Berglauf (1700 Höhenmeter), Paragliding, Kajak und Mountainbike (mit halsbrecherischem Downhill) ab. Den Gewinnern winken hohe Preisgelder und viel Ruhm. Die ersten Ränge sind dabei allerdings den Profi-Teams vorbehalten. Ob als aktiver Teilnehmer oder Zuschauer, der Dolomitenmann ist immer ein spannendes Ereignis; www.dolomitenmann.com

LIENZER DOLOMITEN

Action & Sport

Mountainbike	Klettersteige	Rafting	Canyoning	Reiten
Paragliding	Drachenfliegen	Klettergärten	Tennis	Windsurfen
Kajak/Kanu	Wasserski	Tauchen	Hochseilgarten	Golf

TOP TIPP Die gemütliche Radwanderung vom Südtiroler Innichen ins Osttiroler Lienz auf dem **Drauradweg ❸** ist die absolute Kulttour in der Region. An der 39 km langen, durchweg asphaltierten Route entlang der Drau sind Servicestellen, Raststationen und Grillplätze eingerichtet. Einplanen sollte man einen kurzen Abstecher für den Wasserschaupfad Galitzenklamm (4 km vor Lienz). Ausgangspunkt: Bahnhof Innichen; Radverleih in Innichen, in Lienz können die Fahrräder zurückgegeben werden. Der Tourismusverband Lienzer Dolomiten bietet Bahnfahrt, Radtransport sowie Eintritt in die Galitzenklamm oder eine andere Sehenswürdigkeit als Paket an; Tel. 0 48 52/6 52 65; www.lienz-tourismus.at

Mountainbike	Debanttal, Lienz	Ausgangspunkt: Lienz (673 m); Debanttal – Lienzerhütte (1977 m) – Faschingalm (1662 m) – Lienz; sehr gute Kondition ist erforderlich, teilweise asphaltiert; Höhendifferenz: ca. 1400 m; Länge: 45 km; Zeit: ca. 5 Std.; Einkehr: Lienzerhütte, Faschingalm
Rafting, Kajak, Canyoning	Isel, Dolomitenbäche etc.	Wildwasser für Einsteiger und Fortgeschrittene, auch Kajak- und Kanuverleih; Osttirol Adventures; Tel. 06 64/3 56 04 50; www.osttirol-adventures.at
Paragliding »Frühstücksfliegen«	Flugschule, Lienz	Frühstück bei Sonnenaufgang auf der Terrasse der Hochstein-Hütte (2023 m), danach mit dem Gleitschirm ins Tal; Flugschule Bruno Girstmair; Tel. 06 76/4 77 57 83; www.girstmair.com; der Startplatz ist 5 Min. von der Hütte entfernt. Zufahrt von Mautstraße/Taxi. Landeplatz: Lienz/Postleite (673 m)

Hütten

Hochstein-Hütte (2023 m)
An schönen Tagen genießt man von der Hochstein-Hütte ein herrliches Panorama bis zu Großvenediger und Drei Zinnen. Idealer Ausgangspunkt für Touren in die Deferegger Alpen. Die Küche bereitet Tiroler Spezialitäten; Zufahrt über Mautstraße von Lienz aus; Tel. 06 64/3 45 49 60

Lienzer Hütte (1977 m)
Die ÖAV-Hütte am Ende des Debanttals ist der perfekte Ausgangspunkt für viele Touren in der östlichen Schobergruppe. Die Zufahrt ist auch eine lohnenswerte Mountainbike-Tour. Zu Fuß vom Parkplatz bei Seichenbrunn (1686 m) über die Fahrstraße (ca. 1 Std.) zu erreichen; schöner ist jedoch der »Lehrweg« (ca. 1,5 Std.); Tel. 0 48 52/6 99 66

Volkzeiner Hütte (1886 m)
Hervorragender Ausgangspunkt für den Paradeberg von Außervillgraten, die Hochgrabe (2951 m). Am Talschluss des abgelegenen Winkeltals gelegen. Anfahrt mit dem Auto bis zur Hütte möglich; Tel. 0 48 43/2 00 31; www.wanderhuette.at

Hotelempfehlungen

Anras im Hochpustertal S. 666
Lienz S. 688
Sillian S. 704

Wanderkarten

Freytag & Berndt WK 182, Lienzer Dolomiten, Lesachtal; 1:50000
Freytag & Berndt WK 181, Kals, Heiligenblut, Matrei; 1:50000

Die Riepenspitze im sonnigen Hochpustertal

Hochstein-Hütte führt. Dahinter wölbt sich das Böse Weibele als sanfte Kuppe in den Himmel. Gut trainierte und trittsichere Wanderer beginnen hier ihre Tour über den Bergkamm zwischen Hochstein und Rotsteinberg.

Im Süden von Lienz ändert sich das Landschaftsbild erneut, es wird wieder wilder. Im Gegensatz zum harten Urgestein der Schobergruppe bestehen die Felszacken hier aus hellem Kalkstein. Auf der ersten Terrasse über Lienz liegt der Tristacher See vor einer schroffen Felswand. Eine Stufe darüber thront die Lienzer Dolomitenhütte über dem Abgrund. Weiter führt der Weg zur Karlsbader Hütte in das touristische Zentrum der Lienzer Dolomiten, und so wandert man auf dieser leichten Tour selten allein. Doch auch hier gibt es einsamere Pfade wie z. B. den Großen Törlweg, der je nach Routenwahl in zwei bis fünf Tagen quer durch die Lienzer Dolomiten führt.

Stille Seitentäler

Wer lieber in gemäßigteren Gefilden unterwegs ist, dem sei eine Fahrt mit Rad oder Auto auf die Sonnenterrassen und Almen des Hochpustertals empfohlen. Sie werden durch die Pustertaler Höhenstraße verbunden, auf der auch schon der Tross des Giro d'Italia unterwegs war. Verfolgt man das enge Drautal weiter, gelangt man nach Sillian, das vom Schloss Heinfels überragt wird. Hier zweigt das Villgratental nach Norden ab. Gemeinsam mit seinem Seitenarm, dem Winkeltal, bildet es den Zugang zum westlichen Teil der Deferegger Berge. In dieser Gegend ist deutlich weniger los als um Lienz und man muss sich die prächtigen Aussichtsgipfel der Umgegend schon eigenständig ohne Aufstiegshilfen erwandern. Eine der wenigen Ausnahmen ist die natürliche Aussichtsplattform des Thurnthaler, die durch eine Fahrstraße von Außervillgraten sowie eine Kleinkabinenbahn von Sillian aus erschlossen ist. Die kurze Wanderung (ca. 1 Std.) zum höchsten Punkt sollte man allerdings noch auf sich nehmen, denn die Sicht auf die nahen Felsriffe der Sextener Dolomiten und die Karnischen Alpen ist einzigartig. Sillian bildet zusammen mit Kartitsch im Gailtal auch den Ausgangspunkt für Unternehmungen auf dem Karnischen Hauptkamm und in den westlichen Lienzer Dolomiten. Der Karnische und der Gailtaler Höhenweg sind als traumhafte Weitwanderwege bekannt.

Dass in der Region Lienz vieles zusammenläuft, ist jedoch nicht erst seit dem Tourismus-Boom

Adressen & Bergbahnen — Landesvorwahl 00 43

Urlaubsregion	Tourismusverband **Lienzer Dolomiten**; Tel. 0 48 52/6 52 65; E-Mail: tvblienz@aon.at; www.lienz-tourismus.at
	Tourismusverband **Hochpustertal**; Tel. 0 48 42/66 66; E-Mail: info@hochpustertal.com; www.hochpustertal.com
Orte	**Außervillgraten • Innervillgraten • Kartitsch • Sillian** www.hochpustertal.com • **Lienz** www.lienz-tourismus.at
Entfernungen	Hamburg 997 km; Berlin 808 km; Köln 798 km; Frankfurt a. M. 614 km; Stuttgart 455 km; München 221 km

① Lienz Zettersfeld — Berg/Tal 9 €
② Lienz Zettersfeld Steinermandl — Berg/Tal 7 € (Kombi-Karte Lienz–Steinermandl 13 €)
③ Lienz Hochsteinlift — Berg/Tal 9 €
④ Sillian Thurntaler — Berg/Tal 12 €

Siehe auch Preisteil S. 639

Thurntaler (2407 m)
Sein Gipfel bietet einen grandiosen Blick in die Sextener Dolomiten und auf den Karnischen Hauptkamm. Man fährt mit der Seilbahn ④ von Sillian und wandert von der Bergstation (2089 m) gemütlich über den flachen Gratrücken zum Gipfel. Einkehr: Restaurant Gadein; Zeit: ca. 1 Std. Als Alternative nimmt man die Fahrstraße von Außervillgraten zur Thurnthaler Rast (1978 m) unter die Räder und geht von dort auf den Gipfel.
Zeit: ca. 1,5 Std.; Einkehr: Almgasthof Thurnthaler Rast

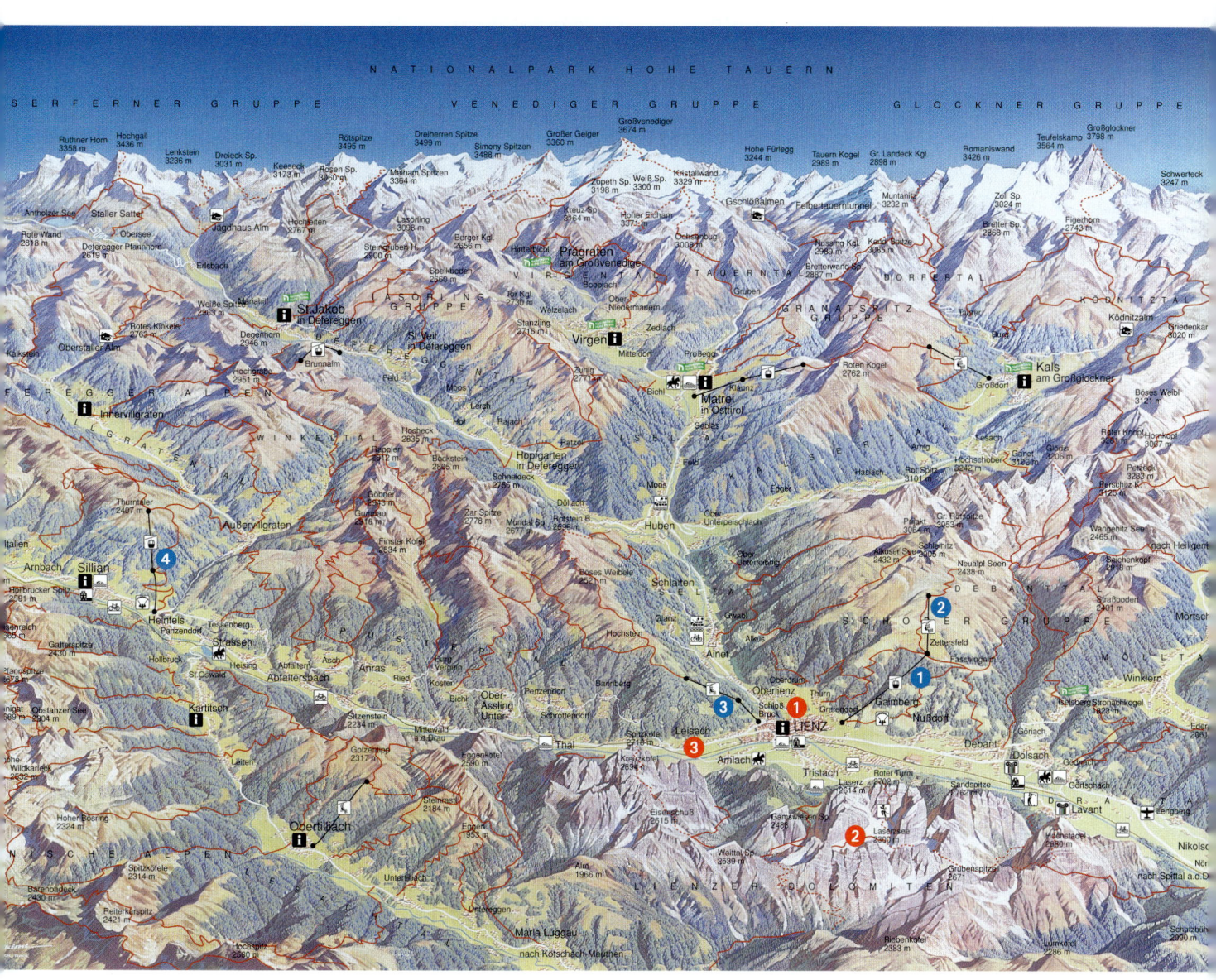

Straßenatlas Siehe S. 780

bekannt. Schon weit früher wurde erkannt, wie verkehrsgünstig dieser Flecken liegt. Von den Kelten über die Römer und die Alpenslawen bis hin zu den Bajuwaren spannt sich der Bogen der frühen Besiedler, die ihre Spuren hinterlassen haben: Von der Römerstadt Aguntum sind noch Reste zu sehen, und auf einem Hügel in Lavant wurden Spuren römischer, frühchristlicher und mittelalterlicher Siedlungen entdeckt. Das Heimatmuseum im Schloss Bruck in Lienz stellt neben Funden aus Aguntum auch die Gemälde von Franz von Defregger (1835–1921) sowie Werke des von ihm beeinflussten Osttiroler Malers Albin Egger-Lienz (1868–1926) aus, der das Leben der Bauern jenseits verklärender Romantik auf Leinwand bannte. Ein Kulturwanderweg in Lienz lädt ein, mehr über ihn zu erfahren. Die Stadt ist somit auch kulturell ein Brennpunkt.

Statt der vermeintlichen Abgeschiedenheit ist man in Lienz eben mittendrin und hat die Wahl zwischen traumhaften Wandertouren, interessanten Mountainbike-Strecken, familienfreundlichen Unternehmungen und anspruchsvollen Wildwasserabenteuern.

LOFER
SALZBURGER LAND

ACTION & SPORT ✹✹
WANDERN & BERGTOUREN ✹✹✹
FUN & FAMILY ✹✹
WELLNESS & GENUSS ✹✹

Restaurants

Knappenstadl
Das rustikale Restaurant in Lofer-Scheffsnoth mit Panoramablick auf die Loferer Steinberge und ins Saalachtal ist bekannt für köstliche Wildgerichte und deftige Knödelspeisen. Beim Restaurant beginnen schöne Wanderwege auf die Jochingalm, die Scheffsnother Alm oder auf das Große Hundshorn (1703 m); Tel. 0 65 88/84 49

Hütten

Schmidt-Zabierow-Hütte (1966 m)
Die einzige bewirtschaftete Schutzhütte der Loferer Steinberge thront herrlich auf einem Felsabsatz hoch über Lofer. Idealer Ausgangspunkt für Touren auf das Große Ochsenhorn (2511 m), das Große Hinterhorn (2506 m) und den mittelschweren Klettersteig über den Nackten Hund; Kletterrouten (3–6) in Hüttennähe. Leichter Zustieg von Lofer in ca. 3 Std.; Tel. 0 65 88/72 84

ADAC – der perfekte Urlaubstag

■ **9.30 Uhr:** Besichtigung der eindrucksvollen Lamprechtshöhle bei Weißbach
■ **12 Uhr:** Entspannen im Naturbadegebiet Vorderkaser, evtl. Besichtigung der Vorderkaserklamm
■ **16 Uhr:** Fahrt nach Lofer, Stadtbummel mit Besuch der Confiserie Berger und Verkostung der selbstgemachten Schokoladen
■ **17 Uhr:** Fahrt über die Mautstraße auf die Loferer Alm. Kurzer Sonnenuntergangs-Spaziergang, Almjause in einer der bewirtschafteten Almen, z. B. der Postalm

Loferer Steinberge und das Kirchlein von Au

Kostbare Naturgewalten im Saalachtal

Wenn auch der sagenhafte Schatz, den die Tochter eines Ritters im Salzburger Saalachtal versteckt haben soll, unauffindbar bleibt – rund um Lofer gibt es viel Wertvolles zu entdecken: malerische Dörfer, idyllische Almen, wilde Klammen, schäumende Gebirgsflüsse, eine geheimnisvolle Höhle und nicht zuletzt die Gipfel der Loferer und Leoganger Steinberge mit ihren abwechslungsreichen Touren.

Krasse Gegensätze prägen die Landschaft: hier der liebliche Talboden mit idyllischen Orten wie Weißbach, St. Martin, Lofer und Unken; dort elf zum Teil messerscharf in den Fels geschnittene Klammen. Hier sattgrüne, mit einem Blütenteppich überzogene Almböden; dort karge, jäh in den Himmel ragende Kalkzinnen. Eine Vielfalt, die Bergfreunde ebenso begeistert wie Wassersportler – egal, ob sie sich mit Kajak, Kanu, Schlauchboot oder per Canyoning in die Fluten wagen.

Die Auswahl ist groß, doch die drei »Saalachtaler Naturgewalten« bei Weißbach genießen einen besonderen Stellenwert: Türkis schimmert das Wasser der Vorderkaserklamm, das sich auf 400 m Länge einen schmalen Weg in die Felswände geschliffen hat, die zum Teil 80 m in die Höhe ragen. Oben ist die Klamm nur etwa 6 m breit, unten rücken die Wände bis auf einen 50 cm schmalen Spalt zusammen. Genauso spektakulär ist die 600 m lange Seisenbergklamm mit ihren Auswaschungen und Steingebilden.

Etwa 40 km weit ziehen sich die Gänge der Lamprechtshöhle durch die Leoganger Steinberge in Richtung Birnhorn, 700 m davon sind für Besucher zugänglich. Eine Woche lang wateten Forscher bei der Erkundung durch Bäche, kamen an Wasserfällen vorbei und fanden 146 menschliche Skelette: Die Überreste der Schatzsucher, die sich im 17. Jh. tief unter die Erde wagten, um Gold und Edelsteine zu finden. Die Tochter des Ritters Lamprecht soll sie in der Höhle versteckt haben. Gehaust hat der Ritter in der Burg Saaleck bei Weißbach, von der heute nur noch Mauerreste übrig sind.

Ein Glück, dass die Orte vom Durchgangsverkehr weitgehend verschont bleiben und ihre Idylle bewahren konnten. Ein Dorf wie aus dem Bilderbuch ist Unken, umgeben von herrlichen Bergwäldern. Eine leichte Wanderung führt vom Dorf aus hinauf zur gut erhaltenen Festung Kniepass. Auch die eindrucksvolle Befestigungsanlage Pass Strub bei Lofer empfiehlt sich für einen Abstecher auf den Spuren der Vergangenheit. Lofer mit seinen bemalten Häusern und dem kleinen Marktplatz bildet zur wehrhaften Burg einen malerischen Kontrast. Umrahmt von den mächtigen Wänden der Loferer und Leoganger Steinberge liegen die Bauernhöfe von St. Martin auf sattgrünen Wiesen. Ein Pil-

Adressen & Bergbahnen
Landesvorwahl 00 43

Urlaubsregion	Tourismusverband **Salzburger Saalachtal**; Tel. 0 65 88/8 32 10; E-Mail: tourists-office@lofer.net; www.salzburger-saalachtal.com
Orte	**Lofer · St. Martin · Unken · Weißbach** Internet siehe Urlaubsregion
Entfernungen	Hamburg 919 km; Berlin 730 km; Köln 721 km; Frankfurt a. M. 537 km; Stuttgart 377 km; München 144 km

❶ Lofer
Loferer Alm–Mittelstation (Loderbichl)
Berg/Tal 7,10 €

Siehe auch Preisteil S. 639

Wandern & Bergtouren

TOP TIPP

Bis zu 50 m tief hat sich das Wasser der **Seisenbergklamm** ❶ in den Kalkfels gefressen und dabei beeindruckende Formen in den Fels geschliffen. An der engsten Stelle rücken die Wände bis auf 50 cm zusammen. Vor allem im hinteren Bereich, der »Dunkelklamm«, stoßen die Felswände fast zusammen, bevor ein Wasserfall das Ende der Schlucht ankündigt. Der gut ausgebaute Steig führt über einen 400 m langen, direkt an der glatten Felswand befestigten Steg, unter dem das Wasser tost. Von Weißbach (665 m) aus in wenigen Minuten zum Eingang der Klamm; über den Steig bis Gasthof Lohfeyer (868 m). Über die Gföllwiesenalm zurück nach Weißbach; Zeit: ca. 2,5 Std.; Einkehr: Lohfeyer, Weißbach; www.naturgewalten.at

Großes Ochsenhorn (2511 m) Anspruchsvolle Bergtour auf den höchsten Gipfel der Loferer Steinberge	Ausgangspunkt: Parkplatz Loferer Hochtal (775 m); Schmidt-Zabierow-Hütte (1966 m, Übernachtung); Ochsendaumen (2410 m) – im festen Fels den guten Markierungen folgen bis zum Gipfel; Abstieg wie Aufstieg; absolute Trittsicherheit und Schwindelfreiheit nötig, nur für Geübte; Zeit: ca. 3 Std. bis Hütte, von dort ca. 2,5 Std. zum Gipfel, insgesamt hin und zurück 9 Std.; Einkehr: Schmidt-Zabierow-Hütte
Grubhörndl (1747 m) Aussichtsreiche Genusstour für Geübte	Ausgangspunkt: Bergbahn Loferer Alm Loderbichl (1002 m) ❶ oder auf Mautstraße bis Parkplatz; Post Alm (1205 m) – Bräugföll Alm – steil hinauf zur Lachfeldschneid – weiter zum Gipfel (mit Panoramatafel, auf der alle umliegenden Berge bezeichnet sind); Abstieg zur Lachfeldschneid – westlich weiter über die Loferer Alm zurück zur Bergbahn; mittelschwere Wanderung, Trittsicherheit erforderlich; Zeit: ca. 5 Std.; Einkehr: mehrere bewirtschaftete Almen
Durch die **Vorderkaserklamm** zur **Hochkaseralm** (1505 m) Eindrucksvolle Wanderung zwischen Loferer und Leoganger Steinbergen	Ausgangspunkt: Parkplatz Vorderkaserklamm (720 m) bei Weißbach; durch Naturbad Vorderkaser zum Eingang der Klamm – über 51 Stege und fast 400 Treppenstufen durch die wilde, schmale Klamm – Roßruckklamm – Hochkaseralm mit herrlicher Alpenflora und schöner Aussicht; Abstieg wie Aufstieg; leichte Wanderung; nach der Tour Erholung im Naturbad Vorderkaser zwischen Klamm und Parkplatz; Zeit: ca. 5 Std.; Einkehr: Vorderkaser
Wallfahrtskirche Maria Kirchenthal (880 m) Auf den Spuren der Pilger	Ausgangspunkt: St. Martin (643 m); Pilgersteig zur Kirche – Wechsel (1048 m) – Salzburger Steig zum Gumpinger Moor – Gumping, Saalach überqueren – Strohwolln (herrliche alte Bauernhöfe) – St. Martin; leichte Wanderung; Zeit: ca. 3 Std.; Einkehr: Kirchenthal, St. Martin

gersteig führt hinauf zum »Pinzgauer Dom«, wie die Wallfahrtskirche Maria Kirchental genannt wird. Oberhalb der Kirche locken die Gipfel: Klassiker sind Großes Ochsenhorn und Hinterhorn, idealer Stützpunkt ist die Schmidt-Zabierow-Hütte. Wem diese Berge zu schroff sind, der findet auf der Loferer Alm traumhafte Alternativen. Hinauf geht es von Lofer aus mit der Bergbahn bis zum Loderbichl auf 1002 m oder über die Mautstraße bis auf 1425 m. Durch die mit aromatischen Kräutern übersäten Weiden führen leichte Rundwege, in den Almen wird bester Käse angeboten. Von fast jeder Stelle aus ist die Sicht fantastisch: auf den Wilden Kaiser, die schroffen Loferer Steinberge und natürlich hinab ins Salzburger Saalachtal mit seinen unzähligen Kostbarkeiten.

Wildwassersport

Canyoning und Rafting, Kanu und Kajak: Die Saalach bei Lofer sowie die zum Teil wilden Zuflüsse aus den Seitentälern sind ideale Reviere für abenteuerlustige Wassersportler. Geführte Touren aller Schwierigkeitsgrade, auch für Kinder und Familien, beim Motion-Center in Lofer; Tel. 0 65 88/83 21; www.motion.co.at. Ein besonderer Leckerbissen für Kajakfahrer ist die Weltmeisterschaftsstrecke durch die Teufelsschlucht. Informationen beim Kanu-Club Wildshut in Unken; Tel. 0 62 77/65 38, www.kcw.at oder beim Kanuverein in St. Martin, www.lofer-rodeo.com

Hotelempfehlungen

Lofer S. 688

Wanderkarten

Freytag & Berndt WK101 Lofer, Leogang, Steinberge, 1:50000

Straßenatlas Siehe S. 766

HOCHKÖNIG
SALZBURGER LAND

- ACTION & SPORT
- WANDERN & BERGTOUREN
- FUN & FAMILY
- WELLNESS & GENUSS

Vor der mächtigen Kulisse des Hochkönig genießt das Bergdorf Dienten viele Sonnentage.

Wunschlos glücklich zwischen Felsriegeln und Sonnenterrassen

Wie eine grüne Welle schieben sich die Dientner Berge zwischen die Salzach im Süden und das mächtige Kalkmassiv des Hochkönigs im Norden. Idyllische Orte mit langer Geschichte und gutem Sportangebot schmiegen sich auf sonnige Plateaus, steile Kletterwände ragen in den Himmel. Dazwischen machen blühende Bergwiesen und herrliche Almen Genusswanderer und Mountainbiker wunschlos glücklich.

Der höchste Gipfel der Berchtesgadener Alpen zeigt sich mit fast 3000 m Höhe als mächtiges Bollwerk mit einer kilometerlangen senkrechten Wandflucht im Süden – ein Paradies für Kletterer und Klettersteiggeher. Mit dem »Königsjodler« führt einer der längsten und schwierigsten Klettersteige Österreichs über nicht weniger als acht zerfurchte Kalktürme von der Erichhütte zum Gipfel des Hochkönig.

Auf der Nordseite zeigt sich ein völlig anderes Bild: eine Karstfläche, die im obersten Bereich vom sanft gewellten Gletscherfeld der Übergossenen Alm bedeckt wird. Der Sage nach lebten hier einst übermütige Sennerinnen, die in Milch badeten, den Weg mit Käseleibern pflasterten und sich, statt zu beten, mit lustigen Jägergesellen vergnügten. Als sie schließlich auch noch einen müden Wanderer mit einem Fußtritt vor die Tür beförderten, war das Maß voll. Die himmlische Strafe brach in Form eines heftigen Schneesturms über sie herein, sodass Sennerinnen und Alm für immer unterm ewigen Eis verschwanden. Und aus diesem Eis ragt seitdem nur noch die sanfte, runde Gipfelkuppe des Hochkönigs heraus, die gekrönt wird vom Matrashaus, einem wichtigen Stützpunkt für müde Gipfelstürmer.

Eine Etage tiefer, unterhalb der Kalkwände, eröffnet sich ein fantastisches, blühendes Almgebiet. Leichte Genusswanderungen führen zu den meist bestens bewirtschafteten Almen. Ein idealer Ein-

ADAC – der perfekte Urlaubstag

- **9 Uhr:** Wanderung vom Dientner Sattel am Fuße der Südwand des Hochkönigs entlang zum Arthurhaus
- **11 Uhr:** ausgiebige Rast mit Brotzeit im Arthurhaus, mit dem Wanderbus zurück zum Dientner Sattel
- **13 Uhr:** Fahrt über Dienten (kurze Dorfbesichtigung) und das Salzachtal auf die Pongauer Sonnenterasse nach Goldegg
- **15 Uhr:** Besuch des Pongauer Heimatmuseums im Schloss Goldegg
- **17 Uhr:** erfrischendes Bad und Sonnenuntergang genießen am Goldegger Moorsee

Berühmt sind die Dörfer am Hochkönig auch für ihren Blumenschmuck.

stieg in die Region ist das Arthurhaus, zu dem man von Mühlbach aus über die Mandlwandstraße fährt. Eine leichte 30-minütige Wanderung führt zur Mitterfeldalm, wo sich die Geister endgültig scheiden: Konditionsstarke, trittsichere Bergwanderer steigen weiter zum Gipfel des Hochkönigs, Kletterer fassen die Routen der Mandlwände und der Torsäule ins Auge und alle anderen machen es sich auf der sonnigen Terrasse gemütlich.

Herrlich ist auch die Wanderung vom Arthurhaus am Fuße der Südwand entlang bis zum Dientner Sattel. Wer möchte, kann noch weiter bis zum Filzen-Sattel im Südwesten des Hochkönig-Massivs gehen. Von dort aus führt die Straße hinunter ins Urslautal und bis nach Maria Alm. Auf der anderen Talseite ragen bereits die schroffen Gipfel des Steinernen Meeres in die Höhe. Wer nicht so gut zu Fuß ist, kann die einmalige Landschaft auch mit dem Auto oder dem Motorrad kennen lernen: Eine einmalig schöne Straße führt von Bischofshofen aus über Mühlbach, Dienten und Filzen-Sattel bis nach Saalfelden.

Die Mandlwand ist ein Paradies für gute Kletterer.

Malerisches Industriezentrum von einst

Einen ersten Halt ist bereits Mühlbach wert, ein malerisches Bergdorf auf einer weiten, von sonnigen Wiesen umgebenen Hochfläche. 5000 Jahre lang wurde hier Bergbaugeschichte geschrieben, bevor die Förderung des Kupfererzes 1977 endgültig eingestellt wurde. Die Blütezeit war zwischen 2000 und 300 v. Chr., als hier ein prähistorisches »Industriezentrum« florierte. Einblicke in die Geschichte des Bergbaus geben das Bergbaumuseum und der Erlebnisstollen sowie ein Themenwanderweg.

Zwischen den Steilwänden des Hochkönigs im Norden und den sanften, hier nicht ganz bis zur 2000er-Grenze reichenden Graskämmen der Dientner Schieferberge führt die Straße nach Dienten, einem kleinen Dorf mit blumengeschmückten alten Häusern. Erhaben thront die St.-Nikolaus-Kirche über dem Ort. Hier teilt sich die Route: Ein Weg führt hinauf zum Filzen-Sattel und weiter nach Maria Alm. Die andere Straße schlängelt sich zwischen schroffen Felswänden entlang des Dientenbaches ins Salzachtal.

Restaurants

Arthurhaus (1502 m)
Schönes Bergrestaurant in herrlicher Lage unter den Südwänden des Hochkönig. Hervorragende Küche, Streichelzoo und Kinderspielplatz; schöne Sicht auf Hochkönig, Mühlbach und die Dientner Berge. Ausgangspunkt für Touren auf dem Normalweg zum Hochkönig und Wanderungen über die Almen, z. B. zur Erichhütte. Zufahrt über die Mandlwandstraße von Mühlbach aus; Tel. 0 64 67/72 02

Hütten

Matrashaus (2941 m)
Großes Alpenvereinshaus auf dem Gipfel des Hochkönig. Wer fantastische Sonnenauf- und Sonnenuntergänge erleben will, sollte eine Nacht hier verbringen. Durch die relativ freie Lage des Hochkönig eindrucksvoller Rundblick. Leichtester Zustieg vom Arthurhaus (1502 m, am Ende der Mandlwandstraße) über die Mitterfeldalm zum Gipfel; anspruchsvolle Bergwanderung; bei Übernachtung unbedingt vorher reservieren; Zeit: ca. 5 Std.; Tel. 0 64 67/75 66

Mitterfeldalm (1669 m)
Die Nuss-Mohn-Gipfel sind in Kletterkreisen schon legendär. Auch sonst lohnt sich der Weg: Für Familien, weil die Kinder auf der großen Spielwiese mit Hasen, Hunden, Katzen, Pferden und Kühen spannende Stunden erleben; für Kletterer, weil sie an der nahen Mandlwand und der Torsäule alpine Routen in allen Schwierigkeitsgraden finden; für Bergsteiger, weil sie von der Alm aus über den mittelschweren Schafsteig unter den Mandlwänden entlang wandern oder zum Hochkönig aufsteigen können; und für Genießer, weil die Nuss-Mohn-Gipfel längst nicht die einzigen Köstlichkeiten sind, die hier serviert werden. Zustieg über schönen, leichten Almweg in ca. 30 Min. vom Arthurhaus; Tel. 06 64/ 2 52 86 43

Lettenalm (1290 m)
Malerische kleine Alm vor den Felswänden des Hochkönig. Angeboten werden Bio-Produkte der eigenen Landwirtschaft, besonders schmackhaft sind die Bauernkrapfen. Schöne Wanderung auch mit kleineren Kindern. Ausgangspunkt ist der Rupertiparkplatz (1250 m, Zufahrt über die Mandlwandstraße von Mühlbach); Zustieg ca. 15 Min.; keine Übernachtung; Tel. 0 64 67/74 31

Wandern & Bergtouren

TOP TIPP
Ein herrliches und für konditionsstarke, trittsichere Bergwanderer relativ leicht zu erreichendes Ziel ist der **Hochkönig** (2941 m) ❶. Der einfachste Zustieg führt vom Arthurhaus (1502 m, von Mühlbach über die Mandlwandstraße erreichbar) zur Mitterfeldalm (1669 m). Auf steilen, felsigen Bergsteigen (teils gesichert) durch das Ochsenkar. An der Torsäule (2587 m) vorbei zur Schrammbach-Scharte. Über die Firnreste der Übergossenen Alm weiter zur Gipfelkuppe mit dem Matrashaus. Es empfiehlt sich, dort zu übernachten; Abstieg wie Aufstieg; Zeit: Aufstieg ca. 5 Std.; Abstieg ca. 3 Std.; Einkehr: Matrashaus, Mitterfeldalm

Taghaube (2159 m) Panoramakanzel am Fuße des Hochkönigs	Ausgangspunkt: Dientner Sattel (1357 m); Erichhütte (1546 m) – über Westkamm auf Felssteig (Schwierigkeitsgrad 1) zum Gipfel; fantastischer Blick in die Südwand des Hochkönig; Trittsicherheit und Schwindelfreiheit im Gipfelbereich erforderlich; mittelschwere Bergwanderung; Zeit: ca. 4 Std.; Einkehr: Erichhütte
Schneebergkreuz (1938 m) Leichte Wanderung zu aussichtsreichem Gipfel	Ausgangspunkt: Mühlbach, Bergstation Karbachalm (1570 m) ❷; Mühlbacher Skihütte – Schneeberg (1921 m) – Schneebergkreuz – Abstieg zur Klingelbergalm (1544 m) – Dientner Sattel (1357 m); mit dem Wanderbus zurück nach Mühlbach; Zeit: ca. 3 Std.; Einkehr: Karbachalm, Klingelbergalm, Mittereggalm und Birgkarhaus am Dientner Sattel
Vom Dientner Sattel zum Arthurhaus Herrliche Wanderung zwischen Almwiesen und Felswänden	Ausgangspunkt: Dientner Sattel (1357 m); Wiedersbergalm (1542 m) – Riedingtal – Windraucheggalm (1470 m) – Arthurhaus (1502 m); mit dem Wanderbus zurück zum Ausgangspunkt; leichte, landschaftlich ungemein reizvolle Wanderung; Zeit: ca. 3 Std.; Einkehr: Wiedersbergalm, Windraucheggalm, Arthurhaus
Klingspitz (1988 m) Schöne, mittelschwere Kammwanderung in den Dientner Bergen	Ausgangspunkt: Dienten, Bergstation Gabühelbahn (1634 m) ❶; Lettenalm – Marbach-Höhe (1814 m) – Klingspitz – Abstieg auf selbem Weg bis zur Lettenalm – dann zur Sommeralm (1405 m) – Dienten (1078 m); Zeit: ca. 5,5 Std.; Einkehr: Lettenalm

HOCHKÖNIG

Mitterberger Erzweg
Das Kupfererz wurde am Mitterberg oberhalb von Mühlbach abgebaut. Spuren des prähistorischen Bergbaus sind dort noch immer zu sehen: eingestürzte Schächte, alte Schmelzplätze und Stollen. Mühsam war aber nicht nur der Abbau des Erzes, sondern auch der Abtransport ins Tal zur Weiterverarbeitung. An 15 Stationen werden die wichtigsten Details vom Abbau bis zur Herstellung des Kupfers anschaulich erklärt. Auch für Kinder interessant; Ausgangspunkt: Arthurhaus (am besten mit dem Wanderbus von Mühlbach aus hinauf); nun den Tafeln folgen und auf schönem, leichtem Wanderweg hinunter nach Mühlbach; Zeit: ca. 3 Std.; Einkehr: Arthurhaus

Pongauer Heimatmuseum
Sehenswertes Museum im prächtigen Schloss Goldegg mit seinem prunkvollen Rittersaal. Besonders interessant sind die historische Landkarten-Ausstellung, die Masken der Pongauer Perchten und Krampusse sowie die zum Teil recht gruseligen alten Bader- und Wundarztinstrumente; Tel. 0 64 15/82 13

Seelackenmuseum
Dokumentationen zu Werken und Leben des Schriftstellers Thomas Bernhard in einem herrlichen historischen Bauernhaus von 1783 in St. Veit; außerdem Ausstellungen zu Bergbau, Archäologie, Landwirtschaft; Tel. 0 64 15/62 62; www.seelackenmuseum.sbg.at

Bergbaumuseum und Schaustollen
Interessante Einblicke in die 4000-jährige Bergbaugeschichte der Region gewähren das Bergbaumuseum in Mühlbach und die Führungen durch den Johanna-Stollen. Dargestellt wird der Alltag eines Bergmannes im Wandel der Zeit; Tel. 0 64 67/72 35

Wer ohne Wanderschuhe oder Mountainbike auf die Südseite der Dientner Berge kommen will, fährt dort weiter und kurz an der Salzach entlang Richtung St. Johann, bevor es wieder Richtung Norden geht: hinauf auf die Salzburger Sonnenterrasse zu geschichtsträchtigen Orten. In Schwarzach trafen sich 1731 die verfolgten Protestanten und schlossen den Salzbund: Alle Anwesenden tauchten den Finger in Salz und leckten ihn ab zum Zeichen, sich trotz Lebensgefahr zum Glauben zu bekennen. Der historische Salzleckertisch steht im Gemeindehaus, ein Brunnen stellt die historische Szene dar. Seine Rolle als wichtiger Bahnknotenpunkt dokumentiert Schwarzach im Museum Tauernbahn, in dem der aufwändige Bau der Strecke durch das Gasteinertal mit dem Tunnel nach Kärnten, der »Tauernschleuse«, dargestellt wird (www.museum-tauernbahn.at).

Schon 1800 v. Chr. besiedelten Menschen das sonnige Plateau von St. Veit etwas oberhalb von Schwarzach. Der Schriftsteller Thomas Bernhard (1931–1989) kam oft zur Kur in den idyllischen Ort mit den prächtig bemalten Häusern, die sich gemeinsam mit der schönen Basilika um den

Der idyllische Goldegger See wird bis zu 26 °C warm.

Action & Sport

MOUNTAINBIKE	KLETTERSTEIGE	RAFTING	CANYONING	REITEN
PARAGLIDING	DRACHENFLIEGEN	KLETTERGÄRTEN	TENNIS	WINDSURFEN
KAJAK/KANU	WASSERSKI	TAUCHEN	HOCHSEILGARTEN	GOLF

TOP TIPP Der »**Königsjodler**« ❷ ist einer der längsten und schwierigsten **Klettersteige** der österreichischen Alpen. 1700 steile, teils atemberaubend ausgesetzte Klettermeter führen über die Teufelshörner von der Hohen Scharte (2282 m) bis zum Hohen Kopf (2875 m). Insgesamt müssen acht Türme überquert werden. Landschaftlich eindrucksvoll, gewaltiges Panorama. Ausgangspunkt: Dientner Sattel (1357 m); zur Erichhütte (1546 m) und weiter zum Einstieg an der Hohen Scharte (ca. 2 Std.); Einstieg bis Hoher Kopf (ca. 4 Std.); vom Hohen Kopf problemlos zum Matrashaus am den Gipfel des Hochkönig (ca. 20 Min.); Abstieg durchs Birgkar (ca. 4 Std.); Gesamtzeit: ca. 10 Std.; 900 Höhenmeter Klettersteig, insgesamt 1600 Höhenmeter; Klettersteig nicht für Anfänger oder Kinder geeignet! Komplette Klettersteigausrüstung unbedingt erforderlich; Übernachtung auf dem Matrashaus sehr zu empfehlen; Vermittlung von Bergführern über die Tourismusbüros. Idealer Test, ob man für den »Königsjodler« reif ist, ist der Klettersteig auf die Grandlspitz (2310 m): Der schwierige, aber kurze Steig beginnt oberhalb der Erichhütte und ist ca. 170 m lang.

Klettern	Mandlwände, Torsäule (beide am Hochkönig)	Traumhafte Kletterrouten nahezu aller Schwierigkeitsgrade. Da es sich um alpine Touren handelt, ist es ratsam, sich über einen der Tourismusverbände einen Bergführer vermitteln zu lassen. Idealer Stützpunkt für Kletterer ist die Mitterfeldalm (1669 m).
Paragliding	Flugschule Hochkönig	Paragliding- und Drachenflugkurse, Schnupperkurse und Tandemflüge bei der Flugschule Hochkönig in Mühlbach; Tel. 0 64 67/70 33
Golf	Golfclub Goldegg	Landschaftlich reizvoller 18-Loch-Platz (Par 72) bei Goldegg; Golfclub Goldegg mit Golfschule; Tel. 0 64 51/85 85; www.golfclub-goldegg.com; www.golf-schule.at
Reiten	Kniegut, Mühlbach	Die Dientner Berge und die Almen am Hochkönig sind ein herrliches Reitgelände. Wanderritte, Ausritte, Kinderkurse und Kutschfahrten auf dem Pferdehof Kniegut; Tel. 0 64 67/72 61; www.kniegut.at
	Islandpferdehof, Dienten	Ausritte und Wanderritte auch beim Islandpferdehof; Tel. 0 64 61/45 90; www.unterdacheben.at
Fitness	Marlies Schild Fitness Trail, Dienten	Von der aus Dienten stammenden Slalom-Vizeweltmeisterin 2003 konzipierter Fitness-Trail. Mit 14 Warmup-, Stretching-, Koordinations- und Kräftigungsstationen; insgesamt 4,2 km lang; Zeit: ca. 50 Min.; Ausgangspunkt: nach dem Ortsende an der Straße Richtung Salzachtal

Adressen & Bergbahnen

Landesvorwahl 00 43

Urlaubsregion	Tourismusverband **Hochkönig**; Tel. 0 65 84/78 16; E-Mail: region@hochkoenig.at; www.hochkoenig.at Tourismusgemeinschaft **Salzburger Sonnenterrasse**; Tel. 0 64 15/75 20; E-Mail: info@sonnenterrasse.at; www.sonnenterrasse.at	❶ Dienten Gabühel Berg/Tal 8,50 € ❷ Mühlbach Karbachalm Berg/Tal 10,50 €
Orte	**Dienten** www.dienten.co.at • **Mühlbach** www.muehlbach.co.at • **Goldegg** • **Schwarzach** • **St. Veit** alle www.sonnenterrasse.at	
Entfernungen	Hamburg 980 km; Berlin 792 km; Köln 782 km; Frankfurt a. M. 598 km; Stuttgart 439 km; München 205 km	Siehe auch Preisteil S. 639

Marktplatz scharen. In einem Bauernhaus befindet sich das Seelackenmuseum, das sich hauptsächlich mit Bernhards Leben und Werken beschäftigt. Ergänzt wird die Sammlung mit regionalhistorischen Dokumenten und archäologischen Funden. Apropos Geschichte: Spannende Ausgrabungen – etwa die Grundmauern eines römischen Gutshofes – wurden in Goldegg gemacht, dem dritten Ort der Salzburger Sonnenterrasse. Sie sind Beweise dafür, dass hier einst die wichtige Römerstraße Richtung Hohe Tauern verlief. Auch in Sachen Idylle steht Goldegg den Nachbarorten in nichts nach: Das Ensemble, das Kirche, Schloss und historische Holzhäuser am Ufer des Moorsees bilden, könnte nicht malerischer sein. Wasserratten sei verraten, dass der Goldegger See bis zu 26 °C warm werden kann und somit in den Alpen den Temperaturrekord hält. Vor dem erfrischenden Sprung ins glasklare Wasser sollte aber ein Besuch des Pongauer Heimatmuseums im Schloss auf dem Programm stehen. Die Grundmauern stammen aus dem 14. Jh., hervorzuheben ist vor allem der prachtvolle Rittersaal mit seinen herrlichen Fresken und der kunstvoll bemalten Renaissance-Täfelung.

Wer auf sportliche Art und Weise wieder hinüber Richtung Mühlbach möchte, der nimmt am besten das Mountainbike und fährt von der Sonnenterrasse über den Althauser Sattel hinauf zu den Kämmen der Dientner Berge. Eine eindrucksvolle Tour, denn von dort aus hat man den nötigen Abstand, um die kilometerlangen Südwände des Hochkönig so richtig auf sich wirken zu lassen.

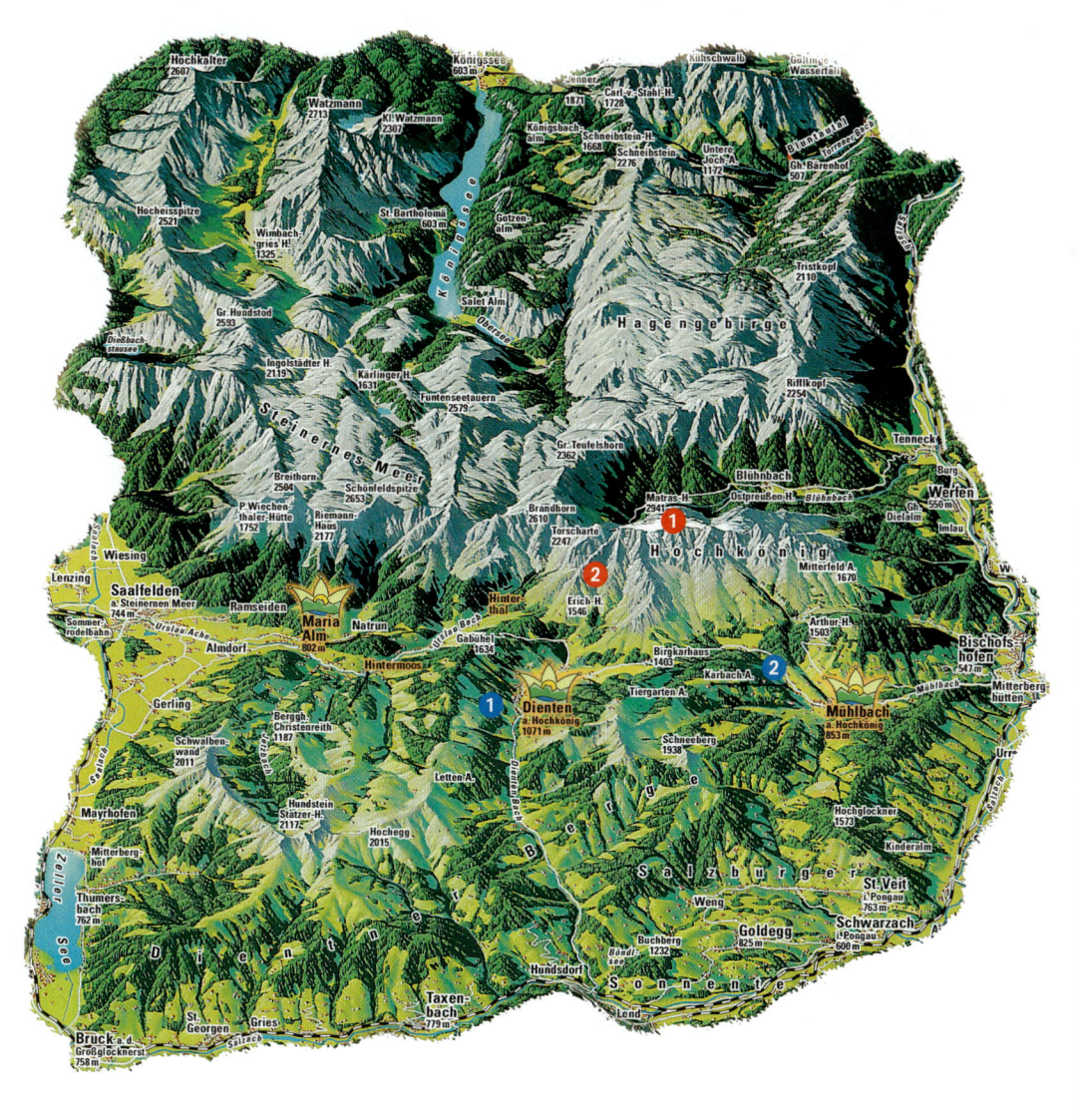

Hütten

Riedingalm (1370 m)
Wunderschönes altes Holzhaus; am Ende des Riedingtals herrliche Wasserfälle, ideales Ziel mit Kindern. Herrliche Mountainbike-Strecke von Mühlbach zur Alm. Zustieg über leichte, schöne Wanderwege von Mühlbach-Mandlwandstraße, Parkplatz Riedingtal; Zeit: ca. 40 Min.; keine Übernachtung; Tel. 06 64/9 16 36 42

Erichhütte (1546 m)
Auf der Südseite des Hochkönig gelegene Hütte, westlich der Taghaube (2159 m). Ausgangspunkt für den schwierigen Königsjodler-Klettersteig oder für die schöne Bergwanderung auf die Taghaube (2159 m). Anstieg vom Dientner Sattel (1357 m) in ca. 45 Min.; herrliche Höhenwanderung im Almgelände unterhalb der Südwände des Hochkönig zum Arthurhaus (1502 m); Tel. 06 64/2 64 35 53

Hotelempfehlungen

Dienten S. 668
Mühlbach S. 694

Wanderkarten

Freytag & Berndt; WK 103 Pongau, Hochkönig, Saalfelden; 1:50000

Straßenatlas Siehe S. 781

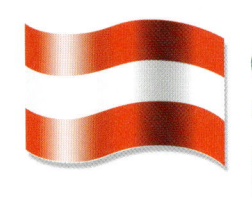

SAALFELDEN – LEOGANG – MARIA ALM
SALZBURGER LAND

ACTION & SPORT
WANDERN & BERGTOUREN
FUN & FAMILY
WELLNESS & GENUSS

Am Meer aus Steinen

»Die Lage kann nur eine höchst glückliche genannt werden.« So steht es geschrieben in einem alten Reiseführer über die Gegend um Saalfelden und Leogang. Dem Autor hatten es »die Täler, von Bächen durchschnitten«, »die fruchtbaren Ebenen« und »die Hochgebirge« angetan. Und in der Tat: Voller Harmonie fügen sich die schroffen Kalkmassive des Steinernen Meeres und der Leoganger Steinberge mit den sanften, grünen Kuppen und Höhenzügen der Kitzbüheler Alpen südwestlich davon zu einem eindrucksvollen Gesamtbild zusammen. Doch nicht nur die Landschaft begeistert die Gäste: Die moderne Infrastruktur sorgt zudem für ein breites, abwechslungsreiches Freizeitangebot.

Mit 2634 m ist das Birnhorn der höchste Gipfel der Leoganger Steinberge, die eindrucksvoll hinter Leogang in den Himmel ragen.

ADAC der perfekte Urlaubstag

- **9 Uhr:** Wanderung von Leogang-Hütten aus zum Naturlehrpfad beim Birnbachloch, einem geheimnisvollen See mit unbekannter Tiefe
- **14 Uhr:** Erlebnisbad »Sonnrain« in Leogang oder Moorbadesee Ritzensee in Saalfelden
- **18 Uhr:** Besichtigung der Schnapsbrennerei von Siegfried Herzog in Saalfelden-Breitenbergham, ggf. mit Verkostung der mehrfach preisgekrönten Produkte
- **20 Uhr:** Bummel durch die Stadt Saalfelden oder Besuch eines Heimatabends in Leogang

Den ganzen Tag über wurde schweres Brennmaterial auf die Berge geschafft. Kaum ist dann die Dunkelheit angebrochen, steigt aus dem Tal eine Leuchtrakete auf, Rufe schallen von Berg zu Berg: das Signal, die Sonnwendfeuer nacheinander zu entzünden. Sowohl die Grate der Leoganger Steinberge und des Steinernen Meeres als auch die Almhöhen der Grasberge rundum erstrahlen im Licht von Hunderten von Höhenfeuern. Ein einmaliger Anblick, den niemand so schnell vergessen wird und der eine lange Tradition hat: Die Feuer, die zur »Sonnwend« entzündet werden, symbolisieren das Sonnenlicht, sie sollen weit ins Land strahlen und auf Feld und Flur das Wachstum fördern ...

Zu einer Zeit, da es einzig von der landwirtschaftlichen Ernte abhing, ob die oft armen Bergbauern der Region ihre Familien ein weiteres Jahr ernähren konnten, war dieser Brauch ein existenzielles Flehen um die Gunst der Natur. Denn bevor die »Fremden« kamen, lebten die Menschen hier vor allem von der Landwirtschaft. Eine weitere wichtige Rolle spielte der Bergbau. Erst mit der Erschließung durch die Eisenbahn 1875 entwickelten sich Handel, Gewerbe und der Tourismus. Die ersten, die kamen und die Reize der Gegend zu schätzen wussten, waren die Bergsteiger. Für sie wurden Steige und Wege hinauf in die wilde Natur gebaut und Unterkunftshütten errichtet.

Während sich Leogang zum quirligen Wintersportort entwickelt hat und sich im Sommer eher als ruhiges Bergdorf zeigt, herrscht in Saalfelden das ganze Jahr über reges Treiben. Zahlreiche Wirt-

Fun & Family ☀ ☀ ☀

Pinzgauer Heimatmuseum Schloss Ritzen	Sehenswerte Krippen- und Mineralienschau; Tel. 0 65 82/7 27 59; www.museum-saalfelden.at
Bergbaumuseum Leogang	Lebendige Darstellung des Bergbaus; mit Mineralienkabinett; Tel. 0 65 83/71 05
Erlebnisbad Sonnrain Leogang	Beach-Volleyball, Kinder-, Kneipp-, Sportbecken, Riesenrutsche, Wildwasserkanal; Tel. 0 65 83/82 34
Sinne-Erlebnispark am Asitz/Leogang	An 25 Stationen die Sinne schärfen: mit Klangsäule, Duftbaum etc.; erreichbar über Asitzbahn ❷; Info über Tourismusbüro Saalfelden

TOP TIPP — **Leben auf der Alm** ❶: Kinder können – allein oder mit ihren Eltern – wie in alter Zeit einen Tag auf einer Almhütte erleben. Gut betreut lernen sie den Alltag einer Bergbauernfamilie anno dazumal kennen. Sie sammeln Brennholz für das Feuer, backen Brot und Semmeln, holen Milch und waschen sich im Bach. In Leogang und Saalfelden von Juni bis September. Info über Tourismusbüro Saalfelden; Tel. 0 65 82/7 06 60; www.leogang-saalfelden.at

schaftsbetriebe, Einkaufszentren und ein interessantes Kulturprogramm tragen dazu bei. Einen Namen gemacht hat sich Saalfelden auch unter den Jazz-Fans, die jedes Jahr am letzten Augustwochenende zum großen, international anerkannten Jazz-Festival anreisen und sich von der Musik und der eindrucksvollen Kulisse beeindrucken lassen.
Doch neben der Kultur locken natürlich die eindrucksvollen Berggipfel. Warum man dort hinaufsteigen soll? Aufs Steinerne Meer unbedingt des wilden Hochplateaus wegen, das dem Gebirgsstock seinen Namen gab. Tatsächlich bildet der zerklüftete Kalk, der sich in einer durchschnittlichen Höhe von 2200 m auf einer Fläche von 60 km² ausdehnt, ein Meer aus Steinen: Grau so weit das Auge reicht, karg, still – begrenzt von Gipfeln, die auf Routen unterschiedlicher Schwierigkeitsgrade erreichbar sind: Das Mitterhorn, das Persailhorn, die Schönfeldspitze, die mit ihren 2653 m die höchste Erhebung der Region ist, der Sommerstein und wie sie alle heißen. Manche steigen auch für ihr Seelenheil hinauf: Am Namenstag des hl. Bartholomäus, am 24. August, wandern Wallfahrer jedes Jahr über das Steinerne Meer hinunter zum Königssee und zur Kirche St. Bartholomä. Zwei Tage sind sie unterwegs und übernachten am Hauptkamm des Steinernen Meeres im Riemannhaus. Von dort aus bietet sich ihnen eine spektakuläre Sicht auf die Gletschergipfel der Hohen Tauern mit Österreichs höchstem Berg, dem 3798 m hohen Großglockner. Wer diese Wallfahrtsroute gehen möchte, dem sei auf dem Weg zurück ins Tal nach Saalfelden ein Abstecher zur Eremitage in einer Höhle oberhalb des Schlosses Lichtenberg am Palfen empfohlen, wo seit 1664 Einsiedler leben. Früher zogen sich meist religiöse Fanatiker in die direkt in den Felsen gebaute Klause zurück. Als Gegenleistung für die Versorgung durch die Ortsbewohner übernahmen sie die Feuerwache; über eine Glocke wurde Alarm geschlagen. Heute sind die häufig wechselnden Einsiedler Männer, die verschiedenen Orden wie den Benediktinern angehören, oder weltliche »Brüder«, die sich für einige Zeit in die Einsamkeit zurückziehen wollen. Auf Anfrage führt der Einsiedler auch durch die Klause, zu der eine Kapelle gehört. Im Sommer bewirtet er seine Besucher im Freien mit einer einfachen Brotzeit – bei einem grandiosen Blick weit in das Pinzgauer Saalachtal hinein.
Auch auf den Grasbergen der Kitzbüheler Alpen, die sich im Westen des Talkessels erheben, finden Wanderer und auch Mountainbiker tolle Routen vor. Die Wege schlängeln sich idyllisch durch die Almwiesen – und immer wieder fasziniert der Blick zu den schroffen Kalkwänden. Wer es bequem haben will, fährt von Saalfelden aus mit dem Sessellift hinauf auf den Biberg und saust – nach einem Panorama-Rundgang – auf der Sommerrodelbahn wieder hinunter. Wer ausgiebig wandern möchte, kann eine Etappe des Saalachtaler Höhenwegs in Angriff nehmen und vom Biberg über den Durchenkopf und den Schabergkogel zur Bergstation der Asitzbahn queren, mit der man zurück nach Leogang gelangt.

Florierender Bergbau bis 1970

Ein Erlebnis für die ganze Familie ist die Wanderung entlang des Montanlehrpfades im Leoganger Schwarzleotal. Hier wurden ein halbes Jahrtausend lang bis zum Jahr 1970 Kupfer, Blei, Kobalt, Nickel und Silbererz abgebaut. Einen spannenden Überblick über die Bergwerksgeschichte bietet das Bergbaumuseum mit dem Schaubergwerk. Die Spuren, die der Bergbau in der Natur hinterlassen hat, kann

Seit 1664 leben in der Eremitage fromme Einsiedler.

EVENTS

- Im Juni: »Berge in Flammen« (Sonnwendfest)
- Im August: »Jazzfestival« in Saalfelden, drei Tage internationaler, zeitgenössischer Jazz 
- Im September: »Bauernherbst« mit Heimatabenden, geführten Wanderungen, Verkostungen

Hütten

Riemannhaus (2177 m)
Aussichtsreiche Lage hoch über Saalfelden und Maria Alm am Hauptkamm des Steinernen Meeres. 20 Betten, 120 Lager. Lohnendes Ziel einer Wanderung aus dem Pinzgauer Becken oder als Rastplatz vor der Überquerung des angrenzenden Hochplateaus nach Berchtesgaden oder vor der Besteigung einer der zahlreichen Gipfel, die das Plateau begrenzen; Tel. 06 64/2 11 03 37.

Passauer Hütte (2033 m)
Idealer Platz, um nach dem Aufstieg von Leogang (ca. 2,5–3 Std.) neue Kräfte für den anspruchsvollen Steig hinauf zum Gipfel des Birnhorns (ca. 1,5 Std.) zu sammeln; Tel. 06 64/3 37 85 29

🇦🇹 SAALFELDEN – LEOGANG – MARIA ALM

Action & Sport

MOUNTAINBIKE	KLETTERSTEIGE	RAFTING	CANYONING	REITEN
PARAGLIDING	DRACHENFLIEGEN	KLETTERGÄRTEN	TENNIS	WINDSURFEN
KAJAK/KANU	WASSERSKI	TAUCHEN	HOCHSEILGARTEN	GOLF

TOP TIPP »Klettern« einmal anders: Im **Hochseilgarten von Saalfelden** ❷ erleben Kletter-Neulinge, was es heißt, sich durch das Klettern neue Bereiche zu erschließen. Ein kompetentes Team von Trainern sorgt für die optimale Sicherheit. Kreativität und persönlicher Einsatz machen den Besuch der Anlage zu einem selbst für geübte Kletterer spannenden Erlebnis. Zum Hochseilgarten gehört auch ein Teamparcours mit speziellen Übungsmöglichkeiten am Boden; Info: Outdoor-Team Geisler; Tel. 0 65 82/7 49 26; www.outdoor-teamtraining.at

Mountainbiken	BikeWorld Leogang	Ein Dorado für Biker bei der Asitzbahn ❷: Downhill mit allen Raffinessen, Freeride, 4-Cross, Dual, Dirt Jump; auch für Einsteiger geeignet; Material kann ausgeliehen werden; Tel. 0 65 42/8 04 80-25; www.bikeworld.at
Sommerrodelbahn	Biberg	1600 m lange Strecke, 63 Kurven, 3 Jumps, 2 Tunnel; auf Plastikschlitten wird vom Biberg ins Tal gerodelt; fürs Tempo ist jeder selbst verantwortlich; hinauf geht's mit der Huggenbergbahn ❶; Tel. 0 65 82/7 21 73; www.hochkoenig.at
Freiluft-Gokart-Bahn	Leogang	400-m-Kartbahn mit scharfen Kurven und Boxengasse; Boliden mit 270-ccm/9-PS- oder 200-ccm/6,5-PS-Motoren; Kinderkarts; geöffnet: Juli – Aug tgl. 14–22 Uhr, sonst Mi–So 14–22 Uhr; Einzelfahrt: 10 €; Tel. 06 64/4 34 35 00
Höhlenführungen	Saalfelden	Führungen in das innere der Leoganger Steinberge oder in die Praxer Eishöhle; gute Kondition erforderlich; Info: Air Star, Johann Hartl; Tel. 0 65 82/7 07 08; www.airstar.at

Restaurants

Alte Schmiede
Die Alte Schmiede liegt hoch oben über Leogang an der Bergstation der Asitzbahnen. Eine beeindruckende Sammlung alter Gebrauchs-, Handwerks- und Kunstgegenstände aus der Region verleihen den verschiedenen Stuben und der Bar eine besondere Atmosphäre. Auf der Speisekarte findet sich auch eine große Vielfalt regionaler Gerichte; www.alteschmiede-leogang.com; Tel. 0 65 83/8 24 60

Schatzbichl
Der Gasthof in Saalfelden-Ramseiden hat sich in den vergangenen Jahren als Treffpunkt für Liebhaber gehobener Küche einen Namen gemacht. Ein Schwerpunkt wird auf Pinzgauer Gerichte gesetzt: Die »Kasnocken« sind besonders zu empfehlen; www.schatzbichl.at; Tel. 0 65 82/7 32 81

Gerlingerwirt
Dieses alte und unverfälschte Gasthaus in Saalfelden-Gerling verwöhnt mit Pinzgauer Köstlichkeiten nach alten Rezepten. Legendär sind die »Bladl'n« des Gerlingerwirts: Wahlweise mit Kohl, Kraut oder Marmelade gefüllte Teigtaschen; www.gerlingerwirt.at; Tel. 0 65 82/7 25 42

man auch vom Gipfel des Spielberghorns aus erkennen, der vom Schwarzleotal aus über Almwege zu erreichen ist.

Paradies für Kletterer

Eine Herausforderung für Kletterer bietet die andere, schroffe Talseite mit den steil abfallenden Kalkstöcken der mächtigen Südwand des Birnhorn, dem mit 2634 m höchsten Gipfel der Leoganger Steinberge. Bergsteigern ist der Normalweg von Leogang aus über die Passauer Hütte hinauf zur Kuchlnieder und weiter über einen anspruchsvollen Steig hinauf zum Gipfel zu empfehlen. Ein traumhaftes Gebiet für gemäßigte Wanderer und Mountain-

Eine Bergbahn bringt Wanderer am Biberg schnell in alpine Regionen.

biker ist der malerische Talkessel von Maria Alm am südlichen Rand des Steinernen Meeres. Eingebettet in saftig grüne Wiesen, flankiert von den Felswänden, liegt das reich mit Blumen geschmückte Dorf, das auch ein guter Ausgangspunkt für Bergtouren ist, wie z. B. auf die Schönfeldspitze oder das Selbhorn.

Wagemutigere Mountainbiker finden ihr Dorado aber in der »Leoganger BikeWorld«. Selbst eingefleischte Downhill- und Freeride-Freaks werden auf den schwierigen Strecken am Asitz vor knifflige Probleme gestellt. Die Routen sind jedoch so angelegt, dass Einsteiger die schwierigen Passagen auch umfahren können. Wer weniger die Action als vielmehr das Naturerlebnis sucht, für den bietet die Region insgesamt 740 km lange Mountainbike-Strecken und 480 km Radwege im Tal.

Ob Mountainbiker, Wanderer oder Kletterer, abends treffen sich alle im Tal. Selbst wenn die Berge nicht in Flammen stehen und kein Jazz erklingt, endet

Nicht nur für Experten: In der Leoganger BikeWorld können auch Einsteiger wichtige Erfahrungen sammeln.

der Tag beschaulich: Beim alten Kirchenwirt von Leogang oder beim Flanieren durch den Stadtkern von Saalfelden, wo es neben Shopping-Möglichkeiten gemütliche Gaststätten gibt und – für alle Nachtschwärmer – auch Bars und Diskotheken.

DAV-Tipp

Das Steinerne Meer ist ein einzigartiges, ökologisch sehr sensibles Karstplateau. An die Unterkunftshäuser, wie z. B. das Riemannhaus und die Ingolstädter Hütte, werden deshalb hohe ökologische Anforderungen gestellt. Die Region eignet sich ideal für Touren von Hütte zu Hütte und bietet ein beeindruckendes, hochalpines Gebirgserlebnis.

Adressen & Bergbahnen — Landesvorwahl 00 43

Urlaubsregion	**Saalfelden Leogang** Touristik GmbH; Tel. 0 65 82/7 06 60; E-Mail: info@saalfelden-leogang.at; www.leogang-saalfelden.at	① Saalfelden Doppelsesselbahn Huggenberg–Biberg Berg/Tal 7,10 €
Saalfelden (744 m)	Tourismusbüro Saalfelden; Tel. 0 65 82/7 06 60; E-Mail: info@saalfelden-leogang.at; www.leogang-saalfelden.at	② Leogang Asitzbahn Berg/Tal 13 €
Leogang (797 m)	Tourismusbüro Leogang; Tel. 0 65 83/82 34; E-Mail: info@saalfelden-leogang.at; www.leogang-saalfelden.at	③ Maria Alm Dorfjet Natrun Berg/Tal 9,40 €
Maria Alm (816 m)	Tourismusverband Maria Alm; Tel. 0 65 84/78 16; E-Mail: info@tourismusverband-maria-alm.co.at; www.maria-alm.info	④ Maria Alm Schwarzeckalm-Bahn Berg/Tal 9,40 €
Entfernungen	Hamburg 935 km; Berlin 746 km; Köln 737 km; Frankfurt a. M. 553 km; Stuttgart 394 km; München 160 km	Siehe auch Preisteil S. 639

Hotelempfehlungen

Leogang S. 688
Maria Alm S. 689
Saalfelden S. 700

Wanderkarten

Freytag & Berndt, WK 101 Lofer Leogang Steinberge, 1:50000
Freytag & Berndt, WK 103 Pongau Hochkönig Saalfelden, 1:50000

Straßenatlas Siehe S. 780

SAALBACH HINTERGLEMM
SALZBURGER LAND

Idyllisch liegt Saalbach im Glemmtal, umrahmt von den steilen Flanken der Kitzbüheler Alpen.

ACTION & SPORT

WANDERN & BERGTOUREN

FUN & FAMILY

WELLNESS & GENUSS

ADAC *der perfekte Urlaubstag*

- **9.30 Uhr:** Mountainbike-Kurs am Reiterkogel
- **12 Uhr:** Baden und Erholen im Freibad Saalbach-Hinterglemm
- **15 Uhr:** Tandemflug mit einem Paraglider
- **17 Uhr:** Golf-Schnupperstunde auf dem landschaftlich herrlich gelegenen Golfplatz

Manege frei für Mountainbiker und Genusswanderer

Auf einer Länge von 30 km windet sich das Glemmtal durch die steil in die Höhe ragenden Kitzbüheler Alpen. Wo das Tal ein wenig breiter wird, liegen Saalbach und sein »Oberdorf« Hinterglemm. Während der riesige Skizirkus im Winter kaum einen Wunsch offen lässt, heißt es im Sommer »Manege frei« für abenteuerlustige Mountainbiker und für Wanderer, die den Komfort moderner Seilbahnen schätzen.

Als 1898 ein Lehrer in Saalbach das Skifahren einführte, war das Glemmtal noch von Armut gezeichnet. Der unrentabel gewordene Bergbau war eingestellt, die Bewirtschaftung der steilen Wiesenhänge mühsam und wenig einträglich. Keiner konnte damals ahnen, dass gerade diese Hänge einmal Saalbachs wertvollstes Gut werden könnten.

Doch in Sachen Skilauf war man im Glemmtal von Anfang an vorn mit dabei. 1946 bauten die Saalbacher den damals längsten Lift Österreichs, der 120 Skifahrer pro Stunde nach oben brachte. Heute verhelfen die 60 Bergbahnen in derselben Zeit 50000 Menschen zum Gipfelglück, und in Saalbach-Hinterglemm stehen dreimal mehr Gästebetten, als das Tal Einwohner zählt. Von dem ursprünglichen Dorf ist nach diesem Boom nur noch wenig übrig geblieben.

Im Sommer ist ein Teil der Hotels, Restaurants und Bars geschlossen; nur eine kleine, aber gute Auswahl der Bergbahnen ist in Betrieb. Sie machen es leicht, auf bequeme Weise die Kämme der steilen Pinzgauer Grasberge zu erreichen. Ob Kohlmaiskopf oder gegenüber Zwölferkogel und Schattberg: Alle sind perfekte Panoramaberge mit einem grandiosen Blick auf Großglockner und Großvenediger bis hin zu Wildem Kaiser, Steinernem Meer und Hochkönig.

Panoramaweg entlang der Bergkämme

Bei diesen Perspektiven ist eine der genussvollen, nicht besonders schwierigen Höhenwanderungen verlockend, etwa der Glemmtaler Panoramaweg, ein Klassiker. Die erforderlichen Höhenmeter werden mit der Schattbergbahn überwunden. Über die Kämme führt der Weg nun meist knapp unterhalb der Zweitausendermarke bis zur Bergstation der Zwölferkogelbahn, die müde Wanderer wieder ins Tal bringt.

Für bequeme Gipfelstürmer bietet sich auch das Hasenauer Köpfl an. Der Weg dorthin verläuft fast eben von der Bergstation Reiterkogel über den Hasenauerkamm zum Gipfel. Eigenartig geformte Felsspalten entlang des Grates führen in tiefe Klammen und regen die Fantasie des Wanderes an. Der Legende nach sollen hier einst Geister gehaust haben.

Von allen guten Geistern verlassen scheinen die Mountainbiker zu sein, die sich am Reiterkogel die 1,9 km lange Freeride-Strecke hinunterstürzen. Der Singletrail ist gespickt mit Sprüngen und Hindernissen, die selbst Profis alles abverlangen. Wer seine Kondition testen will, kann sich auf die gut ausgeschilderte, 81 km lange und 3800 Höhenmeter überwindende Marathonstrecke der »World Games« machen. Zu diesem hochklassigen Wettkampf reisen jährlich um die 1500 Mountainbiker aus aller Welt an. Doch auch für weniger Ambitionierte ist die Region ein Traum: Mit den Bergbahnen können sie eine Startposition zwischen 1500 und 2000 m erreichen und sich von dort aus auf das 160 km umfassende Streckennetz begeben.

Wer noch mehr Abenteuer sucht, wagt sich per Paraglider in die Lüfte oder nimmt beim Raften und Canyoning den Kampf mit dem Wasser auf. Manchen Beobachtern mag es vorkommen, als

Action & Sport

MOUNTAINBIKE	KLETTERSTEIGE	RAFTING	CANYONING	REITEN
PARAGLIDING	DRACHENFLIEGEN	KLETTERGÄRTEN	TENNIS	WINDSURFEN
KAJAK/KANU	WASSERSKI	TAUCHEN	HOCHSEILGARTEN	GOLF

TOP TIPP Sich mal richtig austoben oder wichtige Erfahrungen sammeln kann man mit dem **Mountainbike am Reiterkogel** ①①. Besonders spannend sind die äußerst anspruchsvolle Freeride-Strecke über fast 500 Höhenmeter und der Dualparcours mit Sprüngen und Hindernissen. Bei den »World Games« im August stehen Marathon, Halbmarathon, Downhill, Cross Country und Four Cross auf dem Wettkampfprogramm, mitmachen kann jeder gute Fahrer. Alle wichtigen Infos, Kurse und Material gibt's an der Talstation der Reiterkogelbahn beim »Bike'n Soul Shop Saalbach«; Tel. 06 64/2 40 96 40; www.bike-n-soul.at

Golf	Golfclub, Saalbach	Landschaftlich herrlich gelegener 9-Loch-Golfplatz mit Driving Range; Schnupperstunden; Tel. 0 65 41/62 13
Paragliding	Air Star, Saalbach	Startplätze bei den Bergstationen der Seilbahnen; Tandemflüge bei Air Star; Tel. 0 65 82/7 07 08; web.utanet.at/airstar
Canyoning	Vogelalpgraben, Hinterglemm	»Schluchteln« in dem landschaftlich reizvollen Vogelalpgraben unter der Anleitung erfahrener Bergführer. Mit Abseilen und allem, was dazugehört; Bergführer Josef Mitterer; Tel. 06 64/2 42 02 36
Tennis	Tenniszentrum, Hinterglemm	Mit Hallen- und Freiplätzen, Trainerstunden nach Vereinbarung; Tel. 0 65 41/74 03

Adressen & Bergbahnen
Landesvorwahl 00 43

Urlaubsregion	Tourismusverband **Saalbach-Hinterglemm**; Tel. 0 65 41/68 00 68; E-Mail: contact@saalbach.com; www.saalbach.com
Entfernungen	Hamburg 958 km; Berlin 769 km; Köln 760 km; Frankfurt a. M. 576 km; Stuttgart 416 km; München 183 km

① Hinterglemm Reiterkogelbahn Berg/Tal 8,10 €
② Hinterglemm Zwölferkogelbahn Berg/Tal 14,60 €
③ Saalbach Kohlmaisgipfelbahn Berg/Tal 14,60 €
④ Saalbach Schattberg X-Press Berg/Tal 14,60 €
Siehe auch Preisteil S. 639

seien sie im Zirkus, wenn Menschen an Kletterseilen hängend die Schluchten im Vogelalpgraben überwinden. Und so ganz Unrecht haben sie damit nicht. Denn kaum hat die warme Sonne die Artisten des Saalbacher Skizirkus' vertrieben, schlägt der Mountainbike-, Wander- und Freizeitzirkus seine Zelte im Glemmtal auf – zumindest so lange, bis wieder Schnee auf den Gipfeln liegt.

EVENTS

- Mai: Harley Davidson Biker Mania – jährliches Treffen von Tausenden Harley-Fahrern 
- Juli: Saalbacher Sommerfest
- August: World Games of Mountainbiking

Hütten

Thurneralm (1574 m)
Urige Hütte am Fuß des Kohlmaiskopf (1794 m). Die »Rauchkuchl«, in der zur Zeit der Almbewirtschaftung Butter und Käse erzeugt wurde, ist noch original erhalten. Auf der Speisekarte stehen auch deftige Pinzgauer Spezialitäten. Von der Bergstation der Kohlmaisbahn ③ ca. 20 Min. Gehzeit; Tel. 0 65 41/84 18

Märchenpark im Erlebniswald
Ein herrlicher, besonders für Kinder spannender Waldspaziergang (ca. 1 Std.), bei dem man vielen Märchenfiguren und ihren Geschichten begegnet. Der Rundweg führt von Hinterglemm aus Richtung Talschluss und wieder zurück. Interessant ist der Weg auch für ältere Herrschaften: Die sollten nicht versäumen, von dem Jungbrunnen am Wegesrand zu kosten.

Wanderkarten

Freytag & Berndt, WK 382 Zell am See, Kaprun, Saalbach, 1:50000

Hotelempfehlungen

Saalbach Hinterglemm S. 700

Straßenatlas   Siehe S. 780

ZELL AM SEE UND KAPRUN
SALZBURGER LAND

Urlaubsparadies zwischen dem Gletschereis des Kitzsteinhorn und dem bis zu 25 °C warmen Wasser des Zeller Sees

ACTION & SPORT

WANDERN & BERGTOUREN

FUN & FAMILY

WELLNESS & GENUSS

ADAC der perfekte Urlaubstag

- **9 Uhr:** Wanderung um den Zeller See von Zell am See aus an Schloss Prielau vorbei, durch Thumersbach und das Zeller Moos bis zum Karl-Vogt-Weg. Von dort zur Seepromenade von Zell am See
- **12.30 Uhr:** feine Einkehr im Vier-Sterne-Hotel Metzgerwirt im historischen Gebäude, danach Besuch des Museums im mittelalterlichen Kastnerturm
- **15.30 Uhr:** Windsurfen auf dem Zeller See oder einfach Baden und Erholen in den Freizeitbädern von Zell am See oder Kaprun
- **18 Uhr:** Bummeln durch die Zentren von Kaprun oder Zell am See, Teilnahme an den wöchentlichen Stadtfesten in Zell am See oder am Burgfest in Kaprun

Gletscher, See und eine Menge Möglichkeiten

Barfuß durchs Moos spazieren oder mit Steigeisen hohe Gipfel erklimmen? Mit dem Snowboard über Gletscher fegen oder mit dem Surfbrett über Wellen tanzen? Über Almhöhen wandern oder mit Kletterschuhen schwierige Routen meistern? Wellness in einem der Schwimmbäder genießen oder doch lieber den Golfschläger auspacken? In der »Europa Sportregion Zell am See und Kaprun« hat man die Qual der Wahl – und findet jede Menge Abenteuer.

Mit 3798 m ist der Großglockner der höchste Berg Österreichs. In der »Europa Sportregion Zell am See und Kaprun« scheint er zum Greifen nah, und doch steht er in der zweiten Reihe. Im Blickfeld sind andere: das markant aufragende Kitzsteinhorn mit

Gipfelglück für alle: Dank der Seilbahnen kann es jeder auf den Gipfel des Kitzsteinhorns schaffen.

seinem Sommerskigebiet und das mächtig über den Stauseen thronende Große Wiesbachhorn, das nur mit Pickel, Steigeisen und der nötigen Erfahrung bestiegen werden kann. Und dann gibt es da noch vis-à-vis den zahmen Bergrücken der Schmittenhöhe: Sie ist ein Aussichtsberg der Sonderklasse. Daneben lässt sich hier hervorragend testen, ob man dem Abenteuer, einen der eleganten Gletscherberge zu erobern, gewachsen ist. Wer allerdings glaubt, mit dem Pinzgauer Spaziergang, der bei der Bergstation beginnt, eine lockere Partie gewählt zu haben, täuscht sich gewaltig. Schon bald entpuppt sich der großartige Weg entlang der »Südhänge« der Kitzbühler Alpen bis zum Pass Thurn als lange, ernst zu nehmende Unternehmung. Wenn allerdings die Kraft nachlässt oder ein Gewitter aufzieht, lässt sich der »Spaziergang« auch an zahlreichen Stellen abbrechen und ins Tal absteigen, um neue Ziele ins Auge zu fassen. Die Auswahl an Höhenwegen, auf denen man sich ans Hochgebirge herantasten kann, ist groß, und in ihrem Auf und Ab über Grate und Kämme jenseits der 2000er-

Grenze stellen die Routen oft hohe Anforderungen, auch an Schwindelfreiheit und Trittsicherheit. Möglichen Gipfelstürmern in spe ist deshalb zu empfehlen, sich bei anspruchsvolleren Hochtouren von einem Bergführer begleiten zu lassen.

Doch es geht auch ganz gemütlich: Die Gletscherbahn aufs Kitzsteinhorn bringt die Gäste bis auf 3029 m Höhe. Die Aussicht auf die Firngipfel der nahen Glocknergruppe, auf die Hohen Tauern und zum Steinernen Meer in der Ferne ist grandios. Wer will, kann oben sofort die Skier anschnallen, während sich 2300 Höhenmeter tiefer andere schwitzend in das manchmal bis zu 25 °C warme Wasser des Zeller Sees stürzen.

Diese reiche Vielfalt lockt die Gäste schon seit über 200 Jahren in die Region. Zuerst ließen sich Gipfelstürmer und Naturgelehrte in die Gletscherregionen führen, schon bald folgten Kurgäste und Sommerfrischler. Für teures Geld wurden die betuchten Gäste von Zell am See aus in »Sesselwagen«, feinen zweirädrigen Einspännern, vorbei am tosenden Kesselfall hinauf auf 2036 m zum noblen Kapruner Alpenhotel Mooserboden befördert, wo man damals in schönstem Almgelände 30% teurer logierte als im besten Hotel der Stadt Salzburg.

Wunderwerke der Ingenieurskunst

Faszinierend ist der von Gipfeln umgebene Kessel des Kapruner Tals noch immer, auch wenn sich sein Gesicht verändert hat. Denn wo damals die Wasserfälle in Stufen ins Tal stürzten, ragen heute gewaltige, bis zu 120 m hohe Staumauern auf. 14 Jahre Bauzeit waren nötig, bis 1952 das damals größte Wasserkraftwerk Europas eingeweiht werden konnte. Richtig bewusst werden einem die Dimensionen der Anlage erst bei einer Besichtigung der Mooser- und Drossensperre und vor allem bei einem Spaziergang über die Mauern der Stauseen. Zum Erlebnis wird bei einer Führung aber schon die erste Etappe: die Auffahrt mit dem größten offenen Schrägaufzug Europas. Bis zu 130 Menschen können auf der Plattform stehen, die an Stahlseilen 431 Höhenmeter nach oben gezogen wird. Am Mooserboden angekommen kann man sich bei einem Blick ins Besucherzentrum »Erlebniswelt Strom und Eis« ein Bild von den Anstrengungen machen, die notwendig waren, um eine derart gewaltige Kraftwerksanlage zu bauen.

Eine weitere, ebenso Aufsehen erregende technische Meisterleistung war der Bau der Großglock-

Fun & Family ✸✸✸✸

Freizeitzentrum Zell am See	Hallenbad und drei Strandbäder, mit beheiztem Becken, Erlebnisbad, Sauna, Sportmöglichkeiten, Wasserski; Tel. 0 65 42/78 50; www.freizeitzentrum.at
Dampfsonderzug Zell am See	Für Nostalgiefreunde fährt jeden Sonntag ein historischer Zug mit Dampflok von Zell am See nach Krimml; Tel. 0 65 42/93 00 03 85
Freizeitzentrum Optimum Kaprun	Freibad, Hallenbad, Riesenwasserrutsche, Saunawelt, Massage; Tel. 0 65 47/7 27 60; www.optimum.at
Galerie auf der Piste Schmittenhöhe	27 Großskulpturen sind an besonders wirkungsvollen Plätzen über Spazierwege leicht zu erreichen; Tel. 0 65 42/78 90; www.schmitten.at

TOP TIPP Alles aus der Luft betrachten kann man bei einem **Alpenrundflug** ❶, der vom Flugplatz in Zell am See aus täglich gestartet wird. Der kleine Alpenrundflug dauert 20 Min., der große einstündige Panoramaflug führt über den Großglockner, das Kitzsteinhorn und die Schmittenhöhe weiter über das Steinerne Meer mit dem größten Hochplateau der Berchtesgadener Alpen und zum Watzmann. Alpenrundflug Zell am See, Tel. 0 65 42/5 79 37; www.flugplatz-zellamsee.at

Hütten

Fürthermoaralm (1806 m)
Die Alm liegt unterhalb der Mooserbodensperre, die von Kaprun aus mit dem Postbus und dem Schrägaufzug zu erreichen ist. Auf der Alm wird noch gemolken, gebuttert und gekäst. Ein Kräuterlehrpfad ist in der Nähe. Erfahrene Bergsteiger können hier auch zu größeren Touren starten, wie zum Beispiel zum Grießkogel (3066 m) oder zum Hocheiser (3206 m); Tel. 0 65 47/7 15 86 90

Krefelder Hütte (2300 m)
Ein gemütlicher Stützpunkt für Wanderungen und Bergtouren ist die Krefelder Hütte am Kitzsteinhorn, das von hier aus bestiegen werden kann. Lohnend auch die Wanderung über den »Alexander-Enzinger-Weg« zum Maiskogel (1675 m). Klettergarten mit 40 Routen an der Rettenwand, ca. 30 Min. von der Hütte entfernt; Tel. 0 65 47/77 80

EVENTS

- Juni: Zeller Sommerfest
Jakobiranggeln am Hundstein

- Juli/August: Burgspectaculum Kaprun

Von der Schmittenhöhe aus führen gepflegte Höhenwege wie der Pinzgauer Spaziergang durch die Kitzbüheler

ZELL AM SEE UND KAPRUN

Action & Sport ✶✶✶✶✶

MOUNTAINBIKE	KLETTERSTEIGE	RAFTING	CANYONING	REITEN
PARAGLIDING	DRACHENFLIEGEN	KLETTERGÄRTEN	TENNIS	WINDSURFEN
KAJAK/KANU	WASSERSKI	TAUCHEN	HOCHSEILGARTEN	GOLF

TOP TIPP In der **größten Golfanlage** ❷ im österreichischen Alpenraum liegen die zwei 18-Loch-Championship-Plätze direkt nebeneinander. Das parkähnliche, flache Gelände mit Biotopen und Seen ist umrahmt von hohen Bergen eingebettet ins sonnige Salzachtal. Für Einsteiger bietet die Golfschule mit PGA-geprüften Pro's die Möglichkeit, das Golfspiel zu erlernen oder zu perfektionieren. Tel. 0 65 42/5 61 61; www.europasportregion.at/golfclub

Paragliding	Schmittenhöhe Zell am See	Ideales Startgelände auf der Schmittenhöhe. Gleitschirmkurse und Tandemflüge bietet Adventure Outdoorsports an; Tel. 0 65 42/7 35 25
Trike und Motorrad	Trike & Car Center Zell am See	Eine Traumstraße für Motorradfahrer ist die Großglockner-Hochalpenstraße. Wer nicht mit dem Motorrad angereist ist, kann sich in Zell am See eines ausleihen, ebenso wie Trikes und Cabrios; Infos unter www.fot.at
Windsurfing	Windsurf Center Zell am See	Windsurfen am Zeller See, mitten in den Bergen, ist ein besonderes Erlebnis. Lernen kann man es in der Windsurfschule Seespitz im Windsurf Center. Außerdem können dort Boards ausgeliehen werden; Tel. 0 65 42/5 51 15; www.windsurfcenter.info
Sommerski	Kitzsteinhorn Kaprun	Wenn es die Schneelage erlaubt, kann in dem Ganzjahres-Gletscherskigebiet auch im Sommer gecarvt werden. 17 Seilbahnen und Lifte, schneesichere Gletscherhänge; Tel. 0 65 47/87 00; www.kitzsteinhorn.at

TOP TIPP **Sigmund-Thun-Klamm** ❸: Die Besucherattraktion ist von der Hauptstufe der Kraftwerke Kaprun aus zu erreichen. Die Klamm ist 800 m lang, das tosende Wasser hat sich bis zu 80 m in den blaugrünen Schiefer gefressen und fantastische Auswaschungen und Tropfsteinhöhlen geschaffen. 1893 wurde die Klamm mit einer Steganlage zugänglich gemacht. Mit ihrer nächtlichen Beleuchtung, 250 Glühlampen und zehn Bogenlampen, wurde sie zur alpinen Erlebniswelt.

ner-Hochalpenstraße, die 1935 eröffnet wurde. In engen Kehren führt die insgesamt 48 km lange Traumstraße von Bruck aus durch das Fuscher Tal zur Franz-Josephs-Höhe und weiter nach Heiligenblut. Am Straßenrand informieren immer wieder große Tafeln über die Geschichte der Hochalpenstraße. Autos, die in den ersten Jahrzehnten nach der Eröffnung über den Pass rollten, sind heute im Kapruner Fahrzeugmuseum ausgestellt (www.oldtimer-museum.at).

Fantastischer Blick vom Hundstein-Weg aus auf den Zeller See, die Skihänge der Schmittenhöhe und die Gletscherberge um Kaprun.

Wer noch mehr über die Vergangenheit der Region erfahren möchte, kann sich im mittelalterlichen Kastnerturm, einem in ein Heimatmuseum verwandelten Kornspeicher in Zell am See, einen guten Überblick verschaffen. Danach lädt die Uferpromenade zum Spaziergang ein. Im Kern der lebendigen Alpenstadt lässt es sich ausgezeichnet shoppen, abends bummeln und in Gastgärten gut essen. Los ist im Sommer fast immer etwas: Große Sommerfeste mit Feuerwerken und verschiedene Konzerte sind Anziehungspunkte in Zell am See ebenso wie in Kaprun.

Sollte einem bei diesem abwechslungsreichen Angebot das Geld knapp werden, empfiehlt es sich, mit dem Schiff nach Thumersbach zu fahren und von dort auf den Hundstein zu steigen. Der Sage nach soll am Grund des Hundsteinsees unterhalb des Gipfels angeblich ein unermesslicher Schatz darauf warten, endlich gefunden zu werden. Bleiben die Goldstücke unentdeckt, so kann man vom Hundstein aus zumindest eine kostenlose Aussicht auf den Hochkönig, die Tauerngipfel und die Kitzbüheler Alpen genießen.

Genossen hat man dort oben aber noch ganz andere Dinge: Weil das Landvolk von anno dazumal am Hundstein angeblich der Liebe huldigte, galt er einst als »Berg der Sünde«. Die Revierkämpfe der liebestollen Naturburschen sind über die Jahrhunderte ritualisiert und inzwischen zur Tradition geworden. So kommt es, dass einmal im Jahr im Juli nicht die eleganten, schneebedeckten Gipfel alle Blicke auf sich ziehen, sondern kampfeslustigen jungen Männern die ganze Aufmerksamkeit geschenkt wird: wenn eine Wiese in Gipfelnähe zum Schauplatz des Jakobi-Ranggeln, einem nach festen Regeln verlaufenden Kräftemessen besonderer Art, wird.

Stimmungsvoller Ausklang eines Urlaubstages: Sommerfest in Zell am See

Wanderkarten

Freytag & Berndt, WK 382, Zell am See, Kaprun, Saalbach; 1:50000

Adressen & Bergbahnen — Landesvorwahl 00 43

Urlaubsregion	Europa Sportregion **Zell am See-Kaprun**; Tel. 0 65 42/77 00; E-Mail: welcome@europasportregion.info; www.europasportregion.info www.kitzsteinhorn.at
Orte	**Thumersbach** www.europasportregion.info • **Bruck** www.tiscover.at/bruck-grossglocknerstrasse • **Maishofen** www.tiscover.at/maishofen
Entfernungen	Hamburg 953 km; Berlin 764 km; Köln 755 km; Frankfurt a. M. 571 km; Stuttgart 412 km; München 178 km

1. **Kaprun-Alpincenter** Gletscherbahn Kitzsteinhorn Berg/Tal 17,50 €
2. **Kaprun/Alpincenter-Gipfelstation** Berg/Tal 4,50 €
3. **Kaprun** Maiskogelbahn Berg/Tal 10 €
4. **Zell am See** Schmittenhöhebahn Berg/Tal 19,30 €
5. **Zell am See** Sonnenalmbahn Berg/Tal 10,50 €
6. **Zell am See/Sonnalm** Sonnkogelbahn Berg/Tal 10,50 €

Siehe auch Preisteil S. 639

Hotelempfehlungen

Kaprun S. 683
Zell am See S. 711

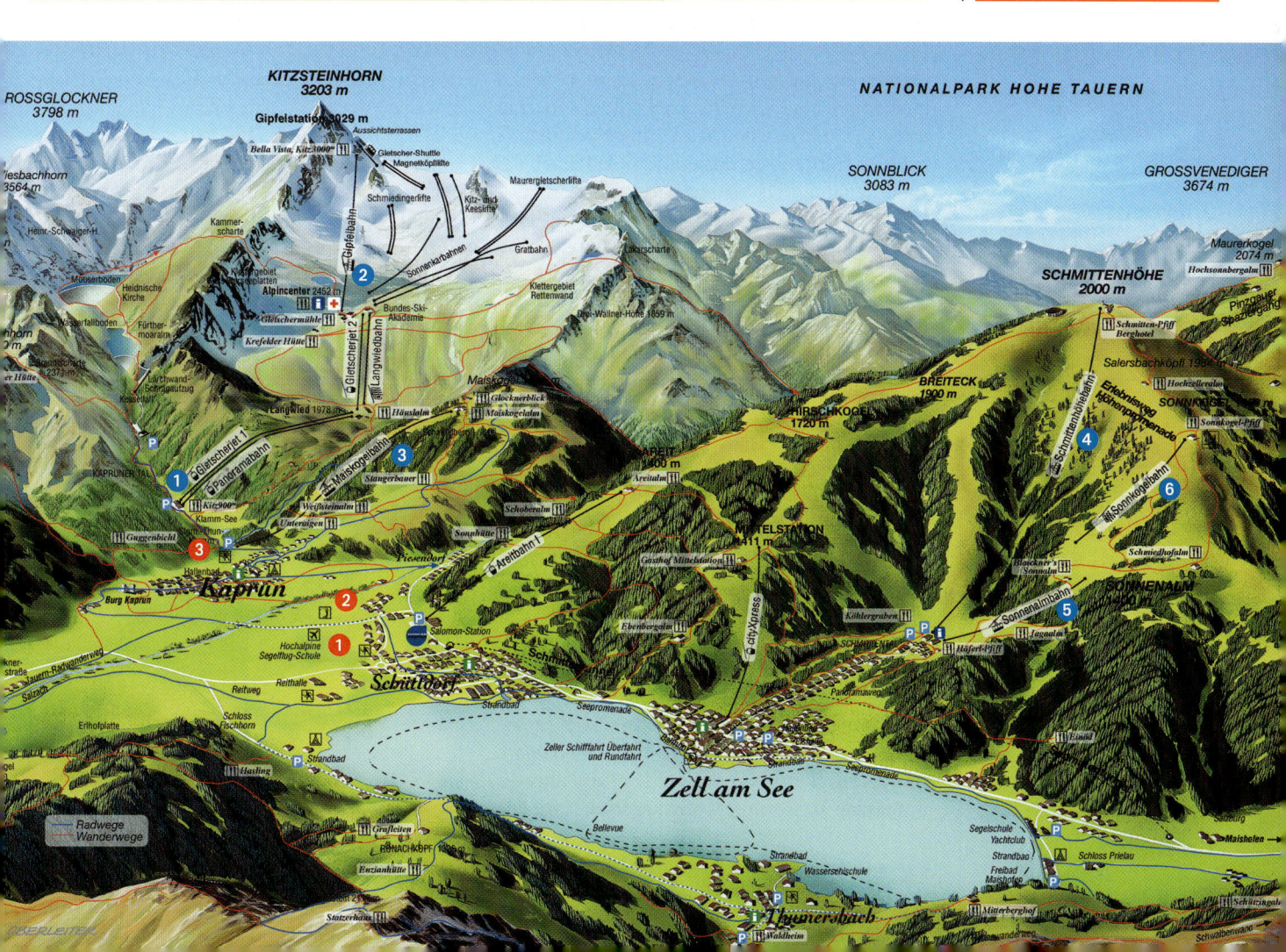

Straßenatlas Siehe S. 780

OBERPINZGAU
Salzburger Land – Nationalpark Hohe Tauern

Die Kürsingerhütte ist ein guter Ausgangspunkt für die Besteigung des Großvenedigers.

ACTION & SPORT

WANDERN & BERGTOUREN

FUN & FAMILY

WELLNESS & GENUSS

Durch wildromantische Täler zu hohen Gletscherbergen

Prächtige Tauerngipfel mit weitläufigen Gletschern, beschauliche Grasberge mit blumenreichen Almen und wilde Täler mit beeindruckenden Wasserfällen: Das alles ist der Oberpinzgau, ein Paradies für Bergsteiger, Wanderer, Mountainbiker sowie für die ganze Familie.

»Hätten die Griechen dieses Tal gekannt, sie hätten hierher ihre freudlose Unterwelt verlegt.« Als dieser Satz 1872 in der Alpinzeitschrift »Alpenfreund« erschien, führte ein schmaler Saumpfad durch das wilde Krimmler Tal. Wasserfälle tosten bedrohlich nahe neben dem Weg; felsig, öde und oft schneebedeckt waren die Hochlagen, durch welche die Säumer ihre schwer beladenen Lasttiere über den Alpenhauptkamm nach Süden trieben.

Die Kulisse hat sich nur wenig verändert, doch was früher bedrohlich wirkte, ist heute wildromantisch: Eingehüllt in einen glitzernden Dunstschleier stehen Wanderer auf den Aussichtsterrassen des Wasserfallweges, der 1901 angelegt wurde. Unmittelbar vor ihnen stürzen riesige Wassermengen über 380 m tosend in die Tiefe. Es ist ein gigantisches Naturschauspiel, den höchsten Wasserfall der Alpen aus der Nähe zu beobachten, langsam auf dem gut abgesicherten Weg zum oberen Ende der Steilstufe zu wandern und hinunterzuschauen in den Gischtschleier, der Tag und Nacht das enge Tal umhüllt.

So eindrucksvoll die Krimmler Wasserfälle sind, sind sie doch nur eines der vielen Schaustücke, die dem Nationalpark Hohe Tauern zu seiner großen Attraktivität verhelfen. Der größte Nationalpark Mitteleuropas erstreckt sich auf 1787 km² über die Bundesländer Kärnten, Salzburg und Tirol. Die Oberpinzgauer Tauerntäler liegen weitgehend innerhalb der geschützten Zone. Einmalige Einblicke in die Geologie, die Artenvielfalt und die landschaftlichen Gegebenheiten der Region gewähren die interessanten Exkursionen, die der Nationalpark in wöchentlichem Rhythmus anbietet (Programm, Anmeldung und Auskunft unter Tel. 0 65 65/6 55 80). Aber man kann die reizvolle Landschaft bis hin zu den vergletscherten Gipfeln natürlich auch auf eigene Faust entdecken. Herrliche Wanderwege, die meist auch für Mountainbiker geeignet sind, führen durch die langen Täler; gemütliche Hütten sind oft das Ziel. Wer weiter hi-

ADAC – der perfekte Urlaubstag

- **9 Uhr:** mit dem Nationalparktaxi ins Hollersbachtal und Wanderung zur Geierschlafwand
- **14 Uhr:** Fahrt nach Krimml, Besichtigung der Wasserfälle (Wasserfallweg)
- **17 Uhr:** Bummel durch Krimml
- **18 Uhr:** Fahrt zurück bis Wald, dann auf der idyllischen alten Gerlosstraße nach Königsleiten, anschließend Besuch des Planetariums

Tiefblick ins Stubachtal vom Gipfel des Medelz aus

nauf möchte, muss sich im Hochgebirge auskennen und über die entsprechende Ausrüstung verfügen. Doch dann ist die Auswahl groß. Der bekannteste und höchste Gipfel der Region ist der Großvenediger. Elegant schiebt sich die Gletscherflanke 3677 m in den Himmel, umgeben von 53 weiteren Dreitausendern. Wie ein Diamant glitzert sie an schönen Tagen im Sonnenlicht.

Wunderwelt der Gletscher

Erfahrene Bergsteiger, die den Großvenediger bezwingen wollen, steigen durch das Obersulzbachtal zur Kürsingerhütte, um von dort aus über den Gletscher zum Gipfel zu gelangen. Die technischen Anforderungen sind nicht allzu groß; da der Weg jedoch durch spaltenreiche Zonen führt, ist ein Bergführer zu empfehlen. Alle anderen können die interessante Welt der Gletscher auch etwas weiter unten, in der Nähe der Obersulzbachhütte entdecken: Der dort angelegte Gletscherlehrpfad erklärt vor allem die Auswirkungen des Gletscherschwunds auf die Entwicklung von Fauna und Flo-

Die eindrucksvollen Krimmler Wasserfälle

Hütten

Krimmler Tauernhaus (1622 m)
Historische Raststation am Saumpfad über die Hohen Tauern. Besonders gemütlich ist die urige Gaststube.

Zustieg an den Krimmler Wasserfällen vorbei durch das landschaftlich schöne Krimmler Achental. Gipfelziele sind die Dreiherrenspitze (3499 m), die Reichenspitze (3303 m) und die Richterspitze (3052 m). Ausgangspunkt: Parkplatz Trattenköpfl an der Gerlospassstraße (1166 m); Tel. 0 65 64/83 27; www.krimmler-tauernhaus.at.

Zittauer Hütte (2328 m)
Idyllische Lage am Unteren Gerlossee ③. Erfahrenen, trittsicheren Wanderern ist die Besteigung des Roßkopfes (2844 m) zu empfehlen. Bergsteigern vorbehalten sind Gipfelziele wie Wildgerlosspitze (3280 m) oder Reichenspitze (3303 m). Die urige Hütte ist mit dem Umweltgütesiegel ausgezeichnet. Schnellster Zustieg (ca. 3 Std.) vom Parkplatz Finkau (1422 m) am Speicher Durlaßboden (Gerlospass); Tel. 0 65 64/82 62

Neue Fürther Hütte (2201 m)
Der Hüttenzustieg von Hollersbach (806 m) ist zwar lang und anstrengend, aber landschaftlich unvergleichlich. Ein Bachlehrpfad am Anfang, Stauseen, Almen und schließlich ein großartiger Talschluss mit herrlichen Wasserfällen machen jeden Schritt lohnend. Die urige Hütte liegt ganz in der Nähe des Kratzenbergsees (2162 m), einem der höchstgelegenen und größten Bergseen der Alpen. Zu empfehlen ist die Tour auf den Larmkogel (3022 m, ca. 3 Std.) mit seiner herrlichen Aussicht auf Großglockner, Großvenediger, die Kitzbüheler Alpen bis hin zum Kaisergebirge. Ausgangspunkt: Hollersbach; Dauer: ca. 6 Std.; Taxitransport bis etwa zur Ofeneralm (1534 m) möglich; Gehzeit: ca. 3 Std.; Tel. 0 65 62/83 90

Wandern & Bergtouren

TOP TIPP Eine landschaftlich reizvolle Wanderung entlang eines reißenden Gebirgsbaches führt durch das **Wildgerlostal zur Zittauer Hütte** ① (2328 m). Ausgangspunkt ist der Parkplatz beim Gasthof Finkau am Durlaßboden-Speicher. Vorbei an Wasserfällen, umrahmt von imposanten Gipfeln, geht es durch die Leitenkammerklamm zur Felsstufe des Klamml. Der Weg ist kühn in den Felsen gehauen, aber gut abgesichert. Nun ist es nicht mehr weit bis zur malerisch gelegenen Zittauer Hütte am Unteren Gerlossee. In dem großen Bergsee spiegeln sich Gletscher und umliegende Gipfel: Gabler (3263 m), Reichenspitze (3303 m) und Wildgerlosspitze (3280 m). Reizvoll für Wanderer, aber anspruchsvoll, ist der Abstieg über die Rainbachscharte (2724 m) ins Krimmler Achental. Ansonsten Abstieg wie Aufstieg; Gehzeit zur Hütte: ca. 4 Std.

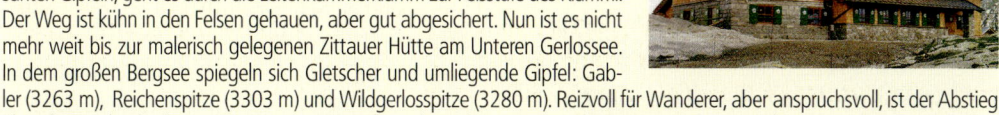

Seebach-See (2083 m) Auf romantischen Pfaden durch das Obersulzbachtal	Ausgangspunkt: Parkplatz Hopffeldboden (1080 m); über einen Steg auf die linke Talseite zum Wanderweg – bei der Gstreifbrücke den Obersulzbach wieder queren – steiler Anstieg zur Seebachalm – weiter zum Seebach-See; zurück über Poschalm und Brendlalm mit unvergesslichem Blick auf den rund 300 m hohen Seebachfall und den 80 m hohen Gamseckfall; im Tal zurück zum Parkplatz; leicht; Zeit: ca. 5 Std.; Einkehr: Brendlalm
Zwölfer Kogel (2282 m) Anstrengende Gipfeltour durch Lärchen- und Zirbenwälder	Ausgangspunkt: Bramberg, Ortsteil Wenns (890 m); auf Forstwegen bis zur Kar-Grund-Alm (1593 m) – steiler Steig durch Zirben- und Lärchenwälder hinauf zum malerischen Karsee (2085 m) – weiter steil hinauf zum Gipfel (2282 m) mit seiner herrlichen Aussicht ins Habach- und Hollersbachtal sowie in die Kitzbüheler Alpen; Abstieg über dieselbe Route; Zeit: ca. 7 Std.; Einkehr: keine
Von der Rudolfshütte (2311 m) **ins Stubachtal** Hochgebirge für Einsteiger	Ausgangspunkt: Enzinger Boden im Stubachtal (1468 m); mit der Bergbahn ③ hinauf zur Rudolfshütte (2311 m) mit Blick auf die Gletscher und die stattlichen 3000er wie Eiskögele (3436 m) und Granatspitze (3086 m) – vorbei am Weißsee über den Oberen Winkel zur Französsachalm – am Ufer des Grünsees entlang – Abstieg zum Enzinger Boden. Einfache Bergwanderung, wenig anstrengend; herrliche Kulisse; Zeit: ca. 2 Std.; Einkehr: Rudolfshütte, Mittelstation Grünsee
Hintersee (1313 m) Leichte Wanderung durch die Schößwendklamm zum malerischen Bergsee	Ausgangspunkt: Parkplatz Schößwendklamm (1096 m) im Felbertal; durch die Schößwendklamm mit ihren einzigartigen Felsformationen und herrlichen Wasserfällen – weiter bis zum Tauernhaus Spital (1169 m), einem urigen Wirtshaus, das seit 1870 in Familienbesitz ist – zum schön gelegenen Hintersee (1313 m); Blick auf den 80 m hohen Schleierfall; auf gleichem Weg zurück; Zeit: ca. 4 Std.; Einkehr: Tauernhaus Spital
Großer Rettenstein (2366 m) Markante Aussichtskanzel in den Nationalpark Hohe Tauern	Ausgangspunkt: Talstation Wildkogelbahn ②, Neukirchen; mit der Bergbahn zur Bergstation (2094 m) – Weg Nr. 35 zur Herrensteigscharte – nordöstlich weiter auf Weg Nr. 36 zum Schöntaljoch (2029 m) – durch steiles, felsiges Gelände zum Gipfel mit seinem einmaligen Panorama auf Großvenediger (3677 m) und die Gipfel der Hohen Tauern; Erfahrung und Trittsicherheit sind Voraussetzung für diese anspruchsvolle Tour; Zeit: ca. 6 Std.; Einkehr: Bergrestaurant Wildkogel

🇦🇹 OBERPINZGAU

ra. Zu sehen sind aber auch die bizarren Abbrüche des Obersulzbachkees.

Ganz andere Schätze birgt das Nachbartal, das Untersulzbachtal: Über 500 Jahre lang wurde dort Kupfererz geschürft, zu Spitzenzeiten bis zu 25 t im Jahr. Quasi nebenbei förderte man noch bis zu 80 kg Silber. Heute vermittelt ein Schaubergwerk einen lebendigen Einblick in die Geschichte des Bergbaus (siehe TopTipp 2). Zu mineralogischem Weltruhm gelangte das Tal, als 1865 an der Knappenwand wertvolle Bergkristalle in außerordentlichen Mengen entdeckt wurden.

Das benachbarte Habachtal kann sich sogar mit Smaragden schmücken, die man früher hier fand.

Weit überragt der Große Rettenstein die Mountainbike-Routen am Wildkogel.

Ein besonders prachtvolles Exemplar des grünen Edelsteins soll Bestandteil der britischen Kronjuwelen sein, ein weiteres glänzt in einer Monstranz im Salzburger Dom. Eine sehenswerte Sammlung von Mineralien, die im Habachtal gefunden wurden, ist im Heimatmuseum in Bramberg ausgestellt. Wer sich selbst auf die Suche machen will, kann sich einer der Mineralexkursionen anschließen (Tel. 0 65 66/72 51). Etwas Mut muss man dazu aber schon mitbringen, schließlich bewachen schwarz gekleidete Naturgeister, hagere Männchen und schroffe Kerle mit schiefrigen Augen und Glimmerstückchen in den Bärten, die Edelsteine des Habachtals – so erzählen zumindest die Sagen.

Unter Geiern

Eine lebendige Sehenswürdigkeit hat das Hollersbachtal zu bieten: Bis zu 80 Weißkopfgeier verbringen jedes Jahr an der Geierschlafwand die Sommernächte. Auch tagsüber bleiben sie in der Nähe und scheinen mit den Steinadlern und den wieder angesiedelten Bartgeiern um die Wette zu segeln. Eine Geierwand gibt es auch im Stubachtal; seit jedoch 1923 das Wasserkraftwerk am Enzingerboden gebaut worden ist, zeigen sich die Weißkopfgeier dort nur noch selten. Hinein in das landschaftlich ausgesprochen schöne, 18 km lange Tal führt eine mautfreie Panoramastraße. Vor dem Start sollte man sich unbedingt beim Tourismusverband Uttendorf die Info-Broschüre holen, in der auf 22 besonders sehenswerte Abschnitte entlang der Route hingewiesen wird. Wer die restlichen 18 in der Broschüre erwähnten Punkte entdecken will, der muss mit der Weißsee-Gletscherbahn hinauffahren zum Alpinzentrum Rudolfshütte (siehe Hüttentipp), das in einem gewaltigen »Amphitheater« aus Fels und Eis steht. Eine schöne Hochtour führt geübte Bergsteiger aufs Eiskögele. In der Nordwand fanden Bergsteiger 1965 sieben Riesenbergkristalle mit einem Gesamtgewicht von 1622 kg. 10 Min. von der Rudolfshütte entfernt befindet sich ein Bergsturzgebiet, in dem Geologen über 100 verschiedene Mineralien entdeckten und Hobby-Sammler auch heute noch fündig werden können. Wesentlich lieblicher sind die Berge auf der anderen Talseite des Oberpinzgaus: Die grünen, mit Bergblumen übersäten Gipfel der Kitzbüheler Alpen locken vor allem Wanderer und Mountainbiker.

EVENTS

- Juli/August: Festspiele Neukirchen
- August: Internationale Hollersbacher Malwochen
- September: Almabtrieb mit Bauernmarkt in Krimml

Alpinzentrum Rudolfshütte (2311 m)

Im ältesten Haus des OEAV – es wurde 1875 gegründet – sind heute ein modernes Ausbildungszentrum mit einer 15 m hohen Indoor-Kletterwand, eine Hochgebirgs- und Nationalparkforschungsstelle, eine Wetterstation und eine höhenmedizinische Forschungsstation untergebracht. In der Nähe des großen, komfortablen Hauses befinden sich ein Klettergarten, ein Klettersteig und zwei Gletscherlehrpfade. Zudem ist das Haus Ausgangspunkt für viele Hochtouren, z. B. auf das Eiskögele (3434 m); Zustieg zum Alpinzentrum vom Enzingerboden im Stubachtal in ca. 3 Std. (landschaftlich sehr reizvoll) oder mit der Gletscherbahn Weißsee direkt zur Hütte; Tel. 0 65 63/82 21; www.alpinzentrum.at

Wanderkarten

Freytag & Berndt, WK 121 Großvenediger, Oberpinzgau; 1:50000

Fun & Family ✹✹✹✹

Krimmler Wasserfälle mit Wasser-WunderWelt	Interessanter Wasser-Themenpark am Beginn des 4 km langen Wasserfallweges; spektakuläre Aussichtsterrassen am Weg; Tel. 0 65 64/72 12; www.wasserfaelle-krimml.at
Schmetterlingslehrpfad Uttendorf	3 km langer, abwechslungsreicher Lehrpfad, bei dem nicht nur seltene Schmetterlinge und Insekten entdeckt werden. Ausgangspunkt: Ortszentrum; Einkehr: Gasthof Liebenburg
Hochgebirgsritt im Trattenbachtal Neukirchen	Mit gutmütigen Norikerpferden geht es von einer Alm bis auf 2000 m ins Hochgebirge – ein einzigartiges Naturerlebnis; Tel. 0 65 65/63 69
Mineraliengrotten Krimml	Besonders farbenprächtiges Fluorit-Vorkommen, das in den Grotten besichtigt werden kann; Führungen immer Do 18–19 Uhr; Tel. 0 65 64/7 23 90
Planetenwanderweg Sternwarte Königsleiten	Jeder Meter des 6 km langen Weges entspricht 1 Mio. km im Sonnensystem. Natursteine stehen für die Planeten, auf Tafeln gibt es Informationen dazu; Dauer: ca. 2 Std

TOP TIPP: Ein Erlebnis für sich ist schon der Weg zum **Schaubergwerk Hochfeld** ❷. Vom Parkplatz in Neukirchen/Sulzau führt der Knappenweg durch das Untersulzbachtal mit seinen eindrucksvollen Wasserfällen und dem artenreichen Bergwald. Interessant für Geologen ist der Blick ins so genannte »Tauernfenster«, in dem der Gesteinsaufbau der Hohen Tauern einmalig sichtbar wird (Dauer: ca. 1 Std.). Im ehemaligen Kupferbergwerk Hochfeld sind 1200 m des über 4 km langen Stollensystems nahezu im Originalzustand zugänglich. Bei den etwa zweistündigen Führungen wird neben der Geschichte des Kupferbergbaus auch Interessantes über Erze und Mineralien sowie über die Entstehung und die Geologie der Hohen Tauern geschildert. Zufahrt auch mit dem Bergwerkstaxi möglich, Anmeldung erforderlich! Tel. 0 65 65/63 96; www.schaubergwerk-hochfeld.at

Schöne Ziele sind der Gaißstein bei Stuhlfelden und der Wildkogel bei Bramberg. Da die Bergstation der Wildkogelbahn bereits auf mehr als 2000 m liegt, ist dieser Aussichtsberg auch ganz bequem zu erreichen. Ein unvergessliches Erlebnis ist es, dort oben zu beobachten, wie die letzten Sonnenstrahlen den Gipfel des Großvenedigers streifen, während alle anderen Berge und die Täler bereits im Schatten liegen.

Von den Gipfeln nun hinunter ins Salzachtal, zu den kleinen Orten des Oberpinzgaus, die weitgehend ihren ländlichen Charme bewahren konnten und – wie etwa Neukirchen – mit zauberhaften Ortsbildern begeistern. Der bedeutendste Ort ist Mittersill, der schon früher ein wichtiger Umschlagplatz zwischen Hohen Tauern und Kitzbüheler Alpen war. Auch heute treffen sich hier alle, die von der Felbertauernstraße, dem Pass Thurn und vom Gerlospass kommen, um weiter der Salzach entlang Richtung Zell am See und Salzburg zu fahren. Vorher lohnt es sich aber, einen Spaziergang durch Mittersill zu machen und das Heimatmuseum im Felberturm zu besuchen, eine einzigartige Dokumentation Pinzgauer Kulturgeschichte: Zu sehen sind historische Arbeitsgeräte, sakrale und volkskundliche Gegenstände, eine historische Schule, eine umfassende Mineraliensammlung und ein Waggon der historischen Pinzgaubahn. Die dazu gehörende Lok steht im Bahnhof; fast wie vor 100 Jahren keuchen auch heute noch die Züge 53 kurvige Kilometer durch das Salzachtal. Von Zell am See aus geht es der Reihe nach vorbei an den sieben Tauerntälern mit all ihren Kostbarkeiten – bis man plötzlich meint, einen Dunstschleier aus einem engen Tal quellen zu sehen. Dann kann es nicht mehr weit sein bis zur Endstation im Bahnhof von Krimml.

TOP TIPP

Sternwarte und Planetarium Königsleiten ❸
Unter professioneller Anleitung entdecken die Besucher der höchstgelegenen Sternwarte Europas (1600 m) bizarre Mondlandschaften, glitzernde Sternhaufen und ferne Galaxien. Eindrucksvoll sind auch die Vorführungen im Planetarium, in denen Sternbilder gezeigt und viele Fragen rund um Sterne, Planeten und ihre Geschichte beantwortet werden. Der Besuch lohnt sich übrigens auch am Tag: Gipfel und Gletscher sind zum Greifen nahe und mit dem Teleskop entdecken Hobby-Astronomen gigantische Sonnenflecken. Spezielles Kinderprogramm; Tel. 0 65 64/2 00 14; www.sternwarte-koenigsleiten.com

Adressen & Bergbahnen
Landesvorwahl 00 43

Bramberg (819 m)	Tourismusbüro Bramberg am Wildkogel; Tel. 0 65 66/72 51; E-Mail: info@bramberg.at; www.urlaubsarena-wildkogel.at	
Krimml (1067 m)	Tourismusbüro Krimml; Tel. 0 65 64/7 23 90; E-Mail: info@krimml.at; www.krimml.at	
Mittersill (790 m)	Verkehrsverband Mittersill Pass Thurn; Tel. 0 65 62/4 29 20; E-Mail: fvv@mittersill.at; www.mittersill.at	
Neukirchen (857 m)	Tourismusbüro Neukirchen am Großvenediger; Tel. 0 65 65/62 56; E-Mail: info@neukirchen.at; www.neukirchen.at	
Uttendorf (804 m)	Tourismusverband Uttendorf; Tel. 0 65 63/8 27 90; E-Mail: info@uttendorf.at; www.uttendorf.com	
Weitere Orte	Hollersbach · Stuhlfelden · Wald-Königsleiten	
Entfernungen	Hamburg 950 km; Berlin 761 km; Köln 751 km; Frankfurt a. M. 567 km; Stuttgart 408 km; München 174 km	

❶ Mittersill/Pass Thurn
Sesselbahn Resterhöhe
Berg/Tal 6,50 €

❷ Neukirchen
Wildkogelbahn
Berg/Tal 13 €

❸ Uttendorf
Weißsee-Gletscherbahnen
Berg/Tal 18,50 €

Siehe auch Preisteil S. 640

Hotelempfehlungen

Bramberg am Wildkogel S. 668
Krimml S. 685
Mittersill S. 690
Neukirchen am Großvenediger S. 694
Uttendorf-Weißsee S. 709
Wald im Oberpinzgau S. 710

Straßenatlas Siehe S. 780

RAURISERTAL
SALZBURGER LAND – NATIONALPARK HOHE TAUERN

ACTION & SPORT

WANDERN & BERGTOUREN

FUN & FAMILY

WELLNESS & GENUSS

Wanderkarten
Freytag & Berndt WK 193 Sonnblick, Großglocknerstraße, Unterpinzgau; 1:50000

Talmuseum Rauris
Untergebracht ist das Rauriser Talmuseum in einem prächtigen, 1563 erbauten Gewerkenhaus in Rauris. Dokumentiert wird in 17 Schauräumen die Geschichte des Bergbaus und der Bergbauern, Brauchtum und Kultur sowie die Tier- und Pflanzenwelt. Interessant ist die Geschichte des Observatoriums auf dem Sonnblick, besonders sehenswert die umfassende Mineraliensammlung mit einzigartigen Bergkristallen und Halbedelsteinen; Tel. 0 65 44/62 53

ADAC – der perfekte Urlaubstag
- **9 Uhr:** von Kolm-Saigurn aus auf dem Lehrpfad durch den Rauriser Urwald
- **12 Uhr:** Goldwaschen in Bucheben
- **15 Uhr:** mit dem Auto nach Taxenbach, Besuch der Kitzlochklamm
- **18 Uhr:** Fahrt zur Wallfahrtskirche Maria Elend bei Embach, Sonnenuntergang auf der Terrasse des dortigen Alpengasthofs genießen

Im Tal der Goldsucher

Ein sanfter, familienfreundlicher Beginn und ein fantastisches, hochalpines Finale machen das Raurisertal im Herzen des Nationalparks Hohe Tauern zum idealen Urlaubsgebiet für Familien und für Bergwanderer, denen landschaftlicher Hochgenuss wichtiger ist als berühmte Ziele.

Rauris – ein schmucker Ort in einem Tal, das vor allem Familien und Bergwanderern viel zu bieten hat

Behutsam schlängelt sich die kleine Straße von Lend im Salzachtal auf den sonnigen Bergrücken zwischen Rauriser- und Gasteinertal. Schöne alte Häuser laden in Embach zum Verweilen ein; von hier ist es auch nicht weit zu der Wallfahrtskirche Maria Elend, einem Aussichtsplatz, der seinesgleichen sucht. Einige steile Kurven führen, dem historischen Säumerweg folgend, hinunter ins Raurisertal.

Heute fließt ein Großteil des Verkehrs von Taxenbach aus ins Tal. Der sonnenverwöhnte Ort ist zum schnellen Vorbeifahren viel zu schade. Die eng aneinander geschmiegten Gebäude bilden ein kleines Labyrinth aus verwinkelten Gassen. Taxenbach ist Ausgangsort für Rafting- und Canyoningtouren durch die spektakuläre Kitzlochklamm (Raftingcenter Taxenbach; Tel. 0 65 43/53 52; www.raftingcenter.com). Weniger Wagemutige können dieses einzigartige Wildwasserschauspiel auch trockenen Fußes kennen lernen. Mitte des 16. Jh.s haben Goldsucher einen schmalen Durchschlupf in die Felswand gebohrt; 1833 wurde dann eine Steganlage gebaut. Heute garantiert ein gut befestigter Rundweg, dass nahezu jeder durch die Klamm wandern kann.

Goldsucher waren es auch, die aus dem ehemaligen Bergknappendorf Rauris einen wohlhabenden, angesehenen Ort gemacht haben. Bereits vor 4000 Jahren war das Tauerngold aus dem Raurisertal bekannt, Mitte des 16. Jh.s förderten über 2000 Knappen jährlich an die 4 t Gold. Bürgerhäuser mit prächtigen Portalen und schönen Erkern zeugen in Rauris noch heute vom einstigen

Adressen & Bergbahnen — Landesvorwahl 00 43

Urlaubsregion	**Rauris** Tourismus GmbH; Tel. 0 65 44/2 00 22; E-Mail: info@raurisertal.at; www.raurisertal.at
Orte	**Bucheben • Embach** www.embach.at • **Taxenbach** www.taxenbach.at • **Wörth**
Entfernungen	Hamburg 999 km; Berlin 810 km; Köln 800 km; Frankfurt a. M. 616 km; Stuttgart 457 km; München 223 km

❶ Rauris Hochalmbahnen Berg/Tal 12,50 €

❷ Rauris/Hochalm Gipfelbahn Berg/Tal (Hochalmbahnen und Gipfelbahn) 19,50 €

Siehe auch Preisteil S. 640

Fun & Family ✹✹✹✹

Kitzlochklamm Taxenbach	Wilde, eindrucksvolle Klamm mit Wasserfällen, Tropfsteinhöhle und Einsiedelei. Leichter Rundweg von Taxenbach aus; Zeit: ca. 1 Std.; www.kitzlochklamm.at
Rauriser Urwald Kolm-Saigurn	Schmaler, gut begehbarer Lehrpfad durch uralten Wald mit Waldmuseum; vom Parkplatz Lenzanger zum Ammererhof, Wegweisern folgen; Zeit: ca. 3 Std.
Angelteiche Weixen Seidlwinkltal	Die selbst gefangenen Fische werden im Gasthof (eigene Brauerei) sofort zubereitet; Streichelzoo mit Lamas; Abenteuerspielplatz; Tel. 0 65 44/64 37; www.weixen.at
Heimalm/ Hochalm Rauris	Heimalm (Mittelstation) ❶: Goldwaschen, Abenteuerspielplatz, Ausstellungen; Hochalm (Bergstation): 300 Jahre alte Alm, Greifvogelwarte; Tel. 0 65 44/63 34; www.heimalm.com

TOP TIPP Die Rentabilität sollte beim **Goldwaschen** ❶ nicht im Vordergrund stehen, doch in der Regel wird die Mühe belohnt, zumindest mit einigen kleinen, eigenhändig ausgewaschenen Goldkörnchen. Unerfahrene Schatzsucher können auch an einem der Goldwaschlehrgänge teilnehmen. Goldwaschplätze befinden sich u. a. in Bodenhaus; Tel. 0 65 44/2 00 22; www.goldwaschen.net; und auf der Heimalm (an der Mittelstation der Hochalmbahnen ❶); Tel. 65 44/63 34, www.goldwaschen.at

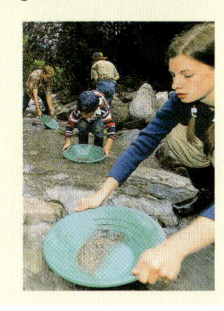

Reichtum. Als die Goldvorkommen langsam weniger wurden und Ende des 19. Jh.s auch der letzte Stollen geschlossen wurde, geriet das Gold in Vergessenheit. Erst viel später erinnerte man sich wieder an das Edelmetall: Geld lässt sich heute mit den Touristen verdienen, die geduldig versuchen, die begehrten Goldkörnchen aus dem Sand der Bergbäche zu waschen.

Südlich von Rauris, bei Wörth, werden aus sanften Bergwiesen steile Flanken. Wie eine Pyramide schießt der Ritterkopf in den Himmel und teilt das Tal in zwei Äste: Im Mittelalter führte ein Säumerpfad durch das Seidlwinkltal am 500 Jahre alten Rauriser Tauernhaus vorbei über das Hochtor nach Süden. Von dort ist der höchste Berg Österreichs, der Großglockner, zum Greifen nahe. Heute führt eine kleine Straße zur Fleckweide, Mini-Busse bringen Wanderer sogar bis zum Rauriser Tauernhaus. Wer die bequeme Variante wählt, verpasst allerdings einiges. Es lohnt sich, bereits in Wörth aufs Mountainbike zu steigen oder zu Fuß ab dem Gasthof Weixen das wunderschöne Tal zu entdecken.

Der andere Ast, das Hüttwinkltal, führt Richtung Kolm-Saigurn. Das alte Knappendorf ist Ausgangspunkt für Wanderungen und Bergtouren in den Nationalpark. Den ersten Halt verdient das Bilderbuchdorf Bucheben mit einer idyllisch gelegenen Kirche und uralten Häusern. Bei Lechnerhäusl sollte man erneut anhalten; diesmal, um ins Krumltal abzuzweigen und an den Schlafwänden der Bartgeier vorbei zur Bräualm zu wandern.

Wer von Bodenhaus, dem nächsten Ort, weiter Richtung Talschluss will, muss entweder Maut bezahlen oder über den Knappenweg (ca. 2 Std.) wandern. Endstation für Autos ist Lenzanger. Von hier führt ein herrlicher Spazierweg nach Kolm-Saigurn: Zirbenwälder, Wasserfälle, das Schareck und die Nordwand des Hohen Sonnblicks, auf dessen Gipfel die höchste Wetterstation Österreichs steht, bilden eine fantastische Kulisse. Wanderungen führen vom Naturfreundehaus und dem Nationalparkmuseum in den Rauriser Urwald, einen 800 Jahre alten Bergwald, oder über den Tauerngold-Rundwanderweg zu den historischen Bergbaustätten. Eines haben alle diese Routen gemeinsam: Sie führen mitten hinein in die wilde, urwüchsige Landschaft des Nationalparks Hohe Tauern.

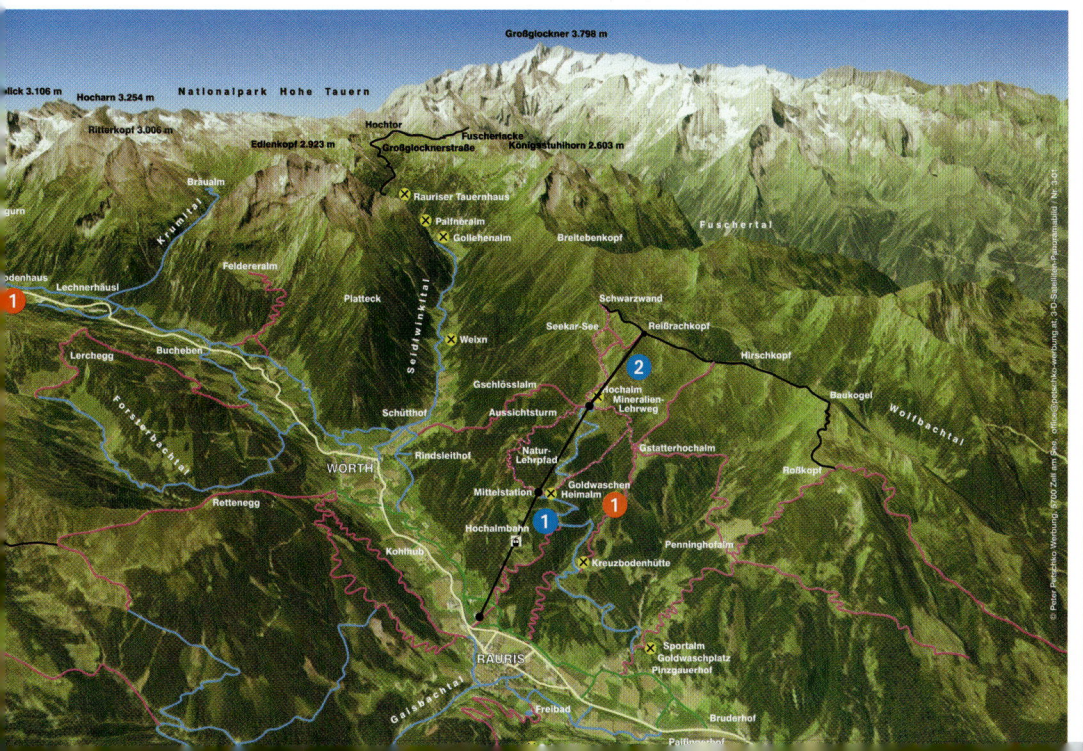

Hütten

Rauriser Tauernhaus (1527 m)
500 Jahre alte, sehr gemütliche Gaststube mit sehenswerter historischer Rauchkuchl. Einfacher Zustieg vom Parkplatz Fleckweide (1052 m) durch das unter Naturschutz stehende, landschaftlich ungewöhnlich schöne Seidlwinkltal mit seinen unzähligen Wasserfällen (ca. 2 Std.); traumhaft ist die Fahrt mit dem Mountainbike von Wörth aus durch das malerische Tal; es gibt auch ein Hüttentaxi;
Tel. 0 64 15/62 40

Zittel-Haus (3106 m)
Panoramalage direkt auf dem Gipfel des Sonnblick bei der Wetterwarte. Herrliche Sonnenauf- und -untergänge.

Für erfahrene, trittsichere Bergsteiger ist die Tour auf den Sonnblick sehr empfehlenswert. Zustieg von Kolm-Saigurn (1626 m) an Wasserfällen und Bergwerksruinen vorbei zur Rojacher Hütte (2719 m, bewirtschaftet), dann über den teilweise gesicherten Steig dem ausgesetzten Südostgrat zum Gipfel des Sonnblicks folgen; Zeit: ca. 5 Std.; Tel. 0 65 44/64 12

Sonnblick-Observatorium
1886 hat der Rauriser Bergwerksbesitzer Ignaz Rojacher den Bau der Wetterstation ermöglicht. Seitdem ist die Station durchgehend mit mindestens zwei Wissenschaftlern besetzt, auch im Winter, wenn arktische Bedingungen herrschen. Einmal musste sogar die US-Luftwaffe helfen und Versorgungspakete abwerfen. Neben dem Wetter beobachten die Forscher die Verschmutzung der Atmosphäre, die Klimaveränderung und die Entwicklung der Gletscher.

Hotelempfehlungen

Rauris S. 698

Straßenatlas   Siehe S. 781

Werfen – Werfenweng – Pfarrwerfen
Salzburger Land

ACTION & SPORT
WANDERN & BERGTOUREN
FUN & FAMILY
WELLNESS & GENUSS

Paragliding
Einer der beliebtesten Flugberge des Salzburger Landes ist der Bischling (1834 m) ❷. An der Bergstation kann man je nach Wind in drei verschiedene Himmelsrichtungen starten. Ein Landeplatz ist bei der Talstation eingerichtet. Oben sind nicht nur die Gleitschirmflieger von dem Ausblick begeistert: Vom Dachstein bis zum Großglockner reicht die Sicht.

Eiskogelhöhle
Ein spannendes Abenteuer ist die ca. fünfstündige Exkursion in die völlig naturbelassene Eiskogelhöhle. Wild und ursprünglich zeigt sie sich: Im schwachen Licht der Lampen wirken die gewaltigen Dome und Tunnel noch größer. Neben fantastischen Eisformationen glänzen geheimnisvolle Sintersäulen. Gute Ausdauer und Trittsicherheit sind Voraussetzung für diese anstrengende, faszinierende Tour. Gesamtzeit: ca. 11 Std.; Anmeldung erforderlich; Tel. 0 64 68/75 54

ADAC – der perfekte Urlaubstag
- **10 Uhr:** Besichtigung der Eisriesenwelt
- **12.30 Uhr:** Rast auf dem Oedl-Haus, mit der Seilbahn ❶ zurück nach Werfen
- **14 Uhr:** Fahrt nach Werfenweng, Besichtigung des Skimuseums
- **17 Uhr:** Spaziergang vom Wengerwinkl in die Wengerau bis zur Gamsblickalm (ca. 15 Min.) Dort eines der köstlichen Wildgerichte genießen. Entweder zu Fuß oder mit dem Shuttlebus zurück; Tel. 0 64 66/5 14

Ein Paradies für Wanderer ist der Wengerwinkl bei Werfenweng.

Sonnige Ziele in eisigen Welten

Eine mächtige Burg und ein noch mächtigerer Gebirgszug, der seine abenteuerlichsten Schätze im Berginneren versteckt. Sonnenterrassen mit malerischen kleinen Orten und ein Freizeitangebot, das sowohl Familien als auch Bergwanderern und Trendsportlern alle Urlaubswünsche erfüllt. Das alles bietet die Region um Werfen.

So stellt man sich als Kind eine Ritterburg vor: Uneinnehmbar ragen die dicken Mauern der Burg Hohenwerfen aus dem 11. Jh. über der Salzach auf. Im Bauernkrieg des 16. Jh. schafften es die Bauern dennoch, die Burg zu erobern. In der folgenden Zeit stand die Sicherung des Pass Lueg im Vordergrund. Heute werden die Waffen auf Hohenwerfen nur noch bei regelmäßig stattfindenden Ritterspielen und Vorführungen gekreuzt.

Noch wuchtiger als die Burg wirken die Felswände, die sie umgeben: das Hagengebirge mit den Ausläufern des Hochkönigs im Westen, die hell schimmernden Gipfel des Tennengebirges im Osten. Dazwischen liegt Werfen, einer der schönsten Orte im Salzachtal. In engen Bogen windet sich die Salzach hier kurz vor dem Pass Lueg, wo Hagen- und Tennengebirge sich fast ineinander schieben, durch die Felsen; Salzachöfen heißt die 2 km lange Durchbruchstelle zwischen Werfen und Golling, die auf gut befestigtem Steig vom Pass Lueg aus besichtigt werden kann. Äußerst anspruchsvoll ist die Strecke für Kanuten, herrlich auch zum Raften und Canyoning (Crocodile Sports; Tel. 06 62/64 29 07).

Die wahren Werte des Tennengebirges liegen in seinem Inneren verborgen: 665 Höhlen durchziehen das Massiv, darunter die größte Eishöhle der Erde, die Eisriesenwelt. Mehr als 30000 m³ Eis, bis zu 20 m dick, verwandeln das 47 km lange Höhlensystem mit schimmernden Eisgebilden in eine märchenhafte Kulisse. Zu verdanken ist dieses eindrucks-

Adressen & Bergbahnen
Landesvorwahl 00 43

Urlaubsregion	Tourismusverband **Werfen**; Tel. 0 64 68/53 88; E-Mail: info@werfen.at; www.werfen.at
Orte	**Pfarrwerfen** www.pfarrwerfen.at • **Werfenweng** www.werfenweng.org
Entfernungen	Hamburg 958 km; Berlin 769 km; Köln 760 km; Frankfurt a. M. 576 km; Stuttgart 416 km; München 183 km

❶ **Werfen** Seilbahn Eisriesenwelt Berg/Tal 9 €
❷ **Werfenweng** Ikarus-Bahn Bischlinghöhe Berg/Tal 12,50 €

Siehe auch Preisteil S. 640

volle Naturwunder so genannten Kaltluftseen, die auch im Sommer nicht durch das Höhlensystem entweichen können und das Eis selbst bei hohen Außentemperaturen konservieren.

Faszinierend ist auch der Blick vom Höhleneingang, der fast 1000 m über dem Salzachtal mitten unter der Steilwand des Hochkogels liegt. Der Aussichtsgipfel ist für gute Bergwanderer leicht zu besteigen – vom Dr.-Friedrich-Oedl-Haus aus, an dem jeder Eishöhlen-Besucher vorbeikommt.

Der Hochkogel ist bei weitem nicht das einzige lockende Ziel des Tennengebirges. Um zu einem der schönsten Ausgangspunkte zu kommen, fährt man von Werfen nach Pfarrwerfen, das auf einer Sonnenterrasse über der Salzach liegt. Die Pfarrkirche St. Cyriak wirkt auf den ersten Blick wie eine kleine Burg. Sehenswert sind die sieben gut erhaltenen Wassermühlen aus dem 16. und 17. Jh. Von hier aus fährt man fast direkt auf die Felswände zu, bis sich auf 900 m ein malerisches Hochtal öffnet. Umgeben von Almwiesen und lichten Wäldern liegen die blumengeschmückten Häuser von Werfenweng. Wer hier seinen Autoschlüssel einen Urlaub lang abgibt, bekommt zahlreiche Vergünstigungen und bleibt trotzdem mobil: Pferdekutschen, Elektroautos und Mountainbikes gehören zum normalen Straßenbild. Das Skimuseum des Salzburger Landes dokumentiert die ersten Schwünge im glitzernden Schnee genauso wie die neuesten Entwicklungen in der Renntechnik.

Eindrucksvoll ist der Talschluss im Wengerwinkl: Mächtig ragen hier die Kalkwände mit fantastischen Klettertouren in den Himmel. Der markanteste Gipfel ist der Eiskogel, den trittsichere Bergwanderer über die Dr.-Heinrich-Hackel-Hütte und die markante Tauernscharte einfach besteigen können.

Fun & Family

Burg Hohenwerfen Werfen	Wehrhafte Bilderbuchburg; Waffenausstellung; spannende Sonderführungen; Falknereimuseum; Greifvogelschau; Tel. 0 64 68/76 03; www.salzburg-burgen.at
Wassermühlen Pfarrwerfen	Sieben schön restaurierte, dicht beieinander stehende Mühlen aus dem 18. Jh.; bei Vorführungen wird die Mahltechnik demonstriert; Tel. 0 64 68/53 90
Salzburger Landes-Skimuseum Werfenweng	Von den Anfängen des Skilaufs bis zu neuesten technischen Entwicklungen; Skifilme; Geschichte des Rennsports; interessante Dokumentationen; Tel. 0 64 66/42 00
Freizeitpark Wengsee Werfenweng	Herrlicher Badesee mit Sprungturm, Rutsche, Abenteuer-Spielplatz; Beachvolleyballfeld; Tischtennis; Badminton

TOP TIPP Kristallklare Eisnadeln, mächtige, blau glitzernde Eiswälle, bizarre Eisformationen und mit langen Eiszapfen geschmückte riesige Gewölbe – der Ausflug in die **Eisriesenwelt** ❶, die größte Eishöhle der Welt, ist ein einzigartiges, aber kühles Erlebnis. Warme Kleidung und feste Schuhe sind unbedingt notwendig, auch im Hochsommer herrschen Temperaturen unter dem Gefrierpunkt. Vom Parkplatz Eisriesenwelt bei Werfen ca. 20 Min. Fußweg zur Seilbahn ❶; von der Bergstation ca. 20 Min. zum Eingang der Höhle, die Führung dauert ca. 75 Min.; Gesamtdauer: ca. 3 Std.; Tel. 0 64 68/52 91; www.eisriesenwelt.at

Restaurants

Burgschenke Hohenwerfen
Stilvolles Restaurant, gute Küche, originelle Ritteressen; Tel. 0 64 68/52 03; www.ritterschmaus.at

Hütten

Werfener Hütte (1969 m)
Eindrucksvoll am Südgrat des Hochthrons (2360 m) gelegene Hütte. Anstieg von Mahdegg (Mautstraße von Werfenweng aus) in ca. 2 Std. Vom Wengerwinkl ca. 2,5 Std; Gipfelziele sind der Hochthron (2362 m) und die Fieberhörner (2276 m, herrliche Kletterwände oder leichte Wanderung); Tel. 06 64/9 86 48 28

Ostpreußenhütte (1628 m)
Am Fuße des Hochkönig. Ein breiter, reizvoller Wanderweg führt von Werfen aus hinauf (ca. 3,5 Std.). Interessantes Gipfelziel ist der Hochkönig (2941 m); Tel. 0 64 68/71 46

Hotelempfehlungen

Werfenweng S. 710

Wanderkarten

Freytag & Berndt WK 392 Tennengebirge, Lammertal, 1:50000

Straßenatlas Siehe S. 781

DACHSTEIN-WEST UND LAMMERTAL
SALZBURGER LAND

ACTION & SPORT

WANDERN & BERGTOUREN

FUN & FAMILY

WELLNESS & GENUSS

Keltenmuseum
Schon die Kelten wussten die reichen Salzvorkommen des Dürrnbergs zu nutzen und machten Hallein vor rund 2500 Jahren zu einem wichtigen Wirtschaftszentrum. Prächtig ausgestattete Gräber zeugen vom einstigen Reichtum. Die wertvollen Funde (Grabbeigaben und Werkzeuge des prähistorischen Bergbaus) sind im Keltenmuseum im Pfleghaus (erbaut 1654) in Hallein ausgestellt;
Tel. 0 62 45/8 07 83
www.keltenmuseum.at

ADAC *der perfekte Urlaubstag*

- **9 Uhr:** Besichtigung der Salzwelten Bad Dürrnberg
- **11 Uhr:** Fahrt mit der Bergbahn auf den Zinkenkogel ❸, mit der Sommerrodelbahn ins Tal
- **12 Uhr:** Bummel durch die malerische Altstadt von Hallein
- **14 Uhr:** Fahrt ins Lammertal, Besichtigung der spektakulären Lammeröfen
- **17 Uhr:** Abendspaziergang durch Annaberg

Ein lohnendes Ausflugsziel ist die Stuhlalm bei Annaberg.

Bergeweise Urlaubsglück zwischen Salzach und Lammer

Zwischen den westlichen Ausläufern des Dachstein-Massivs, Gosaukamm, Osterhorngruppe und Tennengebirge liegt ein liebliches Talbecken; hier schlängelt sich die Lammer an malerischen Orten vorbei, bevor sie sich bei Golling durch die Felsen zwängt, um sich mit der Salzach zu vereinigen. Und nicht mehr weit ist es von dort zu den Salzwelten des Dürrnberges bei Hallein. Alles im allem ist dies eine Region, die Gipfelglück bietet, Wanderlust befriedigt und spannende Entdeckungsreisen in vergangene Zeiten ermöglicht.

Fröhlich plätschert der Bergbach über die Hänge des östlichen Tennengebirges, um bei Lungötz, ganz in der Nähe der größten Mammutbäume Österreichs, ruhig in das weite Talbecken zu fließen. Niemand würde es diesem zahmen Bächlein zutrauen, dass es sich gut 30 km weiter energisch in den Fels frisst, um sich tosend und donnernd einen Zugang ins Salzachtal zu erzwingen. Doch zuvor passiert die Lammer ein herrliches Wandergebiet mit idyllischen Orten wie Annaberg. Das malerische Dorf wurde schon mehrmals für seinen Blumenschmuck ausgezeichnet und gilt als eines der schönsten im Salzburger Land. Prächtige Bauernhöfe, die 400 Jahre alte Hagenmühle, das sehenswerte Heimatmuseum im historischen Gererhof und natürlich der Blick auf die wilden, an die Dolomiten erinnernden Felszacken des Gosaukamms im Osten machen den Ort zu einem Juwel.
Bei diesem Anblick verwundert es kaum, dass die vor allem bei Motorradfahrern beliebte Strecke durch das Lammertal bis nach St. Martin am Tal-ende den Beinamen »Salzburger Dolomitenstraße« trägt. Die Anziehungskraft der Kalkzinnen ist gewaltig – gut, dass die Riedlkarbahn den Aufstieg erleichtert. Unübersehbar geht hier am Gosaukamm die

Herrliche Wanderwege am Fuße des Gosaukamms

Wandern & Bergtouren

TOP TIPP Eine lange, anspruchsvolle, aber sehr lohnende Bergwanderung führt auf den höchsten Gipfel der Osterhorngruppe, das **Gamsfeld** (2028 m) ❶. Von Rußbach (813 m) aus zur Jausenstation Rinnbergalm und weiter Richtung Fallenegg. Bei der Weggabelung durch ein Waldstück, dann steil hinauf zur Traunwand (1338 m). Durch Latschenfelder Richtung Trauerkar, weiter über steiles, steiniges Gelände auf den Kamm und zum Gipfel des Gamsfelds. Einmaliger Blick auf Gosaukamm und Dachstein. Abstieg über das Angerkar zur Angerkaralm (1423 m). Danach durch das Rinnbachtal zurück; Zeit: ca. 7 Std.; Einkehr: Rinnbergalm, Angerkaralm

Einberg (1688 m) Leichte Wanderung am Rande der Postalm	Ausgangspunkt: Höhhäusl (950 m) am Beginn der Postalmstraße; Pernegg – Rigausberg – Einberg (mit herrlicher Aussicht auf Tennengebirge, Gosaukamm und Dachstein); Aufstieg wie Abstieg; Zeit: ca. 3 Std.; Einkehr: keine
Egelseehörndl (1782 m) Mittelschwere Wanderung mit grandiosem Rundblick	Ausgangspunkt: Parkplatz Postalm (1284 m); Pitschenbergalm (1449 m) – Lammeinalm – über die Spielwand zum Gipfel; Abstieg wie Aufstieg; Zeit: ca. 6 Std.; Einkehr: Postalm, Pitschenbergalm
Tauernkogel (2247 m) Aussichtsgipfel für Geübte im Tennengebirge	Ausgangspunkt: Lungötz, Parkplatz Hofhaus (965 m); Aualm (1230 m) – Jochriedl (1720 m) – Dr.-Heinrich-Hackl-Hütte (1526 m) – Bergsteig zur Tauernscharte (2103 m) – rechts haltend zum Gipfel des Tauernkogels mit herrlicher Aussicht auf die ungewöhnliche Karstlandschaft im Zentrum des Tennengebirges, den Pongau und die Tauern-Gipfel; Abstieg wie Aufstieg; Zeit: ca. 7 Std.; Einkehr: Aualm, Dr.-Heinrich-Hackl-Hütte
Knallstein (2233 m) Traumtour für Trittsichere auf die Pyramide über Scheffau	Ausgangspunkt: Unterscheffau/Kuchlbach (590 m); Infangalm (633 m) – Stefan-Schatzl-Hütte (1336 m, Selbstversorger) – Weg 212 folgen – über herrlichen Südgrat zum Gipfel (Schwierigkeitsgrad 1), traumhafter Blick über das Alpenvorland; Abstieg wie Aufstieg; bis zur Hütte leichte, lohnende Wanderung (ca. 2,5 Std.); danach mittelschwere Bergtour zum Gipfel, Trittsicherheit und Schwindelfreiheit nötig; Zeit: ca. 8 Std.; Einkehr: keine

EVENTS

- Juli: Egelsee-Fest, Golling; eines der größten Volksmusikfeste Österreichs; www.egelseefest.at
- August: Forum Castelli, Gollinger Mittelalterfest, mit mittelalterlichem Handwerksmarkt und vielen Vorstellungen; www.mittelalterfest.com
- Lammertaler Heufest; u. a. mit fantastischen Heufiguren und Veranstaltungen im gesamten Tal

Welt der Wanderer unmittelbar in die Welt der Bergsteiger und Kletterer über: Letztere streben zu den Wänden des Großen Donnerkogels und des Angersteins, Bergsteiger brechen auf herrlichen Höhenwegen Richtung Dachstein auf, und die Wanderer erkunden über den Austriaweg, der von der Gablonzer Hütte zur Theodor-Körner-Hütte führt, die Region an der Grenze zwischen Felswänden und Almwiesen.

Paradies für Botaniker

Nach Norden wird der Gosaukamm immer zahmer, bevor die Almwiesen nach der Einkerbung des Pass Gschütt, der hinüber nach Gosau und ins oberösterreichische Salzkammergut führt, wieder an Höhe gewinnen und als Osterhorngruppe neue Wanderziele eröffnen. Lohnend ist etwa der Jungbrunnenweg zum Kamplbrunnen, einer eiskalten Quelle, die Wunder bewirken soll. Ob man nun an Wunder glauben will oder nicht, die leichte, kurze Wanderung von Rußbach aus ist vor allem für botanisch Interessierte traumhaft: Mehr als 200 Arten wild wachsender Heilkräuter, seltener Blumen und geschützter Orchideen sollen entlang des Weges gedeihen. Für konditionsstarke Wanderer ist die aussichtsreiche Tour auf das Gamsfeld ein Genuss. Der Gipfel trägt seinen Namen genauso zu Recht wie der Ort Rußbach: Auch die Wilderer wussten, dass Gämsen diese Region bevorzugen. Zur Tarnung schwärzten sie sich das Gesicht mit Ruß, den sie später im Bach wieder abwuschen. Das Wasser verfärbte sich dadurch oft schwarz, und so kam der Ort zu seinem Namen.

Das Zentrum des Lammertals: Abtenau mit seinen schmucken Häusern

Zwischen der Osterhorngruppe im Nordosten und dem Tennengebirge im Südwesten liegt im weiten, bewaldeten Talkessel Abtenau, der Hauptort des Lammertals. Farbenfroh bemalte Häuser schmücken den ruhigen, beschaulichen Ort. Sehenswert sind der schöne Marktplatz, die Pfarrkirche und das Abtenauer Heimatmuseum in einem herrlichen, 1325 erbauten Anwesen. Das Museum wird ergänzt durch ein Bienenhaus und eine interessante vogelkundliche Sammlung. Ein Paradies für Familien ist der Karkogel mit seiner aufregenden Sommerrodelbahn und dem kleinen Freizeitpark an der

Adneter Marmorlehrpfad
Vor allem zu Beginn des 19. Jh. war der ungewöhnlich rötliche Adneter Marmor begehrt. U. a. wurde hier, östlich von Hallein, das Material für die Münchner Mariensäule, das Wiener Parlament und den Sarkophag Kaiser Friedrichs III. gewonnen. Ein auch landschaftlich schöner Lehrpfad mit 15 Stationen führt zu den historischen Steinbrüchen, im Adneter Marmormuseum werden die interessanten Details erklärt; Tel. 0 62 45/8 06 25; www.adnet.salzburg.at

DACHSTEIN-WEST UND LAMMERTAL

Malerisches Naturschauspiel: der Gollinger Wasserfall

Hütten

Gablonzer Hütte (1550 m)
Malerische Hütte am Fuße des wild zerklüfteten Gosaukamms, mit herrlichem Blick auf den Dachstein; ca. 20 Min. von der Bergstation Riedlkaralm ❷; Übernachtungen auf Anfrage; Tel. 0 61 36/84 65

Theodor-Körner-Hütte (1454 m)
Bilderbuchhütte mit traumhaftem Blick auf die Bischofsmütze und den Dachstein. Besondere Schmankerl sind der Kaiserschmarrn und der selbst geräucherte Speck; Zufahrt von Annaberg durch das Rauenbachtal bis Parkplatz Pommer (980 m); von dort schöner Wanderweg zur Hütte, ca. 1,5 Std.; Tel. 06 64/9 16 63 03

Carl-von-Stahl-Haus (1736 m)
Große, aber gemütliche Hütte auf dem Grenzkamm zwischen Bayern und Salzburg am Hohen Göll (2522 m). Ausgangspunkt zur anspruchsvollen Überschreitung des Massivs (nur für trittsichere, erfahrene Bergsteiger!). Einfacher ist die Besteigung des Schneibsteins (2276 m) im Hagengebirge, Trittsicherheit und Schwindelfreiheit ist aber auch hier erforderlich. Eine schöne, mittelschwere Bergwanderung führt hinunter zum Königssee. Landschaftlich herrlicher, leichter Hüttenzustieg von Golling, Parkplatz Bärenhütte (507 m) im Bluntautal; Zeit: ca. 4 Std.; 00 49/86 52/27 52; www.carl-von-stahl-haus.com

Talstation der Sesselbahn. Von der Bergstation führen familienfreundliche Wanderungen Richtung Gsengalm oder anspruchsvolle Wege für erfahrene, trittsichere Bergsteiger zu Großem Traunstein und First.

Bei Voglau, einem Dorf bei Abtenau, führt eine herrliche Mautstraße hinauf zur Postalm, die einst dem Postmeister von Bad Ischl gehörte. Über 2000 Kälber, mehrere hundert Kühe und fast ebenso viele Pferde grasen hier den Sommer über. Die Kulisse könnte kaum schöner sein: die grünen Hügel der Salzburger Voralpen, die spitzen Zacken des Gosaukamms und das mächtige Bollwerk des Tennengebirges. Mehrere Rundwege laden zu ausgedehnten, gemütlichen Wanderungen ein, urige Almen verführen zur Einkehr. Zurück in Voglau zeigt sich die Lammer noch als liebliches Flüsschen, doch bei Oberscheffau wandelt sich das Bild abrupt: Hier hat das Wasser einen Weg zur Salzach erzwungen, sich durch die bis zu 100 m hohen Kalkwände gefräst und auf einer Strecke von 2 km bizarre Felsformationen, tiefe Gräben und enge Schluchten geschaffen: die Lammeröfen, einst Albtraum der Holztransporteure, die hinunterklettern mussten, um Baumstämme zu lösen, die sich in den Felsen verhakt hatten. Heute ist die Schlucht eine der beliebtesten und schwierigsten Wildwasserstrecken Österreichs und ideal für Canyoning- und Raftingtouren (z. B. bei Club Montée, Tel. 06 64/4 12 36 23). Es geht aber auch wesentlich gemütlicher, denn ein gesicherter, für alle zugänglicher Steig führt durch die Schlucht.

Interessantes an den Ufern der Salzach

Nach diesem spektakulären Finale vereinigt sich die Lammer bei Golling friedlich mit der Salzach, die beim Pass Luegg mit den Salzachöfen kurz zuvor ein ähnliches Naturschauspiel geschaffen hat. Und damit nicht genug: Auf der anderen Seite der Salzach, an den Flanken des Hagengebirges, stürzt der prächtige Gollinger Wasserfall bei Torren malerisch in mehreren Stufen vom Massiv des Hohen Göll in die Tiefe. Die spätgotische Wallfahrtskirche St. Nikolaus und eine Wanderung ins Landschaftsschutzgebiet des Bluntautals machen dieses Gebiet zusätzlich interessant. Sehenswert sind bei Golling jedoch nicht nur die Naturwunder, sondern auch der schmucke Ortskern, der von einer mächtigen Burg beherrscht wird. Sie beherbergt eine Fossiliensammlung, die durchaus einen Besuch wert ist.

Dem Lauf der Salzach folgend, gelangt man nach Hallein, dem Hauptort des Tennengaus mit seinem herrlichen mittelalterlichen Stadtbild. Schon vor über

Fun & Family

Seepark St. Martin	Erlebnisbad: biologischer Badesee mit Wasserfontäne, 3-m-Trampolin, 48-m-Rutsche, Kleinkindbereich, Erlebnisburg, Beach-Volleyball, See-Restaurant; Tel. 0 64 63/72 25; www.sanktmartin.at.
Heimatmuseum Arlerhof Abtenau	Wohnhaus, Troadkasten, Wassermühle, Sägewerk in historischem Lammertaler Bauernhaus von 1325. Mit vogelkundlicher Sammlung und Bienenhaus; Tel. 0 62 43/22 96
Sommerrodelbahnen Abtenau und Hallein	Fast 2 km lange Bahn bei der Karkogel-Sesselbahn ❶ in Abtenau; Freizeitpark an der Talstation; Tel. 0 62 43/24 32; www.abtenauer-bergbahnen.com; 2,2 km lange, abenteuerliche Bahn von der Bergstation Zinkenkogel ❸ Hallein; Tel. 0 62 45/8 51 05; www.duerrnberg.at
Schneckenwand Rußbach	Mit einem Hammer lassen sich Fossilien, die vor 65 bis 90 Mio. Jahren abgelagert wurden, aus dem Gestein klopfen; Schneid- und Schleifmöglichkeit der Funde bei Wolfgang Schwaighofer; Tel. 0 62 42/2 65
Mühlenrundweg Scheffa	Landschaftlich herrlicher Rundweg am Nordrand des Tennengebirges, vorbei am Winner-Wasserfall und an Karstquellen zu historischen Mühlen, eine davon ist teilweise noch in Betrieb; Tel. 0 62 44/84 08

TOP TIPP Eindrucksvoll und auch für Kinder spannend sind die lehrreichen Führungen durch die **Salzwelten Salzburg** ❷ bei Hallein/Bad Dürrnberg: Lange Bergmannsrutschen führen tief in den Dürrnberg hinein, geheimnisvoll gleitet das Floß über den beleuchteten Salzsee; ergänzend dazu befindet sich im Bergbaumuseum die interessante Ausstellung »Das Salz der Erzbischöfe«; Tel. 0 61 32/2 00 24 00; www.salzwelten.at

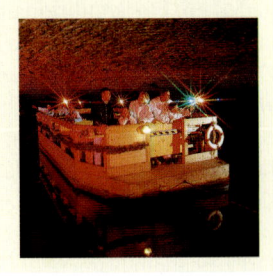

Adressen & Bergbahnen
Landesvorwahl 00 43

Urlaubsregion	Ferienregion **Lammertal-Dachstein West**; Tel. 0 62 43/4 04 00; E-Mail: info@lammertal.com; www.lammertal.com Gästeservice Tennengau; Tel. 0 62 45/7 00 50; E-Mail: info@tennengau.com; www.tennengau.com
Golling (483 m)	Tourismusverband Golling; Tel. 0 62 44/43 56; E-Mail: office@golling.info; www.golling.info
Hallein (461 m)	Tourismusverband Hallein/Bad Dürrnberg; Tel. 0 62 45/8 53 94; E-Mail: office@hallein.com; www.hallein.com
Weitere Orte	Abtenau • Adnet www.adnet.salzburg.at • Annaberg-Lungötz • Rußbach • St. Martin • Scheffau (alle außer Adnet www.lammertal.com)
Entfernungen	Hamburg 955 km; Berlin 766 km; Köln 757 km; Frankfurt a. M. 573 km; Stuttgart 414 km; München 180 km

① Abtenau Karkogel Berg/Tal 6,90 €
② Annaberg Riedlkar Berg/Tal 7,50 €
③ Hallein Zinkenkogel Berg/Tal 7,10 €
④ Rußbach Hornbahn Berg/Tal 9,50 €

Siehe auch Preisteil S. 640

Museum Burg Golling
Interessante natur- und kulturhistorische Sammlungen. Hervorzuheben ist die Fossiliensammlung mit einem 235 Mio. Jahre alten Meeressaurier.

Sehenswert sind auch die Felsritzbilder, eher gruselig der Blick in die ehemalige Folterkammer der Burg; Tel. 0 62 44/4 35 60; www.burggolling.at

Hotelempfehlungen
Abtenau S. 664
Annaberg S. 666
Lungötz S. 688
Rußbach S. 700
St. Martin S. 707

Wanderkarten
Freytag & Berndt; WK 392 Tennengebirge-Lammertal-Gosaukamm, 1:50000

Straßenatlas Siehe S. 767

3000 Jahren bauten die Kelten hier am Dürrnberg Salz ab, im 16. Jh. forcierte Fürsterzbischof Wolf Dietrich von Raitenau das Unternehmen, um mit Hilfe des »weißen Goldes« den Bau der weltberühmten barocken Altstadt von Salzburg zu finanzieren. Eingestellt wurde der Salinenbetrieb erst 1989. Eindrucksvolle Einblicke in die abenteuerliche Unterwelt der Stollen gibt ein Ausflug in die »Salzwelten« im Schaubergwerk Bad Dürrnberg oberhalb von Hallein. Dort kann man nicht nur mit der Bergmannsrutsche tief in den Berg hinein gelangen, sondern auch mit der Sommerrodelbahn hinuntersausen: Mit einer Länge von 2,2 km gehört die Bahn vom Zinkenkogel zu den längsten Österreichs.

Wer sich vor der rasanten Fahrt Zeit nimmt, um zurückzublicken, wird beeindruckt sein von der mächtigen Mauer des Tennengebirges im Süden. Wie ein schützendes Bollwerk schiebt sie sich vor das malerische Tal der Lammer, die als kleiner Bergbach beginnt, ein herrliches Becken voller Überraschungen durchfließt und sich schließlich so spektakulär ihren Weg zur Salzach bahnt.

HALLSTÄTTER SEE
OBERÖSTERREICH – SALZKAMMERGUT

ACTION & SPORT
WANDERN & BERGTOUREN
FUN & FAMILY
WELLNESS & GENUSS

Wanderkarten

Freytag & Berndt, WK 281 Dachstein-Ausserland-Filzmoos-Ramsau, 1:50000

Hütten

Simonyhütte (2205 m)
Die traditionsreiche Hütte am Hallstätter Gletscher ist ein guter Ausgangspunkt für anspruchsvolle Touren im Dachsteingebiet. Alpine Basiskurse; Kletterkurse; Tel. 0 36 22/5 23 22

Schilcherhaus (1740 m)
Von der Dachsteinbahn Obertraun führt ein schöner Spaziergang zum Schilcherhaus auf der Gjaidalm, einem hervorragenden Ausgangspunkt für Wanderungen. Der extrem schwierige Klettersteig durch die Seewand und einige Kletterrouten enden kurz unterhalb der Hütte; Tel. 0 61 31/5 96

Goiserer Hütte (1596 m)
Die Hütte auf dem Kalmberg gehört zu den beliebtesten Ausflugszielen rund um Bad Goisern. Deftige Jausen; Tel. 06 99/11 87 13 21

ADAC der perfekte Urlaubstag

9 Uhr: Wanderung von Bad Goisern zum Aussichtspunkt Blaschek-Warte an der Ewigen Wand. Zurück in Bad Goisern, Fahrt ins Weißenbachtal zur Chorinsky Klause (historische Holztriftanlage)

12 Uhr: Fahrt nach Hallstatt, dann mit der Salzbergbahn hinauf zum Rudolfsturm. Mittagessen im historischen Restaurant oder Picknick im Grünen mit Panoramablick auf den See

14 Uhr: Besuch der Salzwelten Hallstatt

19 Uhr: romantisches Abendessen beim Seewirt in Hallstatt

Höhlen, Hochgebirge und Hallstatt-Kultur

Zwischen den romantischen Ufern des Hallstätter Sees und dem Massiv des Dachstein häufen sich auf kleinstem Raum spektakuläre Sehenswürdigkeiten und Naturmonumente. Auch sportlich hat die 1997 von der UNESCO zum Weltkultur- und Weltnaturerbe erklärte Region einiges zu bieten: Die abwechslungsreiche Berglandschaft lockt mit anspruchsvollen Kletterrouten, interessanten Höhlenwanderungen und ausgedehnten Mountainbike-Touren.

Das malerisch gelegene Hallstatt war lange Zeit nur mit dem Schiff zu erreichen.

Malerisch kleben die Häuser von Hallstatt eng zusammengedrängt am Ufer. Dahinter, schroff und wild, der Dachstein. Platzmangel herrschte überall, selbst auf dem Friedhof: Die Gebeine wurden deshalb ordentlich beschriftet, die 1200 Schädel zum Teil bemalt und im Beinhaus gestapelt. Einziger Grund, an dem heute zwar idyllischen, früher aber eher menschenfeindlichen Ort zu siedeln, war das Salz: Seit 7000 Jahren bauen die Hallstätter im Salzberg oberhalb des Dorfes das »weiße Gold« ab. Noch heute gelangen Besucher durch die Stollen des ältesten Bergwerks der Welt (www.salzwelten.at) und mit einer 64 m langen Rutsche tief ins Innere des Berges. Dort besichtigen sie den effektvoll beleuchteten Salzsee und kommen zur Fundstelle des »Mannes im Salz«. 1734 hatten Bergarbeiter den einige tausend Jahre alten, völlig erhaltenen Körper gefunden. Eine Nachbildung ist im ausgezeichneten Museum Welterbe Hallstatt zu sehen. Original erhalten blieben hingegen die reichen prähistorischen Funde im Hallstätter Hochtal, die ebenfalls im Museum ausgestellt sind. 1846 ent-

Adressen & Bergbahnen — Landesvorwahl 00 43

Urlaubsregion	Tourismusverband **Inneres Salzkammergut**; Tel. 0 61 35/83 29; E-Mail: info@inneres-salzkammergut.at; www.inneres-salzkammergut.at	❶ Gosau Gosaukammbahn Berg/Tal 9,90 €
Hallstatt (511 m)	Tourismusinformation Hallstatt; Tel. 0 61 34/82 08; E-Mail: hallstatt@inneres-salzkammergut.at; www.inneres-salzkammergut.at	❷ Hallstatt Salzbergbahn Berg/Tal 7,90 €
Weitere Orte	**Bad Goisern · Gosau · Obertraun** www.inneres-salzkammergut.at	❸ Obertraun Krippensteinbahn Obertraun–Schönbergalm Berg/Tal 13,40 €
Entfernungen	Hamburg 997 km; Berlin 762 km; Köln 799 km; Frankfurt a. M. 615 km; Stuttgart 456 km; München 222 km	❹ Obertraun Schönbergalm–Krippenstein Berg/Tal 19,10 €
		❺ Obertraun Obertraun–Gjaidalm Berg/Tal 20,60 €

Siehe auch Preisteil S. 640

Action & Sport

MOUNTAINBIKE	KLETTERSTEIGE	RAFTING	CANYONING	REITEN
PARAGLIDING	DRACHENFLIEGEN	KLETTERGÄRTEN	TENNIS	WINDSURFEN
KAJAK/KANU	WASSERSKI	TAUCHEN	HOCHSEILGÄRTEN	GOLF

TOP TIPP: Für die Öffentlichkeit erschlossen ist nur ein kleiner Teil der gewaltigen Dachsteinhöhlen. Normalerweise ist es Experten vorbehalten, weiter in den Berg einzudringen. Im Dachstein werden jedoch geführte **Höhlentrekkingtouren** ❶ in die unerschlossenen Bereiche, z. B. der Mammuthöhle, angeboten. Ein unvergessliches Erlebnis für Kinder ist die »Kleine Abenteuerführung« durch verschlungene Höhlengänge. Große Mammuthöhlenführung inkl. Schutzausrüstung 77 €; kleine Abenteuerführung für Erwachsene 18 €; für Kinder 15,50 €; Tel. 0 61 34/84 00; www.dachsteinhoehlen.at

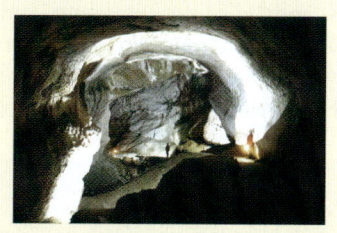

Klettern/ Klettersteige	Dachstein, Gosaukamm	In den Wänden des Dachsteins und des Gosaukammes sind unzählige Kletterrouten aller Schwierigkeitsgrade sowie einige Klettersteige eingerichtet. Für Klettersteig-Neulinge empfiehlt sich der Steig übers Törleck bei der Bergstation der Gosaukammbahn; Tel. 0 61 36/88 35; www.laserer-alpin.at
Tauchen	Hallstatt	Tauchen in den für die meisten unergründlichen Tiefen eines alpinen Sees ist ein abenteuerliches Erlebnis. Neben umfangreichen Ausbildungskursen bieten die Tauchschulen auch Schnupperkurse an. Tauchbasis Wenk; Tel. 0 61 31/4 62; www.seehotelwenk.com
Bogenschießen	Bad Goisern	Traditionsreicher Sport, der nach wie vor in Bad Goisern gepflegt wird. Wettkämpfe, Seminare und Bogenkurse finden regelmäßig statt; Tel. 0 61 35/ 82 54; www.bogensport-zopf.at

EVENTS

- Juni: Motokult – Motorrad-Kultur-Treffen in Hallstatt
- Fronleichnamsprozession auf dem Hallstätter See
- Juni bis August: Zwischen Heu und Groamat, Musikfest in Gosau
- Juli: Salzkammergut Mountainbike Trophy, Bad Goisern
- Volksmusikfest auf der Alm, Gosau
- August: Gamsjagertage, Brauchtumsfeiern in Bad Goisern

Restaurants

Höllwirt
Ein bodenständiger und sehr typischer Gasthof in Obertraun, in dem man vor allem die regionalen Fischgerichte genießen sollte; Tel. 0 61 31/3 94

Zauner Seewirt
Ein bekanntes Restaurant in Hallstatt mit nostalgischem Ambiente und regionalen Fischspezialitäten; Tel. 0 61 34/82 46

Goiserer Mühle
Das Gourmetrestaurant in Bad Goisern offeriert verfeinerte Köstlichkeiten der traditionellen österreichischen Küche; Tel. 0 61 35/82 06

Hotelempfehlungen

Altenmarkt im Pongau S. 664
Gosau S. 673

Straßenatlas Siehe S. 767

---

deckte ein Bergarbeiter nur wenig unterhalb der Stollen ein aufschlussreiches Gräberfeld, das schließlich einer ganzen Epoche seinen Namen gab: der Hallstatt-Kultur im Übergang von der Bronze- zur Eisenzeit um 800–400 v. Chr. Wer die prähistorischen Gräber besichtigen möchte, fährt mit der Salzbergbahn bequem und aussichtsreich von Hallstatt aus zur Bergstation; von dort ist es ein Katzensprung.

Außerdem beginnt dort der Soleweg, der entlang der ältesten »Pipeline« der Welt nach Ebensee führt: Über eine Strecke von 40 km wird das salzhaltige Wasser aus dem Hallstätter Bergwerk durch Rohre zum Traunsee geleitet. Dort wird das Wasser in der mit Holz angeheizten Saline verdampft, zurück bleibt das Salz. Nach diesem System wird seit 1607 Salz gewonnen.

Zurück ins Berginnere, in die gewaltigen Dachsteinhöhlen bei Obertraun. Faszinierend ist die 1,5 Std. lange geführte Wanderung durch die bizarr geformte Eislandschaft in der Rieseneishöhle. Insgesamt 50 km lang ist das Labyrinth der Mammuthöhle mit ihren eigenartigen Felsformationen. Während sich diese Höhlen am besten mit der Krippensteinbahn erreichen lassen, führt ein idyllischer Spazierweg von Obertraun aus zur Koppenbrüllerhöhle mit ihren Tropfsteinen und Sinterbildungen.

Doch genug von der Unterwelt, hinauf in die Dörfer: ins kleine Obertraun, das ein idealer Ausgangspunkt für Kletter- und Wandertouren in das Dachsteingebiet. Dann ins gemütliche Bad Goisern, wo regelmäßig Kurse und Wettkämpfe im traditionsreichen Bogenschießen angeboten werden. Und schließlich ins abgelegene Bergbauerndorf Gosau, wo mehrere interessante Mountainbike-Touren beginnen. Das liebliche Hochtal zieht sich fast bis zum Gletscher des Dachsteins im Südosten hinauf, während es im Südwesten abrupt endet: Schroff schießt der Gosaukamm, »dem Herrgott sein Klettergarten«, wie ihn Bergsteiger verheißungsvoll nennen, in die Höhe. Guter Ausgangspunkt für Touren ist die Gablonzerhütte bei der Bergstation der Gosaukammbahn. Einsteiger können hier beim Abenteuer-Klettersteig über das Törleck in die felsige Vertikale hineinschnuppern. Erfahrene Klettersteiggeher steigen weiter zum großen Donnerkogel und schließlich zum Donnermandl. Denn trotz Geschichte und Kultur: Die fantastische Bergwelt rund um den Hallstätter See ist fürs Wandern, Klettern und viele andere sportliche Abenteuer einfach wie geschaffen.

TRAUNSEE UND ALMTAL
OBERÖSTERREICH – SALZKAMMERGUT

ACTION & SPORT
WANDERN & BERGTOUREN
FUN & FAMILY
WELLNESS & GENUSS

Ein »glücklicher« See und eine prächtige Kulisse

Spannend ist der Übergang vom sanften Voralpenland ins schroffe Hochgebirge immer; jedoch vor allem dann, wenn sich noch ein malerischer See ins Bild einfügt. Wer rund um Traunsee und Almtal auf Reisen geht, wird noch einige weitere Entdeckungen machen, die Familien, Kulturliebhaber, Naturfreunde und Fernsehstars gleichermaßen begeistern.

Unwirklich scheint der Traunstein hinter Traunkirchen über dem See zu schweben.

Hütten

Welser Hütte (1726 m)
Das stattliche Schutzhaus liegt zu Füßen der mächtigen Felswände des Großen Priel (2515 m). Idealer Ausgangspunkt für den Normalweg auf den Gipfel und für Klettertouren. Einfach, aber gemütlich eingerichtete, gute, bodenständige Küche, Zustieg von der Almtaler Hütte (714 m) bei den Ödseen. Gemütlich auf einer Forststraße zum Talschluss, dann steilerer, aber leichter Bergweg bis zur Hütte; Zeit: ca. 3,5 Std.; Tel. 0 76 16/80 88.

Gmundner Berghaus (822 m)
Aus der einstigen Berghütte ist inzwischen ein stattlicher Berggasthof geworden. Das beliebte Ausflugsziel liegt über dem Westufer des Traunsees, die Aussicht ist einzigartig. Serviert werden gehobene regionale Gerichte. Erreichbar mit dem Auto oder zu Fuß auf einem leichten Wanderweg (ca. 1 Std.) von Altmünster aus; Tel. 0 76 12/8 76 04.

ADAC der perfekte Urlaubstag

9 Uhr: Per Seilbahn von Gmunden auf den Grünberg (984 m) ❷, Wanderung zum Laudach-See mit Ramsauer Alm (Einkehr), über Hohe Scharte (1113 m), Mairalm und den fantastischen Miesweg zur Schiffsanlegestelle Hoisn
13 Uhr: Rückfahrt nach Gmunden mit der Traunseeschifffahrt, Eisessen in Gmunden
15 Uhr: Besuch des Museums »Klo&So«, Gmunden
18 Uhr: Fahrt nach Altmünster, evtl. zu Fuß hinauf zum Gmundner Berghaus, Sonnenuntergang genießen, Abendessen

Die Kulisse könnte nicht abwechslungsreicher sein: das hügelige Alpenvorland bei Gmunden mit dem tiefblauen Traunsee, an dessen Ostufer die Steilwand des Traunsteins 1200 m aus dem Wasser ragt – eine wuchtige Ouvertüre zum bergigen Finale am Südufer, wo Höllengebirge und Totes Gebirge ihre felsigen Vorboten Richtung See schicken. Parallel zum Ufer verläuft im Osten das Almtal, ein wildromantisches Tal mit begeisterndem Schluss, in dem Almsee und die Ödseen ihre nassen Finger bis an die felsigen Kare des Toten Gebirges ausstrecken.
Apropos Kulisse: Aus der Fernsehserie »Schlosshotel Orth« kennen viele die Region, ohne jemals auch nur den großen Zeh ins Wasser des Traunsees getaucht zu haben. Ein Themenweg führt zu den wichtigsten Drehorten; zum malerischen Seeschloss Orth bei Gmunden, das im 14. Jh. auf den Grundmauern eines römischen Kastells erbaut wurde. Eine Besichtigung zeigt, dass das Schloss innen hält, was es von außen verspricht: mit Arkadenhof, Renaissance-Fresken und Holzskulpturen. Auch Gmunden zeigt sich filmreif: Prächtig bemalte Bürgerhäuser und noble Gründerzeit-Villen prägen das Bild. Bis ins 19. Jh. verdiente man gut und nahezu ausschließlich mit dem Salzhandel. Dann kamen die betuchten Gäste – Gmunden wurde zur eleganten Kurstadt, bei Kaisern, Königen und Künstlern gleichermaßen beliebt.

Adressen & Bergbahnen — Landesvorwahl 00 43

Urlaubsregion	Ferienregion **Traunsee**; Tel. 0 76 12/7 44 51; E-Mail: info@traunsee.at; www.traunsee.at Tourismusverband Grünau/Almtal; Tel. 0 76 16/82 68; E-Mail: gruenau.almtal@oberoesterreich.at; www.gruenau-almtal.at
Orte	Altmünster · Gmunden · Traunkirchen
Entfernungen	Hamburg 913 km; Berlin 712 km; Köln 715 km; Frankfurt a. M. 531 km; Stuttgart 453 km; München 219 km

❶ Ebensee Feuerkogelseilbahn Berg/Tal 16 €
❷ Gmunden Grünbergseilbahn Berg/Tal 10,60 €

Siehe auch Preisteil S. 640

Fun & Family ✹ ✹ ✹ ✹

Gassel-Tropfsteinhöhle Ebensee	Eindrucksvolle 1,4 km lange Tropfsteinhöhle; von Ebensee Bus (nur Sa u. So); Wanderung ca. 2 Std.; Anmeldung erforderlich; Tel. 0 61 33/ 78 48; www.gasselhoehle.at
»Klo&So« Gmunden	Das außergewöhnliche »Museum für historische Sanitärobjekte« zeigt anhand kurioser Exponate die Entwicklung der Sanitäreinrichtungen; Tel. 0 76 12/7 94
Kinderland Schindlbach Grünau	Herrlich gelegen, mit Sagenwanderweg, Gokart-Bahn, Elektrobooten und -autos, Abenteuerspielplatz usw.; Tel. 0 76 16/60 39; www.kinderland-schindlbach.at
Bootsrundfahrt auf dem Traunsee	Ausblicke auf die schönsten Orte und Schlösser; die Rundfahrt mit dem Raddampfer ist ein besonderes Erlebnis; Tel. 0 76 12/6 67 00; www.traunseeschiffahrt.at

TOP TIPP Mehr als 70 Tierarten sind im **Cumberland-Natur-Wildpark** ❶ bei Grünau im Almtal versammelt. Insgesamt tummeln sich über 500 Tiere in dem herrlichen, 60 ha großen Parkgelände, darunter Braunbären, Luchse, Urwildpferde, Elche, Waschbären, Geier sowie viele Sing- und Wasservögel. Eine lehrreiche und amüsante Wildpark-Rallye macht einen Rundgang (4,3 oder 2,6 km) für Kinder spannend und lehrreich. Zum Wildpark gehört die Konrad-Lorenz-Forschungsstelle, die nach Voranmeldung besucht werden kann; Tel. 0 76 16/82 05; www.cumberland.at

Zu schätzen wussten schon die Römer den Traunsee: Sie nannten ihn »lacus felix«, den glücklichen See. Über diesen zu gleiten ist eine Freude, nicht nur für Segler und Surfer. Nostalgiker erwartet bei einer Fahrt mit dem Raddampfer »Gisela«, der 1871 erstmals in See stach, ein Leckerbissen. 1839 wurde am Traunsee übrigens das erste Kursschiff Österreichs in Betrieb genommen.

In Traunkirchen sollte man einen Blick auf die prächtige »Fischerkanzel« in dem auf einer Halbinsel gelegenen Kirchlein werfen. In Ebensee am Südufer wird noch immer im größten Salinenwerk Österreichs Sole verarbeitet. Eine der spektakulärsten Attraktionen ist die Gassl-Tropfsteinhöhle mit bis zu 6 m hohen Tropfsteinen. Wer sie entdecken will muss einen zweistündigen Marsch in Kauf nehmen, Busse fahren nur am Wochenende.

Weder Bus noch Seilbahn helfen Besteigern des Großen Priels, dem höchsten Gipfel des Toten Gebirges. Der Ausgangspunkt liegt im Almtal bei den Ödseen. Der Almsee zeigt sich tiefgrün, mit scheinbar schwimmenden Inseln und einer außergewöhnlichen Naturlandschaft. Vom Aussterben bedrohte Tiere wie das Urwildpferd haben im Cumberland-Natur-Wildpark ein Zuhause gefunden, so wie die berühmten Graugänse des Nobelpreisträgers Konrad Lorenz, mit denen sich der Forscher 1973 im Wildpark niedergelassen hatte. Nach wie vor sind hier Wissenschaftler aktiv. Neben den Graugänsen spielen derzeit Kolkraben und die Waldrappe wichtige Rollen, auch bei den Tierfilmen, die dort bereits gedreht wurden. Aber ganz so berühmt wie ihre Kollegen und Kolleginnen vom »Schlosshotel Orth« sind die tierischen Darsteller wohl doch noch nicht.

EVENTS

- Juni: Traunseewoche, Segelregatta
- Juli: Seefest »Der Traunstoan leuchtet«
  Seefest, Gmunden
  Bergmarathon Gmunden-Ebensee
- August: Lichterfest in Gmunden

Restaurants

Almtalhof
Das Restaurant des Romantikhotels in Grünau im Almtal bietet gediegene regionale und klassisch österreichische Küche; rustikales Interieur, schöner Gastgarten; Tel. 0 76 16/60 04

Wanderkarten

Freytag & Berndt, WK 284 Traunsee und Höllengebirge; 1:40000
Freytag & Berndt, WK 081 Grünau/Almtal, Steyrtal, Sensengebirge; 1:50000

Straßenatlas Siehe S. 768

WOLFGANGSEE
SALZBURGER LAND – SALZKAMMERGUT

ACTION & SPORT

WANDERN & BERGTOUREN

FUN & FAMILY

WELLNESS & GENUSS

Hütten

Himmelspforthütte (1783 m)
Direkt bei der Himmelspforte auf dem Schafberggipfel steht die gemütliche Hütte. Man sitzt auf der schönen Sonnenterrasse, genießt die herrliche Aussicht bei regionaler Hausmannskost; Tel. 06 64/4 33 12 77

Stroblerhütte (1250 m)
Bei Wanderern beliebte Hütte auf der Postalm, dem größten zusammenhängenden Almgebiet Österreichs, etwas oberhalb des Postalmplateaus Höhe. Eine urige und gemütliche Hütte, die für hausgemachte Strudel, Knödel und Schmarrn bekannt ist; Tel. 06 64/2 54 22 37

Restaurants

Timbale
Klein, aber fein ist das Restaurant im Zentrum von St. Gilgen. Hier verspeist man gehobene regionale und internationale Spezialitäten, die nach Saison ausgewählt werden; Tel. 0 62 27/75 87

Villa Schratt
Die elegante Villa Schratt am westlichen Stadtrand von Bad Ischl hat eine erstaunliche Historie. 1889 bis 1916 war es das Sommerfrische-Domizil der heimlichen Vertrauten von Kaiser Franz Joseph, später wohnte hier der Kabarettist Maxi Böhm. Nun ist es seit Jahren ein bekanntes Haubenlokal mit gediegenem Interieur; Tel. 0 61 32/2 76 47

Kirchenwirt
Beim klassischen, gutbürgerlichen Kirchenwirt im Zentrum von Strobl neben dem Gotteshaus wird gute, bodenständige Hausmannskost serviert; Tel. 0 61 37/72 07

ADAC – der perfekte Urlaubstag

- **9 Uhr:** Biketour zum Schwarzensee mit Einkehr beim Alpenrestaurant »Zur Lore«
- **15 Uhr:** musikalische Weltreise im »Musikinstrumente-Museum der Völker« in St. Gilgen
- **17 Uhr:** Wellness im Hotel »Weißes Rössl« inkl. Kaiserwanne
- **20 Uhr:** Besuch des Operettenabends in St. Wolfgang (jeden Fr 20.30 Uhr, Michael-Pacher-Haus)

Sportarena vor zauberhafter Kulisse

Ein Singspiel hat den Wolfgangsee in den 1930er Jahren berühmt gemacht. Doch bevor das »Weiße Rössl« zum Sympathieträger wurde, sorgten Kurgäste für den Bekanntheitsgrad der Region, allen voran Kaiser Franz Joseph, der hier regelmäßig den Sommer verbrachte. Ein Hauch von Nostalgie schwebt nach wie vor über der Landschaft. Und wie immer, wenn Berge und Seen aufeinander treffen, eröffnen sich gerade für sportlich Aktive ungezählte Möglichkeiten: egal ob man die Wanderschuhe schnürt, am Strand eine Runde Beachvolleyball spielt oder beim Canyoning verwegene Sprünge wagt.

Noch immer liegt ein Hauch Nostalgie über St. Wolfgang am Wolfgangsee.

Ja, das »Weiße Rössl« gibt es noch. Inzwischen ist aber aus dem Schauplatz des gleichnamigen Singspiels von Ralph Benatzky ein attraktives Vier-Sterne-Romantikhotel geworden. Genau wie damals keucht seit 1893 die Zahnradbahn in knapp einer Stunde von St. Wolfgang hinauf zum Schafberg. Neben den »Dampf-Nostalgiezügen« werden heute Dieseltriebwagen eingesetzt, die den Höhenunterschied von 1188 m in einer guten halben Stunde bewältigen.

Für die traumhafte Aussicht vom Gipfel sollte man sich auf jeden Fall viel Zeit gönnen. Neuankömmlinge wie Stammgäste, alle stehen sie dort oben und lassen den Eindruck der Landschaft, die wohl kein Künstler hätte harmonischer gestalten können, auf sich wirken: Am Horizont ragen Watzmann, Hochkönig und Dachstein in den Himmel. Umringt von grünen, meist mit hellen Felszacken gekrönten Bergen strahlen weit unten sieben tiefblaue Seen. Der kleinste von allen, der Suissensee, liegt direkt unter der senkrechten Gipfelwand des Schafbergs. An ihm kommen die Wanderer vorbei, die sich an den Drahtseilen entlang durch die felsige »Himmelspforte« tasten, um dann auf wunderschönen Alm-

Adressen & Bergbahnen — Landesvorwahl 00 43

Urlaubsregion	**Salzkammergut** Tourismus-Marketing GmbH; Tel. 0 61 32/2 69 09-0; E-Mail: info@salzkammergut.at; www.salzkammergut.at	① Bad Ischl Katrin-Seilbahn Berg/Tal 12,50 €
St. Wolfgang (545 m)	Wolfgangsee Tourismus; Zentralbüro St. Wolfgang; Tel. 0 61 38/80 03; E-Mail: info@wolfgangsee.at; www.wolfgangsee.at	② St. Gilgen Zwölferhorn-Seilbahn Berg/Tal 17 €
Weitere Orte	Bad Ischl · Fuschl am See · St. Gilgen · Strobl	③ St. Wolfgang Schafbergbahn Berg/Tal 22 €
Entfernungen	Hamburg 973 km; Berlin 784 km; Köln 775 km; Frankfurt a. M. 591 km; Stuttgart 431 km; München 198 km	Siehe auch Preisteil S. 640

Action & Sport

MOUNTAINBIKE	KLETTERSTEIGE	RAFTING	CANYONING	REITEN
PARAGLIDING	DRACHENFLIEGEN	KLETTERGÄRTEN	TENNIS	WINDSURFEN
KAJAK/KANU	WASSERSKI	TAUCHEN	HOCHSEILGARTEN	GOLF

TOP TIPP Der Wolfgangsee bietet geradezu ideale Bedingungen für **Paraglider** ❶. Ein Startplatz befindet sich auf 1510 m Höhe auf dem **Zwölferhorn** ❷ bei St. Gilgen, nur 5 Min. von der Bergstation der Seilbahn entfernt. Herrliches Fluggelände, Höhendifferenz ca. 980 m. Ein unvergessliches Erlebnis für alle, die sich zum ersten Mal in die Lüfte wagen wollen, ist ein Tandemflug mit der Flugschule Salzkammergut. Wer dabei Lust auf Mehr bekommt, kann sich gleich bei einem der Schnupperkurse anmelden; Tel. 0 76 12/7 30 33; www.paragleiten.net

Mountainbike	Zwölferhorn (1521 m)	Von Abersee durch das Schafbachtal auf das Zwölferhorn; Ausgangspunkt: Abersee; Dauer/Charakter: ca. 4–5 Std., Schotterstraßen, schwer; Radverleih Pro Travel, St. Wolfgang; Tel. 0 61 38/25 25
Golf	Golfschule Waldhofalm	Golfzentrum Franz Laimer in Haiden bei Aigen-Voglhub; große Outdooranlage mit 30 000 m²; Computer-Video-Analyse; Tel. 0 61 32/2 64 76; www.franzlaimer.com
Wasserski	St. Wolfgang	Wasserskischule Hotel Furian; Tel. 0 61 38/80 18
Canyoning	Strubklamm, Faistenau	Eindrucksvolle, anspruchsvolle Tour durch die 100 m tiefe, 2,7 km lange Strubklamm. Bis zu 8 m hohe Sprünge, klettern, abseilen, schwimmen. Nur mit erfahrenem Führer möglich! Dauer: ca. 3–4 Std.; Preis inkl. Schutzausrüstung und Führung: 60 €; Tel. 0 62 28/26 53
Laufen und Nordic Walking	Wolfgangsee	150 km ausgeschilderte Laufstrecken mit unterschiedlichen Profilen. 17 Lauf- und Nordic-Walking-Strecken sind in einer Broschüre beschrieben. Broschüre (kostenlos), Pulsmesser, Stoppuhren und Literatur (leihweise) bei Kurdirektion St. Wolfgang, ebenso Infos über Lauftreffs und Seminare; Tel. 0 61 38/80 03-0; www.wolfgangsee.at
Sportclub	Fuschl am See	Beachvolleyball-, Tennis- und Hockeyplätze, Inline- und Skater-Gelände, Kletterturm, Ruderboot-, Kajak- und Windsurfboard-Verleih, Minigolfanlage. Ganztägige Betreuung durch Animateure. Tagespauschale inkl. Strandbadeintritt für Erw. 10 €; Tel. 0 62 26/82 88

TOP TIPP **Arboretum St. Gilgen** ❷
Lehrreicher Spaziergang durch die Walderfahrungswelt: Auf der 1 ha großen Fläche werden in zehn Waldgesellschaften 66 Baumarten verschiedener Vegetationszonen vorgestellt. Eigenheiten der Baumgemeinschaften und der darin lebenden Tier- und Pflanzenarten sind auf Schautafeln spannend erläutert; Tel. 0 62 28/22 03; durchgehend geöffnet, Eintritt frei.

Wanderkarten

Freytag & Berndt, WK 282 Attersee-Traunsee-Höllengebirge-Mondsee-Wolfgangsee, 1:50000

Hotelempfehlungen

St. Gilgen S. 706
St. Wolfgang S. 708
Strobl S. 707

Straßenatlas Siehe S. 767

---

wegen, vorbei an zwei weiteren Seen und der Mauruskapelle, nach St. Wolfgang abzusteigen.
Weniger alpin, aber genauso erlebnisreich, ist der historische Pilgerweg, der von St. Gilgen aus am Ufer des Wolfgangsees entlang über den markanten Falkenstein nach St. Wolfgang führt. Von dort schleuderte der heilige Wolfgang (924–994) seine Axt ins Tal und gelobte, dort wo er sie finde, eine Kirche zu bauen: Bis zur Engstelle des Sees flog die Axt! Unter den unzähligen Pilgern und Besuchern der Wallfahrtskirche war im 19. Jh. viel Prominenz vom Wiener Hof: Auch Kaiser Franz Joseph besuchte St. Wolfgang häufig während der insgesamt 83 Sommer, die er im nahen Bad Ischl, dem ältesten Solebad Österreichs, verbrachte.
Heute nutzen Nordic Walker und Jogger das gut ausgeschilderte Wegenetz, Inlineskater sausen vorbei, Mountainbiker kommen strahlend von ihrer Tour zurück, Beachvolleyballer sind im Strandbad zu Gange. Das Wasser ist übersät mit Segelbooten und Windsurfern. Über dem Zwölferhorn bei St. Gilgen nutzen Paraglider die Thermik. Auch das ist der Wolfgangsee: eine moderne Sportarena voller Möglichkeiten; mit dem operettenhaften Idyll eines »Weißen Rössls« als zauberhafter Kulisse.

GASTEINERTAL
SALZBURGER LAND – NATIONALPARK HOHE TAUERN

Ungebändigte Natur und Luxushotels mit Geschichte: Bad Gastein

ACTION & SPORT
WANDERN & BERGTOUREN
FUN & FAMILY
WELLNESS & GENUSS

ADAC *der perfekte Urlaubstag*

- **8.30 Uhr:** mit der Bergbahn von Bad Gastein zur Bergstation des Graukogels ❷; Wanderung zum Palfnersee, über die Palfnerscharte zum Reedsee
- **12 Uhr:** ausgiebige Rast mit Picknick am Reedsee; Abstieg ins Kötschachtal, mit dem Bus vom Grünen Baum zurück nach Bad Gastein
- **15.30 Uhr:** Fahrt nach Böckstein, Besuch des Montanmuseums in Altböckstein
- **18 Uhr:** Wellness in der Felsentherme Bad Gastein oder in der Alpen Therme Hofgastein

Wandern, Wellness und die heilenden Kräfte der Natur

Die »Prunkstube unseres lieben Herrgotts« nannte ein Dichter einmal stolz das Tal der Ache »Gastuna«. Den wanderfreudigen Gasteinertal-Touristen unserer Zeit fällt es wohl nicht schwer, dem Lokalpatrioten beizupflichten. Der Tourismus prägt die Geschichte des berühmten Tauerntals aber nicht erst seit dem Aufkommen des Alpinismus: Erste Hinweise auf die Gasteiner Thermen und ihre heilenden Kräfte finden sich schon um 1230 – und der erste Kaiser war hier bereits im 15. Jh. zum Kuren und Kurieren zu Gast.

Wichtigster Wirtschaftsfaktor war zu jener Zeit allerdings der Bergbau. Schon seit Mitte des 14. Jh. wurde vor allem am Radhausberg zwischen Böckstein und dem Naßfeld nach Gold und Silber gegraben. Im 15. und 16. Jh. förderten die Gasteiner 650 kg Gold und 2500 kg Silber jährlich; nach dieser Blütezeit wurden die Erträge geringer, bis Mitte des 19. Jh. der Abbau weitgehend eingestellt wurde. Noch heute kann man entlang der Wanderwege die Ruinen der alten Fördertürme und die halb verfallenen Eingänge der Stollen entdecken. Völlig erhalten und sorgfältig restauriert wurde die mittelalterliche Bergbausiedlung von Altböckstein mit dem Montanmuseum, einem sehenswerten Stück Zeitgeschichte im letzten Ort des Gasteinertals – dort, wo sich das Tal gabelt.

Westlich führt eine Mautstraße durchs Naßfelder Tal hinauf nach Sportgastein. Das Gebiet mit seinen herrlichen Almen ist ein ideales Revier für Spaziergänger, die gerne einmal Höhenluft schnuppern möchten. Denn die Kulisse in dem von steilen Hängen und Karen umgebenen Talkessel ist hochalpin: Vom Schareck herab glänzt der Gletscher, mehrere Wasserfälle stürzen von der zerfurchten Flanke des Hohen Geisels Richtung Talboden. Fast eine Stunde dauert der gemütliche Spaziergang entlang des Naturschaupfades ans Ende des Tals, wo der Nationalpark Hohe Tauern beginnt. Wer von hier auf dem nun steilen Weg zur Hagener Hütte steigt, bewegt sich auf historischen Spuren: Schon in vorgeschichtlicher Zeit führte ein bedeutender Saumpfad über den Korntauern nach Kärnten. Heute gibt es eine wesentlich bequemere Möglichkeit, auf die Alpensüdseite zu gelangen: Östlich von Böckstein, im malerischen Anlauftal, befindet sich die »Tauernschleuse«, ein Eisenbahntunnel, der Böckstein mit Mallnitz verbindet.

Wohlstand durch Bergbau und Tourismus

Die erste größere Ansiedlung befand sich etwa in der Mitte des Gasteinertals, bei Bad Hofgastein, dem Hauptort des Tals. Von hier aus wurde auch der Bergbau verwaltet, der erheblichen Wohlstand brachte. Prächtige Bauten zeugen noch heute vom einstigen Reichtum. Als der Bergbau zum Erliegen kam, tat sich eine neue Einnahmequelle auf: der Tourismus. 1828 wurde Hofgastein zum Kurort ernannt, allerdings ohne eigene Heilquellen zu besitzen. Das Thermalwasser beziehen die Hofgasteiner noch heute direkt von den Bad Gasteiner Heilquellen am Fuße des Graukogels.

Denn die Bad Gasteiner schwimmen buchstäblich im heilsamen Nass: Aus 18 Quellen sprudeln täglich 5 Mio. Liter des bis zu 47 °C heißen Radon-Thermalwassers. Das leicht radioaktive Edelgas verhilft dem Wasser zu seiner heilsamen Wirkung, vor allem bei rheumatischen Erkrankungen, Allergien und Atemwegsbeschwerden. Der erste berühmte Badegast war Kaiser Friedrich III. im Jahr 1435. Der Kurbetrieb blühte auf, aus allen europäischen Fürstenhäusern kamen die Gäste. Seine Glanzzeit als Welt- und Nobelkurort erlebte Gastein in den Jahrzehnten vor dem Ersten Weltkrieg: In dem idyllischen Tauerntal gaben sich Kaiser und Könige ein Stelldichein, hier wurde so manche weitreichende

Wellness & Genuss

TOP TIPP Gesundheit aus dem Berginnern: Der weltweit einzigartige **Heilstollen** ❶ von Gastein führt 2,5 km in den Berg hinein. Die Luft ist dort hochrein, staub- und allergenfrei. Rheumatiker, Allergiker und Menschen, die an Atemwegserkrankungen leiden, profitieren vom warmen, feuchten Klima und dem hohen Gehalt an Radon, einem Edelgas, das den Stoffwechsel anregt. Auch zur Vorbeugung wird die Einfahrt in den Radhausberg bei Böckstein empfohlen, da das Stollenklima die körperlichen Abwehrkräfte steigert und den Kreislauf sanft und schonend anregt; neben den medizinisch verordneten und betreuten Kuren werden auch Schnuppereinfahrten angeboten (Dauer ca. 2,5 Std.); Beratung sowie weitere Kur- und Wellness-Angebote im Kurzentrum beim Heilstollen; Tel. 0 64 34/3 75 30; www.gasteiner-heilstollen.com

Felsentherme Bad Gastein	Großzügig angelegte Bade- und Wellness-Bereiche in der Nationalparktherme mit Innen- und Außenbecken, durch die täglich 1 Mio. Liter Gasteiner Thermalwasser fließen. Verschiedene Saunen, natürliche Felsengrotte mit Wasserfall; neues Erlebnisbad; Tel. 0 64 34/22 23; www.felsenbad-gastein.com
Alpen Therme Bad Hofgastein	Alpine Gesundheits- und Freizeitwelt; Erlebnis- und Heilbad, Saunawelten, Sport- und physiotherapeutische Angebote; Tel. 0 64 32/8 29 30; www.alpentherme.com
Radon-Thermal-Dunstbad Bad Gastein	Im stilvollen, historischen Bad von Bad Gastein, das 1784 eröffnet wurde direkt bei den Heilquellen. Das Wasser sprudelt mit einer Temperatur von 45 °C aus der Erde. Im Dunstbad ist der Gast vom heilenden Wasserdampf der Quellen umgeben. Massage- und Wellness-Angebote; Tel. 0 64 34/61 27; www.dunstbad.at
Kraftplätze am Fulseck Dorfgastein	Wanderung zu ausgesuchten Orten, an denen die Kräfte der asiatischen Yin-und-Yang-Lehre wirken. Ausgangspunkt: Bergstation Fulseck bei Dorfgastein ❹; entlang der einzelnen Stationen des Kraftweges zum Arltörl (1797 m), zur Heumoosalm (Einkehr) und zur Mittelstation (1450 m); zu Fuß oder mit der Seilbahn zurück nach Dorfgastein; einfache, landschaftlich herrliche Wanderung; Zeit: ca. 3 Std.; geführte Touren möglich; Tel. 0 64 34/74 47

Wandern & Bergtouren

TOP TIPP Ein abwechslungsreicher **Höhenweg** ❷ führt von der Bergstation der Graukogelbahn (1954 m) ❷ bei Bad Gastein über die **Palfnerscharte** (2321 m) **zum Reedsee** (1832 m). Eine Tour, bei der man sich viel Zeit zum Schauen und Genießen nehmen sollte, denn die Landschaft rund um den Graukogel im Nationalpark Hohe Tauern ist unvergleichlich schön. Von der Bergstation aus die Westflanke des Gaukogels bis zum malerischen Palfnersee (2100 m) queren. Aufstieg über felsdurchsetzte, blumenreiche Almwiesen zur Palfnerscharte, weiter zum Windschursee (1955 m) und zum Reedsee, einem herrlich im Bergwald gelegenen See, in dem sich die Gletscher der Tischlergruppe (3002 m) spiegeln. Steiler Abstieg ins Kötschachtal, dann bequem hinauswandern zum Grünen Baum. Entweder mit dem Bus oder über die Kaiser-Wilhelm-Promenade zurück nach Bad Gastein; mittelschwere Bergsteige, Trittsicherheit erforderlich; Zeit: ca. 5,5 Std.; Einkehr: Tonis Almgasthof an der Bergstation, versch. Almen und Restaurants im Kötschachtal

Hagener Hütte (2446 m) Auf historischen Pfaden in den Nationalpark Hohe Tauern	Ausgangspunkt: Sportgastein (1588 m); vorbei an den idyllischen Almen im Talkessel des Naßfelds zur Veit-Alm (1650 m) – steil hinauf über den breiten Eselrücken zum Eselkar (2011 m) – über flacheres Gelände zur Passhöhe mit der gemütlichen Hagener Hütte; Abstieg wie Aufstieg; geübte, trittsichere Bergwanderer können von der Hütte aus in ca. 1,5 Std. zum Hohen Geisel (2974 m) aufsteigen; Zeit: ca. 5 Std.; Einkehr: Hagener Hütte, Almen im Naßfeld
Gasteiner Höhenweg (ca. 1000 m) Sonnige Promenade zwischen Bad Gastein und Bad Hofgastein	Ausgangspunkt: Bad Gastein (1002 m); Kaiser-Wilhelm-Promenade – Kötschachtal – Café Gamskar – Café Hubertus – Café Schöne Aussicht – Remsacher Schlucht – Gadaunerschlucht (in den Steilwänden sind sehr schön die verschiedenen Gesteinsschichten zu sehen) – Bad Hofgastein (858 m); Rückfahrt mit dem Bus; herrlicher Spazierweg, kaum Höhenunterschiede, prachtvolle Aussicht ins Gasteinertal; Zeit: ca. 2,5 Std.; Einkehr: mehrere Cafés entlang der Promenade
Gasteiner Höhe (1994 m) Leichte, blumenreiche Wanderung zu malerischen Seen	Ausgangspunkt: Dorfgastein/Hauserbauer (1079 m); Mayerhof-Alm (1593 m) – Sattel vor dem Kleinen Paarsee (1900 m) – Gasteiner Höhe (1994 m), herrlicher Blick übers Gasteinertal, auf die Tauerngipfel und den Hochkönig – Abstieg zum Oberen Paarsee (1880 m) und evtl. zum Unteren Paarsee (1856 m) – zurück auf den Sattel, Abstieg wie Aufstieg; Zeit: ca. 5 Std.; Einkehr: Hauserbauer, Steinerhochalm

Hütten

Präauer Hochalm (1811 m)
Eine urige Alm in einem stillen Wandergebiet unter der Mooseckhöhe gelegen. Keine Übernachtung; Tel. 0 64 33/74 79

Bad Gasteiner Hütte (2467 m)
Direkt auf dem Gipfel des Gamskarkogels gelegene, gemütliche Alpenvereinshütte. Bereits 1829 erbaut, gilt sie als erste für Bergsteiger errichtete Unterkunft in den Ostalpen; schöner, abwechslungsreicher, mittelschwerer Zustieg von Bad Gastein/Grüner Baum (1100 m) über die Poserhöhe und die Tofererscharte in ca. 4 Std.; Tel. 06 64/3 56 67 07

Rockfeldalm (1821 m)
Von Bad Hofgastein mit der Schlossalmbahn ❸ zur Bergstation, von dort über den Hermann-Kreilinger-Steig in ca. 1,5 Std. zu erreichen (Trittsicherheit erforderlich). Die Alm ist vor allem für ihren guten Käse bekannt; keine Übernachtung; Tel. 06 64/1 86 99 34

Fundneralm (1430 m)
Ideale Wanderung oder Mountainbike-Tour für die ganze Familie zu der urig-gemütlichen Alm. Unbedingt kosten sollte man die selbst gemachten Gasteiner Spezialitäten wie Pofesen, Bauernkrapfen und Hauswürste. Kinder können am Bergbach, auf der Almwiese oder im Bergwald die Natur erkunden; keine Übernachtung; Tel. 0 64 32/87 31

Naturhöhle Entrische Kirche
Eindrucksvolle Tropfsteinhöhle am Eingang des Gasteinertals; mit großen Domen und Hallen sowie der Protestanten-Gedenkstätte im Fledermaus-Dom. Zugang vom Parkplatz Klammstein in ca. 45 Min. über einen Naturlehrpfad. Dauer der Führungen ca. 50 Min. Große Führung (ca. 5 Std.) nur nach Voranmeldung; Tel. 0 64 33/76 95

🇦🇹 GASTEINERTAL

Aussichtsreicher Rastplatz oberhalb von Dorfgastein: die Steinerhochalm

attraktionen sind die beiden renovierten Thermen in Bad Gastein und Bad Hofgastein, die in Sachen Wellness und Erlebnis auf dem absolut neuesten Stand sind.

Neben der entspannenden Erholung lockt das reizvolle Bergerlebnis: Abgesehen von Ankogel und Schareck gibt es zwar keine Renommierberge, dafür werden Wanderer und Mountainbiker in der unteren und mittleren Höhenlage regelrecht verwöhnt, etwa am großartigen Gasteiner Höhenweg oder an den zahlreichen gepflegten Promenaden rund um Bad Gastein. Deutlich höher hinauf führen Touren zu den urigen Almhütten oder zu einem der insgesamt 20 Bergseen, die sich in den einsamen Hochkaren verstecken.

politische Entscheidung getroffen. Noch heute faszinieren die geschichtsträchtigen Hotelpaläste, die sich um den mitten durch den Ort tosenden, 341 m hohen Wasserfall drängen: ungebändigte Natur umgeben von prächtigen Luxustempeln einer längst vergangenen Zeit.

Doch die Gasteiner mussten auch miterleben, wie touristischer Lorbeer mit der Zeit verwelken kann. Mit Wehmut nahmen sie zur Kenntnis, dass die High Society ihre Partys bald anderswo feierte. Man ist sich aber auch bewusst geworden, dass die Basis des einstigen Weltruhms geblieben ist: die Thermen, die tosenden Wasserfälle und die großartige Landschaft. Mit diesen idealen Voraussetzungen gesegnet, galt es »nur« noch, dem heutigen Gast ein abwechslungsreiches Aktivprogramm zu bieten. So verfügt das Tal denn auch über ein breit gefächertes, modernes Sport- und Freizeitangebot. Haupt-

Ideal für Wanderer und Familien

Im Gegensatz zu den mondänen Nachbarorten ist Dorfgastein am Beginn des Tals ein beschauliches Bergdorf. Die kecken Felsnasen des Schuhflickers ziehen die Wanderer an, ebenso die malerischen Paarseen. Auch beim Schlechtwetterprogramm haben die Dorfgasteiner einiges zu bieten: Zum Beispiel die Burg Klammstein, die im 10. Jh. erbaut wurde und somit das älteste Bauwerk im Gasteinertal ist (www.burgklammstein.at). Oder die Naturhöhle »Entrische Kirche« (unheimliche Höhle) oberhalb der wildromantischen Gasteinerklamm: Die mit schillernden Tropfsteinen geschmückten unterirdischen Hallen dienten wäh-

---

Montan-Museum und Siedlung Altböckstein
Mittelalterliche, original erhaltene Wohn- und Bergwerkssiedlung. Montan-Museum im Salzstadel und im Säumerstall, mit Demonstration der Golderzaufbereitung vom erzhaltigen Gestein zum edlen Konzentrat. Details zur Entwicklung der Bergbautechnik, ein Film über die Goldgewinnung im Gasteinertal und umfangreiche Bibliothek; Tel. 0 64 34/54 14

Gasteiner Museum
Schon das historische Bad Gasteiner Haus aus dem 19. Jh. ist sehenswert. Ausgestellt sind die Porträts berühmter Gäste, Historisches zum Bergbau sowie eine umfassende Mineraliensammlung; Tel. 0 64 34/34 88

Historische Wassermühlen
Bis in die 1960er Jahre drehten sich im Gasteinertal die Wasserräder von 143 Getreidemühlen. Zwei liebevoll restaurierte Mühlen liegen direkt am Gasteiner Höhenweg bei Bad Hofgastein. Eine davon, die Bocksbergmühle, wurde im Mölltal (Kärnten) abgetragen und im Gasteinertal wieder aufgebaut. Die Mühlen sind immer donnerstags in Betrieb, bei Führungen wird an diesen Tagen das Mühlwerk und der Mahlvorgang genau erklärt; Tel. 06 64/2 01 97 52

Action & Sport

MOUNTAINBIKE	KLETTERSTEIGE	RAFTING	CANYONING	REITEN
PARAGLIDING	DRACHENFLIEGEN	KLETTERGÄRTEN	TENNIS	WINDSURFEN
KAJAK/KANU	WASSERSKI	TAUCHEN	HOCHSEILGARTEN	GOLF

TOP TIPP: Das Gasteinertal ist mit seinen zahlreichen Almen und herrlichen Seitentälern eine ideale **Mountainbike-Region** ❸ – sowohl für reine Genussfahrer als auch für sportlich ambitionierte Biker. Bei der landschaftlich eindrucksvollen Tour auf die Grabnerhütte (1717 m) bei Dorfgastein kommen alle auf ihre Kosten: Mit 15 km und über 800 Höhenmetern (teils auf Asphalt, teils auf Schotter) ist die Tour anspruchsvoll. Mit der Heumoosalm liegt aber eine urige, sehr gemütliche Einkehr am Weg, ebenso wie das Bergrestaurant Grabnerhütte und die Brandlalm. Von Dorfgastein (830 m) hinauf zum Feinschmeckerlokal Hauserbauer weiter zur Heumoosalm (1616 m) und zur Grabnerhütte. Abfahrt zur Mittelstation mit der Brandlalm (1450 m). Über den Gruber-Waldweg zurück zum Hauserbauer und nach Dorfgastein. Geführte Mountainbike-Touren und Verleih: Radsport Eckschlager, Bad Hofgastein; Tel. 0 64 32/63 23; Sport Fleiß, Bad Gastein.

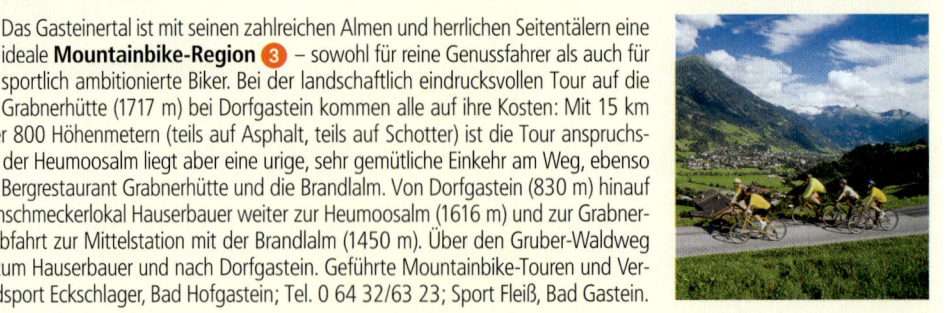

Golf	Golfclub Gastein	Herrlich angelegter 18-Loch-Platz zwischen Bad Gastein und Bad Hofgastein. Schnupperkurse, Platzreifekurse, Grund- und Perfektionskurs bei der Golfschule des Golfclubs Gastein; Tel. 0 64 34/27 75; www.golfclub-gastein.com
Reiten	Reitclub Bad Gastein Islandpferdehof, Bad Hofgastein	Wunderschöne Reitmöglichkeiten im weiten Gasteinertal und seinen wildromantischen Seitentälern. Reitkurse und Ausritte: Reitclub Bad Gastein; Tel. 0 64 34/28 47; Islandpferdehof Oberhaitzinggut Bad Hofgastein, Tel. 0 64 32/67 70; www.reitzentrum.at
Paragliding	Fulseck, Dorfgastein	Startplatz bei der Bergstation am Fulseck (2033 m) ❹, Landeplatz in Dorfgastein (830 m); gute thermische Verhältnisse; Tandemflüge und Kurse: Parataxi Gastein; Tel. 0 64 32/25 26; www.tandem-flying.com

rend der Gegenreformation (1730–1733) den verfolgten Protestanten als geheimer Versammlungsort.

Ebenfalls tief ins Berginnere führt der Gasteiner Heilstollen. Auf das wohl wirkungsvollste Kurmittel des Tals stieß man ganz zufällig, als bei der Suche nach neuen Goldadern 1940 ein Stollen in den Radhausberg bei Böckstein getrieben wurde. Gold fand niemand, dafür machte man eine weit wertvollere Entdeckung: Erkrankte Bergleute stellten fest, dass sie plötzlich eine fast wundersame Heilung erfuhren. Wissenschaftler untersuchten das Phänomen und entdeckten statt Edelmetall ein Edelgas: das Radon. Hinzu kommt die hohe Lufttemperatur (bis zu 41,5 °C) und eine extrem hohe Luftfeuchtigkeit im Stollen. Nach wie vor sind die Heilungserfolge der seit 1953 durchgeführten Liegekuren tief im Berginneren außerordentlich und auch wissenschaftlich belegt. Die natürliche, schonende Therapie, unter ärztlicher Aufsicht durchgeführt, empfehlen Fachleute auch zur allgemeinen Vorbeugung und zur Steigerung der Abwehrkräfte. Die Fahrt ins heiße Berginnere ist natürlich nicht jedermanns Sache; aber das Schöne am Gasteinertal ist ja, dass dort jeder Kraft tanken kann, wo es ihm am liebsten ist: beim Untertauchen in den Thermen, beim Luftschnappen auf den Wanderwegen oder beim Abfahren ins Berginnere.

Ideal für Wanderer und Familien: Dorfgastein

EVENTS

- Juni: Berge in Flammen, Sonnwend-Feier auf der Bergstation Stubnerkogel ①
- Juli: Bad Gasteiner Straßenfest
- August: Almenfest, Sportgastein
- September: Böcksteiner Volks- und Knappenfest

Restaurants

Landgasthaus Vier Jahreszeiten
Vorzügliches Restaurant in einem stilvollen, historischen Bauernhof in Böckstein mit hervorragender Küche. Ideal für Genießer, die Wert auf Gemütlichkeit legen; unbedingt reservieren; Tel. 0 64 34/3 02 48

Hotelempfehlungen

Bad Gastein S. 666
Bad Goisern S. 667
Bad Hofgastein S. 667
Dorfgastein S. 669

Wanderkarten

Freytag & Berndt; WK 191 Gasteinertal, Wagrain, Großarl; 1:50000

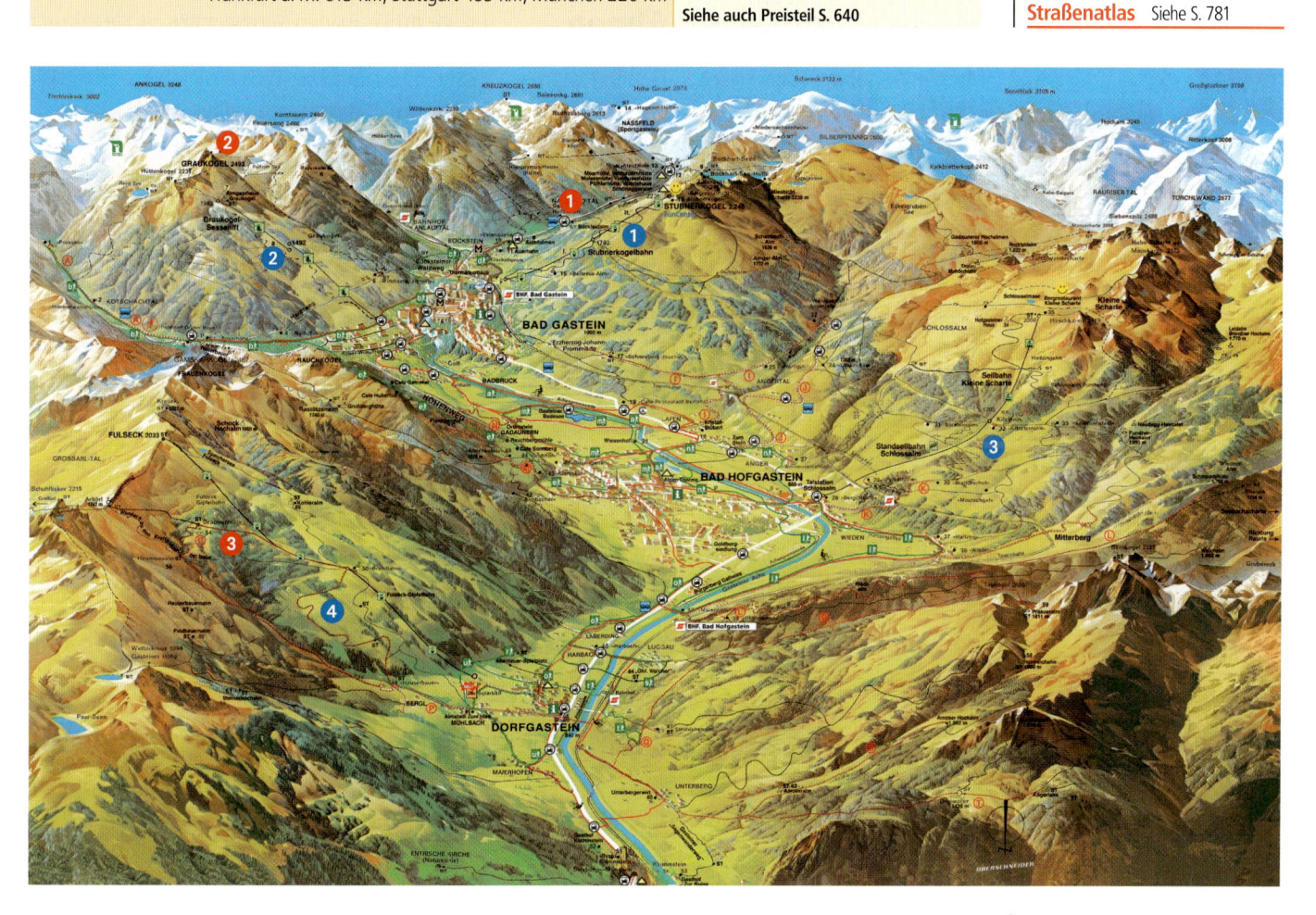

Straßenatlas   Siehe S. 781

Adressen & Bergbahnen   Landesvorwahl 00 43

Urlaubsregion	**Gasteinertal** Tourismus; Tel. 0 64 32/3 39 31 17; E-Mail: info@gastein.com; www.gastein.com	① Bad Gastein Stubnerkogel (2 Sektionen) Berg/Tal 15,50 €
Orte	**Bad Gastein · Bad Hofgastein · Böckstein · Dorfgastein**	② Bad Gastein Graukogel (2 Sektionen) Berg/Tal 15,50 €
Entfernungen	Hamburg 995 km; Berlin 806 km; Köln 797 km; Frankfurt a. M. 613 km; Stuttgart 453 km; München 220 km	③ Bad Hofgastein Schlossalm (2 Sektionen) Berg/Tal 15,50 €
		④ Dorfgastein Fulseck (2 Sektionen) Berg/Tal 15,50 €
		Siehe auch Preisteil S. 640

GROSSARLTAL
SALZBURGER LAND – NATIONALPARK HOHE TAUERN

Eine prächtige Barockausstattung ist in der Kirche von Großarl zu besichtigen.

- **ACTION & SPORT**
- **WANDERN & BERGTOUREN**
- **FUN & FAMILY**
- **WELLNESS & GENUSS**

ADAC der perfekte Urlaubstag

- **9 Uhr:** Fahrt ins Salzachtal, Besuch der Liechtensteinklamm
- **11 Uhr:** Rückfahrt ins Großarltal, mit Seilbahnhilfe ❶, Besteigung des Kreuzkogels, Abstieg über die Gehwolfalm (dort schöne Rast), per Seilbahn oder zu Fuß zurück ins Tal
- **15.30 Uhr:** Fahrt ans Ende des Tals zum »Talwirt« hinter Hüttschlag, Besuch des Talmuseums und des Informationszentrums des Nationalparks
- **18 Uhr:** Erholung und gemütlicher Ausklang im Gasthaus »Talwirt« direkt bei den Museen

Erholung im Tal der Almen

An der Trennungslinie zwischen Hohen Tauern im Westen und Niederen Tauern im Osten weichen die rauen Gipfel für einen Moment zur Seite und machen einem idyllischen Almental Platz. Wo früher Kupfer abgebaut wurde, können heute Urlauber in Ruhe die Seele baumeln lassen, gemütlich auf eine bewirtschaftete Alm wandern oder mit etwas sportlichem Ehrgeiz die insgesamt 80 km langen Mountainbikewege erkunden. Und dann hält das Großarltal noch einen Höhepunkt bereit, auf den man schon stößt, bevor man das eigentliche Tal erreicht.

Der Schmied von Großarl versprach einst dem Teufel seine Tochter, wenn er ihm bis zum Hahnenschrei die warmen Quellen von Bad Gastein im Nachbartal stehlen und vor die Haustür bringen würde. Die Frau des Schmieds erfuhr davon und warf kurz nach Mitternacht den Hahn in einen kalten Brunnen. Vor Schreck begann das Tier lauthals zu krähen. Der Teufel flog indessen gerade mit seinem Diebesgut ins Großarltal. Als er den Hahn zu so früher Stunde hörte, schleuderte er voller Zorn die warmen Quellen zu Boden. Eine 4 km lange, bis zu 300 m tiefe, eindrucksvolle Schlucht entstand: die Großarlklamm. 1876 finanzierte der Salzburger Stadthalter Fürst Johann II. von Liechtenstein die Erschließung, woraufhin sie den Namen Liechtensteinklamm erhielt. Inzwischen haben sich über 7 Mio. Besucher von diesem faszinierenden Naturschauspiel beeindrucken lassen.

Wer auf der Straße von St. Johann nach Großarl unterwegs ist, kann die Klamm nur an einer Stelle sehen. Doch man sollte hier ohnehin nach vorn schauen, denn auch das Großarltal geizt nicht mit Reizen. Schon bald taucht die Alte Wacht auf, ein malerisches, über die damalige Straße gebautes Holzhaus aus dem 17. Jh., das früher als Mautstelle diente.

Wie unheimliche Augen glotzen einen aus der Felswand gegenüber fünf schwarze Löcher an. In ihnen sollen sich verzweifelte Heiden verkrochen haben, als das Tal zum Christentum bekehrt wurde.

Wohlstand durch Bergbau

Malerisch präsentiert sich Großarl: der schmucke Ortskern, die mächtige Barockkirche und der Friedhof mit schönen schmiedeeisernen Kreuzen. Das Tal ist hier weit, die sattgrünen Bergwiesen sind mit Wegen (insgesamt 220 km) durchzogen. Es ist offensichtlich, dass man hier endlos wandern und mountainbiken kann. Und als Belohnung winken die verstreut liegenden Almen mit ihren hausgemachten Köstlichkeiten. Gute Adressen sind die gemütliche Igltalalm, die Harbachalm im Toferntal, die im 17. Jh. den Bergknappen als Unterkunft diente, oder die Filzmoosalm im Ellmautal, dem größten Seitental Großarls.

Je weiter man Richtung Talschluss fährt, desto mehr wird einem die Bergbau-Vergangenheit des Tals bewusst. An der Straße nach Hüttschlag steht das Kößlerhäusl, ein typisches, um 1600 aus runden Holzstämmen gebautes Bergknappenhaus, in dem heute ein kleines, aber feines Museum untergebracht ist. Dokumentiert wird der Alltag der Knappenfamilien. Hüttschlag selbst ist ein schön gelegenes, altes Bergdorf mit herrlichen Bauern- und Knappenhäusern. Almwiesen links und rechts, Wasserfälle – und darüber thront der Keeskogel mit seinem Gletscher. In einem malerischen Gebäudeensemble sind am Talschluss gleich mehrere Museen untergebracht sowie das Informationszentrum des Nationalparks Hohe Tauern, zu dem Hüttschlag seit 1991 gehört. Bevor man es sich aber dort hinten beim »Talwirt« gemütlich macht, sollte man noch ins Schödertal hineinwandern. Nicht allein wegen der herrlichen Landschaft, sondern auch wegen des von der Großarler Hauptschule betreuten Lehrpfads, der anhand von 50 Stationen Flora, Fauna und Gletscherwelt des Nationalparks erklärt. In den Bergwerken im Reiter- und Tofernertal bei Hüttschlag wurden zwischen dem 16. und 19. Jh. insgesamt 600 Zentner Kupfer gewonnen. Als der Bergbau 1863 eingestellt wurde, verarmte das Tal. Danach war man wieder allein auf die Landwirt-

Wandern & Bergtouren

TOP TIPP Das sich von Großarl aus nach Osten ziehende Ellmautal führt in eine stille, landschaftlich sehr schöne Ecke. Vor allem, wenn man vom Parkplatz Grund (1300 m) hinaufsteigt zum **Filzmooshörndl** ❶ (2187 m). Für eine felsige Kulisse sorgt der schroffe Gipfelaufbau des Draugstein (2356 m). Außerdem liegt am Wegesrand – so wie es sich im Tal der Almen gehört – eine herrliche Einkehr. Auf einfachem, schönem Almweg von Grund aus hinauf zur Filzmoosalm (1710 m), einem herrlichen Rastplatz. Entlang der Felsenwand des Draugstein leicht über weitläufige Almen bis zum Filzmoossattel (2064 m). Steil und anstrengend, aber nicht schwer, sind erst die letzten Meter zum Gipfel. Von dort fantastische Aussicht auf Dachstein, Hochkönig und Hohe Tauern. Abstieg wie Aufstieg. Zeit: ca. 5 Std.; Einkehr: Filzmoosalm

Kreuzkogel (2027 m) Leichte Gipfeltour mit Seilbahnunterstützung	Ausgangspunkt: Großarl, Bergstation Panoramabahn (1827 m) ❶; auf schönen Bergwegen zum Gipfel, herrliche Aussicht auf Großglockner, Hochkönig und ins Gasteinertal – Abstieg nach Norden, am Grat entlang bis in den Sattel (1936 m) – nach rechts absteigen ins Großarltal zur Gehwolfalm (1686 m) – Alpentaverne (1340 m) bei der Mittelstation – mit der Seilbahn nach Großarl zurück (924 m); Zeit: ca. 3 Std.; Einkehr: Laireiteralm (Bergstation), Gehwolfalm, Alpentaverne
Heukareck (2099 m) Schöner Aussichtspunkt über malerischem Hochtal	Ausgangspunkt: Großarl, auf Güterweg Schied bis zur Schranke fahren (1330 m); Igltalalm (1507 m) – durch herrlichen Lärchenwald an der eindrucksvollen Höllwand vorbei – Talkessel mit Seen westlich umgehen – über Ostrücken zum Gipfel; Abstieg wie Aufstieg; herrliche Blumenwiesen, gewaltiger Blick ins Salzachtal und direkt in die Wände des Hochkönigs; leichte Bergwanderung; Zeit ca. 5 Std.; Einkehr: Igltalalm
Liechtensteinklamm Leichte Wanderung durch eine der eindrucksvollsten Klammen der Alpen	Ausgangspunkt: Parkplatz bei St. Johann im Salzachtal (gut ausgeschildert); gut befestigter, leichter Steig führt durch die enge, teilweise 300 m tiefe Schlucht mit ihren herrlichen Felsformationen und eindrucksvollen Wasserfällen; für jedermann begehbar; Zeit: ca. 1 Std.; Einkehr: Gasthäuser in St. Johann; www.liechtensteinklamm.at

Adressen & Bergbahnen — Landesvorwahl 00 43

Urlaubsregion	Tourismusverband Großarltal; Tel. 0 64 14/2 81; E-Mail: info@grossarltal.co.at; www.grossarltal.info; www.grossarltal.at
Orte	**Großarl · Hüttschlag · Karteis**
Entfernungen	Hamburg 982 km; Berlin 793 km; Köln 784 km; Frankfurt a. M. 600 km; Stuttgart 440 km; München 207 km

❶ 🚡 Großarl Panoramabahn Berg/Tal 12,50 €

Siehe auch Preisteil S. 640

Talmuseum mit Infozentrum des Nationalparks

Neben dem Parkplatz Stockham im Hüttschlager Talschluss befindet sich in einem malerischen Ensemble historischer Häuser gleich ein ganzes Museumsdorf: Ausstellungen über den Naturraum der Hohen Tauern sowie die Kultur und das Brauchtum der Region im Infozentrum des Nationalparks Hohe Tauern im »Talwirt«. Mineralienausstellung, Geschichte des Bergbaus, eine historische Mühle, eine Kapelle und eine Schnapsbrennhütte sind im Talmuseum dokumentiert. Im »Gensbichelhaus« ist das Salzburger Obstbau- und Bienenmuseum »Alpimundia« untergebracht, zu dem auch noch ein interessantes Freigelände gehört. Vom Museum aus führt ein Biotoplehrweg durch ein Feuchtgebiet. Ein großer Spielplatz, ein begehbares Wildgehege und die Erlebnisgastronomie beim »Talwirt« ergänzen das vor allem auf Familien abgestimmte Angebot; Tel. 0 64 17/4 44

Hotelempfehlungen
Großarl S. 676

Wanderkarten
Freytag & Berndt, WK 191 Gasteiner Tal, Wagrain, Großarltal; 1:50000

Straßenatlas Siehe S. 781

---

schaft angewiesen. Hätte die Sache mit dem Teufel geklappt, wären wohl auch nach Großarl die Kurgäste gepilgert. So blieben die Touristen höchstens an der spektakulären Liechtensteinklamm hängen. Das Tal musste warten, bis die Urlauber lernten, wie erholsam es ist, in reizvoller Landschaft über herrliche Wege zu bestens bewirtschafteten Almen zu wandern und sich abends in den behaglichen, oft nach allen Regeln der Wellnesskunst ausgestatteten Gast- und Bauernhöfen verwöhnen zu lassen.

OBERTAUERN
SALZBURGER LAND

ACTION & SPORT
WANDERN & BERGTOUREN
FUN & FAMILY
WELLNESS & GENUSS

Sportzentrum Olympiastützpunkt Obertauern
Athleten aus aller Welt, aber auch immer mehr Hobby-Sportler nutzen die professionelle Betreuung und die hervorragende Infrastruktur des Sportzentrums. Nach einem gründlichen Gesundheits-Check werden individuelle, auf die jeweilige Sportart abgestimmte Trainingsprogramme erstellt, um entweder termingerecht (z.B. für einen Marathonlauf) topfit zu sein oder um sich nach einer Verletzung optimal zu erholen. Besonders effektiv wird das Training durch die Höhenlage Obertauerns; Fitness-Angebote, Sauna, Tennis- und Squashplätze; Tel. 0 64 56/76 56; www.olympiastuetzpunkt.at

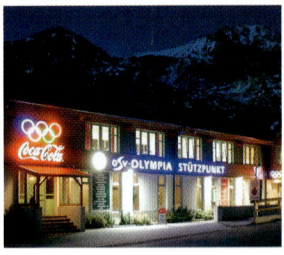

Wanderkarten
Freytag & Berndt, WK 201, Schladminger Tauern, Radstadt–Dachstein, 1:50000

ADAC der perfekte Urlaubstag

- **10 Uhr:** Wanderung von der Felseralm (Obertauern) aus über Wildsee und Hengst zur Südwiener Hütte und evtl. weiter zum Gipfel des Spirtzingers (2066 m)
- **12 Uhr:** Ausgiebige Rast auf der idyllischen Hütte mit dem originellen Hüttenwirt
- **14 Uhr:** Rückweg über den leichten Hirschwandsteig nach Obertauern. Abstecher zum Johanniswasserfall bei der Felseralm
- **17 Uhr:** Besichtigung des »Friedhofs der Namenlosen«, Obertauern
- **18 Uhr:** Erholen in der Sauna des Sportzentrums Olympiastützpunkt

Ruhe auf dem Rücken der Berge

Der Weg nach Obertauern führt hoch hinauf – auf den 1739 m hohen Radstädter Tauernpass. Geheimnisvolle Moore und sanfte Hügel dehnen sich aus, bis sie abrupt von den schroffen Felswänden der Radstädter und Schladminger Tauern begrenzt werden. Im Sommer hat man hier, auf dem Rücken der Berge, seine Ruhe: um ausgedehnte Wanderungen und Bergtouren zu machen oder sich auf sportliche Höchstleistungen vorzubereiten.

Nicht weit von der Bergstation der Grünwaldkopfbahn entfernt liegt der malerische Krummschnabelsee.

Kaum beginnt der Schnee zu schmelzen, wird es ruhig in der zur Skisaison pulsierenden Satellitenstadt auf der Passhöhe. In den kleinen Nachbardörfern Tweng im Süden und Untertauern im Norden, die das ganze Jahr über bewohnt sind, geht es dagegen sommers wie winters eher beschaulich zu. Obertauern hat eine lange Geschichte: 200 n. Chr. bauten die Römer einen für damalige Verhältnisse sehr leistungsfähigen Verbindungsweg durch das unwegsame, wilde Tauerngebirge. Die Tauernkapelle »Tauernkreuz« bei Tweng und der »Friedhof der Namenlosen« in Obertauern erinnern an die Opfer, die der rege Transportverkehr über den vor allem im Winter gefürchteten Pass forderte. Die älteste Grabstätte, die man entdecken kann, stammt aus dem Jahr 1534.

Fast zwei Jahrtausende blieb der Radstädter Tauernpass trotz seiner Gefahren die wichtigste Nord-Süd-Verbindung der Region. Erst der Bau des Felbertauerntunnels (1967) und der Tauernautobahn (1975) entlasteten die Strecke und machten sie zur beliebten Ausweichroute.

Doch nicht alle sind am Radstädter Tauernpass nur auf der Durchreise. Der wohl prominenteste Dauergast Obertauerns ist Österreichs Skistar Hermann Maier. Er und weitere Spitzensportler aus aller Welt bereiten sich im »Olympiastützpunkt« auf kommende Wettkämpfe vor. Immer öfter nutzen auch

Adressen & Bergbahnen — Landesvorwahl 00 43

Urlaubsregion	**Obertauern** Information; Tel. 0 64 56/72 52; E-Mail: info@obertauern.com; www.obertauern.com
Orte	Tweng www.tweng.at • Untertauern www.untertauern.at
Entfernungen	Hamburg 998 km; Berlin 809 km; Köln 800 km; Frankfurt a. M. 616 km; Stuttgart 457 km; München 223 km

❶ Obertauern Grünwaldkopfbahn Berg/Tal 7 €

Siehe auch Preisteil S. 640

Wandern & Bergtouren

TOP TIPP
Wild und abweisend zeigt sich der Doppelgipfel der **Seekarspitze** ❶ (2350 m) von Obertauern (1739 m) aus. Doch vom Seekarhaus (1797 m) ist die Route relativ einfach. Anspruchsvoller, aber landschaftlich besonders reizvoll, ist der Weg vom Grünwaldsee (1938 m) aus. Für geübte, trittsichere und schwindelfreie Bergwanderer ist die folgende Rundtour ein Leckerbissen: Von Obertauern aus am Hundsfeldsee vorbei zum Seekarhaus. Weiter an einer Kapelle vorbei zum felsigen Ostgrat und über diesen unschwer zum Gipfel mit seinem Panoramablick. Nun teils ausgesetzt steil hinab nach Westen ins Schafkarl. Vorbei an kleinen, malerischen Seen zum Grünwaldsee mit der Hochalm und der Bergstation (1974 m) des Sesselliftes ❶. Entweder über den Sonnenhof direkt absteigen nach Obertauern oder mit dem Lift ins Tal fahren. Zeit: ca. 4 Std.; Einkehr: Seekarhaus, Hochalm

Gamskarlspitze (2411 m) Anspruchsvoller Panoramagipfel mit Seeblick	Ausgangspunkt: Obertauern (1739 m); Theodor-Körner-Haus (1802 m) – Edelweißalm – Plattenscharte – Gamskarlspitze; Abstieg wie Aufstieg; einfacher Wanderweg bis zur Plattenscharte, dann über felsigen Grat, der Trittsicherheit voraussetzt, zum Gipfel; Zeit: ca. 3,5 Std.; Einkehr: Theodor-Körner-Haus
Klockerin/Glöcknerin (2432 m) Idyllische Wanderung zu massiger Aussichtskuppe	Ausgangspunkt: Obertauern/Felseralm (1660 m); Wildsee (1925 m) – entlang der Ostflanke der Vorderen Großwand zum Wildkar – durch das Wildkar bis in den Sattel – den Grat entlang zum Gipfel; Abstieg wie Aufstieg; steile Wanderwege, Trittsicherheit nötig; Zeit: ca. 5 Std.; Einkehr: Felseralm

Hobby-Sportler diese moderne Infrastruktur. Zugute kommen ihnen die positiven Auswirkungen der Höhenlage auf Leistungsfähigkeit, Gewicht und Blutdruck.

In Form bringen kann man sich natürlich auch ohne Anleitung, ganz ungestört in der meistens sehr einsamen Bergwelt der Radstädter und Schladminger Tauern. Hat man die Pistenregion mit ihren unverkennbaren Narben erst einmal hinter sich gelassen, präsentiert sich die Bergwelt wild und schroff, dazwischen verstecken sich liebliche kleine Gewässer und blühende Almwiesen. Traumhafte Tourenziele führen zu den klaren, unglaublich blauen Bergseen wie dem Wildsee oder dem Grünwaldsee. Vogelfreunde werden vor allem von der Wanderung durch das unter strengem Naturschutz stehende Hundsfeldmoor beeindruckt sein, in dem sich so seltene Vögel wie das Rotsternige Blaukehlchen zur Brut niederlassen.

Mountainbiker kommen in Obertauern ebenfalls auf ihre Kosten. Als Austragungsort hochklassiger Rennen setzt man auf Leistung. Ein Kurs ist mit elektronischer Zeitmessung ausgestattet. Wer die ausgewiesene 22 km lange Wettkampfstrecke wählt, muss mehr als 1100 Höhenmeter überwinden. Ruhige Genusstouren wie etwa die Schotterstraße ins landschaftlich reizvolle Lantschfeldtal bietet hingegen die Region um Tweng.

EVENTS

• Ende Juni: Prangtag in Tweng: Prozession mit den festlich geschmückten, bis zu 8 m hohen Prangstangen; festlicher Ausklang

Hütten

Südwiener Hütte (1802 m)
Auf einem herrlichen Wiesensattel gelegene Hütte mit guter Küche und einem nicht ganz alltäglichen Hüttenwirt: Roland Schett ist nicht nur als DJ-Ötzi-Double bekannt geworden, sondern hat inzwischen auch eine eigene CD produziert. Für Stimmung auf der Hütte ist somit gesorgt! Zustieg vom Parkplatz Gnadenbrücke bei Obertauern (1272 m); Zeit: ca. 2 Std.; Tel. 06 64/3 43 63 42; www.bergfexx.at

Hotelempfehlungen

Obertauern S. 696

Straßenatlas S. 781

SALZBURGER SPORTWELT
SALZBURGER LAND

- **ACTION & SPORT**
- **WANDERN & BERGTOUREN**
- **FUN & FAMILY**
- **WELLNESS & GENUSS**

Promi-Tipp
Annemarie Moser-Pröll
Die sechsfache Gesamt-Weltcupsiegerin, fünffache Weltmeisterin, Olympiasiegerin und 62-fache Weltcup-Einzelsiegerin aus Kleinarl ist ihrer Heimat stets treu geblieben:

»Während meiner aktiven Zeit bin ich im Sommer regelmäßig zum Tappenkarsee gelaufen oder auf die Ennskraxn gestiegen. Beide Ziele wähle ich nach wie vor gern. Ein guter Tipp ist auch der Jägersee am Talschluss, egal ob man zu Fuß oder mit dem Mountainbike dort hinauf gelangt.«

ADAC – der perfekte Urlaubstag

- **9 Uhr:** Mountainbike-Tour von Filzmoos zur Hofalm am Fuße der Bischofsmütze mit Einkehr in der Unteralm
- **13 Uhr:** Ausflug nach Radstadt; auf dem Millenniumsweg viel über die Geschichte Österreichs erfahren, dann am idyllischen Marktplatz einen Kaffee trinken
- **17 Uhr:** Fahrt mit dem Auto auf den Roßbrand, Sonnenuntergang genießen
- **19.30 Uhr:** Zurück nach Filzmoos, Abendessen im Restaurant Hubertus – bei Johanna Maier, der besten Köchin Österreichs

An St. Johann im Pongau vorbei schlängelt sich die Salzach Richtung Tennengebirge.

In der Heimat der Stars

In der Heimat von Skistars wie Hermann Maier (Flachau) und Annemarie Moser-Pröll (Kleinarl) dreht sich zwar viel um den Wintersport, aber lange nicht alles. Zwischen Tauern und Dachstein, entlang der jungen Enns, warten geschichtsträchtige Orte, sanfte Wanderberge und schroffe Zacken darauf, erkundet zu werden. Dabei haben Familien ebenso viel Spaß wie sportlich ambitionierte Urlauber.

Die spektakuläre Liechtensteinklamm

Mächtig und stolz ragt der Pongauer Dom über dem Salzachtal bei St. Johann in den Himmel. Nachdem ein verheerender Brand 1855 den Ort nahezu völlig zerstörte, wurde die Pfarrkirche neu errichtet und zum weithin sichtbaren Symbol. Damals konnte noch niemand ahnen, dass das wuchtige Bauwerk einmal den westlichen Einstieg in die Sportwelt Amadé markieren würde. Genauso undenkbar wäre zu dieser Zeit auch die Vorstellung gewesen, dass 3 km vom Zentrum der Pongauer Einkaufs- und Ausgehmetropole entfernt ein neuer Ortsteil entstehen könnte, in dem sich restlos alles um den Urlaub auf gehobenem Niveau dreht: das Alpendorf. Kinder und Jugendliche sind begeistert vom Erlebnispark und dem Ferienprogramm im Alpendorf, die Eltern schöpfen in Sachen Sport und Wellness aus dem Vollen. Dort oben befinden sich auch

Wandern & Bergtouren

TOP TIPP Eine aussichtsreiche, mittelschwere Kammwanderung führt **von der Kleinarler Hütte (1756 m) über den Penkkopf (2011 m) zum Gründegg (2168 m)** ❶. Von Kleinarl (1007 m) geht es auf einem Güterweg zur Hirschleiten (1206 m). Über steilerem Hüttenweg zur Kleinarler Hütte (ca. 2 Std.) wandern. Von hier aus nicht direkt zum Gründegg, sondern in nördlicher Richtung auf den Penkkopf. Nun auf einem Bergsteig, fast immer am Kamm entlang, bis zum Gründegg. Dort die herrliche Aussicht auf die Hohen und die Niederen Tauern genießen und nach Süden absteigen zur Roßfeldalm (1706 m). Durch den Stöcklwald hinunter ins Tal nach Hinterkleinarl (1044 m). Mit dem Bus oder auf dem schönen Wanderweg entlang des Kleinarler Baches zurück zum Ausgangspunkt; Zeit: ca. 7 Std.; Einkehr: Kleinarler Hütte.

Lackenkogel (2051 m) Einfache Wanderung auf markante Gipfelpyramide	Ausgangspunkt: Flachau, Parkplatz Sattelbauer (1283 m); schöner Fußweg zur Lackenalm (1680 m) – erst über leicht bewaldeten Rücken, dann steil zum Sattel (1950 m) – auf schönem Bergsteig über den Südkamm zum Gipfel; Rückweg wie Hinweg; Zeit: ca. 4 Std.; Einkehr: Sattelbauer, Lackenalm
Glingspitze (2433 m) Aussichtsberg für Trittsichere über dem malerischen Tappenkarsee	Ausgangspunkt: Parkplatz Schwabalm (1192 m) südlich von Kleinarl; Tappenkarsee – Tappenkarseealm (1768 m) – kurz unterhalb der Tappenkarseehütte (1820 m) queren zum Tauernhöhenweg – durch das Tappenkar zum Haselstein (2150 m) – über steilen Grashang zum Gipfel; bis zur Hütte einfache Wanderung, im Gipfelbereich Trittsicherheit erforderlich; Abstieg wie Aufstieg; Zeit: ca. 7 Std.; Einkehr: Tappenkarseealm, Tappenkarseehütte
Roßbrand (1770 m) Beliebter Gipfel bei Radstadt mit herrlichem Dachsteinblick	Ausgangspunkt: Radstadt (858 m); Weg 462 – Bürgerbergalm (1172 m) – Oberer Schwemmberg – Radstädter Hütte (1750 m) – Roßbrand – südwärts durch lichten Wald absteigen zur Münzgrub – Gasthof Pertill (1161 m) – Breitenberg – Radstadt; leichte Wanderung, meist auf schattigen Waldwegen; Zeit: ca. 6 Std.; Einkehr: Bürgerbergalm, Radstädter Hütte, Gasthaus Pertill
Ennskraxen (2410 m) Anspruchsvolle, abwechslungsreiche Bergtour auf den Kleinarler Felsriesen	Ausgangspunkt: Kleinarl (1007 m); Jausenstation Ennskraxn – Steinkaralm (1700 m) – am idyllischen Blauen See (1990 m) vorbei – über teils mit Drahtseilen gesicherte, recht brüchige Felsstufen auf steilem, ausgesetztem Bergsteig zum aussichtsreichen Gipfel; Abstieg wie Aufstieg; lange Bergtour, die Erfahrung, Trittsicherheit und Schwindelfreiheit voraussetzt; Zeit: ca. 7 Std.; Einkehr: Jausenstation Ennskraxn, Steinkaralm

die Talstationen der beiden St. Johanner Bergbahnen, die hinauf führen in das Wanderparadies am Gernkogel. Und damit immer noch nicht genug: Nur einige Minuten entfernt wartet eine fantastische, 4 km lange und bis zu 300 m tiefe Schlucht darauf, entdeckt zu werden: die Liechtensteinklamm. Sie ist eine der schönsten und tiefsten Wildwasserschluchten der Alpen, ein spektakulärer, aber einfach zu begehender Steig führt hindurch (siehe auch Großarl, S. 280–281).

Besonders warm wird das Wasser des Jägersees bei Kleinarl nicht, aber für ein Fußbad reicht es auf jeden Fall.

Hütten

Buchauhütte (1750 m)
Besonders für Familien interessant ist die relativ neue Hütte unterhalb des Sonntagskogels (1849 m) zwischen St. Johann und Wagrain. Mit Produkten vom Bauernhof, Streichelzoo, Kinderspielplatz und Kletterburg; schnellster Zustieg von der Bergstation der Panoramabahn St. Johann–Alpendorf ❺ in ca. 10 Min.; herrliche Mountainbike-Strecke über Sternhof, Kreistenalm und Obergassalm zur Hütte; Tel. 0 64 12/72 67.

Kitzsteinalm (1506 m)
Oberhalb von Kleinarl steht diese urige kleine Hütte. Angeboten werden deftige Brotzeiten und hausgemachter Schnaps. Ausgangspunkt für Gipfeltouren zum Penkkopf (2011 m) und Gründegg (2168 m); keine Übernachtungsmöglichkeiten; Zustieg von Kleinarl über Sauwaldstraße in ca. 1,5 Std.; Tel. 0 64 13/80 88.

Tappenkarseehütte (1820 m)
Schöne, gemütliche Hütte oberhalb des Tappenkarsees. Nach dem traumhaften, problemlosen Zustieg von der Schwabalm (1192 m) südlich von Kleinarl am malerischen Tappenkarsee vorbei (ca. 1,5 Std.) machen hausgemachter Speck und köstlicher Heidelbeerschmarrn alle Strapazen wett; lohnende Gipfelziele sind Glingspitze (2433 m) und Draugstein (2356 m); Tel. 0 64 18/3 08.

Unterhof-Erlebnis-Alm (1280 m)
Am Almsee bei der Filzmooser Hofalm befindet sich eine der schönsten Almen der Region. Neben der allseits gelobten Bauernkost wird auch noch Unterhaltung geboten, etwa bei Volksmusikveranstaltungen. Schöner Spielplatz und Naturpark; Zufahrt von Filzmoos aus mit dem Auto über die Hofalm-Mautstraße; es fahren auch Pferdekutschen. Außerdem ist die Strecke ideal für Mountainbiker. Ein schöner, leichter Wanderweg führt in ca. 1,5 Std. zur Alm; Tel. 06 64/3 56 67 51.

SALZBURGER SPORTWELT

Action & Sport

MOUNTAINBIKE	KLETTERSTEIGE	RAFTING	CANYONING	REITEN
PARAGLIDING	DRACHENFLIEGEN	KLETTERGÄRTEN	TENNIS	WINDSURFEN
KAJAK/KANU	WASSERSKI	TAUCHEN	HOCHSEILGARTEN	GOLF

Restaurants

Hoagascht
Das urige Lokal in einem 250 Jahre alten ehemaligen Kuhstall in Flachau überrascht mit kreativer Küche, deren Spezialitäten von Österreich über Italien bis in fernöstliche Gefilde reichen; Tel. 0 64 57/3 24 90; www.hoagascht.at.

Restaurant Moser
Gediegen rustikal ist das Ambiente des Restaurants im Vier-Sterne-Hotel Lebzelter am Marktplatz in Altenmarkt. Angeboten wird klassische österreichische und auch internationale Küche auf gehobenem Niveau; Tel. 0 64 52/69 11; www.lebzelter.com.

Restaurant Hubertus
Die Top-Adresse nicht nur im Pongau, sondern im gesamten Salzburger Land. Johanna Maier gilt als beste Köchin des Landes, und die Küche im Restaurant Hubertus in Filzmoos wird zu Recht überschwänglich für ihre kreativen Spitzenleistungen gelobt. Der Nachteil: Das Restaurant ist meist über längere Zeit ausgebucht; Tel. 0 64 53/82 04; www.hotelhubertus.at.

Mächtige Mauern schützten im Mittelalter Radstadt an der Enns vor feindlichen Angriffen.

TOP TIPP Eine relativ leichte Genussrunde (600 Höhenmeter) am Fuße des Dachsteins ist die **Mountainbike-Tour von Filzmoos zur Hofalm** (1268 m) ❷. Zunächst von Filzmoos aus Richtung Hofalm (Mautstraße). Nach 4,5 km folgt eine Schotterstrecke über die Bögreinalm zur Hofalm im idyllischen Talschluss direkt unterhalb der Bischofsmütze. Auf der Asphaltstraße zurück bis Mandlingwald (1120 m), dann nach Westen über den Marcheggsattel (1224 m) durch den Wurmeggwald und über Wolflehen (995 m) zur Hauptstraße, auf dieser zurück nach Filzmoos; Länge: 25 km; Zeit: ca. 2,5 Std.

In der Region beginnen mehrere lange Touren wie der Ennsradweg, der Tauernradweg und die anspruchsvolle Dachsteinrunde. Gutes Kartenmaterial mit eingezeichneten Rad- und Mountainbike-Touren bei den Tourismusverbänden erhältlich. Geführte Touren, Downhill-Kurse, Technik-Training und Mountainbike-Verleih bei Fun & Pro Sportcamp Flachau; Tel. 0 64 57/21 62; www.fun-pro.com.

Canyoning/ Rafting	ACF Adventure Center und Alpincenter Flachau	Beste Rafting- und Canyoning-Möglichkeiten in versch. Schluchten; von der Familientour bis zur abenteuerlichen Herausforderung; geführte Touren bei: ACF Adventure Center Flachau; Tel. 0 64 57/3 19 59, www.acf.co.at ; Alpincenter Salzburger Sportwelt Flachau; Tel. 06 64/2 82 37 98, www.acs-alpincenter.at
Fitness	Olympia-Stützpunkt Flachau	Trainieren neben Stars wie Hermann Maier, der aus Flachau kommt. Mit professionellem Fitness-Check als Basis für einen ausgefeilten Trainingsplan; sportmedizinische Betreuung; Physiotherapie; Workout-Center; Anti-Aging-Programm; Wettkampfvorbereitungskurse; Tel. 0 64 57/3 37 48; www.olympiastuetzpunkt.at
Golf	Radstadt	18-Loch-Turnierplatz (Par 71), 9-Loch-Kompaktplatz; Driving Range und die wohl einzige Golfgondelbahn der Welt; Golfclub Radstadt; Tel. 0 64 52/51 11; www.radstadtgolf.at
Paragliding	Sky Guide, Wagrain	Herrliche Start- und Landeplätze bei den Bergbahnen der Region. Info, Kurse und Tandemsprünge: Sky Guide; Tel. 06 64/3 42 22 11; www.skyguide.at
Klettern	Alpinschule Filzmoos	An der Bischofsmütze, an Gosaukamm und Dachstein gibt es zahlreiche alpine Klettertouren aller Schwierigkeitsgrade sowie mehrere Klettersteige. Wer keine alpine Erfahrung hat, sollte unbedingt einen Bergführer engagieren. Kurse (auch für Kinder), Kletterwochen und Führungen: Alpinschule Filzmoos; Tel. 0 64 53/85 92; www.filzmoosalpin.at

Nach diesem Ausflug führt die Tour durch die Sportwelt nach Wagrain. »Blumenreichster Ort Österreichs« darf sich die nette, von den sanften Ausläufern der Niederen Tauern umgebene Gemeinde nennen. Kein Wunder, dass sich der Dichter Karl Heinrich Waggerl hier niederließ und bis zu seinem Tod 1973 in Wagrain lebte. Heute ist im Waggerl-Haus alles Wissenswerte über den heimatverbundenen Dichter dokumentiert; auf der »Waggerlwiese«, einer reizenden kleinen Parkanlage, blühen sämtliche Pflanzen, die er in seinem »Heiteren Herbarium« beschrieben hat. Das Grab Waggerls befindet sich auf dem Kirchboden am Ortsrand von Wagrain, ganz in der Nähe der letzten Ruhestätte von Joseph Mohr. Wer keine der Sehenswürdigkeiten Wagrains verpassen möchte, folgt am besten der Beschilderung des Kulturspaziergangs, einer interessanten Runde durch den Ort,

Ein prächtiges Kreuz schmückt das Grab des »Stille-Nacht«-Komponisten Joseph Mohr in Wagrain.

die noch zu einigen weiteren besuchenswerten Stationen führt.

Im Süden von Wagrain, bei Kleinarl, zeigen die Niederen Tauern ein raueres Gesicht: Wuchtig ragt der Felsklotz der Ennskraxn hinter dem kleinen Ort auf. Wer dort hinauf will, sollte geübt sein und über genügend Kraftreserven verfügen. Wesentlich einfacher ist es, mit dem Auto oder dem Mountainbike Richtung Talende zum grün schimmernden Jägersee zu fahren. Ein Rundwanderweg führt durch das Landschaftsschutzgebiet, stilvoll rasten kann man in dem historischen Gasthaus am Ufer des Sees. Wer eines der reizvollsten Ausflugsziele des Pongaus kennen lernen will, muss mit dem Auto noch etwas weiter bis zur Schwabalm fahren, um dann einen steilen, aber einfachen Anstieg zu bewältigen. Doch der lohnt sich, denn schon taucht schimmernd die Wasserfläche des größten Gebirgssees der Ostalpen, des Tappenkarsees, auf. Es ist schwer zu sagen, was schöner ist: wenn die Sonnenstrahlen funkelnd mit den Wellen spielen oder wenn das Wasser glatt wie ein Spiegel daliegt und die Pyramide der Glingspitze spielerisch auf den Kopf stellt.

Olympiastützpunkt auch für Amateure

Parallel zum Kleinarltal zieht sich weiter im Osten das Tal der jungen Enns von Falchau zur Gasthofalm, bei der die Tauernautobahn unter den prächtigen, wilden Gipfeln der Radstädter Tauern im Tunnel verschwindet. Wer seine Fitness verbessern will, ist hier genau richtig: Im Olympiastützpunkt können auch Amateure unter fachkundiger, sportmedizinisch fundierter Anleitung trainieren. Zwei Hochseilgärten, eine Kletterwand, mehrere Anbieter von Rafting- und Canyoning-Touren und dazu noch schöne Wanderungen und Mountainbike-Strecken garantieren, dass man hier einen Urlaub lang Kondition tanken kann.

Damit das Programm nicht in Stress ausartet, sollte man sich jedoch auch ein wenig Zeit nehmen für den »Weg der guten Wünsche«: eine eineinhalbstündige Rundtour in Flachau, die besonders auf die kleinen Naturschönheiten am Wegesrand aufmerksam macht, die man sonst allzu leicht übersehen kann.

Ein Fehler wäre es auch, das Heimatmuseum in Altenmarkt zu übersehen: Eines der Schmuckstücke dort ist die mechanische Grundner Krippe aus dem 18. Jh. Für Gäste setzen die Mitarbeiter des Museums die einzigartigen Figuren auch gern in Bewegung. Überragt wird Altenmarkt übrigens nicht nur vom Lackenkogel, sondern auch von der mächtigen gotischen Dekanatskirche mit der Madonna von Altenmarkt. Entdeckenswert ist aber ebenso die schöne Wanderung von Altenmarkt aus über die alte Zauchenseestraße hinauf zum Zauchensee, an dessen Ufer sich malerisch ein Almdörflein schmiegt.

Bei Altenmarkt macht die Enns einen nahezu rechtwinkligen Bogen und fließt in östlicher Richtung weiter bis Radstadt, einer herrlichen, mittelalterlichen Stadt, die eindrucksvoll auf einem Felsplateau über dem Fluss thront. Bereits von Kelten und Römern besiedelt, wurde die Siedlung aufgrund ihrer strategisch wichtigen Lage und wegen des aufblühenden Handels 1289 zur Stadt erhoben und mit Stadtmauer, Stadtgraben und mächtigen Wehrtürmen versehen, von denen drei noch erhalten sind. In einem davon, im Kapuzinerturm, befindet sich das Heimatmuseum; im historischen Schloss Lerchen werden außerdem volkskundliche Ausstellungen und Mineralien gezeigt. Wer mehr über die historischen Hintergründe erfahren möchte, sollte sich 1000 Schritte Zeit nehmen: So viele benötigt man im Durchschnitt, um dem Millenniumsweg rund um die Stadtmauer zu folgen und dabei die 1000-jährige Geschichte Österreichs und der Stadt kennen zu lernen. Sehenswert sind jedoch nicht nur Museen und Befestigungsanlagen, sondern auch der schöne, von prächtigen Häusern

Wanderparadies unterhalb von Gosaukamm und Bischofsmütze bei Filzmoos

---

Wasserwelt Amadé
Badevergnügen drinnen und draußen in dem modernen Erlebnisbad in Wagrain. Mit einer Wasserfläche von 900 m² (Gesamtfläche 10000 m²) und unzähligen Möglichkeiten: Riesenrutschen mit Licht- und Soundeffekten, Wasserkanonen, Kletternetz, Kinderspielbad, Whirlpool, Wildwasserströmungskanal, orientalische Saunawelt, Aromagrotten, Wellnessbereich u.v.m.; Tel. 0 64 13/74 30 11.

Karl-Heinrich-Waggerl-Haus
In Wagrain lebte von 1920 bis zu seinem Tod 1973 der österreichische Dichter Karl Heinrich Waggerl in dem malerischen Haus von 1776 am Kirchboden. Die umfangreiche Ausstellung mit Filmen und Hörstationen in den Originalwohnräumen dokumentieren Leben, Werk und gesellschaftliche Bedeutung des berühmten österreichischen Heimatdichters; zu sehen sind auch einige bemerkenswerte Fotografien Waggerls; Tel. 0 64 13/82 03.

SALZBURGER SPORTWELT

Wanderreiten

In Höhen zwischen 800 und 2000 m ist in der Region ein über 200 km langes Reitwegenetz ausgeschildert. Besonders eindrucksvoll sind Ausritte am Fuße der Bischofsmütze oder entlang des Dachsteins. Wanderreiter können sich bei den Tourismusbüros über einzelne Routen und Übernachtungsmöglichkeiten für Pferd und Reiter informieren sowie Kartenmaterial anfordern. Infos außerdem bei der Geschäftsstelle der Tauernreitwege; Tel. 0 64 52/75 96, www.reiturlaub.cc; Wanderritte und Einstellmöglichkeiten bieten an: Hallmooshof, Tel. 0 64 53/82 47; www.filzmoos.at/hallmooshof; Hammerhof; Tel. 0 64 53/82 45; www.tiscover.com/hammerhof

EVENTS

- Mai: Amadé Radmarathon (178 oder 98 km), Radstadt
- Juli: Altenmarkter Sommerfest
- Aufi & Owi Gernkogel-Berglauf, St. Johann
- Knödelfest, Radstadt
- August: Gardefest, Radstadt
- September: Kunsthandwerkermarkt, Radstadt
- Bauernherbstfestzug, Altenmarkt

Das Kleinarltal bietet zahlreiche Wandermöglichkeiten für die ganze Familie.

Fun & Family

Tauernstraßenmuseum Eben (bei der Autobahnraststätte)	Im Getreidespeicher von 1557 sind 2000 Jahre Verkehrsgeschichte von der Römerstraße bis zur Tauernautobahn eindrucksvoll dokumentiert; Tel. 06 64/2 60 06 25
Heimatmuseum Bruderhaus Altenmarkt	Neben der mechanischen Grundnerkrippe werden historische landwirtschaftliche Geräte zum Ausprobieren angeboten. Auch eine »Schule anno dazumal« und schöne Perchtenmasken sind zu besichtigen; Tel. 0 64 52/5 91 10
Erlebnispark Filzmoos	Kletterwand, Schwimmbecken, Kegelbahn, Wellness-Bereich, Massagen, Saunalandschaft, Bistro; Tel. 0 64 53/2 00 44, www.erlebnispark.net
Motorrad-Trial Wagrain	Mit dem Motorrad ins Gelände. Training für Erwachsene und Kinder; Tel. 0 62 45/7 35 18; www.team-spirit.at

TOP TIPP Eine kleine Urlaubsstadt für sich, in der sich alles um Spaß, Sport, Wellness und Unterhaltung für Groß und Klein dreht, ist das **Alpendorf bei St. Johann** ③: mit Streichelzoo, Ponyreiten, Kinderzug, Malwänden, Bootfahren, Mini-Rennbahn, Kletterwand, Riesenrutschen, Go-kart-Bahn, Funpark, Skatingarea und vielem mehr im großen Kinderparadies. Im Kid-Club finden Pfadfindertraining, Bergpiraten-Nachmittage, Rafting, olympische Kinderspiele usw. statt; auch für Eltern wird ein abwechslungsreiches und interessantes Sport-, Wellness- und Wanderprogramm angeboten; Tel. 0 64 12/62 60 20; www.alpendorf.at

umgebene Marktplatz im Zentrum. Hier befindet sich der »Walk of Sports« – schließlich will sich Radstadt nicht nur als Kulturstadt, sondern auch als Sportstadt profilieren. So wie sich auf dem »Walk of Fame« in Hollywood die Filmstars verewigen, haben in Radstadt schon fast zwei Dutzend Sportgrößen ihre Spuren hinterlassen.

Wer die Stadt einmal von oben sehen will, sollte sich den Hausberg der Radstädter vornehmen, den Roßbrand. Die schönste Art der Annährung führt über schattige Waldwege zum Gipfel; wesentlich schneller ist es, mit dem Auto über die Mautstraße hinaufzufahren. Allemal atemberaubend ist der fantastische Blick auf das wuchtige Massiv des Dachsteins, die steilen Wände der Bischofsmütze und die wilden Zacken des Gosaukamms.

Adressen & Bergbahnen
Landesvorwahl 00 43

Urlaubsregion	Salzburger Sportwelt Amadé; Tel. 0 64 57/29 29; E-Mail: info@sportwelt-amade.co.at; www.sportwelt-amade.com
Altenmarkt (842 m) – **Zauchensee** (1339 m)	Tourismusverband Altenmarkt-Zauchensee; Tel. 0 64 52/55 11; E-Mail: info@altenmarkt-zauchensee.at; www.altenmarkt-zauchensee.at
Flachau (927 m)	Tourismusverband Flachau; Tel. 0 64 57/22 14; E-Mail: info@flachau.org; www.flachau.org
Radstadt (858 m)	Tourismusverband Radstadt; Tel. 0 64 52/74 72; E-Mail: info@radstadt.com; www.radstadt.com
St. Johann (616 m), **Alpendorf** (883 m)	Tourismusverband St. Johann; Tel. 0 64 12/60 36; E-Mail: info@sanktjohann.com; www.sanktjohann.com
Wagrain (838 m)	Tourismusverband Wagrain; Tel. 0 64 13/82 65; E-Mail: info@wagrain.info; www.wagrain.info
Weitere Orte	**Eben** www.eben.info • **Filzmoos** www.filzmoos.at • **Kleinarl** www.kleinarl.com
Entfernungen	Hamburg 975 km; Berlin 786 km; Köln 776 km; Frankfurt a. M. 592 km; Stuttgart 433 km; München 199 km

1. Filzmoos Großbergbahn Berg/Tal 9 €
2. Flachau Grießenkar (StarJet/SixPack) Berg/Tal 12,60 €
3. Kleinarl Champion Shuttle/Bubble Shuttle Berg/Tal 13,50 €
4. St. Johann/Alpendorf Gernkogel Berg/Tal 11,50 €
5. St. Johann/Alpendorf Panoramabahn Berg/Tal 4,10 €
6. Wagrain Flying Mozart/Grafenbergbahn Berg/Tal 12,80 €
7. Zauchensee Gamskogelbahn Berg/Tal 9 €

Siehe auch Preisteil S. 640

Bauernhofmuseum
Auf der Edelweißalm (18. Jh.) im Weberlandl wird gezeigt, wie Bauern vor 250 Jahren die Almen bewirtschaftet haben. Zustieg: ca. 1 Std. ab Kirchboden über Mayerdörfl; Rückweg über den Lärchenwaldweg möglich. Auch als Mountainbike-Tour über Brandstadt und Nazbauer sehr zu empfehlen; Tel. 0 64 13/84 47.

Hotelempfehlungen
Eben im Pongau S. 669
Filzmoos S. 670
Flachau S. 670
Forstau S. 671
Kleinarl S. 685
Radstadt S. 698
St. Johann im Pongau S. 706
Wagrain S. 709

Wanderkarten
Freytag & Berndt; WK 191 Gasteinertal, Wagrain, Großarltal; 1:50000
Freytag & Berndt; WK 201 Schladminger Tauern, Radstadt, Dachstein; 1:50000

Straßenatlas Siehe S. 781

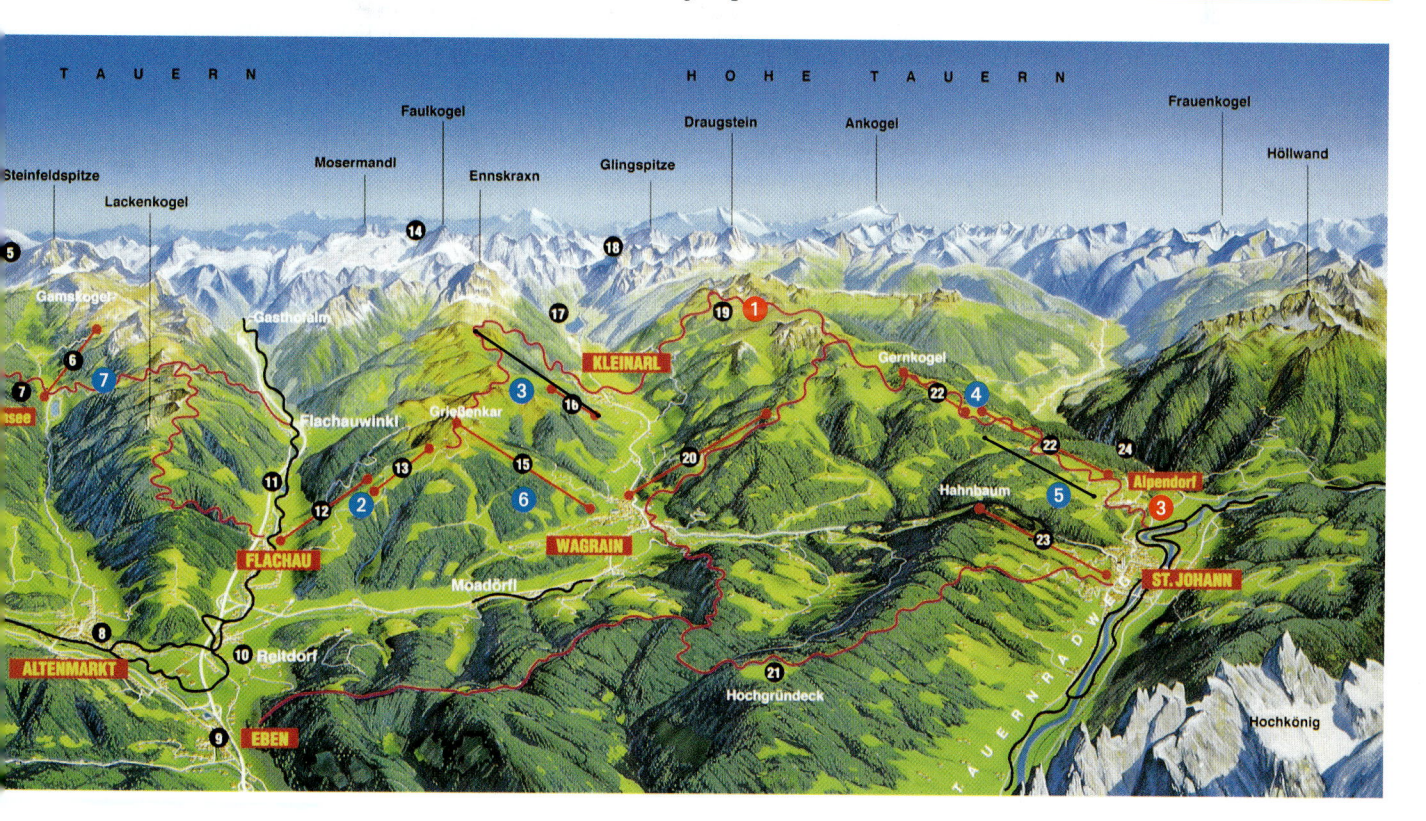

Zu Füßen dieser grandiosen Felsarena liegt zwischen den licht bewaldeten Hügeln das verträumte Filzmoos. In der gotischen Kirche hat das Filzmooser Kindl seine Wahlheimat gefunden: Der Sage nach entdeckten Schafhirten das kleine, geschnitzte Jesuskind in der Wildnis auf einem verfaulten Baumstumpf. Der Pfarrer von Altenmarkt brachte es in seine Kirche, doch es verschwand und wurde von den Hirten am selben Platz wiedergefunden. Daraufhin wurde es in das »einen halben Büchsen-Schuss entlegene Peterskirchlein übersetzt, allwo es bis zum heutigen Tag verblieben«, wie in dem Filzmooser Wallfahrtsbüchlein nachzulesen ist.

Hinauf zu den Almen führen viele herrliche Wanderwege, Mountainbike-Strecken unterschiedlicher Schwierigkeit und einige Reitwege. Eine Mautstraße ermöglicht die Zufahrt zur Hofalm direkt unterhalb der Bischofsmütze. Dieser imposante Felsturm ist allerdings nur sehr erfahrenen Alpinkletteren vorbehalten.

Noch eindrucksvoller als der von Menschenhand erschaffene, weithin sichtbare Pongauer Dom bei St. Johann im Westen markiert der Gipfel der Bischofsmütze den östlichen Grenzpunkt der gerade auch im Sommer so vielfältigen Ferienregion der Salzburger Sportwelt Amadé.

LUNGAU
SALZBURGER LAND – NATIONALPARK HOHE TAUERN

Höhepunkt zwischen dem malerischen Weißpriachtal und dem Lignitztal: die Lungauer Kalkspitze (2471 m)

ACTION & SPORT

WANDERN & BERGTOUREN

FUN & FAMILY

WELLNESS & GENUSS

Urlaub zwischen Riesen, Bergen und einem Gespenst

Der Lungau – einsames, weites Talbecken und südlichster Zipfel des Salzburger Landes – wird im Westen von den wilden Bergen des Nationalparks Hohe Tauern begrenzt. Im Norden strecken die Niederen Tauern ihre Gipfel gen Himmel; im Süden schmiegen sich die abgerundeten »Nocken« der Nockberge an den Horizont. Dazwischen Felder, Wälder und idyllische Flusstäler – Platz genug für malerische Orte voller Überraschungen, in denen man in besonderer Weise dem Brauchtum verbunden ist.

Gekleidet ist der 6 bis 8 m große Samson fast wie ein römischer Krieger. Im Inneren der bis zu 80 kg schweren Figur muss ein kräftiger Lungauer Höchstleistungen vollbringen, wenn er bei den farbenprächtigen Prozessionen von zwei Zwergen durch die Orte geführt wird, begleitet von Schützengarde und Musikkapelle. Der Lungauer Brauch wurde im 17. Jh. erstmals dokumentiert. Damals trugen die Lungauer den Samson als Symbol für Stärke und Fruchtbarkeit bei den Fronleichnamsprozessionen mit. Als Samson im 18. Jh. von der Kirche aus der Prozession verbannt wurde, rief man die separaten Samsonumzüge ins Leben, die heute noch regelmäßig in vielen Orten des Lungaus stattfinden.

Neben Samson gehören die traditionellen grün gesäumten grauen Strickjacken und der »Eachtling«, die Lungauer Kartoffel, die fast schon Kultstatus besitzt, zum Alltag der Lungauer. Nicht wegzudenken sind auch die Prangtage, bei denen bis zu 12 m hohe, mit Blumengirlanden herrlich geschmückte Säulen in einer Prozession durch die Dörfer getragen werden. Dieser Brauch entstand vor 300 Jahren, als eine Ungezieferplage den Lungau heimsuchte. Nach der Prozession bleiben die Prangstangen bis zum 15. August in der Kirche, dann werden die getrockneten Blumen abgenommen und als Weihkräuter verwendet.

Zu reizvoll, um vorbeizufahren

In Zederhaus werden die Prangstangen am Johannistag (24. Juni) durch den Ort und in die sehenswerte barocke Pfarrkirche St. Johannes getragen. Bekannt ist das idyllische Zederhaustal nicht allein wegen dieses Brauchs, sondern auch aufgrund seiner Lage an der Tauernautobahn. Dabei ist das Tal viel zu reizvoll, um einfach nur durchzufahren. Besonders die schönen historischen Bauernhöfe wie der Denkmalhof Maurergut (Tel. 0 64 78/3 12), bei dem natürlich der fürs Lungau so typische »Troadkasten« nicht fehlen darf, sind sehenswert. In den rechteckig gemauerten, mit einem Spitzgiebel versehenen Speicherhäuschen wurde das Korn gelagert. Von durchziehenden italienischen Künstlern wurden die Speicher wunderschön verziert. Zusam-

Demonstration der Stärke: der Samsonumzug

ADAC *der perfekte Urlaubstag*

9 Uhr: von Mauterndorf mit der Seilbahn ❷ auf den Großecksattel, Wanderung aufs Speiereck
12 Uhr: gemütliche Rast in der Speiereckhütte, dann mit der Seilbahn zurück nach Mauterndorf
13 Uhr: Ausflug nach Tamsweg ins Erlebnisbad BadeINSEL
16 Uhr: Besichtigung der Burg Mauterndorf, anschließend Abendessen in der Burgschenke

Das historische Almhüttendorf im Göriachtal ist nicht nur für Mountainbiker ein lohnendes Ziel.

men mit den herrlichen, farbenprächtig bemalten Häusern des Lungaus zieren sie das Tal.

Einen Besuch wert ist auch der Naturpark Ridingtal, der sich vom Südportal des Tauerntunnels nach Westen zieht. Das Informationszentrum befindet sich am malerischen Schliereralmsee, zu Füßen des Mosermandl, einem herrlichen Aussichtspunkt im Herzen der Radstädter Tauern, der aber nur für geübte und trittsichere Bergwanderer erreichbar ist. Eine Mautstraße führt ins Tal hinein bis zur Königalm. Ambitionierte Bergwanderer brechen hier zu herrlichen Touren auf: Eine der schönsten führt hinauf zum Weißeck. Genusswanderer und Familien werden aufs Auto verzichten und das Tal über den Riedingweg erkunden, der gemütlich im Talboden entlang und an einigen bewirtschafteten

Wandern & Bergtouren

TOP TIPP Das **Mosermandl** ❶ (2680 m) ist nicht der höchste Gipfel der Radstädter Tauern, liegt aber genau im Herzen des Gebirgszuges und gilt als prächtiger Aussichtsgipfel für trittsichere, geübte und an Felsen gewohnte Bergwanderer. Ausgangspunkt ist die Untere Esslalm (1514 m) im Ridingtal bei Zederhaus. Über die Franz-Fischer-Hütte (2020 m), die Windischscharte (2306 m) und den Windischkopf (2467 m) geht es zum Gipfel (ca. 4 Std.); etwas kürzer, aber dafür anspruchsvoller (Schwierigkeitsgrad 1) ist die Route vorbei am Essersee (2088 m) über den Südgrat zum Gipfel (ca. 3 Std.). Beide Routen sind am steilen Gipfelaufschwung mit Drahtseilen gesichert. Ideal für geübte, schwindelfreie Bergsteiger ist die Überschreitung; sonst Aufstieg wie Abstieg (ca. 2–3 Std.). Einkehr: Franz-Fischer-Hütte.

Oberer Landschitzsee (2050 m) Leichte, aussichtsreiche Seenwanderung im Lessachtal	Ausgangspunkt: von Lessach mit dem Tälerbus zur Jausenstation Laßhoferhütte (1294 m); nach Norden bis zur Abzweigung – östlich hinauf zu den Bacheralmen – Unterer Landschitzsee (1778 m) – mittlerer und oberer Landschitzsee; Abstieg wie Aufstieg; Zeit: ca. 5 Std.
Gstoßhöhe (1890 m) Leichte Wanderung auf Panoramagipfel	Ausgangspunkt: Ramingstein, Parkplatz Burg Finstergrün (974 m); an der Burg vorbei – Geschrieteshütten (1431 m) – Mühlhauserhütten – Gstoßhöhe (wunderschöne Aussicht auf das Murtal und von den Nockbergen bis zu den Gletschern der Tauern); Abstieg bis Mühlhauserhütten – nun nach Westen Richtung Mislitz weiter – Ramingstein; leicht, gut markierte Wege; Zeit: ca. 5 Std.; Einkehr: Gasthäuser in Ramingstein
Speiereck (2411 m) Leichte Bergwanderung zum südlichen Eckpunkt des Hochfeindkammes	Ausgangspunkt: Mauterndorf, Bergstation Großecksattel (2000 m) ❷; Speiereckhütte (2074 m) – leichter, schöner Bergsteig zum aussichtsreichen Gipfel; Abstieg wie Aufstieg; Zeit: ca. 2,5 Std.; Einkehr: Panoramaalm, Speiereckhütte
Rotgüldensee (1996 m) Lehrreicher Steig im Nationalpark Hohe Tauern	Ausgangspunkt: von Muhr zum Parkplatz bei der Arsenhütte (1368 m); dem Naturkundelehrpfad folgen (Infos über Flora, Fauna und Arsenabbau in dem Gebiet) – Rotgüldenseehütte (1716 m) – Unterer Rotgüldensee (1720 m) – am Ufer entlang bis ans Ende – nun anspruchsvoller, steiler Pfad zum idyllisch von den wilden Gipfeln der Hafnergruppe eingerahmten Oberen Rotgüldensee (1996 m); Abstieg wie Aufstieg; Zeit: ca. 4,5 Std.; Einkehr: Arsenhütte, Rotgüldenseehütte

EVENTS

- Juni: Prangtage z. B. in Zederhaus und Muhr 
- Juni–September: Samson-Umzüge im ganzen Lungau
- Juli: Samsonman-Radmarathon, St. Michael; www.samsonman.at
- August: Wasserscheibenschießen, Prebersee – Traditionelles Schützentreffen am Prebersee bei Tamsweg. Gezielt wird nicht auf die Scheibe am anderen Ufer, sondern auf deren Spiegelbild im Wasser. Die Spezialmunition prallt mit einer hohen Fontäne vom Wasserspiegel ab und landet danach hoffentlich im eigentlichen Ziel
- September: »Schaf-auf-Bratl'n«, Lammfleischessen zur Almabtriebszeit

Krameterhof Ramingstein
Auf einer Höhe zwischen 1100 und 1500 m gedeihen auf dem Krameterhof Nutzpflanzen (Getreide, Obst, Gemüse), die normalerweise nur in milden, wesentlich tiefer gelegenen Regionen in dieser Üppigkeit (z. B. Kiwi und Pfirsich) wachsen können. Permakultur und Agroforstwirtschaft, so die Fachbegriffe, ermöglichen dieses Wunder. Was sich dahinter verbirgt, erklärt Sepp Holzer im Rahmen seiner Führungen durch den landwirtschaftlichen Betrieb. Zu sehen gibt es ungewöhnliche Hügelbeete, Terrassenfelder, dazu Pflanzengemeinschaften, die sich gegenseitig schützen und im Wachstum fördern, sowie außergewöhnliche Methoden der Kreislaufwirtschaft. Für Landwirte ist dieser Besuch ebenso interessant wie für Kleingärtner; Tel. 0 64 75/2 39; www.krameterhof.at.

Pfarr- und Wallfahrtsmuseum
Im historischen Pfarrhof von Mariapfarr sind die wertvollsten Stücke des Kirchenschatzes der einst reichsten Pfarre Salzburgs ausgestellt. Zu sehen sind sakrale Kostbarkeiten aus den verschiedensten Epochen, eine Weihnachtskrippe mit ca. 100 Figuren aus dem 18. Jh. sowie eine umfassende Dokumentation über Josef Mohr, den Komponisten des Weihnachtsliedes »Stille Nacht, heilige Nacht«; Tel. 0 64 73/2 00 68; www.mariapfarr.at/museum.

Nordic-Walking-Park

Mit 15 ausgeschilderten Routen (Gesamtlänge 119 km) befindet sich in Mariapfarr einer der größten Nordic-Walking-Parks Österreichs. Die Wege liegen alle abseits befahrener Straßen, sind abwechslungsreich und schonen dank des weichen Untergrunds die Gelenke. Die Höhenlage zwischen 1000 und 1400 m steigert den Trainingseffekt. Karten und detaillierte Beschreibungen der verschiedenen Strecken gibt es beim Fremdenverkehrsverband. Kurse, Trainingspläne und fachkundige Betreuung bei Reha-Sport Lungau; Tel. 06 99/10 49 70 20; www.rehasport-lungau.com

Vital- und Wellnessoase Samsunn

Mariapfarr – Im Herbst 2004 neu eröffnetes Wellness- und Gesundheits-Center. Eines der Highlights ist der Kristalldom: Die einfallenden Lichtstrahlen brechen sich an den wasserumspülten Swarovski-Kristallen und schaffen so ein einzigartiges Farbenerlebnis. Mit verschiedenen Saunalandschaften, medizinischen und physiotherapeutischen Dienstleistungen, Fitness-Angeboten; www.mariapfarr.at

Hütten

Franz-Fischer-Hütte (2020 m)
Schöne, beim Zaunersee gelegene gemütliche Hütte. Guter Ausgangspunkt für verschiedene Bergwanderungen, u. a. zur Besteigung des Mosermandl (2680 m). Von Zederhaus mit dem Auto ins Riedingtal zur Unteren Esslalm (1502 m); schöner Aufstieg zur Hütte (ca. 1,25 Std.); Tel. 0 64 78/3 93

LUNGAU

Fun & Family

Nostalgische Dampfzüge Taurachbahn und Murtalbahn	Erkundung des Murtals (Tamsweg–Ramingstein) und des Taurachtals (Mauterndorf–St. Andrä) mit historischen Dampfzügen; Murtalbahn; Tel. 0 64 74/22 16; Taurachbahn, Tel. 0 64 72/70 88; www.club760.at
Holzwelt Jaggerhof Ramingstein	Interessante Ausstellung zum Thema »Holz mit allen Sinnen erfahren«: heilende Säfte, vibrierende Kisten, duftende Hölzer, belebende Wege; Tel. 06 76/9 44 41 80; www.holzwelt-lungau.at
BadeINSEL Tamsweg	Erlebnisbad mit beheiztem Außenbecken, 80-m-Rutsche, Erlebnisbecken, Wasserfall, Wellness-Bereich, Saunen, Massagezonen; Tel. 0 64 74/2 31 20
Silberbergwerk Ramingstein	Spannende Führungen durch die 200 Jahre alten, fast unveränderten Stollen, in denen bis 1780 Silbererz abgebaut wurde. Mit Erzlehrpfad; Tel. 0 64 74/22 96
Lungauer Heimatmuseum im Barbaraspital Tamsweg	Volkskunst, historische Arbeitsgeräte, archäologische Ausstellung, sehenswerte Truhensammlung; Tel. 0 64 74/25 47

TOP TIPP Zu einer Reise ins Mittelalter wird der Besuch der mächtigen **Burg Mauterndorf** ❷. In den Wehrgängen und -türmen, den Gemächern und Sälen werden Episoden aus dem 15. Jh. szenisch dargestellt und vermitteln so ein lebendiges Bild dieser Zeit. In der Burg befindet sich außerdem das Lungauer Landschaftsmuseum mit einer Mineralienausstellung und interessanten Exponaten aus der bäuerlichen Arbeits- und Lebenswelt (Tel. 0 64 72/74 25). Regelmäßig finden thematische Führungen und ein Mittelalterfest statt; einen großen »Ritterspielplatz« gibt es für die Kinder; Tel. 0 64 72/74 26; www.salzburg-burgen.at

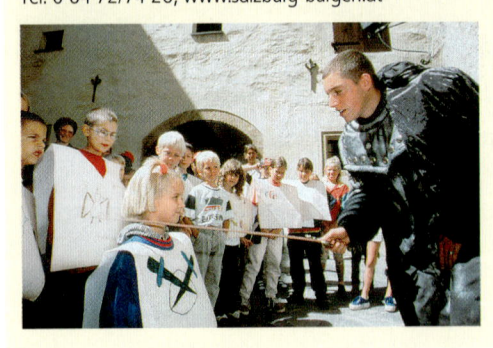

Almen vorbei zur Königalm führt. Wer sich auf dem Gipfel des Weißecks nach Süden wendet, blickt ins malerische Quelltal der Mur, das zum Nationalpark Hohe Tauern gehört. Bis zum Ende des 19. Jh. wurde hier nicht nur Gold und Silber, sondern auch Arsen (1500 kg jährlich) abgebaut. Folgt man dem Lauf der Mur, so kommt man schließlich nach St. Michael, das von Bergwäldern umrahmt im Talkessel liegt. Bunte, stattliche Häuser und eine sehenswerte Pfarrkirche machen den Ort attraktiv. Begeisterte Pässefahrer werden von hier aus über den Katschbergpass Richtung Süden fahren. Doch eigentlich sollte man noch im Lungau verweilen, um auch die weitern Orte kennen zu lernen. Zum Beispiel Mauterndorf am Zufluss der Taurach ins Lungauer Becken. Die mächtige Burg Mauterndorf, die als älteste Mautstelle Österreichs 1143 erstmals erwähnt wurde, überragt die prächtigen alten Bürgerhäuser. Schon im Mittelalter wussten die Salzburger Erzbischöfe die Reize des Lungaus zu schätzen und wählten die Burg häufig als Sommerresidenz. Heute ist die Besichtigung der Anlage vor allem für Kinder ein unvergessliches Erlebnis. Für

Massive Mautstelle: Burg Mauterndorf

Familien ist übrigens auch der Hausberg, das Speiereck, ein beliebtes Ziel – vor allem, weil eine Seilbahn den Aufstieg wesentlich erleichtert.
Mit landschaftlicher Idylle lockt das Weißpriachtal, das sich zwischen Mauterndorf und Mariapfarr nach Norden zieht. Eine kleine Straße führt weit hinein, am besten man verlässt das Auto und erkundet das Tal mit dem Mountainbike. Danach bietet sich ein Abstecher in den heilklimatischen Kurort Mariapfarr an, nicht nur um die reichen Kirchenschätze im Pfarr- und Wallfahrtsmuseum zu bestaunen. Immerhin werden hier auch die meisten Sonnenstunden Österreichs gezählt, 1900 sollen es pro Jahr sein. Das Kuriose daran: Nur wenige Kilometer entfernt, in Tamsweg, liegt der Kältepol Österreichs. Das sollte aber niemanden vom Besuch des zentral gelegenen Ortes mit seinem großen Freizeitangebot (Erlebnisbad, Museen, Reiten, Rafting) abhalten. Wie eine kleine Burg wirkt die gotische Wallfahrtskirche St. Leonhard etwas oberhalb des Ortes. Neben den frühbarocken Altären beeindruckt vor allem das Licht, das durch die 19 farbig gestalteten Glasfenster fällt.

Höchster Gipfel der Niederen Tauern

Reizvoll sind auch die Seitentäler, die sich links (Göriachtal) und rechts (Lessachtal) des breiten Rückens des Hochgolling von Tamsweg aus nach Norden ziehen. Trittsichere, geübte Bergsteiger starten die Tour auf den höchsten Gipfel der Niederen Tauern am besten vom Göriachtal aus. Bevor man losmarschiert, sollte man einen Blick auf die herrlichen alten Höfe und das historische Almhüttendorf am Fuße des Hochgolling werfen.

Idyllisch und wie vom Lauf der Zeit abgekoppelt zeigt sich das Lessachtal. Neben den beeindruckenden Wasserfällen und den lockenden Tourenzielen (wie den Landschitzseen) am Talende ist vor allem der Friedhof im Dorf Lessach sehenswert: Die aus schwarz und silbern bemalten Holzbrettern gefertigten Truhengräber (Sarchen) sind einzigartig in Österreich, die kunstvoll gefertigten schmiedeeisernen Grabkreuze ergänzen das eindrucksvolle Gesamtbild.

Der einzige Ort des Lungaus, der unter 1000 m liegt, ist Ramingstein südlich von Tamsweg. Das abgeschiedene ehemalige Bergbaudorf versteckt sich in den bewaldeten Ausläufern der Nockberge. Bis ins 19. Jh. hinein wurde auch hier Bergbau betrieben und Eisen, Gold und Silber abgebaut. Bei einer eindrucksvollen Führung können die finsteren Stollen besichtigt werden. Überragt wird der Ort von der Burg Finstergrün aus dem 12. Jh., einer mächtigen Anlage mit drei Burghöfen, Wehrgängen, einem prächtigen Rittersaal und einem (freundlichen) Schlossgespenst, wie man sagt. Vor dem müssen sich die Besucher aber ebenso wenig fürchten wie vor Samson, der natürlich auch in Ramingstein regelmäßig im Sommer durch den Ort getragen wird.

Adressen & Bergbahnen

Landesvorwahl 00 43

Urlaubsregion	Ferienregion **Lungau**; Tel. 0 64 77/89 88; E-Mail: info@lungau.at; www.lungau.at
Mariapfarr (1119 m)	Tourismusverband Mariapfarr; Tel. 0 64 73/87 66; E-Mail: mariapfarr@lungau.at; www.mariapfarr.at
Mauterndorf (1121 m)	Tourismusverband Mauterndorf; Tel. 0 64 72/79 49; E-Mail: mauterndorf@lungau.at; www.mauterndorf.at
St. Michael (1075 m)	Tourismusverband St. Michael; Tel. 0 64 77/89 13; E-Mail: st.michael@lungau.at; www.stmichael-lungau.at
Tamsweg (1021 m)	Tourismusverband Tamsweg; Tel. 0 64 74/21 45; E-Mail: tamsweg@lungau.at; www.tamsweg.at
Zederhaus (1205 m)	Tourismusverband Zederhaus; Tel. 0 64 78/8 01; E-Mail: zederhaus@lungau.at; www.zederhaus.at
Weitere Orte	**Göriach** www.taurachsoft.at • **Lessach** www.lessach.at • **Muhr** www.taurachsoft.at • **Katschberg** www.katschberg.at • **Ramingstein** www.ramingstein.at
Entfernungen	Hamburg 1015 km; Berlin 826 km; Köln 817 km; Frankfurt a. M. 633 km; Stuttgart 474 km; München 240 km

❶ Katschberg
Aineckbahn
Berg/Tal 10,50 €

❷ Mauterndorf
Großeck–Speiereck
Berg/Tal 10 €

Siehe auch Preisteil S. 641

Promi-Tipp

Reini Sampl
Reini Sampl aus Muhr ist Mitglied des österreichischen Paralympic-Skiteams und gehört weltweit zu den zehn besten Monoskifahrern. Er ist viel unterwegs, doch gerade die Distanz von zu Hause hat ihm gezeigt, wie schön es im Lungau ist: »Die Ruhe und die saubere Luft, das Wasser kann man sogar direkt aus unseren Bergbächen trinken. Die noch unbelastete Natur gibt mir die Energie, die ich für meinen Sport brauche. Ich bin glücklich, dass ich so ein Naturparadies meine Heimat nennen darf.«

Restaurants

Burgschenke Mauterndorf
In urigem Ambiente entweder Lungauer Spezialitäten kosten oder sich bei einem Ritteressen ins Mittelalter zurückversetzen lassen: mit stilgerechter Kleidung und Unterhaltung sowie mit entsprechenden Speisen und Sitten; Tel. 0 64 72/72 94; www.burgschaenke.at

Wanderkarten

Freytag & Berndt WK 202 Radstädter Tauern – Katschberg – Lungau; 1:50000

Hotelempfehlungen

Katschberg-Rennweg S. 684
Mariapfarr S. 689
St. Margarethen S. 707
St. Michael im Lungau S. 707
Tamsweg S. 708

Straßenatlas Siehe S. 782

PYHRN – PRIEL
OBERÖSTERREICH

Im Gebiet der Hutterer Höss oberhalb von Hinterstoder beherrschen die Gipfel des Toten Gebirges mit Spitzmauer und Großem Priel den Horizont.

ACTION & SPORT

WANDERN & BERGTOUREN

FUN & FAMILY

WELLNESS & GENUSS

Zwischen Kalkalpen und Totem Gebirge

Im Süden Oberösterreichs, rund um die Wintersportorte Hinterstoder und Vorderstoder, finden Familien, Wanderer und Bergsteiger vor schroffer Bergkulisse auch im Sommer ein beschauliches Urlaubsziel. Die Freizeitmöglichkeiten bieten vor allem Eltern mit Kindern viel Abwechslung.

Einen gewissen Bekanntheitsgrad erlangte das Pyhrn-Priel-Gebiet vor Jahren durch die Weltcup-Skirennen in Hinterstoder. Als Sommerdestination gehört die Region jedoch noch immer zu den eher unentdeckten Zielen. Landschaftlicher Blickfang ist das Tote Gebirge; es lockt mit seinen interessanten Überschreitungen, etwa dem historischen Salzsteig, der von Hinterstoder in 6 Std. zur steirischen Tauplitzalm führt. Aushängeschild im Pyhrn-Priel-Gebiet ist jedoch der Nationalpark Kalkalpen, der erst 1997 gegründet wurde. Seitdem können auf einer Fläche von 20825 ha um Sengsengebirge und Reichraminger Hintergebirge 50 Säugetier- und 80 Vogelarten ungestört leben und mehr als 1000 verschiedene Blumen, Farne und Moose gedeihen. Die beiden Gebirgszüge sind knapp 2000 m hoch und bilden einen Riegel, der den Norden des Pyhrn-Priel-Gebietes abgrenzt.

Zu Füßen des Hohen Nock, dem höchsten Gipfel des Sengsengebirges, liegt mit Windischgarsten der Hauptort und das wirtschaftliche Zentrum der Region. Wahrzeichen ist die mächtige Pfarrkirche, deren Ursprung im frühen 12. Jh. liegt und die 1463 neu erbaut wurde. Einen Besuch wert ist auch der Friedhof mit den schmiedeeisernen Grabkreuzen aus dem 17. und 18. Jh.

Etwa 4 km südlich von Windischgarsten, in Roßleithen, liegt am Weg nach Hinterstoder eine weitere Sehenswürdigkeit, die früher erheblich zum Wohlstand der Region beigetragen hat: eines der beiden letzten Sensenwerke Österreichs. Interessante Führungen sind täglich möglich. Angetrieben werden die Maschinen wie eh und je von der Wasserkraft des Pießling-Ursprungs, einer der größ-

ADAC *der perfekte Urlaubstag*

- **9 Uhr:** Wanderung von Windischgarsten zur Dümlerhütte. Auf dem Rückweg Baden im Gleinkersee
- **14 Uhr:** mit dem Sessellift auf den Wurbauerkogel bei Windischgarsten. Talfahrt mit der Sommerrodelbahn oder dem Alpine Coaster
- **17 Uhr:** Fahrt nach St. Pankraz ins Wilderermuseum
- **19 Uhr:** Erholen im Panorama-Hallenbad mit Saunalandschaft in Spital

Das malerische Zentrum von Windischgarsten

Wandern & Bergtouren

TOP TIPP Ideal für Familien ist der **Themenwanderweg »Auf der Alm«** ❶. Start ist am Parkplatz bei der Karlhütte auf dem Hengstpass östlich von Windischgarsten. In knapp 1000 m Höhe führt er über Almwiesen und durch Bergwälder zur Puglalm und zur Laussabauernalm. Weiter geht es zur Rot-Kreuz-Kapelle. Von dort ist es nicht mehr weit bis zum Ausgangspunkt bei der Karlhütte; Zeit: ca. 2 Std. Einkehr: Puglalm, Laussabauernalm, Karlhütte

Zellerhütte (1575 m) Mittelschwere Bergwanderung mit Badeeinlage	Ausgangspunkt: Vorderstoder – Steinerwirt – Schaffergut – Schafferteich – Binder – Weg 201 – Zellerhütte; Möglichkeit zum Aufstieg zum Lagelsberg (2008 m); Rückweg über Weg 290 – Windhagersee – Vorderstoder; Zeit: ca. 7 Std.; Einkehr: Zellerhütte
Proviantweg zum Hengstpass (985 m) Leichte Tour auf einer historischen Handelsroute	Ausgangspunkt: Windischgarsten – Dörfl – Fraitgraben – Zottensberg – Egglalm – Hengstpass. Auf der historischen Eisenstraße, von der noch Spuren zu sehen sind, wurde jahrhundertelang Proviant und Eisen transportiert; Zeit: ca. 3 Std.; Rückweg wie Hinweg oder mit Bus; Einkehr: Karlhütte auf dem Hengstpass
Klettersteig auf den Großen Priel (2515 m) Schwere, hochalpine Tour	Ausgangspunkt: Hinterstoder, Johannishof – Schiederweiher – Polsterlucke, Prielschutzhaus – Klinserscharte – Südgrat – Goldkarwand – Großer Priel; Rückweg wie Hinweg. Großartige Tour, nur für erfahrene Bergsteiger; Helm und Klettersteigausrüstung notwendig; Zeit: Tagestour; Einkehr: Prielschutzhaus

Hütten

Gowilalm (1375 m)
Die Gowilalm liegt östlich von Spital unter dem Kleinen Pyhrgas (2023 m). Sie ist Ausgangspunkt für Touren auf den Kleinen oder Großen Pyhrgas (2244 m) oder einfach eine herrlich gelegene Einkehrstation. Deftige Speisen mit Produkten aus dem eigenen Biobauernhof; Tel. 0 75 63/3 82.

Dümler-Hütte (1495 m)
Die mit dem Prädikat »Familienfreundlich« ausgezeichnete Hütte befindet sich zwischen dem Gleinkersee und der Wurzeralm im Warscheneckgebiet. Die große, kürzlich renovierte Hütte liegt auf weitläufigen Almflächen mit vielen Wandermöglichkeiten; Tel. 0 75 62/86 03

Karlhütte
Auf dem Hengstpass östlich von Windischgarsten kann man in der urigen Karlhütte einkehren. Bekannt für deftige Bauernkost und Pfandlgerichte; großer Gastgarten; Tel. 0 75 62/88 55

---

ten Karstquellen der Alpen. Der Besuch des Werkes lässt sich ideal mit einer kurzen Wanderung zu dem winzigen See verbinden, aus dem die Pießling hervorsprudelt. Die eigentliche Quelle soll tief unterm Warscheneck verborgen liegen. Forscher konnten bisher 1,5 km des Weges verfolgen, den das Wasser im Berginnern zurücklegt; der weitere Verlauf liegt nach wie vor, im wahrsten Sinne des Wortes im Dunkeln.

Noch ein anderes Geheimnis verbarg sich lange im Warscheneckgebiet, genauer in der »Höll«: die Felsbilder, die heute in dem kleinen Ort Spital am Pyhrn in den prachtvollen Barockräumen des ehemaligen Stiftes ausgestellt sind. Ähnliche in den Felsen geritzte Zeichen wurden nahezu überall auf der Welt gefunden. Einige davon konnten in Spital zusammengetragen werden. Sehenswert sind in Spital auch die Kirchen: die spätgotische, doppelstöckige Felsenkirche St. Leonhard und die Barockkirche Mariä Himmelfahrt mit ihren großartigen Fresken.

Bequem ins Hochgebirge

Wer sich mehr für Natur als für Kultur interessiert, fährt mit der Wurzeralmseilbahn von Spital hinauf zum Teichlboden und bummelt dort auf dem großenteils ebenen Rundwanderweg um das Hochmoor mit seiner einzigartigen Pflanzenwelt. Ebenfalls bequem Hochgebirgsluft schnuppern können die Fahrgäste der Frauenkarbahn, wenn sie die Bergstation auf 1870 m erreicht haben. Trittsicher und schwindelfrei dagegen müssen Besteiger des Warschenecks sein, die über den gesicherten Steig von Südosten auf den Gipfel gelangen. Nicht unbedingt alpine Erfahrung, aber schon etwas Kondition ist notwendig, um die Macht des Wassers in der spektakulären Dr.-Vogelgesang-Klamm bei Spital kennen zu lernen.

Natur pur – auch das sommerliche Stodertal hat in dieser Hinsicht dem Besucher jede Menge zu bieten. So wie im Winter in Hinterstoder die Ski ausgepackt werden, schnüren die Gäste im Sommer hier die Wanderschuhe. Zum malerisch im Talboden eingebetteten Schiederweiher führt ein kurzer Spaziergang. Dahinter ragen die höchsten Gipfel des Toten Gebirges schroff in den Himmel. Hat man Glück, spiegeln sich Spitzmauer, Brotfall und Großer Priel im glasklaren Wasser. Wer ebenes Gelände bevorzugt, sollte mit der Seilbahn hinauf zu den weitläufigen Hutterer Böden fahren, wo verschiedene leichtere Themenwanderwege zur Auswahl stehen. Alpiner sind die Wanderungen eine Etage höher von der Hutterer Höss aus, die ebenfalls per Seilbahn erreicht werden kann. Dort erwartet den Bergwanderer ein grandioses Panorama, das bis zum Dachstein reicht.

Während in der übrigen Region ruhiger Naturgenuss im Vordergrund steht, setzt man in Win-

Eines der letzten historischen Sensenwerke bei Hinterstoder

PYHRN – PRIEL

Restaurants

Stockerwirt
Beim Stockerwirt, einem Landgasthof mit Hotel in Vorderstoder, kann man sowohl die regionale bäuerliche Kost wie auch gehobene österreichische Küche genießen; Tel. 0 75 64/8 21 40

Dorfstubn
Die Dorfstubn ist ein kleines Restaurant in Hinterstoder mit rustikalem Ambiente und gutbürgerlicher, aber auch gehobener Küche. Spezialitäten des Hauses sind Steinzeitessen und Fleischfondue; Tel. 0 75 64/53 20

Hotelempfehlungen

Hinterstoder S. 678
Spital am Pyhrn S. 705
Windischgarsten S. 710

Abenteuerliche Fahrt mit dem Alpine Coaster

Fahrt auf der 1523 m langen Sommerrodelbahn. Wer die 16 Kurven bis zum Ziel gut überstanden hat und mehr Adrenalin möchte, fährt noch einmal mit dem Sessellift nach oben und steigt in den Alpine Coaster, eine alpine Achterbahn-Variante. Teilweise bis zu 6 m über dem Boden geht es rasant und gut gesichert durch mehrere Kreisel, Steilkurven, über Sprünge, Brücken und Wellen. Wer danach immer noch nicht genug hat und etwas von dischgarsten auf Action – auch für große Kinder: »Mit dem Lift rauf, mit Adrenalin runter«, verspricht ein Plakat an der Talstation der Wurbauerkogelbahn. Empfehlenswert für Einsteiger ist die

Fun & Family

Rubbelwandern im Stodertal	Wanderwege in Vorderstoder und Hinterstoder mit Rubbelstationen und Überraschungen für Kinder; Tel. 0 75 64/52 63
Wild- und Freizeitpark Enghagen	Tierpark mit ca. 400 Tieren, Kinderspielplätzen, Kinderbooten und Ponyreiten, tgl. 9–18 Uhr geöffnet; Tel. 0 75 62/52 91
Alpine Coaster und Sommerrodelbahn Wurbauerkogel	Mit dem Sessellift 5 zum Wurbauerkogel und auf der Rodelbahn oder mit der Alpenachterbahn ins Tal; Tel. 0 75 62/52 75

TOP TIPP Mit 1,5 km ist die **Dr.-Vogelgesang-Klamm** 2 bei Spital die zweitlängste Felsenschlucht Österreichs. Über 500 Stufen steigt man vom Ortsteil Grünau aus durch finstere Schluchten, an wild herunterstürzendem Wasser entlang und an glatt geschliffenem Fels vorbei durch die Klamm. Der Weg ist auch für Kinder gut zu gehen. Ein idealer Rastplatz nach der Tour ist die Bosruckhütte. Ein schöner Feldweg führt zurück zum Parkplatz in Spital/Grünau.

Die markante Spitzmauer und der Große Priel spiegeln sich im klaren Wasser des Schiederweihers bei Hinterstoder.

Ein interessantes Gebäude für eine spannende Ausstellung: das Alpineum in Hinterstoder

der Sache versteht, wagt sich auf eine der beiden Mountainbike-Strecken. Entsprechendes Fahrkönnen ist schon bei der Freeride-Strecke nötig, den Könnern vorbehalten bleibt die Downhill-Strecke mit bis zu 3 m hohen Jumps und Drops. Viel Mut mussten auch die Pioniere des Skisports aufbringen, wenn sie sich auf ihren langen Holzlatten ins Tal stürzten. Zu sehen sind die Relikte aus den Anfängen des weißen Rauschs im Alpineum von Hinterstoder, in einem auch architektonisch interessanten Gebäude aus Holz und Glas; in Hinterstoder wirft der Winter auch zur heißen Jahreszeit seine Schatten voraus. Und so muss man nicht ganz aufs Skivergügen verzichten: Ein Abfahrtssimulator lässt die Besucher des Alpineums im Sommer nachempfinden, wie ein Abfahrtsläufer durchgerüttelt wird, wenn er in Höchstgeschwindigkeit die Piste hinunterschießt.

Adressen & Bergbahnen — Landesvorwahl 00 43

Urlaubsregion	DMC Tourismus GmbH **Pyhrn-Priel**; Tel. 0 75 62/5 26 60; E-Mail: info@pyhrn-priel.net; www.pyhrn-priel.net	
Hinterstoder (591 m)	Tourismusbüro Hinterstoder; Tel. 0 75 64/52 63-0; E-Mail: hinterstoder@pyhrn-priel.net; www.hinterstoder.at	
Spital am Pyhrn (640 m)	Tourismusbüro Spital; Tel. 0 75 63/24 90; E-Mail: spital@pyhrn-priel.net; www.pyhrn-priel.net	
Weitere Orte	**Windischgarsten · Vorderstoder** www.pyhrn-priel.net	
Entfernungen	Hamburg 960 km; Berlin 759 km; Köln 762 km; Frankfurt a. M. 578 km; Stuttgart 518 km; München 284 km	

① Hinterstoder Hutterer Böden Berg/Tal 12,30 €
② Hinterstoder/Hutterer Böden Hutterer Höss Berg/Tal 10,50 €; Kombi-Ticket ① und ② Berg/Tal 17 €
③ Spital Wurzeralm Berg/Tal 12,30 €
④ Spital/Wurzeralm Frauenkar Berg/Tal 10,50 €; Kombi-Ticket ③ und ④ Berg/Tal 17 €
⑤ Windischgarsten Wurbauerkogelbahn Berg/Tal 5,50 €

Siehe auch Preisteil S. 641

Wilderermuseum St. Pankraz ③

TOP TIPP

Eine einzigartige, originelle Darstellung des Wilderns im Alpenraum zeigt dieses Museum. Thematisiert wird nicht nur die kitschige Wildererromantik, sondern auch soziale und geschichtliche Hintergründe sowie die oft schweren Schicksale der Wilderer; Tel. 0 75 65/3 13 33; www.wilderermuseum.at

Wanderkarten

Freytag & Berndt, WK 081 Grünau – Almtal – Steyrtal – Sengsengebirge; 1:50000
Freytag & Berndt, WK 082 Bad Aussee – Totes Gebirge – Bad Mitterndorf – Tauplitz; 1:50000

Straßenatlas Siehe S. 768

GESÄUSE
STEIERMARK

Im Nationalpark Gesäuse finden Wanderer und Kletterer abwechslungsreiche Routen.

ACTION & SPORT
WANDERN & BERGTOUREN
FUN & FAMILY
WELLNESS & GENUSS

Attraktionen rechts und links der Enns

Abwechslungsreiche Wander- und Klettertouren im Nationalpark, dazu die ursprüngliche Landschaft im Ennstal und eines der schönsten und bedeutendsten Klöster Österreichs – an Attraktionen mangelt es dem Gesäuse nicht. Seine Bodenständigkeit hat sich das Gebiet am Nordrand der Steiermark dabei bewahrt.

ADAC der perfekte Urlaubstag

- **9 Uhr:** einfache Wanderung von Admont zu den Ennskatarakten
- **12 Uhr:** mit der Bahn zurück nach Admont; Mittagessen beim Gasthof Admonter Hof
- **14 Uhr:** Besichtigung von Stiftskirche und Bibliothek
- **17 Uhr:** Erholung im Naturbad Admont
- **19 Uhr:** Abendessen im Stiftskeller in Admont

Wenn man von Admont nach Osten fährt, dann taucht man nach wenigen Kilometern geradewegs in ein faszinierendes Kunstwerk der Natur ein: 16 km lang ist die Schlucht, die die Enns mitten durch das 200 Mio. Jahre alte Kalkgebirge gefräst hat. Das Sausen und Brausen des ungestümen Wildwassers hallt hoch oben in den Wänden wider und hat dem imposanten Tal auch seinen Namen gegeben: Gesäuse – ein bis heute klangvoller Name bei Wanderern und Naturliebhabern, die im Nationalpark den durch Moor, Kalk und Kristallin bedingten Artenreichtum der Pflanzenwelt schätzen. Zum anderen bei kulturell Interessierten, die in dem berühmten Benediktinerstift in Admont die größte Klosterbibliothek der Welt besuchen können.

Schließlich hat das Gesäuse auch einen ausgezeichneten Ruf bei Kletterern, die an den steilen Wänden und Graten eine grandiose Spielwiese vorfinden. Schon zu Beginn des 20. Jh. war dieses Gebiet ein bevorzugtes Revier der »Wiener Kletterschule«, die zusammen mit der »Münchner Kletterschule« das Klettern als weitere Spielart des Alpinismus entscheidend voranbrachte. Heutzutage bietet das Gesäuse neben modernen Sportkletterrouten vor allem viele anspruchsvolle, traditionsreiche Touren. Darunter auch einige mit bemerkenswerter Geschichte wie der Peternpfad bei der Haindlkarhütte, wo der Schwarze Peter, ein berühmter Wilderer, vor seinen Verfolgern auf ominöse Weise verschwinden konnte. Beliebt sind natürlich auch die herrlichen Wandermöglichkeiten, Raftingtouren auf der Enns oder andere sportliche Aktivitäten vom Kajakfahren bis zum Seilrutschen etwa im Alpinpark in Johnsbach. Geführte Touren in allen Bereichen bietet der Alpinclub Gesäuse an (www.canyoning.at; Informationen beim Fremdenverkehrsamt, Tel. 0 36 11/2 17).

Ein Muss für jeden Gesäusebesucher ist das Stift Admont. 1074 eingeweiht, gehört es zu den größten Abteien der Welt und beschäftigt noch heute rund 1000 Menschen. Einzigartig ist die Bibliothek: Untergebracht in einem mit Skulpturen und Malereien prächtig ausgestatteten Barocksaal, beherbergt sie an die 200000 Bände und Handschriften, darunter so wertvolle Stücke wie eine dreibändige Riesenbibel aus dem 11. Jh.

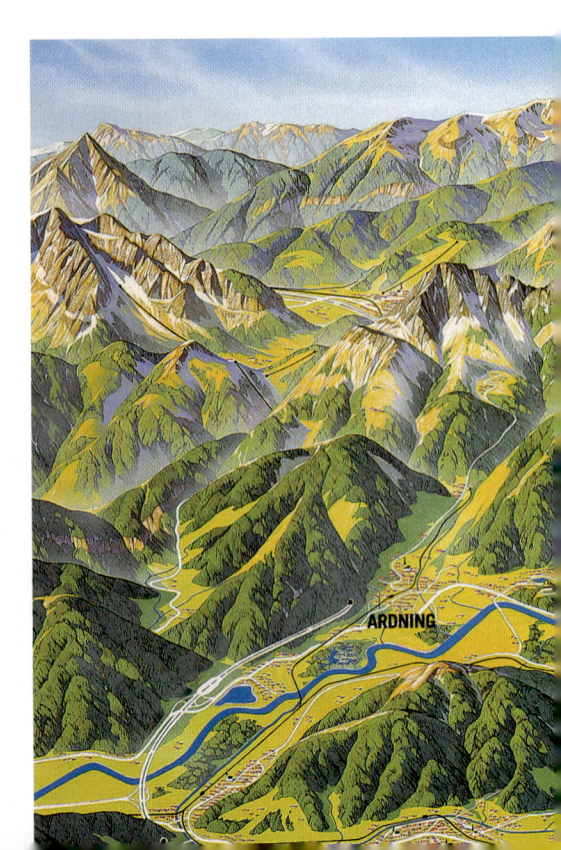

Wandern & Bergtouren

TOP TIPP
Eine der landschaftlich schönsten Bergtouren führt vom Ennstal im Nationalpark Gesäuse auf die **Haindlkarhütte** ❶ (1121 m). Die leichteste und direkteste Variante (ca. 1,5 Std.) startet am Parkplatz (618 m) an der Bundesstraße ca. 2 km westlich von Gstatterboden. Etwas länger und ziemlich steil ist die Variante über den Gsenggraben vom Gasthof Bachbrücke (592 m) aus. Vor allem der Weg durch die Gsengscharte (1219 m) ist recht anspruchsvoll. Von der Haindlkarhütte kann man den Weg fortsetzen über den äußerst ausgesetzten Peternpfad zur Planspitze (2117 m; ca. 3 Std.) oder zur Hesshütte (1691 m); diese Route ist allerdings nur geübten Bergsteigern zu empfehlen.

Oberst-Klinke-Hütte (1486 m) Leichte Bergwanderung mit alpiner Variante	Ausgangspunkt: Hinterscheiblegger (731 m) südlich von Admont; entlang dem Scheibleggeralmbachl und Alpsteigbachl zur Sieglalm (1145 m) – Oberst-Klinke-Hütte; Zeit: ca. 3 Std.; Rückweg wie Hinweg, alternativ über die Riffel (2106 m) und den Kreuzkogl (2011 m) zurück; hier Trittsicherheit erforderlich; Einkehr: Oberst-Klinke-Hütte
Ennspromenaden und Ennskatarakte Spazierweg zum Naturdenkmal	Ausgangspunkt: Admonter Ennsbrücke (640 m); immer am linken Ufer der Enns entlang zur Lauferbauernbrücke (618 m) – Ennskatarakte (spektakuläre Verblockung des Flussbettes, die von einem alten Bergsturz herrührt) – Rückweg auf der anderen Seite der Enns; Zeit: ca. 5 Std.; Einkehr: Gaststätten in Admont
Tamischbachturm (2035 m) Lange und anstrengende Rundwanderung	Ausgangspunkt: Gstatterboden (578 m); Hubertuskapelle (590 m) – Hörant-Alm (934 m) – Ennstaler Hütte (1543 m) – Tamischbachturm – Kühboden-Alm (1191 m) – Hochscheiben-Alm (1189 m) – Gstatterboden; Zeit: ca. 8 Std.; Einkehr: Ennstaler Hütte, dort auch Übernachtungsmöglichkeit
Oberer Ennsweg Gemütlicher Uferweg von Admont flussaufwärts	Ausgangspunkt: Admont (640 m); Dampfsägeviertel – entlang der Enns zum Frauenberger Torfstich (627 m) – Mödringer Ennsbrücke (628 m) – Frauenberg (770 m) – Wallfahrtskirche Frauenberg; Zeit: ca. 2 Std.; Rückfahrt von Frauenberg mit dem Bus möglich; Einkehr: Kirchentaverne in Frauenberg, Gaststätten in Admont

Adressen
Landesvorwahl 00 43

Urlaubsregion	Tourismusverband **Gesäuse**; Tel. 0 36 13/21 64; E-Mail: info@xeis.at; www.xeis.at
Orte	**Admont** www.admont.at • **Ardning** www.ardning.at • **Gstatterboden** • **Hall** www.gemeinde-hall.at.tf • **Hieflau** www.hieflau.at • **Johnsbach** www.johnsbach.at • **St. Gallen**, **Landl**, **Weng** www.weng.at
Entfernungen	Hamburg 993 km; Berlin 792 km; Köln 795 km; Frankfurt a. M. 611 km; Stuttgart 551 km; München 317 km

EVENTS

Juli/August: Admonter Kultursommer, großes Kursprogramm zu den Themen Zeichnen, Malen, Kalligraphie, Gestalten mit Ton u. a. Neben den künstlerischen Kursen für Anfänger und Fortgeschrittene auch Angebote zu Qi Gong, Yoga oder »Meditation und Wandern«

Benediktinerabtei Admont
Die Benediktinerabtei Admont beherbergt eine der bedeutendsten Bibliotheken des Barock. Der prachtvolle Bibliothekssaal, geschaffen von dem Grazer Josef Hueber, ist 70 m lang und verziert mit sieben Deckenfresken von Bartholomäus Altomonte. Nicht weniger beeindruckend und bedeutend ist der Bestand von Tausenden alter Handschriften und Bücher; Tel. 0 36 13/2 31 26 01

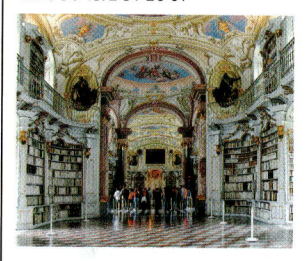

Hütten

Oberst-Klinke-Hütte (1486 m)
Die Alpenvereinshütte südöstlich von Admont ist eines der beliebtesten Ausflugsziele, nicht zuletzt weil man durch die herrliche Kaiserau wandert oder radelt. Abgesehen davon ist der Hüttenwirt ein anerkannt guter Koch. Zustieg von Admont ca. 2,5 Std.; Tel. 0 36 13/26 01

Ennstaler Hütte (1543 m)
Die älteste Berghütte im Nationalpark Gesäuse befindet sich am Nordrand des Parks östlich des Kleinen Buchsteins. Rustikales Interieur, herrliche Aussicht. Ausgangspunkt für Klettertouren. Von Gstatterboden ca. 2,5 Std.; Tel. 0 36 11/2 21 96

Hesshütte (1699 m)
Unterhalb des Hochtors (2369 m) steht die Alpenvereinshütte in idyllischer Lage. Zu Fuß kommt man zu der populären Hütte vom Johnsbachtal aus in ca. 3 Std.; vom Ennstal (572 m, bei der Kummerbrücke) sind es ca. 4 Std.; Tel. 06 64/4 30 80 60

Wanderkarten

Freytag & Berndt WK 5062 Nationalpark Gesäuse, Admont, Eisenerz; 1:35000

Hotelempfehlungen

Admont S. 664

Straßenatlas S. 769

ÖTSCHERLAND
NIEDERÖSTERREICH

ACTION & SPORT

WANDERN & BERGTOUREN

FUN & FAMILY

WELLNESS & GENUSS

Hütten

Ybbstaler Hütte (1344 m)
Seit mehr als 80 Jahren besteht die Hütte zwischen Ötscher und Dürrenstein am Rande des Wildnisparks Dürrenstein. Die Alpenvereinshütte wurde Ende der 80er Jahre gründlich renoviert. Die Küche ist bekannt für Wildspezialitäten. In ca. 2,5 Std. zu erreichen vom Steinbachtal bei Göstling (Parkplatz auf 601 m);
Tel. 0 74 84/23 25

ADAC – der perfekte Urlaubstag

9 Uhr: Wanderung von Wienerbruck bei Josefsberg durch die Ötschergräben zum Erlaufstausee, ausgiebige Rast beim Ötscherhias
13 Uhr: Rückfahrt mit der Mariazeller Bahn nach Wienerbruck, weiter bis Annaberg
15 Uhr: Besichtigung der Wallfahrtskirche
16 Uhr: Ausritt in die herrliche Umgebung, z.B. mit den Haflingern des Schaglhofs

Schroffe Felsen, wilde Wasser: In den Ötschergräben offenbart sich die raue Schönheit der Region.

Die wilde Seite des Mostviertels

Fernab vom Trubel, inmitten einer weitgehend unberührten Naturlandschaft, ist das Mostviertel nie vom großen Tourismus erfasst worden. Fast ungestört kann man hier auf einsame Gipfel steigen und durch wildromantische Schluchten wandern – ein ideales Ziel für Naturliebhaber, die vor allem Ruhe suchen.

Das Ötscherland hat seinen Namen von einem Berg: Der Ötscher scheitert mit einer Höhe von »nur« 1893 m zwar an der Zweitausender-Grenze, ein markanter und bemerkenswerter Berg ist er dennoch: Er war schon 1592 das Ziel einer kaiserlichen Expedition, die in seinen Höhlen Goldschätze vermutete. Fündig wurden die Schatzsucher nicht, aber vielleicht bemerkten sie schon damals, dass der wahre Reichtum des Ötscher weniger in seinem Inneren liegt als vielmehr in der grandiosen Aussicht: Vom felsigen Gipfel reicht der Blick vom Böhmerwald über den Wiener Schneeberg bis zu den Hohen Tauern.

Rund um den Ötscher eröffnet sich dem Urlauber hier im alpinen südlichen Teil des Mostviertels eine Landschaft, die mit Seen wie dem Erlaufsee oder dem Lunzer See und kleinen Gemeinden wie Gaming oder Lackenhof Erholung garantieren.
Vor allem ist es die wilde voralpine Natur, die die Reisenden am Ötscherland so fasziniert und die man in langen und einsamen Wanderungen erleben kann – aber auch hoch zu Pferde bei einem herrlichen Wanderritt durch die Region. In den letzten Jahren wurde die Natur hier sogar noch ein bisschen wilder. Der Ötscher-Bär geisterte vormals lediglich als Legende durch die Gegend. Angeblich

Adressen & Bergbahnen — Landesvorwahl 00 43

Urlaubsregion	**Mostviertel** Tourismus GmbH; Tel. 0 74 16/5 21 91; E-Mail: office@most4tel.com; www.most4tel.com	❶ Lackenhof Ötscherbahn Berg/Tal 9,60 €
Lunz am See (601 m)	Gästeinformation Lunz am See; Tel. 0 74 86/80 81 15; E-Mail: info@lunz.at; www.tiscover.at/lunz.see	❷ Mitterbach Gemeindealpe (via Bodenbauereck) Berg/Tal 12 €
Weitere Orte	**Annaberg** www.tiscover.at/annaberg • **Gaming** www.tiscover.at/gaming • **Göstling** • **Josefsberg** • **Lackenhof** www.tiscover.at/lackenhof • **Mitterbach am Erlaufsee** • **Puchenstuben** www.tiscover.at/Puchenstuben • **Scheibbs** www.scheibbs.com	
Entfernungen	Hamburg 1038 km; Berlin 836 km; Köln 840 km; Frankfurt a. M. 656 km; Stuttgart 613 km; München 392 km	**Siehe auch Preisteil S. 641**

Wandern & Bergtouren

TOP TIPP Die Alpintour vom **Hochkar** (1808 m) über den **Dürrenstein** (1878 m) zum **Ötscher** (1893 m) ❶ ist eine mehrtägige, anspruchsvolle Bergwanderung quer durch das südliche Mostviertel, die vorbeiführt an den Höhepunkten der Region. Vom Hochkar-Schutzhaus (1491 m, südlich von Göstling, mit dem Auto zu erreichen) geht es durch einsame Bergwälder und über Almwiesen via Gamskogel (1330 m) und Hochkirch (1486 m) bis zum Dürrenstein (1878 m) und zur Ybbstaler Hütte (1344 m). Nach dem Abstieg ins Oistal führt die letzte Etappe dann hinauf auf den Gipfel des Ötscher. Von dort gelangt man wieder ins Tal nach Lackenhof (810 m) und mit Bus und Zug zurück zum Ausgangspunkt. Insgesamt sollte man für diese Tour etwa drei Tage einplanen. Übernachtungsmöglichkeiten auf der Ybbstaler Hütte, im Gasthof Taverne (681 m, in Langau im Oistal) oder im Ötscher-Schutzhaus (1418 m). Karten und Informationen bei Mostviertel Tourismus; Tel. 0 74 16/5 21 91

Ötscher (1893 m) Leichte Tour zum bekanntesten und markantesten Gipfel der Region	Ausgangspunkt: Lackenhof (810 m); Riffelboden (1270 m) – Riffelsattel (1283 m) – Ötscher-Schutzhaus (1418 m) – Hüttenkogel (1520 m) – Weißes Mäuerl – Gipfel; Rückweg wie Hinweg; Möglichkeit zur Fahrt ins Tal mit der Seilbahn ab Ötscher-Schutzhaus ❶. Zeit: ca. 6–7 Std.; Einkehr: Ötscher-Schutzhaus
Gaminger Rundwanderweg (614 m) Gemütliche Rundtour um die Kartause Gaming	Ausgangspunkt: Kartause Gaming (444 m); Kalvarienberg – Mitterberg (614 m) – Höllgraben – Schleierfallstraße (460 m) – Filzmoossattel (525 m) – Kirchstein (560 m) – Maut (405 m) – Kartause Gaming; abwechslungsreiche, wenig anstrengende Rundtour um den beliebten Urlaubsort und das berühmte Kloster; Zeit: ca. 4 Std.; Einkehr: Gasthöfe in Gaming
Durch die Ötschergräben Erlebniswanderung im südlichen Ötschergebiet	Ausgangspunkt: Bahnhof Wienerbruck (795 m, bei Josefsberg); Kienbachfall (622 m) – Stierwaschboden – Ötschergräben – Ötscherhias (681 m) – Stausee Erlauf (833 m) – Haltestation Erlaufklause – mit der Mariazeller Bahn zurück zum Bahnhof Wienerbruck; abwechslungsreiche Tour durch Schluchten und herrliche Berglandschaften; Zeit: 3 Std.; Einkehr: Ötscherhias

soll es sich um einen frei laufenden Braunbären gehandelt haben, der von Slowenien ins Ötscherland im südlichen Mostviertel gewandert ist. Mittlerweile gibt es im Wildnisgebiet Dürrenstein, das sich im Westen an das Ötschergebiet anschließt, auch ganz offiziell wieder Braunbären.

Die Berglandschaften, die man hier findet, sind weitgehend unberührt; man geht nicht auf überlaufenen Wegen, sondern auf einsamen Pfaden. Im Naturpark Ötscher-Tormäuer kann man wildromantische Schluchten durchstreifen und in die Ötscher-Tropfsteinhöhle steigen. Mehr Informationen dazu finden Besucher im neuen Informationszentrum in Wienerbruck bei Josefsberg. Entlang der Eisenstraße, im Land der Hämmer und Schmiede, kann man besichtigen, wie einst in den Hammerwerken die schwere Arbeit verrichtet worden ist. Nach einem Ausflug in die Geschichte ist es umso entspannender, das romantische Ötscherland von heute zu genießen: stilvolle Hotels, gemütliche Gasthöfe und eine Küche, die so bodenständig und naturverbunden ist wie die Gegend selbst.

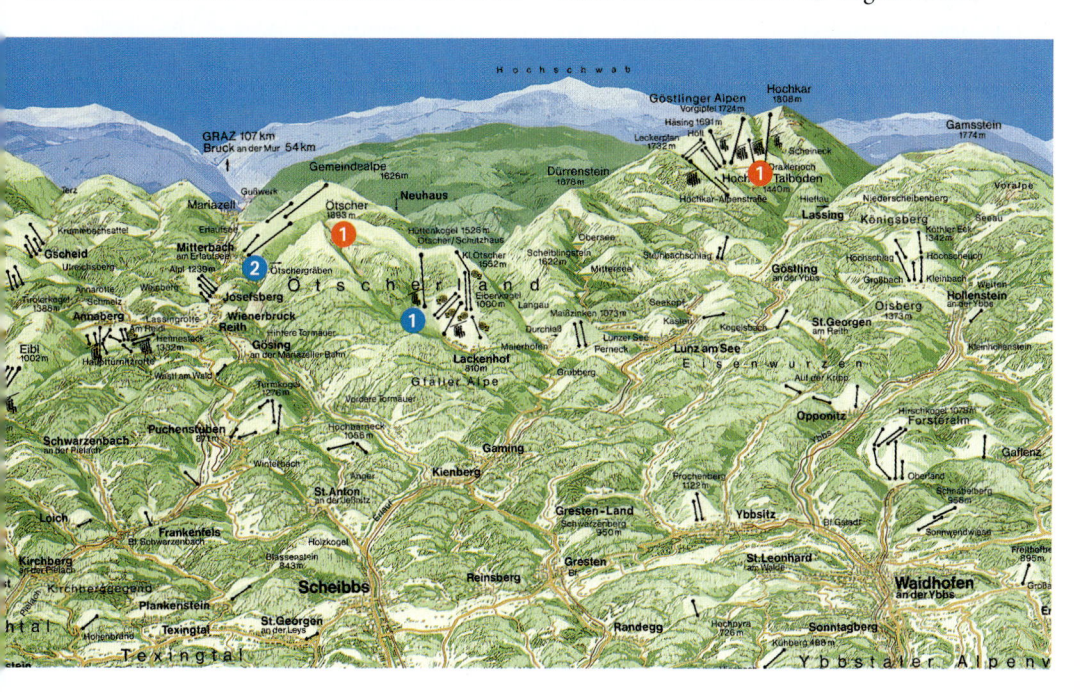

Reiten

Das Mostviertel ist ein Paradies für Reiter. Über 300 km Reitwege sind ausgewiesen und in speziellen Karten (erhältlich beim Tourismusbüro) verzeichnet. Ideal ist das Angebot für Wanderreiter, in den Karten findet man auch besonders lohnende Mehrtagestouren.

14 Hotels und Gasthäuser sowie 36 Bauernhöfe haben spezielle Angebote für Reiter. Eine Adresse für Haflingerfreunde ist der Reiterhof Pfeffer-Schagl in Annaberg; Tel. 0 27 28/3 48; www.schaglhof.at; weitere Infos und Adressen beim Mostviertel Tourismus; www.most4tel.com

Eisenstraße

»Land der Hämmer, zukunftsreich…« heißt es in der österreichischen Bundeshymne. Zur Eisenstraße haben sich 26 Gemeinden zusammengeschlossen, die die Geschichte des Eisengießens in Themenwegen, Museen und Ausstellungen im ganzen Ötscherland sowie im Mostviertel präsentieren. Infos beim Kulturpark Eisenstraße-Ötscherland; Tel. 0 74 16/5 21; www.eisenstrasse.info

Wanderkarten

Freytag & Berndt WK 031 Ötscherland/Mariazell–Scheibs/Lunzer See; 1:50000
Sehr gute Wanderkarten im Maßstab 1:25000 gibt es außerdem bei **Mostviertel Tourismus** Tel. 0 74 16/5 21 91.

Hotelempfehlungen

Göstling S. 673
Lackenhof S. 686

Straßenatlas S. 769

AUSSEERLAND
STEIERMARK – SALZKAMMERGUT

ACTION & SPORT

WANDERN & BERGTOUREN

FUN & FAMILY

WELLNESS & GENUSS

Regionale Pflanzen
Eine einzigartige Pracht ist die Narzissenblüte am Loser. Besonders schön lässt sie sich im Frühjahr auf dem Weg zur Blaa-Alm erleben, der mitten durch die blühenden Wiesen führt.

ADAC der perfekte Urlaubstag

- **9 Uhr:** Mountainbike-Tour von Bad Mitterndorf durchs Salzatal nach Gößl, weiter zum Toplitzsee
- **12 Uhr:** Einkehr in der idyllischen Fischerhütte direkt am Ufer des Toplitzsees
- **14 Uhr:** Rückfahrt am Grundlsee entlang
- **17 Uhr:** Entspannen im VitalBad in Bad Aussee
- **20 Uhr:** Abendspaziergang an der Promenade des Altausseer Sees

Spannende Kontraste: Der liebliche Altausseer See und die eisige Gletscherwelt des mächtigen Dachstein.

Künstler, Genießer und ein »Tintenfass«

Das Ausseerland im steirischen Teil des Salzkammerguts war und ist traditionell ein beliebtes Refugium für Schauspieler und Schriftsteller – wird doch der schwarzblau wie Tinte leuchtende Altausseer See auch als (für Schriftsteller schließlich unentbehrliches) »Tintenfass« bezeichnet. Bei aller Vornehmheit, die sich durch die Anwesenheit von Prominenz nach und nach ins einfache Landleben mischte, gibt es vielfältige Freizeitmöglichkeiten für Bergwanderer, Mountainbiker und alle, die es sich einfach nur gut gehen lassen wollen.

Geografisch gesehen ist Bad Aussee der Mittelpunkt Österreichs. Und irgendwie scheint im Ausseerland auch die österreichische Seele zu ruhen. Oder wie sonst soll man sich die heftige Leidenschaft vieler berühmter und kreativer Menschen für die grüne Oase zwischen den schroffen Ausläufern von Dachstein und Totem Gebirge erklären? Schriftsteller wie Arthur Schnitzler, Jakob Wassermann, Hugo von Hofmannsthal und Friedrich Torberg logierten am Ufer des Altausseer Sees mit seiner wild aus dem Wasser aufragenden, 1754 m hohen Trisselwand. Am benachbarten Grundlsee residierten die Schau-

Wellness & Genuss

TOP TIPP
Um die Alpenflora in ihrer ganzen Fülle kennen zu lernen, muss man nicht unbedingt auf hohe Gipfel steigen: Der **Alpengarten in Bad Aussee** ❶ ist bequem mit dem Auto zu erreichen. Auf einer Fläche von 12000 m² wachsen über 1000 verschiedene Alpenpflanzen, Stauden und Gehölze. Der Spaziergang durch die geschmackvoll gestaltete Anlage ist nicht nur für Blumenfreunde ein erholsamer Genuss. Eintritt: 3 €; geöffnet 8–18 Uhr; Tel. 0 36 22/5 25 11 14

VitalBad Aussee	Erholung und Entspannung pur mitten in Bad Aussee: Sole-Mineral-Hallenbad, SalzWasserBergBad, Sauna, Dampfbad, Solarium. Massagen und verschiedene Einzelanwendungen. Gesichts- und Körperbehandlungen in der VitalOase. Fitness-Training im VitalStudio. Eintritt Hallenbad, VitalStudio, Sauna 19,80 €; Tel. 0 36 22/55 30 00; www.vital.at
Alpenbad Bad Mitterndorf	Erlebnisbad mit großzügig angelegten Liegewiesen, beheiztem Becken, Riesenrutschbahn, Strömungskanal und Sportanlagen; tägl. 10–19 Uhr, in der Hochsaison 9–20 Uhr geöffnet; Eintritt: 3,30 €; Tel. 0 36 23/34 20
3-Seen-Tour	Genusstour mit dem Boot: Die Rundfahrt beginnt an der Schiffsanlegestelle Grundlsee. Mit dem Motorschiff 6,5 km nach Gößl, dann schöner Spazierweg (20 Min.) zum Toplitzsee, dort mit dem Schiff zu den Wasserfällen und zum romantischen Kammersee; Besichtigung des Ursprungs der Traun; Rückfahrt mit dem Boot; Dauer: ca. 3 Std; Info: Tel. 0 36 22/86 13; www.3-seen-tour.at

spieler, vornehmlich die vom berühmten Wiener Burgtheater. Sie blieben über die Sommermonate und genossen, so erzählt man, sogar die vielen Regentage. Nach wie vor faszinierend ist die Region für Künstler und Berühmtheiten, unter ihnen Schauspieler Klaus Maria Brandauer, der in Altaussee geboren wurde. Mit seinen alten Villen und stolzen Bürgerhäusern ist dieser Ort einer der sehenswertesten im Salzkammergut.

Mit einem großen Namen kann sich selbst der abgeschiedene Toplitzsee schmücken, in dem die Nazis 1945 einen sagenhaften Schatz versenkt haben sollen. Erzherzog Johann nämlich war es, der am Ufer des Sees im Jahr 1819 die Postmeisterstochter Anna

Wandern & Bergtouren

TOP TIPP
Eine landschaftlich reizvolle und nicht allzu schwere Bergtour führt **vom Grundlsee zur Pühringer Hütte** ❷ im Toten Gebirge. Von Gößl/Schachen (720 m) geht es auf einer Forststraße zur Schweiber-Alm. Über das Drausengatterl und den Lahngang kommt man zum einsamen Lahngangsee. Am See entlang und an Jagdhütten vorbei weiter auf dem Ausseer Weg durch ein Hochtal zur Pühringer Hütte (1638 m). Dauer: ca. 4 Std.; Rückweg wie Anstieg; Einkehr: Pühringer Hütte

3-Seen-Wanderung Traumtour durch das größte Seenhochplateau Mitteleuropas	Ausgangspunkt: Bergstation Tauplitz (1652 m); Steirersee – Schwarzsee – zurück zum Steirersee – am Südufer zur Steirerseehütte – zum Ostufer des Großsees – am Nordufer entlang – zurück zur Bergstation; Dauer: ca. 4–5 Std.; Einkehr: Naturfreundehaus, Lenzbauerhütte
Altaussee – Albert-Appel-Haus (1638 m) Blumenreiche Wanderung ins Tote Gebirge	Ausgangspunkt: Altaussee-Fischerndorf; Seewiese – Stummernalm – Hochklopfsattel – Augstwiesen – Albert-Appel-Haus; Dauer: ca. 7 Std.; Einkehr: Albert-Appel-Haus
Loser (1838 m) Panoramablick von der Felsbastion	Ausgangspunkt: Parkplatz Loser Hütte (1504 m); Loserboden – Gipfel des Loser – Loserfenster – Augstsee – Parkplatz; Dauer: ca. 3 Std; Einkehr: Loser Hütte
Loser Geo-Erlebnisweg (1600 m) Leichte Wanderung mit vielen Informationen	Ausgangspunkt: Parkplatz Loser Bergrestaurant; gut ausgeschilderte Rundwanderung am Augstsee vorbei; Dauer: ca. 2 Std; Einkehr: Loser Bergrestaurant. In einem Wanderführer sind die 25 Stationen leicht verständlich erklärt. Themen: Formenschatz des alpinen Karstes, Einfluss der Eiszeit, geologische Rahmenbedingungen. Der Wanderführer ist erhältlich bei Tourist-Infos, im Loser Bergrestaurant und an der Mautstelle

Hütten

Loser Hütte (1504 m)
Eine Institution ist die Loser Hütte, auch wenn sie eher Berggasthof als Hütte ist. Beim Hüttenwirt Heli gibt es üppige und herzhafte Pfannengerichte aus dem riesigen Loserpfandl. Das wusste auch schon Altbundeskanzler Helmut Kohl zu schätzen. Beim hausgebrannten Zirbenschnaps sollte man sich dann eher zurückhalten.
Tel. 0 36 22/7 12 02

Pühringer Hütte (1838 m)
Im Herzen des Toten Gebirges steht die kleine und gemütliche Hütte – bekannt für die gute Küche und vor allem für den Kaiserschmarrn. Bewirtschaftet von Anfang Juni bis Ende September; Tel. 06 64/9 83 32 41

Blaa-Alm (902 m)
In einem idyllischen Seitental unterhalb des Loser steht die romantische Blaa-Alm. Ein beliebtes Ausflugsziel nicht nur wegen der Lage, sondern auch wegen der herzhaften Küche, die typische Gerichte wie Blunzngröstl oder Kaiserschmarrn anbietet; stilvolle Gästezimmer; Tel. 0 36 22/71 10 20

Lenzbauerhütte (1560 m)
Die beliebte Hütte auf der Tauplitzalm ist kein Fall für Asketen. Auf dem Rückweg von der 6-Seen-Rundwanderung kann man sich den bekannt guten Schweinsbraten und als Nachtisch die hausgemachten Schnapskrapfen munden lassen; Tel. 06 64/5 04 01 66

AUSSEERLAND

Unvergesslich: Mit einer »Plätten« über den geheimnisvollen Toplitzsee zu gleiten.

Restaurants

Fischerhütte
Am versteckten und wildromantischen Toplitzsee steht die Fischerhütte, ein urgemütliches Gasthaus, das für seine Fischspezialitäten bekannt ist. Schöner Spaziergang von Gößl am Grundlsee zur Fischerhütte. Sehenswert sind die kuriosen Fundstücke von diversen Tauchexpeditionen im sagenumwobenen Toplitzsee;
Tel. 0 36 22/82 96

Grimmingwurzn
Das Haubenlokal in Bad Mitterndorf ist bekannt für kreative internationale und bodenständige Ausseer Küche;
Tel. 0 36 23/31 32

Plochl kennen lernte. Die beiden verliebten sich ineinander und blieben, allen Standesunterschieden zum Trotz, glücklich zusammen. Ein romantischeres Plätzchen hätten sich die beiden aber auch nicht aussuchen können: der dunkle, stille See, umsäumt von alten Bergwäldern, und über eine Felswand rauscht ein Wasserfall. Ein Idyll, das noch heute bezaubert; vor allem, wenn man mit dem Ruderboot oder mit einer Plätte (einem flachen Holzboot) über den See gleitet. Am Ende des Sees angekommen, führt ein kurzer, aber steiler Weg weiter zum noch kleineren Kammersee. Auch hier plätschert ein Wasserfall über eine der Felswände: der Traun-Ursprung. Das besonders charmante und abwechslungsreiche Ausseerland lässt sich auf vielfältige Weise erkunden. So führt um den Altausseer See eine wunderschöne 8 km lange Promenade, die zum Teil in den Fels gesprengt wurde. Wer seinen Spaziergang lehrreicher gestalten will, wählt die »Via Artis«, einen erlebnisreichen Künstlerweg, der den Spuren zahlreicher Künstler im Ausseerland folgt. Texttafeln schildern interessante Hintergründe und amüsante Anekdoten zu historischen Gebäuden und reizvollen, für berühmte Künstler bedeutungsvollen Plätzen in der Natur.

Egal, ob man am See bummelt oder sich an den Stationen der »Via Artis« bildet, der Blick bleibt immer wieder an einem der markantesten Berge der Region hängen: dem Loser, mit seiner mächtigen Felsbastion für viele das Wahrzeichen der

Adressen & Bergbahnen
Landesvorwahl 00 43

Altaussee (723 m)	Informationsbüro Altaussee; Tel. 0 36 22/7 16 43; E-Mail: info.altaussee@ausseerland.at; www.altaussee.at
Bad Aussee (659 m)	Tourismusverband Ausseerland-Salzkammergut; Tel. 0 36 22/5 40 40; E-Mail: info@ausseerland.at; www.ausseerland.at
Bad Mitterndorf (809 m)	Informationsbüro Bad Mitterndorf; Tel. 0 36 23/24 44; E-Mail: info.badmitterndorf@ausseerland.at; www.ausseerland.at
Tauplitz (896 m)	Informationsbüro Tauplitz; Tel. 0 36 88/2 44 60; E-Mail: info.tauplitz@ausseerland.at; www.ausseerland.at
Entfernungen	Hamburg 1005 km; Berlin 770 km; Köln 806 km; Frankfurt a. M. 622 km; Stuttgart 463 km; München 229 km

① Tauplitzalm Sesselbahn Berg/Tal 12,40 €

Siehe auch Preisteil S. 641

EVENTS
- Mai: Narzissenfest Bauernkirtag Grundlsee
- Juni: Ausseer Jazzfrühling
- Juli: Seefest Grundlsee
- August: Theateraufführungen auf der Seewiese Altaussee
- September: Altausseer Kirtag

TOP TIPP
Ein Besuch der **Salzwelten Altaussee** ❸ führt in die größten Salzlagerstätten Österreichs. Die rötlich schimmernde Barbarakapelle und der große unterirdische Salzsee mit der Seebühne sind besonders sehenswert; Tel. 0 61 32/2 00 24 00; www.salzwelten.at

---

Region. In 15 Kehren führt eine 9 km lange Mautstraße steil hinauf auf 1600 m – ein Schmankerl für Motorradfahrer! Mit jeder Kurve ergeben sich neue, atemberaubende Ausblicke auf den Dachstein, ins Tote Gebirge und natürlich hinunter ins Tal zu den Seen. Oben führen herrliche Wanderwege auf das geologisch interessante Gipfelplateau mit seinen zerfurchten Karstflächen und Almwiesen.

Ein ideales Revier für Wanderer ist auch die Tauplitzalm, die sich von Bad Mitterndorf aus über eine interessante, 10 km lange Mautstraße oder von Tauplitz aus mit der Sesselbahn erreichen lässt. Sechs Seen liegen hier auf 1600 m Höhe, malerisch eingebettet in die mit Blumen übersäten Wiesen. Dieses Gelände eignet sich auch für nicht allzu schwere Mountainbike-Touren. Auf dem Weg zurück von Tauplitz ins Herz des Ausseerlandes lohnt sich ein kurzer Abstecher zur Skiflugschanze am Kulm, der größten Naturschanze der Welt.

Doch damit genug vom Sport. Das Ausseerland ist in erster Linie ein Ort der Ruhe und Beschaulichkeit. Dass man es hier gemütlich mag, zeigt die nostalgisch-elegante Atmosphäre, die in den Orten herrscht. Alte Villen dokumentieren den Wohlstand, den die Ausseer früher vor allem dem Salzabbau zu verdanken hatten. Da sich der Fremdenverkehr als neuer Wirtschaftsfaktor behutsamer entwickelte als anderswo, pflegen Einheimische und Gäste hier auch ein eher persönliches Verhältnis. Manchmal, bei den traditionellen Festen wie dem Narzissenfest und dem urigen Kirtag in Altaussee, mischen sich die Fremden dann sogar in der klassischen Tracht unters einheimische Volk.

Traditionsbewusst und heimatverbunden wie sie sind, ist die Tracht für die Ausseer selbst weit mehr als schmucke Sonntagsfolklore. Und so ist es nur logisch, dass sie auch bei modernen kulturellen Ereignissen – etwa den von Klaus Maria Brandauer initiierten Theateraufführungen in Altaussee – gewöhnlich in ihrem traditionellen Festtagsgewand erscheinen. Gerade das macht wohl den speziellen Charakter des Ausseerlandes aus. Es sei eben eine Region für gescheite Leute, schrieb Hugo von Hofmannsthal, während der berüchtigte Dauerregen die Landschaft wieder einmal in Grau hüllte. »Denn die Dummen fahren heim, wenn es regnet.«

Wanderkarten
Freytag & Berndt, WK 281 Dachstein-Ausseer Land 1:50000
Freytag & Berndt, WK 082 Bad Aussee – Totes Gebirge – Bad Mitterndorf – Tauplitz 1:50000

Hotelempfehlungen
Bad Aussee S. 666
Bad Mitterndorf S. 667
Tauplitz S. 708

Straßenatlas S. 768

DACHSTEIN-TAUERN-REGION
STEIERMARK

ACTION & SPORT

WANDERN & BERGTOUREN

FUN & FAMILY

WELLNESS & GENUSS

Zwischen Hohem Dachstein und Niederen Tauern

Der schroffe Dachstein und das Landschaftsidyll der Ramsau, die zackigen Gipfel und die verträumten Täler der Niederen Tauern – die Dachstein-Tauern-Region vereint viele Gegensätze. Dem Feriengast kann das nur recht sein, zumal die ausgezeichnete Infrastruktur mit Bussen und Seilbahnen eine bequeme Annäherung an die Sehenswürdigkeiten rund um das obere Ennstal erlaubt.

Vom Spiegelsee aus sieht man den Dachstein am besten – nämlich gleich zweimal. Getreu seinem Namen spiegelt der kleine See auf der Reiteralm bei Pichl in seinem Wasser das grandiose Dachstein-Panorama. Der fast 3000 m hohe Gebirgsstock ist zweifelsohne die landschaftliche Hauptattraktion gesamten Gebirgszugs quert. Wem derartige alpine Ziele etwas zu hoch gegriffen erscheinen, für den gibt es im Ennstal inzwischen eine tolle Alternative: Der »Panoramaweg 100« führt stets unterhalb der schroffen Gipfel in idyllischen, gut »wanderbaren« Regionen von Unterkunft zu Unter-

Dachstein im Doppelpack: Einzigartig schön zeigt sich das Massiv beim Spiegelsee auf der Reiteralm.

ADAC *der perfekte Urlaubstag*

- **9 Uhr:** Gondelfahrt zum Dachsteingletscher ➋, Aussichtsplattform
- **10 Uhr:** Gletscherwanderung zur Seethaler Hütte, Blick in die beeindruckende Dachstein-Südwand
- **13 Uhr:** Talfahrt und Spaziergang zur Austriahütte, Besuch des Alpinmuseums
- **19 Uhr:** regionales Spezialitäten-Abendessen im Pehab-Kirchenwirt in Ramsau-Ort

---

der Region. Aber auch in den südlich des Ennstals gelegenen Niederen Tauern, unterteilt in Schladminger und Wölzer Tauern, finden sich traumhafte Plätze, die weitaus mehr für die Augen bieten als »nur« den Blick auf das imposante Kalksteingebilde des Dachsteins. Eingebettet in Urgestein liegen z. B. die von den Gletschern der Eiszeit geformten glasklaren Klafferseen im Herzen der Schladminger Tauern. Sie gehören zu den absoluten Schmuckstücken dieser Gegend. Um sie bewundern zu können, muss man allerdings einige Mühen auf sich nehmen, denn der Weg vom Parkplatz im Untertal ist lang und sollte am besten durch eine Übernachtung auf der Preintaler Hütte unterbrochen werden.

Hier befindet man sich auf dem bekannten Tauernhöhenweg, der die hochalpine Umgebung des kunft; das Gepäck kann man sich dabei sogar transportieren lassen. Die Tour lässt sich auf bis zu sieben Tage ausdehnen.

Wer nicht so viel Zeit hat, aber trotzdem einen intensiven Eindruck von der Bergwelt der Tauern bekommen möchte, nutzt am besten die Bergbahnen: von Haus bis unter den Hauser Kaibling oder von Schladming auf die Planai und den Hochwurzen. Eine andere Möglichkeit ist, mit dem Auto über die herrliche Mautstraße auf die Reiteralm zu fahren. Bei allen Alternativen begeistert natürlich vor allem der herrliche Dachstein-Blick.

Interessante Ziele für einen gemütlichen Ausflug sind auch die verschiedenen Tauerntäler. Hier seien besonders die Sölktäler erwähnt. Im gleichnamigen Naturpark hat man auf einsamen Pfaden auf jeden Fall seine Ruhe. Wer will, kann sich aber auch

Wandern & Bergtouren

TOP TIPP Die anspruchsvolle Tour auf den **Hohen Dachstein** (2995 m) ❶ ist ein Muss für jeden erfahrenen Bergsteiger. Zwar verkürzt die Auffahrt mit der Gletscherbahn aus der Ramsau bis auf 2694 m den Anstieg erheblich, dennoch ist für den letzten Gipfelanstieg über den geschichtsträchtigen Klettersteig alpine Erfahrung notwendig. Auch die Höhe sollte keinesfalls unterschätzt werden. Ausgangspunkt ist die Ramsau/Bergstation Hunerkogel ❷; über den gesicherten Gletschersteig zur Seethaler Hütte (2740 m). Weiter über den mittelschweren Klettersteig (Erfahrung und Klettersteigausrüstung unbedingt erforderlich!) zum Gipfel. Entweder auf demselben Weg zurück oder über den ebenfalls gesicherten Westgrat zum Gosaugletscher absteigen. Über die Steinscharte (2721 m) zurück zum Hunerkogel. Alpine Erfahrung unbedingt erforderlich, im Zweifelsfall einen Bergführer nehmen (Tel. 0 36 87/8 14 24); Zeit: ca. 5 Std.; Einkehr: Seethaler Hütte (keine Übernachtungsmöglichkeit)

Vom Großsölktal ins Kleinsölktal Mittlere Bergwanderung von Tal zu Tal	Ausgangspunkt: St. Nikolai (1127 m) im Großsölktal; Hohensee (1543 m) – Schwarzensee (1916 m) – Tuchmoaralm (1509 m) – Haltestelle Tuchmoaralm (ca. 1100 m) – Rückfahrt mit Tälerbus; Zeit: ca. 6 Std.; Einkehr: Tuchmoaralm
Panoramaweg 100 Leichte Mehrtagestour mit unvergesslichen Eindrücken	Ausgangspunkt: Mandling (815 m); auf halber Hanghöhe entweder 3 Tage links der Enns oder 4 Tage rechts der Enns entlang; Endpunkt ist jeweils Öblarn; Übernachtung in Berggasthöfen, Gepäcktransport möglich; Info/Buchung: Tel. 0 36 87/2 22 68
Krahbergzinken (2134 m) Leichte Bergwanderung mit Panoramablick auf den Dachstein	Ausgangspunkt: Schladming/Bergstation Planai (1830 m) ❹; schöner, abwechslungsreicher Bergsteig auf den Krahbergzinken (2134 m); Abstieg wie Aufstieg, mit der Planai-Seilbahn wieder zurück nach Schladming; Zeit ca.: 2,5 Std.; Einkehr: Bergstation Planai
Klafferkessel/Oberer Klaffersee (2311 m) Anspruchsvolle Bergwanderung zu malerischen Seen	Ausgangspunkt: Parkplatz Riesachfälle (1079 m) im Untertal; Preintaler Hütte (1657 m, evtl. Übernachtung) – über Bergpfad in den Klafferkessel – Oberer Klaffersee (2311 m) – Preintaler Hütte – Riesachfall – Parkplatz; Zeit: ca. 3 Std. bis zur Hütte, ca. 10 Std. insgesamt; Einkehr: Preintaler Hütte
Spiegelsee (1850 m) Leichte Wanderung mit tollem Dachsteinpanorama	Ausgangspunkt: Parkplatz am Ende der Mautstraße Reiteralm (1741 m); Gasselhöhe (2001 m) – Rippetegg (2126 m) – Spiegelsee mit berühmter Spiegelung des Dachsteinpanoramas – auf demselben Weg zurück zum Parkplatz; Zeit: ca. 3,5 Std.

EVENTS

- **Juni:** Ramsauer Frühlingsfest der Pferde; www.ramsau.com
- **Juli:** Pre Mid: Alp- und Wurzhorntreffen in Schladming und Haus; www.premid.at
  Mid Europe: großes internationales Blasmusikevent; ww.midieurope.at
  24-Stunden-Lauf in Wörschach; www.24stundenlauf.at
- **Juli/August:** Ennstal Classic: prominentes Oldtimertreffen; www.ennstal-classic.at
- **September/Oktober:** Herbst mit den Bäuerinnen: Veranstaltungen rund um Volkskultur, Brauchtum und Gastlichkeit; www.herbst-baeuerinnen.at
  Kulturtage in Aich mit traditionellen Festen, Jazz und Volksmusik, Kabarett und Kulinarium; www.aicher-herbst-kultur.at

für eine der zahlreichen geführten Themenwanderungen anmelden, um mehr über Natur und Kultur des Parks zu erfahren. Ein weiteres zauberhaftes Tal ist das sagenumwobene Seewigtal. Mit drei idyllischen Seen, die durch Wasserfälle miteinander verbunden sind, zählt es zum Schönsten, was die Schladminger Tauern zu bieten haben.

Etwas östlich und daher bereits in den Wölzer Tauern befinden sich Donnersbach und Donnersbachwald – ideale Ausgangspunkte zur Erkundung dieser Untergruppierung der Niederen Tauern. Praktisch für Bergsteiger: Es gibt Tälerbusse mit über die ganze Region verteilten Haltestellen. Bequem kommt man so nach Überschreitungen wieder an den Ausgangspunkt oder in die Unterkunft zurück.

Abwechslungsreiches Kulturprogramm

Auch geschichtlich und kulturell gibt es im Ennstal einiges zu entdecken. Jährlich stattfindende Veranstaltungen wie die »Aicher Herbst Kultur«, die Musikveranstaltungen »Pre Mid« und »Mid Europe« in Schladming und Haus oder das Oldtimertreffen »Ennstal-Classic« sind nur einige Höhepunkte eines umfangreichen Kulturprogramms. Geschichtlich ist besonders Schladming, der Hauptort des oberen Ennstals, interessant. An zahlreichen Orten sind Spuren der Bergbauvergangenheit anzutreffen, wie etwa beim »Bruderladenhaus« mit dem Stadtmuseum oder bei den restaurierten Bergwerksanlagen im Rohrmoser Obertal.

Eine ähnliche Bergbauvergangenheit hat das weiter ennsabwärts gelegene Dorf Öblarn, wo man die Montangeschichte auf dem Kupferweg erkunden kann. Darüber thront der beeindruckende Grimming. An seine Ostausläufer schmiegt sich das male-

Die glasklaren Klafferseen in den Schladminger Tauern

DACHSTEIN-TAUERN-REGION

Action & Sport

MOUNTAINBIKE	KLETTERSTEIGE	RAFTING	CANYONING	REITEN
PARAGLIDING	DRACHENFLIEGEN	KLETTERGÄRTEN	TENNIS	WINDSURFEN
KAJAK/KANU	WASSERSKI	TAUCHEN	HOCHSEILGARTEN	GOLF

TOP TIPP Mountainbiker haben in der Region die Wahl zwischen vielen interessanten Touren. Ein Klassiker ist die mittelschwere **Viehbergalm-Runde** ②, die von Pruggern (680 m) über Gröbming und Mitterberg am Salzastausee (770 m) vorbei zur Viehbergalm (1445 m) führt. Die Abfahrt geht durch »die Öfen« nach Gröbming und zurück nach Pruggern (Zeit: ca. 5 Std.). Wer den Nervenkitzel sucht und die Technik entsprechend beherrscht, kann sich über die berüchtigte **Downhill-Strecke** an der Planai ins Tal stürzen. Start ist bei der Bergstation ④ auf 1830 m. 1080 spannende Höhenmeter und eine 4,5 km lange, mit Überraschungen gespickte Strecke müssen vor dem Zieleinlauf in Schladming bewältigt werden. Für Einsteiger gibt es eine etwas leichtere Variante

Canyoning	Best Adventure Company, Schladming	In der Region Dachstein-Tauern bieten sich unzählige Möglichkeiten zum Canyoning in den unterschiedlichsten Schwierigkeitsbereichen. Man sollte die Touren aber immer nur mit ausgebildetem Führer machen. Infos und Führungen bei der Best Adventure Company; Tel. 0 36 85/2 22 45; www.bac.at
Nordic Walking/Jogging	Nordic-Walking-Park, Ramsau	Die Ramsau ist ein Paradies für Läufer und Nordic Walker. Hier trainieren viele Spitzensportler, aber für jede Leistungsklasse findet sich die passende, ausgeschilderte Strecke (1–42 km lang). Sportmedizinische Betreuung möglich; viele Hotels haben sich auf Läufer und Nordic Walker spezialisiert; Tel. 0 36 87/8 11 01; www.ramsausport.com
Klettersteig/ Klettern	Hoher Dachstein Südwand	Die klassische Kletterroute durch die Dachstein-Südwand (Schwierigkeitsgrad 4) ist ein Leckerbissen für Kletterer; man sollte sich aber nur mit Bergführer in die Tour begeben oder viel alpine Erfahrung mitbringen. Auch ein herrlicher, aber sehr schwieriger Klettersteig führt durch die Südwand. Infos und Führungen: AlpinSchule Schladming; Tel. 0 36 87/2 37 98; www.raffalt.com
Paragliding	Aufwind-Flugschule, Ramsau	In der Nähe der Bergstationen befinden sich herrliche Startplätze, die Region ist ideal zum Fliegen. Kurse, Tandemflüge, Schnupperkurse und Informationen bei Aufwind-Flugschule; Tel. 0 36 87/8 18 80; www.aufwind.at

Hütten

Austriahütte (1638 m)
Vom Parkplatz am Ende der Dachstein-Panoramastraße in ca. 30 Min. erreichbar. Zur Hütte gehört ein Alpinmuseum, in dem die alpinistische Geschichte des Dachstein spannend dargestellt wird; Tel. 0 36 87/8 15 22

Dachstein-Südwandhütte (1871 m)
Eindrucksvolle Lage unmittelbar unterhalb der Dachstein-Südwände, Ausgangspunkt für Klettertouren und den sehr schweren Klettersteig »Johann« zur Seethaler Hütte. Vom Parkplatz am Ende der Dachstein-Panoramastraße ca. 45 Min. entfernt; Tel. 0 36 87/8 15 09

Hans-Wödl-Hütte (1528 m)
Im sagenumwobenen Seewigtal am herrlichen Hüttensee gelegen, dem mittleren von drei durch Wasserfälle verbundenen Bergseen. Vom Parkplatz beim Seewigtal-Stüberl (1143 m) in 1,5 Std. zu erreichen; Tel. 0 36 86/42 23

Im sagenumwobenen Seewigtal

Das schmucke Zentrum des Marktstädtchens Gröbming

rische 1000-jährige Dörfchen Pürgg. Die denkmalgeschützten Häuser gruppieren sich eng um die romanisch-gotische Georgskirche. Eine weitere Sehenswürdigkeit ist die Johanniskirche aus dem späten 12. Jh. In seinem Inneren ist das Kirchlein vollständig mit herrlich restaurierten romanischen Fresken bemalt. Neben biblischen Szenen stellen sich auch in origineller Weise eine im Mittelalter populäre Fabel dar, nämlich den »Krieg der Katzen und Mäuse«.

Spricht man in den Schladminger Tauern über Geschichte, so kommt man am populären Erzher-

Restaurants

Pehab-Kirchenwirt
Steirische und besondere regionale Spezialitäten genießt man am besten beim Kirchenwirt in Ramsau-Ort. In gemütlich eingerichteten Stuben kommen vorzugsweise Gerichte auf den Tisch, die von regionalen Anbietern stammen. Deswegen wurde der Kirchenwirt auch als »Gute Steirische Gaststätte« ausgezeichnet;
Tel. 0 36 87/8 17 32; www.pehab.at

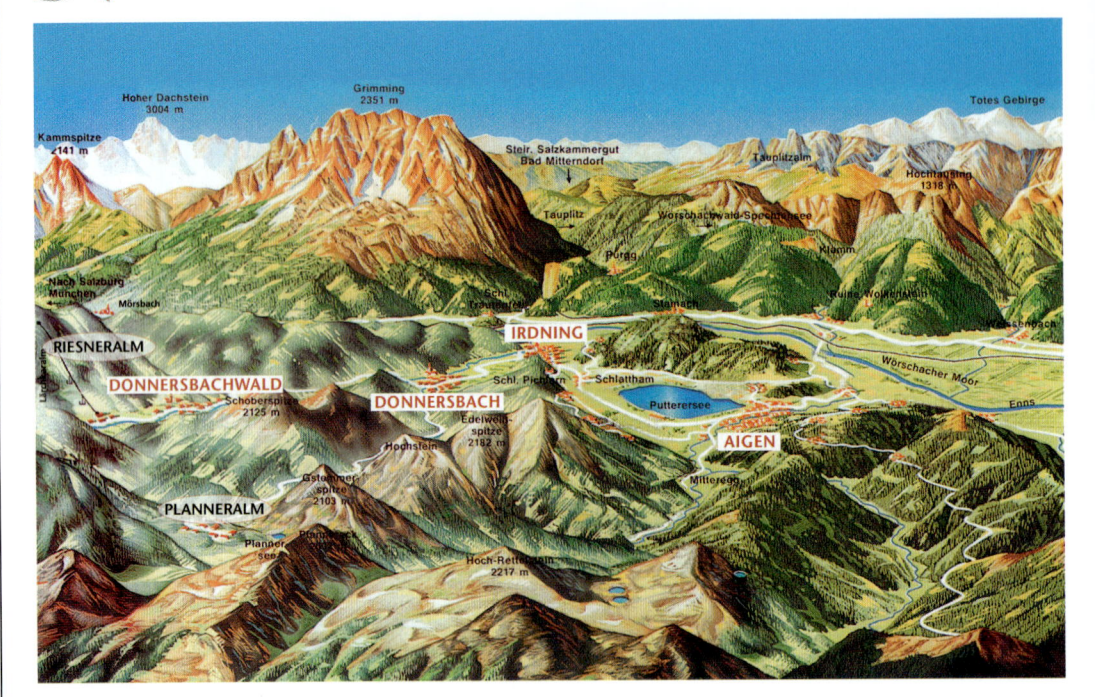

DACHSTEIN-TAUERN-REGION

Promi-Tipp
Dr. Alois Stadlober
Der Langlaufweltmeister ist begeistert von seiner Heimat, da sie für ihn optimale Trainingsmöglichkeiten bietet: »Es gibt für mich keinen besseren Ort für Nordic Sports wie Nordic Walking, Nordic Blading und Laufen als das Internationale Sport- und Trainingszentrum Ramsau. Hinzu kommt das Skilanglaufen am Dachstein-Gletscher. Und das alles mitten in einer herrlichen Bergwelt!«

zog Johann von Habsburg nicht vorbei. Unter anderem bestieg er als Erster die Hochwildstelle und den Hochgolling, beides hervorragende Aussichtsberge mit anstrengenden Anstiegen. Kurz vor dem Sölkpass, dem Übergang ins Murtal auf der Südseite der Tauern, ist eine Hütte nach ihm benannt. Der für seine steirischen Landschaftsschilderungen bekannte Volksschriftsteller Peter Rosegger hat dem unternehmungslustigen Erzherzog in einer seiner Geschichten ein literarisches Denkmal gesetzt.

Faszinierende Kulturlandschaft
Verfolgt man das Ennstal nun auf seiner Nordseite wieder flussaufwärts, passiert man das nette Städtchen Gröbming mit seinem schmucken Ortskern und den leicht ersteigbaren Stoderzinken, in dessen exponierten Gipfelfelsen ein hölzernes »Friedenskircherl« klebt. Danach trifft man auf eine der faszinierendsten Kulturlandschaften des Alpenraumes: die steirische Ramsau. Auf einer Terrasse über dem Tal liegen die Höfe und kleinen Ansiedlungen verstreut, an den Südhängen darüber blicken die dazugehörigen Almen hinunter auf Ramsau, die Enns und in die Tauern. Überragt wird dieses Idyll von der mächtigen Dachstein-Süd-

Malerisch schmiegen sich die Almsiedlungen der Ramsau an die Südwand des Dachstein.

Fun & Family ☀☀☀

Familienrafting (auf der Enns von Mandling bis Schladming)	Leichte, erlebnis- und abwechslungsreiche Fahrt, ideal für Familien; mitgenommen wird nur, wer schwimmen kann; Tel. 0 36 85/2 22 45, www.bac.at
Sommerschlittenbahn Hochwurzen	7 km lange Schotterpiste, auf der man mit einem robusten »Schlitten« (mit Rädern, Lenkung und Bremsen) ins Tal donnert – bislang einmalig!
Märchenwanderweg Ramsau	Ein leichter Weg führt an Märchenfiguren vorbei auf den Rittisberg; zurück in die Ramsau geht's mit einem geländetauglichen Roller

TOP TIPP
Eine einmalige Möglichkeit, dem Nachwuchs die Berge schmackhaft zu machen, ist der **Kinderklettersteig** ❸ am Sattelberg in der Ramsau, der vom Kindermaskottchen »Ramsaurier« betreut wird und satte 200 Höhenmeter aufweist. Am Drahtseil entlang geht es über Felsen, Türme, Kuppen und Überhänge. Deshalb sind Helm und Klettersteigausrüstung auch unbedingt erforderlich. Am besten mit Führer, der die Leihausrüstung gleich mit dabei hat; Tel. 0 36 87/8 18 33; www.ramsau.com

Adressen & Bergbahnen
Landesvorwahl 00 43

Urlaubsregion	Regionalverband **Dachstein-Tauern**; Tel. 0 36 87/2 33 10; E-Mail: info@dachstein-tauern.at; www.dachstein-tauern.at	❶ Haus Schladminger Tauernseilbahn 12 €
Gröbming (770 m)	Tourismusverband Gröbminger Land; Tel. 0 36 85/2 21 31; E-Mail: info@groebmingerland.at; www.groebmingerland.at	❷ Ramsau Dachstein-Gletscherbahn Hunerkogel Berg/Tal 24 €
Ramsau (1135 m)	Tourismusverband Ramsau; Tel. 0 36 87/8 18 33; E-Mail: info@ramsau.com; www.ramsau.com	❸ Schladming/Rohrmoos Gipfelbahn Hochwurzen Berg/Tal 9,30 €
Schladming (749 m)	Tourismusverband Schladming-Rohrmoos; Tel. 0 36 87/2 27 77; E-Mail: info@schladming-rohrmoos.com; www.schladming-rohrmoos.com	❹ Schladming Planai-Seilbahn Berg/Tal 12,40 €
Weitere Orte	**Donnersbachwald** www.donnersbachwald.at • **Haus** www.haus.at • **Öblarn** www.oeblarn.at • **Pichl-Mandling** www.pichl-mandling.at • **Rohrmoos** • **Sölktal** www.soelktaeler.at	
Entfernungen	Hamburg 997 km; Berlin 808 km; Köln 799 km; Frankfurt a. M. 614 km; Stuttgart 455 km; München 222 km	Siehe auch Preisteil S. 641

wand, in deren steilen Wandfluchten Alpingeschichte geschrieben wurde. Im Alpinmuseum bei der Austriahütte, die nur einen kurzen Spaziergang vom Parkplatz der (mautpflichtigen) Dachstein-Panoramastraße entfernt liegt, ist sie für den Besucher anschaulich aufbereitet.

Um den Originalschauplätzen dieser zum Teil schauderhaften Bergabenteuer näher zu kommen, nimmt man heute einfach die Dachstein-Gletscherbahn und fährt auf den Hunerkogel. Die Aussicht von der Bergstation ist fantastisch; wer einen besonders lohnenden Blick in die imposante Südwand werfen will, muss über einen gesicherten Gletscherweg in 45 Min. zur Seethaler Hütte steigen. Auf Gipfelaspiranten aber wartet nun noch die anspruchsvollste Passage, denn der Gipfelaufbau des Hohen Dachsteins ist nur über einen mittelschweren, geschichtsträchtigen Klettersteig zu erklimmen. Hier wurden 1843 die ersten Seile (Schiffstaue) gespannt und erstmals Eisen als Steighilfen in den Fels geschlagen. Manche Relikte aus dieser Pionierzeit sind noch heute zu sehen – sein Leben muss man ihnen jedoch zum Glück längst nicht mehr anvertrauen. Wer es auf den Gipfel schafft, kommt aus dem Schauen nicht mehr heraus: Das faszinierende Dachstein-Panorama, das sich so schön im Spiegelsee auf den Kopf gestellt hat, wird nun durch die fast noch eindrucksvollere Sicht in der Gegenrichtung auf die gewaltigen Bergketten der Niederen und Hohen Tauern ersetzt.

Hotelempfehlungen

Aich-Assach S. 664
Gröbming S. 676
Haus im Ennstal S. 677
Pichl-Mandling S. 697
Pruggern S. 698
Ramsau S. 698
Rohrmoos S. 700
Schladming S. 701

Wanderkarten

Freytag & Berndt, WK 201 Schladminger Tauern – Radstadt-Dachstein, 1:50000

Straßenatlas Siehe S. 781

MURAU
STEIERMARK

ACTION & SPORT

WANDERN & BERGTOUREN

FUN & FAMILY

WELLNESS & GENUSS

Restaurants

Stigenwirth
Um die Feinheiten der einheimischen Küche zu genießen, geht man am besten zum Stigenwirth in Krakauebene. Die reichhaltige Speisekarte bietet insbesondere leckere steirische Schmankerln aus regionalen Bioprodukten. Nicht umsonst ist der gastliche Betrieb mit der »Grünen Haube« für seine ernährungsbewusste Küche ausgezeichnet; Tel. 0 35 35/82 70; www.stigenwirth.at

Hütten

Grazer Hütte (1896 m)
Am Sattelkogel südlich des Preber (2740 m) gelegen. Von der Hütte herrliche Aussicht über das Krakautal.

Anstieg vom Parkplatz bei der Klausnerbergsäge (ca. 1300 m) in Krakauebene; Zeit: ca. 1,5 Std.; Tel. 0 35 35/86 06

Rudolf-Schober-Hütte (1667 m)
Die Wandermöglichkeiten auf die umliegenden Tauerngipfel sind nahezu unbegrenzt; außerdem liegt die Hütte am Fernwanderweg 702. Zustieg vom Parkplatz am Etrachsee; Zeit: ca. 1,5 Std.; Tel. 06 64/9 63 26 46

ADAC *der perfekte Urlaubstag*

- **9 Uhr:** Besuch des Holzmuseums in St. Ruprecht, von dort weiter auf der Holzstraße Richtung Krakautal
- **14 Uhr:** Besichtigung von Kalvarienberg und Kirche in Krakauebene
- **16 Uhr:** Fahrt zum Etrachsee, Wanderung um den See
- **19 Uhr:** gesundes Abendessen aus Bioprodukten im Stigenwirth in Krakauebene

Hoch über der Stadt thront das Renaissance-Schloss: Murau mit der Mur.

Kleinod für Romantiker und Genießer

Wer Superlative und Spektakuläres sucht, ist in der Region um Murau sicher am falschen Urlaubsort. Die sanft geformte Berglandschaft ist eher ein Ziel für feinsinnige Genießer, die entspannte Tage abseits der bekannten Rummelplätze der Alpen verbringen wollen.

Statt Touristenattraktionen gibt es in dieser zwischen Salzburg und Kärnten »eingekeilten« Ecke der Steiermark wahre Schätze zu entdecken. So z. B. die über die ganze Region verteilten Objekte der Steirischen Holzstraße. Eines der vielen Prunkstücke ist die geschnitzte Holzdecke der Kirche von Krakaudorf. Ebenso überwältigend ist die barocke Eingangsfassade des Benediktinerstifts Lambrecht, dessen Mönche den Kontakt zur Umgebung pflegen und einen wichtigen Beitrag zum geistigen Austausch auch außerhalb der Region leisten.

Die touristischen Aktivitäten konzentrieren sich auf drei Schwerpunkte: einmal das nördlich der Mur gelegene Krakautal, eine bäuerliche, weitgehend intakte Kulturlandschaft, die sich ihren ursprünglichen Charme erhalten hat. Oberhalb der waldumrahmten Ebene werden die Niederen Tauern im Norden ihrem Namen wenig gerecht, ragen sie doch immerhin über 2700 m in den Himmel. Lediglich im Süden des Tales sind sie wirklich »nieder«. Paradeberg der Krakauer ist der Preber, von dem aus man einen hervorragenden Blick auf die Region hat. Wenn auch der Gipfel von der Krakauebene zum Greifen nah scheint, sollte man sich nicht täuschen lassen. Um die Kondition nicht zu sehr zu strapazieren, ist es ratsam, vor dem Aufstieg zum Gipfel in der Grazer Hütte zu übernachten. Wesentlich bequemer, nämlich mit dem Auto, gelangt man an den Etrachsee in einem ruhigen Seitental zwischen Krakaudorf und Krakauebene. Ein gemütlicher Wanderweg führt um den See; wer noch weiter will, kann zur Rudolf-Schober-Hütte und zu den Wildenkar-Seen aufsteigen.

Das Zentrum der Region ist das Murtal und die Stadt Murau mit dem Brauereimuseum sowie dem gut erhaltenen Schloss Obermurau. Durch die

Adressen & Bergbahnen — Landesvorwahl 00 43

Urlaubsregion	Urlaubsregion **Murtal**; Tel. 0 35 32/27 20 12; E-Mail: urlaub@murtal.at; www.murtal.at	❶ St. Lambrecht Grebenzenbahn Berg/Tal 6,80 €
Weitere Orte	**Krakautal** www.krakautal.at • **St. Lambrecht** www.naturpark-grebenzen.at • **Murau** www.murau.at • **St. Georgen**	
Entfernungen	Hamburg 1057 km; Berlin 867 km; Köln 858 km; Frankfurt a. M. 674 km; Stuttgart 515 km; München 281 km	Siehe auch Preisteil S. 641

Wandern & Bergtouren

TOP TIPP — Am besten genießt man den Anstieg auf den Krakauer Paradeberg **Preber** (2740 m) ❶ in einer Zweitagestour. Anstieg vom Parkplatz bei der Klausnerbergsäge in Krakauebene (1305 m) zur schönen Grazer Hütte (1896 m). Nach einer Übernachtung steigt man am nächsten Tag auf gut markiertem Weg über Bockleiteneck (2460 m) und Roßscharte auf teils ausgesetztem Steig zum Gipfel, von dem man die ganze Region überblickt; nur für geübte, trittsichere und schwindelfreie Bergwanderer; Abstieg wie Aufstieg; Zeit: ca. 1,5 Std. zur Hütte, ca. 6 Std. zum Gipfel und zurück zum Parkplatz; Einkehr: Grazer Hütte

Furtnerteich (870 m) Rundwanderung durch ein Vogelparadies	Ausgangspunkt: Mariahof im Naturpark Grebenzen (963 m); dem gut markierten Rundwanderweg um den Furtnerteich folgen; herrliche, leichte Wanderung durchs Vogelschutzgebiet; Fernglas empfehlenswert; Ausgangspunkt von Mariahof beschildert; Zeit: ca. 1 Std.; Einkehr: Mariahof
Zirbitzkogel (2396 m) Mittelschwere Bergwanderung zu nettem Aussichtsberg	Ausgangspunkt: Tonnerhütte (1594 m), von Neumarkt/Mühlen mit dem Auto erreichbar; Hohe Halt (ca. 1700 m) – Zirbitzkogel mit Helmut-Erd-Schutzhaus – Kulmer Hütte (1819 m) – Hohe Halt – Tonnerhütte; Zeit: ca. 4,5 Std.; Einkehr: Tonnerhütte, Helmut-Erd-Schutzhaus, Kulmer Hütte
Dreiwiesenhütte (1770 m) Leichte Wanderung	Ausgangspunkt: Grebenzen Schutzhaus (1648 m), Zufahrt von St. Lambrecht aus; Grebenzen (1870 m) – Dreiwiesenhütte (1770 m) – Grebenzen – Grebenzen Schutzhaus; Zeit: ca. 2 Std.; Einkehr: Grebenzen Schutzhaus, Dreiwiesenhütte

gepflegte, wenig überlaufene Stadt fließt nicht nur die Mur, an ihren Ufern entlang führt der beliebte Mur-Radweg. Folgt man den beiden ein Stück flussaufwärts, so kommt man nach St. Ruprecht an der Mur. Dort bietet das Holzmuseum einen idealen Einstieg in die Steirische Holzstraße mit ihren Sehenswürdigkeiten aus Holz. Man hat sich hier zum Ziel gesetzt, den Besuchern den Wert dieses Rohstoffs wieder vor Augen zu führen. Einmal im Jahr wird sogar ein Holzstraßenlauf veranstaltet. Der dritte Anziehungspunkt liegt südlich der Mur, im Naturpark Grebenzen. Dort gibt es die Sommerrodelbahn am Grebenzen oberhalb St. Lambrecht. Außerdem wird eine Fülle an Aktivitäten rund um Natur und Kultur angeboten: Themenwanderungen ins Moor oder durch das Vogelschutzgebiet, Käse-Erzeugung am Bio-Bauernhof oder geschichtliche Führungen stehen auf dem Programm. Zwischendurch empfiehlt sich ein Sprung in einen Badeteich. Und auch Wanderer kommen voll auf ihre Kosten: Der Zirbitzkogel ist das etwas leichter zu ersteigende Pendant zum Preber. Damit hat auch die südöstliche Ecke der Region Murau ihren Aussichtsklassiker aufzuweisen.

Promi-Tipp

Charly und Jogl Brunner
Charly und Jogl, zusammen als Sängerduo Brunner & Brunner bekannt, verbringen einen großen Teil ihrer Freizeit in ihrer Heimatregion Murau. »Wir sind wahrscheinlich die größten Fans dieser Gegend. Unsere Heimat ist einfach Gold wert!«

Holzmuseum

Auf eine Reise in die Welt des Holzes kann man sich auf der Steirischen Holzstraße begeben. Dabei gibt es zahlreiche interessante Objekte und Bauten aus Holz zu bestaunen. Zentraler Punkt ist das Holzmuseum in St. Ruprecht, das dem Besucher Wissenswertes über die Verwendung von Holz in der Vergangenheit und Gegenwart näher bringt; Tel. 0 35 32/27 20 13; www.holzstrasse.at

Hotelempfehlungen

Murau S. 694
St. Lorenzen S. 707

Wanderkarten

Freytag & Berndt WK 211, Region Murau; 1:50000

Straßenatlas Siehe S. 782

HOCHSCHWAB MIT MARIAZELL
STEIERMARK

Der Brandhof: Heute noch so malerisch wie damals, als Erzherzog Johann hier heiratete.

ACTION & SPORT

WANDERN & BERGTOUREN

FUN & FAMILY

WELLNESS & GENUSS

ADAC *der perfekte Urlaubstag*

- **9 Uhr:** Auffahrt mit der Seilbahn von Mariazell ❷ auf die Bürgeralpe (1270 m), Besuch der »Erlebniswelt Holzknechtland«
- **12 Uhr:** Rundblick von der Erzherzog-Johann-Aussichtswarte auf der Bürgeralpe, entweder zu Fuß oder mit der Bahn zurück nach Mariazell
- **15 Uhr:** Besichtigung der Basilika Mariazell mit ihrer Schatzkammer
- **18 Uhr:** Strandspaziergang am Erlaufsee bei Mariazell und Einkehr in einem der Wirtshäuser am See

Abwechslung im »steirischen Gebirg'«

Die berühmte Wallfahrtsstätte in Mariazell und der Eisenerzer Erzberg sind die touristischen und geografischen Eckpfeiler dieser Region. Dazwischen türmt sich das eindrucksvolle, zerfurchte Bergmassiv des Hochschwab auf. Derartig unterschiedliche Attraktionen versprechen einen abwechslungsreichen Aufenthalt im »steirischen Gebirg'«.

Wer sich heute in die Region Hochschwab begibt, der wandelt unweigerlich auf den Spuren ihres großen Erschließers Erzherzog Johann. Dieser bestieg 1803 den Hauptgipfel des Hochschwab und rief euphorisch aus: »Ich war der erste Tourist!« In der Nähe von Seewiesen befindet sich heute noch der Brandhof, in dessen Kapelle er die bürgerliche Anna Plochl heiratete. Ihre Nachkommen, das Adelsgeschlecht der Grafen Meran, ist nach wie vor im Besitz eines großen Teils des Hochschwabs. Der Hochschwab – oder »Schwaben«, wie ihn die Einheimischen nennen – ist nicht nur der höchste Gipfel der Region, sondern auch Namensgeber des ganzen Bergmassivs. Es wird begrenzt von den Eisenerzer Alpen im Westen und der Hohen Veitsch im Osten. Zum Hochschwab gehören zahlreiche kleinere Gipfel, verschiedene verkarstete Plateaus, weite Almflächen und zahlreiche Seen, z. B. der kleine Teufelssee, der für seine Schönheit bekannte Grüne See oder der hoch gelegene Sackwiesensee.

Die Wege auf den höchsten Punkt des Massivs sind weit. Von Wildalpen im Norden braucht man 9 Std. auf den Gipfel. Aber auch der »ganz normale« Hochschwab-Anstieg von Seewiesen über die Voisthalerhütte zum Gipfel dauert etwa 5 Std. Eine interessante, aber ebenfalls lange und anstrengende Alternative beginnt beim Gasthof Bodenbauer (Zufahrt von St. Ilgen) und führt über »Das G'hackte« (leichter Klettersteig). Bei allen Aufstiegsrouten ist es gut, dass gleich unterhalb des Gipfels das Schiestlhaus auf müde Wanderer wartet. Ausgeruht und gestärkt kann man dann am nächsten Tag zum Beispiel über die Schwaben-Hochfläche und die Häuselalm zurück zum Bodenbauer absteigen und hat so eine der schönsten Rundwanderungen der Gegend kennen gelernt.

Familien, Kanuten und Pilger

Wesentlich gemütlicher ist die abwechslungsreiche Wanderung vom Bodenbauer aus über die Häuselalm und am Sackwiesensee vorbei bis zur Sonnschienhütte. Für einen beschaulichen Familienausflug eignet sich der Grüne See bei Tragöß hervorragend. Eine weitere interessante Wanderung ist der Bründlweg, der am Pogusch bei Turnau beginnt und an 22 sprudelnden Brunnen vorbeiführt.

Im Norden der Region hingegen lockt die smaragdgrüne Salza mit ihren Stromschnellen vor allem die Wildwassersportler an. Von Gußwerk aus, wo früher Kanonen für die Monarchie hergestellt wurden, ist es nicht mehr weit nach Mariazell, der bedeutendsten Wallfahrtsstätte Österreichs. An einem Besuch der Basilika mit ihrem gotischen Turm, der von zwei Zwiebeltürmen flankiert wird, kommt man nicht vorbei. Auch Nichtpilger wird die Madonnenstatue, die in der Gnadenkapelle im Zentrum der Kirche steht, beeindrucken – ebenso wie die Geschenke der Mächtigen und Reichen in der Schatzkammer. Abgerundet wird der Besuch in Mariazell mit einem Spaziergang am Ufer des malerischen Erlaufsees oder mit einem Abstecher hinauf auf die Bürgeralpe, die von Mariazell aus bequem per Seilbahn zu erreichen ist. In der »Erlebniswelt Holzknechtland« auf der Bürgeralpe werden die Arbeitsmethoden und Lebensbedingungen der Holzknechte dargestellt (Tel. 0 38 82/25 55).

Eine Sehenswürdigkeit völlig anderer Art befindet sich auf der anderen Seite des Hochschwab, in Eisenerz. An der terrassenförmigen, in allen

Wandern & Bergtouren

TOP TIPP
Der klassische Anstieg auf den **Hochschwab** (2277 m) ❶ folgt den Spuren von Erzherzog Johann, der 1803 diese Route auf den Gipfel wählte. Die Tour kann an einem anstrengenden Tag bewältigt werden, mehr von der einmaligen Landschaft hat man jedoch mit einer Übernachtung auf dem Schiestlhaus (2153 m). Von Seewiesen (947 m) bis zum Parkplatz im Seetal. Über die Florlhütte (1284 m) zur Voisthaler Hütte (1654 m) und von dort über den Graf-Meran-Steig zum Schiestlhaus. Dann fehlen lediglich etwas mehr als 100 Höhenmeter auf den höchsten Punkt der Hochschwabgruppe. Abstieg wie Aufstieg; Zeit: ca. 10 Std.; Einkehr: Voisthaler Hütte, Schiestlhaus

Kampl (1990 m) Gämsen, Murmeltiere und ein schöner Blick zum Hochschwab	Ausgangspunkt: über Mautstraße von Aflenz aus zur Bürgeralm (1530 m); Hangweg an der Schönleiten – Zlackensattel (1743 m) – Kampl – Endriegel – Windgrube (1809 m) – Bürgeralm; leichte Panoramawanderung; Zeit: ca. 3,5 Std.; Einkehr: Bürgeralm
Sonnschienhütte (1523 m) Leichte Bergwanderung über schöne Almwiesen	Ausgangspunkt: Gasthof Bodenbauer (884 m); über Sackwaldboden – Häuselalm (1526 m) – Sackwiesensee (1414 m), schönes Almgebiet Sonnschienalm – Sonnschienhütte (1523 m) – Häuselalm – Gasthof Bodenbauer; Zeit: ca. 5,5 Std.; Einkehr: Gasthof Bodenbauer, Sonnschienhütte
Bründlweg Romantischer Wanderweg mit 22 Brunnen	Ausgangspunkt: Parkplatz am Pogusch beim Wirtshaus Steirereck (1059 m, Gourmet-Lokal); Tulzer Alm (920 m) – Rührer (1100 m) – Schererwirt (910 m) – Parkplatz; leichte Wanderung auf guten Wegen; Zeit: ca. 3,5 Std.; Einkehr: Wirtshaus Steirereck, Schererwirt

Adressen & Bergbahnen
Landesvorwahl 00 43

Urlaubsregion	Tourismusverband **Hochschwab**; Tel. 0 38 61/37 00; Email: region.hochschwab@aon.at; www.regionhochschwab.at
Weitere Orte	**Aflenz** www.aflenz.at • **Eisenerz** www.eisenerz-heute.at • **Mariazell** www.mariazell.at • **St. Ilgen** • **Tragöß** www.tragoess.steiermark.at • **Turnau-Seewiesen** www.turnau.at
Entfernungen	Hamburg 1096 km; Berlin 894 km; Köln 898 km; Frankfurt a. M. 713 km; Stuttgart 653 km; München 419 km

❶ Eisenerz/Präbichl Sessellift Polster Berg/Tal 8 €

❷ Mariazell Seilbahn Bürgeralpe Berg/Tal 9,90 €

Siehe auch Preisteil S. 641

Gesteinsfarben leuchtenden Pyramide des Erzberges (heute ein interessantes Bergwerksmuseum) wurde schon vor über 1200 Jahren Bergbaugeschichte geschrieben. Die Knappen mussten hart arbeiten, um ihr Brot dort zu verdienen. Die Bezeichnung »Schinderberg« lässt erahnen, welche Schicksale damit verknüpft waren – lange bevor der »erste Tourist« in die Region Hochschwab kam, um sie als herrliches Urlaubs- und Bergwandergebiet zu entdecken.

EVENTS

- Mai »Erzberg Rodeo«, Eisenerz; eines der verrücktesten und härtesten Motocross-Rennen, dessen Strecke quer durch das Bergbaugebiet führt; 2004 erreichten von 500 gestarteten Fahrern nur 30 das Ziel; www.erzberg.at
- August: Hochschwab-Trail; Staffelwettbewerb, der Laufen und Radfahren in spektakulärer Weise verbindet; Teilnehmer sind Wettkämpfer mit nationalem bzw. europäischem Top-Niveau

Hütten

Voisthalerhütte (1654 m)
Guter Stützpunkt auf dem Weg zum Hochschwab. Um die Hütte sieht man sehr oft ganze Rudel von Gämsen. Zustieg von Seewiesen aus in ca. 3 Std.; Tel. 06 64/5 11 24 75

Schiestlhaus (2153 m)
Die beste Übernachtungsmöglichkeit bei einer zweitägigen Hochschwab-Tour, nordseitig wenig unterhalb des Gipfels gelegen, 2004 neu renoviert. Zustieg von Seewiesen über die Voisthalerhütte in ca. 4,5 Std.; Tel. 06 99/10 81 21 99

Abenteuer Erzberg
Der terrassenförmig bearbeitete Erzberg bei Eisenerz glänzt in allen Brauntönen und wird auch als »Steirische Pyramide« bezeichnet. In der »Erlebniswelt Schaubergwerk« fährt man mit einem Zug in das Stollenlabyrinth (Zeit: ca. 1,5 Std.). Wer will, kann anschließend von der Ladefläche eines LKW aus die gigantischen Maschinen beobachten, die heute im Tagebau im Einsatz sind; Tel. 0 38 48/32 00; www.abenteuer-erzberg.at und www.eisenstrasse.co.at

Wanderkarten

Freytag & Berndt; WK 041 Hochschwab, Veitschalpe, Eisenerz, Bruck/Mur;
WK 03, Ötscherland, 1:50000

Straßenatlas Siehe S. 769

ALMENLAND
STEIERMARK

ACTION & SPORT

WANDERN & BERGTOUREN

FUN & FAMILY

WELLNESS & GENUSS

Einmal wie ein Almochse leben

Den Bewohnern des Almenlandes liegt ihre Region am Herzen – das verspricht zumindest das Motto des regionalen Zusammenschlusses von Tourismus und Landwirtschaft. Wer das Eigene so schätzt, kann es umso besser dem Besucher nahe bringen, und so finden auch immer mehr Urlauber heraus, dass es sich im Almenland bestens leben, wandern und genießen lässt.

Der Almochse ist das Aushängeschild der beschaulichen, hügeligen Region nördlich der steirischen Landeshauptstadt Graz. Gelassen ziehen die wuchtigen Tiere über die endlosen Weiden und konzentrieren sich auf das Wesentliche: bestes Almgras fressen, frisches Quellwasser trinken und danach gemütlich in der Sonne liegen, um behaglich zu verdauen. Die Ochsen lassen es eben ruhig angehen, und davon kann man als Urlauber eigentlich nur lernen.

Ohne Hektik kann man mit der ganzen Familie entlang der Bänderzäune über die Almen wandern. Nach uralten Techniken werden Zweige mühsam und aufwändig verflochten, um die Weidegebiete der Ochsen abzugrenzen. Natürlich, ein moderner Elektrozaun würde denselben Zweck erfüllen. Doch eben nicht ganz, denn im Almenland müssen Dinge zum Glück nicht nur praktisch sein, sondern auch ins Gesamtbild passen, sich zu einem harmonischen Ganzen zusammenfügen: eine Philosophie, die einmal fast in Vergessenheit geraten wäre, 1995 aber neue Impulse erhielt. Man entschloss sich, am Erscheinungsbild zu feilen, die Umgebung für Einheimische und Gäste lebenswerter zu gestalten und die Region gemeinsam als Almenland zu präsentieren.

Besonderer Wert wird seitdem auch auf die regionale Produktion und Vermarktung örtlicher Spezialitäten gelegt. Und davon gibt es reichlich, denn was kulinarische Köstlichkeiten anbelangt, ist die Gegend ein wahres Schlaraffenland. Der Almochse liefert ein besonders hochwertiges Fleisch, das

Eine hügelige Heimat der Almochsen und ihrer ansteckenden Gemütlichkeit – die Teichalm im Almenland

Rauchstubenhaus
Das Heimatmuseum bei Anger beherbergt eine der wenigen noch funktionierenden Rauchstuben im Ostalpenraum. Wie das Geselchte hergestellt wird, kann man genau mitverfolgen. Gegen Vorbestellung gibt es im Gasthaus nebenan die traditionelle Mehlspeise Häfennigl, die ebenfalls in der Rauchstube zubereitet wird. Zufahrt von Anger nach Edelschachen; Tel. 0 31 75/24 60

ADAC *der perfekte Urlaubstag*

10 Uhr: gemütliche Wanderung auf der Teichalm, danach Ruderbootfahren auf dem Bergsee
12 Uhr: Fahrt mit dem Auto auf die Sommeralm, Rast auf der Weizerhütte mit ihren regionalen Köstlichkeiten
15 Uhr: Besuch des Schaustollens in Arzberg
19 Uhr: Spaziergang durch das Blumendorf St. Kathrein am Ofenegg

Adressen — Landesvorwahl 00 43

Urlaubsregion	Tourismusverband **Almenland**; Tel. 0 31 79/2 30 00; E-Mail: info@almenland.at; www.almenland.at
Orte	**Arzberg** www.arzberg.at • **Breitenau am Hochlantsch** www.breitenau-hochlantsch.at • **Fladnitz** www.fladnitz.at • **Gasen** www.gasen.at • **Passail** www.passail.at • **St. Kathrein am Ofenegg** www.st-kathrein.at • **Koglhof** www.koglhof.steiermark.at
Entfernungen	Hamburg 1114 km; Berlin 912 km; Köln 916 km; Frankfurt a. M. 732 km; Stuttgart 636 km; München 403 km

unter dem Markennamen »Almo« erfolgreich vermarktet wird, und das Weizer Berglamm ist für seinen feinen Geschmack berühmt. Aus den Kräutergärten stammen Kosmetika und Tees, Honig kommt von den eigenen Bienen; in Eigenproduktion erzeugte Obstbrände und naturreiner Most warten auf durstige Kehlen. Alle 14 Tage werden diese und viele andere Produkte auf dem schönen Bauernmarkt in Passail feilgeboten. In den zahlreichen Gasthäusern der Region bekommt man die Köstlichkeiten täglich fein zubereitet auf den Tisch. Ein weiteres heimisches (Export-)Produkt ist die volkstümliche Musik der »Stoakogler«, in deren Heimatgemeinde Gasen inzwischen ein eigenes »Stoani Haus der Musik« steht. Dort bekommt man nicht nur die CDs der beliebten Band, sondern auch viel Informationsmaterial über die gesamte Region. Und dies ist vor allem dann nützlich, wenn man die Wanderschuhe schnüren will, um das Gebiet zu Fuß zu erkunden. Dazu eignen sich die sanften, sonnigen Hügel des Almenlandes bestens. Beliebtester Ausgangspunkt ist die Teichalm, wo ein überdimensionierter, schindelgedeckter »Almo« auf den regionalen Wirtschaftsfaktor aufmerksam macht. Von hier geht es zu Fuß auf den Hochlantsch, zum natürlichen Aussichtsbalkon bei der Wallfahrtskirche Schlüsselbrunn oder in die beeindruckende Bärenschützklamm. In die entgegengesetzte Richtung führt der Almenland-Wanderweg, der genauso aussichtsreich ist und an zahlreichen Einkehrmöglichkeiten vorbei bis Brandlucken führt. Spannendes hat das Almenland auch unter der Erde zu bieten: Eindrucksvoll sind die Tropfsteinhöhlen, etwa das Katerloch oder die Grasslhöhle. Bei einem Besuch des Schaustollens von Arzberg wird Bergbaugeschichte lebendig. Hier wird das entbehrungsreiche Leben der Knappen dargestellt, die in den schmalen Stollen arbeiten mussten.

Heute hat ein Aufenthalt im Almenland mit dem harten Dasein der Knappen nichts mehr zu tun. Vor allem Familien kommen hier voll auf ihre Kosten und können zwischen den vielen kindgerechten Freizeitaktivitäten wählen – oder einfach nur ein paar stressfreie Tage bei den Almochsen verbringen.

Fun & Family

Tropfsteinhöhlen Dürntal bei Weiz	Grasslhöhle: einfach zu begehen, tolle Beleuchtung; Tel. 0 31 72/ 6 73 28; www.raabklamm.at; Katerloch: unglaublicher Tropfsteinreichtum, Höhlensee; Tel. 06 64/ 4 85 34 20; www.katerloch.at
Feistritztalbahn Weiz	Nostalgisches Zugerlebnis mit einer alten Dampflok, nicht nur für Bahnfreaks; Tel. 0 31 74/45 07 20; www.feistritztalbahn.at
Bärenschützklamm bei Mixnitz	Eindrucksvolles Naturdenkmal, auf gesichertem Steig begehbar, von der Teichalm über Wirtshaus Guter Hirte oder von Mixnitz, Gasthof Bärenschütz; www.baerenschuetzklamm.at

TOP TIPP Einen Einblick in die jahrhundertelange Bergbaugeschichte der Region gibt der **Schau- und Lehrstollen** ❶ in Arzberg. Über 500 Jahre lang wurde in den Stollen rund um Arzberg Silber, Blei und Zink abgebaut. An zahlreichen Stationen wird während einer Führung die Funktionsweise eines Bergwerks erklärt – spannend sowohl für Kinder als auch für Erwachsene. Ergänzt wird der Schaustollen durch den Montanlehrpfad und das Heimatmuseum; Tel. 0 31 79/27 45 00; www.arzberg.at

Almenland-Wanderweg
Vom Holzochsen »Almo« am Seeufer auf der Teichalm (1172 m) über den Gratrücken des Siebenkögel zur Sommeralm (1404 m) und hinab zur Brandlucken (1132 m). Zurück über Plankogel (1531 m), Kerschbaumgatterl (1367 m), Mooskogel (1392 m) und Heulantsch (1473 m) zur Teichalm. Unterwegs zahlreiche Gelegenheiten zur Einkehr; Zeit: ca. 8 Std.

Hütten

Weizerhütte (1404 m)
Auf der Sommeralm; komfortable Hütte mit traumhaftem Bergpanorama, schmackhafte steirische Küche, Rindfleisch vom »Almo«; mit dem Auto erreichbar; Tel. 0 31 79/82 57; www.weizerhuette.at

Harrerhütte (1220 m)
Gemütliche kleine Hütte auf der Teichalm, Sennereibetrieb, Frühstück mit Köstlichkeiten aus eigener Produktion; Zufahrt mit dem Auto möglich; Tel. 0 31 79/71 49

Wanderkarten

Freytag & Berndt WK 131, Grazer Bergland, Schöckl, Teichalm, Stubenbergsee; 1:50000

Hotelempfehlungen

Fladnitz S. 671
St. Kathrein S. 706

Straßenatlas S. 784

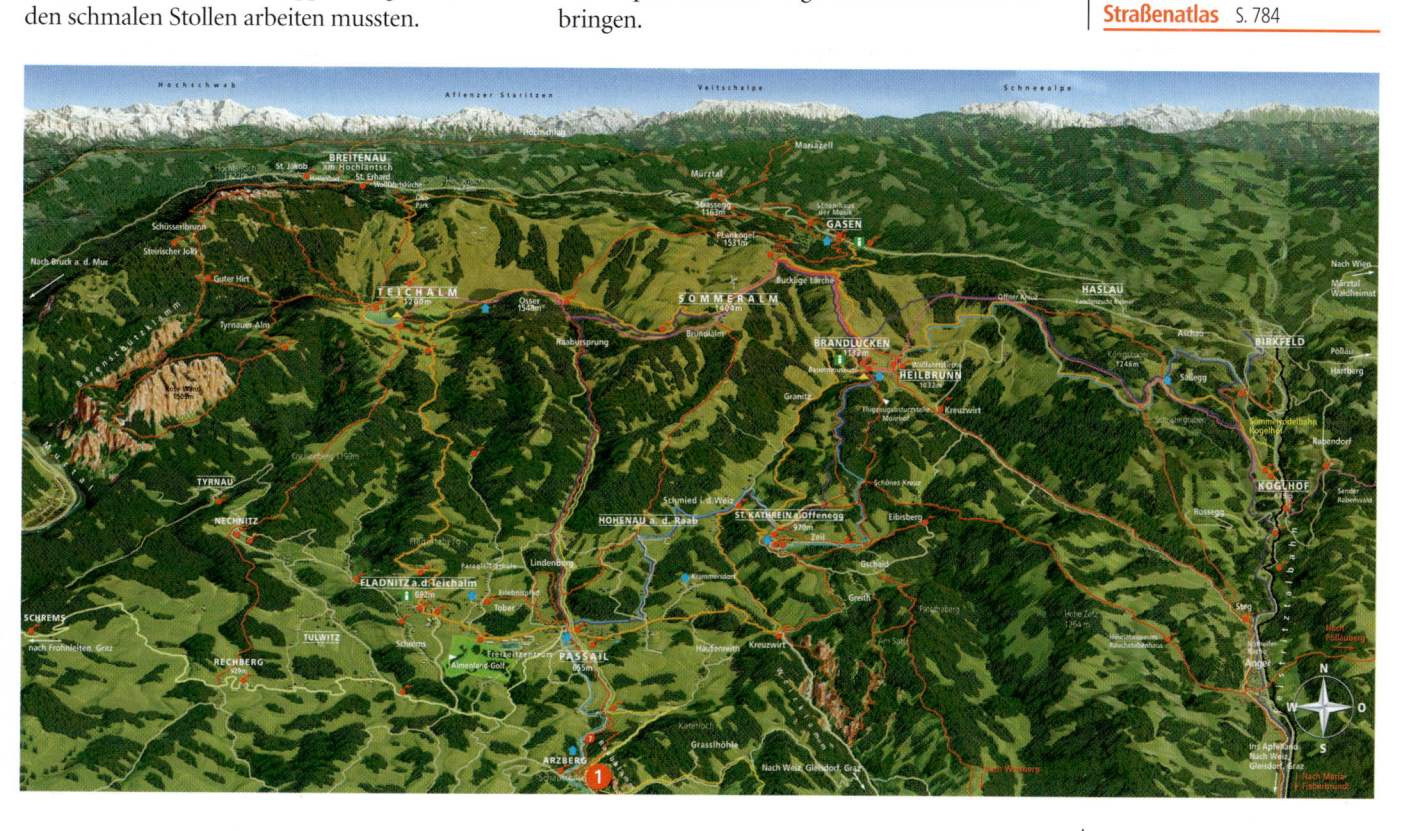

Bad Kleinkirchheim und Nockberge
Kärnten

- ACTION & SPORT
- WANDERN & BERGTOUREN
- FUN & FAMILY
- WELLNESS & GENUSS

Weit mehr als nur ein Passübergang: An der Turracher Höhe mit ihrem malerischen See beginnen viele Wanderungen.

Wandern und Wellness auf hohem Niveau

Wanderungen in den sanft anmutenden Nockbergen, Mountainbike-Touren, Kuren und Wellness in den Thermalbädern und Hotels von Bad Kleinkirchheim, dazu der hervorragend erschlossene Nationalpark Nockberge: Diese Region versprüht Urlaubslaune pur. Wen es auf die Bergkämme zieht, der kann zu Fuß hinaufsteigen oder aber sich bequem von einer der vielen Bergbahnen nach oben bringen lassen.

In den 1970er Jahren plante man allen Ernstes, das schöne, unberührte Bergland rund um die Nockalmstraße möglichst großflächig touristisch zu erschließen. Doch alpine Vereine riefen zusammen mit örtlichen Medien zum Kampf auf. Die Bevölkerung ließ sich überzeugen und stimmte gegen diese Pläne. Es war einer der seltenen Fälle, wo kein fauler Kompromiss gemacht wurde und der Erhalt der Landschaft siegte. 1980 beschlossen die Verantwortlichen, einen Nationalpark zu errichten und so Schutz, Pflege sowie Vermarktung der Gegend unter einen Hut zu bringen. Da die Nationalparkmitarbeiter ebenso fleißig wie kreativ sind, gibt es ständig Neues zu berichten aus der Region zwischen den alten Zirbenwäldern und den baumlosen und daher aussichtsreichen Bergkämmen.

Auch entlang der Nockalmstraße ging man eine gelungene Symbiose mit der Natur ein: Informationstafeln über Flora und Fauna wurden aufgestellt und ein Almmuseum errichtet. Dort kann man z. B. die beiden Pfiffarten des Murmeltieres hören und unterscheiden lernen oder interessante Details zur Zirbe erfahren, dem Symbolbaum des Naturparks. Mühelos kommt so sogar der Autourlauber in den Nockbergen zu seinem Naturerlebnis.

Wem das Wasser in den Bächen und Seen in freier Natur zu kalt ist, sollte das Thermal-Römerbad Bad Kleinkirchheim besuchen. Hier kann man sich nach einem anstrengenden Wandertag herrlich erholen. Vom Gebirgsbach und der großen Wasserrutsche sind wohl besonders die Kinder begeistert. Die ruhigere Alternative ist die Therme St. Kathrein. Sie bietet therapeutische Anwendungen sowie an drei Tagen in der Woche den Frühaufsteherbonus – dann beginnt der Betrieb bereits um 7 Uhr. Alle Bäder verfügen außerdem über Saunalandschaften, Solarien und Massage-Angebote. Nicht zu vergessen das heilkräftige Radonwasser, das schon seit 500 Jahren genutzt wird. Es sprudelt mit 36 °C aus der Tiefe und fließt mit 28–34 °C in die verschiedenen Becken. Hallenbäder und Therapie-Angebote gibt es auch in einigen Hotels.

ADAC *der perfekte Urlaubstag*

- **9 Uhr:** Auffahrt mit der Nationalparkbahn 2 zur Brunnachhöhe zum Nordic Walking
- **11 Uhr:** Gemütlicher Abstieg ins Tal zur Lärchenhütte, wo man die müden Beine mit einem Speik-Fußbad wieder beleben kann, bevor man eine deftige Hüttenjause zu sich nimmt.
- **14 Uhr:** Von der Lärchenhütte über den Kulturwanderweg nach Bad Kleinkirchheim. Unterwegs laden die Hängematten aus Holz zur Rast ein.
- **17 Uhr:** Entspannung pur in einem der Thermalbäder

Wandern & Bergtouren

TOP TIPP

Vom Falkertsee (1872 m) **auf den Falkert** (2308 m) ❶: Den idyllischen Falkertsee erreicht man über eine mautpflichtige Straße von Pattergassen bei Kleinkirchheim. Der Steig führt über steile Wiesenhänge zur Hundfeldscharte (2150 m). Ein westseitig bewachsener und ostseitig steil abbrechender, felsiger Kamm führt zum Gipfel mit seiner schönen Aussicht auf den Falkertsee. Nun folgt man dem Weg Richtung Tanzboden gemächlich bergab. An der Falkertscharte steigt man durch den Graben zwischen den schroffen Felswänden des Falkerts und des Moschelitzen (2310 m) vorbei an einer Gumpe und am Bach entlang hinunter zum Falkertsee; Trittsicherheit nötig, aber keine technischen Schwierigkeiten; Zeit: ca. 3 Std.; Einkehr: Gasthäuser am Falkertsee.

Arriacher Hofwanderweg Bequeme, abwechslungsreiche Kulturwanderung	Ausgangspunkt: Arriach; eines der letzten erhaltenen Großensembles dieser bäuerlichen Kulturlandschaft lässt sich auf dem »Arriacher Hofwanderweg« mit Hilfe der Infotafeln entdecken. Als Dreingabe kann man einen kleinen Abstecher zum Mittelpunkt des Landes Kärnten machen. Ein Schnappschuss auf dem Mittelpunkt dieses Mittelpunktes ist dabei garantiert. Der gesamte Rundwanderweg ist etwa 15 km lang, man kann ihn aber auch auf 5 km abkürzen. Zeit: ca. 2 Std.; Einkehr: Arriach
Dachfirstwanderung Anstrengende, aber äußerst lohnende Kammwanderung	Ausgangspunkt: Turracher Höhe (1783 m); Schoberriegl (2208 m) – Bretthöhe (2320 m) – Lattersteig – Kärntner Grenzweg – Turracher Höhe; Zeit: ca. 8 Std.; Einkehr: keine Möglichkeit, deshalb unbedingt genügend Verpflegung mitnehmen
Drei-Seen-Wanderung Leichter Themenweg auf der Turracher Höhe	Ausgangspunkt: Turracher Höhe (1783 m), Beginn bei einer Holzplastik an der Straße; Grünsee – Schwarzsee (1841 m) – Muldenmoor – Turracher Höhe; schöne Waldwege mit Holzskulpturen und Anleitungen zum Schärfen der Sinne für ein intensiveres Wahrnehmen der Natur; Zeit: ca. 3 Std.

Wandern kann in der sanft gerundeten, eiszeitlich geformten Landschaft jeder auf eigene Faust. Wer die Gelegenheit hat, sollte sich dennoch das Vergnügen gönnen, mit dem Wanderführer Rudi Ortner auf Tour zu gehen. Nur wenige Meter von der Bergstation der Kaiserburgbahn entfernt beginnt er mit seinen spannenden Erzählungen: An einem völlig unauffälligen Felsen weist er auf zwei verschiedene Gesteinsarten hin, die von jeweils unterschiedlichen Pflanzen bewachsen werden. Im Laufe der Tour zeigt Rudi seinen Gästen noch viele weitere Details, die sonst niemandem auffallen würden. Vielleicht wächst am Wegesrand ja sogar ein Speik. Der Speik ist eine geschützte Pflanze und sein Geruch verrät schon, dass er es in sich hat – das Speiköl. Deswegen wird er inzwischen gehegt und gepflegt, damit man auch in Zukunft noch von seinen besonderen Eigenschaften profitieren kann. Wie wohltuend die Pflanze wirkt, erfährt man am besten bei einem Speik-Fußbad auf einer der urigen Almhütten entlang der Wanderwege (siehe Top-Tipp 2).

Bärengrube und Königsstuhl

Mehr als 100 Wanderrouten sind in der Region markiert. Bei so viel Auswahl weiß man kaum, wo man anfangen soll. Doch zu Beginn sollte auf jeden Fall der höchste Berg der Nockberge erklommen werden – der Große Rosennock. Das kann durchaus anstrengend werden, weil seine »Gewaltgipfelanstiegswiese« satte 400 Höhenmeter überwindet und Wind und Wetter völlig ausgesetzt ist. Scheint die Sonne, treibt sie einem den Schweiß in Strömen aus den Poren. Doch die Anstrengung wird vielfach belohnt: Auf dem Gipfel lässt sich in aller Ruhe das herrliche Panorama der Kärntner Bergwelt studieren. Kamm an Kamm, wie eine Gruppe riesiger Wale, die aus dem Meer auftauchen, liegen einem die Nockberge zu Füßen. Eine andere, anspruchsvollere Wanderung führt von Innerkrems auf die Hohe Pressing. Hier sind nur wenige Wanderer unterwegs und Ortsbezeichnungen wie »Bärengrube« weisen darauf hin, dass die Gegend auch früher wohl eher selten besucht war.

Hoch oben auf der Rangliste der mittelschweren Touren steht der Große Königsstuhl. Sein Name ist dabei Programm. Vom Parkplatz Eisental (in ca.

Wassergenuss: die St.-Kathrein-Therme in Bad Kleinkirchheim

Hütten

Dr.-Josef-Mehrl-Hütte (1730 m)
Alpiner Charme macht das Ambiente dieser mit dem Auto erreichbaren Hütte in der hintersten Innerkrems aus (Straße von Innerkrems Richtung Bundschuh). Umgeben von einer wunderschönen Almlandschaft ist sie ideal als Ausgangspunkt für Wanderungen, z. B. auf den Stubennock (2092 m) oder entlang des Kremsbaches;
Tel. 0 47 36/3 20;
www.mehrlhuette.at

Erlacher Hütte (1636 m)
Perfekter Ausgangspunkt für eine Tour auf den Großen Rosennock (2440 m). Die Zufahrt erfolgt komplett mit dem Auto von Radenthein ins Langalmtal;
Tel. 0 42 46/44 60

Hiasl-Alm (1670 m)
Auf der Hochrindl oberhalb von Ebene Reichenau am Dreihüttenweg gelegen; bei einer Einkehr muss man unbedingt die Hausspezialität »Zirbenjaus'n« aus köstlichen Schmankerln vom eigenen Biohof probieren;
Tel. 06 64/4 03 25 56;
www.biohiasl.at

EVENTS

• **Wenn die Musi spielt …**
Ende Juli findet die größte Volksmusikveranstaltung des Alpenraums in Bad Kleinkirchheim statt: »Wenn die Musi spielt …« heißt das verheißungsvolle Motto, und dementsprechend spielen die Stars der volkstümlichen Musik ganz groß auf – von Hansi Hinterseer bis zum Nockalm-Quintett. Eurovisions-Übertragung.

🇦🇹 BAD KLEINKIRCHHEIM UND NOCKBERGE

Wellness & Genuss

✳ ✳ ✳ ✳

TOP TIPP Auf insgesamt elf Almhütten kann man sich mit **Speik-Fußbädern** ❷ im Holztrog erfrischen lassen. Die würzig duftende Pflanze besitzt ganz außerordentliche Kräfte zur Wiederbelebung müder Wandererbeine. Über die weltweit einzigartige Pflanze kann man sich eine Broschüre mit detaillierten Informationen beim Tourismusamt besorgen. Der auch als Alpenbaldrian bekannte Speik wurde nachweislich schon um 500 v. Chr. im Orient gehandelt – als Heil- und Duftpflanze. Der viel gerühmte, charakteristische Duft entstammt übrigens nicht den Blüten, sondern den Wurzeln. Beste »Riechzeit« für den Speik: Juli, August; www.speik.at.

Therme St. Kathrein Bad Kleinkirchheim	In St. Kathrein liegt der Schwerpunkt eher auf therapeutischen Maßnahmen, Wassergymnastik und Kosmetik. Ein Sportbecken und ein Kinderland gibt es auch. Dreimal in der Woche ab 7 Uhr geöffnet; Tel. 0 42 40/8 28 23 01
Thermal-Römerbad Bad Kleinkirchheim	Im Römerbad hat auf der Wasserrutsche oder im Wildbach der Spaß eindeutig Vorrang. Massagedüsen und Massageabteilung gibt es selbstverständlich auch; Tel. 0 42 40/8 28 22 01
Karlbad Nockalmstraße	An der Nockalmstraße liegt das traditionelle Karlbad. In dem so genannten Bauernbad liegt man noch in den ursprünglichen Lärchenwannen und das Wasser wird mit heißen Steinen erhitzt. Öfter ausgebucht, deshalb reservieren; Tel. 0 42 46/34 30
Hängematten und Picknickkorbservice Bad Kleinkirchheim	Anstelle von herkömmlichen Ruhebänken findet man in den Nockbergen um Bad Kleinkirchheim heute meist Hängematten aus Holz. Gerade zwei Leute passen in die luftigen Sitzgelegenheiten, die an besonders schönen Plätzen angebracht wurden. Telefonisch kann man einen Picknickkorb mit bäuerlichen Spezialitäten für die Rast vorbestellen, zur Hängematte tragen muss man ihn allerdings selber; Tel. 0 42 40/82 12

Promi-Tipp

Franz Klammer, dem Ski-Idol und Abfahrtsolympiasieger von 1976, widmete Bad Kleinkirchheim die nach ihm benannte Franz-Klammer-Abfahrtsstrecke. Abgesehen vom Skifahren golft er inzwischen auch gern und ist viel zu Fuß oder mit dem Rad in den Bergen unterwegs. Danach erholt er sich in den Wellness-Landschaften der Thermen bei Sauna und Massage. Unumwunden gibt er zu, dass er einfach gern mal faulenzt und es sich im Thermalbad gut gehen lässt.

Hotelempfehlungen

Bad Kleinkirchheim S. 667
Turracher Höhe S. 708

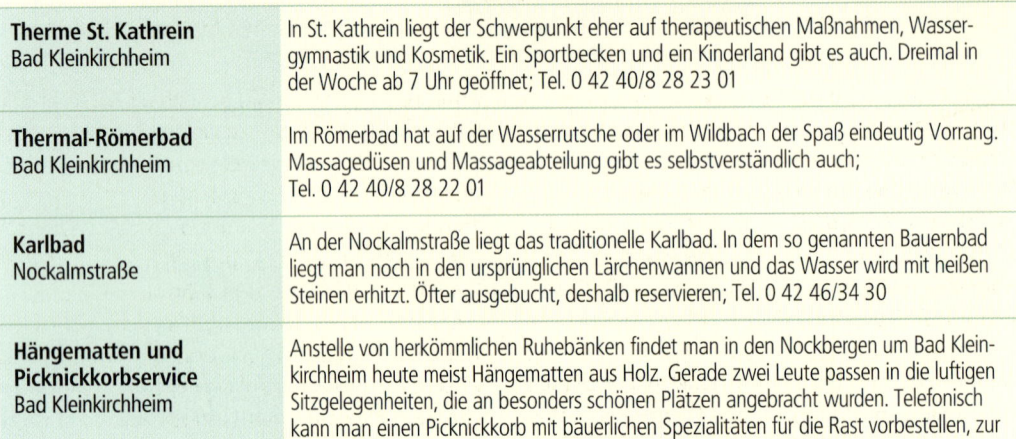

2000 m Höhe) an der Nockalmstraße geht man gemütlich über Almwiesen; die interessierten Blicke von Kühen und Pferden begleiten die Wanderer fast bis auf den Gipfel. Oben sollte man sich seiner privilegierten Stellung bewusst werden und bei einer genüsslichen Zwischenmahlzeit den Blick gnädig über die umliegenden Gipfel schweifen lassen. Was man sieht, ist eine von der Eiszeit geformte Landschaft, der ihre späteren »Designer«, die Bauern, einen eigenen Stil verpasst haben. Erst vor kurzem kam der Einfluss des Tourismus dazu. Die gepflegten Hütten sind ein weiteres Merkmal der Gegend. Allesamt sind sie eine Wanderung wert. Eine bequeme Möglichkeit, einige von ihnen zu besuchen, ist eine Fahrt mit der Nationalparkbahn Brunnach von Bad Kleinkirchheim aus hinauf auf

Auf dem Weg von Bad Kleinkirchheim zur Kaiserburg; rechts ist das Thermal-Römerbad zu erkennen.

Adressen & Bergbahnen

Landesvorwahl 00 43

Region Nockberge/Bad Kleinkirchheim (1087 m)	Bad Kleinkirchheimer Tourismus; Tel. 0 42 40/82 12; E-Mail: info@badkleinkirchheim.at; www.badkleinkirchheim.at	❶ Bad Kleinkirchheim Kaiserburgbahn Berg/Tal 14 €
Reichenau (1062 m)	Tourismusinformation Gemeinde Reichenau; Tel. 0 42 75/2 18 11; E-Mail: reichenau@ktn.gde.at; www.ebene-reichenau.at	❷ Bad Kleinkirchheim Nationalparkbahn Brunnach Berg/Tal 14 €
Turracher Höhe (1783 m)	Tourismusverein Turracher Höhe, Tel. 0 42 75/8 39 20, E-Mail: info@turracherhoehe.at; www.turracherhoehe.at	❸ Turracher Höhe Panoramabahn Berg/Tal 6 €
Weitere Orte	Innerkrems www.innerkrems.at • Patergassen www.nockymountains.at/orte/patergassen.stm • Falkertsee www.falkert.at	❹ Turracher Höhe Kornockbahn Berg/Tal 9,50 €
Entfernungen	Hamburg 1078 km; Berlin 889 km; Köln 880 km; Frankfurt a. M. 695 km; Stuttgart 536 km; München 302 km	Siehe auch Preisteil S. 641

TOP TIPP

Nordic Walking ❸
An der Gipfelstation der Nationalparkbahn Brunnach ❷ beginnen drei Routen für Nordic Walker. In einer Höhenlage von 1750 bis 2200 m kann man seine körperliche Fitness auf einer leichten, einer mittleren und einer schweren Runde verbessern. Für den theoretischen Hintergrund sorgt eine Sportwissenschaftlerin, die an einigen Wochentagen zur Beratung zur Verfügung steht und geführte Schnuppertouren anbietet; Tel. 0 42 40/82 82; www.vondenbergenindiethermen.com

---

die Kammhöhe mit anschließender Auf-und-Ab-Wanderung auf dem Dreihüttenweg: zum Erlacher Haus, zur Erlacher Bockhütte und zur Bockhütte. Wem diese Tour zu lang ist, kann die gemütlichere Variante wählen, das Erlacher Haus auslassen und direkt zur Erlacher Bockhütte steigen. So spart man sich einen Auf- und einen Abstieg. »Bock« kommt übrigens von »Pochen«, dem Zerkleinern von erzhaltigem Material. Auch diese steinige Naturlandschaft mit den Zirbenwäldern war, wie viele Regionen Kärntens, einmal ein kleines Bergbaugebiet. Wer genau hinschaut, wird manchen Steinhaufen als Schuttrest vom Bergbau enttarnen.

»Sich wie ein Baum bewegen«

Ein ideales Gelände finden auch die Nordic Walker auf der Nockalm vor. Damit dabei auch der gewollte Gesundheitseffekt eintritt und keine Fehler in der Technik gemacht werden, können Interessierte an der Bergstation der Nationalparkbahn Brunnach an einer sportwissenschaftlich fundierten Einführung in den Trendsport teilnehmen. Nach anfänglichen Widerständen erobern nun auch die Mountainbiker die Region. Sehr viele Hüttenwege und Forststraßen sind erst nach langwierigen Verhandlungen für die alpinen Radfahrer freigegeben worden. Zum Glück steht jedoch das »Nockbike«-Wegeschild inzwischen an vielen Orten im Gelände – gleichberechtigt neben dem Hinweisschild für Wanderer. Der Ausbau der Radwege ist noch nicht beendet, Mountainbike-Karten sind aber auf jeden Fall bei den Tourismusbüros erhältlich.

Neue Pfade, weg von der traditionellen Beobachtung von Käfern, Schmetterlingen oder Knabenkraut, hat auch die Nationalparkverwaltung eingeschlagen: etwa mit dem »Weg der Elemente«, einem Themenwanderweg mit esoterischer Prägung auf einer traumhaft gelegenen Alm gleich neben der Nockalmstraße. Dort kann man sich u. a. »wie ein Baum bewegen« und soll lernen, sich selbst zu spüren, sich besser wahrzunehmen. Ein eigener Führer gibt Einblick in die Kunst, diese 1,5 km lange Strecke intensiv zu erleben.

Als letzte Besonderheit der Region seien die vielen kleinen Orte genannt, die mit liebevoll gehegten Kostbarkeiten aufwarten. Um sie alle zu entdecken, gönnt man sich am besten mehrere Urlaubsaufenthalte in Bad Kleinkirchheim und Umgebung. Denn die Gegend hat ihre Reize, und zwar gerade weil man sich in den 1970er Jahren dazu entschlossen hat, in Sachen Tourismus einen sanften Weg einzuschlagen.

Wanderkarten

Freytag & Berndt WK 222, Bad Kleinkirchheim, Krems in Kärnten, Radenthein, Reichenau; 1:50000

Straßenatlas Siehe S. 782

HEILIGENBLUT
KÄRNTEN – NATIONALPARK HOHE TAUERN

Ein klassisches Motiv: die Kirche von Heiligenblut mit dem Großglockner

ACTION & SPORT

WANDERN & BERGTOUREN

FUN & FAMILY

WELLNESS & GENUSS

ADAC der perfekte Urlaubstag

- **9 Uhr:** vom Glocknerhaus an der Pasterze über den Gletscherweg zur Kaiser-Franz-Josefs-Höhe
- **12 Uhr:** Wilhelm-Swarovski-Beobachtungswarte auf der Kaiser-Franz-Josefs-Höhe mit Ausstellung zur Tierwelt des Hochgebirges
- **13 Uhr:** Fahrt auf der Großglockner-Hochalpenstraße und gemütliche Almjause in der »Knappkasa«
- **16 Uhr:** Werkstattbesichtigung im Holzblockhaus der Töpferei Pechmann bei Heiligenblut an der Großglocknerstraße; Tel. 0 48 24/ 26 90, www.keramik-pechmann.at
- **19 Uhr:** Fahrt nach Döllach zum Döllacher Dorfwirtshaus mit seinen regionalen Spezialitäten

Wo Österreich am höchsten ist

Der Großglockner ist mit 3798 m der höchste Berg Österreichs; er bestimmt nicht nur das Bild, sondern auch die Urlaubseindrücke. Egal ob man die Region über die berühmte Großglockner-Hochalpenstraße »erfährt«, ob man sie in einem der seltener besuchten Täler erwandert oder sie vom legendären Gipfel betrachtet: Obwohl Eingriffe in die faszinierende Hochgebirgslandschaft nicht unterblieben sind, erleben Gäste im Nationalpark Hohe Tauern einen gelungenen Kompromiss aus Bewahrung und Erschließung der Bergnatur.

Mächtig und elegant ragt der Großglockner hinter der Kirchturmspitze von Heiligenblut empor. Das berühmte kleine Bergdorf schmiegt sich in einer Höhe von 1288 m malerisch in den Talkessel am oberen Ende des Mölltals. Blickfang ist die gotische Pfarrkirche St. Vinzenz, in der ein geheimnisvolles Fläschchen aufbewahrt wird. Der Legende nach soll es Blutstropfen des Heilands enthalten und so dem Ort seinen Namen gegeben haben. Entsprechend prächtig ist der Innenraum der Kirche gestaltet, sehenswert ist vor allem der fast 11 m hohe Hochaltar aus dem Jahr 1520.

Auf dem Friedhof von Heiligenblut hat so manches Opfer des Großglockners seine letzte Ruhestätte gefunden, darunter auch der Markgraf Alfred Pallavicini. Ihm war es 1876 gelungen, als Erster durch die nach ihm benannte kühne Eisrinne zu steigen, die sich durch die Nordostwand zieht. 2500 Stufen musste ihm sein Bergführer dazu ins Eis hacken. Zehn Jahre später stürzte Pallavicini in der Glocknerwand, ganz in der Nähe »seiner« Rinne, tödlich ab. Auch die Erstbesteigung des Großglockners im Jahr 1800, als ein 62 Mann starker Trupp unter der Leitung des Fürstbischofs Salm-Reifferscheid aufgebrochen war, um den Gipfel zu erobern, forderte ein Todesopfer: Einer der Träger soll dem Wein so zugesprochen haben, dass er einer Alkoholvergiftung erlag. Seit Pallavicinis tragischem Tod wurden viele Namen in das metallene Buch auf dem Friedhof eingraviert, in dem seit 1886 alle Bergsteiger verewigt werden, die am Großglockner verunglückt sind.

Wer auf den höchsten Berg Österreichs steigen will, muss die Tour mit dem nötigen Respekt und dem entsprechenden Können angehen. Auch auf der einfachsten Gipfelroute über die Erzherzog-Johann-Hütte ist gutes bergsteigerisches Können erforderlich und die Begleitung eines Bergführers zu empfehlen. Mit der gebotenen Vorsicht allerdings wird eine Glocknerbesteigung zum unvergesslichen

Wandern & Bergtouren

TOP TIPP

Der **Großglockner** (3798 m) ❶ gehört zu den begehrtesten Gipfelzielen der österreichischen Alpen. Wer sich diesen Traum erfüllen will, muss über große Bergerfahrung im hochalpinen Gelände verfügen. Selbst der Normalweg über die Erzherzog-Johann-Hütte (3451 m), Österreichs höchstgelegene Hütte, ist anspruchsvoll. Es empfiehlt sich, einen Bergführer zu nehmen. Steigeisen, Seil und Pickel sind Pflicht. Ausgangspunkt ist das Glocknerhaus (2136 m). Über den Wiener Höhenweg zur Salmhütte (2638 m); weiter zur Hohenwartscharte, die mit Metallstiften und Drahtseilen gesichert ist, und zur Erzherzog-Johann-Hütte (Übernachtung); Aufstieg in steilem Firn über das Glocknerleitl, dann Felskletterei zum Kleinglockner (anseilen!); Abstieg in die Obere Glocknerscharte, ausgesetzte Querung mit atemberaubendem Tiefblick in die Pallavicini-Rinne; über Felsen (Schwierigkeitsgrad 2) zum Gipfel; Abstieg wie Aufstieg; Zeit: ca. 5 Std. bis Erzherzog-Johann-Hütte; ca. 2,5 Std. zum Gipfel.

Glocknerrunde Siebentägige, eindrucksvolle Tour rund um Österreichs höchsten Berg	Ausgangspunkt: Glocknerhaus; Fusch – Kaprun – Alpinzentrum Rudolfshütte – Sudetendeutsche Hütte – Kals – Salmhütte – Glocknerhaus; Ausdauer, Bergerfahrung und Trittsicherheit erforderlich. Es sind jedoch keine Kletter- oder Gletscherpassagen zu überwinden. Tagesetappen 900–1600 Höhenmeter; Infobroschüre beim Nationalpark erhältlich; Infos zu geführten Touren beim Tourismusverband Heiligenblut, Tel. 0 48 24/20 01, oder beim Bergführerverein Heiligenblut; Tel. 0 48 24/27 00; www.grossglockner-bergfuehrer.at
Wanderungen im Nationalpark	Täglich geführte Wanderungen in einen anderen Winkel des Nationalparks. Sommerprogramm erhältlich bei allen Infostellen des Nationalparks; Tel. 0 48 25/61 61
Sandkopf (3090 m) Anstrengende Tour zu einmaliger Aussichtskanzel	Ausgangspunkt: Parkplatz Schachner-Kaser bei Apriach (1794 m); sehr steil über den Mönchsberg zum Kamm (2760 m) – auf Schotter zum Gipfel; Abstieg wie Aufstieg; technisch leicht; traumhafte Aussicht zu Sonnblick und Großglockner; Zeit: ca. 7 Std.; Einkehr: keine
Wassererlebnisweg Gartlfall Kurze Wanderung zum Wasserfall	Ausgangspunkt: Döllach; ausgeschilderter Weg zum Gartlfall. Wagemutige gelangen hinter den Schleier des Wasserfalls und können die Anspannung des Alltags in einen Urschrei entladen, der sofort vom Rauschen des Wassers verschluckt wird; Tel. 0 48 25/5 21 21

Erlebnis. Leichter und ebenfalls sehr eindrucksvoll ist die siebentägige Glocknerrunde, auf der man den höchsten Berg Österreichs umwandert.

Weniger Bergtüchtigen bleibt der faszinierende Blick von der mit dem Auto erreichbaren Franz-Josefs-Höhe: Vor dem kühnen Aufschwung des Großglockners schieben sich die zerfurchten Eismassen der Pasterze, des mit 9 km längsten Gletschers der Ostalpen, Richtung Tal. Auf dem »Gletscherweg Pasterze«, einer leichten Bergwanderung, wird anhand der Tafeln, die den Gletscherstand markieren, nur allzu deutlich, wie rasch das »ewige« Eis in den vergangenen Jahrzehnten geschmolzen ist. Beeindruckend ist der Blick auch von der gegenüberliegenden Seite – doch ein Ausflug dorthin lohnt nicht nur deswegen: Mühelos gleitet man mit der Bergbahn von Heiligenblut Richtung Schareck. Auf der kleinen Gipfelkuppe beginnt ein Lehrpfad, der in die Tiefe der geologischen Geschichte führt (Begleitheft in der Tourist-Information erhältlich). Tief hinab geht es wirklich: Steil und ausgesetzt, aber mit Drahtseilen abgesichert, führt der »Geotrail Tauernfenster« zur Mauskarscharte. Nach der Überschreitung des Roßköpfls folgt man dem Klagenfurter Jubiläumsweg zum Hochtor, dem höchsten Punkt der Großglockner-Hochalpenstraße. Regelmäßig erläutern Mitarbeiter des Nationalparks Hohe Tauern bei geführten Touren auf dem Lehrpfad die verschiedenen Gesteinsarten. Man staunt nicht schlecht, wenn sie plötzlich die Hand hinter einen Felsen stecken und sie angefüllt mit feinstem Badestrand-Sand wieder hervorziehen. Genauso imposant wie die Geologie sind die atemberaubende Hochgebirgslandschaft und der Panoramablick über Hunderte von Gipfeln zwischen Watzmann und Triglav.

Die geführte Wanderung über den »Geotrail Tauernfenster« ist nur ein Punkt eines vielfältigen, auch für Kinder interessanten Programms, das vom Nationalpark Hohe Tauern angeboten wird. Auf einer Tour ins Fleißtal hat man sogar die Chance, Gold zu finden. Erfolgreiche Goldwäscher dürfen den funkelnden Ertrag ihrer harten Arbeit natürlich mitnehmen. Meistens ist allerdings der Spaßwert deutlich höher als der Goldwert. Hochtäler

Das zerfurchte Eis der Pasterze

EVENTS

- Juli: Internationaler Großglockner-Berglauf von Heiligenblut auf die Kaiser-Franz-Josefs-Höhe; www.grossglocknerberglauf.at

- September: Lammfest Heiligenblut, alles rund ums Schaf: vom Fleisch über die Wolle bis zum lebenden Tier; Ausstellung, Festzug; www.glocknerlamm.at

Hütten

Salmhütte (2638 m)
Schöne, urige Berghütte im Oberen Leitertal; von hier aus nahmen die Erstbesteiger 1800 den Gipfel in Angriff. Etwas oberhalb der Hütte, beim Kriegerdenkmal, spektakulärer Blick auf die Südflanke des Glockners. Aufstieg von Heiligenblut-Winkl (1264 m) durch das Leitertal; Zeit: ca. 5 Std. oder Aufstieg vom Glocknerhaus (2136 m) über Stockerscharte (2442 m) und den Wiener Höhenweg; Zeit: ca. 3,5 Std.; beide Zustiege sind landschaftlich und botanisch ungemein reizvoll; Tel. 0 48 24/20 89

Zittelhaus (3105 m)
Traumlage für Sonnenauf- und -untergänge auf dem Gipfel des Hohen Sonnblicks; Wetterstation. Zustieg vom Gasthof Alter Pocher (1807 m) im Kleinen Fleißtal teils über flachen Gletscher; Steigeisen und Stöcke mitnehmen, Bergerfahrung notwendig. Zeit: ca. 4 Std.; Tel. 0 65 44/6 41

Adolf-Noßberger-Hütte (2488 m)
Idyllisch am Großen Gradensee im Gradental gelegen, gemütlich-urig eingerichtet; eindrucksvoller Gletscherschliff in der Nähe der Hütte; Aufstieg: Parkplatz im Gradental bei Döllach (ca. 1700 m); Zeit: ca. 2,5 Std.; Tel. 06 64/9 84 18 35; www.nossberger.at

HEILIGENBLUT

Im Angesicht des Großglockner: Herrliche Wanderwege erschließen die Region um den höchsten Gipfel Österreichs.

Restaurants

Döllacher Dorfwirtshaus
Regionale Schmankerl genießt man am besten in den romantisch-urigen Stuben im Döllacher Dorfwirtshaus.

Besonders die Gerichte vom Wild aus eigener Züchtung sind zu empfehlen. Tolle Übernachtungsmöglichkeit in einfallsreich dekorierten Zimmern; Tel. 0 48 25/2 10, www.doellacher-dorfwirtshaus.at

Großglockner-Hochalpenstraße

Nicht nur im Vorbeifahren sollte man die Großglockner-Hochalpenstraße besichtigen, denn sie ist auf jeden Fall einen Tagesausflug wert. An der Mautstelle bekommt man einen Fahrtbegleiter, in dem die zahlreichen Sehenswürdigkeiten beschrieben sind. Eine davon ist die Ausstellung zum Bau der Straße bei der Fuscher Lacke. Ein kurzer Lehrweg über die Kelten, Säumer und Römer befindet sich beim Hochtor-Tunnel. Die Wilhelm-Swarovski-Beobachtungswarte auf der Kaiser-Franz-Josefs-Höhe ist ebenfalls einen längeren Halt wert. Mit Ferngläsern kann man dort Wildtiere ebenso wie die Bergsteiger am Großglockner beobachten. Die Eintrittspreise sind in der Mautgebühr enthalten; Tel. 06 62/8 73 67 30; www.grossglockner.at

wie das Große und das Kleine Fleißtal östlich von Heiligenblut sind im Nationalpark durch Wege und Hütten bestens erschlossen. Ausdauernde Wanderer mit Bergerfahrung können hohe Gipfel wie den Sandkopf, das Petzeck und das Böse Weibl erreichen. Ein besonders interessantes Ziel ist der Hohe Sonnblick, denn auf seinem Gipfel befindet sich nicht nur die höchste Wetterwarte Österreichs, sondern auch das Zittelhaus; die Hütte ist ein idealer Platz, um Sonnenuntergänge zu genießen.

Spannendes für Regentage

Obwohl die Gegend um Heiligenblut eine ausgesprochene Bergsteiger- und Wanderregion ist, muss sich auch bei Regenwetter niemand langweilen: Familienfreundliche Abwechslung versprechen zahlreiche Ausstellungen, etwa die im Nationalparkhaus »Alte Schmelz« in Döllach oder die regional-handwerkliche Sammlung im »Schmutzerhaus« in Mörtschach. Wissenswertes über die Tierwelt des Hochgebirges erfährt man in der Wilhelm-Swarovski-Beobachtungswarte im Besucher-Zentrum auf der Franz-Josefs-Höhe, das man über die Großglockner-Hochalpenstraße erreicht. Unbedingt Zeit nehmen sollte man sich dort auch für die Großglockner-Ausstellung. Sie verschweigt nicht, dass im Glocknergebiet Wirtschaft und Natur bereits in Konflikt geraten sind. Ein Beispiel dafür sind die Stauseen unterhalb der Pasterze. Während im Osttiroler Teil des Nationalparks das nötige Bewusstsein und somit der Schutz rechtzeitig kam, war im Gebiet um Heiligenblut die Erschließung bereits seit Jahrzehnten im Gange. Umso deutlicher sieht man hier die Rettungsversuche und die gelungenen sanften Alternativen, die das harte Reglement des 1971 in Heiligenblut gegründeten Nationalparks gebracht hat.

Auch der Bau der 48 km langen Hochalpenstraße war 1930 ein massiver Eingriff in die Naturland-

Franz-Josefs-Höhe an der Großglockner-Hochalpenstraße

Fun & Family ☀ ☀ ☀

Sturm-Archehof Heiligenblut	Zucht vom Aussterben bedrohter Haustiere, eigene Bioprodukte. Interessante Führungen mit Erläuterungen zu den Tieren, Biotop, Programm für Kinder; Di, Mi und Fr; Tel. 0 48 24/23 27
Schaukäserei Kasereck Großglocknerstraße	Beim Käsemachen zuschauen und die Spezialitäten probieren; Bioladen, Almrestaurant; 6 km von Heiligenblut entfernt an der Großglocknerstraße; Tel. 0 48 24/2 46 29
Wolly P. Otters Wasserdetektiv-Welt Mörtschach	Witziges und informatives Fragespiel für Kinder rund um Garten und Kleintiere; Kleintierschau, Kinderspielplatz und Jausenstation; Tel. 06 64/4 10 39 63

TOP TIPP **Goldwaschen** ❷ Ein richtiges Goldgräberdorf wurde im Kleinen Fleißtal originalgetreu nachgebildet. Vom Goldrausch befallene Besucher dürfen ihr eigenes Gold aus dem Bachsand waschen und mit nach Hause nehmen. Schaufel, Schüssel und Gummistiefel werden gestellt. Von Heiligenblut Zufahrt ins Kleine Fleißtal, Parkplatz an der Handelsbrücke, von dort ca. 20 Min. zu Fuß; Tel. 0 48 24/20 01 21

Adressen & Bergbahnen

Landesvorwahl 00 43

Urlaubsregion	**Nationalparkregion Hohe Tauern** Kärnten; Tel. 0 48 25/2 00 49; E-Mail: tourismus@nationalpark-hohetauern.at; www.nationalpark-hohetauern.at	❶ ⓞ Heiligenblut Bergbahn Schareck Berg/Tal 14 €
Heiligenblut (1288 m)	Tourismusverband Heiligenblut; Tel. 0 48 24/20 01 21; E-Mail: office@heiligenblut.at; www.heiligenblut.at	
Weitere Orte	**Großkirchheim/Döllach** www.grosskirchheim.at • **Mörtschach** www.nationalparkgemeinde-moertschach.at • **Winklern** www.winklern.at	
Entfernungen	Hamburg 1035 km; Berlin 846 km; Köln 837 km; Frankfurt a. M. 653 km; Stuttgart 493 km; München 260 km	Siehe auch Preisteil S. 641

DAV-Tipp

Nationalpark Hohe Tauern

Der Nationalpark ist eines der wenigen, noch weitgehend unerschlossenen Gebiete der Alpen. In der einzigartigen Hochgebirgslandschaft lassen sich immer wieder große Rudel von Alpen-Steinböcken beobachten.

---

schaft. Trotzdem: Sie ist ein imponierendes Bauwerk, führt in landschaftlich tief beeindruckende Regionen und gehört zweifellos zu den schönsten Routen der Alpen. Sie führt von Heiligenblut aus kurvenreich zu ihrem höchsten Punkt, dem 2505 m hohen Hochtor, bevor sie sich 1200 Höhenmeter hinunterschlängelt nach Bruck im Salzburger Land. Ihr Verlauf folgt größtenteils der Trasse einer Römerstraße, deren Reste beim Bau entdeckt wurden. Wer auf der Panoramastraße unterwegs ist, sollte sich ausreichend Zeit dafür nehmen, um auch die Natur und die Landschaft links und rechts der Straße kennen zu lernen – Möglichkeiten dazu gibt es genügend, die nötigen Informationen liefert das Begleitheft, das man an den Mautstellen bekommt.

Auch im Schutzgebiet selbst hinterlässt der Mensch nach wie vor seine Spuren, allerdings in verträglicher Weise, und so ist die bergbäuerliche Prägung ein Markenzeichen des Nationalparks geworden. Wie die Arbeit der Bauern seit Jahrhunderten auf die Landschaft Einfluss nimmt, zeigt der Kulturlandschaftsweg bei Winklern. Die idealen Ergänzungen dazu bilden das Freiluftmuseum Stockmühlen und der ganz in der Nähe liegende Mentlhof bei Apriach. Hier wird deutlich, wie aus einer Urlandschaft langsam immer mehr Kulturlandschaft geworden ist. Beide gemeinsam formen heute das harmonische Gesamtbild der Region um Heiligenblut und um Österreichs höchsten Berg, den Großglockner.

Hotelempfehlungen

Großkirchheim S. 677
Heiligenblut S. 677

Wanderkarten

Freytag & Berndt, WK 181 Kals, Heiligenblut, Matrei; 1:50000
Freytag & Berndt, WK 121 Großvenediger, Oberpinzgau; 1:50000
Freytag & Berndt, WK 122 Großglockner, Kaprun, Zell am See; 1:50000

Straßenatlas Siehe S. 780

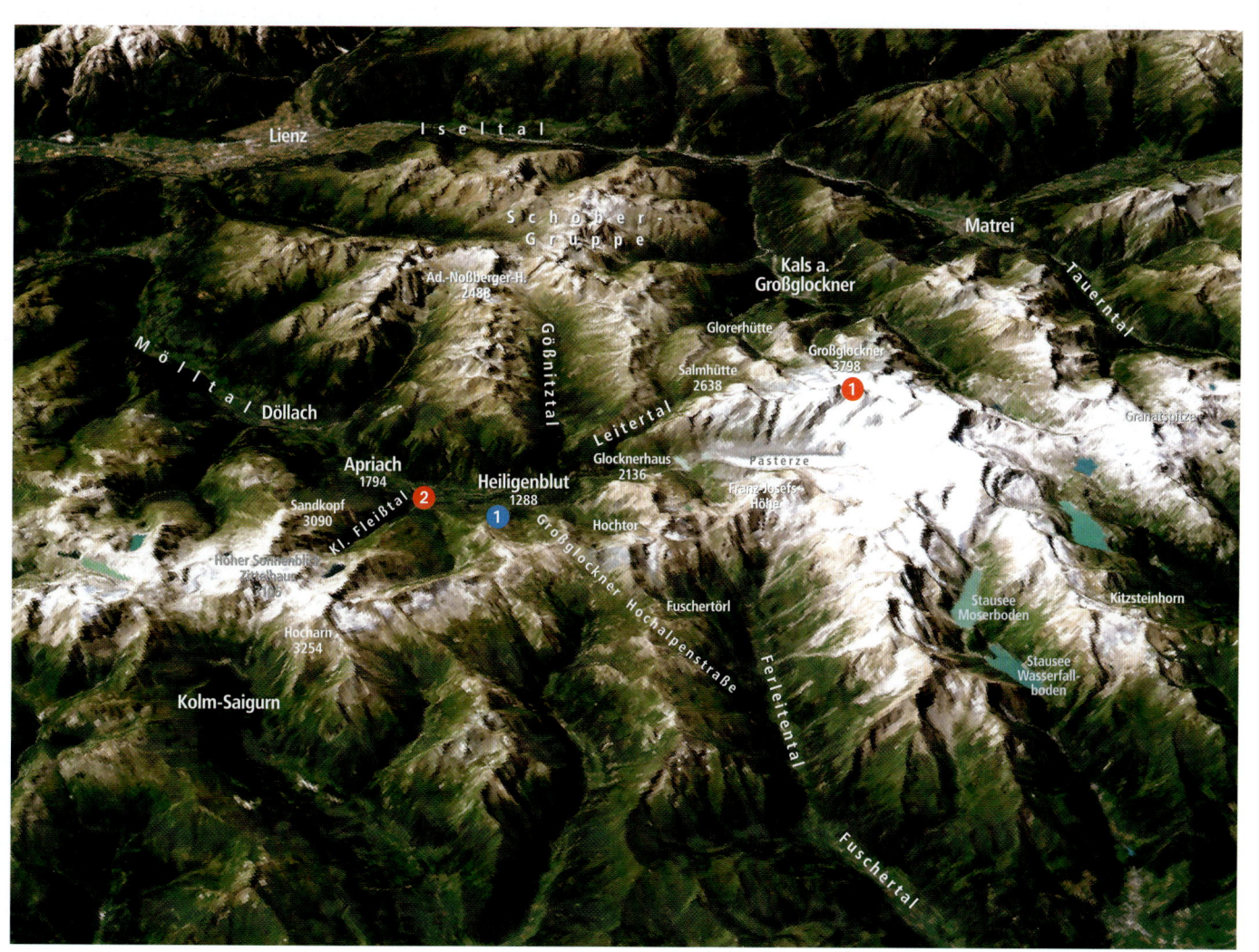

MILLSTÄTTER SEE
KÄRNTEN

ACTION & SPORT

WANDERN & BERGTOUREN

FUN & FAMILY

WELLNESS & GENUSS

Hütten

Millstätter Hütte (1876 m)
Hoch im Kurs bei den Gästen stehen die Produkte aus der eigenen Sennerei und die herrliche Aussicht auf den See und seine Umgebung. Die Hütte ist mit dem Prädikat »Familienfreundlich« ausgezeichnet. Aufstieg von der Schwaigerhütte aus (1560 m, über Mautstraße von Millstatt aus zu erreichen); Zeit: ca. 45 Min.; Tel. 0 67 67/29 70 08

Alpengasthof Possegger (1240 m)
Die Aussicht vom Balkon der Zimmer ist fast nicht zu überbieten. Ganz in der Nähe befindet sich ein »Ort der Kraft«, wo man die heilenden Energien des Mirnock auf sich einwirken lassen kann. Autozufahrt von Döbriach; Tel. 0 42 46/73 19

Gusenalm (1740 m)
Jausenstation auf der Südseite des Goldecks bei Spittal. Die Auffahrt auf das Goldeck ist mit der Bergbahn möglich. Dort sollte man sich Zeit nehmen, um das überwältigende Panorama zu genießen, dann steigt man hinab zur Gusenalm. Zeit: ca. 1 Std.; alternativ Zufahrt über die Goldeck-Mautstraße von Zlan zum Parkplatz; Zeit: ca. 30 Min.

ADAC – der perfekte Urlaubstag

- **8 Uhr:** Wanderung auf dem »Klangweg« in der Millstätter Schlucht; entweder von Millstatt zu Fuß über den Schluchtweg oder mit dem Auto bis Schluchtwirt
- **12 Uhr:** Mittagessen im Zentrum von Millstatt, anschließend Stadtbummel
- **15 Uhr:** Eine Schifffahrt auf dem Millstätter See
- **19 Uhr:** Besuch eines Konzertes oder einer Theateraufführung

Romantischer Veranstaltungsort zwischen See und Berg: Im Stift Millstatt finden jährlich Musikwochen statt.

Action und Kultur um Millstatt und Spittal

Ob See oder Berg, Wanderung oder Radtour, Sport oder Kultur: Die attraktive Gegend um den Millstätter See und Spittal an der Drau lässt keine Wünsche offen. Kulturelle Höhepunkte sind die Komödienspiele im Hof des Renaissanceschlosses Porcia und mehr als ein Dutzend Museen in der Region. Spaß und Abwechslung bietet den großen und kleinen Besuchern ein vielfältiges Badeangebot. Und für das leibliche Wohl sorgen die urigen Berggaststätten mit Gaumenfreuden für jeden Geschmack.

Wer es gern ruhig mag, findet am Egelsee im Wald südlich des Millstätter Sees bestimmt ein lauschiges Plätzchen. In der Millstätter Schlucht führt ein eigens eingerichteter »Klangweg« an Orte, wo die Töne der Natur noch in ihrer ursprünglichen Klarheit zu erleben sind. Am Mirnock im Osten des Millstätter Sees bietet Österreichs längster Kneippwanderweg Erfrischung an heißen Sommertagen. Dann lockt natürlich auch viele Besucher das Strand- und Badevergnügen am See. Das Angebot umfasst alles: Beachvolleyball, Fußball, Segeln, Surfen, Tauchen, Wasserski, Gleitschirmfliegen und als

Adressen & Bergbahnen — Landesvorwahl 00 43

Urlaubsregion	**Millstätter See** Tourismus GmbH; Tel. 0 47 66/3 70 00; E-Mail: info@millstatt-see.co.at; www.millstatt-see.co.at
Spittal an der Drau (560 m)	Tourismusbüro und Kulturamt Spittal/Drau; Tel. 0 47 62/5 65 02 20; www.spittal-drau.at
Weitere Orte	**Döbriach** www.doebriach.net • **Millstatt** www.millstatt-am-see.at • **Seeboden** www.seeboden.at
Entfernungen	Hamburg 1053 km; Berlin 864 km; Köln 855 km; Frankfurt a. M. 671 km; Stuttgart 512 km; München 278 km

❶ Treffling Tschiernock-Lift Berg/Tal 9 €

❷ Spittal an der Drau Goldeck-Bergbahnen Berg/Tal 14,50 €

Siehe auch Preisteil S. 641

besondere Attraktion »Ringo« – in einem Reifen sitzend lässt man sich von einem Motorboot in atemberaubender Geschwindigkeit übers Wasser ziehen. Wer bei der rasanten Spritztour versehentlich eine Portion Seewasser schluckt, kann unbesorgt sein, denn es hat Trinkwasserqualität.

Kuriose Ausstellungsstücke

Die umliegenden Berge, vor allem die Millstätter Alpe, bieten dem Wanderer schier unbegrenzte Möglichkeiten. Oben kann man als Belohnung herrliche Ausblicke genießen, etwa wenn man von der Terrasse der Alexanderhütte den Blick genüsslich über den See schweifen lässt oder auf der Millstätter Alpe das Panorama von den Hohen Tauern bis zu den Karawanken bewundert.

Auf Wanderfreunde warten auch in den nahen Nockbergen im gleichnamigen Nationalpark zahlreiche attraktive Touren. Wer sich anschließend zur Lockerung der Oberschenkel ein bisschen mit dem Rad ausstrampeln will, kann den Millstätter See in aller Ruhe und ohne anstrengende Steigungen umrunden. Wem das zu viel ist, der kann auch nur eine Teilstrecke abfahren und sich dann mit dem Rad per Schiff zurückbringen lassen.

Ein Beispiel, wie man einen netten Spaziergang mit kulturellem Interesse verbinden kann, ist der beschilderte Villenweg in Millstatt. Etliche Villen der ersten Touristen aus der Zeit des Kaiserreiches sind dort noch gut erhalten. Eine Broschüre vermittelt viele Informationen und macht den Bummel zu einem interessanten Erlebnis.

Unter den kulturellen Angeboten ragt besonders das Museum für Volkskultur im Schloss Porcia in Spittal heraus. Man kann dort unter anderem Kuriositäten aus dem Alltag längst vergangener Zeiten entdecken wie etwa die »Soachrinne«, eine Rinne in der Wiege als eine Art Abfluss. Auf der Burg Sommeregg hoch über dem Millstätter See finden jedes Jahr die beliebten Ritterspiele statt, und ein bestens ausgestattetes Foltermuseum erinnert daran, dass die gute alte Zeit durchaus auch ihre unangenehmen Seiten hatte.

Fun & Family

Museum für Volkskultur Schloss Porcia Spittal	Ein Museum zum Anfassen und Ausprobieren; Tel. 0 47 62/28 90 www.museum-spittal.com
Foltermuseum Burg Sommeregg, Seeboden	Mitteleuropas größtes Foltermuseum, interessant und gruselig zugleich; Tel. 0 47 62/8 13 91 www.folter.at
Alpenwildpark Feld am See	Über 100 heimische Wildtiere, darunter Hirsche, Steinböcke und Wildschweine, dazu ein Streichelzoo und ein Kinderspielplatz; Tel. 0 42 46/27 76

TOP TIPP Hier dreht sich alles um Kinder und Pferde: Der **Reiterhof Podesser** ❶ bei Seeboden bietet fünfmal in der Woche ein eigenes Kinderprogramm mit Ponyreiten, Ponypflege und anderen Aktivitäten für die kleinen Pferdefreunde. Der Hof ist einer von 24 Betrieben, die mit einem besonders familienfreundlichen Angebot werben; Tel. 0 47 62/8 15 02; www.seeboden.co.at/podesser

In Spittal findet jährlich der internationale Chorwettbewerb statt, ebenso wie die berühmten Komödienspiele im Arkadenhof des prächtigen Renaissanceschlosses Porcia. Nicht weniger eindrucksvoll ist die großartige Klosteranlage in Millstatt. Im romantischen Ambiente des alten Stifts werden von Mai bis September die Millstätter Musikwochen veranstaltet, das Programm reicht von Orchesterwerken bis Jazz.

EVENTS

- Juli/August: World Body Painting Festival, Seeboden, mit Shows und Begleitprogramm (www.bodypainting-festival.com)
- August: Ritterspiele auf Burg Sommeregg, Seeboden

TOP TIPP Österreichs größte **Modelleisenbahn** ❷ steht in Spittal an der Drau und begeistert kleine und große Eisenbahnfans. Im 1. Stock des Gerngross-Kaufhauses; Tel. 0 47 62/28 90

Wanderkarten

Freytag & Berndt WK 221 Liesertal, Maltatal, Millstätter See, Spittal/Drau, Nockalmstraße; 1:50000

Freytag & Berndt WK 222 Bad Kleinkirchheim, Krems in Kärnten, Radenthein, Reichenau; 1:50000

Straßenatlas S. 781

NASSFELD-HERMAGOR
KÄRNTEN

Ein landschaftliches Kleinod ist der malerische Weissensee, ein Urlaubsparadies für Naturliebhaber.

ACTION & SPORT

WANDERN & BERGTOUREN

FUN & FAMILY

WELLNESS & GENUSS

ADAC – der perfekte Urlaubstag

- **9 Uhr:** mit dem Millennium-Express auf das Nassfeld. Von dort kurze, mittelschwere Wanderung auf den Gartnerkofel (2195 m)
- **14 Uhr:** Abstieg über die Schaukäserei Treßdorferalm. Besichtigung, deftige Brotzeit
- **17 Uhr:** Märchenwanderweg am Weissensee, zurück mit dem Schiff
- **19 Uhr:** frische, einheimische Fischspezialitäten aus dem Weissensee, z. B. im Neusacher Hof

Wildes Abenteuer und stiller Genuss

1000 km Wanderwege, 800 km Mountainbike-Routen sowie Canyoning- und Rafting-Möglichkeiten laden ein, das »Abenteuer Alpen« aktiv zu erleben. In aller Stille dagegen warten der Weissensee und der Karnische Höhenweg auf den Wanderer. Zu leiblichen Genüssen verführen die einladenden Gasthöfe und Almen. Sogar eine Zeitreise ist möglich: Der Geotrail führt den Besucher 500 Mio. Jahre zurück.

Es darf geschrien und gekreischt werden: Beim Piratenrafting auf der Gail gehört das dazu. Kinder ab vier Jahren werden in die wilde Mannschaft aufgenommen, die mit wehender Piratenflagge einen Abenteuerspielplatz erstürmen darf. Rasante Action bieten auch die vielen Möglichkeiten im Kärntner Erlebnispark am Pressegger See bei Hermagor – der größten und häufig auch wärmsten »Badewanne« des Gailtales.

Auf ruhigere Naturen warten die Ponys in St. Daniel. Ein Ritt in Verkleidung führt zur Märchenhütte, in der eine Märchenfee wohnt; beim Geschicklichkeitsreiten werden schließlich Märchenprinzessin und Märchenprinz gekrönt (Infos unter Tel. 0 42 82/31 31). Am Abend, »wenn die Sonne tief errötet und mit dem mondgetränkten Weissensee verschmilzt«, dann ist große Hochzeit zwischen der jungen Frau vom Südufer und dem jungen Mann vom Nordufer – so steht es zumindest in einer Sage, die sich um den Weissensee rankt. Wer mehr darüber erfahren möchte, sollte auf dem Märchenweg am Ufer entlangspazieren.

Nicht nur Spaziergänger, auch Fischer, Läufer, Walker, Radler und Wanderer finden rund um den fjordartigen See ein ideales Revier. Letzteren ist vor allem die anstrengende, aber sehr lohnende Tour auf den Latschur zu empfehlen. Optimaler Ausgangspunkt ist der Parkplatz in Neusach. Über Kuckwände, Almspitz und Bärenkofel führt der Weg zum aussichtsreichen Gipfel. Zurück geht es auf direktem Weg ans Ostende des Weissensees, nach Ortsee. Mit einer gemütlichen Schifffahrt nach

Wandern & Bergtouren ✳✳✳✳

TOP TIPP Die Wanderung auf dem **Geotrail** ❶ durch die wilde Garnitzenklamm ist ein tolles Erlebnis. Der Steig ist gut gesichert. Auf zwölf informativen Schautafeln wird beschrieben, wie die ungezähmte Kraft des Wassers die 460–250 Mio. Jahre alten Gesteine geformt hat. Zufahrt von Hermagor nach Möderndorf, Parkplatz am Schluchteingang; Zeit: ca. 5 Std.

Ortsee Gemütlicher Spaziergang am Ufer des Weissensees	Ausgangspunkt: Parkplatz Neusach am Nordufer des Sees; immer am Ufer entlang bis zu seinem östlichen Ende nach Ortsee; Rückweg wie Hinweg; Zeit: ca. 2 Std; Rückfahrt auch mit dem Schiff möglich; Einkehr: Wirtshaus Ronacherfels (Ortsee)
Oisternig (2052 m) Leichte Bergwanderung auf einen traumhaften Aussichtsberg	Ausgangspunkt: Wirtshaus Starhand (1459 m) bei Vorderberg im Gailtal; Feistritzeralm – Oisternig (2052 m); Abstieg wie Aufstieg; Zeit: ca. 3,5 Std; Einkehr: Feistritzeralm
Golz (2004 m) Leichte Traumtour oberhalb des Weissensees	Ausgangspunkt: Bergstation Sessellift Naggleralm (1324 m) ❸, Weissensee; Jaderdorfer Ochsenalm – Kohlröslhütte (1533 m) – St. Lorenzeralm (1695 m) – Sattelköpfe (1684 m) – Golz (2004 m); Abstieg auf der gleichen Strecke wie der Aufstieg; durchgehend schöne Wald- und Bergwege; Zeit: ca. 5 Std.; Einkehr: Kohlröslhütte, Naggleralm

Neusach klingt der Tag in der Latschurgruppe aus. Auch für jene, die es nicht auf die Gipfel, dafür aber unters Wasser zieht, ist der Weissensee entdeckenswert: Beim Schnuppertauchen kann man die faszinierende Unterwasserwelt mit versunkenen Baumstämmen, großen Hechten und winzigen Fischen kennen lernen. Obwohl – oder vielleicht gerade weil – das Angebot für Urlauber so groß ist, legen die Veranstalter übrigens bei allen Aktivitäten viel Wert auf die Umweltverträglichkeit. Als Anerkennung dafür wurde die Region mit dem »EU-Preis für Tourismus & Umwelt« ausgezeichnet.

Einst umkämpft: die Karnischen Alpen

Naturschutz spielte noch keine Rolle, als die merkwürdigen Gräben ausgehoben wurden, die hoch oben auf den Kämmen der Karnischen Alpen verlaufen. Es sind Schützengräben, die an den Ersten Weltkrieg erinnern, als hier zwischen Österreich und Italien erbittert gekämpft wurde. Längst ist die-

Fun & Family ✳✳✳

Kärntner Erlebnispark Presseggersee, Hermagor/Pressegg	Mit Nautic Jet, Butterfly, Sky Dive, Trampolin, Miniautos und Kleinkinderparadies; Freibad mit Riesenrutsche; Tennis, Rudern, Segeln, Surfen; Tel. 0 42 82/33 88
Märchenwanderweg Weissensee	Idyllischer Wanderweg am Seeufer entlang von Techendorf nach Naggl. Schildert Märchen und Sagen der Region.
Berg-See-Trekking Weissensee	Mit Tragpferden und einem Floß unterwegs am Weissensee; Holzfällerjause am offenen Feuer, Kinderbetreuung; Tel. 0 47 13/21 07

TOP TIPP Im **Familienklettercamp** ❷ in St. Stefan im Gailtal erwartet Klein und Groß das volle Kletterprogramm: Ein staatlich geprüfter Bergführer vermittelt erste Kenntnisse am Fels. Beim Auf-die-Bäume-Klettern und beim Balancieren im Hochseilgarten haben alle ihren Spaß. Mit zum Programm gehört das Würstelgrillen am offenen Feuer im zünftigen Basislager. Kinder sind ab 5 Jahren dabei, körperlich fit sollten alle Teilnehmer sein. Harald Assinger, Bergführer; Tel. 0 42 83/21 07; harald.assinger@utanet.at

Der Erlebnispark am Presseggersee

TOP TIPP **Schnuppertauchen** ❸ Wer ins klare Wasser abtauchen möchte, macht einen Schnupper-Tauchlehrgang bei Easy Dive. Nach einer ausführlichen Einweisung in die Handhabung der Ausrüstung machen die Schnuppertaucher auf ihrem Ersttauchgang im Weissensee Bekanntschaft mit Hechten, Karpfen und Barschen. Abtauchen kann jeder, der körperlich fit ist; Tel. 06 76/6 33 03 55; www.easydive.at

TOP TIPP **Canyoning** ❹ Durchwandern, -schwimmen und -klettern der einzigartigen Schluchtlandschaft, z. B. der Vordernberger Klamm. Die Touren werden in verschiedenen Schwierigkeitsstufen angeboten. Leichte Einsteigertouren sind auch für Familien mit Kindern ab 12 Jahren geeignet. Fit und Fun Camp, Vordernberg am Naturschwimmbad; Tel. 06 76/5 04 91 69; www.fitundfun-outdoor.com

EVENTS

- Mai: Wettfischen um die »Goldene Forelle vom Weißensee«
- Juni: Speckfest, Hermagor (www.speckfest.at)
- Oktober: Krautfest in Weißbriach (www.weissbriach.at)
- Kirchbacher Apfelfest

NASSFELD-HERMAGOR

Wanderkarten

Freytag & Berndt WK 223 Naturarena Kärnten – Gailtal – Gitschtal – Lesachtal – Weissensee – Oberes Drautal; 1:50 000

Hütten

Dr.-Steinwender-Hütte (1720 m)
Über eine Schotterstraße von Weidenburg mit dem Auto erreichbar, ist die Hütte der ideale Ausgangspunkt für wanderbegeisterte Familien. Der nahe Zollnersee ist ein landschaftlicher Glanzpunkt der Region. Auf den Hohen Trieb (2199 m) führt ein kleiner Klettersteig. An die tragischen Schicksale, die sich während des Ersten Weltkriegs in dieser Region abspielten, erinnert die Friedenskapelle bei der Hütte; Tel. 0 47 18/6 25

Kohlröslhütte (1533 m)
Beliebtes Wanderziel vom Weißensee aus über die Naggleralm. Die Aussicht von der wunderschönen Hütte auf die Karnischen Alpen ist fantastisch; schnellster Zustieg über schönen, leichten Wanderweg von der Bergstation Naggleralm in ca. 30 Min.; Tel. 06 50/7 16 71 00

Rattendorferalm (1535 m)
Schöne Wanderungen in der Umgebung (Geotrail, Käsewanderweg), populäre Mountainbike-Strecke, eigene Käserei, von Rattendorf mit dem Auto erreichbar; Tel. 06 64/5 12 15 28

Der Millennium-Express bringt Wanderer von Tröpolach auf das Nassfeld; im Hintergrund der Trogkofel.

se Grenze uninteressant geworden, friedlich wandern und radeln die Gäste heute von einer Seite auf die andere. Wie etwa auf dem Gailtaler Käserundwanderweg, der »Via delle malghe«, einer grenzüberschreitenden Tour zu den im Sommer bewirtschafteten Almen. Den Ausgangspunkt stellt die Stranigeralm dar, die man von Stranig aus mit dem Auto erreichen kann. Erste Station ist die Kleinkordinalm. Nach dem Besuch der Rattendorferalm geht es hinüber auf die italienische Seite zur Cason di Lanza. Über Meledis und die Großkordinalm führt die Rundtour zurück zur Stranigeralm. Entdecken lässt sich der Weg zu Fuß (ca. 7 Std.), mit dem Mountainbike und sogar zu Pferd. Die meisten Almen in dieser Region sind zwar über Fahrwege zu erreichen, diese dürfen aber zum Teil nicht von Privatfahrzeugen genutzt werden. Da sich die Bestimmungen schnell ändern, ist es am besten, sich beim Fremdenverkehrsamt oder im Quartier zu erkundigen.

Garantiert nach oben bringt einen der Millennium-Express, eine Gondelbahn, die von Tröpolach auf die Sonnenalpe Nassfeld führt. Von der Mittelstation Tressdorferalm sind es nur wenige Minuten zu Fuß zur Schaukäserei. Wer weiter bis zur Bergstation auf der Madritschenhöhe fährt, kann von dort auf den Rosskofel steigen, einen außergewöhnlichen Aussichtsberg (Zeit: ca. 4 Std). Alle, die stattdessen Richtung Gartnerkofel wandern, treffen auf den Geotrail, der mit seinen zahlreichen beschilderten Stationen quer über die Kämme der Karnischer Alpen verläuft und sich aus mehreren separaten Naturpfaden zusammensetzt. Einer davon führt durch die fantastische Garnitzenklamm bei Möderndorf, die man unbedingt besuchen sollte. Doch auch der Abschnitt auf dem Nassfeld ist sowohl geologisch wie auch landschaftlich gesehen sehr reizvoll. Selbst wenn man es kaum glauben will: Vor Jahrmillionen wogte hier ein Meer – ein Beweis sind die Fossilien, die man immer wieder findet.

Ideal für Wanderer ist auch die Umgebung von Hermagor: Eine herrliche, anspruchsvolle Tour führt von Weißbriach aus über den Sattelnock auf den Reißkofel mit seinem ausgesetzten Gipfelgrat. Lohnend ist es, die Abstiegsroute über die herrlich gelegene E.-T.-Compton-Hütte zu wählen und von dort zurück nach Weißbriach zu steigen. Eine wesentlich gemütlichere, aber landschaftlich nicht weniger schöne Talwanderung führt von Weißbriach aus durch das Gitschtal nach Hermagor, wo der wohl einzige Wünschelruten-Wanderweg in Kärnten beginnt. Bei dieser Themenwanderung, die zu verschiedenen, von Experten detailliert beschriebenen Kraftfeldern leitet, kann man seine übersinnlichen Kräfte entdecken und auf den Prüfstand stellen.

Adressen & Bergbahnen

Landesvorwahl 00 43

Naturarena Kärnten	**Karnische Tourismus** GmbH; Tel. 0 42 82/31 31; E-Mail: info@naturarena.com; www.naturarena.com
Hermagor (603 m) mit **Sonnenalpe/ Nassfeld** (1506 m)	Tourismusinformation Hermagor; Tel. 0 42 82/2 04 30; E-Mail: info@hermagor.at; www.hermagor.com
Nötsch im Gailtal (564 m)	Tourismusgemeinde Nötsch im Gailtal; Tel. 0 42 56/21 45 13; E-Mail: noetsch@ktn.gde.at; www.noetsch.at
Weitere Orte	**Kirchbach** www.kirchbach-kaernten.at • **Neusach Oberdorf Techendorf** www.weissensee.com • **Weißbriach** www.weissbriach.at
Entfernungen	Hamburg 1139 km; Berlin 950 km; Köln 941 km; Frankfurt a. M. 757 km; Stuttgart 597 km; München 364 km

① Tröpolach
Millenium-Express
Nassfeld
Berg/Tal 15 €

② Nassfeld
Gartnerkofelbahn
Berg/Tal 8 €

③ Techendorf
Weissensee-Bergbahn – Naggleralm
Berg/Tal 10,50 €

Siehe auch Preisteil S. 641

Wulfenia

Die blau blühende »Wunderblume« Kärntens ist strengstens geschützt und wächst in dieser Art nur auf dem Nassfeld. Ähnliche Pflanzen aus der Familie der Rachenblütengewächse gedeihen im Himalaja und in Albanien. Der Name Wulfenia ist auf den Entdecker zurückzuführen, Franz Xaver Freiherr von Wulfen. Er entdeckte vor etwa 200 Jahren diese »neue blaue Pflanze, die kein Botaniker je gesehen und beschrieben hat«, im Gebiet des Gartnerkofels. Blütezeit der bis zu 40 cm hohen, mehrjährigen Pflanze ist zwischen Juni und August.

Hotelempfehlungen

Hermagor S. 678

Straßenatlas S. 795

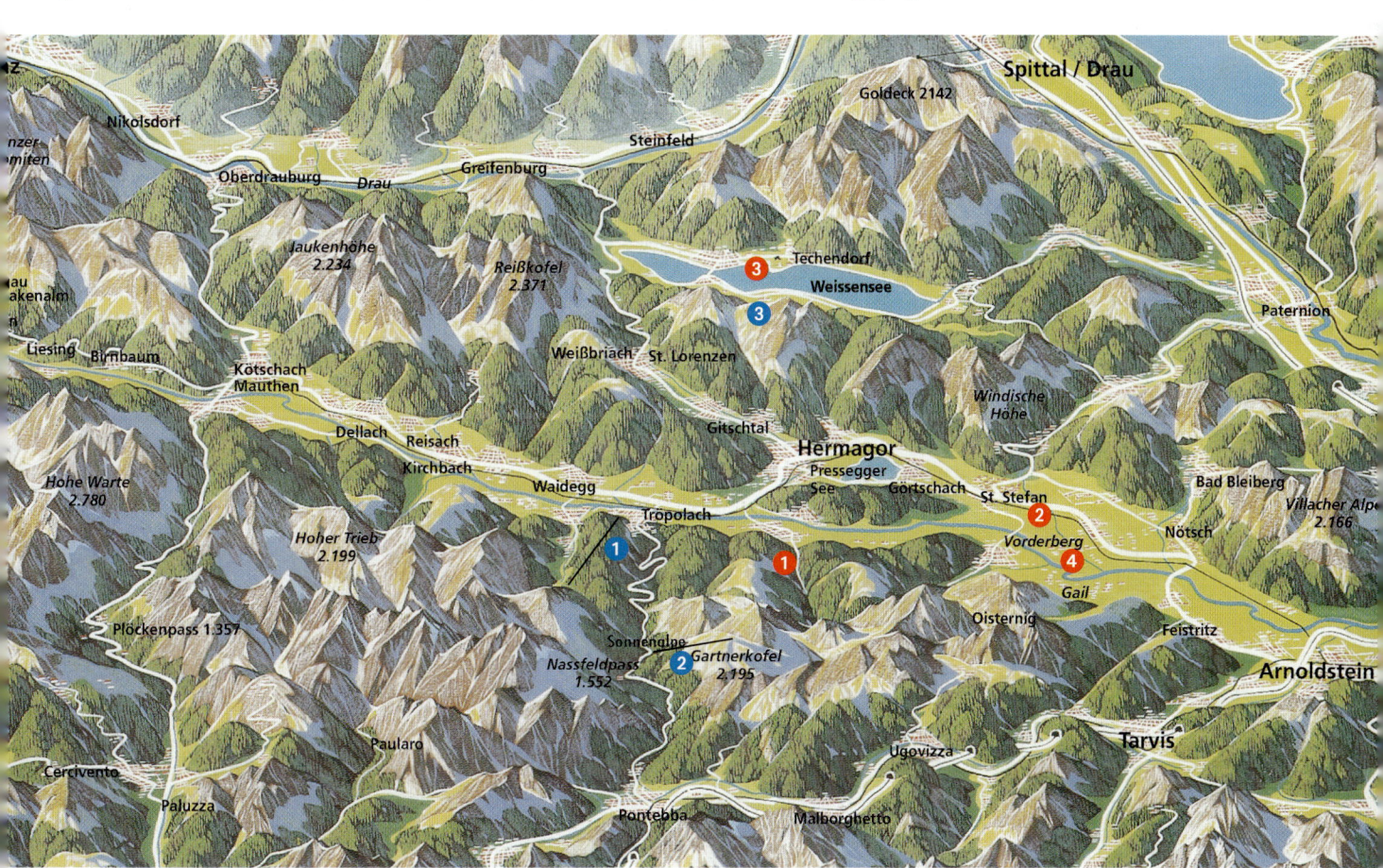

Ausgangspunkt ist das Harmonie-Zentrum im Gasthof Bachmann in Obervellach. Wer nicht an diese Dinge glaubt, hat mehr Zeit, die offensichtlichen landschaftlichen Reize dieses wunderschönen Spaziergangs zu genießen, der im großen Bogen um Hermagor führt.

Geschichtlich Interessierte sollten einen Besuch im Gailtaler Heimatmuseum im Schloss Möderndorf in Hermagor einplanen. Kunstfreunde müssen etwas weiter fahren, nämlich nach Nötsch, um auf ihre Kosten zu kommen. Dort lebten gleich mehrere Maler, unter ihnen Franz Wiegele und Anton Kolig. Ihre Werke sind im Kunstmuseum ausgestellt, ein hervorragend gestalteter Kunstwanderweg führt in Nötsch zu Plätzen, die die Maler einst inspirierten oder eine wichtige Rolle im Leben der Künstler spielten.

Nach diesen Ausflügen in die Region werden viele gern zurückkehren an den märchenhaften Weissensee mit seinem blaugrünen Wasser, das so klar ist, dass man bis in eine Tiefe von 15 m blicken kann. Einige der Uferabschnitte sind mit schimmerndem, weißem Sand bedeckt – sie waren es übrigens, die dem Weissensee zu seinem Namen verhalfen. Vielleicht hat man noch Zeit, um bei einem Abendspaziergang auf dem Märchenwanderweg zu beobachten, wie die Sonne langsam versinkt und dabei zu erfahren, wie die Geschichte von der schönen Frau vom Südufer und dem jungen Mann vom Nordufer letztlich ausgegangen ist.

OBERES GAILTAL – LESACHTAL
KÄRNTEN

ACTION & SPORT

WANDERN & BERGTOUREN

FUN & FAMILY

WELLNESS & GENUSS

Von Bergen und Bauern

Lange Gipfelketten beherrschen Gail- und Lesachtal. Für den Kontrast zur Urlandschaft in der Höhe haben die Bauern gesorgt, indem sie die grünen Talflanken sanft modellierten. Ein dichtes Wanderwegenetz überzieht die Region, Action und Spaß kommen im Angebot für die Gäste nicht zu kurz. Immer wieder stößt man hier jedoch auch auf Spuren des Ersten Weltkriegs – Zeugnisse, die daran erinnern, wie heftig hier einst zwischen Italienern und Österreichern gekämpft wurde.

In der von Bauern gepflegten Kulturlandschaft hat der Tourismus bislang kaum Spuren hinterlassen.

Restaurants

Restaurant Kellerwand
Im Feinschmeckermagazin wurde sie bereits unter die zwölf besten Köchinnen Europas gewählt. Sissy Sonnleitners karnische Küche mit mediterranem Einschlag hat bisher noch jeden Gaumen überzeugt. Ihr Restaurant Kellerwand ist sehr gediegen und harmonisch eingerichtet und auch die Weinkarte kann sich sehen lassen. Reservierung wird empfohlen, entweder telefonisch oder über die Homepage; dort auch Anmeldung zu Kochseminaren möglich; Tel. 0 47 15/2 69; www.sissy-sonnleitner.at

EVENTS

- **September:** Das Lesachtal ist weithin bekannt als das »Tal der hundert Mühlen«. So verwundert es nicht, dass die Liesinger jedes Jahr ein großes Fest rund ums Brot feiern (www.brotfest.at).

ADAC der perfekte Urlaubstag

- **9 Uhr:** Fahrt auf den Plöckenpass, Wandern auf dem Friedensweg durch das Freilichtmuseum
- **14 Uhr:** Fahrt zum Wallfahrtsort Maria Luggau, Besichtigung der Basilika
- **16 Uhr:** Spaziergang von der Basilika aus zu den historischen Mühlen, die auf einem steilen Hang ganz in der Nähe liegen. Rückfahrt nach Kötschach-Mauthen
- **19 Uhr:** Gourmet-Menü im Restaurant Kellerwand bei Haubenköchin Sissy Sonnleitner in Mauthen

Das Lesachtal liegt zwischen dem langen Zug der Karnischen Alpen im Süden und den Lienzer Dolomiten im Norden. Im Osten wird die Region durch Heinfels bei Sillian in Osttirol und im Westen von Kötschach-Mauthen in Kärnten begrenzt. Hier kreuzen sich zwei wichtige Verbindungsrouten: die Nord-Süd-Trasse zwischen Gailbergsattel und Plöckenpass sowie die Karnische Dolomitenstraße. Sie führt an der Wasserscheide zwischen Tirol und Kärnten über den Kartitscher Sattel. Die Bundesländergrenze befindet sich jedoch nicht dort oben, sondern zwischen Untertilliach und dem Wallfahrtsort Maria Luggau mit seiner sehenswerten Basilika. Bis Kötschach-Mauthen sprudelt die Gail durch das Lesachtal, erst danach trägt das Tal ihren Namen.

Auf der Fahrt durch das Lesachtal wechselt der Blick ständig zwischen schönen alten Bauernhöfen und schroffen Felsen; dazwischen liegen grüne Bergwiesen, ausgedehnte Wälder und liebliche Almen. Wer sich von oben einen besseren Überblick verschaffen will, begibt sich auf den Karnischen Höhenweg. Auf dem Aussichtskamm führt er zwischen den nahen Dolomiten und den etwas ferneren Hohen Tauern auf gut ausgebauten Steigen von Hütte zu Hütte. Häufig entdeckt man auf dieser Wanderung Reste alter Kriegssteige – vor allem beim Plöckenhaus, das im Krieg ein wichtiger Ver-

Adressen & Bergbahnen — Landesvorwahl 00 43

Urlaubsregion	Verkehrsamt **Lesachtal**; Tel. 0 47 16/2 42 12; E-Mail: info@lesachtal.com; www.lesachtal.com
Orte	**Kötschach-Mauthen** www.koemau.at • **Maria Luggau** www.maria-luggau.at • **Obertilliach** www.obertilliach.at • **St. Lorenzen** www.st-lorenzen.at
Entfernungen	Hamburg 1047 km; Berlin 858 km; Köln 849 km; Frankfurt a. M. 665 km; Stuttgart 488 km; München 272 km

❶ Obertilliach
Bergbahnen Golzentipp
Berg/Tal 7,50 €

Siehe auch Preisteil S. 642

Wandern & Bergtouren

TOP TIPP

Hohe Warthe ❶ (2780 m): Der Tipp ist gleich zweimal top: Am Wolayersee genießt man das einmalige Flair des vermutlich schönsten Bergsees der Region und mit der Hohen Warthe besteigt man danach den höchsten Gipfel der Gegend. Anfahrt von Birnbaum bis zum Waldparkplatz bei der Hubertuskapelle. Von hier Aufstieg zur Wolayerseehütte (1959 m); am besten übernachtet man dort. Am nächsten Morgen über den gut abgesicherten Spinottiweg ins südliche Schuttkar und nun etwas mühsam auf den Gipfel. An manchen Tagen entlohnt ein Fernblick bis zur Adria für die Mühen; Zeit: ca. 3 Std. zur Hütte; weitere 3–4 Std. bis zum Gipfel

Standschützenhütte-Hochweißsteinhaus Anspruchsvolle Bergtour über den Karnischen Höhenweg	Ausgangspunkt: Kartitsch (1358 m); Erschbaumertal – Standschützenhütte (2350 m, Übernachtung) – Neue Porze Hütte (1942 m) – Bärenbadeck (2430 m) – Reiterkarspitz (2421 m) – Steinkarspitze (2524 m) – Luggauer Törl (2232 m) – Hochweißsteinhaus (1867 m); Zeit: 2 Tage
Friedenswege am Plöckenpass Nachdenklich stimmende Steige durch eine grandiose Felsszenerie	Unterschiedliche Routen, die am Plöckenpass zu den verschiedenen Sektoren des Freilichtmuseums führen. Besichtigt werden können die exponiert gelegenen, teils aufwändig restaurierten Frontstellungen sowie Friedhöfe aus dem Ersten Weltkrieg. Es sind zumeist längere Bergsteige, die ein bisschen Ausdauer verlangen. Für die Besichtigung der Anlage sowie des Museums im Plöckenhaus sollte man sich einen Tag Zeit nehmen.
Pfannspitze (2678 m) Bergwanderung zu einem landschaftlichen Juwel	Ausgangspunkt: Kartitsch (1358 m); Winklertal – Prinz-Heinrich-Kapelle (1962 m) – Obstanserseehütte (2304 m) – Pfannspitze (2678 m); Abstieg wie Anstieg; Zeit: ca. 7 Std.; Einkehr: Obstanserseehütte

sorgungsposten war. Das dort angelegte Freilichtmuseum mit dem Friedensweg auf den Großen Pal zeigt die Frontstellungen dieser im Ersten Weltkrieg so hart umkämpften Region – und veranschaulicht eindrücklich, was die Soldaten während der Kämpfe leisten und erleiden mussten.

Auch die höchste Erhebung der Karnischen Alpen, die Hohe Warthe, lässt sich in den Höhenweg einbauen. Nahezu alle Hütten des Höhenweges sind über Talwege in Tageswanderungen erreichbar. Diese Zufahrtswege sind übrigens auch ausgezeichnete Strecken für Mountainbiker. Gegenüber, auf der anderen Talseite, verläuft der Gailtaler Höhenweg, das blumenreichere Pendant des Karnischen Höhenwegs. Besonders berühmt ist die Blumengegend auf der Mussenhöhe oberhalb von Kötschach-Mauthen. Ausgangspunkt ist Obertilliach, das mit seinen gedrängt stehenden, traditionellen Holzbauten ein Paradebeispiel für ein typisch tirolerisches Dorf abgibt. Von hier führt ein Sessellift auf die Connyalm unterhalb des Golzentipp, über den der Höhenweg Richtung Kötschach-Mauthen verläuft.

In einer solchen Landschaft jeden Tag aufs Neue zu wandern, garantiert Erholung in Reinform. Etwa in einem der vielen Seitentäler zwischen Kartitsch und Mauthen: Besonders reizvoll ist die Route vom Parkplatz oberhalb von Kartitsch aus durch das Winklertal zur Obstanserseehütte. Vom Hausberg Pfannspitze reicht der Blick vom Großglockner bis zu den Sextener Dolomiten. Kulturfreunde besuchen den spätgotischen Gailtaler Dom in Kötschach-Mauthen, und Gourmets kommen nicht an Sissy Sonnleitners Haubenküche im Restaurant Kellerwand vorbei.

Mega-Dive-Brückenschaukel
Diese Action-Location befindet sich an der Podlaniger Brücke zwischen Birnbaum und St. Jakob: Zuerst wird die Schaukel für drei Personen mit einer Seilwinde hochgezogen (die Probanden hängen dabei in einem Tragegurt), dann wird sie losgelassen. Die Beschleunigung ist der Adrenalin-Kick schlechthin. Ein paar Mal saust man hin und her, dann wird die Riesenschaukel gebremst und man hat wieder den sicheren Boden unter den Füßen. Tel. 06 76/5 04 91 69; www.fitundfun-outdoor.com

Hütten

Obstanserseehütte (2304 m)
Panoramablicke vom Feinsten hat man von der jüngst vergrößerten Alpenvereinshütte. Übernachtungsmöglichkeiten in Zimmern oder Matratzenlagern, ein Hüttentaxi fährt bis in den Talschluss des Winklertales. Zu Fuß von Kartitsch (Parkplatz bei den Sportanlagen) sind es ca. 2,5 Std.; mögliches Gipfelerlebnis: Pfannspitze (2678 m); Tel. Hütte: 0 48 48/54 22

Hochweißsteinhaus (1868 m)
Bergwanderungen und große Gipfel wie der Hochweißstein (Monte Peralba, 2694 m) locken in nächster Umgebung der Hütte. Zufahrt von St. Lorenzen bis zur Schranke unterhalb der Frohnalm, von hier ca. 1 Std. bis zur Hütte; Tel. 06 76/7 46 28 86

Wolayerseehütte (1959 m)
Die ehemals nach Eduard Pichl benannte Hütte liegt am Wolayersee, einem der schönsten Plätze der Karnischen Alpen. Geotrail-Lehrweg und bekannte Gipfel wie die Hohe Warthe (2780 m), der höchste Berg des Karnischen Kammes, liegen in nächster Umgebung. Anstieg vom Parkplatz bei der Hubertuskapelle im Wolayertal bei Birnbaum; Zeit: ca. 3 Std.; Tel. 0 47 15/77 52

Wanderkarten

Freytag & Berndt WKS 182 Lienzer Dolomiten, Lesachtal; 1: 50 000

Straßenatlas   Siehe S. 795

Villach – Faaker See – Ossiacher See
Kärnten

Ein Urlaubsparadies nicht nur für Wasserratten und Sonnenanbeter: der Ossiacher See

ACTION & SPORT

WANDERN & BERGTOUREN

FUN & FAMILY

WELLNESS & GENUSS

Gut für Körper, Geist und Seele

Die Region um Villach, im Herzen Kärntens gelegen, fasziniert durch ihren Wasserreichtum. Nicht nur die Badeseen, wie der lang gezogene Ossiacher See oder der liebliche Faaker See, sind im Sommer beliebt bei Sonnenanbetern und Wassersportlern. Auch in den berühmten Thermen von Warmbad Villach oder Bad Bleiberg kann man sich nach allen Wellness-Regeln verwöhnen lassen. Wohlbefinden in jeder Hinsicht – das wollen Villach und die Dörfer der Umgebung ihren Gästen ermöglichen. Auch ein vielfältiges kulturelles Angebot gehört dazu, vom Musikfestival »Carinthischer Sommer« bis zur Bildhauerei. Wer seinem Körper auch gerne mal etwas Bewegung gönnen möchte, der kann sich beim Radfahren, Reiten, Segeln, Surfen, Paragliding oder Klettern austoben.

Wo man auch hinkommt – in der Region Villach trifft man immer wieder auf Wasser. Ob es die größeren Gewässer sind, wie Ossiacher, Faaker und Afritzer See, oder die kleinen wie Magdalenensee, Vassacher See, Leonharder See, Silbersee – jedes besitzt seinen eigenen, ganz natürlichen Charme und die individuelle Form, die während der Eiszeit entstanden ist. Dazu kommen die von Menschenhand geschaffenen Drau-Stauseen und natürlich die berühmten Thermalquellen: 40 Mio. Liter Wasser sprudeln täglich im Gebiet von Warmbad Villach aus dem Boden. In den Thermen hat man durch jahrzehntelange Praxis professionelle Therapieformen entwickelt. Auch im etwas höher gelegenen Ort Bad Bleiberg setzt man auf die Heilkräfte aus der Erde, Badevergnügen und Kuren sind dabei eine äußerst angenehme Verbindung eingegangen.

Der familiäre Ort bietet neben seinem Thermalbad auch ein historisches Bergwerk, das für Besucher hergerichtet wurde. Dazu gehört auch ein Heilklimastollen, dessen reine Luft Linderung bei Atemwegserkrankungen und Allergien verschafft. Gourmets sollten nach einem erlebnisreichen Tag abends gleich in dem netten Örtchen bleiben, um sich ein Gaumenfest im Bleiberger Hof zu gönnen. Die seit vielen Jahren mit Preisen ausgezeichnete Küche besticht mit ihren leichten Menüs aus naturbelassenen Zutaten.

Wer am nächsten Tag auf der breiten Kuppe der Gerlitzen hoch über dem Ossiacher See steht, den Blick über das ganze Gebiet schweifen lässt und die vielen bunten Schirme der Paraglider zwischen kleinen Wölkchen schweben sieht, der hebt innerlich selbst ein bisschen ab. Nicht weniger traumhaft ist

ADAC *der perfekte Urlaubstag*

- **9 Uhr:** geführter Rundgang mit Betreuer im Naturpark Dobratsch in Bad Bleiberg (Voranmeldung unter Tel. 0 42 44/2 70 66 möglich)
- **14 Uhr:** Besuch des Schaubergwerks Terra Mystica in Bad Bleiberg
- **16 Uhr:** Thermenbesuch in Bad Bleiberg
- **19 Uhr:** Abendessen im Gourmetlokal Bleiberger Hof

Wellness & Genuss

TOP TIPP Bereits seit der Römerzeit sind die **Warmbader Quellen** ❶ bekannt für ihre stimulierende Wirkung auf Kreislauf und Stoffwechsel. Rund um die Quellen haben sich drei Einrichtungen etabliert: die Hotels Warmbaderhof (Tel. 0 42 42/3 00 10) und Karawankenhof (Tel. 0 42 42/3 00 20) sowie die Erlebnistherme Warmbad-Villach (Tel. 0 42 42/3 00 27 50). Gemeinsam bieten sie alles an, was das Wellness-Herz begehrt – natürlich auch für Nicht-Hotelgäste: Medizinisch geleitete Kur- und Therapieabteilungen, Kosmetikstudios, Aromakabinen, Saunalandschaften und das Erlebnisbad mit Wellness-Inseln, Tropenschauer, Nebelgrotte und einem großen Außen-Schwimmbecken; www.warmbad.at

Kristallbad Bad Bleiberg	Das Thermalwasser der Heilquellen hilft u. a. bei Rheuma, Muskelverspannungen, Arthrose und Herz-Kreislauf-Problemen. Außerdem wirkt es positiv auf das Nervensystem. Neben den Thermalbecken großer Saunabereich, Außenbecken mit Liegewiese, Kinderbecken; Tel. 0 42/44/22 95; www.bleiberg.or.at
Heilklimastollen Friedrich Bad Bleiberg	Seit 1990 wird das absolut reizfreie Klima im Stollen therapeutisch genutzt. Die konstante Temperatur, die hohe Luftfeuchtigkeit und die extrem reine Luft lindern Atemwegserkrankungen und Allergien, außerdem helfen sie, Stress abzubauen; Tel. 0 42 44/30 30; www.heilklimastollen.at
Drauschifffahrt Villach-St. Niklas	Große Fluss-Rundfahrt auf der Drau mit der MS Landskron; von Villach (Congress-Center) nach Wernbergbad (Höhe Faaker See) und zurück; Zeit: ca. 2 Std.; Tel. 0 42 42/5 80 71; www.schifffahrt.at/drau

die Aussicht von der breiten Kammhöhe des imposanten Mittagskogel: Tief unten fällt der Blick auf den glitzernden Faaker See; rundum breiten sich die Kärntner Berge und die slowenischen Alpen aus. Etwas Mühe muss man für einen derartigen Rundblick schon auf sich nehmen, immerhin dauert es zweieinhalb Stunden, bis man vom Ende der Forststraße (von Latschach über Illitsch-Rauth) auf dem Gipfel des Mittagskogel angelangt ist. Am besten man bricht früh auf, denn im Sommer wird es auf dem schattenlosen Gipfelhang schon am Morgen sehr heiß.

Durchtrainierte Radsportfreaks können ihre persönlichen Rekorde auf der Rad-WM-Strecke von 1987 aufstellen. Der 12-km-Kurs in Faak überwindet zwar nur 90 m Höhenunterschied, für den Weltmeistertitel musste man die Strecke allerdings mehrfach durchfahren. Weniger Ambitionierte neh-

TOP TIPP **Villacher Fahrzeugmuseum** ❷
Das Museum an der Draupromenade zeigt 185 Exponate aus der Mitte des 20. Jh. Der Schwerpunkt liegt dabei auf österreichischen Motorrollern und den Autos »des kleinen Mannes«, etwa dem Goggomobil oder dem legendären Messerschmitt-Kabinenroller;
Tel. 0 42 42/2 24 40;
www.oldtimermuseum.at

Burgruine Landskron
Tierisch spannend präsentiert sich die Burgruine Landskron. In einer Flugschau sind täglich Adler und Falken zu sehen (www.adlerflugschau.com). Ganz in der Nähe liegt der Affenberg, wo um die 90 Japanmakaken auf 80000 m² zu Hause sind. Für angemeldete Kindergruppen werden Spezialführungen mit anschließender Affenparty organisiert;
Tel. 0 42 42/43 03 75;
www.affenberg.com

Nicht nur hier, zu Füßen des Mittagskogel, ist die Region ein Paradies für Reiter.

VILLACH–FAAKER SEE–OSSIACHER SEE

Action & Sport

MOUNTAINBIKE	KLETTERSTEIGE	RAFTING	CANYONING	REITEN
PARAGLIDING	DRACHENFLIEGEN	KLETTERGÄRTEN	TENNIS	WINDSURFEN
KAJAK/KANU	WASSERSKI	TAUCHEN	HOCHSEILGARTEN	GOLF

Hütten

Bertahütte
Die Hütte liegt auf einem Sattel unter dem Mittagskogel. Für seine Besteigung ist sie der beste Ausgangspunkt. Beliebtes Wanderziel vom Faaker See aus (ca. 2,5 Std.), Auffahrt mit dem Auto über Forststraße möglich (ca. 30 Min. Gehzeit ab Parkplatz); Tel. 06 99/10 50 21 84

TOP TIPP ➤ Kletterer fast aller Schwierigkeitsgrade fühlen sich im **Klettergarten am Kanzianiberg** ❸ zu Hause. Mehr als 250 Routen zwischen dem 3. und 10. Grad warten in dem Kletterparadies in der Nähe von Finkenstein am Faaker See. In einem Einsteigerkurs kann man spielerisch in den vertikalen Sport hineinschnuppern; Tel. 06 64/2 26 10 23

Wanderreiten	Villach und Umgebung	Nach wenigen Tagen Reitkurs bereits möglich: ein- oder mehrtägige Ausritte; Unterkunft für Reiter und Pferd in zahlreichen Bauernhöfen in Mittelkärnten; Tel. 0 42 13/3 40 33; www.reit-eldorado.at
Paragliding	Annenheim	Startplätze auf der Gerlitzen (1909 m) ❷ und dem Ossiachberg (1000 m); Kurse für Anfänger, Tandemflüge. Landeplatz in Annenheim (505 m), keine Landegebühr. Kärntner Flugschulen; Tel. 0 42 48/34 00; www.kaerntner-flugschulen.at
Sommerrodelbahnen	Afritz am See, Verditz, Ossiach	Sommerrodelbahn Verditz, 1100 m lang, Tunnels und Brücken; Auffahrt mit Sessellift ❶; Tel. 0 42 47/26 10 Edelstahl-Sommerrodelbahnen Ossiach, Länge 760 m; Tel. 0 42 43/7 75

Steinadler – wie sie auf Landskron vorgeführt werden – erreichen über 2 m Spannweite.

men den Drauradweg oder den nahen Gailtalradweg unter die Reifen oder machen einfach eine gemütliche Tour an einen der nahen Seen. Mountainbiker dagegen werden eher aus dem flachen Kärntner Becken auf einen der umliegenden Berge strampeln.

Ideal ist die Region auch für alle, die gern zu Pferd unterwegs sind. Die Erlebniskarte ist gespickt mit blauen Reitersymbolen. Besonders das Wanderreiten hat sich zu einer der beliebtesten Aktivitäten zu Pferd entwickelt. Kein Wunder bei rund 1400 km Reitwegen und 80 für das Wohl von Pferd und Reiter eingerichteten Höfen. Ein Tiererlebnis ganz anderer Art hatte Franz Stangl am Ossiacher See: Der glückliche Angler zog 1998 einen Wels mit dem Rekordgewicht von 39 kg aus den Fluten. Dass die Gegend zum Angeln geradezu prädestiniert ist, ver-

Adressen & Bergbahnen — Landesvorwahl 00 43

Urlaubsregion	Villach-Warmbad/Faaker See/Ossiacher See Tourismus GmbH; Tel. 0 42 42/42 00 00; E-Mail: office@vi-fa-os.at; www.da-lacht-das-herz.at	❶ Afritz/Verditz Bergbahnen Verditz Berg/Tal 12 €
Faak am See (565 m)	Tourismusinformation Faak am See; Tel. 0 42 54/2 11 00; E-Mail: faakersee@ktn.gde.at; www.tiscover.at/faakersee	❷ ❸ Annenheim Gerlitzen-Kanzelbahn Gipfellift Berg/Tal 14 €
Ossiach (508 m)	Tourismusinformation Ossiach; Tel. 0 42 43/4 97; E-Mail: ossiach.tourist@ktn.gde.at; www.ossiach.at	
Villach (501 m)	Villach Tourismus; Tel. 0 42 42/2 05 29 00; E-Mail: tourismus@villach.at; www.villach.at	
Weitere Orte	**Afritz am See** www.afritz-am-see.at • **Arriach** www.arriach.at • **Bad Bleiberg** www.bleiberg.or.at • **Bodensdorf** www.bodensdorf.com • **Steindorf-Weißbriach** www.weissbriach.at	
Entfernungen	Hamburg 1099 km; Berlin 909 km; Köln 900 km; Frankfurt a. M. 716 km; Stuttgart 556 km; München 323 km	Siehe auch Preisteil S. 642

steht sich bei der großen Anzahl von Seen eigentlich von selbst.

Doch nicht nur in den Seen gibt es Interessantes aus der Tierwelt zu entdecken, auch auf den Felsen und in der Luft. Auf der Ruine Landskron kann man bei einer Flugschau Freiflüge von Adlern, Geiern und Falken bestaunen. Kinder beobachten mit Begeisterung die Japanmakaken auf dem nahen Affenfelsen. Wer sich eher für die Flora der Gegend interessiert, der fahre mit dem Auto über die Villacher Alpenstraße Richtung Dobratsch. Der dortige Alpenblumengarten mit hunderten von Blumenarten bietet einen guten Überblick über die Pflanzenwelt der Südalpen. Die Schönheit der Blüten ist auch wirklich das Einzige, was einen hier oben noch vom fantastischen Fernblick ablenken kann.

Bei so viel landschaftlicher Schönheit könnte es passieren, dass man Kunst und Kultur völlig außer Acht lässt. Diese Gefahr besteht bei der Vielzahl und Qualität der kulturellen Angebote in der Region allerdings nicht. Das alte Stift Ossiach mit seiner kleinen Barockkirche sowie das moderne Kongresszentrum in Villach bieten den passenden Rahmen für die zahllosen Konzerte des »Carinthischen Sommers« im Juli und August. Das berühmte Klassikfestival zieht neben begeisterten Besuchern jedes Jahr auch große Stars der Konzertszene an. Auf der Burgarena Finkenstein geht es auch mal etwas bodenständiger zu. Volksmusikinterpreten, Schlagersänger und Liedermacher treten hier auf, aber auch Opernstars wie die drei Tenöre Carreras, Domingo und Pavarotti haben die Arena schon mit ihrer Stimme und zahlreichen Besuchern angefüllt. Wer sich für die Kunst der Gastregion interessiert, der hat in zahlreichen Galerien die Gelegenheit, das

Deckenfresko in der Barockkirche von Ossiach

kreative Potenzial zu bewundern. Insbesondere in der Galerie Freihausgasse der Stadt Villach sind immer wieder Exponate regionaler Künstler zu sehen. Kunst in ungewöhnlicher Form hat die Puppenkünstlerin Elli Riehl geschaffen. Von der großen Anzahl der ganz persönlich gestalteten Puppen, die sie im Laufe ihres Lebens hergestellt hat, sind um die 700 in einem alten Bauernhaus in Winklern bei Treffen zu sehen. Dort befindet sich die Elli-Riehl-Puppenwelt. Nach einem ausgedehnten Rundgang durch Villachs Galerien und Museen steckt man seine müden Füße einfach in den nächstgelegenen See und findet so, genau wie die Gegend um Villach und den Ossiacher See, zum Gleichgewicht zwischen Kultur und Natur.

Hotelempfehlungen

Faaker See S. 669
Warmbad Villach S. 710

Wanderkarten

Freytag & Berndt WK 224 Faaker See, Villach, Unteres Gailtal; WK 233 Kärntner Seen, Villach, Klagenfurt; 1:50000

Straßenatlas Siehe S. 796

WÖRTHERSEE UND KLAGENFURT
KÄRNTEN

ACTION & SPORT
WANDERN & BERGTOUREN
FUN & FAMILY
WELLNESS & GENUSS

Inspirierende Kontraste am Wörthersee

Zwei Bilder dürfen in keinem Kärntenbuch fehlen: Einmal ist da das liebliche Maria Wörth mit seinen Kirchen und dem strahlend blauen Wörthersee im grünen Landschaftskranz. Das andere Bild ist ein Brunnen in der Klagenfurter Innenstadt, auf dem das Wahrzeichen der Stadt dargestellt ist, ein keulenschwingender Herkules, der einem schrecklichen Lindwurm gegenübersteht. Man sieht schon: Es sind die Kontraste, die diese vielfältige Region interessant machen. Ob Wassersportler, Naturfreund, Literaturfan, Marathonläufer oder Hobbyarchäologe – für jeden wird etwas geboten.

In der »**Wohlfühl-Werkstatt**« in Velden kann man seinen Körper von Kopf bis Fuß therapieren oder einfach nur verwöhnen lassen, etwa bei einer Collagen-Luxusbehandlung, einer Massage oder Maniküre; Tel. 0 42 74/5 03 42

Bunte Tupfer vor grüner Kulisse: Im Mai zieht ein Festival Ballonfahrer aus vielen Ländern an den Wörthersee.

ADAC *der perfekte Urlaubstag*

- **10 Uhr:** eine Runde Wasserski auf dem spiegelglatten Wörthersee
- **11 Uhr:** Faulenzen im Strandbad
- **15 Uhr:** Schifffahrt auf dem See mit der »Thalia«, einem nostalgischen Schraubendampfer
- **20 Uhr:** Dinner- & Casino-Abend im Casino Velden: ein exklusives Vier-Gänge-Menü genießen und danach der Spiellust frönen

An einem schönen Badetag (und davon gibt es am Wörthersee dank der privilegierten Lage südlich des Alpenhauptkammes viele) sind alle Liegeplätze um den See belegt. Menschenscheu darf man also an Kärntens größtem Badesee nicht sein. Auch an den vielen kleinen Seen der näheren Umgebung wie Hafner See, Keutschacher See, Bassgeigensee oder dem Rauschelesee finden sich zahlreiche Badegäste und Wassersportler ein. Denn es gibt kaum eine Wasseraktivität, auf die man um den Wörthersee verzichten müsste. Vom bräunenden Sonnenbad über Schwimmen und Surfen bis hin zu Rudern und Segeln reicht das Spektrum. Lediglich Motorbootfahren ist mit wenigen Ausnahmen verboten, aber dies dürften wohl die meisten der Urlauber eher positiv bewerten.

Kaum zu glauben, dass die Gegend früher einmal sehr einsam gewesen sein soll. Damals lebten hier nur ein paar Bauern und Fischer. Zum Glück gibt es die auch heute noch, denn ihre (teilweise biologisch hergestellten) Produkte sollte man sich auf keinen Fall entgehen lassen. Mit dem Bau der Eisenbahn kamen gegen Ende des 19. Jh. auch die Gäste. Hotels wurden errichtet, die teilweise heute noch in Betrieb sind. Auch das Lustschloss der Großadeligen Khevenhüller in Velden diente als Urlaubsresidenz, bevor es in jüngster Vergangenheit als Kulisse für die Fernsehserie »Ein Schloss am Wörthersee« beansprucht wurde.

Der See der Komponisten

Manch nobler Gast vergangener Tage ließ sich eine prächtige Villa im Stil der Wörthersee-Architektur bauen. Noch heute sind einige dieser Bauwerke rund um den See zu bestaunen. Neben der Noblesse liebten auch die Komponisten den See: Johannes Brahms, Alban Berg und Gustav Mahler haben hier Urlaub und Arbeit auf erfreuliche Weise verbunden. »Ja, der Wörthersee ist ein jungfräulicher Boden, da fliegen die Melodien, dass man sich hüten muss, keine zu treten«, schwärmte Brahms. Und geradezu einem Tourismusprospekt entnommen scheint der Ausspruch des Komponisten über einen kurzen Zwischenstopp am Wörthersee mit der Absicht, am folgenden Tag nach Wien zu fahren: »Doch der erste Tag war so schön, dass ich den zweiten durchaus bleiben musste, der zweite aber so schön, dass ich fürs erste bleiben werde.« Inzwischen bleiben die Urlauber aber nicht nur, weil es am Wörthersee »so schön« ist, die Region

Fun & Family

Zauberwald Rauschelesee	Waldgeister, Zauberirrgarten, Zwergenbergwerk und weitere Schätze aus dem Reich der Märchen; Tel. 0 42 73/23 25; www.kinderhotels.com/reichenhauser
Keltenwelt Frög Rosegg	Urgeschichtszentrum mit Ausgrabungsfunden der Hallstattkultur, Grabhügeln etc.; Tel. 06 76/8 42 35 02 05; www.froeg.at
Reptilienzoo Happ Klagenfurt	Exotische und heimische Schlangen, Schildkröten, Krokodile, Vogelspinnen; gleich neben Minimundus; Tel. 04 63/2 34 25; www.reptilienzoo.at

TOP TIPP In der kleinen Welt von **Minimundus** ❶ sind rund 150 Modelle von berühmten Bauwerken aus der ganzen Welt zu sehen. Vom Petersplatz in Rom über den Big Ben in London bis zur Freiheitsstatue in New York ist alles maßstabsgetreu und nach Möglichkeit aus demselben Baumaterial nachgebildet. Jedes Jahr kommen neue Kleinstbauwerke hinzu; Tel. 04 63/21 19 40; www.minimundus.at

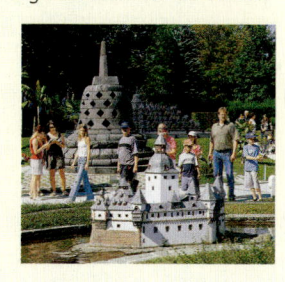

lockt ihre Besucher auch mit einer Vielzahl an Freizeitmöglichkeiten. Ob Golfen oder Töpfern, klassische Konzerte oder Bauernmärkte, im Veranstaltungskalender findet sich für jeden Geschmack das passende Angebot.

Wem eher nach stillen Erlebnissen in der Natur zumute ist, dem sei eine Wanderung zu sagenumwobenen Orten wie dem Tanzboden oder den Felsen der Saligen Frauen in der Nähe von Ruppertiberg empfohlen. Früher wurden diese geheimnisvollen Orte von den Bewohnern der Umgebung gemieden, inzwischen führen sichere markierte Pfade durch den Wald; täglich werden geführte Touren angeboten. Überhaupt gibt es zahlreiche Spazier- und Wanderwege in der Region; oft genügt es, sich ein paar hundert Meter vom Urlaubstrubel zu entfernen, um Ruhe und Einsamkeit genießen zu können. Wer bis auf die Höhen der Hügel und Berge rundum steigt, hat dazu einen herrlichen Blick von den Nockbergen bis zu den Karawanken. Der beste Aussichtspunkt ist allerdings künstlicher Natur: Der Turm der Aussichtswarte auf dem Pyramidenkogel ist ein beliebtes Ausflugsziel.

Cafés in romantischen Innenhöfen

Klagenfurt bildet den kulturellen Gegenpol, wobei das umfangreiche Freizeitangebot der Kärntner Landeshauptstadt mindestens genauso attraktiv ist. Dazu zählen das große Strandbad mit seinem Park, gut bestückte Museen, der Reptilienzoo sowie die bekannte Miniaturwelt »Minimundus«. Das Tourismusbüro hält Prospekte bereit, auf denen die unterschiedlichsten Themenwege quer durch die Stadt eingezeichnet und beschrieben sind. So kann man sich auf die Spuren der berühmten Klagenfurter Dichterin Ingeborg Bachmann begeben, die vielen Schlösser besichtigen oder auf einer ausgeklügelten Tour Museen und Galerien der Stadt besuchen. Eine andere Route führt durch die Altstadt, die nach einem Großbrand im 16. Jh. wieder aufgebaut wurde. Ihren besonderen Reiz erhält sie durch die vielen liebevoll restaurierten Innenhöfe, in denen kleine Cafés auf Besucher warten. Auf dem Neuen Platz steht das Wahrzeichen von Klagenfurt, der Lindwurm. Einer Sage nach hauste das Untier

Das Wahrzeichen von Klagenfurt: Der Lindwurm, der vor der Stadtgründung erst besiegt werden musste

EVENTS

- Mai: Internationaler Balloncup in Klagenfurt im Europapark
- Juni: Fest der Kärntner Täler: an zwei Tagen präsentiert sich ganz Kärnten auf der Bühne
- Tage der deutschsprachigen Literatur (Verleihung des Ingeborg-Bachmann-Preises); http://bachmannpreis.orf.at
- Juni/Juli/August: Wörtherseefestspiele auf der Wörtherseebühne in Klagenfurt; www.woertherseefestspiele.com 
- Juli: Kärnten Ironman Austria; www.ironmanaustria.com
- Juli/August: Musikforum Viktring; www.musikforum.at
- August: »Kärnten läuft«, Wörthersee-Halbmarathon von Velden nach Klagenfurt; www.kaerntenlaeuft.at
- Klagenfurter Altstadtzauber, Stadtfest
- Marien-Schiffsprozession (Wallfahrt); www.kath-kirche-kaernten.at/marienschiffsprozession

WÖRTHERSEE UND KLAGENFURT

Action & Sport

MOUNTAINBIKE	KLETTERSTEIGE	RAFTING	CANYONING	REITEN
PARAGLIDING	DRACHENFLIEGEN	KLETTERGÄRTEN	TENNIS	WINDSURFEN
KAJAK/KANU	WASSERSKI	TAUCHEN	HOCHSEILGARTEN	GOLF

TOP TIPP »Golf Alpin« ❷ heißt eine Vereinigung von Golfplätzen in Salzburg, Tirol, Vorarlberg und Kärnten. Und das sind die Anlagen um den Wörthersee: Pörtschach-Moosburg (18 plus 9 Loch) auf einem malerischen Hochplateau über dem See, Velden-Köstenberg (18 Loch) in den Hügeln am Fuße der Ossiacher Tauern und Klagenfurt-Seltenheim (18 plus 9 Loch) um das Schloss Seltenheim. Die Chip-Karte für alle Plätze bringt bis zu 25% Ersparnis; Tel. 0 42 72/36 20 85; www.golf-alpin.at

Jogging/ Nordic Walking	Nordic-Walking-Treff, Moosburg	Laufen, Joggen und Nordic Walking auf landschaftlich reizvollen Strecken mit einer Länge von 4,3 bis 21,5 km; Gratis-Treffs mit Trainern an bestimmten Wochentagen; Tel. 0 42 72/8 34 00 29
Wasserski und Wakeboard	Wasserskischule, Maria Wörth	Kurse für Anfänger und Fortgeschrittene; Wasserschischule Lex; Tel. 06 76/3 36 70 34; www.pension-ria.com
Segeln und Surfen	Segelschule Velden	1- bis 5-tägige Kurse, Segel- und Surfscheine mit geprüften Surf- und Segellehrern, Segelbootvermietung, Surfbrettverleih; Sportschule Wörthersee; Tel. 06 64/4 20 21 18; www.segelschule-woerthersee.at
Reiten	Haflinger-Reitstall Eicher, Reifnitz	Kurse und Ausritte; Tel. 06 64/8 26 22 70; www.reitstall-eicher.com

Auf den Spuren von Ingeborg Bachmann
Eine Broschüre gibt Auskunft über Leben und Werk der Klagenfurter Dichterin Ingeborg Bachmann und schlägt Touren innerhalb der Stadt zu wichtigen Stationen in ihrem Leben vor. Erhältlich im Robert-Musil-Literatur-Museum oder beim Tourismusamt.

einst in den Sümpfen am Wörthersee und musste erst besiegt werden, ehe man die Stadt gründen konnte.

Mit den Open-Air-Aufführungen auf der Seebühne und Sportveranstaltungen wie dem Iron-Man oder dem Wörthersee-Halbmarathon hat sich Klagenfurt endgültig vom Image des Schlechtwetterzieles befreit. Die Kultur kommt mit Ereignissen wie den »Tagen der deutschsprachigen Literatur«, der Verleihung des Ingeborg-Bachmann-Preises

Hotelempfehlungen
Klagenfurt S. 685

Uneinnehmbar und ein Unikum: Die Burg Hochosterwitz hat 14 Tore.

Adressen & Bergbahnen
Landesvorwahl 00 43

Urlaubsregion	**Wörthersee** Tourismus GmbH; Tel. 0 42 74/3 82 88; E-Mail: office@woerthersee.com; www.woerthersee.com
Klagenfurt (446 m)	Klagenfurt Tourismus; Tel. 04 63/5 37 22 23; E-Mail: tourismus@klagenfurt.at; www.info.klagenfurt.at
Pörtschach (458 m)	Pörtschach Information; Tel. 0 42 72/23 54; E-Mail: info@poertschach.at; www.poertschach.at
Velden (450 m)	Veldener Tourismusgesellschaft mbH; Tel. 0 42 74/2 10 30; E-Mail: info@velden.at; www.velden.at
Weitere Orte	**Keutschach** www.keutschach.at • **Krumpendorf** www.krumpendorf.at • **Maria Wörth** www.maria-woerth.at • **Moosburg** www.moosburg.org • **Reifnitz** www.reifnitz.at
Entfernungen	Hamburg 1125 km; Berlin 936 km; Köln 926 km; Frankfurt a. M. 742 km; Stuttgart 583 km; München 349 km

TOP TIPP Zum absoluten Muss in der Region gehört eine **Schifffahrt auf dem Wörthersee** ❸. Mit der »Thalia«, einem alten Schraubendampfer, der immer noch fahrplanmäßig über den See schippert, wird sie zum besonderen nostalgischen Erlebnis; Tel. 04 63/2 11 55. Daneben gibt es Themenfahrten zu Musik und Kultur mit dem ältesten Motorboot des Sees, der »MS Loretto«; Abfahrt abends am Steg der Nostalgie-Schifffahrt zwischen Strandbad und Schiffswerft; Tel. 0 65 06/14 19 49

Wanderkarten
Freytag & Berndt WK 233, Kärntner Seen, Villach, Klagenfurt; 1:50000

Straßenatlas   Siehe S. 796

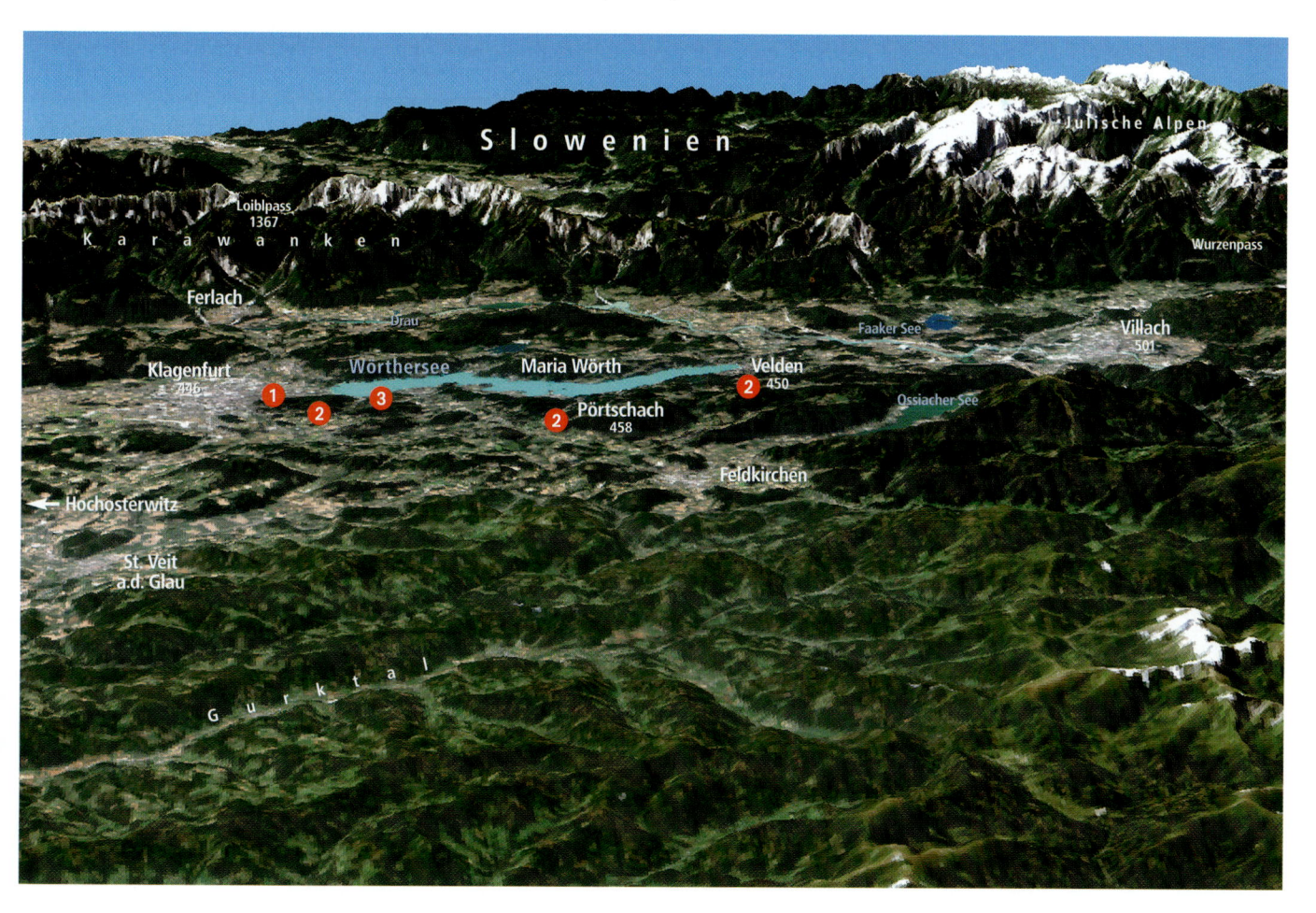

---

oder den Konzerten junger Musiker beim Internationalen Musikforum in Viktring nicht zu kurz, und auch das Umland hat einige kulturelle Höhepunkte aufzuweisen. Kunstliebhaber seien auf die vielen Galerien hingewiesen, etwa die Galerie Sikoronja im einstigen Brückenwirt an der Drau bei Rosegg, die sich auf zeitgenössische Kunst aus Kärnten, Slowenien und dem Friaul spezialisiert hat. Ebenfalls moderne Kunst zeigt die Galerie Judith Walker im Schloss Ebenau in Weizelsdorf.

Auf jeden Fall sollte man die berühmte Burg Hochosterwitz besuchen. Der Zugangsweg führt durch 14 Tore, die in den Jahren 1570–1586 in die Anlage eingebaut wurden. So ist es kein Wunder, dass die Festung nie eingenommen werden konnte und die Burganlage unbeschädigt erhalten geblieben ist. Und natürlich darf man das eingangs erwähnte Kärntner Schmuckstück nicht vergessen – das wunderschöne Kirchenensemble auf der Halbinsel von Maria Wörth. Von hier gelangt man in eineinhalb Stunden gemütlich zu Fuß auf den Aussichtsturm am Pyramidenkogel, wo einem Klagenfurt samt der Ferienregion malerisch zu Füßen liegt: eine liebliche, idyllische Landschaft, zu der Klagenfurts Wahrzeichen, der schreckliche Lindwurm, als Kontrast unbedingt dazugehört.

MÖLLTAL
KÄRNTEN – NATIONALPARK HOHE TAUERN

Schrothkur oder Bergtour: Obervellach bietet vielfältige Urlaubsvarianten.

ACTION & SPORT

WANDERN & BERGTOUREN

FUN & FAMILY

WELLNESS & GENUSS

Alles für einen erholsamen Urlaub

Auf kleinem Raum kann man in der Region zu Füßen des Ankogel erstaunlich viel erleben. Das Nationalpark-Zentrum in Mallnitz ist die Drehscheibe für Aktivitäten im Nationalpark Hohe Tauern und vermittelt seinen Besuchern Interessantes über die Natur in der Umgebung. Obervellach im Mölltal ist der zweite wichtige Fixpunkt der Region. Beim Radeln an der Möll, bei einer Wanderung durch eine der beeindruckenden Schluchten oder bei einer zünftigen Bergtour kann man sich hier optimal erholen.

ADAC der perfekte Urlaubstag

- **9 Uhr:** Wanderung durch die Raggaschlucht bei Flattach (geologischer Lehrpfad)
- **11 Uhr:** Fahrt nach Mallnitz, Wanderung durch das Seebachtal
- **13 Uhr:** Zünftige Einkehr in der Schwußnerhütte, Abstieg zum Parkplatz
- **16 Uhr:** Besuch des Naturpark-Zentrums und der BIOS-Erlebniswelt in Mallnitz

In der BIOS-Erlebniswelt im Nationalpark-Zentrum in Mallnitz werden die Elemente erklärt, aus denen sich die einzigartige Landschaft des Parks zusammensetzt. Wasser, Erde, Licht und Luft bestimmen einen Natur-Urlaub in der Region Mölltal-Mallnitz. Der Großglockner-Mölltal-Radweg führt zum ersten Element: Er verläuft stets am Ufer der Möll, von Heiligenblut bis zur Mündung in die Drau. Spannende Touren durch wilde Schluchten sind in den Seitentälern angesagt: Die Rabischschlucht am Ortsende von Mallnitz erleichtert mit Wegen und Brücken dem Wanderer das Durchkommen; die Groppensteinschlucht erfordert etwas mehr Trittsicherheit, dafür entdeckt man manchmal Leute mit Helmen und Seilen im Wasser – sie betreiben Canyoning. Der Höhepunkt ist zweifelsohne die bekannte Raggaschlucht bei Flattach. Ein geologischer Lehrpfad erläutert die Entstehungsgeschichte der engen, wildromantischen Klamm. Wasser in gefrorener Form hat dagegen vor Urzeiten das Seebachtal mit dem Stappitzersee aus dem Gebirge geschürft. Während der letzten Eiszeit wurde dem ebenen Tal der letzte Schliff verpasst, und heute ist es dank seiner Schönheit und des ebenen Talbodens bei Spaziergängern sehr beliebt. Wesentlich abgelegener versteckt sich ein so genannter Blockgletscher im Dösnertal. Dort verbirgt sich das ewige Eis unter Schutt und Stein vor neugierigen Augen. Der Blockgletscher-Erlebnisweg verschafft Zugang zu diesem weithin unbekannten Naturphänomen.

Region der Dreitausender

Erde und Licht erklären sich in der sonnigen Bergregion von selbst. Eindrucksvoll ragen die Gipfel des Alpenhauptkamms in den Himmel. Zahlreiche Bergtouren und Wanderungen aller Schwierigkeitsgrade führen hinauf. Der Höchste im Gebiet ist dabei der Ankogel. Die Aussicht von seinem Gipfel ist kaum zu übertreffen, denn an einem sonnigen Tag reicht sie vom Watzmann im Norden bis zum slowenischen Triglav im Süden. Die Besteigung des Riesen wird durch die Ankogelbahn erheblich erleichtert. Sie bringt die Bergsteiger bis auf eine Ausgangshöhe von 2630 m. Beim folgenden Übergang über den Kleinen Ankogel zum Gipfel sind allerdings gute Ausrüstung und Trittsicherheit erforderlich. Wem die Tour von der Bergstation auf den Gipfel zu anspruchsvoll ist, der kann leicht mit dem Blick vom nahen Hannoverhaus zufrieden sein, denn auf dem Alpenhauptkamm steht man hier ebenfalls. Auch ob man hier oder auf dem Gipfel Brotzeit macht, ist völlig egal. Nur sollte man sich dafür immer Zeit lassen, denn es gibt dabei viel zu sehen.

Der Ankogel ist jedoch bei weitem nicht der einzige Dreitausender der Region. Viele seiner Nachbarn sind auch für Bergwanderer gut zu besteigen. So bietet Obervellach jedes Jahr im September eine geführte »Woche der 3000er« an. Täglich wird einer erobert, wenn das Wetter es erlaubt. Am einfachsten ist die »Besteigung« des Schareck. Über den Mölltalgletscher bringen Seilbahnen die Gäste bis wenige Meter unter den Gipfel.

Wer bei so viel Aktivität in guter Luft – dem vierten Element – immer noch keine Pfunde verloren hat, der sollte sich für eine Schrothkur in Obervellach entscheiden (www.schrothkur.at). Mit diesem tra-

Wandern & Bergtouren

TOP TIPP
Viel Aussicht für wenig Mühe verspricht dem erfahrenen Bergwanderer eine Tour auf den **Ankogel** (3252 m) ❶. Mit der Ankogelbahn ❺ von Mallnitz zur Bergstation (2630 m), von dort etwas unterhalb des Hannoverhauses auf dem Weg Nr. 502 queren, bis zur beschilderten Abzweigung. Je nach Jahreszeit eventuell über Schneefelder (Leichtsteigeisen und Stöcke sind oft notwendig) und einen Grat zum Kleinen Ankogel (3096 m). Das Verbindungsstück von hier zum Gipfelaufbau des Ankogel sollte bei Vereisung nicht angegangen werden. Wer gute Verhältnisse antrifft, bekommt einen Panoramablick vom Feinsten auf beide Seiten des Alpenhauptkammes; Zeit: ca. 3,5 Std.; Einkehr: Hannoverhaus

Säuleck (3086 m) Bergwanderung zur Aussichtskanzel über den Hohen Tauern	Ausgangspunkt: Parkplatz Quatschnigalm (1448 m) im Dösental; zum Arthur-von-Schmid-Haus (2275 m) am Dösnersee (Blockgletscher-Erlebnisweg) – das letzte Stück steil hinauf auf gutem Steig zum Gipfel; Aufstieg wie Abstieg; lang, aber technisch leicht; Zeit: ca. 9 Std.; Einkehr: Arthur-von-Schmid-Haus
Durchs Seebachtal zur Schwußnerhütte (1328 m) Leichter Spazierweg im Nationalpark	Ausgangspunkt: Parkplatz der Ankogelbahn, Mallnitz; durchs Seebachtal, vorbei an Wasserfällen, relativ eben dem Naturlehrpfad des Nationalparks folgen – Stappitzersee mit Vogelbeobachtungsstation – Schwußnerhütte; Abstieg wie Aufstieg; Zeit: ca. 2,5 Std.; Einkehr: Schwußnerhütte
Polinik (2784 m) Herrliche Bergwanderung für Ausdauernde	Ausgangspunkt: Parkplatz Wurzenalm, Obervellach (1100 m); über schöne Almwege zur Polinikhütte (1873 m) – über Kreuzeck-Höhenweg zum Gipfel; Abstieg wie Aufstieg; lange, aber leichte Tour; Zeit: ca. 7 Std.; Einkehr: Polinikhütte

Adressen & Bergbahnen — Landesvorwahl 00 43

Urlaubsregion	Urlaubsinformation **Mallnitz**, Tel. 0 47 84/2 90; E-Mail: info@mallnitz.at; www.mallnitz.at
Weitere Orte	**Flattach** www.flattach.at • **Obervellach** www.obervellach.at
Entfernungen	Hamburg 1081 km; Berlin 893 km; Köln 883 km; Frankfurt a. M. 699 km; Stuttgart 540 km; München 306 km

❶ Flattach Mölltaler Gletscherexpress Berg/Tal 13,50 €
❷ Flattach Eisseebahn; Berg/Tal 9,50 €
❸ Flattach Mölltaler Gletscher; Berg/Tal 8,50 €
❹ Kolbnitz Reißeck Bergbahnen Berg/Tal 16,50 €
❺ Mallnitz Hochgebirgsbahnen Ankogel Berg/Tal 18,50 €

Siehe auch Preisteil S. 642

ditionellen Naturheilverfahren wird der Körper nicht nur entgiftet, sondern es können auch chronische Erkrankungen gelindert oder sogar geheilt werden. Heilsam ist ein Urlaub in dieser Region sicherlich in jeder Hinsicht. Ob Sie gemütlich oder sportlich unterwegs sind, in Hotels oder auf Bergen – alle finden in der Region auf der Südseite des Alpenhauptkammes Erholung.

TOP TIPP
BIOS-Erlebniswelt im Nationalpark-Zentrum
❷, Mallnitz
Hier wird der Nationalpark in seinen Bestandteilen dargestellt: Wasser, Erde, Licht und Luft lassen sich an zahlreichen Experimentierstationen unmittelbar erleben. Anschaulich werden dem Besucher theoretische Hintergrundinformationen über die Elemente vermittelt, die ihn in der Landschaft des Parks umgeben;
Tel. 0 47 84/2 00 02;
www.bios.mallnitz.at

Hütten

Hagener Hütte (2446 m)
Beherrscht den Tauernübergang zwischen Mallnitz und Sportgastein. Einfach zu erreichen, schöne Aussicht. Ausgangspunkt ist der Parkplatz Jamnigalm (1650 m) bei Mallnitz; Zeit: ca. 2,5 Std.; Tel. 06 64/4 03 66 97

Arthur-von-Schmid-Haus (2275 m)
Wunderschön am Dösnersee gelegen, idealer Ausgangspunkt für den Reißeck-Höhenweg und den Wander-Dreitausender Säuleck (3086 m).

Abwechslungsreicher Wanderweg zur Hütte. Ausgangspunkt: Parkplatz Dösental/Konradhütte (1620 m) bei Mallnitz; Zeit: ca. 2 Std.;
Tel. 06 64/1 12 28 27

Hannoverhaus (2720 m)
Nur einige hundert Meter von der Bergstation der Ankogelbahn ❺ entfernt in bester Panoramalage auf dem Alpenhauptkamm;
Tel. 06 64/1 61 93 67

Wanderkarten

Freytag & Berndt, WK 191 Gasteinertal, Wagrain, Großarl; 1:50000
Freytag & Berndt, WK 225 Kreuzeckgruppe, Mölltal; 1:50000

Hotelempfehlungen

Flattach S. 671
Mallnitz S. 689

Straßenatlas S. 781

GSTAAD UND SAANENLAND
BERNER OBERLAND

Blasmusik für Kühe: Wildhorn (links) und Spitzhorn (rechts) bilden die Bergkulisse im Saanenland.

ACTION & SPORT

WANDERN & BERGTOUREN

FUN & FAMILY

WELLNESS & GENUSS

Glamour und Gemütlichkeit

Im Saanenland trifft sich die gehobene Gesellschaft: Gstaad gehört zu den mondänsten Urlaubsorten der Schweiz. Kultur und Gastronomie haben hier einen hohen Stellenwert. Und es wird nicht einfach nur gewandert – in Gstaad spielt man Tennis, Golf oder Polo. Ganz anders das benachbarte Pays d'Enhaut, dessen sanfte Landschaft kaum von touristischem Trubel gestört wird.

ADAC *der perfekte Urlaubstag*

- **9 Uhr:** Wanderung zum Lauenensee, Ausgangspunkt Bergstation Wispile ❹
- **13 Uhr:** Lunch und Bummel in Château d'Oex
- **16 Uhr:** Golfpartie auf dem Golfplatz Saanenland
- **20 Uhr:** Abendessen im Restaurant des Grand Hotel Bellevue

Gstaad ist einer der Nobelkurorte der Schweizer Alpen und rangiert ohne Zweifel in derselben Kategorie wie St. Moritz oder Davos. Viel Prominenz macht hier Urlaub, und nicht wenige der politischen und gesellschaftlichen Größen nennen eines der oftmals prächtigen Chalets ihr eigen. Es gibt mehrere Luxushotels, von denen es das berühmteste, das Palace, gar zu einer Art Wahrzeichen von Gstaad gebracht hat. Nicht minder exklusiv sind die Restaurants, von denen einige die Gastrokritiker zum Schwärmen bringen. Im autofreien Dorfkern dominieren die teuren Geschäfte, und manche der weniger betuchten Besucher kommen nur, um einen Hauch dieses Duftes von Welt und Reichtum zu erhaschen. Zum exklusiven Flair tragen auch die Events bei, die jeden Sommer in Gstaad stattfinden: Beim Saveurs, einem Gourmetfestival, geben sich international renommierte Spitzenköche ein Stelldichein. Die Cartier Trophy gehört weltweit zu den größten Polo-Events und auch Tennisprofis zieht es jedes Jahr hierher: Seit 1968 werden die Swiss Open Gstaad ausgetragen. Nicht weniger hochrangig ist der kulturelle Höhepunkt des Sommers: Das Menuhin-Festival ist das älteste Klassik-Festival der Schweiz. Ins Leben gerufen wurde es vor fast 50 Jahren von Yehudi Menuhin, der Gstaad 1957 als Wohnsitz für sich und seine Familie entdeckte. Den berühmten Geiger und Dirigenten faszinierte und inspirierte nicht nur die großartige Alpenarena des Saa-

Wellness & Genuss

TOP TIPP

»Golden Pass« nennen die Verantwortlichen der Montreux-Oberlandbahn ihren **Panoramazug** ❶, der auf einer der schönsten Bahnstrecken der Alpen von Zweisimmen nach Montreux führt. Die Zugreise dauert knapp 2 Std. (einfache Fahrt). Die modernen Waggons sind klimatisiert und praktisch rundum verglast. Empfehlenswert ist ein Zwischenhalt in Château d'Oex im romantischen Pays d'Enhaut. Es gibt in beiden Richtungen täglich fünf Verbindungen. Eine Platzreservierung ist obligatorisch. Wer noch mehr alpine Szenarien aus dem Bahnwaggon sehen will, kann die Strecke verlängern und via Brig – Lötschberg – Spiez (dort allerdings im konventionellen Waggon) eine Rundreise machen. Dafür müssen dann rund 7 Std. einkalkuliert werden; Tel. 02 19 89 81 90; www.goldenpass.ch

TOP TIPP

Schutzgebiet »La Pierreuse« ❷

Im Schutzgebiet »La Pierreuse«, das südlich über dem linken Saane-Ufer von Château d'Oex liegt, genießt die Natur schon seit Jahrzehnten einen Sonderstatus. Ein Industrieller vermachte sein Jagdgebiet nach dem Zweiten Weltkrieg der Kommune mit der Auflage, das Gebiet unter Naturschutz zu stellen. Heute ist La Pierreuse eine Oase der Ruhe und der reichen Blumenwiesen, die vor allem im Sommer zu prächtigen Wanderungen einlädt.

La Maison de l'Etivaz Pays d'Enhaut	Etivaz heißt der vielleicht beste Schweizer Hartkäse. Im deutschsprachigen Raum kennt ihn kaum jemand. Er wird nur im Sommer im Pays d'Enhaut produziert, ausschließlich aus Almmilch. Das gibt ihm sein charakteristisches würziges Aroma. Die Käsekeller können besichtigt werden, dazu gibt es eine Diaschau und natürlich Kostproben; Tel. 02 69 24 70 60; www.etivaz-aoc.ch
Ballonfahren Pays d'Enhaut	Das Pays d'Enhaut ist das Mekka der Ballonfahrer. Passagierfahrten werden das ganze Jahr über angeboten. Die Rundsicht aus der Höhe ist fantastisch. SkyEvent; Tel. 02 69 24 25 20; www.skyevent.ch
Wellness-Hotels Gstaad	Ein schier unüberschaubares Wellness-Angebot bieten viele Hotels in Gstaad. Viele Anlagen sind auch öffentlich zugänglich. Eine Auswahl: Palace, Grand Hotel Park, Bellevue, Ermitage, Golfhotel Les Haut de Gstaad in Saanenmöser; Infos unter Tel. 03 37 48 81 81
Menuhin-Festival Gstaad	Das Menuhin-Festival ist das wichtigste Kultur-Event in Gstaad. Von Mitte Juli bis Anfang September wird praktisch jeden Abend ein hochkarätiges Konzert geboten; Tel. 03 37 48 83 33; www.menuhinfestivalgstaad.com

EVENTS

- Juli: Swiss Open – Das Tennisturnier Swiss Open Gstaad findet traditionell Anfang Juli nach dem Wimbledon-Turnier statt. Das Turnier ist immer sehr gut besetzt, und wenn es doch langweilig wird auf den Rängen, dann lässt es sich vor der herrlichen Bergkulisse immer noch vortrefflich entspannen.
- Juli–September: Menuhin-Festival, hochkarätige Klassikkonzerte, Gstaad
- August: »Polo Silver Cup« Cartier Trophy, Gstaad

nenlandes, sondern auch das Zusammentreffen von Kulturen: Alemannische und romanische Mentalität verschmelzen hier miteinander, was auf den Menschenschlag nicht ohne Einfluss bleibt. Die Region hat so eine Brückenfunktion inne zwischen deutschsprachiger und französischsprachiger Schweiz.

Sonnige Urlaubsvielfalt

Geprägt von Offenheit und Großzügigkeit ist auch das landschaftliche Erscheinungsbild, das dominiert wird von weiten Tälern und sanft gerundeten Bergen. Nirgends ist es wirklich steil, schroff oder sonderlich hoch. Das hat den Vorteil, dass im Saanenland die Sonne weit länger scheint als in anderen Regionen der Berner Alpen. Die 3000er-Berge sind zwar vorhanden, aber zu weit entfernt (rund 10 km Luftlinie), um ihre Schatten tief in das Land hineinwerfen zu können. Auf diese Distanzen wirken sie auch weit weniger bedrohlich, sodass die Urlauber im Talboden entspannt Golf und Tennis spielen oder eines der vielen anderen Urlaubsangebote nutzen können, die hier in üppiger Vielfalt zur Verfügung stehen. Spaziergänge werden zu interessanten Entdeckungen, wenn man einem der Themenwege folgt, sei es dem Philosophenweg oder dem erst vor kurzem eröffneten Meteo-Weg, der Wissenswertes zum Wettergeschehen vermittelt. Mit über 150 km markierten Routen ist die Region für Mountainbiker bestens erschlossen, und auch von ganz oben lässt sich die Landschaft erleben: bei einer Ballonfahrt oder einem Tandemflug mit dem Gleitschirm.

In der Umgebung von Gstaad hat die Region viel von ihrem ursprünglichen Gesicht bewahrt. Die Landwirtschaft ist hier neben dem Tourismus nach wie vor ein besonders wichtiger Wirtschaftsfaktor. Die vielen kleinen Weiler und einzeln stehenden

Eingerahmt von grünen Bergflanken liegt der Nobelkurort Gstaad geschützt im Tal.

🇨🇭 GSTAAD UND SAANENLAND

Das Saanenland ist eine beliebte Region für Paraglider und Ballonfahrer.

Höfe sind ein Erbe der alemannischen Besiedlung, die bereits im 8. Jh. eingesetzt hatte. Historisches Zentrum des Saanenlandes ist das Dorf Saanen, das seinen einzigartigen Charakter den schmalen Straßen und Gässchen verdankt, die gesäumt sind von alten Holzhäusern; beherrscht wird der kleine Ort von der Mauritiuskirche aus dem 15. Jh. Als Tor zu einer ebenso weiten wie sanften Wanderarena gelten die beliebten Familienferienorte Schönried und Saanenmöser. Beide Orte sind auch Stationen der Montreux-Oberland-Bahn, einer geschichtsträchtigen Panoramabahn, die – von Luzern kommend – über Interlaken und Gstaad bis nach Montreux fährt.

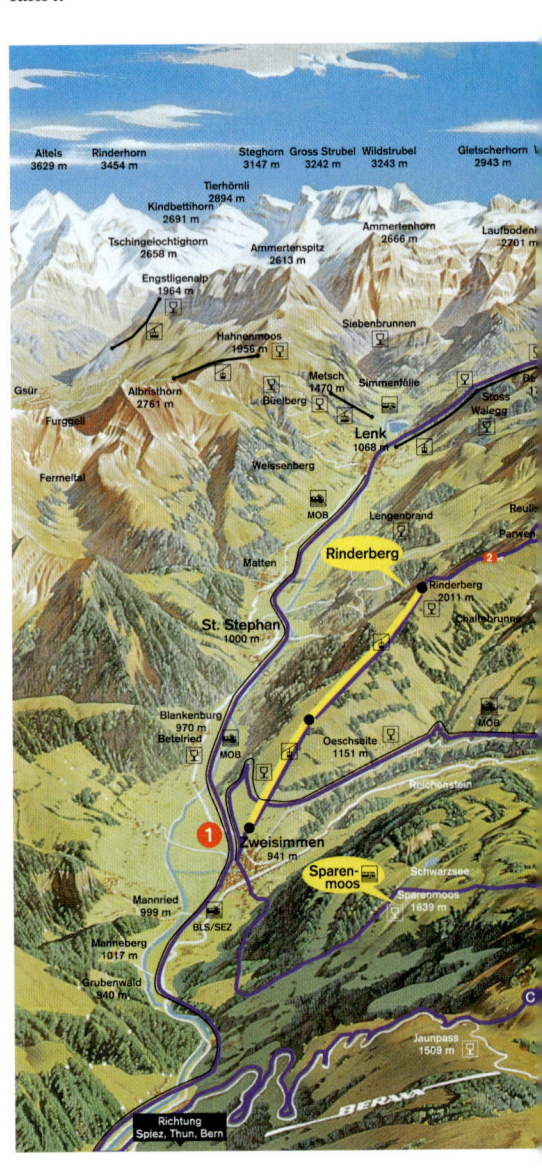

Hütten

Grubenberghütte (1840 m)
Gemütliche Selbstversorgerhütte im hintersten Abländschental in herrlicher Lage am Fuß der bizarren Gipfel der Gastlosen. Viele Kletterer, aber dank der guten Erreichbarkeit auch junge Familien. An Wochenenden bewartet; Selbstbedienungsschrank mit Snacks und Getränken; 32 Lager; kein Telefon

Cabane de la Sarouche (1569 m)
Berghaus im Pays d'Enhaut mit Terrasse und fantastischer Aussicht auf den Montblanc. Sehr gute regionale Küche. 16 Schlafplätze. Auf Vorbestellung Fondue- oder Raclette-Abende. Ausgangspunkt: Château d'Oex, leicht zu erreichen mit der Luftseilbahn La Braye ❶ ❷; Tel. 02 69 24 68 05

Fun & Family ✺ ✺ ✺

Meteo-Lehrpfad Gstaad	Anschaulich illustrierter Gang durch die Wetterküche auf dem Wispile. Auch ohne Wanderschuhe zu begehen; Zeit: ca. 2 Std.
Familien-Canyoning Gstaad	Das Alpinzentrum Gstaad bietet leichte, etwa 4-stündige Canyoning-Touren an, die auch für Kinder (ab 10 Jahren) gut geeignet sind. Ab 4 Personen. Tgl. 9.30 und 14 Uhr beim Hallenbad Gstaad; Tel. 03 37 48 41 61
Heidi und Geißenpeter im Meielsgrund bei Gstaad	Kinderspaß ohne Eltern (gut betreut), auf einer Alm mit Spielen, Tipizelt, Klettern, Hängebrücke und vielem anderen mehr; Ab 5 Jahren; Absolut Activ, Tel. 03 37 48 14 14; www.absolut-activ.ch

TOP TIPP Der **Rellerli** (1829 m) ist der Fun-Berg ❸ der Region und bietet Aktivitäten für die ganze Familie. Von Schönried (1238 m) führt die Gondel ❽ hinauf zum Rellerligrat und mitten hinein ins Vergnügen. Denn hier oben erwarten die Urlauber ein Bungee-Trampolin und eine Kletterwand, außerdem zwei Restaurants mit Panorama-Terrasse. Für den Weg nach unten hat man dann die Qual der Wahl: Sommerrodelbahn, Mountainbike, Gleitschirm – am Rellerli ist alles möglich, auch zum Wandern eignet sich das Gelände bestens.

346

Adressen & Bergbahnen

Landesvorwahl 00 41

Gstaad (1050 m)	Gstaad Saanenland Tourismus; Tel. 03 37 48 81 81; E-Mail: gst@gstaad.ch; www.gstaad.ch
Château d'Oex (958 m)	Château d'Oex Tourisme; Tel. 02 69 24 25 25; E-Mail: info@chateau-doex.ch; www.chateaux-doex.ch
Saanen (1011 m)	Gstaad Saanenland Tourismus; Tel., E-Mail und Internet siehe Gstaad
Schönried (1230 m)	Gstaad Saanenland Tourismus; Tel. 03 37 48 81 40; E-Mail und Internet siehe Gstaad
Weitere Orte	Feutersoey · Gsteig · Rougemont · Saanenmöser
Entfernungen	Hamburg 988 km; Berlin 1042 km; Köln 665 km; Frankfurt a. M. 503 km; Stuttgart 418 km; München 514 km

① ② Château-d'Oex La Braye Berg/Tal 19 sfr
③ Col du Pillon Glacier 3000 Berg/Tal 54 sfr
④ Gstaad Wispile Berg/Tal 26 sfr
⑤ Gsteig Sanetsch Berg/Tal 19 sfr
⑥ Rougemont Videmanette Berg/Tal 26 sfr
⑦ Schönried Horneggli Berg/Tal 18 sfr
⑧ Schönried Rellerli Berg/Tal 19 sfr

Siehe auch Preisteil S. 642

Wanderkarten

Landeskarte der Schweiz, Wanderkarte, Blätter 262 Rochers de Naye, 263 Wildstrubel; 1:50000
Landeskarte der Schweiz, Blätter 1245 Château d'Oex, 1246 Zweisimmen, 1265 Les Mosses, 1266 Lenk; 1:25000

Hotelempfehlungen

Château d'Oex S.713
Gstaad S. 716
Rougemont S. 718
Saanen S. 718
Saanenmöser S. 718
Schönried S. 719

Straßenatlas S. 787

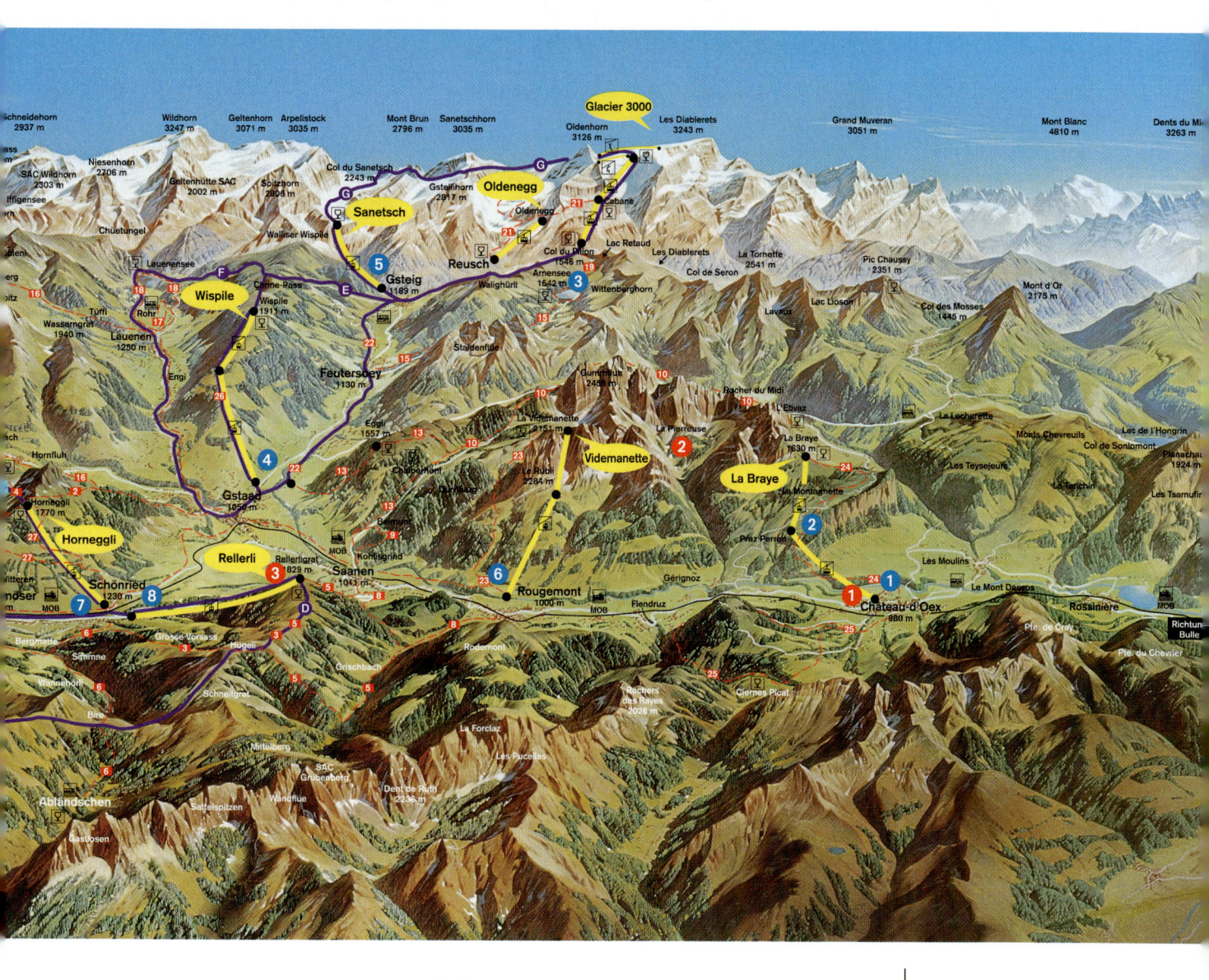

Im Anschluss an das Saanenland durchquert sie dabei auch das Pays d'Enhaut. Hier ändert die Landschaft ihr Gesicht zwar nicht wesentlich, der Fremdenverkehr allerdings hat in dieser Gegend mit Ausnahme von Château d'Oex viel weniger Fuß gefasst als im Saanenland. Gleichwohl stimmt die touristische Infrastruktur auch hier, vor allem der Aktivurlauber trifft auf vielfältige Möglichkeiten. Ob Bogenschießen oder Höhlenbegehung, Canyoning oder Rafting oder eine Wanderung auf einem der Wege eines 300 km umfassenden Netzes von markierten Routen: Das Angebot ist groß, es dominiert jedoch, ganz anders als in Gstaad, nicht den Rhythmus des Lebens im Pays d'Enhaut. Das sind jene Gegensätze, die den Reiz der ganzen Region ausmachen: Rummel und Prominenz in Gstaad, das von Chalets und Bauernhöfen geprägte Saanenland und das herbe, bäuerliche Pays d'Enhaut.

ADELBODEN – FRUTIGEN – KANDERSTEG
BERNER OBERLAND

ACTION & SPORT

WANDERN & BERGTOUREN

FUN & FAMILY

WELLNESS & GENUSS

Eisenbahn-Alpentransversale
Der 1913 eröffnete Lötschbergtunnel hat das Berner Oberland mit dem Wallis und Italien verbunden. Nun wird ein neuer, mit 36 km fast dreimal so langer Tunnel gebohrt, der die Zeiten für den Personen- und Gütertransport nochmals drastisch verkürzen wird. Die riesige Baustelle der Neuen Eisenbahn-Alpentransversale kann in Mitholz und Frutigen besichtigt werden. Neben einem großen Infozentrum gibt es auch einen Film über die Bauarbeiten im Berg zu sehen; Tel. 03 36 72 76 70

Hotelempfehlungen
Adelboden S. 712
Kandersteg S. 716

Hütten
Fründenhütte (2562 m)
Hütte in erhabener Lage auf einem Felskopf oberhalb des Oeschinensees.

Klassische Hütte des Schweizer Alpenclubs mit gemütlicher Stube. Warme Küche und Frühstücksbuffet. Juni bis Oktober; Tel. 03 36 75 14 33

ADAC der perfekte Urlaubstag
8 Uhr: Wanderung von Kandersteg über den Blausee nach Frutigen
12 Uhr: Fahrt nach Adelboden, Mittagessen im Sporthotel Adler (Wellness-Gerichte)
15 Uhr: »Wasserweg«, thematische Rundwanderung zu den Engstligen-Wasserfällen in Adelboden ab Talstation Engstligenalp-Bahn ❻
19 Uhr: Verwöhnprogramm »Alpine Wellness« im Parkhotel Bellevue & Spa genießen

Wandern vor grandioser Bergkulisse

Das »Frutigland« ist eines der schönsten Wandergebiete des Berner Oberlandes: grünblau schimmernde Bergseen, tosende Wasserfälle und eine Alpenflora von wunderbarer Pracht und Vielfalt. All das vor der imposanten Kulisse von Wildstrubel und Blümlisalp, deren Gipfel und Wände eine Spielwiese für ambitionierte Bergsteiger sind.

Beliebtes Ausflugsziel: Am Oeschinensee ist man den teils eisbedeckten Gipfeln der Blümlisalp ganz nah.

Für viele ist die Region nur Durchgangsstation: Von Kandersteg aus verkürzt der Lötschbergtunnel den Weg ins Wallis und auf die Südseite der Alpen. Der Bau des Tunnels war zu Beginn des 20. Jh. ein gigantisches Projekt: 6000 Arbeiter, von denen 64 bei den Bauarbeiten ums Leben kamen, mussten über fünf Jahre schuften, bis der Tunnel 1913 eröffnet werden konnte.

Seitdem ist das »Frutigland« Transitregion, was seiner touristischen Attraktivität aber keinen Abbruch getan hat. In den beiden Tälern, die bei Frutigen abzweigen, kommen Urlauber auf ganz unter-

Adressen & Bergbahnen — Landesvorwahl 00 41

Adelboden (1350 m)	Adelboden Tourismus; Tel. 03 36 73 80 80; E-Mail: info@adelboden.ch; www.adelboden.ch	❶ Adelboden Tschenten-Alp Berg/Tal 16 sfr
		❷ Adelboden; Oey; Berg/Tal 4 sfr
		❸ Adelboden/Oey Bergläger; Berg/Tal 13 sfr
Kandersteg (1176 m)	Kandersteg Tourismus; Tel. 03 36 75 80 80; E-Mail: info@kandersteg.ch; www.kandersteg.ch	❹ Adelboden/Bergläger; Sillerenbühl (via Eselmoos); Berg/Tal 13 sfr
		❺ Adelboden/Geils; Hahnenmoos; Berg/Tal 13 sfr
Weitere Orte	Frutigen www.frutigen-tourismus.ch • Kandergrund • Mitholz	❻ Unter dem Birg Engstligenalp Berg/Tal 20 sfr
		❼ Elsigbach Elsigenalp Berg/Tal 16 sfr
		❽ Kandersteg Oeschinen Berg/Tal 19 sfr
		❾ Kandersteg Sunnbüel Berg/Tal 29 sfr
Entfernungen	Hamburg 969 km; Berlin 1023 km; Köln 646 km; Frankfurt a. M. 484 km; Stuttgart 399 km; München 495 km	❿ Kandersteg Allmenalp Berg/Tal 15 sfr
		Siehe auch Preisteil S. 642

Wandern & Bergtouren

TOP TIPP

Zwischen Adelboden und Kandersteg erhebt sich der Gipfel der **Bunderspitz** (2546 m) ❶, der sich auf einer ziemlich anstrengenden Bergtour erreichen lässt. Die Wanderung startet in Adelboden bei der Oey-Schützenbrücke (1238 m). Von hier aus lassen sich die 1000 steilen Höhenmeter zur an eine Zahnlücke erinnernden Bunderchrinde (2385 m) voll einsehen. Via Berghaus Bonderalp (1755 m, Alpkäserei mit hervorragendem Hobelkäse) geht es durch das enge Hochtal hinauf, zuletzt steil im Zickzack zur Bunderchumi. Von dort links abzweigen hinauf zum Gipfel. Der Abstieg erfolgt sehr steil hinunter ins Kandertal via Obere Allme (2017 m) zur Unteren Allme (1725 m, kleine Gondelbahn nach Kandersteg) ❿; Zeit: ca. 6 Std.; Einkehr: Berggasthaus Bunderspitz, Kandersteg.

Vordersilere (2019 m) Leichte Wanderung mit Panorama-Garantie	Ausgangspunkt: Gilbach (1431 m, Bushaltestelle); Sillerenbühl (1977 m, herrlicher Blick auf Wildstrubel und Niesenkette) – Vordersilere – Hahnenmoospass (1956 m) – Geilsbrüggli (1707 m) – Bergläger (1486 m) – Gilbach; Zeit: ca. 5 Std.; Einkehr: Gilbach, Bergrestaurant Sillerenbühl, Berghotel Hahnenmoospass
Oeschinensee (1593 m) Landschaftlich sehr abwechslungsreiche Bergwanderung mit extrem steilem Anstieg	Ausgangspunkt: Blausee (887 m, durch Felssturz gebildeter, tiefblauer Bergsee); Mitholz (956 m, Blick auf die Großbaustelle des Lötschberg-Basistunnels) – Uf der Flue (1133 m) – Port (1440 m) – Bergstation Sesselbahn (1682 m) ❽ – Oeschinensee (1578 m, herrlicher Blick auf Blümlisalp und Fründenhorn); Trittsicherheit erforderlich; Zeit: ca. 4 Std.; Einkehr: Blausee, Bergstation Sesselbahn, Oeschinensee
Gemmipass (2346 m) Mittelschwere, sehr lange Wanderung durch hochalpine Landschaft	Ausgangspunkt: Unter dem Birg/Bergstation Engstligenalp (1964 m) ❻; Chindbettipass (2623 m, steiler Schlussanstieg) – Rote Chumme – Daubensee (2207 m) – Gemmipass (herrlicher Blick ins Wallis, evtl. Übernachtung) – Daubensee – Schwarenbach (2060 m) – Bergstation Sunnbüel (1936 m) ❾; mit Seilbahn nach Kandersteg; Zeit: ca. 8 Std.; Einkehr: Sunnbüel, Schwarenbach, Gemmi

EVENTS

- **Bärgrächnig:** Jedes Jahr Mitte Juni feilschen die Bauern um die »Bergrechnung«. Es geht dabei um Restmengen an »Kuhrechten«. Jeder Berg in Adelboden hat eine bestimmte Anzahl von Kuhrechten, die so aufgeteilt sind, dass das Gras ausreicht, die Herden auf den Almen zu ernähren. Da die Herdengrößen von Jahr zu Jahr variieren, bleiben einige Kuhrechte übrig. Um diese wird bei Bärgrächnig gefeilscht. Daneben findet ein Bauernmarkt statt. Den genauen Termin erfährt man beim Verkehrsbüro. Tel. 03 36 73 80 80

- **Schäferfest am Gemmi:** Jeden Sommer, am letzten Sonntag im Juli, ist am Daubensee das große Schäferfest. Ab 10 Uhr wird die Landschaft zur Kulisse für ein einzigartiges Folklorefest.

Wanderkarten

Landeskarte der Schweiz, Wanderkarte, Blätter 253 Gantrisch, 263 Wildstrubel, 264 Jungfrau; 1:50000
Landeskarte der Schweiz, Blätter 1247 Adelboden, 1248 Mürren, 1267 Gemmi, 1268 Lötschental; 1:25000

Straßenatlas Siehe S. 788

---

schiedliche Weise auf ihre Kosten: Adelboden ist das Zentrum für Familien und Wanderer; das weniger stark frequentierte Kandersteg ist Ausgangspunkt für anspruchsvolle Wanderungen und Hochtouren. In Adelboden sind ausländische Gäste deutlich in der Minderheit. Die Schweizer stellen rund zwei Drittel der Touristen in dem hübschen Chalet-Dorf. In der Hochsaison erinnert der Ort so auch mehr an ein Schweizer Städtchen als an ein Bergdorf im Berner Oberland. Die vielen Kinder lassen es erahnen: Adelboden trägt das Gütesiegel »Familien willkommen«, das vom Schweizer Tourismusverband verliehen wird. Über 300 km gut ausgebaute Spazier-, Wander- und Bergwege führen auf die Almen und Berge rund um Adelboden. Besonders spektakulär ist die Wanderung zu den Engstligen-Wasserfällen, die 600 m tief ins Tal donnern und zu den höchsten Wasserfällen der Schweiz zählen. Ein spezielles Erlebnisprogramm für Kinder, Wellnessangebote und das frisch renovierte Panorama-Schwimmbad Gruebi runden das touristische Angebot ab.

Wer es etwas beschaulicher mag oder höher hinauf will, sollte ins Nachbartal wechseln: Obwohl hier die Autoverladung für den Lötschbergtunnel abgewickelt wird, ist Kandersteg ein gemütliches Bergdorf geblieben. Seine Umgebung ist ein Paradies für Wanderer, das schon den Schriftsteller Albrecht von Haller begeistert hat. Eine Wanderung vom Gemmipass nach Kandersteg inspirierte ihn 1729 zu seinem berühmten Gedicht »Die Alpen«, das in schwülstiger Begeisterung die herbe Schönheit der alpinen Natur beschreibt. Am intensivsten lässt sich diese Schönheit sicher bei Bergtouren auf die Blümlisalp und ihre Gipfel wie das Blümlisalphorn oder das Oeschinenhorn erfahren. Wer solche Ziele ins Auge fasst, sollte allerdings über ein hohes Maß an hochalpiner Erfahrung verfügen oder sich der Obhut eines Bergführers anvertrauen.

Ob gemütliches Wandern durch die reiche Alpenflora oder anspruchsvolle Klettertouren auf die hohen Aussichtsgipfel – das »Frutigland« ist weit mehr als nur eine Durchgangsstation in den Süden.

LENK UND SIMMENTAL
BERNER OBERLAND

ACTION & SPORT ✸
WANDERN & BERGTOUREN ✸✸✸✸
FUN & FAMILY ✸✸
WELLNESS & GENUSS ✸✸

Hotelempfehlungen
Zweisimmen S. 722

Wanderkarten
Landeskarte der Schweiz, Blätter 253 Gantrisch, 263 Wildstrubel; 1:50000
Landeskarte der Schweiz, Blätter 1246 Zweisimmen, 1247 Adelboden, 1266 Lenk, 1267 Gemmi; 1:25000

Hütten
Wildstrubelhütte (2793 m)
Zusammen mit dem nur wenige Meter entfernten Rohrbachhaus ist die Wildstrubelhütte die höchste Berghütte im westlichen Berner Oberland. Herrliche Lage mit Blick auf Wildstrubel und Rawilpass. Ausgangspunkt: Iffigenalp; Zeit: ca. 3,5 Std.; Tel. 03 37 44 33 39

Bergrestaurant Schwarzenberg (1485 m)
Schön gelegenes Bergrestaurant im Diemtigtal bei Zwischenflüh. Mit Almbetrieb (kann besichtigt werden) und Übernachtungsmöglichkeit. Gute Küche mit Almspezialitäten. Mit dem Auto zu erreichen; Tel. 03 36 84 13 97

ADAC der perfekte Urlaubstag
- **9 Uhr:** Wanderung von Lenk zu den Simmenfällen und nach Siebenbrunnen (1449 m) – der Quelle der Simme
- **12 Uhr:** Schwimmen im Wallbachbadi in Lenk vor der Kulisse des Wildstrubel
- **15 Uhr:** Besuch des Obersimmentaler Heimathauses in Zweisimmen
- **20 Uhr:** Abendessen im Restaurant Sternen in Oey im Diemtigtal

---

Die beschauliche Seite des Berner Oberlandes

Das Simmental bietet ursprüngliche Landschaften ohne die ganz großen Gipfel, eine lange landwirtschaftliche Tradition und Bauernhauskultur fast wie in einem Freilichtmuseum. Diese Region ist daher etwas für alle, die Erholung suchen oder einen entspannten Urlaub mit der Familie genießen wollen.

Mountainbike-Touren führen weit hinauf über das Tal, wo man fast nur noch dem Simmentaler Fleckvieh begegnet.

Weit über die Grenzen der Schweiz und Europas hinaus bekannt ist das Simmental nicht als Urlaubsregion, sondern als Namensgeber für eine Rinderrasse. Hier wurde schon im 19. Jh. das Simmentaler Fleckvieh gezüchtet, das heute auf der ganzen Welt verbreitet ist. Dass die berühmte rot-braun gefleckte Rasse ausgerechnet hier ihren Ursprung hat, ist keineswegs Zufall: Das Simmental, eingebettet zwischen Niesen- und Stockhornkette, eignet sich mit seinen weiten Weideflächen und einem mild-feuchten Klima ideal für Viehzucht und Milchwirtschaft. Dem florierenden Fleckvieh- und Pferdehandel verdankt das Tal auch einen beachtlichen Wohlstand, der es vielen Bewohnern ermöglichte, stattliche Bauernhäuser zu errichten.
Diese reich verzierten Holzhäuser prägen die Ortschaften im Simmental bis heute, egal ob man dem Haupttal von Spiez am Thunersee kommend über Boltigen und Zweisimmen nach Lenk folgt oder ob man bei Latterbach in das Diemtigtal abzweigt. So romantisch und schön diese Kulisse ist: Für einen Tourismus, der von Fun & Action geprägt

---

Adressen & Bergbahnen — Landesvorwahl 00 41

Lenk (1068 m)	Lenk-Simmental Tourismus AG; Tel. 03 37 33 31 31; E-Mail: info@lenk-simmental.ch; www.lenk-simmental.ch	❶ Lenk Betelberg Berg/Tal 26 sfr
Zweisimmen (941 m)	Zweisimmen Tourismus; Tel. 03 37 22 11 33; E-Mail: tourismus@zweisimmen.ch; www.zweisimmen.ch	❷ Erlenbach Stockhorn Berg/Tal 42 sfr
Weitere Orte	**Boltigen** • **Diemtigen** www.diemtigen.ch • **Erlenbach** www.erlenbach.ch • **Oberwil** www.oberwil.ch • **St. Stephan** www.ststephan.ch • **Wimmis** www.wimmis.ch	❸ Zwischenflüh (Diemtigtal) Wiriehorn Berg/Tal 15 sfr
Entfernungen	Hamburg 986 km; Berlin 1039 km; Köln 663 km; Frankfurt a. M. 500 km; Stuttgart 415 km; München 511 km	❹ Zweisimmen Rinderberg Berg/Tal 35 sfr

Siehe auch Preisteil S. 642

Wandern & Bergtouren

TOP TIPP

Den nordwestlichsten Rand der Alpen bildet die **Stockhornkette** ❶. Erdgeschichtlich wurde das Massiv, das vor Jahrmillionen den Grund eines Meeres bildete, bei der Auffaltung der Alpen gegen Norden geschoben, wobei es mehrfach auseinander brach. Daher sind hier auf engem Raum Gesteine aus verschiedenen Epochen der Erdgeschichte zusammengewürfelt. Mit etwas Glück finden sich vor allem bei Morgeten fossile Muscheln, Ammoniten oder Korallenkalke. Die Gegend ist zudem reich an seltenen Pflanzenarten – ein geologisches und ein botanisches Bestimmungshandbuch sollte also mit ins Wandergepäck. Die Route führt vom Stockhorngipfel (2190 m, bequem von Erlenbach per Seilbahn ❷ erreichbar) über die Obere Walalp (1714 m) auf einem schönen Höhenweg mit sanfter Steigung zum Leiterenpass (1905 m) und weiter zum Schibenspitz und Morgetenpass (1959 m). Von dort geht es steil hinunter nach Morgete und dann durch das Tal des Morgetebaches hinunter nach Buusche (865 m); lange Wanderung ohne technische Schwierigkeiten; Zeit: ca. 7,5 Std.

Turnen (2079 m) Schöne Bergwanderung ohne besondere Ansprüche, herrliche Rundsicht auf dem Gipfel	Ausgangspunkt: Zwischenflüh im Diemtigtal (1000 m); Menniggrund (schöne Bauernhäuser) – Brüüsch (1614 m) – Hintertärfete (1802 m, viele Sturmschäden im Wald) – Turnen – Pfaffen (1943 m) – Rinderalp (1704 m) – Gandgraben – Zwischenflüh; Zeit: ca. 5,5 Std.; Einkehr: Zwischenflüh; Variante: Abstieg via Tschuggen nach Diemtigen, ca. 1 Std. mehr Gehzeit
Wildhornhütte (2303 m) Lange, anstrengende Wanderung durch Hochgebirgslandschaft mit herrlichem Gletscherblick	Ausgangspunkt: Lenk/Bergstation Betelberg (1943 m) ❶; Leiterli (2001 m) – Stüblenipass (1992 m) – Äbigrat – Stigellegi (2084 m) – Wildhornhütte – Iffigsee (2065 m) – Iffigenalp (1584 m, mit Kleinbus zurück nach Lenk); Trittsicherheit erforderlich; Zeit: ca. 6 Std.; Einkehr: Betelberg, Wildhornhütte, Iffigenalp
Hundsrügg (2046 m) Leichte Panorama-Wanderung an der bernisch-freiburgischen Kantonsgrenze	Ausgangspunkt: Bushaltestelle Sparenmoos bei Zweisimmen (1560 m, kurzer Abstecher zum Schwarzsee ist lohnend) – Schiltenegg (leckerer Älpler-Kaffee) – Hundsrügg (Blick auf die Kalkkette der Gastlosen im Nordwesten) – Oberenegg (1721 m; man achte auf die weidenden weißen Saanegeißen) – Hüttlistalden (1537 m) – Jaunpass (1509 m); Rückkehr per Postbus und Zug; Zeit: ca. 3 Std.; Einkehr: Zweisimmen, Sparenmoos, Schiltenegg, Jaunpass

EVENTS

Lenker Jazztage: Schon seit 1988 bringen die Lenker Jazztage in der zweiten Juliwoche ungewöhnliche Klänge aus New Orleans ins Berggebiet. Parallel dazu finden Workshops statt. Nähere Informationen unter Tel. 03 37 33 11 21.

River-Rafting
Die Simme ist im oberen Simmental ein wildes, unbezwingbares Gewässer. Doch in ihrem Unterlauf ändert sie ihr Gesicht. Sie wird sanfter und damit auch zugänglicher. Auf 17 Flusskilometern führt die Rafting-Strecke durch eine idyllische Landschaft. Ideal auch für Familien; Touren organisiert Alpin Raft, Tel. 03 38 23 41 00.

Straßenatlas Siehe S. 788

---

ist, eignet sie sich kaum. So finden sich – mit Ausnahme von Lenk – auch kaum Modesportarten oder mit Wellness-Tempeln ausgestattete Hotels. Tourismus hat im Simmental noch etwas von seiner alpinen Ursprünglichkeit bewahrt. Die Menschen, die hier ihren Urlaub verbringen, genießen die Landschaft, sei es auf kultureller Entdeckungstour im Tal oder bei ausgedehnten Wanderungen auf den Bergen. Geradezu ideal eignet sich dafür das abgelegene Diemtigtal, das mit seinen besonders urigen Bauernhäusern fast schon etwas Museales hat. Ausgerechnet hier wütete der Jahrhundertorkan Lothar am 26. Dezember 1999 mit teuflischer Gewalt, seine Spuren trüben das malerische Bild noch immer.

Wanderer finden im Diemtig- und im Simmental zahlreiche Touren für alle Ansprüche. Markante Gipfel sind das Seehorn und der Männliflue. Beide Berge lassen sich von Diemtigen aus in Tagestouren erreichen.

Im Simmental erschließen Bergbahnen einige Gipfel der Umgebung. Zu den bekanntesten zählen zweifelsohne das Stockhorn, die Mittagfluh und der Rinderberg. Lenk ist ein geruhsamer Kurort, dessen schon 1862 eröffnetes Kurbad sich mittlerweile zu einem modernen Wellness-Zentrum weiterentwickelt hat. Das schwefelhaltige Wasser ist sogar schon seit dem 17. Jh. für seine heilsame Wirkung bekannt. Ein weiteres spektakuläres Ausflugsziel im hintersten Talschluss des Simmentals sind die Simmenfälle.

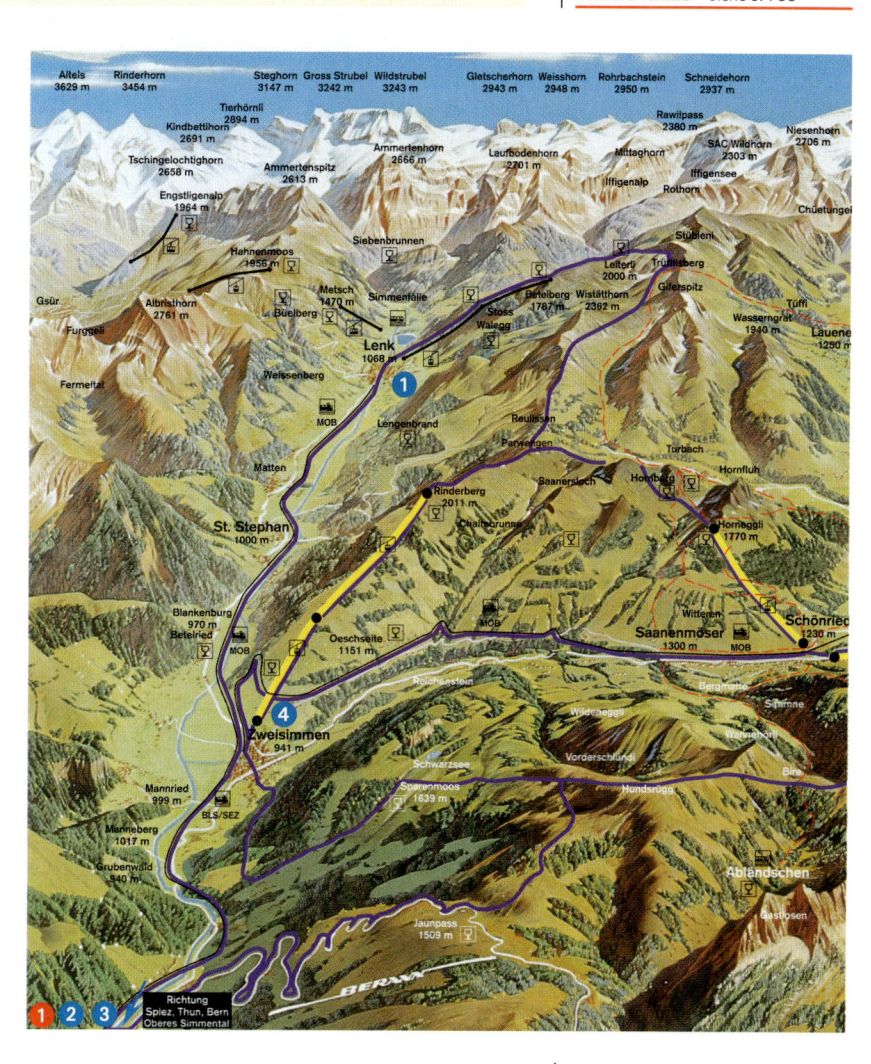

JUNGFRAU-REGION UND INTERLAKEN
BERNER OBERLAND

Alpfest auf dem Beatenberg vor der Traumkulisse der mächtigen Wände von Eiger, Mönch und Jungfrau

ACTION & SPORT

WANDERN & BERGTOUREN

FUN & FAMILY

WELLNESS & GENUSS

ADAC der perfekte Urlaubstag

- **9 Uhr:** Besuch der Staubbachfälle im Lauterbrunnental
- **10 Uhr:** Rundfahrt von Lauterbrunnen über die Kleine Scheidegg ❾ zum Jungfraujoch ❹; Mittagessen auf dem »Top of Europe«. Mit der Bahn nach Interlaken
- **17 Uhr:** Fahrt von Wilderswil auf die Schynige Platte ⓮, Besuch des Alpengartens, Wanderung nach Interlaken
- **20 Uhr:** »Faîtes vos jeux« im Casino Kursaal in Interlaken

Im Bann von Eiger, Mönch und Jungfrau

Wie ein Magnet zieht sie die Touristen an: die Jungfraujochbahn, eine der spektakulärsten Bergbahnen der Welt. In Massen entführt sie die Menschen – meist nur für wenige Stunden – in eine beeindruckende Hochgebirgslandschaft. Trotz abschreckenden Besucherandrangs ist die Fahrt auf das Jungfraujoch ein Muss. Und auch sonst strotzt die Region nur so vor spektakulären Höhepunkten, die sie zu einer der Top-Destinationen in den Alpen machen.

Selbst überzeugte Flachländer werden nach einem Besuch der Jungfrauregion beeindruckt nach Hause zurückkehren und von ihren Erinnerungen schwärmen: In den höhlenartigen Felsschluchten der Trümmelbachfälle bekamen sie die Kraft des Wassers hautnah zu spüren; die ungeheure Gewalt der Gletscher wurde ihnen beim Kriechgang durch die Schlucht des unteren Grindelwaldgletschers bewusst, und die Erhabenheit der hochalpinen Eislandschaft lernten sie auf dem Jungfraujoch kennen. Beim Bummel durch das mondäne Interlaken waren die bergungewohnten Besucher vielleicht sogar froh, wieder flachen Boden unter den Füßen zu haben. In bester Erinnerung wird aber sicher jedem auch das erfrischende Bad im Thunersee bleiben, der von den Gletschern des Jungfrauge-

Die Trümmelbachfälle im Lauterbrunnental

■ 352 ■

Wandern & Bergtouren

TOP TIPP Eine der eindrücklichsten, gut begehbaren Gratwanderungen der Schweiz führt **vom Niederhorn (1949 m) zum Gemmenalphorn (2061 m)** ❶ und von dort hinunter nach Habkern (1063 m). Schon der Ausblick vom Niederhorn, das sich bequem von Beatenberg aus per Seilbahn ❶ erreichen lässt, raubt den Atem: In der Tiefe breiten sich Thuner- und Brienzersee aus, in der Ferne erheben sich die Eisriesen der Alpen, dazwischen liegen die zackigen Voralpengipfel der Stockhorn- und Niesenkette. Die Wanderung, immer am langen Güggisgrat entlang, ist nichts für Anfänger: Trittsicherheit und Schwindelfreiheit sind erforderlich. Die schwierigsten Stellen sind mit Drahtseilen gesichert. Mit etwas Glück bekommt man am Gemmenalphorn Steinböcke zu Gesicht. Der Abstieg über die Almhütten der Chromatte (1497 m) nach Habkern (von dort Postbus nach Interlaken) stellt bis auf das sehr steile letzte Stücke keine besondere Schwierigkeit dar; Zeit: ca. 4,5 Std.; Einkehr: Berghaus Niederhorn, Habkern.

Klassische Bergtouren, geführte Wanderungen, Anfängerkurse in Eis und Fels organisiert das Alpin Center Interlaken; Tel. 03 38 23 55 23; sowie die Bergsteigerschule Interlaken; Tel. 03 38 22 60 00; www.swissalpineguides.ch

Schwalmere (2777 m) Lange und anstrengende Bergtour mit traumhafter Aussicht auf Eiger, Mönch und Jungfrau	Ausgangspunkt: Grütschalp (1486 m, Standseilbahn Lauterbrunnen/Mürren ❿); Sousläger (1698 m) – Sousbach bis Einmündung Chantbach (1698 m) – den Chantbach entlang steil hinauf, dann auf steilem, weglosem Grashang bis zum weitläufigen Sattel unterhalb der Lobhörner (2372 m) – auf steinigem Grat (den Steinmännchen folgen) via Passhöhe (2725 m) zum Gipfel; zurück zum Sattel und über Lobhörner (2566) nach Suls (1903 m) – Sulwald (1533 m, von dort Seilbahn nach Isenfluh ❽ und Bus nach Lauterbrunnen); Trittsicherheit und Schwindelfreiheit notwendig; Zeit: ca. 8,5 Std.; Einkehr: Grütschalp, Sulwald
Eigergletscher (2320 m) Abenteuerlicher Gletscherpfad mit Klettersteig-Passage am Fuß der Eigernordwand	Ausgangspunkt: Lauterbrunnen/Station Wengernalp (1874 m, Haltestelle kurz vor Kleiner Scheidegg) ❾; Biglenalp – Eigergletscher (beeindruckender Blick auf das Eismeer) – Klettersteig Rotstock (nur mit Helm und kompletter Klettersteig-Ausrüstung; nur für Geübte!) – Alpiglen (1616 m, Haltestelle Bergbahn ❸); Zeit: ca. 5 Std.; Einkehr: Wengernalp, Alpiglen
Häxeseeli (2464 m) Gemütliche Dreiseen-Wanderung	Ausgangspunkt: Grindelwald/Bergstation First (2167 m) ❷; Bachsee (2265 m, fantastisches Hochgebirgspanorama) – Hagelseewli (2339 m) – Häxeseeli (2464 m) – Schilten – Oberberg (1911 m) – Ochsenläger – Lütschentäli (1854 m) – Chüemad – Axalp (1535 m); von dort Bus- bzw. Zugverbindung nach Brienz, Interlaken und Grindelwald; Zeit: ca. 6 Std.; Einkehr: First, Axalp

bietes gespeist wird. Dies alles sind unvergessliche Urlaubserlebnisse, die jährlich hunderttausende Touristen aus den verschiedensten Ländern begeistern. Bekannt und beliebt ist die Gegend wahrlich in aller Welt – vor allem aber bei jenen, die in relativ kurzer Zeit möglichst hoch hinauf wollen. Nirgends kommt man dem Hochgebirge so rasch und so einfach nahe wie in der Region um das Dreigestirn Eiger, Jungfrau und Mönch. Das spielt bei der Planung vieler Pauschalreiseveranstalter eine nicht zu unterschätzende Rolle. Die zahlreichen Reisebusse an den Bahnhöfen und die Heerscharen von Reisegruppen in den Zügen ins Jungfraugebiet sprechen für sich – und für die Weitsicht von Adolf Guyer, einem Zürcher Textilindustriellen. Er verfolgte bereits Ende des 19. Jh. hartnäckig das Projekt, eine Bahntrasse bis hinauf zum Jungfraujoch zu bauen. Eine Idee, die anfangs als Fantasterei belächelt wurde. Doch Guyer ließ sich nicht beirren und konnte im Jahr 1898 die erste Sektion der Jungfraubahn noch selbst einweihen. Kurz darauf starb der Eisenbahnpionier. So blieben ihm zwar die zahlreichen Schwierigkeiten erspart, die es beim weiteren Bau der Trasse zu überwinden galt, aber er konnte auch nicht mehr miterleben, wie schließlich doch am 1. August 1912 die gesamte Strecke eröffnet wurde.

Fahrt in die Gletscherwelt

Seit diesem Tag kann jedermann das Jungfraujoch erobern. Zweieinhalb Stunden dauert die wohl beeindruckendste Eisenbahnfahrt der Alpen von Interlaken aus über Grindelwald und die Kleine Scheidegg bis zur Endstation. Sogar von Zürich aus kann man diese Reise hinauf in die Gletscherwelt an nur einem Tag absolvieren. Die vielen mehrsprachigen Hinweistafeln in den Zügen sind dringend nötig, und der Werbespruch »meet the world«

Alpengarten Schynige Platte
Herrlich gelegener Alpengarten vor der Kulisse von Eiger, Jungfrau und Mönch mit über 600 Pflanzenarten. Nahezu alle Pflanzen, die in der Schweiz oberhalb der Waldgrenze gedeihen, sind in ihrer natürlichen Pflanzengesellschaft im Alpengarten angesiedelt. Um für alle die idealen Lebensbedingungen zu schaffen, waren zum Teil große Erdarbeiten notwendig. So wurden Bereiche mit Urgestein aufgeschüttet, um auch Vertretern aus diesem Bereich der Schweizer Alpen eine gute Grundlage bieten zu können. Im Informationszentrum werden alle wichtigen Details zum Alpengarten erklärt, der Rundgang ist ca. 500 m lang. Erreichbar von Wilderswil aus mit der Zahnradbahn ⓮; Tel. 03 38 22 28 35; www.alpengarten.ch

Die Jungfraujochbahn kehrt zurück von ihrer abenteuerlichen Fahrt hinauf auf 3454 m.

🇨🇭 JUNGFRAU-REGION UND INTERLAKEN

Action & Sport

MOUNTAINBIKE	KLETTERSTEIGE	RAFTING	CANYONING	REITEN
PARAGLIDING	DRACHENFLIEGEN	KLETTERGÄRTEN	TENNIS	WINDSURFEN
KAJAK/KANU	WASSERSKI	TAUCHEN	HOCHSEILGARTEN	GOLF

TOP TIPP Auf dem »**Swiss Topwalk First**« ❷ kommen all jene Nordic Walker und Bergläufer auf ihre Kosten, denen es nicht genug ist, einfach auf einen Berg zu laufen. Wer daher »Lust auf Leistung« hat, überwindet 1100 Höhenmeter von Grindelwald zur Firstbahn-Bergstation ❷ auf einer Streckenlänge von 9250 m nach laufender Stoppuhr. Das Gepäck wird mit der Bahn hinaufbefördert. Auf einer Chipkarte werden drei Zwischenzeiten eingelesen. Die Resultate können die Läufer im Internet abrufen und mit denen von Top-Athleten vergleichen. Für Einsteiger gibt's den Topwalk auf der halben Strecke. Auskunft: Tel. 0 3 32 22 81 68; www.swisstopwalk.ch

Golf	Golfclub Interlaken	18-Loch-Anlage, Par 72, mit Driving Range; Ausrüstung kann ausgeliehen werden; Golfstunden nach Vereinbarung; Tel. 03 38 23 60 16; www.interlakengolf.ch
Rafting	Alpinraft, Interlaken	Auf verschiedenen Flüssen in der Region, in verschiedenen Schwierigkeitsgraden. Besonders zu empfehlen sind Touren auf der Weißen und der Schwarzen Lütschine. Auch einfache, familientaugliche Bootsfahrten sind möglich; Tel. 03 38 23 41 00; www.alpinraft.ch
Canyoning	Alpinraft, Interlaken	Die schluchtenreiche Landschaft des Berner Oberlandes lädt zum Canyoning ein. Besonders spektakulär ist die »Chli Schliere« mit extremen Wasserrutschen und Sprüngen, einfacher die »Zulg«. Tel. 0 3 38 23 41 00; www.alpinraft.ch
Mountainbiken	Große Scheidegg, Grindelwald	Ausgangspunkt: Große Scheidegg (1962 m, Zufahrt mit Grindelwaldbus) – Oberläger – First (2167 m) – Egg – Bort (1565 m) – Terrassenweg – Grindelwald (1050 m); schöne, einfach zu fahrende Strecke mit leichten Anstiegen und toller Abfahrt; geführte Touren bei der Bikeschule Berner Oberland; Tel. 03 38 22 84 92; www.mtbeer.ch
Trotti-Biken	Bergbahn Beatenberg	Auf dem Trottinett (Tretroller) auf zwei abwechslungsreichen Routen (6 und 12 km) ins Tal sausen. Vermietung Beatenberg-Niederhornbahn ❶, Mittelstation und Bergrestaurant; Tel. 03 38 41 08 41

Panoramafahrt über die Große Scheidegg

Von Interlaken aus geht die Fahrt mit dem Zug bis Grindelwald. Nun weiter mit dem Grindelwaldbus fast direkt am Gletscher vorbei hinauf zur Großen Scheidegg (1962 m) mit ihrem traumhaften Panoramablick. Über die Schwarzwaldalp (Umsteigen auf Postbus), vorbei an der Rosenlauischlucht (siehe auch Region Meiringen-Hasliberg, S. 360–361) führt die Straße nach Meiringen. Nun heißt es wieder umsteigen in den Zug. Am Ufer des Brienzersees entlang kommt man zurück nach Interlaken. Wer die Rundfahrt mit einem Höhepunkt beenden will, sollte in Brienz den Zug verlassen und mit dem Schiff nach Interlaken fahren. Die reine Fahrzeit beträgt 5 Std. (inkl. Schifffahrt), man kann aber an den Stationen Pausen einlegen. Die Fahrpläne von Zug, Postbus und Schiff sind perfekt aufeinander abgestimmt. Gefahren wird im Stundentakt ab Interlaken (7.35 bis 13.35 Uhr); Preis: 82,20 sfr; Tel. 03 38 54 16 16; www.grindelwaldbus.ch

Eine Traumtour ist diese Runde über die Große Scheidegg auch für gut trainierte Rennradfahrer. Die Straße ist durchweg asphaltiert.

ist nicht aus der Luft gegriffen. Ein babylonisches Sprachgewirr erhebt sich bei jedem spektakulären Ausblick. Und die gibt es am laufenden Band. Das Dreigestirn Eiger, Mönch und Jungfrau hat es gemeinsam mit dem Aletschgebiet sogar geschafft, in die Weltnaturerbe-Liste der UNESCO aufgenommen zu werden. Wer oben am Jungfraujoch aus dem Zug steigt, braucht in der Regel keine Berg-

Der Eiger mit seiner gefürchteten Nordwand, daneben der wesentlich zahmere Mönch

ausrüstung. Warme Kleidung und eine Sonnenbrille genügen vollauf. Denn die meisten lassen bereits nach zwei Stunden die eisige Bergwelt wieder hinter sich, kurzzeitig kehrt Ruhe ein.
Doch trotz des Rummels ist eine Eisenbahnfahrt aufs Jungfraujoch unbedingt zu empfehlen. Die Eindrücke beim Blick in die Eigernordwand und auf das Eismeer der Gletscher sind unvergesslich, auch wenn man mit Dutzenden anderen auf der verglasten Plattform steht. Und auch das Loch, das der happige Fahrpreis (172 sfr ab Interlaken) in die Brieftasche reißt, schmerzt weniger, nachdem man den unvergleichlichen Rundblick vom »Top of Europe«, wie die Schweizer das Jungfraujoch stolz nennen, genossen hat.

Eindrucksvoll wälzt sich der Gletscher vom Fiescherhorn Richtung Grindelwald.

Ausgangspunkt herrlicher Hochtouren

Nur wenige der täglich bis zu 2000 Touristen nutzen das Jungfraujoch als Ausgangspunkt für Hoch- und Gletschertouren oder Kletteraktionen. Wer sich hier alleine ins hochalpine Gelände wagt, muss auf eine umfassende alpine Erfahrung zurückgreifen können und die entsprechende Ausrüstung besitzen. Die Begleitung eines Bergführers ist allemal zu empfehlen. Die so gut sichtbare Eigernordwand bleibt allerdings nur den geübtesten und erfahrensten Bergsteigern vorbehalten. Nicht von ungefähr spielten sich dort jahrzehntelang Bergdramen und -triumphe ab. Zumindest in Bergsteigerkreisen sind die Erstbesteiger Anderl Heckmair, Wiggerl Vörg, Fritz Kasparek und Heinrich Harrer nach wie vor Berühmtheiten. Ihnen gelang es im Juli 1938, die Eigernordwand zu bezwingen. Von ihrem Mythos hat die Wand bis heute nichts verloren, und immer noch gehört sie für Bergsteiger zu den ganz großen Herausforderungen.

Von der Hotel- oder Restaurantterrasse in Grindelwald aus lassen sich die Kletterer am Eiger mit einem guten Fernglas bequem beobachten. Der Ort bewahrt auch in Zeiten des größten Andrangs seine charmante Mischung aus mondäner Luxuswelt und bodenständigem Bergbauerndorf. Selbst geografisch liegt der Ort zwischen zwei Welten. Im Süden prägen die mächtigen Wände von Eiger, Schreckhorn und Wetterhorn das Bild. Dazwischen

Fun & Family ✸✸✸✸✸

St.-Beatus-Höhlen Sundlauenen am Thunersee	Imposante Tropfsteinhöhlen mit Wasserfällen und prähistorischer Siedlung; kindgerecht aufbereitetes Museum; Tel. 03 38 41 16 43
Sommerrodeln Grindelwald	725 m lange Sommerrodelstrecke in idyllischer Umgebung auf der Pfingstegg; nach oben mit Bergbahn ⑤; Tel. 03 38 53 26 26
Mysterypark Interlaken	Echte und vermeintliche Geheimnisse der Menschheit werden mit viel High-Tech-Aufwand präsentiert; Tel. 03 38 27 57 62; www.mysterypark.ch
Kuhschnitzen Interlaken	Kuhschnitzen unter Leitung eines professionellen Holzbildhauers. Das selbst gefertigte Kunstwerk kann mitgenommen werden; Tel. 03 38 26 53 00
Aquabike Gunten	Mit dem Aquabike über die Wellen des Thunersees. Schwimmen sollte man können, Spezialausrüstung ist nicht nötig. Aquaspot, Gunten; Tel. 03 32 51 32 32; www.aquaspot.ch

TOP TIPP Greifvögel, die vor der Kulisse der finsteren Eigernordwand ihre Kreise ziehen – diese Attraktion kann man bei einem Besuch der **Greifvogelschau auf der Kleinen Scheidegg** ❸ erleben (z. B. mit der Bergbahn ❾ ab Lauterbrunnen erreichbar). Völlig frei werden Adler, Falken und andere Greifvögel in die Lüfte entlassen, wo sie ihre fantastischen Flugfähigkeiten unter Beweis stellen. Die halbstündigen Vorführungen vermitteln viel Wissenswertes sowohl über die natürliche Lebensweise, das Jagdverhalten und die außergewöhnlichen Sinne von Greifvögeln als auch über die jahrtausendealte Kunst der Falknerei. Vorführungen täglich um 13 und 15 Uhr.

»Spider Highway«
Spektakuläre Abseilaktion in den Schlund der Gletscherschlucht des Grindelwaldgletschers. Durchgeführt wird die atemberaubende Aktion vom Bergsteigerzentrum Grindelwald; Tel. 03 38 53 52 00

Hütten

Berghotel Faulhorn (2681 m)
Ungewöhnlich viel Komfort bietet dieser Klassiker auf der Spitze des Faulhorn. Fünf Doppel- und zwei Dreibettzimmer stehen neben den Lagerplätzen zur Verfügung. Die Gäste werden stilvoll mit gefüllten Waschschüsseln und einem Erfrischungstuch in den Zimmern empfangen. Zu erreichen über eine schöne Wanderung von der Bergstation First (2167 m) ❷; Zeit: ca. 2,5 Std.; Tel. 03 38 53 27 13

Glecksteinhütte (2317 m)
Geräumige, modern eingerichtete Hütte am Südwestfuß des Wetterhorn auf einem Felssporn in den Rasenhängen östlich des Grindelwaldgletschers. Spektakulärer Blick hinunter nach Grindelwald, vor allem nachts, wenn ein Lichtermeer das Tal erleuchtet; Ausgangspunkt: Hotel Wetterhorn (1228 m, mit Grindelwaldbus erreichbar); Zeit: ca. 3,5 Std.; Tel. 03 38 53 11 40

Lobhornhütte (1955 m)
Hütte mit Panoramablick auf Eiger, Mönch und Jungfrau hoch über dem Lauterbrunnental auf der Susalp. Einfach eingerichtet. Kleine Mahlzeiten. Frische Milch, Alpkäse und Mutschli (aromatischer Bergkäse) von der in Sichtweite gelegenen Alm. Ausgangspunkt: Lauterbrunnen, Station Grütschalp (1486 m) ❿; Zeit: ca. 3 Std.; Tel. 03 38 55 27 12

Schreckhornhütte (2529 m)
Ein faszinierender, aber sehr anspruchsvoller Steig führt hinauf zur Schreckhornhütte. Der Ausblick auf den Unteren Grindelwaldgletscher sowie die Felsabstürze des Eiger ist unvergleichlich. Nur für geübte Bergsteiger mit alpiner Erfahrung! Gipfelziele wie Schreckhorn (4078 m), Lauteraarhorn (4042 m) und Finsteraarhorn (4274 m) sind, das entsprechende Können vorausgesetzt, nur in Begleitung eines Bergführers zu empfehlen. Ausgangspunkt ist die Bergstation Pfingstegg (1391 m) ❺. Von dort über Stieregg, Pfingstegg und Rots Gufer zur Hütte. Zeit: ca. 5 Std.; Tel. 03 38 55 10 25

🇨🇭 JUNGFRAU-REGION UND INTERLAKEN

Auf dem Weg zum Wetterhorn bei Grindelwald

Zinnfigurenausstellung
Geschichte im Kleinformat: In etwa 130 Bildern werden mit den Zinnfiguren historische Szenen vom Altertum bis in die heutige Zeit dargestellt. Außerdem gibt es Gruppen mit den verschiedenen Schweizer Trachten zu sehen. Eindrucksvoll sind auch die Räumlichkeiten: Die Ausstellung befindet sich im Schloss Interlaken in Gemächern aus dem 15. Jh.; Tel. 03 38 23 13 32

zwängen sich der obere und der untere Grindelwaldgletscher durch enge Schluchten. Sie haben sich in den letzten 20 Jahren weit zurückgezogen und sind lange nicht mehr so bedrohlich wie einst, als der untere Grindelwaldgletscher wiederholt bis fast ins Dorf vorgestoßen war. Nördlich von Grindelwald wirken Faulhorn, Reeti und auch das Schwarzhorn, auf das ein Klettersteig führt, wie liebliche Voralpenhügel. Das Wandergebiet rund um den Bachsee ist auch für weniger Geübte gut begehbar, z. B. lockt die Höhenwanderung von der Bussalp zur Gipfelstation des First mit unvergesslichen Ausblicken. Grindelwald bietet auch für Sport- und Actionfreaks eine riesige Auswahl. Am spektakulärsten ist der Pendel- oder Bungeesprung in die Grindelwaldschlucht (Tel. 03 38 23 41 00; www.alpinraft.ch).

Bezauberndes Lauterbrunnental

Von ganz anderer Gestalt ist die Topografie des Lauterbrunnentals. Das U-förmige Trogtal wird gesäumt von senkrechten Felswänden, über die mehrere Wasserfälle stürzen. Einer der eindrücklichsten ist der Staubbachfall, überboten wird er nur noch von den Trümmelbachfällen, wo die Gletscherwasser von Eiger, Mönch und Jungfrau zu Tal rauschen. Wie für die meisten Sehenswürdigkeiten der Jungfrauregion gilt auch hier: Der Zugang ist so hergerichtet, dass sich selbst gänzlich Ungeübte sicher fühlen. Bei den Trümmelbachfällen gibt es sogar einen kurzen Lift, beim Gang in die Schlucht sind zumindest gute Turnschuhe zu empfehlen. Angesichts dieses ganz auf die touristische Massenabfertigung ausgerichteten Komforts geht leider viel vom Reiz verloren, ein faszinierendes Naturwunder für sich zu entdecken. Wer sich daran stört, macht am besten einen großen Bogen um die Trümmelbachfälle.
Ähnliches gilt für das mit einer kühnen Seilbahn erschlossene Schilthorn. Inzwischen auch als »Piz

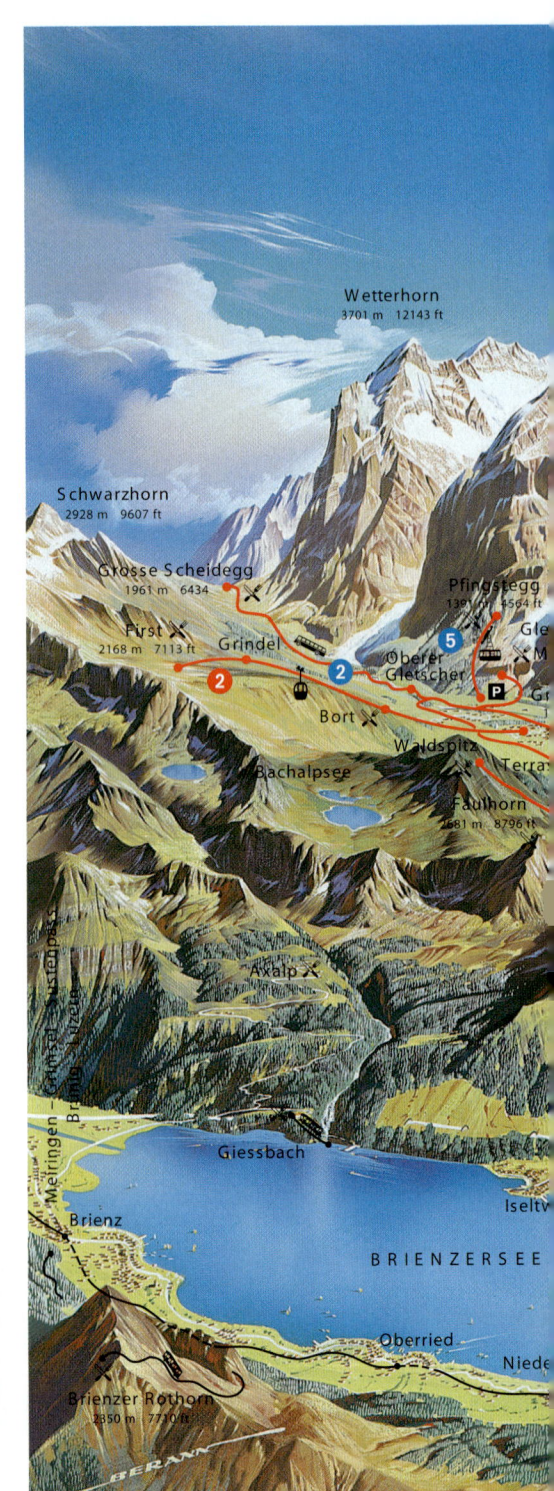

Der klassische Blick auf Eiger, Mönch und Jungfrau vom Wandergebiet Männlichen

Gloria« bekannt, gehört der Gipfel zum Standardprogramm jener, die sich für das Berner Oberland nicht allzu viel Zeit nehmen und nur das Wichtigste sehen möchten. Das Drehrestaurant auf dem Gipfel ist tatsächlich einmalig; weltberühmt wurde es 1969 als Kulisse für den James-Bond-Film »Im Geheimdienst Ihrer Majestät«.

Man kann das Schilthorn jedoch auch zu Fuß auf einer ziemlich anstrengenden, aber sehr reizvollen Wanderung erklimmen – das Essen oben wird dann sicherlich doppelt gut schmecken. Optimaler Standort für diese und viele weitere Touren ist Mürren, das wie Wengen auf einer herrlichen Sonnenterrasse liegt. Trotz der vielen spektakulären Anziehungspunkte für Touristenströme bietet die Jungfrauregion durchaus auch Alternativen für jene, die nicht die gewohnten Trampelpfade gehen möchten. Die herrliche Tour vom First hinunter zur Axalp über dem Brienzersee ist ein Beispiel für die vielen nur wenig begangenen Wanderrouten der Region.

Traumziele für Alpinisten

Schier unerschöpflich sind die Möglichkeiten, die die hochalpine Bergwelt rund um Jungfrau und Eiger geübten Bergsteigern bietet. Die Gipfel des Finsteraarhorn, des Großen Fiescherhorn oder Mönch sind Traumziele für jeden ambitionierten Bergsteiger mit der nötigen Erfahrung. Berghütten

Wanderkarten

Landeskarte der Schweiz, Blätter 1208 Beatenberg, 1228 Lauterbrunnen, 1229 Grindelwald, 1248 Mürren, 1249 Finsteraarhorn; 1:25000
Landeskarte der Schweiz, Wanderkarte Blätter 254 T Interlaken und 264 T Jungfrau; 1:50000

🇨🇭 JUNGFRAU-REGION UND INTERLAKEN

Das malerische Lauterbrunnental mit dem berühmten Staubbach-Wasserfall

ren, die in dieser hochalpinen Region lauern, auf keinen Fall unterschätzt werden. Beim leisesten Zweifel an den eigenen bergsteigerischen Fähigkeiten sollte man immer auf die Dienste eines Bergführers zurückgreifen, wie es schon die ersten gipfelorientierten Gäste taten. Der Beruf des Bergführers hat daher in der Jungfrauregion eine lange Tradition. Und der damals verarmten Bergbevölkerung eröffnete er plötzlich ganz neue Perspektiven. Bis heute wäre ohne Tourismus das gesamte Berner Oberland eine wirtschaftliche Krisenregion, in der die meisten Menschen zur Abwanderung gezwungen wären.

Das gilt auch für das touristische Zentrum Interlaken, das schon im 18. Jh. als Reiseziel entdeckt worden war. Heute bietet die Stadt alles, was das Gästeherz begehrt. Sie ist ein idealer Ausgangspunkt für Ausflüge ins Hochgebirge, liegt aber auch nah an den Gestaden von Thuner- und Brienzersee, die beide ausnehmend sauberes Wasser haben, das im Sommer sogar Badetemperatur erreicht. Das Angebot an Fun- und Actionsportarten in Interlaken ist schier unübersehbar. Ein sehr junges Publikum macht davon auch reichlich Gebrauch. Um den touristischen Nachwuchs braucht sich Interlaken somit jedenfalls keine Sorgen zu machen.

An anderer Stelle setzt man ebenfalls auf den Nachwuchs: Beatenberg, das hoch über dem Thunersee auf einer Sonnenterrasse thront, gibt sich ausgesprochen kinderfreundlich. In dem Dorf, das sich auf einer Länge von 7 km erstreckt, gehören Kinderwagen auf der auch als Flaniermeile genutzten Hauptstraße ebenso zum guten Ton wie Kinderlachen auf den Spielplätzen.

Schilthorn (2960 m)
James-Bond-Fans kennen den Berg als »Piz Gloria«, und natürlich vermarkten die Touristiker das Schilthorn auch unter diesem Namen, seit George Lazenby hier 1969 seinen großen Auftritt hatte. Selbst die »James-Bond-Bar« darf nicht fehlen. Spektakulär ist und bleibt das Drehrestaurant: Beim gemütlichen Essen gleiten vor dem Panoramafenster Eiger, Mönch und Jungfrau vorbei. Atemberaubend ist auch die 34-minütige Seilbahnfahrt von Stechelberg ⑫ aus auf das Schilthorn.

wie die Konkordiahütte, die in spektakulärer Lage hoch über dem Eisstrom des mächtigen Aletschgletschers thront, erleichtern zwar den Zugang zur Welt der Viertausender; trotzdem sollten die Gefah-

Wellness & Genuss ✺✺✺

TOP TIPP Mit der Eisenbahn ❸ ❹ oder ❾ mitten in die hochalpine Gletscherwelt von Eiger, Mönch und Jungfrau: Gegen zahlreiche Widerstände drückte Adolf Guyer Ende des 19. Jh. das wohl verrückteste Bergbahnprojekt aller Zeiten durch. Die Vollendung im Jahr 1912 erlebte er nicht mehr. Bis heute ist die **Reise aufs Jungfraujoch** (3454 m) ❹ die spektakulärste Eisenbahnfahrt der Schweiz geblieben – und wahrlich ein Genuss! Der Ausblick von den beiden in die Wand gehauenen Fenstern Eigerwand und Eismeer ist einmalig. Täglich gönnen sich bis zu 2000 Touristen, von denen viele aus Japan stammen, das Vergnügen, bequem und aussichtsreich weit über die Dreitausender-Grenze zu kommen. Auf dem Jungfraujoch gibt es zahlreiche Unterhaltungs-Angebote, vom Eispalast über Abseilaktionen bis zum Ski- und Snowboard-Park; www.jungfraubahn.ch

Wellness-Oase Grindelwald	Im Grindelwalder Sportzentrum kommen auch Nicht-Sportler auf ihre Kosten. In der Wellness-Oase stehen neben finnischer Sauna auch Sanarium (kreislaufschonende Sauna) und Dampfbad sowie ein Frischluftbereich zur Verfügung; Tel. 03 38 54 12 30
Grappa-Bar Grindelwald	108 verschiedene Grappa-Sorten reicht Salvatore Ponzio im Chalet-Hotel Steinbock in Grindelwald über die Theke, darunter so berühmte Schnäpse wie den »Nonino« aus dem Piemont. Fürs kulinarische Wohl sorgt zudem der Pizzabäcker, dem ein original italienischer Pizza-Holzofen zur Verfügung steht; Tel. 03 38 53 89 89
Naturstrandbad Burgseeli	Zwischen Enten und Seerosen im bis zu 25 °C warmen Wasser schwimmen kann man im idyllischen Naturstrandbad Burgseeli. Es liegt zwischen Goldswil und Ringgenberg, nur wenige Autominuten von Interlaken entfernt

Hotelempfehlungen

Grindelwald S. 715
Interlaken S. 716
Lauterbrunnen S. 716
Mürren S. 718
Wengen S. 721

Adressen & Bergbahnen

Landesvorwahl 00 41

Beatenberg (1200 m)	Tourist-Center Beatenberg; Tel. 03 38 41 18 18; E-Mail: info@beatenberg.ch; Internet: www.beatenberg.ch
Grindelwald (1050 m)	Grindelwald Tourismus; Tel. 03 38 54 12 12; E-Mail: touristcenter@grindelwald.ch; www.grindelwald.com
Interlaken (570 m)	Interlaken Tourismus; Tel. 03 38 26 53 00; E-Mail: mail@interlakentourism.ch; Internet: www.interlakentourism.ch
Lauterbrunnen (795 m)	Tourist Information Lauterbrunnen; Tel. 03 38 56 85 68; E-Mail: info@lauterbrunnen.ch; www.wengen-muerren.ch
Weitere Orte	**Iseltwald** www.iseltwald.ch • **Isenfluh** www.lauterbrunnen.ch • **Oberried** www.oberried.ch • **Ringgenberg** www.ringgenberg.ch • **Stechelberg** www.wengen-muerren.ch • **Wengen, Mürren** www.wengen-muerren.ch • **Wilderswil** www.wilderswil
Entfernungen	Hamburg 958 km; Berlin 1012 km; Köln 635 km; Frankfurt a. M. 473 km; Stuttgart 345 km; München 435 km

1. Beatenberg Niederhorn — Berg/Tal 34 sfr
2. Grindelwald First — Berg/Tal 50 sfr
3. Grindelwald Kleine Scheidegg — Berg/Tal 44 sfr
3. / 4. Grindelwald Jungfraujoch — Berg/Tal 154 sfr
5. Grindelwald Pfingstegg — Berg/Tal 17 sfr
6. Grindelwald-Grund Männlichen — Berg/Tal 50 sfr
7. Interlaken Harder Kulm — Berg/Tal 24 sfr
8. Isenfluh Sulwald — Berg/Tal 11 sfr
9. Lauterbrunnen Kleine Scheidegg — Berg/Tal 48,60 sfr
9. / 4. Lauterbrunnen Jungfraujoch — Berg/Tal 150,60 sfr
10. Lauterbrunnen Mürren — Berg/Tal 19,60 sfr
11. Mürren Allmendubel — Berg/Tal 12 sfr
12. Stechelberg Schilthorn — Berg/Tal 94 sfr
13. Wengen Männlichen — Berg/Tal 38 sfr
14. Wilderswil Schynige Platte — Berg/Tal 54 sfr

Siehe auch Preisteil S. 642

EVENTS

- **August:** Alphorntreffen auf der Alp Chüematte oberhalb von Beatenberg. Neben zahlreichen Alphornbläsern gibt es auch Jodler, Trachtengruppen, Fahnenschwinger und Schwyzerörgelispieler zu sehen und zu hören.

- **September:** »Molchnen« nennen die Grindelwalder die Verteilung des Alpkäse an die Bauern, deren Kühe die Milch dazu produziert haben. Zünftiges Fest auf der Großen Scheidegg (Zufahrt mit dem Grindelwaldbus).

Jungfrau-Marathon: Vom Brienzersee zur Eigernordwand führt der wohl spektakulärste Marathon Europas. 5000 bis 6000 Anmeldungsgesuche verzeichnen die Veranstalter jährlich, doch »nur« 3500 Läufer können aus Umweltgründen mit dabei sein. Entschieden wird der Lauf ab Kilometer 26, wenn die fast 2000 Höhenmeter bewältigt werden müssen. www.jungfrau-marathon.ch

Straßenatlas S. 788

Vom Gipfel des Niederhorn starten derweil zahlreiche Paraglider und Drachenflieger, um ihre Kreise über dem berühmten Victoria-Jungfrau-Hotel zu ziehen, bevor sie in Interlaken zur Landung ansetzen. Der höchste Startplatz der Region liegt aber auf dem Gipfel des Schilthorn: Wer sich hier mit dem Paraglider in die Lüfte wagt, fliegt direkt hinein in die spektakuläre Kulisse von Eiger, Jungfrau und Mönch. Trägt die Thermik den Gleitschirm gut in die Höhe, kann der Pilot vielleicht unten erkennen, wie winzig klein sich die Touristen aus aller Welt auf der Kleinen Scheidegg drängen, um für kurze Zeit die faszinierende Welt des Hochgebirges hautnah erleben zu können.

Vom Thunersee aus lassen sich Eiger, Mönch und Jungfrau bequem bestaunen.

MERINGEN UND HASLIBERG
BERNER OBERLAND

ACTION & SPORT
WANDERN & BERGTOUREN
FUN & FAMILY
WELLNESS & GENUSS

Urlaub zwischen Susten- und Grimselpass

Mit Meiringen und Hasliberg warten zwei traditionsreiche Kurorte auf – und zwei hervorragende Ausgangspunkte für alle möglichen Urlaubsaktivitäten: Wer es gemütlich mag, genießt atemberaubende Ausblicke bei der Fahrt über kurvige Passstraßen. Den kulturell Interessierten locken Museen oder die Meiringer Musikfestwochen, und auch Aktivurlauber kommen auf ihre Kosten, etwa beim Klettern an Engelhörnern und Wendenstöcken.

Wanderkarten

Landeskarte der Schweiz; Blätter 265 T Nufenenpass und 255 T Sustenpass, 1:50000
Landeskarte der Schweiz; Blätter 1209 Brienz, 1210 Innertkirchen, 1211 Meiental, 1229 Grindelwald, 1249 Finsteraarhorn, 1250 Ulrichen; 1:25000

Hütten

Hotel Rosenlaui (1328 m)
Das sehr geschmackvoll restaurierte Jugendstilhaus aus dem Jahr 1904 liegt am Fuß der Rosenlauischlucht und ist eigentlich keine Berghütte, bietet jedoch wie eine Hütte ein Touristenlager und dazu eine sehr gute, einfache Küche. In den 1950er Jahren genoss Tensing Norgay (Erstbesteigung des Mount Everest 1953 zusammen mit Edmund Hillary) hier eine Kletterausbildung. Mit dem Auto direkt erreichbar; Tel. 03 39 71 29 12

Lauteraarhütte (2393 m)
Schon seit 1843 steht hier eine Berghütte. Das heutige Haus ist bis auf einen Küchenumbau noch im Originalzustand des Neubaus von 1931 erhalten. Die Lauteraarhütte liegt in einem Jagdbanngebiet, und nachts trauen sich Gämsen manchmal bis zur Hütte vor; vom Grimselpass aus in ca. 4 Std. erreichbar; Tel. 03 39 73 11 10

ADAC *der perfekte Urlaubstag*

9 Uhr: Fahrt mit der Dampfbahn ❶ auf das Brienzer Rothorn
12 Uhr: Wanderung durch die Aareschlucht
16 Uhr: Besuch des Sherlock-Holmes-Museums in Meiringen
21 Uhr: Übernachtung im Grandhotel Giessbach in Brienz (www.giessbach.ch)

Beim Alpabzug in der Rosenlaui werden die Kühe prächtig herausgeputzt.

Die drei Alpenpässe Brünig, Susten und Grimsel bilden die natürlichen Grenzen der Region um Haslital und Gadmental, die damit ein idealer Ausgangspunkt für Motorradfahrer und Pässefreaks ist. Im Westen begrenzt der Brienzer See die Ferienregion. Den ersten Abstecher in die Berge kann man von hier aus ganz besonders stilvoll und romantisch gestalten: mit der Brienzer Rothornbahn, der ältesten Dampfzahnradbahn der Schweiz, die seit 1892 von Brienz aus bis auf das Brienzer Rothorn hinaufschnauft und dabei rund 1800 Höhenmeter überwinden muss.

Nicht weit entfernt liegen die touristischen Zentren der Region am Fuße eines weiträumigen, mit Seil-

Adressen & Bergbahnen — Landesvorwahl 00 41

Urlaubsregion	Tourist Information **Meiringen-Haslital**; Tel. 03 39 72 50 50; E-Mail info@alpenregion.ch; www.alpenregion.ch	❶ Brienz Brienzer Rothornbahn Berg/Tal 72 sfr
		❷ Handegg Gelmersee Berg/Tal 25 sfr
Orte	**Brienz · Gadmen · Guttannen · Innertkirchen · Meiringen · Hasliberg · Hofstetten · Schwanden · Schattenhalb**	❸ Hasliberg/Mägisalp Planplatten Berg/Tal 40 sfr
		❹ Hasliberg/Reuti Bidmi/Mägisalp Berg/Tal 26 sfr
		❺ Hasliberg/Wasserwendi Käserstatt Berg/Tal 26 sfr
Entfernungen	Hamburg 954 km; Berlin 961 km; Köln 631 km; Frankfurt a. M. 469 km; Stuttgart 326 km; München 416 km	❻ Meiringen Hasliberg/Reuti Berg/Tal 8,40 sfr

Siehe auch Preisteil S. 642

Wandern & Bergtouren

TOP TIPP Vom Hotel Steingletscher (1865 m) an der Sustenpassstraße führt ein guter Wanderweg zum eiskalten, milchig trüben **Steinsee** ①, der erst vor wenigen Jahrzehnten entstanden ist. In einem Becken hat sich die Gletschermilch (so nennt man das Wasser, das aus der Eismasse des Steingletschers rinnt) gesammelt. Die trübe Farbe des Sees stammt vom eingeschwemmten Geschiebematerial des Gletschers. Der Gletscherzunge sollte man fern bleiben – ein Eisabbruch kann gefährlich werden. Auch den Gletscher dürfen nur erfahrene Alpinisten betreten. Der gut markierte Gletscherweg führt hingegen gefahrlos vom Ende des Gletschers in westlicher Richtung zum Steinboden, wo sich eine ganze Reihe weiterer kleiner Seen befindet. Der größte, der **Seebodensee** (2042 m), hat als Einziger einen Namen. Über die Alp Hublen geht es wieder hinunter zum Hotel Steingletscher; leichte Wanderung; Zeit: ca. 5 Std.

Gross Rychenbach (1575 m) Leichte Wanderung durch idyllische Almlandschaft	Ausgangspunkt: Kaltenbrunn bei Meiringen (Bushaltestelle, 1223 m); Hohbalm (1354 m) – Chli Rychenbach (1649 m) – Gross Rychenbach – Girmschenegg (1432 m) – Hotel Rosenlaui (1328 m, Bushaltestelle); Zeit: ca. 4 Std.; Einkehr: Hotel Rosenlaui
Sätteli (2178 m) Beeindruckender Höhenweg mit steilem Abstieg ins Gadmental	Ausgangspunkt: Engstlenalp im Gental (Bushaltestelle, 1834 m); Bäregg (1924 m) – Sätteli – Tällihütte (1720 m) – Furen bei Gadmen (1149 m); Zeit: ca. 5 Std.; Einkehr: Hotel Engstlenalp, Tällihütte
Sidelhorn (2764 m) Anspruchsvolle Gipfeltour am Grimselpass	Ausgangspunkt: Grimselpasshöhe (Bushaltestelle, 2165 m); Husegghütte (2441 m) – Ostgrat – Sidelhorn – Triebtenseelicke (2639 m) – Jostsee (2419 m) – Chrizegg (2353 m) – Grimselpasshöhe; Trittsicherheit und Schwindelfreiheit unbedingt notwendig; Zeit: ca. 4 Std.; Einkehr: Grimselpass, Husegghütte

bahnen gut erschlossenen Wandergebiets: Meiringen und Hasliberg. Dass der Fremdenverkehr hier eine lange Tradition hat, bezeugen die prächtigen Hotelbauten aus der Belle Epoque. Einer der schönsten ist das Grandhotel Giessbach nahe der berühmten Giessbachfälle. Ebenso bekannt sind die Reichenbachfälle. Hier ließ Sir Arthur Conan Doyle seinen Meisterdetektiv Sherlock Holmes ein tragisches Ende finden. An die berühmte literarische Figur erinnert in Meiringen das Sherlock-Holmes-Museum, in dem unter anderem eine genaue Nachbildung von Holmes' Wohnzimmer zu besichtigen ist (www.sherlockholmes.ch). Räumlichkeiten ganz anderer Art sind im Freilichtmuseum Ballenberg zu besichtigen, wo über 90 originale, jahrhundertealte Schweizer Häuser und Höfe aufgebaut wurden (Tel. 03 39 52 10 30; www.ballenberg.ch).

Gipfel – Grotten – Gletscherschlucht

Landschaftlich besonders reizvoll sind das obere Haslital und das Gadmental. Die Hänge sind wenig besiedelt und locken mit herrlichen Wandergelegenheiten. Die Grimselregion, die Wendenstöcke und die Engelhörner sind zudem Kletterparadiese ersten Ranges.
Unbedingt besuchen sollte man die Kristallgrotte Gerstenegg, die im Zuge der Bauarbeiten für die Grimsel-Stauseen entdeckt wurde, und die wilde Gletscherschlucht Rosenlaui.
Die Menschen im Haslital leben heute neben dem Tourismus vor allem von der Elektrizitätswirtschaft. Die sieben Stauseen der Region sind der sichtbare Beweis dafür. Auf heftigen Protest bei Naturschützern stieß der geplante Bau einer zusätzlichen Staumauer am Grimselsee. Im Wasser versunken wäre dann nicht nur das Grimsel-Hospiz, sondern auch der höchstgelegene Arvenwald der Berner Alpen und zwei Hochmoore. Inzwischen sind die Baupläne – zumindest vorläufig – auf Eis gelegt.

EVENTS

- **Juli:** Nidleten – Bewertung der Milchleistung der Almkühe auf der Mägisalp (bei der Bergstation der Bergbahn Meiringen/Hasliberg ⑥), verbunden mit einem großen Folklorefest
- **Juli/August:** Musikfestwochen – Seit 1960 treffen sich jeden Sommer Musikliebhaber in der Michaelskirche in Meiringen zu Konzerten, die durch ihre Qualität beeindrucken.

Aareschlucht
Zwischen Meiringen und Innertkirchen hat die Aare eine 1400 m lange Schlucht in den Fels gegraben. Bis zu 180 m steigen die Wände rechts und links des türkisfarbenen Wassers an. Am Fels entlang windet sich ein Pfad, auf dem sich die ganze Faszination dieses Naturschauspiels hautnah erleben lässt. Dauer: ca. 40 Min.; Tel. 03 39 71 40 48, www.aareschlucht.ch

Kuh-Leasing
Für 255 € plus 28 Cent »Melklohn« pro Liter kann man eine Kuh einen Sommer auf der Tschingelfelder Alp weiden lassen. Erwartet wird ein halber Arbeitstag auf der Alp. Dafür gibt es im Herbst einen Laib Alpkäse. Tel. 03 39 51 31 60, www.kuhleasing.ch

Hotelempfehlungen
Meiringen S. 717

Straßenatlas S. 789

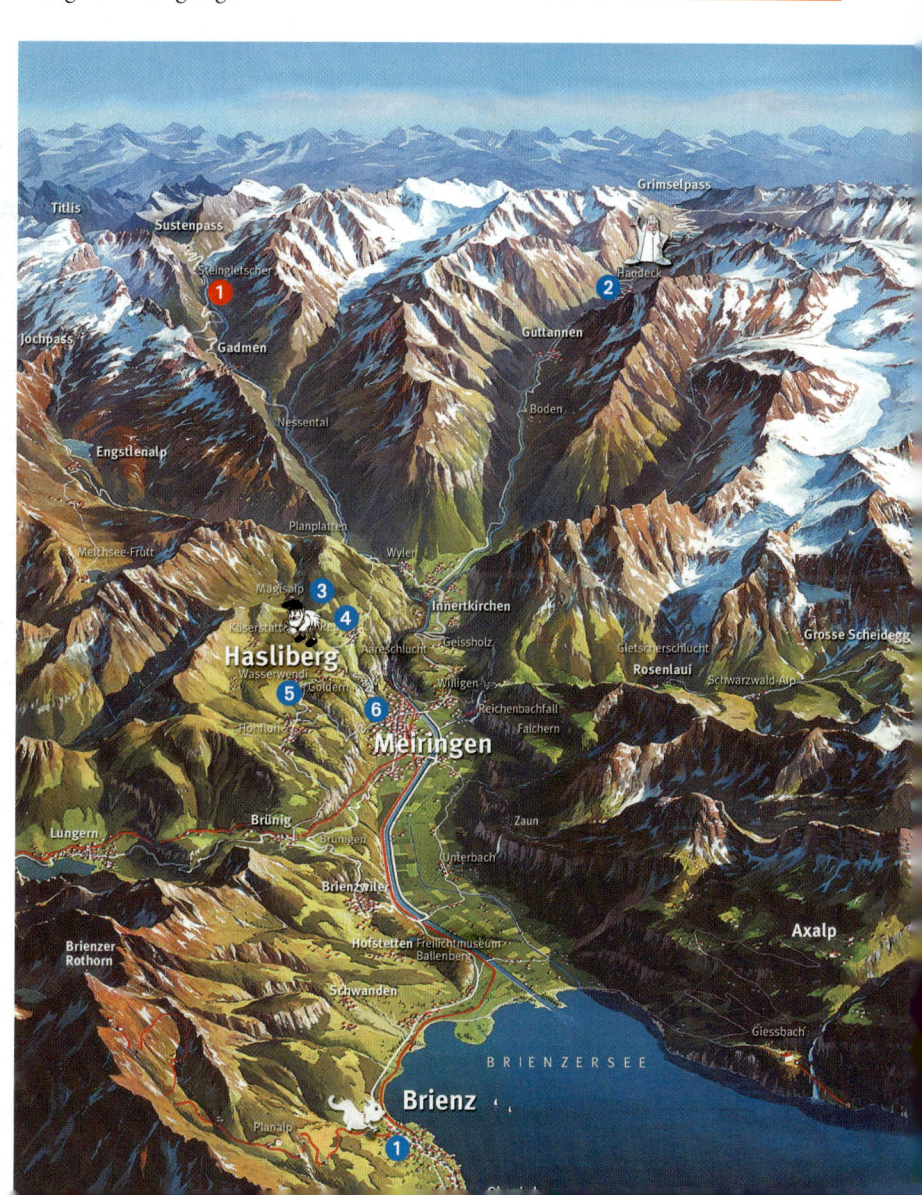

LES PORTES DU SOLEIL
WALLIS

Liebliche Täler, gesäumt von grünen Bergflanken, dominieren große Teile der Region. Hier der Blick auf Chatel im französischen Teil der »Portes du Soleil«

ACTION & SPORT

WANDERN & BERGTOUREN

FUN & FAMILY

WELLNESS & GENUSS

Wasser, Wein und Wanderungen

Südlich des Genfer Sees erstreckt sich die historische Landschaft des Chablais über sanfte Hügel bis hin zu schroffen Gipfeln. Zu den Trümpfen dieser Region zählen der Wassersport, Kurorte und ein kleines, aber renommiertes Weingebiet, das immer wieder mit großen Namen auf sich aufmerksam macht. Südwestlich von Monthey dominieren Berge und Seen und schaffen ein für Wanderer, Mountainbiker und Naturgenießer überaus attraktives Ziel.

ADAC – der perfekte Urlaubstag

- **10 Uhr:** Besuch des Schiffsmuseums »Musee des barques et des traditions du Leman« in St-Gingolph
- **12 Uhr:** Mittagessen in der Villa Eugénie in St-Gingolph (Tel. 02 44 81 21 76)
- **14 Uhr:** Schifffahrt oder eine Runde Segeln auf dem Genfer See
- **18 Uhr:** Abendspaziergang am Seeufer
- **20 Uhr:** Theaterbesuch im »Theatre du Crochetan« in Monthey

Ein Blick auf die Landkarte zeigt, dass Wasser in dieser Gegend ein prägendes Element sein muss. Der Schweizer Anteil am Chablais, dessen Name sich von der lateinischen Bezeichnung »Capus Laci« (Ende des Sees) ableitet, beginnt am Ufer des Genfer Sees, wo sich das Rhône-Delta erstreckt. Sanfte Hügel kennzeichnen diese voralpine Landschaft, in der geschätzte Schweizer Weißweine produziert werden, allen voran der Aigle. Ihr guter Ruf hat vielleicht auch mit ihrer Seltenheit zu tun: Das Chablais verfügt nur über knapp 600 ha Rebfläche.

Wer sich der Region vom Genfer See her nähert, stößt zunächst auf Le Bouveret, das sich als Badeort großer Beliebtheit erfreut. Dort lockt der aus Rutschbahnen, Urwald, Wellenbad und künstlichen Wasserfällen bestehende »Aquaparc« direkt am See. Segelschulen bieten Kurse an, und wer das Binnengewässer an Bord eines Katamarans erkunden will, ist hier ebenfalls an der richtigen Adresse.

Etwas weiter westlich am Seeufer befindet sich St-Gingolph, das einst Zentrum für den Seeschiffbau war. Das Städtchen gehört ebenso wie die Region Chablais/»Les Portes du Soleil« gleichzeitig zu Frankreich und der Schweiz. An die Vergangenheit als Schiffbauzentrum erinnert heute noch das »Musee des barques et des traditions du Leman«. 34 Modellschiffe, Kähne und Segelboote lassen hier die Geschichte des Seehandels vom Spätmittelalter bis in die heutige Zeit lebendig werden. Gleichzeitig bietet das Museum einen Einblick in die früheren Lebensverhältnisse der Bevölkerung, die ihr knappes Einkommen durch Arbeit im Wald und am Wasser erwirtschaften musste (Tel. 02 44 82 70 22; www.st-gingolph.ch/musee).

Wandern & Bergtouren

TOP TIPP

Die »**Tour des Dents du Midi**« ❶ ist eine ca. 42 km lange Bergtour, die in mittlerer Höhe das Bergmassiv der Dents du Midi (3275 m) umrundet. Gestartet werden kann die Rundtour an mehreren Punkten; häufig wird als Ausgangspunkt Champéry (1053 m) gewählt. Von dort geht es über die Hütten Buvette de Bonavau (1550 m) und Cabane du Susanfe (2102 m) an der Südseite der Dents du Midi vorbei. Der Weg zum Col du Jorat (2210 m) führt vorbei am Lac de Salanfe (1925 m) und gilt als der Höhepunkt der Wanderung. Über Mex (1118 m), Chindonne (1404 m) und die Cabane d'Anteme (2032 m) schließt sich der Kreis der Wanderung. Gewöhnlich plant man für die Tour 3 oder 4 Tage Zeit ein (5–7 Std. durchschnittliche Wanderzeit pro Tag) und übernachtet in den schönen Hütten am Weg. Informationen über die Tour und Führungen über: Chablais Tourisme; Tel. 02 44 71 12 12; www.chablais.info

Lac de Tanay (1408 m) Leichte Wanderung zu herrlichem Bergsee	Ausgangspunkt: Miex (849 m) oberhalb von Vouvry (387 m); Vésenand (970 m) – Prélagine (1539 m) – La Suche – Lac de Tanay – Tanay (1415 m) – Le Flon (1049 m) – Miex; Zeit: ca. 4–5 Std.; Einkehr: in Vésenand und Tanay
Tour de Don (1998 m) Aussichtsreiche Wanderung in den Portes du Soleil	Ausgangspunkt: Torgon (1085 m), oberhalb von Vionnaz (392 m); Plan du Croix (1420 m, bis hierher Anfahrt mit Auto möglich) – Col du Croix (1803 m) – Abstecher möglich zum Chalet Mouet (1744 m) – Tour de Don; Rückweg auf der gleichen Route; der »Balkon des Chablais«, wie diese Gegend unweit des Genfer Sees auch genannt wird, bietet eine grandiose Aussicht auf Montblanc und Genfer See; mittelschwere Tour; Zeit: ca. 3 Std.; Einkehr: in Torgon, Chalet Mouet
Themenpfad »Berge du Vieux-Rhône« Leichter Ausflug für die ganze Familie	Ausgangspunkt: Lavey (444 m); gut ausgeschildert entlang der kieferbestandenen Ufer der Rhône zum Endpunkt am Damm von Evionnaz (469 m); Rückweg auf gleicher Route oder per Bus; die ökologischen Besonderheiten am Weg werden auf informativen Tafeln erläutert; Zeit: ca. 2 Std.; Einkehr: in Lavey und Evionnaz

Wellness & Genuss

TOP TIPP

Die traditionsreiche **Thermal-Anlage in Lavey-les-Bains** ❷ bietet zum einen das heißeste Thermalwasser der Schweiz, zum anderen erfüllt sie u. a. mit Innen- und Außenbecken, Sprudelliegen, Wasserfällen, Massagedüsen und Strömungskanal sowie zahlreichen zusätzlichen Wellness-Möglichkeiten alle Wünsche auch verwöhnter und anspruchsvoller Kurgäste. Es gibt ein reichhaltiges Angebot an verschiedenen Massagen; Thermalbad, orientalisches Bad und nordischer Pavillon mit Sauna und Kaltwasserwanne; außerdem Schlankheitskuren, Hydrotherapie, Reha-Zentrum, angeschlossenes Grand-Hotel; Tel. 02 44 86 15 55; www.lavey-les-bains.ch

Thermes Parc Val d'Illiez	In den verschiedenen Thermalbecken kann man sich bei 27–33 °C Wassertemperatur prächtig erholen. Außerdem gibt es Antistress-Massagen und ein gutes Restaurant; an Samstagen chinesische Massage nach Vereinbarung; Tel. 02 44 77 20 92; www.thermes-parc.com
Theatre du Crochetan Monthey	Das Theater bietet Kulturgenuss in höchster Qualität. Dabei ist die Bandbreite des Programms enorm: Sie reicht von klassischem Theater über Musik- und Tanzdarbietungen bis hin zu Varieté und Kabarett. Wert gelegt wird darauf, ein Programm für Besucher aller Altersgruppen anzubieten; Tel. 02 44 75 79 11; www.crochetan.ch
Schifffahrt auf dem Genfer See	Die »Croisière du Haut-Lac supérieur« ist eine Mini-Kreuzfahrt, bei der vom See aus u. a. St-Gingolph, Vevey, Montreux und das Schloss Chillon zu bewundern sind. Während der Reise kann man in den angelaufenen Häfen nach Belieben von Bord gehen und die Fahrt später fortsetzen. Die Route wird im Sommer täglich angeboten. Die Fahrt dauert 2 Std. (ohne Zwischenstopps); Start: ab 9 Uhr in Le Bouveret; das letzte Boot kehrt etwa um 19 Uhr nach Le Bouveret zurück; Tel. 08 48 81 18 48; www.cgn.ch

---

EVENTS

- Juni: Bol d'Or; traditionsreiche Segelregatta, die von Genf nach Le Bouveret führt
- PassPortes du Soleil; internationales Mountainbike-Rennen durch weite Teile der Region
- August: Flaneries Musicales; Festival klassischer Musik in Champéry

Hütten

Refuge de Chésery (1980 m)
Die einfache Berghütte liegt ca. 150 m vom Lac Vert entfernt. von Les Crosets (1686 m, bei Champéry) in ca. 1 Std. zu erreichen; Tel. 02 44 79 35 11

Cabane de Susanfe (2102 m)
Die SAC-Hütte ist ein guter Ausgangspunkt für Bergtouren im Gebiet der Dents du Midi. Zustieg von Champéry in ca. 3–4 Std.; Tel. 02 44 79 16 46

Ziegenfarm

Die Wanderung zur Ziegenfarm auf 1718 m, oberhalb von Val d'Illiez, dauert von Le Crosets (1668 m) aus ca. 3 Std. Man nimmt am besten Proviant mit, um zwischendurch eine Picknick-Pause einzulegen. Die »Ferme à Gaby« ist ein Bauernhof, auf dem Ziegen gehalten werden, aus deren Milch der hausgemachte Ziegenkäse hergestellt wird. Gaby betreibt ein Restaurant mit Terrasse und Blick auf die Dents du Midi. In Champoussin; Tel. 02 44 77 22 22; www.chezgaby.ch

Aquaparc

Ein Spaßbad der Superlative: Rutschbahnen, Urwald, Wellenbad und Wasserfälle erwarten den Besucher in Le Bouveret; versprochen wird nichts weniger als ein Ambiente wie in der Karibik – und das direkt am Genfer See! Ein Kindergarten sowie ein Fitness-Club runden das vor allem für Familien äußerst einladende Angebot ab; Tel. 02 44 82 00 00; www.aquaparc.ch

🇨🇭 LES PORTES DU SOLEIL

Wasser prägt den Tourismus auch im Hinterland des Chablais, allerdings in ganz anderer Erscheinungsform: Hier sprudeln zahlreiche heiße Quellen, was die Region zu einer gern besuchten Thermalgegend macht. Im Schweizer Abschnitt besitzt Lavey-les-Bains die mit 70 °C heißeste Thermalquelle des Landes; 1831 wurde sie erstmals für Heilzwecke angezapft. Wenn sich das Wasser in die Becken der Kuranlage ergießt, beträgt die Temperatur allerdings nur noch angenehme 35 °C. Im Val d'Illiez stellte man erst nach einem Erdbeben im Jahr 1946 fest, dass unter der gleichnamigen Ortschaft Wasser mit Heilwirkung fließt. Wo sich heute das Thermalbad erhebt, schmolz damals der Schnee in Rekordzeit; außerdem sprudelte Wasser an die Oberfläche. Man stieß bei Nachforschungen auf drei Quellen, die Schwefel, Kalk, Fluor und Magnesium enthalten. Dank dieser Vielfalt, der hohen Thermalwasserqualität und der frischen Bergluft erfreut sich der Kurort größter Beliebtheit. Aber auch Sportler kommen in den »Portes du Soleil« zwischen Val d'Illiez und Val de Morgins auf ihre Kosten: Vor allem für Mountainbiker und Wanderer bietet die Region zahlreiche Tourenmöglichkeiten. 380 km ausgeschilderte Strecken sind rekordverdächtig, und auch die insgesamt 800 km Wanderwege lassen kaum Wünsche offen.

Zauberhafte Bergseen als Wanderziele

Doch zurück zum Wasser, das auch die alten Mühlen von Troistorrents im Val d'Illiez zum Laufen brachte. Die auf das 15. Jh. zurückgehenden Bauwerke wurden überholt und erstrahlen in der Nacht dank künstlicher Beleuchtung. Dort kann sich der Besucher nicht nur über Technik und Geschichte der Mühle informieren, es erwartet ihn auch eine Ausstellung historischer Möbel und Werkzeuge.

Genfer See mit Schloss Chillon und den Dents du Midi...

...denen man sich wandernd nähern kann

Südlich des Val d'Illiez schwingt sich die Region durchaus zu respektablen Bergen und alpinem Ambiente auf. Mit 3275 m sind die Dents du Midi die höchste Erhebung des Chablais auf Schweizer Seite. Wasser ist aber auch hier von großer Bedeutung: Naturliebhaber und Wanderer finden in den höher gelegenen Abschnitten des Chablais zahlrei-

Mountainbiken

Für Mountainbiker ist das Gebiet ein Dorado: nicht nur, dass insgesamt 380 km Mountainbike-Wege ausgeschildert sind. Es gibt darüber hinaus mehrere unterschiedlich anspruchsvolle Downhill-Strecken, einen 4-Cross-Parcours und Trial-Sektionen. Die Bergbahnen sind auf den Transport der Räder eingerichtet; wer möglichst viel bergab fahren möchte, sollte sich einen Tagespass für alle Lifte und Bahnen in den »Portes du Soleil« kaufen; Infos: www.bikepark.ch; www.portesdusoleil.com

Swiss Vapeur Parc

Freunde von Dampflokomotiven kommen hier am Ufer des Genfer Sees auf ihre Kosten. An der Rhône-Mündung, am Rande des Seehafens von Le Bouveret, befindet sich eine der schönsten Miniatur-Bahnstrecken Europas. In einer großen, gepflegten Parkanlage laden Dutzende Dampflokomotiven zu einer Reise ins Reich der Eisenbahnen ein. Tel. 02 44 81 44 10; www.swissvapeur.ch

Hotelempfehlungen

Champéry S. 713
Morgins S. 718
Val-d'Illiez S. 721

Wanderkarten

Landeskarte der Schweiz; Blätter 262 Rochers de Naye, 271 Chablais, 272 St-Maurice, 282 Martigny; 1:50000

Adressen & Bergbahnen — Landesvorwahl 00 41

Urlaubsregion	**Chablais** Tourisme; Tel. 02 44 71 12 12; E-Mail: info@chablais.info; www.chablais.info **Portes du Soleil**; Tel. 00 33 (0)4 50 73 32 54; E-Mail: info@portesdusoleil.com; www.portesdusoleil.com	
Champéry (1053 m)	Champéry tourisme; Tel. 02 44 79 20 20; E-Mail: info@champery.ch; www.champery.ch	
Monthey (406 m)	Office du Tourisme; Tel. 02 44 75 79 63; E-Mail: monthey.tourisme@bluemail.ch; www.monthey.ch	
St-Gingolph (386 m)	Office du Tourisme; Tel. 02 44 81 84 31; E-Mail: office@st-gingolph.ch; www.st-gingolph.ch	
Val d'Illiez (948 m)	Val d'Illiez – Les Crosets – Champoussin Tourisme; Tel. 02 44 77 20 77; E-Mail: ot.illiez@chablais.info; www.valdilliez.ch	
Weitere Orte	**Champoussin** • **Chatel** www.chatel.com • **Evionnaz** www.evionnaz.ch • **Le Bouveret** www.bouveret.ch • **La Chapelle** www.valdabondance.com • **Les Crosets** • **St-Maurice** • **Torgon** www.torgon.ch • **Troistorrents** www.troistorrents.ch • **Vionnaz** • **Vouvry**	
Entfernungen	Hamburg 1026 km; Berlin 1080 km; Köln 704 km; Frankfurt a. M. 541 km; Stuttgart 456 km; München 552 km	

① Champéry — Planachaux — Berg/Tal 15 sfr
② Champoussin — Aiguille des Champeys — Berg/Tal 12 sfr
③ Les Crosets — Pointe des Mossettes — Berg/Tal 10 sfr
④ Les Crosets — Crosets II — Berg/Tal 6 sfr
⑤ Morgins — La Foilleuse — Berg/Tal 12 sfr
⑥ Torgon — Tronchey — Berg/Tal 10 €

Siehe auch Preisteil S. 643

Wasserspiele: das Thermalbad von Val d'Illiez

che Bergseen, wobei der Lac de Salanfe am südlichen Fuße der Dents du Midi und der Lac de Tanay zu den bekanntesten Gewässern zählen. Von dort aus führen Wandertouren in eine abwechslungsreiche und ursprüngliche Bergwelt. Der Lac de Tanay liegt inmitten eines 1500 ha großen Naturschutzgebiets mit reicher Flora und Fauna, bis in den Herbst hinein ist er ein beliebtes Ausflugsziel. Auf 1980 m schließlich funkelt der smaragdgrüne Lac Vert, von dessen Ufern die alpine Landschaft bewundert werden kann.

Und noch einmal dreht sich alles ums Wasser: Durch das Val d'Illiez stürzt die Vieze ungestüm hinunter nach Monthey. Um sie trockenen Fußes zu überqueren, erbauten die Menschen im Mittelalter eine Holzbrücke, die den Wasserlauf noch heute überspannt. Wer sein Geschick auf Wildwasserströmen testen will, kommt ebenfalls auf seine Kosten: Auf einem 8 km langen Rhône-Abschnitt zwischen Aigle und Le Bouveret ist River-Rafting ein spannendes Erlebnis – man kann bis in den Genfer See hinein fahren.

Restaurants

»Chez Coquoz«
Das Restaurant in Champéry ist eine der beliebtesten Adressen der Feinschmecker aus der Schweiz und Frankreich. Von der Sonnenterrasse auf 1800 m genießt man eine herrliche Aussicht auf die Dents du Midi, Dents Blanches und den Glacier du Ruan. Die Vinothek Coq'o'Vin bietet Weindegustationen und zählt fast 40 Walliser Rebarten und 150 Weinsorten. Spezialitäten: Speisen mit Alpenkräutern, Blumen und Pilzen; Fondues, Walliser und französische Küche;
Tel. 02 44 79 12 55

Straßenatlas Siehe S. 787

LEYSIN – LES MOSSES
WALLIS

Über den Dingen stehen: Oberhalb von Leysin, im Gebiet der Diablerets, genießen Wanderer den fantastischen Blick auf die Kette der Dents du Midi.

ACTION & SPORT

WANDERN & BERGTOUREN

FUN & FAMILY

WELLNESS & GENUSS

Käse, Kunst und Klettersteige

In der warmen Jahreszeit locken die drei »Berggeschwister« der Waadtländer Alpen mit üppigen Naturreizen und ergänzen sich dabei perfekt. Stehen in Leysin Sport und Action im Vordergrund, zieht Les Mosses Bergwanderer magisch an. Der Gletscher von Les Diablerets ist ein ideales Ziel für Skifahrer, die es auch im Sommer nicht lassen können. Außerdem ist das Angebot für Familien und Kulturinteressierte groß, und einen berühmten Käse gibt es in der Region auch noch.

Nur 25 km Distanz liegen zwischen den Ufern des Genfer Sees und den Gipfeln der Diablerets-Gruppe, und doch ist die Welt in den von Gletschern gekrönten Waadtländer Alpen ganz anders als am palmengesäumten Seeufer. Leysin war früher als Kurort bei Erkrankungen der Atemwege beliebt. Heute verfügt es mit seinen knapp 2000 Einwohnern über eine Sport-Infrastruktur, die andere Ziele vor Neid erblassen lässt. Die Eislaufhalle von Leysin wird auch im Sommer betrieben, neben den Möglichkeiten, Squash und Tennis zu spielen, schwimmen zu gehen oder sich an einer künstlichen Kletterwand zu versuchen, kann Leysin zudem einen Fitness-Club vorweisen. Rund um den Ort entstand für Bergwanderer und Mountainbike-Anhänger ein hervorragendes Wegenetz, Klettersteiggeher können ihr Geschick in einer »Via Ferrata« durch die steilen Felswände an der Westseite des Tour d'Ai unter Beweis stellen. Auch Canyoning und Rafting werden angeboten. Spektakulär

ADAC *der perfekte Urlaubstag*

- **9 Uhr:** leichte Wanderung von Les Mosses zur Alpkäserei Lioson d'en Bas. Zuschauen, wie der berühmte Etivaz entsteht
- **11 Uhr:** Spaziergang zum Lac Lioson, Mittagessen auf der Terrasse des dortigen Restaurants
- **14 Uhr:** Wanderung zum Col des Mosses, Besuch des Marktes mit Flohmarkt (jeden So von Mitte Juni bis Mitte September)
- **18 Uhr:** Autofahrt nach Aigle, Besuch des Weinmuseums im Schloss, dann Bummel durch die Altstadt und Abendessen in einem kleinen Restaurant

---

Spektakuläre Architektur und ein ebensolches Panorama: das Drehrestaurant Kuklos auf dem Gipfel der Berneuse

Wandern & Bergtouren

TOP TIPP **La Tour d'Ai** (2332 m) ❶ ist ein Felsturm, bei dem drei Seiten von fast senkrechten Wänden gebildet werden. Ausgangspunkt einer anspruchsvollen, im Gratbereich ausgesetzten Wanderung zu dieser Felsbastion ist die Bergstation der Gondelbahn ❸ von Leysin auf der Berneuse. Zunächst steigt man in Richtung Osten zum Lac d'Ai und zur Alpe d'Ai (1892 m) ab. Dann führt der Weg etwa 200 m nordöstlich zu einer Rinne in der Südflanke. Durch diese erreicht man den Grashang im Südgrat der Tour d'Ai und steigt nach Norden auf. Auf rund 2100 m befindet sich eine Leiter, über die man auf den schmalen Grat gelangt. In der Ostflanke führt ein guter Weg, der bisweilen mit Ketten und Geländern gesichert ist, bis auf den Gipfel. Rückkehr auf demselben Weg bis unterhalb des Couloirs am Zugang zur Südflanke. Von hier ostwärts zur Alp Mayen (1842 m; Tel. 02 44 94 15 06) und weiter auf dem bezeichneten Weg bis nach Leysin; Zeit: insgesamt ca. 5 Std.; Einkehr: La Berneuse, Alp Mayen.

Lac de Retaud (1685 m) Mittelschwere, eindrucksvolle Panorama-Wanderung	Ausgangspunkt: Les Diablerets/Bergstation der Gondelbahn Isenau (1762 m) ❷; Isenau (1855 m) – Col des Anderets (2034 m) – Chalet Vieux (1950 m) – Lac Retaud; Rückkehr entweder mit der Seilbahn oder Abstieg zum Col de Pillon und mit dem Postbus zurück nach Les Diablerets; Zeit: ca. 3 Std.; Einkehr: Isenau, Lac Retaud
La Berneuse (2048 m) Leichte Wanderung mit bequemem Rückweg	Ausgangspunkt: Bahnhof Feydey (1398 m) oberhalb von Leysin; von dort aus zum Lac d'Ai (1892 m) – zum Gipfel (Blick auf die Rhône-Trichtermündung); Abstieg zur Bergbahnstation Berneuse ❸ und zurück nach Leysin per Gondel; Zeit: ca. 3,5 Std.; Einkehr: Restaurants in Leysin und auf der Berneuse
Sagenweg auf dem Gletscher Auf den Spuren der Geschichte(n) rund um die »Diablotins«	Ausgangspunkt: Bergbahnstation Glacier 3000 ❶; der Sagenweg ist ein Rundweg, der markiert und gesichert quer über den Diablerets-Gletscher führt; an sechs Stationen wird eine Sage erklärt, die sich um den Gletscher rankt; Zeit: ca. 2 Std.; Karte bei der Bergbahn (Infos: Tel. 02 44 92 09 23); Einkehr: an der Bergbahnstation
Pic Chaussy (2351 m) Anspruchsvolle Tour auf steilen, aber ungefährlichen Wegen	Ausgangspunkt: Col des Mosses (1445 m); Vers le Lacs (1920 m) – Pic Chaussy – Lac Lioson (1848 m) – Col des Mosses; Zeit: ca. 4,5 Std.; Einkehr: Restaurant am Lac Lioson und in Les Mosses

Restaurants

Hôtel-Restaurant Le Chaussy
In dem Haus in Les Mosses, das im Chalet-Stil erbaut wurde, stehen vor allem gebietstypische Gerichte wie Rösti oder Fondue auf der Speisekarte; Tel. 02 44 91 11 47

Hütten

Cabane des Diablerets (2500 m)
Die urige Hütte ist idealer Ausgangspunkt für Bergtouren an den Diablerets. Leicht zu erreichen, da von der Mittelstation der Seilbahn Glacier 3000 ❶ nur wenige Meter entfernt; Tel. 02 44 92 21 02

kann man selbst das Essen gestalten: wenn man das auf dem Gipfel der Berneuse erbaute Restaurant Kuklos besucht. Dort sieht man Matterhorn, Dents-du-Midi und Montblanc an sich vorbeiziehen, ohne den Kopf verrenken oder gar den Standort wechseln zu müssen: Das Kuklos ist ein Drehrestaurant. Auch in kultureller Hinsicht hat Leysin einiges zu bieten: Während im Juni das »Music Panorama« Musikliebhaber anzieht, können sich Besucher der »Feen-Nacht« im August auf Umzug, Handwerkermarkt und Stände, ein Karussell und die schrägen Töne einer typischen Guggenmusikgruppe, die zur Fastnacht aufspielt, freuen. Übrigens sind in Leysin auch mehrere internationale Schulen und Hochschulen ansässig.

Etwas nördlich von Leysin, unterhalb des breiten Stockes des Mont d'Or, liegen Les Mosses und La Lécherette, deren Umgebung früher berüchtigt war für ihre raue Natur, die den Einheimischen gewaltige Anstrengungen abverlangte. Seit dem 19. Jh. verbinden feste Straßen die in weiten Teilen nur wenig veränderte Gegend.

Teuflische Legenden

Erst spät schuf man die Grundlagen für den Fremdenverkehr. Les Mosses-La Lécherette besitzt eine große Zahl von Chalets, die als Ferienwohnungen dienen. Auch einen Campingplatz hat man eingerichtet, der ganzjährig geöffnet ist.
Bei Bergwanderern hat die Gegend schon von jeher einen guten Ruf, der smaragdgrüne Lac Lioson auf 1848 m gehört zu den beliebtesten Zielen. Dort lassen sich Angelrunden sowie Tauchgänge arrangieren. Auch Mountainbiker können ihrem Hobby frönen: Sowohl familiengeeignete Touren als auch anstrengende Ausflüge auf Stollenreifen sind möglich. Kulinarisches Aushängeschild der Gegend ist der Etivaz, der mit Abstand bekannteste Käse des Waadtlandes. Wie die Köstlichkeit aus nicht pasteurisierter Kuhmilch entsteht, können Besucher in mehreren Alphütten nachvollziehen. Der Etivaz wird auf den Märkten von Mitte Juni bis Mitte September angeboten.

Weniger beschaulich ist das touristische Treiben – allerdings vor allem im Winter – in Les Diablerets, in dessen Süden sich das gewaltige Gebirgsmassiv gleichen Namens erhebt. Um die imposanten »Teufelshörner« (so die deutsche Übersetzung von Les Diablerets) ranken sich zahlreiche Legenden – die

Beliebtes Ziel bei Wanderern: der Lac Lioson

LEYSIN – LES MOSSES

Action & Sport

MOUNTAINBIKE	KLETTERSTEIGE	RAFTING	CANYONING	REITEN
PARAGLIDING	DRACHENFLIEGEN	KLETTERGÄRTEN	TENNIS	WINDSURFEN
KAJAK/KANU	WASSERSKI	TAUCHEN	HOCHSEILGÄRTEN	GOLF

TOP TIPP **Hundeschlittenfahren** ❷ mitten im Sommer: Die Höhenlage des Glacier de Tsanfleuron (Glacier 3000) oberhalb von Les Diablerets macht's möglich. Auf dem flachen Gletscher können Hunde die Schlitten gefahrlos ziehen. Die lange Rundfahrt führt in ca. 25 Min. über das ewige Eis zu einem markanten Aussichtspunkt. Dort können die Gäste als Zugabe zum Natur- und Tiererlebnis das unvergleichliche Panorama auf sich wirken lassen. Lange oder kurze Rundfahrt, für die lange Rundfahrt Anmeldung nötig; Tel. 03 37 83 01 28; www.huskypower.ch

Eislaufen, Curling, Schwimmen, Beachvolleyball etc.	Sportcenter Leysin	Multifunktionale Sportanlage mit Hallenbad, Eislaufhalle, Curlingbahnen, Fußballplatz, Tennisplätzen, Sporthalle mit Squash-Courts, Plätzen für Beachvolleyball, Streetball, Aerobic- und Fitness-Center, Minigolf-Anlage; Tel. 02 44 94 24 42; www.leysin-sports.ch
Sommerski	Glacier 3000, Les Diablerets	Auf dem Gletscher ist im Frühsommer und dann wieder ab dem ersten Schneefall im Herbst Skifahren möglich; Snowpark mit Hindernissen und Halfpipe; Tel. 02 44 92 09 23; www.glacier3000.ch
Paragliding	Startplatz La Berneuse, Leysin Tandemflüge, Les Diablerets	Bequem mit der Seilbahn ❸ erreichbarer Startplatz; Landeplatz in Leysin; Tandemflüge bietet Pan-Pam an; Tel. 07 96 38 26 02; www.panpam.ch Centre Paradventure; Tel. 02 44 92 23 82; Eldorado 3000, Tel. 02 44 92 32 18
Klettersteige	Les Diablerets	Zwei Klettersteige in der Umgebung des Ortes, beide anspruchsvoll (Dauer ca. 1,5 bzw. 2–3 Std.); Infos und geführte Touren samt Leih-Ausrüstung bei den Bergführern von Les Diablerets; Tel. 02 44 92 15 03

Dirt Monster Bikes
Wem Mountainbikes zu normal sind, sollte sich an einem »Dirt Monster Bike« versuchen. Das geländetaugliche Rad mit großen Federwegen und breiten Ballonreifen lässt sich über Stock und Stein jagen – am besten natürlich bergab. In Les Diablerets gibt es vier verschiedene Downhill-Strecken von einfach bis anspruchsvoll. Jede Menge Spaß garantiert! Leih-Bikes und geführte Touren; Tel. 02 44 92 12 32; www.mountain-evasion.ch

Die Bergstation der Seilbahn zum Glacier 3000, oberhalb von Les Diablerets

bekanntesten werden auf Tafeln entlang eines Sagenweges geschildert. Ende Juli liefern »Diablotins«, wie man die kleinen Satansbraten der Legende liebevoll nennt, das Thema für ein Dorffest, das bis in den frühen Morgen hinein dauert.
Für Skifahrer steht freilich die Hauptattraktion der Gegend, der Glacier 3000, im Vordergrund. Bis auf 2965 m hinauf in die alpine Gletscherwelt schwebt die Seilbahn. Der Tessiner Stararchitekt Mario Botta gestaltete das Bergrestaurant mit einer spektakulären Glasfront, von der aus man Jungfrau, Matterhorn und Montblanc gleichzeitig sieht. Im Sommer sind auf dem Gletschergebiet vier blaue, leichte Pisten markiert. Snowboarder können sich währenddessen in einem Snowpark mit Halfpipe, Slope-Cross und Slope-Style vergnügen.

Fun & Family

Die Alpkäserei Lioson d'en Bas	Herstellung des berühmten Etivaz; täglich geöffnet. Die Alm liegt östlich von Les Mosses; Infos unter Tel. 02 44 91 14 66
»Cheval pour tous«	Ausritte und Touren mit Ponys; bei Les Mosses; Tel. 02 69 24 57 83 (Juni – September); www.cheval-pour-tous.ch
Lac Lioson (1848 m) **Lac des Chavannes** (1690 m)	In den Bergseen bei Les Mosses (Lac Lioson) bzw. bei La Forclaz (Lac des Chavannes) lässt es sich herrlich baden, allerdings liegen die Temperaturen selten über 17 °C – nicht unbedingt etwas für empfindliche Naturen

TOP TIPP Bei der Bergstation der Luftseilbahn Isenau oberhalb von Les Diablerets ❷ liegt nicht nur ein ausgezeichnetes Restaurant, hier ist auch die Heimat von Gérard Treina, dem seine Passion für **Modellflugzeuge** ❸ fast zum Beruf geworden ist. Hier entstehen ständig neue Miniaturfluggeräte und starten zu ihren Jungfernflügen. In die Technik des Modellflugzeugbaus und den Betrieb der Miniflieger führt Gérard Treina in seiner Werkstatt jeden Tag von Ende Juni bis Ende September ein. Vorherige telefonische Absprache erwünscht; Tel. 07 97 83 42 67

Adressen & Bergbahnen

Landesvorwahl 00 43

Les Diablerets (1151 m)	Diablerets Tourisme; Tel. 02 44 92 33 58; E-Mail: info@diablerets.ch; www.diablerets.ch	
Les Mosses (1436 m)	Office du Tourisme Les Mosses; Tel. 02 44 91 14 66; E-Mail: info@lesmosses.ch; www.lesmosses.ch	
Leysin (1253 m)	Leysin Tourisme; Tel. 02 44 94 22 44; E-Mail: info@leysin.ch; www.leysin.ch	
Weitere Orte	**Aigle** www.aigle.ch • **La Comballaz** • **La Forclaz** • **La Lecherette** • **Le Rosex** • **Le Sepey** • **Vers-l'Eglise**	
Entfernungen	Hamburg 1024 km; Berlin 1077 km; Köln 701 km; Frankfurt a. M. 539 km; Stuttgart 454 km; München 550 km	

① Les Diablerets/Col du Pillon
Glacier 3000 (via Cabane des Diablerets)
Berg/Tal 54 sfr

② Les Diablerets
Isenau
Berg/Tal 16 sfr

③ Leysin
Berneuse
Berg/Tal 20 sfr

Siehe auch Preisteil S. 643

Auch rund um Les Diablerets kann man hervorragend wandern und bergsteigen. Außerdem haben die Gäste in dieser Region jede Menge Gelegenheiten, aufregenden sportlichen Aktivitäten nachzugehen: 1999 wurde unter der Luftseilbahn des Glacier 3000 ein Klettersteig eingeweiht. Bewertet wird die Via Ferrata mit »schwer«, es sollten sich also nur Geübte mit kompletter Klettersteigausrüstung auf die Tour einlassen. Im Zweifelsfall sollte man sich unbedingt einem Führer anvertrauen (Infos zu geführten Touren: Tel. 02 44 92 15 03). Angeboten werden darüber hinaus Canyoning, Hydrospeed (auf einem Mini-Floß im Wildwasser unterwegs) und Gleitschirmfliegen; ein Skatepark ist ebenfalls vorhanden. Aber auch Angler, Bocciaspieler und Golfer kommen auf ihre Kosten – das Sportangebot kann sich also durchaus mit dem von Leysin messen.

EVENTS

- **Ende Juli: Nuit des Diables, Les Diablerets**
Bei dem großen Sommerfest treffen sich Gäste und Einheimische – die Veranstaltung im Dorfzentrum dauert bis in die frühen Morgenstunden. Vorführungen, sportliche Aktivitäten für Groß und Klein, lokale Gerichte, Musik

- **August: Nacht der Feen, Leysin;** Dorffest mit Umzug, Markt der Handwerker, Karussell, Orchester und Straßenständen mit diversen Leckereien

- **September: Internationales Bergfilmfestival Les Diablerets**
Vier »Diables d'Or« (Goldene Teufel) werden hier in den Kategorien Freeride/Extremsport, Spielfilm, Dokumentarfilm und Umwelt verliehen. Ausstellungen, von Bergführern organisierte Aktivitäten, Autogrammstunden und der Verkauf von Büchern zum Thema Berge runden das Programm ab

Weinmuseum im Schloss von Aigle

Das Chateau d'Aigle wurde im 12. Jh. von den Savoyern erbaut, später war es die Residenz des Berner Gouverneurs. Es liegt traumhaft inmitten von Weinbergen und beherbergt bemerkenswertes Kulturgut: das Museum des Weines und des Weinbaus. Im passenden Rahmen des alten Gemäuers dokumentiert es die Geschichte des Rebensaftes über die Zeitspanne von 1500 Jahren; Tel. 02 44 66 21 30

Hotelempfehlungen

Les Diablerets S. 717
Les Mosses S. 717
Leysin S. 717

Wanderkarten

Landeskarte der Schweiz; Blätter 1265 Les Mosses, 1284 Monthey, 1285 Les Diablerets; 1:25000

Straßenatlas   Siehe S. 787

VERBIER – VAL DE BAGNES
WALLIS

Viertausender-Blick inklusive: Wanderer über dem Lac de Louvie, im Hintergrund der Grand Combin

ACTION & SPORT

WANDERN & BERGTOUREN

FUN & FAMILY

WELLNESS & GENUSS

Spitzenköche und Steinböcke

Eine Region der Gegensätze: hier das mondäne Verbier, wo sich die Urlauber im Gourmet-Restaurant vom Golfen oder Mountainbiken erholen und kulturelle Höhepunkte vom Feinsten genießen – dort das Val de Bagnes mit einer wilden Gebirgslandschaft von so seltener Ursprünglichkeit, dass es von den Schweizer Behörden zu den schützenswerten Landschaften von nationaler Bedeutung gezählt wird.

»Dieser Ort gehört zu den sonnenreichsten der Schweiz« – das bestätigten Fachleute Verbier schon im Jahr 1945. Große Überraschung löste diese frohe Kunde bei den Bewohnern von Verbier freilich nicht aus. Denn bereits 1910 entdeckten Skipioniere die idealen Voraussetzungen des Ortes, der sich auf einer weitläufigen, nach Süden ausgerichteten Hangterrasse ausbreitet. Die gute Verkehrsanbindung – nahe dem Genfer See und der Straße über den Großen St. Bernhard – förderte die touristische Entwicklung des Dorfes. 1934 eröffnete das Hotel Alpina, drei Jahre darauf wurde der Kurverein aus der Taufe gehoben.

Nach dem Zweiten Weltkrieg zählte Verbier noch keine 30 Einwohner, und doch warnte das Berner Bundesamt für Verkehr schon damals vor den Folgen einer planlosen Expansion. Man empfahl dem Bergdorf, die Höchstzahl von 2700 Menschen keinesfalls zu überschreiten. Über sechs Jahrzehnte später kann getrost entwarnt werden: Verbier ist zwar gewachsen, bleibt aber klein und überschaubar. Verzeichnete man vor einem halben Jahrhundert jährlich 10 000 Gäste, sind es heute im Schnitt zehnmal so viel.

Hochalpin! Bergsteiger am Corbassiere-Gletscher

ADAC *der perfekte Urlaubstag*

- **9 Uhr:** Mit Seilbahn und Mountainbike von Verbier nach Savoleyres ❺; Mountainbike-Tour nach Ruinettes
- **12 Uhr:** Mittagessen auf der Terrasse des Bergrestaurants Ruinettes
- **14 Uhr:** Eine Runde Golf auf dem Golfplatz Les Esserts bei Verbier
- **17 Uhr:** Abendessen im Gourmet-Tempel Relais & Châteaux-Hotel le Rosalp in Verbier

Wandern & Bergtouren

TOP TIPP Ausgangspunkt der **Combin-Rundwanderung** ❶, die nach dem höchsten Gipfel der Gemeinde Bagnes benannt wurde und rund um das Massiv des Grand Combin (4314 m) führt, ist Fionnay (1490 m). Die Dauer der mittelschweren Tour beträgt 5–6 Tage, ein Ausflug nach Italien mit eingerechnet. Von Fionnay führt der Weg über die Cabane François-Xavier Bagnoud à Panossière (2600 m) zum Col des Otanes (2846 m), danach geht es durch Täler und Dörfer auf der italienischen Seite des Massivs. Das nächste Ziel heißt Großer St. Bernhard (2473 m) mit seinem berühmten Hospiz aus dem 11. Jh. Der Rückweg führt über den Col de Mille (2473 m) zur Brunet-Hütte (2103 m), dort beginnt der Abstieg nach Fionnay. Infos bei Verbier/Bagnes Tourisme; Tel. 02 77 75 38 88

Cabane de Chanrion (2462 m) Leichte Wanderung im Val de Bagnes	Ausgangspunkt: Mauvoisin-Staudamm am Lac de Mauvoisin (1964 m); entlang dem gesamten Westufer des Sees – Le Lancet (2040 m) – Aufstieg zur SAC-Hütte Cabane de Chanrion (2462 m) – Lac de Tsofeiret (2572 m) – Abstieg zum Ostufer des Lac de Mauvoisin – Mauvoisin-Staumauer; Zeit: ca. 7 Std.; Einkehr: Cabane de Chanrion
Pierre Avoi (2473 m) Abwechslungsreiche, schwierige Gipfeltour	Ausgangspunkt: Verbier (1490 m); in Richtung Westen nach St. Christophe (1583 m) – nördlich über den Marline-Grat, bis der Weg nach Osten schwenkt – unter dem Pierre Avoi hindurch auf den zum Gipfel führenden Ostgrat – mit Hilfe von Leitern, Stufen und Ketten auf den Gipfel; Trittsicherheit und Schwindelfreiheit im Gipfelbereich unbedingt erforderlich; Rückweg auf der gleichen Route; Zeit: ca. 4 Std.; Einkehr: keine
Cabane du Mont Fort (2457 m) Wanderung zu gemütlicher Hütte hoch über dem Val de Bagnes	Ausgangspunkt: Sarreyer (1239 m); Les Creux (1402 m) – Le Mintset (1985 m) – Grenier de la Chaux – La Chaux (2260 m) – Cab. du Mont Fort – La Chaux – Les Shlerondes (1960 m) – Sarreyer; mittelschwere Tour; Zeit: ca. 7 Std.; Einkehr: Cab. du Mont Fort (auch Übernachtungsmöglichkeit) sowie in Sarreyer und La Chaux

Holzverzierte Gebäude im Chalet-Stil bestimmen das dörfliche Erscheinungsbild. Was die Gastronomie betrifft, kann man sich in dem ehemaligen Bergbauerndorf zwar noch immer mit einem würzigen Raclette stärken, aber auch Feinschmecker werden hier fündig: Einige Restaurants genügen höchsten Ansprüchen und werden von internationalen Gastronomie-Führern empfohlen.

Verbier gilt in erster Linie als Wintersportort, bietet aber auch im Sommer ein attraktives Programm. Für den Mountainbike-Sport schuf man ein Routennetz von rund 200 km Länge. Wanderer können von Verbier oder einem der Nachbarorte auf großartigen Höhenwegen jene vier Täler erkunden, über die sich im Winter das Bahnen- und Pistennetz der Quatre Vallées erstreckt; mal geht der Blick dabei tief hinunter ins Rhônetal, mal stehen die mächtigen Ausläufer der Montblanc-Gruppe gegenüber.

Am Waldrand des Ortes befinden sich gleich zwei 18-Loch-Golfplätze. Wer das alles lieber aus luftiger Höhe betrachten, hat die Möglichkeit, Ausflüge mit einem Gleitschirmpiloten zu unternehmen; der Ort bietet aufgrund seiner Lage ideale thermische Bedingungen und zieht Freunde des Flugsports aus der ganzen Welt an.

Ursprüngliche Bergwelt

Wer es lieber gemächlich mag und auf der Suche nach einer traumhaft wilden Gebirgslandschaft ist, muss nicht weit fahren. Das Val de Bagnes gilt zu Recht als eines der ursprünglichsten Berggebiete der Schweiz. Mit etwas Glück lassen sich auf ausgedehnten einsamen Wanderungen Gämsen, Steinböcke und Murmeltiere beobachten. Bergsteiger finden in den Flanken und Gipfeln rund um den mächtigen Gletscherberg Grand Combin ein großartiges Betätigungsfeld.

Doch nicht nur Natur, auch Kultur kann man im Val de Bagnes hautnah erleben. Bruson, Fionnay und Sarreyer heißen die Orte, deren historische

Straßenbild in Verbier: Den Ort dominieren Gebäude im Chalet-Stil.

Hütten

Cabane du Mont-Fort (2457 m)
Die Cabane du Mont-Fort ist ein guter Ausgangspunkt für Gipfel wie den Mont Fort (3329 m) oder die Rosablanche (3336 m). Einfacher Zustieg von Verbier in ca. 3 Std., mit Benutzung der Seilbahn Verbier–Ruinettes ❹ ca. 1 Std.; Tel. 02 77 78 13 84

Cabane de Louvie (2207 m)
Die Cabane de Louvie liegt im Val de Bagnes südwestlich der Rosablanche (3336 m). Der schöne Aufstieg führt von Fionnay (1490 m) über Plan du Tsenau in ca. 2 Std. zur Hütte; Tel. 02 77 78 17 40

Restaurants

Relais & Châteaux-Hotel le Rosalp
Im noblen Restaurant in Verbier an der Rue de Médran wirkt Starkoch Roland Pierroz, der seit Jahren regelmäßig 19 Gault-Millau-Punkte erhält. Seine Küche ist mediterran-französisch inspiriert, mit Preisen zwischen 180 und 210 sfr fürs Menü muss man aber rechnen; Tel. 02 77 71 63 23

EVENTS

Juli: Verbier Festival & Academy: Klassisches Musik-Fest, das neben bekannten Interpreten vor allem hoffnungsvolle Nachwuchsmusiker zu Gast hat; als Konzerthallen dienen eine Kirche in Verbier und ein riesiges Zelt, in dem 1500 Besucher Platz finden. Tel. 02 77 75 38 88; www.verbierfestival.com

🇨🇭 VERBIER – VAL DE BAGNES

Museum Le Hameau
Moderne Architektur und althergebrachte Baumethoden charakterisieren den Architekturkomplex Le Hameau in Verbier, dessen Museum der alpinen Zivilisationsgeschichte gewidmet ist; www.lehameau.ch

Ideale Thermik, faszinierendes Panorama: Das Gebiet um Verbier zieht Paraglider aus aller Welt an.

Gebäude besonders sorgsam gepflegt sind. Einblicke n den Arbeitsablauf einer Sägemühle vermittelt die restaurierte Mühle von Sarreyer; ihr Mühlrad hat früher eine Anlage zum Holzsägen, Kornmahlen und Apfelpressen betrieben. In Villette nützte man die alte Schmiede bis 1940; damals wurden dort Glocken gefertigt. Auch diese Schmiede wurde restauriert und dient jetzt als Museum mit historischen Öfen und Schaufelrädern. Im selben Ort lässt sich im Musée du Vieux-pays nachvollziehen, wie man im Bagnes-Tal einst lebte und welche Werkzeuge und Möbel damals benutzt wurden.

Grand Raid Cristalp
Ein grandioses Sportereignis Ende August: 6 Täler, 131 km und 4700 m Höhenunterschied in einer einzigen Etappe machen den Grand Raid Cristalp zum längsten Mountainbike-Rennen der Welt. Der höchste Punkt liegt auf 2792 m, die technisch äußerst schwierigen Passagen machen den über 2000 Teilnehmern über die gesamte spektakuläre Strecke zu schaffen. Infos: Tel. 02 72 03 00 10; www.grand-raid-cristalp.ch

Action & Sport

MOUNTAINBIKE	KLETTERSTEIGE	RAFTING	CANYONING	REITEN
PARAGLIDING	DRACHENFLIEGEN	KLETTERGÄRTEN	TENNIS	WINDSURFEN
KAJAK/KANU	WASSERSKI	TAUCHEN	HOCHSEILGARTEN	GOLF

TOP TIPP Im **Abenteuerpark von Verbier** ❷ wartet als Attraktion der »Sentier suspendu«, der hängender Pfad. Auf drei verschiedenen Parcours, die 350 m, 125 m und 100 m lang und mit Seilen gesichert sind, bewegt man sich mit Nepalsteg, Tyrolienne und Steigbügeln hoch über dem Boden von Baum zu Baum. Der hängende Pfad eignet sich für Erwachsene und Kinder gleichermaßen. Im Preis ist eine Einweisung inbegriffen. Im Sommer gibt es dort zudem eine Kletterwand. Maison du Sport; Tel. 02 77 75 33 63

Eishockey und Eiskunstlauf	Verbier, Centre Polysportif	Im Centre Polysportif von Verbier gibt es eine Kunsteisbahn, auf der man auch im Sommer seine Kreise ziehen kann. Kurse auf Anfrage; die Internationale Eishockeyschule Verbier bietet Intensiv-Trainingswochen an; Tel. 02 77 71 66 01
Golf	Golfclub Verbier/ Moulins	Direkt bei Verbier gibt es zwei hervorragende Golfplätze: zum einen den Approach-Golfplatz Les Moulins (18 Loch, Par 54), zum anderen den anspruchsvolleren Kurs Les Esserts (18 Loch, Par 69). Nähere Informationen bei Golf Clubs de Verbier et des Moulins; Tel. 02 77 71 53 14 und 02 77 71 76 93; www.verbiergolf.com
Mountainbike	Verbier und Val de Bagnes	Eine wunderschöne Tour führt von Verbier über das Plan du Loup und Les Attelas (2733 m) zum Bergsee Lac des Vaux (2543 m). Für die 1300 anstrengenden Höhenmeter (25 km) sollte man ca. 4 Std. einkalkulieren, unterwegs gibt es zahlreiche Bergrestaurants. Insgesamt rund 200 km markierte Mountainbike-Strecken um Verbier und im Val de Bagnes. Materialverleih bei Jet Sports Verbier; Tel. 02 77 71 20 67; geführte Touren über Maison du Sport Verbier; Tel. 02 77 75 33 63

Adressen & Bergbahnen
Landesvorwahl 00 41

Urlaubsregion	Wallis Tourismus; Tel. 02 73 27 35 70; E-Mail: info@valaistourism.ch; www.wallis.ch
Verbier (1490 m)	Verbier/Bagnes Tourisme; Tel. 02 77 75 38 88; E-Mail: info@verbier.ch; www.verbier.ch
Weitere Orte	Bruson • Champsec • Chaux • Fionnay • Le Châble • Lourtier • Sarreyer • Versegères • Villette (Kontakt siehe Urlaubsregion und Verbier)
Entfernungen	Hamburg 1061 km; Berlin 1114 km; Köln 738 km; Frankfurt a. M. 575 km; Stuttgart 491 km; München 587 km

1. Châble Verbier Berg/Tal 10 sfr
2. Chaux Gentianes/Mont Fort Berg/Tal 28 sfr
3. La Tzoumaz/Les Mayens-de-Riddes Savoleyres Berg/Tal 10 sfr
4. Verbier Ruinettes Berg/Tal 10 sfr
5. Verbier Savoleyres Berg/Tal 10 sfr

Siehe auch Preisteil S. 643

Hotelempfehlungen
Nendaz S. 718
Thyon-Les Collons S. 720
Verbier S. 721
Veysonnaz S. 721

An den Begründer der Gletschertheorie, Jean-Pierre Perraudin (1767-1858), erinnert das Gletschermuseum, das in seinem ehemaligen Wohnhaus in Lourtier eingerichtet wurde. Perraudin untersuchte Gletscherschliff und Felsblöcke, die bei der Gletscherausbreitung mitgeführt wurden, und kam als einer der Ersten zum korrekten Schluss, dass diese Eiszungen einst einen Großteil der Täler überzogen hatten.

Hier spielt die Musik

An manchen Stellen stößt man auf die typischen Alpställe, die überwiegend in der ersten Hälfte des 19. Jh.s aus Steinen und Erde errichtet worden waren. Inzwischen hat man sie als Denkmäler eingestuft; einige dieser Stallungen verfügen über sehenswerte Gewölbe. Die Hirten selbst verbrachten die Sommersaison in simplen Behausungen, den »Itres«, die ebenfalls aus Steinen errichtet wurden. Viele davon konnten in den vergangenen Jahren vor dem Verfall gerettet werden.

Um das touristische Angebot in der Region Verbier abzurunden, entwarfen die Verantwortlichen ein sommerliches Kulturprogramm, in dessen Mittelpunkt das seit 1994 stattfindende »Verbier Festival & Academy« steht. Während 17 Tagen wird den Besuchern vor der Naturkulisse der Gegend eine Reihe musikalischer Events geboten. Und dabei stellen die Initiatoren »innovativen Geist und musikalische Entdeckungsfreude« in den Vordergrund. Die Akademie von Verbier widmet sich vor allem der Jugend. Junge Musiker, die dort bei bekannten Musikgrößen ihre Fertigkeiten vervollständigen, präsentieren die Resultate in Form eines öffentlichen Wettbewerbs. Als Austragungsorte dienen die Ateliers der Akademie, eine der drei Kirchen von Verbier und ein Zelt für 1500 Besucher.

Musikalisches Sommerspektakel: Der Eingang zum »Verbier Festival & Academy«.

Wanderkarten

Landeskarte der Schweiz; Blätter 282 Martigny, 283 Arolla; 1:50000
Landeskarte der Schweiz, Zusammensetzung; Blatt 5003 Mont Blanc, Grand Combin; 1:50000

Straßenatlas Siehe S. 787

VAL D'HÉRENS
WALLIS

ACTION & SPORT

WANDERN & BERGTOUREN

FUN & FAMILY

WELLNESS & GENUSS

Wo Kühe Königinnen sind

Den Bergen, Gletschern und einer besonders geschützten Fauna und Flora verdankt das Val d'Hérens seinen Aufstieg zu einer beliebten Ferienregion für Naturfreunde und Wanderer. Selbstbewusst hält man in den kleinen Bergdörfern an alten Bräuchen und Traditionen fest. Dazu gehören auch die typischen Kämpfe der Eringer Kühe.

Hütten

Cabane des Aiguilles Rouges (2810 m)
Die hübsche Hütte liegt südöstlich unterhalb von zwei Seen des Glacier des Aiguilles Rouges. Ausgangspunkt: Arolla (1998 m); Zeit: 2,5 Std.; Tel. 02 72 83 16 49

Cabane des Dix (2928 m)
Aussichtsreich über dem Glacier de Cheillon liegt die Cabane de Dix. Zustieg von Arolla (1998 m) aus in ca. 3 Std.; Tel. 02 72 81 15 23

Cabane de la Dent Blanche (3507 m)
Hoch auf einem Felssporn zwischen dem Glacier de Ferpècle und dem Glacier des Manzettes thront die Cabane de la Dent Blanche; Ausgangspunkt: Ferpècle (1766 m); Zeit: ca. 6 Std.; Tel. 02 72 83 10 85

Hoch über den Almen des Val d'Hérens thront der mächtige Mont Collon (3637 m).

Wandern & Bergtouren

TOP TIPP Auf die Entfernung wirkt der **Sasseneire** ❶ (3253 m) zwischen dem oberen Val d'Hérens und dem Val de Moiry eher wie eine unscheinbare Erhebung. Doch die Aussicht von seinem Gipfel ist großartig. Für den Aufstieg ist Bergerfahrung notwendig. Bis zum Col de Torrent (2918 m) führt ein viel begangener Wanderpfad. Von diesem Übergang genießt man eine herrliche Aussicht in das Val d'Hérens. Von Villa (1742 m) oder La Sage (1667 m) schlägt man den bezeichneten Weg zum Col de Torrent ein. Kurz unterhalb des Col de Torrent geht man links auf Wegspuren in die Geröllflanke und von dort auf den Grat. Dem Grat folgend gelangt man auf den Gipfel. Zeit zum Col de Torrent ca. 3,5 Std.; auf den Sasseneire ca. 4,5 Std.; Einkehr: in Villa oder La Sage

Cabane des Dix (2928 m) Hochalpine Bergwanderung vor beeindruckender Kulisse	Ausgangspunkt: Arolla (1998 m); Aufstieg nach Westen zum Pas des Chèvres (2855 m) – über zwei senkrechte Leitern auf ein Band absteigen – auf diesem links zur Moräne und zum Glacier de Cheillon – den Gletscher überqueren, bis man den Fußweg erreicht, der vom Lac des Dix (2364 m) zur Hütte führt – Aufstieg zur Hütte; Abstieg wie Aufstieg; Gletschererfahrung und entsprechende Ausrüstung nötig; beeindruckende, hochalpine Kulisse; Zeit: ca. 5 Std.; Einkehr: Cabane des Dix
Cabane des Aiguilles Rouges (2810 m) Aussichtsreiche, mittelschwere Wanderung	Ausgangspunkt: Arolla (1998 m); Aufstieg auf der Fahrstraße gen Westen bis nach Remointse de Pra Gra (2479 m) – auf dem Wanderweg weiter bergan steigen und über die Mulde Les Ignes (2706 m) bis zur Hütte; Abstieg wie Aufstieg; Zeit: ca. 4,5 Std.; Einkehr: Cabane des Aiguilles Rouges
Höhenwanderung von Les Haudères nach Arolla Leichte Wanderung zuhinterst ins Val d'Arolla	Ausgangspunkt: Les Haudères (1452 m); der Straße Richtung Arolla folgen und nach der ersten Rechtskurve links in einen Pfad abzweigen – die Straße überqueren und weiter bergauf – bei der Verzweigung links – Les Faches – Quartsé (1891 m) – Louche (2090 m) – Pra Gra (2314 m) – Arolla (1998 m); Zeit: ca. 4 Std.; Einkehr: Gasthäuser in Arolla

ADAC – der perfekte Urlaubstag

- **9 Uhr:** Geführter Dorfrundgang durch Evolène und Besuch des Dorfmuseums (Tel. 02 72 83 23 07)
- **12 Uhr:** Mit dem Sessellift von Evolène/Lannaz ❶ auf die Alp Chemeuille, Mittagessen mit Blick auf Dent Blanche und Matterhorn
- **15 Uhr:** Besuch der Erdpyramiden bei Euseigne
- **18 Uhr:** Raclette-Diner im Restaurant Au Vieux Mazot in Evolène-Dorf

Fährt man mit dem Auto ins Val d'Hérens, wähnt man sich in einer Bilderbuchlandschaft. Schieferdächer schimmern im Sonnenlicht, wie Schwalbennester kleben dunkle Chalets an steilen Talflanken. Kein Wunder, dass das Eringertal, wie das Val d'Hérens im Deutschen genannt wird, schon früh Reisende in seinen Bann zog – obwohl der lange Fußmarsch vom Rhônetal in das kleine Dörfchen Evolène anstrengend und beschwerlich war. Übernachtungsquartiere gab es keine. Man musste mit Scheunen vorlieb nehmen, im Notfall konnte man auch beim Dorfpfarrer anklopfen. Mit der Eröffnung des ersten Hotels 1852 wurde das Nächtigungsproblem gelöst und dank der 1862 gebauten Fahrstraße reiste man von nun an komfortabel in das abgeschiedene Tal. Inzwischen hat sich der Tourismus zu einem wichtigen Wirtschaftsfaktor entwickelt.

Die an Bergen und Gletschern so reiche Landschaft des Val d'Hérens erkundet man am besten zu Fuß. Ein 250 km langes Wanderwegenetz steht dafür bereit. Auch an die Mountainbiker haben die Tourismusverantwortlichen gedacht. 100 km Radwege durchziehen das Tal und machen Lust auf Mehr. Wer gern angelt, kommt an einem der klaren Bergseen bestimmt auf seine Kosten. Deutlich im Aufwind ist auch das Gleitschirmfliegen. Bei der Fahrt durch das idyllische Tal sollte man sich einen Blick auf die Erdpyramiden bei Euseigne nicht entgehen lassen. Entstanden sind die bizarren Türmchen, Pyramiden und Spitzen aus eiszeitlichem Moränenschutt. Dort, wo auf der Moräne Steinplatten lagen und die Erosion verhinderten, blieben sie als Zeugen der Erdgeschichte zurück.

Noch heute trägt die gesamte Bevölkerung mit größter Selbstverständlichkeit an Sonntagen und bei Festen Tracht. Typisch für das Val d'Hérens sind auch die robusten Kühe der Eringer-Rasse. Jedes Jahr messen die schwarzen kleinen Hornträgerinnen im Mai ihre Kräfte. Symbolisch werden die jeweiligen Siegerinnen zu Reines (Königinnen) gekrönt.

EVENTS

Mai: Im Frühling messen bei einem Volksfest die Eringer-Kühe ihre Kräfte in einem Kuhkampf. Infos unter Tel. 02 72 83 40 00

Wanderkarten

Landeskarte der Schweiz, Blatt 1346 Chanrion; 1:25000
Landeskarte der Schweiz, Blätter 273 Montana, 283 Arolla; 1:50000

Hotelempfehlungen

Arolla S. 712

Straßenatlas S. 787

Adressen & Bergbahnen — Landesvorwahl 00 41

Urlaubsregion	Offices du tourisme **Evolène** Region; Tel. 02 72 83 40 00; E-Mail: info@evolene-region.ch; www.evolene-region.ch
Orte	**Evolène • Arolla • La Sage • Les Haudères**
Entfernungen	Hamburg 1082 km; Berlin 1136 km; Köln 759 km; Frankfurt a. M. 597 km; Stuttgart 512 km; München 608 km

❶ Evolène/Lannaz Chemeuille Berg/Tal 12 sfr

Siehe auch Preisteil S. 643

CRANS MONTANA
WALLIS

ACTION & SPORT
WANDERN & BERGTOUREN
FUN & FAMILY
WELLNESS & GENUSS

Sonnenterrasse mit Aktivprogramm

Auf einer sonnigen Ebene hoch über dem Rhônetal liegt Crans Montana, das Urlauber nicht nur wegen der sauberen Luft schätzen. Bis zu 4000 m hohe Berge rund um den Kurort bilden die atemberaubende Kulisse für Wellness in alpinem Ambiente und mannigfaltige Sommersportaktivitäten.

Feenweg
Ausgangspunkt Mollens (1072 m, mit dem Bus in wenigen Minuten von Crans Montana zu erreichen). Diese gut markierte Wanderung durch Wälder und über Wiesen führt in 1,5 Std. nach Aminona (1500 m), vorbei an der schroffen Feenwand. In diesem gewaltigen Fels befinden sich im oberen Abschnitt mittelalterliche Höhlen, in denen sich der Legende nach Feen versteckt hielten. Entlang der Strecke informieren Tafeln über die typische Flora und Fauna des Gebiets. Rückkehr nach Crans Montana per Bus.

Golfanlage Severiano Ballesteros
Er ist einer der traditionsreichsten Golfplätze der Schweiz: der 18-Loch-Platz Severiano Ballesteros (Par 72). Und er ist einer der schönsten! Das Loch Nr. 7 hat es in einem Ranking von Fachzeitschriften sogar in die Liste der 40 schönsten Golflöcher der Welt gebracht! Spielen dürfen Mitglieder von Golfclubs mit Platzreife; Tel. 02 74 85 97 97; www.gccss.ch

Auf vielen Wanderungen bietet sich eine prächtige Sicht auf die mächtigen 4000er der Walliser Alpen.

Auf Matterhorn, Dent-Blanche, Weisshorn und Montblanc hat man von Crans Montana eine hervorragende Sicht. Der Kurort ist ein Zusammenschluss der Orte Crans und Montana. Schon früh war die Region bei einheimischen Jägern sehr beliebt; ihnen verdankt sie auch den Aufstieg zu einer Urlaubsdestination: Zwei Jäger waren es, die 1893 hier das erste Hotel eröffneten. Die Vorzüge der Sonnenterrasse sprachen sich schnell herum, und wenige Jahre darauf begleitete ein Genfer Arzt erstmals Patienten zum Kuraufenthalt in das Hotel. Er finanzierte den Bau der ersten befahrbaren Straße und pries die Vorzüge der Gegend in Zeitungen der ganzen Welt.

Bereits 1906 brach im langsam wachsenden Crans Montana das Zeitalter des Golfsports an: Damals weihte der Engländer Sir Henri Lunn den höchstgelegenen Golfplatz der Welt ein. 1911 wurde die mehr als 4 km lange Drahtseilbahn von Sierre herauf nach Crans Montana in Betrieb genommen. Vorher benötigte man mit dem Maulesel vier Stunden für diese Strecke; nun ließ sich die Reise in einer Stunde bewältigen. Noch im selben Jahr fanden die ersten Skirennen statt, die den Aufstieg zu einem wichtigen Wintersportort begründeten.

Wer heute von Crans Montana spricht, kommt am Golfsport nicht vorbei; der nach Severiano Ballesteros benannte 18-Loch-Platz darf ohne falsche

ADAC der perfekte Urlaubstag

- **9 Uhr:** Seilbahnfahrt zum Bella Lui ④⑤⑥; gemütliche Wanderung zum Bergrestaurant Chetseron (2100 m)
- **12 Uhr:** Zu Fuß weiter nach Cry d'Er (Mittagessen) und mit der Seilbahn wieder zurück nach Crans Montana
- **14 Uhr:** Golfen auf dem Platz Severiano Ballesteros in Crans Montana
- **17 Uhr:** Seespaziergang von Crans aus (Zeit: ca. 3 Std.)
- **21 Uhr:** Casino-Besuch mit Abendessen

Adressen & Bergbahnen — Landesvorwahl 00 41

Urlaubsregion	**Wallis** Tourismus; Tel 02 73 27 35 70; E-Mail: info@valaistourism.ch; www.wallis.ch	
Crans Montana (1495 m)	Crans-Montana Tourisme; Tel. 02 74 85 08 00 ; E-Mail: information@crans-montana.ch; www.crans-montana.ch	
Weitere Orte	**Aminona • Barzettes • Icogne** www.icogne.ch • **Lens** www.lens.ch • **Mollens** www.mollens.ch • **Randogne** www.randogne.ch • **Sierre** www.sierre-anniviers.ch	
Entfernungen	Hamburg 1087 km; Berlin 1141 km; Köln 764 km; Frankfurt a. M. 602 km; Stuttgart 517 km; München 613 km	

① Aminona Petit Bonvin Berg/Tal 20 sfr
② Barzettes Les Violettes Berg/Tal 20 sfr
③ Barzettes Les Violettes Plaine Morte; Berg/Tal 21 sfr
④ Crans Cry d'Er; Berg/Tal 20 sfr
⑤ Crans Montana Cry d'Er Bella Lui; Berg/Tal 11 sfr
⑥ Montana Cry d'Er Berg/Tal 29 sfr

Siehe auch Preisteil S. 643

Wellness & Genuss

TOP TIPP Kontrastprogramm zu den üblichen Aktivitäten eines Sommerurlaubs in den Bergen: ein Besuch im **Casino** ❶ von Crans Montana. Angeboten werden Roulette, Black Jack, Poker; auch »einarmige Banditen« stehen bereit. Um die Spannung, die hier in der Luft liegt, zu spüren, muss man noch nicht einmal viel Geld einsetzen. Ein paar Franken genügen, um mittendrin sein zu dürfen – und anderen zusehen zu können, wie sie vom Spielfieber gepackt werden. Bevor man selbst infiziert wird, kann man in Bars oder das Restaurant mit gut sortierter Weinkarte flüchten. Geöffnet bis 3 Uhr morgens; Tel. 02 74 85 90 40; www.casinocm.ch

Phytotherm-Kurzentrum Méségué	Wellness in gediegenem Ambiente: Das dem Hotel Crans Ambassador angeschlossene Kurzentrum verspricht Linderung für gestresste Großstadtseelen. Neben klassischen Kur-Anwendungen wird besonderer Wert auf die gleichermaßen aufmunternde wie entspannende Kraft von Pflanzen gelegt. Tel. 02 74 85 48 48; www.crans-ambassador.ch
Shopping auf der Rue du Prado	Crans Montana ist ein Einkaufsparadies: Alle großen Modeschöpfer Frankreichs und Italiens, alle namhaften Uhrenhersteller der Schweiz und bestens sortierte Feinkostläden sind in den zahlreichen Boutiquen und Geschäften vertreten. Wer sich für Mode interessiert, wird vor allem rund um die Rue du Prado glücklich werden.
Wellness Centre Valaisia	Hier steht die erfrischende Wirkung des Wassers im Vordergrund. Angeboten werden Solebäder mit Unterwassermassage, Dampfbad und Sauna. Tel. 02 74 81 26 12; www.club-hotel-valaisia.ch

Bescheidenheit zu den besten Golfplätzen der Schweiz gerechnet werden. Aber auch andere Sportarten lassen sich in der warmen Jahreszeit ausprobieren: Badminton und Minigolf laden zu Aktivität an Land ein, Boote und Pedalos stehen auf einigen der kleinen Seen für Ausflüge zu Wasser zur Verfügung. Das Wanderwegenetz ist auf 280 km angewachsen. Wer die Landschaft lieber vom Sattel eines Mountainbikes aus genießt, kann auf ein 120 km umfassendes Streckennetz zurückgreifen. Acht Seen und Teiche werden auf dem leichten Seespaziergang (Zeit: ca. 3 Std.) miteinander verbunden. Themenwege machen Besucher mit dem Alpabtrieb vertraut oder den typischen Wasserleitungen, die auch Suonen genannt werden. Auch an die Wagemutigen hat man gedacht: Canyoning, Rafting und Bungee-Jumping gehören ebenso zum Angebot wie ein Casino.

EVENTS

- **Juli:** Während der Semaine des Magiciens unterhalten Zauberer die Gäste der Hotels und Restaurants mit ihren Kunststücken, außerdem veranstalten sie für Kinder Workshops und bilden sie zu Zauberlehrlingen aus; Tel. 02 74 85 08 00
- **September:** Omega European Masters, renommiertes Golfturnier auf der Anlage Severiano Ballesteros; www.omegaeuropeanmasters.com

Hütten

Cabane des Violettes (2200 m) Die gemütliche Cabane des Violettes bietet 35 Betten und ein Restaurant mit einfachen, aber guten Speisen. Zugang: Die Hütte liegt nur wenige Minuten entfernt von der Bergstation der Bahn von Barzettes nach Les Violettes ❷; Tel. 02 74 81 39 19

Hotelempfehlungen

Crans Montana S. 713
Crans-sur-Sierre S. 714

Wanderkarten

Schweizer Landeskarte; Blätter 1284 Monthey, 1304 Val d'Illiez; 1:25 000

Straßenatlas Siehe S. 788

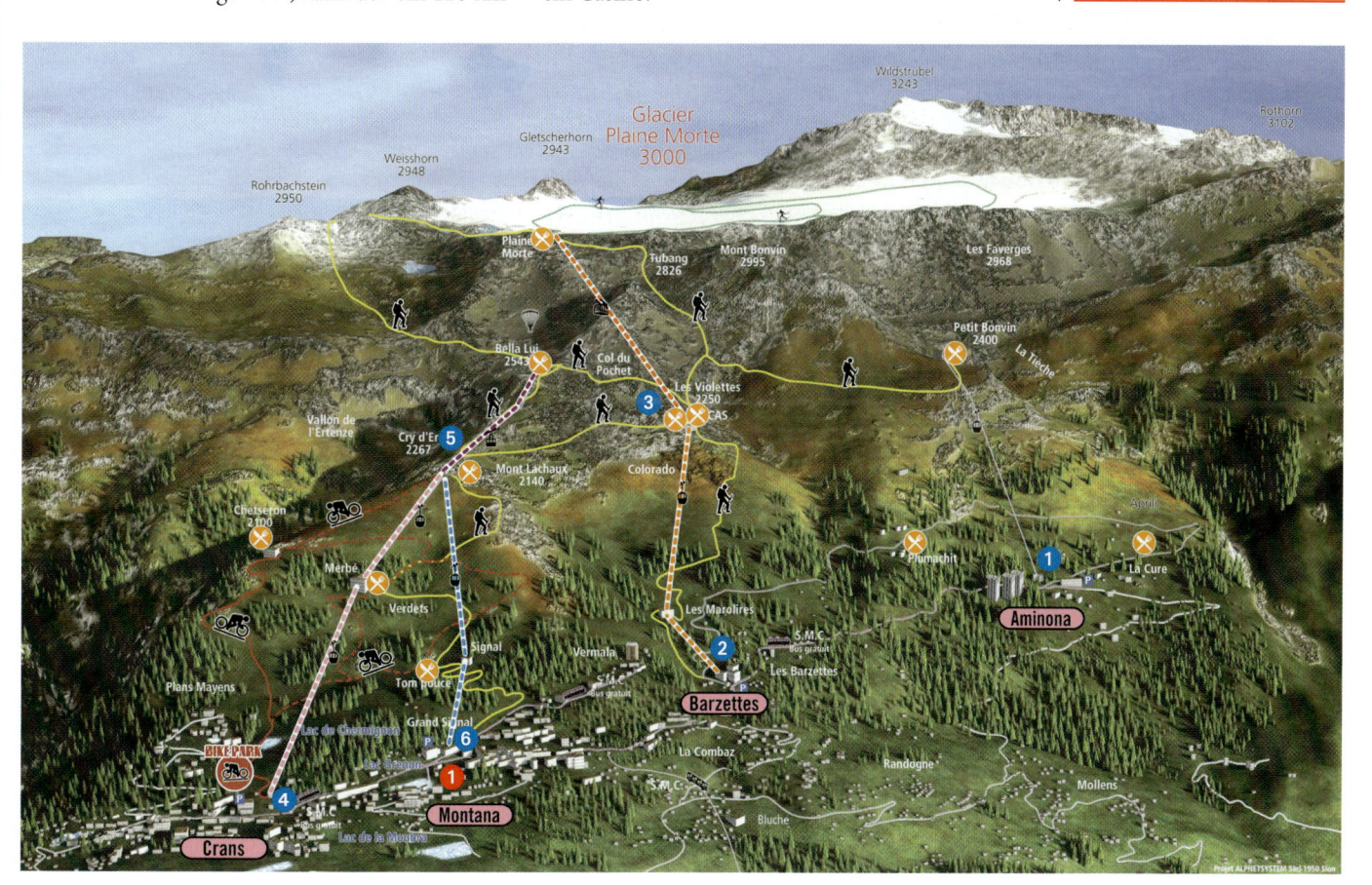

VAL D'ANNIVIERS
WALLIS

ACTION & SPORT

WANDERN & BERGTOUREN

FUN & FAMILY

WELLNESS & GENUSS

Kaiserkrönung über dem Val d'Anniviers

Alte Holzhäuser mit geraniengeschmückten Fenstern, eine traditionsbewusste Bevölkerung, bester Wein und sonniges Klima inmitten einer traumhaften Berglandschaft: Das Val d'Anniviers ist Schweiz wie aus dem Bilderbuch. Darüber thront verschwenderisch die »Kaiserkrone« von Zinal mit ihren über 4000 m hohen Zacken.

Bei aller Pracht: Das Leben im Val d'Anniviers war für die Menschen nicht immer ganz einfach. Noch im 19. Jh. führten seine Bewohner ein Nomadenleben und mussten mehrmals im Jahr ihren Wohnsitz wechseln: zwischen dem Rhônetal, wo sie die Weinfelder bestellten, ihren Dörfern, dem Maiensäß in Zinal (eine Zwischenweide, die während des Frühjahrsauftriebs kurzzeitig genutzt wurde) und den hoch gelegenen Almen. Anfang des letzten Jahrhunderts wurden sie dann sesshaft. Damals erreichte der Bergbau in der Kupfermine in La Lée bei Zinal seinen Höhepunkt, rentabel war er in der Gegend allerdings nur für kurze Zeit. Mehr musste er aber auch nicht sein, denn mit dem Tourismus erschloss sich den Einwohnern eine alternative Erwerbsquelle. Und zwar keine schlechte; davon zeugen noch heute Hotelbauten wie das Hotel Weisshorn im Fin-de-Siècle-Stil oder das ebenfalls aus dem 19. Jh. stammende und mit dem Titel »historisches Hotel« ausgezeichnete Hotel Bella Tola & Saint Luc. Zu den ersten Touristen im Tal gehörten englische Bergsteiger, die es sich zur Aufgabe gemacht hatten, die Viertausender-Gipfel der »Kaiserkrone« von Zinal zu besteigen, allen voran der berühmte Edward Whymper. Aus dieser Zeit stammt der Ruf Zinals als Bergsteigerdorf, und auch heute noch zieht seine kaiserliche Umgebung Alpinisten in ihren Bann: Bishorn, Zinalrothorn, Obergabelhorn, Dent Blanche und vor allem das formschöne Weisshorn gehören zu den großen Zielen eines Bergsteigerlebens.

Jedoch kommen hier auch die Liebhaber gemäßigteren Bergsports auf ihre Kosten – das Val d'Anniviers ist unterhalb der Schneegrenze eine Offenbarung für Wanderer. Sportlich Ambitionierten sei zuallererst die Tour auf die Bella Tola empfohlen, denn von keinem Ort aus ist die Aussicht über das Mittelwallis und hinein ins Berner Oberland derart grandios. Wen es nicht so hoch hinauf zieht, der sollte ins unberührte Val de Réchy zwischen Val d'Anniviers und Val d'Hérens hineinwandern und entlang der glucksenden Wasser der »Bisse de Vercorin« wieder in den gleichnamigen Ort zurückspazieren. »Bisse« ist die Bezeichnung der französisch sprechenden Walliser für die Bewässerungskanäle, die hier, im trockensten und heißesten Teil der Schweiz, Landwirtschaft erst ermöglicht haben (im deutschsprachigen Wallis nennt man die Leitungen »Suonen«). Die auf das hohe Mittelalter zurückgehende »Bisse des Sarrasins« beispielsweise gehört zu den ältesten Wasserleitungen des Wallis. Entlang der Leitung, die in einzelnen Abschnitten direkt in den Fels gehauen wurde, lässt es sich angenehm wandern.

Und nicht nur die Wasserleitungen haben die Bewohner in unser Jahrhundert hinübergerettet:

Sonnengebräunte Häuser am Hang: Das Dorf Pinsec oberhalb von Vissoie zeigt die typischen Merkmale der Ansiedlungen im Val d´Anniviers.

ADAC *der perfekte Urlaubstag*

9 Uhr: mit der Standseilbahn von St. Luc nach Tignousa ❹, Besichtigung der Sternwarte
11 Uhr: auf dem Planetenweg zum Fin-de-Siècle-Gebäude des Hotel Weisshorn
15 Uhr: zurück nach St. Luc, Weiterfahrt nach Grimentz, Besuch des historischen Dorfkerns
20 Uhr: Abendessen in einem der beiden Restaurants des Hotel Bella Tola & Saint-Luc

Wandern & Bergtouren

TOP TIPP Die **Bella Tola** (3025 m) ❶ ist der Aussichtsgipfel über dem Val d'Anniviers schlechthin. Von seinem höchsten Punkt sieht man alles, was im Mittelwallis und im westlichen Berner Oberland Rang und Namen hat. Trotz seiner Höhe ist dieser Berg auch für gute Wanderer ein problemlos zu erreichendes Ziel. Die Standseilbahn von St. Luc (1655 m) nach Tignousa (2169 m) ❹ hilft beim Aufstieg. Dort bietet sich eventuell ein Abstecher auf den Planetenweg beim nahen Observatorium an, danach geht es direkt über Wiesenpfade nach Ost-Nordost oder über die Cabane de Bella Tola (2346 m) in den Sattel zwischen Rothorn (2998 m) und Bella Tola; von dort zum Gipfel. Denselben Weg zur Bergstation zurück; entweder mit der Bahn oder zu Fuß nach St. Luc; Zeit: ca. 5,5 Std.; Einkehr: Cabane de Bella Tola

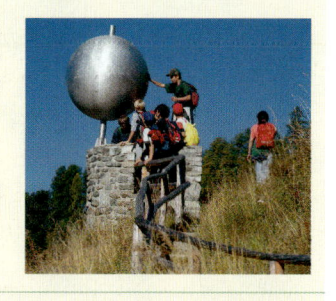

Corne de Sorebois (2896 m) Mittelschwere Bergwanderung	Ausgangspunkt: Staumauer des Moiry-Stausees (2250 m); am Ausflugscafé nach links (Markierung) – auf Pfadspuren über Bergwiesen – über Serpentinenpfad zum Bergrücken (ca. 2840 m) – nach links steil zum Gipfel – Abstieg nach Osten zur Sorebois-Bergstation (2438 m) ❻ – zu Fuß oder mit der Bahn nach Zinal (1675 m); mit dem Postbus über Grimentz zurück zum Ausgangspunkt; Zeit: ca. 3 Std.; Einkehr: am Moiry-Stausee
Cabane de Tracuit (3256 m) Anstrengende, steile Bergwanderung	Ausgangspunkt: Zinal (1675 m); Almhütten von Combautanna (2578 m) – Col de Tracuit (3250 m) – Cabane de Tracuit, herrlicher Blick auf das Weisshorn (4506 m); Abstieg wie Aufstieg; Zeit: ca. 8 Std.; Einkehr: Cabane de Tracuit (evtl. Übernachtung)
Höhenweg Val de Réchy – Bisse de Vercorin Leichte Bergab-Wanderung an einer Suone	Ausgangspunkt: Vercorin, Bergstation Crêt du Midi (2332 m) ❺; leicht abwärts nach Süden ins Val de Réchy – Talboden (2184 m) – steil hinab nach Norden bis La Léa (1660 m, Brücke) – an der Wasserleitung entlang nach Vercorin (1322 m); Zeit: ca. 4 Std.; Einkehr: in Vercorin

Sonnenuntergangs-Schmaus
Jeden Freitag ab 16.30 Uhr geht's zum Sonnenuntergangs-Schmaus mit Seilbahnhilfe hoch hinauf: Das Ziel heißt Corne de Sorebois (2896 m) und ist ein erstklassiger Aussichtsgipfel. Der Fahrt mit der Bergbahn ❻ folgt eine Wanderung bis zum Gipfel. Neben Aperitif und Raclette bekommen die Gäste auch eine fachkundige Erklärung des Panoramas, das sich ihnen bietet. Im letzten Licht des Tages geht es dann mit Fackeln wieder hinab zur Bergbahnstation und zurück nach Zinal. Informationen beim Office du Tourisme Zinal; Tel. 02 74 75 13 70

Viele der »Suone« oder »Bisse« genannten Bewässerungskanäle lassen sich erwandern.

Es gibt in der Schweiz nur wenige Gegenden mit besser erhaltenen Dörfern als die des Eifischtales, wie man das Val d'Anniviers früher auch nannte. Chandolin ist eine dieser liebevoll gepflegten Dorfidyllen; in seinen Gassen wähnt man sich in vergangenen Zeiten. Ähnlich der autofreie Ortskern von Grimentz: Sonnenlicht hat den dörflichen Getreidespeichern im Laufe der Jahrhunderte eine schwarze Färbung verliehen, Fenster und Balkone der überwiegend aus dem 17. Jh. stammenden mehrstöckigen Holzhäuser sind mit roten Geranien geschmückt. Juwel des Dorfzentrums ist das im 15. Jh. errichtete Bürgerhaus. Der wohl bekannteste Ort des Tales hat auch bei Weinkennern einen klingenden Namen. Denn dort wird der berühmte Walliser Gletscherwein gekeltert und in den Kellern aufbewahrt. Unterhalb von Grimentz teilt sich das Val d'Anniviers in das Val de Zinal und das Val de Moiry. In seinem Talschluss befindet sich der Moiry-Stausee, dessen imposante Staumauer im Rahmen einer Führung besichtigt werden kann.

Zu Besuch bei den Planeten

Auch in St. Luc wird Tradition groß geschrieben. Außer den Wassermühlen, die auf das 18. Jh. zurückgehen, sind eine Tuchwalke und das Haus des Dorfmüllers erhalten und lohnen einen Besuch. Das Observatorium »François-Xavier Bagnoud« nahe der Bergstation der Zahnradbahn von St. Luc nach Tignousa wirkt gegen diese Dorfidylle reichlich futuristisch. Ein Besuch ist nicht nur für Hobby-Astronomen ein Erlebnis. Mit dem 600-mm-Teleskop lassen sich Lichtjahre entfernte Himmelskörper ganz nah heranholen. Hier beginnt auch der Planetenweg, der die Besucher an maßstabsgetreu nachgebildeten Planeten auf einer Län-

VAL D'ANNIVIERS

Der ganze Stolz der Walliser Bauern: die preisgekrönten Eringerkühe

ge von 6 km durch unser Sonnensystem führt. Einen Weg anderer Art hat das Tal hoch oberhalb von Vercorin zu bieten. Hinter der Bezeichnung »La Foret de l'Aventure« verbirgt sich ein Hochseilgarten, der sowohl für Erwachsene als auch für Kinder Nervenkitzel pur bietet: Man hangelt sich von Baum zu Baum, überwindet Hindernisse wie Hängebrücken – und seine Angst. Drei unterschiedliche Schwierigkeitsgrade erlauben allen Altersgruppen den Besuch: Für die ganz Kleinen bis 6 Jahre gibt es einen »Mini-Track«, für die schon etwas älteren eine kürzere Route und für die Großen einen langen Weg, der zweieinhalb Stunden Abenteuer verspricht (Tel. 02 74 52 29 07; www.foretaventure.ch).

Nahezu endlos mag dagegen so manchem Teilnehmer die 31 km lange Strecke des jährlichen Berglaufs von Siders im Rhônetal bis hinauf nach Zinal erscheinen. Die 2000 Höhenmeter bis ins Ziel fordern selbst den international bekannten Profis das Letzte ab; umso bewundernswerter erscheint da die Teilnahme zahlreicher Amateure. Richtigen Genuss werden dabei wohl höchstens die Zuschauer empfinden. Ein Zuschauerspektakel der eher traditionellen Art sind die Kämpfe der kraftstrotzenden Eringerkühe um die Würde der Königin. Ende Juni, zum Almauftrieb, muss sich eine Kuh diesen Titel erkämpfen und auf der Weide bis zum Almabtrieb verteidigen, danach erst wird ihr die Krone zuteil. Im nächsten Jahr mag dann eine andere unter dem Jubel der Eifischtaler Bevölkerung an ihre Stelle treten. Wenn auch die Königin unter den Kühen jährlich wechselt: Die Kaiserkrone wird dem Tal, seinen Bewohnern und Gästen auf Lebenszeit erhalten bleiben.

Hütten

Cabane d'Ar Pitetta (2786 m)
Im oberen Teil der Mulde von Ar Pitetta liegt diese Hütte direkt unterhalb der Weisshorn-Westflanke. Den nahen Weisshorngletscher erreicht man in ca. 20 Min. Die kleine und einfache Hütte bietet nur Getränke und Suppen an, Warmwasser und Duschen gibt es nicht. Damit wird der Energieverbrauch niedrig gehalten, der wenige unabdingbare Strom wird mit einer kleinen Solaranlage erzeugt. Als Anerkennung für den mustergültig umweltschonenden Betrieb der Cabane erhielten ihre Betreiber 1995 den »Prix Wilderness« vom Verein Mountain Wilderness Schweiz verliehen. Aufstieg von Zinal in ca. 4,5 Std.; Tel. 02 74 75 40 28

Fun & Family

Naturweg »Zau Zoura« Ayer	3-km-Spaziergang durch einen an Wildtieren und Pflanzen reichen Wald; Ausgangspunkt an der Hütte »Le Déjert«; fantastischer Bergblick; Tel. 02 74 75 13 70; www.zinal.ch
Observatorium »François-Xavier Bagnoud« St. Luc	Besuche am Tag und in der Nacht möglich; der nahe Planetenweg zeigt das Sonnensystem; Tel. 02 74 75 58 08; www.ofxb.ch
Moiry-Staumauer Grimentz	Geführte Besichtigung der massiven Moiry-Staumauer; Tel. 02 74 75 14 93; www.grimentz.ch

TOP TIPP Im Zentrum von Grimentz kann man dem **Dorfbäcker** ❷ nicht nur über die Schulter schauen, sondern sich selbst in diesem Metier versuchen: Während der Sommermonate dürfen Besucher den Teig für das einstige Hauptnahrungsmittel Roggenbrot selbst zubereiten und im Dorfofen auf traditionelle Art backen; Anmeldung unter Tel. 02 74 75 14 93; www.grimentz.ch

Stolzer Blumenschmuck: Die Holzhäuser in Grimentz sind wunderschön anzuschauen.

Adressen & Bergbahnen — Landesvorwahl 00 41

Urlaubsregion	**Sierre-Anniviers** Tourisme; Tel. 08 48 84 80 27; E-Mail: info@sierre-anniviers.ch; www.sierre-anniviers.ch
Chandolin (1920 m)	Office du Tourisme Chandolin; Tel. 02 74 75 18 38; E-Mail: chandolin@sierre-anniviers.ch; www.chandolin.ch
Grimentz/St. Jean (1572 m)	Grimentz/St. Jean Tourisme; Tel. 02 74 75 14 93; E-Mail: grimentz@sierre-anniviers.ch; www.grimentz.ch
St. Luc (1655 m)	Office du Tourisme de St. Luc; Tel. 02 74 75 14 12; E-Mail: saint-luc@sierre-anniviers.ch; www.saint-luc.ch
Vercorin (1322 m)	Office du Tourisme de Vercorin; Tel. 02 74 55 58 55; E-Mail: vercorin@sierre-anniviers.ch; www.vercorin.ch
Zinal (1675 m)	Office du Tourisme de Zinal; Tel. 02 74 75 13 70; E-Mail: zinal@sierre-anniviers.ch; www.zinal.ch
Weitere Orte	Chalais
Entfernungen	Hamburg 1047 km; Berlin 1127 km; Köln 751 km; Frankfurt a. M. 588 km; Stuttgart 503 km; München 599 km

1. Chalais — Vercorin — Berg/Tal 11,60 sfr
2. Chandolin — Tsapé — Berg/Tal 13 sfr
3. Grimentz — Bendolla — Berg/Tal 14 sfr
4. St. Luc — Tignousa — Berg/Tal 13 sfr
5. Vercorin — Crêt du Midi (via Sigeroulaz) — Berg/Tal 16 sfr
6. Zinal — Sorebois — Berg/Tal 15 sfr

Siehe auch Preisteil S. 643

EVENTS

- Juni: Kampf der Eringerkühe in verschiedenen Orten im Wallis; Orte und Zeit bei den Tourismusbüros
- August: Berglauf von Sierre nach Zinal; Tel. 02 74 75 41 61; www.sierre-zinal.com

Grand Raid Cristalp, Mountainbike-Marathon von Verbier oder Hérémence nach Grimentz; www.grand-raid-cristalp.ch

Restaurants

Hotel Bella Tola & Saint-Luc
Das Hotel stammt aus dem 19. Jh., 2001 erhielt es die renommierte Auszeichnung »Historisches Hotel des Jahres«. Sein feines französisches Restaurant befindet sich im Wintergarten im Erdgeschoss und bietet gehobene Küche für ebensolche Ansprüche. Das rustikale »Tzambron« dagegen ist ein typisches Walliser Restaurant mit urigem Ambiente und deftigen regionalen Spezialitäten wie Fondue, Raclette, Käseschnitte oder Rösti. Beide Lokale servieren ausschließlich Weine aus der Region; Tel. 02 74 75 14 44; www.bellatola.ch

Hotelempfehlungen

Chandolin S. 713
Grimentz S. 715
Zinal S. 722

Wanderkarten

Landeskarte der Schweiz; Blätter 273 Montana, 283 Arolla; 1:50000
Landeskarte der Schweiz; Blätter 1287 Sierre, 1307 Vissoie, 1327 Evolène; 1:25000

Straßenatlas
Siehe S. 788

LEUKERBAD
WALLIS

Die Lindner Alpentherme bietet Wellness vor einer herrlichen Bergkulisse.

ACTION & SPORT

WANDERN & BERGTOUREN

FUN & FAMILY

WELLNESS & GENUSS

ADAC – der perfekte Urlaubstag

- **9 Uhr:** mit der Gemmibahn ① zum Berghotel Wildstrubel, Frühstück mit Blick auf die Walliser Viertausender-Parade
- **10 Uhr:** gemütliche Wanderung am Daubensee (2207 m) entlang und hinab auf die Spittelmatte (1879 m). Rückweg mit Einkehr im Gasthaus Schwarenbach, auf der anderen Seeseite zurück
- **16 Uhr:** Erholung in der Alpentherme oder im Burgerbad
- **20 Uhr:** Gourmet-Menü im Hotel Bristol oder Walliser Spezialitäten im Restaurant Sternen

Wohlfühlen im Wallis

Leukerbad kennt keine Nebensaison. Dutzende warmer Quellen speisen zu jeder Jahreszeit die Bädertempel und Brunnen und sorgen für körperliches und seelisches Wohlbefinden. Auch die hervorragenden örtlichen Weine tragen ihren Teil dazu bei. Wer seinen Urlaub lieber aktiv gestaltet, der findet auf dem abwechslungsreichen Wanderwegenetz die nötige Bewegung.

Der Rundblick von der Bergstation der Gemmibahn in 2350 m Höhe schweift zuallererst in die Ferne, zu den Viertausendern des Wallis. Man wird sich schwer tun mit dem Zählen, aber in weiter Ferne lassen sich das Matterhorn und die Dent Blanche erkennen, etwas näher das weiße Dreieck des Weisshorn, weiter links die Monte-Rosa-Gruppe und der Dom. Nach Norden, weit hinter dem Daubensee, liegt das Berner Oberland. Dort bleiben die Wolken oft an der Barriere der Berner Alpen hängen, was dem Wallis zu seinem sonnigen Klima verhilft.

Erst wenn man sich am Gipfelpanorama satt gesehen hat, fällt der Bäderort Leukerbad ins Auge, der fast 1000 m unter dem eigenen Standort geborgen zwischen zwei Bergrücken liegt. Von oben ist die Ringstraße um den Ort gut zu erkennen; sie sorgt dafür, dass das enge Zentrum praktisch verkehrsfrei bleibt. Fährt man von dort hinab ins Rhône-Tal, passiert man das Dorf Inden, vom gegenüberliegenden Hang schauen die Häuser von Albinen herab. An der Mündung ins Rhône-Tal liegt das sehenswerte historische Städtchen Leuk. Hier sind zwei mittelalterliche Schlösser und einige Herrenhäuser erhalten geblieben, außerdem nennt der Ort mit der Ringackerkapelle den schönsten Barockbau des Kantons Wallis sein Eigen.

An den südseitigen Hängen von Leuk und dem gegenüberliegenden Varen wachsen die sonnenverwöhnten Weine des Wallis, die zu den besten Tropfen der Schweiz gehören. Allerdings nur, weil die Bauern während der hier üblichen trockenen, warmen Sommer ihre Rebstöcke gut bewässern. Ohne Bewässerungskanäle, die so genannten Suonen, wäre Landwirtschaft in diesem Klima unmöglich.

Auch in Leukerbad spielt das Wasser eine wichtige Rolle. Seit Jahrhunderten ist der Ort bekannt für seine Thermalquellen, die hier geradezu verschwenderisch aus der Erde sprudeln. Inzwischen kommen die Leute nicht nur für medizinische Kuren in den Bäderort, Leukerbad ist längst auf den Wellness-Zug aufgesprungen. In den großzügigen Bäderlandschaften kann man sich nach allen Regeln der Kunst verwöhnen lassen. An erster Stelle steht dafür die Lindner Alpentherme. Der lang gezogene, beeindruckende Bau verkörpert die moderne Version einer römischen Therme. Ein besonderer Tipp ist das römisch-irische Bad im Obergeschoss. Zum Ritual in diesem Bad gehören Dampf- und Wasserbäder verschiedener Temperaturen, eine Bürstenseifenmassage und die anschließende Ruhe

Adressen & Bergbahnen — Landesvorwahl 00 41

Urlaubsregion	**Leukerbad** Tourismus; Tel. 02 74 72 71 71; E-Mail: info@leukerbad.ch; www.leukerbad.ch	① Leukerbad Gemmibahn Berg/Tal 26 sfr
Orte	**Albinen** www.albinen.ch • **Inden** www.inden.ch • **Leuk** www.leuk.ch • **Varen** www.varen.ch	② Leukerbad Torrent-Bahnen Berg/Tal 30 sfr
Entfernungen	Hamburg 1000 km; Berlin 1053 km; Köln 677 km; Frankfurt a. M. 514 km; Stuttgart 430 km; München 526 km	Siehe auch Preisteil S. 643

• 382 •

Wellness & Genuss

TOP TIPP

Die riesige **Lindner Alpentherme** ① bietet das umfangreichste Wellness-Angebot im Ort. Zu empfehlen ist ein zweistündiger Rundgang durch die Wellness-Landschaft mit elf Stationen wie Massage oder das römisch-irische Bad mit Thermal- und Heißluftbädern. Außerdem werden verschiedene Kuren und Behandlungen, Akupunktur und Naturfangopackungen angeboten. Es gibt ein Kosmetikstudio, ein medizinisches Zentrum und einen Fitness-Raum. Zum Bad gehören auch ein Restaurant mit indischer Küche und ein Café. Sogar Modeboutiquen sind in dem modernen Wellness-Tempel integriert; Tel. 02 74 72 10 10; www.alpentherme.ch

Wellnesshotel Grichting Badnerhof	Einziges Soleschwimmbad in Leukerbad; Entspannungstherapie mit Licht und Sand, römischer Tempel mit Laconium, Dampfbad, Aromagrotte, verschiedene Massagen und Packungen, Thalasso, Lehm- und Heubad, Kleopatrabad mit Milch und Ölen, Gesichtsbehandlungen; Nicht-Hotelgäste müssen vorher reservieren; 02 74 72 77 11; www.hotel-grichting.ch
Burgerbad	Europas größte alpine Thermal-Badeanlage; zehn Becken mit unterschiedlich warmem Wasser, Kneipp-Parcours, Sprudelbecken, Dampfgrotte; Kinder- und Außenbecken mit langer Rutschbahn; insbesondere für Familien geeignet; Sauna, Fitness-Raum, Bar; Tel. 02 74 72 20 20; www.burgerbad.ch
Volksheilbad	Von einer Stiftung getragenes Heilbad mit angeschlossener Hotellerie; Thermalbad, diverse Massagen, Aromabäder, Eiskompressen, Fango- und Heublumenwickel; Tel. 02 74 72 21 00; www.volksheilbad.ch
Schönheits- und Revitalzentrum Isabelle	Gesichts- und Körperbehandlungen, Revital-Behandlungen; Pflege- und Schminktraining; Farb- und Stilberatung; Meditationseinführung; Tel. 02 74 70 13 12; www.isabelle-revital.ch

in warmen Tüchern. Etwas weniger umfangreich im Angebot, dafür umso größer an Fläche und ebenso modern ist das Burgerbad. Das beliebte Kneipp-Wechselbad jagt einem so manchen Schauer durch die Glieder. Das dafür verwendete heiße Wasser kommt mit bis zu 51 °C direkt aus dem Berg und muss zunächst abgekühlt werden.

Zum Wohlfühl-Programm sollten neben Wein und Badegenuss auf jeden Fall auch Wanderungen gehören, etwa auf das aussichtsreiche Torrenthorn; der Anstieg lässt sich mit den Torrent-Bahnen angenehm verkürzen. Vom Gipfel des Fast-Dreitausenders lassen sich sogar noch einige Bergspitzen mehr erspähen als von der Bergstation der Gemmibahn, ehe der Blick dann wieder hinabgleitet nach Leukerbad, wo es so viele Annehmlichkeiten für einen erholsamen Urlaub gibt, dass man nur mit dem Blick in die Ferne schweifen möchte.

Hütten

Lämmerenhütte (2501m)
Die Hütte am Fuße des Wildstrubel ist Ausgangspunkt vieler Bergtouren, in der Nähe auch zahlreiche Klettereien. Ideal für Kinder: Die Kleinen können sich am nahen See und mit verschiedenem Spielzeug austoben; Zustieg von der Bergstation der Gemmibahn ① in 1,5 Std.; mit Übernachtungsmöglichkeit; Tel. 02 74 70 25 15; www.strubel.ch/laemmerenhuette

Restaurants

Hotel Bristol
Die köstliche Gourmet-Küche aus vorwiegend regionalen Produkten genießt man in gepflegtem Ambiente, mittags auch gerne im Gartenrestaurant. Die Weinkarte lässt keine Wünsche offen, insbesondere Walliser Weine sollte man hier probieren; Tel. 02 74 72 75 00; www.bristolleukerbad.ch

Restaurant Sternen
Hier bekommt man in urigem Ambiente Walliser Spezialitäten wie Tomatenfondue oder Raclette serviert; Tel. 02 74 70 11 20; www.sternen-leukerbad.ch

Promi-Tipp

Eduard Zimmermann
Der langjährige Moderator der TV-Sendung »Aktenzeichen XY-ungelöst« lebt in Leukerbad. Sein Insider-Tipp: »Ich schätze das Wallis für seine kantigen und charaktervollen Bewohner. Leukerbad bietet mir das ganze Jahr über Abwechslung und Erholung zugleich. Es gibt keine lärmigen Saisonspitzen, aber auch keine triste Nebensaison. In Leukerbad kann ich Wandern und Baden in unvergleichlicher Weise miteinander verbinden.«

Hotelempfehlungen

Leukerbad S. 717

Wanderkarten

Landeskarte der Schweiz, Blatt 1267 Gemmi; 1:25000

Straßenatlas Siehe S. 788

LÖTSCHENTAL
WALLIS

ACTION & SPORT

WANDERN & BERGTOUREN

FUN & FAMILY

WELLNESS & GENUSS

Zu Füßen des Bietschhorn

Im Lötschental ist lebendiges Brauchtum kein Tourismuskonzept, sondern nach wie vor fester Bestandteil des Lebens seiner Bewohner. Als Teil des UNESCO-Weltnaturerbes Jungfrau-Aletsch-Bietschhorn hat das abgelegene Walliser Bergtal aber auch eine einzigartige Landschaft zu bieten und ist damit ein Paradies für Wanderer.

Zwischen kühnen Firn- und Felsgipfeln bieten sich im Lötschental auch zahlreiche einfache Wandertouren.

Restaurants

Restaurant Bietschhorn
Wer das Lötschentaler Essen in Bioqualität genießen will, besucht am besten das urige Restaurant Bietschhorn in Kippel. In dem traditionellen Holzhaus kommen fast ausschließlich Zutaten aus biologischer Landwirtschaft auf den Teller und zu trinken gibt es Walliser Bioweine; Tel. 02 79 39 18 18

Hütten

Hollandia-Hütte (3235 m)
Die Hollandia-Hütte, auch Lötschenhütte genannt, liegt in den Felsen oberhalb der Lötschenlücke, am Übergang vom Lötschental zum Großen Aletschfirn. Von hier reicht der Blick bis zum Montblanc. Der Zustieg vom Straßenende an der Fafleralp (1795 m) führt bereits über einen Gletscher und ist eine alpine Unternehmung, die sich nur Bergsteiger mit entsprechender Ausrüstung (Seil etc.) zutrauen dürfen; Tel. 02 79 39 11 35

Hoch über dem Mittelwallis thront der König des Lötschentals, wie das Bietschhorn häufig genannt wird. Das Lötschental, das seinem König im Westen und Norden zu Füßen liegt, zweigt bei Steg vom Rhônetal ab. Durch die enge Lonzaschlucht ist der Zugang bewacht. Danach geht es weiter nach Goppenstein, dem Südportal des Lötschbergtunnels, durch den der Autozug das Wallis mit Kandersteg im Berner Oberland verbindet. Weiter taleinwärts befinden sich nacheinander die Ortschaften Ferden, Kippel, Wiler und Blatten. Den mit dem Auto erreichbaren Endpunkt des Tales bildet die Ansiedlung auf der Fafleralp. An den Rand des Langgletschers, über dem die Lötschenlücke den Übergang auf den Großen Aletschfirn ermöglicht, gelangt man hingegen nur noch mit Wanderschuhen; für den Weiterweg über den Gletscher benötigt man alpine Erfahrung und entsprechende Ausrüstung. Wer die landschaftlichen Schönheiten des Lötschentals mit weniger Aufwand entdecken möchte, sollte auf dem großartigen Lötschentaler Höhenweg von der Fafleralp über Tellistafel und Weritzstafel zur Lauchernalp wandern. Immer wieder genießt man traumhafte Ausblicke auf die gegenüberliegende Bietschhornkette. Dabei sollte man am Schwarzsee, in dem man sich an heißen Tagen bei einem erfrischenden Bad Kühlung verschaffen kann, verweilen. Das Seeauge liegt in einer Hangmulde 200 m über dem Talgrund, gegenüber der wilden Eis- und Felsszenerie des Bietschhorns – noch idyllischer kann man nicht rasten!
Apropos Idylle: Der große Tourismus hat hier keinen Einzug gehalten; das liegt aber nicht an der mangelnden Attraktivität der Gegend, sondern

ADAC – der perfekte Urlaubstag

- **10 Uhr:** Wanderung auf dem Lötschentaler Höhenweg von der Fafleralp zur Lauchernalp mit einem erfrischenden Bad im Schwarzsee
- **13 Uhr:** Einkehr auf der Lauchernalp, anschließend Talfahrt mit der Luftseilbahn ❶
- **15 Uhr:** Besuch des Lötschentaler Museums in Kippel
- **19 Uhr:** Abendessen im Bio-Restaurant Bietschhorn

Adressen & Bergbahnen — Landesvorwahl 00 41

Urlaubsregion	Lötschental Tourismus; Tel. 02 79 38 88 88; E-Mail: info@loetschental.ch; www.loetschental.ch
Orte	Kippel www.kippel.ch • Wiler • Blatten
Entfernungen	Hamburg 972 km; Berlin 1025 km; Köln 649 km; Frankfurt a. M. 486 km; Stuttgart 402 km; München 498 km

❶ Wiler
Lauchernalp
Berg/Tal 16,80 sfr

Siehe auch Preisteil S. 643

Wandern & Bergtouren

TOP TIPP Eine herrliche Wanderung mit besonders schöner Sicht auf das Bietschhorn ist der **Lötschentaler Höhenweg** ❶. Er führt von der Fafleralp (1795 m) zur Lauchernalp (ca. 2100 m), von wo man knieschonend per Seilbahn ❶ ins Tal zurückschweben kann. Der Höhenweg führt stets in einer Höhe zwischen 1800 und 2100 m auf und ab. Er ist auch von Kindern und weniger Geübten gut begehbar. Schon nach kurzer Zeit liegt auf der rechten Wegseite der kleine Schwarzsee (ca. 1860 m, Bademöglichkeit) – ein idealer Rastplatz. Weiter geht es über die Alpsiedlungen Tellistafel (1865 m) und Weritzstafel (2099 m). Die anschließende Einkehr plant man am besten auf der Lauchernalp; dort breitet sich das Panorama der Bietschhornkette in seiner ganzen Pracht vor einem aus. Leichte Wanderung; Zeit: ca. 2,5 Std.

Gletscherstafel (1763 m) – **Ferden** (1375 m) Leichte Wanderung an der Lonza	Ausgangspunkt: Gletscherstafel; talauswärts an der rechten Seite der Lonza – Blatten (1540 m, Wechsel ans andere Ufer) – Wiler (1419 m) – Kippel (1376 m) – Ferden (1375 m); Rückfahrt mit dem Postbus; Zeit: ca. 3 Std.; Einkehr: Blatten
Fafleralp (1795) – **Anenhütte** (2355 m) Leichte Wanderung mit fantastischen Ausblicken	Ausgangspunkt: Fafleralp; von hier gibt es zwei Wege zur Anenhütte: die steile Variante über die Gletscheralp zum Grundsee (1843 m) oder mit gleichmäßiger Steigung über die Guggialp; Abstieg wie Aufstieg; Zeit: jeweils ca. 2,5 Std.; Einkehr: Anenhütte
Lauchernalp (2456 m) – **Jeizinen** (1526 m) Lange, leichte und eher einsame Wanderung	Ausgangspunkt: Bergstation Luftseilbahn Lauchernalp ❶; Hockenalp (ca. 2040 m) – Kummenalp (2083 m) – Restialp (2098 m) – Faldumalp (2037 m) – Abstieg nach Jeizinen (1435 m), von dort Seilbahn ins Rhônetal nach Gampel (634 m); mit dem Postbus ins Lötschental zurück; die Tour eignet sich auch als Verlängerung des im Top-Tipp empfohlenen Höhenweges; Zeit: ca. 6,5 Std.; Einkehr: Lauchernalp, Jeizinen

vor allem an ihrer abgeschiedenen Lage. Jahrhundertelang versperrte die Lonzaschlucht den Zugang von Süden, und so wurde das Tal vermutlich von Norden her besiedelt. Die Abgeschiedenheit des Tales mag auch der Grund dafür sein, warum sich so viele Bräuche erhalten haben. Denn für die Bewohner des Lötschentales stellt Brauchtum kein Tourismuskonzept, sondern eine Lebensform dar. Noch heute tragen die älteren Frauen ihre Trachten, und der Charakter des Wallis mit seiner tief religiösen Bevölkerung, den einfachen, von der Sonne dunkel gefärbten Holzhäusern und den weißen Kirchlein ist hier ausgeprägter spürbar als im Rhônetal. Besonders in den engen Gassen von Blatten fühlt man sich weit in die Vergangenheit versetzt. Die Aufmärsche der Herrgottsgrenadiere oder die Spend am Ostermontag sind weitere Manifestationen des Traditionsbewusstseins der Einheimischen. Das Lötschentaler Museum in Kippel mit seinen eindrucksvollen Ausstellungen gibt einen guten Überblick über Geschichte und Brauchtum der Region. Selbst die einfachsten Routen auf den Gipfel des Bietschhorns sind erfahrenen Bergsteigern vorbehalten. Den Wanderer braucht das aber nicht zu kümmern: Der majestätische Berg über dem Lötschental ist allein durch seine Anwesenheit eine Bereicherung für jeden Urlaub.

EVENTS

- März/April: Spend in Ferden, Ostermontag
- Mai/Juni: Farbenprächtige Prozessionen der Herrgottsgrenadiere, Fronleichnam und am darauf folgenden Segensonntag 
- Juni: Kirchweih in Kippel mit Umzug der Herrgottsgrenadiere
- August: Kirchweih in Wiler und Blatten mit Herrgottsgrenadieren
- September: Kirchweih in Ferden mit Herrgottsgrenadieren

Lötschentaler Museum
Das Lötschentaler Museum in Kippel bietet einen hervorragenden Eindruck von der früheren Lebensweise, dem reichen Brauchtum und der abwechslungsreichen Geschichte des Lötschentales; Tel. 02 79 39 18 71; www.loetschentalermuseum.ch

Wanderkarten

Landeskarte der Schweiz; Blatt 264 Jungfrau; 1:50000
Landeskarte der Schweiz; Blatt 1268 Lötschental; 1:25000

Hotelempfehlungen

Wiler S. 722

Straßenatlas Siehe S. 788

ZERMATT
WALLIS

ACTION & SPORT

WANDERN & BERGTOUREN

FUN & FAMILY

WELLNESS & GENUSS

Die größte Pyramide der Welt

Keine andere Berg-Silhouette ist so bekannt wie die des Matterhorns. Wenn Amerikaner, Japaner und Inder einen so weiten und teuren Weg in Scharen auf sich nehmen, dann muss da etwas Besonderes sein. Der Faszination dieser gewaltigen Felspyramide kann sich kein Besucher entziehen.

Zermatt ist etwas Besonderes – das erfährt jeder Tourist schon bei der Anreise in Täsch, 6 km vor dem berühmten Bergsteigerdorf: Dort endet die öffentliche Straße auf riesigen Parkplätzen, und weiter geht es nur mit der Bahn oder mit dem Taxi, wobei die Mehrheit die Fahrt mit den roten Waggons der Matterhorn-Gotthard-Bahn bevorzugt.

kann, auf 1600 m in Zermatt hinauf. Je höher die Bahn kommt, umso intensiver wird nach dem Matterhorn Ausschau gehalten. Dann eröffnen sich erste Blicke auf die Gletscherwelt. Der Zug fährt durch einige Tunnel und rollt endlich im Zermatter Bahnhof ein. Tritt man aus dem Gebäude nur wenige Schritte auf den Bahnhofsplatz hinaus, wird der

Wanderer beim Weiler Findeln: Die wohl bekannteste Berggestalt der Welt beherrscht auch hier das Bild.

ADAC *der perfekte Urlaubstag*

- **6 Uhr:** Sonnenaufgangsfahrt aufs Klein Matterhorn ③ mit anschließendem Frühstück
- **10 Uhr:** Besuch der Gletschergrotte – oder Sommerskifahren auf dem Theodulgletscher
- **14 Uhr:** Spaziergang von Furi über Blatten nach Zermatt; in Blatten eine Walliser Platte essen
- **20 Uhr:** Abendessen bei »Chez Heini« in Zermatt, anschließend Kinobesuch (Kino und Kulturzentrum »Vernissage«; www.vernissage-zermatt.com)

Wenn die Hauptstraßen Zermatts auch den Fußgängern gehören, gibt es dort dennoch Verkehr, weil Elektromobile der großen Hotels Gäste und Gepäck transportieren. Wer schon in Brig – dem regionalen Zentrum im Oberwallis – in die Bahn steigt, kann ein ebenso interessantes wie amüsantes Schauspiel beobachten: Fast zu jeder Jahreszeit sind die Zugabteile mit Touristen aus Übersee besetzt, von denen die meisten erhebliche Mühen auf sich genommen haben, um an den Fuß des berühmten Berges zu gelangen. Während der Fahrt bestaunen sie dann oft alpenländisch alltägliche Dinge wie Schafe, Geranienkästen vor Fenstern oder ganz gewöhnliche Stallungen.

Die Bahn kämpft sich dabei von etwa 700 m Höhe in Brig, wo es im Sommer ausgesprochen heiß sein

Blick auf die rustikale Hauptgasse und auf einen Berg darüber frei. Jedermann ist überwältigt. Die Fantasie wird von der Realität übertroffen.

Schon ein Spaziergang durch den Ortskern von Zermatt ist eine lohnende Angelegenheit. Uhren- und Schmuckläden wechseln sich auf der Hauptgasse mit Sport- und Souvenirläden ab. Das Matterhorn ist überall präsent, auch in Schokoladenform. Dazwischen reihen sich zahlreiche Restaurants. Eine vorherrschende Küche lässt sich nicht ausmachen. Natürlich offerieren zahlreiche Walliser Stuben ein Fondue oder Raclette in entsprechendem Ambiente. Daneben gibt es aber auch zahlreiche Pizzerien, sogar chinesische Restaurants, eine Sushi-Bar und einen McDonald's. Einige zur Gasse hin offene Bars lassen auf ein reges Nachtleben schließen. Auf die-

Der eine Berg: mit Gornergratbahn…    *…und als ferne Kulisse von Zermatt.*

sem »Corso« schlendern Snowboarder (auch im Sommer – das größte Sommerskigebiet der Schweiz lässt grüßen), Sikhs mit bunten Turbanen, verschwitzte Wanderer, japanische Rentner und einheimische Familien aneinander vorbei.

Doch letztlich ist niemand wegen Zermatt allein hierher gekommen. Die Attraktion ist eine unvergleichliche, hochalpine Bergwelt, die sich hier von unten bestaunen, mit Seilbahnhilfe ein wenig erkunden oder unter entsprechenden Voraussetzungen erwandern und erklettern lässt. Das Matterhorn ist zwar zweifellos die markanteste Gipfelgestalt, wird allerdings in seiner Höhe von zahlreichen anderen Bergen der Region übertroffen. An erster Stelle ist da die Dufourspitze im Monte-Rosa-Gebiet zu nennen. Dieser Gipfel ist der höchste Punkt der Schweiz. In nördlicher Richtung bis zum Dom reihen sich fünf Viertausender aneinander. In westlicher Richtung bis zum Matterhorn gibt es weitere acht Gipfel über der magischen Grenze. Hinter dem Matterhorn in westlicher Richtung befinden sich auf Zermatter Gemeindegebiet weitere Viertausender, wobei die Dent Blanche und das Weisshorn wegen ihrer mächtigen Wände hervorzuheben sind.

Hütten

Schönbielhütte (2694 m)
Die Hütte liegt oberhalb der nördlichen Seitenmoräne des Zmuttgletschers – mit ungewöhnlicher Perspektive aufs Matterhorn; von der Bergstation der Schwarzsee-Seilbahn 8 4 ca. 3 Std.; Tel. 02 79 67 13 54

Hörnlihütte (3260 m)
Sie hat eine luftige Lage, nämlich auf dem Nordostgrat des Matterhorns. Von hier Zustieg zum Matterhorn-Gipfel (hochalpine Klettertour, nur mit Bergführer); häufig überfüllt; Anstieg vom Schwarzsee 8 4 in ca. 2 Std.; Tel. 02 79 67 27 69

Monte-Rosa-Hütte (2795 m)
Diese Hütte befindet sich auf einer Felsinsel im Eismeer zwischen Gorner- und Grenzgletscher; Zustieg von der Station Rotenboden (Haltestelle der Gornergratbahn) 7 über den Gornergletscher in ca. 2,5 Std.; Tel. 02 79 67 21 15

Wandern & Bergtouren

TOP TIPP Ein Wanderweg der Superlative ist der **Europaweg** 1. Was kann es Schöneres geben als hoch über dem Talgrund durch eine atemberaubende, abwechslungsreiche Naturszenerie zu wandern? Oben türmen sich die steilen Felsfluchten der Mischabelkette, mächtige Gletscherzungen drohen. Wilde Bäche sind zu überspringen, bizarre Felsformationen zu bestaunen. Die gesamte 31 km lange Wanderung von Sunnegga (2288 m, von Zermatt mit der Seilbahn 9 erreichbar) über Ottavan (2214 m) bis Grächen (1619 m) in stetem geländebedingtem Auf und Ab ist kaum an einem Tag zu schaffen. Es empfiehlt sich eine Übernachtung in der Europahütte (2240 m); Zeit: ca. 11 Std.; Rückkehr von Grächen nach Zermatt mit Bus und Bahn; Informationen unter Tel. 02 79 56 36 63 und www.europaweg.ch

Gletschergarten Leichte und abwechslungsreiche Wanderung	Ausgangspunkt: Station Riffelalp der Gornergrat-Bahn (2211 m) 7; Gletschergarten (über Dossen, ca. 2100 m) – Moos (1738 m) – Gornerschlucht – Zermatt; einfache Wanderung, hauptsächlich abwärts; Zeit: ca. 3 Std.; Einkehr: Riffelalp, Bergrestaurant Schweigmatten, Bergrestaurant Moos
Breithorn (4164 m) Leichtester Viertausender der Region mit Bergführer	Ausgangspunkt: Klein Matterhorn (3883 m) 8 3; Breithornplateau – Breithorn; Zeit: ca. 4 Std.; gute Kondition der Höhe wegen unbedingt nötig! Am Seil eines Bergführers am sichersten, ansonsten große alpinistische Erfahrung notwendig; Informationen und Anmeldung zu einer Führung (in der Gruppe ab 100 sfr) übers Alpin Center Zermatt, Tel. 02 79 66 24 60
Hörnlihütte (3260 m) Bergsteigerambiente am Startpunkt der Matterhornbesteigung	Ausgangspunkt: Schwarzsee (2583 m) 8 4; Hirli (2775 m) – den Grat entlang – Hörnlihütte; Trittsicherheit und Kondition erforderlich; Zeit: ca. 2,5 Std. (Aufstieg); Rückkehr auf gleicher Route; Einkehr: Restaurant Schwarzsee, Hörnlihütte
Gornergrat (3090 m) – **Riffelberg** (2582 m) Der zweitlängste Gletscher der Schweiz und 29 Viertausender auf einen Blick	Ausgangspunkt: Gornergrat 7; Rotenboden (2800 m) – Riffelsee – Riffelberg; leichte Wanderung, auch für Kinder geeignet; Zeit: ca. 1,5 Std.; Rückkehr mit der Zahnradbahn 7 direkt von der Station Riffelberg; Einkehr: Restaurant Gornergrat, Restaurant Riffelberg

Alpines Museum

Zermatt und das Matterhorn sind zentrale Orte in der Geschichte des Alpinismus. Mitte des 19. Jh. war das Matterhorn der einzige unbestiegene Viertausender weit und breit; den Wettlauf um die Erstbesteigung gewann 1865 Edward Whymper. Viele interessante Exponate, darunter auch das gerissene Originalseil von dem tragischen Unglück bei der Erstbesteigung, geben im alpinen Museum in Zermatt einen Einblick in die Geschichte des Alpinismus; Tel. 02 79 66 81 18

🇨🇭 ZERMATT

Rast hoch über dem ewigen Eis: Der Gornergrat ist leicht per Bahn zu erreichen und bietet ein überwältigendes Panorama.

Restaurants

Chez Heini
Das Haus in Zermatt bietet rustikales Ambiente und ausgezeichnetes Essen zu mittleren Preisen. Chef Dan Daniell verwöhnt seine Gäste mit Spezialitäten vom Lamm und zum Dessert mit eigenen Schlagern; Tel. 02 79 67 16 30

Whymper-Stube
Walliser Spezialitäten wie Käsefondue oder Raclette in rustikaler Stube in Zermatt; mittlere Preislage; Tel. 02 79 67 22 96; www.whymper-stube.ch

Sonnenaufgangsfahrten

Was für ein Tagesbeginn: Umgeben von Gletschern, Graten und Felszacken den Sonnenaufgang erleben – gleich zwei Zermatter Bergbahnen bieten entsprechende Fahrten an. Zum einen lässt sich von der höchstgelegenen Aussichtsplattform Europas am Klein Matterhorn auf 3885 m ❸ beobachten, wie das ewige Eis in rosafarbenem Glanz erstrahlt. Anschließend sollte man sich ein typisches Bergfrühstück gönnen. Zum anderen bietet auch das Rothorn ❻ ein tolles Panorama, und nach den grandiosen Ausblicken erwartet den Urlauber ein reichhaltiges Frühstücksbuffet im Restaurant Rothorn. Anmeldung in beiden Fällen spätestens am Vortag bei Zermatt Bergbahnen; Tel. 02 79 66 01 01

EVENTS

- **Juli/August:** Klassische Sommerkonzerte in der Kirche von Zermatt; Tel. 02 79 66 81 18
- **August:** Matterhorn Eagle Cup, hochalpines Golfturnier in schottischer Tradition auf naturbelassener Alpweide mit Blick aufs Matterhorn; Tel. 02 79 66 81 18
- Internationaler Matterhornlauf: Berglauf von Zermatt nach Schwarzsee. Teilnahme von Spitzenläufern aus verschiedensten Nationen; www.matterhornlauf.ch

---

Zwischen den Gebirgsstöcken schieben sich breite Gletscher zu Tal. Am imposantesten ist zweifellos der Gornergletscher, dessen Eis von den Flanken des Monte Rosa ins Tal fließt und eine lange Zunge nach Westen streckt. Auch an den Gletschern dieser Region geht allerdings die Klimaerwärmung nicht spurlos vorüber. Von vielen ehemaligen Gletscherzungen sind nur noch die End- und Seitenmoränen zu sehen, die Eismassen haben sich zurückgezogen.

Am besten einzusehen ist diese hochalpine Welt vom Gornergrat einerseits und vom Klein Matterhorn andererseits – beides Gipfel, auf die auch Ausflügler mit Bahnen gelangen. Die Preise sind saftig, doch die Fahrt lohnt sich. Auf den Gornergrat fährt eine Zahnradbahn. An der Bergstation, wo sich auch ein Observatorium befindet, bietet sich ein überwältigender Blick auf das Matterhorn und auf das Eismeer des Gornergletschers. Auf dem Klein Matterhorn, der höchstgelegenen Seilbahn-Bergstation Europas, sieht man das Matterhorn aus einer ungewohnten Perspektive. Es sinkt scheinbar in sich zusammen, auf jeden Fall verliert es aus diesem Blickwinkel seine ebenmäßige Schönheit. So lässt sich erklären, weshalb kaum jemand das Matterhorn, den Monte Cervino, von Breuil-Cervinia in Italien aus besucht. Bei schlechtem Wetter lockt am Klein Matterhorn eine längere Eisgrotte als Trost für den entgangenen Blick. Schmaler werdende Gänge führen immer tiefer in den Gletscher hinein. Würde nicht von irgendwoher Musik dudeln, wäre es wohl sehr still und auch unheimlich hier unten.

Action & Sport

MOUNTAINBIKE	KLETTERSTEIGE	RAFTING	CANYONING	REITEN
PARAGLIDING	DRACHENFLIEGEN	KLETTERGÄRTEN	TENNIS	WINDSURFEN
KAJAK/KANU	WASSERSKI	TAUCHEN	HOCHSEILGARTEN	GOLF

TOP TIPP: In Zermatt bei der Talstation der Luftseilbahn Zermatt-Furi ❽ kann man sie mieten: die **Dirtscooter** ❷. Einen Helm gibt es gratis dazu – und der ist auch nötig: Ein Dirtscooter ist ein spezieller Tretroller mit breiten, weichen Reifen und einer leistungsfähigen Scheibenbremse. Mit diesem Gefährt darf man sich hochoffiziell auf alle Mountainbike-Wege und auf abgemähte Wiesen wagen. Mit etwas Geschick und Mut beherrscht man dieses Fahrzeug schnell. Dann geht es mit der Seilbahn hinauf nach Furi (1886 m) und per Dirtscooter zurück nach Zermatt.

Mountainbiken	Zermatt (1616 m) – Schwarzsee (2583 m)	Ausgangspunkt: Zermatt (1616 m) – Winkelmatten (1672 m) – Zmutt (1936 m) – Stafelalp (2330 m) – Schwarzsee; Dauer/Charakter: 2 Std., Schotterwege, mittelschwer; Downhill über Furgg (2432 m) und Furi (1864 m) zurück nach Zermatt; viele weitere markierte Mountainbike-Routen rund um Zermatt; Infos bei Zermatt Tourismus; Tel. 02 79 66 81 00
»Dynamischer Klettersteig«	Gornerschlucht zwischen Furi und Zermatt	»Dynamisch« bedeutet: Hier handelt es sich nicht um einen banalen Klettersteig, hier wird abgeseilt, am Seil gerutscht und gependelt in Tarzan-Manier. Sollte nur mit einem Bergführer begangen werden! Als Gast ist man durchgehend gesichert, die nötige Ausrüstung wird gestellt; Zeit: ca. 4 Std.; Anmeldung übers Alpin Center Zermatt; Tel. 02 79 66 24 60
Sommerskifahren	z. B. auf dem Theodulgletscher	Auf dem Theodulgletscher ab Trockener Steg (2939 m) ❽ ❷ und Klein Matterhorn (3883 m) befindet sich das größte Sommerskigebiet der Schweiz; leichte Pisten; weitere Infos unter: www.bergbahnen.zermatt.ch
Golf	Golfplatz Randa-Täsch	9-Loch-Golfplatz in der Talebene zwischen Randa und Täsch; Auskunft und Anmeldung: Golf Club Matterhorn; Tel. 02 79 67 70 00; www.golfclubmatterhorn.ch

Adressen & Bergbahnen

Landesvorwahl 00 41

Grächen (1622 m)	Grächen Tourismus; Tel. 02 79 55 60 60; E-Mail: info@graechen.ch; www.matterhornvalley.ch	
Randa (1409 m)	Tourismusbüro Randa; Tel. 02 79 67 16 77; E-Mail: tourismus@randa.ch; www.randa.ch	
St. Niklaus (1619 m)	Tourismusverein St. Niklaus und Region; Tel. 02 79 56 36 63; E-Mail: info@st-niklaus.ch; www.st-niklaus.ch	
Täsch (1450 m)	Täsch Tourismus; Tel. 02 79 67 16 89; E-Mail: info@taesch.ch; www.taesch.ch	
Zermatt (1616 m)	Zermatt Tourismus; Tel. 02 79 66 81 00; E-Mail: zermatt@wallis.ch; www.zermatt.ch	
Weitere Orte	Findeln · Herbriggen · Windi · Winkelmatten	
Entfernungen	Hamburg 1016 km; Berlin 1069 km; Köln 698 km; Frankfurt a. M. 530 km; Stuttgart 445 km; München 486 km	

1. Furgg Schwarzsee Berg/Tal 6 sfr
2. Furgg Trockener Steg Berg/Tal 16 sfr
3. Furi Klein Matterhorn (via Trockener Steg) Berg/Tal 66 sfr
4. Furi Schwarzsee Berg/Tal 26 sfr
5. St. Niklaus Jungen Berg/Tal 17 sfr
6. Sunnegga Rothorn Berg/Tal 33,50 sfr
7. Zermatt Gornergrat (via Riffelalp, Riffelberg) Berg/Tal 67 sfr
8. Zermatt Furi Berg/Tal 13 sfr
9. Zermatt Sunnegga Berg/Tal 20,50 sfr

Siehe auch Preisteil S. 643

Gletscher-Palast Klein Matterhorn
Auf dem Breithornplateau ❸ kann man ins ewige Eis eintauchen: In 3810 m über dem Meer befindet sich der höchstgelegene Gletscher-Palast der Welt. Die kalte Welt unter dem Eis leuchtet geheimnisvoll blau, Eisskulpturen laden zur Betrachtung ein. Außerdem: eine Ausstellung über Gletscher, Geologie und das Rettungswesen in Zermatt; Eintritt frei; Tel. 02 79 66 01 01

Wanderkarten

Landeskarte der Schweiz, Blätter 1328 Randa, 1347 Matterhorn, 1348 Zermatt; 1:25000
Bei **Zermatt Tourismus** gibt es eine Karte, die das Gebiet Zermatt–Cervinia–Täsch abdeckt; 1:25000

Hotelempfehlungen

Grächen S. 715
Täsch S. 720
Zermatt S. 722

Straßenatlas Siehe S. 788

Auf dem Rückweg nach oben bekommt man die Höhe zu spüren. Irgendwie fühlt man sich nicht ganz bei Kräften und muss kräftiger atmen. An der Oberfläche blendet die grelle Höhensonne. Langsam zieht es den Gast wieder in menschenfreundlichere Gefilde. Ab Schwarzsee lassen sich schöne Wanderungen dicht am Fuß des Matterhorns unternehmen. Besonders eindrucksvoll ist eine Tour in die unwirtliche Steinwüste bei der Schönbiel-Hütte, der gegenüber die schattige Nordwand aufragt. Auf dem Rückweg Richtung Zermatt taucht man ab dem Weiler Zmutt dann in eine »Heidi-Welt« ein, die idyllischer kaum sein könnte: Dunkelbraune Heustadel, aufgebockt auf Stelzen und mit flachen Steinscheiben als unüberwindliche Hindernisse für Mäuse, stehen in sanften Bergwiesen. Schafe mit eigentümlich verdrehten Hörnern grasen unterschiedlichste Alpenkräuter. Bäche durchziehen gurgelnd die Matten. Und schon wieder holt die Realität die Fantasie ein.

SAAS-FEE UND SAASTAL
WALLIS

Von der Blumenwiese ins ewige Eis: Die landschaftliche Vielfalt des Saastales beeindruckt immer wieder. Rechts das Allalinhorn, im Hintergrund der Talschluss mit dem Mattmark-Stausee.

ACTION & SPORT
WANDERN & BERGTOUREN
FUN & FAMILY
WELLNESS & GENUSS

Im Schatten der Giganten

Jedes Jahr zieht Saas-Fee Tausende von Besuchern in seinen Bann. Alpinisten steigen von hier auf einen der umliegenden Viertausender, Sommerfrischler genießen die gute Luft in dem autofreien Bergdorf und Schneesportler erfreuen sich im Sommer an dem Gletscherskigebiet hoch über dem Saastal. Auch bei Wanderern kommt hier keine Langeweile auf. Zahlreiche Wege und Pfade führen aussichtsreich durch die Region um Saas-Fee, die Viertausender immer im Blick.

ADAC der perfekte Urlaubstag

- **9 Uhr:** Besuch im »Abenteuerwald« in Saas-Fee an der Talstation des Alpin Express
- **12 Uhr:** Mittagessen auf 3500 m im höchsten Drehrestaurant der Welt. Erreichbar von Saas-Fee via Felskinn und Metro-Alpin ❻❼; anschließend Besuch des weltgrößten Eispavillons
- **16 Uhr:** Besuch der Sommerrodelbahn Feeblitz in Saas-Fee
- **19 Uhr:** Kutschfahrt in der Abendsonne durch die Natur des Saastals (Tel. 02 79 58 18 58)

Saas-Fee wird nicht zu Unrecht auch das Gletscherdorf genannt. Schlendert man durch die malerischen Gassen des 1200-Einwohner-Ortes, sind die Eiszungen allgegenwärtig. Mächtig breitet sich der Fee-Gletscher vom Allalinhorn zur Mischabelgruppe aus. Seine und die Eisbrüche des Hohbalmgletschers wirken aus der Ferne einflößend. Aus der Nähe geben sich die großen Flächen der weißen Riesen freundlicher. Zumindest im bis zu 3600 m hohen Skigebiet um die Bergstation Mittelallalin. Skifahrer und Snowboarder finden auf den Pisten im Sommer noch sehr gute Schneeverhältnisse. Die große Höhe lässt manchem aber schnell die Puste ausgehen. Auch für Urlauber, die nicht Ski fahren, lohnt sich ein Besuch auf dem Mittelallalin. Es ist ein Ort der Superlative: Hier befindet sich auf 3500 m das höchste Drehrestaurant der Welt. Hinauf führt die Metro-Alpin, die höchste U-Bahn der Welt. Direkt von ihrer Ankunftshalle am Mittelallalin gelangt man in die mit über 5500 m² weltweit größte Eisgrotte. In der Gletscherkapelle können sich Hochzeitspaare ein eisiges Ja-Wort geben.

Von der Bergstation der Metro-Alpin ist es nicht weit auf das 4027 m hohe Allalinhorn. Der Berg mit

Die Häuser von Saas-Fee vor dem Alphubel

Wandern & Bergtouren

TOP TIPP Eine der beliebtesten Höhenwanderungen des Wallis führt **von Saas-Fee** (1800 m) **nach Grächen** (1615 m) ❶ im Mattertal. Auch wenn die ausgesetzten Teilstücke mit Drahtseilen und Ketten gut gesichert sind, sollte man trittsicher und schwindelfrei sein, wenn man sich auf diese Tour begibt. Vom Ortsteil Wildi nördlich von Saas-Fee führt ein gut markierter Wanderweg über Spielboden (2041 m) und Balmiboden nach Stafelälpli (2100 m). Auf dem Weg lösen sich Wälder, Alpweiden, tief eingeschnittene kleine Täler sowie steile Fels- und Geröllhalden ab. Man folgt dem Weg über die Balfrinalp (2370 m) bis zur Hannigalp (2114 m). Von hier gelangt man entweder mit der Seilbahn oder auf einem guten Wanderweg nach Grächen; von dort mit dem Bus zurück nach Saas-Fee; Zeit: ca. 7–8 Std.; Einkehr: Gasthöfe in Grächen.

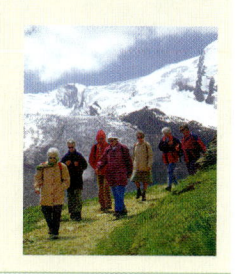

Kreuzboden (2397 m) – **Gspon** (1893 m) Lange Wanderung mit Panorama-Garantie	Ausgangspunkt: Saas-Grund (1559 m); Auffahrt mit der Seilbahn zum Kreuzboden (2397 m) ❸ – auf dem Panoramaweg zum Hannig (2449 m) – in nordöstlicher Richtung erreicht man die Grubenalp (2300 m) und setzt die Wanderung über die Hoferalpe oberhalb des Maiensäss Heimischgartu fort – über den Siwiboden zur Walser-Siedlung Finilu (2039 m) – dem Weg nach Gspon (1893 m) folgen – bis zur Bergstation, Abfahrt mit der Seilbahn nach Stalden (799 m) ⓬; Zeit: ca. 4,5 Std.; Einkehr: Kreuzboden, Hannig, Finilu, Gspon
Erlebnisweg Almagellerhorn Leichte Wanderung mit einer 60 m langen Brücke	Ausgangspunkt: Saas-Almagell (1673 m); Auffahrt mit dem Sessellift nach Furggstalden (1893 m) ❶ – auf dem gut ausgeschilderten Erlebnisweg um das Almagellhorn (3327 m) zur Almagelleralp (2194 m) – zurück zur Bergstation Furggstalden, mit der Seilbahn ins Tal; Zeit: ca. 1,5 Std.
Alpenblumen-Promenade Leichte Wanderung mit 240 Pflanzenarten	Ausgangspunkt: Saas-Grund, mit der Gondel zum Kreuzboden (2397 m) ❸; auf dem Themen-Wanderweg »Alpenblumenpromenade« gelangt man vom Kreuzboden zurück nach Saas-Grund (1559 m); Zeit: ca. 3 Std.; Einkehr: Berggasthaus auf der Triftalp (2072 m)

seinem mächtigen Gletscherpanzer gilt als einer der leichtesten Viertausender der Alpen. Am Seil eines Bergführers ist er auch für Wanderer relativ gut erreichbar. Wer nicht ganz so hoch hinaus, aber trotzdem Gletscherkontakt möchte, kann sich einer geführten Tour vom Mittelallalin zur Längfluh anschließen. Hier lassen sich die fotogenen Eisabbrüche und blau schimmernden Gletscherspalten aus nächster Nähe bewundern. Während man zur Bergstation Längfluh wandert, schweift der Blick vom Allalinhorn über den Alphubel bis zur schroffen Mischabelkette. In ihrer Mitte ragt der 4545 m hohe Dom in den Himmel. Der Gipfel des höchsten ganz auf Schweizer Boden stehenden Berges ist erfahrenen Alpinisten vorbehalten. Bei klarer Nacht kann man von dort sogar die Lichter von Mailand erkennen.

Nicht ganz so weit, aber mindestens genauso schön ist die Aussicht ins Saastal auf der abwechslungsreichen Panorama-Wanderung von Saas-Fee-Wildi nach Grächen. In den frühen Morgenstunden trifft man am ersten Wegabschnitt zwischen Wildi

Weltgrößter Eispavillon: Am Mittelallalin auf 3500 m können Besucher buchstäblich in die Gletscherwelt eintauchen.

EVENTS

Musikgenuss mit Alpenpanorama
Das »Internationale Alpine Music Festival« (Juni/Juli) und die »Musica Romantica« (August) bieten im Sommer klassischen Hörgenuss. Daneben finden zahlreiche Open-Air-Veranstaltungen statt.

Sommerrodelbahn Feeblitz
Auf einer der steilsten und höchsten Rodelbahnen der Alpen geht's rasant auf- und abwärts. Ausgangspunkt: Talstation des Alpin-Express ❻. Man wird im Rodel per Seil mit einer Steigung bis zu 55° zum Start befördert. Dort beginnt das eigentliche Abenteuer, Steilkurven, Jumps und extremes Gefälle warten auf der 900 m langen Strecke; Tel. 02 79 57 31 11; www.feeblitz.ch

SAAS-FEE UND SAASTAL

Aus- und Tiefblick: Der Klettersteig aufs Mittaghorn ist spektakulär, aber – vollständige Ausrüstung vorausgesetzt – leicht zu begehen.

Hütten

Britannia-Hütte (3030 m)
Die Britannia-Hütte oberhalb von Saas-Almagell ist eine der meistbesuchten Hütten in den Alpen. Hier führt auch die bekannte Haute-Route vorbei, eine herrliche, mehrtägige Hochtour von Saas-Fee nach Chamonix. Schnellster Zustieg von der Seilbahnstation Felskinn ❺ oder ❻ über Egginerjoch und Chessjengletscher in ca. 45 Min.; Tel. 02 79 57 22 88

Mischabelhütte (3329 m)
Wie ein Adlerhorst thront die Mischabelhütte unterhalb der Lenzspitze über Saas-Fee. Schon der Hüttenzustieg ist eine kleine Bergtour für sich. Zuerst geht es teilweise sehr steil über einen aussichtsreichen Wanderweg, später über einen hübschen Klettersteig direkt zur Hüttenterrasse. Ausgangspunkt ist Seilbahnstation Hannig ❿, in ca. 4 Std. zur Hütte; Tel. 02 79 57 13 17

Weissmieshütte (2726 m)
Von der Weissmieshütte genießt man einen aussichtsreichen Blick auf die Mischabelgruppe. Dank der Seilbahn Saas-Grund–Kreuzboden ❸ ist die Hütte über einen Wanderweg einfach zu erreichen (ca. 1 Std.); Tel. 02 79 57 25 54

und dem Balmiboden Steinböcke, Gämsen und Hirsche. Mehr über die Blumenwelt des Saastals erfährt man auf dem Themen-Wanderweg »Alpenblumenpromenade« vom Kreuzboden nach Saas-Grund. Ein Ökolehrpfad von der Bergstation Hannig zur Bergstation Spielboden informiert auf zahlreichen Tafeln über die Lebensweise der Saastaler Bevölkerung, die Energiegewinnung, die Vegetation und über den Fee-Gletscher.

Der Tourismus ist im Saastal schon lange heimisch. 1856 wurde in Saas-Grund das erste Hotel errichtet. Doch erst 1951 wurde die Fahrstraße von Saas-Grund nach Saas-Fee gebaut, die den Grundstein für den touristischen Aufschwung des kleinen Ortes legte. Inzwischen ist Saas-Fee einer der meistbesuchten Ferienorte der Schweiz und bietet seinen Gästen vielfältige Freizeit-Möglichkeiten. Wem nach Abenteuern zumute ist, der wählt für die Strecke von Saas-Fee nach Saas-Grund nicht die Fahrstraße, sondern den Weg durch die Schlucht. In der »Gorge Alpine« balanciert man über Stahlseile, Leitern und Hängebrücken gen Tal.

Auch auf das Mittaghorn gelangt man mit Hilfe von Stahlseilen und Eisenstiften. Im Juli 2004 wurde hier ein leichter Klettersteig eingerichtet, der Familien sehr zu empfehlen ist. Die erforderliche Ausrüstung kann man in Saas-Fee ausleihen. Der Name Mittaghorn kommt nicht von ungefähr. Früher, als die Tageszeit noch vom Sonnenstand abgeleitet wurde, brauchte die Bevölkerung von Saas-Fee nur einen Blick aufs Mittaghorn zu werfen, um zu wissen, wann es Mittag war. Stand die Sonne direkt über dem Berg, konnten die Bewohner pünktlich zu Tisch gehen.

Adressen & Bergbahnen — Landesvorwahl 00 41

Saas-Fee (1800 m)	Saas-Fee Tourismus; Tel. 02 79 58 18 58; E-Mail: to@saas-fee.ch; www.saas-fee.ch	❶ Saas-Almagell Furggstalden Berg/Tal 9 sfr
Saas-Grund (1559 m)	Saastal Tourismus; Tel. 02 79 58 66 66; E-Mail: ferien@saastal.ch; www.saastal.ch	❷ Saas-Almagell Heidbodmen Berg/Tal 19 sfr
Weitere Orte	**Saas-Almagell** www.saas-almagell.ch • **Saas-Balen** www.saas-baalen.ch	❸ Saas-Grund Kreuzboden • Berg/Tal 25 sfr
		❹ Saas-Grund/Kreuzboden Hohsaas Berg/Tal 21 sfr (Saas Grund–Hohsaas 33 sfr)
		❺ Saas-Fee Felskinnbahn • Berg/Tal 35 sfr
		❻ Saas-Fee Alpin-Express; Berg/Tal 25 sfr
		❼ Saas-Fee/Felskinn; Alpin Metro Mittelallalin (Metro-Alpin); Berg/Tal 34 sfr (Pauschal Saas-Fee–Mittelallalin 69 sfr)
		❽ Saas-Fee Spielboden • Berg/Tal 25 sfr
		❾ Saas-Fee/Spielboden; Längfluh; Berg/Tal 35 sfr
		❿ Saas-Fee Hannig • Berg/Tal 25 sfr
		⓫ Saas-Fee Plattjen • Berg/Tal 25 sfr
Entfernungen	Hamburg 1012 km; Berlin 1065 km; Köln 689 km; Frankfurt a. M. 526 km; Stuttgart 441 km; München 482 km	⓬ Stalden Gspon • Berg/Tal; 15,60 sfr
		Siehe auch Preisteil S. 644

Action & Sport

MOUNTAINBIKE	KLETTERSTEIGE	RAFTING	CANYONING	REITEN
PARAGLIDING	DRACHENFLIEGEN	KLETTERGÄRTEN	TENNIS	WINDSURFEN
KAJAK/KANU	WASSERSKI	TAUCHEN	HOCHSEILGARTEN	GOLF

TOP TIPP Ein besonderes Abenteuer bietet die Schluchtbegehung **»Gorge Alpin«** ❷ zwischen Saas-Fee (1800 m) und Saas-Grund (1559 m). Canyoning ohne Wasser nennen es die Tourismusverantwortlichen. Der Weg zwischen Luft, Wasser und Fels ist ein dynamischer Klettersteig. Gesichert geht es über Leitern, Stahlseile, Hängebrücken und Pendel nach Saas-Grund. Die attraktivsten Teilstücke sind dort, wo so genannte Tyroliennes, Seilbahnen à la James Bond, zum Einsatz kommen. Eingehängt an einer Rolle gleitet man – gesichert vom Bergführer – von einer Schluchtseite zur anderen. Tel. 02 79 58 18 58

Trottinett: Talfahrt mit dem Roller	Furggstalden, Saas-Almagell	Mit einer der Bahnen bergauf, mit dem Roller bergab: Auf der 3,5 km langen Teerstraße von Furggstalden ❶ nach Saas-Almagell ist das auch für Neulinge ein Vergnügen. Schwieriger ist die 6 km lange Naturstraße von Hannig ❿ nach Saas-Fee. Trottinettmiete: Hannig-Bahn Saas-Fee, Bergbahnen Saas-Almagell
Klettersteig	Hannig, Saas-Fee	Ausgangspunkt: Talstation Alpin-Express Saas-Fee (1800 m); mit der Bahn nach Morenia (2572 m) ❻ – dem ausgeschilderten Weg zum Einstieg in den Klettersteig (2800 m) folgen – über Eisenstifte und -leitern bis auf das Mittaghorn (3143 m) – Abstieg zur Seilbahnstation oder zur Britannia-Hütte (3030 m); leichter, auch für Familien geeigneter Klettersteig; Zeit: ca. 4 Std.; Einkehr: Restaurant in Morenia
Sommerski	Fee-Gletscher	Skifahrer und Snowboarder finden auf dem Fee-Gletscher ❼ auch im Sommer abwechslungsreiche Pisten. Dank der Höhe von bis zu 3600 m sind Schnee und gute Skibedingungen garantiert. Einkehr: Restaurant Metro-Alpin

Hotelempfehlungen

Saas Almagell S. 718
Saas Fee S. 719
Saas Grund S. 719

Wanderkarten

Landeskarte der Schweiz, Blätter 1329 Saas, 1328 Randa; 1:25000
Landeskarte der Schweiz, Wanderkarte; Blatt 284 T Mischabel; 1:50000 + 274 T Visp

Straßenatlas Siehe S. 788

ALETSCHGEBIET
WALLIS

ACTION & SPORT
WANDERN & BERGTOUREN
FUN & FAMILY
WELLNESS & GENUSS

Rund um den größten Gletscher der Alpen

Er steht hier unangefochten im Mittelpunkt: der mächtige Aletschgletscher, größter Eisstrom der Alpen. An seinen Flanken erheben sich elegante Gipfel, rundherum eröffnet sich ein paradiesisches Wandergebiet. Die Region südlich der Oberwalliser Metropole Brig bekommt weniger Aufmerksamkeit, obwohl auch hier eine wilde und reizvolle Landschaft lockt.

Er ist der König der Gletscher im Alpenraum: der Aletschgletscher, seit 2001 von der UNESCO geadelt als Weltnaturerbe (mit zum Schutzgebiet zählt das ganze Gebiet Jungfrau–Aletsch–Bietschhorn). Und er strotzt nur so von Superlativen: Der Aletschgletscher ist mit rund 23 km Länge der größte Gletscher im Alpenraum. Er besteht aus 27 Mrd. t Eis. Im Bereich des so genannten Konkordiaplatzes erreicht er eine Dicke von 900 m. Von hier fließt er mit einer Geschwindigkeit von 180 m pro Jahr in Richtung Rhônetal, wobei er Unmassen Geröll und Schutt vor sich her schiebt. Erst weit unterhalb der Waldgrenze endet der Aletschgletscher auf 1500 m Höhe.

Ein gewaltiges Naturschauspiel, aber auch Indikator für die Klimaentwicklung: Seit Jahrzehnten schmilzt mehr Eis als in höheren Lagen nachgeliefert wird. Der Aletschgletscher zieht sich deshalb um rund 30 m jährlich zurück. In heißen Sommern können es auch über 100 m werden. Für Klimaforscher und Geowissenschaftler eröffnet sich hier ein hochinteressantes Betätigungsfeld – und das nicht erst in jüngster Zeit: Der irische Physiker John Tyndall verbrachte Mitte des 19. Jh.s 30 Jahre lang jeden Sommer im Aletschgebiet, um den Gletscher zu beobachten. Er kam als erster Wissenschaftler zu der Erkenntnis, dass Eis unter Druck schmilzt. Für eine touristische Annäherung an die mächtige Eiszunge, die sich von der Jungfrauregion in Richtung Rhônetal schlängelt, eignen sich am besten die Orte Riederalp und Bettmeralp, die nur mit Seilbahnen oder zu Fuß erreichbar sind. Früher wurden die weiten Terrassen an der Waldgrenze hoch über dem Rhônetal als Almen genutzt. Heute sind es ausgedehnte Feriensiedlungen, deren Infrastruktur keine Wünsche offen lässt. Es gibt sogar einen 9-Loch-Golfplatz, und die Menge an Hotels, Chalets, Appartements, Restaurants und Cafés lässt die Vorstellung, dass hier früher einmal ein beschaulicher Almbetrieb geherrscht haben soll, fast absurd

Vogelperspektive: Durch einen breiten Rücken sind die sonnigen Terrassen von Riederalp und Bettmeralp vom Aletschgletscher getrennt.

ADAC *der perfekte Urlaubstag*

- **9 Uhr:** Besichtigung des Stockalperschlosses in Brig und Spaziergang durch die Altstadt
- **12 Uhr:** Mittagessen im Schlosskeller
- **14 Uhr:** Besuch des Thermalbades Brigerbad
- **18 Uhr:** Fahrt auf die Bettmeralp; Abendspaziergang zum Bettmersee
- **21 Uhr:** Abendessen im Hotel-Restaurant Alpfrieden auf der Bettmeralp

Wandern & Bergtouren

TOP TIPP Vor einigen Jahren wurde der historische **Stockalperweg** ❶ über den Simplon zwischen Brig (678 m) und Gondo (850 m) wieder freigelegt. Der alte Saumpfad ist eine leichte Zweitageswanderung, eine der schönsten der Region. Bis ins 17. Jh. war der Übergang eher unbedeutend. Dann jedoch baute der Walliser Kaspar Jodok von Stockalper die Strecke zu einem durchgehenden Saumpfad aus und schuf auf diese Weise den am wenigsten beschwerlichen Übergang vom Norden in den Süden der Alpen. Napoleon Bonaparte erweiterte die Strecke zu einer regelrechten Passstraße, um den Nachschub für seine Feldzüge sicherzustellen. Heute fließt ein Großteil des Verkehrs durch den Tunnel. Als Übernachtungsmöglichkeit eignet sich Simplon-Dorf (1472 m), wo das Eco-Museum über diesen Abschnitt der Verkehrsgeschichte informiert. Zeit: ca. 14 Std.; Einkehr: Simplon-Dorf, Gondo; mit dem Bus zurück nach Brig

Riederalp (1925 m) – **Bettmeralp** (1950 m) Leichte Wanderung mit Blick auf den Aletschgletscher	Ausgangspunkt: Riederalp ❺ – Riederfurka (2065 m); durch den Aletschwald – Blausee (2204 m) – Bettmersee (2000 m) – Bettmeralp; Zeit: ca. 2,5 Std.; Einkehr: zahlreiche Möglichkeiten in Riederalp, Bettmeralp und Riederfurka
Belalp (2130 m) Auf alten Saumpfaden durch idyllische Weiler – anstrengend, aber äußerst lohnend	Ausgangspunkt: Brig (678 m, Bahnhof); Naters (673 m) – Obers Moos (950 m) – Geimen (1037 m) – Mählbäum (1157 m) – Blatten (1327 m) – Egga (1649 m) – Holzji (1825 m), Hotel Belalp; zurück bis Blatten, von dort per Bus nach Brig; Zeit: ca. 6 Std.; Einkehr: zahlreiche Möglichkeiten in Brig, Naters, Blatten; Hotel Belalp
Blatten (1327 m) – **Riederalp** (1925 m) Angenehme Waldwanderung	Ausgangspunkt: Blatten (1327 m, nördlich von Naters) – Stausee Gibidum (1439 m) – Überquerung der 120 m hohen Staumauer – Nessul (1922 m) – Riederfurka (2065 m) – Riederalp (1925 m); zurück auf gleicher Route oder per Seilbahn ❺ nach Mörel und per Bus zurück nach Blatten; Zeit: ca. 3,5 Std. für den Aufstieg, ca. 2,5 Std. für den Abstieg; Einkehrmöglichkeiten: in Blatten, Riederfurka und Riederalp

Hütten

Berghotel Belalp (2130 m) Ein Berghotelführer bezeichnet das Berghotel Belalp als magischen Ort. Die Sicht auf den Aletschgletscher ist einmalig, die Karte gut gewählt. Empfehlung: Mundiger Riis mit Safran, der in der Gegend angebaut wird. Von der Seilbahn Blatten ❸ in ca. 30 Min. auf breitem Fahrweg zu Fuß oder mit der Pferdekutsche zum Hotel; Tel. 02 79 24 24 22

Konkordiahütte (2850 m) Liegt großartig auf einem Felssporn über dem Konkordiaplatz, der dicksten Stelle des Aletschgletschers. Zentraler Stützpunkt für Hochtouren im Aletschgebiet, größte Hütte des Schweizer Alpenclubs; Anstieg vom Eggishorn (Seilbahn von Fiesch) ❹ oder von der Fiescheralp über den Aletschgletscher; beide Routen führen über Gletscher und setzen entsprechende Kenntnisse und Ausrüstung voraus; Zeit: ca. 5,5 Std.; Tel. 03 38 55 13 94; www.konkordiahuette.ch

---

erscheinen. Verwunderlich ist diese Entwicklung allerdings nicht, denn die Almterrasse, die sich über die Bettmeralp hinaus bis zur kaum dauerhaft besiedelten Fiescheralp erstreckt, ist der ideale Ausgangspunkt für Gletschertouren oder Wanderungen im Aletschgebiet.

Wandern zwischen Lärchen und Alpenrosen

Besonders zu empfehlen ist eine Wanderung durch das Reservat Aletschwald, das seit 1933 unter Naturschutz steht. Im Sommer blühen zwischen den uralten Lärchen und Arven die Alpenrosen. Zwei Parkwächter sind täglich im Reservatsgebiet präsent, um die Wanderer über Tiere und Pflanzen zu informieren und Gämsen, Hirsche und Vogelarten wie das Birkhuhn vor frei laufenden Hunden zu schützen. Aus dem Schutzgebiet werden schon seit Jahrzehnten die toten Bäume nicht mehr entfernt. Das verrottende Holz bildet die Grundlage für neues Leben. Eine Wanderung oberhalb des Gletschers vermittelt aber nicht nur Einsichten, sondern auch Aussichten: Der Blick reicht über das Tal hinweg weit nach Süden, unter anderem zum ebenmäßigen, beeindruckenden Weisshorn – und zum Matterhorn, dessen charakteristische, weltbekannte Silhouette unverkennbar ist.

Wer sich umfassender mit dem Aletschgletscher auseinander setzen will, sollte unbedingt die Villa Cassel auf der Riederalp besuchen. Sie ist im Besitz der Umweltorganisation Pro Natura und verfügt im Erdgeschoss über eine Ausstellung zum Thema Bergnatur. In der Villa werden außerdem botanische, zoologische und gesteinskundliche Kurse angeboten. Ein erstes Anschauungsobjekt, der Alpengarten, liegt unmittelbar in der Nähe und ist frei zugänglich. Wenn die Betten nicht von Kursteilnehmern belegt sind, dürfen in der Villa Touristen übernachten.

Auch die Geschichte des Gebäudes ist interessant: Es wurde 1900 als Sommerresidenz des britischen Bankiers Ernest Cassel erbaut. Winston Churchill gehörte zu den regelmäßigen Gästen. Nie dürfte die eigens heraufgelegte Telefonleitung eine so große Rolle gespielt haben wie 1914, als Cassel in Ferngesprächen mit englischen Ministern, dem deutschen Kaiser Wilhelm II. und dem österreichischen

Eine Laune der Natur: Gletschertische an einem Seitenarm des Aletschgletschers

🇨🇭 ALETSCH

Geschichtsträchtiges Anwesen in uralter Bergwelt: die Villa Cassel an der Riederfurka

EVENTS

- Juli: Kino-Openair inmitten der wunderschönen Bergwelt, unweit des Aletschgletschers. Für den Besuch der Filme bei der Villa Cassel auf der Riederalp empfiehlt es sich, warme Kleidung mitzunehmen – die Abende hier oben können kühl werden. Nach Filmende gibt es eine Extrafahrt mit der Gondelbahn nach Mörel ❺.

Kulturlehrpfad Bettmeralp

Den Übergang von der selbstversorgenden Landwirtschaft zum modernen Tourismus bekommt man auf anschauliche Weise beim Begehen des Kulturlehrpfades Bettmeralp präsentiert. Der Lehrpfad startet beim Backhaus in Betten. An neun Stationen erfährt man auf Text- und Bildtafeln Interessantes über Entstehung und Bewirtschaftung der alpinen Kulturlandschaft. Der Weg führt in ca. 3 Std. bis Bettmeralp; Rückweg mit der Seilbahn ❶.

Action & Sport

MOUNTAINBIKE	KLETTERSTEIGE	RAFTING	CANYONING	REITEN
PARAGLIDING	DRACHENFLIEGEN	KLETTERGÄRTEN	TENNIS	WINDSURFEN
KAJAK/KANU	WASSERSKI	TAUCHEN	HOCHSEILGARTEN	GOLF

TOP TIPP »Dam-hang« ist so etwas wie **Bungee-Jumping in Zeitlupe** ❷ und auf jeden Fall Nervenkitzel pur. An der riesigen Massa-Staumauer des Gibidumsees zwischen Blatten und Riederalp wird 100 m abgeseilt. Das bedeutet ein fantastisches Gleiten, Fallen und Schweben über der Massa-Schlucht, in der tief unten das Schmelzwasser des Aletschgletschers zu Tal fließt. Schwierig ist nur eines: der erste Schritt in die Tiefe, wenn man ganz oben am Rand der Staumauer steht. Sicherheit bei diesem Abenteuer garantieren die Bergführer des Alpin Center Belalp; Info: Alpin Center Belalp; Tel. 02 79 21 60 40; www.alpin-center.ch

Canyoning	Durch die Massa-Schlucht	Die Massa-Schlucht bei Blatten ist der Klassiker unter den Canyoning-Touren im Aletschgebiet. Auf 6 km im eisigen Schmelzwasser des Aletschgletschers werden 600 Höhenmeter überwunden; Dauer: ca. 6 Std.; Führung dringend empfohlen; Infos und geführte Touren beim Alpin-Center Belalp; Tel. 02 79 21 60 40; www.alpin-center.ch
Mountainbike	Downhill von Fiescheralp (2212 m) nach Fiesch (1049 m)	Für diejenigen unter den Mountainbikern, die sich das mühsame Bergaufstrampeln sparen wollen: mit der Seilbahn von Fiesch ❹ hinauf auf die Fiescheralp und dann nur noch bergab! Die ausgeschilderte Downhill-Strecke ist 14 km lang, überwindet 1160 Höhenmeter, und man benötigt je nach Fahrkönnen 0,5–1,5 Std. In Fiesch können in diversen Sportgeschäften Mountainbikes ausgeliehen werden.
Golf	Golfclub Riederalp	Der Golfplatz auf der Riederalp ist zwar »nur« ein 9-Loch-Platz (Par 60), doch das Ambiente ist einmalig: Wann kann man schon im echten Almgelände abschlagen? Spielberechtigt sind Mitglieder eines Clubs mit Platzreife; Golf Club Riederalp; Tel. 02 79 27 29 32

Adressen & Bergbahnen
Landesvorwahl 00 41

Urlaubsregion	Aletsch Tourismus; Tel. 02 79 28 60 00; E-Mail: info@aletsch.ch; www.aletsch.ch
Belalp (2098 m)	Belalp Tourimus; Tel. 02 79 21 60 40; E-Mail: info@belalp.ch; www.belalp.ch
Bettmeralp (1950 m)	Bettmeralp Tourismus; Tel. 02 79 28 60 60; E-Mail: info@bettmeralp.ch; www.bettmeralp.ch
Brig (678 m)	Brig Tourismus; Tel. 02 79 21 60 30; E-Mail: info@brig-tourismus.ch; www.brig.ch
Riederalp (1925 m)	Riederalp Tourismus; Tel. 02 79 28 60 50; E-Mail: info@riederalp.ch; www.riederalp.ch
Weitere Orte	Blatten · Fiesch www.fiesch.ch · Naters
Entfernungen	Hamburg 1025 km; Berlin 1006 km; Köln 702 km; Frankfurt a. M. 540 km; Stuttgart 428 km; München 461 km

1. Betten Bettmeralp Berg/Tal 16,80 sfr
2. Bettmeralp Bettmerhorn Berg/Tal 32 sfr
3. Blatten Belalp Berg/Tal 16 sfr
4. Fiesch Eggishorn (via Fiescheralp) Berg/Tal 42,80 sfr (nur Fiescheralp: Berg/Tal 26,20 sfr)
5. Mörel Riederalp Berg/Tal 16,70 sfr
6. Ried (bei Brig) Rosswald Berg/Tal 12 sfr
7. Riederalp Moosfluh Berg/Tal 13 sfr
8. Riederalp Hohfluh Berg/Tal 13 sfr

Siehe auch Preisteil S. 644

Restaurants

Hotel Edelweiß
Verwöhnt werden mit aphrodisierenden Gerichten und Kräuterdüften aus der Provence: Dies verspricht das Restaurant im Hotel Edelweiß auf der Riederalp. Eine Besonderheit ist die große Auswahl an Essigspezialitäten. Sie werden tropfenweise als Apéro gereicht. Gewürzt werden die Speisen mit einer Auswahl von 30 Kräutern aus dem eigenen Garten; Tel. 02 79 27 37 37

Hotelempfehlungen

Bettmeralp S. 713
Blatten-Belalp S. 713
Blatten-Naters S. 713
Fiesch S. 715
Mörel S. 717
Riederalp S. 718

Wanderkarten

Landeskarte der Schweiz; Blätter 1269 Aletschgletscher, 1270 Binntal, 1289 Brig; 1:25000

Straßenatlas Siehe S. 788

Thronfolger Ferdinand versuchte, den Ersten Weltkrieg zu verhindern.

Die Region Aletsch besteht allerdings nicht nur aus dem Gletscher und den ihm zugewandten Bergen. Brig, die Oberwalliser Metropole, verfügt mit dem Stockalperschloss und einer schönen Altstadt nicht nur über interessante Sehenswürdigkeiten, sie hat auch ein südliches und lebensfrohes Flair zu bieten – man kann die Nähe zu Italien förmlich spüren.

Südlich von Brig schlängelt sich die Straße hinauf bis zum Simplonpass. Die Gebirgswelt links und rechts der Passstraße ist für Wanderer eine attraktive Arena, wenngleich sie weit weniger bekannt ist als das eigentliche Aletschgebiet. Eine sehr lohnende Wanderung führt über den Simplon-Höhenweg, über den man in 6 Stunden vom autofreien Bergdorf Rosswald über die Bortelhütte und das 250 Jahre alte Almdorf der Wesenalp bis nach Rothwald an der Simplonstraße gelangt.

GOMS
WALLIS

Viel zu sehen, viel zu hören: Sportler schätzen den Fernradweg zum Genfer See, der durch Ernen verläuft, Genießer die Konzerte im »Musikdorf«.

ACTION & SPORT

WANDERN & BERGTOUREN

FUN & FAMILY

WELLNESS & GENUSS

Restaurants

Restaurant St. Georg
Bei diesem Restaurant in Ernen sind alle Gerichte mit Bioprodukten aus der Region zubereitet – nach dem Motto »Schlemmereien aus 1001 Alpental, zwischen Mauern und Holz von 1535«. Direkt am historischen Dorfplatz; Tel. 02 79 71 11 28

ADAC *der perfekte Urlaubstag*

9 Uhr: mit der Seilbahn ❷ von Fiesch aufs Eggishorn, dem Gipfel mit dem besten Blick auf den Aletschgletscher
12 Uhr: per Seilbahn zurück nach Fiesch, Fahrt nach Niederwald, Mittagessen
15 Uhr: Wanderung auf dem Lebensweg von Cäsar Ritz
18 Uhr: Fahrt nach Reckingen, Abendessen im Hotel »Glocke«: Spezialitäten mit Kräutern aus dem eigenen Garten und selbst gebackenes Brot

Geformt durch Gottes Daumen

Wo die Rhône ihren weiten Weg beginnt, liegt im Oberwallis das Goms. Die meisten Besucher fahren, von Grimsel- oder Furkapass kommend, durch das Hochtal nur hindurch. Dabei ist das ruhige, ursprüngliche Tal durchaus eine Reise wert, vor allem für Wanderer, kulturell Interessierte – und Schatzsucher.

Nach dem Schöpfungsakt hielt Gott eigens im Goms an und fuhr glättend mit seinem Daumen über die Hänge. So erklärt eine Sage die Entstehung jenes weiten Taltrogs im obersten Rhône-Tal, wo der Fluss noch Rotten heißt. Tatsächlich waren es die eiszeitlichen Gletscher, die das Tal aushobelten. Tannen- und Lärchenwälder säumen aussichtsreiche Wanderwege, kleine Dörfer stellen dunklen Holzhäuser zur Schau, und die Kehren von Furka- und Grimselpass, die bei Gletsch ins Obergoms münden, sind bei Rad- und Motorradfahrern gleichermaßen berühmt.

Wanderer finden im Goms ein reichhaltiges Angebot. Am bekanntesten sind der Gommer Höhenweg von Oberwald nach Bellwald und der Rottenweg von Oberwald nach Ernen, der im Talboden meist entlang des Flusses verläuft. Beide Routen sind leicht zu begehen und lassen sich in bequeme Etappen aufteilen, will man nicht die ganze Strecke zurücklegen. Weite Teile des Goms gehören zum »UNESCO-Weltnaturerbe Jungfrau – Aletsch – Bietschhorn«, und ein Ausflug zum größten Gletscher der Alpen ist fast schon eine überaus lohnende Pflichtaufgabe. Zwischen Oberwald und Ernen verläuft ein Naturradweg, und zahlreiche markierte Mountainbike-Routen locken Geübte höher hinauf, etwa von Münster zur Galmihornhütte oder von Oberwald zum Grimselpass.

Schätze ganz anderer Art bietet das Binntal – zumindest den Aufmerksamen und Geduldigen. Das Seitental, das von Fiesch nach Süden abzweigt, gehört zu den zehn bedeutendsten Mineralienfundstellen der Welt und zieht die »Strahler«, die Mineraliensammler, in Scharen an. Bei der Fundstelle Lengenbach wurden bereits 19 weltweit einzigartige Mineralien entdeckt, und wer Glück hat, kann manch kleine Kostbarkeit finden.

Auch in Sachen Kultur hat das Goms einiges zu bieten. Das »Musikdorf« Ernen (www.musikdorf.ch) offeriert ein reichhaltiges Sommerprogramm mit vielen Konzerten, Meisterkursen und dem »Festival der Zukunft«. Niederwald hat dem Leben und der Philosophie seines berühmtesten Sohnes Cäsar Ritz (1850–1918) einen Themenweg gewidmet. Ausgewählte Hotels und Restaurants im Goms kredenzen spezielle »Ritz-Menues« zu Ehren des legendären Luxus-Hoteliers.

Und wer nun wirklich nur durchreisen möchte durch das von des Herrgotts Daumen (oder den Gletschern) geformte Tal, kann dafür eine ebenso bequeme wie stilvolle Variante wählen: die Matterhorn-Gotthard-Bahn (www.mgbahn.ch) mit ihren rot-weißen Panoramawagen, die von Zermatt kommend das gesamte Tal durchfährt und erst bei Oberwald im Furkatunnel verschwindet – dort, wo die Rotten ihren Weg durch das Goms beginnt.

Wandern & Bergtouren

TOP TIPP Ein ganz besonderer Ausflug führt von Grengiols ins **Binntal** zur **Mineraliengrube** ❶ – Wanderung, Naturgenuss und Kristallsuche zugleich. Von Grengiols (995 m) geht es an Ausserbinn vorbei in die Twingischlucht und nach Binn. Hier beginnt der geologische Lehrpfad, der direkt zur Mineraliengrube (1659 m) leitet. Dort darf jeder, mit Hammer und Meißel bewaffnet, in der Abraumhalde selbst zum »Strahler« werden und das Gestein auf seine bunten Schätze abklopfen. Auf der anderen Flussseite geht es nach Binn zurück. Auf einer Anhöhe östlich der Kirche von Grengiols findet man übrigens eine sehr seltene Pflanzenart, die nur hier vorkommt: eine endemische Wildtulpe (Tulipa grengiolensis), die je nach Wetterlage ab Ende Mai leuchtend gelb blüht. Leichte Wanderung; Zeit: ca. 6 Std.

Bellwald – Münster Leichte, aber längere Wanderung auf dem Gommer Höhenweg	Ausgangspunkt: Ausgangspunkt: Bellwald (1559 m, hierher mit der Seilbahn ❸ von Fürgangen); auf der Straße nach Nordosten – rechts ab und über mehrere Maiensässe nach Willere – Wilerlärch – über den Hilperschbach – Selkingen – Selkigerchäller (Imbiss) – Gupferschmatte – Wiler – Münster (1316 m); Zeit: ca. 5,5 Std.; Rückkehr mit Bahn oder Postbus; Einkehr: Selkingen, Münster
Oberwald – Niederwald Der Rottenweg ist eine leichte, lange Wanderung ohne große Steigungen	Ausgangspunkt: Oberwald (1368 m); im Ortsteil Unterwassern in südwestlicher Richtung auf Feldweg – Brücke nach Obergesteln – zum Weiler Zum Loch – Brücke von Geschinen – Münster – am Münstigerbach hinab zur Rhône, über den Fluss nach Überrotte – über Bodme nach Niederwald (1251 m); immer wieder Möglichkeiten, die idyllischen Dörfchen des Goms zu besuchen, etwa Reckingen mit seiner Barockkirche; Rückkehr per Bahn oder Postbus; Zeit: ca. 5,5 Std.; Einkehr: in allen Orten
Albrunpass (2409 m) Auf alten Walserwegen an die italienische Grenze	Ausgangspunkt: Fäld im Binntal (Imfäld; 1547 m, Parkplatz) – Freichi (1888 m) – Oxefeld (2193 m) – Binntalhütte (2269 m) – Albrunpass; fantastischer Tiefblick ins obere Deverotal nach wenigen Schritten auf italienischer Seite; Zeit: ca. 3,5 Std.; Rückweg auf gleicher Route; mittelschwere Wanderung; Einkehr: Binntalhütte

Adressen & Bergbahnen Landesvorwahl 00 41

Urlaubsregion	**Goms** Tourismus; Tel. 02 79 70 10 70; E-Mail: tourismus@goms.ch; www.goms.ch
Orte	**Bellwald** www.bellwald.ch • **Binntal** www.binn.ch • **Fiesch** www.fiesch.ch • **Münster-Geschinen** www.muenster-geschinen.ch • **Oberwald** www.obergoms.ch
Entfernungen	Hamburg 1042 km; Berlin 978 km; Köln 719 km; Frankfurt a. M. 556 km; Stuttgart 400 km; München 433 km

❶ Bellwald
Richinen/Steibechriz
Berg/Tal 20 sfr

❷ Fiesch
Eggishorn
Berg/Tal 42,80 sfr

❸ Fürgangen
Fürgangen–Bellwald
Berg/Tal 11,60 sfr

Siehe auch Preisteil S. 644

EVENTS

- Gletschji-Trophy, »Mountain-Duathlon« zu Fuß und per Mountainbike aufs Eggishorn; www.eggishorn.ch
- August: »Festival der Zukunft« mit Orchester- und Kammermusikkonzerten, Ernen
- Säumerfest, Obergesteln
- Griesfest am Griespass, Ulrichen

TOP TIPP **Eggishorn – Sonnenaufgang** ❷
Den besten Überblick über das Tal und einen Blick bis zum Matterhorn hat man vom Eggishorn. Im Sommer bringt Seilbahn ❷ aus Gäste zum Sonnenaufgang auf den Gipfel; Juli–Sept., immer Di; Anmeldung nötig; Tel. 02 79 71 27 00

Hütten

Galmihornhütte (2113 m)
Die Hütte liegt oberhalb von Münster und bietet eine fantastische Aussicht. Sie ist von Juli bis Mitte September bewirtschaftet; Aufstieg von Münster; Zeit: ca. 2,5 Std.; Tel. 02 79 73 39 19

Wanderkarten

Landeskarte der Schweiz, Blatt 264, Jungfrau; Blatt 265, Nufenenpass; 1:50000

Hotelempfehlungen

Gluringen S. 715
Münster S. 718

Straßenatlas S. 789

Valle Leventina – Valle di Blenio
Tessin

Action & Sport

Wandern & Bergtouren

Fun & Family

Wellness & Genuss

Kleine Schätze am Wegesrand

Begeisterten Pässefahrern auf zwei und vier Rädern ist die Region südlich des Gotthard-, Bernardino- und Lukmanierpasses ein Begriff. Die meisten anderen fahren auf den Autobahnen durch die Leventina und das Val Bedretto oft nur hindurch, um zum Lago Maggiore zu gelangen. Doch bei der hohen Reisegeschwindigkeit übersieht man leicht die schönen Dinge rechts und links der Routen.

Münzfunde beweisen: Schon die Römer wussten vom Passübergang am Gotthard (2109 m), der das Tessin mit der Zentralschweiz verbindet. Sie nutzten ihn aber wohl kaum, und auch später war der Weg beschwerlich. Denn nördlich versperrte die wilde Reuss lange Zeit den Weiterweg zum Vierwaldstättersee. Erst im Mittelalter wurde die Schöllenenschlucht in der Nähe von Andermatt passierbar – unter Mithilfe des Teufels, wie die Sage erzählt: Zuvor hatten die Talbewohner vergeblich versucht, eine dauerhafte Brücke über die Reuss zu bauen. Schließlich baten sie den Teufel um Hilfe, und der sagte zu – unter der Bedingung, dass ihm die erste Seele gehören soll, die die neue Brücke überquert. Als das Bauwerk fertig war, hatte ein Bauer die rettende Idee: Er jagte seinen Ziegenbock auf die andere Seite. Der Teufel raste vor Wut, griff nach einem riesigen Stein und wollte die Brücke mit einem einzigen Wurf wieder zerstören. Doch ein altes Weiblein, das des Weges kam, ritzte schnell ein Kreuz in den Felsblock, der dann nicht die Brücke traf, sondern in die Schöllenenschlucht fiel – und dort heute noch besichtigt werden kann.

Fest steht: Erst mit dem Bau dieser Brücke begann im großen Stil der Transitverkehr über den Gotthardpass, den nördlichen Abschluss des Valle Leventina. Nachdem im 14. Jh. das erste Hospiz auf der Gotthard-Passhöhe gegründet wurde, arbeiteten die Bewohner der Leventina als Gastwirte, Schmiede, Sattler oder Säumer. Letztere waren auch für die

Talblick in der Leventina: Wer nur die Autobahn benutzt, fährt an vielen Schönheiten einfach vorbei.

ADAC — *der perfekte Urlaubstag*

9 Uhr: Wanderung auf einem Teilstück der gut ausgeschilderten »Strada Alta Leventina« von Anzonico nach Cavagnago und zurück

14 Uhr: Besuch des Infozentrums Alptransit Ticino in Bodio bei Biasca; zweistündige Führung zur Baustelle des größten Eisenbahntunnels der Welt

17 Uhr: Spaziergang zu den drei Burgen von Bellinzona (Weltkulturerbe der UNESCO, siehe auch S. 599)

20 Uhr: Bummel durch die Altstadt von Bellinzona und Abendessen im Grotto Osteria Malakoff in Bellinzona, Reservierung empfohlen; Tel. 0 91/8 25 49 40

Erhaltung der Wege verantwortlich. Aus dieser Zeit stammen die Saumpfade entlang der Südflanke der Leventina von Airolo nach Biasca. In den 1920er Jahren entdeckten Wanderer sie neu. Als »Strada Alta Leventina« wurde sie zu einem Tessiner Wanderklassiker. Leider verlaufen manche Wegabschnitte auf Asphalt; die Dreitageswanderung ist aber dennoch sehr beliebt.

Wer zu Fuß geht, sieht mehr

Die »Strada degli Alpi« hoch über dem Val Bedretto, das bei Airolo nach Westen abzweigt, ist noch kein Klassiker, aber sehr empfehlenswert. Von Alp zu Alp zieht sich ein abwechslungsreicher Wanderweg, mal durch Wald, dann über freie Hänge. Die Lawinenverbauungen unterhalb der Pizzo-Rotondo-Kette zeugen davon, dass das kleine Tal immer wieder von Schneemassen bedroht wird. Hier entspringt der Ticino, der dem südlichsten Kanton der Schweiz seinen Namen gab. Auf seinem Weg durchs Val Bedretto und die Leventina wird er aus zahlreichen Seitenbächen kräftig mit Wasser gespeist, bevor er in der Nähe von Locarno in den Lago Maggiore mündet.

Vor den Toren der Tessiner Hauptstadt Bellinzona vereinigt sich das Valle Leventina mit dem Val Mesolcina (dt.: Misox). Bis in den Sommer hinein ergießen sich gewaltige Wasserfälle von den Berghängen des Misox – ein Spektakel, das auch den vielen Durchreisenden auf der Autobahn nicht entgeht. Die in den 1960er Jahren gebaute Straße vom San-Bernardino-Pass (2065 m) in den Süden ist ein kühnes Bauwerk, das Respekt vor der Landschaft erkennen lässt. In weiten Kehren überwindet sie den Steilhang oberhalb von Mesocco und führt durch das burgen- und kirchenreiche Tal, das jahrhundertelang vom Transitverkehr profitierte.

Etwas abgeschiedener liegt das Valle di Blenio, durch das keine Autobahn führt. Zum Lukmanierpass ist auch keine geplant, und so kann man schon vom

Nicht nur für Kinder ist es ein Riesenspaß, mit dem Boot auf dem Ticino unterwegs zu sein.

Hütten

Capanna Brogoldone (1910 m)
Von der Hütte genießt man eine herrliche Aussicht auf die Region um Bellinzona. In der Nacht blickt man auf ein spektakuläres Lichtermeer. Von der Bergstation Monti Savorù ❺ (1215 m) ca. 1,5 Std.; von Lumino und Claro ca. 4 Std.; Tel. 0 91/8 29 43 50

Capanna Motterascio (2172 m)
Die Hütte liegt inmitten der grünen sanften Hügellandschaft der Alpe di Motterascio unterhalb des Dreitausenders Piz Terri. Ein hübscher Wanderpfad führt zum Crap la Crusch, dem Übergang in die Greina-Hochebene. Von Campo Blenio (1216 m) erreicht man die Hütte über den Lago di Luzzone in ca. 4 Std.; Tel. 0 91/8 72 16 22

Capanna Cadagno (1987 m)
Aufgrund ihrer schönen Lage in der Nähe des Lago Cadagno und wegen ihrer guten Erreichbarkeit von der Bergstation Piora ist das hübsche Steinhaus ein beliebtes Ausflugsziel. Von der Stazione Piora ❼ (1794 m) erreicht man die Hütte in ca. 1,5 Std.; Tel. 0 91/8 68 13 23

Capanna Scaletta (2205 m)
Wer die lange Greina-Runde von Campo Blenio oder Ghirone unternimmt, kann sie mit einer Übernachtung auf der kleinen Hütte zur gemütlichen Zweitages-Tour umwandeln. Von Ghirone ca. 2,5 Std.; Tel. 0 91/8 72 26 28

Wandern & Bergtouren

TOP TIPP: Hoch über dem Val Bedretto führt ein aussichtsreicher Höhenweg über zahlreiche Alpen von Airolo (1175 m) nach Ronco (1487 m). Die »**Strada degli Alpi**« ❶ ist leicht, gut markiert und auch mit Kindern sehr zu empfehlen. Die Strecke bietet mehrere Talabstiege, sodass sie beliebig verkürzt werden kann. Mit dem Bus gelangt man jeweils zurück zum Ausgangspunkt. Von der Talstation der Funivia San Gottardo in Airolo (1175 m) mit der Seilbahn zur Mittelstation Pesciüm (1745 m) ❶. Sollte die Bahn im Sommer nicht in Betrieb sein, so kann man in 1 Std. auf einem leichten Wanderweg nach Culiscio (1525 m) aufsteigen und von dort nach Cassina (1811 m) wandern, wo man auf die »Strada degli Alpi« trifft. Ansonsten beginnt die mit gelben Wegweisern ausgeschilderte Route an der Mittelstation Pesciüm. Über die Alpe di Pesciüm (1814 m), durch das Val Ruino zur Piano di Pescia (1700 m) und zur Alpe di Cristallina (1800 m). Weiter über die Stabiello Grande (1821 m) und die Hänge der Alpe di Folcra zur Alpe di Valleggia (1674 m). Hier verlässt man den Höhenweg und steigt rechts auf einem hübschen Weg ins Tal. Den Ticino und die Fahrstraße überqueren und nach Ronco (1487 m). Mit dem Bus zurück nach Airolo. Zeit: ca. 4 Std.

Alpe Carorescio (2127 m) Leichte Wanderung vorbei an zwei Bergseen	Ausgangspunkt: Piotta (1005 m), südöstlich von Airolo; Auffahrt mit Standseilbahn ❼ zur Stazione Piora (1794 m) – Aufstieg zur Staumauer des Lago Ritom (1851 m) – San Carlo (1915 m) – Cadagno di Fuori (1917 m) – Capanna Cadagno (1987 m) – Richtung Passo dell'Uomo nach Segna (2174 m) – Abzweigung rechts zur Alpe Carorescio (2127 m) – Capanna Cadagno – auf Anstiegsweg zur Stazione Piora (1794 m); Zeit: ca. 5 Std.; Einkehr: Capanna Cadagno
Passo della Greina (2357 m) Lange und anspruchsvolle Traumrunde zur Greina-Hochebene	Ausgangspunkt: Ghirone (1303 m) nördlich von Campo Blenio; Aufstieg über Daigra (1408 m) nach Pian Geirett (2012 m), auch mit Bus möglich – Richtung Capanna Scaletta (2205 m) – Passo della Greina (2357 m) – Greina-Hochebene – Crap la Crusch (2259 m) Capanna Motterascio (2172 m) – Garzott (1630 m) –Bushaltestelle Staumauer Lago di Luzzone (1590 m); per Bus zum Ausgangspunkt zurück; Zeit ca. 6,5 Std.; Einkehr: Capanna Scaletta, Capanna Motterascio
Monti Savorù (1215 m) Hübsche mittelschwere Wanderung durch Kastanien- und Buchenwald	Ausgangspunkt: Claro/Brogo (270 m) nördlich von Bellinzona; Aufstieg zum Monastero di S. Maria (621 m) – Cavri (769 m) – Pozzuolo (1084 m) – Parusciana (1253 m) – Monti Savorù (1215 m); von hier Abstecher zur Capanna Brogoldone (1910 m) möglich, ca. 1,5 Std. extra; Abstieg oder Fahrt mit der Seilbahn ❺ nach Lumino (267 m); Zeit: ca. 5,5 Std.; Einkehr: Restaurant Monti Savorù

🇨🇭 VALLE LEVENTINA – VALLE DI BLENIO

Auto aus den weiten Talgrund mit malerischen Almen, Steinhäuschen und ursprünglichen Dörfern genießen. Schöner ist die Entdeckungsreise aber zu Fuß. Vom Dörfchen Campo Blenio und von Ghirone aus kann man entweder über den Passo della Greina oder den Crap la Crusch zur Greina-Hochebene wandern. Grün und Blau sind die dominierenden Farben dieser Tundralandschaft, wo der Rhein noch »Rein da Sumvitg« heißt und in Bogen beschaulich dahinfließt. Vor einigen Jahren sollte die Ebene einem Stausee weichen. Aufgrund großer Proteste in der Bevölkerung musste das Projekt jedoch eingestellt werden. Mit einer Übernachtung auf der Capanna Scaletta oder der Capanna Motterascio lässt sich die lange Tageswanderung von Ghirone oder Campo Blenio gemütlich auf zwei Tage ausweiten.

Was für die »Greina-Tour« gilt, trifft übrigens auf die gesamte Region Leventina, Misox und Blenio zu: Oft sind bei den Wanderungen beträchtliche Höhenunterschiede oder lange Wegstrecken zu überwinden, was eine gute Kondition voraussetzt. Mit einer Hüttenübernachtung und manchmal mit Hilfe einer der Bergbahnen lassen sich die »Gewalttouren« weniger anstrengend gestalten. Und bei den zahlreichen Höhenwegen ermöglichen öffentliche Verkehrsmittel die einfache Rückkehr zu den Ausgangspunkten – ein Luxus, der zur Zeit der Römer noch undenkbar war.

Fun & Family ✹ ✹ ✹

Paddeln/Raften auf dem Ticino Cresciano	Kanu- oder Rafting-Tour auf dem Ticino flussabwärts von Cresciano nach Gorduno, Bellinzona; geführte Touren: Tel. 0 91/9 21 00 71
Schaukäserei am Gotthardtunnel-Ausgang Airolo	Hier kann man die einzelnen Schritte in der Herstellung des Leventiner Halbhartkäses erleben und seinen eigenen Fromaggio produzieren; Tel. 0 91/8 69 11 80
Gotthardhospiz-Museum	Das höchstgelegene Museum Europas veranschaulicht die wechselvolle Geschichte des Alpenübergangs; Tel. 0 91/8 69 15 25

TOP TIPP Im Dezember 1999 wurde in Faido mit dem Bau eines Zwischenstücks des **Gotthard-Basistunnels** ❷ begonnen. Momentan wird an fünf Baustellen an dem mit 57 km längsten Tunnel der Welt gearbeitet. Wenn alles nach Zeitplan läuft, werden die beiden Röhren 2011 in Betrieb genommen. Die Baustelle kann man besichtigen und sich live über die Arbeiten informieren. Auskünfte und Anmeldungen für Führungen (unbedingt zu empfehlen!): Tel. 0 91/8 73 05 50; www.alptransit.ch

Hochalpines Ziel: der Pizzo Rotondo über dem Val Bedretto

Monte Carasso
Das Tessin war und ist berühmt für seine Architekten, die u. a. in Rom und in St. Petersburg tätig waren. Vielen jüngeren Architekten des Tessins ist die Erhaltung des bestehenden Architekturerbes sehr wichtig. Zu ihnen zählt auch Luigi Snozzi, der die bei Bellinzona liegende Gemeinde Monte Carasso umgestaltet hat. Seine Werke sind gekennzeichnet durch den Respekt vor der Baugeschichte verbunden mit neuen architektonischen Mitteln. In Monte Carasso wurde ein Architekturweg eingerichtet, auf dem man Snozzis Bauten bewundern kann.

Adressen & Bergbahnen — Landesvorwahl 00 41

Urlaubsregion	**Leventina** Turismo; Tel. 0 91/8 69 15 33; E-Mail: info@leventinaturismo.ch; www.leventinaturismo.ch
Biasca (301 m)	Biasca Turismo; Tel. 0 91/8 62 33 27; E-Mail: info@biascaturismo.ch, info@biasca.ch; www.biascaturismo.ch
Olivone (889 m)	Blenio Turismo; Tel. 0 91/8 72 14 87; E-Mail: info@blenioturismo.ch; www.blenioturismo.ch
Weitere Orte	**Ambri** • **Andermatt** www.andermatt.ch • **Bedretto** • **Claro** • **Faido** www.faido.ch • **Malvagia** • **Mesocco** • **Roveredo**
Entfernungen	Hamburg 1009 km; Berlin 937 km; Köln 727 km; Frankfurt a. M. 560 km; Stuttgart 404 km; München 392 km

❶ Airolo Pesciüm • Berg/Tal 15 sfr
❷ Carasso Monti di Carasso Berg/Tal 18 sfr
❸ Cari Brussada • Berg/Tal 10 sfr
❹ Faido Piana Selva • Berg/Tal 16 sfr
❺ Lumino Monti Savorù Berg/Tal 16 sfr
❻ Malvaglia Monte Dagro Berg/Tal 15 sfr
❼ Piotta Piora • Berg/Tal 22 sfr
❽ Rodi Lago Tremorgio Berg/Tal 20 sfr

Siehe auch Preisteil S. 644

Abgeschieden und äußerst malerisch: das Valle di Blenio

Hotelempfehlungen

Bellinzona S. 713
Biasca S. 713

Wanderkarten

Landeskarte der Schweiz, Blätter 1251 Val Bedretto, 1252 Ambrì-Piotta, 1253 Olivone, 1254 Hinterrhein, 1272 Pizzo Campo Tencia, 1273 Biasca, 1274 Mesocco, 1294 Grono; 1:25000
Landeskarte der Schweiz, Wanderkarte, Blätter 276 T Verzasca, 275 T Valle Antigorio, 266 Valle Leventina, 256 Disentis (Mustér); 1:50000
Kümmerly+Frey, Wanderkarte Ticino Sopraceneri, 1:60000

Straßenatlas Siehe S. 789

Locarno – Valle Maggia – Val Verzasca
Tessin

Wilde Wasser, charmante Orte: Blick auf Lavertezzo im Verzascatal

ACTION & SPORT ★★★★★
WANDERN & BERGTOUREN ★★★★★
FUN & FAMILY ★★★
WELLNESS & GENUSS ★★★★

ADAC *der perfekte Urlaubstag*

- **9 Uhr:** Fahrt mit der Seilbahn ❸ von Locarno nach Orselina und von dort nach Cardada ❹ (1332 m), Höhenwanderung auf die Cimetta (1671 m), von dort mit den Bergbahnen ❷ ❸ nach Locarno zurück
- **12 Uhr:** Mittagessen in einem Restaurant an der Seepromenade in Locarno
- **15 Uhr:** Sonnenbad unter der Ponte dei Salti in Lavertezzo im Verzascatal, Mutige wagen den Sprung ins eiskalte Wasser
- **20 Uhr:** Bummel durch die Altstadt von Ascona

Wild und mondän

Man sagt, Gegensätze ziehen sich an. So auch im Locarnese, der Region rund um Locarno. Hier geben sich mondäne Orte am Seeufer mit schlichten Bergdörfern ein Stelldichein; wildromantische Flusslandschaften bilden den Kontrast zu steinigen Bergpässen.

Badeurlaub in der Schweiz? Was auf den ersten Blick merkwürdig erscheint, entpuppt sich bei näherem Hinsehen als interessante Alternative zum klassischen Strand-Urlaub. Zumal im Locarnese weit mehr geboten wird als Wasser und Sonne. Wie wäre es mit einer Wanderung auf dem »Sentierone« von Mergoscia nach Sonogno entlang der grünen Verzasca? Beim Weiler Piee laden große glatt geschliffene Felsblöcke eines prähistorischen Bergsturzes zu einem Sprung ins erfrischende Wasser, von dessen grüner Farbe (aqua verde) sich der Name Verzasca ableitet. Schon James Bond machte im Verzasca-Tal große Sprünge. Im Film »Golden Eye« sprang er von der 220 m hohen Staumauer am Taleingang. Heute tun es ihm Abenteuerlustige gleich. Eine gute Portion Adrenalin verspricht auch die Fahrt mit dem Kajak durch die schäumende Maggia. Etwas ruhiger, aber nicht weniger nass geht es beim Raften und Tauchen zu. Und natürlich beim Baden in den ausgewaschenen Felswannen der Verzasca oder der Maggia – ein ganz besonderes, aber wegen der Wassertemperaturen meist sehr kurzes Vergnügen. Im Lago Maggiore lässt es sich länger aushalten. An den Uferpromenaden von Locarno und Ascona auch: Gemütliche Straßencafés laden zu einem Cappuccino und schicke Boutiquen zu einem Einkaufsbummel ein.

Wer dem Trubel der mondänen Orte am See entfliehen möchte, besucht das westliche Hinterland von Locarno und Ascona. Schon die Fahrt im tief eingeschnittenen Valle Onsernone mit seinen zerfurchten Bergflanken ist ein Abenteuer. In den Bergdörfern, wo die arme Bevölkerung zum Teil schon Mitte des 15. Jh. auswanderte, ist Einsamkeit garantiert. Die Fahrt mit der zwischen 1913 und 1923 erbauten Centovalli-Bahn führt über 79 Brücken und durch 24 Tunnel durch die »Hundert Täler« bis ins italienische Domodossola. Nicht Italienisch, sondern Deutsch spricht man in Bosco Gurin, dem höchstgelegenen und einzigen deutschsprachigen Ort des Tessins. Im 13. Jh. besiedelten Walser das Gebiet. Ob sie im kleinen Bach unterhalb des Dorfs badeten, ist fraglich. Den Füßen der Wanderer tut es auf jeden Fall äußerst gut.

Adressen & Bergbahnen

Landesvorwahl 00 41

Locarno (198 m) **Ascona** (199 m)	Locarno Turismo; Tel. 09 17 91 00 91 E-Mail: buongiorno@maggiore.ch www.maggiore.ch
Weitere Orte	Brione www.vaibrione.it • Bosco Gurin www.bosco-gurin.ch • Cevio www.cevio.ch • Lavertezzo www.verzasca.com • Maggia www.vallemaggia.ch • Tenero www.verzasca.com
Entfernungen	Hamburg 1031 km; Berlin 958 km; Köln 748 km; Frankfurt a. M. 580 km; Stuttgart 424 km; München 414 km

❶ Bosco Gurin Rossboda • Berg/Tal 10 sfr
❷ Cardada Cimetta • Berg/Tal 8 sfr
❸ Locarno Madonna del Sasso Berg/Tal 6,60 sfr
❹ Orselina Cardada • Berg/Tal 27 sfr
❺ San Carlo Robiei • Berg/Tal 20 sfr
❻ Verdasio Monte Comino Berg/Tal 14 sfr
❼ Vergeletto-Zott Salei • Berg/Tal 20 sfr

Siehe auch Preisteil S. 645

Action & Sport

MOUNTAINBIKE	KLETTERSTEIGE	RAFTING	CANYONING	REITEN
PARAGLIDING	DRACHENFLIEGEN	KLETTERGÄRTEN	TENNIS	WINDSURFEN
KAJAK/KANU	WASSERSKI	TAUCHEN	HOCHSEILGARTEN	GOLF

TOP TIPP Den ultimativen Kick erleben Hobby-Agenten und Adrenalin-Junkies bei einem Sprung am **Bungee-Seil** ① von der 220 m hohen Staumauer des Verzasca-Stausees. Schon James Bond sprang im Film »Golden Eye« von der riesigen Talsperre. Heute können Touristen es 007 gleichtun. Für die Sicherheit sorgen professionelle Jump-Master. Die gehörige Portion Mut muss man allerdings selbst mitbringen. Anders als beim freien Fall von einem Kran oder einer Brücke irritiert der Blick auf den nackten Beton beim Sprung; Tel. 0 91/7 80 78 00; www.trekking.ch

Funsport	Centovalli Outdoor Center	Es gibt kaum eine Fun- und Trendsportart, die nicht im Angebot des Trekking Outdoor Teams in Tegna am Eingang des Centovalli steht. Die ein- bis dreitägigen Erlebnisprogramme bieten Floating in der Maggia, River-Rafting, Abseilen von Wasserfällen, Canyoning, Sportklettern, Gleitschirmfliegen, Tauchen, Mountainbiken usw.; Tel. 09 17 80 78 00; www.trekking.ch
Fallschirmspringen	Para Centro Locarno	Rund 20000 Absprünge verzeichnet das Fallschirmzentrum bei Locarno. Aus 3500 m geht es im freien Fall hoch über der Magadino-Ebene in die Tiefe. Wer keine speziellen Vorkenntnisse mitbringt, bucht einen Tandemflug. Wer lernen will, allein zu springen, kann an einem siebentägigen Grundkurs teilnehmen; Tel. 09 17 45 26 51; www.paracentro.ch
Golf	Ascona, Losone	Die beiden 18-Loch-Golfplätze zählen zu den landschaftlich schönsten der Schweiz. Fairways und Greens verbinden sich harmonisch mit der Landschaft. Hotels in der Umgebung bieten Arrangements für Golfer; Golfplatz Gerre Losone, Tel. 09 17 85 10 90; www.golflosone.ch; Golfclub Patriziale Ascona; Tel. 09 17 91 21 32; www.golf.ascona.ch

EVENTS

- August: Internationales Filmfestival Locarno mit Open-Air-Vorführungen auf der Piazza Grande; auch abseits des großen Festivals gibt es ein kleines, feines Angebot an Qualitätsfilmen

Restaurants

Osteria Al Palazign
Eine Speisekarte gibt es in dieser rustikalen Gaststätte in Comologno im Onsernonetal nicht, dafür dürfen die Gäste täglich mit gastronomischen Überraschungen rechnen. Ein üppiges, dreigängiges Menu ist die Regel – bei mittleren Preisen; Tel. 09 17 97 20 68; www.palazzogamboni.ch

Hütten

Capanna Cristallina (2575 m)
Die großartige Aussicht von der Hüttenterrasse auf den vergletscherten Basòdino und die herzliche Gastfreundschaft von Eliana und Idalgo Ferretti lohnen einen Besuch. Von Robiei in knapp 3 Std. zu Fuß zu erreichen; Tel. 09 18 69 23 30; www.capannacristallina.ch

Capanna Efra (2039 m)
Inmitten der höchsten, heute nicht mehr genutzten Weide der Alpe Efra liegt diese Hütte, in der einst die Almhirten gewohnt haben. Ganz in Hüttennähe ein hübscher Bergsee mit Lärchen; geöffnet und teilw. bew. Ende Juni bis Ende Okt; Tel. 09 18 59 11 26

Wanderkarten

Landeskarte der Schweiz, Blätter 1291 Bosco Gurin, 1292 Maggia, 1293 Osogna, 1311 Comologno, 1312 Locarno, 1:25000
Landeskarte der Schweiz, Wanderkarte, Blätter 275 Valle Antigorio, 276 T Val Verzasca, 1:50000;
Kümmerly+Frey, Wanderkarte, Ticino Sopraceneri; 1:60000

Straßenatlas Siehe S. 789

LUGANO UND LUGANER SEE
TESSIN

ACTION & SPORT

WANDERN & BERGTOUREN

FUN & FAMILY

WELLNESS & GENUSS

Restaurant

Grotto Fossati ❶
TOP TIPP Meride; Mario Lupi ist nicht nur eingeschworener Weinliebhaber, er schwärmt auch für volkstümliche Gerichte wie etwa den Rinderschmorbraten Brasato oder Ossobuco, die mit Polenta und Risotto auf den Tisch kommen; günstige Preise; Tel. 09 16 46 56 06

Hütten

Capanna Pairolo (1344 m)
Lage oberhalb des Val Colla, zwischen Denti della Vecchia (1941 m) und Cima di Fojorina (1816 m). Von der Terrasse genießt man bei klarer Sicht einen herrlichen Ausblick auf die Walliser Viertausender. In der gemütlichen Hütte mit offenem Kamin werden typische Tessiner Gerichte serviert. In der Nähe befindet sich der Klettergarten der Denti della Vecchia (50 Routen, 4–7+); Ausgangspunkt: Cimadera (1155 m); Zeit: ca. 45 Min.; Tel. 09 19 44 11 56

Capanna Monte Tamaro (1881 m)
Diese Hütte liegt direkt unterhalb des Monte Tamaro (1961 m). Von der Bergstation der Alpe Foppa (1530 m) ❻ ist sie sehr leicht erreichbar und wird von vielen Tagesgästen frequentiert; Tel. 09 19 46 10 08

Capanna Monte Bar (1620 m)
Lage hoch über dem Val Colla unterhalb des Monte Bar (1816 m). Eine gute Forststraße führt von Bidogno (799 m) fast bis zur Hütte, weswegen sie auch gern von Mountainbikern aufgesucht wird; Tel. 09 19 66 33 22

ADAC *der perfekte Urlaubstag*

- **9 Uhr:** Wanderung auf dem Naturlehrpfad am Monte San Giorgio, Weltnaturerbe der UNESCO, mit anschließendem Besuch des Paläontologischen Museums in Meride
- **13 Uhr:** Fahrt nach Melide, Besuch des »Swiss Miniatur«, der Schweiz im Kleinen (Tel. 09 16 40 10 60, www.swissminiatur.ch)
- **16 Uhr:** Fahrt nach Montagnola, Besuch des Hermann-Hesse-Museums (Tel. 09 19 93 37 70; www.hessemontagnola.ch)
- **20 Uhr:** Abendbummel in der Altstadt von Lugano

Zwischen Palmen und Bergen

Im Sommer pulsiert in Lugano das Leben. Touristen schlendern durch die schmalen Gassen, Geschäftsmänner in dunklen Anzügen winken eilig nach einem Taxi oder speisen exquisit in einem der zahlreichen Restaurants. Im Herbst und Frühling wandelt sich das Bild. Neben den Geschäftsmännern sitzen jetzt Wanderer in den Cafés, denn Lugano ist ein idealer Ausgangspunkt für Bergtouren aller Schwierigkeitsgrade.

Wenn einer eine Reise tut, dann kann er was erzählen. Wer schon mal die lange Höhenwanderung auf dem Südrücken des Val Colla bis nach Lugano hinter sich gebracht hat, kann viel erzählen: von der kleinen Kapelle auf dem Passo San Lucio, von dem hübschen Pfad, der über die »Denti della Vecchia« (»Altweiberzähne«) führt. Und natürlich von der sensationellen Aussicht, die einen schon den ganzen Tag über begleitet hat, die nach dem steilen Aufstieg zum Monte Boglia aber ihren Höhepunkt erreicht. Zum Greifen nah ragen die Walliser Viertausender in den Himmel. Tief unten schimmert

Mediterranes Flair: Morcote mit der Kirche Madonna del Sasso liegt südlich von Lugano direkt am Seeufer.

Adressen & Bergbahnen — Landesvorwahl 00 41

Lugano (272 m)	Lugano Turismo; Tel. 09 19 13 32 32; E-Mail: info@lugano-tourism.ch; www.lugano-tourism.ch
Weitere Orte	**Mendrisio** www.mendrisiotourism.ch • **Riva San Vitale** • **Morcote** • **Campione (I)** • **Caslano** • **Tesserete** • **Miglieglia**
Entfernungen	Hamburg 1073 km; Berlin 963 km; Köln 755 km; Frankfurt a. M. 588 km; Stuttgart 431 km; München 421 km

❶ Brusino-Arsizio Serpiano • Berg/Tal 19 sfr
❷ Capolago Monte Generoso Berg/Tal 36 sfr
❸ Cassarate Monte Brè • Berg/Tal 19 sfr
❹ Lugano–Paradiso San Salvatore Berg/Tal 20 sfr
❺ Miglieglia Monte Lema • Berg/Tal 22 sfr
❻ Rivera Monte Tamaro • Berg/Tal 24 sfr

Siehe auch Preisteil S. 645

Wandern & Bergtouren

TOP TIPP Von Certara (1003 m) zuhinterst im Val Colla führt eine der abwechslungsreichsten Touren des Südtessins immer entlang der schweizerisch-italienischen Grenze bis auf den **Monte Boglia** ❷ (1516 m). Zuerst steigt man gemütlich zum Passo San Lucio (1542 m) auf. Ein hübscher Wanderpfad führt über den Colmo di San Bernardo (1616 m) in die Bocchetta di San Bernardo (1586 m). Erst durch Alpenrosenhänge, später durch Wald zur Capanna Pairolo (1344 m). Während man den Bergrücken der Denti della Vecchia (1941 m) überschreitet, kommt man an zahlreichen Kletterfelsen vorbei. Dann geht es hinunter in die Pian di Scagn (1174 m), Abstiegsmöglichkeit über die Alpe Bolla (1129 m) nach Brè (800 m). Sonst Aufstieg zum Monte Boglia, zunächst durch Wald, später über Wiesen auf einem steilen Pfad zum Gipfel. Abstieg über Wiesenrücken, dann entweder über den etwas längeren, aber sehr guten Wanderweg weiter oder auf einem steilen, sehr ausgesetzten Pfad über den Sasso Rosso (1295 m) nach Brè. Trittsicherheit und gute Kondition sind Voraussetzung; Zeit: ca. 8 Std.; Einkehr: Capanna Pairolo

Monte Tamaro (1961 m), **Monte Lema** (1612 m) Mittelschwere Höhenwanderung mit Zwei-Seen-Blick	Ausgangspunkt: Rivera/Seilbahnstation Alpe Foppa (1530 m) ❻; Monte Tamaro (1961 m) – Monte Gradiccioli (1936 m) – Monte Magno (1636 m) – Poncione di Breno (1654 m) – Bergstation Monte Lema (1621 m); mit der Seilbahn ❺ nach Miglieglia; Zeit: ca. 4,5 Std.; Einkehr: Seilbahnstation Alpe Foppa, Capanna Motto Rotondo, Seilbahnstation Monte Lema
San Salvatore (912 m) Leichte Wanderung mit kunsthistorischen und botanischen Höhepunkten	Ausgangspunkt: Lugano-Paradiso; Bergstation der Standseilbahn San Salvatore (912 m) ❹ – Abstieg über Ciona (612 m) nach Carona (599 m) – botanischer Garten San Grato – Alpe Vicania (659 m) – Abstieg nach Morcote (272 m) – Rückfahrt nach Lugano mit dem Schiff oder Bus; Zeit: ca. 4,5 Std.; Einkehr: Bergrestaurant San Salvatore, Ristorante San Grato, Alpe Vicania, Seerestaurants in Morcote
Valle del Guasto (850 m) Leichte Rundwanderung durch unbekannte Süd-Tessiner Gefilde	Ausgangspunkt: Caneggio (559 m); Abstieg in die Breggia-Schlucht und Aufstieg nach Campora (573 m) – Monte (678 m) – Aufstieg durch Kastanienwald zum Valle del Guasto (850 m) – Abstieg nach Casima (618 m) – durch die Breggia-Schlucht nach Bruzzella (593 m) – Caneggio; Zeit: ca. 6 Std.; Einkehr: Restaurants in den Ortschaften
Monte Caslano (523 m) Naturlehrpfad auf einen hübschen Berg im Luganer See	Ausgangspunkt: Caslano (272 m); Aufstieg nach Stremadone (380 m) – Umrundung des Monte Caslano westwärts auf dem Naturlehrpfad mit italienischen Informationstafeln zur Geologie – Sassalto (523 m) mit Kapelle und Gipfelkreuz – Abstieg über die Ostseite nach Stremadone – Caslano; leichte Wanderung; Zeit: ca. 2 Std.; Einkehr: Caslano

EVENTS
- April/Ostern: Karfreitagsprozession in Mendrisio
- April/Juni: Lugano-Festival mit klassischer Musik
- Juli: Lugano Estival Jazz
- August: Lugano Blues Festival

Zollmuseum Gandria
In der ehemaligen Zollwachtkaserne in Cantine di Gandria befindet sich ein Zollmuseum, das sich mit dem Schiff von Lugano oder Gandria (Bild) aus gut erreichen lässt. Die Ausstellung ist mit Beispielen aus der früheren Schmugglerpraxis sehr anschaulich gestaltet und besonders für Familien mit Kindern zu empfehlen. Eintritt frei; Tel. 09 19 10 48 11

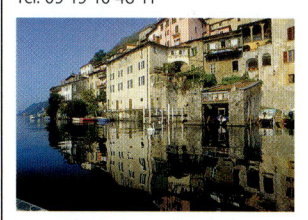

Wanderkarten
Landeskarte der Schweiz, Blätter 286 Malcantone, 296 Chiasso; 1:50000
Landeskarte der Schweiz, Blätter 1332 Brissago, 1333 Tesserete, 1334 Porlezza, 1352 Luino, 1353 Lugano, 1373 Mendrisio 1:25000
Kümmerly+Frey, Wanderkarte Ticino Sottoceneri, 1:60000

Straßenatlas Siehe S. 801

der Luganer See. Mit seinen fjordartigen Armen zählt er zu den landschaftlich schönsten Seen der Schweiz. Beim steilen Abstieg vom Monte Boglia ins Dörfchen Brè tröstet der Gedanke, dass die restlichen 528 Höhenmeter nach Lugano der Bus bzw. die Standseilbahn Cassarate–Monte Brè zurücklegt. Der hektische Verkehr der knapp 30000-Einwohner-Metropole holt den Wanderer rasch in die Realität zurück. Die Stadt scheint aus allen Nähten zu platzen.

Zahlreiche Parks mit südländischen Pflanzen und die Villa Favorita mit Gemälden des 19. und 20. Jh. laden zum längeren Verweilen ein. Aber es gibt noch so viel zu entdecken: im Luganeser Umland die sanften Hügel des Malcantone mit ihren weiten Kastanienhainen; den Monte San Giorgio, der es zum UNESCO-Weltnaturerbe gebracht hat – dank Saurierfunden, die im Paläontologischen Museum im denkmalgeschützten Meride ausgestellt sind (Tel. 09 16 46 37 80). Ursprüngliche Dörfer erlebt man im Valle di Muggio an der Südflanke des Monte Generoso. Von Capolago am Luganer See führt eine Zahnradbahn knapp unter den Gipfel des »Rigi der Südschweiz«. Die Aussicht reicht bis Mailand. Nur der Mailänder Dom liegt versteckt hinter einem Hochhaus. Hermann Hesse dürfte ihn noch gesehen haben. Über 40 Jahre lang lebte der deutsche Dichter in Montagnola oberhalb von Lugano. Zahlreiche Schriften im Hermann-Hesse-Museum zeugen davon, dass er das Wandergebiet rund um die größte Tessiner Stadt sehr schätzte. Wer nach Lugano kommt, wandert auf seinen Spuren.

SCHWYZ MIT EINSIEDELN
ZENTRALSCHWEIZ

Gegen den strengen Aufbau der Klosteranlage in Einsiedeln wirkt das Städtchen beinahe chaotisch.

ACTION & SPORT

WANDERN & BERGTOUREN

FUN & FAMILY

WELLNESS & GENUSS

Gipfel, Grotten und Geschichte

Zwei vorwitzige Berge, die wie Zuckerhüte aus einer sanften Hügellandschaft ragen und eine grandiose Rundsicht versprechen; eine der längsten Karsthöhlen der Welt; geschichtsträchtige Orte; zahllose Wandermöglichkeiten von Seespaziergängen bis zu ernsthaften Bergtouren; ein vielseitiges Freizeitangebot: Dies alles hat die Region um Schwyz und Einsiedeln zu bieten – und noch viel mehr.

Wer »Schweiz« sagt, meint – bewusst oder nicht – immer auch Schwyz. Denn Schwyz gab dem ganzen Land seinen Namen. Der Bund, den die Schwyzer 1291 mit Vertretern der anderen beiden Urkantone Uri und Nidwalden wider die fremden Herren im Land schlossen, wird weithin als der Ursprung der Schweiz angesehen. Zwar liegt die Rütliwiese, auf der jener berühmte Schwur stattgefunden haben soll, am gegenüberliegenden Ufer des Vierwaldstättersees (siehe auch Vierwaldstättersee/Luzern, S. 412–415), doch sind auch auf der östlichen Seeseite die Spuren der Geschichte unübersehbar. Zum Beispiel am Hauptplatz in Schwyz. Das Rathaus, 1641–1645 erbaut, ziert herrliche Fassadenmalerei. Dargestellt ist die erste Freiheitsschlacht der Eidgenossen am Morgarten im Jahr 1315. Sehenswert sind auch die Barockkirche St. Martin und die schönen alten Herrenhäuser; in der Ital-Reding-Hofstatt ist ein Wohnmuseum untergebracht, das veranschaulicht, wie eine Inner-

ADAC *der perfekte Urlaubstag*

- **9 Uhr:** Besuch des Benediktinerklosters in Einsiedeln
- **11 Uhr:** Fahrt nach Brunni, mit der Seilbahn ❸ zum Holzegg und dann zu Fuß auf den Großen Mythen (1899 m)
- **15 Uhr:** Rückkehr mit der Seilbahn nach Brunni, Fahrt nach Morschach
- **18 Uhr:** Erholung pur im »Swiss Holiday Park« – im Erlebnisbad oder in der Wellness-Oase

Prächtige Häuser in Schwyz

Wandern & Bergtouren

TOP TIPP Für einen bleibenden Eindruck von der Region ist der **Schwyzer Panoramaweg** ① bestens geeignet. Die landschaftlich überaus reizvolle, leichte Höhenwanderung führt vorbei an den markanten Zwillingsgestalten der Mythen und bietet beeindruckende Weit- und Tiefblicke. Von Sattel (779 m) per Seilbahn ⑪ nach Mostelberg (1191 m). Über Engelstockweid, Mostelegg (1266 m), Haggenegg (1381 m) nach Zwüschet Mythen und zum Gasthaus Holzegg (1405 m). Die weitere Route: Rotenflue – Müsliegg (1427 m) – Ibergeregg (1406 m) – Spirstock (1771 m) – Seebli (1430 m) – Steinboden/Laucheren. Von hier gelangt man per Sessellift ⑩ nach Oberiberg und dann per Bus zum Ausgangspunkt zurück; Zeit: ca. 6–7 Std.; viele Einkehrmöglichkeiten, u. a. am Haggenegg, Holzegg, Ibergeregg, Spirstock

Fronalpstock (1921 m) – **Chlingenstock** (1935 m) Aussichtsreiche Kammwanderung überm Muotathal	Ausgangspunkt: Stoos im Muotathal (1275 m, Bergbahn Schlattli ⑫); Mettlen (1503 m) – Fronalpstock – ostwärts nach Furggeli (1732 m) – Anstieg zum Huser Stock (1904 m), Vorsicht in der Steilflanke: nur für Schwindelfreie, nie bei Nässe gehen – auf dem Kamm ostwärts zum Chlingenstock – Näppenalp – Stoos; mittelschwere Tour, die Trittsicherheit und Schwindelfreiheit erfordert; Zeit: ca. 5–6 Std.; Einkehr: Bergwirtschaft Fronalpstock
Großer Mythen (1899 m) Mittelschwere Wanderung auf markanten Gipfel – grandiose Tiefblicke inbegriffen	Ausgangspunkt: Schwyz (516 m); Mythenbad – Gasthaus Holzegg (1405 m) – über den Nordostgrat zum Gipfel; Abstieg zum Gasthaus Holzegg – den Berg nordseitig umrunden bis nach Zwüschet Mythen – Abstieg nach Dietental (946 m) – Obdorf – Schwyz; im unteren Teil leichte Bergwanderung, im Gipfelbereich Trittsicherheit und Schwindelfreiheit nötig; Zeit: ca. 6–7 Std.; Einkehr: Gasthaus Holzegg, Berggasthaus Mythen (am Gipfel)
Von Einsiedeln nach Schwyz Lange Kammwanderung der Superlative	Ausgangspunkt: Einsiedeln (905 m); vom Klosterplatz aus nach Friherrenberg – Chälen – Ufem Tritt – Chli Amslen (1399 m) – Amselspitz (1491 m) – Butziflue (1506 m) – Furggelenalp – Furggelenstock (1656 m) – Brünnelistock (1593 m) – Ibergeregg (1406 m) – Hand – Rickenbach (586 m) – Schwyz (516 m); Rückkehr nach Einsiedeln mit der Bahn; einfache Wanderung auf gut markierten Wegen, die Kondition erfordert; Zeit: ca. 7–8 Std.; Einkehr: Ibergeregg, Hand

EVENTS

- Juni: Dixie-Festival, Einsiedeln
- August: Welttanzfestival Einsiedeln (www.welttanzfestival.com) Sihlseelauf, Einsiedeln
- September: Iron-Bike-Race, Mountainbike-Rennen in Einsiedeln

Hütten

Berggasthaus Holzegg (1405 m) Das Haus am Übergang von Schwyz ins Alptal ist ein zentraler Anlaufpunkt: für jene, die mit der Seilbahn ③ von Brunni im Alptal heraufkommen; für jene, die von Schwyz aus über Mythenbad und Holz heraufsteigen (ca. 2,5 Std.) und generell für alle, die auf den Großen Mythen (1899 m) wollen. Übernachtung nur nach Voranmeldung; Tel. 04 18 11 12 34

---

schweizer Herrschaftsfamilie im 17. Jh. gelebt hat (Tel. 04 18 11 45 05; www.irh.ch). Einen Besuch sollte man auch dem Bundesbriefarchiv abstatten. Der markante Turm beherbergt ein Museum, das die Entstehung und Entwicklung der Eidgenossenschaft dokumentiert (Tel. 04 18 19 20 64; www.bundesbriefmuseum.ch).

Historisches hat auch Brunnen am Ufer des Vierwaldstättersees zu bieten. Steht man an der Schiffsanlegestelle, blickt man über den See, hinüber zum Rütli – und wer nicht nur schauen will, kann mit dem Schiff ans andere Ufer wechseln und sich auf den »Weg der Schweiz« machen, der in sieben Etappen vom Rütli über Altdorf und Morschach nach Brunnen führt (Infos: www.weg-der-schweiz.ch). Natürlich kann man die einzelnen Abschnitte auch separat und in Gegenrichtung erwandern. Kürzer ist in jedem Fall der Weg von der Seepromenade in Brunnen zur Bundeskapelle. Die steht an jener Stelle, an der die drei Urkantone im Jahr 1315 ihr Bündnis erneuert haben sollen.

Markantes Wanderziel: der Mythen

Apropos Wandern: Zahllose abwechslungsreiche Touren, mal auf sanften Hügelrücken entlang, mal auf felsige Gipfel, lassen keine Langeweile aufkommen. Zu den schönsten Wanderungen gehört sicherlich der Aufstieg zum vollkommen frei stehenden Großen Mythen, von dem aus man einen wunderbaren Überblick über die gesamte Region und an schönen Tagen ein Panorama vom Säntis bis zur Jungfrau genießen kann. Der Große Mythen bildet mit seinem Nachbar, dem nur Kletterern zugänglichen Kleinen Mythen, das auffälligste Gipfelpaar in der ansonsten eher hügeligen Landschaft. Die beiden schroffen Kalkzähne, die wie unregelmäßige Zuckerhüte aus dem Boden zu wachsen scheinen, sind durch eine Laune der Natur während der Gebirgsfaltung von Süden hierher verschoben worden.

An aussichtsreichen Touren mangelt es jedenfalls nicht. Ob mit Seilbahnunterstützung von Brunnen auf den Urmiberg zwischen Vierwaldstätter und

Zuckerhüte im Hügelland: Die Mythen sind ein auffälliges Gipfelpaar.

🇨🇭 SCHWYZ MIT EINSIEDELN

Forum der Schweizer Geschichte
Das Museum, untergebracht in einem alten Schwyzer Korn- und Zeughaus aus dem Jahr 1714, bietet Besuchern einen spannenden Einblick in das Leben der Schweizer in den Jahren 1300–1800. So erfährt man – und das aus einem durchaus kritischen Blickwinkel –, wie die Bewohner früher die Ressourcen nutzten, die ihnen ihre Umwelt bot; außerdem informiert eine Ausstellung über das gesellschaftliche Zusammenleben im Laufe der Jahrhunderte;
Tel. 04 18 19 60 11;
www.musee-suisse.com

Kloster Einsiedeln
Das Kloster ist schon seit dem Mittelalter ein bekannter Marien-Wallfahrtsort. Täglich um 14 Uhr beginnt eine Klosterführung, an der man ohne Voranmeldung teilnehmen kann. Dann ist für den Besucher z. B. auch die Bibliothek zugänglich, in der etwa 230000 Bücher und zahlreiche Handschriften zu finden sind;
Tel. 05 54 18 61 11;
www.kloster-einsiedeln.ch.

Seit dem Mittelalter betreibt das Kloster zudem eine eigene Pferdezucht – der Marstall gilt als ältestes noch bestehendes Gestüt Europas. Die »Cavalli della Madonna« sind weit über die Landesgrenzen hinaus bekannt (Stallungen teils öffentlich zugänglich; Infos unter Tel. 07 95 67 29 24, www.marstall-einsiedeln.ch).

Die Ital-Rheding-Hofstatt beherbergt ein Museum, das herrschaftliches Wohnen im 17. Jh. dokumentiert.

Laurerzer See, auf dem Schwyzer Panoramaweg hoch über grüne Matten und an den beiden Mythen vorbei oder stets am Bergkamm entlang von Einsiedeln nach Schwyz: Zu sehen gibt es jede Menge. Das gilt auch für jene Besucher, die sich in Einsiedeln mehr für das weltbekannte Kloster als fürs Wandern interessieren. Die Benediktinerabtei besitzt ein eigenes Gestüt und ein Weingut; im barocken Festsaal finden regelmäßig Ausstellungen und Konzerte statt, außerdem ist dort eine Streichinstrumenten-Sammlung aus dem 19. Jh. zu bewundern. Einsiedeln gilt als einer der bedeutendsten Marien-Wallfahrtsorte nördlich der Alpen. Jährlich pilgern Zehntausende zur Gnadenkapelle mit der Schwarzen Madonna.

Stille Abenteuer im Muotathal

Wer sich nach so viel Geschichte und Kultur nach Ruhe und Abgeschiedenheit sehnt, sollte dem Muotathal einen Besuch abstatten. In dem stillen, ursprünglichen Tal, das bei Schwyz nach Osten abzweigt, gibt es über und unter der Erde einiges zu entdecken. Mit dem Bödmerenwald zum Beispiel den mit 600 ha Fläche größten Fichtenurwald Europas, der sich im Osten über dem Dorf Muotathal erstreckt und unter Naturschutz steht. Oder das Hölloch, eines der weltweit längsten Höhlensysteme im Karstgestein. 190 km sind bereits bekannt, nur Bruchteile davon vermessen; womöglich ist das Hölloch noch viel größer. Das Höhlensystem unter dem riesigen Karstplateau der Silberen sollte bereits Anfang des 20. Jh. für Touristen zugänglich gemacht werden. Hochwasser rissen die Anlagen aber wieder weg. Heute dürfen die Besucher, die sich einem kundigen Höhlenführer anvertrauen, zu Fuß, mit Helm und Karbidlampe ausgerüstet durch die Gänge streifen. Die Steige sind nur am Eingang ausgebaut, manchmal ist der Untergrund rutschig, meist sind sie aber gut zu begehen und an wichtigen Stellen wie Klettersteige gesichert. Im Sommer wie im Winter liegt die

Geprägt von den sonderbaren Formen des Karstgesteins: das Muotathal

Fun & Family ☀☀☀☀☀

Natur- und Tierpark Goldau	Hirsche, Mufflons, Eichhörnchen leben frei, unzählige andere Tiere in großzügigen Anlagen. Futter gibt es zu kaufen – Füttern erlaubt! Tel. 04 18 59 06 06; www.tierpark.ch
Swiss Holiday Park Morschach	Erlebnispark mit Bade- und Saunalandschaft, Wellness, Sport- und Fitness-Angeboten z. B. eine Indoor-Kletterwand; Tel. 04 18 25 50 50; www.swissholidaypark.ch
Forum der Schweizer Geschichte Schwyz	Über 800 Objekte aus allen Teilen der Schweiz erzählen Geschichten und erklären Geschichte; Tel. 04 18 19 60 11; www.musee-suisse.ch/schwyz
Husky-Traum Muotathal	Nach einem Husky-Trip pflegen und füttern Groß und Klein die Tiere; später am Lagerfeuer erfahren sie Wissenswertes über die Hunde; Tel. 04 18 30 28 45; www.erlebniswelt.ch

TOP TIPP Das **Hölloch** ❷ im Muotathal ist mit 190 km bekannter Länge die weltweit viertgrößte Karsthöhle. Bei Führungen, die ein kundiger Höhlenforscher leitet, können Besucher die Faszination der Welt unter Tage hautnah erleben. Dort wechseln sich riesige Hallen ab mit engen Durchschlupfen, tobende Wasserfälle folgen auf unterirdische Seen, und Tropfsteinformationen aller Farben setzen Akzente neben grauen Geröllhalden. Warme Kleidung mitbringen, die Temperatur liegt konstant bei 6 °C; Besichtigungen auf eigene Faust sind nicht möglich! Kurzführungen (1,5 Std.), aber auch mehrtägige Expeditionen; Trekking Team; Tel. 04 13 90 40 40; www.hoelloch.ch

Adressen & Bergbahnen

Landesvorwahl 00 41

Urlaubsregion	**Swiss Knife Valley**; Tel. 04 18 17 70 20; E-Mail: info@swissknifevalley.ch; www.swissknifevalley.ch
Brunnen (435 m)	Brunnen Tourismus; Tel. 04 18 25 00 40; E-Mail: info@brunnentourismus.ch; www.brunnentourismus.ch
Einsiedeln (905 m)	Einsiedeln Tourismus; Tel. 05 54 18 44 88; E-Mail: info@einsiedeln.ch; www.einsiedeln.ch
Muotathal (624 m)	Verkehrsverein Muotathal; Tel. 04 18 30 15 15; E-Mail: info@verkehrsverein-muotathal.ch; www.verkehrsverein-muotathal.ch
Schwyz (516 m)	info Schwyz-Tourismusbüro; Tel. 04 18 10 19 91; E-Mail: infoschwyz@wbs.ch; www.wbs.ch
Weitere Orte	**Arth-Goldau** www.arth-online.ch • **Brunni** www.brunni.com • **Hoch-Ybrig** www.hoch-ybrig.ch • **Morschach** www.morschach.ch • **Oberiberg** www.oberiberg.ch • **Rickenbach** • **Sattel** www.sattel.ch • **Unteriberg** www.unteriberg.ch
Entfernungen	Hamburg 945 km; Berlin 886 km; Köln 622 km; Frankfurt a. M. 459 km; Stuttgart 272 km; München 341 km

① Arth-Goldau Rigi–Kulm (via Klösterli) Berg/Tal 58 sfr
② Brunnen Urmiberg • Berg/Tal 19 sfr
③ Brunni Holzegg • Berg/Tal 12 sfr
④ Hoch-Ybrig Seebli–Spirstock Berg/Tal 10 sfr
⑤ Hoch-Ybrig Seebli–Sternen • Berg/Tal 10 sfr
⑥ Morschach Stoos • Berg/Tal 22 sfr
⑦ Morschach/Stoos Fronalpstock • Berg/Tal 22 sfr (in der Ferienzeit und an Wochenenden mit schönem Wetter fahren Sesselbahnen; Tageskarte fürs ganze Gebiet: 28 sfr)
⑧ Muotathal/Ried Illgau • Berg/Tal 5,80 sfr
⑨ Muotathal/Ried Illgau–St. Karl/ Vorderoberberg • Berg/Tal 11 sfr
⑩ Oberiberg Steinboden/Laucheren Berg/Tal 15 sfr
⑪ Sattel Mostelberg • Berg/Tal-Preis noch nicht bekannt, Inbetriebnahme Frühjahr 2005
⑫ Schwyz/Schlattli Stoos • Berg/Tal 22 sfr
⑬ Unteriberg Hochgütsch • Berg/Tal 7,50 sfr
⑭ Unteriberg/Weglosen Seebli Berg/Tal 17 sfr

Siehe auch Preisteil S. 645

Roller Park Sattel
Europas größte Outdoor-Skate-Anlage ist teilweise überdacht und bietet Ramps, Pipes, Rails und Stairs; außerdem Trampolin, Beachvolleyball, Kletterturm; für Skate- und Snakeboardfahrer genauso wie für BMXer oder Inlineskater; Schutzkleidung ist Pflicht! Tel. 04 18 35 10 53; www.rollerpark.ch

Hotelempfehlungen
Einsiedeln S. 714
Oberiberg S. 718

Wanderkarten
Landeskarte der Schweiz, Blätter 1132 Einsiedeln, 1151 Rigi, 1152 Ibergeregg, 1171 Beckenried, 1172 Muotathal; 1:25000
Landeskarte der Schweiz, Zusammensetzung; Blätter 5011 Zürichsee – Zug, 5008 Vierwaldstättersee; 1:50000

Straßenatlas Siehe S. 775

Temperatur in der Höhle konstant bei 6 °C – warme Kleidung gehört zu einem Abstieg in die Unterwelt also unbedingt dazu. Wem das kurze Hineinschnuppern in das fantastische Reich der Gänge, Kammern und Tropfsteine nicht ausreicht, kann sich auch länger im Hölloch aufhalten und zum Beispiel an der Dreitagestour mit Biwak in der Höhle teilnehmen.

Übrigens ist es sehr wahrscheinlich, dass einige der Höhlenbesucher ein Kultobjekt aus der Region im Rucksack oder in der Hosentasche haben. Denn das »Schweizermesser« stammt in aller Regel von Victorinox. Und damit aus Schwyz, denn der Hersteller der weltbekannten roten Taschenmesser mit dem weißen Kreuz hat seinen Sitz direkt unterhalb der beiden Mythen, in Ibach, einem Ortsteil von Schwyz.

VIERWALDSTÄTTERSEE
ZENTRALSCHWEIZ

Staunen erlaubt, Genießen erwünscht: Von den Hängen der Rigi blickt man weit über den Vierwaldstättersee mit dem Bürgenstock und bis zum Pilatus.

ACTION & SPORT
WANDERN & BERGTOUREN
FUN & FAMILY
WELLNESS & GENUSS

An der Wiege der Schweiz

Wer in Luzern eines der prächtig restaurierten Dampfschiffe besteigt, für den beginnt eine aufregende Reise in ein Stück Schweiz wie aus dem Bilderbuch: zu Ortschaften mit mediterranem Flair wie Vitznau oder Weggis sowie zu berühmten und gut erschlossenen Gipfeln wie Rigi, Pilatus oder Stanserhorn. Eine ideale Gegend für den Urlaub mit der ganzen Familie – und für alle, die sich für die historischen Wurzeln der Schweiz interessieren.

Mit ihrer einzigartigen Lage am See, dem historischen Stadtbild und zahlreichen Sehenswürdigkeiten zählt Luzern zu den schönsten Städten der Schweiz. Entspannt, lebensfroh und international ist die Atmosphäre, und es ist kein Zufall, dass es gerade die farbenfrohe Luzerner Fasnacht zu besonderer Berühmtheit gebracht hat. Ein Rundgang durch die Stadt eignet sich perfekt zur Einstimmung auf erholsame Urlaubswochen.

Hinein in die Urlaubsregion rund um den Vierwaldstättersee geht es stilecht zu Wasser: Das prächtig restaurierte Dampfschiff »Gallia« liegt bei der Landungsbrücke unmittelbar neben dem von Jean Nouvel gebauten Kultur- und Kongresszentrum bereit. Schnaubend, pfeifend und dampfend setzt sich der schwimmende Koloss in Bewegung und nimmt Kurs in Richtung Weggis. Von Minute zu Minute erschließen sich neue Eindrücke: Bei Weggis und Vitznau wähnt man sich beinahe im Süden, denn hier stehen Palmen am Ufer des Vierwaldstättersees.

Nostalgisch und stilecht fahren Raddampfer über den See.

ADAC *der perfekte Urlaubstag*

- **9 Uhr:** Dampfschifffahrt auf dem Vierwaldstättersee
- **12 Uhr:** Ausflug auf das Stanserhorn ⑫
- **15 Uhr:** Besuch in der Glashütte Glasi in Hergiswil
- **20 Uhr:** Konzertbesuch im Kultur- und Kongresszentrum Luzern

Wandern & Bergtouren

✸✸✸✸

TOP TIPP ➤ Obwohl sie nicht besonders hoch ist, gehört die **Rigi** ❶ zu den bekanntesten Bergen der Schweiz. Besonders ihr Gipfelpanorama besitzt Weltruhm. Mehrere Bergbahnen erschließen die Rigi ❷ ❽ ⓭ ⓮. Wer ausgedehnte Wanderungen bevorzugt, kann auf deren Hilfe getrost verzichten. Die große Rigi-Traverse führt von Küssnacht (440 m) über Rigi Staffel (1603) zur höchsten Erhebung, der Rigi Kulm (1797 m). Abstieg via Klösterli (1302 m) nach Goldau (510 m). Per Bahn gelangt man zurück zum Ausgangspunkt; Zeit: ca. 8 Std.; Einkehr: auf der Rigi, in den Orten

Pilatus/Tomlishorn (2129 m) Anstrengende Wanderung auf das alpine Wahrzeichen der Region	Ausgangspunkt: Hergiswil (450 m); Bergrestaurant Brunni (825 m) – Alp Gschwänd (1216 m) – in vielen Kehren zum Klimsensattel (1907) und durch den natürlichen Felsspalt des Chrieslilochs zum Pilatus-Oberhaupt – Pilatus-Esel (2120 m) – Tomlishorn; Abstieg am besten knieschonend mit einer der Bergbahnen ❶ oder ❾; Zeit: ca. 5 Std.; Einkehr: Brunni, Gschwänd, Pilatus-Hotels
Rooter Berg (836 m) Sanfte Wanderung über die Hügelkette bei Luzern	Ausgangspunkt: Luzern (436 m); Dietschiberg (684 m) – Adligenswil (534 m) – Udligenswil (621 m) – Michaelskreuz (795 m) – durch die Südflanke des Rooter Berges nach Buonas (435 m) am Zuger See (30 Min. entfernt von der SBB-Station Rotkreuz, von dort Verbindung nach Luzern); Zeit: ca. 5 Std.; Einkehr: in Adligenswil, Udligenswil sowie Restaurant Michaelskreuz
»Weg der Schweiz« Zweitageswanderung um den Urner See entlang historischer Schauplätze	Ausgangspunkt: Anlegestelle Rütli (435 m, bei Brunnen); dem bestens ausgebauten und markierten Wanderweg folgen – Rütliwiese (482 m) – Breitlohn (482 m) – Seelisberg (846 m) – Beroldingen (864 m) – Bauen (430 m) – Flüelen (435 m, Übernachtung) – Tellskapelle (435 m) – Sisikon (446 m) – Morschach (646 m) – Brunnen (435 m); Zeit: Rütli – Flüelen ca. 6 Std., Flüelen – Brunnen ca. 5 Std.; einfache Wanderung; Einkehr: zahlreiche Restaurants entlang der gesamten Strecke

Darüber erhebt sich die unvergleichliche Aussichtskanzel der Rigi. Bereits 1871 wurde diese mit den ersten beiden Zahnradbahnen Europas erschlossen. Poeten und Träumer, Lustwandler und Naturfreaks wählten ihre sanften Höhen zum Refugium. Ende des 19. Jh.s wurde die Rigi zum Modeberg. Bis heute bietet sie ein breites Sport- und Erholungsprogramm, ohne jedoch zum völlig überlaufenen Ziel für den Massentourismus geworden zu sein.

Wanderziele mit bester Aussicht

Direkt gegenüber, am anderen Ufer des Vierwaldstättersees, ragt schroff der steile Abhang des Bürgenstockes aus dem Wasser. Auf seinen Schultern stehen gleich mehrere mondäne Fünf-Sterne-Hotels. Die Vorzüge dieses Ortes haben schon Politiker aus der ganzen Welt kennen gelernt, da der Bürgenstock ein beliebter Tagungsort ist. Etwas abseits gelegen, hat man dort oben seine Ruhe – und ist doch in 15 Minuten im Stadtzentrum von Luzern.

Das historische Dampfschiff nimmt nun Kurs auf Hergiswil und den Alpnacher See. Wieder zeigt sich die Landschaft von einer neuen Seite: Der Blick schweift zu den schneebedeckten Gipfeln, die in der Sonne verlockend glitzern. Auch ein schneller Abstecher dort hinauf ist kein Problem. Von Alpnachstad aus führt eine der steilsten Zahnradbahnen der Welt mit 48% Steigung auf den 2129 m hohen Pilatus. Bei guter Fernsicht ist im Norden sogar der Schwarzwald zu erkennen. Wanderer können zwischen mehreren verschieden langen Rundwegen wählen, Kletterer finden eine große Auswahl interessanter Routen, und Paraglider freuen sich auf einen langen Flug bis zum Landeplatz 1400 m tiefer.

Auf der anderen Seite des Alpnacher Sees erhebt sich mit dem Stanserhorn gleich noch ein herrlicher Aussichts- und Wanderberg. Ein Tipp für Nostalgiefreunde: Ehe man zur Weiterfahrt in eine moderne Luftseilbahn umsteigt, werden die ersten Höhenmeter mit der historischen Standseilbahn aus dem Jahr 1893 zurückgelegt. Nicht historisch,

Das Wilhelm-Tell-Denkmal in Altdorf.

Hütten

Heiri-Hütte (1360 m)
Aussichtsreich auf einem Alpbödeli oberhalb der Bahnstation Rigi-Klösterli der Arth-Rigi-Bahn steht die Alpwirtschaft Heiri-Hütte. Sie bietet eine urgemütliche Atmosphäre und eine einfache, aber ausgezeichnete Küche. Von der Bahnstation Klösterli ❷ in wenigen Minuten erreichbar;
Tel. 04 18 55 01 32

Nidwaldner Museen

Mit gleich drei interessanten Museen wartet Stans auf: Im Höfli wird die Geschichte der Region einprägsam dargestellt, vom Überfall der Franzosen bis zum großen Dorfbrand und vielen weiteren regional bedeutenden Ereignissen. Im Winkelriedhaus ist Kultur und Brauchtum der Gegend dokumentiert und im Salzmagazin finden wechselnde Kunstausstellungen statt; Tel. 04 16 18 73 40;
www.nidwaldner-museum.ch

Restaurants

Bergrestaurant Krienseregg (1026 m)
Ideal für den Ausflug mit der ganzen Familie. Umgeben von sanfter Landschaft und mit einem großen Spielplatz ein wahres Kinderparadies. Mit der Pilatusbahn von Kriens (nahe Luzern) bis Station Krienseregg ❾. Von dort aus in wenigen Minuten zu erreichen.
Tel. 04 13 29 11 55

🇨🇭 VIERWALDSTÄTTERSEE

sondern hochmodern ist das Rondorama, das neue Bergrestaurant auf dem Gipfel des Stanserhorns. Der Name deutet es schon an: Ein 360°-Rundblick gewährt freie Sicht auf die fast 100 km lange Alpenkette und auf 10 Schweizer Seen – allerdings nur, wenn das Wetter es zulässt.

Wieder am Fuß des Berges angekommen, geht die Fahrt mit der »Gallia« weiter. Vorbei an vielen Buchten dampft das Schiff energisch zur nächsten Haltestation in Brunnen. Der Vierwaldstättersee verengt sich ein letztes Mal, um sich dann als tief ins Gebirge geschnittener Urner See noch einmal auszubreiten. Schroffe Felswände ragen steil aus dem Wasser. Die Kulisse wird hier, nahe der Wiege der schweizerischen Eidgenossenschaft, zusehends alpiner. Nicht weit ist das Rütli, jene kleine Wiese, auf der die Vertreter der drei Urkantone Schwyz, Uri und Unterwalden 1291 ihren Bund gegen die fremden Herren im Land besiegelten.

Hier entstand die Schweiz

Nur ein kurzer Abstecher ist es bis nach Schwyz, dem Ort, dem die Schweiz ihren Namen verdankt. Eine Gegend, wo Mythen und Sagen ihre Heimat haben – und natürlich Wilhelm Tell, der bei der Gründung der Eidgenossenschaft im Kampf gegen die Landvögte eine wichtige Rolle gespielt haben soll. So jedenfalls hat es Friedrich Schiller dargestellt. Natürlich erinnert man hier gern an den Volkshelden; das Tell-Denkmal in Altdorf ist weit bekannt. Endstation für die »Gallia« ist in Flüelen, das Dampfschiff tritt von hier aus die Heimreise nach Luzern an. Begeisterte Pässefahrer werden dies sicher nicht tun, sondern – je nach Geschmack – lieber ihr Rennrad, Motorrad oder Auto nach Altdorf lenken. Dort müssen sie sich entscheiden, ob sie lieber den eindrucksvollen Klausenpass, der fast noch ein Geheimtipp ist, unter die Räder nehmen oder ob sie doch lieber über den Gotthardpass Richtung Süden davonrollen wollen.

EVENTS

Juli: Blue Balls Festival in Luzern: größte Blues-Session der Schweiz, neun Tage internationale Stars im Kultur- und Kongresszentrum, in Hotels und Bars, aber auch unter freiem Himmel am See; www.blueballs.ch

August: Seenachtsfest in Luzern mit gigantischem Feuerwerk; www.seenachtsfest-luzern.ch

Festung Fürigen

Bei dieser Festung in der Nähe von Stans handelt es sich nicht etwa um eine historische Burg aus dem Mittelalter, sondern um einen im Zweiten Weltkrieg angelegten, tief ins Gestein des Bürgenberges gemeißelten Komplex, der erst 1987 vom Schweizer Militär aufgegeben wurde. Räume und Einrichtungen sind original erhalten und stammen weitgehend aus der Erbauungszeit. In der Festung befinden sich Küche, Spital, Büros, Schlafräume und Vorratslager. Im Falle einer Besatzung hätte man hier völlig abgeschlossen von der Außenwelt überleben können; Tel. 04 16 10 95 25; www.nidwaldner-museum.ch

Fun & Family ☀☀☀☀

Stadtrundgang, Luzern	Kapellbrücke, Hofkirche, Löwendenkmal und Rathaus gehören zum Pflichtprogramm, inkl. traumhaftem Stadtbummel; Tel. 04 12 27 17 17 (s. auch S. 609, Städteseite Luzern)
Verkehrshaus der Schweiz, Luzern	Park zum Thema Mobilität: von historischen Lokomotiven bis hin zu einer begehbaren Abbildung des Landes im Maßstab 1:20000; einziges IMAX-Filmtheater der Schweiz; Tel. 08 48 85 20 20; www.verkehrshaus.ch
Sommerrodelbahn Fräkigaudi (1415 m), am Pilatus	Längste Sommerrodelbahn der Schweiz oberhalb von Hergiswil am Pilatus; mit Kurven und Drachenlöchern; Tel. 04 13 40 66 36; www.rodelbahn.ch
Glasi Hergiswil	Interessante Ausstellung »Vom Feuer geformt« zur Geschichte der Glasbläserei in Hergiswil; Möglichkeit, den Glasbläsern bei der Arbeit zuzuschauen; Tel. 04 16 32 32 32; www.glasi.ch

TOP TIPP Zum **Gletschergarten Luzern** ❷ gehören die schön gestaltete Parkanlage mit interessanten Demonstrationsobjekten und ein Informationszentrum. Zu sehen sind tief in den Fels geschliffene Gletschertöpfe, Versteinerungen von Muscheln und Palmen sowie weitere Spuren, die Meer und Gletscher in der Region hinterlassen haben. Die interaktive Multimedia-Darstellung der Erdgeschichte im Informationszentrum beeindruckt nicht nur Kinder. Mit großem Gebirgsrelief und Spiegelsaal; Tel. 04 14 10 43 40; www.gletschergarten.ch

Adressen & Bergbahnen — Landesvorwahl 00 41

Urlaubsregion	Vierwaldstättersee-Tourismus; Tel. 06 10 88 33; E-Mail: info@lakeluzern.ch; www.lakeluzern.ch
Luzern (436 m)	Luzern Tourismus AG; Tel. 04 12 27 17 17; E-Mail: luzern@luzern.org; www.luzern.org
Hergiswil (449 m)	Tourismus Hergiswil; Tel. 04 16 30 12 58; E-Mail: hergiswil@inbox.ch; www.hergiswil.ch
Weggis (435 m)	Weggis Vitznau Rigi Tourismus; Tel. 04 13 90 11 55; E-Mail: info.weggis@wvrt.ch; www.weggis.ch
Weitere Orte	Alpnach www.alpnach.ch • Brunnen www.brunnentourismus.ch • Buochs www.buochs.ch • Dallenwil www.dallenwil.ch • Flüelen www.fluelen.ch • Kriens www.kriens.ch • Küssnacht www.kuessnacht.ch • Vitznau www.vitznau.ch
Entfernungen	Hamburg 907 km; Berlin 913 km; Köln 583 km; Frankfurt a. M. 421 km; Stuttgart 278 km; München 368 km

❶ Alpnach Pilatus-Kulm Berg/Tal 58 sfr
❷ Arten–Goldau Rigi-Kulm (via Klösterli) Berg/Tal 58 sfr
❸ Beckenried Klewenalp Berg/Tal 30 sfr
❹ Dallenwil Niederrickenbach Berg/Tal 16,80 sfr
❺ Dallenwil Wirzweli Berg/Tal 18 sfr
❻ Emmetten Stockhütte Berg/Tal 22 sfr
❼ Kehrsiten–Bürgenstock (Schiffshaltestelle) Bürgenstock Berg/Tal 23 sfr
❽ Kräbel Rigi Scheidegg Berg/Tal 26 sfr
❾ Luzern/Kriens Pilatus–Kulm Berg/Tal 58 sfr
❿ Niederrickenbach/Alpboden Haldigrat Berg/Tal 20 sfr
⓫ Niederrickenbach Musenalp Berg/Tal 10 sfr
⓬ Stans Stanserhorn Berg/Tal 48 sfr
⓭ Vitznau Rigi Kulm Berg/Tal 58 sfr
⓮ Weggis Rigi Kaltbad Berg/Tal 58 sfr

Siehe auch Preisteil S. 645

Sonnenaufgang am Gipfel des Pilatus: Von hier hat man einen fantastischen Blick auf den See.

Hotelempfehlungen

Luzern S. 717

Wanderkarten

Landeskarte der Schweiz, Wanderkarte, Blätter 235 Rotkreuz, 245 Stans, 246 Klausenpass und Zusammensetzung 5008 Vierwaldstättersee; 1:50000

Landeskarte der Schweiz, Blätter 1150 Luzern, 1151 Rigi, 1170 Alpnach, 1171 Beckenried, 1172 Muotatal; 1:25000

Straßenatlas Siehe S. 775

ENGELBERG
ZENTRALSCHWEIZ

Engelbergs lieblichere Seite: Engelberger Rotstock, Hahnen und Wissberg

ACTION & SPORT

WANDERN & BERGTOUREN

FUN & FAMILY

WELLNESS & GENUSS

Wo man den Engeln ein Stück näher ist

Wer von Engelberg spricht, denkt meistens an das Skizentrum am Fuße des Titlis. Bevor jedoch der Wintersport hier vor 100 Jahren Fuß fasste, war Engelberg ein reiner Sommerkurort mit eigener Badeanstalt. Heute ist Engelberg im Herzen der Zentralschweiz im Sommer sowohl ein Dorado für Wanderer als auch eine beliebte Arena für Sport und Action – vom Golfen bis zum Gleitschirmfliegen.

ADAC der perfekte Urlaubstag

- **9 Uhr:** Fahrt mit der Luftseilbahn zum Ristis (1606 m) ❷, Kaffee und (zweites) Frühstück auf der Sonnenterrasse des Bergrestaurants; anschließend leichte Wanderung zur Rigidalalp
- **12 Uhr:** Mittagessen bei Älpler Werner auf der Rigidalalp. Sein Bratchäs ist einsame Spitze!
- **15 Uhr:** Besuch im Talmuseum in Engelberg, wo die Geschichte des Orts dargestellt wird
- **18 Uhr:** Erlebnisbad im Sporthotel Eienwäldli; Entspannen in Dampfgrotte, Felsenbad und einmaliger Saunalandschaft

Haben tatsächlich Engel auf dem Berg gesungen, den man heute Hahnen nennt, als Ritter Konrad von Sellenbüren in das Hochtal kam, um hier ein Benediktinerkloster zu gründen? Die Legende zumindest behauptet das – und man ist nach einem ersten Rundgang durch das 3300-Seelen-Dorf geneigt zu sagen: »Hier ist man den Engeln tatsächlich näher als sonst irgendwo.« Schon bei der Anreise, egal ob mit dem Auto oder mit der Bahn, präsentiert sich dem Gast beim Taleingang ein herrliches Alpenpanorama. Engelberg ist umgeben von einem Gipfelkranz, einige der Berge sind mit Luftseilbahnen erschlossen.

Der Titlis ist nicht nur der höchste Berg im Tal, sondern im ganzen Kanton Obwalden. Seilbahn-Pioniere haben vor 90 Jahren damit begonnen, diesen Gipfel Schritt für Schritt mit mechanischen Aufstiegshilfen zu erschließen. Die jüngste Errungenschaft ist die im Jahr 1990 gebaute Rotair, die erste drehbare Seilbahnkabine der Welt. Heute gibt es nach dem Engelberger Vorbild Rotairs in Amerika und in Südafrika. Noch vor 100 Jahren verdienten die Engelberger Bergführer gutes Geld mit den Füh-

Luft unter den Sohlen am Klettersteig Fürenalp

Wandern & Bergtouren

TOP TIPP Der **Walenpfad von Engelberg nach Oberrickenbach** ❶ beginnt bei der SAC-Brunnihütte (1860 m, von Engelberg mit der Bergbahn ❷ ❸ erreichbar) und verläuft auf gleicher Höhe unterhalb der Walenstöcke entlang zur Alp Rosenbold (1863 m). Hier steigt der Weg an und führt auf das Walegg, dem mit 1943 m höchsten Aussichtspunkt des Walenpfades. Weiter geht die Wanderung vorbei an der Alp Oberfeld (1861 m) und dem Bannalpsee zum Restaurant Urnerstaffel (1690 m). Der kurze Wegabschnitt zur Chrüzhütte (1713 m) ist das letzte Teilstück des Walenpfades. Mit der Luftseilbahn Fell-Chrüzhütte ❼ fährt man ins schmucke Dörfchen Oberrickenbach (895 m) hinunter. Das Postauto und die Bahn bringen die Wanderer wieder zurück nach Engelberg. Diese leichte Halbtagestour braucht etwas Kondition, man wird aber mit atemberaubenden Aussichten belohnt. Zeit: ca. 3 Std.

Wissigstock (2887 m) Anspruchsvolle lange Wanderung durch hochalpine Landschaft	Ausgangspunkt: Ristis (1606 m, Seilbahn ❸ von Engelberg); Planggenstafel (1983 m) – Rugghubelhütte (2294 m, ev. Übernachtung) – Engelberger Lücke (2686 m) – Wissigstock; nur ein kurzer Abstecher ist es von der Engelberger Lücke zum Engelberger Rotstock (2819 m); Rückweg entlang der Aufstiegsroute; Zeit: ca. 9 Std.; Einkehr: Rugghubelhütte
Fürenalp – Stäuber – Alpenrösli (1840 m–1020 m) Wanderung in einer atemberaubenden Alpenlandschaft	Ausgangspunkt: Bergstation Luftseilbahn Fürenalp (1840 m) ❶; immer leicht abwärts zur Alp Ebnet (1670 m) – Stäuber (1630 m), ein spektakulärer Wasserfall – dem Bachlauf folgend zur Alp Stäfeli (1393 m) und weiter zum Restaurant Alpenrösli (1258 m) – von dort der Engelberger Aa entlang wieder zum Ausgangspunkt; Zeit: ca. 4 Std.; Einkehr: Bergstation Fürenalp, Alp Stäfeli, Restaurant Alpenrösli
Vier-Seen-Wanderung Wanderung zu traumhaften Gebirgsseen	Ausgangspunkt: Engelberg (1004 m) – Gerschnialp – Trübsee (1764 m) – Jochpass (2207 m) – vorbei am Engstlensee zur Engstlenalp (1834 m) – Tannen (1974 m) – Tannensee (1976 m) – Melchsee-Frutt (1902 m, direkt am Melchsee) – Stöckalp (1075 m); Rückkehrmöglichkeit mit Postauto und Zug über Kerns und Stans; Zeit: ca. 7 Std.; Einkehr: Berghaus Jochpass, Engstlenalp, Melchsee-Frutt, Stöckalp

rungen über den Titlis-Gletscher auf den Gipfel. Sieben bis acht Stunden dauerte damals der Aufstieg. Und heute? In knapp einer Stunde werden die rund 2000 Höhenmeter mit der Luftseilbahn von Engelberg zum Panorama-Restaurant 200 m unterhalb des Gipfels überwunden. Inzwischen ist der Titlis zum Markenzeichen des Tourismusortes geworden.

Wanderfreunde statt Kurgäste

Die Berge stehen noch genauso majestätisch da wie in früheren Jahren. Von der alten Kuranstalt ist dagegen nichts mehr zu sehen. Ihr verdankte Engelberg bis kurz nach der vorletzten Jahrhundertwende seinen internationalen Ruf als Bade- und Kurort. Mit dem Aufkommen der Thermalquellen waren dann jedoch die Badekuren im kalten Engelberger Wasser auf einen Schlag nicht mehr gefragt. Engelberg musste eine neue touristische Ausrichtung für den Sommer finden. Was lag da näher, als die Region mit der herrlichen Bergkulisse den Wanderern näher zu bringen? Heute verfügt Engelberg über ein gut ausgebautes Wanderwegenetz. Innerhalb weniger Minuten ist man dem Rummel im Dorf entflohen. Was einen dann erwartet, ist ein Naturerlebnis der besonderen Art – das eigentliche Kapital des Ortes und seiner Umgebung. Gemütlich geht es auf einem der vielen Wanderwege dahin, sei es bei der Vier-Seen-Wanderung am Titlis, auf dem Grotzliweg im Gebiet der Fürenalp oder auch nur beim Sieben-Quellen-Weg, der im Tal an der Engelberger Aa entlangführt.

Allerdings ist Engelberg keineswegs ein verschlafenes Nest, in dem das beschauliche Dahinwandern

Rundumblick: die sich drehende Gondel der Titlisbahn

Die Region Engelberg ist ideal zum Mountainbiken.

Titlis
Mit 3020 m ist der Kleine Titlis der höchste mit Bergbahnen ❸ erreichbare Aussichtspunkt der Zentralschweiz. Der Hauptgipfel liegt noch einmal 200 Höhenmeter darüber und ist Bergsteigern vorbehalten. Spektakulär ist vor allem die Fahrt in der sich langsam drehenden Luftseilbahnkabine zum Kleinen Titlis, die es ermöglicht, den Blick auf die eindrucksvollen Gletscherabbrüche zu genießen und dabei auch das weite Panorama und die Aussicht ins Tal im Auge zu behalten. An der Bergstation befindet sich ein Restaurant mit Sonnenterrasse. Bevor man es sich dort gemütlich macht, sollte man auf jeden Fall die Eisgrotte besuchen und entlang des Gletscherweges die Welt des ewigen Eises etwas besser kennen lernen. Nicht verpassen sollte man auch den Spaziergang durch den 180 m langen Tunnel zum Südwandfenster, das eine grandiose Aussicht eröffnet.
Tel. 04 16 39 50 50; www.titlis.ch

Bergblumenpfad
Etwa auf 1800 m führt der interessante Pfad von der Station Trübsee ❹ der Titlisbahnen in etwa 60 Min. meistens am Ufer des Trübsees entlang bis zur Liftstation Obertrübsee. Von dort mit der Bahn ❿ hinunter nach Untertrübsee. Nun auf einer Höhe von etwa 1300 m auf dem zweiten Teil des Lehrpfades in etwa 40 Min. zur Gerschnialp. Von dort mit der Bergbahn ❺ wieder zurück nach Engelberg. Durch die verschiedenen Höhenlagen der zwei Bereiche des Lehrpfades bekommt man einen Eindruck, wie sich die Vegetation mit zunehmender Höhe anpasst und verändert; www.titlis.ch

EVENTS

August: Schlagerfestival
Für Freunde der volkstümlichen Musik findet beim Bergrestaurant Ristis (Seilbahnstation) ❷ das Alpen-Schlagerfestival statt. Eine Jury, besetzt mit Schweizer Promis, kürt den besten Nachwuchsmusiker.

🇨🇭 ENGELBERG

Action & Sport ☀☀☀

MOUNTAINBIKE	KLETTERSTEIGE	RAFTING	CANYONING	REITEN
PARAGLIDING	DRACHENFLIEGEN	KLETTERGÄRTEN	TENNIS	WINDSURFEN
KAJAK/KANU	WASSERSKI	TAUCHEN	HOCHSEILGARTEN	GOLF

TOP TIPP Der **Klettersteig über das Brunnistöckli** ❷ eignet sich ideal als **Einsteigerklettersteig**, trotzdem garantiert er u. a. mit zwei spektakulären Hängebrücken Spannung und Nervenkitzel. Mit der Bergbahn ❷ ❸ ist er direkt von Engelberg aus leicht zu erreichen. An der Bergstation Brunnihütte (1860 m) ist der Weg zum Einstieg bereits ausgeschildert, man erreicht ihn in 20 Min. Der Klettersteig selbst kann in etwa 1 Std. durchklettert werden, für den Rückweg braucht man 15 Min. Achtung: Es ist eine komplette Klettersteigausrüstung inkl. Steinschlaghelm notwendig. Unerfahrene sollten beim Bergführerbüro Engelberg kompetente Hilfe in Anspruch nehmen! Infos unter Tel. 04 16 39 77 77 und im Bergführerbüro Engelberg, Tel. 04 16 39 54 57

Mountainbike	Brunnihütte (1860 m)	Mountainbiker sind in Engelberg herzlich willkommen. Im ganzen Tal stehen unzählige Touren zur Auswahl. Leichtere Touren gibt es im Talboden, anspruchsvollere Routen führen zu Hütten und Almen hinauf, z. B. von Engelberg zur Brunnihütte; ca. 860 Höhenmeter auf 24 km; Infos Tel. 04 16 39 77 77; Verleih von Fahrrädern bei Titlis Sport in Engelberg, Tel. 04 16 39 60 70
Nordic Walking	An der Engelberger Aa	Ausgangspunkt: Ziegelbrücke unterhalb des Restaurant Bänklialp (1030 m); den Professorenweg entlang zum Eienwäldli und bis in den Goldboden (1170 m); leichte Tour; der Weg kann aber auch vom Ausgangspunkt flussabwärts zur Talstation der Titlis-Bahnen, Schwybogenbrücke und zurück gemacht werden. Weitere Infos: Tel. 04 16 39 77 77; Einsteigerkurse mit professioneller Betreuung: Tel. 04 16 37 06 08
Schneesport	Titlis-Gletscherpark	Spaß im Schnee auch in den Sommermonaten gibt es am Gletscher des Titlis. Die Möglichkeiten reichen von der Schneewanderung über Gletscherspalten-Abseilen bis zur rasanten Abfahrt mit trendigen Rutschgeräten wie Balancer, Snow-scoots oder Gummiringen. Infos bei Titlis Rotair, Tel. 04 16 39 50 50; www.titlis.ch

der einzige Zeitvertreib ist. Die Engelberger haben durchaus auch Sinn für Aktivtourismus moderner Prägung. So sitzen die Bergführer des Ortes heute nicht mehr wie früher vor dem Gemeindehaus auf einer Bank und warten dort auf Kundschaft. Vielmehr entstanden im Tal auf ihre Initiative hin vier Klettersteige verschiedener Schwierigkeitsgrade: Eisenwege für das etwas anspruchsvollere Bergabenteuer. Ein Geheimtipp sind diese aber schon lange nicht mehr. Kaum wird der erste Klettersteig nach der Schneeschmelze wieder geöffnet, beginnt bereits der Ansturm. Etwa der Klettersteig Brunnistöckli auf der Sonnenseite Engelbergs, der von der Bergstation des Sesselliftes Ristis–Brunnihütte schnell zu erreichen ist. Diese »Via Ferrata« ist vor allem für Familien und Einsteiger gedacht. In 45 Min. ist man von der Bergstation Brunnihütte am Einstieg zum nächsten Klettersteig. Dieser ebenfalls für Einsteiger geeignete Klettersteig führt auf den Gipfel des Rigidalstock und ist dank einiger origineller Passagen und dem traumhaften Panoramablick ein wunderbares Erlebnis.

Adressen & Bergbahnen — Landesvorwahl 00 41

Engelberg (1004 m)	Engelberg-Titlis Tourismus AG Tel. 04 16 39 77 77; E-Mail: welcome@engelberg.ch; Internet: www.engelberg.ch	
Weiterer Ort	Oberrickenbach	
Entfernungen	Hamburg 941 km; Berlin 947 km; Köln 617 km; Frankfurt a. M. 455 km; Stuttgart 312 km; München 402 km	

❶ 🚠 Engelberg — Fürenalp • Berg/Tal 15 sfr
❷ 🚠 Engelberg — Ristis • Berg/Tal 22 sfr
❸ 🚠 Engelberg/Ristis — Brunnihütte • Berg/Tal 10 sfr
❹ 🚠 Engelberg — Gerschnialp • Berg/Tal 8 sfr
❹ 🚠 ❺ 🚠 Engelberg — Trübsee • Berg/Tal 24 sfr
❹ 🚠 ❺ 🚠 ❻ 🚠 Engelberg — Titlis • Berg/Tal 76 sfr
❼ 🚠 Oberrickenbach/Fell — Chruzhutte • Berg/Tal 17 sfr
❽ 🚠 Trübsee Jochpass • Berg/Tal 13 sfr
❾ 🚠 Untertrübsee — Obertrübsee • Berg/Tal 13 sfr

Siehe auch Preisteil S. 646

Kitzelpfad
Eigentlich ist der Härzlisee (1860 m) in der Nähe der Brunnihütte ein Speichersee für die Beschneiungsanlage im Winter. Doch der findige Betriebsleiter der Luftseilbahn Engelberg–Brunnihütte hat das Seeufer zu einem Kneipp-Erlebnis umgestaltet. Nach der Wanderung Schuhe ausziehen und im Härzlisee kneippen – eine wohltuende Sache. Fußmassage beim Laufen über verschiedene Untergründe: Kies, Tannenzapfen oder Lehm wechseln sich ab. Hinauf zur Brunnihütte geht's mit den Bergbahnen von Engelberg aus ❷ ❸; www.brunni.ch

Talmuseum Engelberg
Das Museum, das die Geschichte der Talschaft eindrucksvoll dokumentiert, befindet sich in einem prächtigen, 1786 erbauten Bauernhaus. Zu sehen sind bis zu 6000 Jahre alte Funde, die belegen, dass die Pässe rund um Engelberg bereits in prähistorischer Zeit begangen wurden. In Bild- und Schriftdokumenten wird dargestellt, wie sich das Kloster und das Dorf entwickelten – vor allem auch, nachdem Engelberg vom Fremdenverkehr entdeckt wurde; Tel. 04 16 37 04 14

Wanderkarten
Landeskarte der Schweiz, Blatt 245 T Stans, 255 T Sustenpass, 1:50000
Landeskarte der Schweiz, Blatt 1190 Melchtal, 1191 Engelberg, 1210 Innertkirchen, 1211 Meiental, 1:25000

Hotelempfehlungen
Engelberg S. 714

»Wasserwege« beim Trübsee

Bereits zum Klassiker geworden ist der Klettersteig Fürenalp. Aber Achtung: Diese Route ist nichts für Leute, die nicht schwindelfrei sind. Im Rücken die mächtige Ostwand des Titlis, in westlicher Richtung der Talkessel von Engelberg und unter einem nichts als Luft – wahrlich ein erhabenes Gefühl. Der Vierte im Bunde ist der mittelschwere Klettersteig auf den Graustock, der Trittsicherheit erfordert. Bei allen Klettersteigen sind Helm und eine komplette Klettersteigausrüstung unverzichtbar. Und wer zum ersten Mal entlang der Drahtseile durch die Felswände steigen will, sollte sich besser von einem erfahrenen Bergführer begleiten lassen.

Des Gipfelstürmers Lohn

Auf den, der alle Klettersteige in Engelberg begangen und dies in seiner »Gipfelstürmer-Karte« (erhältlich im Tourist Center) dokumentiert hat, wartet als Belohnung ein exklusives T-Shirt und der Eintrag in die offizielle Gipfelstürmerliste. Durchaus ein erstrebenswertes Ziel; die Gefahr, dass man sich auf dem Weg von anderen Angeboten ablenken lässt, ist groß: Die Berge um Engelberg eignen sich sowohl hervorragend zum Mountainbiken als auch zum Gleitschirmfliegen; der Titlis-Gletscherpark lockt als Ganzjahres-Schneesportgebiet, und im Tal wartet ein landschaftlich herrlicher, erst vor kurzem auf 18 Loch ausgebauter Golfplatz. Mancher Urlauber fühlt sich in Engelberg dank des breit gefächerten Freizeitangebots und der traumhaften Bergkulisse wie im Paradies. Vielleicht ist man hier den Engeln ja tatsächlich ein Stück näher als sonst irgendwo.

Hütten

Rugghubelhütte (2294 m)
Eine typische Berghütte des Schweizerischen Alpenclubs. Bis Ristis geht es mit der Bergbahn ❷. Ab Ristis zu Fuß oder mit dem Maultier erreichbar. Aufstieg ab Ristis ca. 3 Std;
Tel. 04 16 37 20 64

Brunnihütte (1860 m)
Die nette Hütte kann entweder zu Fuß oder mit der Sesselbahn Ristis–Brunnihütte ❷ ❸ erreicht werden. Aufstieg ab Engelberg ca. 2,5 Std.;
Tel. 04 16 37 37 32

Berghaus Jochpass (2207 m)
Ausgangspunkt zu lohnenswerten Wanderungen. Berghaus mit allem Komfort. Ist erreichbar mit der Luftseilbahn ❹ ❺ und Sesselbahn ❽ ab Engelberg. Der Aufstieg zu Fuß dauert von Engelberg aus rund 4 Std.; keine Übernachtung; Telefon 04 16 37 11 87

Straßenatlas Siehe S. 775

MELCHSEE-FRUTT
ZENTRALSCHWEIZ

ACTION & SPORT

WANDERN & BERGTOUREN

FUN & FAMILY

WELLNESS & GENUSS

Hochtal mit Panoramagarantie

Seen für die Fischer, Berge für die Wanderer, grandiose Natur für alle: Das Hochtal, das sich von Melchsee-Frutt nach Osten zieht, begeistert vor allem jene, die Erholung und Entspannung in der Natur suchen. Aussichtsgipfel und leichte Wanderungen erschließen faszinierende Panoramen, und der Mittelpunkt der Schweiz ist auch gleich nebenan.

Wanderkarten

Landeskarte der Schweiz; Blätter 1190 Melchtal, 1210 Innertkirchen; 1:25000
Landeskarte der Schweiz, Zusammensetzung; Blatt 5008 Vierwaldstätter See; 1:50000

Hütten

Berggasthaus Jochpass (2222 m)
Es liegt am Übergang zwischen Engelberger Tal und dem Hochtal von Melchsee-Frutt. Auf der Vier-Seen-Wanderung kommt man hier vorbei,

und die fantastischen Aussichten auf dieser Route lohnen den Weg von Melchsee-Frutt allemal (Zeit: ca. 3 Std.).
Tel. 04 16 37 11 87;
www.jochpass.ch

ADAC – der perfekte Urlaubstag

- **9 Uhr:** Pferdewagenfahrt zum Distelboden und zur Tannalp (Reservierung zwei Tage vorher beim Tourismusbüro)
- **10 Uhr:** Besuch der Alpkäserei Tannalp – dem Älper bei der Herstellung von Käse über die Schulter blicken
- **13 Uhr:** Wanderung zum Balmeregghorn (ca. 1,5 Std.); Rückkehr nach Melchsee-Frutt mit der Seilbahn ❸
- **18 Uhr:** Abendspaziergang rund um den Melchsee

Reizvolle Kontraste: Wanderer streifen durch blumenbestandene Wiesen, während die Gipfel südlich des Melchsees noch Schneereste zieren.

Gerade mal 3 km Luftlinie liegt Melchsee-Frutt von der Älggialp entfernt, dem geografischen Mittelpunkt der Schweiz. Zu Fuß ist es etwas weiter, aber nach knapp drei Stunden steht man in der Mitte der Eidgenossenschaft. Neben dem Reiz des Kuriosen bietet die Wanderung auch einen Eindruck von der Region im Kanton Obwalden. Sie gehört zur Gemeinde Kerns, die weit vor dem Eingang des Melchtals auf einer Sonnenterrasse liegt, und galt deren Bewohnern früher als reine »Wildi« – eine nur im Hochsommer genutzte Hochalp.

Was einst ein Standortnachteil war, hat dem autofreien kleinen Ort Melchsee-Frutt im Talschluss inzwischen regen Besuch von Touristen eingebracht: Das Hochtal glänzt mit einer weitgehend intakten Natur, markanten Gipfeln, grandiosen Panoramawegen und Seilbahnen an den entscheidenden Stellen. So ist Melchsee-Frutt selbst von der vorgelagerten Stöckalp bequem per Bahn zu erreichen. Man muss nicht mit dem Auto die gewundene Straße nach Melchsee-Frutt hinauffahren, um dann das Fahrzeug am Ortseingang abzustellen. Viel gemütlicher ist es, mit der Gondel sanft hinaufzuschaukeln.

Wer seinen Blick über die Seen und zu den Gipfeln schweifen lässt, ist überwältigt. Wie ein Amphitheater wirkt der Talboden, dessen grüne Matten von merkwürdig geformten Bergen eingeschlossen werden: Der Hochstollen schiebt seinen Felsbug in Richtung Melchsee-Frutt; daneben der Glogghüs mit seinem langen Felskamm – beide Gipfel lassen sich in einer etwas anspruchsvollen Wanderung

Adressen & Bergbahnen
Landesvorwahl 00 41

Urlaubsregion	Tourismusverein **Melchsee-Frutt – Melchtal – Kerns**; Tel. 04 16 60 70 70; E-Mail: tourismus@melchsee-frutt.ch; www.melchsee-frutt.ch	
Orte	Engstlenalp • Melchtal • Stöckalp	
Entfernungen	Hamburg 947 km; Berlin 954 km; Köln 624 km; Frankfurt a. M. 462 km; Stuttgart 319 km; München 409 km	

❶ Engstlenalp
Jochpass • Berg/Tal 14 sfr

❷ Melchsee-Frutt
Distelboden – Bonistock • Berg/Tal 11 sfr

❸ Melchsee-Frutt
Balmeregg • Berg/Tal 11 sfr

❹ Stöckalp
Melchsee-Frutt • Berg/Tal 25 sfr

Siehe auch Preisteil S. 646

Wandern & Bergtouren

TOP TIPP Ein Tagesausflug zu **Hochstollen** (2481 m) und **Glogghüs** (2534 m) ❶ gehört zu den schönsten Touren um Melchsee-Frutt. Beides sind großartige Aussichtsgipfel, von denen der Blick über das Titlismassiv bis hin zu den Berner Alpen reicht. Ausgangspunkt ist Melchsee-Frutt (1920 m); von hier geht es auf gutem Weg zum Blausee (1914 m) und steiler hinauf zum Sattel Abgschütz (2263 m). Nun nach links und auf der Westseite des Hochstollen-Nordgrates zum Gipfel. Nach einer ausgiebigen Rast bis Wit Ris (2321 m) absteigen. Wenig Bergerfahrene und Familien mit Kindern sollten hier in Richtung Blausee absteigen und es bei dieser kleineren Tour belassen (Zeit: ca. 3,5–4 Std.), denn der Weiterweg zum Glogghüs verlangt absolute Trittsicherheit: Weiter auf dem Grat des Fulenbergs, bis nach einer kleinen Einsattelung der eigentliche Gipfelanstieg auf Pfadspuren beginnt. Vorsicht: Bei Nässe sehr heikel! Vom Gipfel zurück über den Fulenberg nach Wit Ris und von dort nach Melchsee-Frutt; Zeit: ca. 5,5 Std.

Balmeregghorn (2255 m) Leichte Bergab-Wanderung mit Aussicht aufs Hochtal	Ausgangspunkt: Melchsee-Frutt (1920 m); mit dem Lift ❸ vom Melchsee zum Balmeregg – nach Nordosten über Erzegg zum Tannensee absteigen – auf Wanderweg zurück zum Ausgangspunkt; leichte Wanderung; Dauer: ca. 3 Std.; Einkehr: in Melchsee-Frutt
Vier-Seen-Wanderung Aussichtsreicher Panorama-Ausflug ins Nachbartal	Ausgangspunkt: Melchsee-Frutt (1920 m); Tannensee (1976 m) – Engstlenalp (1835 m) – Engstlensee – Saumboden – zu Fuß oder mit Seilbahnhilfe ❶ zum Jochpass (2207 m) – von hier zu Fuß oder per Seilbahn (siehe Engelberg, S. 416–419) hinab zum Trübsee (1764 m) – Engelberg (1004 m); längere, leichte Wanderung; Zeit: ca 6 Std.; mit Postbus, Bahn und Seilbahn ❹ zurück zum Ausgangspunkt; Einkehr: Engstlenalp, Berggasthaus Jochpass, Gerschnialp, Engelberg
Älggi (1742 m) Tagestour zum Mittelpunkt der Schweiz	Ausgangspunkt: Melchsee-Frutt (1920 m); am Blausee vorbei und hinauf nach Abgschütz (2263 m) – Seefeld (1844 m) – Älggi (1742 m), der geografische Mittelpunkt der Schweiz – Bachegg (1867 m) – Stöckalp (1075 m); von hier per Seilbahn ❹ zurück zum Ausgangspunkt; mittelschwere Wanderung; Zeit: ca. 5,5 Std.; Einkehr: Melchsee-Frutt, Älggi-Alp

kombinieren. Nördlich vom Melchsee zieht das Felsband des Bonistocks Kletterer an, und fern überm benachbarten Engelberger Tal zeigt der Titlis seine eisige Kappe. Die Wanderung von Melchsee-Frutt an den vier Seen vorbei hinüber zum Jochpass und nach Engelberg gilt als eine der schönsten Panorama-Wanderungen überhaupt.

An den vier Seen, in denen sich die umliegenden Gipfel spiegeln, werfen Angler ihre Ruten aus. Während der kleine Blausee allein den Fliegenfischern vorbehalten ist, dürfen an Melchsee, Tannensee und Engstlensee alle Angler versuchen, eine der hier ausgesetzten Forellen zu fangen. Wer lieber der örtlichen Flora nachspürt, findet am Bonistock einen Pflanzenlehrpfad; er führt durch eine ausgedehnte Trockenrasenzone. Solche Standorte sind sehr artenreich: Von Alpenaster und verschiedenen Alpenrosen bis zu Enziane und Flühblümchen findet man hier viele seltene Alpenpflanzen, die in den spärlichen Rasenflächen zwischen den Karstfelsen wachsen – so als wollten sie beweisen, dass es hier nicht nur Touristen gefällt.

Sportfischen

Melchsee, Tannensee, Engstlensee und Blausee: Gleich vier Gewässer bieten sich dem Hobby-Angler zum Fischen an. Der Blausee ist für Fliegenfischer reserviert (die aber auch in den drei anderen Seen ihre Angeln auswerfen dürfen). Patente gibt's in Hotels, beim Tourismusbüro oder am Münzautomaten vor dem »Frutt-Ladä« in Melchsee. Der Tourismusverein veranstaltet Familienkurse für alle großen und kleinen Interessenten; Informationen unter Tel. 04 16 60 70 70

Klettergarten

Im markanten südseitigen Boni-Felsband befindet sich der Klettergarten von Melchsee-Frutt mit mehr als 70 Routen in den Schwierigkeitsgraden 3–8. Er besteht aus sechs Sektoren, wobei sich die leichtesten Routen gleich im ersten Sektor befinden; der Einstieg zu diesem Teil des Klettergartens ist direkt beim Stolleneingang am Melchsee (für alle anderen Sektoren dem Wanderweg folgen). Kletterkurse bietet der Bergführer Niklaus Kretz an; Tel. 04 16 60 14 57; www.nikmountain.ch

Hotelempfehlungen
Melchsee-Frutt S. 717

Straßenatlas Siehe S. 775

SÖRENBERG-FLÜHLI
Ost- und Zentralschweiz

ACTION & SPORT

WANDERN & BERGTOUREN

FUN & FAMILY

WELLNESS & GENUSS

Hochseilpark Sörenberg
Wagemutige kommen über dem Entlebuch auf ihre Kosten – im Hochseilpark Sörenberg, der 2004 eröffnet wurde. Hindernisse in 8–10 m Höhe gilt es zu überwinden, etwa die »Pamper Pole«: auf einem Pfahl hoch über dem Boden balancieren. Insgesamt wurden 1,4 km Stahlseile zur Sicherung verbaut. Mitmachen kann jeder ab 14 Jahren; Tel. 04 14 88 03 32; www.hochseilpark.ch

ADAC *der perfekte Urlaubstag*

8 Uhr: Wanderung von Sörenberg aus aufs Brienzer Rothorn
13 Uhr: Mittagessen auf der Terrasse des Hotels »Rothorn Kulm« unweit der Seilbahn-Bergstation ❶. Zurück ins Tal mit der Seilbahn.
16 Uhr: Fahrt nach Flühli, Besuch der Kneippanlage beim Schwandalpweiher oberhalb von Flühli
19 Uhr: Abendessen im Hotel Kurhaus in Flühli – es gibt ein spezielles »Biosphären-Menü« (Tel. 04 14 88 11 66; www.kurhaus-fluehli.ch)

Markante Kalkfelsen über Sörenberg: Die Schrattenfluh ist eine geologische Besonderheit.

Auftanken in purer Natur

Bizarre Felsen, seltene Pflanzen, naturnahe Wälder und eine reiche Tierwelt: Das Entlebuch prunkt nicht mit der Lage an Verkehrsachsen oder der Zahl an Gästebetten, sondern mit den Schätzen der Natur. Im Biosphärenreservat kommen vor allem jene auf ihre Kosten, die Erlebnis und Entspannung in ursprünglicher Natur suchen.

Das Entlebuch, so heißt es im Selbstporträt der Region, liege etwas versteckt im Süden des Schweizer Kantons Luzern. Das trifft auch auf Sörenberg-Flühli zu, den Teil des Entlebuchs, der nach Süden vom Brienzer See und damit vom Berner Oberland durch die Brienzer-Rothorn-Kette getrennt ist; westlich von Sörenberg übersteigt die Schrattenfluh die 2000er-Grenze, östlich von Flühli reichen die Berge ebenfalls bis an die Zweitausender-Marke heran. Auf engstem Raum finden sich hier viele geologische Besonderheiten, ein außerordentlicher Artenreichtum bei Pflanzen und Tieren, Moorlandschaften und naturnahe Wälder.

Um diese einzigartige Vielfalt zu erhalten, erklärte die UNESCO große Teile des Entlebuchs 2001 zum Biosphärenreservat (»Biosphäre Entlebuch«). Der rücksichtsvolle Umgang mit der Umwelt wurde zum Programm – auch für den Tourismus: Er setzt vor allem auf das Erleben und Kennenlernen der Natur. Die Vielfalt geologischer Formationen, die Vielzahl unterschiedlicher Lebensräume lassen dabei keine Langeweile aufkommen. Da ist das markante Kreidekalk-Bollwerk Schrattenfluh, dessen Felsformen sich im Rahmen einer Tageswanderung über den Gipfelkamm entdecken lassen. Touren in der Bergkette südlich von Sörenberg bieten sich an, die bis aufs Brienzer Rothorn führen. Von dort hat man einen Überblick über weite Teile des Entlebuchs, dazu gen Süden den Blick hinab auf den Brienzer See, während im Hintergrund die Riesen des Berner Oberlandes zu erkennen sind.

Ob Alpenblumen-Vielfalt, bizarre Gesteinsformationen oder Wildbeobachtung: In Sörenberg-Flühli stehen Urlaubern geschulte Spezialisten zur Sei-

Adressen & Bergbahnen
Landesvorwahl 00 41

Urlaubsregion	**Sörenberg-Flühli** Tourismus; Tel. 04 14 88 11 85; E-Mail: info@soerenberg.ch; www.soerenberg.ch
Orte	**Entlebuch** www.entlebuch.ch • **Schüpfheim** www.schuepfheim.ch
Entfernungen	Hamburg 925 km; Berlin 961 km; Köln 602 km; Frankfurt a. M. 439 km; Stuttgart 326 km; München 417 km

❶ Sörenberg Brienzer Rothorn Berg/Tal 28 sfr
❷ Sörenberg Rossweid Berg/Tal 15 sfr
❸ Sörenberg Eisee Berg/Tal 11 sfr

Siehe auch Preisteil S. 646

te, die ihre Zuhörer bei zahlreichen Exkursionen mit Wissenswertem über Flora, Fauna und Geologie der Region zu fesseln wissen (Tel. 04 14 88 16 13; www.biosphaere.ch). Die Mischung aus Information und Abenteuer findet Anklang bei Groß und Klein, das Angebot ist üppig: Man kann Fledermäusen bei Nacht mit Ultraschall und Taschenlampe auf die Schliche kommen, am Brienzergrat Gämsen und Steinböcke beobachten oder beim Flusstrekking Strudelbecken und Wasserfälle erkunden. Wer seinem Körper etwas Gutes tun will, dem steht eine der schönsten Kneippanlagen der Schweiz offen. Beim Schwandalpweiher hoch über Flühli watet man im Storchenschritt durch das Nass, gönnt sich eiskalte Güsse über Arme und Hände oder spürt auf dem Barfußpfad verschiedenste Naturmaterialien unter den Sohlen (Tel. 04 14 88 11 85; www.fluehli-wasser.ch). Nach Wissensdurst und Kneippkur stärkt man sich in einem jener Restaurants, die mit »Biosphäre Entlebuch« kooperieren und meist einheimische Produkte verwenden sowie regionale Gerichte anbieten.

Wandern & Bergtouren

TOP TIPP Das **Brienzer Rothorn** ❶ (2350 m) ist nicht nur Startpunkt für erfahrene Drachenflieger und Paraglider, sondern auch der schönste Aussichtsberg der Region. Zwar muss man erst 1100 Höhenmeter überwinden, aber die mittelschwere Wanderung ist äußerst lohnend. Von Sörenberg (1159 m) geht es zur Talstation der Seilbahn ❶, die aber erst im Abstieg benutzt wird, und weiter in Richtung Bödili. Bald rechts ab auf Bergweg zur Arnischwand (1377 m) und dann zum Bergrestaurant Schönbüel (2011 m). Von hier Aufstieg zum Arnihaaggen (2207 m), im Zickzack hinab zum Eiseesattel (2025 m) und auf der anderen Seite wieder hinauf bis zum Gipfel. Von hier reicht der Blick über den Brienzer See bis zu den Berner Alpen. Der Rückweg ist ganz bequem: Per Seilbahn geht es nach Sörenberg zurück; Zeit für den Aufstieg: ca. 5,5 Std.; Einkehr: Schönbüel, Gipfelrestaurant

Schibengütsch (2037 m) – **Hengst** (2092 m) – **Hächlen** (2089 m) Anspruchsvolle Wanderung zu den Gipfeln der markanten Schrattenflue	Ausgangspunkt: Schlund (1477 m, Straße von Südel ca. 2 km nordwestlich von Sörenberg); über Ober Ruchweid nach Chlus – an kleinem Bergsee vorbei – über Karrenfelder zum Nordgrat – Schibengütsch (an klaren Tagen Fernsicht bis nach Bern) – am Kamm entlang nach Norden zum Hengst – Heidenloch (1934 m) – Hächlen; Abstieg via Heidenloch und Alp Silwängen nach Schlund; bei Nebel Orientierung auf den Karrenfeldern schwierig; Zeit: ca. 6 Std.; Einkehr: keine
Emmenuferweg Reizvolle, leichte Flusswanderung im Biosphärenreservat	Ausgangspunkt: Schüpfheim (719 m, hierher mit dem Postbus von Sörenberg); entlang der Kleinen Emme bis zur Landbrügg – entlang der Straße zum Eysteg –Änetämme – Chlusstalden – Lammschlucht – Hint. Lamm – Matzenbach – Flühli (884 m) – Usser Sörenbärgli – Sägewerk Sörenberg – Sörenberg (1159 m); Dauer: ca. 4 Std.; Einkehr: in Flühli und Sörenberg; ein Faltblatt mit der Wegbeschreibung ist bei der Tourist-Information Sörenberg erhältlich
Haglern (1949 m) Einmalige Panoramasicht inbegriffen	Ausgangspunkt: Sörenberg (1159 m); Alpweid – Mittlist Gfäl (1595 m) – Haglern (schöne Aussicht) – Abstieg ostwärts am Grat, über Teufimatt und Alpweid zurück zum Ausgangspunkt; mittelschwere Wanderung; Dauer: ca. 4,5 Std.; Einkehr: keine

Swiss Alphorn Academy
Wer sich schon immer gefragt hat, wie man aus einem Alphorn einen Ton herausbekommt, der noch dazu schön klingt, der findet beim Alphornbläser-Kurs der »Swiss Alphorn Academy« die Antwort. Fünf Tage lang dürfen sich Liebhaber der Naturmusik an dem Instrument probieren – egal ob Anfänger oder Erfahrene; Infos, Termine und Anmeldung beim Tourismusverband; Tel. 04 14 88 11 85; www.soerenberg.ch

Hütten

Berggasthaus Salwideli (1353 m) Es liegt zwischen Brienzer Rothorn und Schrattenfluh im Herzen des Biosphärenreservats. Ausgangspunkt für zahlreiche Wanderungen; Zustieg ab Sörenberg in ca. 1 Std.; Zufahrt auch mit dem Auto möglich; Tel. 04 14 88 11 27

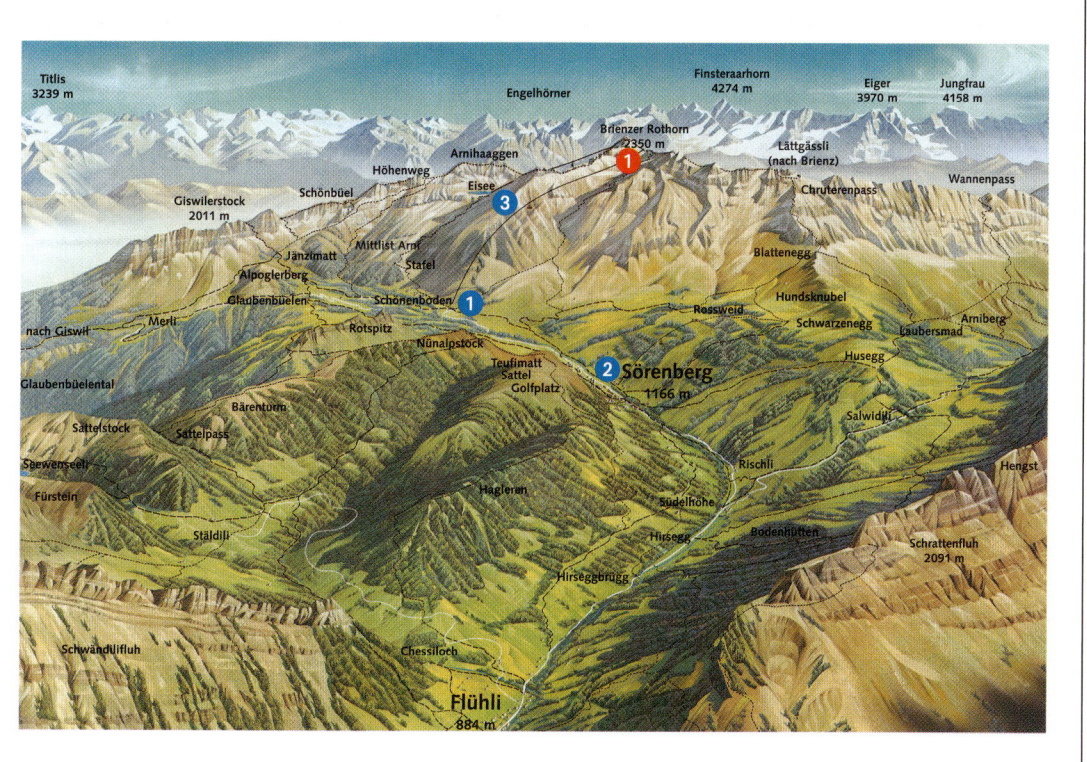

Hotelempfehlungen
Sörenberg S. 720

Wanderkarten
Landeskarte der Schweiz, Blatt 1189 Sörenberg; 1:25000

Straßenatlas Siehe S. 774

APPENZELLERLAND
OSTSCHWEIZ

Blick aufs Alpsteinmassiv: Wer im Appenzeller Land wandert, ist meist umgeben von einem beeindruckenden Panorama.

ACTION & SPORT

WANDERN & BERGTOUREN

FUN & FAMILY

WELLNESS & GENUSS

Ein Berg beherrscht die Landschaft

Mit seinen mächtigen Felsflanken dominiert der Säntis das Gebiet zwischen Alpstein und Bodensee. Das hochalpine Ambiente des höchsten Voralpengipfels der Ostschweiz, die Hügellandschaft des Appenzellerlandes und die Universitätsstadt St. Gallen bilden eine touristische Einheit, die jedem Besucher Abwechslung verspricht.

ADAC der perfekte Urlaubstag

- **9 Uhr:** Ausflug nach Jakobsbad. Fahrt mit der Seilbahn auf den Kronberg ❷. Entweder eine Wanderung in östlicher Richtung mit herrlichem Blick auf das Säntismassiv und den Bodensee oder mit der Kronberg-Bobbahn in sausender Fahrt hinab ins Tal
- **12 Uhr:** Mittagessen im Berggasthof Scheidegg, danach weiter bis zur Talstation der Seilbahn
- **14 Uhr:** Bad in den Dreiweihern hoch über der Stadt St. Gallen, anschließend Stadtbummel
- **17 Uhr:** Besuch des Textilmuseums St. Gallen mit Sammlung St. Galler Stickereien

»Der Schiffer, der an Schwabens fruchtbaren Ufern / Den Bodensee mit leichten Kähnen besegelt, / Sieht südwärts seltsame Gestalten der Berge / Den Himmel begränzen / Dort streket der Camor den liegenden Rücken, / An welchen aufwärts sich der Alteman lehnet; / Dann hebet sich mit aufgethürmeten Gipfeln der höhere Säntis ...«

Als Dreiklang von Hügeln, Fels und See beschrieb im 18. Jh. Johan Jakob Bodmer das Säntisgebiet in einer Ode, die er seinem appenzellischen Freund Laurenz Zellweger widmete: im Vordergrund der Bodensee, in der Mitte die Berge – gemeint ist das saftig-grüne Hügelland des Appenzell – und im Hintergrund der Fels, das raue Alpsteinmassiv mit dem Säntis als mächtiger Spitze. Diese faszinierende Einheit löste vor 200 Jahren eine wahre Appenzell-Begeisterung aus, die bis heute anhält. Wenn an Föhntagen die drei Landschaftselemente noch näher zusammenrücken und der Säntis selbst vom Nordufer des Bodensees aus zum Greifen nah erscheint, fährt kaum einer am Bodensee entlang, ohne zumindest kurz den einmaligen Blick auf sich wirken zu lassen: Direkt aus den tiefblauen Wellen scheinen die grünen Grashänge emporzuwachsen, begrenzt von den Kalkfelsen und Schneefeldern des Säntis.

Eindrucksvoll ist auch die umgekehrte Perspektive, vom Gipfel des 2502 m hohen Säntis, der sich auf schönen, aber langen Wanderwegen von Wasserauen und Brülisau oder aber bequem mit der Seilbahn von Schwägalp aus erreichen lässt. Die Aussicht auf den Bodensee wird noch übertroffen vom Blick auf die Hochalpen im Süden. Ein traumhaftes Panorama, das ein wenig damit versöhnt, dass der Hausberg der Ostschweizer inzwischen so verbaut ist, dass vom Gipfel nichts mehr zu sehen ist. Sind Wetter und Fernsicht gut, tummeln sich die Besucher in Massen auf der Aussichtsplattform. Eng werden kann es im Alpstein manchmal auch auf dem sehr interessanten und daher beliebten Geologischen Wanderweg vom Hohen Kasten zur Saxerlücke, dem eindrucksvollen Endpunkt mit

Blick auf die Kreuzberge. Beispielhaft zeigt hier der »Sax-Schwende-Bruch«, wie sich das Ostmassiv um mehrere hundert Meter gegenüber dem Hauptmassiv verschoben hat. An schönen Wochenenden marschieren dort Hunderte, um sich die erdgeschichtlichen Faltungs-, Bruch- und Überschiebungsprozesse anschaulich vor Augen führen zu lassen und dabei noch die fantastische Aussicht ins Rheintal zu genießen. Doch es gibt ruhigere Plätze: Wer an den Kreuzbergen entlang weiterwandert oder wer sich auf die weniger begangenen Wege in Richtung Toggenburg begibt, der findet auch im Alpstein seine ungestörte Ruhe.

Der Hohe Kasten ist aber nicht nur Ausgangspunkt für Hobby-Geologen und Wanderer, sondern auch ein guter Startplatz für Gleitschirmflieger. Die lassen sich auch gern von Wasserauen aus mit der Bahn hinauf zur Ebenalp bringen. Vor dem Start sollten sie aber zumindest einen kurzen Blick in das eng an die Felswand geschmiegte Wildkirchli werfen: eine Einsiedelei mit einer interessanten Ausstellung prähistorischer Knochen und um die 40000 Jahre alter Werkzeuge. Es war eine Sensation, als diese 1904 in den eindrucksvollen Wildkirchli-Höhlen direkt bei der Einsiedelei gefunden wurden. Sie bewiesen erstmals, dass die alpine Urgeschichte wesentlich weiter in die Vergangenheit zurückreicht, als bis dahin angenommen.

Doch zurück in die Gegenwart, ins Appenzeller Hügelland: Auch dort ist auf den bekanntesten Aussichtspunkten, die meist von einem Berggasthaus gekrönt sind, oft viel los. Das ist aber durchaus positiv zu verstehen: Eine »Stobete« auf der Hohen Buche bei Trogen, wo die Senner ihr Jodellied, das »Zäuerli«, anstimmen, oder ein Liedernachmittag auf der Hundwilerhöhe werden zu unvergesslichen Erlebnissen. Ebenso wie eine Wanderung durch die nur spärlich bebauten, sattgrünen Hänge des Appenzells mit bester Aussicht auf See und Berge. Der Sage nach ist die weitläufige Bebauung das Ergebnis eines Lochs im Sack des Säntis-Riesen, der eigentlich eine Stadt hatte bauen wollen. Doch auf dem Weg zum Bauplatz seien die Häuser nach

Tiefblick auf den Sämtisersee mit dem Alpstein vom Geologischen Höhenweg aus

Hütten

Schäfler (1924 m)
Spektakulär und ausgesetzt liegt die Schäfler-Hütte praktisch auf dem Gipfel des gleichnamigen Berges im Alpstein. Auf allen Seiten geht es nur noch steil bergab. Die Aussicht Richtung Säntis und hinunter ins Appenzell ist beeindruckend. Geöffnet Mai–Oktober. Tel. 07 17 99 11 44 oder 07 17 97 00 38

Hundwilerhöhe (1306 m)
Ganzjährig geöffnet ist das Berghaus auf der Hundwilerhöhe. Wirtin Marlies Schoch verwöhnt ihre Gäste mit regionalen Spezialitäten. Im Sommer gibt es an den Wochenenden Konzerte und Diskussionsrunden. Liebespaare übernachten im Himmelbettzimmer mit einer spektakulären Fensterfront.
Tel. 07 13 67 12 16

Meglisalp (1517 m)
Mitten ins Leben der Sennerinnen und Senner eintauchen lässt es sich auf der Meglisalp, einer der traditionsreichen Alpbetriebe im Alpstein mit eigener Kapelle. Mai bis Oktober;
Tel. 07 17 99 11 28 oder
07 17 99 15 78

Wandern & Bergtouren

TOP TIPP
Hochalpines Ambiente, ein paar knifflige, mit Drahtseilen gesicherte Passagen und einen herrlichen Abstieg auf immer üppiger werdenden Almweiden über die Meglisalp (1517 m, idealer Rastplatz), am Seealpsee vorbei ins Appenzellerland bietet die anspruchsvolle **Tour vom Säntisgipfel (2502 m) nach Wasserauen (878 m)** ❶. Die Querung des Lisengrates erfordert Schwindelfreiheit und absolute Trittsicherheit. Manchmal zeigen sich hier sogar Steinböcke. Eindrücklich ist der Wandel der Landschaft vom schroffen Fels des Säntismassivs zu den sanften Matten im Talausgang; Zeit: ca. 5 Std. Ausgangspunkt: Schwägalp, von dort mit der Seilbahn zum Gipfel ❸. Nach der Tour von Wasserauen aus mit Bahn und Postbus zurück zur Schwägalp. Natürlich kann die Wanderung auch im Aufstieg gemacht werden! Einkehr: Schwägalp, Meglisalp

Hoher Kasten (1795 m) Mittelschwere Wanderung auf lehrreichem Pfad	Ausgangspunkt: Brülisau (922 m), Aufstieg zum Hohen Kasten, weiter auf dem Geologischen Höhenweg zur Staubern (1750 m) und Saxerlücke (1648 m); Abstieg über Bollenwees (1470 m) und Sämtisersee (1200 m) nach Brülisau; Zeit: ca. 6 Std.; Einkehr: Plattenbödeli, Hoher Kasten, Staubern
Fünfländerblick (892 m) Aussichtsreicher leichter Höhenweg	Ausgangspunkt: das sehenswerte Biedermeierdorf Heiden (807 m); Frauenrüti – Mattenbach – Grub – Rossbüchel – Fünfländerblick (896 m, Panoramablick auf Bodensee) – Unterbilchen – Landegg – Wienacht (722 m); Zeit: ca. 2,5 Std.; Rückkehr mit öffentlichen Verkehrsmitteln; Einkehr: Heiden, Grub, Fünfländerblick, Wienacht
Hohe Buche (1130 m) Leichte Wanderung zu schönem Aussichtspunkt	Ausgangspunkt: Gais (933 m); Gäbris (1251 m) – Feuerstelle – Moos – Wissegg (1057 m) – Hohe Buche (1130 m) – Neppenegg – Blatten – Speicher (924 m); Zeit: ca. 3 Std.; Rückkehr mit öffentlichen Verkehrsmitteln; Einkehr: Gäbris, Hohe Buche, Speicher
Hochalp (1522 m) Steile, aber leichte Tour im Angesicht des Säntis	Ausgangspunkt: Schwägalp (1352 m); Gmeinen-Wiesen – Chräzerenpass (1269 m) – Spicher (827 m) – Älpli – Chenner – Hochalp (1522 m) – Langboden – Färenstetten – Egg (1029 m) – Ruppen – Urnäsch (832 m); Zeit: ca. 5 Std.; Rückkehr mit öffentlichen Verkehrsmitteln; Einkehr: Schwägalp, Hochalp, Egg, Urnäsch

🇨🇭 APPENZELLERLAND

Restaurants

Berggasthaus Hochalp
Wer die Weite liebt und dazu eine gute Appenzeller Siedwurst mag oder einen »Brocken« Alpkäse, der ist im Berggasthaus Hochalp an der richtigen Adresse. Hier oben, weit über Urnäsch, öffnet sich der Blick auf Säntis, Churfirsten, die Hügel des Appenzellerlandes, den Bodensee und das Schweizer Mittelland. Bei der Wirtefamilie Fuchs packen alle mit an; Tel. 07 13 64 11 15

Hotelempfehlungen

Appenzell S. 712

EVENTS

Alpauffahrten im Mai/Juni und Alpabfahrt im September. Die Senner sind in ihren traditionellen Trachten unterwegs und treiben das geschmückte Vieh im Frühling hinauf zur Alm und im September wieder hinunter ins Tal.

TOP TIPP

Museum Liner ❷
in Appenzell (Unterrainstr. 5): Sehenswert sind in diesem 1998 eröffneten Museum nicht nur die Werke des Appenzeller Malers Carl August Liner und seines Sohnes Carl Walter Liner, sondern auch die Konstruktion des eigenwilligen Gebäudes. Die Architekten Annette Gigon und Mike Guyer spiegelten Elemente des traditionellen Appenzeller Baustils wider, die unterschiedlich geneigten Dachflächen sollen ein kleines »Gebirge« vor dem markanten Hintergrund des Alpsteins darstellen.

UNESCO-Weltkulturerbe: der barocke Saal der Stiftsbibliothek St. Gallen

Fun & Family ✸✸✸✸

Alp-Schaukäserei Schwägalp	Dem Senn beim Käsen über die Schulter schauen; geöffnet während der Alpzeit von Mai bis Okt.; Tel. 07 13 65 65 40
Säntispark	Größtes Einkaufs- und Freizeitzentrum der Schweiz; einzigartige Bäderlandschaft mit 90-m-Rutschbahn; Tel. 07 13 13 15 15
Hirschberg, Gais	Ausflugsziel mit schöner Aussicht, gutem Restaurant und Kinderspielplatz; Tel. 07 17 87 29 16
Sedel, Herisau	Schön angelegtes Kinderparadies mit vielen Spielen, nostalgischen Schaukeln und schnellen Bahnen; Tel. 07 13 51 16 74

TOP TIPP Für die meisten Nordostschweizer ist der **Walter Zoo** ❸ in Gossau bei St. Gallen ein Begriff. Praktisch jedes Schulkind hat den Kleinzoo mindestens einmal besucht – sei es mit der Klasse oder in Begleitung von Oma, Onkel oder Eltern. Es gibt zwar einige exotische Tiere zu bestaunen, doch der Schwerpunkt liegt heute bei der einheimischen Fauna. Das weitläufige Gelände lädt ein zu ausgiebigen Spaziergängen, für die Kinder gibt es zahlreiche Gelegenheiten zu Sport und Spiel oder einfach zum Bestaunen der vielen Tiere; Tel. 07 13 85 29 77

---

und nach herausgepurzelt und auf den Matten des Appenzellerlandes gelandet. In Wirklichkeit spiegeln die vielen winzigen Einzelgehöfte die Armut vergangener Jahrhunderte wider. Denn den Kleinbauern stand kaum Land zur Verfügung, oft mussten zwei Kühe und ein paar Kleintiere ganze Großfamilien ernähren. Erst im 19. Jh. entwickelte sich die Textil-Heimindustrie und bot den Bauern eine zusätzliche Einnahmequelle. Bei vielen alten Bauernhäusern sieht man daher noch heute eine Fensterreihe direkt über dem Erdboden – damit das Licht in den Keller gelangte, wo in jeder freien Minute an den Webstühlen gearbeitet wurde.

Das katholische Innerrhoden mit dem Hauptort Appenzell ist bis heute geprägt von Landwirtschaft und Almkultur, während es im reformierten Außerrhoden, vor allem im Hauptort Herisau, einem der Zentren der Industrialisierung im 18. und 19. Jh., moderner zugeht. An der 1597 beschlossenen politischen Trennung der beiden Halbkantone wird auch heute nicht gerüttelt. Touristisch arbeiten die beiden indes schon länger eng zusammen.

Alle Häuser hat der Säntis-Riese unterwegs wohl doch nicht verloren, eine Stadt konnte er immerhin noch bauen: St. Gallen, die heimliche Hauptstadt der Appenzeller – zumindest was das Einkaufen und das kulturelle Leben betrifft. St. Gallen mit seinen 74000 Einwohnern glänzt heute, nach jahrzehntelangem Dornröschenschlaf, mit einem vielseitigen kulturellen und gastronomischen Angebot. Höhepunkte jeder Besichtigung sind der Stiftsbezirk und die Stiftsbibliothek, die 1983 von der UNESCO zum Weltkulturerbe erhoben wurde. Sie beherbergt eine der wertvollsten Sammlungen frühmittelalterlicher Handschriften, darunter einen Klosterplan aus dem Jahr 820. Überaus sehenswert sind nicht nur die Bücher,

---

Adressen & Bergbahnen — Landesvorwahl 00 41

Appenzell (780 m)	Appenzeller Tourismus AI; Tel. 07 17 88 96 41; E-Mail: info.ai@appenzell.ch; www.appenzell.ch
Heiden (807 m)	Appenzellerland Tourismus AR; Tel. 07 18 98 33 00; E-Mail: info.ar@appenzell.ch; www.appenzell.ch
St. Gallen (676 m)	Tourismus Ostschweiz; Tel. 07 12 27 37 37; info@ostschweiz-i.ch; www.ostschweiz-i.ch
Urnäsch (850 m)	Verkehrsverein Urnäsch; Tel. 07 13 64 26 40; E-Mail: urnaesch@appenzell.ch; www.urnaesch.appenzell.ch
weitere Orte	Brülisau · Grub · Herisau · Hundwil · Schönengrund · Wasserauen · Weissbad
Entfernungen	Hamburg 850 km; Berlin 778 km; Köln 601 km; Frankfurt a. M. 433 km; Stuttgart 236 km; München 233 km

❶ Brülisau — Hoher Kasten — Berg/Tal 26 sfr
❷ Urnäsch/Jakobsbad — Kronberg — Berg/Tal 25 sfr
❸ Urnäsch/Schwägalp — Säntis — Berg/Tal 34 sfr
❹ Wasserauen — Ebenalp — Berg/Tal 24 sfr

Siehe auch Preisteil S. 646

sondern der Barocksaal selbst, der als einer der schönsten der Schweiz gilt. Mit Schuhen dürfen Besucher ihn nicht betreten, um den wertvollen Parkettboden zu schützen. Die Gäste schlüpfen in übergroße Filzpantoffeln. Ein weiteres Kleinod ist die Mitte des 18. Jh. erbaute Stiftskirche mit ihrem barocken, für damalige Verhältnisse dezent geschmückten Festsaal. Von der wirtschaftlichen Blüte der Textilindustrie um 1900 zeugen noch heute die repräsentativen Jugendstilgeschäftshäuser beim Bahnhof und die herrschaftlichen Villen der Textilunternehmer am Rosenberg. Nach dem Ausflug in die Stadt kann man sich allerdings schnell wieder in die Natur zurückziehen: in die sanften Hügel des Appenzellerlandes, an die sonnigen Ufer des Bodensees oder hinauf zu den steilen Wänden des Alpsteins.

Angeblich ein Werk des Säntis-Riesen: Streusiedlung im Appenzell

Wanderkarten

Landeskarte der Schweiz, Wanderkarte 227 T Appenzell 1:50000
Landeskarte der Schweiz, Blätter 1115 Säntis, 1114 Nesslau, 1095 Gais, 1094 Degersheim, 1076 St. Margrethen, 1075 Rorschach 1:25000

Straßenatlas S. 776

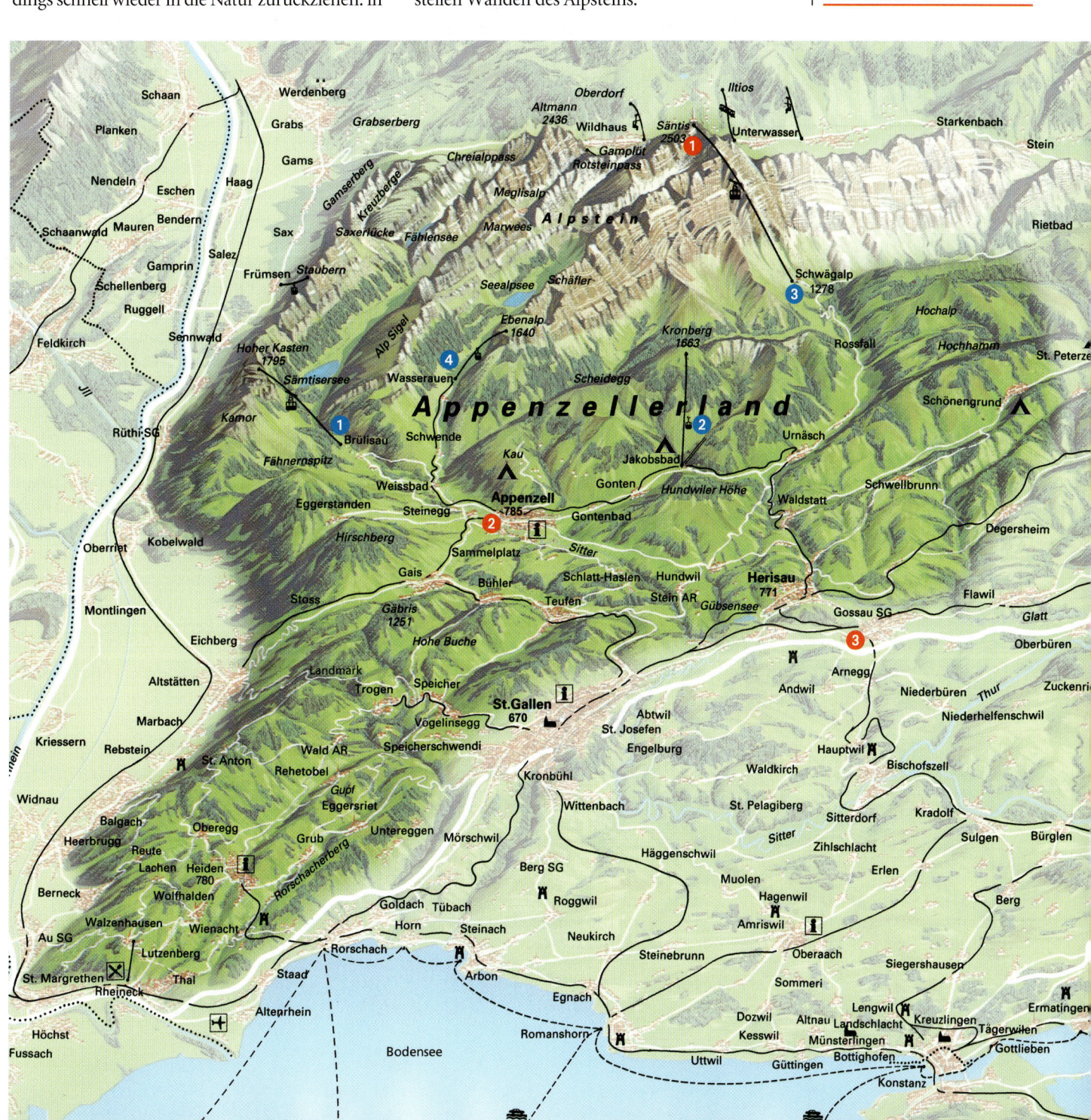

TOGGENBURG
OSTSCHWEIZ

Mountainbiker vor den Churfirsten: Das Toggenburg bietet 18 ausgeschilderte Bike-Routen.

ACTION & SPORT
WANDERN & BERGTOUREN
FUN & FAMILY
WELLNESS & GENUSS

Gegensätze zwischen Alpstein und Churfirsten

Das Toggenburg ist ein Paradies für anspruchsvolle Wanderer und Kletterer. Denn gleich zwei ungewöhnliche Gebirgszüge säumen das obere Tal der Thur: der Alpstein mit seinen schroffen Kalkwänden und die markanten Bergformationen der Churfirsten. Dazwischen erwartet den Besucher ein sonniges, malerisches Hochtal.

In einem weiten Bogen erstreckt sich das Toggenburg von Wil bis nach Wildhaus. Nach einigen Höhenstufen wandelt sich das sanfte Hügelland in ein alpines, von markanten Bergen begrenztes Hochtal. Auf der sonnenverwöhnten Seite erstreckt sich der Alpstein mit dem Säntis und dem Wildhauser Schafberg, den Wanderer wegen seiner Aussicht und Kletterer wegen seiner herrlichen Platten (Touren bis zum 10. Schwierigkeitsgrad) zu schätzen wissen. Im Süden bilden die Churfirsten eine ungewöhnliche Kulisse: Die sieben mächtigen Bergstöcke sehen vom Toggenburg wie steile Grasberge aus, zum Walensee hin fallen sie mit eindrucksvollen Felswänden senkrecht ab. Das sind die Gegensätze, die der Region ihren eigenen Reiz verleihen: sanft und idyllisch auf der einen, schroff und wild auf der anderen Seite.

Die kleinen Orte im sonnigen Hochtal zwischen den beiden Massiven halten viele kulturelle Kostbarkeiten bereit: In Wildhaus steht das Geburtshaus des berühmten Reformators Huldrych Zwingli (1484–1531), in dem sich ein kleines Museum befindet. Es gilt als eines der ältesten Holzhäuser der Schweiz. Wichtigste Einkommensquelle der Region war die Alpwirtschaft; wie sich diese im Laufe der Zeit entwickelt hat, ist im Sennerei- und Heimatmuseum in Unterwasser zu besichtigen (Infos zu beiden Museen: Tel. 07 19 99 12 73). Hinter den Mauern des Klosters von Alt St. Johann verbirgt sich ein herrlicher Kräutergarten, in dem regelmäßig Führungen stattfinden (Infos beim Fremdenverkehrsbüro). Die Verbindung gotischer und barocker Stilelemente macht die Kirche der ehemaligen Benediktinerabtei in Neu St. Johann interessant.

Einen Besuch wert ist das historische Städtchen Lichtensteig am Übergang zwischen hügeligen Voralpen und schroffem Hochgebirge. Modelleisenbahnfans können sich dort eine der größten Hobby-Eisenbahnanlagen Europas anschauen, mit einem 1 km langen Gleisnetz und 13 gleichzeitig fahrenden Zügen (www.modeltraintoggenburg.ch). Das Toggenburger Museum in Lichtensteig widmet sich vor allem der Regionalgeschichte und der Volkskunst (Tel. 07 19 88 35 85).

Doch im Vordergrund stehen eindeutig die Reize der Landschaft: die schroffen Kalkwände des Alp-

---

ADAC – der perfekte Urlaubstag

- **9 Uhr:** Fahrt mit der Seilbahn ❶ auf die Alp Sellamatt, Wanderung über den Sagenweg
- **14 Uhr:** Picknick oder Mittagessen auf der Alp Sellamatt, mit der Seilbahn zurück nach Alt St. Johann
- **15 Uhr:** Fahrt nach Wildhaus, kurzer Abstecher zum Zwingli-Geburtshaus
- **16 Uhr:** Weiterfahrt zum Baden im Freibad Schönenbodensee (Tel. 07 19 99 18 52), den Sonnenuntergang am See genießen

---

Adressen & Bergbahnen — Landesvorwahl 00 41

Urlaubsregion	**Toggenburg** Tourismus; Tel. 07 19 98 60 00; E-Mail: info@toggenburg.org; www.toggenburg.org
Orte	**Alt St. Johann** www.alt-st-johann.ch • **Ebnat-Kappel** www.ebnatkappel.ch • **Lichtensteig** www.lichtensteig.ch • **Nesslau** • **Neu St. Johann** • **Unterwasser** • **Wil** www.stadtwil.ch • **Wildhaus** www.wildhaus.ch
Entfernungen	Hamburg 863 km; Berlin 791 km; Köln 651 km; Frankfurt a. M. 481 km; Stuttgart 276 km; München 247 km

❶ Alt St. Johann Sellamatt Berg/Tal 14 sfr
❷ Unterwasser/Iltios Iltios Berg/Tal 14 sfr
❸ Unterwasser/Iltios Chäserrugg Berg/Tal 26 sfr (Kombikarte 30 sfr)
❹ Wildhaus Gamplüt • Berg/Tal 15 sfr
❺ Wildhaus Oberdorf • Berg/Tal 8,60 sfr
❻ Wildhaus/Oberdorf Gamsalp Berg/Tal 14,20 sfr

Siehe auch Preisteil S. 646

Wandern & Bergtouren

TOP TIPP Über die sagenhaft schöne, sonnige Hochfläche am Fuß der Sieben Churfirsten führt der **Toggenburger Sagenweg** ❶. An zehn Stationen werden die Mythen und Legenden der Region erzählt und in schönen Zeichnungen dargestellt. Ausgangspunkt ist die Alp Sellamatt (1350 m) ❶, von dort geht es über saftige Almweiden zum Thurtalerstofel (1484 m, hier Abkürzung für kleine Runde) und weiter zum Wildmannlisloch (1640 m), einer 150 m tiefen, begehbaren Höhle (Taschenlampe!). Sie wurde schon in der Steinzeit von Menschen besiedelt. Über Langlitten und Hinterlücheren führt der Sagenweg zurück zur Alp Sellamatt. Zeit: große Runde ca. 4,5 Std.; kleine Runde ca. 3 Std. Eine Auswahl weiterer Themenwege: Bergblumenlehrpfad auf dem Chäserrugg ❷❸; Naturerlebnispfad Schwendiseen bei Unterwasser; Klang-Skulpturen-Weg zwischen den Bergstationen Unterwasser/Iltios ❸ und Wildhaus/Oberdorf ❺

Wildhauser Schafberg (2373 m) Anspruchsvolle Bergwanderung für Konditionsstarke	Ausgangspunkt: Wildhaus/Gamplüt (1354 m) ❹; Teselalp (1419 m) – links abzweigen zum Wildhauser Schafboden – Schafbergsattel (1800 m) – steiler Aufstieg zum Gipfel mit herrlicher Rundsicht; Abstieg wie Aufstieg; wer Glück hat, sieht Steinböcke; Zeit: ca. 5 Std.; Einkehr: Gamplüt
Lichtensteig (640 m) – **Krummenau** (717 m) Leichte, landschaftlich herrliche Wanderung entlang der Thur	Ausgangspunkt: Lichtensteig (640 m, sehenswerte Altstadt); Lichtensteig Bahnhof – Wattwil (612 m) – Rickenhof (620 m) – Ebnat-Kappel (631 m) – Brandholz (657 m) – Krummenau (717 m); mit dem Postbus zurück nach Lichtensteig; Zeit: 4 Std.; Einkehr: in allen Ortschaften entlang des Weges
Gamserrugg (2076 m) Geologischer Rundweg auf einen der Churfirsten	Ausgangspunkt: Wildhaus/Bergstation Gamsalp (1770 m) ❺ ❻; auf gut ausgeschildertem, mittelschwerem Bergsteig der Markierung des interessanten Lehrpfads folgend bis zum Gipfel; Abstieg über die Westseite zur Bergstation; Zeit: ca. 3 Std.; Einkehr: Gamsalp

Hütten

Zwinglipasshütte (1999 m) Einfach eingerichtete Hütte am Fuß des Altmann (2436 m) mit herrlichem, mittelschwerem Zustieg vorbei an den Kalkplatten und -türmen des Alpsteins. Sämtliches Material wird hier noch hinauf getragen, deshalb sind nur Getränke und Suppen im Angebot, ansonsten Selbstversorger. Lohnend ist vor allem die Tour auf den Altmann (Trittsicherheit und Schwindelfreiheit unbedingt nötig!); Zustieg vom Wildhaus/Gamplüt (1354 m) ❹ in ca. 2,5 Std.; Tel. 07 19 88 28 02

Hotelempfehlungen

Alt St. Johann S. 712
Unterwasser S. 720
Wildhaus S. 722

Wanderkarten

Schweizer Landeskarte, Blätter 1073 Wil, 1093 Hörnli, 1094 Degersheim, 1113 Ricken, 1114 Nesslau, 1134 Walensee, 1135 Buchs; 1:25000
Schweizer Landeskarte, Zusammensetzung; Blatt 5014 St. Gallen – Appenzell; 1:50000

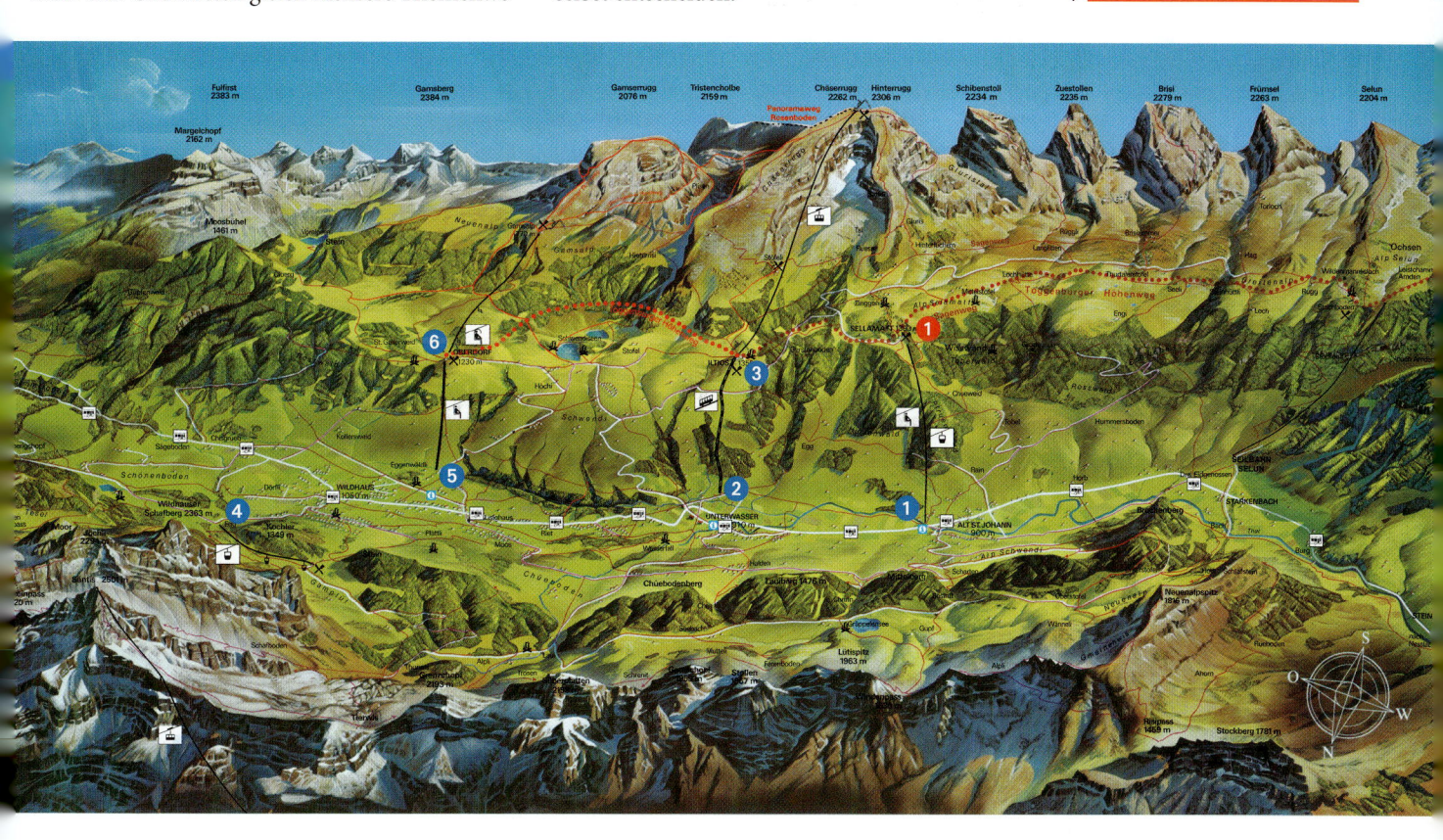

Straßenatlas Siehe S. 776

---

steins, die steilen Grasrücken der Churfirsten und nicht zuletzt auch die sonnigen Flusstäler – das Tal der Necker im Norden und natürlich der Lauf der Thur. Ein herrlicher Wanderweg führt in verschiedenen Etappen durch die faszinierende, oft völlig naturbelassene, abwechslungsreiche Flusslandschaft. Und auf all jene, die sich beim Wandern bilden oder zusätzlich unterhalten wollen, warten zwischen Alpstein und Churfirsten gleich mehrere Themenwege: Ein Ausflug in die Sagenwelt führt über die Alp Sellamatt oberhalb von Alt St. Johann, ein geologischer Lehrpfad hinauf auf den Gipfel des Gamserrugg. Aufschluss über die Geschichte und die Geschichten rund um die so eigenartig geformten Grasrücken mit ihren steilen Südwänden geben beide – ob er nun der Wissenschaft oder dem Volksglauben den Vorzug gibt, das muss jeder für sich selbst entscheiden.

HEIDILAND
OSTSCHWEIZ

Einzigartig ist die Aussicht von Flumserberg auf den Walensee und die markante Gipfelkette der Churfirsten

ACTION & SPORT

WANDERN & BERGTOUREN

FUN & FAMILY

WELLNESS & GENUSS

Mediterranes Klima am »wanderbaren Fjord«

Das »Heidiland« ist zwar von Marketingleuten erfunden worden, um eine touristische Randregion bekannter zu machen, doch reizvoll ist die verträumte Landschaft zwischen Rheintal, dem Sarganserland und dem fjordähnlichen Walensee schon immer. Wellness wird vor allem in Bad Ragaz groß geschrieben. Und Wandergenuss erleben im Heidiland große wie kleine Bergfans – Kindern macht das Wandern auf den zahlreichen spannenden Themenrouten hier besonders Spaß.

Naturgewalt und mediterrane Anmut sind in dieser Region eine wunderbar harmonische Partnerschaft eingegangen: 1800 Höhenmeter wachsen die steilen Hänge der Churfirsten aus dem türkisfarbenen Wasser des Sees empor. Sanft schmiegen sich grüne Wiesen und der Kurort Amden in eine gut geschützte Sonnenterrasse zwischen den schroffen Abbrüchen. Im Uferort Betlis donnern zur Zeit der Schneeschmelze die beeindruckenden Seerenbach-Wasserfälle von 1160 m auf 560 m hinunter, und 200 m über dem See tost die Rinquelle, eine der größten Karstquellen der Alpen, talwärts. Selbst wenn in den Bergen noch Schnee liegt, kann es dort unten bereits angenehm warm sein, denn die gewaltige Mauer der Berghänge hält den kalten Nordwind ab und speichert die Sonnenwärme. So herrscht an den Ufern des »Fjords« angenehmes, mediterranes Klima, in dem Rebstöcke, Kiwis und Feigen gedeihen.

Gegenüber, an den Nordhängen des Kerenzerberges, ist das Klima zwar rauer, doch die Hänge sind wesentlich sanfter. Obstalden und die Bergstation der Sesselbahn Filzbach–Habergschwänd sind daher ideale Ausgangspunkte für leichte Wanderungen mit bestem Blick auf Walensee und Heidiland. Den Rucksack packen können hier aber auch Bergsteiger für anspruchsvolle Touren, z. B. am Mürtschenstock mit seinem markanten, felsigen Gipfelturm. Alle, die weniger alpin orientiert sind, können von Filzbach aus mit der Sesselbahn zur Sommerrodelbahn hinauffahren, um dann 1300 m wieder hinabzusausen. Weit hinauf führen die Bergbahnen von Flumserberg aus: Nach der Fahrt zum Maschgenkamm – übrigens auch eine tolle Mountainbike-Tour – wird das Wandern für Kinder überaus spannend, wenn sie beim Abstieg auf dem Sagenweg zwischen Prodkamm und Prodalp dem »Wilden Mannli« begegnen und an verschiedenen Spielstationen in die Sagenwelt eintauchen. Am Pizol zeigt sich das Heidiland noch einmal von einer anderen Seite: Geübte Bergsteiger können über einen kleinen Gletscher hinauf zum Gipfel des Pizol steigen; ein wahrer Klassiker für Wanderer ist die traumhafte Fünf-Seen-Wanderung von der Bergstation aus.

Wen stört es bei dieser Vielfalt noch, dass das Dorf Maienfeld aus Johanna Spyris Roman gar nicht im heutigen »Heidiland« liegt? Doch immerhin blickten Heidi und Peter von ihrer Alpweide auf der anderen Seite des Rheins weit dort hinein. Und schließlich hat das Stadtmädchen Klara ihre Bäderkuren im Hotel »Quellenhof« in Bad Ragaz, dem traditionsreichen Badestädtchen, verbracht. Schon seit dem 14. Jh. ist bekannt, dass das 37 °C warme Wasser der Tamina-Quellen in Bad Ragaz Heilkraft in sich birgt. Früher wurden die Kurgäste mithilfe

ADAC *der perfekte Urlaubstag*

- **9 Uhr:** mit der Bahn ❻ von Flumserberg hinauf zum Maschgenkamm; Wanderung entlang des Alpenfloraweges
- **12 Uhr:** Mittagessen im Panorama-Restaurant Prodalp mit Kleintierpark, dann mit der Bahn ❺ oder zu Fuß zurück nach Flumserberg
- **15 Uhr:** Bad in der Tamina-Therme Bad Ragaz
- **19 Uhr:** Abendrundfahrt auf dem Walensee mit musikalischer Unterhaltung; Abendessen im Weindorf Quinten

Wellness & Genuss

Schon seit dem frühen Mittelalter werden in der **Tamina-Therme Bad Ragaz** ❶ die unterschiedlichsten Beschwerden kuriert. Die wasserreichste Akratotherme (reine warme Quelle) Europas bietet heute zwei große Innenbäder, ein riesiges Freiluftbad mit Whirlpool, Strömungskanal, Wasserfall, Sprudelliegen, Sprudelsitzen und Sprudelgrotte sowie eine ganze Reihe von Sprudel- und Massagedüsen, einen Ruhe-Liegeraum und Solarien. Im Sommer gibt es Liegestühle im Freien. Heilanwendungen bei Erkrankungen des Bewegungsapparates, neurologischen Erkrankungen, Schmerzleiden, Erkrankungen von Herz- und Blutgefäßen, Venenleiden, Lungen- und Bronchialkrankheiten, Allergien, Stoffwechselproblemen; darüber hinaus Anwendungen zur Rehabilitation und Sportmedizin. Die Wassertemperatur liegt bei 35–36 °C; Tel. 08 13 03 27 41

TOP TIPP

Rebgut des Eisenbergwerks Gonzen	Weingut in herrlicher Lage an den Hängen des Gonzen, wo noch bis in die 1960er Jahre Eisenerz gefördert wurde. Besichtigung Di u. Fr 17–18.30 Uhr, erster und dritter Sa 9–11.30 Uhr; Tel. 08 17 23 16 15
Heiditag	Ein Tag wie zu Heidis Zeiten lässt sich auf der Alp Habergschwänd (erreichbar über die Sesselbahn ab Filzbach ❹ verbringen. Nach einer Nacht im Heubett gibt es Heidis Lieblingsfrühstück und verschiedene weitere Attraktionen. Teilnahme ab 2 Personen; Infos unter Tel. 05 56 14 16 12
Schifffahrt auf dem Walensee/Ausflug nach Quinten	Besonders empfehlenswert ist eine Schifffahrt ins autofreie Weindörfchen Quinten. Schiffe fahren u. a. von Walenstadt, Weesen und Murg nach Quinten; Tel. 08 17 38 12 08

Adressen & Bergbahnen
Landesvorwahl 00 41

Urlaubsregion	Ferienregion **Heidiland**; Tel. 08 17 20 08 28; E-Mail: info@heidiland.com; www.heidiland.com
Flumserberg (1400 m)	Touristikverein Flumserberg; Tel. 08 17 20 18 19; E-Mail: info@flumserberg.com; www.flumserberg.com
Bad Ragaz (510 m)	Bad Ragaz Tourismus; Tel. 08 13 02 10 61; E-Mail: info@badragaz-tourismus.ch; www.badragaz-tourismus.ch
Weitere Orte	**Amden** www.amden.ch • **Filzbach** www.kerenzerberg.ch • **Wangs** www.pizol.com
Entfernungen	Hamburg 908 km; Berlin 836 km; Köln 638 km; Frankfurt a. M. 471 km; Stuttgart 282 km; München 282 km

❶ Amden Maltstock — Berg/Tal 11 sfr
❷ Bad Ragaz Pardiel — Berg/Tal 26 sfr
❸ Bad Ragaz-Pardiel Laufböden — Berg/Tal 8 sfr
❹ Filzbach Habergschwänd — Berg/Tal 16 sfr
❺ Flumserberg-Tannenheim Prodkamm — Berg/Tal 11 sfr
❻ Flumserberg-Tannenboden Maschgenkamm • Berg/Tal 22 sfr
❼ Unterterzen Flumserberg — Berg/Tal 14,40 sfr
❽ Wangs Furt — Berg/Tal 26 sfr
❾ Wangs-Furt Gaffia — Berg/Tal 8 sfr

Siehe auch Preisteil S. 646

von Seilen in Körben in die wilde Schlucht bei Bad Pfäfers hinuntergelassen, um in den Naturwannen zu baden. Heute gestaltet sich das vornehmer: im luxuriösen Wellness-Ambiente des Quellenhofs oder in der Tamina-Therme beispielsweise. Besucht wird die wilde Tamina-Schlucht jedoch noch immer, zu beeindruckend sind die ausgeschliffenen Formationen der eng zusammenstehenden Wände, durch die das Wasser schießt. An den ehemaligen Kurbetrieb erinnert das »Alte Bad Pfäfers«, der älteste Bäderbau der Schweiz mit seinem sehenswerten Museum.

Ob man nun »Heidi«-Fan ist oder nicht: Nach einem Urlaub im Heidiland kann jeder verstehen, warum das Mädchen in der fernen Stadt so große Sehnsucht nach den Schweizer Bergen hatte.

Hütten

Berggasthaus Sennis Alp (1400 m)
Bergromantik in Kurhaus-Atmosphäre hoch über dem Seetal. Herrliche Lage an einem kleinen, »verwunschenen« Bergsee. Geöffnet Juni bis Oktober; Tel. 08 17 33 12 29 oder 08 17 33 22 87

Restaurants

Top of Sports
In Frauenhand befindet sich die Restaurantküche des »Top of Sports« in herrlicher Lage hoch über dem Walensee in Filzbach. Köchin Tanja Wiehl zaubert regionale Köstlichkeiten auf den Teller; Tel. 05 56 14 66 66
www.szk.ch

Hotelempfehlungen

Amden S. 712
Bad Ragaz S. 712
Flumserberg S. 715
Wangs S. 721

Wanderkarten

Landeskarte der Schweiz, Wanderkarte 237 T Walenstadt; 1:50000
Landeskarte der Schweiz
Blätter 1175 Vättis, 1155 Sargans, 1154 Spitzmeilen, 1135 Buchs, 1134 Walensee; je 1:25000

Straßenatlas   Siehe S. 776

GLARNER LAND
OSTSCHWEIZ

Ein mächtiger Felsklotz über der Kantonshauptstadt Glarus: der Glärnisch. Im Hintergrund dominiert der eisbedeckte Tödi.

ACTION & SPORT

WANDERN & BERGTOUREN

FUN & FAMILY

WELLNESS & GENUSS

Spannende Kontraste zwischen Linthal und Klausenpass

Eindrucksvolle Gegensätze sind es, die das Glarner Land zu einer vor allem für Wanderer und Familien spannenden Urlaubsregion machen. Denn versteckt von den schroff aus dem »brettlebenen« Linthal aufragenden Wänden liegen idyllische Dörfer, ein verträumter See und stolze Gipfel – die können allerdings nicht von jedem bestiegen werden. Die Spuren der Vergangenheit lassen sich aber von allen Besuchern entdecken.

ADAC der perfekte Urlaubstag

- **10 Uhr:** Besichtigung der Schiefertafelfabrik Elm
- **12 Uhr:** Fahrt mit der nostalgischen Niderenseilbahn 5 (offene Kabinen) auf die Niderenalp, Wanderung zur Tschinglen-Schlucht
- **17 Uhr:** Kühlender Sprung ins Wasser im Schwimmbad Schwändli bei Schwanden
- **20 Uhr:** Abendessen bei Kerzenschein im stilvollen Hotel Glarnerhof in Glarus

Wie ein flacher, grüner Keil schiebt sich das Linthal von Norden her in die mächtigen Gebirgsstöcke der Glarner Alpen. Steil ragen im Westen die Flanken des Glärnischmassivs auf mehr als 2900 m auf, gegenüber thronen Mürtschenstock, Karrenstock, Kärpf und Hausstock. Im Süden schiebt der Tödi, der mit 3614 m höchste Gipfel der Region, einen mächtigen Riegel vor. Dieser Wucht scheint das Tal demütig in einem sanften Bogen nach Westen auszuweichen. Doch auch dort geht es steil bergauf, bis sich oben unvermutet das weite Almgelände des Urner Bodens öffnet. Wie ein Wächter ragt darüber der Claridenstock auf – mit seiner direkt zum Urner Boden hin abfallenden Nordwand. Hier verlässt man bereits das Glarner Land und kommt nach Uri, obwohl die Passhöhe auf 1948 m noch gar nicht erreicht ist. Unter Motorradfahrern gilt der Klausenpass als Geheimtipp, manche halten ihn sogar für den landschaftlich abwechslungsreichsten Pass der Schweiz. Bergfreunde sehen das ähnlich: An den Jegerstöcken finden Kletterer ihr Revier, am Claridenstock können die Steigeisen angeschnallt werden und unten am Urner Boden genießen Wanderer und Spaziergänger die hochalpine Kulisse. Es lohnt sich allerdings, die Ebene des Linthals auch an anderen Stellen zu verlassen und sich auf schmalen Straßen in die beiden Seitentäler zu wagen. Zu entdecken gibt es dort z.B. den Klöntaler See, der sich schmal in das enge Tal zwischen Glärnisch und Mutteristock hineinzwängt. Ein spektakulärer Höhenweg führt von hier aus, zum Teil mit Drahtseilen gesichert, durch die Felsflanke zum Gipfel des Vorderglärnisch. Wer nicht absolut trittsicher ist, bleibt lieber unten am Klöntaler See und begibt

Wandern & Bergtouren

TOP TIPP Eine lange und anspruchsvolle, aber landschaftlich sehr schöne Tour führt durch das Wildschutzgebiet auf den markanten **Kärpf** ❶ (2794 m), einen herrlichen Aussichtsberg zwischen dem Sernftal und dem Linthal. Lohnend ist schon der Weg von Elm/Empächli (1480 m, Bergstation Gondelbahn ❸) über die Kärpfscharte zur eindrucksvoll auf einem Plateau gelegenen Leglerhütte (2273 m). Wer den Sonnenuntergang genießen und seine Kräfte schonen will, sollte sich Zeit nehmen und auf der einfachen, aber sehr gemütlichen Hütte übernachten. Erfahrene Wanderer steigen nun weiter zum Kärpftor und über den felsigen Aufschwung zum Gipfel mit seinem herrlichen Panoramablick auf Glärnisch, Tödi und das Linthal; Einkehr: Leglerhütte; Zeit: ca. 3,5 Std. (Empächli-Leglerhütte), ca. 2 Std. (Leglerhütte-Gipfel)

Braunwaldalp (1486 m) Leichte Wanderung mit Panorama-Garantie	Ausgangspunkt: Schwanden (521 m) – Weiden – Leuggelen (875 m) – Mittlerer Stafel (1386 m) – Braunwaldalp – Braunwald Station (1286 m) – Abfahrt mit dem Schrägaufzug nach Linthal ❻, mit dem Bus zurück nach Schwanden; Zeit: ca. 5,5 Std.; Einkehr: Leuggelen, Mittlerer Stafel, Braunwald	
Schilt (2299 m) Einfach zu erwandernder Gipfel	Ausgangspunkt: Unter Stafel (1330 m, Endstation Postbus; Bus fährt ab Näfels-Mollis, Anmeldung erforderlich unter Tel. 07 93 93 49 49) – Ober Ruestel – Mittlerer Stafel – Ober Stafel (1816 m) – Fronalppass – Schilt – Abstieg auf derselben Route; Zeit: ca. 5 Std.; Einkehr: keine	
Gelb Chopf (2117 m) Mittelschwere Rundwanderung mit idyllischem Bergsee	Ausgangspunkt: Elm, Bergstation Empächli (1485 m) ❸ – Ober Empächli – Gelb Chopf – Chüebodensee (2050 m) – Chuenz – Bergstation Empächli, mit Seilbahn ❸ zurück nach Elm; Zeit: ca. 4 Std.; Einkehr: Bergrestaurant Schabell	

Hütten

Leglerhütte (2273 m)
Schlichte, heimelige Berghütte im ältesten Wildschutzgebiet Europas. Hier wird Einfachheit geradezu zelebriert – sie soll einen Kontrast bilden zum im Vergleich dazu eher luxuriösen Leben im Unterland. Anmeldung erwünscht. 60 Lager. Tel. 05 56 43 18 09

Martinsmad-Hütte (2002 m)
Lohnend ist schon der Hüttenzustieg von Elm durch die Tschinglen-Schlucht – vorbei an bizarren, schwarzen Schieferwänden, mehreren Wasserfällen und blühenden Almwiesen. Der Weg ist zum Teil abgesichert, Trittsicherheit aber unbedingt erforderlich (ca. 3,5 Std.). Einfacher geht's mit der Luftseilbahn ❺ zur Niderenalp, von dort in ca. 2,5 Std. zur Hütte, die in einer wilden Landschaft liegt und deshalb wohl umso einladender wirkt. Auch für Familien mit Kindern gut geeignet. Mögliche Touren: z.B. auf Mittetaghorn (2415 m) und Glarner Vorab (3018 m); Klettergarten Schneehorn (gut für Kinder!), alpine Routen am Piz Grisch und am Gletscherhorn. 60 Lager; Tel. 05 56 42 23 80

Glärnischhütte (1992 m)
Am Fuße des Glärnischmassives gelegen, idealer Ausgangspunkt für Bergtouren. 120 Lager; Tel. 05 56 40 64 00

---

sich zu Fuß oder mit dem Mountainbike Richtung Pragelpass, der hinüber ins Muotathal führt – eine Verbindung mit Geschichte: 1799 zog der russische General Suworow nach einer blutigen Schlacht gegen die Franzosen mit 15000 Soldaten über den Pass zum nächsten Kampf.

Ein Stück taleinwärts windet sich das andere Seitental des Glarner Landes durch den östlichen Felsriegel: das Sernftal. Gleich am Beginn des Tals bei Schwanden, nur wenige Meter von der Hauptstraße entfernt, befindet sich eine der berühmtesten geologischen Stellen der Alpen: Wie mit einem überdimensionalen Lineal gezogen und gut sichtbar trennt eine schnurgerade Linie an der »Lochsyte« altes von jungem Gestein. Während die untere, schieferhaltige Flyschschicht auf 50 Mio. Jahre geschätzt wird, ermittelten Geologen für den darüber verlaufenden Verrucano-Sandstein ein Alter von 250 Mio. Jahren. Deutlich erkennbar ist dieses Gesteinsband auch oberhalb der Ortschaft Elm in den Tschingelhörnern beim Segnespass und an der Glarner Kärpfbrücke mitten in Europas ältestem Wildschutzgebiet Glarner Freiberg, das schon seit 1548 besteht.

Ein Berg bricht zusammen

Bereits zur Römerzeit wurde im Talkessel von Elm der besonders weiche Schiefer abgebaut. 1861 setzte am Tschingelberg die intensive Gewinnung von Schiefer ein. Sorglos höhlten die Arbeiter im Tagebau einen ganzen Gebirgsstock, den Plattenberg Engi, nach und nach aus, bis am 11. September 1881 der ganze Berg in sich zusammenbrach und auf 2,4 km Länge ins Tal donnerte. 84 Häuser wurden dadurch buchstäblich weggefegt, 114 Menschen unter 11 Mio. m³ Gesteinsmassen begraben. Zehn Jahre später nahm man die Arbeit wieder auf, diesmal vorsichtiger, im Stollenbau, bis das Schieferbergwerk 1961 stillgelegt wurde. Der Schuttkegel ist heute mit Gras überwachsen; in den Stollen aus schwarzem Stein finden Führungen, manchmal auch Konzerte statt. Sehenswert ist auch die – seit 1983 ebenfalls historische – Schiefertafelfabrik im Herzen von Elm. Sie ist umgeben von schmucken Holzhäusern, die unter Denkmalschutz gestellt wurden, um das einzigartige Dorfbild zu erhalten.

Der Bergsturz von Elm war unterdessen nicht das einzige Unglück, das die Region heimsuchte. Immer wieder trat unten im Haupttal die ungezähmte

Stille Wasser, steile Wände: der Klöntaler See am Nordfuß des Glärnischmassivs

🇨🇭 GLARNER LAND

Klettersteige über die Eggstöcke
Die Eggstöcke hoch über Braunwald wirken unbezwingbar. Doch kühn angelegte, anspruchsvolle Klettersteige mit Sprossen, Leitern und Stahlseilen machen das Unmögliche möglich:

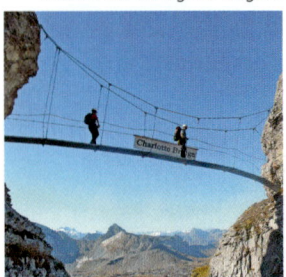

Auch Kinder ab 12 Jahre kommen hier hoch – wie die Erwachsenen mit der entsprechenden kompletten Sicherheitsausrüstung ausgestattet (Klettergurt und Helm sind obligatorisch). Schwindelfreiheit, Trittsicherheit und gute Kondition erforderlich. Tel. 0 55/6 46 65 85, www.klettersteig.ch

Wenn die Sonne durchs Felsenfenster scheint …
Das Martinsloch ist ein Felsenfenster (17 m hoch und 19 m breit) auf 2600 m im großen Tschingelhorn bei Elm. Zweimal im Jahr (rund eine Woche vor Frühlingsbeginn und nach dem Herbstanfang) scheint die Sonne am Morgen genau durch das Loch im Fels auf den Kirchturm von Elm. In bestimmten Abständen zeigt sich auch der Vollmond, was fast noch eindrucksvoller ist. Genaue Daten beim Verkehrsbüro Elm erfragen, Tel. 05 56 42 52 52

Glarner Schabziger
Nur aus dem Kanton Glarus kommt der Glarner Schabziger, ein ausgesprochen würziger Käse, der seit bald 1000 Jahren nach dem gleichen Rezept hergestellt wird. Damit ist er der älteste Markenartikel der Schweiz. Schabziger wird in alle Welt exportiert. Im Kanton ist er in den meisten Lebensmittelgeschäften erhältlich

Fun & Family

Landesplattenberg Engi Elm	Besichtigung der Stollen, wo einst Schiefer abgebaut wurde. Bei Veranstaltungen und Konzerten faszinierende Beleuchtung der Kavernen; Tel. 07 92 81 05 92; www.plattenberg.ch
Steinbocktour Elm	Wanderung mit fachkundiger Führung zum Revier der Steinböcke; Kennenlernen des Lebensraums und der Verhaltensweisen der Tiere; Anmeldung und Infos: Tel. 05 56 42 60 67
Freulerpalast Näfels	Prachtvoll ausgestattet, gilt als eines der schönsten Bürgerhäuser der Schweiz. Mit sehenswerter Ausstellung über die Textilindustrie des Kantons. Geöffnet 10–12, 14–17.30 Uhr; Tel. 05 56 12 13 78 www.freulerpalast.ch
Kutschenfahrt Braunwald	Im Kurort Braunwald gibt es keine Autos, dafür umso mehr Kutschen, um durch die sonnigen Almwiesen zu fahren. Tel. 05 56 43 32 35
Zwäärg Baartli, Märchenweg Braunwald	Wanderung auf den Spuren von Zwäärg Baartli, einer Glarner Märchengestalt, zu den Originalschauplätzen wie Zwergenschloss, Edelsteinspalte und Rindenhüttli; www.braunwald.ch

TOP TIPP Besonders geeignet war der Elmer Schiefer für die Herstellung von Schreibtafeln, die in der **Schiefertafelfabrik** ❷ mitten im malerischen Ortskern von Elm in über 30 aufwändigen Arbeitsgängen hergestellt wurden. Nach der Einstellung der Produktion 1983 erwarb die Stiftung pro Elm die noch immer funktionstüchtige Fabrik und wandelte sie in ein modernes Museum um, in dem das alte Handwerk weiter lebendig ist. Sämtliche Werkzeuge, Geräte und Maschinen, die zur Herstellung der Schreibtafeln benötigt werden, sind noch original erhalten. Führungen an Sonn- und Feiertagen; Tel. 05 56 42 13 41, www.plattenberg.ch

Beliebtes Ziel für Motorradfahrer: der Klausenpass, überragt vom Claridenstock

katastrophe entfachte der Föhn 1861 in Glarus, als in kürzester Zeit rund 600 Häuser in Flammen standen. Beim Wiederaufbau der Stadt musste man sparsam ans Werk gehen, auf teure Repräsentationsbauten wurde verzichtet. So entstand ein geradliniges Städtchen vom Reißbrett, mit breiten Straßen und einer mächtigen Stadtkirche. Sehenswert sind in der Stadt natürlich auch jene Häuser, die den Brand überstanden haben, wie das Haus in der Wies, das sich Johann Heinrich Streiff, der Begründer der Glarner Textilindustrie, um das Jahr 1740 hatte erbauen lassen. Zwei wesentliche Faktoren waren es, die ihn nach Glarus brachten: eine verarmte Bauernschaft, aus der sich besonders günstige Arbeitskräfte rekrutieren ließen, und genügend Wasserkraft, die sich zum Antrieb der Maschinen nutzen ließ.

Neben dem Tourismus spielt die Industrie im Glarner Land bis heute die wichtigste Rolle im Wirtschaftsleben, während die Bedeutung der Landwirtschaft auch hier immer weiter zurückgeht. Dennoch sind für eine Ferienregion die Bauern und Sennen besonders wichtig. Dass sie maßgeblich am Erhalt der Kulturlandschaft beteiligt sind, fällt gerade in Braunwald, der autofreien Sonnen- und Aussichtsterrasse des Glarner Landes, ins Auge. Wer dort hingelangen will, dem bleibt nichts anderes übrig, als im Tal auf das Bähnli, eine Standseilbahn,

Linth über die Ufer und riss Häuser fort – bis 1807 die Linthkorrektion in Angriff genommen wurde, um den ständig versumpfenden Talboden urbar zu machen und das Wasser zu bändigen. 1817 war das große Schweizer Gemeinschaftswerk vollbracht und das Linthal zumindest von diesen Katastrophen befreit.

Nicht bändigen ließ sich der Föhn, der älteste Glarner, wie es im Volksmund heißt. Wenn er bläst, können im Tal selbst im Winter Temperaturrekorde gemessen werden. Doch der trockene Südwind erhöhte auch die Brandgefahr bei offenen Feuerstellen. In den vergangenen Jahrhunderten hatte er immer wieder mehrere Siedlungen komplett in Schutt und Asche gelegt. Die schlimmste Brand-

Das »Haus in der Wies« in Glarus

Adressen & Bergbahnen Landesvorwahl 00 41

Urlaubsregion	**Glarner Land** Tourismus; Tel. 05 56 10 21 25; E-Mail: info@glarnerland.ch; www.glarnerland.ch	
Braunwald (977 m)	Braunwald Tourismus; Tel. 05 56 53 65 85; E-Mail: tourismusinfo@braunwald.ch; www.braunwald.ch	
Elm (977 m)	Sernftal Tourismus; Tel. 05 56 42 52 52; E-Mail: info@elm.ch; www.elm.ch; www.elm-sernftal.ch	
Glarus (515 m)	Siehe Tourismusregion city-glarus@bluewin.ch; www.stadt-glarus.ch; www.glarnerland.ch	
Linthal (650 m)	Linthal-Rüti Tourismus; Tel. 05 56 43 39 17; E-Mail: info@linthal-rueti.ch; www.linthal-rueti.ch	
Näfels (445 m)	Siehe Tourismusregion www.naefels.ch	
Weitere Orte	Ennenda · Matt · Niederurnen · Netstal · Schwanden	
Entfernungen	Hamburg 914 km; Berlin 842 km; Köln 644 km; Frankfurt a. M. 477 km; Stuttgart 288 km; München 298 km	

❶ Braunwald Grotzenbüel — Berg/Tal 14 sfr
❷ Braunwald Gumen — Berg/Tal 22 sfr
❸ Elm Empächli — Berg/Tal 12 sfr
❹ Elm Zündli-Nideren — Berg/Tal 12 sfr
❺ Linthal Braunwald — Berg/Tal 14,40 sfr
❻ Matt Weissenberge — Berg/Tal 11 sfr
❼ Schwanden/Kies Mettmen — Berg/Tal 15 sfr

Siehe auch Preisteil S. 647

Hotelempfehlungen
Braunwald S. 713

Wanderkarten
Landeskarte der Schweiz,
Blätter 236 T Lachen, 237 T Walenstadt, 246 T Klausenpass, 247 T Sardona; 1:50000
Landeskarte der Schweiz
Blätter 1153 Klöntal, 1154 Spitzmeilen, 1173 Linthal, 1174 Elm, 1193 Tödi; 1:25000

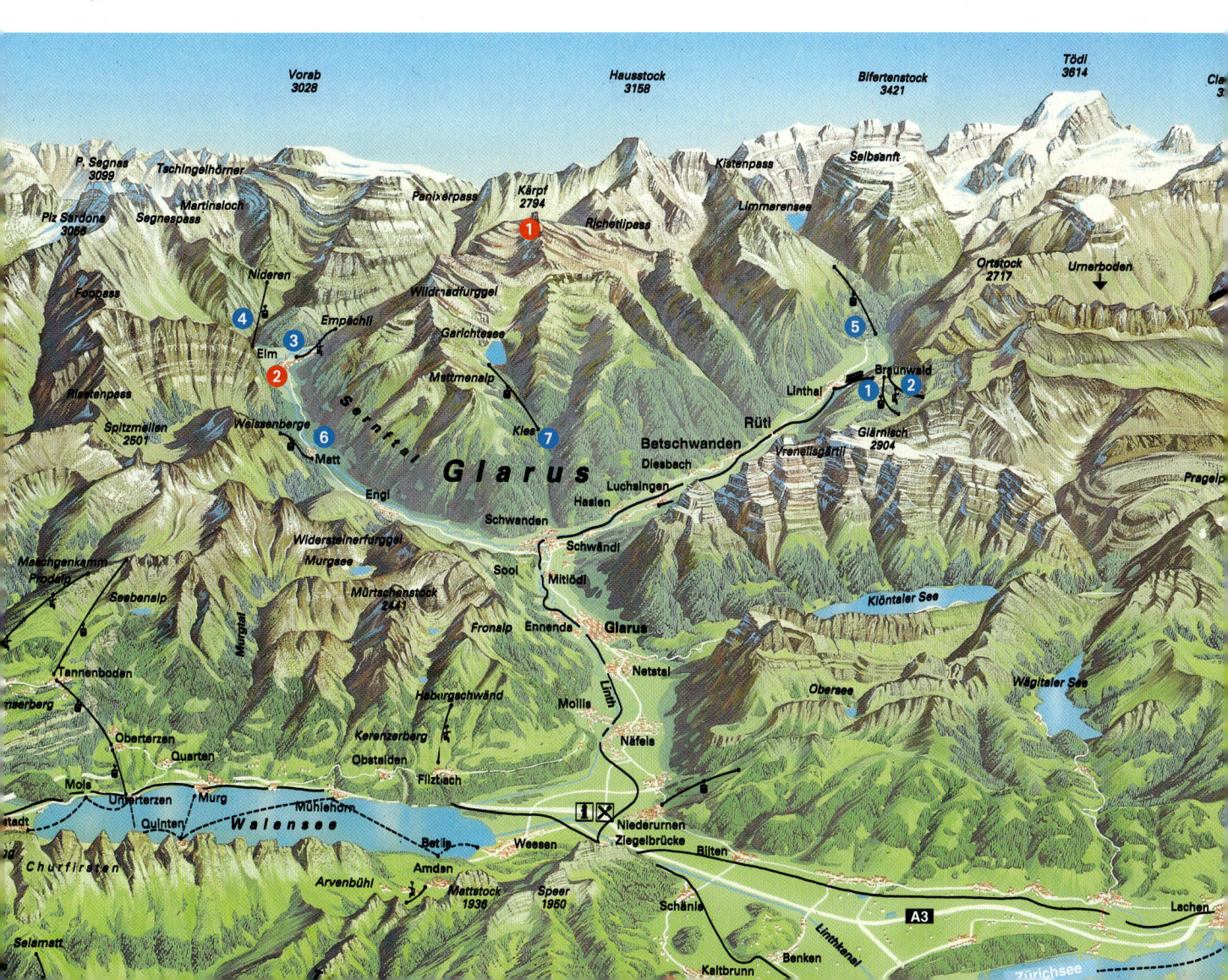

Straßenatlas Siehe S. 776

umzusteigen. Weit verstreut liegen oben die Bauernhöfe, die Gasthäuser und verschiedene Freizeiteinrichtungen auf den Almwiesen. Und dazwischen, wie ein Wunder, einzigartige Rosengärten. Rund 500 verschiedene Sorten sollen hier an mehr als 4000 Rosenstöcken erblühen. Eingehüllt in den Duft von Europas höchstem Rosengarten (1200 – 1900 m), werden viele Gäste in Braunwald die Wanderschuhe anziehen, um z.B. zum sagenumwobenen Oberblegisee zu marschieren. Wer noch höher hinauf will, kann auch über einen anspruchsvollen Klettersteig bis auf den Eggstock steigen und von dort oben bestaunen, wie sich der flache grüne Keil des Linthals 1800 m weiter unten zart und doch unbeirrt weit zwischen die schroffen Bergmassive schiebt.

LIECHTENSTEIN
LIECHTENSTEIN

ACTION & SPORT

WANDERN & BERGTOUREN

FUN & FAMILY

WELLNESS & GENUSS

Liechtensteinisches Landesmuseum
Untergebracht in zwei historischen Häusern und einem Neubau, werden hier in Vaduz Kulturgeschichte, Landes- und Naturkunde eindrucksvoll miteinander vereint. Zu sehen sind unter anderem Funde aus der Bronzezeit, die Knochen eines 250 Mio. Jahre alten Nothosauriers sowie eindrucksvolle Werke der Volkskunde; www.landesmuseum.li

Walser Heimatmuseum
Bedeutende heimatkundliche Sammlung zur Kulturgeschichte der im 13. Jh. am Triesenberg angesiedelten Walser mit 25-minütiger Multivisionsschau über ihr Leben und ihre Geschichte; www.triesenberg.li

Wanderkarten
Wanderkarte des Fürstentums Liechtenstein; 1:25000, erhältlich u.a. bei Tourist-Infos
Freytag & Berndt; WK 371 Bludenz, Klostertal, Brandnertal, Montafon; 1:50000

ADAC – der perfekte Urlaubstag
- **8.30 Uhr:** von Vaduz mit dem Auto zum Gasthof Gaflei, Wanderung über den Fürstensteig auf den Kuhgrat, ausgiebige Gipfelrast, Panorama genießen, Abstieg über den Gafleisattel
- **14 Uhr:** Rückfahrt nach Vaduz, Besuch des Liechtensteiner Landesmuseums
- **17 Uhr:** Stadtbummel durch Vaduz
- **19 Uhr:** Besuch einer kulturellen Veranstaltung in der Burg Gutenberg in Balzers

Großes Angebot auf kleinem Raum

Wie ein mächtiger Keil schiebt sich der felsige Kamm der Drei Schwestern ins ebene, 1600 Höhenmeter tiefer liegende Rheintal. Auf der Sonnenseite flachen die bedrohlichen Wände der letzten Ausläufer des Rätikons ab und machen einem kleinen Urlaubsparadies mit herrlichen Almwiesen Platz.

Stilles Bergparadies hoch über Vaduz: am Gängle-See bei Steg

Im Osten bilden die Felskämme zwischen Drei Schwestern und Falkniss die Grenze zu Österreich, im Westen trennt der Alpenrhein das Fürstentum von der Schweiz. Insgesamt 400 km Wanderwege erschließen felsige Grate und herrliche Almen bis hinunter zum Naturschutzgebiet am Ruggeller Riet entlang des Rheindamms.

Die Hauptstadt Vaduz, die von der mächtigen Burg (12. Jh.) überragt wird, ist alles andere als ein verschlafenes Bergnest. An den Hängen wächst dank Sonne und Föhn ein vorzüglicher Wein. Im Kunstmuseum, einem faszinierenden Bau aus schwarzem Basalt, Flusskies und Beton, zeigt Fürst Hans-Adam II. von und zu Liechtenstein Werke aus seiner Privatsammlung (www.kunstmuseum.li). Sehenswert ist auch das Landesmuseum. Im Postmuseum sind unter anderem die »kleinen Kunstwerke Liechtensteins«, die Briefmarken, samt Originalentwürfen ausgestellt.

Das Schloss, in dem der Fürst lebt und regiert, ist für die Öffentlichkeit nicht zugänglich. Entstanden ist die Grafschaft Vaduz 1342, Ende des 18. Jh. kauften die Liechtensteiner die Herrschaften Vaduz und Schellenberg und gaben dem Fürstentum ihren Namen. 1806 erlangte man die Souveränität. Bis zum Ersten Weltkrieg hielt sich Liechtenstein enger an Österreich. Danach entschied man sich für die Schweiz, ersetzte Österreichische Kronen durch Schweizer Franken und teilte mit den Eidgenossen Telefonnetz und Postwesen.

Auch Balzers, die südlichste Gemeinde des Fürstentums, wird von einer Burg bewacht. Zwischen Balzers und Triesen liegt das Lawenatal, ein Blumenparardies, das seinesgleichen sucht. Wer das Tal

Adressen & Bergbahnen — Landesvorwahl 00 423

Urlaubsregion	**Liechtenstein** Tourismus; Tel. 02 39 63 00; E-Mail: info@tourismus.li; www.tourismus.li	① Malbun Sareis Berg/Tal 11,70 sfr
Orte	**Balzers** www.balzers.li • **Malbun** www.malbun.li • **Planken** www.planken.li • **Ruggell** www.ruggell.li • **Schaan** www.schaan.li • **Triesenberg** www.triesenberg.li • **Vaduz** www.vaduz.li	
Entfernungen	Hamburg 860 km; Berlin 788 km; Köln 648 km; Frankfurt a. M. 478 km; Stuttgart 273 km; München 244 km	**Siehe auch Preisteil S. 647**

Wandern & Bergtouren

TOP TIPP

Den **Fürstensteig** ① ließ Fürst Johann II. 1898 errichten, um den Tourismus anzukurbeln. Und auch heute ist die äußerst abwechslungsreiche Bergwanderung zum höchsten Punkt der Drei-Schwestern-Kette, dem Kuhgrat (2123 m), ein Erlebnis. Ausgangspunkt ist der Parkplatz beim Gasthaus Gaflei (1483 m) oberhalb von Triesenberg. Durch herrlichen Bergwald zum Einstieg in die steile, zerfurchte Gipsflanke, durch die sich der Fürstensteig zieht. Da der Weg gut mit Drahtseilen, Stufen und Klammern abgesichert ist, können auch geübte, trittsichere Bergwanderer den Steig mit spektakulären Tiefblicken ins Rheintal ohne Probleme meistern. Nach dem Gafleisattel (1856 m) wird der Weg zahmer und führt aussichtsreich, mal auf der West-, mal auf der Ostseite des Kammes zur Gafleispitze (2000 m). Kurzer Abstieg, dann hinauf zum höchsten Punkt, dem Kuhgrat (2133 m). Die Aussicht ist fantastisch: Über dem 1600 m tiefer liegenden Rheintal ragen die Gipfel in die Höhe, im Norden blitzt der Bodensee. Abstieg zurück bis unterhalb des Gafleisattels. Dort dem Wegweiser »Kamin Bargella« folgen. In Serpentinen den Steilhang hinauf bis zum Kamin, einer schmalen Felsscharte (1937 m) mit prächtiger Aussicht, hinunter nach Steg. Nun Abstieg durch das Blumenmeer der Almwiesen über den Bargellasattel zurück nach Gaflei; Zeit: ca. 5 Std.; Einkehr: Gasthaus Gaflei. Geführte Touren bietet der Liechtensteiner Alpenverein an; Tel. 02 32 98 12; www.alpenverein.li

Naafkopf (2570 m) Lange, mittelschwere Tour zu prächtigem Aussichtsberg	Ausgangspunkt: Steg/Gänglesee (1303 m); durch das malerische, blumenreiche Saminatal nach Valüna (1416 m) – Obersäss (1646 m) – durch das Naaftal zur Pfälzerhütte (2108 m, evtl. Übernachtung) – auf schmalem Bergsteig zum Gipfel mit prachtvoller Aussicht ins Rheintal, auf die Gipfel Graubündens und des Rätikons; Abstieg wie Aufstieg; Trittsicherheit und Schwindelfreiheit im Gipfelbereich erforderlich; Zeit: ca. 8 Std.; Einkehr: Valüna, Pfälzerhütte
Augstenberg (2359 m) Aussichtsreiche, mittelschwere Rundwanderung im Herzen Liechtensteins	Ausgangspunkt: Malbun/Bergstation Sareis (2003 m) ①; Fürstin-Gina-Weg: Sareiser Joch (2000 m) – Spitz (2186 m) – Augstenberg – Pfälzerhütte (2108 m) – Alpe Gritsch (1897 m) – kurzer Aufstieg zur Tälihöhi (2056 m) – Vaduzer Täli – Malbun; Trittsicherheit und Schwindelfreiheit nötig; Zeit: ca. 5 Std.; Einkehr: Sareis, Pfälzerhütte
Ruggeller Riet (433 m) Spaziergang durch einzigartige Torflandschaft	Ausgangspunkt: Ruggell (433 m); Limseneck – Haldenmäder – Hohla Kär – Versunknes Bad – Zollhaus – Evimäder – Weienau – Bangserfeld – auf dem Rheindamm zurück nach Ruggell; wunderschöner Spaziergang durch das Naturparadies, bei dem seltene Tiere und Pflanzen entdeckt werden können; Zeit: ca. 2 Std.

hinaufwandert, kommt in die winzige, uralte Walsersiedlung Tuass, die malerischer nicht sein könnte. Apropos Walser: Auch in Planken am Fuße der Drei Schwestern sind ihre Spuren heute noch deutlich zu sehen, ebenso in Triesenberg, einem weit verstreuten, an die sonnigen Berghänge geklebten Ort. Im Walsermuseum ist die Geschichte der Walser hervorragend dokumentiert. Wer die Bergstraße weiter hinauffährt, passiert einen Tunnel und gelangt in eine andere Welt: ein malerisches grünes Hochtal, das von Gipfeln umsäumt wird, ein stilles Wanderparadies. Im autofreien »Familiennest Malbun« lockt man nicht mit Erlebnisparks, sondern mit einem abwechslungsreichen »bergnahen« Kinderprogramm, mit äußerst familienfreundlichen Hotelangeboten und natürlich mit unzähligen Möglichkeiten, die herrliche Bergwelt Liechtensteins mit Kind und Kegel zu erkunden.

EVENTS

- Mai: Frühlingskochfest, Rathausplatz Vaduz
- Juli: Sommernachtsfest, Vaduz
  Internationale Meisterkurse Vaduz: Junge Berufsmusiker und Studenten haben die Möglichkeit, Unterricht bei hochklassigen Musikern zu nehmen; in den Meisterkonzerten stellen die Dozenten ihr Können unter Beweis; www.meisterkurse.li
- August: Fiesta Latina, Rathausplatz Vaduz
  Staatsfeiertag (15. Aug.) mit Volksfest und großem Feuerwerk
- September: Winzerfest, Vaduz

Falknerei Galina, Malbun
Adler, Falken, Habichte, Uhus und andere Vögel schießen dicht über die Köpfe der Zuschauer hinweg und zeigen hoch in den Lüften ihre majestätischen Flugkünste; Tel. 02 63 34 24

Hütten

Gafadurahütte (1428 m)
Wunderschöne, auf einer aussichtsreichen Waldlichtung gelegene Hütte. Ideales Ausflugsziel für Familien, egal ob zu Fuß oder mit dem Mountainbike. Wer weiter möchte, trittsicher und schwindelfrei ist, steigt hinauf zu den Drei Schwestern (2052 m, eine schwierige Passage ist mit Drahtseilen gesichert). Ausgangspunkt ist das malerische Walserdorf Planken (786 m) oberhalb von Schaan; Zeit: ca. 1,5 Std.; Tel. 00 41/79/2 60 14 58; www.alpenverein.li

Pfälzerhütte (2111 m)
Gemütliche Hütte auf dem Bettlerjoch, unterhalb des Naafkopfs (2570 m), genau auf der Grenze zwischen Österreich und Liechtenstein; Zustieg von Malbun durch das Vaduzer Täli in ca. 2,5 Std. oder durch das blumenreiche Saminatal von Steg (1303 m) aus (ca. 3 Std.); Tel. 02 63 36 79

Hotelempfehlungen

Malbun S. 717

Straßenatlas Siehe S. 776

DISENTIS UND SEDRUN
GRAUBÜNDEN

Sedrun liegt oberhalb des jungen Rheins auf einem breiten Schwemmfächer.

ACTION & SPORT

WANDERN & BERGTOUREN

FUN & FAMILY

WELLNESS & GENUSS

Schatzsuche an der Quelle des Rheins

Goldwaschen, Lama-Trekking und ein Besuch unter der Erde: Wer Abenteuer für Groß und Klein oder auch einen eher beschaulichen Familienurlaub sucht, ist in Disentis und Sedrun genau richtig. Denn neben glänzendem Edelmetall lässt sich im obersten Rheintal ohne große Anstrengung noch manch anderer Schatz finden.

Schon im Jahr 750 gründeten Benediktinermönche in Disentis ein Kloster. Auch heute noch sind die Doppeltürme des mächtigen Baus, der eindrucksvoll über dem Ortseingang thront, weithin sichtbar und von großer Anziehungskraft: Vom kleinen Bahnhof setzt sich stündlich, immer nach der Ankunft der feuerroten Rhätischen Bahn, eine kleine Prozession in Gang. Fast alle Touristen, die in Disentis, dem rätoromanischen Mustér, Station machen, steigen zuerst den steilen Weg hinauf zum Kloster. Der reich ausgeschmückte barocke Bau mit Castelberg-Altar, der auf einer Vorlage Dürers basiert, und das sehenswerte Klostermuseum lassen erahnen, welche Macht die Herren von Disentis einst besaßen.

Der rätoromanische Name Surselva (oberhalb des Waldes) für das Gebiet am jungen Rhein östlich des Oberalppasses geht auf einen nacheiszeitlichen Bergsturz zurück. Auf den Gesteinsmassen entstand weiter rheinabwärts der Große Wald von Flims, und die Gegend oberhalb dieses Waldes, also talaufwärts, verdankt ihre Bezeichnung letztlich diesem Ereignis. Die Surselva liegt zwischen den großen Nord-Süd-Routen über Gotthard und San Bernardino sowie an einer weniger bedeutenden Ost-West-Achse von Oberalp und Furka. Doch gerade dieser Weg begründete den touristischen Aufschwung der Region, der mit dem Bau der Bahnstrecke Chur–Disentis und der Verlängerung über Oberalp- und Furkapass ins Tal der Rhône begann.

ADAC *der perfekte Urlaubstag*

- **9 Uhr:** Fahrt mit der Luftseilbahn ❶ von Disentis nach Caischavedra, Wanderung nach Cungieri
- **12 Uhr:** Mittagessen im Panoramarestaurant Cungieri
- **14 Uhr:** Abfahrt mit der Nostalgie-Sesselbahn ❸ nach Sedrun, anschließend Lama-Trekkingtour
- **20 Uhr:** Abendessen im Hotel Alpsu in Disentis, besonders zu empfehlen sind das Bündnerfleisch aus eigener Produktion und die Bündner Spezialität Capuns

---

Adressen & Bergbahnen — Landesvorwahl 00 41

Disentis (1150 m) **Sedrun** (1450 m)	Sedrun Disentis Tourismus; Tel. 08 19 20 40 30; E-Mail: info@disentis-sedrun.ch; www.disentis-sedrun.ch
Weitere Orte	**Mompé-Medel • Segnes • Tujetsch** www.tujetsch.ch
Entfernungen	Hamburg 953 km; Berlin 881 km; Köln 690 km; Frankfurt a. M. 523 km; Stuttgart 366 km; München 337 km

❶ Disentis Caischavedra Berg/Tal 19 sfr
❷ Disentis Caischavedra–Gendusas, Gendusas–Lai Alv nur Bergfahrt 10 sfr; nur im Juli/Aug. Mi/So je zweimal in Betrieb
❸ Sedrun Cungieri Berg/Tal 3 sfr

Siehe auch Preisteil S. 647

Fun & Family

TOP TIPP 800 m tief unter dem Fels von Sedrun wird der mit 57 km längste Eisenbahntunnel der Welt durch die Alpen vorangetrieben – der **Gotthard-Basistunnel** ❶. Wer hautnah dabei sein möchte, bekommt unter Tage einen Eindruck von den Bauarbeiten. Alle anderen erfahren in der Ausstellung im Infozentrum Wissenswertes über die Baustelle. Infozentrum AlpTransit Gotthard, tägl. außer Di von 10 bis 12 und 14 bis 18 Uhr geöffnet. Dreistündiger Stollenbesuch und Fahrt zum Schachtkopf einschließlich geliehener Ausrüstung (ab 14 J.): 20 sfr; einmal wöchentlich geführte Baustellenbegehung mit Einfahrt in den Schacht (ab 18 J.), nur auf Anmeldung: 90 sfr; Tel. 08 19 36 51 20; www.basistunnel.ch

Goldwaschen im Vorderrhein	Mit Schaufel, Waschpfanne und einem Gläschen ausgerüstet geht es in eine wilde Schlucht. Und dann heißt es: waschen, waschen, waschen! Die Funde kommen ins Gläschen, nach getaner Arbeit gibt es ein Lagerfeuer mit Goldgräbergeschichten – unter anderem vom größten Nuggetfund aus der Lukmanierschlucht. Halbtages- und Tagesexkursionen, Verleih von Ausrüstung; Rafters Outdoor & Events, Tel. 07 96 84 68 62, www.gold-rush.ch
Lama-Trekking	Der Mensch geht, das Lama trägt – das Gepäck. Über Berg und Tal wandert man auf zwei und vier Beinen durch die Surselva. Schnupper-Trekking, Halbtages- und Tagesausflüge; Lamaventura, Tel. 08 19 43 33 72, www.lamaventura.ch
Erlebnisbad Bogn Sedrun	Bade- und Entspannungslandschaft für die ganze Familie mit Wasserfall, Planschbecken, Sonnenterrasse, Römischem Bad, Sauna, Kneippbad, Strömungs-Wildwasserkanal, Bodenstrudel-Wildquellenanlage, Beach-Volleyball, Sonnenterrasse und Liegewiese; Tel. 08 19 49 14 32
Museum La Truaisch Sedrun	Dorfmuseum mit der wertvollsten Mineraliensammlung der Schweiz und einer bäuerlichen Wohnung von anno dazumal. Geöffnet Juli–Okt; Di und Fr sowie jeden ersten So im Monat von 15 bis 18 Uhr; Tel. 08 19 49 12 27

Heute sind Disentis und Sedrun für viele Touristen, die mit dem Glacier-Express eine Schweiz-Reise unternehmen, nur Zwischenstationen. Dabei gibt es neben dem imposanten Klosterbau viel zu entdecken: kleine glänzende Körnchen beim Goldwaschen in einer der wilden Schluchten oder an der Rheinquelle am Tomasee, Panoramablicke beim Wandern über den Höhenweg Senda Sursilvana oder einen kuriosen Platz für Golfer: Am letzten Loch überfliegt der Ball bei einem guten Abschlag den Rhein. Viele Wanderungen sind auch für Kinder und Jugendliche problemlos zu bewältigen, und außerdem bietet sich die Möglichkeit, das Gepäck beim Trekking von Lamas tragen zu lassen.

Das **Klostermuseum Disentis** zeigt eine umfassende Ausstellung über die Geschichte des Klosters, sakrale Kunst und christliches Brauchtum; geöffnet Di, Do und Sa 14–17 Uhr; Tel. 08 19 29 69 00

Hütten

Las Palas Milez (1876 m)
Die Terrasse der Alphütte bietet eine wunderbare Aussicht auf die Talschaft Tujetsch. Geöffnet Juli–Okt bei schönem Wetter tägl. 10–18 Uhr; Tel. 08 19 49 13 44.

Ustria Alpsu (2044 m)
Die Hütte auf dem Oberalppass wartet mit Bündner Spezialitäten auf; geöffnet von Ende Juni bis Mitte Okt. tägl. 8.30–18.30 Uhr; Tel. 08 19 49 11 16

Hotelempfehlungen

Disentis S. 714
Sedrun S. 720

Wanderkarten

Landeskarte der Schweiz, Blatt 256 Disentis/Muster, 1:50000

Straßenatlas Siehe S. 776

OBERSAXEN – LUMNEZIA
GRAUBÜNDEN

ACTION & SPORT

WANDERN & BERGTOUREN

FUN & FAMILY

WELLNESS & GENUSS

Vom Walserland ins Tal des Lichts

Der am Vorderrhein gelegene historische Verkehrs- und Handelsknotenpunkt Ilanz ist der ideale Ausgangspunkt, um ein Stück ursprüngliche Schweiz zu erkunden. Wer in den Bergen vor allem Einsamkeit und Entspannung sucht, der ist sowohl in Obersaxen als auch im Lugnez- und im Valsertal an der richtigen Adresse.

Malerisches, ursprüngliches Valsertal: die St.-Anna-Kapelle in Frunt oberhalb des Zervreila-Stausees

Hütten

Terrihütte (2170 m)
Herrlich gelegene Hütte in der landschaftlich besonders reizvollen Greina.

Sehr schöner Zustieg von Vrin (1448 m) in ca. 4 Std.;
Tel. 08 19 33 32 93;
www.terrihuette.ch

ADAC *der perfekte Urlaubstag*

- **8 Uhr:** 3-Seen-Wanderung von Vals zum Selvasee (2297 m) und weiter zur Alp Selva (1500 m)
- **12 Uhr:** Mittagessen in der Alp Selva (Anmeldung unter Tel. 08 19 35 13 36)
- **15 Uhr:** Baden in der Felsen-Therme Vals
- **21 Uhr:** Abendessen im Hotel Glenner (besonders zu empfehlen: Bündner Spezialitäten); Tel. 08 19 35 11 15

Welche Bedeutung Ilanz (rätoromanisch: Glion) einst hatte, lässt sich bei einem Rundgang durch den Ort erahnen. Teile einer mächtigen Wehrbefestigung, barocke Herrensitze und die im spätgotischen Stil erbaute Kirche St. Margarethen zeugen von einer wohlhabenden Vergangenheit als Verkehrs- und Handelsknoten. Besonders eindrucksvoll ist das reich geschmückte und bemalte Obertor, das Wahrzeichen der Stadt. Bereits im 13. Jh. erhielt Ilanz das Stadtrecht zugesprochen; noch heute nennen die Bewohner ihre Gemeinde deshalb stolz »erste Stadt am Rhein«. Ilanz ist aber auch ein herrlicher Ausgangspunkt für Entdeckungstouren: in ursprüngliche Täler oder auf die hoch über dem Rhein gelegene Terrasse von Obersaxen.

Von Süden mündet das 25 km lange Lugnez (Val Lumnezia) bei Ilanz ins Tal des Vorderrheins; ein weites, offenes Tal, an dessen Bergflanken sich kleine Dörfer aneinander reihen. Bei fast allen ist der historische Ortskern nahezu unversehrt erhalten. Malerisch drängen sich aristokratische Herrenhäuser um Wehrbauten und liebevoll restaurierte Kirchen. Dank seiner Nord-Süd-Ausrichtung hat das Val Lumnezia, was übersetzt »Tal des Lichts« bedeutet, ein sehr mildes, fast südländisches Klima. Nebeltage sind selten, meistens strahlt die Sonne vom tiefblauen Himmel.

Früher führte eine viel benutzte Route ins Tessin durch das Lugnez über den Diesrutpass. Schon die Kelten sollen diesen Übergang genutzt haben. Heute herrscht im Lugnez beschauliche Ruhe – selbst

Wellness & Genuss

TOP TIPP Wer sinnliche Entspannung und Wellness pur sucht, ist in der **Felsen-Therme Vals** ❶ an der richtigen Adresse. Neben einem 30 °C warmen Außenbad verfügt die Einrichtung über ein Grotten-, ein Blüten-, ein Feuer-, ein Eis-, ein Schwitz- und ein Dampfsteinbad. Zum vollen Genuss wird der Aufenthalt in Kombination mit einer Übernachtung im Hotel Therme mit seinem wunderbaren Frühstücksbuffet. Hotelgäste müssen sich im Gegensatz zu externen Besuchern für den Besuch des Bades nicht anmelden und haben unbegrenzt Zutritt. Geheimtipp: früh aufstehen und um 7 Uhr ins Bad gehen. Dann ist man mit etwas Glück für einige Minuten völlig allein und erlebt die Therme von ihrer märchenhaftesten Seite. Felsen-Therme Vals; Tel. 08 19 26 80 80, www.therme-vals.ch

Badesee Davos Munts Degen	Der idyllische Bergsee im Val Lumnezia oberhalb von Vattiz (1246 m) in der Gemeinde Degen lädt zum Bad in wilder alpiner Umgebung ein. Wen der Hunger überfällt, der verköstigt sich im nahen Restaurant Casanova, das für seine lokalen Spezialitäten (besonders zu empfehlen: Capuns, Maluns oder Bizzochels) bekannt ist; Tel. 08 19 31 12 50
Freibad Fontanivas Ilanz	Einziges Freibad der Region in wunderschöner Umgebung, großzügige Infrastruktur mit breitem Sport- und Erholungsangebot; Tel. 08 19 25 25 14
Alp Selva bei Vals	Von Ende Juni bis Anfang September bietet die Familie Capaul ihre lokalen Leckereien auf der nur zu Fuß erreichbaren Alp Selva (1500 m, bei Vals, Aufstieg ca. 1 Std.) feil: hausgemachten Sirup, Milch, Alpbutter, Alpkäse, Johannisöl, Kräutertee, Konfitüre, Arnikaspiritus, selbst gebackene Kekse u.v.m.; Tel. 08 19 35 13 36

EVENTS

Juli: Open Air Lumnezia; größtes Rock- und Pop-Open-Air-Festival in Graubünden; www.openair-lumnezia.ch

im Hauptort, dem sehenswerten Vella. Ein Rundgang durch die 500-Einwohner-Gemeinde mit ihren schönen alten Häusern und dem 300 Jahre alten Schloss der Familie de Mont, einem der ältesten Geschlechter Graubündens, lohnt sich. Einen Abstecher sollte man auch in die alte Schlosskapelle mit einem Flügelaltar von Hans Ardüser aus dem 17. Jh. machen.

Der bekannteste und schönste Ort im Tal des Lichts ist jedoch Vrin. Die auf 1448 m liegende Gemeinde am Ende des Tals hat 1998 den renommierten Wakkerpreis des Schweizer Heimatschutzes erhalten. Die Auszeichnung wurde Vrin nicht allein wegen der weitgehend intakten historischen Bausubstanz zugesprochen, sondern vor allem für die vorbildliche Integration zeitgemäßer Bauten ins Ortsbild. Schule, Sporthalle und neue Gewerbegebiete fügen sich harmonisch ein, keine einzige Bausünde verschandelt den Anblick.

Was Architektur und Ortsplanung angeht, können die Gemeinden im benachbarten Obersaxen nicht mit Vrin konkurrieren. Hier macht die Lage den besonderen Reiz aus: Die 28 Weiler der Walsergemeinde liegen verstreut auf einem sonnigen, aussichtsreichen Plateau hoch über dem Vorderrhein. Von Valata, Flond oder Surcuolm ist der Panoramablick auf die gegenüberliegenden Glarner Alpen besonders beeindruckend. Und außerdem verfügt Obersaxen zweifelsfrei über den schönsten Aussichtsberg am Vorderrhein, den 2064 m hohen Piz Mundaun. Eine Sesselbahn führt hinauf bis auf den Gipfel mit seinem atemberaubenden Rundblick über die gesamte Surselva bis hinein ins tief eingeschnittene Valsertal.

Obwohl ganz in der Nähe gelegen, ist das Valsertal weder mit dem Val Lumnezia noch mit Obersaxen vergleichbar. Die landschaftlichen Reize haben hier einen völlig anderen Charakter. Schon die Fahrt auf einer schmalen Straße in das vor 600 Jahren von Walsern gegründete Vals ist ein spannendes Erlebnis. Der Ort selbst liegt eingebettet

Wahrzeichen von Ilanz: das reich geschmückte und bemalte Obertor

🇨🇭 OBERSAXEN – LUMNEZIA

Wanderbus Vals
Die Gemeinde Vals wartet mit einem besonderen Service für Wanderer auf. Ein Wanderbus bringt die Gäste von den Haltestellen Felsen-Therme, Post Vals oder Valé an verschiedene Ausgangspunkte, wo sie ihre Wanderung beginnen können, und holt sie am Ziel auch wieder ab; Tel. 08 19 35 16 49

Biohof Leis
Die Bio-Bäuerin Susi Berni verwöhnt ihre Gäste auf dem Hof Leis in Vals mit herzhaften und süßen Spezialitäten aus dem Valsertal. Ein kerniger »Puura-z'Mittag« – aus eigener Produktion und mit viel Liebe angerichtet – ist besonders köstlich; Tel. 08 19 35 11 27

Wildbeobachtungen in Vals
Ausgerüstet mit einem Feldstecher geht es am frühen Morgen oder in den späten Abendstunden in Begleitung eines kundigen Führers auf Beobachtungstour. Mit etwas Glück lassen sich Rehe und Hirsche beim Äsen und der Steinadler in seinem Horst beobachten; Abfahrt 5 Uhr/19 Uhr; Anmeldung am Vortag bis 17 Uhr; Tel. 08 19 20 70 70

Wanderkarten
Landeskarte der Schweiz; Blätter 1213 Trun, 1214 Ilanz, 1234 Vals; 1:25000
Obersaxer Wanderkarte (zu beziehen bei Obersaxen Tourismus)

Sehenswert: die Kirche in Vrin

in einem Talkessel, dessen grüne Flanken zum Wandern einladen und über dem das 2898 m hohe Zervreilahorn wie ein abgebrochener Zuckerhut in den Himmel ragt.

Außergewöhnliche Therme

Bei aller Attraktivität der Bergkulisse befindet sich der große Schatz der Valser jedoch im Berginneren: Aus dem felsigen Untergrund sprudelt das mineralienreiche Thermalwasser, das den Ort berühmt gemacht hat. Die 1960 von dem Berner Unternehmer Donald M. Hess gegründete Valser Mineralienquellen AG, in der das berühmte Valser Wasser noch heute in die grünen Glasflaschen abgefüllt wird, steht unübersehbar am Ortseingang. Wohltuend wirkt das edle Nass nicht nur bei innerer Anwendung, sondern auch äußerlich, bei einem Bad in der fantastischen Felsen-Therme. An der Stelle des alten Wellen-Freischwimmbades errichtete der Bündner Architekt Peter Zumthor nach zehnjähriger Planungs- und Bauzeit 1996 ein architektonisches Meisterwerk. Ihre Faszination entfaltet die Therme erst, wenn man den Eingangstunnel passiert hat und das aus fein geschnittenen Platten des graugrünen Valser Quarzits errichtete Gebäude betritt. Die labyrinthische Raumaufteilung sorgt in Verbindung mit einem ausgefeilten Beleuchtungskonzept aus Tages- und Kunstlicht für eine einzigartige Atmosphäre. Öffnungen, Fenster und Brüche im Bollwerk aus Quarzit bieten dem Besucher unerwartete Ausblicke auf die herrliche Bergwelt des Valsertals. Da wird das Baden im Thermalwasser fast zur wohltuenden Nebensache.

Wandern & Bergtouren ✸✸✸✸

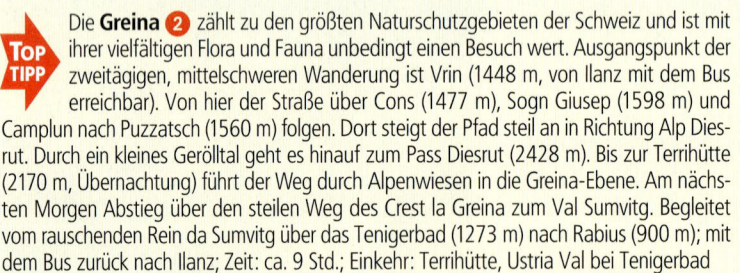

TOP TIPP Die **Greina** ❷ zählt zu den größten Naturschutzgebieten der Schweiz und ist mit ihrer vielfältigen Flora und Fauna unbedingt einen Besuch wert. Ausgangspunkt der zweitägigen, mittelschweren Wanderung ist Vrin (1448 m, von Ilanz mit dem Bus erreichbar). Von hier der Straße über Cons (1477 m), Sogn Giusep (1598 m) und Camplun nach Puzzatsch (1560 m) folgen. Dort steigt der Pfad steil an in Richtung Alp Diesrut. Durch ein kleines Gerölltal geht es hinauf zum Pass Diesrut (2428 m). Bis zur Terrihütte (2170 m, Übernachtung) führt der Weg durch Alpenwiesen in die Greina-Ebene. Am nächsten Morgen Abstieg über den steilen Weg des Crest la Greina zum Val Sumvitg. Begleitet vom rauschenden Rein da Sumvitg über das Tenigerbad (1273 m) nach Rabius (900 m); mit dem Bus zurück nach Ilanz; Zeit: ca. 9 Std.; Einkehr: Terrihütte, Ustria Val bei Tenigerbad

Piz Val Gronda (2820 m) Alpine Wanderung bei Obersaxen	Ausgangspunkt: Lumbreinerbrücke (1623 m; Shuttle-Dienst auf Voranmeldung; Tel. 08 19 33 22 22; sonst Zufahrt mit dem Auto von Meierhof); Inneralp (2173 m) – Piz Val Gronda (2820 m) – Bilde Seeli (2573 m) – Alp Gren (2154 m) – Lumbreinerbrücke; anspruchsvoll, nur für geübte Bergwanderer; Zeit: ca. 8 Std.; Einkehr: keine
Alp Gren (2154 m) Leichte Wanderung zu Obersaxer Alpen	Ausgangspunkt: Lumbreinerbrücke (1623 m); Inneralp (2173 m) – Alp Gren – Lumbreinerbrücke; Zeit: ca. 5 Std.; Einkehr: keine
Giraniga (1267 m) – **Meierhof** (1281 m) Auf den Spuren der Walser wandern	Ausgangspunkt: Giraniga (1267 m, mit dem Bus von Ilanz zu erreichen) – Huot (1459 m) – Wali (1720 m) – Miraniga (1430 m) – Meierhof; abwechslungsreiche, mittelschwere Wanderung; Zeit: ca. 4 Std.; Einkehr: Bergrestaurant Wali
Zervreilasee (1862 m) – **In der Peil** (1660 m) Schöne und leichte 3-Seen-Wanderung	Ausgangspunkt: Staumauer am Zervreilasee (hierher mit dem Bus von Vals); Guraletschsee (2409 m) – Amperoreilsee (2377 m) – Selvasee (2297 m) – Alp Selva – In der Peil (1660 m); zu Fuß oder mit dem Wanderbus zurück nach Vals; Zeit mit Bus ca. 4 Std.; ohne Bus ca. 6 Std.; Einkehr: Restaurant Zervreilasee, Kiosk Peil

Vals, der Hauptort des gleichnamigen Tals. Die mit Steinen gedeckten Häuser sind typisch für diese Region.

Adressen & Bergbahnen — Landesvorwahl 00 41

Urlaubsregion	**Obersaxen** Tourismus; Tel. 08 19 33 22 22; E-Mail: obersaxenferien@swissonline.ch; www.obersaxen.ch	❶ Valata Cuolm Sura/Piz Mundaun Berg/Tal 14 sfr
Vals (1252 m)	Informationsbüro Vals; Tel. 08 19 20 70 70; E-Mail: visitvals@vals.ch; www.vals.ch	❷ Vals Gadastatt Berg/Tal 18 sfr
Vella (1244 m)	Verkehrsverein Val Lumnezia; Tel. 08 19 31 18 58; E-Mail: info@vallumnezia.ch; www.vallumnezia.ch	❸ Vella Triel Berg/Tal 14 sfr
Weitere Orte	Ilanz • Meierhof • Miraniga • Surcuolm • Valata • Wali alle: www.obersaxen.ch • Cumbel • Degen • Lumbrein • Vattiz • Vrin alle: www.vallumnezia.ch	❹ Wali Stein Berg/Tal 8 sfr
Entfernungen	Hamburg 947 km; Berlin 875 km; Köln 734 km; Frankfurt a. M. 564 km; Stuttgart 359 km; München 330 km	Siehe auch Preisteil S. 647

Hotelempfehlungen

Ilanz S. 716
Obersaxen S. 718
Surcuolm S. 720

Straßenatlas Siehe S. 790

FLIMS – LAAX – FALERA
GRAUBÜNDEN

Farbtupfer in einer Region voller Naturwunder: Im Herbst ist Flims ein Treffpunkt für Ballonfahrer.

ACTION & SPORT
WANDERN & BERGTOUREN
FUN & FAMILY
WELLNESS & GENUSS

Ein Paradies für Bergsteiger und Sportler

Die Gegend um Flims, Laax und Falera steckt voller Naturwunder. Tief eingeschnittene Schluchten, steile Kalksteinklippen, bizarre Felsformationen und malerische Seen sind die ideale Kulisse für eine Ferienregion, die ihren Gästen zahllose Sportmöglichkeiten bietet. Vom Wandern und Klettern übers Paragliden bis hin zu Rafting und Mountainbiken ist hier alles drin.

ADAC – der perfekte Urlaubstag

- **9 Uhr:** Fahrt per Sesselbahn ❷ ❸ von Flims nach Naraus und Panoramawanderung über Startgels nach Foppa
- **12 Uhr:** Mittagessen im Bergrestaurant Foppa
- **14 Uhr:** Rückfahrt mit dem Tretroller (»Trottinett«, Verleih in Foppa; Infos unter Tel. 08 19 27 79 73) nach Flims; mit dem Bus nach Laax, alpine Wellness im Freibad Laaxersee
- **20 Uhr:** Abendessen im Restaurant Tegia Larnags in Laax; Reservierung nötig (Tel. 08 19 27 99 10)

Ihre spektakulärste Attraktion verdankt die »Alpenarena« von Flims, Laax und Falera einer Naturkatastrophe. In der Späteiszeit donnerten bei einem Bergsturz 15 Mrd. m³ Fels vom Flimserstein zu Tal. Die Abbruchnische ist noch heute am Cassonsgrat oberhalb von Flims zu erkennen. Der Talboden war bis zu 800 m hoch mit Schutt bedeckt, und durch dieses Geröll bahnte sich im Laufe der Zeit der Vorderrhein seinen Weg. Heute kann man das Naturwunder der Rheinschlucht – die auch Ruinaulta genannt wird (rätoromanisch für »hoher Abbruch«) oder neudeutsch »Little Swiss Grand Canyon« – auf verschiedene Weise selbst in Augenschein nehmen, etwa bei einer Fahrt mit der Rhätischen Bahn (www.rhb.ch) direkt am Fluss entlang. Das Kernstück des Ruinaulta-Pfades zwischen den Stationen Versam und Valendas sollte man aber unbedingt zu Fuß bewältigen. Zwar geht es in etwa eineinhalb Stunden etwas mühsam bergauf und bergab, aber die Wanderung direkt unter den grotesk ausgewaschenen, mehrere hundert Meter hohen Felswänden ist ein einmaliges Erlebnis.

Wer jedoch wegen des vielfältigen Sportangebotes in die Alpenarena gekommen ist, wird sich der Rheinschlucht lieber sportlich nähern wollen. Das ist beim Rafting oder beim so genannten »River

Wandern von Cassons aus, im Hintergrund die Tschingelhörner

Boogie« möglich, bei dem sich Wagemutige mit einem Mini-Floß in die Fluten stürzen und auf diese Weise das wilde Wasser hautnah erleben können. Überhaupt ist die Alpenarena ein Paradies für Sportler: Mountainbiken, Klettern, Wandern, Gleitschirmfliegen, Golfen, Reiten – kaum eine Sportart, die nicht angeboten wird. Mountainbiken etwa darf man mit der entsprechenden Rücksicht grundsätzlich auf allen Wegen, also auch auf den zahlreichen Wanderrouten. Das auf diese Weise entstandene Wegenetz umfasst insgesamt knapp 240 km. Downhiller lassen sich mit der Bahn zum Crap Sogn Gion bringen; von dort nehmen sie die anspruchsvolle Steilabfahrt hinunter nach Laax-Murschetg unter die grobstolligen Reifen. Weniger Geübte sollten leichtere Touren bevorzugen wie zum Beispiel von Laax-Murschetg zum Caumasee, an dem es sich wunderbar rasten und baden lässt. Auch die technisch einfache, kurze Tour von Murschetg über Conn nach Flims und zurück zum Ausgangspunkt ist eine tolle Runde mit grandiosen Einblicken in die Rheinschlucht.

Wandern im »Großen Wald«

Und auch Wanderer kommen voll auf ihre Kosten. Von leichten Spaziergängen im »Großen Wald« von Flims bis hin zu knackigen Bergtouren für Geübte bieten 250 km Wanderwege genügend Abwechslung für viele Urlaubstage. Dort, wo im Winter Ski- und Snowboardfahrer die weitläufigen Pisten der »Weißen Arena« genießen, führen im Sommer aussichtsreiche Panoramawege an stattlichen Felsformationen vorbei; durch blühende Wiesen geht es

Die Rhätische Bahn in der Rheinschlucht

zu malerischen Seen und anderen lohnenswerten Zielen. Ein Muss für Genusswanderer ist zum Beispiel der »Große Wald«, der auf jenem Plateau gewachsen ist, das die Gesteinsmassen des Bergsturzes nahe des Rheins aufgeschüttet haben. Touren im »Uaul Grond«, wie die Landschaft auf Rätoromanisch heißt, führen auf gepflegten Wegen etwa zum Cauma- oder zum Crestasee, wo sich Naturerlebnis und Entspannung im Hochsommer beim (Sonnen-)Baden ideal kombinieren lassen.

Alpiner geht es dagegen oberhalb der drei Dörfer Flims, Laax und Falera zu. Für eine Tagestour, die beim aussichtsreichen Cassonsgrat startet, nimmt

EVENTS

- Juni: Frischi Bike Challenge, Mountainbike-Rennen
- August: Sommerkonzerte, Falera
»Fat Tire Laax«, internationales Motorradtreffen

- September/Oktober: Alpine Heißluftballonwoche Flims mit über 20 Teilnehmern; Tel. 08 19 11 27 81

Wandern & Bergtouren

TOP TIPP Die **4-Seen-Wanderung** ❶ (mittelschwere Wanderung; Zeit: ca. 4 Std.) zählt zu den absoluten Wanderhighlights. Vom Restaurant Post in Flims Waldhaus westwärts zum versteckt liegenden, kreisrunden Lag Prau Pultè (1122 m). Die Kantonsstraße überqueren und weiter zum bananenförmigen Lag Prau Tuleritg. Von dort zum smaragdfarben schimmernden, unterirdisch gespeisten Lag la Cauma (997 m) mit seinen zahlreichen Buchten. Hier empfiehlt sich im Hochsommer ein Badestopp. Weiter nach Conn und anschließend zum Lag la Cresta (844 m). Von dort entweder zu Fuß durch die Felsbachschlucht oder per Bus zurück nach Flims.

Hütten

Segneshütte (2102 m)
Die bewirtete Hütte liegt aussichtsreich oberhalb von Flims und ist ein beliebtes Ziel für Mountainbiker und Wanderer. Gegen den Hunger gibt es Feines und Uriges aus Küche und Keller. Tel. 08 19 27 99 25

Fil da Cassons (2634 m) – **Naraus** (1838 m) Wunderschöne Marathon-Wanderung für Berggänger mit Erfahrung und viel Ausdauer	Ausgangspunkt: Flims Dorf (1081 m); mit Sessellift und Seilbahn ❷❸❹ nach Cassons (2634 m); in nördlicher Richtung über die Fuorcla Raschaglius (2551 m) bis unter den Segnasgletscher (2500 m) – Segnasboden – Pas dil Segnas – La Siala (2459 m) – Muletg da Steris (2465 m) – zum wasserreichen Segnas Sut (2099 m) – Segnashütte (2102 m) – Muletg Veder – Seilbahnstation Naraus ❸ (1838 m) – von hier per Seilbahn zurück nach Flims; Zeit: ca. 10 Std.; Einkehr: Cassonsgrat Edelweiß, Segnashütte, Enzian Naraus
Bargis (1552 m) – **Fil da Cassons** (2634 m) Mittelschwere Tour mit Panoramablick zum Flimserstein	Ausgangspunkt: Flims Dorf; per Bus auf einer schmalen, für den Privatverkehr gesperrten Straße nach Bargis (1552 m) – von der Aussichtsterrasse am Rande des Ortes entlang des Bergbaches Aua da Mulins Richtung Nordwesten – über Vadres und La Rusna ins Val Camutschera – in westlicher Richtung über Sura zur Fuorcla Raschaglius (2551 m) nach Süden zur Station Fil da Cassons (2634 m) und mit der Seilbahn ❷❸❹ zurück nach Flims; Zeit: ca. 5–6 Std.; Einkehr: Berghaus Bargis, Cassonsgrat Edelweiß
Naraus (1840 m) – **Flims** (1081 m) Leichte Bergab-Wanderung mit schönem Einblick in die Alpenarena	Ausgangspunkt: Flims Busstation (1088 m); Seilbahn ❷❸ nach Naraus (1838 m) – über die Alpweiden Richtung Punt Desch (1760 m) – beim Abstieg nach Startgels (1587 m) säumen botanische Raritäten wie Türkenbund und Feuerlilie den Pfad – bei Startgels den Weg über den »Uaul Runcs« (Bärenboden) einschlagen – über das Val Stenna zurück nach Flims Dorf; Zeit: ca. 3,5 Std.; Einkehr: Alpenrose Startgels, Bergrestaurant Foppa

🇨🇭 FLIMS – LAAX – FALERA

Action & Sport

MOUNTAINBIKE	KLETTERSTEIGE	RAFTING	CANYONING	REITEN
PARAGLIDING	DRACHENFLIEGEN	KLETTERGÄRTEN	TENNIS	WINDSURFEN
KAJAK/KANU	WASSERSKI	TAUCHEN	HOCHSEILGARTEN	GOLF

TOP TIPP Unter »**Hydro-Speed**« ❷ kann man sich auf Anhieb nicht viel vorstellen – schon eher, wenn man weiß, dass diese Spielart des Wassersports auch als »River Boogie« bekannt ist. Bäuchlings auf einem Mini-Floß liegend, geht es rasant durch tosende Stromschnellen, vorbei an Felsmauern und hinein ins ultimative Wildwasser-Abenteuer – und immer dem erfahrenen Guide hinterher. Die Ausrüstung mit Neopren-Anzug, Helm, Schwimmweste und Flossen wird gestellt. Ab 14 Jahren. Zweimal täglich bietet Swissraft in Flims eine Tour durch den »Swiss Grand Canyon« an; Tel. 08 19 11 52 50, www.swissraft.ch

Mountainbiken	Senda Sursilvana	Ausgangspunkt: Laax Murschetg; auf dem Fernwanderweg »Senda Sursilvana« (bitte Rücksicht auf Wanderer nehmen) nach Falera, weiter über Ladir – Siat – Pigniu – Andiast – nach Waltensburg, dort über den Rhein nach Ilanz – Sagogn – zurück nach Laax Murschetg; Dauer/Charakter: ca. 4 Std./ Schotter und Wanderwege, mittelschwer
		Insgesamt 233 km markierte Freeride-, Cross-Country- und Straßenwege; anspruchsvolle 7-km-Downhill-Strecke (Ausgangspunkt: Crap Sogn Gion, ❺; Mountainbiken ist auf allen Wegen erlaubt – bitte Rücksicht auf Wanderer nehmen! Detaillierte Karte mit Tourenvorschlägen ist in den Informationsbüros der Alpenarena erhältlich
Paragliding	Crap Sogn Gion, Cassons, Naraus	Startplätze: Crap Sogn Gion, Cassons oder Naraus; Schnupper-, Intensiv- und Weiterbildungskurse bei Swissraft Flims; Tel. 08 19 11 52 50; www.swissraft.ch; X-Dream Fly Flims; Tel. 07 92 91 45 12
Klettergärten	Crap la Tgina	Einseillängen-Routen in festem Hochgebirgskalk beim Cassonsgrat, komplett eingerichtet
	Segnasboden	Mehrseillängen-Touren bis 120 m Länge in rauem Kalk, komplett eingerichtet
	Crap Sogn Gion	Künstliche Kletterwand an der Außenseite des Luftseilbahn-Gebäudes; mehrere Routen in den Schwierigkeitsgraden 5–8
Nordic Walking	Sportzentrum Prau La Selva, Flims	Ausgangs- und Begegnungspunkt; Verleih von Stöcken und Pulsmessgeräten; Garderoben, Duschen; Schnupperkurse für Einsteiger; Tel. 08 19 20 91 91
	Walking- und Running-Trail, Flims	Drei ausgeschilderte Rundkurse, Streckenlänge 2,9–10,5 km; an einer der Strecken Infotafeln zu Technik, Dehnungs- und Kräftigungsübungen sowie Koordinationstraining; Ausgangspunkt: Sportzentrum Prau La Selva
Hochseilgarten	Outdoor- und Indoor-Anlage, Waldhaus	Im Areal des Park Hotels Waldhaus; die »Outdoor Training Academy« hat hier eine Anlage unter freiem Himmel im Wald eingerichtet; außerdem Indoor-Anlage »Hochseiloase«; unter Betreuung der OTA sind beide Anlagen öffentlich zugänglich; Programme für Familien und Kinder; Tel. 07 63 87 95 78
Inlineskating	Sportzentrum Prau la Selva, Flims	Der Skatingpark ist ein kleines Paradies für Inlineskater, Skateboarder und BMX-Fahrer mit Quarterpipe, Wellenbahn und diversen anderen Hindernissen; Tel. 08 19 20 91 91; www.sportzentrum-flims.ch

Adressen & Bergbahnen
Landesvorwahl 00 41

Urlaubsregion	Alpenarena **Flims, Laax, Falera**; Tel. 08 19 20 92 02; E-Mail: tourismus@alpenarena.ch; www.alpenarena.ch	❶ Falera Curnius Berg/Tal 13 sfr
Falera (1213 m)	Informationsbüro Falera; Tel. 08 19 21 30 30; E-Mail und Internet siehe Urlaubsregion	❷ ❸ Flims Naraus (via Foppa) Berg/Tal 21 sfr
Flims (1081 m)	Informationsbüro Flims; Tel. 08 19 20 92 00; E-Mail und Internet siehe Urlaubsregion	❹ Flims/Naraus Fil da Cassons einfache Fahrt 7 sfr
Laax (1016 m)	Informationsbüro Laax; Tel. 08 19 20 81 81; E-Mail und Internet siehe Urlaubsregion	❺ Laax Laax–Crap Sogn Gion Berg/Tal 23 sfr
Weitere Orte	**Trin** www.trin.ch • **Sagogn** www.sagogn.ch • **Valendas** • **Versam-Safien**	
Entfernungen	Hamburg 917 km; Berlin 845 km; Köln 705 km; Frankfurt a. M. 535 km; Stuttgart 330 km; München 301 km	Siehe auch Preisteil S. 647

Restaurants

Gasthaus Crestasee
Wunderschön gelegenes Restaurant am Seeufer, ideales Ziel für Mountainbiker und Wanderer; Tel. 08 19 11 11 27

Edelweiß Cassonsgrat (2634 m)
Kleines Restaurant mit einmaligem Panoramablick; Spezialität ist das Gipfelraclette; Tel. 08 19 11 58 98

Tegia Larnags
Das Haus in Laax gibt sich bäuerisch, bodenständig, rustikal – und doch edel mit Stil; Tel. 08 19 27 99 10; www.larnags.ch

Restaurant Conn
Wirt Guido Casty führt unvergleichlich gute Trinser Birnenravioli auf der Speisekarte. Aber auch wegen des faszinierenden Blicks in die Rheinschlucht ist das Restaurant immer einen Besuch wert; Tel. 08 19 11 12 31

Kulinarik-Trails
Die Kulinarik-Trails »Berg & Sicht« (5-Gang-Menü) sowie »Wald & Wasser« (3-Gang-Menü) verbinden die körperliche Anstrengung des Wanderns mit kulinarischen Erlebnissen in ausge-

Ruccolasalat	35 Min.
Bündner Jägerplättli	1 Std. 40 Min.
Kalbspaillard vom Grill	2 Std. 50 Min.
Bündner Nusstorte	3 Std. 50 Min.
Kulinarik-Trails Flims Laax Falera	

suchten Restaurants. Die Broschüre mit Routen und Menüs ist bei den Informationsbüros der Alpenarena in Flims, Laax und Falera erhältlich; Tel. 08 19 20 92 00

Die »Alpenarena«: über 200 km Mountainbike-Wege

man von Flims aus am besten die Bergbahnen hinauf auf 2634 m Höhe. Oben erwartet den Besucher ein herrliches Bergpanorama, unter anderem mit Blick auf die charakteristische Zackenkette der fast 3000 m hohen Tschingelhörner. Für den Weg ins Tal bieten sich dann verschiedene mehr oder weniger schnelle Varianten an. Der Cassonsgrat ist ein beliebter Startplatz für Paraglider. Wer sich für Natur und Geologie interessiert, sollte den Naturlehrpfad besuchen; Informationstafeln erläutern die Besonderheiten aus Flora und Fauna (zweistündiger Rundweg ab Cassonsgrat). Der Panoramaweg in östlicher Richtung über den Flimserstein nach Bargis und von dort zurück nach Flims ist anstrengend, weil insgesamt fast 1600 Höhenmeter im Abstieg bewältigt werden müssen, aber sehr lohnend (Gesamtzeit: ca. 4 Std.). Müde Wanderer können ab Bargis auch mit dem Bus fahren. Alle Routen sind perfekt ausgeschildert, Ausgangs- und Endpunkte meist bequem mit Zug, Bus oder Bergbahn erreichbar.

Im Reich der Wanderer und Sportler kommt auch der Genuss nicht zu kurz. Vier Wellness-Hotels gibt es in der Region, die jede erdenkliche Form der entspannenden Behandlung bieten: von Ayurveda über Shiatsu bis Thalasso. Wem es mehr ums gute Essen geht, sollte Angenehmes und Nützliches verbinden und einem der »Kulinarik-Trails« einen Besuch abstatten. Hier stehen gemütliches Wandern und gutes Essen im Einklang miteinander. Entspannen kann man auch an einem anderen Ort, der noch dazu historische Bedeutung hat: Auf einer kleinen Erhebung am Rand des Ortes Falera errichteten bronzezeitliche Bewohner vor etwa 3500 Jahren mehrere Reihen aus insgesamt 34 aufgerichteten Steinen, so genannten Megalithen. Über die Bedeutung des als »Parc la Mutta« bezeichneten Monumentes ist wenig bekannt, es könnte sich jedoch um ein frühes astronomisches Zentrum handeln. Verlängert man nämlich die wichtigste Steinreihe, eine Linie aus sechs säulenartigen Steinen, nach Osten, so trifft sie auf einen Punkt am vor Chur gelegenen Calandamassiv, an dem die Sonne jeweils am 21. Mai und am 21. Juli aufgeht. Was sich sonst noch alles in den Steinen des »Parc la Mutta« verbirgt, lässt sich auf einem Lehrpfad auf eigene Faust oder in einer öffentlichen Führung erkunden. Fest steht: Die Region, die heute als Alpenarena bekannt ist, hat die Menschen bereits schon vor Jahrtausenden angezogen. Was bei der Vielzahl von atemberaubenden Eindrücken, die das Gebiet an der Rheinschlucht zu bieten hat, auch nicht weiter verwundert.

Parc la Mutta

Vor rund 3500 Jahren, in der Bronzezeit, verbanden die Menschen von Falera im »Parc la Mutta« auf einzigartige Weise Astronomie, Mathematik und Kult. Ein Lehrpfad samt dazugehörigem Faltblatt (am Eingang erhältlich) erklärt die größte und wichtigste Megalithanlage der Schweiz. Wer sich eingehender mit der Geschichte der Steine auseinander setzen möchte, dem sei eine der im Sommer regelmäßig stattfindenden öffentlichen Führungen empfohlen (Anmeldung nötig). Für Kinder gibt es spezielle Führungen; Tel. 08 19 21 30 30; www.parclamutta.falera.net

Hotelempfehlungen

Falera S. 715
Flims-Dorf S. 715
Flims-Fidaz S. 715
Flims-Waldhaus S. 715
Laax S. 716

Wanderkarten

Landeskarte der Schweiz, Blätter 1194 Flims, 1195 Reichenau, 1174 Elm; 1:25000
Wanderkarte und Bikekarte der Alpenarena, erhältlich in den Tourismusbüros der Alpenarena sowie an den Kassenschaltern der Bergbahnen; jeweils 1:25000

Straßenatlas Siehe S. 790

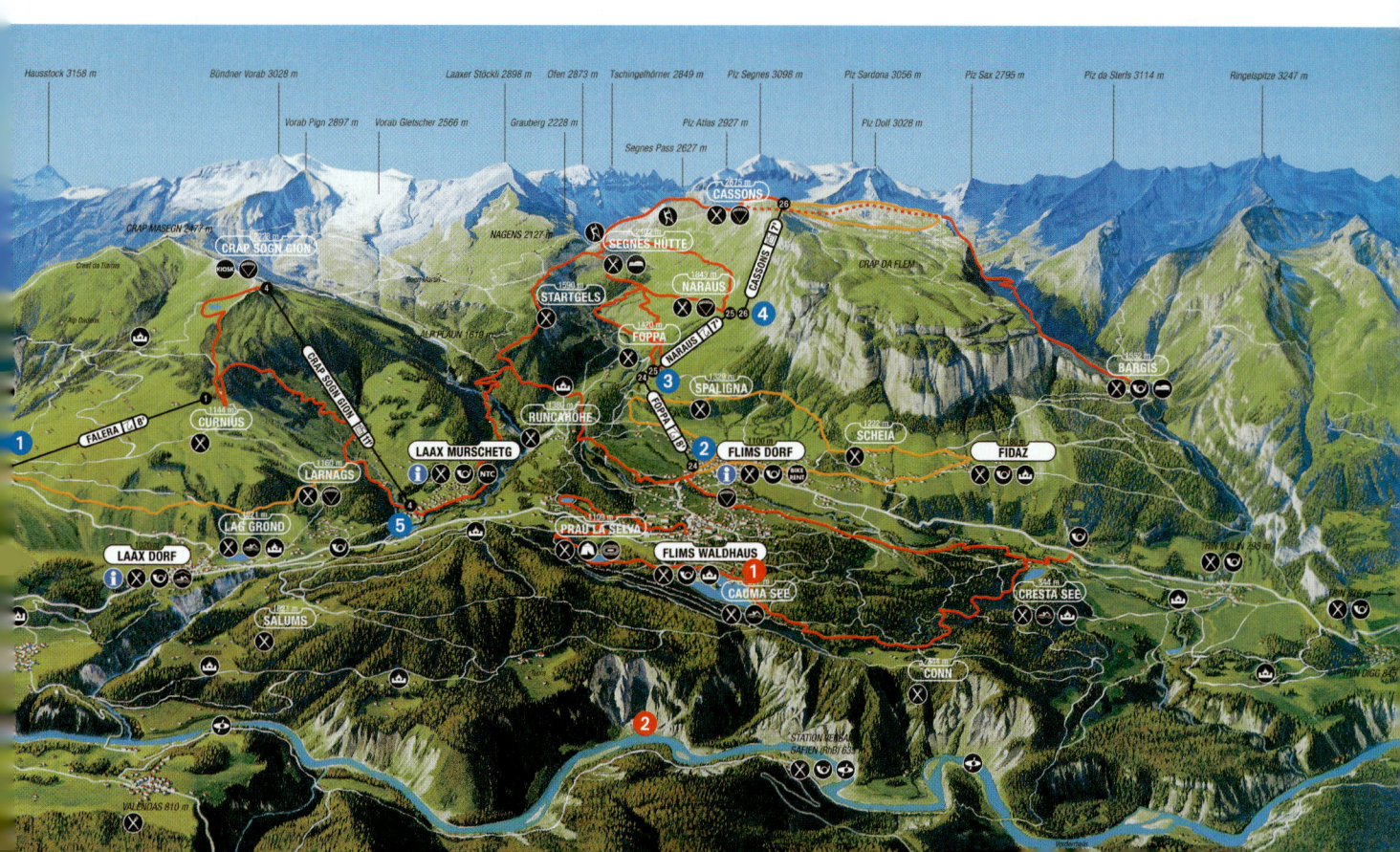

LENZERHEIDE – VALBELLA
GRAUBÜNDEN

ACTION & SPORT
WANDERN & BERGTOUREN
FUN & FAMILY
WELLNESS & GENUSS

Urlaub am Heidsee – mit Gütesiegel

»Familien willkommen« heißt es in der Region Lenzerheide – Valbella. Graubündens viertgrößtes Urlaubsgebiet lockt mit einer weiten, offenen Landschaft und einem fabelhaften touristischen Angebot. Besonders beliebt ist das breite Hochtal mit seinen grünen Bergflanken bei Mountainbikern. Und stille Genießer finden noch viele Winkel, wo es ruhig und beschaulich zugeht.

Dass sich die Region von Valbella und Lenzerheide vor allem bei Familien besonderer Beliebtheit erfreut, liegt nicht zuletzt an der sanften Topographie der Landschaft. Streckenweise erinnert die Gegend zwischen Chur und Tiefencastel eher an eine liebliche Parklandschaft als an eine alpine Region. Dabei geht die Entstehung des Hochtales auf zwei Naturkatastrophen zurück. In grauer Vorzeit strömte hier der »Ostrhein« vom Julier kommend in Richtung Bodensee. Doch plötzlich versiegten die Fluten. Der Fluss hatte sich in der Schinschlucht zum Domleschg hin ein neues Bett gegraben und mit dem »Westrhein« verbündet. Das Gebiet von Lenzerheide blieb als Talfurche bestehen. Später veränderte ein riesiger Bergsturz das Gelände und bescherte der Landschaft ihre heutigen Reize.

Die Touristen entdeckten Valbella und Lenzerheide allerdings erst in der Mitte des 20. Jh. Dann jedoch verhalfen sie der Region zu einem schnellen Aufschwung. Nachzuvollziehen ist dies an der Entwicklung der ursprünglich 4 km auseinander liegenden Orte: Valbella und Lenzerheide sind im Laufe weniger Jahrzehnte regelrecht zusammengewachsen. Heute ist Lenzerheide–Valbella die viertgrößte Tourismusgemeinde im Kanton Graubünden. Alljährlich finden hier Spektakel statt wie der »Bike-Attack«, bei dem sich wagemutige Piloten auf dem Mountainbike vom Parpaner Rothorn in die Tiefe stürzen. Ein anderes Beispiel ist die Alpen-Challenge, bei der – ebenfalls auf dem Fahrrad – zahlreiche anspruchsvolle Pässe bezwungen werden müssen.

Einen Ruhepol im Hochtal bildet dagegen der auf 1484 m zwischen Lenzerheide und Valbella gelegene Heidsee. Das tiefblaue, von Bäumen umsäumte Gewässer ist ein idealer Mittelpunkt für Ferien in der Region. Wanderer, Surfer, Angler oder Bade-

Spazieren, spielen, baden – und das alles vor herrlicher Bergkulisse: Der Heidsee zwischen Lenzerheide und Valbella ist besonders bei Familien beliebt.

ADAC — *der perfekte Urlaubstag*

- **9 Uhr:** mit dem Bus nach Churwalden und Rodeln auf der Rodelbahn Pradaschier ❸
- **12 Uhr:** Mittagessen im Bergrestaurant Pradaschier
- **14 Uhr:** Rückfahrt und Badenachmittag am Lido Heidsee
- **20 Uhr:** Abendessen auf der Terrasse des Restaurants Seehof am Heidsee

Action & Sport

MOUNTAINBIKE	KLETTERSTEIGE	RAFTING	CANYONING	REITEN
PARAGLIDING	DRACHENFLIEGEN	KLETTERGÄRTEN	TENNIS	WINDSURFEN
KAJAK/KANU	WASSERSKI	TAUCHEN	HOCHSEILGARTEN	GOLF

TOP TIPP Nur etwas für Mutige – aber diesen unbedingt zu empfehlen ist ein **Mountainbike-Downhill** ❶: Mit der Rothornbahn ❶ geht es zunächst zum Rothorn Gipfel (2861 m) und anschließend über Stock und Stein hinunter nach Churwalden – auf den Spuren der Mountainbiker, die sich jedes Jahr beim »Bike-Attack«, Europas wohl spektakulärstem Downhill-Rennen, in die Tiefe stürzen. Die Strecke ist sehr gut ausgeschildert. Wer dann noch nicht genug hat, fährt mit der Sesselbahn von Churwalden Richtung Alp Stätz (1937 m) ❷ und rollt von dort hinab nach Lenzerheide.

Paragliding	Rothorn-Gipfel, Lenzerheide	Einer der beliebtesten Startplätze der Region für Gleitschirmflieger ist auf dem Gipfel des Rothorns ❶ eingerichtet. Mehr Informationen, Kurse und Tandemflüge bei Sereina Murk; Tel. 08 13 84 40 78; www.mountainfreak.ch.vu
Fun Sports	Dolce far Sport, Lenzerheide	»Dolce far Sport« nennt der Tourismusverein Lenzerheide sein betreutes Fun-Sport-Angebot, das sich sehen lassen kann: Aerobic, Badminton, Inlineskating, Krafttraining oder Bogenschießen – all das kann man unter fachkundiger Leitung ausprobieren; Tel. 08 13 85 11 33
Golf	Golfclub Lenzerheide	Der Golfplatz Lenzerheide gehört sicher zu den schönsten alpinen Plätzen der Schweiz. Der 18-Loch-Platz (Par 69) liegt auf 1400 m, gefühlvoll eingebettet in eine herrliche Landschaft. Infos beim Golfclub Lenzerheide; Tel. 08 13 85 13 13; www.golf-lenzerheide.ch

EVENTS

August: Bike-Attack, Lenzerheide; spektakuläres Mountainbike-Downhill-Rennen vom Rothorn nach Churwalden; www.bike-attack.ch

Graubünden Marathon: Beim »härtesten Marathon der Welt« werden 2682 Höhenmeter überwunden. Die Strecke verläuft von Chur auf den Gipfel des Parpaner Rothorns; www.graubuenden-marathon.ch

Alpen-Challenge: Radmarathon von Lenzerheide über den Albulapass ins Engadin und zurück nach Lenzerheide, 220 km, 4000 Höhenmeter; www.alpen-challenge.ch

gäste kommen hier auf ihre Kosten. Bei Familien ist das Strandbad »Lido« besonders beliebt: Das Wasser ist weniger als einen halben Meter tief, und zahlreiche Attraktionen wie der Kletterberg »Mini-Lenzerhorn« oder ein Abenteuer-Piratenschiff lassen bei der jungen Generation keine Langeweile aufkommen.

Das vielfältige Angebot rund um den Heidsee ist einer der Gründe, warum Lenzerheide vom Schweizer Tourismusverband regelmäßig mit dem Gütesiegel »Familien willkommen« ausgezeichnet wird. Der Lido ist auch einer von drei Startpunkten für den nach der beliebtesten Schweizer Comicfigur benannten Globi-Wanderweg. Auf der 4–6 km langen Wanderung erklärt Globi – eine eher undefinierbare Kreuzung zwischen einem Papagei und einem Pinguin – anhand von praktischen, spannenden und unterhaltsamen Beispielen die Zusammenhänge in der Natur.

Ausflüge in die Vergangenheit

Das schnelle Wachstum hin zu einer quirligen Tourismus-Region hat jedoch auch seinen Preis. Die Beschaulichkeit und der ursprüngliche Charakter

Hütten

Jochalp (2020 m)
Herrliche, auf dem Churer Joch gelegene Hütte. Traumhafte Aussicht ins Rheintal und nach Chur. Leichter, landschaftlich herrlicher Zustieg von Parpan aus (ca. 2 Std.); auch sehr empfehlenswerte, leichtere Mountainbike-Tour; Tel. 08 13 82 12 38

Lohnende Wanderziele: Rund um das Rothorn gibt es zahlreiche Touren, die sich auch für Familien eignen.

LENZERHEIDE – VALBELLA

Hotel Schweizerhof
Das Haus in Lenzerheide zeichnet sich durch besondere Familienfreundlichkeit aus. Für die kleinen Gäste wird von Anfang Juli bis Ende August ein spezielles Programm angeboten – mit Übernachtung im Tipizelt, Naturerlebnissen auf dem Bauernhof, Pizzabakken, Spielzimmer sowie hauseigenem Kindergarten »Teddy-Club«; Tel. 08 13 84 01 11

der alten romanischen Dörfer lassen sich manchmal nur noch erahnen. Wer sich für die rätoromanische Geschichte der Region interessiert, darf auf keinen Fall die auf einer Anhöhe südlich von Lenzerheide gelegenen kleinen Dörfer Lain, Muldain, Zorten und Lantsch auslassen. Spaziert man durch die engen Gassen mit ihren romanischen und walserischen Häusern, fühlt man sich in eine Vergangenheit zurückversetzt, in der das Gebiet noch rein landwirtschaftlich geprägt war. Passend dazu gibt das Ortsmuseum von Zorten einen Einblick in die Lebensweise jener Zeit. Sehenswert sind auch die Kirche Sankt Johannes Baptista in Muldain, eines der bedeutendsten Werke des Bündner Barock, und der Friedhof von Lantsch mit den alten handgeschmiedeten Eisenkreuzen.

Das Gegenstück zu den ursprünglichen Siedlungen südlich von Lenzerheide ist das weiter nördlich gelegene Churwalden, das mit zahlreichen Freizeitmöglichkeiten lockt. Zugpferd ist die laut Guinness-Buch längste schienengeführte Rodelbahn der Welt. Während der Abfahrt von der Alp Pradaschier

Fun & Family

Heidsee Lenzerheide	Erlebnisbad u. a. mit Kletterberg, Abenteuer-Piratenschiff, Hängebrücke und Floßfähre
Globi-Wanderweg Lenzerheide	Wandern und dabei viel lernen: Wolken beobachten, Felle identifizieren, Fußabdrücke suchen; Infos: Tel. 08 13 85 11 20
Lehr- und Demokraftwerk Churwalden	In diesem Mikrokraftwerk wird gezeigt, wie aus Wasser Strom gewonnen wird; Tel. 08 13 85 25 25
Schaubauernhof Kuh-Villa Lenzerheide	Einblick in die moderne Landwirtschaft. Mit Bauernolympiade und Bauern-Apéro; Tel. 08 13 84 26 05
Familien- und Sportzentrum Dieschen	Bad, Sauna, Dampfbad, Riesenrutschbahn, Fitnesscenter u.v.m.; Tel. 08 13 85 21 85

TOP TIPP Eine Fahrt auf der laut Guinness-Buch längsten schienengeführten **Sommerrodelbahn** der Welt gehört zum Pflichtprogramm während eines Besuchs in dieser Region. Im Laufe der 3100 m langen rasanten Talfahrt von der Bergstation Pradaschier (1817 m) nach Churwalden wird ein Höhenunterschied von 480 m bewältigt. Eine Fahrt dauert sieben bis zehn Minuten; Tel. 08 13 56 22 09

Nichts für schwache Nerven: Downhill-Fans kommen in Lenzerheide auf ihre Kosten.

durch 31 Kurven werden 480 Höhenmeter bewältigt. Die Geschwindigkeit bestimmt der Pilot selbst. Wagemutige schaffen die 3100 m lange Strecke in sieben Minuten, vorsichtigere Piloten sind gute zehn Minuten unterwegs. Churwalden ist aber auch ein idealer Ausgangspunkt für Wanderungen oder Mountainbike-Touren.

Klar, dass so viel Bewegung in der Bergluft hungrig macht. Zum Glück lässt das besondere Klima auch eine besondere Delikatesse heranreifen: Die Einheimischen sind fest davon überzeugt, dass in Churwalden und dem benachbarten Parpan das beste Trockenfleisch der Welt produziert wird – hier Bündner Fleisch genannt. Gern gesehene Tester sind natürlich die Gäste der Region.

Wandern für Kinder: Globi weiß den Weg.

Bündner Fleisch
Echtes luftgetrocknetes, nach altem Rezept hergestelltes Bündner Fleisch gibt es bei Jörg Brügger & Co. in Parpan. Im Sommer sind für Gruppen geführte Besichtigungen der Fleischtrocknerei möglich; Tel. 08 13 82 11 36

Adressen & Bergbahnen — Landesvorwahl 00 41

Churwalden (1229 m)	Tourismusverein Churwalden; Tel. 08 13 82 14 35; E-Mail: info@churwalden.ch; www.churwalden.ch	① Canols (am Heidsee) Scharmoin/Rothorn Berg/Tal 38 sfr
Lantsch/Lenz (1314 m)	Lantsch/Lenz Tourismus; Tel. 08 16 81 11 27; lantsch@lenzerheide.ch; www.lantsch.ch	② Churwalden Alp Stätz Berg/Tal 14 sfr
Lenzerheide (1484 m)	Informationsbüro Lenzerheide; Tel. 08 13 85 11 20; E-Mail: info@lenzerheide.ch; www.lenzerheide.ch	③ Churwalden Pradaschier Berg/Tal 14 sfr
Parpan (1493 m)	Verkehrsverein Parpan; Tel. 08 13 82 12 63; E-Mail: tourismusverein@parpan.ch; www.parpan.ch	
Valbella (1509 m)	Informationsbüro Valbella; Tel. 08 13 84 17 55; E-Mail: infovalbella@lenzerheide.ch; www.lenzerheide.ch	
Weitere Orte	Alvaneu · Alvaschein · Brienz · Lain · Malix · Muldain · Zorten	
Entfernungen	Hamburg 914 km; Berlin 842 km; Köln 702 km; Frankfurt a. M. 532 km; Stuttgart 327 km; München 298 km	Siehe auch Preisteil S. 647

Hotelempfehlungen
Lenzerheide S. 716

Wanderkarten
Landeskarte der Schweiz, Blatt 1216 Filisur; 1:25000
Landeskarte der Schweiz, Blatt 258 Bergün; 1:50000

Straßenatlas Siehe S. 790

SAVOGNIN
GRAUBÜNDEN

ACTION & SPORT
WANDERN & BERGTOUREN
FUN & FAMILY
WELLNESS & GENUSS

Wanderparadies mit Geschichte und Artenvielfalt

Auf ihrer Reise ins berühmte Oberengadin schenken viele Touristen Savognin und dem Val Surses keine große Beachtung. Dabei hat dieses Tal seinen Gästen viel zu bieten. Vor allem Wanderer und Biker finden hier ein wahres Paradies! Eine Tour zu dem mit 2433 m höchstgelegenen Wallfahrtsort der Alpen – nach Ziteil – ist dabei nur eine von vielen möglichen Erlebnisrouten.

Val Surses nennen die Einheimischen das Tal, das von Tiefencastel in Richtung Süden zum Julierpass zieht; Oberhalbstein lautet die deutsche Bezeichnung. Wo sich das Tal zwischen zwei schluchtartigen Engstellen weitet, wo Hangterrassen, Felder und Wiesen das Landschaftsbild prägen, dort befindet sich der Hauptort Savognin. Eine malerische Steinbrücke verbindet die zu beiden Seiten des Flusses Julia gelegenen Ortsteile. Drei Kirchen aus dem 17. Jh. und zahlreiche stattliche ältere Gebäude lassen erkennen, dass das Dorf auf eine lange Geschichte zurückblicken kann. Savognin liegt nämlich an historisch bedeutenden Routen über die Alpen: Julierpass und Septimerpass, zu dem weiter taleinwärts beim Dorf Bivio der alte Weg abzweigt, nutzten vor mehr als 2000 Jahren schon die Römer. Die Burg Riom und die Ruine Marmels über dem Stausee von Marmorera künden von Zeiten, als mit der Beherrschung der Transitstraße in Oberhalbstein auch politische Macht einherging. Das Dorf Tinizong südlich von Savognin war jahrhundertelang ein wichtiger Umschlagplatz für die Säumer, die als Transporteure mit ihren Lasteseln die Waren über die Pässe schafften. Auf diesen alten Saumwegen verlaufen noch heute die schönsten Trails durch die Täler und Schluchten Graubündens. Seine Bedeutung als Handelsweg hat der Julier inzwischen längst an San Bernardino und Gotthard abgegeben. Doch für den regionalen und touristischen Verkehr ins Oberengadin ist das Val Surses nach wie vor wichtig; vor allem an Wochenenden kann der rege Durchgangsverkehr daher in einigen Ortschaften zur Last werden.

Für den Sommertourismus ist man im Val Surses auf recht unkonventionelle Ideen gekommen: Da wird seit etlichen Jahren der Großparkplatz unter der Talstation mit dem Wasser der Julia geflutet und in den Lai Barnagn verwandelt – einen Badesee mit Liegewiese und vielen Spielmöglichkeiten für Kinder und Familien. Der »beach« ergibt durchaus Sinn, denn dank der Nähe zum Alpenhauptkamm ist das reizarme Sommerklima schon stark von der Alpensüdseite geprägt und zeichnet sich durch eine hohe Zahl an Sonnentagen aus. Genauso ideal wie für Skifahrer im Winter eignen sich die Bergflanken im Sommer für Wanderer und Radler. Im Oberhalbstein finden Mountainbiker ein 140 km langes Netz von ausgeschilderten Routen, und mit der Einrichtung von Downhill-Strecken kommen auch Action-Fans zunehmend auf ihre Kosten. Immerhin 400 Höhenmeter überwindet der abgesperrte Trail von der Liftstation Tigignas hinab nach Savognin; Biker, die an der Station Somtgant starten, rollen sogar 1000 Höhenmeter bergab.

Die Lifte, die im Winter Skifahrer befördern, bringen im Sommer auch Wanderer ihren Zielen ein Stück näher. So lässt sich mit der Somtgant-Sesselbahn z. B. der Aufstieg zum Wallfahrtsort Ziteil abkürzen. Auch bei einem Ausflug zur malerischen

140 km Routen locken: Mountainbiker im Oberhalbstein, wie die Region auf Deutsch heißt

Moorlandschaft Alp Flix
Ein wahres Paradies der Artenvielfalt ist die Alp Flix. Nicht weniger als 2092 Insektenarten wurden im Jahr 2000 von 70 Experten bestimmt. Darunter befand sich sogar eine wissenschaftliche Weltneuheit: eine Dungmückenart mit nächster Verwandtschaft in Nordamerika. Gemeinsame Wanderungen mit Alp-Flix-Forschern sind möglich; www.schatzinselalpflix.ch

ADAC – der perfekte Urlaubstag
- **9 Uhr:** Wanderung auf dem Sagenweg auf der Alp Flix
- **12 Uhr:** Mittagessen im Berghaus Piz Platta auf der Alp Flix
- **14 Uhr:** Baden im »Lai Barnagn« bei Savognin
- **17 Uhr:** Besuch des Museum Regiunal (Di und Do geöffnet)

Adressen & Bergbahnen   Landesvorwahl 00 41

Savognin (1200 m)	Savognin Tourismus im Surses; Tel. 08 16 59 16 16; E-Mail: ferien@savognin.ch; www.savognin.ch
Entfernungen	Hamburg 939 km; Berlin 867 km; Köln 726 km; Frankfurt a. M. 556 km; Stuttgart 351 km; München 322 km

① Savognin – Tigignas Berg/Tal 12 sfr/8 €
② Savognin Tigignas – Somtgant Berg/Tal 12 sfr/8 €
Siehe auch Preisteil S. 647

Walsersiedlung Radons lässt sich das Bergauf mit Lifthilfe verkürzen. Nur mit eigener Kraft nach oben geht es östlich von Savognin, wo der Hausberg Piz Mitgel und seine Nachbargipfel eine schroffe Kalkfestung inmitten des Bündner Granits bilden.

Auf einen großen Schatz der Natur sei bei dieser Region auch noch hingewiesen: Denn mit der »Alp Flix« ist auf einer Bergterrasse nahe des Lai da Marmorera im Laufe der Jahrhunderte eine einmalige Moor- und Kulturlandschaft entstanden, in der sich eine bemerkenswerte Artenvielfalt entwickeln konnte. Wanderungen durch dieses Schutzgebiet sind – bei Beachtung gewisser Verhaltensregeln – möglich (Info über Savognin Tourismus).

Brücke über die Julia im Ort Savognin

TOP TIPP Bis weit ins Flachland hinab reicht der Ruf des Käsers Peter Odermatt, der in seiner Käserei **»Caschareia«** ❷ in Savognin jährlich über 200 t Milch verarbeitet. Besonders empfehlenswert ist der Viamala-Biokäse; Direktverkauf; Tel. 08 16 59 11 22

Hütten

Berghaus Radons (1890 m)
Ein Panoramaweg führt von der Liftstation Somtgant ❷ in ca. 1,5 Std. hinüber zum Restaurant, in dem Ruth und Gianni Savoldelli ihre Gäste mit Bündner Spezialitäten verwöhnen. 3 Doppel- und 5 Familienzimmer. Anfang Juli bis Mitte Okt. geöffnet; Tel. 08 16 59 10 10

Wandern & Bergtouren

TOP TIPP Auf den Spuren von **Wasserkraft und Bergbau** ❶: Diese zwei prägenden Wirtschaftszweige in den Bündner Alpen sind auf folgender leichter Tour hautnah zu erleben. Vom 1954 eröffneten Marmorera-Stausee (1680 m), der ein ganzes Dorf in den Fluten verschwinden ließ, geht es nach Gruba (1855 m), einem alten Bergbaugebiet, wo noch bis ins 19. Jh. Eisenerz gewonnen wurde. Die Stolleneingänge sind gut sichtbar. Über die Alp Flix (2000 m) führt der Höhenweg weiter zu den Moorseen Lais Blos und dann immer abwärts über Ruigna und Plazzet dem Ziel Rona (1406 m) entgegen; Zeit: ca. 4 Std.

Savognin (1200 m) – **Stierva** (1375 m) Leichte Themenwanderung mit der Poesie eines Dorfpfarrers aus dem 19. Jh.	Ausgangspunkt: Steinbrücke »Punt Crap« im unteren Dorfteil von Savognin; vorbei am Badesee »Lai Barnagn« über den Julia-Fluss hinaus zur Burg Rezia Ampla (1227 m) – Salouf – Pulens (1353 m) – Mon – Stierva (1375 m). Entlang des Weges sind 13 Tafeln mit Gedichten des Saloufer Paters Alexander Lozza (1880–1953) aufgestellt; Zeit: ca. 5 Std.; Einkehr: in allen Ortschaften entlang des Weges
Piz Mitgel (3159 m) Sehr anspruchsvolle Bergtour für erfahrene Bergsteiger; nur bei guter Witterung	Ausgangspunkt: Savognin – Tussagn (1792 m) – Rigigns (2116 m, Wegweiser beachten) – Colm da Betsch (2400 m) – in der Südwand des Piz Mitgel über ein nach links oben ansteigendes Felsband zum Nordgrat und weiter zum Gipfelkopf. Nur für konditionsstarke Bergsteiger zu empfehlen (2000 Höhenmeter!); Aufstiegszeit: ca. 6 Std.
Somtgant (2102 m) – **Ziteil** (2433 m) Lange Wanderung zur höchstgelegenen Marienkirche der Alpen	Ausgangspunkt: Bergstation der Somtgant-Sesselbahn ❷; Blumenlehrpfad bis Prada Laritg – Alp Foppa (2004 m) – Som igls Mellens (1951 m) – Ziteil (2433 m, höchstgelegener Wallfahrtsort der Alpen; die Kirche ist nur an den Wochenenden von Juli bis September geöffnet) – Munter (1944 m) – Salouf (1258 m); Zeit: ca. 6 Std.; Einkehr: Savognin, Ziteil (Pilgerherberge, nicht immer geöffnet; Info über Savognin Tourismus), Salouf

Hotelempfehlungen

Savognin S. 719

Wanderkarten

Landeskarte der Schweiz
Blätter 1256 Bivio, 1236 Savognin und 1235 Andeer, 1:25000

Straßenatlas Siehe S. 790

AROSA
GRAUBÜNDEN

ACTION & SPORT

WANDERN & BERGTOUREN

FUN & FAMILY

WELLNESS & GENUSS

Sport, Musik und Familienglück im Alpenpark

Einst war Arosa ein Walserdorf wie viele andere. Dann kamen die ersten Kurgäste, und schon bald entstanden die ersten Liftanlagen. Bis heute ist Arosa als Wintersportort bekannt. Das heißt aber nicht, dass das Sommer-Angebot schmal ausfällt – im Gegenteil: Das sonnige Hochtal inmitten wilder Bergwelt hat viel zu bieten.

Hütten

Carmennahütte (2134 m)
Die Hütte liegt unterhalb des Aroser Weisshorn. Im Winter eine Skihütte, im Sommer beliebtes Ziel für Wanderer und Mountainbiker; neben vegetarischer und Vollwertkost zählt der »Pfannenplausch« zu den Spezialitäten des Hauses; Sonnenterrasse; von der Mittelstation der Bergbahn ❷ in ca. 30 Min. zu erreichen; keine Übernachtung; Tel. 08 13 77 22 96; www.carmennahuette.ch

Multimediales Wasserspiel
Über 1000 Düsen sprühen während des Spektakels 30 Min. lang rund 1 Mio. l Wasser in die Luft. 70000 Watt setzen die Show auf dem Obersee ins rechte (farbenfrohe) Licht, und das Ganze wird auch noch musikalisch untermalt. Jeden Di, Fr, Sa um 21.50 Uhr (außer bei sintflutartigen Regenfällen oder Sturmböen); Infos bei Arosa Tourismus; Tel. 08 13 78 70 20

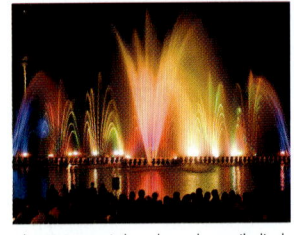

ADAC – der perfekte Urlaubstag

- **9 Uhr:** auf dem Eichhörnchenweg nach Maran und Besichtigung des Alpengartens in Maran
- **12 Uhr:** Mittagessen mit Käsespezialitäten auf der Alp Maran
- **14 Uhr:** Rückfahrt mit dem Bus nach Arosa und Badenachmittag am Untersee
- **19 Uhr:** Abendessen im Restaurant des Hotels Kulm mit Kinderclub (Tel. 08 13 78 88 88; www.arosakulm.ch)

Wildromantische Natur, wohin man auch schaut: Der Älplisee auf der Arosaalp ist eines der vielen lohnenden Wanderziele rund um Arosa.

»Ich fühle mich hier wohler als irgendwo«, sagte Thomas Mann, als er zum ersten Mal Arosa besuchte. Das war 1938; und auch heute würden wohl viele Gäste die Aussage des berühmten Schriftstellers bestätigen. Schon die Lage macht Arosa zu einem besonderen Ferienort. Der Ort liegt in einem Talschluss, umgeben vom Gipfelkranz der Plessuralpen. Wer hier heraufkommt, hat eine Fahrt durch das wildromantische Schanfiggtal hinter sich und taucht aus dem Bergwald in ein sonniges, offenes Hochtal. Es ist vor allem für seine Wintersport-Möglichkeiten bekannt, bietet aber auch im Sommer insbesondere für Sportler und Familien eine reichhaltige Auswahl.

Einen beeindruckenden Blick über den »Alpenpark«, wie die Tourismus-Verantwortlichen Arosa nennen, und eine wunderbare Panorama-Aussicht auf die Berge zwischen Berner Alpen und Silvretta hat man vom Weisshorn, dem Hausberg von Arosa. Wer sich nicht von der Bahn hinaufbefördern lassen will, wählt am besten den Weg von Inner-Arosa mit seinem Bergkirchli von 1492, einem viel besuchten und fotografierten Wahrzeichen des Ortes. Nach etwa 2,5 Std. ist man am höchsten Punkt angelangt und kann die Bergbahn zurück nach Arosa nutzen. Diese Möglichkeit ist nicht nur bequem, sondern auch preisgünstig: Feriengäste bekommen die »Arosa Card« gratis, die unter anderem zur freien Fahrt mit den beiden Bergbahnen und dem Ortsbus berechtigt. Tagesgäste können die Karte für 8 sfr kaufen.

Sie enthält überdies den kostenlosen Zugang zu weiteren Attraktionen: zum Strandbad Untersee, den Pedalos und Booten auf dem Obersee, zur Eis-

Adressen & Bergbahnen — Landesvorwahl 00 41

Urlaubsregion	Arosa Tourismus; Tel. 08 13 78 70 20; E-Mail: arosa@arosa.ch; www.arosa.ch
Orte	Langwies www.langwies.ch
Entfernungen	Hamburg 922 km; Berlin 850 km; Köln 710 km; Frankfurt a. M. 540 km; Stuttgart 335 km; München 305 km

❶ Arosa Hörnli-Express • Berg/Tal kostenlos (mit der »Arosa Card«, die für Dauergäste nichts, für Tagesgäste 8 sfr kostet)

❷ Arosa Weisshorn • Berg/Tal kostenlos (mit der »Arosa Card«, die für Dauergäste nichts, für Tagesgäste 8 sfr. kostet)

Siehe auch Preisteil S. 647

Fun & Family

Strandbad Untersee	Beheiztes Solar-Planschbecken, Liegewiese, Sandstrand, Sprungbrett, Beachvolleyball, Tischtennis, Boccia; Restaurant
Eichhörnchenweg	Auf dem Weg (Start beim Vita-Parcours) wird auf Bilderbuch-Tafeln die Geschichte von Vater Erich Eichhörnchen und seiner Tochter Emilie erzählt; nebenbei können die putzigen Tiere gefüttert werden; Zeit: ca. 1,5 Std; per Bus zurück nach Arosa
Käserei Alp Maran	Käser Paul Wyss führt in das Geheimnis der Käseproduktion ein. Jeden Do 10.15 Uhr; Käserei Alp Maran (Nähe Bushaltestelle Maran); Dauer: ca. 1 Std.; Anmeldung nicht nötig; Tel. 08 13 77 22 77

TOP TIPP Der **Alpen Club Micky Maus** ❶ bietet ein betreutes Kinderprogramm an. Angefangen bei verschiedenen Wanderungen (z. B. auf dem Planetenweg oder dem Eichhörnchenweg) über Schatzsuche, Kinderkino, Ponyreiten und Tretrollerfahren bis hin zum Besuch im Funpark, dem Tummelplatz für Skateboarder und Inlineskater, ist alles möglich. Treffpunkt am Ochsenbühl (bei den Sportanlagen); für Kinder ab 5 Jahren; Mo–Fr 10–17 Uhr; auch Schlechtwetterprogramm; Info bei Arosa Tourismus; Tel. 08 13 78 70 20

sporthalle, in der man auch im Sommer seine Kreise ziehen kann. Überhaupt wird Sport in Arosa groß geschrieben: wunderschöne Mountainbike-Touren (spezielle Karte mit Tourenvorschlägen bei Arosa Tourismus; geführte Touren: www.biketouren-arosa.ch), einer der höchstgelegenen 18-Loch-Golf-Plätze Europas und der »Obstacle Park« für Skateboarder und Inlineskater am Obersee.

Viel Musik: Kurse und Konzerte

Aber auch kleine Gäste und Familien kommen in Arosa voll auf ihre Kosten. Neben dem Highlight, der abwechslungsreichen Kinderbetreuung im »Alpen Club Micky Maus«, locken beispielsweise der Alpengarten in Maran (Führungen Di 14.15 Uhr, Treffpunkt Bushaltestelle Maran), das Heimatmuseum im »Eggahuus« in Außer-Arosa (Tel. 08 13 77 17 31), zahlreiche Spielplätze – und natürlich der Eichhörnchenweg, an dem sich die zutraulichen Tiere füttern lassen. Außerdem macht Arosa mit kulturellen Angeboten von sich reden, etwa den Musik-Kurswochen, an denen im Sommer und im Herbst neben vielen Studenten und Profi-Musikern auch zahlreiche Laien teilnehmen (Infos: Tel. 08 13 53 87 47; www.kulturkreisarosa.ch). Wer nicht selbst ein Instrument spielen bzw. singen oder tanzen will, kann sich an den Konzerten erfreuen, die während des Festivals wöchentlich mindestens zweimal stattfinden. Und wenn der Gast dann spät am Abend nach einem erlebnisreichen Tag ins Bett fällt, ist ruhiger Schlaf garantiert: Während der Nachtstunden gilt in Arosa ein Fahrverbot – auch das trägt dazu bei, dass sich die Gäste noch heute so wohl fühlen wie einst Thomas Mann.

Architektur-Spaziergang
Vom bäuerlichen Walserdorf zum modernen Fremdenverkehrsort: Diese Entwicklung Arosas lässt sich an der Architektur zahlreicher Gebäude nachvollziehen. Die Baudenkmäler – wie Stallscheune, Post- und Telefongebäude, Sanatorien oder Bergkirchlein – sind zu einem spannenden Spaziergang verknüpft. Zeit: ca. 1,5 Std; kostenloser Leitfaden bei Arosa Tourismus; Tel. 08 13 78 70 20

Hotelempfehlungen

Arosa S. 712

Wanderkarten

Landeskarte der Schweiz; Blätter 1196 Arosa, 1216 Filisur; 1:25000

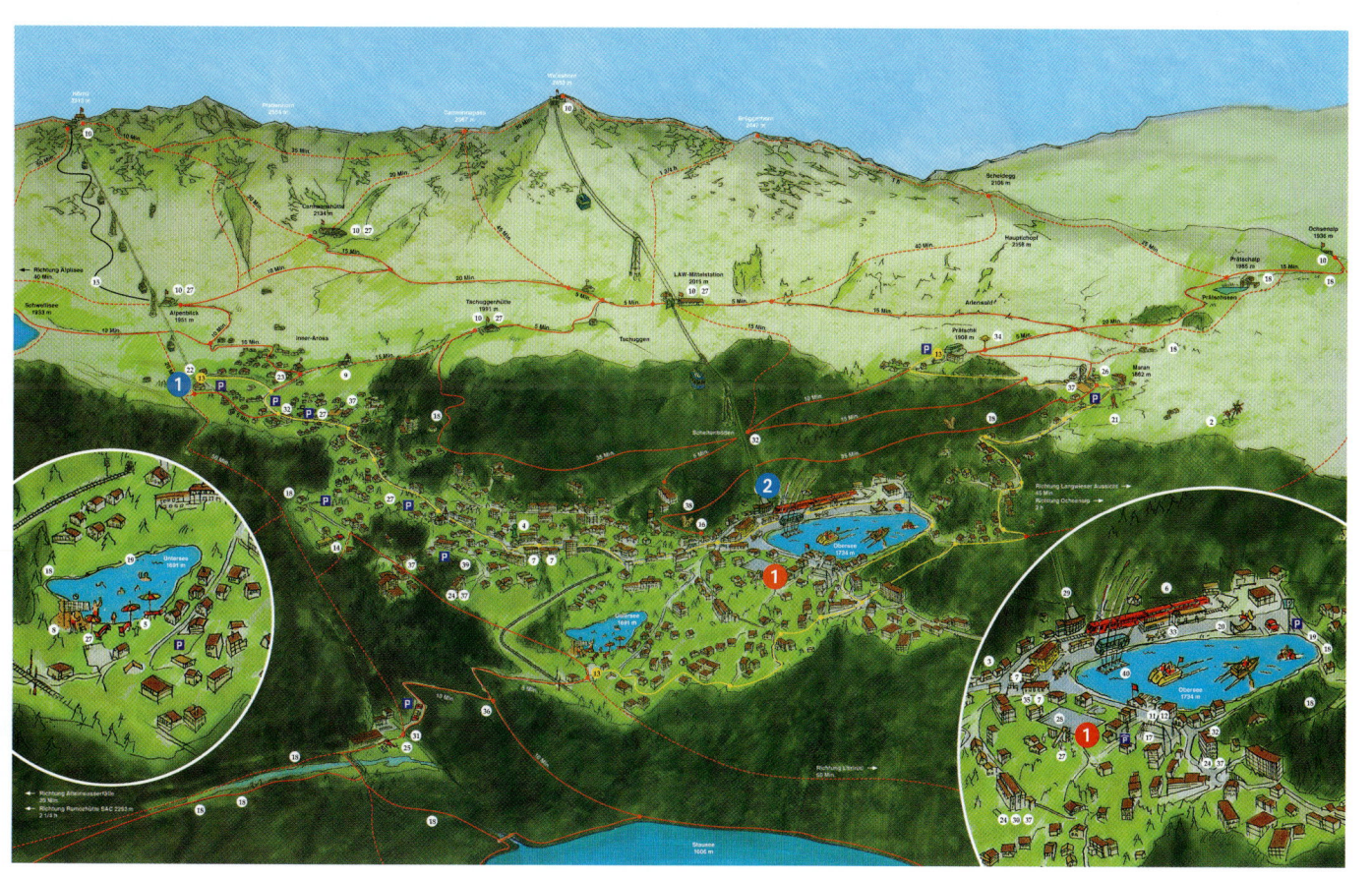

Straßenatlas Siehe S. 790

Davos und Klosters
Graubünden

- ACTION & SPORT
- WANDERN & BERGTOUREN
- FUN & FAMILY
- WELLNESS & GENUSS

Restaurants

Extrablatt
Es könnte auch in Zürich oder Basel stehen: Im Restaurant »Extrablatt« wird Mobiliar aus der Belle Epoque mit modernem Design kombiniert. Herrliche Lage im Davoser Kurpark. Die Speisekarte bietet von hausgemachter Pasta über Meeresfrüchte bis zum gutbürgerlichen Cordon bleu eine breite Palette erstklassig zubereiteter Speisen; Tel. 08 14 13 61 62

ADAC der perfekte Urlaubstag

- **9 Uhr:** Fahrt auf die Schatzalp ❸, Besichtigung des Botanischen Gartens Alpinum, Wanderung auf dem Panoramaweg (Nr. 41) nach Davos Dorf
- **12 Uhr:** Mittagessen und Baden am Davoser See
- **16 Uhr:** Besuch des Kirchner-Museums in Davos
- **21 Uhr:** »Rien ne va plus« im Casino Davos mit anschließendem Nightlife

Blick auf Davos: Wer weit genug hinaufwandert, sieht fast so viel wie ein Paraglider.

Sommerspektakel am Zauberberg

Die grandiose, von Gletschern und einem riesigen Felssturz geformte Landschaft um Klosters und Davos lockt jährlich Hunderttausende an. Die »Alpenstadt« Davos und das kleinere Klosters bieten eine perfekte touristische Infrastruktur und ein riesiges Angebot an Freizeitaktivitäten.

Wer die Landschaft rund um Klosters und Davos kennen lernen will, macht die erste Bekanntschaft am besten vom Zugfenster aus. Von Landquart geht die Reise mit einem der roten Züge der Rhätischen Bahn durch eine enge Schlucht ins Prättigau und über mehrere Höhenstufen über Küblis hinauf bis nach Klosters. Dann »klettert« der Zug in mehreren kühnen Schleifen inmitten des Bannwaldes die steile Passage zum Wolfgangpass hinauf, dem mit 1631 m höchsten Punkt der Strecke. Der rund 400 m hohe Wall, der Klosters und Davos wie eine Talsperre trennt, ist das Ergebnis eines gigantischen Felssturzes, der sich hier vor rund 20000 Jahren ereignet hat.

Wandern & Bergtouren

TOP TIPP Die Natur wechselt mehrfach die Kulisse auf dieser fantastischen, aber recht langen Wanderung ohne besondere Schwierigkeiten, die **von Davos nach Monstein** ① führt. Ausgangspunkt ist Davos Platz (1558 m). Von hier aus führt ein beschaulicher Wanderweg zunächst zum Waldfriedhof, wo in wunderschöner Lage die Toten in einem Lärchenhain bestattet sind. Auf dem Weg nach Clavadel (1664 m) passiert man das Kirchner-Haus, in dem der berühmte Maler eine Zeitlang gelebt hat. Über Clavadel gelangt der Wanderer ins Sertigtal. In sanfter Steigung geht es bis Sertig Dörfli (1861 m) und dann vorbei am Ducan-Wasserfall (1904 m) ins Ducan-Tal. Umrahmt von einer fantastischen Hochgebirgskulisse führt der steile Anstieg bis auf die Passhöhe der Fanezfurgga (2580 m). Der Abstieg nach Monstein (1626 m) ist wesentlich sanfter; Zeit: ca. 7 Std. Rückkehr von Monstein mit dem Ortsbus. Die Tour lässt sich auch auf zwei Etappen bewältigen (Übernachtung im Walserhuus in Sertig Dörfli); Einkehr: Davos, Sertig Dörfli, Monstein

Seehorn (2238 m) Mittelschwere Wanderung auf wenig begangener Route	Ausgangspunkt: Davos Dorf (1560 m); Chaltboden – Seehorn; Abstieg über Alp Drusatscha (1759 m) – Davos Dorf; gutes Kartenmaterial mitnehmen, der Weg ist nicht durchgängig markiert und nicht immer gut sichtbar; Zeit: ca. 4 Std.; Einkehr: Davos Dorf
Flüela Schwarzhorn (3146 m) Happiger Aufstieg wird mit fantastischem Rundblick belohnt	Ausgangspunkt: Flüelapass (2374 m), erreichbar per Postauto von Davos Dorf; in östlicher Richtung zur Schwarzhornfurgga (2883 m) – über den Südostgrat zum Gipfel (Steilstufe); Abstieg wie Aufstieg; Trittsicherheit und Schwindelfreiheit nötig; Zeit ca. 6 Std.; Einkehr: Flüelapass
Vereina (1943 m) Leichte Wanderung durch reizvolles Bergtal	Ausgangspunkt: Klosters Platz (1179 m); Monbiel (1291 m) – Baretschrüti (1332 m) – Novai (1360 m) – Stutzegg – Stutzalp (1838 m) – Berghaus Vereina; Rückkehr mit dem Vereina-Kleinbus (Reservierung: Tel. 08 14 22 11 97); Zeit: ca. 5 Std.; Einkehr: Klosters Platz, Berghaus Vereina

Hütten

Berghaus Schwendi (1660 m)
Eine herrliche Oase ist das Berghaus Schwendi, an erhabener Stelle am Gotschnaberg auf der Serneuser Schwendi oberhalb von Klosters/Serneus gelegen. Mit dem Auto erreichbar; kleine Speisekarte mit Bündner Spezialitäten; Tel. 08 14 22 12 89 oder 08 14 22 10 15

Berghaus Vereina (1943 m)
Ganz weit hinten im Vereina-Tal liegt das Berghaus Vereina. Die gemütliche Hütte ist lohnendes Ziel einer Tageswanderung von Klosters aus und Ausgangspunkt für Bergtouren, z. B. auf das Flüela-Wisshorn (3085 m); Zustieg von Klosters (ca. 4 Std.); Tel. 08 14 22 12 16

Sommereisbahn

Gutes Eis gehört zu jedem Sommer. Dieses Eis jedoch ist für einen Sommerurlaub dann doch ungewöhnlich: die offene Kunsteisbahn in Davos. Eislaufen im T-Shirt ist angesagt auf dem mit 18 000 m² größten Eislaufplatz Europas oder – für die besonders Sportlichen – auf der 400 m langen Eisschnelllaufbahn; Sportzentrum Davos; Tel. 08 14 15 36 00

Vom Wolfgangpass aus eröffnet sich ein grandioser Blick auf die von eiszeitlichen Gletschern geformte weite Ebene der Davoser Landschaft. Den ehemaligen Moränen entsprechen die jetzigen beidseitigen Terrassen, die auf rund 1850 m liegen. Sie weisen ein Gefälle in Richtung Prättigau auf, während die Gewässer aus der Landschaft Davos in umgekehrter Richtung fließen. Der nacheiszeitliche Felssturz sorgte für diese »Talumkehr«. Das gesamte Gebiet Drusatscha–Wolfgang wurde aufgeschüttet. Es bildete sich der Groß-Davoser See, der vom Wolfgangpass bis nach Monstein reichte. Die Seitenbäche entwickelten Deltas – die heutigen Talböden von Davos Dorf und Davos Platz, Junkerboden, Lengmatta, Hitzenboden, Spina und Monstein. Erst später schuf sich der Landwasserfluss durch die Zügenschlucht den Weg ins Albulatal. Der Zug rollt nun weiter durch die herrliche Waldlandschaft am Ufer des Davoser Sees vorbei, dessen Wasser heute zur Elektrizitätsgewinnung genutzt wird. Allerdings nur von Herbst bis Frühjahr: Bis spätestens 10. Juni muss das Gewässer aufgefüllt sein, dann beginnt der Davoser Badesommer. Weiter geht die Reise über Wiesen durch das Landwassertal, das sich mehr und mehr verengt, um schließlich in der Zügenschlucht einen landschaftlich dramatischen Endpunkt zu finden. Die Bahnlinie schlängelt sich vorsichtig durch das fel-

Am Davoser See bieten sich viele Strecken zum Joggen an.

Die Fahrt mit der Rhätischen Bahn ist ein grandioses Landschaftserlebnis.

🇨🇭 DAVOS UND KLOSTERS

Action & Sport ☀☀☀☀

MOUNTAINBIKE	KLETTERSTEIGE	RAFTING	CANYONING	REITEN
PARAGLIDING	DRACHENFLIEGEN	KLETTERGÄRTEN	TENNIS	WINDSURFEN
KAJAK/KANU	WASSERSKI	TAUCHEN	HOCHSEILGÄRTEN	GOLF

TOP TIPP Bis in 2629 m Höhe führt die **Mountainbike-Tour aufs Weißfluhjoch** ❷. Ein anspruchsvoller Weg hinauf und eine steinige, steile Abfahrt machen diese Runde auch technisch zu einer Herausforderung. Gestartet wird beim Davoser See (1559 m) auf dem Panoramaweg in Richtung Schatzalp. Durch viele Lawinenverbauungen hindurch geht es zum Strelapass (2350 m). Von dort führt ein steiler Pfad durch eine Steinwüste hinauf zur Wasserscheide. Hier darf man auch mal absteigen und schieben. Auf dem höchsten Punkt gibt es nur noch Hochgebirge: die Weißfluh, das Weißfluhjoch, in der Ferne die Gipfel des Rätikons und der Silvrettagruppe. Die Abfahrt hinunter über die Parsenn, eine der klassischen Skipisten der Alpen, ist sehr steil und steinig. Danach geht es auf einem besseren Weg hinunter zum Wolfgangpass (1631 m) und von dort zurück zum Davoser See; Zeit: ca. 3,5 bis 4 Std.

Segeln	Segelschule Davoser See	Schnupperkurse, Unterricht und Bootsvermietung. Auch die Erlangung des schweizerischen D-Segelscheins oder des internationalen Ausweises ist möglich. Saison von Mitte Juni bis Sept.; Tel. 07 92 36 88 25
Windsurfing	Surfcenter Davoser See	Einzel- und Gruppenunterricht für Jugendliche und Erwachsene von Juni bis Sept. Es gibt verschiedene Kurse vom Schnupperkurs bis zum Wochenkurs; Tel. 07 97 12 04 14; www.davossurf.ch
Golf	Golfclub Davos	18-Loch-Anlage, Par 68, abwechslungsreicher Platz mit einigen leichten Anstiegen; Golfschule; Tel. 08 14 16 56 34; www.golfdavos.ch
Paragliding/ Drachenfliegen	Luftchraft, Davos Flugcenter, Klosters	Entweder einmal bei einem Tandemflug das Gefühl erleben, über den Dingen zu schweben oder das Fliegen mit Gleitschirm von Grund auf lernen. Möglich ist beides bei der Flugschule Davos; Tel. 07 96 23 19 70; www.luftchraft.ch, und im Flugcenter Grischa Klosters; Tel. 07 93 36 19 19; www.fs-grischa.ch

---

Kirchner-Museum
Als »Kristall mit gläsernen Kuben« bezeichnete die »Neue Zürcher Zeitung« das Gebäude in Davos. Das 1992 eröffnete Haus beherbergt über 500 Werke von Ernst Ludwig Kirchner, der von 1917 bis zu seinem Freitod 1938 in Davos lebte. Die Ausstellung bietet auch dem Laien einen faszinierenden Einblick in Leben und Schaffen des Malers; Tel. 08 14 13 22 02

---

sige Gelände. Viadukte eröffnen immer wieder grandiose Ausblicke.

Mit der Bahn kam der Tourismus

Die 1889 bis Klosters, 1890 bis Davos und 1909 bis Filisur geführte Bahnstrecke hat den Tourismus in den beiden Kurorten Klosters und Davos erst richtig in Schwung gebracht. Sie war ein visionäres Projekt zur Erschließung zweier abgelegener Täler – durchaus schon mit Blick auf den wachsenden Fremdenverkehr. Der Holländer Willem Jan Holsboer hatte den Bau der Bahnverbindung forciert und 1868 zusammen mit dem deutschen Landschaftsarzt Alexander Spengler die erste Kuranstalt gegründet. Für die Entwicklung des Ortes war das mindestens genauso wichtig wie die Bahnlinie.

EVENTS

- **Juli: Davos sounds good** 
Das Jazzfestival kann zwar auf keine so lange Tradition wie der Kurtourismus verweisen, hat sich in den letzten Jahren aber zu einem festen Bestandteil des Kulturlebens der Stadt entwickelt. Geboten wird Jazz vom Feinsten, zum Teil in ungewöhnlicher Atmosphäre: Manche Konzerte finden im Kirchner-Museum statt, und ein ganz besonderes Erlebnis ist die Jazz-Wanderung; www.davos-sounds-good.ch

- **Juli/August: Internationales Musik-Festival, Davos**
Ein Festival, von dem die Initiatoren behaupten, dass es ein »anderes Festival als die üblichen« sei. Bei den »young artists in concert«, einem der Programmpunkte, treten junge Interpreten klassischer Musik in Davos auf. Ein Gewinn ist ein Besuch des Festivals, das seit über 20 Jahren stattfindet, immer, da das Programm äußerst vielseitig und ambitioniert ist.

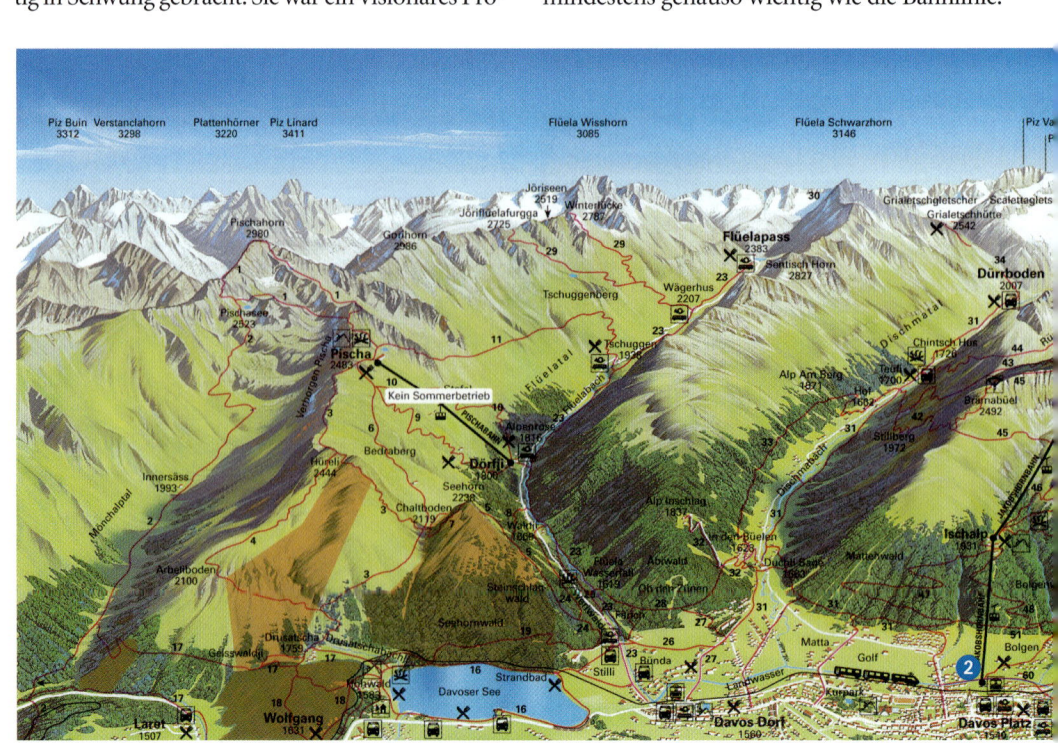

Ohne Golf geht auch in Davos nichts mehr.

Fun & Family ✸✸✸✸

Pferde- und Maultiertrekking	Das Ferienerlebnis schlechthin nicht nur für Pferdeverrückte ist die zweitägige Tour auf dem Pferderücken ins Hochgebirge; Lusi Ranch; Tel. 08 14 16 46 82; www.lusiranch.ch
Sommerrodelbahn Schatzalp Davos	Rasante Talfahrt von der Schatzalp mit etlichen Steilkurven. Schatzalp-Bahn ❸; Tel. 08 14 13 57 26
Heimatmuseum Klosters	Im »Nutli-Hüschi«, einem typischen Prättigauer Bauernhaus, ist originales Mobiliar aus vergangener Zeit zu besichtigen; Wechselausstellungen; Tel. 08 14 22 21 53

TOP TIPP Weiße, schwarze, braune und rote Adern durchziehen die Felswände der **Zügenschlucht** ❸. Das Gestein enthält Zink und Blei. Vom 15. bis ins 19. Jh. wurden hier Stollen in den Berg getrieben und das Erz auf den Schmelzboden transportiert, wo es verhüttet wurde. Viele dieser Stollen sind mit den Führern des **Schaubergwerkes Silberberg** begehbar. Dabei lässt sich erahnen, unter welchen Strapazen die Bergknappen damals arbeiten mussten. Gute Schuhe, unempfindliche Kleidung und eine warme Jacke sind zu empfehlen, da es in den Stollen kühl und feucht ist; Infos bei Davos Tourismus; Tel. 08 14 15 21 21

Bis dahin wurde die erst in der zweiten Hälfte des 13. Jh. dauerhaft durch deutschsprachige Walser besiedelte Landschaft Davos vor allem von der Landwirtschaft und dörflichen Strukturen geprägt. Doch jetzt entwickelte sich in einem atemberaubenden Tempo eine Besiedlung von geradezu städtischen Ausmaßen. Hotels, Sanatorien, Pensionen und Villen schossen wie Pilze aus dem Boden. Um 1900 wurden jährlich bereits 700000 Logiernächte gezählt (heute sind es etwa dreimal so viele). Thomas Mann hat der Belle Epoque, die mit dem Ersten Weltkrieg ein dramatisches Ende fand, mit seinem in Davos spielenden Roman »Der Zauberberg« ein morbides Denkmal gesetzt. Die Davoser waren wenig begeistert: Sie ärgerten sich über die Beschreibung der Sanatorien als Welt des Todes, in denen

Sunnibergbrücke
Eine Meisterleistung moderner Technik ist die neu fertig gestellte Sunnibergbrücke. Die fantastische, schwerelos wirkende Schrägseilbrücke überspannt das Tal in einer eleganten Kurve auf einer Länge von 525 m. Das Bauwerk wurde bereits mit mehreren Preisen ausgezeichnet und gilt als neues Wahrzeichen von Klosters. Vorerst ist die Brücke nur für Baustellenfahrzeuge freigegeben. Nach ihrer endgültigen Fertigstellung im Sommer 2005 wird der gesamte Verkehr zwischen Davos und Landquart über die Brücke geleitet und Klosters damit weiträumig umfahren.

🇨🇭 DAVOS UND KLOSTERS

Eng schmiegt sich Davos ins Talbecken.

schaftsbeschreibungen im Roman der Davoser Landschaft gewidmet. Das gilt auch für den Maler Ernst Ludwig Kirchner, dessen ausdrucksstarke Landschaftsbilder Davos in ein zauberhaftes Licht rücken und immer wieder die Zerbrechlichkeit der menschlichen Existenz im Angesicht der überwältigenden Kraft der Natur darstellen. Bis heute gibt es den Kurtourismus in Davos. Doch längst haben sich die einstigen Tuberkulose-Sanatorien zu Spezialkliniken für Allergien, Atemwegserkrankungen und Hautprobleme entwickelt. Und längst ist der Kurtourismus nicht mehr die bedeutendste Einnahmequelle. Schon seit vielen Jahren profiliert sich Davos als Kongressstadt, vor allem als Tagungsort des Weltwirtschaftsforums, an dem jedes Jahr führende Politiker und Wirtschaftsfachleute aus der ganzen Welt teilnehmen.

Aus Davos ist aber auch ein Ferienort der Superlative geworden. Nicht nur im Winter gehört Davos als eines der bekanntesten Skigebiete der Schweiz zu den beliebtesten Urlaubsorten der Welt: Das Angebot an Freizeitaktivitäten ist auch im Sommer gigantisch, und die touristische Infrastruktur zählt zu den besten im Alpenraum. Bahnen erschließen die Berge der Umgebung, ein riesiges Netz an Wanderwegen führt in jeden Winkel, und wer es sportlich mag, kann sich in zahlreichen Sportarten üben: vom Mountainbiken übers Segeln bis hin zum Gleitschirmfliegen.

junge Menschen ein Luxusleben führten, das hauptsächlich von zwei Interessen bestimmt wurde: Körpertemperatur und Flirt. Mann selber hielt dies für ein Missverständnis: Der Zauberberg dürfe »nur ganz nebenbei als Davos-Roman gelesen werden«. Tatsächlich hat Mann einige seiner schönsten Land-

Dies gilt ebenso für Klosters, mit dem die Davoser ein touristisches Bündnis eingegangen sind. Während Davos mit 13000 Einwohnern zur Alpenstadt (siehe auch S. 604, Städteseite Davos) herangewachsen ist, hat Klosters (4400 Einwohner) zumindest einen kleinen Rest seiner dörflichen Struktur bewahren können. Beiden Orten ist indes gemein, dass sie wesentlich größer wirken, was auch kein Wunder ist: Klosters zählt 8600 Gästebetten, Davos sogar 24000 – eine Infrastruktur, die Platz braucht. In manchen Ortsteilen in Davos, wo praktisch nur Hotels und Wohnblocks mit Ferienwohnungen stehen, kommt eher der Eindruck auf, man befinde sich in den anonymen Gefilden einer Großstadt als in einer Siedlung in den Bergen. Und auch Klosters hat nur noch an wenigen Stellen Ähnlichkeit mit dem beschaulichen Bergdorf von einst. Der Tourismus hat eine überragende Bedeutung und drückt dem Ort seinen unübersehbaren architektonischen Stempel auf. Manchen Bauten, die vor allem während der stürmischen Entwicklung in den 1970er und 1980er Jahren entstanden sind, ist anzusehen, dass Renditedenken Priorität bei den Überlegungen hatte. Doch in beiden Orten gibt es auch manch architektonische Perle zu entdecken – allen voran das Kirchner-Museum in Davos.

Wer sich weder an der Größe noch an dem zuweilen vorherrschenden Rummel stört, der wird in Klosters und Davos den perfekten alpinen Sommerurlaub verbringen. Denn trotz der Lawinenverbauungen und den zahlreichen Seilbahnen gibt es in dieser grandiosen Berglandschaft noch immer genug Nischen für jene, die es am liebsten ganz ruhig und einsam haben.

Adressen & Bergbahnen — Landesvorwahl 00 41

Davos (1560 m)	Davos Tourismus; Tel. 08 14 15 21 21; E-Mail: info@davos.ch; www.davos.ch	
Klosters (1124 m)	Klosters Tourismus; Tel. 08 14 10 20 20; E-Mail: info@klosters.ch; www.klosters.ch	
Weitere Orte	**Clavadel · Glaris · Monbiel · Monstein · Serneus · Sertig-Dörfli**	
Entfernungen	Hamburg 921 km; Berlin 849 km; Köln 709 km; Frankfurt a. M. 539 km; Stuttgart 334 km; München 305 km	

1. Davos Dorf Weißfluhjoch/Parsenn Berg/Tal 20 sfr
2. Davos Platz Ischalp/Jakobshorn Berg/Tal 32 sfr
3. Davos Platz Schatzalpbahn Berg/Tal 12 sfr
4. Glaris/Station Rinerhorn Berg/Tal 21 sfr
5. Klosters Dorf Madrisa Berg/Tal 21 sfr
6. Klosters Gotschnaboden/ Gotschnagrat · Berg/Tal 32 sfr

Siehe auch Preisteil S. 647

Hotelempfehlungen
Davos Dorf S. 714
Davos Platz S. 714
Klosters S. 716

Wanderkarten
Landeskarte der Schweiz, Wanderkarte; Blatt 248 T Prättigau, 1:50000
Landeskarte der Schweiz; Blätter 1177 Serneus, 1197 Davos, 1216 Filisur; 1:25000

Straßenatlas Siehe S. 777

St. Moritz und Oberengadin
Graubünden

Das Oberengadin bietet spektakuläre Eindrücke – etwa die Aussicht auf den Morteratschgletscher und die Berninagruppe mit dem Piz Palü (l.).

ACTION & SPORT
WANDERN & BERGTOUREN
FUN & FAMILY
WELLNESS & GENUSS

ADAC der perfekte Urlaubstag

- **9 Uhr:** Frühstück im Bett in einer Suite des Badrutt's Palace Hotel mit Blick auf den St. Moritzer See
- **11 Uhr:** kurze Wanderung zum Lej da Staz, erfrischendes Bad
- **14 Uhr:** eine Runde Golf auf einem der vier umliegenden Golfplätze
- **19 Uhr:** Fahrt mit der Standseilbahn 5 auf den Muottas Muragl. Sonnenuntergang bei einem Aperitif auf der Terrasse des 2456 m hohen Berghotels, anschließend Candlelight Dinner

Nobelort vor filmreifer Kulisse

St. Moritz ist als exklusiver Ferienort der High Society weltbekannt. Hotelpaläste, Nobelkarossen, Stars und Glamour verbindet man mit der berühmten Gegend im Oberengadin. Dabei wird leicht übersehen, dass gerade die traumhafte Bergwelt der Umgebung auch »Normalsterblichen« eine Vielzahl an Urlaubsmöglichkeiten bietet. Vor allem die Bergpanoramen stehen bei den Besuchern hoch im Kurs. Blicke auf die berühmten Gipfel des Piz Palü und Piz Bernina oder auf den Morteratsch-Gletscher zu ihren Füßen zählen zu den bekanntesten Höhepunkten eines Schweiz-Urlaubs.

Wenn in St. Moritz Weihnachten gefeiert wird und wenige Tage später bunte Raketen in den Silvesterhimmel schießen, liest sich die Gästeliste im mondänen Oberengadiner Nobelort wie ein »Who's who« der Schönen und Reichen. Hier logieren Ölscheichs und Prinzessinnen in noblen Hotelpalästen, vergnügen sich bei Champagner und Kaviar und lassen sich im Rolls-Royce durch die Straßen fahren.

Mit diesem filmreifen Szenario hält auch das Umland gut mit: In keiner anderen Schweizer Landschaft wurden – vor allem früher – so viele Filme produziert. Bereits im Jahr 1900 drehte die englische Alpinistin Elizabeth Main zahlreiche Kurzfilme im Engadin. Im Eis und Schnee der Berninagruppe entstanden die Streifen »Die weiße Hölle am Piz Palü« mit Leni Riefenstahl und »Der Rebell« von Luis Trenker. Im Hollywood-Katastrophenfilm »Meteor« wird das Engadin während vier spektakulärer Minuten von den Druckwellen eines einschlagenden Meteoriten und den darauf folgenden Lawinen verwüstet. Glücklicherweise ist dies nur Fiktion. Denn das Engadin lebt. Und wie!

So gelten auch die Worte von Conrad Ferdinand Meyer, einem der bedeutendsten Schweizer Erzähler und Lyriker des 19. Jh., nur noch bedingt. Er schrieb über das Engadin: »Hier ist es so schön, so still und so kühl, dass man die Rätsel des Daseins vergisst und sich an die klare Offenbarung der Schönheit hält.« Schön ist es hier – ohne Zweifel. Doch mit der Stille ist es heute oft nicht mehr weit her. Wenn an Sommertagen der Wind über den

Wandern & Bergtouren

TOP TIPP Ein mittelschwerer Wanderklassiker des Oberengadins führt von **Muottas Muragl** ❶ (2453 m) über die **Alp Languard** (2326 m) nach **Pontresina** (1805 m). Mit der Standseilbahn ❺ von Samedan/Punt Muragl hinauf zum Hotel Muottas Muragl. Von dort führt ein traumhafter Höhenweg immer oberhalb der Baumgrenze hinüber zur Alp Languard. Uneingeschränkte Aussicht auf St. Moritz, die Oberengadiner Seen und einen Großteil der schneebedeckten Bergriesen der Berninakette. An der Alp Languard angelangt, sollte man auf jeden Fall noch den einstündigen leichten Aufstieg auf den Paradisgrat (2540 m) auf sich nehmen. Der Blick von dort in den Kessel des Morteratsch-Gletschers, umrahmt von den berühmten Gipfeln Piz Cambrena, Piz Palü, Piz Bernina (mit dem legendären Bianco-Grat) und Piz Morteratsch gehört zum Beeindruckendsten, was die Gegend zu bieten hat. Mit dem Languard-Sessellift ❹ oder zu Fuß nach Pontresina. Von dort mit Bus oder Bahn zurück nach Samedan; Zeit: ca. 5 Std.; Einkehrmöglichkeiten: Bergrestaurant Unterer Schafberg, Hotel Muottas Muragl

St. Moritz (1822 m) – **Samedan** (1721 m) – **Bever** (1711 m) Leichte Wanderung mit Ausblick auf die Berninagruppe	Ausgangspunkt: St. Moritz Zentrum; Tinusstraße – Alp Laret (2103 m) – über Alp Saluver hinunter nach Samedan – oberhalb des Schützenhauses zur Brücke über den Beverin – Bever; Rückkehr zum Ausgangspunkt mit dem Zug; Zeit: ca. 3,5 Std.
Pontresina (1805 m) – **Fuorcla Surlej** (2755 m) – **St. Moritz Bad** (1772 m) Aussichtsreiche, leichte Tageswanderung über das Rosegtal zu den Oberengadiner Seen	Ausgangspunkt: Bahnhof Pontresina; über die Punt Ota in den Taiswald – Hotel Roseg Gletscher (1999 m) – Saumweg über Alp Surovel (2250 m) zur Fuorcla Surlej (2755 m, herrlicher Blick auf Piz Roseg, Piz Bernina und Piz Morteratsch) – Hahnensee (Lej dals Chöds) – St. Moritz Bad; Zeit: ca. 6 Std.; Einkehr: Restaurant Roseg Gletscher, Berghaus Fuorcla Surlej
Fuorcla Schlattain (2873 m) Abwechslungsreiche, anspruchsvolle Bergtour	Ausgangspunkt: St. Moritz; Tinusstraße – Chantarella – Alp Giop – Liftstation Corviglia (2486 m, evtl. mit Seilbahn ❽ hierher) – über Valletta Schlattein in westlicher Richtung – Fuorcla Schlattein (2873 m) – Pass Suvretta (2615 m) – Val Suvretta da San Murezzan – St. Moritz; Zeit: ca. 7 Std.

Hütten

El Paradiso (2181 m)
Nomen est omen – die Hütte ist eine der schönsten der Region. Sie liegt auf einem Plateau hoch über Suvretta. Obwohl das El Paradiso seinen Hüttencharme bewahrt hat, ist es weniger ein Ort für Bergsteiger als vielmehr für Liebhaber guten Essens und einer feinen Flasche Wein; Zufahrt mit dem Auto über Suvretta;
Tel. 08 18 33 40 02;
www.el-paradiso.ch

Coaz-Hütte (2610 m)
Von der Hütte reicht die Sicht weit über das Val Roseg bis Pontresina. In beeindruckender Hochgebirgslandschaft unweit des markanten Piz Roseg gelegen; in ca. 2,5 Std. von der Mittelstation Murtel der Luftseilbahn Corvatsch ❼ über die Fuorcla Surlej erreichbar; oder ab Hotel Roseggletscher (Zufahrt mit Pferdekutsche oder Mountainbike) in ca. 2,5 Std.;
Tel. 08 18 42 62 78; www.coaz.ch

Malojapass pfeift, die Surfer ihre Bretter richten, die Mountainbiker die Helme aufsetzen, die Wanderer die Seilbahnen besteigen, die Motorräder über die Pässe brausen und die Hubschrauber zu Rundflügen starten, gleicht das Oberengadin eher einem riesigen Freizeitpark.

St. Moritz ist auch als Sportstadt weltbekannt. Hier fanden 1928 und 1948 die Olympischen Winterspiele statt, 2003 wurde die alpine Skiweltmeisterschaft ausgerichtet. Derartige Großveranstaltungen sind inzwischen jedoch umstritten. Aufgrund der hohen Besucherzahlen wird das Umland immer

St. Moritz ist der wohl exklusivste Ferienort des »Festsaals der Schweiz«, wie das Engadin oft genannt wird. Hotelbauten prägen den Nobelkurort.

🇨🇭 St. Moritz und Oberengadin

Nervenkitzel vor traumhafter Kulisse: Kletterer vor den Gipfeln der Berninagruppe

rer müssen im alpinen Raum lange suchen, bis sie einen derart majestätischen Anblick finden wie die vergletscherte Berninakette mit ihrem 4049 m hohen Hauptgipfel. Der Piz Bernina ist damit der höchste Berg der Ostalpen. Sein Nordgrat, der Bianco-Grat, ist unter Bergsteigern als perfekte Firnschneide berühmt und zählt nach wie vor zu den begehrtesten Zielen ambitionierter Alpinisten. Wer dort hinauf will, muss allerdings über viel alpine Erfahrung verfügen und sollte sich am besten einem Bergführer anvertrauen. Das leichteste der hochalpinen Ziele ist die Tour von der Diavolezza auf den Piz Palü. Doch auch hier darf man sich nur mit der entsprechenden Ausrüstung, der nötigen Erfahrung und im Zweifelsfall immer in Begleitung eines Bergführers aufs Gletschereis wagen (Bergsteigerschule Pontresina, Tel. 08 18 38 83 33; www.bergsteiger-pontresina.ch).

Von Bergpionieren und Kurgästen

Zu Füßen von Piz Palü und Piz Bernina erstreckt sich der gigantische Morteratsch-Gletscher. Schnee und Eis scheinen hier im Überfluss vorhanden zu sein. Doch das täuscht. Vor allem im Sommer sieht man den Rückzug des Gletschers deutlich. Wer dem Morteratsch-Gletscher von Pontresina aus entgegengeht, ist beeindruckt von den Tafeln, die die Punkte des Gletscherendes im Verlauf der vergangenen 100 Jahre markieren. Heute sieht man von der ersten Tafel aus nur riesige Schutthalden – als letzte Grüße der sich zurückziehenden Eiszungen. An den Gletscher selbst gelangt man erst viel weiter oben.

Die Bergpioniere des 19. Jh. sahen noch wesentlich mehr Eis und fanden somit oft auch noch bessere

dichter bebaut. Deshalb mehren sich die kritischen Stimmen, die endlich dem Landschaftsschutz den Vorzug geben wollen.

Denn es ist vor allem die Landschaft, die Besucher magisch in den »Festsaal der Schweiz« zieht, wie das Engadin oft genannt wird. Surf-Fans beispielsweise wissen, dass die Windverhältnisse auf den Oberengadiner Seen Weltklasse sind. Und Wande-

EVENTS

- **Juni:** Internationales Kulturfest Laudinella, St. Moritz: Lesungen, Konzerte, Filme
- **Juli:** Seit über 10 Jahren fahren die Liebhaber alter britischer Fahrzeuge zum »British Classic Car Meeting« nach St. Moritz. Hier präsentieren die Oldtimer-Fans stolz ihre Rolls-Royce', Bentleys, Aston-Martins und andere Kultfahrzeuge.

Am sonntäglichen »Concours d'Élegance« weht dann ein Hauch vergangener Zeiten durch das Engadin. Anmeldung und Information: Tel. 08 18 37 33 88

Opernfestival in der Grande Halle des Bradutt's Palace, St. Moritz

Internationale Engadiner Konzertwochen: Weltberühmte Orchester und Solisten in akustisch herausragenden Sälen und Kirchen des Oberengadins

Engadin Inline Marathon: von Maloja nach S-chanf; www.swiss-inline-cup.ch

Golfturniere in Samedan

- **August:** Engadin Windsurfing Marathon, www.engadinwind.com

Internationale Segelregatten auf dem St. Moritzer See

In das Fextal, das bei Sils Maria vom Oberengadin abzweigt, ist der Massentourismus noch nicht vorgedrungen.

Bedingungen im hochalpinen Gelände vor. Sie machten den kleinen Ort Pontresina zu ihrem bevorzugten Stützpunkt und somit zum Bergsteigerdorf des Engadins. An diese glorreichen Zeiten erinnert das »Museum Alpin«, das in Pontresina in einem alten Engadiner Haus untergebracht ist. Die Ausstellungen informieren aber nicht nur über die bergsteigerische Vergangenheit. Schließlich war der geschichtsträchtige Ort einst auch ein wichtiger Stützpunkt für den Verkehr über den Berninapass. Der Burgturm Spaniola aus dem 12. Jh., die kleine Kirche Santa Maria mit ihren Fresken und den Resten romanischer Malereien sowie die schönen Engadiner Häuser sind weitere Zeugnisse seiner Geschichte.

Eine lange Tradition haben auch die Heilquellen in St. Moritz Bad. Schon in der Bronzezeit sollen die Menschen die heilende Wirkung des Wassers genutzt haben. Allerdings begann der Zustrom der Kurgäste zu den Quellen erst mit dem Bau des Kulm-Hotels im Jahr 1859 durch den Hotelpionier Johannes Badrutt. Schon damals war es das idyllische Landschaftsbild, das dem Oberengadin zu ständig steigender Beliebtheit verhalf. In den Sommermonaten bezaubert es mit seinen klaren Farben, die dem Tal im Hochgebirge auch heute noch spannende Konturen verleihen: das tiefe Blau der drei Oberengadiner Seen, der Silberstreifen des Inn, das Grün der saftigen Wiesen, das blendende Weiß der Berninakette und im Herbst das Gelb der sich verfärbenden Lärchenwälder. »Das Oberengadin, meine Landschaft, so fern vom Leben, so metaphysisch ...«, so beschrieb Friedrich Nietzsche die Gegend und meinte damit wohl auch das umwerfende Engadiner Licht, das manchmal alles zum Greifen nahe und fast unwirklich klar erscheinen lässt. »Zu Thränen des Jauchzens« habe den Philosophen das »Tal des Lichts« gerührt.

Besonders nach Sils Maria, nicht weit von St. Moritz entfernt, jedoch deutlich abseits vom Trubel, zieht

Nietzsche-Haus
Im Nietzsche-Haus in Sils Maria informiert eine umfangreiche Ausstellung über Leben und Werk des Philosophen. Zu sehen sind auch Handschriften und Fotos, die während der Aufenthalte Nietzsches in Sils entstanden sind. Dazu finden laufend Ausstellungen zeitgenössischer Kunst statt.
Tel. 08 18 26 53 69;
www.nietzschehaus.ch

Action & Sport

MOUNTAINBIKE	KLETTERSTEIGE	RAFTING	CANYONING	REITEN
PARAGLIDING	DRACHENFLIEGEN	KLETTERGÄRTEN	TENNIS	WINDSURFEN
KAJAK/KANU	WASSERSKI	TAUCHEN	HOCHSEILGARTEN	GOLF

TOP TIPP Obwohl **Kitesurfen** ❷ eine noch relativ junge Sportart ist, gilt der Silvaplanersee mit seinen konstanten Windverhältnissen und dem geringen Wellengang bereits als Mekka für die Anhänger dieser Sportart. Dank eines Segels – ähnlich einem Lenkdrachen – flitzt der Kitesurfer mit Windkraft auf seinem Board über die glitzernde Wasseroberfläche. Die Geschwindigkeit ist weit höher als beim herkömmlichen Surfen, und so entsteht das berauschende Gefühl, über die Wasseroberfläche zu fliegen. Kurse bei Swiss Kitesurf, Silvaplana; Tel. 08 18 28 97 67; www.kitesailing.ch

Inlineskating	Flugplatz Samedan, La Punt-Schanf	Inline-Rundkurs Samedan (5,1 km), auch für Speed-Skater; Strecke am Inn von La Punt nach S-chanf (8,6 km); Inline-Area am Sportplatz Sper l'En mit Halfpipe und Inline-Hockeyfeld. Kurse und Ausrüstungsverleih: Willy Sport e Moda, Zuoz; Tel. 08 18 54 08 06; www.willy-sport.ch; Colani Sport, La Punt; Tel. 08 18 54 33 44; www.colani-sport.ch
Klettergarten	Morteratsch, Pontresina	200 m vom Hotel Morteratsch entfernt liegt einer der derzeit angesagtesten Klettergärten der Gegend im besten Gneis; Schwierigkeitsgrad 3–9; Basiskurse bei der Bergsteigerschule Pontresina; Tel. 08 18 38 83 33; Ausrüstungsverleih: Montanara Sport, Pontresina; Tel. 08 18 42 64 37
Mountainbiken	Alp Suvretta, St. Moritz	Ausgangspunkt: St. Moritz (1822 m); entlang dem Cresta-Bob-Run – Celerina (1724 m) – aufwärts ins Val Saluver – Bergrestaurant Marguns (2279 m) – steil zur Sesselbahn Glüna (2460 m) – Lej Alv (2225 m) – Bergstation der Corviglia-Bahn (tolle Aussicht über St. Moritz) – steiler Downhill bis zum Höhenweg zur Alp Suvretta (2200 m) – Saumweg nach Suvretta – zurück nach St. Moritz; mittelschwere Tour auf Panoramastrecke; Länge: 25 km; Zeit: ca. 3 Std.; Mountainbike-Verleih und Infos über Kurse und geführte Touren bei Boom Sport; Tel. 08 18 32 22 22, www.boom-sport.ch; Viva Sportiva; Tel. 08 18 32 19 19
Golf	Engadin Golf, Samedan/St. Moritz Bad/Sils	Golf hat im Oberengadin seit dem 19. Jh. Tradition. Engadin Golf umfasst die beiden 18-Loch-Plätze in Samedan und Zuoz-Madulain; Tel. 08 18 51 04 66; www.engadin-golf.com. Der Golf-Club in St. Moritz verfügt über eine 9-Loch-Anlage; Tel. 08 18 36 82 36; www.stmoritz-golfclub.ch. In Sils befindet sich ein Kurzplatz mit 6 Loch; Tel. 08 18 38 47 40; Übersicht über alle Golfplätze: www.engadin-golf-guide.com
Hochseilgarten	Maloja	Spannendes Abenteuer auf Hängebrücken, Strickleitern und Aussichtsplattformen in schwindelnder Höhe; ab 11 Jahren; Verleih von Sicherheitsausrüstungen beim Kur- und Verkehrsverein; Tel. 08 18 24 31 88

Pässefahrten
Graubünden ist ein wahres Dorado für Motorrad- und Oldtimerfahrer. Über kurvenreiche Pässe, wie etwa den Julier- (2284 m) oder den Albulapass (2328 m) gelangt man nach St. Moritz. Über den Berninapass (2328 m) oder die abwärts führenden Serpentinen des Malojapasses (1815 m) verspricht die Weiterfahrt nach Italien größten Fahrspaß und Landschaftsgenuss. Tourenkarte: ADAC Motorradtouren MR 6; www.adac.de/motorrad

ST. MORITZ UND OBERENGADIN

Wellness & Genuss

TOP TIPP Der Wellness-Bereich im **Kempinski Grand Hôtel des Bains** ❸ in St. Moritz Bad ist nicht nur für Regentage zu empfehlen. Bewegung verschaffen kann man sich im Fitness-Bereich oder im Indoor-Pool; für das bequeme Schwitzen im Sitzen gibt es die Steinsauna. Etwas weniger heiß und damit kreislaufschonender ist das Sanarium. Außerdem mit Kneippzone, Solarien, Massagen (vorherige Terminabsprache erbeten) und Aromagrotte; Tel. 08 18 38 38 38; www.kempinski-stmoritz.ch

Hallenbad Pontresina	Saunalandschaft, Massagen, Solarium, Wellness-Bereich; 25-m-Sportbecken; Tel. 08 18 42 66 29; www.sauna-engadin.ch
Alpines Bewegungstraining St. Moritz	Verbesserung der Kondition durch individuell dosiertes Herz-Kreislauf- und Entspannungstraining. Auch Michael Schumacher oder König Juan Carlos gehören zu den Absolventen. Das Programm umfasst auch medizinische Untersuchungen, Bergwandern, Schwimmen, Yoga und Kurzvorträge; Tel. 08 18 33 16 58; www.traub.ch
Medizinisches Therapiezentrum Heilbad St. Moritz	Moderner Heilbadbetrieb, medizinische Therapie mit ganzheitlichem Ansatz; Moorpackungen, Mineralbäder, Massagen und Physiotherapie sowie Wellness- und Beauty-Programm; Tel. 08 18 33 30 62; www.heilbad-stmoritz.ch
Schifffahrt Silsersee	Früher fuhren auf allen vier Seen um St. Moritz regelmäßig Kursschiffe. Heute ist nur noch ein Schiff auf dem Silsersee unterwegs. Ein entspannendes, herrliches Erlebnis ist es, von Sils aus 15 Min. zum Landesteg zu wandern, mit dem Schiff bis Maloja zu fahren und von dort in ca. 2 Std. über Isola am See entlang nach Sils zurückzuwandern.

Bergerlebnis Diavolezza
Der Inbegriff des Aussichtspunktes um St. Moritz und eine der großen Aussichtsplattformen der Alpen ist die Diavolezza. Bequem schwebt man mit der Luftseilbahn ❸ auf 2973 m und befindet sich plötzlich mitten in einer grandiosen Bergkulisse: Tief unten der gewaltige Morteratsch-Gletscher, darüber ragen die beeindruckenden Eisgestalten des Piz Palü und des »Königs der Ostalpen«, des Piz Bernina, in den Himmel. Man meint, die vergletscherten Flanken seien zum Greifen nahe. Anfahrt: Mit dem Auto oder mit der Rhätischen Bahn zur Station »Bernina-Diavolezza« an der Bernina-Pass-Straße. Einkehrmöglichkeit: Bergrestaurant und Hotel Diavolezza/Bernina gleich neben der Aussichtsplattform, Übernachtungsmöglichkeiten, Sonnenaufgangswanderungen; Tel. 08 18 42 62 05; www.diavolezza.ch

es seit 100 Jahren die Dichter und Denker. Deren bekannteste Vorreiter waren zweifellos Friedrich Nietzsche und Hermann Hesse, inzwischen sind Schriftsteller wie Ephraim Kishon oder Donna Leon als Gäste in Sils Maria anzutreffen.

Einige Meter hinter dem Hotel Waldhaus erhebt sich eine hohe Bronzeskulptur, die der Schweizer Künstler Paul Gugelmann erschaffen hat: Sonne und Fisch, die Embleme von Sils, sind in einer Art Windspiel verwoben mit den Symbolen der Weltreligionen (Kreuz, Davidstern, Halbmond), den Yin-Yang-Halbkreisen und der Sonne der Hinduisten. Die Skulptur soll an Anne Frank erinnern, die in Sils Maria die schönsten Sommer ihres kurzen Lebens verbrachte.

Ruhige Alternative – das Fextal

Man sieht, das Oberengadin hat als Reiseziel eine große Tradition. St. Moritz ist inzwischen so bekannt, dass schon allein der Name zum Markenzeichen geworden ist. Um Missbrauch zu verhindern, ließ St. Moritz 1986 weltweit als erster Ort überhaupt seinen Namen gesetzlich schützen. Einen wichtigen Beitrag zum Ruhme des Oberengadins leistete auch der Maler Giovanni Segantini. Keiner hat diese Landschaft überzeugender dargestellt. Wer die Gelegenheit hat, sollte deshalb unbedingt sein Hauptwerk, das Alpen-Triptychon »La vita, la natura, la morte« (Werden, Sein, Vergehen), im Segantini-Museum in St. Moritz betrachten.

Bei Sils Maria befindet sich der Eingang ins Fextal, das vom großen Touristenstrom bisher verschont geblieben ist. Das liegt wohl daran, dass nur Anwohner mit dem Auto in das Tal fahren dürfen, für alle anderen ist kurz hinter Sils Maria Endstation. Im vielleicht schönsten Seitental des Engadins leben heute etwa 100 Menschen. Es erstreckt sich über 10 km bis zur Fuorcla dal Chapütsch, dem

Typische Engadiner Ortschaften wie Zuoz mit farbenpräch

Top-Adresse mit einmaligem Ausblick in Richtung Maloja und auf den Silsersee: das Hotel Waldhaus in Sils Maria

Gebirgspass, der gleichzeitig die Landesgrenze zu Italien bildet. Früher schmuggelten hier Einheimische Tabak, Zucker, Kaffee, Wein und Getreide über die Grenze. Und während des Zweiten Weltkriegs flohen vom Regime Verfolgte auf diesem Weg von Italien in die sichere Schweiz.

Im Fextal, aber genauso in La Punt, Madulain oder Zuoz zeigt das Engadin ein Gesicht, das so gar nichts mit dem Trubel in St. Moritz zu tun hat. Besonders Zuoz verfügt über einen schönen historischen Dorfkern. Lange Zeit war das Dorf Sitz der bischöflichen Herrschaft im Oberengadin. Dick gemauerte, geduckte Häuser mit wuchtigen geschnitzten Holztoren markieren ein Stück Zeitlosigkeit. Die Malereien auf den Häusern, die »Sgraffiti«, geben ihnen einen unverwechselbaren Charakter. Einst wanderten übrigens auch die Engadiner aus, um als Handwerker oder Händler Einkommensmöglich-

...ern bilden einen Kontrast zum mondänen St. Moritz.

Restaurants

Jöhri's Talvo
Die traditionellen Bündner Gerichte »à la Jöhri« aus täglich frischen Zutaten sind ein echter Geheimtipp für Gourmets. Zusätzlich stehen eingemachte Früchte, Konfitüren, Chutneys, Öle und Soßen zum Verkauf. In St. Moritz-Champfèr; Tel. 08 18 33 44 55; www.talvo.ch

Berghotel Muottas Muragl
Bei einem gepflegten Aperitif genießt man entspannt den Sonnenuntergang auf der Terrasse des 2456 m hoch gelegenen Restaurants, bevor man sich nach Einbruch der Dunkelheit zum Kerzenlicht-Dinner hineinbegibt. Auf- und Abfahrt mit der Standseilbahn ⑤; Tel. 08 18 42 82 32; www.muottasmuragl.ch

🇨🇭 St. Moritz mit Oberengadin

Auch heute noch eine Nobelherberge: das 1859 erbaute Kulm-Hotel in St. Moritz

Engadiner Museum
Um einen guten Einblick in die Lebensweise der früheren Engadiner zu bekommen, sollte man das Engadiner Museum zwischen St. Moritz Dorf und St. Moritz Bad besuchen. U. a. ist dort auch die Fassung der St. Moritzer Heilquelle aus der Bronzezeit zu bewundern; Tel. 08 18 33 43 33

Segantini-Museum
Ein Muss für Kunstliebhaber ist das Segantini-Museum in St. Moritz. Gemälde des berühmten Alpenmalers, der im Oberengadin die letzten Jahre seines Lebens verbrachte, sowie den Segantini-Weg, einen Spazierweg mit Infotafeln über Leben und Werk des Giovanni Segantini, gibt es zu besichtigen; Tel. 08 18 33 44 54; www.segantini-museum.ch

Museum Alpin
Bergsteiger sollten unbedingt das Museum Alpin in Pontresina besuchen. Eine Alpinismus-Ausstellung gibt Zeugnis von der Entwicklung des Bergsteigens in der Bernina-Region von der Pionierzeit bis heute. Zahlreiche weitere Ausstellungen, u. a. zu Wildtieren, Jagd und Mineralien komplettieren das interessante Museum. Die Bibliothek des Schweizer Alpen-Clubs Bernina befindet sich ebenfalls im Haus. Tel. 08 18 42 72 73; www.pontresina.ch/museumalpin

Fun & Family ✹ ✹ ✹ ✹

Lej da Staz	Idyllischer Badesee zwischen St. Moritz und Pontresina, in einer Waldlichtung; an sonnigen Sommertagen beliebtes Ausflugsziel.
Alp-Schaukäserei Morteratsch	Traditionelle Art der Käseerzeugung auf der Alp Nuova mit Verkauf und Bewirtung; beim Bahnhof Morteratsch; Tel. 08 18 42 62 73; www.alp-schaukaeserei.ch
Bahnfahrt »Bernina Express«	Mit der Rhätischen Bahn, einem Wahrzeichen Graubündens, von St. Moritz durch die Hochgebirgslandschaft am Bernina bis nach Tirano im Süden der Alpen. Tel. 08 12 88 61 04; www.rhb.ch

TOP TIPP Die Erlebnisse des »Schellen-Ursli« ❹ sollen sich zwar in Guarda abgespielt haben, trotzdem gibt es in St. Moritz den Schellenursli-Weg, einen liebevoll gestalteten Märchenweg für Kinder. Auf Tafeln ist die Geschichte mit Bildern des bekannten einheimischen Malers Alois Carigiet abgebildet. Von St. Moritz mit der Standseilbahn ❽ nach Chantarella, von dort vorbei an der Heidi-Hütte (wo einst der Film gedreht wurde) zurück zur Talstation; auch mit Kinderwagen befahrbar; Länge 1,5 km; Zeit: ca. 45 Min.; Einkehr: Bergrestaurant Chantarella, Restaurants in St. Moritz

keiten zu finden. Einige eröffneten Kaffeehäuser in Venedig und St. Petersburg, die heute berühmt sind. Nicht selten kamen sie wohlhabend zurück und ließen ihre Häuser reich verzieren. Die Sujets an den Mauern zeugen von der Weltläufigkeit und Offenheit der Hausbesitzer und Handwerker. Oft ist beispielsweise der Delfin zu sehen – eine doch ziemlich untypische Tierart in den Graubündner Bergen.

Leckerei aus Nüssen und Honig

Trotz Weltoffenheit sind die Engadiner stolz auf ihre Wurzeln und pflegen heute auch wieder ihre selten gewordene Sprache, das Rätoromanisch. Viele Besucher ahnen nicht einmal, dass St. Moritz eigentlich San Murezzan heißt. Ortsnamen wie Schanf oder Madulain klingen für Deutschsprachige fremd und unverständlich. »Allegra!«, der rätoromanische Gruß, ist jedoch auch heute noch selbst in St. Moritz auf offener Straße zu hören – obwohl nur noch wenige Einheimische hier leben, die untereinander rätoromanisch sprechen. Deutsch- und italienischsprachige Zuwanderer haben die demografischen Verhältnisse verschoben. Doch in der Mittelschule von Samedan etwa wird sowohl auf Deutsch als auch auf Rätoromanisch unterrichtet. Und tatsächlich sind Kultur, Küche und Geisteshaltung der Engadiner mehr von der offenen Lebensfreude Italiens geprägt als von der Mentalität der korrekten Deutschschweizer. Apropos Küche: Zum Schluss sind einige wichtige Bemerkungen zu diesem Thema unerlässlich. Wer sich im Engadin aufhält, sollte auf alle Fälle ein authentisches kulinarisches Produkt probieren: die berühmte Engadiner Nusstorte mit ihrer Füllung aus Walnüssen und Honig. Spätestens nach dem Genuss dieser Leckerei werden es wohl die meisten Besucher mit dem ungarischen Komponisten Bela Bartók halten, von dem der begeisterte Ausspruch stammt: »Im Engadin ließ ich die Sorgen weit hinter mir!«

Adressen & Bergbahnen

Landesvorwahl 00 41

Urlaubsregion	Ferienregion **Engadin**; Tel. 08 18 42 65 73; E-Mail: info@engadin.ch; www.engadin.ch
Maloja (1809 m)	Tourist Office Maloja; Tel. 08 18 24 31 88; E-Mail: info@maloja.ch; www.maloja.ch
Pontresina (1805 m)	Kur- und Verkehrsverein Pontresina; Tel. 08 18 38 83 00; E-Mail: info@pontresina.com; www.pontresina.com
Samedan (1721 m)	Samedan Tourismus; Tel. 08 18 51 00 60; E-Mail: info@samedan.ch; www.samedan-tourismus.ch
St. Moritz (1822 m)	Kur- und Verkehrsverein St. Moritz; Tel. 08 18 37 33 33; E-Mail: information@stmoritz.ch; www.stmoritz.ch
Weitere Orte	**Celerina** www.celerina.ch • **Sils Maria** www.sils.ch • **Silvaplana** www.silvaplana.ch • **Zuoz** • www.zuoz.ch
Entfernungen	Hamburg 978 km; Berlin 906 km; Köln 766 km; Frankfurt a. M. 560 km; Stuttgart 391 km; München 276 km

1. Celerina Marguns • Berg/Tal 18 sfr
2. Celerina Trais Fluors • Berg/Tal 26 sfr
3. Pontresina Diavolezza Berg/Tal 28 sfr
4. Pontresina Alp Languard Berg/Tal 19 sfr
5. Samedan Muottas Muragl Berg/Tal 26 sfr
6. Sils Furtschellas Bergbahnen Berg/Tal 20 sfr
7. Silvaplana Corvatsch Berg/Tal 36 sfr
8. St. Moritz Chantarella - Corviglia Berg/Tal 18 sfr
9. St. Moritz Corviglia–Piz Nair Berg/Tal 18 sfr
10. St. Moritz Suvretta–Randolins Berg/Tal 9,50 sfr

Siehe auch Preisteil S. 648

Hotelempfehlungen

Celerina S. 713
Maloja S. 717
Pontresina S. 718
Samedan S. 719
Sils-Maria S. 720
Silvaplana S. 720
St. Moritz S. 720

Wanderkarten

Landeskarte der Schweiz, Blätter 258 Bergün, 268 Julierpass, 269 Berninapass; 1:50000
Landeskarte der Schweiz 1257 St. Moritz, 1277 Piz Bernina; 1:25000

Straßenatlas Siehe S. 791

Scuol und Unterengadin
Graubünden

ACTION & SPORT

WANDERN & BERGTOUREN

FUN & FAMILY

WELLNESS & GENUSS

Badefreuden im Unterengadin

Wer Naturerlebnis, Wellness und Kultur miteinander verbinden möchte, liegt im Unterengadin genau richtig. Neben einer Wanderung durch den Schweizer Nationalpark und dem Besuch des Klosters St. Johann im Münstertal ist das Bad im »Bogn Engiadina Scuol« ein Muss für den Aufenthalt in der Region zwischen Silvretta und Stilfserjoch.

»Hinterster Winkel der Schweiz« wird das Unterengadin gern im Volksmund genannt. Seine Lage abseits der großen Nord-Süd-Verbindungen über die Alpen hat der Region im schweizerisch-österreichisch-italienischen Ländereck jedoch keineswegs geschadet – ganz im Gegenteil. Unberührt von Hektik, Lärm und Gestank konnte sich zwischen Silvretta und Stilfserjoch ein Natur-Juwel erhalten. Im Gegensatz zu den verkehrstechnisch besser erschlossenen Massentourismusgebieten blieb das Unterengadin von Zersiedelung und großen Bausünden weitgehend verschont. Und obwohl die Dörfer in der Vergangenheit immer wieder von Brandkatastrophen und Lawinenabgängen heimgesucht wurden, haben sie bis heute viel von ihrer Ursprünglichkeit bewahrt.

Auf dem Weg über den Flüelapass oder durch den 1999 eröffneten Vereinatunnel (Autoverladung) zum Hauptort Scuol lohnt sich deshalb der eine oder andere Abstecher. Einst zog sich die alte Engadinstraße durch sonnige Wiesen und lichte Lärchenwälder von Guarda über Ardez nach Ftan. In diesen kleinen Orten, ebenso wie in Sent oberhalb von Scuol, sind die behäbigen, in traditioneller Engadiner Art dicht aneinander gebauten Häuser gut erhalten. Hervorzuheben ist vor allem das kleine Dorf Guarda, das völlig zu Recht als eines der schönsten und ursprünglichsten Engadiner Bergdörfer gilt und 1985 mit dem Wakker-Preis des Schweizer Heimatschutzes ausgezeichnet wurde. In diesem Kleinod scharen sich die prächtigen, graffitigeschmückten Häuser um schöne Brunnenplätze, Rundbogeneinfahrten führen in weite Hausflure. Überall herrliche Fassaden, trichterförmige Fensternischen, verzierte Erker, kunstvolle Gitter und Inschriften. Und dazu noch die Lage auf einer

Bad mit Aussicht: Im »Bogn Engiadina« in Scuol lässt es sich mit Blick auf die Unterengadiner Bergwelt herrlich entspannen.

ADAC – der perfekte Urlaubstag

- **9 Uhr:** Quellenwanderung bei Scuol mit Mineralwasser-Probe
- **12 Uhr:** Seilbahnfahrt von Scuol nach Motta Naluns ❶; Mittagessen auf der Panoramaterrasse des Bergrestaurants La Motta
- **14 Uhr:** Wanderung von Motta Naluns nach Scuol und Besuch im Römisch-Irischen Bad
- **20 Uhr:** Abendessen im Restaurant Paradies in Ftan

Sonnenterrasse, die dem Ort zu seinem Namen verhalf: Guarda – Aussicht.

Eine perfekte Aussicht ins Unterengadin eröffnet auch die mächtige Festung Tarasp, die als Wahrzeichen des Unterengadins hoch auf einem Felsen thront. Dass die zur Besichtigung freigegebene Anlage nicht zu einer Ruine verkam, ist dem deutschen Industriellen Karl August Lingner zu verdanken, der das baufällige Schloss 1910 erwarb und es von Grund auf renovierte.

Kurz hinter Tarasp liegt Scuol (Schuls), das unbestrittene Zentrum des Unterengadins. Auffällig ist die rätoromanische Beschriftung auf Schildern und Plakaten. Der Ort entpuppt sich als eine Bastion der einst im ganzen Engadin geläufigen Sprache, und die Verwendung von rätoromanischen Begriffen ist gesetzlich vorgeschrieben. Auch hier sind vor allem in der Unterstadt, die sich bis zum Inn hinunterzieht, zahlreiche historische Gebäude erhalten. Doch wer Scuol besucht, tut dies weniger, um sich auf Sightseeing-Tour zu begeben. Bereits seit dem 19. Jh. ist Scuol berühmt für seine Mineral- und Heilquellen. Als St. Moritz noch ein unbedeutendes Bergdorf war, gab sich der europäische Hochadel in Scuol bereits ein Stelldichein. Daran hat sich bis heute wenig geändert. 1993 eröffnete das neue »Bogn Engiadina Scuol« mit seiner traumhaften Bäder- und Saunalandschaft. Es lockt jedes Jahr Tausende zur Entspannung mitten in die alpine Kulisse. Ein besonderes Highlight ist dabei das Römisch-Irische Bad, ein Mix aus keltischer und römischer Badekultur. Nach der gut zweieinhalbstündigen Behandlung mit Sauna, Massagen

Wahrzeichen des Unterengadins: Das Schloss Tarasp thront hoch auf einem Felsen.

Wandern & Bergtouren

TOP TIPP Die Tour durch den **Schweizer Nationalpark** ① beginnt in Zernez (1471 m) und führt entlang alter Ackerterrassen durch einen Lärchenwald zur Cluozza-Schlucht. Nun steigt der Weg steil an, immer wieder offenbaren sich herrliche Einblicke in das Cluozzatal und das Quattervals-Massiv. Nach ca. 3 Std. erreicht man die Nationalparkhütte **Chamanna Cluozza** (1804 m, Übernachtung möglich). Hinter der Hütte beginnt ein steiler Aufstieg zum Sattel Murter (2545 m); man passiert eine Felsplatte, auf dem angeblich Fußspuren von Sauriern zu sehen sind. Über den Sattel und das Plateau von Plan dals Poms (2338 m) geht es zur Spöltalschlucht. Ein letzter Anstieg führt nach insgesamt ca. 6,5 Std. Wanderzeit zum Parkplatz Vallun Chafuol (1766 m). Von dort mit dem Postbus zurück nach Zernez. Es lohnt sich, die Tour auf zwei Tage auszudehnen, um genügend Zeit für die landschaftlichen Reize sowie die vielfältige Tier- und Pflanzenwelt des Naturparks zu haben.

Motta Naluns (2146 m) – **Sinestra** (1522 m) Mittelschwere Wanderung nördlich von Scuol	Ausgangspunkt: Bergstation der Seilbahn Scuol (2142 m) ①; Motta Naluns (2136 m) – Era Champatsch – Fuorcla Champatsch (2733 m) – Plan Tiral (2511 m) – Pra San Flurin (2080 m) – Zuort (1711 m) – Val Sinestra (1524 m) – vom Kurhaus in Val Sinestra mit dem Bus zurück nach Scuol; Zeit: ca. 6 Std.; Einkehr: Restaurant La Motta, Restaurant Hof Zuort
Lais da Rims (1732 m) Anspruchsvolle 2-Tages-Bergwanderung	Ausgangspunkt: Scuol (1243 m) – über den Inn und nach San Jon (1464 m) – Val Lischana – Chamanna Lischana (2500 m, Übernachtung möglich) – Lais da Rims (2732 m) – Uinaschlucht – Alp Uina Dadaint (1770 m) – Sur En (1124 m), mit dem Bus nach Scuol zurück; Zeit: ca. 10 Std.; Einkehr: Chamanna Lischana (Anfang Juli bis Anfang Okt. geöffnet), Uina Dadaint, Restaurant Val d'Unia in Sur En
S-charl (1810 m) – **Süsom Give** (2149 m) Leichte Wanderung zum Ofenpass	Ausgangspunkt: mit dem Bus von Scuol nach S-charl (1810 m); Tamangur-Dadaint (2122 m) – Funtana da S-charl (2393 m) – Süsom Give/Ofenpass (2149 m); zurück auf der gleichen Route oder Rückfahrt per Bus und Zug via Zernez; Zeit: ca. 4 Std. (bis Ofenpass); Einkehr: Crusch Alba S-charl, Restaurant Il Fuorn am Ofenpass
Ofenpass (2149 m) – **Müstair** (1247 m) Leichter Höhenweg mit Panoramablick ins Val Müstair	Ausgangspunkt: mit Zug und Bus von Scuol über Zernez nach Süsom Give/Ofenpass (2149 m); Alp da Munt (2213 m) – Alp Champatsch (2136 m) – Lü (1920 m) – Alp Sot (2053 m) – Terza (1843 m) – Müstair (1247 m), mit Bus und Zug zurück nach Scuol; Zeit: ca. 5 Std.; Einkehr: Il Fuorn am Ofenpass, Alp da Munt, Alp Champatsch, Gasthaus Hirschen in Lü

Hütten

Chamanna Lischana (2500 m)
Schön auf einem Vorsprung gelegene gemütliche kleine Hütte in den massigen Felsbastionen der »Engadiner Dolomiten«. Anspruchsvolle Gipfelziele sind der Piz San Jon (3065 m) und der Piz Lischana (3105 m). Herrliche Übergänge für Wanderer, z. B. über Lais da Rims (1732 m) oder nach S-charl. Aber auch der Zustieg zur Hütte von Scuol aus durch das Val Lischana ist traumhaft; Zeit: ca. 4 Std.; Tel. 08 18 64 95 44

Chamanna Cluozza (1804 m)
Der schöne, technisch leichte Hüttenzustieg (ca. 3 Std.) von Zernez aus ins Val Cluozza Richtung Ofenpass führt in den herrlichen Schweizer Nationalpark. Schöne Wanderziele, z. B. Fuorcla Val Sassa; Tel. 08 18 56 12 35

Restaurants

Crusch Alba
Malerisches Hotel und Restaurant (Engadiner Spezialitäten) in traumhafter Lage am Ortsende von S-charl; Tel. 08 18 64 14 05

🇨🇭 SCUOL UND UNTERENGADIN

und Thermalanwendungen fühlt man sich wie neu geboren.

Am besten lässt sich das Bogn Engiadina nach intensiver Bewegung an der frischen Luft genießen. Rund um Scuol bietet sich in unberührter Natur vielfältig Gelegenheit dazu. Das Unterengadin ist bekannt als hervorragendes Mountainbike-Revier,

Das Unterengadin eignet sich ideal zum Mountainbiken.

und auch zum Wandern und Bergsteigen eignen sich die Berge rund um Scuol bestens: Nördlich des Talbodens erheben sich stolze Dreitausender, darunter der Muttler, der Piz Linard und der wegen einer gleichnamigen Sonnencreme weithin bekannte Piz Buin – jedoch sind dies Gipfel, die allesamt erfahrenen Alpinisten vorbehalten sind. Wanderern ist ein Abstecher in die andere Richtung, auf die Südseite des Tales, zu empfehlen. Dort bietet sich eine Tages- oder Mehrtagestour durch den Schweizer Nationalpark an, der 1914 gegründet wurde und somit der älteste in Europa ist. Hier lassen sich mit etwas Glück Steinadler, Bartgeier, Gämsen und sogar der wieder eingebürgerte Luchs beobachten. Im autofreien Dörfchen S-charl sollte man sich Zeit nehmen für die Besichtigungen des ehemaligen Blei- und Silberbergwerks und der Bärenausstellung im Nationalparkmuseum Schmelzra. Von S-charl aus gelangen Wanderer ins Herz des Nationalparks beim Ofenpass und ins benachbarte Val Müstair. In dem 20 km langen Tal versteckt sich ein besonderes Kleinod: Kurz vor der Grenze, am Ende des Dorfes Müstair, liegt das Kloster St. Johann. Die mächtige Anlage zählt zum UNESCO-Weltkulturerbe und beherbergt einen einzigartigen Freskenzyklus aus karolingischer Zeit. Der Bau des Klosters geht auf ein Gelübde von Karl dem Großen zurück. Der Legende nach soll der Kaiser im Münstertal in einen lebensbedrohlichen Schneesturm geraten sein und für seine Rettung den Bau einer Kirche versprochen haben. Der Wahrheitsgehalt der Legende lässt sich heute nicht mehr überprüfen, doch die Archäologen, die den Klosterkomplex seit 30 Jahren untersuchen, sind sich sicher: In der Vergangenheit muss der »hinterste Winkel der Schweiz« einer der wichtigsten Verkehrswege im Alpenraum gewesen sein.

Silberminen Ober-Madlains
Abenteuerexkursion durch die alten Stollen der Silberminen von Ober-Madlains (2150 m). Die Exkursion wird individuell nach Anmeldung angeboten und dauert ca. 6 Std.; Schutzbekleidung, Helm und Lampe werden gestellt. Gutes Schuhwerk ist erforderlich. Anmeldung bei Scuol Information; Tel. 08 18 61 22 22

Wildbeobachtungen im Schweizer Nationalpark
Die geführten Wildbeobachtungen im Schweizer Nationalpark finden jeden Dienstagnachmittag statt. Mit etwas Glück können Steinadler, Bartgeier, Gämsen und sogar der wieder eingebürgerte Luchs beobachtet werden. Dauer ca. 6 Std., Treffpunkt: bei der Post in Scuol um 13.20 Uhr. Gute Wanderschuhe und etwas Kondition erforderlich. Info und Anmeldung bei Scuol Information; Tel. 08 18 61 22 22. Lohnend ist auch ein Besuch der interessanten Ausstellungen und Vorträge im Nationalparkhaus in Zernez. Dort gibt es auch alle wichtigen Infos zu Wanderrouten, Hütten, Tieren und Pflanzen; Tel. 08 18 56 13 78; www.nationalpark.ch

Wellness & Genuss ✸✸✸✸✸

TOP TIPP Das moderne Erlebnisbad »Bogn Engiadina Scuol« verfügt über eine Vielzahl von Bäder- und Saunaangeboten sowie ein Wellness- und Therapie-Zentrum. Ein Muss für jeden Besuch in Scuol ist das unmittelbar neben dem Erlebnisbad gelegene **Römisch-Irische Bad** ❷ (Zutritt ab 16 Jahren, unbedingt am Vortag anmelden). Hier bekommt der Gast eine wohldosierte Mischung aus Massage, Sauna und Thermalbädern verabreicht. Durch die Terminvereinbarung am Vortag wird verhindert, dass sich zu viele Besucher im Bad tummeln. Dauer für einen Badeaufenthalt ca. 2,5 Std.; Tel. 08 18 61 20 00

Quellenwanderung Scuol	Während einer leichten geführten Wanderung werden zahlreiche Mineralquellen in der Umgebung von Scuol besucht und das Wasser verkostet. Anmeldung bei der Scuol Information; Tel. 08 18 61 22 22
Schlosshotel Chastè Tarasp Scuol	4-Sterne-Hotel mit Sauna, Tepidarium, Dampfbad und Solarium mit romantischem Ruheraum. Das Hotel befindet sich in einem stilvoll umgebauten Engadiner Bauernhaus. Hervorragende Küche und ein ausgezeichneter Weinkeller mit ungefähr 400 Sorten verschiedenster Weine. 20 Zimmer, darunter 6 Suiten; Tel. 08 18 64 17 75
Bündner Nusstorte	Walnüsse, Sahne und karamellisierter Zucker – diese Zutaten sind die Hauptbestandteile der berühmten Engadiner Nusstorte, die sich aufgrund ihrer hervorragenden Haltbarkeit auch bestens dazu eignet, sie mit nach Hause zu nehmen. Eine der besten Nusstorten gibt es bei der Bäckerei Erni in Scuol; Tel. 08 18 64 10 50
Kloster St. Johann Müstair	UNESCO-Weltkulturerbe; der einzigartige Bau beherbergt den größten erhalten gebliebenen Freskenzyklus aus karolingischer Zeit sowie zahlreiche romanische Wandmalereien. Interessantes Klostermuseum und Klosterladen; Tel. 08 18 50 39 29

Lohnender Stopp: In Guarda beeindrucken die alten, reich verzierten und eng aneinander geschmiegten Häuser.

Adressen & Bergbahnen — Landesvorwahl 00 41

Urlaubsregion	Ferienregion **Engadin**; Tel. 08 18 42 65 73; E-Mail: info@engadin.ch; www.engadin.ch	❶ Scuol Motta Naluns Berg/Tal 25 sfr	
Scuol (1243 m)	Scuol Information; Tel. 08 18 61 22 22; E-Mail: scuol@engadin.com; www.scuol.ch	❷ Ftan Natéas Berg/Tal 21 sfr	
Guarda (1653 m)	Guarda Tourismus; Tel. 08 18 62 23 42; E-Mail: guarda@engadin.com; Internet siehe Scuol		
Müstair (1247 m)	Tourismus Val Müstair; Tel. 08 18 50 39 29; E-Mail: info@muenstertal.ch; www.valmuestair.ch		
Weitere Orte	**Ardez** www.ardez.ch • **Ftan** • www.ftan.ch • **S-charl** • **Sent** www.sent.ch • **Tarasp** www.tarasp.ch • **Zernez** www.zernez.com		
Entfernungen	Hamburg 934 km; Berlin 906 km; Köln 766 km; Frankfurt a. M. 560 km; Stuttgart 391 km; München 276 km	Siehe auch Preisteil S. 648	

Hotelempfehlungen
Scuol S. 719

Wanderkarten
Landeskarte der Schweiz, Blätter 1199 Scuol, 1219 S-charl, 1218 Zernez; 1:25000
Landeskarte der Schweiz, Blätter 249 Tarasp, 259 Ofenpass; 1:50000

Straßenatlas Siehe S. 791

SAMNAUN
GRAUBÜNDEN

ACTION & SPORT

WANDERN & BERGTOUREN

FUN & FAMILY

WELLNESS & GENUSS

Restaurants

Schmuggler Alm, Samnaun-Dorf
Erlebnis-Restaurant mit alpenländischem Ambiente; regionale Küche; mittleres Preisniveau;
Tel. 08 18 61 82 00

Sennerei Samnaun, Laret
Schausennerei und einfaches Speiserestaurant; vorzügliche Käsegerichte aus der eigenen Käserei; eher günstig;
Tel. 08 18 68 51 58

ADAC der perfekte Urlaubstag

- **9 Uhr:** Frühstück/Brunch in der Morgensonne in Laret oder Compatsch
- **11 Uhr:** mit der doppelstöckigen Seilbahn in den Trida Sattel (2488 m) ❶, mit dem Mountainbike rasant bergab zur Alp Trida (2263 m); von dort zur Alp Bella queren, wo man eine deftige Käseplatte genießt
- **16 Uhr:** Downhill nach Compatsch; auf der Straße zurück nach Samnaun-Dorf; umziehen und per Auto ins Erlebnisbad Alpenquell, um dort im Whirlpool zu relaxen
- **20 Uhr:** Après-Bike in der Disco Why Not (im Hotel Post) in Samnaun-Dorf

Einkaufs- und Urlaubsparadies hinter den sieben Bergen

Samnaun liegt gut versteckt in einem kleinen Tal zwischen Österreich und der Schweiz. Gäste werden hier vor allem von der Möglichkeit angelockt, zollfrei einzukaufen. Die Schnäppchenjagd ist aber nicht der einzige Grund, nach Samnaun zu kommen. In der idyllischen Landschaft lässt es sich wunderbar radeln und wandern, die touristische Infrastruktur ist perfekt organisiert und doch unaufdringlich.

Abgeschieden und umgeben von einer großartigen Bergwelt liegt Samnaun zuhinterst im gleichnamigen Tal.

Adressen & Bergbahnen — Landesvorwahl 00 41

Samnaun (1840 m)	Samnaun-Tourismus, Tel. 08 18 68 58 58; E-Mail: info@samnaun.ch, www.samnaun.ch
Weitere Orte	Compatsch · Laret · Plan · Ravaisch
Entfernungen	Hamburg 923 km; Berlin 790 km; Köln 710 km; Frankfurt a. M. 540 km; Stuttgart 335 km; München 204 km

❶ Ravaisch; Doppelstockbahn/Zubringerbahn; Berg/Tal 19 €
❷ Ravaisch/Alp Trida; Alp Trider Sattel; Berg/Tal 10 €
❸ Ravaisch/Alp Trida; Flimsattel; Berg/Tal 10 €
Siehe auch Preisteil S. 648

Ganz in der Nähe des Schweizer Zollamts Martina im Unterengadin hat der Schergenbach eine tiefe Klamm in die schroffen Wände aus klein gefälteltem Schiefergestein gefressen. Dahinter liegt das letzte Engadiner Seitental auf über 1800 m Höhe: Samnaun. Eine kleine Straße schlängelt sich kühn bei Vinadi durch die wilde Landschaft hinauf, bis sich das Tal endlich weitet und Platz macht für grüne Almwiesen und ein Dorf. Gleich dahinter erheben sich bereits die steilen Flanken der Samnaungruppe, deren Gipfel zum Teil bis über die 3000-m-Grenze emporragen. In exponierter Lage kleben Bergbauernhöfe an den Hängen.

Unten im Tal kann man sich kaum vorstellen, dass über diesem ersten jähen Aufschwung weite Almgürtel mit über 900 verschiedenen Pflanzenarten liegen. Unberührte, seengeschmückte Hochkare prägen das Landschaftsbild und laden zum Wandern und Mountainbiken auf einem über 250 km langen Wegenetz ein. Bergbahnen stellen ganzjährig die Verbindung übers Gebirge nach Ischgl im Paznauntal her (siehe auch Paznaun, S. 158–161).

Ein Tal, zwei Länder

Abends im Hotel sorgt ein gehobenes Wellness-Angebot für Entspannung. Die moderne Gastronomie der Talschaft hat Schweizer Qualität, orientiert sich aber preislich am wesentlich günstigeren Österreich. Die Lage zwischen zwei Ländern hat etwas Kurioses: Politisch gehört Samnaun natürlich zur Schweiz. Doch nach Bern ist es weit. Und schon der Dialekt der Einheimischen verrät, dass es einfacher ist, von Samnaun aus nach Tirol zu kommen als ins Engadin. Diese Situation allein rechtfertigt allerdings noch nicht das einträgliche Privileg, ein Zollausschlussgebiet zu sein. Dies hat

Action & Sport

Mountainbike	Klettersteige	Rafting	Canyoning	Reiten
Paragliding	Drachenfliegen	Klettergarten	Tennis	Windsurfen
Kajak/Kanu	Wasserski	Tauchen	Hochseilgarten	Golf

TOP TIPP Eine technisch schwere und konditionell anspruchsvolle **Mountainbike-Tour** ❶ führt von Samnaun aus zur Heidelberger Hütte (2264 m). Belohnt wird man dafür mit einer grandiosen Landschaft und vielen Schätzen der Natur. Der Forststraße ins Val Musauna am Ortsende von Samnaun-Dorf (1840 m) folgen. Bald wird die Strecke steiler. Durch eine schmale, tiefe Schlucht mit einem wunderschönen Wasserfall führt der Weg weiter bis zu den Zeblaswiesen. Jetzt ist das Tal weiter und erlaubt einige schöne Aussichten auf die Samnauner Bergwelt. Vom Zeblasjoch (2539 m) aus geht es bergab zur Gampenalpe (1975 m). Nun das Fimbertal in südlicher Richtung rund 7 km leicht steigend entlang bis zur Heidelberger Hütte; von hier rund 15 km grandioser Downhill bis nach Ischgl. Von dort aus mit den Bergbahnen zurück und mit dem Bike hinunter nach Samnaun; Zeit: ca. 4 Std.; Einkehr: Heidelberger Hütte; guter Mountainbike-Guide kann bei Samnaun-Tourismus bezogen werden; Tel. 08 18 68 58 58, www.samnaun.ch

Kletterwand	Samnaun-Dorf	Outdoor-Kletterwand in Samnaun-Dorf; Tel. 08 18 68 58 58; www.samnaun.ch
Rafting	Innschlucht, Oberinntal	Im Oberinntal zwischen Martina und Pfunds bzw. bei Tösens; interessante Fahrten durch die Innschlucht; Organisation durch Samnaun-Tourismus; Tel. 08 18 68 58 58; www.samnaun.ch
Tennis	Tennis-Center Samnaun	Sandplätze zwischen Samnaun-Dorf und Ravaisch. Reservierung erforderlich; Trainerstunden nach Vereinbarung; Tel. 08 18 68 54 60

Samnaun vielmehr seiner landwirtschaftlich geprägten Vergangenheit zu verdanken. Im 19. Jh. lebten die wenigen Bewohner der weltabgeschiedenen Siedlung nahezu ausschließlich vom Viehhandel mit Tirol. Um diese dünne Basis nicht noch weiter zu schmälern, gewährte Bern 1892 Zollfreiheit. Auch als 1913 von Vinadi aus die kühne Schweizer Straße – der erste direkte Verbindungsweg ins Engadin – gebaut wurde, blieb Samnaun Zollausschlussgebiet. Der Viehhandel wurde jedoch immer mehr abgelöst vom blühenden Geschäft mit der zollfreien Ware.

Das Privileg kommt zwar langsam ins Wanken, aber solange die Schweizer Straße im Winter häufig gesperrt ist und sämtliche Güter über Österreich eingeführt werden müssen, hat man in Bern ein Argument. Doch ob mit oder ohne Zollbefreiung: Die unzähligen Möglichkeiten, die Samnaun mit seiner herrlichen Bergwelt sowie dem guten Hotel- und Sportangebot zu bieten hat, werden so oder so viele Urlauber anlocken. Wer Ruhe und Erholung sucht und gleichzeitig großen Wert auf ein aktives Freizeitprogramm legt, der wird sich in Samnaun hinter den sieben Bergen pudelwohl fühlen.

EVENTS

- 1. August: Schweizer Nationalfeiertag mit prominenten deutschen und österreichischen Festrednern aus der Politik; Brunch, Dorfmarkt und Feuerwerk

Hütten

Alp Bella (2380 m)
Nach wie vor bewirtschaftete Alp oberhalb einer kleinen Hochebene nördlich von Laret mit Milchpipeline direkt zur Sennerei Samnaun; keine Übernachtungsmöglichkeit; von der Alp Trida (Bergbahn) ❶ ❷ in ca. 30 Min. zu erreichen;
Tel. 08 18 68 55 28

Heidelberger Hütte (2264 m)
Der direkte Zugang zur einzigen Hütte des Deutschen Alpenvereins auf Schweizer Boden führt über Ischgl im Paznauntal bzw. den Höhenweg von Samnaun via Zeblasjoch (ca. 4–5 Std.); von Samnaun aus nur als Mountainbike-Tour zu empfehlen; (siehe auch Paznaun, S. 158–161);
Tel. 00 43/54 44/54 18

Erlebnisbad Alpenquell
Nach einem anstrengenden Tag in den Bergen ist der Besuch im modernen, schön gestalteten Erlebnisbad Alpenquell ideal. Mit Whirlpool, Sprudelgrotte, Dampfkabine, Saunalandschaft und großem Wellnessbereich;
Tel. 08 18 68 57 07;
www.alpenquell.ch

Hotelempfehlungen

Samnaun S. 719

Wanderkarten

Landeskarte der Schweiz, Blätter 249 Tarasp, 239 Arlberg; 1:50000
Kümmerly + Frey Wanderkarte Unterengadin; 1:60000

Straßenatlas Siehe S. 777

VINSCHGAUER OBERLAND – RESCHENPASS
SÜDTIROL

ACTION & SPORT

WANDERN & BERGTOUREN

FUN & FAMILY

WELLNESS & GENUSS

Von Apfelbäumen und Gletschern

Der Vinschgau bietet Gegensätzlichkeiten der besonderen Art: Gipfel, die zu den höchsten der Ostalpen zählen, ragen über lieblichen, fast mediterran anmutenden Tälern auf. Unter widrigsten Umständen gewinnen Bergbauern den steilen Hanglagen eine bescheidene Existenz ab, während auf den Plantagen im Talboden ein erheblicher Teil der EU-Apfelernte eingefahren wird. Hier gibt es jede Menge zu erleben: Wanderer finden im Vinschgau zahllose Betätigungsfelder, Kunst- und Kulturliebhaber vor allem historische Sehenswürdigkeiten und Genießer eine beeindruckende Landschaft.

Promi-Tipp

Erwin Stricker (54) revolutionierte in den 1970er Jahren mit seinem aggressiven Fahrstil den Skirennsport. Wenn der Weltenbummler heute nicht gerade auf Reisen ist, lebt er in Meran.

»Der Vinschgau ist ein Tal der Superlative. Bereits Ötzi wanderte durchs Vinschgau, auf Vinschgerholz wurde seinerzeit Venedig gebaut, und sogar der Erfinder der Schreibmaschine sowie der wertvollste Weißmarmor kommt aus dem Vinschgau. Und Adam und Eva hätten sich am Vinschger Apfel erfreut ...«

Faszinierende Gegensätze: Im Tal die herrlichen Obstgärten, oben der eisbedeckte Gipfel des Ortler.

ADAC der perfekte Urlaubstag

- **10 Uhr:** Besichtigung der Churburg in Schluderns, mit der weltweit größten privaten Rüstkammer
- **13 Uhr:** zum Mittagessen Südtiroler Spezialitäten in einem Restaurant in Schlanders genießen
- **15 Uhr:** Fahrt nach Latsch, mit der Seilbahn ❹ nach St. Martin am Kofel
- **17 Uhr:** Wanderung von St. Martin über die Höfe Egg und Vora nach Latsch zurück

Wer von Norden her über den Reschenpass in den Obervinschgau kommt, steht schon am Reschensee vor dem ersten Wahrzeichen der Region. Der aus dem Wasser aufragende schlichte Kirchturm war bis vor gut einem halben Jahrhundert ein ganz normaler Kirchturm in einem Dorf. Doch seit zwischen 1948 und 1950 der jahrhundertealte Ort Graun samt seiner Kirche in den Fluten des neu geschaffenen Stausees versank, wurde der Turm zum viel fotografierten Wahrzeichen des Reschensees. Sein Anblick ist umso eindrücklicher, weil sich hinter dem Kirchturm weit im Süden über dem türkisblauen Wasser der mächtige, eisgepanzerte Ortler in all seiner Pracht erhebt und seine wilden, zerrissenen Flanken einen markanten Gegensatz zum strengen, schlichten Äußeren des versunkenen Turms bilden.

Hier, im Ursprungsgebiet der Etsch, lässt es sich abseits von Touristenzentren und Modezielen herrlich wandern, oft mit Blick auf Reschen- und Haider See. Wer sich nicht auf die Wiesenwege am Seeufer beschränken will, geht von der Bergstation des Haideralm-Lifts oberhalb von St. Valentin auf dem »Balkonweg« hinüber nach Schöneben (Zeit: ca. 2 Std.) oder steigt zu einem der am einfachsten zu erreichenden Aussichtsgipfel auf, zur Watles. An ihrem Hang liegt übrigens mit der Benediktinerabtei Marienberg das geistliche Zentrum des Obervinschgaus, das über lange Zeit auch kultureller Mittelpunkt der Region war. Der weiße Bau lässt sich schon von weitem ausmachen; sehenswert ist u. a. die Krypta mit einem hochromanischen Freskenzyklus (nur mit Führung; Tel. 04 73 83 13 06; www.marienberg.it).

Wandern & Bergtouren

TOP TIPP Den Aufstieg auf die **Seebödenspitze** (2859 m) ❶ über dem Reschensee erleichtert eine Bergbahn erheblich – schließlich ist der Aussichtsgipfel schon fast ein Dreitausender. Von St. Valentin geht es daher mit der Seilbahn ❽ hinauf zur Haideralm (2120 m). Ab hier wandert man durch Zirbenwald und über Almwiesen auf Steig Nr. 10 in der Nähe der Lifttrasse aufwärts. Über einen Bergrücken und Blockgelände geht es auf den Grat und dem breiten Rücken folgend zum Gipfel. Abstieg über den Grünen See (2441 m) und dann im Bogen zur Haideralm zurück; mittelschwere Wanderung auf Wegen und Steigen mit alpinem Touch (Blockgelände, Schutt, Platten im Gipfelbereich) – die Gipfelhöhe nicht unterschätzen! Zeit: ca. 5 Std.; Einkehr: Haideralm

Watles (2555 m) Kleine Mühe, große Aussicht	Ausgangspunkt: Plantapatsch-Hütte (2214 m), Bergstation der Seilbahn von Mals ❻; auf Weg Nr. 4 zum Pfaffensee – weiter zum Schafberg (2411 m) – auf breitem Rücken zum Watles-Gipfel; Abstieg auf Weg Nr. 9 und später auf dem Anstiegsweg zurück bis zur Plantapatsch-Hütte; leichte bis mittelschwere Wanderung; Zeit: ca. 4 Std.; Einkehr: Plantapatsch-Hütte
Mitterwaal Leichte Wanderung an einem der alten Bewässerungskanäle	Ausgangspunkt: Glurns (908 m); vom Münster-Tor in der Nähe der Pfarrkirche hinauf zum St.-Martin-Kirchlein – den Hinweisschildern »Mitterwaal – Rifair« folgen – über Laufstege an einer Felswand entlang – entweder dem Waldpfad folgen nach Taufers im Münstertal (dann mit öffentlichen Verkehrsmitteln zurück zum Ausgangspunkt) oder Umkehr und Rückkehr auf gleichem Weg nach Glurns; Zeit: ca. 3,5 Std.; Einkehr: in Glurns, evtl. in Taufers im Münstertal
Ötzi-Fundstelle Gletschertour mit Bergführer zur Ötzi-Fundstelle	Ausgangspunkt: Kurzras, Talstation Gletscherbahn ❶; mit der Bahn zur Bergstation – mit Bergführer über den Hochjochferner zum Tisenjoch (3210 m), der Fundstelle des »Mannes aus dem Eis« – Abstieg durch das Tisental nach Vernagt (1700 m); hochalpine Tour, die gute Kondition erfordert; Zeit: ca. 6–7 Std.; weitere Infos: Tel. 04 73 67 91 48 oder 04 73 66 21 77

Südlich des Haider Sees wartet mit einem riesigen Schwemmkegel, der sich bis nach Mals erstreckt, noch ein weiteres landschaftliches Juwel. Spaziergänge auf der Malser Heide mit ihren vom »Reschenwind« gebeugten Bäumen und den Bewässerungsgräben, den Waalen, sind ein ganz besonderes Erlebnis.

Historische Waalwege

Die ausgeklügelten, jahrhundertealten Systeme, die das verfügbare Wasser effektiv und gerecht verteilen, sind bereits im Jahr 1165 nachgewiesen. In der sonnigen Talebene zwischen Glurns und Schlanders, die im Süden von der Ortlergruppe, im Westen von den Rätischen Alpen und im Norden von den Ötztaler Bergen geschützt wird, ist die Niederschlagsmenge so niedrig wie auf Sizilien. Das Wasser, das sich in hoch gelegenen Seen, an Gletschern und Schneehängen sammelt, musste daher schon früher zu den Feldern im Tal transportiert und gerecht verteilt werden. Das geschah mit Hilfe der Waale. Über ihren Betrieb wachten die »Waaler«, denen die Verteilung des kostbaren Nass und die Instandhaltung dieser Leitungen oblag. Die Waalwege, die entlang der Leitungen angelegt wurden, sind zum Teil recht gut zu begehen. Das macht sie zu beliebten Wanderrouten. So kann man etwa von Glurns aus entlang des Mitterwaals bis nach Taufers im Münstertal wandern. Glurns bietet übrigens auch die einzige vollständig erhaltene Stadtbefestigung Südtirols. Mauerviereck, Wehrgänge, ein pittoresker Marktplatz und schöne Wohnhäuser mit Erkern, Lauben und Zinnen machen das mittelalterliche Bauernstädtchen zu einer Rarität. Mit nur 850 Einwohnern ist Glurns die kleinste Stadt der Alpen.

Laas hingegen wurde durch sein »weißes Gold« bekannt: Der Laaser Marmor, der hoch über der

In den Fluten des Reschensees versunken: Graun mit dem bekannten Kirchturm

Waalweg: Wandern entlang historischer Bewässerungskanäle ist sehr beliebt.

Hütten

Weißkugel-Hütte (2542 m)
Sie liegt im hintersten Langtauferertal mit fantastischem Blick auf die mächtige Gletscherwelt der Weißkugel (3738 m). Von Melag (1925 m) Aufstieg zur Hütte in ca. 2,5 Std.;
Tel. 04 73 63 31 91;
www.weisskugel.it

Sesvenna-Hütte (2256 m)
Im obersten Schlinigtal in der Nähe der Schweizer Grenze gelegen, ist sie Stützpunkt für Touren in die Sesvennagruppe. Eine schöne Rundtour führt von der Hütte aus in ca. 2,5 Std. zum Sesvennasee (2634 m); Zustieg von Schlinig (erreichbar mit dem Auto von Burgeis) in ca. 2 Std.; Tel. 04 73 83 02 34;
www.sesvenna.it

Oberettes-Hütte (2677 m)
Die Hütte liegt hoch über dem Matscher Tal. Zustieg in ca. 3 Std. vom Glieshof (1824 m) in Matscher Tal, das bei Schluderns vom Haupttal nach Nordosten abzweigt; Tel. 04 73 83 02 80;
www.oberettes.it

Similaun-Hütte (3019 m)
Lage im Herzen der Ötztaler Alpen, direkt am Niederjoch, einem alten Passübergang. Erreichbar von Vernagt (1700 m) im Schnalstal in ca. 3,5 Std.;
Tel. 04 73 66 97 11

Restaurants

Kuppelrain
Küchenchef Jörg Trafoier bietet in Kastelbell kreative Saison-Küche unter Verwendung lokaler Produkte; Ehefrau Sonja betreut den beeindruckenden Weinkeller. Ausgezeichnet mit einem Michelin-Stern;
Tel. 04 73 62 41 03;
www.kuppelrain.com

🇮🇹 VINSCHGAUER OBERLAND – RESCHENPASS

Heimat und Museum: Reinhold Messners Burg Juval.

EVENTS

- Juli: Xong-Festival; Kulturfestival im Dreiländereck Italien–Schweiz–Österreich; www.xong.net
- September: Maria-Namen-Fest; große Prozession durch Schlanders mit anschließendem Volksfest

Dorado für alle Radsport-Fans
Das Dreiländereck zwischen Südtirol, der Schweiz und Österreich ist bei Mountainbikern und Rennradfahrern gleichermaßen beliebt. Von der familienfreundlichen Strecke bis hin zur knackigen Trainingstour wird alles geboten. Einer der schönsten (Fern-)Radwege ist der Etschradweg, der vom Reschenpass durch den Vinschgau bis zum Gardasee führt. Für Mountainbiker gibt es unter www.mountainbiker.it zahlreiche Tourenvorschläge, und unter www.bikereldorado.com stellt sich speziell das Gebiet um Latsch vor. Eine Radwegkarte ist bei den Tourismusvereinen und Informationsbüros erhältlich

Ortschaft abgebaut wird, ist für seine außergewöhnliche Reinheit und Härte bekannt und wird vor allem für Monumente und Denkmäler geschätzt. Einer der größten Aufträge kam nach dem Zweiten Weltkrieg aus den USA: Für die amerikanischen Soldatenfriedhöfe in aller Welt wurden 600000 weiße Marmorkreuze hergestellt und geliefert.

Paradiesische Obstgärten

Aber nicht der Marmor ist der größte Exportschlager der Region, sondern die Äpfel. Der »Apfelgarten Vinschgau« liefert jährlich weit mehr als 200000 t der knackigen Früchte in vielen leckeren Sorten. Wer sich für den Anbau interessiert, kann dem Bio-Apfelbauern während einer Kutschfahrt durch die Plantagen Löcher in den Bauch fragen (Infos unter Tel. 04 73 62 04 80). Mit dem Verkauf von einheimischen Produkten hat auch die Geschichte des Sonnenbergs, dessen kahle Hänge sich nördlich der Etsch erheben, zu tun – zumindest dann, wenn man an alte Geschichten glaubt. Die Baumlosigkeit der Hänge, an denen heute eine einzigartige Steppenflora gedeiht, erklärt sich demnach damit, dass die Lagunenstadt Venedig auf Fundamenten aus Lärchenholz stehe. Diese Stämme sollen am Sonnenberg geschlagen worden und mühsam nach Süden transportiert worden sein.

Folgt man dem Lauf der Etsch weiter nach Osten, kommt man nach Latsch. Von hier aus führt eine Seilbahn hinauf nach St. Martin am Kofel, auf der Nordseite des Tals. In dem kleinen Bergdorf ringen die Bauern den Steilhängen in mühevoller Arbeit den Ertrag ab. Die Höhensiedlung mit ihrer Wallfahrtskirche ist eines der schönsten Ausflugsziele im Vinschgau. Eine weitere Sehenswürdigkeit – gleich in mehrfacher Hinsicht – findet sich dort, wo das Schnalstal nach Norden abzweigt: Hier hat der Extrembergsteiger Reinhold Messner sein Domizil im Schloss Juval. Seine Kunstsammlungen wie die Masken-Kollektion aus fünf Kontinenten oder die Tibetika-Ausstellung sind viel besuchte Attraktionen (Tel. 04 73 22 18 52). Von Kastellbell aus befördert ein Shuttlebus die Gäste hinauf, die nicht zu Fuß zur Burg aufsteigen wollen (bei der Burg gibt es keine Parkplätze!).

Im Schnalstal können sich Abenteuerlustige den Gletscherbergen nähern, ohne einen Schweißtropfen vergießen zu müssen. Zwar mag die hypermoderne Hotellandschaft von Kurzras im Talschluss zunächst erschrecken, doch wer mit der Seilbahn auf den 3251 m hohen Gipfel der Grawand gelangt und fantastische Einblicke in die Ötztaler Gipfelwelt bekommt, der dürfte den Anblick der Bausünden schnell vergessen. Das Schnalstal ist übrigens »Ötzi's World« – im Eis hoch über dem Vernagt-Stausee fand man 1991 die mumifizierte Leiche. Heute bringen Bergführer Gäste sicher zur Fundstelle, und zahllose andere Offerten runden das Ötzi-Angebot ab. So kann man in einigen Restaurants speisen wie in der Steinzeit (Infos beim Tourismusverein Schnalstal, Tel. 04 73 67 91 48) – auf eigens angefertigtem »jungsteinzeitlichem Geschirr«. Der Vinschgau ist eben eine Region mit besonderen Wahrzeichen. Aber das war ja schon bei der Anreise über den Reschenpass klar.

Fun & Family

(Nächtliche) Stadtführung durch das mittelalterliche Glurns	Die kleinste Stadt der Alpen (850 Einwohner) bietet mittelalterliches Flair und gut erhaltene Wehranlagen. Führungen Ende April bis Ende Okt., Di ab 10 Uhr; nächtliche Exkursionen Ende Juli bis Anfang Sep., Fr ab 20 Uhr; Tel. 04 73 73 70 73
ArcheoParc Schnalstal	Einblicke in »Ötzis« Lebensraum, Kultur und Alltag; in Sichtweite der Fundstelle am Tisenjoch; der ArcheoPark liegt im Ort Unser Frau im Schnalstal; Tel. 04 73 67 60 20; www.archeoparc.it
Vintschger Museum Schluderns	Talschaftsmuseum mit Dauerausstellungen zur Archäologie (Funde aus der Bronze-, Eisen- u. Römerzeit) und zu den Bewässerungssystemen, den »Waalen«; Tel. 04 73 61 55 90
Marmorführung Laas	Einführung in die Welt des weißen, einzigartigen Gesteins; mit Dia-Show, Besichtigung der Schule für Steinbearbeitung, Rundgang durch das Marmorwerk; Tel. 04 73 73 70 50

TOP TIPP Ein schwerer Schlüssel öffnet die Tür zur **weltweit größten privaten Rüstkammer auf der Churburg** ❷ von Schluderns. Mehr als 50 vollständige Rüstungen stehen hier in der »eisernen Garderobe«. Sogar ein komplett in eine Rüstung gehülltes Pferd-und-Reiter-Paar kann man bestaunen. Die im Jahr 1260 erbaute Churburg gehört zu den am besten erhaltenen Schlossanlagen Südtirols. Im 16. Jh. bauten die Grafen Trapp, in deren Besitz sie noch heute ist, die Burg zu einer beeindruckenden Renaissance-Residenz aus. Prächtiges Zeugnis dieser Zeit ist der mittlere Arkadengang des dreigeschossigen Logierhofs. Von der Burg aus hat man eine schöne Aussicht; Tel. 04 73 61 52 41; www.churburg.com

Adressen & Bergbahnen

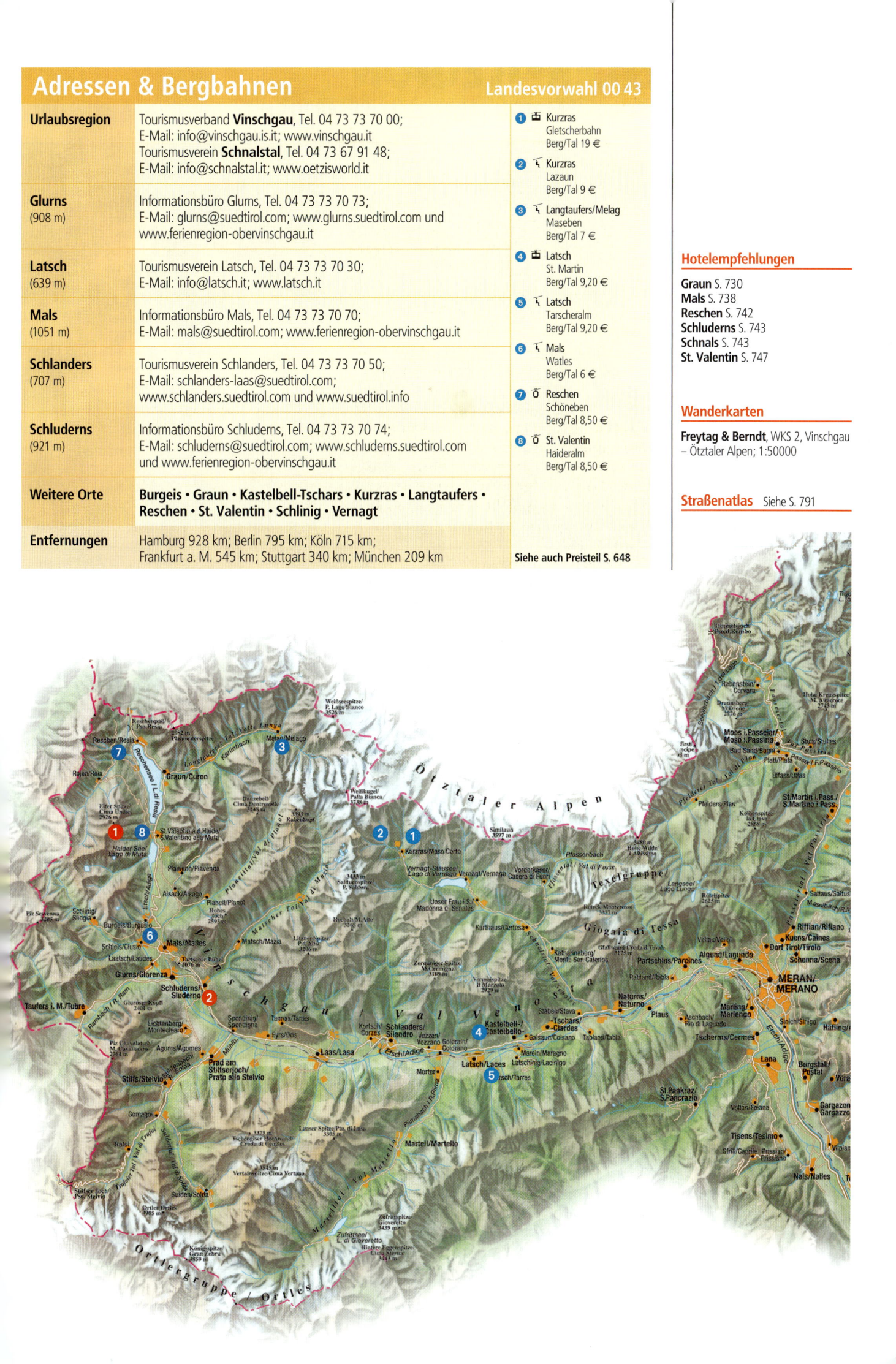

Landesvorwahl 00 43

Urlaubsregion	Tourismusverband **Vinschgau**, Tel. 04 73 73 70 00; E-Mail: info@vinschgau.is.it; www.vinschgau.it Tourismusverein **Schnalstal**, Tel. 04 73 67 91 48; E-Mail: info@schnalstal.it; www.oetzisworld.it
Glurns (908 m)	Informationsbüro Glurns, Tel. 04 73 73 70 73; E-Mail: glurns@suedtirol.com; www.glurns.suedtirol.com und www.ferienregion-obervinschgau.it
Latsch (639 m)	Tourismusverein Latsch, Tel. 04 73 73 70 30; E-Mail: info@latsch.it; www.latsch.it
Mals (1051 m)	Informationsbüro Mals, Tel. 04 73 73 70 70; E-Mail: mals@suedtirol.com; www.ferienregion-obervinschgau.it
Schlanders (707 m)	Tourismusverein Schlanders, Tel. 04 73 73 70 50; E-Mail: schlanders-laas@suedtirol.com; www.schlanders.suedtirol.com und www.suedtirol.info
Schluderns (921 m)	Informationsbüro Schluderns, Tel. 04 73 73 70 74; E-Mail: schluderns@suedtirol.com; www.schluderns.suedtirol.com und www.ferienregion-obervinschgau.it
Weitere Orte	**Burgeis • Graun • Kastelbell-Tschars • Kurzras • Langtaufers • Reschen • St. Valentin • Schlinig • Vernagt**
Entfernungen	Hamburg 928 km; Berlin 795 km; Köln 715 km; Frankfurt a. M. 545 km; Stuttgart 340 km; München 209 km

① Kurzras
Gletscherbahn
Berg/Tal 19 €

② Kurzras
Lazaun
Berg/Tal 9 €

③ Langtaufers/Melag
Maseben
Berg/Tal 7 €

④ Latsch
St. Martin
Berg/Tal 9,20 €

⑤ Latsch
Tarscheralm
Berg/Tal 9,20 €

⑥ Mals
Watles
Berg/Tal 6 €

⑦ Reschen
Schöneben
Berg/Tal 8,50 €

⑧ St. Valentin
Haideralm
Berg/Tal 8,50 €

Siehe auch Preisteil S. 648

Hotelempfehlungen

Graun S. 730
Mals S. 738
Reschen S. 742
Schluderns S. 743
Schnals S. 743
St. Valentin S. 747

Wanderkarten

Freytag & Berndt, WKS 2, Vinschgau – Ötztaler Alpen; 1:50000

Straßenatlas   Siehe S. 791

ORTLER-REGION
SÜDTIROL – NATIONALPARK STILFSERJOCH

Ein eindrucksvolles Dreigestirn: der mächtige Ortler, die Nordwand der Königsspitze und dazwischen der Zebrù

ACTION & SPORT

WANDERN & BERGTOUREN

FUN & FAMILY

WELLNESS & GENUSS

ADAC – der perfekte Urlaubstag

- **9 Uhr:** mit der Langensteinbahn ④ zur Bergstation, über den aussichtsreichen Morosiniweg zur Hintergrathütte
- **12.30 Uhr:** schöne Rast auf der Hintergrathütte
- **13.30 Uhr:** Abstieg über den Hintergrat zur Mittelstation der Seilbahn ③, mit der Bergbahn zurück ins Tal
- **16 Uhr:** Fahrt nach Prad, Besuch des Nationalparkhauses aquaprad, Stadtbummel
- **18 Uhr:** auf der Rückfahrt im Restaurant Gallia in Gomagoi den Tag mit einem vorzüglichen Essen und einem Glas Südtiroler Rotwein ausklingen lassen

In König Ortlers Reich

Mächtig und stolz thront der Ortler, der zweithöchste Gipfel der Ostalpen, neben der Königsspitze mit ihrer eindrucksvollen Nordwand. Während auf dem Stilfserjoch auch im Sommer die Skifahrer ihre Kurven ziehen, werden unten im Martelltal die Erdbeeren geerntet. Doch auch dort werden sich vor allem jene wohl fühlen, die zu Fuß oder mit dem Mountainbike den Weg ins Hochgebirge suchen, um dabei die unberührte Landschaft des Nationalparks Stilfserjoch für sich zu entdecken.

Als das »Sibirien Tirols« bezeichnete das Innsbrucker Wochenblatt 1802 die Ortlerregion; die Kinder ritten auf Wölfen und die Bauern speisten mit den Bären aus einer Schüssel, munkelte man. Sulden war im 19. Jh. nichts als ein winziges, armes Bergdorf, das sich demütig unter den wilden Abstürzen des 3905 m hohen Ortlers duckte. Die beeindruckende Bergkulisse machte den Bewohnern wenig Freude, im Gegenteil: Sie jagte ihnen Angst und Schrecken ein. Denn nicht selten forderte die Natur ihren Tribut.

Wen wundert es da, dass Erzherzog Johann einige Mühe hatte, wagemutige Bergpioniere zu finden, die er auf den eisigen Weg hinauf zum höchsten Gipfel Tirols schicken konnte? Am 27. September 1804 wagte Josef Pichler aus dem Südtiroler Passeiertal mit zwei Begleitern den Aufstieg von Trafoi aus. Ausgerüstet waren sie mit »Fußeisen« und Bergstöcken. Nach neun Stunden hatte Josef Pichler es geschafft – er stand auf dem Ortler. Der Bann war gebrochen, eine alpine Meisterleistung vollbracht.

Auch für die Einheimischen verloren die Berge nach und nach ihren Schrecken. Als etwa 20 Jahre später die »touristische Besteigung« des Ortlers bereits fast so etwas wie Mode war, erkannten auch die Bewohner von Sulden die neuen Perspektiven: Aus dem armen Bauerndorf wurde ein populäres, schmuckes Bergsteigerdorf, das »Zermatt Tirols«.

Blick vom Gampensee auf Sulden

Wandern & Bergtouren

TOP TIPP Eine eindrucks- und anspruchsvolle Tour, die aber für geübte Bergsteiger mit Bergführer gut zu bewältigen ist, führt über den **Normalweg zum Gipfel des Ortlers** (3905 m) ❶. Von Sulden aus mit dem Langensteinlift ❹ zum Ausgangspunkt (2330 m) unter dem End-der-Welt-Ferner. Auf gut bezeichnetem Steig über das Tabarettajoch (2903 m) hinauf zur Payerhütte (3029 m), dort übernachten. Durch Scharten und über teilweise mit Drahtseilen abgesicherte Felsrippen zum Tschierfeckwandl. In der steilen Felswand erleichtern Eisenstifte und Ketten den Aufstieg zum Gletscher etwas. Über die zum Teil steilen (bis 35 °) und spaltenreichen Gletscherhänge zum Gipfel; Abstieg wie Aufstieg; Zeit: ca. 2,5 Std. zur Hütte, ca. 4 Std. zum Gipfel, ca. 5 Std. Abstieg nach Sulden; Einkehr: Payerhütte. Geführte Touren: Alpinschule Ortler, Sulden; Tel. 04 73 61 30 04

Düsseldorfer Hütte (2724 m) Aussichtskanzel über Sulden	Ausgangspunkt: Sulden/St. Gertraud (1844 m); durch das Zaytal zum Teil steil hinauf zur Hütte – kurz auf dem Anstiegsweg zurück – nach links auf breitem Weg weiter, fast eben zur Bergstation Kanzelbahn (2350 m) ❷; mit der Seilbahn zurück nach Sulden; aussichtsreiche, leichte Bergwanderung; Zeit: ca. 3,5 Std.; Einkehr: Düsseldorfer Hütte
Tschenglser Hochwand (3375 m) Anspruchsvoller Bergsteig mit Panoramablick auf den Ortler	Ausgangspunkt: Sulden/Bergstation Kanzelbahn (2350 m) ❷; Düsseldorfer Hütte (2724 m) – den Markierungen zum Otto-Erich-Steig folgen – über den teilweise mit Drahtseilen gesicherten, klettersteigähnlichen Bergsteig (drei Leitern) durch die markante Wand zum Gipfel; Abstieg über den gut markierten »alten« Normalweg zur Düsseldorfer Hütte, dann Abstieg wie Aufstieg; nur für erfahrene, trittsichere und schwindelfreie Bergwanderer; Zeit: ca. 6 Std.; Einkehr: Düsseldorfer Hütte
Piz Chavalatsch (2763 m) Über schöne Almböden zu aussichtsreichem Gipfel	Ausgangspunkt: Stilfs (1311 m); Falatsches (1706 m) – Stilfser Almen (2077 m) – Piz Chavalatsch (2764 m); Abstieg wie Aufstieg; mittelschwere, lange Bergwanderung, vom Gipfel herrliche Sicht auf die Ortlergruppe; Zeit: ca. 6,5 Std.; Einkehr: Stilfser Almen
Morosiniweg (2661 m) Eindrucksvoller Höhenweg am Fuße des Ortlers	Ausgangspunkt: Sulden/Bergstation Langenstein (2330 m) ❹; Morosiniweg – Hintergrathütte (2661 m) – Abstieg an zwei Seen vorbei über den Hintergrat zur Mittelstation der Seilbahn (2172 m) ❸; mit der Bergbahn zurück ins Tal, von dort mit dem Bus zur Talstation Langenstein; mittelschwere Bergwanderung, fantastische Aussicht auf die Nordwände von Ortler und Königsspitze; Zeit: ca. 5 Std.; Einkehr: Hintergrathütte, K2-Hütte an der Bergstation Langenstein
Marteller Hütte (2610 m) Leichte Wanderung mit Gletscherblick	Ausgangspunkt: Martell/Gasthof Schönblick (2051 m); Zufallhütte (2265 m) – Alte Staumauer – Marteller Hütte; Abstieg wie Aufstieg; Zeit: ca. 3,5 Std.; Einkehr: Gasthof Schönblick, Zufallhütte, Marteller Hütte

Nach wie vor ist Sulden der Ausgangspunkt für herrliche, meist aber sehr anspruchsvolle Bergtouren: z. B. über den fantastischen Hintergrat auf den Ortler oder durch die steile Nordwand auf die Königsspitze. Eindrucksvolle Ausblicke auf diese prächtigen Gipfel können auch gute Bergwanderer und Mountainbike-Fahrer genießen, wenn sie eine der Hütten oder Almen als Ziel wählen. Das Schöne: Drei Seilbahnen erleichtern in Sulden den Weg in die faszinierende Welt des Hochgebirges.

Zum Aufschwung der Region trug noch eine weitere Meisterleistung ganz anderer Art bei: der Bau der Stilfserjochstraße. Das Lombardische Königreich mit dem Veltlin jenseits des Stilfserjochs gehörte damals zum Haus Habsburg; militärisch gesehen war es wichtig, eine schnelle Verbindung zu schaffen. 1826 gab Kaiser Franz deshalb den Bau der Stilfserjochstraße in Auftrag. Da hier vor allem Pferdefuhrwerke verkehren sollten, hielt man die Steigung mit 9 % relativ gering – was heute den vielen Rennradfahrern, die am Stilfserjoch unterwegs sind, sehr zugute kommt. 48 enge Kehren müssen allerdings bewältigt werden, um den Höhenunterschied von 1500 m zwischen dem Vinschgau und dem Joch zu überwinden. Bis 1959 wurde der Pass sogar das ganze Jahr über befahren: Im Winter waren damals Pferdeschlitten unterwegs.

Lange war die kurvenreiche Passstraße die höchste Transitroute der Alpen, bis in Frankreich der Col de la Bonette und der Col de l'Iseran erschlossen wurden. Obwohl die Stilfserjochstraße nur noch

In 48 Kehren schlängelt sich die Straße vom Vinschgau aus aufs Stilfserjoch.

culturamartell
Zentrale Themen im Naturparkhaus im Martelltal sind das bäuerliche Leben und die Kulturlandschaft. In vier Etagen wird die Geschichte des Tals dargestellt und ein Blick hinter die Kulissen bäuerlicher Idylle ermöglicht. Gezeigt wird auch, wie die Menschen der rauen Natur trotzen und sie nachhaltig zu nutzen wissen; Tel. 04 73 74 50 27; www.culturamartell.com

aquaprad
Hauptthema in diesem Nationalparkhaus in Prad ist der Lebensraum Wasser. Das auch architektonisch interessante Bauwerk ermöglicht es, durch Panoramafenster das Leben im großen Außenteich zu verfolgen. In einem Streichelbecken können die Gäste direkten Kontakt mit den Fischen aufnehmen, 12 weitere Aquarien vermitteln einen Eindruck von der abwechslungsreichen Unterwasserwelt der Gebirge. Besonders interessant ist das 15 m lange, abfallende Bachaquarium, in dem sich typische lokale Fischarten tummeln. Weitere Themen sind die Anpassungsstrategien von Pflanzen und Tieren sowie die Wechselbeziehung »Mensch und Natur«; Tel. 04 73 61 82 12; www.aquaprad.com

naturatrafoi
Das dritte der beispielhaft aufgebauten Naturparkhäuser des Naturparks Stilfserjoch widmet sich ganz den Überlebensstrategien von Pflanzen und Tieren unter den extremen klimatischen Bedingungen des Hochgebirges. Hier befindet sich auch die Forschungsstelle des Nationalparks; Tel. 04 73 61 20 31; www.naturatrafoi.com

Restaurants

Restaurant Gallia
Regionale Kost auf höchstem Niveau in Gomagoi – zubereitet mit mediterraner Leichtigkeit. Besonders die Wildgerichte sind der absolute Geheimtipp; Tel. 04 73 61 17 73; www.gasthof-gallia.com

Hütten

Tabarettahütte (2556 m)
Sonnige Terrasse mit direktem Blick in die Ortler-Nordwand. Gute Küche, hervorragend sind vor allem die hausgemachten Kuchen und die Nudelgerichte; Zustieg von der Bergstation Langenstein (2330 m) ❹ bei Sulden in ca. 45 Min.; Tel. 04 73 61 31 87

Berglhütte (2188 m)
Kleine, gemütliche Hütte am östlichen Rand des Trafoier Talkessels; schöne, leichte Wanderung von Trafoi (1543 m) aus in ca. 2 Std. zur Hütte; Tel. 0 33 83 87 73 44

Julius-Payer-Hütte (3029 m)
Exponierte Lage auf einem Grat unterhalb des Ortlers; Ausgangspunkt für die Besteigung des Ortlers über die Normalroute; Zustieg von Trafoi (1543 m) aus in ca. 4 Std.; Tel. 04 73 61 30 10

Marteller Hütte (2610 m)
Über dem südlichen Ende des Martelltals am Fuße des Monte Cevedale; Tel. 04 73 74 47 90

Düsseldorfer Hütte, auch Zaytalhütte (2727 m)
Eindrucksvoller Blick auf den Ortler; die Hütte ist auch für weniger geübte Bergwanderer gut zu erreichen. Schnellster Zustieg von Sulden/Bergstation Kanzelbahn (2350 m) ❷ in ca. 30 Min.; Tel. 04 73 61 31 15

ORTLER-REGION

Action & Sport

MOUNTAINBIKE	KLETTERSTEIGE	RAFTING	CANYONING	REITEN
PARAGLIDING	DRACHENFLIEGEN	KLETTERGÄRTEN	TENNIS	WINDSURFEN
KAJAK/KANU	WASSERSKI	TAUCHEN	HOCHSEILGÄRTEN	GOLF

TOP TIPP Der höchste Übergang auf der berühmten Transalp-Strecke von Mittenwald zum Gardasee ist das **Madritschjoch** (3123 m) ❷ bei Sulden. Bei der äußerst anspruchsvollen, aber landschaftlich fantastischen Strecke muss das Mountainbike lange geschoben werden. Von Prad (918 m) aus nach Gomagoi, von der Stilfserjochstraße abbiegen nach Sulden (1866 m). Viele Fahrer sparen sich nun Höhenmeter und fahren mit der Seilbahn ❸ auf die Schaubachhütte (2581 m). Nun wieder aus eigener Kraft entlang der Skipiste zur Madritschhütte (2880 m). Die letzten Höhenmeter zum Madritschjoch (3123 m) sind oft auch im Sommer schneebedeckt. Trittsicherheit und Kondition sind auf diesen letzten Metern besonders wichtig. Auf dem Joch belohnt der überwältigende Blick auf Ortler und Königsspitze für alle Mühen; eine herrliche Abfahrt führt hinunter ins idyllische Martelltal zur Zufallhütte (2265 m). Bald schon ist die Straße asphaltiert, auf ihr durch das Tal hinunter bis nach Morter (701 m). Im Vinschgau durch Apfelplantagen auf dem Radweg zurück nach Prad; Kondition, technisches Können und alpine Erfahrung sind Voraussetzung; Zeit: eine satte Tagestour; Einkehr: in den Dörfern, Schaubachhütte, Madritschhütte, Zufallhütte; geführte Touren: www.mountainbiker.it; Miete von Mountainbikes: Baldi Sport, Prad; Tel. 04 73 61 70 71; und Ortler 2Rad, Prad; Tel. 04 73 61 64 95

Rennrad	Stilfserjoch (2757 m)	Die 48 Kehren von Gomagoi (1256 m) bis zur Passhöhe werden jedermann lange in Erinnerung bleiben. Durch die relativ geringe Steigung ist die 25 km lange Auffahrt nicht zu schwierig, der Blick in die Ortlergruppe ist großartig. Für Mountainbiker gibt es verschiedene Downhill-Möglichkeiten, Rennradfahrer sausen auf der Passstraße wieder zurück ins Tal; Zeit: ca. 4 Std.
Sommer-Skifahren	Stilfserjoch (2757 m – 3400 m)	Unermüdlichen Skifans stehen am Stilfserjoch bis zu 20 Skipisten zur Verfügung; 2 Seilbahnen und 8 Schlepplifte sind in Betrieb, wenn es die Verhältnisse erlauben; Tel. 03 42 90 32 23; www.passostelvio.com
Inlineskating	Sportzentrum Prad	Im Talboden des Vinschgau rund um Prad lassen sich Touren auch mit Rollerblades machen. Hierzu eignen sich teilweise auch die markierten Fahrradwege. Zudem steht auf dem Kunsteislaufplatz im Sportzentrum von 20 bis 22 Uhr eine Bahn zur Verfügung; Verleih: Tel. 04 73 61 72 20

Im romantischen Martelltal

auf Rang drei rangiert, ist sie für viele die Königin der Alpenstraßen geblieben. Vor allem für jene, die es geschafft haben, aus eigener Kraft – sprich mit dem Rennrad oder dem Mountainbike – die 1500 Höhenmeter zu überwinden. Auf der anderen Seite taucht die Straße übrigens in eine wilde, imposante Felsschlucht ab. Zahlreiche Viadukte und Galerien waren notwendig, um hier der Natur ein Schnippchen zu schlagen. Nicht wundern darf man sich übrigens, wenn auch im Hochsommer Skifahrer auf der Passhöhe ihre Bretter auspacken.

Zwischen Erdbeerfeldern und Eisblumen

Auf dem Ebenferner unter der Geisterspitze tummeln sich zu jeder Jahreszeit die Skifreaks. Selbst dann, wenn unten im Martelltal bereits die Erdbeeren geerntet werden. Doch auch dieses ursprüngliche und schmale Seitental, das von Süden her zur Ortlergruppe zieht, lockt vor allem alpin erfahrene Bergwanderer und Bergsteiger an, die nicht einmal Gletscher scheuen. Denn ganz oben, am Monte Cevedale, blühen allenfalls Eisblumen. Hinter dem Dorf Martell führt die Straße zum idyllischen Zufritt-See. Nach einer großen Überschwemmung errichtete man 1891 zuerst mit unglaublich mächtigen Steinblöcken eine Talsperre, die heute noch gut zu sehen ist. Später übernahm dann der neue Zufritt-Stausee mit Erfolg die Regulierung des zu Tal fließenden Wassers.

In Martell sollte man es nicht versäumen, einen Blick in das vorbildlich konzipierte Naturparkhaus »culturamartell« zu werfen, um Einblick in die

Adressen & Bergbahnen   Landesvorwahl 00 43

Urlaubsregion	Tourismusverein **Ortlergebiet im Nationalpark Stilfserjoch**; Tel. 04 73 61 30 15; E-Mail: info@sulden.com www.ortlergebiet.it **Nationalpark Stilfserjoch**; Tel. 04 73 83 04 30; E-Mail: info.bz@stelviopark.it	
Martell (1308 m)	Tourismusbüro Martell; Tel. 04 73 73 70 40; E-Mail: martell@suedtirol.com; www.martelltal.info	
Prad (918 m)	Tourismusbüro Prad; Tel. 04 73 61 60 34; E-Mail: prad@suedtirol.com www.prad.suedtirol.com	
Sulden (1866 m)	Tourismusbüro Sulden; Tel. 04 73 61 30 15; E-Mail: info@sulden.com; www.sulden.com	
Weitere Orte	Gomagoi · St. Gertraud · Stilfs · Trafoi	
Entfernungen	Hamburg 966 km; Berlin 833 km; Köln 754 km; Frankfurt a. M. 584 km; Stuttgart 379 km; München 247 km	

1. Stilfserjoch — Livrio (2 Sektionen) — Berg/Tal 18 €
2. Sulden — Kanzelbahn — Berg/Tal 8,50 €
3. Sulden — Seilbahn Schaubachhütte — Berg/Tal 12,50 €
4. Sulden — Langenstein — Berg/Tal 8,50 €
5. Trafoi — Sesselbahn Furkelhütte — Berg/Tal 8,50 €

Siehe auch Preisteil S. 648

Bartgeier
Im Jahr 2000 wurden im Martelltal wieder vier Bartgeier angesiedelt. Es ist ein fantastisches Schauspiel, die mächtigen Raubvögel mit einer Flügelspannweite von bis zu 2,85 m zu beobachten. Bei den vom Nationalpark angebotenen Exkursionen kann man sich den Horsten bis auf 400 m nähern; Anmeldung erforderlich; Tel. 04 73 83 04 30

Geschichte des Tals zu bekommen – und vor allem, um den Nationalpark Stilfserjoch näher kennen zu lernen. Mit einer Fläche von 1346 km² ist er eines der größten Schutzgebiete der Alpen. Da er direkt an den Schweizer Nationalpark angrenzt, besteht hier ein ausgedehntes Reservat für Tiere und Pflanzen. Eingebunden in den Nationalpark ist die gesamte Ortlergruppe mit dem Monte Cevedale im Süden. Fantastisch ist somit auch die Vielfalt der Vegetationszonen vom Gipfel des Ortlers bis hinunter ins Vinschgau: Vergletschertes Hochgebirge, grüne Almen, Hangterrassen und milde Talböden bieten eine Artenvielfalt, die ihresgleichen sucht. Neben dem »culturamartell« befindet sich in Prad, einem netten Ort mit schön bemalten Häusern aus dem 16. Jh., eine weitere interessante Informationsstelle des Parks: das »aquaprad«, das sich vor allem den Gewässern der Region und ihren Bewohnern widmet.

Bevor man das dritte Naturparkhaus »naturtrafoi« in Trafoi an der Stilfserjochstraße ansteuert, sollte man noch durch die Obstgärten spazieren, die Prad umgeben, und einen Abstecher nach Stilfs machen, einem malerischen Dörfchen mit herrlichen alten Gebäuden und engen verwinkelten Gassen, in denen Autofahren zum Glück verboten ist. Unwillkürlich fühlt man sich zurückversetzt in eine andere Zeit, man bekommt einen Eindruck vom Leben damals, als die Berge noch bedrohlich waren. Danach kann sie losgehen, die Fahrt auf der fantastischen Stilfserjochstraße, mit den eindrucksvollen Ausblicken in die Fels- und Eiswildnis des Ortlers. Eine Gegend, in der es zwar heute trotz des Nationalparks weder Bären noch Wölfe gibt, die den Besucher dennoch verstehen lässt, warum der Ortler einst als »Sibirien Tirols« bezeichnet wurde – und warum eine dieser zerrissenen Gletscherzungen den Namen »End-der-Welt-Ferner« trägt.

Hotelempfehlungen
Prad S. 742
Stilfser Joch S. 745
Sulden S. 747
Trafoi S. 748

Wanderkarten
Freytag & Berndt; WKS 6 Ortleralpen, Martell, Val di Sole; 1:50000

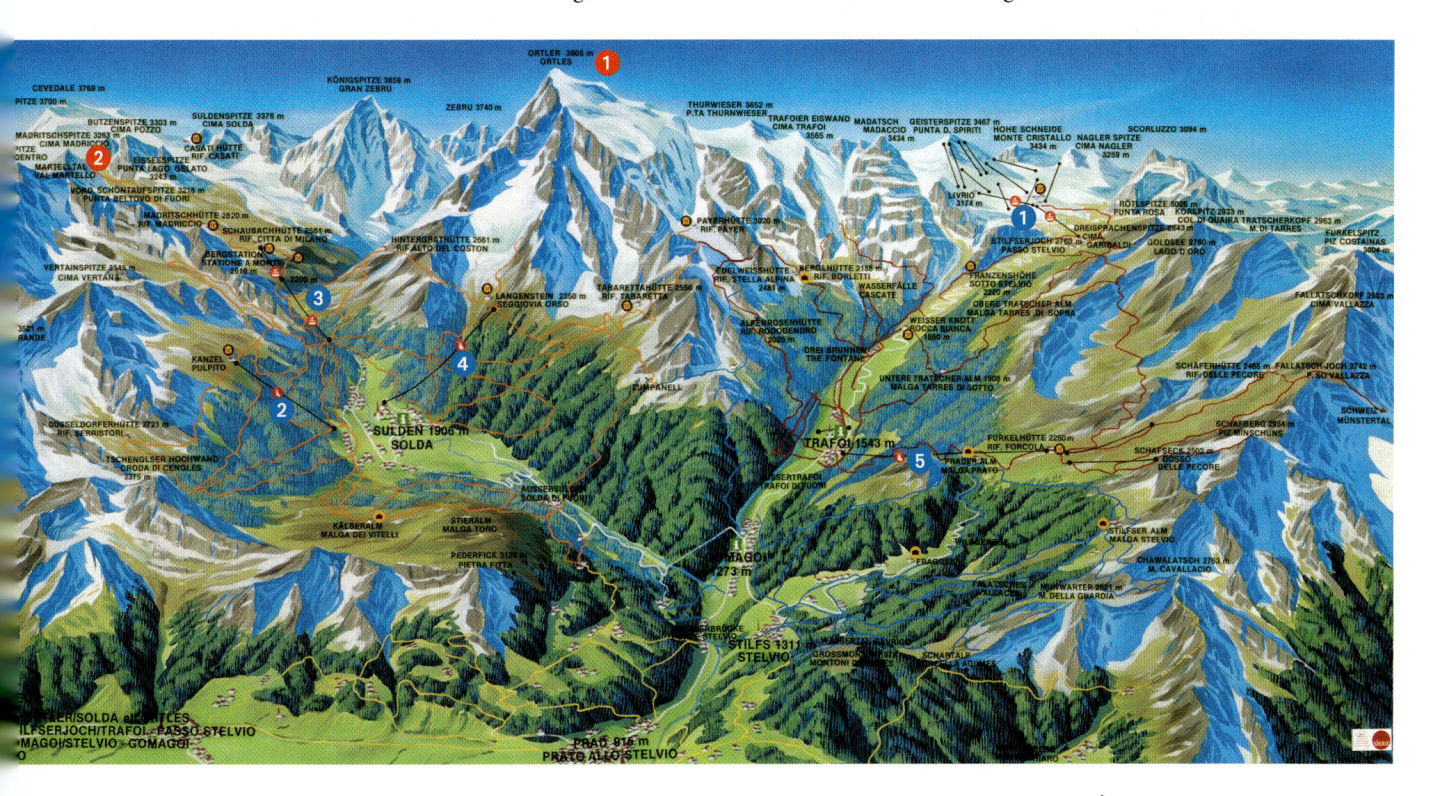

Straßenatlas Siehe S. 792

MERANER LAND
SÜDTIROL

Hoch über dem Talkessel von Meran liegt das Schloss Tirol. Einst war es Sitz der Herrscher, heute beherbergt es ein Museum.

ACTION & SPORT

WANDERN & BERGTOUREN

FUN & FAMILY

WELLNESS & GENUSS

ADAC *der perfekte Urlaubstag*

- **8 Uhr:** aussichtsreiche Wanderung von Tschars, westlich von Naturns, auf dem bequemen Schnalswaalweg zu Reinhold Messners Burg Juval
- **10 Uhr:** Besichtigung der Burganlage und der Sammlungen von Juval
- **12 Uhr:** kurzer Abstieg zum Bio-Bergbauernhof Oberortl – mit Schafen, Ziegen, Hühnern, Pferden und Hochlandrindern – und Einkehr beim »Schlosswirt«. Auf dem Rückweg ins Tal eventuell Kellerei-Besichtigung und Weinverkostung im Weingut Unterortl
- **15 Uhr:** Fahrt nach Meran, Flanieren auf den Promenaden, Stadtbummel

---

Faszination auf allen Etagen

Meraner Land, das bedeutet mediterranes Flair inmitten der Alpen: Palmen unter himmelhohen Steilflanken, Obstgärten und Weinberge mit Blick zu firnglänzenden Gipfeln. Nirgendwo sonst in Südtirol liegen derart extreme landschaftliche Gegensätze auf engstem Raum so nahe nebeneinander – oder besser: übereinander.

Von welcher Seite man sich dem weiten Talkessel von Meran nähert, ob von Bozen, durch den Vinschgau oder über Timmelsjoch und Jaufenpass – mit einem Mal ist man im Süden angekommen. Eine geschlossene Mauer hoher Berge schützt die Region vor den rauen Nordwinden. Umso offener ist sie nach Süden: für Sonne und südländische Lebensart. Gerade mal 302 m hoch liegt Meran am Zusammenfluss von Etsch und Passer. Schlösser, Villen, Parkanlagen mit Promenaden, die alten Laubengänge und das elegante Kurhaus an der Passerpromenade erinnern an ruhmreiche Zeiten, lassen die Belle Epoque wieder aufleben, in der sich Meran zu einer bedeutenden und viel besuchten Bäderstadt entwickelt hat. Zu den schönsten Höhenpromenaden zählt wohl der 4 km lange Tappeinerweg: Sonnig und aussichtsreich führt er vom Segenbühel vorbei an Korkeichen, Eukalyptus- und Erdbeerbäumen, Palmen, Kakteen, Agaven und Magnolien bis nach Gratsch. Etwas abseits thront majestätisch Schloss Tirol, das im 12. Jh. erbaut wurde. Gut erhalten präsentieren sich zwei Palastbauten sowie die Kapelle des geschichtsträchtigen Gebäudes, dessen Herren einst dem Land Tirol ihren Namen gaben.

Zwischen den Wein- und Obstgärten im Tal und den bis an die 3000er-Grenze reichenden Gipfeln gehen die so unterschiedlichen Landschafts- und

Entlang des Tappeinerwegs in Meran gedeihen Palmen.

Klimazonen ausgesprochen harmonisch ineinander über. Wenn im »Erdgeschoss« Apfelbäume und Blumen blühen, glänzt in den oberen Etagen noch der Firn. Während dort die Skitourenfahrer ihre Kurven ziehen, schwärmen im Tal und auf der mittleren Etage Mountainbiker und Wanderer schon im T-Shirt aus. Vieles ist möglich zwischen dem milden Talboden und den eisigen Höhen – und das zu jeder Jahreszeit.

Fast das ganze Jahr über haben die Waalwege Saison. Die Waale, uralte, künstlich angelegte Wasserkanäle, dienen vielerorts noch heute zur Bewässerung der Felder und Wiesen. Die schmalen Pfade neben den Wasserläufen sind ideale Promenaden für gemütliche Wanderungen. Nahezu 50 solcher Waalwege gibt es noch im Meraner Land – und daneben jede Menge Einkehrstationen. Letztere spielen eine wichtige Rolle im Herbst, zur Törggelen-Saison. Wobei der ursprüngliche Zweck dieser Tradition heute nur allzu oft untergeht. Der Begriff Törggelen kommt nicht von Torkeln, auch wenn es häufig so endet: Der Ausdruck leitet sich ab vom lateinischen »torquere«, dem Pressen der Trauben, und bezeichnet den Brauch, zu diesem Anlass die

Alles, was zu einer Südtiroler Brotzeit gehört

Nachbarn zu besuchen und deren neuen Wein zu verkosten. Damit verbunden ist eine schöne Herbstwanderung und die Einkehr bei deftiger Kost mit Passeirer Speck, Almkäse und Schüttelbrot, Speckknödel, Surfleisch und Würsten – und natürlich gerösteten Kastanien. Wenn dann doch ein Schnapserl zu viel geleert wurde, kann aus dem Törggelen allerdings schnell ein Torkeln werden.

In der Gastronomie spiegelt sich die landschaftliche und kulturelle Vielfalt der Region aufs Angenehmste wider. Eine gelungene Symbiose, in der es

Wanderkarten

Freytag & Berndt, WKS 1 Bozen, Meran und Umgebung; 1:50000
Freytag & Berndt, WKS 2 Vinschgau – Ötztaler Alpen; 1:50000
Freytag & Berndt, WKS 8 Passeiertal – Timmelsjoch – Jaufenpass; 1:50000
Freytag & Berndt, WKS 13 Ultental; 1:50000
Freytag & Berndt, WKS 12 Naturns – Schnals – Latsch; 1:50000

Gletscher-Petersbart

In dichten Büscheln drängen sich im Sommer die goldgelben Blüten des Gletscher-Petersbartes in Fels und Geröll der Texelgruppe. Ihren Namen hat die Pflanze von den auffallenden Fruchtständen. Die buschigen Schöpfe leuchten gegen Ende des Bergsommers wie rotbraune Fackeln aus dem steinigen Grau. Das Rosengewächs liebt es karg und wächst in Höhen von 2100 bis 3400 m bevorzugt auf feuchten, kalkarmen Böden, Moränen, Geröllhängen, Felsgraten und -bändern.

Wandern & Bergtouren

TOP TIPP Wer die paradiesische Seite der eher herben Landschaft der Texelgruppe kennen lernen will, sollte unbedingt hinaufsteigen zu den **Spronser Seen** ❶. Hinter der Hochgangscharte (2441 m) leuchtet eine blaue Lagune aus dem Geröll: der Langsee, Vorbote der Seenplatte mit neun respektablen Gewässern in hochalpiner Lage. Noch höher liegen still und einsam die beiden Milchseen (2540 m). Während des Abstiegs ins Spronsertal zeigen sich Grünsee, Schwarzsee, Kaser- und Pfitscher Lacke. Jeder eine Augenweide, jeder ein Grund, zu rasten. Start für die lange, anspruchsvolle Rundtour ist die Leiteralm (1522 m), die mit einer kleinen Seilbahn ❼ von Vellau erreicht wird; weiter über Hochganghaus (1839 m) – Hochgangscharte (2441 m) – Jausenstation Oberkaser (2131 m) – Jägersteig – Mutkopf (1684 m) – Hochmuter (1350 m) – Vellau (908 m); Zeit: ca. 7–8 Std. Einkehr: Hochganghaus, Oberkaser.

Marlinger Waalweg Bequeme Promenade zwischen Apfel- und Weingärten	Ausgangspunkt: Töll (542 m), auch von verschiedenen anderen Stellen aus zugänglich; neben dem im 18. Jh. angelegten Wasserlauf zieht sich der Weg fast eben am Hang des Marlinger Berges, etwas oberhalb der Ortschaften Forst, Marling und Tscherms, entlang; vorbei an Schloss Lebenberg, etlichen Aussichtspunkten und Gasthöfen bis Oberlana; Rückkehr mit Buslinie 11; Gesamtlänge 13 km; Zeit: ca. 3–3,5 Std.; Einkehr: mehrere Gasthäuser, z. B. Enzian, Obermoar, Glögglhof
Hirzerspitze (2781 m) Eindrucksvolle Überschreitung der beliebten Aussichtsloge	Ausgangspunkt: Meran 2000, Bergstation der Ifinger-Seilbahn Naif-Piffing ❸ (1950 m); Missensteiner Joch (2128 m) – Kratzberg-See – Anteranalm – Hirzerspitze (2781 m) – Obere Scharte (2678 m) – Hirzerhütte (1983 m) – Klammeben (1980 m) – Seilbahn nach Verdins (Bushaltestelle) ❽, Rückfahrt mit dem Bus; Pfad im Gipfelbereich steil und rutschig, Trittsicherheit unbedingt erforderlich; Zeit: ca. 6 Std.; Einkehr: Meran 2000, Hirzerhütte
Tschigat (2998 m) Anspruchsvoller Fast-3000er, 2500 m über dem Talboden	Ausgangspunkt: Leiteralm (1522 m); Hochganghaus – Lammer-Biwak (2707 m) – Traverse zum Halsljoch (2808 m) – über NW-Grat und N-Flanke zum Gipfel; Abstieg auf gleicher Route; steiles, teils ausgesetztes Felsgelände, durchgehend markiert, Passagen mit Sicherungsseil; Trittsicherheit, etwas Klettervermögen und Schwindelfreiheit erforderlich; Zeit: ca. 3,5 Std. bis Lammer-Biwak, ca. 4 Std. bis zum Gipfel; Einkehr: Hochganghaus
Naturnser Hochwart (2608 m) Großartige Kammwanderung zwischen Vinschgau und Ultental	Ausgangspunkt: Bergstation der Vigiljochbahn am Larchbühel (1837 m) ❷, Larchbühel – Rauher Bühel (2027 m) – Nörderscharte (2372 m) – Hochwart; Rückweg auf gleicher Route; leichte Wanderung; Zeit: ca. 5 Std.; Einkehr: Gasthöfe am Vigiljoch
Blasiuszeiger (2837 m) Leichtester Gipfel im Bereich der Lodnerhütte	Ausgangspunkt: Parkplatz Birkenwald/Partschins; durchs Zieltal zur Lodnerhütte (2262 m) – Gipfelaufstieg auf markiertem Steig durch teilweise steiles Schrofengelände; Abstieg auf gleicher Route; Trittsicherheit erforderlich; Zeit: zur Hütte ca. 3 Std.; zum Gipfel ca. 4 Std.; Einkehr: Lodnerhütte

EVENTS

- April: Haflinger-Galopprennen in Meran (www.meraninfo.it) 
- Mai: Cabrio Meeting: Treffen der »Oben-Ohne-Fahrer« in Algund (www.algund.com)
- Juli: Südtirol Classic – Schenna; Oldtimer-Rallye für Automobile bis Baujahr 1965 (www.suedtirolclassic.com)
- August: Humorsommer Naturns mit international bekannten Clowns, Komikern und Kabarettisten
- August/Sept.: Meraner Musikwochen (www.meraninfo.it)
- September: Großer Preis von Meran Forst, Hindernisrennen auf dem Untermaiser Pferderennplatz (www.meraninfo.it)
- Oktober: Traubenfest Meran, Erntedank mit traditionellem Umzug (www.meraninfo.it)
- Südtiroler Herbst- und Trachtenfest in Algund (www.algund.com)

MERANER LAND

Hütten

Hochganghaus (1839 m)
Das private Wirts- und Schutzhaus steht auf einem sonnigen Aussichtsbalkon unter schroffen Bergflanken. Viele Wege führen zu dem beliebten Wanderziel. Der kürzeste Aufstieg ist der von der Leiteralm (1522 m) ❼; Zeit: ca. 1,5 Std.; Tel. 04 73 44 33 10; www.hochganghaus.it

Höchster Hütte (2561 m)
Die moderne CAI-Hütte am Ufer des Grünsees ist die einzige Schutzhütte im Ultental und zugleich idealer Ausgangspunkt für Gletschertouren und Wanderungen in der östlichen Ortlergruppe. Wander-Favorit ist die – ausbaufähige – Seenrunde über Lang- und Fischersee. Aufstieg vom Parkplatz am Weißbrunner See (1901 m); Zeit: ca. 1,5 Std; Tel. 04 73 79 81 20; www.ultental.it/hoechsterhuette

Guido Lammer Biwak (2707 m)
Die einfache Biwakschachtel des Alpenvereins Südtirol ist wichtiger Stützpunkt für die Besteigung des Tschigat. Der Aufstieg zum Biwak auf der Milchseescharte führt über einen Mini-Klettersteig. Aufstieg von der Leiteralm (1522 m) ❼ über die Hochgangscharte; Zeit: ca. 4 Std.

Die Texelgruppe ist ein Paradies für Wanderer, vor allem hier bei den Sproner Seen.

Action & Sport

MOUNTAINBIKE	KLETTERSTEIGE	RAFTING	CANYONING	REITEN
PARAGLIDING	DRACHENFLIEGEN	KLETTERGÄRTEN	TENNIS	WINDSURFEN
KAJAK/KANU	WASSERSKI	TAUCHEN	HOCHSEILGARTEN	GOLF

TOP TIPP Traumhafte Möglichkeiten erwarten **Mountainbiker** ❷ im Meraner Land. Eine mittelschwere Route hat die Naturnseralm (1910 m) zum Ziel. Ausgangspunkt ist Naturns (529 m). Von dort leitet ein teils geteerter Fahrweg hinauf zur Naturnseralm. Weiter führt die Rundtour nach St. Vigil (1795 m). Von dort schöne Abfahrt über Aschbach (1362 m) nach Töll (518 m). Entlang der Etsch zurück nach Naturns; Dauer/Charakter: 44 km, ca. 4–5 Std., Teer- und Schotterwege.
Ein Mountainbike-Führer mit 18 Tourentipps ist in den Tourismusbüros erhältlich. Weitere Tourenvorschläge unter www.schenna.com. Zweimal wöchentlich organisierte Touren der Bergsteigerschule Meran (Tel. 04 73 56 38 45; www.bergsteigerschule.com); Mountainbike-Verleih bei verschiedenen Händlern, in Schenna z. B. bei Christophs Bikeclub; Tel. 04 73 94 58 48, der ebenfalls geführte Touren anbietet

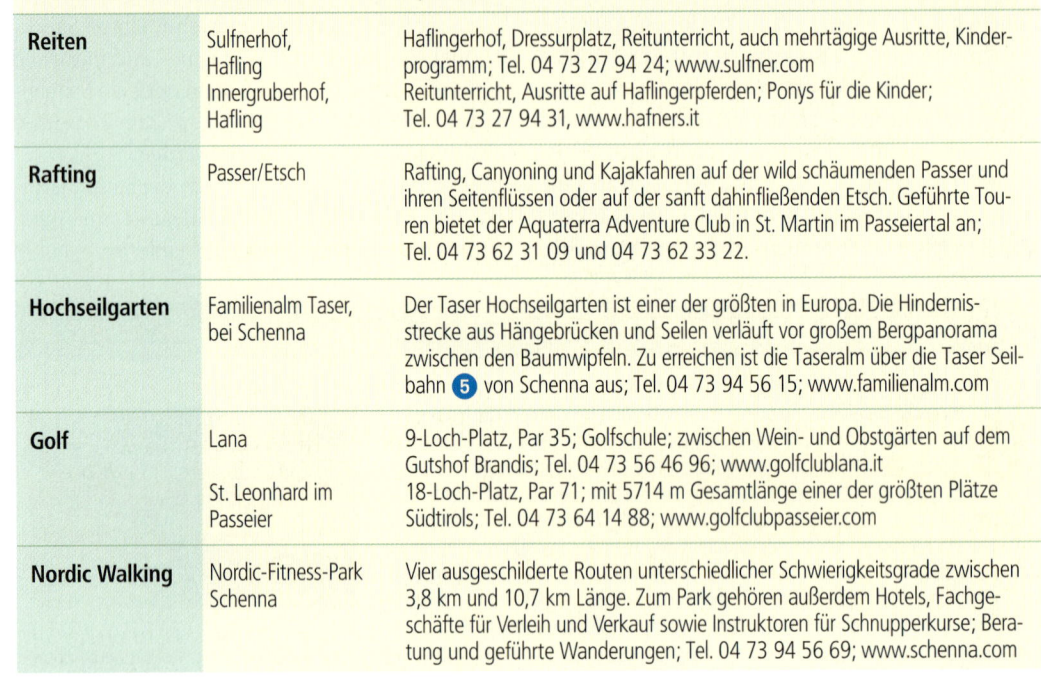

Reiten	Sulfnerhof, Hafling	Haflingerhof, Dressurplatz, Reitunterricht, auch mehrtägige Ausritte, Kinderprogramm; Tel. 04 73 27 94 24; www.sulfner.com
	Innergruberhof, Hafling	Reitunterricht, Ausritte auf Haflingerpferden; Ponys für die Kinder; Tel. 04 73 27 94 31, www.hafners.it
Rafting	Passer/Etsch	Rafting, Canyoning und Kajakfahren auf der wild schäumenden Passer und ihren Seitenflüssen oder auf der sanft dahinfließenden Etsch. Geführte Touren bietet der Aquaterra Adventure Club in St. Martin im Passeiertal an; Tel. 04 73 62 31 09 und 04 73 62 33 22.
Hochseilgarten	Familienalm Taser, bei Schenna	Der Taser Hochseilgarten ist einer der größten in Europa. Die Hindernisstrecke aus Hängebrücken und Seilen verläuft vor großem Bergpanorama zwischen den Baumwipfeln. Zu erreichen ist die Taseralm über die Taser Seilbahn ❺ von Schenna aus; Tel. 04 73 94 56 15; www.familienalm.com
Golf	Lana	9-Loch-Platz, Par 35; Golfschule; zwischen Wein- und Obstgärten auf dem Gutshof Brandis; Tel. 04 73 56 46 96; www.golfclublana.it
	St. Leonhard im Passeier	18-Loch-Platz, Par 71; mit 5714 m Gesamtlänge einer der größten Plätze Südtirols; Tel. 04 73 64 14 88; www.golfclubpasseier.com
Nordic Walking	Nordic-Fitness-Park Schenna	Vier ausgeschilderte Routen unterschiedlicher Schwierigkeitsgrade zwischen 3,8 km und 10,7 km Länge. Zum Park gehören außerdem Hotels, Fachgeschäfte für Verleih und Verkauf sowie Instruktoren für Schnupperkurse; Beratung und geführte Wanderungen; Tel. 04 73 94 56 69; www.schenna.com

keinerlei Berührungsängste gibt zwischen der bäuerlichen Südtiroler und der mediterranen Küche – zwischen Schlutzkrapfen und Spaghetti, Carpaccio und Cappuccino. Vorwiegend Äpfel und Trauben wachsen im inneralpinen Schlaraffenland. Die Äpfel jedoch in Mengen, die allenfalls in bildlichen Vergleichen vorstellbar werden: So würden die fünf Milliarden Früchte, die jedes Jahr in Südtirol geerntet werden, in eine Reihe gelegt achtmal um den Äquator reichen. Und blieben all diese Äpfel im Land, müsste jeder Südtiroler im Jahr über 1800 kg Äpfel essen, rund 5 kg pro Tag. Wer noch mehr über den Obstbau, seine Zahlen und seine Geschichte erfahren möchte, sollte unbedingt das Südtiroler Obstbaumuseum in Lana besuchen.

Vielfältige Texelgruppe

Rekordverdächtig ist nicht nur die Apfelernte, sondern auch die Bergkulisse, die hoch und mächtig den Horizont verstellt. Die dicksten Brocken sind die Mitglieder der Texelgruppe. Sie streben unmittelbar im Norden des Etschtales, zwischen Naturns und Meran, himmelwärts. So umfassen beispielsweise die 2500 Höhenmeter, die zwischen Naturns und dem Gipfel der anspruchsvollen, aber aussichtsreichen Kirchbachspitze liegen, die gesamte Palette Südtiroler Naturlandschaften – von der submediterranen Vegetationszone bis zu Fels und Eis. Von diesem südwestlichen Außenposten lässt sich ein großer Teil des Naturparks Texelgruppe überblicken, der mit 33430 ha das größte der sieben Schutzgebiete Südtirols bildet.

Die Mühsal, »in einem Rutsch« von ganz unten nach ganz oben zu steigen, werden bei diesen

Höhenunterschieden wohl nur die wenigsten auf sich nehmen wollen. Doch kleine Seilbahnen und Sträßchen zu den Berghöfen ermöglichen es an manchen Stellen, den Weg zu verkürzen. So auch beim Aufstieg durch das Zieltal zur Lodnerhütte, dem besten Ausgangspunkt für Touren in die Texelgruppe. Endstation für Autofahrer ist der Parkplatz Birkenwald oberhalb von Partschins auf knapp 1000 m. Ein lohnender Höhepunkt beim Aufstieg zur Hütte ist der Abstecher zum Partschinser Wasserfall: 97 m stürzt hier das Wasser über eine Felsstufe ins Tal. Um die Lodnerhütte scharen sich die höchsten Berge der wilden Urgesteinsgruppe. Doch die meisten der schroffen Gipfel sind nur geübten Spezialisten zugänglich, was auch für die beiden Vornehmsten in der illustren Runde gilt: für die Hohe Weiße und den Lodner, zwei mit auffälligen weißen Marmoradern durchzogene 3000er zwischen den grauen Riesen.

Ausdauernde und trittsichere Wanderer finden ihre Erfüllung hingegen auf dem Meraner Höhenweg. Der gut ausgebaute und stellenweise gesicherte Weg

Genusswandern entlang des Meraner Höhenweges

(Markierung: Nr. 24) ist fast 100 km lang und umrundet in fünf bis sechs Tagesetappen auf relativ gleich bleibendem Niveau den Naturpark Texelgruppe. Von den Obstgärten durch die Welt der Bergbauern führt er bis ins raue Hochgebirge und zählt zu den großartigsten Rundtouren der Alpen. Dank der zahlreichen An- und Abstiegsmöglichkeiten kann die Wanderung beliebig unterbrochen und wieder fortgesetzt werden.

Im Herzen der westlichen Texelgruppe liegen die neun Spronser Seen, die gemeinsam die größte hochalpine Seenplatte Südtirols bilden. Die glitzernden Seeaugen in der schroffen Umgebung sind unbestrittener Mittel- und Höhepunkt einer langen, ungemein abwechslungsreichen Tageswanderung von der Bergstation Leiteralm bei Vellau bis zum Oberkaser.

Lohnende Touren starten im Passeiertal, das von Norden in den Meraner Kessel einmündet. Das sich in Richtung Alpenhauptkamm ziehende Tal war nie eine Sackgasse. Über den Jaufenpass wickelten Säumer und Kraxenträger den Handelsverkehr zwischen Meran und dem Brenner ab. Ein profitables Geschäft für die Passeirer, die Hospize betrieben

Fun & Family

MuseumPasseier Sandhof und Jaufenburg, St. Leonhard im Passeiertal	Ausstellung zu Andreas Hofers Leben sowie eine volkskundliche Sammlung. In der Burg geht es um die Geschichte des Tals und der Burg; Tel. 04 73 65 90 86; www.museum.passeier.it
Murmi-Kindertage Hinterpasseier	Kindertouren im Naturpark Texelgruppe; Brot backen und Buttern auf einer Alm; Besichtigung von Mühlen; Tel. 04 73 64 35 58; www.hinterpasseier.com
Schloss Tirol Dorf Tirol	Bilderbuchschloss mit interessantem Museum für Kultur- und Landesgeschichte, schöne Falknerpromenade führt vom Dorf zum Schloss. Tel. 04 73 22 02 21; www.schlosstirol.it
Peter Mitterhofer-Schreibmaschinen-Museum Partschins	Weltweit einmaliges Museum, benannt nach dem Erfinder der Schreibmaschine aus Partschins; Tel. 04 73 96 75 81 oder 04 73 96 71 21
Fun Park – only for kids Naturns	Über 1000 m² große Anlagen für Ballsportarten und für Skater, Inliner und BMX-Fahrer. Mit Halfpipe und einigem mehr für Anfänger und Profis; Tel. 04 73 66 60 77
Erlebnisbad Naturns	Erlebnisbad mit 75-m-Rutsche im Freien und 51-m-Rutsche in der Halle; Felswand mit Wasserfall; Kinderbereich; Freizeitpark und Bistro. www.erlebnisbad.it

TOP TIPP: Erlebnisbergwerk Schneeberg ③
Das im Jahr 1237 erstmals erwähnte Bergwerk St. Martin am Schneeberg galt als eines der bedeutendsten Blei- und Zinkbergwerke Tirols; auf 2000 bis 2500 m gelegen, gilt es als das höchste Europas. In der Blütezeit im 15. Jh. waren hier bis zu 1000 Knappen beschäftigt. 150 km lang waren die Stollen und Schächte. Mit 27 km war die Übertage-Förderanlage die größte der Welt. Erst 1967 wurde der Bergbau eingestellt. Ein Teil der Anlagen ist heute wieder zu besichtigen. Ein besonderes Erlebnis ist die große Führung »Schneeberg total«, eine Abenteuertour durch das gesamte Gelände, mit Abstieg zum Poschhausstollen, 3,5 km langer Fahrt mit der Grubenbahn, 2,5 km langer Wanderung durch den historischen Karlstollen und Aufstieg unter Tage. Aufstieg zur Schneeberghütte von Saltnuss an der Timmelsjochstraße: ca. 2 Std.; Tel. 04 73 64 70 45; www.schneeberg.org.

TOP TIPP: Schloss Trauttmannsdorff – Touriseum ④
Die einstige Winterresidenz von Kaiserin Sisi beherbergt heute das Touriseum, das erste Museum, das sich im großen Stil der Geschichte und Gegenwart des Tourismus im Alpenraum widmet. Umgeben ist das Schloss vom Botanischen Landesgarten mit über 3000 verschiedenen Arten in vier Gartenbereichen. In dem traumhaft schön angelegten Park spiegelt sich die ganze botanische Vielfalt der Region wider; Tel. 04 73 23 57 30; www.trauttmansdorff.it

TOP TIPP: Burg Juval ⑤
Die im 13. Jh. auf einem Felssporn westlich von Naturns erbaute Burg Juval wurde – nach mehrfachem Besitzerwechsel und teilweisem Verfall – 1983 von Reinhold Messner erworben. Der berühmte Bergsteiger restaurierte die weitläufige Anlage und gestaltete sie zu einem Gesamtkunstwerk, welches Südtiroler Kultur erhält und Fremdes mit Heimatlichem verbindet. In der Burg sind mehrere Kunstsammlungen untergebracht: eine umfangreiche Sammlung verschiedenster Stücke aus Tibet, Bergbilder und Masken aus vier Kontinenten. Zur Anlage gehört der Bio-Bergbauernhof Oberortl, der »Schlosswirt« mit Buschenschank und nicht zuletzt das von Kennern hoch gelobte Weingut Unterortl. Bei der Burg gibt es keine Parkplätze; Shuttledienst vom Parkplatz neben der Hauptstraße; Besichtigungen 28.3.–30.6. und 1.9.–6.11., 10–16 Uhr außer Mi.

MERANER LAND

Hütten

Schneeberghütte (2355 m)
Schöne Privathütte im Gebiet der Bergbauanlagen St. Martin am Schneeberg. Einmalige Bergumrahmung, lohnender Übergang über die Karlscharte ins benachbarte Timmelstal. Aufstieg von Saltnuss (1680 m) an der Timmelsjochstraße; Zeit: ca. 2 Std.; Tel. 04 73 64 70 45

Zwickauer Hütte/ Planfernerhütte (2979 m)
Außerordentlich hoch gelegene CAI-Hütte an der Südflanke des Ötztaler Hauptkammes; über den landschaftlich großartigen Pfelderer Höhenweg mit der Stettiner Hütte verbunden. Nächster Gipfel ist der Hintere Seelenkogel (3470 m). Aufstieg von Pfelders (1628 m); Zeit: ca. 4 Std.; Tel. 04 73 64 60 02

Stettiner Hütte/ Eisjöchlhütte (2875 m)
CAI-Hütte am Eisjöchl, unter dem Gipfel der Hohen Wilde (3480 m); Übergang ins Pfossental und zur Lodnerhütte. Auf dem Pfelderer Höhenweg zur Zwickauer Hütte. Aufstieg von Pfelders (1628 m) über die Lazinseralm; Zeit: ca. 4 Std.; Tel. 04 73 64 67 89

Lodnerhütte (2262 m)
Die Alpenvereinshütte im hinteren Zielbachtal ist eingerahmt von den wildesten Gipfeln der Texelgruppe: Roteck (3337 m), Hohe Weiße (3279 m) und Lodner (3228 m). Aufstieg vom Parkplatz Birkenwald/Partschins: ca. 3 Std.; Tel. 04 73 96 73 67

Adressen & Bergbahnen — Landesvorwahl 00 39

Urlaubsregion	Tourismusverband **Meraner Land**; Tel. 04 73 20 04 43; E-Mail: info@meranerland.com; www.meranerland.com
Hafling (1290 m)	Tourismusverein Hafling – Vöran; Tel. 04 73 27 94 57; E-Mail: info@hafling.com; www.hafling.com
Lana (301 m)	Tourismusverein Lana; Tel. 04 73 56 17 70; E-Mail: info@lana.net; www.lana.info
Meran (302 m)	Tourismusverband Meran – Dorf Tirol – Algund; Tel. 04 73 23 90 08; E-Mail: info@meran-tirol-algund.com; www.meran-tirol-algund.com
Schenna (578 m)	Tourismusbüro Schenna; Tel. 04 73 94 56 69; E-Mail: info@schenna.com; www.schenna.com
St. Leonhard im Passeier (693 m)	Tourismusverein St. Leonhard; Tel. 04 73 65 61 88, E-Mail: info@passeiertal.org; www.passeiertal.org
St. Walburg/ Ultental (1190 m)	Tourismusbüro Ultental/Proveis; Tel. 04 73 79 53 87; E-Mail: info@ultental.it; www.ultental.it
Weitere Orte	**Algund** www.algund.com • **Dorf Tirol** www.dorf-tirol.it • **Naturns** www.naturns.it • **Partschins** www.partschins.com • **Vellau**
Entfernungen	Hamburg 1086 km; Berlin 897 km; Köln 887 km; Frankfurt a. M. 703 km; Stuttgart 464 km; München 310 km

1. Lana Vigiljochbahn Berg/Tal 11 €
2. Lana Vigiljoch–Lärchbühel Berg/Tal 3,50 €
3. Meran 2000 Ifinger Seilbahn Berg/Tal 13 €
4. Meran 2000/Hafling Falzeben–Piffing Berg/Tal 9 €
5. Schenna Taseralm Berg/Tal 8,50 €
6. St. Martin Saltaus–Hirzer Berg/Tal 14 €
7. Vellau Leiteralm Berg/Tal 6,25 €
8. Verdins Videggbahn Berg/Tal 8,60 €

Siehe auch Preisteil S. 648

und Arbeit als Händler und Träger fanden. Eine weitgehend intakt gebliebene Bauernkultur mit stattlichen Höfen und schmucken Ortschaften prägt das Tal heute. Und allerorts wird die Erinnerung an Andreas Hofer gepflegt: Der Tiroler Freiheitskämpfer wurde 1767 im Sandhof in St. Leonhard in Passeier geboren. Nach der Niederlage der Tiroler am Berg Isel bei Innsbruck flüchtete er auf die heimatliche Pfandleralm oberhalb von St. Martin, wurde verraten, gefangen genommen und am 20.2.1810 in Mantua in Oberitalien hingerichtet. Das Geburtshaus des Volkshelden wurde zu einem sehenswerten Museum ausgebaut, in dem auch die Geschichte des Tals dokumentiert ist. Eine Außenstelle des MuseumPasseier befindet sich auf der einst prachtvollen Jaufenburg. Gut erhalten sind die sehenswerten Fresken aus dem 16. Jh. Einen herrlichen Ausblick über das Passeiertal bis ins Meraner Becken haben die Besucher vom obersten Stock des von zahlreichen Sagen umwobenen Bergfrieds.

Überragende Aussichtslogen

Bei Moos, an der Auffahrt zum Timmelsjoch, mündet das abgelegene Pfelderertal ins Passeiertal, das die Texelgruppe vom Ötztaler Hauptkamm trennt. Der Bergfreund hat hier die Qual der Wahl: Verlockend sind die reizvollen Tal- und Bergwanderungen, der aussichtsreiche Pfelderer Höhenweg von Hütte zu Hütte, ebenso die fantastischen Hochtouren in die Region der 3000er.
Im Osten des Passeiertals reihen sich die höchsten Felsgipfel der Sarntaler Alpen über sanften Almkuppen und Wäldern. Als im wahrsten Sinne überragende Aussichtslogen gelten Hirzerspitze und Großer Ifinger; dementsprechend häufig werden diese Gipfel besucht. Das weite Hochplateau südlich des Großen Ifingers ist intensiv mit Seilbahnen erschlossen und als Feriengebiet Meran 2000 bekannt. Etwas unterhalb liegt der Ort Hafling, der den berühmten Haflinger Pferden seinen Namen gab. Die kräftigen, blondmähnigen Pferde sind eine Augenweide. Vor allem, wenn sie nahezu in Freiheit über die weiten Almwiesen der Hochfläche toben.
Südlich von Meran, oberhalb der grünen Ebene um Lana mit seinen sehenswerten Kirchen, Kapellen

Überschäumende Kraft: der Partschinser Wasserfall (Texelgruppe)

Ideales Reitgelände in der Heimat der Haflinger

und Burgen, windet sich die Straße hinein ins Ultental. Das 50 km lange Tal hinter der wildromantischen, tief ins Granitgestein eingeschnittenen Gaulschlucht hat sich dem sanften Tourismus verschrieben. Ursprüngliche, bäuerliche Kultur bestimmt Landschaftsbild und Tagesrhythmus. An den steilen Wiesenhängen der Sonnenseite scheinen behäbige, meist schindelgedeckte Bauernhöfe förmlich zu kleben. Die Nordhänge sind von dunklen Wäldern bedeckt. Die malerischen, oft von herrlichen Lärchenwäldern umgebenen Dörfer tragen die Namen von Heiligen: St. Pankraz, St. Walburg, St. Nikolaus und St. Gertraud. In höheren Regionen erfreuen blumenreiche Almböden, einsame Seen und viele bewirtschaftete Almen den Wanderer, der keine spektakulären Höhen und bedeutende Bergnamen sucht, sondern mit wachen Sinnen gekommen ist.

Wuchtig und alpin wird die Szenerie erst am Talschluss, der umrahmt ist von den Gletschergipfeln der östlichen Ortlergruppe. Hier ragen die Berge über Meran noch einmal besonders hoch hinauf in den Südtiroler Himmel. Erkunden lässt sich die »Wanderwelt Ultental« auf vielen Wegen. Zu den lohnendsten gehört jener, der über einen breiten Kamm zur Naturnser Hochwart führt. Der zahme Außenposten der Ortlergruppe steht geschickt zwischen Etsch- und Ultental, so dass der Blick weit von den Dolomiten über den Alpenhauptkamm und die Texelgruppe bis zum Ortler schweifen kann. Und im näheren Umkreis zeigen sich viele Gründe, öfter in diese Gegend zu kommen: unten im milden, mediterranen Tal ebenso wie oben, in den mit Schneefeldern geschmückten Gipfelregionen.

St. Pankratz im Ultental

TOP TIPP Pflegezentrum für Vogelfauna Schloss Tirol ❻
Verletzte Wildvögel, vom Spatz bis zum Falken, finden in dem herrlichen Park am Burghügel Asyl bis zu ihrer Wiedergenesung. Auf einem wunderbar angelegten, in die Landschaft integrierten Lehrpfad wird Besuchern das faszinierende Leben der Greifvögel als wichtige Glieder im Kreislauf der Natur näher gebracht. Zweimal tgl. Flugvorführungen; Tel. 04 73 22 15 00

Hotelempfehlungen

Hafling S. 730
Lana S. 734
Latsch S. 734
Meran S. 738
Mölten S. 739
Naturns S. 740
Schenna S. 743
St. Leonhard i. Passeier S. 746
St. Nikolaus S. 746
St. Pankraz S. 746
St. Walburg S. 747
Tscherms S. 748

Straßenatlas Siehe S. 792

SARNTAL
SÜDTIROL

ACTION & SPORT

WANDERN & BERGTOUREN

FUN & FAMILY

WELLNESS & GENUSS

Sarner Latschenkiefernöl
Trockene, heiße Sommer und kalte, schneereiche Winter sind für die besonderen Kräfte der Sarntaler Latschenkiefer verantwortlich. Ein besonders wohltuendes Erlebnis ist ein Sarner Latschenbadl, z. B. in der Latschenölbrennerei Eschgfeller. Bevor man sich ins wohltuende Bad begibt, sollte man unbedingt zuschauen, wie aus den Latschenreisen das Öl gewonnen wird; Tel. 04 71 62 51 38; www.eschgfeller.com

Hütten

Flaggerschartenhütte (2481 m)
Die Hütte liegt am Flaggersee unterhalb der Flaggerscharte zwischen der Jakobsspitze (2745 m, leichter Zustieg in ca. 1,5 Std.) und dem Tagewaldhorn (2708 m, Trittsicherheit nötig, mittelschwerer Gipfelanstieg, ca. 1 Std.). Leichter, schöner Hüttenzustieg von Durnholz (1585 m) durch das Seebachtal; Zeit: ca. 3 Std.; Tel. 04 71 62 52 51

Heiligkreuzhütte (2302 m)
Malerische, am Südhang der Kassianspitze (2581 m) gelegene Hütte bei der Wallfahrtskirche Latzfonser Kreuz. Leichte 45-Min.-Wanderung bis zum Gipfel der Kassianspitze. Schöne leichte Zustiege von Reinswald (1492 m) durch das Getrumtal oder von Durnholz (1585 m) über die Fortschellscharte; Zeit: je ca. 3 Std.

Latschenhütte (2100 m)
Die Hütte an der Bergstation der Seilbahn Reinswald ❶ ist ein guter Ausgangspunkt für Bergwanderungen, z. B. auf die Morgenrast (2351 m) oder das Blankenhorn (2589 m). Deftige regionale Küche; Tel. 04 71 62 52 80

ADAC *der perfekte Urlaubstag*

- **9 Uhr:** Wanderausflug von Sarnthein zum Auener Hof
- **12 Uhr:** Ausritt mit Haflingern des Auener Hofs oberhalb von Sarnthein
- **15 Uhr:** Besuch einer Federkielstickerei in Sarnthein (Info beim Tourismusverband)
- **17 Uhr:** Besuch der Latschenölbrennerei Eschgfäller in Unterreinswald, anschließend entspannen im Latschenbadl

Wo Brauchtum noch zum Alltag gehört

Im Herzen Südtirols ist es überraschend einsam. Und ursprünglich. Zwischen Penserjoch und Bozen scheinen die Uhren langsamer zu gehen. Manchmal hat man sogar den Eindruck, die Zeit sei ganz stehen geblieben. Voller Stolz bewirtschaften die Menschen wie von alters her ihre abgelegenen, prächtigen Bauernhöfe, gehen traditionellem Kunsthandwerk nach und tragen sonntags ihre edlen, schlichten Trachten.

Der Blick vom Latzfonser Kreuz und der Heiligkreuzhütte auf den Rosengarten ist unbeschreiblich.

Wie ein Hufeisen umgeben die Sarntaler Alpen die Region, schützen sie vor den Einflüssen der Touristenmetropolen, die das Sarntal jenseits des Gebirgszuges im Viereck umgeben: Meran und Bozen, Brixen und Sterzing. Die Berge blenden weder mit Gletschern noch mit bekannten Namen oder großen Höhen. Einzig die Sarner Scharte sorgt mit ihrer wilden Westwand zumindest in Kletterkreisen für Aufsehen. Wem stilles Bergerlebnis, Wanderungen zu mystischen Orten und behagliche Gastlichkeit wichtiger sind als Attribute und »Action«, der ist im Sarntal genau richtig.

Denn spektakulär ist nur die Zufahrt von Bozen aus: im Osten der Ritten, im Westen Jenesien, dazwischen die von senkrechten Porphyrwänden flankierte Sarner Schlucht. Mehr als 20 Tunnels mussten in den Fels gebohrt werden, um einen Zugang ins Sarntal zu schaffen. Früher mussten die Menschen über eines der Joche ins geschützte Hochtal gelangen – und das bereits seit Urzeiten, wie mehrere prähistorische Kultstätten beweisen.

Eindrucksvoll thront Burg Reinegg über Sarnthein, dem größten Ort, zu dem alle 28 Weiler und Dörfer des Tals gehören. Wenige Kilometer taleinwärts gabelt sich die Straße: Ein Ast führt nach Reinswald und zum malerischen Durnholzer See; der andere reicht weiter hinauf bis zum Penserjoch mit seinen herrlichen Alpenrosenwiesen.

In dem grünen, von zahmen Gipfeln umrahmten Hochtal liegen 540 Bergbauernhöfe weit verstreut

Adressen & Bergbahnen
Landesvorwahl 00 39

Urlaubsregion	Tourismusverein **Sarntal**; Tel. 04 71 62 30 91; E-Mail: info@sarntal.com; www.sarntal.com	❶ Reinswald Pichlbergbahn Berg/Tal 7,50 €
Orte	**Sarnthein** (975 m) mit den Ortsteilen Astfeld, Durnholz, Nordheim • **Reinswald** www.reinswald.com	
Entfernungen	Hamburg 1035 km; Berlin 846 km; Köln 837 km; Frankfurt a. M. 653 km; Stuttgart 413 km; München 260 km	Siehe auch Preisteil S. 648

Wandern & Bergtouren

TOP TIPP Teilweise fast 2 m hoch ragen über 100 aus Sandsteinplatten geschichtete Säulen, die aus der Steinzeit stammen sollen, auf der sagenumwobenen Bergkuppe der **Hohen Reisch** (2003 m) ❶ in den Himmel. Ob hier einst Hexen um die »**Stoarnernen Mandlen**« tanzten und Gewitter brauten, bleibt ungewiss. Unbestritten ist jedoch, dass eine schöne, leichte Wanderung hier hinaufführt und oben eine gewaltige Aussicht auf die Dolomitengipfel begeistert. Von Sarnthein (975 m) auf Wiesen- und Waldwegen zur Sarner Skihütte (1614 m, Zufahrt bis hier mit Pkw möglich, wenn man nicht die Rundtour machen will). Weiter zur Auener Alm (1798 m) und zum Auenjoch (1924 m), über den Rücken zu den Mandlen auf der Hohen Reisch. Zurück über Kaserböden und Putzenkreuz (1630 m) nach Sarnthein. Dauer: ca. 5 Std.; Einkehr: Auener Alm, Putzenkreuz

Sarntaler Hufeisen Siebentägige Rundwanderung durch die Sarntaler Alpen	Ausgangspunkt: Pemmern (1538 m, Zufahrt von Bozen über den Ritten); Rittner-Horn-Hütte (2260 m) – über Villanderer Alm zur Heiligkreuzhütte (2302 m) beim Latzfonser Kreuz – durch Tramintal zum Penserjoch (2215 m, Alpenrosenhof) – über Grölljoch nach Weißenbach (1335 m) – über Alplerspitz (2748 m) zur Hirzerhütte (1938 m) – Meraner Hütte (1980 m) – über Kreuzjoch (2086 m), Auenjoch, Auener Alm (1798 m) und Sarner Skihütte zurück nach Sarnthein
Schrotthorn (2590 m) Mittelschwere Bergtour auf einsamen Panoramaberg	Ausgangspunkt: Durnholz (1585 m); Seeberhof – Schalderer Scharte (2324 m) – Schrotthorn; Abstieg wie Aufstieg; bis zur Scharte einfacher Wanderweg, dann Trittsicherheit notwendig; Zeit: ca. 6 Std.; Einkehr: in Durnholz
Villandersberg (2509 m) Mittelschwere Bergtour zu mystischen Plätzen	Ausgangspunkt: Reinswald (1492 m); Nischebenalm (1756 m) – Schwarzsee (2031 m) mit ehemaligen Bergwerksstollen und Ruinen – Totenkirchl (2186 m) – nun über mittelschweren Bergsteig zum Totensee (2139 m) – Zwölfernock (2430 m) – Villandersberg; Abstieg wie Aufstieg; bis zum Totenkirchl leichte Wanderung, von dort zum Gipfel mittelschwerer Bergsteig; Zeit: ca. 7 Std.; Einkehr: nur in Reinswald
Sarner Weißhorn (2705 m) Anspruchsvolle Traumtour auf das »Sarner Matterhorn«	Ausgangspunkt: Penserjoch (2215 m); Kleiner Penserjochsee (2204 m) – Steinwandseen (2320 m) – Grölljoch (2557 m) – auf leicht ausgesetztem, mit Drahtseilen gesichertem Felssteig zum Gipfel; Abstieg wie Aufstieg; bis zum Grölljoch einfache Wanderung für Trittsichere, dann anspruchsvoller; interessanter, aber langer Abstieg vom Grölljoch durch das Oberbergtal nach Weißenbach (1335 m, zusätzlich ca. 2 Std.); Zeit: ca. 4 Std.; Einkehr: am Penser Joch

EVENTS

- August: Sarner Virwitzmitte, Sarnthein; traditioneller Kunsthandwerkermarkt mit den typischen Produkten des Sarntals
- September: Sarner Kirchtag, Sarnthein; größtes Volksfest Südtirols unter freiem Himmel

Restaurants

Auener Hof (1622 m)
Berggasthof mit Haflinger-Reitstall oberhalb von Sarnthein. Gehobene Küche; Gäste-Appartements. Mit dem Auto erreichbar, aber auch schöne Wanderung von Sarnthein aus (ca. 2 Std.); Tel. 04 71 62 30 55, www.auenerhof.it

Hotelempfehlungen

Sarnthein S. 743

Wanderkarten

Freytag & Berndt, WKS 1 Bozen, Meran, Sarntal, 1:50000
Freytag & Berndt, WKS 4 Sterzing, Jaufenpass, Brixen, 1:50000

Straßenatlas Siehe S. 793

---

an den Hängen. Der ganze Stolz der Bauern sind ihre blondmähnigen Haflinger. Auf den abgelegenen Höfen wird auch heute noch weitgehend selbst produziert, was man zum Überleben braucht: Milch, Getreide, Gemüse und Wolle. Die Kostbarkeiten des Tals sind wohltuendes Latschenkiefernöl, federkielgestickte Trachtengürtel und Geldbörsen, verzierte Hirschhornbestecke und -knöpfe, geschnitzte Bauernmöbel und die »Reggelen«, die handgefertigten Pfeifen der Sarntaler. Und das Besondere: hier sind dies alles von Handwerkern gefertigte Alltagsgegenstände, keine Produkte der Souvenir-Industrie.

Der größte Schatz des Sarntals sind jedoch die Berge, die für Wanderer wie geschaffen sind: Das Sarner Weißhorn und die Hirzerspitze, der höchste Gipfel, oder die romantischen Villander Almen mit einem verlassenen Bergwerk und dem Totenkirchl oder die Hohe Reisch mit den sagenumwobenen »Stoarnernen Mandlen«. Die Liste könnte lang fortgesetzt werden. Am besten ist es deshalb, man erwandert sich das ganze Hufeisen in einer siebentägigen Rundtour. Die Belohnung: traumhafte Eindrücke einer unberührten Landschaft, unvergleichliche Ausblicke auf die prominenten Gipfel Südtirols und ein goldenes Hufeisen – zumindest für jene, die an den einzelnen Stationen brav ihren Stempel ins Tourenbuch des Fremdenverkehrsverbandes gedrückt haben.

BOZEN – EPPAN – KALTERN – RITTEN
SÜDTIROL

ACTION & SPORT
WANDERN & BERGTOUREN
FUN & FAMILY
WELLNESS & GENUSS

TOP TIPP

Mendelpass ①
Schon allein wegen der unbeschreiblichen Aussicht auf Bozen und die Weinanbaugebiete um den Kalterer See lohnt es sich, auf den Mendelpass (1363 m) zu fahren. In 15 teils engen Kehren, mit einer Steigung bis zu 17%, schlängelt sich die Straße von Eppan aus die steile Bergflanke hinauf zur Passhöhe. Die insgesamt 26 km lange Route führt weiter ins Trentino nach Fondo (siehe auch Kapitel Traumstraßen, S. 58/59).

Burg mit Bergsicht: Bozen, Schlern und Rosengarten von der Ruine Eppan aus

Stadtflair und Sommerfrische

Elegante Boutiquen und verführerische Einkaufspassagen, duftende Espressobars und noble Hotels – in Bozen findet man urbanes Lebensgefühl, das deutlich italienisch geprägt ist. Wem der Trubel zu viel wird, der kann bequem auf die Berge am Rande des Talkessels flüchten. Auf den Ritten, nach Jenesien oder nach Kohlern. Dorthin, wo die Bozner schon von alters her ihre Sommerfrische verbringen. So wie damals kann man dort auch heute noch gemütlich wandern, in traditionellen Gasthöfen einkehren und einem echten Stück Südtirol begegnen. Möglich ist dies auch südlich von Bozen, im Weinland rund um Eppan und Kaltern.

ADAC der perfekte Urlaubstag

- **9 Uhr:** Fahrt mit der Rittner Seilbahn nach Oberbozen und Radtour zu den Erdpyramiden
- **12 Uhr:** Mittagessen in einem der gemütlichen Gasthäuser, z. B. im »Kematen« bei Klobenstein, einem alten Bauernhof mit einem netten Kirchlein. Anschließend Rückfahrt nach Bozen
- **14 Uhr:** Besuch des Südtiroler Archäologiemuseums, das nicht nur wegen »Ötzi« sehenswert ist
- **17 Uhr:** Stadtbummel im Zentrum von Bozen

Eigentlich kann man die Bozner nur beneiden: Sie leben in einer pulsierenden, modernen Stadt, in einem milden, geradezu mediterranen Klima; die Weingüter von Eppan und dem Kalterer See liegen nur wenige Kilometer entfernt; über 180 Schlösser, Burgen und Ansitze bergen Kunstschätze und locken als Ausflugsziele; und zu guter Letzt hat man auch noch die Berge direkt vor der Haustür. Das wissen die Bozner vor allem im Hochsommer zu schätzen, wenn es in Südtirols Hauptstadt unangenehm schwül werden kann. Wie schon Generationen vor ihnen flüchten dann viele aus dem drückenden Talkessel hinauf auf die sanften Bergzüge, die die Stadt umgeben. Auf dem Ritten, in Jenesien oder Kohlern ist die Luft frischer, das Klima wesentlich angenehmer.

Vor allem der Ritten nördlich von Bozen ist als gemütliches, nostalgisches Ausflugsgebiet bekannt. Keine schroffen Berge, sondern sanfte Hügel bestimmen hier das Bild. Malerische kleine Orte wie Oberbozen oder Klobenstein mit eleganten Sommerfrische-Villen und altehrwürdigen Hotels fügen sich harmonisch in das malerische Landschaftsbild ein. Ein dichtes Netz von Wanderwegen erstreckt sich über die weite, hügelige Hochfläche, die sich gut 800 m oberhalb des Bozner Talkessels ausbreitet.

Von Oberbozen aus steigt das Gelände nach Norden fast unmerklich an. Bei Pemmern hat man die 1500-m-Grenze bereits überschritten, ehe man die Hänge des alles überragenden Rittner Horns erreicht. Seine Form wird zwar in keiner Weise dem Namen gerecht, aber mit 2260 m ist es die höchste Erhebung auf dem Ritten und gewährt einen unvergleichlichen Panoramablick auf die kühnen Felszacken der Dolomiten.

Wandern & Bergtouren

TOP TIPP Eine unvergessliche Aussicht auf die Gipfel der Dolomiten verspricht die Wanderung auf das **Rittner Horn** (2260 m) ❷. Vom Parkplatz Pemmern aus (1538 m) folgt man dem Wanderweg hinauf zur Saltner Hütte und weiter, an der Schwarzseespitze (2070 m) vorbei, bis zum Unterhornhaus (2044 m). Nun geht es etwas steiler hinauf bis zum Gipfel. Auf der Terrasse des Rittner-Horn-Hauses kann man sich stärken und dabei den herrlichen Ausblick auf Langkofel (3178 m), Marmolada (3342 m), Schlern (2564 m) und Rosengarten (2981 m) genießen; Dauer: ca. 3 Std. Die Tour lässt sich verkürzen, indem man mit der Seilbahn ❹ von Pemmern aus bis zur Schwarzseespitze fährt, ein Stück bergab geht und dann den letzten Abschnitt zum Gipfel in Angriff nimmt; Dauer: ca. 2 Std. Einkehrmöglichkeiten: Unterhornhaus, Rittner Hornhaus sowie in Pemmern.

Jenesien (1087 m) Leichte Rundwanderung von Wirtshaus zu Wirtshaus	Ausgangspunkt: Bozen/Talstation der Jenesienbahn ❶; mit der Bahn nach Jenesien; Jenesien – Gasthaus Edelweiß (1350 m) – Tschauer – Guggenhof – Gasthaus Locher – Jenesien; Rückfahrt mit der Seilbahn nach Bozen; Zeit: ca. 5 Std.; Einkehr: in den zahlreichen Gasthäusern	
Erdpyramiden Klassische Erlebniswanderung auf dem Ritten	Ausgangspunkt: Oberbozen (1221 m), Station der Rittner Bahn ❸; zuerst nach Wolfsgruben, evtl. kurzer Abstecher an den Wolfsgrubener See – Klobenstein (1188 m) – Lengmoos – Erdpyramiden – Maria Saal; Rückweg zu Fuß bis Klobenstein – mit der Rittner Bahn zurück nach Oberbozen; Zeit: ca. 2–3 Std.; Einkehr: Gasthaus Maria Saal	
Kohlern (1181 m) Von der Sommerfrische ins Stadtleben	Ausgangspunkt: Bozen/Kampill, Talstation der Kohlerner Seilbahn ❷; mit der Bahn hinauf; Absteigen nach Bauernkohlern – Herrenkohlern – Kampenn – Kofler – Kohlerhof – Bozen; Zeit: ca. 3–4 Std.; Einkehr: Jausenstation Kofler, Gasthaus Kohlerhof	
Burgenwanderung Eppan Leichte Wanderung mit kunsthistorischem Höhepunkt und herrlichen Ausblicken	Ausgangspunkt: Missian bei Eppan; Parkplatz Schloss Korb – Burg Hocheppan, Besichtigung der einmaligen romanischen Fresken in der Burgkapelle (kunsthistorische Führungen möglich) – Burgruine Boymont – zurück zum Ausgangspunkt in Missian; Zeit: ca. 2 Std.; Einkehr: Restaurant Schloss Korb, Burgschenke Hocheppan	

Vergängliche Schönheit: Erdpyramiden auf dem Ritten

Reise in die Vergangenheit

Zum nostalgischen Charakter des Ritten passen auch die umliegenden Sehenswürdigkeiten. Das gilt ganz besonders für die Fahrt mit der alten Rittner Bahn. Das »Bahnl«, wie es die Einheimischen liebevoll nennen, wurde 1907 in Betrieb genommen und verband Bozen mit Klobenstein. 1966 hat man den unteren Bereich aufgelassen und durch eine Kabinenbahn ersetzt. Mit 4,6 km gehört sie zu den längsten Seilbahnen der Welt. Die historische Schmalspurbahn zuckelt heute noch stündlich in beschaulicher Fahrt zwischen Oberbozen und Klobenstein hin und her.

Nicht weit von Klobenstein entfernt befindet sich die wohl interessanteste Sehenswürdigkeit auf dem Ritten: die Erdpyramiden. Hunderte schlanker, bis zu 35 m hoher Säulen aus hart gewordenem Moränenlehm ragen aus dem Wald. Es handelt sich hier um einzigartige und äußerst seltene Erosionserscheinungen, wie es sie beispielsweise noch in Kappadokien/Türkei und im Bryce Canyon/USA gibt. Auf der Spitze dieser Naturwunder thront meistens noch ein sog. Deckstein, der die Säule vor Regen schützt und überhaupt erst die Entstehung ermöglicht hat. Durch diesen Deckel konnte der Moränenlehm austrocknen und hart werden, während das feuchte Material daneben erodierte. Fällt der Stein von der Spitze, ist das Schicksal der bizarren

Restaurants

Argentieri
Elegantes Bozner Restaurant in einer Seitenstraße nahe dem Waltherplatz. Kleiner Gastraum, klassisch italienische Küche der gehobenen Kategorie; Tel. 04 71 98 17 18

Kohlern
Ein Fall für Genießer und Romantiker. Das traditionsreiche Gasthaus im Jugendstil steht hoch über Bozen in Bauernkohlern, einem eher unbekannten Sommerfrischegebiet. Klassische Südtiroler Küche; Tel. 04 71 32 99 78; www.kohlern.com

Patscheider
Eine traumhafte Aussicht genießt man auf dem 300 Jahre alten Bauernhof am Ritten unterhalb von Signat. Die Küche ist klassisch südtirolerisch, eine Reservierung dringend anzuraten; Tel. 04 71 36 52 67; www.patscheiderhof.com

Grafhof
Typische Buschenschänke bei Kohlern, nahe dem Schloss Kampenn. Hier gibt es Weine aus dem Eigenanbau sowie Knödel, Schlutzer, Schlachtplatten, Kniakiachln und Krapfen; Tel. 04 71 36 51 02

Wanderkarten

Freytag & Berndt, WKS 1 Bozen, Meran, Sarntal; 1:50000

BOZEN – EPPAN – KALTERN – RITTEN

Wein und Wasser: der Kalterer See

Hütten

Rittner-Horn-Haus (2260 m)
Das Rittner-Horn-Haus ist wohl die bekannteste Hütte der Region, auch wenn sie mehr einem Berggasthof gleicht. Das Interieur ist schlicht, das Speiseangebot bodenständig südtirolerisch. Auch wegen der grandiosen Aussicht ist die Hütte einen Besuch wert. Tel. 04 71 35 62 07

Hotelempfehlungen

Eppan S. 728
Kaltern S. 730
Klobenstein S. 734
Oberbozen S. 740

Ein Muss für Genießer: der Obstmarkt von Bozen

Pyramide besiegelt. Der Lehm wird dann feucht und weich, die Säule schwindet dahin, während sich an anderen Stellen unendlich langsam wieder neue, zierliche Pyramiden bilden. Insofern sind Erdpyramiden einem ständigen Kreislauf von Werden und Vergehen unterworfen.

Dem benachbarten Höhenzug rund um Jenesien fehlen diese Aufsehen erregenden Sehenswürdigkeiten, aber das hat auch sein Gutes – man hat hier oben seine Ruhe. Das wissen auch die Bozner zu schätzen, die nicht nur zum »Törggelen« im Herbst in den zahlreichen gemütlichen und bodenständigen Wirtshäusern anzutreffen sind, wenn junger Wein, heiße Maroni und Südtiroler Speck auf der Speisekarte stehen. Sie wissen aus Erfahrung, dass man hier oben zu jeder Jahreszeit die traditionellen Köstlichkeiten der Region hervorragend genießen kann. Auf den weitläufigen, fast ebenen Almwiesen weiden die robusten Haflingerpferde mit ihren blonden Mähnen, dazwischen spenden immer wieder Lärchen und lichte Wälder Schatten. Damit ist das Gelände wie geschaffen für Spaziergänge und bequeme Radtouren.

Fun & Family ✺ ✺ ✺ ✺

Südtiroler Archäologiemuseum Bozen	Interessante Dokumentation der Ur- und Frühgeschichte Südtirols. Zentrales Thema: die 5300 Jahre alte Gletschermumie »Ötzi«; Tel. 04 71 32 01 00; www.iceman.it
Bozner Lido	Neu renoviertes, traditionsreiches Erlebnisbad direkt an der Eisack gelegen, mehrere Schwimmbecken, teils überdacht, Sprungturm etc.; Tel. 04 71 91 10 00
Rittner Bahn	1907 wurde die erste Bahn von Bozen auf den Ritten in Betrieb genommen. Heute verkehrt noch ein Zug zwischen Oberbozen und Klobenstein; Tel. 04 71 35 61 00; www.ritten.de
Südtiroler Weinmuseum Kaltern	Zeugnisse des Südtiroler Weinbaus: Geräte und Werkzeuge, geschichtliche Hintergründe, Bräuche; Tel. 04 74 55 20 87
Lido Montiggl Eppan	Zwei kontrastreiche, herrlich gelegene Badeseen: einer ruhig und klein mit einer netten Jausenstation, der andere größer mit Erlebnisbad. Tel. 04 71 66 22 06; www.eppan.net

TOP TIPP Malerisch liegt der eindrucksvolle, 500 Jahre alte **Plattner Bienenhof ❸** am oberen Ende einer Wiese, umgeben von Birnbäumen, Bauerngarten, Bildstock und Wegkreuz. Schon allein dieser Anblick reizt, den Hof bei Wolfsgruben auf dem Ritten näher kennen zu lernen. Zu entdecken gibt es in den urigen Räumen indes noch einiges mehr: Im ursprünglichen Wohnbereich ist die bäuerliche Wohnkultur und Arbeitswelt anschaulich dargestellt. In der Scheune und im Keller befindet sich die größte Privatsammlung der Südtiroler Imkerei: Bienenstöcke und -kästen, Honigschleudern und -pressen sowie verschiedene Imkerwerkzeuge. Im Bienenmuseum wird aber auch heute noch fleißig gearbeitet: Imker erklären das emsige Treiben im Bienenstock und demonstrieren, wie der süße Honig von der Wabe ins Glas kommt. Tgl. 10–18 Uhr geöffnet; Tel. 04 71 34 53 50

Landpartie nach Kohlern

Deutlich im touristischen Schatten der beiden Sonnenflanken von Ritten und Jenesien steht auf der anderen Seite des Talkessels der Höhenzug von Kohlern. Immerhin hat er ein bedeutendes Zeugnis der Technikgeschichte zu bieten: die 1908 erbaute und damit älteste Personenschwebebahn Europas. Vom Stadtrand Bozens aus bringt sie Fahrgäste hinauf in eine andere, ländliche Welt, in der sich wohl seit Generationen nur wenig verändert hat. Die schönen Spazierwege führen vorbei an urigen Südtiroler Gasthäusern, die immer wie-

Adressen & Bergbahnen

Landesvorwahl 00 39

Bozen (262 m)	Verkehrsamt der Stadt Bozen; Tel. 04 71 30 70 00; E-Mail: info@bolzano-bozen.it; www.bolzano-bozen.it	
Eppan (389 m)	Tourismusverein Eppan; Tel. 04 71 66 22 06; E-Mail: info@eppan.net; www.eppan.net	
Jenesien (1087 m)	Tourismusverein Jenesien; Tel. 04 71 35 41 96; E-Mail: info@jenesien.net; www.jenesien.net	
Kaltern (426 m)	Tourismusverein Kaltern; Tel. 04 71 96 31 69; E-Mail: info@kaltern.com; www.kaltern.com	
Klobenstein (1188 m)	Tourismusverein Ritten; Tel. 04 71 35 61 00; E-Mail: info@ritten.com; www.ritten.com	
Entfernungen	Hamburg 1055 km; Berlin 866 km; Köln 857 km; Frankfurt a. M. 673 km; Stuttgart 433 km; München 280 km	

❶ Bozen — Seilbahn Jenesien — Berg/Tal 3,20 €
❷ Bozen — Seilbahn Kohlern — Berg/Tal 2,60 €
❸ Bozen — Seilbahn Ritten — Berg/Tal 3,50 €
❹ Klobenstein — Seilbahn Pemmern–Schwarzseespitze — Berg/Tal 8,90 €

Siehe auch Preisteil S. 649

EVENTS

- Mai: Speckfest am Waltherplatz, Bozen
- Juli: Int. Tanzsommer, Bozen
- Juli/August: Rittner Sommerspiele, Musical auf der Seebühne Kalterer See
- August: Lorenzinacht, Bozen Marktfest, Kaltern
- September: Spektakulum, Bozen
- Oktober: Bacchus Urbanus Weinführungen in Bozen, Herbstmarkt in der Bozner Altstadt; Törggelen, in allen Orten

Straßenatlas Siehe S. 793

der zum Verweilen einladen. Italien scheint zumindest hier oben fern zu sein. Anders unten in der Stadt: Es ist nicht zu übersehen, dass sich besonders die jungen Bozner eindeutig stärker am italienischen Lifestyle orientieren als an Südtiroler Traditionen. Man schlendert über den Waltherplatz, vorbei an Straßencafés und Bars, bestaunt die noblen Auslagen in Boutiquen und Schuhgeschäften. Die berühmten Laubengänge sind nahe, ebenso der herrliche Obstmarkt, der schon optisch ein Genuss ist. Eindrücke, die deutlich machen, dass Bozen von seiner uralten Bedeutung als Handelsstadt kaum etwas eingebüßt hat. Spätestens seit der »Einbürgerung« des Ötzis ist auch das Südtiroler Archäologiemuseum zu einer der Hauptattraktionen der Stadt geworden. Eindrucksvoll ist dort nicht nur die 5000 Jahre alte Gletschermumie, sondern vor allem die abwechslungsreiche, hervorragend gestaltete Dokumentation der über 15000-jährigen Geschichte des südlichen Alpenraums.

Ein Glück, dass sich fast alle Sehenswürdigkeiten in Bozen gut zu Fuß erreichen lassen. Denn italienisch geworden ist auch der Straßenverkehr. Angesichts der überfüllten Straßen, der wenigen Parkplätze und nicht zuletzt auch aufgrund des köstlichen Südtiroler Weines, der in den nahe gelegenen Weinbergen reift, ist »per pedes« in Bozen eindeutig das vernünftigste Verkehrsmittel!

Sterzing und Wipptal
Südtirol

Sterzing, überragt von Pflerscher, Gschnitzer und Obernberger Tribulaun

ACTION & SPORT
WANDERN & BERGTOUREN
FUN & FAMILY
WELLNESS & GENUSS

ADAC *der perfekte Urlaubstag*

- **9 Uhr:** Fahrt mit der Seilbahn ❸ von Sterzing aus, Wanderung zum Rosskopf (2189 m)
- **13 Uhr:** Mittagessen beim »Schwarzen Adler« in Sterzing
- **14 Uhr:** Besuch des Landesmuseums für Jagd und Fischerei im Schloss Wolfsthurn in Mareit
- **18 Uhr:** Stadtbummel und Abendessen in Sterzing

Das Tor zu Südtirol

Von der nördlichsten Stadt Südtirols ziehen sich mehrere Seitentäler in die Berge und bieten eine erstaunliche Vielfalt an Freizeitmöglichkeiten. Sportliche Exkursionen auf zwei Beinen oder zwei Rädern sind vor allem rund um Sterzing interessant. Und als reizvoller Gegensatz dazu stellt sich das bemerkenswerte kulturelle Angebot dar. Sterzing liegt an einem jahrhundertealten Handelsweg und bietet ein sehenswertes historisches Zentrum.

Die ersten Sonnenstrahlen auf der Südseite der Alpen, der erste Blick hinunter ins Eisacktal, der erste Cappuccino an der Raststätte – so beginnt für viele Urlauber Italien. Die lange Abfahrt vom Brenner durch das Wipptal endet direkt bei Sterzing, und für manche ist das Städtchen auch die Zielstation. Aus gutem Grund, denn Wipptal und nördliches Eisacktal sind zum Durchfahren eigentlich viel zu schade. Die Fuggerstadt Sterzing selbst, mit der bemerkenswerten Geschichte und dem interessanten historischen Zentrum, ist zumindest eine längere Pause wert. Dass hier in den Seitentälern früher Silber abgebaut wurde und entsprechender Wohlstand entstanden ist, erkennt man noch an den stattlichen Bürgerhäusern des Ortes. Die augsburgischen Fugger waren am Bergbau stark beteiligt und brachten der Stadt ihren Beinamen ein. Neben dem Bergbau prägte vor allem der Handelsverkehr den Ort, der dank seiner Bedeutung reich an kulturhistorischen Sehenswürdigkeiten ist. Dazu gehören die Spitalkirche zum Heiligen Geist, ein Bau aus dem späten 14. Jh., das prachtvolle gotische Rathaus, außerhalb des Ortes die Pfarrkirche »Unsere liebe Frau im Moos« und das markante Schloss Reifenstein, eine einstige Ritterburg aus dem 15. Jh., deren aufwändiges Interieur auch besichtigt werden kann.

Etwas oberhalb von Sterzing an der Brennerstrecke liegt im Talgrund das kleine Gossensass, ein ehemaliger Kurort, in dem sich der Dichter Henrik Ibsen regelmäßig aufhielt. Vor allem zog es ihn in das stille Pflerschtal, das bei Gossensass nach Westen abzweigt.

Interessante Abstecher

Überhaupt sind es vor allem die Seitentäler, die vielfältige Ausflugsmöglichkeiten eröffnen. Vom Pflerschtal aus bieten sich Touren entlang des Grenzkamms zu Österreich an, die über alte Militärwege führen. Ein Klassiker ist der Weg vom Talschluss bei St. Anton hinauf zur Tribulaunhütte. Auch das Ridnauntal, das sich von Sterzing nach Westen zieht, bietet im Sommer eine Vielzahl von Wandermöglichkeiten, obwohl die beiden Orte Ratschings und Ridnaun hauptsächlich für ihre Wintersportaktivitäten bekannt sind. Der Ridnauner Höhenweg beispielsweise führt malerisch in etwa 2000 m Höhe unter den Gipfeln von Telfer Weißen und Wetterspitze entlang. Früher wurde in Ratschings Marmor gebrochen und in Ridnau Speckstein gewonnen. Das Landesbergbaumuseum im Ridnauntal zeigt die Geschichte des Bergbaus, ist aber auch Ausgangspunkt für einen Ausflug hinauf zum ehemaligen Silberbergwerk in St. Martin am Schneeberg.

Auch kulturell hat der historische Ortskern von Sterzing viel zu bieten.

Wandern & Bergtouren

TOP TIPP Die **Sieben-Seen-Wanderung** ❶ bietet einmalige landschaftliche Eindrücke in einer unberührten, einsamen Gebirgswelt. Ausgangspunkt ist der Parkplatz beim Bergbauernmuseum im hintersten Ridnauntal (ca. 1500 m). Auf dem Weg Nr. 28 hinauf zum Poschhaus (2113 m), am Fuß der Felswand den Weg verlassen und rechts halten. Auf Weg Nr. 33 steil hinauf zu den Moarer Egetseen und zum Egetjoch (2639 m), dem höchsten Punkt der Tour. Nun entweder links an den Egetseen abwärts oder rechts direkt zum Trüben See, anschließend Abstieg ins Tal. Die Wanderung ist mittelschwer, erfordert gute Ausdauer und Trittsicherheit; Dauer: ca. 5–7 Std; Einkehr: Poschhaus

Tribulaunhütte (2368 m) Anspruchsvolle Tour auf hochalpinen Wegen	Ausgangspunkt: St. Anton am Talschluss im Pflerschtal (1246 m); Pflerschbach – Weiler Stein – Weg Nr. 8 Tribulaunanstieg – Pflerscher Höhenweg – Sandessee mit Tribulaunhütte; Rückweg alternativ auf dem steilen Pflerscher Höhenweg (erfordert Trittsicherheit); Zeit: ca. 6 Std.; Einkehr: Tribulaunhütte
Ridnauner Höhenweg (2160 m) Besonders schöne, anstrengende Höhenwanderung	Ausgangspunkt: Bergstation Rosskopf ❸, mit der Seilbahn von Sterzing erreichbar (1860 m); Rosskopf (2189 m) – Kuhalm – Ochsenalm (1905 m) – Seebersee – Seeberalm – Prischeralm – Maiern im Ridnauntal. Rückfahrt mit dem Bus nach Sterzing; Zeit: ca. 6 Std.; Trittsicherheit erforderlich; Einkehr: Kuhalm, Ochsenalm
Grubbergalm im Pfitschertal (2005 m) Gemütliche Hüttenwanderung mit schöner Aussicht	Ausgangspunkt: Kranebitt bei Kematen in Außerpfitsch (ca. 1440 m); Wanderweg Nr. 5 – Grubenalm (1903 m) – Grubbergalm; wenig anstrengende Tour auf Wanderwegen und Forststraßen; Rückweg wie Hinweg; Zeit: ca. 3–4 Std.; Einkehr: Grubbergalm
Rosskopf (2189 m) Sehr lohnende leichte und kurze Wanderung	Ausgangspunkt: Bergstation Rosskopf (1860 m, per Seilbahn von Sterzing ❸ erreichbar); Weg Nr. 19 – am Sterzinger Haus vorbei – auf dem Ostgrat zum Gipfel; mit Seilbahnhilfe zum Aussichtsgipfel, der ein prachtvolles Panorama bis zu den Dolomiten bietet; Rückweg wie Hinweg; Zeit: ca. 1 Std.; Einkehr: Bergstation Rosskopf, Sterzinger Haus

Action & Sport

MOUNTAINBIKE	KLETTERSTEIGE	RAFTING	CANYONING	REITEN
PARAGLIDING	DRACHENFLIEGEN	KLETTERGÄRTEN	TENNIS	WINDSURFEN
KAJAK/KANU	WASSERSKI	TAUCHEN	HOCHSEILGARTEN	GOLF

TOP TIPP In einem Boot mit dem Weltmeister: Das Team von **Rafting Sterzing** ❷ heimste 2001 den Weltmeistertitel im Rafting ein, stellt das aktuelle italienische Nationalteam – und bringt großen und kleinen Gästen die Faszination einer Wildwasserfahrt nahe. Eine Einsteiger-Tour, die auch für Kinder geeignet ist, führt auf dem Eisack von Stilfes bis Graßstein. Nach einer Einweisung in die verschiedenen Paddeltechniken geht es auch schon los – Nasswerden, Spritzschlachten und viel Spaß inklusive. Die Ausrüstung wird gestellt, Vorkenntnisse sind nicht nötig. Wer mitfahren will, sollte aber auf jeden Fall schwimmen können. Rafting Sterzing; Tel. 04 72/76 56 60; www.raftingsterzing.it

Mountainbiken	Pfitscherjoch (2251 m)	Ausgangspunkt: St. Jakob in Pfitsch; auf Teerstraße (später Schotter) nach Stein – dem braunen Schild »Pfitscherjoch« folgen – Jochstraße –Pfitscherjoch-Haus; Dauer/Charakter: ca. 2–3 Std., mittelschwer; Verleih und geführte Touren: m2-Bike, Sterzing; Tel. 03 39 71 72 81 6; www.m2-bike.com
Paragliding	Gossensass/ Ratschings	Tandemflüge und Flugunterricht: Euro Alpin Dolomit; Tel. 0 34 94 59 06 08; Rainer Gabriel, Tel. 04 72 65 62 38
Segelfliegen	Rundflüge im Motorsegler	Willi Stofner nimmt in seinem Zweisitzer Gäste auf Rundflügen mit, Startplatz ist Sterzing; Tel. 04 72 76 50 65
Hochseilgarten	Anspruchsvoller Kurs in Ladurns	Begehung nur in Begleitung eines Bergführers möglich; im Sommer einmal wöchentlich geführte Tour; Anmeldung und Information: Tel. 04 72 63 23 72
Reiten	Ridnaun/Ratschings	Geführte Ausritte auf Haflingern, Pferdetrekking, Reitstunden: Panoramahotel Taljörgele; Tel. 04 72 65 62 25, www.taljoergele.it
	Wiesen bei Sterzing	Reitstunden für Anfänger und Fortgeschrittene; Ausritte: Reitplatz Wiesen; Tel. 03 47 7 00 59 83

Restaurants

Pretzhof
Passend zur einsamen Lage am Berg im vorderen Pfitscher Tal ist die Küche im Pretzhof ganz auf bäuerliche Produkte spezialisiert. Vieles ist hausgemacht oder von der eigenen Alm. Klassische Südtiroler Gerichte, schönes Ambiente; Tel. 04 72 76 44 55; ww.pretzhof.com

Kleine Flamme
Ein kleines und ungewöhnliches Restaurant ist die Kleine Flamme im Zentrum von Sterzing, die sich mit kreativer und exotisch angehauchter Küche einen Namen gemacht hat; Tel. 04 72 76 60 65

Stafler
Tiroler Köstlichkeiten und feine italienische Küche erwarten den Besucher im Romantikhotel Stafler direkt an der Brenner Staatsstraße. Die ehemalige Poststation ist nicht umsonst seit Jahren beliebt bei Reisenden mit Sinn für gehobenen Genuss; Tel. 04 72 77 11 36; www.stafler.com

🇮🇹 STERZING UND WIPPTAL

Hütten

Tribulaunhütte (2368 m)
Die Hütte liegt am Fuß des Tribulaungipfels und gehört zum CAI Sterzing. Schöne Lage direkt am Sandessee. Schlichtes, rustikales Interieur. Die Spezialität der Hüttenwirtin ist der Kaiserschmarrn; Tel. 04 72 63 24 70

Europahütte (2693 m)
Ein Kuriosum ist die 1899 erbaute Europahütte über dem Pfitscher Tal. Durch die Hütte führt die Grenze zwischen Österreich und Italien. Ein Teil wird vom DAV Landshut bewirtschaftet, der andere vom CAI Sterzing. Bis Ende der 1980er Jahre war die Hütte ziemlich heruntergekommen, dann erhielt sie eine umfassende Sanierung; Tel. 04 72 64 60 76

EVENTS

- Juli: Biker Days, Sterzing – Motorradtreffen des ältesten Südtiroler Motorradclubs Sterzinger

  Joghurttage, Sterzing

- August: Mittsommerfest, Sterzing
- September: Knödelfest, Sterzing

Der einstige Kurort Gossensass am Beginn des Pflerschtals ist noch immer reizvoll.

Fun & Family ✹ ✹ ✹ ✹

Gilfenklamm Ratschings	Tief eingeschnittene Klamm in weißem Marmor, der durch Verwitterung grün schimmert; in ca. 1 Std. zu durchwandern; Ausgangspunkt: Stange bei Ratschings
Südtiroler Landesmuseum für Jagd und Fischerei im Schloss Wolfsthurn – Mareit	Barockschloss mit originaler Einrichtung; spezielle Angebote für Kinder; Mo geschlossen; Tel. 04 72 75 81 21; www.provinz.bz.it/volkskundemuseen
Europäisches Tiermuseum Gossensass	Eines der umfangreichsten Museen Südtirols mit präparierten Tieren aus Europa und aller Welt; mit Mineralienausstellung; Tel. 04 72/63 30 73; Mo Ruhetag
Schwimmbad Sterzing	Freibad mit Rutsche, Kinderbecken und Kinderspielplatz

TOP TIPP Mit der polternden Grubenbahn geht es kilometerweit hinab in den finsteren Stollen. Die Grubenlampe weist den Weg zu Erzadern, an denen man selbst Silber, Blei und Zink abschlagen kann. Im Südtiroler **Bergbaumuseum am Schneeberg** ❸ im Ridnauntal erfahren die Gäste in einer abenteuerlichen Untertage-Exkursion hautnah, was es heißt, Bergmann zu sein. Ein Rundgang führt durch dunkle, originalbelassene Stollen, zu Schächten, in abgebaute Hohlräume. Und zum Schluss darf man selbst kostbares Erz abbauen. Sieben Stunden dauert die Erlebnistour, die auch eine Führung durch das Museum beinhaltet; Kosten: Erwachsene 20 €, Kinder 12 €; Voranmeldung notwendig, Ausrüstung wird gestellt; Tel. 04 72 65 63 64; www.bergbaumuseum.it; Mo geschlossen.

Vom Poschhaus auf 2213 m Höhe, auf dem Weg zur ehemaligen Knappensiedlung St. Martin am Schneeberg gelegen, startet die Sieben-Seen-Wanderung, eine abwechslungsreiche und anstrengende Tagestour zu verborgenen Bergseen. Aber auch in Richtung Jaufenpass oder auf dem Weg zum Penserjoch, das ins Sarntal hineinführt, gibt es interessante Tourenmöglichkeiten wie etwa die Höhenwanderung über das Platschjoch hinauf zum Jaufenpass, bei der sich immer wieder ein schöner Rundblick bietet, oder die leichte Wanderung vom Jaufental hinauf zum Penserjoch. Die Region ist aber nicht nur für Wanderer interessant: Vor allem bei schönem Wetter locken die beiden Passübergänge Scharen von Rad- und Motorradfahrern an. Ein Geheimtipp ist nach wie vor das Pfitscher Tal, das bei Sterzing nach Nordosten abzweigt und bis zum Übergang ins Zillertal auf das Pfitscherjoch führt – populärer ist es mit der zunehmenden Zahl von Mountainbikern geworden, die das Tal im Rahmen einer Alpenüberquerung durchfahren. Rechts und links des Pfitscher Bachs hat man die Wahl zwischen leichten Wanderungen und hochalpinen Exkursionen. Der Aufstieg von der Straße unterhalb des Pfitscherjochs zur Hochfeilerhütte ist anstrengend, aber landschaftlich sehr schön; der

Penserjoch und Jaufenpass sind bei Motorradfahrern längst keine Geheimtipps mehr.

Adressen & Bergbahnen

Landesvorwahl 00 39

Urlaubsregion	Tourismusverband **Eisacktal**; Tel. 04 72 80 22 32; E-Mail: info@eisacktal.info; www.eisacktal.info	
Gossensass (1098 m)	Tourismusverein Gossensass; Tel. 04 72 63 23 72; E-Mail: info@gossensass.org; www.gossensass.org	
Ratschings (1143 m)	Tourismusverein Ratschings; Tel. 04 72 76 06 08; E-Mail: info@ratschings.info; www.ratschings.info	
Sterzing (948 m)	Tourismusverein Sterzing; Tel. 04 72 76 53 25; E-Mail: info@infosterzing.it; www.sterzing.com	
Weitere Orte	**Freienfeld** www.sterzing.com • **Mareit** • **Ridnaun** www.ratschings.info	
Entfernungen	Hamburg 991 km; Berlin 802 km; Köln 793 km; Frankfurt a. M. 609 km; Stuttgart 369 km; München 216 km	

❶ Gossensass
Bergbahn Ladurns
Berg/Tal 6,50 €

❷ Ratschings
Bergbahn
(Sessellift, nur Di, Do, So)
Berg/Tal 5,50 €

❸ Sterzing
Seilbahn Rosskopf
Berg/Tal 8,50 €

Siehe auch Preisteil S. 649

Hotelempfehlungen

Freienfeld S. 729
Gossensass S. 730
Kalch S. 730
Kematen S. 731
Ratschings S. 742
Sterzing S. 745

Wanderkarten

Freytag & Berndt WKS 4, Sterzing – Jaufenpass – Brixen, 1:50.000

Straßenatlas Siehe S. 779

Gipfelweg zum 3509 m hohen Hochfeiler bleibt erfahrenen Alpinisten vorbehalten.

Auch sonst gibt es viele Möglichkeiten, sich sportlich zu betätigen, wenngleich das Freizeitangebot nicht ganz so üppig ausfällt wie in anderen Südtiroler Destinationen. Aber auf dem Eisack ist Rafting möglich, Schwimmbäder bieten Abkühlung an heißen Tagen, es gibt mehrere Reiterhöfe, und wer fliegend hoch hinaus will, kann mit Segelflugzeug oder Gleitschirm die Thermik testen. Bei aller Anstrengung: Es geht auch gemütlich, denn vor allem gastronomisch ist in Sterzing und Umgebung einiges geboten. Einige der besten Restaurants Südtirols sind hier zu finden: der urige Pretzhof im Pfitscher Tal, die unkonventionelle »Kleine Flamme« in Sterzing oder das bekannte Romantikhotel Stafler in Mauls – eine reizvolle, willkommene Ergänzung zu anstrengenden Touren in einer Region, die immer wieder beweist, dass sie zum schnellen Durchreisen viel zu schade ist.

Lohnendes Ziel nach einem herrlichen Aufstieg: das Hochfeilerhaus.

BRIXEN UND EISACKTAL
SÜDTIROL

Die »Akropolis von Tirol«: die Klosteranlage Säben oberhalb von Klausen

ACTION & SPORT

WANDERN & BERGTOUREN

FUN & FAMILY

WELLNESS & GENUSS

Wanderkarten
Freydag & Berndt, WK 1
Bozen–Meran 1:50000

ADAC *der perfekte Urlaubstag*

- **9 Uhr:** Wanderung von Klausen über Kloster Säben zum Gasthaus »Moar zu Viersch« (Einkehr)
- **14 Uhr:** Fahrt nach Brixen, dann Entspannen im Acquarena Erlebnisbad; bei schönem Wetter Schwimmen im Biotop Vahrner See
- **17 Uhr:** Besichtigung von Dom und Kreuzgang in Brixen
- **18 Uhr:** Abendspaziergang durch die Laubengänge im Zentrum von Brixen

Genussvolle Ziele rechts und links der Eisack

Nicht weit von der Brennerautobahn entfernt schmiegen sich idyllische Dörfer an die Bergflanken über dem mittleren Eisacktal. Unten im Talboden liegt die stilvolle alte Bischofsstadt Brixen. Neben kulturellen Sehenswürdigkeiten und klassisch südtirolerischen Gasthäusern bietet die Region vor allem eines: traumhafte Genusstouren für Wanderer. Bergsteiger, die höher hinauf wollen, finden in den Seitentälern lohnende Ziele. Und Wellness können nach einem Ausflug in die Natur alle genießen – in einem der schönen Bäder der Region.

Auf dem Weg vom Brennerpass Richtung Süden öffnet sich nach der engen, schattigen Passage durch die Sachsenklemme und die Franzensfeste urplötzlich das Tal. Der Blick auf die alte Bischofsstadt Brixen und das mächtige Bergmassiv der Plose wird frei. Von Osten kommend mündet das Pustertal ins weit gewordene Eisacktal. Im Westen ziehen die Flanken der Sarntaler Alpen mit den Orten Feldthurns, Villanders und Barbian in die Höhe. Ebenfalls westlich der Autobahn, etwa auf der Höhe von Brixen, ragt die Königsangerspitze in den Himmel. An den abgestuften, sonnigen Berghängen gedeihen Wein und Obst und weiter oben locken die Almwiesen mit einem Meer von Blüten. Malerisch verteilt liegen dazwischen einsame Höfe, kleine Weiler und Dörfchen.

Trotz dieser augenfälligen Reize ist die Gegend um Brixen für viele Reisende nur eine wenig beachtete Durchgangsstation auf dem Weg zu südlicheren Urlaubszielen. Dabei hat die Gegend auch kulturell einiges zu bieten: an erster Stelle natürlich das sehenswerte historische Zentrum von Brixen mit schattigen Laubengängen und den malerischen Fassaden der Gebäude. 1000 Jahre lang war Brixen Bischofssitz, erst 1964 zogen die kirchlichen Wür-

Der Dombezirk von Brixen: Neben der herrlichen Barockkirche ist vor allem der Kreuzgang sehenswert.

Wandern & Bergtouren

TOP TIPP

Insgesamt ist der **Ketschnweg** ❶ (zu Deutsch Kastanienweg) 60 km lang. Die leichte Wanderung führt von Vahrn bei Brixen durch schattige Kastanienhaine, sonnige Weinberge und gemütliche Dörfer nach Süden bis zum Schloss Runkelstein vor den Toren Bozens. Sehenswürdigkeiten und kunsthistorische Schätze des Eisacktals säumen die Route ebenso wie zahlreiche Weinberge, Wirtshäuser und Törggelenlokale – also ganz eindeutig eine Route für Genießer. Wer die ganze Strecke wandern will, sollte drei Tage einplanen. Wer nicht so viel Zeit hat, sollte zumindest ein Teilstück auswählen.

Brixner Höhenweg (ca. 2000 m) Leichte Höhenwanderung mit herrlichen Aussichten an der Plose	Ausgangspunkt: St. Andrä bei Brixen; mit der Seilbahn ❶ zum Kreuztal (2023 m) – Ochsenalm – St. Leonhard – St. Andrä; Zeit: ca. 4–5 Std.; Einkehr: Ochsenalm
Bad Dreikirchen (1120 m) Zum romantischen Bauernbad bei Barbian	Ausgangspunkt: Barbian; Fössinger – Öttl – Bad Dreikirchen; Rückweg über Briol und die Barbianer Wasserfälle; leichte Wanderung; Zeit: ca. 3 Std.; Einkehr: Bad Dreikirchen, Messnerwirt, Pension Briol
Zum Rautaljoch (2808 m) Klassische Bergtour bei Vals	Ausgangspunkt: Parkplatz bei der Fane-Alm (1739 m); Fane-Alm – Labesebenhütte – Wilder See (2532 m) am Fuße der Wilde-Kreuz-Spitze (3132 m) – Rautaljoch (2808 m) – Brixner Hütte (2307 m) – Fane-Alm; Trittsicherheit und Schwindelfreiheit erforderlich; Zeit: ca. 5 Std.; Einkehr: Brixner Hütte, Fane-Alm
Adolf-Munkel-Weg (ca. 1900 m) Geologisch interessante leichte Rundtour	Ausgangspunkt: Parkplatz Zanseralm, Villnößtal (1685 m); Zanseralm – Almweg zur Glatschalm (1902 m) – Adolf-Munkel-Weg zur Gschnagenhardtalm (1996 m); Abstieg über Dusleralm zurück zur Zanseralm; Zeit: ca. 4,5 Std.; Einkehr: Glatschalm, Zanseralm

denträger nach Bozen um. Kulturell interessierte Gäste stoßen immer wieder auf eindrucksvolle Zeugen dieser langen Epoche: die monumentale Domkirche mit ihrer barocken Innengestaltung beispielsweise, den Kreuzgang mit seinen gotischen Fresken oder das Diözesanmuseum mit der bedeutenden Krippensammlung in der Fürstbischöflichen Hofburg.

Klöster und Künstler im Eisacktal

Ein schöner Spazierweg führt entlang der Eisack zum 3 km nördlich von Brixen gelegenen Kloster Neustift, das schon aufgrund seiner eindrucksvollen Gebäude ins Auge fällt. Zu den kunsthistorischen Höhepunkten der Region zählen der barocke Innenraum der Stiftskirche und der gotische Kreuzgang mit wunderschönen Fresken. Schloss Velthurns, ein stattlicher Renaissancebau in Feldthurns, war früher die Sommerresidenz der Bischöfe von Brixen. Und im Künstlerstädtchen Klausen, das fast verborgen zwischen uralten Kastanienhainen im Taleinschnitt liegt, gibt es neben schönen alten Gassen und Häusern noch das Stadtmuseum mit dem Loretoschatz zu besichtigen, einer einzigartigen Sammlung kirchlicher Kunstwerke aus dem 16. und 17. Jh. Überragt wird Klausen von der mächtigen Burg-, Kirchen- und Klosteranlage Säben. Der Fußweg hinauf zur »Akropolis von Tirol« und weiter bergwärts bis zu einsamen Weilern wie dem »Moar zu Viersch«, einem bekannten Gasthaus, zählt zu den beliebtesten Touren in der Gegend.

Damit sind auch schon die Wandermöglichkeiten angesprochen. Einmal bietet das Eisacktal um Brixen viele Ausflugsmöglichkeiten wie etwa an der Plose oder an den Berghängen westlich der Eisack. Zu den beliebtesten Routen gehört die Tour von Villanders hinauf zur Villanderer Alm oder der reizvolle Weg von Barbian nach Bad Dreikirchen, einem alten Bad mit drei kleinen, ungewöhnlich aneinander gebauten Kirchen. Dort war Christian Morgenstern Anfang des 20. Jh. Stammgast. Herrliche

Eine schöne Wanderung führt hinauf nach Bad Dreikirchen, einem historischen Bauernbad.

Restaurants

Messnerhof
Ein bodenständiges und sehr gemütliches Gasthaus direkt neben der Kirche in Bad Dreikirchen. Klassische Südtiroler Küche, hausgemachte Kuchen. Von den Wirtsleuten kann man den Schlüssel für die Besichtigung der Kirche erhalten; Tel. 04 72 65 00 59

Finsterwirt
Bekanntes Restaurant im Herzen von Brixen in einer Seitengasse unweit des Domplatzes. Historisches Ambiente und gehobene Südtiroler und Italienische Küche. Schöner Gastgarten; Tel. 04 72 83 53 43; www.finsterwirt.com

Unterwirt
Klein aber fein ist das Restaurant im abgelegenen und idyllischen Dorf Gufidaun oberhalb von Klausen. Nostalgische Gaststuben und dazu eine kreative Südtiroler und italienische Küche. Zum Haus gehören auch Gästezimmer und Appartements;
Tel. 04 72 84 40 00;
www.unterwirt-gufidaun.com

Hütten

Gampenalm (2063 m)
Neu aufgebaute und trotzdem sehr gemütliche Almhütte im Villnößtal. Leichter und landschaftlich schöner Aufstieg vom Talende am Parkplatz bei der Zanseralm (1685 m). Ausgangspunkt für Touren im Gebiet der Geislerspitzen. Deftige Südtiroler Küche. Tel. 04 72 84 00 01

Gasserhütte (1744 m)
Die rustikale Hütte liegt am Rande der Villanderer Alm bei Villanders und ist eines der beliebtesten Ausflugsziele. Typische Hausmannskost und Südtiroler Marende; Tel. 04 72 84 35 10

Radlseehaus (2284 m)
Gemütliche Hütte mit guter Küche in der Nähe des Radlsees. Weitere Genüsse sind der Panoramablick und der Weg hinauf zum Gipfel der Königsangerspitze (2439 m). Zur Hütte führen schöne Wanderwege, z. B. vom Parkplatz Garner Wetterkreuz bei Feldthurns/Garn; Zeit: ca. 2,5 Std.;
Tel: 04 72 85 52 30

BRIXEN UND EISACKTAL

Wellness & Genuss

EVENTS

- Juni: Herz-Jesu-Feuer auf der Plose
- Juni/Juli: Gassenkuchl in Mühlbach
- Juli: Dorffest Feldthurns
- August: Kunst unter den Sternen, Mühlbach
- Altstadtfest in Brixen (alle geraden Jahre)
- Almfest auf der Fane-Alm bei Vals
- September: Almabtrieb in Latzfons, Rodeneck und Meransen
- Törggelenfest in Brixen (alle ungeraden Jahre)

TOP TIPP Beeindruckend ist schon die Architektur der **Acquarena ❷** Brixen: Eine interessante Konstruktion aus Holz, Glas und Stahl schafft in dem ovalen Gebäude eine von Licht durchflutete Atmosphäre. Erholen kann man sich in den verschiedenen Pools mit Unterwassermusik, dem Solebad, dem Vulkan-Dampfbad und in der Saunalandschaft. Ein umfassendes Beauty- und Fitnessprogramm wird zusätzlich angeboten. Daneben gibt es ein Sportbecken mit Sprungturm und ein Funbecken mit Wasserfall und Rutsche. Großzügig gestaltet ist auch der Außenbereich mit Freibad, Kinderbecken, großer Liegewiese und Beachsoccerplätzen; Tel. 04 72 82 36 66; www.acquarena.com

Alpenbadl Oberfraun Feldthurns	Idyllischer Bauernhof, der sich auf Wellness spezialisiert hat. Mit traditionellen Heubädern, Kräutersauna, Dampfbädern, Lehmkraxenofen für Rückenbehandlungen, Kneippkuren; nur mit Voranmeldung; Tel. 04 72 85 53 18; www.alpenbadl.com
Freibad Klausen	Großes Freibad mit verschiedenen Becken und Riesenwasserrutsche. Im Sommer wöchentliche Unterhaltungsabende im Schwimmbad; Tel. 04 72 84 61 26
Dunerschupfe Pfunders	»Wellness traditionell« in der Dunerschupfe in Pfunders; mit Heuwanne, Sauna, Kneippbecken und mehr; Tel. 04 72 54 92 46

Ein schmucker kleiner Ort mit hervorragender Gastronomie: Gufidaun bei Klausen

Ausblicke verspricht die Wanderung zum Latzfonser Kreuz, einer kleinen, 2311 m hoch gelegenen Wallfahrtskirche. Wer geübt ist, sollte von dort unbedingt noch weiter hinaufsteigen zur Kassiansspitze, einer unvergleichlichen Aussichtskanzel auf die Felsnadeln der Dolomiten, etwa der Geislergruppe. Letztere gestaltet – gemeinsam mit der Peitlerkofelgruppe – die eindrucksvolle Szenerie während der Fahrt auf der Brixner Dolomitenstraße über das Würzjoch, der Verbindungsstraße zwischen Eisacktal und Gardertal.

Wer hochalpine Erlebnisse sucht, ist am besten in den Seitentälern aufgehoben. Ganz besonders gilt dies für das Villnößtal südlich der Brixner Dolomitenstraße. Bei der Zanseralm am Talschluss beginnen zahlreiche anspruchsvolle Touren in den Naturpark Puez-Geisler. Wer sich für die Geologie

Pharmaziemuseum Brixen
Nahezu alles, was in den vergangenen 400 Jahren zur Herstellung von Arzneimitteln nötig war, ist hier ausgestellt. Die gezeigten Gerätschaften wie Tablettenpressen, Pillenrechen oder Zäpfchenformen sowie Heilmittel, Gefäße und Verpackungen dokumentieren auch den Fortschritt und Wandel in der Arzneikunde; Tel. 04 72 20 91 12
www.pharmazie.it

Adressen & Bergbahnen
Landesvorwahl 00 39

Brixen (560 m)	Tourismusverein Brixen; Tel. 04 72 83 64 01; E-Mail: info@brixen.org; www.brixen.org
Feldthurns (851 m)	Tourismusverein Feldthurns; Tel. 04 72 85 52 90; E-Mail: info@feldthurns.info; www.feldthurns.info
Klausen (525 m)	Tourismusverein Klausen; Tel. 04 72 84 74 24; E-Mail: info@klausen.it; www.klausen.it
Mühlbach (777 m)	Tourismusverein Mühlbach/Vals/Spinges; Tel. 04 72 84 94 67; E-Mail: mvs@dnet.it; www.gitschberg-jochtal.com
Villnöß (797–1430 m)	Tourismusverein Villnöß; Tel. 04 72 84 01 80; E-Mail: info@villnoess.info; www.villnoess.info
Weitere Orte	**Barbian** www.barbian.it • **Meransen** www.suedtirol-it.com/meransen • **Rodeneck** • **Vals** • **Vintl** www.suedtirol-it.com/vintl
Entfernungen	Hamburg 1018 km; Berlin 829 km; Köln 819 km; Frankfurt a. M. 518 km; Stuttgart 358 km; München 125 km

❶ Brixen
Plose-Bergbahn
St. Andrä-Kreuztal
Berg/Tal 9 €

❷ Meransen
Gitschbergbahn
Berg/Tal 10 €

❸ Mühlbach
Bergbahn Meransen
Berg/Tal 7 €

❹ Vals
Kabinenbahn Jochtal
Berg/Tal 9,50 €

Siehe auch Preisteil S. 649

Die malerische Fane-Alm im Altfaßtal.

der Dolomiten interessiert, sollte unbedingt auf dem Adolf-Munkel-Weg wandern, entlang des Sockels, auf dem die mächtigen Felstürme der Geislergruppe ruhen. Deutlich zu erkennen sind mehrschichtige, bunte Meeresablagerungen, die mindestens 250 Mio. Jahre alt sind. Einzigartige Fundstücke sind im Mineralienmuseum von Teis zu sehen, z. B. Achatmandeln und die so genannten Teiser Kugeln: Geoden heißen diese von außen unscheinbaren, runden Steine im Fachjargon, die ein glitzerndes Innenleben enthüllen, wenn man sie aufschneidet.

Entdeckungen in den Seitentälern

Versteckte Kleinode sind auch die am Eingang des Pustertals abzweigenden Seitentäler, wo man einsame Wege bis hinauf in hochalpine Regionen finden kann. Hoch über der Rienzschlucht ragt die Burg Rodnegg über das Tal. Zu bewundern sind dort einige der ältesten Profanfresken Europas. Wanderer zieht es aber schnell auf die andere Talseite hinauf in die Ferienregion Gitschberg-Jochtal mit seinen malerischen, ursprünglichen Orten Spinges, Vals und Meransen. Bergbahnen machen den Weg hinauf auf die Aussichtsplattformen von Jochtal und Gitschberg einfach.

Wer die Stille sucht, sollte von Meransen durch das romantische Altfaßtal zu den Seefeldseen wandern oder von Vals aus zur idyllisch gelegenen Fane-Alm fahren. Während im Süden die Felsnadeln der Dolomiten in den Himmel ragen, blitzen bei den malerischen Almhütten und dem kleinen Kirchlein schon zum Greifen nahe die Gletscherberge des Alpenhauptkammes herüber.

Bei all den Möglichkeiten, die Wanderschuhe zu schnüren, sollte man aber auch dem Wohlfühl-Aspekt und den kulinarischen Verlockungen Aufmerksamkeit schenken. Ein attraktives Angebot von Bädern und anderen Wellness-Einrichtungen macht die Region um Brixen auch in dieser Hinsicht äußerst angenehm. Eine weitere Besonderheit des Eisacktals ist die Gastronomie. Schließlich soll ja auch die Tradition des Törggelen von hier stammen. Das Törggelenfest in Brixen sollte man auf keinen Fall verpassen, wenn man gerade in der Region ist. Ansonsten bieten viele kleine Gasthöfe und Weinbauern im Herbst den »Nuien« an, den jungen Wein, und die klassische Marende mit Speck und gerösteten Kastanien. Fast in jedem Ort findet man neben soliden alten Gasthäusern auch etliche Restaurants der gehobenen Kategorie. Typisches Beispiel ist das schmucke kleine Dorf Gufidaun, das sich bei Klausen oben am Hang versteckt. Der ehemalige Gerichtssitz mit historischen Höfen ist vor allem wegen des Unterwirts auch bei Feinschmeckern eine populäre Adresse. Und es zeigt, dass man oft nur wenige Kilometer gehen oder fahren muss, um vom Trubel des großen Durchgangsverkehrs zu beschaulichen Orten mit erstaunlichen Qualitäten zu kommen. Man muss es eben nur wissen.

Lodenmuseum in Vintl
Das Museum bietet eine anschauliche und interessante Darstellung der Geschichte und Herstellung des traditionellen Lodenstoffes. Mit Manufaktur, Geschäft und Fabrikverkauf; Tel. 04 72 86 85 40

Hotelempfehlungen

Brixen S. 724
Klausen S. 731
Meransen S. 738
Mühlbach S. 739
St. Andrä S. 744
St. Peter S. 746

Straßenatlas Siehe S. 793

TAUFERER AHRNTAL
SÜDTIROL

ACTION & SPORT

WANDERN & BERGTOUREN

FUN & FAMILY

WELLNESS & GENUSS

EVENTS

- Juni: Puschtraman Triathlon
- Juli: Alpen-Bike Mountainbike-Rennen
- Juli/August: Tauferer Straßenküche (immer Di) mit Südtiroler Köstlichkeiten und Kleinkunst
- August: Almfest am Klausberg
- September/Oktober: Tauferer Bauernherbst Wanderwoche mit Hans Kammerlander

ADAC der perfekte Urlaubstag

- **9 Uhr:** gemütliche Wanderung von Luttach auf die Schwarzbachalm mit Einkehr in der Almhütte
- **13 Uhr:** Ausflug nach Prettau und Fahrt in den alten Bergwerksstollen mit Besichtigung
- **15 Uhr:** kurzer Aufstieg zum Bergbauernmuseum Falkenstein oberhalb von Prettau
- **19 Uhr:** Abendessen im Leuchtturm in Sand in Taufers

Die Heilkraft der Berge

Abgeschirmt vom Zillertaler Hauptkamm, gehört das Tauferer Ahrntal zu den besonders ursprünglichen und unverfälschten Bergtälern Südtirols. Um die Dreiherrenspitze und im Naturpark Rieserferner-Ahrn scharen sich 80 imposante Dreitausender, die eine große Auswahl anspruchsvoller Tourenmöglichkeiten bieten. Wohltuend kann es aber auch sein, ins Innere der Berge vorzudringen: In den Bergwerksstollen, wo früher Kupfer abgebaut wurde, werden heute Kuren für Atemwegserkrankungen angeboten.

Der elegante Firngrat der Dreiherrenspitze begrenzt das hintere Ahrntal bei Kasern.

Es mag einem wie eine kleine Weltreise vorkommen: Von der Brennerautobahn bei Brixen bis ins Tauferer Ahrntal ist man lange unterwegs – vor allem, wenn man das hintere Ahrntal bei Prettau und Kasern zum Ziel hat. Belohnt wird man dafür mit einem Aufenthalt in einem der urtümlichsten Täler Südtirols. Zwischen Bruneck und Sand in Taufers erstreckt sich der Talgrund noch breit und flach, lädt zum gemütlichen Radeln ein. Sobald man jedoch Sand in Taufers durchquert, den Heimatort des Extrembergsteigers Hans Kammerlander, und die mächtige Burg in Sand passiert hat, verändert sich das Landschaftsbild, rücken die steilen Bergflanken enger zusammen. Schmal zieht sich das Tal entlang des Zillertaler Hauptkamms nach Nordosten. Kleine Dörfer mit einfachen Wohnhäusern und traditionellen, schindelgedeckten Bauernhöfen wechseln sich entlang der Straße ab. Es geht immer weiter nach oben. Immerhin liegen zwischen Bruneck und Kasern gute 700 Höhenmeter Unterschied.

Eine bequeme Möglichkeit, schnell den Gipfeln nahe zu kommen, bieten die Bergbahnen hinauf auf den Speikboden (von Sand aus) und, weiter hinten im Tal bei Steinhaus, auf den Klausberg. Wer im Tal bleibt, kann dem »Kornkasten« einen Besuch abstatten. Früher wurden dort die Lebensmittel für die Bergleute von Prettau gelagert; heute ist in dem schön restaurierten Gebäude ein Bergbaumuseum eingerichtet, mit Holzmodellen von Einrichtungen des Kupferbergwerkes, verzierten Grubenkarten, Dokumenten und Fundstücken aus den Gruben. Wie der Alltag in den Stollen wirklich aussah, kann man sich allerdings erst nach dem Besuch des Schaubergwerks bei Prettau ausmalen, in dem anhand von lebensgroßen Modellen die verschiedenen Arbeitstechniken vorgestellt werden. Als wohltuend empfanden die Arbeiter das Klima in den schmalen Gängen unter Tage wohl kaum. Das ist heute anders. Denn genau dort, wo früher Schwerstarbeit geleistet wurde, finden heute Menschen mit Atemwegserkrankungen oder Allergien Linderung. In den stillgelegten Stollen ist die Luft extrem rein und nahezu allergenfrei.

Traditionelle Handwerkskunst

Ein Besuch des Schaubergwerks ist auch für Familien ein Tipp – ebenso wie ein Ausflug zur Burg Taufers, die bei Sand hoch über dem Ahrntal thront. Auch das traditionelle Kunsthandwerk gibt es in dieser Region »zum Anfassen«: In der Schnitzwerkstatt, die im Krippenmuseum Maranatha in Luttach eingerichtet ist, kann man dem Holzschnitzer über die Schulter schauen. Sehenswert ist auch das kleine Bergbauernmuseum im Falkensteinhof, der über einen schönen Spazierweg in 20 Min. von Prettau aus zu erreichen ist.

Heute fühlen sich vor allem Wanderer und ambitionierte Alpinisten im Ahrntal zu Hause: Eine Reihe interessanter, landschaftlich abwechslungsreicher Themenwege (der Besinnungsweg zu Ehren des Franz von Assisi, der botanische Weg oder der Tauferer Ritterweg) sind in der Umgebung von Sand angelegt. Ein guter Ausgangspunkt für Exkursionen in den Naturpark Rieserferner-Ahrn, rund um den Hochgall oder zum Lenkstein ist der Ort Rain im Raintal, das bei Sand in Taufers abzweigt. Ein weiterer empfehlenswerter Ausgangspunkt für Touren ist Kasern am Ende der Talstraße. Hier kann man gemütlich an der idyllischen Wallfahrtskirche Heiliggeist vorbei in Richtung Talschluss wandern. Wer weiter steigt, kommt zur Birnlückenhütte, der

Der Speikboden ist eine prächtige Aussichtskanzel oberhalb von Sand in Taufers.

Promi-Tipp

Hans Kammerlander
Eine besondere Bedeutung hat der Große Moosstock (3059 m) ❷ für den im Ahrntal geborenen und nach wie vor dort lebenden Extrembergsteiger. »Das war mein erster Gipfel, mein erster Kontakt zur Bergsteigerei. Es ist ein herrlicher Aussichtsberg, vielleicht der schönste in ganz Südtirol. Ich kann nur jedem empfehlen, der trittsicher und ausdauernd genug ist, dort hinaufzusteigen.«

Wandern & Bergtouren

TOP TIPP Von Kasern (1595 m) aus führt eine der schönsten Bergtouren im Ahrntal hinauf zur **Lenkjöchlhütte** (2603 m) ❶. Zuerst geht man von Kasern Richtung Talschluss bis zur Kirche Heiliggeist. Dort hält man sich rechts und wählt den Aufstieg zur Labesaulm mit ihren idyllischen Bergwiesen. Durch das urtümliche und karge Windtal führt der Weg an einem eindrucksvollen Wasserfall vorbei zur Lenkjöchlhütte (Tel. 04 74 65 41 44), einem guten Ausgangspunkt für Touren auf die Rötspitze (3495 m) und die Dreiherrenspitze (3499 m). Nach einer Stärkung auf der Hütte führt der Abstieg zur herrlich gelegenen Rötalm und zur bewirtschafteten Sennhütte. Vorbei an alten Bergwerksstollen und Erzlagerruinen geht es dann durch eine enge, eindrucksvolle Schlucht zum Rötbach-Wasserfall und zurück nach Kasern; Zeit: ca. 5 Std.

Arthur-Hartdegen-Weg (ca. 2400 m) Rundtour im Naturpark Rieserferner-Ahrn	Ausgangspunkt: Rein (1538 m); Aufstieg zur Kasseler Hütte (2274 m) – Ursprunghütte (2387 m) – Abstieg zur Brunneralm – Obere Kofleralm (2193 m) – Rein; Zeit: ca. 8 Std.; Einkehr: Kasseler Hütte, Ursprunghütte
Klaussee (2162 m) Leichte Wanderung zu schönem Bergsee	Ausgangspunkt: Klausbergbahn in Steinhaus ❷; Bergstation – Baurschafthütte – Klaussee (2162 m); wer möchte, kann weiter zum Rauchkofel (2653 m) wandern; Rückweg wie Hinweg; Zeit: ca. 2 Std.; Einkehr: Speck- und Schnapsalm bei der Bergstation, Baurschafthütte
Nostalgie-Trekking Unterwegs auf historischen Pfaden	Geführte Touren auf alten Schmugglerpfaden und historischen Übergängen in den Naturpark Rieserferner-Ahrn. Übernachtung in Almhütten im Heu; Verpflegung mit traditioneller Südtiroler Kost; Info: Helmut Fuchs; Tel. 03 48 3 36 63 13; www.dolo-alp.com
Franziskusweg (1163 m) Meditativer Weg durch die wilde Toblschlucht zur Toblkapelle	Ausgangspunkt: Parkplatz Bad Winkel, Sand in Taufers (865 m); an den Reinbachwasserfällen vorbei durch urwüchsige Landschaft hinauf zur Ruine Toblburg (1163 m) mit der neu aufgebauten Toblkapelle. Jugendliche, Künstler und Geistliche der Region gestalteten gemeinsam die Besinnungspunkte zum Franziskuslied »Sonnengesang« entlang des Weges; Zeit: ca. 1–2 Std.

TOP TIPP **Hans-Kammerlander-Trainingspfad** ❸
Zwei abwechslungsreiche Wege für sportlich ambitionierte Wanderer, Nordic Walker und Läufer, die sich mit dem Extrembergsteiger Hans Kammerlander messen wollen, der die Richtzeiten vorgegeben hat. Steil und anstrengend ist die 11,5 km lange Route mit einem Höhenunterschied von 450 m. Lohnend sind die Strecken aber auch für »normale« Wanderer aufgrund ihrer landschaftlichen Schönheit. Ausgangspunkt: unterhalb der Burg Taufers in Sand.

🇮🇹 TAUFERER AHRNTAL

Einfahrt in die Stollen des Schaubergwerks Prettau

Hütten

Schwarzbachalm (1400 m)
In ca. 20 Min. leicht zu erreichende Hütte auf der Schwarzbachalm oberhalb von Luttach. In der urigen Hütte gibt es hausgemachte Spezialitäten, draußen kann man sich im Hochseilgarten die Zeit vertreiben. Zur Alm gehört ein Kinderspielplatz; Tel. 03 48 7 04 39 11

Kasseler Hütte (2274 m)
Gemütliche Hütte in schöner Lage im Naturpark Rieserferner-Ahrn. Von Rein aus in ca. 2 Std. zu erreichen. Klettergarten ca. 10 Min. von der Hütte entfernt. Ausgangspunkt für anspruchsvolle Hochtouren auf den Magerstein (3273 m) oder den Lenkstein (3238 m); Tel. 04 74 67 25 50

Rötalm (2118 m)
Eine besonders urige Sennhütte oberhalb von Kasern am Ende des Ahrntals; schöne Lage, einfache Kost mit selbst gemachtem Käse, Wurst und Speck; keine Übernachtungsmöglichkeit; Tel. 04 74 65 42 26

Schwarzensteinhütte (2923 m)
Für erfahrene Bergsteiger mit der nötigen Ausdauer ist ein Besuch der höchstgelegenen Hütte des Zillertals ein Muss. Spektakuläres Finale des langen, abwechslungsreichen Aufstiegs zur Hütte ist ein ausgesetzter, aber nicht allzu schwerer Klettersteig. Belohnt wird man oben mit einer bestens geführten, gemütlichen Hütte und einer herrlichen Aussicht. Interessant sind auch die Informationstafeln des Hochalpinen Lehrpfades entlang des Hüttenzustiegs. Ausgangspunkt: Großstahlhof bei Luttach (1300 m). Über Schöllbergalm und Großes Tor zur Hütte; Zeit: ca. 4,5 Std.; Tel. 04 74 67 11 60; www.schwarzensteinhuette.com

nördlichsten Schutzhütte Südtirols, die direkt vor dem imposanten Gipfelaufbau der Dreiherrenspitze liegt. Eine anspruchsvolle Gletschertour führt von der Hütte aus in ca. 3 Std. auf den Gipfel. Zu empfehlen ist auch der kürzlich restaurierte Weg zur Birnlücke, dem historischen Übergang zum Krimmler Achental im Salzburger Land. Großartige Mehrtagestouren sind die Höhenwege, wie der Kellerbauer-Weg, der Stabeler-Weg oder der Lausitzer Weg, die von Hütte zu Hütte führen. Erwähnt werden muss natürlich auch der Große Moosstock, ein vergleichsweise einfach zu bezwingender Dreitausender, der als Hausberg von Hans Kammerlander berühmt wurde. Apropos: Wer sich einmal mit dem Extrembergsteiger messen möchte, kann dies auf dem Hans-Kammerlander-Trainingspfad bei Sand tun. Ein Blick auf die von ihm angegebenen Richtzeiten führen dem Hobbysportler aber sehr schnell den Klassenunterschied vor Augen … Um das Tauferer Ahrntal mit dem Mountainbike kennen zu lernen, bietet sich die Ahrntour an, eine 50 km lange Strecke, die von Bruneck bis nach Kasern am Ende des Ahrntals führt. Man kann sie als Tagestour fahren, aber auch Abschnitte für kurze Ausflüge auswählen. Zwischen Bruneck und Sand

Fun & Family ✹✹✹✹

Bergwerks-museum Prettau mit Schaubergwerk und Lehrpfad	Abenteuer-Führung in die engen Stollen, wo die Knappenarbeit dokumentiert ist. Interessant sind auch das Bergwerksmuseum und der Lehrpfad zum Rötkreuz; Tel. 04 74 65 42 98
Krippenmuseum Maranatha Luttach	Große Ausstellung – von der volkstümlichen Tiroler Krippe über orientalische Geburtsgruppen bis zu modernen Darstellungen; Tel. 04 74 67 16 82; www.krippenmuseum.com
Naturparkhaus Rieserferner-Ahrn Sand in Taufers	Ungewohnte Einblicke durch Filme, Reliefs und ein Steinpuzzle. Interessante Infos über Natur, Landschaft und Entwicklungsgeschichte der Region; Tel. 04 74 67 75 46
Erlebnispark Schwarzbachalm Luttach	Herzstück der Anlage ist der Hochseilgarten. Etwas Mut braucht es schon, um den Abenteuerparcours zu bewältigen; Tel. 03 47 2 21 98 81

TOP TIPP Eine der mächtigsten und schönsten Festungen Südtirols ist die **Burg Taufers in Sand** ❹, die direkt am engen Eingang des Ahrntals thront. Im 13. Jh. bauten die Herren von Taufers diese Festungsanlage. Später wechselten die Besitzer mehrmals. Heute gehört sie dem Südtiroler Burgeninstitut, einem Verein, der sich vorbildlich und ehrenamtlich um die Restaurierung und den Erhalt der Burg kümmert. Beeindruckend ist die historische Inneneinrichtung, vor allem die Bibliothek mit Reiterkachelofen, die Fürstenzimmer, das Geisterzimmer, die Burgkapelle und der Rittersaal. An das harte Durchgreifen der früheren Schlossherren erinnern Gerichtssaal, Verlies und Rüstkammer; Tel. 04 74 67 80 53

Im Krippenmuseum Maranatha kann man Holzschnitzer bei ihrer Arbeit beobachten.

in Taufers verläuft die Route auf bequemen Radwegen, später wird es etwas steiler. Und zwischen Prettau und Kasern kommt ein letzter steiler Anstieg. Wer noch Reserven hat, sollte an der Kirche Heiliggeist vorbei den leicht ansteigenden Weg entlang des Bachlaufs bis zum landschaftlich reizvollen Talschluss fahren.

Dort können Mountainbiker und die von oben kommenden Bergsteiger gemeinsam hinunterblicken auf ein Tal, in dem die überwiegende Zahl der Bauernhöfe noch landwirtschaftlich genutzt wird. Und sie werden sich alle einig sein, dass die bäuerliche Kultur, die beeindruckende Landschaft der Dreitausender entlang des Alpenhauptkamms und die gewaltige Auswahl an Möglichkeiten Lohn genug sind, eine längere Anfahrt in Kauf zu nehmen.

Der Höhenweg oberhalb von Rain ist ideal zum Mountainbiken.

Adressen & Bergbahnen — Landesvorwahl 00 39

Urlaubsregion	Tourismusverband **Tauferer Ahrntal**; Tel. 04 74 65 20 81; E-Mail: tauferer@ahrntal.com; www.tauferer.ahrntal.com
Luttach (970 m)	Tourismusverband Ahrntal Luttach-Weißenbach-St. Johann; Tel. 04 74 67 11 36; E-Mail: info@ahrntal.com; www.ahrntal.com
Mühlwald (1220 m)	Tourismusverband Mühlwald-Lappach; Tel. 04 74 65 32 20; E-Mail: info@muehlwald.com; www.muehlwald.com
Prettau (1476 m)	Tourismusverband Ahrntal Prettau; Tel. 04 74 65 21 98; E-Mail: info@ahrntal.org; www.ahrntal.org
Sand in Taufers (865 m)	Tourismusverband Sand in Taufers; Tel. 04 74 67 80 76; E-Mail: info@taufers.com; www.taufers.com
Entfernungen	Hamburg 1058 km; Berlin 869 km; Köln 859 km; Frankfurt a. M. 675 km; Stuttgart 436 km; München 282 km

❶ Sand in Taufers
Speikboden
Berg/Tal 8,50 €

❷ Steinhaus
Klausberg
Berg/Tal 8,50 €

Siehe auch Preisteil S. 649

Hotelempfehlungen

Luttach S. 734
Mühlen i. Taufers S. 739
Sand in Taufers S. 742
St. Jakob i. A. S. 745
St. Johann i. A. S. 745
Steinhaus S. 745

Wanderkarten

Freytag & Berndt, WKS 152 Mayrhofen, Zillertaler Alpen, Gerlos-Krimml; WKS 3 Pustertal-Bruneck-Drei Zinnen; 1:50000

Straßenatlas Siehe S. 779

BRUNECK MIT KRONPLATZ UND ANTHOLZER TAL
SÜDTIROL

Von Platten oberhalb von Bruneck hat man eine fantastische Aussicht übers Pustertal hinweg. Wo sich der flache Talboden erweitert, liegt Olang.

ACTION & SPORT
WANDERN & BERGTOUREN
FUN & FAMILY
WELLNESS & GENUSS

Sport- und Familienparadies rund um den Kronplatz

Pulsierende Tourismuszentren, abgelegene Bergbauernhöfe und imposante Gipfel: Die Region rund um den meistbesuchten Berg im Pustertal bietet beinah für jeden Urlaubsgeschmack etwas. Bruneck blickt auf eine lange Geschichte zurück und wartet mit der schönsten Einkaufsstraße Südtirols auf. Die Seitentäler des Pustertals halten für Naturliebhaber manchen Leckerbissen bereit. Und auch Wanderern und ambitionierten Sportlern eröffnen sich zahllose Möglichkeiten.

ADAC der perfekte Urlaubstag
- **9 Uhr:** Wanderung von Pederü zur Fodara-Vedla-Hütte mit Einkehr
- **14 Uhr:** Entspannungsbad im Bauernbad Valdander
- **17 Uhr:** Spaziergang durch die Stadtgasse Bruneck
- **19 Uhr:** Abendessen im Restaurant Schöneck in Pfalzen

Sein kahles Haupt ist von weitem erkennbar, und nicht zufällig ist er das Wahrzeichen der Region: der 2175 m hohe Kronplatz, meistbesuchter Gipfel im Pustertal. Eigentlich kennt man das Gebiet ja hauptsächlich als Winterziel, als eine der beliebtesten Skistationen Südtirols. Aber auch im Sommer hat der Kronplatz unverkennbare Reize, ebenso wie seine Umgebung. Da sind z. B. die vielen Wander- und Ausflugsmöglichkeiten rund um Bruneck. Insbesondere in den Seitentälern des Pustertals locken interessante Ziele. Ein typisches Beispiel ist St. Vigil, das auf der Südseite des Kronplatzes liegt. Von dort führt eine Straße nach Pederü und damit hinein in den Naturpark Fanes-Sennes-Prags mit seinen überaus empfehlenswerten Touren. Unterwegs kommt man am Ortsrand von St. Vigil direkt an der Informationsstelle des Naturparks vorbei. In dem modernen Holzbau erfährt man viel Wissenswertes über den Park. Übrigens ist er in der Umgebung von Bruneck nicht der einzige Nationalpark: Nordöstlich liegt der Nationalpark Rieserferner-Ahrn, den östlich das Antholzer Tal begrenzt.

Dieses ist ein weiteres bemerkenswertes Seitental und zweigt auf der Höhe von Olang nach Norden ab. Im Winter als Langlaufdestination von internationalem Rang bekannt, bietet es im Sommer ebenfalls erstklassige Tourenmöglichkeiten. Das Paralleltal ist das weitaus weniger bekannte, dafür aber recht urige und gewöhnlich auch nicht überlaufene Gsiesertal. Zu den Klassikern gehört hier der Gsieser Almweg 2000, wobei sich die Zahl auf die Höhe bezieht. Denn die Route führt von St. Magdalena auf der Ostseite des Tales hinauf auf gut 2000 m und

Wandern & Bergtouren

TOP TIPP Eine gemütliche Wanderung inmitten der großartigen Landschaft des Naturparks Fanes-Sennes-Prags ist der Anstieg von Pederü (1545 m) zur **Senneshütte** ❶ (2126 m, Tel. 04 74 50 10 92) auf der Sennesalm. Mit Auto oder Bus fährt man über St. Vigil nach Pederü. Dort auf der steilen Straße links hinauf und dann ohne größere Anstiege auf bezeichnetem Weg (Dolomitenhöhenweg 1) bis zur schön gelegenen Senneshütte. Auf dem Rückweg bleibt man auf Weg Nr. 7 und macht einen Abstecher zur ebenfalls idyllischen Fodara-Vedla-Hütte (1965 m). Von dort geht es zurück nach Pederü – eine Tour für Genießer; Zeit: ca. 4 Std.

Schwörzalm (1680 m) Leichte Almwanderung mit schöner Aussicht im Antholzer Tal	Ausgangspunkt: Antholz-Mittertal; Sportzone – Eggerhöfe – Bergeralm – Brennalm – Schwörzalm – Kornbränteweg – Steinzgerhof – auf Markierung Nr. 11 am Antholzer Bach entlang zurück nach Antholz-Mittertal; Zeit: ca. 3–4 Std.; Einkehr: Schwörzalm
Sambock (2396 m) Problemlose Tour auf einen Aussichtsberg über Bruneck	Ausgangspunkt: Gasthaus Lechnerhof im Weiler Platten (Anfahrt von Pfalzen); der Markierung 66A und der Beschilderung zum Gipfel zur Waldgrenze folgen – zur flachen Kuppe »Auf den Platten« (2175 m) – nordwärts auf Steig Nr. 66 über Graskamm zum Gipfel; Abstieg auf dem Anstiegsweg; Zeit: ca. 4–5 Std.; Einkehr: Gasthaus Lechnerhof
Piz da Peres (2507 m) Klassische Bergtour zu imposanter Aussichtsloge und malerischem See	Ausgangspunkt: Furkelsattel (1758 m, Zufahrt von Mitterolang oder von St. Vigil); vom Pass auf Weg Nr. 3 hinauf zur Dreifingerscharte (2330 m) – auf Steig nach Westen zum Gipfel – Abstieg in die Scharte, dem Weg Nr. 3 nach Süden folgen für Abstecher zum Hochalpensee; Rückweg auf der Route des Hinwegs; Zeit: ca. 5–6 Std.; Einkehr: unterwegs keine Einkehrmöglichkeit
Gsieser Almweg (ca. 2000 m) Von Alm zu Alm im hinteren Gsiesertal	Ausgangspunkt: St. Magdalena; auf Weg Nr. 48 zur Tscharnietalm – auf dem »Weg 2000« zur Kasermähderalm – Kaseralm – Uwaldalm – Abstieg nach St. Magdalena; Zeit: ca. 4–5 Std.; Einkehr: Kaseralm, Uwaldalm

dann als Rundweg von Alm zu Alm. Etliche von ihnen werden noch landwirtschaftlich genutzt, viele eignen sich mit einer angeschlossenen Gastwirtschaft besonders als Rast- und Aussichtsplätze. Doch zurück ins Pustertal. Ein Besuch im kleinen und betriebsamen Hauptort Bruneck ist trotz des mitunter hektischen Verkehrsgeschehens empfehlenswert. Schließlich hat der Heimatort des berühmten Malers und Bildhauers Michael Pacher – sein einstiges Wohnhaus befindet sich in der Stadtgasse – kulturell einiges zu bieten. Die alte Burg, um 1250 vom Bischof von Brixen erbaut, wacht über den Ort. Hauptanziehungspunkt ist die lange und sehenswerte Stadtgasse mit den alten Bürgerhäusern und vor allem mit attraktiven Geschäften, die Mode und Schuhe mit italienischem Chic anbieten. Im Ragenhaus am Ende der Stadtgasse finden zahlreiche Veranstaltungen statt. In der Pfarrkirche kann man neben einem wertvollen Kruzifix von Michael Pacher auch die größte Orgel Südtirols bewundern.

Wer sich über Geschichte und Brauchtum informieren will, dem sei ein Besuch des Volkskundemuseums in Dietenheim empfohlen. Der Vorort von Bruneck liegt am Südhang, also auf der Sonnenseite des Tals. Dort hat man einen besonders schönen Blick auf das Tal, die Stadt und natürlich auf den Kronplatz. Den kann man bequem mit der Seilbahn erreichen und oben die Rundum-Panorama-Aussicht genießen. Daneben gibt es etliche Wanderwege, auf denen Fußgänger allerdings entsprechend lange unterwegs sind, sofern sie den gesamten Höhenunterschied von gut 1400 m überwinden wollen. Auch von Olang aus, dem etwas ruhigeren Nachbarort auf der Ostseite des Kronplatzes, führen Wege hinauf zum Gipfel.

Bäuerliche Badekultur

Wer sich für Sportarten wie Reiten, Tennis oder Golf interessiert, wird in der Region ebenfalls sein Dorado finden. Und schließlich sei noch ein

Von Alm zu Alm: Wandern im Gsieser Tal

Uriger Rastplatz: die Laxiden-Alm im Gsieser Tal

Restaurants

Gasthaus Kofler
Oberhalb von Pfalzen steht in einsamer Höhenlage mit spektakulärer Aussicht das Gasthaus Kofler am Kofl. Dieser bodenständige Gasthof serviert gutbürgerliche Pustertaler Küche mit bekannt guten Knödeln und Schweinsbraten; Tel. 04 74 52 81 61

Gasthof Weißes Lamm
klassisches Wirtshaus im Zentrum von Bruneck. In stilvollen alten Gaststuben gibt es typische Pustertaler und italienische Gerichte; Tel. 04 74 41 13 50

Berggasthof Seppila
Oberhalb von Taisten am Eingang zum Gsiesertal steht der urige, jahrhundertealte Gasthof, der vom ehemaligen Bergführer Jimmi Holzer geführt wird. Er hat nostalgische Stuben, herzhafte bäuerliche Küche und hauseigenes Bier zu bieten. Direkt am Gasthof startet ein neu angelegter Kneippweg; Tel. 04 74 95 02 04

Restaurant Schöneck
Für Freunde der Gourmetküche ist das einsam gelegene Restaurant bei Pfalzen eine ausgezeichnete Adresse. Die Gebrüder Baumgartner pflegen eine kreative, eher international orientierte Küche; Tel. 04 74 56 55 50

Hütten

Bergrestaurant Kron
Keine Hütte im klassischen Sinn, sondern ein großzügiges und modernes Restaurant unterhalb des Kronplatzgipfels mit einem großen gastronomischen Angebot. Es reicht von Knödeln bis zu fernöstlichen Gerichten, die man auf einer großen Sonnenterrasse genießen kann; Tel. 04 74 55 35 18

Fodara-Vedla-Hütte
Auf einer großen Almwiese steht die gepflegte Hütte, die für ihre gute Küche bekannt ist – das gilt vor allem für den Apfelstrudel; Tel. 04 74 50 10 93

Wanderkarten

Freytag & Berndt WKS 3, Pustertal – Bruneck – Drei Zinnen, WKS 5, Cortina d'Ampezzo – Marmolada – St. Ulrich, 1:50 000 (für Wander- und Mountainbike-Touren im südlichen Nationalpark Fanes-Sennes-Prags)

EVENTS

- Juli: Jazzfestival Bruneck

- Juli/August: Brunecker Sommerkonzerte
- September: Gsieser Almhüttenfest

  Brunecker Straßentheater-Festival
- Oktober: Kiehkemma-Feschtl in Pfalzen

Bauernbad Valdander
Schon vor Jahrhunderten sollen die Bauern der Gegend in Höhlen im mineralreichen Wasser der Quelle von Valdander gebadet haben. Später entstand das kleine Bauernbad Valdander nahe Untermoi, und auch heute noch baden die Gäste ganz traditionell in Zubern aus Zirbelholz. Nach der halbstündigen Badesitzung in einer der sechs Wannen ist Ausruhen angesagt, und im Anschluss kann man sich im Gasthof stärken; Tel. 04 74 52 00 05; Anmeldung empfehlenswert

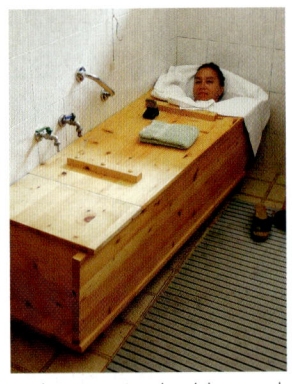

BRUNECK MIT KRONPLATZ UND ANTHOLZER TAL

Action & Sport

MOUNTAINBIKE	KLETTERSTEIGE	RAFTING	CANYONING	REITEN
PARAGLIDING	DRACHENFLIEGEN	KLETTERGÄRTEN	TENNIS	WINDSURFEN
KAJAK/KANU	WASSERSKI	TAUCHEN	HOCHSEILGARTEN	GOLF

TOP TIPP Für manche ist es die schönste **Mountainbike-Tour** ❷ der Welt: von Pederü über die Faneshütte zum Limojoch, an der Großen Fanesalm vorbei und das Fanestal hinaus, zur Alpe Ra Stua hinauf und über die Sennesshütte zurück nach Pederü. Landschaftlich bietet die je nach Streckenführung wenigstens 55–60 km lange Tour grandiose Eindrücke, und für viel Fahrspaß – aber auch für viel Schweiß – sorgt das steile Auf und Ab der Schotterpisten. Insgesamt sind etwa 1800 Höhenmeter zu überwinden. Eine Traumtour für erfahrene Mountainbiker mit guter Kondition.

Mountainbiken	Zahllose Touren auf Pfaden und Schotterstraßen	Geführte Touren, Mountainbike-Verleih: Kronplatz-Bike Bruneck, Tel. 04 74 55 49 03; Hubis Bike World, Rasen/Antholz, Tel. 04 74 49 21 80; www.hubisbikeworld.com
Rafting	Auf den Flüssen Ahr, Rienz und Eisack	Touren mit dem Schlauchboot für Anfänger und Könner, z. B. auf der Rienz im Pustertal von Ehrenburg zur Mühlbacher Klause. Ungefährliche Tour, ideal auch für Kinder; Dauer: ca. 4 Std.; River Tours Gais; Tel. 03 35 6 92 96 65
Reiten	Reitunterricht in Reischach	Beim Reitstall Huber in der Sportzone von Reischach kann man Reitstunden auf der überdachten Reitbahn nehmen. Voranmeldung erbeten; Tel. 04 74 55 52 58; So geschlossen
	Reitanlage Tolderhof, Olang	Unterricht, Ausritte und Nutzung der Reithalle möglich; Tel. 04 74 49 61 27
Klettergärten	Kletterhalle Bruneck	Kletterern stehen auf ca. 210 m^2 Wandfläche etwa 30 Routen vom 4. bis zum 10. Schwierigkeitsgrad zur Verfügung; Bouldernische; Eintritt nur mit Magnetkarten, erhältlich beim Tourismusverein Bruneck; Tel. 04 74 55 57 22
	Klettergärten	Zwischen St. Georgen und Gais, im Rautal vor Tamers und in Pederü
Tennis	Bruneck	2 Plätze in der Tennishalle, Anmeldung erforderlich; Tel. 04 74 55 47 60
	Reischach	6 Sandplätze in der Sportzone; Tel. 04 74 55 47 60
	Niederolang	2 Kunstrasen-, 2 Sandplätze; Anmeldung in der Tennisbar; Tel. 04 74 49 60 91
Golf	Golfclub Kronplatz	Neuer 18-Loch-Platz, außerdem eine 6-Loch-Anlage am Fuße des Kronplatzes; Einzel- und Gruppenunterricht. Golfclub Kronplatz; Tel. 04 74 54 82 89
Canyoning	Mühlwaldertal	Rutschend, springend, schwimmend und abseilend dem Lauf des Wassers folgen. River Tours Gais; Tel. 03 35 6 92 96 65

Fun & Family

TOP TIPP Indianercamps, Waldausflüge, Feuerwehr- und Bauernhofbesuche, Schlossbesichtigungen und Stippvisiten im Wildpark: Das und vieles mehr bietet der **Olanger Kindersommer** ❸. Zwei Betreuerinnen unternehmen mit den Kindern im Juli und August jeden Tag etwas anderes. Mal geht es zum Ponyreiten, mal wird gebastelt – und natürlich immer ganz viel gespielt. Die Eltern können unterdessen selbst etwas unternehmen und wissen ihre Sprösslinge gut aufgehoben; Mo–Fr 10–17 Uhr; Treffpunkt Grundschule Oberolang; Infos beim Tourismusverein Olang; Tel. 04 74 49 62 77

Kinderolympiade St. Vigil	Welches Kinderteam ist das beste im Bogenschießen, Sackhüpfen, bei den Wasserspielen und der Schatzsuche? Organisiert vom Tourismusverein; Tel. 04 74 50 10 37
Kraxeln für Kinder Kiens	Einführung ins Klettern für Kinder auf der Schwarzbachalm mit Kletterjause; Tourismusbüro Kiens; Tel. 04 74 56 52 45
Museum für Volkskunde Dietenheim bei Bruneck	Mühle und Stadel, Bauernhütte und Alm: Das begehbare Museum informiert vor allem über das Leben des einfachen Volkes; Tel. 04 74 55 20 87; Mo geschlossen
Ladinisches Landesmuseum Schloss Thurn St. Martin in Thurn	Das Museum gewährt Einblicke in Geschichte und Gegenwart der fünf ladinischen Täler im Herzen der Dolomiten. Mo Ruhetag; Tel. 04 74 52 40 20; www.museumladin.it

Ausflug zum einstigen Bauernbad Bad Bergfall südlich von Olang empfohlen, wo man noch Überreste alter römischer Besiedlung besichtigen kann. Apropos Baden: Auf dem Weg von St. Martin in Thurn im äußeren Gadertal hinauf Richtung Würzjoch befindet sich abseits der Straße das alte Bauernbad Valdander. Das einsame Bad mitten im Wald repräsentiert noch heute die bäuerliche Badekultur in Südtirol, die einst weit verbreitet war. Allerdings ist es sehr wahrscheinlich, dass man dort – wie auch sonst im Pustertal und seinen bekannten Nebentälern Antholzer und Gadertal – zumindest Mitte August beileibe nicht allein ist: Dann feiern die Italiener »Ferragosto« und teilen die Begeisterung für die Berge mit vielen ausländischen Touristen – nicht nur am kahlen Gipfel des Kronplatz.

Ein Fest fürs Auge: Bruneck wartet mit sehenswerten Häuserzeilen auf.

Adressen & Bergbahnen — Landesvorwahl 00 39

Urlaubsregion	Tourismusverband Ferienregion **Kronplatz**; Tel. 04 74 55 54 47; E-Mail: info@kronplatz.com; www.kronplatz.com
Antholz (1250 m)	Tourismusverein Antholzer Tal; Tel. 04 74 49 21 16; E-Mail: antholz@dnet.it; www.antholz.com
Bruneck (834–975 m)	Tourismusverein Bruneck; Tel. 04 74 55 57 22; E-Mail: info@bruneck.com; www.bruneck.com
Olang (1080 m)	Tourismusverein Olang; Tel. 04 74 49 62 77; E-Mail: info@olang.com; www.olang.com
Weitere Orte	**St. Lorenzen** www.sanktlorenzen.it • **St. Vigil** www.sanvigilio.com
Entfernungen	Hamburg 1039 km; Berlin 851 km; Köln 841 km; Frankfurt a. M. 657 km; Stuttgart 417 km; München 264 km

① **Bruneck**
Kronplatz 2000
Berg/Tal 10 €

② **St. Vigil**
Piz de Plaies
Berg/Tal 4,50 €
(Mi und Sa Ruhetag, außer im Aug.)

③ **St. Vigil/Furkelpass**
Ruis
Berg/Tal 6,60 €
(Mo und Di Ruhetag, außer im Aug.)

Siehe auch Preisteil S. 649

Hotelempfehlungen

Antholz S. 723
Bruneck S. 724
Gais i. P. S. 730
Gsies S. 730
Kiens S. 731
Olang S. 740
Percha S. 741
Pfalzen S. 741
Rasen S. 742
St. Lorenzen S. 746
St. Martin S. 746
St. Vigil S. 747
Taisten S. 747
Terenten S. 747
Untermoia S. 748

Straßenatlas Siehe S. 779

HOCHPUSTERTAL
SÜDTIROL

Markantes Wahrzeichen der Region: die Drei Zinnen mit ihren eindrucksvollen Nordwänden

ACTION & SPORT

WANDERN & BERGTOUREN

FUN & FAMILY

WELLNESS & GENUSS

Wanderkarten
Freytag & Berndt, WKS 3 Pustertal, Bruneck, Drei Zinnen; 1:50000

ADAC *der perfekte Urlaubstag*

- **8 Uhr:** Wanderung durch das herrliche Fischleintal zur Drei-Zinnen-Hütte
- **11 Uhr:** ausgiebige Rast mit fantastischem Blick auf die Drei Zinnen und den Paternkofel, an den Bödenseen vorbei zurück ins Fischleintal
- **15 Uhr:** Fahrt nach Innichen, Besuch des Erlebnismuseums Dolomythos
- **18 Uhr:** Relaxen im Erlebnisbad Aquafun

Im Reich der Zinnen und Grate

Das Wahrzeichen dieses fantastischen Felsenreichs im Nordosten Südtirols sind die Drei Zinnen. Doch nicht nur für Kletterer bietet die Region um Niederdorf, Toblach, Innichen und Sexten interessante Ziele. Vom romantischen Pragser Wildsee über ungewöhnliche Museen bis hin zu den kuriosen Relikten aus der Anfangszeit des Fremdenverkehrs – gerade Familien können im Hochpustertal verborgene Raritäten entdecken.

Die Schönheiten des Hochpustertals sind offensichtlich: So zum Beispiel bei Innichen, wo sich die wilden Zacken des Haunolds über dem Ort auftürmen und abends – wenn einem das Glück hold ist – im letzten Sonnenlicht aufflammen. Wer nach Südosten ins Sextnertal abbiegt, steht fasziniert vor der Dreischusterspitze; wesentlich sanfter zeigen sich die Bergrücken des Karnischen Kamms auf der anderen Talseite mit dem Helm. Die dank der Bergbahn leicht zu erreichende Aussichtskanzel gibt einen wunderbaren Blick nach Sillian in Osttirol frei.

Das Wahrzeichen der Region, die eindrucksvollen Drei Zinnen, ist von Sexten aus allerdings nicht zu sehen. Eine der schönsten Möglichkeiten, ihnen näher zu kommen, ist die traumhafte Wanderung durch die Fichtenwälder des Fischleintals bei Sexten/Bad Moos. Kurz bevor man die Drei-Zinnen-Hütte erreicht, ragen die drei mächtigen Felstürme plötzlich majestätisch und unnahbar in den Himmel. Ein Anblick, den man allerdings nur selten in Einsamkeit genießen kann: Ganze Heerscharen strömen über den kürzesten Zustieg (etwa 1,5 Std.) vom Parkplatz bei der Auronzohütte in der Nähe des Misurinasees hierher. Beeindruckt sind sie meist auch vom Paternkofel, der die Blicke ebenso auf sich zieht wie die Zinnen – mit seiner filigranen, aus schmalen Graten und spitzen Zacken geformten Felslandschaft. Während die Drei Zinnen guten Kletterern mit alpiner Erfahrung vorbehalten sind, führen auf den Paternkofel zwei mittelschwere Klettersteige. Apropos: Ein lohnender Klettersteig, der

Die Plätzwiese im Naturpark Fanes-Sennes-Prags.

Wandern & Bergtouren

TOP TIPP Eine anspruchsvolle und beeindruckende Bergtour führt **vom Pragser Wildsee** (1494 m) **auf den Seekofel** ❶ (2810 m). Zunächst am Seeufer entlang bis zum Anstieg, dann hinauf über das Nabige Loch (2034 m) zur Ofenscharte; von hier Abstecher zur Seekofelhütte (2327 m) möglich (ca. 10 Min.). Bis hierher ist der Weg leicht, und wer nicht trittsicher und schwindelfrei ist, sollte nun die Tour abbrechen. Gipfelstürmer steigen über den steilen Felsaufschwung zum Teil gesichert und an manchen Stellen ausgesetzt zum höchsten Punkt. Oben grandiose Aussicht auf die Sextener Dolomiten und die Fanesgruppe sowie zu den Tauerngipfeln. Abstieg wie Aufstieg; Zeit insg. ca. 7 Std.; lohnende Alternative: Übernachtung auf der Seekofelhütte, dann nach Westen über die Seitenbachscharte (2331 m) und die Grünwaldalm in ca. 3 Std. zum Pragser Wildsee absteigen.

Von der Rotwandwiesen (1900 m) **zum Kreuzbergpass** (1636 m) Leichte Tour mit traumhaftem Ausgangspunkt	Ausgangspunkt: Sexten/Bad Moos, Bergstation Rotwandwiesenhütte (1900 m) ❸; Rudihütte (1914 m) – Schellaboden – vorbei an der imposanten Nordwand der Sextner Rotwand zum Kreuzbergpass (1636 m); per Bus zurück nach Bad Moos, von dort ca. 10 Min. zur Liftstation; traumhafte Wanderung mit herrlichem Blick auf eindrucksvolle Dolomitenzinne, aber leider viel begangen; Zeit: ca. 2 Std.; Einkehr: Rotwandwiesenhütte, Rudihütte, Hotel Kreuzbergpass
Haunoldköpfl (2158 m) Längere Wanderung – den wilden Zacken auf die Pelle gerückt	Ausgangspunkt: Innichen/Bergstation Haunoldhütte (1493 m) ❶; Untertal (1434 m) – Innicher Alm (1703 m) – durch dichten Wald zur Schulter (1820 m) – weiter durch Wald, Latschen und über Wiesenhang zum Gipfel; fantastischer Blick auf die wilden Türme der Haunoldgruppe (2966 m); Abstieg wie Aufstieg oder von Untertal direkt nach Innichen (1174 m) absteigen; Zeit: ca. 4 Std. bis Bergstation; dort lohnt sich der Besuch des Haunoldparks (Streichelzoo und Spielplatz); Einkehr: Haunoldhütte
Zsigmondyhütte (2235 m) Eindrucksvolle Wanderung ins Herz der Sextner Dolomiten	Ausgangspunkt: Parkplatz Fischleinboden (1454 m); Talschlusshütte (1526 m) – durch das von den Felstürmen der »Sextner Sonnenuhr« (Einser-, Elfer- und Zwölferkofel) überragte Bacherntal am Schluss durch steiles, felsiges Gelände zur netten Zsigmondyhütte; Aufstieg wie Abstieg; mittelschwer; Zeit: ca. 4 Std.; Einkehr: Fischleinbodenhütte, Talschlusshütte, Zsigmondyhütte
Naturerlebnispfad Toblacher See (1258 m) Lehrreicher Spaziergang um schönen See	Ausgangspunkt: Toblacher See; Lehrpfad rund um den See mit elf Stationen, die über Flora, Fauna und Geomorphologie des weitgehend intakten Feuchtgebietes am Toblacher See informieren; Zeit: ca. 2 Std.
Helm (2433 m) Leichte Tour mit Dolomiten-Panoramablick vom Karnischen Kamm	Ausgangspunkt: Sexten/Bergstation Helm (2060 m) ❷; Hahnspielhütte (2150 m) – über den Südrücken steil hinauf zum Helm; Abstieg über Südrücken bis zur Weggabelung, Aufstiegsweg verlassen, hinuntersteigen zu Negerdorfhütten (1705 m) – Helmhanghütte (1610 m) – Sextner Rundweg folgen bis Kinigerhöfe (1375 m) – weiter nach Sexten und zur Talstation; Zeit: ca. 3,5 Std.; Einkehr: Helmrestaurant, Hahnspielhütte, Helmhanghütte, Kinigerhütte

Im einstigen Grand Hotel von Toblach befindet sich heute das Kur- und Kongresszentrum.

Paradies für Kletterer

Für Kletterer und auch für Klettersteiggeher ist die Region ein Dorado. Die unzähligen Routen an den Drei Zinnen sind dabei nur eines der vielen Ziele für Kletterer mit alpiner Erfahrung. Ideal für Sportkletterer ist der Klettergarten Landro am Dürrensee bei Toblach (50 Routen 3+ bis 9). Zwei mittelschwere Klettersteige (Innerkofler-De-Luca-Steig und Sentiero delle Forcelle) führen von der Drei-Zinnen-Hütte (2405 m) auf den Paternkofel (2744 m). Kletterkurse, Führungen und auch interessante Kinderkurse bietet die Alpinschule Drei Zinnen an; Tel. 04 74 71 03 75

Hütten

Dreischusterhütte (1626 m)
Leicht zu erreichende, gemütliche Alpenvereinshütte im eindrucksvollen Talschluss des Innerfeldtals. Beliebter Ausgangspunkt für Wanderungen und Klettertouren an der Dreischusterspitze (3152 m); vom Parkplatz (1486 m) im Innerfeldtal bei Sexten leichter Zustieg in ca. 20 Min.; Tel. 04 74 96 66 10; www.drei-schuster-huette.com

Drei-Zinnen-Hütte (2405 m)
Der Ausblick von der Hütte auf die berühmten Nordwände der Drei Zinnen (2999 m) und die schlanken Grate des Paternkofels (2744 m) ist einzigartig. Wegen des einfachen Zugangs von der Auronzo-Hütte (ca. 1,5 Std., Zufahrt über Misurina) ist die Hütte oft überlaufen. Sehr lohnend ist jedoch der herrliche Zustieg von Sexten (Parkplatz Fischleinboden, 1454 m) durch das Fischleintal und an den Bödenseen vorbei zur Hütte; Zeit: ca. 3 Std.; Tel. 04 74 97 20 02

Rudi-Hütte (1914 m)
Die urgemütliche Hütte, die nach dem Wirt Rudi Egarter benannt ist, liegt auf der malerischen Rotwandwiesen bei Sexten, nur wenige Meter von der Bergstation der Gondelbahn ❸ entfernt. Herzhafte Tiroler Spezialitäten, große Sonnenterrasse. Von hier aus führt ein einfacher, schöner Klettersteig (ca. 3,5 Std.) auf die Rotwandspitze (2965 m); Tel. 04 74 71 04 36

Zsigmondyhütte (2235 m)
Prächtig gelegene Hütte; idealer Ausgangspunkt für Klettertouren am mächtigen Zwölferkofel (3094 m). Für Bergwanderer lohnt sich bereits der traumhafte Zustieg durch das Fischleintal (1454 m) von Sexten aus (ca. 2,5 Std.). Eine herrliche Höhenwanderung führt weiter zur Büllele-Joch-Hütte (2528 m) und zur Drei-Zinnen-Hütte; Tel. 04 74 71 03 58

🇮🇹 HOCHPUSTERTAL

EVENTS

- Juni: International Choir Festival Hochpustertal
- Juli: Dolomiti Superbike; Niederdorf
- Juli/August: Gustav-Mahler-Wochen, Klassik-Festival zum Gedenken an den Komponisten, der bei Toblach seine Sommerresidenz hatte; Toblach
- September: Drei-Zinnen-Alpin-Marathon; Sexten

sich auch für Einsteiger anbietet, beginnt bei den romantischen Rotwandwiesen (per Lift von Sexten aus erreichbar) und endet auf der Rotwandspitze. Wer von der Drei-Zinnen-Hütte nach Westen absteigt, kommt ins Höhlensteintal, in dem die zwei Naturparks der Region aneinander grenzen. Die wilde Felsenregion um die Drei Zinnen gehört zum Naturpark Sextner Dolomiten. Westlich davon beginnt der Naturpark Fanes-Sennes-Prags, der zum Beispiel die zauberhafte Plätzwiese (mit dem Hotel Hohe Gaisl) zu bieten hat. Eine schmale Straße führt durch das Altpragsertal dort hinauf; wer mit dem Mountainbike unterwegs ist, fährt weiter zur Dürrensteinhütte und von dort über eine für Autos gesperrte Straße ins Höhlensteintal.

Malerisch: der Pragser Wildsee

Ein weiteres im Naturpark verstecktes Kleinod ist der Pragser Wildsee am Ende des Pragsertals. Smaragdgrün liegt er zwischen steilen Waldflanken, über denen die Dolomitengipfel aufragen. Einer dieser Gipfel ist der Seekofel, ein herrliches Ziel für geübte, trittsichere Bergwanderer. Doch auch der Spaziergang um den See ist äußerst reizvoll, ebenso die Bootsfahrt über das glasklare Wasser. Zum Baden dürfte der See den meisten allerdings zu kalt sein. Ausgesprochen kühl ist das Nass auch bei den Pragser Heilquellen, deren frühere Gäste in Sachen Wassertemperatur nicht eben zimperlich sein durften. Die Sage erzählt, dass einer der königlichen Förster im Altpragsertal einen verletzten Hirsch beim Baden in einer Quelle beobachtete. Als das Tier das Wasser verließ, waren alle Wunden verheilt. 1490 erhielt der Förster die Genehmigung, an jener Stelle eine »Badehütte für Leidende« zu bauen. Der Zuspruch war groß, obwohl die Wassertemperatur nur 6 °C betrug. Bald wurde aus der Hütte ein nobles Kurhotel, das Bad Altprags. Das Geschäft florierte, bis 1690 noch eine Heilquelle im Haupttal entdeckt wurde. Von nun an kamen die Leidenden lieber ins »Wildbad Neuprags«. Heute ist keines der Bäder mehr in Betrieb. Ein ähnliches Schicksal erlitt das Wildbad Innichen. Übrig geblieben ist vom einstigen Luxushotel eine bizarre Ruine, einsam und verlassen, mitten im Bergwald. Das 1882 erbaute Grand Hotel in Toblach, in dem auch Friedrich Wilhelm III., König Albert von Sachsen und Herzog Theodor von Bayern wohnten, dient heute als Kultur- und Kongresszentrum. Nicht umsonst schätzten viele noble Gäste diese Gegend – bis zum Ersten Weltkrieg galten Innichen, Toblach, Niederdorf und Prags als eine Art »Tiroler St. Moritz«.

Danach war es erst einmal aus mit dem Vergnügen. Die berüchtigte Dolomitenfront zog sich in unmittelbarer Nähe über die Gipfel. Wanderer stoßen nahezu auf jeder Tour auf Zeugnisse dieser Zeit. Den tiefsten Eindruck hinterlässt der Rundgang durch das Freilichtmuseum Monte Piana, eigentlich einem herrlichen Aussichtsgipfel über dem Höhlensteintal. Hier oben kann man sich nur zu gut die dramatische Situation vorstellen, als sich die Italiener auf eben diesem Südgipfel, dem Monte Piana, verschanzt hatten und die Österreicher auf dem Nordgipfel, dem Monte Piano, in weitläufigen

Innichen, behütet von den Felswänden des Haunold.

Fremdenverkehrsmuseum Hochpustertal

Den passenden Rahmen für das Museum bildet das historische »Haus Wassermann« in Niederdorf. In verschiedenen Räumen werden alte Wirtshausstuben, Bäder und Fremdenzimmer nachinszeniert. Dokumentiert sind auch die Auswirkungen, die der Bau der Pustertaler Bahn mit sich brachte. Der Entwicklung des Alpinismus ist eine Sonderausstellung gewidmet; Tel. 04 74 74 51 36

Fun & Family ✺✺✺✺

Dolomythos Innichen	Faszinierende Dokumentation der Dolomiten-Entstehung: Mineralien, Versteinerungen, Kristalle, skurrile Wunderkammer, Tierpräparate etc.; Tel. 03 48 22 17 57 0
Erlebnisbad Aquafun Innichen	Erlebnisbad mit Strömungskanälen, Wasserfall mit Kletterwand, 75-m-Rutsche, Saunawelt, Beauty- und Wellness-Bereich; Tel. 04 74 91 62 00;
Arche-Hof Innerroggen Sexten	Zucht alter, gefährdeter Nutztierrassen. Mit Rindern, Ziegen, Schweinen und Enten – ein Paradies für Tiere und Tierfreunde; Tel. 04 74 71 03 45
Wildpark Toblach	Schöne Parkanlage mit heimischen Arten wie Rotwild, Luchs, Uhu und Schneeeule; Tel. 04 74 97 23 47
Kurpark Niederdorf	Spielparadies für kleinere, Abenteuerland für größere Kinder. Mit Burgen, Seilbahnen, Baggern, Wasserspiellandschaft, Geschicklichkeitsparcours; Tel. 04 74 74 51 36

TOP TIPP Das **Naturparkhaus in Toblach** ❷ repräsentiert die beiden Naturparks Sextner Dolomiten und Fanes-Sennes-Prags. Spielerisch und kreativ vermittelt es die Besonderheiten der beiden geschützten Gebiete. Themen sind Flora und Fauna, Geologie und Kulturlandschaft, aber auch die Kriegsereignisse. Mit Erlebniswerkstatt, großem Terrarium, Multivisionsschauen und der Wald-Wunder-Welt im Freigelände. Ideal, um auch Kindern Naturschutz näher zu bringen. Freier Eintritt; Tel. 04 74 97 30 17; www.provinz.bz.it/naturparke

Adressen & Bergbahnen

Landesvorwahl 00 39

Urlaubsregion	Tourismusverband **Hochpustertal**; Tel. 04 74 91 31 56; E-Mail: info@altapusteria.net; www.drei-zinnen.info	
Innichen (1174 m)	Tourismusverein Innichen; Tel. 04 74 91 31 49, E-Mail: info@innichen.it; www.innichen.it	
Niederdorf (1157 m)	Tourismusverein Niederdorf; Tel. 04 74 74 51 36; E-Mail: info@niederdorf.it; www.niederdorf.it	
Sexten (1310 m)	Tourismusverein Sexten; Tel. 04 74 71 03 10; E-Mail: info@sexten.it; www.sexten.it	
Toblach (1241 m)	Tourismusverein Toblach; Tel. 04 74 97 21 32; E-Mail: info@toblach.info; www.toblach.info	
Entfernungen	Hamburg 1071 km; Berlin 882 km; Köln 872 km; Frankfurt a. M. 688 km; Stuttgart 449 km; München 295 km	

❶ Innichen Haunoldbahn Berg/Tal 5,90 €

❷ Sexten Helmbahn Berg/Tal 10 € /11,80 € Hauptsaison Juli/August

❸ Sexten Rotwandbahn Berg/Tal 7,60 €/9,20 € Hauptsaison Juli/August

Siehe auch Preisteil S. 649

Kletterhalle Dolomit Arena, Sexten
Schon die Halle selbst, eine kühne, fast 20 m hohe Holz-Glas-Konstruktion, ist eindrucksvoll. Mit einer Wandhöhe von 16,5 m ist sie die höchste Indoor-Kletteranlage Italiens. Durch die beidseitige Verglasung fühlen sich Kletterer fast wie in freier Natur. Unterschiedliche Wandneigungen und ein 8-m-Überhang bieten sowohl Anfängern als auch Extremen ideale Möglichkeiten. 36 Routen (Schwierigkeitsgrad 5–9), großer Toprope-Bereich, Boulderhöhle für Kinder; Tel. 04 74 71 00 96; www.dolomitarena.it; Sportkletterkurse: Privatstunden bei der Alpinschule Drei Zinnen; Tel. 04 74 71 03 75

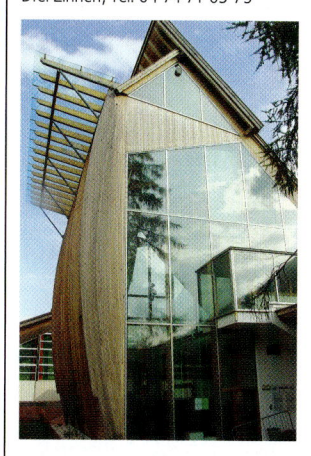

Hotelempfehlungen

Innichen S. 730
Niederdorf S. 740
Prags S. 742
Sexten S. 744
Toblach S. 748
Welsberg S. 749

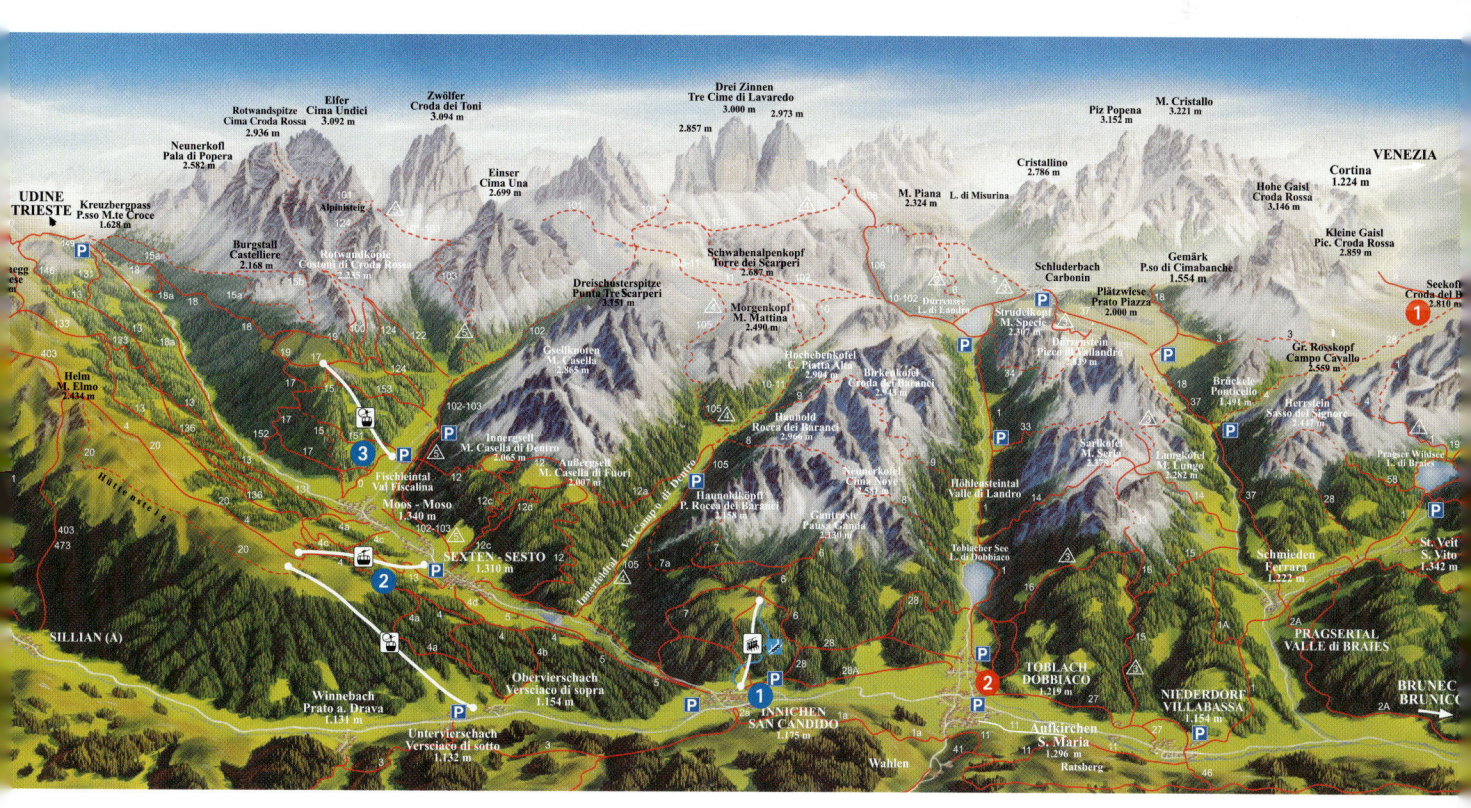

Straßenatlas Siehe S. 794

Stollen und Schützengräben versuchten, die Stellung zu halten. Eine einfache Wanderung führt vom Parkplatz an der Bossihütte in der Nähe des Misurinasees durch das Freilichtmuseum (siehe auch Cortina d'Ampezzo, S. 534–537).

Nach dem Krieg verdankte man vor allem einer gewissen Emma Hellensteiner das Wiederaufblühen des Tourismus. Sie übernahm in den 1920er Jahren ein Wirtshaus in Niederdorf und machte daraus ein gehobenes Hotel mit internationalem Flair. Der Komfort im »Hotel Emma« setzte Standards für die ganze Region. Neben vielen anderen Neuerungen verdankt Niederdorf »Frau Emmas« Weitsicht auch den Bahnhof. Viele Details und Geschichten aus dieser Zeit sind im Fremdenverkehrsmuseum Niederdorf dokumentiert.

Auch wenn diese goldenen Zeiten weit zurückliegen, so ist das Hochpustertal doch nach wie vor eine ideale Ferienregion. Während Wanderer und Kletterer Sexten bevorzugen, ist das lebendige Innichen mit Fußgängerzone, Erlebnisbad und dem »Dolomythos«, einem auch für Kinder interessanten Erlebnismuseum, vor allem bei Familien sehr beliebt. Kunstfreunde dürfen sich den Besuch der wuchtigen Stiftskirche mit dem größten erhaltenen romanischen Monumentalfresko nicht entgehen lassen; ihr Äußeres erinnert beinahe an eine Burg. Sehenswert ist auch die Michaels-Kirche, deren Grundsubstanz romanisch ist, die aber um 1400 ein gotisches Gewölbe bekam und schließlich Mitte des 18. Jh.s von Barockkünstlern herrlich bemalt wurde. Im Museum des Stiftes Innichen befinden sich der Domschatz und eine bedeutende Handschriftensammlung. Zweifellos lohnt es sich, auch diese kleinen Juwelen zu entdecken und nicht nur nach oben zu schauen, zu den Zinnen und Graten, die das fantastische Felsenreich so prächtig schmücken.

GRÖDNERTAL
Südtirol

ACTION & SPORT

WANDERN & BERGTOUREN

FUN & FAMILY

WELLNESS & GENUSS

Luis Trenkers grandiose Heimat

Geislerspitzen, Sellastock und Langkofelgruppe ragen über einem der bekanntesten Touristengebiete der Alpen auf – dem Grödnertal. Seine landschaftliche Einzigartigkeit, die besondere ladinische Kultur, die moderne Infrastruktur und nicht zuletzt die einfache Erreichbarkeit locken Besucher in Scharen an.

Restaurants
Uridl
Das im alten Ortskern von St. Christina gelegene Haus Uridl der Familie Helmar Demetz stammt aus dem 16. Jh. und wurde mit viel Geschmack restauriert. Die Bauernstube soll eine der ältesten holzgetäfelten Stuben in Gröden sein. Neben guten und bewährten Tiroler Leibgerichten wie Knödel, Schlutzer oder gefüllten Teigtaschen fehlt auch die italienische Küche nicht;
Tel. 04 71 79 32 15

Der mächtige Sellastock ist nur ein Teil der prächtigen Bergkulisse, die das Grödnertal eindrucksvoll schmückt.

ADAC der perfekte Urlaubstag

- **8.45 Uhr:** mit dem romantischen alten Sessellift (von Luis Trenker 1950 ins Leben gerufen!) von St. Ulrich zur Bergstation Raschötz ❼. Wanderung am Raschötz-Höhenweg zum Bergrestaurant der Broglesalm
- **10.30 Uhr:** Brotzeit vor der Brogles-Hütte mit Blick zu den Nordabbrüchen der Geislerspitzen
- **11.30 Uhr:** auf Weg Nr. 3 zu einem Sattel und jenseits Abstieg zum Rand des eindrucksvollen Murbruchtrichters unter dem Secedagipfel. Weiter durch das Cuecenatal und Annatal nach St. Ulrich
- **14 Uhr:** Besuch des Grödner Heimatmuseums in St. Ulrich, danach gemütlicher Bummel durch die Ortschaft mit Besuch einer Holzschnitzerei
- **18 Uhr:** Spaziergang von St. Ulrich zu den Häusern von St. Jakob, Besichtigung der kleinen Kirche und des millionenfach fotografierten Dolomitenmotivs »St. Jakob und das Langkofelmassiv« im sanften Abendlicht

Die Anziehungskraft des Grödnertals erklärt sich jedem Besucher von selbst: Lieblich-grüne Wald- und Wiesenflanken steigen von dem Tal, das sich schmal in die Berge hineinzieht, empor; darüber erheben sich mächtige und kühn geformte Felsgestalten. Die Bergkulisse mit Geislerspitzen, Sellamassiv, Langkofelgruppe und dem Schlern formt eines der berühmtesten Panoramen der Alpen. Gefördert haben den Bekanntheitsgrad des Tals im Zeitalter von Film und Fernsehen zudem Persönlichkeiten wie Luis Trenker, der Inbegriff eines »Berglers«, oder auch Veranstaltungen wie das alljährliche Weltcup-Skirennen auf der Piste Saslonch. Auch die Tatsache, dass der ehemalige italienische Staatspräsident Sandro Pertini seine Urlaube im Grödnertal verbrachte, hat sich auf die Zahl der italienischen Gäste durchaus positiv ausgewirkt. Die Grödner haben sich umgehend auf ihre Art bedankt und einen Wanderweg und eine Hütte am Langkofel sowie einen Klettersteig an der Stevia, nördlich von Wolkenstein am Beginn des Langentals, nach ihm benannt.

Der Tourismusboom der vergangenen drei Jahrzehnte hat allerdings zu tief greifenden Veränderungen geführt: Die drei Hauptorte des Tals – St. Ulrich, St. Christina und Wolkenstein – haben ihren dörflichen Charakter weitestgehend gegen ein urbanes Ambiente eingetauscht; während der Hauptsaison drängen Kitsch und Kommerz die traditionelle ladinische Lebensweise immer mehr in den Hintergrund. Und trotz aufwändiger Wiederbegrünungsmaßnahmen konnte man unschöne Bahnschneisen und planierte Skipisten aus dem Landschaftsbild nicht vollständig beseitigen. Dennoch kann sich wohl niemand dem Zauber des Grödnertals entziehen. Abseits von Hektik und Lärm des touristischen Trubels gibt es reichlich »Ruhezonen«, die noch immer weitläufig und spannend sind. Wanderern und Bergsteigern steht eine in über 100 Jahren gewachsene Infrastruktur von Wegen und Hütten, ergänzt durch Seilbahnen und Lifte, zur Verfügung. So lassen sich einfache, kurze Wanderungen im sanften Wald- und Wiesengelände unternehmen, aber ebenso anspruchsvolle und steilere Touren zu den Felsgipfeln.

Wer durch die Ortschaften im Talboden schlendert, erkennt schnell, was im Grödnertal die Haupteinnahmequelle vor dem Tourismus war: die Holz-

Wandern & Bergtouren

TOP TIPP Auch wenn es alles andere als ein Geheimtipp ist – die **Umrundung des Langkofels** ① ist immer noch eine der beeindruckendsten Wanderungen im Grödnertal und in den Dolomiten überhaupt. Die lange Gehzeit macht der leichte Weg mit seiner fantastischen Aussicht wieder wett (wer sich nur eine kürzere Variante zutraut, startet am Sellajoch). Per Sessellift ① schwebt man von St. Christina zum Monte Pana (1636 m) und weiter zum Monte de Seura (2025 m) ②. Die Route verläuft auf markierten Wegen im Uhrzeigersinn um den gesamten Bergstock; die Orientierungspunkte sind dabei Rif. E. Comici, Sellajoch-Haus, Forcella Col Rodella (2318 m), Friedrich-August-Hütte, Rif. Sandro Pertini, Plattkofelhütte am Fassajoch (2256 m), Hohes Eck (»Piz da Uridl«, 2101 m), Grödner Höhenweg, J.-Santner-Weg, Monte Pana. Ohne größere Höhenunterschiede immer auf knapp über 2000 m, grandiose Landschaftseindrücke, jede Menge Einkehrstationen; in der Hochsaison allerdings sehr viel begangener Weg; Zeit: ca. 7 Std.; Einkehr: in allen Rifugi (Hütten) am Weg

Puezhütte (2475 m) Lange, anstrengende Wanderung mit reizvollen landschaftlichen Kontrasten	Ausgangspunkt: Bergstation Col Raiser (2104 m) ③; Regensburger Hütte (2037 m) – Weg Nr. 2 steil zur Forcella Forces de Sielles (2505 m) – kurze, etwas ausgesetzte Querung (Drahtseile), dann Höhenweg zur Puezhütte (2475 m) – Weg Nr. 14 ins Langental und nach Wolkenstein; Rückkehr nach St. Christina per Bus; lange, anstrengende Wanderung; Trittsicherheit und Schwindelfreiheit nötig; nur bei sicherem Wetter! Zeit: ca. 5 Std.; Einkehr: Regensburger Hütte, Puezhütte
Sella Ronda Die klassische Rundtour in der Sommerversion	Zwei- bis dreitägige Rundtour um den Sellastock zu Fuß und mit Liften; Ausgangspunkt: Wolkenstein; Dantercepiesbahn ⑩ – Corvara – Arabba – Porta Vescovo – Canazei – Campitello – Sellajoch – Wolkenstein; leichte Höhenwanderung, die man nach Belieben mit Liften abkürzen kann; zahlreiche Einkehrmöglichkeiten
Seceda – Raschötz Wandergenuss auf einem Aussichtsbalkon	Ausgangspunkt: Bergstation Seceda (2456 m) ④ ⑤; Panascharte (2447 m) – Weg Nr. 6 zur Brogles-Hütte (2045 m) – Weg Nr. 35, später Weg Nr. 31 zur Raschötzhütte (2170 m) – Weg Nr. 1 nach St. Ulrich oder kurzer Abstieg zum Rest. Raschötz und mit Sessellift ⑦ ins Tal; lange Wanderung, die bei einem felsigen Steilstück unter der Panascharte Trittsicherheit erfordert; Zeit: ca. 5 Std.; Einkehr: Brogles-Hütte, Raschötzhütte

schnitzkunst. Im 17. Jh. wurde dieses Handwerk im Tal begründet; dank des Tourismus floriert es noch heute; ein Blick in die Schaufenster beweist eindrucksvoll die außerordentliche Vielfalt der Grödner Schnitzarbeiten. Im Grödner Heimatmuseum in St. Ulrich lässt sich die Geschichte des Tals in vielen Facetten nachvollziehen: Unter den Exponaten finden sich Prachtexemplare der örtlichen Schnitzkunst, interessante archäologische Funde und eine spezielle Ausstellung über Luis Trenker. Liebhaber der Gegend zieht es immer wieder hinauf zum Weiler von St. Jakob, wo die kleine Kirche vor dem Langkofel ein millionenfach fotografiertes Motiv abgibt. Bedeutende Zeugen der Vergangenheit sind die in der Renaissancezeit errichtete Fischburg talaufwärts bei Wolkenstein und die oberhalb des Ortes an einer Felswand klebende Ruine der Burg Wolkenstein. Sie war der Stammsitz des berühmten Minnesängers und Kreuzritters Oswald von Wolkenstein (1377–1445). Als der kühne Adlerhorst im 17. Jh. durch einen Felssturz schwer beschädigt wurde, verließen die Herren von Wolkenstein die Burg und zogen in die Fischburg.

Eine weitere Attraktion ist die Seiser Alm, die sich südlich des Tals ausbreitet und mit 50 km² Fläche die wohl größte Hochalm des gesamten Alpenbogens bildet. Auch hier entsteht der einzigartige Eindruck erst durch den Kontrast zwischen den weiten, mit vielen Heustadeln bestandenen Almwiesen und der wuchtigen Felskulisse von Langkofelgruppe und Schlernmassiv. Im Frühsommer breitet sich auf den Wiesen der Seiser Alm ein schier unendliches Blütenmeer aus.

Die Innenstadt von St. Ulrich

Hütten

Langkofelhütte
(Rifugio Vicenza, 2253 m)
Die Hütte des Italienischen Alpenvereins liegt eindrucksvoll im unteren Langkofelkar zwischen den schroffen Felsmassiven von Langkofel und Plattkofel. Wanderer rasten hier im Reich der Kletterer, Klettersteigfans starten von hier zum Oskar-Schuster-Steig. Zustieg von Bergstation Monte Seura (St. Christina) ② in ca. 1,25 Std. oder Abstieg von der Bergstation Langkofelscharte ⑫ in ca. 40 Min.; Tel. 04 71 79 23 23

Comici-Hütte (2154 m)
Unmittelbar am Fuße des wuchtigen Langkofelmassivs steht eine der bekanntesten Hütten des Grödnertals. Sie ist vor allem für ihre hervorragende Küche und speziell für Fischspezialitäten bekannt. Ganz billig ist das Vergnügen allerdings nicht, wenn man als Wanderer hier seinen Riesenhunger stillen will. Zustieg in ca. 30 Min. von der Bergstation Monte Seura ②; keine Übernachtung; Tel. 04 71 79 41 21

Toni-Demetz-Hütte (2681 m)
Spektakulär sitzt die kleine Hütte zwischen den Felswänden in der Langkofelscharte an der Bergstation der Seilbahn ⑫. Ausgangspunkt für Klettertouren sowie für die Bergabwanderung zur Langkofelhütte und weiter ins Tal; Tel. 04 71 79 50 50

Puezhütte (2475 m)
Die Hütte am Rand der kahlen Gardenaccia-Hochfläche ist ein beliebtes Ziel für Tagesausflügler und ein wichtiger Stützpunkt für Wanderer auf dem berühmten Dolomiten-Höhenweg Nr. 2, der von Brixen nach Feltre führt. Zustieg von Wolkenstein in ca. 3 Std.; Tel. 04 71 79 53 65

Regensburger Hütte
(Geisler-Hütte/Rif. Firenze, 2037 m)
Vom zeitweiligen Touristentrubel im Grödnertal ist man im Hochtal zwischen Geislerspitzen und Steviamassiv Welten entfernt. Polentagerichte in allen Variationen schaffen die kalorienhaltige Grundlage für stramme Touren. Abstieg von Bergstation Col Raiser (St. Christina) ③ in ca. 20 Min.; Tel. 04 71 79 63 07

🇮🇹 GRÖDNERTAL

EVENTS

- Juli: Starbike International, Mountainbike-Marathon (www.gardena-starbike.com)

- Juli/August: Val Gardena Musika Festival (www.valgardenamusika.com)

- September: Herbst- und Genusswochen, St. Christina

  Val Gardena Extrem-Marathon (Berglauf)

- Oktober: Ladiner-Fest in Gröden

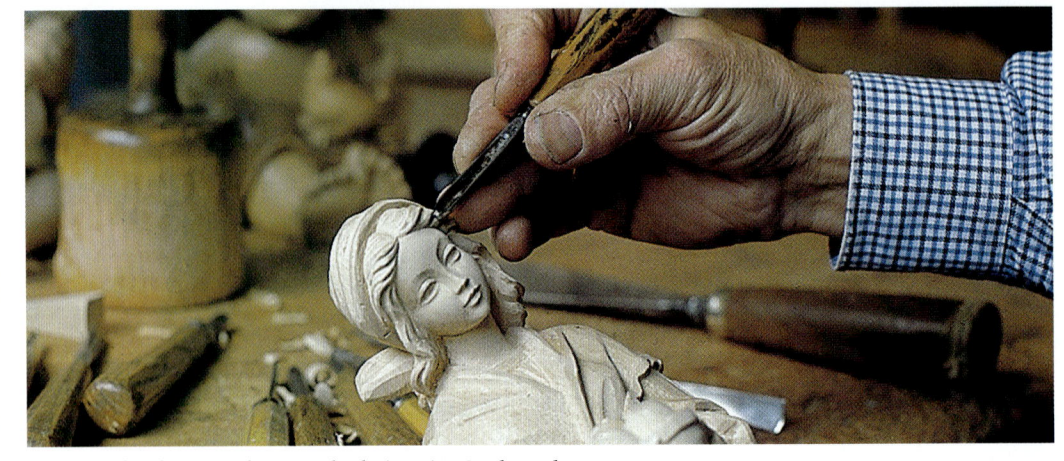

Hotelempfehlungen

Barbian S. 724
Lajen S. 734
St. Christina S. 744
St. Ulrich S. 746
Villnöß S. 749
Wolkenstein S. 749

Grödner Heimatmuseum

Das Museum in St. Ulrich vermittelt einen Einblick in das Kulturgut des Grödnertals und umfasst u. a. eine reichhaltige Dokumentation der 300 Jahre alten Grödner Holzschnitzkunst, typisches altes Grödner Holzspielzeug, eine Mineralien- und Fossiliensammlung, bedeutende Funde aus prähistorischer Zeit sowie Wissenswertes über die Flora und Fauna der Dolomiten; Tel. 04 71 79 75 54

»Mar Dolomit«

Ob man nun einige Runden schwimmen, sich in der Sauna entspannen oder den Kindern beim Planschen zusehen möchte: Das »Mar Dolomit« in St. Ulrich ist dafür die erste Adresse im Grödnertal. Das neue Erlebnisbad bietet Freibecken, Riesenrutsche, Hallenbecken, Saunawelt, Kinderbecken und Gastronomie. In der Sauna sollte man auf die wechselnden Öffnungszeiten achten; Tel. 04 71 79 71 31; www.mardolomit.com

Kunsthandwerk mit Tradition: Holzschnitzer im Grödnertal

Wanderer genießen vor allem diese mittlere Höhenetage über dem Grödnertal – und lassen sich auch gerne bequem per Seilbahn zum Ausgangspunkt ihrer Touren befördern: Von der Bergstation der Seceda beispielsweise führt eine aussichtsreiche und geologisch interessante Wanderung über die Brogles-Hütte und die Raschötzhütte nach St. Ulrich. Gegenüber lockt die Seiser Alm mit gemütlichen Touren; besonders attraktiv ist dort die Umrundung des Langkofelmassivs, die bei einer Dauer von etwa sieben Stunden allerdings eine gute Kondition erfordert.

Angesichts der großen Felsmassive, der langen Bergsteigertradition und moderner Tourismusmanager

Action & Sport

MOUNTAINBIKE	KLETTERSTEIGE	RAFTING	CANYONING	REITEN
PARAGLIDING	DRACHENFLIEGEN	KLETTERGÄRTEN	TENNIS	WINDSURFEN
KAJAK/KANU	WASSERSKI	TAUCHEN	HOCHSEILGARTEN	GOLF

TOP TIPP Wer etwas sehen will, muss hoch hinaus – z. B. auf einen **leichten Klettersteig** ❷ auf den Sass Rigais (3025 m). Als echter Dreitausender bietet er eine wunderbare Aussicht auf die Dolomitengipfel und obendrein das Erlebnis einer Via ferrata. Die ersten Höhenmeter erspart von St. Christina aus die Col-Raiser-Bahn ❸. Von der Bergstation ein kurzes Stück nach Norden, dann rechts haltend unter den Südwänden der Fermedatürme durch die obersten Wiesenhänge zur Abzweigung in die markante Mittagsscharte (Wegweiser »Sass Rigais«). Auf steilem Weg in Richtung Scharte steigen, bis rechts unübersehbar der Klettersteig beginnt (große Buchstaben auf den Felsen, ca. 2500 m). Die Drahtseilsicherungen leiten durch eine kleine Schlucht nach oben, dann führt der markierte Steig durch die felsige Flanke bis zum Südgrat und an ihm entlang – stellenweise luftig, aber gut gesichert! – zum Gipfel. Schwindelfrei und trittsicher muss man sein, selbstverständlich auch den Umgang mit der Klettersteigausrüstung beherrschen; Rückkehr auf dem Anstiegsweg; Zeit ab Col Raiser: ca. 5–6 Std.; geführte Touren: Grödner Bergführer-Vereinigung, Wolkenstein; Tel. 04 71 79 41 33; www.guidegardena.com

Mountainbiken	Zallinger Hütte (2054 m)	Ausgangspunkt: Wolkenstein (1563 m); St. Christina – Iendertal – Zallinger Hütte – Wolkenstein; 26 km; Zeit: ca. 3–4 Std.; Asphaltstraßen und Forstwege; geführte Touren: Dolomiti Adventures, Wolkenstein; Tel. 04 71 77 09 05; www.dolomiti-adventures.info
Paragliding	Tandemflüge	Gardena Mountain Adventure, Wolkenstein; Tel. 04 71 79 42 47 Parapendio Club Gherdeina, St. Ulrich; Tel. 03 39 6 70 96 59; www.parapendio-gardena.com Fly 2; Tel. 03 35 5 71 65 00 – Startplatz an der Seceda ❹ ❺, je nach Windrichtung äußerst anspruchsvoll!
Klettergärten	Busc del Preve	Im Langental bei Wolkenstein; 11 Routen, auch im unteren Schwierigkeitsbereich
	Sas dala Piera Ciauda	Von Wolkenstein Richtung Sellajoch bis zur ersten Straßenkehre, dann über die Skipiste und rechts in den Wald; schwierige Routen in überhängendem Dolomit, nichts für Anfänger
Canyoning	Mountain Adventure, Wolkenstein	Klettern und Abseilen an den Wasserfällen der Dolomiten; Gardena Mountain Adventure, Wolkenstein; Tel. 04 71 79 42 47
Reiten	Reitschule Pozzamanigoni	Einzelstunden, Ausritte, Pferdetrekking; Wolkenstein; Tel. 04 71 79 41 38; www.pozzamanigoni.com

darf auch der Klettersteig-Fan mit einem großen Angebot an Eisenwegen rechnen: Mit dem Pößneckersteig führt eine der ältesten Anlagen dieser Art auf das Gipfelplateau des Sellastocks. Weitere Vie ferrate finden sich an den Geislerspitzen und am Plattkofel, wo der August-Schuster-Steig aus dem Langkofelkar spektakulär zum Gipfel zieht. Ideal für Einsteiger ist der kurze, aber anspruchsvolle Steig an der Kleinen Cirspitze über dem Grödnerjoch. Dem Trend der Zeit entsprechend – wenig gehen, viel klettern – wurde in jüngster Zeit ein sportlich-rassiger Klettersteig von Wolkenstein zur Stevia-Hütte angelegt: Genehmigungsprobleme hatten zwar die offizielle Eröffnung verzögert, aber die eisenharten Fakten sind geschaffen, und die Klettersteigfans haben auch ohne behördlichen Segen längst Besitz ergriffen. Vom Parkplatz am Eingang ins Langental kann man sich gar nicht richtig warmlaufen, da steht man bereits am Einstieg (direkt neben der Materialseilbahn der Stevia-Hütte). 400 Höhenmeter geht es dann steil, luftig und bestens mit einem Drahtseil gesichert nach oben; Leitern helfen über besonders schwierige Stellen hinweg, Brücken sorgen für etwas Nervenkitzel. Sandro Pertini verleiht hier einem Klettersteig seinen Namen. Und unten in St. Ulrich sitzt eine andere bekannte Persönlichkeit an der nach ihm benannten Promenade; das Denkmal von Luis Trenker erträgt stoisch den Wandel des Grödnertals und blickt gebannt hinauf zu seinen Bergen.

Promi-Tipp

Giorgio Moroder
Einer der bekanntesten Komponisten von Film- und Popmusik. Für seine Filmsongs wurde er dreimal mit einem Oscar ausgezeichnet. Er stammt aus dem Grödnertal und lebt in Kalifornien. »Fantastische Panoramablicke bietet allen Bergsteigern, die sich eine mittelschwere, etwa vierstündige Tour zutrauen, die Langkofelroute. Man fährt vom Sellajoch in 2213 m Höhe mit der Kabinenbahn ⑫ auf die Langkofelscharte bis zur Toni-Demetz-Hütte. Von dort geht's steil bergab zur Langkofelhütte und weiter zur Comici-Hütte. Wenn Sie reserviert haben (Tel. 04 71 79 41 21), können Sie hier abends tolle Fischspezialitäten essen, bevor Sie zum Sellajoch zurückgehen.«

Adressen & Bergbahnen — Landesvorwahl 00 39

Urlaubsregion	Tourismusverband **Gröden**; Tel. 04 71 79 22 77; E-Mail: info@valgardena.it, www.valgardena.it	
St. Christina (1428 m)	Tourismusverein St. Christina, Tel. 04 71 79 30 46, E-Mail: s.cristina@valgardena.it; www.valgardena.it	
St. Ulrich (1236 m)	Tourismusverein St. Ulrich; Tel. 04 71 79 63 28; E-Mail: ortisei@valgardena.it; www.valgardena.it	
Wolkenstein (1563 m)	Tourismusverein Wolkenstein; Tel. 04 71 79 51 22; E-Mail: selva@valgardena.it; www.valgardena.it	
Entfernungen	Hamburg 1045 km; Berlin 857 km; Köln 847 km; Frankfurt a. M. 663 km; Stuttgart 423 km; München 270 km	

① St. Christina Monte Pana • Berg/Tal 8 €
② St. Christina Monte Seura • Berg/Tal 10 €
③ St. Christina Col Raiser • Berg/Tal 11 €
④ ⑤ St. Ulrich Seceda • Berg/Tal 18 €
⑥ St. Ulrich Fermedalift • Berg/Tal 8 €
⑦ St. Ulrich Raschötzlift • Berg/Tal 10,20 €
⑧ St. Ulrich Seiser Alm • Berg/Tal 12 €
⑨ Wolkenstein Ciampinoi • Berg/Tal 12 €
⑩ Wolkenstein Dantercepies-Bahn Berg/Tal 9,60 €
⑪ Wolkenstein/Grödnerjoch Cir-Lift Berg/Tal 4 €
⑫ Wolkenstein/Sellajoch Langkofelscharte Berg/Tal 12 €

Siehe auch Preisteil S. 649

Wanderkarten

Freytag & Berndt; WKS 5 Grödnertal, Sella, Marmolada; 1:50000

Straßenatlas Siehe S. 793

Seiser Alm und Schlern
Südtirol

ACTION & SPORT

WANDERN & BERGTOUREN

FUN & FAMILY

WELLNESS & GENUSS

Auf der schönsten Alm Südtirols

Eine weite, offene Landschaft mit sanften Almwiesen vor den steil aufragenden Felszacken der Langkofelgruppe – so kennt man die in den Dolomiten gelegene Seiser Alm. Wer die eher beschauliche Art des Urlaubs bevorzugt, wird die malerischen Orte unterhalb der Seiser Alm lieben. Diese geben sich betont traditionell und bodenständig, südtirolerisch eben, fast so wie in der »guten alten Zeit«.

Es gibt viele Gründe, warum die Seiser Alm eines der populärsten Ziele in Südtirol ist – und dies im Sommer ebenso wie während der Wintersaison. Der einzigartige Reiz der mit 52 km² größten Hochalm Europas liegt zweifellos im landschaftlichen Kontrast: im Norden das Grödnertal, östlich das schroffe Langkofelmassiv, gegen Südwesten der mächtige Rücken des Schlern mit seinem felsigen Steilabbruch und dazwischen die milden, mit sattgrünem Gras überzogenen Wellen der Seiser Alm. Eine Landschaft wie gemalt, die vor allem jene anzieht, die gemütliche Wege suchen, sich dem Müßiggang hingeben und träumen wollen. Inspirationen dazu findet man hier genügend, sei es in der Natur, in den idyllischen Dörfern, den verwegenen Burgruinen oder in der Nähe geheimnisvoller, uralter Kultstätten.

Denn Menschen gab es auf der Seiser Alm und dem Schlern schon seit Urzeiten: Wer vom Petz, der höchsten Erhebung des Schlern, weiter zum Burgstall geht, wandert vermutlich direkt an einer prähistorischen Opferstätte entlang. Darauf deuten zumindest die Funde bronzezeitlicher und hallstattzeitlicher Tonscherben hin. Überreste eines römischen Kastells, Burgruinen und Wallanlagen wurden außerdem in der Gegend entdeckt. Rätsel geben nach wie vor die Hexenstühle bei Kastelruth und die Hexenbank in der Nähe des Puflatschs auf, einem zwar unauffälligen, aber umso schöneren Aussichtsgipfel am nördlichen Ende der Seiser Alm. Mit etwas Fantasie kann man sich gut vorstellen, wie unheimliche Gesellen auf den riesigen Felsblöcken Platz nahmen, um zu tagen oder zu feiern. Hier sollen sich auch die Schlernhexen zu Ausflügen versammelt haben, bevor sie gemeinsam auf ihren Besen durch die Lüfte fegten. Waren die Schlernhexen den Menschen nicht gut gesonnen, brauten sie dort oben verheerende Unwetter zusammen, zauberten Hagelwolken, Blitz und Donner. Sollte es dem Messner von St. Valentin oberhalb

Die Kirche St. Valentin bei Seis, behütet von den eindrucksvollen Felswänden des Schlern

ADAC *der perfekte Urlaubstag*

- **9 Uhr:** mit der Seilbahn von Seis nach Compatsch ②, Wanderung zum Puflatsch, mit der Bahn wieder hinunter nach Seis
- **14 Uhr:** Badeausflug mit dem Rad zum Völser Weiher
- **19 Uhr:** Fahrt nach Völs zu einer der Abendveranstaltungen auf Schloss Prösels

Auf der Seiser Alm unterhalb des Langkofels

Die Hexenbänke auf dem Puflatsch

von Seis nicht gelungen sein, rechtzeitig die Wetterglocken zu läuten, brauste ein teuflisches Unwetter über das Land.

Wetterglocken werden noch immer geläutet, aber die Hexen sind rar geworden; öffentlich zeigen sich nur noch zwei: Eine ziert als kleines Symbol die Prospekte der Verkehrsvereine der Region, die andere lebt in Kastelruth und führt Kinder und Gäste zu den mystischen Orten. Ob die junge Frau nun übernatürliche Kräfte besitzt oder nicht – ihre Zuhörer kann sie auf jeden Fall verzaubern. Und bereits das wäre ihr vielleicht in früheren Zeiten zum Verhängnis geworden. Denn in dem heute so sehenswerten Schloss Prösels herrschte Anfang des 16. Jh.s Leonhard von Völs, einer der fanatischsten Hexenjäger Tirols. Neun Frauen verurteilte er nach unsäglichen Folterungen zum Tod auf dem Scheiterhaufen. Gut waren die alten Zeiten eben nicht für alle. Andererseits war Leonhard ein großer Kunstliebhaber, und viele Kunstschätze der Region wurden in seinem Auftrag angefertigt.

Jene, die nicht vorhaben, auf dem Besen anzureisen, erreichen die Seiser Alm und die davor gelagerten Urlaubsorte Kastelruth, Seis am Schlern und

Wandern & Bergtouren

TOP TIPP Eine lange, aber relativ leichte Wanderung führt vom Spitzbühel (1935 m) aus auf den **Petz** ❶ (2564m), die höchste Erhebung des Schlern mit grandiosem Rundblick. Ausgangspunkt ist die Bergstation des Spitzbühellifts ❷ (Talstation an der Seiser-Alm-Straße) mit imposantem Blick auf das Schlernmassiv. Über Almwiesen geht es erst abwärts zur Saltnerhütte (1731 m), dann in langen Kehren über den Touristensteig hinauf zur Schlernhochfläche. Eben weiter auf dem karg bewachsenen Plateau zum Schlernhaus (2457 m) und noch einmal etwas bergauf zum Petz mit seiner weißen Aussichtskanzel aus mächtigem Dolomitgestein. Wer noch Kraftreserven hat, sollte weiter zum Burgstall (2515 m) wandern (hin und zurück ca. 45 Min.) und den atemberaubenden Tiefblick zur Hochebene von Seis und Kastelruth genießen. Abstieg wie Aufstieg; Zeit: ca. 6 Std.; Einkehr: Saltnerhütte, Schlernhaus, Gasthof Frommer

Puflatsch (2174 m) Leichte Wanderung durch duftende Hochalmwiesen zu einmaligem Aussichtsgipfel	Ausgangspunkt: Compatsch (1844 m); Sessellift zur Puflatschalpe – nach Norden auf Fahrweg zur Schnürlplatte – am Rand der Hochfläche entlang, mit herrlichen Tiefblicken, bis zum Gipfel (2174 m); kurzer Abstieg zu den Hexenbänken, riesigen treppenförmigen Steingebilden – bergauf, bergab über Wiesenmulden zur Arnikahütte – hinab zur Puflatschhütte – über Wiesenwege zurück nach Compatsch; Zeit: ca. 3–4 Std.; Einkehr: Arnikahütte, Puflatschhütte
Ruine Hauenstein Rundwanderung mit historischem Hintergrund	Ausgangspunkt: Seis; ostwärts Richtung Hotel Waldrast – auf Weg Nr. 8 über den Frötschbach durch den Hauensteiner Wald – unterhalb der auf einem mächtigen Felsen thronenden Ruine Hauenstein, wo einst Oswald von Wolkenstein lebte, geradeaus zum Sattel – rechts zur Ruine, links zu einem fantastischen Aussichtsplatz; auf Weg Nr. 3 zurück – evtl. Abstecher auf Weg 3b zur Ruine Salegg – auf Weg 3a zurück nach Seis; Zeit: ca. 1,5 Std.; Einkehr: in Seis
Plattkofelhütte (2300 m) Genusstour über den Seiser Kamm	Ausgangspunkt: Saltria, Bergstation Florianlift ❺ (2100 m); flach, dann steil bergauf zur Plattkofelhütte (2300 m) – auf dem Friedrich-August-Weg über den Seiser Kamm bis zum Mahlknechtjoch (2188 m) – Abstieg zum Seiser-Alm-Haus (2145 m) – auf Feldwegen zur Tanezzaalm (1858 m) – durch Wald und zuletzt über weite Almwiesen zurück zur Talstation Saltria (1700 m); Zeit: ca. 3,5 Std.; Einkehr: Plattkofelhütte, Seiser Alm Haus, Gasthof Tirler
Kastelruther Hexenstühle Leichte Wanderung zu magischem Ort	Ausgangspunkt: Kastelruth (1060 m); auf dem Puflatschweg Richtung Schlern – zum Schererplatzl mit herrlicher Aussicht und sonnigen Bänken – weiter Richtung Marinzen bis kurz hinter Restaurant Schlernhexe – rechts hinauf zum Kienzlhof und den Tennisplätzen – kurz durch den Tiosler Wald bis zum Schild Hexenstühle; Abstieg wie Aufstieg; Zeit: ca. 2,5 Std.; Einkehr: Restaurant Schlernhexe, Cafés und Restaurants in Kastelruth

Restaurants

Posthotel Lamm
Klassische Südtiroler und internationale Küche wird in dem gediegen-rustikalen Restaurant in Kastelruth serviert. Die Qualität überzeugte auch die Tester von Gault-Millau; Tel. 04 71 70 63 43; www.posthotellamm.it

Heubad
Das gemütliche Restaurant im gleichnamigen Hotel in Völs bietet eine Kombination aus regionaler und italienischer Küche. Tel. 04 71 72 50 20; www.hotel-heubad.com

Promi-Tipp

Norbert Rier von den Kastelruther Spatzen lebt in Kastelruth auf einem Bauernhof – für ihn ein Ort der Ruhe nach den vielen Auftritten vor großem Publikum: »Wir kehren nach einer anstrengenden Tournee alle gern hierher in die Heimat zurück. In der einzigartigen Bergwelt rund um die Seiser Alm können wir abseits vom Trubel die Frische der Natur einatmen und neue Kraft schöpfen.«

EVENTS

- Juni: Oswald-von-Wolkenstein-Ritt
- Open Air der Kastelruther Spatzen, Kastelruth
- Juli: Internationales Music Festival Schlern
- August: Dorffest Kastelruth
- Völser Kirchtag
- Oktober: Spatzenfest Kastelruth

🇮🇹 SEISER ALM UND SCHLERN

Großes Fest, nicht nur für »Rossnarrische«: der Oswald-von-Wolkenstein-Ritt bei Völs

noch zu wenig ist. Verständlich, schließlich ist die Seiser Alm nicht nur ein Urlaubsparadies, sondern auch ein Landschaftsschutzgebiet.

Wandergebiet Seiser Alm

Beliebtester Ausgangspunkt für gemütliche Wander- und Biketouren ins Almgebiet ist Compatsch. Ziel eines genussvollen, relativ leichten Ausflugs mit dem Mountainbike ist das Molignonhaus, das auf einem grandiosen Aussichtsplatz steht. Weiter geht die Rundtour auf dem Fahrweg bis Saltria und von dort auf der Asphaltstraße wieder hinunter nach Compatsch. Wer zu Fuß anspruchsvolle Wege sucht, steigt Richtung Naturpark Schlern auf die kühnen Felsnadeln von Santnerspitze und Euringerspitze sowie auf das mächtige Hauptmassiv mit Burgstall und dem höchsten Punkt, dem Petz. Nicht schwierig, aber luftig und ausgesetzt ist der Maximilian-Klettersteig über die Roßzähne.

Doch wer hierher kommt, ist ohnehin nicht auf der Suche nach körperlichen Herausforderungen, sondern nach intensivem Naturerleben und Gemütlichkeit. Vor allem Letztere findet man unten in den Urlaubsorten. Berühmt ist Kastelruth dank seiner »Spatzen« – den mittlerweile wichtigsten Werbeträgern der Gemeinde. Die Auftritte der Kastelruther Spatzen beim Open-Air-Konzert im Frühsommer und dem Spatzenfest im Herbst verursachen regelrechte Völkerwanderungen. Für ihre volkstümlichen Lieder ist die Gegend auf jeden Fall die perfekte Kulisse. Doch auch ohne Spatzen ist Kastelruth mit seinen kunstvoll bemalten Häusern einen Besuch wert.

Auf einem sonnigen Hochplateau zu Füßen der Santnerspitze liegt das malerische Dorf Seis am Schlern. Kahl und verlassen ragen dahinter die halb zerfallenen, weiß gebleichten Gemäuer der Burg Hauenstein aus dem dichten, dunklen Wald. Hier lebte der einäugige Dichter, Diplomat, Ritter und Minnesänger Oswald von Wolkenstein (1377–1445), wenn er gerade einmal in der Gegend war. Denn gern weilte er nicht in der einsamen Burg. Sobald es ging, zog es ihn wieder in die Ferne. Das nimmt ihm heute aber keiner mehr übel. Im Gegenteil, man widmet ihm sogar die wichtigste Veranstaltung,

Völs rasch von der nahen Brennerautobahn. Zur eigentlichen Hochfläche, die sich zwischen 1800 und 2000 m Höhe ausbreitet, gelangt man entweder von Seis aus auf einer kurvenreichen Straße oder mit einer relativ neuen Bergbahn. Mit dem Bau der Bahn wurde der Autoverkehr zwar eingeschränkt, was aber angesichts der Massen, die zur Hochsaison hinaufwollen, vielen Einheimischen

Markante Felsbastionen über der Seiser Alm: Burgstall, Euringer Spitze und Santner Spitze

---

Hütten

Schutzhaus Tierser Alpl (2440 m)
Das traumhaft schön unterhalb der Rosszähne gelegene Schutzhaus wurde 1963 von Max Aichner erbaut, der dabei auch gleich in der Nähe den Maximilian-Klettersteig und den schwierigen Laurenzisteig über den Molignonkamm erschlossen hat. Eine gemütliche Hütte mit sympathischen Wirtsleuten, rustikalem Interieur, typisch Südtiroler Hausmannskost und Übernachtungsmöglichkeiten. Ausgangspunkt: Bergstation Panoramalift ❹, Compatsch; Zeit: ca. 2 Std.; Tel. 04 71 70 74 60; www.tierseralpl.com

Malga Sanon (1849 m)
Mitten im Wandergebiet der Seiser Alm steht die Sanon-Hütte. Eine urige, ganz aus Holz gebaute Einkehr, in der die Familie Kostner klassische Südtiroler Küche anbietet, und das in einer großartigen Qualität. Da die Kostners passionierte Hubschrauberpiloten sind und als solche immer für die Bergrettung bereitstehen, befindet sich neben dem Haus ein Landeplatz. Ausgangspunkt: Compatsch; Zeit: ca. 0,5 Std.; Tel. 04 71 72 70 02

Wanderkarten

Freytag & Berndt, WKS 1 Bozen, Meran, Sarntal; 1:50000
Tabacco-Wanderkarte, 05/Gröden-Seiseralm 1:25000

Fun & Family ★★★★

Freibad Telfen Kastelruth	Sportzentrum mit vielen Möglichkeiten, u. a. mit großem Freibad, Kinderbecken, Sprungturm und Beachvolleyball; Tel. 04 71 70 50 90; www.telfen.it
Völser Weiher Völs	Als Karpfenteich vom Schlossherrn von Prösels im 16. Jh. angelegt, ist der schön gelegene Badesee heute ein beliebtes Ausflugsziel
Hexenwanderungen Kastelruth	Von der »Schlernhexe« Martha geführte Wanderungen zu mystischen Orten bei Kastelruth und im Schlerngebiet; Tel. 04 71 70 63 33
Pfarrmuseum Völs	Interessante Sammlung der Kunstgegenstände aus den Kirchen der Umgebung; Führungen immer Fr 11 Uhr; Tel. 04 71 72 50 47

TOP TIPP Beeindruckend für Jung und Alt sind die Führungen durch das wehrhafte **Schloss Prösels** ❷ bei Völs. 1279 wurde die Festung erbaut; heute ist sie Schauplatz von Konzerten und Ausstellungen sowie verschiedener Festivitäten. Allein schon die wuchtige Architektur des Bauwerks ist einen Besuch wert, aber auch die Waffensammlung und die kostbaren Gemälde im Batzenhäusl sind sehenswert. Ein besonderes Erlebnis sind die »Schlossnächte« mit musikalischer Untermalung, die regelmäßig stattfinden. Führungen tgl. außer Sa; Tel. 04 71 60 10 62; www.schloss-proesels.it

zumindest für die »rossnarrischen« Südtiroler: den Oswald-von-Wolkenstein-Ritt mit seinem breit gefächerten kulturellen Rahmenprogramm. Jedes Jahr Anfang Juni messen sich die besten Reiter der Region beim zweitägigen Pferdefest vor Schloss Prösels bei Völs. Einerseits ist diese mittelalterlich anmutende Mischung aus Ritterspielen und Geschicklichkeitsturnier ein sportlicher Wettkampf, der von den Einheimischen sehr ernst genommen wird. Andererseits ist es ein herrliches Schauspiel für die Besucher aus aller Welt, wenn die flinken Haflinger vor der idyllischen Kulisse von Schloss, Almwiesen und Felszacken über den Platz jagen. Und nach der Siegerehrung feiern alle gemeinsam, wie es Südtiroler Brauch ist: Sieger, Einheimische in schmucken Trachten und von fern angereiste Touristen.

Das malerische Dorf Kastelruth

Adressen & Bergbahnen
Landesvorwahl 00 39

Urlaubsregion	Tourismusverband **Seiser Alm – Schlerngebiet**; Tel. 04 71 70 41 22; E-Mail: info@schlerngebiet.com; www.schlerngebiet.com	① Seis Bergbahn Seis–Compatsch Berg/Tal 10 €
Kastelruth (1060 m)	Tourismusverein Kastelruth; Tel. 04 71 70 63 33; E-Mail: info@kastelruth.com; www.kastelruth.com	② Seiser Alm – Schlerngebiet Spitzbühellift Berg/Tal 5 €
Seis (1002 m)	Tourismusverein Seis; Tel. 04 71 70 70 24; E-Mail: info@seis.it; www.seis.it	③ Seiser Alm – Schlerngebiet Puflatschlift Berg/Tal 5 €
Völs (880 m)	Tourismusverein Völs am Schlern; Tel. 04 71 72 50 47; E-Mail: info@voels.it; www.voels.it	④ Seiser Alm – Schlerngebiet Panoramalift Berg/Tal 5 €
Entfernungen	Hamburg 1044 km; Berlin 855 km; Köln 845 km; Frankfurt a. M. 661 km; Stuttgart 421 km; München 268 km	⑤ Seiser Alm – Schlerngebiet Florianlift Berg/Tal 7 €

Siehe auch Preisteil S. 650

TOP TIPP **Pflegerhof ③**
Der Pflegerhof in St. Oswald bei Seis ist umgeben von duftenden Feldern, auf denen über 50 verschiedene Kräuter in üppiger Menge gedeihen. Im Schaugarten wachsen ca. 200 verschiedene Heil- und Gewürzpflanzen. Sie werden auf dem Biohof zu Kräutertees, -kissen und -salzen verarbeitet. Bei den Führungen durch Hof und Felder werden Anbaumethoden, Trocknungsprozess sowie Verarbeitung gezeigt und erklärt. Tel. 04 71 70 67 71; www.pflegerhof.com

Hotelempfehlungen
Kastelruth S. 731
Seis am Schlern S. 743
Seiser Alm S. 744
Völs am Schlern S. 749

Straßenatlas Siehe S. 793

ROSENGARTEN UND LATEMAR
SÜDTIROL

ACTION & SPORT

WANDERN & BERGTOUREN

FUN & FAMILY

WELLNESS & GENUSS

In König Laurins Zauberreich

Weder Wanderer noch Kletterer werden bedauern, dass – so die Sage – der Zwergenkönig Laurin seinen prächtigen Rosengarten einst aus Trauer über die Ermordung seines Volkes und den Verlust seiner Geliebten in Stein verwandelte. Zu fantastisch sind die schlanken Zinnen, die hellen Wände und steilen Grate, die im Abendlicht, wenn der Rosengarten wieder erblüht, in zartem Rosa zu leuchten beginnen. Ein Königreich für Bergsteiger und für Sportler, die noch nicht verlernt haben, zu schauen und zu staunen.

Heimatmuseum Karneid
Zwischen Eggen- und Tiersertal liegt Steinegg, das zur Gemeinde Karneid gehört. Neben der einzigen Volkssternwarte Südtirols (www.sternwarte.it) befindet sich hier ein schönes Heimatmuseum. Besucher machen einen Streifzug durch die 2000-jährige Geschichte, lernen Tradition und Brauchtum ebenso kennen wie Flora, Fauna, Geologie und Mineralien der Region; Tel. 04 71 37 65 18; www.steinegg.com

Weißlahnbad Tiers
Nahe beim heutigen Weißlahnbad wurde bei einer Heilquelle bereits 1779 das Tierser Badl mit einfachsten Mitteln errichtet. 1811 hat man es durch das etwas komfortablere – aber keineswegs noble – Badegasthaus Weißlahnbad ersetzt. Hier konnte sich jeder einen Badeaufenthalt leisten, entsprechend war der Andrang. Ausländische Gäste kamen jedoch eher selten, obwohl der Ruf des Bades immer besser wurde. Heute ist das Weißlahnbad ein verträumtes, sehr familiäres Wellness-Hotel, dem der Charme längst vergangener Kurzeiten noch immer anhaftet. Neben den Heilbädern gibt es verschiedene Wellness-Angebote wie Heubäder, Kleopatrabad, Nachtkerzenbad, Sauna, Massagen etc.; Tel. 04 71 64 21 26; www.weisslahnbad.com

ADAC der perfekte Urlaubstag

9 Uhr: Fahrt von Welschnofen zum Karersee. Bevor die Busse kommen, ungestört das Farbenspiel und das Spiegelbild des Latemar bestaunen, dann weiterfahren zum Karerpass

10 Uhr: Wanderung durch den herrlichen alten Bergwald ins Felsgewirr des Labyrinths und zur märchenhaften Almwiese des Mitterlegers, dort gemütliches Picknick

15 Uhr: Rückfahrt an den Karersee, Ausritt durch die herrlichen Wälder am Fuße des Rosengartens

18 Uhr: Fahrt über den Nigerpass nach Tiers/St. Zyprian, auf der Terrasse von einem der Gasthöfe beobachten, wie der Rosengarten im letzten Licht erglüht

Nur wenige Kilometer nordöstlich von Bozen, am Beginn des Eggentals, wird es bedrohlich eng. Senkrechte, teils überhängende rötlich braune Felswände bilden eine schauerliche und gleichzeitig überwältigende Schlucht. Eingezwängt zwischen Wildbach und Felsen windet sich die Straße hindurch. Wer nur eine Spur Interesse an Geologie hat, sollte auf einer der Ausweichstellen stehen bleiben, um zu staunen: Vor 230 Mio. Jahren trat Lava aus, erkaltete und bildete die 4000 km², 1,5 km dicke Bozener Porphyrplatte. Der Eggentaler Bach hat sich tief in diese für die Dolomiten so ungewöhnliche Gesteinsschicht gefressen, sie sichtbar gemacht. Kurz nach der Schlucht gabelt sich die Straße. Der südliche Ast führt nach Deutschnofen zum Wallfahrtsort Maria Weissenstein mit seiner prächtigen Kirche (www.weissenstein.it) und nach Obereggen, an die Westseite des Latemar, einem wilden, einsamen Gebirgsstock. Bleiche, zerfurchte Wände ragen aus einem uralten Bergwald, in dem »klingende Hölzer« wachsen: Den wenigen Experten reicht es schon, gegen einen der Fichtenstämme zu klopfen, um zu hören, ob das Holz zum Geigenbau taugt. Wenn ja, ist der Baum Gold wert, wird sorgsam gefällt und zu Geigendecken verarbeitet, die den Instrumenten einen besonderen Klang verleihen. Auch Gold wurde einst in den Abbrüchen

Hinter Tiers lockt das mächtige Felsenreich des Rosengartens Wanderer und Kletterer an.

des Latemar abgebaut, ebenso wie Silber. Als sich dies nicht mehr lohnte, nutzte man die roten und gelben Eisenoxide, um daraus leuchtende Farben herzustellen.

Wer die Einsamkeit liebt und genügend alpine Erfahrung besitzt, sollte von Obereggen aus auf schmalen, ausgesetzten Bergsteigen über den Latemar zum Karerpass wandern. Auch ein schöner, mittelschwerer Klettersteig, der Campanili del Latemar, führt hinauf zur Großen Latemarscharte, in der die Biwakschachtel E. Rigatti wie ein Adlerhorst liegt. Hier sollte man übernachten, bevor man im fantastischen Morgenlicht hinaufsteigt zur Östlichen Latemarspitze. Kurz vor dem Karerpass lohnt sich ein Abstecher ins Labyrinth: Ein riesiger Bergsturz hat hier ein Felsengewirr hinterlassen, dazwischen liegen idyllische Almwiesen mit herrlichen Ausblicken in den Rosengarten gegenüber.

Wer nach der Eggentaler Schlucht nicht Richtung Oberreggen, sondern nach Welschnofen fährt, kommt König Laurins Felsenburg schon sehr nahe. Die ersten hell leuchtenden Felszinnen ragen geheimnisvoll über dem dunklen Bergwald auf, man bekommt Lust, einzutauchen in die Welt der Sagen und Geschichten. Zum Beispiel bei der leichten Wanderung von Welschenofen zur Lengeria-Kapelle. Dort hinauf gingen die Welschnofner, um einen Rosenkranz lang vor dem Bildstöckl zu knien und den Himmel um Beistand zu bitten. Früher durften die Schulbuben noch schnell einen Blick in die Wolfsgrube auf dem Joch werfen, von dem aus der Weg hinüberführt ins Tierstal. So zumindest erzählt es Wanderführer Toni Mahlknecht, der in sämtliche Geheimnisse zwischen Rosengarten und Latemar eingeweiht ist, natürlich auch in jenes der schönen Wasserjungfrau vom Karersee, in die sich der Zaubermeister von Masaré unsterblich verliebte.

Zauberhafter Karersee und wilde Latemargruppe

Sagenhaft schön

Wer am frühen Morgen am Ufer des Sees zwischen Welschnofen und Karerpass steht, kann ungestört das Spiegelbild des Latemar im sanften Grün des Wasser bestaunen, unzählige Diamanten scheinen zu glitzern. Toni weiß warum: Um die Nixe aus dem Wasser zu locken, spannte der Zauberer den schönsten aller Regenbogen zwischen Latemar und Rosen-

Gebietsmuseum im Schloss Thurn
Wertvolle Sammlung heimischer Barockkunst sowie der venezianischen Schule im Turmgeschoss des Schlosses Thurn in Deutschnofen (13. Jh.). Gezeigt werden Altarblätter (16. Jh.), Gemälde und frühbarocke Heiligenstatuen. Vorgeschichtliche Funde und Dokumente der Besiedelungsgeschichte des Gebietes ergänzen das sehenswerte Museum;
Tel. 04 71 61 65 67

Wandern & Bergtouren

TOP TIPP Eine fantastische Wanderung führt durch das wildromantische Tschamintal ins Herz des Rosengartens zum **Molignonpass** (2598 m) ❶. Ausgangspunkt ist Tiers/Weißlahnbad (1200 m); vorbei am Info-Zentrum des Naturparks geht es gemütlich weiter in das von steilen Felswänden eingerahmte Tschamintal. Dann durch das Grasleitental steiler hinauf zur sehr empfehlenswerten, gemütlichen Grasleitenhütte (2134 m; evtl. Übernachtung). Über felsigen Steig zum Molignonpass (2598 m), Abstieg durch wilde, eindrucksvolle Gebirgslandschaft zum Tierser Alpl (2441 m), der zweiten wunderschönen und gut bewirteten Hütte am Wegesrand. Kurz nach der Hütte kommt die schwierigste Stelle der Tour, der teils mit Drahtseilen abgesicherte Steig durch das Bärenloch zurück ins Tschamintal. Nun auf dem bereits bekannten Weg zurück nach Weißlahnbad; bis zur Grasleitenhütte leichte Bergwanderung, dann anspruchsvoller; Trittsicherheit und Schwindelfreiheit erforderlich; Zeit: ca. 8 Std.; Einkehr: Grasleitenhütte, Tierser Alpl

Östl. Latemarspitze (2791 m) Anspruchsvolle Bergtour in eindrucksvolle Steinwüste	Ausgangspunkt: Karerpass (1758 m); durch uralten Bergwald zur Vallace-Alm (1983 m) – steil hinauf zur Latemarscharte (2526 m) – über Schuttkare zum Col Cornon (2774 m) – über Bänder und Schrofen leicht ansteigend zur Scharte und über breiten Geröll-Rücken zum Gipfel, fantastische Aussicht; Abstieg wie Aufstieg; Trittsicherheit, Schwindelfreiheit und Erfahrung in alpinem Felsgelände unbedingt erforderlich; Zeit: ca. 7 Std.; Einkehr: keine
Durchs Labyrinth (1900 m) Leichte Wanderung durch faszinierende Felslandschaft	Ausgangspunkt: Karerpass (1758 m); auf Forstweg Nr. 21 durch den Latemar-Bergwald – herrliche Bergwiese des Mitterlegers (1835 m) zu Füßen der Latemar-Zinnen (romantische Almhütten, riesige Felsblöcke eines Bergsturzes, Blick auf den Rosengarten) – dem Labyrinthsteig (ca. 1900 m) durch das eindrucksvolle Bergsturzgelände folgen – Abstieg zur Geplänklacke (1750 m) – auf Forstweg zurück zum Karerpass; Zeit: ca. 2,5 Std.; Einkehr: keine
Hirzlweg (2339 m) Herrliche, leichte Aussichtspromenade für Genusswanderer	Ausgangspunkt: Karersee/Bergstation Paolina (2125 m) ❶; Christomannos-Denkmal – auf dem Hirzlweg nach Westen aufwärts – unterhalb der imposanten Felswände nahezu ohne Höhenunterschiede auf dem landschaftlich traumhaften Hirzlweg bis zur Rosengartenhütte (2339 m); Abstieg zur Tscheinerhütte (1775 m) am Nigerpass – schöner Wanderweg zurück zum Karersee; Zeit: ca. 3 Std.; Einkehr: Paolinahütte, Rosengartenhütte, Tscheinerhütte
Latemarhütte (2671 m) Mittelschwere Bergwanderung ins Herz des wilden Latemar	Ausgangspunkt: Obereggen/Bergstation Oberholz (2150 m) ❷; Gamsstallscharte (2560 m) – Latemarhütte (keine Übernachtung!) – Abstieg zu den Eggentaler Almen (2268 m) – Maierlalm (2037 m) – Bergstation Oberholz; mit dem Sessellift ❷ zurück nach Obereggen; Zeit: ca. 5 Std.; Einkehr: Latemarhütte, Maierlalm

Naturparkhaus
In der ehemaligen Steger Säge (1598 m) am Eingang des Tschamintal/Tiers. Historisches Venezianer-Sägewerk, voll funktionsfähig, auch Wohnbereich historisch eingerichtet; geologische Ausstellung, Aufbau des Schlernmassivs, Multivisionsschau, Welt der Steine. Hervorragende Vorbereitung auf eine Wanderung durch den Naturpark. Vieles, was einem vorher gar nicht aufgefallen wäre, macht die Wanderung danach zu einem unvergleichlichen, lehrreichen Erlebnis; Führungen, Exkursionen und Naturerlebnisse für Kinder; Tel. 04 71 64 21 96

🇮🇹 ROSENGARTEN UND LATEMAR

garten und legte Tausende Edelsteine ans Ufer. Die schöne Jungfrau tauchte tatsächlich auf, doch als sie den Zauberer entdeckte, erschrak sie zutiefst und verbarg sich für immer in den Fluten. In seinem Zorn riss der Hexenmeister den Regenbogen vom Himmel, zerschmetterte ihn und warf ihn mitsamt den Juwelen in den See. Und so funkelt der Karersee noch heute in den prächtigsten Farben.

Wenn jedoch die ersten Busse anrollen und Massen von Touristen aussteigen, ist der Zauber verflogen. Dann ist es Zeit, weiterzuwandern auf den Spuren der Geschichte. Diese führen direkt zum Grand Hotel Karersee, einem einstigen Prachthotel. 1896 wurde es von Theodor Christomannos erbaut, der die Dolomiten als idealen Urlaubsort für gut betuchte Gäste entdeckte und erschloss – allerdings erst nach heftigem Widerstand. Denn willkommen waren die wohlhabenden Fremden in den von Armut gezeichneten Gebirgstälern zuerst nicht. Doch den noblen Gästen gefiel die Region: Agatha Christie, Karl May, Kaiserin Sisi und Winston Churchill schöpften am Karersee Kraft und ließen sich inspirieren von der unvergleichlichen Umgebung. Heute wirkt das Nobelhotel erstarrt, versteinert, wie König Laurins Rosengarten. Glitzernde Kronleuchter und der Speisesaal sind Überbleibsel einer längst vergangenen Zeit. Aus einigen der vornehmen Zimmer wurden Ferienwohnungen, doch ein großer Teil des einstigen Grand Hotels steht leer.

Vom Karersee aus führt eine Straße zum Nigerpass: Die Ausblicke auf den Rosengarten sind fantastisch. Für Wanderer und Kletterer eröffnet sich ein Paradies, Klettersteiggeher haben sechs verschieden schwere Möglichkeiten zur Auswahl. Eine der schönsten ist der Masaré-Steig, der über einen Zackenkamm zum Rotwandgipfel führt.

St. Zyprian bei Tiers mit dem Rosengarten

Hütten

Grasleitenhütte (2165 m)
Urgemütliche Hütte in herrlicher Lage, mitten in König Laurins Zaubergarten.

Wurde 1887 als erste Hütte der Region erbaut. Serviert wird hervorragend zubereitete regionale Kost. Lohnend ist schon der traumhafte Zustieg von Tiers/Weißlahnbad durch das Tschamintal (ca. 3 Std.); Tel. 04 71 64 21 03

Tierser Alpl (2441 m)
Eine weitere sehr empfehlenswerte, bestens geführte Hütte. Ausgangspunkt für herrliche Wanderungen im Rosengarten und im Schlerngebiet. Außerdem Stützpunkt für den extrem schwierigen Laurenzi-Klettersteig über den einsamen, wilden Molignonkamm; Zustieg von Tiers/Weißlahnbad in ca. 4 Std.; Tel. 04 62 50 15 64

Rosengartenhütte (2339 m)
Fantastische Lage der großen Hütte (früher Kölner Hütte) unter den Westabstürzen der Laurinswand (2813 m) und der Rosengartenspitze (2979 m). In wenigen Minuten von der Bergstation der König-Laurin-Bahn ❸ erreichbar. Ausgangspunkt für den landschaftlich sehr eindrucksvollen, mittelschweren Santnerpass-Klettersteig; Tel. 04 71 61 20 33

Santnerpasshütte (2734 m)
Großartige Lage auf einer kleinen Hochfläche nordwestlich unter der Rosengartenspitze. Die Aussichtsloge oberhalb senkrechter Felswände, mit Blick auf die schlank aufragenden Pfeiler der Vajolettürme (2813 m). Eindrucksvoller Zustieg (ca. 2 Std.) über den gut gesicherten, mittelschweren Santnerpass-Klettersteig von der Bergstation der König-Laurin-Bahn ❸; nur 9 Schlafplätze!
Tel. 04 71 64 22 30

Action & Sport ✸ ✸ ✸ ✸

MOUNTAINBIKE	KLETTERSTEIGE	RAFTING	CANYONING	REITEN
PARAGLIDING	DRACHENFLIEGEN	KLETTERGÄRTEN	TENNIS	WINDSURFEN
KAJAK/KANU	WASSERSKI	TAUCHEN	HOCHSEILGÄRTEN	GOLF

TOP TIPP — Der **Klettersteig** ❷ führt über den wilden Zackengrat von der Punta Masaré (2564 m) zur Rotwand (2806 m). Obwohl äußerst anspruchsvoll, ist es der reine Genuss, auf dem Masaré-Steig um oder über die unzähligen Türmchen zu steigen und die immer neuen Perspektiven in König Laurins Felsenwelt auf sich wirken zu lassen. Ausgangspunkt ist der Karersee/Bergstation Paolina (2125 m) ❶; auf dem schönen Wanderweg zur Rotwandhütte (2280 m), weiter zum Einstieg an der Punta Masaré. In herrlichem Auf und Ab über den Klettersteig zur Teufelswand (2727 m) bis unter den Fensterlturm (2670 m, Möglichkeit zum Abstieg zur Rotwandhütte). Nach kurzer Querung sind einige beherzte Schritte in die Tiefe nötig, um zur breiten Flanke zu gelangen, die problemlos hinauf zum eindrucksvollen Aussichtsgipfel der Rotwand führt. Abstieg über den leichten, durchweg gesicherten Rotwandsteig zum Vajolonpass. Durch das Schuttkar hinunter zum Hirzerweg, zurück zur Bergstation Paolina. Eine Traumtour, die alles einschließt, was die Dolomiten zu bieten haben; schwieriger Klettersteig, komplette Ausrüstung und Erfahrung unbedingt erforderlich; Zeit: ca. 6 Std.; Einkehr: Paolinahütte, Rotwandhütte.

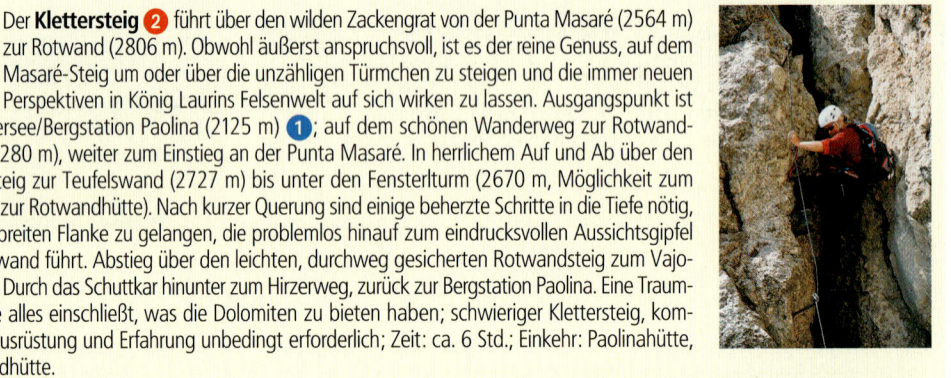

Golf	Golfclub Petersberg	18-Loch-Platz (Par 71); Petersberg (1200 m) ist die älteste Anlage Südtirols. Herrliche Lage, prächtiger alter Baumbestand. Kurse beim Golfclub Petersberg; Tel. 04 71 61 51 22; www.golfclubpetersberg.it
	Golfclub Karersee	9-Loch-Platz am Karersee in fantastischer Lage auf 1600 m Höhe; Golfclub Karersee; Tel. 04 71 61 22 00
Mountainbiken	Karerseetour, Welschnofen	Ausgangspunkt: Welschnofen (1182 m); Fötschental – Karersee (1561 m) – Nigerpass (1688 m) – Sagerer Schwaige (1630 m) – Schillerhof (1555 m) – Welschnofen; anspruchsvolle Traumrunde, 38 km, 1140 Höhenmeter, ca. 4 Std.; geführte Touren: Pepi Pichler; Tel. 0 33 37 25 78 90; Verleih: Paul Hofer, Deutschnofen; Tel. 0 34 92 82 19 27 sowie bei mehreren Hotels
Klettern	Vajolettürme, Rotwand usw.	Ein Dorado für Kletterer aller Schwierigkeitsgrade; weitgehend fester, rauer Kalkfels, Traumtouren vor allem an den Vajolettürmen, der Rotwand und der Rosengartenspitze. Wer keine Erfahrung in alpinen Routen hat, sollte sich einem Bergführer anvertrauen! Alpinzentrum Rosengarten; Tel. 04 71 61 33 52; www.berge-erleben.de
Reiten	Reitställe Welschnofen/ Karersee, Deutschnofen	Herrliches Reitgelände zu Füßen von Latemar und Rosengarten, ideal für längere Ausritte, Wanderritte und Reitkurse; Western-Reitstall Deutschnofen; Tel. 0 34 94 28 68 50; www.reitstall.it Reiterhof Zyprianhof, Karersee; Tel. 04 71 61 35 61; www.rolbox.it/zyprianhof

Adressen & Bergbahnen
Landesvorwahl 00 39

Urlaubsregion	Tourismusverband **Rosengarten-Latemar**; Tel. 04 71 61 03 10; E-Mail: office@rosengarten-latemar.com; www.rosengarten-latemar.com
Deutschnofen (1357 m)	Tourismusverein Eggental; Tel. 04 71 61 65 67; E-Mail: info@eggental.com; www.eggental.com
Steinegg (820 m)	Tourismusverein Steinegg; Tel. 04 71 37 65 74; E-Mail: info@steinegg.com; www.steinegg.com
Tiers (1020 m)	Tourismusverein Tiers; Tel. 04 71 64 21 27; E-Mail: info@tiers-rosengarten.com; www.tiers-rosengarten.com
Welschnofen (1182 m)	Tourismusverein Welschnofen-Karersee; Tel. 04 71 61 31 26; E-Mail: info@welschnofen.com; www.welschnofen.com
Weitere Orte	**Birchabruck** • **Karneid** www.karneid.it • **St. Zyprian** • **Obereggen**
Entfernungen	Hamburg 1069 km; Berlin 880 km; Köln 871 km; Frankfurt a. M. 686 km; Stuttgart 447 km; München 294 km

① Karersee Paolina Berg/Tal 9,50 €
② Obereggen Oberhol Berg/Tal 7,50 €
③ Welschnofen König-Laurin-Bahn (Rosengartenhütte) Berg/Tal 9,50 €

Siehe auch Preisteil S. 650

Hotelempfehlungen
Aldein S. 723
Birchabruck S. 724
Deutschnofen S. 728
Eggen S. 728
Karerpass S. 730
Karersee S. 731
Karneid S. 731
Obereggen S. 740
Petersberg S. 741
Steinegg S. 745
Tiers S. 748
Welschnofen S. 749

Wanderkarten
Freytag & Berndt, WKS 5 Grödnertal – Sella – Marmolada; 1:50000

Straßenatlas Siehe S. 793

König Laurins Rosengarten ist zwar versteinert, aber ein Blütenmeer gibt es trotzdem, z. B. im Tschamintal, auf der anderen Seite des Nigerpasses. Wer genauer wissen möchte, welche 2000 Pflanzenarten hier blühen, kann sich im neuen Naturparkzentrum am Eingang des Tschamintals informieren, denn seit wenigen Jahren gehört der Rosengarten zum Naturpark Schlern, dessen wilde, unwirtlichen Flanken im Norden des Tals in die Höhe schießen.

Am Fuße des Nigerpasses kurz vor Tiers bilden die Westwand der Rosengartenspitze, die Laurinswände und die schmalen Pfeiler der Vajolettürme eine herrliche Kulisse hinter der kleinen Kapelle St. Zyprian. Und zur Abendzeit zeigt sich der Rosengarten von seiner faszinierendsten Seite: wenn die hellen Zacken vom letzten Licht der Sonne in zartes Rosa, leuchtendes Gold oder tiefes Rot getaucht werden, erblüht der versteinerte Rosengarten König Laurins erneut – genauso wie in der Sage.

ALTA BADIA
SÜDTIROL

ACTION & SPORT

WANDERN & BERGTOUREN

FUN & FAMILY

WELLNESS & GENUSS

Kochkurs in Sotciastel
Im stilvollen Bauernhof aus dem 19. Jh. in Sotciastel bei Pedratsches kann man bei den Kochkursen der Bäuerin Erika Pitscheider die Feinheiten der ladinischen Küche erlernen und genießen; Tel. 04 71 84 70 37

Museum Ladin
In der mächtigen Festung Ciastel del Tor oberhalb von St. Martin in Thurn befindet sich das Ladinische Landesmuseum. In fünf Tälern der Dolomiten halten 30000 Dolomitenladiner nicht nur die ladinische Sprache, sondern auch ihre Kultur lebendig. Im Museum ist Wissenswertes und Interessantes aus der Vergangenheit und Gegenwart der Dolomitenladiner spannend zusammengestellt, signifikante Situationen werden herausgegriffen, einschneidende Einflüsse beleuchtet. Eindrucksvoll verdeutlicht wird dabei auch die Wechselbeziehung zwischen Landschaftsformen und Lebensweisen; Tel. 04 74 52 40 20; www.museumladin.it

ADAC der perfekte Urlaubstag
- **9 Uhr:** Wanderung von Pedratsches hinauf zur Wallfahrtskirche Heiligkreuz mit Einkehr im Hospiz, Talfahrt mit dem Sessellift ⑥
- **13 Uhr:** gemütliche Radtour von Stern nach Corvara mit Imbiss im Café Concerto (berühmtes Erdbeer-Tiramisu), dann wieder zurück
- **15 Uhr:** Fahrt mit dem Auto nach St. Martin in Thurn, Besuch des Museum Ladin
- **18 Uhr:** Rückfahrt, Abendessen im Bergbauernhof Maso Runch bei Pedratsches

Postkarten-Idylle von Colfuschg: die Kirche vor der Kulisse des Sellastocks

Eleganz und Ursprünglichkeit im alten Ladinertal

Zwischen Sella, Kreuzkofel und Lagazuoi findet sich scheinbar Gegensätzliches harmonisch vereint: schroffe Felsgipfel und liebliche Grasbuckel, ladinische Kultur und moderner Tourismus ebenso wie alpinaktive Gäste und italienische Society. Das Hochabtei, so der alte deutsche Name der Talschaft, ist ein ideales Ziel für Alpenurlauber mit den unterschiedlichsten Interessen.

Am Morgen erstrahlen Sellagruppe und Sassongher in hellem Glanz, abends taucht die Sonne die Felswände von Kreuzkofel, Lavarella und Cunturines in gleißendes Rot – die Bergkulisse von Alta Badia hat viele großartige Seiten. Daher kann die wirtschaftliche Entwicklung nicht überraschen, die das Tal binnen weniger Jahrzehnte von einem abgelegenen Dolomitenwinkel in eine der attraktivsten alpinen Destinationen in den italienischen Alpen verwandelt hat. Die herrliche Landschaft allein hat den Umschwung jedoch nicht herbeigeführt. Es waren tatkräftige Hoteliers und energische Fremdenverkehrsmanager, die das touristische Angebot massiv ausbauten.

Sie orientierten sich dabei stark an den Wünschen der eleganten italienischen Kundschaft, was beispielsweise im gastronomischen Angebot zum Ausdruck kommt. Drei edle Restaurants mit Michelin-Sternen im Umkreis weniger Kilometer sind im Alpenraum absolut rekordverdächtig. Dazu gibt es zahlreiche vornehme Hotels in den Hauptorten Corvara, Stern (La Villa), Colfuschg und St. Kassian. Passend dazu haben sich elegante Geschäfte etabliert; denn viele italienische Urlauber wissen noch immer gutes Essen und Shopping-Spazier-

Das Tal von Colfuschg aus der Gipfelstürmer-Perspektive

gänge weit mehr zu schätzen als schweißtreibende Bergtouren und kühne Felsklettereien hinauf zu den Gipfeln.

Glücklicherweise ist Alta Badia aber nicht nur Nobeldestination; die bäuerlichen Strukturen und die ladinische Kultur konnten sich durchaus behaupten. Wer es gern ruhig und gemütlich mag – und das gilt vor allem für die deutsche Kundschaft –, der ist in Pedratsches oder in Wengen (La Val) besser aufgehoben. Auch in Colfuschg oberhalb von Corvara, an der Straße zum Grödnerjoch gelegen, lebt man etwas abseits vom Trubel, der vor allem in der Sommerhochsaison beträchtlich ist. Um Ferragosto (Mitte August) scheint halb Italien in Alta Badia unterwegs zu sein.

Auf den Spuren der Vergangenheit

Auf den Bergen ist davon eher wenig zu spüren, denn im weitläufigen Gelände verteilen sich die Gehtüchtigen schnell. Die Wandermöglichkeiten sind hier fast unbegrenzt. Von den Hauptorten aus kann man in praktisch jede Himmelsrichtung bergwärts starten. So beginnen im obersten Tal von St. Kassian bei der Capanna Alpina herrliche Wanderrouten über die Große Fanesalm und das Limojoch bis zur Faneshütte oder hinauf zur Rifugio Scotoni und weiter zum Gipfel des Kleinen Lagazuoi. Letzterer gehört zwar politisch bereits nach Cortina und damit zur Provinz Belluno, aber das spielt für den Urlaubsgast keine Rolle. Ein Ausflug vom Falzaregopass – mit der Seilbahn zum Lagazuoigipfel und seiner einzigartigen Aussicht und dem langen Abstieg über die Rifugio Scotoni zur Capanna Alpina – garantiert weniger ambitionierten Wanderern ein großes Erlebnis und einen kräftigen Muskelkater.

Während des Ersten Weltkriegs war der Lagazuoi Schauplatz erbitterter Kämpfe zwischen italienischen und österreichischen Truppen. Unzählige Spuren davon sind heute noch deutlich zu erkennen – und sollen dies als Mahnmale auch in Zukunft bleiben. Im Sommer 2001 wurde z. B. der Kaiserjägersteig als leichter Klettersteig wieder hergestellt. Ursprünglich wurde er von den österreichischen Truppen angelegt, um vom Nachschublager am Valparolapass (Ausgangspunkt des Steigs)

Cunturinesspitze (l.) und Lagazuoi beherrschen das waldreiche oberste Gardertal.

Naturpark Fanes-Sennes-Prags
Verkarstete Hochflächen, zerklüftete Gipfel, aber auch sanfte Almwiesen und geheimnisvolle Bergwälder prägen das 10200 ha große Schutzgebiet

Restaurants

St. Hubertus
Rustikal-elegantes Restaurant mit Michelin-Stern im Hotel Rosalpina in St. Kassian; Tel. 04 71 84 95 00; www.rosalpina.it

Stüa de Michil
Gediegenes Gourmet-Restaurant (1 Michelin-Stern) im Romantikhotel La Perla im Zentrum von Corvara. Extravaganter Erlebnis-Weinkeller; Tel. 04 71 83 10 00; www.romantiklaperla.it

La Siriola
Ebenfalls mit Michelin-Stern gekrönt ist das kreative und für seine ausgefallenen Gerichte bekannte Restaurant »La Siriola« im Hotel Ciasa Salares außerhalb von St. Kassian; Tel. 04 71 84 94 45; www.siriolagroup.it

Maso Runch
Uriger Bergbauernhof oberhalb von Pedratsches mit klassischer ladinischer Küche und familiärem Ambiente; unbedingt reservieren! Tel. 04 71 83 97 96

Wandern & Bergtouren

TOP TIPP — Ein Klassiker unter den zahlreichen Bergtouren ist ein Ausflug hinauf in die **Fanesregion** ❶. Sagenhaft sind die kargen Felskessel mit einigen Seen und Almflächen in doppelter Hinsicht: einmal wegen der vielen Legenden und zum andern wegen der beeindruckenden Landschaft. Mit dem Bus geht es über St. Kassian bis zur Capanna Alpina (1726 m). Ein breiter Weg (Nr. 11) führt über die Felsstufe des Col Loggia auf das weitläufige Gelände der Großfanes (2102 m). Gemütlich geht es zum Limosee und über das Limojoch (2172 m) in das Reich von Kleinfanes mit Rifugio Fanes (2060 m) und Rifugio Lavarella (2042 m). Zurück kommt man dann entweder auf demselben Weg oder (deutlich anstrengender!) über den 2533 m hohen Lavarella-Sattel hinunter nach Stern (1420 m) oder St. Kassian (1537 m); genussvolle Tagestour; Zeit: ca. 7 Std.; Einkehr: Rifugio Fanes, Rifugio Lavarella

Heiligkreuz (2045 m) Gemütliche Wanderung von Pedratsches zur berühmten Wallfahrtskirche	Ausgangspunkt: Pedratsches (1365 m); St. Leonhard (1562 m) – Cianacei – Lehütte (1850 m) – Kreuzweg – Wallfahrtskirche und Hospiz Heiligkreuz, fantastische Lage unter den steilen Felswänden des Kreuzkofel-Massivs; Rückweg auf demselben Weg oder mit dem Sessellift ❻; Zeit: ca. 3 Std.; Einkehr: Hospiz Heiligkreuz
Rifugio del Puez (2475 m) Leichte, landschaftlich eindrucksvolle Wanderung durch den Naturpark	Ausgangspunkt: Colfuschg (1645 m); auf breitem Weg (Nr. 4) durch das Edelweißtal über zwei große Steilstufen zum Ciampaijoch (2366 m) – ohne große Steigungen weiter zur Rifugio del Puez (Puezhütte); Rückweg wie Aufstieg; Zeit: ca. 6 Std.; Einkehr: Puezhütte
Pralongià (2168 m) Genussvolle Wanderung durch blumenreiche Wiesen	Ausgangspunkt: Albergo Boe (1860 m) an der Straße von Corvara zum Campolongo-Sattel; Rifugio Cherz (2082 m) – am Marentas-Höhenweg zum Incisajoch (1938 m) – Pralongià (schöne Hütte, herrliche Aussicht); Rückweg bis zum Incisajoch, dann Hangquerung (Weg Nr. 3) zum Albergo Boe oder auf Weg Nr. 24 direkt nach Corvara (ca. 1 Std. länger); Zeit: ca. 5 Std.; Einkehr: Rif. Cherz, Rif. Incisa, Albergo Pralongia

🇮🇹 ALTA BADIA

Einer der typischen, malerischen ladinischen Weiler

ist der riesige Krater am Gipfel des Kleinen Lagazuoi: Die Italiener brachten hier am Ende eines langen Felsstollens über 70 t Sprengstoff zur Explosion, als sie keine andere Möglichkeit mehr sahen, die Stellungen der Österreicher einzunehmen. Mehr als 100000 m³ Geröll wurden abgesprengt. Diesen beklemmenden Zeugnissen der Geschichte steht jedoch die großartige Landschaft zwischen Falzaregopass und Valparolapass gegenüber.

Liebliche Almen und ein kühner Steig

Wer nach diesem anstrengenden Ausflug in die Geschichte Erholung braucht, sollte das weitläufige Gebiet von Pralongià oberhalb von Corvara besuchen. Die Höhenwege entlang der sanften Wiesenrücken sind ein einziger Schongang für Muskeln, Gelenke und Nerven. Sie verwöhnen mit einzigartigen Ausblicken zu den mächtigen Dolomitbastionen ringsum, unter denen die Marmolada mit ihren Gletscherfeldern hervorleuchtet.

Bekanntestes Ziel für Klettersteigfans ist der Piscadu-Steig nahe dem Grödnerjoch; kühn führen Drahtseile und Eisenklammern dort in die Höhe, bis eine Hängebrücke einen spektakulären Schlussakzent setzt.

Zum einzigartigen Flair von Alta Badia trägt in besonderer Weise die ladinische Kultur bei. Nicht nur, dass die Einheimischen untereinander fast ausschließlich Ladinisch sprechen, auch die Geschich-

die Front am Gipfel des Lagazuoi besser erreichen zu können. Der Steig führt vorbei an Stellungen, Schützengräben und in den Fels gehauenen Unterkünften der Soldaten. Mit am eindrucksvollsten

Hütten

Albergo Pralongià (2138 m)
Auf einem herrlichen Aussichtspunkt oberhalb vom Campolongo-Sattel bei Corvara steht das stattliche Albergo. Schöne, kurze Wanderung (ca. 20 Min.) von der Bergstation ❹; Tel. 04 71 83 60 72

Rifugio Punta Trieste (2028 m)
Urige Hütte oberhalb von Corvara mit rustikalem Interieur und bekannt guter regionaler und italienischer Küche. Direkt mit dem Pralongià-Lift ❹ zu erreichen; Tel. 04 71 83 66 43

Rifugio Scotoni (1985 m)
Die beliebte Hütte auf dem Weg zwischen Capanna Alpina und Lagazuoi ist vor allem für Grillspezialitäten bekannt. Schnellster Zustieg vom Valparola-Pass (2168 m) in ca. 1 Std.; Tel. 04 71 84 73 30

Rifugio del Puez (2475 m)
Mitten in der beeindruckenden Mondlandschaft der Puez/Gardenatscha-Hochfläche gelegene Hütte. Landschaftlich reizvoller Zustieg von Colfuschg (1645 m) aus in ca. 3 Std.; Tel. 04 71 79 53 65

Action & Sport

MOUNTAINBIKE	KLETTERSTEIGE	RAFTING	CANYONING	REITEN
PARAGLIDING	DRACHENFLIEGEN	KLETTERGÄRTEN	TENNIS	WINDSURFEN
KAJAK/KANU	WASSERSKI	TAUCHEN	HOCHSEILGARTEN	GOLF

TOP TIPP — Der mittelschwere **Piscadù-Klettersteig** ❷ am Grödnerjoch ist nicht von ungefähr einer der meistbegangenen Steige der Dolomiten: Der Zustieg ist kurz, die Absicherung perfekt und die Kulisse grandios. Hinzu kommen eine angenehme Länge und eine reizvolle, kühne Linienführung durch den festen Fels. Ausgesetzte Passagen sorgen für fantastische Tiefblicke, und die Schwierigkeiten sind so, dass sie geübte Kletterstiegeher fordern, aber nie überfordern. Ausgangspunkt: Parkplatz östlich der Passhöhe (1956 m); über den Klettersteig zum Rif. Piscadù (2587 m). Leichter Abstieg durch das Val Setus zum Grödnerjoch; Klettersteigausrüstung unbedingt erforderlich; Zeit: ca. 3,5 Std.; Einkehr: Rif. Piscadù

Mountainbiken	Valparola-Pass (2168 m)	Ausgangspunkt: Armentarola (1616 m); Malghe di Valparola (1749 m) – Rif. Valparola (2168 m, Passhöhe); selber Weg oder über Passstraße zurück; mittelschwer; Zeit: ca. 3 Std.; Mountainbikes können bei vielen Händlern ausgeliehen werden; geführte Touren/Kurse: Mountainbike-Schule Maria Canins und Bruno Bonaldi; Tel. 04 71 84 72 78
Golf	Golfclub Alta Badia, Tanrus	9-Loch-Platz am Campolongo-Pass 3 km oberhalb von Corvara auf 1700 m Höhe; Golf Club Alta Badia, Tel. 04 71 83 66 55; www.golfaltabadia.it
Reiten	Westernreitschule, Campill	Herrliches Reitgelände, ideal für Ausritte und Wanderreiten. In verschiedenen Reitschulen werden Kurse, Ausritte und mehrtägige Wanderritte angeboten; Sitting Bull Ranch Campill, Westernreiten-Schule, Wanderreiten, Tel. 04 74 59 01 60; Reitschule beim Hotel Armentarola, St. Kassian; Tel. 04 71 84 95 22 (Ausritte, Kutschfahrten)
Klettern	Heiligkreuzkofel, Pedratsches	Herrliche Kletterrouten aller Schwierigkeitsgrade in der Region; anspruchsvolle, klassische Routen am Heiligkreuzkofel; Kurse und Bergführer: Scuola d'alpinismo Diego Zanesco, St. Kassian; Tel. 04 71 84 92 90, oder Associazione Guide Alpine Val Badia, Corvara; Tel. 04 71 83 68 98

Adressen & Bergbahnen

Landesvorwahl 00 39

Urlaubsregion	Tourismusverband **Alta Badia**; Tel. 04 71 83 61 76; E-Mail: info@altabadia.org; www.altabadia.org; www.altabadia.it
Colfuschg (1645 m, Colfosco)	Tourismusverein Colfuschg; Tel. 04 71 83 61 45; E-Mail: colfosco@altabadia.org; www.altabadia.org
Corvara (1555 m)	Tourismusverein Corvara; Tel. 04 71 83 61 76; E-Mail: corvara@altabadia.org; www.altabadia.org
Pedratsches (1365 m, Pedraces)	Tourismusverein Pedraces; Tel. 04 71 83 96 95; E-Mail: pedraces@altabadia.org; www.altabadia.org
St. Martin in Thurn (1127 m)	Tourismusverein St. Martin in Thurn; Tel. 04 74 52 31 75; E-Mail: info@sanmartin.it; www.sanmartin.it
Wengen (1516 m, La Val)	Tourismusverein Wengen; Tel. 04 71 84 30 72; E-Mail: laval@altabadia.org; www.altabadia.org
Weitere Orte	**Stern** (La Villa) • **St. Kassian** (S. Cassiano) alle unter www.altabadia.org
Entfernungen	Hamburg 1064 km; Berlin 876 km; Köln 865 km; Frankfurt a. M. 681 km; Stuttgart 441 km; München 288 km

1. Corvara Boè Berg/Tal 9 €
2. Corvara/Boè Vallon • Berg/Tal 4,50 € (Kombi-Ticket Corvara-Vallon 12,50 €)
3. Corvara Col Alt Berg/Tal 5,50 €
4. Corvara Pralongià Berg/Tal 4,50 €
5. Falzaregopass Lagazuoi Berg/Tal 10,80 €
6. Pedratsches Heiligkreuz (S. Croce/La Crusc) Berg/Tal 11 €
7. Stern Piz La Illa Berg/Tal 8,50 €
8. Stern Gardenazza Berg/Tal 4,50 €

Siehe auch Preisteil S. 650

EVENTS

- Juli: Dolomiten-Radmarathon
- August: Jazzfestival
- September: Militär-Oldtimer-Treffen

Hotelempfehlungen

Colfuschg S. 726
Corvara S. 728
Pedratsches S. 741
St. Kassian S. 746
Stern S. 745
Wengen S. 749

Wanderkarten

Freytag & Berndt; WKS 3 Pustertal, Bruneck, Drei Zinnen; WKS 5 Grödnertal; je 1:50000

Straßenatlas Siehe S. 793

---

te der Ladiner spielt heute noch eine wichtige Rolle. Im Museum Ladin in der mächtigen Festung Ciastel del Tor oberhalb von St. Martin in Thurn erfährt man alles Wissenswerte über die Vergangenheit und Traditionen der Ladiner. Deutlich kleiner, aber ebenfalls interessant ist das Museum Pic Museo Ladin in St. Kassian. Dort gibt es unter anderem Exponate zur Geschichte der Dolomiten und zu den berühmten Bären, deren Überreste man erst 1987 in den Höhlen am Cunturines entdeckt hat. Das Alter der Höhlenbärenreste wird auf sensationelle 120000 Jahre geschätzt. Offensichtlich gab es in Alta Badia einst recht wilde Zeiten, was man sich heute kaum noch vorstellen kann.

MARMOLADA
TRENTINO – VENEZIEN

ACTION & SPORT

WANDERN & BERGTOUREN

FUN & FAMILY

WELLNESS & GENUSS

Die Königin der Dolomiten

Das mächtige Felsmassiv und der exponierte Gletscher sind die Erkennungszeichen des höchsten Gipfels der Dolomiten. Im Winter ein beliebtes Skigebiet, zeigt sich die Marmolada im Sommer von zwei Seiten: Oben wartet sie mit einem beeindruckenden Kletterrevier für Alpinisten auf und in unteren Bereichen bietet sie abwechslungsreiches Gelände für gemütliche Wanderungen und faszinierende Mountainbike-Touren.

Von Westen ist das markante Profil der Marmolada gut zu sehen: die senkrechte Felswand im Süden und die sanft geneigte Gletscherflanke im Norden

Marmolada-Rundfahrt
Eine unvergleichliche Fahrradtour führt rund um das Massiv der Marmolada. Start ist in Malga Ciapela bei der Talstation der Seilbahn ③. Die 90 km lange Strecke passiert zuerst das Val Pettorina, weiter geht es über den Fedaia-Pass ins Val di Fassa. Mit der Fahrt über den San-Pellegrino-Pass (1918 m) schließt sich dann der Kreis. Die anspruchsvolle Tagestour, die man natürlich auch auf zwei Tage ausdehnen kann, verläuft auf asphaltierten Straßen, Rad- und Wanderwegen. Geführte Touren bei Planet-Bike; Tel. 04 37 50 72 43

Marmolada-Museum
Das Marmolada-Museum befindet sich in der Seilbahnstation Serauta ③ auf einer Höhe von 2950 m und ist somit das höchstgelegene Museum Europas (Talstation in Malga Ciapela). Die Ausstellung erinnert an die Gebirgsfront des Ersten Weltkriegs (1914–1918). Unparteiisch, über Ideologien und Grenzen hinweg, wird hier der Männer gedacht, die auf den eisigen Bergen kämpften und starben. Ausgestellt sind Kriegsrelikte beider Seiten, Fotos und historische Dokumente

Die wuchtige, senkrechte Südwand auf der einen und der sanft geneigte, nach Norden fließende Gletscher auf der anderen Seite sind die untrüglichen Kennzeichen der Marmolada, dem mit 3343 m höchsten Dolomitengipfel. Wer von Norden an sonnigen Nachmittagen auf die Marmolada schaut, für den leuchtet sie wahrhaft königlich. Eigentlich handelt es sich ja um eine ganze Gruppe mit mehreren Gipfeln, von denen die Punta Penia der höchste ist. Im Gegensatz zu vielen anderen prominenten Alpengipfeln gibt es hier allerdings keinen »zentralen« Talort. Die Dörfer, die sich rund um das gewaltige Bergmassiv verteilen, halten allesamt respektvoll Abstand, sei es Canazei im Norden, Alleghe im Osten, Falcade im Süden oder Pozza di Fassa im Westen.

Von Norden nähert man sich dem beeindruckenden Berg am besten über den Fedaia-Pass. Im Süden ist die Talstation der Seilbahn bei der kleinen Siedlung Malga Ciapela die Basis. Der nächstliegende Ort ist das kleine Rocca Pietore, das etwa 3 km von Malga Ciapela entfernt liegt. Rund um Rocca Pietore verteilen sich dann noch einige kleine und für die Provinz Belluno sehr typische Siedlungen wie Laste oder Digonera mit ihren schlichten alten Bauernhöfen.

Der Tourismus blühte rund um die Marmolada bereits Mitte des 19. Jh. auf. Ein Höhepunkt war natürlich die Erstbesteigung durch den Wiener Paul Grohmann im Jahr 1862. Während des Ersten Weltkriegs war das Bergmassiv dramatischer Schauplatz langer und heftiger Kämpfe zwischen Österreichern

ADAC – der perfekte Urlaubstag

- **9 Uhr:** Radtour von Rocca Pietore über Sottoguda nach Malga Ciapela
- **13 Uhr:** Mittagessen im Ristorante del Gigio in Malga Ciapela
- **15 Uhr:** Fahrt mit der Seilbahn ③ zur Station Serauta und Besichtigung des Kriegsmuseums
- **17 Uhr:** Rückfahrt mit dem Mountainbike nach Malga Ciapela

Adressen & Bergbahnen — Landesvorwahl 00 39

Urlaubsregion	Tourismusverband **Marmolada**; Tel. 04 37 72 22 77; E-Mail: info@marmolada.com; www.marmolada.com
Orte	**Alleghe** www.dolomiti.it/consorzioalleghe • **Campitello di Fassa** • **Canazei** • **Pozza di Fassa** www.fassa.com • **Falcade** www.falcade.com • **LasteMalga** • **Ciapela** • **Rocca Pietore** • **Sottoguda**
Entfernungen	Hamburg 1104 km; Berlin 915 km; Köln 906 km; Frankfurt a. M. 722 km; Stuttgart 482 km; München 329 km

① Canazei Pecol/Col dei Rossi Berg/Tal 17,70 €
② Lago di Fedaia Pian dei Fiacconi Berg/Tal 12 €
③ Malga Ciapela Serauta/Punta Rocca
Achtung: Im Sommer 2005 evtl. keine Auffahrt zur Punta Rocca, da die Anlage renoviert wird!
④ Penia Ciampac/Brunec Berg/Tal 18,50 €

Siehe auch Preisteil S. 650

Wandern & Bergtouren

TOP TIPP Die Besteigung des 3343 m hohen **Marmolada-Gipfels** ➊ auf dem Normalweg zur Punta Penia ist eine der klassischen Hochtouren in den Dolomiten. Mit der Seilbahn ➋ vom Lago di Fedaia zum Rifugio Pian dei Fiacconi (2626 m). Über den Gletscher zu einer steilen, teils mit Drahtseilen abgesicherten Fels- und Schrofenflanke (Schwierigkeitsgrad 1–2) und hinauf zu einem markanten Firngrat. Diesem bis zum Gipfel folgen. Der Rückweg erfolgt auf derselben Route. Nur für erfahrene Bergsteiger mit kompletter Gletscher-Ausrüstung (Steigeisen, Pickel, Seil) und Erfahrung geeignet, sonst nur mit Bergführer! Zeit: ca. 5 Std.; Einkehr: Rifugio Pian dei Fiacconi. Geführte Touren über die Vereinigung der Trentiner Bergführer; Tel. 04 61 98 12 07, oder über alle Fremdenverkehrsverbände.

Bindelweg Leichte Wanderung im Angesicht der Marmolada	Ausgangspunkt: Canazei, Seilbahn-Bergstation Col dei Rossi, Rif. Belvedere (2383 m) ➊; Rif. Fredarola (2335 m) – Bindelweg (Nr. 601) – Rif. Viél del Pan (2436 m) – Lago di Fedaia (2053 m); Rückfahrt mit dem Bus nach Canazei; Zeit: ca. 2,5 Std.; Einkehr: Rif. Belvedere, Rif. Fredarola, Rif. Viél del Pan, Gasthöfe im Süden der Fedaia-Staumauer
Rifugio al Ghiacciaio (2722 m) Leichte Wanderung an den Rand des Marmolada-Gletschers	Ausgangspunkt: Lago di Fedaia, Seilbahn-Bergstation Rif. Pian dei Fiacconi (2626 m) ➋ – Rif. al Ghiacciaio – Weg Nr. 606 – über steile Schutthänge absteigen bis Forc. Col dei Boush (2438 m) – unter der Ostwand der Col dei Boush entlang – Talstation der Fedaiabahn; Zeit: ca. 1,5 Std.; Einkehr: Rif. al Ghiacciaio; Rif. Pian dei Fiacconi und Rifugi bei der Talstation
Sottoguda – Lago di Franzei (2051 m) Gemütliche Wanderung zu einem idyllischen Bergsee	Ausgangspunkt: Sottoguda (1285 m) im Val Pettorina; Val Franzei – Lago di Franzei; Abstieg wie Aufstieg; Zeit: ca. 4 Std.; Einkehr: Gasthäuser in Sottoguda

und Italienern. Nicht nur entlang der Wanderwege, sondern auch in hochalpinen Regionen stößt man heute immer wieder auf zahlreiche Relikte aus dieser Zeit. Eindrücklich dokumentiert sind die historischen Ereignisse zwischen 1915 und 1918 im Marmolada-Museum bei der Seilbahnstation Serauta, dem höchstgelegenen Museum Europas. Umfassend touristisch erschlossen wurde die Gegend Mitte der 1960er Jahre, als die Seilbahn in drei Sektionen von Malga Ciapela zur Marmolada hinauf gebaut wurde. Seitdem kann man die Königin der Dolomiten bequem erklimmen. Allerdings ist das auch zu Fuß – oder besser: mit Händen und Füßen – möglich, schließlich ist die Marmolada ein bekannter Kletterberg. Ihre Südwand zählt zu den längsten und berühmtesten Steilabbrüchen der Dolomiten. Reizvoll sind auch die Mountainbike-Touren, die zwar nicht auf den Gipfel führen, aber doch zu landschaftlich wunderschönen Plätzen der Umgebung. Egal ob man mit Mountainbike, Wanderschuhen oder Kletterseil unterwegs ist – nach der sportlichen Anstrengung hat man sich die regionalen Spezialitäten wie die Casunzei, mit Kürbis oder Spinat gefüllte Nudeln, oder die Polenta mit Pastin, einer regionalen Salami, auf jeden Fall redlich verdient.

Hütten

Rifugio Contrin (2016 m)
Erbaut wurde die große, altehrwürdig wirkende Hütte am Ende des Val Contrin 1909 von der Nürnberger Alpenvereinssektion. Heute wird die Hütte von der Alpini-Vereinigung betrieben. Ein Ausgangspunkt für den mittelschweren Westgrat-Klettersteig auf die Marmolada über die Forcella della Marmolada (2896 m). Von Penia (1487 m) schöner, leichter Zustieg in ca. 2 Std.; Tel. 04 62 60 11 01

Rifugio Onorio Falier (2080 m)
Die Hütte des italienischen Alpenvereins CAI steht oberhalb des Ombrettatals auf der Südseite des Marmolada-Massivs. Klassische Berghütte, in der man typische Hausmannskost bekommt und auch übernachten kann. Einfacher Zustieg von Malga Ciapela (1480 m) an der Straße zum Lago di Fedaia in ca. 2 Std.; Tel. 04 37 72 20 05

Restaurants

Ristorante del Gigio
Klassische ladinische Küche und Spezialitäten aus dem Veneto werden in dem rustikalen, im Stil einer Berghütte eingerichteten Restaurant in Malga Ciapela serviert; große Terrasse; Tel. 04 37 72 20 59

Wanderkarten

Freytag & Berndt; WKS 5 Grödnertal, Sella, Marmolada; 1:50000

Hotelempfehlungen

Alleghe S. 723
Arabba S. 723

Straßenatlas Siehe S. 793

CORTINA D'AMPEZZO
TRENTINO

ACTION & SPORT

WANDERN & BERGTOUREN

FUN & FAMILY

WELLNESS & GENUSS

Die Dolomiten und ihre heimliche Hauptstadt

Der Titel ist weder amtlich noch offiziell, aber er ist nicht unberechtigt: Als »Hauptstadt der Dolomiten« wird Cortina d'Ampezzo oft bezeichnet – und tatsächlich verdichten sich hier die Elemente, die dieses Gebirge so faszinierend machen: Entspanntes südliches Lebensgefühl inmitten einer grandiosen Landschaft, in der sich über sanften Wiesen und Wäldern so berühmte Felsgipfel wie die Tofanen, Monte Cristallo und Antelao erheben.

Das Massiv der drei Tofanen gehört zu den Paradegipfeln von Cortina d'Ampezzo.

ADAC der perfekte Urlaubstag

- **9 Uhr:** Fahrt Richtung Falzarego-Pass, mit dem Sessellift 5 Torri ⑤ hinauf zum Rifugio Scoiattoli (2255 m)
- **10 Uhr:** mit einem Bergführer die klassische Route Via Myriam (Torre Grande) klettern
- **15 Uhr:** bei Cappuccino und Kuchen auf der Terrasse des Rifugio Scoiattoli den Blick auf die Tofana genießen
- **17 Uhr:** gemütliche Wanderung zurück zum Parkplatz und kurzer Abstecher zum Falzarego-Pass (2105 m). Von dort prachtvoller Ausblick auf die Dolomiten, die in der Abendsonne zu leuchten beginnen

Die Dolomiten, das ist der dramatische Gegensatz tief eingeschnittener Täler und schroffer Felsriesen, Wände und Grate, einige – meist kleinere – Gletscher: Die Faszination steiler Abgründe und gewaltiger Herausforderungen machen die Gegend um Cortina d'Ampezzo zu einer der schönsten Regionen der Alpen. Das Dolomit-Gestein besteht aus einem kalk- und magnesiumhaltigen Mineral, das bei Sonnenuntergang die Berge farbenprächtig »erglühen« lässt. Der Geologe Déodat de Dolomieu war es, der dieses Phänomen entdeckte und den Bergen ihren Namen gab.

Im Zentrum der Dolomiten liegt der Hauptort Cortina d'Ampezzo, von Bozen zu erreichen auf der aussichtsreichen Großen Dolomitenstraße über den Karerpass (Passo di Costalungo), Vigo di Fassa und das Pordoijoch (Passo Pordoi), das mit 2239 m zu den höchsten Dolomitenpässen gehört. Bleibt noch der Falzarego-Pass zu bezwingen, um schließlich in Cortina anzukommen, Italiens berühmtestem Wintersportort. Noch immer zehrt man hier davon, 1956 Austragungsort der Winterolympiade gewesen zu sein. Das Image des noblen und mondänen Wintersportortes ist Cortina seitdem nicht zu nehmen. Und auch als Sommerresidenz und Bergsteigerzentrum ist es eine absolute Top-Adresse.

Eingerahmt von stolzen Gipfeln

Das Städtchen liegt inmitten eines weiten Talkessels, den grandiose Berggestalten einrahmen: Die drei Gipfelklötze der Tofanen (Tofana di Mezzo), der lang gestreckte Pomagagnon-Zug, der wilde Monte Cristallo, der wuchtige Sorapiss und der Zackenkamm der Croda da Lago bilden die Traumkulisse. In der Hauptstraße, dem »Corso Italia«, wird winters wie sommers kräftig flaniert und eingekauft,

Wandern & Bergtouren

TOP TIPP Man sollte sie einfach einmal gesehen haben: die **Drei Zinnen** (2999 m) ❶. Von allen Seiten zu besichtigen sind sie bei einer leichten Wanderung, die den Bergstock komplett umrundet. Von Misurina über die Mautstraße zur Rifugio Auronzo (2320 m). Schon von dort aus ist der Anblick des berühmten Dreigestirns atemberaubend. Noch spektakulärer wird es, wenn man den Col di Mezzo (2315 m) passiert hat und sich die Zinnen von ihrer wilden Nordseite präsentieren. Weiter geht es zur Drei-Zinnen-Hütte (2405 m) und über den Paternsattel (2454 m) wieder auf die Südseite. Über das Rifugio Lavaredo (2344 m) zurück zum Ausgangspunkt; Zeit: ca. 4,5 Std.; Einkehr: Rifugio Auronzo, Drei-Zinnen-Hütte, Rifugio Lavaredo

Punta Fiames (2240 m) Lange, mittelschwere Wanderung auf einen markanten Pfeiler	Ausgangspunkt: Ristorante Ospitale (1491 m) im Val Felizon zwischen Cortina und Toblach; Casonate (1690 m) – Forc. Pomagagnon (2178 m) – Punta Fiames; Rückweg auf der gleichen Route; Zeit: ca. 5,5 Std.; Einkehr: Rist. Ospitale
Tofana di Rozes (3225 m) Hochalpine, schwierige Tour	Ausgangspunkt: Parkplatz Rifugio Angelo Dibona (2083 m) am Südhang der Tofanen (13 km von Cortina); Vallo Tofana – Forc. Fontananegra/Rif. Giussani (2561 m) – Tofana di Rozes; Rückkehr auf der gleichen Route; nur für geübte und erfahrene Bergwanderer; Zeit: ca. 6,5 Std.; Einkehr: Rif. Angelo Dibona; Rif. Camillo Giussani
Lago D'Aial (1412 m) Gemütliche Wanderung zu idyllischen Waldseen	Ausgangspunkt: Cortina-Zentrum (1211 m); Mortisa (1244 m) – Grotte di Volpera (1320 m) – Lago d'Aial – Lago di Pianozes – Campo di Sotto (1127 m) – Campingplatz Cortina – Campo di Sopra (1143 m) – Cortina; Zeit: ca. 2,5 Std.; Einkehr: Rif. Lago d'Aial; Chalet Lago Pianozes
Um die Croda-da-Lago-Gruppe Spektakuläre Blicke auf zerklüfteten Dolomitenfels	Ausgangspunkt: Parkplatz Ponte di Rocurto (1715 m) an der Giaupassstraße; Ponte di Rocurto – Valle Formin – Cason di Formin (1843 m) – Lago Federa – Rif. Croda da Lago (2046 m) – Forc. d'Ambrizzola (2277 m) – Forc. dei Lastoni di Formin (2462 m) – Parkplatz; mittelschwere Bergwanderung; Zeit: ca. 5 Std.; Einkehr: Rif. Croda da Lago

EVENTS

- Juli: »Una Giornata in Grigioverde« (Ein Tag in Graugrün): Jedes Jahr wird der Lagazuoi einmal zum Treffpunkt aller, die sich für die Geschichte des Ersten Weltkriegs interessieren. In Uniformen und mit Originalausrüstung werden an den historischen Stätten in den Baracken, Stellungen und Schützengräben die dramatischen Ereignisse an der Dolomitenfront nachgestellt; www.dolomiti.org/grigioverde

- August: »La Festa delle Bande«: Beim von der Stadtkapelle Cortina d'Ampezzo organisierten Musikfest geben sich Musikkapellen aus verschiedenen Regionen ein Stelldichein. Höhepunkt ist der feierliche Umzug aller Kapellen über den Corso Italia; Tel. 04 36 36 88

wie es sich für einen Corso eben gehört. Auch Kulturinteressierte werden hier fündig: Da ist etwa die »Ciasa de ra Regoles«, in der neben der »Collezione Rimoldi« mit zeitgenössischer Kunst auch eine wichtige geologisch-mineralische Sammlung zu besichtigen ist. Überragt wird die Flaniermeile vom 76 m hohen Glockenturm, dem Campanile der katholischen Pfarrkirche Santi Filippo e Giacomo, die im 13. Jh. erbaut und im 18. Jh. erneuert wurde. Vom Glockenturm lässt sich der prächtige Rundblick über das 7000-Einwohner-Städtchen genießen. Das Olympiastadion im Norden der Stadt ist längst Teil des Stadtbildes geworden. Gleich daneben befindet sich die Talstation der Seilbahn auf die Tofana di Mezzo, eines der vielen von Cortina zu erreichenden Ausflugsziele.

Bergwanderer, Kletterer und Mountainbiker finden in den Bergen rund um Cortina ein großartiges Revier voller Möglichkeiten. Immer wieder bietet sich aber auch Gelegenheit, die sportlichen Aktivitäten mit historischen Exkursen zu verbinden. Ein lohnendes Ausflugsziel in dieser Hinsicht ist der

Im Norden wird Cortina von den Felswänden des Monte Cristallo flankiert.

🇮🇹 CORTINA D'AMPEZZO

Monte Piana. Rekonstruierte Kampfstellungen auf dem Gipfelplateau vermitteln einen Eindruck von der Bedeutung des Berges in der Vergangenheit: Im Gebirgskrieg 1915–1917 war er als strategisch wichtiger Posten hart umkämpft.

Erlebnis Drei Zinnen

Nördlich von Cortina liegt die Hotelsiedlung Misurina mit dem gleichnamigen malerischen See. Darüber erhebt sich eines der markantesten und berühmtesten Bergmassive überhaupt – die Drei Zinnen. Sie aus der Nähe zu betrachten, sollte sich kein Besucher der Region entgehen lassen. Eine 8 km lange Mautstraße führt bis zum Parkplatz bei der Auronzohütte am Südsockel der Felsklötze. Die Ansicht der gewaltigen Türme mit ihren schwindelerregend hohen Wänden dürfte zwar jeder schon auf irgendwelchen Kalendern oder Postkarten gesehen haben – das Erlebnis jedoch, tatsächlich vor dem Dreigestirn zu stehen oder es auf einer einfachen Wanderung zu umrunden, kann keine Abbildung der Welt ersetzen.

Noch intensiver wird die Erfahrung Drei Zinnen natürlich, wenn man selbst Hand an ihren Fels legt und ihnen auf einer der vielen klassischen Routen aufs Dach beziehungsweise auf den Gipfel steigt. Das sollte man allerdings nur wagen, wenn man ein äußerst erfahrener Bergsteiger und Kletterer ist!

Kultur und Kommerz: der »Corso Italia« in Cortina

Hütten

Rifugio Fonda Savio (2367 m)
In den Cadini di Misurina liegt dieser beliebte Stützpunkt für Klettertouren und fantastische Klettersteige. Schöner Zustieg in ca. 3,5 Std. vom Misurina-See; Tel. 0 43 63 90 36

Rifugio Angelo Dibona (2083 m)
Gemütliche, am Südfuß der Tofana di Mezzo gelegene Hütte. Mit dem Auto über eine schmale Straße von der Falzarego-Passstraße aus erreichbar; Tel. 04 36 86 02 94

Rifugio Pomedes (2303 m)
Südöstlich der Punta Anna (2731 m) am Fuße der Tofanen gelegene Hütte. Zu erreichen in ca. 30 Min. vom Rifugio Angelo Dibona auf dem Sentiero Astaldi, einem schönen, leichten Steig (geologischer Lehrpfad), der faszinierende Einblicke in die Geologie der Dolomiten gibt. Ausgangspunkt für die Via Ferrata Giuseppe Olivieri, einen traumhaften, langen, extrem schwierigen Klettersteig hinauf auf die Punta Anna; Tel. 04 36 86 20 61

Action & Sport ✹ ✹ ✹ ✹

MOUNTAINBIKE	KLETTERSTEIGE	RAFTING	CANYONING	REITEN
PARAGLIDING	DRACHENFLIEGEN	KLETTERGÄRTEN	TENNIS	WINDSURFEN
KAJAK/KANU	WASSERSKI	TAUCHEN	HOCHSEILGARTEN	GOLF

TOP TIPP Zwischen Cortina und dem Falzarego-Pass, direkt gegenüber vom mächtigen Tofana-Massiv, liegen die **Cinque Torri**, ein **alpiner Klettergarten** ❷ der Superlative. An den Felstürmen, die aussehen wie kleine Brüder der gewaltigen Felsgipfel der Dolomiten, gibt es weit über 100 Routen für jeden Geschmack: leichte Anfängertouren, extreme Sportklettereien in den höchsten Schwierigkeitsgraden und auch gut abgesicherte Mehrseillängenrouten. Infos, auch zu anderen Klettergärten oder zu den unerschöpflichen Klettermöglichkeiten in den Dolomiten, Kurse und Führungen bei Gruppo Guide Alpine; Tel. 04 36 86 85 05; www.guidecortina.com

Klettersteige	Via Ferrata Ettore Bovero, Cortina	Ausgangspunkt: Cortina d'Ampezzo, Camping Olympia (1283 m); auf dem Forstweg an der Westseite des Campingplatzes Richtung Passo Posporcora (1711 m), Klettersteig bis zum Col Rosà (2166 m) – auf Steig Nr. 447 zurück zum Campingplatz; mittelschwer, Klettersteigausrüstung unbedingt erforderlich; Zeit: ca. 5 Std.; rund um Cortina zahlreiche weitere Klettersteige aller Schwierigkeitsgrade und Längen; Infos und Führungen bei Gruppo Guide Alpine; Tel. 04 36 86 85 05; www.guidecortina.com
Mountainbiken	Monte Piana, Misurina	Ausgangspunkt: Misurinasee (1600 m); eine Schotterpiste führt zur Rif. Bosi (2205 m) und ein enger steiniger Weg zum Gipfel des Monte Piana (2324 m); Abfahrt auf gleicher Strecke; Zeit: ca. 5 Std. Die Landschaft um Cortina eignet sich perfekt zum Mountainbiken. Geführte Touren und Mountainbike-Verleih bei 2UE & 2UE; Tel. 04 36 41 21 und Centro Mountain Bike; Tel. 04 36 86 22 01
Golf	Cortina	Golfen zwischen den Bergen mit Blick auf beeindruckendes Dolomitengemäuer; Circolo Golf Miramonti, Cortina; Tel. 04 36 86 71 76
Angeln	Diverse Bäche und Seen	Entspannender kann man sich seinen Urlaub nicht vorstellen: Am sprudelnden Bach oder am idyllischen Bergsee sitzen, die Angel in der Hand, die Gedanken weit weg von allem Alltagsstress. Infos und Ausrüstung bei: Radiofonica Piller; Tel. 04 36 22 84; und Flyfishdolomiti; Tel. 0 32 89 68 29 24

Adressen & Bergbahnen — Landesvorwahl 00 39

Cortina d'Ampezzo (1211 m)	Assessorato al Turismo; Tel. 04 36 36 88; E-Mail: cultura.cortina@sunrise.it; www.dolomit.org
San Vito di Cadore (1011 m)	Comune di San vito di Cadore; Tel. 04 36 89 71; E-Mail: cos.vito@sunrise.it; www.dolomiti.org
Weitere Orte	**Borca di Cadore** • **Misurina** www.misurina.suedtirol.com • **Pocol** www.dolomit.org • **Schluderbach** • **Vodo di Cadore**
Entfernungen	Hamburg 1097 km; Berlin 908 km; Köln 899 km; Frankfurt a. M. 715 km; Stuttgart 475 km; München 322 km

1. Cab.Valgrande F.lla Staunies Berg/Tal 12,30 €
2. Cortina Mandres/Faloria Berg/Tal 13,70 €
3. Cortina Col Druscié/Tofana • Berg/Tal 24 €
4. Falzarego Lagazuoi • Berg/Tal 10,80 €
5. Falzarego Seggiovia 5 Torri Berg/Tal 10,80 €
6. Falzarego Seggiovia Fedare Berg/Tal 9,70 €
7. Guargné Mietres • Berg/Tal 9,80 €
8. Pié Tofana Duca d'Aosta/Pomedes Berg/Tal 12 €
9. Rio Gere Son Forca • Berg/Tal 11,50 €

Siehe auch Preisteil S. 650

Hotelempfehlungen

Cortina d'Ampezzo S. 726

Wanderkarten

Freytag & Berndt; WKS 10 Sextener Dolomiten, Cortina d'Ampezzo; 1:50 000

Straßenatlas Siehe S. 794

Denn die langen Touren erfordern nicht nur klettertechnisches Können, sondern auch einen guten Orientierungssinn. Am besten ist es deshalb, sich einem Bergführer anzuvertrauen.

In der Geschichte des Alpinismus und des Kletterns spielten die Drei Zinnen immer eine große Rolle. Die 550 Meter hohe, senkrechte Nordwand der Großen Zinne galt lange Zeit als unbezwingbar. Wagemutige Kletterer konnte dieser Ruf nicht abschrecken, er lockte sie vielmehr wie Sirenengesang an. Schließlich gelang es Emilio Comici mit Giuseppe und Angelo Dimai 1933, die Nordwand zu durchsteigen – auf einer Route, die damals wohl die schwerste alpine Klettertour weltweit war. Alpine Rekorde werden an den Drei Zinnen bis heute aufgestellt, zum Beispiel von dem deutschen Kletterer Alexander Huber, dem es im Sommer 2002 gelang, die Nordwand auf der Hasse-Brandler-Route »free solo«, also unter Verzicht auf jede Sicherung mit Seil, zu durchsteigen.

Alexander Huber »free solo« in der überhängenden Nordwand der Großen Zinne

MADONNA DI CAMPIGLIO
TRENTINO

ACTION & SPORT

WANDERN & BERGTOUREN

FUN & FAMILY

WELLNESS & GENUSS

Mächtige Felstürme und sattgrüne Almwiesen

Die wilde Bergwelt der Brenta- und Adamello-Presanella-Gruppe rund um Madonna di Campiglio hat mehr als den Bocchetteweg und mächtige Felstürme wie die Guglia zu bieten. In riesigen Karkesseln, einsamen Hochtälern mit Schneefeldern oder auf traumhaften Almwiesen mit klaren Bergseen finden Wanderer, Kletterer und Mountainbiker ein geradezu perfektes Terrain.

Kleine Zuflucht, große Wand: Die Brentei-Hütte steht in unmittelbarer Nähe von Crozzon di Brenta und Cima Tosa.

Restaurants

Malga Zeledria
Das rustikale Bergrestaurant in Madonna di Campiglio gehört zu den besten der Region. Heute führt Sohn Guido Artini den Familienbetrieb, während seine 93-jährige Mama Emilia auf der Terrasse die Sonnenstrahlen genießt und sich mit den Gästen unterhält; Tel. 04 65 44 03 03

Restaurant Mildas
Neben klassischen, regionaltypischen Gerichten wie »stinco con risotto« (Schweinshaxe mit Reis) oder »strangolapreti« (Spinatgnocchi) werden hier in Pinzolo fantasievolle, mediterran angehauchte Gerichte serviert, denen aber nie der Bezug zur Region fehlt. Es empfiehlt sich, einen Tisch zu reservieren; Tel. 04 65 50 21 04

ADAC der perfekte Urlaubstag

- **10 Uhr:** Fahrt von Pinzolo zur Bergstation Doss del Sabion ⑤ ⑥ von dort herrliche Wanderung zum Rifugio XII Apostoli
- **12 Uhr:** Stärkung auf der Hütte, ausgiebige Rast mit genussreicher Aussicht, Abstieg
- **15.30 Uhr:** Fahrt nach Madonna di Campiglio, Shoppingtour in der Fußgängerzone, anschließend Aperitif in der Bar Swiss
- **20 Uhr:** Abendessen auf der Malga Zeledria (1769 m, nördlich vom Zentrum in der Nähe des Golfplatzes) mit Barbecue auf dem

Zäh und unerbittlich krallt sich die frei stehende Lärche zu Füßen der schroffen Felstürme fest. Widerstandsfähige Gräser kleiden die Kargheit des Hochgebirges in sattes Grün, und selbst zwischen den grauen Steinbrocken der Geröllfelder blitzen immer wieder gelbe Blüten des Alpenmohns auf. Und weiter oben trotzen in den Spalten leicht ergraute Schneefelder den Sonnenstrahlen, die am späten Nachmittag das mächtige Felsmassiv Crozzon di Brenta in warmem Rot erstrahlen lassen.

Im Westen leuchten die schneebedeckten Gipfel der Adamello-Presanella-Gruppe. Bei den angenehm erschöpften Wanderern, die auf der Terrasse der Brentei-Hütte rasten, machen sich durch das Kribbeln im Bauch alpine Glücksgefühle bemerkbar. Bergsteigerträume jeder Kategorie können hier Wirklichkeit werden: Kanten und Felsnadeln wie der Campanile Basso laden zu genussvollen Klettertouren ein, der Bocchette-Weg führt Klettersteig-Geher zur Cima Brenta, und Wanderer erklimmen über Moränengeröll die Bocca del Tuckett, eine tief eingeschnittene Scharte zwischen Cima Sella und Cima Brenta. In den Brentabergen bleibt fast kein alpiner Wunsch unbefriedigt. Wem das noch nicht genügt, der kann sich mit einer herrlichen Gletschertour in der Adamello-Presanella-Gruppe gegenüber auch diesen Wunsch erfüllen.

Traditionsreicher Ferienort

Idealer Ausgangspunkt, um diese Alpen-Höhepunkte zu erkunden, ist Madonna di Campiglio. Obwohl der Ort vor allem für Skisport bekannt ist, sind seine Reize auch im Sommer unverkennbar. Madonna di Campiglio liegt in einer Talmulde zwischen der Brenta-Gruppe und den Gletschern von Adamello und Presanella. Wie ein schützender Ring türmen sich die mächtigen Gipfel um den lang gezogenen Ort, der mondänen Charme ausstrahlt. Bereits Kaiserin Sissi und ihre adlige Verwandtschaft genossen dort Ende des 19. Jh. die unberührte Natur und die Idylle des Bergdorfs, von dessen historischen Reizen allerdings wenig geblieben ist. Das Herz von Madonna di Campiglio schlägt in der Fußgängerzone rund um die Piazza Righi. Elegante Geschäfte verführen zu ausgiebigen Shopping-Touren, die meist in einer der vielen Bars mit einem stärkenden Cappuccino und einem feinen Stück Torte enden.

Wandern & Bergtouren

TOP TIPP Eine traumhafte zweitägige Tour führt **von Madonna di Campiglio nach Molveno durch das Brenta-Tal** ❶. Die anspruchsvolle Bergwanderung beginnt auf dem Parkplatz des Rifugio Vallesinella (1513 m), 4 km von Madonna di Campiglio entfernt. Durch lichten Lärchenwald geht es vorbei am Rifugio Casinei zum Rifugio Tuckett (2270 m) und weiter zum Rifugio Brentei (2175 m, Übernachtung, bis hierher ca. 3 Std.). Am zweiten Tag zieht sich der Weg durch das Val Brenta Alta über Schneefelder (Vorsicht, evtl. Leichtsteigeisen nötig!) hinauf zum Pass Bocca di Brenta (2552 m). Hier kreuzt er den berühmten Klettersteig Via ferrata delle Bocchette, um sich dann hinab zum Rifugio Pedrotti (2492 m) zu schlängeln. Über das Rifugio Selvata (1657 m) geht es weiter zum Rifugio Cròz dell'Altissimo (1430 m, ca. 5 Std.). Hier bestellen erschöpfte Wanderer ein Taxi, um sich das letzte Stück nach Molveno zu sparen. Konditionsstarke Bergsteiger schaffen die Tour auch an einem Tag; Gesamtzeit: ca. 8 Std.; Rückweg nach Madonna di Campiglio entweder per Bus oder per Taxi; Einkehr: in sämtlichen Hütten

Palon (2134 m) Leichte, aber lange Höhenwanderung zwischen wunderschönen kleinen Bergseen	Ausgangspunkt: Rif. Pancúgolo (2050 m) ❹; Ritortosee (2055 m) – Lambinsee (2324 m) – Serodolisee (2370 m) – Gelatosee (2393 m) – Nerosee (2236 m) – Rückweg über Nambinosee (1771 m) und Nambinoalm; Zeit: ca. 5 Std.; Einkehr: Rif. Pancúgolo; Rifugio Lago Nambino (Tel. 04 65 44 16 21)
Pietra Grande (2987 m) Leichte Panoramatour zu den »Gärten der Königin«	Ausgangspunkt: Bergstation der Gondelbahn Grostè (2423 m) ❶; Stoppani-Hütte (2438 m, keine Übernachtung) – Rifugio Graffer (2261 m) – Orti della Regina – Campo Carlo Magno (1681 m) – Madonna di Campiglio; unterwegs stößt man auf viele einzigartige Blumen und Pflanzen; Zeit: ca. 3 Std.; Einkehr: Rifugio Graffer
Palette-Weg Schwere Tour mit ausgesetzten Stellen, die Kondition und gutes Orientierungsvermögen verlangt	Ausgangspunkt: Bergstation der Gondelbahn Grostè (2423 m) ❶; Stoppani-Hütte (2438 m) – Weg 306 – Passo del Grostè (2446 m) – Palette-Pass (2319 m) – Prà Castron di Tuenno (2220 m) – Cima dell'Uomo (2542 m, Blick auf die Malga Flavona und den Tovelsee) – Nana-Pass (2195 m) – über Weg 336 bis zur Peller Hütte (2000 m); Abstieg: nach Dimaro (740 m), Malé (750 m); per Bus oder Taxi zurück; Zeit: ca. 9 Std.; Einkehr: Peller Hütte (Tel. 04 63 53 62 21)

Tourismus, aber auch Naturschutz hat in Madonna di Campiglio Tradition. So wurde bereits Ende der 1960er Jahre der Nationalpark Adamello-Brenta gegründet, der heute mit einer Größe von knapp 62 ha die größte geschützte Fläche im Trentino ist. Die Wurzeln der Liftgesellschaft reichen noch weiter zurück: Im Jahr 1948 eröffneten engagierte Wintersportler den ersten Sessellift auf den Aussichtsberg Spinale. Heute überzieht ein dichtes Netz von Liftanlagen die Hänge rund um Madonna di Campiglio, das genauso gern von Sommertouristen genutzt wird.

Zum Beispiel die Seilbahn auf den Grostè-Pass. Andächtig und mit glasigen Augen genießen die Besucher den Ausblick auf die legendären Brentagipfel wie Cima Brenta oder Pietra Grande. Im Westen ragen majestätisch die weißen Gipfel von Presanella und Adamello in den Himmel. Und auf

Naturpark Adamello Brenta

Das größte Naturschutzgebiet des Trentino erstreckt sich östlich der Brentadolomiten und westlich der Adamello-Presanella-Gruppe. Im Park lebten die letzten Bären der Alpen. Um sie vor dem Aussterben zu bewahren, wurden in Slowenien Braunbären gefangen und hier angesiedelt. Allerdings sind die Tiere seit geraumer Zeit nicht mehr gesehen worden. Man vermutet, dass sie sich in höhere und abgelegenere Regionen zurückgezogen haben. Der ein oder andere hatte sich in die Zivilisation verirrt – so wurde im Jahr 2003 einer der Bären in Trient gesehen und eingefangen. Das Besucherzentrum des Naturparks beim Tovelsee im Nordosten der Brenta informiert über Flora, Fauna und Aktivitäten im Naturpark; Tel. 04 63 45 10 33

Terme Val Rendena

In der eisenhaltigen Quelle San Antonio, die über dem Dorf Caderzone in 970 m Höhe sprudelt, hatte sich im Jahr 1635 schon Carlo Emanuele Madruzzo, Fürstbischof von Trient, von seinen Leiden erholt. Seit April 2004 hat die neue »Terme Val Rendena Fonte S. Antonio« ihre Bäder geöffnet; Tel. 04 65 80 60 69; www.fontevalrendena.it

Rast am Cornisello superiore: Die Region westlich von Madonna di Campiglio ist reich an verträumten Bergseen.

🇮🇹 MADONNA DI CAMPIGLIO

Durch die steil aufragenden Felswände der Brenta ziehen sich ausgesetzte Klettersteige.

Hütten

Rifugio XII Apostoli (2489 m)
Die westlichste Hütte der Brentagruppe steht auf einem Felssporn, der das Val Nardis beherrscht und ein wunderbares Panorama auf die Presanella bietet. Sie ist im Vergleich zu den anderen Hütten etwas abgelegen und aus diesem Grund nicht so stark besucht. Von Pinzolo mit den Bergbahnen zum Doss del Sabion ❺ ❻, dann in ca. 2 Std. zu erreichen; Tel. 04 65 50 13 09; www.salvaterra.biz

Rifugio Brentei (2175 m)
Malerische Lage im oberen Teil des Val Brenta auf einer weiten Grasterrasse. Sie ist zentraler Ausgangspunkt für viele klassische Kletter- und Klettersteigtouren. Über herrliche Bergsteige mit den Hütten Casinei, Alimonta, Pedrotti, Tuckett, Agostini und XII Apostoli verbunden. Von Madonna di Campiglio über die Wege 317 und 318 leicht in ca. 4 Std. zu erreichen; Tel. 04 65 44 12 44

Rifugio Graffer (2261m)
Strategisch günstige Lage, wenige Meter unterhalb der Grostè-Seilbahn ❶, außerdem sehr gemütlich. Mit dem nahen Grostè-Pass bildet sie den Knotenpunkt der Routen, die den nördlichen mit dem zentralen Teil der Brentagruppe verbinden; Tel. 04 65 44 13 58

Rifugio Viviani Pradalago (2082 m)
Die romantisch am See gelegene Hütte ist auch abends ein schönes Ziel. Bei regionaltypischen Gerichten wie Polenta Capriolo oder dem einheimisches Salmerinio (eine Art Lachsforelle) klingt der Tag fern von Stress und Hektik aus. Für die Gäste gibt es einen Abholservice; liegt direkt bei der Bergstation der Pradalago-Bahn ❸; Tel. 04 65 44 12 00

der Terrasse des Rifugio Graffer, das knapp 200 m unterhalb des Passes liegt, bekommen selbst Gondel-Gipfelstürmer das alpine Ambiente zu spüren. Auch die westliche Talseite ist mit Seilbahnen erschlossen. Sie führen von Madonna hinauf auf die Schutzhütten Rifugio Pancugolo und Rifugio Agostini Pradalago, die inmitten einer reizvollen, mit Bergseen gespickten Landschaft liegen. Kurze Abstecher hinein in diese zauberhafte Umgebung sind auch für diejenigen gut zu meistern, die nicht die Kondition und Erfahrung für längere Wandertouren haben – nach dem Ausflug in die Bergwelt können sie knieschonend wieder zurück nach Madonna schweben.

Noch intensiver wird das Berg-Erlebnis rund um Madonna jedoch, wenn man weitab der Bergbahnen unterwegs ist und sich hineinbegibt in das wilde Herz der Brenta. Der Klettersteig »Bocchette alte«

Action & Sport ✺ ✺ ✺ ✺

MOUNTAINBIKE	KLETTERSTEIGE	RAFTING	CANYONING	REITEN
PARAGLIDING	DRACHENFLIEGEN	KLETTERGÄRTEN	TENNIS	WINDSURFEN
KAJAK/KANU	WASSERSKI	TAUCHEN	HOCHSEILGARTEN	GOLF

TOP TIPP Unvergleichliche Aussichten bietet der mittelschwere **Ottone-Brentari-Klettersteig** ❷, der im Herzen der Brenta über die Bocca di Ambiez (2871 m) und die Bocca della Tosa (2854 m) führt. Ausgangspunkt ist die Agostini-Hütte (2410 m, Zustieg von San Lorenzo auf der Ostseite der Brenta durch das Val d'Ambiez; Zufahrt bis zur Cacciatore-San-Lorenzo-Hütte auf 1821 m mit Hüttentaxi möglich; Zeit: ca. 2 Std.). Auf Pfad 358 bis zum Klettersteig-Einstieg an der Südwand der Tosa. Den Drahtseilen folgend hinauf zur Bocca della Tosa und zur Sella della Tosa (2859 m), dem höchsten Punkt des Steiges. Ohne weitere Schwierigkeiten verläuft der Weg 304 nach Norden zum Osthang der Tosa und bis zum Anfang des Normalwegs, weiter zur Pedrotti-Hütte (2483 m, evtl. Übernachtung); Abstieg nach Molveno (ca. 2 Std.), mit dem Bus nach San Lorenzo zurück; Klettersteigausrüstung unbedingt notwendig, evtl. auch Leichtsteigeisen für die Querung steiler Firnrinnen; Zeit für Klettersteig: ca. 3 Std.; Einkehr: Cacciatore-San-Lorenzo-Hütte, Agostini-Hütte, Pedrotti-Hütte

Mountainbike	Val Rendena	Ideal zum Einfahren ist der 20 km lange Radweg von Madonna aus ins Val Rendena, von dem zahlreiche unbefestigte Wege weiterführen; geführte Touren und Radverleih bei Xsport Promotions in Madonna, Tel. 04 65 50 01 20 oder 03 39 6 41 86 64; www.xsports.it
Golf	Campo Carlo Magno, Madonna di Campiglio	Die Anlage liegt auf 1700 m und ist einer der höchstgelegenen Plätze Europas. Der Engländer Henry Cotton legte ihn im vergangenen Jahrhundert an. 9-Loch, Länge 5148 m, Par 70; Tel. 04 65 44 06 22; www.golfcampocarlomagno.com
Paragliding	Aero Club d'Italia, Pinzolo	Eingerichteter Startplatz bei Pinzolo an der Bergstation Doss del Sabion (2101 m) ❺ ❻; Landeplatz bei Carisolo (800 m). Tandemflüge und Kurse beim Aero Club d'Italia; Tel. 04 65 32 26 48 oder 03 38 9 35 79 60
Klettern/ Klettersteig	Bergführerbüro Madonna di Campiglio	Die Brenta ist ein Dorado für Kletterer mit unzähligen alpinen Routen. Groß ist auch die Auswahl der meist mittelschweren Klettersteige, die in herrlichen Rundtouren durch die gesamte Brenta führen. Informationen im Bergführerbüro Madonna di Campiglio; Tel. 04 65 44 26 34; www.guidealpinecampiglio.it
Reiten	Reitstall Val Rendena	Unterricht in der Reithalle und Ausritte in die herrliche Region; Centro Ippico, Pinzolo; Tel. 04 65 50 23 72

Adressen & Bergbahnen

Landesvorwahl 00 39

Madonna di Campiglio (1522 m)	Tourismusverband Madonna di Campiglio; Tel. 04 65 44 20 00; E-Mail: info@campiglio.net; www.campiglio.to	
Pinzolo (780 m)	Informations-Büro Pinzolo; Tel. 04 65 50 10 07; E-Mail: apt.pinzolo@trentino.to; www.pinzolo.to	
Weitere Orte	**Carisolo** www.carisolo.com • **Giustino** communedigiustino.it • **San Lorenzo** • **Sant´Antonio di Mavignola** • **Villa Rendena** • **Vadaione**	
Entfernungen	Hamburg 1155 km; Berlin 967 km; Köln 957 km; Frankfurt a. M. 773 km; Stuttgart 533 km; München 380 km	

① Madonna di Campiglio Grostè • Berg/Tal 13 €
② Madonna di Campiglio Monte Spinale • Berg/Tal 8 €
③ Madonna di Campiglio Pradalago • Berg/Tal 8 €
④ Madonna di Campiglio 5 Laghi • Berg/Tal 8 €
⑤ ⑥ Pinzolo Pra Rodont/Doss del Sabion Berg/Tal 7,50 €

Siehe auch Preisteil S. 651

---

ist vielleicht der bekannteste Höhenweg der Dolomiten: eine herrliche Route, die in einer strengen Landschaft unvergessliche Aussichten bietet. Die Tour, die häufig sehr ausgesetzt ist und nur erfahrenen, gut trainierten und gut ausgerüsteten Bergwanderern zu empfehlen ist, führt vom Rifugio Alimonta über die Cima Brenta zum Rifugio Tuckett.

Ruhige Seitentäler

Vor lauter Begeisterung über Madonna di Campiglio und die Brenta-Dolomiten sollte man jedoch nicht vergessen, dass die Region auch etwas weiter entfernt von Madonna di Campiglio ihre Reize hat: Da ist zum Beispiel das idyllische Val di Sole mit herrlichen Obstgärten und Weinreben oder im Süden das Val di Genova, ein von steilen Flanken gesäumtes, so gut wie unbesiedeltes Bergtal, das zwischen Madonna und Pinzolo nach Westen abzweigt. Pinzolo selbst liegt inmitten der weiten grünen Talböden der lieblichen, von Waldhängen und Bergen gesäumten Kulturlandschaft des Val Rendena und ist ebenfalls ein besuchenswertes Ziel.

Steinerne Zeitzeugen: bei der Vigiliuskirche in Pinzolo

Hotelempfehlungen

Dimaro S. 728
Folárida S. 729
Madonna di Campiglio S. 734
Malè S. 738
Marilléva S. 738
Passo Tonale S. 741
Péjo S. 741
Pinzolo S. 741

Wanderkarten

Alpenvereinskarte 51, Brentagruppe, 1:25000

Straßenatlas Siehe S. 792

PAGANELLA
TRENTINO

Wie eine Mauer ragt die Brentagruppe über Fai della Paganella auf.

ACTION & SPORT
WANDERN & BERGTOUREN
FUN & FAMILY
WELLNESS & GENUSS

Juwel zwischen Etschtal und Brenta

Die berühmten Dolomitengipfel der Brentagruppe verfügen im Osten über einen reizvollen »Vorbau«: das aus dem Etschtal mit steilen Felswänden aufragende Massiv der Paganella, hinter dem sich ein herrlich grünes Hochtal mit einem schönen See verbirgt.

Ganz besonders in den Bergen kann eine Änderung des Standortes zu überraschenden Perspektiven und Erkenntnissen führen. Die Landschaft zwischen dem Etschtal und den Brentagipfeln bietet dafür ein Paradebeispiel: Wer von Trient hinaufblickt zu dem – neben dem Monte Bondone – zweiten markanten Hausberg der Stadt, hat einen hohen und schroffen Felsgipfel vor sich. Doch die Paganella erreicht gerade einmal 2124 m Höhe, und wird sie von ihrer Westseite her betrachtet, etwa von den Ortschaften Andalo und Molveno, präsentiert sie sich als harmloser Wald- und Wiesenberg. Gleichzeitig zeigt sich von diesem Hochtal aus im Westen die Brentagruppe als ein wildes und abweisendes Felsgebirge, dessen höchster Gipfel, die Cima Tosa, die Paganella zu einem Vorberg degradiert. Genau diese Kontraste machen den Reiz dieses Einschnitts zwischen Etsch und Brenta aus, der außerdem auch noch von dem malerischen Molvenosee geschmückt wird.

Die spezielle Beziehung der Trentiner zur Paganella wird auch an der Erschließung des Berges mit Bahnen deutlich: In den 1950er Jahren schwebten Gondeln vom Ufer der Etsch als kühne »Direttissima« zum Gipfel – damals eine Meisterleistung der Ingenieurskunst. Aber das ist längst Vergangenheit: Heute ziehen die Aufstiegshilfen der Paganella entlang der Skihänge von Norden und Westen zum Gipfel.

Aussichtskanzel Paganella

Im Sommer nutzen Ausflügler einige dieser Lifte, um den einzigartigen Rundblick vom Paganellagipfel zu genießen: An klaren Tagen reicht er von der Marmolada bis zum Gardasee. Gemütlich wandern, das Panorama bewundern, in einer der Hütten in Gipfelnähe den Gaumen mit Trentiner Wein und Käsespezialitäten verwöhnen, schließlich knieschonend mit dem Lift ins Tal schweben – das ist für Genießer ein Urlaubstag nach Maß.

Andere zieht es zum Wasser: Der Molvenosee, der sich nach einem gewaltigen Bergrutsch etwa 1000 v. Chr. bildete, ist mit 4 km Länge ein relativ großer Bergsee, auf dem man sogar segeln kann, ohne ständig wenden zu müssen. Fantastisch ist es auch, mit dem Kanu oder Ruderboot über den See zu gleiten. Auch für Mountainbiker bieten sich interessante Möglichkeiten: Eine schöne Route führt von Molveno über Andalo nach Toscana und weiter nach Santel, bevor es zurück nach Molveno geht. So wie die Paganella im Etschtal alle Blicke auf sich zieht, fasziniert von Andalo und Molveno aus die Kette der Brentagipfel: Wuchtige Felsbastionen, schlanke Türme und spitze Nadeln formen eine bizarre Horizontlinie, unter der graugelbe Felswände in geröllerfüllte Hochkare abbrechen. Kletterer und Klettersteiggeher können sich hier alle Wünsche erfüllen: Für die einen wird mit der Ersteigung des wie eine Kerze aufragenden Campanile Basso (im deutschen Sprachraum auch »Guglia« genannt) ein Traum Wirklichkeit, andere wandeln staunend zwischen Rifugio Pedrotti-Tosa und Rifugio Alimonta auf Felsbändern durch die senkrechten Wände – auf dem berühmten Sentiero delle Bocchette Centrale. Wanderer genießen den Blick am besten aus der Distanz: Mit dem Lift schweben sie von Molveno zum Rifugio Pradel, um hoch über dem waldreichen Val delle Seghe und vis-à-vis des Felsenreichs von Sfulmini fast eben zum Rifugio Croz dell'Altissimo zu bummeln. Mit etwas Glück – und einem guten Fernglas – lassen sich in der Riesenwand des Croz dell'Altissimo sogar Kletterer beobachten. Nach einer kräftigen Brotzeit geht es im Talgrund zurück nach Molveno – nun wieder mit dem Blick auf die grüne Flanke der Paganella.

ADAC *der perfekte Urlaubstag*

- **9 Uhr:** von Santel bei Fai mit dem Lift zur Bergstation ④, von dort Bergwanderung zum Gipfel der Paganella und abwärts zur Malga Terlago Alta
- **13 Uhr:** Mittagessen mit Trentiner Spezialitäten in der Malga Terlago Alta
- **15 Uhr:** mit den Bergbahnen hinab nach Andalo ② ①
- **16 Uhr:** Bus- oder Autofahrt nach Molveno und Badenachmittag am See

Wandern & Bergtouren

TOP TIPP Der **»Sentiero delle Bocchette Centrale«** ❶ gilt als einer der eindrucksvollsten Höhenwege der Alpen. Er verbindet im zentralen Teil der Brentagruppe die beiden Scharten Bocca di Armi (2749 m) und Bocca di Brenta (2552 m), indem er über weite Strecken geschickt den charakteristischen horizontal verlaufenden Felsbändern folgt. Ausgangspunkt: Rifugio Pedrotti-Tosa (2486 m), ca. 4 Std. von der Liftstation Pradel (1385 m) ❺. Nach Überquerung der Bocca di Brenta beginnt die gesicherte Weganlage und führt mit Hilfe von Leitern und auf Felsbändern westseitig zur Bocchetta del Campanile Basso; weiter geht es zur Bocchetta del Campanile Alto und zum Plateau der Sentinella, schließlich kühn ostseitig unter den Sfulmini-Nadeln entlang zu einer Reihe von Metallleitern, die steil zur Bocca di Armi hinunterleiten. Über den Gletscherrest der Vedretta di Sfulmini zieht die Route schließlich hinunter zum Rifugio Alimonta (2580 m); Zeit: ca. 4–5 Std.; Rückweg über Rifugio Brentei (2175 m) und Bocca di Brenta zum Rifugio Pedrotti-Tosa (ca. 4 Std.). Der Bocchette-Weg »Centrale« wird als leichter Klettersteig eingestuft, den auch schwindelfreie und trittsichere Wanderer begehen können (Klettersteigausrüstung empfehlenswert!). Ideal ist, sich drei Tage Zeit zu nehmen und auf dem Refugio Pedrotti-Tosa und Refugio Brentei zu übernachten

Paganella (2124 m) Großartiger Aussichtsberg über dem Etschtal	Ausgangspunkt: Andalo/Bergstation Dos Pela (1776 m) ❶ ❷; auf breitem Weg zur Malga Terlago Alta (1826 m) – steiler auf Weg Nr. 606 zum Aussichtspunkt La Roda (2086 m) – Paganella-Gipfel mit großartigem Rundblick – über die Malga Zambana (1772 m) zur Bergstation ❷; mit den Bahnen zurück ins Tal; einfache Bergwanderung auf markierten Wegen; Zeit: ca. 3 Std.; Einkehr: Bar Albi de Mez, Malga Terlago Alta, Ristorante La Roda, Malga Zambana
Croz dell'Altissimo (2339 m) Aussichtsloge in der Brenta	Ausgangspunkt: Molveno/Liftstation Pradel (1385 m) ❺; Rifugio Montanara (1525 m) – Hinweisschild »Cima Altissimo« folgen – Palon de Tovre – Passo dei Camosci (1965 m) – durch die Conca dei Mandrini Richtung Gipfelaufbau – über ansteigende Bänder und kleine Felsstufen, teils ausgesetzt, zum Gipfel; Abstieg wie Aufstieg; leichte Bergtour für trittsichere Bergwanderer mit guter Kondition und Orientierungssinn (bei Nebel gefährlich!); Zeit: ca. 7 Std.; Einkehr: Rifugo Montanara
Dosso Alto (1554 m) Hausberg von Fai della Paganella	Ausgangspunkt: Parkplatz am Passo Santel (1030 m) bei Fai della Paganella; auf Forststraße in der Westflanke des Dosso Alto zur bewirtschafteten Baita Campedel (1364 m) – Croce (Monte Fausior) an der östlichen Abbruchkante – Dosso Alto – nach Süden absteigen in den Ortsteil Cortalta (992 m) – zurück nach Santel; einfache Bergwanderung; Zeit: ca. 4 Std.; Einkehr: Malga Campedel

Adressen & Bergbahnen
Landesvorwahl 00 43

Urlaubsregion	**Dolomiti di Brenta, Altopiano della Paganella**; Tel. 04 61 58 58 36; E-Mail: info@aptdolomitipaganella.com; www.dolomitipaganella.com
Orte	**Fai della Paganella • Andalo • Molveno**
Entfernungen	Hamburg 1109 km; Berlin 921 km; Köln 911 km; Frankfurt a. M. 727 km; Stuttgart 487 km; München 334 km

❶ ❷ Andalo Dos Pela/Paganella Berg/Tal 10 €
❸ Andalo Prati di Gaggia – Berg/Tal 10 €
❹ Fai della Paganella/Santel Cima Paganella (3 Sektionen) Berg/Tal 10,30 €
❺ Molveno Pradel 7,50 €

Siehe auch Preisteil S. 651

Hütten

Rifugio Dosso Larici (1844 m)
Auf dem Absatz »Dosso Larici« im nach Norden abfallenden Rücken der Paganella, unmittelbar neben der Bergstation der Seilbahn ❹ gelegen; großartiger Blick ins Etschtal und zur nördlichen Brentagruppe;
Tel. 04 61 58 31 65

Rifugio Montanara (1525 m)
Malerisch in lichtem Baumbestand auf dem Pian de Tovre gelegene Privat-Hütte. Von Molveno per Seilbahn ❺ direkt erreichbar; von der Bergstation Pradel ca. 30 Min.;
Tel. 04 61 58 56 03

Rifugio Croz dell'Altissimo (1430 m)
Im Talschluss des waldreichen Val delle Seghe steht unter der 1000-m-Wand des Croz dell'Altissimo die traditionsreiche Hütte, in der Ausflügler gerne rasten. Zugang von Molveno in ca. 1,5 Std. oder von der Liftstation Pradel ❺ in ca. 1 Std.;
Tel. 04 61 58 56 98

Rifugio Malga Andalo (1357 m)
Kleine, einfache Hütte mit gemütlichem Ambiente und guter Küche; auf der Wiesenfläche des Pian dei Casinati; in ca. 1,5 Std. von Molveno über den Sentiero Domini zur Hütte;
Tel. 03 60 21 66 67

Hotelempfehlungen

Andalo S. 723
Fai della Paganella S. 729
Molveno S. 739

Wanderkarten

Freytag & Berndt; WKS 11 Brenta, Madonna di Campiglio, Presanella; 1:50000

Straßenatlas   Siehe S. 792

VAL DI FASSA
TRENTINO

ACTION & SPORT

WANDERN & BERGTOUREN

FUN & FAMILY

WELLNESS & GENUSS

Wanderkarten
Freytag & Berndt, WKS 5 Grödnertal, Sella, Marmolada; 1:50000
Tabacco-Wanderkarte, Blatt 06 Val di Fassa e Dolomiti Fassane; 1:25000

ADAC der perfekte Urlaubstag

- **7 Uhr:** schnelles Frühstück und frühe Abfahrt mit Zubringerbus von Pera nach Gardeccia
- **8.30 Uhr:** Aufstieg über Vajolet- und Gartl-Hütte zum Santnerpass
- **11 Uhr:** Kletterei mit Bergführer auf dem Normalweg (Schwierigkeitsgrad 2) auf die Rosengartenspitze mit Brotzeit auf dem Gipfel
- **13 Uhr:** Abstieg vom Gipfel und nach Gardeccia, Bus zurück ins Fassatal
- **17 Uhr:** Entspannung der müden Muskeln im Heubad im Hotel Maria in Moena (Tel. 04 62 57 32 65; www.hotelmaria.it)

Sagenhafte ladinische Gipfelwelt

Kaum eine andere Region birgt mehr Dolomitenklischees als das ladinische Fassatal, das Val di Fassa. Monumentale Felsmassive, schroffe Türme und gleißende Gletscher erzählen Sagen und laden gleichzeitig zu spannenden Berg- und Klettertouren ein. Grüne Almwiesen und lichte Bergwälder verlocken zu ausgedehnten Wanderungen. Und dabei bleibt noch genügend Raum für adrenalinhaltige alpine Aktivitäten wie Mountainbiken und Paragliding.

Dolomitenkontraste im Fassatal: das Dorf Soraga und das Lo-Sacapello-Massiv

»Das Fassatal liegt an der nordöstlichen Spitze des Trentino und grenzt an die Provinzen Bozen und Belluno. (...) Es ist eine fluvioglaziale Rinne, die vom Oberlauf des Wildbachs Avisio durchzogen wird.« Noch nüchterner als in diesem Text, der ausgerechnet in einem Gourmet-Führer des Trentino zu lesen ist, lässt sich kaum in Worten ausdrücken, was zu den landschaftlichen Höhepunkten in den Dolomiten und in den gesamten Alpen zählt. Den Rand dieser »Rinne« bildet nämlich eine ganze Reihe von einzigartigen Berggestalten: die Felsburgen und -nadeln des sagenumwobenen Rosengartenmassivs, das steinerne Labyrinth der Larsec-Gruppe, der mächtige Langkofel mit seinen Nachbarspitzen, die Felsenburg des Sellastocks, die Marmolada – die prachtvolle »Königin der Dolomiten« – und schließlich die Dolomitgipfel des Monzonikamms.

Als eines der vier zum Sellamassiv hinziehenden Täler gehört das Fassatal zum ladinischen Sprachgebiet. Über Jahrzehnte vernachlässigt, haben die Menschen sich in jüngster Zeit wieder stärker auf ihre überlieferte Sprache und auf ihr kulturelles Erbe besonnen.

Ausdruck für das neue Selbstbewusstsein sind das in Vigo beheimatete Museum und das Institut der Ladiner Kultur. Das ladinische Museum von Fassa (www.istladin.net) ist als Talschaftsmuseum angelegt: Zum eigentlichen Hauptsitz gehören weitere kleine Sehenswürdigkeiten, sozusagen als lokale Freiland-Ausstellungsstücke, die wertvolles Kulturgut erhalten und sich über das ganze Tal verstreut finden. Es handelt sich dabei um eine Mühle aus dem 18. Jh. in Pera, ein venezianisches Sägewerk mit Wasserantrieb in Penia sowie eine Böttcherwerkstatt in Moena.

Keinem Besucher des Museums kann entgehen, welch große Bedeutung Sagen im ladinischen Kulturraum spielen. Einer dieser geheimnisvollen Legenden nach haben die Fassaner ihren Ursprung in der Verbindung des Prinzen Lidsanel aus dem zauberhaften Reich von Fanes mit der Prinzessin Elyonda aus Contrin. Diese Erklärung ist zweifellos romantischer als jede Art von wissenschaftlicher Erkenntnis; Letztere sieht im Rosengarten keineswegs das Reich des Königs Laurin, sondern bringt die Bezeichnung mit dem alten Wortstamm »ruza« in Verbindung, der nichts anderes als »Geröllhalde« bedeutet. Dem entspricht die Ableitung der italienischen Bezeichnung »catinaccio« vom ladinischen »ciadinac«, was gleichfalls für »Geröllkessel« steht.

Wandern & Bergtouren

TOP TIPP Über vier Jöcher und einmal **quer durch die Larsec-Gruppe** ❶ führt eine Wanderung vom Vajolet- ins Durontal. Spannend ist dabei der Wechsel der Landschaft, vom lichten Bergwald und den Bergwiesen zu Füßen von Rosengarten und Vajolettürmen zum inmitten einer Felswüste gelegenen Antermoiasee (2495 m), dann zu einem lieblich-grünen Finale. Ausgangspunkt ist Gardeccia (1949 m) im Vajolettal, von Pera di Fassa mit dem Wanderbus zu erreichen. Unter der mächtigen Ostwand der Rosengartenspitze (2979 m) auf die Terrasse mit der großen Vajolet-Hütte (2244 m) und der kleinen Preuß-Hütte. Der Weg Nr. 584 zieht durch Geröll zum Grasleitenpass (2599 m) hinauf und gelangt südseitig um den Kesselkogel und über den Antermoiapass (2770 m) in den kargen Felskessel von Antermoia mit dem kleinen See; in der nahen Antermoia-Hütte (2497 m) kann man sich stärken, bevor man über den Passo di Dona (2516 m) und den Passo Duron (2282 m) ins grüne Durontal weiterwandert. Von der Micheluzzi-Hütte (1850 m) geht es dann mit dem Bus zurück ins Fassatal. Leichte Bergwanderung für trittsichere Bergwanderer; Zeit: ca. 6 Std.; Einkehr: Vajolet-Hütte, Preuß-Hütte, Antermoia-Hütte, Micheluzzi-Hütte

Santnerpass-Hütte (2734 m) Aussichtsloge in König Laurins Reich	Ausgangsort: Gardeccia (1949 m), Zubringerbus von Pera oder 45 Min. Wanderung von Seilbahnstation Ciampedie (2020 m) ⓭; Route: Gardeccia – Vajolet-Hütte (2244 m) – Gartlhütte (2621 m) – Santnerpass-Hütte; Abstieg wie Aufstieg; Zeit: ca. 5–6 Std.; Einkehr: Vajolet-, Gartl- und Santnerpass-Hütte
Friedrich-August-Weg (ca. 2300 m) Leichte Panoramatour zu Füßen des Langkofels	Ausgangsort: Campitello, Bergstation Col Rodella (2395 m) ❷; Friedrich-August-Hütte (2298 m) – auf dem Friedrich-August-Weg unter den Südwänden des Langkofels queren – Sandro-Petrini-Hütte (2300 m) – Plattkofelhütte (2300 m) am Fassajoch – Sasso Piatto (2256 m) – Micheluzzi-Hütte (1850 m); mit dem Wanderbus zurück nach Campitelo; Zeit: ca. 3 Std.; Einkehr: Friedrich-August-Hütte, Sandro-Petrini-Hütte, Plattkofelhütte, Micheluzzi-Hütte
Sentiero Pederiva Anspruchsvolle Höhentour mit fantastischen Ausblicken für Könner	Ausgangspunkt: Alba, Bergstation Ciampac (2147 m) ❶; Aufstieg zur Sella del Brunec (2428 m) – anspruchsvoller, teils ausgesetzter Bergsteig Sentiero Pederiva – Roseal (2480 m) – Sas Bianc (2431 m) – Rifugio Passo di S. Nicolo (2340 m) – einfacher Abstieg ins Contrin-Tal – im Tal entlang zurück nach Alba; Trittsicherheit, Schwindelfreiheit und alpine Erfahrung erforderlich; herrliche Aussicht auf Sella, Langkofel und Marmolada; Einkehr: Rifugio Passo di S. Nicolo

Apropos Steine: Steinreich gemacht – im übertragenen Sinn – hat der Tourismus die Fassaner nicht, aber zu einem gewissen Wohlstand hat er ihnen durchaus verholfen. Und den haben sie ganz wesentlich der Faszination ihrer »monti pallidi« (»den bleichen Bergen«) zu verdanken, wie die Dolomitengipfel in ihrer Sprache oft genannt werden. Ihr einmaliger Erlebniswert kommt dann besonders zur Geltung, wenn man sich in diese Bergwelt hinein begibt. Im Fassatal lässt sich das ganz bequem mit zahlreichen Bahnen bewerkstelligen; tiefer und länger wirken die Eindrücke der Natur aber sicherlich, wenn man sich aus eigener Kraft durch die Landschaft bewegt.

Grandioser Rosengarten

Eine der großen Aussichtslogen auf halber Höhe ist Ciampedie, von Vigo mit der Seilbahn in weni-

Im Abendlicht erstrahlen die Gipfel von Kesselkogel (l.) und Cima Scalieret.

Einfach hübsch: die Tracht des Fassatals

Hütten

Gartlhütte
(2620 m, auch: Rifugio Re Alberto) Inmitten der Rosengartengruppe zu Füßen der Vajolet-Türme steht die Hütte genau auf der Grenze. Hüttenwirt und Bergführer Bruno Deluca kümmert sich freundlich um seine Gäste. An den Wochenenden empfiehlt es sich, einen Schlafplatz zu reservieren. Zustieg von Gardeccia (1949 m, mit Wanderbus von Pozza di Fassa aus zu erreichen) in ca. 2,5 Std.; Tel. 04 62 76 34 28

Friedrich-August-Hütte (2300 m)
Die vor wenigen Jahren neu erbaute Hütte befindet sich auf der Südseite des Langkofel-Massivs und bietet neben gutem Essen und freundlichem Service 40 Übernachtungsmöglichkeiten. Besonderheit: Der Hüttenwirt züchtet schottische Hochlandkühe, die irgendwann, fantastisch zubereitet, auf den Tellern der Gäste landen. Von der Bergstation Col Rodella ❷ in ca. 30 Min. zu erreichen; Tel. 04 62 76 49 19

Rifugio Passo San Nicolò (2338 m)
Mit herrlichem Blick auf die Marmolada, liegt die nette Hütte zwischen dem Contrintal und dem Val di San Nicolò. Zustieg vom Parkplatz Mezzaselva (1738 m) im Val San Nicolo bei Pozza di Fassa in ca. 2 Std.;
Tel. 04 62 76 32 69

🇮🇹 VAL DI FASSA

Action & Sport ☀︎ ☀︎ ☀︎

MOUNTAINBIKE	KLETTERSTEIGE	RAFTING	CANYONING	REITEN
PARAGLIDING	DRACHENFLIEGEN	KLETTERGÄRTEN	TENNIS	WINDSURFEN
KAJAK/KANU	WASSERSKI	TAUCHEN	HOCHSEILGARTEN	GOLF

TOP TIPP ▶ Still und steil über dem Val di San Nicolo: Die Gipfel um die Punta Vallacia (2637 m), sozusagen der südwestliche Sporn der Marmolada-Gruppe, sind in dieser Hinsicht ein Geheimtipp. Fast alle Dolomitenattraktionen sind hier geboten, auch ein schöner Klettersteig: Die **Via ferrata Franco Gadotti** ❷ beeindruckt mit einer grandiosen Aussicht und einigen spannenden, gut gesicherten Kletterstellen. Die Tour führt von der Baita Monzoni (1792 m, Zubringertaxi vom Rifugio Crocifisso im Val di San Nicolo) noch als Wanderung zum Bivacco Zeni (2100 m), dann als Klettersteig teilweise steil zum Gipfel des Sas de Mesdi (2446 m), weiter nach Süden zum Sas Aut (2555 m), anschließend – teils in der Westflanke querend – zur Forcella Baranchie (2545 m) und hinauf zur Punta Vallacia (2637 m). Vom Gipfel Abstieg zur Rifugio Vallacia (2275 m) und zurück zur Baita Monzoni; leichter Klettersteig, der aber komplette Ausrüstung und Erfahrung erfordert; Zeit: ca. 8 Std.; Einkehr: Rifugio Vallacia, Baita Monzoni; geführte Touren und Kurse: Guide Alpine di Pozza; Tel. 04 62 76 33 09; Cesa de la Guides, Campitello; Tel. 04 62 75 04 59.

Klettergarten	Val di San Nicolo, Pozza	Landschaftlich herrlich gelegener Klettergarten mit 22 Routen zwischen 4. und 8. Schwierigkeitsgrad; Infos: Tel. 04 62 76 41 36 Fantastische alpine Touren aller Schwierigkeitsgrade an Sella, Langkofel, Marmolada-Südwand und im Rosengarten; Führungen und Kurse: Gruppo Guide Alpine Dolomiti, Moena; Tel. 04 62 57 37 70
Reiten	Horse Ranch, Ciarlonch (Vigo di Fassa)	Ausritte, mehrtägige Wanderritte, Ponyreiten für Kinder; Westernreitschule; Horse Ranch Highland Cattle; Tel. 03 38 88 24 88 5
Drachenfliegen und Paragliding	Dolomiti Highfly, Canazei	Start vom Col Rodella (Seilbahn von Campitello ❷) und vom Col dei Rossi (Rifugio Belvedere, Seilbahnen von Canazei ❹ ❺); Kurse und Tandemflüge: Dolomiti Highfly; Tel. 03 35 67 56 67; www.dolomitihighfly.com

---

Restaurants

Pizzeria Soldanella
Pozza di Fassa
In herrlichem Ambiente liegt das Lokal zu Füßen der Cima Dodici. Es gehört nicht nur zu den besten im Tal, sondern auch zu den günstigsten. Zu den Spezialitäten zählen Pizza und regionaltypische Speisen wie Polenta mit Pilzen oder Tortelloni; Tel. 04 62 76 33 89

Restaurant/Rifugio Fuchiade
Passo S. Pellegrino-Soraga
Egal ob Antipasti di Selvaggina (Wild) oder Cajoncies (Teigtaschen), ob Papardelle oder Schweinshaxe, hier sind die Gerichte immer erstklassig zubereitet. Ab dem Hotel Miralago in ca. 30 Min. zu Fuß zu erreichen. Auf Wunsch Abholservice, Reservierung dringend empfohlen; Tel. 04 62 57 42 81

Malga Panna
Moèna
Ein Restaurant der gehobenen Klasse sowohl in Sachen Geschmack und Raffinesse als auch im Preis. Von Letzterem sollte man sich nicht abschrecken lassen und seinen Gaumen einmal mit den traditionellen Gerichten in neuen Variationen verwöhnen; Tel. 04 62 57 34 89

Disney Mountain Fun
Wer seinen Lieblingen Mickey Mouse oder Donald Duck einmal die Hand schütteln möchte, muss nun nicht mehr bis nach Disneyland reisen. Auch im Fassatal treffen große und kleine Kinder auf die Comic-Figuren, die zur Illustration von Sehenswürdigkeiten, Wanderwegen und Hotels dienen, aber auch »höchstpersönlich« im Fassatal unterwegs sind; www.fassa.com

---

gen Minuten zu erreichen. Hier öffnet sich vor dem Betrachter das Reich des Rosengartens: der Talschluss des vom Fassatal abzweigenden Vajolettals, über dem sich die glatte Ostwand des Rosengartens selbst und die schlanken Vajolettürme erheben. Zu Fuß kann man in einer knappen Stunde durch lichten Wald in den grandiosen Talkessel bummeln, bei der Gardeccia-Hütte rasten und mit dem Taxibus wieder ins Fassatal zurückfahren. Wer tiefer in die geheimnisvolle Welt vordringen will, steigt von Gardeccia zur großen Vajolet-Hütte hinauf, über die nächste Steilstufe zur kleinen Gartl-Hütte, unmittelbar am Fuß der Vajolettürme, und noch weiter bis zum felsigen Santnerpass mit der gleichnamigen Hütte. Der Gipfel der Rosengartenspitze ist hier zum Greifen nah und doch nur von Kletterern zu erreichen; die weite Aussicht vom Santnerpass nach Westen stellt aber mehr als nur einen Ersatz dar. Gipfelstürmer mit einem ausgeprägten »Höhenbewusstsein« bevorzugen als Ziel

---

Adressen & Bergbahnen — Landesvorwahl 00 43

Urlaubsregion	Fremdenverkehrsbüro **Canazei**; Tel. 04 62 60 11 13; E-Mail: info@fassa.com; www.fassa.com
Weitere Orte	**Alba** • **Campitello** • **Mazzin di Fassa** • **Moèna** • **Penia** • **Pozza di Fassa** • **Sorga** • **Vigo di Fassa** alle: www.fassa.com
Entfernungen	Hamburg 1088 km; Berlin 899 km; Köln 889 km; Frankfurt a. M. 705 km; Stuttgart 466 km; München 312 km

❶ Alba Ciampac • Berg/Tal 8,50 €
❷ Campitello Col Rodella • Berg/Tal 11,20 €
❸ Campitello Forcella Sassolungo Berg/Tal 12 €
❹ Canazei Pecol • Berg/Tal 7,70 €
❺ Canazei/Pecol Col dei Rossi (Rif. Belvedere) Berg/Tal 7,70 € (Kombiticket 11,20 €)
❻ Canazei Sass Pordoi • Berg/Tal 11 €
❼ ❽ Moena Luisa-Valbona-Le Cune Berg/Tal 11 €
❾ Moena/Passo San Pelegrino Col Margherita Berg/Tal 7,80 €
❿ Moena/Passo San Pelegrino Costabella Berg/Tal 6 €
⓫ Pozza di Fassa Col Valvacin Berg/Tal 5,50 €
⓬ Pozza di Fassa Catinaccio (Rosengarten) Berg/Tal 10 €
⓭ Vigo di Fassa Ciampedie • Berg/Tal 10 €

Siehe auch Preisteil S. 651

Eine fantastische Aussichtspromenade: der Bindelweg; gegenüber Fels und Eis der Marmolada.

von der Vajolet-Hütte aus ohnehin den Kesselkogel: Über einen sehr leichten Klettersteig gelangen auch trittsichere und schwindelfreie Bergwanderer zum höchsten Punkt, der sich exakt 2 m über der prestigeträchtigen 3000-m-Grenze befindet. Bedeutendster Ort im Fassatal ist Canazei, am Fuß von Sella- und Pordoijoch gelegen und von Westen her das Eingangstor zur Marmolada. Von den beiden »Vororten« Alba und Penia aus können Marmolada-Fans mit dem Auto weiterfahren zum Fedaiasee und von dort über die oben gletscherbedeckte breite Nordflanke zum Gipfel blicken. Wer sich von der unmittelbaren Nähe eines derartigen Berges fast bedroht fühlt, weiß den Blick aus der Distanz zu schätzen: Eine prächtige Aussicht zur Königin der Dolomiten genießen Wanderer auf dem berühmten »Bindelweg«, der vom Pordoijoch zum Rifugio Sas Beccè führt und dann durch Südhänge in Richtung Fedaiasee zieht. Hier die Blumen, gegenüber Eis und Felsen, in der Tiefe der blaue See – jede Rast wird zum Augenschmaus. Noch umfassender ist der Überblick von der Pordoispitze, dem südlichen Eckpfeiler des Sellastocks. Ein 2950 m hoher Gipfel, der mit der Gondelbahn vom Pordoijoch aus in atemberaubender Fahrt an fast senkrechten Felswänden entlang bequem zu erreichen ist. Von der Bergstation nach Süden blickend, breitet sich die ganze Welt des Fassatals vor dem Betrachter aus – weit mehr als nur eine »fluvioglaziale Rinne«.

Hotelempfehlungen

Alba di Canazei S. 723
Campitello di Fassa S. 726
Canazei S. 726
Karerpass S. 730
Mazzin di Fassa S. 738
Moèna S. 739
Pozza di Fassa S. 741
Soraga di Fassa S. 744
Vigo di Fassa S. 748

Straßenatlas Siehe S. 793

VAL DI FIEMME
TRENTINO

Grünes Tal vor hellen Wänden: das Fleimstal bei Cavalese. Im Hintergrund sind die Kalkgipfel der Pala-Gruppe zu sehen.

ACTION & SPORT

WANDERN & BERGTOUREN

FUN & FAMILY

WELLNESS & GENUSS

Zwei Täler – zwei Bergwelten

Verbunden durch den Rollepass und doch jedes in sich abgeschlossen: Das Fleimstal und das Val Cismon beeindrucken mit sehr unterschiedlichen Landschaftsbildern. Die Felsmassive von Latemar, Lagorai und Pala sind eine Welt für sich – was die Entdeckungsreise am Südrand der Dolomiten umso interessanter macht.

ADAC – der perfekte Urlaubstag

- **8.30 Uhr:** Wanderung auf bequemen Wegen vom Rollepass zur Alpe Malga Juribello (1869 m)
- **10.30 Uhr:** dort Besichtigung der Sennerei; jeden Dienstag (in der Almsaison) findet eine Vorführung zu Milchverarbeitung und Käseproduktion statt; Mittagessen in der Almhütte
- **13 Uhr:** beim Rückweg Richtung Rollepass Abstecher zum nahen Gipfel des Castellazzo (2333 m). Herrlicher Blick auf die Türme und Wände der Pale di San Martino
- **16 Uhr:** Bummel durch San Martino di Castrozza – wieder mit herrlichem Pala-Blick

Auf halber Strecke zwischen Bozen und Trient geht es bei Auer/Ora in engen Serpentinen hinauf nach Osten. Gut 800 Höhenmeter über dem Etschtal, auf dem Sattel von St. Lugan, öffnet sich das Tor zu einer faszinierend vielfältigen Alpengegend. Das 35 km lange Fleimstal (ital. Val di Fiemme) liegt abseits von Lärm und Hektik der Durchgangsrouten. Wer hier heraufkommt, in den mittleren Bereich der großen Talfurche des Avisio, hat Zeit für Umwege – oder ganz konkrete Ziele. Erste Station ist der Hauptort Cavalese: Verwinkelte Gassen, freskenverzierte Bürgerhäuser, Sonnenuhren und zinnengekrönte Kirchtürme machen den historischen Ortskern zu einem Freilichtmuseum der Kunst. Nummerierte Wegweiser und ein bei den Tourismusbüros erhältlicher Führer, in dem die Malereien, Fresken und Bauwerke erklärt werden, ermöglichen es, die Kunstwerke in einer sinnvollen Reihenfolge zu besichtigen.

Hinter Cavalese weitet sich das Tal des Avisio, in den unteren Zonen dominieren saftige Wiesen, fruchtbares Ackerland und dunkelgrüne Wälder. Aufgrund der abgeschiedenen Lage konnte sich die bäuerliche Region weitgehend unbeeinflusst unter eigener Regie entwickeln. Denn seit dem Jahr 1111 genießt die »Magnifica Comunità di Fiemme«, wie die Selbstverwaltung der Talgemeinden heißt, eine fast uneingeschränkte Autonomie. Folglich wurde innerhalb der ländlichen Republik im eigenen Interesse behutsam mit den Weiden und Wäldern umgegangen. Kein Wunder, dass die Menschen stolz sind auf ihre Kultur und Natur. Eindrückliches Zeugnis der Autonomie ist der »Palazzo della Magnifica Comunità« in Cavalese, ein reich bemal-

Sitz der Talgemeinschaft: der »Palazzo della Magnifica Communità« in Cavalese

Wandern & Bergtouren

TOP TIPP Die **Durchquerung der Lagorai** ❶, der langen Porphyr-Kette südlich des Fleimstales, ist eine Tour, wie man sie nur noch ganz selten in den Alpen findet. Die wenigen Unterkünfte im Kammbereich sind einfache Biwakschachteln oder Selbstversorgerhütten. Isomatte, Schlafsack, Verpflegung und Kocher gehören also mit ins Gepäck. Wer zusätzlich noch ein Zelt schleppen will, kann seine Etappen frei einteilen. Über weite Strecken ist man unterwegs auf wenig ausgeprägten Steigen (auf Markierungen achten!), in felsigem Gelände und Geröll. Abstecher zu den Gipfeln erfordern oft leichte Klettereien. Der Lohn für all diese Mühen ist der exklusive Genuss einer einzigartig wilden und grandiosen Berglandschaft. Für die Route gibt es etliche Varianten; mindestens vier, besser sechs Tage sollte man einplanen.

Geologischer Lehrpfad Dos Capèl Gemütliche, faszinierende Wanderung durch die Erdgeschichte	Ausgangspunkt: Predazzo, Bergstation der Latemarlifte Passo Feudo ❺ ❻ (2100 m); Satteljoch (2121 m) – Dos Capèl (2266 m) – Tresca – Satteljoch – Passo Feudo; Rückkehr ins Tal mit den Liften; breite Wege mit erklärenden Tafeln zu Felsformationen und geologischen Besonderheiten; ausführliche Infobroschüre dazu bei den Tourismusbüros; Zeit: je nach geologischem Interesse ca. 2–3 Std.; Einkehr: Rifugio Gardenone (1655 m)
Cima Viezzena (2490 m) Durch Blumenwiesen zu einer grandiosen Aussichtsloge	Ausgangspunkt: Bellamonte/Castelir, Bergstation des Sessellifts Morea ❶ (1977 m); Alpe Lusia – Passo di Lusia (2055 m) – Cima Viezzena; Rückweg auf gleicher Route; am Gipfelkamm Trittsicherheit erforderlich; Zeit: ca. 4–5 Std.; Einkehr: Rifugio Passo di Lusia
Colbricon (2602 m) Idyllische Wanderung mit steilem und steinigem Finale	Ausgangspunkt: Malga Rolle, westl. vom Rollepass (1910 m); Rifugio Laghi di Colbricon (1927 m) – Passo del Colbricon – Forcla di Geremans (2426 m) – Colbricon Grande (2602 m); Rückweg auf gleicher Route; von der Forcla di Geremans interessanter Abstecher zum Bivacco Aldo Moro (2565 m, zusätzlich ca. 2 Std.); ab Forcla di Geremans Trittsicherheit und Orientierungsvermögen erforderlich; Zeit: ca. 5,5 Std. (ohne Abstecher); Einkehr: Rifugio Laghi di Colbricon
Cima della Fradusta (2939 m) Fantastische Wanderung durch die Mondlandschaft der Pala mit kurzer Gletscherpassage	Ausgangspunkt: San Martino, Bergstation der Rosetta-Seilbahn ❽ (2572 m); Rifugio Pedrotti-Rosetta (2581 m) – Passo Pradidali Basso (2658 m) – Passo della Fradusta – Cima della Fradusta; Abstieg wie Aufstieg; scharfkantiger Karst; Trittsicherheit erforderlich; bei Einfallen der berüchtigten Pala-Nebel peinlichst auf die Markierungen achten! Zeit: ca. 5 Std.; Einkehr: Rifugio Pedrotti-Rosetta

Hütten

Rifugio Laghi del Colbricon (1927 m) Die idyllische Privathütte steht in zauberhafter Umgebung am Ufer des südlichen der beiden Colbriconseen. Der etwas mehr als halbstündige Anstieg von der Rollepass-Straße ist eher ein Spaziergang – allerdings einer der lohnendsten der Region. Wer weiter hinauf will, hat die Wahl zwischen Colbricon (2602 m; Zeit: ca. 2,5 Std.) oder Cavallazza (2324 m; Zeit: ca. 1,5 Std.). Wer in erster Linie genießen will, bleibt bei Polenta con Funghi und Vino rosso auf der Hütte; Tel. 04 39 76 89 42

---

tes Haus mit wertvoller Innenausstattung, das seit 1850 Sitz der Talgemeinschaft ist. Heute befindet sich dort auch ein interessantes Kunst- und Heimatmuseum, in dem u. a. die Werke der Künstler der »scuola pittorica fiemmese« gezeigt werden. Ein weiteres einzigartiges Beispiel der Unabhängigkeit ist der vollständig erhaltene »Banco della Reson« im Hauptort: Unter uralten Linden sind Steinbänke kreisförmig um einen runden Tisch angeordnet – Ausdruck dafür, dass sich alle Vertreter der Talschaft hier gleichberechtigt zur Beratung und Rechtsprechung versammelten.

Lange Wege zu einsamen Gipfeln

Der nächste größere Ort ist Predazzo. Immer dem Lauf des Avisio folgend, zweigt hier die Straße ins Fassatal ab. Latemar und Rosengarten – und damit die touristischen Glanzpunkte der Dolomiten – sind nicht fern. Der lange Gebirgszug im Süden des Fleimstales taucht hingegen in keiner alpinen Hitliste auf: Über 30 km zieht sich die Catena dei Lagorai vom Passo Manghen im Westen, der vom Fleimstal ins Val di Caramento führt, bis zum Rollepass im Osten. Die eigenartige Kette aus rotbraunem Porphyr – einem Gestein vulkanischen Ursprungs – ist mit keiner ihrer »kalkhaltigen« Nachbarinnen vergleichbar, die auf urzeitliche Korallenriffe zurückgehen. Die Wege zu den Gipfeln sind umständlich und mühsam. Von Norden erschweren lange Täler und ein ebenso dichter wie steiler Waldgürtel die Annäherung. Wie die Zungen versteinerter Gletscher greifen zwischen bewaldeten Kuppen die Arme der Karstfelder talwärts. Nach Süden bricht der Hauptkamm mit glatten, senkrechten Wänden ab. Gerade einmal zwei Unterkunftshäuser gibt es hier: das Rifugio Laghi del Colbricon am östlichen Rand und das Rifugio Cauriol am Ende eines langen Waldtales, das sich von Zia-

Ein Paradies für Reiter: Die Region lässt sich hervorragend hoch zu Ross erkunden.

VAL DI FIEMME

Himmelsherold

Keinen wird es unberührt lassen, wenn ihm aus dem rotbraunen Porphyr der Lagorai oder dem grauen Karst der Pala die tiefblauen Polster des Himmelsherolds entgegenstrahlen. Die kleine Polsterpflanze ist optimal angepasst an die extremen Lebensbedingungen in kalten und stürmischen Höhen und gehört zu den letzten Außenposten des pflanzlichen Lebens. Der zottige Haarmantel der Blätter schützt die Pflanze vor Verdunstung, mit einer langen Pfahlwurzel hält sie sich im harten Untergrund.

EVENTS

- Juli und August: »Die Klänge der Dolomiten« (Musikfestival im Gebirge; Tel. 04 61 83 90 00)
- Juli: Zehn-Tage-Reitturnier in Predazzo
- Juli/August: »Le Corte de Tiezer« (1 Woche Mittelalter in Tesero)
- August: »Fiemme Bike« (Mountainbike-Rennen mittleren Anspruchs; www.valdifiemme.it/fiemmebike)

Hotelempfehlungen

Altrei S. 723
Bellamonte S. 724
Castello di Fiemme S. 726
Cavalese S. 726
Daiano S. 728
Predazzo S. 742
San Martino di Castrozza S. 743
Tesero S. 748

Wanderkarten

Freytag & Berndt WKS 7 Überetsch, Südtiroler Unterland, Oltradige-Bassa Atensina, Latemar-Cavalese; 1:50 000
Freytag & Berndt WKS 15 Pale di San Martino, Ágordo-Belluno; 1:50 000

Action & Sport

MOUNTAINBIKE	KLETTERSTEIGE	RAFTING	CANYONING	REITEN
PARAGLIDING	DRACHENFLIEGEN	KLETTERGÄRTEN	TENNIS	WINDSURFEN
KAJAK/KANU	WASSERSKI	TAUCHEN	HOCHSEILGARTEN	GOLF

TOP TIPP Das tief zwischen bewaldeten Flanken eingeschnittene Bachbett des **Travignolo** ② südlich von Bellamonte bietet ideale Voraussetzungen zum **Schluchtwandern, Baden und Klettern**. Ausgangspunkt ist der Parkplatz bei der Ponte Lizata zwischen Predazzo und Bellamonte. Von hier führt ein zunächst breiter Weg neben dem Bach taleinwärts. Nach einer knappen halben Stunde ist der **Klettergarten Sottosassa** erreicht, in dem man sich an atemberaubend steilen und glatten Porphyr-Platten in die Höhe arbeiten kann. Weniger anstrengend ist der Weg, der weiter entlang des kristallklaren Baches führt, in dem so manches abgelegene Felsbassin zum Baden lockt.

Mountainbiken	Lago di Cece (1879 m)	Ausgangspunkt: Predazzo; Dauer/Charakter: ca. 3,5 Std., Schotterwege, kurzer Bergsteig, mittelschwer; im gesamten Tal 200 km Mountainbike-Wege – Broschüre mit 20 ausgewählten Touren »Biking in Val di Fiemme« erhältlich bei den Tourismusbüros; Touren-Infos: www.mondoalpino.it; www.valdifiemme.info/biking/biking.htm
Klettergärten	Klettergarten Sottosassa	Von Predazzo Richtung Rollepass, nach dem Schwimmbad rechts ins Travignolo-Tal; 34 Routen aller Schwierigkeitsgrade
	Montebello	Am östlichen Ortsausgang von Cavalese vor dem Tunnel; 9 Routen
	Doss Capèl	Bei Pampeago nördlich von Tesero; 15 Routen
Reiten	Club Ippico Fontanelle, Predazzo	Halb- und Ganztags-Exkursionen, Trekking, Reitschule, Pferdepension; Tel. 04 62 50 12 37; E-Mail: info.predazzo@aptfiemme.tn.it
	Tesero/Stava Ranch el Zerilo	Exkursionen, Reitschule für Western-Reitstil, Pferdepension; Tel. 04 62 81 46 49; E-Mail: luca.zeni1@virgilio.it
Klettersteige	Via ferrata Bolver-Lugli	Ausgangspunkt: Talstation des Col-Verde-Sessellifts, San Martino; Endpunkt: Südschulter Cimone della Pala (2950 m); Dauer/Charakter: ca. 7–9 Std., sehr schwierig; Klettersteig-Ausrüstung, Steigeisen für den Abstieg (steile, evtl. harte Schneefelder); Infos im Bergführerbüro, Guide Alpine, San Martino di Castrozza; Tel. 04 39 76 87 95

no di Fiemme zu den schroffen Felsen zieht. Wer die Lagorai durchqueren will, muss sowohl Unterkunft als auch Verpflegung auf dem Rücken tragen – oder ausgedehnte Etappen bewältigen, um rechtzeitig an einer der drei winzigen Biwakhütten anzukommen. Doch ungeachtet ihrer Menschenferne gerieten während des Ersten Weltkrieges auch die Felskämme der Lagorai in die Kampflinie. Entlang der »Fleimsfront« wurde 1917 erbittert um jeden Meter der unbewohnbaren Wildnis gekämpft. So trifft man noch heute hoch über den Tälern auf breite Militärwege, Laufgräben, Kavernen, Granatsplitter und Geschossteile. Für freundlichere Impressionen sorgen die ungewöhnlich vielen blau glitzernden Seen, die der Gruppe angeblich zu ihrem Namen verholfen haben. Allein 80 der 297 Bergseen des Trentino befinden sich in der Lagorai. Einige Regionen der Kette lassen sich übrigens hervorragend zu Pferd erkunden. Führer mit den elf schönsten Touren hoch zu Ross liegen in den Tourismusbüros bereit.

Holz für Stradivaris Geigen

Östlich von Predazzo schlängelt sich die Straße an den Südhängen des tief eingeschnittenen Val Travignolo Richtung Rollepass. Hinter dem Lago di Paneveggio beginnt der naturbelassene Forst von Paneveggio mit seinen Rotfichten. Schon Stradivari wusste die einzigartige Qualität dieser Hölzer zu schätzen und nutzte sie für den Bau seiner Geigen. Der Wald, aus dem die Geigen kommen, ist zwar Teil des 1967 gegründeten, insgesamt 190 km² großen Naturparks Paneveggio–Pale di San Martino, doch einige seiner Rotfichten werden nach wie vor für den Bau von Instrumenten genutzt.

Auf seiner Südseite windet sich der Rollepass mit rund 20 Haarnadelkurven hinunter in einen der malerischsten Winkel des Trentino: das von Blumenwiesen umrahmte und von einzigartigen Bergen überragte Val Cismon. Die beiden Hauptorte,

Mondlandschaft mitten im Trentino: das Altipiano delle Pale

Adressen & Bergbahnen Landesvorwahl 00 39

Cavalese (993 m)	Tourismusbüro Fleimstal, Tel. 04 62 24 11 11; E-Mail: info@valdifiemme.info; www.valdifiemme.info	❶ Bellamonte Castelir–Morea Berg/Tal 7,50 €	
Predazzo (1018 m)	Tourismusbüro Predazzo, Tel. 04 62 50 12 37; E-Mail: info.predazzo@valdifiemme.info	❷ ❸ ❹ Cavalese Paion del Cermis Berg/Tal 12,50 €	
San Martino di Castrozza (1466 m)	APT San Martino di Castrozza, Tel. 04 39 76 88 67; E-Mail: info@sanmartino.com; www.sanmartino.com	❺ ❻ Predazzo Passo Feudo Berg/Tal 11 €	
Weitere Orte	Bellamonte www.valfiemme.net	❼ ❽ San Martino di Castrozza San Martino–Col Verde, Funivia Rosetta Berg/Tal 16 €	
Entfernungen	Hamburg 1113 km; Berlin 924 km; Köln 915 km; Frankfurt a. M. 731 km; Stuttgart 491 km; München 338 km	Siehe auch Preisteil S. 651	

TOP TIPP: Die 14 Baumdenkmäler des Fleimstals ❸

60 Mio. Bäume wachsen im Fleimstal. Darunter gibt es viele Prachtexemplare. Doch nur die 14 außergewöhnlichsten – aufgrund ihrer Höhe, ihrer Form, ihrer Stammumfänge oder ihres Alters – wurden als Baumdenkmäler ausgezeichnet. In einer Broschüre (erhältlich bei den Tourismusbüros) werden sie vorgestellt. Schöner ist es aber, zu den Bäumen zu wandern und sie in natura zu bestaunen. Zu einigen ist es nur ein kurzer Spaziergang, zu anderen wurden eigens Gebirgspfade angelegt. www.valdifiemme.info

San Martino di Castrozza und Fiera di Primiero, haben sich zu modernen Fremdenverkehrszentren entwickelt, ihren alpenländisch traditionellen Charakter dabei aber nicht verloren. San Martino ist das touristische Zentrum des Tales und beeindruckt mit einer Mischung aus Eleganz und Lebhaftigkeit. Primiero und seine Nachbarorte bezaubern mit ländlicher Atmosphäre und Beschaulichkeit. Primiero war früher Grenzgebiet und über Jahrhunderte der österreichischen Grafschaft Tirol einverleibt. Man pflegte jedoch einen regen Handels- und Kulturaustausch mit dem nahen Venetien. Ein Bummel durch das historische Dorfzentrum führt so durch eine glanzvolle Vergangenheit, vorbei an uralten, rustikalen Häusern und Palazzi im venezianischen Stil.

Die buchstäblich alles überragenden Attraktionen des Val Cismon sind freilich die wilden Felszacken der Pala. Eine der schönsten Berggestalten der Dolomiten ist wohl das wild in den Himmel ragende Felshorn des Cimon della Pala. Der Wanderer wird sich bei diesem Anblick spontan am falschen Platz wähnen. Dennoch ist diese kantige Welt nicht allein für Kletterer geschaffen. Eine gute »Starthilfe« stellt die Rosetta-Seilbahn dar, die Bergsteiger schnell hinauf in die obere Etage bringt. Dort angekommen, landet man unvermittelt in einer kargen Mondlandschaft. Mehr als 1000 Höhenmeter über dem grünen Tal wogt ein Meer aus nacktem Stein: der Altopiano delle Pale, die mit über 50 km² größte Hochfläche der Dolomiten. Etliche markierte Pfade ziehen kreuz und quer über das Plateau, zu Hütten und Biwakschachteln. Sogar ein paar Gipfel lassen sich relativ problemlos ersteigen. Geradezu berühmt ist die Pala wegen ihrer exponierten Klettersteige, wie etwa dem herrlichen Bolver-Lugli-Steig, und den klassischen Kletterrouten, z. B. der Schleierkante auf die Cima della Madonna. Der Möglichkeiten sind also mehr als genug, um große Tage in majestätischer Bergwelt zu erleben. Zeit für Umwege bleibt bei diesen hohen Zielen allerdings kaum mehr übrig.

Straßenatlas Siehe S. 793

SAPPADA UND SAURIS
VENETIEN

ACTION & SPORT

WANDERN & BERGTOUREN

FUN & FAMILY

WELLNESS & GENUSS

Deutsche Sprachinseln in den italienischen Bergen

Eine ganz besondere Kombination aus Kultur und Natur repräsentieren die beiden deutschen Sprachinseln, die sich in den Bergen im Norden von Friaul und des angrenzenden Veneto befinden. Wo sich vor Jahrhunderten Menschen aus dem benachbarten Osttirol ansiedelten, pflegt man heute noch deren Sprache und Brauchtum. Für einen außergewöhnlichen landschaftlichen Reiz sorgt in Sappada die unverkennbare Dolomitenkulisse der Pesariner Berge.

Malerisches Idyll: das Val Sesis am Fuß des Monte Peralba

Restaurants

Ristorante Alla Pace
Ein gemütliches Gasthaus in Sauris di Sotto mit typischen Spezialitäten aus der Region, zu denen vor allem der Sauriser Schinken gehört; Tel. 0 43 38 60 10

Ristorante Riglarhaus
Im einsamen und idyllischen Dorf Lateis steht das gemütliche, rustikale Gasthaus, das regionale Spezialitäten anbietet; Tel. 0 43 38 60 13

Wanderkarten

Tabacco Wanderkarte; Blätter 1 Sappada – Forni Avoltri, 2 Forni di Sopra e di Sotto – Ampezzo – Sauris; 1:25000

ADAC der perfekte Urlaubstag

- **9 Uhr:** Fahrt mit dem Auto von Sappada zum Parkplatz bei Rifugio Sorgenti del Piave und Besichtigung des Piave-Ursprungs
- **10 Uhr:** einfache Wanderung zur Calvi-Hütte mit gemütlicher Brotzeit-Rast, danach Abstieg und Rückfahrt nach Sappada
- **14 Uhr:** Besuch des Heimatmuseums in einem ehemaligen Bauernhof im Ortsteil Cretta
- **15 Uhr:** Spaziergang entlang der alten Verbindungsstraße zwischen den Ortsteilen mit zahlreichen sehenswerten alten Holzhäusern und Besichtigung des Wasserfalls bei Mühlbach
- **19 Uhr:** Abendessen in der Baita Mondschein (Tel. 04 35 46 95 85) in Sappada unterhalb des Ortsteils Bach, mit Pladener Spezialitäten

Nuudln, Kartufln oder ein Muiss: Die Speisekarten in manchen Gasthäusern in Sappada wirken auf Besucher etwas überraschend. Mitten in den Bergen des nördlichen Venetien stößt man auf deutsche Klänge. Tatsächlich ist das Hochtal eine der seltenen Sprachinseln, wo die Alteingesessenen noch die Sprache ihrer vor rund 800 Jahren aus Osttirol eingewanderten Vorfahren lebendig erhalten. Das gilt für Sappada genauso wie für das weiter südlich bereits in Friaul gelegene Sauris. Dass sich an beiden Orten die alte Sprache und die kulturelle Tradition so gut halten konnten, ist vor allem der abgeschiedenen Lage in den Bergen zuzuschreiben.

Während der Saison beherrschen in Sappada, das heute von Osten und Westen gut erreichbar im obersten Piavetal liegt, zwar eindeutig die italienischen Gäste die Szene, dennoch lassen sich die Spuren der Vergangenheit an vielen Stellen entdecken. Die einst 14 Gehöfte und Weiler, die im Lauf der Zeit immer mehr zusammengewachsen sind, erstrecken sich über 5 km auf einer sonnigen Hangterrasse. Im Norden wird das weite Tal vom mächtigen Hauptkamm der Karnischen Alpen und im Süden von den markanten Gipfeln der Pesariner Dolomiten eingefasst. »Pladen« nennen die noch rund 800 Menschen das Dorf.

Im Winter ist Sappada ein beliebtes Ski- und vor allem Langlaufgebiet, im Sommer finden die Gäste hier erstklassige Wandermöglichkeiten. Besonders am Karnischen Hauptkamm erlaubt ein dichtes Netz von Wegen und Hütten viele Routenkombinationen, die auch Stippvisiten auf der österreichischen Seite zulassen. Der im Ersten Weltkrieg hart umkämpfte Hausberg Monte Peralba (Hochweiß-

Adressen — Landesvorwahl 00 39

Sappada (1299 m)	Tourist Information Sappada; Tel. 04 35 46 91 31; Consorzio Promozione Turistica Sappada; Tel. 04 35 46 61 68; E-Mail: sappadamail@yahoo.it; www.sappada.info
Sauris (1394 m)	Agenzia di Informazione e Accoglienza Turistica; Tel. 04 33 8 60 76; E-Mail: info@carnia.it; www.carnia.it
Entfernungen	Hamburg 1118 km; Berlin 929 km; Köln 920 km; Frankfurt a. M. 736 km; Stuttgart 497 km; München 342 km

Wandern & Bergtouren

TOP TIPP

Der **Monte Peralba** (2694 m) ❶ ist der dominierende Gipfel im Karnischen Hauptkamm oberhalb von Sappada. Neben zwei Klettersteigen führt auch ein Weg auf den Gipfel, der allerdings immer noch absolute Trittsicherheit im Felsgelände und etwas Klettergewandtheit voraussetzt. Vom Gipfel schweift der Blick über den gesamten Kamm der Hohen Tauern und weite Teile der Dolomiten. Vom Parkplatz (1815 m) nahe dem Rifugio Sorgenti di Piave auf einer Schotterstraße zu einem markanten Marmor-Steinbruch und weiter zur Calvi-Hütte (2164 m). Auf einem Pfad (Markierung 132) zum Passo di Sesis (Pladener Joch) und Querung Richtung Hochalpljoch, bis links der Anstieg zum Monte Peralba abzweigt. Stellenweise ausgesetzt entlang einem Rücken zu einer schwarzen, felsigen Rinne (Drahtseilsicherungen) und zu einer kleinen Scharte im Gipfelgrat (Marmortafel zum Andenken an die Ersteigung durch Papst Johannes Paul II. im Jahr 1988). Wenige Meter in leichtem Fels, dann auf deutlichem Pfad zur Gipfelkuppe mit Madonna und einer Glocke, die an die Gefallenen des Ersten Weltkriegs erinnert; Zeit: ca. 8 Std.; Einkehr: Calvi-Hütte

Casera Razzo (1739 m) Panoramawanderung zu den Almen bei Sauris	Ausgangspunkt: Sauris di Sopra (1400 m); Stavoli Lucharlanar – Altopiano di Razzo – Casera Razzo – Rifugio Tenente Fabbro (1783 m): Rückweg wie Hinweg; Zeit: ca. 4 Std.; Einkehr: Rifugio Tenente Fabbro	
Zu den **Laghi Òlbe** Mittelschwere Bergwanderung zu den Bergseen bei Sappada	Ausgangspunkt: Sappada/Mühlbach (1242 m); entlang der Skipiste auf markiertem Weg (Nr. 135) ins Val Olbe – Bergstation – Weg Nr. 140 – Casera d'Olbe – Olbe-Bergseen (2156 m); Möglichkeit zu einstündigem Aufstieg zum Gipfel des Monte Lastroni (2449 m); Zeit: ca. 4 Std.; Rückweg wie Hinweg; Einkehr: in Sappada	
Zu den **Piani del Cristo** bei Sappada – Leichte Wandertour für Naturliebhaber bei Sappada	Ausgangspunkt: Cima Sappada, Kirche (1299 m); Weg zu den Piavequellen – Rifugio Piani del Cristo (1420 m); Rückweg wie Hinweg; Zeit: ca. 1 Std.; Einkehr: Rifugio Piani del Cristo	

stein) zieht gleich mit mehreren Routen Freunde von Klettersteigen an. 1988 stattete sogar der bergbegeisterte Papst Johannes Paul II. dem Gipfel einen Besuch ab; Erinnerungsstücke an diesen Tag, darunter der Eintrag des Papstes im Gipfelbuch, verwahrt voller Stolz der Wirt der Calvi-Hütte.

Zwei Bergketten und Täler weiter südlich verteilen sich die drei Ortsteile Sauris di Sotto, Sauris di Sopra und Lateis in einsamer und sonniger Hochlage über einem langen Stausee in den südlichen Karnischen Alpen. Die Berge rund um Sauris, das die Einheimischen »Zahre« nennen, sind viel zahmer als jene bei Sappada und haben eindeutig Vorgebirgscharakter. Bei Wanderungen gelangt man nur im Gipfelbereich über die Wald- und die 2000-m-Grenze. Bekannt ist Sauris auch für den Schinken, der bei Italiens Feinschmeckern einen exzellenten Ruf genießt. Verständlicherweise ist das Schinkenfest im Juli auch eine der wichtigsten Veranstaltungen im Sauriser Kulturkalender.

EVENTS

- **Juni: Sauris SuperBike Extreme** Eine Mountainbike Tour, die ihren Namen wahrlich verdient, ist die Sauris SuperBike Extreme. Das Rennen, das alljährlich im Juni stattfindet, wird in drei Varianten gefahren. Die Extremvariante für Profis führt über 96 km und 4300 Höhenmeter. Eher für Freizeitfahrer interessant sind die kleine oder die klassische Variante mit 37 bzw. 57 km und 1230 bzw. 2485 Höhenmetern. Natürlich kann man die Strecken auch außerhalb der Veranstaltung abfahren. Die Touren führen von Sauris di Sotto über Sauris di Sopra in weiten Schleifen nach Westen und wieder zurück. Die klassische Variante führt noch nach Osten bis vor den Monte Forchia und retour – eine landschaftlich herrliche, aber sehr anstrengende Strecke
- **Juli:** »Andar per borghi«, Schinkenfest in Sauris
- **August:** Großes Bierfest in Sappada

Hütten

Calvi-Hütte (2164 m)
Vor den steilen Felswänden der Monte Peralba (2694 m) und Monte Avanza (2489 m) bei Sappada steht die Hütte des Italienischen Alpenvereins. Beliebtes Ziel von Wandertouren und Ausgangspunkt für Gipfelbesteigungen; Zeit: ca. 1 Std.; Tel. 04 35 46 92 32

Sorgenti di Piave (1830 m)
Die Hütte ist vor allem bei italienischen Gästen beliebt, denn die Quellen des Piaveflusses ganz in der Nähe sind ein populäres Ausflugsziel. Die Hütte liegt in flachem Gelände unmittelbar unter der Südwand des Monte Peralba. Mit dem Auto von Sappada aus zu erreichen; Tel. 04 35 46 93 57

Rifugio 2000 (2000 m)
Die Holzhütte befindet sich in aussichtsreicher Lage auf dem Bergrücken unmittelbar nördlich von Sappada. Von Sappada auf dem Steig Nr. 140 in knapp 2 Std. zu erreichen. Reizvolle Wanderung zu den Laghi Olbe (2156 m); Tel. 04 35 16 62 31

Straßenatlas Siehe S. 794

GARDASEE
TRENTINO – VENETIEN – LOMBARDEI

Weiße Felsen, blaues Wasser: Die Kombination der Elemente und Farben trägt viel zum Reiz des Gardasees bei, hier am Westufer mit Blick auf Torbole.

ACTION & SPORT

WANDERN & BERGTOUREN

FUN & FAMILY

WELLNESS & GENUSS

ADAC – der perfekte Urlaubstag

- **9 Uhr:** mit Helm und Klettersteigausrüstung von Arco zum Colodri, über Klettersteig zum Gipfel, zurück über den Naturlehrpfad nach Arco
- **14 Uhr:** Mittagspause in der Bar Conti d'Arco, Stärkung mit einem Delicato: einem Panino mit grilltem Gemüse, dazu Latte macchiato schlürfen
- **15 Uhr:** mit dem Mountainbike zum Lago di Cavedine (im Sarcatal nördlich von Dro) und in den kühlen Fluten den Schweiß abspülen
- **19 Uhr:** nach dem Abendessen Spaziergang auf die Burg von Arco und Sonnenuntergang genießen

Im Paradies der Surfer, Kletterer und Mountainbiker

Eine wilde Bergwelt mit grünen Almwiesen und unbändigen Felsformationen trifft am Gardasee unmittelbar auf mediterranes Ambiente mit Palmen, Surfern und Strandschönheiten. Tiefblaues Wasser, peitschender Wind und raue Kalkwände erfüllen die heimlichen Sehnsüchte von Wasser- und Bergsportlern. Ins Urlaubsgepäck gehören daher Kletterseil, Wanderschuhe und Mountainbike oder Neoprenanzug und Pinne.

Klick-klack, klick-klack: Rhythmisch, leicht versetzt, schnappen die Karabiner nacheinander in das Drahtseil des leichten Klettersteigs, der auf den Colodri führt. Ansonsten ist es still rund 200 m hoch über Arco an der Nordseite des Gardasees. An manchen Stellen ist der Steig luftig und ausgesetzt, der Fels leider ziemlich blank geschliffen von unzähligen Begehungen. Also: konzentrieren, sicheren Tritt suchen und die Karabiner richtig einhängen. Oben angekommen, trocknet ein kühles Lüftchen die feuchten T-Shirts, und eine berauschende Aussicht lässt selbst Klettersteig-Neulinge die Strapazen schnell vergessen: im Süden der Gardasee, der sich fjordartig 80 km in die Länge zieht, der mehr als 2000 m steil aufragende Monte Baldo, weiter im Nordosten der Monte Stivo und schließlich der Blick hinab ins Sarcatal, das sich Richtung See zu einem weiten Becken öffnet und in dessen Mitte der Monte Brione thront.

Vor Millionen Jahren haben mächtige Gletscher das Sarcatal und die umliegenden Berge bedeckt, bearbeitet und geformt. An der steil abfallenden Nordwand des Monte Brione sind die Spuren des einstigen Gletschers unübersehbar, hingegen verlockt die dem See zugewandte, sanft geneigte Südseite zu Wanderungen und Mountainbike-Touren.

Ein interessanter Naturlehrpfad führt vom Gipfel des Colodri zurück nach Arco. Hinweistafeln erklären die erdgeschichtlichen Vorgänge, weisen auf Gletscherschliff, seltene Pflanzen und Bäume hin. Ein eiszeitlich geprägtes Naturparadies ist auch der Monte Baldo: Durch besonders milde klimatische Bedingungen konnten dort oben, rund 2000 m über dem Meer, Pflanzen überleben, die sonst nirgendwo auf der Welt mehr vorkommen – eine Vielfalt, die seit der vorletzten Jahrhundertwende unzählige Naturliebhaber und Botaniker in den »Garten Europas« lockt, unter anderem, um einzigartige Orchideen und Heilpflanzen betrachten zu können. Zahlreiche Wanderwege und eine Bergbahn führen hinauf, Gipfelstürmer lockt der höchste Punkt des Monte-Baldo-Massivs, die Cima Valdritta, die auf einer mittelschweren Tour zu erreichen ist.

Mehr als 2000 Kletterrouten

Doch zurück zu den Klettersteigen: Egal ob »Via dell'Amicizia« auf die Cima SAT, der Steig auf die Cima Capi oder der Weg auf den Rino Pisetta – in jedem Schwierigkeitsgrad verlocken Drahtseile zum Erklimmen luftiger Höhen. Besonders anspruchsvoll ist die »Via Ferrata Monte Albano«. Es sind nicht einmal 300 m, die hoch über Mori zwischen Rovereto und Gardasee durch die Steilwand des Monte Albano führen. Die allerdings haben es in sich: Schon beim Einstieg wartet die erste schwierige Stelle, leichter wird es nur selten. Es folgen steile Kamine und ausgesetzte, luftige Querungen, bei denen absolute Schwindelfreiheit gefragt ist. Auf

Nervenkitzel pur: die »Via Ferrata Monte Albano«.

Action & Sport

MOUNTAINBIKE	KLETTERSTEIGE	RAFTING	CANYONING	REITEN
PARAGLIDING	DRACHENFLIEGEN	KLETTERGÄRTEN	TENNIS	WINDSURFEN
KAJAK/KANU	WASSERSKI	TAUCHEN	HOCHSEILGARTEN	GOLF

TOP TIPP Eine echte Herausforderung selbst für erfahrene Klettersteiggeher ist die **Via Ferrata Rino Pisetta ❶** zum Monte Garsole (967 m) im Sarcatal. Ausgangspunkt ist Sarche (260 m). 30 Min. Zustieg bis zu den ersten Drahtseilen, die senkrecht an der Wand empor führen. Völlig senkrechte, trittarme Passagen wechseln mit etwas leichteren Bändern ab. Nach einer besonders verwegenen Stelle erreicht man im oberen Wanddrittel etwas leichteres Gelände. Der lange Abstieg führt nach Norden in 30 Min. zur Ortschaft Ranzo (739 m). Vor dem Dorf zweigt der Pfad links zur Kapelle San Virgilio ab, weiter den Schildern nach Sarche folgen; Zeit: ca. 5 Std. Achtung: Geeignet nur für äußerst erfahrene und konditionsstarke Klettersteiggeher; nur mit kompletter Klettersteigausrüstung inkl. Steinschlaghelm. Geführte Touren bietet das Bergführerbüro Arco an; Tel. 03 33 16 61 40 1; www.friendsofarco.it

Klettergärten	Muro dell'Asino, Arco	Ideales Anfängergebiet auf geneigten Platten, Wandhöhe 30 m; Talort: Arco/Laghel (220 m)
	Massone	Weltweit einer der bekanntesten Sportklettergärten mit über 200 Touren; wenig leichte Routen; von links nach rechts wird es immer schwieriger; Wandhöhe: 35 m; Talort: Massone (121 m)
		Auskunft zu Kletterrouten im Infocenter der Climbers Lounge in Arco (Rockmaster-Kletterwand); Tel. 03 33 16 61 40 1, www.friendsofarco.it
Canyoning	Canyon Adventures, Torbole	Rutschen, Abseilen, Springen: In den Wasserläufen rund um den Gardasee gibt es unzählige Möglichkeiten zum Canyoning; professioneller Guide unbedingt nötig! Geführte Touren bei Canyon Adventures, Torbole; Tel. 04 64 50 54 06; www.canyonadv.com
Mountainbike	Monte Casale (1632 m)	Ausgangspunkt: Arco; San Giovanni (1061 m) – Malga di Vigo (1087 m) – Lundo (754 m) – Poia (502 m) – Comano (618 m) – Rif. Don Zio (1610 m) – Malga di Vigo – San Giovanni – Arco; Dauer/Charakter: mittelschwere Tagestour für ausdauernde Mountainbiker; Info, Verkauf, Verleih und geführte Touren bei Mecki cycling, Torbole; Tel. 04 64 54 80 51, www.mecki.it
Segeln	Torbole	Stabile Winde machen den Gardasee zum idealen Segelrevier. Erwachsenen- und Kinderkurse bei Circolo Vela, Torbole; Tel. 04 64 50 62 40; www.circolovelatorbole.it
Windsurfen	Torbole	Vento und Ora heißen der berühmte Nord- bzw. Südwind, die den Gardasee zum Paradies für Surfer machen. Kurse für alle Ansprüche bei Conca Windsurf, Torbole; Tel. 04 64 54 81 92; www.windsurfconca.com

Hütten

Rifugio Altissimo Damiano Chiesa (2060 m)
Die Hütte des Bergführers Danny Zampiccoli befindet sich in toller Lage kurz unter dem Gipfel des Monte Altissimo. Leichter Zustieg von Nago aus; Zeit: ca. 2 Std.; Tel. 04 64 86 71 30

Rifugio Campei (1470 m)
In liebevoller Kleinarbeit hat Paolo Zoller die Malga Campei renoviert und dabei den typischen Steinbau erhalten. Die gepflegte Hütte liegt im Val del Parol in der Monte-Baldo-Gruppe. Mama Zoller steht in der Küche und verwöhnt die Gäste mit regionaltypischen Spezialitäten. Leichter Zustieg von San Giacomo (1194 m, östlich des Monte Baldo); Zeit: ca. 1,5 Std.; Tel. 04 64 39 53 82

Rifugio Stivo (P. Marchetti, 2012 m)
Wenige Meter unter dem Gipfel des Monte Stivo bietet die Hütte ein einmaliges Panorama auf den Gardasee, auf die Adamello-Presanella- und auf die Brentagruppe. Zustieg von Malga Campo (1385 m, zwischen Monte Stivo und Drena); Zeit: ca. 2 Std.; Tel. 04 61 85 83 31

// GARDASEE

Wandern & Bergtouren

EVENTS

- August: Notte di Fiaba, Riva del Garda: Mega-Feuerwerk, Theater, Musik und Kinderprogramm; www.nottedifiaba.it
- September: Rockmaster, Arco: legendärer Kletterwettkampf; www.rockmaster.com

TOP TIPP

Kultur, Natur und Botanik bietet die **Tour ins Hinterland von Arco** ❷. Ausgangspunkt ist Arco (91 m) mit seinen verwinkelten Gassen. Von dort geht es über alte gepflasterte Straßen und durch Olivenhaine zur kleinen Kirche von Laghel (220 m). Nun führt ein Naturlehrpfad auf den Gipfel des Colodri (400 m), Schilder erklären Gletscherspuren im Gestein und weisen auf seltene Pflanzen hin. Über einen Grat auf den Nachbargipfel, den Monte Colt (430 m). Herrliche Tiefblicke, die sonst Kletterern vorbehalten sind. Zurück auf der Teerstraße durch das ursprüngliche Tal Laghel bis zur Kirche. Nun der restaurierten Via Crucis (Kreuzweg) aus dem Jahr 1896 folgen. Wer noch nicht genug hat, macht einen Abstecher auf die Burg von Arco. Ansonsten geht es durch die Altstadt zurück ins Zentrum. Zeit: ca. 4 Std.; Einkehr: Restaurants, Cafés in Arco

Überschreitung Monte Baldo (2218 m) Seltene Pflanzen und ein einmaliges Berg- und Seepanorama	Ausgangspunkt: Bergstation Monte-Baldo-Seilbahn von Malcesine (1752 m) ❶; Cima delle Pozzette (2132 m) – über den Cima-del-Longino-Osthang traversieren – Cima Valdritta (2218 m) – von dort entweder über Weg Nr. 5 absteigen zur Mittelstation oder parallel zum Grat weiter, vorbei an der Punta Telegrafo (2200 m) bis zum Rifugio Gaetano Barana (2147 m) – zurück über Weg Nr. 5; mittelschwere Tour; Zeit: ca. 8 Std.; Einkehr: Rifugio Gaetano Barana (Tel. 04 57 73 17 97)
Monte Stivo (2059 m) Leichte Wanderung mit tollen Tiefblicken und seltenen Blumen	Ausgangspunkt: Malga Campo (1385 m, mit dem Auto erreichbar, zwischen Monte Stivo und Drena); Malga Vallestrè (1485 m) – leichter Anstieg zum Westgrat des Monte Stivo (1573 m) – Mandrie Alte (1785 m) – Rifugio Stivo (Rif. P. Marchetti, 2012 m) – Monte Stivo – zurück über Ostgrat auf den Wegen Nr. 617 und Nr. 623; Zeit: ca. 3,5 Std.; Einkehr: Rifugio P. Marchetti
Drei-Gipfel-Parcours von Pregasina Mittelschwere Tagestour mit schöner Aussicht auf See und Hinterland	Ausgangspunkt Pregasina (532 m, westlich vom Gardasee, zwischen Riva und Limone) – Punta dei Larici (908 m) – Malga Palaer (1078 m) – Cima Monte Guil (1322 m, anstrengendstes Stück über knapp 400 Höhenmeter) – zurück über den Bilderbuch-Grat Cima Nara (1376 m) und Cima al Bab (1260 m) – Cima di Lè (805 m) – Pregasina; Zeit: ca. 5–6 Std.; keine Einkehrmöglichkeit

Ein Fest fürs Auge: die bunten Häuser von Torbole.
Nichts für Anfänger: die Klettereien am Colodri

der Bank kurz nach dem Ausstieg haben wohl schon viele Klettersteiggeher erleichtert ihre zitternden Knie wieder etwas beruhigt.

Doch so groß die Vielfalt an Klettersteigen rund um den Gardasee ist, die meisten Felsen sind von der Erschließung mit Drahtseilen und Trittleitern verschont geblieben. Stattdessen blitzen an vielen der unzähligen Felsriegel Bohrhaken im Licht der südlichen Sonne und an den Wänden kleben die Kletterer. Über 2000 Routen sind rund um Arco erschlossen und machen das Sarcatal und den Gardasee zum Traumziel für Felsakrobaten aus ganz Europa. Sportklettergärten wie Massone oder Nago sind im Frühjahr und Herbst gelegentlich so überfüllt, dass man längere Zeit anstehen muss, ehe man in seine Traumtour einsteigen kann.

Ideal ist der Gardasee auch für Kletterer, die ihre ersten Erfahrungen in längeren Touren sammeln

Fun & Family ✸ ✸ ✸

Gardaland Castelnuovo del Garda (bei Peschiera)	Größter Vergnügungspark Italiens mit Riesenrad, Achterbahn, Erlebniswelten und allem, was sonst noch dazugehört; Tel. 04 56 44 97 77; www.gardaland.it
Aqua Paradise Park & Movie Studio Park Lazise sul Garda	Der Wasserfun- und der Filmpark gehören zu den Highlights am südlichen Gardasee; Tel. 04 56 96 99 00; www.canevaworld.it
Outdoor-Abenteuer Arco	Ob Klettern oder Canyoning – das Bergführerbüro Arco hat spezielle Angebote für Kinder im Programm; Tel. 0 33 31 66 14 01; www.friendsofarco.it

TOP TIPP Um das Jahr 1000 wurde die **Burg von Arco** ❸ errichtet. Im 15. Jh. zeichnete Albrecht Dürer sie, die stolz auf steilen Felsen über der Altstadt thront. Über die Jahrhunderte erlebte sie viele Kämpfe und wechselnde Herren. Heutzutage sind nur noch Ruinen übrig, doch der Platz dort oben ist eine Oase der Ruhe inmitten des sportlichen Treibens, das um Arco herum tobt. Von der Kirche (91 m) aus erreicht man die Ruine (278 m) gemütlich in einer halben Stunde, der Weg schlängelt sich erst durch die engen Gassen der Altstadt, später durch Olivenhaine. Oben erwarten einen dann moosiges Gemäuer, eine lauschige Wiese, ein weiter Blick über das Sarcatal und vor allem eine ebenso friedliche wie geheimnisvolle Atmosphäre.

wollen. Besonders geeignet sind die Sonnenplatten am Fuße des Monte Brento nördlich von Arco im Sarcatal. Sie werden durchzogen von einem dichten Netz leichterer Routen, die aber bis zu 650 m lang sind. Die Könner wiederum versuchen ihr Glück am Monte Colodri, der sich direkt über dem Campingplatz von Arco erhebt. Dort sind die Touren zwar nicht ganz so lang, dafür aber wesentlich schwieriger.

Mountainbiken und gesehen werden

Während sich am Colodri Kletterer an winzigen Griffen die Wand hinaufkämpfen und Klettersteiganfänger dort ihre ersten Erfahrungen sammeln, machen sich unter ihnen mit großer Wahrscheinlichkeit gerade Mountainbiker auf den Weg zu einer Tour in den Gardaseebergen. Kaum eine andere Region bietet Mountainbikern ein derart vielfältiges Gelände: Schotterpisten, alte Militärwege und steile Trails ziehen sich weit hinauf zu Dörfern, Pässen und Gipfeln. Der knackige Trip von Arco über Laghel nach Dro gibt einen delikaten Vorgeschmack auf die vielen Möglichkeiten, die in der Gegend locken.

Gelegentlich freilich hat man den Eindruck, dass nicht nur die grandiosen Tourenmöglichkeiten Mountainbiker an den Gardasee ziehen: Manchen »Sportlern« genügt es vollauf, das wertvolle neue Mountainbike mit stolzgeschwellter Brust an der Uferpromenade von Riva spazieren zu schieben. Dort zieht es mit glänzendem Lack und polierten Teilen die gewünschten Blicke auf sich, auch wenn es deutlich davon zeugt, dass es mit staubigen Schotterpisten oder schlammigen Trails noch keine Bekanntschaft gemacht hat. Besonders während des Bike-Festivals in Riva, bei dem sich jedes Jahr Ende April/Anfang Mai die Mountainbike-Szene trifft, ist das Sehen und Gesehenwerden mindestens genauso wichtig wie eine traumhafte Mountainbike-Tour. Zum Gelingen so einer Tour gehört natürlich auch ihr Ausklang, der am Gardasee in

Aussichtsloge und Blumenberg: Am Monte Baldo kommen nicht nur Botanik-Fans auf ihre Kosten, sondern auch all die, die einfach nur schauen wollen.

TOP TIPP **Monte Baldo** ❹
Der lang gezogene Bergrücken hoch über dem Gardasee ist ein Paradies für Blumenfreunde. Denn die Vegetation auf den über 2000 m hohen Hängen zeigt zum einen alles, was in den Südalpen wächst und blüht. Zum anderen finden Pflanzenkenner endemische Pflanzen, die andernorts die Eiszeit nicht überlebt haben und nur auf dem Monte Baldo zu sehen sind.

GARDASEE

Adressen & Bergbahnen — Landesvorwahl 00 39

Urlaubsregion	Gardatrentino Informationsbüro; Tel. 04 64 55 07 76; E-Mail: info@gardatrentino.it; www.gardatrentino.it	**1** Malcesine Monte Baldo Berg/Tal 13 €
Arco (91 m)	Tourismusbüro Arco; Tel. 04 64 53 22 55; E-Mail und Internet siehe Urlaubsregion	
Garda (67 m)	Tourismusbüro Garda; Tel. 04 57 25 52 79; E-Mail: aptgarda@infogarda.com; www.aptgardaveneto.com	
Malcesine (103 m)	Tourismusbüro Malcesine; Tel. 04 57 40 00 44; E-Mail: aptgarda@infogarda.com; www.aptgardaveneto.com	
Riva del Garda (66 m)	Tourismusbüro Riva del Garda; Tel. 04 64 55 44 44; E-Mail und Internet siehe Urlaubsregion	
Torbole (69 m)	Tourismusbüro Torbole; Tel. 04 64 50 51 77; E-Mail und Internet siehe Urlaubsregion	
Weitere Orte	**Bardolino** • **Drena** • **Desenzano** www.desenzano.com • **Dro** • **Lacise** • **Limone** • **Massone** • **Molina di Ledro** • **Mori** • **Nago** • **Peschiera** • **Sal** alle Orte unter www.gardatrentino.it	
Entfernungen	Hamburg 1169 km; Berlin 980 km; Köln 971 km; Frankfurt a. M. 787 km; Stuttgart 547 km; München 394 km	Siehe auch Preisteil S. 652

Restaurants

Osteria Terrazze della Luna
Das schummrig-gemütliche Restaurant in Nago befindet sich in einem alten Wehrturm. Hervorragende Küche, die lokale Spezialitäten und mediterrane Köstlichkeiten gekonnt mischt; Tel. 04 64 50 53 01

La Terrazza
Das Traditionshaus in Torbole liegt direkt am Wasser und ist bekannt für guten Service und feine Fischgerichte; Tel. 04 64 50 60 83

Alla Lega
Das beste Restaurant in Arco mit gemütlichen Räumen und einem romantisch bewachsenen Innenhof. Zu den Spezialitäten gehören trentinische Gerichte; Tel. 04 64 51 62 05; www.ristorantealllalega.com

La Pergola
Das große Restaurant in Dro garantiert fast immer einen Sitz- und Parkplatz. Im Sommer berankt wilder Wein die Pergola und schützt vor Sonne und Wind. Eine Köstlichkeit sind die Spaghetti allo scoglio (mit Meeresfrüchten), die in einer großen Pfanne am Tisch serviert werden; Tel. 04 64 51 85 55

»Riviera dei Limoni«

Die Region von Limone sul Garda bis nach Salò am westlichen Seeufer ist geprägt vom Zitrusfrucht- und Olivenanbau (Tel. 03 65 79 11 72; www.rivieradeilimoni.it). Für einen ersten Eindruck von der »Zitronenküste« empfiehlt sich die Fahrt auf der Gardesana Occidentale, der aussichtsreichen Küstenstraße. Sehenswert ist u. a. die Limonaia, eine öffentlich zugängliche Limonenpflanzung im Prato della Fame in Tignale (Tel. 0 36 57 14 49). Der Name der Ortschaft Limone leitet sich übrigens nicht von der Frucht ab, sondern hat seinen Ursprung höchstwahrscheinlich im lateinischen »limes«, was so viel wie Grenze bedeutet.

---

der Regel stilgerecht italienisch in einem der vielen hervorragenden Restaurants bei Pasta oder Pizza erfolgt.

Dort treffen die Mountainbiker dann auch auf jene, die sich dem Gardasee auf andere Weise nähern, z. B. bei einer Rundfahrt mit dem Schiff. Es gibt viele Angebote von der zehnminütigen Fährfahrt bis hin zum Ganztags-Billett, das beliebige Stopps beispielsweise zwischen Desenzano oder Peschiera am Südende des Sees und Riva del Garda am Nordufer erlaubt. Wer den See auf vier Rädern umrunden möchte, dem stehen dafür die Küstenstraßen am Ost- und Westufer mit ihren traumhaften Ausblicken zur Verfügung, wobei insbesondere die »Gardesana Occidentale« zwischen Riva und Desenzano grandiose Eindrücke bietet. Allerdings beeinträchtigt starker Verkehr dort gelegentlich das Vergnügen.

Bei einer Rast in einem Café oder Restaurant begegnen Mountainbiker und Autofahrer dann auch den Surfern, deren Rhythmus am Gardasee von zwei launigen Gesellen bestimmt wird: von Vento und Ora, den beiden Winden, die den Gardasee als Surfspot berühmt gemacht haben. Beim Vento handelt es sich um einen kühlen Nordwind, der in der Nacht einsetzt und ambitionierte Surfer schon frühmorgens aus den Betten holt. Langschläfer hingegen warten geduldig beim späten Frühstück auf die Ora, den warmen Südwind, der mittags einsetzt und bis Sonnenuntergang bläst.

Nur Fliegen ist schöner: Surfer können am Gardasee je nach Tageszeit zwei unterschiedliche Winde nutzen.

Am stabilsten wehen die Surfer-Winde auf der Nordhälfte des Gardasees. Auch für die anderen Sportler ist der nördliche Teil der Region attraktiver. Weiter unten, im flachen Süden, verbringen viele Familien einen ruhigen Strandurlaub mit herrlichem Blick auf die Bergkulisse in der Ferne. Allerdings weitet sich die Sportzone entlang der östlichen Seite bis nach Garda aus – selbst dort, wie die Umgebung zahmer wird, gibt es eine Reihe von Mountainbike-Trails und Klettergärten; auch am Westufer bietet die vielseitige Bergwelt Mountainbikern und Wanderern abwechslungsreiche Touren. Als Beispiel sei eine der wohl bekanntesten Mountainbike-Touren überhaupt genannt, die Tour auf den Tremalzo.

Brennpunkt der Outdoor-Sportler ist und bleibt jedoch die Dreierkonstellation Arco – Riva – Torbole, wobei Torbole vor allem von Wassersportlern bevorzugt wird und Arco bei den Bergsportlern beliebt ist. Flexibel zeigen sich hingegen die Mountainbiker, die alle Regionen schätzen. Treffpunkt von allen ist am späten Nachmittag die Bar Conti d'Arco in Arco oder eines der Cafés in Riva, um bei Latte macchiato und Panino zu fachsimpeln – die einen über klackende Karabiner, die anderen über quietschende Bremsen oder flatternde Segel.

Unten baden, oben schwitzen: über dem See.

Wanderkarten

Freytag & Berndt WKS 20 Gardasee; 1:50000

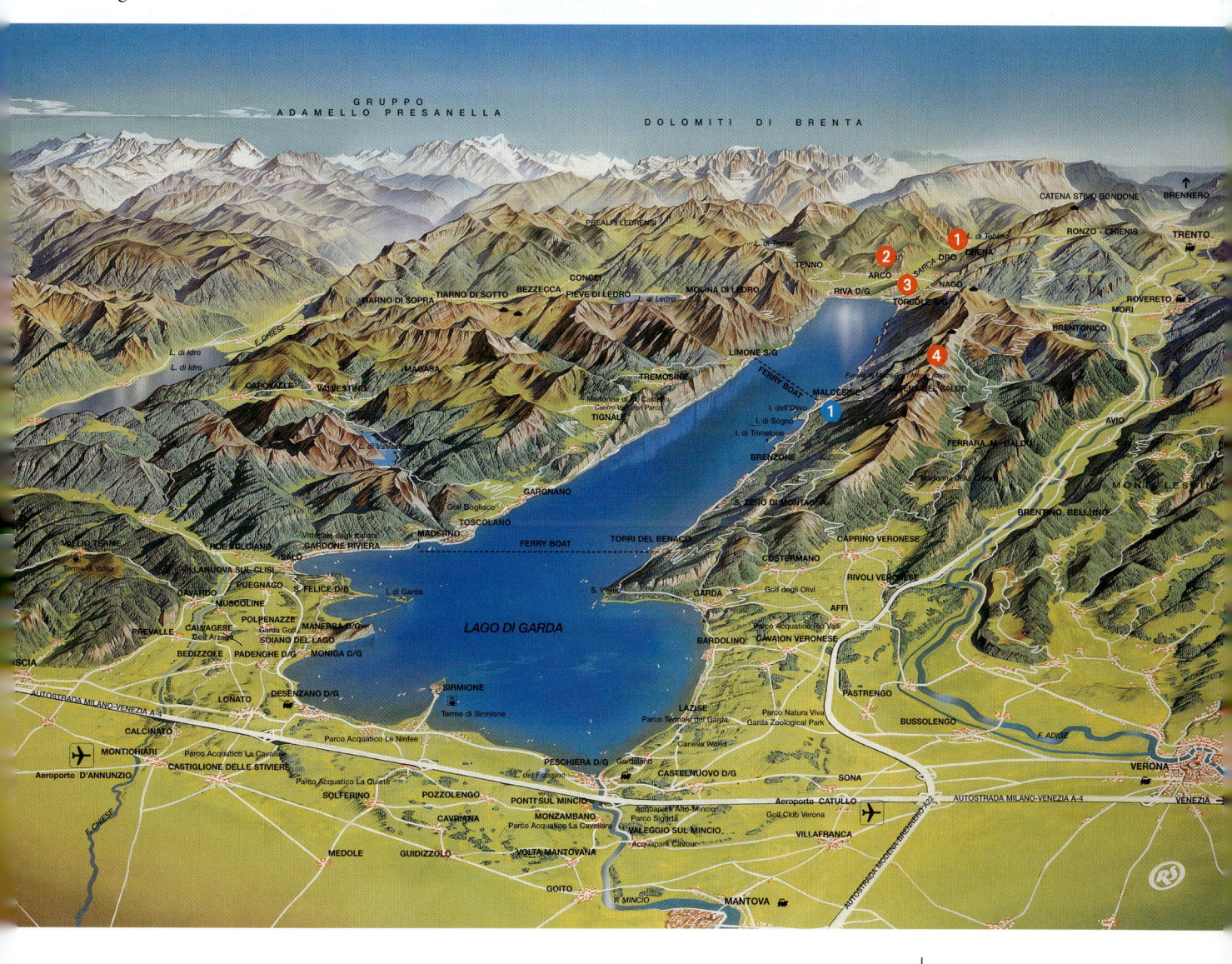

Straßenatlas Siehe S. 804

COMER SEE
PIEMONT – LOMBARDEI

ACTION & SPORT
WANDERN & BERGTOUREN
FUN & FAMILY
WELLNESS & GENUSS

Wo der Süden den Norden besiegt

Wer sich dem Lago di Como von Norden her nähert, wähnt sich frühzeitig am Ziel seiner mediterranen Träume. Zwar hat der nördliche Teil des Sees noch einen rauen, gebirgigen Charakter. An den Ufern der beiden Südarme jedoch gedeihen Olivenbäume, Wein und Zypressen – willkommen im Süden, im Land der tausend Urlaubsmöglichkeiten.

Es ist fast egal, auf welche Art und Weise man seinen Urlaub am liebsten gestaltet – am Comer See dürfte jeder Urlaubertyp fündig werden: Allen, die Wanderungen in kontrastreicher Landschaft lieben, bieten sich unzählige und wunderschöne Wege rund um den Comer See an, vor allem aber im Hinterland der Ostküste. Dort eröffnet sich auch den Aktivurlaubern eine alpine Spielwiese: Es locken Klettersteige, Klettergärten sowie lange und durchaus anspruchsvolle Bergtouren. Diejenigen, die sich lieber am oder im Wasser austoben, tummeln sich direkt am See, dessen nördlicher Teil bekannt ist für gute Winde zum Segeln und Surfen.

Der südliche Teil ist zum einen interessant für alle Kulturbeflissenen, die von Bellagio und Menaggio bis hinunter nach Como auf ein reiches kulturelles und historisches Erbe stoßen. Zum anderen zieht er all jene an, die sich einfach erholen und sich entspannt dem »dolce far niente«, dem süßen Müßiggang, hingeben wollen.

Das erste reizvolle Ziel liegt mitten im Comer See, auf der Halbinsel Bellagio. Dort teilt sich der See in seine beiden Südarme, die sich hinunter nach Lecco im Osten und nach Como im Westen ausdehnen. Die Lage und seine berühmten Villen und Parks verleihen Bellagio eine solch zauberhafte Atmosphäre, dass Flaubert es in romantischem Überschwang zum Ort erkor, wo er gerne sterben würde. Gegenüber von Bellagio, am westlichen Seeufer, erreicht man per Fähre das nicht minder elegante Menaggio. Es ist sowohl ökonomisches als auch touristisches Zentrum der westlichen Küste. Hinter dem Ort ist es nicht mehr weit in die Schweiz, etwa zum Luganer See. Von Menaggio in südwestlicher Richtung erstreckt sich die Riviera Tremezzina. Hier reihen sich mit mediterraner Flora geschmückt die Villen aneinander, für die der Comer See berühmt ist. Das wohl berühmteste Anwesen am See ist die Villa Carlotta in Tremezzo mit einem italienischen Terrassengarten und einem

Wer vom Park der Villa Monastero auf den See und Varenna schaut, sieht ein beinahe perfektes Urlaubsgebiet zwischen Palmen und Berggipfeln.

ADAC *der perfekte Urlaubstag*

- **9 Uhr:** kleiner Spaziergang durch den Garten der Villa Melzi oder entlang des Lido Giardino in Bellagio; Frühstück im Café Rossi gegenüber dem Fährsteg
- **11 Uhr:** mit der Fähre nach Menaggio; Radtour am westlichen Seeufer bis Argegus und Mountainbiking im Hügelland von Castiglione
- **16 Uhr:** Schifffahrt ab Argegno zurück nach Bellagio
- **20 Uhr:** Spaziergang in der Stoff- und Seidenstadt Como; Essen im Restaurant Navedano in der Via Pannilani (Saisonküche aus der Region)

Action & Sport

MOUNTAINBIKE	KLETTERSTEIGE	RAFTING	CANYONING	REITEN
PARAGLIDING	DRACHENFLIEGEN	KLETTERGÄRTEN	TENNIS	WINDSURFEN
KAJAK/KANU	WASSERSKI	TAUCHEN	HOCHSEILGARTEN	GOLF

TOP TIPP Direkt über Lecco ragt die Südwand des Corno Medale (1028 m) steil in den Himmel. Altmeister des Extrem-Kletterns wie Walter Bonatti oder Ricardo Cassin haben in dem Steilfels Kletterrouten gehobener Schwierigkeit eröffnet. Schwierig ist auch die **Ferrata Gruppo Alpini** ❶ einzustufen. Der Klettersteig tastet sich an die Vertikale heran, Drahtseil und Griffeisen machen die Wand aber auch für Normalsterbliche begehbar. Natürlich nur, wenn diese schwindelfreie, erfahrene Klettersteiggeher sind. Der Ausgangspunkt für den Klettersteig ist Rancio, ein Vorort von Lecco, etwa 3 km vom Stadtzentrum entfernt; Zeit: ca. 4–5 Std.

Klettersteige	Lecco und Umgebung	Die Berge rund um das südliche Ende des Sees bei Lecco bieten exzellente Möglichkeiten für Klettersteiggeher; Klettersteige befinden sich am Corni di Canzo (1371 m) unterhalb des Monte Coltignone (1474 m) sowie an Grignone (2410 m) und Grignetta (2184 m); Infos und geführte Touren bei C.A.I. in Lecco; Tel. 03 41 36 35 88
Segeln Windsurfen	Bellano Dervio Rezzonico Colico	Der Tivano von Norden und der Breva von Süden sind die Winde, die Segelsportler und Surfer von weit her anziehen; bevorzugt wird der nördliche Teil des Sees z. B. bei Dervio; Verleih und Material z. B. beim Fun Surf Center; Tel. 03 41 80 41 59; www.usderviese.it
Mountainbiken	Halbinsel südlich von Bellagio	Ausgangspunkt: Bellagio (216 m); S. Giovanni – Richtung Parco Monte San Primo – Monte Ponciv (1456 m) – Monte Cornet o Gerbal (1330 m) – Caglio (803 m) – Monte Croce (1155 m) – Btta. di Lemma (1167 m) – Cap. S. Pietro – Monte Boletto (1236 m) – Monte Uccellera (1027 m) – Downhill hinunter nach Como; Dauer/Charakter: tagesfüllende, anstrengende und anspruchsvolle Mountainbike-Tour über die Gipfelgrate zwischen den beiden Seearmen im Süden; Einkehr in zahlreichen Hütten entlang der Strecke; Verleih: Rullo Bike in Como; Tel. 0 31 26 30 25
Golf	Menaggio e Cadenabbia Golf Club	18-Loch-Platz im lichten Wald zwischen den Bergen; Infos unter: Tel. 0 34 43 21 03; E-Mail: info@menaggio.it, www.menaggio.it

Hütten

Rifugio Bolettone (1310 m)
Hoch über Como und Erba auf dem Gipfelgrat des Monte Bolettone liegt die Hütte. Ausgangspunkt: Alpe del Vicere (903 m) oberhalb von Albavilla (429 m, nördlich von Erba auf der Strecke zwischen Como und Lecco), von dort ca. 1,5 Std. Zustieg; Tel. 0 31 62 81 63

Rifugio Menaggio (1380 m)
Hütte oberhalb von Menaggio am Monte Grona (1736 m). Herrliche Aussicht Richtung Lago di Lugano und Comer See. Von Monti di Breglia (996 m) oberhalb von Breglia (749 m) in ca. 1,5 Std. erreichbar; Tel. 0 34 43 72 82

Rifugio Roccoli Lorla (1463 m)
Am Fuße des Westgrats vom Monte Legnone (2609 m) gelegen ist die Hütte der ideale Ausgangspunkt für Touren auf den höchsten Berg am See; mit dem Auto erreichbar; Tel. 03 41 87 50 14

Rifugio Rosalba (1730 m),
Schöne Lage über Lecco am Fuße des Gipfelanstiegs zum Grignetta (2184 m); Ausgangspunkt: Piani Resinelli (1280 m, nördlich von Lecco), von dort ca. 2,5 Std.; Tel. 03 41 73 27 93

---

englischen Park. Im Garten der Villa Balbianello in Lenno faszinieren Wasserspiele und Statuen. Die Villa Olmo in Como besticht durch ihre klassizistische Fassade.

An den beiden Südenden des Sees liegen die mittelgroßen Städte Como und Lecco. Während Lecco heute eher eine Industriestadt ist, hat sich Como jenen Charme bis heute bewahrt, den es schon vor Jahrhunderten besessen haben muss. In früheren Jahren hatte sich Como voll und ganz der Seide verschrieben. Die großen Modeschöpfer kamen aus aller Welt, um sich in Como mit edlen Stoffen einzudecken. Noch heute ist der Sinn für Ästhetik in Como nicht zu übersehen. Verschiedene architektonische Epochen haben feine Spuren hinterlassen, ohne sich gegenseitig zu stören. Elegante Bars und Cafés laden zum Verweilen ein.

Bei der Schutzpatronin der Radfahrer

Durch das Brianzer Becken bei Erba kommt man schnell von Como nach Lecco. In der von mächtigen eiszeitlichen Gletschern geformten Landschaft liegen sieben kleinere Seen, die zum Baden einladen. Lohnend ist die Fahrt nach Lecco aber auch via Bellagio im Spitz des Larianischen Dreiecks, immer am Seeufer entlang. Die Uferstraßen sind ausgesprochen reich an Kurven, nach denen sich immer wieder neue, wunderbare Blicke auf den See eröffnen. Zudem laden zahlreiche einsame Badebuchten dazu ein, die Fahrt für einen Sprung ins kühle Nass zu unterbrechen.

Zwischen Bellagio und Lecco liegt im Larianischen Dreieck auch das Vallassina. Dieses Gebiet und die umliegenden Hügelzüge eignen sich besonders gut zum Mountainbiken. Nicht von ungefähr steht hier die Kapelle der Madonna del Ghisallo, die seit 1949

Hügelzüge, wie geschaffen für Mountainbiker: In der Vallassina zwischen Bellaggio und Lecco

COMER SEE

Wellness & Genuss

TOP TIPP Das gut erhaltene historische Zentrum von Como ist mit 700 m Breite und 1000 m Länge nicht besonders groß. Trotzdem ist ein **Stadtrundgang durch Como** ❷, die Stadt der Seide, ein Muss. Idealer Startpunkt dafür ist die Schiffsanlegestelle am Lungo Lario. Da befindet man sich direkt an der zentralen Piazza Cavour. Weiter geht's auf der Via Plinio wenige Schritte bis zum Domplatz, wo sich der mittelalterliche Torre Comunale, das ehemalige Rathaus, und der Dom gegenüberstehen. Der älteste Stadtturm steht am Ende der Via Cantù. Der 40 m hohe quadratische Torre di Porta Vittoria entstand bereits im Jahr 1192. Elegante Cafés laden zum Verweilen ein. Wer sich für die edlen Stoffe interessiert, die Como so berühmt gemacht haben, sollte dem Seidenmuseum einen Besuch abstatten.
Geöffnet Di–Fr; Tel. 0 31 30 31 80.

Grand Hotel Villa Serbelloni Bellagio	Wer es sich leisten kann, sollte in Bellagio – dem wohl mondänsten lombardischen Ferienort – wenigstens einmal übernachten. Besonders stilecht geht das im Grand Hotel Villa Serbelloni. Erbaut im 15. und 16. Jh., zählte das Haus Leonardo da Vinci zu seinen ersten Gästen, Sir Winston Churchill und John F. Kennedy folgten. Heute ist in der Villa die Rockefeller-Stiftung untergebracht. Das Hotel befindet sich in einem dazugehörigen wunderschönen Gebäude am Seeufer, ein kunstvoller italienischer Garten umgibt das Anwesen; Infos: Tel. 0 31 95 02 16; www.villaserbelloni.com
Villa Balbianello Lenno	Die statuengesäumten Balustraden und die Blumenpracht der Villa haben schon viele Film-Regisseure inspiriert. Die Villa liegt an der Spitze einer Halbinsel bei Lenno am westlichen Seeufer. Das Anwesen kann per Schiff oder zu Fuß erreicht werden. Eindrucksvoller ist die Schifffahrt, z. B. ab Lenno; Tel. 03 44 82 19 55
Isola Comacina Ossuccio	Von Sala Comacina pendeln ständig Motorboote hinüber zur Insel am Westufer des Comer Sees. Rund um die Insel führt ein halbstündiger Spaziergang. In der Locanda dell'Isola kann man gut essen. Das Menü des Insellokals wurde seit 1947 nicht mehr verändert: Antipasto, Forelle, Hühnchen, Käse, Obst; Infos: Tel. 0 34 45 50 83

Schwimmen im Comer See

Zahlreiche Schwimmbäder und Badebuchten laden zum Schwimmen im Comer See ein. Da der See sehr tief ist, wirkt das Wasser sehr dunkel – teilweise fast etwas unheimlich. Der direkte Wasserzufluss aus den nahen Veltliner und Bergeller Alpen sowie der ausgedehnte Schattenwurf durch Berghänge rund um den See führen dazu, dass die Wassertemperaturen das ganze Jahr über erfrischend bleiben. Auch das ist ein Grund dafür, dass die Wasserqualität überdurchschnittlich gut ist. Entlang der Verbindung zwischen Lecco und Bellagio sind unterhalb der Straße zahlreiche einsame Badeplätze zu entdecken.

EVENTS

- Juni: Festa di San Giovanni (Johannisfest), Isola Comacina im Comer See; mit tausenden von Lichtern und einem spektakulären Feuerwerk wird an die Vertreibung der Inselbewohner durch Soldaten der Stadt Como im Jahr 1169 erinnert
- September: Autunno Musicale (musikalischer Herbst), Como; zum renommierten internationalen Musikfestival reisen Musiker aus aller Welt an. Gespielt wird in einem der zahlreichen architektonisch außergewöhnlichen Säle der Stadt. Infos: Tel. 0 31 57 11 50

---

die offizielle Schutzpatronin der Radfahrer ist. Der Aufstieg des unscheinbaren Kirchleins bei Magreglio zur wohl bedeutendsten Radler-Wallfahrtsstätte der Welt begann, als Don Ermelindo Vigan, ein begeisterter Radsportanhänger, 1944 Pfarrer des abgelegenen Bergdorfs wurde. Nicht nur Rennfahrer-Legenden wie Eddy Merckx oder Miguel Indurain, sondern auch zahllose Amateure und Hobby-Radsportler sind überzeugt davon, dass die Madonna del Ghisallo ihre schützende Hand über sie hält. Entlang des östlichen Seeufers reihen sich nach Norden zahlreiche größere Ortschaften aneinander. Varenna konnte einen Großteil seiner mittelalterlichen Struktur bewahren. Die Stadt besitzt eine reizvolle Uferpromenade. Dervio eignet sich fürs Windsurfen, denn es ist den Winden Breva, der von Süden bläst, und Tivano, der von den Bergen her weht, besonders ausgesetzt, was auch für das gegenüberliegende Ufer zwischen Menaggio und Gravedona gilt.

Besonders hier an der Ostküste des Comer Sees darf man das gebirgige Hinterland nicht vergessen. Am Sasso Cavallo lockt mit der »Ferrata Val Cassina« einer der längsten Klettersteige der

Adressen & Bergbahnen — Landesvorwahl 00 39

Urlaubsregion	Azienda di Promozione Turistica della **Provincia di Como**; Tel. 03 13 30 01 11; E-Mail: aptinfo@lakecomo.org; www.lakecomo.org
Como (201 m)	Ufficio Informazioni e di Accoglienza Turistica (IAT) Como; Tel. 0 31 26 97 12; E-Mail: lakecomo@tin.it; www.comune.como.it
Lecco (206 m)	Ufficio Informazioni e di Accoglienza Turistica (IAT) Lecco; Tel. 03 41 36 23 60; E-Mail: info@aptlecco.com; www.aptlecco.com
Menaggio (202 m)	Ufficio Informazioni e di Accoglienza Turistica (IAT) Menaggio; Tel. 0 34 43 29 24; E-Mail: infomenaggio@tiscalinet.it; www.menaggio.it
Weitere Orte	**Bellagio** www.bellagiolakecomo.com • Bellano • Cernobbio • **Dervio** www.dervio.org • Dongo • Erba • Magreglio • Mandello • **Varenna** www.varennaitaly.com
Entfernungen	Hamburg 1104 km; Berlin 994 km; Köln 786 km; Frankfurt a. M. 618 km; Stuttgart 462 km; München 452 km

Region. Das Gebiet rund um die felsigen Gipfel von Grignone und Grignetta erlaubt ausgedehnte Wanderungen, und der Monte Legnone, der höchste Berg am Comer See, erhebt sich verlockend bei Dório über der Ostküste.

Große Höhen erreichen hier die wenigsten Berge, trotzdem ist es rund um den Comer See gebirgig oder zumindest hügelig – und auf jeden Fall herrlich zum Wandern. Am Westufer stechen der Monte di Tremezzo und der Monte Grona hoch über Menaggio heraus, im Larianischen Dreieck ist der Monte San Primo die dominierende Gestalt. Es gibt hier viele lohnende Ziele für jene, die dem mediterranen Zauber des Seeufers und dem »dolce far niente« widerstehen können.

Bizarr: Felsenfenster am Grignone

TOP TIPP

Monte Legnone (2609 m) ❸

Der Monte Legnone ist nicht nur der höchste Berg, den man am Comer See besteigen kann. Er bietet auch einen grandiosen Ausblick weit hinein in die Welt der Berner und Walliser Viertausender. Vom Rifugio Roccoli Lorla (1463 m) aus ist die Wanderung auf den Monte Legnone gut an einem Tag zu bewältigen; Route: Rifugio Roccoli Lorla – Cà da Legn (2148 m) – Monte Legnone; mittelschwere Bergwanderung auf markierten Wegen, im Gipfelbereich ist Trittsicherheit erforderlich; Zeit: ca. 6 Std.; Einkehr: Rifugio Roccoli Lorla

Wanderkarten

Landeskarte der Schweiz, Blatt 1374 Como, 1:25000
Landeskarte der Schweiz, Blätter 277 Roveredo, 287 Menaggio, 297 Como; 1:50000

Straßenatlas Siehe S. 802

LAGO MAGGIORE
PIEMONT UND LOMBARDEI

ACTION & SPORT

WANDERN & BERGTOUREN

FUN & FAMILY

WELLNESS & GENUSS

Genusstouren im Land der Sehnsucht

Der Lago Maggiore hat alles, um die Sehnsüchte der Menschen aus dem Norden nach schöner Landschaft und warmem Klima zu erfüllen. Mit der entsprechenden Konsequenz: Wer hier seinen Urlaub verbringt, ist in Ufernähe des Sees sicher nie allein. Einsame Plätze gibt es dafür im Hinterland, beispielsweise in der ungebändigten Natur des Nationalparks Val Grande.

Landschaftlich hat der Lago Maggiore zwei Gesichter. Im Norden ist er umgeben von schroffen, meist bis in den Gipfelbereich dicht bewachsenen Bergen. Die Steilhänge setzen sich auch unter der Wasseroberfläche fort. 372 m misst der See an seiner tiefsten Stelle, die damit fast 200 m unter dem Meeresspiegel liegt. Geschaffen wurde dieses Werk vom Tessinergletscher, der sich im Laufe von vier großen Eiszeiten durch die Täler gewunden hat. Im Süden streckt der See seine Fühler weit in die Po-Ebene hinein. Die Hügel sind hier sanfter, das Klima nochmals ein bisschen milder als im nördlichen Uferbereich sowieso schon.

Kein Wunder also, dass der Lago Maggiore längst zum Sinnbild einer idealen Landschaft mit optimalen klimatischen Bedingungen geworden ist. Vieles davon sind klischeehafte Vorstellungen, doch auch nüchterne Beobachter kommen ins Schwärmen: über die fantastische Lage, über die zahlreichen Kunstschätze entlang seiner Ufer, über die wilde Berglandschaft im Hinterland und natürlich über das angenehme, fast mediterrane Klima. Palmen, Bananenstauden und Zitronenbäume gedeihen inzwischen nicht nur in jedem Garten. Im Zuge der Klimaerwärmung breiten sich viele dieser immergrünen Pflanzen, die früher im Winter in Gewächshäusern untergebracht werden mussten, auch in den umliegenden Wäldern aus, wie etwa bei Ronco, wo früher noch Rebstöcke die Hänge bedeckten.

Südliche Reize: der Blick von der Promenade der Isola Brissago über den Lago Maggiore

Restaurants

Villa Margherita
Fantastisch ist schon allein der herrliche Blick über den See von der Terrasse der Villa Margherita in Oggebio am Westufer des Lago Maggiore. Hinzu kommt das angenehme Ambiente und die exquisite Küche. Ein idealer Ort, um einen romantischen, unvergesslichen Abend zu verbringen; Tel. 03 23 49 10 06

Pizzeria Miralago
Ein sehr angenehmes Ambiente herrscht im Miralago in Luino, der größten Stadt am italienischen Ostufer des Lago Maggiore. Sehr zu empfehlen sind die Pizzen, aber auch die wechselnden, nach italienischen Rezepten zubereiteten Fleisch- und Fischgerichte; Tel. 03 32 53 14 92

ADAC der perfekte Urlaubstag

- **9 Uhr:** mit dem Schiff von Stresa zur Isola Bella; Spaziergang durch den Garten und Besichtigung des Palazzo Borromeo, Rückfahrt mit dem Schiff
- **13 Uhr:** Fahrt nach Varallo, Spaziergang auf dem Kreuzweg hinauf zum Sacro Monte
- **15 Uhr:** Bad in den Dreiweihern hoch über der Stadt. Anschließend Stadtbummel
- **17 Uhr:** Bummel durch Varallo, Einkehr in einem der netten Restaurants des Städtchens

Ideal ist das milde Klima natürlich für Wassersportler: Sie tummeln sich am, auf und im See oder sie begeben sich zu den zum Teil wilden Bächen im Hinterland – zum Canyoning und Rafting.
Trotz eines umfassenden, actionreichen Freizeitangebots ist der Lago Maggiore aber vor allem etwas für stille Genießer: Bei mildem Sonnenschein werden sie über die Isola Bella spazieren, um sich an der Schönheit dieses üppig blühenden Gesamtkunstwerks zu erfreuen. Auf zehn Terrassen sind die herrlichen Barockgärten angelegt, der Palazzo Borromeo beeindruckt mit seiner prunkvollen Innenausstattung. Kunstgenießer werden außerdem am Lago d'Orta vorbei nach Westen Richtung Val Sesia bis Varallo fahren. Von dort führt ein 20-minütiger Kreuzweg hinauf auf den weithin sichtbaren Sacro Monte. In 44 Kapellen wird der Leidensweg Christi und die Erlösung mit über 800 lebensgroßen Holz- und Terrakottafiguren aus dem 15. und 17. Jh. mit großer Eindringlichkeit dargestellt. Ziel der Schöpfer des Kreuzweges war es, die Geschichte auch jenen nahe zu bringen, die nicht lesen und schreiben konnten. Eindrucksvolle letzte Station ist die barocke Basilika S. Maria auf dem Felsplateau, an der gleich mehrere namhafte oberitalienische Künstler mitgewirkt haben.
Für das kleine Städtchen Varallo selbst sollte man sich ebenfalls Zeit nehmen: Malerisch thront auf einem Felsen über dem Ortskern die Kirche San Gaudenzio; in der schönen, historischen Altstadt spenden herrliche Laubengänge Spaziergängern angenehmen Schatten.

Die märchenhafte Blumeninsel Isola Bella

Wanderfreudige Genießer werden sich vor allem im Nationalpark Val Grande mit seiner fantastischen Kulisse wohl fühlen. Wer vom Gipfel des Monte Zedas aus auf den nur wenige Kilometer

Isola Bella/Palazzo Borromeo
Die fantastische Blumeninsel Isola Bella mit dem Palazzo Borromeo galt bereits im 18. Jh. als eines der Weltwunder. 1632 begannen die Architekten Francesco Castelli, Filippo Cagnola und Carlo Fontana den Palazzo im Stil des lombardischen Frühbarocks zu errichten. Die Räume sind prächtig ausgestattet, u. a. mit flämischen Wirkteppichen und mit Gemälden von Giordano und Bernardino Luini. Im unteren Bereich des Palastes befinden sich sechs reich mit Muscheln und anderen Meerestieren ausgeschmückte Gewölberäume. Von den Grotten führt ein Weg zu den verschiedenen Gärten. Das Juwel der Insel ist jedoch der italienische Garten des Frühbarocks mit seinen Statuen, die Nymphen und Meeresgötter darstellen. Eindrucksvoll ist vor allem das Einhorn, das 37 m über dem Wasserspiegel den Garten zu krönen scheint.

Golfen am Lago di Maggiore
Allein auf der italienischen Seite des Sees finden Golfer acht interessante, landschaftlich sehr reizvolle Plätze. In den Golfclubs werden auch Anfänger- und Fortgeschrittenenkurse durchgeführt. Hier die schönsten Anlagen:
18-Loch-Plätze:
Stresa, Borromäische Inseln, Golf Club des Iles Borromees; Tel. 03 23 92 92 85, www.golfdesilesborromees.it;
Varese, Golf Club die Laghi; Tel. 03 32 97 81 01, www.golfdeilaghi.it;
9-Loch-Plätze:
Premeno, Golf Club Piandisole; www.golfpiandisole.it;
Verbania, Golf&Sporting Club; www.golfverbania.it

Wellness & Genuss ✺ ✺ ✺ ✺

TOP TIPP Nicht nur Raucher kommen beim Besuch der **Tabakfabrik in Brissago** (Schweiz) ❶ auf ihre Kosten. Der geführte Rundgang ist auch eine Reise in die Zeitgeschichte der Region. Die Tabakfabrikanten, die in unmittelbarer Nähe der italienischen Grenze ansässig waren, schielten seit der Gründung der Fabrik im 19. Jh. ins Nachbarland, das auf Schmuggelpfaden beliefert wurde. Tausende verarmte Bäuerinnen und Bauern fanden hier ein Auskommen – und jene, die dennoch zur Auswanderung nach Übersee gezwungen waren, zählten noch Jahrzehnte zu den wichtigsten Kunden der Tabakfabrik, deren »krumme Brissago« – neuerdings auch wieder handgemacht – heute Kultstatus genießt; Tel. 09 17 93 11 70

Villa Taranto Verbania	Englischer Garten mit italienischen Dekorationen und einem riesigen Bestand botanischer Schätze aus aller Welt. Errichtet an herrlicher Lage in Verbania vom Schotten Neil McEacharn, der das 20 ha umfassende Areal im Jahr 1939 dem Staat vermachte; Tel. 03 23 50 32 49
Stresa – Isola Bella	Um die vorletzte Jahrhundertwende war Stresa ein eleganter Badeort und Treffpunkt des europäischen Adels. Trotz Massentourismus lohnt es sich, an der reizvollen Seepromenade entlangzuspazieren und in einem der Gartenrestaurants einzukehren, bevor man mit dem Schiff zur Isola Bella fährt, um die herrlichen barocken Gartenanlagen und den Palazzo Borromeo zu besichtigen
Sonnenbad im Val Cannobina	Einige tiefe Schluchten hat der Torrente Cannobina ins Val Cannobina (zwischen Brissago und Verbania auf der Westseite des Lago Maggiore) gegraben. Unterhalb der frühbarocken Kirche Sant'Anna weitet sich der Bach zu einem kleinen See. Hier, im Anblick der Kirche und der Schlucht, aus der der Bach fließt, befindet sich eine der schönsten Stellen für ein Sonnenbad. Im Ausflugsrestaurant bei der Kirche kann man sich stärken

Markt in Omegna ❷
TOP TIPP Die besten Toma-Käse weit und breit gibt es auf dem Wochenmarkt in Omegna (298 m) am Nordufer des Ortasees (jeweils Do). Neben der Delikatesse, die in den Bergtälern der Umgebung produziert wird, sind auch die Salamis in verschiedener Machart von hervorragender Qualität. Es darf auch gekostet werden.

EVENTS

Kastanienfeste
Auch wenn die Kastanie als alltägliches Nahrungsmittel weitgehend vom Speisezettel verschwunden ist, so feiern in den meisten Orten am Lago Maggiore die Einheimischen zur Erntezeit im September und Oktober die traditionellen Kastanienfeste. Die Kastanien werden am offenen Feuer gebraten. Die genauen Daten wissen die lokalen Verkehrsbüros.

Hütten

Rifugio Antonia Fantoli (1000 m)
Die Hütte befindet sich auf der wunderbar gelegenen Alpe Ompio und ist eine ideale Ausgangsbasis für Touren in den Nationalpark Val Grande. Von der Alpe Ruspesso (937 m, nördlich des Lago di Mergozzo bei Verbania) in ca. 30 Min. erreichbar; Tel. 03 30 20 60 03

Baita Zabò (1167 m)
Kleine, in der Regel nicht bewartete Berghütte auf der Alpe Rombiago hoch über dem Valle Cannobina. Lager für Selbstversorger. Von Cavaglio San Donnino (501 m, westlich von Cannobio) ca. 2 Std.; Schlüssel kann bestellt werden unter Tel. 03 23 7 06 28 (Associazione Zabò)

Eine Bootsfahrt auf dem Lago Maggiore eröffnet ungewohnte Perspektiven, hier auf den malerischen Ort Stresa.

LAGO MAGGIORE

Wandern & Bergtouren

TOP TIPP Als »größte Wildnis Italiens« gilt der **Nationalpark Val Grande** ③. Entlang des Rivo Val Grande und seiner Schlucht reihen sich mehrere Seitentäler. Ende der 1960er Jahre gab der letzte Senn die Almwirtschaft auf; langsam aber stetig erobert sich die Natur ihren Platz zurück. Wandern im Val Grande ist ein unvergleichlicher Ausflug in die wilde, ungebändigte Bergwelt – allerdings nichts für Ungeübte. Es gibt einige schlecht markierte Wege und einige nicht bewirtschaftete Schutzhütten. Eine eintägige Wanderung führt von der Alpe La Piana (1100 m) hoch über Premosello Chiovenda (230 m) hinauf zur Colma di Premosello (1728 m), dann auf einem steilen Abstieg zur verfallenen Alpe Serena (1300 m, Vorsicht: unter den Gneisplatten verstecken sich Schlangen) und zurück zur Alpe La Piana; Zeit: 7 Std.; Einkehr: keine; als Alternative kann man von der Colma di Premosello aus den Pizzo Proman (2099 m) besteigen.

Monte Verità (321 m) Gemütlicher Spaziergang mit fantastischem Blick auf den See	Ausgangspunkt: Ascona (199 m, Wegweiser beachten); Monte Verità – Capella Gruppaldo (400 m) – Ronco (350 m) – Buffaga – Ferabò – Brissago (197 m; von dort per Bus zurück nach Ascona); Zeit: ca. 4 Std.; Einkehr: Restaurants und Grotti in Ascona, Ronco und Brissago
Pizzo Castello (1607 m) Anstrengende, lange Rundwanderung auf den Spuren der Bergbauern im Valle d'Anzasca	Ausgangspunkt: Cimamulera (486 m, im Valle d'Anzasca südwestlich des Nationalparks Val Grande); Alpe Ceresole (953 m) – Alpe Castello – Pizzo Castello (toller Blick auf Lago Maggiore und Monte-Rosa-Gruppe) – Alpe della Colma (1509 m) – Drocala (940 m) – Meggiana – Cimamulera; nur für trittsichere Berggänger geeignet; Zeit: ca. 8 Std.; Einkehr: unterwegs keine Möglichkeit, nur eine Bar in Cimamulera
Monte Zeda (2156 m) Anspruchsvolle Wanderung auf den schönsten Aussichtsberg am Lago Maggiore	Ausgangspunkt: Gabbio (1068 m, nördlich von Intragna auf der Westseite des Lago Maggiore) – La Piazza (1182 m) – Rifugio Pian Cavallone (1528 m) – Colle della Forcola (kurze Passage mit Ketten als Haltehilfe) – Pizzo Marona (2051 m) – Monte Zeda; Abstieg auf derselben Route; Zeit: ca. 7 Std.

Adressen & Bergbahnen
Landesvorwahl 00 39

Omegna (298 m)	Associazione turistica; Tel. 03 23 6 19 30; E-Mail: info@proloco.omegna.vb.it; www.proloco.omegna.vb.it
Stresa (200 m)	Tourismusbüro; Tel. 03 23 3 01 50; E-Mail: stresa@distrettolaghi.it; www.distrettolaghi.it
Verbania (197 m)	Assessorato al Turismo; Tel. 03 23 50 32 49; E-Mail: turismo@comune.verbania.it; www.verbania-turismo.it
Weitere Orte	**Arona** www.comune.arona.no.it • **Baveno** www.comune.baveno.vb.it • **Brissago** www.brissago.ch • **Cannobio** www.cannobio.it • **Luino** www.comune.luino.va.it • **Varallo** www.comunevarallo.com
Entfernungen	Hamburg 1031 km; Berlin 958 km; Köln 748 km; Frankfurt a. M. 580 km; Stuttgart 424 km; München 414 km

❶ Stresa
Mottarone
Berg/Tal 12 €

Siehe auch Preisteil S. 652

entfernten Lago Maggiore blickt, kann nur staunen, wie nah sich hier herbe Wildnis und gepflegte Zivilisation kommen. Kaum verlässt man die Uferregion, ist es aus mit gut markierten Wegen, wie man dies von anderen Regionen her kennt. Man muss sich auf Karten und den eigenen Orientierungssinn verlassen. Betrachtet man einen Ausflug mehr als Entdeckungsreise denn als Gipfelstürmerei, wird die Tour zum unvergesslichen Erlebnis: Verwunschene Talauen, einsame Hochplateaus und verfallene Almsiedlungen warten nur darauf, erkundet zu werden. Man sollte sich die Zeit nehmen, die mediterrane Pflanzenwelt zu betrachten oder den Gämsen und Steinböcken zuzusehen, wie sie durch die entlegenen Hochtäler ziehen. Wer allerdings die verlassenen Bergdörfer im Hinterland des Lago Maggiore, vor allem aber im Valstrona, kennen gelernt hat, wird sich bewusst sein, dass abseits vom großen Rummel eine Lebensform langsam ausstirbt, die während vieler Jahrhunderte das Gesicht dieser Berggebiete geprägt hat.

Am Abend erwartet den müden Berggänger mit Sicherheit ein köstliches Mahl in einem der zahlreichen guten Restaurants im Hinterland. In den Orten unmittelbar am See sollte man bei der Auswahl vorsichtig sein. Vor allem in der Hauptsaison muss man dort damit rechnen, dass die Restaurants überfüllt sind, die Bedienung schlechte Laune hat und das Essen lieblos zubereitet ist. Aber als Alternative bleibt immer das Hinterland mit seinen idyllischen, ruhigen Plätzen für Genießer.

Fantastisch ist die Aussicht auf den See bei einer Wanderung auf dem Monte Zeda.

Angeln
Im Lago Maggiore tummeln sich Barsche, Hechte, Seeforellen und Schleien. Wer angeln möchten benötigt, wie übrigens an allen italienischen Seen, eine Sportfischereierlaubnis. Um diese zu bekommen, muss im jeweiligen Fremdenverkehrsamt oder im Gemeindeamt ein entsprechendes Formular ausgefüllt und eine Gebühr in Höhe von 10 € entrichtet werden.

Wanderkarten
Schweizer Landeskarte, Blätter 1311 Comologno, 1312 Locarno, 1332 Brissago, 1352 Luino; 1:25000

Straßenatlas
Siehe S. 801

AOSTATAL – GRAN PARADISO
AOSTATAL

ACTION & SPORT
WANDERN & BERGTOUREN
FUN & FAMILY
WELLNESS & GENUSS

Botanische Gärten

Wer sich für die alpine Flora interessiert, findet im Aostatal in freier Natur eine schier unerschöpfliche Pflanzenvielfalt. Für diejenigen, die Wert auf eine gute Präsentation der Pflanzen und die Erklärungen von Experten legen, gibt es gleich vier botanische Gärten mit langer Tradition. Am bekanntesten ist der botanische Garten Paradisia (1750 m) im Valnontey in der Nähe von Cogne. Der Saussurea bei Courmayeur (1224 m) präsentiert die Botanik wissenschaftlich am fundiertesten. Der Chanousia (2170 m) etwas unterhalb der Passhöhe des Kleinen St. Bernhard wurde bereits 1897 gegründet. Der vierte Park befindet sich beim Schloss von Savoy (1350 m, bei Gressoney-St-Jean); Infos zu allen Gärten: Tel. 01 65 33 35 2

ADAC der perfekte Urlaubstag

- **8 Uhr:** Fahrt nach Cogne/Valnontey und Besuch des botanischen Gartens im Nationalpark Gran Paradiso
- **11 Uhr:** Wanderung von Valnontey (1666 m) zur Alpe Money (2325 m)
- **14 Uhr:** ausgiebige Rast mit Picknick auf den blühenden Almwiesen, auf demselben Weg zurückwandern nach Valnontey
- **17 Uhr:** Abstecher auf der Fahrt nach Courmayeur zur Testa d'Arpy (2018 m, bei Morgex) mit fantastischem Ausblick auf den Montblanc
- **20 Uhr:** Abendspaziergang durch Courmayeur, in einem der Gasthäuser gut speisen

Das Dorf Brusson liegt im Val d'Ayas, das sich zwischen Valtournenche und Val di Gressoney befindet.

Viertausender, Wein und Kultur

Das Aostatal ist umgeben von den höchsten Gipfeln der Alpen, im Talboden überrascht es mit einem angenehm milden Klima: perfekte Rahmenbedingungen für Wanderer, Kletterer und Extrembergsteiger. Aber auch für Familien hat man alles getan – Kinderliebe wird in Italien traditionell groß geschrieben. Gut erhaltene Römerbrücken und mächtige Burgen sind zwar die augenfälligsten, aber lange nicht die einzigen historischen Denkmäler, die Interessierte im Aostatal entdecken werden. Verbindendes Element und prächtige Kulisse ist jedoch stets die grandiose Gebirgslandschaft.

Knapp 100 km lang ist das Haupttal der Region. Flankiert wird es im Westen von den Grajischen Alpen mit dem Gran Paradiso, im Osten vom Wallis mit Matterhorn, Liskamm und Monte Rosa sowie im Norden vom Montblanc. Mittendrin liegt das Zentrum und der Verkehrsknotenpunkt: Aosta. Auf Schritt und Tritt stößt man dort auf die Spuren einer glanzvollen Vergangenheit, sei es der römische Augustusbogen (25 v. Chr.), das Kloster St. Pietro ed Orso mit einem beeindruckenden Glockenturm oder die mittelalterliche Kathedrale. In das Haupttal münden mehr als ein Dutzend Seitentäler, die mit landschaftlicher, kultureller und touristischer Vielfalt beeindrucken.

Im Val di Gressoney etwa, ganz im Osten der Region auf der Südwest-Seite des Monte-Rosa-Massivs, wird deutsch gesprochen: Walser haben sich hier unter den eindrucksvollen Abbrüchen des Liskamms angesiedelt. Der Dialekt ist für hochdeutsch Sprechende indes kaum verständlich. Auch Römer haben ihre Spuren hinterlassen, etwa die Bogenbrücke über die Lys in Pont St. Martin. Weiter hinten im Tal lohnt es sich, vom Wintersportort Gressoney-la-Trinité mit einer der Bahnen hinauf-

Wanderbare Blütenpracht: Im Aostatal findet man eine schier unerschöpfliche Pflanzenvielfalt.

zufahren, um den herrlichen Blick auf das Monte-Rosa-Massiv zu genießen und anspruchsvolle Hochtouren in dieses Gebiet zu unternehmen. Weiter nördlich führt das Valtournenche mitten in die für Alpinisten höchst interessante Hochgebirgslandschaft bei Breuil-Cervinia am Fuße des Matterhorns. Der berühmte Gipfel erscheint von dieser Seite zwar nicht so markant wie von Zermatt

Wandern & Bergtouren

TOP TIPP Eine hochalpine Gletschertour führt auf den höchsten Gipfel der Grajischen Alpen, den **Gran Paradiso** (4062 m) ❶. Ausgangspunkt ist Pont (1960 m) im hinteren Val Savaranche; schon der Aufstieg zur Rifugio Vittorio Emanuele (2735 m, Übernachtung) ist herrlich. Über den weiten Gran-Paradiso-Gletscher geht es zur Schiena del Asino und weiter über den recht ausgesetzten Grat zum Gipfel mit der Madonnenstatue; Abstieg wie Aufstieg; anspruchsvolle Hochtour, die alpine Erfahrung, entsprechende Ausrüstung (Seil, Pickel, Steigeisen) und Kondition voraussetzt. Wer keine Erfahrung mit Gletschern hat, sollte die Tour nur mit einem Bergführer in Angriff nehmen; Zeit: ca. 2 Std. zur Hütte, ca. 6 Std. zum Gipfel; Abstieg ca. 4 Std.; Einkehr: Rifugio Vittorio Emanuele; Führungen bei der Societa Guide Alpine Courmayeur, Tel. 01 65 84 20 64; www.guidecourmayeur.com

Dijouan-Seen (2520 m) Reizvolle, leichte Bergwanderung im Herzen des Nationalparks	Ausgangspunkt: Creton (1591 m) im Val Savarenche; auf gut ausgezeichneten Wegen durch üppig blühende Wiesen auf die Hochebene Irtvieille – zum ehemaligen Jagdhaus von Vittorio Emanuele II (heute Forsthaus) – Dijouan-Seen (2520 m); Abstieg wie Aufstieg; Zeit: 4 Std.; Einkehr: in Creton
Alpe Money (2325 m) Mittelschwere, herrliche Wanderung mit Paradiso-Blick	Ein Teil der Strecke verläuft auf dem Aostatal-Höhenweg Nr. 2, der in sieben Etappen auf der Südseite des Tales von Champorcher (1427 m) bis Courmayeur (1224 m) führt. Ausgangspunkt: Valmontey (1666 m) beim Alpengarten im Val di Cogne; Valmiana (1729 m) – Alpe Money; Aufstieg wie Abstieg; technisch leichter, aber zum Teil steiler und ausgesetzter Weg; Zeit: ca. 4 Std.; Einkehr: Valmontey
Becca di Viou (2855 m) Lange, anstrengende Wanderung mit begeisterndem Talblick	Ausgangspunkt: die kleine Höhensiedlung Blavy (1471 m) nordöstlich über Aosta; Viou-Alm (2062 m) – Tsa de Viou (2292 m) – Viou-Pass (2698 m) – Becca di Viou – Blavy; keine technischen Schwierigkeiten; Zeit: ca. 7 Std.; Einkehr: Blavy
Col de Chécrouit (1956 m) – **Visaille** (1659 m) Mittelschwere Wanderung mit Aussicht aufs Montblanc-Massiv	Ausgangspunkt: Bergstation Col de Chécrouit bei Courmayeur (1956 m) ⓫ – Alpe Arp Vieille (2303 m) – Mont Fortin (2758 m) – Colle di Chavannes (2592 m) – Lago del Miage (2015 m) – Visaille; von dort mit dem Bus zurück nach Courmayeur; Achtung: Kabinenbahn verkehrt nur Mitte Juli–Ende Aug; Zeit: ca. 6 Std.; Einkehr: Rifugio Elisabetta Soldini (2200 m), Lago del Miage, Visaille
Colle Gran San Bernardo (2473 m) – **Etroubles** (1270 m) Leichte Wanderung auf den Spuren Napoleons	Ausgangspunkt: Passhöhe Großer St. Bernhard (2473 m, mit dem Bus von Etroubles erreichbar); Alpe Barasson – Alpe Combe Germain (1868 m) – Etroubles (hier kann man am Morgen das Auto parken); über diesen Weg soll Napoleon mit seinen Truppen gezogen sein; Zeit: 6,5 Std.; Einkehr: Passhöhe, Etroubles

Hütten

Rifugio Walter Bonatti (2025 m) Die Walter-Bonatti-Hütte hoch über Lavachey (1642 m) hat auch bei Schlechtwetter einiges zu bieten. Sie beherbergt die historische Fotosammlung des legendären Bergsteigers Walter Bonatti und eine umfangreiche Bibliothek. Zustieg von Lavachey (nördlich von Courmayeur) in ca. 1 Std.; Tel. 03 35 68 48 57 8; www.rifugiobonatti.it

Rifugio Vittorio Emanuele (2735 m) Am Ufer eines idyllischen Bergsees liegt diese stattliche Hütte. Sie ist eine ideale Basis für Touren in den Nationalpark Gran Paradiso und außerdem Stützpunkt für die Besteigung des Gran Paradiso (4062 m). Meistens tummeln sich in der Nähe der Hütte viele Steinböcke. Zustieg von Pont (1960 m, im Val Savarenche) in ca. 2 Std.; Tel. 01 65 95 92 0; www.rifugiovittorioemanuele.com

Quintino Sella al Felik (3585 m) In fantastischer Hochgebirgslandschaft am Fuße des Felik-Gletschers im Valle di Gressoney sorgt Hüttenwart Adriano Favre bestens für das Wohl seiner Gäste. Vom Bettaforca-Pass (2672 m, bei Gressoney-la Trinité) mit Seilbahnen erreichbar ⓰ ⓱) etwa 3 Std.; Tel. 01 25 36 61 13

---

aus, unter seinen Wänden locken jedoch herrliche Wandermöglichkeiten.

Mondäner ist die Region um Courmayeur, der meistbesuchten Destination im Tal, über der mit dem Montblanc majestätisch der höchste Berg der Alpen thront. Courmayeur bietet die umfangreichste Urlaubs-Infrastruktur im Aostatal. Wer sich am Rummel eines internationalen Touristenzentrums nicht stört, wird hier perfekte Ferien verbringen. Auf Wanderer warten im Val Veni und Val Ferret herrliche Touren mit einem ungetrübten Blick auf die gewaltigen Pfeiler und Hängegletscher der Südwand des Montblanc. Fantastisch ist auch die Fahrt mit den »Funive Monte Bianco« – Seilbahnen, die von Courmayeur aus auf die Punta Helbronner führen. Von dort aus geht es weiter mit der unglaublich kühn über die riesige Gletscherwelt des Mer de Glace gebauten Gondelbahn zur Aiguille du Midi.

Doch zurück in die Seitentäler des Aostatals: Kontrastreich ist das wildromatische Val Grisenche. Malerische Ortschaften laden zum Verweilen ein, eine Straße führt am Stausee von Beauregard vorbei nach Surier, dem Ausgangspunkt für Bergtouren und Wanderungen im Rutormassiv und der Grande Sassière. Völlig einsam ist das Val de Rhêmes

Blick hinauf zum höchsten Berg Europas: Der Montblanc versteckt sich hinter Wolkenfetzen.

AOSTATAL – GRAN PARADISO

Bezauberndes Bild: der Gran Paradiso aus dem Val Cogne

Urig: der Bauernhof Saint-Barthelemy

Naturpark Gran Paradiso
Das Gebiet des 1922 gegründeten Nationalparks gehört zu den Grajischen Alpen und erstreckt sich von 800 m bis auf 4062 m am Gipfel des Gran Paradiso. Früher war hier das Jagdgebiet der Könige, und um die Steinbockjagd den Adeligen vorzubehalten, stellte man die Tiere unter Schutz. 1919 schenkte König Vittorio Emanuele das Gebiet dem Staat, der es als Naturschutzgebiet auswies. Erkunden kann man den Park nur zu Fuß, weder Seilbahnen noch Straßen führen hinein. In den Informationszentren in den Tälern sind immer interessante Ausstellungen zu sehen, außerdem werden Führungen und Exkursionen angeboten. Info-Zentren sind in: Val de Rhêmes (Rhêmes-Notre-Dame, Tel. 01 65 93 61 93); Val Savaranche, (Dégioz, Tel. 01 65 90 58 08); Val di Cogne (Valnontey, mit botanischem Garten, Tel. 01 65 74 14 7); www.pngp.it; www.parks.it

mit herrlichen Blumenwiesen und imposanten Wasserfällen. Am besten lernt man die Reize dieses ursprünglichen Tals auf der leichten zweistündigen Wanderung von Rhêmes-Notre-Dame hinauf zur Benevolohütte kennen. Damit begibt man sich in den Nationalpark Gran Paradiso.

Ins Herz dieses Nationalparks gelangt man im direkt auf den Gran Paradiso zuziehenden Val di Cogne. Das Bergsteigerdorf Cogne ist ein idealer Standort für Touren und Wanderungen, etwa ins Vallone di Grauson mit seinen wilden Rosenbüschen. Pflanzenliebhaber sollten unbedingt von Cogne aus ins Valnontey fahren, um den herrlichen Alpengarten zu besichtigen. Lohnende Wandertouren führen zum Rifugio Vittorio Sella und zur Alpe Money (4 Std. hin und zurück).

Reben in Sichtweite ewigen Eises

Auch das Val Savaranche bietet sich als Eingang zum Nationalpark an. Am Ende all der genannten Täler erheben sich die Gletscherriesen hoch in den Himmel, keine Straßen und keine Bergbahnen führen weiter. Da hilft nur eins: Bergschuhe anziehen und zu Fuß auf Erkundungstour gehen. Im Mittelpunkt des Parks steht der Gran Paradiso, der – zumindest über den Normalweg – als einer der leichtesten Viertausender der Alpen gilt. Dennoch führt der Weg über vergletschertes Gelände, was die entsprechende

Action & Sport

MOUNTAINBIKE	KLETTERSTEIGE	RAFTING	CANYONING	REITEN
PARAGLIDING	DRACHENFLIEGEN	KLETTERGÄRTEN	TENNIS	WINDSURFEN
KAJAK/KANU	WASSERSKI	TAUCHEN	HOCHSEILGARTEN	GOLF

TOP TIPP Eine Staumauer muss kein unüberwindliches Hindernis sein: Im Val Grisenche lässt sich die mächtige Mauer des Lago di Beauregard erklettern. Es gibt zwei je 80 m lange **Klettersteige** ❷. Auch eine **Kletterwand** namens »Big Wall« steht zur Verfügung, mit sechs je 20 m langen Routen, meist in mittleren bis höheren Schwierigkeitsgraden, außerdem einige kürzere, leichtere Routen. Auskünfte bei Società Guide Alpine; www.guideralgrisenche.com; Tel. 01 65 9 71 75, oder Pro Loco, Tel. 01 65 9 71 93

Klettern	Bois de la Tour, Croix de Clavel	Besonders empfehlenswert sind die nahe beieinander liegenden Klettergärten Bois de La Tour und Croix de Clavel bei Saint-Nicolas (1200 m) zwischen Courmayeur und Aosta; 25 wunderschöne Touren, auch einige im unteren Bereich; Schwierigkeitsgrad 3–8; Infos, Kletter-Kurse und geführte Touren: Esprit Montagne; Tel. 03 49 6 64 97 63; www.espritmontagne.com; Interguide; Tel. 01 65 40 93 9; www.interguide.it; Società Guide Alpine Courmayeur; Tel. 01 65 84 20 64; www.guidecourmayeur.com
Reiten	Reitschule Pollein	Reitschule in der Nähe von Aosta. Reitkurse, Kutschenfahrten, mehrstündige Ausritte, mehrtägiges Pferdetrekking. Ponyreiten für die Kleinsten, Tel. 03 48 23 12 39 0
Golf	Golfclub Gressoney	Der jüngste Golfplatz im Aostatal bietet 18 zum Teil sehr anspruchsvolle Löcher vor der eindrucksvollen Kulisse der Monte-Rosa-Gruppe; Tel. 01 25 35 63 14; www.golfgressoney.com – weitere Golfplätze in Courmayeur, Gignod, Saint Christophe, Pila und Cervinia

Fun & Family	
Fontina-Besucherzentrum Valpelline	Alles über den berühmten Fontina-Käse sowie über das traditionelle Handwerk im Aostatal. In Valpelline, nördlich von Aosta; Tel. 01 65 35 71 4; www.fontinacoop.com
Observatorium Nus	Hypermodernes Observatorium mit zahlreichen Attraktionen wie einem in die Berglandschaft gestellten Raumschiff. In Nus, östlich von Aosta; Tel. 01 65 77 00 50; www.oavda.it
Funivie Monte Bianco Courmayeur	Mit eindrucksvollen Seilbahnen ⑬ ⑭ ⑮ über die Gletscherwelt des Montblanc bis zur Aiguille du Midi (3842 m) schweben; Tel. 01 65 89 92 5; www.montebianco.com

TOP TIPP Allen Kindern, die vom Wandern die Nase voll haben, sei der **Abenteuerpark in Pré St. Didier** ③ (südlich von Courmayeur) empfohlen. Hier gibt es noch die wahren Herausforderungen, bei weitem nicht nur für die Kleinen: Balancieren auf dem Seil, gut gesichert, aber in Schwindel erregender Baumwipfelhöhe; Hängebrücken überwinden; im Tarzan-Stil von Baum zu Baum hangeln... Dies und vieles mehr sorgt für abenteuerliche Erlebnisse und spannende Erfahrungen; Tel. 01 65 88 41 79

Ausrüstung und alpine Erfahrung oder die Dienste eines Bergführers voraussetzt. Der Gran Paradiso hat jedoch auch seine wilden Seiten, die selbst Extrembergsteiger vor Probleme stellen.

Auch Wanderer in den Talböden lassen ihre Blicke von den blühenden Almwiesen immer wieder hinauf zu einem der 220 Gletscher des Aostatals und seiner Seitentäler schweifen. Kaum zu glauben, dass in Sichtweite des ewigen Eises sogar Reben angepflanzt werden können – in Morgex liegen auf 1200 m die höchsten Weinberge Europas. Das sagt schon einiges aus über die landschaftliche und klimatische Vielfalt des Aostatals, das einerseits gesäumt wird von den höchsten Bergen der Alpen, andererseits aber schon die milde Luft des Südens genießt. Die klimatische Schneegrenze liegt so mit 3200 m vergleichsweise hoch; Lärchen, Fichten und Kiefern gedeihen bis auf eine Höhe von 2300 m. Vom angenehmen Klima können sich Urlauber im Tal immer wieder überzeugen. Es begünstigt den Anbau von Obst und Gemüse, entsprechend vielfältige Gärten und natürlich auch die Weinreben belegen dies. In den Bergdörfern dominiert die Viehwirtschaft, deren wichtigstes Erzeugnis, der Fontina-Käse, es zu internationaler Berühmtheit gebracht hat. Ohne weiteres mit dem Parmaschinken aufnehmen kann es der Rohschinken aus Bosse im Großen-St.-Bernhard-Tal, und auch der Speck aus der Gegend kann sich selbst mit der Südtiroler Konkurrenz gut messen.

Doch überleben können die Bergbauern auch im Aostatal nur dank Subventionen. Da die Regierung der autonomen Provinz zusätzlich Gelder zuschießt, finden sich verlassene Bergdörfer und verwilderte Almen weit seltener als in anderen Alpentälern Italiens. Und doch ist nur noch jeder zwanzigste Talbewohner in der Landwirtschaft tätig. Aus den meisten Bauern sind Gastwirte, Tourismus-Manager oder Bergführer geworden.

Die Lage weckte Begehrlichkeiten

Allerdings bleiben die Bewohner des Aostatals ihrer Heimat sehr stark verbunden; diese Form der Bodenständigkeit wird den Bewohnern des Aostatals offenbar bereits in die Wiege gelegt. Seit Menschengedenken musste man sich hier immer wieder den Stürmen der Geschichte zur Wehr setzen. Schuld daran war vor allem die früher strategisch bedeutsame Lage. Waren doch der Große und der Kleine St.-Bernhard-Pass schon seit der Römerzeit wichtige Verkehrsverbindungen – was Invasoren und Händler gleichermaßen anlockte.

Nach dem Zerfall des Römischen Reiches folgten ostgotische, byzantinische und langobardische Herrschaften. 1191 fiel das Aostatal dann an Savoyen. Über 100 Burgen und Schlösser zeugen von dieser Zeit. Die bedeutendste der Anlagen ist die Burg Fénis etwa 15 km östlich von Aosta, die im 13. Jh. als Wohnsitz der Familie de Challant errichtet wurde. Zu dieser Zeit wurden aber auch weitere Alpenpässe ausgebaut, die Strecke durchs Aostatal verlor

EVENTS

• August: Sommermarkt (»Foire d'été«) in Aosta; Hauptattraktion des stimmungsvollen Marktes auf der Piazza Chanoux sind die vielen unterschiedlichen, kunstvoll angefertigten handwerklichen Produkte aus dem Aostatal.

Steinerner Zeuge einer großen Vergangenheit: das römische Theater von Aosta

🇮🇹 AOSTATAL – GRAN PARADISO

Das charmante Zentrum von Aosta: die Piazza E. Chanoux

Archäologisches Museum

In einer Region, die so reich ist an bewegter Geschichte, finden sich zuhauf wertvolle und interessante Fundstücke, die von der abwechslungsreichen Vergangenheit zeugen. Das Museum in Aosta, das sich noch im Aufbau befindet, ist stilecht untergebracht im Konvent della Visitazione, einem Bauwerk, das aus dem 17. Jh. stammt. Nach und nach werden die Räume dem Publikum geöffnet. Man bekommt aber jetzt schon einen guten Eindruck von der kulturellen Vielfalt, die das Aostatal geprägt hat; Tel. 01 65 33 35 2

Ponte Romano

Man mag es kaum glauben: Seit dem Jahr 2 v. Chr. überspannt das 52 m hohe Aquädukt die tiefe Schlucht der Grand-Eyvia beim Dorf Serignan. Das Bauwerk überstand die Zeit nicht zuletzt deshalb, weil es in anderer Funktion – nämlich als Brücke – bis in die Neuzeit in Betrieb stand: Die Bauern erreichten so ihre Terrassenäcker auf der anderen Talseite. Das Aquädukt kann frei begangen werden – auch in der früheren Wasserleitung.

Hotelempfehlungen

Breuil-Cervinia S. 724
Courmayeur S. 728
Valtournenche S. 748

Wanderkarten

Tabacco Wanderkarte, Blatt 12 Monte Bianco – Courmayeur – Chamonix, 1:50000
IGC, 101 Gran Paradiso, La Grivola, Cogne, 1:25000

Die lokalen Tourismusämter halten zum Teil hervorragende Wanderkarten bereit.

Adressen & Bergbahnen — Landesvorwahl 00 39

Urlaubsregion	Assessorato Regionale al turismo; Tel. 01 65 23 66 27; E-Mail: uit-aosta@regione.vda.it; www.regione.vda.it/turismo/
Aosta (583 m)	A.I.A.T. AOSTA; Tel. 01 65 33 35 2; E-mail: aptaosta@aostashop.com; www.aostaturismo.com
Courmayeur (1224 m)	A.I.A.T. MONTE BIANCO; Tel. 01 65 84 20 60; E-Mail: apt.montebianco@psw.it; www.courmayeurturismo.com
Cogne (1534 m)	A.I.A.T. COGNE GRAN PARADISO; Tel. 01 65 74 04 0; E-Mail: aiat@cogne.org; www.cogne.org
Weitere Orte	Arvier www.comune.arvier.ao.it • Ayas www.comune.ayas.ao.it • Bionaz www.comune.bionaz.ao.it • Champorcher www.valledichamporcher.it • Châtillon • Gressan www.comune.gressan.ao.it • Gressoney-la-Trinité www.gressoneyonline.it • Etroubles www.comune.etroubles.ao.it • Morgex www.comune.morgex.ao.it • Pila • Rhemes-Notre-Dame www.comune.rhemes-notre-dame.ao.it • Saint-Vincent www.comune.saint-vincent.ao.it • Sarre www.comune.sarre.ao.it • Valgrisenche www.comune.valgrisenche.ao.it • Valsavarenche www.comune.valsavarenche.ao.it
Entfernungen	Hamburg 1109 km; Berlin 1162 km; Köln 791 km; Frankfurt a. M. 624 km; Stuttgart 539 km; München 635 km

1. Aosta Pila • Berg/Tal 5 €
2. Breuil-Cervinia Crest-alpe Ostafa Berg/Tal 7 €
3. Breuil-Cervinia/Plan Maison Plan Maison • Berg/Tal 9 €
4. Breuil-Cervinia/Plan Maison Cime Bianche Laghi • Berg/Tal 9 €
5. Breuil-Cervinia/Plan Maison/ Cima Bianche Laghi Plateau Rosá Berg/Tal 9 €
6. Buisson Chamois • Berg/Tal 2 €
7. Buisson/Corgnolaz/Lod Lake Lod Lake • Berg/Tal 4,50 €
8. Buisson/Corgnolaz/Lod Lake Fontanafredda Pass • Berg/Tal 6,50 €
9. Champorcher/Chardonney Laris Berg/Tal 6 €
10. Cogne Montzeuc • Berg/Tal 6 €
11. Courmayeur Col de Chécrouit Berg/Tal 10,50 €
12. Courmayeur/Col de Chécrouit Maison Vieille • Berg/Tal 5 €
13. Courmayeur/La Palud Rifugio Torino (via Pavillon) • Berg/Tal 28,50 €
14. Courmayeur/Rifugio Torino Punta Helbronner • Berg/Tal 7 €
15. Courmayeur/Punta Helbronner Aiguille du Midi • Berg/Tal 16 €
16. Gressoney-la-Trinité/Staffal S.Anna • Berg/Tal 9 €
17. Gressoney-la-Trinité/Staffal/S.Anna Bettaforca • Berg/Tal 9 €
18. Gressoney-la-Trinité/Staffal Gabiet • Berg/Tal 9 €
19. Gressoney-la-Trinité/Staffal/Gabiet Passo dei Salati • Berg/Tal 9 €
20. Gressoney-la-Trinité/Staffal Weissmatten • Berg/Tal 7 €
21. La Thuile Bosco Express • Berg/Tal 7 €
22. La Thuile Chalet Express • Berg/Tal 7 €
23. La Thuile Piccolo San Bernardo Berg/Tal 7 €
24. Pila Chamolé • Berg/Tal 7,40 €
25. Pila Couis 1 • Berg/Tal 7,40 €
26. Valtournenche Salette • Berg/Tal 7,50 €

Siehe auch Preisteil S. 652

zunehmend an Bedeutung. Erst mit der Eröffnung der Straßentunnels durch Montblanc und Großen St. Bernhard wurde Aosta wieder zu einem bedeutenden Verkehrsknotenpunkt – wobei die zu erwartenden Probleme mit Schwerlast- und Durchgangsverkehr nicht ausblieben.

Schon im Mittelalter autonom

Trotz der ständigen Präsenz fremder Herren haben es die hier lebenden Menschen immer verstanden, ihre Eigenständigkeit zu bewahren. So genossen sie schon im Mittelalter Autonomierechte. 1861 wurde das Aostatal endgültig Italien zugesprochen. Erst Mussolini startete jedoch nach seiner Machtübernahme 1922 eine gnadenlose Kampagne, um aus dem von Frankreich geprägten Tal eine italienische Provinz zu machen. Französisch, die Sprache des Aostatales, wurde kurzerhand verboten, viele alteingesessene Bewohner wanderten ab. In Aosta wurde ein ganzes Viertel abgerissen, um ein antikes Theater auszugraben. Die Ruinen sollten der Bevölkerung demonstrieren, welche Kultur Rom einst in das Bergtal gebracht hatte. 1945 wurden die Maßnahmen aufgehoben, seitdem ist Französisch wieder gleichberechtigte Amts- und Unterrichtssprache, wenn heute auch das Italienische dominiert. Zweisprachig sind aber nahezu alle Einwohner des Aostatales.

In vielen Hotels und Restaurants wird auch englisch gesprochen – die Engländer zählen traditionellerweise zu den wichtigsten Gästen im Tal. Mit Deutsch kommt man hingegen nicht allzu weit. Das mag auch daran liegen, dass das Aostatal aus Deutschland nur mit Mühe zu erreichen ist: Schon von München aus muss man mit acht Stunden Fahrzeit rechnen. Doch die Anreise lohnt sich trotzdem, egal ob man auf die höchsten Gipfel der Alpen klettern, sich in vielgestaltiger Landschaft entspannen oder eine faszinierende, eigenständige Kultur erleben will.

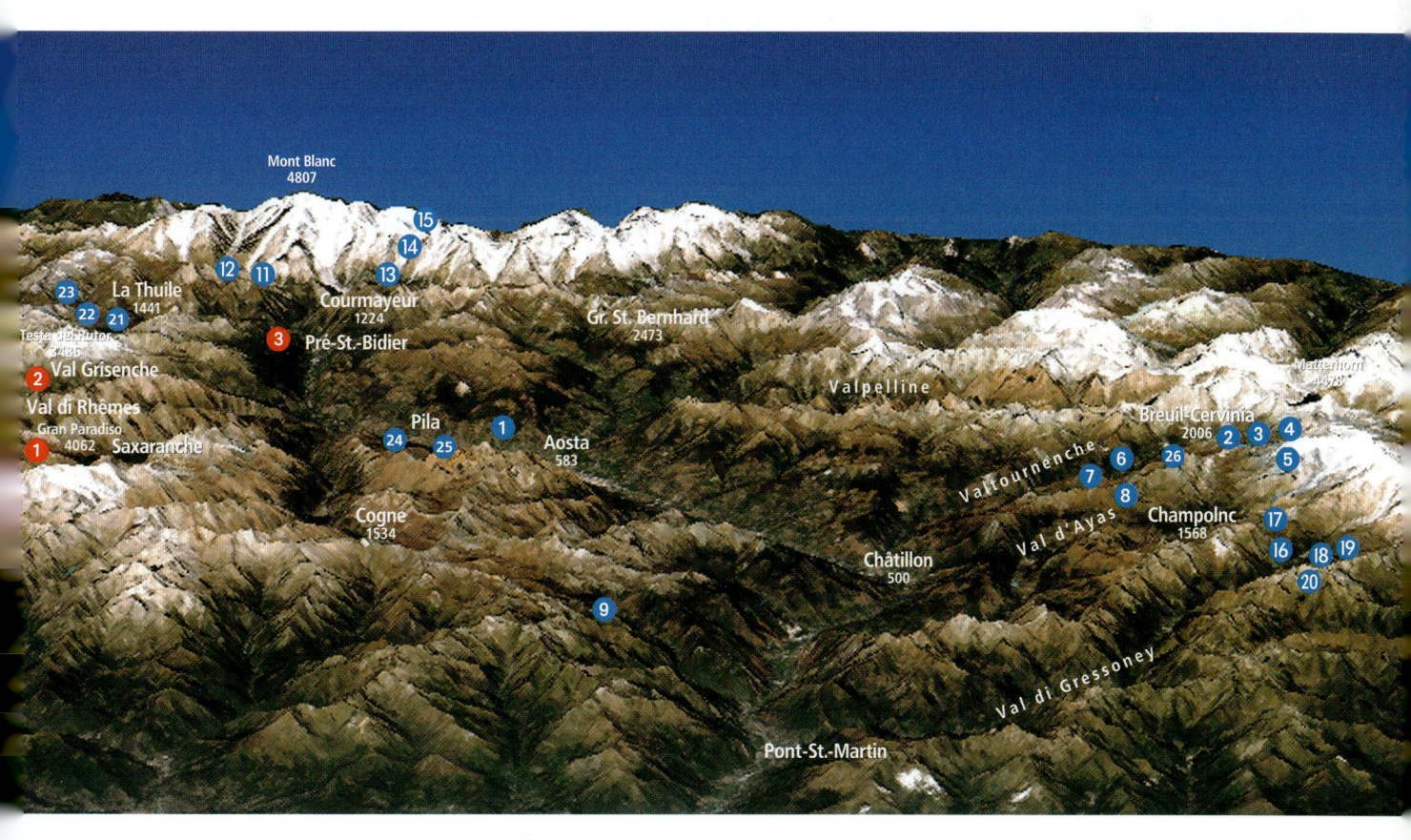

Das Schloss Fenis aus dem 13. Jh. ist die bedeutendste Burganlage im Aostatal.

Straßenatlas Siehe S. 799

MONTBLANC-GEBIET
HOCHSAVOYEN

Stolz blicken im Zentrum von Chamonix Jacques Balmat, einer der beiden Erstbesteiger des Montblanc, und Bénédict de Saussure, sein Auftraggeber, zum Gipfel.

ACTION & SPORT

WANDERN & BERGTOUREN

FUN & FAMILY

WELLNESS & GENUSS

ADAC – der perfekte Urlaubstag

- **9 Uhr:** mit der Zahnradbahn hinauf nach Montenvers ❺. Besichtigung des Alpengartens und der Eisgrotte am Mer de Glace
- **11 Uhr:** Wanderung von Montenvers über den Balcon Nord zur Mittelstation Plan de l'Aiguille der Midi-Seilbahn ❷, Talfahrt
- **15.30 Uhr:** Crêpe, Galette oder Eisbecher in einem Café in Chamonix, danach Besuch des Alpinen Museums oder Stadtbummel
- **17.30 Uhr:** mit der Seilbahn zur Flégère ❻ und kurze Wanderung zum Refuge du Lac Blanc am gleichnamigen See, Abendessen und Hüttenübernachtung in grandioser Umgebung

Die Magie des Weißen Berges

Das gesamte Montblanc-Massiv umfasst 7 Täler, 71 Gletscher und 400 Gipfel. Diese Fakten sind beeindruckend genug, sie reichen aber bei weitem nicht aus, um zu erklären, was den Mythos und die Faszination dieses Gebirgsmassivs mit dem höchsten Berg des westlichen Europa ausmacht.

Wer zum ersten Mal ins Tal von Chamonix kommt, der legt unwillkürlich den Kopf in den Nacken und staunt. Dabei spielt es überhaupt keine Rolle, ob man vom Genfer See über die Autobahn und die breit ausgebaute »Route Blanche« hinaufrollt ins Tal von Chamonix oder ob man von Martigny aus über den steilen Forclaz-Pass und den Col des Montets herabkommt. Das Ergebnis ist immer dasselbe: ein ergriffenes Staunen. Wie eingeklemmt wirkt das tiefe, lang gestreckte Tal zwischen der Zackenreihe der knapp 3000 m hohen Aiguilles Rouges auf der nördlichen Talseite und den noch gewaltigeren Wänden, Graten und Hängegletschern im Süden.

Sofort sucht der Blick den Horizont nach dem höchsten Punkt ab. Der liegt dezent im Hintergrund, man muss sich über die Stufen der Aiguille du Goûter, des Dôme du Goûter und des kamelhöckerigen Bosses-Grats hinaufarbeiten. Bei diesem Anblick versteht jeder, dass der Ort, die Geschichte des Tales und die seiner Bewohner seit Jahrhunderten von den Bergen des Massivs dominiert werden. Dass die engen, steilen Täler den Menschen einst nur eine sehr karge Lebensgrundlage bieten konnten, die Winter lang und hart waren, Lawinen und Steinschlag den Tod brachten. Dass aber auch dank der Schönheit dieser Berge der Tourismus entstand, der den dort lebenden Menschen schließlich Arbeit und eine hohe Lebensqualität brachte und für die Grundbesitzer oft sogar Reichtum bedeutete. Die Schattenseiten sind die ökologischen Probleme und die Angst vor dem Ausverkauf der Heimat, die man in anderen Regionen in diesem Ausmaß nicht kennt.

3800 Höhenmeter liegen zwischen dem Standort der berühmten Bronzestatue des Montblanc-Erstbesteigers Jacques Balmat und des Genfer Wissenschaftlers Horace Bénédicte de Saussure im quirligen Zentrum von Chamonix und der 4808 m hohen Eiskuppe des Montblanc. Das entspricht in etwa auch dem Höhenunterschied zwischen dem Basislager und dem Gipfel eines Achttausenders im

Action & Sport

MOUNTAINBIKE	KLETTERSTEIGE	RAFTING	CANYONING	REITEN
PARAGLIDING	DRACHENFLIEGEN	KLETTERGÄRTEN	TENNIS	WINDSURFEN
KAJAK/KANU	WASSERSKI	TAUCHEN	HOCHSEILGARTEN	GOLF

TOP TIPP Chamonix ist auch ein Dorado für **Kletterer** ❶. Unzählige Routen aller Schwierigkeitsgrade führen im festen, herrlich rauen Granitfels zu verschiedenen Gipfeln. Aufgrund der Höhenlage und des alpinen Geländes dürfen allerdings auch vermeintlich leichte Touren keinesfalls unterschätzt werden. Wer keinen Fehler machen will, sollte sich einem Bergführer anvertrauen. Außerdem gibt es in der Region sieben **Klettergärten** mit rund 180 Routen in allen Schwierigkeitsgraden. Ein beliebtes Gebiet mit vielen auch für Anfänger geeigneten Touren liegt bei Chamonix/Les Pélerins (1049 m) auf der nördlichen Seite des Tals. Infos und Kurse bei: Compagnie des Guides de Chamonix; Tel. 04 50 53 00 88; www.chamonix-guides.com

Mountainbiken	Planpraz, Argentière	Rund um Chamonix und Argentière gibt es Mountainbike-Touren für jeden Geschmack. Eine beliebte Downhill-Strecke führt von der Bergstation der Seilbahn nach Planpraz (1999 m) ❹ direkt hinunter ins Zentrum von Chamonix. Kurse und geführte Touren bei Evolution 2, Chamonix; Tel. 04 50 55 90 22
Paragliding	Les Ailes du Mont Blanc, Chamonix	Viele Seilbahnen als Aufstiegshilfe und eine üppige Anzahl von Start- und Landeplätzen: Die Region ist ein Paradies für Gleitschirmflieger. Kurse für Anfänger und Fortgeschrittene, Tandemflüge bei der von Weltmeisterin Sandie Cochepin gegründeten Flugschule Les Ailes du Mont Blanc; Tel. 04 50 53 96 72; www.lesailesdumontblanc.com
Canyoning/ Rafting/Kajak	L'Arve, diverse Canyons	Eher gemütlich im Kajak auf der Arve oder eher wild in vom Gletscherwasser gespeisten Schluchten: Auch zu Wasser ist die Montblanc-Region ein Erlebnis. Kurse, halb- und ganztägige Touren (auch für Kinder) bei Kailash Adventures Chamonix; Tel. 04 50 53 18 99
Reiten	Equitation en altitude, Argentière	Geführte Ausritte sowie Kurse und Reitstunden für Kinder und Erwachsene, auf Großpferden und Ponys; Equitation en altitude, Argentière; Tel. 04 50 54 04 76

Himalaja. Und wie dort ziehen mächtige, spaltenzerrissene Gletscherströme mit abbruchreifen Séracs über die Flanke des Montblanc ins Tal herab: der Taconnaz-Gletscher und sein Nachbar, der 8 km lange Bossons-Gletscher, der fast bis zum Weiler Bossons herabreicht und den man von dort zu Fuß oder per Sessellift-Unterstützung leicht aus der Nähe betrachten kann. Nicht minder beeindruckend ist talaufwärts der steile Abbruch des Argentière-Gletschers oberhalb des Dörfchens Argentière. Ein Spaziergang durch diesen Ort lohnt sich übrigens sehr, denn hier kann man in den engen Gässchen noch wunderschöne alte Bauernhäuser entdecken, von denen es im städtisch-modernen Cha-

3800 Höhenmeter liegen zwischen den Häusern von Chamonix und dem eisbedeckten Gipfel des Montblanc.

Restaurants

Hotel-Restaurants Albert Ier, Chamonix
Zwei erstklassige Restaurants fast unter einem Dach – für besondere Gelegenheiten: internationale Gourmetküche in gediegen-feinem Ambiente des Hameau Albert Ier; im edelrustikalen Ambiente der Ferme Albert Ier gleich daneben kitzeln raffiniert zubereitete savoyardische und internationale Spezialitäten den Gaumen; legendäre Desserts; Tel. 04 50 53 05 09

L'Impossible, Chamonix
Im authentischen Rahmen eines Bauernhauses von 1754 speist man im Restaurant des einst international bekannten Extremskifahrers Sylvain Saudan. Der gemütliche Raum mit dem riesigen Kamin, la Boerne, ist absolut sehenswert, hinzu kommt eine köstliche traditionelle Küche mit Pfiff; Tel. 04 50 53 20 36

Le Robinson, Chamonix
Das kleine, sehr gemütliche Restaurant mitten im Bois du Bouchet, im Wald hinter dem Langlaufzentrum, offeriert chamoniardische Spezialitäten wie Käsefondue, Reblochonnade und Raclette in diversen Variationen, aber auch weniger kalorienreiche Gerichte; Tel. 04 50 53 45 87

Le Dahu, Argentière
Im Restaurant direkt an der Hauptstraße Charlet-Straton gibt's eine »Brasserade«: Auf einem kleinen Holzkohlengrill grillt und würzt man die Fleischstreifen selbst am Tisch. Dazu Würzkräuter, diverse Soßen, Pellkartoffeln, Salat. Auf der Karte stehen aber auch Klassiker wie Schnecken und Froschschenkel; Tel. 04 50 54 01 55

La Crèmerie du Glacier d'Argentière
Die urige Hütte liegt rechts oberhalb der Talstation der Seilbahn Les Grands Montets ❶ im Wald. Die »Croûtes« (lokale Spezialität mit Käse überbacken) von Claudy Ravanel sind legendär, alle Spezialitäten hausgemacht. Hier bekommt man auch eine Grolla als Digestif und zum Abschluss des Abends; Tel. 04 50 54 07 52

La Ferme des 3 Ours, Vallorcine
Sehr empfehlenswertes Restaurant für Familien mit kleinen Kindern – gute Küche, Möglichkeit zum Spielen und kindgerechte Infos über Käse, Alpen etc.; direkt an der Straße Richtung Martigny; Tel. 04 50 54 63 06

MONTBLANC-GEBIET

Wandern & Bergtouren

TOP TIPP
Einmal rund um den höchsten Berg der Alpen herum – drei Länder, elf Pässe, 9000 Höhenmeter im Aufstieg und täglich Staunen von früh bis spät über die Vielfalt und Schönheit dieses Massivs, elf Tage lang: Das sind die Trümpfe der **Tour du Montblanc** ❷, die technisch leicht ist, aber eine gute Orientierung sowie Trittsicherheit voraussetzt. Route: Les Houches (1008 m) – Col de Tricot (2120 m) – Les Contamines-Montjoie (1164 m) – Col du Bonhomme (2329 m) – Col de la Croix du Bonhomme (2483 m) – Col des Fours (2976 m) – Col de la Seigne (2516 m) – Col Chécroui (1956 m) – Courmayeur (1224 m) – Col Sapin (2436 m) – Lavachey (1642 m) – La Fouly (1600 m) – Val d'Arpette – Tré-Le-Champ (1417 m) – Lac Blanc (2352 m) – les Houches. Bester Führer (nur in Englisch oder Französisch erhältlich): Tour du Mont Blanc, GR TMB, Nr. 028, Herausg. Fédérat. Franc. de la Randonnée Pédestre, Topo-Guides des sentiers, Paris, ISBN 2856995136

Le Grand Balcon Sud Leichter Höhenweg mit grandiosem Panoramablick auf den Montblanc	Ausgangspunkt: Chamonix/Bergstation La Flégère (1877 m) ❻; Planpraz – Brévent (2526 m) – Bellachat (2151 m) – Merlet (1562 m) – Les Houches (1008 m). Rückfahrt mit Bahn nach Chamonix; Zeit: ca. 7 Std.; Einkehr: in Chamonix, Les Houches, Chalet Planpraz, La Flégère
Lacs de Chéserys und Lac Blanc (2352 m) Leichte Wanderung mit kurzer, klettersteigähnlicher Passage	Ausgangspunkt: Tré-Le-Champ (1417 m, zwischen Argentière und Vallorcine); Aiguillette d'Argentière (1893 m) – kurze Klettersteigpassage, weiter zum Lac des Chéserys (2211 m) – schöner Steig zum Chalet du Lac Blanc; Übernachtung oder Abstieg in ca. 20 Min. zur Bergstation La Flégère ❻; die Wanderung führt an idyllischen Aussichtspunkten vorbei; Zeit: ca. 6 Std.; Einkehr: Chalet du Lac Blanc, La Flégère Tipp: Wer den Sonnenauf- und -untergang fotografieren will, der sollte eine Übernachtung im Chalet du Lac Blanc (2352 m) einplanen. Abends ist es dort ruhig.
Le Balcon Nord Leichter Höhenweg unter den riesigen Felswänden der Aiguilles	Ausgangspunkt: Plan de l'Aiguille (2310 m, Mittelstation der Seilbahn zur Aiguille du Midi) ❷; auf markiertem Weg in einer langen Querung unter den berühmten Felswänden der Aiguilles de Chamonix entlang bis zur Station der Zahnradbahn Montenvers (1913 m) ❺; mit der Bahn zurück nach Chamonix; ideale Familienwanderung zum Eismeer, zur Eisgrotte und der Zahnradbahn; Zeit: ca. 4 Std.; Einkehr: Chalet du Plan de l'Aiguille, Montenvers
Montblanc (4808 m) Lange, anspruchsvolle Hochtour durch gefährliche Gletscher, nur für erfahrene Alpinisten oder mit Bergführer	Ausgangspunkt: Plan de l'Aiguille (2310 m, Mittelstation der Seilbahn zur Aiguille du Midi) ❷; Refuge des Grands Mulets (3051 m, Übernachtung) – Petit Plateau (3600 m) – über Grandes Montées zum Grand Plateau – Refuge Vallot (4362 m) – Montblanc; Abstieg wie Aufstieg; Zeit: 2 Tage; Einkehr: Refuge des Grands Mulets; Infos über Zustand der Route und geführte Touren: Compagnie des Guides de Chamonix; Tel. 04 50 53 00 88; www.chamonix-guides.com

Hütten

Le Chalet Cascade du Dard (1233 m)
An der Cascade du Dard, einem Wasserfall im Wald unterhalb vom Eingang des Montblanc-Tunnels, liegt ein kleines bewirtschaftetes Chalet, das in ca. 50 Min. zu Fuß aus dem Tal oder in knapp 10 Min. von der Straße zum Tunnel (Parkplatz) erreicht wird. Das Chalet ist täglich geöffnet, am Dienstag auch abends. Da servieren Raffaella und ihr Team in gemütlich-rustikaler Atmosphäre echte chamoniardische Spezialitäten. Unbedingt Platz reservieren! Tel. 06 30 87 95 89

Refuge des Grands Mulets (3051 m)
Die Hütte liegt auf einem Felssporn inmitten des Glacier des Bossons und ist neben der Gouter-Hütte (3817 m) der wichtigste Ausgangspunkt für Touren auf den Montblanc. Dementsprechend sind die 68 Übernachtungsplätze häufig allesamt besetzt. Von der Mittelstation der Seilbahn auf die Aiguille du Midi ca. 3–4 Std.; Achtung: Zustieg über Gletscher nur mit entsprechender Erfahrung und Ausrüstung oder mit Bergführer! Tel. 04 50 53 16 98

Refuge du Couvercle (2687 m)
Diese berühmte Hütte liegt zwar nicht unter einer riesigen Steinplatte wie die alte, aber gleich daneben, in bester Lage unter der Südwand der Aiguille Du Moine (3412 m). Der Blick auf die Berge um den Talèfre-Gletscherkessel, darunter Aiguille Verte (4122 m) oder Petite Jorasses (3649 m), sowie auf die Nordwand der Grandes Jorasses (4208 m) ist vor allem abends unbeschreiblich. Die Hütte ist nicht leicht zu erreichen (ca. 4 Std., zuerst über Gletscher, dann über einen Klettersteig von der Bergstation der Montenvers-Bahn ❺ aus), daher sollte man am besten eine Hüttenübernachtung einplanen. Man verbringt den Abend zwischen Kletterern und Bergsteigern, das nette Hüttenteam sorgt für gute Kost und eine angenehme Atmosphäre. Der hochalpine Zustieg erfordert Gletscherausrüstung (vor allem Steigeisen), Erfahrung, Trittsicherheit und Schwindelfreiheit; Tel. 04 50 53 16 94

Tiefblick auf das Mer de Glace bei Montenvers

monix, in dessen Zentrum früher zudem zwei verheerende Großbrände wüteten, kaum noch welche gibt.

Anziehende Bergwelt

Doch der berühmte Blick aus Chamonix hinauf zum Montblanc ermöglicht nur einen ersten, sogar eher sanften Einblick in jene schrecklich-schöne Welt der »Naturwunder« dieses Massivs. Sie lockten seit dem Besuch der beiden ersten »Touristen« im Jahr 1741, den Engländern William Windham und Richard Pococke, vor allem aber seit der Erstbesteigung des Montblanc (1786 durch die beiden Chamoniarden Jacques Balmat und den Arzt Dr. Michel Paccard) Besucher aus der ganzen Welt hierher – zuerst die bergsteigenden Wissenschaftler, dann die sportlich ambitionierten Gipfel-Eroberer und Erstbesteiger meist britischer Herkunft. Ab dem späten 18. Jh. kamen schließlich die Bildungsreisenden, darunter berühmte Schriftsteller, Musiker und Künstler, die auf ihrer »Grand Tour des Alpes« bei den legendären Wundern der Natur Inspiration suchten und oft auch fanden.

Und dann ziehen die Naturwunder natürlich bis heute alle Bergsteiger und Bergwanderer an. Der

Kirche und Friedhof von Argentière mit dem Montblanc

weiße Berg, die Eistürme in den Gletscherbrüchen, die riesigen Gesteinswüsten, diese wilde, menschenfeindliche Naturlandschaft war in der Vergangenheit und ist auch in der Gegenwart ein attraktives Motiv für Künstler aller Art, für Maler, Bildhauer, Autoren, Poeten, Fotografen und Filmer. Viel wichtiger ist jedoch die Rolle, die dieser etwa 30 km lange und halb so breite Gebirgsstock im Dreiländereck von Frankreich, Italien und der Schweiz in der Geschichte des Alpinismus spielt. Jede Wand, jeder Grat und jeder Gipfel ist ein Teil davon und besitzt eigene Geschichte und Geschichten, geprägt vom Glück der Erfolgreichen, aber auch von der Tragik der Gescheiterten und Verunglückten.

Das Massiv bietet schier unendlich viele attraktive Ziele für kurze oder lange Wanderungen, von fast bukolisch anmutenden blumengeschmückten Chalets an tosenden Wasserfällen über die Bergsteiger-Hütte mit grandiosem Panorama am türkis schillernden Lac Blanc bis hin zu den berühmten Aussichtspunkten mit Blick in die furchterregendsten Wände. Im Montblanc-Massiv muss man häufig den Standort und damit die Perspektive wechseln, um einen gebührenden Eindruck dieser vielfältigen Landschaft zu bekommen. Selbst der von der französischen Seite so verführerisch glänzende runde und eher gutmütig aussehende Montblanc zeigt auf der italienischen Seite von Entrèves, aus dem Val Veni oder aus dem Aostatal ein völlig anderes Gesicht mit den düsteren, eisgepanzerten Wandfluchten der Brenva-Flanke, den gewaltigen Felspfeilern und Hängegletschern oder den unzähligen Zacken des Peuterey-Grates.

Blick von La Flégère: der Felszahn der Dru und der Eisgipfel der Aiguille Verte

EVENTS

- **Juni:** Montblanc-Marathon/Cross du Montblanc: Der »echte« Montblanc-Marathon ist zweifellos etwas für Könner: Nicht nur 42,195 km sind – in herrlicher alpiner Umgebung – zu bewältigen, sondern auch noch über 2200 Höhenmeter. Trotzdem ist das Marathon-Wochenende ein Lauftreff für alle: Man kann auch am »Cross du Montblanc«, einem Halbmarathon (mit 1300 Höhenmetern), teilnehmen oder am Cross découverte über 12 km. Sogar für Kinder gibt es Strecken von 2 bis 5 km Länge; Tel. 04 50 53 11 57; www.montblancmarathon.net

- **14. Juli:** Nationalfeiertag mit Ball und Feuerwerk

- **Juli/August:** Les Semaines Musicales du Mont-Blanc: Veranstaltungsreihe mit Konzerten hochkarätiger internationaler Künstler, Orchester und Interpreten. Informationen beim Office de Tourisme Chamonix; Tel. 04 50 53 00 24

- **August:** Fête des Guides: Das jährliche Bergführerfest mit Segnung der Pickel und Seile vor der Kirche, tags zuvor Kletter- und Akrobatik-Vorführungen, abends Ton- und Lichtspektakel, Rockkonzert. Informationen beim Office de Tourisme Chamonix; Tel. 04 50 53 00 24

La grotte de glace
Seit über 50 Jahren wird sie Jahr für Jahr neu geschaffen: die Eisgrotte bei der Station Montenvers ❺ am gewaltigen Gletscher des Mer de Glace. Die Grotte erscheint wie ein komplett mit Tischen und Stühlen eingerichteter Raum, nur dass diese Tische und Stühle aus Eis geformt sind. Nicht aus Eis, dafür in historischer Bekleidung, sind lediglich die lebensgroßen Puppen, die an den eisigen Möbeln sitzen. Der Eintritt in die Grotte ist im Preis der Fahrt von Chamonix nach Montenvers enthalten.

MONTBLANC-GEBIET

Adressen & Bergbahnen
Landesvorwahl 00 33

Argentière (1252 m)	Office de Tourisme Argentière; Tel. 04 50 54 02 14; E-Mail: accueil@argentiere.com; www.ville-argentiere.fr	
Chamonix Mont-Blanc (1035 m)	Office de Tourisme Chamonix; Tel 04 50 53 00 24; E-Mail: info@chamonix.com; www.chamonix.com	
Les Houches (1008 m)	Office de Tourisme; Tel. 04 50 55 50 62; E-Mail: info@leshouches.com; www.leshouches.com	
Vallorcine (1260 m)	Office de Tourisme Vallorcine; Tel. 04 50 54 60 71; E-Mail: vallorcine@wanadoo.fr; www.vallorcine.com	
Weitere Orte	Les Praz de Chamonix • Les Tines • Le Lavancher • Les Chosalets • Le Couteray • Le Tour	
Entfernungen	Hamburg 1077 km; Berlin 1131 km; Köln 759 km; Frankfurt a. M. 592 km; Stuttgart 507 km; München 603 km	

1. Argentière Les Grands Montets Berg/Tal 23 €
2. Chamonix Plan de l'Aiguille/ Aiguille du Midi • Berg/Tal 34 €
3. Chamonix/Aiguille du Midi Ponte Helbronner (Nähe Turiner Hütte) • Berg/Tal 18 €
4. Chamonix Gares de Planpraz/ Brévent Berg/Tal 15,50 €
5. Chamonix Montenvers • Berg/Tal 21 €
6. Chamonix La Flégère/Index Berg/Tal 15,50 €
7. Les Houches Bellevue • Berg/Tal 11,90 €
8. Les Houches Les Bossons • Berg/Tal 8 €
9. Le Tour Col de Balme • Berg/Tal 13 €

Siehe auch Preisteil S. 652

Naturschutzgebiet Aiguilles Rouges

Auf dem Weg nach Chamonix lohnt sich ein kurzer Zwischenstopp auf der Passhöhe des Col des Montets (1461 m). Hier beginnt das Naturschutzgebiet Aiguilles Rouges, in dem sich alpine Flora und Fauna weitgehend unbeeinflusst vom Menschen entwickeln dürfen. Der Eintritt in das interessante Info-Chalet ist frei, genauso wie das Begehen des informativen Entdeckungspfads.

Musée Alpin

Im Herzen von Chamonix ist das interessante Alpinmuseum untergebracht. Gezeigt werden Ausrüstungsgegenstände und Dokumente aus der Zeit der Erstbegehungen in den Alpen. Anschaulich wird den Besuchern die spannende Geschichte des Alpinismus präsentiert, insbesondere natürlich die Erschließungsgeschichte des Montblanc und der Berge rund um Chamonix; Tel. 04 50 53 25 93

Gletscherwanderung

Für Nichtbergsteiger ist es sicher ein einzigartiges Erlebnis, an einer geführten Gletscherwanderung teilzunehmen. Am beeindruckendsten ist die in der Hauptsaison fast täglich angebotene Tour von der Gipfelstation der Aiguille du Midi ❷ über den schmalen Grat (Trittsicherheit und Schwindelfreiheit nötig!) hinab ins riesige Gletscherbecken des oberen Vallée Blanche und des Géant-Gletschers mit Aufstieg in Richtung Turiner Hütte zur Ponte Helbronner. Von dort per Seilbahn ❸ zurück zur Aiguille du Midi und nach Chamonix. Pickel, Steigeisen sowie Gurt und bei Bedarf auch steigeisenfeste Schuhe kann man leihen. Infos bei der Compagnie des Guides de Chamonix Mont Blanc; Tel. 04 50 53 00 88; www.chamonix-guides.com

---

Erkunden lässt sich die Gegend auf den insgesamt 350 km langen Wanderwegen sowie auf den Mountainbike-Trails, die bis fast hinauf zu den eisigen Höhen führen. Und dann gibt es natürlich auch das weglose Abenteuerterrain aus Eis und Urgestein im obersten Stockwerk des Massivs. Hier oben offenbart sich eine völlig andere Welt. Für all diejenigen, die sich nicht am Seil eines Experten mitten hineinwagen ins eisige Herz des Massivs, ermöglicht es die moderne Technik, bis auf 3800 m Höhe vorzudringen, ohne dabei auch nur ein einziges Schweißtröpfchen zu vergießen: Die 1955 fertig gestellte Seilbahn auf die Aiguille du Midi war damals eine technische Meisterleistung und weltweit eine Sensation. Sie ist völlig zu Recht noch immer eine der von Menschenhand kreierten Hauptattraktionen des Tales. Die Fahrt hinauf ist zwar nicht gerade billig, aber ein Muss; 500 000 Besucher unternehmen sie jährlich. Oben steht man bei gutem Wetter im gleißenden Licht und schnuppert die kühle »dünne Luft« in knapp 4000 m Höhe, schaut vom Verbindungssteg hinab in die gruselige Tiefe eines Eiscouloirs zwischen den Felsen, genießt vom Tunnelausgang den Rundblick über das gewaltige Gletscherbecken und in die berüchtigten Nordwände. Hier kann man von der Südterrasse aus sogar die eine oder andere Seilschaft beobachten, die über den Cosmiques-Grat heraufklettert und zuletzt in voller Montur mit Gurt, Seil, Pickel und Steigeisen direkt neben einem auf der Terrasse steht. Sportliche Nichtbergsteiger können von hier aus an einer vom Bergführerbüro angebotenen Gletscherwanderung zum Rifugio Torino auf der gegenüberliegenden italienischen Seite des riesigen Gletscherbeckens teilnehmen, die Ausrüstung dazu kann man sich ausleihen. Dieses Erlebnis ist für einen Nichtbergsteiger kaum zu beschreiben, man sollte es unbedingt einfach mal wagen und auf sich wirken lassen.

Kühnes Bauwerk: die Bergstation auf dem Gipfel des Aiguille du Midi

Über den Peuterey-Grat führt eine fantastische, anspruchsvolle Route zum Gipfel des Montblanc.

Im Montblanc-Massiv führen aber viele verschiedene Wege zum individuellen Glück. Auch für Hobby-Botaniker und -Geologen, Canyoning- und Raftingfans, Drachen- oder Gleitschirmflieger ist bestens gesorgt: mit entsprechendem Kurs- und Tourenangebot, eingerichteten Startplätzen, Tandemflügen und Ausbildungskursen für jedes Niveau. Und wer sich elf Tage Zeit nehmen kann, der wird auf der »Tour du Montblanc«, dem großen Wander-Klassiker rund um das Massiv durch Frankreich, die Schweiz und Italien, am besten erfassen können, wie viele Facetten diese Region besitzt.

All den Touristen, die Chamonix und das Montblanc-Massiv an einem Tag oder an zweien abhaken wollen, entgeht sehr viel. Je mehr Zeit zur Verfügung steht, um dem Mythos des Montblanc und des Massivs auf die Spur zu kommen, desto vielschichtiger, spektakulärer und interessanter werden die Eindrücke und die Ausblicke sein. Genau das ist der Grund, warum so viele Touristen und Bergsteiger nach ihrem ersten Besuch immer wieder zurückkehren. Es ist wie Magie – man sehnt sich nach immer neuen Perspektiven und Erlebnissen, die unter die Haut gehen.

Hotelempfehlungen

Argentière S. 751
Avoriaz S. 751
Chamonix Mont-Blanc S. 751
Châtel S. 751
Combloux S. 751
Flaine S. 751
La Clusaz S. 752
Les Gets S. 752
Megève S. 752
Morzine S. 753
Samoëns S. 753

Wanderkarten

IGN Topographische Karte, Blatt 3630 OT Chamonix; 1:25000
IGN Wander- und Skitourenkarte, Blatt 8 Montblanc, Beaufortain; 1:50000

Straßenatlas Siehe S. 799

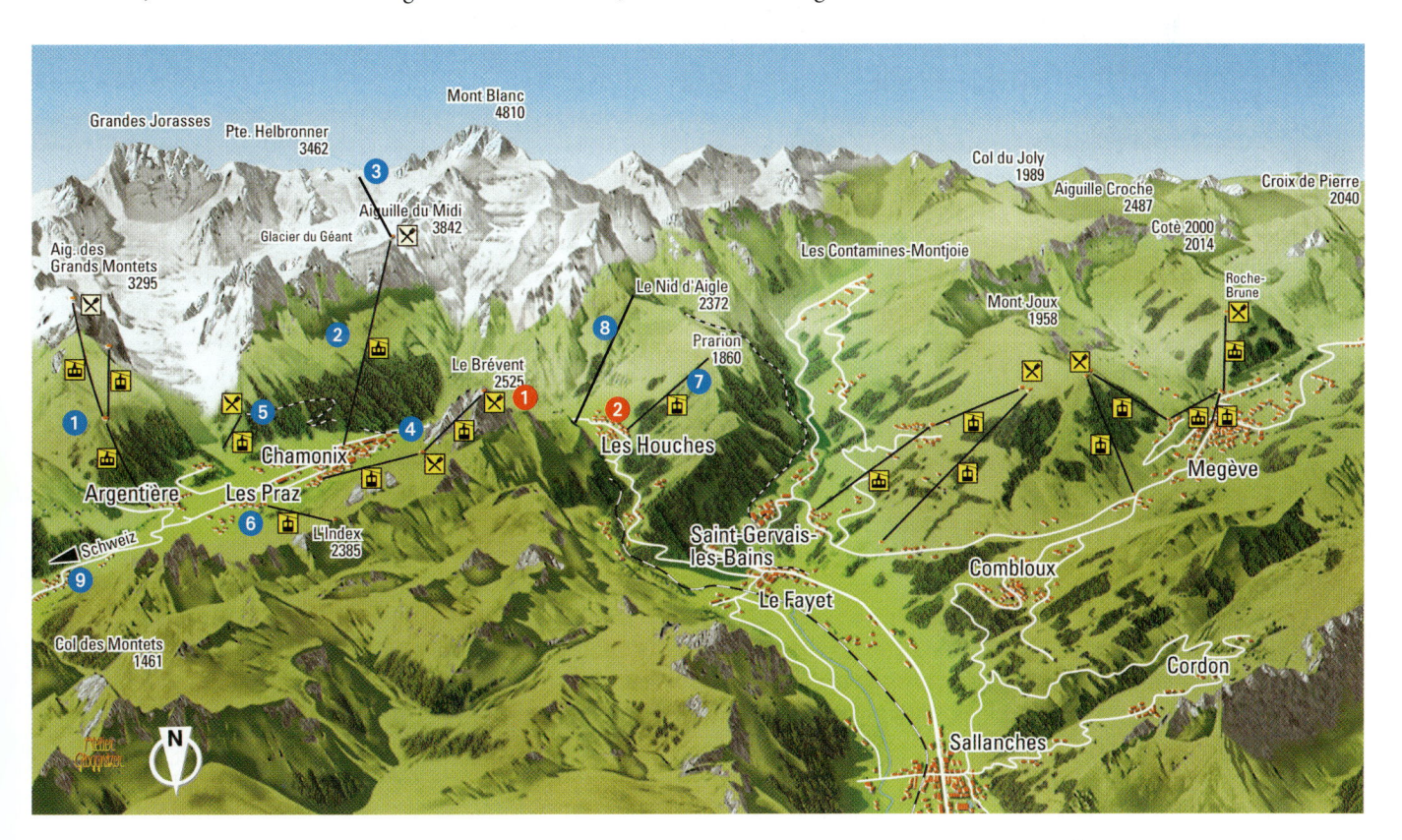

Val d'Isère mit Tarentaise
Savoyen – Vanoise-Nationalpark

Im Winter ein Skiparadies und im Sommer Tummelplatz für Sportler: der Talkessel von Val d'Isère; im Hintergrund Grande Motte (l.) und Mont Pourri (r.)

ACTION & SPORT

WANDERN & BERGTOUREN

FUN & FAMILY

WELLNESS & GENUSS

Touristische Rundumversorgung im Skiparadies

Méribel, Courchevel, Tignes oder Val d'Isère – klingende Namen bei allen Freunden des Wintersports. Die dortige Infrastruktur für Skifahrer gehört zu den besten, die man in den Alpen finden kann. Im Sommer wird sie genutzt, um den Urlaubern ein riesiges, perfekt durchorganisiertes Fun- und Action-Programm anzubieten. Erwandern lässt sich die großartige Landschaft aber auch auf eigene Faust.

Wenn man nicht das Hintertürchen über das Aostatal und den Kleinen St. Bernhard nimmt, dann ist Albertville die Pforte, die hineinführt in die Tarentaise. Weltweit bekannt wurde die Kleinstadt als Austragungsort der Olympischen Winterspiele 1992. Für den Urlauber jedoch ist es eher das mittelalterliche Erbe, das hier sehenswert ist. Die wichtige Römerstraße nach Mailand führte durch Conflans, einen Ortsteil von Albertville, der etwas oberhalb am Hang liegt. Seit 1930 kümmert sich ein lokaler Verein darum, die historische Substanz zu erhalten – mit Erfolg, wie man beim Spaziergang durch die malerischen Gässchen des heute verkehrsfreien Ortes erleben kann.

Südlich von Albertville, bei Moûtiers, muss man sich entscheiden, welchen Teil der Region man als Erstes besuchen will. Die eigentliche Tarentaise knickt nach Nordosten ab und präsentiert sich in diesem Abschnitt als weite Hanglandschaft mit Wiesen und Wäldern. Südlich von Moûtiers öffnen sich die Trois Vallées, im Winter mit 500 km Pisten und über 200 Liften ein Paradies für alle Skifahrer. Im Sommer jedoch sind die Liftanlagen und Bettenburgen in den drei Tälern des Doron de Belleville, des Doron des Allues und der Rosière weniger attraktiv und wirken teilweise wie ausgestorben. Viel spannender ist es da, dem Dorontal bis nach Pralognan-la-Vanoise zu folgen, einem der Tore

Trekking auf vier Beinen: Ausritt mit Gletscherblick

ADAC der perfekte Urlaubstag

- **9 Uhr:** Fahrt nach Pralognan-la-Vanoise, mit der Bergbahn ❸ auf den Mont Bochor und leichte Wanderung Richtung Col de la Vanoise bis zum Lac Long (2364 m)
- **13 Uhr:** Mittagessen am idyllischen Lac Long in der Refuge de Plan du Lac (2364 m), Abstieg zurück nach Pralognan-la-Vanoise
- **17 Uhr:** Stadtbummel durch das historische Städtchen Bourg-St-Maurice
- **19 Uhr:** Fondue-Savoyarde-Essen in einem der Restaurants von Bourg-St-Maurice

Wandern & Bergtouren

TOP TIPP Der anspruchsvolle Klassiker unter den Mehrtagestouren im »Parc national de la Vanoise« ist die **»Tour des Glaciers de la Vanoise«** ❶. In sechs Tagen wird das große Gletscherfeld des Glacier de la Vanoise umwandert. Startpunkt ist Aussois (1500 m). Von dort steigt man über die Plan d'Amont zur Refuge de l'Arpont (2309 m) hinauf. Am zweiten Tag geht es hoch über dem Talboden unterhalb der eindrucksvollen Hängegletscher Richtung Refuge du Col de la Vanoise (Félix Faure) (2516 m). Am dritten Tag kommt eine kürzere Etappe hinüber in die Refuge de la Valette (2590 m). Am vierten Tag geht es zur Refuge de Péclet-Polset (2470 m). Am fünften Tag kehrt der Weg über den Col de Chavière (2798 m) wieder zurück ins Maurienne zur Refuge de l'Orgère (1950 m) und nach Aussois. Nur erfahrene Wanderer können die Tour auf eigene Faust wagen, alle anderen sollten einen Bergführer nehmen. Infos beim Bergführerbüro; Tel. 04 79 06 06 60

Le Col de la Vanoise (2517 m) Anspruchsvolle Wanderung in felsigem Gelände	Ausgangspunkt: Parkplatz »Les Fontanettes« bei Pralognan (1644 m); Lac des Vaches – Refuge du Col de la Vanoise – Col de la Vanoise (2517 m) – Lac des Assiettes – Col du Grand Marchet (2490 m) – Refuge la Valette (2590 m) – Abstieg zur Refuge le Repoju (1590 m) – Pralognan-la-Vanoise; Aufstieg bis Col de la Vanoise problemlos, Weg über den Col du Grand Marchet erfordert Trittsicherheit und gutes Wetter; Zeit: ca. 7 Std.; Einkehr: Les Fontanettes, Refuge du Col de la Vanoise, Refuge la Valette, Refuge le Repoju
La Vallon du Saut Abwechslungsreiche Wanderung in mehreren Höhenlagen	Ausgangspunkt: Méribel Mottaret (1681 m); Refuge du Saut (2122 m) – Glacier de Gébroulaz – Col du Soufre (2819 m); Abstieg wie Aufstieg; wenig exponierte Wanderung, die aber eine gute Kondition erfordert; nur bei guter Witterung; Zeit: ca. 8 Std.; Einkehr: Méribel Mottaret, Refuge du Saut
Le Balcon du Carro (2476 m) Leichte, aber recht lange Tour auf einem herrlichen Aussichtsbalkon	Ausgangspunkt: Parkplatz bei L'Ouglietta an der Südrampe des Col d'Iseran (2470 m); Plan des Eaux – Lac du Pys (2563 m) – Refuge du Carro (2763 m); Abstieg wie Aufstieg; leichte Wanderung mit wenigen Höhenmetern; Zeit: ca. 8 Std.; Einkehr: Refuge du Carro
Le Vallon de la Rocheure Weite, aber technisch leichte Wanderung	Ausgangspunkt: Parkplatz de Bellecombe (2307 m); Refuge de Plan du Lac (2364 m) – Chapelle St-Jacques – Refuge La Femma (2359 m); Zeit: ca. 5 Std.; Einkehr: Refuge de Plan du Lac, Refuge La Femma

Hütten

Refuge La Femma (2359 m)
Im Vallon de la Rocheure; schöner Zustieg von Termignon/Parkplatz Bellecombe (2307 m) in ca. 3 Std.; Tel. 04 79 05 45 40

Refuge Le Carro du CAF (2763 m)
Nette Hütte am Ende des Tal des Arc hinter Bonneval-sur-Arc in der Nähe des Col de l'Iseran; Zustieg von l'Ecot (2027 m) in ca. 2,5 Std.; Tel. 04 79 05 95 79

Refuge Col de la Vanoise
(Félix Faure) (2516 m)
Große, schön gelegene Hütte am Lac des Assiettes östlich oberhalb von Pralognan-la-Vanoise; Zustieg von Pralognan-la-Vanoise in ca. 3 Std.; Tel. 04 79 08 25 23

Refuge du Roc de la Pèche (1450 m)
In ein Restaurant verwandelte Berghütte mit ausgezeichneter lokaler Küche und einem Wellness-Bereich mit Sauna und Hamam-Bad; von Pralognan-la-Vanoise in ca. 10 Min. zu Fuß zu erreichen; Tel. 04 79 08 79 75

zum Vanoise-Nationalpark. Der wurde 1963 als erster französischer Nationalpark gegründet. Er erstreckt sich über 528 km^2 und reicht von 1280 m bis auf eine Höhe von 3852 m (Pointe de la Grande Casse). Entsprechend vielfältig und abwechslungsreich ist die Pflanzen- und Tierwelt. Dem Wanderer stehen im Nationalpark 500 km markierte Wege zur Verfügung, auf denen man die Höhenzüge tagelang durchstreifen könnte. Wer bei einem Tagesausflug einen ersten Eindruck von dem Gebiet gewinnen will, der kann von Pralognan-la-Vanoise aus zur Refuge Félix Faure am Col de la Vanoise wandern. Der Weg führt vorbei an kleinen Bergseen; immer wieder öffnen sich Ausblicke auf den mächtigen Gletscher der Grande Casse.

Bauernland und Skiressorts

Doch die Region hat durchaus auch Gegensätzliches zu bieten. Denn weit weg von den Gletscherriesen scheint man zu sein, wenn man von Moûtiers aus nicht nach Süden in die Trois Vallées fährt, sondern die bäuerlich geprägte Tarentaise als nächste Station wählt. Auch hier stehen weit oben an den Hängen die aus dem Boden gestampften Skiressorts. Weiter unten jedoch befinden sich alte Bauerndörfer, die zum Glück verschont blieben, da sich die Tourismus-Industrie weit außerhalb der Siedlungen etabliert hat. Hier sind Kirchen von gro-

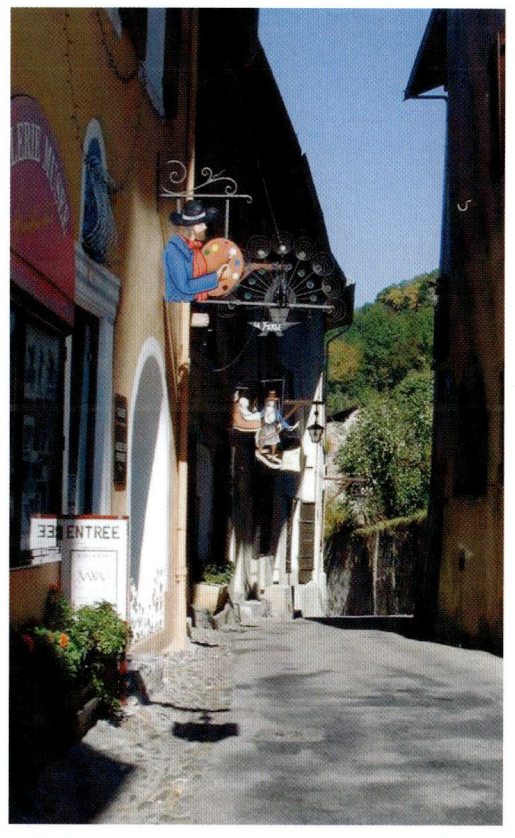

Fantasievoll: Die Gasse in Conflans versprüht französischen Charme.

🇫🇷 VAL D'ISÈRE MIT TARENTAISE

Eines von vielen sehenswerten Bauwerken: Barockkirche bei Les Arcs

ßer Schönheit zu besichtigen, z. B. St. Martin in Aime, ein edles frühromanisches Bauwerk, das durch seine stilistische Einheitlichkeit besticht. Andere Kirchen erstrahlen in prächtigem Barockstil, denn im 17. Jh. ließ man es sich in Savoyen einiges kosten, gegen die Bewegung der protestantischen Calvinisten vorzugehen. Der so genannte Barockweg leitet Wanderer zu den Zeugnissen dieser Zeit.

Am Fuße des Kleinen St. Bernhard, über den man die Tarentaise von Italien aus erreicht, liegt Bourg-St-Maurice. Der kleine Ort versprüht französischen Charme, sein Ortskern lädt zum Bummeln ein. Hier befindet sich auch das Zentrum der Beaufort-Produktion. Der Beaufort ist ein Hartkäse, der sich sowohl zum Rohverzehr als auch für die Verwendung in der Küche bestens eignet. Nach Bourg-St-Maurice wendet sich die Tarentaise allmählich nach Süden, der Charakter der Landschaft verändert sich. Das bewaldete Tal wird enger, die Straße kurviger und steiler, bis man abrupt vor den Felsbastionen der Grande Motte im Westen und der Grande Aiguille Rousse im Osten steht.

Einsame Gipfel sind hier allerdings eher rar, denn auf den Höhen befindet sich rund um Tignes und Val d'Isère die nächste grandiose Ski-Arena. Auch wenn der Winter hier die bedeutendere Jahreszeit ist: Ein Besuch dieser Gegend kann sich auch im Sommer lohnen, vor allem für Urlauber, die ein touristisches Animationsprogramm vom Feinsten

EVENTS

- Juli: Bergrennen »Le Tour des Glaciers de Vanoise« (Pralognan-la-Vanoise): Rennen zwischen 1410 und 3000 m ü. d. M.; www.pralognan.com
- Bergfilmfestival (Val d'Isère): Beim »Val d'Isère Grandeur Nature« dreht sich alles um Filme, in denen Natur und Umwelt im Vordergrund stehen; www.valdisere.com
- August: Folkloristisches Älpler- und Bergführerfest (Pralognan-la-Vanoise); www.pralognan.com

Restaurants

Etable d'Alain
Käsespeisen in bäuerlichem Ambiente in Val d'Isère – Produkte aus eigener Bio-Produktion; mittlere Preislage; Tel. 04 79 06 13 02

Action & Sport ✳✳✳✳

MOUNTAINBIKE	KLETTERSTEIGE	RAFTING	CANYONING	REITEN
PARAGLIDING	DRACHENFLIEGEN	KLETTERGÄRTEN	TENNIS	WINDSURFEN
KAJAK/KANU	WASSERSKI	TAUCHEN	HOCHSEILGÄRTEN	GOLF

TOP TIPP: Der 24 km lange Flusslauf der Isère ist zwischen Bourg-St-Maurice und Centron den ganzen Sommer über mit **Raftingbooten** ② befahrbar. Nur wer den Sport wirklich beherrscht und über das notwendige Equipment verfügt, darf sich auf eigene Verantwortung auf den Fluss begeben. Die Betreiber der weiter oben im Tal gelegenen Stauseen warnen ausdrücklich vor dem plötzlichen Ansteigen der Pegel. Unterwegs sind mehrere rassige Schnellen in wilden Schluchten zu bewältigen. Wer bei einer der Touren der professionellen Anbieter dabei sein möchte, muss über 14 Jahre alt sein und schwimmen können. Infos und Touren bei Arc Aventures; Tel. 04 79 07 44 64; www.arc-aventures.com

Funsport	Tignes	Direkt am Lac de Tignes haben Fans von sommerlichen Aktivitäten am Wasser die Auswahl zwischen Basketball, Beachvolleyball, Fußball, Tennis – und Sonnenbaden. Aber auch Inlineskater und Skateboarder kommen auf ihre Kosten – im Skatepark mit Quaterpipe, Curbs, Handrails und Tables; Info zu beiden Anlagen bei Tignes Information; Tel. 04 79 40 04 40
Golf	Golfclub Tignes	Höchstgelegener 18-Loch-Golfplatz Europas auf 2000 m über dem Meer. Abschlagen vor großartiger Gebirgskulisse; Auskunft und Reservierung bei: Tignes Réservation, Tel. 04 79 40 03 03; www.tignesreservation.net
Klettersteige	Roc de Tovière Val d'Isère	Um Val d'Isère gibt es mehrere Klettersteige verschiedener Schwierigkeitsgrade. Zwei davon starten am Parkplatz de la Daille (1800 m) und führen durch den Roc de Tovière. Schon der »Junior« ist sehr anspruchsvoll; der zweite Steig, der »Intégral«, bleibt wahren Könnern vorbehalten; Zeit: jeweils ca. 3 Std.; weitere Auskünfte, geführte Touren und Ausrüstung beim Bureau des Guides du Val d'Isère; Tel. 04 79 06 06 60; www.valdisere.com
Sommerskifahren	Grande Motte Tignes	Auf dem Glacier de la Grande Motte befindet sich ein Sommerskigebiet mit 20 km langen Pisten, für Snowboarder und Freestyler gibt es einen Snowpark, außerdem kann eine Eisgrotte besichtigt werden; Tignes Information; Tel. 04 79 40 04 40; www.tignes.net
Sportzentrum Prélude Olympique	Pralognan-la-Vanoise	Hallenbad, Curling/Bowling, Kletterwand, Spielplatz, Minigolf u. v. m. begeistern nicht nur Spitzensportler, sondern auch Hobby-Athleten; Tel. 04 79 08 74 88

Adressen & Bergbahnen

Landesvorwahl 00 33

Bourg-St-Maurice (815 m)	Office de Tourisme de Bourg-St-Maurice; Tel. 04 79 07 04 92; E-Mail: lesarcs@lesarcs.com; www.lesarcs.com	❶ Bourg-St-Maurice Arc Pierre Blanche Berg/Tal 10 €
Courchevel (1650 m)	Office de Tourisme de Courchevel; Tel. 04 79 08 03 29; E-Mail: pro@courchevel.com; www.courchevel.com	❷ Meribel Téléphérique Saulire Berg/Tal 10 €
Méribel (1450 m)	Office de Tourisme de Méribel; Tel. 04 79 08 60 01; E-Mail: accueil@meribel.net; www.meribel.net	❸ Pralognan-la-Vanoise Téléphérique du Mont Bochor • Berg/Tal 5,90 €
Tignes (2100 m)	Office de Tourisme de Tignes; Tel. 04 79 40 04 40; E-Mail: information@tignes.net; www.tignes.net	❹ Tignes Téléphérique la Grande Motte • Berg/Tal 14 €
Val d'Isère (1840 m)	Office de Tourisme de Val d'Isère; Tel. 04 79 06 06 60; E-Mail: info@valdisere.com; www.valdisere.com	❺ Val d'Isère Téléphérique l'Olympique Berg/Tal 8,50 €
Weitere Orte	**La Plagne** www.la-plagne.com • **Pralognan-la-Vanoise** www.pralognan.com • **Moûtiers** www.tourisme.fr/moutiers • **Les Menuires** www.lesmenuires.com • **Val Thorens** www.valthorens.com • **Termignon** www.termignon-la-vanoise.com	❻ Val d'Isère Télésiège Solaise express Berg/Tal 8,50 € Siehe auch Preisteil S. 653
Entfernungen	Hamburg 1237 km; Berlin 924 km; Köln 915 km; Frankfurt a. M. 731 km; Stuttgart 491 km; München 338 km	

schätzen. Freundliche Mitarbeiter umsorgen den Urlauber im modernen Informationsbüro im Zentrum von Val d'Isère, unterstützen ihn bei der Quartiersuche und helfen ihm, das riesige Angebot an Aktivitäten überhaupt erst einmal zu überblicken. Das Standardprogramm vieler Urlaubsorte in den Alpen, vom Wandern übers Canyoning und Rafting bis hin zu Klettersteiggehen, Klettern und Mountainbiken, macht dabei nur einen Bruchteil der Möglichkeiten aus. Man kann auch Tanzkurse besuchen, Gleitschirmfliegen, Tennis und Golf spielen, Reiten, Fischen, Motorrad-Trials ausprobieren oder sich auf Foto-Safari begeben – natürlich immer bestens betreut, geführt und angeleitet von ebenso sachkundigen wie freundlichen Führern. Und wenn einen dann irgendwann doch die Lust überfällt, wieder einmal ganz auf eigene Faust unterwegs sein zu wollen, dann kann man auch von hier aus hervorragend in den Vanoise-Nationalpark entfliehen.

Wanderkarten

IGN Top 25 Blatt 3534OT, Les Trois-Vallees, 1:25000
IGN Top 25 Blatt 3633ET, Tignes/Val d'Isère, 1:25000
Le Guide du Parc national de la Vanoise mit Wanderkarte 1:60000 (erschienen 2003 bei Editions Glénat)

Straßenatlas Siehe S. 799

Alpe d'Huez
Isère

Wovon Rennradfahrer träumen: die Straße von Bourg-d'Oisans hinauf nach Alpe d'Huez.

ACTION & SPORT

WANDERN & BERGTOUREN

FUN & FAMILY

WELLNESS & GENUSS

Das Mekka der Radsportler

Auf den engen Passstraßen rund um die durch die Tour de France legendär gewordene Hochebene der Alpe d'Huez sind Radfahrer rudelweise anzutreffen. Andere sportliche Aktivitäten spielen hier daher eine untergeordnete Rolle, obwohl es gerade zum Wandern etliche Möglichkeiten gibt. Selbst im Sommer aber kann Alpe d'Huez nicht verleugnen, wofür es neben dem Radsport überaus berühmt ist: für das Skifahren, dem man am Sarenne-Gletscher selbst in der heißen Jahreszeit frönen kann.

In Alpe d'Huez, hoch über dem Tal der Romanche, wurde 1968 ein Skizentrum aus dem Boden gestampft, das sich in wenigen Jahren zu einer der bedeutendsten Winterdestinationen Frankreichs entwickelte. Der Ort wird von riesigen Hotel- und Appartementbauten geprägt. Freundlicher wirken die winzigen alten Gemeinden Huez und La Garde. Interessant für Pässefahrer, die sich durch enge, steile Straßen nicht aus der Ruhe bringen lassen, ist die Zufahrt über das karge Hochplateau des Col de Sarenne vom Vallée du Ferrand aus. Wer Zeit hat, sollte einen Abstecher nach Besse einplanen, einem alten Bergdorf mit schindelgedeckten Steinhäusern. In Alpe d'Huez strömen auch im Sommer die Gäste zur Seilbahnstation, um auf den Pic du Lac Blanc hinaufzufahren und den herrlichen Blick über die Französischen Alpen zu genießen oder um in den Vormittagsstunden ein paar sommerliche Skischwünge über den Sarenne-Gletscher zu ziehen. In der Umgebung des Skiortes bieten sich auch einige Wandermöglichkeiten: Eine der schönsten führt von l'Alpette (Mittelstation der Seilbahn von Vaujany) zur Refuge de la Fare. Am Lac de la Fare und am Lac de la Jasse vorbei geht es hinunter zum Col du Couard und von dort zurück nach l'Alpette. Man sollte etwa 5 Std. für diese Tour einkalkulieren. Wanderwege sind in Alpe d'Huez meistens gleichzeitig auch Mountainbike-Strecken. Insgesamt sind 25 Routen mit einer Gesamtlänge von 200 km ausgewiesen.

Kein Wunder, ist Alpe d'Huez doch das Mekka des Radsports in den französischen Alpen. Die 21 Kehren von Bourg-d'Oisans im Romanchetal hinauf auf das 1860 m hoch gelegene Plateau sind nummeriert, so lässt sich die Herausforderung häpp-

ADAC der perfekte Urlaubstag

- **8 Uhr:** herzhaftes Frühstück im Zentrum des hübschen Städtchens Bourg d'Oisans
- **10 Uhr:** mit dem Rennrad die 21 Kehren hinauf nach l'Alpe d'Huez in Angriff nehmen, wenn es noch nicht zu heiß ist
- **14 Uhr:** nach dem Essen ein Entspannungsspaziergang bei Alpette
- **19 Uhr:** Abendessen im Hotel Le Christina in Alpe d'Huez

Adressen & Bergbahnen — Landesvorwahl 00 33

Urlaubsregion	Association pour le Développement Touristique de l'Oisans; Tel. 04 76 80 03 25; E-Mail: info@oisans-tourisme.com; www.oisans-tourisme.com
Alpe d'Huez (1860 m)	Office du Tourisme; Tel. 04 76 11 44 44; E-Mail: info@alpedhuez.com; www.alpedhuez.com
Bourg d'Oisans (720 m)	Office du Tourisme; Tel. 04 76 80 03 25; E-Mail: infos@bourgdoisans.com; Internet www.bourgdoisans.com
Weitere Orte	Huez • Oz en Oisans • Allemont • Vaujany
Entfernungen	Hamburg 1265 km; Berlin 1318 km; Köln 915 km; Frankfurt a. M. 779 km; Stuttgart 695 km; München 791 km

❶ ❷ Alpe d'Huez Pic du Lac Blanc (via Lac Blanc) • Berg/Tal 13 €

❸ Huez L'Alpe d'Huez Berg/Tal 5 €

❹ ❶ ❷ Oz en Oisans Pic du Lac Blanc (via Lac Blanc) • Berg/Tal 13 €

❺ ❻ Oz en Oisans Dôme des Rousses (via Alpette) • Berg/Tal 9,50 €

❼ ❻ Vaujany Dôme des Rousses (via Alpette) • Berg/Tal 9,50 €

Tageskarte für alle Liftanlagen der Region: 20 €

Siehe auch Preisteil S. 653

Action & Sport

MOUNTAINBIKE	KLETTERSTEIGE	RAFTING	CANYONING	REITEN
PARAGLIDING	DRACHENFLIEGEN	KLETTERGÄRTEN	TENNIS	WINDSURFEN
KAJAK/KANU	WASSERSKI	TAUCHEN	HOCHSEILGARTEN	GOLF

TOP TIPP Mit dem Auto oder Motorrad ist die **Passrundfahrt** ① in einem Tag zu bewältigen. Mit dem Rennrad muss eine Übernachtung bei St.-Michel-de-Maurienne eingeplant werden. Von Alpe d'Huez geht es hinunter in den Talboden der Romanche. Hier zweigt man Richtung Osten ab, flach weiter, bis es steil hinauf zum landschaftlich herrlichen Col du Lautaret (2057 m) geht. Der nächste Pass kommt sogleich, Col du Galibier (2642 m) heißt das nächste Ziel. Nun folgt eine lange Abfahrt nach Maurienne, mit einem kleinen Zwischenanstieg auf den Col du Télégraphe (1570 m). Am zweiten Tag kann man über den Col du Glandon (1924 m) oder den Col de la Croix de Fer (2068 m) wieder hinüber nach Allemond und weiter nach le Bourg-d'Oisans (720 m) fahren. Wer dann noch Kraft hat, nimmt die Kehren hinauf nach Alpe d'Huez in Angriff.

Radrennsport	Alpe d'Huez	Ausgangspunkt: Bourg d'Oisans (720 m); La Garde – Huez – Alpe d'Huez (1860 m); Dauer/Charakter: Asphaltstraße mit 21 Kehren, permanent ansteigend und der Sonne stark ausgesetzt; Radprofis schaffen die Strecke in weniger als 45 Min., viele Hobbyfahrer sind schon zufrieden, wenn sie nur doppelt so lange brauchen
Mountainbiken	Downhill Pic du Lac Blanc	Ausgangspunkt: Pic du Lac Blanc (3327 m, Seilbahn) ① ② ④; 32 km Abfahrt über den Glacier de Sarenne – Alpe d'Huez – Villard Reculas – Sardonne – La Voute; zuerst über den Gletscher in Schnee und Eis; insgesamt technisch und konditionell schwierige Strecke; komplette Ausrüstung mit Helm unerlässlich; Wetter beachten; Infos: Tel. 06 85 70 11 09
Sommerskifahren	Glacier de Sarenne	Ausgangspunkt: Pic du Lac Blanc (3327 m) ① ② ④; immer morgens von Ende Juni bis Ende Juli; es stehen 10 km Pisten zur Verfügung; Infos: Tel. 04 76 80 30 30

chenweise einteilen und damit wohl besser bewältigen. Im Tal kann man sich zur Zeitmessung eintragen lassen, bei der Ankunft oben beim Office du Tourisme wird die Zeit dann gestoppt. Gegen eine Gebühr von 1 € erhält man ein entsprechendes Diplom – natürlich mit Zeitangabe.
Berühmt und berüchtigt wurde Alpe d'Huez durch die Tour de France. Die besten Radrennfahrer mussten hier schon kapitulieren, vor allem wenn der Wettergott es nicht gut meinte und Schneetreiben herrschte. Auch wenn die Tour längst weitergezogen ist, bleibt der Radsport den Sommer über das Thema im Ort. Abends im Restaurant begegnet man asketischen, durchtrainierten Sportlern. Man sieht ihnen an, dass sie sich ganz dem Radfahren verschrieben haben. Col du Glandon, Col de la Croix de Fer, Col du Lautaret oder Col du Galibier heißen ihre Ziele in der Umgebung. Und von weniger sportlichen Gästen werden diese problemlos in einer herrlichen Tour mit dem Auto oder Motorrad erobert.

EVENTS

Juli: MEGAVALANCHE – Descente VTT Marathon
Downhill-Wettbewerbe für Mountainbiker ab Pic du Lac Blanc (3327 m) hinunter nach Allemond (722 m); www.megavalanche.com

Tour de France
Die Etappe hinauf nach Alpe d'Huez ist nicht jedes Jahr vorgesehen. Wenn sie jedoch gefahren wird, gehört sie zu den absoluten Höhepunkten der Rundfahrt. Oft genug ist hier schon die Vorentscheidung über Sieg oder Niederlage bei der Tour de France gefallen

Hütten

Refuge de la Fare (2300 m)
Lage im Zentrum der Grandes Rousses in der Nähe mehrerer kleinerer Bergseen, ab der Mittelstation Alpette ④ oder ⑤ in ca. 45 Min. zu erreichen; Übernachtungsmöglichkeit;
Tel. 04 76 42 24 41

Hotelempfehlungen

L'Alpe d'Huez S. 752

Wanderkarten

Michelin-Karte Isère Savoie
333 local; 1:150000
Carte IGN Top 25; Blatt 3335 ET
Bourg d'Oisans – L'Alpe d'Huez;
1:25000
Guide des sentiers de randonnées
(Bezug: Office du Tourisme de l'Alpe d'Huez)

Straßenatlas Siehe S. 808

BRIANÇON – MASSIF DES ÉCRINS
SEEALPEN

ACTION & SPORT

WANDERN & BERGTOUREN

FUN & FAMILY

WELLNESS & GENUSS

Zwischen wilden Gletschern und sonnigen Cafés

Von Briançon aus ist es zum Montblanc ungefähr genauso weit wie zum Mittelmeer. Das mag vielleicht nur eine geografische Randnotiz sein. Doch für das, was diese Region ausmacht, ist die Lage bezeichnend: Natur, Kultur und Klima wandeln sich hier von alpiner zu mediterraner Prägung. Entsprechend vielseitig sind die touristischen Möglichkeiten: vom Bergsteigen an Gletscherriesen bis zum Entspannen unter südlicher Sonne.

Das Tal der Durance mit dem von Gletschern überzogenen Mont Dauphin

EVENTS

Juli: Les Rencontres Artisanales du Grand Escarton; italienisch-französisches Kultur- und Künstlerfest; Tel. 04 92 21 08 50

Semi-Marathon Névache Briançon; mit Rahmenprogramm für die Zuschauer; Mitte Juli; Infos unter: Services des Sports; Tel. 04 92 25 97 73

ADAC – der perfekte Urlaubstag

- **8 Uhr:** Fahrt nach Pré de Madame Carle bei Ailefroide und Wanderung zum Refuge Glacier Blanc
- **12 Uhr:** ausgiebige Rast auf der Hütte über der Gletscherzunge
- **14 Uhr:** Abstieg nach Ailefroide, Rückfahrt nach Briançon
- **18 Uhr:** Relaxen in einem Café, Abendspaziergang durch Briançon

An rekordverdächtigen 300 Tagen im Jahr soll in Briançon, einer der höchstgelegenen Städte Europas, die Sonne scheinen. Allein schon dieses Detail klingt verlockend. Es verblasst jedoch, wenn man sich vor Augen hält, was die Dauphiné – oder korrekt das »Massif des Écrins« – zu bieten hat: zum Beispiel die herrlichen, mit alpinen Kletterrouten, Klettergärten und Klettersteigen hervorragend erschlossenen Felswände und -türme. Oder die zerrissenen, aus mächtigen Gletschern und bizarren Granitzinnen geformten Gipfel, von denen einer die 4000-m-Grenze sogar überschreitet. Oder das milde Klima und das lockere, entspannte Lebensgefühl, das einem die Menschen hier vermitteln. Oder die vielfältige Landschaft, geprägt von einer gewachsenen bäuerlichen Struktur und erfüllt mit den Zeugnissen einer reichen Vergangenheit.

Wer sich Briançon nähert, sieht als Erstes die mächtige Ringmauer rund um die Altstadt. Neugierig ragen die zwei Türme der Stadtkirche hervor. Die zentrale Lage im Dreieck zwischen Grenoble, Turin und Marseille hatte schon vor Jahrhunderten große strategische Bedeutung. Hier vereinten sich die vom Rhônedelta herführende Römerstraße mit der historischen Route zwischen Grenoble und Turin. Seit Menschengedenken waren diese Straßen die wichtigsten Landverbindungen zwischen der Iberischen Halbinsel und Italien. Um die wichtigen Handelswege zu sichern, wurde Briançon in ein gewaltiges Festungssystem integriert. Die Wehrmauern bewährten sich im 16. Jh. bei den Kämpfen gegen das italienische Piemont und gegen Savoyen. Auch in den Religionskriegen blieb die Festung uneinnehmbar.

Bis heute sind auf den Hügeln und Felsspornen rund um Briançon 16 eindrucksvollen Wehranlagen erhalten. Einige davon nutzt die französische

Die Barre des Écrins mit dem mächtigen Glacier Blanc

Wandern & Bergtouren ✵✵✵✵✵

TOP TIPP Breit und zerfurcht und manchmal auch leuchtend weiß liegt die Gletscherzunge des Glacier Blanc unter der **Refuge du Glacier Blanc** (2543 m) ❶. Der Weg dorthin bleibt allerdings trittsicheren, erfahrenen Bergwanderern vorbehalten. Mit dem Auto von Vallouise zum Parkplatz Pré de Madame Carle (1874 m). Durch das Kiefernwäldchen in nördlicher Richtung Aufstieg zum Haus. Der Weg ist anspruchsvoll, teilweise mit Drahtseilen gesichert und sehr interessant: Als Erstes wird der Blick auf das große Schotterschwemmland »Pré de Carle« frei. Weiter oben taucht plötzlich hinter einem Felsvorsprung der grelle Glacier Blanc auf. Über griffigen Fels und Aluminiumleitern geht es steil nach oben bis zur Hütte. Abstieg wie Aufstieg; Zeit: ca. 2,5 Std.

Sommet de l'Eychauda (2659 m) Leichte Wanderung mit Aufstiegshilfe	Ausgangspunkt: mit der Seilbahn von Chantemerle (1359 m) zur Bergstation Serre-Chevalier (2491 m) ❷; Sommet de l'Eychauda – Col de Méa (2457 m) – Ravin des Neyzets – Vallon de Chambran (1719 m) – Les Claux (1263 m); von dort per Bus zurück zum Ausgangspunkt; der Weg ist leicht, aber nicht immer einfach zu finden; Zeit: ca. 3,5 Std.; Einkehr: Gasthäuser in Les Claux
Dôme de la Lauze (3564 m) Hochalpine Bergtour im ewigen Eis – nur mit alpiner Erfahrung!	Ausgangspunkt: von Les Deux-Alpes mit dem Jandri Express 1/2 zur Bergstation Dôme du Puy-Salié (3421 m) ❺; Crête de Puy Salié – Dôme de la Lauze (3564 m) – Glacier de la Girose – Col des Ruillans (3211 m) – per Seilbahn ❸ nach La Grave (1481 m); von dort Bus nach Les Deux-Alpes; nur bei sicherer Wetterlage durchführbar, nur für Alpinisten geeignet, Steigeisen und Pickel mitnehmen; Zeit: ca. 4 Std.; Einkehr: in Les Deux-Alpes, Bergstation Dôme du Puy-Salié, Restaurant Des Ruillans, Gasthäuser in La Grave
Croix de Toulouse (1998 m) Leichte Wanderung direkt bei Briançon	Ausgangspunkt: Briançon (1326 m); Croix de Toulouse (1998 m) – Serre Lan (1847 m) – la Vachère (1458 m) – Briançon; leichte Wanderung auf einen schönen Aussichtspunkt direkt über Briançon; Zeit: ca. 3,5 Std.; Einkehr: Gasthäuser in Briançon
Lac du Serpent (2448 m) Wanderung zu herrlichen Gebirgsseen im Clarée-Tal	Ausgangspunkt: Fontcouverte (1857 m, bei Névache im Vallée de la Clarée nordöstlich von Briançon); Refuge de Ricou (2115 m) – Lac Laramont (2359 m) – Lac du Serpent; Abstieg wie Aufstieg; schöne Wanderung ohne besondere Schwierigkeiten; Zeit: ca. 4,5 Std.; Einkehr: Rifuge de Ricou

Festungsanlage Briançon
Die vom genialen Festungsarchitekten Vauban unter König Ludwig XIV. erbauten Zitadellen sind noch heute in Briançon zu besichtigen.

Armee nach wie vor, andere können besichtigt werden. Innerhalb der Festung von Briançon scheint es kaum eine ebene Fläche zu geben. Steil fallen die zwei Hauptgassen ab. Dicht gedrängt reihen sich die schönen alten, zum Teil mit Sonnenuhren verzierten Häuser aneinander. Die langen Winter zwangen die Baumeister, dicke Steinmauern zu errichten, so ließ sich in den kalten Monaten die

BRIANÇON – MASSIF DES ÉCRINS

Action & Sport

MOUNTAINBIKE	KLETTERSTEIGE	RAFTING	CANYONING	REITEN
PARAGLIDING	DRACHENFLIEGEN	KLETTERGÄRTEN	TENNIS	WINDSURFEN
KAJAK/KANU	WASSERSKI	TAUCHEN	HOCHSEILGARTEN	GOLF

TOP TIPP Ein fantastisches Erlebnis für geübte, konditionsstarke Klettersteiggeher ist der **Klettersteig »Les Gorges de la Durance«** ②. Von L'Argentière-la-Bessée Richtung Vallouise, vor Les Vigneaux (1113 m) rechts abzweigen und der kurvenreichen Straße bis zum Parkplatz an der Durance (1016 m) folgen. Am Fluss entlang zum Einstieg. In der engen Schlucht führt der Steig nun abwechselnd an beiden Wänden entlang hinauf. Fünfmal muss man auf luftigen Hängebrücken das tosende Wasser überqueren. Auch sonst ist der Klettersteig sehr anspruchsvoll. Abstieg auf gut markiertem, leichtem Weg zurück zum Parkplatz; Zeit: ca. 6 Std.; Führungen und Informationen beim Bureau des Guides des Ecrins in Vallouise, Tel. 04 92 23 32 29; www.guides-ecrins.com

Hochseilgarten	Aventure Parc Serre Chevalier, La Salle	Nördlich von Briançon in einem Lärchenwald gelegener, abenteuerlicher Hochseilgarten; auch für Familien geeignet; Tel. 04 92 24 90 57
Sommerski-fahren	Les Deux-Alpes (1652 m)	Im Sommerskigebiet auf dem Glacier de la Girose erschließen 11 Lifte 8 Pisten; ein Snowpark mit Halfpipe steht zur Verfügung; Mitte Juni bis Mitte August jeweils am Morgen geöffnet; Tel. 04 76 79 22 00; www.les2alpes.com
Wassersport	Durance L'Argentière-la-Bessée (999 m)	Verschiedene Veranstalter organisieren Riverrafting-, Kayak- und Airboot-Touren auf der Durance, u. a. zwischen Briançon und L'Argentière-la-Bessée; die Ausrüstung wird gestellt; Auskünfte unter: Canoë Kayak Club Briançon; Tel. 04 92 20 17 56, und Vertige & Canyon; Tel. 06 60 82 46 50

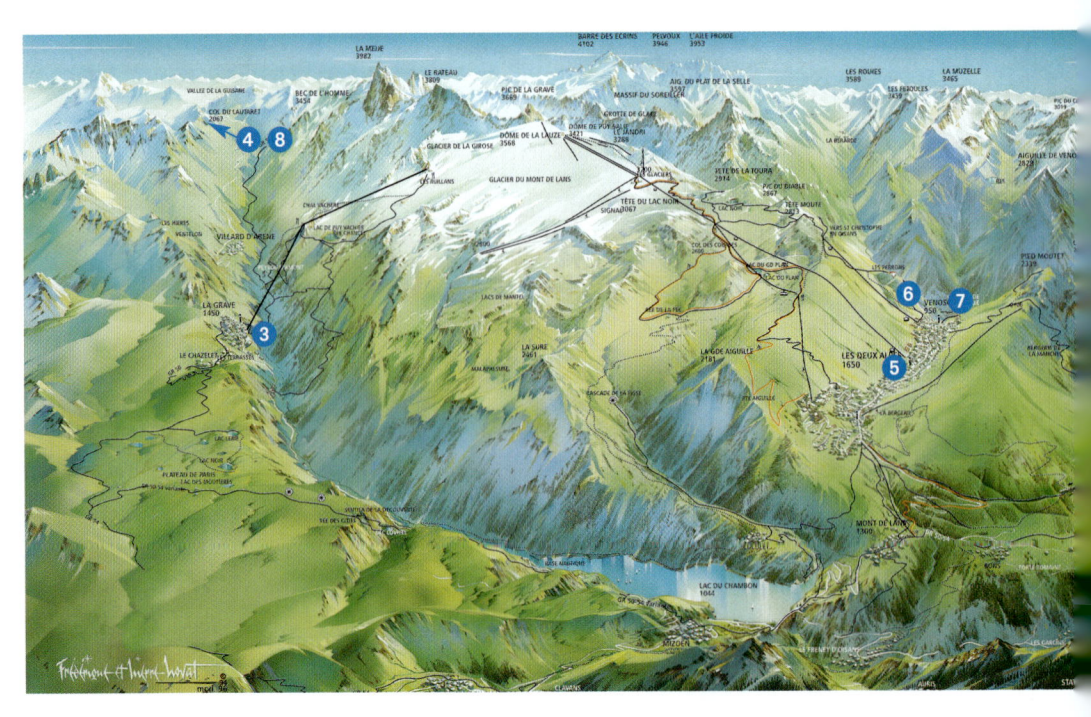

Restaurants

La Caponnière, Briançon
Erlebnisgastronomie des 17. Jh., serviert in historischen Gemäuern; mittlere Preislage; Tel. 04 92 20 36 77

Le Rustique, Briançon
Angenehmes Ambiente, traditionelle Küche, feine Fischspezialitäten; mittlere Preislage; Tel. 04 92 10 01 02

Die Kapelle von La Grave
Im Dorf La Grave befindet sich eine romanische Kirche aus dem 12. Jh. mit einem kleinen Friedhof, auf dem so mancher Bergsteiger seine letzte Ruhestätte gefunden hat. Die großartige Kulisse bildet das eindrucksvolle Massiv der Meije.

Maison du Parc national
Viel Wissenswertes über Philosophie und Gestalt des Ecrins-Nationalparks gibt es in den zwei »Maisons du Parc« in Briançon und Vallouise zu erfahren. Die gut aufbereiteten Ausstellungen sind auch für Kinder interessant und spannend. Maison Du Parc Briançon: Tel. 04 92 21 42 15; Maison du Parc Vallouise: Tel. 04 92 23 32 31

Wärme am besten in den Gebäuden halten. Daran denkt hier im Sommer wohl kaum jemand, wenn Touristen und Einheimische gemeinsam auf den sonnigen Terrassen der Cafés sitzen und zarter Kräuterduft durch die Straßen zieht. Denn die beliebtesten Souvenirs der Region sind mit Lavendel gefüllte Kissen, Säckchen, Döschen und Puppen – dem Einfallsreichtum der Kitsch-Industrie sind hier kaum Grenzen gesetzt. Trotz der mediterranen Atmosphäre der Stadt ist das schroffe Hochgebirge nur eine Seilbahnfahrt weit entfernt, die hinauf zu den zerklüfteten Gipfeln des Massif du Pelvoux führt.

Eine andere Möglichkeit, Gletschereis und Granitpfeilern nahe zu kommen, bietet sich südlich von Briançon: Bei L'Argentière-la-Bessée zweigt eine kleine Straße ab nach Vallouise. Von dort aus ist es nicht mehr weit bis Ailefroide. Bestens in die Landschaft integriert, verstecken sich hier einige Campingplätze inmitten der lichten Nadelwälder. Die roten Felsen flimmern in der Mittagshitze – Granitwände, die bei Kletterern aus ganz Europa hoch im Kurs stehen.

5 km weiter oben, bei »Pré de Madame Carle«, gabelt sich das Tal – hier ist für Autos Endstation. Das Gasthaus ist idealer Ausgangspunkt für Touren in die mächtige und beeindruckende Gletscherlandschaft des Massif du Pelvoux im Herzen des »Parc National des Ecrins«, dem mit 2700 km² größten Nationalpark Frankreichs. Von Westen

strömt ein schlammiger, hellbrauner Bergbach in die mit Schotter überzogene Hochebene. Gespeist wird der Bach vom Glacier Noir, der sich in den vergangenen Jahren weit zurückgezogen hat und unter dem dunklen Schutt kaum mehr zu erkennen ist.

Anders der Glacier Blanc, von dem aus der Bach des östlichen Seitentals über Felsen tosend ins Tal stürzt. Obwohl auch dieser Gletscher nur nach Schneefällen blendend weiß erstrahlt, ist sein Anblick fantastisch. Es gibt keinen Gletscher im Alpenraum, der es in Sachen Fließgeschwindigkeit (bis zu 400 m im Jahr) mit ihm aufnehmen könnte. Eindrucksvoll, aber nur etwas für erfahrene, trittsichere Bergwanderer, ist die Tour zum Refuge du Glacier Blanc, das kühn über dem zerklüfteten Gletscher liegt. Die volle Aufmerksamkeit ziehen hier die mächtigen Wände und Grate des Mont Pelvoux auf sich. Entsprechend ausgerüstete und ausgebildete Alpinisten können auch höher hinaufsteigen, zum Refuge des Ecrins. Es ist Ausgangspunkt für die hochalpine Besteigung des höchsten Berges südlich des Mont Blanc, der Barre des Ecrins. Steile Eisflanken und schließlich ein luftiger Felsgrat führen hinauf zu dem herrlichen Panoramagipfel.

Gletschereis und Kletterwände

Unübersehbar ist nicht nur von dort oben das wuchtige Eis- und Felsmassiv der Meije, einem der schwersten Gipfel der Alpen. Wenn ihn auch nur wenige besteigen können, so kann man sich ihm doch zumindest nähern. Dazu ist eine längere (etwa eineinhalb Stunden), aber traumhafte Fahrt mit dem Auto ins Tal der Romanche notwendig, das die Dauphiné im Norden begrenzt. Von Briançon aus führt die Route vorbei an den Skiorten Chantemerle, Villeneuve und Le Monêtier les Bains. Weiter geht es über den landschaftlich grandiosen Col du Lautaret mit seinem fantastischen Blick auf die mächtigen Hängegletscher, bevor man hinunter

Kletterer in Ailefroide, einem der beliebtesten Sportklettergebiete Europas

fährt ins touristische Zentrum La Grave am Fuße der Meije. Wer schnell Höhenmeter sammeln will, kann von hier aus mit der Seilbahn bis auf 3200 m ins ewige Eis der Meije gelangen. Auch von Les Deux-Alpes, einem Seitental der Romanche, führen Seilbahnen Richtung Meije auf den Glacier de la Girose, ein gut besuchtes Sommerskigebiet.

Wer aber eher in Ruhe die wilde und seit 1974 auch umfassend geschützte Natur der Dauphiné kennen lernen möchte, sollte über den Col du Lautaret zurückkehren nach Briançon und Vallouise. In den Nationalpark-Informationszentren der beiden Orte erfährt man alles Wissenswerte über die Geschichte sowie über Flora und Fauna des Parks. Während die Verantwortlichen versuchen, in den Randzonen des Parks, die etwa zwei Drittel der Gesamtfläche ausmachen, Tourismus, Landwirtschaft und Naturschutz zu einem für alle gewinnbringenden Miteinander zu verknüpfen, herrschen in der Kernzone eiserne Regeln: Ein Kompromiss, der die Wildheit, die landschaftliche Schönheit und die Vielfalt von Pflanzen und Tieren langfristig sichern soll. Damit der Park bleibt, was er ist: eine wilde, hochalpine Oase, nur eine Seilbahn weit entfernt von Briançon mit seinem lebenslustigen, südfranzösischen Charme.

Hütten

Refuge l'Alpe du Villar d'Arène (2079 m)
Aussichtsreich auf einer Hangterrasse über dem Tal der Romanche gelegene Hütte. Einfacher Zustieg, schönes Ausflugsziel. Zustieg von Pont d'Arsine (1669 m) bei La Grave in ca. 1,5 Std.; Tel. 04 76 79 94 66

Refuge des Ecrins (3175 m)
Wichtiger Stützpunkt beim Aufstieg auf den Gipfel der Barre des Ecrins (4102 m) über dem Glacier Blanc.

Vom Parkplatz Pré de Madame-Carle (1874 m) über die Refuge Glacier Blanc; Zeit: ca. 4,5 Std.; unbedingt Übernachtungsplatz reservieren; Tel. 04 92 23 46 66

Refuge du Glacier Blanc (2543 m)
Die Hütte liegt auf einer Felsinsel über der zerrissenen Gletscherzunge des Glacier Blanc; fantastische Aussicht. Der anspruchsvolle Anstieg ist stellenweise mit Drahtseilen und Aluleitern gesichert. Vom Parkplatz Pré de Madame Carle (1874 m) in ca. 2,5 Std.; Obwohl die Hütte 135 Schlafplätze hat, ist zumindest in der Hochsaison eine Reservierung unbedingt nötig; Tel. 04 92 23 50 24

Adressen & Bergbahnen
Landesvorwahl 00 33

Briançon (1253 m)	Office du Tourisme; Tel. 04 92 21 08 50; E-Mail: office-tourisme-Briancon@wanadoo.fr; www.briancon.com	
La Grave (1481 m)	Office du Tourisme; Tel. 04 76 79 90 05; E-Mail: ot@lagrave-lameije.com; www.lagrave-lameije.com	
Les Deux-Alpes (1652 m)	Office du Tourisme; Tel. 04 76 79 22 00 E-Mail: les2alp@les2alpes.com; www.les2alpes.com	
Vallouise (1163 m)	Office du Tourisme; Tel. 04 92 23 36 12; E-Mail: otvallouise@paysdesecrins.com; www.lavallouise.com	
Weitere Orte	L'Argentière-la-Bessée www.ville-argentiere.fr • Le Monêtier-les-Bains • La Salle • Montgenèvre www.montgenevre.com • Orcières-Merlette www.orcieres.com • Pelvoux • Puy St-Vincent ww.puysaintvincent.com • Queyrieres • Serre-Chevalier www.serre-chevalier.com • Val-des-Prés	
Entfernungen	Hamburg 1305 km; Berlin 1260 km; Köln 967 km; Frankfurt a. M. 820 km; Stuttgart 728 km; München 718 km	

1. Briançon Télécabine du Prorel Berg/Tal 9 €
2. Chantemerle Télécabine du Serre-Chevalier Berg/Tal 9 €
3. La Grave Le Ruillans (Mittelstation Peyrou d'Amont) Berg/Tal 18 €
4. Le Monêtier les Bains Télésit du Bachas Berg/Tal 9 €
5. Les Deux-Alpes Jandri Express 1/2 Berg/Tal 13,70 €
6. Les Deux-Alpes Télécabine du Diable Berg/Tal 6,80 €
7. Les Deux Alpes/Venosc Télécabine de Venosc Berg/Tal 6,80 €
8. Villeneuve Télésit du la Casse du Bœuf Berg/Tal 9 €

Siehe auch Preisteil S. 653

Wanderkarten

IGN Top 25 Blätter 3537ET Briançon, 3535OT Névache-Mont Thabor, 3436ET Meije-Pelvoux, 3437ET Orcières-Merlette, 3437OT Champsaur; 1:25000

Straßenatlas Siehe S. 809

TRIGLAV
SLOWENIEN

Mehr als nur der höchste Berg der Julischen Alpen: der Triglav, das Wahrzeichen Sloweniens

ACTION & SPORT
WANDERN & BERGTOUREN
FUN & FAMILY
WELLNESS & GENUSS

Der »heilige Berg« der Slowenen

Bis auf die Flagge des kleinen Landes im Südosten des Alpenbogens hat er es geschafft – der Triglav. Der höchste Gipfel beherrscht eindrucksvoll die gesamte Umgebung und ist zentraler Punkt des nach ihm benannten Nationalparks. Der nur an wenigen Zentren stärker entwickelte Tourismus erlaubt vor allem Wanderern und Bergsteigern rund um den Triglav großartige Einblicke in teilweise unberührte Naturlandschaften.

ADAC – der perfekte Urlaubstag

- **6 Uhr:** Aufstieg vom Aljažev dom Richtung Triglav
- **11 Uhr:** Rast im Triglav-Haus auf Kredarica
- **12 Uhr:** Aufstieg zum Triglav-Gipfel
- **14 Uhr:** zurück zur Kredarica, im Triglav-Haus kurze Rast
- **18 Uhr:** Ankunft in Aljažev dom, in der Hütte den Gipfelsieg feiern

Der Beitritt Sloweniens zur Europäischen Union hat am Bekanntheitsgrad der alpinen Fremdenverkehrszentren wenig verändert: Neben dem alten Kurort Bled sind Wintersportfans noch die Namen von Kranjska Gora als Veranstaltungsort von Ski-Weltcuprennen und dem Planicatal (mit seiner berühmten Skiflugschanze) ein Begriff, alles andere fällt in die Kategorie »Geheimtipp«. Tatsächlich liegen die landschaftlichen Schätze rund um den Triglav, den »König der Julier«, teilweise etwas versteckt – aber gerade das macht Entdeckungstouren dort so spannend.

Im Norden trennt das Tal der Sava Dolinka den östlichen Teil der Julischen Alpen (die westliche Hälfte gehört zu Italien) vom langen Gipfelzug der Karawanken; von Villach und den Kärntner Seen ist es dank Autobahn und Karawankentunnel nur ein Katzensprung bis zum Hauptort des Tales Kranjska Gora. Erst das weitere Vordringen zu den Sehenswürdigkeiten erfordert Zeit, Fahrten auf kurvigen Straßen und schließlich eine große Bereitschaft zu aktiven Felsberührungen.

Kalkfels in allen Variationen prägt diese Berggruppe. Eine der großen Landschaftsszenerien lässt sich nur wenige Kilometer von Kranjska Gora entfernt im Planicatal bewundern, an dessen Eingang beim Dorf Rateče noch die riesigen Anlagen der Skisprung- und Skiflugschanzen die Blicke auf sich ziehen. Wenige Kilometer taleinwärts konzentriert sich das Interesse dann aber auf einen Berg: Jalovec heißt das felsige Horn, das zu den beliebten Kletterbergen der Julischen Alpen zählt. Auch trittsi-

Wandern & Bergtouren

TOP TIPP Ein Muss für geübte, trittsichere Bergwanderer ist die Besteigung des **Triglav** (2864 m) ❶. Drei Aufstiege führen von Norden zum Gipfel, der schönste wohl durch das Vratatal: Zufahrt von Mojstrana zum Parkplatz vor Aljažev dom (1015 m). Von dort sehr steil hinauf zum Tominskova pot. Weiter nach Voda (Trinkwasser tropft aus dem Fels) und nach Kredarica mit dem Triglav-Haus (2515 m, evtl. Übernachtung). Über bestens gesicherten Steig zum Gipfel des Triglav. Abstieg bis Voda, dann abzweigen zum weniger steilen Prag-Weg hinunter nach Aljazev dom; Zeit: ca. 8–9 Std.; Einkehr: Triglav-Haus

Dom v Tamarju (1108 m) Leichte Talwanderung mit fantastischer Bergkulisse	Ausgangspunkt: Parkplätze in Planica bei der Sprungschanze, Dom v Planici (940 m); über wenig ansteigenden Almboden vor großartiger Bergkulisse mit dem Jalovec zum Dom v Tamarju (1108 m); gilt als schönster Talschluss der Julier; Zeit: ca. 2 Std.; Einkehr: Dom v Planici, Dom v Tamarju
Dom v Planici (940 m) – **Aljazev dom** (1015 m), Anspruchsvolle mehrtägige Trekking-Tour von Hütte zu Hütte	Ausgangspunkt: Dom v Planici (940 m); Dom v Tamarju (1108 m) – Sleme (1815 m) – Vršič-Pass (1611 m, Übernachtung) – Pogačnikov dom (2050 m, Übernachtung) – Aljazev dom; Kettersteiggeher können die Gipfel Prisojnik (2547 m) und Razor (2601 m) »mitnehmen«. Beim Abstieg zur Aljažev dom sind häufig Steinböcke zu sehen; bestens markiert und gesichert; Zeit: ca. 2,5 Tage; Einkehr: Dom v Planici, Dom v Tamarju, am Vršič-Pass, Pogačnikov dom, Aljažev dom
Kugy-Denkmal in der Trenta Leichte Rundwanderung	Ausgangspunkt: Parkplatz beim Kugy-Denkmal am Vršič-Pass (ca. 800 m); Limarica-Schlucht (kurze Abzweigung) – Alpinum Juliana (Garten mit Blumen und Pflanzen der Julier) – Kirche Sveta Maria – Campingplatz – über Hängebrücke Soča überqueren und durch Wald und kleine Wiesen zurück; Zeit: ca. 1,5 Std.; Einkehr: keine

Soča-Quelle

Bevor der Vršičpass, der übrigens von russischen Soldaten erbaut wurde, sich in 25 Kehren hinauf zur Passhöhe windet, lohnt es sich, auf dem Parkplatz Koča pri izviru Soče (886 m) anzuhalten und eine leichte, ca. 30-min. Wanderung zur Quelle der Soča zu machen.

Oben angekommen, darf man sich nicht von dem Mini-Klettersteig abhalten lassen, der quasi in das Felsloch hineinführt, aus dem die smaragdgrüne Soča sprudelt. Die Quelle ist fantastisch anzusehen: ein glitzerndes Juwel in einer kargen, grauen Steinwüste.

---

chere und klettergewandte Bergwanderer können in einer anspruchsvollen Tagestour vom Parkplatz beim Tamar-Haus (Dom v Tamarju) auf seinen Gipfel gelangen. Weniger hoch hinaus führt vom gleichen Ausgangspunkt eine Wanderung über den Wiesensattel von Sleme zum Vrsicpass; an einer kurzen Felsstufe ist allerdings Trittsicherheit erforderlich.

Der Vršičpass verbindet im Kleinen das Tal der Sava Dolinka mit dem der Soča, im Großen die Berge mit dem Meer. Diese Route, die in Kranjska Gora beginnt, wird auch als »Smaragdstraße« bezeichnet – nach der Farbe des Sočawassers. Vor dem Wasser imponiert bei der Fahrt durch die vielen Haarnadelkurven zunächst der wuchtige Prisojnik: Knapp unter dem Gipfel lässt sich ein großes Loch im Fels erkennen. Durch dieses Riesenfenster führt sogar ein Klettersteig, der in der Nähe der Passhöhe beginnt.

Der Poet der Julischen Alpen

Jenseits des Vršičpasses windet sich die Straße in die obere Trenta hinunter, wie die geografische Bezeichnung des Sočatals korrekt lautet. Kurz vor Erreichen des Talbodens sitzt nahe einer Straßenkehre einsam ein bronzener Mann und schaut zum Jalovec hinauf. Das Denkmal erinnert an Julius Kugy, den Mann, der die Julischen Alpen vor 100 Jahren gleichermaßen als Schriftsteller, Wissenschaftler und Bergsteiger entdeckt hat. Er trug wesentlich zur systematischen Erforschung und Erschließung der Region bei, stand als Erster auf dem Gipfel des Javolec und machte die Region durch seine packenden Tourenberichte und Bücher weithin bekannt.

Ein kurzer Abstecher führt vom Kugy-Denkmal zur Quelle der Soča, deren Wasser sich aus dem Fels in ein kleines Becken ergießt, bevor es die Reise zur Adria antritt (wobei sie später den Namen in Isonzo wechseln wird). Bei der Fahrt durch das stille Tal bezaubert die Soča mit ihrer smaragdgrünen Far-

Einfach traumhaft: Kajakfahren auf der Soča

TRIGLAV

Action & Sport

MOUNTAINBIKE	KLETTERSTEIGE	RAFTING	CANYONING	REITEN
PARAGLIDING	DRACHENFLIEGEN	KLETTERGÄRTEN	TENNIS	WINDSURFEN
KAJAK/KANU	WASSERSKI	TAUCHEN	HOCHSEILGARTEN	GOLF

TOP TIPP Die Soča ist ein **Rafting-Paradies** ②, obwohl in einigen Teilstücken Fahrverbot besteht. Es ist ein unvergleichliches Erlebnis, mit den Raftingbooten zwischen den weißen Kalkfelsen über das smaragdgrüne Wasser zu gleiten. Einstiegs- und Ausstiegsstellen sind angegeben. Kartenmaterial ist in Bovec erhältlich. Wer sich nicht gut auskennt, sollte unbedingt an einer geführten Tour teilnehmen und sich nicht auf eigene Faust ins Wasser wagen. Geführte Touren: Soca Rafting Cežsoca-Srpenica: Tel. 0 53 89 62 00; www.socarafting.si; Soca Rafting bietet auch Kajak, Mountainbiking und Canoying an.

Kajak	Soča, Sport Mix Bovec	Oberhalb von Bovec ist die Soča tief in den Fels eingeschnitten und nur für gute Fahrer geeignet (Schwierigkeiten bis WW4), ein gefährlicher Abschnitt erfordert Vorausbesichtigung; ab Bovec wird es leichter; Anfänger- und Fortgeschrittenenkurse: Sport Mix; Tel. 0 53 89 61 60; www.sportmix.traftbovec.si
Canyoning	Susec, zwischen Zaga und Srpenica auf der Ostseite des Tales	Schöne Familientour; Ausrüstung vom Veranstalter; viele weitere Touren aller Schwierigkeitsgrade in den herrlichen ausgewaschenen Kalksteinschluchten der Julischen Alpen; Führungen: TOP Extreme Bovec; Tel. 0 53 30 00 90; www.top.si
Paragliding	Kanin, Bovec	Die Gondelbahn unter den Kanin ① erschließt ein ideales Fluggebiet mit einem Höhenunterschied von rund 1800 m. Kurse und Tandemflüge: Zadruga Aavantura, Bovec; Tel. 0 41 71 83 17; www.bovec.net/avantura

Hütten

Triglav-Haus
(2515 m, Triglavski dom)
Sloweniens höchstgelegene Hütte auf Kredarica ist ein wichtiger Stützpunkt für Triglav-Besteiger. Auf der Hütte befindet sich eine permanent besetzte Wetterstation. Obwohl die Hütte sehr groß ist, vor allem am Wochenende unbedingt Platz reservieren. Zustieg vom Aljazev dom im Vratatal in ca. 5 Std.; Tel. 0 42 02 31 81

Tamar-Haus
(1108 m, Dom v Tamarju)
Traumhaft gelegene Hütte im wunderschönen Talboden des Planicatals.

Zufahrt von Rateče mit dem Auto möglich; Tel. 0 45 87 60 55

Pogačnik-Haus
(2052 m, Pogačnikov dom na podih)
Traumhaft auf einer Fels- und Schutterrasse im Karstgebiet hoch über der Trenta gelegene Hütte. Hausgipfel ist der Razor (2601 m), ein wilder Gipfel im Mittelpunkt des Amphitheaters

über dem Krnicatal (mittelschwere Bergwanderung, ca. 2 Std.); Zustieg zur Hütte vom Aljažev dom im Vratatal in ca. 4 Std.; Tel. 0 51 22 13 19

Aljažev-Haus
(1015 m, Aljažev dom)
Traumhafte Lage im flachen Wiesenboden vor der Triglav-Nordwand. Traditionsreicher Kletterer- und Bergsteigerstützpunkt im oberen Vratatal. Ausgangspunkt für zahlreiche Bergtouren, unter anderem für die Besteigung des Triglavs; Zufahrt mit dem Auto von Mojstrana möglich; Tel. 0 45 89 51 00

be: Mal fließt sie im breiten Kiesbett dahin, mal zwängt sie sich durch Mini-Canyons (besonders schön kurz vor den Häusern von Kal-Koritnica). Kurz vor Bovec kann man rechts abbiegen in Richtung Predilpass und über eine Straße, die im Ersten Weltkrieg angelegt wurde, weit hinauf bis nahe zum Gipfelaufbau des Mangart fahren. Zum höchsten Punkt geht es nur auf Klettersteigen: auf italienischem Boden kühn durch die Nordflanke oder westseitig auf der slowenischen Route.

Ab Bovec wird das Tal der Soča zwar etwas weiter, die Berge zu beiden Seiten allerdings nicht wesentlich niedriger. Im Ersten Weltkrieg tobten hier die blutigen Isonzoschlachten. Zahlreiche Denkmale erinnern an die Schrecken dieses Krieges. Heute dreht sich in Bovec alles um den Tourismus; im Sommer vor allem um den Wildwassersport. Zahlreiche Veranstalter locken mit spritzigen Raftingtouren auf der Soča, und die Plastikboote der Kajakfahrer sorgen für bunte Farbtupfer auf dem leuchtend grünen Wasser.

Julius Kugy »entdeckte« schon vor 100 Jahren die Region und machte sie bekannt.

Wer Klettern mit Wassersport verbinden möchte, kann sich in Bovec zu spannenden Canyoning-Touren anmelden. Wen es allerdings mehr in die Höhe zieht, der erreicht in 1,5 Std. den 100 m hohen Boka-Wasserfall in der Flanke des Kanins.

Nationales Gipfelziel

So vielfältig die Urlaubsaktivitäten in den Tälern von Sava und Soča auch sein mögen, so einzigartig ist der Triglav als beherrschender Gipfel der Julischen Alpen. Er ist weit mehr als nur der höchste Gipfel Sloweniens; im Bewusstsein der Bevölkerung ist er Wahrzeichen und Inbegriff ihrer nationalen Identität, und daher muss auch, wer ein echter Slowene ist, wenigstens einmal im Leben auf dem höchsten Punkt des Landes gestanden haben. Wer es den Slowenen gleichtun will, kann sich dem Gipfel von Norden durch drei lange Täler nähern und lässt sich bei Mojstrana von einer weiteren Bronzefigur die Richtung zeigen: Oberhalb der Hauptstraße steht dort der bergbegeisterte und lokalpatriotische Pfarrer Jakob Aljaz, der bereits um 1900 die alpine Infrastruktur am Triglav förderte. Am dichtesten gelangt man mit dem Auto im Vratatal zum Fuß des Berges, der sich hier mit seiner 1500 m hohen Nordwand erhebt; deutlich länger sind die Zugänge durch das Kot- oder das Krmatal. Der klassische Anstieg vom Aljaz-Haus im Vratatal ist der Tominsek-Weg; er führt zum berühmten Partisanen-Denkmal mit seinem überdimensionalen Karabiner und dann – teilweise mit Drahtseilen abgesichert – durch die Steilflanke auf eine Karsthochfläche, über der sich der Gipfelaufbau erhebt und an deren südlichem Rand das geräumige Triglav-Haus auf Kredarica steht. Angesichts der großen Höhenunterschiede und langen Wegstrecken sollte man hier übernachten.

Vom Haus, in dem sich eine ganzjährig besetzte Wetterstation befindet, bewegt sich an schönen Sommertagen eine bunte Menschenschlange über einen der markierten Anstiege zum Gipfel; Eisenstifte und Drahtseile helfen beim Höhersteigen. Der Rundblick ist beeindruckend: er reicht zum Großglockner, den Dolomiten und bis zur Adria.

Trenta-Museum

Im »Trenta-Haus«, dem Besucherzentrum des Nationalparks Triglav, werden die Besonderheiten von Flora und Fauna des einzigen Nationalparks Sloweniens eindrucksvoll zusammengefasst und dargestellt. Zu sehen ist u. a. ein Relief der gesamten Region, außerdem gibt es viele Informationen zu Geschichte und Geologie. Im Dachgeschoss befindet sich eine interessante Ausstellung, die sich mit dem Kulturerbe des Trenta- und des Soča-Tals befasst.

Hotelempfehlungen

Kranjska Gora S. 755

Wanderkarten

Freytag & Berndt; WK 5141 Nationalpark Triglav – Kranjska Gora – Planica – Bled; 1:35000

Straßenatlas Siehe S. 796

Adressen & Bergbahnen

Landesvorwahl 00 386

Urlaubsregion	**Slowenische** Fremdenverkehrszentrale; Tel. 06 15 89 18 40; E-Mail: info@slovenia-tourism.si; www.slovenia-tourism.si
Weitere Orte	**Bovec** www.bovec.si • **Kranjska Gora** www.kranjska-gora.si • **Mojstrana** www.mojstrana.com • **Rateče-Planica** www.pgd-ratece-planica.si • **Trenta** www.dolina-soce.com
Entfernungen	Hamburg 1139 km; Berlin 950 km; Köln 941 km; Frankfurt a. M. 757 km; Stuttgart 597 km; München 364 km

❶ 🚠 **Bovec**
Kanin
Berg/Tal 12 €

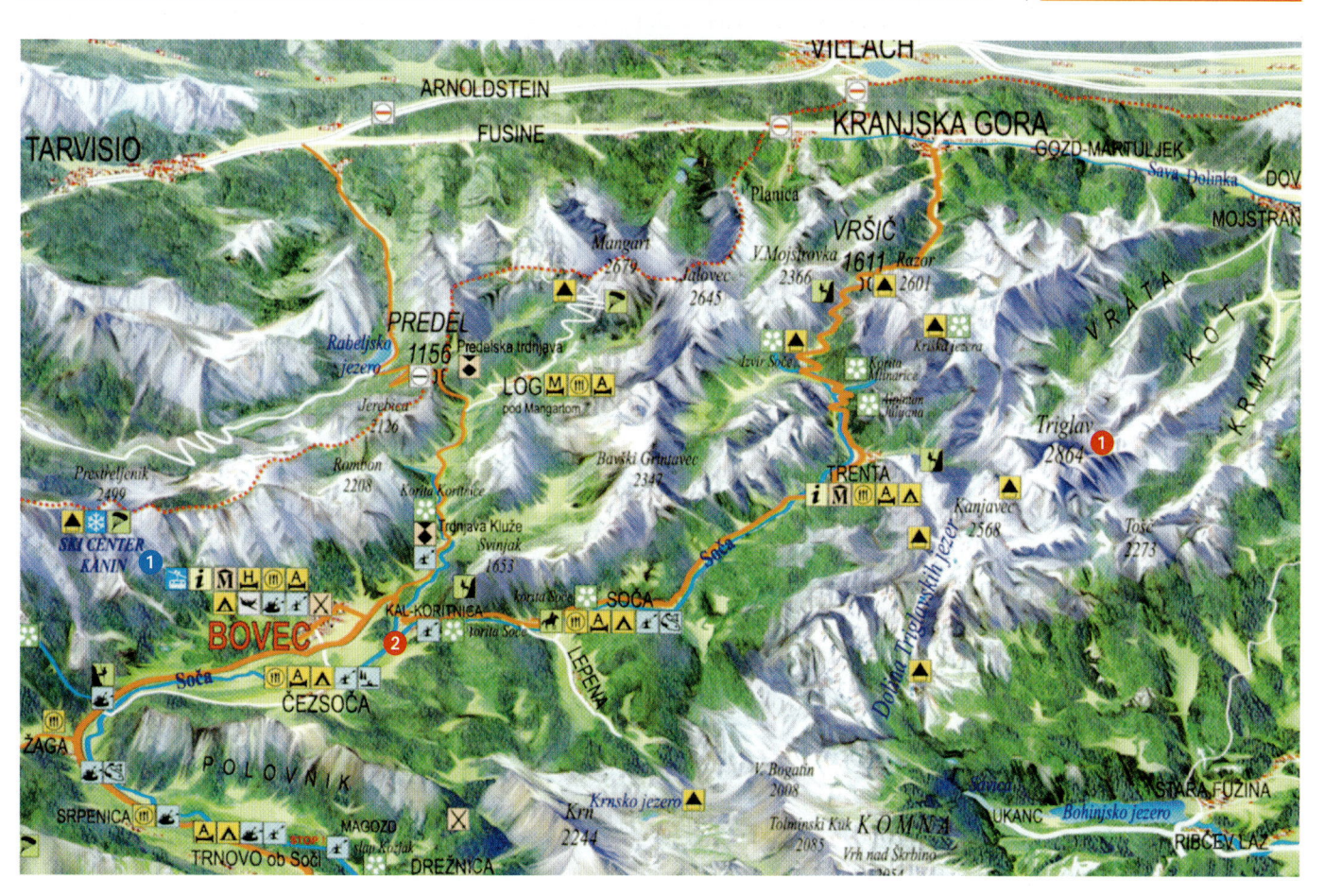

Siehe auch Preisteil S. 653

BLED UND WOCHEINER SEE
SLOWENIEN

- ACTION & SPORT
- WANDERN & BERGTOUREN
- FUN & FAMILY
- WELLNESS & GENUSS

Atemberaubende Schönheit zwischen historischen Orten und wilden Kalkbergen

Romantische Seen und schroffe Berge, einsame Täler mit schäumenden Bergbächen, historische Orte mit wertvollen Kunstschätzen – die ganze Region zwischen Bled und Bohinj lädt zu einem spannenden Urlaub zwischen alpiner Aktion und genussvoller Entspannung ein. Und in der Nähe befindet sich mit dem historischen Städtchen Skofja Loka am äußersten Rand der Julischen Alpen ein echter Geheimtipp.

Bled mit seiner Burg, der Insel samt Wallfahrtskirche und den Karawanken

Eine halbe Autostunde von der slowenischen Hauptstadt Ljubljana entfernt beginnen die Julischen Alpen ganz unspektakulär mit einer grünen Hügelkette. An ihrem Fuß liegt die kleine Stadt Skofja Loka, die auf eine lange Geschichte zurückblickt: Die Bischöfe von Freising waren hier vor rund 1000 Jahren Grundherren, und ihnen hat die Stadt ihre stolze Burg zu verdanken. Der deutsche Name Bischofslack erinnert an jene Zeiten. Die mächtige Burg beherbergt ein sehenswertes Stadtmuseum, auch die etwa 5 km außerhalb gelegene Kirche von Crngrob ist ein Schmuckstück mit einem herrlichen, mit Blattgold überzogenen Schnitzalter aus dem 17. Jh. und zahlreichen gut erhaltenen Fresken. Durch das flache Selskatal führt die Straße durch Kranj nach Radovljica. Das in jüngster Zeit prächtig renovierte Städtchen beheimatet in einem Barockschlösschen mit dem Imkereimuseum eine echte Rarität. Ein Juwel sind die nach slowenischem Imkerbrauch fantasievoll gestalteten Bienenstöcke, die Menschen, Tiere oder Fabelwesen darstellen. Auch die Stirnbretter der Stöcke wurden bemalt. Von Radovljica aus ist es nicht mehr weit bis Bled. Seine Anziehungskraft erklärt sich dem Besucher auf den ersten Blick: ein See inmitten grüner Vorberge, der von warmen Quellen gespeist wird, darüber auf einem mächtigen Felsen stolz die Burg von Bled (16. Jh.), mitten im See eine Insel mit einer kleinen Kirche, und im Hintergrund erheben sich die Ausläufer des Triglav-Massivs.

Schon Ende des 19. Jh. hatte der Schweizer Arzt Arnold Rikli einen Kurbetrieb am See begründet, und europäischer Adel und Prominenz gaben sich hier bald ein Stelldichein. Heute hat Bled alles, was ein modernes Tourismuszentrum braucht – inklusive Spielcasino, Golfplatz und einem großen Sportangebot vor allem für Wassersportler. Für die romantische Bootsfahrt hinüber auf die kleine Insel mit der Wallfahrtskirche und der Wunschglocke sollte man sich in jedem Fall Zeit nehmen.

Den Wunsch, eine unvergleichliche Landschaft zu entdecken, kann man sich in vielfacher Hinsicht selbst erfüllen. Zum Beispiel mit dem Besuch der eindrucksvollen Vintgar-Schlucht bei Bled. Bevor man in den Triglav-Nationalpark aufbricht, lohnt sich ein Besuch des Informationszentrums, in dem man einen guten Überblick über das Naturschutz-

Wanderkarten

Freytag & Berndt, WK 141 Julische Alpen, 1:50000
Freytag & Berndt, WK 5141 Nationalpark Triglav, Kranjska Gora, Planica, Bled, 1:35000

ADAC der perfekte Urlaubstag

- **10 Uhr:** Fahrt mit dem Ruderboot auf die Insel im Bledsee. Besichtigung der Kirchen, Rückfahrt nach Bled
- **13 Uhr:** Wanderung durch die Vintgar-Schlucht, zurück über Kirche St. Katharina
- **16 Uhr:** Besuch der Burg Bled (Museum)
- **19 Uhr:** romantischer Abendspaziergang am Ufer des Bledsees

Adressen & Bergbahnen — Landesvorwahl 00 386

Urlaubsregion	Slowenische Fremdenverkehrszentrale; Tel. 01/5 89 18 40; E-Mail: info@slovenia-tourism.si; www.slovenia-tourism.si
Orte	**Bled** www.bled.si • **Bohinj** www.bohinj.si • **Radovljica** www.radovljica.si • **Skofja Loka** www.skofjaloka.si
Entfernungen	Hamburg 1137 km; Berlin 948 km; Köln 939 km; Frankfurt a. M. 755 km; Stuttgart 595 km; München 362 km

① Wocheiner-See (Bohinj)
Vogel
Berg/Tal 2000 Slowenische Tolar

② Wocheiner-See (Bohinj)
Orlove glave
Berg/Tal 700 Slowenische Tolar

Siehe auch Preisteil S. 653

Wandern & Bergtouren

TOP TIPP Landschaftlich großartig ist die mittelschwere, aber sehr lange **Bergtour in das Sieben-Seen-Tal** ❶. Ausgangspunkt ist das Savica-Haus (651 m) am Wocheiner See. Vorbei am Savica-Wasserfall auf gutem, gesichertem Steig durch die Komarca-Felswand zum Črno Jezero, dem Schwarzen See. Weiter zur Koča pri Triglavskih jezerih (Siebenseenhütte, 1683 m) – am Dvojno jezero vorbei zum Veliko jezero und weiter zur Prehodavci-Hütte (2071 m, Übernachtung). Auf gleichem Weg zurück; Zeit bis zur Hütte: ca. 5 Std.; Einkehr: Savica-Haus, Siebenseenhütte, Prehodavci-Hütte Geführte Touren und Bergführer: Slowenischer Bergführerverband (Združenje gorskih vodnikov Slovenije/ZGVS), Tel. 01/3 61 11 47, www.zdruzenje-gvs.si; 3glav adventures, Tel. 0 41/68 31 84, www.3glav-adventures.com oder Alpinsport Bohinjsko Jezero; Tel. 04/5 72 34 86

Wocheiner-See (525 m) Spaziergang um den größten See Sloweniens	Ausgangspunkt: Ribčev Laz (532 m); Johanneskirche (herrliche Fresken und goldene Altäre) – der Straße am Südufer folgen – Heiliggeistkirche – vor Ukanc rechts abbiegen – Fluss Savica überqueren – auf einsamem, markiertem Weg am Nordufer entlang – Stara Fužina mit schöner Paulskirche und sehenswerter Burgruine – Ribčev Laz; Zeit: ca. 2 Std.; Einkehr: Ribčev Laz, Ukanc
Orlov rob–Črna prst (1844 m) Mittelschwere Bergwanderung durchs Blumenparadies	Ausgangspunkt: Bergstation Bohinjsko, Vogel – Orlove glave (1682 m) ❶ ❷; Orlov rob (1800 m) – Panoramaweg (viele Blumen) – Črna prst (1844 m) – Dom Zorka Jelinicica; Abstieg nach Bohinjska Bistrica; Zeit: ca. 8 Std.
Vintgar-Schlucht Spektakulärer Weg zwischen überhängenden Wänden und Wasser	Ausgangspunkt: Eingang Vintgar-Schlucht bei Gorje (4 km von Bled); 1600 m langer, gut befestigter, eindrucksvoller Weg durch die schmale Schlucht, vorbei an herrlichen Wasserfällen; Rückweg über Kirche St. Katharina; Zeit: 1 Std.; Einkehr: Restaurant am Schluchteingang

gebiet erhält. Idealer Ausgangspunkt für Touren in den Nationalpark ist der See von Bohinj (Wocheiner-See). Ein Spazierweg führt am Nordufer entlang nach Zlatorog und weiter zum Savica-Wasserfall. Auf den Berg Vogel über dem Südufer führt eine Bergbahn; noch mehr Eindrücke gewährt die Wanderung ins Sieben-Seen-Tal. Zu Recht gilt dieses Tal als eines der schönsten des Nationalparks. Dunkle Wälder, herrliche Blumenwiesen, malerische Seen und wilde, großartige Kalkzinnen säumen den Weg hinauf zur Prehodavci-Hütte. Um genügend Zeit zu haben, die Schätze der Natur auf sich wirken zu lassen, sollte man sich für diese Tour zwei Tage Zeit nehmen. Denn wenn einem hier etwas den Atem raubt, dann sollte dies nur die Schönheit der Landschaft sein.

Hütten

Prehodavci-Hütte (Zasavska koca na Prehodavcih, 2071 m) Hütte im oberen Abschnitt des herrlichen Sieben-Seen-Tals. Zustieg von der Savica-Hütte (651 m) über die Sieben-Seen-Hütte in ca. 5 Std. durch eines der schönsten Täler des Triglav-Nationalparks; Tel. 0 50/61 47 81

Sieben-Seen-Hütte (Koča pri Sedmerih triglavskih jezerih, 1685 m) Große, aber trotzdem idyllische, mit Holzschindeln verkleidete Hütte am Ufer des Doppelsees (Dvojno jezero) im Sieben-Seen-Tal. Vom Savica-Haus (651 m) am Wocheiner See in ca. 3 Std. zu erreichen; Tel. 0 50/61 52 35

Wassersport

Bohinj sowie die Region um Bled eignen sich hervorragend für Wassersportler. Auf dem Bledsee haben vor allem die Ruderregatten internationale Bedeutung. Aufgrund der warmen Temperaturen ist der See ideal zum Schwimmen. Zahlreiche Schluchten und Klammen eignen sich zum Canyoning und Rafting. Für Unternehmungen auf der Jerecica und der Grmečica sind ausgebildete Führer aber unbedingt zu empfehlen. Touren werden angeboten von Top, www.top.si. Ideal für Kanu- und Kajakfahrer ist die Sava in Bohinj.

Fliegenfischen

Die Region ist ein Paradies für Fliegenfischer. Für viele der kristallklaren Gebirgsflüsse kann man Lizenzen bereits ab einem Tag erwerben. Ausführliche Internetseite auf Deutsch mit Fangzeiten, Regelungen und Lizenzen: www.bohinj.si/rd

Hotelempfehlungen

Bled S. 755
Bohinjska Bistrica S. 755
Ribcev Laz S. 755
Skofja Loka S. 755
Zelezniki S. 755

Straßenatlas Siehe S. 796

Die schönsten AlpenStädte

von Grenoble bis Salzburg
von Garmisch-Partenkirchen bis Bozen

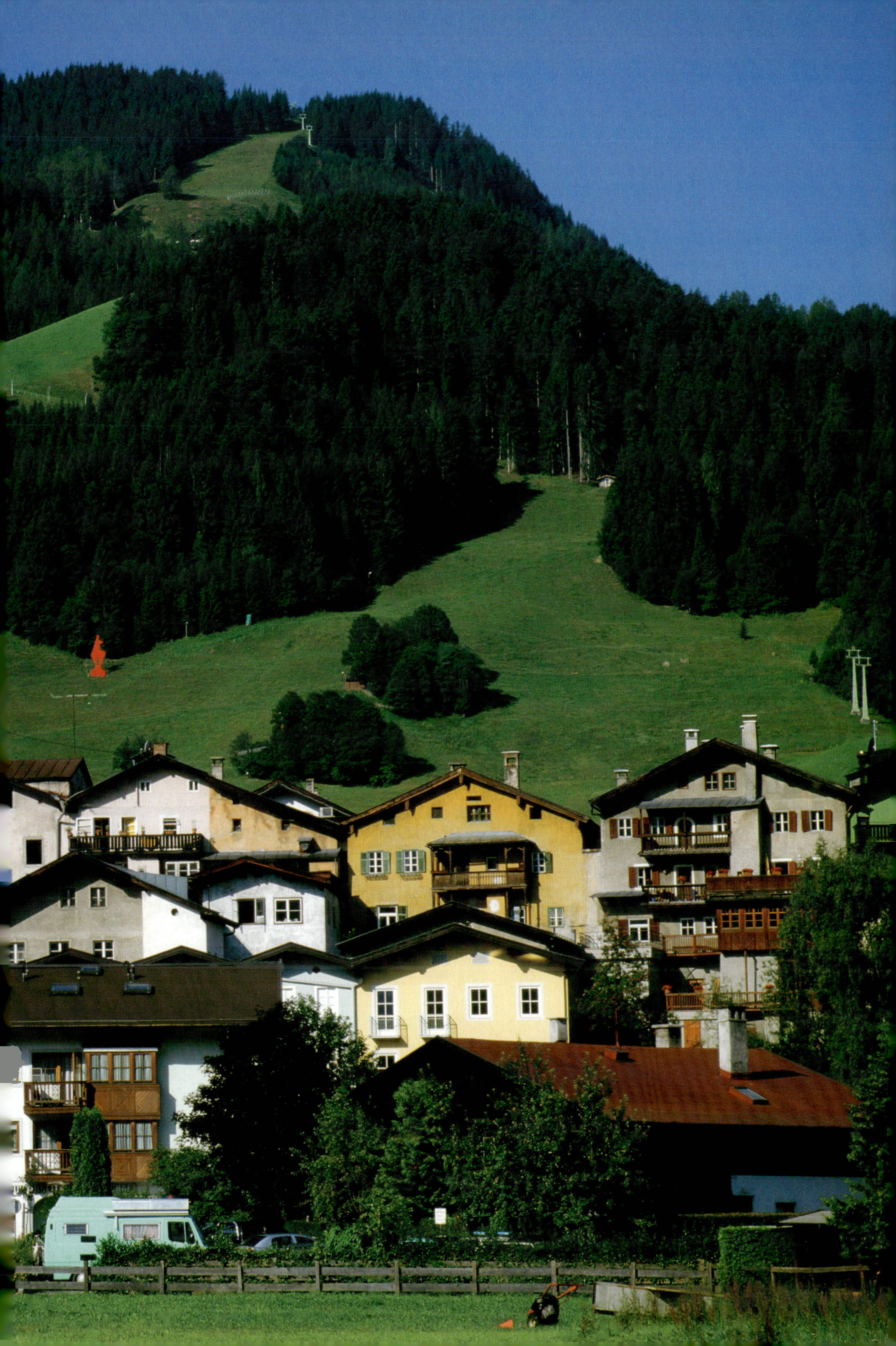

AOSTA

Aosta, die Hauptstadt der autonomen Provinz Aostatal, ist nicht nur eine ideale Basis für abwechslungsreiche Ausflüge in die herrliche Umgebung, sondern auch ein guter Ausgangspunkt für einen Abstecher in die Geschichte. Spuren hinterlassen haben hier vor allem die Römer, doch auch aus anderen Epochen kann die 35000-Einwohner-Stadt imposante Baudenkmäler vorweisen.

Im Herzen von Aosta: die Piazza Chanoux mit dem eindrucksvollen Rathaus

Monumentaler Triumphbogen für einen römischen Kaiser: der Augustusbogen

An der breitesten Stelle des Aostatals, wo sich bereits zur Römerzeit die historischen Routen teilten, liegt Aosta. Früher kamen hier »nur« die Reisenden vom Großen St.-Bernhard-Pass im Norden und dem Kleinen St.-Bernhard-Pass im Südwesten zusammen. Heute sorgt vor allem der nahe Montblanc-Tunnel für reichlich Transitverkehr. Zum Glück bleibt die Innenstadt Aostas davon jedoch weitgehend verschont, in den verkehrsfreien Zonen kann man ungestört flanieren und dabei die reizvolle Altstadt erkunden. Dort setzen besonders die römischen Baudenkmäler markante Akzente. Die Römer waren es auch, die hier 25 v. Chr. unter Kaiser Augustus die Stadt »Augusta Praetoria« gründeten, die sich bald mit 9000 Einwohnern zur damals bedeutendsten Siedlung des Alpenraums entwickelte. Ein römisches Monument bildet folgerichtig auch den Ausgangspunkt für einen Stadtrundgang: Die Ponte Romano ❶ wurde aus mächtigen Steinblöcken errichtet und führte einst in schlankem Bogen über den Fluss Buthier. Obwohl sich dieser bereits im Mittelalter einen neuen Lauf etwas weiter westlich gegraben hat, kann die Römerbrücke heute noch benutzt werden. Ganz in der Nähe, auf der anderen Seite des heutigen Flussbetts, erhebt sich der eindrucksvolle römische Triumphbogen ❷, der zu Ehren des Kaisers Augustus errichtet wurde. Von hier geht es in die Via Sant'Anselmo ❸, die zum Bummeln und Einkaufen verführt: Attraktive Boutiquen machen Lust darauf, nach ausgefallener Mode zu stöbern, und schöne Cafés laden ein, einfach in der Sonne zu sitzen und zu genießen. Die Straße führt direkt zur Porta Praetoria ❹, dem einzigen der ursprünglich vier römischen Stadttore, das erhalten blieb. Früher wirkte das Tor noch mächtiger, weil die Straße etwa zwei Meter tiefer verlief als heute.

Über die Via Porta Praetoria gelangt man zur Piazza Emilio Chanoux ❺, dem eigentlichen Zentrum Aostas. Dort finden vor der eindrucksvollen Kulisse des prächtigen, zu Beginn des 19. Jh. erbauten Rathauses im Sommer regelmäßig Open-Air-Konzerte statt, die grandiose Eindrücke bieten. Besonders malerisch ist die mittelalterliche Via De Tillier ❻ mit ihren winzigen Nebengassen, über die man zur Kathedrale dell'Assunta ❼ an der Piazza Giovanni XXIII gelangt. Die Ursprünge der Kirche stammen aus dem 4. Jh., in der Folgezeit wurde das Gotteshaus mehrfach umgestaltet. Die neoklassizistische Fassade stammt aus dem 19. Jh., während der dreischiffige Grundriss und die zwei ostseitigen Glockentürme noch an das ursprünglich romanische Bauwerk erinnern. Der reiche Kirchenschatz kann im dazugehörenden Museum besichtigt werden.

Über die Via Mons. P. F. de Sales gelangt man zu den Ruinen des römischen Theaters ❽. Noch immer ragt die imposante Südfassade empor in den Himmel und prägt das Stadtbild Aostas wie einstmals zur Römerzeit. Der Geist des Mittelalters umweht hingegen die letzte Station des Rundgangs, die Klosteranlage Sant'Orso ❾ mit der romanischen, in der Gotik umgestalteten Kollegiatskirche Santi Pietro e Orso. Beeindruckend sind vor allem der Kampanile, der wohl ursprünglich als Wehrturm diente, sowie das Kreuzgewölbe der Krypta. Das Juwel des Klosters ist jedoch der wunderbare Kreuzgang aus dem 12. Jh. mit herrlichen romanischen Kapitellen. Ein Ort der Stille, den man auf sich wirken lassen sollte, bevor man wieder zum Buthier und zurück zum Ausgangspunkt des Rundgangs gelangt.

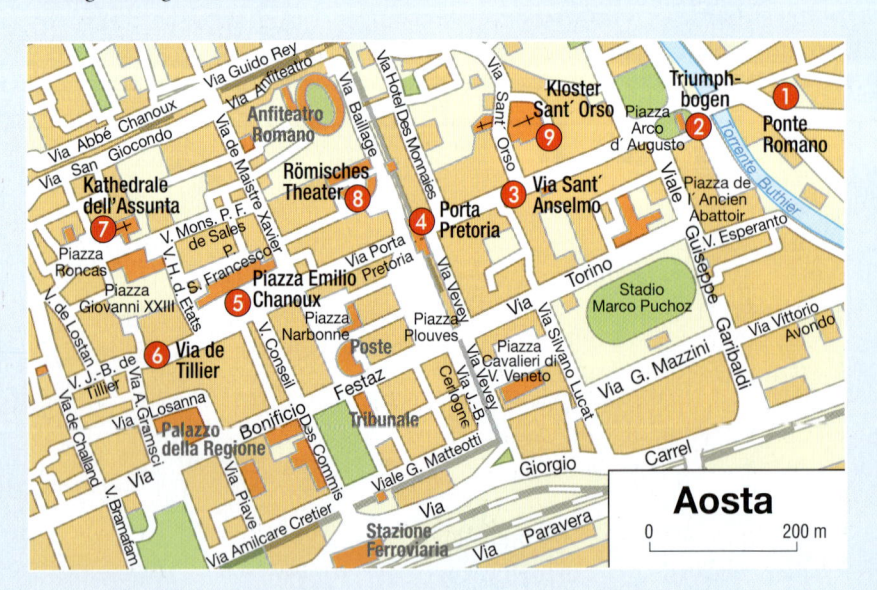

BELLINZONA

Auf den ersten Blick wirkt die Tessiner Kantonshauptstadt etwas verschlafen. Wer genauer hinblickt, entdeckt jedoch ein schmuckes Städtchen mit beeindruckenden Baudenkmälern. Und dass der Ort strategisch günstig gelegen ist, war schon früh bekannt: »Dieser Platz ist Schlüssel und Tor zu Italien«, berichtete Kriegskommissar Azzo Visconti 1475 dem Herzog von Mailand und drängte ihn, die Festung von Bellinzona auszubauen.

Und so errichteten die Bauherren des Mittelalters mit dem Castello Grande ❶, dem Castello di Montebello ❷ und dem Castello di Sasso Corbaro ❸ einen mächtigen Festungswall: Von der einen zur anderen Talseite erstreckt sich der damals unüberwindliche Riegel aus harmonisch in die Landschaft eingefügten, auf Granitbuckeln strategisch geschickt positionierten Burgen. Diese Anlage ließ sich auch über Pfade in den Felswänden nicht umgehen. Ihre Verlängerung über den Ticino-Fluss bildete eine vier Meter dicke »Murata«. An dieser Wallmauer, die später größtenteils von einer Flutkatastrophe zerstört wurde, scheiterten auch die hartnäckigsten Angreifer; die Zugänge zu den wichtigen Pässen San Bernardino, Lukmanier und St. Gotthard waren damit gesichert. Um 1500 fiel die Stadt dennoch an die Innerschweizer, jedoch ganz ohne Kampfhandlungen. Sie nannten den Neuerwerb »Bellenz« und ließen in die Burgen eidgenössische Vögte einziehen.

Wer gut zu Fuß ist, kann diese großartige mittelalterliche Festung gut erwandern und die gigantischen Ausmaße der Anlage so am eindrücklichsten kennen lernen. Während das Castello Grande, der Ausgangspunkt des Rundganges, sowie das Castello di Montebello wuchtige Trutzburgen sind, erhielt das mit Schwalbenschwanz-Zinnen und Spitzbogenfenstern versehene Castello di Sasso Corbaro eine südländisch elegante Note.

Wehrhaft: das Castello di Montebello

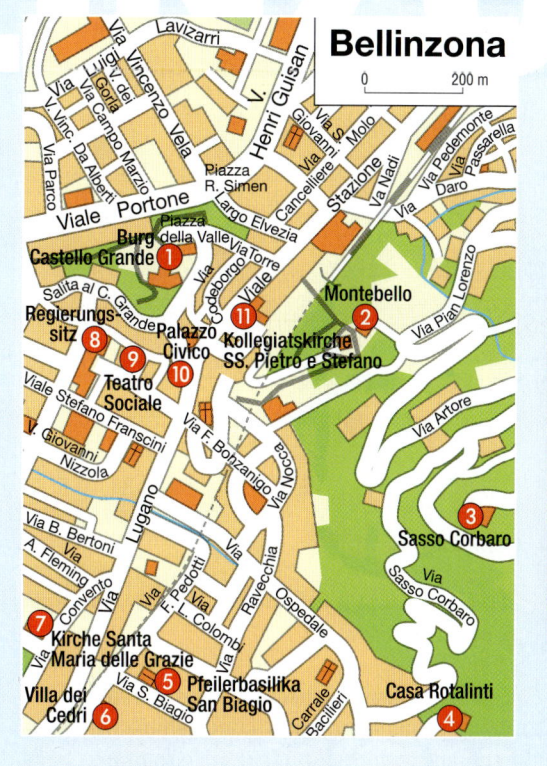

Starachitekt Aurelio Galfetti restaurierte Anfang der 1990er Jahre das Burgentrio, das mittlerweile von der UNESCO zum Weltkulturerbe erklärt wurde. Von ihm stammt auch die kühne, 1960 erbaute Casa Rotalinti ❹, die als Meisterwerk der zeitgenössischen Tessiner Architektur gilt. Von dort aus führt der Rundweg in den Ortsteil Ravecchia, wo ein großes Christophorus-Fresko aus dem 14. Jh. die Pfeilerbasilika San Biagio ❺ schmückt. In deren Nähe befindet sich auch das sehenswerte städtische Kunstmuseum in der Villa dei Cedri ❻. Nur wenig davon entfernt macht ein weiteres Meisterwerk seine Aufwartung: Die Kirche Santa Maria delle Grazie ❼ mit ihren hervorragenden Renaissancemalereien.

Nach diesem Ausflug in die Peripherie Bellinzonas geht es durch die Via Convento und Via Lugano wieder zurück ins Zentrum. Politisches Herzstück der Region ist der kantonale Regierungssitz ❽, der im Hauptgebäude des ehemaligen Ursulinerinnenklosters untergebracht ist. Das kleine Teatro Sociale ❾ steht im historischen Kern Bellinzonas und wurde der Mailänder Scala nachgebildet. Ganz in der Nähe erhebt sich der Palazzo Civico ❿; das zwischen 1924 und 1930 erbaute Rathaus besitzt einen prächtigen Loggienhof, der dem Baudenkmal einen Hauch Florentiner Eleganz verleiht. Auf dem Platz vor dem Rathaus findet übrigens immer samstags ein im ganzen Kanton bekannter Wochenmarkt statt. Prächtige Spätrenaissance-Fassaden schmücken schließlich Bellinzonas wichtigstes Gotteshaus, die Kollegiatskirche SS. Pietro e Stefano ⓫. Von hier sind es nur noch wenige Meter zurück zum Ausgangspunkt dieser langen, aber überaus interessanten Wanderung zu den schönsten Plätzen Bellinzonas.

Die Mailänder Scala im Kleinformat: das Teatro Sociale in Bellinzona

Die Kirche SS. Pietro e Stefano, im Hintergrund das Castello di Montebello

Ungewöhnlich: die moderne Bauweise des Tessiner Stararchitekten Aurelio Galfetti

BERCHTESGADEN

König Watzmann wacht hoch über den Markt Berchtesgaden.

Eine lange und wechselvolle Geschichte hat Berchtesgaden geprägt – und zahlreiche Spuren und stattliche Baudenkmäler hinterlassen. Politisch bedeutend war das Städtchen beim Königssee vor allem wegen seiner reichen Salzvorkommen und seiner Grenzlage, die immer wieder für Unruhe sorgte. So gehörte der Ort nach der Säkularisation 1803 zu Salzburg, bevor er dann 1810 endgültig Bayern zugesprochen wurde. Die Wittelsbacher Herrscher wussten Berchtesgaden aber auch als herrlich gelegene Sommerresidenz zu schätzen.

Wer Berchtesgaden zu Fuß entdecken will, der sollte sich auf einen abwechslungsreichen und vor allem etwas sportlichen Spaziergang einstellen. Denn der Ort liegt – oder besser gesagt thront – auf einem Hügel. Idealer Ausgangspunkt für einen Bummel ist das Kur- und Kongresszentrum ❶, bei dem es auch einige Parkmöglichkeiten gibt. Von hier ist es nicht weit bis zum Schlossplatz ❷ mit seinem malerischen Brunnen. Das Schloss war einst ein Augustiner-Chorherrenstift, das später für die Fürstbischöfe zum Palast ausgebaut wurde. Sehenswert sind vor allem der romanische Kreuzgang (12. Jh.) und das Schlossmuseum ❸ mit prächtigen Kunstwerken, Möbeln und Waffen. Daneben ragt die mächtige Stiftskirche St. Peter und Johannes ❹ aus dem 13. Jh. in den Himmel. Sie besitzt ein herrliches romanisches Säulenportal, einen frühgotischen Chor und imposante Grabdenkmäler. Durch schöne Arkaden spaziert man hinüber zum gemütlichen Marktplatz ❺ mit dem Löwenbrunnen und stattlichen alten Bürgerhäusern, die mit prächtigen Lüftlmalereien geschmückt sind. Besonders interessant ist das Hirschenhaus von 1610, auf dessen Rückseite eine etwas andere Art der Fassadenmalerei zu sehen ist: als Affen parodierte Menschen. Danach schlendert man durch die Gassen der Fußgängerzone und geht vor der evangelischen Christuskirche rechts hinauf zum Kalvarienberg und zum Soleleitungssteg ❻, der an den Bau der Soleleitung zwischen Berchtesgaden und Reichenhall 1817 erinnert. Links folgt man dem Weg zum Hotel Kronprinz und biegt nochmals links in die Kälbersteinstraße ein. Nächste Station ist der Luitpoldpark ❼ mit dem Luitpolddenkmal von 1893 und der Königlichen Villa ❽, die Maximilian II. nach florentinischem Vorbild als Sommersitz der bayerischen Könige errichten ließ. In der Maximilianstraße wechselt man auf die parallel verlaufende Sonnenpromenade ❾ und genießt die herrliche Aussicht auf dem Weg zur 1480 erbauten spätgotischen Franziskanerkirche ❿. Am Alten Friedhof vorbei kommt man dann wieder zum Kur- und Kongresszentrum, dem Ausgangspunkt des Rundgangs.

Wer noch Zeit und Lust hat, kann zwei interessante Abstecher unternehmen: Im Heimatmuseum ⓫ im Schloss Adelsheim gibt es prächtige Beispiele Berchtesgadener Schnitzkunst sowie wunderschön bemalte Spanschachteln zu bewundern, und das Salzbergwerk ⓬ informiert über die Geschichte der Salzgewinnung.

Charakteristisch: mit Lüftlmalerei verzierte Häuser

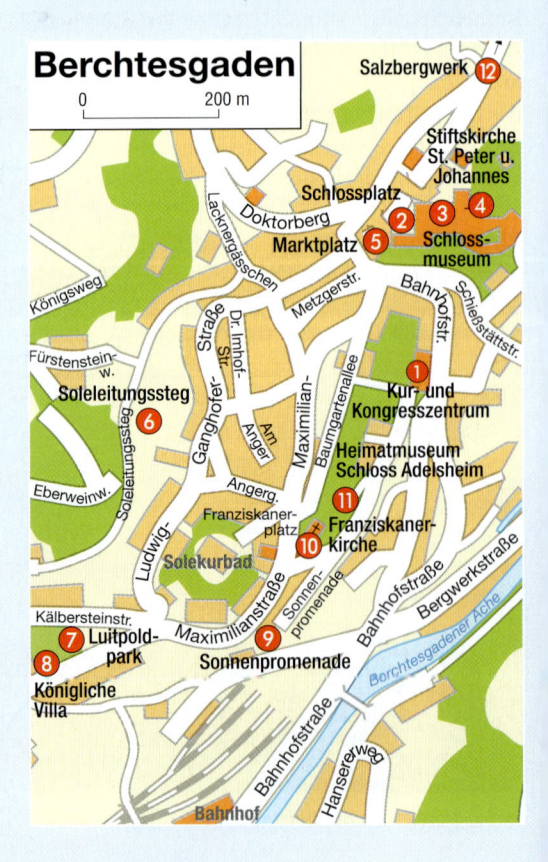

Der stilvolle Schlossplatz mit der sehenswerten Stiftskirche St. Peter und Johannes

Kunst mit Tradition: die farbenprächtigen, liebevoll bemalten Berchtesgadener Spanschachteln

BOZEN

Kaum eine andere Stadt verbindet auf so eindrucksvolle Weise Südtiroler und italienische Lebensart mit alpiner Atmosphäre. Im weiten Boden des Etschtals, am Fuß sonniger Weinberge, glänzt Bozen mit seiner eindrucksvollen Dolomitenkulisse, ganz besonders dem wuchtigen Felsmassiv des Rosengartens. Bozen ist lebenslustig und elegant, voller Kultur und Geschichte. Es mangelt also nicht an Attraktionen für einen ausführlichen Spaziergang durch das Zentrum, bei dem ein Besuch des legendären Ötzis im Südtiroler Archäologiemuseum, dem derzeit wohl berühmtesten Bozner, ebenso wenig fehlen darf wie das Flanieren durch die malerischen Laubengassen.

Man kann sie schon richtig beneiden, die Südtiroler. Wenn in den abgelegenen Gebirgstälern noch der Winter regiert, dann steht in Bozen bereits der Frühling auf dem Programm. Die Straßencafés sind geöffnet. Die Menschen flanieren durch die Gassen. Aus den Bars strömt der Duft von frischem Espresso und die Gelatieri machen ihre ersten Umsätze. Man trifft sich auf dem großzügigen Waltherplatz ❶, gewissermaßen dem Salon von Bozen, und hier, vor der Statue des Minnesängers Walther von der Vogelweide, ist auch der ideale Ausgangspunkt für einen Spaziergang durch die Stadt.

Vom prächtigen Dom ❷, einem gotischen Bau aus dem 14. und 15. Jh., sind es nur ein paar Schritte durch die Eisackstraße und rechts zur Kapuzinerkirche ❸, dann weiter rechts durch die Kapuzinerstraße zur mächtigen Dominikanerkirche ❹, die im 13. Jh. als Kloster von Regensburg aus gegründet wurde. Nur einige Meter weiter in der Sernesigasse steht das Museum für moderne Kunst ❺. Von dort sind es nur wenige Schritte zur Museumstraße und damit zum Südtiroler Archäologiemuseum ❻, das als Ausstellungsort des Ötzis Gäste aus aller Welt anlockt.

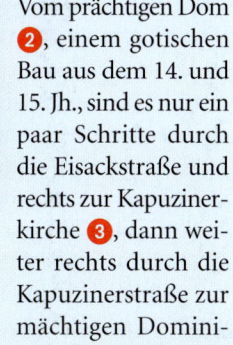

Aber Bozen hat nicht nur Vergangenheit. Die Gegenwart, das ist z. B. nebenan der Obstmarkt ❼. Dahinter beginnt wie eine enge Gebirgsschlucht die Laubengasse ❽. Kleine Geschäfte und Bars finden sich hier, rustikal gediegen oder vornehm und edel. Fürs Auge gibt es jede Menge zu sehen, bis man hinunter zum Rathausplatz kommt und dann rechts abbiegt, vorbei am neubarocken Rathaus ❾ schlendert und dann noch die exquisiten Auslagen in der Galerie beim Hotel Greif bewundert, bevor man dann wieder strahlendes Tageslicht sieht und die Weite des Waltherplatzes genießt.

Der prächtige Dom und das Denkmal des Minnesängers Walther von der Vogelweide auf dem Waltherplatz.

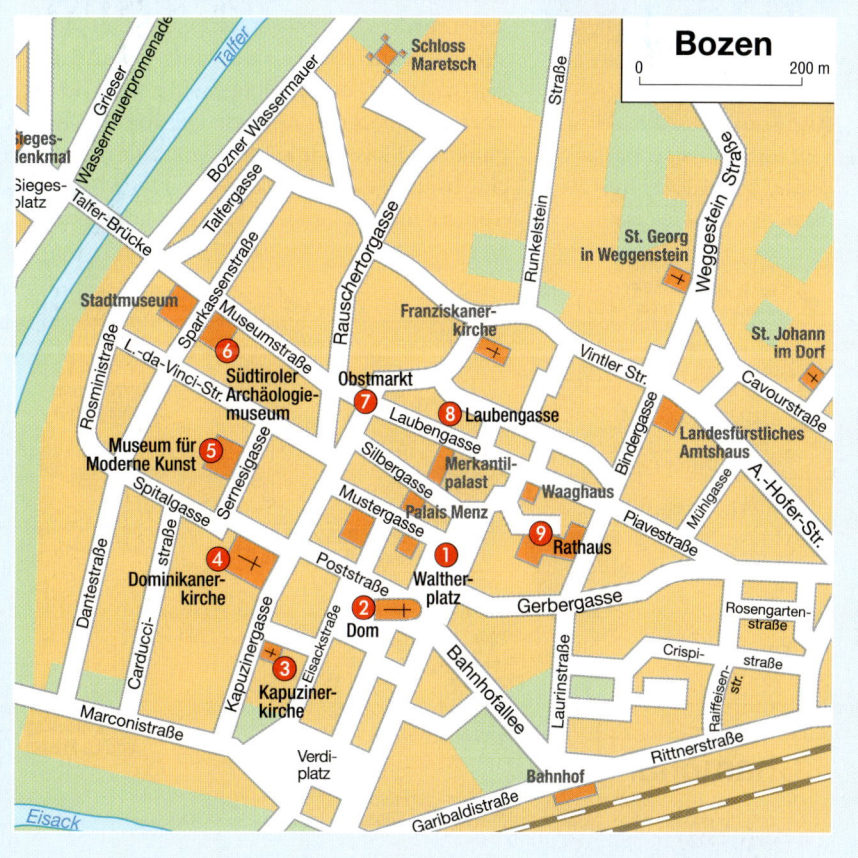

Rundbögen markieren die Arkadengänge der berühmten Bozner Lauben.

Wie im Schlaraffenland: der herrliche Obstmarkt

601

Chamonix

Wer durch die Straßen von Chamonix flaniert, wird bald feststellen, dass das Publikum international ist. Die Gäste folgen dem Ruf des Montblanc, auch wenn nur die wenigsten seinen Gipfel besteigen. Doch der Berg ist überall präsent: am schönsten natürlich in Natura weithin sichtbar über dem Tal, aber auch auf T-Shirts, als Eisbecher- oder Salat-Kreation, als Name von Hotels und Restaurants, als Titel auf Büchern oder als groß aufgezogenes Kunstwerk in den Schaufenstern der Fotogeschäfte.

Kein Wunder also, dass gleich zu Beginn des Stadtrundgangs der Blick zum Montblanc (4808 m) im Mittelpunkt steht – und zwar von der Place Saussure ❶ aus, zwischen Post und Casino. Das Bronze-Denkmal wurde zu Ehren des Montblanc-Erstbesteigers Jacques Balmat und des Genfer Wissenschaftlers Horace Bénédicte de Saussure errichtet. Von der Place Saussure ist es nicht weit an der Arve entlang zum Denkmal für Dr. Michel Paccard ❷ an der Avenue Michel Croz. Paccard war 1786 der Gefährte Balmats bei der Erstbesteigung, erntete dafür aber wenig öffentliche Anerkennung. Erst anlässlich der 200-Jahr-Feier der Erstbesteigung wurde das Denkmal für ihn aufgestellt.

In der Avenue Michel Croz befindet sich auch das Musée Alpin ❸. Exponate und Dokumente aus der Geschichte des Alpinismus, eine Nachbildung der Inneneinrichtung des Observatoriums von Dr. Vallot auf dem Montblanc, die Bergausrüstung der alpinen Pioniere sowie eine wunderbare Mineralien- und Gemäldesammlung lohnen einen Besuch. Auch beim nächsten Ziel steht der Berg im Mittelpunkt: im Maison de la Montagne ❹ bei der Kirche. Im Erdgeschoss ist das Bergführerbüro der Compagnie des Guides, der 1821 gegründeten, ersten Bergführervereinigung der Welt, untergebracht. In einem Schaukasten am Eingang ist stets der aktuelle Wetter- und Lawinenbericht ausgehängt. Wem dies nicht ausreicht, dem steht im oberen Stockwerk das Office de Haute Montagne (OHM) zur Verfügung, ein im gesamten Alpenraum einzigartiges Informationsbüro für Alpinisten. Experten geben dort Auskunft über die aktuellen Verhältnisse in den Routen, jeder kann sich individuell und gratis beraten lassen. Im selben Stockwerk befindet sich auch eine interessante Ausstellung über Wetterkunde und Lawinen. Jenseits der Straße hält das schmucke Office de Tourisme ❺ Informationsmaterial für Besucher bereit.

Eines der nettesten Gässchen im Zentrum, die Rue des Moulins ❻, verläuft parallel zur Rue Joseph Vallot direkt an der Arve entlang zur Avenue du Mont Blanc. Vor dem großen Einkaufskomplex im Erdgeschoss des Hotel Alpina führt die Promenade du Fori weiter an der Arve entlang – längs des großen Bildungs- und Freizeitkomplexes, den die Stadt ihrem Ex-Bürgermeister Maurice Herzog verdankt. Dort befindet sich auch die berühmte ENSA, die École Nationale de Ski et d'Alpinisme ❼, an der die staatlichen Bergführer und Skilehrer ausgebildet werden. Außerdem sind hier die Stadtbibliothek, Schulen und weiter hinten das großzügig angelegte Sportzentrum Charles Bozon ❽ zu finden. Der sich daran anschließende Bois du Bouchet eignet sich hervorragend für längere Spaziergänge, ebenso wie die Ortsteile Les Mouilles und La Frasse ❾ jenseits der Straße nach Argentière. In diesen ruhigen, alten Vierteln begeistern reizende Häuser und Chalets. Und dann ist da noch der Friedhof Biolay ❿ am Ortseingang, auf dem berühmte Persönlichkeiten aus der Welt des Alpinismus ihre letzte Ruhestätte fanden, darunter der englische Matterhorn-Erstbesteiger Edward Whymper, der Annapurna-Erstbesteiger Louis Lachenal, die bekannten Bergführer und Autoren Lionel Terray und Gaston Rébuffat sowie der Alpinschriftsteller Roger Frison-Roche.

Ein Denkmal für Dr. Michel Paccard, einen der beiden Erstbesteiger des Montblanc

Viele berühmte Alpinisten fanden auf dem Friedhof von Chamonix ihre letzte Ruhestätte

Das Hotel de Chamonix am Place d'Eglise

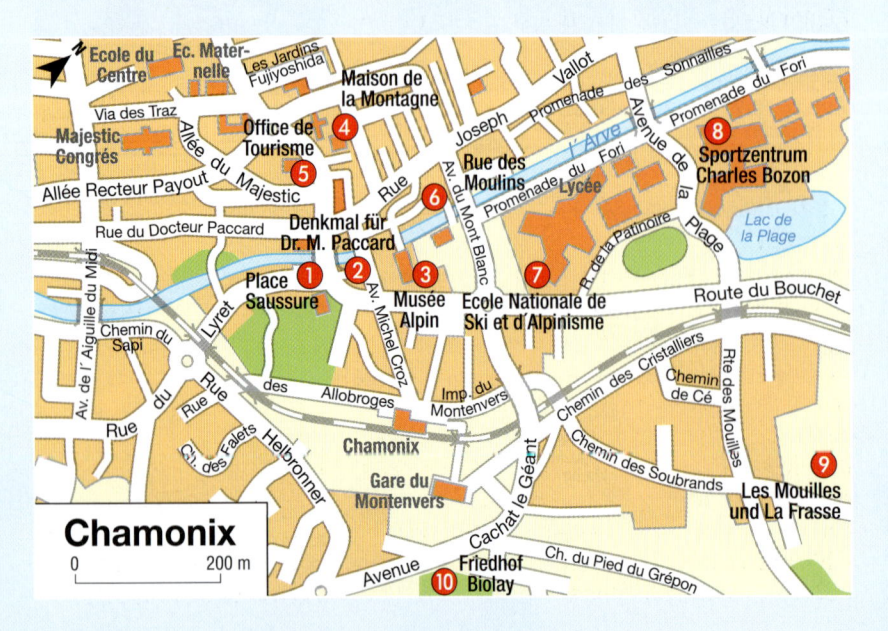

CHUR

Seit 5000 Jahren ist die Region um Chur besiedelt, nicht weniger als elf Alpenpässe lassen sich von hier aus kontrollieren. Diese hervorragend strategische Lage wussten bereits die Römer zu schätzen. So wurde Chur Anfang des 4. Jh. zur Hauptstadt der Provinz Rätia erhoben, später übernahmen die Bischöfe die Staatsmacht. Chur ist aber nicht nur das älteste Bistum nördlich der Alpen, sondern auch die älteste Stadt der Schweiz.

Mit der steigenden Bedeutung der Handelsverbindungen über die Alpenpässe entwickelte sich Chur zu einem wichtigen Transitzentrum – und zu einer selbstbewussten kleinen Metropole mit einer interessanten Altstadt, die zum Bummeln und Entdecken einlädt. Seine angenehmen Temperaturen verdankt Chur dem milden Föhn, der hier regelmäßig »bläst«.

Die Entdeckungsreise durch die geschichtsträchtige Altstadt beginnt beim Bahnhof. Von dort zieht sich die Bahnhofstraße zum Postplatz mit dem Bündner Kunstmuseum ❶, in dem unter anderem Werke von Alberto Giacometti und Giovanni Segantini zu sehen sind. Rechts in der Poststraße steht das barocke Alte Gebäu ❷, eines der repräsentativsten Bündner Herrenhäuser, das in der ersten Hälfte des 18. Jh. errrichtet wurde. Das Mitte des 15. Jh. gebaute Churer Rathaus ❸ mit seinem riesigen Satteldach überragt die Dächer der Altstadt. Eindrucksvoll ist auch das Erdgeschoß: In diesem, auf vier massigen Säulen ruhenden Kreuzgratgewölbe wurden einst die für den Alpentransit bestimmten Waren gelagert. Vom Rathaus aus geht es in südlicher Richtung weiter ins Zentrum der Altstadt und damit zur innen streng gestalteten, spätgotischen Martinskirche ❹. Der Martinsplatz ist umgeben von Bürgerhäusern – prachtvollen Zeugen einer stolzen Vergangenheit. Die malerische Kirchgasse führt hinauf zum »Hof«, zur bischöflichen Festung mit der Marienkathedrale. Neben der schönen Barockfassade der im 17. und 18. Jh. erbauten Residenz der Bischöfe ❺ bildet die wuchtige spätromanische Kathedrale St. Mariae Himmelfahrt ❻ den spannenden Kontrast. Im Innern der Kirche beeindruckt nicht nur der gewaltige, an ein natürliches Felsgewölbe erinnernde Innenraum, sondern auch der prachtvolle spätgotische Schnitzalter.

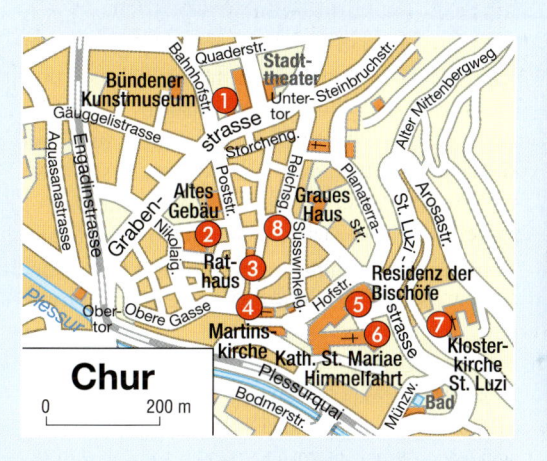

Die Klosterkirche St. Luzi ❼, die ebenfalls zum »Hof« gehört, birgt eine für die Schweiz einzigartige Ringkrypta. Vorbei am Marsölturm und weiteren geschichtsträchtigen Gebäuden geht es zum Grauen Haus ❽, dem Sitz der Bündner Kantonsregierung. Von dort geht es wieder zurück zum Ausgangspunkt – oder auch nicht. Denn die unzähligen Läden in der weitgehend verkehrsfreien Churer Altstadt laden dazu ein, dem kulturellen Ausflug einen Einkaufsbummel folgen zu lassen. Oder aber man lässt den Ausflug ganz gemütlich in einem der netten Cafés und Gasthäuser ausklingen – schließlich zählt Chur auch kulinarisch zu den besten Adressen Graubündens.

In regelmäßiger Dreiecksform wurde der »Hof« erbaut.

Eine der malerischen, von stolzen Bürgerhäusern gesäumten Gassen der schönen Altstadt

Die Barockfassade an der bischöflichen Residenz

Einladung zu einer gemütlichen Rast in der ältesten Stadt der Schweiz: Café am Arcasplatz

DAVOS

Davos ist mehr als eine Stadt, es ist eigentlich eine ganze Landschaft, geprägt von Walsern aus dem Oberwallis, die sich im 13. Jh. in dem Hochtal niederließen. Die weit verstreute Siedlungsform und die Bauweise der Häuser legen Zeugnis davon ab. Dem Baustil der Gebäude in Davos selbst – der höchstgelegenen Stadt Europas – sieht man diese Vergangenheit jedoch nicht mehr an. Bausünden, wie sie im Flachland alltäglich sind, finden sich auch hier. Dennoch gibt es noch manches Juwel zu entdecken.

Ein schlichtes, modernes Bauwerk bildet den idealen Rahmen für die farbenprächtigen Werke Kirchners

Ein Muss für Aktive: das große, moderne Sportzentrum in Davos-Dorf

Hier im Kongresszentrum treffen sich beim Weltwirtschaftsforum die Mächtigen der Welt.

Aus den einstigen Fraktionen Davos Platz und Davos Dorf ist längst eine Stadt geworden – auch was ihr Erscheinungsbild betrifft. Die dichte, mehrstöckige Bebauung vorwiegend im Flachdachstil trifft allerdings nicht jedermanns Geschmack. Seinen Aufstieg vom Bauerndorf zur angesehenen Kurstadt verdankte Davos dem deutschen Arzt Alexander Spengler, der Mitte des 19. Jh. hier ein Sanatorium für Lungenkranke eröffnete. Nach dem Rückgang des Kurbetriebs ab 1948 profilierte sich Davos erfolgreich als Sport- und Kongressstadt. Jedes Jahr treffen sich hier führende Politiker und Fachleute zum Weltwirtschaftsforum.

Den schönsten Blick auf Davos genießt man von der Hohen Promenade ❶ aus. Man sollte sich etwa eine Stunde Zeit nehmen, um vom Bahnhof Davos Dorf auf dem breiten, schönen Weg nach Davos Platz zu wandern. Tafeln informieren dabei über den geologischen und geschichtlichen Hintergrund. In Davos Platz geht es dann auf dem recht steilen Praviganweg, vorbei an der 1892 erbauten katholischen Marienkirche ❷, hinunter zum Hotel Strela ❸. Ursprünglich hatte ein nach St. Petersburg ausgewanderter Zuckerbäcker hier sein Feriendomizil. 1861 wurde das Gebäude zum ersten Hotel der Region umgebaut, in dem dann auch Kurgäste untergebracht wurden, die bald in Scharen anreisten. In der Nähe steht das 1889 errichtete Sanatorium Dr. Turban ❹, das spätere Parksanatorium, das seit 1973 als Hotel dient. Im Zentrum von Davos Platz erhebt sich neben der 1315 erbauten Kirche St. Johann ❺ das Rathaus ❻ aus dem 16. Jh., das 1930 eine Fassade im Bauhausstil erhielt. Ein besonderes Kleinod ist im zweiten Stock die mit Arvenholz getäfelte Große Stube von 1564, in der einst der »Zehngerichtebund« tagte, einer jener Bünde, durch deren Zusammenschluss der Kanton Graubünden gebildet wurde.

Ein Schaufensterbummel entlang der Promenade macht den Rückweg nach Davos Dorf abwechslungsreich und führt direkt zum künstlerischen Highlight der Stadt: dem 1992 eröffneten Kirchner-Museum ❼. Das schlichte, lichtdurchflutete Gebäude, in dem die Materialien Glas, Beton, Stahl und Holz hervorragend kombiniert wurden, bietet den idealen Rahmen für Ernst Ludwig Kirchners farbenprächtige Werke, die wegweisend für den deutschen Expressionismus waren. Von dort sind es nur ein paar Schritte zum wohl prachtvollsten Hotel von Davos, dem Seehof ❽, dessen Grundmauern noch aus dem 13. Jh. stammen. 1770 wurde das Gebäude in ein vornehmes Patrizierhaus umgebaut und 1869 in ein Hotel und Kurhaus verwandelt. Bei der Renovierung 1991 konnte trotz Modernisierung der ursprüngliche Stil des Hotels bewahrt werden. Durch den Kurgarten, vorbei am Kongresszentrum ❾, spaziert man nun auf der Promenade gemütlich Richtung Bahnhof. Bevor der Rundgang beendet ist, lohnt sich aber noch ein Besuch des Heimatmuseums ❿ im Alten Pfrundhaus, einem prächtigen Patrizierhaus aus dem 17. Jh. Vor allem mit Möbeln, bäuerlichem Gerät und Spielzeug wird hier die walserische Vergangenheit dokumentiert, von der es sonst im heutigen Davos leider nicht mehr sehr viel zu sehen gibt.

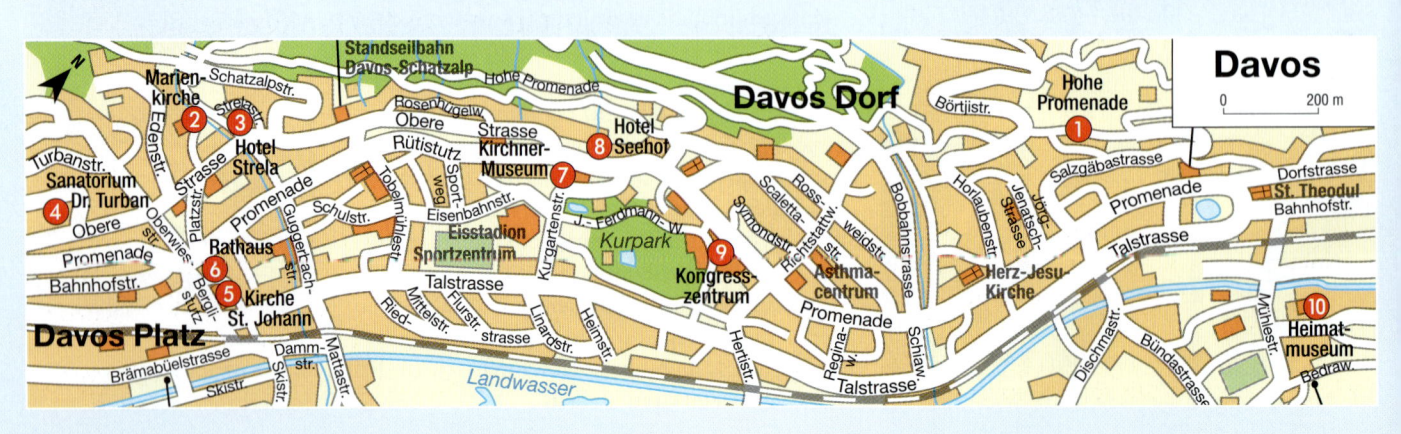

GARMISCH-PARTENKIRCHEN

Die Titel, mit denen sich Garmisch-Partenkirchen gerne schmückt – wie Olympiastadt, Kongresszentrum oder Heilklimatischer Kurort –, stehen alle im Zusammenhang mit dem Tourismus und dem 20. Jh. Dabei kann der renommierte Ort auch auf eine lange Geschichte verweisen. Günstig an einer schon zur Römerzeit wichtigen Handelsstraße zwischen Augsburg und Italien gelegen, erlebten die beiden Orte bereits im Mittelalter eine Blütezeit. Partenkirchen, der östliche Ortsteil am Fuß des Wank, wurde von den Römern gegründet und 1361 zum Markt erhoben. Die erste Erwähnung von Garmisch, das mehr bäuerlich geprägt war, findet sich in einer Chronik des 7. Jh. Gegen den Widerstand der Bevölkerung wurden die beiden Ortsteile 1935 – ein Jahr vor den Olympischen Winterspielen – zusammengeschlossen.

Die Promenadenstraße in Garmisch wird überragt von der barocken Pfarrkirche St. Martin.

Der im Zentrum gelegene Bahnhof ❶ ist der ideale Ausgangspunkt für Unternehmungen in und um Garmisch-Partenkirchen. Ausflügler mit Gipfellust steigen hier in die Züge der Zugspitzbahn und fahren von 708 m Seehöhe hinauf zum rund 2000 m höheren Zugspitzplatt und per Seilbahn weiter zum Gipfel – bei klarer Sicht ein großartiges Erlebnis. Nicht weniger lohnend ist aber auch ein Spaziergang zu den Sehenswürdigkeiten der Marktgemeinde. Die Olympiastraße führt zum Garmischer Kongresshaus und dem Kurhaus ❷, in dem eine schöne Sammlung historischer Puppen sowie wertvolle Porzellanplastiken des 18. Jh. zu sehen sind. Über die Promenadestraße kommt man zu der barocken Pfarrkirche St. Martin ❸ mit ihren schönen Stuckverzierungen, die 1730-33 von dem Wessobrunner Baumeister Josef Schmuzer errichtet wurde. Sehenswert sind vor allem die prächtige Kanzel und die Deckenfresken sowie die Martinslegende, die von dem Oberammergauer Lüftlmaler Franz Seraph Zwinck stammt. Zum Glück wurde damals die zu klein gewordene Alte Kirche ❹ nicht abgerissen: Ihre frühgotischen Grundmauern stammen von 1280, ihr heutiges Aussehen erhielt sie 1522. Das Innere schmücken Wandfresken, darunter ein 7 m hoher Christophorus aus dem 14. Jh.

Abseits des Verkehrstrubels spaziert man dann auf dem reizvollen Partnachuferweg ❺ nach Partenkirchen. Hier beeindruckt vor allem das harmonische Nebeneinander von schönen alten Bauernhäusern und prächtigen Handels- und Bürgerhäusern. An der evangelischen Kirche vorbei gelangt man zum Rathausplatz und damit zur geschichtsträchtigen Ludwigstraße ❻: Vor 2000 Jahren verlief hier die Römerstraße Via Claudia, und vor rund 1000 Jahren war dies der zentrale Handelsplatz im Werdenfelser Land, das als »Goldenes Landl« bekannt war. Heute ist die Ludwigstraße die Flanier- und Einkaufsmeile. Hier steht auch die St.-Sebastians-Kapelle ❼. Sie wurde während des Dreißigjährigen Krieges 1637 errichtet, als die Pest im Werdenfelser Land wütete. Dann geht es bergauf zur idyllischen Wallfahrtskirche St. Anton ❽. Das schmucke Kirchlein aus dem frühen 18. Jh. erstrahlt im heiteren Glanz des Rokoko. Ein Kunstjuwel ist das 1736 von Johann Evangelist Holzer geschaffene Kuppelfresko. Von St. Anton bietet sich auch ein herrlicher Blick auf das großartige Landschaftsensemble mit dem flachen Talboden und den schroffen Felsgipfeln des Wettersteinmassivs. Vorbei an der Pfarrkirche Maria Himmelfahrt geht es nun zurück in die Ludwigstraße und zum Werdenfels Museum ❾, das 1895 aus einer privaten Sammlung entstand. Es ist in einem Kaufmannshaus aus dem 17. Jh. untergebracht und bietet auf fünf Etagen interessante Einblicke in die Geschichte und Kultur des Werdenfelser Landes. Letzte Station der Tour ist das Richard-Strauss-Institut ❿, in dem eine sehenswerte Ausstellung über Leben und Werk des großen Komponisten informiert, der Partenkirchen 1908 zu seiner Wahlheimat machte und hier bis zu seinem Tod 1949 lebte.

Mit kunstvoll gefertigten Schildern verzierte Häuser findet man in beiden Ortsteilen.

Im Werdenfelser Land wird das Brauchtum nicht nur an Festtagen hingebungsvoll gepflegt.

Eine der prächtigen Villen, die Partenkirchen seiner blühenden Vergangenheit zu verdanken hat.

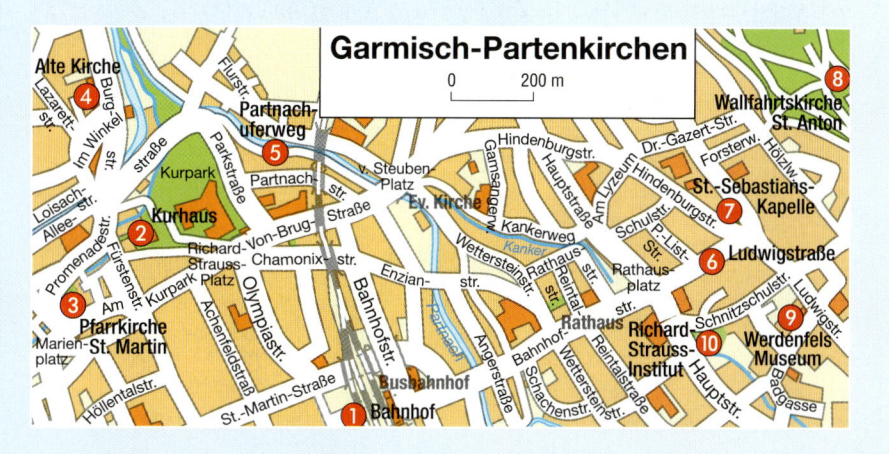

GRENOBLE

Dicht drängen sich die Häuserreihen im historischen Wohnviertel Saint Laurent.

Eine der grünen Oasen beim Stendhal-Museum in einer von Bergen umgebenen Stadt

Man sollte sich Zeit nehmen, um gemütlich über die historischen Plätze zu schlendern.

»Am Ende jeder Straße ein Berg« – so beschrieb der Schriftsteller Henri Beyle, der 1783 in Grenoble geboren und später unter dem Pseudonym Stendhal berühmt wurde, seine Heimatstadt. Tatsächlich bilden die Gebirgszüge von Vercors, Belledonne und Chartreuse den engen, aber fantastischen Rahmen der einmalig gelegenen Universitäts- und Olympiastadt am Zusammenfluss von Isère und Drac. Wer sich zuerst einen Überblick über das einstige Zentrum des Dauphiné verschaffen möchte, fährt am besten mit der Seilbahn hinauf zu den Ruinen des Fort de la Bastille. Dort oben eröffnen sich herrliche Perspektiven, die Lust machen, in das bunte Dächermeer von Grenoble einzutauchen.

Und dies kann man vorzüglich direkt von der Seilbahnstation zum Fort de la Bastille ❶ aus. Vorbei am Jardin de Ville mit seinem Barockgarten und dem Stendhal-Museum ❷, das im Palais Lesdiguières, einem prächtigen Gebäude aus dem 16. Jh. untergebracht ist, gelangt man ins Herz der Altstadt Grenobles: zum stimmungsvollen Place St-André ❸ mit dem Standbild Bayards, des ritterlichen Volkshelden des Dauphiné, in seiner Mitte. Im 13. Jh. wurde die Stiftskirche St. André erbaut; ihr Turm aus Tuffstein ist 56 m hoch. Einen fast düsteren Eindruck macht das Palais de Justice ❹ im ehemaligen Parlamentsgebäude. An diesem, am Ende des 15. Jh. errichteten Gebäude, ist der Übergang von der Gotik zur Renaissance sehr gut nachzuvollziehen.

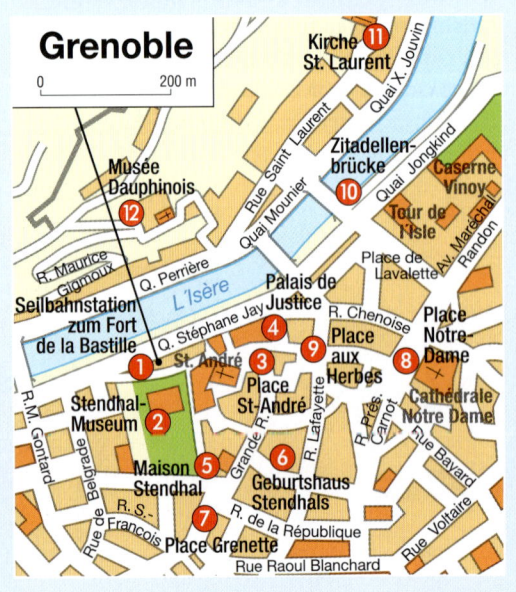

Eine schmale Gasse führt vom Place St-André zur Flaniermeile Grenobles, der Grande-Rue. Hier befindet sich auch die Maison Stendhal ❺, ein herrliches Gebäude mit zwei bezaubernden Arkadenhöfen, das dem Großvater des Schriftstellers gehörte. Wer das Geburtshaus Stendhals ❻ besuchen möchte, biegt kurz in die Rue J. J. Rousseau ein. Zurück in der Grande Rue lohnt sich der Bummel zum gemütlichen Place Grenette ❼, bevor man über die Rue de la République und die Rue Lafayette zum Place Notre-Dame ❽ mit der gleichnamigen Kathedrale geht. Ganz in der Nähe befinden sich die schmiedeeisernen Hallen der Place aux Herbes ❾ aus dem 19. Jh, die heute als Markthallen dienen.

Über die Zitadellenbrücke ❿ führt der Rundweg durch Grenoble nun auf das rechte Ufer der Isère, wo sich das historische Wohnviertel St. Laurent erstreckt. Dort lebten einst die Handwerker, darunter viele aus Italien eingewanderte Familien. So kam das Viertel zu dem Beinamen »Quartier italien«. Ein Juwel für Kunstkenner ist die Kirche St. Laurent ⓫. Die kleeblattförmige Krypta stammt aus vorromanischer Zeit und gehört zu den ältesten sakralen Baudenkmälern Frankreichs.

Die Montée Chalemont führt nun zur letzten Station, dem etwas erhöht liegenden ehemaligen Kloster Ste-Marie-d'en-Haut mit dem Musée Dauphinois ⓬. In dem hervorragend aufgebauten Volkskundemuseum informieren eine Reihe interessanter historischer Exponate über Leben, Land und Leute des Dauphiné. Sehenswert ist aber auch das Kloster selbst: der prächtige Kreuzgang, die Barockkapelle und der Kapitelsaal. Wer vor dem Rückweg zum Ausgangspunkt von hier oben seinen Blick über Grenoble schweifen lässt, kann Stendhals Worte auch zwei Jahrhunderte später nur bestätigen: »Am Ende jeder Straße ein Berg.«

Der schnellste Weg zum Fort de la Bastille

INNSBRUCK

Die Kombination ist prickelnd: Auf der einen Seite die Berge, etwa die mächtige Kulisse der Nordkette; auf der anderen die städtische Lebensart, prächtige Gebäude, imposante Kunstschätze und eine pulsierende Kulturszene. Ja, ein Ausflug in die Tiroler Landeshauptstadt ist spannend und reizvoll. Und wer von den Sehenswürdigkeiten und vom Shopping in der Fußgängerzone genug hat, kann auch schnell in die Einsamkeit herrlicher Berggipfel entfliehen.

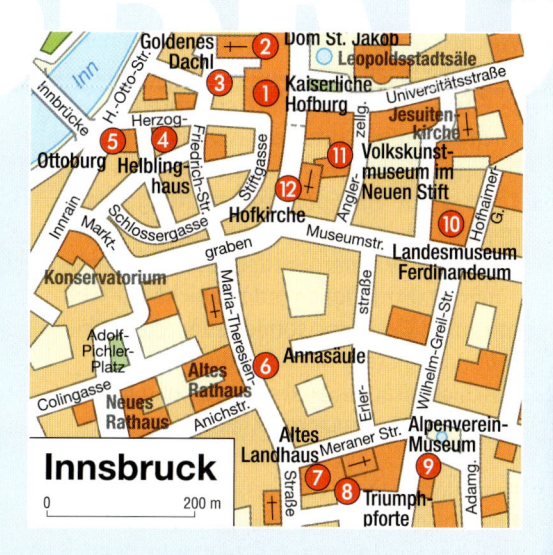

Kaiser Maximilian I. war ein großer Liebhaber Tirols. Im späten 15. Jh. verbrachte er viel Zeit in Innsbruck und wurde zu einem der wichtigsten Gönner der Stadt. Er war es, der zahlreiche Bauten in Auftrag gab, die heute noch das Stadtbild prägen. So ist es nicht verwunderlich, dass ein Spaziergang durch die Alpenmetropole auch bei einem Bauwerk Maximilians beginnt: bei der Kaiserlichen Hofburg ❶ mit ihrem prächtigen Prunksaal. Gleich daneben, am Domplatz, steht der 1724 fertig gestellte Dom St. Jakob ❷. Er besitzt eine prächtige Rokokostukkatur, herrliche Deckenfresken und einen reich mit Silber verkleideten Altar mit Marienbild. Nur wenige Schritte sind es von hier zum Wahrzeichen Innsbrucks, dem Goldenen Dachl ❸ am Alten Stadtplatz. Im Jahre 1500 ließ Kaiser Maximilian I. das »Dachl« des Prunkerkers, von dem aus der Hofstaat Spiele und Feste auf dem Stadtplatz beobachtete, mit vergoldeten Kupferschindeln decken.

Die Herzog-Friedrich-Straße, die Hauptachse der Altstadt, ist gesäumt von herrlichen Bürger- und Gasthäusern, auffallend ist vor allem die überreich strukturierte Rokokofassade des Helblinghauses ❹. Nun lohnt sich ein kurzer Abstecher zum Innufer mit der Ottoburg ❺, einem gotischen Wohnturm, der heute ein beliebtes Gasthaus beherbergt. Geht man dann durch die Gassen der Altstadt nach Süden, kommt man über den Marktgraben zur Maria-Theresien-Straße, einer herrlichen, historisch geprägten Einkaufsstraße, in deren Mitte die 1706 aufgestellte Annasäule ❻ ein beliebtes Fotomotiv darstellt. An der Ecke zur Meraner Straße beherrscht das Alte Landhaus ❼ das Bild, ein prachtvolles Palais, das heute Sitz der Landesregierung ist. Und natürlich die Triumphpforte ❽, die Maria Theresia 1765 anlässlich der Hochzeit ihres Sohnes Leopold errichten ließ. Bergfreunde können hier einen Abstecher ins Alpenverein-Museum ❾ machen, während Kunstliebhaber direkt zum Ferdinandeum ❿ gehen werden, dem Tiroler Landesmuseum mit einer hervorragenden Gemäldegalerie und einer wertvollen kunstgeschichtlichen Sammlung. Einen Besuch lohnt auch das Volkskunstmuseum im Neuen Stift ⓫, das mit zahlreichen Bauernstuben, Möbeln und Trachten eine der reichhaltigsten Sammlungen des Alpenraums aufweist. Bevor man wieder zur Hofburg zurückgeht, muss man noch einen Blick in die Hofkirche ⓬ mit dem Grabmal des 1519 verstorbenen Kaisers Maximilian I. werfen – ein monumentales Denkmal, das zu den wichtigsten Werken deutscher Plastik der Renaissance zählt, geschaffen für jenen Herrscher, dem Innsbruck so viele Kostbarkeiten zu verdanken hat.

Noch ein Tipp zum Abschluss: Den besten Ausblick auf Innsbruck bietet das Hafelekar, das man direkt mit der Standseilbahn beim Alpenzoo und der Nordkettenbahn erreicht. Dort oben genügt dann eine kurze Wanderung, um in die Stille der Bergwelt einzutauchen, die Innsbruck umgibt.

Ein einzigartiges Kunstwerk: der prachtvolle Prunksaal in der Kaiserlichen Hofburg

Das Hochzeitsgeschenk Maria Theresias für ihren Sohn: die Triumphpforte

Die wunderschöne Häuserzeile von St. Nikolaus zeigt sich in herbstlichem Gewand.

Kunstvoll gestaltet ist auch die Fassade der kaiserlichen Hofburg.

KITZBÜHEL

Wer den Namen Kitzbühel hört, denkt meist zuerst an legendäre Skirennen und prominente Gäste. Und seit den letzten Jahren vielleicht auch an interessante Tenniswettkämpfe und herrliche Golfplätze. Wohl keine andere Stadt Tirols wurde von Sportveranstaltungen so geprägt wie Kitzbühel – und ist damit so berühmt geworden. Entdecken kann man auf einem Stadtrundgang jedoch nicht nur weltbekannte Gesichter, sondern vor allem eine reizende Altstadt mit sehenswerten, geschichtsträchtigen Gebäuden und kunsthistorisch interessanten Kleinoden.

St. Andreas und die Liebfrauenkirche

Nicht nur an Festtagen sind im Zentrum von Kitzbühel die Straßen voller Menschen.

Kitzbühel als Anziehungspunkt für die High Society – hier beim Ferrari-Treffen

Die ideale Kulisse für eine buntes Markttreiben

Unter der warmen Frühjahrssonne verwandeln sich Kitzbüheler Horn und Hahnenkamm schnell in ein Wander- und Mountainbike-Dorado, das sich bis zu den Höhen am Paß Thurn erstreckt. Und im Tal schwärmen Tennisspieler und Golfer begeistert von fantastischen Plätzen und spannenden Begegnungen. Doch Kitzbühel hat nicht nur für Sportfans einiges zu bieten, wie man bei einem Rundgang durch Vorder- und Hinterstadt – so heißen die beiden fast parallel verlaufenden Hauptstraßen des alten Ortskerns – rasch feststellen wird.

Ein guter Ausgangspunkt sind die beiden Kirchen, die nördlich des Ortskerns auf einem kleinen Hügel thronen und vor allem wegen ihrer ungewöhnlichen Proportionen auffallen: Der mächtige spätgotische Hauptbau der Pfarrkirche St. Andreas ❶ wurde Ende des 15. Jh. errichtet, ihr relativ kleiner romanischer Turm stammt noch von der ursprünglichen Kirche aus dem 13. Jh. Genau anders herum ist es bei der Liebfrauenkirche ❷, deren wuchtiger Turm nicht so recht zu der kleinen Doppelkapelle passen will. Weil die Kapelle im Jahr 1566 eine 6332 kg schwere Glocke erhalten sollte, wurde ihr ein 48 m hoher Glockenturm aufgesetzt. Nicht übersehen darf man hier die kleine Ölbergkapelle ❸ mit ihren herrlichen Fresken aus dem 16. Jh., die sich zwischen den beiden Kirchen versteckt. Durch die Vorderstadt ❹ geht es dann ins Herz Kitzbühels. Farbig bemalte Häuser mit breiten Fronten und vorspringenden Giebeldächern reihen sich dicht aneinander und erinnern an die typischen Tiroler Bauernhäuser; Erker und gemeißelte Steinportale verleihen den Gebäuden jedoch ein städtisches Gepräge. Die prächtigen historischen Häuserzeilen belegen, dass nicht erst die Touristen Wohlstand nach Kitzbühel brachten: Eine wirtschaftliche Blüte erlebte die Stadt bereits im 16. Jh., als in der Region Kupfer und Silber abgebaut wurden.

Vorbei am reizenden Brunnen mit den spielenden Gämsen ❺ von 1971 gelangt man zur gotischen Katharinenkirche ❻ mit ihrem sehenswerten Kupferschmiedaltar von 1515. Prächtiger Schlusspunkt der Vorstadt ist der ehemalige Getreidekasten ❼, der im 16. Jh. erstmals erwähnt wurde und zu den historisch wertvollsten Gebäuden Kitzbühels zählt. In den Räumen ist heute das Museum Kitzbühel untergebracht, in dem neben volkskundlichen und regionalgeschichtlichen Exponaten sowie einer Ausstellung über den Bergbau vor allem der Wintersport eine wichtige Rolle spielt. Vertreten sind dabei natürlich auch lokale Heroen wie die Skilegenden Toni Sailer und Anderl Molterer oder der singende Ex-Rennläufer Hansi Hinterseer. Zurück geht es anschließend durch die nicht minder reizvolle Hinterstadt. Im Hof der Bezirkshauptmannschaft ❽ vermitteln Wandmalereien einen Eindruck vom historischen Kitzbühel, bevor der Weg vorbei am prächtigen, um 1520 erbauten Hotel Goldener Greif zum Stadtbrunnen ❾ führt. Hier wurde dem Gründer Kitzbühels, Ludwig dem Strengen von Bayern, ein Denkmal gesetzt. Die Hinterstadt macht nun einen Bogen nach rechts und trifft dann mit der Vorderstadt zusammen. Vorbei an der klassizistischen Spitalskirche ❿ gelangt man schließlich wieder zurück zum Ausgangspunkt.

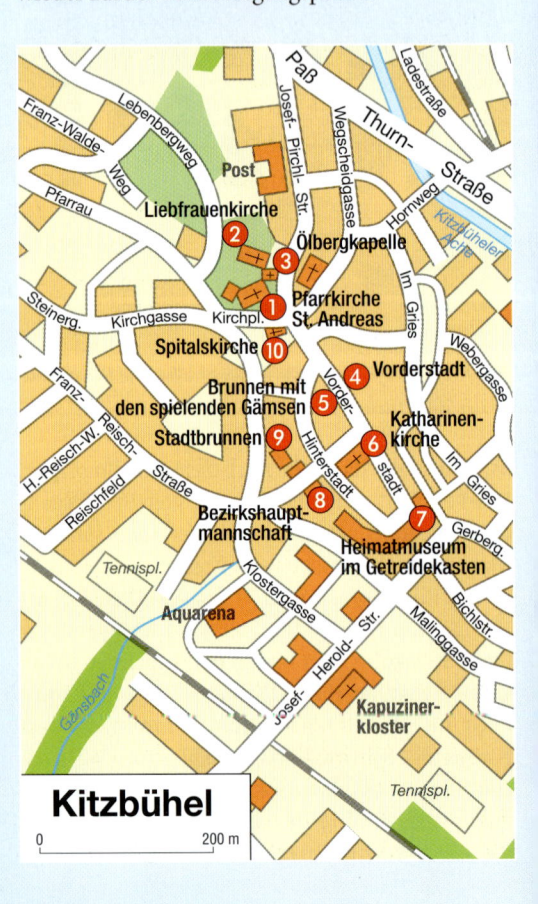

LUZERN

Eingebettet zwischen den sanften Hügelzügen des Schweizer Mittellandes und den steilen Aufschwüngen der Alpen schmiegt sich Luzern ans Ufer des Vierwaldstättersees. Über die Reuss führen mehrere Brücken; zwei davon sind so sehenswert, dass schon sie allein einen Besuch der geschichtsträchtigen, sympathischen Stadt rechtfertigen würden. Bei einem Spaziergang durch die gepflegte Altstadt stößt man noch auf so manch anderes Kleinod aus vergangenen Zeiten, aber ebenso auf moderne Einkaufsstraßen mit großstädtischem Flair.

Malerisch am Ufer des Vierwaldstättersees gelegen, verdankt es Luzern vor allem seiner strategisch günstigen Lage, dass die Römer hier einst eine Siedlung errichtet haben. Die Christen, die nach den Römern gekommen waren, gründeten im 8. Jh. ein Kloster. Auch Rudolf von Habsburg erkannte die günstige Lage nahe dem schon damals bedeutenden Gotthardpass und kaufte den Geistlichen Luzern 1291 ab. Doch die Habsburger Macht behagte den Luzernern nicht; bereits 1332 schüttelten sie die österreichischen Bande wieder ab. Luzern wurde daraufhin zum ältesten städtischen Mitglied des Bundes der Eidgenossen.

Ausgangspunkt für die Erkundungstour ist der Schwanenplatz ❶. Auf dem Weg ans Südufer der Reuss lernt man gleich das Wahrzeichen Luzerns kennen: die Kapellbrücke ❷. Ihre Erbauer nutzten Ende des 13. Jh. die »Untiefen« des Flusses geschickt aus, um die Stadtteile zu verbinden. Im Dachgebälk der ältesten Holzbrücke Europas zeigen Bildtafeln aus der Spätrenaissance die Geschichte Luzerns. 1993 wurde das Bauwerk fast vollständig durch einen Brand zerstört, ein Jahr später konnte die rekonstruierte Brücke wiedereröffnet werden. Nicht zu übersehen ist auch der trutzige Wasserturm ❸, der – wie die Brücke selbst – wichtiger Bestandteil der Stadtbefestigung war.

Am Südufer angelangt, beeindruckt das monumentale Barockgebäude der Jesuitenkirche (17. Jh.) ❹. Nur wenige Schritte entfernt erstreckt sich die lang gezogene Fassade des Ritterschen Palastes ❺ mit seinen eleganten Arkaden im Innenhof. Erbaut etwa in der Mitte des 16. Jh. im Stil der florentinischen Frührenaissance, ist das Gebäude heute Sitz der kantonalen Regierung. Der Spaziergang führt nun zur Franziskanerkirche ❻, die innen barock ausgeschmückt ist. Über die ebenfalls überdachte und mit Totentanz-Bildtafeln verzierte Spreuerbrücke ❼ geht es zurück ans Nordufer der Reuss, in die hübsche, vorwiegend gotisch-barocke Altstadt. Über Weinmarkt und Kornmarkt schlendert man zum unübersehbaren Mittelpunkt, dem italienisch beeinflussten Renaissance-Rathaus (1602-06) ❽. Durch die Gassen der Altstadt gelangt man zur Museggmauer ❾; ein Spaziergang auf dem 800 Meter langen, mit neun Türmen geschmückten Bollwerk ist beinahe schon ein Muss für jeden Luzern-Besucher. Sehenswert ist auch das 1100 Quadratmeter große »Bourbaki-Panorama« ❿, ein Rundgemälde aus dem Jahr 1881, das eine Szene des Deutsch-Französischen Kriegs 1870-71 darstellt. Ganz in der Nähe ruht in der Denkmalstraße der »Löwe von Luzern« ⓫: 1821 wurde er in die Felswand gehauen, um an den Heldentod der Schweizergarde beim Sturm auf die Tuilerien 1792 zu erinnern. Gleich daneben ist der Eingang zum Gletschergarten ⓬ mit seinen sehenswerten geologischen und volkskundlichen Sammlungen. Am Pfrundhaus ⓭ vorbei gelangt man zum harmonischen Komplex der Hofkirche ⓮, die in ihrer heutigen Form 1633-39 erbaut wurde. Sie gilt als eine der bedeutendsten und am reichsten ausgestatteten Kirchen der deutschen Spätrenaissance. Am Seeufer angelangt, geht es entweder zu Fuß oder ganz gemütlich mit dem Schiff zurück zum Ausgangspunkt.

Der Löwe von Luzern – ein Denkmal zur Erinnerung an Gefallene der Schweizergarde

Das Wahrzeichen von Luzern: die Kapellbrücke mit dem mächtigen Wasserturm

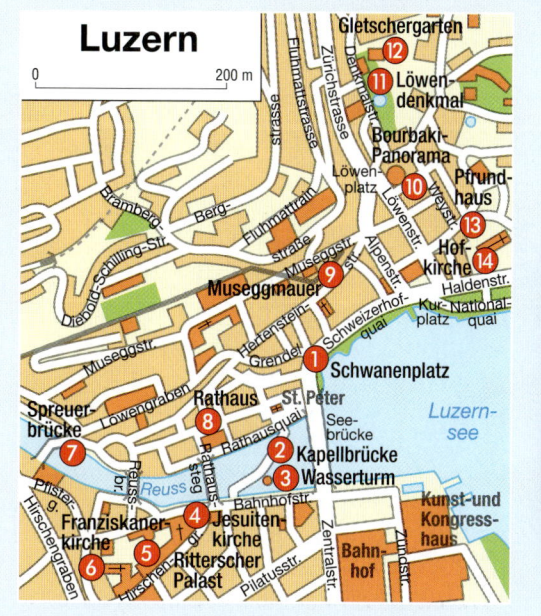

Café an der Reuss; im Wasser spiegelt sich die Jesuitenkirche.

MERAN

Das milde mediterrane Klima verhalf Meran einst zu seinem Weltruf als gediegener Kurort. Als solcher erlebte er zwar seine Blütezeit im späten 19. Jh., aber auch heute noch besticht die Stadt durch Eleganz. Und geblieben sind auch das südländische Ambiente mit Palmen, vornehmen Villen und Promenaden. Ein idealer Platz zum Erholen und zugleich Ausgangspunkt für Ausflüge in hochalpine Regionen, denn die Dreitausender der Texelgruppe und die ursprüngliche Bergwelt im Passeier Tal und Ultental scheinen zum Greifen nah.

Noble Gäste kamen früher nach Meran und erholten sich bei der Molke- oder Traubenkur; prominenteste Besucherin war zweifellos die österreichische Kaiserin Elisabeth (»Sisi«). Heute kommt man natürlich wesentlich bequemer als damals nach Meran, vor allem dank der Schnellstraße, die Bozen und Meran verbindet. Ein Spaziergang durch die Stadt, vorbei an aufwändigen Jugendstilbauten und durch verspielte kleine Gassen, ist wie eine Reise in die Vergangenheit. Als Ausgangspunkt eignen sich – auf der Südseite des Flusses Passer – die Parkplätze an der Thermenstraße. Auf der gegenüberliegenden Uferseite kommt man zunächst auf die Promenaden ❶, für die Meran ja berühmt ist. Über die Passerpromenade und die Winterpromenade kann man weiter am Ufer der Passer entlang bis zur malerischen Gilfpromenade schlendern, dann links durch das Passeirer Tor einen Abstecher machen zur Pfarrkirche St. Nikolaus ❷, einem prachtvollen gotischen Bau aus dem 14. Jh., der mit der erst im Jahr 1617 aufgesetzten Haube die Stadtsilhouette bestimmt. Nicht übersehen sollte man die angrenzende reizvolle Barbarakapelle ❸, die ebenfalls im gotischen Stil erbaut wurde.

Hier am Pfarrplatz beginnt nun die Laubengasse (italienisch: Via Portici) ❹ mit vielen sehenswerten Geschäften und Restaurants. An der Kreuzung zur Galileistraße lohnt sich ein Abstecher nach rechts vorbei an der Talstation des Sessellifts zur stattlichen Landesfürstlichen Burg ❺, die einst den Tiroler Landesfürsten als Wohnsitz diente. Eindrucksvoll ist das historische Interieur. Eine Alternative stellt das nur wenige Schritte entfernte Städtische Museum ❻ mit einer großen Sammlung zu Stadt- und Landesgeschichte dar. Es zeigt zahlreiche geologische, urgeschichtliche, kunsthistorische und volkskundliche Objekte. Vom historischen Meran zu den feinen Kurpromenaden sowie zum

In Marmor für immer präsent: Kaiserin Sisi

Trachten sind ein Symbol der Südtiroler Traditionspflege.

Hoch über Meran thront Schloss Tirol, das einem ganzen Land den Namen gab.

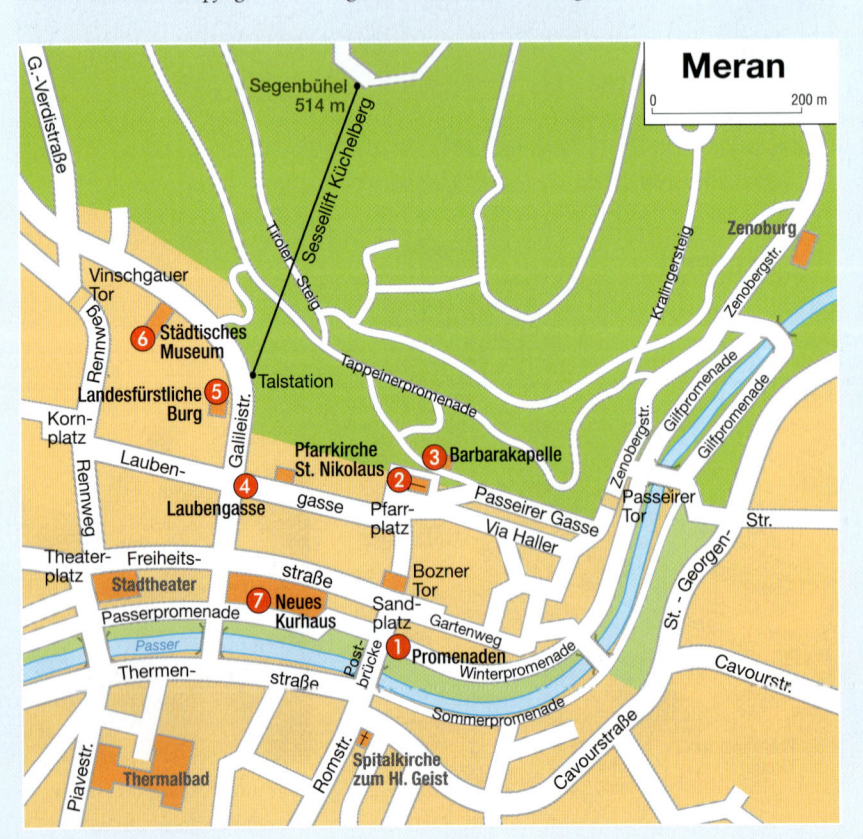

Merans Vergangenheit strahlt noch heute: das Neue Kurhaus mit seiner prachtvollen Jugendstil-Fassade.

Alten und Neuen Kurhaus ❼ sind es auf der Galileistraße nur wenige Minuten. Dem so genannten Alten Kurhaus (heute der Kleine Kursaal) wurde 1912-14 das Neue Kurhaus angefügt. Das mediterrane Klima und die nostalgische Eleganz kann man hier wie dort genießen.

Bei einem Kaffee in den Lauben oder beim Spaziergang am Ufer der Passer – erholen kann man sich in Meran auch heute noch bestens.

SALZBURG

In verschwenderischer Pracht gestalteten die Fürsterzbischöfe des 16. und 17. Jh. die Stadt. Über den Kuppeln und Türmen der Kirchen thront eindrucksvoll die fast vollständig erhaltene Burg Hohensalzburg – ein wuchtiges Symbol weltlicher Macht. Die Sehenswürdigkeiten locken Touristen aus aller Welt in Scharen an. Doch trotz allem Trubel reichen in Salzburg oft ein paar Schritte, um vom hochsaisonalen Jahrmarkt in ruhige Viertel voller Charme zu gelangen.

Bevor man sich ins reizvolle Abseits begibt, sollte man sich jedoch Zeit nehmen für die vielen Sehenswürdigkeiten. Ein guter Ausgangspunkt ist das Sigmundstor ❶, ein schönes Barockportal am Ende eines Tunnels, der bereits im 18. Jh. durch die schmalste Stelle des Mönchsberges gebohrt wurde. Gleich daneben begeistert die Pferdeschwemme ❷, eine 1695 errichtete Barockanlage mit schönen Fresken und der berühmten, frei stehenden Pferdebändigergruppe. Von dort ist es nicht weit zum Bürgerspital ❸ mit seinem malerischen Arkadenhof und dem sehenswerten Spielzeugmuseum. Ein eindrucksvoller Anblick ist auch die an die steile Felswand »geklebte«, 1350 fertig gestellte St. Blasiuskirche am Bürgerspitalplatz. Nun ist es aber Zeit, in die Getreidegasse ❹ einzubiegen und gemeinsam mit tausenden Touristen vorbei an herrlichen Bürgerhäusern (15.-18. Jh.) und zahlreichen Geschäften zum Haus Nummer 9 zu flanieren: Zu dem Gebäude, in dem Wolfgang Amadeus Mozart 1756 geboren wurde. In Mozarts Geburtshaus ❺ sind etliche Erinnerungsstücke in einem kleinen, aber feinen Museum ausgestellt. Durch die Getreidegasse kommt man schließlich zum Alten Markt ❻ mit dem zierlichen Marktbrunnen. Hier befindet sich auch das berühmte Café Tomaselli und die ehemalige Hofapotheke mit ihrer verspielten Rokoko-Ausstattung. Nur noch wenige Meter sind es zum eindrucksvollen Residenzplatz ❼ mit der hoheitsvollen Bischofsresidenz (1596-1619 erbaut), in deren herrlichen Prunkräumen sich eine bedeutende Gemäldesammlung befindet. Nicht weniger eindrucksvoll ist der Domplatz mit der prachtvollen Fassade des im 17. Jh. erbauten, mächtigen Doms ❽, der ersten Barockkirche nördlich der Alpen. Durch Residenz, Dom und die Abtei St. Peter von drei Seiten abgeschlossen, bildet der Domplatz die ideale Kulisse für eine Freilichtbühne: Während der Festspielzeit wird hier Hugo von Hofmannsthals »Jedermann« aufgeführt. Im Schatten von Dom und Residenz, aber nicht weniger reizvoll ist die angrenzende Abtei St. Peter ❾ mit dem alten, sehenswerten Friedhof und den frühchristlichen Katakomben.
Von hier aus bietet sich ein Abstecher mit der Standseilbahn hinauf zur 1077 errichteten Festung Hohensalzburg ❿ an, der größten vollständig erhaltenen Burg Mitteleuropas, wo man unter anderem das Fürstenzimmer und das Burgmuseum besichtigen kann und einen fantastischen Blick über die Stadt hat. Mit dem Lift geht es wieder hinunter; durch die Kapitel- und Kaigasse gelangt man zum Mozartplatz ⓫ mit dem Mozartdenkmal und schließlich über die Judengasse zur Salzach. Über den Makartsteg führt der Weg hinüber ans andere Ufer in den romantischen, spätbarocken Garten von Schloss Mirabell ⓬. Über den Müllnersteg gelangt man wieder auf die andere Seite der Salzach. Fast ein Muss ist zum Abschluss der Abstecher mit dem Lift hinauf zum Museum der Moderne auf dem Mönchsberg ⓭, der 120 Meter über der Salzach aufragt. Der großartige Blick über Dächer, Kuppeln, Türme und Plätze der Altstadt macht Lust, durch die mittelalterlichen, engen Gassen zu bummeln und eigene Entdeckungen zu machen: verträumte Arkadenhöfe, Bürgerhäuser mit herrlichen Fassaden, stimmungsvolle Kirchen und gemütliche Kaffeehäuser – in aller Stille, nur wenige Meter vom touristischen Trubel entfernt.

Der herrliche spätbarocke Garten des Schlosses Mirabell

Hauptanziehungspunkt für Touristen aus aller Welt: die reizvolle Getreidegasse

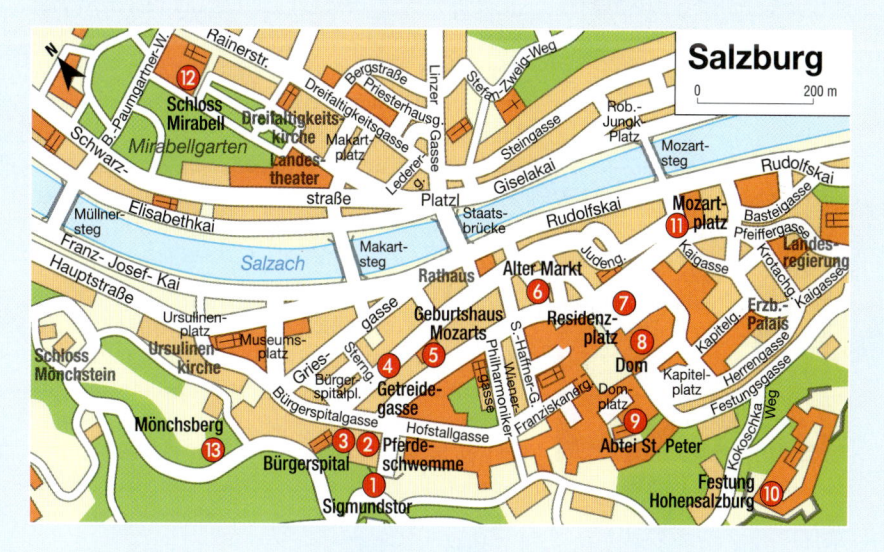

TRIENT

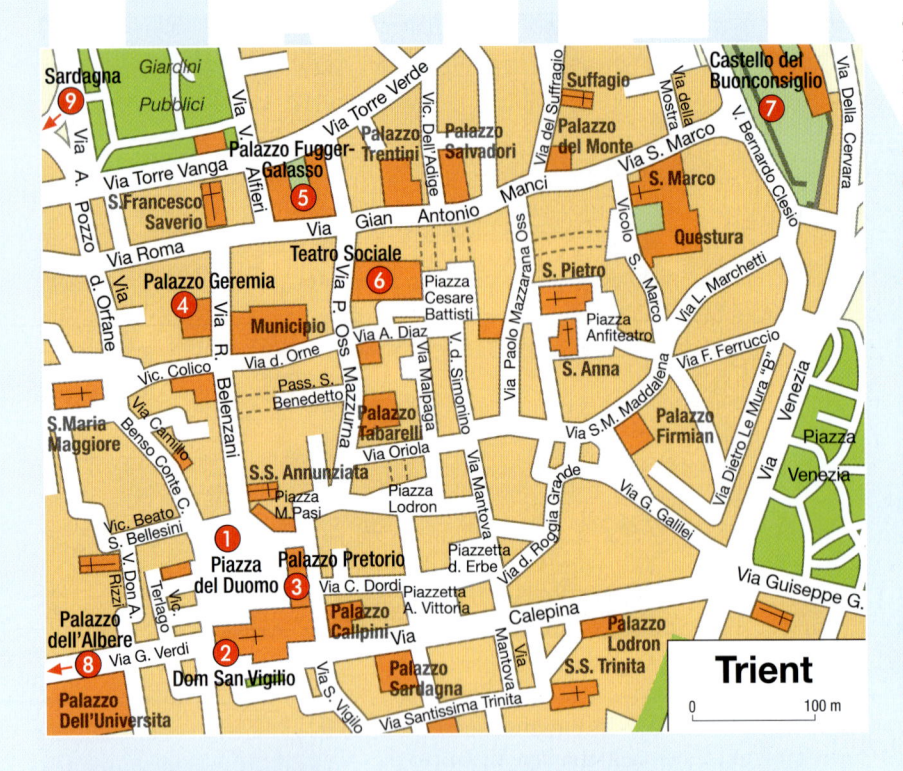

Türme prägen die alte Stadt.

Der kunstvolle Arkadengang des gewaltigen Castello del Buonconsiglio

Faszinierendes Mosaik im Tridentum

Der Domplatz mit dem Neptunbrunnen

Die Hauptstadt des Trentino ist ein wichtiger Ort an der Nord-Süd-Reiseroute über den Brenner und verbreitet mit ihrer bezaubernden Altstadt echt italienisches Flair. In die Geschichtsbücher ging Trient als Tagungsort jenes Konzils (1545-1563) ein, von dem die Gegenreformation ausging. Bis ins 18. Jh. war Trient die bedeutendste Stadt der Region, in der Fürstbischöfe die weltliche Herrschaft ausübten. Zeugen der reichen Vergangenheit sind die zahlreichen mittelalterlichen Türme, die prächtigen Renaissancepalazzi und natürlich der großartige Dombezirk.

Trient (ital. Trento) lässt sich am besten auf einem Spaziergang »von innen nach außen« entdecken. Das Herzstück der Stadt ist die Piazza del Duomo ❶, der weitläufige Domplatz mit dem barocken Neptunbrunnen in seiner Mitte. Eingerahmt wird der Platz vom Torre Civica und dem Palazzo Pretorio sowie dem mächtigen Dom San Vigilio ❷, in dem einst die Konzilsherren aus ganz Europa zusammenkamen. Der Dom gilt als Paradebeispiel lombardisch-romanischer Baukunst. Reiche Steinmetzarbeiten und elegant gestaltete Zwergarkaden bestimmen das Erscheinungsbild der 1212 begonnenen und Mitte des 16. Jh. vollendeten Basilika. Besonders schön ist die riesige Fensterrosette an der Westseite am Nachmittag, wenn die Sonne die Farben erstrahlen lässt. Ein Prunkstück der Renaissancebauten bildet der Palazzo Pretorio ❸, in dem heute das sehenswerte Diözesanmuseum untergebracht ist.

In welche Richtung man sich danach auch immer wendet, die große Vergangenheit der Stadt ist stets augenfällig. Nach einer umfassenden Renovierung der Altstadt erstrahlen die vielen Kirchen und Palazzi bedeutender Patrizierfamilien in neuem Glanz. Einige der schönsten Gebäude lassen sich in der Via Belenzani bewundern, wo besonders die Fassadenmalereien am Palazzo Geremia ❹ jeden Besucher beeindrucken. Der Spaziergang biegt kurz darauf in die Via Roma und die Via Manci ein – mit der schönen Barockkirche San Francesco Saverio, dem Palazzo Fugger-Galasso ❺ und dem Palazzo Trentini sowie einigen eleganten Geschäften. Ein kurzer Abstecher durch eine Passage zur Piazza Cesare Battisti erlaubt einen Einblick in die älteste Geschichte der Stadt: Bei Restaurierungsarbeiten am Teatro Sociale ❻ wurden erst vor wenigen Jahren Relikte aus der römischen Epoche der Stadt freigelegt und öffentlich zugänglich gemacht. Durch die Via Manci und die Via San Marco gelangt man in wenigen Minuten zum etwas erhöht gelegenen Castello del Buonconsiglio ❼. Der die Stadt beherrschende Gebäudekomplex geht in seiner Grundstruktur aufs frühe Mittelalter zurück und war einst die Residenz der Fürstbischöfe. An den mittelalterlichen Teil, das Castelvecchio aus dem 13. Jh., grenzt unmittelbar der im Renaissance-Stil errichtete Teil an. Glanzpunkte sind die venezianische Loggia im Obergeschoss des alten Teils sowie der berühmte Freskenzyklus der Monatsbilder im dazugehörenden Adlerturm. Heute befindet sich in den Räumen des Schlosses das Historische Museum und eine Ausstellung über das Risorgimento. Eine Schatzkammer zeigt berühmte Fresken- und Stuckarbeiten.

Außerhalb der Altstadt befindet sich nahe der Etsch der Palazzo dell'Albere ❽, der das Museum für moderne und zeitgenössische Kunst beherbergt. Ein schöner Ausflug führt per Seilbahn vom Ufer der Etsch über den Fluss und die Autobahn hinweg nach Sardagna ❾, von wo aus man einen herrlichen Tiefblick auf die Stadt genießt. In die nächste Etage, nämlich in den oberen Bereich des Trienter Hausbergs, des Monte Bondone, gelangt man auf einer kurvenreichen Straße. Hoch über dem Etschtal befinden sich hier der Botanische Alpengarten mit über 2000 Pflanzenarten und das Alpen-Ökologiezentrum.

VILLACH

Sehenswertes Detail bei der Pfarrkirche St. Jakob

Jedes Land hat eine offizielle Hauptstadt, doch bei manchen kommt noch eine heimliche hinzu. So auch in Kärnten, das von Klagenfurt aus regiert wird, dessen geographisches Zentrum sich jedoch in Villach befindet. Schon die Römer bauten hier eine strategisch wichtige Brücke über die Drau, und im 13. Jh. wurde Villach schließlich zur Stadt erhoben. Das 15. und 16. Jh. bescherte eine kulturelle Blütezeit, die das Erscheinungsbild der Stadt entscheidend prägte.

Der Hauptplatz ❶, auf dem der Altstadtspaziergang beginnt und endet, dient seit mehr als 800 Jahren als Ort des Handels und der Begegnung. Prächtige Akzente setzen die historischen Gebäude, die im Zweiten Weltkrieg zum Teil zerstört, danach aber wieder aufgebaut wurden. Hier befindet sich auch der Paracelsushof ❷, ein Arkadenhof, der zum Gedenken an den wohl berühmtesten Sohn der Stadt errichtet wurde. Paracelsus' Vater war über dreißig Jahre Stadtarzt in Villach, Paracelsus selbst verbrachte hier seine Jugend und blieb trotz seines rastlosen Lebens seiner Heimat verbunden. Prachtvoll anzusehen ist das Khevenhüllerhaus ❸, das sich ebenfalls am Hauptplatz befindet. Das herrliche Gebäude gehörte einst dem mächtigen Adelsgeschlecht der Khevenhüller; besonders reizvoll sind ein Renaissance-Erker und die gotischen Gewölbe und Säulen im Inneren. Heute ist in dem Gebäude ein Romantikhotel untergebracht. Das kunsthistorisch bedeutsamste Bauwerk Villachs befindet sich am oberen Ende des leicht ansteigenden Hauptplatzes: die mächtige Stadtpfarrkirche St. Jakob ❹. Sehenswert sind vor allem das Christophorusfresko aus dem 15. Jh., das Renaissance-Ratsherrengestühl und das spätgotische Kruzifix am Hochaltar.

Wer mehr über die turbulente Geschichte der Stadt erfahren will, sollte über den Oberen Kirchenplatz spazieren und das hervorragende Stadtmuseum ❺ in der nahen Widmanngasse besuchen. Spätestens nach dem Museumsbesuch ist eine Pause nötig. In der romantischen Vielfalt der alten Kaufmannsgassen haben sich nette Cafés und Restaurants angesiedelt, bei denen sich schon ein italienischer Einfluss bemerkbar macht.

Gut ausgeruht führt der Spaziergang nun weiter durch Widmanngasse und Burggasse an den Rand der Altstadt. Nahe der Drau steht die Burg ❻, der Verwaltungssitz des Stiftes Bamberg, dem Villach bis 1759 gehörte. In jenem Jahr kam es zu einem bemerkenswerten Immobiliengeschäft: Für eine Million Gulden kaufte Kaiserin Maria Theresia dem Bistum die Stadt ab, in die Burg zogen daraufhin neue Herren ein.

Nun führt der Spaziergang zur Drau. Der Fluss prägte die Stadt, bereitete ihr aber auch schon viel Ärger: Immer wieder gab es verheerende Hochwasserkatastrophen, wie man an den angebrachten Marken an den Häusern der Lederergasse ❼ ablesen kann, die den Wasserstand in den Hochwasserjahren 1882, 1965 und 1966 anzeigen.

An der Drau entlang geht es bis zur Brücke und über diese zum Nikolai-Platz ❽ mit dem Franziskanerkloster und der ab 1892 erbauten, neugotischen St. Nikolaikirche. Durch die Nikolaigasse führt der Weg zum Europaplatz, an dem sich Kärntens derzeit modernstes Tagungs- und Kongresszentrum ❾ befindet. Über die Fußgängerbrücke und durch die Freihausgasse gelangt man zum Rathaus ❿. Nur mehr das Portal des Standesamtes erinnert an das Khevenhüller-Stadtpalais, das hier einst stand. Moritschstraße und 8.-Mai-Platz führen nun wieder zurück zum Hauptplatz, dem Ausgangspunkt des Rundgangs.

Die spätbarocke Heiligkreuzkirche mit ihrer Doppelturmfassade

Ort der Begegnung: der Hauptplatz von Villach, ...

... der umsäumt ist von Patrizierhäusern aus der Blütezeit im 15. und 16. Jh.

Geschmacksache: Kärntens modernstes Tagungs- und Kongresszentrum

Sicher in die Berge mit dem DAV

Zukunft schützen
DAV — Deutscher Alpenverein

Ausrüstung • Orientierung • Naturschutz

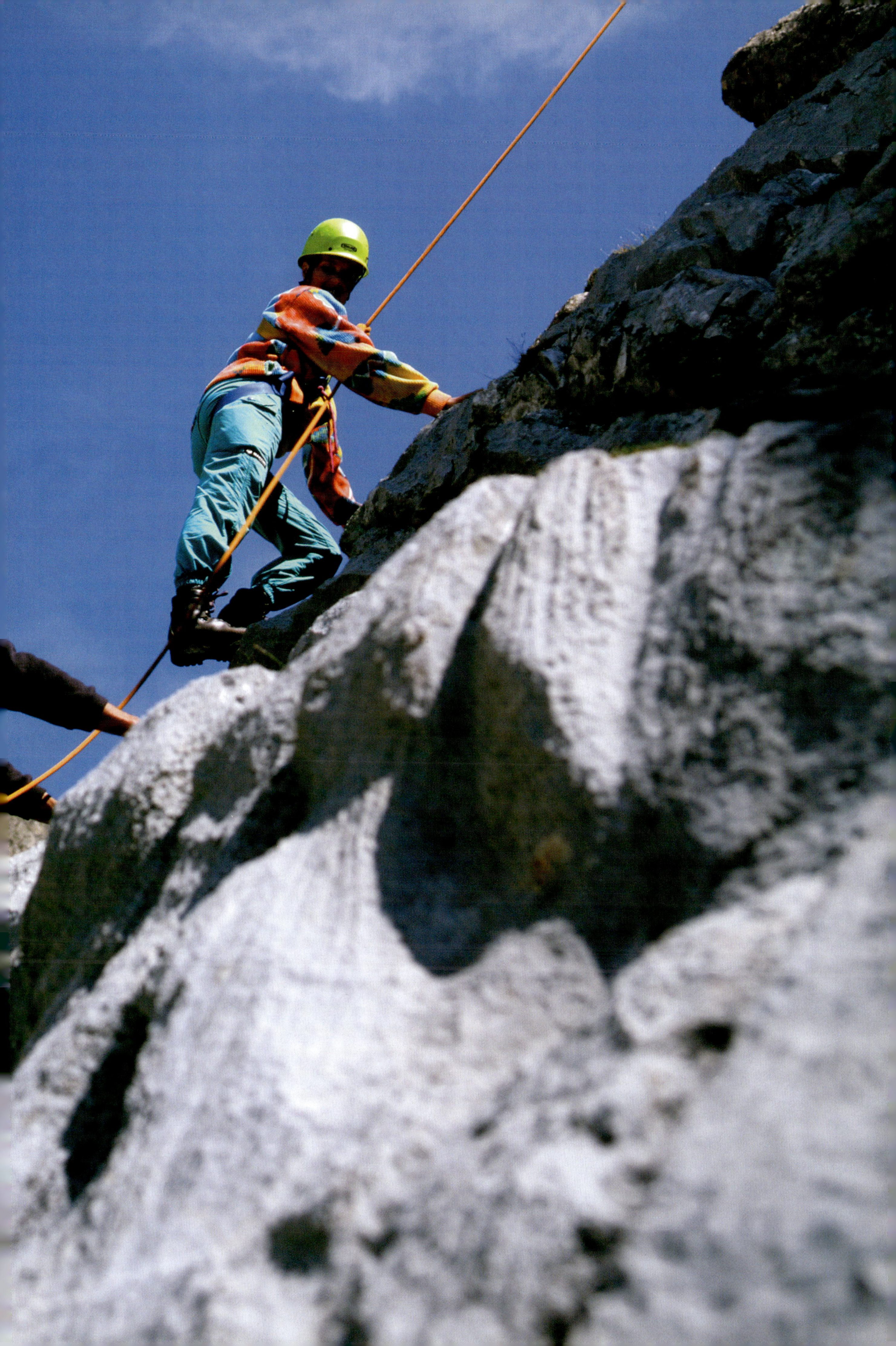

Zukunft schützen

DAV VORBEREITUNG DER BERGTOUR

Bergwandern ist eine Sportart für jeden! Um in den Bergen sicher unterwegs zu sein, sollte man sich auf eine Wanderung entsprechend vorbereiten und einige Grundvoraussetzungen mitbringen. Wenn Tourenziel, Können und Ausrüstung übereinstimmen, dann wird die Tour für jeden zu einem schönen Erlebnis.

Bergwandern ist eine Sportart für jeden: Für die Mühen beim Aufstieg werden die Wanderer meist mit einer fantastischen Aussicht belohnt.

Berge stehen hoch im Kurs. Wer hier Ruhe und Erholung sucht, trifft nicht nur auf einen einzigartigen Naturraum, sondern auch auf viele Gleichgesinnte. Damit Sicherheit und Naturschutz beim Bergwandern nicht zu kurz kommen, hat der Deutsche Alpenverein e.V. Tipps und Verhaltensregeln zusammengestellt.

Nur wer fit und gut vorbereitet in die Berge geht, hat Spaß an der Unternehmung.

Fitness und gute Kondition

Eine alte Bergsteigerregel besagt, dass die Tour nicht am Gipfel endet, sondern erst mit der Rückkehr zum Ausgangspunkt. Man sollte nie vergessen: Nach dem Aufstieg folgt ein ebenso langer Abstieg. Um unterwegs keine körperlichen Probleme zu bekommen, sind eine gute Kondition sowie eine trainierte Beinmuskulatur sehr wichtig:

- Ausdauersport (Radfahren, Laufen) und
- gezieltes Trainieren von Anstiegen (Hügelwandern und Nordic Walking) machen Herz und Beine fit!

Schwindelfreiheit und Trittsicherheit

Bergwege sind oft sehr naturbelassen und bestehen manchmal nur aus markierten Pfadspuren, Geröll oder Felsplatten. Auch lose Steine müssen sicher begangen werden.

Höhenwege liegen teilweise bis weit in den Sommer hinein unter steilen Altschneefeldern, auf denen man ebenfalls leicht ausrutschen kann. Um sie sicher zu begehen, sind stabile Bergschuhe und Trittsicherheit notwendig.

Wenn der Weg auf einem Grat oder am Steilhang entlang führt, darf den Wanderer kein Schwindel befallen, der Tiefblick muss ihn unberührt lassen. Wer mit leichten Touren beginnt und einen Bergwanderkurs mitmacht, kann sich

- bewusst an die Steilheit gewöhnen und
- das Gehen auf Geröll und Schnee üben.

Höhenanpassung und UV-Schutz

Die Höhe der Berge macht gerade ihren Reiz aus, aber sie birgt auch einige Risiken. Sauerstoffgehalt und Luftdruck nehmen mit der Höhe ab. Der nichtangepasste Bergwanderer spürt den Sauerstoffmangel bereits ab 2500 m deutlich. Leichtes Schwindelgefühl, nachlassende Leistungsfähigkeit sind die Folgen. Zusätzlich lässt die dünne und staubfreie Luft in der Höhe die gefährliche UV-Strahlung viel stärker durch: Es kommt schnell zu Sonnenbrand und Augenreizung.

Um die Risiken zu minimieren, sollten Wanderer

- die ersten drei Tage ihres Bergurlaubs ruhig angehen und sich langsam an die Höhenluft gewöhnen sowie
- Sonnencreme mit Lichtschutzfaktor > 20 und Sonnenbrillen mit 100% UV-Schutz verwenden.

Der Wetterbericht ist ernst zu nehmen: Bei unklaren Aussichten und langen Touren sollte man möglichst früh am Morgen starten.

Gut informiert auf Tour

Eine kurze Wanderung, eine Bergtour oder die Besteigung eines Gipfels: Im Gebirge stehen dem Wanderer viele Alternativen offen. Umso wichtiger ist es, sich bei der Tourenplanung genau zu informieren.

Örtliche Wetterprognose, Höhenmeter von Auf- und Abstieg (Höhenprofil), Länge und Dauer der Tour, Höhe der Übergänge und Gipfel, Geländebeschaffenheit, Wegeverhältnisse sowie mögliche Anlaufpunkte (bewirtschaftete Schutzhütten, Seilbahnstationen) sollten vor der Tour bekannt sein. Die wichtigsten Informationsquellen:

- Alpenvereinskarten für die Hochgebirgsregionen (Maßstab 1:25000)
- Topographische Karten des Bayerischen Landesvermessungsamtes (Maßstab 1:50000)
- Gebietsführer mit Wandervorschlägen und Routenbeschreibungen
- Sachbücher zu Vorbereitung, Ausrüstung und Verhalten
- Alpine Auskunftsstellen des DAV (0 89/29 49 49) sowie der örtlichen Alpenvereinssektion
- Fremdenverkehrsämter und örtliche Bergwachtbereitschaft
- Kenner der Berggebiete und Einheimische (z.B. Hüttenwirte)
- Infos aus dem Internet (Tourenvorschläge, aktuelle Verhältnisse)
- Wetterauskünfte (siehe auch Seite 647)

Detaillierte Planung

Wenn die nötigen Informationen vorliegen, ist es ratsam, einen realistischen Plan über die Höhenmeter bei Auf- und Abstieg sowie die Schwierigkeit der Wegstrecken und die Gesamtzeit der Tour (reine Gehzeit und Pausen) aufzustellen. Entscheidend ist die Frage: Ist die geplante Wanderung für alle Teilnehmer mit Genuss zu schaffen?

Um genügend Reservezeit vor Einbruch der Dunkelheit zu haben, sollte die Rückkehr bereits am frühen Nachmittag geplant sein. Früh am Morgen zur Tour aufzubrechen, ist vor allem dann wichtig, wenn längere Wanderungen geplant sind, die Wetteraussichten unklar sind oder mit starker Tageserwärmung und Gewitterneigung am Nachmittag zu rechnen ist. Ankündigungen von Gewittern, Kaltfronten oder Schneefall (auch im Hochsommer!) sind ernst zu nehmen.

Über den Verlauf der Tour und die geplante Rückkehrzeit sollten Angehörige, Hüttenwirt oder Vermieter informiert sein. Werden die Pläne während der Wanderung geändert, muss sichergestellt sein, dass die betreffenden Personen im Tal davon erfahren und nicht unnötig Suchaktionen auslösen.

Wer unerfahren ist, macht die ersten alpinen Gehversuche am besten zusammen mit einem örtlichen Wanderführer und mit erfahrenen Begleitern. Der einfachste Weg zur kompetenten Begleitung führt über eine Sektion des Deutschen Alpenvereins e.V.

Nur wer sich über Gehzeiten informiert und genügend Pausen plant, genießt die Tour.

AUSSTATTUNG UND AUSRÜSTUNG

Eine gute Ausrüstung alleine macht noch keinen guten Wanderer – aber sie trägt entscheidend zum Erfolg der Unternehmung bei.

Schuhe

Je ursprünglicher der Weg und je länger die Tour, desto spezieller müssen die Schuhe sein. Für einen Wanderweg genügt ein fester Outdoor-Schuh. Auf eine anspruchsvolle Bergtour über Felsen, bei Nässe und womöglich Schnee sollte man niemals ohne stabile Trekkingstiefel mit griffiger Profilsohle und wasserdichtem Obermaterial gehen.

Bekleidung

Bergwandern ist schweißtreibend, beim Aufenthalt in der Höhe kann es aber auch schnell kalt werden. Je nach Höhe und voraussichtlicher Wetterentwicklung ist es daher notwendig, Kälte- und Wetterschutzkleidung nach dem Mehrschichtprinzip übereinander anzuziehen:

- Funktionswäsche aus schweißtransportierendem Material
- Leichtes, atmungsaktives Hemd
- Fleecejacke oder Pulli
- Lange Hosen aus strapazierfähigem und elastischem Kunstfasermaterial
- Wetterfeste Jacke mit Kapuze
- Mütze und Fingerhandschuhe
- Leichte Ersatzwäsche zum Wechseln nach schweißtreibendem Aufstieg oder Regen
- Strümpfe mit verstärktem Fußbett aus Mischgewebe oder Frottee

Ausrüstung

Grundsätzlich gilt: Auf Luxus verzichten, nur mitnehmen, was wirklich gebraucht wird. Ein zu schwerer Rucksack verdirbt den Spaß und kann ein Sicherheitsrisiko sein!

Nicht fehlen dürfen jedoch:

- Rucksack, Inhalt 20–30 Liter für Tagestouren, mit Deckel- und Seitentaschen
- Karten, Kompass, z.B. AV-Karten, Topo-Karten, Maßstab 1:25000
- Sonnenschutz, vor allem eine Sonnenbrille mit 100 % UV-Schutz, Sonnencreme mit hohem Lichtschutzfaktor, Lippenschutz, Hut zum Schutz von Kopf, Gesicht und Nacken

Die richtige Bekleidung und ein gut gepackter Rucksack sind die besten Voraussetzungen für eine gelungene Bergtour.

- Erste Hilfe-Set, um kleine Verletzungen selbst zu versorgen
- Rettungsdecke, wichtig zum Schutz vor Unterkühlung bei Verletztenlagerung
- Handy, verkürzt die Rettungszeit erheblich; vorab Notrufnummern einspeichern
- Teleskopstöcke zur Entlastung der Gelenke, besonders beim Bergabgehen

Nützlich können auch sein:
- Taschenmesser mit mehreren Funktionen
- Taschenlampe oder – besser noch – Stirnlampe für Spätherbst- und Wintertouren oder Hüttenübernachtungen
- Biwaksack bei langen Touren im Hochgebirge und als Wetterschutz bei Notfällen

Richtig Rucksack packen

Bekleidung und Ausrüstung wollen richtig im Rucksack verstaut sein, damit die Bergtour nicht last- sondern lustvoll wird.

Bei Rucksäcken mit nur einem Innenfach gilt:
- Erste-Hilfe-Set und Wetterschutz (Regenbekleidung und Schutzhülle für den Rucksack) gut erreichbar ganz oben
- Die am seltensten benötigten Ausrüstungsgegenstände (Biwaksack etc.) nach unten
- Schwere Sachen körpernah in Schulterhöhe
- Zubehör und kleine Utensilien (Taschenmesser, Karabiner etc.) in Deckel- oder Seitentaschen
- Tagesproviant und Getränk gut erreichbar im Innenfach
- Wertsachen wie Autoschlüssel oder Geld in Deckeltasche oder Geheimfach

Rucksäcke mit teilbarem Innenfach bieten die Möglichkeit, noch einfacher und schneller an die Ausrüstung heranzukommen.

Doch selbst ein gut gepackter Rucksack wird nur dann nicht zu Last, wenn er zum Einsatzzweck passt und das Trägersystem optimal auf Körpergröße und Rückenlänge des Wanderers abgestimmt ist!

Abb. links: Rastplatz und Unterkunft auf hohem Niveau. Für Bergsportler sind Schutzhütten ein lohnendes Etappen- oder Tagesziel.

Abb. rechts: Auf die richtige Ausrüstung kommt es an. Bei anspruchsvolleren Touren dürfen Klettergurt, Steigeisen und Eispickel nicht fehlen.

Unterwegs auf Tour

Um eine längere Wanderung gut durchzuhalten, sollte man rechtzeitig (bereits 1 Stunde nach dem Abmarsch) und regelmäßig trinken und genügend Pausen einlegen:
Es ist ratsam, pro Person mindestens 1 Liter wenig gesüßten, mit Wasser verdünnten Saft, Früchtetee oder isotonischen Durstlöscher mitzunehmen. Die erste längere Rast (20 bis 30 Minuten) sollte nach etwa 2 Stunden Gehzeit eingeplant werden.

Mögliche Schwierigkeiten unterwegs	Unterwegs können Schwierigkeiten oder unüberschaubare Situationen auftreten. Dann ist es oft besser umzukehren, als Risiken einzugehen. Bei Beschädigungen des Weges, steilen, harten Schneefeldern oder schwierigen Passagen muss man sich fragen, ob man selbst oder die Gruppe der Schwierigkeit gewachsen ist. Wie geht es danach weiter? Kann man wieder zurück? Außerdem können in Höhen über 2000 m ganz andere Witterungsverhältnisse herrschen als im Tal oder bei der tiefer gelegenen Hütte. Kaltfronten und Gewitter wirken sich in der Höhe extremer aus als im Tal: Es kann auch im Hochsommer zu Schneefall kommen. Wer unvorbereitet davon überrascht wird, kann in ernsthafte Schwierigkeiten geraten. Die Kombination von Unterkühlung und Erschöpfung ist verhängnisvoll. Regen oder Schneeregen erschweren außerdem das Begehen der Bergwege, die Rutsch- und Sturzgefahr wird größer. (Nähere Informationen zum Bergwetter und weitere Sicherheitstipps finden Sie auf den Seiten 646/647)

DAV – Mit Kindern unterwegs

Zukunft schützen
Deutscher Alpenverein

Nicht wir Erwachsenen nehmen die Kinder mit ins Gebirge – sie nehmen uns mit! Und wer diesen Wechsel der Blickrichtung wagt und Kinder nicht als kleine Erwachsene behandelt, kann viel erleben ...

Gemeinsames Erleben und Entdecken

Für Kinder stehen zumeist nicht Gipfel, Aussicht und „Bergkameradschaft" im Vordergrund. Für sie ist die Bergwelt ein Raum voller Geheimnisse und Abenteuer, die es zu entdecken und erleben gilt. Sich auf die kindliche Erlebniswelt einzulassen und von der Entdeckungslust der Kinder mitreißen zu lassen, bedeutet auch

- mit Beobachtungsphasen (z.B. Käfer, Pilze oder Ameisen) längere Gehzeiten aufzulockern
- Erlebtes mit Geschichten, Sagen oder Märchen zu verknüpfen
- mehrere Kinder mitzunehmen, denn sie motivieren sich gegenseitig
- zu erklären, was die Kinder am nächsten Wegabschnitt erwartet, wann/wo die nächste Pause geplant ist
- in die Pausen Spiele oder Beobachtungsaufgaben einzubauen
- den Kindern zu ermöglichen, sich selbstständig zu bewegen und Erfahrungen zu machen, dabei aber auch auf die Sicherheit zu achten
- den kleinen Wanderern die Achtung vor der Tier- und Pflanzenwelt zu vermitteln.

Altersstufen und Leistungsvermögen

Wichtig ist, die geplante Unternehmung auch am Leistungsvermögen der Kinder auszurichten. Bei der Planung müssen daher Gehzeit und die Schwierigkeiten des Weges dem Alter und Leistungsvermögen der Kinder angepasst werden.

Sobald Kleinkinder alleine stabil sitzen, können sie in der Kinder-Kraxe (verstellbares Rücken-Trage-Gestell) mitgenommen werden. Touren mit Kleinkindern sollten nicht länger als 2 bis 3 Stunden dauern und durch häufige Pausen aufgelockert werden.

Auch Kinder, die selbst gehen und meist ihren eigenen Rucksack tragen wollen, sollten keinesfalls überfordert werden. Das Gewicht des Ruck-

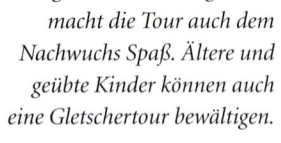

Gut gesichert und ausgerüstet macht die Tour auch dem Nachwuchs Spaß. Ältere und geübte Kinder können auch eine Gletschertour bewältigen.

Die Berge laden zum Spielen ein!    *Ein Krokodil am Wegesrand? Bei Touren mit Kindern gehört Phantasie mit ins Gepäck.*

sacks sollte maximal zehn Prozent ihres Körpergewichts betragen.

Bergsteigerische Unternehmungen mit Kindern im Vorschulalter (3 bis 6 Jahre) sollten spielerisch gestaltet sein, Tagestouren sollten eine Gehzeit von 4 Stunden nicht überschreiten.

Im frühen Schulkindalter (6 bis 10 Jahre) steigern sich Ausdauer und Koordination. Mit entsprechenden Erholungspausen sind Gehzeiten bis zu 5 Stunden möglich. Je nach Übung können auch steilere Wege oder mehrere »Kraxelstellen« überwunden werden.

Anspruchsvollere Ziele können mit Kindern dann im späten Schulkindalter (10 bis 14 Jahre) anvisiert werden. Gehzeiten von 6 bis 7 Stunden sollten dabei jedoch nicht überschritten werden. Mehrtagestouren mit einem Hüttenaufenthalt oder Gletschertouren sind – bei entsprechender Übung – durchaus möglich.

Sicherheit für Kinder

Wer mit Kindern ins Gebirge geht, sollte mit den Gefahren der Bergwelt vertraut sein. Das ABC der Tourenplanung, Kartenkunde und Orientierung müssen selbstverständlich beherrscht werden. Die Sicherheit einer Unternehmung steht dabei immer an oberster Stelle: Durch eine gute Tourenplanung lassen sich mögliche Gefahren schon im Vorfeld minimieren.

Auf Gefahren hinweisen	Kinder vergessen Anweisungen schnell und haben häufig keinen Blick für Gefahrensituationen.
Hilfestellung	Kinder sollten nur in sicherem und überschaubarem Gelände vorausgehen. Im Aufstieg bleibt der Erwachsene dicht hinter dem Kind, um mögliche Ausrutscher abzufangen oder um bei großen Stufen Hilfestellung zu geben.
Seilsicherung	Kleine Kinder müssen bei Abstiegen mit Rutsch- und Sturzgefahr an die Hand genommen bzw. mit Hilfe von Brust- und Hüftsitzgurt und »kurzem Seil« gesichert werden (ein Seilstück – 9 mm Durchmesser, 10 m Länge – sollte zur Sicherung der Kinder stets mitgenommen werden), das aber grundsätzlich nur mit dem entsprechenden Gurtzeug verwendet werden soll.

Eine Hüttenübernachtung ist für Kinder immer ein besonderes Erlebnis.

Zukunft schützen

DAV KARTEN UND ORIENTIERUNG
Deutscher Alpenverein

Topographische Karten dienen u.a. zur Standortbestimmung und sind bei jeder Wanderung unverzichtbare Begleiter.

Wichtigstes Hilfsmittel für eine gute Orientierung in den Bergen ist eine Karte. Sie dient nicht nur zur Standortbestimmung, sondern trägt auch entscheidend zur Planung und Vorbereitung einer Bergtour bei.

Kartenmaterial

Sinnvoll für eine Wanderung sind Karten im Maßstab 1:25000 oder 1:50000. Alle wichtigen Informationen wie Wege, Geländeformen und Höhenlinien können darauf abgelesen werden. Wander- und Landkarten sind in der Regel topographische Karten. Sie geben eine verkleinerte, auf eine Ebene projizierte Darstellung eines Teiles der Erdoberfläche in ihren Details grafisch wieder.

Neben den topographischen Karten kann der Bergsportler aber auch auf weitere Hilfsmittel zur Orientierung zurückgreifen:

- Panoramakarten sind ein hervorragendes Hilfsmittel für den ersten, groben Überblick über Gipfel, Täler und Ortschaften sowie das Relief des Geländes.
- Ansichtsfotos liefern ähnlich wie die Panoramakarten ergänzende Infos, z.B. Berganssichten, und können wichtige Details wie Geländebeschaffenheit enthalten.
- Wegebeschreibungen sind in der Führerliteratur (AV-Führer, sonstige Führerbücher) zu finden und beschreiben den Wegverlauf in Worten. Sie enthalten alle Informationen über Gehzeiten, Schwierigkeiten, besondere Gefahrenstellen, landschaftliche Eigenheiten usw. sowie zur Infrastruktur (Übernachtungsmöglichkeiten, Verkehrsmittel, Bergrettung usw.).

Welche der vielen Touren soll's denn sein?

Der Deutsche und der Österreichische Alpenverein haben zusammen eine eigene kartographische Abteilung, die Karten zu allen bergsportlich relevanten Zielen der Ostalpen erstellt hat. Seit 2004 gibt es alle Alpenvereinskarten auch auf CD-ROM. Darüber hinaus bieten die Landesvermessungsämter sowie verschiedene Verlage Gebietskarten an. Am einfachsten kann man sich unter www.dav-shop.de einen Überblick über das große Angebot verschaffen und die Karten auch gleich bestellen.

Höhenlinien und Geländeformen

Höhenlinien (Isophysen) sind Linien in der Karte, die Punkte gleicher Höhe miteinander verbinden. Im Allgemeinen sind sie in brauner Farbe dargestellt, bei Gletschern und Firnfeldern in Blau, bei felsiger Landschaft in Schwarz. Die Neigung des Geländes und die Geländeformen sind an der Dichte und Form der Höhenlinien erkennbar. Je enger die Höhenlinien beieinander liegen, umso steiler ist das Gelände, je weiter sie auseinander liegen, desto flacher ist es. Für Bergwanderer liefern die Höhenlinien wichtige Informationen: denn neben der Entfernung ist es vor allem der zu überwindende Höhenunterschied, der die Schwierigkeit beim Bergwandern ausmacht.

Perfekte Orientierung

Um sich im Gelände richtig orientieren zu können, sollte man neben der Karte auch einen Kompass dabei haben. Damit kann man sehr einfach die Nordrichtung bestimmen und sich auf der Karte (Norden ist immer am oberen Blattrand!) zurecht finden. Gerade in den Bergen, wo sehr schnell Nebel aufziehen und sich das Wetter verschlechtern kann, ist ein Kompass ein unverzichtbares Hilfsmittel, um den sicheren Weg zur Hütte oder ins Tal zu finden.

Auf sicheren Wegen zum perfekten Gipfelglück.

Auch ein Höhenmesser kann bei der Orientierung wichtige Zusatzinformationen liefern, da die Angabe des Gerätes mit den Höhenlinien in der Karte verglichen werden kann.

Auch ein GPS (Global Positioning System) leistet wertvolle Hilfe. Hier gilt jedoch in besonderem Maße: Lernen Sie den Umgang mit dem technischen Hilfsgerät, bevor Sie auf Tour gehen! Verlassen Sie sich nicht ausschließlich auf die satellitengestütze Navigation!

In Kombination mit einem GPS-Gerät macht der Einsatz digitaler Karten sehr viel Sinn; Kartenteile können in das Gerät eingelesen werden, Wegverläufe geplant und eingespeichert werden. Dennoch sollte man die gute alte Papierkarte immer mit im Gepäck haben: bei Unwetter, Unpassierbarkeit von Wegen oder anderen Problemen unterwegs liefert ein Blick in die Karte schnell den nötigen »Überblick«!

Auf einen Blick: Informationen aus der Karte lesen

1. (Kabinen-)Seilbahn mit Mittelstation; in der Regel Zustiegsmöglichkeit
2. Hinweis zum weiteren Wegverlauf mit km-Angaben
3. (Alpenvereins-) Hütte mit Höhenangabe
4. Gipfel mit Gipfelkreuz; Höhenangabe
5. Bergsee mit Angabe der Wasserspiegel-Höhe
6. Markanter Höhenpunkt mit Höhenangabe
7. Felszeichnung; Wand oder Massiv
8. Markierter Weg mit AV-Nummer; Strichelung bedeutet Fußweg
9. Bach; hier Zusammenfluss zweier Bäche
10. Höhenlinie mit Höhenlinien-Zahl
11. Brücke oder Steg
12. Kapelle
13. Wegebezeichnung; hier europäischer Fernwanderweg
14. Befestigter Fahr-/oder Forstweg, hier mit Einmündung
15. Grenze eines Naturschutzgebietes
16. Wirtshaus, Einkehrmöglichkeit
17. Bezeichnung der UTM-Gitterlinien, mit denen die Koordinaten eines beliebigen Punktes in der Karte bezeichnet werden können; beispielsweise für GPS-Anwendung

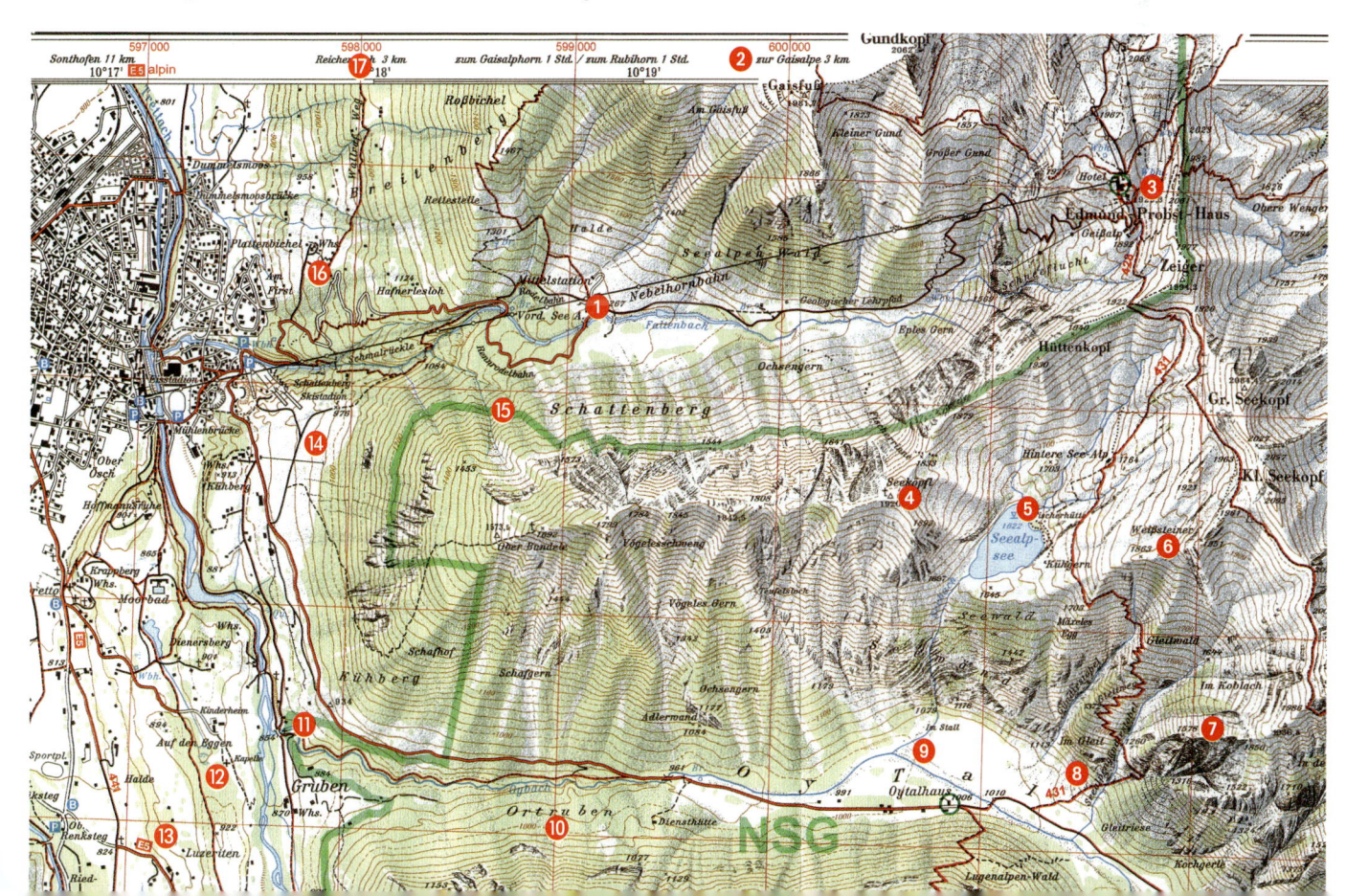

Zukunft schützen
DAV Deutscher Alpenverein

UNTERWEGS BEI JEDEM WETTER

Bergwandern ist eine Outdoor-Sportart. Das bedeutet auch, dass man dem Wetter im Gebirge direkt ausgesetzt ist. Um sicher in den Bergen unterwegs zu sein, ist es wichtig, sich über das Wettergeschehen zu informieren.

Wettervorhersagen

Durch die großen Höhendifferenzen und die Barrierenfunktion der Alpen in der Mitte Europas ist das Alpenwetter von größeren Unterschieden geprägt als das Wetter im Flachland. Wenn es in einem Tal regnet, kann im nächsten die Sonne scheinen. In Höhen über 2000 m können ganz andere Wetterbedingungen herrschen als beim Aufbruch im Tal. Wetterumschwünge sind in kurzer Zeit möglich und können sehr heftig sein.

Der Wetterbericht für die nächsten Tage ist deshalb eine wichtige Information für den Bergwanderer:
- vor der Bergtour Wettergeschehen und Wetterberichte über mehrere Tage verfolgen – damit verschafft man sich einen Überblick über die Großwetterlage,
- im Handy die wichtigsten Wetter-Ansagen einspeichern (siehe S. 647),
- vor dem Aufbruch Wetterbericht hören, auch z. B. in einem regionalen Radiosender,
- Wolken, Wind, Temperaturen im Blick haben und mit dem Wetterbericht vergleichen,
- bei größeren Unternehmungen zusätzlich individuelle Wetterberatung anrufen.

Föhn

Von einer Föhnwetterlage (Südföhn) spricht man, wenn Luftmassen von Süd nach Nord über die Alpen transportiert werden. Dabei regnet es in der Regel auf der Alpensüdseite bis zum Alpenhauptkamm, auf der Nordseite tritt trockener Fallwind auf, der sich stark erwärmt. Begleitet wird dieses Wettergeschehen von typischen Linsenwolken (Föhnfischen) nördlich des Hauptkamms. Für den Bergsteiger bedeutet Föhn starke Winde, aber gute Sichtbedingungen auf der Alpennordseite. Im Süden muss mit starken Niederschlägen gerechnet werden. Bei umgekehrt gerichteten Luftströmungen von Nord nach Süd spricht man von Nordföhn, der aber seltener auftritt als der Südföhn.

Gewitter

In Mitteleuropa muss man pro Jahr mit rund 30 Gewittertagen rechnen. Dabei unterscheidet man vor allem zwei Arten von Gewittern:
- Wärmegewitter setzen intensive Sonneneinstrahlung und feuchte Luftmassen voraus. Durch die Erwärmung der Luft im Tagesverlauf steigt diese nach oben und bildet Gewitterwolken. Ein Wärmegewitter ist lokal begrenzt, kann aber dennoch große Ausmaße annehmen. Die Luft klart nach dem Gewitter am Abend oder in der Nacht meist wieder auf.
- Kaltfrontgewitter gehen einer Kaltfront voraus. Nach meist heftigen Gewittern ist mit einer deutlichen Wetterverschlechterung zu rechnen (Wettersturz). Längere Touren sollten auf keinen Fall unternommen werden.

Wenn man trotz guter Vorbereitung (Wetterberichte hören!) in ein Gewitter gerät, sollte man folgende Regeln beachten:
- unbedingt Gipfel und ausgesetzte Grate verlassen,
- eisengesicherte Steiganlagen und allein stehende Bäume meiden,

Winter im Sommer? – Wer in den Bergen unterwegs ist, muss auf alles vorbereitet sein.

- eine kauernde oder sitzende Haltung auf isolierender Unterlage einnehmen,
- Achtung: Höhlen und Grotten bieten nur dann Schutz, wenn sie groß genug sind (genügend Rücken- und Kopffreiheit sowie Abstand von der Außenkante).

Nebel und schlechte Sicht
Dichter Nebel oder rasch aufziehende Wolken können die Sicht in den Bergen in kurzer Zeit so verschlechtern, dass die Orientierung erschwert und das Weiterkommen verzögert wird.
- Bei Nebel kann man im Gebirge leicht die Orientierung verlieren, deshalb auf bessere Sicht warten oder umkehren. Zudem sollte man sich vor Kälte schützen.
- Bei schlechter Sicht immer auf dem Weg bleiben, aufmerksam der Markierung folgen und in der Gruppe zusammen bleiben! Vom Weg abkommen kann fatale Folgen haben.

Wettersturz
Ein Wettersturz ist eine abrupte Wetteränderung, die einen starken Temperaturrückgang, stürmische Winde und Niederschläge mit sich bringt. Dadurch kann es auch im Sommer in Höhenlagen ab etwa 2000 m zu Wintereinbrüchen kommen.

Starker Wind und kräftiger Niederschlag sind Zeichen für einen Wettersturz.

Starke Sonneneinstrahlung
Schöne Tage sind besonders in den höheren Lagen der Alpen mit starker Sonneneinstrahlung verbunden. Vor allem an Südhängen kann es zu Hitzeentwicklung kommen. Sonnenschutz (Sonnencreme, Sonnenhut etc.) ist unentbehrlich. Besonders bei hohen Temperaturen müssen Bergwanderer viel trinken, um den Flüssigkeitsverlust auszugleichen (keine alkoholischen Getränke!). Zudem sollte man bereits in den Morgenstunden aufbrechen.

Wolken
Schleierwolken (Cirren) können Vorboten einer Wetterverschlechterung sein.
Quellwolken, die bereits am Vormittag entstehen und weit in die Höhe reichen, können zu Gewitterwolken (Cumulunimbus) werden.
Föhnwolken (Altocumulus lenticularis) haben die Form einer Linse. Sie bilden sich durch Wellenbewegung der Luftmassen bei Südföhn nördlich des Alpenhauptkamms.
Schönwetterwolken (Cumulus humilis) sind kleinere, weiße Quellwolken, in geringer Höhe.

Wolken beobachten macht Spaß und ist für die weitere Tourengestaltung von Nutzen.

Wetterfeste Kleidung ist das A und O.

Schön- oder Schlechtwetter? Wolken geben Hinweise.

Wetterauskünfte
- **Alpenvereinswetterbericht**
  für den Folgetag ab 17 Uhr
  0900 1 / 29 50 70
- **Internet des DAV**
  www.alpenverein.de
- **Wetterbericht Alpen allgemein**
  0190 1 / 1 60 11
- **Bergwetter Zugspitze**
  0190 1 / 1 60 12
- **Gardasee Berge**
  0190 1 / 1 60 16
- **Schweizer Alpen**
  0190 1 / 1 60 17
- **Ostalpen**
  0190 1 / 1 60 18
- **Bayerische Alpen**
  0190 1 / 1 60 19
- **Französische Alpen, Oberitalien**
  0190 1 / 1 60 21
- **Alpenwetterbericht in Österreich**
  (nur in Österreich anwählbar)
  0900 / 91 15 66 80
- **Wetterbericht Schweiz**
  00 41 84 88 00 162

Zukunft schützen

DAV
Deutscher Alpenverein

Natur und Zukunft schützen – auf jeder Bergtour!

Die Alpen haben globale Bedeutung: Sie sind in Europa einmaliger ökologischer Ausgleichs- und Rückzugsraum für bedrohte Tier- und Pflanzenarten und gleichzeitig der größte Wasserspeicher des Kontinents. Die Alpen sind aber auch ein traditionsreiches Kulturland, das seit Jahrhunderten von Menschen besiedelt und gestaltet wird. Der reich gegliederte Lebensraum vieler Tiere und Pflanzen, der für das Auge so schöne Wechsel von geschlossenen Wäldern, Wiesen und Weiden ist dem Menschen zu verdanken. Kein Wunder also, wenn die Alpen nach wie vor im Trend liegen. Rund 120 Millionen Gäste suchen jährlich Erholung und Ruhe in den Bergen. Deshalb sollte jeder Besucher immer auch zum Schutz dieses einmaligen Lebens-, Natur- und Kulturraumes beitragen.

Viele Wanderwege führen durch Naturschutzgebiete. Seltene Tier- und Pflanzenarten können nur überleben, wenn Wanderer auf die Natur Rücksicht nehmen.

Umweltschutz auf Tour

Eine Tour im Einklang mit der Natur beginnt mit der Anreise in öffentlichen Verkehrsmitteln. Wer mit dem Auto kommt, sollte es auf einem Parkplatz im Tal, nicht aber an Wegesrändern oder auf Wiesen abstellen.

Bei Bergtouren sind markierte Wege und Pfade zu nutzen, um die Vegetation zu schonen und damit zum Erhalt von alpiner Pflanzen- und Tierwelt beizutragen und die Landschaft vor Erosion zu schützen.

Umweltschutz auf Hütten

Eine Hütte ist kein Hotel, in dem Doppelzimmer mit Dusche gebucht werden können. Dafür gibt es eine Unterkunft mitten in der Natur, oft in phan-

Immer beachten

Alpenblumen	Keine Alpenblumen pflücken. Sie sind nur an ihrem ursprünglichen Standort lebensfähig.
Tiere	Wildtiere nicht verjagen. Sie reagieren auf „normales" Verhalten von Wanderern ohne Stress. Besondere Rücksichtnahme ist im Winter erforderlich, denn Wildtiere verbrauchen bei einer Flucht im Schnee besonders viel Energie. Hunde gehören zu jeder Jahreszeit an die Leine!
Müll mitnehmen	Auf dem Gipfel gibt es keine Mülleimer! Was man hinaufgetragen hat, nimmt man auch wieder mit ins Tal.

tastischer Lage und mit tollem Panorama. Der Natur zuliebe ist bei einem Hüttenaufenthalt einiges zu beachten:

- Mit Wasser und Energie sollte man immer sparsam umgehen. In alpinen Lagen ist Wasser oftmals das kostbarste Gut und Abwasser zu entsorgen ist ebenso aufwändig wie Energie zu gewinnen.
- Müll sollte grundsätzlich vermeiden werden und den eigenen Abfall nimmt man in einer Mülltüte wieder mit nach Hause, um ihn dort fachgerecht zu entsorgen.

Die Natur zu schützen heißt auch, auf ausgeschilderten Wegen und Pfaden zu bleiben.

Zukunft schützen – Deutscher Alpenverein e.V.

Der Deutsche Alpenverein e. V. (DAV) ist der weltgrößte Bergsportverband und einer der großen Sport- und Naturschutzverbände Deutschlands. Im Jahr 1869 als »bildungsbürgerlicher Bergsteigerverein« ins Leben gerufen, zählt der DAV zur Zeit deutschlandweit mehr als 700 000 Mitglieder.

Die Mitglieder des DAV sind in 354 eigenständigen Vereinen, den so genannten Sektionen, in ganz Deutschland organisiert. Hier finden Wanderer und Expeditionsteilnehmer Gleichgesinnte – wie Sportkletterer, Naturschützer, Mountainbiker, Familien, Hüttenwirte, Skibergsteiger und Kulturinteressierte. Die DAV-Mitglieder verbindet die Freude an der Bewegung in der Natur, die Lust auf Berg- und Gipfelerlebnisse, die Vorfreude auf eine Einkehr in der Hütte – und der Wunsch und das Engagement, die einzigartige Natur der Bergwelt zu erhalten und auch für die nächsten Generationen zu bewahren.

Im DAV werden Sicherheit im Bergsport und alpine Ausbildung groß geschrieben: Die DAV-Sicherheitsforschung beschäftigt sich mit Materialtests, der Erforschung von Unfallursachen und der Analyse des Verhaltens von Bergsportlern. Dadurch ist es unter anderem gelungen, die relative Zahl der tödlichen Unfälle von DAV-Mitgliedern seit den 70er-Jahren um zwei Drittel zu senken.

Weil aber auch eine qualifizierte Ausbildung dazu beiträgt, Unfälle zu vermeiden, legt der DAV großen Wert auf alpine Kompetenz. Mehr als 6000 Fachübungsleiter engagieren sich ehrenamtlich für das Kurs- und Tourenprogramm der Sektionen. Für deren Ausbildung sind die sieben Bundeslehrteams des DAV verantwortlich.

Als einer der großen Naturschutzverbände Deutschlands setzt sich der DAV für den Erhalt der einzigartigen alpinen Umwelt ein. Die Alpen haben globale Bedeutung als Wasser- und Energiespender, als Lebensraum für bedrohte Tiere und Pflanzen und als Ort kulturellen Erbes. Als „Anwalt der Alpen" setzt sich der DAV zum Beispiel für einen Erschließungsstopp von Skigebieten, den umweltverträglichen Transitverkehr und eine sozialverträgliche Raumplanung ein.

Die DAV-Sektionen betreuen 332 öffentlich zugängliche Schutzhütten und ein Wegenetz von 20 000 Kilometern Länge. Zu den wichtigsten Aufgaben zählen die Modernisierung und der ökologische Betrieb der hochalpinen Unterkünfte. Für die Instandhaltung und Sanierung seiner Hütten investiert der DAV jährlich etwa zwölf Millionen Euro. Von großer Bedeutung ist aber auch die Pflege, Sanierung und Markierung von Wegen und Steigen – sie dienen auch dazu, die Bergsportler zu lenken und zu leiten.

Mitglied werden – Vorteile nutzen	Bereits mehr als 700 000 Menschen wissen die Vorteile der DAV-Mitgliedschaft zu schätzen!
Sicherheit	Mit dem Alpinen Sicherheits Service (ASS) genießen DAV-Mitglieder europaweit Versicherungsschutz bei allen Bergsportarten.
Hütten	Auf mehr als 2000 Alpenvereinshütten erhalten DAV-Mitglieder Ermäßigungen und werden bei der Schlafplatzvergabe bevorzugt. DAV-Mitglieder haben außerdem exklusiven Zugang zu den Selbstversorgerhütten des DAV.
Bergsport	Die Sektionen des DAV bieten für ihre Mitglieder Ausbildungskurse an, in denen sie alles Wichtige rund um den Bergsport lernen können. Darüber hinaus gibt es attraktive Tourenprogramme, bei denen man mit Gleichgesinnten unter qualifizierter Führung die Bergwelt entdecken kann.
Information	Mitglieder des DAV haben kostenlosen oder vergünstigten Zugriff auf Karten, Führer und Bücher in den DAV-Bibliotheken. Außerdem erhalten sie sechs Mal jährlich das Bergsteigermagazin DAV Panorama kostenlos frei Haus.
Klettern	Mitglieder des DAV haben deutschlandweit kostenlosen oder vergünstigten Zugang zu den DAV-Kletteranlagen. Für Nachwuchs- und Spitzenkletterer hat der DAV außerdem Förderprogramme entwickelt.
Weitere Informationen	Noch mehr Vorteile sowie nähere Informationen zum Deutschen Alpenverein e. V. gibt es im Internet unter www.alpenverein.de oder unter der Telefonnummer 089/14 00 30.

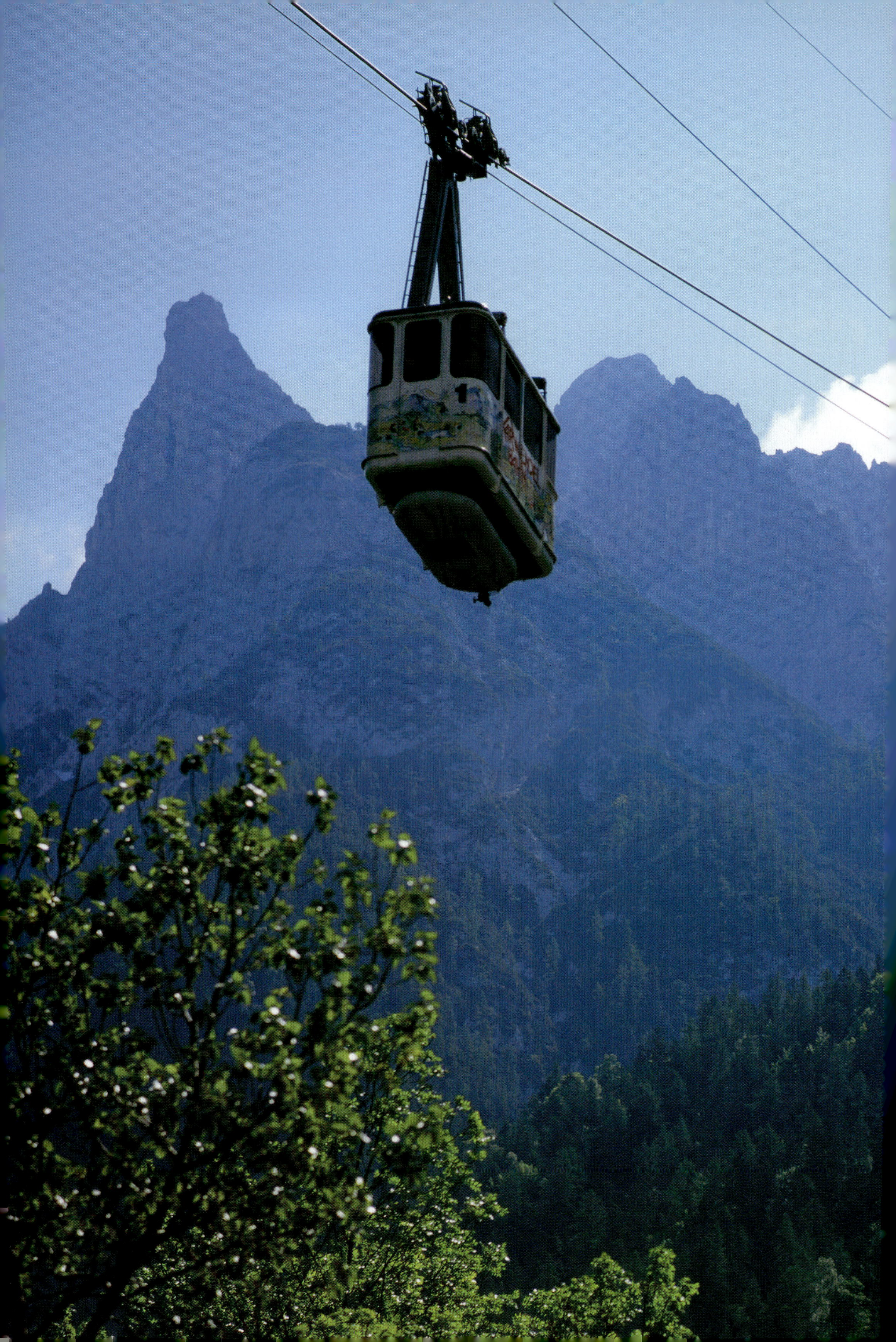
1

Service

Glossar • Bergbahnen • Hotels

GLOSSAR

akklimatisieren Langsame Gewöhnung des Körpers an ein anderes Klima oder eine andere Höhenlage; ist vor allem dann wichtig, wenn höhere Gipfel bestiegen werden, da der Organismus erst nach einigen Tagen optimal an die Verhältnisse angepasst ist und beispielsweise die besonderen Belastungen einer anstrengenden Bergtour ohne Schäden bewältigen kann.

Alm Weidegebiet oberhalb der Waldgrenze; vor allem Jungvieh wird im Sommer dort hinauf getrieben; wird allgemein auch als Bezeichnung für das feste Wohn- und Stallgebäude verwendet, in dem die Hirten (Sennen) leben.

Alp Im alemannischen Sprachraum gebräuchlicher Ausdruck für Alm

Alpinismus Philosophie und Praxis des Bergsteigens

aper Dialektausdruck aus dem bajuwarischen Sprachraum für gerade schneefrei gewordene Flächen

ausapern Bezeichnung für den Vorgang, wenn Berghänge gerade schneefrei werden

AVS Abkürzung für den Alpenverein Südtirol

Bergführer Nach strengen Richtlinien ausgebildeter Bergsteiger, der eine staatliche Prüfung absolviert hat und dadurch berechtigt und qualifiziert ist, Touren zu führen und Einsteiger selbst auszubilden

Bergschrund Meist sehr große Spalte am oberen Rand eines Gletschers (daher auch Randspalte genannt); diese Kluft bildet sich vor allem zwischen felsiger Bergflanke und Gletscher.

Bergsturz Das Zu-Tale-Donnern von großen Felsmengen, die in einer Wand/einem Steilhang ausgebrochen sind

Biwakschachtel Einfache Notunterkunft im Hochgebirge (unbewirtschaftet)

Bouldern Klettern an einem wenige Meter hohen Felsbrocken; da man in der Regel ungefährdet abspringen kann, ist keine Seilsicherung notwendig.

Buckelwiese Bildeten sich in ehemals bewaldeten Regionen der Kalkalpen; die Buckel markieren die früheren Standorte der Bäume. Sie entstanden, weil sich unter den Bäumen das Gestein langsamer zersetzte als in den Streifen dazwischen, die durch das abtropfende Regenwasser ständig durchfeuchtet waren.

Cabane Französische Bezeichnung für Schutzhütte

CAF Abkürzung für Club Alpin Français (Französischer Alpenverein)

CAI Abkürzung für Club Alpino Italiano (Italienischer Alpenverein)

DAV Abkürzung für Deutscher Alpenverein

Doline Schüssel- oder trichterförmige Einbrüche im Erdboden, treten nur in Karstgebieten auf; sie entstehen vor allem durch den Einsturz unterirdischer Hohlräume im Kalkfels und können bis zu 300 m tief sein und einen Duchmesser bis zu 1000 m erreichen.

Dolomit Sedimentgestein, das hauptsächlich aus einem Kalzium-Magnesium-Karbonat besteht; wie Kalkstein ist Dolomit leicht löslich, man erkennt ihn an seiner meist hellgrauen oder gelblichen Farbe (bekanntestes Beispiel: die Felszinnen der Dolomiten, denen das Gestein zu ihrem Namen verhalf).

Downhill Disziplin beim Mountainbiken, die sich allein aufs Bergabfahren beschränkt; in einigen Regionen sind spezielle Strecken mit spektakulären Sprüngen und waghalsigen Kurvenkombinationen ausgewiesen. Für Downhill-Fahrer gibt es spezielle Bikes, eine Schutzausrüstung (Helm, Protektoren) ist sehr zu empfehlen.

Eispickel Unentbehrlicher Bestandteil der Ausrüstung für Gletschertouren; mit einem ca. 50–100 cm langen Schaft und einer Haue/Schaufel aus geschmiedetem Stahl oder Aluminium

Eiszeit Zeitabschnitte der Erdgeschichte, in denen die Gletscher aus den Hochgebirgen und den Polargebieten weit ins Vorland und in die mittleren Breiten vorstießen und dort in der Landschaft oft markante Spuren hinterließen; Eiszeiten gab es in allen Erdzeitaltern.

GLOSSAR

Erosion Bezeichnung für meist durch Wasser (z. B. nach starken Regenfällen) bedingte Abtragung von Boden an der Oberfläche

Erze Metallhaltige Mineralien oder Mineralgemenge; durch spezielle Verfahren können die metallhaltigen Bestandteile vom wertlosen Gestein getrennt und dadurch wirtschaftlich nutzbar gemacht werden.

Feldspat Zu den Silikaten (Salzen) gehörende Gruppe von Mineralien, die besonders in den Gesteinen der oberen Erdkruste auftreten; die zum Teil hauchdünnen Schichten können aber leicht gespalten werden.

Firn Durch wiederholtes Gefrieren und Auftauen im Laufe mehrerer Jahre körnig gewordener Altschnee

Firnfeld Altschneefelder, die vor allem in Rinnen und Karen auch im Sommer nicht ganz abschmelzen; sie können insbesondere in den frühen Morgenstunden gefährlich sein, wenn sie von einer spiegelglatten Eisschicht überzogen sind und daher ohne Leichtsteigeisen nicht überquert werden sollten.

Flanke Steiler, ebenmäßiger Berghang, der zum Gipfel oder zu einem Grat ansteigt

Flysch Schiefrig-tonige oder sandige Gesteinsschichten, die am nördlichen Alpenrand in einem breiten Streifen zu Tage treten und dort die sanft gerundeten Grasberge (z. B. der Kitzbühler Alpen) bilden; sie wurden vor etwa 50 bis 100 Mio. Jahren in einem Meer am Nordrand der Alpen abgelagert und später im Laufe der Gebirgsbildung gefaltet und schließlich weit über den Meeresspiegel gehoben.

Fossilien Reste oder Spuren von Lebewesen der Vorzeit, die im Sedimentgestein (Ablagerungen) erhalten geblieben sind; auf Fossilien beruht die Gliederung der Gesteinsfolgen und ihre Zuordnung zu den Zeitabschnitten der Erdgeschichte. Besonders wichtig sind die Leitfossilien: Versteinerungen von Pflanzen und Tieren, die im Idealfall nur in einer einzigen Schicht vorkommen, da sie nur zu einer bestimmten Epoche gelebt haben.

Freiklettern Beim Klettern werden keine künstlichen Hilfsmittel, sondern nur die natürlichen Griffe und Tritte in der Felswand zum Festhalten verwendet. Seil und Haken werden dabei durchaus eingesetzt, dienen allerdings ausschließlich zur Sicherung gegen einen Sturz.

Geröll Schutt, der sich durch Steinschlag, Erosion und Lawinen in den Bergen in Rinnen und Karen sammelt

Gletscher Permanenter, oft von tiefen Spalten durchzogener Eisstrom, der durch seine gewaltige Masse der Schwerkraft folgend langsam zu Tal fließt (max. 210 m pro Jahr in den Alpen)

Glimmer Blättchenartige Minerale mit metalligem Glanz, die verschiedene Gesteine zum Glitzern bringen; am bekanntesten ist das goldschimmernde Biotit, das auch Katzengold genannt wird und vor allem in den Hohen Tauern häufig zu finden ist.

Gneis Eine große Gruppe metamorpher Gesteine, die durch intensive Umwandlung magmatischer Gesteine (vor allem Granit) und Sedimentgesteinen (wie Sandstein und Tonschiefer) entstanden sind; die typischen Bestandteile der Gneise sind Quarz, Feldspat und Glimmer.

Grad Siehe Schwierigkeitsgrad

Granit Körniges, magmatisches Gestein, das überwiegend aus Feldspat, Quarz und Glimmer besteht

Grat Schmaler, gezackter Felsrücken, der normalerweise zwei Täler oder Kare trennt

Kamm Bergrücken oder Kette von Gipfeln

Kar In Steilflanken oder Felsmassive eingelagerte Mulde, häufig einst von Gletschern geformte Becken

Karabiner Ovaler Haken, meist aus einer Aluminiumlegierung gefertigt, der sich durch einen gefederten Schnappverschluss öffnen und schließen lässt; dient beim Klettern zur Sicherung, indem er in die in der Felswand fixierten Haken, Klemmkeile oder Schlingen und ins Kletterseil eingehängt wird

Karstlandschaft Kalksteinregionen, in denen das natürliche Pflanzenkleid zerstört und der fruchtbare Boden durch Erosion abgetragen wurde; dadurch liegt der zerfurchte Kalkstein direkt an der Oberfläche und bildet so ein-

Glossar

druckvolle, karge Hochflächen (z. B. Steinernes Meer bei Saalfelden im Salzburger Land)

Klettergurt Hüft- und Brustgurt, in den zur Sicherung des Kletterers das Seil geknotet bzw. bei Klettersteigen das Sicherungsset eingebunden wird

Klettersteig Mit dauerhaft fixierten Drahtseilen gesicherte Steiganlage in felsigem Gelände; als Steighilfen dienen oft Eisentritte bzw. -klammern. Zur Sicherung werden Karabiner in die Drahtseile eingehängt. Klettersteige können auch durch relativ einfaches Gelände führen; vor allem die neuen, sehr athletischen Sportklettersteige setzen jedoch alpine Erfahrung im Fels sowie Kraft und Ausdauer voraus. Da Südtirol eine Vorreiterrolle bei der Errichtung von Klettersteigen eingenommen hat, werden die Routen oft auch im deutschen Sprachraum als Via Ferrata bezeichnet.

Klettersteigset Speziell für Klettersteiggeher konzipiertes Sicherungssystem, das aus einem Y-förmig angebrachten Seilstück, zwei verriegelbaren Karabinern und einem Stoßdämpfer besteht; das Set wird in den Klettergurt eingebunden und ermöglicht eine durchgehende Sicherung am Klettersteig. Bei schwierigeren Klettersteigen auch für Geübte unverzichtbar

Koča Slowenische Bezeichnung für Schutzhütte

Massiv Großer Bergstock

Metamorphose Die Umwandlung der Gesteine in großen Tiefen der Erdkruste durch Hitze und hohen Druck; die Gesteine, die dabei entstehen, werden metamorphe Gesteine genannt. Diese Umwandlungsgesteine erkennt man an den deutlich ausgeprägten Kristallen sowie am schiefrigen Gefüge mit einer zum Teil streng parallelen Anordnung der Mineralien.

Mineralien Mehr als 2000 Mineralien sind bekannt; sie bilden die chemisch einheitlichen Bestandteile der Erdkruste und die Gesteine. Die häufigsten Vertreter sind Feldspat, Quarz, Glimmer und Olivin.

Moräne Geröllströme auf dem Gletscher und Geröllberge, die ein Gletscher an seinen Rändern aufschiebt; zieht sich das Eis zurück, markieren die steilen Geröllaufschiebungen deutlich seinen einstigen Verlauf.

Nagelfluh Ein im Alpenvorland zu findendes Sedimentgestein, das aus fest verkitteten Kies- und Geröllschichten besteht, die sich entweder vorwiegend aus Kalkstein (Kalknagelfluh) oder aus verschiedensten Gesteinen (bunte Nagelfluh) zusammensetzen; der Name kommt von den winzigen Steinchen (Geröllen), die wie Nagelköpfe aus den Felsen herausschauen (z. B. in der Nagelfluhkette in den Allgäuer Alpen).

ÖAV Abkürzung für Österreichischer Alpenverein

Pass Einsattelung zwischen Bergen, durch die ein Weg oder eine Straße führt und es so ermöglicht, eine Gebirgskette zu überqueren

Pfeiler Teil eines Berges oder Felsens, der markant und steil vor der Hauptwand steht

Quarz Ungewöhnliche hartes, meist farbloses, durchscheinendes Mineral mit muschelförmigen, glänzenden Bruchstellen; nach dem Feldspat das am häufigsten verbreitete Mineral. Bekannt sind vor allem die Quarzkristalle wie Bergkristall, Rauchquarz und Amethyst.

Rifugio Italienische Bezeichnung für Schutzhütte

Rundhöcker Länglicher Felshügel, der an einer Seite sanft abgerundet ansteigt, um dann schroff an einer Felskante abzubrechen; er wurde durch Gletscher geformt, die abgerundete Seite war dabei gegen den Eisstrom gerichtet, die kantige zeigt in die Fließrichtung des einstigen Gletschers.

SAC Abkürzung für Schweizer Alpen Club

Sattel Relativ flache Einsenkung zwischen zwei Bergen

Säumer Die Spediteure von einst. Mit Lasttieren transportierten sie Waren über die gefährlichen Gebirgspässe.

Saumweg Weg, auf dem einst Waren »gesäumt«, also von Lasttieren (Saumtieren) getragen, über Gebirgsketten befördert wurden

Glossar

Schlüsselstelle Die schwierigste Stelle einer Route

Schneebrücke Zeitweilige Schneeauflage, die eine Gletscherspalte überdeckt, bei Belastung jedoch sehr leicht brechen kann; lebensgefährliche Spaltenstürze sind die Folge. Um diese Gefahr zu erkennen, ist große alpine Erfahrung notwendig. Gletscherbegehungen sollten Unerfahrene deshalb nur in Begleitung eines Bergführers machen.

Seil Meistens zwischen 40 und 60 m langes, 9–11 mm dickes Nylonseil, das in die Klettergurte beider Kletterer geknotet wird und durch Einhängen in Sicherungspunkte lebensgefährliche Stürze verhindert.

Sichern Mit verschiedenen Hilfsmitteln wie Seil, Karabinern und Haken sichern sich Kletterer abwechselnd, um ein Abstürzen zu verhindern.

Sicherung Hilfsmittel wie Haken und Karabiner, um Kletterer vor dem Abstürzen zu schützen

Schiefer Bezeichnung für verschiedene Gesteinsarten, die alle in dünnen, glatten Schichten brechen; die einzelnen Schichten können entweder hauchdünn oder mehrere Zentimeter dick sein.

Schrofen Steile, zerklüftete und oft splittrige Felswände, teilweise mit Graspolstern durchsetzt

Schwierigkeitsgrad Elfstufige Einteilung der technischen Schwierigkeit einer Kletterroute nach UIAA-Norm (siehe eigenen Eintrag); in der Regel ist ab dem 3. Schwierigkeitsgrad eine Seilsicherung notwendig, am schwierigsten sind Touren im 11. Grad. Für Wanderungen gibt es keine derartige Einteilungsskala. Grundsätzlich muss man auch selbst bei leichten Bergwanderungen mit schmalen, steinigen Wegen und steileren Passagen rechnen. Bei schwierigen Bergwanderungen ist alpine Erfahrung unerlässlich.

Sedimente Geschichtete Ablagerungen von Gesteins- und Mineralbruchstücken, Pflanzen- und Tierresten sowie von chemischen Substanzen, die im Wasser gelöst waren; in relativ geringen Tiefen der Erdkruste werden diese Ablagerungen durch Druck und Wärme entwässert und in festes Sedimentgestein umgewandelt.

Sportklettern Siehe Freiklettern

Steigeisen Aus Stahl oder Aluminium (Leichtsteigeisen) gefertigte, mit Zacken versehene »Sohle«, die am Bergschuh mit einer Bindung oder mit Riemen fixiert wird; so können Eis- und Firnfelder sicher überquert werden; gehören vor allem im Frühsommer in den Rucksack jedes Bergwanderers, der in höheren Regionen unterwegs ist

Steinmann Kleiner Steinhaufen, der zur Markierung des Weges errichtet wurde

Talschluss Höchstes Gebiet im Talverlauf

Toteis Eismasse, die am Ende einer Gletscherzunge von Schmelzwasserbächen mit Sand und Geröll bedeckt wird; die Eisblöcke werden darunter buchstäblich begraben und tauen häufig erst Jahrhunderte später auf. Über dem tauenden Toteis sackt der Boden nach und bildet Vertiefungen, in denen sich das Wasser zu sog. Toteisseen sammelt

UIAA Abkürzung für die 1932 in Chamonix gegründete »Union internationale des Associations d'Alpinisme«, eine internationale Bergsteiger- und Kletterervereinigung, die u. a. internationale Standards für Ausrüstung, Ausbildung und Routenbewertungen setzt

Versteinerung Siehe Fossilien

Verwerfung Störung oder Bruch innerhalb einer Gesteinsschicht an der Stelle, wo sich zwei verschiedene Schollen der Erdkruste horizontal, vertikal oder diagonal gegeneinander verschoben haben

Verwitterung Zersetzung und Umwandlung der Gesteinsschichten, vor allem durch Witterungseinflüsse; die Gesteine werden dabei in Bruchstücke zerkleinert und anschließend durch verschiedene Einflüsse auch in ihrer chemischen Zusammensetzung verändert.

Via Ferrata Siehe Klettersteig

Wechte Überhängende Schnee- oder Eismasse, die sich auf der windabgewandten Seite (Leeseite) von Kämmen und Gipfeln bildet; von Wechten sollte man einen gebührenden Abstand halten, da sie abbrechen und ins Tal stürzen könnten.

BERGBAHNEN

- ⌐ Sessellift/Korblift
- ō Kleinkabinenbahn
- ⊞ Großkabinenbahn/Luftseilbahn
- ▭ Standseilbahn/Zahnradbahn

			Zwischenstationen	Beförderungspreise (in €)						Service				Höhenangaben (in m)		Fahrzeit in Min.	Beschreibung im ADAC SommerGuide Seite
				Erwachsene			Kinder			Kombikarte	Familienkarte	Seniorentarif	Mitnahme MTB				
				Berg	Tal	Berg/Tal	Berg	Tal	Berg/Tal					Tal	Berg		
Westallgäu																	
Oberstaufen	Hochgratbahn	⌐		8,50		13,50	5,50		7,-	●	●			852	1708		68
Grünten – Immenstadt																	
Immenstadt	Mittagbergbahn	⌐			11,-			6,-		●				728	1451	30	70
Bad Hindelang – Oberjoch																	
Bad Hindelang	Hornbahn	ō		7,-	6,-	10,-	5,-	4,50	7,-	●	●		●	780	1320	10	72
Oberjoch	Iselerbahn	⌐		7,-	6,-	10,-	5,-	4,50	7,-	●	●			1150	1559		72
Oberstdorf, Hörnerkette und Kleinwalsertal																	
Bolsterlang	Hörnerbahn	ō	●	9,50	9,50	13,50	6,-	6,-	7,50		●		●	900	1556	10	76
Hirschegg	Ifenbahn	⌐		3,50	3,50	5,-	2,50	2,-	3,50		●		●	1280	1600	12	76
Mittelberg	Walmendinger-Hornbahn	ō		12,50	11,50	18,50	6,-	5,-	9,-		●		●	1200	1940	10	76
Mittelberg	Zafernabahn	⌐		4,-	3,50	5,-	3,-	2,50	5,-				●	1200	1470	6	76
Oberstdorf	Söllereckbahn	ō		8,-	6,-	12,-	4,-	3,-	6,-	●	●		●	1013	1358	8	76
Oberstdorf	Nebelhornbahn	⊞	●	17,50	17,-	23,-	8,50	8,-	11,-	●				828	2224	10	76
Oberstdorf	Fellhornbahn	⊞	●	16,-	13,50	21,-	7,50	6,50	10,-	●				920	2037	10	76
Ofterschwang	Weltcup Express	⌐		6,80	6,80	9,50	3,80	3,80	5,30	●	●	●		865	1306	11	76
Riezlern	Kanzelwandbahn	ō		12,50	11,50	18,50	6,-	5,-	9,-		●		●	1087	1957	10	76
Ostallgäu																	
Buching	Buchenbergbahn	⌐		5,-	5,-	7,50	3,50	3,50	5,-	●	●			800	1140	13	82
Halblech	Buchenbergbahn	ō		5,-	5,-	7,50	3,50	3,50	5,-	●	●			800	1140		82
Schwangau	Tegelbergbahn	⊞		9,-	9,-	15,-	4,50	4,50	7,50	●	●			830	1730	8	82
Pfronten und Nesselwang																	
Nesselwang	Alpspitzbahn	⌐	●	7,-	7,-	10,-	4,50	4,50	6,-		●	●		914	1511	30	82
Pfronten	Breitenbergbahn	ō		9,-	9,-	15,-	5,-	5,-	7,-		●	●	●	840	1700	8	82
Pfronten	Hochalpbahn Breitenberg	⌐				15,-	2,50	2,50	3,50		●	●	●	1495	1677	8	82
Oberammergau																	
Bad Kohlgrub	Vorderes Hörnle	ō		6,-	5,-	11,-	3,-	3,-	5,-		●			900	1400	17	88
Oberammergau	Laberbergbahn	ō		8,-	7,-	12,50	3,-	3,-	5,-		●			840	1680		88
Oberammergau	Kolben	⌐		5,-	4,-	7,-	4,-	3,-	5,-		●			840	1250		88
Garmisch-Partenkirchen																	
Garmisch-Partenkirchen/Zugspitzplatt	Zahnradbahn über Grainau	▭	●	24,50	24,50	43,-	14,-	14,-	25,-	●				705	2588	75	92
Garmisch-Partenkirchen	Alpspitzbahn	⊞		14,-	14,-	19,-	9,-	9,-	12,-	●	●			750	2050	9	92
Garmisch-Partenkirchen	Hochalmbahn	⊞		4,-	4,-		2,50	2,50		●				1700	2050	4	92
Garmisch-Partenkirchen	Kreuzeckbahn	ō		12,-	12,-	17,-	7,50	7,50	10,-	●				770	1650	7	92
Garmisch-Partenkirchen	Wankbahn	ō	●	11,50	11,50	16,50	7,-	7,-	9,50	●	●			740	1750	18	92
Grainau	Eibsee-Seilbahn	⊞		24,50	24,50	43,-	14,-	14,-	25,-	●				1000	2950	10	92
Zugspitze	Gletscherbahn	⊞		(inkl. bei Zugspitzrundreise)						●				2588	2950	3,5	92
Kochelsee und Walchensee																	
Kochel	Blombergbahn	⌐		4,-	4,-	7,-	2,-	2,-	3,-	●				700	1240		96
Walchensee	Herzogstandbahn	⊞		7,-	7,-	12,-	4,-	4,-	6,50		●			800	1600	4	96
Mittenwald																	
Mittenwald	Karwendelbahn	⊞		12,50	12,50	20,-	6,-	6,-	7,-	●	●			933	2244	8	98
Mittenwald	Kranzberg	⌐		4,30	3,50	5,50	2,80	2,30	3,30		●			980	1200	14	98

Erläuterungen zum Preisteil siehe Seite 653

- ⛷ Sessellift/Korblift
- 🚡 Kleinkabinenbahn
- 🚠 Großkabinenbahn/Luftseilbahn
- 🚞 Standseilbahn/Zahnradbahn

			Zwischenstationen	Beförderungspreise (in €) Erwachsene			Kinder			Service				Höhenangaben (in m)		Fahrzeit in Min.	Beschreibung im ADAC SommerGuide Alpen Seite
				Berg	Tal	Berg/Tal	Berg	Tal	Berg/Tal	Kombikarte	Familienkarte	Seniorentarif	Mitnahme MTB	Tal	Berg		
Bad Tölz – Lenggries																	
Bad Tölz	Blombergbahn	⛷	●	4,-	4,-	7,-	2,-	2,-	3,-	●				700	1248	20	102
Lenggries	Brauneckbahn	🚡		8,50	8,-	14,-	4,-	4,-	6,-		●			680	1556	12	102
Tegernseer Tal																	
Rottach-Egern	Wallbergbahn	🚡		8,50	8,50	14,-	4,50	4,50	7,-		●			800	1620	13	106
Schliersee und Spitzingsee																	
Schliersee	Schliersberg-Alm	🚡		3,50	3,50	6,-	2,-	2,-	3,-					831	1061	4	110
Spitzingsee	Stümpflingbahn	⛷		Neueröffnung 2005										1100	1500		110
Spitzingsee	Taubensteinbahn	🚡		7,50	7,50	13,-	4,-	4,-	6,-	●	●			1100	1700		110
Bayrischzell – Wendelstein																	
Bayrischzell-Osterhofen	Wendelstein	🚠		10,-	10,-	17,-	7,50	7,50	12,-	●	●			792	1724	10	112
Brannenburg	Wendelstein	🚞				23,50								600	175		112
Oberaudorf	Hocheck	⛷	●	3,90	3,50	5,90	2,90	2,50	3,90			●	●	450	850	10	112
Westlicher Chiemgau																	
Aschau	Kampenwand	🚡		11,50	11,50	14,50	6,50	6,50	9,-	●	●	●	●	626	1467	14	116
Bernau	Hochfelln	🚠	●	10,-	10,-	15,50	5,50	5,50	8,-	●	●	●		520	1664	15	116
Marquartstein	Hochplatte	⛷		4,50	3,50	6,50	3,-	2,50	4,-	●	●	●		590	1078	17	116
Reit im Winkl	Dürrnbadhorn	⛷		7,50	7,50	9,-	5,-	5,-	6,50		●			1195	1610	20	116
Schleching	Geigelsteinbahn	⛷		6,-		9,-	4,-	3,-	6,-		●			625	1025	20	116
Östlicher Chiemgau																	
Ruhpolding	Rauschbergbahn	🚠		10,-	10,-	15,-	5,-	5,-	7,-	●	●			710	1626	5	120
Ruhpolding	Unternbergbahn	⛷				7,50								870	1450	15	120
Siegsdorf	Hochfelln-	🚠		10,-	10,-	15,50	5,50	5,50	8,-	●	●	●		520	1664	15	120
Berchtesgadener Land																	
Berchtesgaden	Jennerbahn	🚡	●	14,-	14,-	18,80	8,-	8,-	11,-	●	●			600	1800	25	122
Ramsau	Hochschwarzeck	⛷		6,50	5,50	8,-	3,50	3,-	4,50	●	●	●	●	1034	1386	15	122
Schönau am Königssee	Jennerbahn	🚡	●	14,-	14,-	18,80	8,-	8,-	11,-	●	●			600	1800	25	122
Bregenzerwald																	
Alberschwende	Brüggelkopf	⛷		5,-	4,-	7,-	3,50	3,-	5,-					740	1240	16	126
Andelsbuch	Niedere	⛷	●	8,-	5,50	11,40	4,-	3,-	5,50	●	●	●		655	1600		126
Au-Schoppernau	Diedamskopf	🚡	●	10,20	10,20	13,50	5,90	5,90	8,-	●	●	●	●	850	2020	20	126
Bezau	Baumgarten-Niedere	🚡	●	9,-	6,50	12,-	4,50	3,25	6,-	●	●	●		680	1600	5	126
Bregenz	Pfänderbahn	🚠		5,70	5,70	9,80	2,80	2,80	4,90	●	●	●		400	1065	6	126
Damüls	Uga Express	⛷		6,50	5,-	8,50	5,50	4,-	6,-	●	●			1340	1810	6	126
Dornbirn	Karrenseilbahn	🚠		5,80	5,40	8,30	2,90	2,70	4,20	●	●	●		443	976	4	126
Faschina	Stafelalpe	⛷	●	6,50	4,50	8,50	5,-	4,-	5,50	●	●			1485	1865	17	126
Mellau	Bergbahnen Mellau	🚡		6,50	5,-	9,-	4,50	4,20	5,20	●	●	●		710	1395		126
Sonntag	Großwalsertaler Seilbahn	🚠		6,50	4,50	8,50	5,-	4,-	5,50	●		●		900	1300	7	126
Warth	Steffisalp	⛷		6,50	6,50	8,-	3,-	3,-	4,-	●		●		1515	1884	6	126

Erläuterungen zum Preisteil siehe Seite 653

BERGBAHNEN

- ⌐ Sessellift/Korblift
- ○ Kleinkabinenbahn
- ⛿ Großkabinenbahn/Luftseilbahn
- ▭ Standseilbahn/Zahnradbahn

			Zwischenstationen	Beförderungspreise (in €)						Service				Höhenangaben (in m)		Fahrzeit n Min.	Beschreibung im ADAC SommerGuide Alpen Seite
				Erwachsene			Kinder			Kombikarte	Familienkarte	Seniorentarif	Mitnahme MTB				
				Berg	Tal	Berg/Tal	Berg	Tal	Berg/Tal					Tal	Berg		
Alpenregion Bludenz																	
Brand	Lunerseebahn	⛿		4,50	4,50	7,60	2,50	2,50	4,10			●		1565	1979	4	130
Brand	Niggenkopfbahn	⌐		5,-	5,-	8,-	3,-	3,-	5,-			●	●	1037	1589	20	130
Faschina	Hahnenkopf	⌐	●	6,50	4,50	8,50	5,-	4,-	5,50			●	●	1500	1750	11	130
Bludenz	Muttersberg	○		5,60	5,60	9,30	3,50	3,50	5,90			●	●	681	1401	7	130
Klösterle	Sonnenkopfbahn	○		9,-	5,-	10,50	4,50	2,50	5,-		●	●	●	1000	1840	7	130
Schnifis	Bergbahn Älpele	○		5,-	5,-	7,-	2,60	2,60	3,70		●	●	●	654	1334	8	130
Sonntag	Stein	⛿		6,50	4,50	8,50	5,-	4,-	5,50	●	●	●	●	900	1250	7	130
Montafon																	
Gargellen	Schafbergbahn	○		6,80	6,80	10,30	4,-	4,-	6,20	●	●	●	●	1423	2130	6	136
Gaschurn	Versettbahn	○	●	7,-	7,-	12,80	2,70	2,70	4,20	●	●	●	●	900	1400	10	136
Partenen	Vermuntbahn/Torminier	⛿		6,60	6,60	10,10	3,80	3,80	5,70	●	●	●	●	1032	1731	5	136
Partenen	Talamuntbahn	⛿		4,30	4,30	7,30	2,30	2,30	3,90	●	●	●	●	1030	1550	5	136
Silbertal	Kristbergbahn	⛿	●	6,20	6,20	10,-	4,80	7,80	6,90	●	●	●	●	889	1442	5	136
St. Gallenkirch	Grafreschabahn	⌐		3,50	3,50	6,-	2,70	2,70	4,20	●	●	●	●	900	1400	10	136
Tschagguns	Hochjochbahn	⌐+⛿	●	8,40	8,40	12,60	4,30	4,30	6,40	●	●	●	●	700	1855	15	136
Tschagguns	Golmerbahn	○		7,-	7,-	10,90	4,20	4,20	6,40	●	●	●	●	1000	1893	10	136
Tschagguns	Grabserbahn	⌐		6,50	6,50	9,30	3,80	3,80	6,-	●	●	●	●	700	1400	20	136
Lech und Zürs am Arlberg																	
Lech am Arlberg	Rüfikopf	⛿		7,-	6,-	11,50	3,80	2,70	5,20	●				1446	2362	5	142
Lech am Arlberg	Oberlech	⛿		2,80	2,80	5,60	1,40	1,40	2,80	●				1446	1666	3	142
Lech am Arlberg	Schlegelkopfbahn	⌐		5,20	5,20	7,-	2,30	2,30	3,80	●				1441	1808	5	142
Lech am Arlberg	Petersbodenbahn	⌐		2,80	2,80	5,60	1,40	1,40	2,80	●				1645	1930	4	142
St. Anton am Arlberg																	
St. Anton	Galzigbahn	⛿		9,-	5,-	11,-	4,50	2,50	5,50					1300	2069	5	144
St. Anton	Gampenbahn	⌐		9,-	5,-	11,-	4,50	2,50	5,50					1310	1850	6	144
St. Anton	Rendlbahn	○		9,-	5,-	11,-	4,50	2,50	5,50					1312	2030	12	144
St. Anton	Vallugagratbahn	⛿	●	15,-	10,-	17,-	7,50	5,-	8,50					1300	2645	12	144
St. Anton	Kapallbahn	⌐		15,-	10,-	17,-	7,50	5,-	8,50					1310	2328	10	144
St. Anton	Vallugagipfel	⛿	●	17,-	13,-	19,-	8,50	6,50	9,50					1300	2810	14	144
St. Anton/Galzig	Vallugagrat	⛿		9,-	5,-	11,-	4,50	2,50	5,50					2091	2645	7	144
St. Anton/Vallugagrat	Vallugagipfel	⛿		4,-	3,-	4,50	2,-	1,50	2,50					2642	2810	2	144
St. Anton/Gampen	Kapallbahn	⌐		9,-	5,-	11,-	4,50	2,50	5,50					1846	2328	4	144
St.Jakob	Bergbahn- und Skiliftgesellschaft	○	●	7,-	5,50	10,-	3,50	3,-	5,-	●	●	●	●	1400	2373	6	144
St.Jakob	Bergbahn- und Skiliftgesellschaft	⌐	●	4,50	4,-	7,-	2,50	2,50	4,-	●	●	●	●	1400	2373	10	144
Tannheimer Tal																	
Grän	Liftges. Grän	○		10,-	10,-	12,50	6,50	6,50	8,-		●	●	●	1205	1821	9	146
Nesselwängle	Liftgesellschaft Nesselwängle	⌐		6,70	6,70	8,70	4,10	4,10	5,10		●	●	●	1136	1510	13	146
Schattwald	Schattw. Lifte	⌐		7,-	7,-	10,-	4,-	4,-	5,-			●	●	1090	1565	12	146
Tannheim	Tannheimer Liftgesellschaft	○		9,-	9,-	13,-	5,50	5,50	8,-			●	●	1097	1820	12	146
Reutte und Außerfern – Tiroler Lechtal																	
Reutte	Seilbahn Höfen	⛿		9,-	9,-	13,-	5,50	5,50	8,-		●	●		931	1740		150
Tiroler Zugspitz Arena																	
Biberwier	bis Mittelstation	⌐		4,90	4,-	6,60	3,40	2,80	4,60	●	●			1000	1180		154
Biberwier	Mittelstation bis Marienberg	⌐		6,20	4,90	8,80	4,30	3,40	6,20	●	●			1180	1680		154
Bichlbach	Almkopfbahn	⌐		6,-	6,-	9,-	4,-	4,-	6,50	●	●	●		1000	1622		154
Ehrwald	Zugspitzbahn	⛿		21,-	21,-	32,-	13,-	13,-	19,-	●	●			1065	2950	10	154
Ehrwald	Ehrwalder Alm	○		8,-	8,-	11,-	4,50	4,50	6,50	●	●	●	●	1100	1500	13	154
Lermoos	Brettlalm-Grubigalm	○				14,60	4,30	3,10	5,30	●	●		●	1000	1350		154
Lermoos	Brettlalm-Grubigalm	⌐		7,60	5,-	10,-	5,30	3,50	7,-	●	●			1350	1700		154

Erläuterungen zum Preisteil siehe Seite 653

Legend:
- 🚡 Sessellift/Korblift
- 🚠 Kleinkabinenbahn
- 🚟 Großkabinenbahn/Luftseilbahn
- 🚞 Standseilbahn/Zahnradbahn

Ort	Bahn	Typ	Zw.Stat.	Erw. Berg	Erw. Tal	Erw. Berg/Tal	Kind. Berg	Kind. Tal	Kind. Berg/Tal	Kombikarte	Familienkarte	Seniorentarif	Mitnahme MTB	Höhe Tal	Höhe Berg	Fahrzeit	ADAC Seite
Paznaun																	
Galtür	Birkhahnbahn	🚡		6,-	4,50	8,-	3,50	3,-	4,-			●	●	1635	2050		158
Ischgl	Silvrettaseilbahn	🚟	●	9,70	4,10	12,30	5,-	2,-	6,20			●	●	1360	2321	11	158
Kappl	Dias-Alpe	🚠		7,50	4,50	9,-	4,50	3,-	6,-	●	●	●	●	1180	1830	10	158
See	Medrigjoch	🚠		7,50	5,50	9,-	4,50	3,50	6,-			●	●	1050	1800	7	158
Serfaus – Fiss – Ladis																	
Fiss	Schönjochbahn	🚠		7,50	4,20	15,-	5,40	3,20	7,70			●	●	1436	1920	8	162
Fiss	Fiss-Schönjoch	🚟	●	9,50	5,70	13,-	8,20	4,60	11,-			●	●	1436	2436	15	162
Ladis	Sonnenbahn Fiss	🚠	●	7,50	7,50	11,-	5,90	5,90	8,-			●	●	1180	1436	15	162
Ladis	Ladis-Schönjoch	🚟	●	13,-	7,80	16,10	12,-	6,80	15,10			●	●	1180	2436	30	162
Serfaus	Komperdellbahn	🚠		8,-	4,70	11,-	6,50	3,70	9,-			●	●	1427	1980	15	162
Serfaus	Lazidbahn	🚠		8,-	4,70	11,-	6,50	3,70	9,-			●	●	1980	2346	15	162
Serfaus	Komperdellbahn und Lazidbahn	🚠	●	11,50	7,-	15,-	9,-	5,50	12,50			●	●	1427	2346	30	162
Nauders und Reschenpass																	
Nauders	Bergkastel	🚠		9,-	kostenlos	12,-	5,-	kostenlos	5,-	●		●		1400	2200	15	164
Nauders	Mutzkopfbahn	🚡		6,-	4,70	9,50	3,50	2,80	5,70			●		1400	1800	10	164
Kaunertal																	
Fendels	Ried-Sattelklause	🚡			10,50			6,-		●	●	●		900	1900		166
Landeck – Venetregion																	
Zams	Venetbahn	🚟			13,30									780	2212		168
Imst – Mieminger Plateau																	
Imst	Hoch-Imst	🚡	●	11,-	5,50	12,50	5,50	3,-	6,50			●	●	1050	2100	30	170
Hoch-Imst	Alpine Coaster	🚡			5,-	9,-		3,50	7,50					1050	1500	15	170
Obsteig	Grünberglift	🚡		5,-	2,50	7,-	2,50	1,-	3,50					1000	1497	15	170
Pitztal																	
Jerzens	Hochzeigerbahn	🚡+🚠	●	10,-	4,50	13,-	6,-	2,-	7,50	●	●	●	●	1450	2450	15	172
Mandarfen	Rifflseebahn	🚠		9,-	7,50	13,-	6,50	5,50	9,50	●	●	●	●	1640	2300	6	172
Mittelberg	Pitztaler Gletscherbahnen	🚟+🚞		13,50	13,50	21,50	9,-	9,-	13,-	●	●	●		1740	3440	8	172
Ötztal																	
Obergurgl-Hochgurgl	Gaisberglift	🚡		4,-	3,-	5,50								1930	2100	8	176
Obergurgl-Hochgurgl	Hohe Mutlift	🚡		5,-	3,50	7,-				●		●		2100	2670	15	176
Oetz	Acherkoglbahn	🚠		9,-	8,-	12,50	4,50	4,-	6,50	●		●		820	2020	10	176
Sölden	Gaislachkogelbahn	🚟	●	7,-	3,50	19,-	3,50	2,-	10,-	●	●	●	●	1377	3041	15	176
Sölden	Hochsölden	🚡		5,-	3,-	7,-	3,-	2,-	4,-			●		1354	2092	10	176
Sölden	Rotkogl	🚡	●	2,50	2,-	3,50	2,-	1,-	2,50			●		2070	2329	20	176
Sölden	Schwarze Schneid	🚠	●		11,-			6,-				●		2675	3250	10	176
Vent	Stablein/Wildspitze	🚡		6,70	4,90	8,80	3,-	2,80	5,-			●		1900	2365	15	176
Seefeld mit Leutaschtal																	
Leutasch	Kreithlift	🚡		5,-	5,-	7,-	4,-	4,-	5,50				●	1130	1363	10	182
Leutasch/Moos	Mundelift	🚡		7,-	7,-	10,-	4,-	4,-	6,-				●	1130	1605	15	182
Innsbruck																	
Axamer Lizum	Birgitzköpfl	🚡		5,-	5,-	10,-	3,-	3,-	6,-					1583	2343	12	186
Igls	Patscherkofel	🚟	●	9,50	9,50	15,-	4,70	4,70	8,-			●	●	922	1952	20	186
Innsbruck	Nordpark-Seegrube +🚠+🚞	🚡	●	13,10	13,10	21,80	6,60	6,60	11,-			●	●	856	2334	25	186
Innsbruck	Hungerburgbahn	🚠			4,20												186
Innsbruck/Hungerburg	Nordkettenbahn Seegrube/Hafelekar	🚟			18,50												186
Kühtai	Bergbahnen Kühtai	🚡+🚠		9,-	9,-	10,50	5,50	5,50	6,-	●		●		2020	2828	10	186
Tulfes	Glungezerbahn	🚡	●		11,50												186

Erläuterungen zum Preisteil siehe Seite 653

BERGBAHNEN

- Sessellift/Korblift
- Kleinkabinenbahn
- Großkabinenbahn/Luftseilbahn
- Standseilbahn/Zahnradbahn

			Zwischenstationen	Beförderungspreise (in €)						Service				Höhenangaben (in m)		Fahrzeit n Min.	Beschreibung im ADAC SommerGuide Alpen Seite
				Erwachsene			Kinder			Kombikarte	Familienkarte	Seniorentarif	Mitnahme MTB				
				Berg	Tal	Berg/Tal	Berg	Tal	Berg/Tal					Tal	Berg		
Stubaital																	
Fulpmes	Schlick 2000	Ö	●	9,30	10,60	12,80	4,60	5,30	6,40		●	●		1000	2136	14	192
Mieders	Hochserles	Ö		7,50	5,-	9,50	4,-	3,-	5,-		●	●	●	990	1680	9	192
Neustift	Elfer-Lifte	Ö		9,20	6,60	11,50	4,10	3,10	5,60	●	●	●		1000	1812	7	192
Ranalt	Stubaier Gletscher Mutterberg-Eisgrat	Ö		10,-	10,-	16,-	5,-	5,-	8,-		●	●		1750	2900	25	192
Wipptal																	
Steinach am Brenner	Bergeralm	Ö		6,10	3,80	7,60	bis 15 Jahre in Begleitung eines Erwachsenen gratis			●	●	●	●	1550	2150	12	196
Steinach am Brenner	Bergeralm-Nösslachjoch			3,80	3,80	4,60	bis 15 Jahre in Begleitung eines Erwachsenen gratis			●	●	●	●	1000	1550	12	196
Achensee-Region																	
Maurach am Achensee	Rofan Seilbahn			11,50	6,-	13,50	7,-	3,50	8,-	●				950	1831	7	196
Pertisau am Achensee	Karwendelbahn-	Ö		8,50	6,50	11,-	6,50	4,50	8,50				●	960	1500	7	196
Alpbachtal – Tiroler Seenland																	
Alpbach	Wiedersberger Hornbahn		●	9,50	6,-	12,50	5,-	4,-	6,50		●			830	1850	16	202
Kramsach	Sonnwendjoch-			11,50		14,-	6,-		7,-	●				520	1800	30	202
Reith	Reitherkogelbahn			7,50	5,50	9,50	4,-	3,-	5,-	●				690	1260	7	202
Vorderes Zillertal																	
Fügen	Spieljochbahn	Ö	●	5,-	5,-	12,-	3,-	3,-	6,-	●	●			600	1865	20	204
Gerlos	Isskogelbahn	Ö		6,-	6,-	8,80	3,-	3,-	4,90	●	●	●	●	1260	1897	6	208
Gerlos	Fürstalmbahn			6,-	6,-	9,80	3,-	3,-	4,90	●	●	●	●	1198	1808	12	208
Hainzenberg	Gerlosstein-			6,10	6,10	9,80	3,-	3,-	5,-	●	●	●		929	1644	15	208
Ramsau	Ramsberglift			6,10	6,10	9,80	3,-	3,-	5,-	●	●	●		598	1329	20	208
Zell am Ziller	Kreuzjochbahn	Ö	●	10,-	10,-	14,60	5,-	5,-	7,50	●	●	●	●	579	1744	20	208
Hinteres Zillertal und Tux																	
Finkenberg	Finkenb. Alm	Ö	●	9,-	9,-	12,50	6,-	6,-	8,-	●			●	850	2095	15	208
Hintertux	Gletscherbahn	Ö	●			23,60	4,-	2,50	4,50	●				1500	2600		208
Lanersbach	Eggalmbahnen	Ö		8,-	3,50	12,-	5,-	3,50	5,50	●				1300	2000	8	208
Mayrhofen	Penkenbahn	Ö		9,30	9,30	14,40	4,70	4,70	7,70	●	●	●	●	630	1800	20	208
Mayrhofen	Penkenbahn			9,30	9,30	14,40	4,70	4,70	7,70	●	●	●		1800	2005	15	208
Mayrhofen	Ahornbahn			9,30	9,30	14,40	4,70	4,70	7,70	●	●			650	1960	10	208
Kaiserwinkl																	
Thurnbichl	Kössen-Hochkössen	Ö		10,70	6,50	13,90	5,40	3,90	6,90		●	●		600	1500	13	212
Walchsee/Durchholzen	Zahmer Kaiser		●	4,-	4,-	5,50	3,-	3,-	3,50	●				660	1060	15	216
Wildschönau																	
Auffach	Schatzbergbahn	Ö	●	10,-	7,60	12,20	6,-	4,80	7,40	●	●	●		875	1780	11	218
Niederau	Markbachjoch-	Ö		5,80	4,-	8,80	3,40	2,60	5,40	●	●	●		828	1500	8	218
Wilder Kaiser – Brixental																	
Brixen im Thale	Hochbrixen/Filzalm			6,-	4,-	8,-	4,-	3,-	5,-	●	●	●	●	800	1300	6	220
Ellmau	Hartkaiserbahn			9,50	5,50	11,-	5,-	3,50	6,-	●	●	●		820	1525	8	220
Going	Astbergbahn			8,-	5,-	9,-	4,-	2,50	5,-	●	●	●		800	1267	10	220
Hopfgarten	Hohe Salve					12,-	3,-	2,50	4,-	●	●	●		800	1532	7	220
Kelchsau	Hofstattbahn			4,50	3,50	6,-	2,50	2,50	3,50	●	●	●		800	1300	10	220
Itter	Salvistabahn	Ö		6,-	4,50	7,-	4,-	2,50	4,50	●	●	●		704	1340	12	220
Scheffau	Brandstadlbahn	Ö	●	9,-	5,-	11,50	5,-	3,-	6,-	●	●	●		700	1650	20	220
Söll	Hochsöll	Ö	●	7,-	4,-	9,-	4,-	2,50	4,50	●	●	●		703	1829	10	220
Westendorf	Alpenrosen-bahn1+2	Ö				13,-	2,70	1,60	3,30	●	●			800	1770	20	220

Erläuterungen zum Preisteil siehe Seite 653

- ⓣ Sessellift/Korblift
- ⓞ Kleinkabinenbahn
- ⓔ Großkabinenbahn/Luftseilbahn
- ⓢ Standseilbahn/Zahnradbahn

			Zwischenstationen	Beförderungspreise (in €)						Service				Höhenangaben (in m)		Fahrzeit n Min.	Beschreibung im ADAC SommerGuide Alpen Seite
				Erwachsene			Kinder			Kombikarte	Familienkarte	Seniorentarif	Mitnahme MTB				
				Berg	Tal	Berg/Tal	Berg	Tal	Berg/Tal					Tal	Berg		
Kitzbühel und Kirchberg																	
Aurach	Bichlalmlift	ⓣ	●	6,50		6,50	3,60		3,60	●	●			907	1599	17	224
Kirchberg	Fleckalmbahn	ⓞ		14,50		14,50	8,20		8,20	●	●		●	814	1800	13	224
Kirchberg	Gaisberg	ⓣ		6,50		6,50	3,60		3,60	●	●			854	1289	5	224
Kitzbühel	Hahnenkamm	ⓞ		14,50		14,50	8,20		8,20	●	●		●	782	1660	8	224
Kitzbühel	Hornbahn	ⓞ+ⓔ	●	14,50		14,50	8,20		8,20	●	●		●	770	1966	20	224
Pass Thurn	Resterhöhelift	ⓣ		6,50		6,50	3,60		3,60	●	●			1271	1786	10	224
Pillerseetal – St. Johann																	
Fieberbrunn	Streuböden	ⓞ	●	11,-	7,-		5,-	3,-		●			●	830	1640	10	228
	Lörchfilzkogel			(mit Bergfahrkarte Talfahrt gratis)													
St. Jakob	Buchensteinwand	ⓣ		7,-	7,50	8,50	3,50	3,50	4,50	●	●	●	●	860	1450	12	228
St. Johann in Tirol	Harschbichl	ⓞ			13,-												228
St. Johann in Tirol	Hochfeld	ⓣ			6,50												228
St. Ulrich	Pillersee	ⓣ		7,50	7,50	8,50	3,50	3,50	4,50	●	●	●	●	860	1450	12	228
Waidring	Steinplatte	ⓞ		7,-	7,-	12,-	4,-	4,-	7,-	●	●	●	●	780	1650	15	228
Matrei, Kals und Defereggental																	
Kals am Großglockner	Blauspitz (via Figol)	ⓣ	●	10,-	8,50	13,50	5,-	4,50	7,-	●	●			1365	2305	30	232
St. Jakob i. Defereggen	Brunnalm	ⓞ												1400	2055		232
Lienzer Dolomiten																	
Lienz-Hochstein	Hochstein 1	ⓣ		3,50	3,50	5,-	1,50	1,50	2,50		●			686	1016	10	238
Lienz-Hochstein	Hochstein 2	ⓣ		3,50	3,50	5,-	1,50	1,50	2,50		●			1010	1514	15	238
Lienz-Zettersfeld	Zettersfeldbahn	ⓞ		7,-	4,-	9,-	3,50	2,-	4,50		●		●	728	1812	15	238
Lienz-Zettersfeld	Steinermandl	ⓣ		4,50	4,50	7,-	2,-	2,-	3,50		●			1823	2214	7	238
Sillian	Thurntaler	ⓞ	●	7,-	7,-	12,-	3,50	3,50	6,-	●	●	●	●	1100	1900	15	238
Lofer																	
Lofer	Loferer Alm-Mittelstation	ⓞ		5,50	5,50	7,10	3,-	3,-	3,90	●	●	●		626	1002	20	242
Hochkönig																	
Dienten	Gabühel	ⓣ		6,-	6,-	8,50	5,50	5,50	7,50					1071	1620	8	244
Mühlbach	Karbachalm	ⓞ		5,90	5,90	10,50	3,50	3,50	6,10				●	920	1590	12	244
Saalfelden – Leogang – Maria Alm																	
Leogang	Asitzbahn	ⓞ	●	10,-	10,-	13,-	5,-	5,-	6,50	●	●			800	1760	15	248
Saalbach Hinterglemm																	
Hinterglemm	Zwölferkogel	ⓞ	●	13,-	6,50	14,60	6,50	3,25	7,30	●	●		●	1050	1984	8	252
Hinterglemm	Reiterkogel	ⓞ		7,30	3,60	8,10	3,65	1,80	4,-	●	●		●	1050	1455	5	252
Saalbach	Kohlmaisgipfel	ⓞ	●	13,-	6,50	14,60	6,50	3,25	7,30	●	●		●	1003	1704	10	252
Saalbach	Schattberg	ⓞ	●	13,-	6,50	14,60	6,50	3,25	7,30	●	●		●	1003	2018	8	252
Zell am See und Kaprun																	
Kaprun - Kitzsteinhorn	Gletscherjet 1 + 2 + Gipfelbahn	ⓞ+ⓔ	●		21,-			10,50		●	●			913	3029	19	254
				auf Anfrage Einzelfahrten möglich													
Kaprun-Alpincenter	Gletscherbahn Kitzsteinhorn	ⓞ	●		17,50			8,70		●	●			913	2453	11	254
Kaprun	Maiskogelbahn	ⓔ		7,-	5,50	10,-	4,-	3,50	6,-	●	●	●	●	835	1545	4	254
Zell am See	Schmittenhöhe	ⓔ		15,20	11,30	19,30	7,60	5,65	9,65	●	●			939	1949	6	254
Zell am See	Sonnenalm	ⓔ		8,30	6,60	10,50	4,15	3,30	5,25	●	●			949	1382	4	254
Zell am See/Sonnalm	Sonnkogel	ⓣ		8,30	6,60	10,50	4,15	3,30	5,25	●	●			1380	1834	6	254
Zell am See	Areitbahn 1	ⓞ		9,50	8,-	12,10	4,75	4,-	6,05	●	●			750	1400	6	254
Zell am See	City Express	ⓞ		9,50	8,-	12,10	4,75	4,-	6,05	●	●			780	1411	5	254

Erläuterungen zum Preisteil siehe Seite 653

BERGBAHNEN

- ⛷ Sessellift/Korblift
- 🚠 Kleinkabinenbahn
- 🚡 Großkabinenbahn/Luftseilbahn
- 🚞 Standseilbahn/Zahnradbahn

			Zwischenstationen	Beförderungspreise (in €)						Service				Höhenangaben (in m)		Fahrzeit n Min.	Beschreibung im ADAC SommerGuide Alpen Seite
				Erwachsene			Kinder			Kombikarte	Familienkarte	Seniorentarif	Mitnahme MTB				
				Berg	Tal	Berg/Tal	Berg	Tal	Berg/Tal					Tal	Berg		
🇦🇹 **Oberpinzgau**																	
Königsleiten	Königsleiten Bergbahn	⛷		7,50	4,-	9,50	4,-	2,-	5,50				●	1600	2100	20	258
Neukirchen am Großvenediger	Wildkogelbahn	🚠	●	9,-	5,-	13,-	7,-	3,-	9,-			●	●	856	2100	17	258
Uttendorf	Weißsee	⛷	●	14,-	14,-	18,50	bis 15 Jahre frei			●	●	●		1480	2300		258
Uttendorf/Weißsee	Gletscherwelt	⛷		6,-	6,-	8,-	bis 15 Jahre frei			●	●	●	●	2300	2600		258
🇦🇹 **Raurisertal**																	
Rauris	Hochalmbahn	🚠		9,-	9,-	12,50	4,-	4,-	6,-								262
Rauris/Hochalm	Gipfelbahn	🚠	●	14,-	14,-	19,50	6,-	6,-	10,-								262
🇦🇹 **Werfen – Werfenweng – Pfarrwerfen**																	
Werfen	Eisriesenwelt	🚠		4,50	4,50	9,-	2,30	2,20	4,50					1084	1586	3	264
Werfenweng	Ikarus-Bahn	🚡		9,-	9,-	12,50	5,-	5,-	6,50				●	1000	1834	6	264
🇦🇹 **Dachstein-West und Lammertal**																	
Abtenau	Karkogel	⛷		5,40	4,20	6,90	3,30	2,50	4,20		●	●	●	720	1187	20	266
Hallein	Zinkenkogel	⛷		5,60	4,30	7,10	2,80	2,50	3,50	●				837	1330		266
🇦🇹 **Hallstätter See**																	
Gosau	Gosaukamm	🚡				9,90											270
Hallstatt	Salzbergbahn	🚞				7,90											270
Obertraun	Gjaidalm	🚡	●			20,60			12,90	●	●	●		608	2100	15	270
Obertraun	Krippensteinbahn	🚡				13,40											270
Obertraun	Schönbergalm-Krippenstein	🚡				19,10											270
🇦🇹 **Traunsee und Almtal**																	
Ebensee	Feuerkogel	🚡		12,30	10,40	16,-	7,20	6,10	9,30		●						272
Gmunden	Grünberg	🚡		7,60	6,60	10,60	3,80	4,80	6,40		●						272
🇦🇹 **Wolfgangsee**																	
Bad Ischl	Katrin-Seilbahn	🚠		10,50	9,-	12,50	6,50	5,50	8,50		●			475	1418	12	274
St. Gilgen	Zwölferhorn	🚠		12,-	11,50	17,-	8,50	7,50	11,50				●	540	1520	16	274
St. Wolfgang	Schafberg	🚞	●	13,-	12,-	22,-	6,50	6,-	11,-	●	●	●	●	540	1730	40	274
🇦🇹 **Gasteinertal**																	
Dorfgastein	Fulseck	🚠	●	13,50	7,-	15,50	7,-	3,-	8,-					835	2033		276
Bad Gastein	Stubnerkogel	🚠	●	13,50	7,-	15,50	7,-	3,-	8,-					843	2050		276
Bad Gastein	Graukogel	⛷	●			15,50											276
Bad Hofgastein	Schlossalm	🚡	●			15,50											276
🇦🇹 **Großarltal**																	
Großarl	Panoramabahn	🚠	●	10,-	5,-	12,50	bis 14 Jahre frei				●			885	1840	12	280
🇦🇹 **Obertauern**																	
Obertauern	Grünwaldkopf	⛷		5,-	4,-	7,-	2,50	2,-	3,50				●	1665	1975	5	282
🇦🇹 **Salzburger Sportwelt**																	
Filzmoos	Grossbergbahn	⛷		6,30	3,70	9,-	4,60	2,60	6,20					1057	1380	10	284
Flachau	Grießenkar	⛷	●	8,40	6,40	12,60	5,80	4,20	7,80				●	924	1737	15	284
Kleinarl	Bubble Shuttle+ Champion Shuttle	⛷	●	10,50	10,50	13,50	7,50	7,50	8,50				●				284
				mit gelöster Bergbahnkarte-Talfahrt gratis													
St. Johann/Alpendorf	Gernkogel	🚠		7,50	7,50	11,50	3,80	3,80	5,80				●	840	1575	15	284
St. Johann/Alpendorf	Panoramabahn	⛷		3,30	3,30	4,10	1,70	1,70	2,10				●	1177	1755	7	284
Wagrain	Flying Mozart/ Grafenbergbahn	🚞	●	9,60	7,30	12,80	6,10	4,-	7,90				●	910	1865	15	284
Zauchensee	Gamskogel	⛷		6,30	6,30	9,-	5,-	5,-	6,20				●	1350	1800	15	284

Erläuterungen zum Preisteil siehe Seite 653

			Zwischenstationen	Beförderungspreise (in €)						Service				Höhenangaben (in m)		Fahrzeit n Min.	Beschreibung im ADAC SommerGuide Alpen Seite
				Erwachsene			Kinder										
Sessellift/Korblift — Kleinkabinenbahn — Großkabinenbahn/Luftseilbahn — Standseilbahn/Zahnradbahn				Berg	Tal	Berg/Tal	Berg	Tal	Berg/Tal	Kombikarte	Familienkarte	Seniorentarif	Mitnahme MTB	Tal	Berg		
Lungau																	
Katschberg	Aineckbahn	Ö				10,50							●				
Mauterndorf	Grosseckbahn	⌶		7,50	7,50	10,-	4,-	4,-	5,50		●	●	●	1100	1850	8	290
Mauterndorf	Großeck/Speiereck	⌶		8,-	8,-	10,50	4,50	4,50	6,-		●	●	●	1160	1980	10	290
St. Michael	Aineckbahn	⊺		7,-	5,-	10,-	4,-	3,-	5,-					1100	1700	5	290
Pyhrn – Priel																	
Hinterstoder	Wurzeralm		●	7,70	7,70	12,30	4,50	4,50	7,50	●	●	●	●	600	1800	10	294
Spital am Pyhrn	Wurzeralm	▦		7,70	7,70	12,30	4,50	4,50	7,50	●	●	●	●	810	1398	8	294
Spital am Pyhrn	Frauenkar	⊺		6,70	6,70	10,50	4,-	4,-	6,-	●	●			1370	1870	15	294
Ötscherland																	
Göstling-Hochkar	Hochkarbahn	⊺		5,50	5,50	7,-	2,80	2,80	3,50				●	1481	1779	5	300
Ausseerland																	
Tauplitz	Tauplitzalm	⊺	●	9,-	9,-	12,40	6,-	6,-	8,50	●	●	●	●	900	1656	20	300
Dachstein-Tauern-Region																	
Haus	Schladminger Tauernseilbahn	⌶	●	8,50	7,50	12,-	6,50	6,-	8,-	●				780	1840	12	306
Ramsau	Dachstein Gletscherbahn Hunerkogel	⌶		15,50	15,50	24,-	7,70	7,70	12,30	●				1701	2699	6	306
Ramsau	Rittisberg	⊺		5,-	5,-		2,50	2,50		●	●			1300	1600	5	306
Riesneralm	Riesneralm	⊺		6,60	6,60	10,-	3,30	3,30	4,40	●	●			970	1820	15	306
Schladming	Planaiseilbahn	Ö	●	9,70	9,70	12,40	5,70	5,70	7,60	●	●		●	741	1828	20	306
Schladming/Rohrmoos	Gipfelbahn Hochwurzen	⌶		7,20	7,20	9,30	4,60	4,60	6,-	●				1135	1841	9	306
Murau																	
St. Lambrecht	Grebenzenbahn	⊺		4,-	4,-	6,80	2,50	2,50	4,40	-	-			1007	1320	20	312
Hochschwab																	
Eisenerz/Präbichl	Sessellift Polster	⊺		5,-	5,-	8,-	3,-	3,-	4,50		●			1237	1798	12	314
Mariazell	Seilbahn Bürgeralpe	⌶		7,10	4,90	9,90	5,40	3,80	6,40	●			●	864	1200	7	314
Mautern	Elfenberglift	⊺	●			12,50			8,50	●	●			714	1100	12	314
Mitterbach am Erlaufsee	Bergbahn Mitterbach	⊺	●	12,-	7,-	12,-	6,-	2,-	6,-	●		●		800	1620	15	314
Bad Kleinkirchheim und Nockberge																	
Bad Kleinkirchheim	Kaiserburgbahn	Ö		10,80	10,80	14,-	5,70	5,70	7,-	●	●		●	1070	2043	20	318
St. Oswald	Brunnach	Ö		10,80	10,80	14,-	5,70	5,70	7,-	●	●		●	1333	1912	10	318
Turracher Höhe	Panoramabahn	⊺				6,-											318
Turracher Höhe	Kornockbahn	⊺				9,50											318
Heiligenblut																	
Heiligenblut	Schareck	Ö	●	10,-	10,-	14,-	5,20	5,20	7,-		●	●		1301	2600	25	322
Heiligenblut (Franz-Josef-Höhe)	Gletscherbahn Pasterze	▦		4,20	4,20	7,-	2,50	2,50	4,-		●	●		2400	2200	5	322
Millstätter See																	
Seeboden	Tschiernock	⊺		7,-	6,50	9,50	4,-	4,-	5,-		●			1680	2050	12	326
Spittal an der Drau	Goldeck	⌶	●	10,-	10,-	14,50	6,-	6,-	8,-		●	●		556	2050	30	326
Nassfeld-Hermagor																	
Tröpolach	Millenium Express	Ö	●	9,-	9,-	15,-	5,-	5,-	9,-	●	●	●	●	610	1919	25	328
Nassfeld	Gartnerkofelbahn	Ö		6,-	6,-	8,-	5,-	5,-	7,-					1408	1915	12	328
Techendorf	Weissensee-Naggleralm	⊺		7,-	7,-	10,50	4,30	4,30	6,20			●	●	956	1336	12	328

Erläuterungen zum Preisteil siehe Seite 653

BERGBAHNEN

- Sessellift/Korblift
- Kleinkabinenbahn
- Großkabinenbahn/Luftseilbahn
- Standseilbahn/Zahnradbahn

			Zwischenstationen	Beförderungspreise (in €) Erwachsene			Beförderungspreise (in €) Kinder			Service Kombikarte	Service Familienkarte	Service Seniorentarif	Service Mitnahme MTB	Höhenangaben (in m)		Fahrzeit n. Min.	Beschreibung im ADAC SommerGuide Alpen Seite
				Berg	Tal	Berg/Tal	Berg	Tal	Berg/Tal					Tal	Berg		
Oberes Gailtal – Lesachtal 🇦🇹																	
Obertilliach	Golzentipp	🪑		6,-	4,-	7,50	4,-	2,90	4,70				●	1430	2090	14	332
Villach – Faaker See – Ossiacher See 🇦🇹																	
Afritz/Verditz	Bergbahn Verditz	🪑				12,-											334
Annenheim	Panoramabahn	⬭		5,20	5,20	9,-	2,60	2,60	4,50				●	530	1445	13	334
Annenheim	Gerlitzen-Kanzel-kogel-Gipfellift	🪑		8,-	8,-	14,-	2,20	2,20	3,30				●	1444	1907	13	334
Arnoldstein	Dreiländereck	🪑		8,-	7,-	12,-	4,50	4,50	6,50		●	●	●	680	1508	8	334
Mölltal 🇦🇹																	
Flattach	Mölltaler Gletscherexpress	⊟	●			13,50	9,-	9,-	13,-		●		●	1200	2879	18	342
Kolbnitz	Reißeckbahn	⊟	●	12,-	12,-	16,50	6,50	6,50	8,30				●	708	2237	37	342
Kolbnitz	Kreuzeckbahn	▭		6,-	6,-	9,-	4,-	4,-	6,50				●	620	1200	11	342
Mallnitz	Ankogelbahn	⊟	●	12,50	12,50	16,50	7,50	7,50	9,50	●				1267	2637	20	342
Gstaad und Saanenland 🇨🇭																	
Château-d'Oex	La Braye	⊟ + 🪑	●			12,35	22,-	12,-	12,-		●	●	●	1200	1625	13	344
Gstaad	Wispile	⬭		13,-	13,-	16,90	7,80	7,80	10,40	●	●	●	●	1050	1911		344
Gsteig	Sanetsch	⬭		8,45	8,45	12,35	5,20	5,20	7,80	●	●	●	●	1189	2062		344
Rougemont	Videmanette	⬭	●	13,-	13,-	16,90	8,20	8,20	10,-	●	●	●	●	1000	2151		344
Schönried	Horneggli	🪑		7,80	7,80	11,70	4,55	4,55	7,15	●	●	●	●	1230	1770		344
Schönried	Rellerli	⬭		9,75	9,75	12,35	5,85	5,85	7,60	●	●	●	●	1230	1829		344
Adelboden – Frutigen – Kandersteg 🇨🇭																	
Adelboden	Oey	⬭		2,-	2,-	2,65	1,-	1,-	1,65				●	1263	1350	3	348
Adelboden	Tschenten-Alp	⬭		7,35	7,35	10,65	4,40	4,40	6,40				●	1350	1940	7	348
Adelboden/Berglager	Sillerenbühl	⬭	●			8,45	7,-	7,-	10,55				●	1263	1974	17	348
Adelboden/Geils	Hahnenmoos	⬭		5,35	5,35	8,45	3,35	3,35	5,35				●	1717	1957	8	348
Elsigbach	Elsigenalp	⊟		7,80	4,55	10,40	7,50	4,50	8,50		●	●		1319	1797	6	348
Kandersteg	Oeschinen	🪑		10,-	10,-	12,35	5,-	5,-	7,-	●	●	●		1185	1682	8	348
Kandersteg	Sunnbüel	⊟				18,85	7,-	7,-	10,-	●	●	●		1184	1934	10	348
Kandersteg	Allmenalp	⊟		7,-	7,-	9,75	4,-	4,-	5,-				●	1181	1723	6	348
Kiental Ramslauenen	Kiental	🪑		14,40	14,40	20,40	7,20	7,20	10,20					965	1411	20	348
Unter dem Birg	Engstligenalp	⊟		9,65	9,65	13,-	4,80	4,80	6,65					1440	1966	5	348
Lenk und Simmental 🇨🇭																	
Lenk	Betelberg	⬭	●	13,-	10,40	16,90	6,50	5,20	8,45	●	●	●	●	1104	1960	18	350
Erlenbach im Simmental	Stockhorn	⊟	●	18,30	18,30	29,60	9,15	9,15	14,80	●	●	●	●	650	2190	20	350
Zweisimmen	Rinderberg	⬭	●	15,60	15,60	22,75	7,80	7,80	11,-	●	●	●	●	941	2011		344
Zweisimmen	Sparenmoos	Bus		7,80	7,80	11,70	3,90	3,90	5,85					941	1639		344
Jungfrau-Region und Interlaken 🇨🇭																	
Beutenberg	Niederhorn	⬭				22,10											352
Grindelwald	First	⬭	●	20,-	20,-	33,40	10,-	10,-	16,70		●		●	1034	2168	25	352
Grindelwald	Kleine Scheidegg	▭				28,60											352
Grindelwald	Pfingstegg	⊟		7,60	7,60	11,40	3,80	3,80	5,70	●				1034	1391	5	352
Grindelwald Grund	Männlichen	⬭	●	20,-	20,-	33,40	10,-	10,-	16,70		●			943	2222	30	352
Grindelwald Dorf	Wengeneralp	▭	●	20,-	20,-	33,40	10,-	10,-	16,70		●			1034	2061	35	352
Interlaken	Harder Kulm	▭				15,60											352
Isenfluh	Sulwald	⊟				7,15											352
Lauterbrunnen	Kleine Scheidegg	▭	●			28,60											352
Lauterbrunnen	Mürren	▭	●	6,60	6,60	13,20	3,30	3,30	6,60				●	800	1638	28	352
Lauterbrunnen-	Jungfraujoch	▭		61,40	61,40	102,80	30,70	30,70	51,40					800	3454	113	352
Mürren	Allmedubel	⊟				7,80											352
Stechelberg	Schilthorn	⊟				61,10											352
Wengen	Männlichen	⊟				24,70											352
Wilderswil	Schyuge Platte	▭				35,10											352
Meiringen und Hasliberg 🇨🇭																	
Meiringen/Hasliberg	Meir.-Has.-Bahn	⊟	●	21,30	21,30	32,-	10,70	10,70	16,-	●			●	602	2245	40	360
Meiringen/Hasliberg	Hasliberg-Käserstatt	⊟		12,-	12,-	17,30	6,-	6,-	8,70				●	1080	1840	9	360

Erläuterungen zum Preisteil siehe Seite 653

		Zwischenstationen	Beförderungspreise (in €)						Service				Höhenangaben (in m)		Fahrzeit n Min.	Beschreibung im ADAC SommerGuide Alpen Seite
⊼ Sessellift/Korblift ○ Kleinkabinenbahn ⛧ Großkabinenbahn/Luftseilbahn ▥ Standseilbahn/Zahnradbahn			Erwachsene			Kinder			Kombikarte	Familienkarte	Seniorentarif	Mitnahme MTB				
			Berg	Tal	Berg/Tal	Berg	Tal	Berg/Tal					Tal	Berg		
Les Portes du Soleil																
Champéry	Planachaux	⛧	7,-	7,-	9,75	3,50	3,50	5,-			●	●	1050	2000	5	362
Champoussin	Aiguille des Champeys	⊼			7,80											362
Les Crosets	Crosets 2	⊼	2,50	2,50	3,90	1,50	1,50	2,50				●	1683	1941	8	362
Les Crosets	Pointe des Mossettes	⊼	4,50	4,50	6,50	3,-	3,-	4,50				●	1670	2277	7	362
Les Portes du Soleil	24 Bergbahnen				14,-			9,-	●	●	●					362
Morgins	La Foilleuse	⊼			7,80											362
Torgon	Tronchey	⊼	5,-		10,-	3,50		5,-					1340	1880	15	362
Leysin – Les Mosses																
Les Diablerets/Col du Pillon	Glacier 3000	⛧ ●	25,30	25,30	36,-	12,60	12,60	18,-		●	●	●	1200	3000	20	366
Leysin	Berneuse	⛧	10,-	10,-	13,-	6,-	6,-	7,50		●	●	●	1250	2048	8	366
Verbier – Val des Bagnes																
Nendaz	Télécabine de Tracout	○	10,-	10,-	14,-	7,-	7,-	10,-	●	●	●		1400	2200	8	370
Nendaz-Siviez	Télésiège de Novelly	⊼	7,-	7,-	10,-	5,-	5,-	7,-	●	●	●		1730	2238	11	370
Nendaz-Siviez	Télésiège de Siviez	⊼ ●	7,-	7,-	10,-	5,-	5,-	7,-	●	●	●		1730	2050	10	370
Nendaz-Siviez	Tortin-Gentianes	⛧	14,-	14,-	22,-	10,-	10,-	15,-	●	●	●	●	2050	2950	7	370
Nendaz-Siviez	Gentianes Mont-Fort	⛧	9,-	9,-	14,-	6,-	6,-	10,-	●	●	●		2950	3330	4	370
Les Diablerets	Isenau	⛧			10,40											370
Veysonnaz	Télécabine de Veysonnaz	⛧	3,-	3,-	5,-	2,-	2,-	3,-	●	●	●		1350	2000	17	370
Val d'Hérens																
Evolène/Lannaz	Chemeuille	⊼			7,80			3,80								374
Crans-Montana																
Crans Montana	Cry d'Er	○	10,-	10,-	13,-	3,-	3,-	3,-			●					376
Val d'Anniviers																
Chandolin	Tsapé	⊼	7,-	6,-	8,45	3,70	2,40	5,40			●	●	1940	2450	15	378
Chalais	Vercorin	⛧			7,80											378
Grimentz	Bendolla	○			9,10											378
St.Luc	Tignousa	▥			8,45											378
Vercorin	Crêt du Midi	○			10,40											378
Zinal	Sorebois	⊼	7,-	7,-	9,75	4,-	4,-	6,-	●		●	●	1670	2440	7	378
Leukerbad																
Flaschen/Torrent	Rinderhütte	○ ●	11,70	11,70	17,40	bis 16 Jahre gratis			●				1540	2340	14	382
Leukerbad	Gemmibahn	⛧	11,70	11,70	16,90	6,-	6,-	8,70	●			●	1411	2350	8	382
Leukerbad	Torrent-Bahnen	⛧	11,70	11,70	19,50	bis 16 Jahre gratis			●			●	1411	2340	5	382.
Lötschental																
Gampel/Wallis	Luftseilbahn	⛧	4,80	4,80	9,60	2,40	2,40	4,80		●		●	634	1525	8	384
Wiler	Lauchernalp	⛧	8,-	8,-	11,20	4,-		,5,6	●	●		●	1419	1968	5	384
Zermatt																
Furgg	Schwarzsee	⊼			3,90								2432	2583	12	386
Furgg	Trockener Steg	⛧			10,40								2432	2989		386
Furi	Klein Matterhorn	⛧	28,60	28,60	42,90	14,30	14,30	21,45					1864	3883		386
Furi	Schwarzsee	⛧	11,70	11,70	16,90	5,85	5,85	8,45					1864	2583		386
St. Niklaus	Jungen	⛧			11,-											386
Sunnegga	Rothorn	⛧	14,65	14,65	21,80	7,50	7,50	11,-					2288	3103		386
Zermatt	Gornergrat	▥	23,-	23,-	43,55	9,-	9,-	18,-					1620	3086		386
Zermatt	Furi	⛧	5,20	5,20	8,45	4,-	4,-	6,50					1620	1864		386
Zermatt	Sunnegga	▥			13,30											386

Erläuterungen zum Preisteil siehe Seite 653

BERGBAHNEN

- ᛣ Sessellift/Korblift
- ○ Kleinkabinenbahn
- ⛰ Großkabinenbahn/Luftseilbahn
- 🚞 Standseilbahn/Zahnradbahn

			Zwischenstationen	Beförderungspreise (in €)						Service				Höhenangaben (in m)		Fahrzeit n Min.	Beschreibung im ADAC SommerGuide Alpen Seite
				Erwachsene			Kinder			Kombikarte	Familienkarte	Seniorentarif	Mitnahme MTB				
				Berg	Tal	Berg/Tal	Berg	Tal	Berg/Tal					Tal	Berg		
🇨🇭 Saas-Fee und Saastal																	
Saas-Almagell	Furggstalden	ᛣ		5,-	5,-	5,85	2,50	2,50	3,-		●	●	●	1673	1893	5	390
Saas-Almagell	Heidbodmen	ᛣ		7,-	7,-	12,35	3,50	3,50	4,50		●	●	●	1893	2400	5	390
Saas-Fee	Alpin Express	⛰	●	11,70	11,70	16,25	9,-	9,-	12,-		●	●	●	1800	3000	15	390
Saas-Fee/Felskinn	Metro Mittelallalin	🚞		17,50	17,50	22,10	9,-	9,-	11,50		●	●	●	3000	3500	10	390
Saas-Fee	Hannig	○		12,-	12,-	16,25	6,-	6,-	8,50		●	●	●	1800	2350	10	390
Saas-Fee	Spielboden	○		12,-	12,-	16,25	6,-	6,-	8,50		●	●	●	1800	2447	10	390
Saas-Fee/Spielboden	Längfluh	○				23,75	4,-	4,-	5,50		●	●	●	2447	2870	7	390
Saas-Fee	Plattjen	○		12,-	12,-	16,25	6,-	6,-	8,50		●	●	●	1800	2570	10	390
Saas-Fee	Felskinnbahn	⛰		18,-	18,-	23,50	9,-	9,-	12,-		●	●	●	1800	3000	20	390
Saas-Grund	Kreuzboden	○	●	14,50	12,50	16,25	7,-	6,-	8,50		●	●	●	1559	2397	10	390
Saas-Grund/Kreuzboden	Hohsaas	○		12,50	10,50	13,65	6,-	5,-	7,-		●	●	●	2397	3098	10	390
Stalden	Gspon	○				10,-											390
🇨🇭 Aletschgebiet																	
Alpmatten	Schräglift Alpmatten	🚞		1,-	1,-	1,95	0,65	0,65	1,30					1900	1940	1	394
Belalp	Luftseilbahn	⛰	●	10,-	10,-	16,-	3,-	3,-	5,-					1327	2098	8	394
Betten	Bettmeralp	⛰		5,50	5,50	11,-	2,70	2,70	5,50		●	●		814	1950	7	394
Betten/Tal	Betten Dorf	⛰		1,95	1,95	3,90	1,-	1,-	1,95		●	●		814	1200	5	394
Betten/Dorf	Bettmeralp	⛰		3,70	3,70	7,55	1,90	1,90	3,70		●	●		1200	1950	5	394
Bettmeralp	Bettmerhorn-	○				20,80	3,90	3,90	5,85		●	●		1950	2643	7	394
Bettmeralp	Wurzenbord	ᛣ		3,90	3,90	5,85	1,95	1,95	2,90		●	●		1950	2221	5	394
Blatten	Belalp	⛰	●	7,-	7,-	10,40	2,-	2,-	3,50					1322	2094	8	394
Mörel	Riederalp	⛰	●	8,40	8,40	11,-	4,20	4,20	8,40	●			●	759	1900	7	394
Mörel	Ried-Mörel	○		4,60	4,60	9,20	2,30	2,30	4,60				●	759	1179	4	394
Ried-Mörel	Riederalp	○		4,60	4,60	9,20	2,30	2,30	4,60				●	1179	1908	7	394
Riederalp	Moosfluh	○		7,60	7,60	8,45	3,80	3,80	6,50				●	1885	2335	5	394
Riederalp	Hohfluh	ᛣ		7,60	7,60	8,45	3,80	3,80	6,50				●	1929	2225	8	394
Rosswald	Luftseilbahn	○		8,-	8,-	12,-	4,-	4,-	6,-					1039	1820	8	394
🇨🇭 Goms																	
Bellwald	Richinen/Steibechriz	ᛣ				13,-											398
Fiesch	Eggishorn	⛰				26,35											398
Fürgangen	Bellwald	○				7,45											398
Oberwald	Hungerberg	ᛣ		8,-	8,-	12,-	6,-	6,-	8,-				●	1380	2080		398
🇨🇭 Valle Leventina – Valle di Blenio																	
Airolo	Pesciüm	⛰				9,75											400
Carasso	Monte di Carasso	○				11,70			9,-	●	●	●		250	1347	12	400
Cari	Brussada	ᛣ	●	4,55	4,55	6,50	6,50	6,50	7,80					1600	2300	10	400
Faido	Piana Selva	○				10,40											400
Lumino	Monti Savorù	○				10,40											400
Lumins	Pizzo di Claro	○		12,-	12,-	16,-	8,-	8,-	12,-	●	●		●	267	1215	10	400
Malvaglia	Monte Dagro	○				9,75											400
Pianaselva	Pedimina	⛰		5,20	5,20	7,80	3,25	3,25	5,20							5	400
Piotta	Piora	🚞				14,30											400
Ritom	Funicolare	🚞	●	8,45	8,45	14,30	3,90	3,90	6,50					1005	1850	14	400
Rodi	Lago Tremorgio	○		9,75	9,75	13,-	4,55	4,55	4,55					951	1849	5	400

Erläuterungen zum Preisteil siehe Seite 653

- ⫪ Sessellift/Korblift
- ⊙ Kleinkabinenbahn
- ⊞ Großkabinenbahn/Luftseilbahn
- ▬ Standseilbahn/Zahnradbahn

			Zwischenstationen	Beförderungspreise (in €)						Service				Höhenangaben (in m)		Fahrzeit n Min.	Beschreibung im ADAC SommerGuide Alpen Seite
				Erwachsene			Kinder			Kombikarte	Familienkarte	Seniorentarif	Mitnahme MTB				
				Berg	Tal	Berg/Tal	Berg	Tal	Berg/Tal					Tal	Berg		
Locarno – Valle Maggia – Val Verzasca																	
Bosco Gurin	Rossboda	⫪				6,50											404
Cardada	Cimetta	⫪		3,25	3,25	5,20	1,30	1,30	1,95					1340	1670	10	404
Intragna-Costa	Pila-Costa	⊞		5,20	5,20	7,80	2,60	2,60	3,90					340	636	10	404
Locarno	Madonna del	▬				4,25											404
Locarno-Orselina	Funicolare	▬		2,90	2,90	4,30	1,30	1,30	2,40					210	395	10	404
Orselina	Cardada	⊞		15,-	15,-	17,55	4,55	4,55	5,85					395	1340	5	404
San Carlo	Robiei	⊞				13,-											404
Verdasio	Monte Comino	⊙		5,85	5,85	9,10	3,90	3,90	5,85					550	1150	6	404
Verdasio-Rasa	Rasa	⊞		5,20	5,20	7,80	2,60	2,60	3,90					550	898	7	404
Vergeletto-Zott	Salei-Sasso	⊙		9,75	9,75	13,-	7,80	7,80	10,40					975	1780	7	404
Lugano und Luganer See																	
Brusino-Arsizio	Serpiano	⊙				12,35											406
Capolago	Monte Generoso	▬				23,40											406
Cassarate	Monte Brè	▬				12,35											406
Lugano-Paradiso	San Salvatore	▬				13,-											406
Miglieglia	Monte Lema	⊙		10,70	10,70	14,30	7,30	7,30	8,70	●	●		●			10	406
Rivera	Monte Tamaro	⊙				15,60											406
Schwyz mit Einsiedeln																	
Arth-Goldau	Rigi-Kulm	▬				38,70											408
Brunnen	Urmiberg	⊙				12,35											408
Brunni	Holzegg	⊞		5,20	5,20	7,80	4,-	4,-	8,-					1102	1410	5	408
Hoch-Ybrig	Seebli-Sternen	⫪		5,20	5,20	6,50	bis 16 Jahre gratis			●		●		1460	1811	7	408
Hoch-Ybrig	Seebli-Spirstock	⫪		5,20	5,20	6,50	bis 16 Jahre gratis			●		●		1460	1765		408
Morschach	Stoos	⊞				14,30											408
Morschach/Stoos	Fronalpstock	⊞				14,30											408
Muotathal/Ried	Illgau	⊙				3,70											408
Oberiberg	Steinboden/Laucheren	⫪		6,50	6,50	9,75	bis 16 Jahre gratis			●		●		1050	1495	10	408
Sattel	Hoch Stuckli	⫪		6,50	6,50	9,10	3,90	3,90	4,55	●	●		●	800	1191		408
Schwyz/Schlattli	Stoos	▬				14,30			7,15	●	●		●				408
Unteriberg	Hochgütsch	⫪		3,25	3,25	5,-	1,95	1,95	3,50	●	●		●				408
Unteriberg/Weglosen	Seebli	⊞				11,-											408
Weglosen	Hoch-Ybrig	⊞		7,80	7,80	11,-	bis 16 Jahre gratis			●				1035	1465	7	408
Vierwaldstätter See																	
Beckenried	Klewenalp	⊞	●	14,-	14,-	19,50	7,-	7,-	11,-				●	440	1600	10	412
Emmetten	Stockhütte	⊙		10,-	10,-	14,30	5,-	5,-	8,-					775	1280		412
Dallenwil	Dallenwil-Wirzach	⊞	●	6,30	6,30	12,60	3,20	3,20	6,30				●	506	1152	8	412
Emmetten	Niederlaven	⊞	●	5,80	5,80	9,-	3,90	3,90	5,20				●	750	1570	10	412
Emmetten	Waldi-Kalthütte	⊞	●	6,40	6,40	9,70	3,20	3,20	5,80				●	750	1100	8	412
Goldau	Rigi Bahnen	▬	●	32,-	32,-	42,-	8,-	8,-	14,60				●	510	1800	37	412
Kehrsiten-Bürgenstock	Bürgenstock	▬		8,-	8,-	14,95	4,-	4,-	8,-	●	●		●	450	880	7	412
Kriens Alpnachstad	Pilatus-Bahnen	⊙	●	19,30	19,30	38,70	9,70	9,70	19,30	●	●		●	516	2132	30	412
Kriens Alpnachstad	Pilatus-Bahnen	▬		19,30	19,30	38,70	9,70	9,70	19,30	●	●		●	436	2132	40	412
Kriens Alpnachstad	Pilatus-Bahnen	⊞		9,30	9,30	18,70	4,70	4,70	9,30	●	●		●	1416	2106	5	412
Küssnacht am Rigi	Seebodenalp	⊞		12,-	12,-	20,-	6,-	6,-	10,-	●			●	460	1030	8	412
Stans	Stanserhorn	⊞	●	17,30	17,30	34,70	8,70	8,70	17,30	●				451	1900	24	412
Vitznau	Rigi Kulm	▬	●	32,-	32,-	42,-	8,-	8,-	14,60	●				435	1800	30	412
Weggis	Rigi Kaltbad	⊞		23,-	23,-	42,-	5,80	5,80	10,60	●				480	1450	10	412

Erläuterungen zum Preisteil siehe Seite 653

BERGBAHNEN

- ⛷ Sessellift/Korblift
- Ö Kleinkabinenbahn
- 🚡 Großkabinenbahn/Luftseilbahn
- 🚞 Standseilbahn/Zahnradbahn

			Zwischenstationen	Beförderungspreise (in €)						Service				Höhenangaben (in m)		Fahrzeit n Min.	Beschreibung im ADAC SommerGuide Alpen Seite
				Erwachsene			Kinder			Kombikarte	Familienkarte	Seniorentarif	Mitnahme MTB				
				Berg	Tal	Berg/Tal	Berg	Tal	Berg/Tal					Tal	Berg		

🇨🇭 Engelberg

Von	Nach	Typ	Zw	Berg	Tal	Berg/Tal	Berg	Tal	Berg/Tal	K	F	S	M	Tal	Berg	Min	S
Engelberg	Fürenalp	🚡		6,35	5,70	9,75	3,35	3,35	5,35			●		1085	1850	6	416
Engelberg	Gerschnialp	🚡				5,20											416
Engelberg	Ristis	🚡				14,30											416
Engelberg	Titlis	🚡	●			53,-			26,50	●		●	●	1000	3020	45	416
Engelberg	Trübsee	🚡	●	12,-	12,-	15,10	6,-	6,-	8,50	●		●	●	1000	1800	20	416
Engelberg/Ristis	Brunni	🚡	●	11,-	11,-	18,-	7,-	7,-	11,-				●	1000	1600	5	416
Engelberg/Ristis	Brunnihütte	🚡		4,70		6,50	1,90		2,70					1606	1860	5	416
Jochpass	Engstlenalp	⛷		7,-	7,-	10,-	3,50	3,50	5,-	●		●		1834	2207	15	416
Oberrickenbach/Fell	Chrüzhütte	🚡				11,-											416
Stäfeli	Abnet	🚡		3,40		5,40	1,70		2,70					1393	1673	4	416
Stand	Titlis	🚡		14,-		19,30	7,-		9,65			●		2428	3028	5	416
Titlis	Ice Flyer	⛷				7,-			3,50	●				2865	3045	4	416
Trübsee	Stand	🚡		14,-		19,30	7,-		9,65	●		●	●	1800	2428	5	416
Trübsee	Jochpass	⛷		7,-	7,-	8,45	3,50	3,50	5,-	●		●	●	1800	2207	15	416
Untertrübsee	Obertrübsee	Ö		4,50	4,50	8,45	3,-	3,-	4,-				●	1300	1800	10	416

🇨🇭 Melchsee-Frutt

Von	Nach	Typ	Zw	Berg	Tal	Berg/Tal	Berg	Tal	Berg/Tal	K	F	S	M	Tal	Berg	Min	S
Engstlenalp	Jochpass	⛷		7,-	7,-	10,-	3,50	3,50	5,-	●		●		1834	2207	15	420
Melchsee-Frutt	Distelboden-Bonistock	🚡		5,-	5,-	7,15	3,-	3,-	4,-			●		1920	2170	4	420
Melchsee-Frutt	Balmeregg	⛷		5,-	5,-	8,-	3,-	3,-	4,-			●		1900	2250	20	420
Stöckalp	Melchsee-Frutt	Ö		12,-	12,-	16,25	6,-	6,-	9,-			●		1080	1920	20	420

🇨🇭 Sörenberg-Flühli

Von	Nach	Typ	Zw	Berg	Tal	Berg/Tal	Berg	Tal	Berg/Tal	K	F	S	M	Tal	Berg	Min	S
Sörenberg	Brienzer Rothorn	🚡		13,-	13,-	18,20	7,-	7,-	10,-		●	●		1250	2350	15	422
Sörenberg	Eisee	⛷		4,-	4,-	7,15	2,-	2,-	4,-		●	●		1950	2200	10	422
Sörenberg	Rossweid	Ö		5,-	5,-	9,75	3,-	3,-	5,-		●	●	●	1200	1500	10	422

🇨🇭 Appenzellerland

Von	Nach	Typ	Zw	Berg	Tal	Berg/Tal	Berg	Tal	Berg/Tal	K	F	S	M	Tal	Berg	Min	S
Brülisau	Hoher Kasten	🚡		13,-	9,75	16,90	6,50	4,90	8,45					924	1795	4	424
Urnäsch/Jakobsbad	Kronberg	🚡		13,65	9,75	16,25	7,10	4,90	8,10						1663		424
Urnäsch/Schwägalp	Säntis	🚡	●	16,-	16,-	22,10	8,-	8,-	11,40	●	●					10	424
Wasserauen	Ebenalp	🚡		12,-	12,-	15,60	6,-	6,-	8,-					867	1590	6	424

🇨🇭 Toggenburg

Von	Nach	Typ	Zw	Berg	Tal	Berg/Tal	Berg	Tal	Berg/Tal	K	F	S	M	Tal	Berg	Min	S
Alt St.Johann	Sellamatt	Ö		6,90	6,90	9,10	3,45	3,45	4,85				●	900	1390	6	428
Krummenau	Wolzenalp	⛷		4,85	4,85	6,90	2,75	2,75	4,15				●	740	1120	23	428
Trumsen	Staubern-Bahn			9,75	9,75	16,25	3,25	3,25	6,50	●				500	1751	10	428
Unterwasser	Iltios	🚞		6,90	6,90	9,10	3,45	3,45	4,85				●	910	1350	7	428
Unterwasser/Iltios	Chäserrugg	🚡		13,80	13,80	16,90	6,90	6,90	8,95				●	1350	2262	9	428
Wildhaus	Oberdorf	⛷		4,40	4,40	5,95	2,20	2,20	2,95				●	1000	1230	3	428
Wildhaus	Gamplüt	Ö		6,90	6,90	9,75	4,15	4,15	5,50			●	●	1050	1350	10	428
Wildhaus/Oberdorf	Gamsalp	⛷		7,30	7,30	9,30	3,65	3,65	4,90					1230	1770	7	428

🇨🇭 Heidiland

Von	Nach	Typ	Zw	Berg	Tal	Berg/Tal	Berg	Tal	Berg/Tal	K	F	S	M	Tal	Berg	Min	S
Amden	Maltstock	⛷		5,20	3,90	7,15	2,60	1,95	3,90	●			●	908	1292	15	430
Bad Ragaz	Pardiel	Ö				16,90											430
Bad Ragaz-Pardiel	Laufböden	⛷				5,20											430
Bad Ragaz/Wangs	Pizolbahnen	⛷+Ö	●	11,-	11,-	15,-	3,50	3,50	5,50	●	●	●	●	509	2227	15 30	430
Filzbach	Habergschwänd	Ö	●	5,85	5,85	10,40	4,55	4,55	8,45	●		●	●	745	1282	18	430
Flumserberg	Gondelbahn Tannenheim-Prodalp	Ö		9,-	6,50	11,-	bis 16 J. in Begl. Erw. gratis						●	1220	1576	7	430
Flumserberg-Tannenboden	Prodkamm	Ö		9,-	6,50	7,15	bis 16 J. in Begl. Erw. gratis							1576	1939	12	430
Flumserberg-Tannenheim	Maschgenkamm	Ö		11,70	8,45	14,30	bis 16 J. in Begl. Erw. gratis							1400	2020	20	430
Unterterzen	Flumserberg	Ö				9,40											430
Vättis im Taminatal	Vättnerberg-seilbahn	Ö		5,50	5,50	10,50	2,70	2,70	5,50					950	1600	6	430
Wangs	Furt	Ö				16,90											430
Wangs-Furt	Gaffia	⛷				5,20											430

Erläuterungen zum Preisteil siehe Seite 653

			Zwischenstationen	Beförderungspreise (in €)						Service				Höhenangaben (in m)		Fahrzeit in Min.	Beschreibung im ADAC SommerGuide Alpen Seite
				Erwachsene			Kinder			Kombikarte	Familienkarte	Seniorentarif	Mitnahme MTB				
				Berg	Tal	Berg/Tal	Berg	Tal	Berg/Tal					Tal	Berg		
Glarner Land																	
Braunwald	Gumenbahn	⊼		8,70	8,70	14,30	4,30	4,30	7,30		•			1256	1904	10	432
Braunwald	Grotzenbüel	☐		5,50	5,50	9,10	2,70	2,70	4,70		•		•	1256	1559	6	432
Elm	Empächli	⌂		5,20	5,20	7,80	3,80	3,80	6,20		•		•	1000	1500	10	432
Linthal-Braunwald	Braunwald-Standseilbahn	▬		4,80	4,80	9,60	2,40	2,40	4,80		•		•	900	1256	6	432
Liechtenstein																	
Malbun	Sareis	⊼		4,85	4,85	7,50	2,80	2,80	4,20			•	•	1608	1991	6	436
Disentis und Sedrun																	
Disentis	Caischavedra	☐		9,10	9,10	12,35	9,-	9,-	14,-		•	•		1150	1850	7	438
Sedrun	Cungieri	⊼		1,-	1,-	1,95	3,90	3,90	5,20		•	•		1450	1900	10	438
Obersaxen – Lumnezia																	
Valata	Cuolm Sura/ Piz Mundaun	⊼		5,25	5,25	9,10	3,40	3,40	5,25		•	•	•	1616	2064	9	440
Vals	Gadstatt	☐				11,70											440
Vella	Triel	⊼		5,25	5,25	9,10	3,40	3,40	5,25		•	•	•	1600	2112	8	440
Wali	Stein	⊼		3,25	3,25	5,20	2,-	2,-	3,25		•	•	•	1710	2170	10	440
Flims – Laax – Falera																	
Falera	Curnius	⊼		6,65	6,65	8,45	2,35	2,35	3,-		•			1200	1644	8	444
Flims	Naraus	⊼+⌂	•	15,35	15,35	18,20	5,35	5,35	6,65		•			1100	2675	25	444
Laax	Crap Sogn Gion	⌂		11,35	11,35	14,95	4,-	4,-	5,35		•			1100	2228	11	444
Lenzerheide – Valbella																	
Canols	Scharmoin/Rothorn	⌂	•	18,65	18,65	23,35	3,35	3,35	3,35				•	1500	2865	17	448
Churwalden	Alp Stätz	⊼	•	6,65	6,65	9,10	3,35	3,35	3,35				•	1230	1824	6	448
Churwalden	Pradaschier	⊼	•	6,65	6,65	9,10	3,35	3,35	3,35	•				1230	1740	7	448
Lenzerheide	Scalottas	⊼	•	12,65	12,65	16,-	3,35	3,35	3,35					1550	2323	15	448
Savognin																	
Savognin	Tigignas-Somtgant	⊼	•	5,30	5,30	8,-	2,65	2,65	4,-		•	•	•	1200	2112	25	452
Arosa																	
Arosa	Hörnli Express	☐	•	Übernachtungsgäste gratis			Tagesgäste: 5,20							1850	2500	20	454
Arosa	Weisshorn	⌂		Übernachtungsgäste gratis			Tagesgäste: 5,20							1739	2653		454
Davos und Klosters																	
Davos Platz	Schatzalpbahn	▬		3,90	3,90	7,80	1,95	1,95	3,90					1560	1861	4	456
Davos Platz	Ischalp/Jakobshorn	⌂	•	16,90	13,65	20,80	5,85	5,85	7,15		•		•	1560	2590	15	456
Davos Dorf	Weissfluhjoch/ Parsenn	▬	•	11,-	8,45	13,-	5,85	5,85	7,15		•			1560	2662	20	456
Glaris/Station	Rinerhorn	⌂		11,70	9,75	13,65	3,90	3,90	4,55		•			1454	2053	12	456
Klosters	Gotschnaboden/ Gotschnagrat	⌂	•	16,90	13,65	20,80	5,85	5,85	7,15		•			1194	2285	20	456
Klosters Dorf	Madrisa	⌂			13,65									1130	1887		456

Erläuterungen zum Preisteil siehe Seite 653

BERGBAHNEN

- ⛷ Sessellift/Korblift
- ⛷ Kleinkabinenbahn
- ⛷ Großkabinenbahn/Luftseilbahn
- ⛷ Standseilbahn/Zahnradbahn

			Zw.St.	Beförderungspreise (in €) Erwachsene			Kinder			Service				Höhenangaben (in m)		Fahrzeit n Min.	Beschreibung ADAC SommerGuide
				Berg	Tal	Berg/Tal	Berg	Tal	Berg/Tal	Kombikarte	Familienkarte	Seniorentarif	Mitnahme MTB	Tal	Berg		

🇨🇭 St. Moritz und Oberengadin

Ort	Bahn	Typ	ZwSt	Berg	Tal	B/T	Berg	Tal	B/T	K	F	S	M	Tal	Berg	Min	S
Celerina	Marguns	⛷		7,80	7,80	11,70	3,90	3,90	5,85					1750	2279		462
Celerina	Trais Fluors	⛷		11,-	11,-	16,90	5,50	5,50	5,45					1750	2756		462
Pontresina	Alp Languard	⛷		8,45	8,45	12,35	3,25	3,25	6,50					1810	2330		462
Pontresina	Diavolezza	⛷		13,65	11,-	19,50	6,80	5,50	9,75					2093	2978		462
Samedan	Muottas Muragl	⛷		10,40	10,40	14,95	5,20	5,20	7,45					1700	2456		462
Sils	Furtschellas	⛷		9,10	7,80	13,-	4,55	3,90	6,50					1800	2312		462
Silvaplana	Corvatsch	⛷	●	16,90	11,70	23,40	8,45	5,85	11,70					1800	3303		462
St. Moritz	Chantarella-Corviglia-Piz Nair+	⛷	●	13,65	13,65	20,80	6,80	6,80	10,40					1750	3057		462
St. Moritz	Suvretta-Randolis	⛷		4,55		6,50	2,30		3,25					1750	2214		462

🇨🇭 Scuol und Unterengadin

Ort	Bahn	Typ	ZwSt	Berg	Tal	B/T	Berg	Tal	B/T	K	F	S	M	Tal	Berg	Min	S
Ftan	Natéas	⛷		8,45	8,45	13,65	4,55	4,55	7,15	●				1684	2060	16	470
Scuol	Motta Naluns	⛷		10,40	10,40	16,25	5,20	5,20	8,45	●			●	1250	2146	12	470

🇨🇭 Samnaun

Ort	Bahn	Typ	ZwSt	Preis						K	F	S	M	Tal	Berg	Min	S
Ravaisch	Flimsattel / Alp Trider Sattel	⛷		für Gäste des Samnauntals ist die Benutzung der Bergbahnen mit Gästekarte gratis							●	●	●	2263	2488	4	474
Samnaun-Ravaisch	Zubringerbahn Ravaisch	⛷		für Gäste des Samnauntals ist die Benutzung der Bergbahnen mit Gästekarte gratis							●	●	●	1799	2488	8	474
Samnaun	Flimsattelbahn	⛷		für Gäste des Samnauntals ist die Benutzung der Bergbahnen mit Gästekarte gratis							●	●	●	2263	2732	9	474
Samnaun	Flimjochbahn	⛷		für Gäste des Samnauntals ist die Benutzung der Bergbahnen mit Gästekarte gratis							●	●	●	2320	2732	6	474
Samnaun	Silvrettabahn/Fimbabahn	⛷	●	für Gäste des Samnauntals ist die Benutzung der Bergbahnen mit Gästekarte gratis							●	●	●	1400	2320	11	474

🇮🇹 Vinschgauer Oberland – Reschenpass

Ort	Bahn	Typ	ZwSt	Berg	Tal	B/T	Berg	Tal	B/T	K	F	S	M	Tal	Berg	Min	S
Burgeis/Mals	Watles	⛷		4,50	3,40	6,50	3,50	3,-	4,50			●	●	1750	2150	10	476
Kurzras	Schnalstaler Gletscherbahn	⛷		14,-	14,-	19,-	10,-	10,-	13,50	●	●			2011	3212	6	476
Kurzras	Lazaun	⛷		6,50	6,50	9,-	5,-	5,-	6,50					2011	2450	10	476
Langtaufers	Masebeu	⛷		4,-	4,-	6,-	3,-	3,-	4,-			●		1700	2200	12	476
Latsch	St.Martin	⛷		6,60	6,60	9,20	3,-	3,-	4,-			●	●	630	1740	7	476
Reschen	Schönebeu	⛷		7,-	7,-	8,50	4,50	4,50	5,50			●	●	1500	2100	8	476
St. Valentin	Haideralm	⛷		7,-	5,50	8,50	4,50	4,-	5,50			●	●	1470	2100	10	476
Tarsch	Tarscheralm	⛷		6,60	6,60	9,20	3,-	3,-	4,-			●		1200	1940	18	476

🇮🇹 Ortler-Region

Ort	Bahn	Typ	ZwSt	Berg	Tal	B/T	Berg	Tal	B/T	K	F	S	M	Tal	Berg	Min	S
Stilfersjoch	Livrio	⛷	●			18,-											480
Sulden	Seilbahn Schaubachhütte	⛷	●	8,50	8,50	12,50	5,50	5,50	7,50		●	●		1900	2610	10	480
Sulden	Kanzelbahn	⛷		7,50	7,-	8,50	4,-	3,50	5,-		●	●		1900	2350	8	480
Sulden	Langenstein	⛷		7,50	7,-	8,50	4,-	3,50	5,-		●	●		1900	2330	7	480
Trafoi	Sesselbahn Furkelhütte	⛷	●	7,50	7,-	8,50	4,-	3,50	5,-		●	●		1570	2170	8	480

🇮🇹 Meraner Land

Ort	Bahn	Typ	ZwSt	Berg	Tal	B/T	Berg	Tal	B/T	K	F	S	M	Tal	Berg	Min	S
Hafling	Mittager	⛷		5,50	5,50	8,-	3,50	3,50	5,-	●			●	1950	2300	8	484
Lana	Vigiljochbahn	⛷				11,-											484
Lana	Vigiljoch-Larchbühel	⛷				3,50											484
Meran-Hafling	Meran 2000	⛷	●	8,50	8,50	13,-	5,-	5,-	8,50	●			●	650	2000	15	484
Meran 2000/Hafling	Falzeben-Pfiffing	⛷		6,50	6,50	9,-	4,-	4,-	5,50	●			●	1680	2000	5	484
Pfelders	Grünboden	⛷		5,50	5,-	6,50	4,50	4,-	5,50				●	1622	2000	8	484
Schenna	Taseralm	⛷				8,50											484
St. Martin	Saltaus-Hirzer	⛷				14,-											484
Vellau	Leiteralm	⛷				6,25											484
Verdins	Videggbahn	⛷				8,60											484
Vöran	Burgstall	⛷		3,-	3,-	5,-	bis 6 J. gratis						●	200	1200	7	484

🇮🇹 Sarntal

Ort	Bahn	Typ	ZwSt	Berg	Tal	B/T	Berg	Tal	B/T	K	F	S	M	Tal	Berg	Min	S
Reinswald	Pichlbergbahn	⛷		5,-	4,-	7,50	3,50	2,50	4,50			●	●	1570	2130	6	490

Erläuterungen zum Preisteil siehe Seite 653

			Zwischenstationen	Beförderungspreise (in €)						Service				Höhenangaben (in m)		Fahrzeit n Min.	Beschreibung im ADAC SommerGuide Alpen Seite
				Erwachsene			Kinder			Kombikarte	Familienkarte	Seniorentarif	Mitnahme MTB				
				Berg	Tal	Berg/Tal	Berg	Tal	Berg/Tal					Tal	Berg		

🪑 Sessellift/Korblift
🚠 Kleinkabinenbahn
🚡 Großkabinenbahn/Luftseilbahn
🚞 Standseilbahn/Zahnradbahn

Bozen – Eppan – Kaltern – Ritten

Ort	Bahn	Typ	Zw.	Erw Berg	Erw Tal	Erw B/T	Kind Berg	Kind Tal	Kind B/T	Kombi	Fam	Sen	MTB	Tal	Berg	Min	S
Bozen	Seilbahn Jenesien	🚡				3,20											492
Bozen	Seilbahn Kohlern	🚡				2,60											492
Bozen	Seilbahn Ritten	🚡				3,50											492
Kaltern, St. Anton	Mendelstand	🚞		5,-	5,-	7,50	bis 1m Größe frei						●	510	1364	12	492
Klobenstein	Pemmern-Schwarzseespitze	🚠				8,90											492

Sterzing und Wipptal

Gossensass/Pflerschtal	Ladurns	🪑		4,50	2,50	6,50	3,-	2,50	5,-			●	●	1150	1750	10	496
Ratschings	Ladurns	🪑		3,50	2,50	5,50	2,60	1,50	3,80			●	●	1300	1850	15	500
Ratschings/Bichl	Ratschings-Jaufen	🪑		3,50	2,50	5,50	2,60	1,50	3,80			●		1300	1850	10	496
Sterzing	Rosskopf	🚠		5,90	3,80	8,50	3,80	2,70	5,30	●		●	●	960	1860	13	500

Brixen und Eisacktal

Brixen	Plose-Bergbahn St.Andrä-Kreuztal	🚠		7,-	6,-	9,-	6,-	5,-	8,-		●		●	1067	2050	12	500
Meransen	Gitschbergbahn	🚠	●	7,-	5,-	10,-	4,90	3,50	7,-	●	●	●	●	1440	2107	15	500
Mühlbach	Meransen	🚡		5,-	5,-	7,-	3,50	3,50	5,-	●	●	●		770	1400	10	500
Vals	Kabinenbahn Jochtal	🚠		6,50	5,-	9,50	5,-	3,50	7,-	●	●	●		1300	2100	15	500

Tauferer Ahrntal

Sand in Taufers	Speikboden	🪑	●	6,50	6,50	8,50	3,50	3,50	6,50		●	●	●	950	2000	20	504
Steinhaus	Klausberg	🚠		5,-	4,50	8,50	4,-	3,50	6,-		●	●	●	1052	1600	6	504

Bruneck mit Kronplatz und Antholzer Tal

Bruneck	Kronplatz 2000	🚠		8,-	6,-	10,-	4,-	3,-	5,-				●	970	2273	14	508
St. Vigil	Piz de Plaies	🪑		3,30	1,70	4,50	2,30	1,20	3,20					1204	1620	18	508
St. Vigil/Furkelpass	Ruis	🚠		4,90	2,40	6,60	3,40	1,70	4,50				●	1748	2273	8	508

Hochpustertal

Innichen	Haunoldbahn	🪑		4,-	3,20	5,90	2,80	2,30	4,10	●	●	●		1175	1610	6	512
Sexten	Rotwandbahn	🚠		6,60	5,10	9,20	3,30	2,60	4,60	●	●	●	●	1355	2000	7	512
Sexten	Helmbahn	🚡		8,50	6,60	11,80	4,30	3,30	5,90	●	●	●	●	1130	2200	5	512
Vierschach/Innichen	Helm	🚠		8,50	6,60	11,80	gratis			●	●	●		1130	2045	11	512

Grödnertal

Grödnerjoch	Cir-Lift	🪑		2,60	2,60	4,-	2,10	2,10						2137	2297		516
Seiser Alm	Sole	🪑												1861	2005		516
Sellajoch	Langkofelscharte	🚠		9,-	9,-	12,-	6,-	6,-						2220	2685		516
St. Christina	Col Raiser	🚠		8,-	8,-	11,-	6,-	6,-	9,-					1428	2107		516
St. Christina	Monte Pana	🚠		4,50	4,50	8,-	gratis bis 8 Jahre							1428	1636		516
St. Christina	Monte Seura	🪑		6,-	6,-	10,-	gratis bis 8 Jahre							1636	2117		516
St. Christina/Seceda	Fermedalift	🪑		6,-	6,-	8,-	4,-	4,-	5,-					2000	2518		516
St. Ulrich	Raschötzlift	🪑		7,60	7,60	10,20								1236	2282		516
St. Ulrich	Seiser Alm-Bahn	🚠		8,50	8,50	12,-	6,-	6,-	8,50					1236	2005		516
St. Ulrich	Seceda	🚠+🚡	●	12,-	12,-	18,-	8,-	8,-	10,-					1236	2518		516
Wolkenstein	Ciampinoi-Bahn	🚠		7,-	7,-	12,-	5,-	5,-						1563	2250		516
Wolkenstein	Dantercepies	🚠		5,90	5,90	9,60	4,10	4,10						1570	2297		516

Erläuterungen zum Preisteil siehe Seite 653

BERGBAHNEN

- ⛷ Sessellift/Korblift
- ⛷ Kleinkabinenbahn
- ⛷ Großkabinenbahn/Luftseilbahn
- ⛷ Standseilbahn/Zahnradbahn

			Zwischenstationen	Beförderungspreise (in €) Erwachsene			Beförderungspreise (in €) Kinder			Service Kombikarte	Service Familienkarte	Service Seniorentarif	Service Mitnahme MTB	Höhenangaben (in m) Tal	Höhenangaben (in m) Berg	Fahrzeit n Min.	Beschreibung im ADAC SommerGuide Alpen Seite
				Berg	Tal	Berg/Tal	Berg	Tal	Berg/Tal								
Seiser Alm und Schlern																	
Seis am Schlern	Seis-Seiser Alm	⛷		8,-	8,-	10,-	4,-	4,-	5,-	●	●		●	1015	1857	17	520
Seiser Alm	Panoramalift	⛷		3,50	3,50	5,-	3,50	3,50	5,-				●	1830	2009	9	520
Seiser Alm	Puflatschlift	⛷		3,50	3,50	5,-	3,50	3,50	5,-				●	1927	2119	11	520
Seiser Alm	Florianlift	⛷		3,50	3,50	7,-							●	1700	2100	14	520
Seiser Alm	Sonne	⛷		3,-	3,-	4,50	2,-	2,-	3,-				●	1861	2005	5	520
St. Ulrich	Seiser Alm/ Mont Senc	⛷		8,50	8,50	12,-							●	1100	2005	11	520
Rosengarten und Latemar																	
Karersee	Paolina	⛷		7,-	7,-	9,50	4,-	4,-	6,-					1620	2125	10	524
Obereggen	Oberholz	⛷		5,50	5,50	7,50	4,50	4,50	6,-					1550	2096	10	524
Pampeago	Latemar	⛷		3,50	2,50	5,-	2,50	2,50	3,50				●	1760	2015	7	524
Pampeago	Agnello	⛷		3,50	2,50	5,-	2,50	2,50	3,50				●	1760	2180	7	524
Predazzo	Predazzo/ Gardone	⛷		5,-	5,-	7,-	2,50	2,50	3,50				●	1050	1650	13	524
Predazzo	Gardone/ Passo Feudo	⛷		3,50	3,50	5,-	2,-	2,-	2,50				●	1650	2200	8	524
Welschnofen	König-Laurin	⛷		7,-	7,-	9,50	4,-	4,-	6,-					1743	2337	20	524
Alta Badia																	
Corvara	Col Alt	⛷		4,50	3,-	5,50	2,-		3,-			●	●	1568	2000	5	528
Corvara	Boè	⛷		7,-	4,50	9,-	3,50		4,50			●		1568	2000	8	528
Corvara	Boe+Vallon	⛷/⛷	●	10,-	6,-	12,50	5,-		6,50			●		1568	2530	21	528
Corvara/Boè	Vallon	⛷		4,-	3,50	4,50	2,-		2,50			●		2000	2530	13	528
Falzaregopass	Lagazuoi	⛷		8,-	5,20	10,80	4,25		6,20			●	●	2117	2778	10	528
Pedratsches	S. Croce	⛷		4,80	4,20	7,20	3,40		5,-			●	●	1340	1840	3	528
Pedratsches	La Crusc	⛷		3,20	2,-	4,70	2,30		3,30			●	●	1840	2000	10	528
Pedratsches	S. Croce + La Crusc	⛷	●	7,50	7,-	11,-	5,40		7,70			●	●	1340	2000	13	528
Stern	Piz la Ila	⛷		6,50	4,-	8,50	3,-		4,50			●	●	1424	2077	5	528
Stern	Gardenazza	⛷		3,-	2,-	4,50	2,-		3,-			●		1433	1750	8	528
Marmolada																	
Arabba	Porta Vescovo	⛷		7,-	6,-	9,-	5,50	3,-	6,-		●	●		1600	2478	8	532
Malga Ciapela	Malga-Banc	⛷		4,-	2,50	6,-		3,50	4,50					1446	2358		532
Malga Ciapela	Banc-Seranta	⛷		4,-	2,50	6,-		3,50	4,50					2358	2944		532
Malga Ciapela	Serauta/ Punta Rocca	⛷		4,-	2,50	6,-		3,50	4,50					2944	3250		532
Malga Ciapela	Padon 2	⛷		4,-	2,50	6,-		3,50	4,50					1658	2369		532
Passo Pordoi	Sass Pordoi	⛷		6,70	4,70	11,-	4,-	2,80	6,50					2239	2950	4	532
Cortina d'Ampezzo																	
Cortina	Rio Gere	⛷		8,20		11,50					●	●		1680	2196	20	534
Cortina	Mandres/Faloria	⛷	●	10,30	10,30	13,70				●	●	●		1226	2121	10	534
Cortina	Col Druscie Tofana	⛷		16,-		24,-					●	●	●	1217	1778	5	534
Cortina	Col Druscie - Ra Valles	⛷		8,-		12,-					●	●	●	1778	2472	8	534
Cortina	Ra Valles - Cima Tofana	⛷		8,-		12,-					●	●	●	2472	3130	10	534
Cortina	Pié Tofana - Duca d'Aosta	⛷		5,-		7,-					●	●		1668	2096	15	534
Cortina	Guargné - Col Tondo	⛷		3,30		4,30					●	●		1310	1429	10	534
Falzaregopass	Lagazuoi	⛷		8,-	5,20	10,80	4,25		6,20		●	●		2117	2778	10	534
Falzaregopass	5 Torri	⛷		8,-		10,80					●	●		1822	2255	10	534
Falzaregopass	Fedare	⛷		7,-		9,70					●	●			2380		534
Guargné	Mietres	⛷		6,80		9,80					●	●		1429	1714	10	534
Pié Tofana	Duca d'Aosta - Pomedes	⛷		8,-		12,-					●	●		2102	2295	15	534
Rio Gere	Son Forca	⛷	●	8,80		11,50								2191	2924	20	534

Erläuterungen zum Preisteil siehe Seite 653

		Zwischenstationen	Beförderungspreise (in €)						Service				Höhenangaben (in m)		Fahrzeit n Min.	Beschreibung im ADAC SommerGuide Alpen Seite
			Erwachsene			Kinder			Kombikarte	Familienkarte	Seniorentarif	Mitnahme MTB				
			Berg	Tal	Berg/Tal	Berg	Tal	Berg/Tal					Tal	Berg		

- Sessellift/Korblift
- Kleinkabinenbahn
- Großkabinenbahn/Luftseilbahn
- Standseilbahn/Zahnradbahn

Madonna di Campiglio

Madonna di Campiglio	Grosté	Ö	8,-	8,-	13,-	5,50	5,50	9,-			●	●	1640	2440		538
Madonna di Campiglio	Monte Spinale	Ö	6,-	6,-	8,-	4,-	4,-	5,50			●		1550	2100		538
Madonna di Campiglio	Pradalago	Ö	6,-	6,-	8,-	4,-	4,-	5,50			●		1680	2150		538
Madonna di Campiglio	5 Laghi	⊞	6,-	6,-	8,-	4,-	4,-	5,50			●		1550	2090		538
Pinzolo	Doss del Sabion	⊞ ●			7,50											538

Paganella

Andalo	Dos Pela/Paganella	Ö	5,50	5,50	10,-	4,40	4,40	7,20					1000	1800	8	542
Andalo	Albi denezz Cina	⌐	2,50	2,50	5,-								1800	2125	4	542
Fai della Paganella	Santel - Meritz	⌐	4,-	4,-	4,90	2,50	2,50	3,10					1000	1300	7	542
Fai della Paganella	Santel - Dosso Larici	⌐ ●	7,20	7,20	9,-	4,50	4,50	5,60					1000	1800	12	542
Fai della Paganella	Meritz - Dosso Larici	⌐	3,20	3,20	4,-	2,-	2,-	2,50					1300	1800	7	542
Fai della Paganella	Dosso Larici - Cima	⌐ ●	3,20	3,20	4,-	2,-	2,-	2,50					1800	2125	7	542
Fai della Paganella	Meritz - Cima	⌐ ●	6,40	6,40	8,-	4,-	4,-	5,-					1300	2125	15	542
Fai della Paganella	Santel - Cima	⌐ ●	8,20	8,20	10,30	6,50	6,50	8,20					1000	2125	20	542

Val di Fassa

Alba	Ciampac	Ö	5,30	4,20	8,50	4,70	3,60	6,30			●					544
Campitello	Col Rodella	Ö	7,80	5,40	11,20	4,70	3,20	6,70	●		●		1448	2387		544
Campitello	Forcella Sasslungo		9,-	9,-	12,-	frei	frei	frei	●		●		1449	2681		544
Canazei	Pecol	⊞	4,90	3,40	7,70	3,-	2,-	4,60	●		●		1450	1926		544
Canazei	Sass Pordoi	Ö	6,70	4,70	11,-	4,-	2,80	6,50	●		●		1452	2950		544
Moena	Passo San Pelegrino Col Margherita		5,-	4,80	7,80	4,50	4,20	6,50	●	●	●	●	1874	2513		544
Moena	Passo San Pelegrino Costabella		4,-	3,-	6,-	3,-	3,-	4,-			●					544
Moena/Luisa	Funivia Valbone-Le Cune		8,-	8,-	11,-	5,-	5,-	7,-	●		●		1447	2200		544
Pecol	Col dei Rossi	Ö	5,-	3,50	7,70	3,-	2,-	4,60	●		●		1451	2338		544
Pozza di Fassa	Col Valvacin		3,50	2,80	5,50	2,50	2,-	3,50	●		●		1320	2354		544
Pozza di Fassa	Cabinaccio		6,-	5,-	10,-	4,50	3,50	6,-	●		●		1320	1997		544
Vigo di Fassa	Ciampedie		6,-	5,-	10,-	4,50	3,50	6,-	●		●		1393	1997		544

Val di Fiemme

Bellamonte	Castelir-Morea				7,50							●	1400	2200	15	548
Castrozza	Colverde Rosetta	⊞	7,-	6,-	10,-	6,50	5,50	9,-				●	2200	2500		548
Castrozza	Tognalo	Ö	5,50	5,20	9,80	4,70	5,20	8,30				●				548
Castrozza	Punta Ces	⌐	5,-	4,-	8,-	4,-	3,-	7,-					1600	2200		548
Castrozza	Ces	⌐	3,50	3,-	6,-	3,-	2,50	5,-					1470	1600		548
Cavalese	Paion del Cemnis				12,50											548
Predazzo	Passo Feudo				11,-											548
San Martino di Colverde	Colverde	Ö	5,50	4,30	9,-	4,90	3,90	7,50				●				548

Sappada und Sauris

Alleghe	Piani Pezze	Ö	4,50	3,50	6,-	3,50	3,-	5,-			●	●	1000	1450	5	552
Alleghe	Col die Baldi	⌐	4,50	3,50	6,-	3,50	3,-	5,-			●	●	1450	1920	9	552
Palafavera	Pioda	⌐	3,50	3,-	5,-	gratis bis 1,25 m Körpergröße							1525	1889	12	552
Pecol	Pian del Crep	Ö	3,-	2,-	4,50	bis 5 Jahre gratis						●	1397	1766	4	552
Selva di Cadore	Pescul Fertazza	⌐	4,50	3,50	6,-	3,50	3,-	5,-			●	●	1423	1861	9	552

Erläuterungen zum Preisteil siehe Seite 653

BERGBAHNEN

- ⬈ Sessellift/Korblift
- Ō Kleinkabinenbahn
- ⛴ Großkabinenbahn/Luftseilbahn
- 🚋 Standseilbahn/Zahnradbahn

			Zwischenstationen	Beförderungspreise (in €)						Service				Höhenangaben (in m)		Fahrzeit n Min.	Beschreibung im ADAC SommerGuide Alpen Seite
				Erwachsene			Kinder			Kombikarte	Familienkarte	Seniorentarif	Mitnahme MTB				
				Berg	Tal	Berg/Tal	Berg	Tal	Berg/Tal					Tal	Berg		
Gardasee 🇮🇹																		
Malcesine	Monte Baldo	⛴	●	9,-		13,-	7,-		11,-		●	●	●	660	2200	5	554
Lago Maggiore 🇮🇹																		
Stresa	Mottarone	⛴				12,-								500	1491	30	564
Aostatal – Gran Paradiso 🇮🇹																		
Aosta	Pila	Ō	●	3,-	3,-	5,-							●	570	1801		568
Ayas	Champoluc - Crest	⛴		7,-	5,50	9,-	5,-	4,-	7,-	●				1580	1993		568
Breuil-Cervinia	Crest-Alpe Ostafa	⬈		5,-	4,-	7,-	4,-	3,-	5,-	●				1995	2412		568
Breuil-Cervinia	Plan Maison	Ō		6,50	3,-	9,-				●			●	2050	2555		568
Breuil-Cervinia/ Plan Maison	Cime Bianche Laghi	Ō		6,50	3,-	9,-				●			●	2812	3480		568
Breuil-Cervinia/ Plan Maison/Cima Bianche Laghi	Plateau Rosá	⛴		6,50	3,-	9,-				●				2555	2812		568
Buisson	Chamois	⛴		1,40	1,40	2,-				●				1107	1815		568
Buisson/Corgnolaz	Lod Lake	⬈		3,50	3,50	4,50	gratis bis 5 Jahre							1757	2033	6	568
Buisson/Corgnolaz/ Lod Lake	Fontanafredda Pass	⬈		5,50	5,50	6,50	gratis bis 5 Jahre							2033	2340	15	568
Champorcher/ Chardonnay	Laris	⛴		4,-		6,-			5,-					1455	1890		568
Checrouit	Maison Vieille	⬈		4,-	4,-	5,-				●	●	●	●	1709	1960	10	568
Cogne	Montzeuc	⛴		4,-		6,-			3,-					2041	2276		568
Courmayeur	Col Checrouit	⛴		6,50	6,50	10,50	bis 1,30m gratis					●		1224	1700		568
Courmayeur	Maison Vieille	⬈		4,-	4,-	5,-	bis 1,30m gratis			●	●	●		1700	2224		568
CourmayeurLa Palad	Rifugio Torino	⛴	●	24,50		31,-	12,-		15,50	●	●	●		1340	3462		568
Gressoney-La Trinité/ Staffal	Gabiet	Ō		7,-	5,50	9,-	5,-	4,-	7,-	●				1823	2319		568
Gressoney-La Trinité	Gabiet - Passo dei Salati	⛴		7,-	5,50	9,-	5,-	4,-	7,-	●				2319	2970		568
				7,-	5,50	9,-	5,-	4,-	7,-	●				2319	2970		568
Gressoney-La Trinité/ Staffal	S. Anna	Ō		7,-	5,50	9,-	5,-	4,-	7,-	●				1823	2234		568
Gressoney-La Trinité/ Staffal/S.Anna	Bettaforca	⬈		7,-	5,50	9,-	5,-	4,-	7,-	●				2234	2727		568
Gressoney-St.Jean	Weissmatten	⛴		5,-	4,-	7,-	4,-		5,-	●				1360	2046		568
La Thuile	Bosco Express	⬈				7,-			3,50	●				1441	2088		568
La Thuile	Chalet Express	⬈				7,-			3,50	●				2088	2345		568
La Thuile	Piccolo San Bernardo	⬈				7,-			3,50	●				2188	2531		568
Pila	Chamolé	⬈		5,90	5,90	7,40	30 % Ermäßigung			●			●	1765	2309		568
Pila	Couis 1	⬈		5,90	5,90	7,40	30 % Ermäßigung			●			●	2163	2705		568
Valtournenche	Salette	⛴		5,-	5,-	7,50	2,50	2,50	4,-					1524	2245		568
Montblanc-Gebiet 🇫🇷																		
Argentière	Les Grands Montets	⛴				23,-											574
Bettex	Mont d´Arbois	Ō	●	5,70	5,70	8,20	4,10	4,10	6,50					1400	1824	15	574
Chamonix	Plan de l'Aiguille/ Aiguille du Midi	⛴				34,-											574
Chamonix	Gares de Planpraz/ Brévent	⛴				15,50											574
Chamonix	Montenvers	🚋				21,-											574
Chamonix	La Flégère/Index	⛴				15,50											574
Chamonix/Aguille du Midi	Pte. Helbronner	Ō				18,-											574
Jaillet	Télécabine du Jaillet	Ō		4,70	4,70	9,-	4,20	4,20	8,-				●	1120	1585	7	574
Le Tour	Col de Balme	Ō				13,-											574
Les Houches	Bellevue	⛴				11,90											574
Les Houches	Les Bossons	Ō				8,-											574
Mont d´Arbois	Télécabine du Mont d´Arbois	Ō		5,50	5,50	9,-	4,70	4,70	8,-				●	1290	1822	8	574
Rochebrune	Téléphérique de Rochebrune	⛴		5,50	5,50	9,70	4,70	4,70	8,70				●	1151	1753	5	574
Saint Gervais	Le Bettex	Ō	●	5,70	5,70	8,20	4,10	4,10	6,50	●			●	850	1400	13	574

Erläuterungen zum Preisteil siehe Seite 653

Legende:
- Sessellift/Korblift
- Kleinkabinenbahn
- Großkabinenbahn/Luftseilbahn
- Standseilbahn/Zahnradbahn

			Zwischenstationen	Beförderungspreise (in €) Erwachsene			Beförderungspreise (in €) Kinder			Service				Höhenangaben (in m)		Fahrzeit in Min.	Beschreibung im ADAC SommerGuide Alpen Seite
				Berg	Tal	Berg/Tal	Berg	Tal	Berg/Tal	Kombikarte	Familienkarte	Seniorentarif	Mitnahme MTB	Tal	Berg		
Val d'Isère mit Tarentaise																	
Bourg-St-Maurice	Arc Pierre Blanche	🚠				10,-											580
Meribel	Téléphérique Saulire	🚠				10,-											580
Pralognan-la-Vanoise	Téléphérique du Mont Bachor	🚠				5,90											580
Tignes	Téléphérique la Grande Motte	🚠		9,-	9,-	15,-			gratis	●	●		●				580
Val d'Isere	Téléphérique l'Olympique	🚠		5,-	6,-	8,50	4,-		4,50	●		●	●	1850	2750	10	580
Val d'Isere	Solaise Express	🚠		5,-	6,-	8,50	4,-		4,50	●		●	●	1850	2560	7	580
Alpe d'Huez																	
Alpe d'Huez	Pic du Lac Blanc					13,-			6,50	●	●		●				584
Huez	L'Alpe d'Huez			2,50	2,50	5,-	1,25	1,25	2,50	●	●		●				584
Oz en Oisans	Pic du Lac Blanc					13,-			6,50	●	●		●				584
Oz en Oisans	Dôme des Rousses					6,-			3,-	●	●		●				584
Vaujany	Dôme des Rousses					9,50			4,75	●	●		●				584
Briançon – Massif des Écrins																	
Puy Saint Vincent	La Bergerie	🚠				4,60			5,75				●	1600	2000	10	586
Triglav																	
Bovec	Kanin	🚠				12,-											590

Preisangaben

Die Preise für die Beförderung mit den aufgeführten Bergbahnen wurden bei Tourismusverbänden und Bergbahnbetreibern recherchiert. Erhoben wurden die Tarife der Sommersaison 2004, wenn möglich bereits die der Sommersaison 2005. Alle Preise sind in Euro (EUR) angegeben, Meldungen in Schweizer Franken (CHF) und Slowenischen Tolar (SIT) wurden mit dem durchschnittlichen Referenzkurs der Europäischen Zentralbank für das Jahr 2004 umgerechnet: 1,54 CHF = 1 EUR bzw. 240 SIT = 1 EUR. Für die Richtigkeit der Angaben kann keine Gewähr übernommen werden.

Service

»Kombikarte« bezeichnet die Verfügbarkeit eines Beförderungstarifs, der auch andere touristische Leistungen und Angebote mit einschließt (z. B. Bädereintritt, Bustransfer, Schifffahrt, Museumsbesuch etc.)
»Familienkarte« bezeichnet die Verfügbarkeit eines pauschalierten Beförderungstarifs für Erwachsene mit Kindern, der günstiger ist als die Einzeltarife.
»Senioren« bezeichnet die Verfügbarkeit eines reduzierten Beförderungstarifs für Personen eines jeweils näher bezeichneten Jahrgangs und älter.
»Mitnahme MTB« bezeichnet die Möglichkeit, ein Fahrrad/ Mountainbike mit der Bergbahn zu befördern.

Höhenangaben

Höhe über dem Meer (NN) von Tal- und Bergstation einer Seilbahn.

Weitere Informationen

Bei den Verkehrsbüros in den Ferienregionen kann Näheres zu Bergbahnen und Preisen erfragt werden. Info-Adressen, Telefonnummern und Internetadressen sind im ADAC SommerGuide aufgeführt (Seitenverweise in dieser Tabelle). Es lohnt sich außerdem, vor Ort Preisaushänge zu beachten und an der Kasse entsprechend der individuellen Situation nachzufragen.

HOTELFÜHRER DEUTSCHLAND

Im folgenden Hotelverzeichnis geben wir Ihnen eine Auswahl von Hotels und Pensionen aus den wichtigsten Alpen-Ferienregionen Deutschlands. Die Orte sind alphabetisch geordnet. Durch Seitenverweise werden Sie auf die Beschreibung des jeweiligen Gebietes aufmerksam gemacht.

In der Bundesrepublik Deutschland gibt es noch keine amtliche Klassifizierung der Hotels und Pensionsbetriebe. Sind Gastgeberbetriebe mit Stern aufgeführt, haben sich diese einer freiwilligen Hotelklassifizierung nach internationalem Standard unterzogen. Die Qualität der Betriebe steigt mit der Anzahl der Sterne (1-5). Für Spitzenbetriebe innerhalb der einzelnen Kategorien, die z.B. ein besonders hohes Maß an Dienstleistung bieten, wurde der Begriff "Superior" eingeführt. Diese Betriebe sind hier durch einen zusätzlichen offenen Stern gekennzeichnet. Beherbergungsbetriebe ohne Sternebezeichnung haben an der freiwilligen Hotelklassifizierung nicht teilgenommen. Ein Rückschluss auf den Standard dieser Hotels ist damit nicht verbunden.

Für die Richtigkeit der Informationen übernehmen wir keine Gewähr. Wir sind für Anregungen und Ergänzungen dankbar.

Mehr Infos unter www.hotel-bellevue-badwiessee.de

DAS Privathotel mit liebenswürdigem Flair! Die behagl. ausgestatteten Zimmer, die Liegewiese, die wenigen Gehmin. zum Badepark und den Kuranlagen garantieren für einen erholsamen Urlaub im Herzen von Bad Wiessee!

*Hotel Bellevue*** Fam. Waitz · Hirschbergstr. 22
83707 Bad Wiessee · Tel. 08022/66 490 · Fax 66 49 49
hotel@bellevue-badwiessee.de

Aschau

Tourist Info
D-83229 Aschau/Chiemgau
T 0 80 52/90 49 37 • F 0 80 52/90 49 45
E-Mail: info@aschau.de
http://www.aschau.de
Alles über die Ferienregion S. 116.

Hotels ★ ★ ★ ☆
Burghotel Aschau   T 90 80   F 90 82 00

Hotels ★ ★ ★
Hotel garni Prillerhof   T 90 63 70   F 9 06 37 57

Pensionen ★ ★
Gasthof Kampenwand   T 24 40   F 47 02
Gasthof Zur Klause   T 14 50   F 58 63

Weitere Hotels, noch nicht klassifiziert
Hotel Edeltraud   T 9 06 70   F 51 70
Hotel-Café-Restaurant Seiseralm und Hof   T 0 80 51/98 90   F 0 80 51/8 96 46
Gasthof Zum Baumbach   T 14 81   F 90 97 69

Bad Hindelang

Gästeinformation
D-87541 Bad Hindelang/Oberallgäu
T 0 83 24/89 20 • F 0 83 24/80 55
E-Mail: info@hindelang.net
http://www.bad-hindelang.info
Alles über die Ferienregion S. 72.

Hotels ★ ★ ★ ★
Kurhotel Bären   T 9 30 40   F 93 04 32
Alpenhotel Oberjoch   T 70 90   F 70 92 00
Hotel Prinz-Luitpold-Bad   T 89 00   F 89 03 79
Romantik-Hotel Sonne   T 89 70   F 89 74 99

Hotels ★ ★ ★ ☆
Hotel Edelsberg   T 9 80 00 0   F 9 80 00 50
Kur- und Sporthotel Hindelang   T 98 40   F 98 47 28
Du-Familotel Krone   T 98 20 10   F 9 82 01 99

Hotels ★ ★ ★
Kurhotel Schofer   T 89 90   F 89 91 43
Hotel Sonneck   T 9 31 10   F 87 98
Hotel Sonnenbichl   T 3 65   F 86 30

Weitere Hotels, noch nicht klassifiziert
Residenz Allgäublick   T 9 31 80   F 93 18 45

Bad Kohlgrub

Kur- und Tourist-Information
D-82433 Bad Kohlgrub
T 0 88 45/7 42 20 • F 0 88 45/74 22 44
E-Mail: bad.kohlgrub@gaponline.de
http://www.bad-kohlgrub.de
Alles über die Ferienregion S. 88.

Hotels ★ ★ ★ ★ ☆
Hotel Schillingshof   T 70 10   F 83 49

Hotels ★ ★ ★ ★
Kurhaus Dr. Lauter   T 0 88 54/9 70   F 0 88 54/9 72 59

Hotels ★ ★ ★ ☆
Kur- und Vitalhotel Maximilian & Sebaldus   T 70 00   F 82 70

Hotels ★ ★ ★
Kurhotel Föhrenhof   T 90 84   F 90 85
Kurhotel & Wellnesshotel Panorama   T 70 20   F 70 21 90
Kur- und Vitalhotel Sebaldus   T 70 00   F 82 70
Kurhotel garni Urihof   T 7 47 30   F 74 73 74

Bad Oberdorf

Hoteleinträge siehe unter Bad Hindelang.

Bad Reichenhall

Kur- und Verkehrsverein e. V.
D-83424 Bad Reichenhall
T 0 86 51/60 63 03 • F 0 86 51/60 63 11

Hotels ★ ★ ★ ★ ★
Hotel Steigenberger Axelmannstein   T 77 70   F 59 32

Hotels ★ ★ ★ ★
Hotel Residenz Bavaria   T 77 60   F 6 15 58
Parkhotel Luisenbad   T 60 40   F 6 29 28
Hotel Neu Meran   T 40 78   F 78 52 0
Hotel garni Traunfeldmühle   T 9 86 40   F 98 64 64

Hotels ★ ★ ★ ☆
Hotel Bayerischer Hof   T 60 90   F 60 91 11
Hotel Panorama   T 77 90   F 77 92 22
Hotel-Pension Seeblick   T 9 86 30   F 98 63 88 ▷

Hotels ★ ★ ★
Hotel garni Bergfried   T 7 80 68   F 95 88 49
Hotel garni Carola   T 9 58 40   F 95 84 43
Hotel garni Dora   T 9 58 80   F 95 88 49
Hotel-Pension Erika   T 9 53 60   F 9 53 62 00
Hotel Falter   T 97 10   F 97 11 40
Hotel Fuchs   T 9 73 60   F 6 40 34
Hotel Gablerhof   T 9 83 40   F 98 34 34
Hotel Hofwirt   T 9 83 80   F 98 38 36
Hotel Karlsteiner Stuben   T 98 00   F 6 12 50
Hotel garni Moll   T 9 86 80   F 98 68 44
Kurhotel garni Mozart   T 7 80 30   F 6 24 15
Hotel Reseda   T 96 70   F 6 68 78
Hotel Salzburger Hof   T 9 76 90   F 97 69 99
Hotel garni Schönblick   T 7 80 60   F 95 88 49
Hotel Sonnenbichl   T 7 80 80   F 78 08 59
Landhotel Sonnenleiten   T 6 10 09   F 6 85 85
Hotel St. Peter   T 9 68 80   F 96 88 41
Hotel garni Tivoli   T 7 14 30   F 71 43 10
Hotel garni Villa Rein   T 34 82   F 6 75 60

Weitere Hotels, noch nicht klassifiziert
Hotel-Pension Almrausch   T 9 66 90   F 96 69 82
Kurhotel Alpina   T 97 50   F 6 53 93
Hotel-Restaurant Aurora   T 96 20   F 96 11 96

Bad Wiessee

Tegernseer Tal-Gemeinschaft
D-83684 Tegernsee
T 0 80 22/92 73 80 • F 0 80 22/9 27 38 22
E-Mail: info@tegernsee-tourismus.de
http://www.tegernsee-tourismus.de
Alles über die Ferienregion S. 106.

Hotels ★ ★ ★ ★ ☆
Hotel Terrassenhof   T 86 30   F 8 17 94

Hotels ★ ★ ★ ★
Hotel Hardiecks Jägerwinkl   T 81 90   F 81 96 11
Hotel garni Midas   T 8 11 50   F 9 95 77
Hotel Quellenhof   T 8 62 20   F 86 22 44
Hotel Rex   T 8 62 00   F 8 62 01 00
Silencehotel Sapplfeld   T 9 84 70   F 8 35 60
Hotel Schnitzer   T 9 85 50   F 8 39 83
Hotel Wilhelmy   T 9 86 80   F 98 68 23 3

Hotels ★ ★ ★ ☆
Hotel Marina   T 8 60 10   F 86 01 40
Parkhotel Resi von der Post   T 9 86 50   F 98 65 65
Hotel Toscana   T 9 83 60 00   F 98 36 50 ▷

Die Angaben über die Klassifizierung der Unterkünfte wurden den offiziellen Verzeichnissen der zuständigen Tourismusverbände entnommen. Für die Richtigkeit der Informationen übernehmen wir keine Gewähr.

Fortsetzung S. 655

HOTELFÜHRER DEUTSCHLAND

Fortsetzung Bad Wiessee

Hotels ★★★
Hotel garni Am Kureck   T 86 57 00   F 86 57 28
Hotel Bellevue   T 6 64 90   F 66 49 49
  E-Mail: hotel@bellevue-badwiessee.de
  http://www.hotel-bellevue-badwiessee.de
  ⊨46 ... 4 km ... 0,2 km
  ... 3 km ... 0,2 km   Master VISA Maestro
Pension garni Börner   T 9 86 90   F 9 92 08
Hotel garni Concordia   T 8 62 30   F 86 23 50
Hotel garni Ertle   T 8 65 36   F 86 56 37
Hotel garni Haus Steinbock   T 8 66 70   F 8 66 71 99
Hotel-Gasthof Zur Post   T 8 60 60   F 8 60 61 55

Weitere Hotels, noch nicht klassifiziert
Hotel Askania   T 8 40 66   F 80 86
Hotel-Restaurant Edelweiß   T 8 60 90   F 8 38 83
Gästehaus Heimgarten   T 9 89 30   F 98 93 35
Hotel Lederer am See   T 82 90   F 82 92 00
Hotel-Restaurant Seegarten   T 9 84 90   F 8 50 87
Hotel Tannenhof   T 8 11 29   F 8 18 20
Hotel Wittelsbach   T 8 40 56   F 8 40 58

Balderschwang

Verkehrsamt
D-87538 Balderschwang
T 0 83 28/10 56 • F 0 83 28/2 65
E-Mail: info@balderschwang.de
http://www.balderschwang.de
Alles über die Ferienregion S. 76.

Hotels ★★★★
Familien & Wellvitalhotel Bergblick   T 10 52   F 3 81
Wellnesshotel Hubertus   T 92 00   F 9 20 10
Berghotel-Gasthaus Kienles "Adlerkönig"   T 2 21
  F 3 25

Hotels ★★★☆
Hotel Ifenblick   T 9 24 70   F 9 24 72 00

Weitere Hotels, noch nicht klassifiziert
Almhof Lässer   T 10 18   F 3 36

Bayrischzell

Tourist-Info
D-83735 Bayrischzell
T 0 80 23/6 48 • F 0 80 23/10 34
E-Mail: tourist-info@bayrischzell.de
http://www.bayrischzell.de
Alles über die Ferienregion S. 112.

Hotels ★★★★☆
Hotel Alpenhof   T 9 06 50   F 90 65 20

Hotels ★★★
Hotel garni Effland   T 2 63   F 14 13
Hotel Gasthof Wendelstein   T 8 08 90   F 80 89 69

Weitere Hotels, noch nicht klassifiziert
Hotel Deutsches Haus   T 2 01   F 14 70
Hotel Rote Wand   T 90 50   F 6 56
Gasthof St. Lukas   T 10 87   F 10 95
Hotel Gasthof Zur Post   T 8 19 71 0   F 8 19 71 81

CHIEMGAU TOURISMUS

Chiemgau Tourismus e.V.
Ludwig-Thoma-Str. 2 · 83278 Traunstein
Tel. 0861-58223 · Fax: 0861-64295
(auch abends und am Wochenende)
E-Mail: info@chiemgau-tourismus.de
www.chiemgau-tourismus.de

Berchtesgaden

Berchtesgaden Tourismus GmbH
D-83471 Berchtesgaden
T 0 86 52/96 70 • F 0 86 52/96 74 02
E-Mail: info@berchtesgadener-land.com
http://www.berchtesgadener-land.com
Alles über die Ferienregion S. 122.

Hotels ★★★★
Alpenhotel Kronprinz   T 60 70   F 60 71 20
Hotel Vier-Jahreszeiten   T 95 20   F 50 29

Hotels ★★★☆
Hotel Bavaria   T 9 66 10   F 6 48 09
Hotel Neuhäusl   T 94 00   F 6 46 37

Hotels ★★★
Hotel Fischer   T 95 50   F 6 48 73
Hotel garni Floriani   T 6 60 11   F 6 34 53
Hotel Grünberger   T 45 60, 97 65 90   F 6 22 54
Hotel Krone   T 9 46 00   F 9 46 00 10
Hotel Seimler   T 60 50   F 6 32 00
Hotel Wittelsbach   T 9 63 80   F 6 63 04

Pensionen ★★★
Gasthof Maria Gern   T 34 40   F 6 62 76

Weitere Hotels, noch nicht klassifiziert
Gasthof Auerwirt   T 20 52   F 6 33 92
Hotel Demming   T 96 10   F 6 48 78
Alpenhotel Denninglehen   T 9 78 90   F 6 47 10
Gasthof Priesterstein   T 32 10   F 15 59
Gasthof Waldluft   T 9 58 50   F 95 85 40
Hotel Watzmann   T 20 55   F 51 74
Alpenhotel Weiherbach   T 97 88 80   F 9 78 88 88

Bernau

Hoteleinträge siehe unter Aschau.

Bischofswiesen

Verkehrsamt
D-83483 Bischofswiesen
T 0 86 52/97 72 20 • F 0 86 52/9 77 22 22
E-Mail: info@bischofswiesen.de
http://www.bischofswiesen.de
Alles über die Ferienregion S. 122.

Hotels ★★★★
Hotel Reissenlehen   T 97 72 00   F 97 72 02 20

Hotels ★★★
Hotel Hundsreitlehen   T 98 60   F 98 61 60   ▷

Chiemsee — Das Bayerische Meer

Chiemsee-Infocenter,
Felden 10, 83233 Bernau
Tel.: (08051) 96 555-0
Email: info@chiemsee.de
www.chiemsee.de

Weitere Hotels, noch nicht klassifiziert
Hotel Brennerbascht   T 70 21   F 77 52
Hotel garni Mooshäusl   T 72 61   F 73 40
Pension-Gasthaus Watzmannblick   T 33 63   F 6 92 95

Bolsterlang

Gästeinformation
D-87538 Bolsterlang
T 0 83 26/83 14 • F 0 83 26/94 06
E-Mail: info@bolsterlang.de
http://www.bolsterlang.de
Alles über die Ferienregion S. 76.

Hotels ★★★
Hotel garni Silberdistel   T 3 80 03   F 38 41 80

Pensionen ★★★
Gästehaus Sonnenberg   T 3 64 10   F 81 76

Weitere Hotels, noch nicht klassifiziert
Landhaus Charivari   T 3 60 00   F 36 00 20
Berghaus Walz   T 36 40 00   F 3 64 00 25

Chiemsee

Hoteleinträge siehe unter Aschau.

Fischen/Allgäu

Kurverwaltung
D-87538 Fischen/Allgäu
T 0 83 26/3 64 60 • F 0 83 26/36 46 56
E-Mail: info@fischen.de
http://www.fischen.de
Alles über die Ferienregion S. 76.

Hotels ★★★★☆
Parkhotel Burgmühle   T 9 99 50   F 73 52

Hotels ★★★★
Hotel Sonnenbichl   T 99 40   F 99 41 80
Hotel Tanneck   T 99 90   F 99 91 33

Hotels ★★★☆
Hotel Frohsinn   T 3 84 93 0   F 3 84 93 75

Hotels ★★★
Hotel-Pension Alpenblick   T 97 91   F 97 94
Hotel Rosenstock   T 36 45 60   F 3 64 56 99

Fortsetzung S. 656

HOTELFÜHRER DEUTSCHLAND

HOTEL UND LANDGASTHOF Altwirt
www.hotel-altwirt.de
Tölzer Straße 135
83607 Großhartpenning
Tel. 0 80 24 / 47 39 39-0
Fax 0 80 24 / 47 39 39-1
★★★★
Höchster Komfort
6 Maisonettewohnungen
2 Suiten - 34 Doppelzimmer
Internationale Gourmetküche
Gemütliche „Altwirtstubn"
Biergarten und Kinderspielplatz

Fortsetzung Fischen/Allgäu

Pensionen ★★★☆
Restaurant-Pension Forellenbach   T 5 45   F 3 52 88

Pensionen ★★★
Pension-Landhaus Schmid   T 2 89   F 83 80

Pensionen ★★
Berggasthof Jägersberg   T 0 83 22/44 14   F 0 83 22/72 40

Weitere Hotels, noch nicht klassifiziert
Pension Auerhof   T 83 00   F 82 06
Pension Hartmann   T 4 11   F 38 53 14
Gasthof Insel-Mühle   T 36 45 00   F 98 88
Panoramacafé Kaserer   T 3 60 40   F 36 04 60
Hotel-Café Maderhalm   T 3 60 50   F 74 92
Pension-Landhaus Marga   T 4 67   F 4 67
Gasthof Münchner Kindl   T 83 89   F 82 88
Pension Ruppaner   T 77 76   F 82 47

Füssen

Tourist Information
D-87629 Füssen
T 0 83 62/9 38 50 • F 0 83 62/93 85 20
E-Mail: tourismus@fuessen.de
http://www.fuessen.de
Alles über die Ferienregion S. 82.

Hotels ★★★★
Hotel Sommer   T 9 14 70   F 91 47 14
Hotel Treff Luitpoldpark   T 90 40   F 90 46 78

Hotels ★★★
Ferienhotel Berger   T 9 13 30   F 91 33 99

Weitere Hotels, noch nicht klassifiziert
Hotel Alpenblick   T 5 05 70   F 50 57 73
Kur- und Ferienhotel Bergruh   T 90 20   F 9 02 12
Hotel-Restaurant Frühlingsgarten   T 9 17 30   F 91 73 40
Hotel garni Fürstenhof   T 70 06, 9 14 80   F 3 90 48
Hotel Geiger   T 70 74   F 3 88 38
Ferienhotel Geiger   T 93 87 30   F 9 38 73 50
Hotel Hirsch   T 9 39 80   F 93 98 77
Hotel-Restaurant Ruchti   T 9 10 10   F 72 13
Hotel Sonne   T 90 80   F 90 81 00
Seegasthof Weissensee   T 9 17 80   F 91 78 88
Kur- und Vitalhotel Wiedemann   T 9 13 00   F 91 30 77
Altstadthotel Zum Hechten   T 9 16 00   F 91 60 99

Garmisch-Partenkirchen

Tourist-Information
D-82455 Garmisch-Partenkirchen
T 0 88 21/18 07 00 • F 0 88 21/18 04 50
E-Mail: kurdirektion@garmisch-partenkirchen.de
http://www.garmisch-partenkirchen.de
Alles über die Ferienregion S. 92.

Hotels ★★★★★☆
Hotel Reindl's Partenkirchner Hof   T 9 43 87 0   F 9 43 87 25 0

Hotels ★★★★☆
Sporthotel Dorint   T 70 60   F 70 66 18
Hotel Staudacherhof   T 92 90   F 92 93 33

Hotels ★★★★
Hotel Alpina   T 78 30   F 7 13 74
Hotel Mercure   T 75 60   F 7 42 68
Hotel Obermühle   T 70 40   F 70 41 12
Post-Hotel Partenkirchen   T 9 36 30   F 93 63 22 22
Hotel Rheinischer Hof   T 91 20   F 5 91 36
Hotel Wittelsbacher Hof   T 5 30 96   F 5 73 12
Hotel Zugspitze   T 9 90 10   F 90 13 33

Hotels ★★★☆
Hotel Forsthaus Graseck   T 9 43 24 0   F 5 57 00
Hotel Hilleprandt   T 9 43 30 40   F 7 45 48

Hotels ★★★
Hotel garni Almenrausch und Edelweiß   T 25 27   F 7 68 83
Hotel garni Aschenbrenner   T 9 59 70   F 95 97 95
Hotel Bavaria   T 34 66   F 7 64 66
Hotel garni Brunnthaler   T 5 80 66   F 7 66 96
Hotel Clausings Posthotel   T 70 90   F 70 92 05
Hotel Drei Mohren   T 91 30   F 1 89 74
Gasthof Fraundorfer   T 9 27 0   F 9 27 99
Hotel Garmischer Hof   T 91 10   F 5 14 40
Hotel Leiner   T 9 52 80   F 9 52 81 00
Hotel garni Roter Hahn   T 9 43 27 0   F 9 43 27 77
Hotel garni Schell   T 9 57 50   F 95 75 40
Hotel Vier-Jahreszeiten   T 91 60   F 44 86

Pensionen ★★★
Pension Zum Rassen   T 20 89   F 7 11 43

Weitere Hotels, noch nicht klassifiziert
Hotel garni Edelweiß   T 24 54   F 48 49
Hotel garni Hausberg   T 22 04   F 7 69 41
Hotel garni Höllental   T 9 53 60   F 95 36 13
Berggasthof Panorama   T 25 15   F 48 84
Hotel Renaissance Riessersee   T 75 80   F 38 11
Grand-Hotel Sonnenbichl   T 70 20   F 70 21 31

Eine Erklärung der Symbole finden Sie auf S. 683.

Gmund

Tegernseer Tal-Gemeinschaft
D-83684 Tegernsee
T 0 80 22/92 73 80 • F 0 80 22/9 27 38 22
E-Mail: info@tegernsee-tourismus.de
http://www.tegernsee-tourismus.de
Alles über die Ferienregion S. 106.

Hotels ★★★★
Hotel Golf am Tegernsee   T 7 50 60   F 7 48 18

Weitere Hotels, noch nicht klassifiziert
Hotel Kistlerwirt   T 96 83 70   F 9 68 37 14
Hotel Margaretenhof   T 7 50 60   F 7 48 18

Grainau

Kurverwaltung und Tourismus Information
D-82491 Grainau
T 0 88 21/98 18 50 • F 0 88 21/98 18 55
E-Mail: info@grainau.de
http://www.grainau.de
Alles über die Ferienregion S. 92.

Hotels ★★★★
Hotel Alpenhof Grainau   T 98 70   F 9 87 77
Hotel Bergland   T 9 88 90   F 98 89 99
Hotel Eibsee   T 9 88 10   F 8 25 85
Hotel Waxenstein   T 98 40   F 84 01

Hotels ★★★☆
Hotel Am Badersee   T 82 10   F 82 12 92

Hotels ★★★
Hotel-Landgasthof Alpspitz   T 9 82 10   F 98 21 13
Hotel Colombo   T 18 50   F 18 53 33
Hotel garni Längenfelder Hof   T 98 58 80   F 9 85 88 30
Hotel Nuss   T 98 60   F 8 27 07
Hotel Quellenhof   T 18 50   F 1 85 33
Hotel garni Wetterstein   T 98 58 00   F 9 85 80 13

Hotels ★★
Hotel garni Grainauer Hof   T 9 43 26 0   F 5 58 26

Pensionen ★★★
Gasthof Höhenrain   T 8 88 8   F 8 27 20

Weitere Hotels, noch nicht klassifiziert
Hotel Hirth   T 88 76   F 8 26 48
Hotel garni Jägerhof   T 85 18   F 8 17 48
Hotel garni Loisachtal   T 9 81 60   F 98 16 46
Hotel garni Post   T 88 53   F 88 73

Großhartpenning b. Holzkirchen

Kultur- und Fremdenverkehrsamt
D-83714 Miesbach
T 0 80 25/7 00 00 • F 0 80 25/70 00 11
E-Mail: info@waitzinger-keller.de

Pensionen ★★★★
Landgasthof Altwirt   T 0 80 24/4 73 93 90   F 0 80 24/4 73 93 91
E-Mail: info@hotel-altwirt.de
http://www.hotel-altwirt.de
⊨84 🐕 📶 ♨ 🍽 ⛷ 🌐 ✈ ⛽ 15 km
🏊 2 km 🎿 5 km 🚴 2 km ⚓ 15 km 💳 VISA
MapTrip

Hirschegg

Hoteleinträge siehe im Teil Hotelführer unter Hirschegg in Österreich.

Von den Gelben Engeln:

Die weite Welt zum himmlischen Preis!

ADAC Reiseführer

Berlin — Potsdam mit Schloss Sanssouci

ADAC Reiseführer in Top-Qualität **nur 4,95 €**

- brillante Texte
- faszinierende Bilder
- informative Karten und Pläne

Mehr wissen, mehr erleben, besser reisen.

www.adac.de/reisefuehrer

108 ADAC Reiseführer in Top-Qualität – die besten, die wir je gemacht haben.

Ägypten	Kreta
Algarve	Kuba
Allgäu	Kykladen
Amsterdam	Lanzarote
Andalusien	London
Australien	Madeira
Bali & Lombok	Mallorca
Barcelona	Malta
Berlin	Marokko
Bodensee	Mauritius & Rodrigues
Brandenburg	Mecklenburg-Vorpommern
Brasilien	
Bretagne	Mexiko
Budapest	München
Bulg. Schwarzmeerküste	Neuengland
	Neuseeland
Burgund	New York
City Guide Deutschland	Niederlande
	Norwegen
Costa Brava & Costa Daurada	Oberbayern
	Österreich
Côte d'Azur	Paris
Dänemark	Peloponnes
Dalmatien	Piemont & Lombardei
Dominikanische Republik	Polen
	Portugal
Dresden	Prag
Dubai, Vereinigte Arabische Emirate, Oman 5/05	Provence
	Rhodos
	Rom
	Rügen
Elsass	Salzburg
Emilia Romagna	Sankt Petersburg
Florenz	Sardinien
Florida	Schleswig-Holstein
Französische Atlantikküste	Schottland
	Schwarzwald
Fuerteventura	Schweden
Gardasee	Schweiz
Germany CityGuide	Sizilien
	Spanien
Golf von Neapel	Südafrika
Gran Canaria	Südengland
Hamburg	Südtirol
Hongkong & Macau	Sylt
	Teneriffa
Ibiza & Formentera	Tessin
Irland	Thailand
Israel	Toskana
Istrien & Kvarner Golf	Türkei – Südküste
	Türkei – Westküste
Italienische Adria	Tunesien
Italienische Riviera	Umbrien
Jamaika	Ungarn
Kalifornien	USA – Südstaaten
Kanada – Der Osten	USA – Südwest
	Usedom
Kanada – Der Westen	Venedig
	Venetien & Friaul
Karibik	Wien
Kenia	Zypern

Weitere Titel in Vorbereitung. Pro Band 300–600 Sehenswürdigkeiten, 140–180 farbige Abbildungen und rund 40 TOP-TIPPS.

ADAC Reiseführer

HOTELFÜHRER DEUTSCHLAND

Für jeden Camper „ein Muss"!

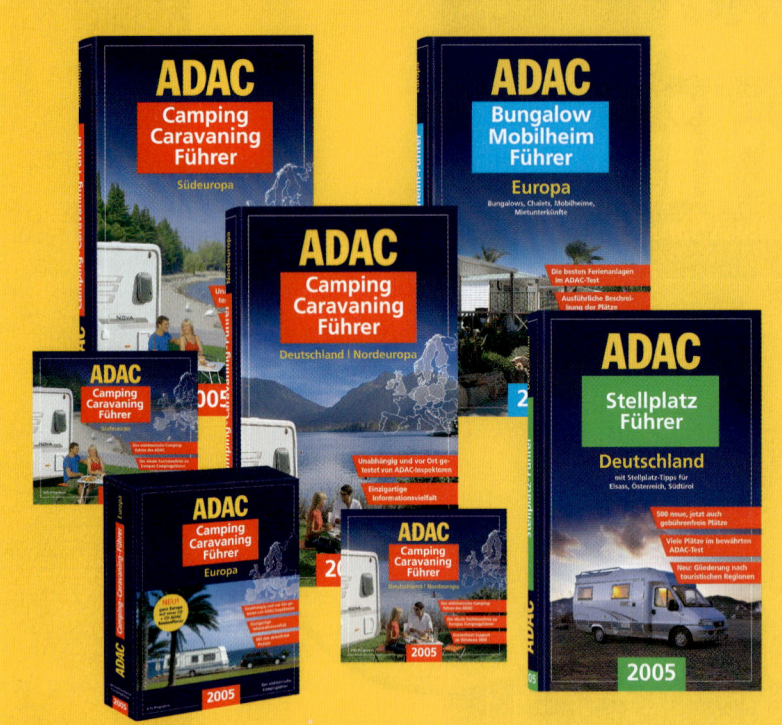

ADAC Camping-Caravaning-Führer 2005

Über 5 400 Campingplätze aus 33 Ländern. Mehr als 2 000 Seiten informationsstark! Mit europaweit einzigartigem ADAC-Campingplatz-Profil: Sterne für jedes Leistungsangebot. Von ADAC-Inspekteuren vor Ort getestet. Extra Camping-Karte je Band.
Dazu: Spezielle Piktogramme zeigen, welche Campingplätze sich für bestimmte Gästegruppen besonders empfehlen.

… auch auf CD-ROM

Alle Platzbeschreibungen des Buches, zur gezielten Auswahl, zum schnellen Finden – nach geografischen Zielen und ganz persönlichen Wünschen.

Überall, wo es Bücher gibt, und beim ADAC.

ADAC Bungalow-Mobilheim-Führer 2005

Über 1 400 Ferienanlagen aus 17 Ländern Europas mit detaillierter Beschreibung der Mietunterkünfte. Ausgewählt nach den strengen Kriterien der ADAC-Inspekteure.
Dazu: Extra-Heft mit Grundrissen.

ADAC Stellplatz-Führer 2005

Über 1 800 Stellplätze in Deutschland und Nachbarländern. Viele davon kritisch getestet und klassifiziert. Detailliert beschrieben: Lage, Zufahrt, Gelände, Ausstattung und Angebot (z. B. Sanitär, Strom), Preise und Kosten, Ver- und Entsorgung, Besonderheiten, Einschränkungen sowie das lokale Freizeitangebot. Mit reichhaltigem Kartenteil.
Dazu: mit übersichtlicher Regionenstruktur und gebührenfreien Stellplätzen.

www.adac.de/campingfuehrer

In der Welt des Camping & Caravaning zu Hause!

Immenstadt

Gästeinformation
D-87509 Immenstadt/Allgäu
T 0 83 23/91 41 76 • F 0 83 23/91 41 95
E-Mail: info@immenstadt.de
http://www.immenstadt.de

Alles über die Ferienregion S. 70.

Hotels ★★★
Hotel Bergstätter Hof   T 0 83 20/92 30   F 0 83 20/9 23 46
Hotel Lamm   T 61 92   F 5 12 17
Hotel Rothenfels   T 91 90   F 91 91 91

Weitere Hotels, noch nicht klassifiziert
Hotel-Restaurant Goldener Adler   T 85 49   F 89 79
Hotel Hirsch   T 62 18   F 8 09 65
Hotel-Landgasthof Krone   T 9 66 10 F 96 61 50
Hotel Steineberg Steigbachstuben   T 9 64 60
  F 96 46 99
Gasthof-Hotel Zur Tanne   T 0 83 79/8 29   F 0 83 79/71 99

Inzell

Inzeller Touristik GmbH
D-83334 Inzell
T 0 86 65/9 88 50 • F 0 86 65/98 85 30
E-Mail: info@inzell.de
http://www.inzell.de

Alles über die Ferienregion S. 120.

Hotels ★★★★☆
Sport- und Wellnesshotel Zur Post   T 98 52 22
  F 98 51 00

Hotels ★★★☆
Hotel-Gasthof Schmelz   T 98 70   F 17 18

Hotels ★★★
Hotel garni Bergblick   T 9 84 50 F 98 45 26
Hotel garni Hubertus   T 73 82   F 92 98 26

Hotels ★★☆
Hotel-Gasthof Kienberg   T 2 23   F 73 74

Pensionen ★★★
Pension Gästehaus Egger   T 71 04   F 8 25

Weitere Hotels, noch nicht klassifiziert
Hotel garni Andrea   T 9 86 40   F 63 76
Alpenhotel Bayerischer Hof Inzell GmbH   T 67 70
  F 67 72 19
Hotel Chiemgauer Hof   T 67 00   F 6 70 70
Hotel Falkenstein   T 9 88 90   F 98 89 65
Gasthaus Fantenberg   T 4 76   F 63 04
Gästehaus Hanslbauer   T 4 19   F 92 81 61
Pension Marianne   T 75 57   F 75 57
Hotel-Restaurant Reiter   T 9 81 00   F 98 10 60
Hotel-Gasthof Schwarzberg T 75 65   F 12 94
Aparthotel garni Seidel   T 9 84 40   F 98 44 44

Isny

Kurverwaltung
D-88316 Isny/Allgäu
T 0 75 62/98 41 10 • F 0 75 62/98 41 72
E-Mail: info@kurverwaltung.isny.de
http://www.isny.de

Alles über die Ferienregion S. 68.

Hotels ★★★★★
Berghotel Jägerhof 1   T 7 70   F 7 72 02

Hotels ★★★★
Terrassen Hotel Isnyland   T 9 71 00   F 97 10 40

Hotels ★★★
Hotel garni Am Rossmarkt   T 97 65 00 F 9 76 50 10
Hotel Hohe Linde   T 9 75 97   F 97 59 69

HOTELFÜHRER DEUTSCHLAND

Lenggries

Gästeinformation
D-83661 Lenggries
T 0 80 42/5 01 80 • **F 0 80 42/50 18 10**
E-Mail: info@lenggries.de
http://www.lenggries.de
Alles über die Ferienregion S. 102.

Hotels ★★★☆
Hotel Four Points Braunegg T 50 20 F 42 24
Hotel Jäger von Fall T 0 80 45/1 30 F 0 80 45/1 32 22

Hotels ★★★
Hotel Altwirt T 80 85 F 53 57

Weitere Hotels, noch nicht klassifiziert
Hotel Alpenrose T 9 15 50 F 49 94
Pension Neuwirt T 89 93 F 26 42
Gästehaus Seemüller T 9 19 80 F 91 98 10
Landgasthof Zum Papyrer T 24 67 F 45 63
Hotel garni Zur Post T 24 54 F 50 30 80

Mittelberg

Hoteleinträge siehe im Teil Hotelführer unter Mittelberg in Österreich.

Mittenwald

Tourist-Information Mittenwald
D-82481 Mittenwald
T 0 88 23/3 39 81 • **F 0 88 23/27 01**
E-Mail: touristinfo@markt-mittenwald.de
http://www.mittenwald.de
Alles über die Ferienregion S. 98.

Hotels ★★★★
Hotel Post T 9 38 23 33 F 9 38 29 99

Hotels ★★★
Hotel Alpenrose T 9 27 00 F 37 20
Hotel-Pension Drachenburg T 9 23 00 F 92 30 30
Hotel garni Gästehaus Franziska T 9 20 30 F 92 03 49
Hotel garni Gästehaus Sonnenbichl T 9 22 30 F 58 14
Hotel garni Gästehaus Sonnenheim T 82 47 F 25 28
Hotel-Pension Hofmann T 9 23 40 F 92 34 40

Weitere Hotels, noch nicht klassifiziert
Hotel garni Bichlerhof T 91 90 F 45 84
Hotel Jägerhof T 9 22 80 F 92 28 77
Hotel-Pension Mühlhauser T 15 90 F 92 87 32
Hotel Rieger T 9 25 00 F 9 25 02 50
Hotel Tonihof T 50 31 F 17 83

Nesselwang

Tourist-Information
D-87484 Nesselwang
T 0 83 61/92 30 40 • **F 0 83 61/92 30 44**
E-Mail: info@nesselwang.de
http://www.nesselwang.de
Alles über die Ferienregion S. 86.

Hotels ★★★
Hotel Alpenrose T 9 20 40 F 92 04 40
Hotel Alpspitz T 30 30 F 30 32 00
Gasthof Löwen T 6 40 F 17 52

Pensionen ★★★
Gästehaus Stimpfle T 9 20 10 F 92 01 64

Oberammergau

Verkehrs- und Reisebüro Gemeinde Oberammergau OHG
D-82487 Oberammergau
T 0 88 22/9 23 10 • **F 0 88 22/92 31 90**
E-Mail: info@oberammergau.de
http://www.oberammergau.de
Alles über die Ferienregion S. 88.

Hotels ★★★☆
Hotel Böld T 91 20 F 71 02
Parkhotel Sonnenhof T 91 30 F 30 47

Hotels ★★★
Hotel Alte Post T 91 00 F 91 01 00
Hotel garni Antonia T 9 20 10 F 92 01 44
Hotel garni Arnika T 91 10 F 9 11 99
Hotel Landhaus Feldmeier T 30 11 F 66 31
Hotel Turmwirt T 9 26 00 F 14 37
Hotel Wittelsbach T 9 28 00 F 9 28 01 00
Hotel Wolf T 9 23 30 F 92 33 33

Hotels ★★
Hotel Schilcherhof T 47 40 F 37 93

Weitere Hotels, noch nicht klassifiziert
Pension Enzian-Hof T 2 15 F 41 69
Hotel Friedenshöhe T 9 44 84 F 43 45
Pension Schnitzlerstube T 70 63 F 93 57 22
Gasthof Zur Rose T 47 06 F 67 53

Oberaudorf

Tourisinformation Oberaudorf
D-83080 Oberaudorf
T 0 80 33/3 01 20 • **F 0 80 33/3 01 29**
E-Mail: info@oberaudorf.de
http://www.oberaudorf.de
Alles über die Ferienregion S. 112.

Hotels ★★★★
Hotel Feuriger Tatzlwurm T 0 80 34/3 00 80 F 0 80 34/30 08 38

Hotels ★★★
Hotel-Restaurant Alpenhof T 30 81 80 F 44 24

Pensionen ★★★
Landgasthof Bayerischer Hof T 9 23 50 F 43 91

Weitere Hotels, noch nicht klassifiziert
Alpenhotel-Restaurant Bernhard's T 3 05 70 F 30 57 15
Berggasthof Hocheck T 14 95 F 12 54
Hotel-Gasthof Keindl T 3 04 00 F 30 40 60

Oberjoch

Kurverwaltung/Gästeinformation
D-87541 Oberjoch
T 0 83 24/77 09 • **F 0 83 24/71 91**
Alles über die Ferienregion S. 72.

Hotels ★★★★
Hotel Alpenhotel T 70 90 F 70 92 00

Hotels ★★★☆
Du-Familotel Krone T 9 8 20 10 F 2 01 99
Hotel-Alpengasthof Löwen T 97 30 F 75 15
Ferienhotel Mattlihaus T 9 80 20 F 98 02 30 ▷

Hotels ★★★
Hotel-Restaurant Hochpaßhaus am Iseler T 93 37 60 F 9 33 76 50
Hotel-Pension Sepp Heckenmiller T 71 37 F 75 37

Weitere Hotels, noch nicht klassifiziert
Hotel Lanig T 70 80 F 70 82 00
Hotel-Café Rauscher T 77 15 F 75 71
Hotel Schönblick T 9 80 40 F 75 21

Oberstaufen

Kurverwaltung
D-87528 Oberstaufen
T 0 83 86/9 30 00 • **F 0 83 86/93 00 20**
E-Mail: info@oberstaufen.de
http://www.oberstaufen.de
Alles über die Ferienregion S. 68.

Hotels ★★★★★
Hotel Allgäu Sonne T 70 20 F 78 26
Hotel Concordia T 48 40 F 48 41 30
Parkhotel Lindner T 70 30 F 70 37 04

Hotels ★★★★☆
Kurhotel Allgäuer Rosen Alp T 70 60 F 70 64 35
Kur- und Sporthotel Engel T 70 90 F 7 09 82
Kur- und Sporthotel Königshof T 49 30 F 49 31 25

Hotels ★★★★
Kurhotel Alpenkönig T 9 34 50 F 43 44
Kurhotel Bad Rain T 9 32 40 F 93 24 99
Kurhotel Bayerischer Hof T 49 50 F 49 54 14
Hotel Bergkristall T 91 10 F 9 11 50
Kurhotel Birkenhof T 9 80 80 F 98 08 20
Kurhotel Diana T 48 80 F 42 53
Sporthotel Evviva T 9 32 90 F 93 29 29
Landhaus Hauber T 9 33 05 F 93 30 10
Aparthotel Interest T 91 00 F 91 01 00
Kurhotel garni Johanneshof T 9 34 30 F 41 91
Kurhotel Kronenhof T 48 90 F 4 89 14
Hotel Spa & Resort Sonneck T 49 00 F 4 90 85
Hotel Staufner Hof T 49 70 F 4 97 69
Hotel Zum Adler T 9 32 10 F 47 63

Hotels ★★★☆
Kurhotel Adula T 9 30 10 F 76 76
Hotel Allgäuer Hof T 48 70 F 4 87 88
Kur & Sporthotel Bavaria T 9 32 50 F 75 76
Kurhotel Bingger T 9 31 80 F 13 24
Ringhotel Traube T 0 83 25/92 00 F 0 83 25/9 20 39

Hotels ★★★
Kur- und Ferienhotel Alpenhof T 48 50 F 22 51
Kurhotel Barbarossa T 9 35 10 F 93 51 45
Kurhotel Bergkranz T 9 30 20 F 22 55
Kurhotel Finkenhof T 9 31 90 F 93 19 45
Kurhotel garni Hirsch T 49 10 F 49 11 44
Kurhotel garni Landhaus Vogler T 9 31 20 F 93 12 34
Kurhotel Pelz T 9 30 90 F 47 36
Kurhotel Staufenblick T 9 30 50 F 93 05 40

Pensionen ★★★
Pension Starennest T 93 93 60 F 9 39 36 13

Weitere Hotels, noch nicht klassifiziert
Kurhotel Burtscher T 89 10 F 89 13 17
Kurhotel Chadolt T 49 60 F 42 05
Hotel Konstanzer Hof T 0 83 25/92 30 F 0 83 25/9 23 29
Kurhotel Mühlenhof T 9 32 60 F 43 31
Kurhotel Sohler T 82 13 F 75 53
Kurhotel Zum Löwen T 49 40 F 49 42 22

OBERSTDORF ALLGÄU

400 Gipfel & zahlreiche Naturschauspiele warten darauf, von Ihnen entdeckt zu werden

ERLEBEN SIE OBERSTDORF!

• Bergbahnen • 200 km Wanderwege • Nordic Walking • Wellness • Beauty • Vital-Therme mit großer Saunalandschaft • Familien- und Kinderprogramm • geführte Wanderungen • und vieles mehr!

VITAL-THERME Oberstdorf

Söllereck Bahn Oberstdorf

Nebelhorn- und Fellhorn Höchste Bergbahnen im Allgäu!
Grandioser 400-Gipfel-Panoramablick, schö[...] men- und Wanderberg, anspruchsvolle Be[...] Klettersteige und familienfreundliches Wan[...]
www.nebelhorn.de
www.fellhorn.de

Tourist-Information • Marktplatz 7 • D-87561 Oberstdorf • Telefon 0 83 22 / 700 - 0 • www.oberstdorf.de

Oberstdorf

Tourist-Information/Kurverwaltung
D-87561 Oberstdorf/Allgäu
T 0 83 22/70 00 • F 0 83 22/70 02 36
E-Mail: info@oberstdorf.de
http://www.oberstdorf.de

Alles über die Ferienregion S. 76.

Hotels ★★★★★
Parkhotel Frank   T 70 60   F 70 62 86

Hotels ★★★★☆
Hotel Alpenhof   T 9 60 20   F 96 02 18

Hotels ★★★★
Hotel Bergruh   T 91 90   F 91 92 00
Hotel Exquisit   T 9 63 30   F 96 33 60
Kurhotel Filser   T 70 80   F 70 85 30
Hotel Mohren   T 91 20   F 91 24 44
Hotel Scheibenhaus   T 95 93 02   F 95 93 60
Alpenhotel Tiefenbach GmbH   T 70 20   F 70 22 22
Hotel Wittelsbacher Hof   T 60 50   F 60 53 00

Hotels ★★★☆
Hotel Waldesruhe   T 60 10   F 60 11 00

Hotels ★★★
Hotel garni Bergidyll   T 9 77 40   F 9 77 74 74
Hotel Birgsauer Hof   T 9 69 00   F 96 90 60
Hotel Fuggerhof   T 9 64 30   F 96 43 30
Hotel garni Geldernhaus   T 9 77 5 70   F 9 77 57 30

Hotel garni Gerberhof   T 70 70   F 70 71 00
Hotel garni Hahnenköpfle   T 9 63 60   F 96 36 60
Hotel garni Luitpold-Minotel Deutschland   T 60 30   F 6 03 77
Hotel garni Rex   T 9 68 90   F 96 89 99
Hotel garni Rieger   T 9 60 50   F 96 05 43
Hotel garni Tannhof   T 9 65 30   F 96 53 60
Hotel Traube   T 80 99 40   F 31 68
Hotel Weinklause   T 23 64   F 87 20
Hotel garni Weller   T 9 66 10   F 9 66 12 1

Weitere Hotels, noch nicht klassifiziert
Hotel Adler   T 9 61 00   F 81 87
Hotel Gruben   T 33 54   F 84 99
Hotel garni Kappelerhaus   T 9 68 60   F 96 86 13
Hotel garni Kurparkhotel   T 9 65 60   F 96 56 19
Hotel garni Marzeller   T 9 65 20   F 96 52 25
Hotel garni Menning   T 9 60 90, 25 36   F 85 32
Hotel garni Schellenberg   T 9 63 70   F 96 37 21
Berggasthof-Landhaus Spielmannsau   T 30 15   F 88 60
Hotel Steinacker   T 21 46   F 43 24

Ofterschwang

Verkehrsbüro Ofterschwang
D-87527 Ofterschwang
T 0 83 21/8 21 57, 8 90 19 • F 0 83 21/8 97 77
E-Mail: info@ofterschwang.de
http://www.ofterschwang.de

▷ **Alles über die Ferienregion S. 76.** ◁

Hotels ★★★★★
Hotel Sonnenalp & Resort   T 27 20   F 27 22 42

Hotels ★★★
Hotel Landhaus Alphorn   T 6 63 40   F 66 34 59
Hotel Landhaus Alphorn   T 6 63 40   F 66 34 59

Weitere Hotels, noch nicht klassifiziert
Gästehaus Alpenflora   T 42 81   F 36 24 12
Hotel Montana   T 35 46   F 8 87 51
Gasthof-Pension Zum Engel   T 25 92   F 78 73 55

Oy-Mittelberg

Kur- u. Tourismusbüro
D-87466 Oy-Mittelberg
T 0 83 66/2 07 • F 0 83 66/14 27
E-Mail: tourist@oy-mittelberg.de
http://www.oy-mittelberg.de

Hotels ★★★★
Vitalhotel Die Mittelburg   T 1 80   F 18 35

Hotels ★★★
Hotel Am Sonnenhang   T 9 82 18   F 98 21 55

Pensionen ★★★
Gasthof Rose   T 9 82 00   F 98 20 10

Weitere Hotels, noch nicht klassifiziert
Wellnesshotel Tannenhof   T 98 41 30   F 9 84 13 49

Die Qualität der Hotelbetriebe steigt mit der Anzahl der Sterne.

HOTELFÜHRER DEUTSCHLAND

Pfronten

Pfronten Tourismus
D-87459 Pfronten
T 0 83 63/6 98 88 • F 0 83 63/6 98 66
E-Mail: info@pfronten.de
http://www.pfronten.de
Alles über die Ferienregion S. 86.

Hotels ★★★★
Hotel Bavaria   T 90 20   F 90 22 22
Hotel Berghof   T 9 11 30   F 9 11 13 25
Berghotel Schloßanger-Alp   T 9 14 55 0   F 9 14 55 55

Hotels ★★★☆
Hotel Am Kurpark   T 81 12   F 7 32 98
Hotel In der Sonne   T 50 10, 9 12 30   F 68 39

Hotels ★★
Burghotel Auf dem Falkenstein   T 9 14 54 0   F 9 14 54 44

Pensionen ★★★
Pension Haus Ringmann   T 3 91   F 84 80

Weitere Hotels, noch nicht klassifiziert
Allgäuer Appartementhaus   T 9 12 40   F 9 12 45 0
Hotel garni Alpenhotel   T 50 55   F 50 57
Alpensonne 2000   T 60 11   F 67 21
Alpensonne Ried   T 60 11   F 67 21
Hotel Bergpanorama   T 9 11 90   F 9 11 9 11
Hotel Christina   T 60 01   F 60 03
Hotel Edelsberg   T 9 10 90   F 9 10 9 50
Appartementhotel Flora   T 90 30   F 10 02
Hotel Haus Achtal   T 83 29   F 9 28 8 11
Alpenhotel Krone   T 6 90 50   F 6 90 55 55
Appartementhaus Manhard   T 18 55   F 68 59
Hotel Pfrontner Hof   T 9 14 00   F 9 14 03 9
Appartementhaus Hotel Post   T 9 14 60   F 9 14 62 22
Gästehaus Romanus   T 83 18   F 9 26 7 61
Hotel-Restaurant Schönblick   T 81 23   F 9 44 90
Hotel garni Zugspitzblick   T 9 10 10   F 9 10 1 99

Reit im Winkl

Tourist-Information
D-83242 Reit im Winkl
T 0 86 40/8 00 20 • F 0 86 40/8 00 29
E-Mail: info@reit-im-winkl.de
http://www.reit-im-winkl.de
Alles über die Ferienregion S. 116.

Hotels ★★★★
Hotel Steinbacher Hof   T 80 70   F 80 71 00
Hotel Unterwirt   T 80 10   F 80 11 50

Hotels ★★★
Hotel Altenburger Hof   T 85 21   F 79 73 25
Hotel garni Café Lenzenhof   T 4 93   F 79 87 35
Hotel-Pension Edelweiß   T 9 88 90   F 98 89 40
Hotel-Gasthof Sonnleiten   T 98 30   F 3 01
Alpengasthof Winklmoosalm   T 9 74 40   F 97 44 44
Hotel Zum Postillion   T 9 82 40   F 98 24 10

Weitere Hotels, noch nicht klassifiziert
Hotel Alpenhof Seegatterl   T 9 84 90   F 98 49 49
Hotel-Gästehaus Am Hauchen   T 87 74   F 4 10
Hotel-Restaurant Bichlhof   T 9 82 50   F 4 34
Hotel Hambergers Posthotel   T 98 70   F 84 48
Gästehaus Hellwig   T 9 76 50   F 97 65 55
Gasthof Rosi Mittermaier   T 10 11   F 10 13
Hotel garni Sonnhof's Ferienresidenz   T 9 88 00   F 98 80 25
Hotel Sonnwinkl   T 9 84 70   F 79 72 50

Rettenberg

Gästeinformation
D-87549 Rettenberg
T 0 83 27/9 30 40 • F 0 83 27/93 04 29
E-Mail: info@rettenberg.de
http://www.rettenberg.de
http://www.gruenten.de
Alles über die Ferienregion S. 70.

Hotels, noch nicht klassifiziert
Hotel-Gasthof Adler-Post   T 2 26   F 12 35
Hotel-Pension Grüntenhof   T 3 24   F 72 20

Riezlern

Hoteleinträge siehe im Teil Hotelführer unter Riezlern in Österreich.

Rottach-Egern

Tegernseer Tal-Gemeinschaft
D-83684 Tegernsee
T 0 80 22/92 73 80 • F 0 80 22/92 73 22
E-Mail: info@tegernsee-tourismus.de
http://www.tegernsee-tourismus.de
Alles über die Ferienregion S. 106.

Hotels ★★★★★
Park-Hotel Egerner Hof   T 66 60   F 66 62 00

Hotels ★★★★
Hotel garni Haltmair am See   T 27 50   F 2 75 64
Hotel Walter's Hof   T 27 70   F 27 71 54

Hotels ★★★
Hotel Franzen   T 60 87   F 56 19
Hotel garni Seerose   T 92 43 00   F 2 48 46

Weitere Hotels, noch nicht klassifiziert
Café-Restaurant Angermaier   T 9 28 60   F 92 86 46
Hotel Bachmair am See   T 27 20   F 27 27 90
Hotel garni Bachmair-Alpina   T 20 41   F 9 57 93
Hotel Berlin   T 6 49 35   F 6 57 87
Hotel garni Elisabeth am See   T 9 20 50   F 92 05 49
Hotel garni Guggnhof   T 55 18   F 67 14 11
Hotel Maier zum Kirschner   T 6 71 10   F 67 11 37
Hotel Malerwinkel   T 6 71 60   F 2 49 18
Hotel garni Pfatischer   T 9 29 70   F 92 97 97
Hotel garni Reiffenstuel   T 92 73 50   F 9 27 35 50
Hotel garni Reuther   T 2 40 24   F 2 40 26
Hotel garni Sonnenhof   T 58 12   F 54 77
Hotel Zur Post   T 6 67 80   F 6 67 81 62

Ruhpolding

Tourist-Info
D-83321 Ruhpolding
T 0 86 63/8 80 60 • F 0 86 63/88 06 20
E-Mail: tourismus@ruhpolding.de
http://www.ruhpolding.de
Alles über die Ferienregion S. 120.

Hotels ★★★★
Hotel Post   T 54 30   F 14 83
Hotel Sonnenhof   T 54 10   F 5 41 60
Hotel Steinbach-Hotel   T 54 40   F 3 70

Hotels ★★★☆
Hotel Am Taubensee   T 8 80 70   F 88 07 40
Hotel Ruhpoldinger Hof   T 12 12   F 57 77   ▷

Hotels ★★★
Hotel garni Alpina   T 41 84 20   F 41 84 30
Hotel Hahn   T 93 90   F 41 84 96
Hotel garni Haus Flora   T 88 58 80   F 8 85 88 88
Hotel Haus Wittelsbach   T 12 55   F 29 16
Landhotel Maiergschwendt   T 8 81 50   F 88 15 60
Hotel Ortnerhof   T 8 82 30   F 96 99
Hotel Zum Fuchs   T 8 80 00   F 88 00 40

Hotels ★★
Hotel garni Brigitte   T 8 82 90   F 88 29 25

Pensionen ★★★
Gästehaus Beim Schneidersepp'n   T 27 17   F 80 08 02
Gästehaus Huber Hof   T 17 36   F 57 16
Gästehaus garni Menkenbauer   T 18 05   F 80 09 60

Weitere Hotels, noch nicht klassifiziert
Hotel Almhof   T 8 85 80   F 88 58 28
Gasthof Neuwirt   T 8 88 50   F 4 12 96
Hotel garni Parkhotel Ruhpolding   T 90 81   F 50 07
Gasthof Seehaus   T 90 01   F 4 13 19
Vitalhotel Sonnenbichel   T 12 33   F 58 40

Schliersee

Gäste-Information
D-83727 Schliersee
T 0 80 26/6 06 50 • F 0 80 26/60 65 20
E-Mail: tourismus@schliersee.de
http://www.schliersee.de
Alles über die Ferienregion S. 110.

Hotels ★★★★
Hotel Alpenclub Schliersee   T 60 80   F 60 88 11
Hotel Arabella Sheraton Alpenhotel am Spitzingsee   T 79 80   F 79 88 79
Hotel Schlierseer Hof am See   T 94 00   F 94 01 00

Pensionen ★★★
Gästehaus Hubertus   T 7 10 35   F 7 10 36

Weitere Hotels, noch nicht klassifiziert
Berggasthof Alte Wurzhütte   T 6 06 80   F 6 06 81 00
Gästehaus Am Kurpark   T 9 40 30   F 27 43
Hotel Dahms   T 7 97 80   F 79 78 11
Gästehaus Edeltraud am See   T 9 23 40   F 92 34 55
Hotel Gasthof zur Post   T 40 11   F 25 97
Gästehaus Huber am See   T 66 19   F 28 96
Hotel Jagdhof   T 9 21 90   F 92 19 50
Hotel Reiter   T 9 22 30   F 40 59
Hotel Schliersbergalm   T 67 22   F 66 85
Hotel Schliersbergalm   T 67 22   F 66 85
Pension Schönblick   T 64 24   F 29 40
Hotel Terofal   T 9 23 50   F 9 23 53 00

Reisen mit Lust und Laune.

ADAC reisemagazin SKI EXTRA 2005

www.adac.de/ski

Lust auf Schnee

Überall, wo es Bücher gibt, und beim ADAC.

HOTELFÜHRER DEUTSCHLAND

Bajuwarenmuseum Waging am See
Erleben Sie die faszinierende Geschichte der Entstehung der Bayern
Salzburger Straße 32 83329 Waging am See
Tel.: 08681/45870   Fax: 08681/45872
Internet: bajuwarenmuseum.de

Schönau

Tourist-Information
D-83471 Schönau/Königssee
T 0 86 52/17 60 • F 0 86 52/40 50
E-Mail: tourismus@koenigssee.com
http://www.koenigssee.com
Alles über die Ferienregion S. 122.

Hotels ★★★★☆
Alpenhotel Zechmeisterlehen   T 94 50   F 94 52 99

Hotels ★★★★
Hotel Alpenhof   T 60 20   F 6 43 99
Stoll's Hotel Alpina   T 6 50 90   F 6 16 08

Hotels ★★★☆
Hotel-Gasthaus Bärenstüberl   T 9 53 20   F 9 53 22 27
Hotel Georgenhof   T 95 00   F 95 02 00
Hotel Zur Seeklause   T 9 47 86 0   F 9 47 86 60

Hotels ★★★
Brunneck   T 9 63 10   F 6 63 63
Hotel-Gasthof Bergheimat   T 60 80   F 60 83 00
Hotel Köppeleck   T 94 20   F 94 22 22

Weitere Hotels, noch nicht klassifiziert
Café-Pension Brandtnerhof   T 23 36   F 6 61 51
Hotel Schiffmeister   T 9 63 50   F 96 35 18

Schwangau

Tourist Information Schwangau
D-87645 Schwangau
T 0 83 62/8 19 80 • F 0 83 62/81 98 25
E-Mail: info@schwangau.de
http://www.schwangau.de
Alles über die Ferienregion S. 82.

Hotels ★★★★
Hotel Müller   T 8 19 90   F 8 19 913
Hotel Rübezahl   T 88 88   F 8 17 01

Hotels ★★★
Hotel Gasthof Am See   T 9 30 30   F 93 03 39
Gasthof Hanselewirt   T 82 37   F 8 17 38
Feriengasthof Helmer   T 98 00   F 98 02 00
Hotel Huberhof   T 8 13 62   F 8 18 11
Hotel Weinbauer   T 98 60   F 98 61 13
Hotel-Gasthof Zur Post   T 9 82 18   F 98 21 55

Pensionen ★★★
Kurpension Steiger   T 8 10 67   F 8 82 28

Weitere Hotels, noch nicht klassifiziert
Hotel-Pension Helmerhof   T 80 69   F 84 37
Schloßhotel Lisl und Jägerhaus   T 88 70   F 8 11 07
Gästehaus Martini   T 82 57   F 8 81 77
Hotel garni Schlossblick   T 8 16 49   F 8 12 59
Hotel Schwanstein   T 9 83 90   F 98 39 61

Sonthofen

Gästeamt
D-87527 Sonthofen
T 0 83 21/61 52 91 • F 0 83 21/61 52 93
E-Mail: gaesteinfo@sonthofen.de
http://www.sonthofen.de
Alles über die Ferienregion S. 70.

Hotels ★★★
Gasthof-Hotel Sonnenklause   T 36 14   F 2 27 05

Pensionen ★★★
Gästehaus Schmideler   T 6 66 00   F 66 60 33

Weitere Hotels, noch nicht klassifiziert
Hotel Allgäu Stern   T 27 90   F 27 94 44
Sporthotel Allgäuer Berghof   T 80 60   F 80 62 19
Hotel Bauer   T 70 91   F 8 77 27
Tourhotel Deutsches Haus   T 7 80 98 50   F 7 80 98 52 22
Hotel Grünten   T 70 16   F 7 11 03
Gasthof Hirsch   T 6 72 80   F 67 28 28
Pension Johanna   T 8 90 42   F 6 82 96
Hotel-Gasthof Schäffler   T 2 67 30   F 7 17 99
Hotel Gasthof Schwäbele Eck   T 6 72 00   F 67 20 29
Pension Sterken   T 33 57   F 67 79 87
Hotel Zum Ratsherrn   T 29 29   F 2 65 03

Spitzingsee

Gästeinformation
D-83727 Schliersee
T 0 80 26/6 06 50 • F 0 80 26/60 65 20
Alles über die Ferienregion S. 110.

Hotels, noch nicht klassifiziert
Alpenhotel Arabella am Spitzingsee   T 79 80   F 79 88 79
Hotel Gundl-Alm   T 7 19 43
Hotel Gasthof Jagdhof   T 9 21 90   F 7 15 30
Berggasthof Willy-Merkl-Haus   T 7 12 62   F 77 24

Tegernsee

Tegernseer Tal-Gemeinschaft
D-83684 Tegernsee
T 0 80 22/18 01 40 • F 0 80 22/37 58
E-Mail: info@tegernsee.de
http://www.tegernsee.de
Alles über die Ferienregion S. 106.

Hotels ★★★★☆
Hotel Bayern   T 18 20   F 18 21 00

Hotels ★★★☆
Gästehaus Fackler   T 9 17 60   F 91 76 15

Hotels ★★★
Hotel Guggemos   T 91 40   F 91 43 00

Weitere Hotels, noch nicht klassifiziert
Hotel Fischerstüberl am See   T 91 98 90   F 9 19 89 50
Hotel Ledererhof   T 9 22 40   F 92 24 56
Seehotel Luitpold   T 46 81   F 1 01 73
Hotel Residenz Tegernsee   T 91 30   F 91 31 21
Hotel Sacher   T 1 80 30   F 18 03 50
Minotel Seehotel zur Post   T 39 51   F 16 99

Traunstein

Chiemgau Tourismus e. V.
D-83278 Traunstein
T 08 61/5 82 23 • F 08 61/6 42 95
Alles über die Ferienregion S. 116.
Hotelanzeigen siehe S. 655.

Hotels, noch nicht klassifiziert
Hotel Rosenheimer Hof   T 98 65 90   F 9 86 59 40
Hotel Traunsteiner Hof   T 98 88 20   F 85 12

Waging am See

Verkehrsamt
D-83334 Waging am See
T 0 86 81/3 13 • F 0 86 81/3 34

Walchensee

Tourist Info
D-82432 Walchensee
T 0 88 58/4 11 • F 0 88 58/2 75
E-Mail: info@walchensee.de
http://www.walchensee.de
Alles über die Ferienregion S. 96.

Hotels, noch nicht klassifiziert
Pension Edeltraut   T 2 62   F 7 53
Gasthof Einsiedl   T 9 01 0   F 9 01 24
Hotel Schwaigerhof   T 9 20 20   F 92 02 52
Seehotel Zur Post   T 9 29 161   F 9 29 176

Weiler

Kur- und Gästeamt
D-88171 Weiler/Allgäu
T 0 83 87/3 91 50 • F 0 83 87/3 91 53
E-Mail: info@weiler-tourismus.de
http://www.weiler-tourismus.de
Alles über die Ferienregion S. 68.

Hotels ★★★★
Hotel Tannenhof   T 12 35   F 16 26

Weitere Hotels, noch nicht klassifiziert
Gasthof Hotel Post   T 10 70   F 80 02

Die Angaben über die Klassifizierung der Unterkünfte wurden den offiziellen Verzeichnissen der zuständigen Tourismusverbände entnommen. Für die Richtigkeit der Informationen übernehmen wir keine Gewähr.

Der ADAC bietet mehr

Kartografie-Produkte

als je zuvor!

Über 1000 mal sofort

finden, was man

sucht: auf mehr als

800 ADAC StadtPlänen,

in über 140

StraßenKarten, in

57 ADAC StadtAtlanten

und über 20 ADAC

AutoAtlanten.

Weitere Titel in

Vorbereitung.

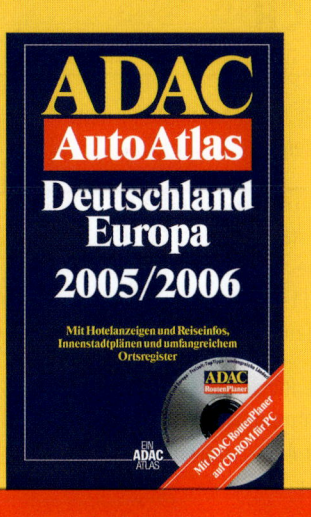

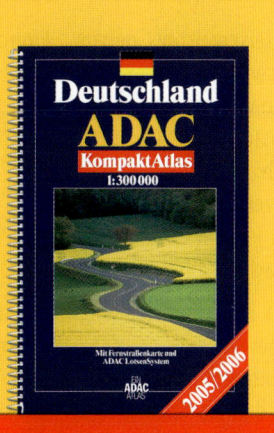

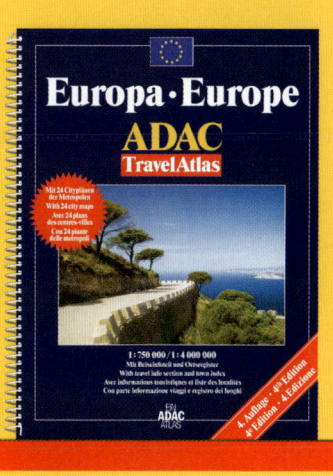

Schnell und sicher ans Ziel!

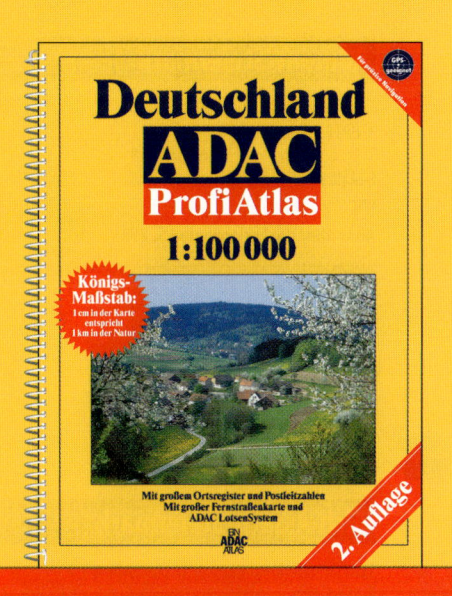

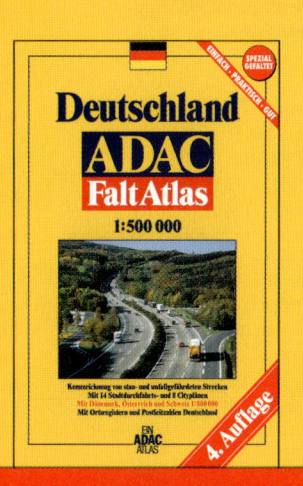

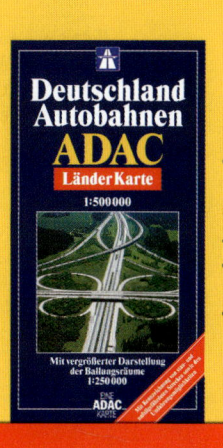

www.adac.de/autoatlas

HOTELFÜHRER ÖSTERREICH

Im folgenden Hotelverzeichnis geben wir Ihnen eine Auswahl von Hotels und Pensionen aus den wichtigsten Alpen-Ferienregionen Österreichs. Die Orte sind alphabetisch geordnet. Durch Seitenverweise werden Sie auf die Beschreibung des jeweiligen Gebietes aufmerksam gemacht.

Hoteleinträge von Betrieben, die sich zusätzlich mit einer Anzeige empfehlen, sind durch Piktogramme ergänzt, die nähere Details der Ausstattung und Eignung (Zeichenerklärung Seite 683) darstellen.

In Österreich werden Hotels und Pensionen kategorisiert. Die Qualität der Betriebe steigt mit der Anzahl der Sterne (1-5). Es sind auch Zwischenstufen (offener Stern) möglich.

Für die Richtigkeit der Informationen übernehmen wir keine Gewähr. Wir sind für Anregungen und Ergänzungen dankbar.

Abtenau/Salzburg

Ferienregion Lammertal-Dachstein West
A-5441 Abtenau
T 0 62 43/4 04 00 • F 0 62 43/40 40 40
E-Mail: info@lammertal.info
http://www.lammertal.info
Alles über die Ferienregion S. 266.

Hotels ★★★★
Hotel Gutjahr   T 24 34   F 24 34 33
Hotel Moisl   T 2 23 20   F 2 21 06 12
Gasthof Post   T 2 20 90   F 33 53
Sehnsuchtswelt Rother Ochs   T 2 25 90   F 22 59 59

Hotels ★★★
Hotel Goldener Stern   T 22 40   F 22 40 40
Hotel Lammertalerhof   T 23 13   F 23 13 20

Pensionen ★★★
Gasthof Ledererwirt   T 22 69   F 2 26 96
Gasthof Sonnenhof   T 24 18   F 2 41 83
Gasthof Traunstein   T 24 38   F 23 76
Hotel-Restaurant Voglauerhof T 35 32   F 35 32 35

Pensionen ★★
Gasthof Weißes Rössl   T 2 30 20   F 23 02 40

Weitere Hotels, noch nicht klassifiziert
Hotel David Zwilling Resort   T 30 69   F 30 69 17

Achenkirch a. A./Tirol

Tourismusverband Achensee
A-6215 Achenkirch
T 0 52 46/53 21 • F 0 52 46/53 33
E-Mail: achenkirch@achensee.info
http://www.achenkirch.com
Alles über die Ferienregion S. 198.
Hotelanzeigen siehe S. 665.

Hotels ★★★★
Verwöhnhotel Achensee   T 63 89   F 68 12
Sporthotel Achensee   T 65 61   F 6 56 16 66
Hotel Achentalerhof   T 53 03   F 53 03 77
Hotel Posthotel   T 65 22   F 6 52 24 68
Bio-Landhotel Reiterhof T 66 00   F 6 60 07

Hotels ★★★
Hotel Alpin   T 68 00   F 6 80 04
  E-Mail: hotel-alpin@tirol.com
  http://www.hotel-alpin.com
  ⬛60 🐕 ⓟ 🍴 ⛷ 13 km 🏊 0,1 km
  ⛳ 3 km 🚴 3 km 🚶 10 km MC VISA
Hotel Jägerhof   T 64 20   F 68 10

Pensionen ★★★
Gasthof Fischerwirt am See   T 62 58   F 68 88
Sportpension Geisler   T 65 33   F 65 33 43
Pension Panorama   T 63 81   F 63 81 49

Weitere Hotels, noch nicht klassifiziert
Pension Englhof   T 21 71   F 21 93

Achental

Hoteleinträge siehe unter Achenkirch a. A., Maurach a. A. und Pertisau a. A.
Hotelanzeigen siehe S. 665.

Admont/Steiermark

Tourismusverband Gesäuse
A-8911 Admont
T 0 36 13/21 64 • F 0 36 13/36 48
E-Mail: info@xeis.at
http://www.xeis.at
Alles über die Ferienregion S. 298.

Hotels ★★★
Hotel-Gasthof Traube   T 2 44 00   F 2 44 06

Pensionen ★★★
Gasthof Admonterhof   T 23 23   F 2 32 34
Landgasthof Buchner   T 28 01   F 2 80 14
Gasthof Zeiser   T 21 47   F 2 14 74

Aich-Assach/Steiermark

Tourismusverband Haus-Aich-Gössenberg
A-8966 Aich
T 0 36 86/2 23 41, 2 23 40 • F 0 36 86/42 70, 2 23 44
E-Mail: aich.goessenberg@aon.at
E-Mail: haus-ennstal@aon.at
http://www.aich.at
http://www.haus.at
Alles über die Ferienregion S. 306.

Hotels ★★★
Landhotel Bärenwirt   T 43 03   F 43 03 45

Pensionen ★★★★
Gästehaus Erzherzog Johann   T 41 22   F 4 12 24
Haus Pircher   T 45 47   F 4 54 77

Pensionen ★★★
Appartment Aigner   T 22 17   F 2 21 74
Gasthof Kollerhof   T 43 08   F 43 08 34
Gasthof Zum Grafenwirt   T 43 07   F 43 07 20

Alpbach/Tirol

Gästeinformation im Ortszentrum Tourismusverband im Congress Centrum Alpbach
A-6236 Alpbach/Tirol
T 0 53 36/60 00 • F 0 53 36/60 02 00
E-Mail: info@alpbach.at
http://www.alpbach.at
http://www.congressalpbach.com
Alles über die Ferienregion S. 202.

Hotels ★★★★
Hotel Alpbacherhof   T 52 37   F 5 23 72 00
Hotel Alphof   T 53 71   F 53 71 88
Hotel Boeglerhof   T 52 27   F 5 22 74 02

Hotels ★★★
Hotel Mühlbachhof   T 51 75   F 53 74
Hotel Post   T 52 03   F 56 85

Pensionen ★★★
Gasthaus Rossmoos   T 53 05   F 2 02 79
Gasthof Wiedersberger Horn T 56 12   F 56 12 39

Pensionen ★★
Pension Achensee   T 54 40   F 54 40
Pension Fürstenhof   T 59 20   F 53 53
Pension Haus Karwendelstein   T 53 98   F 53 98

Weitere Hotels, noch nicht klassifiziert
Hotel-Pension Christina   T 53 44   F 5 34 43
Hotel Galtenberg   T 56 10   F 56 10 37

Alpbachtal/Tirol

Hoteleinträge siehe unter Alpbach und Reith im Alpbachtal.

Alpendorf/Salzburg

Hoteleinträge siehe unter St. Johann im Pongau.

Alpenregion Bludenz/Vorarlberg

Hoteleinträge siehe unter Brand, Fontanella, Klösterle und Raggal.

Altenmarkt i. Pongau/Salzburg

Tourismusverband
A-5541 Altenmarkt im Pongau
T 0 64 52/55 11, 56 11 • F 0 64 52/60 66
E-Mail: info@altenmarkt-zauchensee.at
http://www.altenmarkt-zauchensee.at
Alles über die Ferienregion S. 270.

Hotels ★★★★
Hotel Alpenhof   T 40 14   F 40 14 81
Hotel Alpenrose   T 40 27   F 40 27 55
Hotel Barbarahof   T 5 52 10 F 50 59 60
Hotel Enzian   T 40 61   F 40 64
Hotel-Gasthof Kesselgrub T 52 32   F 52 32 44
Hotel Lebzelter   T 69 11   F 78 23
Hotel Salzburger-Hof   T 40 15   F 40 15 56
Hotel Scheffers   T 55 06   F 74 21
Hotel Urbisgut   T 75 54   F 7 22 78
Hotel Zauchenseehof   T 40 12   F 4 01 26 ▷

Fortsetzung S. 666

Ferienträume zu Lande, im Wasser und in der Luft!

ACHENSEE — Tirols Sport & Vital Park

Ob gemütliche Radtouren entlang des türkisblauen Sees, abheben auf schwindelnden Höhen oder die herrliche Bergwelt rund um den Achensee erkunden, erleben und genießen… Urlaub am ACHENSEE bedeutet Urlaub für jedermann… so werden auch unsere kleinen Gäste den ganzen Sommer über mit einem abwechslungsreichen Wochenprogramm bestens unterhalten!

Tourismusverband Achensee · Rathaus 387 · A – 6215 Achensee
Tel. 0043/5246/5300 · Fax 0043/5246/5333 · info@achensee.info

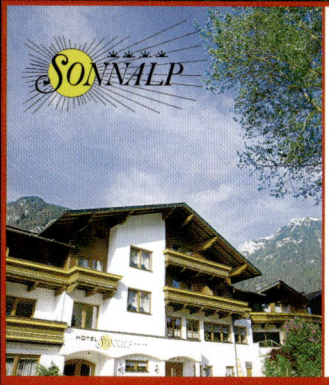

SONNALP

Sonnalp Wohlfühl-Paket inklusive…
- Fürstliches Frühstücks-Buffet, Sekt, Weißwurst-Frühstück
- Tägl. kostenl. Mittagsbuffet mit knackigen Salaten, Suppen…
- Festliche Abendmenüs nach Wahl mit Salaten vom Buffet, Obst- und Käseecke
- Candle-Light-Dinner mit Aperitif, Tiroler Schmankerl-Buffet, Bayerischer Abend mit dunklem Bier vom Fass
- 7-Tage-Aktivprogramm u. a. Golf, Radtouren, geführte Wanderungen, Nordic Walking, Schneeschuhwanderungen, Snowbike, Nordic Cruising
- Erlebnishallenbad mit einer Wasseroberfläche von 120 qm, Wasserfall und Whirlpool
- Neu renovierte Wellnessoase, Massage- und Beautyabteilung
- Internet-Point für alle Internet-Freaks und solche, die es noch werden wollen
- Sonnalp-Olympiade mit Dart-Turnier, Bogen-, Luftgewehr- und Eisstockschießen (je nach Saison)
- Kostenloser Verleih von Trekkingrädern

Wochenpauschalen ab € 413,– pro Pers.

Aktiv für Alt und Jung!

Aktiv- und Erlebnishotel Sonnalp**
Fam. Raith/Zimmerhofer · A-6212 Maurach/Achensee · Tel. +43/5243/5440 · Fax 5440-30 · E-Mail: info@sonnalp.net
www.sonnalp.net

Der brennende Stein vom Karwendel

TIROLER STEINÖL VITALBERG — **ERLEBNISZENTRUM PERTISAU**

www.vitalberg.at

---

www.hotel-alpin.com

Lassen Sie sich verwöhnen mit herrlichen Spezialitäten, die Vater & Sohn der Familie Gründler im Genießerwirtshaus Alpin für Sie kreieren! Dazu werden besondere Weine aus Armins Weinkeller serviert! Die herrliche Lage unseres Hauses – nur 100 m vom Achensee entfernt – wird von unseren Gästen sehr geschätzt! Überzeugen Sie sich selbst – mehr Infos erhalten Sie auf unserer Homepage!

Genießerwirtshaus *Alpin**** · Fam. Gründler
A-6215 Achenkirch/Achensee · Tel. 0043-5246-6800
Fax 6800-4 · E-Mail: info@hotel-alpin.com

---

www.achensee.com

HOTELFÜHRER ÖSTERREICH

Fortsetzung Altenmarkt i. P.

Hotels ★★★
Hotel-Pension Brückenwirt T 55 29 F 76 03 44
Hotel-Pension Brunnbauer T 77 60 F 77 60
Hotel-Pension Dechantshofalm T 40 19 F 4 01 86
Hotel Julienhof T 54 68 F 69 06
Hotel garni Kristall T 73 54 F 73 54 38
Hotel-Gasthof Markterwirt T 54 20 F 54 20 31
Pension Rosner T 43 93 F 4 39 44
Hotel Schartner T 54 69 F 54 69 27
Hotel Sportalm T 40 06 F 4 00 55

Pensionen ★★★
Pension garni Alpenland T 55 66 F 55 66 14
Berggasthof Bliembauer T 62 46 F 6 24 64
Gasthof Neuwirt T 54 15 F 69 44 35

Altenmarkt-Zauchensee/Salzburg

Hoteleinträge siehe unter Altenmarkt i. P., Eben i. P., Filzmoos, Flachau, Forstau, Kleinarl, Radstadt, St. Johann, Wagrain.

Annaberg/Salzburg

Ferienregion Lammertal-Dachstein West
A-5524 Annaberg im Lammertal
T 0 62 43/4 04 00 • F 0 62 43/40 40 57
E-Mail: annaberg@lammertal.info
http://www.lammertal.info

Alles über die Ferienregion S. 266.

Hotels ★★★
Gasthof Alpenhof T 0 64 63/81 52 F 0 64 63/85 77
Sporthotel Dachstein-West T 0 64 63/84 66 F 0 64 63/84 66 53

Pensionen ★★★
Gasthof Dolomitenhof T 0 64 63/8 13 90 F 0 64 63/81 39 39

Anras i. Hochpustertal/Tirol

Tourismusverband Hochpustertal-Zentralbüro Sillian
A-9920 Sillian
T 0 48 42/66 66 • F 0 48 42/66 66 15
E-Mail: info@hochpustertal.com
http://www.hochpustertal.com

Hotels ★★★★
Hotel Pfleger T 0 48 46/62 44 F 0 48 46/62 44 20

Weitere Hotels, noch nicht klassifiziert
Gasthof-Pension Bichlgeiger T 0 48 46/62 47 F 0 48 46/6 24 74

Arlberg/Tirol

Hoteleinträge siehe unter Pettneu, St. Anton am Arlberg, St. Christoph am Arlberg und Stuben am Arlberg.

Arlberg/Vorarlberg

Hoteleinträge siehe unter Lech am Arlberg und Zürs am Arlberg.

Arzl-Wald/Tirol

Tourismusverband Pitztal
A-6473 Wenns im Pitztal
T 0 54 14/8 69 99 • F 0 54 14/8 69 99 88
E-Mail: info@pitztal.com
http://www.pitztal.com

Alles über die Ferienregion S. 172.

Hotels ★★★★
Hotel Arzlerhof T 0 54 12/6 90 00 F 0 54 12/6 90 01 00
Hotel Montana T 0 54 12/6 31 41 F 0 54 12/6 59 10

Hotels ★★★
Hotel Bergland T 0 54 12/6 41 36 F 0 54 12/6 55 60
Hotel Erika T 0 54 12/6 65 47 F 0 54 12/6 53 80
Hotel Lärchenwald T 0 54 12/6 41 31 F 0 54 12/6 40 65
Hotel Pitztaler Nachtigall T 05 12/6 41 34 F 05 12/64 13 45
Hotel Post T 0 54 12/6 31 11 F 0 54 12/63 11 18

Au/Vorarlberg

Au Tourismus
A-6883 Au
T 0 55 15/22 88 • F 0 55 15/29 55
E-Mail: au@au-schoppernau.at
http://www.au-schoppernau.at

Alles über die Ferienregion S. 126.

Hotels ★★★★
Hotel Alpenrose T 22 47 F 2 24 77
Hotel Krone T 2 20 10 F 2 20 12 01
Hotel Rössle T 22 16 F 2 21 66
Hotel-Restaurant Schiff T 22 29 F 2 22 95

Pensionen ★★★
Gasthof Adler T 22 64 F 2 26 44
Gasthof Hubertus T 23 42 F 2 34 22
Gasthof-Hotel Post T 41 03 F 4 10 34
Hotel Tannahof T 22 10 F 2 21 0 26

Auffach-Wildschönau/Tirol

Tourismusverband Wildschönau
A-6311 Wildschönau
T 0 53 39/82 55 • F 0 53 39/24 33
E-Mail: info@wildschoenau.tirol.at
http://www.wildschoenau.com

Alles über die Ferienregion S. 218.

Hotels ★★★
Hotel Auffacherhof T 88 37 F 23 22
Hotel Bernauerhof T 89 33 F 89 33 92
Hotel Platzl T 89 28 F 89 28 28
Gasthof Weissbacher T 89 34 F 26 73

Pensionen ★★★
Pension Iris T 88 28 F 8 82 84
Pension Luzenberg T 88 26 F 8 82 65
Appartementhaus Schatzberghaus T 88 33 F 25 79

Weitere Hotels, noch nicht klassifiziert
Pension Haus am Wildbach T 88 83 F 23 56
Pension Sun Valley T 88 44 F 8 84 43

Axams/Tirol

Tourismusbüro Axamer Lizum
A-6094 Axams
T 0 52 34/6 81 78 • F 0 52 34/68 17 87
E-Mail: axams@innsbruck.info
http://www.axams.at

Alles über die Ferienregion S. 186.

Hotels ★★★★
Hotel Lizumerhof T 6 82 44 F 68 24 46 ▷

Hotels ★★★
Hotel Kögele T 6 88 03 F 6 88 03 30
Hotel Neuwirt T 6 81 41 F 6 81 41 50

Pensionen ★★★
Pension garni Bergland T 6 88 55 F 6 84 38

Weitere Hotels, noch nicht klassifiziert
Pension Paulingerhof T 6 51 66 F 6 51 66

Bad Aussee/Steiermark

Tourismusverband Ausseerland - Salzkammergut
A-8990 Bad Aussee
T 0 36 22/5 23 23 • F 0 36 22/52 32 34
E-Mail: info.badaussee@ausseerland.at
http://www.badaussee.at
http://www.ausseerland.at

Alles über die Ferienregion S. 302.

Hotels ★★★★
Hotel Erzherzog Johann T 5 25 07 F 52 50 76 80

Hotels ★★★
Hotel/Gasthof Sonne T 5 22 06 F 52 20 64
Hotel Wasnerin T 5 21 08 F 52 10 84
Pension Weißes Lamm T 5 24 04 F 52 40 44

Bad Gastein/Salzburg

Kur- und Tourismusverband Bad Gastein
A-5640 Bad Gastein
T 0 64 32/3 39 35 60 • F 0 64 32/3 39 35 37
E-Mail: info@badgastein.at
http://www.gastein.com

Alles über die Ferienregion S. 276.

Hotels ★★★★
Hotel Cordial Sanotel T 0 64 34/2 50 10 F 0 64 34/25 01 77
Hotel Elisabethpark T 0 64 34/2 55 10 F 0 64 34/25 51 10
Hotel Europäischer Hof T 0 64 34/2 52 60 F 0 64 34/2 52 62 62
Hotel Gasthof Auerhahn T 0 64 34/27 55 F 0 64 34/22 55 69
Hotel Grüner Baum T 0 64 34/2 51 60 F 0 64 34/25 16 25
Hotel und Spa Haus Hirt T 0 64 34/27 97 F 0 64 34/27 97 48
Hotel Miramonte T 0 64 34/25 77 F 0 64 34/2 57 89
Hotel Salzburger Hof T 0 64 34/2 03 70 F 0 64 34/38 67
Hotel Sonngastein T 0 64 34/3 32 60 F 0 64 34/3 32 68
Hotel Weismayr T 0 64 34/2 59 40 F 0 64 34/25 94 14
Hotel Wildbad T 0 64 34/37 61 F 0 64 34/37 61 70

Hotels ★★★
Kurhotel Alpenblick T 0 64 34/2 06 20 F 0 64 34/20 62 58
Kurpension Anna T 0 64 34/27 86 F 0 64 34/27 86 60
Hotel Eden T 0 64 34/20 76 00 F 0 64 34/20 76 08
Kur- und Sporthotel Goethehof T 0 64 34/27 17 F 0 64 34/2 71 77
Vitalhotel Lindenhof T 0 64 34/2 61 40 F 0 64 34/26 14 13
Hotel-Pension Lydia T 0 64 34/21 69 F 0 64 34/26 01
Golfhotel Montana T 0 64 34/3 31 60 F 0 64 34/33 16 10
Hotel Mozart T 0 64 34/2 68 60 F 0 64 34/26 86 62
Kurhotel Simader T 0 64 34/27 02 F 0 64 34/27 71
Hotel Stubnerhof T 0 64 34/2 99 10 F 0 64 34/29 91 21

Pensionen ★★★
Gasthof Franziska T 0 64 34/26 32 F 0 64 34/53 51
Landhaus Gletschermühle T 0 64 34/2 09 70 F 0 64 34/23 80 30
Haus Nefer T 0 64 34/20 46 F 0 64 34/22 43 28

HOTELFÜHRER ÖSTERREICH

Bad Goisern/Salzburg

Tourismusinformation
A-4822 Bad Goisern
T 0 61 35/8 32 90 • F 0 61 35/83 29 74
E-Mail: goisern@inneres-salzkammergut.at
http://www.inneres-salzkammergut.at
Alles über die Ferienregion S. 276.

Hotels ★★★★
Kurhotel Bad Goisern   T 83 05   F 60 35
Hotel-Gasthof Goiserer Mühle   T 82 06   F 82 06 66

Hotels ★★★
Landhotel Agathawirt   T 83 41   F 75 57
Hotel-Restaurant Goiserhof   T 83 11   F 83 11 44
Hotel Heller   T 83 88   F 51 72 50
Berghof Predigstuhl   T 85 56   F 85 56 22

Pensionen ★★★
Alpengasthof Anlanger   T 72 41   F 72 41 9
Gasthof-Hotel Moserwirt   T 82 31   F 82 31 33

Pensionen ★★
Pension Leprich   T 85 17   F 85 17 2
Gasthof Seeblick   T 84 28   F 84 28

Weitere Hotels, noch nicht klassifiziert
Alpenhotel Dachstein   T 7 28 50   F 72 85 19

Bad Häring/Tirol

Tourismusverband
A-6323 Bad Häring
T 0 53 32/7 47 57 • F 0 53 32/7 55 53
E-Mail: bad.haering-info@tirol.com
http://www.bad-haering.at

Hotels ★★★★
Kurzentrum   T 9 05 00   F 90 50 04 00

Hotels ★★★
Hotel Thaler   T 7 47 72   F 74 57 19

Bad Hofgastein/Salzburg

Gastein Tourismus GmbH
A-5630 Bad Hofgastein
T 0 64 32/3 39 30 • F 0 64 32/3 39 31 20
E-Mail: info@badhofgastein.com
http://www.badhofgastein.com
Alles über die Ferienregion S. 276.

Hotels ★★★★★
Hotel Grand Park Hotel   T 6 35 60   F 84 54

Hotels ★★★★
Kur- und Sporthotel Alpina   T 84 75   F 84 75 70
Hotel Alte Post   T 62 60   F 62 60 40
Kurhotel Astoria   T 6 27 70   F 6 27 77 7
Kurhotel Bismarck   T 66 81   F 6 68 16
Kurhotel Carinthia   T 8 37 40   F 8 37 47 5
Hotel Der Stern   T 8 45 00   F 84 50 85
Kurhotel Germania   T 6 23 20   F 6 23 26 5
Hotel Klammer's Kärnten   T 6 71 10   F 67 1 18
Sport- und Kurhotel Moser   T 62 09   F 62 09 88
Hotel Norica   T 8 39 10   F 8 39 15 00
Hotel Österreichischer Hof   T 6 21 60   F 62 16 51
Kurhotel Palace   T 6 71 50   F 67 15 67
Thermenhotel Sendlhof   T 3 83 80   F 38 38 60
Hotel St. Georg   T 6 10 00   F 61 00 61
Hotel Völserhof   T 82 88   F 82 88 10 ▷

Hotels ★★★
Hotel Alpenhof   T 64 30   F 64 30 13
Hotel-Pension Ortnerhof   T 67 41   F 67 41 25
Hotel Paracelsus   T 6 66 70   F 6 66 7 24
Hotel Pyrkerhöhe   T 64 44   F 75 21
Kur- und Sporthotel Rauscher   T 6 41 20   F 80 35 18
Gästehaus Rübezahl   T 30 01   F 30 01 61
Hotel Salzburgerhof   T 6 23 00   F 6 23 07 0
Kurhaus Tauernblick   T 84 75   F 84 75 70

Hotels ★★
Gasthof Im Sauzipf   T 64 74   F 6 47 47

Pensionen ★★★
Hotel garni Brunnhof   T 6 40 80   F 64 08 42
Hotel Zum Toni   T 66 29   F 66 29 33

Bad Kleinkirchheim/Kärnten

Tourismus Marketing GmbH
A-9546 Bad Kleinkirchheim
T 0 42 40/82 12 • F 0 42 40/85 37
E-Mail: office@badkleinkirchheim.at
http://www.badkleinkirchheim.at
Alles über die Ferienregion S. 318.

Hotels ★★★★★
Hotel Pulverer   T 7 44   F 7 93
Thermenhotel Ronacher   T 2 82   F 28 26 06
Hotel St. Oswald   T 5 91   F 5 83 72

Hotels ★★★★
Hotel Berghof   T 4 79, 4 68   F 4 79 9
Hotel Die Post   T 2 12   F 6 50
Hotel Eschenhof   T 8 262   F 8 26 282
Hotel Felsenhof   T 6 8 10   F 6 83 20
Familienhotel Hinteregger   T 4 77   F 4 77 7
Hotel Kärntnerhof   T 29 30   F 6 16
Hotel Kaiserburg   T 3 65   F 36 58
Hotel Kirchheimerhof   T 2 78, 2 79   F 2 78 12 7
Sport & Ferienhotel Kolmhof   T 2 16   F 2 16 12
Hotel Prägant   T 45 20   F 4 53 17
Hotel Römerbad   T 8 23 40   F 8 23 4 57
Hotel Schneeweis   T 4 01   F 8 13 05 2
Hotel Sonnalm   T 5 07   F 5 07 15
Hotel garni - Pension - Appartments Sonnfried   T 2 60   F 26 05
Hotel Sporthotel   T 81 86   F 7 21 17
Hotel Strohsack   T 86 21   F 6 67 33
Hotel Trattlerhof   T 81 72   F 81 24

Hotels ★★★
Hotel Almrausch   T 84 84   F 84 84 18
Hotel Kirchenwirt   T 88 90   F 8 89 04
Hotel-Pension Sonnenheim   T 2 94   F 2 94 23
Hotel Sportalm   T 6 92   F 69 21 11

Pensionen ★★★★
Gästehaus Schusser   T 4 11   F 4 12 40
Hotel garni Steinwender   T 2 67   F 2 67 16

Pensionen ★★★
Pension garni Haus Anni   T 2 36   F 6 50
Pension Hubertushof   T 5 00, 3 02   F 3 02
Pension Sonnleit'nhof   T 5 19   F 5 19 10
Pension Südhang   T 5 75   F 5 75
Pension Wasserer   T 2 96   F 2 96 55

Weitere Hotels, noch nicht klassifiziert
Gasthof Alt-Kirchheim   T 2 41   F 2 41 25

Bad Mitterndorf/Steiermark

Tourismusverband Ausseerland - Salzkammergut
A-8990 Bad Aussee
T 0 36 22/54 04 00 • F 0 36 22/54 04 07
E-Mail: info@ausseerland.at
http://www.ausseerland.at
Alles über die Ferienregion S. 302.

Hotels ★★★★
Vital Hotel Heilbrunn   T 0 36 23/24 86   F 0 36 23/24 86 33
Hotel Kogler   T 0 36 23/2 32 50   F 0 36 23/31 07

Hotels ★★★
Hotel Jagdhof Hübler   T 0 36 23/23 71   F 0 36 23/23 71 40
Landhotel Kanzler   T 0 36 23/22 60   F 0 36 23/2 26 03
Hotel Post   T 0 36 23/27 78   F 0 36 23/27 78 40

Pensionen ★★★
Gasthof-Pension Zauchenwirt   T 0 36 23/29 11   F 0 36 23/39 28

Berwang/Tirol

Tiroler Zugspitz Arena
A-6622 Berwang
T 0 56 74/82 68 • F 0 56 74/84 36
E-Mail: info@berwang.at
http://www.berwang.at
Alles über die Ferienregion S. 154.

Hotels ★★★★
Alpenhotel Berwanger-Hof   T 82 88   F 82 88 35
Freizeit-Wellness Resort Kaiserhof im Berwangertal   T 82 85   F 82 86 95
Sporthotel Singer   T 81 81   F 81 81 83

Hotels ★★★
Hotel Blitz   T 82 72   F 82 72 25
Hotel-Gasthof Edelweiß   T 8 42 30   F 84 23 29

Pensionen ★★★
Gasthof Rose   T 8 22 40   F 82 24 30
Landgasthaus Rotlechhof   T 82 70   F 84 21

Bezau/Vorarlberg

Tourismusbüro
A-6870 Bezau
T 0 55 14/22 95 • F 0 55 14/31 29
E-Mail: bezau.tourismus@aon.at
http://www.tiscover.at/bezau
Alles über die Ferienregion S. 126.

Hotels ★★★★
Hotel-Gasthof Gams   T 22 20   F 22 20 24
Hotel Post   T 22 07   F 22 07 22

Pensionen ★★★
Hotel garni Pension Rössle   T 23 35   F 23 35 33
Gasthof Sonne   T 22 62   F 29 12

Pensionen ★★
Gasthof Hirschen   T 23 82   F 2 38 26

Die Angaben über die Klassifizierung der Unterkünfte wurden den offiziellen Verzeichnissen der zuständigen Tourismusverbände entnommen. Für die Richtigkeit der Informationen übernehmen wir keine Gewähr.

HOTELFÜHRER ÖSTERREICH

Bizau/Vorarlberg

Tourismusbüro
A-6874 Bizau
T 0 55 14/21 29 • F 0 55 14/2 12 96
E-Mail: tourismus.bizau@cnv.at
http://www.bizau.co.at

Alles über die Ferienregion S. 126.

Pensionen ★★★
Gasthof Schwanen   T 21 33   F 21 33 29
Gasthof Taube   T 21 24   F 21 24 55

Pensionen ★★
Gasthof Hirschen   T 23 82   F 23 82 6

Bludenz/Vorarlberg

Alpenregion Bludenz
A-6700 Bludenz
T 0 55 52/3 02 27 • F 0 55 52/30 22 73
E-Mail: alpenregion@bludenz.at
http://www.alpenregion.at

Alles über die Ferienregion S. 130.

Hotels ★★★★
Schloßhotel Dörflinger   T 6 30 16   F 63 01 68

Hotels ★★★
Hotel Einhorn   T 6 21 30   F 6 21 38
Hotel Herzog Friedrich   T 6 27 03   F 6 27 03 81

Pensionen ★★★
Gasthof Alfenz   T 6 24 82   F 62 48 25

Bramberg a. Wildkogel/Salzburg

Tourismusbüro
A-5733 Bramberg a. Wildkogel
T 0 65 66/72 51 • F 0 65 66/76 81
E-Mail: info@bramberg.com
http://www.bramberg.at

Alles über die Ferienregion S. 258.

Hotels ★★★★
Familienhotel Grundlhof   T 73 85   F 73 85 33
Kinderhotel Habachklause   T 7 39 00   F 73 90 77
Hotel Kirchner   T 72 08   F 72 08 22
Hotel Tauernblick   T 72 53   F 72 53 33

Hotels ★★★
Landhotel Kaserer   T 7 24 80   F 72 48 49

Brand/Vorarlberg

Tourismusverband Brand
A-6708 Brand
T 0 55 59/55 50 • F 0 55 59/5 55 20
E-Mail: brand@brand.vol.at
http://www.brand.at

Alles über die Ferienregion S. 130.

Hotels ★★★★
Sporthotel Beck   T 3 06   F 3 06 70
Hotel Scesaplana   T 2 21   F 4 45
Hotel Walliserhof   T 2 41   F 2 41 62

Hotels ★★★
Gartenhotel Hämmerle   T 2 13   F 2 13 40
Hotel Sporting Club Lagant   T 2 85   F 4 44
Hotel Valschena   T 3 31   F 33 11 13

Pensionen ★★★
Pension Orchidee   T 3 27   F 3 27 9
Alpenhof Zimba   T 3 51 0   F 3 51 40

Brandner Tal/Vorarlberg

Hoteleinträge siehe unter Brand.

Braz/Vorarlberg

Tourismusverein
A-6751 Braz
T 0 55 52/2 81 27 • F 0 55 52/2 86 06
E-Mail: braz.tourismus@vol.at

Alles über die Ferienregion S. 130.

Pensionen ★★★★
Gasthof Traube   T 2 81 03   F 2 81 03 40

Pensionen ★★★
Gasthof Rössle   T 28 10 50   F 28 10 56
Pension Landhaus Walch   T 28 10 20   F 2 86 30

Bregenzerwald/Vorarlberg

Hoteleinträge siehe unter Au, Bezau, Bizau, Damüls, Egg, Mellau, Reuthe, Riefensberg, Schröcken, Schwarzenberg und Warth am Arlberg.

Brixen/Tirol

Tourismusverband
A-6364 Brixen im Thale
T 0 53 34/84 33 • F 0 53 34/83 32
E-Mail: brixen@skiwelt.at
http://www.brixenimthale.at
http://www.skiwelt.at

Alles über die Ferienregion S. 220.

Hotels ★★★★
Hotel Alpenhof   T 8 83 20   F 84 45

Hotels ★★★
Hotel garni Hetzenauer   T 81 80

Pensionen ★★★
Pension Brixana   T 85 05   F 23 43
Pension Haus Tirol   T 81 53   F 8 15 34
Gasthof Hoferwirt   T 67 42   F 3 00 94

Weitere Hotels, noch nicht klassifiziert
Pension Oberguggenhausen   T 88 15   F 8 81 57

BuchenTirol

Hoteleinträge siehe unter Mösern.

Bürserberg/Vorarlberg

Hoteleinträge siehe unter Brand.

Dachstein-Tauern-Region/Steiermark

Hoteleinträge siehe unter Aich-Assach, Gröbming, Haus i. E., Pichl-Mandling, Pruggern, Ramsau, Rohrmoos, Schladming.

Dachstein-West und das Lammertal/Salzburg

Hoteleinträge siehe unter Abtenau, Annaberg/Lammertal, Gosau, Lungötz, Rußbach und St. Martin am Tgb.

Damüls/Vorarlberg

Tourismusbüro
A-6884 Damüls
T 0 55 10/62 00 • F 0 55 10/5 49
E-Mail: info@damuels.at
http://www.damuels.at

Alles über die Ferienregion S. 126.

Hotels ★★★★
Hotel Alpenstern   T 51 30   F 5 13 88
Wellnesshotel Damülser Hof   T 21 00   F 5 43
Hotel Gasthof Adler   T 22 00   F 2 20 10
Berghotel Madlener   T 22 10   F 22 11 5
Alpenhotel Mittagspitze   T 21 10   F 2 11 20

Hotels ★★★
Hotel Alpenblume   T 26 50   F 26 56
Hotel Hohes Licht   T 20 10   F 2 01 24
Hotel Walliserstube   T 23 60   F 2 36 19

Defereggental/Tirol

Hoteleinträge siehe unter St. Jakob i. D.

Dienten a. H./Salzburg

Tourismusverband
A-5652 Dienten am Hochkönig
T 0 64 61/2 63 • F 0 64 61/5 21
E-Mail: info@dienten.co.at
http://www.dienten.co.at

Alles über die Ferienregion S. 244.

Hotels ★★★★
Hotel Mitterwirt   T 2 04   F 20 42 00
Vital-Hotel Post   T 20 30   F 4 02
Hotel Übergossene Alm   T 23 00   F 2 30 62

Hotels ★★★
Hotel Hochkönig   T 2 16   F 21 68
Hotel Salzburger Hof   T 21 70   F 2 90 31

Donnersbach/Steiermark

Tourismusverband Donnersbach-Planneralm
A-8953 Donnersbach
T 0 36 83/3 11 28 • F 0 36 83/22 10
E-Mail: info@donnersbach.at
E-Mail: info@planneralm.at
http://www.donnersbach.at
http://www.planneralm.at

Pensionen ★★★
Gasthof-Pension Leitner   T 22 67   F 22 67
Landgut Planneralm   T 06 64/1 01 87 03
Alpengasthaus Tauernhaus   T 81 10   F 81 10 20

Die Qualität der Hotelbetriebe steigt mit der Anzahl der Sterne.

HOTELFÜHRER ÖSTERREICH

Dorfgastein/Salzburg

Tourismusverband
A-5632 Dorfgastein
T 0 64 32/3 39 34 60 • F 0 64 32/3 39 34 37
E-Mail: info@dorfgastein.com
http://www.gastein.com

Alles über die Ferienregion S. 276.

Hotels ★★★★
Hotel Kirchenwirt   T 0 64 33/72 51   F 0 64 33/73 91 37
Hotel Römerhof   T 0 64 33/77 77   F 0 64 33/77 77 12

Pensionen ★★★
Pension garni Lothringerhof   T 0 64 33/72 73   F 0 64 33/72 73
Landhotel Steindlwirt   T 0 64 33/72 19   F 0 64 33/72 19 40
Gasthof Walcher   T 67 07   F 6 70 74

Weitere Hotels, noch nicht klassifiziert
Gasthof Klammstein   T 0 64 33/76 06   F 0 64 33/7 61 04

Eben im Pongau/Salzburg

Tourismusverband
A-5531 Eben im Pongau
T 0 64 58/81 94 • F 0 64 58/85 95
E-Mail: info@ebenimpongau.at
http://www.eben.info

Alles über die Ferienregion S. 284.

Hotels ★★★
Hotel Kohler   T 81 03   F 85 55

Pensionen ★★★
Gasthof Ebnerwirt   T 81 03   F 85 55
Gasthof Schwaiger   T 81 39   F 84 09

Egg/Vorarlberg

Tourismusbüro Egg-Schetteregg
A-6863 Egg
T 0 55 12/24 26 • F 0 55 12/2 42 66
E-Mail: info@egg-tourismus.at
http://www.egg-tourismus.at

Alles über die Ferienregion S. 126.

Hotels ★★★
Hotel Schetteregger Hof   T 32 20   F 32 20 22

Pensionen ★★
Gasthof Alpenrose   T 24 33   F 2 43 34

Ehrwald/Tirol

Tourismusregion Tiroler Zugspitz Arena
A-6632 Ehrwald
T 0 56 73/23 95 • F 0 56 73/33 14
E-Mail: ehrwald@zugspitze.tirol.at
http://www.ehrwald.com

Alles über die Ferienregion S. 154.

Hotels ★★★★
Hotel Alpen-Residence   T 2 25 50   F 2 25 55 55
Sporthotel Alpenhof   T 23 45   F 23 45 52
Hotel garni Alpin   T 22 79   F 22 79 29
Hotel Grüner Baum   T 23 02   F 34 77
Sporthotel Schönruh   T 2 32 20   F 23 22 30
Hotel Spielmann   T 22 50   F 22 55
Hotel Tirolerhof   T 23 08   F 23 08 44 ▷

Hotels ★★★
Hotel Ausfernerhof   T 21 08   F 21 08 44
Hotel Ehrwalderhof   T 23 64   F 21 66 66
Hotel Feneberg   T 28 17   F 28 17 81
Hotel-Pension Halali   T 21 01   F 36 42
Hotel Sonnenspitze   T 2 20 80   F 2 70 84 40
Hotel-Restaurant Stern   T 22 87   F 2 28 72 22

Pensionen ★★★
Alpengasthof Diana Thörle   T 26 58   F 26 58 41
Pension Panoramablick   T 28 25   F 28 25
Pension Scheibenegg   T 36 43   F 3 64 34

Pensionen ★★
Pension Buchenhain   T 22 47   F 22 47

Ellmau/Tirol

Tourismusverband
A-6352 Ellmau
T 0 53 58/23 01 • F 0 53 58/34 43
E-Mail: info@ellmau.at
http://www.ellmau.at

Alles über die Ferienregion S. 220.

Hotels ★★★★★
Hotel Der Bär   T 23 95   F 23 95 56
  E-Mail: info@hotelbaer.com
  http://www.hotelbaer.com
  107   1 km   0,8 km   1 km   AMEX Master VISA Maestro
Hotel Kaiserhof   T 20 22   F 2 02 26 00

Hotels ★★★★
Hotel Alte Post   T 22 25   F 32 92
Hotel Christoph   T 35 35   F 21 60
Sporthotel Ellmau   T 37 55   F 2 51 25 55
Hotel Hochfilzer   T 25 01   F 31 52
Hotel Kaiserblick   T 22 30, 22 36   F 40 02
Apparthotel Tom Sojer   T 23 33   F 22 65

Pensionen ★★★
Gasthof Ellmauer Hof   T 22 13   F 36 01
Hotel-Pension Föhrenhof   T 22 89   F 2 03 16
Gasthof-Pension Ritterhof   T 26 54   F 2 65 45
Gästehaus-Café Strudelmichel   T 25 64   F 25 64

Europa-Sportregion/Salzburg

Hoteleinträge siehe unter Kaprun und Zell am See.

Faaker See

Tourismusinfo
A-9583 Faak am See
T 0 42 54/2 11 00 • F 0 42 54/21 10 21
E-Mail: faakersee@ktn.gde.at
http://www.tiscover.at/faaksee

Alles über die Ferienregion S. 334.

Hotels ★★★★
Hotel garni Faak am See   T 21 80   F 21 80 51
Hotel Faaker See   T 21 45   F 21 36 77
Hotel St. Peter Dietrichsteinerhof   T 2 25 40   F 2 25 49

Hotels ★★★
Hotel-Pension Gierock   T 23 89   F 23 89 44
Hotel Müllneritsch   T 21 18   F 21 18 70

Faschina/Vorarlberg

Tourismusbüro Fontanella/Faschina
A-6733 Faschina
T 0 55 54/52 15 20 • F 0 55 54/52 15 21
E-Mail: tourismus@fontanella-faschina.at
E-Mail: info@fontanella.at
http://www.fontanella.at

Alles über die Ferienregion S. 130.

Hotels ★★★★
Hotel Faschina   T 0 55 10/2 24   F 0 55 10/2 24 26
Vitalhotel Walserhof   T 0 55 10/2 17   F 0 55 10/2 17 13

Hotels ★★★
Hotel Alphof   T 0 55 10/21 50   F 0 55 10/21 58

Pensionen ★★★
Alpengasthof Rössle   T 0 55 10/3 03   F 0 55 10/30 37
Pension Rotwandblick   T 0 55 10/2 18

Feichten i. Kaunertal/Tirol

Tourismusverband Kaunertal-Kauns-Kaunerberg
A-6524 Feichten
T 0 54 75/29 20 • F 0 54 75/29 29
E-Mail: info@kaunertal.com
http://www.kaunertal.com

Alles über die Ferienregion S. 166.

Hotels ★★★★
Hotel Feichtner-Hof   T 55 44   F 5 54 47
Hotel Lärchenhof   T 2 40, 4 15   F 4 15 23
Hotel Weißseespitze   T 2 04, 3 16   F 3 16 65 ▷

Fortsetzung S. 670

URLAUB. ZU JEDER JAHRESZEIT.
GOLF, WANDERN, WELLNESS, WINTERSPORT.
der Bär
A-6352 ELLMAU, Tirol • Tel. 00 43 / (0)53 58 / 23 95 • Fax 23 95-56
info@hotelbaer.com • www.hotelbaer.com

HOTELFÜHRER ÖSTERREICH

Fortsetzung Feichten

Hotels ★★★
Alpenhotel 's Bödele   T 2 53, 4 25   F 2 53 57
Hotel Gasthof Edelweiß   T 55 50   F 5 55 54
Hotel Gletscherblick   T 3 02   F 3 02 28
Hotel Jägerhof   T 2 02   F 2 83
Hotel Kaunertalerhof   T 2 07   F 2 85
Hotel Kirchenwirt   T 3 81   F 3 81 50
Hotel Tia Monte   T 3 71   F 3 71 50

Pensionen ★★★
Pension Gsallbach   T 4 32   F 3 59
Sportpension Raich   T 4 44   F 4 44 47

Feistritz-Petzen/Kärnten

Fremdenverkehrsamt
A-9143 Feistritz-Petzen Kärnten
T 0 42 35/22 57 • F 0 42 35/22 57 22
E-Mail: feistritz-bleiburg@ktn.gde.at
http://www.feistritz-bleiburg.at

Hotels ★★★★
Familienclubhotel Petzenkönig   T 20 87   F 20 87 47

Hotels ★★★
Hotel & Camping Pirkdorfer See   T 3 21   F 32 14

Pensionen ★★★
Werkhof Bistrica   T 28 38   F 2 83 86
Gutgasthof Kraut   T 31 34   F 31 34
Gasthof-Pension Loser   T 20 07   F 2 00 74

Fieberbrunn/Tirol

Tourismusverband Pillersee Tal
A-6391 Fieberbrunn
T 0 53 54/5 63 04 • F 0 53 54/5 26 06
E-Mail: info@pillerseetal.at
http://www.pillerseetal.at
Alles über die Ferienregion S. 228.

Hotels ★★★★
Hotel Fontana   T 56 45 30   F 5 62 74
Schloßhotel Rosenegg   T 5 62 01   F 5 23 78

Hotels ★★★
Hotel garni Haus Kristall   T 5 63 66   F 5 63 66 50
Hotel-Pension Lindauhof   T 5 63 82   F 5 66 24 40
Hotel-Restaurant Metzgerwirt   T 5 62 18   F 5 25 39
Hotel Sonnwend   T 56 49 60   F 56 49 63

Pensionen ★★★
Gasthof Alte Post   T 5 62 57, 5 21 55   F 5 21 56 69
Gasthof Grosslehen   T 5 64 55   F 56 45 55
Gasthof Kapell'n   T 5 69 12   F 5 69 12
Gasthof-Pension Obermair   T 5 62 49   F 56 24 94

Filzmoos/Salzburg

Tourismusverband
A-5532 Filzmoos
T 0 64 53/82 35 • F 0 64 53/86 85
E-Mail: info@filzmoos.org
http://www.filzmoos.at
Alles über die Ferienregion S. 284.

Hotels ★★★★
Hotel Alpenhof   T 87 00 0   F 87 00 7
Hotel Alpenkrone   T 82 80   F 87 19 48
Aparthotel Alpina   T 83 30   F 8 33 02 02
Hotel Bischofsmütze   T 82 240   F 2 00 07
Sporthotel Dachstein   T 82 18   F 82 18 45
Hotel-Garni Elisabeth   T 83 36   F 86 31 19
Hotel Eschbacher   T 85 72   F 85 72 44
Familienhotel Filzmooserhof   T 82 32   F 82 32 66
Bio- und Gesundheitshotel Hammerhof   T 82 45   F 8 41 44
Wellnesshotel Hanneshof   T 82 75   F 85 74 21
Hotel Happy Filzmoos   T 85 84   F 85 48 40
Hotel Hubertus   T 82 04   F 8 20 46
Aparthotel Jagdhof   T 81 41   F 81 41 13
Hotel Neubergerhof   T 83 81   F 83 81 63
Hotel-Villa Rieder   T 83 20   F 86 26 13
Hotel Unterhof   T 82 25   F 82 50
Hotel Weinpress   T 83 52   F 86 94

Hotels ★★★
Hotel Alpenblick   T 82 05   F 8 20 54 20
Aparthotel Olympia   T 83 55   F 83 55 34
Hotel Wurzer   T 82 20   F 82 20 42

Pensionen ★★★
Pension Gertraud   T 82 08   F 82 08 3
Pension garni Haus Edelweiss   T 82 31
Landgasthof Reithof   T 82 03   F 82 03 11
Hotel-Pension Rottenau   T 82 56   F 82 567

Finkenberg/Tirol

Tourismusverband
A-6292 Finkenberg
T 0 52 85/6 26 73 • F 0 52 85/6 29 62
E-Mail: info@finkenberg.at
http://www.finkenberg.at
Alles über die Ferienregion S. 208.

Hotels ★★★★
Hotel Eberl   T 6 26 67   F 6 24 90 19
Hotel garni Ferienhof Stock   T 6 26 88   F 6 26 88 33
Hotel-Pension Margit   T 6 34 53   F 6 37 20 36
Hotel-Pension Ramerhof   T 62 16 60   F 6 26 95 20
Sport- und Wellnesshotel Stock   T 67 75   F 6 77 54 21

Hotels ★★★
Hotel garni Austria   T 6 28 88   F 6 28 88 53
Hotel Neuwirt   T 6 26 65   F 6 36 06
Hotel Panorama   T 6 21 17   F 6 21 17 17
Hotel Schöne Aussicht   T 6 26 80   F 6 35 70

Pensionen ★★★
Hotel Dornauhof   T 6 26 96   F 6 26 96 7
Gasthof Gletscherblick   T 6 20 97   F 6 21 00 20
Landgasthof Persal   T 6 21 14, 6 33 55   F 6 33 58

Fiss/Tirol

Tourismusverband
A-6533 Fiss
T 0 54 76/64 41 • F 0 54 76/68 24
E-Mail: info@fiss.at
http://www.fiss.at
Alles über die Ferienregion S. 162.

Hotels ★★★★
Hotel garni Belmont   T 64 70   F 6 47 05
Hotel Bergblick   T 63 64   F 63 64 22
Hotel Chesa Monte   T 64 06   F 6 40 67
Apart-Hotel garni Dreisonnenhof   T 65 15   F 6 51 52
Hotel Fisser Hof   T 63 53   F 65 63
Hotel Lasinga   T 68 86   F 6 88 61 50
Schloßhotel   T 63 97   F 63 97 57
Hotel St. Laurentius   T 67 14   F 67 14 30
Hotel Tirol   T 63 58   F 66 65

Hotels ★★★
Hotel am Johannesbrunnen   T 64 94   F 6 49 45
Hotel Angerhof   T 64 07, 60 15   F 64 07 32
Gasthof Cores   T 64 17   F 64 17 33
Hotel Hubertushof   T 67 27   F 2 00 91

Hotels ★★
Hotel garni Elfriede   T 64 01   F 64 01 40

Pensionen ★★★
Hotel garni Sonnenheim   T 63 62   F 6 36 26

Flachau/Salzburg

Tourismusverband
A-5542 Flachau
T 0 64 57/22 14 • F 0 64 57/25 36
E-Mail: info@flachau.org
http://www.flachau.org
Alles über die Ferienregion S. 284.

HOTELFÜHRER ÖSTERREICH

Fortsetzung Flachau

Hotels ★★★★
Hotel Alpenhof   T 22 05   F 22 05 18
Hotel Felsenhof   T 22 51   F 21 34 62
Hotel Flachauerhof   T 22 25   F 22 25 50
Aparthotel Flair   T 2 03 30   F 2 03 44
Hotel Forellenhof   T 2 27 30   F 22 73 40
Hotel Hartl   T 27 16   F 2 71 63 33
Hotel Lacknerhof   T 2 37 90   F 2 37 94 6
Hotel Montanara   T 24 03   F 29 95
Hotel Santa Barbara   T 27 83   F 2 78 33
Hotel Tauernhof   T 23 1 10   F 23 11 82
Hotel Tirolerhof   T 2 77 90   F 2 77 97
Hotel Vier Jahreszeiten   T 29 81   F 29 81 40
Hotel Waidmannsheil   T 23 68   F 23 686

Hotels ★★★
Hotelpension Accord   T 25 35   F 25 35 22
Hotel-Pension Bitschnau   T 25 35   F 25 35 22
Sporthotel Flachauwinkel   T 26 55   F 26 55 55
Hotel Lisa   T 26 53   F 26 5 38
Aparthotel Panorama   T 2 44 50, 22 74   F 2 78 08
Hotel Pongauerhof   T 22 42   F 22 42 25
Gasthof-Hotel Reslwirt   T 22 16   F 20 21 27
Hotel-Pension Salzburgerhof   T 23 67   F 2 36 77
Hotel Schrempfhof   T 23 39, 27 49   F 23 39 34
Hotel-Restaurant Sieglhub   T 23 21   F 23 2 12
Hotel garni Sonnhof   T 22 30, 0 664/1 26 66 02   F 2 23 05
Hotel-Gasthof Wieseneck   T 22 76   F 28 79

Pensionen ★★★
Pension Braun   T 26 23   F 26 23 53
Alpengasthof Munzen   T 23 18   F 21 20
Pension garni Schrempfgut   T 25 79   F 25 79 55
Gasthof Schützenhof   T 23 96   F 2 39 62 22
Pension Unterberghof   T 28 90, 28 91   F 28 90 50
Berggasthof Winterbauer   T 0 64 52/42 48   F 0 64 52/4 24 84

Fladnitz/Steiermark

Tourismusverband Almenland Marketing GmbH
A-8163 Fladnitz
T 0 31 79/23 00 00 • F 0 31 79/2 30 00 20
E-Mail: info@almenland.at
http://www.almenland.at
Alles über die Ferienregion S. 316.

Hotels ★★★★
Hotel Almwellness Pierer   T 71 72   F 71 74
Hotel Styria   T 2 33 1 40   F 2 33 14 42
Sporthotel Teichwirt   T 71 69   F 71 69 88

Pensionen ★★★
Almgasthof-Pension Angerwirt   T 71 21   F 71 21
Gasthaus Donner   T 2 32 17   F 2 32 17 17
Pension Elmer   T 61 01   F 63 60
Wellness-Pension Herbst   T 2 33 35   F 2 33 35 21
Gasthof Jägerwirt   T 2 33 73   F 2 33 73 4
Gasthof Reisinger Reingerlbirwirt   T 2 32 19   F 2 32 1 94
Gasthof Zur Kraltaverne   T 2 74 11   F 2 74 11 5

Flattach/Kärnten

Tourismusgemeinschaft Mölltaler Gletscher
A-9831 Flattach
T 0 47 85/6 15 • F 0 47 85/6 17
E-Mail: info@flattach.at
http://www.flattach.at
http://www.tiscover.com/flattach
Alles über die Ferienregion S. 342.

Hotels ★★★★
Hotel Flattacher Hof   T 81 00   F 81 00 40

Hotels ★★★
Alpenhotel Badmeister   T 81 05   F 81 05 55
Hotel Fraganter Wirt   T 2 39   F 7 16
Hotel Mölltal   T 81 01   F 81 01 50

Fontanella/Vorarlberg

Tourismusbüro Fontanella/Faschina
A-6733 Fontanella
T 0 55 54/51 50 • F 0 55 54/52 15 21
E-Mail: info@fontanella.at
http://www.fontanella.at
Alles über die Ferienregion S. 130.

Hotels ★★★★
Hotel Faschina   T 2 24   F 2 24 26
Hotel Walserhof   T 2 17   F 2 17 13

Hotels ★★★
Hotel Alphof   T 21 50   F 21 58
Hotel Post   T 5 22 20   F 5 22 2 55
Hotel-Restaurant Schäfer's   T 5 22 80   F 5 22 8 30

Pensionen ★★★
Sportcafé Domig   T 0 55 10/20 60   F 0 55 10/2 23
Familienappartements Edelweiß   T 52 20   F 5 22 08
Alpengasthof Stern   T 52 21   F 5 22 16

Forstau/Salzburg

Tourismusverband
A-5550 Forstau
T 0 64 54/8 32 50 • F 0 64 54/8 32 55
E-Mail: touristinfo.forstau@EUnet.at
http://www.salzburgerland.com/forstau
http://www.forstau.at

Hotels, noch nicht klassifiziert
Alpengasthof Draxler   T 83 76   F 8 37 64
Gasthof Forstauerwirt   T 83 17   F 8 31 74
Pension Unterreith   T 84 61   F 84 63

Die Angaben über die Klassifizierung der Unterkünfte wurden den offiziellen Verzeichnissen der zuständigen Tourismusverbände entnommen. Für die Richtigkeit der Informationen übernehmen wir keine Gewähr.

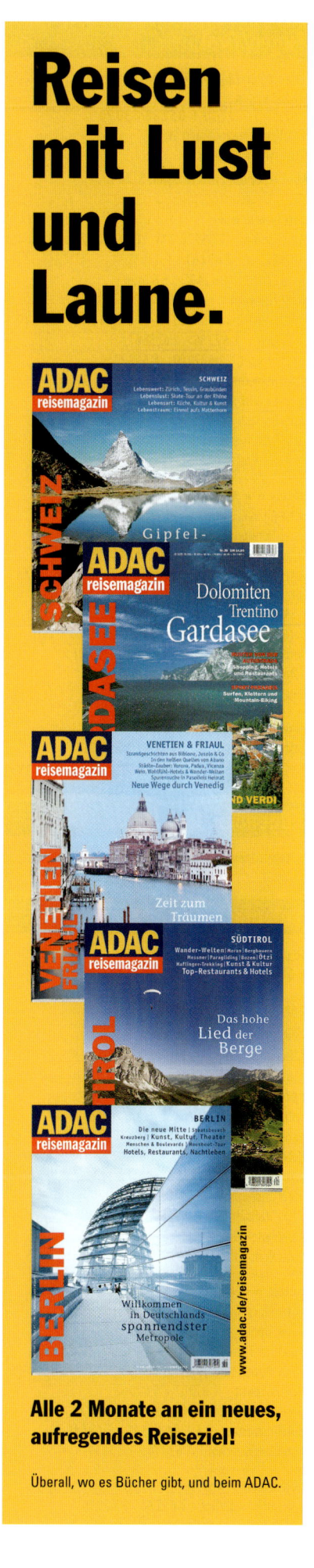

Reisen mit Lust und Laune.

ADAC reisemagazin – SCHWEIZ
ADAC reisemagazin – Dolomiten Trentino Gardasee
ADAC reisemagazin – VENETIEN & FRIAUL
ADAC reisemagazin – SÜDTIROL
ADAC reisemagazin – TIROL
ADAC reisemagazin – BERLIN

Alle 2 Monate an ein neues, aufregendes Reiseziel!

Überall, wo es Bücher gibt, und beim ADAC.

HOTELFÜHRER ÖSTERREICH

Fügen/Tirol

Ferienregion Fügen/Hochfügen
A-6263 Fügen
T 0 52 88/6 22 62 • F 0 52 88/6 30 70
E-Mail: tvb.fuegen@aon.at
http://www.fuegen.cc
Alles über die Ferienregion S. 204.

Hotels ★★★★
Hotel Almhof   T 0 52 80/2 11   F 0 52 80/22 18
Hotel Bruno   T 6 24 60   F 6 30 35
Hotel Crystal   T 6 24 25   F 6 24 26
Hotel Elisabeth   T 6 29 72   F 6 29 72 3 11
Hotel Haidachhof   T 6 23 80   F 6 33 88 66
Hotel Held   T 6 23 86   F 6 23 86 7
Hotel Hoppet   T 6 22 20 00   F 6 22 20 54
Hotel Kohlerhof   T 6 29 62   F 6 41 30
Hotel Lamark   T 0 52 80/2 25   F 0 52 80/2 27
Hotel Schiestl   T 6 23 26 0   F 6 41 18
Hotel Waldfriede   T 6 22 53   F 6 42 20
Hotel Zur Post   T 6 32 12   F 6 32 14 14

Hotels ★★★
Hotel Alpina   T 6 20 30   F 6 20 30 24
Hotel-Pension Central   T 6 23 27   F 6 23 27 50
Hotel Edelweiss   T 6 29 64   F 6 29 64 30
Hotel Fügenerhof und Jagdhof   T 6 22 82   F 6 22 82 64
Berghotel Hochfügen   T 0 52 80/53 12   F 0 52 80/53 12 50
Hotel Hubertus   T 6 24 94, 6 24 09   F 6 36 60
Hotel Landhaus Zillertal   T 6 21 5 00   F 6 21 50 50
Hotel Malerhaus   T 6 22 78   F 6 22 78 22
Hotel Sonne   T 6 22 66   F 6 21 72

Pensionen ★★★
Gasthof Hoppeter   T 6 23 32   F 6 23 32 19

Fügenberg/Tirol

Hoteleinträge siehe unter Fügen.

Fulpmes/Tirol

Tourismusverband Stubai
A-6166 Fulpmes
T 0 52 25/6 22 35 • F 0 52 25/6 38 43
E-Mail: info@stubai.at
http://www.stubai.at
Alles über die Ferienregion S. 192.

Hotels ★★★★
Hotel Alte Post   T 6 23 58, 6 23 71   F 6 23 58 44
Hotel Atzinger   T 6 31 35   F 6 35 80 1 34
Hotel Auenhof   T 6 27 63   F 6 22 52 50
Sporthotel Cristall   T 6 34 24 0   F 6 34 24 12
Hotel Dannerhof   T 6 27 4 30   F 6 28 45
Hotel Stubaierhof   T 6 22 66   F 6 22 66 55
Alpenhotel Tirolerhof   T 6 24 22   F 6 20 22
Hotel Waldhof   T 6 21 75   F 6 42 83

Hotels ★★★
Hotel Alpenrose   T 6 22 10   F 6 22 21 06
Hotel Alphof   T 6 31 63   F 6 31 63 3 00
Sporthotel Brugger   T 6 28 70   F 6 28 7 07
Hotel-Appartements Eschenhof   T 6 23 54   F 6 23 54 10
Hotel Habicht   T 6 23 17   F 6 20 62
Hotel Holzmeister   T 6 22 6 00   F 6 22 60 24
Hotel Hubertus   T 6 22 94, 6 27 41   F 6 27 41
Hotel Medrazerhof   T 6 37 74   F 6 34 50

Pensionen ★★★
Pension Bruggerhof   T 6 22 87   F 6 29 98   ▷

Weitere Hotels, noch nicht klassifiziert
Gasthof Hofer   T 6 28 76   F 6 28 7 63

Galtür/Tirol

Tourismusverband
A-6563 Galtür
T 0 54 43/85 21 • F 0 54 43/85 21 76
E-Mail: info@galtuer.com
http://www.galtuer.com
Alles über die Ferienregion S. 158.

Hotels ★★★★
Hotel Almhof   T 82 53, 84 01   F 84 43 71
Hotel-Alpenresidenz Ballunspitze   T 82 14   F 82 14 44
Hotel Büntali   T 84 65   F 83 00 5
Hotel Fluchthorn   T 82 02   F 83 00 5
Hotel Post   T 84 2 20   F 84 2 38
Alpenhotel Tirol   T 82 06   F 85 06
Hotel Wirlerhof   T 82 31   F 82 31 59
Hotel-Gasthof Zum Rössle   T 8 23 20   F 8 46 05

Hotels ★★★
Hotel Alpenrose   T 82 01   F 83 25
Hotel-garni Bel-Ami   T 85 32, 66 80   F 8 53 25
Hotel Der Silbertaler   T 82 56   F 84 59
Hotel Galtürerhof   T 84 06, 84 57   F 8 45 77
Hotel Hubertus   T 82 43   F 8 24 36
Hotel-Gasthof Landle   T 82 13   F 8 55 66
Hotel Luggi   T 83 86   F 85 31
Hotel Paznaunerhof   T 83 33   F 8 33 35
Hotel Toni   T 82 82   F 82 82 44
Hotel Valisera   T 82 98   F 85 08
Hotel Zontaja   T 85 38   F 8 53 88

Pensionen ★★★
Gasthof Alpina   T 82 64   F 8 51 66
Gasthof Alpkogel   T 82 81   F 85 18
Hotel Gampeler Hof   T 83 07   F 85 07 20

Pensionen ★★
Gasthof Edelweiß   T 82 27   F 84 54

Weitere Hotels, noch nicht klassifiziert
Gasthof Zeinisjoch   T 82 33, 85 52   F 85 52 17, 8 23 37

Gargellen/Vorarlberg

Verkehrsverein Gargellen
A-6787 Gargellen
T 0 55 57/63 03 • F 0 55 57/66 90
E-Mail: tourismus@gargellen.at
E-Mail: info@schafbergbahnen.at
http://www.gargellen.at
http://www.schafbergbahnen.at
Alles über die Ferienregion S. 136.

Hotels ★★★★
Sport & Vital Hotel Bachmann   T 63 16   F 69 39
Hotel Bradabella   T 2 14 20   F 2 14 25
Alpenhotel Heimspitze   T 63 19   F 63 19 20
Hotel Madrisa   T 63 31   F 63 31 82

Hotels ★★★
Hotel Alpenrose   T 63 14   F 63 1 46
Hotel Das Kleine Hotel   T 63 86   F 63 8 63
Hotel Silvretta   T 63 08   F 63 42
Berghotel Vergalden   T 63 21   F 61 07

Hotels ★★
Hotel Edelweiß   T 63 1 70   F 63 1 76

Pensionen ★★★★
Gästehaus Brücklmeier   T 2 00 44   F 2 00 44 81
Ferienwohnungen Haus Altana   T 22 65   F 2 26 54   ▷

Pensionen ★★★
Pension Haus Rätikon   T 6 39 50   F 63 95 18
Pension Landhaus Mateera   T 6 38 70   F 6 38 75

Pensionen ★★
Alpenhaus Montafon   T 63 05   F 63 0 54

Weitere Hotels, noch nicht klassifiziert
Appartementhaus Gariella   T 62 37   F 69 39

Gaschurn/Vorarlberg

Gaschurn Tourismus
A-6793 Gaschurn
T 0 55 58/8 20 10 • F 0 55 58/81 38
E-Mail: info@gaschurn-partenen.com
http://www.gaschurn-partenen.com
Alles über die Ferienregion S. 136.
Hotelanzeigen siehe S. 691-693.

Hotels ★★★★
Landhotel Älpili   T 87 33   F 87 33 71
E-Mail: landhotel@aelpili.at
http://www.aelpili.at
41 0,02 km
Hotel Lucas   T 82 36   F 8 23 65
Hotel Pfeifer   T 86 20   F 88 08
Posthotel Rössle   T 8 33 30   F 87 08 50
E-Mail: reservierung@posthotel-roessle.at
http://www.posthotel-roessle.at
59 0,5 km 3 km 0,5 km
Sporthotel Silvretta Nova   T 8 88 80   F 82 67
Hotel Sonnblick   T 8 21 20   F 82 12 60
E-Mail: hotel@sonnblick.co.at
http://www.sonnblick.co.at
95 0,5 km
Aparthotel Tschanun   T 86 62   F 8 66 24
Hotel Verwall   T 82 06   F 82 06 70
E-Mail: info@verwall.com
http://www.verwall.com
84 0,8 km 3 km
Hotel Vital-Zentrum Felbermayer   T 8 61 70   F 86 17 41

Hotels ★★★
Apparthotel Laijola   T 86 55   F 86 55 25
Familienhotel Mardusa   T 8 22 40   F 82 24 55
Hotel Monika   T 8 29 10   F 8 29 15
Hotel-Pension Nova   T 82 93   F 8 29 38
Hotel Saladina   T 8 20 40   F 82 04 21
Apart-Hotel Versettla   T 82 33   F 8 23 38

Pensionen ★★★
Pension Maderer   T 83 21   F 8 32 18

Pensionen ★★
Pension Schima Drosa   T 88 76   F 88 76

Weitere Hotels, noch nicht klassifiziert
Hotel Daneu   T 0 55 52/6 42 44   F 0 55 52/64 24 45
Pension Haus Sohler   T 88 47   F 88 47

Gasteiner Tal/Salzburg

Hoteleinträge siehe unter Bad Gastein, Bad Hofgastein, Dorfgastein und Großarl.

Eine Erklärung der
Symbole finden
Sie auf S. 683.

HOTELFÜHRER ÖSTERREICH

Gerlos/Tirol

Tourismusverband
A-6281 Gerlos
T 0 52 84/5 24 40 • F 0 52 84/52 44 24
E-Mail: info@gerlos.at
http://www.gerlos.at
Alles über die Ferienregion S. 204.

Hotels ★★★★
Hotel Almhof T 53 23 F 53 23 23
Hotel Alpenhof T 53 74 F 53 74 55
Vital & Wellness Resort Alpina T 53 05 F 55 26
Hotel Central T 53 00, 55 60 F 54 25
Hotel Gaspingerhof T 52 16, 53 35 F 53 35 49
Hotel Kristall T 52 48 F 52 48 50
Hotel Schönruh T 53 68 F 55 377
Hotel-garni Victoria T 53 87 F 53 87 4

Hotels ★★★
Hotel garni Alpenland T 52 80 F 5 28 07
Hotel Club Alpin Nova T 53 82 F 53 82 600
Hotel Gerloserhof T 52 24 F 53 81 33
Hotel Kröller T 52 02 F 52 02 53
Hotel Maria Theresia T 53 17 F 54 95
Hotel Waldhof T 52 32 F 52 32 13

Pensionen ★★★
Pension garni Birkenheim T 52 15 F 5 21 58
Hotel-Pension Innertalerhof T 52 97 F 52 97 30

Weitere Hotels, noch nicht klassifiziert
Hotel Edelweiss T 52 08 F 55 09
Hotel Elisabeth und Oberwirt T 52 25 F 52 25 56
Hotel Glockenstuhl T 52 17 F 54 42 26
Pension Hubertushof T 52 18 F 55 81
Hotel Platzer T 52 04 F 52 04 44

Gmünd i. Lieser-Maltatal/Kärnten

Tourismusverband Lieser-Maltatal
A-9853 Gmünd
T 0 47 32/22 22 • F 0 47 32/39 78
E-Mail: info@familiental.com
http://www.familiental.com

Hotels ★★★★
Baby-Kinderhotel Maltatal T 0 47 33/2 34 F 0 47 33/2 34 16

Hotels ★★★
Baby-Familienhotel Bergfried T 0 47 32/21 47 F 0 47 32/2 14 78

Pensionen ★★★★
Baby-Alpengasthof Kerschhackl T 0 47 33/3 62 F 0 47 33/36 28

Pensionen ★★★
Gasthof Kohlmayr T 0 47 32/21 49 F 0 47 32/21 53
Babygasthof Mentebauer T 0 47 32/27 69 F 0 47 32/27 69 11
Baby-Familiengasthof Zirmhof T 0 47 33/3 30 F 0 47 33/33 08

Weitere Hotels, noch nicht klassifiziert
Pension Hochalmspitze T 0 47 32/27 76 F 0 47 32/27 76 75
Hotel Malteinerhof T 0 47 33/2 06 F 0 47 33/2 02
Familienhotel Platzer T 0 47 32/27 45 F 0 47 32/33 13
Pension-Gasthof Prunner T 0 47 32/21 87 F 0 47 32/39 25

Die Qualität der Hotelbetriebe steigt mit der Anzahl der Sterne.

Göstling/Niederösterreich

Tourismusverein Göstlinger Alpen
A-3345 Göstling
T 0 74 84/50 20 19 • F 0 74 84/50 20 18
E-Mail: goestling.hochkar@aon.at
http://www.goestling-hochkar.at
Alles über die Ferienregion S. 300.

Hotels ★★★☆
Hotel-Restaurant Waldesruh T 2 27 50 F 27 75 40

Hotels ★★★
Hotel Ensmann T 70 14 F 70 14 12
Gasthof Hochkarhof T 72 36 F 7 23 66
Hotel Zum Goldenen Hirschen T 22 25 F 22 25 28

Pensionen ★★★★
Gasthof Mandl-Scheilechner T 22 44 F 29 38

Pensionen ★★★
Gasthof Fahrnberger T 7 23 40 F 72 34 50
Gasthof Göstlinger Hof T 29 10 F 29 10 27
Sporthaus Hochkar T 72 00 F 7 20 04

Going/Tirol

Tourismusverband
A-6353 Going am Wilden Kaiser
T 0 53 58/24 38 • F 0 53 58/24 38 50
E-Mail: info@going.at
http://www.going.at
Alles über die Ferienregion S. 220.

Hotels ★★★★
Hotel Blattlhof T 24 01 F 24 04
Sporthotel & Familienhotel Cordial T 21 25 F 21 25 48
Hotel Schnablwirt T 35 11 F 35 14
Familien-Wellnesshotel Seiwald T 24 85, 36 41 F 36 41 80
Hotel Sonnenhof T 24 41 F 2 44 14

Pensionen ★★★★★
Gasthof Stanglwirt T 20 00 F 20 00 31

Pensionen ★★★
Appartment-Pension Auhof T 23 59 F 23 59
Pension Bergland T 25 82 F 25 82
Pension garni Jägerhof T 24 88 F 4 42 04
Pension-Appartments Schipplinger T 38 80 F 38 80
Pension Sunnbichl & Bio Bauernhof Wolfseggstall T 25 70 F 2 57 04

Weitere Hotels, noch nicht klassifiziert
Hotel-Gasthof Lanzenhof T 35 34 F 35 92

Gortipohl/Vorarlberg

Tourismus Gortipohl
A-6791 Gortipohl
T 0 55 57/67 11 • F 0 55 57/21 00
E-Mail: gortipohl@vol.at
http://www.tiscover.com/st.gallenkirch
Alles über die Ferienregion S. 136.

Hotels ★★★★
Hotel-Restaurant Silvretta T 6 12 00 F 6 12 05

Pensionen ★★★
Pension Alpenrose T 66 11 F 6 61 16
Gasthof Traube T 66 13 F 22 47

Schnell und sicher ans Ziel.

Überall, wo es Bücher gibt, und beim ADAC.

Gosau/Salzburg

Tourismusverband
A-4824 Gosau
T 0 61 36/82 95 • F 0 61 36/82 55
E-Mail: tourismus@gosau.gv.at
http://www.gosau.com
Alles über die Ferienregion S. 270.

Hotels ★★★★
Sporthotel Gosau T 8 81 10 F 8 81 13 15
Hotel-Restaurant Hornspitz T 87 98 F 8 79 88
Hotel Koller T 88 41 F 88 41 50
Familienhotel Sommerhof T 82 58 F 82 58 50

Hotels ★★★
Hotel-Restaurant Gosauerhof T 82 29 F 8 22 95

Pensionen ★★★
Appartment-Pension-garni Bergblick T 2 00 10 F 20 01 04
Gasthof Brandwirt T 82 26 F 8 22 64
Gasthof Gamsjäger T 85 16 F 8 51 66
Hotel-Pension Gosauschmied T 85 13 F 85 13 33
Gasthof Kirchenwirt T 81 96 F 8 19 6 15

Telefonieren nach Österreich
0043 + Orts- bzw. Funknetzkennziffer ohne die vorangehende Null + Teilnehmernummer

Anzeige

Anzeige

DAS GRÜNE HERZ ÖSTERREICHS SCHLÄGT AM RECHTEN FLECK...

...und lädt zum aktiven Erleben der steirischen Natur-Kontraste: Bergriesen, Almen- und Seenromantik im Norden; sanfte Hügel, Weinberge und heißen Quellen im Süden.

Steiermark
DAS GRÜNE HERZ ÖSTERREICHS

Wanderdörfer
7 steirische Wanderdörfer begleiten als kompetente Weggefährten von Norden nach Süden und sorgen für ungetrübten Wander- und Spaziergenuss. Mehr dazu in der kostenlosen Wandersammelmappe…
www.steiermark.com/wandern

Young Styria
Die Young Styria-Beherberger und -Ausflugsziele vom Dachstein bis ins Thermenland versprechen Familien mit Kindern und Jugendlichen Sommer wie Winter Fun, Sport, Abenteuer und „coole Action".
www.young-styria.com

Flußradwege
Erfahrenswert: Der Murradweg führt 340 km vom Gebirge bis ins südsteirische Thermenland. Der Ennsradweg – von Salzburg bis nach Oberösterreich – gilt als „bergiger" Geheimtipp für Naturbegeisterte…
www.steiermark.com/rad

Alpentour Austria
Die längste durchgehend beschilderte Mountainbike-strecke der Welt führt über 20 Etappen, 31.000 Höhenmeter und 1.400 km durch die Steiermark, Niederösterreich bis nach Wien. Von „leicht" bis „extrem" für Einsteiger und Profis.
www.alpentour-austria.info

Broschüren anforderbar bei: STEIERMARK TOURISMUS, St. Peter-Hauptstraße 243, A-8042 Graz
T +43/(0)316/4003-0, F +43/(0)316/4003-10, info@steiermark.com

WWW.STEIERMARK.COM

HOTELFÜHRER ÖSTERREICH

WANDERN · RADFAHREN · WELLNESS
Ein kleines Paradies in den Tannheimer Bergen.

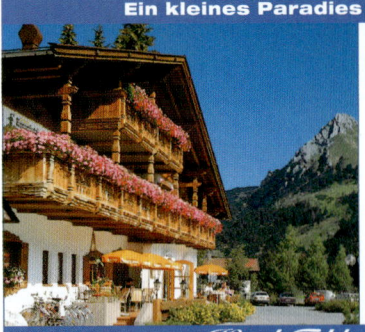

WOCHENPAUSCHALEN AB € 319,–/Person

- idealer Ausgangspunkt für Wanderungen und Fahrradtouren
- Wellness – verschiedene Saunen, Aroma-Dampfbad, Tepidarium, …
- geführte Wanderungen, Nordic-Walking, Qi-Gong-Entspannungstraining…
- nachmittags Suppe, Kaffee und Kuchen gratis
- Fahrräder und Mountainbikes zur freien Verfügung
- Massage

Hotel Told · Familie Told · A-6673 Grän/Tirol
Tel. +43/56 75/62 94 · Fax: +43/56 75/61 91-22 · E-Mail: told@magnet.at
www.told.at

Grän/Tirol

Tourismusverband Grän-Haldensee
A-6673 Grän
T 0 56 75/62 85 • F 0 56 75/63 88
E-Mail: graen@netway.at
http://www.tiscover.at/graen-haldensee
Alles über die Ferienregion S. 146.

Hotels ★★★★★
Traumhotel liebes Rot Flüh   T 62 85   F 63 88

Hotels ★★★★
Wellness-Hotel Engel   T 64 23   F 67 02
Hotel Lumberger Hof   T 63 92, 61 31   F 61 31 46
Hotel Sonnenhof   T 63 75, 60 57   F 63 75 5
Hotel Tyrol   T 62 45   F 60 73

Hotels ★★★
Ferienhotel Bergblick   T 61 52, 63 96   F 63 96 40
Aparthotel Told   T 62 94, 61 91   F 61 91 22
  E-Mail: info@told.at
  http://www.told.at

Graz/Kärnten

Tourismusverband
A-8010 Graz
T 03 16/80 75 75 • F 03 16/83 38 44 14
E-Mail: info@graztourismus.at
http://cms.graztourismus.at

Hotels ★★★★★
Grand Hotel Wiesler   T 7 06 60   F 7 06 676

Hotels ★★★★
Angartenhotel   T 2 08 00   F 2 08 00 80
Hotel garni   T 32 14 48   F 3 21 44 84
Schlossberghotel   T 8 07 00   F 80 70 70
Hotel Bokan Exclusiv   T 57 14 34   F 57 14 34 75
Best Western Hotel Daniel   T 71 10 80   F 71 10 85
Hotel Erzherzog Johann   T 8 11 6 16   F 8 11 5 15
Hotel Europa Graz   T 7 07 60   F 7 07 66 06
Hotel Gollner   T 8 22 52 10   F 8 22 52 17
Hotel Marienhof   T 4 29 84 2   F 4 29 84 2 14
Hotel Mercure Graz Messe   T 8 26 30 0   F 8 26 30 06 30
Hotel Paradies   T 28 21 56   F 2 82 15 66
Parkhotel Romantik   T 3 63 00   F 36 30 50
Hotel garni Stoiser's   T 3 39 20 55   F 3 9 20 55 55
Hotel Süd   T 2 81 86 00   F 28 18 60 50
Hotel Weitzer   T 70 30   F 70 36 29
Hotel Zum Dom   T 8 24 80 0   F 8 24 80 08

Hotels ★★★
Hotel Centercourt   T 4 25 45 4   F 4 25 45 4 48
Das Wirtshaus Greiner   T 6 85 09 0   F 6 85 09 04
Hotel Drei Raben   T 71 26 86   F 7 15 95 96
Hotel Kern Buam   T 29 14 30   F 2 91 43 05 55
Kleines Hotel Royal   T 4 05 44 40   F 40 54 44 46
Hotel Riederhof   T 28 43 80   F 28 43 80 88

Gries/Tirol

Ferienregion
A-6182 Gries/Sellrain
T 0 52 36/2 24 • F 0 52 36/5 05
E-Mail: gries@innsbruck.info
http://www.sellraintal.at
http://www.innsbruck.info/gries

Hotels ★★★
Sporthotel Antonie   T 2 03   F 2 03 49
Wanderhotel Praxmar   T 2 12   F 2 1 24

Gries am Brenner/Tirol

Tourismusverband Wipptal
A-6156 Gries
T 0 52 74/8 72 54 • F 0 52 74/8 72 54
E-Mail: tourismus@wippregio.at
http://www.wipptal.at
Alles über die Ferienregion S. 196.

Pensionen ★★★
Gasthof Weißes Rössl   T 8 72 14   F 87 21 44

Pensionen ★★
Gasthof Humler   T 8 75 00   F 8 75 00 22

Gröbming/Steiermark

Tourismusverband Gröbminger Land
A-8962 Gröbming
T 0 36 85/22 13 10 • F 0 36 85/2 23 04
E-Mail: info@groebmingerland.at
http://www.groebmingerland.at
Alles über die Ferienregion S. 306.

Hotels ★★★★
Hotel Amadeus   T 2 38 39   F 23 83 94
Hotel-Pension Häuserl im Wald   T 2 22 80   F 2 22 80 55
Hotel Schloss Moosheim   T 23 21 00   F 23 21 06
Kurhotel Spanberger-Mayr   T 22 10 60   F 2 21 06 30
Hotel St. Georg   T 2 27 40   F 2 27 40 60

Hotels ★★★
Hotel Dirninger   T 2 21 66   F 22 16 66
Hotel Sonnhof   T 2 21 01   F 2 21 01 37
Alpenpension Sperling   T 2 26 34   F 23 5 71

Pensionen ★★★
Gasthof Bertrand   T 2 23 76   F 2 23 76
Pension Edelweiß   T 2 23 42   F 2 23 42
Gasthof Kranzbachwirt   T 2 23 27, 2 38 28   F 2 23 27
Pension Landhaus Tirol   T 2 29 10   F 2 29 10 20
Steirischer Gasthof Mayer   T 22 03   F 2 20 37
Pension Pürcherhof   T 60 36   F 60 36 77
Landidyll Reisslerhof   T 2 23 64   F 2 23 64 10
Gasthof St. Martin   T 0 36 84/22 03   F 0 36 84/2 20 37
Berggasthof Steinerhaus   T 0 36 86/26 46   F 0 36 86/2 64 62
Pension Tauernblick   T 2 26 44   F 2 26 44 55
Gasthof-Pension Tieschnhof   T 2 21 52   F 2 21 52
Gasthof Zur Post   T 23 2 41   F 2 32 41 30

Großarl/Salzburg

Tourismusverband
A-5611 Großarl
T 0 64 14/2 81 • F 0 64 14/81 93
E-Mail: info@grossarltal.co.at
http://www.grossarltal.co.at
Alles über die Ferienregion S. 280.

Hotels ★★★★
Hotel Alte Post   T 2 07   F 2 07 1 15
Hotel Auhof   T 8 8 89   F 8 8 89 40
Hotel Edelweiss   T 3 00   F 3 00 66
Hotel Fichtenhof   T 33 20   F 33 25
Hotel Hubertushof   T 2 27   F 22 74
Aparthotel Johanneshof   T 82 04   F 8 20 45
Aparthotel Moar-Gut   T 3 18   F 3 1 84
Hotel-Pension Neuwirt   T 2 51   F 25 14
Apparthotel Oberkarteis   T 0 64 17/22 80   F 0 64 17/2 28 22
Appart-Hotel Rattersberghof   T 3 33   F 33 35
Hotel Tauernhof   T 26 40   F 2 64 55
Hotel Viehhauser   T 2 05 20   F 2 05 20 40
Hotel Waldhof   T 88 66   F 88 66 88

HOTELFÜHRER ÖSTERREICH

Die NationalparkRegion Hohe Tauern Kärnten

Nehmen Sie sich Zeit und setzten Sie alles auf eine Karte – die neue Nationalpark Kärnten Card!

Genießen Sie ein umfangreiches Angebot:
→ auf den Spuren der schönsten Wanderwege in der NationalparkRegion Hohe Tauern
→ atemberaubende, hochalpine Ausflugsziele – für jedermann erreichbar
→ erfahren Sie mehr über die Menschen und ihre Kultur – damals und heute
→ erleben Sie das Wasser in seinem vollen Element
→ entdecken Sie die schönsten Plätze auf den Rücken der Pferde
→ Großglockner Hochalpenstraße - Erlebnis der 3000er

Mit dem höchsten Berg Österreichs, dem Großglockner, einem der saubersten Flüsse, der Möll, inmitten einer einzigartigen Tier- und Pflanzenwelt bietet Ihnen die NationalparkRegion Hohe Tauern Kärnten ein neues Urlaubserlebnis. Die Nationalpark Kärnten Card ist der Universalschlüssel dazu!

Zeit zum Naturerlebnis | Telefon: +43(0)48 25/200 49
www.nationalpark-hohetauern.at

Noch mehr Zeit zum Leben – mit der Nationalpark Kärnten Card!

Die einzige Karte, die das Tor zum Nationalpark Hohe Tauern öffnet!
→ Ausgabestellen: in über 50 Inklusivebetrieben – mit der Buchung gehört Ihnen auch der Schlüssel in den Nationalpark Hohe Tauern
→ Leistungen: Großglockner Hochalpenstraße, alle gebotenen Themenführungen der Park Ranger im Nationalpark Hohe Tauern Kärnten, Diavorträge, Abenteuer WasserGold, das gesamte Leistungsangebot der Kärnten Card, und noch vieles mehr!
→ Gültig: von 1. Mai bis 10. Oktober 2005

Fortsetzung Großarl

Hotels ★★★
Hotel Almrösl T 0 64 17/6 01 F 0 64 17/6 01 47
Hotel-Pension Alpenhof T 3 17 F 3 17 45
Hotel Hüttenwirt T 0 64 17/60 60 F 0 64 17/6 06 40
Aparthotel Kathrin T 2 92 F 82 30

Pensionen ★★★
Pension Dorfer T 3 34 F 33 45
Hotel-Pension Egger T 6 77 F 67 75
Ski & Wanderpension Gratz T 8 50 10 F 8 50 15
Gasthof Neumayr T 2 23 F 84 17
Landhaus Neumayr T 81 67 F 81 67 20
Pension Roslehen T 32 10 F 84 96
Gasthof Schützenhof T 5 71 F 57 15
Pension Sonnhof T 3 56 F 3 56 30

Pensionen ★★
Gasthof Unterviehhaus T 5 75 F 2 03 04

Großes Walsertal/Vorarlberg

Hoteleinträge siehe unter Fontanella und Raggal.

Großkirchheim/Kärnten

Tourismusbüro
A-9843 Großkirchheim
T 0 48 25/5 21 21 • F 0 48 25/5 22 30
E-Mail: grosskirchheim@ktn.gde.at
http://www.grosskirchheim.at
Alles über die Ferienregion S. 322.

Hotels ★★★★
Hotel Schloßwirt T 4 11 F 41 11 65

Hotels ★★★
Hotel Post T 2 05 F 2 05 19

Pensionen ★★★
Gasthof Marx T 2 38 F 2 38

Gurgl/Tirol

Hoteleinträge siehe unter Hochgurgl und Obergurgl.
Hotelanzeigen siehe S. 679.

Haus im Ennstal/Steiermark

Tourismusverband Haus im Ennstal
A-8967 Haus im Ennstal
T 0 36 86/2 23 40 • F 0 36 86/2 23 44
E-Mail: info@haus.at
http://www.haus.at
Alles über die Ferienregion S. 306.

Hotels ★★★★
Hotel Hartweger T 5 22 60 F 52 26 16
Erlebnishotel Hauser Kaibling T 2 37 80 F 23 78 50
Gasthof-Hotel Herrschaftstaverne T 23 92 F 2 39 27
Hotel Kirchenwirt T 22 28 F 2 22 85

Hotels ★★★
Hotel Gürtl T 23 83 F 23 83 25

Pensionen ★★★★
Gästehaus-Hotel Becker T 26 86 F 26 86 26

Pensionen ★★★
Berggasthof Knapplhof T 25 48 F 25 48 68
Gasthof-Pension Marktstüberl T 24 58 F 2 45 88
Pension Reiter T 22 25 F 22 25 33
Gasthof Pension Stenitzer T 22 02 F 22 02
Pension Zum Schlosserwirt T 21 13 F 21 13 22

Heiligenblut/Kärnten

Tourismusverband
A-9844 Heiligenblut
T 0 48 24/20 01 21 • F 0 48 24/20 01 43
E-Mail: office@heiligenblut.at
http://www.heiligenblut.at
Alles über die Ferienregion S. 322.

Hotels ★★★★
Hotel Glocknerhof T 22 44 F 22 44 66
Hotel Haus Senger T 22 15 F 2 21 59
Hotel Heiligenblut T 41 11 F 41 11 88
Hotel Kärtnerhof T 2 00 40 F 20 04 89
Hotel Post T 22 45 F 22 45 81
Hotel Villa Kaiser Franz Josef T 41 14 F 41 14 13

Hotels ★★★
Hotel Lärchenhof T 22 62 F 22 62 45
Hotel Rupertihaus T 22 47 F 22 47 36

Pensionen ★★★
Gästehaus Schober T 20 38 F 20 38 88
Pension Troyerhof T 22 41 F 22 41
Berggasthof Wallackhaus T 22 23 F 2 22 35

HOTELFÜHRER ÖSTERREICH

Hermagor/Kärnten

Tourismusinformation
A-9620 Hermagor
T 0 42 82/2 04 30 • F 0 42 82/20 43 50
E-Mail: info@hermagor.at
http://www.skiarena.at
http://www.hermagor.at

Alles über die Ferienregion S. 328.

Hotels ★★★★
Hotel Alpen Adria   T 26 66   F 26 66 66
Hotel Berghof   T 0 42 85/8 27 10   F 0 42 85/82 74 71
Hotel Gartnerkofel   T 0 42 85/81 75   F 0 42 85/81 77
Panoramahotel Hauserhof   T 22 86   F 22 86 40
Gut Lerchenhof   T 21 00   F 21 00 9
Familien-Feriendorf Presseggersee   T 32 32   F 32 32 11
Ramsbacherhof   T 0 42 85/2 84   F 0 42 85/5 75
Hotel Robinson Club Schlanitzen Alm   T 0 42 85/8 10 80
   F 0 42 85/8 10 87 05
Hotel Sonnenalpe   T 0 42 85/82 11   F 0 42 85/81 28
Familienhotel Stotterhof   T 20 65   F 20 65 5
Hotel Vonzana   T 0 42 85/81 82   F 0 42 85/81 82 81
Hotel Wulfenia   T 0 42 85/81 11   F 0 42 85/81 24

Hotels ★★★
Hotel Bürgerbräu   T 0 42 85/2 50 85   F 0 42 85/2 50 85 14
Erlebnishotel Hubertushof   T 0 42 85/2 80   F 0 42 85/ 2 80 50
Hotel Kärntnerhof   T 33 67   F 36 79
Ferienhotel Radnighof   T 26 09   F 26 09 51
Hotel Tröpolacher Hof   T 0 42 85/2 54   F 0 42 85/25 45 20

Pensionen ★★★
Beim Bachmann   T 20 69   F 20 69 20
Gasthof Brunnwirt   T 0 42 86/2 20   F 0 42 86/6 91
Pension Haus Hoffmann   T 0 42 85/82 25   F 0 42 85/ 8 22 68
Pension Karnia   T 20 56   F 20 56 7
Gasthof-Pension Löffele   T 0 42 85/2 72   F 0 42 85/2 72
Alpenhof Plattner   T 0 42 85/82 85   F 0 42 85/82 85 87

Hinterglemm/Salzburg

Hoteleinträge siehe unter Saalbach Hinterglemm.
Hotelanzeigen siehe S. 702-703.

Hinterstoder/Oberösterreich

Tourismusverband
A-4573 Hinterstoder
T 0 75 64/52 63 • F 0 75 64/52 63 55
E-Mail: hinterstoder@phyrn-priel.net
http://www.hinterstoder.at

Alles über die Ferienregion S. 294.

Hotels ★★★★
Berghotel Hinterstoder   T 5 42 10   F 5 42 2 50

Hotels ★★★
Hotel Dietlgut   T 5 24 80   F 5 24 8 39
Landhotel Gressenbauer   T 53 59   F 53 59 28
Hotel Hubertus   T 55 02   F 55 02 41
Hotel Landbichler   T 8 38 30   F 83 83 83
Hotel Poppengut   T 52 68   F 52 68 11
Landhotel Stockerwirt   T 8 21 40   F 8 21 45
Hotel Stoderhof   T 52 66   F 54 01

Pensionen ★★★
Landgasthof Schmalzerhof   T 5 21 0   F 5 21 10 33
Berghof Sturmgut   T 6 00 60   F 6 00 64

Hintertux/Tirol

Tourismusverband Tux
A-6293 Tux
T 0 52 87/85 06 • F 0 52 87/85 08
E-Mail: info@tux.at
http://www.tux.at

Alles über die Ferienregion S. 208.

Hotels ★★★★
Hotel Alpenhof   T 85 50   F 8 55 02 03
Hotel Berghof   T 8 58 50   F 8 73 21
Wellnesshotel Bergland   T 85 00   F 85 00 49
Erlebnishotel Hohenhaus   T 85 01   F 85 01 85
Thermal-Badhotel Kirchler   T 85 70   F 85 70 49
Hotel Klausnerhof   T 85 88   F 85 88 88
Hotel Neuhintertux   T 85 80   F 8 58 04 09
Hotel Rindererhof   T 85 58   F 8 75 02
Hotel Vierjahreszeiten   T 85 25   F 85 25 50

Hotels ★★★
Ski- und Tennishotel Hintertuxerhof   T 8 53 00
   F 8 53 05
Hotel garni Sonne   T 8 72 29   F 8 72 29 29

Pensionen ★★★
Gasthof Alte Hütte   T 8 73 64   F 8 75 97
Pension Haus Markus   T 8 74 89   F 8 74 89 50

Hippach/Tirol

Tourismusverband
A-6283 Hippach/Zillertal
T 0 52 82/36 30, 25 93 • F 0 52 82/25 93 10
E-Mail: info@hippach.com
http://www.hippach.at
http://www.hippach.com

Alles über die Ferienregion S. 208.

Hotels ★★★★
Hotel Alpenblick   T 37 83, 36 27   F 35 47
Hotel Neue Post   T 29 68, 26 40   F 26 40 60
Hotel Schwendbergerhof   T 36 64   F 3 66 44
Sport & Vitalhotel Stefanie   T 36 34, 36 15   F 38 03
Hotel Theresia   T 37 02   F 44 35
Hotel Zenzerwirt   T 36 02, 36 22   F 33 50

Hotels ★★★☆
Hotel & Ferienwohnungen Eder   T 32 86   F 3 28 64

Hotels ★★★
Hotel Bergkristall   T 37 61   F 45 45
Ferienhotel Neuwirt   T 0 52 85/6 29 17   F 0 52 85/ 6 29 17 50

Pensionen ★★★
Gasthof Gletscherblick   T 37 95   F 3 79 52
Gasthof Hubertus   T 23 73   F 37 07
Gasthof-Pension Schwarzer Adler   T 36 90, 30 13
   F 3 69 09
Gasthaus Zillertaler Weinstadl   T 33 14   F 3 31 45

Hirschegg/Vorarlberg

Kleinwalsertal Tourismus
A-6992 Hirschegg/Kleinwalsertal
T 0 55 17/5 11 40 • F 0 55 17/51 14 21
E-Mail: info@kleinwalsertal.com
http://www.kleinwalsertal.com

Hotels ★★★★
Appartement Ferienhotel   T 5 07 80   F 5 07 8 49
Hotel-Pension Gemma   T 53 60   F 5 36 03 00
Wellnesshotel Walserhof   T 56 84   F 59 38   ▷

Hotels ★★★
Hotel Adler   T 5 42 40   F 36 21
Hotel Birkenhöhe   T 55 87   F 55 87 12
Hotel Der Berghof   T 54 45, 54 47   F 5 44 77
Hotel-Pension Sonnenberg   T 54 33   F 54 33 33
Hotel Sonnenhof   T 54 53   F 31 02
Hotel-Pension Tanneneck   T 57 67   F 30 03

Hotels ★★
Hotel Alpina   T 54 06   F 34 09

Pensionen ★★★★
Naturhotel Chesa Valisa   T 5 41 40   F 51 08

Weitere Hotels, noch nicht klassifiziert
Hotel Ifenhotel   T 5 07 10   F 34 75
Alphotel Sorglose Ferien   T 54 49   F 32 54
Sporthotel Walliser   T 5 17 10   F 33 00 30

Hochfügen/Tirol

Hoteleinträge siehe unter Fügen.

Hochgurgl/Tirol

Tourismusverband Obergurgl/Hochgurgl
A-6456 Obergurgl
T 0 52 56/64 66 • F 0 52 56/63 53
E-Mail: info@obergurgl.com
http://www.obergurgl.com

Alles über die Ferienregion S. 176.
Hotelanzeigen siehe S. 679.

Hotels ★★★★★
Hotel Hochgurgl   T 62 65   F 62 65 10

Hotels ★★★★
Berghotel Angerer Alm   T 6 24 10   F 62 41 24
Sporthotel Olymp   T 64 91   F 63 80 65
Hotel Riml   T 62 61   F 63 10

Hotels ★★★
Sporthotel Ideal   T 62 90   F 63 02
Hotel Laurin   T 62 27, 62 47   F 64 02
Hotel Wurmkogel   T 62 46   F 63 07

Hochkönigs Winterreich/Salzburg

Hoteleinträge siehe unter Dienten a. H., Maria Alm und Mühlbach a. H.

Hochpustertal (Osttirol)/Tirol

Hoteleinträge siehe unter Sillian.

Hochsölden/Tirol

Tourismusverband Sölden-Ötztal Arena
A-6450 Sölden
T 0 52 54/51 00 • F 0 52 54/51 05 20
E-Mail: info@soelden.com
http://www.soelden.com

Alles über die Ferienregion S. 176.

Hotels ★★★★
Hotel Alpenfriede   T 22 27, 23 08   F 23 08 56
Hotel Edelweiss   T 22 98   F 22 98 67
Alpenhotel Enzian   T 22 52   F 28 46
Sonnenhotel Hochsölden   T 2 22 90   F 22 59 51
Hotel Schöne Aussicht   T 22 21, 27 48   F 27 48 52

Das hochalpine Naturerlebnis im Gletscherdorf Tirols – 1930m

- 23 Dreitausender rund um Obergurgl-Hochgurgl
- Höchster Nordic-Fitness-Park Europas
- Die wahre „Klimainsel" des inneren Ötztales
- Der Natur und sich selbst auf der Spur

obergurgl Tirol hochgurgl
Diamant in den Alpen

Highlights des Bergsommers 2005:
- 01.–03. Juli: Sommer-Opening
- 09.–10. Juli: Mineralienbörse
- 07. Aug.: Ötztaler Gletscherflohmarsch
- 13.–15. Aug.: Alpenl. Antik- und Trödlermarkt
- 02.–04. Sep.: Alpentöne – Musikfestival

Alpin-Sommer-Card
Wandern à la carte (wöchentliches Wander- und Bergerlebnis-Programm inkl. geprüfter Wander- oder Bergführer · Liftfahrt (Hohe Mut) und Bustransfers)

Tourismusverband Obergurgl-Hochgurgl · Hauptstrasse 108 · A-6456 Obergurgl · tel.: +43 5256 6466 · fax: +43 5256 6353 · info@obergurgl.com

www.obergurgl.com

Tirols schönste Panoramastraße
Timmelsjoch
Hochalpenstraße 2509 m

Die Fahrt über das 2.509 m hohe Timmelsjoch durch die Ötztaler Gletscherwelt in die Südtiroler Weinberge des Passeiertales nach Meran und weiter in den Süden bleibt ein unvergessliches Erlebnis.

HOTELFÜHRER ÖSTERREICH

OUTDOOR - NATUR - KULTUR
Freizeitvielfalt ohne Ende! Rafting, Canyoning, Mountainbiken, Klettern, Wandern, eine Fahrt mit dem Alpine Coaster - der längsten Alpen-Achterbahn der Welt, Rosengartenschlucht, Haus der Fasnacht, Events mit internationalen Musikern ...

Fit & Fun Package: Rafting durch die Imster Schlucht, Canyoning, Mountainbike- und Bergtour, Alpine Coaster ...
7 Übernachtungen im DZ mit Du/ WC
ab EUR 328,- pro Pers.

Tourismusverband Imst Gurgltal
Johannesplatz 4, A-6460 Imst
Tel: +43(0)5412 69100
Fax: +43(0)5412 69108
www.imst.at <> info@imst.at

IMST-GURGLTAL

Mehr wissen, mehr erleben, besser reisen.

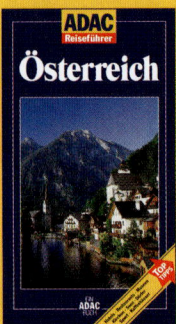

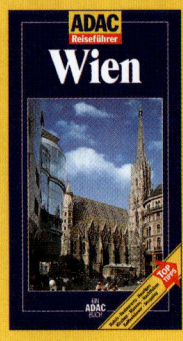

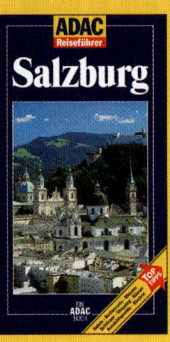

ADAC Reiseführer Österreich · Wien · Salzburg

Überall, wo es Bücher gibt, und beim ADAC.

www.adac.de/reisefuehrer

Hochzeiger/Tirol

Hoteleinträge siehe unter Jerzens und Arzl-Wald.

Höfen/Tirol

Hoteleinträge siehe unter Reutte und Tannheim.

Hopfgarten/Tirol

Ferienregion Hohe Salve
A-6361 Hopfgarten
T 0 53 35/23 22 • F 0 53 35/26 30
E-Mail: info@hopfgarten.tirol.at
http://www.hopfgarten.com
http://www.skiwelt.at
Alles über die Ferienregion S. 220.

Hotels ★★★★
Sporthotel Fuchs   T 24 20   F 38 50
Aparthotel Hopfgarten   T 39 20   F 39 23

Pensionen ★★★
Gasthof-Pension Leamwirt   T 22 96   F 22 97
Hotel-Pension Strobl   T 24 35   F 39 35
Gasthof-Pension Tirolerhof   T 22 71   F 27 71
Gasthof-Pension Traube   T 22 08   F 20 35

Huben/Tirol

Tourismusverband Oberes Iseltal
A-9971 Matrei i. Osttirol
T 0 48 75/65 27 • F 0 48 75/65 27 40
E-Mail: tvb.praegraten@netway.at
http://www.tiscover.com/praegraten
Alles über die Ferienregion S. 176.

Pensionen ★★
Landpension Ganzer   T 0 48 72/52 45
Gasthof-Pension Post   T 0 48 72/52 01
Landgasthof Steiner   T 0 48 72/52 31

Die Angaben über die Klassifizierung der Unterkünfte wurden den offiziellen Verzeichnissen der zuständigen Tourismusverbände entnommen. Für die Richtigkeit der Informationen übernehmen wir keine Gewähr.

Imst/Tirol

Tourismusverband Imst-Gurgltal
A-6460 Imst
T 0 54 12/69 10 • F 0 54 12/6 91 08
E-Mail: info@imst.at
http://www.imst.at
Alles über die Ferienregion S. 170.

Hotels ★★★★
Hotel Belmont   T 69 70   F 69 70 70
Hotel Linserhof   T 6 64 15   F 66 41 51 33
Romantik-Hotel Post   T 6 65 55   F 6 65 19 55
Hotel Stern   T 6 33 42   F 63 34 28

Hotels ★★★
Hotel Auderer   T 6 68 85   F 6 68 85 5
Hotel Eggerbräu   T 6 64 60   F 6 44 93
Hotel Hohe Warte   T 6 64 14   F 66 41 44
Hotel Neuner   T 6 33 32   F 63 33 24
Hotel-Gasthof Zum Hirschen   T 69 01   F 6 90 17

Hotels ★★
Hotel Alpenblick   T 6 65 17   F 6 60 59 48

Pensionen ★★★
Gasthof Grüner Baum   T 6 33 45   F 6 37 51 66
Gästehaus Jaksch   T 6 68 45   F 6 50 25
Gasthof Weinberg   T 6 29 58   F 6 22 67

Pensionen ★★
Gasthof Sonne   T 6 61 29   F 6 11 29

Innerkrems/Kärnten

Tourismusverband Lieser-Maltatal
A-9853 Gmünd
T 0 47 32/22 22 • F 0 47 32/39 78
E-Mail: info@familiental.com
http://www.familiental.com
Alles über die Ferienregion S. 170.

Hotels ★★★★
Familienhotel Berghof   T 0 47 36/28 50   F 0 47 36/28 54
Hotel Nockalm   T 0 47 36/2 33   F 0 47 36/3 74

Hotels ★★★
Sporthotel Frühauf   T 0 47 36/21 10   F 0 47 36/2 11 12
Hotel Königstuhl   T 0 47 36/21 30   F 0 47 36/2 13 12
Nationalparkhotel Schihof   T 0 47 36/2 18   F 0 47 36/3 33
Sporthotel Schönfeld   T 0 47 36/3 21   F 0 47 36/3 21 55 ▷

Pensionen ★★★
Gasthof-Pension Raufner   T 0 47 36/2 51   F 0 47 36/2 05

Innsbruck/Tirol

Tourismusverband
A-6021 Innsbruck
T 05 12/5 98 50 • F 05 12/59 85 01 07
E-Mail: office@innsbruck.info
http://www.innsbruck.info
**Alles über die Ferienregion S. 186.
Hotelanzeigen siehe S. 681.**

Hotels ★★★★★
Hotel Europa-Tyrol   T 59 31   F 58 78 00

Hotels ★★★★
Hotel Alpinpark   T 34 86 00   F 36 41 72
Hotel Austrotel Innsbruck   T 34 43 33   F 34 44 28
Hotel Bierwirt   T 3 42 14 3   F 3 42 14 35
Hotel Central   T 59 20   F 58 03 10
Hotel garni Charlotte   T 3 41 27 0   F 34 83 11
Hotel Goldener Adler   T 57 11 11   F 58 44 09
Hotel Grauer Bär   T 5 92 40   F 57 45 35
Hotel Hilton Innsbruck   T 5 93 50   F 5 93 52 20
Hotel Innsbruck   T 5 98 68   F 57 22 80
Hotel Kapeller   T 3 43 10 6   F 34 31 06 68
Best Western Parkhotel Leipzigerhof   T 34 35 25   F 39 43 57
Hotel Maximilian   T 5 99 67   F 57 74 50
Best Western Hotel Mondschein   T 2 27 84   F 2 27 84 90
Best Western Hotel Neue Post   T 5 94 76   F 58 18 18
Hotel Sailer   T 5 36 30   F 5 36 37
Romantikhotel Schwarzer Adler   T 58 71 09   F 56 16 97

Hotels ★★★
Hotel Altpradl   T 34 51 56   F 3 45 15 68
Hotel garni Austria Classic Hotel Binder   T 3 34 36   F 3 34 36 99
Gasthof Dollinger   T 26 75 06   F 2 67 50 68
City-Hotel Goldene Krone   T 58 61 60   F 5 80 18 96
Hotel garni Mozart   T 59 53 80   F 59 53 86
Hotel garni Royal   T 58 63 85   F 58 63 85 10
Hotel garni Tautermann   T 28 15 72   F 28 15 72 10
Hotel Tourotel Breinössl   T 58 41 65   F 58 41 65 26
Hotel Weisses Kreuz   T 5 94 79   F 5 94 79 90
Hotel Weisses Rößl   T 58 30 57   F 5 83 05 75

Pensionen ★★★
Gasthof Engl   T 28 31 12   F 28 19 69

Weitere Hotels, noch nicht klassifiziert
Gasthof Koreth   T 26 26 26   F 26 26 26 26

Schnell und sicher ans Ziel!

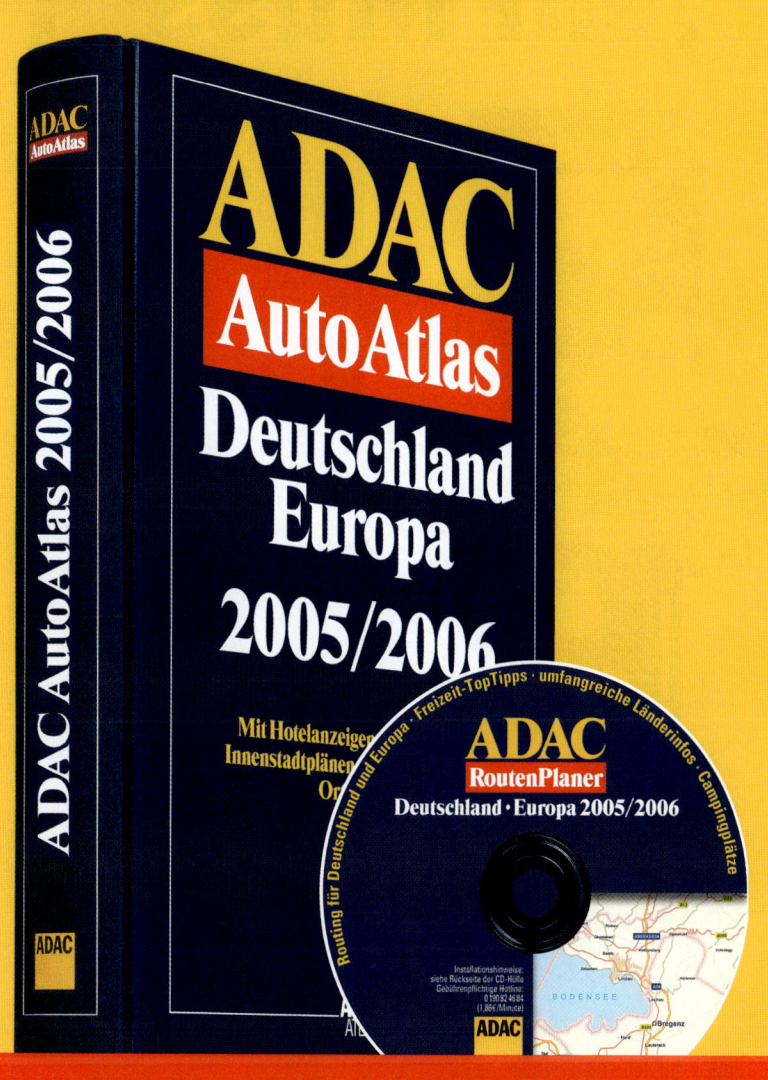

Mit ADAC RoutenPlaner Deutschland/Europa auf CD-ROM für PC.

- etaillierte Straßenkarten im aßstab 1:300 000 für Deutschland, Benelux, änemark, Österreich und Schweiz.
- Zur schnellen Orientierung in den Ballungsräumen Deutschlands: 28 Durchfahrtspläne 1:100 000
- Übersichtliche Autobahnkarten und 29 nationale Innenstadtpläne
- 13 Innenstadtpläne internationaler Metropolen
- Praktischer Reise-Sprachführer, Hotel- und Restaurantanzeigen

www.adac.de/autoatlas

Urlaub am Bauernhof in Tirol

Vom alpinen Bergbauernhof, über die schönen Höfe des Mittelgebirges, die großen Bauernhöfe in der Inntalfurche bis zu den reizvollen und facettenreichen Betrieben in Osttirol verteilen sich die Mitgliedsbetriebe auf das ganze Tiroler Land.

Ihre Kinder werden es Ihnen danken, wenn Sie ihnen das Abenteuer auf einem unserer Tiroler Bauernhöfe ermöglichen. Der sprudelnde Elan Ihrer Liebsten wird auf vielfältigste Weise befriedigt: spielen auf der Wiese, die Begegnung mit Tieren, einfach nur schauen, intensives Mitleben und einzigartige Abenteuer im ländlichen Bereich erleben.

Von der Schipiste in den Kuhstall, von der Blumenwanderung in die gemütliche Bauernstube, nach einer Bergtour zur gemütlichen „Marend" (Bauernjause) – die Tiroler Bauernhöfe haben immer Saison und bieten für jeden Gast etwas Besonderes! Schnee- und Winterfreuden, Berg- und Wandergenuss wechseln mit bäuerlicher Erlebniswelt – die ideale Kombination für Familien, Naturfreaks und Erholungssuchende.

preiswürdig & wertvoll
einzigartig & vielfältig
natürlich & lebendig
echt & ehrlich

Information und Reservierung:
Urlaub am Bauernhof in Tirol · Brixner Str. 1 · A-6020 Innsbruck
Tel. ++43(0)512/56 18 82 · Fax ++43(0)512/56 73 67
uab@lk-tirol.at · www.bauernhof.cc

HOTELFÜHRER ÖSTERREICH

Ischgl/Tirol

Ischgl Reservation
A-6561 Ischgl
T 0 54 44/52 66 44 • **F 0 54 44/56 36**
E-Mail: reservation@ischgl.com
E-Mail: info@ischgl.com
http://www.ischgl.com
Alles über die Ferienregion S. 158.

Hotels ★★★★★
Hotel Trofana Royal   T 6 00   F 6 00 90

Hotels ★★★★
Hotel garni Christine   T 53 46, 51 46   F 53 46 46
Hotel Elisabeth   T 54 11   F 55 85
Hotel garni Ferienglück   T 52 12, 57 01   F 52 12 45, 57 01 45
Hotel Goldener Adler   T 52 17   F 55 71
Hotel Ischglerhof   T 53 30   F 53 30 64
Hotel Jägerhof   T 52 06   F 52 06 50
Hotel Madlein   T 52 26   F 5 22 62 02
Hotel Olympia   T 54 32   F 5 43 21 00
Hotel Piz Buin   T 53 00   F 56 73
Hotel Piz Tasna   T 52 77   F 52 77 55
Hotel Post   T 52 32   F 56 17 33
Hotel garni Romantica   T 56 33   F 5 63 46
Hotel Seespitz   T 52 14   F 5 70 84
Hotel Seiblishof   T 54 25   F 54 25 66
Hotel Silvretta   T 52 23, 54 24   F 51 34
Hotel Solaria   T 52 05   F 52 05 84
Hotel Sonne   T 53 02   F 53 02 22
Hotel Tirol   T 52 16   F 5 21 66
Hotel Trofana   T 6 01   F 6 01 60
Hotel Yscla   T 52 75   F 5 27 54

Hotels ★★★
Hotel Albona   T 55 00   F 5 67 27
Hotel Alpina   T 52 55   F 55 66
Hotel Antony   T 54 27   F 54 27 45
Hotel garni Astoria   T 52 20   F 5 22 09
Hotel garni Fimba   T 52 40   F 5 21 66
Hotel garni Pazanella   T 51 13   F 51 14 35
Hotel Schlosshof   T 53 47   F 5 14 77

Pensionen ★★★
Pension Alpenrose   T 52 76   F 55 93
Hotel garni Angela   T 51 70   F 5 17 04
Hotel garni Binta   T 56 30   F 5 63 07
Hotel garni Chasa Sulai   T 54 50   F 5 45 02 00

Jerzens/Tirol

Tourismusverband Pitztal
A-6473 Wenns im Pitztal
T 0 54 14/8 69 99 • **F 0 54 14/8 69 99 88**
E-Mail: info@pitztal.com
http://www.pitztal.com
Alles über die Ferienregion S. 172.

Hotels ★★★★
Hotel Alpen Royal   T 8 60 86   F 8 60 86 40
Vital-Hotel Andy   T 8 61 00   F 8 61 08 39
Hotel Jerzner Hof   T 85 10   F 85 10 12
Hotel Venetblick   T 8 55 00   F 85 50 60

Hotels ★★★
Hotel Alpenfriede   T 8 50 00   F 85 00 55
Hotel-Pension Romantica   T 8 63 03   F 86 30 36
Hotel Zum Lammwirt   T 8 73 37   F 8 62 70

Hotels ★★
Berghotel-Restaurant Hochzeigerhaus   T 8 73 35   F 8 73 12 ▷

Fortsetzung S. 683

Für jeden Camper „ein Muss"!

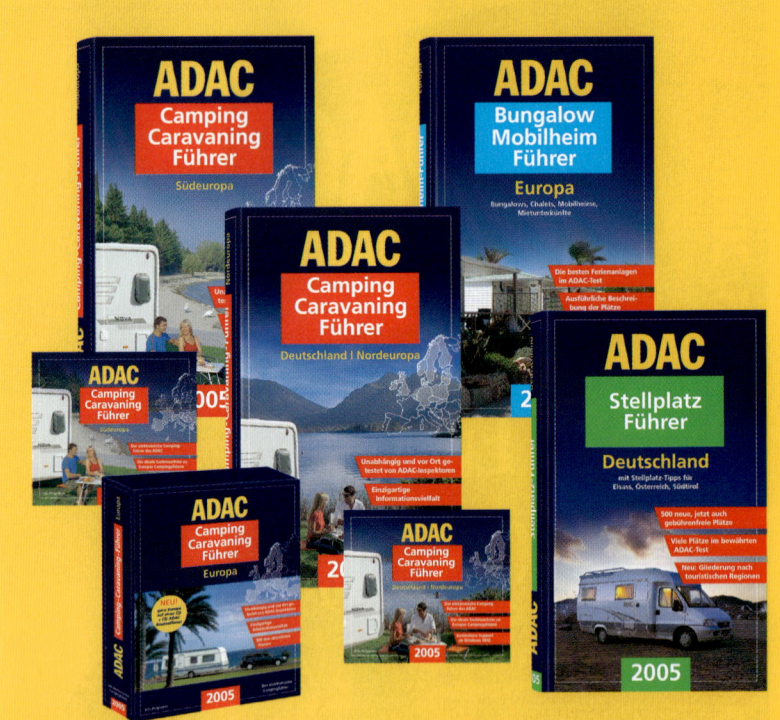

ADAC Camping-Caravaning-Führer 2005

Über 5 400 Campingplätze aus 33 Ländern. Mehr als 2 000 Seiten informationsstark! Mit europaweit einzigartigem ADAC-Campingplatz-Profil: Sterne für jedes Leistungsangebot. Von ADAC-Inspekteuren vor Ort getestet. Extra Camping-Karte je Band.
Dazu: Spezielle Piktogramme zeigen, welche Campingplätze sich für bestimmte Gästegruppen besonders empfehlen.

…auch auf CD-ROM

Alle Platzbeschreibungen des Buches, zur gezielten Auswahl, zum schnellen Finden – nach geografischen Zielen und ganz persönlichen Wünschen.

Überall, wo es Bücher gibt, und beim ADAC.

ADAC Bungalow-Mobilheim-Führer 2005

Über 1 400 Ferienanlagen aus 17 Ländern Europas mit detaillierter Beschreibung der Mietunterkünfte. Ausgewählt nach den strengen Kriterien der ADAC-Inspekteure.
Dazu: Extra-Heft mit Grundrissen.

ADAC Stellplatz-Führer 2005

Über 1 800 Stellplätze in Deutschland und Nachbarländern. Viele davon kritisch getestet und klassifiziert. Detailliert beschrieben: Lage, Zufahrt, Gelände, Ausstattung und Angebot (z. B. Sanitär, Strom), Preise und Kosten, Ver- und Entsorgung, Besonderheiten, Einschränkungen sowie das lokale Freizeitangebot. Mit reichhaltigem Karteneil.
Dazu: mit übersichtlicher Regionenstruktur und gebührenfreien Stellplätzen.

In der Welt des Camping & Caravaning zu Hause!

www.adac.de/campingfuehrer

HOTELFÜHRER ÖSTERREICH

Fortsetzung Jerzens

Pensionen ★★★
Pension-Restaurant Hirschenklause T 8 72 91 F 8 63 86
Haus Hubertus T 8 73 15 F 8 73 15 20

Pensionen ★★
Stalderhütte T 8 61 16, 8 61 50 F 8 76 08

Weitere Hotels, noch nicht klassifiziert
Pension Astoria T 8 77 97 F 8 63 23
Café Holiday T 8 61 84 F 8 61 84 44
Hotel Panorama T 8 73 52 F 8 75 16 50

Juns/Tirol

Hoteleinträge siehe unter Lanersbach.

Kaiserwinkl/Tirol

Hoteleinträge siehe unter Kirchdorf i. T., Kössen, Schwendt und Walchsee.

Kals am Großglockner/Tirol

Tourismusverband Kals am Großglockner
A-9981 Kals am Großglockner
T 0 48 76/88 00 · F 0 48 76/88 00 14
E-Mail: kals@tirol.com
http://tiscover.com/kals
Alles über die Ferienregion S. 232.

Hotels ★★★
Hotel Spöttlinghof T 0 48 00/1 23 45 F 0 48 00/5 43 21

Pensionen ★★★
Pension-Gasthof Lucknerhaus T 8 55 55 F 8 55 55 ▷

Weitere Hotels, noch nicht klassifiziert
Kinderhotel Der Jenshof T 85 20 F 85 20 81
Hotel Jesacherhof T 82 70 F 8 27 04
Hotel-Pension Krone T 82 41 F 84 48
Pension garni Wurlerhof T 82 96 F 2 21 23

Kaltenbach/Tirol

Tourismusverband Zillertal Mitte
A-6272 Zillertal Mitte
T 0 52 83/22 18 · F 0 52 83/28 85
E-Mail: tourist-info@zillertal-mitte.at
http://www.zillertal-mitte.at
Alles über die Ferienregion S. 204.

Hotels ★★★★
Hotel Seetal T 27 13 F 27 13 15

Pensionen ★★★
Pension Pfingstl T 24 79 F 24 79
Gasthof Post T 24 11 F 24 11 51

Weitere Hotels, noch nicht klassifiziert
Landgasthof Brücke T 22 55 F 22 55 13
Gasthof Hochzillertal T 24 20 F 24 20
Pension Wiesenhof T 24 09 F 24 09

Kappl/Tirol

Tourismusverband
A-6555 Kappl
T 0 54 45/62 43 · F 0 54 45/61 63
E-Mail: info@kappl.at
http://www.kappl.at
Alles über die Ferienregion S. 158.

Hotels ★★★★
Hotel Post T 62 03 F 6 20 35
Hotel Sunshine T 66 00 F 66 00 66

Hotels ★★★
Hotel Silvretta T 62 57 F 66 60

Weitere Hotels, noch nicht klassifiziert
Hotel Christophorus T 64 52 F 6 45 23
Hotel-Pension Dorfstadl T 62 55 F 67 53

Kaprun/Salzburg

Europa Sportregion Marketing GmbH Zell am See - Kaprun
A-5700 Zell am See
T 0 65 42/77 00 · F 0 65 42/7 20 32
E-Mail: welcome@europasportregion.info
http://www.europasportregion.info
Alles über die Ferienregion S. 254.

Hotels ★★★★
Hotel Antonius T 0 65 47/76 70 F 0 65 47/7 67 06
Alpen-Wellness Hotel Barbarahof T 0 65 47/72 48 F 0 65 47/7 24 86
Sporthotel Falkenstein T 0 65 47/71 22 F 0 65 47/71 22 45
Hotel Gasthof zur Mühle T 0 65 47/82 54 F 0 65 47/82 54 89
Sporthotel Kaprun T 0 65 47/86 25 F 0 65 47/86 25 19
Hotel Kapruner Hof T 0 65 47/72 34 F 0 65 47/85 81
Hotel Orgler T 0 65 47/8 20 50 F 0 65 47/75 67
Hotel Rudolfshof Vitality T 0 65 47/71 83 F 0 65 47/7 18 38
Hotel Sonnblick T 0 65 47/8 30 10 F 0 65 47/83 01 66
Hotel Steigenberger Kaprun T 0 65 47/76 47 F 0 65 47/76 80
Hotel Tauernhof T 0 65 47/82 35 F 0 65 47/82 35 66
Hotel Vier Jahreszeiten T 0 65 47/83 16 F 0 65 47/83 16 44
Verwöhnhotel Vötters Sportkristall T 0 65 47/7 13 40 F 0 65 47/71 34 50
Hotel Zur Burgruine T 0 65 47/83 06 F 0 65 47/83 06 60

Hotels ★★★
Hotel Hubertushof T 0 65 47/85 04 F 0 65 47/7 11 77
Hotel Martini T 0 65 47/72 21 F 0 65 47/7 22 17
Hotel-Gasthof Mitteregger T 0 65 47/82 07 F 0 65 47/82 07 63
Aparthotel Toni T 0 65 47/71 13 F 0 65 47/71 13 55
Hotel Waidmannsheil T 0 65 47/8 24 30 F 0 65 47/8 24 37
Hotel Wüstlau T 0 65 47/84 61 F 0 65 47/84 61 62 ▷

Fortsetzung S. 684

Zeichenerklärung

- Einträge von Hotel- und Pensionsbetrieben, die sich zusätzlich mit einer Anzeige empfehlen, sind durch Piktogramme ergänzt, die nähere Details der Ausstattung und Eignung darstellen.

- Dabei stützen wir uns auf Angaben, die auf Befragen von den Inserenten selbst übermittelt worden sind.

- Für die Richtigkeit der Informationen übernehmen wir keine Gewähr. Wir sind für Anregungen und Ergänzungen dankbar.

⊨	Anzahl der Betten	⊕	Diskothek/Livemusik
🐕	Hunde ausdrücklich erlaubt	👥	Kinderbetreuung/-animation
🍴	Restaurant	🛝	Kinderspielplatz
▯	Fahrstuhl	🚡	Lift/Seilbahn: Entfernung
🏠	Garagenplätze vorhanden	🏊	Badesee: Entfernung
🏊	Freibad im Hotel (oder unmittelbar angrenzend)	⛳	Golfplatz: Entfernung
🏊	Hallenbad im Hotel	🚴	Bikerfreundlich
🎾	Tennisplatz/-halle	🏇	Reitmöglichkeit: Entfernung
	Dampfbad	⛵	Wassersportmöglichkeit: Entfernung
	Sauna	AMEX	American Express
	Whirlpool	ⓓ	Diners Club
	Fitnessraum	Ⓜ	MasterCard
	Liegewiese/Terrasse	VISA	VISA
	Trockenraum	Ⓜ	Maestro

HOTELFÜHRER ÖSTERREICH

Fortsetzung Kaprun

Pensionen ★★★
Pension Haus "Annelies" T 0 65 47/86 89 F 0 65 47/86 89
Pension Austria T 0 65 47/84 46 F 0 65 47/8 44 64
Pension garni Bergblick T 0 65 47/72 09 F 0 65 47/7 20 97
Pension Bergheil T 0 65 47/83 39 F 0 65 47/83 39 33
Pension Gasthof zur "Künstleralm" T 0 65 47/85 60 F 0 65 47/85 60 82
Gasthof Gletscherblick T 0 65 47/82 93 F 0 65 47/8 29 34
Pension Haus St. Georg T 0 65 47/86 61 F 0 65 47/8 66 14
Gästehaus Hofer T 0 65 47/82 47 F 0 65 47/8 24 74
Pension garni Monika T 0 65 47/83 05 F 0 65 47/83 05
Pension Oberlehenhof T 0 65 47/84 81 F 0 65 47/80 81
Pension Oberschneider T 0 65 47/84 84 F 0 65 47/8 48 48
Pension Rieder T 0 65 47/86 88 F 0 65 47/86 88 70
Pension Sonnhof T 0 65 47/71 10 F 0 65 47/71 10
Pension Steger T 0 65 47/71 47 F 0 65 47/71 47 28
Sportpension Trauner T 0 65 47/86 07 F 0 65 47/8 60 74

Pensionen ★★
Pension Heidi T 0 65 47/82 23 F 0 65 47/8 22 34

Weitere Hotels, noch nicht klassifiziert
Pension Alpenrose T 0 65 47/72 40 F 0 65 47/72 40 30

Katschberg-Rennweg/Salzburg

Tourismusregion
A-9863 Katschberg-Rennweg
T 0 47 34/6 30, 33 00 • F 0 47 34/7 53, 33 05
E-Mail: office@katschberg-rennweg.at
http://www.katschberg-rennweg.at
Alles über die Ferienregion S. 290.

Hotels ★★★★
Hotel Falkensteiner-Funimation T 63 10 F 63 19 17
Hotel Hubertus T 3 19 F 3195 10
Apart-Hotel Hutter T 62 70 F 6 27 35
Hotel Katschberg T 2 20 F 35 31 51
Hotel Katschberghof T 2 66 F 4 06
Hotel Lärchenhof T 6 50, 2 50 F 6 50 41

Hotels ★★★
Hotel Sonnalm T 4 91 F 4 91 4 39

Pensionen ★★★
Erlebnisgasthof Alpina T 3 50 F 3 5 04
Alpengasthof Bacher T 3 18 F 3 1 84
Pension Edelweiss T 2 03 F 2 03
Gasthof Katschtalerhof T 2 10 F 21 04
Familiengasthof Post T 2 04 F 20 44
Pension Waldhauser T 2 98 F 2 98

Weitere Hotels, noch nicht klassifiziert
Ferienwohnungen und Skihütten Aigner T 3 42 F 8 12 54
Pension Strafnerhof T 2 91 F 2 99 55

Kaunertal/Tirol

Hoteleinträge siehe unter Feichten.

www.kirchberg-alpenhof.at

HOTEL ALPENHOF KIRCHBERG
Inmitten der traumhaften Bergwelt der Kitzbüheler Alpen ist das Hotel ein idealer Ausgangspunkt für Wanderungen, Mountainbike- u. Radtouren, interess. Ausflugsziele u.v.m.
HOTEL ALPENHOF · A-6365 Kirchberg/Tirol
Tel. +43/53 57/23 89 · Fax 23 89-33
e-mail: hotel.alpenhof@gbh.oegb.or.at

Kirchberg/Tirol

Tourismusverband
A-6365 Kirchberg in Tirol
T 0 53 57/23 09, 20 00 • F 0 53 57/37 32
E-Mail: info@kirchberg.at
http://www.kirchberg.at
Alles über die Ferienregion S. 224.

Hotels ★★★★
Alpenhotel Adler T 23 27 F 2 32 72 05
Hotel Alexander T 22 22 F 34 07
Familien-Sporthotel Kirchberg Cordial T 2 84 20 F 2 84 24 06
Hotel Elisabeth T 22 77 F 37 01
Hotel Klausen T 21 28 F 36 13
Hotel Metzgerwirt T 23 25 F 23 25 49
Hotel Sonnalp T 27 41 F 2 74 12 00
Sunny Hotel Sonne T 24 02 F 24 02 88
Hotel Sportalm T 2 77 80, 3 34 70 F 33 47 30
Sporthotel Tyrol T 27 87 F 33 48
Hotel Tyroler Hof T 26 66 F 26 65 65

Hotels ★★★
Hotel Alpenhof T 23 89 F 23 89 33
http://www.kirchberg-alpenhof.at
96 0,5 km 1 km 3 km
Parkhotel Kirchberg T 23 83 F 2 38 32 00
Hotel Landhaus Brauns T 25 45 F 2 54 57
Hotel Lifthotel T 24 21 F 36 62
Hotel Rösslwirt T 22 62 F 2 16 16
Hotel Seehof T 22 28 F 2 22 88
Hotel Taxacherhof T 25 27 F 42 01
Hotel Traube T 22 79 F 49 30
Hotel Traublingerhof T 39 25 F 3 92 58
Hotel Willms am Gaisberg T 23 65 F 2 04 49
Hotel-Pension Zentral T 25 35 F 38 57

Pensionen ★★★
Gasthof Bechlwirt T 29 59, 22 05 F 34 59
Pension Eva T 23 53 F 2 35 34
Pension Hahnenkamm T 23 45 F 23 45 40
Pension garni Jagdhaus T 23 71 F 2 37 15
Pension Kirchbergerhof T 23 97 F 23 97 42
Gasthof Kirchenwirt T 28 52 F 3 77 37
Pension-Landhaus Küchl T 2 77 60 F 2 77 60 40
Pension Maria Rose T 23 37 F 2 33 75
Gasthof Spertendorf T 25 38 F 2 53 87
Pension garni Tannenhof T 23 76 F 2 37 67

Pensionen ★★
Gasthof Skirast T 22 48 F 28 95

Kirchdorf in Tirol/Tirol

Tourismusverband
A-6382 Kirchdorf in Tirol
T 0 53 52/69 33 • F 0 53 52/6 52 08
E-Mail: info@kirchdorf.com
http://www.kirchdorf.com
Alles über die Ferienregion S. 212.

Hotels ★★★★
Landgut Furtherwirt T 63 15 00 F 6 21 31
Hotel Kalkstein T 63 165 F 6 59 80
Hotel Kramerhof T 69 01 F 6 48 62
Hotel Seiwald T 63 156 F 6 31 56 70

Hotels ★★★
Hotel Alphof T 6 39 45 F 6 51 38
Hotel Binder T 6 21 09 F 6 34 91
Hotel Gasteiger Jagdschlössl T 6 45 32 F 6 14 31

Pensionen ★★★
Pension Hautz T 6 41 36 F 6 15 40
Pension Marliesenhof T 6 25 91 F 6 52 35 30
Gasthof Mauth T 6 31 24 F 6 61 43
Gasthof Neuwirt T 6 31 20 F 6 37 52 20
Gasthof-Hotel Wintersteller T 6 76 60 F 67 66 05
Gasthof Zehenthof T 6 31 25 F 6 56 17

Pensionen ★★
Apart garni Bichler T 6 31 74 F 6 31 74 22

Kitzbühel/Tirol

Tourismusverband
A-6370 Kitzbühel in Tirol
T 0 53 56/7 77 • F 0 53 56/7 77 77
E-Mail: info@kitzbuehel.com
http://www.kitzbuehel.com
Alles über die Ferienregion S. 224.

Hotels ★★★★★
Romantikhotel Tennerhof T 63 181 F 6 31 81 70
Hotel Weisses Rössl T 6 25 4 10 F 6 34 72

Hotels ★★★★
Sporthotel Astron T 63 21 10 F 6 32 11 15
Sport-Wellnesshotel Bichlhof T 6 40 22 F 6 36 34
Hotel Cordial T 6 64 77 F 6 64 77 77
Hotel Ehrenbachhöhe T 6 21 51 F 6 21 51 99
Gartenhotel Erika T 6 48 85 F 6 48 85 13
Hotel Goldener Greif T 6 43 11 F 6 50 01
Hotel Hahnenhof T 6 25 82 F 7 16 13
Hotel Jägerwirt T 69 81 F 6 40 67
Alpenhotel Kitzbühel T 6 42 5 40 F 6 42 5 43 33
Hotel garni Ludwig T 7 53 00 F 6 47 93
Hotel Maria Theresia T 6 47 11 F 7 44 40
Golfhotel Rasmushof T 6 52 5 20 F 6 52 52 49
Sporthotel Reisch T 63 36 60 F 6 32 91
Hotel Schloß Lebenberg T 6 90 10 F 6 44 05
Hotel Schwarzer Adler T 69 11 F 7 39 39
Sporthotel Schweizerhof T 6 27 35 F 6 27 35 57
Hotel Tiefenbrunner T 6 66 80 F 6 66 80 80
Sporthotel Tirolerhof T 6 27 67 F 7 22 46
Hotel Zur Tenne T 6 44 40 F 6 44 44 88

Fortsetzung S. 685

HOTELFÜHRER ÖSTERREICH

Fortsetzung Kitzbühel

Hotels ★★★
Alpengolfhotel Am Lutzenberg   T 6 32 79   F 7 25 37
Hotel Aurach   T 6 28 76   F 6 28 767
Golfhotel Bruggerhof   T 6 28 06   F 6 44 79 30
Hotel garni Christophorus   T 6 27 83, 6 27 84   F 6 27 85
Hotel Edelweiß   T 7 52 52   F 7 52 52 8
Gesundheits-Hotel Florian   T 6 65 42   F 6 52 4 24
Hotel Haselsberger   T 6 28 66, 7 50 67   F 6 28 66 14
Hotel Hofer   T 6 30 13   F 6 30 1 36
Hotel Klausner   T 6 21 36   F 7 39 25
Hotel Montana   T 6 25 26   F 6 25 26 1 55
Hotel Resch   T 6 22 94   F 6 50 06
Hotel Seebichl   T 6 25 25   F 6 25 56 55
Clubhotel Sonnenhof   T 6 27 2 10   F 6 27 2 17
Hotel Strasshofer   T 6 22 85   F 7 15 32
Hotel Wiesenegg   T 6 40 26   F 7 20 46

Pensionen ★★★
Gasthof Eggerwirt   T 6 24 55   F 6 24 37 22
Pension Foidl   T 6 21 89 0   F 6 21 89 7
Hotel garni Licht   T 6 22 93   F 6 22 93 33

Klagenfurt/Kärnten

Tourismus
A-9010 Klagenfurt
T 04 63/5 37 22 23 • **F 04 63/5 37 62 18**
E-Mail: tourismus@klagenfurt.at
http://www.info.klagenfurt.at
Alles über die Ferienregion S. 338.

Hotels ★★★★
Hotel Carinthia   T 5 11 64 5   F 5 16 76 5
Hotel Dermuth   T 2 12 47   F 2 12 47 17
Hotel Goldener Brunnen   T 5 73 80   F 5 16 52 0
Hotel Moser Verdino   T 5 00 95 9   F 5 00 95 9 09
Hotel Palais Porcia   T 5 11 59 0   F 5 11 59 30
Hotel Rokohof   T 2 15 26 0   F 2 15 26 34
Hotel Sandwirth   T 5 62 09   F 5 14 32 2
Hotel Schloss St. Georgen   T 4 68 4 90   F 4 68 49 70
Hotel Trigon   T 3 51 95 0   F 3 51 95 20

Hotels ★★★
Hotel Alpen Adria   T 2 49 54 5   F 2 49 54 55
Hotel Aragia   T 3 12 22   F 3 12 22 13
Hotel Austria Classic Weidenhof   T 2 81 54 00   F 2 81 54 08
Hotel Geyer   T 5 78 86   F 5 78 86 20
Hotel Lieberegger   T 5 69 35   F 5 69 35 6
Hotel Plattenwirt   T 2 11 73   F 2 11 73 25
Hotel Rösch   T 2 81 60 4   F 2 81 60 44
Schlosshotel Wörthersee   T 2 11 58   F 2 11 58 8

Pensionen ★★★
Gasthof Krall   T 4 14 44   F 4 14 44 50
Pension Wachau   T 2 17 17   F 2 17 17 8
Gasthof Waidmannsdorfer Hof   T 2 25 44   F 2 55 44 20
Pension Zlami-Holzer   T 5 54 16   F 5 54 16 50

Kleinarl/Salzburg

Tourismusverband
A-5603 Kleinarl
T 0 64 18/2 06 • **F 0 64 18/20 62**
E-Mail: welcome@kleinarl.info
http://www.kleinarl.info
http://www.kleinarl.com
Alles über die Ferienregion S. 284.

Hotels ★★★★
Hotel Guggenberger   T 22 20   F 2 22 40
Hotel Tauernhof   T 2 47   F 4 72
Hotel Zirbenhof   T 22 10   F 2 21 25

Pensionen ★★★★
Apartpension Angerwirt   T 21 50, 4 00   F 4 69

Pensionen ★★★
Gästehaus Emmi   T 2 39   F 2 39 72
Gästehaus Kristall   T 36 00   F 3 60 50

Weitere Hotels, noch nicht klassifiziert
Pension Ennskraxblick   T 2 52   F 25 28
Hotel garni Gästehaus Keil   T 6 18   F 6 18 40

Kleinwalsertal/Vorarlberg

Hoteleinträge siehe unter Hirschegg, Mittelberg und Riezlern.

Klösterle/Vorarlberg

Tourismusbüro Klösterle am Arlberg
A-6754 Klösterle am Arlberg
T 0 55 82/7 77 • **F 0 55 82/5 90**
E-Mail: tourismus@kloesterle.com
http://www.kloesterle.com
Alles über die Ferienregion S. 130.

Hotels ★★★
Hotel Arlberger Hof   T 5 89   F 5 04
Hotel Klosterthaler Hof   T 5 35   F 5 3 58

Pensionen ★★
Haus Christian   T 5 47   F 5 4 76

Klostertal/Vorarlberg

Hoteleinträge siehe unter Klösterle.

Königsleiten/Salzburg

Hoteleinträge siehe unter Wald im Oberpinzgau.

Kössen/Tirol

Tourismusverband Kössen-Schwendt
A-6345 Kössen
T 0 53 75/62 87 • **F 0 53 75/69 89**
E-Mail: info@koessen.at
http://www.koessen.at
Alles über die Ferienregion S. 212.

Hotels ★★★★
Hotel Alpina   T 21 46   F 68 53
Hotel Peternhof   T 6 2 85   F 69 44
Hotel Sonneck   T 6 4 53   F 2 4 31
Golf & Sporthotel Tyrol   T 6 2 41   F 61 41

Hotels ★★★
Hotel Waidachstuben   T 64 15   F 64 1 59   ▷

Pensionen ★★★
Gästehaus Rottenspacher   T 64 25   F 6 42 55

Krakauebene/Steiermark

Hoteleinträge siehe unter Murau u. St. Lorenzen o. M.

Kramsach/Tirol

Tourismusverband
A-6233 Kramsach
T 0 53 37/6 22 09 • **F 0 53 37/6 47 88**
E-Mail: kramsach@tirol-pur.at
http://www.kramsach.info
Alles über die Ferienregion S. 202.

Hotels ★★★★
Hotel Kramsacherhof   T 6 39 87   F 6 57 40
Sporthotel Sonnenuhr   T 6 26 04   F 6 26 04 44

Hotels ★★★
Sporthotel Iris   T 6 22 80   F 6 51 93
Hotel Schlosshof   T 6 22 86   F 6 47 85

Pensionen ★★★
Landgasthof Gappen   T 6 22 86   F 6 47 85
Gasthof-Pension Luchnerwirt   T 6 25 78   F 6 54 24
Gasthof Voldöpperwirt   T 6 23 33   F 6 23 3 37

Krimml/Salzburg

Tourismusverband
A-5743 Krimml
T 0 65 64/7 23 90 • **F 0 65 64/72 39 14**
E-Mail: info@krimml.at
http://www.krimml.at
http://www.tiscover.at/krimml
Alles über die Ferienregion S. 258.

Hotels ★★★★
Ferienhotel Krimmlerfälle   T 72 03   F 74 73

Hotels ★★★
Hotel Filzstein   T 83 18   F 8 31 81 40
Hotel Klockerhaus   T 72 08   F 72 08 46
Hotel Schönmoosalm   T 72 72   F 7 27 24
Hotel-Gasthof Zur Post   T 73 58   F 75 58 31

Pensionen ★★★
Gasthof Burgeck   T 72 49   F 75 69
Gästehaus Waltl   T 72 95   F 7 29 55

Pensionen ★★
Gasthof Finkau   T 83 80   F 83 80
Gasthof Gerlosplatte   T 82 85   F 8 28 52
Gasthof Kirchenwirt   T 72 69   F 7 26 94
Gasthof Schönangerl   T 72 28, 75 56   F 72 28, 75 56 16
Gasthof Waldhaus   T 72 20   F 7 22 04

Die Angaben über die Klassifizierung der Unterkünfte wurden den offiziellen Verzeichnissen der zuständigen Tourismusverbände entnommen. Für die Richtigkeit der Informationen übernehmen wir keine Gewähr.

HOTELFÜHRER ÖSTERREICH

Kufstein/Tirol

Tourismusverband Kufstein
A-6330 Kufstein
T 0 53 72/6 22 07 • F 0 53 72/6 14 55
E-Mail: kufstein@netway.at
http://www.kufstein.at

Alles über die Ferienregion S. 216.

Hotels ★★★★
Hotel Alpenrose   T 6 21 22   F 6 21 27
Hotel Andreas Hofer T 69 80   F 69 80 90
Hotel Thaler   T 6 94 40   F 6 94 45 0
Hotel Zum Bären   T 6 22 29   F 63 68 94

Hotels ★★★
Hotel Auracher Löchl   T 6 21 38   F 6 43 99
Hotel Felsenkeller   T 6 27 84   F 6 25 44
Hotel Goldener Löwe   T 6 21 81   F 6 21 81 8
Alpotel Kufsteinerhof T 7 10 30   F 7 10 31
Hotel Lanthalerhof   T 6 41 05   F 6 41 05 35

Pensionen ★★★
Gasthof Stimmersee   T 6 27 56   F 6 27 5 67
Gasthof Tiroler Hof T 6 23 31   F 6 19 09

Kühtai/Tirol

Tourismusbüro
A-6183 Kühtai
T 0 52 39/52 22 • F 0 52 39/52 55
E-Mail: info@kuehtai.co.at
http://www.kuehtai.co.at
http://www.tiscover.com/kuehtai
http://www.schneegarantie.at
http://www.pollenfrei.at

Hotels ★★★★
Hotel Astoria   T 52 15   F 52 15 80
Hotel Elisabeth   T 52 40   F 52 52 51
Hotel Jagdschloss Kühtai   T 52 01   F 52 81
Hotel Konradin   T 52 20, 52 13 F 52 93 15
Sporthotel Kühtai   T 52 17   F 52 17 80
Alpenresidenz Mooshaus   T 52 07   F 5 20 75
Familienhotel Moritz   T 5 40 00   F 5 40 00 54

Hotels ★★★
Hotel Alpenrose   T 52 05, 52 34   F 52 34 25
Alpenhotel Seiler   T 54 32   F 5 43 2 10
Hotel Silzer Hof   T 52 09   F 5 25 18

Weitere Hotels, noch nicht klassifiziert
Hotel Tyrol   T 52 08   F 52 28 88

Lackenhof/Niederösterreich

Ötscher Tourismus GmbH
A-3295 Lackenhof
T 0 74 80/52 86 • F 0 74 80/58 53
E-Mail: info@lackenhof.at
http://www.lackenhof.at

Alles über die Ferienregion S. 300.

Hotels ★★★★
Wellnesshotel Jagdhof   T 5 30 00   F 5 30 08

Hotels ★★★
Familienhotel Blümchen   T 52 93   F 2 00 24

Pensionen ★★★★
Gasthof Kirchenwirt   T 50 50   F 50 50 50

Pensionen ★★★
Appartment-Pension Ötscherhof   T 2 00 81
Landgasthof Taverne   T 52 38   F 5 23 84

Pensionen ★★
Gasthof Zum Ötscherblick   T 52 50   F 52 50 42

Ladis/Tirol

Tourismusverband
A-6531 Ladis
T 0 54 72/66 01 • F 0 54 72/22 77
E-Mail: ladis@netway.at
http://www.tiscover.com/ladis
http://www.ladis.at

Alles über die Ferienregion S. 162.

Hotels ★★★★
Hotel Goies   T 6 13 30   F 22 30 33
Hotel Laderhof   T 69 96, 61 47   F 6 99 66
Hotel-Pension Panorama T 24 44   F 24 44 44
Hotel Sonnleit'n   T 26 60   F 2 66 05
Hotel garni Tirol   T 66 05   F 66 05 66

Hotels ★★★
Hotel Bad Ladis   T 60 50, 62 55   F 6 05 06
Hotel Forer   T 66 22   F 23 43   ▷

Eine Erklärung der Symbole finden Sie auf S. 683.

Pensionen ★★★
Gasthof Rose   T 62 13   F 6 21 36

Weitere Hotels, noch nicht klassifiziert
Apart Bergkristall   T 66 06   F 66 06 34
E-Mail: office@apart-bergkristall.com
http://www.apart-bergkristall.com

Landeck/Tirol

Tourismusverband Tirol West
A-6500 Landeck
T 0 54 42/6 56 00 • F 0 54 42/6 56 00 15
E-Mail: info@tirolwest.at
http://www.tirolwest.at

Hotels ★★★★
Hotel Enzian   T 6 20 66   F 6 20 66 6
Hotel Mozart   T 6 42 22   F 6 42 22 11
Hotel Nussbaumhof   T 6 23 00   F 6 23 00 46
Hotel Schrofenstein   T 6 23 95   F 6 49 54 55

Hotels ★★★
Hotel Bruggner Stub'n   T 63 35 67   F 63 35 65
Tourotel Post   T 69 11   F 69 11 71
Hotel Schwarzer Adler   T 6 23 16   F 6 23 16 50
Hotel Sonne   T 6 25 19   F 6 25 19 17
Hotel Tramserhof   T 6 22 46   F 6 48 70 6

Lanersbach/Tirol

Tourismusverband Tux
A-6293 Lanersbach
T 0 52 87/85 06 • F 0 52 87/85 08
E-Mail: info@tux.at
http://www.tux.at
http://www.hintertux.com

Alles über die Ferienregion S. 208.
Hotelanzeigen siehe S. 709.

Hotels ★★★★
Aktiv- & Wellnesshotel Bergfried   T 8 72 39   F 8 75 66
E-Mail: info@bergfried.at
http://www.bergfried.at
Aparthotel garni Dorfplatzl   T 8 72 20   F 8 72 20 44
Hotel Lanersbacherhof   T 8 72 56   F 8 74 53
Hotel Tuxerhof   T 85 11   F 85 11 50
Hotel Tuxertal   T 85 77   F 85 77 44
Hotel Vital Central   T 8 50 40   F 85 04 50   ▷

HOTELFÜHRER ÖSTERREICH

Fortsetzung Lanersbach

Hotels ★★★
Gasthof Jäger   T 8 72 34   F 8 72 34 30
Hotel Kirchlerhof   T 85 60   F 8 76 26
Hotel garni Sonne   T 8 72 29   F 8 61 16
Hotel-Pension Tirolerhof   T 8 74 81   F 87 48 24

Pensionen ★★★
Pension Alpengruss   T 8 72 93   F 8 72 93 3
Gästehaus Alpenland   T 8 72 83   F 87 28 38
Pension Burgschrof'n   T 8 73 56   F 8 77 01
Gästehaus Dorfbäckerei   T 8 72 18   F 8 72 17
Gasthof Forelle   T 8 72 14   F 8 75 43
Sportpension Pinzger   T 8 75 41   F 87 54 18
Pension Rosengarten   T 8 72 57   F 8 62 18
Pension Sonnleiten   T 8 72 23   F 87 22 35
Frühstückspension Testerhof   T 8 72 97   F 8 72 97 50

Pensionen ★★
Pension Alpenrose   T 8 72 41   F 8 62 66
Gasthof Alte Stube   T 8 72 77   F 8 62 35

Laterns/Vorarlberg

Laterns Tourismus
A-6830 Laterns
T 0 55 26/2 03 • F 0 55 26/2 14
E-Mail: tourismusamt@laternsertal.at
http://www.laternsertal.at
Alles über die Ferienregion S. 130.

Hotels ★★★
Hotel Am Kühboden   T 2 34   F 23 56

Pensionen ★★★
Gasthof Bergfrieden   T 2 30   F 23 04

Pensionen ★★
Berghof   T 2 39   F 27 103
Alpengasthof Peterhof   T 4 28 82   F 42 88 26

Lavanttal/Kärnten

Hoteleinträge siehe unter Feistritz-Petzen.

Lech am Arlberg/Vorarlberg

Lech Zürs Tourismus GmbH
A-6764 Lech am Arlberg
T 0 55 83/2 16 10 • F 0 55 83/31 55
E-Mail: info@lech-zuers.at
http://www.lech-zuers.at
Alles über die Ferienregion S. 142.

Hotels ★★★★★
Hotel Arlberg   T 2 13 40   F 21 34 25
Hotel-Gasthof Post   T 2 20 60   F 22 06 23
Hotel-Almhof Schneider   T 3 50 00   F 35 00 33   ▷

Hotels ★★★★
Hotel Alpenland   T 23 51   F 23 5 15
Hotel Anemone   T 3 53 90   F 3 53 94
Hotel Angela   T 24 07   F 24 07 15
Hotel Antonius   T 24 62   F 2 67 22
Hotel Arabell   T 21 81   F 21 81 92
Hotel Auenhof   T 2 54 10   F 2 54 13
Hotel Aurora   T 2 35 40   F 23 54 30
Hotel Austria   T 23 82   F 23 83 40
Hotel Bellevue   T 24 94   F 31 46 43
Hotel Berghof   T 26 35   F 2 63 55
Hotel Bergkristall   T 26 78   F 26 78 14
Gourmethotel Brunnenhof   T 23 49   F 23 49 59
Hotel Burg   T 2 29 10   F 22 91 12
Hotel Burg Vital   T 2 29 19 30   F 22 91 16
Hotel Burgwald   T 23 10, 32 16   F 3 21 66
Hotel Elisabeth   T 23 30   F 25 04
Sporthotel Goldener Berg   T 2 20 50   F 22 05 13
Hotel Gotthard   T 3 56 00   F 35 60 52
Hotel-Pension Haldenhof   T 2 44 40   F 24 44 21
Hotel Hartenfels   T 35 81   F 3 10 44
Hotel Hinterwies   T 2 53 10   F 25 31 51
Hotel Jagdhaus Monzabon   T 21 04   F 21 04 36
Hotel garni Knappaboda   T 3 52 00   F 3 52 15
Hotel Kristberg   T 24 88   F 28 00
Sporthotel Kristiania   T 2 56 10   F 35 50
Romantik-Hotel Krone   T 25 51   F 25 51 81
Hotel Madlochblick   T 22 20, 25 08   F 34 16
Hotel und Chalet Montana   T 24 60   F 24 60 38
Hotel Montfort   T 24 78   F 24 78 25
Hotel Omesberg   T 22 12   F 37 56
Hotel Panorama   T 24 00, 31 00   F 31 00 15
Hotel Petersboden   T 32 32   F 32 32 38
Hotel Pfefferkorn's   T 2 52 50   F 2 52 58
Sporthotel & Wellnesshotel Plattenhof   T 2 52 20   F 34 20
Hotel-Gasthof Rote Wand   T 3 43 50   F 34 35 40
Hotel Salome   T 2 30 60, 2 30 70   F 23 07 40
Hotel Schmelzhof   T 3 75 00   F 37 50 30
Hotel Sonnenburg   T 21 47   F 21 47 36
Hotel Tannbergerhof   T 2 20 20   F 33 13
Hotel Theodul   T 23 08   F 2 52 18

Hotels ★★★
Hotel garni Alexandra   T 28 48   F 31 50
Hotel & Appartements Bergheim   T 22 56   F 33 83
Sporthotel Cresta   T 23 28   F 2 64 57
Hotel-Chesa Rosa Lech   T 2 28 90   F 27 27
Adler-Hotel Palma   T 27 57   F 33 79
Hotel Sandhof   T 22 98   F 2 29 83
Hotel Schwarzwand   T 24 69   F 2 77 66
Hotel Verwall   T 2 64 10   F 26 42 50

Pensionen ★★★★
Hotel-Pension Alpenrose   T 22 92   F 3 27 13
Gästehaus Lavendel   T 2 65 7, 28 71   F 2 87 18, 2 65 78
Pension Roggal   T 2 27 40   F 2 68 04

Fortsetzung S. 688

Die Angaben über die Klassifizierung der Unterkünfte wurden den offiziellen Verzeichnissen der zuständigen Tourismusverbände entnommen. Für die Richtigkeit der Informationen übernehmen wir keine Gewähr.

Reisen mit Lust und Laune.

ADAC reisemagazin — SCHWEIZ
ADAC reisemagazin — Dolomiten Trentino Gardasee
ADAC reisemagazin — VENETIEN & FRIAUL
ADAC reisemagazin — SÜDTIROL
ADAC reisemagazin — TIROL
ADAC reisemagazin — BERLIN

Alle 2 Monate an ein neues, aufregendes Reiseziel!

Überall, wo es Bücher gibt, und beim ADAC.

HOTELFÜHRER ÖSTERREICH

Fortsetzung Lech am Arlberg

Pensionen ★★★
Gasthof Alphorn   T 27 50   F 27 50 29
Appartements Apollonia T 34 10   F 34 10 83
Pension Berger   T 28 39   F 28 39 7
Hotel-Pension Bianca   T 28 29   F 28 29 15
Gasthof-Pension Formarin T 22 30   F 34 69
Pension Gradenburg   T 24 70   F 3 65 58
Pension Hubertus   T 21 28   F 39 25
Gasthof Schlössle   T 23 04   F 23 04 23

Lechtal/Tirol

Tourismusverband
A-6652 Lechtal
T 0 56 34/53 15 • F 0 56 34/53 16
E-Mail: lechtal@tirol.com
http://www.lechtal.at

Leogang/Salzburg

Tourismusbüro Leogang
A-5771 Leogang
T 0 65 83/82 34 • F 0 65 83/73 02
E-Mail: info@saalfelden-leogang.at
Alles über die Ferienregion S. 248.

Hotels ★★★★
Hotel Forsthofalm   T 85 45   F 85 45 93
Hotel Forsthofgut   T 85 61   F 74 19 77
Hotel Kirchenwirt   T 82 16   F 84 59
Hotel Krallerhof   T 8 24 60   F 82 46 85
Hotel Leogangerhof   T 82 09   F 82 09 25
Hotel Löwenhof   T 74 28   F 7 42 95
Hotel Salzburger Hof   T 73 10   F 73 10 67
Hotel St. Leonhard   T 85 42   F 85 42 85
Landhotel Stockinggut   T 0 65 88/83 95   F 0 65 88/ 8 39 57

Hotels ★★★
Hotel Lindenhof   T 82 80   F 82 80 95
Landhotel Rupertus   T 84 66   F 84 66 55
Hotel-Gasthof Wachter   T 83 04   F 8 30 46

Pensionen ★★★
Gasthof Asitz Stub'n   T 85 56   F 8 55 64
Gasthof Bäckerwirt   T 82 04   F 8 20 47
Pension Embachhof   T 82 75   F 75 19
Pension Grünwald   T 82 03   F 8 20 33
Gasthof Hüttwirt   T 82 27, 74 71   F 74 71
Pension garni Hutter   T 82 12   F 8 21 26
Romantikgut Millinghof T 2 00 92   F 20 09 24

Die Angaben über die Klassifizierung der Unterkünfte wurden den offiziellen Verzeichnissen der zuständigen Tourismusverbände entnommen. Für die Richtigkeit der Informationen übernehmen wir keine Gewähr.

Lermoos/Tirol

Tiroler Zugspitz Arena
A-6631 Lermoos
T 0 56 73/24 01 • F 0 56 73/26 94
E-Mail: info@lermoos.at
http://www.lermoos.at
Alles über die Ferienregion S. 154.

Hotels ★★★★
Hotel Alpenrose   T 24 24   F 24 24 24
Hotel Bergland   T 29 13   F 29 13 35
Hotel Drei Mohren   T 23 62   F 35 38
Hotel Edelweiß   T 22 14   F 2 21 41 30
Sporthotel Loisach   T 23 94   F 23 94 84
Hotel Post   T 2 28 10   F 22 81 41
Hotel Rustika   T 27 24   F 36 13
Sporthotel Zugspitze   T 26 30   F 26 30 15

Hotels ★★★
Hotel Bellevue   T 21 51   F 2 15 11 50
Hotel-Gasthof Grieserhof T 23 25   F 2 32 56
Hotel Hubertushof   T 21 61   F 21 61 15
Sporthotel Pechtl   T 28 98   F 28 98 51
Hotel Tyrol   T 22 17   F 3 19 39

Pensionen ★★★★
Landhaus Gerber   T 32 00   F 32 00 44
Pension garni Lärchenhof T 21 97   F 2 19 75

Pensionen ★★★
Pension Alpenglühn   T 21 88   F 30 97
Pension garni Alpenhof T 21 82   F 21 82
Gasthof-Pension Lermooserhof T 22 41   F 22 41 33
Gasthof Rose   T 22 52   F 2 25 24

Leutasch/Tirol

Olympiaregion Seefeld, Infobüro
A-6105 Leutasch
T 0 52 14/62 07, 63 03 • F 0 52 14/69 65
E-Mail: info@leutasch.com
http://www.seefeld.at
Alles über die Ferienregion S. 182.

Hotels ★★★★
Hotel Bergland-Jodlerwirt   T 62 53   F 60 04 26
Wellness & Erlebnishotel Hubertushof T 65 61   F 69 61
Alpenhotel Karwendel   T 63 04   F 63 04 22
Hotel Kristall   T 63 19   F 63 19 47
Hotel Leutascherhof   T 62 08   F 69 78
Hotel Quellenhof   T 6 78 20   F 63 69
Sporthotel Raffls   T 6 63 40   F 60 44
Sporthotel Xander   T 65 81   F 69 43

Hotels ★★★
Hotel Central   T 68 44   F 69 57
Hotel Loipe   T 64 75   F 68 89 30

Weitere Hotels, noch nicht klassifiziert
Hotel Zum See   T 2 02 89   F 2 02 89
Gasthof Zur Mühle   T 67 12   F 60 20

Lienz/Tirol

Tourismusverband Lienzer Dolomiten
A-9900 Lienz/Osttirol
T 0 48 52/6 52 65 • F 0 48 52/65 26 52
E-Mail: tvblienz@aon.at
http://www.lienz-tourismus.at
Alles über die Ferienregion S. 238.

Hotels ★★★★
Hotel Sonne   T 6 33 11   F 6 33 14
Romantikhotel Traube   T 6 44 44   F 6 41 84
Parkhotel Tristachersee T 6 76 66   F 6 76 99

Hotels ★★★
Hotel Dolomiten   T 6 29 62   F 62 96 29
Hotel-Restaurant Haidenhof T 6 24 40   F 62 44 06
Sporthotel Hochlienz & Almdorf T 66 61   F 6 61 32
Ferienhotel Laserz   T 6 24 88   F 6 24 88 13
Sporthotel Lienz   T 6 28 30   F 62 83 01 11
Hotel Moarhof   T 6 75 67   F 6 75 67 50

Pensionen ★★★
Gasthof-Pension Falken T 7 10 22   F 7 10 22 7
Hotel-Gasthof Gribelehof T 6 21 91   F 7 00 30
Gasthof-Pension Schlossberghof T 6 32 33   F 6 87 49

Lofer/Salzburg

Tourismusverband Salzburger Saalachtal Info Lofer
A-5090 Lofer
T 0 65 88/8 32 10 • F 0 65 88/74 64
E-Mail: tourist-office@lofer.net
http://www.lofer.net
Alles über die Ferienregion S. 242.

Hotels ★★★★
Hotel Das Bräu   T 8 20 70   F 8 20 77 1
Hotel Dax   T 83 89   F 8 38 99
Hotel St. Hubertus   T 82 66   F 74 65

Hotels ★★★
Hotel-Restaurant Haus Gertraud in der Sonne T 73 03   F 73 03 44
Hotel Luitner   T 82 40   F 82 40 55
Hotel Salzburger Hof   T 83 33   F 76 63

Pensionen ★★★
Gasthof Antonia   T 86 04   F 8 60 46
Pension Bräuschmid   T 86 47   F 8 47 33
Gasthof Eberlwirt   T 84 15   F 8 41 54
Haus Egger   T 82 05   F 82 05 30
Gasthof Forellenstube   T 83 77   F 71 06
Landhaus Eva-Marie   T 82 32   F 8 23 23
Pension garni Mühlpointhof T 8 24 20   F 82 42 51

Lungau/Salzburg

Hoteleinträge siehe unter Mariapfarr, Mauterndorf, St. Margarethen, St. Michael i. Lungau und Tamsweg.

Lungötz/Salzburg

Tourismusverband Annaberg-Lungötz
A-5524 Lungötz
T 0 62 43/40 40 57 • F 0 62 43/40 40 57
E-Mail: annaberg@lammertal.info
http://www.lammertal.info
Alles über die Ferienregion S. 266.

Hotels ★★★★
Hotel Lungötzer Hof   T 0 64 63/7 01 20   F 0 64 63/ 70 12 13 ▷

HOTELFÜHRER ÖSTERREICH

Fortsetzung Lungötz

Pensionen ★★★
Gasthof Kerschbaumer   T 0 64 63/70 34   F 0 64 63/7 03 44

Madseit/Tirol

Hoteleinträge siehe unter Hintertux.

Mallnitz/Kärnten

Urlaubsinformation
A-9822 Mallnitz
T 0 47 84/2 90 • F 0 47 84/6 35
E-Mail: info@mallnitz.at
http://www.mallnitz.at
Alles über die Ferienregion S. 342.

Hotels ★★★★
Hotel Alber   T 5 25   F 5 27
Hotel Alpengarten   T 81 00   F 81 00 15

Hotels ★★★
Hotel 3 Gemsen   T 3 96   F 39 64
Hotel Albers Tauernhof   T 5 25   F 5 27
Gasthof Alpenrose   T 3 89   F 3 89
Hotel-Pension Bellevue   T 2 67   F 4 63
Hotel Bichlhof   T 2 58   F 2 58
Hotel-Pension Edelweiß   T 4 10   F 41 04
Apart garni Kärtnerhof   T 4 13, 4 50   F 6 76
Hotel Oswald   T 2 23   F 22 34
Hotel-Pension Sonnenhof   T 2 60   F 4 11

Pensionen ★★★
Pension-Restaurant Almrausch   T 6 54   F 5 28
Pension Eggerhof   T 2 14   F 21 46
Haus Dreitälerblick   T 3 12
Frühstückspension Haus Rohskopf   T 2 25   F 2 24
Pension Hubertus   T 2 83   F 7 08
Pension Jägerhof   T 3 70   F 3 70
Pension Königshof   T 2 10   F 21 04
Pension Kofler   T 2 53   F 2 53
Pension Thalerhof   T 2 74
Pension Uhl   T 2 16   F 2 16

Malta/Kärnten

Hoteleinträge siehe unter Gmünd i. Lieser-Maltatal.

Mandarfen/Tirol

Hoteleinträge siehe unter St. Leonhard.

Maria Alm/Salzburg

Tourismusverband
A-5761 Maria Alm
T 0 65 84/78 16 • F 0 65 84/76 00
E-Mail: info@tourismusverband-maria-alm.co.at
E-Mail: infoalm@hochkoenig.at
http://www.hochkoenig.at
http://www.maria-alm.info
Alles über die Ferienregion S. 248. ▷

Hotels ★★★★
Hotel Almhof   T 84 14   F 84 18
Sporthotel Alpenland   T 74 91   F 76 80
Hotel Hintermoos   T 75 65   F 75 65 17
Ferienanlage Marco Polo Club Alpina   T 81 81   F 81 81 55
Hotel Salzburgerhof   T 77 24   F 20 26
Hotel-Restaurant Thalerhof   T 74 47   F 74 48 17
Hotel-Restaurant Urslauerhof   T 81 46   F 82 08

Hotels ★★★
Gasthof Almerwirt   T 77 14   F 7 71 48
Hotel Alpenhof   T 78 53   F 78 53 25
Hotel Edelweiß   T 78 28   F 78 28 96
Hotel-Gasthof Eder   T 77 38   F 7 73 86
Hotel garni Erlenhof   T 71 14   F 71 14 30
Gasthaus Hörlgut   T 77 37   F 21 28 94
Hotel Lohningerhof   T 78 55   F 78 55 55
Hotel-Gasthof Niederreiter   T 77 54   F 77 54 56
Landhotel Schafhuber   T 81 47   F 8 14 77
Hotel-Pension Zum Langeck   T 78 38   F 78 38 38

Pensionen ★★★
Pension/Appartements Anny   T 7 79 70   F 77 97 19
Gasthof Botenwirt   T 84 33   F 84 33 41
Gasthof Christenreith   T 75 95   F 75 95
Pension garni Dreimäderlhaus   T 74 09   F 74 09
Gasthof Handlerhof   T 75 67   F 7 56 78
Pension Koidl   T 74 88   F 7 48 82
Gasthof Moserwirt   T 77 21   F 77 21 37
Pension garni Niederreiter   T 78 34   F 78 34
Pension-Hotel garni Pinzgauerhof   T 74 62   F 74 62 45
Pension Reiterhof   T 71 04   F 7 10 44
Pension Renberg   T 77 56   F 77 56
Pension Struber   T 77 62   F 24 20
Gasthof-Pension Unterberg   T 75 63   F 7 56 34

Weitere Hotels, noch nicht klassifiziert
Pension Auhof   T 78 00   F 78 00
Pension Berghof   T 72 90   F 72 90
Landhaus-Pension Salzburg & Haller   T 77 23, 21 00   F 7 72 37

Mariapfarr/Salzburg

Tourismusverband Mariapfarr
A-5571 Lungau
T 0 64 73/87 66
E-Mail: mariapfarr@lungau.at
http://www.lungau.at
Alles über die Ferienregion S. 290.

Hotels ★★★
Hotel Fanningberghof   T 70 59   F 70 59 55
Dorfwirt Haus Aloisia   T 82 45   F 8 24 56
Hotel Thomalwirt   T 82 04   F 82 04 78

Pensionen ★★★
Gasthof Granitzl   T 82 39   F 8 23 96
Gasthof Häuserl im Wald   T 82 88   F 8 28 88
Gasthof Post-Örglwirt   T 82 07, 72 70   F 82 07 22

Matrei in Osttirol/Tirol

Informationsbüro Matrei in Osttirol
A-9971 Matrei in Osttirol
T 0 48 75/65 27 • F 0 48 75/65 27 40
E-Mail: matrei.osttirol@netway.at
http://www.tiscover.at/matrei-osttirol
http://www.matreiinosttirol.at
Alles über die Ferienregion S. 196. ▷

Hotels ★★★★
Hotel Goldried   T 6 11 30   F 60 61
Hotel Outside   T 52 00   F 52 00 52
Hotel Rauter   T 66 11   F 66 13

Hotels ★★★
Hotel-Gasthof Hinteregger   T 65 87   F 6 58 77
Sporthotel Hohe Tauern   T 2 01 04
Hotel-Gasthof Panzlwirt   T 65 18   F 6 51 88

Pensionen ★★★★
Appartementhaus Marina   T 51 55   F 51 55 16, 52 00

Pensionen ★★★
Gasthof Lublass   T 61 12   F 61 12 85

Maurach a. A./Tirol

Informationsbüro Maurach
A-6212 Maurach
T 0 52 43/53 55 • F 0 52 43/52 97
E-Mail: maurach@achensee.info
http://www.maurach.com
Alles über die Ferienregion S. 198.
Hotelanzeigen siehe S. 665.

Hotels ★★★★
Hotel-Pension Alpenhof St. Georg   T 53 32   F 62 92
Sporthotel Alpenrose Wellness-Residenz   T 5 29 30   F 54 66
Family Clubhotel Buchau   T 52 10   F 52 10 52
Sporthotel Sonnalp   T 54 40   F 54 40 30
E-Mail: info@sonnalp.net
http://www.sonnalp.net
⌂64 ...
0,5 km   0,5 km   3 km   0,3 km
0,5 km
Hotel & Residenz Vier Jahreszeiten   T 53 75   F 59 12 45

Hotels ★★★
Hotel Edelweiss   T 53 02   F 59 56
Hotel Hanslwirt   T 52 04   F 55 97 51
Hotel-Pension Huber & Hochland   T 53 11   F 62 10
Hotel-Pension Klingler   T 54 95   F 61 30
Hotel Lärchenhof   T 53 97, 54 00   F 53 97 97
Seehotel Mauracher Hof   T 53 38   F 5 33 86 06
Hotel Rotspitz   T 53 91   F 53 91 56

Pensionen ★★★
Hotel-Pension Alpenblick   T 53 15   F 53 15 15

Mauterndorf/Salzburg

Tourismusbüro Mauterndorf
A-5570 Mauterndorf
T 0 64 72/79 49
E-Mail: mauterndorf@lungau.at
http://www.lungau.at
Alles über die Ferienregion S. 290.

Hotels ★★★★
Vital-Hotel Elisabeth   T 73 65   F 73 65 20

Hotels ★★★
Hotel Kernwirt   T 72 14   F 77 94
Hotel-Pension Salzburger Land   T 73 03   F 73 03 ▷

Fortsetzung S. 690

HOTELFÜHRER ÖSTERREICH

Fortsetzung Mauterndorf

Pensionen ★★★
Landgasthof   T 72 14   F 77 94
Pension Lüftenegger   T 73 06   F 7 30 66
Haus Lungau   T 73 07   F 7 30 78
Gasthof Neuwirt   T 72 68   F 7 26 88

Mayrhofen/Tirol

Tourismusverband
A-6290 Mayrhofen
T 0 52 85/67 60 • F 0 52 85/67 60 33, 6 48 05
E-Mail: info@mayrhofen.at
http://www.mayrhofen.at
Alles über die Ferienregion S. 208.

Hotels ★★★★★
Hotel Elisabeth   T 67 67   F 67 67 67

Hotels ★★★★
Hotel Berghof   T 6 22 54   F 6 22 54 90
Hotel Edenlehen   T 6 29 54, 6 23 00   F 6 23 00 15
Hotel garni Ferienhof   T 6 26 03   F 6 26 03 33
Alpenhotel Kramerwirt   T 67 00   F 6 70 05 02
Sporthotel Manni   T 63 30 10   F 6 33 01 10
Hotel Neue Post   T 6 21 31   F 6 36 66
Hotel Neuhaus   T 67 03   F 6 38 08
Hotel Pramstraller   T 6 21 19   F 6 21 195
Hotel Rose   T 6 22 29   F 6 33 21
Hotel St. Georg   T 6 27 9 20   F 6 27 9 24 06
Hotel Strass   T 67 05   F 6 34 77
Hotel Thalerhof   T 6 34 23, 6 26 70   F 6 26 7 07
Apparthotel Veronika   T 6 33 47, 6 33 48   F 6 38 19
Hotel Zillertaler Hof   T 6 22 65   F 6 22 65 44

Hotels ★★★
Hotel garni Almhof   T 6 29 32   F 6 29 32 20
Hotel Andrea   T 6 26 01   F 6 24 55
Hotel garni Erler   T 6 27 62   F 6 27 6 28
Hotel garni Glockenstuhl   T 6 31 28   F 6 39 15
Hotel garni Hubertushof   T 6 24 87   F 6 24 87 75
Hotel-Restaurant Jägerhof   T 6 25 40   F 6 25 18 40
Hotel Kumbichl   T 6 23 71   F 6 39 0 47
Hotel garni Maria Theresia   T 6 24 33   F 6 24 33 55
Hotel garni Maximilian   T 6 26 50   F 6 26 50 20
Hotel garni Montana   T 6 38 02   F 6 36 69 55
Hotel garni Prem   T 6 22 18   F 6 37 41
Hotel-Gasthof Schrofenblick   T 6 22 76   F 6 34 37
Hotel Siegelerhof   T 6 24 93   F 6 36 78
Hotel garni Villa Knauer   T 6 22 84   F 6 22 84 40
Hotel Zillergrund   T 6 23 77   F 6 23 77 6

Pensionen ★★★
Pension Barbara & Robert   T 6 25 66, 6 28 96   F 6 30 54
Gasthof Brücke   T 6 22 32   F 6 37 45
Gasthof Echartauerhof   T 6 24 35   F 6 45 02
Alpenhof Kristall   T 6 24 28   F 6 38 75
Pension Larcherhof   T 6 27 88   F 6 27 8 84
Gästehaus Monika   T 6 21 78   F 6 21 7 84
Ferienhof Oblasser   T 6 46 66   F 6 45 59
Hotel-Gasthof Perauer   T 6 25 66, 6 28 96   F 6 30 54
Hotel garni Scheulinghof   T 6 22 95   F 6 43 21
Hotel Pension Stoanerhof   T 6 27 98   F 6 27 98 20
Hotel-Pension Strolz   T 6 22 56   F 6 22 56 77
Hotel-Pension Waldheim   T 6 22 11   F 6 22 11 30, 6 22 11 70

Mellau/Vorarlberg

Tourismusbüro
A-6881 Mellau/Bregenzerwald
T 0 55 18/22 03 • F 0 55 18/26 82
E-Mail: tourismus@mellau.at
http://www.mellau.at
Alles über die Ferienregion S. 126.

Hotels ★★★★
Hotel Kanisfluh   T 22 56   F 2 25 65 00
Hotel Kreuz   T 22 08   F 23 33 77

Hotels ★★★
Hotel Bären   T 0 55 14/2 26 55 51   F 0 55 14/2 26 51 00
Appartements Bischofberger   T 22 56   F 2 25 65 00
Hotel Engel   T 2 24 60   F 2 24 67
Hotel Hubertus   T 23 06   F 2 30 66
Hotel-Gasthof Sonne   T 22 36   F 22 36 70

Mieders/Tirol

Tourismusverband Stubai
A-6142 Mieders
T 0 52 25/6 25 30 • F 0 52 25/6 41 85
E-Mail: stubai@netway.at
E-Mail: info@stubai.at
http://www.tiscover.com/stubai
http://www.stubai.at
Alles über die Ferienregion S. 192.

Hotels ★★★★
Hotel Serles   T 6 27 90   F 6 27 90 67

Hotels ★★★
Hotel Bergkranz   T 6 25 20   F 6 25 20 19
Hotel Schönblick   T 6 21 60   F 6 25 0 95
Alpenhotel Stolz   T 6 25 41   F 6 25 41 46
Hotel Wiesenhof   T 6 45 04   F 6 45 04 60

Mittelberg/Vorarlberg

Kleinwalsertal Tourismus im Walserhaus
A-6993 Mittelberg
T 0 55 17/5 11 40 • F 0 55 17/51 14 21
E-Mail: info@kleinwalsertal.com
http://www.kleinwalsertal.com

Hotels ★★★★
IFA-Hotel Alpenhof Wildental   T 6 54 40   F 6 54 48
Hotel Alpenstüble   T 55 42   F 55 42 15
Hotel Happy Austria   T 55 51   F 38 00
Hotel-Pension R. Leitner   T 57 88   F 57 88 39
Wellness- und Familienhotel Rosenhof   T 51 94   F 65 85 40

Hotels ★★★
Hotel Almajur   T 5 51 20   F 55 12 55
IFA-Hotel Alpenrose   T 3 36 40   F 3 36 48 88
Hotel Alte Krone   T 5 72 80   F 31 57
Aparthotel Kleinwalsertal   T 6 51 10   F 33 47

Hotels ★★
Hotel Neue Krone   T 5 50 70   F 55 07 53

Weitere Hotels, noch nicht klassifiziert
Bergkräuterhof-Hotel Steinbock   T 50 33, 50 77   F 31 64

Mitterberg/Steiermark

Hoteleinträge siehe unter Gröbming.

Mittersill/Salzburg

Tourismusverband
A-5730 Mittersill
T 0 65 62/42 92 • F 0 65 62/50 07
E-Mail: info@mittersill-tourismus.at
http://www.mittersill-tourismus.at
Alles über die Ferienregion S. 258.

Hotels ★★★★
Hotel-Gasthof Bräurup   T 62 16   F 6 21 65 02
Nationalparkhotel Felben   T 44 07   F 44 07 72
Sporthotel Kogler   T 46 15   F 4 61 24 44
Ferienhotel Paß Thurn   T 8 37 70   F 8 37 79 0

Hotels ★★★
Hotel-Pension Christina   T 45 31   F 45 31 95
Hotel Schloß Mittersill   T 45 23   F 45 23 50
Hotel-Pension Wieser   T 42 70, 43 40   F 42 70 56

Pensionen ★★★
Gasthaus Brennsteiner   T 83 76   F 86 15
Hotel-Gasthof Heitzmann   T 63 04   F 63 04 44
Gasthof Hirschenwirt   T 62 95   F 41 35
Gasthof Oberbräu   T 62 55   F 6 25 58
Pension Schachernhof   T 63 38   F 63 38 77
Gasthof Sonnberghof   T 83 11   F 83 11 4

Mölltal/Kärnten

Hoteleinträge siehe unter Flattach und Mallnitz.

Montafon/Vorarlberg

Hoteleinträge siehe unter Bludenz, Gargellen, Gaschurn, Gortipohl, Partenen, Schruns, Silbertal, St. Anton i. M., St. Gallenkirch, Tschagguns und Vandans.
Hotelanzeigen siehe S. 691-693.

Mösern/Tirol

Informationsbüro Mösern/Buchen
A-6100 Mösern bei Seefeld
T 0 52 12/47 25 • F 0 52 12/48 77
E-Mail: info-moesern@telfs.com
E-Mail: info@moesern.at
http://www.seefeld.at
Alles über die Ferienregion S. 182.

Hotels ★★★★★
Interalpen-Hotel Tyrol   T 0 52 62/6 06   F 0 52 62/60 61 90

Hotels ★★★★
Hotel garni Hubertushof   T 47 33   F 4 73 32
Hotel Inntalerhof   T 47 47   F 47 47 47
Vitalhotel Kaiserhof   T 5 25 09   F 52 50 99

Hotels ★★★
Hotel Habhof   T 47 11   F 4 71 15
Hotel Möserrerhof   T 47 42   F 47 44
Hotel garni Olympia   T 0 54 42/6 20 86   F 0 54 42/6 25 27

Hotels ★★
Hotel garni Heislerhof   T 47 58   F 47 58 38

Weitere Hotels, noch nicht klassifiziert
Hotel garni Berghof   T 47 55   F 4 75 54
Pension Bergland   T 47 54   F 47 54
Hotel-Pension Klaus   T 47 26   F 4 72 64
Pension Krösbacherhof   T 47 53   F 48 86

Die Qualität der Hotelbetriebe steigt mit der Anzahl der Sterne.

WUNDERBAR WANDERBAR...

Alles über Events, Packages bis zur Onlinebuchung unter:

www.montafon.at

Individuelle Ferienberatung:
MONTAFON TOURISMUS
Montafoner Straße 21
A-6780 Schruns
Tel. +43/(0)55 56/72 25 30
Fax +43/(0)55 56/74 856
info@montafon.at
www.montafon.at

Wohlfühlen & Genießen im Montafon

LÖWEN-HOTEL Schruns ★★★★S

A-6780 Schruns · Silvrettastraße 8
Montafon · Vorarlberg · Austria

Tel. 0043 5556 7141 · Fax 0043 5556 73553
info@loewen-hotel.com · www.loewen-hotel.com

Facts & Highlights:

- Wunderbare Lage inmitten Montafoner Bergromantik
- Großzügig ausgestattete Zimmer und Appartements
- 3 Restaurants - darunter das mehrfach GaultMillau ausgezeichneten „Edel-Weiss" und die „Montafoner Stube"
- Kinderbetreuung mit Kindertisch
- Die Umgebung bietet Outdoor-Aktivitäten vom Feinsten: Wandern, Skifahren, Langlaufen, Rodeln, wie es das Herz begehrt ...

- 3000m² grosse Wellness- & Spa-Oase: Panoramahallenbad mit vielseitigen Wassererlebnis- und Wohlfühleinrichtungen, ganzjährig beheizter Aussenpool, Whirlpool, Dampfbäder, Sauna, Sanarium, Thermarium, Kneippanlage, Fitness- und Cardioraum, Ruhelandschaft mit Cheminée
- Separater Lady-Spa

WUNDERBAR WANDERBAR...

Verwall ★★★★ HOTEL

Fam. Durig · A-6793 Gaschurn 129 · Tel. 05558/8206 · Fax 8206-70 · E-Mail: info@verwall.com · www.verwall.com

- Ideale Sonnenlage am Ortsanfang
- Komforthotel familiär geführt
- 5-gängiges Verwöhnmenü zur Auswahl
- Massage, Kosmetik, Heubad ...
- neu gestaltete Saunaanlage mit Erlebnisduschen und Frischluftraum
- wunderschönes Hallenbad
- großer Kinderspielraum

... hier hat der Sommer gut lachen!

Hotel Sonnblick

- Hallenbad, Sauna, Dampfbad, Solarium
- Sonnenterrasse mit Panorama-Blick
- Golfen gratis im GC Partenen!
- Haustiere willkommen!
- Abholung vom Bahnhof

FRAGEN SIE UNS NACH UNSEREN PAUSCHAL-WOCHEN-ANGEBOTEN!

Die gemütliche, entspannte Atmosphäre unseres Familienbetriebes schätzen unsere Stammgäste schon seit vielen Jahren. Sehr ruhige und trotzdem zentrale Lage am sonnigen Südhang. Alle Zimmer mit Bad/Dusche/WC, TV, Radio, Balkon. Junior Suiten und Appartments. Wunderbarer Ausblick!

Familie Tschanun, A-6793 Gaschurn • www.sonnblick.co.at
Tel.: +43/5558/82 12-0 Fax: +43/5558/82 12-60 e-mail: hotel@sonnblick.co.at

FLAIRHOTEL ★★★★ ZAMANGSPITZE

Das Haus für liebenswürdige, herzliche Gastfreundschaft

Traumhaft ruhige Lage am Südhang mit Panoramablick, große Sonnenterasse, stilvolle Bar, gemütliche Stuben, 5gang Wahlmenüs und reichhaltiges Frühstücksbüfett, Hallenbad und neue Wellnessanlage mit Montafoner Schwitzstube, Sole-Dampfbad, Kräuter-Biosauna, Ruhebereiche teilw. mit Wasserbetten, Massageangebot, Unterhaltungsprogr. mit geführten Wanderungen, Nordic Walking bzw. Fahrradtouren. Golf
Fam. Metzler mit Team - A 6791 St. Gallenkirch - Montafon
Tel: 0043 5557 6238 Fax: 0043 5557 6238-5

www.zamangspitze.at   info@zamangspitze.at

Alles über Events, Packages bis zur Onlinebuchung unter:

www.montafon.at

Individuelle Ferienberatung:
MONTAFON TOURISMUS
Montafoner Straße 21
A-6780 Schruns
Tel. +43/(0)55 56/72 25 30
Fax +43/(0)55 56/74 856
info@montafon.at
www.montafon.at

Urlaub mit Flair und Stil in einem ganz besonderen Montafoner Traditionshaus

Unser Haus liegt zentral im Ort und doch ruhig. Eine private Zufahrt und die erhöhte Lage tragen zur Ruhe bei. Sicher werden auch Sie überrascht sein, wie viel Tradition Sie in Verbindung mit den zeitgemäßen Annehmlichkeiten eines modernen Hotels im Rössle erwartet.

POSTHOTEL Rössle
GASCHURN

- **Zimmer** (meist Südbalkon) m. Bad oder/und Dusche, separatem WC, Telefon, Radio, Kabel-TV, Internetanschluss für Ihren eigenen PC, Föhn, Safe, Bademantel
- **Halbpension** mit Frühstücksbuffet, abends Wahl der Hauptganges, Salatbuffet, Käse vom Brett, Candle-Light-Dinner, Fondue-Abend
- **Badelandschaft** mit Hallenbad, Sauna, Dampfbad, Tepidarium, Kneippbecken, Fitnessraum, Solarium, Whirlwannen, Freibad mit Liegewiese
- **Kegelbahnen, Kinderspielzimmer, Tischtennis, Dia-Vortrag, Internetinsel**
- **Kinderermässigungen** im Elternzimmer – Haustiere erlaubt!

Posthotel Rössle **** • Familie Keßler • A-6793 Gaschurn – Montafon • Vorarlberg
T +43 5558 8333-0 • F DW-50 • reservierung@posthotel-roessle.at • www.posthotel-roessle.at

Spielen Sie G O L F
Platzreife in 6 Tagen!
Freies Range- Greenfee
für unsere Hotelgäste!

Landhotel Alpili

Abschalten und genießen
Komfortable Zimmer und
Suiten, Bad-WC getrennt
Erstklassige Küche.

Familie
Ewald Netzer
A 6793 Gaschurn - Montafon
VORARLBERG - Österreich

50% Ermäßigung auf die
Wochen-Silvretta-Card.

email: nina@aelpili.at
www.aelpili.at
Tel. +43 5558 8733

Es war sehr schön, es hat mich sehr gefreut...
Sich fühlen wie ein Kaiser in der erstklassigen Wellnessoase im Montafon. Professionelle Anwendungen für Schönheit und Wohlbefinden, wunderschöne großzügig bemessene Zimmer und Suiten, Speisen vom Feinsten, über 10.000 m2 Hotelparkanlage mit herrlichem Badeteich, Liegewiesen und Terrassen, Erlebnishallenbad, Saunadorf, Grillabende auf der Blumenterrasse und die VITAL - VERWÖHNPENSION lassen Sie erblühen wie eine wunderschöne Rose.

Familie Ewald Netzer, Außerlitzstraße 80
A 6780 Schruns   Tel. +43 5556 77049
                  Fax DW + 998

HOTEL ★★★★ VITALQUELLE GAUENSTEIN

SEHEN HÖREN FÜHLEN RIECHEN SCHMECKEN
Die neue Dimension der fünf Sinne

Schruns
MONTAFON
VORARLBERG
free Greenfee

Wenn Schönsein Freude macht

www.vitalquelle.at

HOTELFÜHRER ÖSTERREICH

Mühlbach a. H./Salzburg

Tourismusverband
A-5505 Mühlbach am Hochkönig
T 0 64 67/72 35 • F 0 64 67/78 11
E-Mail: info@muehlbach.co.at
http://www.muehlbach.co.at
http://www.hochkoenig.at

Alles über die Ferienregion S. 244.

Hotels ★★★★
Hotel Aldiana Hochkönig T 77 00 F 77 00 77
Hotel Bergheimat T 72 26 F 72 26 13
Hotel Landhaus Alpin T 73 17, 75 90 F 73 17 44, 75 90
Apparthotel Sonnblick/Hochkönig T 73 28 F 2 01 25

Hotels ★★★
Berghotel Arthurhaus T 72 02 F 72 02 15
Hotel Mühlbacherhof T 72 15 F 72 15 8

Pensionen ★★★
Gasthof-Pension Alpenhof T 72 51 F 78 32
Gasthof Alpenrose T 72 62 F 72 62 22
Gasthof Birgkarhaus T 72 87 F 72 87 4
Gästehaus Fellner T 73 75 F 73 75 8
Gasthof Grünholz T 75 67 F 78 96
Alpengasthof Kopphütte T 72 64 F 72 64 8
Gasthof Sonnhof T 72 66 F 77 96

Weitere Hotels, noch nicht klassifiziert
Gasthof Scherer T 73 47 F 2 00 45

Murau/Steiermark

Urlaubsregion Murau
A-8861 St. Lorenzen/Murau
T 0 35 37/3 60 • F 0 35 37/36 05
E-Mail: tvbkreischberg@murau.at
http://www.murau.at

Alles über die Ferienregion S. 312.

Hotels ★★★★
Murauer Gasthof-Hotel Lercher T 0 35 32/24 31
  F 0 35 32/36 94
Hotel Zum Brauhaus T 0 35 32/24 37 F 0 35 32/38 97

Pensionen ★★★
Gasthof Zum Hammerschmied T 0 35 35/86 14
  F 0 35 35/8 61 44

Mutters/Tirol

Tourismusbüro
A-6162 Mutters
T 05 12/54 84 10 • F 05 12/5 48 41 07
E-Mail: mutters@innsbruck.tvb.co.at
http://www.innsbruck-tourismus.com/mutters

Alles über die Ferienregion S. 186.

Hotels ★★★★
Hotel Altenburg T 5 48 52 4 F 5 48 52 46
Hotel Sonnhof T 5 48 84 70 F 5 48 84 71

Hotels ★★★
Hotel Muttererhof T 5 48 84 91 F 5 48 49 15
Sporthotel Schieferle T 5 48 85 35 F 5 48 53 67
Hotel Seppl T 5 48 84 55 F 5 48 45 53

Nassfeld/Kärnten

Hoteleinträge siehe unter Hermagor.

Nassfeld-Hermagor/Kärnten

Hoteleinträge siehe unter Hermagor.

Nauders/Tirol

Tourismusverband
A-6543 Nauders
T 0 54 73/8 72 20 • F 0 54 73/8 76 27
E-Mail: nauders@reschenpass.info
http://www.nauders.info
http://www.reschenpass.net

Alles über die Ferienregion S. 164.
Hotelanzeigen siehe S. 695.

Hotels ★★★★
Aparthotel Arabella T 8 74 80 F 8 74 00 8
Hotel Astoria T 8 73 10 F 8 73 10 3 12
Hotel Central T 8 72 21 0 F 8 72 21 46
Hotel Erika T 8 72 17 0 F 8 72 17 50
Hotel Hochland T 8 62 22 F 8 62 22 8
Hotel Margarete Maultasch T 8 61 01 F 8 74 65
  E-Mail: hotel@margarete-maultasch.com
  http://www.margarete-maultasch.com
  ⛺115 🅿️ 🚻 🛏 ⛷ 1 km 🏊 20 km
  🎿 🐕 ⛰ 7 km MasterCard VISA
Hotel Mein Almhof T 8 73 13 F 8 76 44
Alpenhotel Nauderer Hof T 8 77 04 F 8 77 77
Hotel Neue Burg T 8 77 00 F 8 77 27
Hotel Post T 8 72 20 20 F 8 72 09
Hotel Regina T 8 72 5 90 F 8 72 59 62
Hotel Schwarzer Adler T 8 72 5 40 F 8 76 24
Hotel Tia Monte T 8 62 40 F 8 62 40 6
Hotel Tirolerhof T 8 61 11 F 8 74 31

Hotels ★★★
Hotel Alpetta T 8 75 73 F 8 75 73 55
Hotel Alpina T 8 76 03 F 8 76 03 14
Hotel Bergblick T 8 73 11 F 8 73 11 51
Hotel Dreiländerblick T 8 72 62 F 8 72 62 31
Hotel Edelweiß T 8 72 52 F 8 72 52 60
Hotel garni Via Claudia T 8 77 07 F 8 77 07 7

Pensionen ★★★
Ferienhaus Auer T 8 61 58 F 8 61 58 58
Gasthof Kristall T 8 72 33 F 8 72 23 7
Gasthof Lamm T 8 72 57 F 8 72 5 75
Gasthof Martha T 8 73 38 F 8 73 38 44
Gasthof Norbertshöhe T 8 72 41 F 8 72 4 17
Gasthof Zum Goldenen Löwen T 8 72 08 F 8 72 08 60

Nesselwängle/Tirol

Tourismusverband Nesselwängle/Haller
A-6672 Nesselwängle
T 0 56 75/82 71 • F 0 56 75/84 01
E-Mail: nesselw@netway.at
http://www.tiscover.at/nesselwaengle

Alles über die Ferienregion S. 146.

Hotels ★★★★
Hotel Alpenhof am See T 82 33, 82 34 F 82 30

Hotels ★★★
Hotel Berghof T 82 31, 81 46 F 81 46 36

Pensionen ★★★★
Sunneschlössli T 83 83 F 83 83 65 ▷

Pensionen ★★
Gasthof Krinnenspitze T 82 10 F 82 12

Neukirchen am Großvenediger/Salzburg

Tourismusbüro
A-5741 Neukirchen
T 0 65 65/62 56 • F 0 65 65/65 50 74
E-Mail: info@neukirchen.at
http://www.neukirchen.at

Alles über die Ferienregion S. 258.

Hotels ★★★★
Hotel Gassner T 62 32 F 6 23 24 00
Hotel Unterbrunn T 62 26 F 62 26 77

Hotels ★★★
Hotel Brugger T 62 59 F 6 25 94
Hotel Buasen T 62 65 F 62 65
Hotel Hubertus T 64 80 F 6 48 08
Hotel Kammerlander T 62 31 F 62 31 12
Landhaus Rohregger T 68 41 F 6 84 15
Hotel Steiger T 63 59 F 63 59 55

Pensionen ★★★
Hotel-Gasthof Abelhof T 6 23 00 F 6 23 05
Hotel-Pension Alta Vista T 62 85 F 6 28 55
Gasthof Friedburg T 6 48 60 F 6 48 68
Gasthof Neuhof & Jagahansl T 62 04 F 62 04 51
Alpengasthaus Rechtegg T 63 24 F 6 32 41
Gasthof Rosentalwirt T 68 12 F 69 78
Gasthof Siggen T 6 33 50 F 63 35 10
Gasthof Venedigerblick T 62 91 F 6 29 15
Gasthof Venedigerhof T 63 26 F 63 26 5

Weitere Hotels, noch nicht klassifiziert
Jagdschloß Graf Recke T 64 17 F 69 20

Neurur/Tirol

A-6481 Neurur
Hoteleinträge siehe unter St. Leonhard.

Neustift/Tirol

Tourismusverband
A-6167 Neustift/Stubaital
T 0 52 26/22 28 • F 0 52 26/25 29
E-Mail: tv.neustift@neustift.at
http://www.neustift.com

Alles über die Ferienregion S. 192.

Hotels ★★★★★
Hotel Jagdhof T 26 66 F 2 66 65 03

Hotels ★★★★☆
Sport- & Wellnesshotel Neustift T 25 10 F 25 10 19 ▷

Fortsetzung S. 695

Die Angaben über die Klassifizierung der Unterkünfte wurden den offiziellen Verzeichnissen der zuständigen Tourismusverbände entnommen. Für die Richtigkeit der Informationen übernehmen wir keine Gewähr.

Hotels ★★★★
Hotel Almhof T 26 26　F 26 26 77
Hotel Alpenschlössl T 20 50, 20 51　F 2 05 02 00
Alpenhotel Bergcristall T 3 00 99　F 3 00 99 90
Hotel Berghof T 23 50　F 23 50 42
Hotel Brennerspitz T 22 63　F 2 06 35 55
Hotel Burgstall T 22 46, 24 57　F 26 23 88
Hotel Cappella T 25 15　F 2 51 55
Vitalhotel Edelweiss T 22 80　F 2 28 04 00
Alpenhotel Fernau T 27 17　F 2 69 81 16
Hotel Forster T 26 00　F 26 82
Alpenwellnesshotel Gasteigerhof T 27 46　F 27 46 41
Hotel Happy Stubai T 26 11　F 2 61 21 80
Alpenhotel Kindl T 22 41　F 26 43
Landhaus Fankhauser T 25 00　F 26 43
Hotel Millererer Hof T 22 19　F 2 81 92 11
Hotel Mutterberg T 81 16, 81 04, 81 03　F 81 05
Alpensporthotel Neustifterhof T 27 11　F 2 71 13 08
Hotel Sonnhof T 22 24, 27 34　F 34 95
Hotel Stubaier Hof T 24 50, 26 62　F 28 01 45
Alpenresidenz Victoria T 38 99　F 38 99 55
Hotel Zum Holzknecht T 32 90　F 3 29 06

Hotels ★★★
Hotel Angelika T 25 55　F 2 55 54
Hotel Annelies T 25 58, 27 07　F 27 07 20
Aparthotel Augarten T 27 97　F 33 14
Hotel Bellevue T 26 36　F 2 63 79
Hotel Christoph T 25 41, 21 08　F 2 54 18
Hotel Erika T 23 76, 33 02　F 33 02 33
Hotel Hoferwirt T 2 20 10, 2 56 00, 2 86 80　F 22 01 22
Hotel Klima T 25 26, 22 90　F 34 36
Hotel Maximilian T 26 51　F 26 51 50
Hotel Pfandl T 34 55　F 34 55 10
Hotel Quellenhof T 36 66　F 3 66 66
Hotel Rastbichlhof T 23 73　F 2 37 36
Hotel Rogen T 22 13, 28 26　F 2 82 61 06
Hotel Rosengarten T 28 00, 23 25　F 28 00 28
Hotel Steuxner T 22 42, 28 31　F 2 83 17
Hotel Tirolerhof T 32 78, 32 79　F 3 27 81 12
Hotel Waldcafé T 31 44　F 3 14 46

Hotels ★★
Hotel Mooshof T 23 30　F 2 33 04
Hotel Stacklerhof T 36 66　F 3 66 66

Pensionen ★★★
Pension Helga T 24 33　F 28 33 35

Oberau-Wildschönau/Tirol
Tourismusverband Wildschönau
A-6311 Oberau-Wildschönau
T 0 53 39/8 25 50 • F 0 53 39/24 33
E-Mail: info@wildschoenau.tirol.at
http://www.wildschoenau.com
Alles über die Ferienregion S. 218.
Hotelanzeigen siehe S. 711.

Hotels ★★★★
Hotel Silberberger T 84 07　F 85 05 88
Aparthotel Talhof T 84 65　F 84 65 22

Hotels ★★★
Hotel Angerhof T 84 02　F 85 81
Hotel Bergland GmbH T 82 50　F 24 37
Hotel Feldrose T 82 71, 84 55　F 82 71 17
Hotel Lenzenhof T 84 03　F 8 40 33 33
Hotel Starchenthof T 81 83　F 81 83
Hotel Tirolerhof T 8 11 80　F 81 18 33
　E-Mail: info@hoteltirolerhof.at
　http://www.hoteltirolerhof.at
　🛏115 🐕 📶 🍴 🏊 🔆 ✈ 🚗 4 km
　🚞 9 km 🎿 25 km 🚴 🎾 3 km MasterCard VISA Maestro
Hotel Wildschönauer Hof T 81 12　F 81 12 32　▷

Pensionen ★★★
Landgasthof Dorferwirt T 81 13　F 84 34 44
Gasthof Kellerwirt T 81 16　F 24 31
Gasthof Schneerose T 82 65　F 8 26 54

Oberes Iseltal/Tirol
Hoteleinträge siehe unter Matrei und Prägraten.

Obergurgl/Tirol
Tourismusverband Obergurgl/Hochgurgl
A-6456 Obergurgl
T 0 52 56/64 66 • F 0 52 56/63 53
E-Mail: info@obergurgl.com
http://www.obergurgl.com
Alles über die Ferienregion S. 176.
Hotelanzeigen siehe S. 679.

Hotels ★★★★
Hotel Alpenland T 63 37　F 6 33 75 03
Hotel De Luxe Alpina T 6 00　F 62 34
Hotel Austria T 62 82　F 64 13
Hotel Bellevue T 62 28　F 64 13
Hotel Bergwelt T 62 74　F 63 83 72
Hotel Crystal T 64 54　F 63 69 95
Hotel Deutschmann T 65 94　F 6 24 41 20
Hotel Edelweiss & Gurgl T 62 23　F 64 49
Hotel Enzian T 62 35　F 63 4 05
Hotel Gamper T 65 45　F 63 17 60
Hotel Gotthard-Zeit T 62 92　F 63 75
Alpen-Wellness-Resort Hochfirst T 6 32 50　F 6 30 30
Hotel Jagdhof T 64 31　F 64 3 16
Hotel Jenewein T 62 03, 63 19　F 62 03 44
Hotel Madeleine T 6 35 50　F 64 01
Hotel Mühle T 67 67　F 67 67 44

Hotels ★★★
Hotel Granat-Schlössl T 63 63, 63 95　F 63 95 15
Hotel Josl T 62 05　F 64 60
Alpenhotel Laurin T 62 27　F 64 02
Appartementhaus Lohmann T 62 01　F 6 37 25
Hotel Mathiesn T 62 80　F 62 80 23
Hotel Olympia T 62 88, 63 92　F 6 39 27
Hotel Regina T 62 21, 63 12　F 6 31 28
Hotel Wiesental T 62 63　F 6 35 83

Pensionen ★★★
Pension Rosengarten T 62 86, 63 56　F 6 28 6 10
Pension S'Hoamatl T 62 53, 64 85　F 64 85 32
Pension Schönblick T 62 51, 64 34　F 6 25 12 00

Oberperfuss/Tirol
Tourismus Information
A-6173 Oberperfuss
T 0 52 32/8 14 89 • F 0 52 32/8 16 76
E-Mail: oberperfuss@innsbruck.info
http://www.innsbruck.info/oberperfuss
Alles über die Ferienregion S. 186.

Hotels ★★★
Hotel Krone T 8 14 65　F 81 43 45

Pensionen ★★★
Pension Kirchmair T 8 15 02　F 8 15 02 22

Weitere Hotels, noch nicht klassifiziert
Pension Hacklhof T 8 19 12　F 8 19 12

Ihr ganz persönliches Ferienhotel!

★★★★
HOTEL
MARGARETE MAULTASCH

Das bietet Ihr Hotel Maultasch:
100 Betten, gemütliches, rustikal im Tiroler Stil eingerichtetes Haus. Großzügige Aufenthaltsräume, Halle mit offenem Kamin und Hotelbar. Speisesaal, Lift, Sonnenterrasse, Parkplatz. Haustier ist nicht erlaubt. Kreditkarten: Visa, Euro-card, EC-Karte.

So wohnen Sie:
Zimmer mit Wohnecke, Balkon oder Terrasse oder Erker. Sat-TV (Teletext, Radioprogramme), Telefon mit analogem Modemanschluss, Mail Box und Weckintegration. Dusche oder Bad/WC, Haartrockner.

Sport und Fitness:
Im Preis inbegriffen: großer Freizeitbereich, Hallenbad (14 x 7), Sauna, Dampfbad und Fitnessraum.
Gegen Gebühr: Solarium.

Verpflegung:
Frühstücksbuffet mit Bioecke, abends 4-Gang-Menü. Pro Woche: Warmes italienisches- oder Bauern-Buffet. Täglich vegetarisches Menü.

Aktivprogramm:
Führungswanderungen, Kinderprogramme, Kulturprogramme, Klettertouren werden vom Tourismusverband in fachlicher Weise durchgeführt.

Das Wichtigste:
Ruhe und Erholung für Geist und Seele in unserer wunderbaren Bergwelt und in Ihrem ganz persönlichen Ferienhotel.
(Speisesaal u. Zimmer sind Nichtraucherzonen)

FAM. VERA & EDUARD SENN
A-6543 NAUDERS/TIROL
TEL. 0043/(0) 54 73/861 01 • FAX 874 65
E-Mail: hotel@margarete-maultasch.com
www.margarete-maultasch.com

HOTELFÜHRER ÖSTERREICH

Oberpinzgau/Salzburg

Hoteleinträge siehe unter Krimml, Mittersill, Neukirchen und Wald im Oberpinzgau.

Obertauern/Salzburg

Tourismusverband
A-5562 Obertauern
T 0 64 56/72 52, 73 20 • **F 0 64 56/75 15**
E-Mail: info@obertauern.com
http://www.obertauern.com
Alles über die Ferienregion S. 282.

Hotels ★★★★
Hotel Alpenland   T 7 34 50   F 7 34 56
Hotel Alpina   T 73 36   F 75 36
Sporthotel Cinderella   T 75 89   F 75 88
Sporthotel Edelweiß   T 72 45   F 74 16 55
Hotel Enzian   T 7 20 70   F 72 07 50
Hotel garni Frau Holle   T 76 62   F 76 63 60
Hotel Gamsleiten   T 72 86   F 75 30
Hotel Kesselspitze   T 74 00   F 75 76 56
Hotel Kohlmayr   T 72 72   F 74 06
Hotel garni Landhaus Panorama   T 74 32   F 74 32 23
Hotel Latschenhof   T 73 34   F 75 50
Hotel Leitner   T 75 21   F 75 22 30
Sportinghotel Marietta   T 7 26 20   F 75 11
Hotel Montana   T 7 31 30   F 7 42 24
Alpenhotel Perner   T 72 36   F 75 04
Hotel Rigele Royal   T 7 35 40   F 7 45 77
Hotel Römerhof   T 7 23 80   F 73 98
Hotel Schneider   T 7 31 40   F 7 48 04
Paßhotel Schütz   T 7 20 40   F 73 32
Hotel Steiner   T 73 06   F 74 70 45
Hotel Wagner   T 72 56   F 75 20

Hotels ★★★
Hotel Austria   T 73 09   F 73 09
Hotel Bellevue   T 73 15   F 75 43
Hotel-Pension Bogensberger   T 73 84   F 75 60
Hotel Central   T 73 87   F 7 38 78
Hotel Haus Barbara   T 72 75   F 75 95 33
Haus Kärntnerland   T 72 71   F 75 49
Alpengasthof Koch   T 72 28   F 75 69
Hotel garni Kristall   T 73 23   F 7 32 37
Hotel-Garni Lungau   T 73 35   F 74 25
Berghotel Pohl   T 7 20 90   F 73 97
Hotel garni Regina   T 73 46   F 7 56 18
Hotel Romantik   T 73 95   F 75 83
Hotel garni Skischule Krallinger   T 72 58   F 75 45
Sporthotel Snowwhite   T 72 53   F 76 88
Hotel Solaria   T 72 50   F 75 49
Berghotel Sonnhof   T 72 25   F 75 41
Hotel Südtirol   T 72 77   F 7 50 62 66
Hotel Tyrol   T 73 27   F 73 27 20
Hotel Weningeralm   T 72 42   F 7 24 28
Hotel Winter   T 73 91   F 75 16
Hotel Zehnerkar   T 72 57   F 75 75 22

Pensionen ★★★★
Andi's Skihotel-Krallinger   T 73 03   F 75 45

Pensionen ★★★
Pension Berghof   T 72 81   F 72 81 50
Pension Tauernblick   T 72 76   F 7 27 68

Pensionen ★★
Pension Sailer   T 74 56   F 73 28 70

Für jeden Camper „ein Muss"!

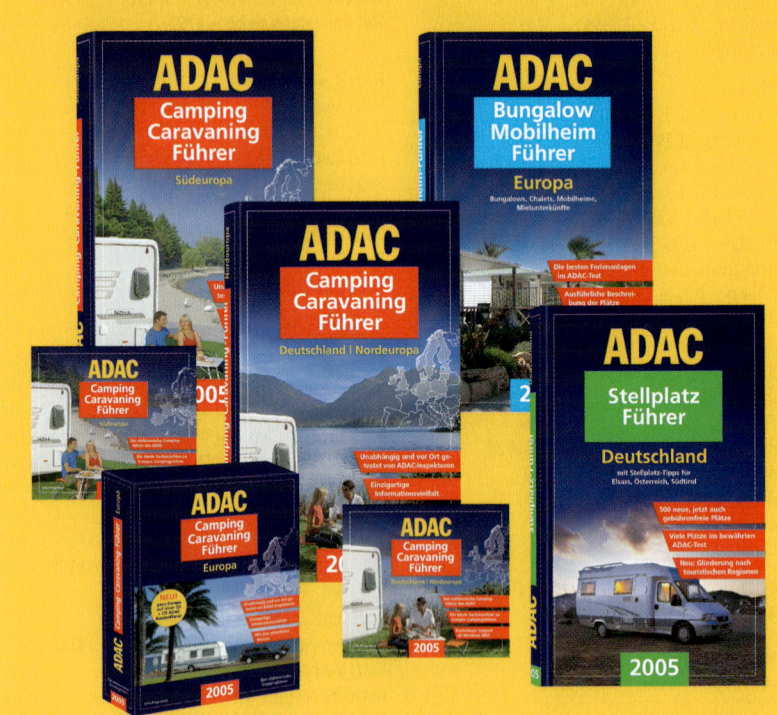

ADAC Camping-Caravaning-Führer 2005

Über 5 400 Campingplätze aus 33 Ländern. Mehr als 2 000 Seiten informationsstark! Mit europaweit einzigartigem ADAC-Campingplatz-Profil: Sterne für jedes Leistungsangebot. Von ADAC-Inspekteuren vor Ort getestet. Extra Camping-Karte je Band.
Dazu: Spezielle Piktogramme zeigen, welche Campingplätze sich für bestimmte Gästegruppen besonders empfehlen.

... auch auf CD-ROM

Alle Platzbeschreibungen des Buches, zur gezielten Auswahl, zum schnellen Finden – nach geografischen Zielen und ganz persönlichen Wünschen.

Überall, wo es Bücher gibt, und beim ADAC.

ADAC Bungalow-Mobilheim-Führer 2005

Über 1 400 Ferienanlagen aus 17 Ländern Europas mit detaillierter Beschreibung der Mietunterkünfte. Ausgewählt nach den strengen Kriterien der ADAC-Inspekteure.
Dazu: Extra-Heft mit Grundrissen.

ADAC Stellplatz-Führer 2005

Über 1 800 Stellplätze in Deutschland und Nachbarländern. Viele davon kritisch getestet und klassifiziert. Detailliert beschrieben: Lage, Zufahrt, Gelände, Ausstattung und Angebot (z. B. Sanitär, Strom), Preise und Kosten, Ver- und Entsorgung, Besonderheiten, Einschränkungen sowie das lokale Freizeitangebot. Mit reichhaltigem Kartenteil.
Dazu: mit übersichtlicher Regionenstruktur und gebührenfreien Stellplätzen.

In der Welt des Camping & Caravaning zu Hause!

www.adac.de/campingfuehrer

HOTELFÜHRER ÖSTERREICH

Obsteig/Tirol

Ferienregion Mieminger Plateau & Fernpass-Seen
A-6116 Obsteig
T 0 52 64/81 06 • F 0 52 64/82 30
E-Mail: info@mieminger-plateau.at
http://www.mieminger-plateau.at
Alles über die Ferienregion S. 182.

Hotels ★★★★
Hotel Bergland   T 81 97   F 81 91 44
Ferienhotel Lärchenhof   T 82 34   F 82 34 9
Hotel-Gasthof Stern   T 81 01   F 81 01 76
Hotel Tyrol   T 81 81   F 81 71

Pensionen ★★★★
Gästehaus & Landhaus Fitsch   T 82 06   F 82 06 6
Hotel Holzleiten   T 82 44   F 83 78 8

Pensionen ★★★
Pension Alpenhof   T 83 05   F 83 05 6
Gasthof-Pension Alpina   T 81 86   F 8 18 67

Ötscherland/Niederösterreich

Hoteleinträge siehe unter Lackenhof.

Oetz/Tirol

Tourismusverband
A-6433 Oetz im Ötztal
T 0 52 52/66 69 • F 0 52 52/66 69 75
E-Mail: info@oetz.com
http://www.oetz.com
Alles über die Ferienregion S. 176.

Hotels ★★★★
Hotel Habicherhof   T 62 48   F 62 48 66
Posthotel Kassl   T 63 03   F 21 76

Hotels ★★★
Alpenhotel   T 62 32   F 62 32 16
Hotel Alpenrose   T 62 08   F 22 58
Panoramahotel Berghof   T 25 87   F 25 87 24
Hotel Drei Mohren   T 63 01   F 24 64
Hotel Seerose   T 62 20   F 6 60 08
Feriengasthof Waldhof   T 61 52, 62 49   F 6 15 26

Pensionen ★★★
Hotel garni Marko   T 67 71   F 6 21 94

Pensionen ★★
Pension Olympia   T 63 63   F 61 70

Ötztal/Tirol

Hoteleinträge siehe unter Hochgurgl, Hochsölden, Obergurgl, Oetz, Sölden, Vent und Zwieselstein.

Partenen/Vorarlberg

Silvretta Partenen Tourismus
A-6794 Partenen
T 0 55 58/8 31 50 • F 0 55 58/88 81
E-Mail: partenen@hochmontafon.vol.at
http://www.gaschurn-partenen.com
Alles über die Ferienregion S. 136.

Hotels ★★★
Hotel-Restaurant Sonne   T 83 08   F 8 30 88
Hotel Zerres   T 83 01   F 8 30 14   ▷

Pensionen ★★★
Pension Christophorus   T 83 09   F 8 30 98

Paznauntal/Tirol

Hoteleinträge siehe unter Galtür, Kappl und See im Paznaun.

Pertisau a. A./Tirol

Tourismusverband Achensee
A-6213 Pertisau
T 0 52 46/43 07 • F 0 52 46/59 39
E-Mail: pertisau@achensee.info
http://www.pertisau.com
Alles über die Ferienregion S. 198.

Hotels ★★★★
Hotel-Pension Christina   T 0 52 43/53 61   F 0 52 43/5 36 18
Hotel Fürstenhaus   T 0 52 43/54 42   F 0 52 43/61 68
Sporthotel Furtner's Lebensfreude   T 0 52 43/55 01   F 0 52 43/62 48
Hotel Karwendel-Panorama   T 0 52 43/52 84   F 0 52 43/5 28 41 20
Hotel Kristall   T 0 52 43/54 90   F 0 52 43/53 74 19
Hotel Pfandler   T 0 52 43/5 22 30   F 0 52 43/52 23 62
Hotel Post am See   T 0 52 43/52 07   F 0 52 43/52 11 80
Hotel Rieser   T 0 52 43/52 51   F 0 52 43/5 25 16 11
Hotel Wiesenhof   T 0 52 43/52 46   F 0 52 43/52 46 48

Hotels ★★★
Hotel garni Alpenrose   T 0 52 43/52 26   F 0 52 43/52 26 27
Hotel-Pension Caroline   T 0 52 43/53 94, 43 15   F 0 52 43/53 94 50
Hotel Einwaller   T 0 52 43/53 66   F 0 52 43/62 46
Hotel Karlwirt   T 0 52 43/52 06   F 0 52 43/59 67
Hotel Rosenegger   T 0 52 43/53 10   F 0 52 43/61 81
Hotel garni Sonnenhof   T 0 52 43/54 54   F 0 52 43/54 54 54
Hotel-Pension Wagnerhof   T 0 52 43/52 77   F 0 52 43/5 53 28

Pensionen ★★★
Gasthof Bergland   T 0 52 43/53 08   F 0 52 43/53 08 60
Pension Moserhof   T 0 52 43/54 94   F 0 52 43/55 55
Gasthof Tyrol   T 0 52 43/52 43   F 0 52 43/5 40 97

Pettneu/Tirol

Tourismusverband
A-6574 Pettneu am Arlberg
T 0 54 48/82 21 • F 0 54 48/8 22 14
E-Mail: pettneu@arlberg-stanzertal.at
http://www.arlberg-stanzertal.at
Alles über die Ferienregion S. 144.

Hotels ★★★★
Hotel Gridlon   T 82 08   F 82 08 68   ▷

Pfunds/Tirol

Hotels ★★★
Hotel Alpina   T 84 04   F 85 54
Berghotel Lavenar   T 82 24   F 82 24 41
Hotel Olympia   T 82 53   F 82 53 33

Pensionen ★★★
Pension Angelika   T 83 23   F 8 32 36
Gästehaus Berkhofer   T 84 45   F 85 68
Landgasthof Pettneuerhof   T 83 91   F 8 39 14
Gasthof Schwarzer Adler   T 82 18   F 8 21 85

Pfunds/Tirol

Tourismusverband
A-6542 Pfunds/Oberinntal
T 0 54 74/52 29 • F 0 54 74/55 32
E-Mail: office@pfunds.at
http://www.pfunds.at
Alles über die Ferienregion S. 164.

Hotels ★★★★
Hotel-Gasthof Kreuz   T 52 18   F 57 50
Hotel Lafairserhof   T 57 57   F 57 57 40

Hotels ★★★
Hotel Austria   T 52 61, 54 80   F 54 80 21
Pension Edelweiß   T 52 64, 58 85   F 50 85
Hotel Kajetansbrücke   T 58 31   F 5 83 18
Hotel Sonne   T 52 32, 54 62   F 54 62 42
Hotel Tyrol   T 52 47   F 58 66
Hotel-Gasthof Zur Post   T 57 11   F 57 11 34

Pensionen ★★★
Pension Schöne Aussicht   T 52 38   F 57 21
Pension St. Lukas   T 54 76, 52 31   F 52 31 18
Gasthof Traube   T 52 10   F 52 10 35

Pichl-Mandling/Steiermark

Tourismusverband
A-8973 Pichl-Mandling
T 0 64 54/73 80 • F 0 64 54/7 38 07
E-Mail: info.pichl-mandling@aon.at
http://www.pichl-mandling.at
Alles über die Ferienregion S. 306.

Hotels ★★★★
Hotel Pichlmayrgut   T 73 05, 73 06   F 73 05 50
Wander-Vitalhotel Steirerhof   T 7 37 20   F 74 80

Pensionen ★★★
Pension Gleimingerhof   T 72 36   F 7 23 64
Gasthof Reinerbauer   T 73 24   F 73 24
Gästehaus Schwaiger   T 73 19   F 73 19 33
Gasthof Taferne   T 74 44   F 75 55

Die Angaben über die Klassifizierung der Unterkünfte wurden den offiziellen Verzeichnissen der zuständigen Tourismusverbände entnommen. Für die Richtigkeit der Informationen übernehmen wir keine Gewähr.

HOTELFÜHRER ÖSTERREICH

...der Urlaub kann beginnen! www.pitztal.com

- 400 km Wanderwege • zahlreiche Hütten und Almen • 42 km Mountainbikestrecke • Pitzis Kinderclub • kostenloser Bade- u. Wanderbus
- 01.-03.07.05 Pitztaler Klangwolke • 03.-25.09.05 Pitztaler Wanderherbst

Top Angebot:
7 Tage Unterkunft in einer Ferienwohnung inkl. Pitz Regio Card, Teilnahme am Pitzis Kinderclub, kostenloser Wanderbus, Teilnahme an den geführten Wanderungen für 2 Erwachsene und 2 Kinder unter 10 Jahren
ab € 452,50

Info und Buchungen unter:
PITZTAL
TOURISMUSVERBAND PITZTAL
A-6473 Wenns/Pitztal
Tel. +43(0)5414/86999
Fax. +43(0)5414/86999-88
e-mail: info@pitztal.com
www.pitztal.com

---

www.sailer-hotels.at
...die KLEINEN, FEINEN Urlaubsprofis für die ganze Familie in einem der schönsten Täler Tirols

Familienhotel SAILER * & STEFAN**

ALLES SCHÖNE INKLUSIVE:  
Wohnen, essen, trinken,... Spiel, Sport und Spaß,... Wellnesslandschaft, Freibad, Tennishalle, ... Kinderclub, Spiel-zimmer & Platz, Bastelwerkstatt,...
Vieles können nichts müssen!

Ab EUR 266,- oder ab EUR 336,- pro Pers/ Woche/all inclusiv
KINDER bis 15 Jahre ½ Preis oder Gratis!!!
Fam. Stefan Sailer <> A-6473 Wenns i. P.
tel: +43 (0)5414 87215 <> fax: DW 15
info@sailer-hotels.at <> www.sailer-hotels.at

Pitztal/Tirol

Hoteleinträge siehe unter Arzl-Wald, Jerzens, Wenns und St. Leonhard.

Prägraten a. G./Tirol

Informationsbüro Prägraten
A-9974 Prägraten a. G.
T 0 48 77/63 66 • F 0 48 77/6 36 65
E-Mail: praegraten@netway.at
http://www.tiscover.com/praegraten

Alles über die Ferienregion S. 232.

Hotels ★★★★
Kinderhotel Replerhof T 63 45 F 54 77

Pensionen ★★★
Haus Alpenrose T 52 24 F 52 24 24
Gasthof Olcherhof T 52 37 F 52 37 37
Ferienhaus Tirol T 52 32 F 52 32 42

Pruggern/Steiermark

Tourismusverband
A-8965 Pruggern
T 0 36 85/22 20 40 • F 0 36 85/2 09 04
E-Mail: information@pruggern.at
http://www.pruggern.at

Alles über die Ferienregion S. 306.

Hotels ★★★★
Hotel Amadeus T 2 38 39 F 23 83 94
Hotel Schloss Moosheim T 23 21 00 F 23 21 06

Pensionen ★★★
Pension Bertrand T 2 23 76 F 2 23 76
Landgasthof Bierfriedl T 2 22 06 F 22 20 63
Gasthof Bottinghaus T 2 36 60 F 75 87
Pension Farmreiterhof T 2 26 92 F 2 29 04
Pension Freienstein T 2 25 37 F 2 25 37 10
Pension Huber T 2 25 45 F 2 25 45
Gasthof Pruggerhof T 2 22 12 F 22 21 24

Pyhrn-Priel-Gebiet/Oberösterreich

Hoteleinträge siehe unter Hinterstoder, Spital am Pyhrn und Windischgarsten.

Radstadt/Salzburg

Tourismusverband Radstadt
A-5550 Radstadt
T 0 64 52/74 72 • F 0 64 52/67 02
E-Mail: info@radstadt.com
http://www.radstadt.com

Alles über die Ferienregion S. 284.
Hotelanzeigen siehe S. 699.

Hotels ★★★★
Hotel Gut Weißenhof T 70 01 F 70 06
Sporthotel Radstadt T 5 59 00 F 55 90 28
Familienhotel Seitenalm T 67 89 F 6 78 94
Hotel Zum jungen Römer T 67 12 F 67 12 50

Hotels ★★★☆
Ferienhotel-Restaurant Gewürzmühle T 71 43 F 71 43 32

Pensionen ★★★★
Gasthof Brüggler T 42 32 F 42 32 50

Pensionen ★★★
Innviertler Berggasthof T 78 13 F 7 81 37
Pension Stieglerhof-Walchhofgut T 75 04 F 56 10
Pension Taxerhof T 75 42 F 75 42 44
Gasthof Torwirt T 55 41 F 51 39

Raggal/Vorarlberg

Tourismusbüro Raggal-Marul Regionalbüro
A-6741 Raggal
T 0 55 53/3 45 • F 0 55 53/3 80
E-Mail: info@raggal.net
http://www.raggal.net

Alles über die Ferienregion S. 130.

Hotels ★★★
Hotel Nova T 2 22 F 6 47

Pensionen ★★
Pension Kellaspitze T 2 11 F 8 00 62
Pension Magdalena T 3 40 F 7 39
Gasthof Rössle T 2 03 F 7 90

Ramsau/Steiermark

Tourismusverband
A-8972 Ramsau am Dachstein
T 0 36 87/8 18 33 • F 0 36 87/8 10 85
E-Mail: info@ramsau.com
http://www.ramsau.com

Alles über die Ferienregion S. 306.

Hotels ★★★★
Hotel Almfrieden T 8 17 53 F 8 17 5 36
Hotel Berghof T 8 18 48 0 F 8 18 4 85
Panoramahotel Edelweiss T 8 19 88 0 F 8 10 12 54
Hotel Feistererhof T 8 19 80 F 8 19 8 09
Hotel Knollhof T 8 17 58 F 8 17 5 86
Hotel - Pension Lärchenhof T 8 19 62 F 8 19 6 22
Hotel-Pension Landhaus Ramsau T 8 12 91 F 8 12 49 35
Hotel Lindenhof T 8 15 55 F 8 15 5 57
Sporthotel Matschner T 8 17 2 10 F 8 26 66
Hotel-Restaurant Pehab-Kirchenwirt T 8 17 32 F 8 16 55
Alpengasthof Peter Rosegger T 8 12 23 F 8 12 2 38
Hotel Post T 8 17 08 F 8 17 08 66
Alpenhotel Ramsauhof T 8 19 65 F 8 19 6 59
Hotel Rösslhof T 8 14 4 40 F 8 14 44 81

Hotels ★★★
Hotel Kielhuberhof T 8 17 50 F 8 17 5 04
Hotel-Restaurant Martin T 8 15 37 F 8 15 37 58

Pensionen ★★★
Gästehaus Lührmann T 8 19 86 F 8 19 8 68

Weitere Hotels, noch nicht klassifiziert
Hotel Annelies T 8 17 7 50 F 8 17 7 52 00

Ranten/Steiermark

Hoteleinträge siehe unter Murau.

Rauris/Salzburg

Tourismusverband
A-5661 Rauris
T 0 65 44/2 00 22 • F 0 65 44/2 00 22 60 30
E-Mail: info@raurisertal.at
http://www.raurisertal.at

Alles über die Ferienregion S. 262.

HOTELFÜHRER ÖSTERREICH

„Radstadt, Salzburger Land…
…wohnen, wo Sie wollen, essen, wo sie wollen… mit Preisgarantie!"

Das historische Radstadt liegt inmitten von Dachstein und Tauern, 70 km südlich von Salzburg. Tradition, Gemütlichkeit und fröhliche Fest prägen die besondere Atmosphäre des Ortes. Zu den Sehenswürdigkeiten zählen die Stadtmauern und Stadttürme, die Pfarr- und Kapuzinerkirche sowie das Heimatmuseum. An Freizeitmöglichkeiten stehen Wandern, Radfahren, Reiten, Schwimmen, Golf u.v.m. zur Verfügung. Zahlreiche Ausflugsziele wie Eisriesenwelt, Großglockner, Wolfgangsee usw. sind von Radstadt aus ideal zu erreichen.

Mit unserem Angebot **„Sommerfrische All Inclusive"** von Mai bis Oktober 2005 bieten wir Ihnen ein besonders attraktives Urlaubspaket für die ganze Familie an:
1 Woche „all inclusive" mit täglich *Kaffee/Kuchen* und *Abendessen mit Getränk* in verschiedenen Restaurants / Cafés Ihrer Wahl, die SalzburgerLand-Card mit freiem Eintritt zu mehr als 180 Sehenswürdigkeiten des Landes, Freizeitprogramm u.v.m.

Preis pro Person je nach Urlaubstermin und Kategorie von **225,–** bis **575,– Euro**.
(Kinder bis einschließlich 14 Jahre zahlen nur die Hälfte!)

FRÜHBUCHERBONUS bis 31. März 2005: GRATIS 10 Tage-Autobahnvignette

BUCHUNGEN & GRATIS-INFOS: **Tourismusverband Radstadt**
A-5550 Radstadt, Stadtplatz 17
Telefon +43 - 6452 - 7472; Fax +43 - 6452 - 6702
E-Mail: info@radstadt.com
www.radstadt.info

Fortsetzung Rauris

Hotels ★★★★
Hotel Kristall   T 73 16   F 73 16 41
Hotel Rauriserhof   T 62 13   F 71 56

Hotels ★★★
Hotel Alpina   T 65 62   F 73 48
Hotel-garni Christa   T 62 78   F 62 78 7
Hotel garni Kaiserhof   T 63 95   F 63 9 54
Sporthotel St. Hubertus   T 64 97 0   F 64 97 60

Pensionen ★★★
Gasthof Alpenrose   T 62 98   F 62 9 85
Traditions-Gasthof Andrelwirt   T 64 11   F 71 84
Gasthof Bräu   T 62 06   F 62 06 95
Gasthof Grimming   T 62 68   F 62 68 99
Gasthaus Neuwirt   T 63 02   F 63 02 4
Gasthof Pinzgauerhof   T 63 83   F 63 8 35
Gasthof Platzwirt   T 63 33, 62 66   F 63 33 6
Gasthof Salzburgerhof   T 63 01   F 63 01 4 55
Pension Schönblick   T 62 72
Pension-Landhaus garni Schwaiger   T 63 61, 71 22   F 63 61 46
Hotel-Pension Sonnhof   T 62 49   F 62 49 11

Pensionen ★★
Pension Lindenhof   T 63 10   F 63 10

Reith bei Seefeld/Tirol

Infobüro
A-6103 Reith bei Seefeld
T 0 52 12/31 14 • F 0 52 12/43 41
E-Mail: reith.seefeld@netway.at
http://www.seefeld.at
Alles über die Ferienregion S. 182.

Hotels ★★★★★
Hotel Alpenkönig Tirol   T 3 32 00   F 3 32 07 00

Hotels ★★★
Hotel Reitherhof   T 31 36   F 31 36

Pensionen ★★★
Gasthof Hirschen   T 31 55   F 31 55 22

Reith im Alpbachtal/Tirol

Tourismusverband
A-6235 Reith im Alpbachtal
T 0 53 37/6 26 74 • F 0 53 37/6 47 33
E-Mail: reith.alpbachtal@tirol-pur.at
http://www.reith-alpbachtal.at
Alles über die Ferienregion S. 202.

Hotels ★★★★
Hotel Kirchenwirt   T 6 26 48   F 6 26 48 12
Hotel Pirchner Hof   T 6 27 49   F 6 27 49 88

Hotels ★★★
Hotel-Pension Bischofer   T 6 21 20   F 6 21 20 5

Reuthe/Vorarlberg

Tourismusbüro
A-6870 Reuthe
T 0 55 14/24 59 • F 0 55 14/2 45 96
E-Mail: tourismus@reuthe.cnv.at
http://www.tiscover.com/reuthe
Alles über die Ferienregion S. 126.

Hotels ★★★★
Kurhotel Bad Reuthe   T 2 26 50   F 2 26 51 00

Reutte/Tirol

Tourismusverband Ferienregion Reutte
A-6600 Reutte
T 0 56 72/6 23 36 • F 0 56 72/6 54 22
E-Mail: info@reutte.com
http://www.reutte.com
Alles über die Ferienregion S. 150.

Hotels ★★★★
Hotel Fürstenhof   T 6 42 34   F 6 42 34 20
Hotel-Restaurant Moserhof   T 6 20 20   F 6 20 20 40
Panoramahotel Talhof   T 6 22 80   F 6 51 71 49
Gasthof-Hotel Zum Mohren   T 6 23 45   F 6 23 4 56

Hotels ★★★
Alpenhotel Ammerwald   T 7 81 31   F 78 13 12 00
Hotel-Café Das Beck   T 6 25 22   F 6 25 22 35
Hotel Goldene Rose   T 6 24 11   F 62 41 17
Hotel Goldener Hirsch   T 6 25 08   F 62 50 87
Hotel Maximilian   T 6 25 85   F 6 25 85 54
Hotel Tannenhof   T 6 38 02   F 7 13 48
Sporthotel Urisee   T 6 23 01   F 62 30 14

Pensionen ★★★
Pension Hohenrainer   T 6 25 44, 6 32 62   F 6 20 52
Gasthof-Restaurant Kröll   T 6 23 77   F 6 20 66
Wandergasthof Krone   T 6 23 54   F 62 35 46
Gasthof-Pension Zum Schwanen   T 6 20 14   F 62 01 44

Ried i. O./Tirol

Tourismusverband Tiroler Oberland
A-6531 Ried i. O.
T 0 54 72/64 21 • F 0 54 72/61 93
E-Mail: tiroler.oberland@netway.at
http://www.tiroler-oberland.com
Alles über die Ferienregion S. 162.

Hotels ★★★★
Hotel Belvedere   T 0 57 42/63 28   F 0 57 42/63 28 33
Hotel Linde   T 62 70   F 21 75 44
Hotel Mozart Vital   T 69 37   F 69 37 84
Hotel Riederhof   T 62 14   F 62 14 12
Hotel Truyenhof   T 65 13   F 60 16 44

Riefensberg/Vorarlberg

Tourismusbüro
A-6943 Riefensberg/Bregenzerwald
T 0 55 13/83 56 • F 0 55 13/8 35 66
E-Mail: tourismus@riefensberg.at
http://www.riefensberg.at
Alles über die Ferienregion S. 126.

Hotels ★★★
Almhotel Hochhäderich   T 8 25 40   F 8 25 45 2

Pensionen ★★
Pension Hochlitten   T 83 63   F 8 36 38

Riezlern/Vorarlberg

Kleinwalsertal Tourismus Im Walserhaus
A-6991 Riezlern/Kleinwalsertal
T 0 55 17/5 11 40 • F 0 55 17/51 14 21
E-Mail: info@kleinwalsertal.com
http://www.kleinwalsertal.com

Hotels ★★★★
Verwöhnhotel Erlebach   T 5 16 90   F 34 44
Hotel Jagdhof   T 5 60 30   F 33 48
Almhof Rupp   T 50 04   F 32 73

Hotels ★★★
Hotel Bellevue   T 5 62 00   F 56 20 51
Hotel Haus Böhringer   T 53 38   F 53 38 13, 41 99
Hotel Post   T 3 01 23   F 30 12 34
Hotel Riezler Hof   T 53 77   F 53 77 50
Familienhotel Riezlern   T 6 65 10   F 6 65 11 49
Hotel Sonnegger Hof   T 57 64   F 61 09
Hotel-Gasthof Traube   T 5 20 70, 5 17 70   F 61 26
Hotel Wagner   T 52 48   F 32 66
Alpahotel Walserstuba   T 5 34 60   F 53 46 13
Hotel-Pension Widdersteinblick   T 56 01, 63 91   F 34 58

Pensionen ★★★
Landhaus Helga   T 64 51   F 38 74
Gästehaus Moosbrugger   T 5 26 90   F 52 69 38

Weitere Hotels, noch nicht klassifiziert
Hotel Montana   T 53 61   F 34 34

- 699 -

HOTELFÜHRER ÖSTERREICH

Rohrmoos/Steiermark

Tourismusverband Schladming-Rohrmoos
A-8970 Rohrmoos
T 0 36 87/2 27 77 • **F 0 36 87/2 41 38**
E-Mail: info@schladming-rohrmoos.com
http://www.schladming-rohrmoos.com

Alles über die Ferienregion S. 306.

Hotels ★★★★
Aktivhotel Rohrmooserhof   T 6 14 55   F 6 14 55 34
Alpenhotel Schütterhof   T 6 12 05   F 6 14 66
Alpenhotel Schwaigerhof   T 6 14 2 20   F 6 14 22 52
Hotel Selbach   T 6 11 6 40   F 6 11 64 14

Hotels ★★★
Wander- und Ferienhotel Burgfellnerhof   T 6 14 85, 6 14 90   F 6 14 8 54
Hotel Rohrmooser Schlößl   T 6 12 37   F 6 12 37 12
Hotel-Restaurant Sonneck   T 6 12 32, 6 12 80   F 6 12 3 26

Rußbach/Salzburg

Tourismusregion Lammertal Dachstein-West GmbH
A-5442 Rußbach am Paß Gschütt
T 0 62 43/4 04 00 • **F 0 62 43/4 04 04 04**
E-Mail: info@lammertal.com
http://www.lammertal.com

Alles über die Ferienregion S. 266.

Hotels ★★★
Landhaus Ausswink'l   T 0 62 42/3 66   F 0 62 42/45 55
Hotel Höll   T 0 62 42/2 39   F 0 62 42/23 98

Pensionen ★★★
Gasthof-Restaurant Zum Hias   T 0 62 42/2 20, 3 63   F 0 62 42/3 63 12
Pension Zur alten Sägemühle   T 0 62 42/2 96   F 0 62 42/29 64

Saalbach Hinterglemm/Salzburg

Tourismusverband
A-5753 Saalbach Hinterglemm
T 0 65 41/68 00 68 • **F 0 65 41/68 00 69**
E-Mail: contact@saalbach.com
http://www.saalbach.com

Alles über die Ferienregion S. 252.
Hotelanzeigen siehe S. 702-703.

Hotels ★★★★
Aparthotel Adler   T 73 31   F 73 31 78
Hotel Bauer   T 62 13, 64 51   F 6 21 35
Bergers Sporthotel   T 65 77   F 65 77 60
Hotel Carolinenhof   T 2 00 88   F 2 00 8 84
Hotel Dorfschmiede   T 7 40 80   F 7 40 83 09
Hotel Edelweiß   T 63 55   F 63 55 80
Wellness- und Familienhotel Egger   T 6 32 20   F 63 22 59
   E-Mail: info@hotel-egger.at
   http://www.hotel-egger.at
   ⊨81
   ≈0,03 km   ⊥20 km   ≈0,5 km
   ▲20 km
Sporthotel Ellmau   T 72 26   F 72 26 56
Gartenhotel Eva   T 7 14 40   F 8 50 8 11
Aparthotel Forellenhof   T 71 71   F 71 71 88
Hotel Glemmthalerhof   T 7 13 50   F 7 13 5 63
Hotel Hasenauer   T 63 32   F 63 32 60
Hotel Salzburg   T 63 45   F 63 45 57
Kunsthotel Hinterhag   T 62 91, 72 82   F 79 95, 62 91 44
Hotel Ingonda   T 62 62   F 62 62 62
Hotel Kendler   T 62 25   F 63 35
Hotel Kristiana   T 62 53   F 82 89 99
Hotel Lengauerhof   T 72 5 50   F 72 55 55
Hotel Neuhaus   T 71 51   F 71 51 74

Hotel Oberschwarzach   T 65 27   F 65 27 66
Kleeblatt-Hotel Panther   T 62 27   F 77 80
Hotel-Gasthof Post   T 62 31   F 78 48
Hotel Reiterhof   T 66 82   F 66 82 12
Alpenhotel Saalbach   T 66 66   F 6 66 68 88
Hotel Saalbacher Hof   T 71 11   F 71 11 42
Clubhotel Sonnalp   T 77 35   F 81 37
Hotel Sonne   T 72 02   F 72 02 63
Hotel Sonnleiten   T 6 40 20   F 6 40 2 24
Garten- und Aparthotel Theresia   T 7 41 40   F 7 41 41 21
   E-Mail: info@hotel-theresia.co.at
   E-Mail: www.hotel-theresia.co.at
   ⊨130
   ≈0,05 km   ⊥24 km   ≈1 km   ▲21 km
Hotel Tirolerhof   T 6 49 70   F 6 49 76
Hotel Wolf   T 6 34 60   F 63 46 69

Hotels ★★★
Hotel Almrausch   T 65 24   F 6 52 44
Hotel Alpenblick   T 72 56   F 7 25 64
Hotel Alpina   T 63 56   F 63 5 64
Hotel Am Reiterkogel   T 63 47   F 63 47 44
Hotel Bärenbachhof   T 66 42, 74 69   F 6 29 45
Hotel Barbarahof   T 77 00   F 77 0 07
Hotel Birkenhof   T 62 57   F 84 82
Hotel-Pension Conrad   T 63 51   F 6 35 11 11
Hotel garni Elisabeth   T 62 94, 84 03   F 6 29 45
Hotel Ellmauhof   T 64 32   F 64 32 71
Hotel Forellenhof   T 71 71   F 71 71 88
Haus Fürstauer   T 77 77   F 77 86
Hotel-Pension Gamshag   T 63 10   F 63 10 33
Hotel-Pension Gappmaier   T 62 67   F 6 26 73
Hotel Gollingerhof   T 72 92   F 7 29 28
Hotel Gungau   T 65 15   F 65 15 55
Hotel Haider   T 62 28   F 66 17 74
Hotel-Pension Helvetia   T 62 02   F 62 02 73
Hotel Hinterklemm   T 63 88   F 76 76 76
LTH-Resort Interstar   T 78 15   F 7 81 59
Hotel-Pension Jägerwirt   T 65 74   F 6 57 44
Hotel Knappenhof   T 6 49 70   F 6 49 76
Hotel König   T 85 33   F 6 38 44
Hotel Kristall   T 63 76   F 63 77 41
Hotel Mitterer   T 62 19   F 62 19 80
Hotel Oberdanner   T 65 86   F 65 86 69
Hotel Peter   T 62 36   F 62 36 40
Hotel Pinzgauerhof   T 6 34 60   F 63 46 69
Hotel Reisinger   T 63 60
Hotel Riegler   T 62 93   F 62 93 20
Hotel Rosentalerhof   T 72 37   F 72 37 57
Hotel-Pension Schachner   T 64 09   F 64 09 95
Hotel-Pension Schattberg   T 76 02   F 76 02 22
Berghotel Seidl-Alm   T 72 29   F 72 29 77
Hotel Sonnberg   T 66 18   F 66 18 15
Hotel Sonnblick   T 64 08   F 79 22 56
Hotel Sport Aktiv   T 64 62   F 6 46 26
Hotel Thuiner   T 72 68   F 84 65
Hotel Unterellmau   T 64 31   F 64 31 15
Hotel-Gasthof Unterwirt   T 62 74, 73 47   F 73 47 55
Hotel Wechselberger   T 62 39   F 6 23 98
Hotel-Pension Wiesenegg   T 63 73   F 63 73 77
Hotel-Pension Wiesergut   T 63 08   F 63 08 38
Hotel Zwölfer   T 72 26   F 72 26 56

Pensionen ★★★★
Hotel garni Kohlmais   T 66 30   F 66 30 13
Aparthotel Theresia   T 7 41 40   F 7 41 41 21

Pensionen ★★★
Aparthotel Astrid   T 79 88   F 79 88 74
Pension Austria   T 63 39   F 86 25
Pension Eder   T 62 08   F 6 20 86
Hotel-Pension Gamshag   T 63 10   F 63 10 33
Pension Helvetia   T 62 02   F 62 02 73

Aparthotel Hinterklemm   T 63 88   F 76 76 76
Gasthof Hochwartalm   T 6 51 10   F 65 11 42
Landhaus Jausern   T 73 41   F 73 41 10
Pension garni Pilch   T 63 66   F 63 66 91
Pension Ripper   T 62 85   F 6 28 58
Pension Siegmundshof   T 65 72   F 65 72 72
Frühstückspension Spatz   T 71 91   F 7 19 14
Pension Tannenberg   T 66 57   F 6 65 78
Gasthof Tiroler Buam   T 65 13   F 65 13 22
Pension Unterschwarzachhof   T 66 33   F 66 33 25
Gasthaus Vorderronach   T 64 47, 67 62   F 6 44 71 17
Gasthof Winkler   T 65 96   F 65 9 64

Saalfelden/Salzburg

Saalfelden Leogang Touristik GmbH
A-5760 Saalfelden
T 0 65 82/7 06 60 • **F 0 65 82/7 53 98**
E-Mail: info@saalfelden-leogang.at
http://www.saalfelden-leogang.at

Tourismusbüro Saalfelden
A-5760 Saalfelden
T 0 65 82/7 06 60 • **F 0 65 82/7 53 98**
E-Mail: info@saalfelden-leogang.at

Alles über die Ferienregion S. 248.

Hotels ★★★★
Hotel Gut Brandlhof   T 7 80 00   F 7 80 05 98
Hotel Hindenburg   T 7 93   F 7 93 78
Hotel Ritzenhof   T 73 80 60   F 7 38 06 51
Hotel-Gasthof Schörhof   T 7 92   F 7 92 45

Pensionen ★★★
Pension Elisabeth   T 7 22 71   F 72 27 14
Gasthof Liendlwirt   T 7 45 73   F 7 45 73 80
Gasthof Oberbiberg   T 7 41 50   F 7 41 5 02

Salzburg

Tourismus Salzburg GmbH
A-5020 Salzburg
T 06 62/88 98 70 • **F 06 62/8 89 87 32**
E-Mail: tourist@salzburg.info
http://www.salzburg.info

Hotelanzeigen siehe S. 701.

Hotels ★★★★★
Hotel Goldener Hirsch   T 8 08 40   F 84 33 49
Hotel Kobenzl   T 64 15 10   F 64 22 38
Hotel Sacher   T 8 89 77   F 8 89 77 14
Hotel Sheraton   T 8 89 99   F 88 17 76

Hotels ★★★★
Hotel Auersperg   T 8 89 44   F 8 89 44 55
Hotel Crowne Plaza Pitter Salzburg   T 8 89 78   F 87 88 93
Romantikhotel Gersberg Alm   T 64 12 57   F 64 12 57 80
Hotel Hirschenwirt   T 88 13 35   F 88 13 35 42
Hotel K+K   T 84 21   F 84 21 57 70
Hotel Markus Sittikus   T 87 11 21   F 87 11 21 58
Hotel Neutor   T 84 41 54   F 54 41 54 16
Hotel Rosenvilla   T 62 71 65   F 6 25 23 08
Aparthotel Salzburg   T 85 00 20   F 85 00 20 44
Hotel Schaffenrath   T 63 90 00   F 63 90 05
Hotel Scherer   T 87 17 06   F 87 65 68
Hotel Stadtkrug   T 87 35 45   F 87 35 45 54
Hotel Vier Jahreszeiten   T 88 29 21   F 88 29 21 51

Hotels ★★★
Hotel Amadeus   T 87 14 01   F 8 76 16 37
Hotel-Gasthof Grünauerhof   T 85 04 64   F 8 50 46 48
Hotel Hohenstauffen   T 87 43 46   F 62 58 44
Hotel-Restaurant Laschenskyhof   T 8 52 36 10   F 85 23 61 54
Hotel Stein   T 87 43 46   F 62 58 44

HOTELFÜHRER ÖSTERREICH

www.arenberg-salzburg.at

Am Hang des Kapuzinerberges, in ruhiger Villenlage, bietet unser Haus einen herrlichen Blick auf die Stadt Salzburg und ihr Bergpanorama! Die behagl. Zimmer, die große Gartenanlage und die wenigen Gehmin. in die Innenstadt, sind weitere Vorteile für einen erholsamen Urlaub!

Haus Arenberg · Fam. Leobacher · Blumensteinstr. 8
5020 Salzburg · Tel. 0043/662/640097 · Fax 640097-3
info@arenberg-salzburg.at

Fortsetzung Salzburg

Pensionen ★★★★
Pension garni Haus Arenberg   T 64 00 97   F 6 40 09 73
E-Mail: info@arenberg-salzburg.at
http://www.arenberg-salzburg.at
⌂26 ... AMEX ... Master VISA Maestro

Salzburger Sportwelt/Salzburg

Hoteleinträge siehe unter Altenmarkt i. P., Eben i. P., Filzmoos, Flachau, Forstau, Kleinarl, Radstadt, St. Johann i. P. und Wagrain.

Salzkammergut - Ausseer Land/Steiermark

Hoteleinträge siehe unter Bad Aussee und Tauplitz.

Scharnitz/Tirol

Infobüro
A-6108 Scharnitz
T 0 52 13/52 70 · **F 0 52 13/55 57**
Alles über die Ferienregion S. 182.

Pensionen ★★★
Pension Arnspitze   T 53 65   F 2 00 65
Pension garni Frankenhof T 52 13   F 52 12
Gasthof Risserhof   T 52 40   F 52 92 40

Scheffau/Tirol

Tourismusverband
A-6351 Scheffau
T 0 53 58/73 73 · **F 0 53 58/7 37 37**
E-Mail: scheffau@skiwelt.at
http://www.scheffau.com
Alles über die Ferienregion S. 220.

Hotels ★★★★
Hotel Activitaaa Alpinita   T 81 09, 84 37

Schladming/Steiermark

Tourismusverband Schladming-Rohrmoos
A-8970 Schladming
T 0 36 87/2 27 77 · **F 0 36 87/2 41 38**
E-Mail: info@schladming-rohrmoos.com
http://www.schladming-rohrmoos.com
Alles über die Ferienregion S. 306.

Hotels ★★★★
Hotel-Restaurant Alte Post   T 2 25 71   F 22 57 18
Sporthotel Royer   T 2 00   F 2 00 94
Alpenhotel Schwaigerhof   T 6 14 22 0 F 6 14 22 52
Hotel Zum Stadttor   T 2 45 25   F 2 45 25 50

Hotels ★★★
Hotel-Pension Druschhof   T 2 28 73   F 22 87 37
Hotel-Restaurant Ferienalm   T 2 35 17, 2 39 42   F 2 35 17 50
Hotel-Pension Mitterhofer   T 2 22 29   F 22 22 98
Hotel Neue Post   T 2 21 05   F 22 10 55
Hotel-Gasthof Neuwirt   T 2 22 40   F 22 24 08
Hotel-Pension Planai-Blick   T 2 24 42   F 22 44 26
Hotel-Pension Starchlhof   T 2 34 77   F 23 47 74
Hotel Tauernblick   T 2 20 01   F 22 00 19 99

Schönberg/Tirol

Tourismusverband Stubai
A-6141 Schönberg
T 0 52 25/6 25 67 · **F 0 52 25/6 44 50**
E-Mail: info@stubai.at
http://www.stubai.at
Alles über die Ferienregion S. 192.

Hotels ★★★
Hotel-Gasthof Handl   T 6 25 74   F 62 57 48
Hotel Schönachhof   T 6 25 51, 6 28 00   F 6 35 74, 62 80 07
Hotel Stubai   T 6 25 59   F 62 95 95 20

Schoppernau/Vorarlberg

Schoppernau Tourismus
A-6886 Schoppernau
T 0 55 15/24 95 · **F 0 55 15/24 95 19**
E-Mail: schoppernau@au-schoppernau.at
http://www.au-schoppernau.at
Alles über die Ferienregion S. 126.

Hotels ★★★★
Hotel Edelweiss   T 24 96   F 24 96 18
Hotel Elisabeth   T 2 37 00 F 23 70 15
Hotel Hirschen   T 21 15   F 2 13 58
Sporthotel Krone   T 21 16   F 21 16 16

Pensionen ★★★
Gasthof Adler   T 21 06   F 21 06 76

Schröcken/Vorarlberg

Tourismusbüro
A-6888 Schröcken
T 0 55 19/2 67 10 · **F 0 55 19/26 75**
E-Mail: info@schroecken.at
http://www.schroecken.at
Alles über die Ferienregion S. 126.

Hotels ★★★★
Hotel Widderstein   T 40 00   F 40 08

Hotels ★★★
Hotel Mohnenfluh   T 20 30   F 20 35
Hotel-Gasthof Tannberg   T 2 68   F 2 68 30

Hotels ★★
Hotel Körbersee   T 2 65   F 2 41

Schruns/Vorarlberg

Schruns-Tschagguns Tourismus
A-6780 Schruns
T 0 55 56/7 21 66 · **F 0 55 56/7 21 66 19**
E-Mail: info@schruns-tschagguns.at
http://www.schruns-tschagguns.at
Alles über die Ferienregion S. 136.
Hotelanzeigen siehe S. 691-693.

Hotels ★★★★☆
Hotel Alpenrose   T 7 26 55   F 7 26 55 77
Hotel Löwen   T 71 41   F 7 35 53
E-Mail: info@loewen-hotel.com
http://www.loewen-hotel.com
⌂162 ...
€0,15 km AMEX Master VISA Maestro

Hotels ★★★★
Hotel Alpenhof-Messmer   T 72 66 40   F 7 61 56
Hotel Krone   T 7 22 55   F 7 22 55 22
Hotel Montjola-Nova   T 7 33 74 0 F 7 33 74 46
Hotel Vitalquelle Gauenstein   T 7 70 49   F 7 66 26
E-Mail: vitalquelle@gauenstein.com
http://www.vitalquelle.at
⌂90 ... 1 km
Hotel Zamangerhof   T 7 57 00   F 75 70 08

Hotels ★★★
Hotel Both   T 72 65 60   F 72 65 68
Hotel Chesa Platina T 7 23 23, 7 21 47   F 7 23 38
Hotel Fuchsenstube   T 7 28 12   F 72 81 28
Hotel Obwegeser   T 7 35 58   F 7 35 58 13
Hotel Taube   T 7 23 84   F 72 14 58
Hotel Zimba   T 7 26 30   F 7 26 30 45

Pensionen ★★★
Landgasthof Auhof   T 7 22 69   F 72 26 95
Gasthof-Pension Rhätikon T 7 21 71   F 72 17 14

Schwarzenberg/Vorarlberg

Tourismusbüro
A-6867 Schwarzenberg/Bregenzerwald
T 0 55 12/35 70 · **F 0 55 12/29 48 14**
E-Mail: info@schwarzenberg.at
http://www.schwarzenberg.at
Alles über die Ferienregion S. 126.

Hotels ★★★★
Romantikhotel Hirschen   T 2 94 40   F 29 44 20

Hotels ★★★
Alpenhotel Bödele   T 72 50   F 72 50 31

Schwaz/Tirol

Tourismusverband Schwaz-Pill
A-6130 Schwaz
T 0 52 42/63 24 00 · **F 0 52 42/6 56 30**
E-Mail: schwaz-pill@netway.at
http://www.schwaz-info.at
Alles über die Ferienregion S. 186.

Hotels ★★★
Ferienhotel Frieden   T 6 23 29   F 6 23 29 29
Natur-Hotel Grafenast T 6 32 09   F 6 32 09 99

Pensionen ★★★
Gasthof Goldener Löwe   T 6 23 73   F 6 23 73 44
Alpenhof Hubertus   T 6 24 72   F 6 24 7 24
Gasthof-Pension Klausen   T 64 19 50 F 6 41 85 50
Hotel-Pension Plankenhof   T 64 19 50 F 7 23 44

alpincircus
Saalbach Hinterglemm

is it magic?
www.saalbach.com

naturburschen?
flotte bienen?
bürohengste?

Wir wissen zwar nicht, zu welcher Kategorie „Mensch" Sie gehören. Aber eines wissen wir: **Im alpincircus Saalbach Hinterglemm dreht sich alles nur um Sie!** Hier heißt es: „Manege frei!" für einen Sommerurlaub der ganz besonderen Art.

Gleich noch ein heißer Tipp, wie es mit Ihnen wieder ganz schnell bergauf geht: Nehmen Sie eine unserer Seilbahnen, Ihr Mountainbike oder einen der zahlreichen markierten Wanderwege. Eine alpine Zauberwelt voller Schönheiten, gemütlicher Almhütten und faszinierender Überraschungen wartet nur darauf, von Ihnen entdeckt zu werden. Und nicht vergessen: **Sie haben es sich verdient!**

- >> 400 km markierte **Wanderwege**
- >> 200 km beschilderte **Rad-** und **Mountainbikewege**
- >> **Rafting, Paragliding, Bogen schießen**
- >> **Golf, Tennis, Reiten, Fischen**
- >> Berg- und Almsommer mit vielen **Brauchtumsveranstaltungen**
- >> **Almhütten** und **Kulinarik**
- >> **Vier Bergbahnen** in Betrieb
- >> **Wandercard** und **Alpinpass**: Eintrittskarten in den alpincircus

neu für kids + teens im sommer 2005

- >> „Teufelswasser" im Talschluss großer **Wasser - Erlebnispark**
- >> neu gestalteter **Märchenwald**
- >> „Peter Pan", das neue **Freibaderlebnis**
- >> geführte **Familienwanderungen**
- >> **Abenteuer-Spielplätze** auf den Bergen
- >> **Nordic Walking** für Kinder
- >> **Straßenmalfestivals**
- >> **Mountainbike Downhill**

hotel-theresia.co.at

modernes design • zeitlose tradition

Gartenhotel Theresia • A-5754 Saalbach-Hinterglemm 208 • Tel. +43 / (0) 6541 / 7414-0 • Fax ... 7414-121 • Badelandschaft indoor & outdoor • Große Saunawelt • Kinderbetreuung • Beautyfarm • Massagen • Sportprogramm • Gourmetküche - Bio - Diät • Aparthotel mit Fewos

Symphonische Dichtung in den Salzburger Alpen

Wellness- und Familienhotel**
Familie Egger
Haidweg 170
A-5754 Saalbach-Hinterglemm
Tel.: ++43 / 6541 / 6322-0
Fax: ++43 / 6541 / 6322-59
info@hotel-egger.at
www.hotel-egger.at

Willkommen im EGGER: Einzigartig – **G**enial – **G**igantisch – **E**rlebnisreich – **R**omantisch!

Das Ziel für schöne Augenblicke in denen der Sommerzauber Ihre Träume verwirklicht. Es sind die besonderen Kleinigkeiten und die Herzlichkeit in familiärem Ambiente, die Ihren Aufenthalt in unserem Hotel zu einem unvergesslichen Urlaub werden lassen. Entfliehen Sie dem Alltag und entdecken Sie Natur pur! Entscheiden Sie sich für **Egger Wohlfühl-Familienferien** und genießen Sie unbeschwerte Tage bei uns in der zauberhaften Welt der sanften Pinzgauer Grasberge, egal ob bei Wandererlebnissen, Sport, Spiel, Spaß, Ruhe, Erholung und Wellness- oder Gourmetgenüssen.

HIGHLIGHTS
• Bade- und Wellnessoase • **NEU:** Kinder-Abenteuerpool • Erlebnis-Saunawelt • Beautystudio • Gemütliche Doppelzimmer, Familienappartements und Suiten de luxe

• Sing- und Malworkshops • Aktiv- und Fitprogramm, geführte Wanderungen • Excellente Baby-, Kinder- und Jugendbetreuung • Tennis, Trekkingbikes, Soft-Play Abenteuer, Riesentrampolin • Verlockende „Schnapp-zu" und Pauschalangebote, attraktive Kinderpreise • Babywochen, Seniorenwochen, Schnellbucherbonus

• **Egger Inklusivpension:**
Reichhaltiges Frühstücksbuffet, Wanderjause, warmes Mittagsbuffet, Kaffee, Tee, Mehlspeisvariationen, Saftbrunnen, Eis, tägliches Salatbuffet, 5- bis 6-gängige Gourmet-Wahlmenüs

Neugierig geworden?
Dann fordern Sie bitte unsere Hotelunterlagen an. Vielleicht dürfen wir Sie bei uns begrüßen, wenn die Berge von Mai bis Oktober Sommerferien machen!

Wochenpauschale ab Euro 387,– pro Person mit „Eggers All-Inklusive"

www.saalbach.com

HOTELFÜHRER ÖSTERREICH

Schwendt/Tirol

Tourismusverband Kössen-Schwendt
A-6345 Schwendt
T 0 53 75/62 87 • F 0 53 75/69 89
E-Mail: info@koessen.at
http://www.koessen.at

Alles über die Ferienregion S. 212.

Pensionen ★★★
Gasthof Mairwirt   T 27 77   F 2 77 74
Gasthof-Pension Schwendterwirt   T 67 16   F 6 71 68

See im Paznaun/Tirol

Tourismusverband
A-6553 See im Paznaun
T 0 54 41/82 96, 82 85 • F 0 54 41/82 96 16
E-Mail: tvb.see@netway.at
http://www.tiscover.com/see

Alles über die Ferienregion S. 158.

Hotels ★★★★
Hotel Alpenkönigin   T 8 20 60, 85 80   F 85 80 23
Hotel Mallaun   T 82 17   F 8 21 75 10

Hotels ★★★
Hotel Ad-Laca   T 85 80, 82 06   F 85 80 23
Hotel-Pension Fortuna   T 87 00   F 87 00 11
Hotel-Alpenhof Zum weissen Lamm   T 82 90   F 8 29 05

Pensionen ★★★
Hotel-Pension Enzian   T 82 36   F 8 23 67
Gasthof Post   T 82 19   F 8 21 94
Gasthof Tirolerhof   T 82 33   F 83 39

Seefeld/Tirol

Informationsbüro Olympiaregion Seefeld
A-6100 Seefeld
T 0 52 12/23 13 • F 0 52 12/33 55
E-Mail: info@seefeld.at
http://www.seefeld.at

Alles über die Ferienregion S. 182.

Hotels ★★★★★
Hotel Astoria   T 2 27 20   F 2 27 21 00
Hotel Klosterbräu   T 26 21   F 38 85
Hotel Lärchenhof   T 2 38 30   F 23 83 83
Vitalhotel Royal Dorint   T 4 43 10   F 4 43 14 50

Hotels ★★★★
Hotel Alpenpark Sonnenresidenz   T 29 51   F 29 51 52 09
Hotel garni Auhof-St. Georg   T 31 73   F 3 17 36
Hotel Bergland   T 22 93   F 2 13 81 10
Hotel Central   T 32 88   F 32 88 66
Hotel Die Post   T 22 01   F 2 20 15 00
Hotel garni Elite   T 29 01   F 2 14 46
Hotel Hiltpolt   T 22 53   F 28 45 53
Hotel Hocheder   T 2 46 90   F 2 46 9 47
Hotel-Residenz Hochland   T 22 11   F 22 11 15
Ferienhotel Kaltschmid   T 21 91   F 2 19 11 16
Hotel Kronenhotel   T 41 06   F 45 63 44
Alpenhotel Lamm   T 24 64   F 28 34 34
Hotel Loipe   T 21 01   F 43 82
Hotel Parkhotel   T 2 48 40   F 2 77 56
Wellnesshotel Schönruh   T 24 47   F 2 44 77
Hotel Seefelderhof   T 23 73   F 23 73 41
Hotel Seelos   T 23 08   F 20 45 41
Hotel Seespitz   T 22 17   F 22 18 50
Hotel Solstein   T 27 41   F 2 74 16
Hotel St. Peter   T 4 55 50   F 45 55 45
Hotel Stefanie   T 24 66   F 23 58 43
Hotel Theresia   T 24 56   F 24 56 47
Gartenhotel Tümmlerhof   T 25 71   F 2 57 11 04
Aktivhotel Veronika   T 21 05   F 37 87
Hotel Viktoria   T 44 41   F 44 43   ▷

Hotels ★★★
Hotel garni Berghof   T 22 85   F 2 28 55
Hotel Charlotte   T 26 52   F 2 09 16
Hotel garni Christina   T 25 53   F 43 14 32
Hotel Das Alpina   T 22 58   F 43 94
Hotel Diana   T 20 60   F 21 88
Hotel garni Dorothea   T 25 27   F 25 73 73
Hotel garni Egerthof   T 44 44   F 44 44 60
Hotel Haymon   T 24 19   F 24 19 93
Hotel Helga   T 23 26   F 2 74 97
Hotel Kreuzseehof   T 22 58 66   F 43 94
Hotel Marthe   T 25 02   F 25 02 62
Hotel Menthof   T 25 54   F 25 54 39
Hotel Metropol   T 30 30   F 3 03 04
Hotel Montana   T 25 03   F 25 03
Hotel garni Olympia   T 23 34   F 4 47 04
Hotel Regina   T 20 70   F 22 70 77
Hotel Schönegg   T 2 37 50   F 2 06 43 00
Hotel Vergeiner   T 23 93   F 23 93 34
Hotel Waldhotel   T 22 07   F 20 01 30
Hotel Wetterstein   T 22 83   F 2 28 33

Serfaus/Tirol

Serfaus Information
A-6534 Serfaus
T 0 54 76/6 23 90 • F 0 54 76/68 13
E-Mail: info@serfaus.com
http://www.serfaus.com

Alles über die Ferienregion S. 162.

Hotels ★★★★★
Wellnesshotel Cervosa   T 62 11   F 67 36, 6 21 11 41
Wellness-Residenz Hotel Schalber   T 67 70   F 67 70 35

Hotels ★★★★
Familienhotel Adler   T 62 21   F 64 91 17
Hotel Alte Schmiede   T 6 49 20   F 6 49 27
Hotel Amadeus-Micheluzzi   T 61 01, 62 51   F 61 01 40
Hotel Astoria   T 63 36   F 63 36 33
Hotel Drei Sonnen   T 62 07   F 62 07 55
Hotel Furgler   T 62 01   F 62 01 17
Hotel Gabriela   T 67 09   F 67 09 41
Ferienhotel Geiger's   T 6 20 90   F 62 09 48
Hotel Jenny's Schlössl   T 66 54   F 66 54 54
Hotel Löwen   T 60 58   F 60 58 28
Gourmethotel Maximilian   T 65 21, 65 20   F 65 20 52
Hotel Post   T 62 61   F 6 26 13
Hotel garni Sonnenresidenz Castel   T 61 31   F 6 13 15
Kinder-Hotel St. Zeno   T 63 28   F 63 28 65

Hotels ★★★
Hotel Barbara   T 62 17   F 67 17 24
Hotel Hubertus   T 62 43   F 62 43 45
Hotel Ideal   T 65 19   F 6 51 96
Hotel Regina   T 62 53   F 6 25 35 00
Hotel Rex   T 62 64   F 69 17
Hotel Tirolerhof   T 62 36   F 68 72

Silbertal/Vorarlberg

Silbertal Tourismus
A-6780 Silbertal
T 0 55 56/7 41 12 • F 0 55 56/7 40 01
E-Mail: silbertal.tourismus@montafon.com
E-Mail: info@silbertal.at
http://www.silbertal.at
http://www.tiscover.com/silbertal

Alles über die Ferienregion S. 136.

Hotels ★★★★
Hotel Bergkristall   T 7 41 14   F 7 41 14 31

Hotels ★★★
Hotel Silbertal   T 7 41 95   F 7 41 95 55   ▷

Pensionen ★★★
Gasthof Kristberg   T 7 22 90   F 72 29 05

Sillian/Tirol

Tourismusverband Hochpustertal-Zentralbüro Sillian
A-9920 Sillian
T 0 48 42/6 66 60 • F 0 48 42/66 66 15
E-Mail: info@hochpustertal.com
http://www.hochpustertal.com

Alles über die Ferienregion S. 238.

Hotels ★★★★
Sporthotel Sillian   T 6 01 10   F 60 13
Hotel-Gasthof Strasserwirt   T 0 48 46/63 54   F 0 48 46/63 54 55
Hotel Weitlanbrunn   T 66 55   F 66 55 90

Hotels ★★★
Hotel-Gasthof Post   T 60 20   F 60 20 13

Pensionen ★★★
Pension Gesser   T 63 56   F 63 56 40
Pension Pichler   T 62 55, 64 86   F 62 55 25
Gasthof Sprenger   T 62 04   F 6 20 44

Weitere Hotels, noch nicht klassifiziert
Hotel garni & Appartements Panda   T 6 34 10   F 63 41 76
Ferienwohnungen Schwarzer Adler   T 63 15   F 63 15 33

Silvretta Nova/Vorarlberg

Hoteleinträge siehe unter Gaschurn, Gortipohl, Partenen und St. Gallenkirch.

Sölden/Tirol

Tourismusverband Sölden-Ötztal-Arena
A-6450 Sölden
T 0 52 54/51 00 • F 0 52 54/51 05 20
E-Mail: info@soelden.com
http://www.soelden.com

Alles über die Ferienregion S. 176.

Hotels ★★★★★
Hotel Central   T 2 26 00   F 2 26 05 11

Hotels ★★★★
Hotel Alpina   T 50 20   F 5 02 60
Hotel Bergland   T 2 24 00   F 2 24 05 10
Hotel Erhart   T 20 20   F 2 02 05
Hotel garni Granat   T 20 62   F 2 06 27
Hotel Hubertus   T 24 89, 26 08   F 27 31
Hotel Liebe Sonne   T 22 03   F 24 23
Hotel Regina   T 23 01, 24 86   F 26 53 70
Hotel Rosengarten   T 26 74   F 26 74 22
Hotel Sonnenhaus Tamara   T 50 40   F 5 04 60
Hotel Stefan   T 22 37   F 22 37 25
Hotel Sunny Sölden   T 24 91   F 24 91 5
Hotel Tyrolerhof   T 22 88   F 28 33
Hotel Valentin   T 22 67   F 2 37 08

Hotels ★★★
Hotel Alphof Sölden   T 25 59   F 21 09 44
Hotel garni Bruno   T 25 29, 27 78   F 2 77 85
Suitenhotel Good Life Resort   T 2 60 00   F 26 00 19
Hotel Sölderhof   T 50 30   F 5 03 60
Hotel Waldcafe   T 23 19   F 24 60   ▷

Fortsetzung S. 705

HOTELFÜHRER ÖSTERREICH

Appartements Herold

www.appartementsherold.at

Ferienwohnungen Herold - Dorf 126 - A - 6306 - Söll in Tirol
Tel.: 0043 5333 5208 - Fax: +22 - Email: herold.soell@newsclub.at

Zentral gelegen*
12 komfortabel, mit allen Geräten ausgestattete Appartements für 2, 4 oder 6 Personen*   10 Minuten bis zum Lift, Schwimm/Hallenbad, Sport-Zentren*   Wander/Schibus-Stopp am Haus*
Kleiner Supermarkt im Haus*   Eigene geführte Bergwanderungen und Hochtouren von Mai bis Oktober sind Spass und Erlebnis pur*
Preise u. alle Details sowie Anfragen, siehe Homepage -
Wir freuen uns auf Sie!

(ER)LEBEN Sie bei uns Ihre schönste Zeit im Jahr!

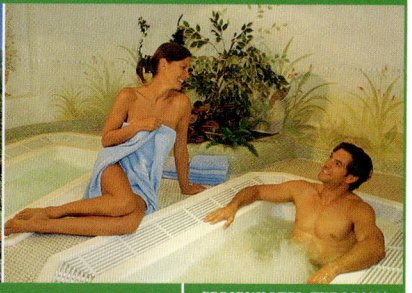

Ausgestattet mit jeglichem Komfort eines 4-Sterne-Betriebes, einer zauberhaften Küche und einem großzüg. Wellnessangebot für Ihr Wohlbefinden, präsentiert sich das Hotel Tyrol inmitten der Bergwelt Wilder Kaiser/Kitzbühler Alpen! Überzeugen Sie sich selbst – Fam. Schernthanner freut sich auf Ihren Besuch!

FERIENHOTEL TYROL****
Wies 10 · A-6306 Söll
Tel. +43/53 33/52 73
Fax +43/53 33/51 98 75
info@hotel-tyrol.com
www.hotel-tyrol.com

Fortsetzung Sölden

Pensionen ★★★
Pension Alt Kaisers   T 32 70   F 3 27 07
Pension Andreas   T 26 07, 20 97   F 26 07 37
Sportpension Carinthia   T 25 84   F 25 84 20
Gasthof Grüner   T 22 14   F 2 12 77
Gästehaus Kneisl   T 22 77   F 22 77 23
Pension Maria Theresia   T 20 58   F 20 58 32
Frühstückspension Montana   T 23 27   F 23 27 50
Pension Romantik   T 26 79   F 26 79 33
Pension Viktoria   T 24 55   F 29 83
Frühstückspension Wildspitze   T 23 41   F 23 41 40

Pensionen ★★
Pension Bergsee   T 25 51   F 25 51
Gasthof Gaislach Alm   T 29 14   F 2 75 88

Weitere Hotels, noch nicht klassifiziert
Hotel Alpenland   T 23 65   F 2 05 05
Hotel Am Hof   T 22 41   F 2 12 11 11
Pension Eden   T 2 16 30   F 2 16 36

Söll/Tirol

Tourismusverband
A-6306 Söll
T 0 53 33/52 16 • F 0 53 33/61 80
E-Mail: info@soell.com
http://www.soell.com

Alles über die Ferienregion S. 220.

Hotels ★★★★
Hotel Alpenschlössl   T 64 00   F 64 01
Hotel Greil   T 52 89   F 59 25
Hotel Postwirt   T 50 81   F 62 30
Hotel Tyrol Söll   T 52 73   F 51 98 75
  E-Mail: info@hotel-tyrol.com
  http://www.hotel-tyrol.com
  ≡125 🛏 🏊 7 …
  🚗 0,5 km … 0,8 km Master VISA Maestro

Hotels ★★★
Hotel Alpenpanorama   T 53 09   F 5 83 58
Hotel Bergland   T 54 54   F 55 56
Hotel Feldwebel   T 52 24   F 62 29
Ferienhotel Fuchs   T 52 79   F 52 84 45
Hotel Gänsleit   T 54 71   F 5 47 16
Appartments Herold   T 52 08   F 52 08 22
  E-Mail: herold.soell@newsclub.at
  http://www.appartementsherold.at
  ≡48 🐕 1 km 🚴 2 km 🎿 1 km
Hotel & Sport Mödlinger   T 53 39   F 53 39 44
Hotel Tulpe   T 52 23   F 50 14   ▷

Pensionen ★★★
Pension Berghof   T 54 33   F 5 43 34
Gasthof Eggerwirt   T 52 36   F 5 82 55
Pension garni Feichter   T 52 28   F 5 22 85
Gasthof Gruberhof   T 51 04   F 59 03
Pension garni Klammerhof   T 52 62   F 52 62
Gasthof Oberstegen   T 52 77   F 52 77 20

Weitere Hotels, noch nicht klassifiziert
Hotel Austria   T 52 13   F 52 13 10
Pension garni Tenne   T 53 87   F 55 91

Spital am Pyhrn/Oberösterreich

Verkehrsbüro
A-4582 Spital am Pyhrn
T 0 75 63/24 90 • F 0 75 63/24 96
E-Mail: spital@pyhrn-priel.net
http://www.pyhrn-priel.net

Alles über die Ferienregion S. 294.

Hotels ★★★
Landhotel Oberwengerhof   T 3 66   F 36 67

Pensionen ★★★
Gasthof Botenwirt   T 2 77   F 71 96
Berggasthaus Linzerhaus   T 2 37   F 2 37
Pension Nanga Parbat   T 6 83   F 6 83
Gasthof Stefansberg   T 3 66   F 7 17 67
Pension Traudis Treff   T 2 79   F 2 79 22
Pension Vogelhändler   T 2 82   F 2 82 33
Pension Wurzeralm   T 8 00 6   F 8 00 64
Gasthof Zur Post   T 2 08   F 73 77

St. Anton am Arlberg/Tirol

Tourismusverband
A-6580 St. Anton am Arlberg
T 0 54 46/2 26 90 • F 0 54 46/25 32
E-Mail: info@stantonamarlberg.com
http://www.stantonamarlberg.com

Alles über die Ferienregion S. 144.

Hotels ★★★★★★
Hotel Arlberg Hospiz   T 26 11   F 35 45
Hotel Raffl's St. Antoner Hof   T 29 10   F 35 51   ▷

Die Qualität der
Hotelbetriebe steigt mit
der Anzahl der Sterne.

Hotels ★★★★
Hotel Alte Post   T 25 53   F 25 53 41
Hotel Arlberg   T 2 21 00   F 2 45 155
Hotel Brunnenhof   T 22 93, 22 95   F 2 29 35
Hotel Grieshof   T 23 31   F 20 24 17
Hotel Karl Schranz   T 2 97 70   F 2 55 55
Hotel Kertess   T 20 05   F 20 06 56
Hotel Montjola   T 23 02   F 2 30 29
Hotel Mooserkreuz   T 22 30, 27 30   F 33 06
Hotel Post   T 22 13   F 23 43
Hotel Schwarzer Adler   T 2 24 40   F 22 44 62
Hotel Sonnenheim   T 33 51   F 35 89
Hotel Sporthotel   T 31 11   F 31 11 70
Hotel Tyrol   T 23 40   F 23 63

Hotels ★★★
Hotel Alpenhof   T 24 95   F 27 00
Hotel Am Dorfplatz   T 23 16   F 23 16 70
Hotel garni Bergheim   T 22 55   F 2 25 66
Hotel Edelweiß   T 22 49, 34 09   F 34 09 46
Hotel Ehrenreich   T 23 53   F 2 35 38
Hotel Fahrner   T 2 23 60   F 22 36 22
Hotel Gletscherblick   T 32 85, 32 60   F 3 26 08
Hotel Grischuna   T 23 04   F 23 55
Hotel garni Kristall   T 28 48   F 28 48 50
Hotel garni Mössmer   T 27 27   F 27 27 50
Hotel Rendlhof   T 31 00   F 31 00 50
Hotel Sailer   T 26 73   F 23 59 10

Pensionen ★★★
Pension Nassereinerhof   T 33 66   F 31 64

St. Anton im Montafon/Vorarlberg

Tourismusbüro St. Anton im Montafon
A-6771 St. Anton im Montafon
T 0 55 52/6 71 92 • F 0 55 52/6 79 03
E-Mail: tourismus@st.anton.i.m.cnv.at
http://www.sankt-anton-im-montafon.at

Alles über die Ferienregion S. 136.

Hotels ★★★★
Hotel-Restaurant Adler   T 6 71 18   F 6 71 185

St. Christoph am Arlberg/Tirol

Tourismusverband St. Anton am Arlberg
A-6580 St. Anton am Arlberg
T 0 54 46/2 26 90 • F 0 54 46/25 32
E-Mail: info@stantonamarlberg.com
http://www.stantonamarlberg.com

Alles über die Ferienregion S. 144.   ▷

HOTELFÜHRER ÖSTERREICH

> Fortsetzung
> St. Christoph am Arlberg

Hotels ★★★★★
Hotel Arlberg-Hospiz   T 26 11   F 34 54

Hotels ★★★★
Hotel Maiensee   T 2 16 10   F 28 04 56
Alpenhotel St. Christoph   T 36 66   F 36 18

Hotels ★★★
Hotel Arlberghöhe   T 2 63 50   F 26 35 44
Magic Life Der Club Arlberg   T 26 21   F 35 66
Sporthotel garni Galzig   T 33 27   F 31 26 40

Steeg/Tirol

Tourismusverband
A-6655 Steeg
T 0 56 33/53 08 • **F 0 56 33/57 14**
Alles über die Ferienregion S. 142.

Hotels ★★★
Hotel Post   T 53 07   F 53 07 37
Hotel Tannenhof   T 52 90, 52 36   F 51 24

Steinach/Tirol

Tourismusverband Wipptal
A-6150 Steinach
T 0 52 72/62 70 • **F 0 52 72/21 10**
E-Mail: tourismus@wippregio.at
http://www.wipptal.at
Alles über die Ferienregion S. 196.

Hotels ★★★★
Hotel Steinacherhof   T 62 41   F 62 43 19
Sport-Hotel Wilder Mann   T 62 10   F 62 10 54

Hotels ★★★
Hotel Post   T 62 39   F 62 39 66
Hotel Zur Rose   T 62 21   F 22 24

Weitere Hotels, noch nicht klassifiziert
Gasthof Schützenwirt   T 63 45   F 63 45

St. Gallenkirch/Vorarlberg

Tourismus
A-6791 St. Gallenkirch
T 0 55 57/6 60 00 • **F 0 55 57/66 59**
E-Mail: stgallenkirch@vol.at
http://www.tiscover.com/st.gallenkirch
Alles über die Ferienregion S. 136.
Hotelanzeigen siehe S. 691-693.

Hotels ★★★★
Hotel-Gasthof Adler   T 6 20 60   F 6 20 66
Sporthotel Grandau   T 63 84   F 6 38 47
Hotel Silvretta   T 6 12 00   F 6 12 05
Flairhotel Zamangspitze   T 62 38   F 6 23 85, 67 65
  E-Mail: info@zamangspitze.at
  http://www.zamangspitze.at
  ⊨100 🐕 ⛷ 🏊 🎾 ✈ 🚂 2 km
  ⛸ 8 km 🚴 🐎 4 km Master VISA Maestro

Hotels ★★★
Hotel Gastauer   T 66 31   F 6 63 17
Apparthotel Spitzer   T 66 41   F 6 64 12

Pensionen ★★★
Alpenhof Garfrescha   T 66 40   F 6 64 06
Gasthof Vermala   T 61 62   F 6 94 31

St. Gilgen/Salzburg

Wolfgangsee Tourismus
A-5340 St. Gilgen
T 0 62 27/23 48 • **F 0 62 27/2 34 89**
E-Mail: information@wolfgangsee.at
http://www.wolfgangsee.at
Alles über die Ferienregion S. 274.

Hotels ★★★★
Parkhotel Billroth   T 22 17   F 22 18 25
Hotel Hollweger   T 22 26   F 79 56 52
Landgasthof Seehotel Huber   T 36 52   F 36 52 41

Hotels ★★★
Hotel-Gasthof Fürberg   T 2 38 50   F 23 85 35
Hotel Jodlerwirt   T 25 11   F 25 11 9
Hotel-Gästehaus Kendler   T 22 23   F 72 03 90
Hotel garni Schernthaner   T 24 02   F 2 40 22

St. Jakob i. D./Tirol

Urlaubsregion Nationalpark Hohe Tauern
A-9963 St. Jakob i. D.
T 0 48 73/6 36 00 • **F 0 48 73/63 60 60**
E-Mail: stjakob@defereggental.at
http://www.defereggental.at
Alles über die Ferienregion S. 232.

Hotels ★★★★
Hotel Alpenhof   T 53 51   F 5 35 15 00
Sporthotel Jesacherhof   T 53 33   F 53 33 88

Pensionen ★★★
Gasthof Edelweiss   T 52 32   F 5 16 55
Pension Lärchenhof   T 63 33   F 63 33 66
Gästehaus Olympia   T 54 15   F 54 15 33
Pension Unterrain   T 52 02   F 5 15 3 11

St. Johann im Pongau/Salzburg

Tourismusverband
A-5600 St. Johann im Pongau
T 0 64 12/60 36 • **F 0 64 12/60 36 74**
E-Mail: info@sanktjohann.com
http://www.sanktjohann.com
Alles über die Ferienregion S. 284.

Hotels ★★★★
Hotel Alpendorf   T 62 59   F 73 91
Hotel Alpenhof   T 5 64 60   F 56 48
Sporthotel Alpenland   T 7 02 10   F 70 21 51
Wellness & Sporthotel Alpina   T 82 82   F 81 44
Hotel Berghof   T 61 81   F 65 15
Wellness- & Familienhotel Lerch   T 42 51   F 40 15 13
Hotel Oberforsthof   T 61 71   F 74 29
Sporthotel Pichler's   T 62 10   F 62 10 10
Sporthotel Prem   T 63 150   F 63 15 47
Hotel Sonnhof   T 72 71   F 72 71 35
Hotel Tannenhof   T 5 23 10   F 5 23 161
Hotel Zinnkrügl   T 61 79   F 81 79

Pensionen ★★★
Pension Alpenblick   T 62 34   F 62 34
Gasthof Hirschenwirt   T 60 12   F 6 01 28
Pension Ötzmooshof   T 78 32   F 78 32

Weitere Hotels, noch nicht klassifiziert
Hotel Brückenwirt-Tennerhof   T 4 25 90   F 42 59 55
Gasthaus Silbergasser   T 84 21   F 8 48 38

St. Johann in Tirol/Tirol

Tourismusverband
A-6380 St. Johann in Tirol
T 0 53 52/63 33 50 • **F 0 53 52/6 52 00**
E-Mail: info@st.johann.tirol.at
http://www.st.johann.tirol.at
Alles über die Ferienregion S. 228.

Hotels ★★★★
Sporthotel Austria   T 6 25 07   F 6 51 37
Hotel Brückenwirt   T 6 25 85   F 6 25 85 14
Hotel Crystal   T 6 26 30   F 6 26 30 13
Hotel Dorfschmiede   T 6 23 23   F 62 16 78
Hotel garni Gruber   T 6 14 61   F 6 14 61 33
Hotel Park   T 6 22 26   F 62 22 66
Hotel St. Johanner Hof   T 6 22 07   F 6 31 87

Hotels ★★★
Hotel Central   T 63 32 00   F 6 31 87
Hotel Edelweiß   T 6 35 80   F 63 58 06
Hotel Fischer   T 6 23 32   F 6 51 68
Hotel Goldener Löwe   T 6 22 510   F 6 29 81
Hotel garni Granada   T 6 28 30   F 6 28 30 3
Hotel Post   T 6 22 30   F 62 23 03
Hotel Schöne Aussicht   T 6 22 70   F 6 46 26
Hotel Sonne   T 6 35 64   F 6 35 64 64
Hotel garni Theresia   T 6 39 94   F 6 39 94 4
Hotel Tirolerhof   T 6 21 51   F 6 21 51 48
Gartenhotel Toni   T 6 28 39   F 6 28 39 27

St. Kathrein/Steiermark

Tourismusverband Almenland Marketing GmbH
A-8163 Fladnitz
T 0 31 79/23 00 00 • **F 0 31 79/2 30 00 20**
E-Mail: info@almenland.at
http://www.almenland.at
Alles über die Ferienregion S. 316.

Hotels ★★★★
Hotel-Gasthof Schwaiger   T 82 34   F 82 34 14
Hotel-Gasthof Zum Steinhauser   T 8 23 60   F 82 36 18

Pensionen ★★★★
Wellnessgasthof Eder   T 8 23 50   F 8 23 55
Landgasthof Spreitzhofer   T 82 43   F 8 24 34

Pensionen ★★★
Gasthof Holzmeister   T 71 70

St. Leonhard/Tirol

Tourismusverband Pitztal
A-6473 Wenns im Pitztal
T 0 54 14/8 69 99 • **F 0 54 14/8 69 99 88**
E-Mail: info@pitztal.com
http://www.pitztal.com
Alles über die Ferienregion S. 172.

Hotels ★★★★
Hotel Alpinhotel   T 0 54 13/8 62 61   F 0 54 13/8 62 61 81
Wellnesshotel Andreas Hofer   T 0 54 13/8 62 14
  F 0 54 13/8 62 14 20
Hotel Mandarfner Hof   T 0 54 13/8 62 71   F 0 54 13/8 62 72
Sportiv-Hotel Mittagskogel   T 0 54 13/8 63 86
  F 0 54 13/8 63 86
Sport-Vitalhotel Seppl   T 0 54 13/8 62 20   F 0 54 13/8 63 52
Hotel Sportalm   T 0 54 13/8 62 03   F 0 54 13/8 62 03 52
Hotel Tieflehnerhof   T 0 54 13/8 62 09   F 0 54 13/8 63 28 51
Hotel Vier Jahreszeiten   T 0 54 13/8 63 61   F 0 54 13/86 36 15
Verwöhnhotel Wildspitze   T 0 54 13/8 62 07   F 0 54 13/8 63 03 60 ▷

HOTELFÜHRER ÖSTERREICH

Fortsetzung St. Leonhard

Hotels ★★★
Hotel Alpenhof   T 0 54 13/8 72 92   F 0 54 13/87 29 29
Hotel Bergland   T 0 54 13/8 62 18   F 0 54 13/86 21 88
Sporthotel Christoph   T 0 54 13/8 62 45   F 0 54 13/86 24 58
Hotel Gletscherblick   T 0 54 13/8 62 92   F 0 54 13/8 62 92 54
Hotel Gundolf   T 0 54 13/8 62 23   F 0 54 13/8 62 24 13
Hotel-Pension Haid   T 0 54 13/8 72 03   F 0 54 13/87 20 32 30
Hotel Hot Piz   T 0 54 13/8 73 06   F 0 54 13/8 73 06 50
Hotel Mittagskogel   T 0 54 13/8 62 94   F 0 54 13/8 62 94 24
Hotel Möderle   T 0 54 13/8 73 58   F 0 54 13/87 35 85
Hotel Piz   T 0 54 13/8 63 65   F 0 54 13/8 63 67
Hotel Rifflsee   T 0 54 13/8 62 96   F 0 54 13/8 62 96 20
Hotel Sonnblick   T 0 54 13/8 62 04   F 0 54 13/8 62 04 61
Hotel Stillebacher Hof   T 0 54 13/8 72 06   F 0 54 13/87 47 68
Hotel Wiese   T 0 54 13/8 73 16   F 0 54 13/8 73 79
Hotel Zirbenhof   T 0 54 13/8 62 84   F 0 54 13/8 63 45

Pensionen ★★★
Pension Brunnenkogel   T 0 54 13/8 74 60   F 0 54 13/87 46 05
Landhaus Steinkogel   T 0 54 13/8 50 95   F 0 54 13/85 09 55
Hotel-Pension Sturpen   T 0 54 13/8 72 70   F 0 54 13/87 27 07

Weitere Hotels, noch nicht klassifiziert
Hotel Sonne "Liesele"   T 0 54 13/8 72 02   F 0 54 13/87 20 25
Hotel-Pension St. Leonhard   T 0 54 13/8 72 25   F 0 54 13/8 73 68

St. Lorenzen o. M./Steiermark

Urlaubsregion Murau
A-8861 St. Lorenzen o. M.
T 0 35 37/3 60 • F 0 35 37/36 05
E-Mail: tvbkreischberg@murau.at
http://www.murau.at
Alles über die Ferienregion S. 312.

Hotels ★★★★
Familienhotel Pumuckl   T 2 11   F 2 10

St. Margarethen/Salzburg

Tourismusverband St. Margarethen
A-5582 St. Margarethen
T 0 64 76/8 12
E-Mail: st.margarethen@lungau.at
http://www.lungau.at
Alles über die Ferienregion S. 290.

Pensionen ★★★
Pension Almstubn   T 4 29   F 4 29 12
Pension Haus Schwaiger   T 8 88   F 5 55
Landgasthof Löckerwirt   T 2 12   F 21 24

Pensionen ★★
Pension garni Lanschützer   T 2 32   F 2 32
Gasthof Schlöglberger   T 3 13
Frühstückspension Steger   T 2 24   F 72 27 25

Pensionen ★
Gasthaus Aineckstubn   T 3 06

St. Martin am Tgb./Salzburg

Tourismusverband St. Martin
A-5522 St. Martin am Tennengebirge
T 0 62 43/40 40 59 • F 0 62 43/40 40 40
E-Mail: st.martin@lammertal.info
http://www.lammertal.com
Alles über die Ferienregion S. 266.

Hotels ★★★★
Familienhotel Martinerhof   T 0 64 63/7 30 80   F 0 64 63/73 08 13

Pensionen ★★★
Pension Barbara   T 0 64 63/73 68   F 0 64 63/73 68
Gasthof Zur Post   T 0 64 63/72 18   F 0 64 63/7 21 84

Weitere Hotels, noch nicht klassifiziert
Pension Verena   T 0 64 63/74 26   F 0 64 63/74 26 16

St. Michael/Kärnten

Hoteleinträge siehe unter Feistritz-Petzen.

St. Michael im Lungau/Salzburg

Ferienregion Lungau
A-5582 Lungau
T 0 64 77/89 13
E-Mail: info@lungau.at
http://www.lungau.at
Alles über die Ferienregion S. 290.

Hotels ★★★★
Hotel Der Wastlwirt   T 7 15 50   F 7 15 66 0
Hotel Eggerwirt   T 8 22 40   F 8 22 45 5
Hotel Sonnalm   T 0 47 34/4 91   F 0 47 34/49 14 39

Hotels ★★★
Hotel Post   T 82 40   F 8 24 08
Hotel Staigerwirt   T 82 06   F 82 06 20

Pensionen ★★★
Alpengasthof Bacher   T 0 47 34/3 18   F 0 47 34/31 84
Pension Grubermühle   T 83 25   F 83 25
Pension Pankratz   T 82 680   F 8 26 84
Gasthof Stofflerwirt   T 82 93   F 8 29 33
Gasthof Stranachwirt   T 83 19, 86 91   F 86 91, 83 19
Pension Urban   T 84 51   F 8 45 15

Straßen/Tirol

Tourismusverband
A-9920 Straßen
T 0 48 46/63 36 • F 0 48 46/63 54 55

Pensionen ★★★★
Gasthof Strasserwirt   T 63 54

Strobl/Salzburg

Wolfgangsee Tourismus
A-5350 Strobl
T 0 61 37/7 25 50 • F 0 61 37/59 58
E-Mail: office@wolfgangsee.at
http://www.wolfgangsee.at
Alles über die Ferienregion S. 274.

Hotels ★★★★
Hotel Bergrose   T 54 31   F 5 43 15
Hotel Brandauer's Villen   T 72 05   F 72 05 40
Hotel Stroblerhof   T 73 08   F 52 28 60
Hotel Wolfgangseehof   T 6 61 70   F 6 61 77

Hotels ★★★
Hotel Kirchenwirt   T 72 07   F 7 20 77

Pensionen ★★★
Gasthof Zur Wacht   T 5 41 40   F 54 14 22

Stubaital/Tirol

Hoteleinträge siehe unter Fulpmes, Mieders, Neustift, Schönberg und Telfes.

Stuben am Arlberg/Vorarlberg

Tourismusbüro
A-6762 Stuben am Arlberg
T 0 55 82/39 90 • F 0 55 82/39 94
E-Mail: info@stuben.at
http://www.stuben.com
Alles über die Ferienregion S. 130.

Hotels ★★★★
Hotel Hubertushof   T 77 10   F 7 71 53

Hotels ★★★
Hotel Albona   T 7 12   F 7 136
Hotel-Sportcafé Arlberg   T 5 21   F 5 24
Hotel Mondschein   T 5 11   F 7 36
Hotel Post   T 7 61   F 7 62

Pensionen ★★★
Gasthof garni Arlberg   T 5 21   F 5 24

St. Ulrich am Pillersee/Tirol

Tourismusverband Pillerseetal
A-6396 Fieberbrunn
T 0 53 54/8 81 92 • F 0 53 54/8 87 27
E-Mail: info@stulrich.at
http://www.pillerseetal.at
Alles über die Ferienregion S. 228.

Hotels ★★★★
Hotel Bräuwirt   T 8 81 80   F 8 82 50 52

Weitere Hotels, noch nicht klassifiziert
Pension Flecknerhof   T 8 81 23   F 8 81 23
Hotel Pillerseehof   T 8 81 76   F 8 81 76 51

Die Angaben über die Klassifizierung der Unterkünfte wurden den offiziellen Verzeichnissen der zuständigen Tourismusverbände entnommen. Für die Richtigkeit der Informationen übernehmen wir keine Gewähr.

HOTELFÜHRER ÖSTERREICH

St. Wolfgang/Salzburg

Kurdirektion
A-5360 St. Wolfgang im Salzkammergut
T 0 61 38/8 00 30 • **F 0 61 38/80 03 81**
E-Mail: info@wolfgangsee.at
http://www.wolfgangsee.at
Alles über die Ferienregion S. 274.

Hotels ★★★★
Hotel Auhof   T 22 62   F 30 48
Seehotel Cortisen   T 23 70   F 23 76 44
Hotel Försterhof   T 25 35   F 25 35 46
Hotel Furian   T 80 18   F 80 18 30
Romantikhotel Im Weissen Rössl   T 23 06 0   F 23 06 41
Hotel Landhaus zu Appesbach   T 22 09   F 22 09 14
Strandhotel Margaretha   T 23 79   F 23 79 22
Tennis-Hotel Wolfgangsee   T 22 77   F 32 40

Hotels ★★★
Hotel Berau   T 25 43   F 25 43 55
Hotel Dr. Leifer   T 28 00   F 28 00 40
Gasthof Hubertushof T 2 43 50   F 2 43 54
Hotel Schwarzes Rössl   T 23 73   F 32 93
Hotel Weisser Bär   T 2 48 80   F 24 88 80

Pensionen ★★★
Gasthof Berghof   T 2 48 80   F 24 88 88
Gasthof Wiesbauer   T 22 40   F 22 40 70
Gasthof Zimmerbräu   T 22 04   F 24 27 45

Tamsweg/Salzburg

Tourismusverband Tamsweg
A-5580 Tamsweg
T 0 64 74/21 45
E-Mail: tamsweg@lungau.at
http://www.lungau.at
Alles über die Ferienregion S. 290.

Hotels ★★★
Hotel Grössingbräu   T 22 41   F 22 41 14
Hotel Kandolf   T 23 36   F 2 33 64

Pensionen ★★★
Gasthof Gambswirt   T 23 37   F 23 37 53
Gasthof Knappenwirt T 23 69   F 2 36 91 20
Pension Piendl   T 60 65   F 60 65
Pension Weber   T 23 45   F 23 45

Pensionen ★★
Gasthof-Pension Gruber   T 62 58   F 6 25 84
Pension Mühlbacher   T 60 35

Tannheim/Tirol

Tourismusverband Tannheimer Tal
A-6675 Tannheim
T 0 56 75/6 22 00 • **F 0 56 75/62 20 60**
E-Mail: info@tannheimertal.com
http://www.tannheimertal.com
Alles über die Ferienregion S. 146.

Hotels ★★★★
Hotel Bogner Hof   T 62 97   F 62 97 50
Hotel Hohenfels das Landhotel   T 62 86   F 51 24
Hotel Jungbrunn   T 62 48   F 65 44
Hotel Sägerhof   T 6 23 90 F 60 88 59
Hotel Schwarzer Adler   T 62 04, 64 44   F 64 44 26
Hotel Zum Ritter und Tannheimer Hof   T 62 18
                         F 62 19 39

Pensionen ★★★
Landhaus Gugger   T 63 15   F 63 15 5
Café-Pension Käserstube   T 63 50   F 63 50 56

Weitere Hotels, noch nicht klassifiziert
Ferienhaus Café Sonnleiten   T 63 64   F 43 00 43
Gasthof Enzian   T 65 27   F 67 79
Hotel Goldenes Kreuz T 62 05, 61 84   F 61 84 20
Landhaus Schnöller   T 65 84   F 6 58 41 22

Tauplitz/Steiermark

Wintersportregion Tauplitz-Bad Mitterndorf Tauplitz
A-8982 Tauplitz
T 0 36 88/24 46 • **F 0 36 88/2 44 66**
E-Mail: info.tauplitz@ausseerland.at
E-Mail: welcome@dietauplitz.com
http://www.ausseerland.at
http://www.dietauplitz.com
Alles über die Ferienregion S. 302.

Hotels ★★★★
Hotel Tauplitzerhof T 2 21 00   F 22 10 38

Hotels ★★★
Hotel Der Hechl   T 22 68   F 22 68 35
Hotel Die Sonnenuhr T 2 25 60   F 2 25 65
Hotel Schwaiger   T 2 23 60   F 2 23 65

Pensionen ★★★
Gasthof Der Seebacherhof   T 23 24   F 2 32 46
Familienpension Kreutzer   T 2 21 30 F 2 21 34
Pension Spanner   T 22 02   F 22 25

Telfes/Tirol

Tourismusverband Stubai
A-6165 Telfes
T 0 52 25/6 27 50 • **F 0 52 25/6 41 71**
E-Mail: info@stubai.at
http://www.stubai.at
Alles über die Ferienregion S. 192.

Hotels ★★★
Sporthotel Alpin   T 6 20 23   F 62 02 34
Hotel Montana   T 6 24 26   F 6 44 56
Hotel Tyrol   T 6 21 21   F 62 12 14 07

Pensionen ★★★
Landhaus Birgit   T 6 34 32   F 6 34 32 27

Weitere Hotels, noch nicht klassifiziert
Gasthof Leitgeb   T 6 23 04   F 6 23 04

Telfs-Buchen/Tirol

Tourismusverband
A-6410 Telfs-Buchen
T 0 52 62/6 22 45 • **F 0 52 62/62 24 54**
E-Mail: info-telfs@telfs.com
http://www.tiscover.at/telfs
Alles über die Ferienregion S. 182.

Hotels ★★★★★
Interalpen-Hotel Tyrol   T 6 06   F 60 61 90

Hotels ★★★
Hotel Hohe Munde   T 6 24 0 80 F 6 24 08 62
Hotel Tirolerhof   T 6 22 37   F 62 23 79

Thiersee/Tirol

Tourismusverband Thierseetal
A-6335 Thiersee
T 0 53 76/52 30, 55 97 • **F 0 53 76/43 33**
E-Mail: thierseeinfo@tirol.com
http://www.thierseetal.com
Alles über die Ferienregion S. 216.

Hotels ★★★★
Hotel Charlotte   T 5 50 00   F 43 11

Hotels ★★★
Hotel Hagerhof   T 5 27 90   F 5 27 9 25
Hotel Pfarrwirt   T 52 34   F 5 23 44
Hotel Seethaler   T 54 00   F 5 40 04

Pensionen ★★★
Gasthof Weißes Rössl   T 52 04   F 51 34

Tröpolach/Kärnten

Hoteleinträge siehe unter Hermagor.

Tschagguns/Vorarlberg

Schruns-Tschagguns Tourismus
A-6774 Tschagguns
T 0 55 56/7 21 66 30 • **F 0 55 56/7 39 40**
E-Mail: info@schruns-tschagguns.at
http://www.schruns-tschagguns.at
Alles über die Ferienregion S. 136.

Hotels ★★★★
Hotel Montafoner Hof   T 7 10 00   F 7 10 06

Hotels ★★★
Hotel Cresta   T 7 23 95   F 72 39 58
Hotel Montabella   T 7 33 84   F 73 38 42
Sporthotel Sonne   T 7 23 33   F 7 49 82

Turracher Höhe/Steiermark

Tourismusverein
A-8864 Turracher Höhe 218
T 0 42 75/8 39 20 • **F 0 42 75/83 92 10**
E-Mail: info@turracherhoehe.at
http://www.turracherhoehe.at
Alles über die Ferienregion S. 318.

Hotels ★★★★
Hotel Hochschober   T 82 13   F 83 68
Seehotel Jägerwirt   T 8 25 70   F 8 25 77 17
Schlosshotel Seewirt T 82 34   F 8 23 42 15
Schlosshotel Seewirt T 82 34   F 8 23 42 15

Pensionen ★★★
Gasthof Alpenrose   T 82 62   F 8 26 23
Gasthof-Pension Kornock   T 82 28   F 82 28 13
Hotel-Gasthof Turracherhof   T 83 66   F 8 36 69

Tux im Zillertal/Tirol

Hoteleinträge siehe unter Hintertux und Lanersbach.
Hotelanzeigen siehe S. 709.

Tweng/Salzburg

Hoteleinträge siehe unter Obertauern.

Tux im Zillertal
1300 - 3250m

111 km² Outdoor-Wellness.
Die FrischeWerte der Tuxer Höhenluft, der Tuxer Thermalquellen und des Hintertuxer Gletschers wirken wie ein Sommer"peeling" auf Body & Soul! Einatmen… Ausatmen… Aktive Erholung mit Langzeitwirkung!

www.tux.at

einatmen.

Tourismusverband Tux, A-6293 Tux, Lanersbach 472
Tel. +43/(0)5287/8506, Fax +43/(0)5287/8508 · e-mail: info@tux.at · **www.tux.at · www.hintertux.com**

Die schönen Seiten des Lebens!

www.bergfried.at

Unser Tophotel liegt im Herzen des Wander- und Naturparadieses Tuxertal. World of Wellness - Feel Well auf 700 m² - bietet mit Erlebnis-Felshallenbad, Hot-Whirlpool, traumhafter Sauna- und Erholungswelt, Schönheits- und Gesundheitsbädern, Massage-, Ayurveda- und Kosmetikabteilung Erholung pur. Die traumhaften Komfortzimmer, Luxus-Hotelsuiten und Familienappartements verfügen über modernsten Komfort. Die Kinder erleben in unserer Kinder- und Jugendwelt auf 80 m² abwechslungsreiche Tage mit Betreuung. Ein tolles und gemütliches Wander-, Veranstaltungs- und Aktiv- & Fitnessprogramm verspricht Ihnen Ihre Familie Stock.

Inklusivangebot Wander- & Wellnessträume:
7 Tage HP und Wander- & Wellnessprogramm ab € **519,–**

Aktiv- und Wellnesshotel Bergfried ★★★★
Familie Stock · Lanersbach 483 · 6293 Tux · Zillertal · Tirol · Österreich
Telefon +43/52 87/872 39 · Fax +43/52 87/875 66 · e-mail: info@bergfried.at

---

Uderns/Tirol
Tourismusverband
A-6271 Uderns
T 0 52 88/6 23 84 · F 0 52 88/6 21 66
Alles über die Ferienregion S. 204.

Hotels ★★★
Hotel-Gasthof Erzherzog Johann   T 6 25 90   F 6 41 40
Hotel Pachmair   T 6 25 21   F 6 25 23

Pensionen ★★
Landhaus Bischofer   T 6 33 82   F 6 33 82

Untertauern/Salzburg
Hoteleinträge siehe unter Obertauern.

Uttendorf-Weißsee/Salzburg
Tourismusverband
A-5723 Uttendorf-Weißsee
T 0 65 63/8 27 90 · F 0 65 63/85 85
E-Mail: info@uttendorf.at
http://www.uttendorf.com
Alles über die Ferienregion S. 258.

Hotels ★★★★
Hotel Liesenwirt   T 8 21 80   F 8 21 88   ▷

Pensionen ★★★
Alpengasthof Liebenberg   T 83 83   F 83 83 83

Vandans/Vorarlberg
Tourismus Information
A-6773 Vandans
T 0 55 56/7 26 60 · F 0 55 56/7 49 21
E-Mail: info@vandans.net
http://www.vandans.net
Alles über die Ferienregion S. 136.

Hotels ★★★★
Zentral-Sporthotel Kasper   T 7 20 50   F 72 05 06

Hotels ★★★
Hotel Brunella   T 7 27 24   F 7 27 24 88
Sporthotel Sonne   T 72 71 90   F 72 71 97

Pensionen ★★★
Gasthof Klein Tirol   T 7 20 63   F 7 20 63 65
Ferienappartements Mansaura   T 7 20 64   F 7 20 64

Venet/Tirol
Hoteleinträge siehe unter Landeck und Zams.

Vent/Tirol
Tourismusverband
A-6458 Vent
T 0 52 54/81 93 · F 0 52 54/81 74
E-Mail: info@vent.at
http://www.vent.at
Alles über die Ferienregion S. 176.

Hotels ★★★★
Hotel Similaun   T 81 04   F 81 44 48

Hotels ★★★
Hotel Geierwalli Hof   T 8 14 50   F 8 14 5 45
Hotel Kellerhof   T 81 09   F 8 10 98

Pensionen ★★★
Gasthof Alpenrose   T 81 96   F 81 96 33

Weitere Hotels, noch nicht klassifiziert
Hotel Kleon   T 81 01   F 81 15
Hotel Post   T 81 19   F 81 194
Hotel Vent   T 81 30   F 81 30 50
Gasthof Weisskugel   T 81 94, 81 66   F 81 66 44

Villacher Skiberge/Kärnten
Hoteleinträge siehe unter Warmbad Villach.

HOTELFÜHRER ÖSTERREICH

Vorderlanersbach/Tirol

Hoteleinträge siehe unter Lanersbach.

Vorderstoder/Oberösterreich

Hoteleinträge siehe unter Hinterstoder.

Wagrain/Salzburg

Tourismusverband
A-5602 Wagrain
T 0 64 13/84 48 • **F 0 64 13/84 49**
E-Mail: info@wagrain.info
http://www.wagrain.info
Alles über die Ferienregion S. 284.

Hotels ★★★★
Hotel Alpina   T 83 37   F 83 37 50
Alpenhof Edelweiss   T 84 47   F 84 47 7
Hotel Schattauer   T 82 27   F 82 27 20
Sporthotel Wagrain   T 73 33   F 73 38
Hotel Wagrainerhof   T 82 04   F 82 04 7

Hotels ★★★
Hotel-Gasthof Enzian   T 85 02   F 85 03 40
Hotel-Gasthof Grafenwirt   T 82 30   F 71 62
Hotel-Gasthof Moawirt   T 88 18   F 80 15 15
Hotel Sonne   T 82 88   F 82 88
Hotel Unterwimmhof   T 84 09   F 72 09

Pensionen ★★★
Sportpension garni Bergblick   T 82 83   F 82 83 33
Pension garni Erika   T 83 73   F 72 62
Alpengasthof Kirchboden   T 82 20   F 86 96

Weitere Hotels, noch nicht klassifiziert
Hotel Berghof   T 83 46   F 83 46 6

Waidring/Tirol

Tourismusverband Pillerseetal
A-6384 Waidring
T 0 53 53/5 24 20 • **F 0 53 53/5 24 24**
E-Mail: info@waidring.at
http://www.pillerseetal.at
Alles über die Ferienregion S. 228.

Hotels ★★★★
Hotel Waidringerhof   T 52 28   F 58 55

Hotels ★★★
Hotel Brandtnerhof   T 54 27   F 54 27 3
Hotel Gschwentner   T 54 57   F 54 57 15
Hotel Tiroler Adler   T 53 11   F 53 11 50
Hotel-Pension Tirolerhof   T 54 88   F 54 88 56

Weitere Hotels, noch nicht klassifiziert
Café-Pension-Restaurant Berta   T 53 77   F 53 77 4
Gasthof-Pension Brücke   T 52 48   F 59 13
Hotel Heigenhauser   T 52 12   F 52 12 55
Gasthof-Pension Strub   T 52 22   F 52 24

Walchsee/Tirol

Tourismusverband
A-6344 Walchsee
T 0 53 74/52 23 • **F 0 53 74/51 35**
E-Mail: info@walchsee.at
http://www.walchsee.at
Alles über die Ferienregion S. 212.

Hotels ★★★★
Ferienclub Bellevue am See   T 57 31   F 5 73 13 59
Seehotel Brunner   T 53 20   F 5 32 03 50
Hotel Panorama   T 56 61   F 56 65
Hotel Schick   T 53 31   F 5 33 15 50
Hotel Seehof   T 56 61   F 56 65
Hotel Wildauerhof   T 52 53   F 51 83

Pensionen ★★★
Gasthof Alpenhof   T 52 60   F 5 26 07
Gasthof-Pension Kirchenwirt   T 52 15   F 57 96

Wald im Oberpinzgau/Salzburg

Tourismusverband Wald/Königsleiten
A-5742 Wald im Oberpinzgau
T 0 65 65/8 24 30 • **F 0 65 65/8 24 35**
E-Mail: info@wald-koenigsleiten.at
http://www.wald-koenigsleiten.at
Alles über die Ferienregion S. 258.

Hotels ★★★★
Hotel-Gasthof Königsleiten   T 0 65 64/82 16   F 0 65 64/82 16 99
Hotel Schöneben   T 8 28 90   F 84 19
Ferienhotel Walderwirt   T 82 16   F 82 16 14

Hotels ★★★☆
Hotel Ronach   T 0 65 64/83 88   F 0 65 64/8 38 84

Hotels ★★★
Hotel-Restaurant Alpenrose   T 0 65 64/8 28 20   F 0 65 64/8 28 27
Ferienhotel Bergland   T 0 54 12/6 41 36   F 0 54 12/6 55 60
Hotel Kaserer   T 8 26 10, 8 27 10   F 84 54
Hotel garni Pinzgauer Höhe   T 0 65 64/82 26   F 0 65 64/8 22 64
Gasthof Schranz   T 82 84   F 82 84 33
Restaurant-Hotel Ursprung   T 0 65 64/8 25 30   F 0 65 64/8 25 38

Pensionen ★★★
Pension-Gasthof Gretlhof   T 82 55   F 8 25 54

Warmbad Villach/Kärnten

Villach Tourismus GmbH Villach-Therme-Warmbad
Faakersee-Ossiacher See
A-9523 Villach-Landskron
T 0 42 42/42 00 00 • **F 0 42 42/4 20 00 42**
E-Mail: office@vi-fa-os.at
http://www.da-lacht-das-herz.at
Alles über die Ferienregion S. 334.

Hotels ★★★★★
Kurhotel Warmbaderhof   T 3 00 10   F 3 00 1 80

Hotels ★★★★
Hotel Karawankenhof   T 3 00 20   F 3 00 2 61
Hotel Mayer   T 3 23 2 30   F 3 23 23 36
Hotel Nanky   T 3 71 56   F 3 71 56 55
Hotel Thomashöhe   T 5 35 10   F 5 35 1 05

Warth am Arlberg/Vorarlberg

Tourismusbüro
A-6767 Warth am Arlberg
T 0 55 83/35 15 • **F 0 55 83/3 51 56**
E-Mail: tbwarth@warth.at
http://www.warth.at
Alles über die Ferienregion S. 126.

Hotels ★★★★
Hotel Jägeralpe   T 42 50   F 42 43
Hotel Lechtalerhof   T 26 77   F 26 77 8
Hotel Walsberger   T 3 50 20   F 35 02 22
Wellnesshotel Wartherhof   T 35 04   F 42 00

Hotels ★★★
Hotel Adler   T 42 64   F 41 12 66
Hotel Alpenrose   T 36 16   F 3 61 64

Wenns/Tirol

Tourismusverband Pitztal
A-6473 Wenns im Pitztal
T 0 54 14/8 69 99 • **F 0 54 14/8 69 99 88**
E-Mail: info@pitztal.com
http://www.pitztal.com
Alles über die Ferienregion S. 172.
Hotelanzeigen siehe S. 698.

Hotels ★★★★
Hotel Hubertus   T 8 74 26   F 8 63 44
Hotel Jagdhof   T 8 61 11   F 86 11 24

Hotels ★★★
Hotel-Gasthof Pitztalerhof   T 8 72 20   F 8 64 30
Hotel Sailer   T 8 72 15   F 8 72 15 15
 E-Mail: info@sailer-hotels.at
 http://www.sailer-hotels.at
🛏100 🐕 🍴 ⛷ 🎿 ♨ 🏊 🎯
⛰5 km 🏊10 km 🎿 ♞8 km
Hotel-Pension Tschirgantblick   T 8 74 88   F 87 48 84

Weitere Hotels, noch nicht klassifiziert
Gasthof Hirschen   T 8 72 21   F 8 76 10

Werfenweng/Salzburg

Tourismusverband
A-5453 Werfenweng
T 0 64 66/42 00 • **F 0 64 66/5 81 72**
E-Mail: tourismusverband@werfenweng.org
http://www.werfenweng.org
Alles über die Ferienregion S. 264.

Hotels ★★★★
Ferienhotel Elisabeth   T 4 00   F 40 04

Hotels ★★★
Hotel Hochthron   T 4 07   F 40 77
Hotel Steinberghof   T 4 45   F 6 17 55

Pensionen ★★★
Pension Zistelberghof   T 4 43   F 44 34

Weitere Hotels, noch nicht klassifiziert
Gasthof-Pension Barbarahof   T 4 02   F 4 02 55

Wiesing

Tourismusverband
A-6200 Wiesing
T 0 52 44/6 25 10 • **F 0 52 44/6 25 45**
E-Mail: tvb@wiesing.at
http://www.wiesing.at
Alles über die Ferienregion S. 198.

Hotels ★★★
Hotel Sonnhof   T 6 20 12   F 6 27 79

Pensionen ★★★
Gasthof Waldruh   T 6 23 67   F 6 40 2 07
Pension Wilderer   T 6 22 61   F 6 22 61 24

Wilder Kaiser - Brixental/Tirol

Hoteleinträge siehe unter Brixen, Ellmau, Going, Hopfgarten, Scheffau und Söll.

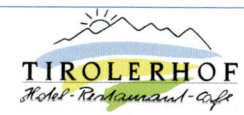

HOTELFÜHRER ÖSTERREICH

TIROLERHOF Hotel-Restaurant-Café
Fam. Erharter · 6311 Wildschönau · Oberau 275
Tel. 00 43/53 39 81 18/0 · Fax ... 81 18-33
www.hoteltirolerhof.at · info@hoteltirolerhof.at

Wildschönau/Tirol

Hoteleinträge siehe unter Auffach-Wildschönau u. Oberau-Wildschönau.

Windischgarsten/Oberösterreich

Infobüro
A-4580 Windischgarsten
T 0 75 62/52 66 · **F 0 75 62/52 66 10**
E-Mail: info@pyhrn-priel.net
http://www.pyhrn-priel.net
Alles über die Ferienregion S. 294.

Hotels ★★★★
Sporthotel garni Baumschlager   T 77 77   F 7 77 81 16
Hotel Bischofsberg   T 8 85 50   F 88 55 11
Wellness-Hotel Dilly's   T 5 26 40   F 5 26 64 50

Hotels ★★★
Hotel-Restaurant Schwarzes Rössl   T 7 01 10   F 7 01 12 0
Hotel Sperlhof   T 84 30   F 84 30 28

Wipptal/Tirol

Hoteleinträge siehe unter Gries am Brenner und Steinach.

Wolfsberg/Kärnten

Regionalverband Lavanttal
A-9400 Wolfsberg
T 0 43 52/28 78 · **F 0 43 52/2 87 89**
E-Mail: office@region-lavanttal.at
http://www.tiscover.com/lavanttal

Pensionen ★★★
Gasthof Torwirt   T 20 75   F 39 81 83

Weitere Hotels, noch nicht klassifiziert
Ferienwohnungen Koralpe   T 3 06 97   F 5 46 94

Zams/Tirol

Tourismusverband
A-6511 Zams
T 0 54 42/6 33 95 · **F 0 54 42/6 33 95 15**
E-Mail: zams@netway.at
http://www.tiscover.com/zams

Hotels ★★★★
Hotel Jägerhof   T 6 26 42   F 62 64 21 99

Pensionen ★★★
Pension Haueis   T 6 30 01   F 6 82 76
Gasthof Thurner   T 6 32 82   F 63 28 28

Zauchensee/Salzburg

Hoteleinträge siehe unter Altenmarkt, Flachau, Kleinarl, Radstadt und Wagrain.

Zell am See/Salzburg

Zell am See Europa Sportregion
A-5700 Zell am See
T 0 65 42/77 00 · **F 0 65 42/7 20 32**
E-Mail: welcome@europasportregion.info
http://www.europasportregion.info
Alles über die Ferienregion S. 254.

Hotels ★★★★★
Wellnesshotel Salzburgerhof   T 7 65   F 7 65 66

Hotels ★★★★
Sporthotel Alpenblick   T 54 33   F 5 43 31
Sporthotel Alpin   T 7 69   F 7 69 71
Hotel Badhaus   T 7 28 62   F 7 28 62 44
Hotel Berner   T 7 79   F 77 97
Hotel Der Waldhof   T 77 50   F 7 75 28
Landhotel Erlhof   T 56 63 70   F 5 66 37 63
Hotel Feinschmeck   T 72 54 90   F 7 25 49 49
Hotel Fischerwirt   T 7 81   F 7 81 46
Vitalhotel Glocknerhof   T 5 73 14   F 5 73 14 5
Hotel Grand Hotel   T 7 88   F 78 83 05
Kinderhotel Hagleitner   T 57 18 70   F 5 61 95
Hotel Heitzmann   T 72 15 20   F 7 21 52 33
Hotel Katharina   T 54 10   F 5 67 60
Hotel Latini   T 54 25   F 5 42 51 67
Hotel Neue Post   T 7 37 73   F 7 37 73 55
Familienhotel Porschehof   T 5 53 55   F 5 53 55 34
Hotel Schwebebahn   T 7 24 61   F 74 26 11 26
Hotel Seevilla Seehotel Freiberg   T 7 26 43   F 7 40 59 45
Landhotel St. Georg   T 7 68   F 76 83 00
Landgasthof Stadt Wien   T 7 62   F 7 62 51
Hotel Tirolerhof   T 7 72   F 7 72 70
Romantikhotel Zell am See   T 7 25 20   F 7 25 20 34
Hotel Zum Hirschen   T 77 40   F 4 71 66

Zell am Ziller/Tirol

Tourismusverband Zell im Zillertal
A-6280 Zell am Ziller
T 0 52 82/22 81 · **F 0 52 82/22 81 80**
E-Mail: info@zillertalarena.com
http://www.zillertalarena.com
Alles über die Ferienregion S. 204.

Hotels ★★★★
Hotel Bräu   T 2 31 30   F 23 13 17
Hotel Dörflwirt   T 31 62   F 42 31
Ferienhotel Sonnenhof   T 71 25   F 71 76 55
Sport- und Wellnesshotel Theresa   T 2 28 60   F 42 35
Hotel Tirolerhof   T 22 27   F 22 27 35
Landgut Zapfenhof   T 23 49   F 38 24

Hotels ★★★
Hotel Englhof   T 31 34   F 31 35
Hotel garni Maximilian   T 22 55   F 37 67
Gasthaus-Hotel Neue Post   T 22 36, 25 86   F 36 47
Alpenhotel Zellerhof   T 26 12   F 26 12 65

Zillertal/Tirol

Hoteleinträge siehe unter Finkenberg, Fügen, Fügenberg, Hintertux, Hippach, Lanersbach, Mayrhofen, Ramsau, Schwaz und Zell am Ziller.

Zillertal Arena/Tirol

Hoteleinträge siehe unter Gerlos, Wald im Oberpinzgau und Zell am Ziller.

Zirl/Tirol

Tourismusverband
A-6170 Zirl
T 0 52 38/5 22 35 · **F 0 52 38/5 35 35**
E-Mail: zirl@innsbruck.info
http://www.innsbruck.info/zirl
Alles über die Ferienregion S. 186.

Hotels ★★★★
Best Western Hotel Goldener Löwe   T 5 23 30   F 5 26 31 38
Hotel Tyrolis   T 5 15 54   F 5 15 52

Zürs am Arlberg/Vorarlberg

Informationsbüro Zürs
A-6763 Zürs am Arlberg
T 0 55 83/22 45 · **F 0 55 83/29 82**
E-Mail: info@lech-zuers.at
http://www.lech-zuers.at
Alles über die Ferienregion S. 142.

Hotels ★★★★★
Sporthotel Lorünser   T 2 25 40   F 2 25 44 4
Hotel Thurners Alpenhof   T 21 91   F 33 30
Hotel Zürserhof   T 2 51 30   F 31 65

Hotels ★★★★
Hotel Albona Nova   T 23 41   F 23 41 12
Hotel Arlberghaus   T 22 58   F 22 58 55
Sporthotel Edelweiß   T 2 66 20   F 35 33
Hotel Guggis   T 21 66   F 24 79
Hotel Hirlanda   T 22 62   F 32 69
Hotel Ulli   T 2 60 00   F 33 07
Alpenhotel Valluga   T 2 42 60   F 33 43

Hotels ★★★
Hotel Enzian   T 2 24 20   F 34 04

Pensionen ★★★
Pension Haus Küng   T 25 56   F 38 62
Pension Schweizerhaus   T 24 63   F 24 63 27

Weitere Hotels, noch nicht klassifiziert
Robinson Select Alpenrose   T 2 27 10   F 22 71 79
Hotel Flexen   T 22 43   F 22 43 44

Zwieselstein/Tirol

Tourismusverband Sölden-Ötztal Arena
A-6450 Sölden
T 0 52 54/51 00 · **F 0 52 54/51 05 20**
E-Mail: info@soelden.com
http://www.soelden.com
Alles über die Ferienregion S. 176.

Hotels ★★★
Hotel Neue Post   T 29 10   F 20 56

Pensionen ★★
Frühstückspension Holzknecht   T 29 93   F 29 93

Weitere Hotels, noch nicht klassifiziert
Frühstückspension Judith   T 27 56   F 27 56

HOTELFÜHRER SCHWEIZ

Im folgenden Hotelverzeichnis geben wir Ihnen eine Auswahl von Hotels und Pensionen aus den wichtigsten Alpen-Ferienregionen der Schweiz. Die Orte sind alphabetisch geordnet.

Durch Seitenverweise werden Sie auf die Beschreibung des jeweiligen Gebietes aufmerksam gemacht.

Hoteleinträge von Betrieben, die sich zusätzlich mit einer Anzeige empfehlen, sind durch Piktogramme ergänzt, die nähere Details der Ausstattung und Eignung (Zeichenerklärung Seite 683) darstellen.

In der Schweiz werden Hotels und Pensionen kategorisiert. Die Qualität der Betriebe steigt mit der Anzahl der Sterne (1-5). Unicat-Hotels entsprechen dem 3-Sterne-Standard, können aber aufgrund ihres Dienstleistungsangebotes in keiner der möglichen Kategorien eingestuft werden.

Für die Richtigkeit der Informationen übernehmen wir keine Gewähr. Wir sind für Anregungen und Ergänzungen dankbar.

Adelboden

Adelboden Tourismus
CH-3715 Adelboden
T 03 36 73 80 80 • **F 03 36 73 80 92**
E-Mail: info@adelboden.ch
http://www.adelboden.ch
Alles über die Ferienregion S. 348.

Hotels ★★★★
Hotel Beau-Site T 03 36 73 22 22 F 03 36 73 33 33
Parkhotel Bellevue u. Spa T 03 36 73 80 00
 F 03 36 73 80 01
Ramada-Treff Hotel Regina T 03 36 73 83 83
 F 03 36 73 83 80
Hotel Steinmattli T 03 36 73 39 39 F 03 36 73 38 39

Hotels ★★★
Sporthotel Adler T 03 36 73 41 41 F 03 36 73 42 39
Hotel Bären T 03 36 73 21 51 F 03 36 73 21 90
Hotel garni Bernerhof T 03 36 73 14 31 F 03 36 73 41 10
Hotel Bristol T 03 36 73 14 81 F 03 36 73 16 50
Hotel Crystal T 03 36 73 92 92 F 03 36 73 92 72
Hotel Victoria Eden T 03 36 73 88 88 F 03 36 73 88 89
Hotel Waldhaus und Huldi T 03 36 73 15 31
 F 03 36 73 28 43

Aletsch

Hoteleinträge siehe unter Bettmeralp, Blatten-Belalp, Blatten-Naters, Fiesch und Riederalp.

Alt St. Johann

Tourist-Info
CH-9656 Alt St. Johann
T 07 19 99 18 88 • **F 07 19 99 18 33**
E-Mail: altstjohann@toggenburg.org
http://www.toggenburg.org
http://www.altstjohann.ch
http://www.sellamatt.ch
Alles über die Ferienregion S. 428.

Hotels ★★★
Hotel Schweizerhof T 07 19 99 11 21 F 07 19 99 90 28

Amden

Kur- und Verkehrsverein
CH-8873 Amden
T 05 56 11 14 13 • **F 05 56 11 17 06**
Alles über die Ferienregion S. 430.

Hotels ★★★
Hotel-Restaurant Arvenbuel T 05 56 11 12 86
 F 05 56 11 21 01
Hotel Chalet Bergheim T 05 56 11 22 86
 F 05 56 11 19 32

Andermatt

Verkehrsbüro
CH-6490 Andermatt
T 04 18 87 14 54 • **F 04 18 87 01 85**
E-Mail: info@andermatt.ch
http://www.andermatt.ch

Hotels ★★★
Hotel Activ Kronen Hotel T 04 18 87 00 88
 F 04 18 87 18 38
Hotel Aurora T 04 18 87 16 61 F 04 18 87 00 86
Hotel Dreikönige & Post T 04 18 87 00 01
 F 04 18 87 16 66
Hotel Monopol-Metropol T 04 18 87 15 75
 F 04 18 87 19 23
Hotel Sonne T 04 18 87 12 26 F 04 18 87 06 26

Appenzell

Tourismus Appenzellerland
CH-9050 Appenzell
T 07 17 88 96 41 • **F 07 17 88 96 50**
E-Mail: info.ai@appenzell.ch
http://www.appenzell.ch
Alles über die Ferienregion S. 424.

Hotels ★★★★
Romantikhotel Sántis T 07 17 88 11 11 F 07 17 88 11 10

Hotels ★★★
Hotel Appenzell T 07 17 88 15 15 F 07 17 88 15 51
Hotel Hecht T 07 17 87 10 25 F 07 17 87 47 83
Hotel Kaubad T 07 17 87 48 44 F 07 17 87 15 53
Hotel Löwen T 07 17 88 87 87 F 07 17 88 87 88

Arolla

Office de Tourisme
CH-1986 Arolla
T 02 72 83 10 83 • **F 02 72 83 22 70**
E-Mail: info@arolla.com
http://www.arolla.com
Alles über die Ferienregion S. 374.

Hotels ★★★
Hotel Du Pigne d'Arolla T 02 72 83 17 65
 F 02 72 83 14 64

Arosa

Arosa Tourismus
CH-7050 Arosa
T 08 13 78 70 30 • **F 08 13 78 70 21**
E-Mail: arosa@arosa.ch
http://www.arosa.ch
Alles über die Ferienregion S. 454.

Hotels ★★★★★
Hotel Arosa Kulm & Alpina Spa T 08 13 78 88 88
 F 08 13 78 88 89
Grand Hotel Tschuggen T 08 13 78 99 99
 F 08 13 78 99 90

Hotels ★★★★
Hotel Blatter's Bellavista T 08 13 78 66 66
 F 08 13 78 66 00
Hotel Excelsior T 08 13 77 16 61 F 08 13 77 16 64
Golf- & Sporthotel Hof Maran T 08 13 78 51 51
 F 08 13 78 51 00
Waldhotel National T 08 13 78 55 55 F 08 13 78 55 99
Hotel Posthotel T 08 13 78 50 00 F 08 13 77 40 43
Hotel Prätschli T 08 13 77 18 61 F 08 13 77 11 48
Sporthotel Valsana T 08 13 78 63 63 F 08 13 78 63 64

Bad Ragaz

Tourismus Bad Ragaz
CH-7310 Bad Ragaz
T 08 13 02 10 61
E-Mail: info@badragaz-tourismus.ch
http://www.badragaz-tourismus.ch
Alles über die Ferienregion S. 430.

Hotels ★★★★★
Grand Hotel Quellenhof T 08 13 03 30 30
 F 08 13 03 30 33

Hotels ★★★★
Hotel Bristol T 08 13 03 77 77 F 08 13 03 77 78
Grand Hotel Hof Ragaz T 08 13 03 30 30
 F 08 13 03 30 33
Hotel Tamina T 08 13 02 81 51 F 08 13 02 22 08

Bad Tarasp

Kurverein
CH-7552 Bad Tarasp
T 08 18 64 09 44 • **F 08 18 64 09 45**

Hotels ★★★★
Hotel Schweizerhof T 8 64 13 31 F 8 64 05 93

Hotels ★★★
Hotel Tarasp T 08 18 64 14 45 F 08 18 64 98 57

Beatenberg

Beatenberg Tourismus
CH-3803 Beatenberg
T 03 38 41 18 18 • **F 03 38 41 18 08**
E-Mail: info@beatenberg.ch
http://www.beatenberg.ch

Hotels ★★★★
Hotel Dorint Blüemlisalp T 03 38 41 41 11
 F 03 38 41 41 44

Hotels ★★
Hotel Beauregard T 03 38 41 15 81 F 03 38 41 20 03
Hotel Beausite T 03 38 41 19 41 F 03 38 41 19 43
Hotel Gloria T 03 38 41 00 00 F 03 38 41 00 01
Hotel Jungfraublick T 03 38 41 15 81 F 03 38 41 20 03

HOTELFÜHRER SCHWEIZ 🇨🇭

Bellinzona

Ticino Turismo
CH-6500 Bellinzona
T 09 18 25 70 56 • **F 09 18 25 36 14**
E-Mail: info@ticino-tourism.ch
http://www.ticino-tourism.ch

Alles über die Ferienregion S. 400.

Hotels ★★★
Hotel Internazionale   T 09 18 25 43 33   F 09 18 26 13 59
Hotel Unione   T 09 18 25 55 77   F 09 18 25 94 60

Hotels ★★
Hotel Croce Federale   T 09 18 25 16 67   F 09 18 26 25 50
Hotel Gamper   T 09 18 25 16 67   F 09 18 26 25 50

Bettmeralp

Bettmeralp Tourismus
CH-3992 Bettmeralp
T 02 79 28 60 60 • **F 02 79 28 60 61**
E-Mail: info@bettmeralp.ch
http://www.bettmeralp.ch

Alles über die Ferienregion S. 394.

Hotels ★★★★
Hotel garni La Cabane   T 02 79 27 42 27   F 02 79 27 44 40

Hotels ★★★
Hotel Aletsch   T 02 79 27 15 56   F 02 79 27 32 42
Hotel Alpfrieden   T 02 79 27 22 32   F 02 79 27 10 11
Chalet-Hotel Bettmerhof   T 02 79 28 62 10
   F 02 79 28 62 15
Hotel-Restaurant Panorama   T 02 79 27 13 75
   F 02 79 27 38 75

Biasca

Biasca e Riviera Turismo
CH-6710 Biasca
T 09 18 62 33 27 • **F 09 18 62 42 69**
E-Mail: info@biascaturismo.ch
http://www.biascaturismo.ch

Alles über die Ferienregion S. 400.

Hotels ★★★
Hotel Al Giardinetto   T 09 18 62 17 71   F 09 18 62 23 59

Bivio

Kur- und Verkehrsverein
CH-7457 Bivio
T 08 16 84 53 23 • **F 08 16 84 55 58**
E-Mail: kurverein@bivio.ch
http://www.bivio.ch

Hotels ★★★
Hotel garni Post   T 08 16 59 10 00   F 08 16 59 10 01
Hotel garni Solaria   T 08 16 84 51 07   F 08 16 84 52 90

Blatten-Belalp

Belalp Tourismus
CH-3914 Blatten-Belalp
T 02 79 21 60 40 • **F 02 79 21 60 41**
E-Mail: info@belalp.ch
http://www.belalp.ch

Alles über die Ferienregion S. 394.

Hotels ★★★
Hotel Blattnerhof   T 02 79 23 86 76   F 02 79 23 02 54
Hotel-Restaurant Massa   T 02 79 23 28 88
   F 02 79 24 80 88

Blatten-Naters

Belalp Tourismus
CH-3914 Blatten-Naters
T 02 79 21 60 40 • **F 02 79 21 60 41**
E-Mail: info@belalp.ch
http://www.belalp.ch

Alles über die Ferienregion S. 394.

Hotels ★★★★
Hotel Alex   T 02 79 22 44 88   F 02 79 24 25 44

Hotels ★★★
Hotel Touring   T 02 79 22 99 99   F 02 79 22 99 98

Braunwald

Braunwald Tourismus
CH-8784 Braunwald
T 05 56 53 65 85 • **F 05 56 53 65 86**
E-Mail: tourismusinfo@braunwald.ch
http://www.braunwald.ch

Alles über die Ferienregion S. 432.

Hotels ★★★★
Hotel Bellevue   T 05 56 43 30 30   F 05 56 43 10 00

Hotels ★★★
Hotel Alpenblick   T 05 56 43 15 44   F 05 56 43 19 75
Hotel Cristal   T 05 56 43 10 45   F 05 56 43 12 44
Minotel Tödiblick   T 05 56 53 63 63   F 05 56 53 63 66
Hotel Waldhaus   T 05 56 53 62 62   F 05 56 53 62 63

Breiten

Kurbüro Breiten
CH-3983 Breiten
T 02 79 27 13 45 • **F 02 79 27 30 15**
E-Mail: info@breiten.ch
http://www.breiten.ch

Hotels ★★★★
Wellnesshotel Salina Maris   T 02 79 28 42 42
   F 02 79 28 42 41

Bürchen

Bürchen Tourismus
CH-3935 Bürchen
T 02 79 34 17 16 • **F 02 79 34 35 16**
E-Mail: info@buerchen.ch
http://www.buerchen.ch

Hotels ★★★
Hotel & Restaurant Bürchnerhof   T 02 79 34 24 34
   F 02 79 34 34 17

Celerina

Celerina Tourismus
CH-7505 Celerina
T 08 18 30 00 11 • **F 08 18 30 00 19**
E-Mail: info@celerina.ch
http://www.celerina.ch

Alles über die Ferienregion S. 462.

Hotels ★★★★
Hotel Cresta Palace   T 08 18 36 56 56   F 08 18 36 56 57

Hotels ★★★
Hotel Misani   T 08 18 33 33 14   F 08 18 33 09 37
Hotel Posthaus   T 08 18 36 33 33   F 08 18 36 33 44
Hotel Saluver   T 08 18 33 13 14   F 08 18 33 06 81

Unikat
Hotel Chesa Rosatsch   T 08 18 37 01 01   F 08 18 37 01 00

Champéry

Champéry Tourisme
CH-1874 Champéry
T 02 44 79 20 20 • **F 02 44 79 20 21**
E-Mail: info@champery.ch
http://www.champery.ch

Alles über die Ferienregion S. 362.

Hotels ★★★
Hotel Beau Séjour   T 02 44 79 58 58   F 02 44 79 58 59
Hotel des Alpes   T 02 44 79 12 22   F 02 44 79 12 23
Hotel Le National   T 02 44 79 11 30   F 02 44 79 31 55
Hotel Suisse   T 02 44 79 07 07   F 02 44 79 07 09

Chandolin

Office du Tourisme
CH-3961 Chandolin
T 02 74 75 18 38 • **F 02 74 75 46 60**
E-Mail: chandolin@sierre-anniviers.ch
http://www.chandolin.ch

Alles über die Ferienregion S. 378.

Hotels, noch nicht klassifiziert
Pension Du Chamois   T 02 74 75 11 26   F 02 74 75 22 98
Hotel Plampras   T 02 74 75 12 68   F 02 74 75 50 05

Château-d'Oex

Verkehrsbüro
CH-1660 Château-d'Oex
T 02 69 24 25 25 • **F 02 69 24 25 26**
E-Mail: info@chateau-doex.ch
http://www.chateau-doex.ch

Alles über die Ferienregion S. 344.

Hotels ★★★
Hotel Bon-Accueil   T 02 69 24 63 20   F 02 69 24 51 26
Hotel Ermitage   T 02 69 24 60 03   F 02 69 24 50 76
Hotel La Rocaille   T 02 69 24 62 15   F 02 69 24 52 49
Parc Hotel La Soldanelle   T 02 69 24 33 50
   F 02 69 24 33 51

Crans-Montana

Crans-Montana Tourismus
CH-3963 Crans-Montana
T 02 74 85 04 04 • **F 02 74 85 04 60**
E-Mail: information@crans-montana.ch
http://www.crans-montana.ch

Alles über die Ferienregion S. 376.

Hotels ★★★★★
Hotel Crans-Ambassador   T 02 74 85 48 48
   F 02 74 85 48 49
Grand Hotel du Golf   T 02 74 85 42 42   F 02 74 85 42 43
Hotel Royal   T 02 74 85 95 95   F 02 74 85 95 85

HOTELFÜHRER SCHWEIZ

Fortsetzung Crans-Montana

Hotels ★★★★
Hotel Aida-Castel   T 02 74 85 41 11   F 02 74 81 70 62
Hotel Alpha   T 02 74 84 24 00   F 02 74 84 24 10
Hotel Alpina & Savoy   T 02 74 85 09 00   F 02 74 85 09 99
Grand Hotel Du Parc   T 02 74 81 41 01   F 02 74 81 53 01
Hotel Etrier   T 02 74 85 44 00   F 02 74 81 76 10
Hotel Excelsior Mila   T 02 74 86 21 00   F 02 74 86 22 00
Apparthotel Helvetia Intergolf   T 02 74 85 88 88
   F 02 74 85 88 99
Hotel Le Green   T 02 74 85 87 87   F 02 74 85 87 88
Hotel Mirabeau   T 02 74 80 21 51   F 02 74 81 39 12
Hotel St. George   T 02 74 81 24 14   F 02 74 81 16 70

Hotels ★★★
Hotel garni Beaureg 'Art   T 02 74 81 21 88
   F 02 74 81 21 89
Hotel garni Central   T 02 74 81 36 65   F 02 74 81 50 97
Hotel Colorado   T 02 74 81 32 71   F 02 74 81 31 09
Hotel Curling   T 02 74 81 12 42   F 02 74 81 37 09
Hotel de la Forêt   T 02 74 80 21 31   F 02 74 81 31 20
Hotel de La Prairie   T 02 74 85 41 41   F 02 74 85 41 42
Hotel Derby   T 02 74 80 12 12   F 02 74 80 12 16
Hotel Du Lac   T 02 74 81 34 14   F 02 74 81 51 80
Hotel Eldorado   T 02 74 81 13 33   F 02 74 81 95 22
Hotel Le Mont-Paisible   T 02 74 80 21 61
   F 02 74 81 77 92
Hotel Primavera   T 02 74 81 42 14   F 02 74 81 74 14

Crans-sur-Sierre

Office du Tourisme
CH-3962 Crans-Montana
T 02 74 85 04 04 • F 02 74 85 04 60
E-Mail: information@crans-montana.ch
http://www.crans-montana.ch

Alles über die Ferienregion S. 376.

Hotels ★★★★★
Grand Hotel du Golf   T 02 74 85 42 42   F 02 74 85 42 43
Hotel Royal   T 02 74 85 95 95   F 02 74 85 95 85

Hotels ★★★★
Hotel Alpha-Résidence   T 02 74 84 24 00
   F 02 74 84 24 10
Hotel Alpina und Savoy   T 02 74 85 09 00
   F 02 74 85 09 99
Hotel Etrier   T 02 74 85 44 00   F 02 74 81 76 10
Hotel Excelsior Miha   T 02 74 86 21 00   F 02 74 86 22 00
Hotel Le Green   T 02 74 85 87 87   F 02 74 85 87 88

Hotels ★★★
Hotel Astor   T 02 74 80 20 85   F 02 74 81 97 18
Hotel Beau-Site   T 02 74 81 33 12   F 02 74 81 43 84
Hotel Belmont   T 02 74 85 01 01   F 02 74 85 01 02
Hotel Carlton   T 02 74 81 37 73   F 02 74 81 17 55
Hotel City   T 02 74 81 11 61   F 02 74 81 28 61
Hotel Crans-Belvédère   T 02 74 85 98 23
   F 02 74 85 98 13
Hotel Des Alpes   T 02 74 85 40 40   F 02 74 85 40 41
Hotel Des Mélèzes   T 02 74 83 18 12   F 02 74 83 16 08
Hotel Eden   T 02 74 80 11 71   F 02 74 81 41 31
Hotel Elite   T 02 74 81 43 01   F 02 74 81 24 21
Hotel Miedzor   T 02 74 85 90 10   F 02 74 85 90 30
Hotel Mont Blanc   T 02 74 81 31 43   F 02 74 81 31 46
Hotel National   T 02 74 81 26 81   F 02 74 81 73 81
Hotel garni Richelieu   T 02 74 81 28 06   F 02 74 81 57 12
Hotel Garni Robinson   T 02 74 81 13 53   F 02 74 81 13 14
Hotel Serenella   T 02 74 81 37 81   F 02 74 80 13 72
Hotel Splendide   T 02 74 81 20 56   F 02 74 81 20 08

Davos Dorf

Davos Tourismus
CH-7270 Davos
T 08 14 15 21 21 • F 08 14 15 21 58
E-Mail: info@davos.ch
http://www.davos.ch

Alles über die Ferienregion S. 456.

Hotels ★★★★★
Hotel Flüela   T 08 14 10 17 17   F 08 14 10 17 18

Hotels ★★★★
Arabellasheraton Hotel Derby   T 08 14 17 95 00
   F 08 14 17 95 95
Hotel Meierhof   T 08 14 16 82 85   F 08 14 16 39 82
Arabellasheraton Hotel Seehof   T 08 14 16 12 12
   F 08 14 16 61 10
Turmhotel Victoria   T 08 14 17 53 00   F 08 14 17 53 80

Hotels ★★★
Hotel Bristol   T 08 14 10 17 70   F 08 14 16 29 44
Hotel Bünda   T 08 14 17 18 19   F 08 14 17 18 20
Hotel Concordia   T 08 14 16 32 22   F 08 14 16 50 48
Hotel Dischma   T 08 14 10 12 50   F 08 14 16 32 88
Hotel Kulm   T 08 14 17 07 07   F 08 14 17 07 99
Hotel Parsenn   T 08 14 16 32 32   F 08 14 16 38 67
Hotel Rössli   T 08 14 17 52 00   F 08 14 16 46 22
Hotel Sonnenberg   T 08 14 17 59 00   F 08 14 17 59 99

Unikat
Hotel Zauberberg   T 08 14 17 17 17   F 08 14 17 17 99

Davos Platz

Davos Tourismus
CH-7270 Davos
T 08 14 15 21 21 • F 08 14 15 21 58
E-Mail: info@davos.ch
http://www.davos.ch

Alles über die Ferienregion S. 456.

Hotels ★★★★★
Hotel Steigenberger Belvédère   T 08 14 15 60 00
   F 08 14 15 60 01

Hotels ★★★★
Waldhotel Bellevue   T 08 14 15 37 47   F 08 14 15 37 99
Sporthotel Central   T 08 14 15 82 00   F 08 14 15 83 00
Hotel Cresta Sun   T 08 14 17 16 16   F 08 14 17 16 85
Hotel Kongress Davos   T 08 14 17 11 22   F 08 14 17 11 23
Posthotel Morosani   T 08 14 15 45 00   F 08 14 15 45 01
Hotel Morosani Schweizerhof   T 08 14 13 26 26
   F 08 14 13 49 66
Hotel National   T 08 14 13 60 46   F 08 14 13 16 50
Hotel Sunstar Park   T 08 14 13 14 14   F 08 14 13 15 79
Arabellasheraton Hotel Waldhuus   T 08 14 17 93 33
   F 08 14 17 93 34

Hotels ★★★
Hotel garni Ammann   T 08 14 10 03 50   F 08 14 10 03 55
Hotel Bahnhof Terminus   T 08 14 14 97 97
   F 08 14 14 97 98
Hotel Beau-Séjour   T 08 14 16 57 47   F 08 14 16 52 09
Hotel Bellavista   T 08 14 17 56 00   F 08 14 17 56 01
Hotel Bündnerhof   T 08 14 10 06 36   F 08 14 10 06 44
Hotel Casanna   T 08 14 17 04 04   F 08 14 17 04 00
Hotel Club Hotel   T 08 14 14 91 00   F 08 14 14 91 49
Hotel Cresta   T 08 14 17 16 16   F 08 14 17 16 85
Hotel Crystal   T 08 14 14 01 01   F 08 14 14 01 00
Hotel Davoserhof   T 08 14 14 90 20   F 08 14 14 90 21
Hotel Europe   T 08 14 15 41 41   F 08 14 15 41 11
Hotel Heiss   T 08 14 13 62 48   F 08 14 13 36 90
Hotel Larix   T 08 14 13 11 88   F 08 14 13 33 49
Hotel Ochsen   T 0 81 41 90 20   F 0 81 41 90 21
Hotel Panorama   T 08 14 13 23 73   F 08 14 13 23 83   ▷

Hotel Pischa   T 08 14 13 55 13   F 08 14 13 16 19
Hotel Quisisana   T 08 14 13 51 04   F 08 14 13 77 73
Hotel Rinaldi   T 08 14 17 05 05   F 08 14 17 05 10
Hotel Strela   T 08 14 13 60 44   F 08 14 13 12 07
Hotel Sunstar   T 08 14 13 14 14   F 08 14 13 15 79

Disentis

Sedrun/Disentis Tourismus
CH-7188 Sedrun
T 08 19 20 40 30 • F 08 19 20 40 39
E-Mail: info@disentis-sedrun.ch
http://www.disentis-sedrun.ch

Alles über die Ferienregion S. 438.

Hotels ★★★★
Parkhotel Baur   T 08 19 29 54 54   F 08 19 29 54 55
Hotel Cucagna   T 08 19 29 55 55   F 08 19 29 55 00

Hotels ★★★
Hotel Montana   T 08 19 47 45 65   F 08 19 47 42 77
Hotel Sax   T 08 19 47 44 48   F 08 19 47 53 68

Einsiedeln

Einsiedeln Tourismus
CH-8840 Einsiedeln
T 05 54 18 44 88 • F 05 54 18 44 80
E-Mail: urs.raschle@einsiedeln.ch
http://www.einsiedeln.ch

Alles über die Ferienregion S. 408.

Hotels ★★★
Hotel Dreikönige   T 05 54 18 00 00   F 05 54 18 00 10
Hotel Lindl   T 05 54 18 48 48   F 05 54 18 48 49
Hotel Schiff   T 05 54 18 94 94   F 05 54 18 94 95
Hotel St. Georg   T 05 54 18 20 20   F 05 54 18 20 21
Hotel Storchen   T 05 54 18 99 99   F 05 54 18 99 00

Engelberg

Engelberg-Titlis Tourismus AG
CH-6390 Engelberg
T 04 16 39 77 77 • F 04 16 39 77 66
E-Mail: welcome@engelberg.ch
http://www.engelberg.ch

Alles über die Ferienregion S. 416.

Hotels ★★★★
Hotel Waldegg   T 04 16 37 18 22   F 04 16 37 43 21

Hotels ★★★
Hotel Alpina   T 04 16 37 13 40   F 04 16 37 45 49
Hotel Bänklialp   T 04 16 39 73 73   F 04 16 39 73 74
Hotel Bellevue-Terminus   T 04 16 39 68 68
   F 04 16 37 44 49
Hotel Cathrin   T 04 16 37 44 66   F 04 16 37 43 28
Hotel Central   T 04 16 39 70 70   F 04 16 39 70 71
Hotel Crystal   T 04 16 37 21 22   F 04 16 37 29 77
Hotel Edelweiss   T 04 16 39 78 78   F 04 16 39 78 88
Hotel Eden   T 04 16 39 56 39   F 04 16 39 56 30
Sporthotel Eienwäldli   T 04 16 37 19 49   F 04 16 37 44 23
Hotel Engelberg   T 04 16 39 79 79   F 04 16 39 79 69
Hotel Europe   T 04 16 39 75 75   F 04 16 39 75 76
Hotel Maro   T 04 16 37 10 76   F 04 16 37 10 60
Hotel Schweizerhof   T 04 16 37 11 05   F 04 16 37 41 47
Hotel Sonnwendhof   T 04 16 37 45 75   F 04 16 37 42 38
Hotel Spannort   T 04 16 37 26 26   F 04 16 37 44 77
Hotel garni Sunnmatt   T 04 16 37 20 45   F 04 16 37 15 33
Hotel Terrace   T 04 16 39 66 66   F 04 16 39 66 99
Hotel Trübsee-Hof   T 04 16 37 13 71   F 04 16 37 37 20

HOTELFÜHRER SCHWEIZ

Falera

Alpenarena.ch Informationbüro Falera
CH-7131 Falera
T 08 19 21 30 30 • F 08 19 21 48 30
E-Mail: tourismus@alpenarena.ch
http://www.alpenarena.ch
Alles über die Ferienregion S. 444.

Hotels ★★★
Hotel La Siala   T 08 19 27 22 22   F 08 19 27 22 44

Fiesch

Fiesch-Fieschertal Tourismus
CH-3984 Fiesch
T 02 79 70 60 70 • F 02 79 70 60 71
E-Mail: info@fiesch.ch
http://www.fiesch.ch
Alles über die Ferienregion S. 394.

Hotels ★★★★
Hotel Christania   T 02 79 70 10 10   F 02 79 70 10 15

Hotels ★★★
Hotel Alpina   T 02 79 71 24 24   F 02 79 71 35 84
Hotel garni Derby   T 02 79 71 22 61   F 02 79 71 42 82
Hotel des Alpes   T 02 79 71 15 06   F 02 79 71 36 28
Hotel Fiescherhof   T 02 79 71 21 71   F 02 79 71 19 85
Hotel-Restaurant Kristall   T 02 79 71 17 17
    F 02 79 71 33 73
Hotel Schmitta   T 02 79 70 10 20   F 02 79 70 10 30

Flims-Dorf

Alpenarena.ch Informationsbüro Flims
CH-7017 Flims-Dorf
T 08 19 20 92 00 • F 08 19 20 92 01
E-Mail: tourismus@alpenarena.ch
http://www.alpenarena.ch
Alles über die Ferienregion S. 444.

Hotels ★★★
Sporthotel Albana   T 08 19 11 23 33   F 08 19 11 31 09
Hotel Bellevue   T 08 19 11 31 31   F 08 19 11 12 32
Hotel Curtgin   T 08 19 11 35 66   F 08 19 11 34 55
Hotel Meiler-Prau da Monis   T 08 19 20 93 93
    F 08 19 20 93 94
Hotel Vorab   T 08 19 11 18 61   F 08 19 11 42 29

Flims-Fidaz

Alpenarena.ch Büro Flims
CH-7017 Flims
T 08 19 20 92 00 • F 08 19 20 92 01
E-Mail: tourismus@alpenarena.ch
http://www.alpenarena.ch
Alles über die Ferienregion S. 444.

Hotels ★★★
Ayurveda-Wohlfühlhotel Fidazerhof   T 08 19 11 35 03
    F 08 19 11 21 75

Flims-Waldhaus

Alpenarena.ch Büro Flims
CH-7017 Flims
T 08 19 20 92 00 • F 08 19 20 92 01
E-Mail: tourismus@alpenarena.ch
http://www.alpenarena.ch
Alles über die Ferienregion S. 444. ▷

Hotels ★★★★★
Parkhotel Waldhaus   T 08 19 28 48 48   F 08 19 28 48 58

Hotels ★★★★
Hotel Adula   T 08 19 28 28 28   F 08 19 28 28 29
Hotel des Alpes   T 08 19 28 25 25   F 08 19 11 31 93
Hotel Schweizerhof   T 08 19 28 10 10   F 08 19 11 31 76
Hotel Sunstar-Surselva   T 08 19 28 18 00
    F 08 19 11 36 09
Park-Hotel Villa Silvana   T 08 19 28 48 48
    F 08 19 28 48 58

Hotels ★★★
Hotel Am Waldrand   T 08 19 11 30 30   F 08 19 11 53 36
Hotel Cresta   T 08 19 11 35 35   F 08 19 11 35 34
Hotel Mira Val   T 08 19 11 12 50   F 08 19 11 28 10
Hotel Garni National   T 08 19 28 14 74   F 08 19 28 14 15
Hotel Surpunt   T 08 19 28 44 44   F 08 19 11 38 17
Arvenhotel Waldeck   T 08 19 28 14 14   F 08 19 28 14 15

Flumserberg

Touristikverein
CH-8898 Flumserberg
T 08 17 20 18 18 • F 08 17 20 18 19
E-Mail: info@flumserberg.com
http://www.flumserberg.com
Alles über die Ferienregion S. 430.

Hotels ★★★
Hotel garni Cafrida   T 08 17 33 11 93   F 08 17 33 15 55

Hotels ★★
Hotel garni Mätzwiese   T 08 17 33 11 28
    F 08 17 33 42 46

Frutigen

Frutigen Tourismus
CH-3714 Frutigen
T 03 36 71 14 21 • F 03 36 71 54 21
E-Mail: frutigen-tourismus@bluewin.ch
http://www.frutigen-tourismus.ch

Hotels ★★★
Hotel Rustica   T 03 36 71 30 71   F 03 36 71 50 90

Gluringen

Tourist Office
CH-3981 Gluringen
T 02 79 73 31 26 • F 02 79 73 29 41
E-Mail: tourismus@goms.ch
http://www.goms.ch
Alles über die Ferienregion S. 398.

Hotels ★★★
Hotel Tenne   T 02 79 73 18 92   F 02 79 73 29 80

Goms

Hoteleinträge siehe unter Fiesch und Münster/Goms.

Die Qualität der
Hotelbetriebe steigt mit
der Anzahl der Sterne.

Grächen

Grächen Tourismus
CH-3925 Grächen
T 02 79 55 60 60 • F 02 79 55 60 66
E-Mail: info@graechen.ch
http://www.graechen.ch
Alles über die Ferienregion S. 386.

Hotels ★★★
Hotel Alpina   T 02 79 56 26 26   F 02 79 56 29 26
Hotel Des Alpes   T 02 79 55 23 00   F 02 79 55 23 15
Hotel Desirée   T 02 79 56 30 60   F 02 79 56 30 11
Hotel Eden   T 02 79 56 26 66   F 02 79 56 33 84
Hotel Elite   T 02 79 56 16 12   F 02 79 56 16 82
Hotel Gädi   T 02 79 56 18 28   F 02 79 56 20 52
Turm-Hotel Grächerhof   T 02 79 56 25 15
    F 02 79 56 25 42
Hotel Hannigalp   T 02 79 55 10 00   F 02 79 55 10 05
Aparthotel La Collina   T 02 79 56 20 16   F 02 79 56 11 35
Hotel Montana   T 02 79 56 13 12   F 02 79 56 33 28
Hotel Walliserhof   T 02 79 56 11 22   F 02 79 56 29 22

Grimentz

Office du Tourisme
CH-3961 Grimentz
T 02 74 75 14 93 • F 02 74 75 28 91
E-Mail: grimentz@sierre-anniviers.ch
http://www.grimentz.ch
Alles über die Ferienregion S. 378.

Hotels ★★★
Hotel Alamarenda   T 02 74 75 26 26   F 02 74 75 25 27
Hotel Alpina   T 02 74 76 16 16   F 02 74 76 16 17
Hotel Cristal   T 02 74 75 32 91   F 02 74 75 42 61

Grindelwald

Grindelwald Tourismus
CH-3818 Grindelwald
T 03 38 54 12 12 • F 03 38 54 12 10
E-Mail: touristcenter@grindelwald.ch
http://www.grindelwald.ch
Alles über die Ferienregion S. 352.
Hotelanzeigen siehe S. 716.

Hotels ★★★★★
Grand Hotel Regina   T 03 38 54 86 00   F 03 38 54 86 88

Hotels ★★★★
Hotel Belvédère   T 03 38 54 57 57   F 03 38 53 53 23
Hotel Eiger   T 03 38 54 31 31   F 03 38 54 31 30
Hotel Kirchbühl   T 03 38 53 35 53   F 03 38 53 35 18
Hotel Kreuz und Post   T 03 38 54 54 92   F 03 38 54 54 99
Hotel Schweizerhof   T 03 38 53 22 02   F 03 38 53 20 04
Hotel Spinne   T 03 38 54 88 88   F 03 38 54 88 89
Hotel Sunstar   T 03 38 54 77 77   F 03 38 54 77 70

Hotels ★★★
Hotel Alpina   T 03 38 53 33 33   F 03 38 53 33 76
Hotel Alte Post   T 03 38 53 42 42   F 03 38 53 42 88
Hotel garni Bernerhof   T 03 38 53 10 21   F 03 38 53 46 46
Hotel Bodenwald   T 03 38 53 12 42   F 03 38 53 50 42
Hotel Bodmi   T 03 38 53 12 20   F 03 38 53 13 53
Hotel garni Cabana   T 03 38 54 50 70   F 03 38 54 50 77
Hotel Caprice   T 03 38 54 38 18   F 03 38 54 38 19
Hotel Central Wolter   T 03 38 54 33 33   F 03 38 54 33 39
Hotel Derby   T 03 38 54 54 61   F 03 38 53 24 26
Hotel Eigerblick   T 03 38 54 10 20   F 03 38 54 10 21
Hotel Fiescherblick   T 03 38 54 53 53   F 03 38 54 53 50
Hotel Glacier   T 03 38 53 10 04   F 03 38 53 50 04
Hotel Gletschergarten   T 03 38 53 17 21   F 03 38 53 29 57
Hotel Grindelwalderhof   T 03 38 54 40 10
    F 03 38 54 40 19   ▷

HOTELFÜHRER SCHWEIZ

Hotel ★★★ HIRSCHEN — Das Haus mit Tradition

Familie P. Bleuer · CH-3818 Grindelwald
Tel.: 0041-(0)33-854 84 84 · Fax: 854 84 80
E-mail: info@hirschen-grindelwald.ch
http://www.hirschen-grindelwald.ch

Das seit 1870 von der Familie Bleuer geführte Hotel liegt im Zentrum von Grindelwald. Alle Bergbahnen sind zu Fuß in 3 Min. erreichbar. Unsere stilvoll eingerichteten Zimmer sind alle mit DU/Bad/WC, TV, Radio und Telefon. Wir verfügen zusätzlich über 2 Kegelbahnen, eigene Parkplätze und Garagen. In unserem gemütlichen Restaurant servieren wir Schweizer u. internationale Speisen.

Fortsetzung Grindelwald

Hotel Hirschen   T 03 38 54 84 84   F 03 38 54 84 80
 E-Mail: info@hirschen-grindelwald.ch
 http://www.hirschen-grindelwald.ch
 ⊨50 🐕 ♨ 🍴 ⛷ 🔒 0,3 km 🚂 1,5 km 🚴
 AMEX Master Maestro
Hotel Jungfrau-Lodge Crystal   T 03 38 54 41 41
 F 03 38 54 41 42
Hotel Jungfrau-Loge Swiss Mountain   T 03 38 54 41 41
 F 03 38 54 41 42
Hotel Résidence   T 03 38 54 55 55   F 03 38 54 55 56
Parkhotel Schoenegg   T 03 38 54 18 18   F 03 38 54 18 19

Grüsch

Freizeit Graubünden Regionale Informationen
CH-7208 Malans
T 08 13 00 06 90 · F 08 13 00 06 90
E-Mail: info@freizeit-graubuenden.ch
http://www.freizeit-graubuenden.ch

Hotels ★★★
Hotel Grüsch   T 08 13 25 18 18   F 08 13 25 32 80
Berghotel Schwänzelegg   T 08 13 25 12 34
 F 08 13 25 15 33

Gstaad

Gstaad Saanenland Tourismus
CH-3780 Gstaad
T 03 37 48 81 81 · F 03 37 48 81 83
E-Mail: gst@gstaad.ch
http://www.gstaad.ch
Alles über die Ferienregion S. 344.

Hotels ★★★★★
Grandhotel Bellevue   T 03 37 48 00 00   F 03 37 48 00 01
Hotel Palace   T 03 37 48 50 00   F 03 37 48 50 01
Grand Hotel Park   T 03 37 48 98 00   F 03 37 48 98 08

Hotels ★★★★☆
Hotel Le Grand Chalet   T 03 37 48 76 76   F 03 37 48 76 77

Hotels ★★★★
Hotel Arc-en-ciel   T 03 37 48 43 43   F 03 37 48 43 53
Hotel Bernerhof   T 03 37 48 88 44   F 03 37 48 88 40
Hotel Christiana   T 03 37 44 51 21   F 03 37 44 71 09
Hotel Olden   I 03 37 44 34 44   F 03 37 44 61 64

Hotels ★★★☆
Hotel Alpenland   T 03 37 65 34 34   F 03 37 65 34 64
Hotel Gstaaderhof   T 03 37 48 63 63   F 03 37 48 63 60

Ilanz

Ilanz Tourismus
CH-7130 Ilanz
T 08 19 25 20 70 · F 08 19 25 24 74
Alles über die Ferienregion S. 440.

Hotels ★★★★
Hotel Eden Montana   T 08 19 25 51 51   F 08 19 25 42 49
Hotel Lukmanier   T 08 19 25 61 44   F 08 19 25 62 41

Interlaken

Interlaken Tourismus
CH-3800 Interlaken
T 03 38 26 53 00 · F 03 38 26 53 75
E-Mail: mail@InterlakenTourism.ch
http://www.interlakenTourism.ch
Alles über die Ferienregion S. 352.

Hotels ★★★★★
Hotel Lindner Hotels Interlaken AG   T 03 38 26 70 07
 F 03 38 26 70 08
Grand Hotel Victoria-Jungfrau   T 03 38 28 28 28
 F 03 38 28 28 80

Hotels ★★★★
Hotel Du Lac   T 03 38 22 29 22   F 03 38 22 29 15
Hotel Du Nord   T 03 38 27 50 50   F 03 38 27 50 55
Hotel Interlaken   T 03 38 26 68 68   F 03 38 26 68 69
Hotel Krebs   T 03 38 22 71 61   F 03 38 23 24 65
Hotel Metropole   T 03 38 28 66 66   F 03 38 28 66 33
Hotel National   T 03 38 22 36 21   F 03 38 22 73 61
Hotel Royal-St. Georges   T 03 38 22 75 75
 F 03 38 23 30 75
Hotel Stella   T 03 38 22 88 71   F 03 38 22 66 71

Kandersteg

Tourismus Kandersteg
CH-3718 Kandersteg
T 03 36 75 80 80 · F 03 36 75 80 81
E-Mail: info@kandersteg.ch
http://www.kandersteg.ch
Alles über die Ferienregion S. 348.

Hotels ★★★★★
Hotel Royal Park   T 03 36 75 88 88   F 03 36 75 88 80

Hotels ★★★★
Waldhotel Doldenhorn   T 03 36 75 81 81
 F 03 36 75 81 85
Hotel Schweizerhof   T 03 36 75 19 19   F 03 36 75 19 27

Klosters

Klosters Tourismus
CH-7250 Klosters
T 08 14 10 20 20 · F 08 14 10 20 10
E-Mail: info@klosters.ch
http://www.klosters.ch
Alles über die Ferienregion S. 456.

Hotels ★★★★
Hotel Albeina   T 08 14 23 21 00   F 08 14 23 21 21
Hotel Alpina   T 08 14 10 24 24   F 08 14 10 24 25
Hotel Pardenn   T 08 14 23 20 20   F 08 14 23 20 21
Parkhotel Silvretta   T 08 14 23 34 35   F 08 14 23 34 50
Hotel Steinbock   T 08 14 22 45 45   F 08 14 22 16 36
Hotel Walserhof   T 08 14 10 29 29   F 08 14 10 29 39

Hotels ★★★
Hotel Bad Serneus   T 08 14 22 14 44   F 08 14 22 22 51
Hotel Büel   T 08 14 22 26 69   F 08 14 22 49 41   ▷

Sporthotel Kurhaus   T 08 14 22 44 41   F 08 14 22 46 09
Hotel Rustico   T 08 14 22 12 12   F 08 14 22 53 55
Hotel Sport   T 08 14 23 30 30   F 08 14 23 30 40

Laax

Alpenarena.ch Informationsbüro Laax
CH-7032 Laax
T 08 19 27 77 20 · F 08 19 27 70 21
E-Mail: tourismus@alpenarena.ch
http://www.alpenarena.ch
Alles über die Ferienregion S. 444.

Hotels ★★★★
Hotel Arena Alva   T 08 19 27 27 27   F 08 19 27 27 00
Hotel Laaxerhof   T 08 19 20 82 00   F 08 19 20 82 10
Hotel Signina   T 08 19 27 90 00   F 08 19 27 90 01
Hotel Residenz Sunapart   T 08 19 27 20 00
 F 08 19 27 20 01

Hotels ★★★
Hotel Bellaval   T 08 19 21 47 00   F 08 19 21 48 55
Sporthotel Larisch   T 08 19 21 47 47   F 08 19 21 41 13
Hotel Rancho Laax   T 08 19 27 18 00   F 08 19 27 18 99
Hightech-Hotel Riders Palace   T 08 19 27 97 00
 F 08 19 27 97 01
Hotel Rustico   T 08 19 20 86 86   F 08 19 20 86 89

Lauterbrunnen

Tourist Information
CH-3822 Lauterbrunnen
T 03 38 56 85 68 · F 03 38 56 85 69
E-Mail: info@lauterbrunnen.ch
http://www.wengen-muerren.ch
Alles über die Ferienregion S. 352.

Hotels ★★★
Hotel Crystal   T 03 38 56 90 90   F 03 38 56 90 99
Hotel Jungfrau   T 03 38 55 34 34   F 03 38 55 25 23
Hotel Schützen   T 03 38 55 20 32   F 03 38 55 29 50
Hotel Silberhorn   T 03 38 56 22 10   F 03 38 56 42 13

Lenk

Lenk-Simmental Tourismus AG
CH-3775 Lenk
T 03 37 33 31 31 · F 03 37 33 20 27
E-Mail: info@lenk-simmental.ch
http://www.lenk-simmental.ch
Alles über die Ferienregion S. 350.

Hotels ★★★★★
Wellnesshotel Lenkerhof alpine Resort   T 03 37 36 36 36
 F 03 37 36 36 37

Hotels ★★★★
Hotel Simmenhof   T 03 37 36 34 34   F 03 37 36 34 36

Lenzerheide

Tourismusverein Lenzerheide-Valbella
CH-7078 Lenzerheide
T 08 13 85 11 20 · F 08 13 85 11 21
E-Mail: info@lenzerheide.ch
http://www.lenzerheide.ch
Alles über die Ferienregion S. 448.

Hotels ★★★★
Hotel Guarda Val   T 08 13 85 85 85   F 08 13 85 85 95
Hotel Schweizerhof   T 08 13 85 25 25   F 08 13 85 26 26
Hotel Sunstar   T 08 13 85 88 88   F 08 13 85 88 99
Hotel Valbella Inn   T 08 13 84 36 36   F 08 13 84 40 04

HOTELFÜHRER SCHWEIZ 🇨🇭

Les Diablerets

Diablerets Tourisme
CH-1865 Les Diablerets
T 02 44 92 33 58 • **F 02 44 92 23 48**
E-Mail: info@diablerets.ch
http://www.diablerets.ch
Alles über die Ferienregion S. 366.

Hotels ★★★★
Grand-Hotel Des Diablerets T 02 44 92 09 09
 F 02 44 92 23 91
Hotel Eurotel Victoria T 02 44 92 37 21 F 02 44 92 23 71

Hotels ★★★
Hotel Le Chamois T 02 44 92 02 02 F 02 44 92 26 06
Hotel Les Sources T 02 44 92 01 00 F 02 44 92 01 69

Les Mosses

Office du Tourisme
CH-1862 Les Mosses
T 02 44 91 14 66 • **F 02 44 91 10 24**
E-Mail: otm@lesmosses.ch
http://www.lesmosses.ch
Alles über die Ferienregion S. 366.

Hotels ★★★
Hotel Le Relais Alpin T 02 44 91 16 31 F 02 44 91 20 13

Les Portes du Soleil

Hoteleinträge siehe unter Champéry, Morgins und Val d'Illiez.

Les Quatre Valleés

Hoteleinträge siehe unter Nendaz, Thyon-Les Collons, Verbier und Veysonnaz.

Leukerbad

Leukerbad Tourismus
CH-3954 Leukerbad
T 02 74 72 71 71 • **F 02 74 72 71 51**
E-Mail: info@leukerbad.ch
http://www.leukerbad.ch
Alles über die Ferienregion S. 382.

Hotels ★★★★★
Hotel garni Les Sources des Alpes T 02 74 72 20 00
 F 02 74 72 20 01

Hotels ★★★★
Badehotel garni Bristol T 02 74 72 75 00
 F 02 74 72 75 52
Hotel garni Grichting und Badner Hof T 02 74 72 77 11
 F 02 74 70 22 69
Hotel garni Regina Terme T 02 74 72 25 25
 F 02 74 72 25 26

Leysin

Leysin Tourisme
CH-1854 Leysin
T 02 44 94 22 44 • **F 02 44 94 16 16**
E-Mail: info@leysin.ch
http://www.leysin.ch
Alles über die Ferienregion S. 366.

Hotels ★★★★
Hotel Classic T 02 44 39 06 06 F 02 44 39 06 93

Hotels ★★★
Hotel Central-Résidence T 02 44 93 07 07
 F 02 44 93 07 08
Hotel Le Grand Chalet T 02 44 94 11 36 F 02 44 94 16 14

Lötschental

Hoteleinträge siehe unter Wiler.

Luzern

Tourist Information
CH-6002 Luzern
T 04 12 27 17 17 • **F 04 12 27 17 18**
E-Mail: luzern@luzern.org
http://www.luzern.org
Alles über die Ferienregion S. 412.

Hotels ★★★★★
Grand Hotel National T 04 14 19 09 09 F 04 14 19 09 10
Hotel Palace Luzern T 04 14 16 16 16 F 04 14 16 10 00
Hotel Schweizerhof T 04 14 10 04 10 F 04 14 10 29 71

Hotels ★★★★
Hotel Ambassador T 04 14 18 81 00 F 04 14 18 81 90
Hotel Cascada T 04 12 26 80 88 F 04 12 26 80 00
Hotel Central T 04 12 10 50 60 F 04 12 10 66 88
Hotel Continental-Park T 04 12 28 90 50
 F 04 12 28 90 59
Hotel Des Balances T 04 14 18 28 28 F 04 14 18 28 38
Grand Hotel Europe T 04 13 70 00 11 F 04 13 70 10 31
Seehotel Hermitage T 04 13 75 81 81 F 04 13 75 81 82
Hotel Kastanienbaum T 04 13 40 03 40 F 04 13 40 10 15
Hotel Monopol T 04 12 26 43 43 F 04 12 26 43 44
Hotel Montana T 04 14 19 00 00 F 04 14 19 00 01
Hotel Seeburg T 04 13 75 55 55 F 04 13 75 55 50
Hotel Sonnmatt T 04 13 75 32 32 F 04 13 75 39 19
Seehotel Sternen T 04 13 48 24 82 F 04 13 48 24 83
Hotel Wilden Mann T 04 12 10 16 66 F 04 12 10 16 29

Malbun

Liechtenstein Tourismus Tourist Office Malbun
CH-9497 Triesenberg-Malbun
T 00 42 32 63 65 77 • **F 00 42 32 63 73 44**
E-Mail: malbuninfo@liechtenstein.li
E-Mail: touristinfo@liechtenstein.li
http://www.fuerstlichemomente.li
http://www.malbun.li
Alles über die Ferienregion S. 436.

Hotels ★★★★
Hotel Malbunerhof T 00 42 32 63 29 44
 F 00 42 32 63 95 61

Maloja

Kur- und Verkehrsverein
CH-7516 Maloja
T 08 18 24 31 88 • **F 08 18 24 36 37**
E-Mail: info@maloja.ch
http://www.maloja.ch
Alles über die Ferienregion S. 462.

Hotels ★★★
Hotel Longhin T 08 18 24 31 31 F 08 18 24 36 77
Hotel Maloja-Kulm T 08 18 24 31 05 F 08 18 24 34 66
Hotel Schweizerhaus und Pöstli T 08 18 38 28 28
 F 08 18 38 28 29

Martigny

Hoteleinträge siehe Verbier.

Meiringen

Tourist Information Meiringen-Haslital
CH-3860 Meiringen
T 03 39 72 50 50 • **F 03 39 72 50 55**
E-Mail: info@alpenregion.ch
http://www.alpenregion.ch
Alles über die Ferienregion S. 360.

Hotels ★★★★
Parkhotel Du Sauvage T 03 39 71 41 41
 F 03 39 71 43 00

Hotels ★★★
Hotel Alpbach T 03 39 71 18 31 F 03 39 71 44 78
Hotel Baer T 03 39 71 46 46 F 03 39 71 46 98
Hotel Grimsel-Hospiz T 03 39 82 36 11 F 03 39 82 36 05
Hotel Handeck T 03 39 82 36 11 F 03 39 82 36 05
Hotel Meiringen T 03 39 72 12 12 F 03 39 72 12 19
Hotel Rebstock T 03 39 71 07 55 F 03 39 71 07 56
Sporthotel Sherlock Holmes T 03 39 72 98 89
 F 03 39 72 98 88
Hotel Victoria T 03 39 72 10 40 F 03 39 72 10 45

Hotels ★★
Hotel Adler Central T 03 39 71 10 32 F 03 39 71 56 53
Hotel Hof + Post T 03 39 71 19 51 F 03 39 71 14 47

Weitere Hotels, noch nicht klassifiziert
Hotel Alpin-Sherpa T 03 39 72 52 52 F 03 39 71 52 00
Hotel Steingletscher T 03 39 75 12 22 F 03 39 75 14 22

Melchsee-Frutt

Tourismusverein Melchsee-Frutt/Melchtal/Kerns
CH-6064 Kerns
T 04 16 60 70 70 • **F 04 16 60 71 75**
E-Mail: tourismus@melchsee-frutt.ch
http://www.melchsee-frutt.ch
Alles über die Ferienregion S. 420.

Hotels ★★★
Hotel Distelboden T 04 16 69 12 66 F 04 16 69 13 77
Hotel Glogghuis T 04 16 69 77 77 F 04 16 69 13 17

Mörel

Mörel-Breiten Tourismus
CH-3983 Mörel
T 02 79 28 60 20 10 • **F 02 79 28 60 21 11**
E-Mail: info@breiten.ch
E-Mail: info@moerel-tourismus.ch
http://www.moerel-tourismus.ch
http://www.breiten.ch
Alles über die Ferienregion S. 394.

Hotels ★★★
Hotel Aletsch T 02 79 28 63 63 F 02 79 28 63 64
Hotel-Restaurant Relais Walker T 02 79 27 24 45
 F 02 79 27 17 16

🇨🇭 HOTELFÜHRER SCHWEIZ

Morgins

Morgins Tourisme Verkehrsbüro
CH-1875 Morgins
T 02 44 77 23 61 • **F 02 44 77 37 08**
E-Mail: touristoffice@morgins.ch
http://www.morgins.ch
Alles über die Ferienregion S. 362.

Hotels, noch nicht klassifiziert
Hotel Beau-Site   T 02 44 77 11 38   F 02 44 77 27 89
Hotel Bellevue   T 02 44 81 21 26   F 02 44 81 49 43

Münster/Goms

Goms Tourismus
CH-3984 Fiesch
T 02 79 70 10 70 • **F 02 79 70 10 75**
E-Mail: tourismus@goms.ch
http://www.goms.ch
Alles über die Ferienregion S. 398.

Hotels ★★★★
Hotel Landhaus   T 02 79 73 22 73   F 02 79 73 24 64

Hotels ★★★
Hotel Croix d'Or et Poste   T 02 79 74 15 15
    F 02 79 74 15 16
Hotel Gomesia   T 02 79 74 15 25   F 02 79 74 15 20

Mürren

Tourist Information Wengen-Mürren, Lauterbrunnental
CH-3822 Lauterbrunnen
T 03 38 56 85 68 • **F 03 38 56 85 69**
E-Mail: info@wengen-muerren.ch
http://www.wengen-muerren.ch
Alles über die Ferienregion S. 352.

Hotels ★★★★
Hotel Anfi Palace   T 03 38 56 99 99   F 03 38 56 99 98
Hotel Eiger   T 03 38 56 54 54   F 03 38 56 54 56

Hotels ★★★
Hotel Alpenruh   T 03 38 56 88 00   F 03 38 56 88 88
Hotel Bellevue   T 03 38 55 14 01   F 03 38 55 14 90
Hotel Blumental   T 03 38 55 18 26   F 03 38 55 36 86
Hotel Edelweiss   T 03 38 56 56 00   F 03 38 56 56 09
Hotel Jungfrau und Haus Mönch   T 03 38 55 45 45
    F 03 38 55 45 49

Nendaz

Nendaz Tourisme Verkehrsbüro
CH-1997 Nendaz
T 02 72 89 55 89 • **F 02 72 89 55 83**
E-Mail: info@nendaz.ch
http://www.nendaz.ch
Alles über die Ferienregion S. 370.

Hotels ★★★
Hotel Le Déserteur   T 02 72 88 24 55   F 02 72 88 38 14
Hotel Mont-Rouge   T 02 72 88 26 16   F 02 72 88 54 30
Hotel Sourire   T 02 72 88 26 16   F 02 72 88 54 30

Oberes Toggenburg

Hoteleinträge siehe unter Alt St. Johann, Unterwasser und Wildhaus.

Oberiberg

Ferien- und Sportregion Ybrig
CH-8843 Oberiberg
T 05 54 14 26 26 • **F 05 54 14 21 41**
E-Mail: touristik@ybrig.ch
http://www.ybrig.ch
Alles über die Ferienregion S. 408.

Hotels ★★★
Posthotel Oberiberg   T 05 54 14 11 72   F 05 54 14 25 87
Hotel Rösslipost   T 05 54 14 60 30   F 05 54 14 60 35

Obersaxen

Ferienregion Obersaxen Lumnezia Mundaun Ilanz
CH-7134 Obersaxen
T 08 19 33 22 23 • **F 08 19 33 11 10**
E-Mail: obersaxenferien@swissonline.ch
http://www.obersaxen.ch
Alles über die Ferienregion S. 440.

Hotels ★★★
Hotel Central   T 08 19 33 13 23   F 08 19 33 10 22

Pontresina

Kur- und Verkehrsverein
CH-7504 Pontresina
T 08 18 38 83 00 • **F 08 18 38 83 10**
E-Mail: info@pontresina.com
http://www.pontresina.com
Alles über die Ferienregion S. 462.

Hotels ★★★★
Hotel La Collina   T 08 18 38 85 85   F 08 18 38 85 00
Hotel Rosatsch Résidence   T 08 18 38 98 00
    F 08 18 42 77 78
Hotel Saratz   T 08 18 39 40 00   F 08 18 39 40 40
Hotel Schweizerhof   T 08 18 42 01 31   F 08 18 42 79 88
Hotel Walther   T 08 18 39 36 36   F 08 18 39 36 37

Hotels ★★★
Hotel Albris   T 08 18 38 80 40   F 08 18 38 80 50
Hotel Bernina   T 08 18 38 86 86   F 08 18 38 86 87
Hotel garni Chesa Mulin   T 08 18 38 82 00
    F 08 18 38 82 30
Hotel Müller und Chesa-Mandra   T 08 18 39 30 00
    F 08 18 39 30 30
Hotel Palü   T 08 18 38 95 95   F 08 18 38 95 96
Sporthotel Pontresina   T 08 18 38 94 00   F 08 18 38 94 01
Hotel Post   T 08 18 38 93 00   F 08 18 38 93 01
Hotel Rosatsch Stammhaus   T 08 18 38 98 00
    F 08 18 42 77 78
Hotel garni Soldanella   T 08 18 38 85 85
    F 08 18 38 85 00
Hotel Steinbock   T 08 18 39 36 26   F 08 18 39 36 27

Riederalp

Riederalp Tourismus
CH-3987 Riederalp
T 02 79 28 60 50 • **F 02 79 28 60 51**
E-Mail: info@riederalp.ch
http://www.riederalp.ch
Alles über die Ferienregion S. 394.

Hotels ★★★★
Ski + Golfstarhotel Valaisia   T 02 79 28 44 88
    F 02 79 28 44 99

Hotels ★★★
Hotel Art Furrer   T 02 79 28 44 88   F 02 79 28 44 99
Hotel Walliser Spycher   T 02 79 27 22 23
    F 02 79 27 31 49

Rougemont

Tourisme
CH-1659 Rougemont
T 02 69 25 11 66 • **F 02 69 25 11 67**
E-Mail: info@rougemont.ch
http://www.rougemont.ch
Alles über die Ferienregion S. 344.

Hotels ★★★★
Hotel Rougemont   T 02 69 25 80 80   F 02 69 25 91 85

Hotels ★★★
Hotel de Commune   T 02 69 25 81 42   F 02 69 25 86 58
Hotel Valrose   T 02 69 25 81 46   F 02 69 25 88 54

Saanen

Gstaad Saanenland Tourismus-Tourismusbüro Saanen
CH-3792 Saanen
T 03 37 48 81 60 • **F 03 37 48 81 69**
E-Mail: gst@gstaad.ch
http://www.gstaad.ch
Alles über die Ferienregion S. 344.

Hotels ★★★★
Hotel Steigenberger   T 03 37 48 64 64   F 03 37 48 64 66

Hotels ★★★
Hotel Boo   T 03 37 48 88 33   F 03 37 48 88 32
Hotel Landhaus   T 03 37 48 40 40   F 03 37 48 40 49
Hotel Saanerhof   T 03 37 44 15 15   F 03 37 44 13 23
Hotel Solsana   T 03 37 48 94 94   F 03 37 48 94 88
Hotel Spitzhorn   T 03 37 48 41 41   F 03 37 48 41 42

Saanenmöser

Gstaad Saanenland Tourismus
CH-3777 Saanenmöser
T 03 37 48 81 50 • **F 03 37 48 81 55**
E-Mail: gst@gstaad.ch
http://www.gstaad.ch
Alles über die Ferienregion S. 344.

Hotels ★★★★
Hotel Hornberg   T 03 37 48 66 88   F 03 37 48 66 89
Golfhotel les Hauts de Gstaad   T 03 37 48 68 68
    F 03 37 48 68 00

Saas Almagell

Saas Almagell Tourismus
CH-3905 Saas Almagell
T 02 79 58 66 44 • **F 02 79 58 66 45**
E-Mail: info@saas-almagell.ch
E-Mail: ferien@saastal.ch
http://www.saas-almagell.ch
http://www.saastal.ch
Alles über die Ferienregion S. 390.

Hotels ★★★★
Hotel Pirmin Zurbriggen   T 02 79 57 23 01
    F 02 79 57 33 13

Hotels ★★★
Hotel Alpenhof   T 02 79 57 20 20   F 02 79 57 35 27
Hotel Kristall-Saphir   T 02 79 57 14 33   F 02 79 57 33 32
Hotel Mattmarkblick   T 02 79 57 30 40   F 02 79 57 30 20
Hotel Olympia   T 02 79 57 16 76   F 02 79 57 30 54
Hotel Sport   T 02 79 57 20 70   F 02 79 57 33 70

HOTELFÜHRER SCHWEIZ

Saas Fee

Saas Fee Tourismus
CH-3906 Saas Fee
T 02 79 58 18 58 • **F 02 79 58 18 60**
E-Mail: to@saas-fee.ch
http://www.saas-fee.ch

Alles über die Ferienregion S. 390.

Hotels ★★★★
Hotel Ferienart Resort & Spa   T 02 79 58 19 00
    F 02 79 58 19 05

Hotels ★★★★
Hotel Allalin   T 02 79 57 18 15   F 02 79 57 31 15
Romantik-Hotel Beau-Sité   T 02 79 58 15 60
    F 02 79 58 15 65
Hotel Metropol Grand Hotel   T 02 79 57 10 01
    F 02 79 57 20 85
Golfhotel Saaserhof   T 02 79 57 35 51   F 02 79 57 28 83
Wellnesshotel Schweizerhof   T 02 79 58 75 75
    F 02 79 57 51 10

Hotels ★★★
Hotel Alphubel   T 02 79 58 63 63   F 02 79 58 63 64
Hotel Alpin   T 02 79 57 15 77   F 02 79 57 34 19
Hotel Ambassador   T 02 79 58 92 50   F 02 79 58 92 60
Hotel Ambiente   T 02 79 58 91 10   F 02 79 58 91 20
Hotel garni Artemis   T 02 79 57 32 01   F 02 79 57 60 00
Hotel Astoria   T 02 79 57 11 33   F 02 79 57 20 33
Hotel Atlantic Résidence   T 02 79 57 17 09
    F 02 79 57 30 30
Hotel Au Chalet Cairn   T 02 79 57 15 50   F 02 79 57 33 80
Hotel garni Berghof   T 02 79 57 24 84   F 02 79 57 46 72
Hotel Bristol   T 02 79 58 12 12   F 02 79 58 12 13
Hotel Burgener   T 02 79 58 92 80   F 02 79 58 92 81
Hotel Christiania   T 02 79 57 31 66   F 02 79 57 16 07
Hotel Derby   T 02 79 57 23 45   F 02 79 57 12 46
Hotel Du Soleil   T 02 79 57 12 33   F 02 79 57 30 06
Hotel Eden   T 02 79 57 18 18   F 02 79 57 13 94
Hotel Elite   T 02 79 57 26 31   F 02 79 57 42 10
Hotel Etoile   T 02 79 58 15 50   F 02 79 58 15 55
Hotel Europa   T 02 79 57 31 91   F 02 79 57 20 18
Hotel Jägerhof   T 02 79 57 13 10   F 02 79 57 16 55
Hotel Mischabel   T 02 79 57 21 18   F 02 79 57 24 61
Hotel Mistral   T 02 79 58 92 10   F 02 79 58 92 11
Hotel Parkhotel   T 02 79 58 19 90   F 02 79 58 19 80
Hotel Sonnenhof   T 02 79 58 13 13   F 02 79 58 13 23
Hotel Waldesruh   T 02 79 58 64 64   F 02 79 58 64 65
Hotel Walser   T 02 79 57 29 14   F 02 79 57 31 29
Apparthotel Zurbriggen   T 02 79 58 91 58
    F 02 79 58 91 50

Saas Grund

Tourist Office Saas Grund
CH-3910 Saas Grund
T 02 79 58 66 66 • **F 02 79 58 66 67**
E-Mail: info@saas-grund.ch
E-Mail: ferien@saastal.ch
http://www.saastal.ch

Alles über die Ferienregion S. 390.

Hotels ★★★
Hotel Dom   T 02 79 57 22 33   F 02 79 57 33 31
Hotel Monte Rosa   T 02 79 57 35 25   F 02 79 57 35 70
Hotel Touring   T 02 79 57 21 27   F 02 79 57 15 19

Samedan

Samedan Tourismus
CH-7503 Samedan
T 08 18 51 00 60 • **F 08 18 51 00 66**
E-Mail: info@samedan.ch
http://www.samedan.ch

Alles über die Ferienregion S. 462.

Hotels ★★★★
Hotel Bernina   T 08 18 52 12 12   F 08 18 52 36 06
Hotel Quadratscha   T 08 18 52 42 57   F 08 18 52 51 01

Hotels ★★★
Golf-Hôtel Des Alpes   T 08 18 51 03 00   F 08 18 51 03 38
Hotel garni Donatz   T 08 18 52 46 66   F 08 18 52 54 51
Sporthotel Luzi   T 08 18 51 10 30   F 08 18 51 10 39

Samnaun

Samnaun Tourismus
CH-7563 Samnaun
T 08 18 68 58 58 • **F 08 18 68 56 52**
E-Mail: info@samnaun.ch
http://www.samnaun.ch

Alles über die Ferienregion S. 474.

Hotels ★★★★
Hotel Chasa Montana   T 08 18 61 90 00   F 08 18 61 90 02
Hotel Post   T 08 18 61 92 00   F 08 18 61 92 93
Wellnesshotel Silvretta   T 08 18 61 95 00
    F 08 18 61 95 05

Hotels ★★★☆
Hotel garni Bergsonne   T 08 18 68 51 19
    F 08 18 68 53 63
Aparthotel garni Grischuna   T 08 18 68 52 39
    F 08 18 68 52 39

Hotels ★★★
Hotel Bündnerhof   T 08 18 61 85 00   F 08 18 61 85 20
Hotel Cresta   T 08 18 68 52 23   F 08 18 68 55 20
Wellnesshotel Des Alpes   T 08 18 68 52 73
    F 08 18 68 53 38
Apparthotel Engadin   T 08 18 61 82 82   F 08 18 61 82 81
Hotel Homann   T 08 18 68 51 30   F 08 18 68 56 25
Hotel Laret   T 08 18 68 51 29   F 08 18 68 52 59
Vital-Hotel Samnaunerhof   T 08 18 61 81 81
    F 08 18 61 81 82
Hotel garni Waldpark   T 08 18 61 83 10   F 08 18 61 83 11

San Bernardino

San Bernardino Ferien
CH-6565 San Bernardino
T 09 18 32 12 14 • **F 09 18 32 11 55**
E-Mail: info@sanbernardino.ch
http://www.sanbernardino.ch

Hotels ★★★
Hotel Albarella   T 09 18 22 88 88   F 09 18 22 88 77
Hotel Brocco e Posta   T 09 18 32 11 05   F 09 18 32 13 42

Savognin

Savognin Tourismus im Surses
CH-7460 Savognin
T 08 16 59 16 16 • **F 08 16 59 16 17**
E-Mail: ferien@savognin.ch
http://www.savognin.ch

Alles über die Ferienregion S. 452.

Hotels ★★★
Sporthotel Alpina   T 08 16 84 14 26   F 08 16 84 29 60
Hotel Bela Riva   T 08 16 84 24 25   F 08 16 84 35 05
Hotel Danilo   T 08 16 59 11 59   F 08 16 84 31 83
Hotel Pianta   T 08 16 59 11 59   F 08 16 84 33 65
Hotel Piz Mitgel   T 08 16 84 11 61   F 08 16 84 32 78
Hotel Romana   T 08 16 84 15 44   F 08 16 84 37 07

Schönried

Gstaad Saanenland Tourismus-Tourismusbüro Schönried
CH-3778 Schönried
T 03 37 48 81 40 • **F 03 37 48 81 45**
E-Mail: gst@gstaad.ch
http://www.gstaad.ch

Alles über die Ferienregion S. 344.

Hotels ★★★★★
Wellness-Hotel Ermitage-Golf, Solbad   T 03 37 48 60 60
    F 03 37 48 60 67

Hotels ★★★★
Hostellerie Alpenrose   T 03 37 44 67 67   F 03 37 44 67 12
Hotel Alpin Nova   T 03 37 48 67 67   F 03 37 48 67 68

Hotels ★★★
Hotel-Restaurant Bruno Kernen's Hotel Bahnhof
    T 03 37 44 42 42   F 03 37 44 61 42

Scuol

Scuol Tourismus AG Scuol Information
CH-7550 Scuol
T 08 18 61 22 22 • **F 08 18 61 22 23**
E-Mail: scuol@engadin.com
http://www.scuol.ch
http://www.engadin.com

Alles über die Ferienregion S. 470.

Hotels ★★★★
Hotel Belvédère   T 08 18 61 06 06   F 08 18 61 06 00

Hotels ★★★
Hotel Altana   T 08 18 61 11 11   F 08 18 61 11 12
Hotel Astras   T 08 18 64 11 25   F 08 18 64 05 03
Hotel Bellaval   T 08 18 64 14 81   F 08 18 64 00 10
Hotel Chasa Belvair   T 08 18 61 25 00   F 08 18 61 25 50
Hotel Conrad   T 0 81 86 41 71 78   F 08 18 64 96 33
Hotel Engiadina   T 08 18 64 14 21   F 08 18 64 12 45
Hotel Filli   T 08 18 64 99 27   F 08 18 64 13 36
Hotel Guardaval   T 08 18 64 13 21   F 08 18 64 97 67
Hotel Traube   T 08 18 61 07 00   F 08 18 61 07 77

Die Angaben über die Klassifizierung der Unterkünfte wurden den offiziellen Verzeichnissen der zuständigen Tourismusverbände entnommen. Für die Richtigkeit der Informationen übernehmen wir keine Gewähr.

HOTELFÜHRER SCHWEIZ

Sedrun

Sedrun/Disentis Tourismus
CH-7188 Sedrun
T 08 19 20 40 30 • F 08 19 20 40 39
E-Mail: info@disentis-sedrun.ch
http://www.disentis-sedrun.ch

Alles über die Ferienregion S. 438.

Hotels ★★★
Sporthotel La Cruna   T 08 19 20 40 40   F 08 19 20 40 45
Hotel La Val   T 08 19 49 11 15   F 08 19 49 10 45
Hotel Oberalp   T 08 19 49 11 55   F 08 19 49 19 94
Hotel Soliva   T 08 19 49 11 14   F 08 19 49 21 00

Sils-Maria

Verkehrsverein Sils/Engadin
CH-7514 Sils-Maria
T 08 18 38 50 50 • F 08 18 38 50 59
E-Mail: info@sils.ch
http://www.sils.ch

Alles über die Ferienregion S. 462.

Hotels ★★★★★
Hotel Waldhaus   T 08 18 38 51 00   F 08 18 38 51 98

Hotels ★★★★
Hotel Edelweiss   T 08 18 38 42 42   F 08 18 38 43 43
Hotel Margna   T 08 18 38 47 47   F 08 18 38 47 48
Hotel Post   T 08 18 38 44 44   F 08 18 38 44 00

Hotels ★★★
Hotel Chesa Grischa   T 08 18 26 51 16   F 08 18 26 50 49
Hotel Chesa Margun   T 08 18 26 50 50   F 08 18 26 59 41
Hotel Chesa Randolina   T 08 18 38 54 54
   F 08 18 38 54 00
Hotel Maria   T 08 18 32 61 00   F 08 18 32 61 01
Hotel Seraina   T 08 18 38 48 00   F 08 18 38 48 01
Hotel Sonne   T 08 18 26 53 73   F 08 18 26 59 63
Hotel Villa Mira Margna   T 08 18 38 59 60
   F 08 18 38 59 61

Silvaplana

Kurverein
CH-7513 Silvaplana
T 08 18 38 60 00 • F 08 18 38 60 09
E-Mail: info@silvaplana.ch
http://www.silvaplana.ch

Alles über die Ferienregion S. 462.

Hotels ★★★★
Hotel Albana   T 08 18 28 92 92   F 08 18 28 81 81
Hotel Chesa Guardalej   T 08 18 36 63 00   F 08 18 36 63 01

Hotels ★★★
Hotel garni Chesa Silva   T 08 18 38 61 00
   F 08 18 38 61 99
Hotel Chesa Surlej   T 08 18 38 75 75   F 08 18 38 75 76
Hotel Conrad   T 08 18 28 81 54   F 08 18 28 89 14
Hotel La Staila   T 08 18 28 81 47   F 08 18 28 91 51

Sörenberg

Tourismusbüro
CH-6174 Sörenberg
T 04 14 88 11 85 • F 04 14 88 24 85
E-Mail: info@soerenberg.ch
http://www.soerenberg.ch

Alles über die Ferienregion S. 422.

Hotels ★★★
Hotel Rischli   T 04 14 88 12 40   F 04 14 88 24 69

Hotels ★★
Hotel Garni Cristal   T 04 14 88 00 44   F 04 14 88 00 81

Splügen

Splügen/Rheinwald Tourismus
CH-7435 Splügen
T 08 16 50 90 30 • F 08 16 50 90 31
E-Mail: info@splugen.ch
http://www.splugen.ch

Hotels ★★★
Hotel Bodenhaus   T 08 16 50 90 90   F 08 16 50 90 99

Hotels ★★
Hotel Piz Tambo   T 08 16 50 95 95   F 08 16 50 95 80
Hotel Pratigiana   T 08 16 64 11 10   F 08 16 64 12 88

Weitere Hotels, noch nicht klassifiziert
Hotel Suretta   T 08 16 50 95 50   F 08 16 50 95 60

St. Moritz

Kur- und Verkehrsverein
CH-7500 St. Moritz
T 08 18 37 33 33 • F 08 18 37 33 77
E-Mail: information@stmoritz.ch
http://www.stmoritz.ch

Alles über die Ferienregion S. 462.

Hotels ★★★★★
Hotel Badrutt's Palace   T 08 18 37 10 00
   F 08 18 37 29 99
Hotel Carlton   T 08 18 36 70 00   F 08 18 36 70 01
Grand Hotel Kempinski des Bains   T 08 18 38 38 38
   F 08 18 38 30 00
Hotel Kulm   T 08 18 36 80 00   F 08 18 36 80 01
Hotel Suvretta-House   T 08 18 36 36 36   F 08 18 36 37 37

Hotels ★★★★
Hotel Albana   T 08 18 36 61 61   F 08 18 36 61 62
Hotel Bären   T 08 18 33 56 56   F 08 18 33 80 22
Hotel Crystal   T 08 18 36 26 26   F 08 18 36 26 27
Hotel Europa   T 08 18 39 55 55   F 08 18 39 55 56
Hotel La Margna   T 08 18 36 66 00   F 08 18 36 66 01
Hotel Monopol   T 08 18 37 04 04   F 08 18 37 04 05
Hotel Posthotel   T 08 18 32 21 21   F 08 18 38 89 73
Hotel San Gian   T 08 18 37 09 09   F 08 18 37 09 10
Hotel Schweizerhof   T 08 18 37 07 07   F 08 18 37 07 00
Hotel Steffani   T 08 18 36 96 96   F 08 18 36 97 17

Hotels ★★★
Hotel Corvatsch   T 08 18 37 57 57   F 08 18 37 57 58
Hotel garni Eden   T 08 18 30 81 00   F 08 18 33 81 01
Hotel Hauser   T 08 18 37 50 50   F 08 18 37 50 55
Hotel Languard   T 08 18 33 31 37   F 08 18 33 45 46
Hotel garni Löffler   T 08 18 33 66 96   F 08 18 33 88 48
Hotel Nolda   T 08 18 33 05 75   F 08 18 33 87 51
Hotel Randolins   T 08 18 30 83 83   F 08 18 30 83 80
Hotel Salastrains   T 08 18 33 38 67   F 08 18 33 93 08
Hotel Soldanella   T 08 18 30 85 00   F 08 18 30 85 05
Hotel Sonne   T 08 18 33 03 63   F 08 18 33 60 90
Hotel Steinbock   T 08 18 33 60 35   F 08 18 33 87 47
Hotel Waldhaus am See + Infall   T 08 18 36 60 00
   F 08 18 36 60 60

Unikat
Hotel Laudinella   T 08 18 36 00 00   F 08 18 36 00 01

Weitere Hotels, noch nicht klassifiziert
Hotel Edelweiss   T 08 18 36 55 55   F 08 18 36 55 56

Surcuolm

Ferienregion Obersaxen Lumnezia Mundaun Ilanz
CH-7134 Obersaxen
T 08 19 33 22 23 • F 08 19 33 11 10
E-Mail: obersaxenferien@swissonline.ch
http://www.obersaxen.ch

Alles über die Ferienregion S. 440.

Hotels ★★
Hotel Mundaun   T 08 19 33 22 01   F 08 19 33 19 79
Sporthotel Surselva   T 08 19 33 16 16   F 08 19 33 15 14

Täsch

Tourist Info
CH-3929 Täsch
T 02 79 67 16 89 • F 02 79 67 21 18
E-Mail: info@taesch.ch
http://www.taesch.ch

Alles über die Ferienregion S. 386.

Hotels ★★★
Hotel Alpenhotel   T 02 79 66 26 44   F 02 79 66 26 45
Hotel City   T 02 79 67 36 06   F 02 79 67 21 73
Hotel Elite   T 02 79 67 12 26   F 02 79 67 23 36
Apparthotel Monte Rosa   T 02 79 66 36 00
   F 02 79 66 36 06
Hotel-Restaurant Täscherhof   T 02 79 66 62 62
   F 02 79 66 62 00
Hotel Walliserhof   T 02 79 66 39 66   F 02 79 66 39 65

Thyon-Les Collons

Société de Developpement les Collons/Thyon 2000
Verkehrsbüro
CH-1988 Thyon-Les Collons
T 02 72 81 27 27 • F 02 72 81 27 83
E-Mail: info@thyon-region.ch
http://www.thyon-region.ch

Alles über die Ferienregion S. 370.

Hotels ★★★
Hotel La Cambuse   T 02 72 81 18 83   F 02 72 81 32 22

Unteriberg

Hoteleinträge siehe unter Oberiberg.

Unterwasser

Tourist-Info Unterwasser Toggenburg Tourismus
CH-9657 Unterwasser
T 07 19 99 19 23 • F 07 19 99 20 85
E-Mail: unterwasser@toggenburg.org
http://www.toggenburg.org
http://www.unterwasser.ch

Alles über die Ferienregion S. 428.

Hotels ★★★★
Hotel Säntis   I 07 19 98 50 20   F 07 19 98 50 21

Hotels ★★★
Hotel-Pension Iltios   T 07 19 99 39 69   F 07 19 99 37 94
Hotel Sternen   T 07 19 98 62 62   F 07 19 98 62 63

HOTELFÜHRER SCHWEIZ 🇨🇭

Val d'Anniviers

Hoteleinträge siehe unter Grimentz und Zinal.

Valbella

Hoteleinträge siehe unter Lenzerheide.

Val-d'Illiez

Office du Tourisme
CH-1873 Val-d'Illiez
T 02 44 77 20 77 • F 02 44 77 37 73
E-Mail: ot.illiez@bluewin.ch
http://www.val-d-illiez.ch
Alles über die Ferienregion S. 362.

Hotels ★ ★ ★
Hotel Communal   T 02 44 76 87 00   F 02 44 76 87 11
Hotel du Repos   T 02 44 77 14 14   F 02 44 77 27 95
Hotel Royal Alpage   T 02 44 76 83 00   F 02 44 76 83 01
Hotel Télécabine   T 02 44 79 14 21   F 02 44 79 18 66

Vals

Obersaxen Tourismus
CH-7134 Obersaxen
T 08 19 33 22 22 • F 08 19 33 11 10
E-Mail: info@obersaxen.ch
http://www.obersaxen.ch

Hotels, noch nicht klassifiziert
Hotel Alpina   T 08 19 35 11 48   F 08 19 35 16 51
Hotel Rovanada   T 08 19 35 13 03   F 08 19 35 17 35
Hotel Therme   T 08 19 26 80 80   F 08 19 26 80 00

Vella

Ferienregion Obersaxen Lumnezia Mundaun Ilanz
CH-7134 Obersaxen
T 08 19 33 22 23 • F 08 19 33 11 10
E-Mail: obersaxenferien@swissonline.ch
http://www.obersaxen.ch

Hotels ★ ★ ★
Hotel Gravas   T 08 19 31 21 21   F 08 19 31 32 35

Verbier

Office du Tourisme
CH-1936 Verbier
T 02 77 75 38 88 • F 02 77 75 38 89
E-Mail: info@verbier.ch
http://www.verbier.ch
Alles über die Ferienregion S. 370.

Hotels ★ ★ ★ ★ ★
Hotel Chalet d'Adrien   T 02 77 71 62 00   F 02 77 71 62 24 ▷

Hotels ★ ★ ★ ★
Hotel garni Kings Parc   T 02 77 75 20 10
   F 02 77 75 20 34
Hotel garni Les 4 Vallees   T 02 77 75 33 44
   F 02 77 75 33 45
Hotel garni Montpelier   T 02 77 71 61 31
   F 02 77 71 46 89
Hotel garni Rosalp   T 02 77 71 63 23   F 02 77 71 10 59
Hotel garni Vanessa   T 02 77 75 28 00   F 02 77 75 28 28

Hotels ★ ★ ★
Hotel garni Bristol   T 02 77 71 65 77   F 02 77 71 51 50
Hotel garni De la Poste   T 02 77 71 66 81
   F 02 77 71 34 01
Hotel garni Ermitage   T 02 77 71 64 77   F 02 77 71 52 64
Hotel garni Golf   T 02 77 71 65 15   F 02 77 71 14 88
Hotel garni La Rotonde   T 02 77 71 65 25
   F 02 77 71 33 31
Hotel garni Le Mazot   T 02 77 75 35 50   F 02 77 75 35 55
Hotel garni Les Chamois   T 02 77 71 64 02
   F 02 77 71 27 12
Hotel garni Mirabeau   T 02 77 71 63 35   F 02 77 71 63 30
Hotel garni Phenix   T 02 77 71 68 44   F 02 77 71 58 55
Hotel garni Rhodania   T 02 77 71 61 21   F 02 77 71 52 54
Hotel Verbier   T 02 77 75 21 21   F 02 77 75 21 20

Weitere Hotels, noch nicht klassifiziert
Hotel du Parc   T 02 77 20 18 18   F 02 77 20 18 19
Hotel garni Rois Mages   T 02 77 71 63 64
   F 02 77 71 33 19

Veysonnaz

Office du Tourisme
CH-1993 Veysonnaz
T 02 72 07 10 53 • F 02 72 07 14 09
E-Mail: tourism@veysonnaz.ch
http://www.veysonnaz.ch
Alles über die Ferienregion S. 370.

Hotels ★ ★ ★
Hotel Chalet Royal   T 02 72 08 56 44   F 02 72 08 56 00
Hotel Magrappé   T 02 72 08 57 00   F 02 72 08 57 28

Villars-sur-Ollon

Office de Tourisme
CH-1884 Villars-sur-Ollon
T 02 44 95 32 32 • F 02 44 95 27 94
E-Mail: information@villars.ch
http://www.villars.ch

Hotels ★ ★ ★ ★ ★
Grand Hotel du Parc   T 02 44 96 28 28   F 02 44 95 33 63

Hotels ★ ★ ★ ★
Hotel Du Golf   T 02 44 96 38 38   F 02 44 95 39 78
Hotel Le Bristol   T 02 44 96 36 36   F 02 44 96 36 37
Eurotel Victoria   T 02 44 95 31 31   F 02 44 95 39 53

Hotels ★ ★ ★
Hotel Alpe Fleurie   T 02 44 95 34 64   F 02 44 96 30 77
Hotel Ecureuil   T 02 44 96 37 37   F 02 44 96 37 22
Hotel Elite   T 02 44 96 68 00   F 02 44 96 68 10
Hotel garni La Renardière   T 02 44 95 25 92
   F 02 44 95 39 15

Vulpera

Verkehrsverein Tarasp-Vulpera
CH-7553 Tarasp
T 08 18 61 20 52 • F 08 18 61 20 51
E-Mail: tarasp-vulpera@bluewin.ch
http://www.tarasp.ch ▷

Hotels ★ ★ ★ ★
Schlosshotel Chasté   T 08 18 61 30 60   F 08 18 61 30 61
Robinson Club Schweizerhof   T 08 18 61 17 00
   F 08 18 61 17 01

Hotels ★ ★ ★
Hotel Villa Maria   T 08 18 64 11 38   F 08 18 64 91 61
Hotel Villa Post   T 08 18 64 11 12   F 08 18 64 95 85

Wangs

Verkehrsverein
CH-7323 Wangs
T 08 17 20 48 20 • F 08 17 20 48 21
E-Mail: info@pizol.com
http://www.pizol.com
Alles über die Ferienregion S. 430.

Hotels, noch nicht klassifiziert
Parkhotel Pizol   T 08 17 25 09 80   F 08 17 25 09 90

Wengen

Wengen Tourismus
CH-3823 Wengen
T 03 38 55 14 14 • F 03 38 55 30 60
E-Mail: info@wengen.ch
http://www.wengen-muerren.ch
Alles über die Ferienregion S. 352.

Hotels ★ ★ ★ ★
Hotel Beausite Park   T 03 38 56 51 61   F 03 38 55 30 10
Sporthotel Caprice   T 03 38 56 06 06   F 03 38 56 06 07
Hotel Regina   T 03 38 56 58 58   F 03 38 56 58 50
Hotel Silberhorn   T 03 38 56 51 31   F 03 38 56 51 32
Hotel Sunstar   T 03 38 56 52 00   F 03 38 56 53 00
Silence Hotel Wengener Hof   T 03 38 56 69 69
   F 03 38 56 67 70

Hotels ★ ★ ★
Hotel Alpenrose   T 03 38 55 32 16   F 03 38 55 15 18
Hotel Alpenruhe Kulm   T 03 38 55 27 44
   F 03 38 55 27 77
Hotel Bellevue   T 03 38 56 66 55   F 03 38 56 66 44
   E-Mail: info@bellevue-wengen.ch
   http://www.bellevue-wengen.ch
   🛏63 🐕 📞 🖥 🛁 0,4 km AMEX MasterCard VISA Maestro

Hotel Belvédère   T 03 38 56 66 68   F 03 38 56 68 69
Hotel Berghaus   T 03 38 55 21 51   F 03 38 55 38 20
Hotel Brunner   T 03 38 55 24 94   F 03 38 55 24 48
Hotel Eiger   T 03 38 56 05 05   F 03 38 56 05 06
Hotel Falken   T 03 38 56 51 21   F 03 38 55 33 39
Hotel Jungfraublick   T 03 38 56 27 27   F 03 38 56 27 26
Hotel Schönegg   T 03 38 55 34 22   F 03 38 55 42 33

Hotels ★ ★
Hotel Bären   T 03 38 55 14 19   F 03 38 55 15 25
Hotel Bernerhof & Résidence   T 03 38 55 27 21
   F 03 38 55 33 58
Hotel Hirschen   T 03 38 55 15 44   F 03 38 55 30 44

Die Qualität der Hotelbetriebe steigt mit der Anzahl der Sterne.

Telefonieren in die Schweiz
0041 + Teilnehmernummer ohne die vorangehende Null

🇨🇭 HOTELFÜHRER SCHWEIZ

HOTEL ARCA Zermatt - Schweiz

- Soleschwimmbad (33°)
- Dampfbad / Massage
- Tennis
- Studios & Wohnungen mit Küche und Kochnische
- Garten mit Grillplatz

Raoul und Urs Aufdenblatten CH-3920 Zermatt
Telefon +41 (0)27 967 15 44, Fax +41 (0)27 967 58 89
info@arca-zermatt.ch, www.arca.ws

TAXI METRO – PARKING EDEN

Park & Ride - Bequem mit dem Taxi direkt nach Zermatt

24h Service Fam. Mathieu Monteiro
Alle Richtungen 3929 Täsch/Zermatt

Telefon: +41(0)27 967 64 44
Telefax: +41(0)27 967 64 74
info@taxi-metro.ch, www.taxi-metro.com

Wildhaus

Toggenburg Tourismus Wildhaus Tourismus
CH-9658 Wildhaus
T 07 19 98 60 00 • **F 07 19 98 60 01**
E-Mail: marketing@toggenburg.org
http://www.toggenburg.org
Alles über die Ferienregion S. 428.

Hotels ★★★★
Hotel Stump's Alpenrose   T 07 19 98 52 52
   F 07 19 98 52 53

Hotels ★★★
Hotel Alpenblick   T 07 19 99 12 24   F 07 19 98 50 51
Hotel Hirschen   T 07 19 98 54 54   F 07 19 98 54 55
Hotel Schönau   T 07 19 99 34 11   F 07 19 99 38 11
Hotel Sonne   T 07 19 99 23 33   F 07 19 99 23 57
Hotel Toggenburg   T 07 19 98 50 10   F 07 19 98 50 11

Hotels ★★
Hotel Friedegg   T 07 19 99 13 13   F 07 19 99 10 24

Wiler

Lötschental Tourismus
CH-3918 Wiler
T 02 79 38 88 88 • **F 02 79 38 88 80**
E-Mail: info@loetschental.ch
http://www.loetschental.ch
Alles über die Ferienregion S. 384.

Hotels ★★★
Hotel Edelweiss   T 02 79 39 13 63   F 02 79 39 10 53
Hotel Lötschberg   T 02 79 39 13 09   F 02 79 39 13 22
Hotel Nest- und Bietschhorn   T 02 79 39 11 06
   F 02 79 39 18 22

Hotels ★★
Hotel Breithorn   T 02 79 39 14 66   F 02 79 39 22 20

Zermatt

Zermatt Tourismus
CH-3920 Zermatt
T 02 79 66 81 00 • **F 02 79 66 81 01**
E-Mail: zermatt@wallis.ch
http://www.zermatt.ch
Alles über die Ferienregion S. 386.

Hotels ★★★★★
Hotel Mont Cervin und Residence   T 02 79 66 88 88
   F 02 79 66 88 99
Grand Hotel Zermatterhof   T 02 79 66 66 00
   F 02 79 66 66 99   ▷

Hotels ★★★★
Hotel Albana Real   T 02 79 66 61 61   F 02 79 66 61 62
Hotel Alex   T 02 79 66 70 70   F 02 79 66 70 90
Hotel garni Allalin   T 02 79 66 82 66   F 02 79 66 82 65
Hotel Alpen Resort   T 02 79 66 30 00   F 02 79 66 30 55
Hotel Alpenhof   T 02 79 66 55 55   F 02 79 66 55 56
Hotel Ambassador   T 02 79 66 26 11   F 02 79 66 26 15
Hotel Antares   T 02 79 67 36 64   F 02 79 67 52 36
Apparthotel Arca Solebad   T 02 79 67 15 44
   F 02 79 67 58 89
   E-Mail: info@arca-zermatt.ch
   http://www.arca.ws
   🛏55 ... 0,5 km 7 km
   7 km Master VISA
Hotel garni Astoria   T 02 79 67 52 22   F 02 79 67 56 72
Hotel garni Beau-Rivage   T 02 79 66 34 40
   F 02 79 66 34 50
Parkhotel Beau-Site   T 02 79 66 68 68   F 02 79 66 68 69
Hotel Berghof   T 02 79 67 54 00   F 02 79 67 54 52
Hotel Christiania   T 02 79 66 80 00   F 02 79 66 80 10
Hotel garni Christiania   T 02 79 66 80 08
   F 02 79 66 80 10
Hotel garni Daniela   T 02 79 66 77 00   F 02 79 66 77 77
Hotel garni Eden   T 02 79 67 26 55   F 02 79 67 62 40
Hotel Julen   T 02 79 66 76 00   F 02 79 66 76 76
Hotel La Ginabelle   T 02 79 66 50 00   F 02 79 66 50 10
Hotel garni Metropol   T 02 79 66 35 66   F 02 79 66 35 65
Hotel Mirabeau   T 02 79 66 26 60   F 02 79 66 26 65
Hotel Monte Rosa   T 02 79 66 03 33   F 02 79 66 03 30
Hotel National   T 02 79 66 99 66   F 02 79 67 59 07
Hotel Nicoletta   T 02 79 66 07 77   F 02 79 66 07 88
Hotel Pollux   T 02 79 66 40 00   F 02 79 66 40 01
Grandhotel Schönegg   T 02 79 66 34 34   F 02 79 66 34 35
Hotel Schweizerhof   T 02 79 66 00 00   F 02 79 66 00 66
Hotel Simi   T 02 79 66 46 00   F 02 79 66 46 05
Hotel Sonne   T 02 79 66 20 66   F 02 79 66 20 65
Alex Schlosshotel Tenne   T 02 79 66 44 00
   F 02 79 66 44 05
Hotel Tschugge   T 02 79 66 40 20   F 02 79 66 40 25
Hotel Walliserhof   T 02 79 66 65 55   F 02 79 66 65 50

Zinal

Office du Tourisme
CH-3961 Zinal
T 02 74 75 13 70 • **F 02 74 75 29 77**
E-Mail: zinal@sierre-anniviers.ch
http://www.zinal.ch
Alles über die Ferienregion S. 378.

Hotels ★★★
Hotel Europe   T 02 74 75 44 04   F 02 74 75 44 14
Hotel Le Besso   T 02 74 75 31 65   F 02 74 75 49 82
Hotel Les Bouquetins   T 02 74 75 25 09   F 02 74 75 11 95

Hotels ★★
Hotel A La Pointe de Zinal   T 02 74 75 11 64
   F 02 74 75 41 44

Hotels ★
Hotel Le Trift   T 02 74 75 14 66   F 02 74 75 47 66

Zweisimmen

Zweisimmen Tourismus
CH-3770 Zweisimmen
T 03 37 22 11 33 • **F 03 37 22 25 85**
E-Mail: tourismus@zweisimmen.ch
http://www.zweisimmen.ch/tourismus
Alles über die Ferienregion S. 350.

Hotels ★★★
Hotel Post   T 03 37 22 12 28   F 03 37 22 13 75
Hotel Résidence   T 03 37 22 17 15   F 03 37 22 31 55
Silence-Hotel Sonnegg   T 03 37 22 23 33
   F 03 37 22 23 54
Hotel Sport-Motel   T 03 37 29 80 80   F 03 37 29 80 88

Hotels ★★
Hotel Rawyl-Sternen   T 03 37 29 80 60   F 03 37 29 80 61
Berghotel Sparenmoos   T 03 37 22 22 34
   F 03 37 22 22 24

Die Angaben über die Klassifizierung der Unterkünfte wurden den offiziellen Verzeichnissen der zuständigen Tourismusverbände entnommen. Für die Richtigkeit der Informationen übernehmen wir keine Gewähr.

HOTELFÜHRER ITALIEN

Im folgenden Hotelverzeichnis geben wir Ihnen eine Auswahl von Hotels und Pensionen aus den wichtigsten Alpen-Ferienregionen Italiens. Die Orte sind alphabetisch geordnet. Durch Seitenverweise werden Sie auf die Beschreibung des jeweiligen Gebietes aufmerksam gemacht.

Hoteleinträge von Betrieben, die sich zusätzlich mit einer Anzeige empfehlen, sind durch Piktogramme ergänzt, die nähere Details der Ausstattung und Eignung (Zeichenerklärung Seite 683) darstellen.

In Italien werden Hotels und Pensionen kategorisiert. Die Qualität der Betriebe steigt mit der Anzahl der Sterne (1-5). In Südtirol findet man anstatt der Kategorie 5 Sterne die Kategorie 4 Sterne Super.

Für die Richtigkeit der Informationen übernehmen wir keine Gewähr. Wir sind für Anregungen und Ergänzungen dankbar.

Afers

Hoteleinträge siehe unter Brixen.

Alba di Canazei

Informazioni Turistiche
I-38030 Alba di Canazei
T 04 62 60 13 54 • F 04 62 60 13 54
E-Mail: infoalba@fassa.com
http://www.fassa.com
Alles über die Ferienregion S. 544.

Hotels ★★★★
Hotel La Cacciatora   T 04 62 60 14 11   F 04 62 60 17 18

Hotels ★★★
Hotel Albolina   T 04 62 60 13 23   F 04 62 60 26 76
Hotel Alpe   T 04 62 60 13 57   F 04 62 60 13 60
Hotel Arnica   T 04 62 60 14 10   F 04 62 60 27 96
Hotel garni Cirelle   T 04 62 60 20 86   F 04 62 60 25 76
Hotel Conturina   T 04 62 60 11 67   F 04 62 60 26 66

Aldein/Aldino

Tourismusverein
I-39040 Aldein/Aldino
T 04 71 88 68 00 • F 04 71 88 66 66
E-Mail: tv.aldein-radein@rolmail.net
Alles über die Ferienregion S. 524.

Pensionen ★★
Gasthof Krone   T 04 71 88 68 25   F 04 71 88 66 96

Algund/Lagundo

Hoteleinträge siehe Meran.

Alleghe

Informazioni Turistiche
I-32022 Alleghe
T 04 37 52 33 33 • F 04 37 72 38 81
E-Mail: alleghe@infodolomiti.it
Alles über die Ferienregion S. 552.

Hotels ★★★★
Sport Hotel Europa   T 04 37 52 33 62   F 04 37 72 39 06 ▷

Hotels ★★★
Hotel Alle Alpi   T 04 37 52 33 10   F 04 37 72 37 23
Hotel Alleghe   T 04 37 52 35 27   F 04 37 52 35 39
Hotel Centrale   T 04 37 52 34 76   F 04 37 72 38 78
Hotel Coldai   T 04 37 52 33 05   F 04 37 52 34 38
Hotel Dolomiti   T 04 37 52 33 36   F 04 37 52 33 36

Altrei/Anterivo

Tourismusverein
I-39040 Altrei/Anterivo
T 04 71 88 20 77 • F 04 71 88 20 77
Alles über die Ferienregion S. 548.
Hotelanzeigen siehe S. 725.

Hotels ★★
Hotel Waldheim   T 04 71 88 20 24   F 04 71 88 20 24

Pensionen ★★
Pension-Gasthof Langeshof   T 04 71 88 20 27
F 04 71 88 20 27
E-Mail: info@langeshof.com
http://www.langeshof.com
⊨35 ⊕ ≋ ⟂ ⛰ ⊞ ✈ ⛽ ≋30 km
○⛷ 25 km 🎿 ▲30 km

Andalo

Azienda Promozione Turistica
I-38010 Andalo
T 04 61 58 58 36 • F 04 61 58 55 70
E-Mail: info@aptandalo.com
http://www.aptandalo.com
http://www.aptdolomitipaganella.com
Alles über die Ferienregion S. 542.

Hotels ★★★
Hotel Alaska   T 04 61 58 56 31   F 04 61 58 52 31
Hotel Alpino   T 04 61 58 59 46   F 04 61 58 53 03
Hotel Ambiez   T 04 61 58 55 56   F 04 61 58 53 43
Hotel Andalo   T 04 61 58 58 49   F 04 61 58 58 93
Hotel Astoria   T 04 61 58 58 46   F 04 61 58 57 09
Hotel Bass   T 04 61 58 55 60   F 04 61 58 54 82
Hotel Bottamedi   T 04 61 58 58 31   F 04 61 58 59 03
Hotel Cavallino   T 04 61 58 57 01   F 04 61 58 52 22
Hotel Corona   T 04 61 58 58 72   F 04 61 58 54 79
Club Hotel Costaverde   T 04 61 58 57 78
F 04 61 58 55 76
Hotel Cristallo   T 04 61 58 57 44   F 04 61 58 59 70
Hotel Gruppo Brenta   T 04 61 58 58 13   F 04 61 58 52 69
Hotel Iris   T 04 61 58 58 00   F 04 61 58 95 08
Hotel La Bussola   T 04 61 58 58 88   F 04 61 58 90 99
Hotel Lo Scoiattolo   T 04 61 58 59 12   F 04 61 58 59 80
Hotel Negritella   T 04 61 58 58 02   F 04 61 58 59 11
Hotel Pian Castello   T 04 61 58 56 09   F 04 61 58 56 24 ▷
Hotel Piccolo Hotel   T 04 61 58 57 10   F 04 61 58 54 36
Hotel Pier   T 04 61 58 57 84   F 04 61 58 59 65
Hotel Piz Galin   T 04 61 58 58 37   F 04 61 58 53 90
Hotel Regent's   T 04 61 58 59 22   F 04 61 58 59 30
Hotel Splendid   T 04 61 58 57 77   F 04 61 58 57 46
Hotel Stella Alpina   T 04 61 58 58 35   F 04 61 58 54 29

Antholz/Anterselva

Tourismusverein
I-39030 Antholz/Anterselva
T 04 74 49 21 16 • F 04 74 49 23 70
E-Mail: info@antholzertal.com
http://www.antholz.com
http://www.kronplatz.com
Alles über die Ferienregion S. 508.

Hotels ★★★
Hotel Antholzerhof   T 04 74 49 21 48   F 04 74 49 23 44
Hotel Bad Salomonsbrunn   T 04 74 49 21 99
F 04 74 49 23 78
Hotel Vierbrunnenhof   T 04 74 49 21 97   F 04 74 49 24 13
Sporthotel Wildgall   T 04 74 49 21 36   F 04 74 49 23 10

Pensionen ★★★
Gasthof Residence Seehaus   T 04 74 49 23 42
F 04 74 49 22 22

Arabba

Uffizio Informazioni Assistenza Turistica
I-32020 Arabba
T 0 43 67 91 30 • F 0 43 67 93 00
E-Mail: arabba@infodolomiti.it
E-Mail: arabba@rolmail.net
http://www.infodolomiti.it
http://www.arabba.it
Alles über die Ferienregion S. 532.

Hotels ★★★★★
Hotel Grifone   T 04 36 70 00 34   F 04 36 78 00 34

Hotels ★★★★
Sporthotel Arabba   T 0 43 67 93 21   F 0 43 67 91 21

Hotels ★★★
Hotel Al Forte   T 0 43 67 93 29   F 0 43 67 94 40
Hotel Dovich Baita Dovich   T 04 37 52 29 74
F 04 37 52 29 74
Hotel Boé   T 0 43 67 91 44   F 0 43 67 92 75
Hotel Campolongo   T 04 36 79 36 78   F 0 43 67 92 82
Hotel Evaldo   T 0 43 67 91 09, 0 43 67 92 81
F 0 43 67 93 58
Hotel La Montanara   T 04 37 72 20 17   F 04 37 72 22 42
Hotel Malita   T 04 36 79 10, 0 43 67 92 43   F 0 43 67 93 91
Hotel Marianna   T 04 37 72 22 83   F 04 37 72 22 84
Hotel Monte Cherz   T 04 36 79 13, 04 36 78 00 03
F 0 43 67 92 48
Hotel Olympia   T 0 43 67 91 35   F 0 43 67 93 54
Hotel Pineta   T 04 37 72 20 35   F 04 37 72 22 47
Hotel Portavescovo   T 0 43 67 91 59, 0 43 67 91 39
F 0 43 67 93 43
Hotel Principe Marmolada   T 04 37 52 29 71
F 04 37 52 29 93
Hotel garni Roberta   T 04 37 52 29 80, 04 37 52 29 88
F 04 37 52 29 80
Hotel Rosalpina   T 04 37 72 20 04   F 04 37 72 20 49
Hotel Roy   T 04 37 52 29 77   F 04 37 52 29 90
Hotel Royal   T 0 43 67 92 93   F 04 36 78 00 86
Hotel Savoia   T 04 62 60 17 17   F 04 62 60 13 00
Hotel Tyrolia   T 04 37 52 29 99   F 04 37 52 29 90
Hotel Venezia   T 04 37 72 11 92   F 04 37 72 12 42

Pensionen ★★
Gasthof Pordoi   T 0 43 67 91 13   F 0 43 67 91 36

HOTELFÜHRER ITALIEN

Barbian/Barbiano

Tourismusbüro
I-39040 Barbian/Barbiano
T 04 71 65 44 11 • F 04 71 65 42 60
Alles über die Ferienregion S. 516.

Pensionen ★★
Gasthof Goldener Adler   T 04 71 65 41 42
  F 04 71 65 41 42

Bellamonte

Azienda di Promozione Turistica
I-38037 Predazzo
T 04 62 50 12 37 • F 04 62 50 20 93
E-Mail: info.predazzo@valdifiemme.info
http://www.valfiemme.net
Alles über die Ferienregion S. 548.

Hotels ★★★★
Hotel Bellamonte   T 04 62 57 61 16   F 04 62 57 64 11

Hotels ★★★
Hotel Antico   T 04 62 57 61 22   F 04 62 57 61 45
Hotel Canada   T 04 62 57 62 45   F 04 62 57 60 83
Hotel Sole   T 04 62 57 62 99   F 04 62 57 63 94
Hotel Torretta   T 04 62 57 61 20   F 04 62 57 61 25

Birchabruck/Ponte Nova

Tourismusverband Rosengarten-Latemar
I-39050 Birchabruck/Ponte Nova
T 04 71 61 03 10 • F 04 71 61 03 17
E-Mail: info@rosengarten-latemar.com
http://www.rosengarten-latemar.com
Alles über die Ferienregion S. 524.

Hotels ★
Hotel Kreuz   T 04 71 61 01 51

Bormio

Azienda Promozione Turistica Valtellina
I-23032 Bormio
T 03 42 90 33 00 • F 03 42 90 46 96
E-Mail: aptbormio@provincia.so.it
http://www.valtellinaonline.com
http://www.valtellina.it

Hotels ★★★★
Hotel Baita dei Pini   T 03 42 90 43 46   F 03 42 90 47 00
Hotel Cristallo Residence   T 03 42 90 27 00
  F 03 42 91 04 81
Hotel Palace   T 03 42 90 31 31   F 03 42 90 33 66
Hotel Posta   T 03 42 90 47 53   F 03 42 90 44 84
Hotel Rezia   T 03 42 90 47 21   F 03 42 90 51 97
Hotel Sant' Anton   T 03 42 90 19 06   F 03 42 91 93 08

Hotels ★★★
Hotel Alù   T 03 42 90 45 04   F 03 42 91 04 44
Hotel Ambassador Chalet   T 03 42 90 46 25
  F 03 42 91 09 25
Hotel Baita Clementi   T 03 42 90 44 73   F 03 42 90 36 49
Hotel Capitani   T 03 42 90 53 00   F 03 42 90 41 76
Hotel Cervo   T 03 42 90 47 44   F 03 42 90 52 76
Hotel Derby   T 03 42 90 44 33   F 03 42 90 41 76
Hotel Funivia   T 03 42 90 32 42   F 03 42 90 53 37
Hotel Genzianella   T 03 42 90 44 85   F 03 42 90 41 58 ▷

Appart-Hotel Jolly   T 03 42 90 51 88   F 03 42 90 51 88
Hotel Larice Bianco   T 03 42 90 46 93   F 03 42 90 46 14
Hotel Miramonti Park   T 03 42 90 33 12   F 03 42 90 52 22
Hotel Nazionale   T 03 42 90 33 61   F 03 42 90 52 94
Hotel Nevada   T 03 42 91 08 88   F 03 42 91 99 93
Hotel Olimpia   T 03 42 90 15 10   F 03 42 90 51 26
Hotel San Lorenzo   T 03 42 90 46 04   F 03 42 90 46 83
Appart-Hotel Sci Sport   T 03 42 90 43 62
  F 03 42 90 43 78
Hotel Silene   T 03 42 90 54 55   F 03 42 90 54 55
Hotel Stelvio   T 03 42 91 01 30   F 03 42 90 41 76
Hotel Terme   T 03 42 90 46 79, 03 42 91 01 56
  F 03 42 91 01 56
Hotel Vallecetta   T 03 42 91 14 00   F 03 42 91 98 26
Hotel Villa Rina   T 03 42 90 16 74   F 03 42 91 98 05

Bozen/Bolzano

Hoteleinträge siehe unter Klobenstein/Ritten und Sarnthein.

Breuil-Cervinia

Azienda di Informazione e Accoglienza Touristica Monte Cervino
I-11021 Breuil-Cervinia
T 01 66 94 91 36 • F 01 66 94 97 31
E-Mail: breuil-cervinia@montecervino.it
http://www.montecervino.it
Alles über die Ferienregion S. 568.

Hotels ★★★★
Hotel garni Bucaneve   T 01 66 94 91 19   F 01 66 94 83 08
Hotel Chalet Valdotain   T 01 66 94 94 28
  F 01 66 94 88 74
Hotel Europa   T 01 66 94 86 60   F 01 66 94 96 50
Hotel Excelsior Planet   T 01 66 94 94 26   F 01 66 94 88 27
Hotel Hermitage   T 01 66 94 89 98   F 01 66 94 90 32
Hotel Petit Palais   T 01 66 94 93 71   F 01 66 94 92 98
Hotel garni Punta Maquignaz   T 01 66 94 91 45
  F 01 66 94 80 55

Hotels ★★★
Hotel Astoria   T 01 66 94 90 62   F 01 66 94 90 62
Hotel Breuil   T 01 66 94 95 37   F 01 66 94 00 68
Hotel garni Cielo Alto   T 01 66 94 01 57   F 01 66 94 50 52
Hotel garni Cime Bianche   T 01 66 94 90 46
  F 01 66 94 80 61
Hotel garni Edelweiss   T 01 66 94 90 78   F 01 66 94 97 46
Hotel garni Furggen   T 01 66 94 89 28   F 01 66 94 89 29
Hotel Hostellerie des Guides   T 01 66 94 94 73
  F 01 66 94 88 24
Hotel Jumeaux   T 01 66 94 90 44   F 01 66 94 98 86
Hotel garni Les Neiges D'Antan   T 01 66 94 87 75
  F 01 66 94 88 52
Hotel garni Lo Stambecco   T 01 66 94 90 53
  F 01 66 94 00 79

Brixen/Bressanone

Tourismusverein
I-39042 Brixen/Bressanone
T 04 72 83 64 01 • F 04 72 83 60 67
E-Mail: Brixen.info@acs.it
E-Mail: info@brixen.org
http://www.brixen.info
Alles über die Ferienregion S. 500.
Hotelanzeigen siehe S. 727.

Hotels ★★★★
Hotel Dominik am Park, Relais & Chateaux
  T 04 72 83 01 44   F 04 72 83 65 54   ▷

Hotel Elephant   T 04 72 83 27 50   F 04 72 83 54 69
Hotel Goldene Krone   T 04 72 83 51 54   F 04 72 83 50 14
Hotel Grüner Baum   T 04 72 27 41 00   F 04 72 27 41 01
Hotel Löwenhof   T 04 72 83 62 16   F 04 72 80 13 37
Parkhotel Temlhof   T 04 72 83 66 58   F 04 72 83 55 39

Hotels ★★★
Hotel Alpenhof   T 04 72 52 13 10   F 04 72 52 12 70
Hotel-Restaurant Alpenrose   T 04 72 83 21 91
  F 04 72 83 54 32
Hotel Aurora   T 04 72 52 13 23   F 04 72 52 12 90
  E-Mail: info@hotel-aurora.net
  http://www.hotel-aurora.net
  🛏46 🐕 🍽 🏊 🧖 ⛷ ✈ 🅿 2,5 km
  🚴20 km 🎿 🎯20 km ⛵20 km Mastercard VISA Maestro
Hotel Edith   T 04 72 52 13 07   F 04 72 52 12 11
  E-Mail: hotel.edith@rolmail.net
  http://www.hotel-edith.it
  🛏38 🐕 🍽 🏊 🧖 ⛷ ✈ 🅿 2,5 km
  🚴20 km ⛷30 km 🎯20 km ⛵20 km Mastercard
  VISA Maestro
Hotel Gasserhof   T 04 72 85 00 97   F 04 72 85 00 48
Hotel Goldenes Kreuz   T 04 72 83 61 55   F 04 72 83 42 55
Hotel Goldenes Rössl   T 04 72 83 51 52   F 04 72 83 82 35
Hotel Grauer Bär   T 04 72 83 64 72   F 04 72 83 61 17
Hotel Hofstatt   T 04 72 83 54 20   F 04 72 83 62 49
Hotel Jarolim   T 04 72 83 62 30   F 04 72 83 31 55
Hotel Pacher   T 04 72 83 65 70   F 04 72 83 47 17
Apparthotel Plose   T 04 72 52 13 01   F 04 72 52 12 42
Hotel Post   T 04 72 85 00 62   F 04 72 85 01 01
Berghotel Schlemmer Skihütte   T 04 72 52 13 06
  F 04 72 52 12 36
Hotel Senoner   T 04 72 83 25 25   F 04 72 83 24 36
Hotel Tourist   T 04 72 83 15 45   F 04 72 83 82 33

Brixen-Plose

Hoteleinträge siehe unter Brixen u. St. Andrä.

Bruneck/Brunico

Tourismusverein Bruneck
I-39031 Bruneck/Brunico
T 04 74 55 57 22 • F 04 74 55 55 44
E-Mail: info@bruneck.com
E-Mail: info@kronplatz.com
http://www.bruneck.com
Alles über die Ferienregion S. 508.
Hotelanzeigen siehe S. 732.

Hotels ★★★★
Hotel Gissbach   T 04 74 55 11 73   F 04 74 55 07 14
Hotel Majestic   T 04 74 41 09 93   F 04 74 55 08 21
Hotel Petrus   T 04 74 54 82 63   F 04 74 54 82 67
Hotel Royal Hinterhuber   T 04 74 54 10 00
  F 04 74 54 80 48
Rubner Hotel Rudolf   T 04 74 57 05 70   F 04 74 55 08 06
Hotel Schönblick   T 04 74 54 17 77   F 04 74 54 17 45

Hotels ★★★
Hotel Amaten   T 04 74 55 99 93   F 04 74 55 99 93
Hotel Andreas Hofer   T 04 74 55 14 69   F 04 74 55 12 83
Hotel Blitzburg   T 04 74 55 57 23   F 04 74 55 57 52
Hotel Bologna   T 04 74 55 59 17   F 04 74 55 52 62
Hotel Corso   T 04 74 55 44 34   F 04 74 55 44 34
Hotel garni Goldene Rose Rosa d'Oro   T 04 74 41 30 00
  F 04 74 41 30 99
Hotel Heinz   T 04 74 54 14 00   F 04 74 41 13 31
Hotel Krondlhof   T 04 74 41 03 94   F 04 74 41 03 96
Hotel Langgenhof   T 04 74 55 31 54   F 04 74 55 21 10
Hotel Messnerwirt   T 04 74 41 12 59   F 04 74 54 95 49 ▷

> **Fortsetzung S. 726**

FERIENREGION
SÜDTIROLs SÜDEN

KALTERER SEE • WEINSTRASSE • NATURPARK TRUDNER HORN

dolce...

Terlan
Andrian
Bozen-Jenesien
Eppan
Kaltern
Tramin
Südtiroler Unterland

Salurn
Castelfeder
Leifers
Mölten
Sarntal
Ritten
Aldein-Radein
Naturpark Trudner Horn

SÜDTIROLs SÜDEN - eine facettenreiche Region mit vielen Gesichtern. Von imposanten Gipfeln bis zu sonnenverwöhnten, lieblichen Weinhängen. Mit Burgen und Seen. Mit der malerischen Weinstraße, mittelalterlichen Schätzen idyllischen Bauerndörfern und der pulsierenden Stadt Bozen. SÜDTIROLs SÜDEN bietet in seiner Vielfalt unvergesslichen Urlaub.

Fordern Sie den ausführlichen Ferienkatalog mit Preisen 2005 kostenlos an.

far niente

Kaltern / Eppan / Girlan

Wellnesshotel Seeleiten ★★★★
Weinstr. 30 - I-39052 Kaltern am See
Tel. 0039 0471 960 200
Fax 0039 0471 960 064

Gartenhotel Moser ★★★★
Montiggler See 104 - I-39057 Eppan
Tel. 0039 0471 662 095
Fax 0039 0471 661 075

Genießerhotel Weinegg ★★★★★
Lammweg 22 - I-39050 Girlan/Eppan
Tel. 0039 0471 662 511
Fax 0039 0471 663 151

Erleben Sie schöne Ferien! Unsere 3 Weinstrassenhotels liegen an der Südtiroler Weinstraße, umgeben von Obst- und Weingärten. Genießen Sie unsere zauberhafte Naturlandschaft, das milde Sonnenklima, lassen Sie Ihre Seele baumeln in einem stilvollen Ambiente bei angenehm familiärer Atmosphäre. Fam. Moser

www.weinstrassenhotels.com

St. Michael/Eppan

Residence-Hotel Eppanerhof ★★★

Das ideale Feriendomizil an der Südtiroler Weinstraße. Komfortabel wohnen und bequem die schönsten Urlaubsziele, wie den Montiggler- und den Kalterersee, die Berge der Dolomiten, die Sehenswürdigkeiten von Bozen und Meran, in der nächsten Umgebung erreichen. Eigener Gästeparkplatz, Restaurant/Pizzeria im Haus.

...ie Unterhauser - J.-G.-Plazer-Straße 50
...57 St. Michael/Eppan
...039 0471 662 156 - Fax 0039 0471 660 333

info@eppanerhof.com - www.eppanerhof.com

Eppan/Berg

Gasthof-Hotel Steinegger ★★★

Hotel Steinegger der gemütliche Gasthof
· **ruhig** inmitten von **Wald** und **Weinbergen** gelegen
· umrandet von einem herrlichen **Panorama**
· Ausgangspunkt zahlreicher **Rundwanderungen**
· im Jahr 2003 wurde angebaut/**erneuert**
· mit **Hallenbad** und vielen anderen Freizeitanlagen

...ie Eisenstecken - Matschatscherweg 9
...57 Eppan/Berg Südtirol
...039 0471 662248 - Fax 0039 0471 660517

info@steinegger.it - www.steinegger.it

Oberbozen/Ritten

Hotel-Naturidylle Geyrerhof ★★★

Freiheit zur persönlichen Phantasie, Klugheit zur eingrenzenden Auswahl Herzlich Willkommen!

Ihre Gastgeber Familie Christof & Erika Ramoser

Oase der Ruhe für Naturliebhaber und Genießer. Neue Panoramasuiten. Ihr Logenplatz in Südtirol. Fordern Sie unverbindlich unsere Unterlagen an.

Familie Ramoser - Geirerweg 13
I-39059 Oberbozen/Ritten
Tel. 0039 0471 345370 - Fax 0039 0471 345373

info@geyrerhof.com - www.geyrerhof.com

Altrei/Naturpark Trudner Horn

Pension-Gasthof Langeshof ★★

Der Langeshof – für Wanderer und Familien, speziell mit Kleinkindern, ein Paradies. Die Motorradbegeisterte Chefin gibt auch Bikern gerne Tipps zu Dolomitentouren. Am Abend verwöhnen wir Sie auch mit aus der eigenen Landwirtschaft stammenden Produkten!
HP ab € 37,00. Besondere Angebote für Familien, Bikerpunktekarte und Wanderwochen

Katharina-Lanz-Straße 3
I-39040 Altrei
Tel. + Fax 0039 0471 882027

info@langeshof.com - www.langeshof.com

Ferienregion SÜDTIROLs SÜDEN
Pillhofstr. 1 - I-39010 Frangart
Tel. 0039 0471 633 488
Fax 0039 0471 633 367
info@suedtirols-sueden.info
www.suedtirols-sueden.info

🇮🇹 HOTELFÜHRER ITALIEN

Fortsetzung Bruneck

Hotel Olympia   T 04 74 41 09 24   F 04 74 41 04 17
    E-Mail: info@hotelolympia.net
    http://www.hotelolympia.net
    ⌘80 ... 0,6 km ≈12 km ○0,1 km ⚡0,3 km
    ▲17 km Master VISA Maestro
Hotel Post/Posta   T 04 74 55 51 27   F 04 74 55 16 03
Hotel Reipertingerhof   T 04 74 54 84 52   F 04 74 54 83 32
    E-Mail: info@reipertingerhof.com
    http://www.reipertingerhof.com
    ⌘79 ... 0,4 km AMEX Master VISA Maestro
Hotel Reischacher Hof   T 04 74 54 80 09   F 04 74 55 08 39
Residence Sporting   T 04 74 41 03 97   F 04 74 41 24 87
Hotel Sunshine   T 04 74 53 03 71   F 04 74 53 87 00
Pension-Hotel Tannenhof   T 04 74 54 81 87
    F 04 74 54 90 11
Hotel Tirolerhof   T 04 74 55 11 55   F 04 74 55 11 48

Pensionen ★★★
Pension Akelei   T 04 74 54 84 80   F 04 74 54 95 35
Pension Elisabeth   T 04 74 41 11 06   F 04 74 55 16 56
Pension Hochgruber   T 04 74 54 80 13   F 04 74 54 84 65
Pension Martha   T 04 74 41 09 02   F 04 74 41 47 61
    E-Mail: pension.martha@virgilio.it
    http://www.pension-martha.com
    ⌘25 ... 0,9 km ≈5 km
    ○0,3 km ⚡0,3 km VISA Maestro
Pension Prack   T 04 74 54 81 10   F 04 74 54 83 62

Campitello di Fassa

Informazioni Turistiche
I-38031 Campitello di Fassa
T 04 62 75 05 00 • **F 04 62 75 02 19**
E-Mail: infocampitello@fassa.com
http://www.fassa.com

Alles über die Ferienregion S. 544.

Hotels ★★★★
Hotel garni Aritz   T 04 62 75 21 00   F 04 62 75 22 00
Hotel Diamant   T 04 62 75 04 40   F 04 62 60 15 27
Grand Chalet Soreghes   T 04 62 75 00 60
    F 04 62 60 15 27
Hotel Medil   T 04 62 75 00 88   F 04 62 75 00 92
Hotel Rubino Executive   T 04 62 75 02 25
    F 04 62 60 15 27

Hotels ★★★
Hotel Alasaka   T 04 62 75 04 30   F 04 62 75 05 03
Hotel Alpi   T 04 62 75 04 00   F 04 62 75 04 04
Hotel Crepes de Sela   T 04 62 75 05 38   F 04 62 75 15 28
Sporthotel Enrosadira   T 04 62 75 05 40   F 04 62 75 03 02
Hotel Fedora   T 04 62 75 05 05   F 04 62 75 05 70
Hotel Flora Alpina   T 04 62 75 02 33   F 04 62 75 02 49
Hotel Gran Paradis   T 04 62 75 01 35   F 04 62 75 01 48
Hotel Grohnann   T 04 62 75 03 33   F 04 62 75 04 62
Hotel Ladina   T 04 62 75 05 01   F 04 62 75 03 54
Hotel Le Rocce   T 04 62 75 03 51   F 04 62 75 05 74
Hotel Panorama   T 04 62 75 01 02   F 04 62 75 02 43
Hotel Ramon   T 04 62 75 01 39   F 04 62 75 03 05
Hotel Rododendro   T 04 62 75 03 68   F 04 62 75 00 47
Hotel Salvan   T 04 62 75 03 07   F 04 62 75 01 99
Hotel Sella Ronda   T 04 62 75 04 74   F 04 62 75 02 42
Hotel Villa Campitello   T 04 62 75 00 02   F 04 62 75 02 99
Hotel Villa Kofler   T 04 62 75 04 44   F 04 62 75 15 42
Hotel Villa Rosa   T 04 62 75 04 22   F 04 62 75 01 66

Hotels ★★
Hotel Christine   T 04 62 75 02 70   F 04 62 75 03 79

Canazei

Informazioni Turistiche
I-38032 Canazei
T 04 62 60 11 13 • **F 04 62 60 25 02**
E-Mail: infocanazei@fassa.com
http://www.fassa.com

Alles über die Ferienregion S. 544.

Hotels ★★★★
Hotel Astoria   T 04 62 60 13 02   F 04 62 60 16 87
Hotel Croce Bianca   T 04 62 60 11 11   F 04 62 60 26 46
Hotel La Perla   T 04 62 60 24 53   F 04 62 60 25 01

Hotels ★★★☆
Hotel Cristallo   T 04 62 60 13 17   F 04 62 60 13 05

Hotels ★★★
Hotel Alla Rosa   T 04 62 60 11 07   F 04 62 60 14 81
Hotel Azola   T 04 62 60 22 67   F 04 62 60 10 96
Sporthotel Bellavista   T 04 62 60 11 65   F 04 62 60 12 47
Hotel Bellevue   T 04 62 60 11 04   F 04 62 60 15 27
Hotel Cèsayrol   T 04 62 60 11 56   F 04 62 60 23 54
Hotel Chalet Pineta   T 04 62 60 11 62   F 04 62 60 21 83
Hotel De Matie   T 04 62 60 21 11   F 04 62 60 21 46
Hotel Diana   T 04 62 60 14 77   F 04 62 60 26 94
Hotel Dolomiti   T 04 62 60 11 06   F 04 62 60 15 27
Hotel Faloria   T 04 62 60 11 18   F 04 62 60 27 15
Hotel Il Caminetto   T 04 62 60 12 30   F 04 62 60 15 27
Hotel Italia   T 04 62 60 11 20   F 04 62 60 17 50
Hotel Jan Maria   T 04 62 60 21 45   F 04 62 60 27 22
Hotel garni La Zondra   T 04 62 60 12 33   F 04 62 60 10 16
Hotel Pareda   T 04 62 60 15 00   F 04 62 60 13 44
Hotel Piccolo   T 04 62 60 11 91   F 04 62 60 17 90

Pensionen ★★★
Pension garni Gouzaga   T 04 62 60 21 21
    F 04 62 60 26 42
Gasthof Irma   T 04 62 60 14 28   F 04 62 60 17 42
Gasthof-Pension Villa Rosella   T 04 62 60 26 32
    F 04 62 60 63 29

Castello di Fiemme

Azienda di Promozione Turistica della Valle di Fiemme
I-38033 Cavalese
T 04 62 24 11 11 • **F 04 62 24 11 99**
E-Mail: fiemme@dolomitisuperski.com
E-Mail: info@aptfiemme.tn.it
http://www.dolomitisuperski.com/fiemme
http://www.aptfiemme.tn.it

Alles über die Ferienregion S. 548.

Hotels ★★★
Hotel Ancora   T 04 62 34 00 44   F 04 62 23 08 23
Hotel Italia   T 04 62 34 13 35   F 04 62 34 13 53
Hotel Los Andes   T 04 62 34 00 98   F 04 62 34 22 30
Hotel Olimpionico   T 04 62 34 07 44   F 04 62 34 02 18

Cavalese

Azienda di Promozione Turistica
I-38033 Cavalese
T 04 62 24 11 11 • **F 04 62 24 11 99**
E-Mail: info@valdifiemme.info
http://www.valfiemme.net

Alles über die Ferienregion S. 548.

Hotels ★★★★
Hotel Bella Costa   T 04 62 23 11 54   F 04 62 23 16 46
Hotel Bellavista   T 04 62 34 02 05   F 04 62 23 91 19
Hotel Grünwald   T 04 62 34 03 69   F 04 62 23 15 04   ▷

Hotels ★★★
Hotel Coronelle   T 04 62 34 04 36   F 04 62 34 07 75
Hotel Eurotel Cermis   T 04 62 34 05 72   F 04 62 34 02 29
Hotel Excelsior el Molin   T 04 62 34 04 03
    F 04 62 23 13 12
Hotel Garden   T 04 62 34 04 83   F 04 62 34 06 56
Hotel La Roccia   T 04 62 23 11 33   F 04 62 23 11 35
Hotel Lagorai   T 04 62 34 04 54   F 04 62 34 05 40
Hotel Orso Grigio   T 04 62 34 14 81   F 04 62 34 10 35
Hotel Panorama   T 04 62 34 16 36   F 04 62 23 08 98
Park-Hotel Azalea   T 04 62 34 01 09   F 04 62 23 12 00
Hotel San Valier   T 04 62 34 12 85   F 04 62 23 10 20
Hotel Sporting Club   T 04 62 34 16 50   F 04 62 35 57 87
Park-Hotel Villa Trunka Lunka   T 04 62 34 02 33
    F 04 62 34 05 54

Colfuschg/Colfosco

Tourismusverein
I-39030 Colfuschg/Colfosco
T 04 71 83 61 45 • **F 04 71 83 67 44**
E-Mail: colfosco@altabadia.org
http://www.altabadia.org

Alles über die Ferienregion S. 528.

Hotels ★★★★☆
Hotel Cappella & Depandance   T 04 71 83 61 83
    F 04 71 83 65 61

Hotels ★★★★
Hotel Kolfuschger Hof   T 04 71 83 61 88   F 04 71 83 63 51

Hotels ★★★
Residence Antares   T 04 71 83 63 67   F 04 71 83 66 96
Hotel garni Bel Air   T 04 71 83 62 33   F 04 71 83 02 03
Hotel Centrale   T 04 71 83 61 18   F 04 71 83 62 93
Hotel Gran Ciasa   T 04 71 83 61 38   F 04 71 83 62 39
Hotel Mezdi'   T 04 71 83 60 79   F 04 71 83 66 57
Hotel Sport & Dep.   T 04 71 83 60 74   F 04 71 83 60 78

Pensionen ★★★
Pension garni Delta   T 04 71 83 63 50   F 04 71 83 67 70

Cortina d'Ampezzo

Ufficio Informazioni Turistiche
I-32043 Cortina d'Ampezzo
T 04 36 32 31 • **F 04 36 32 35**
E-Mail: cortina@infodolomiti.it
http://www.infodolomiti.it

Alles über die Ferienregion S. 534.

Hotels ★★★★★
Hotel Miramonti Majestic   T 04 36 42 01
    F 04 36 86 70 19

Hotels ★★★★
Hotel Alaska   T 04 36 86 85 39   F 04 36 59 99
Hotel Ancora   T 04 36 32 61   F 04 36 32 65
Hotel Bellevue   T 04 36 88 34 00   F 04 36 86 75 10
Hotel Corona   T 04 36 32 51   F 04 36 86 73 39
Albergo Cortina   T 04 36 42 21   F 04 36 86 07 60
Hotel De La Poste   T 04 36 42 71   F 04 36 86 84 35
Albergo Europa   T 04 36 32 21   F 04 36 86 82 04
Hotel Lajadira   T 04 36 57 46   F 04 36 86 82 24
Albergo Majoni   I 04 36 86 69 45   F 04 36 86 68 03
Hotel Parc Victoria   T 04 36 32 46   F 04 36 47 34
Hotel Park Faloria   T 04 36 29 59   F 04 36 86 64 83
Grand Hotel Savoia   T 04 36 32 01   F 04 36 27 31
Hotel Splendid Venezia   T 04 36 55 27   F 04 36 58 53

eisacktal — Valle Isarco

www.eisacktal.info
info@eisacktal.info

SÜDTIROL ITALIA

---

www.hotellamm.de

HOTEL LAMM ★★★
Im Zentrum (Fußgängerzone) gelegenes Familiengeführtes traditionelles Hotel - ruhige Lage - Sauna, Whirlpool, Dampfbad - mit südtiroler und italienischen Spezialitäten
I-39049 STERZING · SÜDTIROL
Tel. 0039 0472 765 127 · Fax 0039 0472 766 860
hotel.lamm@dnet.it · www.hotellamm.de

www.hotel-fischer.it

HOTEL FISCHER ★★★
Traumhafter Ausblick auf die Bergwelt der Dolomiten bietet Ihnen unser familiär geführter Landgasthof im ruhigen, sonnigen Klerant oberhalb von Brixen. Für das leibliche Wohl sorgt der Chef persönlich mit seiner hervorragenden Küche. Idealer Ausgangspunkt für unzählige Wander- und Ausflugsmöglichkeiten.
I-39040 ST. ANDRÄ/BRIXEN-KLERANT 196 · SÜDTIROL
Tel. 0039 0472 852 075 · Fax 0039 0472 852 060
info@hotel-fischer.it · www.hotel-fischer.it

www.torgglerhof.com

HOTEL TORGGLERHOF ★★★
Familiär geführtes ★★★-Hotel (ca. 60 Betten). Neu eingerichtete Komfortzimmer mit zauberhaftem Ausblick. Frühstücksbuffet, 4-Gang-Menü, Sonnenterrasse, gemütliche Stuben mit Kachelöfen, Hallenbad mit Liegewiese, Dampfbad, Heubad, Sauna, Fitnessraum, Solarium, Spielraum, Törggelekeller.
GASTHOF · HOTEL TORGGLERHOF · I-39040 ST. ANDRÄ/BRIXEN · SÜDTIROL
Tel. 0039 0472 835 510 · Fax 0039 0472 802 355
info@torgglerhof.com · www.torgglerhof.com

www.hotel-gasteigerhof.com

HOTEL GASTEIGERHOF ★★★★
Erleben Sie Ihren ganz persönlichen Sommerurlaub im Gasteigerhof: Lassen Sie sich mit erlesenen Gaumenfreuden verwöhnen und entspannen Sie in unserer Wellnessoase. Traumurlaub in Südtirol abseits jeglicher Hektik mit herrlichem Blick auf die Berge!
FAM. VORHAUSER · GASTEIG 24 · I-39040 RATSCHINGS · SÜDTIROL
Tel. 0039 0472 779 090 · Fax 0039 0472 779 043
info@hotel-gasteigerhof.com · www.hotel-gasteigerhof.com

www.oberlechner.com

HOTEL OBERLECHNER ★★★
35 Bettenhotel - Familienbetrieb, Zimmer mit Dusche/WC, Balkon, Telefon, Radio, SAT-TV, Safe. Hallenbad, Sauna, Solarium, Fitneßraum. Italienische und Südtiroler Küche. Direkt am Wanderweg.
MERANSEN 112 · I-39037 MÜHLBACH · SÜDTIROL
Tel. 0039 0472 520 273 · Fax 0039 0472 520 294
info@oberlechner.com · www.oberlechner.com

www.holzerhof.com

PARKHOTEL HOLZERHOF ★★★
Mitten im Grünen auf 1.400 m mit einer einmaligen Aussicht auf Brixen und die Dolomiten. Genießen Sie die familiäre Atmosphäre unseres Hauses und lassen Sie sich von der Küche verwöhnen. Großzügige Wellnessanlage mit Hallenbad und Saunalandschaft. Ideal zum Wandern und Entspannen.
FAM. HOFER · I-39037 MERANSEN 10 · SÜDTIROL
Tel. 0039 0472 520 100 · Fax 0039 0472 520 305
info@holzerhof.com · www.holzerhof.com

www.stubenruss.com

HOTEL STUBENRUSS ★★
Sommer-Erlebnisse im sonnigen Meransen... Das Hotel, in das jeder gerne wiederkehrt! Ein Hotel mit Tradition, Gemütlichkeit und persönlicher Betreuung. Symbol für erlesene Gastlichkeit, ein Hotel, wo Ihre Seele Urlaub macht!
I-39037 MERANSEN · SÜDTIROL
Tel. 0039 0472 520 256 · Fax 0039 0472 520 270
info@stubenruss.com · www.stubenruss.com

www.panoramahotel-huberhof.com

PANORAMA HOTEL HUBERHOF ★★★ *Ankommen und wohlfühlen....*
Einzigartiger Ausblick auf die Dolomiten und traumhafte ruhige Lage mit ausgezeichneter Küche und familiärer Atmosphäre lassen Sie unvergessliche Urlaubstage erleben. Wanderwege ab Haus in das nahegelegene Bergparadies Gitschberg.
I-39037 MERANSEN · SÜDTIROL
TEL. 0039 0472 520 250 · FAX 0039 0472 522 200
info@panoramahotel-huberhof.com · www.panoramahotel-huberhof.com

www.hotel-aurora.net

HOTEL AURORA ★★★
Genießen Sie, inmitten einer traumhaften Berglandschaft: idealer Ausgangspunkt für Wanderungen durch saftige Wiesen und Wälder unser komfortables Hotel, ausgestattet mit Sauna, Aroma-Dampfsauna und Whirpool, geräumigen Zimmern mit DU/WC, TV und Tel.
FAMILIE PLATTNER · PALMSCHOSS · I-39042 BRIXEN · SÜDTIROL
Tel. 0039 0472 521 323 · Fax 0039 0472 521 290
info@hotel-aurora.net · www.hotel-aurora.net

www.hotel-edith.it

HOTEL EDITH ★★★
Die unvergleichliche Bergwelt der Dolomiten ist geradezu geschaffen für einen aktiven Urlaub. Unser Familiengeführtes Hotel auf 1670 m gelegen, ist der ideale Ausgangspunkt für zahlreiche Wanderungen, Bergtouren und Ausflüge am Brixner Hausberg Plose, dem Peitler- und Gablergebirge mit atemberaubender Aussicht, das Villnösser Tal mit seinen zauberhaften Almen und Bergspitzen und dem Naturpark Puez-Geisler.
FAM. JOCHER-OBERRAUCH · I-39040 ST. GEORG/AFERS · PALMSCHOSS/BRIXEN
Tel. 0039 0472 521 307 · Fax 0039 0472 521 211
hotel.edith@rolmail.net · www.hotel-edith.it

🇮🇹 HOTELFÜHRER ITALIEN

Corvara

Tourismusverein
I-39033 Corvara
T 04 71 83 61 76 • F 04 71 83 65 40
E-Mail: corvara@altabadia.org
http://www.altabadia.org
Alles über die Ferienregion S. 528.

Hotels ★★★★
Hotel & Dependance Cappella   T 04 71 83 61 83   F 04 71 83 65 61
Hotel Kolfuschgerhof   T 04 71 83 61 88   F 04 71 83 63 51
Romantik Hotel La Perla   T 04 71 83 10 00   F 04 71 83 65 68
Sporthotel Panorama   T 04 71 83 60 83   F 04 71 83 64 49
Hotel Posta Zirm   T 04 71 83 61 75   F 04 71 83 65 80
Hotel Sassongher & Dep. Chalet Cristina   T 04 71 83 60 85   F 04 71 83 65 42

Hotels ★★★
Hotel Arkadia   T 04 71 83 60 43   F 04 71 83 67 43
Hotel Arlara   T 04 71 83 61 46   F 04 71 83 65 37
Hotel Bel Sit   T 04 71 83 60 01   F 04 71 83 65 86
Hotel Col Alto   T 04 71 83 60 09, 04 71 83 11 00   F 04 71 83 60 66
Hotel Costes   T 04 71 83 62 20   F 04 71 83 66 05
Hotel Greif   T 04 71 83 61 01   F 04 71 83 61 02
Hotel Italia   T 04 71 83 61 82   F 04 71 83 65 75
Hotel La Plaza   T 04 71 83 60 11   F 04 71 83 66 44
Hotel La Tambra   T 04 71 83 62 81   F 04 71 83 66 46
Hotel Marmolada   T 04 71 83 61 39   F 04 71 83 65 58
Hotel Planac   T 04 71 83 62 10   F 04 71 83 65 98
Hotel Tablé   T 04 71 83 61 44   F 04 71 83 63 13
Hotel Villa Eden   T 04 71 83 60 41   F 04 71 83 64 89

Pensionen ★★★★
Appartement Miramonti   T 04 71 83 60 30   F 04 71 83 66 15

Pensionen ★★★
Gasthof Alisander   T 04 71 83 60 55   F 04 71 83 66 86
Pension Chalet Madrisa   T 04 71 83 60 42   F 04 71 83 63 00
Pension garni Ciasa de Munt   T 04 71 83 62 13   F 04 71 83 67 39
Pension La Scalira   T 04 71 83 63 93   F 04 71 83 66 12
Gasthof Ladinia   T 04 71 83 60 10   F 04 71 83 66 29
Pension Mirandola   T 04 71 83 60 68   F 04 71 83 28 28
Gasthof Royal & Dep. Maso - Weber - Hof   T 04 71 83 62 31   F 04 71 83 66 59
Gasthof Veneranda   T 04 71 83 61 27   F 04 71 83 66 58
Pension Villa Tony   T 04 71 83 61 93   F 04 71 83 62 34

Courmayeur

Azienda di Informatione e Accoglienza Turistica Monte Bianco
I-11013 Courmayeur
T 01 65 84 20 60 • F 01 65 84 20 72
E-Mail: aiat.montebianco@psw.it
http://www.courmayeur.net
Alles über die Ferienregion S. 568.

Hotels ★★★★
Hotel Les Jumeaux   T 01 65 84 67 96   F 01 65 84 41 22
Hotel Palace Bron   T 01 65 84 67 42   F 01 65 84 40 15
Hotel Pavillon   T 01 65 84 61 20   F 01 65 84 61 22
Hotel Royal & Golf   T 01 65 83 16 11   F 01 65 84 20 93

Hotels ★★★
Hotel Bouton d'Or   T 01 65 84 67 29   F 01 65 84 21 52
Hotel Centrale   T 01 65 84 66 44   F 01 65 84 64 03
Hotel Courmayeur   T 01 65 84 67 32   F 01 65 84 51 25 ▷

Hotel Crampon   T 01 65 84 23 85   F 01 65 84 14 17
Hotel Cresta et Duc   T 01 65 84 25 85   F 01 65 84 25 91
Hotel Cristallo   T 01 65 84 66 66   F 01 65 84 63 27
Hotel Croux   T 01 65 84 67 35   F 01 65 84 51 80
Hotel Del Viale   T 01 65 84 67 12   F 01 65 84 45 13

Daiano

Azienda di Promozione Turistica Val di Fiemme
I-38033 Cavalese
T 04 62 24 11 11 • F 04 62 24 11 99
E-Mail: info@valdifiemme.info
http://www.valfiemme.net
Alles über die Ferienregion S. 548.

Hotels ★★★
Hotel Maso Ganzaie   T 04 62 34 18 11   F 04 62 39 99 73

Deutschnofen/Nova Ponente

Tourismusverein Eggental
I-39050 Deutschnofen/Nova Ponente
T 04 71 61 65 67 • F 04 71 61 67 27
E-Mail: info@eggental.com
http://www.eggental.com
Alles über die Ferienregion S. 524.

Hotels ★★★★
Hotel Erica   T 04 71 61 65 17   F 04 71 61 65 16
Hotel Ganischgerhof   T 04 71 61 65 04   F 04 71 61 64 44
Hotel Pfösl   T 04 71 61 65 37   F 04 71 61 67 60

Hotels ★★★
Hotel Obkircher   T 04 71 61 65 42   F 04 71 61 65 42
Hotel Rauth   T 04 71 61 57 23   F 04 71 61 58 67
Hotel Regglbergerhof   T 04 71 61 64 91   F 04 71 61 67 53
Hotel Schönwald/Belbosco   T 04 71 61 65 04   F 04 71 61 64 44
Hotel Stern   T 04 71 61 65 18   F 04 71 61 67 66

Hotels ★★
Hotel Bewallerhof   T 04 71 61 57 29   F 04 71 61 58 40
Residence Wiesenhof   T 04 71 61 65 01   F 04 71 61 62 11

Dimaro

Ufficio Informazioni Turistiche
I-38025 Dimaro
T 04 63 79 63 06 • F 04 63 79 63 06
E-Mail: info@marilleva.it
http://www.marilleva.it
Alles über die Ferienregion S. 538.

Hotels ★★★★
Hotel Holiday Inn   T 04 63 97 33 30   F 04 63 97 42 87

Hotels ★★★
Hotel Dimaro   T 04 63 97 43 75   F 04 63 97 32 04
Hotel Job   T 04 63 97 41 96   F 04 63 97 31 44
Hotel Serena   T 04 63 97 49 74   F 04 63 97 32 63

Eggen/San Nicolò d'Ega

Tourismusverein Eggental
I-39050 Deutschnofen
T 04 71 61 65 67 • F 04 71 61 67 27
E-Mail: info@eggental.com
http://www.eggental.com
Alles über die Ferienregion S. 524.

Hotels ★★★
Hotel Mondschein   T 04 71 61 01 23   F 04 71 61 02 94
Hotel Oberlehenhof   T 04 71 61 57 44   F 04 71 61 58 01

Hotels ★★
Garni Villa Gottfried   T 04 71 61 57 19   F 04 71 61 57 19 ▷

Pensionen ★★★
Gasthof Gasserhof   T 04 71 61 58 82   F 04 71 61 81 35

Eggental/Val d'Ega

Hoteleinträge siehe unter Birchabruck, Eggen und Obereggen.

Eisacktal

Hoteleinträge siehe unter Brixen, Meransen, Mühlbach, Ratschings, St. Andrä und Vals.
Hotelanzeigen siehe S. 727.

Eppan

Tourismusverein
I-39057 Eppan
T 04 71 66 22 06 • F 04 71 66 35 46
E-Mail: info@eppan
http://www.eppan.net
Alles über die Ferienregion S. 492.
Hotelanzeigen siehe S. 725.

Hotels ★★★★★
Hotel Weinegg   T 04 71 66 25 11   F 04 71 66 31 51
http://www.weinstrassenhotels.com
🛏72

Hotels ★★★★
Hotel Girlanerhof   T 04 71 66 24 42   F 04 71 66 12 59
Gartenhotel Moser am See   T 04 71 66 20 95   F 04 71 66 10 75
E-Mail: info@gartenhotelmoser.com
http://www.gartenhotelmoser.com
🛏74
8 km · 0,3 km · 28 km
3 km · 0,3 km

Hotel Schloss Korb   T 04 71 63 60 00   F 04 71 63 60 33
Hotel Sparer   T 04 71 66 40 61   F 04 71 66 40 61
Hotel Spitaler   T 04 71 63 32 27   F 04 71 63 30 03
Hotel Stroblhof   T 04 71 66 22 50   F 04 71 66 36 44
Hotel Waldhof   T 04 71 66 24 41   F 04 71 66 47 15

Hotels ★★★
Hotel Ansitz Angerburg   T 04 71 66 21 07   F 04 71 66 09 93
Hotel Ansitz Tschindlhof   T 04 71 66 22 25   F 04 71 66 36 49
Hotel Christhof   T 04 71 66 23 49   F 04 71 66 09 71
Residence-Hotel Eppanerhof   T 04 71 66 21 56   F 04 71 66 03 33
E-Mail: info@eppanerhof.com
http://www.eppanerhof.com
Hotel Frangart   T 04 71 63 31 77   F 04 71 63 00 36
Hotel Lambrechtshof   T 04 71 66 22 80   F 04 71 66 09 50
Hotel Linger   T 04 71 66 30 16   F 04 71 67 39 66
Hotel Mandelhof   T 04 71 66 24 77   F 04 71 66 29 38
Hotel RunggHof   T 04 71 66 15 00
Hotel Sigmundskron   T 04 71 63 32 05   F 04 71 63 31 07
Hotel St. Justina Hof   T 04 71 66 33 17   F 04 71 66 33 77
Hotel Steinegger   T 04 71 66 22 48   F 04 71 66 05 17
E-Mail: info@steinegger.it
http://www.steinegger.it
Hotel Unterrain   T 04 71 63 33 96   F 04 71 63 33 95
Hotel Weinberg   T 04 71 66 23 26   F 04 71 66 03 41
Hotel garni Weingarten   T 04 71 66 22 99   F 04 71 66 11 66

Pensionen ★★★
Pension Alexandres   T 04 71 66 02 70   F 04 71 66 09 18

728

FASSATAL

Hotel Andes
www.hotelandes.com
Komfortables 3-Sterne-Hotel im Dorfzentrum, in ruhiger und sonniger Lage – nur 50 m zur Seilbahn »Rosengarten«
Piazza Europa · I-38039 Vigo di Fassa
Tel. 00 39/04 62/76 45 75 · Fax 76 45 98
E-Mail: info@hotelandes.com

www.costabella.it - info@costabella.it

Villa Lastè
www.residencelaste.it
Ferienappartements mit Elegánce – in ruhiger, sonniger Lage! Massagedusche, Whirlpoolwanne, Balkon, Garage, Liegewiese, Spielplatz. Hallenbad, Sauna, Fitness im Nebengebäude.
I-38035 Moena-Fassatal
Tel. +39/04 62/57 34 71 · Fax 57 43 74 · villalaste@aliceposta.it

Hotel*** Catinaccio ROSENGARTEN
www.hotelcr.com
DAS herzlich und familiär geführte ***-Hotel im Herzen der DOLOMITEN! Abschalten, entspannen und genießen Sie sich wie daheim!
Fam. Jellici-Volcan · I-38035 Moena (TN)
Tel. 00 39/04 62/57 32 35 · Fax 57 44 74
E-Mail: HotRosenCat@yahoo.com

Fai della Paganella

Azienda Promozione Turistica
I-38010 Fai della Paganella
T 04 61 58 31 30 · F 04 61 58 34 10
E-Mail: info@aptdolomitipaganella.com
http://www.aptfaidellapaganella.com
Alles über die Ferienregion S. 542.

Hotels ★★★
Hotel Arcobaleno   T 04 61 58 33 06   F 04 61 58 35 35
Hotel Belvedere   T 04 61 58 31 85   F 04 61 58 30 02
Hotel Dolomiti   T 04 61 58 33 11   F 04 61 58 12 98
Sporthotel Panorama T 04 61 58 31 34, 04 61 58 33 34
  F 04 61 58 32 34
Hotel Santellina   T 04 61 58 31 20   F 04 61 58 30 11

Falcade

Consorzio Turistico Val Biois
I-32020 Falcade
T 04 37 59 90 68 · F 04 37 59 90 75
E-Mail: info@falcadedolomiti.it
http://www.falcadedolomiti.it

Hotels ★★★★
Hotel Molino   T 04 37 59 90 70   F 04 37 59 95 80

Hotels ★★★
Hotel Arnica   T 04 37 59 95 23   F 04 37 59 97 30
Hotel Belvedere   T 04 37 59 90 21   F 04 37 59 90 81
Hotel Focobon   T 04 37 59 92 43   F 04 37 59 97 58
Hotel San Giusto   T 04 37 50 73 11   F 04 37 50 73 04
Hotel Stella Alpina T 04 37 59 90 46   F 04 37 59 90 48
Hotel Val Gares   T 04 37 50 12 38   F 04 37 59 07 66

Fassatal/Val di Fassa

Hoteleinträge siehe unter Alba di Canazei, Campitello, Canazei, Falcade, Karerpass, Mazzin, Moèna, Pozza, Soraga und Vigo.

Fleimstal/Val di Fiemme

Hoteleinträge siehe unter Cavalese, Castello di Fiemme, Daiano, Predazzo und Tesero.

Folgárida

Ufficio informazioni di Folgárida
I-38025 Folgárida
T 04 63 98 61 13 · F 04 63 98 65 94
E-Mail: info@valdisole.net
E-Mail: folgarida@valdisole.net
http://www.valdisole.net
Alles über die Ferienregion S. 538.

Hotels ★★★
Hotel Alaska   T 04 63 98 62 96   F 04 63 98 63 18
Hotel Anna Maria   T 04 63 98 61 00   F 04 63 97 42 15
Hotel Della Torre   T 04 63 98 62 13   F 04 63 98 64 21
Hotel Folgarida   T 04 63 98 61 04   F 04 63 98 61 04
Hotel Gran Baita   T 04 63 98 62 61   F 04 63 98 61 53
Hotel Luna   T 04 63 98 63 05   F 04 63 98 63 45
Hotel Renzi   T 04 63 98 61 21   F 04 63 98 65 65
Hotel Sun Valley   T 04 63 98 62 08   F 04 63 98 62 04
Hotel Vecchia America T 04 63 97 43 75
  F 04 63 97 32 04

Freienfeld/Campo di Trens

Tourismusverein Wipptal - Sterzing
I-39049 Sterzing
T 04 72 76 53 25 · F 04 72 76 54 41
E-Mail: info@infosterzing.it
http://www.infosterzing.it
Alles über die Ferienregion S. 496.

Hotels ★★★★
Romantik Hotel Stafler   T 04 72 77 11 36
  F 04 72 77 10 94

Hotels ★★★
Hotel Alte Post   T 04 72 64 71 24   F 04 72 64 70 93
Hotel Wieser   T 04 72 64 71 16   F 04 72 64 75 00

Hotels ★★
Gasthof Larch   T 04 72 64 71 07   F 04 72 64 72 45

Pensionen ★★★
Gasthof Lener   T 04 72 64 71 33   F 04 72 64 71 33

Die Qualität der Hotelbetriebe steigt mit der Anzahl der Sterne.

HOTELFÜHRER ITALIEN

Gais i. P./Gais di Val P.

Tourismusverein Gais-Uttenheim
I-39030 Gais i. P./Gais di Val P.
T 04 74 50 42 20 • **F 04 74 50 40 31**
E-Mail: info@gais-uttenheim.com
E-Mail: info@kronplatz.com
http://www.kronplatz.com

Alles über die Ferienregion S. 508.
Hotelanzeigen siehe S. 732.

Hotels ★★★
Hotel Burgfrieden   T 04 74 50 41 17   F 04 74 50 44 62
  E-Mail: hotel.burgfrieden@rolmail.net
  http://www.hotel-burgfrieden.com

Gossensass/Colle Isarco

Tourismusverein
I-39040 Gossensass/Colle Isarco
T 04 72 63 23 72 • **F 04 72 63 25 80**
E-Mail: info@gossensass.org
http://www.gossensass.org

Alles über die Ferienregion S. 496.

Hotels ★★★
Hotel Argentum   T 04 72 77 00 83   F 04 72 77 00 27
Hotel Erna   T 04 72 63 23 07   F 04 72 63 21 83
Hotel-Pension Feuerstein   T 04 72 77 01 26
  F 04 72 77 01 20
Hotel Gudrun   T 04 72 63 23 18   F 04 72 63 21 06
Hotel Panorama   T 04 72 77 00 10   F 04 72 77 00 41
Sporthotel   T 04 72 63 24 50   F 04 72 63 20 92

Pensionen ★★★
Pension Alpenhof   T 04 72 63 23 46   F 04 72 63 23 37

Graun/Curon

Tourismusverein Vinschgauer Oberland
I-39020 Graun/Curon
T 04 73 63 31 01 • **F 04 73 63 31 40**
E-Mail: info@reschenpass-suedtirol.it
http://www.reschenpass-suedtirol.it

Alles über die Ferienregion S. 476.

Hotels ★★★
Hotel Traube-Post   T 04 73 63 31 31   F 04 73 63 33 99

Pensionen ★★★
Gasthof Alpenfriede   T 04 73 63 30 91   F 04 73 63 30 97

Pensionen ★★
Pension Goldener Adler   T 04 73 63 31 30
  F 04 73 63 31 30
Pension Theiner   T 04 73 63 32 31   F 04 73 63 23 12

Gröden/Val Gardena

Hoteleinträge siehe unter St. Christina, St. Ulrich und Wolkenstein.

Telefonieren nach Italien
0039 + vollständige
Teilnehmernummer

Gsies - St. M./Casies - S. M.

Tourismusverein Gsieser Tal
I-39030 Gsies - St. M./Casies - S. M.
T 04 74 97 84 36 • **F 04 74 97 82 26**
E-Mail: info@kronplatz.com
E-Mail: tv.gsies@dnet.it
http://www.kronplatz.com
http://www.hallo.com

Alles über die Ferienregion S. 508.

Hotels ★★★★
Hotel Quelle   T 04 74 94 81 11   F 04 74 94 80 91

Hotels ★★★
Hotel Gschwendt   T 04 74 74 60 02   F 04 74 74 70 14
Sporthotel St. Martin   T 04 74 97 84 02   F 04 74 97 82 21
Hotel Stoll   T 04 74 74 69 16   F 04 74 74 68 77

Hafling/Avelengo

Tourismusverein Hafling-Vöran-Meran 2000
I-39010 Hafling/Avelengo
T 04 73 27 94 57 • **F 04 73 27 95 40**
E-Mail: info@hafling.com
http://www.hafling.com

Alles über die Ferienregion S. 484.

Hotels ★★★★
Hotel Hirzer   T 04 73 27 93 06   F 04 73 27 95 44

Hotels ★★★
Hotel-Gasthof Falzleben   T 04 73 27 94 23
  F 04 73 27 95 19
Hotel Mesnerwirt   T 04 73 27 94 93   F 04 73 27 95 30
Appartement-Hotel Residence Miramonti
  T 04 73 27 93 35   F 04 73 27 93 37
Hotel Salten   T 04 73 27 93 03   F 04 73 37 85 84
Hotel Viertlerhof   T 04 73 27 94 28   F 04 73 27 94 46
Sporthotel Viktoria   T 04 73 27 94 22   F 04 73 27 95 22

Hochpustertal

Hoteleinträge siehe unter Innichen, Niederdorf, Prags, Sexten und Toblach.

Innichen/San Candido

Tourismusverein
I-39038 Innichen/San Candido
T 04 74 91 31 49 • **F 04 74 91 36 77**
E-Mail: info@innichen.it
http://www.innichen.it

Alles über die Ferienregion S. 512.

Hotels ★★★★
Hotel Grauer Bär   T 04 74 91 31 15   F 04 74 91 41 82
Hotel Panorama Leitlhof   T 04 74 91 34 40
  F 04 74 91 43 00
Hotel Post/Posta   T 04 74 91 31 33   F 04 74 91 36 35
Parkhotel Sonnenparadies/Sole Paradiso
  T 04 74 91 31 20   F 04 74 91 31 93

Hotels ★★★
Hotel Almhof   T 04 74 96 67 55   F 04 74 96 67 86
Hotel Baranci   T 04 74 91 33 85   F 04 74 91 30 51
Hotel Brandl   T 04 74 91 31 93   F 04 74 91 31 71
Hotel Floralp   T 04 74 91 00 61   F 04 74 91 00 75
Hotel Helmhotel   T 04 74 91 00 42   F 04 74 91 00 64
Hotel Innichen   T 04 74 91 31 02   F 04 74 91 32 96
Hotel garni Letizia   T 04 74 91 31 90   F 04 74 91 33 72
Hotel Löwe   T 04 74 91 00 70   F 04 74 91 27 31
Hotel Rainer   T 04 74 96 67 24   F 04 74 96 66 88
Sporthotel Tyrol   T 04 74 91 31 98   F 04 74 91 35 93

Kalch/Calice

Tourismusverein
I-39040 Ratschings
T 04 72 75 66 66 • **F 04 72 75 68 89**
E-Mail: info@ratschings.org
http://www.ratschings.org

Alles über die Ferienregion S. 496.

Hotels ★★★
Sporthotel Kalcherhof   T 04 72 75 66 15   F 04 72 75 63 30

Kaltern am See/Caldaro al Lago

Tourismusverein
I-39052 Kaltern am See
T 04 71 96 31 69 • **F 04 71 96 34 69**

Alles über die Ferienregion S. 492.
Hotelanzeigen siehe S. 725.

Hotels ★★★★☆
Hotel Seeleiten   T 04 71 96 02 00   F 04 71 96 00 64
  http://www.weinstrassenhotels.com

Hotels ★★★★
Hotel Ährental   T 04 71 96 22 22   F 04 71 96 59 41
Hotel Am See   T 04 71 96 00 00   F 04 71 96 02 06
Hotel Katheinerhof   T 04 71 96 80 00   F 04 71 96 31 45

Hotels ★★★
Hotel Andergassen   T 04 71 66 90 36   F 04 71 66 91 10
Hotel Garnellenhof   T 04 71 66 90 11   F 04 71 66 90 79
Hotel Goldener Stern   T 04 71 96 31 53   F 04 71 96 42 32
Hotel Haus am Hang   T 04 71 96 00 86   F 04 71 96 00 12
Hotel Kalterer Hof   T 04 71 63 21 24   F 04 71 63 22 90
Hotel Panigl   T 04 71 96 80 00   F 04 71 96 31 45
Hotel Remichhof   T 04 71 96 01 44   F 04 71 96 00 11
Hotel Römerrast   T 04 71 66 90 97   F 04 71 66 91 21
Hotel Seeberg   T 04 71 96 00 38   F 04 71 96 00 66
Hotel Seegarten   T 04 71 96 02 60   F 04 71 96 00 66
Hotel Seehof Ambach   T 04 71 96 00 98   F 04 71 96 00 99
Hotel Thalhof am See   T 04 71 96 01 63   F 04 71 96 00 01
Hotel Weingarten   T 04 71 96 33 87   F 04 71 96 43 32

Pensionen ★★★
Pension Christl   T 04 71 96 31 73   F 04 71 96 44 21
Pension Panorama   T 04 71 96 32 05   F 04 71 96 48 71
Pension Tannhof   T 04 71 66 90 77   F 04 71 66 91 90

Karerpass/P.d. Costalunga

Informazioni Turistiche Vigo di Fassa
I-38039 Vigo di Fassa
T 04 62 76 40 93 • **F 04 62 76 48 77**
E-Mail: infovigo@fassa.com
http://www.fassa.com

Alles über die Ferienregion S. 524/544.

Hotels ★★★
Hotel Savoy   T 04 71 61 21 24   F 04 71 61 21 32

Karersee/Carezza

Tourismusverein Welschnofen-Karersee
I-39056 Welschnofen
T 04 71 61 31 26 • **F 04 71 61 33 60**
E-Mail: info@welschnofen.com
http://www.karersee.com

Alles über die Ferienregion S. 524.

Hotels ★★★
Sporthotel Alpenrose   T 04 71 61 21 39   F 04 71 61 23 36

Pensionen ★★★
Aparthotel Residence Chris   T 04 71 61 21 59
  F 04 71 61 21 89

HOTELFÜHRER ITALIEN

www.wiesenhof.it
I-39040 Kastelruth / Reissnerstr. 5
Tel. +39 0471 706325
Fax. +39 0471 707176
info@wiesenhof.it
Berghotel Wiesenhof

ICARO HOTEL RESTAURANT ★★★
Ein Geheimtipp: Neu gestaltetes Traditionshotel im Herzen der Seiser Alm im Naturpark Schlern/Dolomiten. Einzigartig das Panorama, idyllisch die Lage, interessant, komfortabel und vielfältig das Angebot.

SÜDTIROL ALTO ADIGE · Hotel Icaro*** · I-39040 Seiser Alm · Piz 18.1 · Tel +39 0471 729900 · Fax +39 0471 729999
info@hotelicaro.com · www.hotelicaro.com
DOLOMITI SUPERSKI

Karneid/Cornedo

Tourismusbüro Karneid-Steinegg
I-39050 Karneid/Cornedo
T 0471 37 65 74 · F 0471 37 65 74
Alles über die Ferienregion S. 524.

Pensionen ★★
Gasthof Zur Sonne   T 0471 36 52 18

Kastelruth/Castelrotto

Tourismusverein Kastelruth
I-39040 Kastelruth/Castelrotto
T 0471 70 63 33 · F 0471 70 51 88
E-Mail: info@kastelruth.com
http://www.kastelruth.com
Alles über die Ferienregion S. 520.

Hotels ★★★★
Hotel Alpenflora   T 0471 70 63 26   F 0471 70 71 73
Hotel Goldenes Rössl   T 0471 70 63 37   F 0471 70 71 72
Posthotel Lamm   T 0471 70 63 43   F 0471 70 70 63
Hotel-Restaurant Tianes   T 0471 70 00 97
   F 0471 70 00 17

Hotels ★★★
Hotel Alpenroyal   T 0471 70 63 50   F 0471 70 72 72
Aparthotel Kastel Seiser Alm   T 0471 70 61 21
   F 0471 70 65 91
Hotel-Pension Kastelruth   T 0471 70 63 08
   F 0471 70 73 54
Hotel Madonna   T 0471 70 61 94   F 0471 70 53 63
Hotel Malfertheiner Hof   T 0471 70 76 20
   F 0471 70 76 22
Hotel Martina   T 0471 70 63 61   F 0471 70 62 44
Hotel Mayr   T 0471 70 63 09   F 0471 70 73 60
Hotel Ortler   T 0471 70 64 22   F 0471 70 64 22
Hotel Oswald von Wolkenstein   T 0471 70 66 39
   F 0471 70 72 85
Hotel Panider Sattel   T 0471 70 00 09   F 0471 70 00 39
Hotel Roßlaufhof   T 0471 70 66 16   F 0471 70 73 55
Hotel garni Savoy   T 0471 70 67 07   F 0471 70 68 49
Hotel Scherlin   T 0471 70 00 43   F 0471 70 00 48 ▷

Hotel-Garni Silbernagl   T 0471 70 66 99
   F 0471 71 00 04
Hotel Solaia   T 0471 70 64 44   F 0471 70 73 30
Hotel Sonnenhof   T 0471 70 63 76   F 0471 70 70 15
Hotel Tyrol   T 0471 70 63 97   F 0471 70 71 71
Hotel Valentinerhof   T 0471 70 62 70   F 0471 70 65 88
Hotel Wiesenhof   T 0471 70 63 25   F 0471 70 71 76
   E-Mail: info@wiesenhof.it
   http://www.wiesenhof.it
   ⌘45 ... 3 km
   6 km ... 1 km VISA Maestro
Hotel-Restaurant Zum Turm   T 0471 70 63 49
   F 0471 70 72 68
Hotel Zum Wolf   T 0471 70 63 32   F 0471 70 70 30

Pensionen ★★★
Cafe-Garni Doris   T 0471 70 63 40   F 0471 70 73 70
Pension Plunger   T 0471 70 64 21   F 0471 70 68 86

Pensionen ★★
Pension garni Lantschner   T 0471 70 60 25
   F 0471 70 60 25
Gasthof Toni   T 0471 70 63 06   F 0471 70 63 06
Pension garni Vroni   T 0471 70 65 13   F 0471 70 46 58

Kematen/Caminata

Ferienregion Tauferer Ahrntal
I-39030 Steinhaus/Ahrntal
T 0474 65 20 81 · F 0474 65 20 82
E-Mail: tauferer@ahrntal.com
E-Mail: info@tures-aurina.com
http://www.tauferer.ahrntal.com
http://www.tures-aurina.com
Alles über die Ferienregion S. 496.

Hotels ★★★
Hotel Mair   T 0474 67 82 16   F 0474 67 88 18

Pensionen ★★
Pension Alpengruss   T 0474 67 83 37   F 0474 67 83 37
Pension Brugghof/Erlhof   T 047 42 61 16 12
   F 0474 68 68 65
Pension Moarhof   T 0474 67 81 93   F 0474 68 66 40

Kiens/Chienes

Tourismusverein Kiens
I-39030 Kiens/Chienes
T 0474 56 52 45 · F 0474 56 56 11
E-Mail: info@kiens.com
E-Mail: info@kronplatz.com
http://www.kiens.com
http://www.suedtirol.info
Alles über die Ferienregion S. 508.
Hotelanzeigen siehe S. 732.

Hotels ★★★★
Hotel Lido Ehrenburgerhof   T 0474 56 53 47
   F 0474 56 56 47

Hotels ★★★
Hotel Gisser   T 0474 56 96 05   F 0474 56 96 57
Hotel Kronblick   T 0474 56 55 20   F 0474 56 56 79
Hotel Leitgamhof   T 0474 56 53 34   F 0474 56 41 52
Hotel Panorama   T 0474 56 52 38   F 0474 56 16 19
Hotel-Residence Pustertalerhof   T 0474 56 52 30
   F 0474 56 57 11
Hotel Rastbichler   T 0474 56 95 63   F 0474 56 96 28
Hotel Sigmunderhof   T 0474 56 95 53   F 0474 56 96 65
   E-Mail: hotel@sigmunderhof.com
   http://www.sigmunderhof.com
   ⌘60 ... 14 km ... 4 km
   14 km ... 12 km ... 5 km AMEX VISA Maestro
Hotel Waldruhe   T 047 45 65 24   F 0474 56 41 64
Hotel Zur Post   T 0474 56 53 18   F 0474 56 52 77

Klausen/Chiusa

Tourismusverein Klausen
I-39043 Klausen
T 0472 84 74 24 · F 0472 84 72 44
E-Mail: info@klausen.it
Alles über die Ferienregion S. 500.

Hotels ★★★
Hotel Der Rierhof   T 0472 84 74 54   F 0472 84 61 37
Hotel Gnollhof   T 0472 84 73 23   F 0472 84 73 66
Gasthof Klostersepp   T 0472 84 75 50   F 0472 84 72 66
Hotel Zur Sonne   T 0472 84 74 07   F 0472 84 62 41

Pensionen ★★★
Pension Bischofhof   T 0472 84 74 48   F 0472 84 71 72

Die Angaben über die Klassifizierung der Unterkünfte wurden den offiziellen Verzeichnissen der zuständigen Tourismusverbände entnommen. Für die Richtigkeit der Informationen übernehmen wir keine Gewähr.

KRONPLATZ

Pension Martha
www.pension-martha.com
Fam. Eisath/Kreutzer
Harrasserstr. 11 · I-39031 Reischach/Bruneck
Tel. +39/0474/41 09 02 · Fax 41 47 61
E-Mail: pension.martha@virgilio.it

Schwefelbad & Hotel Bad Bergfall
www.badbergfall.com
Baden wie einst Römer, Ritter und Fürsten.
Sehr ruhige Lage – mitten in der Natur!
Fam. Pörnbacher · I-39030 Olang/Geiselsberg
Tel. 0039/04 74/59 20 84 · Fax 59 21 50
E-Mail: info@badbergfall.com

Hotel Olaga
Behaglich, familiär geführtes Hotel im Ortskern von Olang, idealer Ausgangspunkt für viele Ausflüge in die umliegende Bergwelt! Wohnlich ausgestattet. Zimmer - Whirlpool - Dampfbad - Sauna - Ruheraum! Frühstücks- und Salatbuffet, Menüwahl.
...stets um Ihr Wohl bemüht!
Familie Kofler · Peter-Sigmayr-Platz 16A
I-39030 Olang · Tel. +39/0474/49 61 41 · Fax 49 82 86
e-mail: hotel@olaga.it · www.olaga.it

Hotel Olympia
Fam. Huber
I-39031 Reischach/Bruneck
Tel. 0039-0474-41 09 24
Fax 0039-0474-41 04 17
E-Mail: info@hotelolympia.net
www.hotelolympia.net

Hotel Reipertingerhof
Unser familiär geführtes Haus bietet Ihnen:
79 Betten, DU, WC, Balkon, TV, Safe, Telefon, Hallenbad, Whirlpool, Dampfbad, Sauna, Massage, Solarium, Spielraum, Garage
„Geheimtipp für Motorradfahrer - Chef fährt mit seinen Gästen"
Ideales Gebiet für:
Paragliding, Mountainbike, Golf, Reiten, Wandern, Tennis
Fam. Unterpertinger
KRONPLATZ PLAN DE CORONES
Reiperting 3a · I-39031 Reischach/Bruneck · Tel. +39 0474 548452 · Fax +39 0474 548332
info@reipertingerhof.com · www.reipertingerhof.com

Hotel Bad Waldbrunn
Hotel Bad Waldbrunn - Familie Nagele
Schießstandweg 7 · I-39035 Welsberg/Südtirol
Tel. +39 0474944177 - Fax +39 0474944229 · www.hotelbadwaldbrunn.com

Pfalzen Falzes
KRONPLATZ PLAN DE CORONES
Herzlich Willkommen in Pfalzen!
Egal ob Ruhe Erholung oder Spaß und Action, in unserem Urlaubsgebiet gibt es für Sie bestimmt das Richtige.
Entdecken Sie die Romantik der mittelalterlichen Gassen und tauchen Sie ein in die bewegte Vergangenheit; Erleben sie Natur pur, durch ausgedehnte Ausflüge oder wandern Sie entlang der Pustertaler Sonnenstraße.
Tourismusverein Pfalzen · I-39030 Pfalzen
Tel. +39/0474/52 81 59 · Fax 52 84 13
E-Mail: info@pfalzen.net
www.pfalzen.info

Sigmunder Hof
www.sigmunderhof.com
St. Sigmund – der ideale Ausgangspunkt für alle Sommer- und Winterfreuden!
Fam. Radmüller
Pustertaler Straße 10
I-39030 St. Sigmund/Kiens
Tel. 0039/04 74/56 95 53 · Fax 56 96 65
E-Mail hotel@sigmunderhof.com

Hotel Burgfrieden
www.hotel-burgfrieden.com
Internat. Feuerwehrhelm-Museum
Hotel Burgfrieden***
Fam. Mairhofer · Schloss-Neuhaus-Str. 7 · I-39030 Gais
Tel. +39/04 74/50 41 17 · Fax +39/04 74/50 44 62
E-Mail: hotel.burgfrieden@rolmail.net

KRONPLATZ

Magic Mountain
Wandern & Wellness

Hubertus
Fam. Gasser · Furkelstraße 5 · I-39030 Olang/Geiselsberg · Südtirol
Tel. +39 0474 592 104 · Fax +39 0474 592 114 · www.hotel-hubertus.com · info@hotel-hubertus.com

---

Almhotel Lenz
www.almhotel-lenz.com
I-39030 Olang/Geiselsberg · Hinterbergstr. 3
Tel. 00 39/04 74/59 20 53 · Fax 59 21 73
E-Mail: info@almhotel-lenz.com

Urlaub auf dem Bauernhof
Neu eröffnet! SÜDTIROL
Ferienwohnungen für 2 bis 7 Pers.
Häuslerhof ✿✿✿
Fam. Laner · Prackenweg 1 · I-39030 Olang
Tel./Fax 0039/0474/59 20 34
info@baeuslerhof.it · www.baeuslerhof.it

Hotel Restaurant · Ristorante MESSNER WIRT ★★★

Ihr Zuhause für die schönsten Tage im Jahr!

Klein, aber fein, familiär geführtes Ferienhotel, familienfreundlich, im Herzen der Dolomiten. Idealer Ausgangspunkt für Wanderungen & Montainbike-Touren. Gemütliche Bauernstuben. Traditionsreiche Küche. Großer Gastgarten.
NEUE Saunalandschaft!
Spezialangebote im Frühjahr und Herbst

Olang · Südtirol · Tel. (0039) 0474 496 178
www.messnerwirt.com

www.apparthotel-jaegerhof.it
Genießen Sie Ihre Urlaubstage im komplett neu renovierten und gemütlichen Apparthotel mit Frühstücksbuffet!

APPARTHOTEL Jägerhof
Fam. Agstner Franz Josef · Hans-v.-Perthaler-Str. 7
I-39030 Olang · Tel. 00 39/04 74/49 61 18
Fax 49 69 85 · E-Mail: info@apparthotel-jaegerhof.it

---

www.baerenhotel.com

Bärenhotel Zum Arndtwirt

Vom wahrscheinlich gemütlichsten Familienhotel am Kronplatz, geht man direkt vom Bett auf über 100 km bestens markierte Wanderwege!
****Bärenhotel zum Arndtwirt · Familie Ladstätter · Furkelstr. 11 · I-39030 Olang – Südtirol
Tel. 00 39 – 04 74 – 59 20 01 · Fax 00 39 – 04 74 – 59 20 18 · E-Mail: info@baerenhotel.com

HOTELFÜHRER ITALIEN

Klobenstein/Collalbo

Tourismusverein Ritten
I-39054 Klobenstein/Collalbo
T 04 71 35 61 00 • **F 04 71 35 67 99**
E-Mail: inforitten@renon.com
http://www.ritten.com

Alles über die Ferienregion S. 492.

Hotels ★★★
Hotel Ansitz Kematen   T 04 71 35 63 56   F 04 71 35 63 63
Hotel Dolomiten   T 04 71 35 61 34   F 04 71 35 67 24
Hotel Piccolo   T 04 71 35 62 26   F 04 71 35 65 91
Hotel Schönblick   T 04 71 35 61 60   F 04 71 35 72 33
Sporthotel Spögler   T 04 71 35 62 11   F 04 71 35 61 43

Pensionen ★★★
Gasthof Amtmann   T 04 71 35 61 24   F 04 71 35 66 03
Waldgasthof Tann   T 04 71 35 62 64   F 04 71 35 27 80
Gasthof Zum Zirm   T 04 71 35 64 86   F 04 71 35 65 60

Pensionen ★★
Gasthof Wiesenheim   T 04 71 35 62 35   F 04 71 35 63 98

Kronplatz/Plan de Corones

Hoteleinträge siehe unter Antholz, Bruneck, Gsies-St. Martin, Kiens, Olang, Percha, Pfalzen, Pichl-Gsieser Tal, Rasen, St. Vigil, Taisten und Welsberg.
Hotelanzeigen siehe S. 732-733.

Lajen/Laion

Tourismusverein Lajen
I-39040 Lajen/Laion
T 04 71 65 56 33 • **F 04 71 65 55 66**
E-Mail: tourismusverein.lajen@rolmail.net
http://www.hallo.com

Alles über die Ferienregion S. 516.

Pensionen ★★★
Gasthof Überbacher   T 04 71 65 56 39   F 04 71 65 59 99

Pensionen ★★
Gasthof Andechserhof   T 04 71 65 56 94
   F 04 71 65 55 53
Gasthof Stern   T 04 71 65 41 65   F 04 71 65 46 03

Lana

Tourismusverband Meraner Land
I-39012 Meran
T 04 73 20 04 43 • **F 04 73 20 01 88**

Alles über die Ferienregion S. 484.
Hotelanzeigen siehe S. 736.

Hotels ★★★
Hotel Eichhof   T 04 73 56 11 55   F 04 73 56 37 10
   E-Mail: info@eichhof.net
   http://www.eichhof.net
   ⛨40 🐕 ⛴ 🏊 🔍 ⛷ ✈ 🛬 0,5 km
   🅿 3 km 🚴 🏇 2 km MC VISA MaestroTF

Weitere Hotels, noch nicht klassifiziert
Hotel Mondschein   T 04 73 55 27 00   F 04 73 55 27 27
   E-Mail: info@mondschein.it
   http://www.mondschein.it
   ⛨65 🐕 ⛴ 🏊 🔍 3 km 🚴 5 km ⛷
   ✈ 5 km AMEX DC MC VISA MaestroTF

Latemar

Hoteleinträge siehe unter Aldein, Birchabruck, Deutschnofen, Eggen, Karersee, Obereggen, Petersberg, Predazzo, Tiers und Welschnofen.

Latsch/Laces

Tourismusverein
I-39021 Latsch/Laces
T 04 73 62 31 09 • **F 04 73 62 20 42**
E-Mail: latsch@suedtirol.com
http://www.latsch.suedtirol.com

Alles über die Ferienregion S. 484.

Hotels ★★★★
Hotel Jagdhof   T 04 73 62 22 99   F 04 73 62 35 90
Hotel Paradies   T 04 73 62 22 25   F 04 73 62 22 28

Hotels ★★★
Hotel Adler   T 04 73 74 20 38   F 04 73 74 25 11
Hotel Goldrainerhof   T 04 73 74 20 42   F 04 73 74 24 55
Hotel-Restaurant Latscherhof   T 04 73 62 31 52
   F 04 73 62 20 17
Hotel Matillhof   T 04 73 62 34 44   F 04 73 62 33 76
Hotel Montani   T 04 73 74 21 55   F 04 73 74 24 68
Hotel Tappeiner   T 04 73 74 20 69   F 04 73 74 26 26

Pensionen ★★★
Pension Obermoosburg   T 04 73 74 22 03
   F 04 73 74 22 70

Limone Piemonte

Ufficio Informazioni Turistiche Commune di Limone
I-12015 Limone Piemonte
T 01 71 92 95 15 • **F 01 71 92 95 05**
E-Mail: iat@infopiemonte.it
http://www.limonepiemonte.it

Hotels ★★★
Hotel La Piazzetta   T 01 71 92 62 75   F 0 17 19 24 83
Hotel Le Ginestre   T 01 71 92 75 96   F 01 71 92 75 97
Hotel Principe   T 0 17 19 23 89   F 01 71 92 70 70

Livigno

Azienda di Promozione Turistica
I-23030 Livigno
T 03 42 99 63 79 • **F 03 42 99 68 81**
E-Mail: info@aptlivigno.it
http://www.aptlivigno.it

Hotels ★★★★
Hotel Concordia   T 03 42 99 01 00   F 03 42 99 03 00
Hotel Intermonti   T 03 42 97 21 00   F 03 42 97 22 00
Hotel Paré   T 03 42 99 62 63   F 03 42 99 74 35
Golf-Hotel Posta   T 03 42 97 02 63   F 03 42 99 74 35

Hotels ★★★
Hotel Adele   T 03 42 99 72 69   F 03 42 99 75 47
Hotel Alexander   T 03 42 99 65 50   F 03 42 99 73 94
Hotel Alpenrose   T 03 42 99 60 38   F 03 42 99 60 38
Hotel Alpina   T 03 42 99 60 07   F 03 42 99 63 50
Hotel Astra   T 03 42 99 74 28   F 03 42 99 73 36
Hotel Baita Montana   T 03 42 99 06 11   F 03 42 99 69 14
Hotel Bivio   T 03 42 99 61 37   F 03 42 99 76 21
Hotel Bucaneve   T 03 42 99 62 01   F 03 42 99 75 88
Hotel Europa   T 03 42 99 62 78   F 03 42 99 74 47
Hotel Galli   T 03 42 99 63 76   F 03 42 97 11 96
Hotel Krone   T 03 42 99 60 15   F 03 42 97 02 15
Hotel Lac Salin   T 03 42 99 61 66   F 03 42 99 69 14
Hotel Livigno   T 03 42 99 61 04   F 03 42 99 76 97
Hotel Loredana   T 03 42 99 63 30   F 03 42 99 65 98
Hotel Residence Margherita   T 03 42 99 61 53
   F 03 42 99 61 53
Hotel Palù   T 03 42 99 62 32   F 03 42 99 62 33
Hotel San Carlo   T 03 42 99 61 96   F 03 42 99 67 57
Hotel Sonne   T 03 42 99 64 33   F 03 42 97 04 99
Hotel Spöl   T 03 42 99 61 05   F 03 42 97 02 05
Sporthotel   T 03 42 97 93 00   F 03 42 97 93 43
Hotel Villa Erika   T 03 42 99 68 01   F 03 42 97 03 34

Luttach/Lutago

Ferienregion Tauferer-Ahrntal
I-39030 Steinhaus/Ahrntal
T 04 74 65 20 81 • **F 04 74 65 20 82**
E-Mail: tauferer@ahrntal.com
E-Mail: info@tures-aurina.com
http://www.tauferer.ahrntal.com
http://www.tures-aurina.com

Alles über die Ferienregion S. 504.

Hotels ★★★★
Hotel Schwarzenstein   T 04 74 67 41 00   F 04 74 67 44 44

Hotels ★★★
Hotel Ahrntaler Alpenhof   T 04 74 67 11 28
   F 04 74 67 17 55
Hotel Alpenblick   T 04 74 67 11 32   F 04 74 67 17 82
Hotel Post   T 04 74 67 01 17   F 04 74 67 09 41
Hotel Schwarzbachhof   T 04 74 67 12 15
   F 04 74 67 17 47

Hotels ★★
Apparthotel Almdiele   T 04 74 67 13 53   F 04 74 67 05 56

Pensionen ★★★
Pension & Residence Erlhof   T 04 74 67 12 21
   F 04 74 67 17 77

Macugnaga

Informazione Accoglienza Turistica
I-28876 Macugnaga
T 0 32 46 51 19 • **F 0 32 46 57 75**
E-Mail: sviva@libero.it
http://www.macugnaga-online.it

Hotels ★★★
Hotel Alpi   T 0 32 46 51 35   F 0 32 46 51 35
Hotel Cristallo   T 0 32 46 51 39   F 0 32 46 56 00
Hotel Dufour   T 0 32 46 55 29   F 0 32 46 55 29
Hotel Girasole   T 0 32 46 50 52   F 03 24 64 97 12
Hotel Nuovo Pecetto   T 0 32 46 50 25   F 0 32 46 58 91
Hotel Signal   T 0 32 46 51 42   F 0 32 46 58 85
Hotel Zumstein   T 0 32 46 51 18   F 0 32 46 54 90

Madonna di Campiglio

Azienda di Promozione Turistica
I-38084 Madonna di Campiglio
T 04 65 44 20 00 • **F 04 65 44 04 04**
E-Mail: info@campiglio.net
http://www.campiglio.net

Alles über die Ferienregion S. 538.

Hotels ★★★★
Hotel Bertelli   T 04 65 44 10 13   F 04 65 44 05 64
Hotel Carlo Magno Zeledria   T 04 65 44 10 10
   F 04 65 44 05 50
Hotel Cerana   T 04 65 44 05 52   F 04 65 44 05 87
Hotel Cristallo   T 04 65 44 11 32   F 04 65 44 06 87
Hotel garni Cristiania   T 04 65 44 14 70   F 04 65 44 33 10
Hotel Dahu   T 04 65 44 02 42   F 04 65 44 33 10
Hotel Golf   T 04 65 44 10 03   F 04 65 44 02 94
Hotel Grifone   T 04 65 44 20 02   F 04 65 44 05 40
Hotel Ideal   T 04 65 44 10 16   F 04 65 44 08 33
Hotel Laura   T 04 65 44 12 46   F 04 65 44 15 76
Hotel Lorenzetti   T 04 65 44 14 04   F 04 65 44 06 88
Hotel Miramonti   T 04 65 44 10 21   F 04 65 44 04 10
Hotel Relais Club des Alpes   T 04 65 44 00 00
   F 04 65 44 01 86   ▷

Fortsetzung S. 738

Ultental . Deutschnonsberg
Val d'Ultimo . Alta Val di Non

Tourismusbüro Ultental
I-39016 St. Walburg
Tel. 0039 0473 795387
Fax 0039 0473 795049
info@ultental.it

www.ultental-deutschnonsberg.it

Auf den Spuren bäuerlicher Kultur

Geführte Wanderwochen von Mai bis Oktober.
Auf den Spuren bäuerlicher Kultur im Tal der uralten Bergbauernhöfe und 36 Hochalmen.

Haben Sie Lust auf 700 km Wanderwegen mit ehrlicher Neugier und respektvoller Behutsamkeit diesen ursprünglich gebliebenen Lebensraum zu entdecken?
Wir bieten Ihnen ein abwechslungsreiches Programm.

Meraner Land

Alle Wege führen in den »Himml«...

www.weiberhimml.it · info@weiberhimml.it
Idealer Ausgangspunkt für NordicWalking, Mountainbike...
Gratis MTB- + Stockverleih!

Hotel Weiberhimml***
Fam. Tumpfer · Bei der Talstation Schwemmalm
I-39016 St. Walburg/Ultental
Tel. +39/0473/79 60 53 · Fax 79 63 68

Im Grunde sind es doch die Verbindungen mit den Menschen, welche dem Leben seinen Wert geben.
Wilhelm von Humboldt

Hotel Unterpichl · Fam. Schwienbacher
I-39016 St. Walburg · Ultental
Tel. 0039/0473/79 54 79 · Fax 79 55 25
www.unterpichl.it · info@unterpichl.it

Auf dem Sonnenplateau über Meran können Sie Tradition spüren und Komfort genießen...

Restaurant - Hotel
Zum Löwen

Fam. Tammerle · I-39010 Mölten · Tel. 00 39/04 71/66 80 10
Fax 66 82 76 · info@zumloewen.com · www.zumloewen.com

www.waltershof.com

Erlebnishotel **Waltershof**
Fam. Holzner · 39010 Bergdorf St. Nikolaus/Ultental
Tel. +39/04 73/79 01 44 · Fax 79 03 87
E-Mail: waltershof@rolmail.net

www.hotel-paulus.com

»Mitten in Obst- und Weingärten bei über 300 Sonnentagen im Jahr«

HOTEL PAULUS*** Fam. Innerhofer
Raffeinweg 18 • I-39010 Tscherms/Meran • Tel.: +39/0473/562400
Fax: +39/0473/562282 • E-Mail: info@hotel-paulus.com

Meraner Land

www.mariatheresia.it
Maria Theresia
Romantisch, charmant, verspielt ...
Fam. Kuen · I-39022 Algund bei Meran
Tel. +39/0473/44 32 51 · Fax +39/0473/22 24 94 · E-Mail: mth@mariatheresia.it

Hotel Eichhof — www.eichhof.net
Verlockende Urlaubstage im freundlichen und familiär geführten *** Hotel. Das Haus mit ruhiger, klimatisch bevorzugter Villenlage garantiert Erholung pur!
*** Hotel Eichhof
Fam. Lösch, Aichweg 4
I-39011 Lana, Italien
Telefon: +39/0473/561155
Fax: 563710
E-Mail: info@eichhof.net

Hotel Mondschein Lana
persönlich, freundlich, individuell 
Fam. Egger
Gampenstraße 6 · I-39011 Lana/Meran
Tel. +39/0473/55 27 00 · Fax +39/0473/55 27 27
E-Mail: info@mondschein.it
www.mondschein.it

www.pension-brigitte.com 
Persönlich geführte Pension mit reichhaltigem Frühst.-Buffet in zentrumsnaher und doch ruhiger, sonniger Lage! Große Gartenanlage, Swimmingpool, überdachte Terrasse u.v.m. Der Golfplatz in Lana ist nur 3 km entfernt! Die tägl. zauberhaft kreierten Menüs zählen zu den absoluten Highlights!
HOTEL PENSION Brigitte *
Blumenstr. 12, I-39010 Tscherms, Tel. +39-0473-563411,
Fax 564902, E-Mail: info@pension-brigitte.com

Hotel Schönblick *** — www.schoenblick-hotel.it
Ein Haus für Genießer und Sonnenhungrige mit über 300 Sonnentagen im Jahr!
Fam. Rainer/Marsoner · Schlossweg 11 · I-39025 Naturns · Tel. +39/0473/667214 · Fax 666100 · E-Mail: info@schoenblick-hotel.it

---

Wanderparadies Meraner Land – an 315 Sonnentagen!
www.etschland.it

PARK HOTEL * VILLA ETSCHLAND**
Fam. Gurschler · Am Park 15 · I-39025 Plaus bei Meran
Tel. +39/0473/66 00 24
Fax +39/0473/66 01 64
E-Mail: info@etschland.it

Schenna
auf dem Sonnenhügel oberhalb von Meran (600 m)

www.schenna.com

Wandern & Genießen von März bis November
Wandern in allen Höhenlagen auf 225 km, 50 Hütten und Almen, 7 Lifte.

Lustwandeln
auf Waal- und Blütenwegen.

Urlaub mit Vorteilen
Top-Angebotswochen, SchennaCard, gratis Gästebus, Sonnenzug, Sonnenflug.

Tourismusbüro Schenna · I-39017 Schenna-Südtirol · Tel. +39/04 73/94 56 69
Fax +39/04 73/94 55 81 · info@schenna.com

Meraner Land

… die beste Art, die wertvollsten Tage des Jahres zu verbringen.

RESIDENCE Sonne

Ihr exklusives Ferienhaus inmitten herrlicher Obstgärten, mit unglaublich schönem Panorama auf das weite Etschtal und die Berge ringsum.

**APPARTMENTS:
GANZJÄHRIG GEÖFFNET**
Fam. Unterthurner
Goyenweg 12, I-39017 Schenna
Tel. +39 0473 49 71 00
Fax +39 0473 49 71 19
sonne@schenna.com
www.sonne.schenna.com

---

www.grafenstein.info
inkl. Benutzung der Badelandschaft im Hotel Gutenberg (5 Gehmin.)

Pension Grafenstein*
I-39017 Schenna oberh. Meran · Tel. +39/0473/945765
Fax 943633 · grafenstein@schenna.com

---

www.gruenwalderhof.com

Ankommen und sich wohlfühlen im herzlich geführten Familienhotel mitten in den Apfelplantagen!
Hotel Grünwalderhof *
Fam. Zöggeler · I-39017 Schenna b. Meran · Tel. +39/04 73/94 57 48 · Fax 94 58 55 · info@gruenwalderhof.com

---

www.sonnenparadies.schenna.com

Lassen Sie sich verführen vom mediterranen Klima Südtirols und genießen Sie die einmalige Lage am Südhang oberhalb von Meran im familiär geführten ***-Hotel Sonnenparadies! Erholung pur… in unserer herrlichen Gartenanlage, in den elegant eingerichteten Landhaus-Stil-Zimmern und Suiten! Entspannen Sie sich im Hallen- und Freibad, Sauna und Dampfbad, große Liegewiese und Sonnenterasse. Verwöhnung pur… mit köstlichen Spezialitäten aus Südtiroler und italienischer Küche.

Hotel Sonnenparadies *
Fam. Pichler · I-39017 Schenna · Tel. +39/0473/94 56 76 · Fax 94 54 62 · E-Mail: sonnenparadies@schenna.com

HOTELFÜHRER ITALIEN

Fortsetzung Madonna di Campiglio

Hotel Savoia Palace   T 04 65 44 10 04   F 04 65 44 05 49
Club Hotel Spinale   T 04 65 44 11 16   F 04 65 44 21 89
Hotel Splendid   T 04 65 44 12 32   F 04 65 44 11 41
Hotel St. Raphael   T 04 65 44 15 70   F 04 65 44 07 14

Hotels ★★★
Hotel Alpina   T 04 65 44 10 75   F 04 65 44 34 64
Pensione Ariston   T 04 65 44 10 70   F 04 65 44 11 03
Hotel garni Arnica   T 04 65 44 22 27   F 04 65 44 03 77
Hotel Bellavista   T 04 65 44 10 34   F 04 65 44 08 68
Hotel Betulla   T 04 65 44 12 15   F 04 65 44 12 41
Hotel Catturanino   T 04 65 44 01 23   F 04 65 44 17 20
Hotel garni Cime d'Oro   T 04 65 44 21 13
   F 04 65 44 26 02
Hotel Cozzio   T 04 65 44 10 83   F 04 65 44 00 03
Hotel Crozzon   T 04 65 44 22 22   F 04 65 44 26 36
Hotel Diana   T 04 65 44 10 11   F 04 65 44 10 49
Hotel Erika   T 04 65 44 10 22   F 04 65 44 16 42
Hotel Europa   T 04 65 44 10 36   F 04 65 44 15 39
Hotel Italo   T 04 65 44 13 92   F 04 65 44 06 40
Hotel La Baita   T 04 65 44 10 66   F 04 65 44 07 50
Hotel Majestic   T 04 65 44 10 80   F 04 65 44 31 71
Hotel Milano   T 04 65 44 12 10   F 04 65 44 06 31
Hotel Oberosler   T 04 65 44 11 36   F 04 65 44 32 20
Hotel garni Palu   T 04 65 44 16 95   F 04 65 44 31 83
Hotel Rosengarten   T 04 65 44 27 67   F 04 65 44 08 74
Hotel-Garni St. Hubertus   T 04 65 44 11 44
   F 04 65 44 00 56
Hotel Touring   T 04 65 44 10 51   F 04 65 44 07 60
Hotel Vidi   T 04 65 44 33 44   F 04 65 44 06 86
Hotel-Garni Zeni Piccolo   T 04 65 44 13 66
   F 04 65 44 05 20

Malè

Azienda di Promozione Turistica Valli di Sole, Pejo e Rabbi
I-38027 Malè
T 04 63 90 12 80 • F 04 63 90 15 63
E-Mail: info@valdisole.net
E-Mail: male@valdisole.net
http://www.valdisole.net
Alles über die Ferienregion S. 538.

Hotels ★★★
Hotel Bella di Bosco   T 04 63 90 19 90   F 04 63 90 31 10
Hotel Henriette   T 04 63 90 21 10   F 04 63 90 21 14
Hotel Liberty Malè   T 04 63 90 11 05   F 04 63 90 17 40

Mals/Malles Venosta

Tourismusverein Mals Ferienregion Obervinschgau
I-39024 Mals/Malles Venosta
T 04 73 73 70 70 • F 04 73 83 19 01
E-Mail: mals@suedtirol.com
http://www.ferienregion-obervinschgau.it
Alles über die Ferienregion S. 476.

Hotels ★★★★
Hotel Garberhof   T 04 73 83 13 99   F 04 73 83 19 50

Hotels ★★★
Hotel Greif   T 04 73 83 14 29   F 04 73 83 19 06
Hotel Malserhof   T 04 73 83 11 45   F 04 73 83 14 23
Hotel Panorama   T 04 73 83 11 86   F 04 73 83 12 15
Hotel Tyrol   T 04 73 83 11 60   F 04 73 83 06 07

Mareit/Mareta

Hoteleinträge siehe unter Ratschings.

Marilléva

Ufficio informazioni Mezzana/Marilléva
I-38020 Marilléva
T 04 63 75 71 34 • F 04 63 75 70 95
E-Mail: mezzana@valdisole.net
http://www.valdisole.net
Alles über die Ferienregion S. 538.

Hotels ★★★★
Hotel Marilléva   T 04 63 79 33 33   F 04 63 79 32 22
Hotel Sole Alto   T 04 63 79 37 01   F 04 63 79 32 22

Hotels ★★★
Hotel Garden   T 04 63 75 72 90   F 04 63 75 72 20
Hotel Sporting Ravelli   T 04 63 75 71 59   F 04 63 75 74 73

Mazzin di Fassa

Informazioni Turistiche
I-38030 Mazzin di Fassa
T 04 62 76 71 96 • F 04 62 75 72 00
E-Mail: infomazzin@fassa.com
http://www.fassa.com
Alles über die Ferienregion S. 544.

Hotels ★★★
Clubhotel Regina e Fassa   T 04 62 76 71 21
   F 04 62 76 71 26

Hotels ★★
Hotel Vajolet   T 04 62 76 71 36   F 04 62 76 75 21

Meran/Merano

Kurverwaltung
I-39012 Meran/Merano
T 04 73 27 20 00 • F 04 73 23 55 24
E-Mail: info@meraninfo.it
http://www.meraninfo.it
Alles über die Ferienregion S. 484.
Hotelanzeigen siehe S. 736.

Hotels ★★★★★
Hotel Palace & Schloss Maur   T 04 73 27 10 00
   F 04 73 27 11 00

Hotels ★★★★☆
Hotel Meister's Irma   T 04 73 21 20 00   F 04 73 23 13 55
Parkhotel Mignon   T 04 73 23 03 53   F 04 73 23 06 44
Hotel Schloß Rundegg   T 04 73 23 41 00
   F 04 73 23 72 00
Hotel Villa Eden   T 04 73 23 65 83   F 04 73 23 47 90

Hotels ★★★★
Hotel Adria   T 04 73 23 66 10   F 04 73 23 66 87
Hotel Augusta   T 04 73 22 23 24   F 04 73 22 00 29
Hotel Aurora   T 04 73 21 18 00   F 04 73 21 11 13
Hotel Bavaria   T 04 73 23 63 75   F 04 73 23 63 71
Hotel Bellevue   T 04 73 44 76 21   F 04 73 22 07 69
Hotel Burggräflerhof   T 04 73 23 00 34   F 04 73 23 52 66
Hotel Juliane   T 04 73 21 17 00   F 04 73 23 01 76
Hotel Meranerhof   T 04 73 23 02 30   F 04 73 23 33 12
Hotel Nido   T 04 73 23 51 00   F 04 73 23 51 84
Hotel Plantitscherhof   T 04 73 23 05 77   F 04 73 21 19 22
Hotel Pollinger   T 04 73 27 00 04   F 04 73 21 06 65
Hotel Sittnerhof   T 04 73 44 63 31   F 04 73 22 06 31
Hotel Villa Tivoli   T 04 73 44 62 82   F 04 73 44 68 49   ▷

Hotels ★★★
Hotel Anatol   T 04 73 23 75 11   F 04 73 23 71 10
Hotel Elisabeth   T 04 73 22 02 85   F 04 73 22 00 57
Hotel Gruberhof   T 04 73 23 65 11   F 04 73 21 14 74
Hotel Isabella   T 04 73 23 47 00   F 04 73 21 13 60
Hotel Ladurner   T 04 73 23 72 14   F 04 73 23 70 57
Hotel Maria Theresia   T 04 73 44 32 51   F 04 73 22 24 94
   E-Mail: mth@mariatheresia.it
   http://www.mariatheresia.it
Hotel Schloß Labers   T 04 73 23 44 84   F 04 73 23 41 46
Hotel Siegler im Thurm   T 04 73 23 11 33
   F 04 73 23 17 47
Hotel Sonnenburg   T 04 73 23 00 50   F 04 73 23 30 97
Hotel Sonnenhof   T 04 73 23 34 18   F 04 73 23 33 83
Parkhotel Villa Etschland   T 04 73 66 00 24
   F 04 73 66 01 64
   E-Mail: info@etschland.it
   http://www.etschland.it
Hotel Villa Maria   T 04 73 23 66 00   F 04 73 23 43 33

Meransen/Maranza

Tourismusverein
I-39037 Meransen/Maranza
T 04 72 52 01 97 • F 04 72 52 01 25
E-Mail: info@meransen.com
http://www.gitschberg-jochtal.com
Alles über die Ferienregion S. 500.
Hotelanzeigen siehe S. 727.

Hotels ★★★★
Sporthotel Fichtenhof   T 04 72 52 02 30   F 04 72 52 02 96

Hotels ★★★
Hotel Alpenfrieden   T 04 72 52 01 73   F 04 72 52 02 95
Sonnenresidence Alpenhof   T 04 72 52 02 52
   F 04 72 52 03 40
Hotel Ambet   T 04 72 52 01 15   F 04 72 52 01 15
Hotel Bacherhof   T 04 72 52 01 28   F 04 72 52 02 90
Hotel Edelweiss   T 04 72 52 02 29   F 04 72 52 02 71
Hotel Erika   T 04 72 52 01 96   F 04 72 52 03 11
Hotel Gitschberg   T 04 72 52 01 70   F 04 72 52 02 88
Hotel Hofer   T 04 72 52 01 45   F 04 72 52 02 87
Parkhotel Holzerhof   T 04 72 52 01 00   F 04 72 52 03 05
   E-Mail: info@holzerhof.com
   http://www.holzerhof.com
   1,5 km • 20 km • 15 km • 10 km
Panoramahotel Huberhof   T 04 72 52 02 50
   F 04 72 52 22 00
   E-Mail: info@panoramahotel-huberhof.com
   http://www.panoramahotel-huberhof.com
   50 • 1 km
   30 km • 15 km
Hotel Lärchenhof   T 04 72 52 01 89   F 04 72 52 20 08
Hotel Meransner Hof   T 04 72 52 02 22   F 04 72 52 02 42
Sonnenhotel Oberhofer   T 04 72 52 02 91
   F 04 72 52 22 07
Hotel Oberlechner   T 04 72 52 02 73   F 04 72 52 02 94
   E-Mail: info@oberlechner.it
   http://www.oberlechner.it
   35 • 0,5 km
   26 km • 18 km   ▷

Fortsetzung S. 739

HOTELFÜHRER ITALIEN

Fortsetzung Meransen

Residence Rastbichl   T 04 72 52 01 17   F 04 72 52 01 17
Hotel Schönblick   T 04 72 52 01 72   F 04 72 52 03 13
Hotel Sonnenberg   T 04 72 52 02 32   F 04 72 52 03 20
Hotel Stubenruss   T 04 72 52 02 56   F 04 72 52 02 70
   E-Mail: info@stubenruss.com
   http://www.stubenruss.com

Pensionen ★★★
Pension Marianne   T 04 72 52 02 21   F 04 72 52 02 21

Pensionen ★★
Pension Wiesenrain   T 04 72 52 01 21   F 04 72 52 03 43

Mezzana

Ufficio Informazioni Turistiche
I-38020 Mezzana
T 04 63 75 62 21 • F 04 63 75 62 21
E-Mail: mezzana@valdisole.net
E-Mail: info@valdisole.net
http://www.valdisole.net

Hotels ★★★★
Palace Hotel Ravelli   T 04 63 75 71 22   F 04 63 75 74 67

Hotels ★★★
Hotel Eccher   T 04 63 75 71 46   F 04 63 75 73 01
Hotel Monte Giner   T 04 63 75 71 05   F 04 63 75 74 45
Hotel Salvadori   T 04 63 75 71 09   F 04 63 75 70 84
Hotel Val di Sole   T 04 63 75 72 40   F 04 63 75 70 71

Hotels ★★
Hotel La Betulla   T 04 63 75 72 75   F 04 63 75 73 44

Mölten

Tourismusverband Meraner Land
I-39012 Meran
T 04 73 20 04 43 • F 04 73 20 01 88
Alles über die Ferienregion S. 484.
Hotelanzeigen siehe S. 735.

Hotels ★★★
Hotel Zum Löwen   T 04 71 66 80 10   F 04 71 66 82 76
   E-Mail: info@zumloewen.com
   http://www.zumloewen.com

Moèna

Consorzio Tre Valli
I-38035 Moèna
T 04 62 57 34 40 • F 04 62 57 32 92
E-Mail: info@trevalli.com
http://www.trevalli.com
Alles über die Ferienregion S. 544.
Hotelanzeigen siehe S. 729.

Hotels ★★★★
Hotel Monzoni   T 04 62 57 33 52   F 04 62 57 44 90 ▷

Hotels ★★★
Hotel Alle Alpi   T 04 62 57 31 94   F 04 62 57 44 12
Appart-Villa Ambrosiana   T 04 62 57 31 75
   F 04 62 57 31 75
Hotel Arnika   T 04 62 57 33 37   F 04 62 57 43 12
Hotel Belvedere   T 04 62 57 32 33   F 04 62 57 42 11
Hotel Catinaccio Rosengarten   T 04 62 57 32 35
   F 04 62 57 44 74
   E-Mail: HotRosenCat@yahoo.com
   http://www.hotelcr.com
Hotel Cavalletto   T 04 62 57 31 64   F 04 62 57 46 42
Hotel Ciampian   T 04 62 57 31 86   F 04 62 57 31 86
Hotel Costabella   T 04 62 57 33 26   F 04 62 57 42 83
   E-Mail: info@costabella.it
Hotel Cristallo   T 04 62 57 33 42   F 04 62 57 33 88
Hotel De Ville   T 04 62 57 33 50   F 04 62 57 37 57
Park Hotel Debra   T 04 62 57 31 33   F 04 62 57 37 99
Hotel Dolce Casa   T 04 62 57 31 26   F 04 62 57 38 04
Hotel Dolomiti   T 04 62 57 32 18   F 04 62 57 43 08
Hotel El Laresh   T 04 62 57 43 46   F 04 62 57 43 41
Hotel Fanes   T 04 62 57 32 64   F 04 62 57 46 43
Hotel Foresta   T 04 62 57 32 60   F 04 62 57 32 60
Hotel La Serenella   T 04 62 57 32 36   F 04 62 57 39 12
Park Hotel Leonardo   T 04 62 57 33 55   F 04 62 57 46 11
Hotel Malga Passerella   T 04 62 57 34 87
   F 04 62 57 40 58
Hotel Maria   T 04 62 57 32 65   F 04 62 57 34 34
Hotel Monti Pallidi   T 04 62 57 32 21   F 04 62 57 35 78
Hotel Patrizia   T 04 62 57 31 85   F 04 62 57 40 87
Hotel San Marco   T 04 62 57 34 75   F 04 62 57 32 75
Hotel Stella Alpina   T 04 62 57 33 51   F 04 62 57 34 31
Hotel Vallechiara   T 04 62 57 31 98   F 04 62 57 33 30

Pensionen ★★★
Pensione La Soldanella   T 04 62 57 32 01
   F 04 62 57 38 81
Appartementhaus Residence Villa Lasté   T 04 62 57 33 00
   F 04 62 57 43 74
   E-Mail: info@residencelaste.it
   http://www.residencelaste.it

Pensionen ★★
Pensione Vajolet   T 04 62 57 31 38   F 04 62 57 46 36

Molveno

Azienda Promozione Turistica
I-38018 Molveno
T 04 61 58 69 24 • F 04 61 58 62 21
E-Mail: info@aptmolveno.com
http://www.aptmolveno.com
Alles über die Ferienregion S. 542.

Hotels ★★★
Hotel Alexander Cima Tosa   T 04 61 58 69 28
   F 04 61 58 69 50
Hotel Belvedere   T 04 61 58 69 33   F 04 61 58 60 44
Hotel Dolomiti   T 04 61 58 60 57   F 04 61 58 69 85
Hotel Du Lac   T 04 61 58 69 65   F 04 61 58 62 47
Hotel Gloria   T 04 61 58 69 62   F 04 61 58 60 79
Hotel Lago Park   T 04 61 58 60 30   F 04 61 58 64 03
Hotel Lido   T 04 61 58 69 32   F 04 61 58 61 43
Hotel Milano   T 04 61 58 69 09   F 04 61 58 63 62
Hotel Miralago   T 04 61 58 69 35   F 04 61 58 62 68
Grand Hotel Molveno   T 04 61 58 69 34   F 04 61 58 61 76
Hotel Stella Alpina   T 04 61 58 69 18   F 04 61 58 62 88

Reisen mit Lust und Laune.

ADAC reisemagazin SKI EXTRA 2005

Überall, wo es Bücher gibt, und beim ADAC.

Eine Erklärung der Symbole finden Sie auf S. 683.

Mühlen i. Taufers/Molini di Tures

Ferienregion Tauferer-Ahrntal
I-39030 Steinhaus/Ahrntal
T 04 74 65 20 81 • F 04 74 65 20 82
E-Mail: tauferer@ahrntal.com
E-Mail: info@tures-aurina.com
http://www.tauferer.ahrntal.com
http://www.tures-aurina.com
Alles über die Ferienregion S. 504.

Hotels ★★★★
Hotel Mühlener Hof   T 04 74 67 70 00   F 04 74 67 70 88

Hotels ★★★
Hotel Egitzhof   T 04 74 67 82 11   F 04 74 67 91 67
Hotel Royal   T 04 74 67 82 12   F 04 74 67 92 93
Hotel Schöfflmair   T 04 74 67 81 26   F 04 74 67 91 49
Hotel Taufers   T 04 74 67 80 62   F 04 74 67 93 01

Mühlbach/Rio di Pusteria

Tourismusverein Mühlbach-Vals-Spinges
I-39037 Mühlbach/Rio di Pusteria
T 04 72 84 94 67 • F 04 72 84 98 49
E-Mail: mvs@dnet.it
http://www.gitschberg-jochtal.com
Alles über die Ferienregion S. 500.

Hotels ★★★★
Hotel & Resorts Falkensteiner/Falkensteinerhof
   T 04 72 54 71 65   F 0 47 25 47 32 20
Hotel Valserhof   T 04 72 54 71 77   F 04 72 54 72 08

Hotels ★★★
Hotel Alpenrose   T 04 72 54 71 83   F 04 72 54 70 83
Hotel Ansitz Kandlburg   T 04 72 84 97 92
   F 04 72 84 98 74
Residence Grünwald   T 04 72 54 72 02   F 04 72 54 70 40
Hotel Hohenlinden   T 04 72 84 97 54   F 04 72 84 96 26
Ferienhotel Huber   T 04 72 54 71 86   F 04 72 54 72 40
Hotel Leitner   T 04 72 84 97 55   F 04 72 84 97 57
Hotel Masl   T 04 72 54 71 87   F 04 72 54 70 45
Hotel Panoramik   T 04 72 84 95 35   F 04 72 84 96 50
Hotel Rogen   T 04 72 84 94 78   F 04 72 84 98 30
Hotel Tannhof   T 04 72 54 71 16   F 04 72 54 72 23

HOTELFÜHRER ITALIEN

Naturns

Tourismusverband Meraner Land
I-39012 Meran
T 04 73 20 04 43 • **F 04 73 20 01 88**

Alles über die Ferienregion S. 484.
Hotelanzeigen siehe S. 736.

Hotels ★★★
Hotel Schönblick   T 04 73 66 72 14   F 04 73 66 61 00
  E-Mail: info@schoenblick-hotel.it
  http://www.schoenblick-hotel.it
  ⊨40 🐕 ≋ ⚒ 🛠 ⚔ ⊡ 🏠1 km ⛷50 km
  ⛵20 km 🚴 🚵2 km ⛰6 km AMEX ◐ Master VISA Maestro

Niederdorf/Villabassa

Tourismusverein
I-39039 Niederdorf/Villabassa
T 04 74 74 51 36 • **F 04 74 74 52 83**
E-Mail: info@niederdorf.it
http://www.altapusteria.net
http://www.niederdorf.it

Alles über die Ferienregion S. 512.

Hotels ★★★
Hotel Adler   T 04 74 74 51 28   F 04 74 74 52 78
Hotel Rose   T 04 74 74 51 21   F 04 74 74 51 39

Hotels ★★
Hotel Bachmann   T 04 74 74 51 26   F 04 74 74 53 85
Hotel Emma   T 04 74 74 51 22   F 04 74 74 08 15

Pensionen ★★★
Gasthof Weiherbad/Vivaio   T 04 74 74 51 97
  F 04 74 74 05 84

Pensionen ★★
Pension Hirben   T 04 74 74 50 10   F 04 74 74 50 10
Pension Klara   T 04 74 74 52 20   F 04 74 74 55 26

Niederolang

Hoteleinträge siehe unter Olang.

Oberbozen/Soprabolzano

Tourismusverein Ritten
I-39059 Oberbozen/Soprabolzano
T 04 71 34 52 45
E-Mail: info@ritten.com
http://www.ritten.com

Alles über die Ferienregion S. 492.
Hotelanzeigen siehe S. 725.

Hotels ★★★★
Parkhotel Holzner   T 04 71 34 52 31   F 04 71 34 55 93

Hotels ★★★
Hotel Fink   T 04 71 34 53 40   F 04 71 34 50 74
Hotel Geyrerhof   T 04 71 34 53 70   F 04 71 34 53 73
  E-Mail: info@geyrerhof.com
  http://www.geyrerhof.com
  ⊨46 🐕 ≋ ⚒ 🛠 ⚔ ⊡ 🏠1 km ⛵ 🚴 🚵
Hotel Latemar   T 04 71 34 52 86   F 04 71 34 52 41
Hotel Post Viktoria   T 04 71 34 53 65   F 04 71 34 51 28
Wanderhotel Regina   T 04 71 34 51 42   F 04 71 34 55 96

Pensionen ★★
Pension Rinner   T 04 71 34 51 56   F 04 71 34 62 14

Obereggen/San Floreano

Tourismusverein Eggental
I-39050 Obereggen
T 04 71 61 65 67 • **F 04 71 61 67 27**
E-Mail: obereggen@eggental.com
E-Mail: info@eggental.com
http://www.eggental.com
http://www.obereggen.com

Alles über die Ferienregion S. 524.

Hotels ★★★★
Hotel Cristal   T 04 71 61 55 11   F 04 71 61 55 22
Sporthotel Obereggen   T 04 71 61 57 97
  F 04 71 61 56 73
Hotel Sonnalp   T 04 71 61 58 42   F 04 71 61 59 09

Hotels ★★★
Hotel Rauch   T 04 71 61 57 23   F 04 71 61 58 67
Hotel Royal   T 04 71 61 58 91   F 04 71 61 58 93
Hotel Zirm   T 04 71 61 57 55   F 04 71 61 56 88

Pensionen ★★★
Pension Zischghof   T 04 71 61 57 61   F 04 71 61 58 90

Olang/Valdaora

Tourismusverein Olang
I-39030 Olang/Valdaora
T 04 74 49 62 77 • **F 04 74 49 80 05**
E-Mail: info@olang.com
http://www.olang.com

Alles über die Ferienregion S. 508.
Hotelanzeigen siehe S. 732-733.

Hotels ★★★★
Hotel Aichner   T 04 74 49 62 86   F 04 74 49 83 43
Hotel Dolomiten Wellness Residenz Mirabell
  T 04 74 49 61 91   F 04 74 49 82 27
Alpin Panorama Hubertus   T 04 74 59 21 04
  F 04 74 59 21 14
  E-Mail: info@hotel-hubertus.com
  http://www.hotel-hubertus.com
  ⊨75 🐕 ⚒ 🛠 ⚔ ⊡ 🏠0,5 km 🚴 🚵1,5 km ◐ Master VISA Maestro
Hotel Kristall   T 04 74 59 20 77   F 04 74 59 20 06
Hotel Post/Posta   T 04 74 49 61 27   F 04 74 49 80 19
Berghotel Zirm   T 04 74 59 20 54   F 04 74 59 20 51
Bärenhotel Zum Arndtwirt   T 04 74 59 20 97
  F 04 74 59 20 18
  E-Mail: info@baerenhotel.com
  http://www.baerenhotel.com
  ⊨49 🐕 ⚒ 🛠 ⚔ ⊡ 🏠3 km
  ⛷19 km ⛵15 km 🚴 🚵3 km ⛰20 km VISA Maestro

Hotels ★★★
Hotel - Residence Astor   T 04 74 49 64 66
  F 04 74 49 84 34
Hotel Bad Bergfall   T 04 74 59 20 84   F 04 74 59 21 50
  E-Mail: info@badbergfall.com
  http://www.badbergfall.com
  ⊨30 🐕 ⚒ 🛠 ⚔ ⊡ 🏠4 km ⛵4 km
  🚴 🚵4 km
Hotel Christoph   T 04 74 59 20 26   F 04 74 59 21 21
Hotel Hotellino   T 04 74 59 21 70   F 04 74 59 21 80   ▷

Apparthotel Jägerhof   T 04 74 49 61 18   F 04 74 49 69 85
  E-Mail: info@apparthotel-jaegerhof.it
  http://www.apparthotel-jaegerhof.it
  ⊨33 🐕 ⚒ 🛠 ⚔ ⊡ 🏠8 km ⛵1 km
  ⛰22 km
Hotel Kronplatz   T 04 74 49 61 73   F 04 74 49 83 20
Almhotel Lenz   T 04 74 59 20 53   F 04 74 59 21 73
  E-Mail: info@almhotel-lenz.com
  http://www.almhotel-lenz.com
  ⊨40 🐕 ⚒ 🛠 ⚔ ⊡ 🏠2 km
  ⛵5 km 🚴 🚵5 km
Hotel Markushof   T 04 74 49 62 50   F 04 74 49 82 41
Hotel Messnerwirt   T 04 74 49 61 78   F 04 74 49 80 87
  E-Mail: info@messnerwirt.com
  http://www.messnerwirt.com
  ⊨44 🐕 ⚒ 🛠 ⚔ ⊡ 🏠2 km
  ⛵10 km 🚴 🚵1 km ⛰15 km ◐ Master VISA Maestro
Hotel Olaga   T 04 74 49 61 41   F 04 74 49 82 86
  E-Mail: hotel@olaga.it
  http://www.olaga.it
  ⊨47 🐕 ⚒ 🛠 ⚔ ⊡ 🏠7 km
  ⛵0,3 km 🚴 🚵0,5 km ⛰20 km Master VISA Maestro
Appart Hotel Pircher   T 04 74 49 60 58   F 04 74 49 84 00
Hotel Pörnbacher   T 04 74 49 61 12   F 04 74 49 83 82
Hotel Rainegg   T 04 74 49 60 84   F 04 74 49 83 90
Hotel-Appartements Scherer   T 04 74 49 61 74
  F 04 74 49 82 90
Residence Sonnwies   T 04 74 49 62 50   F 04 74 49 82 41
Hotel Tolderhof   T 04 74 49 61 27   F 04 74 49 80 19
Hotel Villa Tirol   T 04 74 49 64 22   F 04 74 49 83 48

Pensionen ★★★
Ferienwohnungen Häuslerhof   T 04 74 59 20 34
  F 04 74 59 20 34
  E-Mail: info@haeuslerhof.it
  http://www.haeuslerhof.it
  ⊨14 🐕 ⚔ ⊡ 🏠8 km ⛷15 km
  ⛵14 km 🚴 🚵4 km ⛰24 km
Pension Pfarrwirt   T 04 74 49 61 70   F 04 74 49 61 70
Landhotel-Appartements Tharerwirt   T 04 74 49 61 50
  F 04 74 49 82 98
Pension Victoria   T 04 74 49 62 52   F 04 74 49 62 52

Pensionen ★★
Appartement garni Moser   T 04 74 49 64 32
  F 04 74 49 64 32
Berggasthof Trattes   T 04 74 59 20 10   F 04 74 59 20 10

Ortler-Region

Hoteleinträge siehe unter Prad a. St., Stilfser Joch, Sulden, Trafoi.

Palmschoss

Hoteleinträge siehe unter Brixen.

Passeiertal/Val di Passiria

Hoteleinträge siehe unter St. Leonhard i. Pass.

Eine Erklärung der Symbole finden Sie auf S. 683.

HOTELFÜHRER ITALIEN 🇮🇹

Passo Tonale

Ufficio Informazioni Passo Tonale
I-38020 Passo Tonale
T 04 63 90 38 38 • **F 04 63 90 38 95**
E-Mail: tonale@valdisole.net
http://www.valdisole.net
Alles über die Ferienregion S. 538.

Hotels ★★★★
Grand Hotel Miramonti   T 03 64 90 05 01

Hotels ★★★
Hotel Edelweiss   T 03 64 90 37 89   F 03 64 90 38 52
Hotel Gardenia   T 03 64 90 37 69   F 03 64 90 38 51
Hotel Presena   T 03 64 90 38 46
Hotel Redivalle   T 03 64 90 38 14
Hotel Sole   T 03 64 90 39 70   F 03 64 90 39 44
Hotel Sporting   T 03 64 90 37 81
Sporthotel Vittoria   T 03 64 91 34 8   F 03 64 90 38 44

Pedratsches/Pedraces

Tourismusverein
I-39036 Pedratsches/Pedraces
T 04 71 83 96 95 • **F 04 71 83 95 73**
E-Mail: pedraces@altabadia.org
http://www.altabadia.org
Alles über die Ferienregion S. 528.

Hotels ★★★★
Sporthotel Teresa   T 04 71 83 97 25   F 04 71 83 98 23

Hotels ★★★
Hotel Gran Ander   T 04 71 83 97 18   F 04 71 83 97 41
Hotel Lech da Sompunt   T 04 71 84 70 15
   F 04 71 84 74 64
Hotel Melodia del Bosco   T 04 71 83 96 20
   F 04 71 83 99 45
Hotel Miramonti   T 04 71 83 96 61   F 04 71 83 96 66
Hotel Serena   T 04 71 83 96 64   F 04 71 83 98 54

Péjo

Ufficio Informazioni Péjo
I-38020 Péjo
T 04 63 75 31 00 • **F 04 63 75 31 80**
E-Mail: pejo@valdisole.net
http://www.valdisole.net
Alles über die Ferienregion S. 538.

Hotels ★★★
Hotel Alpino   T 04 63 75 32 12   F 04 63 75 33 53
Hotel Europa   T 04 63 75 31 33
Hotel Milano   T 04 63 75 32 47
Hotel Peio   T 04 63 75 32 33   F 04 63 75 32 75
Hotel-Residence Vioz   T 04 63 75 31 46   F 04 63 75 33 43
Hotel Zanella   T 04 63 75 32 46   F 04 63 75 32 46

Percha/Perca

Tourismusverein Percha
I-39030 Percha/Perca
T 04 74 40 11 55 • **F 04 74 40 11 55**
E-Mail: percha@kronplatz.com
E-Mail: info@kronplatz.com
http://www.kronplatz.com
Alles über die Ferienregion S. 508.

Hotels ★★★
Hotel Sonnblick   T 04 74 40 12 40   F 04 74 40 23 68
Hotel Waldhof   T 04 74 40 11 26   F 04 74 40 14 24

Hotels ★★
Hotel Neuhaus   T 04 74 40 11 80   F 04 74 40 11 80

Pensionen ★★★
Pension Falkenstein   T 04 74 40 12 02   F 04 74 40 23 40

Petersberg/M. S. Pietro

Tourismusverein Eggental
I-39050 Deutschnofen
T 04 71 61 65 67 • **F 04 71 61 67 27**
E-Mail: info@eggental.com
http://www.eggental.com
Alles über die Ferienregion S. 524.

Hotels ★★★★
Hotel Peter   T 04 71 61 51 43   F 04 71 61 52 46

Hotels ★★★
Hotel Friedeck   T 04 71 61 51 05   F 04 71 61 52 50

Pfalzen/Falzes

Tourismusverein Pfalzen
I-39030 Pfalzen/Falzes
T 04 74 52 81 59 • **F 04 74 52 84 13**
E-Mail: pfalzen@kronplatz.com
E-Mail: info@kronplatz.com
http://www.pfalzen.it
Alles über die Ferienregion S. 508.
Hotelanzeigen siehe S. 732.

Hotels ★★★★
Sport-Erlebnishotel Kristall   T 04 74 52 81 90
   F 04 74 52 84 77

Hotels ★★★
Hotel-Gasthof Falken   T 04 74 52 81 60   F 04 74 52 80 61
Hotel Sonnenhof   T 04 74 52 81 05   F 04 74 52 80 31
Hotel Weiher   T 04 74 56 52 27   F 04 74 56 40 43
Aparthotel Winkler   T 04 74 52 81 55   F 04 74 52 80 15

Pensionen ★★★
Pension Pfalznerhof   T 04 74 52 81 51   F 04 74 52 85 20
Gasthof Zum Tanzer   T 04 74 56 53 66   F 04 74 56 54 46

Pfitscher Tal/Val di Vizze

Hoteleinträge siehe unter Kematen.

Pichl/Gsieser Tal

Hoteleinträge siehe unter Gsies-St. M.

Pinzolo

Informazioni Turistiche
I-38086 Pinzolo
T 04 65 50 10 07 • **F 04 65 50 27 78**
E-Mail: apt.pinzolo@trentino.to
http://www.campiglio.net
Alles über die Ferienregion S. 538.

Hotels ★★★★
Hotel Europeo   T 04 65 50 11 15   F 04 65 50 26 16
Hotel Olympic Palace   T 04 65 50 15 05   F 04 65 50 34 28
Hotel Olympic Royal   T 04 65 50 15 42   F 04 65 50 33 52
Hotel Quadrifoglio   T 04 65 50 36 00   F 04 65 50 12 45

Hotels ★★★
Hotel Canada   T 04 65 50 20 62   F 04 65 50 20 62
Hotel Edelweiss   T 04 65 50 12 23   F 04 65 50 12 23
Hotel Ferrari   T 04 65 50 26 24   F 04 56 51 23 36
Hotel Pinzolo Dolomiti   T 04 65 50 10 24
   F 04 65 50 11 32
Hotel Wanda   T 04 65 50 10 62   F 04 65 50 25 51

Plaus

Hoteleinträge siehe unter Meran.

Ponte di Legno

Azienda Promozione Turistica
I-25056 Ponte di Legno
T 03 64 91 11 22 • **F 03 64 91 19 49**
E-Mail: iat.pontedilegno@bresciaholiday.com
http://www.vallecamonica.it

Hotels ★★★★
Hotel Mirella   T 03 64 90 05 00   F 03 64 90 05 30
Hotel Piandineve   T 03 64 90 70 11   F 03 64 90 71 80

Hotels ★★★
Hotel Al Maniero   T 03 64 90 00 41   F 03 64 90 08 06
Hotel Bellavista   T 03 64 90 05 40   F 03 64 90 06 50
Hotel Bleis   T 03 64 90 00 61   F 03 64 90 04 91
Hotel Dolomiti   T 03 64 90 02 51   F 03 64 90 02 60
Hotel Evan   T 03 64 90 05 70   F 03 64 90 05 67
Hotel Mignon   T 03 64 90 04 80   F 03 64 90 04 80
Hotel Pineta   T 03 64 90 00 81   F 03 64 90 00 81
Hotel Savoia   T 03 64 91 34 0   F 03 64 90 39 96
Hotel Serodine   T 03 64 90 06 25   F 03 64 91 06 9

Pozza di Fassa

Informazioni Turistiche
I-38036 Pozza di Fassa
T 04 62 76 41 36 • **F 04 62 76 37 17**
E-Mail: infopozza@fassa.com
http://www.fassa.com
Alles über die Ferienregion S. 544.

Hotels ★★★★
Hotel Ladinia   T 04 62 76 42 01   F 04 62 76 48 96   ▷

Fortsetzung S. 742

Die Angaben über die Klassifizierung der Unterkünfte wurden den offiziellen Verzeichnissen der zuständigen Tourismusverbände entnommen. Für die Richtigkeit der Informationen übernehmen wir keine Gewähr.

HOTELFÜHRER ITALIEN

> **Fortsetzung Pozza di Fassa**

Hotels ★★★
Hotel garni   T 04 62 76 41 49   F 04 62 76 35 00
Hotel garni Anda   T 04 62 76 40 09   F 04 62 76 43 11
Hotel Arnika   T 04 62 76 41 49   F 04 62 76 35 00
Hotel Buffaure   T 04 62 76 42 87   F 04 62 76 49 34
Hotel Chalet Alaska   T 04 62 76 40 91   F 04 62 76 35 25
Hotel Crepei   T 04 62 76 41 03   F 04 62 76 43 12
Hotel Europa   T 04 62 76 41 58   F 04 62 76 48 69
Hotel Gran Baita   T 04 62 76 41 63   F 04 62 76 47 45
Hotel Laurino   T 04 62 76 41 25   F 04 62 76 34 34
Hotel Majarè   T 04 62 76 47 60   F 04 62 76 35 65
Hotel Mater Dei   T 04 62 76 42 55   F 04 62 76 34 90
Hotel Meida   T 04 62 76 42 83   F 04 62 76 43 11
Hotel Montana   T 04 62 76 41 93   F 04 62 76 36 73
Hotel Monzoni   T 04 62 76 42 80   F 04 62 76 47 08
Hotel René   T 04 62 76 42 58   F 04 62 76 35 94
Hotel Soreie   T 04 62 76 48 82   F 04 62 76 37 90
Hotel Touring   T 04 62 76 32 68   F 04 62 76 36 97
Hotel Trento   T 04 62 76 42 79   F 04 62 76 48 88
Hotel Valacia   T 04 62 76 48 75   F 04 62 76 35 84
Hotel Villa Cima Undici   T 04 62 76 42 20
    F 04 62 76 36 92
Hotel Villa Mozart   T 04 62 76 35 55   F 04 62 76 35 55

Prad a. Stj./Prato a. St.

Ferienregion Ortlergebiet im Nationalpark Stilfser Joch
I-39026 Prad a. Stj./Prato a. St.
T 04 73 61 60 34 • F 04 73 61 67 76
E-Mail: prad@suedtirol.com
http://www.prad.suedtirol.com
http://www.ortlergebiet.it
Alles über die Ferienregion S. 480.

Hotels ★★★
Hotel Zentral   T 04 73 61 60 08   F 04 73 61 87 45

Pensionen ★★★
Camping-Appartements Residence Sägemühle
    T 04 73 61 60 78   F 04 73 61 71 20

Pensionen ★★
Gasthof St. Georg   T 04 73 61 70 57   F 04 73 61 70 57
Gasthof Stern   T 04 73 61 61 23   F 04 73 61 70 56
Gasthof Zur Neuen Post   T 04 73 61 60 62
    F 04 73 61 86 96

Prags/Braies

Tourismusverein
I-39030 Prags/Braies
T 04 74 74 86 60 • F 04 74 74 92 42
E-Mail: prags@rolmail.net
Alles über die Ferienregion S. 512.

Hotels ★★★
Hotel Edelweiß   T 04 74 74 86 64   F 04 74 74 88 16
Hotel Erika   T 04 74 74 86 84   F 04 74 74 87 55
Hotel Hohe Gaisl   T 04 74 74 86 06   F 04 74 74 86 37
Hotel Pragserhof   T 04 74 74 86 24   F 04 74 74 86 05
Hotel Trenker   T 04 74 74 86 29   F 04 74 74 88 00

Pensionen ★★★
Gasthof Steinerhof   T 04 74 74 86 49   F 04 74 74 87 97

Pensionen ★★
Gasthof Brückele   T 04 74 74 86 13   F 04 74 74 87 57
Gasthof Dolomiten   T 04 74 74 86 77   F 04 74 74 87 80
Gasthof Huber   T 04 74 74 86 70   F 04 74 74 92 91
Pension Turmchalet   T 04 74 74 86 81   F 04 74 74 87 64
Gasthof Tuscherhof   T 04 74 74 86 28   F 04 74 74 88 20 ▷

Pensionen ★
Pension Bergheim   T 04 74 74 86 09   F 04 74 74 86 09
Pension Friedl   T 04 74 74 86 20   F 04 74 74 87 86

Predazzo

Tourismusbüro Predazzo
I-38037 Predazzo
T 04 62 50 12 37 • F 04 62 50 20 93
E-Mail: info.predazzo@valfiemme.net
http://www.valfiemme.info
Alles über die Ferienregion S. 548.

Hotels ★★★★
Hotel Ancora   T 04 62 50 16 51   F 04 62 50 27 45

Hotels ★★★
Hotel Alla Rosa   T 04 62 50 12 39   F 04 62 50 27 53
Hotel Bellaria   T 04 62 50 13 69   F 04 62 50 16 50
Hotel Liz   T 04 62 50 12 64   F 04 62 50 15 80
Hotel Montanara   T 04 62 50 11 16   F 04 62 50 26 58
Sporthotel Sass Maor   T 04 62 50 15 38   F 04 62 50 15 38
Hotel Touring   T 04 62 50 12 12   F 04 62 50 26 70
Hotel Vinella   T 04 62 50 11 51   F 04 62 50 23 30

Hotels ★★
Hotel Cimon   T 04 62 50 16 91   F 04 62 50 21 61
Hotel Maria   T 04 62 50 12 03   F 04 62 50 23 36

Rasen/Rasun

Tourismusverein Rasen im Antholzertal
I-39030 Rasen/Rasun
T 04 74 49 62 69 • F 04 74 49 80 99
E-Mail: info@rasen.it
E-Mail: info@kronplatz.com
http://www.rasen.it
Alles über die Ferienregion S. 508.

Hotels ★★★★
Hotel Alpenhof   T 04 74 49 64 51   F 04 74 49 80 47
Hotel Appartements Frida   T 04 74 49 61 02
    F 04 74 49 81 40
Hotel Koflerhof   T 04 74 49 62 45   F 04 74 49 80 79
Sporthotel Rasen   T 04 74 49 61 34   F 04 74 49 81 48

Hotels ★★★
Hotel Adler   T 04 74 49 61 17   F 04 74 49 82 42
Hotel Andreas Hofer   T 04 74 49 61 36   F 04 74 49 81 26
Hotel Brunnerhof   T 04 74 49 62 44   F 04 74 49 81 30
Hotel Residence Broetz   T 04 74 49 61 38
    F 04 74 49 80 52

Pensionen ★★★
Pension Ansitz Goller   T 04 74 49 64 55   F 04 74 49 83 59
Pension Schmalzlhof   T 04 74 49 62 47   F 04 74 49 76 12

Ratschings/Racines

Tourismusverein
I-39040 Ratschings/Racines
T 04 72 76 06 08 • F 04 72 76 06 16
E-Mail: info@ratschings.org
http://www.ratschings.org
Alles über die Ferienregion S. 496.
Hotelanzeigen siehe S. 727.

Hotels ★★★★
Hotel Gassenhof   T 04 72 65 62 09   F 04 72 65 63 80
Hotel Gasteigerhof   T 04 72 77 90 90   F 04 72 77 90 43
    E-Mail: info@hotel-gasteigerhof.com
    http://www.hotel-gasteigerhof.com
    ⌂70 ⓘ ⛷ 🚴
Hotel Plunhof   T 04 72 65 62 47   F 04 72 65 62 49
Hotel Schneeberg   T 04 72 65 62 32   F 04 72 65 63 83 ▷

Hotels ★★★
Hotel Bergblick   T 04 72 65 91 97   F 04 72 65 92 04
Hotel Haller   T 04 72 75 82 49   F 04 72 75 80 70
Hotel Jaufentalerhof   T 04 72 76 50 30   F 04 72 76 77 94
Hotel Larchhof   T 04 72 65 91 48   F 04 72 65 96 07
Hotel Pulvererhof   T 04 72 75 82 24   F 04 72 75 80 65
Hotel Rainer   T 04 72 76 53 55   F 04 72 76 76 41
Hotel Ratschingserhof   T 04 72 75 67 14
    F 04 72 75 63 23
Hotel Seeber   T 04 72 65 91 11   F 04 72 65 92 16
Hotel Sonklarhof   T 04 72 65 62 12   F 04 72 65 62 24
Hotel Taljörgele   T 04 72 65 62 25   F 04 72 65 64 40
Alphotel Tyrol   T 04 72 65 91 58   F 04 72 65 92 02
Hotel garni Zum Stern   T 04 72 75 80 14
    F 04 72 75 80 56

Pensionen ★★
Pension Alpenhof   T 04 72 76 41 20   F 04 72 76 78 10

Reischach

Hoteleinträge siehe unter Bruneck.

Reschen/Resia

Tourismusverein Vinschgauer Oberland
I-39027 Reschen/Resia
T 04 73 63 31 01 • F 04 73 63 31 40
E-Mail: reschen@rolmail.net
http://www.reschenpass-suedtirol.it
Alles über die Ferienregion S. 476.

Hotels ★★★★
Hotel Zum Mohren   T 04 73 63 31 20   F 04 73 63 35 50

Hotels ★★★
Hotel Etschquelle   T 04 73 63 31 25   F 04 73 63 30 71
Hotel Panorama   T 04 73 63 32 88   F 04 73 63 31 87
Hotel Reschnerhof   T 04 73 63 31 69   F 04 73 63 22 97
Hotel Seehotel   T 04 73 63 31 18   F 04 73 63 34 20

Ridnaun/Ridanna

Hoteleinträge siehe unter Ratschings.

Ritten

Hoteleinträge siehe unter Klobenstein/Collalbo.

Sand in Taufers/Campo Tures

Tourismusverein Sand in Taufers
I-39032 Steinhaus/Ahrntal
T 04 74 67 80 76 • F 04 74 67 89 22
E-Mail: tauferer@ahrntal.com
E-Mail: info@taufers.com
http://www.ahrntal.com
http://www.taufers.com
Alles über die Ferienregion S. 504.

Hotels ★★★★
Hotel Drumlerhof   T 04 74 67 80 68   F 04 74 67 91 16
Hotel Feldmüllerhof   T 04 74 67 71 00   F 04 74 67 73 20
Hotel Tubris   T 04 74 67 84 88   F 04 74 67 83 95 ▷

> **Fortsetzung S. 743**

HOTELFÜHRER ITALIEN 🇮🇹

Fortsetzung Sand in Taufers

Hotels ★★★
Hotel Alphotel Stocker   T 04 74 67 81 13
   F 04 74 67 90 30
Hotel Alte Mühle   T 04 74 67 80 77   F 04 74 67 95 68
Hotel Elefant   T 04 74 67 80 21   F 04 74 67 93 33
Hotel Heini   T 04 74 67 83 86   F 04 74 67 92 08
Hotel Hellweger   T 04 74 67 80 31   F 04 74 67 82 59
Hotel Mirabell   T 04 74 67 80 91   F 04 74 67 92 28
Hotel garni Sandnerhof   T 04 74 67 80 36
   F 04 74 67 92 66
Hotel garni Schloss   T 04 74 67 81 00   F 04 74 68 62 12
Hotel Spanglwirt   T 04 74 67 81 44   F 04 74 67 92 43

Pensionen ★★★
Residence Wiesenhof   T 04 74 67 92 34   F 04 74 67 86 33

San Martino di Castrozza

Informationsbüro San Martino di Castrozza
I-38058 San Martino di Castrozza
T 04 39 76 88 67 • F 04 39 76 88 14
E-Mail: info@sanmartino.com
http://www.sanmartino.com

Alles über die Ferienregion S. 548.

Hotels ★★★★
Hotel Des Alpes   T 04 39 76 90 69   F 04 39 76 90 68
Hotel Savoia   T 0 43 96 80 94   F 0 43 96 81 88

Hotels ★★★
Hotel Colfosco   T 0 43 96 82 24   F 04 39 76 89 51
Hotel Excelsior Hotel Cimone   T 0 43 96 82 61
   F 0 43 96 82 63
Hotel Majestic Hotel Dolomiti   T 04 39 76 91 40
   F 04 39 76 90 70

Sarntal/Val Sarentino

Hoteleinträge siehe unter Sarnthein/Sarentino.

Sarnthein/Sarentino

Tourismusverein Sarntal
I-39058 Sarnthein/Sarentino
T 04 71 62 30 91 • F 04 71 62 23 50
E-Mail: info@sarntal.com
http://www.sarntal.com

Alles über die Ferienregion S. 490.

Hotels ★★★
Hotel Auener Hof   T 04 71 62 30 55   F 04 71 62 30 55
Hotel Feldrand   T 04 71 62 71 01   F 04 71 62 76 63
Hotel Hohenegg   T 04 71 62 53 93   F 04 71 62 54 00
Hotel Olympia   T 04 71 62 32 13   F 04 71 62 22 06
Hotel Penserhof   T 04 71 62 71 22   F 04 71 62 73 73
Hotel Stern   T 04 71 62 31 40   F 04 71 62 21 02

Hotels ★★
Hotel Murrerhof   T 04 71 62 71 21   F 04 71 62 72 80

Pensionen ★★★
Pension Alpenblick   T 04 71 62 31 83   F 04 71 62 24 33
Pension Bergerhof   T 04 71 62 51 16   F 04 71 62 53 33
Appartamenti Marbo   T 04 71 62 33 09   F 04 71 62 04 66
Gasthof Sonne   T 04 71 62 31 51   F 04 71 62 32 34
Gasthof Zum Weissen Rössl   T 04 71 62 31 59
   F 04 71 62 62 07

Pensionen ★★
Gasthof Bundschen   T 04 71 62 31 61   F 04 71 62 26 10
Pension garni Christoph   T 04 71 62 51 13
   F 04 71 62 53 31
Gasthof Greif   T 04 71 62 31 43   F 04 71 62 25 26
Gasthof Höllriegl   T 04 71 62 30 77   F 04 71 62 30 77
Pension Hofstätt   T 04 71 62 30 26   F 04 71 62 26 71
Pension Jägerhof   T 04 71 62 52 10   F 04 71 62 52 10
Gasthof Kircherhof   T 04 71 62 51 13   F 04 71 62 53 31
Pension Kranzlstein   T 04 71 62 31 35   F 04 71 62 31 35
Pension Panorama   T 04 71 62 55 22   F 04 71 62 56 70
Gasthof Rabensteinerhof   T 04 71 62 71 47
   F 04 71 62 73 47
Pension Sonnenblick   T 04 71 62 32 06   F 04 71 62 26 95
Pension garni Sunnleitn   T 04 71 62 51 13
   F 04 71 62 53 31
Pension Wiesenhof   T 04 71 62 32 43   F 04 71 62 26 07
Gasthof Zum Hirschen   T 04 71 62 31 16
   F 04 71 62 03 26

Schenna/Scena

Tourismusbüro
I-39017 Schenna
T 04 73 94 56 69 • F 04 73 94 55 81
E-Mail: info@schenna.com
http://www.schenna.com

Alles über die Ferienregion S. 484.
Hotelanzeigen siehe S. 737.

Hotels ★★★
Hotel Grünwalderhof   T 04 73 94 57 48   F 04 73 94 58 55
   E-Mail: info@gruenwalderhof.com
   http://www.gruenwalderhof.com
   🏠🛏️🏊🍴🎾⚽🎿✈️🚗 1 km 🚴 20 km
   🚶 7 km 🐕 🐎 10 km 🏔️ 3 km 💳 VISA
Hotel Sonnenparadies   T 04 73 94 56 76
   F 04 73 94 54 62
   E-Mail: sonnenparadies@schenna.com
   http://www.sonnenparadies.schenna.com
   🏠🛏️🏊🍴🎾⚽🎿✈️🚗 1 km
   🚶 10 km 🐕 🐎 10 km ⚓ 10 km 💳 VISA

Pensionen ★★★
Pension Grafenstein   T 04 73 94 57 65   F 04 73 94 36 33
   E-Mail: grafenstein@schenna.com
   http://www.grafenstein.info
   🛏️ 25 🏠🏊🍴🎾⚽🎿 0,5 km 🚴 30 km
   🚶 5 km 🐕 🐎 5 km VISA

Weitere Hotels, noch nicht klassifiziert
Residence Sonne   T 04 73 49 71 00   F 04 73 49 71 19
   E-Mail: sonne@schenna.com
   http://www.sonne.schenna.com
   🛏️ 24 🏠🏊🍴🎾⚽🎿✈️ 🚗 10 km 🚴
   🐎 5 km AMEX 💳 VISA

Schlerngebiet/Sciliar

Hoteleinträge siehe unter Kastelruth, Seis am Schlern, Seiser Alm und Völs am Schlern.

Schluderns/Sluderno

Tourismusverein
I-39020 Schluderns/Sluderno
T 04 73 73 70 74 • F 04 73 61 54 44
E-Mail: schluderns@suedtirol.com
http://www.schluderns.suedtirol.com

Alles über die Ferienregion S. 476.

Hotels ★★★★
Hotel Engel   T 04 73 61 52 78   F 04 73 61 54 00

Hotels ★★★
Hotel Alte Mühle   T 04 73 61 52 38   F 04 73 61 40 61
Hotel Gufler   T 04 73 61 52 75   F 04 73 61 54 79

Schnals/Senales

Tourismusverein Schnalstal
I-39020 Schnals/Senales
T 04 73 67 91 48 • F 04 73 67 91 77
E-Mail: info@schnalstal.it
http://www.schnalstal.it

Alles über die Ferienregion S. 476.

Hotels ★★★★
Hotel Cristal   T 04 73 66 22 00   F 04 73 66 22 03
Hotel Vernagt   T 04 73 66 96 36   F 04 73 66 97 20

Hotels ★★★
Hotel Am Fels   T 04 73 67 91 39   F 04 73 67 92 62
Hotel Firn   T 04 73 66 96 69   F 04 73 66 96 08
Sport & Relax Hotel Gerstgras   T 04 73 66 22 11
   F 04 73 66 22 12
Hotel Goldenes Kreuz   T 04 73 66 96 88   F 04 73 66 97 71
Berghotel Grawand   T 04 73 66 21 18   F 04 73 66 21 72
Piccolo-Hotel Gurschler   T 04 73 66 21 00
   F 04 73 66 21 09
Sporthotel Kurzras   T 04 73 66 21 66   F 04 73 66 26 56
Hotel Schnals   T 04 73 67 91 02   F 04 73 67 70 07
Hotel Schwarzer Adler   T 04 73 66 96 52
   F 04 73 66 97 37
Hotel Top Residence Kurz   T 04 73 66 22 20
   F 04 73 66 22 21
Berghotel Tyrol   T 04 73 66 96 90   F 04 73 66 97 43
Apparthotel Zirm   T 04 73 66 21 88   F 04 73 66 21 75
Hotel Zur Goldenen Rose   T 04 73 67 91 30
   F 04 73 67 91 15

Pensionen ★★
Pension-Café Helen   T 04 73 66 96 47   F 04 73 66 96 47
Pension Interski   T 04 73 66 96 55   F 04 73 67 62 00
Pension Lydia   T 04 73 66 96 79   F 04 73 66 97 76

Seis am Schlern/Siusi

Tourismusverein
I-39040 Seis am Schlern/Siusi
T 04 71 70 70 24 • F 04 71 70 66 00
E-Mail: info@seis.it
http://www.seis.it

Alles über die Ferienregion S. 520.

Hotels ★★★★
Hotel Diana   T 04 71 70 40 70   F 04 71 70 60 03
Appartmenthotel Dolomitenhof   T 04 71 70 61 28
   F 04 71 70 61 63
Hotel Seiserhof   T 04 71 70 61 25   F 04 71 70 66 30

Hotels ★★★
Hotel Bad Ratzes   T 04 71 70 61 31   F 04 71 70 71 99
Hotel Enzian - Genziana   T 04 71 70 50 50
   F 04 71 70 70 10
Wanderhotel Europa   T 04 71 70 61 74   F 04 71 70 72 22
Parc-Hotel Florian   T 04 71 70 61 37   F 04 71 70 75 05
Silence & Schloß-Hotel Mirabell   T 04 71 70 61 34
   F 04 71 70 62 49
Hotel-Restaurant Ritterhof   T 04 71 70 65 22
   F 04 71 70 72 91
Hotel-Pension Sonne   T 04 71 70 62 71   F 04 71 70 66 06
Parc Hotel Waldrast   T 04 71 70 61 17   F 04 71 70 70 62

Pensionen ★★★
Residence Kampidell   T 04 71 70 65 18   F 04 71 70 75 30
Residence Nussbaumer   T 04 71 70 50 77
   F 04 71 70 60 06

Pensionen ★★
Pension Paula   T 04 71 70 61 76   F 04 71 70 74 52
Gasthof Vigilerhof   T 04 71 70 64 50   F 04 71 70 63 83

HOTELFÜHRER ITALIEN

Die Angaben über die Klassifizierung der Unterkünfte wurden den offiziellen Verzeichnissen der zuständigen Tourismusverbände entnommen. Für die Richtigkeit der Informationen übernehmen wir keine Gewähr.

Seiser Alm/Alpe di Siusi

Tourismusverein
I-39040 Seiser Alm/Alpe di Siusi
T 04 71 72 79 04 • F 04 71 72 78 28
E-Mail: seiseralm@dolomitisuperski.com
E-Mail: tv-seiseralm@rolmail.net
http://www.dolomitisuperski.com/seiseralm
http://www.seiseralm.net

Alles über die Ferienregion S. 520.
Hotelanzeigen siehe S. 731.

Hotels ★★★★
Sporthotel Floralpina T 04 71 72 79 07 F 04 71 72 78 03
Hotel Plaza T 04 71 72 79 73 F 04 71 72 78 20
Sporthotel Sonne/Sole T 04 71 72 70 00
 F 04 71 72 70 01
Hotel Urthaler T 04 71 72 79 19 F 04 71 72 78 20

Hotels ★★★
Hotel Bellavista T 04 71 72 79 72 F 04 71 72 79 21
Hotel Brunelle T 04 71 72 79 40 F 04 71 72 79 90
Hotel Compatsch T 04 71 72 79 70 F 04 71 72 78 20
Hotel Goldknopf T 04 71 72 79 15 F 04 71 72 78 23
Hotel-Restaurant Gstatsch T 04 71 72 79 08
 F 04 71 72 79 85
Hotel Icaro T 04 71 72 99 00 F 04 71 72 99 99
 E-Mail: info@hotelicaro.com
 http://www.hotelicaro.com
 🛏30 ...
 🏠2 km ⛷15 km ... 15 km ... 3 km Master VISA
 Maestro
Hotel Mignon Sabina T 04 71 72 79 71 F 04 71 72 78 50
Hotel Panorama T 04 71 72 79 68 F 04 71 72 79 45
Hotel Paradiso T 04 71 72 79 05 F 04 71 72 79 62
Hotel Saltria T 04 71 72 79 66 F 04 71 72 78 33
Piccolo-Hotel Sciliar T 04 71 72 79 57 F 04 71 72 79 69
Hotel Seelaus T 04 71 72 79 54 F 04 71 72 78 35
Hotel Seiser Alm T 04 71 72 79 74 F 04 71 72 78 20
Hotel Steger Dellai T 04 71 72 79 64 F 04 71 72 78 48

Hotels ★★
Berghotel Santner T 04 71 72 79 13 F 04 71 72 79 13

Pensionen ★★★
Hotel Rosa T 04 71 72 79 50 F 04 71 72 79 50
Almgasthof Tirler T 04 71 72 79 27 F 04 71 72 78 49

Pensionen ★★
Gasthof Dialer T 04 71 72 79 22 F 04 71 72 78 62
Alpengasthaus Mahlknecht Hütte T 04 71 72 79 12
 F 04 71 72 78 63
Touristenzentrum Obexer T 04 71 72 79 01
 F 04 71 72 92 14
Appartements Unternonn T 04 71 72 79 52
 F 04 71 72 79 52
Pension Schmung T 04 71 72 79 43 F 04 71 72 79 43

Pensionen ★
Gasthof Monte Piz T 04 71 72 90 00 F 04 71 72 78 36

Sestrière

Ufficio Informazione ed Accoglienza Turistica
I-10058 Sestrière
T 01 22 75 54 44 • F 01 22 75 51 71
http://www.sestriere.it
http://www.montagnedoc.it

Hotels ★★★★
Hotel Belvedere T 01 22 75 06 98 F 01 22 75 51 52
Hotel Du Col T 01 22 76 99 40 F 01 22 75 52 42
Hotel Il Fraitevino T 01 22 76 02 22 F 01 22 76 23 55
Grand Hotel Principi di Piemonte T 01.22 79 41
 F 01 22 75 54 11
Grand Hotel Sestriere T 01 22 76 47 6 F 01 22 76 70 0

Hotels ★★★
Hotel Banchetta T 01 22 76 03 07 F 01 22 76 01 72
Hotel Biancaneve T 01 22 75 51 76 F 01 22 75 51 52
Hotel Hermitage T 01 22 76 03 80 F 01 22 51 17 07
Hotel Miramonti T 01 22 75 53 33 F 01 22 75 53 75
Hotel Olimpic T 01 22 76 73 44 F 01 22 76 13 3
Hotel Residence i Cavalieri T 01 22 76 68 77
 F 01 22 75 51 18
Hotel Savoy Edelweiss T 01 22 76 70 40 F 01 22 76 63 26
Hotel Sciatori T 01 22 76 03 23 F 01 22 76 01 96
Hotel Sud-Ovest T 01 22 75 52 22 F 01 22 75 51 66
Hotel Villaggio Degli Atleti T 01 22 79 89
 F 01 22 75 42 56

Sexten/Sesto di Pusteria

Tourismusverein
I-39030 Sexten/Sesto di Pusteria
T 04 74 71 03 10 • F 04 74 71 03 18
E-Mail: info@sexten.it
http://www.sexten.it

Alles über die Ferienregion S. 512.

Hotels ★★★★
Sport- und Kurhotel Bad Moos T 04 74 71 31 00
 F 04 74 71 33 33
Hotel Drei Zinnen/Tre Cime T 04 74 71 03 21
 F 04 74 71 00 92
Hotel Kreuzbergpaß T 04 74 71 03 28 F 04 74 71 03 83
Hotel Rainer T 04 74 71 03 66 F 04 74 71 01 63
Berghotel & Residence Tyrol T 04 74 71 03 86
 F 04 74 71 04 55

Hotels ★★★
Hotel Alpenblick & Residence T 04 74 71 03 79
 F 04 74 71 00 42
Hotel-Residence Alpi T 04 74 71 03 78 F 04 74 71 00 09
Hotel Dolomitenhof & Dep. Alte Post T 04 74 71 30 00
 F 04 74 71 30 01
Hotel Holzer T 04 74 71 03 40 F 04 74 71 06 02
Hotel Mondschein T 04 74 71 03 22 F 04 74 71 02 52
Hotel Monika T 04 74 71 03 84 F 04 74 71 01 77
Hotel & Depandance Mooserhof T 04 74 71 03 46
 F 04 74 71 01 80
Hotel Parkhotel T 04 74 71 03 05 F 04 74 71 00 22
Apparthotel Residence Alpenrose T 04 74 71 03 44
 F 04 74 71 24 14
Hotel Royal T 04 74 71 04 23 F 04 74 71 04 73
Hotel Schönblick/Bellavista T 04 74 71 03 32
 F 04 74 71 00 20
Hotel Sextner Hof/Sesto T 04 74 71 03 14
 F 04 74 71 01 61
Hotel St. Veit T 04 74 71 03 90 F 04 74 71 00 72
Hotel Strobl T 04 74 71 03 71 F 04 74 71 00 57
Hotel Tonyhof T 04 74 71 03 93 F 04 74 71 25 28
Hotel Waldheim T 04 74 71 03 16 F 04 74 71 01 82
Hotel Willy T 04 74 71 04 14 F 04 74 71 25 35

Soraga di Fassa

Informazioni Turistiche
I-38030 Soraga di Fassa
T 04 62 76 81 14 • F 04 62 75 82 14
E-Mail: infosoraga@fassa.com
http://www.fassa.com

Alles über die Ferienregion S. 544.

Hotels ★★★
Hotel Al Lago T 04 62 76 81 27 F 04 62 76 83 94
Hotel Des Alpes T 04 62 76 81 64 F 04 62 76 83 69
Hotel La Madonnina T 04 62 76 81 06 F 04 62 76 81 02
Hotel Malder T 04 62 76 81 21 F 04 62 76 83 88
Hotel Rosalpina T 04 62 76 81 37 F 04 62 76 83 73
Hotel Sayonara T 04 62 76 81 07 F 04 62 76 81 62
Hotel Val di Fassa T 04 62 76 81 11 F 04 62 76 83 23

Hotels ★★
Hotel Latemar T 04 62 76 81 03 F 04 62 76 81 76

St. Andrä/Cleran

Tourismusverein Brixen/Bressanone
I-39042 Brixen/Bressanone
T 04 72 83 64 01 • F 04 72 83 60 67
E-Mail: info@brixen.org
http://www.brixen.org

Alles über die Ferienregion S. 500.
Hotelanzeigen siehe S. 727.

Hotels ★★★
Apparthotel Andrä T 04 72 85 00 97 F 04 72 85 00 48
Hotel Fischer T 04 72 85 20 75 F 04 72 85 20 60
 E-Mail: info@hotel-fischer.it
 http://www.hotel-fischer.it
 🛏42 ... 3 km
 ... Master VISA Maestro
Hotel Gasserhof T 04 72 85 00 97 F 04 72 85 00 48
Hotel Post T 04 72 85 00 00 F 04 72 85 01 01
Alpenhotel Torgglerhof T 04 72 83 55 10
 F 04 72 80 23 55
 E-Mail: info@torgglerhof.com
 http://www.torgglerhof.com
 🛏25 ... 4 km
 ⛷10 km ... 4 km ... 7 km Master VISA Maestro

Hotels ★★
Hotel Mair am Bach T 04 72 83 64 96 F 04 72 83 21 63

St. Christina/Santa Cristina

Verkehrsbüro
I-39047 St. Christina/Santa Cristina
T 04 71 79 30 46 • F 04 71 79 31 98
E-Mail: s.cristina@valgardena.it
http://www.valgardena.it

Alles über die Ferienregion S. 516.

Hotels ★★★★
Hotel Diamant T 04 71 79 67 80 F 04 71 79 35 80
Hotel Interski T 04 71 79 34 60 F 04 71 79 33 91
Sporthotel Monte Pana T 04 71 79 36 00
 F 04 71 79 35 27

Fortsetzung S. 745

HOTELFÜHRER ITALIEN 🇮🇹

Fortsetzung St. Christina

Hotels ★★★
Hotel Carmen   T 04 71 79 21 10   F 04 71 79 35 22
Hotel Cendevaves   T 04 71 79 33 49   F 04 71 79 35 67
Hotel Christeinerhof-Villa Pallua   T 04 71 79 33 66
  F 04 71 79 34 99
Hotel Cristallo   T 04 71 79 20 99   F 04 71 79 33 79
Hotel Dosses   T 04 71 79 33 26   F 04 71 79 37 11
Hotel Post   T 04 71 79 20 78   F 04 71 79 36 07
Hotel Scherlin   T 04 71 79 70 00 43   F 04 71 79 70 00 48
Hotel Touring   T 04 71 79 31 19   F 04 71 79 31 49
Hotel Villa Martha   T 04 71 79 20 88   F 04 71 79 21 73

Pensionen ★★★
Pension Ciamp   T 04 71 79 21 03   F 04 71 79 21 95
Pension Elisabeth   T 04 71 79 31 73   F 04 71 79 36 88
Pension garni Garden   T 04 71 79 60 21   F 04 71 79 66 01
Gasthof Uridl   T 04 71 79 32 15   F 04 71 79 35 54

Stegen

Hoteleinträge siehe unter Bruneck.

Steinegg/Collepietra

Tourismusverein
I-39050 Steinegg/Collepietra
T 04 71 37 65 74 • F 04 71 37 67 60
E-Mail: info@steinegg.com
http://www.steinegg.com
Alles über die Ferienregion S. 524.

Hotels ★★★
Hotel Steineggerhof   T 04 71 37 65 73   F 04 71 37 66 61

Pensionen ★★★
Gasthof Oberwirt - Weisses Kreuz   T 04 71 37 65 25
  F 04 71 37 64 31
Pension Sonnleiten   T 04 71 37 65 30   F 04 71 37 66 94

Pensionen ★★
Pension Berghang   T 04 71 37 65 16   F 04 71 37 67 27
Pension Tschantnai Hof   T 04 71 37 65 45
  F 04 71 37 72 28
Gasthof Wieslhof   T 04 71 37 65 44   F 04 71 37 67 20

Steinhaus/Cadipietra

Ferienregion Tauferer-Ahrntal
I-39030 Steinhaus/Ahrntal
T 04 74 65 20 81 • F 04 74 65 20 82
E-Mail: tauferer@ahrntal.com
E-Mail: info@tures-aurina.com
http://www.tauferer.ahrntal.com
http://www.tures-aurina.com
Alles über die Ferienregion S. 504.

Hotels ★★★★
Traumhotel Alpenschlössl   T 04 74 65 10 10
  F 04 74 65 10 08
Hotel Linderhof   T 04 74 65 21 90   F 04 74 65 24 14

Hotels ★★★
Hotel Bergland   T 04 74 65 22 22   F 04 74 65 24 41
Hotel Kasern & Tauernrast   T 04 74 65 41 85
  F 04 74 65 41 90
Sporthotel Klausberg   T 04 74 65 21 41   F 04 74 65 13 40
Hotel Mühlwald   T 04 74 65 31 29   F 04 74 65 33 46
Hotel Neuwirt   T 04 74 65 21 24   F 04 74 65 22 66
Hotel Sonja   T 04 74 65 21 84   F 04 74 65 13 00
Hotel Tauernrast   T 04 74 65 41 12   F 04 74 65 42 60 ▷

Stern/La Villa

Tourismusverein
I-39030 Stern/La Villa
T 04 71 84 70 37 • F 04 71 84 72 77
E-Mail: lavilla@altabadia.org
http://www.altabadia.org
Alles über die Ferienregion S. 528.

Hotels ★★★★
Hotel Christiania   T 04 71 84 70 16   F 04 71 84 70 56

Hotels ★★★
Residence Astoria   T 04 71 84 70 48   F 04 71 84 70 65
Hotel Aurora   T 04 71 84 71 73   F 04 71 84 73 53
Hotel Bel Sit   T 04 71 83 60 01   F 04 71 83 65 86
Hotel Dolasilla   T 04 71 84 70 06   F 04 71 84 73 49
Hotel Dolomiti   T 04 71 84 71 43   F 04 71 84 73 90
Hotel La Villa   T 04 71 84 70 35   F 04 71 84 73 93
Hotel Ladinia   T 04 71 84 70 44   F 04 71 84 73 94
Hotel Savoy   T 04 71 84 70 88   F 04 71 84 70 90

Pensionen ★★★
Pension Ciasa Lara   T 04 71 84 72 57   F 04 71 84 75 05
Pension Diana   T 04 71 84 70 29   F 04 71 84 75 02

Sterzing/Vipiteno

Tourismusverein Sterzing
I-39049 Sterzing/Vipiteno
T 04 72 76 53 25 • F 04 72 76 54 41
E-Mail: info@infosterzing.com
http://www.sterzing.com
Alles über die Ferienregion S. 496.
Hotelanzeigen siehe S. 727.

Hotels ★★★★
Hotel Schwarzer Adler   T 04 72 76 40 64
  F 04 72 76 65 22

Hotels ★★★
Hotel Conny   T 04 72 76 58 33   F 04 72 76 69 45
Hotel Lamm   T 04 72 76 51 27   F 04 72 76 68 60
  E-Mail: hotel.lamm@dnet.it
  http://www.hotellamm.de
  ⊟100 🐾 ♿ 🅿 🛗 🚻 ⛷ 🅿 0,8 km
  ○ 2 km ♣ 🐎 2 km 🏊 4 km AMEX ◯ Master VISA
  MasterCard
Hotel Mondschein   T 04 72 76 53 09   F 04 72 76 68 10
Hotel Rose   T 04 72 76 43 00   F 04 72 76 46 39
Hotel Rosskopf   T 04 72 76 53 64   F 04 72 76 53 64
Hotel garni Villa Pattis   T 04 72 76 57 57
  F 04 72 76 57 76
Hotel Restaurant Zoll   T 04 72 76 56 51   F 04 72 76 53 15
Hotel Restaurant Zum Engel   T 04 72 76 51 32
  F 04 72 76 78 44

St. Georgen

Hoteleinträge siehe unter Bruneck.

Stilfser Joch/Passo Stelvio

Informationsbüro Passo Stelvio Net
I-39020 Stelvio
T 03 42 90 32 32 • F 03 42 90 54 45
E-Mail: info@passostelvio.net
http://www.passostelvio.net
Alles über die Ferienregion S. 480.

Hotels ★★★
Hotel Baita Ortler   T 03 42 90 32 32   F 03 42 90 54 45
Hotel Pirovano Rifugio Grande   T 03 42 90 46 21
  F 03 42 90 34 33
Hotel Pirovano Quarto   T 03 42 90 44 21
  F 03 42 90 34 33
Hotel Thöni 3000   T 03 42 90 33 21   F 03 42 90 33 21

St. Jakob i. A./S. Giacomo

Ferienregion Tauferer-Ahrntal
I-39030 Steinhaus/Ahrntal
T 04 74 65 20 81 • F 04 74 65 20 82
E-Mail: tauferer@ahrntal.com
http://www.ahrntal.com
Alles über die Ferienregion S. 504.

Hotels ★★★
Hotel Bühelwirt   T 04 74 65 01 31   F 04 74 65 03 09
Hotel Kapellenhof   T 04 74 65 21 47   F 04 74 65 24 47
Hotel Untersteinerhof   T 04 74 65 01 75   F 04 74 65 01 37

St. Johann i. A./S. Giovanni

Ferienregion Tauferer-Ahrntal
I-39030 Steinhaus/Ahrntal
T 04 74 65 20 81 • F 04 74 65 20 82
E-Mail: tauferer@ahrntal.com
E-Mail: info@tures-aurina.com
http://www.tauferer.ahrntal.com
http://www.tures-aurina.com
Alles über die Ferienregion S. 504.

Hotels ★★★★
Hotel Frankbachhof   T 04 74 67 12 78   F 04 74 67 17 59
Hotel & Resort Gallhaus   T 04 74 65 21 51
  F 04 74 65 24 32

Hotels ★★★
Hotel Adler   T 04 74 67 11 35   F 04 74 67 16 92
Hotel Ahrntalerhof   T 04 74 67 11 41   F 04 74 67 13 59
Hotel Auren   T 04 74 67 12 78   F 04 74 67 17 59
Sporthotel & Residence Griesfeld   T 04 74 67 11 72
  F 04 74 67 17 40
Hotel Stegerhaus   T 04 74 65 22 91   F 04 74 65 24 16
Hotel Steinpent   T 04 74 67 17 66   F 04 74 67 17 17
Hotel Wirt an der Ahr   T 04 74 67 11 34   F 04 74 67 17 38
Hotel Zum Schachen   T 04 74 67 11 37   F 04 74 67 16 73

Pensionen ★★
Pension-Appartements Sonne   T 04 74 67 18 11
  F 04 74 67 18 11

Telefonieren nach Italien
0039 + vollständige Teilnehmernummer

HOTELFÜHRER ITALIEN

St. Kassian/San Cassiano

Tourismusverein
I-39030 St. Kassian/San Cassiano
T 0471 84 94 22 • **F 0471 84 92 49**
E-Mail: s.cassiano@altabadia.org
http://www.altabadia.org

Alles über die Ferienregion S. 528.

Hotels ★★★★
Hotel Armentarola   T 0471 84 95 22   F 0471 84 93 89
Hotel Ciasa Salares   T 0471 84 94 45   F 0471 84 93 69
Hotel Diamant   T 0471 84 94 99   F 0471 84 93 70
Hotel Dolomiti Fanes   T 0471 84 94 70   F 0471 84 94 03
Hotel Relais & Chateaux Rosa Alpina   T 0471 84 95 00
   F 0471 84 93 77

Hotels ★★★
Hotel Bosco Verde   T 0471 84 14 47   F 0471 84 14 38
Hotel Conturines-Posta   T 0471 84 94 64
   F 0471 84 92 74
Hotel Gran Ancëi   T 0471 84 95 40   F 0471 84 92 10
Hotel Gran Paradiso   T 0471 84 94 24   F 0471 84 93 30
Hotel La Stüa   T 0471 84 94 56   F 0471 84 93 11
Hotel Störes   T 0471 84 94 86   F 0471 84 93 31
Hotel Tofana   T 0471 84 94 73   F 0471 84 92 02
Hotel Tyrol   T 0471 84 94 93   F 0471 84 93 63

Pensionen ★★★
Pension Al Sole   T 0471 84 95 46   F 0471 84 92 50
Pension garni Ciasa ai Pini   T 0471 84 95 41
   F 0471 84 92 33
Pension Ciasa Antersies   T 0471 84 94 17
   F 0471 84 93 19
Pension garni Villa Flora   T 0471 84 94 72
   F 0471 84 92 66

St. Leonhard i. Passeier

Tourismusbüro
I-39015 St. Leonhard i. Passeier
T 0473 65 61 88 • **F 0473 65 66 24**
E-Mail: info@passeiertal.org
http://www.hallo.com

Alles über die Ferienregion S. 484.

Hotels ★★★★
Hotel Stroblhof   T 0473 65 61 28   F 0473 65 64 68

Hotels ★★★
Hotel Bergland   T 0473 65 62 87   F 0473 65 66 44
Hotel Klotz   T 0473 65 61 79   F 0473 65 66 36
Hotel Theresia   T 0473 65 62 28   F 0473 65 62 18
Hotel Tirolerhof   T 0473 65 61 17   F 0473 65 66 86

St. Lorenzen/San Lorenzo di S.

Tourismusverein
I-39030 St. Lorenzen/San Lorenzo di S.
T 0474 47 40 92 • **F 0474 47 41 06**
E-Mail: st.lorenzen@kronplatz.com
http://www.st-lorenzen.com

Alles über die Ferienregion S. 508.

Hotels ★★★★
Hotel Lanerhof   T 0474 40 31 33   F 0474 40 32 40
Hotel Mühlgarten   T 0474 54 83 30   F 0474 54 80 30
Hotel Schloß Sonnenburg   T 047 44 74 99 99
   F 0474 47 40 49
Sporthotel Winkler   T 0474 54 90 20   F 0474 54 95 56

Hotels ★★★
Hotel Alpenrose   T 0474 40 31 49   F 0474 40 31 53
Hotel Martinerhof   T 0474 47 94 44   F 0474 47 44 88
Hotel Mondschein   T 0474 47 40 91   F 0474 47 42 46
Hotel Saalerwirt   T 0474 40 31 47   F 0474 40 33 02
Hotel Sonnenhof   T 0474 52 81 05   F 0474 52 80 31 ▷

Pensionen ★★★
Pension garni Florian   T 0474 54 80 68   F 0474 54 80 68

Pensionen ★★
Pension Burgblick   T 0474 47 43 03   F 0474 47 46 45
Gasthof Hörschwang   T 0474 40 32 09   F 0474 40 32 09
Gasthof Onach   T 0474 40 31 36   F 0474 54 80 98
Gasthof Traube   T 0474 47 40 13   F 0474 47 40 47

St. Martin/San Martino

Tourismusverein
I-39030 St. Martin/San Martino in Badia
T 0474 52 31 75 • **F 0474 52 34 74**
E-Mail: info@sanmartin.it
http://www.kronplatz.com

Alles über die Ferienregion S. 508.

Hotels ★★★
Hotel Diamant   T 0474 52 32 37   F 0474 52 32 37

Pensionen ★★★
Gasthof Dasser   T 0474 52 31 20   F 0474 52 32 66

St. Nikolaus/San Nicolo

Tourismusverein Ulten
I-39010 St. Walburg
T 0473 79 53 87 • **F 0473 79 50 49**
E-Mail: ultental@rolmail.net
http://www.ultental.it

Alles über die Ferienregion S. 484.
Hotelanzeigen siehe S. 735.

Hotels ★★★★
Hotel Waltershof   T 0473 79 01 44   F 0473 79 03 87
   E-Mail: waltershof@rolmail.net
   http://www.waltershof.com
   📺 40 🐕 🛏 🍴 🔍 ♨ ⛷ 🏔 🌐
   ✈ 4 km 🚂 2 km 🚗 25 km 🚴 3 km
   ⛰ 30 km AMEX ◐ MasterCard VISA Maestro

Hotels ★★★
Hotel Ortler   T 0473 79 01 01   F 0473 79 04 21

Pensionen ★★★
Pension Florian   T 0473 79 04 70   F 0473 79 12 21
Gasthof-Pension Gasteig   T 0473 79 01 09
   F 0473 79 01 09

St. Pankraz/San Pancrazio

Tourismusverein
I-39010 St. Pankraz/San Pancrazio
T 0473 78 71 71 • **F 0473 78 55 42**
E-Mail: st.pankraz@rolmail.net
http://www.ultental.it

Alles über die Ferienregion S. 484.

Hotels ★★★
Hotel Sankt Pankraz   T 0473 78 71 80   F 0473 78 55 35

Pensionen ★★★
Gasthof Zur Post   T 0473 78 70 55   F 0473 78 70 55

Eine Erklärung der Symbole
finden Sie auf S. 683.

St. Peter/S. Pietro

Tourismusverein Lajen/Laion
I-39040 Lajen/Laion
T 0471 65 56 33 • **F 0471 65 55 66**
E-Mail: tourismusverein.lajen@rolmail.net
http://www.hallo.com

Alles über die Ferienregion S. 500.

Pensionen ★★★
Gasthof/Albergo Bräuhaus   T 0471 79 80 99
   F 0471 79 62 16
Gasthof Weißes Rössl   T 0471 79 62 44   F 0471 79 85 74

St. Sigmund/S. Sigismondo

Hoteleinträge siehe unter Kiens.

St. Ulrich/Ortisei

Tourismusverein
I-39046 St. Ulrich/Ortisei
T 0471 79 63 28 • **F 0471 79 67 49**
E-Mail: ortisei@valgardena.it
http://www.valgardena.it

Alles über die Ferienregion S. 516.

Hotels ★★★★☆
Hotel Adler/Aquila   T 0471 79 62 03   F 0471 79 62 10

Hotels ★★★★
Hotel Enzian/Genziana   T 0471 79 62 46
   F 0471 79 75 98
Hotel Grien   T 0471 79 63 40   F 0471 79 63 03
Hotel Grödnerhof/Gardena   T 0471 79 63 15
   F 0471 79 65 13
Hotel Hell   T 0471 79 67 85   F 0471 79 81 96
Hotel Jakoberhof   T 0471 79 63 44   F 0471 79 81 48
Hotel Mondschein/Luna   T 0471 79 62 14
   F 0471 79 66 97
Hotel Posta Cavallino Bianco   T 0471 78 33 33
   F 0471 79 75 17

Hotels ★★★
Hotel Albion   T 0471 70 00 42   F 0471 70 01 23
Hotel Alpenheim   T 0471 79 65 15   F 0471 79 61 05
Hotel Am Stetteneck   T 0471 79 65 63   F 0471 79 61 47
Hotel Cosmea   T 0471 79 64 64   F 0471 79 78 05
Hotel Croce D'Oro   T 0471 79 70 41   F 0471 79 70 41
Hotel Digon   T 0471 79 72 66   F 0471 79 86 20
Hotel Dolomiti Madonna   T 0471 79 62 07
   F 0471 79 77 73
Hotel Villa Emilia   T 0471 79 61 71   F 0471 79 77 28
Hotel Engel/Angelo   T 0471 79 63 36   F 0471 79 63 23
Residence Granvara   T 0471 79 63 31   F 0471 79 63 31
Hotel Hartmann   T 0471 79 62 70   F 0471 79 62 65
Hotel La Perla   T 0471 79 64 21   F 0471 79 81 98
Appartement-Hotel La Rondula   T 0471 79 61 96
   F 0471 79 71 63
Hotel Lersc   T 0471 79 65 41   F 0471 79 65 41
Hotel Maria   T 0471 79 70 47   F 0471 79 79 59
Hotel Mesavia   T 0471 79 62 99   F 0471 79 79 02
Hotel Platz   T 0471 79 69 35   F 0471 79 82 28
Hotel Pontives   T 0471 79 70 91   F 0471 79 78 54
Hotel Rainell   T 0471 79 61 45   F 0471 79 62 79
Hotel Regina   T 0471 79 63 29   F 0471 79 77 22
Hotel Rodes   T 0471 79 61 08   F 0471 79 78 44
Hotel Ronce   T 0471 79 63 83   F 0471 79 78 90
Residence Villa Stella   T 0471 79 63 14   F 0471 79 85 66
Hotel Talblick   T 0471 79 60 51   F 0471 79 85 95

Pensionen ★★★
Gasthof Arnaria   T 0471 79 66 49   F 0471 79 85 16
Pension Villa Luise   T 0471 79 64 98   F 0471 79 62 17
Pension Picieul   T 0471 79 73 51   F 0471 79 79 89

HOTELFÜHRER ITALIEN 🇮🇹

St. Valentin/San Valentino

Tourismusverein Vinschgauer Oberland
I-39020 St. Valentin/San Valentino
T 04 73 63 46 03 • F 04 73 63 47 13
E-Mail: st.valentin@suedtirol.com
http://www.reschenpass-suedtirol.it
Alles über die Ferienregion S. 476.

Hotels ★★★
Hotel Gstatsch   T 04 71 72 79 08   F 04 71 72 79 85
Hotel-Pension Post   T 04 73 63 46 23   F 04 73 63 46 23
Hotel Stocker   T 04 73 63 46 32   F 04 73 63 46 68
Apparthotel Traube   T 04 73 63 47 60   F 04 73 63 47 70

Hotels ★★
Hotel Ortlerspitze   T 04 73 63 46 31   F 04 73 63 46 31
Hotel-Garni St. Valentin   T 04 73 63 46 26
   F 04 73 63 47 06

Pensionen ★★★
Pension Plagött   T 04 73 63 46 63   F 04 73 63 46 63

Pensionen ★★
Residence Hohenegger   T 04 73 63 46 53
   F 04 73 63 45 99

St. Vigil/San Vigilio

Tourismusverein Al Plan/St. Vigil
I-39030 St. Vigil/San Vigilio
T 04 74 50 10 37 • F 04 74 50 15 66
E-Mail: info@sanvigilio.com
E-Mail: info@kronplatz.com
http://www.sanvigilio.com
http://www.kronplatz.com
Alles über die Ferienregion S. 508.

Hotels ★★★★
Wellnesshotel Almhof Call   T 04 74 50 10 43
   F 04 74 50 15 69
Hotel Excelsior   T 04 74 50 10 36   F 04 74 50 16 55
Parchotel Posta   T 04 74 50 10 10   F 04 74 50 16 40

Hotels ★★★
Hotel Al Plan   T 04 74 50 10 25   F 04 74 50 19 55
Hotel Al Sole - Sonnenhof   T 04 74 50 10 12
   F 04 74 50 17 04
Hotel Bad Cortina   T 04 74 50 12 15   F 04 74 50 17 78
Hotel Carmen   T 04 74 50 10 07   F 04 74 50 16 86
Hotel Clara   T 04 74 50 10 26   F 04 74 50 17 08
Hotel Condor   T 04 74 50 10 17   F 04 74 50 16 35
Residence Corn   T 04 74 50 11 45   F 04 74 50 15 50
Hotel Emma   T 04 74 50 11 33   F 04 74 50 17 23
Hotel Exclusive   T 04 74 50 10 30   F 04 74 50 17 76
Hotel Floralp   T 04 74 50 11 15   F 04 74 50 16 33
Hotel Gran Pre'   T 04 74 50 10 65   F 04 74 50 11 10
Hotel Krone/Corona   T 04 74 50 10 38   F 04 74 50 16 75
Hotel La Stöa   T 04 74 50 10 55   F 04 74 50 14 92
Hotel Les Alpes   T 04 74 50 10 80   F 04 74 50 16 30
Hotel Mirabel   T 04 74 50 12 80   F 04 74 50 17 51
Hotel Monte Sella   T 04 74 50 10 34   F 04 74 50 17 14
Hotel Olympia   T 04 74 50 10 28   F 04 74 50 13 81
Hotel Paraccia   T 04 74 50 10 18   F 04 74 50 12 70
Residence Pelegrin   T 04 74 50 19 80   F 04 74 50 11 45
Hotel Teresa   T 04 74 50 10 01   F 04 74 50 17 28   ▷

Pensionen ★★★
Garni Cristallo   T 04 74 50 11 25   F 04 74 50 17 16
Appartement garni Diamant   T 04 74 50 10 69
   F 04 74 50 18 10
Gasthof Erica   T 04 74 50 11 21   F 04 74 50 18 83
Pension Majarei   T 04 74 50 12 26   F 04 74 50 19 10

Pensionen ★★
Pension Arnica   T 04 74 50 10 85   F 04 74 50 10 85
Gasthof Brunella   T 04 74 50 10 64   F 04 74 50 18 56
Gasthof Waldruh   T 04 74 50 10 68   F 04 74 50 17 80

St. Walburg/S. Valburga

Tourismusverein Ulten
I-39016 St. Walburg/S. Valburga
T 04 73 79 53 87 • F 04 73 79 50 49
E-Mail: info@ultental.it
http://www.ultental.it
Alles über die Ferienregion S. 484.
Hotelanzeigen siehe S. 735.

Hotels ★★★
Hotel Alpenhof   T 04 73 79 53 98   F 04 73 79 64 04
Hotel Gludererhof   T 04 73 79 52 99   F 04 73 79 54 48
Hotel Kreuzwirt   T 04 73 79 53 16   F 04 73 79 53 43
Hotel Landhaus Schweigl   T 04 73 79 53 12
   F 04 73 79 50 60
Hotel Unterpichl   T 04 73 79 54 79   F 04 73 79 55 25
   E-Mail: info@unterpichl.it
   http://www.unterpichl.it
   ⊨34 🐕 🍴 ♨ ⛷ 🚴 ⛰ 5 km
   ⛳ 20 km 🐎 🚲 3 km 💳 VISA
Hotel Weiberhimml   T 04 73 79 60 53   F 04 73 79 63 68
   E-Mail: info@weiberhimml.it
   http://www.weiberhimml.it
   ⊨40 🐕 🍴 ♨ ⛷ 🚴 ⛰ 🎿 🏊
   ⛳ 25 km 🐎 🚲 4 km ⚓ 4 km

Pensionen ★★★
Gasthof Eggwirt   T 04 73 79 53 19   F 04 73 79 54 71
Pension Rainer   T 04 73 79 53 22   F 04 73 79 63 61

Pensionen ★★
Gästehaus garni Pöder   T 04 73 79 60 33
   F 04 73 79 62 98
Pension Zogglerhof   T 04 73 79 53 92   F 04 73 79 54 20

Sulden/Solda

Ferienregion Ortlergebiet im Nationalpark Stilfser Joch
für das Ortlergebiet
I-39029 Sulden/Solda
T 04 73 73 70 60 • F 04 73 61 31 82
E-Mail: info@sulden.com
http://www.sulden.com
http://www.ortlergebiet.it
Alles über die Ferienregion S. 480.

Hotels ★★★★
Hotel Cristallo   T 04 73 61 32 34   F 04 73 61 31 14
Hotel Marlet   T 04 73 61 30 75   F 04 73 61 31 90
Hotel Post   T 04 73 61 30 24   F 04 73 61 32 24
Hotel Zebru   T 04 73 61 30 25   F 04 73 61 30 37   ▷

Hotels ★★★
Hotel Alpenhof   T 04 73 61 30 14   F 04 73 61 32 11
Hotel Alpina   T 04 73 61 31 04   F 04 73 61 32 56
Hotel Bambi am Park   T 04 73 61 30 42   F 04 73 61 32 42
Hotel Cevedale   T 04 73 61 30 13   F 04 73 61 31 84
Hotel Cornelia   T 04 73 61 30 32   F 04 73 61 30 59
Hotel Eller   T 04 73 61 30 21   F 04 73 61 31 81
Hotel Gampen   T 04 73 61 30 23   F 04 73 61 31 93
Hotel Gertraud   T 04 73 61 30 77   F 04 73 61 32 06
Hotel Mignon   T 04 73 61 30 45   F 04 73 61 31 94
Sporthotel Paradies   T 04 73 61 30 43   F 04 73 61 32 43
Hotel Parc   T 04 73 61 31 33   F 04 73 61 31 95
Grand Hotel Sulden   T 04 73 61 30 81   F 04 73 61 30 85

Pensionen ★★★
Pension Eden   T 04 73 61 30 95   F 04 73 61 32 00
Pension garni Panorama   T 04 73 61 30 00
   F 04 73 61 37 19
Pension Paulmichl   T 04 73 61 30 64   F 04 73 61 31 51
Pension Sport Robert   T 04 73 61 30 33   F 04 73 61 36 35

Taisten/Tisedo

Tourismusverein
I-39035 Taisten/Tisedo
T 04 74 95 00 00 • F 04 74 95 00 66
E-Mail: tv.taisten@dnet.it
E-Mail: info@kronplatz.com
http://www.kronplatz.com
http://www.taisten.net
Alles über die Ferienregion S. 508.

Hotels ★★★
Hotel Alpenhof   T 04 74 95 00 20   F 04 74 95 00 71
Hotel Chalet Olympia   T 04 74 95 00 12   F 04 74 94 46 50
Hotel Tirolerhof   T 04 74 95 02 55   F 04 74 95 02 60

Pensionen ★★
Pension Lienharterhof   T 04 74 95 02 58
Pension Panorama   T 04 74 94 40 17   F 04 74 94 44 56
Pension Wiesenhof   T 04 74 95 00 03

Tauferer Ahrntal

Hoteleinträge siehe unter Kematen, Luttach, Mühlen, Sand in Taufers, St. Jakob und St. Johann i. A..

Terenten/Terento

Tourismusverein
I-39030 Terenten/Terento
T 04 72 54 61 40 • F 04 72 54 63 40
E-Mail: terenten@dnet.it
http://www.terenten.com
Alles über die Ferienregion S. 508.

Hotels ★★★★
Hotel Sonnenparadies   T 04 72 54 62 66
   F 04 72 54 60 57

Hotels ★★★
Hotel Dolomitenblick   T 04 72 54 61 23   F 04 72 54 60 92
Residence Terentis   T 04 72 54 62 05   F 04 72 54 64 56
Hotel Terentnerhof   T 04 72 54 61 17   F 04 72 54 60 61
Hotel Tirolerhof   T 04 72 54 61 33   F 04 72 54 64 07
Hotel Waldrast   T 04 72 54 61 30   F 04 72 54 64 62
Alpotel Wiedenhofer   T 04 72 54 61 16   F 04 72 54 63 66
Hotel Zum Hasen   T 04 72 54 61 49   F 04 72 54 60 30

Pensionen ★★
Pension Linde   T 04 72 54 61 26   F 04 72 54 60 64

Die Angaben über die Klassifizierung der Unterkünfte wurden den offiziellen Verzeichnissen der zuständigen Tourismusverbände entnommen. Für die Richtigkeit der Informationen übernehmen wir keine Gewähr.

HOTELFÜHRER ITALIEN

Tesero

Azienda di Promozione Turistica Val di Fiemme
I-38038 Tesero
T 04 62 81 00 97 • **F 04 62 81 00 97**
E-Mail: info@valdifiemme.info
http://www.valdifiemme.info
Alles über die Ferienregion S. 548.

Hotels ★★★★
Hotel Shandrani   T 04 62 81 47 37   F 04 62 81 47 64

Hotels ★★★
Hotel Lo Scoiattolo   T 04 62 81 32 44   F 04 62 81 45 53
Berghotel Miramonti   T 04 62 81 41 77   F 04 62 81 46 46
Sporthotel Pampeago   T 04 62 81 35 00   F 04 62 81 45 17

Hotels ★★
Hotel Pozzole   T 04 62 81 37 88   F 04 62 81 37 88

Tiers/Tires

Tourismusverein Tiers am Rosengarten
I-39050 Tiers/Tires
T 04 71 64 21 27 • **F 04 71 64 20 05**
E-Mail: tiers@rolmail.net
http://www.tiers-rosengarten.com
Alles über die Ferienregion S. 524.

Hotels ★★★★
Wanderhotel Cyprianerhof   T 04 71 64 21 43
   F 04 71 64 21 41
Hotel Dosses   T 04 71 64 21 95   F 04 71 64 22 00

Hotels ★★★
Hotel Enzian   T 04 71 64 21 88   F 04 71 64 23 12
Hotel Panorama   T 04 71 64 21 19   F 04 71 64 23 19
Hotel-Residence Paradies   T 04 71 64 21 36
   F 04 71 64 20 36
Hotel Pattisenhof   T 04 71 64 21 18   F 04 71 64 22 84
Hotel Pinè   T 04 71 64 22 72   F 04 71 64 22 76
Hotel Weisslahnbad   T 04 71 64 21 26   F 04 71 64 20 33

Hotels ★★
Hotel Vajolet   T 04 71 64 21 39   F 04 71 64 20 09

Pensionen ★★★
Hotel-Pension Stefaner   T 04 71 64 21 75
   F 04 71 64 23 02

Toblach/Dobbiaco

Tourismusverein
I-39034 Toblach/Dobbiaco
T 04 74 97 21 32 • **F 04 74 97 27 30**
E-Mail: info@toblach.it
http://www.toblach.it
Alles über die Ferienregion S. 512.

Hotels ★★★★
Hotel Santer   T 04 74 97 21 42   F 04 74 97 27 97

Hotels ★★★
Parkhotel Bellevue   T 04 74 97 21 01   F 04 74 97 28 07
Hotel Gratschwirt   T 04 74 97 22 93   F 04 74 97 29 15
Hotel Hubertushof   T 04 74 97 22 76   F 04 74 97 23 13
Hotel Laurin   T 04 74 97 22 06   F 04 74 97 30 96
Hotel Monica-Trogerhof   T 04 74 97 22 16
   F 04 74 97 25 57
Hotel Nocker   T 04 74 97 22 42   F 04 74 97 27 73
Hotel Oberhammer   T 04 74 97 21 95   F 04 74 97 23 66
Apparthotel Olympia   T 04 74 97 21 47   F 04 74 97 27 13
Hotel Post   T 04 74 97 21 04   F 04 74 97 31 54
Alpenhotel Ratsberg   T 04 74 97 22 13
   F 04 74 97 29 16   ▷

Hotel Rosengarten   T 04 74 97 24 58   F 04 74 97 20 65
Hotel Serles   T 04 74 97 25 12   F 04 74 97 20 88
Hotel Simpaty   T 04 74 97 33 30   F 04 74 97 33 40
Hotel Stauder   T 04 74 97 24 88   F 04 74 97 20 97
Hotel Toblacherhof   T 04 74 97 22 17   F 04 74 97 30 83
Hotel Tschurtschenthaler   T 04 74 97 24 77
   F 04 74 97 30 40
Hotel Union   T 04 74 97 01 00   F 04 74 97 27 98
Hotel Urthaler   T 04 74 97 22 41   F 04 74 97 30 50

Hotels ★★
Hotel Baur am See   T 04 74 97 21 06   F 04 74 97 26 28

Pensionen ★★
Gasthof Drei Zinnen   T 04 74 97 26 33   F 04 74 97 23 30

Weitere Hotels, noch nicht klassifiziert
Apparthotel Germania   T 04 74 97 21 60
   F 04 74 97 32 72

Trafoi

Informationsbüro
I-39020 Trafoi
T 04 73 73 70 60 • **F 04 73 61 31 82**
E-Mail: info@sulden.com
http://www.trafoi.com
Alles über die Ferienregion S. 480.

Hotels ★★★
Hotel Madatsch   T 04 73 61 17 67   F 04 73 61 15 40
Hotel Post   T 04 73 61 17 99   F 04 73 61 15 90
Hotel Schöne Aussicht   T 04 73 61 17 16
   F 04 73 61 22 50

Hotels ★★
Hotel Tannenheim-Abeti   T 04 73 61 17 04
   F 04 73 61 18 03

Tre Valli

Hoteleinträge siehe unter Falcade und Moèna.

Tscherms

Tourismusverein
I-39010 Tscherms
T 04 73 56 10 15 • **F 04 73 56 33 32**
E-Mail: tscherms@meranerland.com
Alles über die Ferienregion S. 484.
Hotelanzeigen siehe S. 736.

Hotels ★★★
Hotel Brigitte   T 04 73 56 34 11   F 04 73 56 49 02
   E-Mail: info@pension-brigitte.com
   http://www.pension-brigitte.com
   ⛁30 🐕 🌳 🅿 🍴 ⛷ ⛷ 🚗 🚂 2 km
   🏊25 km ⛵ 3 km 🚴 🎿 1 km
Appartement-Hotel Paulus   T 04 73 56 24 00
   F 04 73 56 22 82
   E-Mail: info@hotel-paulus.com
   http://www.hotel-paulus.com
   ⛁42 🐕 🌳 🅿 🍴 ⛷ 🚗 5 km
   🏊30 km ⛵ 🚴 🎿 3 km 🛥 10 km AMEX
   Master VISA Maestro

Ultental/Val di Ultimo

Hoteleinträge siehe unter St. Nikolaus, St. Pankraz und St. Walburg.

Untermoia/Antermoia

Tourismusverein
I-39030 Untermoia/Antermoia
T 04 74 52 31 75 • **F 04 74 52 34 74**
Alles über die Ferienregion S. 508.

Hotels ★★
Berghotel Antermoia   T 04 74 52 00 49   F 04 74 52 00 70
Hotel Fontanella   T 04 74 52 00 42   F 04 74 52 00 68
Hotel Putia   T 04 74 52 01 14   F 04 74 52 01 00

Pensionen ★★
Pension Maria   T 04 74 52 01 15

Vals-Jochtal

Hoteleinträge siehe unter Mühlbach.

Valtournenche

Informazioni Turistiche
I-11028 Valtournenche
T 01 66 92 02 29 • **F 01 66 69 24 30**
E-Mail: valtournenche@montecervino.it
E-Mail: www.monteceverino.it
Alles über die Ferienregion S. 568.

Hotels ★★★
Hotel Bijou   T 01 66 92 21 09   F 01 66 92 22 64
Hotel-garni Grandes Murailles   T 01 66 93 27 02
   F 01 66 93 29 56
Hotel garni Punta Margherita   T 01 66 92 20 87
   F 01 66 92 28 58
Hotel Rascard   T 01 66 92 21 64   F 01 66 93 31 34
Hotel Tourist   T 01 66 92 20 70   F 01 66 93 31 29

Hotels ★★
Hotel Al Caminetto   T 01 66 92 21 50   F 01 66 92 21 50
Hotel Bich   T 01 66 92 82 21   F 01 66 92 21 48
Hotel garni Etoile de Neige   T 01 66 92 25 95
   F 01 66 92 25 29
Hotel Meridiana   T 01 66 92 22 18   F 01 66 92 22 18

Vigo di Fassa

Informazioni Turistiche
I-38039 Vigo di Fassa
T 04 62 76 40 93 • **F 04 62 76 48 77**
E-Mail: infovigo@fassa.com
http://www.fassa.com
Alles über die Ferienregion S. 544.
Hotelanzeigen siehe S. 729.

Hotels ★★★★☆
Parc Hotel Corona   T 04 62 76 42 11   F 04 62 76 47 77

Hotels ★★★
Hotel Ristorante Ai Pini   T 04 62 76 45 01
   F 04 62 76 41 09
Hotel Alla Rosa   T 04 62 76 44 86   F 04 62 76 42 86
Hotel Andes   T 04 62 76 45 75   F 04 62 76 45 98
   E-Mail: info@hotelandes.com
   http://www.hotelandes.com
   ⛁75 🍴 🌳 🅿 🍴 ⛷ ⛷ 🚗 0,05 km
   ⛵10 km 🚴 2 km 🎿 12 km 💳 Master VISA Maestro
Hotel Catinaccio   T 04 62 76 42 09   F 04 62 76 37 12
Hotel Cima Dodici   T 04 62 76 41 75   F 04 62 76 35 40
Hotel Crescenzia   T 04 62 76 41 12   F 04 62 76 48 89   ▷

Fortsetzung S. 749

HOTELFÜHRER ITALIEN

Fortsetzung Vigo di Fassa

Hotel Dolomiti   T 04 62 76 41 31   F 04 62 76 45 80
Hotel Fontana   T 04 62 76 90 90   F 04 62 76 90 09
Hotel Gambrinus   T 04 62 76 41 59   F 04 62 76 36 43
Hotel Gran Mugon   T 04 62 76 91 08   F 04 62 76 91 08
Hotel La Grotta   T 04 62 76 40 47   F 04 62 76 47 82
Hotel Miramonti   T 04 62 76 41 21   F 04 62 76 37 40
Hotel Olympic   T 04 62 76 42 25   F 04 62 76 46 36
Hotel Piccolo Hotel   T 04 62 76 42 17   F 04 62 76 34 93
Hotel Vall   T 04 62 76 41 10   F 04 62 76 25 18

Pensionen ★★★
Pensione San Giovanni   T 04 62 76 41 97
   F 04 62 76 36 99
Pensione Vigo   T 04 62 76 41 80   F 04 62 76 48 31

Villnöß/Funes

Tourismusverein
I-39040 Villnöß/Funes
T 04 72 84 01 80 • F 04 72 84 03 12
E-Mail: info@villnoess.com
http://www.villnoess.com
Alles über die Ferienregion S. 516.

Hotels ★★★
Hotel Kabis   T 04 72 84 01 26   F 04 72 84 03 95
Hotel Ranuimüllerhof   T 04 72 84 01 82   F 04 72 84 05 45
Hotel Schlemmer-Skihütte T 04 72 52 13 06
   F 04 72 52 12 36
Hotel Teiserhof   T 04 72 84 45 71   F 04 72 84 45 39
Hotel Tyrol   T 04 72 84 01 04   F 04 72 84 05 36

Hotels ★★
Gasthof Edelweiß   T 04 72 84 01 41   F 04 72 84 03 07

Pensionen ★★
Gasthof Mittermühl   T 04 72 84 40 09   F 04 72 84 40 40
Pension Planatschhof   T 04 72 84 01 05
Pension Profanterhof   T 04 72 84 01 58   F 04 72 84 04 00

Pensionen ★
Pension Sayonara   T 04 72 84 01 81   F 04 72 84 01 81

Vinschgau/Venosta

Hoteleinträge siehe unter Graun.

Völs am Schlern/Fiè allo Sciliar

Tourismusverein
I-39050 Völs am Schlern/Fiè allo Sciliar
T 04 71 72 50 47 • F 04 71 72 54 88
E-Mail: info@voels.it
http://www.voels.it
Alles über die Ferienregion S. 520.

Hotels ★★★★☆
Hotel Emmy   T 04 71 72 50 06   F 04 71 72 54 84

Hotels ★★★★
Romantik-Hotel Turm   T 04 71 72 50 14   F 04 71 72 54 74

Hotels ★★★
Hotel Heubad   T 04 71 72 50 20   F 04 71 72 54 25
Hotel Appartements Perwanger   T 04 71 70 62 56
   F 04 71 70 54 29
Hotel Rose Wenzer   T 04 71 72 50 16   F 04 71 72 52 53
Gartenhotel Völserhof   T 04 71 72 54 21
   F 04 71 72 56 02
Hotel Waldsee   T 04 71 72 50 41   F 04 71 72 57 45

Welsberg/Monguelfo

Tourismusverein
I-39035 Welsberg/Monguelfo
T 04 74 94 41 18 • F 04 74 94 45 99
E-Mail: welsberg@kronplatz.com
E-Mail: info@kronplatz.com
http://www.kronplatz.com
http://www.welsberg.net
**Alles über die Ferienregion S. 512.
Hotelanzeigen siehe S. 732.**

Hotels ★★★★
Hotel Bad Waldbrunn   T 04 74 94 41 77   F 04 74 94 42 29
   E-Mail: info@hotelbadwaldbrunn.com
   http://www.hotelbadwaldbrunn.com
   ⌂50 14 km 2 km AMEX Diners MasterCard VISA 6,5 km

Hotels ★★★
Hotel Christof   T 04 74 94 40 31   F 04 74 94 46 90
Hotel Hell   T 04 74 94 41 26   F 04 74 94 40 12
Hotel Seehof   T 04 74 94 45 71   F 04 74 94 66 89
Hotel garni Sunn leit'n T 04 74 94 45 36
   F 04 74 94 69 48
Hotel Weisses Lamm   T 04 74 94 41 22   F 04 74 94 47 33

Hotels ★★
Hotel Goldene Rose   T 04 74 94 41 13   F 04 74 94 69 41

Welschnofen/Nova Levante

Tourismusverein Welschnofen-Karersee
I-39056 Welschnofen/Nova Levante
T 04 71 61 31 26 • F 04 71 61 33 60
E-Mail: info@welschnofen.com
http://www.welschnofen.com
http://www.carezza.com
Alles über die Ferienregion S. 524.

Hotels ★★★★
Wellnesshotel Engel   T 04 71 61 31 31   F 04 71 61 34 04
Hotel Weisses Rössl   T 04 71 61 31 13   F 04 71 61 33 90

Hotels ★★★
Hotel Adler   T 04 71 61 30 73   F 04 71 61 32 79
Hotel Centrale   T 04 71 61 31 64   F 04 71 61 35 30
Hotel Diana   T 04 71 61 31 60   F 04 71 61 44 03
Aparthotel Mondschein/Luna   T 04 71 61 35 68
   F 04 71 61 31 30
Hotel garni Panorama   T 04 71 61 32 32
   F 04 71 61 34 80
Hotel Seehauser   T 04 71 61 32 35   F 04 71 61 35 24
Hotel Stern   T 04 71 61 31 25   F 04 71 61 35 25
Aparthotel Ulrike   T 04 71 61 34 82   F 04 71 61 36 58

Wengen/La Val

Tourismusverein
I-39030 Wengen/La Val
T 04 71 84 30 72 • F 04 71 84 32 77
E-Mail: laval@altabadia.org
http://www.altabadia.org
Alles über die Ferienregion S. 528.

Hotels ★★★
Hotel Alpenrose/Rosa Alpina   T 04 71 84 31 36
   F 04 71 84 32 66
Hotel Plan Muring   T 04 71 84 31 38   F 04 71 84 32 85

Pensionen ★★★
Gasthof Pider   T 04 71 84 31 29   F 04 71 84 32 81 ▷

Pensionen ★★
Gasthof Posta Pederoa   T 04 71 84 31 19
   F 04 71 84 32 98

Wipptal

Hoteleinträge siehe unter Freienfeld, Gossensass, Kalch, Kematen, Klobenstein, Ratschings, Ridnaun, Ritten und Sterzing.

Wolkenstein/Selva

Tourismusverein
I-39048 Wolkenstein/Selva
T 04 71 79 51 22 • F 04 71 79 42 45
E-Mail: selva@valgardena.it
http://www.valgardena.it
Alles über die Ferienregion S. 516.

Hotels ★★★★☆
Hotel Alpenroyal   T 04 71 79 51 78   F 04 71 79 41 61

Hotels ★★★★
Hotel Aaritz   T 04 71 79 50 11   F 04 71 79 55 66
Hotel Antares   T 04 71 79 54 00   F 04 71 79 50 13
Hotel Genziana   T 04 71 77 28 00   F 04 71 79 43 30
Sporthotel Gran Baita   T 04 71 79 52 10   F 04 71 79 50 80
Hotel Granvara   T 04 71 79 52 50   F 04 71 79 43 36
Hotel Mignon   T 04 71 79 50 92   F 04 71 79 43 56
Hotel Oswald   T 04 71 77 11 11   F 04 71 79 41 31
Hotel Piccolo   T 04 71 79 51 86   F 04 71 79 53 77
Hotel Chalet Portillo   T 04 71 79 52 05   F 04 71 79 43 60
Hotel Tyrol   T 04 71 77 41 00   F 04 71 79 40 22

Hotels ★★★
Hotel Alaska   T 04 71 79 52 98   F 04 71 79 44 48
Hotel Alpino   T 04 71 79 51 34   F 04 71 79 52 85
Hotel Armin   T 04 71 79 53 47   F 04 71 79 43 63
Hotel Astor   T 04 71 79 52 07   F 04 71 79 43 96
Hotel Bellevue   T 04 71 79 52 27   F 04 71 79 43 35
Hotel Belmont   T 04 71 79 21 14   F 04 71 79 36 12
Hotel Cir   T 04 71 79 51 27   F 04 71 79 43 83
Hotel Condor   T 04 71 79 50 55   F 04 71 79 45 16
Hotel Continental   T 04 71 79 54 11   F 04 71 79 41 30
Hotel Des Alpes   T 04 71 77 27 00   F 04 71 79 40 91
Hotel Dorfer   T 04 71 79 52 04   F 04 71 79 50 68
Hotel Else   T 04 71 79 52 73   F 04 71 79 40 86
Hotel Gardenia   T 04 71 79 32 68   F 04 71 79 31 23
Hotel garni Giardin   T 04 71 79 53 75   F 04 71 79 42 69
Hotel Jägerheim   T 04 71 79 21 16   F 04 71 79 21 60
Hotel Kristiania   T 04 71 79 20 47   F 04 71 79 37 48
Hotel Laurin   T 04 71 79 51 05   F 04 71 79 43 10
Hotel Linder   T 04 71 79 52 42   F 04 71 79 43 20
Hotel Maciaconi   T 04 71 79 35 00   F 04 71 79 35 35
Hotel Malleier   T 04 71 79 52 96   F 04 71 79 43 64
Hotel Meisules   T 04 71 79 52 00   F 04 71 79 42 08
Hotel Miravalle   T 04 71 79 51 66   F 04 71 79 44 45
Hotel Olympia   T 04 71 79 51 45   F 04 71 79 54 03
Hotel Plan de Gralba   T 04 71 79 51 35   F 04 71 79 45 22
Hotel Post Zum Hirschen/Posta Al Cervo   T 04 71 79 51 74
   F 04 71 79 43 74
Hotel Pralong   T 04 71 79 53 70   F 04 71 79 41 03
Residence Sausalito   T 04 71 79 41 78   F 04 71 79 42 49
Hotel Savoy   T 04 71 79 53 43   F 04 71 79 43 33
Hotel Solaia   T 04 71 79 51 04   F 04 71 79 51 21
Hotel Stella   T 04 71 79 51 62   F 04 71 79 50 05
Hotel Sun Valley   T 04 71 79 51 52   F 04 71 79 43 94
Hotel Villa Prinoth   T 04 71 79 52 69   F 04 71 79 62 65

Ein *plus* mehr für Sie!

Rom
ADAC Reiseführer plus

nur 7,95 € plus
8,20 (A) · 14,90 sFr
Extra-CityPlan

Unschlagbar im Doppelpack!

Die 10 Top-Städteführer in Kombination mit handlichen CityPlänen machen jede Stadtbesichtigung zu einem Vergnügen.

Lieferbare Titel:

Berlin, Dresden, Hamburg, London, München, New York, Paris, Prag, Rom und Wien.

www.adac.de/reisefuehrer

Mehr wissen, mehr erleben, besser reisen.

ADAC Reiseführer plus

HOTELFÜHRER FRANKREICH

Im folgenden Hotelverzeichnis geben wir Ihnen eine Auswahl von Hotels und Pensionen aus den wichtigsten Alpen-Ferienregionen Frankreichs. Die Orte sind alphabetisch geordnet. Durch Seitenverweise werden Sie auf die Beschreibung des jeweiligen Gebietes aufmerksam gemacht.

In Frankreich werden Hotels und Pensionen kategorisiert. Die Qualität der Betriebe steigt mit der Anzahl der Sterne (1-4).

Für die Richtigkeit der Informationen übernehmen wir keine Gewähr. Wir sind für Anregungen und Ergänzungen dankbar.

Hinweis: Bei Anruf aus dem Ausland entfällt die erste Null der zehnstelligen Telefon- und Faxnummer.

Aigueblanche

Réservations Valmorel
F-73260 Aigueblanche
T 04 79 09 84 44 • **F 04 79 09 91 45**

Hotels ★★★
Hotel La Fontaine   T 04 79 09 87 77

Hotels ★★
Hotel Auberge Planchamp   T 04 79 09 83 91
Hotel Du Bourg   T 04 79 09 86 66
Hotel Perret   T 04 79 24 04 06

Argentière

Office de Tourisme
F-74400 Argentière
T 04 50 54 02 14

Alles über die Ferienregion S. 574.

Hotels ★★★
Hotel Des Grands Montets   T 04 50 54 06 66
    F 04 50 54 05 42
Hotel Jeu de Paume   T 04 50 54 03 76   F 04 50 54 10 75
Hotel Les Becs Rouges   T 04 50 54 01 00
    F 04 50 54 00 51
Hotel Montana   T 04 50 54 14 99   F 04 50 54 03 40

Hotels ★★
Hotel Beausoleil   T 04 50 54 00 78   F 04 50 54 17 34
Hotel L' Olympique   T 04 50 54 01 04   F 04 50 54 23 57
Hotel Le Dahn   T 04 50 54 01 55   F 04 50 54 03 27

Avoriaz

Office de Tourisme
F-74110 Avoriaz
T 04 50 74 02 11 • **F 04 50 74 24 29**
E-Mail: info@avoriaz.com
http://www.avoriaz.com

Alles über die Ferienregion S. 574.

Hotels ★★★
Hotel De la Falaise   T 04 50 74 26 00
Hotel Les Dromonts   T 04 50 74 08 11   F 04 50 74 02 79

Chamonix Mont-Blanc

Office de Tourisme
F-74400 Chamonix Mont-Blanc
T 04 50 53 00 24 • **F 04 50 53 58 90**
E-Mail: info@chamonix.com
http://www.chamonix.com

Alles über die Ferienregion S. 574.

Hotels ★★★★
Hotel Auberge du Bois Prin   T 04 50 53 33 51
    F 04 50 53 48 75
Hotel Jeu de Paume   T 04 50 54 03 76   F 04 50 54 10 75
Hotel Le Hameau Albert 1er   T 04 50 53 05 09
    F 04 50 55 95 48
Hotel Mont Blanc   T 04 50 53 05 64   F 04 50 55 89 44

Hotels ★★★
Hotel Alpina   T 04 50 53 47 77   F 04 50 55 98 99
Hotel Croix Blanche   T 04 50 53 00 11   F 04 50 53 48 83
Hotel Des Aiglons   T 04 50 55 90 93   F 04 50 53 51 08
Hotel Du Bois   T 04 50 54 50 35   F 04 50 55 50 87
Hotel Le Prieuré   T 04 50 53 20 72   F 04 50 55 87 41
Hotel Mercure Coralia Chamonix   T 04 50 53 07 56
    F 04 50 53 54 79
Novotel Coralia Chamonix   T 04 50 53 26 22
    F 04 50 53 31 31

Chamrousse

Office de Tourisme
F-38410 Chamrousse
T 04 76 89 92 65 • **F 04 76 89 98 06**
E-Mail: infos@chamrousse.com
http://www.chamrousse.com

Hotels ★★★
Hotel Hermitage   T 04 76 89 93 21   F 04 76 89 95 30

Hotels ★★
Hotel La Patcha   T 04 76 89 91 40   F 04 76 59 01 18

Weitere Hotels, noch nicht klassifiziert
Hotel Le Virage   T 04 76 89 90 63   F 04 76 59 04 95

Chantemerle

Hoteleinträge siehe unter Serre Chevalier.

Châtel

Office de Tourisme
F-74390 Châtel
T 04 50 73 32 54 • **F 04 50 73 22 87**
E-Mail: touristoffice@chatel.com
http://www.chatel.com

Alles über die Ferienregion S. 574.

Hotels ★★★
Hotel Fleur de Neige   T 04 50 73 20 10   F 04 50 73 24 55
Hotel Macchi   T 04 50 73 24 12   F 04 50 73 27 25
Hotel Panoramic   T 04 50 73 22 15   F 04 50 73 36 79

Combloux

Office de Tourisme
F-74920 Combloux
T 04 50 58 60 49 • **F 04 50 93 33 55**
E-Mail: combloux@wanadoo.fr
http://www.combloux.com

Alles über die Ferienregion S. 574.

Hotels ★★★★
Hotel Aux Ducs de Savoie   T 04 50 58 61 43
    F 04 50 58 67 43

Hotels ★★★
Hotel Au coeur des prés   T 04 50 93 36 55
    F 04 50 58 69 14
Hotel Le Feug   T 04 50 93 00 50   F 04 50 21 21 44
Hotel Le Rond Point des Pistes   T 04 50 58 68 55
    F 04 50 93 30 54

Courchevel

Office de Tourisme
F-73120 Courchevel
T 04 79 08 00 29 • **F 04 79 08 15 63**
http://www.courchevel.com

Hotels ★★★★
Hotel Annapurna   T 04 79 08 04 60   F 04 79 08 15 31
Hotel Bellecote   T 04 79 08 10 19   F 04 79 08 17 16
Hotel Byblos des Neiges   T 04 79 00 98 00
    F 04 79 00 98 01
Hotel Carlina   T 04 79 08 00 30   F 04 79 08 04 03
Hotel Chabichou   T 04 79 08 00 55   F 04 79 08 33 58
Hotel Des Grandes Alpes   T 04 79 08 03 35
    F 04 79 08 12 52
Hotel Des Neiges   T 04 79 08 03 77   F 04 79 08 18 70
Hotel Du Pralong   T 04 79 08 24 82   F 04 79 08 36 41
Hotel Du Pralong   T 04 79 08 24 82   F 04 79 08 36 41
Hotel Lana   T 04 79 08 01 10   F 04 79 08 36 70
Hotel Le Kilimandjaro   T 04 79 01 46 40   F 04 79 01 46 46
Hotel Les Airelles   T 04 79 09 38 38   F 04 79 08 38 39
Hotel Trois Vallées   T 04 79 08 00 12   F 04 79 08 17 98

Hotels ★★★
Grandhotel Au Rond Point des Pistes   T 04 79 08 04 33
    F 04 79 01 04 29
Hotel Crystal   T 04 79 08 28 22   F 04 79 08 28 39
Hotel Ducs de Savoie   T 04 79 08 03 00   F 04 79 08 16 30
Hotel L'Aiglon   T 04 79 08 02 66   F 04 79 08 37 94
Hotel La Loze   T 04 79 08 28 25   F 04 79 08 39 29
Hotel La Sivolière   T 04 79 08 08 33   F 04 79 08 15 73
Hotel Les Sherpas   T 04 79 08 02 55   F 04 79 08 09 34
Hotel Mercure Coralia Courchevel   T 04 79 08 11 23
    F 04 79 08 18 62
Hotel Pomme de Pin   T 04 79 08 36 88   F 04 79 08 38 72

Flaine

Office de Tourisme
F-74300 Flaine
T 04 50 90 80 01 • **F 04 50 90 86 26**
E-Mail: welcome@flaine.com
http://www.flaine.com

Alles über die Ferienregion S. 574.

Hotels ★★★
Hotel Le Totem   T 04 50 90 80 64

Isola 2000

Office de Tourisme
F-06420 Isola 2000
T 04 93 23 15 15 • **F 04 93 23 14 25**
E-Mail: info@isola2000.com
http://www.isola2000.com

Hotels ★★★
Hotel-Club du Soleil Le Chastillon   T 04 93 23 26 00
    F 04 93 23 26 12
Hotel-Club du Soleil Le Pas du Loup   T 04 93 23 27 00
    F 04 93 23 27 09

HOTELFÜHRER FRANKREICH

La Clusaz

Office de Tourisme
F-74220 La Clusaz
T 04 50 32 65 00 • **F 04 50 32 65 01**
E-Mail: infos@laclusaz.com
http://www.laclusaz.com

Alles über die Ferienregion S. 574.

Hotels ★★★
Hotel Alpen Roc   T 04 50 02 58 96   F 04 50 02 57 49
Hotel Borderan   T 04 50 02 43 26   F 04 50 32 64 09
Hotel Le Vieux Chalet   T 04 50 02 41 53   F 04 50 32 33 99

Hotels ★★
Hotel La Montagne   T 04 50 63 38 38   F 04 50 63 38 39

L'Alpe d'Huez

Office de Tourisme
F-38750 L'Alpe d'Huez
T 04 76 11 44 44 • **F 04 76 80 69 54**
E-Mail: info@alpedhuez.com
http://www.alpedhuez.com

Alles über die Ferienregion S. 584.

Hotels ★★★★
Hotel Au Chamois d'Or   T 04 76 80 31 32
   F 04 76 80 34 90
Hotel Royal Ours Blanc   T 04 76 80 35 50
   F 04 76 80 34 50

Hotels ★★★
Hotel Hermitage   T 04 76 80 35 43
Hotel La Belle Aurore   T 04 76 80 33 17
Hotel Le Christina   T 04 76 80 33 32   F 04 76 80 66 12
Hotel Le Dôme   T 04 76 80 32 11   F 04 76 80 66 48
Hotel Le Mariandre   T 04 76 80 66 03   F 04 76 80 31 50
Hotel Le Petit Prince   T 04 76 80 33 51
Hotel Le Pic Blanc   T 01 42 86 66 66   F 01 42 86 66 76
Hotel Les Cimes   T 04 76 80 34 31   F 04 76 80 40 96
Hotel Les Grandes Rousses   T 04 76 80 33 11
   F 04 76 80 69 57
Hotel Vallée Blanche   T 04 76 80 30 51

La Plagne-Aime

Office du Tourisme de la Grande Plagne
F-73211 La Plagne
T 04 79 09 79 79 • **F 04 79 09 70 10**
E-Mail: bienvenue@la-plagne.com
http://www.la-plagne.com

Hotels ★★★
Hotel Terra Nova   T 04 79 55 79 00   F 04 79 55 79 10

Hotels ★★
Hotel Bellecote   T 04 79 07 83 30   F 04 79 07 80 63
Hotel L'Aigle Rouge   T 04 79 55 51 05   F 04 79 55 51 14
Hotel L'Ancolie   T 04 79 55 05 00   F 04 79 55 04 42
Hotel Les Glières   T 04 79 55 05 52   F 04 79 55 04 84
Hotel Mercure ex Eldorador   T 04 79 09 12 09
   F 04 79 09 29 52

La Toussuire

Office de Tourisme
F-73300 La Toussuire
T 04 79 83 06 06 • **F 04 79 83 02 99**
E-Mail: info@la-toussuire.com
http://www.la-toussuire.com

Hotels ★★★
Hotel Les Airelles   T 04 79 56 75 88   F 04 79 83 03 48
Hotel Les Soldanelles   T 04 79 56 75 29   F 04 79 56 71 56

Hotels ★★
Hotel Le Col   T 04 79 56 73 36   F 04 79 56 78 61
Hotel Le Gentiana   T 04 79 56 75 09   F 04 79 56 75 02
Hotel Le Grand Truc   T 04 79 56 73 28   F 04 79 56 78 37
Hotel Plein Sud   T 04 79 56 79 80   F 04 79 83 02 05

Le Grand Massif

Hoteleinträge siehe unter Flaine und Samoëns.

Les Arcs

Office de Tourisme
F-73706 Les Arcs
T 04 79 07 61 13 • **F 04 79 07 45 96**
E-Mail: lesarcs@lesarcs.com
http://www.lesarcs.com

Hotels ★★★
Hotel Club Latitudes   T 04 79 07 49 79   F 04 79 07 49 87
Hotel Du Golf Latitudes   T 04 79 41 43 43
   F 04 79 07 34 28
Hotel La Cachette   T 04 79 07 70 50   F 04 79 07 74 01
Hotel-Club Les Mélèzes   T 04 79 07 50 50
   F 04 79 07 36 26

Le Sauze

Office de Tourisme du Sauze Super Sauze
F-04400 Le Sauze
T 04 92 81 05 61 • **F 04 92 81 21 60**
E-Mail: info@sauze.com
http://www.sauze.com

Hotels ★★★
Hotel L'Alp'Hôtel   T 04 92 81 05 04   F 04 92 81 45 84
Hotel Le Pyjama   T 04 92 81 12 00   F 04 92 81 03 16

Hotels ★★
Hotel L' Equipe   T 04 92 81 05 12   F 04 92 81 45 33
Hotel L' Ourson   T 04 92 81 05 21   F 04 92 81 13 38
Hotel Le Soleil des Neiges   T 04 92 81 05 01
   F 04 92 81 48 00
Hotel Les Flocons   T 04 92 81 05 03   F 04 92 81 52 57

Les Deux Alpes

Tourist Office
F-38860 Les Deux Alpes
T 04 76 79 22 00 • **F 04 76 79 01 38**
E-Mail: les2alp@les2alpes.com
http://www.les2alpes.com

Hotels ★★★★
Hotel La Berangère   T 04 76 79 24 11   F 04 76 79 55 08
Hotel La Farandole   T 04 76 80 50 45   F 04 76 79 56 12

Hotels ★★★
Hotel Chalet Mounier   T 04 76 80 56 90   F 04 76 79 56 51
Hotel L'Aalborg   T 04 76 80 54 11   F 04 76 79 07 02
Hotel L'Adret   T 04 76 79 24 30   F 04 76 79 57 08
Hotel La Belle Etoile   T 04 76 80 51 19   F 04 76 79 04 45
Hotel La Mariande   T 04 76 80 50 60   F 04 76 79 04 99
Hotel Le Souleil'or   T 04 76 79 24 69   F 04 76 79 20 64
Hotel Mercure   T 04 76 79 29 29   F 04 76 79 25 21
Hotel Muzelle Sylvana   T 04 76 80 50 93
   F 04 76 79 27 54

Hotels ★★
Hotel L'Oree des Pistes   T 04 76 79 22 50
   F 04 76 79 22 76

Weitere Hotels, noch nicht klassifiziert
Hotel Edelweiss   T 04 76 79 21 22   F 04 76 79 24 63

Les Gets

Office de Tourisme
F-74260 Les Gets
T 04 50 75 80 80 • **F 04 50 79 76 90**
E-Mail: lesgets@lesgets.com
http://www.lesgets.com

Alles über die Ferienregion S. 574.

Hotels ★★★
Hotel Alpages   T 04 50 75 80 88   F 04 50 79 76 98
Hotel Crychar   T 04 50 75 80 50   F 04 50 79 83 12
Hotel Labrador   T 04 50 75 80 00   F 04 50 79 87 03
Hotel Marmotte   T 04 50 75 80 33   F 04 50 75 83 26
Hotel Mont-Chery   T 04 50 75 80 75   F 04 50 79 70 13
Hotel Nagano   T 04 50 79 71 46   F 04 50 79 71 48
Hotel Sabaudia   T 04 50 75 80 02   F 04 50 75 80 04

Les Menuires

Office de Tourisme Les Menuires
F-73440 Les Menuires
T 04 79 00 73 00 • **F 04 79 00 75 06**
E-Mail: lesmenuires@lesmenuires.com
http://www.lesmenuires.com

Hotels ★★★
Hotel L'ours Blanc   T 04 79 00 61 66   F 04 79 00 63 67
Hotel Le Menuire   T 04 79 00 60 33   F 04 79 00 60 00
Hotel Mai Va Lailludes   T 04 79 00 75 10
   F 04 79 00 70 70

Hotels ★★
Hotel De l'Oisans   T 04 79 00 62 96
Hotel Le Skilt   T 04 79 00 76 54

Les Orres

Office de Tourisme
F-05200 Les Orres
T 04 92 44 01 61 • **F 04 92 44 04 56**
E-Mail: ot.lesorres@wanadoo.fr
http://www.lesorres.com

Hotels ★★
Hotel Boussolenc   T 04 92 44 02 65
Hotel Les Arolles   T 04 92 44 01 27

Les Portes du Soleil

Hoteleinträge siehe unter Avoriaz, Châtel, Les Gets und Morzine.

Les Trois Valleés

Hoteleinträge siehe unter Courchevel, Les Menuires, Méribel und Val Thorens.

> Die Qualität der Hotelbetriebe steigt mit der Anzahl der Sterne.

Hotelführer Frankreich 🇫🇷

Megève

Office de Tourisme
F-74120 Megève
T 04 50 21 27 28 • **F 04 50 93 03 09**
E-Mail: megeve@megeve.com
http://www.megeve.com

Alles über die Ferienregion S. 574.

Hotels ★★★★
Hotel Chalet Saint Georges   T 04 50 93 07 15
   F 04 50 21 51 18
Hotel Le Triolet   T 04 50 21 08 96
Hotel Les Fermes de Marie   T 04 50 93 03 10
   F 04 50 93 09 84
Hotel Lodge Park   T 04 50 93 05 03   F 04 50 93 09 52
Hotel Mont Blanc   T 04 50 21 20 02   F 04 50 21 45 28
Hotel Chalet Mont-d'Arbois   T 04 50 21 25 03
   F 04 50 21 24 79

Hotels ★★★
Hotel Au Coeur de Megève   T 04 50 21 25 30
   F 04 50 91 91 27
Hotel Au Vieux Moulin   T 04 50 21 22 29
   F 04 50 93 07 91
Hotel garni Coin du Feu   T 04 50 21 04 94
   F 04 50 21 20 15
Hotel garni Le Fer à Cheval   T 04 50 21 30 39
   F 04 50 93 07 60
Hotel Mont-Joly   T 04 50 21 26 14

Méribel

Office de Tourisme
F-73550 Méribel
T 04 79 08 60 01 • **F 04 79 00 59 61**
E-Mail: info@meribel.net
E-Mail: reservation@meribel.net
http://www.meribel.net

Hotels ★★★★
Hotel Grand Coeur   T 04 79 08 60 03   F 04 79 08 58 38
Hotel Mont Vallon   T 04 79 00 44 00   F 04 79 00 46 93

Hotels ★★★
Hotel Altiport   T 04 79 00 52 32   F 04 79 08 57 54
Hotel L'Allodis   T 04 79 00 56 00   F 04 79 00 59 28
Hotel L'Alpenruitor   T 04 79 00 48 48   F 04 79 00 48 31
Hotel Le Mottaret   T 04 79 00 47 47   F 04 79 00 40 08
Hotel Les Arolles   T 04 79 00 40 40   F 04 79 00 45 50

Monetier-les-Bains

Hoteleinträge siehe unter Serre Chevalier.

Montgenèvre

Office du Tourisme
F-05100 Montgenèvre
T 04 92 21 52 52 • **F 04 92 21 92 45**
E-Mail: info@montgenevre.com
http://www.montgenevre.com

Hotels ★★★
Hotel Napoléon   T 04 92 21 92 04   F 04 92 21 95 06
Hotel Valérie   T 04 92 21 90 02   F 04 92 21 81 43

Hotels ★★
Hotel L' Alpet   T 04 92 21 90 06   F 04 92 21 81 72
Hotel Le Chalvet   T 04 92 21 90 14   F 04 92 21 93 51

Morzine

Office de Tourisme
F-74110 Morzine
T 04 50 74 72 72 • **F 04 50 79 03 48**
E-Mail: info@morzine-avoriaz.com
http://www.morzine-avoriaz.com

Alles über die Ferienregion S. 574.

Hotels ★★★
Hotel Champs Fleuris   T 04 50 79 14 44   F 04 50 79 27 75
Hotel Club Le Petit Dru   T 04 50 75 77 33
   F 04 50 79 24 80
Hotel L'igloo   T 04 50 79 15 05   F 04 50 75 95 33
Hotel La Bergerie   T 04 50 79 13 69   F 04 50 75 95 71
Hotel Le Dahu   T 04 50 75 92 92   F 04 50 75 92 50
Hotel Les Airelles   T 04 50 74 71 21   F 04 50 79 17 49

Orcières-Merlette

Office de Tourisme
F-5170 Orcières-Merlette
T 04 92 55 89 89 • **F 04 92 55 89 64**
E-Mail: info@orcieres.com
http://www.orcieres.com

Hotels ★★★
Hotel Rélais de Merlette   T 04 92 55 70 08
   F 04 92 55 70 25

Hotels ★★
Hotel De la Poste   T 04 92 55 70 04   F 04 92 55 73 38
Hotel Gardettes   T 04 92 55 71 11   F 04 92 55 77 26
Hotel Montagnou   T 04 92 55 74 37   F 04 92 55 63 45

Pra-Loup

Office de Tourisme
F-04400 Pra-Loup
T 04 92 84 10 04 • **F 04 92 84 02 93**
E-Mail: info@praloup.com
http://www.praloup.com

Hotels ★★★
Hotel-Restaurant Le Prieuré   T 04 92 84 11 43
   F 04 92 84 01 88

Hotels ★★
Hotel-Restaurant L'Auberge de Pra Loup
   T 04 92 84 10 05   F 04 92 84 14 99
Hotel Club du Soleil Les Bergers   T 04 92 84 14 54
   F 04 92 84 09 64

Puy-St-Vincent

Office de Tourisme
F-05290 Puy-St-Vincent
T 04 92 23 35 80 • **F 04 92 23 45 23**
E-Mail: courrier@puysaintvincent.net
http://www.puysaintvincent.com

Hotels ★★
Hotel La Pendine   T 04 92 23 32 62   F 04 92 23 46 63

Pensionen ★★
Hotel Les Chardon Blue   T 04 92 23 32 72

Risoul

Office de Tourisme
F-05600 Risoul
T 04 92 46 02 60 • **F 04 92 46 01 23**
E-Mail: ot.risoul@wanadoo.fr
http://www.risoul.com

Hotels ★★
Hotel Au Bon Logis   T 04 92 45 14 47   F 04 92 45 14 47
Hotel La Bonne Auberge   T 04 92 45 02 40
   F 04 92 45 13 12
Hotel Le Chardon Bleu   T 04 92 46 07 27
   F 04 92 46 08 14
Hotel Le Rochasson   T 04 92 45 06 36   F 04 92 45 02 26

Samoëns

Office de Tourisme
F-74340 Samoëns
T 04 50 34 40 28 • **F 04 50 34 95 82**
E-Mail: infos@samoens.com
http://www.samoens.com

Alles über die Ferienregion S. 574.

Hotels ★★★
Hotel Les Glaciers   T 04 50 34 40 06   F 04 50 34 16 75
Hotel Neige et Roc   T 04 50 34 40 72   F 04 50 34 14 48
Hotel Renardière   T 04 50 34 45 62   F 04 50 34 10 70

Weitere Hotels, noch nicht klassifiziert
Hotel Les 7 Monts   T 04 50 34 40 58   F 04 50 34 13 89

Serre Chevalier

Office de Tourisme
F-05240 Serre Chevalier
T 04 92 24 98 98 • **F 04 92 24 98 84**
E-Mail: contact@ot-serrechevalier.fr
http://www.serre-chevalier.com

Hotels ★★★
Hotel Cimotel   T 04 92 24 78 22   F 04 92 24 70 91
Hotel La Balme   T 04 76 11 50 86   F 04 92 24 07 74
Hotel Plein Sud   T 04 92 24 17 01   F 04 92 24 10 21

Hotels ★★
Hotel Chalet   T 04 92 24 15 81   F 04 92 24 08 45
Hotel Club MMVL' Alpazur   T 04 92 24 40 41
   F 04 92 24 41 05
Hotel Des Glaciers   T 04 92 24 42 21
Hotel Europe   T 04 92 24 40 03   F 04 92 24 52 17
Grand Hotel   T 04 92 24 15 16   F 04 92 24 10 19
Hotel L'Auberge du Choucas   T 04 92 24 42 73
   F 04 92 24 51 60
Hotel La Boule de Neige   T 04 92 24 00 16
   F 04 92 24 00 25
Hotel Le Sylvana   T 04 92 24 40 94   F 04 92 24 52 87
Hotel Olympic   T 04 92 24 00 11   F 04 92 24 13 91

St-François-Longchamp

Office de Tourisme
F-73130 St-François-Longchamp
T 04 79 59 10 56 • **F 04 79 59 17 23**
E-Mail: info@saintfrancoislongchamp.com
http://www.saintfrancoislongchamp.com

Hotels ★★★
Hotel Gentianes   T 04 79 59 10 64
Hotel Le Cheval Noir   T 04 79 59 10 88   F 04 79 59 10 00

Hotels ★★
Hotel La Perelle   T 04 79 59 12 27   F 04 79 59 12 67
Hotel Lac Bleu   T 04 79 59 11 02   F 04 79 59 11 04
Hotel Les Airelles   T 04 79 59 10 63   F 04 79 59 13 44

HOTELFÜHRER FRANKREICH

Super Sauze

Hoteleinträge siehe unter Le Sauze.

Tignes

Tignes Information
F-73321 Tignes
T 04 79 40 04 40 • **F 04 79 40 03 15**
E-Mail: information@tignes.net
http://www.tignes.net

Hotels ★★★★
Hotel Le Ski d'or   T 04 79 06 51 60   F 04 79 06 45 49
Hotel Les Suites du Montana   T 04 79 40 01 44
    F 04 79 40 04 03

Hotels ★★★
Hotel Diva   T 04 79 06 70 00   F 04 79 06 71 00
Hotel L'Aiguille Percée   T 04 79 06 52 22
    F 04 79 06 35 69
Hotel Le Refuge   T 04 79 06 36 64   F 04 79 06 33 78
Hotel Les Campanules   T 04 79 06 34 36
    F 04 79 06 35 78
Hotel Village Montana   T 04 79 40 01 44
    F 04 79 40 04 03

Val d'Isère

Office de Tourisme
F-73155 Val d'Isère
T 04 79 06 06 60 • **F 04 79 06 04 56**
E-Mail: info@valdisere.com
http://www.valdisere.com

Hotels ★★★★
Hotel Blizzard   T 04 79 06 02 07   F 04 79 06 04 94
Hotel Christiania   T 04 79 06 08 25   F 04 79 41 11 10
Hotel Latitudes   T 04 79 06 18 88   F 04 79 06 18 87
Hotel Sofitel Le Val-d'Isère   T 04 79 06 08 30

Hotels ★★★
Hotel Aiglon   T 04 79 06 04 05   F 04 79 41 19 94
Hotel Bellier   T 04 79 06 03 77   F 04 79 41 14 11
Hotel Brussel's   T 04 79 06 05 39   F 04 79 41 16 69
Hotel Danival   T 04 79 06 00 65   F 04 79 41 12 26
Hotel Grand Cocor   T 04 79 06 06 01
Hotel Grand Paradis   T 04 79 06 11 73   F 04 79 41 11 13
Hotel Kandahar   T 04 79 06 02 29   F 04 79 41 15 54
Hotel Le Gélinotte   T 04 79 06 06 73   F 04 79 41 14 98
Hotel Le Parc   T 04 79 06 04 03   F 04 79 41 15 24
Hotel Le Samovar   T 04 79 06 12 51   F 04 79 41 11 08
Hotel Les Santons   T 04 79 06 03 67
Hotel Mercure   T 04 79 06 12 93   F 04 79 41 11 12

Val Thorens

Office de Tourisme
F-73440 Val Thorens
T 04 79 00 08 08 • **F 04 79 00 00 04**
E-Mail: valtho@valthorens.com
http://www.valthorens.com

Hotels ★★★★
Hotel Le Fitz Roy   T 04 79 00 04 78   F 04 79 00 06 11

Hotels ★★★☆
Hotel Le Sherpa   T 04 79 00 00 70   F 04 79 00 08 03
Hotel Le Val Thorens   T 04 79 00 04 33   F 04 79 00 09 40
Hotel Novotel Coralia   T 04 79 00 04 04   F 04 79 00 05 93

Hotels ★★★
Hotel 3 Vallées   T 04 79 00 01 86   F 04 79 00 04 08
Hotel Le Bel Horizon   T 04 79 00 04 77   F 04 79 00 06 08
Hotel Le Portillo   T 04 79 00 00 88   F 04 79 00 05 65

Hotels ★★☆
Hotel Val Chavière   T 04 79 00 00 33   F 04 79 00 01 18

Vars

Office de Tourisme
F-05560 Vars
T 04 92 46 51 31 • **F 04 92 46 56 54**
E-Mail: info@otvars.com
http://www.vars-ski.com

Hotels ★★★
Hotel Le Caribou   T 04 92 46 50 43   F 04 92 46 59 92

Hotels ★★
Hotel L' Ecureuil   T 04 92 46 50 72   F 04 92 46 62 51
Hotel L' Edelweiss   T 04 92 46 50 51   F 04 92 46 54 16
Hotel L'Alpage   T 04 92 46 50 52   F 04 92 46 64 23
Hotel La Mayt   T 04 92 46 50 07   F 04 92 46 63 92
Hotel La Vieille Auberge   T 04 92 46 53 19
    F 04 92 46 66 07
Hotel Le Lievre Blanc   T 04 92 46 50 25   F 04 92 46 65 43
Hotel Le Vallon   T 04 92 46 54 72   F 04 92 46 61 62
Hotel Les Escondus   T 04 92 46 67 00   F 04 92 46 50 47

Villard-de-Lans

Office de Tourisme
F-38250 Villard-de-Lans
T 04 76 95 10 10 • **F 04 76 95 98 39**
E-Mail: info@ot-villard-de-lans.fr
http://www.ot-villard-de-lans.fr

Hotels ★★★
Grandhotel de Paris   T 04 76 95 10 06   F 04 76 95 10 02
Hotel Du Golf   T 04 76 95 84 84   F 04 76 95 82 85
Hotel Eterlou   T 04 76 95 17 65   F 04 76 95 91 41
Hotel Le Christiania   T 04 76 95 12 51   F 04 76 95 00 75
Hotel Le Dauphin   T 04 76 95 95 25   F 04 76 95 56 33

Hotels ★★
Hotel Le Galaxie   T 04 76 94 05 34   F 04 76 94 05 36

Die Angaben über die Klassifizierung der Unterkünfte wurden den offiziellen Verzeichnissen der zuständigen Tourismusverbände entnommen. Für die Richtigkeit der Informationen übernehmen wir keine Gewähr.

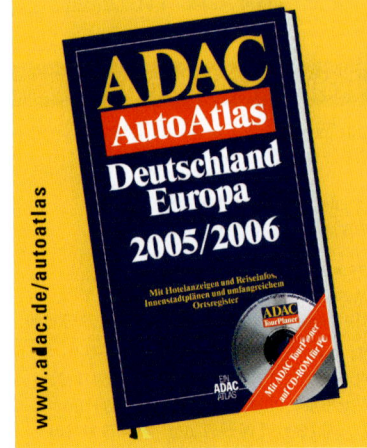

Schnell und sicher ans Ziel!

ADAC AutoAtlas Deutschland Europa 2005/2006

Moderne Straßenkarten im Maßstab 1:300 000 für Deutschland, Benelux, Dänemark, Österreich und Schweiz.

- Zur schnellen Orientierung in den Ballungsräumen Deutschlands: 28 Durchfahrtspläne 1:100 000
- Übersichtliche Autobahnkarten und 29 nationale Innenstadtpläne
- 13 Innenstadtpläne internationaler Metropolen
- Praktischer Reise-Sprachführer, Hotel- und Restaurantanzeigen

Überall, wo es Bücher gibt, und beim ADAC.

www.adac.de/autoatlas

HOTELFÜHRER SLOWENIEN

Im folgenden Hotelverzeichnis geben wir Ihnen eine Auswahl von Hotels und Pensionen aus den wichtigsten Alpen-Ferienregionen Sloweniens. Die Orte sind alphabetisch geordnet. Durch Seitenverweise werden Sie auf die Beschreibung des jeweiligen Gebietes aufmerksam gemacht.

In Slowenien werden Hotels und Pensionen kategorisiert. Die Qualität der Betriebe steigt mit der Anzahl der Sterne (1-5).

Für die Richtigkeit der Informationen übernehmen wir keine Gewähr. Wir sind für Anregungen und Ergänzungen dankbar.

Bled

Turizem Bled
SLO-4260 Bled
T 0 45 78 05 04 • F 0 45 78 05 01
E-Mail: diana.sebat@dzt.bled.si
http://www.bled.si
Alles über die Ferienregion S. 594.

Hotels ★★★★★
Grand Hotel Toplia   T 0 45 79 10 00   F 0 45 79 18 41

Hotels ★★★★
Hotel Golf   T 0 45 79 20 00   F 0 45 74 17 68
Hotel Kompass   T 0 45 78 21 00   F 0 45 78 24 99
Hotel Park   T 04 57 93 00   F 0 45 74 15 05
Hotel Ribno   T 0 45 78 31 00   F 0 45 78 32 00
Hotel Vila Bled   T 04 57 91 50 00   F 0 45 74 13 20

Hotels ★★★
Hotel Astoria   T 0 45 74 11 44   F 0 45 74 39 29
Hotel Jelovica   T 0 45 79 60 00   F 0 45 74 15 50
Hotel Krim   T 04 57 90 00   F 0 45 74 37 29

Pensionen ★★★★
Penzion Alp   T 0 45 74 16 14   F 0 45 74 45 90
Vila Bojana   T 0 45 76 81 70   F 0 45 76 83 60
Kraljeva klubska hiša   T 0 45 37 83 00   F 0 45 37 83 27
Penzion Mayer   T 0 45 76 57 40   F 0 45 76 57 41
Vila Prešeren   T 0 45 78 08 00   F 0 45 78 08 10
Penzion Union   T 0 45 78 01 10   F 0 45 78 01 14

Pensionen ★★★
Penzion garni Berc   T 0 45 74 18 38   F 0 45 74 18 38
Penzion Lukanc   T 0 45 76 52 10   F 0 45 76 52 10
Penzion Mlino   T 0 45 74 14 04   F 0 45 74 15 06
Penzion garni TTT željan   T 0 45 74 36 53
    F 0 45 74 36 53

Bohinjska Bistrica

Lokale Touristische Organization
SLO-4264 Bohinjska Bistrica
T 0 45 74 75 90
E-Mail: lto.bohinj.si
http://www.bohinj.si
Alles über die Ferienregion S. 594.

Pensionen ★★★★
Penzion-Restaurant Tripič   T 0 45 72 12 82
    F 0 45 72 12 82

Pensionen ★★
Penzion Družinski Stare   T 0 45 74 64 00   F 0 45 74 64 01

Weitere Hotels, noch nicht klassifiziert
Apartment Menciger Cecilija   T 0 45 72 12 94, 41 40 47 25
Penzion Savica   T 0 45 72 16 42

Kranjska Gora

Tourist Board
SLO-4280 Kranjska Gora
T 0 45 88 50 20 • F 0 45 88 50 21
E-Mail: tjasa@kranjska-gora.si
http://www.kranjska-gora.si
Alles über die Ferienregion S. 590.

Hotels ★★★★
Hotel Casino Kranjska Gora   T 04 58 78 00
    F 0 45 88 11 84
Hotel Kompas   T 0 45 88 16 61   F 0 45 88 11 76
Hotel Kotnik   T 0 45 88 15 64   F 0 45 88 18 59
Hotel Larix   T 0 45 88 44 77   F 0 45 88 44 79
Hotel Lek   T 0 45 88 15 20   F 0 45 88 13 43
Hotel Prisank   T 0 45 88 44 77   F 0 45 88 48 21
Vila Triglav   T 0 45 88 14 87   F 0 45 88 12 26

Hotels ★★★
Hotel Alpina   T 0 45 88 17 61   F 0 45 88 13 41
Hotel Špik   T 0 45 88 44 77   F 0 45 87 71 00

Telefonieren nach Slowenien
0 03 86 + Orts- bzw.
Funknetzkennziffer ohne die
vorangehende Null +
Teilnehmernummer

Ribčev Laz

Fremdenverkehrsbüro Bohinj
SLO-4264 Bohinjsko jezero
T 0 45 74 75 90
E-Mail: lto.bohinj.si
http://www.bohinj.si
Alles über die Ferienregion S. 594.

Hotels ★★★★
Hotel Jezero   T 0 45 72 91 00, 0 45 72 33 75
    F 0 45 72 90 39

Weitere Hotels, noch nicht klassifiziert
Apartment Cvetek Tilka   T 0 45 72 30 70
Apartment Malej Valentin   T 0 45 72 32 68
    F 0 45 72 32 68
Apartment Preželj Anton   T 0 45 72 32 66
Apartment Sporar Janez   T 0 45 72 34 13
Apartment Svenšek Štefanija   T 0 45 72 37 70
Apartment Zdov   T 0 45 72 35 94
Apartment Zolokar   T 0 45 72 33 63

Škofja Loka

Tourist-Info-Center
SLO-4220 Škofja Loka
T 0 45 17 06 00
E-Mail: info@lto-blegos.si
http://www.lto-blegos.si
Alles über die Ferienregion S. 594.

Hotels ★★★
Hotel Transturist   T 0 45 12 40 26   F 0 45 12 40 96

Weitere Hotels, noch nicht klassifiziert
Minihotel   T 0 45 15 05 40   F 0 45 15 05 42

Železniki

Fremdenverkehrsverein Železniki
SLO-4220 Železniki
T 0 45 10 26 00
E-Mail: td.zelezniki@siol.net
Alles über die Ferienregion S. 594.

Hotels ★★★
Hotel Kemperle

Mehr wissen, mehr erleben, besser reisen.

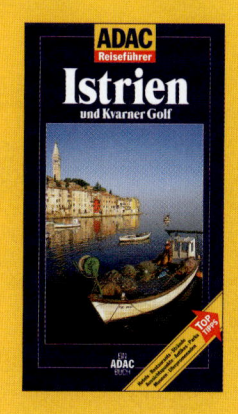

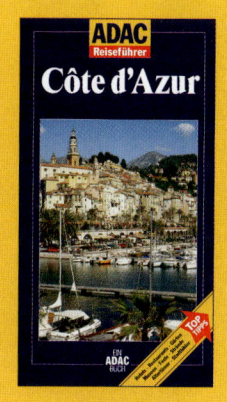

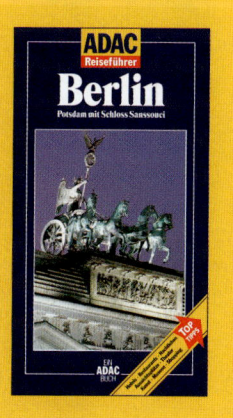

ADAC Reiseführer: Istrien und Kvarner Golf — Côte d'Azur — Berlin, Potsdam mit Schloss Sanssouci

Überall, wo es Bücher gibt, und beim ADAC.

www.adac.de/reisefuehrer

StrassenAtlas Alpen

1 : 300 000

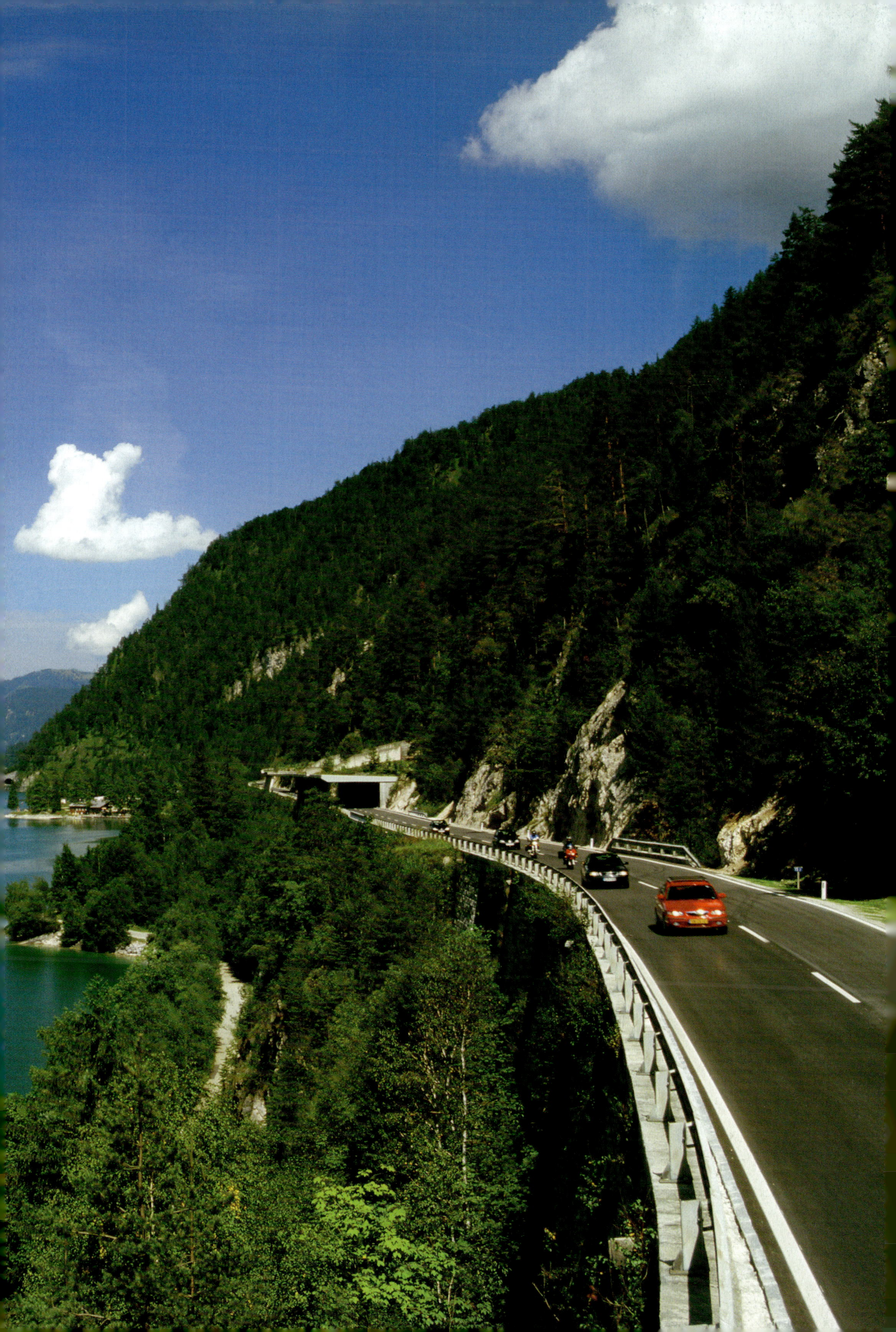

Verkehrsnetz

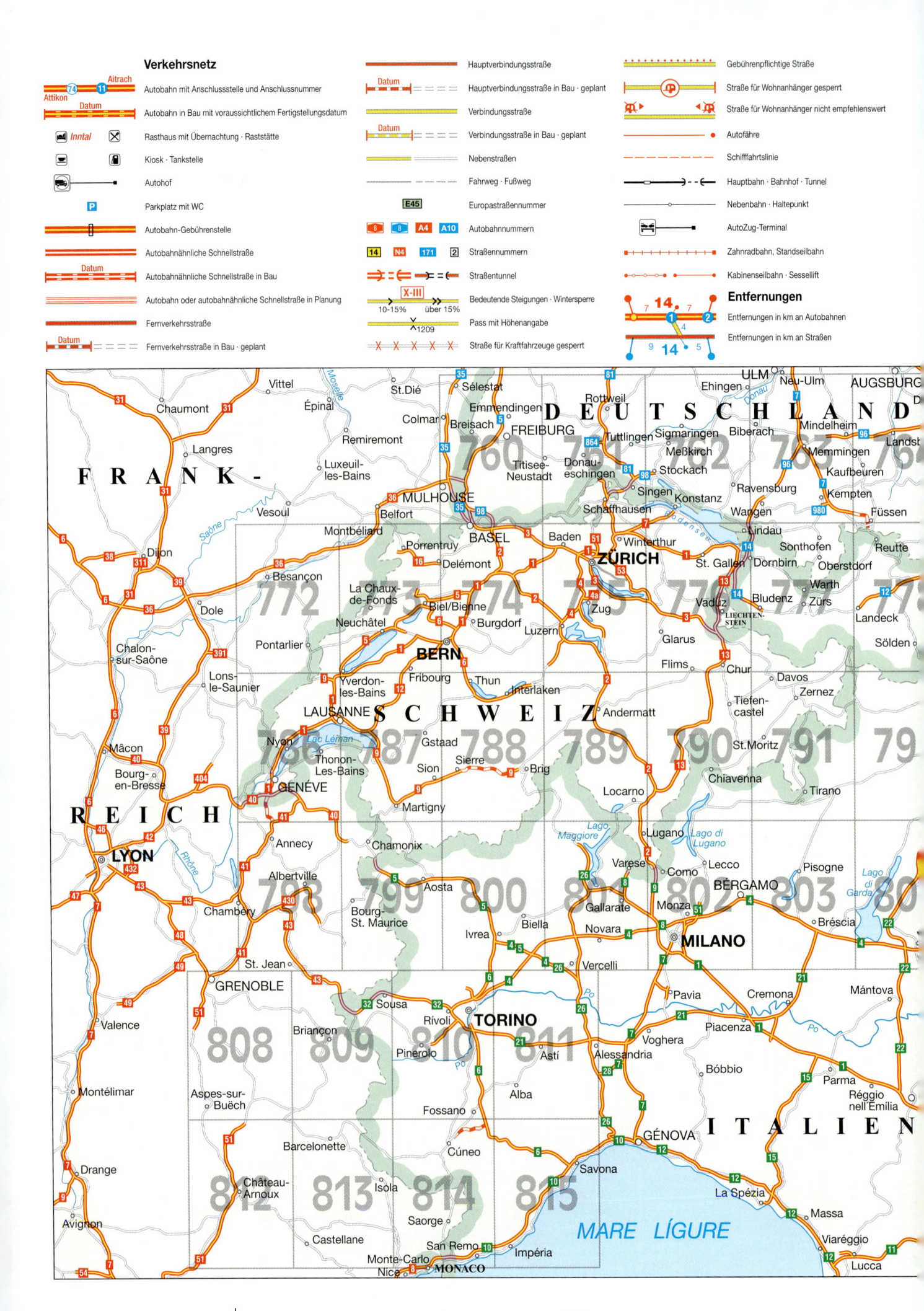

- Autobahn mit Anschlussstelle und Anschlussnummer
- Autobahn in Bau mit voraussichtlichem Fertigstellungsdatum
- Rasthaus mit Übernachtung · Raststätte
- Kiosk · Tankstelle
- Autohof
- Parkplatz mit WC
- Autobahn-Gebührenstelle
- Autobahnähnliche Schnellstraße
- Autobahnähnliche Schnellstraße in Bau
- Autobahn oder autobahnähnliche Schnellstraße in Planung
- Fernverkehrsstraße
- Fernverkehrsstraße in Bau · geplant
- Hauptverbindungsstraße
- Hauptverbindungsstraße in Bau · geplant
- Verbindungsstraße
- Verbindungsstraße in Bau · geplant
- Nebenstraßen
- Fahrweg · Fußweg
- Europastraßennummer
- Autobahnnummern
- Straßennummern
- Straßentunnel
- Bedeutende Steigungen · Wintersperre
- Pass mit Höhenangabe
- Straße für Kraftfahrzeuge gesperrt
- Gebührenpflichtige Straße
- Straße für Wohnanhänger gesperrt
- Straße für Wohnanhänger nicht empfehlenswert
- Autofähre
- Schifffahrtslinie
- Hauptbahn · Bahnhof · Tunnel
- Nebenbahn · Haltepunkt
- AutoZug-Terminal
- Zahnradbahn, Standseilbahn
- Kabinenseilbahn · Sessellift

Entfernungen

- Entfernungen in km an Autobahnen
- Entfernungen in km an Straßen

758

Touristische Hinweise

- **ST. GALLEN** — Besonders sehenswerter Ort
- **Kufstein** — Sehenswerter Ort
- *Feste Hohensalzburg* — Besonders sehenswertes kulturelles Objekt
- *Mariastein* — Sehenswertes kulturelles Objekt
- *Liechtensteinklamm* — Besonders sehenswertes landschaftliches Objekt
- *Nidleloch* — Sehenswertes landschaftliches Objekt
- Aussichtspunkte
- *Dt. Alpenstraße* — Landschaftlich schöne Strecke
- *Alpe Véglia* — Touristikstraße
- Nationalpark, Naturpark
- Wald · Sperrgebiet
- **Mittenwald Seite 98** — Verweis zur Urlaubsregion

- Museumseisenbahn
- Verkehrsflughafen · Regionalflughafen
- Flugplatz · Segelflugplatz
- Kirche, Kapelle · Kirchenruine
- Kloster · Klosterruine
- Schloss, Burg · Burgruine
- Turm · Funk-, Fernsehturm
- Leuchtturm · Windmühle
- Denkmal · Soldatenfriedhof
- Ruinenstätte, geschichtliche Stätte · Höhle
- Wasserfall · Sonstiges Naturobjekt
- Schwimmbad, Erlebnisbad, Strandbad · Golfplatz
- Sonstige bedeutende Objekte

- Hotel, Gasthaus, Berghütte
- Campingplatz · Jugendherberge
- ADAC · ADAC Automobilclub-Geschäftsstellen

Verwaltung

- **BERN** — Hauptstadt
- **LUZERN** — Landeshauptstadt, Verwaltungssitz
- Staatsgrenze
- Verwaltungsgrenze
- Grenzkontrollstelle · mit Einschränkung

Autobahngebühren bzw. Straßenbenutzungsgebühren für Schnellverkehrsstraßen werden für alle Fahrzeuge in Frankreich, Italien, Österreich, Polen und Slowenien verlangt. In Österreich sind außerdem gesonderte Gebühren für die Brenner-, Tauern- und Pyhrn-Autobahn, sowie Arlbergtunnel und Felbertauern zu entrichten.

0 — 5 — 10 — 15 km

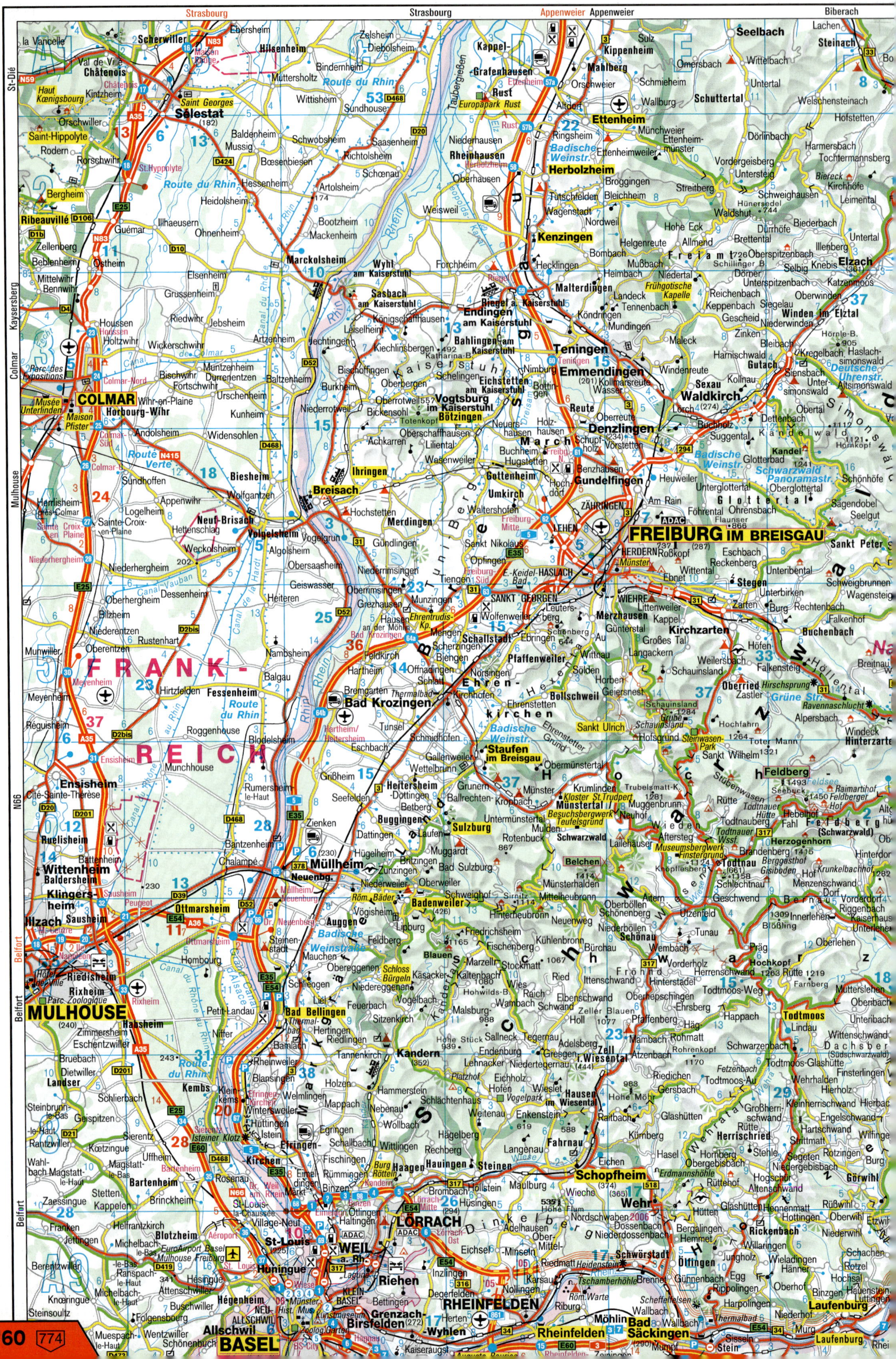

Wolfach
Schiltach
Hausach
Hornberg
Triberg im Schwarzw.
Sankt Georgen
Königsfeld im Schwarzwald
Furtwangen im Schwarzwald
Schramberg
Oberndorf
Rottweil
Rosenfeld
Geislingen
BALINGEN
Schömberg
Spaichingen
Trossingen
Aldingen
VILLINGEN-SCHWENNINGEN
Bad Dürrheim
Donaueschingen
Bräunlingen
Hüfingen
Geisingen
Immendingen
TUTTLINGEN
Mühlheim an der Donau
Fridingen an der Donau
Titisee-Neustadt
Löffingen
Südschwarzwald
Lenzkirch
Bonndorf
Blumberg
Tengen
Engen
Singen
Radolfzell am Bodensee
Stühlingen
SCHAFFHAUSEN
Neuhausen
Waldshut-Tiengen
Lauchringen
Klettgau
Baden-Württemberg
Schaffhausen
SCHWEIZ
Deutsche Uhrenstraße
Schwäbische Albstraße
Grüne Straße
Schwarzwaldpark
Donau
Rhein

Bisingen
Burg Hohenzollern
Burladingen
Trochtelfingen
Hayingen
Ehingen
Gammertingen
ALBSTADT
Zwiefalten
Munderkingen
Meßstetten
Straßberg
Winterlingen
Veringenstadt
Riedlingen
Uttenweiler
Naturpark
Stetten am kalten Markt
Bingen
Dürmentingen
Ertingen
Sigmaringen
Scheer
Obere
Donau
Mengen
Herbertingen
Bad Buchau
Mühlheim a.d.Donau
Fridingen an der Donau
Hohentengen
Bad Saulgau
Krauchenwies
Schussenried
Bad
Meßkirch
Ostrach
Aulendorf
Altshausen
Pfullendorf
Stockach
Wilhelmsdorf
Orsingen-Nenzingen
Ludwigshafen
Sipplingen
Owingen
Frickingen
Heiligenberg
Horgenzell
Weingarten
RAVENSBURG
Steißlingen
Überlingen
Salem
Radolfzell am Bodensee
Allensbach
Uhldingen-Mühlhofen
Markdorf
Oberteuringen
Meckenbeuren
Reichenau
Meersburg
Tettnang
KONSTANZ
Kreuzlingen
Immenstaad am Bodensee
FRIEDRICHSHAFEN
Steckborn
Bodensee
Kressbronn
Langenargen
Romanshorn
Weinfelden
Wasserburg
Thurgau
Überlinger See
Zeller See

Erbach
Senden
Weißenhorn
Neuburg
Ziemetshausen
Vöhringen
Illerrieden
Achstetten
Laupheim
Burgrieden
Schwendi
Dietenheim
Illertissen
Krumbach
Thannhausen
Babenhausen
Fuggerschloss
Kirchheim in Schwaben
Breitenbrunn
Tussenhausen
Mietingen
Maselheim
Ochsenhausen
Ummendorf
Schwaben
Kirchdorf an der Iller
Erkheim
Mindelheim
Bad Wörishofen
Rot an der Rot
Buxheim
MEMMINGEN
Memmingerberg
Ottobeuren
Sontheim
Markt Rettenbach
Schwäbische Bäderstraße
Eberhardzell
Bad Wurzach
Aitrach
Bayern
Legau
Bad Grönenbach
Obergünzburg
Leutkirch
Altusried
Dietmannsried
Oberschwäbische Barockstr.
Wolfegg
Kißlegg
Wiggensbach
Betzigau
KEMPTEN
Durach
Isny
Wangen
Argenbühl
Waltenhofen
Sulzberg
Lindenberg
Weitnau
Immenstadt im Allgäu
Oberstaufen
Scheidegg
Nesselwang
Pfronten
Westallgäu Seite 68
Pfronten, Nesselwang Seite 86
Deutsche Alpenstr.
Allgäu

Augustburg Augsburg Augsburg Kr. Ulm/Elchingen

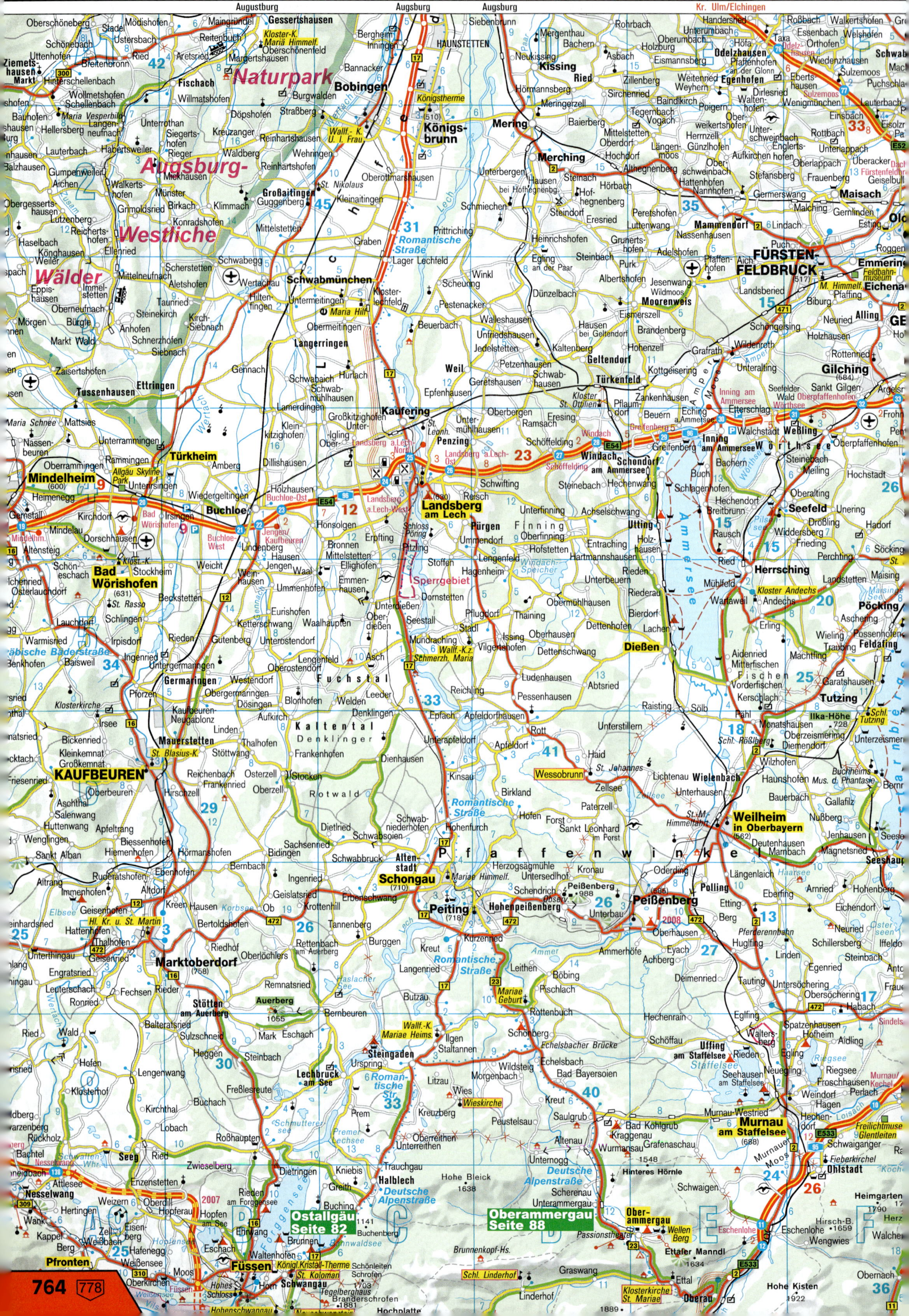

Ingolstadt
Dr. Holledau
Landshut-N.
Freising
A92
Taufkirchen
Taufkirchen
Erding
Neufahrn b. Freising
Eching
DACHAU
Unterschleißheim
Garching bei München
Karlsfeld
Ismaning
Unterföhring
MÜNCHEN
Kirchheim bei München
Markt Schwaben
Poing
Forstinning
Dorfen
Sankt Wolfgang
Isen
Gräfelfing
Planegg
Vaterstetten
Haar
Zorneding
Ebersberg
Kirchseeon
Neubiberg
Putzbrunn
Ottobrunn
Unterhaching
Taufkirchen
Hohenbrunn
Gauting
Pullach im Isartal
Grünwald
Oberhaching
Grafing bei München
Ebersberger Forst
Schäftlarn
Sauerlach
Aying
Glonn
Wolfratshausen
Holzkirchen
Valley
Feldkirchen-Westerham
Bruckmühl
Bad Aibling
Kolbermoor
ROSENHEIM
Stephanskirchen
Geretsried
Dietramszell
Weyarn
Irschenberg
Miesbach
Bad Tölz
Raubling
Bad Feilnbach
Penzberg
Bad Heilbrunn
Wackersberg
Gmund am Tegernsee
Hausham
Schliersee
Bad Tölz, Lenggries Seite 102
Bad Wiessee
Tegernsee
Schliersee, Spitzingsee Seite 110
Fischbachau
Brannenburg
Flintsbach am Inn
Oberaudorf
Rottach-Egern
Lenggries
Tegernseer Tal Seite 106
Bayrischzell
Bayrischzell, Wendelstein Seite 112
Kochelsee, Walchensee Seite 96
Kreuth
Deutsche Alpenstraße
Kiefersfelden
Kufstein
Kufstein, Thiersee Seite 216
Achenpass
Benediktbeuern
Wendelstein
Großhaager Forst
Deutsche Ferienroute Alpen-Ostsee
Mangfallgebirge
Haag in Oberbayern
Rott am Inn
Wasserburg
779

Neumarkt-St.Veit
Eggenfelden
Eggenfelden
Mühldorf
Waldkraiburg
Kraiburg am Inn
Ampfing
Töging
Neuötting
Altötting
Burgkirchen
Burghausen
Garching an der Alz
Haag in Oberbayern
Gars am Inn
Soyen
Wasserburg am Inn
Babensham
Schnaitsee
Trostberg
Altenmarkt an der Alz
Traunreut
Tittmoning
Fridolfing
Kirchanschöring
Laufen
Waging am See
Seeon
Obing
Amerang
Seebruck
Chiemsee
Rosenheim
Stephanskirchen
Prien am Chiemsee
Bernau am Chiemsee
Übersee
Grabenstätt
Traunstein
Surberg
Teisendorf
Siegsdorf
Bergen
Ruhpolding, Inzell Seite 120
Bad Reichenhall
Berchtesgadener Land Seite 12
Chiemgau, Reit im Winkl Seite 116
Marquartstein
Grassau
Aschau
Raubling
Neubeuern
Nußdorf am Inn
Brannenburg
Flintsbach
Oberaudorf
Kiefersfelden
Kufstein
Kufstein, Thiersee Seite 216
Kaiserwinkl Seite 212
Kössen
Reit im Winkl
Unterwössen
Lofer Seite 242
Pillerseetal Seite 228
Chiemgauer Alpen
Kaisergebirge
Wilder Kaiser
ÖSTERREICH
Deutsche Alpenstraße
Deutsche Ferienroute Alpen-Ostsee

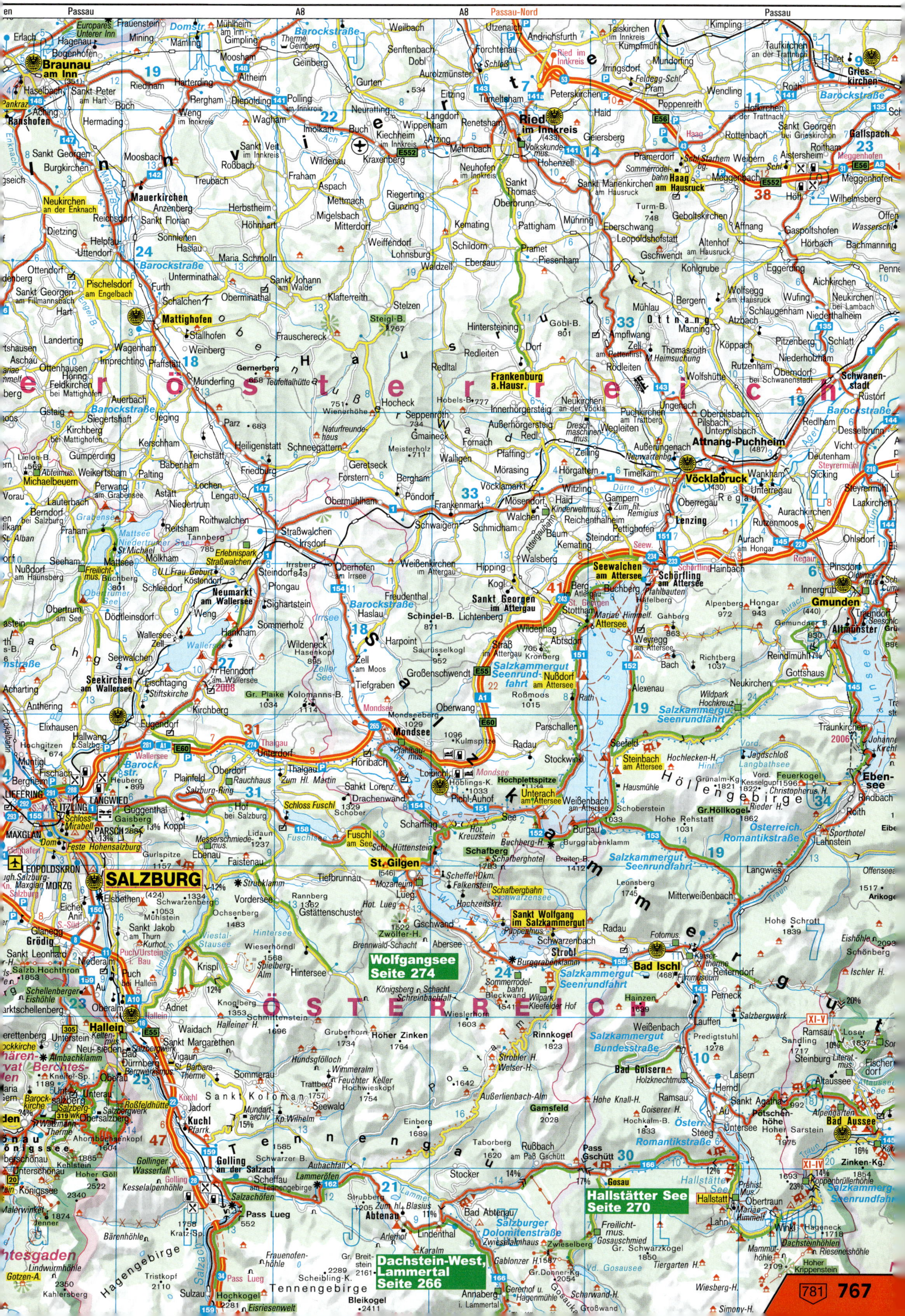

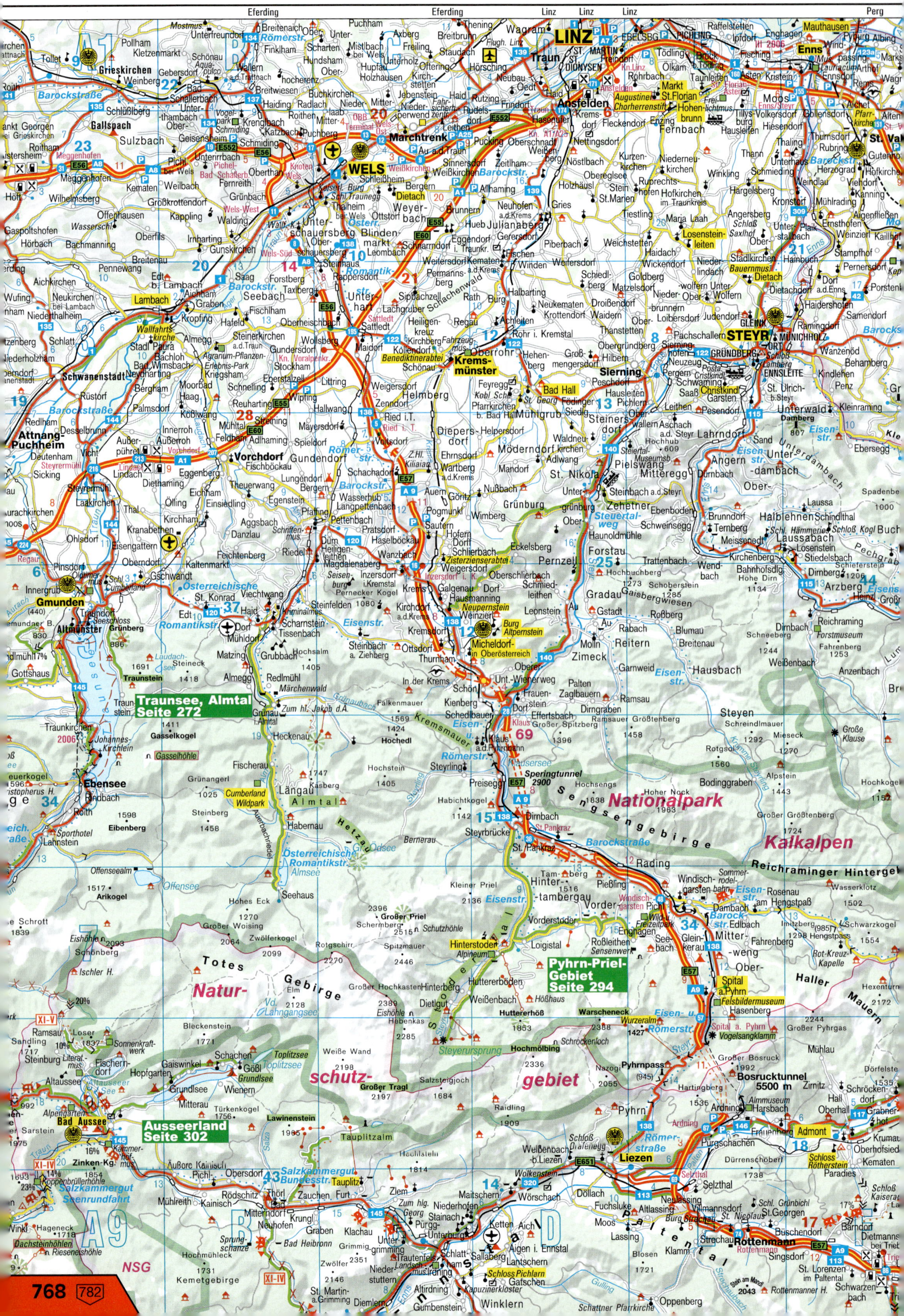

Strudengau
Amstetten
Ybbs a.d.Donau
Ybbsfeld
Purgstall a.d.Erlauf
Scheibbs
Waidhofen a.d. Ybbs
Ybbsitz
Eisenwurzen
Oisberg
Göstling a.d.Ybbs
Lunz a.See
Lassing
Naturpark Eisenwurzen
Göstlinger Alpen
Mendling
Palfau
Salzatal
Wildalpen
Brunn
Eisenstr.
Naturschutzgebiet
Ötscherland Seite 300
Naturpark Ötscher-Tormäuer
Ötschergraben
Mariazell
Mitterbach
Annaberg
Gaming
Zeller Staritzen
Aflenzer Staritzen
Hochschwab
Hochschwab Seite 314
Niederösterreichische Kalkalpen
Steirisch-
Gesäuse Seite 298
Nationalpark
Eisenerz
Eisenerzer Alpen
Hieflau
Altenmarkt bei St. Gallen
St. Gallen
Weyer Markt
Aflenz Kurort
Thörl
Tragöß
Vordernberg
Trofaiach
Donautal
Mank
Kirnberg a.d.Mank
Texingtal
Gresten
Neustift
Frankenfels
Puchenstuben
Bergland
Wieselburg
Melk
Ybbstalweg

Wilhelmsburg
Kleine Niederösterreichische Barockstr.
Lilienfeld
Zisterzienser Stift
Hainfeld
Ruine Araburg
Berndorf
Gutensteiner Alpen
Gutenstein
Schwarzau im Gebirge
Dürre Wand
Hohe Wand
Naturpark Hohe Wand
Schneeberg
Schneebergbahn
Puchberg am Schneeberg
Natur-park Sierningtal
Neunkirchen
Ternitz
Gloggnitz
Payerbach
Reichenau an der Rax
Höllental
Rax
Raxalpe
Reißtalklamm
Mariazell
Terz
Lahnsattel
Mürzsteg
Neuberg a.d. Mürz
Steirisch-Niederösterreichische Kalkalpen
Semmering
Fröschnitz Tal
Mürzzuschlag
Krieglach
Schloss Pichl
Kindberg
Schloss Oberkindberg
Waldheimat
Alpl
Feistritzwald
Bucklige Welt
Aspangberg-Sankt Peter
Wechsel
Joglland
Schloss Festenburg
Schloss Schallaburg
Heiligenkreuz
Mayerling
Karmel. Kloster
Ruine Rabenstein
Türnitz
Annaberg
St. Aegyd a.Neuwalde
Kernhof
Gscheid
Preintal
Ochsattel
Kalte Kuchl
Gegend
Rohr i.Gebirge
Kleinzell
Traisen
Furthof
Tradigist
Kirchberg a.d.Pielach
Schwarzenbach a.d.Pielach
Rohrbach a.d. Gölsen
St. Veit a.d.Gölsen
Altenmarkt an der Triesting
Weissenbach an der Triesting
Pottenstein
Pernitz
Waldegg
Piesting-tal
Mürzzuschlag
Langenwang
Lutschaun
Wartberg im Mürztal
Spital am Semmering
Steinhaus am Semmering
Kapellen
Edlach
Stuhleck
Ratten
Rettenegg
Birkfeld

WIEN
Schwechat
Hainburg a.d.Donau
Bratislava
Nickelsdorf
Mödling
Wiener Neudorf
Guntramsdorf
Traiskirchen
Ebreichsdorf
Bruck an der Leitha
Arbesthaler Hügelland
Rauchenwarther Platte
Parndorfer Platte
Neusiedl am See
ÖSTERREICH
Leithagebirge
Eisenstadt
Pottendorf
WIENER NEUSTADT
Wr. Neustädter Pforte
Mattersburg
Neusiedler See
Nationalpark
Seewinkel
Rust
Mörbisch am See
SOPRON
Soproni-hegység
Fertő-Hanság Nemzeti Park
Ödenburger Gebirge
Deutschkreutz
Nagycenk
Fertőd
Esterházy-kastély
Burgenland
UNGARN
Kőszeg
Oberpullendorf
Lockenhaus
Bernstein
Kapuvár
Győr
Rotweinstraße
Hegykő
Fertőszéplak
Illmitz
Apetlon
Pamhagen
Frauenkirchen
Podersdorf am See
Gols
Weiden am See
Purbach
Donnerskirchen
Kittsee
Harka
Kópháza
Lövő
Csepreg
Bük

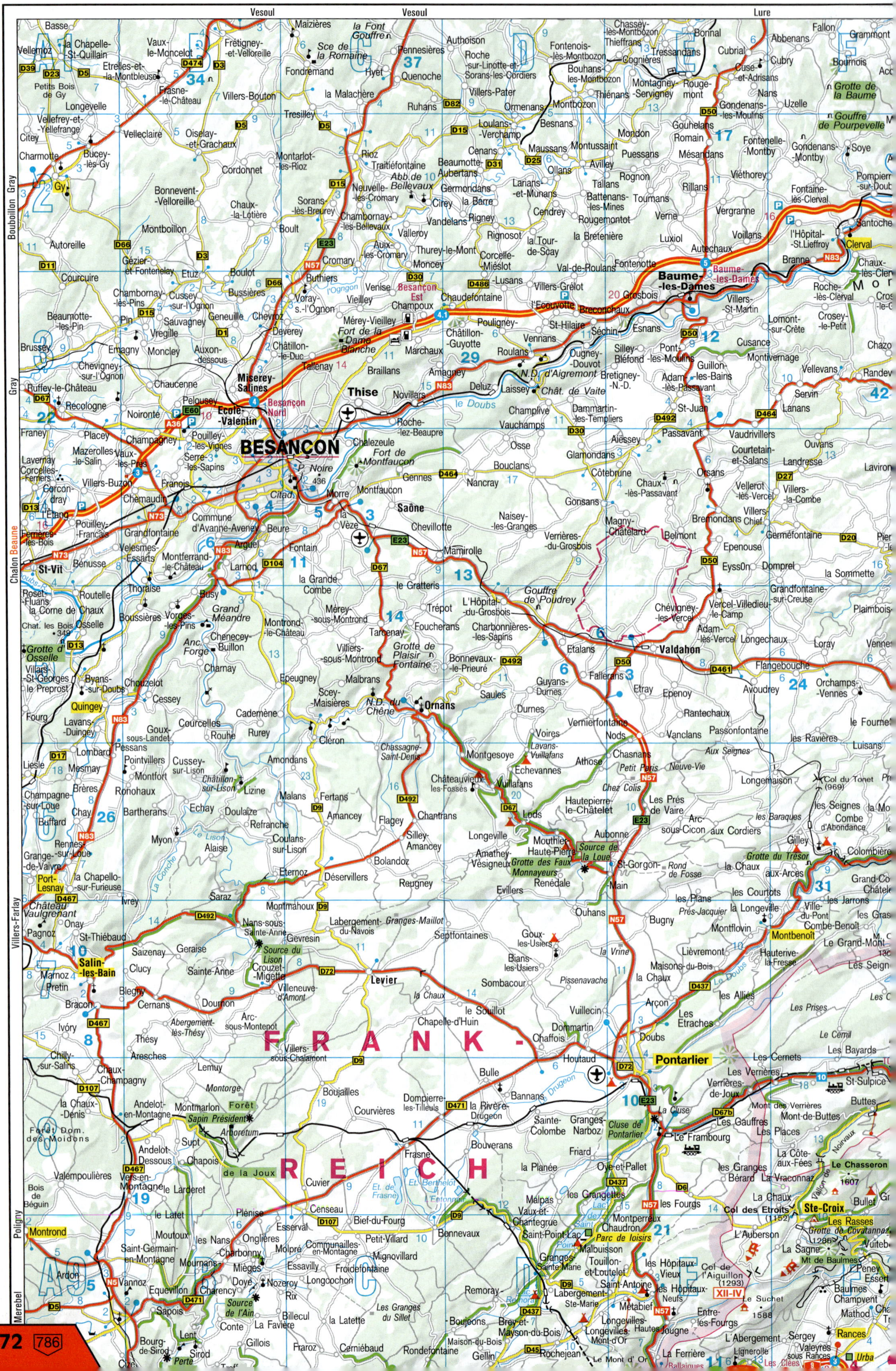

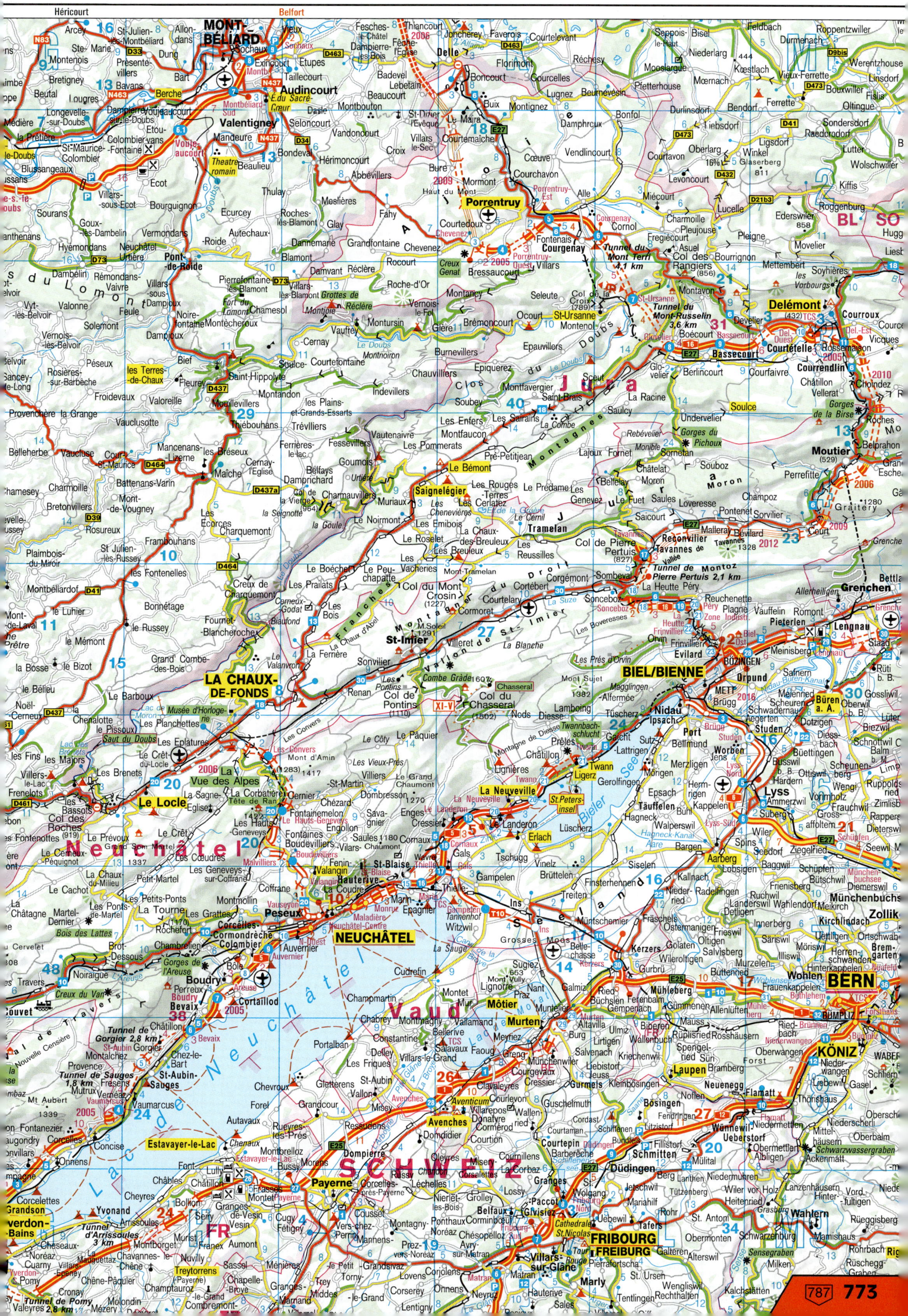

RHEINFELDEN
760
BASEL
Allschwil
Binningen
Bottmingen
Oberwil
Birsfelden
Grenzach-Wyhlen
Rheinfelden
Bad Säckingen
Laufenburg
Muttenz
München-stein
Pratteln
Arlesheim
Reinach
Therwil
Dornach
Liestal
Sissach
Gelterkinden
Frick
Laufen
Breitenbach
Delémont
Courrendlin
Moutier
Balsthal
Oensingen
Olten
Aarburg
Oftringen
Zofingen
Aarau
Suhr
Buchs
Solothurn
Grenchen
Zuchwil
Biberist
Derendingen
Wiedlisbach
Wangen a. d. A.
Niederbipp
Aarwangen
Langenthal
Herzogen-buchsee
Lotzwil
Melchnau
Huttwil
Willisau
Dagmersellen
Nebikon
Triengen
Burgdorf
Kirchberg
Utzenstorf
Büren a. A.
Lengnau
Lyss
Münchenbuchsee
Zollikofen
Urtenen
BERN
Wohlen
Köniz
Ostermundigen
Ittigen
Bolligen
Muri
Worb
Belp
Münsingen
Konolfingen
Signau
Langnau i.E.
Sumiswald
Escholzmatt
Riggisberg
Steffisburg
THUN
Heimberg
Oberdiessbach
Solothurn
Bern
Luzern
SCHWEIZ
Land
Basel
Emmental
Entlebuch
Napf
Sörenberg-Flühli
Seite 422
Obwalden

Zürich
Winterthur
Frauenfeld
Baden
Brugg
Bülach
Kloten
Dübendorf
Uster
Wetzikon
Rüti
Rapperswil
Horgen
Wädenswil
Richterswil
Pfäffikon
Lachen
Thalwil
Küsnacht
Adliswil
Affoltern am Albis
Zug
Baar
Cham
Luzern
Emmen
Kriens
Littau
Küssnacht am Rigi
Arth
Schwyz
Brunnen
Einsiedeln
Stans
Sarnen
Engelberg
Altdorf
Erstfeld
Wohlen
Bremgarten
Dietikon
Schlieren
Wettingen
Regensdorf
Opfikon
Wallisellen
Effretikon
Illnau
Volketswil
Meilen
Stäfa
Männedorf
Zürich
Zug
Schwyz
Nidwalden
Uri
Luzern, Vierwaldstätter See Seite 412
Schwyz Seite 408
Engelberg Seite 416
Melchsee-Frutt Seite 420
Pilatus
Seelisbergtunnel 9,1km
Sachselntunnel 5,2 km
Klausenpass
Pragelpass
Uri-Rotstock
Sattelegg
Zuger See
Vierwaldstätter See
761

Bodensee
Romanshorn
Arbon
Rorschach
Bregenz
Lindau
Wasserburg
Langenargen
Oberschwäbische Barockstraße (Westroute)
Frauenfeld
Weinfelden
Amriswil
Bischofszell
Wil
Sirnach
Aadorf
Münchwilen
Wängi
Matzingen
Gossau
ST.GALLEN
Herisau
Teufen
Trogen
Speicher
Heiden
Altstätten
Widnau
Diepoldsau
Lustenau
Höchst
Rheineck
St. Margrethen
Goldach
Hohenems
Götzis
Altach
Koblach
Rankweil
Feldkirch
Flawil
Uzwil
Oberuzwil
Degersheim
Waldstatt
Urnäsch
Appenzell
Appenzell-Ausserhoden
Appenzell-Innerrhoden
Appenzeller Land Seite 424
Säntis
Wattwil
Lichtensteig
Bütschwil
Kirchberg
Kappel
Ebnat
Nesslau
Wildhaus
Gams
Grabs
Buchs
Toggenburg
Toggenburg Seite 428
St. Gallen
Uznach
Kaltbrunn
Benken
Schänis
Reichenburg
Niederurnen
Näfels
Mollis
Netstal
Glarus
Ennenda
Schwanden
Glarner Land Seite 432
Glarus
Weesen
Walensee
Amden
Quarten
Walenstadt
Flums
Flumserberge
Mels
Sargans
Heidiland Seite 430
Bad Ragaz
Vaduz
LIECHTENSTEIN
Triesen
Balzers
Schaan
Eschen
STEIN
Liechtenstein Seite 436
Maienfeld
Landquart
Zizers
CHUR
Domat/Ems
Flims
Flims Waldhaus
Laax
Elm
Linthal
Braunwald
SCHWEIZ
Calanda
Vättis
Hausstock

Westallgäu Seite 68
Deutsche Alpenstraße
Oberstaufen
Immenstadt im Allgäu
Grünten, Immenstadt Seite 70
Bad Hindelang, Oberjoch Seite 72
Bad Hindelang
Pfronten
SONTHOFEN
Tannheim
Tannheimer Tal Seite 146
DEUTSCH-LAND
Riedbergpass
Oberstdorf
Oberstdorf, Kleinwalsertal Seite 76
Allgäuer Alpen
Bregenzerwald Seite 126
Hochtannbergpass
Reutte, Außerfern, Tiroler Lechtal Seite 150
Lechtal
Lechtaler Alpen
Lech
Warth
ÖSTERREICH
Lech, Zürs am Arlberg Seite 142
Alpenregion Bludenz Seite 130
Bludenz
Flexenpass
Arlberg-pass
Arlbergtunnel 14km
St. Anton am Arlberg
St. Anton am Arlberg Seite 144
Lechquellen Gebirge
Arlberg
Verwall
Schruns
Montafon Seite 136
Paznauntal Seite 158
Samnaungruppe
Samnaun Seite 474
Zollfreigebiet / Freihandelszone
Silvretta Hochalpenstraße
Silvrettagruppe
Nauders, Reschenregion Seite 164
Reschenpass
Davos, Klosters Seite 456
Davos
Landeck
Galtür
Ischgl
Gaschurn
Klosters-Dorf
Scuol

DEUTSCHLAND
ÖSTERREICH
Ostallgäu Seite 82
Tannheimer Tal Seite 146
Garmisch-Partenkirchen Seite 92
GARMISCH-PARTENKIRCHEN
Mittenwald, Krün, Wallgau Seite 98
Reutte, Außerfern Seite 150
Tiroler Zugspitz Arena Seite 154
Seefeld, Leutaschtal Seite 182
Imst, Mieminger Plateau Seite 170
Landeck, Venetregion Seite 168
Pitztal Seite 172
Stubaital Seite 192
Serfaus, Fiss, Ladis Seite 162
Ötztal Seite 176
Kaunertal Seite 166
Nauders, Reschenregion Seite 164
Füssen
Pfronten
Schwangau
Reutte
Lermoos
Ehrwald
Zugspitze
Wettersteingebirge
Mieminger Gebirge
Telfs
Imst
Landeck
Zams
Ötztal
Sölden
Obergurgl
Vent
Nauders
Reschenpass
Serfaus
Ötztaler Alpen
Stubaier Alpen
Naturpark Kaunergrat
Naturpark
Timmelsjoch
Passeier Tal
Wildspitze 3768
Weißkugel
Zuckerhütl 3507

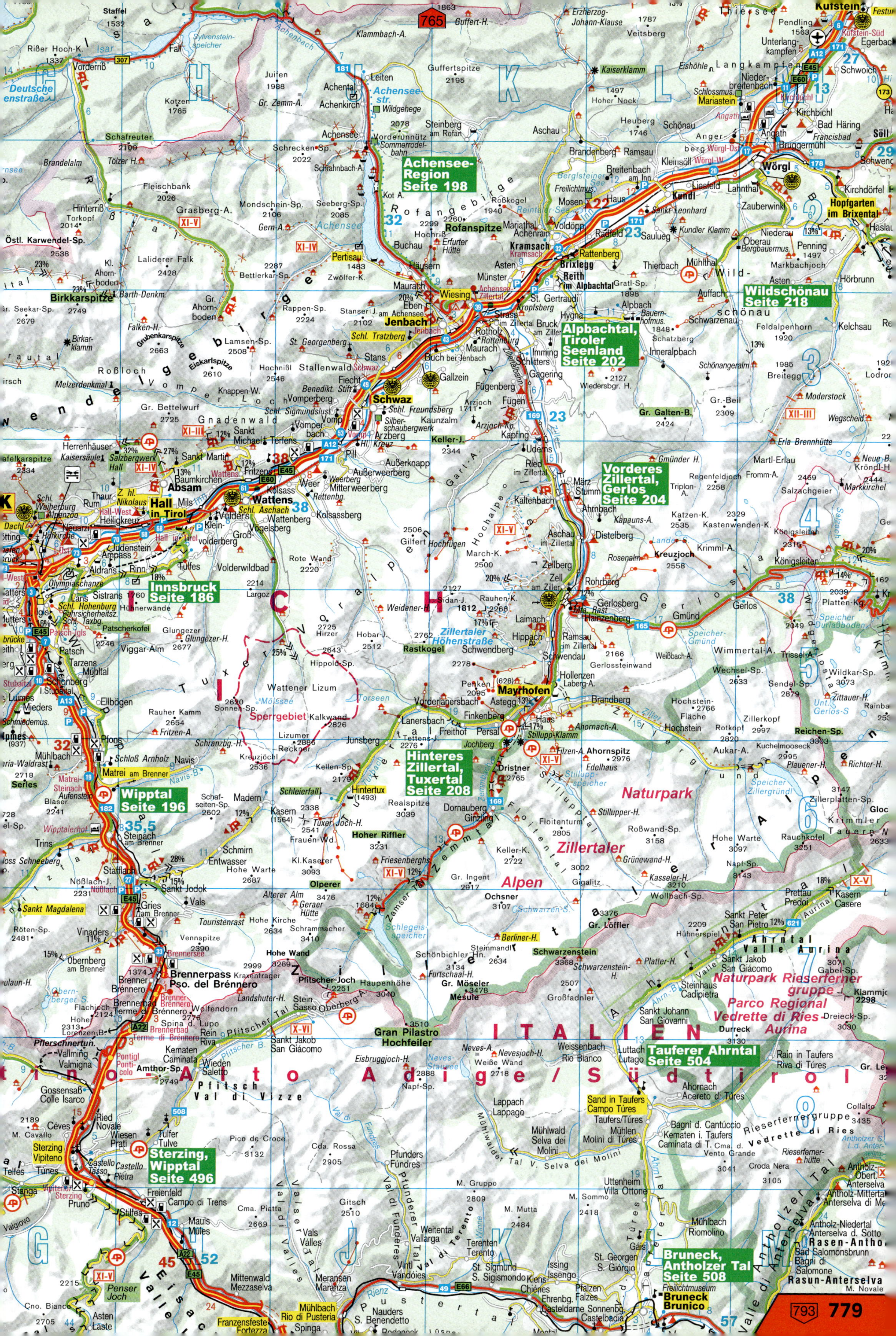

Kufstein
Wörgl
Kundl
Hopfgarten im Brixental
Rattenberg
Brixlegg
Achensee-Region Seite 198
Rofanspitze
Jenbach
Wiesing
Schwaz
Alpbachtal, Tiroler Seenland Seite 202
Wildschönau Seite 218
Vorderes Zillertal, Gerlos Seite 204
Hall in Tirol
Absam
Wattens
Innsbruck Seite 186
Mayrhofen
Hinteres Zillertal, Tuxertal Seite 208
Wipptal Seite 196
Matrei am Brenner
Steinach am Brenner
Sperrgebiet
Naturpark
Zillertaler
Alpen
Brennerpass Pso. del Brennero
Gran Pilastro Hochfeiler
ITALIEN
Alto Adige / Südtirol
Tauferer Ahrntal Seite 504
Naturpark Rieserferner gruppe
Parco Regional Vedrette di Ries Aurina
Sterzing, Wipptal Seite 496
Sterzing Vipiteno
Bruneck, Antholzer Tal Seite 508
Bruneck Brunico
Sand in Taufers Campo Tures
Rofangebirge
Karwendelgebirge
Tuxer Voralpen
Pfitsch Val di Vizze
Pfunderer Tal
Mühlwalder Tal
Ahrntal Valle Aurina
Gerlostal
Zemmtal
Zillertal
Krimmler Tauern
Wilde Krimml
765

Wilder Kaiser, Brixental Seite 220
St. Johann in Tirol
Pillerseetal Seite 228
Kitzbühel, Kirchberg Seite 224
Saalbach Hinterglemm Seite 252
Leogang, Saalfelden, Maria Alm Seite 248
Zell am See, Kaprun Seite 254
Oberpinzgau Seite 258
Großglockner
Heiligenblut Seite 322
Matrei, Virgen, Prägraten, Kals Seite 232
Lienz Seite 238
Wilder Kaiser
Kitzbühel
Kitzbüheler Alpen
Kitzbüheler Horn
Hopfgarten im Brixental
Westendorf
Kirchberg in Tirol
Fieberbrunn
Hochfilzen
Saalfelden am Steinernen Meer
Leogang
Loferer Steinberge
Leoganger Steinberge
Sperrgebiet
Pass Thurn
Mittersill
Neukirchen am Großvenediger
Gerlospass
Krimml
Krimmler Wasserfälle
Gerlosstraße
Felbertauernstraße
Felbertauerntunnel 5304m
Nationalpark
Hohe Tauern
Großvenediger
Großer Geiger
Kitzsteinhorn
Glocknergruppe
Schobergruppe
Osttirol
Defereggental
Defereggen Alpen
Matrei in Osttirol
Virgen
Prägraten a. Großvenediger
Kals
Huben
Sankt Jakob in Defereggen
Ainet
Lienz
Bruck a. d. Großglocknerstr.
Kaprun
Fusch
Edelweißsp.
Hochtor
Rasen-Antholz
Rasun-Anterselva
Welsberg
Österreich
766
794

781

NSG
Dachstein-Tauern-Region Seite 306
Schladming
Rottenmann
Trieben
Aigen i. Ennstal
Irdning
Stainach
Gröbming
Donnersbach
Donnersbachwald
Erzherzog-Johann-Straße
St. Nikolai im Sölktal
Naturpark
Schladminger Tauern
Wölzer Tauern
Rottenmanner Tauern
Sölkpass
Niedere
Sölktäler
Oberwölz Umgebung
Oberwölz Stadt
St. Peter a. Kammersberg
Krakauhintermühlen
Krakauschatten
Krakaudorf
Ranten
Murau
Murau Seite 312
Tamsweg
Mauterndorf
Lungau Seite 290
St. Lambrecht Benediktinerstift
Naturpark Grebenzen
Neumarkt
Friesach
Turrach
Turracher Höhe
Nationalpark Nockberge
Bad Kleinkirchheim, Nockberge Seite 318
Radenthein
Feldkirchen
St. Veit a.d.Glan
Metnitzer Alpen
Gurktaler Alpen
Frauenstein
Flattnitz
Weitensfeld
Gurk
Straßburg
Althofen
Himmelberg

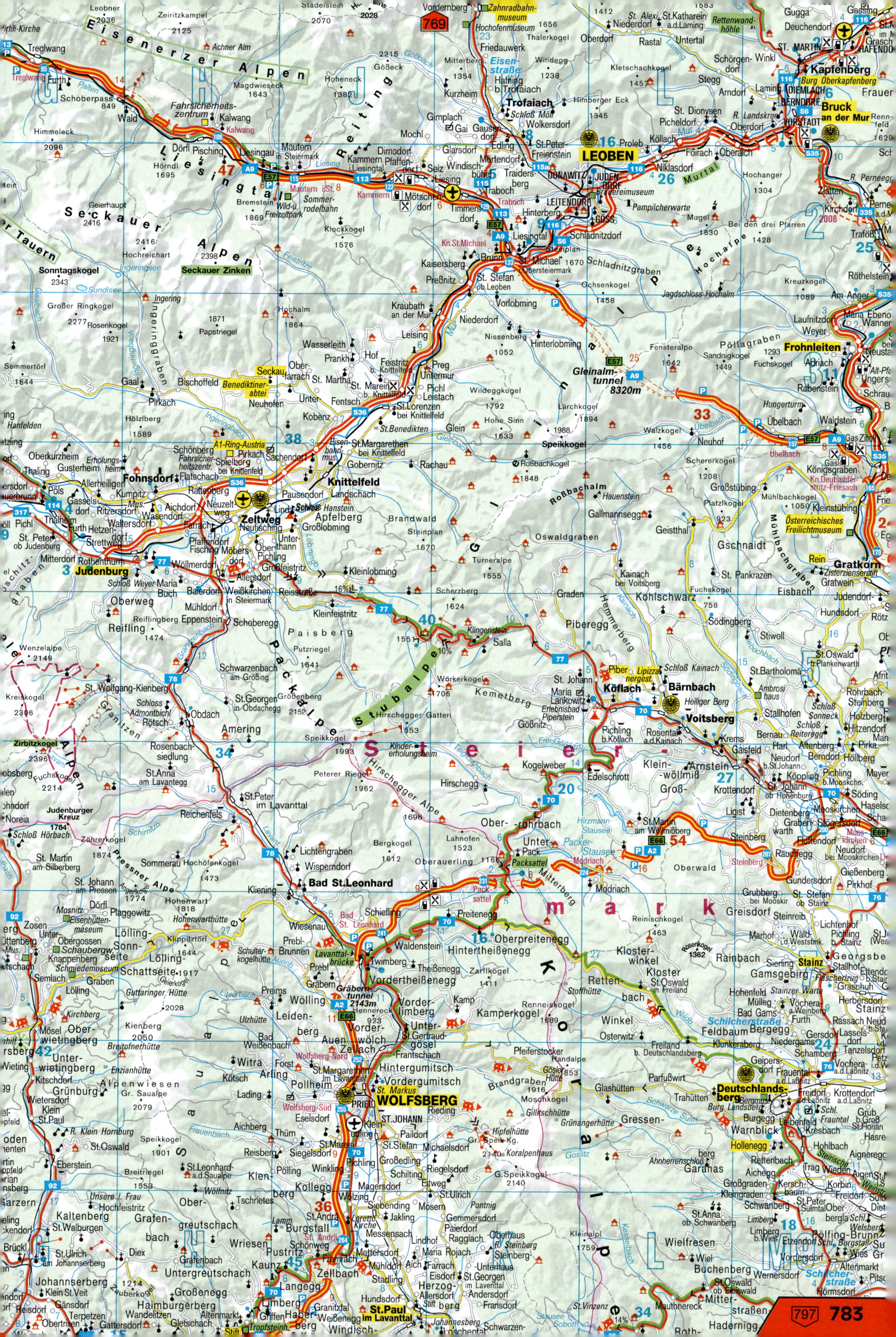

Kapfenberg
Bruck an der Mur
Fischbacher Alpen
Frohnleiten
Almenland Seite 316
Naturpark Pöllauer Tal
Pöllauberg
Hartberg
Weiz
Gleisdorf
Gratkorn
GRAZ
Zeughaus
St. Margarethen a.d.Raab
Riegersburg
Schloss Kornberg
Bad Gleichenberg
Feldbach
Stainz
Deutschlandsberg
Leibnitz
Ehrenhausen
Mureck
SLOWENIEN
Österreichisches Freilichtmuseum
Rauchstubenhaus
Eibiswald
Maribor

785

Poligny
Lons-le-Saunier
Dortan
Bellegarde-s-Valserine
Mâcon

Fribourg
SCHWEIZ
Vaud
FRIBOURG
FREIBURG
Bulle
Gruyères
Vevey
La Tour-de-Peilz
Montreux
Villeneuve
Aigle
Leysin
Monthey
Bex
St-Maurice
Martigny
SION
Saanen
Gstaad
Château-d'Oex
Zweisimmen
Lenk
Gstaad, Saanenland
Seite 344
Leysin, Les Mosses
Seite 366
Les Portes du Soleil
Seite 362
Verbier, Val de Bagnes
Seite 370
Val d'Hérens
Seite 374
Col des Mosses
Les Diablerets
Wildhorn
Grand Muveran
Zone franche
Réserve
Lausanne

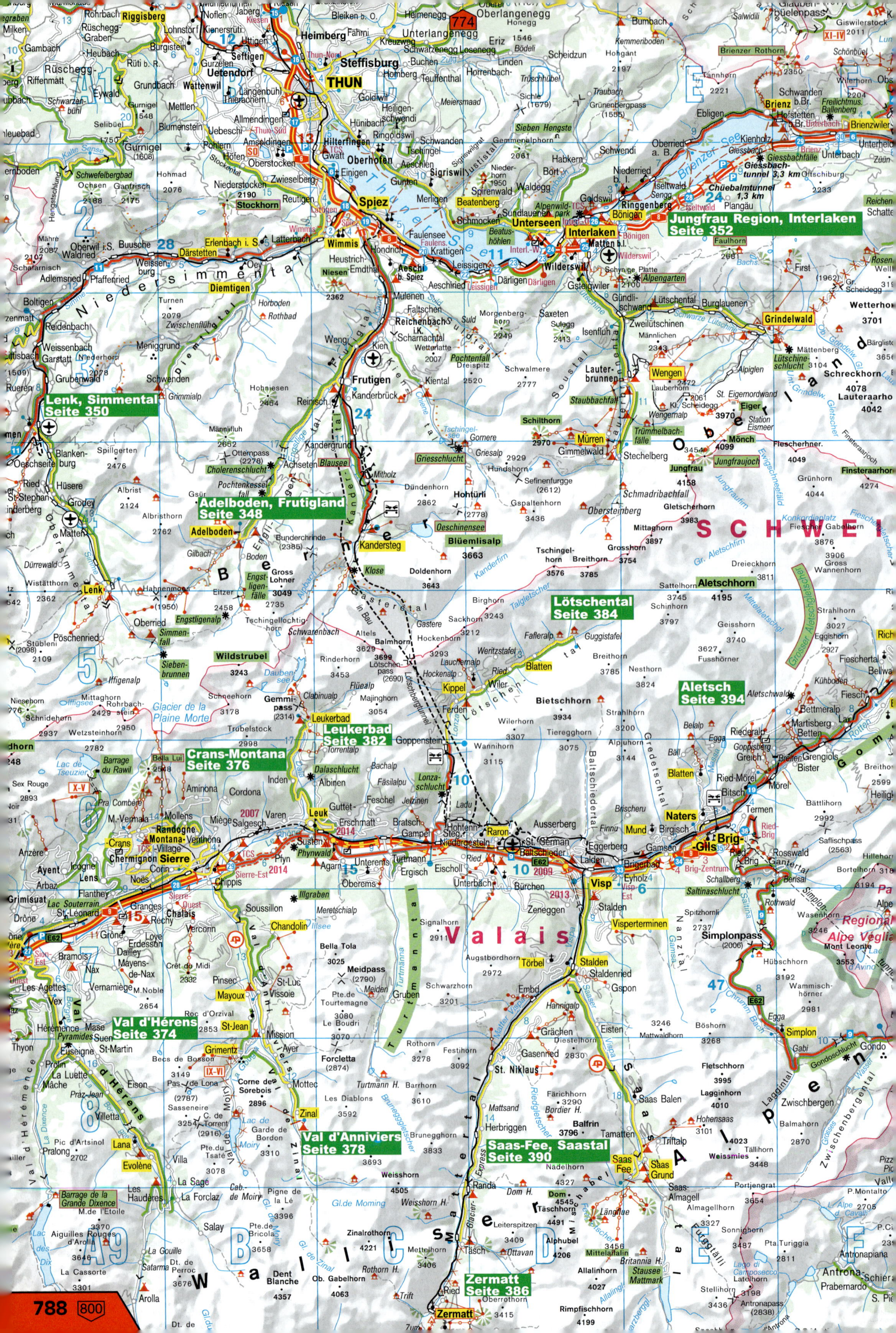

Melchsee-Frutt Seite 420
Engelberg Seite 416
Meiringen-Hasliberg Seite 360
Disentis, Sedrun Seite 438
Goms Seite 398
Valle Leventina, Valle di Blenio Seite 400
Locarno, Valle Maggia, Val Verzasca Seite 404
Urner Alpen
Ticino
ITALIEN
Sustenpass (2224)
Furkapass
Grimselpass
St. Gotthard-Pass/ S. Gottardo (2108)
16,9 km Gotthardtunnel/ S. Gottardo
Nufenenpass (2478)
Lukmanier-Pass
Oberalppass (2044)
Andermatt
Erstfeld
Airolo
Biasca
Locarno
Ascona
Brissago
Domodossola
Cannobio
Parco Nazionale della Val Grande
Regionale dell Alpe Devero
L. di Vogorno
Lago Maggiore

Flims Laax Falera
Seite 444
Obersaxen-Lumnezia
Seite 440
Arosa
Seite 454
Lenzerheide-Valbella
Seite 448
Savognin
Seite 452
Valle Leventina,
Valle di Blenio
Seite 400
SCHWEIZ
ITALIEN
Tödi
3614
Ilanz
Domat/Ems
Bonaduz
Rhäzüns
Reichenau
Thusis
Via Mala
Zillis
Andeer
Splügen
Splügenpass
Hinterrhein
San Bernardino
Pass
San Bernardino
Tunnel 6,6 km
Mesocco
Soazza
Lostallo
Roveredo
Bellinzona
Biasca
Chiavenna
Campodolcino
Madesimo
Isolato
Soglio
Castasegna
Bondo
Vicosoprano
Stampa
Morbegno
Gravedona
Dongo
Dervio
Porlezza
Vals
Vrin
Olivone
Lenzerheide
Flims Waldhaus
Laax
Rhein
Strada dello Spluga
Castello di Mesocco
Isla-Bella-Tunnel 2,4km
Crapteig-Tunnel 2,2km
del Bernina
Val Masino
Parco Regionale

ÖSTERREICH
Reschen/Resina
Graun i. Vinschgau
Curon Venosta
St. Valentin a. d. Heide
S. Valentino alla Muta
Vallo Lunga
Langtauferer
Weißkugel
Palla Bianca
Similaun
Texelgruppe
Parco del Gruppo
di Tessa
Gruppo di Tessa
Schnalstal
Val Senales
Karthaus
Certosa
Unsere Frau
Madonna di Senales
Vernagt
Vernago
Kurzras
Maso Corto
Naturpark
Moos i. Pass.
Moso i. Pass.
Stuls
Stulles
St. Leonhard
S. Leonardi
St. Martin i. Pass.
Val Passiria
Meran
Merano
Meran
Seite 484
Partschins
Parcines
Rabland
Rabla
Algund
Lagundo
Tirol
Tirolo
Naturns
Naturno
Plaus
Marling
Marlengo
Tscherms
Cermes
Lana
Burgstall
Vöran
Verano
Sinich
Schlanders/Silandro
Kastelbell-Tschars
Goldrain
Coldrano
Latsch
Laces
Tarsch
Tarres
Schluderns
Sluderno
Glurns
Glorenza
Mals i. Vinschgau
Malles Venosta
Matscher Tal
Matsch
Mázia
Schleis/Clusio
Laatsch/Laudes
Val Venosta
Vinschgau
Vinschgauer Oberland
Seite 476
Laas
Lasa
Eyrs
Tschengls
Prad
Stilfs
Stelvio
Gomagoi
Trafoi
Sulden
Solda
Nationalpark
Stilfser Joch
Ortler-Region
Seite 480
St. Gertraud
Santa Geltrude
Ortler
Ortles
Königsspitze
Gran Zebrù
Ortlergruppe
Martell
Martello
Ultental
Val d'Ultimo
St. Pankraz
S. Pankrazio
St. Walburg
Santa Valburga
St. Nikolaus
San Nicolò
Unsere Liebe Frau im Walde
St. Felix
S. Felice
Proveis
Proves
Laurein
Lauregno
Eppan a. d. Weinstr.
Appiano s. Str. d. Vino
Kaltern a. d.
Caldaro s. Str.
Tramin a.d. Weinstr.
Termeno s. Str. d. Vino
Terlan
Terlano
Nals
Nalles
Tisens
Tesimo
Fondo
Malosco
Castelfondo
Rumo
Brez
Sarnonico
Ronzone
Cavareno
Amblar
Don
Romeno
Cloz
Dambel
Revò
Romallo
Cagnò
Livo
Cis
Bresimo
Rabbi
Cles
Malè
Terzolas
Caldes
Cavizzana
Croviana
Monclassico
Dimaro
Commezzadura
Mezzana
Pellizzano
Ossana
Vermiglio
Passo del Tonale
Parco Nazionale dello Stelvio
Pejo
Pejo-Fonti
Cogolo
Celledizzo
Val di Sole
Tuenno
Nanno
Taio
Tassullo
Tres
Vervò
Flavon
Cunevo
Denno
Ton
Campodenno
Sporminore
Spormaggiore
Mezzocorona
Mezzolombardo
San Michele all'Adige
Fai della Paganella
Andalo
Molveno
Paganella
Seite 542
Madonna di Campiglio
Seite 538
Pinzolo
Carisolo
Giustino
Massimeno
Caderzone
Strembo
Bocenago
Spiazzo
Pelugo
Darè
Montagne
Villa Rendena
Ragoli
Stenico
San Lorenzo in Banale
Dorsino
Cima Brenta
Cima Tosa
Gruppo di Brenta
Parco Regionale Adamello-Brenta
Cima Presanella
Trentino
Lavis
Zambana
Nave S. Rocco
Giovo
Faedo
Cembra
Salurn
Salorno
Roverè della Luna
Terlago
Vezzano
Vigolo Baselga
Cadine
Sopramonte
TRENTO
Costasavina
Sardagna
Padergnone
Calavino
Santa Massenza
Fraveggio
Ciago
Lon
Lasino

Brixen, Eisacktal
Seite 500
Bruneck, Antholzer Tal
Seite 508
Sarntal
Seite 490
Alta Badia
Seite 528
Grödnertal
Seite 516
Seiser Alm, Schlern
Seite 520
Marmolada
Seite 532
Val di Fassa
Seite 544
Latemar, Rosengarten, Karersee
Seite 524
Val di Fiemme
Seite 548
Sarntaler Alpen
Sarentini
Valle Isarco
Eisacktal
Pustertal
Val Pusteria
Ritten
Renon
BOZEN
BOLZANO
Sarenthein
Sarentino
Brixen
Bressanone
Bruneck
Brunico
Klausen
Chiusa
Kastelruth
Castelrotto
St. Ulrich
Ortisei
Wolkenstein in Gröden
Selva di Val Gardena
Corvara
Corvara in Badia
Leifers
Laives
Welschnofen
Nova Levante
Vils am Schlern
Fie allo Sciliar
Parco Naturale dello Sciliar
Parco Naturale Puez-Odle
Parco Reg. Püez-Geisler
Parco Reg. Fánes-Sénnes-Bráies
Parco Regional delle Dolomiti
Dolomiti
Vallada Agordina
Süd tirol
Alto Adige
Cavalese
Predazzo
Canazei
Campitello di Fassa
Pozza di Fassa
Vigo di Fassa
Soraga
Arabba
Falcade
Agordo
Alleghe
Rocca Piétore
Catena dei Lagorai
Pale di San Martino
S. Martino di Castrozza
Fiera di Primiero
Parco Naturale Paneveggio-Pale di S. Martino
Parco Nazionale Dolomiti Bellunesi
Feltre
Santa Giustina
Sédico
Mel
Roncegno
Valsugana
Borgo
Castello Tesino
Lamon
Sass Rigais 3025
Langkofel Sasso Lungo 3181
Sellagruppe
Marmolada
Latemar
Rosengarten
Lagorai
Cima d'Asta 2847
M. Civetta 3220
Toblacher
Canale d'Agordo
Welsburg/Monguelfo
793
805

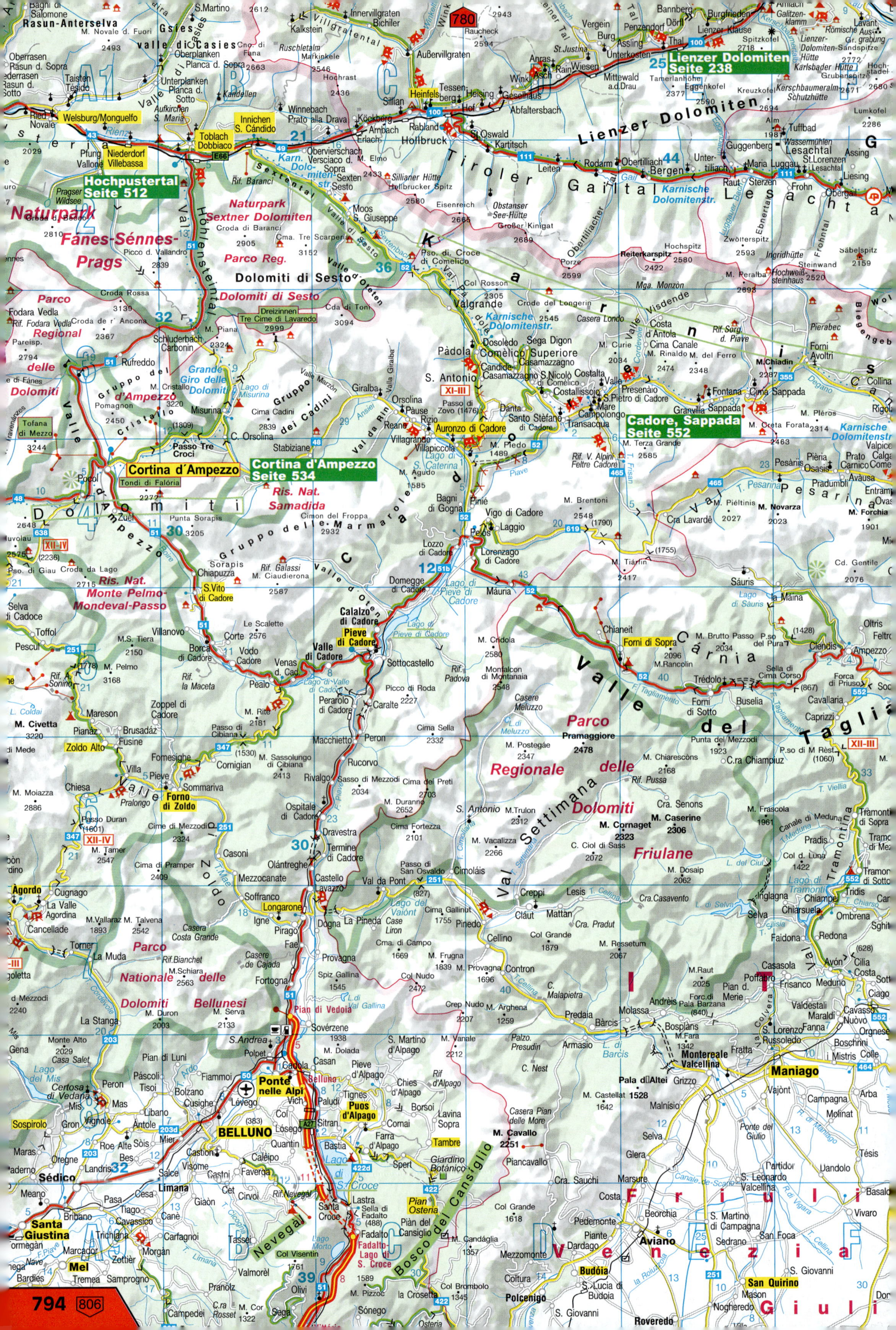

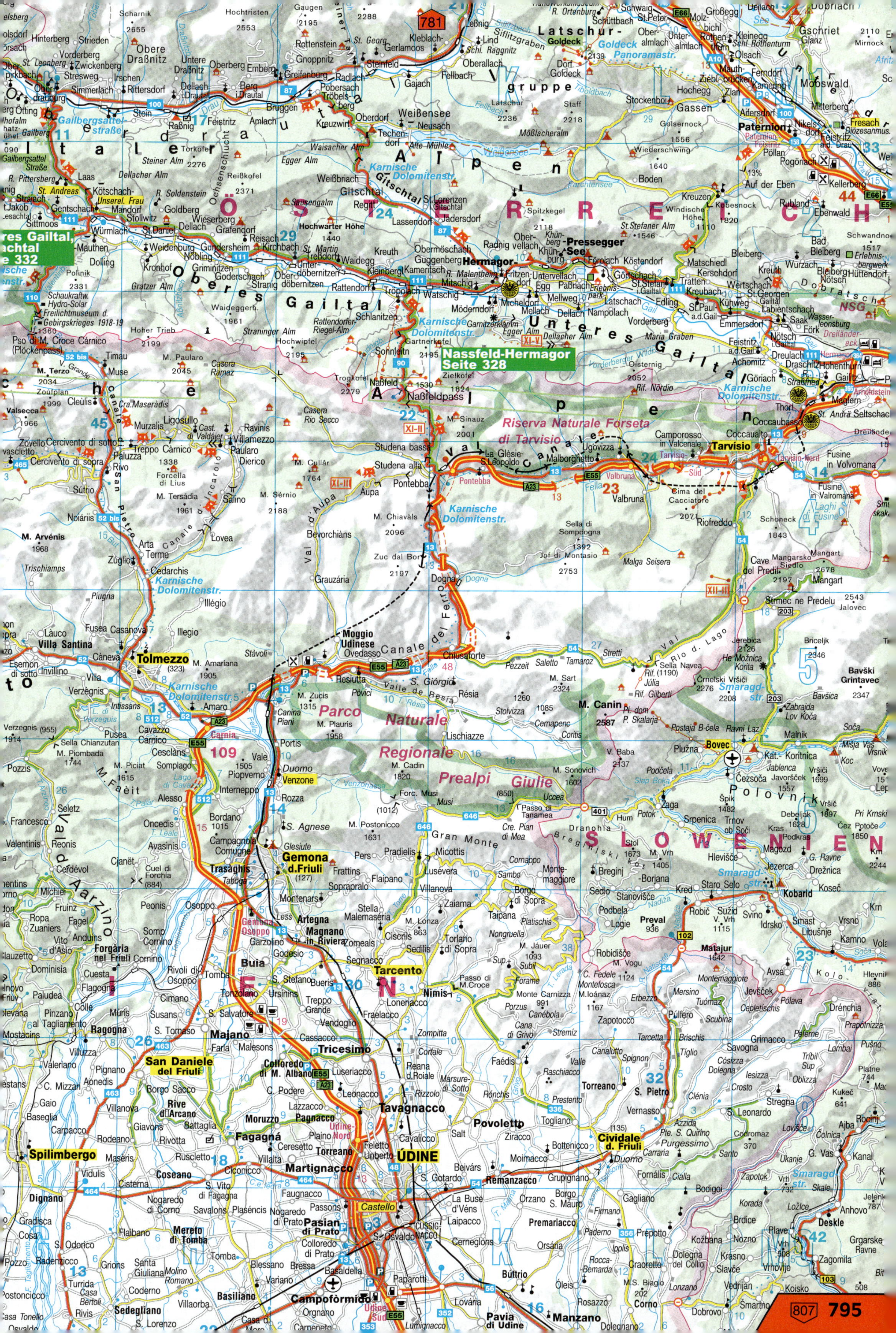

Villach, Ossiacher See, Faaker See Seite 334
Wörthersee, Klagenfurt Seite 338
Triglav Seite 590
Bled, Wocheiner See Seite 594
VILLACH
KLAGENFURT
Arnoldstein
Finkenstein a. Faaker See
Velden a. Wörther See
Pörtschach
Feldkirchen in Kärnten
Ferlach
Villacher Alpe
Karawankentunnel 7864m
Loiblpass (1415)
Loibltunnel 1570m
Kranjska Gora
Jesenice
Bled
Radovljica
Kranj
Škofja Loka
Triglavski Narodni Park
Triglav
Pokljuka
Jelovica
Julijske Alpe
Bohinjska Bistrica
Tolmin
Kobarid
Idrija
Cerkno
Žiri
Sp. Idrija
SLOWENIEN
ÖSTERREICH
Dobratsch
Nova Gorica
Logatec
Vrhnika
Unec

Oberhaag
Maribor
Maribor Celje
Krško
VÖLKERMARKT
St.Paul im Lavanttal
Bleiburg
Eberndorf
Dravograd
Ravne na Koroškern
Slovenj Gradec
Velenje
Mozirje
Šoštanj
Kamnik
Domžale
Menges
Trbovlje
Hrastnik
Zagorje ob Savi
Litija
Kamniške in Savinjske Alpe
Gornji Grad
Žalec
Prebold
Vransko
Dravograd
Griffen
Zelimlje
Višnja Gora

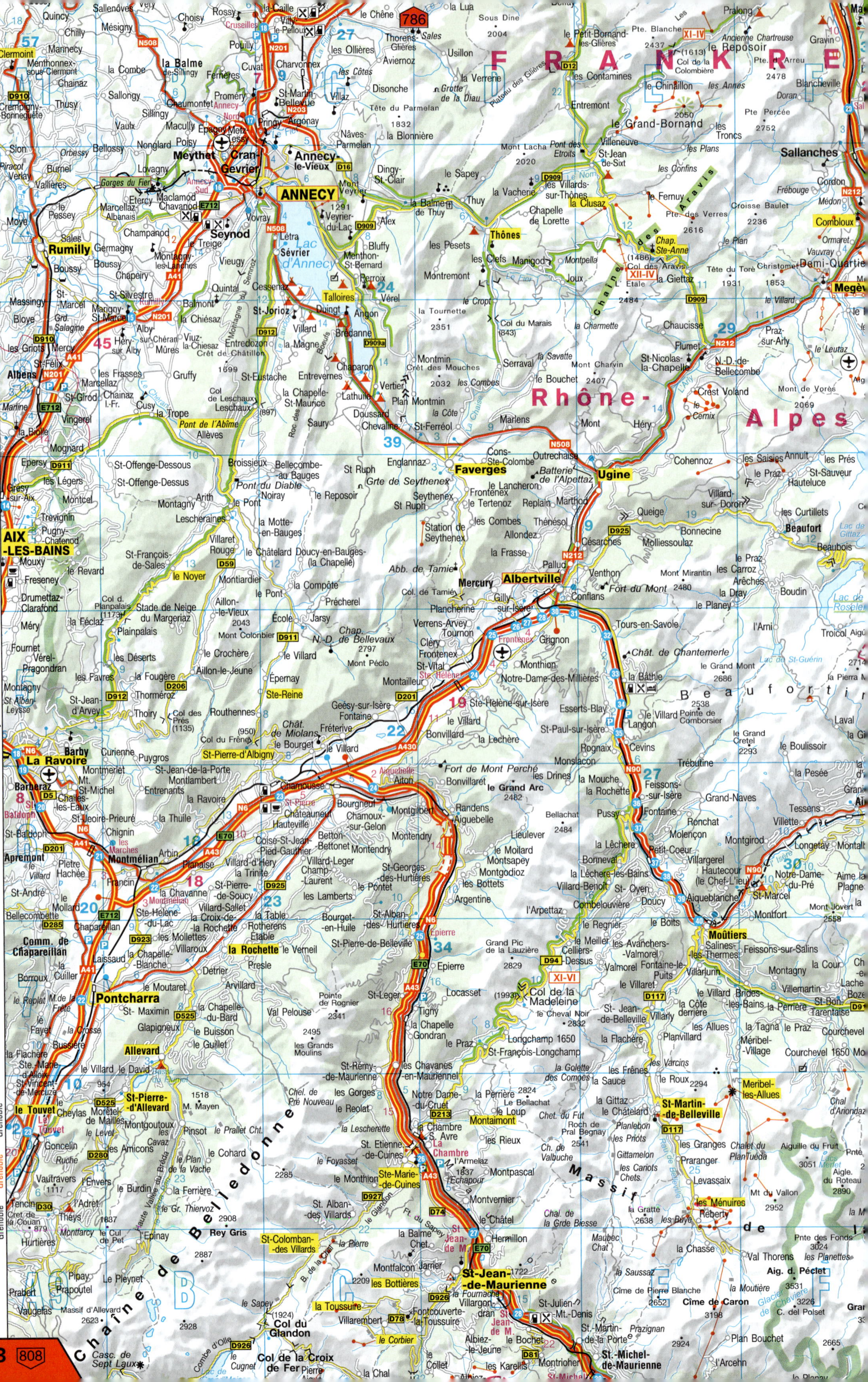

SCHWEIZ
Valle d'Aosta
ITALIEN
Alpi Graie
Parco Nazionale del Gran Paradiso
Mont Blanc Chamonix, Megève Seite 574
Aostatal Seite 568
Val d'Isère, Tarentaise Seite 580
Chamonix-Mont Blanc
St-Gervais-les Bains
Courmayeur
Aosta/Aoste
Bourg-St-Pierre
Champex-Lac
Orsières
Tunnel du Mt Blanc 11,6 km
Tunnel du Gd St-Bernard 5,8 km
Col du Gd St-Bernard (2469)
Mont Blanc 4810
Gran Paradiso 4061
Grand Combin 4314
Col du Petit St-Bernard
Val-d'Isère
Tignes
Col de l'Iseran (2764)
Bonneval-sur-Arc
Bessans
Lanslebourg-Mt-Cenis
Termignon
Col du Mont Cenis
Lanzo Torinese
Ala di Stura
Val Grande
Valsavarenche
Cogne
Pré-St-Didier
Morgex
La Thuile
Aiguilles Rouges
Mer de Glace
Val Ferret
Gorges de la Diosaz
Réserve des Contamines
Ceresole Reale
Noasca
Locana
Uia di Ciamarella 3676
Levanna
Bourg-St-Maurice
Seez
Montvalezan
Ste-Foy-Tarentaise
Arc 1600
Arc 1800
Arc 2000
Vanoise

Schweiz
Zermatt Seite 386
Zermatt
Matterhorn
Breuil-Cervinia
Monte Rosa
Dufourspitze
Valle d'Aosta
Valtournenche
Aostatal Seite 568
Aoste
Châtillon
St-Vincent
Parco Regionale Alta Val Sesia
Macugnaga
Alagna Valsesia
Gressoney-la Trinité
Gressoney-St-Jean
Valle di Gressoney
Valle d'Ayas
Vercelli
Valgrande
Monte Avic
Verrès
Bard
Hône
Pont-St-Martin
Italia
Biella
Ivrea
Settimo
Cuorgnè
Castellamonte
Rivarolo Canav.
Strambino
Caluso
Cigliano
Santhià
Cavaglià
Lago di Viverone
Borgo d'Ale
Livorno Ferraris
Lanzo Torinese
Valle di Locana
Canavese
Gagliánico
Candelo
Pont-Canav.
Vercelli

810

789
Parco Nazionale
della
Val Grande
Lugano,
Luganer See
Seite 406
LUGANO
VERBANIA
Pallanza
Intra
Lago Maggiore
Seite 564
Arona
Angera
VARESE
Sesto Calende
Borgomanero
GALLARATE
BUSTO ARSIZIO
LEGNANO
Oléggio
NOVARA
Vercelli
VERCELLI
Trecate
Magenta
ABBIATEGRASSO
Parco
Naturale
della Valle
VIGÉVANO
Mortara
811

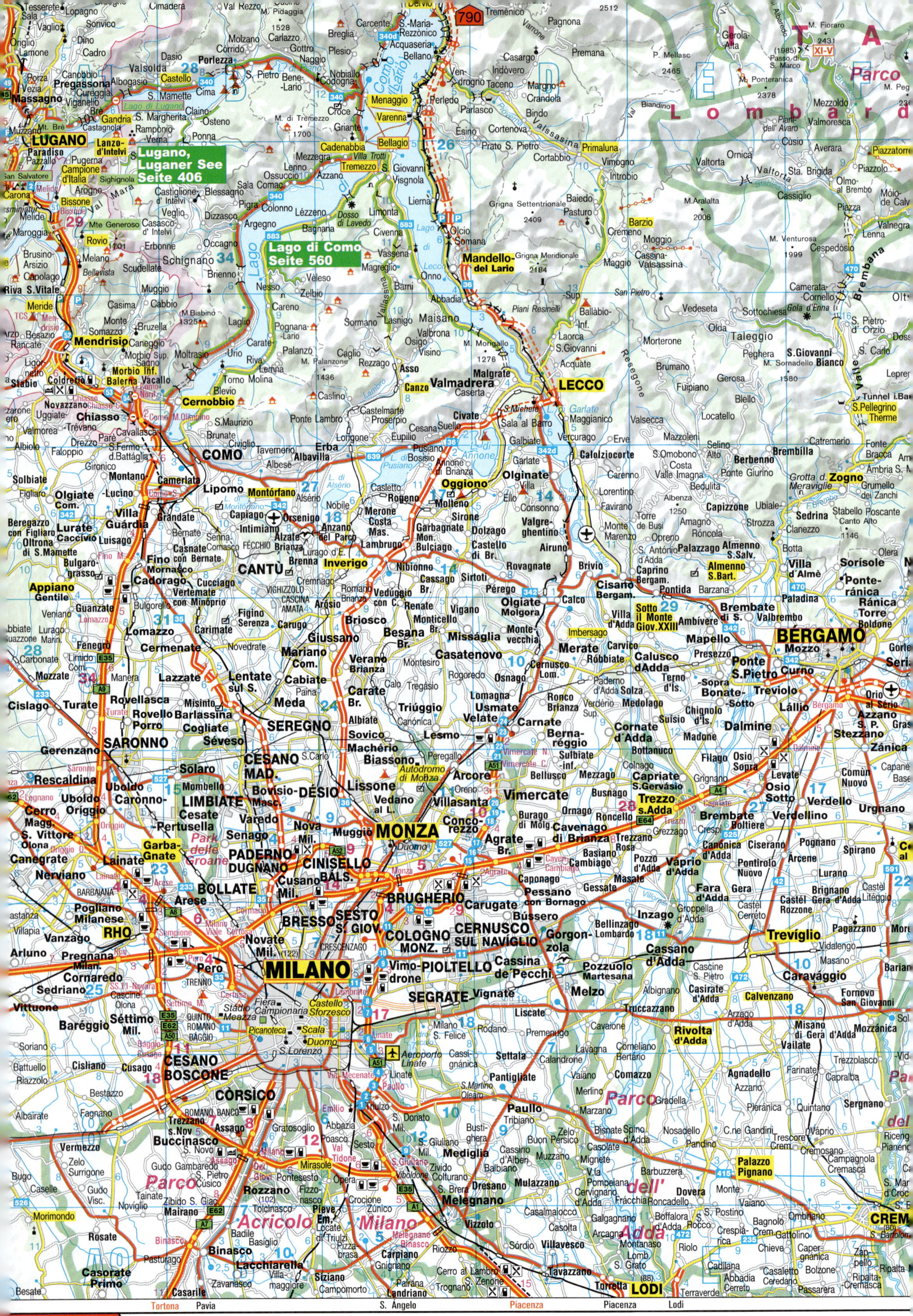
Lugano, Luganer See Seite 406
Lago di Como Seite 560
LUGANO
COMO
LECCO
BERGAMO
MONZA
MILANO
SARONNO
SEREGNO
CANTÙ
LIMBIATE
DESIO
CESANO MAD.
PADERNO DUGNANO
CINISELLO BALS.
SESTO S. GIOV.
COLOGNO MONZ.
CERNUSCO SUL NAVIGLIO
PIOLTELLO
SEGRATE
BRUGHERIO
BOLLATE
BRESSO
RHO
CESANO BOSCONE
CÒRSICO
LODI
Vimercate
Treviglio
Melegnano
Mendrisio
Chiasso
Cernobbio
Bellagio
Menaggio
Varenna
Mandello del Lario
Valmadrera
Oggiono
Lago di Como
Parco Lombardo
Parco Agricolo Milano
Parco dell' Adda
Tortona
Pavia
S. Angelo
Piacenza
Lodi

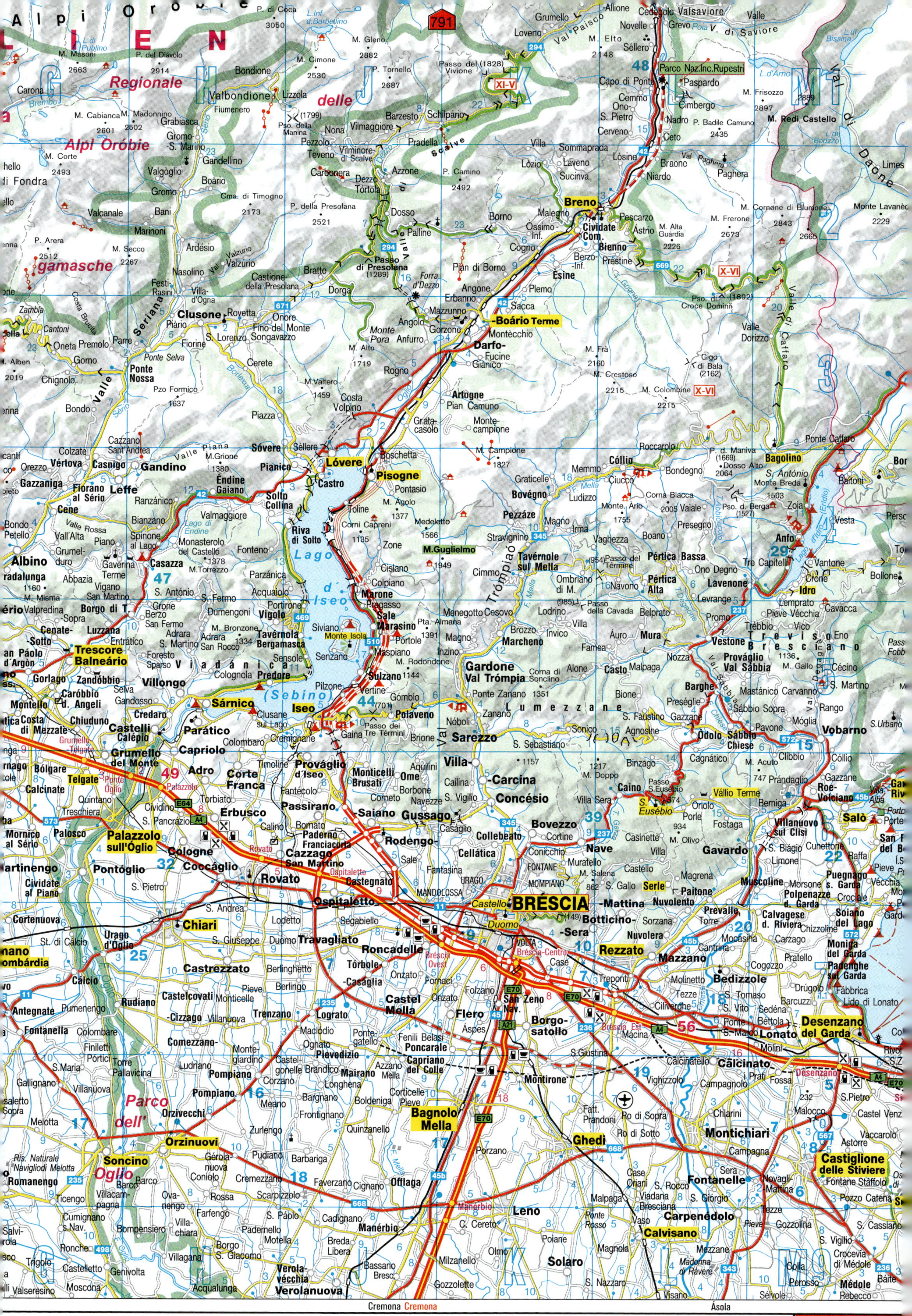

Trentino
Alto Adige
TRENTO
ROVERETO
VERONA
Riva del Garda
Arco
Torbole
Malcésine
Limone sul Garda
Gargnano
Maderno
Gardone Riviera
Salò
Desenzano del Garda
Sirmione
Peschiera del Garda
Lazise
Bardolino
Garda
Torri del Benaco
Lago di Garda
Parco Regionale dell'Alto Garda Bresciano
Monte Baldo
Parco Regionale della Lessínia
Monti Lessini
Valpolicella
S. Ambrógio di Valpolicella
S. Pietro in Cariano
Pescantina
Bussolengo
Castelnuovo del Garda
Sona
Sommacampagna
Villafranca di Verona
Valéggio sul Mincio
Castiglione delle Stiviere
Solferino
Volta Mantovana
S. Martino Buon Albergo
S. Giovanni Lupatoto
Colognola ai Colli
Caldiero
Zévio
Buttapietra
Vigásio
Povegliano Veronese
Grezzana
Negrar
Fumane
Ala
Avio
Mori
Brentònico
Isera
Aldeno
Calliano
Besenello
Folgaria
Recoaro Terme
Bosco Chiesanuova
Ponte di Véja
Caprino Veronese
Costermann
Cavaion Veronese
Pastrengo
Tenno
Drena
Lasino
Calavino
Breguzzo
Cimégo
Condino
Idro
Vobarno
Toscolano-
Gardasee Seite 554
Mantova
Modena
Nogara
Ravigo

805

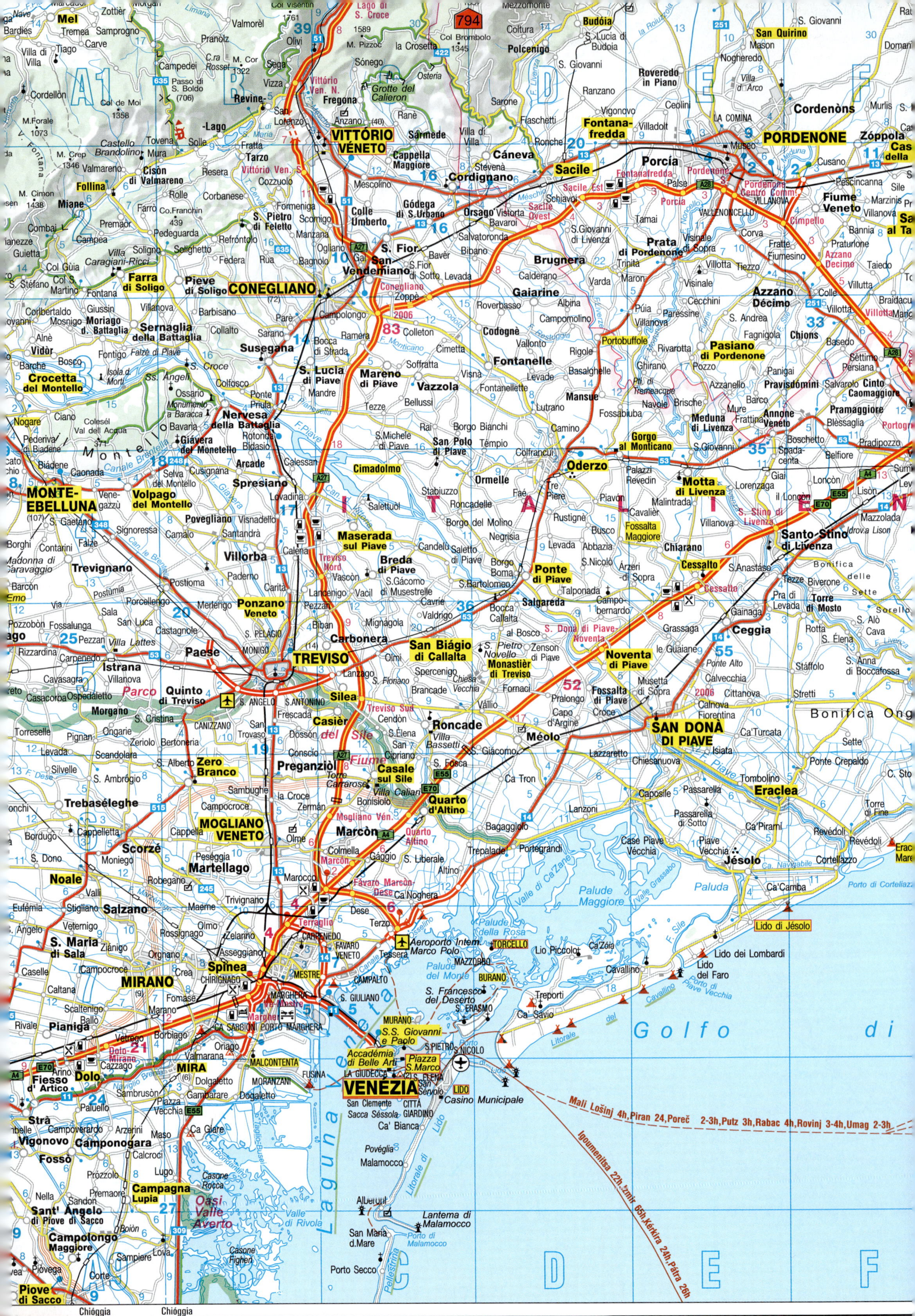

SLOWENIEN
GORÍZIA
Nova Gorica
Codroipo
Campoformido
Pozzuolo del Friuli
Pavia di Udine
Manzano
S. Giovanni
Cormóns
Gradisca d'Isonzo
Palmanova
Mortegliano
Talmassons
Castións di Strada
Gonars
Bertiolo
Varmo
Rivignano
Morsano al Tagliamento
Pocenia
Muzzana d.Turgnano
S. Giorgio di Nogaro
Porpetto
Bagnaria Arsa
Aiello d. Fr.
Campolongo
Romans
Villesse
Doberdò
Ronchi
Staranzano
Monfalcone
S.Canzian d'Isonzo
Fossalta di Portogruaro
Latisana
Palazzolo d.Stella
S. Michele al Tagliamento
Torviscosa
Carlino
Marano Lagunare
Aquiléia
Ris.Nat. delle Foci dello Stella
Laguna di Grado
Lignano Sabbiadoro
Lignano Pineta
Lignano Riviera
Bibione
Càorle
Porto Santa Margherita
Grado
Golfo di Panzano
GOLFO DI TRIESTE
Grado-Trieste 55'
Lignano-Trieste 1h10'
Lignano-Piran 1h
Grado-Poreč 1h
Venézia-Piran 2¼h
Venézia-Umag 2½h
Venezia-Poreč 2½h
Piran
Portorož
Savudrija
Umag
KROATIEN
Novigrad
Venézia
Triest
G
H
J
K
L
M
4
5
6
7
8
9

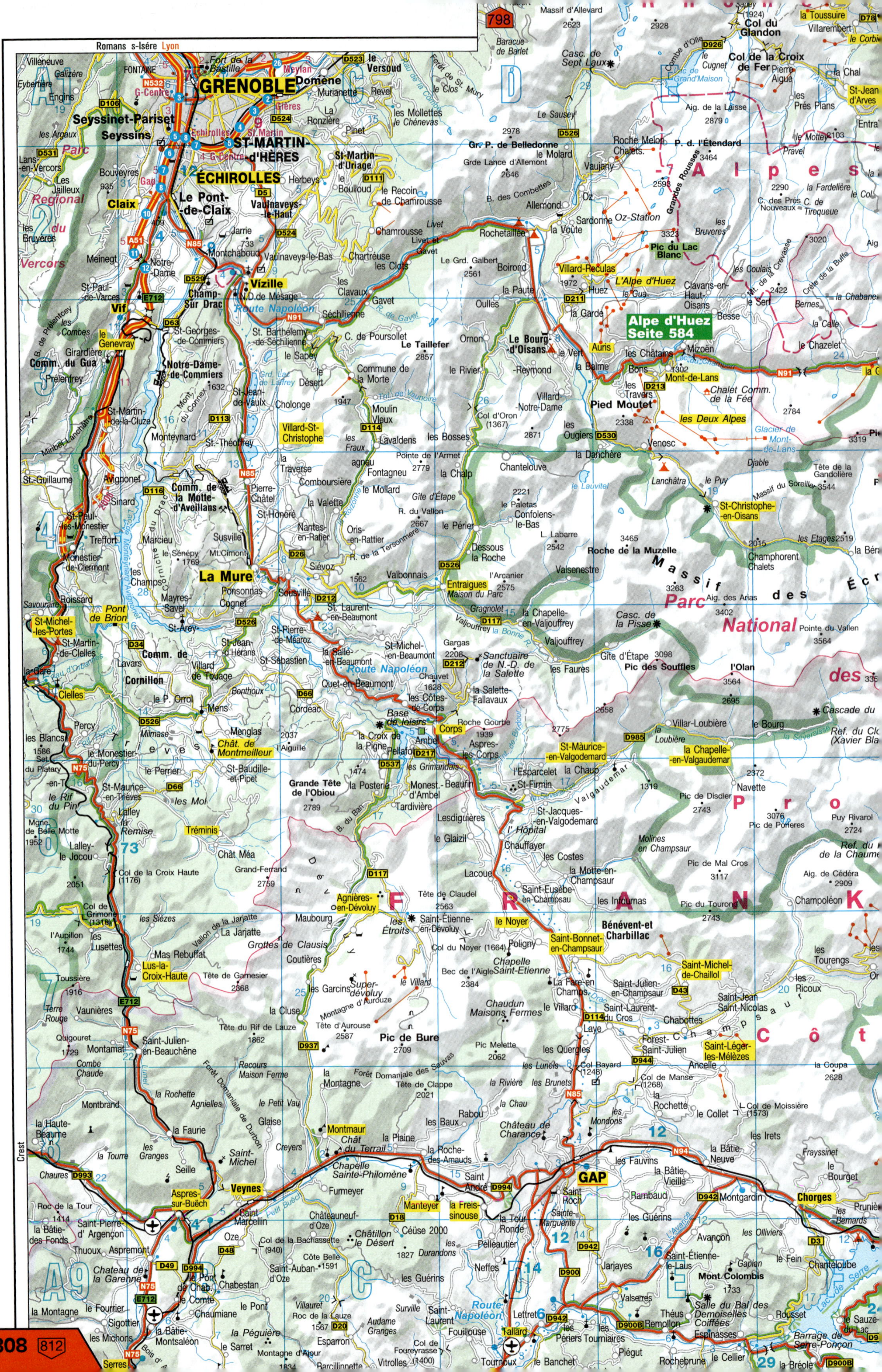

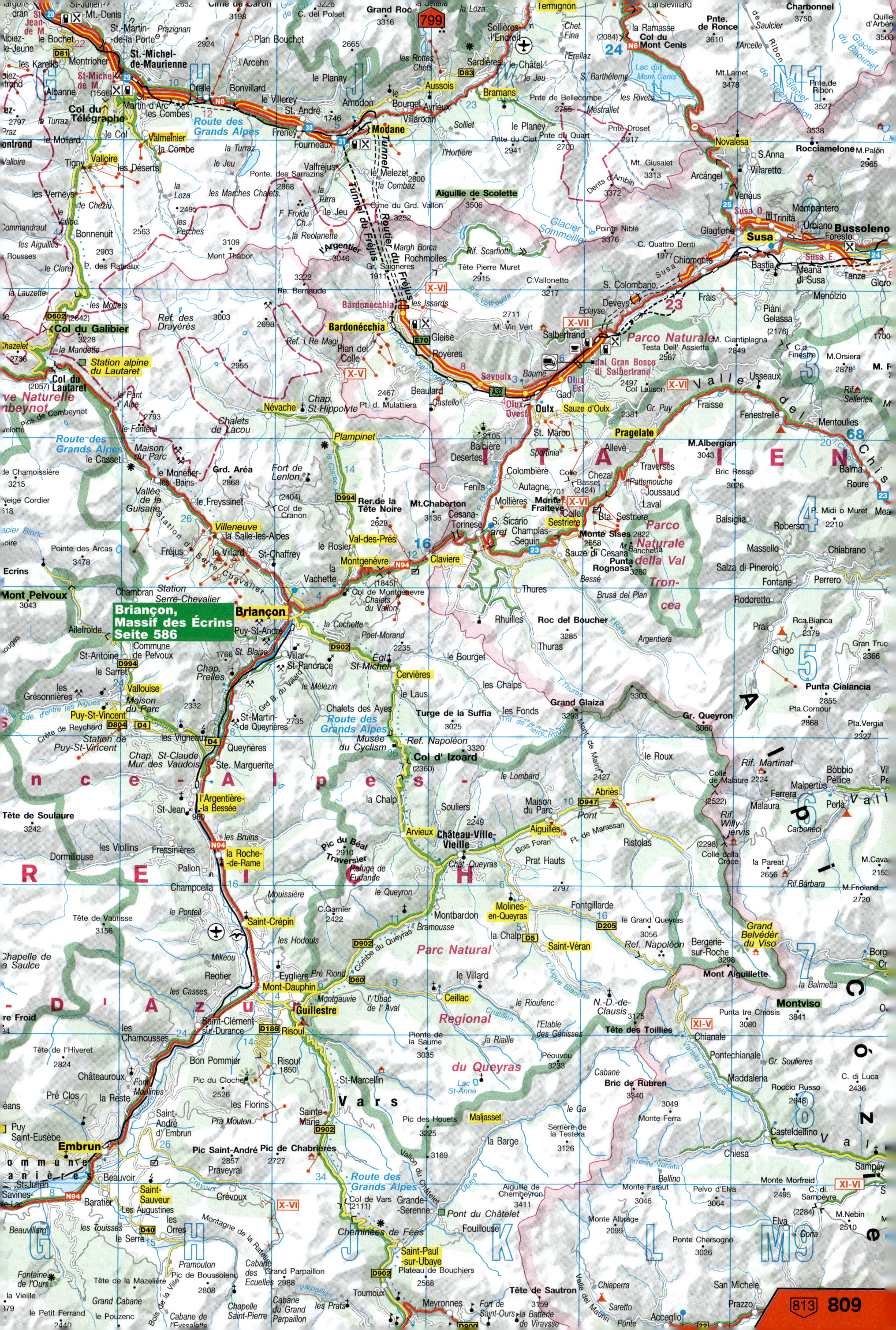

Briançon, Massif des Écrins Seite 586

813

38
Lanzo Torinese
800
Usséglio
Rocciamelone
Bussoleno
Valle di Susa
Susa
Condove
Avigliana
Almese
Alpignano
Pianezza
Druento
VENARIA
Caselle Tor.
Leini
Volpiano
SETTIMO TORINESE
COLLEGNO
RÍVOLI
GRUGLIASCO
TORINO
Pino Tor.
Rivalta di Torino
Giaveno
Coazze
Parco Naturale Orsiera-Rocciavrè
Beinasco
Orbassano
Piossasco
Bruino
Sangano
Cumiana
MONCALIERI
NICHELINO
Trofarello
Cambiano
Santena
Vinovo
La Loggia
Candiolo
Volvera
None
Airasca
Piscina
Perosa Argentina
Villàr Perosa
PINEROLO
S.Secondo di Pinerolo
Carignano
Villastellone
Carmagnola
Vigone
Torre Péllice
Luserna S.Giovanni
Cavour
Bagnolo Piemonte
Barge
Villafranca Piemonte
Racconigi
Sommariva del Bosco
Cavallermaggiore
Paesana
Revello
Saluzzo
Savigliano
Marene
Verzuolo
Manta
Costigliole Saluzzo
Villafalletto
Genola
Fossano
Busca
Centallo
Montviso
Valle Po
Valle Varaita
Valle Màira
Parco Naturale del Po
Alpi Cózie
Cuneo Levaldigi
Madonna del Bricco

Monferrato
Parco Fluviale del Po
Chivasso
Crescentino
Campagna
Trino
Casale Monferrato
Livorno Ferráris
Vercelli
Róbbio
Mortara
Palazzolo Vercellese
Pontestura
Moncalvo
Castelnuovo Don Bosco
Villanova d'Asti
Villafranca d'Asti
Asti
Asti Ovest
Asti Est
Castell'Alfero
Alessándria
Alessándria Ovest
Alessándria Sud
Felizzano
Quargnento
Valenza
Tortona
S. Damiano d'Asti
Isola d'Asti
Montegrosso d'Asti
Mombercelli
Incisa Scapaccino
Nizza Monferrato
Costigliole d'Asti
Canelli
Canale
Guarene
Alba
Castellazzo Bormida
Cassine
Ácqui Terme
Acquedotto Romano
Ovada
Cremolino
Molare
S. Stéfano Belbo
Cortemília
Roccaverano
Cartósio
Ponzone
Serralunga d'Alba
Barolo
Diano d'Alba
Bossolasco
Cinzano
Rosignano Monf.
Cortazzone
Cittadella
Másio
Sezzádio
Rivalta Bórmida
Spigno Monferrato
Monastero
Calamandrana
Vesime
Bubbio
Bistagno
Mombaruzzo
Bergamasco
Oviglio
Cantalupo
Castello di Annone
Rocchetta Tánaro
Agliano Terme
Vinchio
Castelnuovo Calcea
Barbaresco
Néive
Neviglie
Treiso
Castagnole delle Lanze
Magliano Alfieri
Priocca
Govone
Monticello d'Alba
Vezza d'Alba
Grinzane Cavour
La Morra
Monforte d'Alba
Novello
Dogliani
Castiglione Falletto
Marengo
Rodello
Montelupo Albese
Benevello
Borgomale
Cossano Belbo
Rocchetta Belbo
Castino
Bósia
Perletto
S. Giórgio Scarampi
Olmo Gentile
Serole
Pezzolo Valle Uzzone
Lévice
Gorzegno
Mombaldone
Merana
Denice
Malvicino
Montechiaro Alto
Castelletto d'Erro
Melazzo
Cavatore
Grognardo
Morbello
Prasco
Visone
Strevi
Orsara Bórmida
Morsasco
Trisóbbio
Carpeneto
Montaldo Bórmida
Castelnuovo Bórmida
Mantovana
Castelferro
Ricaldone
Maranzana
Fontanile
Quaranti
Castel Boglione
Castel Rocchero
Montabone
Moirano
Terzo
Bazzana
Castelnuovo Belbo
Bruno
Carentino
Frascaro
Gamalero
Borgoratto Aless.
Castelspina
Abazia
Ronchi
Cortiglione
Belvéglio
Moasca
S. Marzano Oliveto
Calosso
Bionzo
Carossi
Coazzolo
Mango
Camo
Trezzo Tinella
Castiglione Tinella
Loazzolo
Sessame
Cessole
Vezza
Cerro Tánaro
Montemagno
Grana
Calliano
Penango
Tonco
Frinco
Corsione
Cossombrato
Villa San Secondo
Montechiaro d'Asti
Chiusano d'Asti
Cinaglio
Camerano Casasco
Soglio
Viale d'Asti
Montafia
Roatto
Maretto
Cortandone
Monale
Baldichieri d'Asti
Tigliole
Cantarana
Valfenera
Ferrere
Cellarengo
Isolabella
Dusino S. Michele
Villanova d'Asti
Corvéglia
Valdichiesa
S. Paolo Solbrito
Buttigliera d'Asti
Moriondo Tor.
Riva presso Chieri
Poirino
Pralormo
Montà
Cisterna d'Asti
S. Martino Alfieri
Antignano
Celle Enomondo
Revigliasco d'Asti
La Galleria
Pratomorone
Castellinaldo
Montaldo Roero
Monteu Roero
S. Stéfano Roero
Prazzo
Vezzolano
Albugnano
Cocconato
Moransengo
Tonengo
Aramengo
Berzano di S. Pietro
Bésolo
Brusasco
Verrua Savoia
Cavagnolo
Monteu da Po
Lauriano
Mezzana
S. Sebastiano da Po
Casalborgone
Castagneto Po
Rivalba
Cinzano
Marcorengo
Brozolo
Robella
Murisengo
Cortanietto
Villadeati
Odalengo Grande
Odalengo Piccolo
Cicengo
Villamiroglio
Gabiano
Sessana
Mincengo
Piazzano
Camino
Cornale
Morano sul Po
Coniolo
Ozzano Monf.
Rollini
Castagnone
Mombello Monf.
Pozzengo
Montaldo
Casalino
Serralunga di Crea
Ponzano Monf.
Salabue
Cereseto
Treville
Sala Monf.
Cella Monte
Terrúggia
Frassineto
Ticineto
Borgo S. Martino
Bózzole
Giarole
Valmacca
Occimiano
Mirabello Monf.
Stevani
Ottiglio
Olivola
Frassinello Monf.
Patro
Castelletto Merli
Alfiano Natta
Guazzolo
Cardona
Casarello
Sanico
Rinco
Colcavagno
Scandeluzza
Montiglio Monf.
Cúnico
Carpeneto
Cerreto d'Asti
Passerano
Pino d'Asti
Mombello di Torino
Marmorito
Banengo
Gallareto
Morialdo
Vallunga
Cortanze
Biletta
Casorzo
Grazzano
Bonina
Conzano
Vignale Monferrato
Camagna Monferrato
Lu
Martini
Altavilla Monferrato
Dávino
Cúccaro Monferrato
Bodelacchi
Viarigi
Casazze
Fubine
Franchini
Castagnole Monferrato
Scurzolengo
Montemagno
Portacomaro
Refrancore
Migliandolo
Castiglione
Valenzani
S. Stéfano
Pergatti
Accorneri
Piepasso
Serra
Felizzano Quattórdio
Quattórdio
Solero
C.na Tollara
Mezzano
Casalbagliano
Villa del Foro
Cristo
Cabanette
Gerlotto
Castelletto Monferrato
S. Salvatore Monferrato
Valparolo
Piazzolo
S. Felice
Villabella
Baldesco
Il Giardinetto
Cornaglie
S. Michele
Vercelli Ovest
Carengo
Prarolo
Pezzana
Stroppiana
Canesana
Asigliano Vercellese
Desana
Costanzana
Pertengo
Saletta
Rive
Torrione
Bálzola
Villanova Monferrato
Terranova
Cándia Lomellina
Terrasa
Motta de' Conti
Langosco
Celpenchio
Rosasco
Cozzo
S. Pálo
Palestro
Lignana
Larizzate
Veneria
Lachelle
Oscenna
Ronsecco
Tricerro
Darola
Lucédio
Ramezzana
Fontanetto Po
Castelmerlino
Leri
Colombara
C. Barbera
Lamporo
S. Genuário
S. Grisante
Monte
S. Giácome
S. Antonino
Saluggia
Garavóglie
Cigliano
Bianzè
Tonengo
Arè
Ronchi
Rondissone
Mandria
Boschetto
Cene
Chivasso Est
Castelrosso
Torassi
Verolengo
Arborea
Borgo Revel
Madonnina
Castellero
Sessant
Casabianca
Serravalle
Valgera
Giberto
Callianetto
Mombarone
Rocca d'Arazzo
Azzano d'Asti
Monfallito
S. Marzanotto
Montemarzo
Mongardino
Montaldo Scarampi
S. Caterina
Repergo
Remonzino
S. Anna
Loreto
Gorzano
S. Rocco
S. Grato
Vito
Madonna della Spina
Craviano
Castagnito
Corneliano d'Alba
Piobesi d'Alba
Castel Roero
S. Vittória d'Alba
Rodd
Verduno
Madonna di Morette
Meruzzano
S. Donato
Bec. Boscasso
LéquioBérria
Sinio
Albaretto dell'aTorre
Arguello
Roddino
Cerreto Langhe
Serravalle Langhe
Cissone
Prato Noero
Somano
Monchiero
S. Martino
Vaile
Viajano
Farigliano
Bonvicino
la Mattina
Feisóglio
Gisuole
Niella Belbo
S. Rocco
Madonna
Gravanzana
Torre Bormida
Bergolo
Piovero
Brallo
Blengi
Todocco
S. Massimo
Parco Nat.
Rocchetta
Vico
Durianti
Giuliani
Turpino
M. Acuto
Roboaro
Miogliola
Cimaferle
Bric di Montado
Moretti
Spiriti
Abasse
Bric dei Gorrei
Olbicella
Bandita
Galanti
M. Ratto
S. Luca
Chiappino
Battagliosi
Cassinelle
Ciglione
Villa Gatti
M. Laione
Foresti
Ponti
Bc. Valla
Malfatti
Quarelli
S. Gerólamo
Bc. Puschera
Montaldo
Pareto
Caranzano
Bric d. Guarda
Castelletto Molina
Botti
Cassinasco
M. Dagno
S. Poncio
Museum der Bauernkultur
Taconotti
Roncáglia
Fúlgine
Bergamasco
Oviglio
Brusa
Sezzadio

Nyons
Avignon
Marseille
Rians
Montmeyan
Route Napoléon
Tallard
Lettret
la Bâtie-Montsaléon
Serres
Laragne-Montéglin
Montéglin
Nossage-et-Bénévent
Châteauneuf-de-Chabre
Mison
Ribiers
le Poët
Route des Fruits et des Vins
Sisteron
Sisteron-Nord
Sisteron-Centre
Saint-Vincent-sur-Jabron
Châteauneuf-Miravail
Montagne de Lure
Valbelle
Peipin
Aubignosc
Volonne
Château-Arnoux-Saint-Auban
Digne-les-Bains
Dalles à ammonites
Thoard
Hautes-Duyes
Saint-Étienne-les-Orgues
Montlaux
Revest-Saint-Martin
les Mées
les Pénitents des Mées (Rochers)
Les Mées/Peyruis
Ganagobie
Malijai
Chaffaut-Saint-Jurson
Forcalquier
Mane
Château de Sauvan
Plateau de Valensole
Oraison
Forcalquier/Oraison
Villeneuve
Volx
Manosque
Montfuron
Naturel
Valensole
Manosque/Valensole
Vallée de la Moyenne Durance
Riez
Moustiers-Sainte-Marie
Gréoux-les-Bains
Allemagne-en-Provence
Château Médiéval Renaissance
Montagnac-Montpezat
Vinon-sur-Verdon
Vinon-s/-Verdon
Aiguines
Lac de Sainte-Croix
Retenue de Quinson
Basses Gorges du Verdon
Grand Canyon
Chaudon-Norante
les Clues de Chabrières
Route Napoléon
Salle du Bal des Demoiselles Coiffées
Barrage de Serre-Ponçon
Saint-Vincent-les-Forts
Bayons
Robine-sur-Galabre
Défilé de la Pierre Écrite
F R A N C E

Barcelonnette
Jausiers
la Condamine-Châtelard
Tête de Siguret
Larche
Col della Maddalena
Argentera
Meyronnes
Tête de Sautron
Chiappera
Acceglio
Stroppo
Prazzo
San Michele
Marmora
Maddalena
Pratorotondo
Bersezio
Pontebernardo
Sambuco
Vinadio
Meolans Revel
le Lauzet-Ubaye
Chaudon
Jinquins
Saint-Pons
Uvernet-Fours
Enchastrayes
Pra Loup
les Molanes
Allos
Col d'Allos
le Seignus
Colmars
Villars-Colmars
Beauvezer
Thorame-Haute
Thorame-Basse
Saint-André-les-Alpes
Mure-Argens
Moriez
Annot
Entrevaux
Puget-Théniers
Touët-sur-Var
Villars-sur-Var
Tournefort
Massoins
Malaussène
Guillaumes
Péone
Valberg
Beuil
Roubion
Roure
Saint-Sauveur-sur-Tinée
Isola
Isola 2000
Auron
Saint-Étienne-de-Tinée
Saint-Dalmas-le-Selvage
Saint-Martin-d'Entraunes
Entraunes
Estenc
Villeneuve-d'Entraunes
Châteauneuf-d'Entraunes
Sauze
Daluis
Gorges de Daluis
Parc National du Mercantour
Route des Grandes Alpes
Routes des grandes Alpes
Val-de-Chalvagne
Saint-Auban
Peyroules
Route Napoléon
Castellane
Gréolières
Cipières
Coursegoules
Carros
St-Jeannet
Gattières
Bonson
Roquesteron
Sigale
Comps-s.-Artuby
Grasse
Nice

Valle Máira
Stroppo
Bedale
S.Damiano
Macra
Roccabruna
Dronero
Busca
810
Centallo
Cúneo
Mondovì
Borgo s. Dalmazzo
Caráglio
Bernezzo
Valgrana
Pradlèves
Demonte
Vinadio
Valdieri
Roccavione
Robilante
Bóves
Peveragno
Chiusa di Pésio
Beinette
Vernante
Limone Piemonte
Tunnel de Tende
Alpi Marittime
Parco Naturale delle Alpi Marittime
Parco Naturale Alta Valle Pésio e Tanaro
Parc National du Mercantour
Alpes Maritimes
FRANKREICH
Isola 2000
Saint-Martin-Vésubie
Tende
La Brigue
Saorge
Breil-sur-Roya
Sospel
Sainte-Agnès
Peille
L'Escarène
Contes
Levens
Carros
Colomars
Gattières
MENTON
Ventimíglia
Bordighera
SAN REMO
Tággia
Riviera
Notre-Dame des Fontaines
Vallée des Merveilles
Gorges de Bergue Haute
Molini di Triora
Triora
Pigna
Dolceácqua
Camporosso
Nice
Nice
Nice
Nice

Riviera di Ponente
SAVONA
IMPÉRIA
Varazze
Celle Lígure
Albisola Marina
Albisola Superiore
Vado Ligure
Spotorno
Noli
Varigotti
Finale Lígure
Bórgio-Verzzi
Pietra Lígure
Loano
Borghetto S. Spirito
Ceriale
Albenga
Alássio
Laiguéglia
Andora
Cervo
S. Bartolomeo al Mare
Diano Marina
Ceva
Millésimo
Cáiro Montenótte
Cárcare
Altare
Quiliano
Sassello
Stella
Colle del Giovo
Garéssio
Calizzano
Bardineto
Parco Nat. di Piana Crixia
Bastia-Savona 6-9h
Barcelona-Civitavecchia 19-21h, Génova 18h
Via Aurélia
Capo S.Croce
Capo di Vado
Isola di Bergeggi (Riserva Naturale)
Torre del Leon Pancaldo
Grotta della Básura
Castello di Andora
Porto Maurizio
S. Lorenzo al Mare
Génova
G
H
J
K
L
M9
3
4
5
6
7
8

Register

Im Register sind alle wichtigen Ortsangaben, wie sie im Buch genannt sind erfasst. Blaue Einträge beziehen sich auf die Beschreibung der Regionen und der Freizeitaktivitäten, rote Seitenzahlen auf den Hotelteil und schwarze auf den Kartenteil. Bei Städten und Gemeinden sind gleiche Namensformen durch offizielle Zusätze oder den Hinweis auf eine Verwaltungszugehörigkeit unterschieden.

Die Lageangabe im Atlasteil setzt sich aus Buchstaben und Zahlen zusammen, die das jeweilige Suchfeld im aufgedruckten blauen Suchgitter bezeichnen. Auf jeder Kartendoppelseite finden sie die Buchstaben am oberen und unteren bzw. die Zahlen am linken und rechten Kartenrand.

A

Aach (D) 761-M6
Aach im Allgäu (D) 777-H2
Aachau (A) 771-H2
Aach-Linz (D) 762-C6
Aadorf (CH) 775-M2
Aarau (CH) 774-F3
Aarberg (CH) 773-L6
Aarburg (CH) 774-E3
Aarwangen (CH) 774-D4
Aasen (D) 761-J5
Aathal (CH) 775-L4
Aawangen (CH) 775-M2
Abano Terme (I) 805-K8
Abasse (I) 811-L9
Abazia (I) 811-L6
Abb. di Piona (I) 790-D8
Abbaberg (A) 266
Abbadia (I) 802-C3
Abbadia Cerreto (I) 802-E9
Abbazia (I) Lombardia, Bergamo 803-G4
Abbazia (I) Lombardia, Milano 802-C8
Abbazia (I) Venéto 806-D4
Abbazia di S. Vigílio (I) 804-A8
Abbenans (F) 772-F1
Abbévillers (F) 773-J2
Abbiate Guazzone (I) 801-M5
Abbiategrasso (I) 801-L8
Abbondio (I) 791-H8
Abeille (F) 813-G8
Abergement-lès-Thésy (F) 772-B7
Abersdorf (D) 765-L3
Abersee (A) 767-K7
Abert (F) 812-D8
Abetzberg (A) 769-H3
Abetzdorf (A) 769-H3
Abfaltersbach (A) 794-D1
Ablach (D) 762-C4
Abländschen (CH) 787-L3
Abondance (F) 787-G6
Abrain (D) 765-H7
Abriach (A) 797-G3
Abriès (F) 809-L6
Absam (A) 779-H4
Absam Stube (I) 793-H6
Abtei (A) 797-G3
Abtei/Badia (I) 793-L3
Abtenau (A) 267, 269, 664, 767-J9
Abtenham (D) 766-E4
Abtsdorf (A) 767-K5
Abtsdorf (D) 766-F5
Abtsried (D) 764-D5
Abtwil (CH) 776-D3
Abwinkel (D) 765-J8
Accate (I) 810-F7
Acceglio (I) 813-L1
Accolans (F) 772-F1
Accorneri (I) 811-K5
Acereto di Túres/Ahornach (I) 779-L8
Ach, Hochburg- (A) 766-F3
Achalm (A) 797-K1
Acharting (A) 767-G5
Achberg (D) Kr. Ravensburg 762-F9
Achberg (D) Kr. Traunstein 766-C7
Achberg (D) Kr. Weilheim-Schongau 764-E7
Achdorf (D) 761-J6
Achenkirch (A) 198, 199, 200, 201, 664, 779-J1
Achenrain (A) 779-K2
Achensee (A) 63, 198, 199, 201, 779-J1
Achensee-Region (A) 198, 200
Achental (A) 779-J1
Achental (D) 116, 118
Aching (A) 767-G2
Achkarren (D) 760-F7
Achleiten (A) 768-D3
Achner Alm (A) 769-H9
Achomitz (A) 795-M3
Achselschwang (D) 764-D4
Achseten (CH) 788-B4
Achstetten (D) 763-H2
Achter (A) 781-J4
Achthal Teisendorf (D) 766-E6
Äckenmatt (CH) 773-M8
Acker (D) 763-L9
Ackern-Alm (A) 765-L9
Acla (CH) 789-L3
Aclas (CH) 790-F2
Aclens (CH) 786-F3
Acletta (CH) 789-L2
Acquabuona (I) 815-M1
Acquacalda (CH) 789-L3
Acquafredda (I) 815-J3
Acquaiolo (I) 803-H4
Acqualunga (I) 803-H9
Acquarena (I) 502
Acquarossa (CH) 789-M5
Acquaseria (I) 790-C9
Acquate (I) 802-D3
Acquaviva (I) 804-E2
Acque Fredde (I) 804-B6
Acquético (I) 814-F6
Ácqui Terme (I) 811-L8
Adamek-Hütte (A) 781-L1
Adamello-Presanella-Gruppe (I) 538
Adam-lès-Passavant (F) 772-E3
Adam-lès-Vercel (F) 772-E5
Adamoli (I) 804-D5
Adelboden (CH) Bern 348, 349, 712, 788-B4
Adelboden (CH) Luzern 774-E4
Adelhausen (D) 760-D9
Adelsberg (D) 760-D7
Adelshofen (D) 764-E3
Adelsreute (D) 762-E7
Adendorf (A) 782-F5
Adergas (SLO) 797-G6
Aderzhofen (D) 762-E3
Adetswil (CH) 775-L3
Ading bei Hundsdorf (A) 782-E7
Adlemsried (CH) 787-M2
Adlhaming (A) 768-B4
Adligenswil (CH) 775-H6
Adlikon (CH) Regensdorf/Zürich 775-J2
Adlikon (CH) Zürich 761-K9
Adling (D) 765-K4
Adliswil (CH) 775-J4
Adlitzgraben (A) 770-D7
Adlwang (A) 768-D4
Admont (A) 298, 299, 664, 768-F8
Adnet (A) 269, 767-H7
Adrara S. Martino (I) 803-H5
Adrara San Rocco (I) 803-H5
Adrazhofen (D) 763-J7
Adrejci (SLO) 785-H8
Adret (I) 810-B3
Adriach (A) 784-A3
Adriano/Andrian (I) 792-F4
Adrijanci (SLO) 785-H7
Adro (I) 803-H6
Aedermannsdorf (CH) 774-C4
Aegerten (CH) 773-M6
Aesch (CH) Basel-Landschaft 774-C2
Aesch (CH) Luzern 775-G4
Aesch (CH) Zürich 775-K1
Aesch bei Maur (CH) 775-K3
Aeschach (D) 776-F1
Aeschau (CH) 774-D8
Aeschi (CH) 774-C5
Aeschi bei Spiez (CH) 788-C2
Aeschiried (CH) 788-C2
Aeschlen (CH) 788-C2
Aeschlen ob Gunten (CH) 788-C2
Aetigkofen (CH) 774-B6
Aetingen (CH) 774-B5
Aettenschwil (CH) 775-H5
Aeugst am Albis (CH) 775-J4
Affeier (CH) 790-B1
Affeltrangen (CH) 776-A1
Affi (I) 804-C6
Affnang (A) 767-M2
Affoltern (CH) Zürich 775-J4
Affoltern am Albis (CH) 775-J4
Affoltern im Emmental (CH) 774-C6
Afing/Avinga (I) 793-G4
Aflenz (A) 315, 769-L8
Aflenz an der Sulm (A) 784-C8
Aflenzer Seebergstraße (A) 770-A7
Aframberg (A) 784-C7
Afritschheim (A) 784-A5
Afritz am See (A) 336, 796-B1
Aftersteg (D) 760-E6
Agággio (I) 814-F7
Agana (I) 805-K1
Agarina (I) 789-H7
Agarn (CH) 788-C6
Agasul (CH) 775-L2
Agathazell (D) 777-K1
Ägerten (CH) 774-D4
Aggenstein (D) 86, 146, 148
Aggsbach Vorchdorf (A) 768-B4
Agiez (CH) 786-F1
Agliano Terme (I) 811-J6
Agliasco (I) 810-B7
Agliè (I) 800-C8
Aglietti (I) 800-F6
Agnadello (I) 802-E8
Agnellengo (I) 801-J6
Agnielles (F) 808-B8
Agnières-en-Dévoluy (F) 808-C6
Agnona (I) 801-G4
Agnosine (I) 803-L5
Agognate (I) 801-J7
Ágordo (I) 793-M7
Agostinassi (I) 810-F7
Agra (CH) 801-M2
Agra (I) 789-L9
Agrano (I) 801-H3
Agrate Br. (I) 802-D6
Agrate-Contúrbia (I) 801-J5
Agsdorf (A) 782-D9
Aguai (I) 793-G7
Agugliaro (I) 805-J9
Agzia (I) 807-G5
Aha (D) 760-F6
Aham (D) 766-A4
Ahausen (D) 762-D8
Ahlen (D) 762-F3
Ahornach/Acereto di Túres (I) 779-L8
Ahornach-Alm (A) 779-K5
Ahornspitze (A) 208
Ahrnbach (A) 779-K4
Ahrntal/Valle Aurina (I) 504, 779-M7
Aibl (A) 783-M9
Aibl (A) 797-M1
Aicali (I) 810-B5
Aich (A) Bleiburg 797-J2
Aich (A) Liezen 768-D9
Aich (A) Mühlen 782-F6
Aich (A) Schladming 664, 782-A2
Aich (A) St. Paul im Lavanttal 783-J9
Aich (A) Velden am Wörther See 796-D3
Aich (D) Kr. Fürstenfeldbruck 764-E3
Aich (D) Kr. Traunstein 766-E5
Aicha (I) 793-H4
Aichberg (A) 783-H8
Aichberg Aibl (A) 797-M1
Aichbühl (D) 762-F4
Aichdorf (A) 783-H4
Aichegg (A) 783-M8
Aichelau (D) 762-D1
Aichen (D) Kr. Günzburg 763-M2
Aichen (D) Kr. Waldshut-Tiengen 761-G8
Aicherhütte (A) 782-C7
Aichet (A) 768-F1
Aichhalden (D) 761-H1
Aichhorn (A) 780-F7
Aichkirchen (A) 767-M3
Aichstetten (D) Kr. Ravensburg 763-J6
Aichstetten (D) Kr. Reutlingen 762-D2
Aidenbach (D) 766-B1
Aidenried (D) 764-E5
Aidling (D) 764-F8
Aie Bruno (I) 811-L6
Aiello del Friuli (I) 807-K2
Aiëssey (F) 772-E4
Aifersdorf (A) 795-M1
Aigelsbach (A) 770-B2
Aigen (A) Gießelsdorf 784-F7
Aigen (A) Hernstein 770-F4
Aigen (A) St. Anna am Aigen 783-M8
Aigen im Ennstal (A) 768-D9
Aigen Radenthein (A) 782-B9
Aigendorf (D) 762-F3
Aigenfließen (A) 768-F2
Aiging (D) 766-D5
Aigle (CH) 365, 369, 787-J6
Aiglsham (D) 766-B4
Aiglun (F) Provence-Alpes-Côte d'Azur/Digne-les-Bains 812-D5
Aiglun (F) Provence-Alpes-Côte d'Azur/Grasse 813-K8
Aigneregg (A) 784-A8
Aigovo (I) 814-F7
Aiguebelle (F) 798-D6
Aiguille du Midi (F) 578
Aiguille Verte (F) 577
Aiguilles (F) 809-K6
Aiguines (F) 812-E8
Ailefroide (F) 589, 809-G5
Ailingen (D) 762-E8
Aillon-le-Jeune (F) 798-B5
Aillon-le-Vieux (F) 798-B4
Ailoche (I) 800-F5
Aime (F) 798-F6
Aime la Plagne (F) 798-F6
Aindorf (D) 766-B4
Ainet (A) 780-E8
Ainring (D) 766-F6
Aiqueblanche (F) 798-E6
Airali (I) Piemonte, Cveno 810-D7
Airali (I) Piemonte, Torino, Chivasso 811-G3
Airasca (I) 810-D5
Aire-la-Ville (CH) 786-B7
Airole (I) 814-D8
Airolo (CH) 401, 402, 789-K4
Airuno (I) 802-D4
Aisdorf (A) 780-D4
Aising (D) 766-A6
Aisone (I) 814-A3
Aist (A) 769-G1
Aistaig (D) 761-K1
Aistersheim (A) 767-M2
Aitern (D) 760-E7
Aiton (F) 798-C6
Aitrach (D) 763-J5
Aitrang (D) 763-M7
Aixheim (D) 761-K3
Aix-les-Bains (F) 798-A4
Ajba (SLO) 796-A8
Ajonc (F) 812-D6
Akams (D) 763-K9
Ala (I) 804-D4
Ala di Stura (I) 799-L9
Alagna Valsesia (I) 800-E3
Alaise (F) 772-B6
Alano di Plave (I) 805-L2
Alássio (I) 815-J7
Alb del. Campo (I) 805-K3
Alb. Florentini (I) 804-F3
Alb. Fontanabona (I) 792-B8
Alb. Milano (I) 804-D2
Alb. Costabella (I) 793-K6
Alba (I) 546, 547
Alba (I) Piemonte 811-H7
Alba di Canazei (I) 723, 793-K5
Albaching (D) 766-M3
Albairate (I) 801-M8
Albanne (F) 809-G1
Albano S. Aless. (I) 803-G5
Albaré (I) 804-B6
Albaredo (I) 804-E3
Albaredo d' Adige (I) 805-G9
Albaredo per S. Marco (I) 790-E9
Albareto (I) 805-M5
Albaretto (I) 813-M1
Albaretto della Torre (I) 811-H8
Álbaro (I) 804-F9
Albavilla (I) 802-B4
Albbruck (D) 760-F9
Albeck (A) 782-C8
Albeina (CH) 777-G8
Albeins/Albes (I) 793-J2
Albenga (I) 815-J6
Albens (F) 798-A3
Albern (A) Deutsch-Griffen 782-C8
Albern (A) Moosburg 796-D2
Alberoni (I) 806-C8
Albers (D) 763-H5
Alberschwende (A) 129, 777-G2
Albersdorf (A) Gleisdorf 784-D4
Albersdorf (A) Schiefling am See 796-D2
Albersdorf-Prebuch (A) 784-D4
Alberswil (CH) 774-E5
Albertaich (D) 766-B4
Albertshofen (D) 764-E3
Albertville (F) 580, 798-D4
Alberweiler (D) 763-G3
Albes/Albeins (I) 793-J2
Albese (I) 802-B4
Albettone (I) 805-J8
Albeuve (CH) 787-K4
Albführen (D) 761-J8
Albiano (I) 792-F8
Albiano d' Ivrea (I) 800-D8
Albiate (I) 802-C5
Albiez-le-Jeune (F) 798-D9
Albiez-Montrond (F) 809-G1
Albignano (I) 802-E7
Albignásego (I) 805-L9
Albina (I) 806-D3
Albinen (CH) 382, 788-C6
Albing (A) 768-F1
Albino (I) 803-G4
Albiolo (I) 802-A4
Albiosc (F) 812-C9
Albisola Marina (I) 815-L3
Albisola Superiore (I) 815-L3
Albispass (CH) 775-J4
Albisrieden (CH) Zürich 775-J3
Albizzate (I) 801-K5
Albligen (CH) 773-M8
Albo (I) 801-H2
Albogasio (I) 802-A1
Albogno (I) 789-H8
Álbola (I) 804-C3
Albonico (I) 790-D8
Albosággia (I) 791-G8
al Bosco (I) 806-D5
Albra (I) 815-G5
Albrechts (D) 763-L7
Albstadt (D) 762-B2
Albugnano (I) 811-G3
Alby-sur-Chéran (F) 798-B3
Alcenago (I) 804-D7
Alchenstorf (CH) 774-C6
Aldein/Aldino (I) 723, 793-G6
Aldeiner Hof (I) 792-F6
Aldeno (I) 804-E2
Aldingen (D) 761-L3
Aldino/Aldein (I) 793-G6
Aldrans (A) 191, 779-G4
Alesso (I) 795-H6
Aletsch (CH) 396, 397
Aletschgebiet (CH) 35, 394
Aletschgletscher (CH) 394
Aletshausen (D) 763-L2
Aletshofen (D) 764-B3
Alex (F) 798-C2
Alexanderhütte (A) 781-L8
Alexenau (A) 767-L5
Alfiano Natta (I) 811-J3
Algasing (D) 766-A1
Algetshausen (CH) 776-B2
Algolsheim (F) 760-C4
Algrund/Lagundo (I) 792-E2
Algua (I) 802-F3
Algund (I) 488
Álice Castello (I) 800-E8
Alikon (CH) 775-H5
Aljažev dom (SLO) 796-B5
Alkersdorf (A) 770-F4
All'Acqua (CH) 789-J4
Allach (D) 765-G2
Allachhütte (A) 782-C7
Allalinhorn (CH) 390
Allaman (CH) 786-E4
Alland (A) 765-J2
Allardo (I) 814-B1
Alle (CH) 773-K2
Alleghe (I) 532, 723, 793-M5
Allein (I) 799-L3
Allemagne-en-Provence (F) 812-C8
Allemogne (F) 786-B6
Allemont (F) 584, 808-D2
Allenlüften (CH) 773-L7
Allens (CH) 786-F3
Allensbach (D) 762-B8
Allenwinden (CH) 775-J5
Allerheiligen (A) Fohnsdorf 783-G4
Allerheiligen (CH) 773-M5
Allerheiligen bei Wildon (A) 784-C7
Allerheiligen im Mürztal (A) 770-A9
Allersdorf (A) Amstetten 769-J2
Allersdorf (A) St. Paul im Lavanttal 783-J9
Allersdorf (A) Zeltweg 783-H4
Allersdorf im Burgenland (A) 785-H2
Allersgraben (A) 785-H2
Alleshausen (D) 762-F3
Allessándria (I) Piemonte 811-M5
Allevard (F) 798-B7
Allevè (I) 809-L4
Allèves (F) 798-B3
Allgäu (D) 68, 70, 72, 82
Allgäuer Alpen (D) 86
Allgäuer Hüttentour (D) 77
Allhaming (A) 768-D2
Allhartsberg (A) 769-H3
Alling (D) 764-F3
Allinges (F) 786-E5
Allmand (A) 770-F2
Allmannsau (D) 766-A3
Allmannsdorf (D) 762-B8
Allmannshausen (D) 764-F5
Allmannsweiler (D) 762-E4
Allmendingen (CH) Bern 774-B8
Allmendingen (CH) Thun/Bern 788-B1
Allmendingen (D) 762-F1
Allmishofen (D) 763-J7
Allondans (F) 773-H1
Allondez (F) 798-D4
Allons (F) 813-H6
Allonzier-la-Caille (F) 786-C9
Allos (F) 813-H3
Allschwil (CH) 760-B9
Allweg (CH) 775-H8
Alm Hochwolkersdorf (A) 771-G6
Alm Schwarzenbach (A) 771-H7
Almau (D) 766-C6
Almazzago (I) 792-C6
Almbach (D) 765-H8
Almdorf (A) Witzbühel 780-C1
Almdorf (A) Zell am See 780-F2
Almegg Grünau im Almtal (A) 768-B5
Almegg Lambach (A) 768-B3
Almellina (I) 814-D4
Almenland (A) 316
Almenno S. Bart. (I) 802-E4
Almenno S. Salv. (I) 802-E4
Almens (CH) 790-E2
Almertsham (D) 766-B5
Almese (I) 810-C2
Almhäuser (A) 769-K9
Almisano (I) 805-G8
Almrausch (A) 781-K6
Almtal (A) 39, 272
Alnè (I) 805-M3
Alone (I) 803-K5
Alonte (I) 805-H8
Alosen (CH) 775-K6
Alp Chöglias (CH) 777-L8
Alp dil Plaun (CH) 790-E1
Alp Flix (CH) 790-F4
Alp Grüm (CH) 791-J6
Alp Laisch (CH) 791-K2
Alp Languard (CH) 463
Alp Laret (CH) 791-K1
Alp Laschadura (CH) 791-J2
Alp Maran (CH) 455
Alp Nadéls (CH) 789-M2
Alp Zeznina (CH) 791-J2
Alpamare Bad Tölz (D) 103
Alpbach (A) 202, 664, 779-L3
Alpbachtal (A) 202
Alpe (I) 804-F5
Alpe Cermis (I) 793-H7
Alpe Colina (I) 791-G8
Alpe Colombino (I) 810-B3
Alpe Devero (I) 789-G6
Alpe d'Huez (F) 55, 584, 585, 752
Alpe di Mera (I) 800-E4
Alpe Forame (I) 791-H7
Alpe Oberhaus (A) 236
Alpe Painale (I) 791-H7
Alpe Palù (I) 791-G7
Alpe Veglia (I) 788-F7
Alpen Club Micky Maus (CH) 455
Alpenblumengarten (A) 225
Alpendorf (A) 289
Alpendorf bei St. Johann (A) 288
Alpengarten Schynige Platte (CH) 353
Alpenheim (A) 781-J8
Alpenhof (A) 782-A5
Alpenregion Bludenz (A) 130, 132, 134
Alpenrose (A) Spittal an der Drau 781-J7
Alpenrose (A) Zell am See 780-C5
Alpenrose (I) 792-F3
Alpenzoo Innsbruck (A) 189
Alpersbach (D) 760-F5
Alpette (I) 800-B8
Alphubel (CH) 390
Alpicella (I) 815-L2
Alpiglen (CH) 788-E3
Alpignano (I) 810-D3
Alpinarium Galtür (A) 160
Alpine Coaster (A) 296
Alpineum (A) 297
Alpino (I) 801-J3
Alpl (A) 770-B7
Alpl Waldheimat (A) 770-C9
Älplisee (CH) 454
Alpnach (CH) 414
Alpnach (CH) 775-G8
Alpnachstad (CH) 775-G7
Alpo (I) 804-D8
Alpsee (D) 82
Alpsee-Grünten (D) 70
Alpspitze (D) 49, 92, 98
Alpspitz-Ferrata (D) 94
Alpstein (CH) 428
Alpthal (CH) 775-K6
Alsério (I) 802-B4
Alt St. Johann (CH) 428, 429, 712, 776-C5
Alta (I) 810-C3
Alta Badia (I) 51, 528, 529, 530, 531
Altach (A) 776-F3
Altanca (CH) 789-K4
Altare (I) 815-K3
Altaussee (A) 303, 305, 767-M8
Altausseer See (A) 302
Altavilla (CH) 773-K8
Altavilla Monferrato (I) 811-K4
Altavilla Vicentina (I) 805-H7
Altbierlingen (D) 763-G2
Altbüron (CH) 774-E5
Altdorf (CH) 409, 414, 775-K8
Altdorf (D) Kr. Ostallgäu 764-B7
Altdorf (D) Ortenaukreis 760-D1
Alte Prager Haus (A) 780-C6
Alteiselfing (D) 766-A4
Alten (CH) 761-K9
Altenau (D) 764-D8
Altenberg (A) 784-F2
Altenberg (A) Hitzendorf 783-M6
Altenberg an der Rax (A) 770-C7
Altenberg bei Leibnitz (A) 784-C8
Altenbeuern (D) 766-A7
Altenbeuren (D) 762-D7
Altenburg (D) 761-K8
Altendorf (A) 770-F7
Altendorf (A) Sittersdorf 797-H3
Altendorf (CH) 775-L5
Altenfelden (A) 796-B3
Altenham (D) 766-C3
Altenhof am Hausruck (A) 767-L2
Altenhof Weiz (A) 784-C3
Altenhofen (A) 768-F2
Altenhohenau (D) 766-A4
Altenmarkt (A) Völkermarkt 783-H9
Altenmarkt (A) Weitenfeld im Gurktal 782-D8
Altenmarkt an der Alz (D) 766-D4
Altenmarkt an der Triesting (A) 770-E3
Altenmarkt bei Fürstenfeld (A) 784-F5
Altenmarkt bei Riegersburg (A) 784-E5
Altenmarkt bei St. Gallen (A) 769-G7
Altenmarkt im Pongau (A) 287, 288, 289, 664, 781-K2
Altenmarkt Pölfing (A) 783-M9
Altenreith (A) 769-K4
Altenrhein (CH) 776-E2
Altenschwand (D) 760-E8
Altenstadt (A) 776-F4
Altenstadt (D) Kr. Neu-Ulm 763-J3
Altenstadt (D) Kr. Weilheim-Schongau 764-C6
Altensteig (D) 763-M4
Altental (D) 762-A5

● REGIONEN ● HOTELS ● KARTEN

Alter Zoll (A) 778-B6
Alterer Alm (A) 779-H7
Alteritz (A) 784-D3
Altersberg (A) 781-L8
Alterswil (CH) Fribourg 787-L1
Alterswil (CH) St. Gallen 776-C3
Alterswilen (CH) 762-B9
Altes Schloß (A) 785-J1
Altfaßtal (I) 503
Altglandorf (A) 782-F9
Altglashütten (D) 760-F6
Altgralla (A) 784-C8
Althäusern (CH) 775-H4
Althegnenberg (D) 764-D2
Altheim (A) 767-H1
Altheim (D) Alb-Donau-Kr. 763-G1
Altheim (D) Bodenseekreis 762-C6
Altheim (D) Kr. Biberach 763-G3
Altheim (D) Kr. Sigmaringen 762-B5
Altheim ob Weihung (D) 763-H1
Althodis (A) 785-H2
Althof (A) 771-M4
Althofen (A) St. Peter am Kammersberg 782-E5
Althofen (A) St. Stefan am Krappfeld 782-F8
Althütte (D) 761-G7
Altichiero (I) 805-L8
Altikon (CH) 761-L9
Altino (I) 806-C6
Altipiano delle Pale (I) 550
Altirdning (A) 768-C9
Altishausen (CH) 762-C9
Altishofen (CH) 774-E5
Altisried (D) 763-L5
Altissimo (I) 804-F6
Altívole (I) 805-L4
Altkirchen (D) 765-H5
Altlach (D) 764-F9
Altlassing (A) 768-E9
Altlengbach (A) 770-E1
Altmannsdorf (A) 770-C1
Altmannshofen (D) 763-J6
Altmatt (CH) 775-K6
Altmünster (A) 272, 767-M5
Altnau (CH) 762-C9
Alto (I) 815-G5
Altoberndorf (D) 761-K1
Altoggio (I) 789-H8
Altopiano della Paganella (I) 543
Altossiach (A) 796-C2
Altötting (D) 766-D2
Altrei Anterivo (I) 723, 793-G7
Altreu (CH) 774-A5
Altschlaining (A) 785-H2
Altshausen (D) 762-E5
Altsimonswald (D) 760-F3
Altstädten (D) 777-K2
Altstätten (CH) 776-E3
Altstetten (CH) 775-J3
Altsteußlingen (D) 762-F1
Alttann (D) 763-G6
Altusried (D) 763-K7
Altwis (CH) 775-G4
Altzellen (CH) 775-H8
Alvaneu (CH) 451, 790-F2
Alvaneu Bad (CH) 790-F2
Alvaschein (CH) 451, 790-E2
Alxing (D) 765-L4
Alz (D) 47
Alzano Lomb. (I) 802-F4
Alzate (I) 801-J6
Alzate Brianza (I) 802-B4
Alzgern (D) 766-E2
Alzo (I) 801-H4
Am Alpsteig (A) 770-C8
Am Anger (A) 783-M3
Am Bach (CH) 790-E5
Am Berg (A) 770-B8
Am Rin (CH) 791-H2
Am See (A) 778-B7
Am See (D) 765-J7
Am Stein (A) 783-L6
Amagney (F) 772-C3
Amagno (I) 802-E4
Amago (I) 792-C6
Amancey (F) 772-C6
Amancy (F) 786-D8
Amarines (F) 813-K6
Amaro (I) 795-H5
Amassegg (A) 784-C2
Amathey-Vésigneux (F) 772-D6
Ambach (D) 764-F6
Ambel (F) 808-C5
Amberg (D) 764-B4
Amberger-Haus (A) 778-E7
Ambívere (I) 802-E5
Amblàr (I) 792-E5
Ambri (CH) 402, 789-K4
Àmbria (I) Lombardia, Bergamo 802-F4
Àmbria (I) Lombardia, Sondrio 791-H9
Ambriola (I) 802-F4
Ambrož (SLO) 797-L8
Amden (CH) 430, 431, 712, 776-B6
Ameisbichl (A) 796-E2
Amen (F) 813-K6
Amendingen (D) 763-K4
Ameno (I) 801-H4
Amerang (D) 766-B4
Amering (A) 783-H5
Aminona-sur-Sierre (CH) 376, 788-B6
Amirat (F) 813-K7
Amlach Greifenburg (A) 795-H1
Amlach Lienz (A) 780-F9
Amlikon (CH) 762-B9
Amlos (A) 771-G7
Ammererhof (A) 781-G6
Ammergauer Berge (D) 82
Ammerhöfe (D) 764-E7
Ammerland (D) 764-F6
Ammerswil (CH) 775-G3
Ammerzwil (CH) 773-M6
Amodon (F) 809-J1
Amondans (F) 772-C6
Ampass (A) 191, 779-G4
Ampermaching (D) 765-G1
Ampezzo (I) 794-F5
Ampfelwang (A) 767-L3
Ampfing (D) 766-C1
Amphion-les-Bains (F) 786-F5
Amrigschwand (D) 761-G8
Amriswil (CH) 776-C1
Amsoldingen (CH) 788-B2
Amstetten (A) 769-H2
Amtzell (D) 763-G8
An der Noßberger-Hütte (A) 780-F7
Ancelle (F) 808-E8
Ancienne Chartreuse (F) 786-F9
Ancignano (I) 805-J5
Anconetta (I) 805-H6
Andalo (I) Lombardia 790-E8
Andalo (I) Trentino-Alto Ádige 542, 543, 723, 792-D8
Andechs (D) 764-E5
Andeer (CH) 790-D3
Andelfingen (CH) 761-K9
Andelfingen (D) 762-D3
Andelot-Dessous (F) 772-B8
Andelot-en-Montagne (F) 772-B8
Andelsbuch (A) 37, 127, 777-H3
Andelshofen (D) 762-C7
Andermatt (CH) 402, 789-K3
Andersdorf (A) 783-K9
Andezeno (I) 810-F3
Andiast (CH) 790-B1
Andilly (F) 786-B8
Andogno (I) 804-D1
Andolsheim (F) 760-B4
Andon (F) 813-J9
Andonno (I) 814-C3
Andora (I) 815-H7
Andorno-Micca (I) 800-E6
Andrate (I) 800-D7
Andrèis (I) 794-E7
Andrian/Adriano (I) 792-F4
Andrichsfurth (A) 767-K1
Andritz (A) 784-B5
Anduins (I) 795-G7
Andwil (CH) 762-C9
Änetegg (CH) 774-F7
Anetswil (CH) 776-A2
Anfo (I) 803-M4
Anfurro (I) 803-J3
Angath (A) 779-M1
Anger (A) Stegersbach 785-G3
Anger (A) Weiz 784-D3
Anger (A) Weyer Markt 769-G5
Anger (D) Kr. Bad Tölz-Wolfratshausen 765-H8
Anger (D) Kr. Berchtesgadener Land 766-F6
Angera (I) 801-J4
Angerberg (A) 768-E2
Angerer (A) St. Lambrecht 782-E6
Angerer Zeil (A) 784-C3
Angering (D) 766-B1
Angern (A) 778-D8
Angern (A) Steyr-Land 768-E4
Anghébeni (I) 804-E4
Angiale (I) 810-D6
Angles (F) 813-H7
Anglikon (CH) 775-G3
Angoletta (I) 793-M7
Àngolo (I) 803-J3
Angon (F) 798-C3
Angone (I) 803-K2
Angrogna (I) 810-B6
Anhalter-Hütte (A) 778-B4
Anhausen (D) 762-E1
Anhofen (D) 764-A3
Anhovo (SLO) 796-A9
Anières (CH) 786-C6
Anif (A) 767-G7
Ankenhofen (A) 784-B3
Ankogel (A) 342, 343
Annaberg (A) 300, 769-M5
Annaberg (A) Hochwolkersdorf 771-H7
Annaberg im Lammertal (A) 266, 666, 767-K9
Annaberg-Lungötz (A) 269
Annabichl (A) Klagenfurt 796-E2
Annabrunn (D) 766-B2
Annatal (I) 793-J3
Annecy (F) 37, 798-C2
Annecy-le-Vieux (F) 798-C2
Annemasse (F) 786-C7
Annenheim (A) 796-B2
Annental (A) 770-D3
Annone di Brianza (I) 802-C4
Annone Véneto (I) 806-E3
Annot (F) 813-H7
Annuit (F) 798-F4
Annunziata (CH) 791-J6
Annunziata (I) 814-E3
Anras im hochpustertal (A) 666, 780-D9
Ansbacher Hütte (A) 777-L5
Anselfingen (D) 761-L6
Ansfelden (A) 768-D1
Antagnes (CH) 787-J6
Antagnod (I) 800-C3
Antau (A) 771-J5
Antdorf (D) 764-F7
Antegnate (I) 803-G7
Antelao (I) 534
Anterioro/Altrei (I) 793-G7
Antermója/Untermoi (I) 793-K2
Antersdorf (D) 767-G1
Anterselv di Mezzo/Antholz-Mittertal (I) 780-A9
Anterselva di Sopra/Antholz-Obertal (I) 780-A8
Anterselva di Sotta/Antholz-Niedertal (I) 780-A9
Anteuil (F) 772-F2
Antey-St.-André (I) 800-B3
Anthering (A) 767-G5
Antholing (D) 765-K5
Antholz (I) 511, 723, 779-M9
Antholzer Tal (I) 508, 510
Anthy-sur-Léman (F) 786-E5
Antignano (I) 811-H6
Àntole (I) 794-A8
Antonaves (F) 812-B3
Antrogna (I) 800-F1
Antronapiana (I) 788-F9
Antrona-Schieranco (I) 788-F9
Antwort (D) 766-B6
Anwil (CH) 774-E2
Anzano (CH) 790-A5
Anzano (I) 806-C1
Anzano del Parco (I) 802-C4
Anzenbach (A) 768-F5
Anzenberg (A) Mauerkirchen 767-H2
Anzenberg (A) Rupprechtshofen 769-L2
Anzendorf (A) 769-M1
Anzère (CH) 787-M6
Anzing (D) 765-K3
Anzino, Bannio- (I) 800-F1
Anzola (I) 801-H1
Anzonico (CH) 789-L5
Anzù (I) 805-L1
Aonedis (I) 795-G8
Aosta/Aoste (I) 568, 571, 572, 573, 598, 799-L4
Aostatal (I) 568, 570, 572, 573
Apace (SLO) 784-F9
Apetloher Hof (A) 771-L5
Apetlon (A) 771-L5
Apfelberg (A) 783-J4
Apfeldorf (D) 764-D6
Apfeldorfhausen (D) 764-D6
Apfeltrach (D) 763-M4
Apfeltrang (D) 764-A6
Äpfingen (D) 763-G3
Apno (SLO) 797-G6
Apparizione (I) 810-E8
Appenans (F) 772-F2
Appenwihr (F) 760-B4
Appenzell (CH) 426, 712, 776-D4
Appenzellerland (CH) 47, 424, 426
Appiano Gentile (I) 801-M4
Apples (CH) 786-E3
Apremont (F) 798-A6
Apriach (A) 325, 780-F7
Aprica (I) 791-K8
Apricale (I) 814-E8
Aproz (CH) 787-L7
Àquila d'Arróscia (I) 815-G6
Aquiléia (I) 807-K4
Aquilini (I) 803-J6
Ara (I) 801-G5
Arabba (I) 723, 793-L4
Arâches (F) 786-F9
Aradolo (I) 814-C3
Aramengo (I) 811-H3
Aranco (I) 801-G5
Aranno (CH) 801-L1
Arba (I) 794-F8
Arbaz (CH) 787-M6
Arbedo (CH) 790-A7
Arbère (F) 786-C5
Arbesthal (A) 771-K2
Arbin (F) 798-B6
Arbing (A) 769-G1
Arboldswil (CH) 774-C2
Arbon (CH) 776-D2
Àrbora (I) 801-J5
Arborea (I) 811-G2
Arboretum St. Gilgen (A) 275
Arbório (I) 801-H7
Arbusigny (F) 786-C8
Arc 1600 (F) 799-G6
Arc 1800 (F) 799-G6
Arc 2000 (F) 799-H6
Arcade (I) 806-B4
Arcagna (I) 802-D9
Arcando (I) 800-A7
Arcángel (I) 809-L2
Arcè (I) 804-C7
Arcegno (CH) 789-K8
Àrcene (I) 802-E6
Arcey (F) 773-G1
Arch (CH) 774-A5
Archail (F) 812-F5
Archamps (F) 786-C8
Archäologischer Park Aguntum (A) 239
Archesaz (I) 800-C4
Arcine (F) 786-A8
Arcisate (I) 801-L3
Arco (I) 39, 49, 554, 556, 557, 558, 559, 804-C2
Àrcole (I) 805-G9
Arçon (F) 772-E7
Arconate (I) 801-L7
Arconciel (CH) 787-K1
Arcore (I) 802-C6
Arc-sous-Cicon (F) 772-E6
Arc-sous-Montenot (F) 772-B7
Arcugnano (I) 805-H7
Arcumeggia (I) 801-K2
Ardagger (A) 769-H2
Ardagger Stift (A) 769-H2
Ardena (I) 801-L2
Ardenno (I) 790-F8
Ardésio (I) 803-H2
Ardez (CH) 470, 473, 791-K1
Ardning (A) 299, 768-E8
Ardois (F) 813-K2
Ardon (CH) 787-L7
Ardon (F) 772-A9
Arè (I) 800-D9
Arêches (F) 798-E4
Aréglio (I) 800-E8
Arenthon (F) 786-D8
Aresches (F) 772-B7
Arese (I) 802-B7
Aresing (D) 766-D1
Aretsried (D) 764-B1
Arezen (CH) 790-D1
Argallo (I) 814-F7
Argegno (I) 802-B2
Argelsried (D) 764-F3
Argenbühl (D) 763-H8
Argens (F) 813-G6
Argentera (I) Piemonte, Cuneo 813-L2
Argentera (I) Piemonte, Torino 810-E1
Argentiera (I) 809-L5
Argentière (F) 575, 577, 578, 751, 799-H1
Argentine (F) 798-D6
Argenton (F) 813-J6
Argenzipfel (A) 777-H4
Arget (D) 765-J5
Árgine (I) 801-J7
Argonay (F) 798-C1
Arguel (F) 772-B4
Arguello (I) 811-H9
Arig (CH) 774-F6
Arigna (I) 791-H8
Arignario (I) 811-G3
Ariis (I) 807-H2
Arina (I) 805-J1
Arino (I) 805-M8
Arisdorf (CH) 774-D1
Aristau (CH) 775-H4
Arith (F) 798-B4
Arizzano (I) 801-J2
Arlach (D) 763-J5
Arlaching (D) 766-C5
Arlberg (A) 51, 130, 142, 144, 171
Arlberg-Stanzertal (A) 144
Arlen (D) 761-L8
Arlésega (I) 805-J7
Arlesheim (CH) 774-C1
Arlesried (D) 763-L4
Arlier (I) 800-B4
Arling (A) 783-H8
Arluno (I) 801-M7
Arma (I) 815-M2
Arma di Tàggia (I) 814-F8
Armasio (I) 794-D8
Armeno (I) 801-H3
Armia (I) 789-L9
Armo (I) Ligúria 815-G6
Armo (I) Lombardia 804-A4
Armoy (F) 786-F5
Armstorf (D) 766-A2
Armutsham (D) 766-D4
Arn (CH) 775-K5
Arnače (SLO) 797-M5
Arnach (D) 763-H6
Arnad (I) 800-C5
Arnbach (A) 794-C1
Arndorf (A) Bruck an der Mur 783-M1
Arndorf (A) Klagenfurt 796-F1
Arndorf (A) Velden am Wörther See 796-D2
Arnegg (CH) 776-C2
Arnex-sur-Nyon (CH) 786-C5
Arnex-sur-Orbe (CH) 786-F2
Arni (CH) Aargau 774-C8
Arni (CH) Bern 774-C8
Arnisäge (CH) 774-C8
Arnoldstein (A) 795-M3
Arnried (D) 764-F7
Arnwiesen (A) 784-D4
Arogno (CH) 802-A2
Arolla (CH) 375, 712, 788-A9
Arolo (I) 801-J3
Arona (I) 566, 801-J4
Arosa (CH) 43, 454, 455, 712, 790-F1
Arosaalp (CH) 454
Arosio (CH) 789-M9
Arósio (I) 802-B5
Arpuilles (I) 799-L4
Arriach (A) 336, 796-B1
Arrisoules (CH) 773-H9
Arro (I) 800-F7
Arsago Séprio (I) 801-K5
Àrsego (I) 805-L6
Arsiè (I) 805-K2
Arsiero (I) 805-G4
Àrsio (I) 792-E5
Arsure-Asurette (F) 786-C1
Arta Terme (I) 795-H4
Artegna (I) 795-J7
Artèn (I) 805-K1
Artesina (I) 814-E4
Arthas-Pont-N.-D. (F) 786-D7
Arth-Goldau (CH) 411, 775-J6
Arthof (A) 768-F1
Artogne (I) 803-K3
Artolsheim (F) 760-C2
Artzenheim (F) 760-B3
Arvenbüel (CH) 776-B6
Arveyres (CH) 787-J6
Arvier (I) 572, 799-K4
Arvieux (F) 809-J6
Arvigo (CH) 790-B6
Arvillard (F) 798-B7
Arzago d'Adda (I) 802-E7
Arzbach (A) Steyr-Land 770-B7
Arzbach (A) Kr. Bad Tölz-Wolfratshausen 765-H8
Arzbach (D) Kr. Dachau 765-G1
Arzberg (A) 768-F5
Arzberg (A) Jenbach 779-J3
Arzberg (A) Weiz 316, 784-B3
Arzeliers (F) 812-B2
Arzello (I) 811-K8
Àrzene (I) 806-F1
Arzenutto (I) 806-F1
Àrzeri di Sopra (I) 806-D4
Arzerini (I) 806-A8
Arzier (CH) 786-C4
Arzignano (I) 805-G7
Arzl im Pitztal (A) 172, 174, 666, 778-B5
Arzo (CH) 802-A3
Asbach (D) 764-D1
Asch (A) 794-D1
Äsch (CH) 775-K1
Asch (D) Kr. Landsberg am Lech 764-C5
Asch (D) Kr. Neu-Ulm 763-K1
Aschach an der Steyr (A) 768-E4
Aschau (A) Kitzbühel 780-B3
Aschau (A) Mattighofen 767-G3
Aschau (A) Nechnitz 784-C2
Aschau (A) Wörgl 779-K1
Aschau (D) 116, 118, 119, 204, 226, 654, 766-B7
Aschau am Inn (D) 766-B2
Aschau am Ottersbach (A) 784-D7
Aschau im Burgenland (A) 771-G9
Aschau im Zillertal (A) 779-K4
Aschbach (D) 765-K5
Aschbach bei Fürstenfeld (A) 784-F5
Aschbach bei Wegscheid (A) 769-M7
Aschbachdorf (A) 769-H3
Aschbach-Markt (A) 769-H3
Aschberg (A) 770-D1
Aschbuch (A) 784-F6
Aschenau (D) 121
Aschèra (CH) 791-K1
Ascherdörfl (A) 765-L9
Aschering (D) 764-F5
Aschheim (D) 765-J3
Aschhofen (D) 765-K5
Aschl/Eschio (I) 792-F3
Ascholding (D) 765-H6
Aschthal (D) 763-M6
Ascona (CH) 404, 405, 789-L8
Ascros (F) 813-L7
Asei (I) 801-G5
Aselfingen (D) 761-J6
Asham (D) 766-B4
Asiago (I) 805-H3
Asigliano Vercellese (I) 811-K1
Asitz (A) 249
Asitz-Haus (A) 780-E2
Asnenga (I) 803-G6
Asolo (I) 805-L4
Asp (CH) 774-F2
Aspach (A) 767-J2
Aspach (D) 763-M3
Aspangberg Sankt-Peter (A) 770-E8
Aspang-Markt (A) 770-F8
Aspertsham (D) 766-D4
Àspes (I) 803-K7
Aspremont (F) 808-A9
Aspres-les-Corps (F) 808-D5
Aspres-sur-Buëch (F) 808-B8
Assach (A) 664, 782-B2
Assago (I) 802-B8
Asseggiano (I) 806-B7
Assens (CH) 786-F3
Asserans (F) 786-A7
Assing (A) 794-F2
Assling (A) 239, 780-E9
Aßling (D) 765-L4
Aßmannshardt (D) 762-F3
Asso (I) 802-C3
Assy (F) 799-G2
Astano (CH) 801-L1
Astätt (A) 767-H4
Astegg (A) 779-K5
Asten (A) Kitzbühel 779-M2
Asten (A) Kufstein 779-K2
Asten (A) Linz-Land 768-E1
Asten (D) 766-E3
Asten/Laste (I) 779-G9
Astfeld Campolasta (I) 793-G2
Asti (I) 811-J5
Astlehen (A) 778-D7
Astoin (F) 812-E2
Astorre (I) 803-M8
Àstrio (I) 803-L2
Asuel (CH) 773-L2
Athose (F) 772-D6
Attalens (CH) 787-H4
Attel (D) 766-A4
Attelwil (CH) 774-F4
Attendorf (A) 784-A6
Attenham (D) 765-H5
Attenhausen (D) Kr. Günzburg 763-L2
Attenhausen (D) Kr. Unterallgäu 763-L5
Attenhofen (D) 763-J1
Attenschwiller (F) 760-B9
Attenweiler (D) 762-F3
Attersee (A) 57, 767-L5
Attikon (CH) 775-L1
Attiswil (CH) 774-C4Attlesee (D) 763-M9
Attnang-Puchheim (A) 767-M4
Atzbach (A) 767-M3
Atzenbach (D) 760-E8
Atzgersdorf (A) 771-G1
Atzing (A) 767-J2
Atzing (D) 766-B6
Atzmannsdorf (A) 782-B5
Au (A) 242, 766-E9
Au (A) Bad Goisern 767-L8
Au (A) Götzis 776-E4
Au (A) Gradau 768-D5
Au (A) Gstadt 768-D5
Au (A) Krieglach 770-B8
Au (A) Lustenau 776-F2
Au (A) Mittelberg 126, 666, 777-H4
Au (A) Oetz 778-C5
Au (A) Salzburg 767-G7
Au (A) Strengberg 769-G2
Au (CH) St. Gallen 776-F2
Au (CH) Thurgau 775-M3
Au (D) 766-B3
Au (D) Kr. Breisgau-Hochschwarzwald 760-D5
Au (D) Kr. Neu-Ulm 763-J2
Au am Inn (D) 766-B2
Au am Leithaberge (A) 771-J3
Au an der Donau (A) 768-F1
Au an der Traun (A) 768-C2
Au bei Bad Aibling (D) 765-L7
Au bei Gaishorn (A) 783-G1
Au/Argenstein (A) 128
Aubonne (CH) 786-E4
Aubonne (F) 772-E6
Auboranges (CH) 787-H3
Audame Granges (F) 808-C9
Audincourt (F) 773-H1
Aue (A) 770-E7
Auen (A) 783-J8
Auenstein (CH) 774-F2
Auer/Ora (I) 548, 792-F6
Auerbach (A) 767-G3
Auern (A) Nußbach 768-C4
Auern (A) Pyhra 770-C1
Auers (D) 763-H9
Auersbach (A) 784-E5
Auf dem Berg (D) 762-B3
Auf dem Höchst (D) 761-G5
Auf der Alm (Themenwanderweg) (A) 295
Auf der Eben (A) 795-M2
Auf der Hals (A) 770-E4
Auf der Schanz (A) 770-C9
Auf der Schanz (A) 784-C1
Aufen (D) 761-J5
Auffach (A) 218, 219, 666, 779-L3
Auffen (A) 784-E4
Aufham (D) Kr. Berchtesgadener Land 766-F7
Aufham (D) Kr. Rosenheim 766-B5
Aufhausen (D) Kr. Erding 765-K1
Aufhausen (D) Kr. Starnberg 765-G5
Aufhofen (D) Kr. Bad Tölz-Wolfratshausen 765-H5
Aufhofen (D) Kr. Biberach 763-G3
Aufkirch (D) 764-B6
Aufkirchen (D) Kr. Erding 765-K1
Aufkirchen (D) Kr. Fürstenfeldbruck 764-E2
Aufkirchen (D) Kr. Starnberg 765-G5
Aufkirchen S. Maria (I) 794-B1
Aug (A) 784-C7
Auggen (D) 760-C7
Augio (CH) 790-B6
Aug-Radisch (A) 784-E7
Augsdorf (A) 796-D2
Augst (CH) 760-C9
Augwil (CH) 775-K2
Auhof (A) 769-G1
Auland (A) 778-E4
Äule (D) 760-F6
Aulendorf (D) 762-F5
Aulfingen (D) 761-K6
Aumont (CH) 787-H1
Auna di Sopra/Oberinn (I) 793-G4
Àupa (I) 795-J4
Aurach (D) 115, 226, 227, 765-L8
Aurach am Hongar (A) 767-L4
Aurach bei Kitzbühel (A) 780-C2
Aurachkirchen (A) 767-M4
Aurano (I) 801-J1
Aurent (F) 813-J6

Register

Auressio (CH) 789-K8
Aurigo (I) 815-G7
Auris (F) 808-D3
Àuro (I) 803-L5
Aurogna (I) 790-D8
Aurolzmünster (A) 767-K1
Auron (F) 813-K4
Auronzo di Cadore (I) 794-C3
Àusa-Corno (I) 807-K3
Au-Schoppernau (A) 129
Ausnang (D) 763-J7
Ausseerland (A) 302, 304
Außeraigen (A) 770-F8
Ausserbinn (CH) 788-F6
Außerbittlbach (D) 765-L2
Äußere Einöde (A) 796-B1
Äußere Kainisch (A) 768-B9
Äußere Wimnitz (A) 782-E8
Außeregg (A) 784-D1
Ausserfern (A) 47, 150, 152
Ausserferrera (CH) 790-D4
Außerfragant (A) 781-H7
Außerhörgersteig (A) 767-K4
Außerkasten (A) 770-C1
Außerknapp (A) 779-J4
Außerlienbach-Alm (A) 767-K8
Außermanzing (A) 770-D1
Außerpühret (A) 768-A4
Außerroh (A) 768-A4
Außerungenach (A) 767-L4
Außervillgraten (A) 241, 780-C9
Außerwald (A) 777-J6
Außerweerberg (A) 779-J4
Aussois (F) 809-J1
Auswil (CH) 774-D5
Autagne (I) 809-K4
Autal (A) 784-C5
Autavaux (CH) 773-H8
Autechaux (F) 772-E2
Autechaux-Roide (F) 773-H2
Authal (A) 782-F2
Authoison (F) 772-D1
Authon (F) 812-D3
Autigny (CH) 787-J1
Autoreille (F) 772-A2
Auvare (F) 813-K6
Auvernier (CH) 773-J7
Auvouzon (F) 786-B6
Auw (CH) 775-H5
aux-Arces (F) 772-F6
aux Cordiers (F) 772-E6
Auxondessous (F) 772-B3
Aux Seignes (F) 772-E6
Auzate (I) 801-H4
Auzet (F) 812-F3
Avançon (F) 808-E9
Avanne-Aveney (F) 772-B4
Avano (I) 790-D9
Avasìnis (I) 795-H6
Avàusa (I) 794-F4
Avče (SLO) 796-A8
Avegno (CH) 789-L7
Aven (CH) 787-L7
Avenches (CH) 773-K8
Averara (I) 802-F2
Avérole (F) 799-J9
Avers (CH) 790-E5
Avesa (I) 804-D7
Aviano (I) 794-E9
Aviático (I) 803-G4
Aviernoz (F) 786-C9
Avigliana (I) 810-C3
Avignonet (F) 808-A4
Avilley (F) 772-D2
Avinga/Afing (I) 793-G4
Àvio (I) 804-D4
Avise (I) 799-K4
Avón (I) 794-F7
Avoriaz (F) 751, 787-G7
Avoudrey (F) 772-E5
Avregny (F) 786-B9
Avrieux (F) 809-J1
Avry-devant-Pont (CH) 787-K2
Avry-sur-Matran (CH) 787-K1
Avsa (SLO) 795-M7
Avuglione (I) 811-G3
Avully (CH) 786-B7
Avusy (CH) 786-B7
Axams (A) 188, 191, 666, 778-F5
Ayas (I) 572
Ayent (CH) 787-M6
Ayer (CH) 380, 788-B8
Aying (D) 765-J5
Aymavilles (I) 799-L4
Ayse (F) 786-E8
Azéglio (I) 800-E8
Azmoos (CH) 776-E6
Azóglio (I) 801-G5
Azzago (I) 804-E7
Azzanello (I) 806-E3
Azzano (I) 804-D9
Azzano (I) Lombardia, Bréscia 803-J8
Azzano (I) Lombardia, Como 802-C2
Azzano (I) Lombardia, Cremona 802-E8
Azzano d'Asti (I) 811-J5
Azzano Décimo (I) 806-E3
Azzano S. P. (I) 802-F5
Azzate (I) 801-L3
Azzida (I) 795-L8
Azzio (I) 801-K3
Azzone (I) 803-J2

B

Baach (D) 762-E2
Baad (A) 777-J4
Baad (D) 80
Baar (CH) Valais 787-L7
Baar (CH) Zug 775-M6
Babano (I) 810-C6
Babenham (A) 767-H4
Babenhausen (D) 763-K3
Babensham (D) 766-B3
Babing (D) 766-F1
Babnik (SLO) 796-E8
Bača pri Modreju (SLO) 796-B7
Baceno (I) 789-G7
Bach (A) Deutsch-Griffen 782-C8
Bach (A) Franzendorf 796-D3
Bach (A) Klagenfurt 796-E2
Bach (A) Landeck 153, 777-L4
Bach (A) Lavamünd 797-K2
Bach (A) Seewaldchen 767-L5
Bach (A) Stein an der Enns 782-B2
Bäch (CH) Luzern 775-G5
Bäch (CH) Schwyz 775-L5
Bach (D) Alb-Donau-Kreis 763-G1
Bach (D) Kr. Mühldorf am Inn 766-C1
Bachalp (CH) 788-C6
Bachenbülach (CH) 775-J2
Bachern (D) Kr. Aichach-Friedberg 764-D1
Bachern (D) Kr. Starnberg 764-E4
Bachflysch (CH) 774-F9
Bachham (D) 766-B6
Bachhaupten (D) 762-D5
Bachhausen (D) 765-G5
Bachheim (D) 761-H6
Bachl (A) 782-E7
Bächli (CH) 776-C4
Bachloh (A) 768-B3
Bachmanning (A) 767-M2
Bachmehring (D) 766-A4
Bachs (CH) 775-J1
Bachsdorf (A) 784-C7
Bachtel (D) 763-M8
Bachzimmern (D) 761-L5
Bäckeralpe (A) 765-L9
Bäckeralpe (D) 765-L9
Bad Abtenau (A) 767-K9
Bad Aibling (D) 765-L6
Bad Aussee (A) 302, 303, 305, 666, 767-M8
Bad Bayersoien (D) 88, 90, 91, 764-D8
Bad Bellingen (D) 760-B7
Bad Bergfall/Bagni di Pervalle (I) 511, 794-A2
Bad Bleiberg (A) 334, 335, 336, 795-M2
Bad Blumau (A) 784-F4
Bad Buchau (D) 762-F4
Bad Dreikirchen (I) 501
Bad Dürrheim (D) 761-J4
Bad Dürrnberg (A) 269, 767-H8
Bad Eisenkappel (A) 797-H3
Bad Endorf (D) 766-B5
Bad Feilnbach (D) 765-L7
Bad Fischau-Brunn (A) 770-F4
Bad Froj (I) 793-J3
Bad Fusch (A) 780-F5
Bad Gams (A) 783-M7
Bad Gastein (A) 61, 276, 277, 278, 279, 280, 666, 781-H5
Bad Gfrill (I) 792-E4
Bad Gleichenberg (A) 784-F7
Bad Goisern (A) 270, 271, 667, 767-L8
Bad Grönenbach (D) 763-K6
Bad Hall (A) 768-D3
Bad Häring (A) 779-M1
Bad Heilbrunn (D) 104, 765-G7
Bad Hindelang (D) 72, 73, 74, 75, 147, 654, 777-L2
Bad Hofgastein (A) 276, 277, 278, 279, 667, 781-H5
Bad Hopfreben (A) 777-J4
Bad Ischl (A) 274, 275, 767-L7
Bad Kleinkirchheim (A) 318, 319, 320, 321, 667, 782-B9
Bad Kohlgrub (D) 88, 90, 91, 654, 764-D8
Bad Krozingen (D) 760-C5
Bad Laterns (A) 777-G4
Bad Lostorf (CH) 774-E3
Bad Mitterndorf (A) 303, 305, 667, 768-B9
Bad Moos (I) 512
Bad Oberdorf (D) 74, 777-L2
Bad Pfäfers (CH) 431, 776-E7
Bad Radkersburg (A) 784-F9
Bad Ragaz (CH) 430, 431, 712, 776-E7
Bad Reichenhall (D) 102, 124, 125, 766-F7
Bad Rotenbrunnen (A) 777-H5
Bad Säckingen (D) 760-E9
Bad Salomonsbrunn/Bagni di Salomone (I) 779-M9
Bad Salt Bagni di Salto (I) 792-C4
Bad Sankt Leonhard im Lavanttal (A) 783-J7
Bad Sauerbrunn (A) 771-H5
Bad Saulgau (D) 762-E4
Bad Schallerbach (A) 768-B1
Bad Schönau (A) 771-G8
Bad Schörgau/Bagni Serga (I) 793-G3
Bad Schussenried (D) 762-F4
Bad Schwarzensee (CH) 787-L2
Bad Sulzburg (D) 760-D6
Bad Süss/Bagno Dolce (I) 793-G3
Bad Tatzmannsdorf (A) 785-G2
Bad Tölz (D) 33, 39, 47, 102, 103, 104, 105, 765-H7
Bad Vellach (A) 797-G4
Bad Vöslau (A) 771-G3
Bad Waldsee (D) 763-G5
Bad Waltersdorf (A) 784-F4
Bad Weißenbach (A) 783-J7
Bad Wiessee (D) 106, 108, 654, 765-J8
Bad Wilmsbach-Neydharting (A) 768-B3
Bad Wörishofen (D) 764-A5
Bad Wurzach (D) 763-H6
Badalucco (I) 814-F8
Badani (I) 815-L2
Badbruck (A) 781-H5
Baden (A) 771-G3
Baden (CH) 775-H2
Badendorf (A) 784-C7
Badener-Haus (A) 780-C6
Badenweiler (D) 760-C7
Badersdorf (A) 785-H3
Badersfeld (D) 765-H2
Badevel (F) 773-J1
Badia (I) 815-M1
Badia di Dulzago (I) 801-J6
Badia/Abtei (I) 793-L3
Badile (I) 802-B9
Badl (A) 783-M3
Bagaggiolo (I) 806-D6
Baggi (I) 805-K4
Baggio (I) 790-C8
Bággio (I) Lombardia 802-B7
Baggwil (CH) 773-M6
Bagnana (I) 802-B2
Bagnària Arsa (I) 807-K2
Bagnarola (I) 806-F3
Bagnasco (I) 815-G3
Bagnática (I) 803-G5
Bagnella (I) 801-H3
Bagnes (CH) 787-L9
Bagni (I) 792-D5
Bagni d. Cantúccio (I) 779-L8
Bagni del Màsino (I) 790-E7
Bagni di Gogna (I) 794-C4
Bagni di Pervalle/Bad Bergfall (I) 794-A2
Bagni di Salomone/Bad Salomonsbrunn (I) 779-M9
Bagni di Salto/Bad Salt (I) 792-C4
Bagni di Vinádio (I) 813-M3
Bagni Serga (I) 793-G3
Bagno Dolce/Bad Süss (I) 793-G3
Bagnoli (I) 805-L7
Bagnolo (I) Venéto, Trevisio 806-B2
Bagnolo (I) Venéto, Vicenza 805-G9
Bagnolo Crem. (I) 802-E9
Bagnolo Mella (I) 803-J8
Bagnolo Piemonte (I) 810-B6
Bagolino (I) 803-M4
Bahlingen am Kaiserstuhl (D) 760-D3
Bahnhofsiedlung (A) Losenstein 768-E4
Baiardo (I) 814-E8
Baichberg (A) 769-H3
Baiedo (I) 802-D2
Baien (D) 762-E6
Baienbach (D) 762-E6
Baienfurt (D) 762-F7
Baierberg (A) 783-G7
Baierberg (D) 764-D2
Baierbrunn (D) 765-G4
Baierdorf (A) 782-D4
Baierdorf (A) Knittelfeld 783-H4
Baierdorf bei Anger (A) 784-D2
Baierdorf bei Mariahof (A) 782-F5
Baiern (D) 765-K5
Baiernrain (D) 765-H6
Baierz (D) 763-H5
Baindlkirch (D) 764-E1
Baindt (D) 762-F6
Baio Dora (I) 800-C7
Bairawies (D) 765-H6
Bairisch-Kölldorf (A) 784-F7
Báiro (I) 800-C8
Bairols (F) 813-M7
Baisweil (D) 763-M5
Baita (I) 793-J4
Baita Fortino (I) 792-D8
Baita ta Pozze (I) 792-B6
Baita Val di Cóvolo (I) 805-K3
Báite (I) 803-M9
Baitenhausen (D) 762-C8
Baitoni (I) 803-M4
Baizenas (F) 786-B6
Balangero (I) 810-D1
Balant (SLO) 797-K9
Balbersdorf (A) 770-E4
Balbiano (I) 802-D8
Balbido (I) 804-C1
Balbière (I) 809-K4
Balbo (I) 810-D5
Baldaria (I) 805-G9
Baldau (A) 784-C7
Baldegg (CH) 775-G5
Baldenheim (F) 760-B2
Balderschwang (D) 80, 81, 655, 777-J2
Baldersheim (F) 760-A6
Baldesco (I) 811-M4
Baldham (D) 765-K3
Baldichieri d'Asti (I) 811-H5
Baldingen (CH) 761-H9
Baldissero Canavese (I) 800-C8
Baldissero Tor. (I) 810-F3
Baldramsdorf (A) 781-L9
Balerna (CH) 802-A3
Balestrino (I) 815-H5
Balgach (CH) 776-F3
Balgau (F) 760-B5
Balgheim (D) 761-L4
Balingen (D) 761-M1
Bäll (CH) 788-E6
Ballàbio-Inf. (I) 802-D3
Ballàbio-Sup (I) 802-D3
Ballaigues (CH) 786-E1
Ballaison (F) 786-D6
Balldorf (A) 769-J2
Ballens (CH) 786-E3
Ballino (I) Lombardia 804-B8
Ballino (I) Trentino-Alto Ádige 804-C2
Ballò (I) 805-M7
Ballons (F) 812-A3
Ballrechten-Dottingen (D) 760-C6
Ballwil (CH) 775-H5
Balm (D) 761-K9
Balm bei Günsberg (CH) 774-B4
Balm bei Meiringen (CH) 788-F2
Balm bei Messen (CH) 774-A6
Balma (I) 809-M4
Balmont (F) 798-B3
Balmuccia (I) 800-F3
Balocco (I) 801-G7
Balsiglia (I) 809-L4
Balsthal (CH) 774-C3
Baltenswil (CH) Zürich 775-K2
Balteratsried (D) 764-A8
Balterswell (D) 761-J8
Balterswil (CH) Thurgau 775-M2
Baltringen (D) 763-G3
Baltschieder (CH) 788-D6
Baltzenheim (F) 760-C3
Balzenwil (CH) 774-E4
Balzers (LIE) 436, 776-E6
Balzhausen (D) Kr. Günzburg 763-M2
Balzhausen (D) Kr. Waldshut 761-G6
Balzheim (D) 763-J3
Bálzola (I) 811-L2
Bambergen (D) 762-C7
Bamlach (D) 760-B7
Banco (CH) 801-L1
Banco (I) 792-E6
Bande (I) 804-A8
Bandita (I) 811-L9
Banengo (I) 811-H3
Bangerten (CH) 774-A6
Bangs (A) 776-E4
Bani (I) 803-H2
Bankholzen (D) 762-A8
Banna (I) 810-F5
Bannacker (D) 764-C1
Bannalp (CH) 775-H9
Bannans (F) 772-D8
Bannberg (A) 780-E9
Bannberg (A) 794-E1
Bannholz (D) 761-G8
Bannia (I) 806-F2
Bannio-Anzino (I) 800-F1
Bannon (F) 812-E5
Bannwil (CH) 774-D4
Bante (F) 813-J5
Bantzenheim (F) 760-B6
Baracca del Cantele (I) 805-H2
Baracco (I) 814-E3
Baracue de Barlet (F) 808-D1
Baràggia (I) 801-M3
Baràggia Inf. (I) 801-J6
Baragiotta (I) 801-H5
Barasso (I) 801-L3
Baratier (F) 809-G9
Bärau (CH) 774-D8
Barbania (I) 800-B9
Barbaniga (I) 792-E9
Barbano (I) 805-J7
Barbarano Vicentino (I) 805-H8
Barbaresco (I) 811-H7
Barbariga (I) 803-J8
Barbata (I) 803-G7
Barbatana (I) 801-M6
Barbavara (I) 801-L9
Barbeano (I) 795-G9
Barbei (I) 815-H2
Barberaz (F) 798-A6
Barberêche (CH) 773-K8
Barberine (F) 787-H9
Barbevieille (F) 813-J4
Barbian/Barbiano (I) 500, 501, 502, 724, 793-H3
Barbisano (I) 806-B3
Barbuzzera (I) 802-E8
Barby (F) 798-A5
Barcarola (I) 805-G3
Barcelonnette (F) 813-H2
Barche (I) Venéto, Milano 805-J6
Barche (I) Venéto, Trevisio 805-M3
Barchel (I) 814-E5
Barcillonnette (F) 812-C1
Bàrcis (I) 794-D7
Barco (I) Friuli-Venézia Giúlia 806-E3
Barco (I) Lombardia, Bréscia 803-H8
Barco (I) Lombardia, Milano 801-L7
Barco (I) Trentino-Alto Ádige 805-G1
Barco (I) Venéto 804-E8
Barcòn (I) 805-M4
Barcuzzi (I) 803-M7
Bard (I) 800-C6
Bardassano (I) 810-F3
Bardello (I) 801-K3
Bardies (I) 805-M1
Bardineto (I) 815-H4
Bardino (I) 815-J5
Bardolino (I) 558, 804-B6
Bardonécchia (I) 809-J3
Bardonnex (CH) 786-C7
Baréggio (I) 801-M7
Bärenbad (A) 778-F6
Bärenburg (CH) 790-D3
Barengo (I) Piemonte, Novara 801-J6
Barengo (I) Piemonte, Torino 800-D9
Bärengrube (A) 319
Bärental (D) 760-F6
Bärenthal (D) 762-A4
Bàresi (I) 802-F2
Bäretswil (CH) 775-M3
Barge (I) 810-B7
Bargen (CH) Bern 773-L6
Bargen (CH) Schaffhausen 761-K7
Bargen (D) 761-L6
Barghe (I) 803-L5
Bargis (CH) 447
Bargnano (I) 803-J8
Bariano (I) 802-F7
Bäriswil (CH) 774-B7
Barlassina (I) 802-B5
Barles (F) 812-F3
Barme (CH) 787-H8
Barme (I) 800-C5
Barmer Hütte (A) 780-A8
Barmsee (D) 778-F2
Bärnbach (A) 783-L5
Bärnbad (A) 781-K9
Bärndorf (A) 768-F9
Barni (I) 802-C2
Barolo (I) 811-G8
Barone Can. (I) 800-D9
Barquedo (I) 801-H4
Barras (F) Provence-Alpes-Côte d'Azur 812-D5
Barre des Ecrins (F) 586
Barrême (F) 812-F7
Barret-sur Méouge (F) 812-B3
Bärschwil (CH) 774-B3
Barsdorf (A) 766-F2
Bart (F) 773-H1
Bartenheim (F) 760-B8
Bartherans (F) 772-B6
Bartholomäberg (A) 137, 139, 141, 777-H6
Bärtiswil (CH) 775-G6
Baruffini (I) 791-K7
Barwies (A) 778-D4
Barzana (I) 802-E4
Barzés (F) 813-K5
Barzesto (I) 803-J1
Barzettes (CH) 376
Barzio (I) 802-D2
Bas Auran (F) 812-F7
Bas du Chenit (CH) 786-C3
Bas Esclapon (F) 813-H9
Bas Sumaure (F) 813-J7
Basadingen-Schlattingen (CH) 761-L8
Basagliapenta (I) 807-H1
Basaldella (I) Friuli-Venézia Giúlia, Pordenone 794-F9
Basaldella (I) Friuli-Venézia Giúlia, Údine 795-J8
Basalghelle (I) 806-D3
Basedo (I) 806-F3
Baseglia (I) 795-G8
Basel (CH) 760-B9
Baselga (I) 792-E9
Baselga di Pine (I) 792-F8
Baselgia (CH) 791-G5
Basiano (I) 802-D6
Basíglio (I) 802-B9
Basiliano (I) 807-H1
Bassano (I) 789-L9
Bassano Bresc. (I) 803-J9
Bassano del Grappa (I) 37, 805-K4
Basse (F) Franche-Comté 772-A1
Basse (F) Provence-Alpes-Côte d'Azur 813-K5
Basse Chalanche (F) 813-H2
Bassecourt (CH) 773-L3
Bassersdorf (CH) 775-K2
Bassins (CH) 786-D4
Bassone (I) 804-D8
Bastia (I) Ligúria 815-J6
Bastia (I) Piemonte 809-M2
Bàstia (I) Piemonte, Vercelli, Barlocco 801-G7
Bàstia (I) Piemonte, Vercelli, Borgosésia 801-G4
Bastia (I) Venéto 794-C8
Bastía (I) Venéto 805-J8
Bastia Mondovì (I) 815-G2
Bastide l'Hyère (F) 812-E9
Bastide Neuve (F) 812-A9
Bate (SLO) 796-A9
Batschuns (A) 776-F4
Battaglia (I) 795-H8
Battagliosi (I) 811-M8
Battenans-les-Mines (F) 772-D2
Battenans-Varin (F) 773-G4
Battenheim (F) 760-A6
Batterie de Cuguret (F) 813-J1
Bätterkinden (CH) 774-B5
Battifollo (I) 815-G3
Battuello (I) 801-M8
Bättwil (CH) 774-B2
Baudenasca (I) 810-C5
Baudinard (F) 812-E3
Bauduen (F) 812-E9
Bauen (CH) 775-J8
Bauerbach (D) 764-F6
Bauern (A) 776-F3
Bauhofen (D) 763-M2
Baulmes (CH) 786-F1
Baum (A) 767-K4
Bauma (CH) 775-M3
Baume (I) 809-K3
Baume-les-Dames (F) 772-E3
Baumgarten (A) 770-F9
Baumgarten (A) Mattersburg 771-J5
Baumgarten (A) Wilhelmsburg 770-B2
Baumgarten (D) 766-C6
Baumgarten bei Gnas (A) 784-D6
Baumgarten-Alm (A) 780-B4
Baumgartenberg (A) 769-G1
Baumgärtle (D) 763-L4
Baumkirchen (A) 779-H4
Baustetten (D) 763-H2
Bavšica (SLO) 795-M5
Bavans (F) 773-G1
Bavaria (I) 806-B3
Bavaroi (I) 806-D2
Bavendorf (D) 762-E7
Baveno (I) 566, 801-J2
Bavèr (I) 806-C2
Bavois (CH) 786-F2
Bay (F) 799-G2
Bayerisch Gmain (D) 766-F7
Bayersried (D) 763-M5
Bayons (F) 812-E2
Bayrischzell (D) 112, 113, 114, 115, 217, 655, 765-L8
Bazenheid (CH) 776-B3
Bazzana (I) 811-K7
Beano (I) 807-H1
Beatenberg (CH) 352, 358, 359, 788-D2
Beaubois (F) 798-F4
Beaucourt (F) 773-J1
Beaucouse (F) 812-D4
Beaufin (F) 808-D6
Beaufort (F) 798-F4
Beaujeu (F) Provence-Alpes-Côte d'Azur/Digne-les-Bains 812-F4
Beaujeu (F) Provence-Alpes-Côte d'Azur/Gap 812-B1
Beaulard (I) 809-J3
Beaulieu (F) 773-H2
Beaumont (F) Provence-Alpes-Côte d'Azur 813-K2
Beaumont (F) Rhône-Alpes 786-C8
Beaumotte-Aubertans (F) 772-C2
Beaumotte-les-Pin (F) 772-A3
Beauregard (I) 569
Beauvezer (F) 813-H5
Beauvillard (F) 809-G9
Beauvoir (F) Provence-Alpes-Côte d'Azur/Digne-les-Bains 812-E8
Beauvoir (F) Provence-Alpes-Côte d'Azur/Embrun 809-G8
Beauvoir (F) Provence-Alpes-Côte d'Azur/Laragne-Montéglin 812-B2
Bebenhausen (D) 763-K3
Beblenheim (F) 760-A2
Bébond (F) 799-J8
Bechingen (D) 762-E2
Bechtenrot (D) 763-J4
Bechtersbohl (D) 761-H9
Bechtersweiler (D) 762-F9
Beckenried (CH) 775-J7
Beckhofen (D) 761-J4
Beckstetten (D) 764-B5
Bedale (I) 814-A1
Bedano (CH) 789-M9
Bedernau (D) 763-L3
Bèdero (I) 801-K2
Bedero-Valcuvia (I) 801-L2
Bedigliora (CH) 801-L1
Bedizzole (I) 803-L7
Bedoglio (I) 791-G8
Bedoira (I) 814-C3
Bédole (I) 792-A8
Bedolina (I) 790-D7
Bedollo (I) 792-F8
Bedretto (CH) 402, 789-J4
Bedulita (I) 802-E4
Bèe (I) 801-J2
Beffay (F) 786-E9
Beffendorf (D) 761-J1
Beggingen (CH) 761-J7
Begnins (CH) 786-D4
Beguda (I) 814-C3
Begunje (SLO) 796-E5
Behamberg (A) 768-F3
Behla (D) 761-J6
Beinasco (I) 810-D4
Beinette (I) 814-E3
Beinwil (CH) Freiamt 775-H5
Beinwil (CH) Solothurn 775-H5
Beinwil am See (CH) 775-G4
Beistein (A) 771-H7

REGIONEN HOTELS KARTEN

Beivárs (I) 795-K8
Beizkofen (D) 762-D4
Bela (SLO) 797-K6
Bela Pec (SLO) 797-J4
Belalp (CH) 395, 397, 713, 788-E5
Belca (SLO) 796-C4
Bele Vode (SLO) 797-K4
Belfaux (CH) 773-K9
Belfays (F) 773-J4
Belfiore (I) Venéto, Venezia 806-F4
Belfiore (I) Venéto, Verona 804-F8
Belgirate (I) 801-J3
Belgrado (I) 807-G2
Belica (SLO) 796-F8
Bella Tola (CH) 379
Bellach (CH) 774-B5
Bellaffaire (F) 812-E1
Bellagio (I) 560, 561, 562, 802-C2
Bellamont (D) 763-H4
Bellamonte (I) 551, 724, 793-J6
Bellano (I) 561, 562, 790-C9
Bellavista (CH) 802-A2
Bellechasse (CH) 773-K7
Bellecombe (F) 786-A6
Bellecombe-au Bauges (F) 798-C4
Bellefontaine (F) 786-B3
Bellegarde (F) 812-E6
Belleherbe (F) 773-G4
Bellelay (CH) 773-L4
Bellen (D) 763-K9
Bellenberg (D) 763-J2
Bellentre (F) 798-F6
Belle Plagne (F) 799-G6
Bellerive (CH) Vaud 786-C6
Bellevaux (F) 786-F6
Bellevue (CH) 786-C6
Bellikon (CH) 775-H3
Bellino (I) 809-L8
Bellinzago Lombardo (I) 802-D7
Bellinzago Nov. (I) 801-K6
Bellinzona (CH) 401, 599, 713, 790-A8
Bellissimi (I) 815-G8
Bellmund (CH) 773-L6
Bellori (I) 804-D6
Bellossy (F) 786-B8
Belluno (I) Venéto, Belluno 35, 532, 544, 794-B8
Belluno, Brentino- (I) Venéto, Verona 804-C5
Bellusco (I) 802-D6
Bellussi (I) 806-C3
Bellwald (CH) 399, 788-F5
Belmont (F) 772-E4
Belmont-sur-Lausanne (CH) 787-G4
Belmont-sur-Yverdon (CH) 787-G1
Belo (SLO) 796-F8
Belp (CH) 774-B8
Belparte/Schönau (I) 778-E8
Belpberg (CH) 774-B8
Belprahon (CH) 773-M4
Belprato (I) 803-L5
Belvédère (CH) 789-H3
Belvédère (F) 814-B6
Belvedere (I) 804-F2
Belvedere (I) Friuli-Venézia Giúlia, Pordenone 807-G3
Belvedere (I) Friuli-Venézia Giúlia, Udine, Gorizia 807-L4
Belvedere (I) Piemonte 800-D2
Belvedere (I) Trentino-Alto Ádige 805-J1
Belvedere (I) Venéto 805-H8
Belvedere Langhe (I) 815-G1
Belvéglio (I) 811-K6
Belvoir (F) 773-G3
Bema (I) 790-E9
Bendéjun (F) 814-B8
Bendel (CH) 776-B4
Bendern (CH) 776-E5
Bendorf (F) 773-M1
Bene Vagienna (I) 810-F9
Benediktbeuern (D) 104, 105, 765-G8
Benediktinerabtei Admont (A) 299
Benediktinerwand (D) 103
Bene-Lario (I) 802-B1
Benevello (I) 811-H8
Bénévent-et Charbillac (F) 808-E7
Benken (CH) Aargau 776-A5
Benken (CH) St. Gallen 774-F2
Benken (CH) Zürich 761-K8
Benkhofen (D) 763-M5
Benna (I) 800-F7
Bennau (CH) 775-L6
Benne (I) Piemonte, Torino, Balangero 810-D1
Benne (I) Piemonte, Torino, Vigone 810-D6
Benningen (D) 763-K5
Bennoberg (D) 766-D3
Benno-Uséria (I) 801-L3
Bennwihr (F) 760-A3
Bennwil (CH) 774-D3
Bens (F) 814-E6
Bénusse (F) 772-A4
Benzenschwil (CH) 775-H4
Benzhausen (D) 760-D4
Benzingen (D) 762-B3
Beorchia (I) 794-E9
Berau (D) 761-G8
Béraud (F) 813-J6
Berbenno (I) 802-E4
Berbenno di Valtellina (I) 790-F8
Berbling (D) 765-L6
Berche (F) 773-H1
Bercher (CH) 787-G2
Berchtesgaden (D) 59, 123, 124, 125, 600, 655, 767-G8
Berchtesgadener Land (D) 41, 122, 124
Beregazzo con Figliaro (I) 801-M4
Berentzwiller (F) 760-A9
Berg (A) Hindelang 778-A2
Berg (A) Lindau 763-G9
Berg (A) Tannheimer Tal 777-M2
Berg (CH) Fribourg 773-L9
Berg (CH) Gossau/Zürich 775-L4
Berg (CH) St. Gallen 776-D2
Berg (CH) Thurgau 762-B9
Berg (D) Alb-Donau-Kreis 763-G2
Berg (D) Bodenseekreis 762-E8
Berg (D) Kr. Altötting 766-E1
Berg (D) Kr. Bad Tölz-Wolfratshausen 765-G6
Berg (D) Kr. Mühldorf am Inn 766-A2
Berg (D) Kr. Mühldorf am Inn 766-A3
Berg (D) Kr. Ostallgäu 763-M9
Berg (D) Kr. Ravensburg 762-F7
Berg (D) Kr. Ravensburg 763-G6
Berg (D) Kr. Rosenheim 766-A5
Berg (D) Kr. Rosenheim 766-B3
Berg (D) Kr. Starnberg 765-G5
Berg (D) Kr. Traunstein 766-E4
Berg (D) Kr. Weilheim-Schongau 764-E7
Berg am Irchel (CH) 761-K9
Berg am Laim (D) 765-H3
Berg im Attergau (A) 767-K5
Berg im Drautal (A) 795-H1
Bergalingen (D) 760-E9
Bergamasco (I) 811-L6
Bérgamo (I) 802-E5
Berganger (D) 765-K5
Bergatreute (D) 763-G6
Bergbau (A) 782-F1
Bergbauernmuseum »z'Bach« (A) 218, 219
Bergbauernmuseum Diepolz (D) 71
Bergbausiedlung (A) 770-C8
Bergdietikon (CH) 775-H3
Bergegg (A) 783-M7
Bergeggi (I) 815-K4
Bergell (CH) 45
Berge-Molino (I) 810-C3
Bergen (A) 794-E2
Bergen (A) Jennersdorf 785-G6
Bergen (A) Stegersbach 785-G3
Bergen (D) 766-D6
Bergenstetten (D) 763-J3
Bergerhausen (D) 763-G4
Bergerie-sur-Roche (F) 809-L7
Bergern (A) 767-L3
Bergern (A) Vorchdorf 768-C4
Bergern (A) Wels 768-C2
Bergersee-Haus (A) 780-C7
Bergerviertel (A) 769-G7
Bergham (A) Haiming 767-H1
Bergham (A) Lambach 768-B3
Bergham (A) Walligen 767-J4
Bergham (D) Kr. Erding 765-K1
Bergham (D) Kr. Mühldorf am Inn 766-D2
Bergham (D) Kr. Rottal-Inn 766-F2
Bergham (D) Kr. Traunstein 766-D4
Bergham (D) Kr. Traunstein 766-E4
Berghausen (A) 784-C9
Berghäuser (A) 785-G4
Bergheim (A) 767-G6
Bergheim (D) Bodenseekreis 762-D8
Bergheim (D) Kr. Augsburg 764-C1
Bergheim (F) 760-A2
Berghofen (D) Kr. Ebersberg 765-K4
Berghofen (D) Kr. Oberallgäu 777-K1
Bergians (F) 813-L5
Berging (D) 765-M2
Bergkirchen (D) 765-G2
Bergland (A) 769-K1
Bergstättgebiet (D) 70
Bergue-Inférieur (F) 814-D6
Bergün/Bravuogn (CH) 791-G3
Bergviertel (A) 784-D1
Beričevo (SLO) 797-H8
Berikon (CH) 775-H3
Beringen (CH) 761-K8
Berioli (I) 815-H5
Berisal (CH) 788-F6
Berkach (D) 762-F1
Berken (CH) 774-C4
Berkheim (D) 763-J4
Berkovci (SLO) 785-H8
Berlens (CH) 787-J2
Berlincourt (CH) 773-L3
Berliner-Haus (A) 779-K7
Berlingen (CH) 762-A8
Berlinghetto (I) 803-H7
Berlingo (I) 803-H7
Bermatingen (D) 762-D8
Bern (CH) 474, 475, 773-M7
Bernaich (A) 782-F8
Bernardinopass (CH) 400
Bernareggio (I) 802-D5
Bernate (I) 802-B4
Bernate Ticino (I) 801-L7
Bernau (A) 783-M5
Bernau (D) 760-F7
Bernau am Chiemsee (D) 766-B6
Bernbach (D) 764-B7
Bernbeuren (D) 764-C7
Berndl-Alm (A) 780-B5
Berndorf (A) 783-M1
Berndorf (A) Bad Vöslau 770-F3
Berndorf (A) Braunau 766-F2
Berndorf (A) Hitzendorf 783-M6
Berndorf (A) Rohr an der Raab 784-E6
Berndorf bei Salzburg (A) 767-G4
Berneck (CH) 776-F3
Berner Oberland (CH) 344, 348, 350, 352, 360
Bernerau (A) 768-C6
Bernes (F) 808-F3
Berneuse (CH) 366
Bernex (CH) 786-B7
Bernex (F) 787-G5
Bernezzo (I) 814-C2
Bernhardzell (CH) 776-D2
Bernhaupten (D) 766-D6
Berniga (I) 803-M6
Berninagruppe (CH) 462, 464
Bernloh (D) 765-J7
Bernried (D) Bodenseekreis 762-F8
Bernried (D) Kr. Weilheim-Schongau 764-F6
Bernstein (A) 771-G9
Beroldingen (CH) 775-K8
Berolle (CH) 786-D3
Beromünster (CH) 775-G5
Berre-les-Alpes (F) 814-B8
Berri (I) 815-K2
Bersbuch (A) 39, 127, 777-G3
Berschis (CH) 776-D6
Bersezio (I) 813-L2
Bersia (I) 810-B9
Bersone (I) 804-A2
Berteri (I) 811-G6
Bertésina (I) 805-J6
Bertesinella (I) 805-J7
Berthemont (F) 814-B6
Bertigo (I) 805-H3
Bertiolo (I) 807-H2
Bertipáglia (I) 805-L9
Bertoldi (I) 804-F2
Bertoldshofen (D) 764-B7
Bertolini Sopr. (I) 814-F3
Bertolini Sot. (I) 814-F3
Bertolotti (I) 815-J3
Bertoneria (I) 806-A5
Bertonio (I) 789-G7
Bertschikon (CH) Gossau/Zürich 775-L4
Bertschikon (CH) Zürich 775-L1
Berwang (A) 157, 667, 778-B3
Berwangen (D) 761-J9
Berzano di S.Pietro (I) 811-G3
Berzo (I) 791-L9
Berzo San Fermo (I) 803-H5
Berzo-Inf. (I) 803-K2
Bes (I) 794-A8
Besana Br. (I) 802-C5
Besançon (F) 772-B4
Besano (I) 801-M3
Besate (I) 801-M9
Besazio (CH) 802-A3
Beschling (A) 776-F5
Besenbüren (CH) 775-H4
Besenello (I) 804-E2
Besmorello (I) 813-L3
Besnans (F) 772-D2
Besnate (I) 801-L5
Besnica (SLO) 796-F6
Bésolo (I) 811-G3
Besozzo (I) 801-K3
Bessans (F) 799-J9
Besse (F) 808-E3
Bessé (I) 809-K4
Besseuges (F) 813-K7
Béssica (I) 805-L4
Bestazzo (I) 801-M8
Betberg (D) 760-C6
Betenbrunn (D) 762-D7
Betlinshausen (D) 763-J2
Betlis (CH) 430, 776-B6
Betschwanden (CH) 776-A8
Bette (I) 790-D6
Betten (CH) 788-F6
Bettenhausen (CH) 774-C5
Bettens (CH) 786-F2
Bettenweiler (D) 762-E7
Bettingen (CH) 760-C9
Bettlach (CH) 774-A5
Bettlach (F) 774-A1
Bettmaringen (D) 761-H7
Bettmeralp (CH) 394, 397, 713, 788-F5
Béttola (I) Lombardia 803-M7
Béttola (I) Venéto 804-E7
Béttole (I) Lombardia 803-G6
Béttole (I) Piemonte 801-G5
Betton-Bettonet (F) 798-C6
Bettrichs (D) 763-J6
Bettwiesen (CH) 776-B2
Bettwil (CH) 775-G4
Betzenried (D) 763-L8
Betzenweiler (D) 762-E3
Betzigau (D) 763-L8
Betzisried (D) 763-L5
Betznau (D) 762-F9
Beuerbach (D) 764-C3
Beuerberg (D) 765-G6
Beuern (D) 764-E4
Beuggen (D) 760-D9
Beuil (F) 813-L5
Bèura-Cardezza (I) 789-G9
Beure (F) 772-B4
Beuren (D) Alb-Donau-Kreis 763-H2
Beuren (D) Bodenseekreis 762-D7
Beuren (D) Kr. Konstanz 761-K7
Beuren (D) Kr. Konstanz 761-M7
Beuren (D) Kr. Ravensburg 763-H7
Beuren (D) Kr. Sigmaringen 762-D4
Beurnevésin (CH) 773-L1
Beuron (D) 762-A4
Beuson (CH) 787-L7
Beutal (F) 773-G1
Bevaddoro (I) 805-K7
Bevaix (CH) 773-H7
Bevazzana (I) 807-H5
Bever (CH) 791-H4
Bevia (I) 792-D5
Bévilard (CH) 773-L4
Bevke (SLO) 796-F9
Bévole (I) 800-D8
Bevons (F) 812-C4
Bevorchiàns (I) 795-J4
Bewaller (I) 793-H5
Bex (CH) 787-J7
Beyharting (D) 765-L5
Beynes (F) 812-E6
Bezau (A) 37, 39, 126, 127, 129, 667, 777-H3
Bezaudun- les-Alpes (F) 813-L8
Bežigrad (SLO) 797-G8
Beznovci (SLO) 785-G8
Bezzecca (I) 804-B3
Bezzetti (I) 804-B9
Bezzo (I) 815-H6
Biádene (I) 805-M4
Biancheri (I) 814-D8
Bianchi (I) Piemonte, Asti 811-G4
Bianchi (I) Piemonte, Cuneo 810-B8
Biandrate (I) 801-H7
Biandronna (I) 801-K3
Bians-les-Usiers (F) 772-D7
Bianzano (I) 803-H4
Bianze (I) 800-F9
Bianzone (I) 791-J8
Biasca (CH) 401, 402, 713, 789-M6
Biaufond (CH) 773-H5
Biauzzo (I) 807-G2
Biazza (I) 804-C5
Biban (I) 806-B5
Bibano (I) 806-C2
Biberach (D) 763-K1
Biberach an der Riß (D) 763-G4
Biberachzell (D) 763-K1
Biberbach (A) 769-G3
Biberbrugg (CH) 775-L5
Biberen (CH) 773-L7
Biberg (A) 250, 765-L5
Biberist (CH) 774-B5
Bibern (CH) 774-B5
Biberstein (CH) 774-F2
Biberwier (A) 156, 157, 778-C3
Bibiana (I) 810-B6
Bibione (I) 807-H5
Bibione Pineda (I) 807-H5
Biburg (D) Kr. Füstenfeldbruck 764-F3
Biburg (D) Kr. Traunstein 766-C4
Bichel (D) 763-L9
Bichelsee (CH) 775-M2
Bichiler (A) 780-C9
Bichishausen (D) 762-E1
Bichl (A) 780-C8
Bichl (D) 765-G8
Bichlbach (A) 157, 778-C3
Bichlbach (A) 778-E3
Bichwil (CH) 776-B3
Bicinicco (I) 807-J2
Bickelsberg (D) 761-L1
Bickenried (D) 763-M6
Bickensohl (D) 760-C3
Bicocca (I) 810-C5
Bidingen (D) 764-B6
Bidogno (CH) 790-A9
Bidržna (SLO) 796-D7
Biederbach (D) 760-F2
Biedermannsdorf (A) 771-H2
Biedertal (F) 774-B2
Bief (F) 773-H3
Bief-des-Maisons (F) 786-B1
Bief-du-Fourg (F) 772-C9
Biegno (I) 789-L9
Biehl/Colle (I) 778-F9
Biel (CH) 789-G5
Biel/Bienne (CH) 773-L5
Biel-Benken (CH) 774-B1
Bieler See (CH) 773-K6
Bielerhöhe (A) 141
Biella (I) 800-E6Bienca (I) 800-D7
Biengen (D) 760-C5
Bienno (I) 803-K2
Bieno (I) Piemonte 801-J2
Bieno (I) Trentino-Alto Ádige 793-H9
Bierbaum am Auersbach (A) 784-E7
Bierbaum an der Safen (A) 784-F4
Bierbaumdorf (A) 769-G3
Bierdorf (D) 764-E5
Bière (CH) 786-D3
Bierstetten (D) 762-E4
Biesendorf (D) 761-L5
Biesheim (F) 760-B4
Biesingen (D) 761-K5
Biessenhofen (CH) 776-C1
Biessenhofen (D) 764-B6
Biestro (I) 815-J3
Bietingen (D) Kr. Konstanz 761-L7
Bietingen (D) Kr. Sigmaringen 762-B5
Bietschhorn (CH) 384
Bieziwil (CH) 773-M6
Bigenthal (CH) 774-C7
Biglen (CH) 774-C8
Bignasco (CH) 789-K6
Bigolino (I) 805-M3
Bihlafingen (D) 763 H2
Bihlerdorf (D) 777-K1
Bikepark am Imbergerhorn, Hindelang (D) 74
Bildein (A) 785-J4
Bildstein (A) 777-G2
Biletta (I) 811-K4
Billafingen (D) Bodenseekreis 762-B6
Billafingen (D) Kr. Biberach 762-D3
Billecul (F) 772-B9
Billenhausen (D) 763-L2
Billens-Hennens (CH) 787-H2
Bilten (CH) 776-A6
Bilzheim (F) 760-A5
Binago (I) 801-M4
Binasco (I) 802-B9
Bindelweg (I) 547
Bindernheim (F) 760-C1
Bindo (I) 802-D1
Bingen (D) 762-C3
Bings (A) 777-G6
Binio (I) 792-B9
Binningen (CH) 774-B1
Binningen (D) 761-L7
Binnrot (D) 763-J4
Binntal (CH) 399
Binsdorf (D) 761-L1
Binzago (I) 803-L6
Binzen (D) 760-C8
Binzgen (D) 760-F9
Binzikon (CH) 775-L4
Binzwangen (D) 762-D3
Bioggio (CH) 801-M1
Bioglio (I) 800-F6
Biogno (CH) 801-L1
Bioley-Magnoux (CH) 787-G1
Bioley-Orjulaz (CH) 786-F2
Biolla (I) 800-F5
Biolo (I) 790-F8
Bionaz (I) 572, 799-M3
Bione (I) 803-L5
Bionnassay (F) 799-G2
Bionzo (I) 811-J7
BIOS-Erlebniswelt im Nationalpark Zentrum Mallnitz (A) 343
Birchabruck (I) 527, 724, 793-H5
Birchli (CH) 775-L6
Birchwil (CH) 775-K2
Birgisch (CH) 788-E6
Birgitz (A) 778-F5
Birgsau (D) 777-K4
Birkach (A) 777-M7
Birkach (D) Kr. Augsburg 764-B2
Birkach (D) Kr. Ebersberg 765-L3
Birkendorf, Ühlingen- (D) 761-H7
Birkenhard (D) 763-G3
Birkenstein (D) 113, 765-L8
Birkfeld (A) 784-D2
Birkingen (D) 761-G9
Birkland (D) 764-D6
Birmensdorf (CH) Zürich 775-J3
Birmenstorf (CH) Aargau 775-G2
Birnbach (D) 766-C8
Birnbaum (A) 794-F2
Birnberg (A) 781-M2
Birndorf (D) 760-F9
Birnhorn (A) 248
Birr (CH) 775-G2
Birrhard (CH) 775-G2
Birrwil (CH) 775-G4
Birsfelden (CH) 760-C9
Birwinken (CH) 762-C9
Bischoffeld (A) 783-H3
Bischoffingen (D) 760-C3
Bischofsberg (A) 782-C8
Bischofshofen (A) 245, 781-J2
Bischofsmütze (A) 287
Bischofstetten (A) 770-A2
Bischofswiesen (D) 125, 655, 767-G8
Bischofszell (CH) 776-C2
Bischwihr (F) 760-B3
Bisel (F) 773-L1
Bisele di sopra (I) 805-G2
Bisikon (CH) 775-K3
Bisingen (D) 762-A1
Bisisthal (CH) 775-L8
Bisnate (I) 802-D8
Bisse de Vercorin (CH) 378
Bissegg (CH) 762-B9
Bissone (CH) 802-A2
Bistagno (I) 811-K8
Bister (CH) 788-F6
Bistra (SLO) 797-J4
Bistričica (SLO) 797-G6
Bistrica (SLO) 797-M9
Bistrigna (I) 807-L3
Bisuschio (I) 801-L3
Bitež (SLO) 796-A9
Bitenjska (SLO) 796-D6
Bitiče (SLO) 797-K8
Bitsch (CH) 35, 788-E6
Bittelbrunn (D) 761-L6
Bittelschieß (D) 762-C5
Bitteregg (A) 784-D5
Bitz (D) 762-B2
Biv. B. Pignaro (I) 793-H8
Biverone (I) 806-F4
Bivio (CH) 452, 790-F5
Bizau (A) 39, 127, 128, 129, 668, 777-H3
Bizzarone (I) 802-A3
Blache (F) 813-L4
Blagovica (SLO) 797-J7
Blaichach (D) 70, 777-K1
Blaiken (A) 780-B1
Blaindorf (A) 784-E4
Blamont (F) 773-H2
Blancheroche, Fournet- (F) 773-H5
Blancheville (F) 798-F1
Blankenbach (A) 767-G2
Blankenburg (CH) 787-M4
Blansingen (D) 760-B8
Blappach (CH) 774-D8
Blatten (CH) 384, 395, 397
Blatten (CH) Lötschen/Valais 788-D5
Blatten (CH) Luzern 775-G7
Blatten (CH) Valais 395, 397, 713, 788-E6
Blättertal (A) 770-E4
Blauen (CH) 774-B2
Blausasc (F) 814-B9
Blavy (I) Valle d' Aosta, Aosta 799-L4
Blavy (I) Valle d' Aosta, Fenis 799-M4
Bled (SLO) 43, 590, 594, 755, 796-D5
Bleggio Inferiore (I) 804-C1
Bléggio-Superiore (I) 804-C1
Blégiers (F) 813-G4
Blegny (F) 772-A7
Blegošar (SLO) 796-D7
Bleibach (D) 760-F3
Bleiberg-Kreuth (A) 795-M2
Bleiberg-Nötsch (A) 795-M2
Bleiburg (A) 797-J2
Bleichheim (D) 760-D2
Bleien (CH) 774-F3
Bleienbach (CH) 774-D5
Bleiken bei Oberdiessbach (CH) 788-C1
Blejska Dobrava (SLO) 796-D4
Bllello (I) 802-E3
Blengi (I) 815-J1
Blèssaglia (I) 806-F3
Blessagno (I) 802-B2
Blessano (I) 795-H9
Blevio (I) 802-B3
Blickensdorf (CH) 775-J5
Blieux (F) 812-F7
Blindendorf (A) 770-F6
Blindenmarkt (A) Melk 769-J2
Blindenmarkt (A) Schleißheim 768-C2
Blindisalm (A) 780-B8
Blindsee (A) 57
Blitzenreute (D) 762-E6
Blitzingen (CH) 789-G5
Blochingen (D) 762-D4
Blöcktach (D) 763-M6
Blodelsheim (F) 760-B6
Blonay (CH) 787-H4
Blonhofen (D) 764-B5
Blönried (D) 762-E5
Blons (A) 133, 134, 777-G5
Blotzheim (F) 760-B9
Bloye (F) 798-A3
Bludenz (A) 130, 132, 133, 134, 135, 668, 777-G6
Bludenz-Braz (A) 132
Bludenzer-Hütte (A) 776-F6
Bludesch (A) 777-G5
Bluffy (F) 798-C2
Blumau (A) Eisenerz 769-J9
Blumau (A) Gradau 768-E5
Blumau (A) Kirchschlag 771-H8
Blumau (A) Maria Neustift 768-F4
Blumau (I) 793-H4
Blumau-Neurißhof (A) 771-G4
Blumberg (D) 761-J6
Blumberg, Zollhaus- (D) 761-J6
Blumegg (D) 761-J7
Blumenfeld (D) 761-K7
Blumenstein (CH) 788-A1
Blümlisalp (CH) 348
Blüomatt (CH) 788-C7
Blussangeaux (F) 773-G2
Blussans (F) 773-G2
Boades (F) 813-G7
Bočna (SLO) 797-K6
Boano (I) 803-L4
Boarenwald (I) 792-E7
Boarezzo (I) 801-L2
Boarie (I) 804-F7
Boàrio (I) 803-H2
Boário Terme, Darfo- (I) 803-K3
Bobbiate (I) 801-L3
Bòbbio Péllice (I) 809-M6
Boben (SLO) 797-L7
Böbikon (CH) 761-H9
Böbing (D) 764-D7
Bobingen (D) 764-C1
Bobovek (SLO) 796-F6
Boca (I) 801-H5
Bocca Callalta (I) 806-D5
Bocca di Strada (I) 806-B3
Boccaldo (I) 804-E3
Bocchetteweg (I) 538
Boccioleto (I) 800-F3
Boccòn (I) 805-J9
Boccorio (I) 800-E3
Bocenago (I) 792-C9

REGISTER

Bochingen (D) 761-K1
Bochumer-Haus (A) 780-C3
Bockern (A) 780-B2
Bockhorn (D) 765-L1
Bocksdorf (A) 785-G4
Böckstein (A) 276, 279, 781-H6
Bodelacchi (I) 811-L4
Bödele (A) 777-G3
Bödeli (CH) 788-D1
Bodelsberg (D) 763-L8
Boden (A) 778-A4
Boden (A) Kappel am Krapsfeld 783-G8
Boden (A) Kreuzen 795-L2
Boden (CH) Adelboden/Bern 788-B4
Boden (CH) Bern 789-G2
Bodendorf (A) 782-C5
Bodengo (I) 790-C7
Bodenhaus (A) 263,
Bodensdorf (A) 336
Bodensdorf (A) Steindorf am Ossiacher See 796-C1
Bodensdorf (A) Wieselburg 769-K2
Bodensee (D, A, CH) 47
Bodesče (SLO) 796-D5
Bodigoi (I) 795-L9
Bodingbach (A) 769-J5
Bodinggraben (A) 768-E6
Bodio (CH) 790-B6
Bódio-Lomnago (I) 801-K4
Bodman-Ludwigshafen (D) 762-B7
Bodnegg (D) 762-F8
Bodolz (D) 762-F9
Bodonci (SLO) 785-G8
Bodovlje (SLO) 796-F7
Boécourt (CH) 773-L3
Boëge (F) 786-E7
Bœsenbiesen (F) 760-C2
Boffalora d' Adda (I) 802-E9
Boffalora s. Ticino (I) 801-L7
Bofflens (CH) 786-F1
Bogenfeld (A) 796-C3
Bogenhausen (D) 765-H3
Bogenhofen (A) 767-G1
Bogenweiler (D) 762-E5
Bogève (F) 786-E7
Boggio (CH) 801-M1
Bogillaco (I) 804-B5
Bogis-Bossey (CH) 786-C5
Bogliano (I) 799-L9
Bóglio (I) 815-H2
Bogn Engiadina Scuol (CH) 470
Bogno (CH) 790-B9
Bogno (I) 801-K3
Bogogno (I) 801-J5
Bogojina (SLO) 785-H9
Boh. Sedlo (SLO) 796-C6
Böhen (D) 763-K6
Bohinj (SLO) 594, 595, 796-C6
Bohinjska Bistrica (SLO) 755, 796-C6
Bohinjska-Bela (SLO) 796-D5
Böhlerwerk (A) 769-H4
Bohlingen (D) 762-M8
Böhringen (D) Kr. Konstanz 762-A7
Böhringen (D) Kr. Rottweil 761-K2
Boi (I) 804-C6
Boiòn (I) 806-A9
Boirond (F) 808-D2
Bois d'Aubert (F) 812-D2
Bois des Lattes (CH) 773-G7
Bois Noir Ferme (F) 812-E2
Bois-d'Amont (F) 786-C3
Boissano (I) 815-J5
Bolandoz (F) 772-C6
Bolbeno (I) 804-B1
Bolca (I) 804-F6
Boldeniga (I) 803-J8
Boldone (I) 802-F5
Bôle (CH) 773-H7
Bolentina (I) 792-C6
Boleto (I) 801-H4
Bólgare (I) 803-G6
Bolken (CH) 774-C5
Boll (CH) 774-B7
Boll (D) Kr. Rottweil 761-K1
Boll (D) Kr. Sigmaringen 762-B5
Boll (D) Kr. Waldshut 761-H6
Boll (D) Zollernalbkreis 762-A1
Bollate (I) 802-B6
Bollenbach (D) 760-F1
Bollengo (I) 800-D7
Bolligen (CH) 774-B7
Bollingen (CH) 775-M5
Bollion (CH) 773-H9
Bollodingen (CH) 774-C5
Bollone (I) 804-A4
Bollsberg (D) 763-H3
Bollschweil (D) 760-D5
Bologne (F) 812-F9
Bolsterlang (D) 80, 81, 655, 777-K2
Bolstern (D) 762-E5
Bolsternang (D) 763-J8
Bolte (SLO) 797-J8
Boltiere (I) 802-E6
Boltigen (CH) 350, 787-M3
Bolzano (I) 794-B8
Bolzano Novarese (I) 801-H4
Bolzano Vicentino (I) 805-J6
Bolzano/Bozen (I) 793-G4
Bölzbach (CH) 775-K8
Bolzone (I) 802-F9
Bombach (D) 760-D2
Bompensiero (I) 803-G9
Boms (D) 762-E5
Bon Conseil (F) 799-H6
Bon Pommier (F) 809-H8
Bonaduz (CH) 790-D1
Bonaldo (I) 805-G9
Bonate-Sopra (I) 802-E5
Bonate-Sotto (I) 802-E5
Bonau (CH) 762-B9
Boncourt (CH) 773-K1
Bonde (I) 815-G2
Bondegno (I) 803-L4
Bondione (I) 791-H9
Bondo (CH) 790-E6
Bondo (I) Lombardia 803-G3
Bondo (I) Trentino-Alto Ádige 804-B2
Bondo Petello (I) 803-G4
Bondone (I) Trentino-Alto Ádige, Trento, Bondone 804-B2
Bondone (I) Trentino-Alto Ádige, Trento, Roncone 804-A4
Bondorf (D) 762-E4
Bondval (F) 773-H2
Bonfol (CH) 773-L2
Bongiovanni (I) 814-F3
Bönigen (CH) 788-E2
Bonina (I) 811-L4
Boningen (CH) 774-D4
Bonini (I) 810-E7
Bonisdorf (A) Kalch 784-F7
Bonisiolo (I) 806-C6
Boniswil (CH) 775-G4
Bonlanden (D) 763-J4
Bonlieu (F) 786-A2
Bonmont (CH) 786-C5
Bonnal (F) 772-E1
Bonnatrait (F) 786-E5
Bonndorf (D) Bodenseekreis 762-B6
Bonndorf (D) Kr. Waldshut 761-H6
Bonne (F) 786-D7
Bonne (I) 799-J5
Bonnecine (F) 798-E4
Bonnefontaine (CH) 787-L1
Bonnenuit (F) 809-G2
Bonnet (F) 812-D3
Bonnétage (F) 773-H5
Bonneval (F) 798-E6
Bonneval-les-Bains (F) 799-G5
Bonneval-sur-Arc (F) 799-J8
Bonnevaux (F) Franche-Comté 772-C9
Bonnevaux (F) Rhône-Alpes 787-G6
Bonnevaux-le-Prieuré (F) 772-D5
Bonnevent-Velloreille (F) 772-B2
Bonneville (F) 786-E8
Bonn-Matreier Haus (A) 780-C7
Bons (F) 808-E3
Bons-en-Chablais (F) 786-D6
Bonson (F) 814-A8
Bonstetten (CH) 775-J4
Bontès (F) 813-H6
Bonthoux (F) 808-B5
Bonvicino (I) 815-H1
Bonvillard (F) Rhône-Alpes/Albertville 798-D5
Bonvillard (F) Rhône-Alpes/St-Michel-de-Maurienne 809-H1
Bonvillaret (F) 798-D6
Bonvillars (CH) 773-G8
Bonzo (I) 799-L8
Boos (D) Kr. Ravensburg 762-E5
Boos (D) Kr. Unterallgäu 763-K4
Bootzheim (F) 760-C2
Boppelsen (CH) 775-H2
Borbiago (I) 806-A7
Borbone (I) 803-J6
Borca (I) 800-E2
Borca di Cadore (I) 537, 794-B5
Borche (I) 810-D1
Bordano (I) 795-H6
Bordier Haus (CH) 788-D8
Bordighera (I) 814-E9
Bordignana (I) 811-M2
Bordugo (I) 805-M6
Boreca (SLO) 785-G7
Borejci (SLO) 785-G9
Borello (I) Ligúria 814-E8
Borello (I) Piemonte 814-F4
Borelly (F) 812-C3
Borex (CH) 786-C5
Borgaro Tor. (I) 810-E2
Borgata Danna (I) 810-B8
Borgata Sottana (I) 815-G3
Borghetto (I) Piemonte 814-D2
Borghetto (I) Trentino-Alto Ádige 804-D5
Borghetto d' Arróscia (I) 815-G6
Borghetto S. Spirito (I) 815-J5
Borghi (I) Ligúria 815-K4
Borghi (I) Venéto 805-M4
Borgiallo (I) 800-B8
Bórgio-Verzzi (I) 815-J5
Borgnano (I) 807-L2
Borgnone (CH) 789-K8
Borgo (I) Piemonte, Biella 800-E7
Borgo (I) Piemonte, Cuneo 810-A7
Borgo (I) Venéto 805-H6
Borgo Bianchi (I) 806-C3
Borgo Boma (I) 806-D4
Borgo d' Ale (I) 800-E9
Borgo del Molino (I) 806-C4
Borgo di Sopra (I) 795-K7
Borgo di T. (I) 803-G5
Borgofranco d'Ivrea (I) 800-D7
Borgo G. Cantore (I) 804-E4
Borgolavezzaro (I) 801-K9
Borgomale (I) 811-H8
Borgomanero (I) 801-H5
Borgomaro (I) 815-G7
Borgomasino (I) 800-E8
Borgo Milano (I) 804-D8
Borgone Susa (I) 810-B2
Borgonovo (CH) 790-E6
Borgonuovo (I) Piemonte, Alba 811-H7
Borgonuovo (I) Piemonte, Torino 810-E5
Borgo Ponte (I) 815-G4
Borgoratto Aless. (I) 811-M6
Borgo Redentore (I) 805-H5
Borgo Revèl (I) 811-H2
Borgoricco (I) 805-L7
Borgo Roma (I) 804-D8
Borgo S. Ágata (I) 815-G8
Borgosatollo (I) 803-K7
Borgo s. Dalmazzo (I) 814-C3
Borgosésia (I) 801-G4
Borgo S. Giacomo (I) 803-H9
Bôrgo S. Lucia (I) 804-D8
Borgo S. Martino (I) 811-L3
Borgo S. Máuro (I) 795-K9
Borgo Sacco (I) 795-H8
Borgo Ticino (I) 801-J5
Borgo Valsugana (I) 793-H9
Borgo Venézia (I) 804-E8
Borgo Vercelli (I) 801-H8
Borje (SLO) 797-K7
Börlas (D) 763-J9
Bórmida (I) 815-J4
Bormio (I) 61, 791-L5
Bornago (I) 801-K6
Bornato (I) 803-J6
Borno (I) 803-K2
Boro (I) 805-G5
Borovak (SLO) 797-L8
Borretti (I) 810-F6
Borriana (I) 800-E7
Borroux (F) 798-A7
Borsano (I) 801-L6
Borso del Grappa (I) 805-K3
Borsoi (I) 794-C8
Bort (CH) 788-D2
Börwang (D) 763-L7
Borzago (I) 792-B9
Boschetta (I) 803-J4
Boschetto (CH) 789-K6
Boschetto (I) Piemonte 811-G1
Boschetto (I) Venéto 806-F3
Boschhof (D) 765-G7
Boschietto (I) 799-M8
Boschrini (I) 794-F8
Bosco (I) Ligúria 815-H4
Bosco (I) Piemonte, Torino 800-A7
Bosco (I) Trentino-Alto Ádige 792-E9
Bosco (I) Venéto, Treviso 805-M3
Bosco (I) Venéto, Verona 804-F9
Bosco (I) Venéto, Vicenza 805-H3
Bosco Chiesanuova (I) 804-E6
Bosco del Véscovo (I) 805-L7
Bosco Gurin (CH) 404, 789-J6
Boscomare (I) 814-F8
Bosconero (I) 810-F1
Bosco-Valtravàglia (I) 801-L2
Bösenreutin (D) 762-F9
Bosentino (I) 804-F2
Bósia (I) 811-J8
Bösingen (CH) 773-L8
Bösingen (D) 761-K2
Bosisio (I) 802-C4
Bosplàns (I) 794-E7
Bossaneto (I) 815-H7
Bossarts (D) 763-K6
Bossea (I) 814-F4
Bosses (I) 799-K3
Bossola (I) 800-D6
Bossolasco (I) 811-H9
Bossonnens (CH) 787-H4
Bossy (CH) 786-C6
Boswil (CH) 775-H4
Botta (I) 802-E4
Bottaiano (I) 802-F8
Bottanuco (I) 802-D6
Böttberg (D) 765-J7
Bottenicco (I) 795-K8
Bottens (CH) 787-G2
Bottenwil (CH) 774-E4
Botterens (CH) 787-K3
Bottero (I) 811-G9
Botti (I) 811-L7
Botticino-Mattina (I) 803-L7
Botticino-Sera (I) 803-K7
Bottighofen (CH) 762-C9
Bottingen (D) 760-D3
Böttingen (D) 761-L3
Bottini (I) 800-B8
Bottmingen (CH) 774-B1
Böttstein (CH) 761-G9
Bötzingen (D) 760-D3
Bouchanières (F) 813-K5
Bouchier (F) 813-H3
Bouclans (F) 772-D4
Boudevilliers (CH) 773-J6
Boudin (F) 798-F4
Boudry (CH) 773-H7
Bougy (CH) 786-D4
Bouhans-les-Montbozon (F) 772-D1
Boujalles (F) 772-C8
Boujeons, Remoray- (F) 772-D9
Boulens (CH) 787-G2
Boulot (F) 772-B3
Bouloz (CH) 787-H3
Boult (F) 772-B2
Bouluench (F) 812-D3
Boume (F) 812-A8
Bourdigny (CH) 786-B7
Bourg d'Oisans (F) 584
Bourg-de-Sirod (F) 772-B9
Bourget-en-Huile (F) 798-C7
Bourgneuf (F) 798-C6
Bourg-Saint-Bernard (CH) 799-K2
Bourg-Saint-Pierre (CH) 799-K2
Bourg-St-Maurice (F) 582, 583, 799-G5
Bourgueas (F) 814-B9
Bourguignon (F) 773-H2
Bourguillon (CH) 787-L1
Bournens (CH) 786-F3
Bournois (F) 772-F1
Bourrignon (CH) 773-L2
Boussens (CH) 786-F3
Boussières (F) 772-A5
Boussy (F) 798-A2
Bouverans (F) 772-D8
Bouveyres (F) 808-A2
Bouxwiller (F) 773-M1
Bouyon (F) 813-M8
Bovec (SLO) 35, 47, 592, 593, 795-L6
Bovégno (I) 803-K4
Bovère (F) 786-E8
Boveresse (CH) 772-F8
Bovernier (CH) 787-K9
Bòves (I) 814-D3
Bovezzo (I) 803-K6
Bovísio-Masc. (I) 802-B6
Bowil (CH) 774-C8
Boz-Alpino (I) 793-L8
Bozel (F) 798-F7
Bözen (CH) 774-F2
Bozen/Bolzano (I) 59, 484, 490, 492, 493, 494, 495, 501, 524, 534, 544, 548, 601, 793-G4
Bözingen (CH) 773-L5
Bozzana (I) 792-D6
Bòzzole (I) 811-M3
Bra (I) 810-F7
Bracon (F) 772-A7
Braga (I) 804-C6
Braggio (CH) 790-B6
Bragno (I) 815-K2
Braidacurti (I) 806-F3
Brail (CH) 791-J3
Braila (I) 804-D2
Braillans (F) 772-C3
Braitenaich (A) 768-B1
Brajda (SLO) 797-K8
Brallo (I) 811-J9
Bramafan (F) 813-L9
Bramans (F) 809-K1
Bramberg (A) 260, 261, 773-L8
Bramberg am Wildkogel (A) 668, 780-B4
Bramboden (CH) 774-E7
Brambrüesch (CH) 790-E1
Bramois (CH) 787-M7
Bramousse (F) 809-J7
Brancade (I) 806-C5
Branchetto (I) 804-E5
Brand (A) Bludenz 132, 133, 134, 668, 776-F6
Brand (A) Laaben 770-D2
Brand (A) Nassereith 778-B3
Brand (CH) 776-F6
Brand (D) Kr. Mühldorf am Inn 766-A3
Brand (D) Kr. Traunstein 766-D7
Brandberg (A) 779-L5
Brandelalm (D) 779-G2
Brandenberg (A) 779-K2
Brandenberg (D) Kr. Fürstenfeldbruck 764-E3
Brandenberg (D) Kr. Lörrach 760-E6
Brandenburg (D) 763-J2
Brandenburger Haus (A) 778-C8
Brandhof (A) 314, 769-M7
Brandíco (I) 803-J8
Brandini (I) 811-G8
Brandizzo (I) 810-F2
Brandlhof (A) 780-F1
Brandnertal (A) 130
Brandösch (CH) 774-E7
Brandstätt (D) Kr. Mühldorf am Inn 766-M3
Branik (SLO) 797-L1
Branne (F) 772-F2
Brannenburg (D) 113, 114, 115, 766-M7
Brans (F) 813-G8
Branson (CH) 787-K8
Branzi (I) 803-G1
Branzola (I) 814-E3
Branzoll/Bronzolo (I) 793-G5
Braone (I) 803-L2
Bras-d'Asse (F) 812-D7
Brasenberg (D) 762-F3
Braslovče (SLO) 797-L5
Brasse (I) 810-D7
Brassi (I) 810-E5
Bratsch (CH) 788-C6
Bratta (I) 791-J8
Bratto (I) 803-J2
Braunau (CH) 776-B2
Braunau am Inn (A) 767-G1
Brauneck-Höhenweg (D) 105
Braunenweiler (D) 762-E4
Bräunlingen (D) 761-J5
Braunschweiger Hütte (A) 778-C8
Braunwald (CH) 51, 434, 435, 713, 775-M8
Braux (F) 813-J6
Braz (A) 135, 668
Brazzano (I) 807-L1
Brda (SLO) 797-K7
Brdce (SLO) 797-M7
Brdice (SLO) 795-M9
Brdo, Lukovica (SLO) 797-J7
Brè (CH) 407
Brebbia (I) 801-K3
Brecherspitze (D) 110
Brechhorn-Haus (A) 780-B3
Breconchaux (F) 772-D3
Brécorens (F) 786-E6
Breda di Piave (I) 806-C4
Breda Libera (I) 803-J9
Brédanne (F) 798-C3
Brederis (A) 776-F4
Breg, Kranj (SLO) 796-F7
Breg, Mežica (SLO) 797-K3
Breg, Osrednjeslovenska (SLO) 797-K8
Breg, Polzela (SLO) 797-L6
Bregalla (I) 814-E6
Bregano (I) 801-K3
Breganze (I) 805-H5
Breganzona (CH) 802-A1
Bregazzana (I) 801-L3
Bregenbach (D) 761-G4
Bregenbach, Hammereisenbach-(D) 761-H5
Bregenz (A) 776-F2
Bregenzerwald (A) 37, 39, 47, 126, 127, 128, 129
Breginj-Borjana (SLO) 795-L6
Breglia (I) 790-C9
Breguzzo (I) 804-B1
Bréia (I) 801-G4
Breien (I) 793-H5
Breil/Brigels (CH) 790-B1
Breil-sur-Roya (F) 814-D7
Breisach (D) 760-C4
Breitasch (D) 765-L1
Breitbrunn (A) 768-C1
Breitbrunn (D) 764-E4
Breitbrunn am Chiemsee (D) 766-C6
Breiteben (I) 792-C4
Breitegg (A) 784-C4
Breiten (CH) 774-E6
Breitenau (A) 770-F6
Breitenau (A) Hausbach 768-E5
Breitenau (A) Lambach 768-A2
Breitenau am Hochlantsch (A) 316, 784-B1
Breitenbach (A) 784-E5
Breitenbach (CH) 774-B2
Breitenbach (D) 765-K7
Breitenbach am Inn (A) 779-L2
Breitenberg (D) 76
Breitenbronn (D) 764-A1
Breitenbrunn (A) 770-D9
Breitenbrunn (A) Neusiedl am See 771-K3
Breitenbrunn (D) 763-L3
Breitenbuch (A) Hochwolkersdorf 771-G6
Breitenbuch (A) Zerlach 784-D6
Breiteneich (A) Wieselburg 769-K2
Breitenfeld (D) 761-H8
Breitenfeld am Tannenriegel (A) 784-C7
Breitenfeld an der Rittschein (A) 784-E5
Breitenfurt bei Wien (A) 770-F1
Breitenhilm (A) 784-C6
Breitensohl (A) 770-E6
Breitenstein (A) Frauenstein 782-F8
Breitenstein (A) Semmering 770-D7
Breitenthal (D) 763-K2
Breitenthaler (A) 770-B9
Breitenwang (A) 153, 778-B2
Breiterau (A) 769-H5
Breithorn (CH) 41
Breitnau (D) 760-F5
Breitofnerhütte bei Kitschdorf (A) 783-G8
Breitwiesen (A) 768-B1
Brembate (I) 802-E6
Brembate di S. (I) 802-E5
Brembilla (I) 802-E4
Bremblens (CH) 786-F3
Bremen (D) 762-D4
Bremer-Haus (A) 778-F7
Bremgarten (CH) Aargau 775-H3
Bremgarten (D) 760-C5
Bremgarten bei Bern (CH) 774-A7
Brémoncourt (F) 773-K3
Bremondans (F) 772-E4
Brenden (D) 761-G7
Bréndola (I) 805-H7
Brenles (CH) 787-H2
Brenna (I) 802-B4
Brenner/Brénnero (A/I) 196, 779-H7
Brennerbad/Terme ch Brénnero (I) 779-H7
Brennermühle (D) 765-J1
Brénnero/Brenner (I) 779-H7
Brennet (D) 760-E9
Brenn-Haus (A) 766-D9
Breno (CH) 789-L9
Breno (I) Lombardia 803-L2
Breno (I) Piemonte 799-L8
Brens (F) 786-D6
Brenta (I) 542, 543
Brenta (I) Lombardia 801-K3
Brenta (I) Trentino-Alto Adige 804-F1
Brenta-Gruppe (I) 538
Brentagruppe (I) 542
Brentanella (I) 805-L5
Brenta-Tal (I) 539
Brentatori (I) 810-D4
Brentei-Hütte (I) 538
Brentelle (I) 805-K8
Brenthonne (F) 786-E6
Brentino-Belluno (I) 804-D5
Brentòn (I) 804-F7
Brentònico (I) 804-D3
Brenzikofen (CH) 788-C1
Brenzone (I) 804-C5
Breolungi (I) 814-F2
Breónio (I) 804-D6
Brères (F) 772-A6
Brértigny (F) 786-B6
Bréscia (I) 803-K7
Bresciadega (I) 790-E7
Brésimo (I) 792-D5
Breslauer Hütte (A) 778-C9
Bressa (I) 795-J9
Bressanone/Brixen (I) 793-J2
Bressanvido (I) 805-J5
Bressaucourt (CH) 773-K2
Bresso (I) 802-B7
Bret (F) 787-G5
Bretaye (CH) 787-K6
Bretigney (F) 773-G1
Bretigney-N.-D. (F) 772-D3
Bretigny-sur-Morrens (CH) 787-G3
Bretonnières (CH) 786-E1
Bretonvillers (F) 773-G4
Bretstein (A) 782-F3
Bretstein-Gassen (A) 782-F2
Brettental (D) 760-E2
Brettl (A) 769-K4
Bretzwil (CH) 774-C3
Breuil-Cervinia (I) 724, 800-B2
Breunetsried (D) 764-F7
Brey-et-Maison-du-Bois (F) 772-D9
Bréz (I) 792-E5
Brezevo (SLO) 797-L9
Bréziers (F) 812-E1
Brezje Pri Tržiču (SLO) 796-E5
Brezje, Dobrova Polhov Gradec (SLO) 796-F9
Breznica (SLO) 796-E7
Brezovar (SLO) 797-J8
Brezovci (SLO) 785-G9
Brezovica, Lukovica (SLO) 797-J7
Brezovica, Osrednjeslovenska (SLO) 797-G9
Brezovica, Radovljica (SLO) 796-E6
Brezzo (I) 801-K2
Briáglia (I) 814-F2
Briàn (I) 806-F6
Brianco (I) 800-F8
Briançon (F) 49, 59, 809-H5
Briançon (F) 586, 587, 588, 589
Briançon (Festungsanlage) (F) 587
Briançonnet (F) 813-J8
Briano (I) 804-B5
Bribano (I) 793-M9
Bricco (I) 811-G3
Bricherásio (I) 810-B6
Brides-les-Bains (F) 798-E7
Briefelsdorf (A) 796-D1
Briel (D) 762-F1
Brienno (I) 802-B2
Brienz (CH) 360, 451, 788-E1
Brienzer Rothorn (CH) 423
Brienzwiler (CH) 788-F1
Brig (CH) 386, 394, 397, 788-E6
Briga Novarese (I) 801-H4
Brigach (D) 761-H3
Brigachtal (D) 761-J4
Brigerbad (CH) 788-E6
Brig-Glis (CH) 788-E6
Brignano Gera d'Adda (I) 802-F6
Brígnola (I) 814-C3
Brignon (CH) 787-L7
Brillante (I) 810-E5
Brinckheim (F) 760-B8
Brinje (SLO) 797-G8
Brinzio (I) 801-L3
Briona (I) 801-H6
Brione (CH) 404, 789-L7
Brione (I) Lombardia 803-J5
Brione (I) Piemonte 810-D2
Brioni (I) 805-L4
Briosco (I) 802-C5
Brische (I) 806-E3
Brischeru (CH) 788-E6
Brischis (I) 795-L8
Briše (SLO) 796-F8
Brise (SLO) 797-K7
Briseck (CH) 774-E5
Brislach (CH) 774-B2
Brissago (CH) 789-K8
Brissago (I) 565, 566
Brissago-Valtravàglia (I) 801-K2
Brissogne (I) 799-M4
Bristen (CH) 789-K1
Britof (SLO) 796-F6
Brittern (CH) 774-B6
Brittheim (D) 761-K1
Brittnau (CH) 774-E4
Britzingen (D) 760-C6
Brivio (I) 802-D4

● Regionen ● Hotels ● Karten

Brixen im Thale (A) 220, 223, 668, 780-B2
Brixen/Bressanone (I) 33, 61, 490, 500, 501, 502, 503, 504, 724, 793-J2
Brixental (A) 33, 220, 222
Brixentaler Höhenweg (A) 222
Brixlegg (A) 202, 203, 779-K2
Brizon (F) 786-E9
Brnica (SLO) 797-M7
Broc (CH) 787-K3
Brochenzell (D) 762-E8
Brod (SLO) 797-G8
Brode (SLO) 796-E7
Brodersdorfberg (A) 784-C4
Brodingberg (A) 784-C4
Broggingen (D) 760-D2
Brogliano (I) 805-G6
Bròglie (I) 804-B8
Broglio (CH) 789-K6
Brognoligo (I) 804-F8
Brogonovo (I) 790-D6
Broissieux (F) 798-B4
Brolo (I) 801-H3
Brombach (D) 760-C8
Bromberg (A) 771-G6
Brondello (I) 810-C8
Bronnen (D) Kr. Biberach 763-H2
Bronnen (D) Kr. Ostallgäu 764-C4
Bronnen (D) Kr. Sigmaringen 762-C2
Bronnen (D) Kr. Unterallgäu 763-M3
Bronnerlehe (D) 763-L3
Bronschhofen (CH) 776-B2
Brontallo (CH) 789-K6
Bronzola (I) 805-L7
Bronzolo/Branzoll (I) 793-G5
Brossa (I) 811-G5
Brossasco (I) 810-C8
Brosso (I) 800-C7
Brot-Dessous (CH) 773-H7
Brovello-Carpugnino (I) 801-J3
Brovida (I) 815-J2
Brózolo (I) 811-H3
Brozzo (I) 803-K5
Brübach (CH) 776-B2
Bruck (A) 256, 257, 325, 770-E5
Bruck (D) 765-K4
Bruck am Ziller (A) 779-K3
Bruck an der Glocknerstraße (A) 780-F4
Bruck an der Lafnitz (A) 770-E9
Bruck an der Leitha (A) 771-L2
Bruck an der Mur (A) 783-M1
Bruckbach (A) 769-G4
Bruck bei Tödling (A) 768-E1
Bruckberg (A) 205
Bruckdorf (A) 781-L5
Bruckfelden (D) 762-C7
Brückl (A) 783-G9
Bruckmühl (D) 765-K6
Bruckneudorf (A) 771-L2
Bruebach (F) 760-A8
Bruera (I) 810-C5
Brugaro (I) 801-G3
Brugg (CH) Aargau 775-G2
Brugg (CH) St. Gallen 775-M5
Brügg bei Biel (CH) 773-L5
Brugga (A) 782-F8
Bruggen (A) 795-J1
Bruggen (CH) 776-D3
Bruggen (D) 761-J5
Brugger Alm (A) 780-C8
Bruggermühl (A) 779-M2
Brughério (I) 802-C7
Brúgine (I) 805-M9
Brugnera (I) 806-D2
Bruino (I) 810-D4
Brülisau (CH) 424, 426, 776-E4
Brün (CH) 790-C1
Brunate (I) 802-B3
Bruneck/Brunico (I) 53, 504, 506, 508, 509, 510, 511, 724, 779-L9
Brunegg (CH) 775-G2
Brunelle (I) 793-J4
Brunelli (I) 804-F3
Brunello (I) 801-L4
Brunet (F) 812-D7
Bruni (I) 815-G1
Brunico/Bruneck (I) 779-L9
Brünisried (CH) 787-L1
Brunn (A) Johnsdorf 784-F6
Brunn (A) Leoben 783-K2
Brunn (A) Liezen 769-K7
Brunn (A) St. Pölten 770-C1
Brunn (D) Kr. Altötting 766-E2
Brunn (D) Kr. Traunstein 766-E3
Brunn am Gebirge (A) 771-G1
Brunn an der Erlauf (A) 769-L1
Brunn an der Pitten (A) 771-G6
Brunn, Bad Fischau- (A) 770-F4
Brunnadern (CH) 776-B4
Brunnadern (D) Kr. Waldshut 761-G8
Brunnadern (D) Kr. Waldshut 761-H7
Brunnbach (A) 768-F5
Brunnbichl (D) 765-J8
Brunndorf (A) 768-E4
Brunnen (CH) Bern 774-D6
Brunnen (CH) Schwyz 409, 411, 414, 775-K7
Brunnen (D) Kr. Ostallgäu 764-B9
Brunnen (D) Kr. Ravensburg 763-G6
Brunnenfeld (A) 777-G6
Brunnenthal (CH) 774-B6
Brunnern (A) 768-C2
Brünngraben (A) 784-B8
Brunni (CH) Schwyz 411, 775-K7
Brünning (D) 766-D4
Brunnistöckli (Klettersteig) (CH) 418
Brunnthal (D) 765-J4
Brunška (SLO) 797-M8
Brusà del Plan (I) 809-L5
Brusadáz (I) 794-A5
Brusago (I) 793-G8
Brusaporto (I) 802-F5
Brusasco (I) 811-H2
Brusengana (I) 805-K8
Brusimpiano (I) 801-M2
Brusio (CH) 791-J7
Brusnengo (I) 801-G6
Bruson (CH) 371, 373, 787-L9
Brussa (I) 807-G5
Brussey (F) 772-A1
Brusson (I) 568, 800-C4
Brüsti (CH) 775-K9
Brüttelen (CH) 773-K7
Brütten (CH) 775-K2
Brüttisellen (CH) 775-K3
Bruzella (CH) 802-A3
Bruzolo (I) 810-B2
Brvce (SLO) 796-A6
Bschlabs (A) 152, 153
Bsuch (A) 780-F2
Bta Ciampie (I) 793-K5
Bta. Sestriere (I) 809-L4
Búbbio (I) 811-K8
Bubenbach (D) 761-H5
Bubendorf (CH) 774-D2
Bubendorf im Burgenland (A) 771-H9
Bubenhausen (D) 763-K2
Bubikon (CH) 775-L4
Bubsheim (D) 761-L3
Buccinasco (I) 802-A8
Bucey-lès-Gy (F) 772-A2
Buch (A) Braunau 767-H1
Buch (A) Dorbirn 777-G2
Buch (A) Graz 784-B4
Buch (A) Neuratting 767-J2
Buch (A) Ybbs an der Donau 769-K2
Buch (CH) Schaffhausen 761-L8
Buch (D) Bodenseekreis 762-E8
Buch (D) Kr. Neu-Ulm 763-K2
Buch (D) Kr. Rottal-Inn 766-F1
Buch (D) Kr. Starnberg 764-E4
Buch (D) Kr. Waldshut 760-F9
Buch am Buchrain (D) 765-L2
Buch am Irchel (CH) Zürich 775-K1
Buch bei Frauenfeld (CH) Thurgau 761-L9
Buch bei Jenbach (A) 779-J3
Buch bei Märwil (CH) Thurgau 776-B1
Buchach (D) 764-B8
Buchackern (CH) 776-C1
Buchau (A) 779-J2
Buchau (D) 766-A8
Buchbach (A) 770-E6
Buchberg (A) Bischofshofen 781-J2
Buchberg (A) Seewalchen 767-L5
Buchberg (A) Weiz 784-B3
Buchberg (CH) 761-J9
Buchberg bei Ilz (A) 784-F4
Buchboden (A) 131, 134, 777-H5
Buchbrunn (A) 797-H2
Bucheben (A) 262, 263, 781-G5
Büchel (CH) 776-E4
Buchen (A) 778-E3
Buchenbach (D) 760-F5
Buchenberg (A) 783-L9
Buchenberg (D) Kr. Oberallgäu 763-K8
Buchenberg (D) Kr. Oberallgäu 763-L9
Buchenberg (D) Schwarzwald-Baar-Kreis 761-H3
Buchendorf (D) 765-G4
Buch-Geiseldorf (A) 784-E3
Buchheim (D) Kr. Breisgau-Hochschwarzwald 760-D4
Buchheim (D) Kr. Tuttlingen 762-A4
Buchholz (D) 760-E3
Buchillon (CH) 786-E4
Buching (D) 84, 764-C9
Buchkirchen (A) 768-B1
Büchl (A) 784-C3
Buchloe (D) 764-B4
Bucholz (I) 792-F7
Buchrain (CH) 775-H6
Buchs (CH) Aargau 774-F3
Buchs (CH) Luzern 774-F5
Buchs (CH) St. Gallen 776-E5
Buchs (CH) Zürich 775-J2
Buchschachen (A) 784-F2
Buchschachen (A) Steyr-Land 768-F4
Büchslen (CH) 773-L7
Buchthalen (CH) 761-K8
Buckten (CH) 774-D2
Budinci (SLO) 785-H7
Budna (SLO) 797-J5
Budóia (I) 794-D9
Buechen bei Staad (CH) 776-E2
Büel (CH) 774-F6
Bueris (I) 795-J7
Büetigen (CH) 773-M6
Buffard (F) 772-A6
Buflings (D) 763-J9
Büggelealpe (A) 776-F6
Buggenried (D) 761-G7
Buggensegel (D) 762-C7
Buggingen (D) 760-C6
Búggio (I) 814-E7
Bugiallo (I) 790-D8
Bugliaga (I) 788-F7
Büglio in Monte (I) 790-F8
Bugnate (I) 801-H4
Bugnins (I) 807-G2
Bugny (F) 772-E7
Bugo (I) 801-M8
Buguggiate (I) 801-L4
Bühl (CH) 773-L6
Bühl (D) Kr. Biberach 763-H2
Bühl (D) Kr. Waldshut 761-J9
Bühl am Alpsee (D) 763-K9
Bühler (CH) 776-D3
Bühlingen (D) 761-K3
Buholz (CH) 774-F6
Buhwil (CH) 776-B1
Buia (I) 795-H7
Buillet (I) 799-K5
Buisses (F) 813-L5
Buisson (I) 800-B3
Buix (CH) 773-K1
Bukovica, Škofja Loka (SLO) 796-E7
Bukovica, Vodice (SLO) 797-G7
Bukovnica (SLO) 785-J9
Bukovo (SLO) 796-C7
Bukovska vas Pamece (SLO) 797-L2
Bülach (CH) 775-J1
Bulciago (I) 802-C4
Bulgarograsso (I) 801-M4
Bulgenbach (D) 761-G7
Bulgorello (I) 802-A5
Bulle (CH) 787-K3
Bulle (F) 772-D8
Bullet (CH) 772-F8
Bumbach (CH) 788-E1
Bumeshus (CH) 776-D2
Bümpliz (CH) 773-M7
Bunderspitz (CH) 349
Bundschen/Ponticino (I) 793-G3
Bundschuh (A) 781-M6
Bundschuh (A) 782-A6
Bundtels (CH) 773-L8
Bünzen (CH) 775-H4
Buochs (CH) 414, 775-H7
Buon Pérsico (I) 802-D8
Buonas (CH) 775-J6
Bur (I) 793-K9
Burago di Mólg. (I) 802-D6
Burano (I) Lombardia 790-D8
Burano (I) Venéto 806-D7
Bürchau (D) 760-D7
Bürchen (CH) 788-D6
Burdignin (F) 786-E7
Bure (CH) 773-K2
Büren (CH) Solothurn 774-C2
Büren an der Aare (CH) 773-M5
Büren nid dem Bach (CH) 775-H8
Büren zum Hof (CH) 774-B6
Burg (A) 768-D3
Bürg (A) 770-E6
Burg (A) Großglockner 780-E7
Burg (A) Hannersdorf 785-J3
Burg (A) Lienz 780-D9
Bürg (CH) 775-M4
Burg (CH) Aargau 775-G4
Burg (CH) Basel-Landschaft 774-B2
Burg (D) Kr. Altötting 766-D1
Burg (D) Kr. Breisgau-Hochschwarzwald 760-E5
Burg (D) Kr. Günzburg 763-M2
Burg (D) Kr. Ostallgäu 763-L6
Burg (D) Kr. Waldshut 760-F8
Burg bei Murten (CH) 773-K8
Burg Forchtenstein (A) 771-H6
Burg Klam (A) 769-H1
Burg Marquartstein (D) 118
Burg Oberkapfenberg (A) 783-M1
Burgau (A) Attersee 767-K6
Burgau (A) Fürstenfeld 785-G4
Burgau (CH) 776-C3
Burgau (D) 762-E3
Burgauberg (A) 785-G4
Burgberg (D) Kr. Oberallgäu 70, 71, 777-K1
Burgberg (D) Schwarzwald-Baar-Kreis 761-J3
Burgdorf (CH) 774-C6
Burgegg (A) 783-M8
Burgeis (I) 479
Bürgenstock (CH) 412, 775-H7
Burgerau (CH) 776-E6
Burgfeld (A) 770-F9
Burgfelden (D) 762-A2
Burgfrieden (A) 780-E9
Burggen (D) 764-C7
Burghausen (D) 766-E2
Burgistein (CH) 788-B1
Burgkirchen (A) 767-G2
Burgkirchen (D) 766-E2
Burglauenen (CH) 788-E3
Bürgle (D) 763-M3
Bürglen (CH) Thurgau 776-B1
Burgl-Haus (A) 780-D3
Burgmuseum (I) 804-C4
Burgrain (D) Kr. Erding 765-L2
Burgrain (D) Kr. Garmisch-Partenkirchen 778-E1
Burgratz (D) 763-L8
Burgrieden (D) 763-H2
Burgstall (A) Arzberg 784-B3
Burgstall (A) Gleinstätten 784-B9
Burgstall (A) Wolfsberg 783-J9
Burgstall (I) 522, 792-F3
Burgwalden (D) 764-B1
Burgweiler (D) 762-D5
Buriasco (I) 810-C5
Buriet (CH) 776-E2
Burk (A) 780-C4
Burkheim (D) 760-C3
Burladingen (D) 762-B1
Burlon (F) 812-C2
Burmano (I) 802-E3
Bürmoos (A) 766-F4
Burnel (F) 798-A2
Burnevillers (F) 773-K3
Burolo (I) 800-D7
Büron (CH) 774-F5
Buronzo (I) 801-G7
Bürs (A) 134, 777-G6
Bürserberg (A) 134, 777-G6
Bürserschlucht (A) 776-F6
Bursinel (CH) 786-D4
Bursins (CH) 786-D4
Bürstegg (A) 143
Burtigny (CH) 786-D4
Busa (I) 805-H4
Busano (I) 800-B9
Busca (I) 810-C9
Buscate (I) 801-L6
Busche (I) 805-L1
Büschendorf (A) 768-E9
Buschwiller (F) 760-B9
Busco (I) 806-D4
Buselia (I) 794-E5
Buseno (CH) 790-B7
Busi (I) 811-J7
Busiago (I) 805-L6
Büsingen (D) 761-K8
Busnago (I) 802-D6
Busoni (I) 804-E7
Bussana (I) 814-F9
Büsserach (CH) 774-B3
Büssero (I) 802-D7
Bussière (F) 798-A7
Bussières (F) 772-B3
Bussigny (CH) 786-F3
Busslingen (CH) 775-H3
Büßlingen (D) 761-K7
Bußmannshausen (D) 763-H2
Bussnang (CH) 762-B9
Bussolengo (I) 804-C7
Bussoleno (I) 809-M2
Bussolino (I) 810-F2
Busswil bei Büren (CH) Bern 773-M6
Busswil bei Heimiswil (CH) Bern 774-C7
Busswil bei Melchnau (CH) Bern 774-D5
Bussy (CH) Fribourg 773-J9
Bussy-Chardonney (CH) Vaud 786-E3
Bussy-sur-Moudon (CH) Vaud 787-H2
Busta (I) 805-M4
Busteggia (I) 791-H8
Bustighera (I) 802-C8
Busto Arsízio (I) 801-L6
Busto Garolfo (I) 801-L7
Busy (F) 772-B5
Buthiers (F) 772-C3
Bütikofen (CH) 774-C6
Butiotti (I) 800-B9
Bütschwil (CH) Bern 773-M7
Bütschwil (CH) St. Gallen 776-B3
Buttapietra (I) 804-D9
Büttenhardt (CH) 761-K7
Buttenried (CH) 773-L7
Buttes (CH) 772-F8
Buttigliera (I) 810-C3
Buttigliera d'Asti (I) 811-G4
Büttikon (CH) 775-G3
Buttikon (CH) 775-M5
Buttisholz (CH) 774-F6
Buttogno (I) 789-H8
Büttrio (I) 795-K9
Buttwil (CH) 775-H4
Butzau (D) 764-C7
Bützberg (CH) 774-D5
Buus (CH) 774-E1
Buusche (CH) 787-A2
Buxach (D) 763-J5
Buxheim (D) 763-J5
Byans-sur-Doubs (F) 772-A5

C

Cabane (F) 809-L8
Cabane de l'Eyssalette (F) 813-H1
Cabane de l'Estrop (F) 813-G3
Cabane de la Selle (F) 813-G4
Cabane de Moiry (CH) 788-B9
Cabane de Tracuit (CH) 788-C8
Cabane des Ecuelles (F) 809-H9
Cabane des Mulets (F) 813-G3
Cabane du Clauvas (F) 813-G5
Cabane du Cognet de la Valette (F) 813-J5
Cabane du Grand Parpaillon (F) 813-J1
Cabane du Tapi (F) 813-H4
Cabane Moutons (F) 813-L4
Cabanes du Prey (F) 813-J5
Cabanette (I) 811-M5
C. Barbera (I) 811-J1
Cabbio (CH) 802-A3
Cabbiolo (CH) 790-C6
Ca' Bianca (I) 806-C8
Cabiate (I) 802-B5
Cabiola (I) 804-F5
Čabrače (SLO) 796-D8
Ca' Camba (I) 806-E6
Cacciana (I) 801-J6
Cacciatora (I) 792-E7
Ca Corniani (I) 807-G5
Cadarese (I) 789-H7
Cá d. Diávolo (I) 804-E6
Cadegliano-Viconago (I) 801-L2
Cademario (CH) 801-M1
Cademène (F) 772-B5
Cadenabbia (I) 802-C1
Cadenazzo (CH) 789-M8
Cadero (I) 789-L9
Caderzone (I) 792-B9
Ca' di Biss (I) 801-L8
Cadibona (I) 815-K3
Ca di David (I) 804-D8
Cadignano (I) 803-J9
Cadilana (I) 802-E9
Cadinat (I) 793-K4
Cádine (I) 792-E9
Cadipietra/Steinhaus (I) 779-L7
Cadola (I) 794-B8
Ca Dolfin (I) 805-K5
Ca Dolze (I) 805-K5
Cadóneghe (I) 805-L8
Cadorago (I) 802-A4
Čadovlje (SLO) 796-F5
Cadrezzate (I) 801-K4
Cádria (I) 804-B4
Cadro (CH) 801-M1
Ca d. Véscovo (I) 807-K4
Caerano di S. Marco (I) 805-L4
Cafasse (I) 810-D1
Ca Falier (I) 805-L4
Ca Giare (I) 806-B8
Caglio (I) 802-C3
Cagnano (I) 805-H9
Cagnático (I) 803-L6
Cagnò (I) 792-E5
Cagno (I) 801-M3
Cagnoletti (I) 791-G8
Cailina (I) 803-K6
Caille (F) 813-J9
Càino (I) 790-D8
Caino (I) 803-L6
Caiolo (I) 791-G8
Cairate (I) 801-L5
Cáiro (I) 815-J2
Cala (CH) 789-L5
Calalzo di Cadore (I) 794-C5
Calamandrana (I) 811-K7
Calandrone (I) 802-D8
Calavino (I) 804-D1
Calceránica al Lago (I) 804-F1
Calcinate (I) 803-G6
Calcinate d. P. (I) 801-L3
Calcinatello (I) 803-L8
Calcinato (I) 803-L8
Cálcio (I) 803-G7
Calco (I) Lombardia 802-D5
Calco (I) Piemonte 801-G4
Calcroci (I) 806-A8
Caldana (I) 801-K3
Caldaro s. Str. d. Vino/Kaltern a. d. Weinstr. (I) 792-F5
Caldè (I) 801-K2
Calderano (I) 806-D2
Calderara (I) 815-G6
Caldès (I) 792-D6
Caldierino (I) 804-E8
Caldiero Castelletto (I) 804-F8
Caldogno (I) 805-H6
Caldonazzo (I) 804-F2
Caléipo (I) 794-B8
Calena (I) 806-B4
Calessan (I) 806-B4
Calfreisen (CH) 790-E1
Calgaretto (I) 794-F4
Càlice Ligure (I) 815-J4
Calino (I) 803-H6
Calizzano (I) 815-H4
Callabiana (I) 800-F5
Calle (I) 807-H4
Callianetto (I) 811-J4
Calliano (I) Piemonte, Asti 811-J4
Calliano (I) Piemonte, Moncalvo 811-J4
Calliano (I) Trentino-Alto Adige 804-E2
Callieri (I) 813-M3
Callivàggio (I) 790-D6
Calmasino (I) 804-C7
Calnègia (CH) 789-J6
Calnova Fiorentina (I) 806-E5
Calo (I) 802-C5
Calogha (I) 801-J3
Calolziocorte (I) 802-D4
Calonico (CH) 789-L5
Calosso (I) 811-J7
Calozza (I) 790-C9
Caltana (I) 805-M7
Caltignaga (I) 801-J7
Caltrano (I) 805-H4
Caltron (I) 792-D6
Caluci (I) 804-C8
Calusco d'Adda (I) 802-E5
Caluso (I) 800-D9
Calvagese d. Riviera (I) 803-M7
Calvecchia (I) 806-E5
Calvene (I) 805-H4
Calvenzano (I) 802-E7
Calvisano (I) 803-L9
Calvo (I) 814-D8
Calzoni (I) 804-C8
Cama (CH) 790-B7
Camagna Monferrato (I) 811-L4
Camalo (I) 806-B4
Camalvicina (I) 804-B8
Camana (CH) 790-C2
Camandona (I) 800-E5
Camari (F) 814-B7
Camazzole (I) 805-K5
Cambiago (I) 802-D6
Cambiano (I) 810-F4
Cambiasca (I) 801-J2
Cambrigar (I) 804-C5
Camburzano (I) 800-E6
Càmedo (CH) 789-K8
Camerana (I) 815-H2
Camerano-Casasco (I) 811-H4
Camerata-Cornello (I) 802-F3
Cámeri (I) 801-K7
Cameriano (I) 801-J8
Camerlata (I) 802-A4
Camerona (I) 801-K8
Cá Messénio (I) 807-L3
Camevaworld (I) 804-B7
Camignolo (CH) 789-M9
Caminata di Túres/Kemnaten in Taufers (I) 779-L8
Caminata/Kematen (I) 779-H8
Camino (I) Piemonte 811-K2
Camino (I) Venéto 806-D3
Camino al Tagliamento (I) 807-G2
Camisano (I) 802-F8
Camisano Vicentino (I) 805-K7
Camo (I) 811-J7
Camodársego (I) 805-L7
Cà Montagna (I) 804-B6
Camorino (CH) 790-A8
Campagna (I) Friuli-Venézia Giúlia 794-F8
Campagna (I) Lombardia 803-L8
Campagna (I) Piemonte 811-H2
Campagna Lupia (I) 806-A8
Campagnalla (I) 805-L5
Campagnola (I) 802-F8
Campagnola (I) 804-C4
Campagnola Comugne (I) 795-H6
Campagnolo (I) Lombardia, Brescia 803-L8
Campagnolo (I) Lombardia, Montova 804-B9
Campalto (I) Venéto, Venezia 806-C7
Campalto (I) Venéto, Verona 804-E8
Campana (I) Venéto, Vicenza, Arsiero 805-G3
Campana (I) Venéto, Vicenza, Lusiana 805-H4
Campanella (I) 805-H3
Campascio (CH) 791-J7
Campea (I) 805-M2
Campedei (I) 806-B1
Campedel (I) 793-L7
Campello (CH) 789-L4
Campello Monti (I) 801-G2
Campertogno (I) 800-E4
Campetto (I) 815-H3
Campi (I) 804-C3
Campiano (I) 804-F7
Campiello/Kampidell (I) 792-F3
Campiglia dei Berici (I) 805-H9
Campiglia-Cervo (I) 800-E5
Campiglione (I) 810-B6
Campigo (I) 805-L5
Campill Longiarü (I) 530, 793-K3
Campione (CH) 406
Campione d'Italia (I) 802-A2
Campione del Garda (I) 804-B4
Campitello (I) 546
Campitello di Fassa (I) 532, 726, 793-J4
Campo (CH) Vallemaggia 789-J7
Campo (I) Friuli-Venézia Giúlia 807-H3
Campo (I) Lombardia 790-D8
Campo (I) Venéto 805-L2
Campobernardo (I) 806-D5
Campo Blenio (CH) 402
Campo Carlo Magno (I) 792-C7
Campochiesa (I) 815-J6
Campocologno (CH) 791-J7
Campocroce (I) Venéto, Mogliano Venéto 806-B6
Campocroce (I) Venéto, Venezia, Mirano 806-A7
Campodálbero (I) 804-F5
Campodenno (I) 792-D7
Campo di Trens/Freienfeld (I) 779-H9
Campodolcino (I) 790-D5
Campodoro (I) 805-K7
Campofórmido (I) 807-J1
Campogrosso (I) 804-E4
Campolonghetto (I) 807-K2
Campolongo (I) Friuli-Venézia Giúlia 807-K2
Campolongo (I) Venéto, Treviso 806-C3
Campolongo (I) Venéto, Vicenza 805-H8
Campolongo Maggiore (I) 805-M9
Campolongo sul Brenta (I) 805-J3
Campomezzavia (I) 805-J3

Register

Campomolino (I) Piemonte 814-A2
Campomolino (I) Venéto 806-D3
Campomolle (I) 807-H3
Campomorto (I) 802-B9
Campomuletto (I) 805-H2
Campone (I) 794-F7
Camponogara (I) 806-A8
Camponuovo (I) 815-K2
Camporondo (I) 815-H7
Camporosso (I) 814-D9
Camporosso in Valcenale (I) 795-L4
Camporovere (I) 805-H3
Camposampiero (I) 805-L6
Camposilvano (I) Trentino-Alto Ádige 804-E4
Camposilvano (I) Venéto 804-E6
Campo S. Martino (I) 805-K6
Campo Túres/Sand in Taufers (I) 779-L8
Campoverardo (I) 805-M8
Campovico (I) 790-E8
Camprese (I) 805-J4
Campretto (I) 805-L5
Campsut (CH) 790-E4
Camuns (CH) 790-C2
Can (I) 793-L9
Cana di Grivo (I) 795-K7
Canacede (I) 793-L5
Canai (I) 805-M1
Canàl (I) 805-L1
Canàl San Buvo (I) 793-J8
Canale (I) 811-G6
Canale d'Agordo (I) 793-L6
Canalutto (I) 795-L8
Canapile (I) 810-E7
Canaux (F) 813-K9
Canaveri (I) 814-F2
Canazei (I) 532, 546, 547, 726, 793-K4
Cancellade (I) 793-M7
Cancello (I) 804-E7
Candello (I) 800-F6
Candelù (I) 806-C4
Cándia Can. (I) 800-D9
Cándia Lomellina (I) 811-M2
Candide Casamazzagno (I) 794-D3
Candiolo (I) 810-D4
Candóglia (I) 801-H2
Candriai (I) 804-E1
Cane (I) Lombardia 791-M7
Canè (I) Venéto 794-A9
Canébola (I) 795-K7
Caneggio (CH) 802-A3
Canegrate (I) 801-M6
Canelli (I) 811-J7
Canesana (I) 811-L2
Cáneva (I) 806-D2
Caniezza (I) 805-L3
Canina Piani (I) 795-J5
Caníschio (I) 800-B8
Canizzano (I) 806-B5
Cankova (SLO) 784-F8
Cánnero-Riviera (I) 801-K1
Cannobio (I) 566, 789-K9
Canobbio (CH) 802-A1
Ca' Noghera (I) 806-C6
Canónica (I) 802-C5
Canónica d'Adda (I) 802-E6
Canósio (I) 813-M1
Canova (I) 792-E9
Cant d. Gal (I) 793-L7
Cantalupa (I) 810-B4
Cantalupo (I) 811-L6
Cantarana (I) Piemonte, Asti 811-H5
Cantarana (I) Piemonte, Cuneo 815-G5
Cantaron (F) 814-B9
Cantello (I) 801-M3
Cantóira (I) 799-L8
Canton (CH) 791-J7
Canton (I) 804-F9
Cantoni (I) 803-G3
Cantoni di sotto (I) 805-K4
Cantoni Storti (I) 806-F6
Cantrina (I) 803-L7
Cantù (I) 802-B4
Cantun (I) 810-C8
Canuggione (I) 801-H5
Canùssio (I) 807-H3
Canvoe di Roana (I) 805-H3
Canza (I) 789-H5
Canzo (I) 802-C3
Cao di Sopra (I) 804-E7
Caonada (I) 805-M4
Caorera (I) 805-L2
Caoria (I) 793-J8
Càorle (I) 807-G6
Caorsa (I) 804-B7
Capanelle Basella (I) 802-F6
Capella (I) 804-F2
Capergnánica (I) 802-F9
Capiago-Intimiano (I) 802-B4
Ca' Pirarni (I) 806-E6
Capitello (I) 805-H6
Capizzone (I) 802-E4
Capo d'Argine (I) 806-D5
Capo di Ponte (I) 803-L1
Capolago (CH) 407, 802-A2
Capolago (I) 801-L4
Caponago (I) 802-D6
Caporali (I) 810-E6
Caposile (I) 806-E6
Cappella (I) 806-B6
Cappella Maggiore (I) 806-C2
Cappellazzo (I) 810-E8
Cappelletta (I) 805-M6
Cappello (I) 815-G4
Capralba (I) 802-F8
Capràuna (I) 815-G5
Caprezzo (I) 801-J2
Capriana (I) 793-G7
Capriano del Colle (I) 803-J8
Capriate S. Gervásio (I) 802-E6
Cáprie (I) 810-B2
Capríglio (I) 811-G4
Caprile (I) Piemonte 801-G5
Caprile (I) Venéto 793-L5
Caprile/Gfrill (I) 792-E4
Caprino Bergam. (I) 802-E4
Caprino Veronese (I) 804-C6
Capriolo (I) 803-H6
Capriva d. Friuli (I) 807-L1
Caprizzi (I) 794-F5
Capronno (I) 801-K4
Car (I) 805-L1
Čar (SLO) 796-C9
Carabietta (CH) 801-M2
Caraceto (I) 801-G6
Caráglio (I) 814-C2
Caragna (I) 815-H4
Caragnetta (I) 815-H4
Ca. Rainati (I) 805-L4
Caralte (I) 794-C5
Caramagna Ligure (I) 815-G8
Caramagna Piemonte (I) 810-E6
Caramelli (I) 815-H3
Carano (I) 793-G7
Caranzano (I) 811-L7
Carasso (CH) 789-M8
Carassone (I) 814-F2
Carate Br. (I) 802-C5
Carate-Urio (I) 802-B3
Caravággio (I) 802-E7
Caravate (I) 801-K3
Caravino (I) 800-E8
Caravónica (I) 815-G7
Carbona (I) 807-G2
Carbonara (I) 805-J8
Carbonara di F. (I) 804-F2
Carbonate (I) 801-M5
Carboneci (I) 809-M6
Carbonera (I) Lombardia 803-J2
Carbonera (I) Venéto 806-C5
Carboneri (I) 811-H3
Cárcare (I) 815-J3
Cárcaro (I) 804-D6
Carcente (I) 790-C9
Carciato (I) 792-C6
Carcoforo (I) 800-E2
Cardada (CH) 789-L8
Cardana (I) 801-K3
Cardano al Campo (I) 801-K6
Carde (I) 810-D7
Cardezza, Bèura- (I) 789-G9
Cardona (I) 811-J3
Carema (I) 800-D6
Carena (CH) 790-B8
Carengo (I) 811-L1
Carenno (I) 802-D4
Careno (I) 802-B3
Carentino (I) 811-L6
Caresanablot (I) 801-G9
Caret (I) 791-L7
Carfagnoi (I) 794-A9
Caricatore (I) 814-B3
Carignano (I) 810-E5
Carimate (I) 802-B5
Caris (I) 804-C4
Carisio (I) 800-F8
Carisolo (I) 541, 792-C8
Carità (I) 806-B4
Carlazzo (I) 790-B9
Carletti (I) 814-D9
Carlino (I) 807-J3
Carmagnola (I) 810-E6
Carmena (CH) 790-B8
Carmignano di Brenta (I) 805-J5
Cármine (I) 814-F2
Carnasco (I) 801-G3
Carnate (I) 802-D5
Carnino (I) 814-E5
Carόbbio d. Angeli (I) 803-G5
Carona (CH) 802-A2
Carona (I) 803-G1
Carona (I) Lombardia 791-J8
Caronno Varesino (I) 801-L4
Carossi (I) 811-J7
Carouge (CH) 786-C7
Carpacco (I) 795-G8
Carpanedo (I) 805-L9
Carpásio (I) 814-F7
Carpe (I) 815-H5
Carpén (I) 805-L2
Carpenedo (I) Venéto, Treviso 805-M5
Carpenedo (I) Venéto, Venezia 806-B7
Carpenédolo (I) 803-L9
Carpeneto (I) Friuli-Venézia Giúlia 807-G3
Carpeneto (I) Piemonte, Alessandria 811-M8
Carpeneto (I) Piemonte, Vercelli 800-F9
Carpenetta (I) 810-E6
Carpiano (I) 802-C9
Carpignano Sésia (I) 801-H6
Carpugnino, Brovello- (I) 801-J3
Carraria (I) 795-L8
Carré (I) 805-H4
Carrera (CH) 790-C1
Carretto (I) 815-J2
Carrone (I) 800-D8
Carros (F) 813-M9
Carros-le-Neuf (F) 813-M9
Carrouge (CH) 787-H3
Carrù (I) 814-F1
Cartari (I) 815-G6
Cartiera (I) 815-G5
Cartigliano (I) 805-J5
Cartignano (I) 814-B1
Cartigny (CH) 786-B7
Cartósio (I) 811-L9
Carturo (I) 805-K6
Cartveri (I) 814-F2
Carugate (I) 802-C7
Carugo (I) 802-B5
Carvagna (I) 790-B9
Carvanno (I) 803-M5
Carve (I) 805-M1
Carvico (I) 802-D5
Carzago (I) 803-M7
Carzano (I) 793-H9
Casa Barassa (I) 807-J3
Casa Bertoli (I) 807-G1
Casabianca (I) Friuli-Venézia Giúlia 807-G2
Casabianca (I) Piemonte 811-H5
Ca Sabbioni Porto Marghera (I) 806-B7
Casa Bigliato (I) 807-J3
Casacce (I) 791-H8
Casaccia (CH) 790-F6
Casacorba (I) 805-M5
Casa del Bosco (I) 801-G5
Casa d. Moro (I) 807-H1
Caságlio (I) 803-K6
Casa Grande (I) 807-H5
Casalbagliano (I) 811-L5
Casalbeltrame (I) 801-H8
Casalborgone (I) 811-G2
Casale (I) 800-D6
Casale Corte Cerro (I) 801-H2
Casale Cremasco (I) 802-F8
Casale Litta (I) 801-K4
Casale Monferrato (I) 811-L3
Casale sul Sile (I) 806-C6
Casaléggio Nov. (I) 801-J7
Casaletto Ceredano (I) 802-E9
Casaletto di Sopra (I) 803-G8
Casalgrasso (I) 810-E6
Casali d. Mol (I) 807-H3
Casali dei Molini (I) Piemonte 814-F1
Casalino (I) Piemonte, Alessandria 811-J3
Casalino (I) Piemonte, Novara 801-J9
Casalmaiocco (I) 802-D9
Casa Loreto (I) 807-G1
Casalserugo (I) 805-L9
Casalvolone (I) 801-H8
Casalzuigno (I) 801-K2
Casamatta (I) 807-G1
Casamazzagno (I) 794-D3
Casa Menini (I) 807-G1
Casan (I) 794-B8
Casane de Restefond (F) 813-J2
Casanova (I) Friuli-Venézia Giúlia 795-G5
Casanova (I) Ligúria 815-M3
Casanova (I) Piemonte 810-F5
Casanova Lerrone (I) 815-H6
Casapinta (I) 800-F6
Casarello (I) 811-J3
Casargo (I) 790-D9
Casarile (I) 802-B9
Casario (I) 815-H4
Casarotti (I) 804-F4
Casarsa della Delizia (I) 806-F2
Casa Salet (I) 793-M8
Casasco d'Intelvi (I) 802-B2
Casasola (I) 794-E7
Casate (I) 801-L7
Casatenovo (I) 802-C5
Casa Todone (I) 807-H3
Casa Tonello (I) 807-G1
Casa Turri (I) 807-H2
Casa Valle Dossi (I) 807-L4
Casa Venco (I) 807-G4
Casa Vignati (I) 807-G5
Ca' Sávio (I) 806-D7
Casazza (I) 803-H4
Casazze (I) 811-K4
Cascade (F) 813-J3
Cascade de Louch (F) 813-L4
Cascade des Piches (F) 813-G3
Cascade du Boréon (F) 814-B5
Casc. di Nardis (I) 792-B8
Casciago (I) 801-L3
Cascina Amata (I) 802-B5
Cascinasse (I) 810-D7
Cascine (I) Piemonte, Cuneo 800-D8
Cascine (I) Piemonte, Torino 815-G5
Cascine d'Enea (I) 801-H5
Cascine di Stra (I) 801-G9
Cascine Olona (I) 802-A7
Cascine S. Pietro (I) 802-E7
Cascinetta (I) 801-K4
Cascinette d'Ivrea (I) 800-D7
Case (I) 803-K7
Case Forestali (I) 793-G7
Case Laini (I) 805-G5
Caselette (I) 810-D3
Case Liron (I) 794-C7
Casella (I) 805-L4
Caselle (I) Lombardia 801-M8
Caselle (I) Venéto, Padova 805-M7
Caselle (I) Venéto, Treviso 805-L4
Caselle (I) Venéto, Verona 804-C8
Caselle Tor. (I) 810-E2
Casendra (I) 790-D7
Casenove (I) 807-H4
Case Oriani (I) 803-L8
Case Piave Vécchia (I) 806-D6
Casera Chiampiuz (I) 794-E6
Casera Costa Grande (I) 794-B7
Casera Londo (I) 794-D3
Casera Lovet (I) 795-G6
Casera Pian delle More (I) 794-D8
Casera Ramaz (I) 795-H3
Casera Rio Secco (I) 795-J3
Casera Rosset (I) 806-B1
Casere (I) 805-K2
Casere de Cajada (I) 794-B7
Casere Meluzzo (I) 794-D5
Casere/Kasern (I) 779-M6
Caser S. Nazzaro (I) 804-D5
Caserta (I) 802-D3
Casetta (I) 805-G9
Casevécchie (I) 810-C5
Casèz (I) 792-E6
Casièr (I) 806-B5
Casima (CH) 802-A3
Casina (I) 804-A3
Casinette (I) 803-L6
Casino (I) 807-J3
Casirate d'Adda (I) 802-E7
Caslano (CH) 406, 801-L2
Casllello (I) 804-F7
Casletto (I) 802-C4
Caslino (I) 802-C3
Casltenuovo (I) 811-H5
Casnate con Bernate (I) 802-B4
Casnigo (I) 803-G4
Caso (I) 815-H6
Casolate (I) 802-D8
Casolta (I) 802-D9
Casone (I) 815-L2
Casone Figheri (I) 806-B9
Casone Rocca (I) 806-B8
Casoni (I) 794-B6
Casorate Primo (I) 801-M9
Casorate Sempione (I) 801-K5
Casorezzo (I) 801-L7
Casorzo (I) 811-K4
Casotto (I) 805-G3
Caspano (I) 790-E8
Caspoggio (I) 791-G7
Cassacco (I) 795-J8
Cassago Br. (I) 802-C4
Cassano d'Adda (I) 802-E7
Cassano Magnago (I) 801-L5
Cassano-Valcuvia (I) 801-L2
Cassiglio (I) 802-E2
Cassignánica (I) 802-C8
Cassina de'Pecchi (I) 802-D7
Cassinasco (I) 811-K7
Cassina-Valsassina (I) 802-E2
Cassine (I) 811-L7
Cassinelle (I) 811-M8
Cassinetta di Lug. (I) 801-M8
Cassino d'Alberi (I) 802-D8
Cassola (I) 805-K4
Cassolnovo (I) 801-K8
Cassons (CH) 444
Cassonsgrat (CH) 445
Castagnaretta (I) 814-D3
Castagnè (I) 804-E7
Castagnea (I) 800-F5
Castagneto Po (I) 811-G2
Castagniers (F) 814-A9
Castagnito (I) 811-H7
Castagnola (CH) 802-A1
Castagnole (I) 806-A5
Castagnole delle Lanze (I) 811-H7
Castagnole Monferrato (I) 811-K4
Castagnole Piemonte (I) 810-D5
Castagnone (I) 811-K3
Castana (I) 805-G3
Castaneda (CH) 790-B7
Cástano Primo (I) 801-L6
Castasegna (CH) 790-E6
Castegnato (I) 803-J6
Castegnero (I) 805-H8
Castel'Alfero (I) 811-J4
Castelbadia/Sonnenburg (I) 779-L9
Castelbianco (I) 815-H5
Castel Boglione (I) 811-K7
Castelcerino (I) 804-F7
Castèl Cerreto (I) 802-E7
Castèl Condino (I) 804-A3
Castelcovati (I) 803-H7
Castelcucco (I) 805-L3
Casteldarne/Ehrenburg (I) 779-K9
Castel d'Azzano (I) 804-D9
Casteldelfino (I) 809-M8
Castelfondo (I) 792-E5
Castelfranco Véneto (I) 805-L5
Castelgomberto (I) 805-G6
Castelgonelle (I) 803-H8
Castellamonte (I) 800-B8
Castellane (F) 813-G8
Castellanza (I) 801-L6
Castellar (F) 814-C9
Castellar (I) 810-C8
Castellàr (I) Piemonte 814-D3
Castellaro (I) Ligúria, Imperia 814-F8
Castellaro (I) Ligúria, Savona 815-H6
Castellaro Lagusello (I) 804-B8
Castellazzo Bòrmida (I) 811-M6
Castellazzo Novarese (I) 801-H7
Castellengo (I) 800-F6
Castellero (I) 811-H5
Castellet-lès-Sausses (F) 813-J6
Castelletti (I) 804-C5
Castelletto (I) Lombardia 803-G9
Castelletto (I) Piemonte, Cuneo, Borgo s. Dalmazzo 814-C3
Castelletto (I) Piemonte, Cuneo, Cortemilia 815-J1
Castelletto (I) Piemonte, Novara 801-J6
Castelletto (I) Venéto 805-G3
Castelletto Busca (I) 814-C1
Castelletto Cervo (I) 800-F7
Castelletto d'Erro (I) 811-K8
Castelletto Merli (I) 811-J3
Castelletto Molina (I) 811-L7
Castelletto Monferrato (I) 811-M4
Castelletto sopra Ticino (I) 801-J5
Castelletto Stura (I) 814-E2
Castelletto Villa (I) 801-G5
Castellferro (I) 811-M7
Castelli (I) 805-L3
Castelli Calépio (I) 803-G5
Castellinaldo (I) 811-H6
Castellino Tánaro (I) 815-G2
Castèl Litéggio (I) 802-F6
Castello (I) Lombardia, Brescia 803-L6
Castello (I) Lombardia, Como 802-B1
Castello (I) Lombardia, Cremona 802-F8
Castello (I) Piemonte 809-K3
Castello (I) Trentino-Alto Ádige, Trento, Mezzana 792-B6
Castello (I) Trentino-Alto Ádige, Trento, Ton 792-E7
Castello Belasio (I) 792-D7
Castello-Cabiàglio (I) 801-L3
Castello dell'Acqua (I) 791-H8
Castello di Annone (I) 811-K5
Castello di Bonavalle (I) 810-E6
Castello di Br. (I) 802-C4
Castello di Brenzano (I) 804-C5
Castello di Brussa (I) 807-G4
Castello di Godego (I) 805-L5
Castello di Mióglia (I) 815-K1
Castello Lavazzo (I) 794-B6
Castello Molina di Fiemme (I) 726, 793-G7
Castello Scaligero (I) 804-A7
Castello Tesino (I) 793-J9
Castelmarte (I) 802-C3
Castel Mella (I) 803-J7
Castelmerlino (I) 811-J1
Castelnovetto (I) 811-M1
Castelnovo (I) 805-H6
Castelnovo del Friuv (I) 795-G7
Castelnuovo (I) Trentino-Alto Ádige 805-H1
Castelnuovo (I) Venéto 805-J9
Castelnuovo Belbo (I) 811-K6
Castelnuovo Bórmida (I) 811-M7
Castelnuovo Calcea (I) 811-K6
Castelnuovo del Garda (I) 804-C8
Castelnuovo di Ceva (I) 815-H3
Castelnuovo Don Bosco (I) 811-G4
Castèl Rocchero (I) 811-L7
Castelrosso (I) 811-G2
Castelrotto (CH) 801-L1
Castelrotto/Kastelruth (I) 793-H4
Castèl Rozzone (I) 802-E7
Castelsèprio (I) 801-L5
Castelspina (I) 811-M6
Castelveccana (I) 801-K2
Castelvécchio di Rocca Barbena (I) 815-H5
Castel Venzago (I) 804-A8
Castelvero (I) 804-F6
Castel Vittório (I) 814-E7
Casterino (F) 814-C5
Casterno (I) 801-L8
Castiel (CH) 790-F1
Castiglione (I) Piemonte, Asti 811-J5
Castiglione (I) Piemonte, Verbania 789-G9
Castiglione delle Stiviere (I) 803-M8
Castiglione d'Intelvi (I) 802-B2
Castiglione Falletto (I) 811-G8
Castiglione Olona (I) 801-L4
Castiglione Tinella (I) 811-J7
Castiglione Torinese (I) 810-F3
Castillon (F) 814-C8
Castino (I) 811-J8
Castion (I) 794-B8
Castiòn (I) 804-B6
Castione (CH) 790-A7
Castione (I) 805-K5
Castione della Presolana (I) 803-J2
Castione-Andevenno (I) 791-G8
Castionetto (I) 791-H8
Castiòns (I) 806-F1
Castións di Strada (I) 807-J2
Casto (I) 803-L5
Casto d. Fiemme (I) 793-G7
Castoi (I) 794-B8
Castrezzato (I) 803-H7
Castrisch (CH) 790-C1
Castro (CH) 789-M5
Castro (I) 803-J4
Castronno (I) 801-L4
Cataeggio (I) 790-F8
Catasco (I) 790-C8
Catremerio (I) 802-F4
Ca Tron (I) 806-D6
Cattignano (I) 804-F7
Catto (CH) 789-L4
Ca' Turcata (I) 806-E5
Cauco (CH) 790-B6
Caupo (I) 805-K1
Caux (CH) 787-J5
Cava (I) 806-F5
Cavacca (I) 803-M5
Cavaglià (I) 800-F8
Cavagliano (I) 801-J7
Cavaglietto (I) 801-J6
Cavaglio (I) 789-K9
Caváglio d'Agogna (I) 801-H6
Cavagnago (CH) 789-M5
Cavagnano (I) 801-L2
Cavagnolo (I) 811-H2
Cavaion Veronese (I) 804-B7
Cavaione (I) 802-D7
Cavaipeda (I) 792-C8
Cavajone (CH) 791-J7
Cavalese (I) 548, 551, 726, 793-H7
Cavalicco (I) 795-J8
Cavalièr (I) 806-E4
Cavaliggi (I) 814-B2
Cavallaria (I) 794-F5
Cavallaro (I) 804-F4
Cavallasca (I) 802-A3
Cavallerleone (I) 810-E7
Cavallermaggiore (I) 810-E7
Cavallino (I) 806-D7
Cavallírio (I) 801-H5
Cavallotta (I) 810-D8
Cávalo (I) 804-C6
Cavanella (I) 807-G4
Cavardiras (CH) 789-M2
Cavasagra (I) 805-M5
Cavaso del Tomba (I) 805-L3
Cavassico (I) 794-A9
Cavasso (I) 794-F7
Cavatore (I) 811-L8
Cavazzale (I) 805-H6
Cavazzo Carnico (I) 795-H5
Cave del Predil (I) 795-M4
Cavedago (I) 792-D8
Cavédine (I) 804-D2
Cavelonte (I) 793-H7
Cavenago di Brianza (I) 802-D6
Cavergno (CH) 789-K6
Cavernago (I) 803-G6
Caviano (CH) 789-L9
Cavigliano (CH) 789-K8
Caviola (I) 793-L6
Cavizzana (I) 792-D6
Cavoretto (I) 810-E4
Cavorgia (CH) 789-L2
Cavour (I) 810-C6
Cavrari (I) 805-G3
Cavriana (I) 804-A9
Cavrìe (I) 806-C5
Cazis (CH) 790-D2
Ca' Zóia (I) 806-D7
Cazzago (I) 806-A8
Cazzago Brábbia (I) 801-K4
Cazzago San Martino (I) 803-J6
Cazzano di Tramigna (I) 804-F7
Cazzano Sant'Andrea (I) 803-G3
C. Casagrande (I) 807-H2
C. Cereto (I) 803-K9
C. de Poursollet (F) 808-C3
C. de Tirequeue (F) 808-F2
Čebej (SLO) 796-C9
Čebine (SLO) 797-L7
Cecchini (I) 806-E3
Cecina (I) 804-B5
Cécino (I) 803-M5
Cedarchis (I) 795-H4
Cedegolo (I) 791-L9
Cedrasco (I) 791-G8
Ceggia (I) 806-E5
Ceillac (F) 809-K7
Celado (I) 805-J1
Celerina (CH) 469, 713
Céligny (CH) 786-C5
Cella Monte (I) 811-K3
Cellada (I) 805-L1
Cellarengo (I) 811-G5
Cellática (I) 803-K6
Celle di Macra (I) 814-A1
Celle Enomondo (I) 811-H6
Celle Lígure (I) 815-L3
Celledizzo (I) 792-B6
Cellentino (I) 792-B6
Celliers-Dessus (F) 798-D7
Cellina (I) 801-J3
Cellino (I) 794-D7
Céllio (I) 801-G4
Céllore (I) 804-F7
Čelo, Litija (SLO) 797-J8
Čelo, Medvode (SLO) 797-G8
Celpénchio (I) 811-M2
Cembra (I) 792-F8
Cemmo (I) 803-L1
Čemšenik (SLO) 797-K7
Cenans (F) 772-D2
Cenate-Sopra (I) 803-G5
Cenate-Sotto (I) 803-G5
Cencenighe Agotdino (I) 793-L6
Cendòn (I) 806-C5
Cendrey (F) 772-D2
Cene (I) Lombardia 803-G4
Cene (I) Piemonte 811-G1
Cenesi (I) 815-H6

REGIONEN HOTELS KARTEN

Cèngio (I) 815-J2
Céngles/Tschengls (I) 792-B3
Cènova (I) 814-F6
Censeau (F) 772-C8
Centallo (I) 814-D1
Centa San Nicolo (I) 804-F2
Centrale (I) 805-H4
Centro (I) 804-E7
Céola (I) 792-E8
Ceolini (I) 806-E1
Cepina (I) 791-L5
Cepletìschis (I) 795-M7
Čeplez (SLO) 796-D8
Čepovan (SLO) 796-B9
Ceppo Morelli (I) 800-F2
Čepulje (SLO) 796-E6
Ceraino (I) 804-C6
Cerano (I) 801-K8
Cerati (I) 814-D3
Cercenasco (I) 810-D5
Cercier (F) 786-B9
Cercino (I) 790-E8
Cercivento di sopra (I) 795-G4
Cercomano (I) 804-D9
Cerdévol (I) 795-G6
Cereaglio (I) 810-F5
Cereda Grumo (I) 805-G6
Ceredello (I) 804-C6
Ceredo (I) 804-D6
Cerello (I) 801-M8
Cerentino (CH) 789-J6
Céres (I) 799-L9
Cereseto (I) 811-K3
Ceresetto (I) 795-J8
Ceresoie-Reale (I) 799-K7
Ceresole Alba (I) 810-F6
Cerete (I) 803-H3
Ceretto (I) 810-C9
Ceretto Langhe (I) 811-H9
Cergnai (I) 793-L9
Ceriale (I) 815-J6
Ceriana (I) 814-F8
Ceriolo (I) 814-E1
Cerise (I) 799-L3
Cerisola (I) 815-H5
Cerkno (SLO) 796-C8
Cermenate (I) 802-A5
Cermes/Tscherms (I) 792-E3
Cerna (I) 804-D6
Cernadoi (I) 793-L4
Cernans (F) 772-B7
Cernapenc (I) 795-K5
Cernay, Soulce- (F) 773-J3
Cernay-l'Eglise (F) 773-H4
Cerneglons (I) 795-K9
Cernelavci (SLO) 785-G9
Cerneux, Noël (F) 773-G6
Cerneux-Godat (CH) 773-J5
Cernex (F) 786-B8
Cerniat (CH) 787-K2
Cerniaz (CH) 787-H1
Cernièbaud (F) 772-C9
Cernier (CH) 773-J6
Černi Potok (SLO) 797-K8
Cernobbio (I) 562, 802-B3
Cernusco Lom. (I) 802-D5
Cernusco sil Navìglio (I) 802-C7
Cerovica (SLO) 797-K8
Cerreto d'Asti (I) 811-H3
Cerrione (I) 800-E7
Cerro (I) 801-J2
Cerro al Lambro (I) 802-C9
Cerro Magg. (I) 801-M6
Cerro Tánaro (I) 811-K5
Cerro Veronese (I) 804-E6
Ceršak (SLO) 784-D9
Ceršek (SLO) 797-J5
Certara (CH) 790-B9
Certosa di Pésio (I) 814-E4
Certosa/Karthaus (I) 792-D2
Cervarese Santa Croce (I) 805-J8
Cervarolo (I) 801-G3
Cervasca (I) 814-C2
Cervatto (I) 800-F3
Cerveno (I) 803-L1
Cervens (F) 786-E6
Cervere (I) 810-F8
Cervi (I) 804-F4
Cervières (F) 809-J5
Cervignano d'Adda (I) 802-D8
Cervigrasco (I) 810-D7
Cervo (I) 815-H7
Cesa (I) 794-A9
Cesana (I) 802-C3
Cesana-Torinese (I) 809-K4
Cesano Boscone (I) 802-B8
Cesano Mad. (I) 802-B6
Césara (I) 801-H3
Césarches (F) 798-E4
Cesardio (I) 807-H4
Cesate-Pertusella (I) 802-B6
Cesclàns (I) 795-H6
Césio (I) 815-G7
Cesiomaggiore (I) 793-L9
Česnjiča pri Kropi (SLO) 796-E6
Češnjice (SLO) 797-J6
Cesnola (I) 800-D6
Cesovo (I) 803-K5
Cespedósio (I) 802-F2
Cessalto (I) 806-E4
Cessenaz (F) 798-C2
Cessens (F) 786-A8
Cessey (F) 772-B5
Cèssole (I) 811-J8
Cessy (F) 786-B6
Cesto (I) 801-J7
Cesuna (I) 805-H3
Cet (I) 794-B9
Ceto (I) 803-L1
Cetta (I) 814-E7
Céüse 2000 (F) 808-C9
Ceva (I) 815-H2
Céves (I) 779-G8
Cevins (F) 798-E5
Cevio (CH) 404, 789-J6
Cevo (I) 790-F8
Čezsoča (SLO) 795-M6
C. Fedele (I) 795-L7
C. Greco (I) 807-H5
Chabanette (F) 814-A7
Chabestan (F) 808-B9
Chablais (CH) 362, 364
Châbles (CH) 773-H9
Chabodey (I) 799-J4
Chabottes (F) 808-E7
Chabrey (CH) 773-J8
Chabrières (F) 813-J6
Chaffaut-Saint-Jurson (F) 812-D6
Chaffois (F) 772-D7
Chailly-sur-Clarens (CH) 787-H4
Chainaz (F) 798-A1
Chainaz l.-Fr. (F) 798-B3
Chal d'Ariondaz (F) 798-F8
Chal. de Bise (F) 787-G6
Chal. de la Grde Biesse (F) 798-D8
Chalais (CH) 381, 788-B7
Chalampé (F) 760-B6
Chalet du PlanTuéda (F) 798-E8
Chalet du Santel (F) 799-J7
Chalets de Lens (F) 787-G7
Chalets de Moëde (F) 799-H2
Chalets de Villy (F) 787-G9
Chalets des Ayes (F) 809-J5
Chalets des Fonds (F) 787-H9
Chalets du Vallon (F) 809-J5
Chalezeule (F) 772-C4
Challand (I) 800-C4
Challand -St-Victor (I) 800-C5
Challes-les-Eaux (F) 798-A6
Challex (F) 786-B7
Chalperhöni (CH) 787-L4
Cham (CH) 775-J5
Chamanna Cluozza (CH) 471
Chambave (I) 800-B4
Chambésy (CH) 786-C6
Chamblon (CH) 786-F1
Chambon (F) 812-D6
Chambornay-les-Bellevaux (F) 772-C2
Chambornay-lès-Pin (F) 772-A3
Chambran (F) 809-G5
Chambrelien (CH) 773-H7
Chamençon (I) 799-K5
Chamesey (F) 773-G4
Chamesol (F) 773-H3
Chamoille (CH) 787-K9
Chamois (I) 800-B3
Chamonix-Mont Blanc (F) 43, 45, 49, 61, 574, 575, 576, 579, 578, 602, 751, 799-H2
Chamoson (CH) 787-L7
Chamousse (F) 799-C6
Chamoux-sur-Gelon (F) 798-C6
Champ Contier (F) 813-G1
Champ de Forches (F) 813-K2
Champ de Tir d'Errpeigne (F) 813-L5
Champagne (CH) 773-G9
Champagney (F) 772-B4
Champagny-en-Vanoise (F) 798-F7
Champalay (F) 813-H5
Champanastay (F) 813-G2
Champanges (F) 786-F5
Champanod (F) 798-B2
Champcella (F) 809-H7
Champdepraz (I) 800-B5
Champ-du- Meunier (F) 812-A1
Champéry (CH) 364, 713, 787-H7
Champex (CH) 787-K9
Champex-Lac (CH) 787-K9
Champfèr (CH) 791-G5
Champhorent Chalets (F) 808-E4
Champlas-Seguin (I) 809-K4
Champ-Laurent (F) 798-C6
Champlive (F) 772-D3
Champlong (I) 799-M6
Champmartin (CH) 773-J7
Champoléon (F) 808-F6
Champoluc (I) 800-C3
Champorcher (I) 572, 800-B5
Champourcin (F) 812-F4
Champoussin (CH) 364, 787-H7
Champoux (F) 772-C3
Champoz (CH) 773-M4
Champrion (I) 800-D5
Champsec (CH) 787-L9
Champset (CH) 373
Champsil (I) 800-D4
Champ-Sur Drac (F) 808-B2
Champtauroz (CH) 787-H1
Champtercier (F) 812-E5
Champvent (CH) 786-F1
Chamrousse (F) 808-C2
Chanavey (I) 799-K6
Chancy (CH) 786-B7
Chandelle (F) 812-E6
Chandolin (CH) Savièse/Valais 787-M7
Chandolin (CH) Valais 379, 381, 713, 788-B7
Chandon (CH) 773-K9
Chandonne (CH) 787-K9
Chanéaz (CH) 787-G1
Chanousse (F) 812-A2
Chant Sura (CH) 777-L9
Chanteloube (F) Provence-Alpes-Côte d'Azur 808-F9
Chanteloube (F) Provence-Alpes-Côte d'Azur 812-A1
Chantelouve (F) Rhône-Alpes 799-H9
Chantelouve (F) Rhône-Alpes 808-D4
Chantemerle (F) 589
Chantrans (F) 772-C6
Chants (CH) 791-G3
Chap. Saint-Barnabé (F) 813-J4
Chapareillan (F) 798-A7
Chaparon (F) 798-C3
Chapeiry (F) 798-B2
Chapelle (CH) 787-H3
Chapelle (CH) Vaud 787-H1
Chapelle de Lorette (F) 798-D2
Chapelle des Bois (F) 786-C2
Chapelle Saint-Maur (F) 813-L4
Chapelle Saint-Pierre (F) 813-H1
Chapelle Saint-Sébastien (F) 813-J4
Chapelle Saint-Thomas (F) 813-G5
Chapelle-d'Huin (F) 772-C7
Chapelle-sur-Moudon (CH) 787-G2
Chapois (F) 772-B8
Charamel (F) 812-F1
Charbonnières-les-Sapins (F) 772-D5
Charbonny,Mournans- (F) 772-B9
Charcherie (F) 812-F3
Chardonne (CH) 787-H4
Chardonney (I) 800-B5
Charency (F) 772-B9
Charipsec (CH) 787-K9
Charly (F) 786-B8
Charmauvillers (F) 773-J4
Charmey (CH) Gruyère 787-L3
Charmoille (CH) 773-L2
Charmoille (F) 773-G4
Charnay (F) 772-B5
Charnier (F) 812-D1
Charquemont (F) 773-H4
Charrat (CH) 787-K8
Chartréuse (F) 808-C2
Charvensod (I) 799-L4
Charvonnex (F) 786-C9
Chasnans (F) 772-E6
Chassagne-Saint-Denis (F) 772-C6
Chasse (F) 813-H4
Chassey-les-Montbozon (F) 772-E1
Chästel (CH) 774-F1
Chât Méa (F) 808-B6
Chât.-Queyras (F) 809-K6
Chataignère (I) 800-C5
Château de Malmort (F) 814-D7
Château-Arnoux-Saint-Auban (F) 812-D5
Château-d'Oex (CH) 347, 713, 787-K4
Château-des-Prés (F) 786-A4
Châteaufort (F) 812-D3
Château-Garnier (F) 813-G5
Châteauneuf (F) 798-C6
Châteauneuf-d'Entraunes (F) 813-K5
Châteauneuf-d'Oze (F) 808-C8
Châteauneuf-de-Chabre (F) 812-A3
Châteauneuf-Miravail (F) 812-A4
Chateauneuf-Val-Saint-Donat (F) 812-C5
Châteauneuf-Villevieille (F) 814-B8
Châteauroux (F) 809-G8
Châteauvieux (F) 813-H9
Châteauvieux-les-Fosses (F) 772-D6
Châteauviex (F) 786-F5
Château-Ville-Vieille (F) 809-K6
Chatel (CH) 362, 364, 787-H6
Châtel (F) 751
Châtelat (CH) 773-L4
Châtelblanc (F) 786-C2
Châtel-Saint-Denis (CH) 787-H3
Châtel-sur-Montsalvens (CH) 787-K3
Châtenois (F) 760-B1
Châtignier (CH) 787-K8
Châtillens (CH) 787-H3
Châtillon (CH) Bern 773-K6
Châtillon (CH) Jura 773-M3
Châtillon (I) 572, 800-B4
Châtillon-Guyotte (F) 772-D3
Châtillon-le-Duc (F) 772-B3
Châtillon-sur-Cluses (F) 786-F8
Châtillon-sur-Lison (F) 772-B6
Châtonnaye (CH) 787-J1
Chaucenne (F) 772-B3
Chauchets (F) 812-E5
Chaucisse (F) 798-E3
Chaudefontaine (F) 772-D3
Chaudon (F) 813-G2
Chaudon-Norante (F) 812-F6
Chaudron (F) 772-D9
Chauffayer (F) 808-D6
Chaumiane (F) 808-B9
Chaumie (F) 813-H4
Chaumont (F) 786-A9
Chaumontet (F) 798-B1
Chaures (F) 808-A8
Chautabrie (F) 812-C9
Chauvillers (F) 773-J3
Chaux (CH) 373
Chaux des Prés (F) 786-A3
Chaux-Champagny (F) 772-A8
Chaux-des-Crotenay (F) 786-B2
Chaux-la-Lotière (F) 772-B2
Chaux-lès-Clerval (F) 772-F2
Chaux-lès-Passavant (F) 772-E4
Chaux-Neuve (F) 786-C2
Chavalon (CH) 787-H6
Chavannaz (F) 786-B8
Chavannes (CH) 786-F3
Chavannes-de-Bois (F) 786-C5
Chavannes-des-Bois (CH) 786-C6
Chavannes-le-Chêne (CH) 787-H1
Chavannes-les-Forts (CH) 787-H2
Chavannes-le-Veyron (CH) 786-E3
Chavannes-sous-Orsonnens (CH) 787-J1
Chavannes-sur-Moudon (CH) 787-H2
Chavannex (F) 786-E6
Chavanod (F) 798-B2
Chavonay (CH) 786-F2
Chavronay (CH) 786-F2
Chay (F) 772-A6
Chayéres (F) 786-A5
Chazot (F) 772-F3
Ch. de Valbuche (F) 798-D8
Chedde (F) 799-G2
Chéglio (I) 801-J4
Cheiry (CH) 787-H1
Chel. de Pré Nouveau (F) 798-C8
Chemaudin (F) 772-B4
Chemin-Dessous (CH) 787-K8
Chemonal (I) 800-D4
Chenal (F) 799-H6
Chènebotte (F) 812-B4
Chêne-Bourg (CH) 786-C7
Chêne-Bourgeries (CH) 786-C7
Chenecey-Buillon (F) 772-B5
Chénens (CH) 787-J1
Chêne-Pâquier (CH) 787-H1
Chênex (F) 786-B8
Chens-sur-Léman (F) 786-D5
Chèntre (I) 799-M3
Cherasco (I) 810-F8
Chermignon (CH) 788-A6
Cherneux,-Noël (F) 773-G6
Chernex (CH) 787-H4
Chervy (F) 786-B6
Chesalles-sur-Moudon (CH) 787-H2
Cheseaux-Noréaz (CH) 786-F3
Chéserex (CH) 786-C5
Chesières (CH) 787-J6
Chèsio (I) 801-H2
Chésopelloz (CH) 787-K1
Chessel (CH) 787-H6
Chessenaz (F) 786-A9
Chet. du Fút (F) 798-D8
Chet. Fina (F) 809-K1
Chevaline (F) 798-C3
Chevenez (CH) 773-K2
Chevenoz (F) 786-F6
Chévigney-les-Vercel (F) 772-E5
Chevigney-sur-l'Ognon (F) 772-A3
Chevillotte (F) 772-C4
Chevilly (CH) 786-E2
Chevilly (F) 786-D5
Chevrère (I) 799-K5
Chevrier (F) 786-A8
Chevrotaine (F) 786-A2
Chevroux (CH) 773-J8
Chevroz (F) 772-B3
Chexbres (CH) 787-G4
Cheyres (CH) 773-H9
Chez Colins (F) 772-E6
Chezal (I) 809-L4
Chézard-Saint-Martin (CH) 773-J6
Chez-le-Bart (CH) 773-H8
Chiabrano (I) 809-M4
Chiabreri (I) 810-B9
Chialambertetto (I) 799-K9
Chialamberto (I) 799-L8
Chialvetta (I) 813-L1
Chiamório (I) 799-M9
Chiampei (I) 794-F7
Chiampo (I) 804-F6
Chianale (I) 809-L8
Chiandusséglio (I) 810-B1
Chianeit (I) 794-D5
Chiaperra (I) 813-L1
Chiapili (I) 799-K7
Chiappi (I) 813-M2
Chiappino (I) 811-L9
Chiapuzza (I) 794-B4
Chiara (I) 800-C7
Chiarano (I) Trentino-Alto Ádige 804-C2
Chiarano (I) Venéto 806-E4
Chiaréggio (I) 791-G6
Chiari (I) 803-H7
Chiarini (I) 803-L8
Chiarsuela (I) 794-F7
Chiasiéllis (I) 807-J2
Chiasottis (I) 807-J1
Chiasso (CH) 802-A3
Chiavazza (I) 800-E6
Chiavenna (I) 790-D6
Chiaverano (I) 800-D7
Chibo (CH) 787-K8
Chiemgau (D) 47
Chiemgauer Alpen (A) 212
Chiemgauer Berge (D) 120
Chieming (D) 766-D5
Chiemsee (D) 47, 63, 120, 766-C6
Chiénes/Kiens (I) 779-K9
Chieri (I) 810-F4
Chies d'Alpago (I) 794-C8
Chiesa (I) Ligúria 815-H6
Chiesa (I) Piemonte, Torino 809-L8
Chiesa (I) Piemonte, Verbania 789-H6
Chiesa (I) Trentino-Alto Ádige 804-F2
Chiesa (I) Venéto 793-M6
Chiesa in Valmalenco (I) 791-G7
Chiesa Nuova (I) 805-K2
Chiesa Vécchia (I) 805-H7
Chiesa Vecchia (I) Venéto 806-C5
Chiesanuova (I) Piemonte 800-B8
Chiesanuova (I) Venéto 806-E6
Chiese (I) 803-L5
Chieve (I) 802-E9
Chievo (I) 804-D8
Chiggiogna (CH) 789-L5
Chignin (F) 798-B6
Chignolo (I) 803-G3
Chignolo d'Ís. (I) 802-E5
Chilly (F) 798-A1
Chilly-sur-Salins (F) 772-A8
Chiomonte (I) 809-L2
Chionea (I) 814-F5
Chions (I) 806-F3
Chiópris-Viscone (I) 807-L2
Chioraira (I) 814-F5
Chippis (CH) 788-B6
Chirignago (I) 806-B7
Chironico (CH) 789-L5
Chiuduno (I) 803-G5
Chiuppano (I) 805-H4
Chiuro (I) 791-H8
Chiusa di Pésio (I) 814-E3
Chiusa di Rívoli (I) 804-C6
Chiusa di S. Michele (I) 810-B3
Chiusaforte (I) 795-K5
Chiusánico (I) 815-G7
Chiusano d'Asti (I) 811-H4
Chiusavécchia (I) 815-G7
Chivasso (I) 811-G2
Chizzola (I) 804-D4
Chizzolline (I) 803-M7
Chlusen (CH) 774-E8
Choëx (CH) 787-J7
Choindez (CH) 773-M3
Choisy (F) 786-B9
Cholonge (F) 808-B3
Chombe-Charros (F) 812-B2
Chorges (F) 808-F8
Chornberg (CH) 774-F2
Choulex (CH) 786-C7
Choully (CH) 786-B7
Choully (F) 786-B6
Chouzelot (F) 772-B5
Chozal (F) 786-B9
Christazhofen (D) 763-H8
Christenberg (A) 770-A2
Christertshofen (D) 763-K2
Christkindl (A) Steyr 768-E3
Christophen (A) 770-D1
Christopherus Hütte (A) 767-M6
Chrüz (CH) 775-L7
Chuderhüsi (CH) 774-C8
Chur (CH) 438, 443, 448, 603, 776-E9
Churburg (I) 478
Churfirsten (CH) 428, 430
Churwalden (CH) 450, 451, 790-E1
Ciabáudo (I) 814-F7
Ciago (I) Friuli-Venézia Giúlia 794-F7
Ciago (I) Trentino-Alto Ádige 792-D9
Cialla (I) 795-L8
Ciano (I) 805-M3
Ciappanico (I) 791-G7
Ciáxe (I) 814-D8
Ciber (SLO) 796-F8
Cicecka Vas (SLO) 785-J8
Cicengo (I) 811-J3
Cicogna (I) 801-J1
Ciconicco (I) 795-H8
Cicònio (I) 800-C9
Ciernes Picat (CH) 787-K4
Čiginj (SLO) 796-A7
Cigliano (I) 800-E9
Ciglié (I) 815-G2
Ciglione (I) 811-L8
Cignano (I) 803-J8
Cikel (SLO) 796-C9
Cilavegna (I) 801-K9
Cilia Costa (I) 794-F7
Ciliverghe (I) 803-L7
Cima (I) Lombardia 802-B1
Cima (I) Venéto 805-G3
Cima Canale (I) 794-E3
Cimadera (CH) 790-A9
Cima di Campo (I) 805-J1
Cimadolmo (I) 806-C4
Cimaferle (I) 811-L9
Cimaganda (I) 790-D6
Cimalmotto (CH) 789-J7
Cimamulera (I) 789-G9
Cimano (I) 795-H7
Cima Sappada (I) 794-E3
Cima Scalieret (I) 545
Cima Tosa (I) 538
Cimbergo (I) 803-L1
Cimbro (I) 801-K4
Cimégo (I) 804-B2
Cimena (I) 811-G2
Cimetta (I) 806-C3
Cimmo (I) 803-K4
Cimo (CH) 801-M1
Cimoláis (I) 794-C6
Cimone (I) 804-E2
Cinàglio (I) 811-H4
Cinisello Báls. (I) 802-B6
Cino (I) 790-E8
Cinque Torri, alpiner Klettergarten (I) 536
Cinquetral (F) 786-A4
Cintano (I) 800-C8
Cinte Tesino (I) 805-J1
Cintello (I) 806-F3
Cinto (I) 805-G6
Cinto Caomaggiore (I) 806-F3
Cinuos-chel (CH) 791-J3
Cinzano (I) Piemonte, Alba 811-G7
Cinzano (I) Piemonte, Torino 811-G3
Cipières (F) 813-K9
Cipressa (I) 815-M8
Cipresso (I) 810-F4
Cipriani (I) 805-H1
Cirèggio (I) 801-H3
Cirey (F) 772-C2
Ciriè (I) 810-D1
Cirlano/Tschirland (I) 792-D3
Cirvoi (I) 794-B9
Cis (I) 792-D5
Cisano (I) 804-B7
Cisano Bergam. (I) 802-D4
Cisano sul Neva (I) 815-H6
Ciscriis (I) 795-J7
Ciserano (I) 802-E6
Cislago (I) 801-M5
Cislano (I) 803-J4
Cisliano (I) 801-M8
Cismòn d. Grappa (I) 805-K2
Cisòn di Valmareno (I) 806-A2
Cisore (I) 789-G8
Cissone (I) 811-G9
Cisterna (I) 795-H9
Cisterna d'Asti (I) 811-H6
Cité-Sainte-Thérèse (F) 760-A6
Cittadella (I) 805-K5
Citta Diardino (I) 806-C8
Cittanova (I) 806-E5
Cittiglio (I) 801-K3
Ciucco (I) 803-L4
Ciuk (I) 791-L5
Civalleri (I) 814-D2
Civate (I) 802-D3
Civenna (I) 802-C2
Civezza (I) 815-G8
Civezzano (I) 792-E9
Civiasco (I) 801-G3
Cividale d. Friuli (I) 795-L8
Cividate al Piano (I) 803-G6
Cividate Com. (I) 803-K2
Cividino (I) 803-H6
Civiglio (I) 802-B4
Civignola (I) 811-G2
Civino (I) 799-L3
Civo (I) 790-E8
Cize (F) 772-A9
Cjanët (I) 795-G6
Clabinualp (CH) 788-C5
Clacouais (F) 812-B4
Clái de Blachière (F) 813-K3
Claino-Osteno (I) 802-B1
Claix (F) 808-A2
Clamensane (F) 812-D2
C. Landriole (I) 807-G5
Clanezzo, Ubiale- (I) 802-E4
Clans (F) 813-M6
Clapey (I) 800-C6
Clarafond (F) 786-A8
Clara-Haus (A) 780-B7
Clarens (CH) 787-H5
Claret (F) 812-C2
Claridenstock (CH) 434
Clarmont (CH) 786-E3
Claro (CH) 402, 790-A7
Clauiano (I) 807-K2
Clausa (F) 813-J1
Cláut (I) 794-D7
Clauzetto (I) 795-G7
Clavadätsch (CH) 776-F8
Clavadel (CH) 461, 791-G1
Clavaleyres (CH) 773-K8
Clavans-en-Haut-Oisans (F) 808-E2
Clavesana (I) 815-G1
Claviere (F) 809-K4
Clelles (F) 808-A5
Clementins Forno (I) 795-G6
Clendis (I) 794-F5
Clénia (I) 795-L8
Cleran/Klerant (I) 793-J2
Clermont (F) 798-A1
Cléron (F) 772-C5
Clerval (F) 772-F2
Cléry (F) 798-D5
Cles (I) 792-D6
Cleúlis (I) 795-G3
Cleva (I) 794-F7
Clìbbio (I) 803-M6
C. Lisso (I) 807-G1
Clivio (I) 801-M3
Clot Meyran (F) 813-H2
Cloz (I) 792-E5
Clucy (F) 772-B7
Cludinico (I) 795-G4
Clumanc (F) 812-F6
Clüs (CH) 791-J2
Clusane sul Lago (I) 803-H5
Cluses (F) 786-F9
Clùsio/Schleis (I) 792-A2

REGISTER

Clusone (I) 803-H3
C. Malapietra (I) 794-D7
C. Maria (I) 807-J4
C. Miliana (I) 807-H3
C. Mizzari (I) 795-G8
C. na Tollara (I) 811-L5
C. Nardon (I) 807-J3
C. ne Gandini (I) 802-E8
Cne. Ghigo (I) 810-D6
C. Nest (I) 794-D8
C. Nuove (I) 807-H4
Coaraze (F) 814-B8
Coarezza (I) 801-K5
Coassole Torinese (I) 799-M9
Coazze (I) 810-B3
Coazzolo (I) 811-J7
Coburger-Hütte (A) 778-C3
Coccáglio (I) 803-H6
Coccaualto (I) 795-M3
Coccaubasso (I) 795-M3
Cocconato (I) 811-H3
Cocquin (I) 801-K3
Coda (I) 804-D6
Codera (I) 790-E7
Coderno (I) 807-H1
Codivemo (I) 805-L7
Codogna (I) 802-C1
Codognè (I) 806-D3
Codovilla (I) 815-G3
Codroipo (I) 807-G1
Cœuve (CH) 773-K2
Coffrane (CH) 773-H7
Coggiola (I) 800-F5
Cogliate (I) 802-B5
Coglio (CH) 789-K7
Cogna (I) 805-K6
Cogne (I) 570, 572, 799-L5
Cognet (F) 808-B5
Cognières (F) 772-E1
Cogno (I) Lombardia 803-K2
Cogno (I) Piemonte 814-B1
Cogollo del Cengio (I) 805-G4
Cógolo (I) 792-B6
Cogozzo (I) 803-M7
Cohennoz (F) 798-E4
Coimo (I) 789-H8
Coinsins (CH) 786-D4
Coiromonte (I) 801-H3
Coise-St-Jean-Pied-Gauthier (F) 798-B6
Col (I) 794-B8
Col di Pra (I) 793-L7
Col du Grand Saint-Bernard (CH) 799-K3
Col du Mont Crosin (CH) 773-K5
Col Falcon (I) 805-K1
Col Gùia (I) 805-M2
Col S. Martino (I) 805-M2
Colá (I) 804-B7
Colazza (I) 801-J4
Colcavagno (I) 811-H4
Coldirodi (I) 814-E9
Coldrano/Goldrain (I) 792-C3
Coldrerio (CH) 802-A3
Cóler (I) 792-C5
Colfosco (I) 806-B3
Colfrancui (I) 806-D4
Colfuschg (I) 528, 529, 531, 726
Colico (I) 561, 790-D8
Colla (I) 803-M9
Colla Melosa (I) 814-E7
Collabassa (I) 814-D8
Collalbo/Klobenstein (I) 793-H4
Collalto (I) 806-B3
Colle (I) Friuli-Venézia Giúlia, Pordenone, Azzano Decimo 806-F3
Colle (I) Friuli-Venézia Giúlia, Pordenone, Manjago 794-F8
Colle (I) Friuli-Venézia Giúlia, Udine 795-G7
Colle (I) Piemonte 809-K4
Colle/Biehl (I) 778-F9
Collebeato (I) 803-K6
Colle Isarco/Gossensaß (I) 779-G8
Collengo (I) 810-D3
Colleretto Casteln (I) 800-B8
Colleretto Giacosa (I) 800-C7
Colle S. Lucia (I) 793-L5
Colleton (I) 806-C3
Colletta (I) 814-C4
Colle Umberto (I) 806-C2
Collex (CH) 786-C6
Collina (I) 794-F3
Cóllio (I) Lombardia, Brescia, Bovégno 803-L4
Cóllio (I) Lombardia, Brescia, Vobarno 803-M6
Collobiano (I) 801-G8
Collombey-Muraz (CH) 787-J6
Collonge-Bellerive (CH) 786-C6
Collonges (CH) 787-J8
Collonges-sous-Salève (F) 786-C8
Collongues (F) 813-K7
Colloredo (I) 805-H9
Colloredo di M. Albano (I) 795-H8
Colloredo di Prato (I) 795-J9
Colloro (I) 801-G1
Colmar (F) 760-A3
Colmars (F) 813-H4
Colmegna (I) 789-L9
Colmella (I) 806-C6
Colnago (I) 802-D6
Čolnica (SLO) 795-M8
Colodri (I) 556
Cologna (CH) 791-J6
Cologna (I) Lombardia 791-K7
Cologna (I) Trentino-Alto Ádige 804-B2
Cologna Veneta (I) 805-G9
Cologne (I) 803-H6
Cologno al Sério (I) 802-F6
Cologno Monz. (I) 802-C7
Colognola (I) 810-D3
Colognola ai Colli (I) 804-F8
Cologny (CH) 786-C7
Colomars (F) 814-A9
Colombara (I) 811-J1
Colombare (I) Lombardia 803-G7
Colombare (I) Lombardia, Brescia 804-A7
Colombaro (I) Lombardia, Bergamo 803-H5
Colombaro (I) Piemonte 811-G2
Colombaro di Rossi (I) 810-D8
Colombe (F) 812-B2
Colombier (CH) Neuchâtel 773-H7
Colombier (CH) Vaud 786-E3
Colombière (F) 772-F6
Colombière (I) 809-K4
Colombier-Fontaine (F) 773-G2
Colonno (I) 802-B2
Colorina (I) 790-F8
Colorubi (I) 815-H1
Colpiano (I) 803-J4
Coltura (I) 794-D9
Colturano (I) 802-C8
Colza (I) 794-F5
Colzate (I) 803-G4
Colzè (I) 805-J7
Comábbio (I) 801-K4
Comano (CH) 789-M9
Comano (I) 804-D1
Comasine (I) 792-B6
Comazzo (I) 802-D8
Combagarino (I) 810-A5
Combai (I) 805-M2
Combamala (I) 814-A1
Combe (I) 814-E3
Combe Chaude (F) 808-A7
Combe d' Abondance (F) 772-F6
Combe-Benoît (F) 772-F7
Combe-Froide (F) 786-B3
Combelouvière (F) 798-D6
Combin-Rundwanderung (CH) 371
Combloux (F) 751, 798-F2
Comboursière (F) 808-C4
Combremont-le-Grand (CH) 787-H1
Combremont-le-Petit (CH) 787-H1
Comeglians (I) 794-F4
Comèlico Superiore (I) 794-D3
Comer See (I) 49, 63, 560, 563
Comèrio (I) 801-L3
Comezzano-Cizzago (I) 803-H7
Comighello (I) 804-C1
Comignago (I) 801-J5
Commeire (CH) 787-K9
Commezzadura (I) 792-C6
Commugny (CH) 786-C6
Communailles-en-Montagne (F) 772-C9
Commune de Pelvoux (F) 809-H5
Commune Puy-Sanières (F) 809-G8
Como (I) Lombardia 560, 561, 562, 802-B4
Como (I) Venéto 804-C7
Comologno (CH) 789-J8
Compatsch (CH) 474, 522, 777-L8
Compatsch (I) 793-J4
Comùn Nuovo (I) 802-F6
Comuna Morzano (I) 800-E8
Concei (I) 804-B3
Concésio (I) 803-K6
Concise (CH) 773-G8
Conco (I) 805-J4
Concordia Sagittaria (I) 806-F4
Concorezzo (I) 802-C6
Condino (I) 804-A3
Condove (I) 810-B3
Conegliano (I) 806-B2
Confienza (I) 801-J9
Confignon (CH) 786-B7
Conflans (F) 580, 581, 798-D4
Confolens-le-Bas (F) 808-D4
Confreria (I) 814-D2
Conicchio (I) 803-K6
Cónio (I) 814-F7
Coniolo (I) Lombardia 803-H8
Coniolo (I) Piemonte 811-K2
Conn (CH) 445
Conna (I) 815-H7
Cons (CH) 790-B3
Conscente (I) 815-H6
Conscio (I) 806-B6
Conségudes (F) 813-L8
Consonno (I) 802-D4
Consovero (I) 814-E1
Cons-Ste-Colombe (F) 798-D4
Constantine (CH) 773-J8
Contamine-Sarzin (F) 786-B9
Contamine-sur-Arve (F) 786-D8
Contarini (I) 805-M4
Conte (F) 772-B9
Conters im Prättigau (CH) 777-G8
Contes (F) 814-B8
Conthey (CH) 787-L7
Contone (CH) 789-M8
Contra (CH) 789-L8
Contrada (I) 815-H2
Contron (I) 794-D7
Contúrbia, Agrate- (I) 801-J5
Conzano (I) 811-L4
Coppet (CH) 786-C6
Copponex (F) 786-B9
Corban (CH) 774-B3
Corbanese (I) 806-B2
Corbassiere-Gletscher (CH) 370
Corbetta (I) 801-M7
Corbeyrier (CH) 787-J6
Corbières (CH) 787-K2
Corbières (F) 812-A8
Corbiolo (I) 804-E6
Corbuta (I) 815-J4
Corcapolo (CH) 789-K8
Corcelettes (CH) 773-G9
Corcelle-Miéslot (F) 772-D2
Corcelles (CH) Bern 774-B4
Corcelles (CH) Vaud 773-G8
Corcelles-Cormondrèche (CH) 773-H7
Corcelles-Ferriers (F) 772-A3
Corcelles-le-Jorat (CH) 787-G3
Corcelles-près-Payerne (CH) 773-J9
Corcelles-sur-Chavornay (CH) 786-F1
Corcondray (F) 772-A4
Cordast (CH) 773-K8
Cordéac (F) 808-C5
Cordellòn (I) 805-M1
Cordenòns (I) 806-F1
Cordignano (I) 806-C2
Cordon (F) 798-F2
Cordona (CH) 788-B6
Cordonnet (F) 772-B2
Córdova (I) 810-F3
Cordovado (I) 807-G3
Córedo (I) 792-E6
Corenno-Plinio (I) 790-C9
Corgémont (CH) 773-K5
Corgeno (I) 801-K4
Córgnolo (I) 807-J3
Coriasco (I) 810-E1
Corin (CH) 788-A6
Corino (CH) 789-J6
Cório (I) 800-A9
Corippo (CH) 789-L7
Coritis (I) 795-K5
Corjolens (CH) 787-K1
Corlbertaldo (I) 805-M3
Corméród (CH) 773-K8
Corminbœuf (CH) 773-K9
Cormóns (I) 807-L1
Cormoret (CH) 773-K5
Cornáglie (I) 811-L5
Cornai (I) 794-C8
Cornalba (I) 802-F3
Cornale (I) 811-K2
Cornalea (I) 811-K6
Cornaletto (I) 814-B3
Cornappo (I) 795-K6
Cornaredo (I) 801-M7
Cornate d´ Adda (I) 802-D5
Cornaux (CH) 773-J6
Corne (I) 804-D4
Cornedo Vicentino (I) 805-G6
Corneliano Bertário (I) 802-D7
Corneliano d'Alba (I) 811-G7
Cornes de Cerf (CH) 787-G3
Corneto (I) 803-J6
Cornetti (I) 799-K9
Cornier (F) 786-D8
Cornigian (I) 794-B6
Cornillon (F) Rhône-Alpes 808-B5
Cornino (I) 795-H7
Cornisello superiore (I) 539
Corno (I) Friuli-Venézia Giúlia 807-L1
Corno (I) Piemonte 810-E6
Cornol (CH) 773-L2
Cornologno (CH) 789-J8
Cornuda la Valle (I) 805-L3
Corona (I) 815-L2
Corpataux-Magnedens (CH) 787-K1
Corps (F) 808-D5
Corrençon (CH) 787-H2
Correvon (CH) 787-G1
Córrido (I) 790-B9
Corrúbbio (I) 804-D7
Corságlia (I) 814-F4
Corsalettes (CH) 773-K8
Corsara (I) Venéto, Vicenza, Lusiana 805-J4
Corseaux (CH) 787-H4
Corserey (CH) 787-J1
Còrsico (I) 802-B8
Corsier (CH) 786-C6
Corsier-sur-Vevey (CH) 787-H4
Corsione (I) 811-J4
Corso (I) 804-D6
Corso Italia, Cortina (I) 536
C. Orsolina (I) 794-B3
Cortabbio (I) 802-D2
Cortaccia s. Str. d. Vino/Kurtatsch a. d. Weinstr. (I) 792-F6
Cortagy (F) 786-A8
Cortaillod (CH) 773-H7
Cortale (I) 795-J8
Cortandone (I) 811-H4
Cortanieto (I) 811-H3
Cortanze (I) 811-H4
Cortazzone (I) 811-H4
Corte (I) Venéto, Belluno 794-B5
Corte (I) Venéto, Padova 805-K5
Corte (I) Venéto, Venezia 806-A9
Cortébert (CH) 773-K5
Corte Franca (I) 803-H6
Cortellazzo (I) 806-F6
Cortemília (I) 811-J9
Cortenedolo (I) 791-K8
Corteno (I) 791-K8
Cortenova (I) 802-D1
Cortenuova (I) 803-G7
Corteraso (I) 792-C2
Corti (I) 790-D5
Corticelle Pieve (I) 803-J8
Corticiasca (CH) 790-A9
Cortigione (I) 811-K6
Cortina (I) 792-B7
Cortina d'Ampzezzo (I) 49, 59, 534, 535, 536, 537, 726, 794-A4
Cortine (I) 803-K6
Cortna (I) 804-A4
Corva (I) 806-E2
Corvara/Corvara in Badia (I) 528, 529, 530, 531, 728, 793-K4
Corvara/Rabenstein (I) 778-E9
Corvéglia (I) 811-G5
Corviglia (CH) 791-G4
Corzano (I) 803-H8
Corzent (F) 786-E5
Córzes/Kortsch (I) 792-B3
Corzoneso (CH) 789-M5
Cosa (I) 795-G9
Cosana (I) 815-J2
Cosasca (I) 789-G9
Coseano (I) 795-H8
Cósizza (I) 795-L8
Cossano Belbo (I) 811-J8
Cossato (I) 800-F6
Cossila (I) 800-E6
Còssio-Valtellino (I) 790-E8
Cossmbrato (I) 811-J4
Cossogno (I) 801-J2
Cossonay (CH) 786-F2
Costa (I) Friuli-Venézia Giúlia 794-D9
Costa (I) Ligúria 815-K5
Costa (I) Lombardia 804-B4
Costa (I) Venéto, Belluno 805-J1
Costa (I) Venéto, Treviso 805-L4
Costa (I) Venéto, Vicenza, Aezignano 805-G7
Costa (I) Venéto, Vicenza, Montecchio Maggiore 805-G7
Costabissara (I) 805-H6
Costacalda (I) 814-F4
Costa d' Antola (I) 794-E3
Costa di Mezzate (I) 803-G5
Costa di Serina (I) 802-F3
Costallissoio (I) 794-D3
Costalovara/Wolfsgruben (I) 793-G4
Costalta (I) 794-D3
Costalunga (I) 805-G7
Costa Mas. (I) 802-C4
Costa Mezzomonte (I) 804-F2
Costanzana (I) 811-K1
Costarainera (I) 815-G8
Costasavina (I) 792-F9
Costa Valle Imagna (I) 802-E4
Costa Volpino (I) 803-J3
Coste (I) 805-J2
Costeggiola (I) 804-F8
Costermano (I) 804-B6
Costigliole d'Asti (I) 811-J6
Costigliole Saluzzo (I) 810-D9
Costozza (I) 805-J7
Côte Fleurie (F) 812-B7
Côtebrune (F) 772-D4
Cottens (CH) Fribourg 787-J1
Cottens (CH) Vaud 786-E3
Cougourdane (F) 812-C2
Cougourdon (F) 812-D6
Coulans-sur-Lison (F) 772-B6
Couloubrous (F) 812-F3
Courcelles (F) 772-B5
Courcelon (CH) 774-A3
Courchapoix (CH) 774-B3
Courchaton (F) 772-F1
Courchavon (CH) 773-K2
Courchevel (F) 580, 583, 798-F7
Courchevel 1650 Moriond (F) 798-F7
Courcuire (F) 772-A3
Courfaivre (CH) 773-M3
Courgenay (CH) 773-K2
Courgevaux (CH) 773-K8
Courlevon (CH) 773-K8
Courmayeur (I) 569, 571, 572, 728, 799-J3
Cournillens (CH) 773-K8
Courrendlin (CH) 773-M3
Courroux (CH) 773-M3
Courségoules (F) 813-L9
Cour-St-Maurice (F) 773-G4
Court (CH) 773-M4
Courtaman (CH) 773-K8
Courtavon (F) 773-L2
Courtedoux (CH) 773-K2
Courtefontaine (F) 773-J3
Courtelary (CH) 773-K5
Courtelevant (F) 773-K1
Courtemaîche (CH) 773-K2
Courtepin (CH) 773-K8
Courtetain-et-Salans (F) 772-E4
Courtételle (CH) 773-M3
Courtion (CH) 773-K8
Courvières (F) 772-C8
Cousset (CH) 773-J9
Coutières (F) 808-C7
Couvet (CH) 773-G7
Couzet-Migette (F) 772-B7
Covelano/Göflan (I) 792-B3
Cóvelo (I) 792-D9
Covelo (I) Trentino-Alto Ádige 804-E2
Covo (I) 803-G7
Cóvolo (I) 805-M3
Cozzo (I) 811-M2
Cozzuolo (I) 806-B2
C. Petazzo (I) 807-J2
C. Podere (I) 795-H8
Crabbia (I) 801-H3
Cra. Casavento (I) 794-E7
Cra Lavardê (I) 794-E4
Cra. Maseràdis (I) 795-H3
Crampiolo (I) 789-G6
Cran Gevrier (F) 798-B2
Crana (CH) 789-K8
Crandola (I) 802-D1
Crans (CH) 788-A6
Crans (F) 786-B1
Crans Montana (CH) 43, 376, 713
Crans Montana (CH), Casino 377
Crans-près-Céligny (CH) 786-C5
Crans-sur-Sierre (CH) 43, 714
Cranves-Lucinges (F) 786-D7
Cranves-Sales (F) 786-D6
Craoretto (I) 795-L9
Cra. Pradut (I) 794-D7
Cra. Sauchi (I) 794-D9
Cra. Senons (I) 794-E6
Crassier (CH) 786-C5
Cra. Teglara (I) 794-F6
Crava (I) 814-E2
Cravagliana (I) 800-F3
Cravanzana (I) 811-H9
Craveggia (I) 789-J8
Cravegna (I) 789-G7
Craviano (I) 811-H6
Cravo (I) 801-G4
Črče (SLO) 796-B8
Cre (I) 799-L4
Cre. Pian di Mea (I) 795-K6
Crea (I) 806-B7
Créas (F) 812-E6
Creazzo (I) 805-H6
Crebelley (CH) 787-H5
Creda (I) 804-E9
Credaro (I) 803-H5
Creisset (F) 812-E6
Crema (I) 802-F9
Cremasca (I) 802-F8
Cremegnaga (I) 801-L2
Cremeno (I) 802-D2
Cremezzano (I) 803-H8
Crèmia (I) 790-C9
Cremignane (I) 803-H5
Crémines (CH) 774-A4
Cremnago (I) 802-B4
Cremolino (I) 811-M8
Cremosano (I) 802-F8
Crempigny-Bonneguête (F) 798-A1
Crépin (I) 800-B2
Creppi (I) 794-D7
Creppo (I) 814-E6
Crescentino (I) 811-H2
Crescenzago (I) 802-B7
Cresciano (CH) 402, 790-A7
Crésole (I) 805-H6
Crespadoro (I) 804-F6
Crespano del Grappa (I) 805-K3
Crespi (I) 802-E6
Crespiàrica (I) 802-E9
Cressa (I) 801-J5
Cressier (CH) Fribourg 773-K8
Cressier (CH) Neuchâtel 773-K6
Crest Voland (F) 798-E3
Cresta (CH) Avers 790-E5
Crésuz (CH) 787-K3
Cret (I) 799-M6
Crêt Bettex (F) 799-G5
Čreta (SLO) 797-K6
Cretaz (I) 799-L5
Creux de Charquemont (F) 773-H4
Crevacuore (I) 801-G5
Crévola (I) 801-G3
Crevola d' Ossola (I) 789-G8
Crévoux (F) 809-H9
Creyers (F) 808-B8
Crissier (CH) 786-F3
Crissolo (I) 810-A7
Cristini (I) 810-F6
Cristo (I) 811-M5
Crivelle (I) 811-G4
Črna Vas (SLO) 797-G9
Črna na Koroškern (SLO) 797-K3
Črnci (SLO) 784-E9
Črnece (SLO) 797-K2
Črngrob (SLO) 594
Črnuče (SLO) 797-G8
Croce (I) Lombardia 802-C1
Croce (I) Venéto 806-D5
Crocepietra (I) 805-H8
Crocera di Barge (I) 810-C7
Crocetta (I) 805-H9
Crocetta del Montello (I) 805-M3
Crocette (I) 804-F8
Crocevia di Médole (I) 803-M9
Crociale (I) 803-M6
Crocione (I) 802-C8
Crodo (I) 789-G7
Croglio (CH) 801-L2
Croix (F) 773-J2
Cromary (F) 772-C2
Cronay (CH) 787-G1
Crone (I) 803-M4
Croppo (I) 789-G8
Crosano (I) 804-D3
Crosara (I) Venéto, Vicenza, Bolzano Vicentino 805-J6
Crosara (I) Venéto, Vicenza, Nove 805-J5
Crosey-le-Grand (F) 772-F3
Crosey-le-Petit (F) 772-F3
Crosto (I) 795-L8
Cröt (CH) 790-E5
Crotte (I) 800-D8
Crova (I) 800-F9
Cròveo (I) 789-G7
Croviana (I) 792-C6
Croy (CH) 786-E2
Crozet (F) 786-B6
Crozzon di Brenta (I) 538
Cruis (F) 812-B5
Crusch (CH) 791-L1
Cruseilles (F) 786-B9
Cse. Porchera (I) 793-G9
Cuarnens (CH) 786-E2
Cuarny (CH) 787-G1
Cuasso al M. (I) 801-L2
Cuasso al Piano (I) 801-L2
Cubrial (F) 772-E1
Cubry (F) 772-F1
Cuccana (I) 807-J2
Cúccaro Monferrato (I) 811-L4
Cucciago (I) 802-B4
Cucéglio (I) 800-C8
Cuchet (F) 799-H9
Čude (SLO) 796-E7
Cudrefin (CH) 773-J7
Cuébris (F) 813-L8
Cuesta (I) 795-G7
Cuggiono (I) 801-L7
Cugliate (I) 801-L2
Cugnago (I) 793-M7
Cugnasco (CH) 789-M8
Cugy (CH) Fribourg 773-H9
Cugy (CH) Vaud 787-G3
Culka (SLO) 797-K9
Cully (CH) 787-G4
Cumbel (CH) 443, 790-C2
Cumberland-Natur-Wildpark (A) 273
Cumiana (I) 810-C4
Cumignano s.Nav. (I) 803-G9
Cunardo (I) 801-L2
Cúneo (I) 814-D2
Cunettone (I) 803-M6
Cunevo (I) 792-D7
Cúnico (I) 811-H4
Cunter (CH) 790-E3
Cunturinesspitze (I) 529
Cuorgnè (I) 800-B8
Cupelin (F) 799-G2
Curaglia (CH) 789-L2
Curavécchia (I) 801-G6
Curbans (F) 812-D1
Cureggia (CH) 802-A1
Curéggio (I) 801-H5
Cureglia (CH) 789-M9
Curel (F) 812-A4
Curienne (F) 798-A5
Curiglia (I) 789-L9
Curino (I) 801-G5
Curio (CH) 801-L1
Curno (I) 802-E5
Curòn Venosta/Graun i. Vinschgau (I) 792-A1
Cursinges (F) 786-E6
Cùrsolo-Orasso (I) 789-J9
Curtarolo (I) 805-L7
Curtilles (CH) 787-H2
Curtinatsch (CH) 791-H5
Curunel (I) 814-D4
Cusago (I) 802-A8
Cusance (F) 772-E3
Cusano (I) 806-F2
Cusano Mil. (I) 802-B6
Cuse-et-Adrisans (F) 772-E1
Cusiano (I) 792-B6
Cúsico (I) 802-B8
Cusighe (I) 794-B8
Cusignana (I) 806-B4
Cusinati (I) 805-K5
Cusino (I) 790-B9
Cúsio (I) 802-E2
Cussey-sur-l'Ognon (F) 772-B3
Cussey-sur-Lison (F) 772-B6
Cussig-Nacco (I) 795-J9
Custoza (I) 804-C8
Cusy (F) 798-B3
Cuvat (F) 786-C9
Cuvèglio (I) 801-K2
Cuvier (F) 772-C8
Cuvio (I) 801-K3
Cuzzago (I) 801-H1
Cuzzano (I) 804-D7
Cuzzego (I) 789-G9

D

Dabisse (F) 812-C6
Dachau (D) 765-G2
Dächingen (D) 762-F1
Dachlissen (CH) 775-H4
Dachsberg (D) Südschwarzwald 760-F7
Dachsen (CH) 761-K8
Dachstein (A) 35, 41, 267, 270, 284, 302

Dachstein-Tauern (A) 311
Dachstein-Tauern-Region (A) 306, 308, 310
Dachstein-Warte-Hütte (A) 781-L1
Dachstein-West (A) 266, 268, 269
Dafins (A) 776-F4
Dägerlen (CH) 761-L9
Daglfing (D) 765-J3
Dagmersellen (CH) 774-E5
Dagnente (I) 801-J4
Dagro (CH) 790-A5
Daiano (I) 793-G6
Daillens (CH) 786-F2
Dailley (CH) 788-A7
Daillon (CH) 787-L7
Dairago (I) 801-L6
Daisendorf (D) 762-C7
Daiwil (CH) 774-F6
Dalaas (A) 134, 135
Dalaas (A) 777-H6
Dalin (CH) 790-D2
Dallenwil (CH) 414
Dallenwil (CH) 775-H8
Dällenwil (CH) 775-H8
Dällikon (CH) 775-J2
Dalmassi (I) 810-C4
Dalmazzi (I) 814-E1
Dalmine (I) 802-E5
Dalpe (CH) 789-L5
Daluis (F) 813-K6
Dambach (A) 784-E4
Dambach (A) Mitterweg 768-E7
Dámbel (I) 792-E5
Dambelin (F) 773-G3
Dammartin-les-Templiers (F) 772-D3
Damonte (I) 815-J3
Dampfzahnradbahn (A) 198
Damphreux (CH) 773-K2
Dampierre-les-Bois (F) 773-J1
Dampierre-sur-le-Doubs (F) 773-G2
Dampjoux (F) 773-H3
Damprichard (F) 773-J4
Damüls (A) 129, 131, 777-H4
Damüls-Kirchdorf (A) 127
Damvant (CH) 773-J3
Dándolo (I) 794-F8
Dandrio (CH) 790-B5
Dangio (CH) 789-M4
Dangstetten (D) 761-H9
Däniken (CH) 774-E3
Dänikon (CH) 775-H2
Danis (CH) 790-B1
Danketsweiler (D) 762-E6
Dannemarie (F) 773-J2
Danta (I) 794-D3
Danzlau (A) 768-B4
Dáone (I) 804-A2
Darbon (F) 787-G6
Dardagny (CH) 786-B7
Dardago (I) 794-D9
Dardin (CH) 790-B1
Dardine (I) 792-E7
Darè (I) 792-B9
Darfo-Boário Terme (I) 803-K3
Därligen (CH) 788-D2
Darmstädte Hütte (A) 777-K7
Daro (CH) 790-A8
Darola (I) 811-J1
Därstetten (CH) 788-B2
Dascio (I) 790-D8
Dasio (I) 790-B9
Dasle (F) 773-J1
Dattenhausen (D) 763-J3
Datthausen (D) 762-E2
Dattingen (D) 760-C6
Dättlikon (CH) 775-K1
Dättwil (CH) 775-H2
Dätwil (CH) 761-L9
Dauchingen (D) 761-J3
Daugendorf (D) 762-E3
Daumas (F) 813-G4
Dauphin (F) 812-B7
Dautmergen (D) 761-L2
Davério (I) 801-K4
Davino (I) 811-L4
Davos (CH) 456, 457, 458, 459, 460, 461, 604, 791-G1
Davos Dorf (CH) 457, 714, 791-G1
Davos Platz (CH) 457, 714, 791-G1
Davosersee (CH) 457
Daxberg (D) 763-L4
Dàzio (I) Lombardia 790-E8
Dazio (I) Trentino-Alto Ádige 805-G2
Debant (A) 780-F9
Debba (I) 805-J7
Deber (A) 796-D2
Dechantalm (A) 781-H8
Dechantskirchen (A) 770-F9
Dedenitz (A) 784-F9
Défend (F) 812-F6
Defereggental (A) 232, 234
Deferegger Alpen (A) 239
Defregger Haus (A) 780-C6
Degen (CH) 441, 443, 790-B2
Degerfelden (D) 760-D9
Degermoos (CH) 775-H1
Degernau (D) Kr. Biberach 763-G4
Degernau (D) Kr. Waldshut 761-H8
Degerndorf (D) 765-G6
Degersheim (CH) 776-C3
Deggenhausen (D) 762-D7
Deggenhausertal (D) 762-D7
Deggio (CH) 789-K4
Degna (I) 815-G6
Dego (I) 815-K2
Deilingen (D) 761-L3
Deimenried (D) 764-E7
Deinhofen (D) 765-K4
Deining (D) 765-H5
Deinsberg (A) 783-G7
Deinsdorf (A) 796-F1
Deinting (D) 766-D4
Deisendorf (D) 762-C7
Deisenham (D) 766-C4
Deisenhausen (D) 763-L2
Deisenhofen (D) 765-H4
Deißlingen (D) 761-K3
Deisswil bei Münchenbuchsee (CH) 774-A6
Deitingen (CH) 774-C5
Delebio (I) 790-D8
Delémont (CH) 773-M3
Delkhofen (D) 761-L3
Dellach (A) 795-L3
Dellach (A) Feldkirchen in Kärnten 796-D2
Dellach (A) Radenthein 781-M9
Dellach (A) St. Daniel 795-H2
Dellach (A) St. Veit an der Glan 782-F9
Dellach im Drautal (A) 795-H1
Dellacher Alm (A) Mandorf 795-G2
Dellacher Alm (A) Mellach 795-K3
Delle (F) 773-K1
Delley (CH) 773-J8
Dellmensingen (D) 763-H1
Deluz (F) 772-D3
Demandolx (F) 813-H8
Demonte (I) 814-B3
Démoret (CH) 787-G1
Denens (CH) 786-E3
Denezy (CH) 787-H1
Denges (CH) 786-F3
Dénice (I) 811-K8
Denkingen (D) Kr. Sigmaringen 762-D6
Denkingen (D) Kr. Tuttlingen 761-L3
Denklingen (D) 764-C6
Denno (I) 792-D7
Densbüren (CH) 774-F2
Dentenberg (CH) 774-B8
Dentingen (D) 762-E3
Dents du Midi (CH) 364, 366
Denzlingen (D) 760-E4
Deodato (I) 814-E8
Deppenhausen (D) 762-F2
Depsried (D) 763-K7
Derborence (CH) 787-L6
Derby (I) 799-J4
Dercolo (I) 792-D7
Derendingen (CH) 774-B5
Dermulo (I) 792-E6
Derndorf (D) Kr. Rosenheim 765-L7
Derndorf (D) Kr. Unterallgäu 763-M3
Derrière le Mont (F) 773-G6
Dervio (I) 561, 562, 790-C9
Desana (I) 811-K1
Dese (I) 806-C7
Desenzano del Garda (I) 558, 803-M7
Deserta (I) 804-B2
Desertes (I) 809-K4
Déservillers (F) 772-C6
Désio (I) 802-B6
Deskle (SLO) 795-M9
Desselbrunn (A) 767-M4
Dessenheim (F) 760-B5
Dessous la Roche (F) 808-D4
Detligen (CH) 773-L7
Detrier (F) 798-B7
Dettenbach (D) 760-E3
Dettendorf (D) Kr. Rosenheim 765-L5
Dettendorf (D) Kr. Rosenheim 765-L6
Dettenhofen (D) 764-D5
Dettenschwang (D) 764-D5
Dettighofen (CH) 762-A9
Dettighofen (D) 761-J9
Dettingen (D) Alb-Donau-Kreis 762-F2
Dettingen (D) Kr. Konstanz 762-B7
Dettingen an der Iller (D) 763-J3
Detzeln (D) 761-H8
Deuchelried (D) 763-G8
Deuchendorf (A) 769-M9
Deutelhausen (D) 766-M6
Deutenham (A) 767-M4
Deutenhausen (D) Kr. Freising 765-H1
Deutenhausen (D) Kr. Weilheim-Schongau 764-E6
Deutenhofen (D) 765-G1
Deutsch Bieling (A) 785-J5
Deutsch Brodersdorf (A) 771-J3
Deutsche Alpensegelflugschule (D) 118
Deutsch-Ehrensdorf (A) 785-J4
Deutschfeistritz (A) 783-M4
Deutsch-Gerisdorf (A) 771-H9
Deutsch Goritz (A) 784-E8
Deutsch-Griffen (A) 782-D8
Deutsch Haseldorf (A) 784-F8
Deutsch-Haslau (A) 771-M2
Deutsch Kaltenbrunn (A) 785-G4
Deutschkreutz (A) 771-K7
Deutschlandsberg (A) 783-M8
Deutsch Minihof (A) 785-H6
Deutschnofen/Nova Ponente (I) 524, 526, 527, 728, 793-G5
Deutsch Schützen (A) 785-J3
Deutsch-Tschantschendorf (A) 785-H4
Deutwang (D) 762-B6
Develier (CH) 773-M3
Devercy (F) 772-B3
Deversi (I) 815-G4
Deveys (I) 809-L3
Dexenberg (A) 784-B7
Dezzo (I) 803-J2
Dho (I) 814-F3
Dialley (I) 799-L3
Diano Arentino (I) 815-G7
Diano Castello (I) 815-H7
Diano d'Alba (I) 811-H8
Diano Evigno (I) 815-H7
Diano Marina (I) 815-H8
Diano S. Pietro (I) 815-H7
Dickbuch (CH) 775-L2
Dicken (CH) 776-C3
Dickenreishausen (D) 763-K5
Diebolsheim (F) 760-C1
Diegten (CH) 774-D2
Dielach (A) 782-F8
Dielsdorf (CH) 775-J2
Diemendorf (D) 764-F6
Diemerswil (CH) 773-M7
Diemlach (A) 783-M1
Diemlern (A) 768-C9
Diemtigen (CH) 350, 351, 788-B2
Diendorf (A) 769-L2
Dienersdorf (A) 784-E3
Dienhausen (D) 764-C6
Dienten am Hochkönig (A) 244, 245, 246, 247, 668, 781-G3
Diepersdorf (A) 768-C4
Diepersdorf (A) Gosdorf 784-E8
Diepersdorf (A) Wartberg an der Krems 768-C4
Diepflingen (CH) 774-D2
Diepolding (A) 767-H1
Diepoldsau (CH) 776-F3
Diepoldsberg (D) 766-B4
Diepoldshofen (D) 763-H6
Diepolz (D) 39, 71, 763-K9
Dierico (I) 795-H4
Dierikon (CH) 775-H6
Diesbach (A) 780-F1
Diesbach (CH) 776-A8
Dieschen (CH) 450, 773-M6
Diesenbach (D) 763-K7
Diesendorf (A) 769-L2
Diesse (CH) 773-K6
Dießen (D) 764-E5
Diessenhofen (CH) 761-L8
Dietach (A) Steyr 768-E3
Dietach (A) Wels 768-C2
Dietachdorf (A) 768-E3
Dietelhofen (D) 762-E3
Dietenberg (A) 783-M6
Dietenbronn (D) 763-H3
Dietenheim (D) 763-J2
Dietenheim (I) 510
Dietenwengen (D) 763-G4
Dietenwil (CH) 776-B3
Dietersdorf (A) 784-B7
Dietersdorf am Gnasbach (A) 784-E8
Dietersdorf bei Fürstenfeld (A) 785-G5
Dietershausen (D) 762-F3
Dietersheim (D) 765-J1
Dietershofen (D) Kr. Neu-Ulm 763-K2
Dietershofen (D) Kr. Sigmaringen 762-B5
Dietershofen (D) Kr. Unterallgäu 763-L3
Dieterskirch (D) 762-F3
Dieterswald (CH) 774-B7
Dieterswil (CH) 774-A6
Dietfurt (CH) 776-B3
Diethaming (A) 768-A4
Dietikon (CH) 775-H3
Dietingen (D) 761-K2
Dietlgut (A) 768-C7
Dietlikon (CH) 775-K2
Dietlried (D) 764-C6
Dietmanns (D) 763-H5
Dietmannsdorf bei Trieben (A) 768-F9
Dietmannsdorf bei Wantendorf (A) 770-B2
Dietmannsdorf im Sulmtal (A) 784-A9
Dietmannsried (D) 763-K7
Dietramszell (D) 765-H6
Dietratried (D) 763-K5
Dietringen (D) 764-B9
Dietwil (CH) 775-H5
Dietwiller (F) 760-A8
Dietzen (A) 784-F9
Dietzing (A) 767-G2
Diex (A) 783-H9
Digg (CH) 790-D1
Dignano (I) 795-G9
Digne-les-Bains (F) 812-E5
Digonera (I) 532
Dillendorf (D) 761-H7
Dillishausen (D) 764-B4
Dimaro (I) 728, 792-C6
di Negràr (I) 804-D7
Dingelsdorf (D) 762-B7
Dingharting, Straßlach- (D) 765-H5
Dingy-en-Vuache (F) 786-A8
Dingy-Saint-Clair (F) 798-C2
Dinhard (CH) 761-L9
Dinnenried (D) 762-F6
Dino (CH) 801-M1
Dintikon (CH) 775-G3
Diornreith (A) 784-D5
Dippersdorf (A) 769-H3
Dirlesried (D) 764-E1
Dirlewang (D) 763-M5
Dirnbach (A) Bad Gleichenberg 784-E7
Dirnbach (A) Losenstein 768-F5
Dirnbach (A) Preisegg 768-D6
Dirnberg (A) 768-F5
Dirngraben (A) 768-D5
Dirnsdorf (A) 783-J2
Dirtscooter (CH) 388
Disentis/Mustér (CH) 39, 438, 439, 714, 789-L2
Disonche (F) 798-C1
Di Sotto (I) 805-K8
Dissenhausen (D) 763-H3
Dissimo (I) 789-J8
Distelberg (A) Amstetten 769-J3
Distelberg (A) Mayrhofen 779-L4
Dittingen (CH) 774-B2
Dittishausen (D) 761-H6
Divignano (I) 801-J5
Divonne-les-Bains (F) 786-C5
Dizy (CH) 786-F2
Dizzasco (I) 802-B2
Djable (F) 808-E4
Dob (SLO) 797-H7
Dobbiaco/Toblach (I) 794-B2
Dobein (A) 796-D3
Dobeinitz (A) 796-E2
Dobel (D) 762-E2
Doberatsweiler (D) 762-F9
Doberdò (I) 807-M2
Dobersdorf (A) 785-G5
Dobja Vas (SLO) 797-K3
Dobl (A) Graz 784-B6
Dobl (A) Ried 767-J1
Dobletina (SLO) 797-K5
Dobovec (SLO) 797-L7
Dobratsch (A) 337
Döbriach (A) 326, 781-M9
Dobrlejevo (SLO) 797-K6
Dobrna (SLO) 797-M5
Dobrova pri Dravogradu (SLO) 797-L2
Dobrovec (SLO) 797-K5
Dobrovnik (SLO) 785-J9
Dobrovo (SLO) 807-L1
Dobrowa (A) 797-J2
Dóccio (I) 801-G4
Dödtleinsdorf (A) 767-H5
Dogaletto (I) 806-B8
Dogern (D) 761-G9
Döggingen (D) 761-J6
Dogliani (I) 811-G9
Dogna (I) Friuli-Venézia Giúlia 795-K4
Dogna (I) Venéto 794-C7
Doiber (A) 785-G6
Doirone (I) 810-D4
Dol (SLO) 797-M7
Dolcè (I) 804-C6
Dolceácqua (I) 814-D8
Dolcedo (I) 815-G8
Dolder (CH) 775-K3
Dole, Litija (SLO) 797-L8
Dole, Moravče (SLO) 797-J7
Dolegna (I) 795-L8
Dolegna del Cóllio (I) 795-L9
Dolegnano (I) 807-L1
Dolenci (SLO) 785-H7
Dolenja Vas (SLO) 796-F8
Dolga brda Lokovica (SLO) 797-J2
Dolgaletto (I) 806-B8
Dolic (SLO) 785-G7
Dolina (A) 796-F2
Döllach (A) 324, 325, 781-G7
Döllach (A) Graßnitz 769-M8
Döllach (A) Liezen 768-D9
Dolling (A) 795-G2
Dollrath (A) 784-D7
Dolnji-Slaveci (SLO) 785-G8
Dolo (I) 805-M8
Dolomit Arena (Kletterhalle), Sexten (I) 515
Dolomiten (I) 532, 534
Dolomiti di Brenta (I) 543
Dolonne (I) 799-J3
Dölsach (A) 780-F9
Dolsko (SLO) 797-J8
Dolzago (I) 802-C4
Dom (A) 767-G6
Domach (A) 796-E3
Domajinci (SLO) 785-G8
Domancy (F) 798-F2
Domanins (I) 806-F1
Domanjševci (SLO) 785-H8
Domasco (I) 790-C8
Domat/Ems (CH) 790-D1
Dombresson (CH) 773-J6
Domdidier (CH) 773-J8
Domegge di Cadore (I) 794-C5
Domegliara (I) 804-C7
Domène (F) 808-C1
Dom Savma (SLO) 796-B6
Dom vi Tamarj (SLO) 796-A4
Domžale (SLO) 797-H7
Dominisia (I) 795-G7
Dommartin (CH) 787-G2
Dommartin (F) 772-D7
Domodossola (CH) 404, 789-G8
Dompierre (CH) Fribourg 773-J8
Dompierre (CH) Vaud 787-H2
Dompierre-les-Tileuls (F) 772-C8
Domprel (F) 772-E4
Don (I) 792-E6
Donath (CH) 790-D3
Donato (I) 800-D7
Donatyre (CH) 773-K8
Donaudorf (A) 769-K1
Donaueschingen (D) 761-J5
Donaurieden (D) 763-G1
Donaustetten (D) 763-H1
Donawitz (A) 783-K2
Dondenaz (I) 800-B6
Donego (I) 801-K1
Dongio (CH) 789-M5
Dongo (I) 562, 790-C8
Donnas (I) 800-C6
Donneloye (CH) 787-G1
Donnersbach (A) 782-D1
Donnersbachwald (A) 311, 782-D2
Donnersdorf (A) 784-E8
Donnerskirchen (A) 771-K4
Dóppio (I) 804-F4
Doppleschand (CH) 774-F7
Döppling (A) 770-F6
Döpshofen (D) 764-B2
Dorà (I) 793-G7
Doran (F) 798-F1
Dorca (I) 800-F3
Dorcola (I) 792-E5
Doren (A) 777-G2
Dorénaz (CH) 787-J8
Dorenwaid (D) 763-H8
Dorf (A) Berg 782-C4
Dorf (A) Frauenstein 768-D6
Dorf (A) Galgenau 768-D5
Dorf (A) Mittersill 780-C4
Dorf (A) Oetz 778-D6
Dorf (A) Scharnstein 768-B5
Dorf (A) Vöcklabruck 767-K3
Dorf (CH) 761-K9
Dorf (D) Kr. Emmendingen 761-G2
Dorf (D) Kr. Miesbach 765-L8
Dorf (D) Kr. Waldshut 760-F6
Dorf an der Enns (A) 768-F3
Dorfarje (SLO) 796-F7
Dorfbeuern (A) 767-G4
Dorfen (D) Kr. Altötting 766-E3
Dorfen (D) Kr. Bad Tölz-Wolfratshausen 765-G5
Dorfen (D) Kr. Berchtesgadener Land 766-F5
Dorfen (D) Kr. Ebersberg 765-L5
Dorfen (D) Kr. Erding 766-A1
Dorff (A) 768-C4
Dorfgastein (A) 277, 278, 279, 669, 781-H4
Dorf Goldeck (A) 781-K9
Dörfl (A) Altenmarkt an der Triesting 770-E2
Dörfl (A) Bruck 770-E9
Dörfl (A) Edlach an der Rach 770-D6
Dörfl (A) Gleisdorf 784-E4
Dörfl (A) Kalwang 783-H1
Dörfl (A) Klausen-Leopoldsdorf 770-E2
Dörfl (A) Lienz 780-E9
Dörfl (A) Lilienfeld 770-B3
Dörfl (A) Obergossen 783-G7
Dörfl (A) Schönau an der Enns 769-G7
Dörfl (A) Weidhofen an der Ybbs 769-G4
Dörfl (D) 766-C3
Dörfl/Villa (I) 780-B9
Dörfl, Steinberg- (A) 771-J8
Dörfla (A) Graz 784-B6
Dörfla (A) Kirchbach in Steiermark 784-D6
Dörflach (A) 769-M8
Dörfl an der Raab (A) 784-C4
Dörfl bei Kasten (A) 770-C1
Dörfles (A) Willendorf 770-F5
Dörfli (CH) 791-H1
Dörflingen (CH) 761-L8
Dorf Tirol (I) 487, 488
Dorfviertel (A) 784-D1
Dorga (I) 803-J2
Dório (I) 563, 790-C9
Dörlinbach (D) 760-E2
Dormelletto (I) 801-J4
Dormettingen (D) 761-L2
Dormillouse (F) 809-G6
Dormitz (A) 778-C4
Dornach (A) 784-B8
Dornach (CH) 774-C2
Dornach (D) 765-J3
Dornau (A) 784-F9
Dornauberg (A) 779-K6
Dörnbach (A) 770-F2
Dornbach (A) 781-L7
Dornbirn (A) 127, 129, 777-G3
Dorndorf (D) 763-H1
Dörner (D) 760-E3
Dornleiten (A) 769-H6
Dornstetten (D) 764-C5
Dorschhausen (D) 764-A4
Dorsino (I) 792-C9
Dösingen (D) 764-B5
Dosoledo (I) 794-D3
Doss (I) 804-C2
Dossena (I) 802-F3
Dossenbach (D) 760-E9
Dosso (I) 803-J2
Dosso del Lar. (I) 790-C8
Dossobuono (I) 804-D8
Dossòn (I) 806-B5
Dotnacht (CH) 762-B9
Dötra (CH) 789-M4
Dotternhausen (D) 761-L2
Dottikon (CH) 775-G3
Döttingen (CH) 761-G9
Dottingen, Ballrechten (D) 760-C6
Dotzigen (CH) 773-M6
Douans (F) 813-L4
Doubs (F) 772-E7
Doucy (F) 798-E6
Doucy-en-Bauges-(la Chapelle (F) 798-C4
Doues (I) 799-L3
Douglass-Hütte (A) 777-G7
Doulaize (F) 772-B6
Dournon (F) 772-B7
Doussard (F) 798-C3
Douvaine (F) 786-D6
Dovera (I) 802-E8
Doverio (I) 791-K8
Dovje (SLO) 796-C4
Doye (F) 772-B9
Dozwil (CH) 762-D9
Dr.-Angerer-Höhenweg (A) 167
Dr.-Franz-Rehrl-Haus (A) 780-F6
Dr.-Vogelgesang-Klamm (A) 296
Draga, Škofja Loka (SLO) 796-F7
Draga, Trebnje (SLO) 797-L9
Dragelsberg (A) 782-D9
Draghi (I) 805-G3
Dragočajna (SLO) 797-G7
Dragomelj (SLO) 797-H8
Dragomer (SLO) 796-F9
Dragoniere (I) 810-B8
Dragositschach (A) 796-D3
Dražgoše (SLO) 796-E6
Draillant (F) 786-E6
Draix (F) 812-F5
Dranse (CH) 799-K1
Draschen (A) 784-D8
Draschitz (A) 795-M3
Drasenberg (A) 782-F8
Drasendorf (A) 782-F9
Draßburg (A) 771-J5
Draßling (A) 784-D8
Draßmarkt (A) 771-H8
Drau (A) 326
Drauchen (A) 784-F8
Drauhofen (A) 797-G2
Drauradweg (A) 240
Dravestra (I) 794-C6
Dravograd (SLO) 797-L2
Dreibuchen (A) 771-G6
Dreieck (D) 760-F5
Dreien (CH) 776-A3
Dreiherrenspitze (I) 504
Dreihütten (A) 771-G9
Dreilach (A) 796-D3
Dreilärchen (D) 761-K5
Dreistetten (A) 770-F4
Drei Türme (A) 136
Drei Zinnen (I) 33, 512, 535, 536
Drena (I) 558, 804-D2
Drénchia (I) 796-A7
Dresano (I) 802-C8
Dresdener Hütte (A) 778-E7
Dresio (I) 801-G1
Dresselbach (D) 761-G6
Dressen (D) 763-H9
Dreulach (A) 795-M3
Drežnica (SLO) 795-M6
Drezzo (I) 802-A3
Driolassa (I) 807-H3
Dristner (A) 208
Dro (I) 557, 558, 804-D2
Drobollach am Faaker See (A) 796-C3
Drobtinci (SLO) 784-E9
Droißendorf (A) 768-D3
Drône (CH) 787-M7
Dronero (I) 814-B1
Drößling (D) 764-F4
Dru (F) 577
Drubiaglio (I) 810-C3
Druento (I) 810-D2
Druges (I) 799-M4
Drúgolo (I) 803-M7
Družmirje (SLO) 797-L4
Drumettaz-Clarafond (F) 798-A4
Drumling (A) 785-H2
Druogno (I) 789-H8
Drusenfluh (A) 136
Dubbione (I) 810-B4
Dübendorf (CH) 775-K3
Dubino (I) 790-D8
Duchtlingen (D) 761-L7
Düdingen (CH) 773-L9
Due Cossani (I) 789-L9
Duel (A) 796-C2
Dueville (I) 805-H5
Duggingen (CH) 774-C2
Dugny (F) 786-E6
Duillier (CH) 786-D5
Duingt (F) 798-C3
Duíno-Aurisina (I) 807-M3
Duis Burger-H. (A) 781-G6

REGISTER

Dullach (A) 797-H2
Dulliken (CH) 774-E3
Dully (CH) 786-D4
Dumengoni (I) 803-H5
Dumenza (I) 801-L1
Duna Verde (I) 806-F6
Dunand (F) 786-F8
Dung (F) 773-H1
Dunkelstein (A) 770-F6
Dunningen (D) 761-J2
Düns (A) 776-F5
Dünserberg (A) 776-F5
Dünzelbach (D) 764-D3
Duomo (I) 803-H7
Duplica (SLO) 797-H7
Durach (D) 763-L8
Durance (F) 586
Durancetal (F) 49
Duranti (I) 811-K9
Duranus (F) 814-B8
Dürbheim (D) 761-L4
Durchhausen (D) 761-K4
Durchholzen (A) 213, 766-B8
Dürenboden (CH) 775-L8
Durlinsdorf (F) 773-L1
Durlo (I) 804-F5
Durmenach (F) 773-M1
Dürmentingen (D) 762-E3
Dürn (A) 768-C4
Dürnau (D) 762-E4
Dürnbach (A) Steyr 768-E4
Dürnbach (A) Waldegg 770-E4
Dürnbach (D) 765-J7
Dürnbach im Burgenland (A) 785-J2
Durnes (F) 772-D5
Dürnfeld (A) 782-F8
Dürnhausen (D) 764-F7
Durnholz/Valdurna (I) 793-G2
Dürnstein in der Steiermark (A) 782-F6
Dürntal (A) 784-C3
Dürnten (CH) 775-L4
Dürradmer (A) 769-L6
Dürrboden (CH) 791-H2
Dürren (D) 763-H7
Dürrenäsch (CH) 775-G4
Durrenentzen (F) 760-B3
Dürrenroth (CH) 774-D6
Dürrenstein (A) 301
Dürrenstetten (D) 762-E1
Dürrenwaldstetten (D) 762-D2
Dürrewald (CH) 787-M4
Dürrhöfe (D) 760-F2
Dürrnberg (A) 266
Dürrnhaar (D) 765-J4
Dürrwangen (D) 762-A2
Dürstellen (CH) 775-L3
Dusino-S. Michele (I) 811-G5
Dussnang (CH) 775-M2
Dutjen (CH) 790-C1
Duvin (CH) 790-C2
Dvorje Cerklje (SLO) 797-G6

E

Eau-Rousse (I) 799-K6
Ebbs (A) 216, 217, 766-A8
Ebelsberg (A) 768-E1
Eben (A) 778-E4
Eben (A) Großarl 781-J4
Eben am Achensee (A) 779-K3
Ebenau (A) 767-H6
Ebenboden (A) 768-E4
Ebene (A) Landeck 777-L7
Ebene (A) Oetz 778-C5
Ebenfurth (A) 771-H4
Ebenhausen (D) 765-G5
Ebenhofen (D) 764-A7
Eben im Pongau (A) 288, 289, 669, 781-K2
Ebensee (A) 767-M6
Ebental (A) 796-F2
Ebenwald (A) 795-M2
Ebenweiler (D) 762-E6
Eberau (A) 785-J4
Eberfing (D) 764-E7
Eberfingen (D) 761-J8
Ebergassing (A) 771-J2
Eberhardzell (D) 763-G5
Eberndorf (A) 797-H2
Ebersau (A) 767-K3
Ebersbach (D) Kr. Neu-Ulm 763-K2
Ebersbach (D) Kr. Ostallgäu 763-M6
Ebersbach-Musbach (D) 762-E5
Ebersberg (D) 765-L4
Eberschwang (A) 767-L2
Ebersdorf (A) Bleiburg 797-J2
Ebersdorf (A) Gleisdorf 784-F3
Ebersdorf (A) Gnas 784-E7
Ebersdorf (A) Kumberg 784-B4
Ebersdorf (A) Raab 784-D5
Ebersdorf (A) Riegersburg 784-F5
Ebersdorf bei St. Pölten (A) 770-B1
Ebersecken (CH) 774-E5
Ebersee (A) 273
Ebersegg (A) 768-F4
Ebershausen (D) 763-L2
Ebersheim (F) 760-B1
Ebersreith (A) 770-C1
Eberstalzell (A) 768-B3
Eberstein (A) 783-G8
Ebertshausen (D) 764-F1
Ebikon (CH) 775-H6
Ebing (D) 766-C2
Ebingen (D) 762-A2
Ebligen (CH) 788-E1
Ebmatingen (CH) 775-K3
Ebnat-Kappel (CH) 428, 776-B4
Ebnet (CH) 774-F7
Ebnet (D) Kr. Freiburg 760-E4
Ebnet (D) Kr. Waldshut 761-H7
Ebnit (A) 777-G3
Ebrach (D) 765-M3
Ebratshofen (D) 763-J9
Ebratsweiler (D) 762-C6
Ebreichsdorf (A) 771-H3
Ebringen (D) Kr. Breisgau-Hochschwarzwald 760-D5
Ebringen (D) Kr. Konstanz 761-L7
Eca (I) 815-G5
Ecce Homo (CH) 775-K6
Echallens (CH) 787-G2
Echandens (CH) 786-F3
Echarlens (CH) 787-K2
Echay (F) 772-B6
Echelsbach (D) 764-D8
Echenevex (F) 786-B6
Echevannes (F) 772-D6
Echichens (CH) 786-F3
Eching (D) Kr. Erding 765-K1
Eching (D) Kr. Freising 765-H1
Eching am Ammersee (D) 764-E4
Échirolles (F) 808-B2
Eckarts (D) 763-K9
Eckartsbrunn (D) 761-M6
Eckelsberg (A) 768-D4
Ecking (D) 766-A6
Eclagnens (CH) 786-F2
Eclayse (I) 809-K3
Eclépens (CH) 786-F2
École (F) 798-C5
Ecole (F) 812-E8
Ecole-Valentin (F) 772-B3
Ecorans (F) 786-A7
Ecot (F) 773-H2
Ecoteaux (CH) 787-H3
Ecotex (F) 787-G6
Écrins-Nationalpark (F) 588
Ecublens (CH) Fribourg 787-H3
Ecublens (CH) Vaud 786-F4
Ecurcey (F) 773-H2
Ecuvillens (CH) 787-K1
Edelbeuren (D) 763-H4
Edelham (D) 766-D3
Edelhaus (A) 779-L6
Edelsbach bei Feldbach (A) 784-E6
Edelsbach bei Graz (A) 784-C4
Edelschrott (A) 783-L6
Edelsdorf (A) 770-B9
Edelsgrub (A) 784-C5
Edelstal (A) 771-M1
Edelstauden (A) 784-C6
Edelstetten (D) 763-L1
Edelweis (A) 780-C5
Edenbachen (D) 763-H4
Edenhausen (D) 763-L2
Edensbach (D) 762-F7
Eder-Haus (A) 780-F6
Ederstetten (D) 762-A5
Ederswiler (CH) 773-M2
Edifízio (I) 805-L4
Edisried (CH) 775-G9
Edla (A) 784-E8
Edlach (A) 770-C7
Edlach an der Rax (A) 770-D6
Edlbach (A) Ochsenbach 769-K2
Edlbach (A) Windischgarsten 768-E7
Edlibach (CH) 775-K5
Edling (A) 795-L3
Edling (A) Judenburg 783-G4
Edling (A) Oberort 782-D8
Edling (A) Trofaiach 783-K2
Edling (A) Völkermarkt 797-H2
Edling (D) Kr. Rosenheim 766-A4
Edling (D) Kr. Rosenheim 766-A6
Edlitz (A) 771-G7
Edlitz im Burgenland (A) 785-J4
Edmund-Graf-Hütte (A) 777-L6
Édolo (I) 791-L8
Edt (A) 768-B5
Edt bei Lambach (A) 768-A3
Effenstätt (D) 765-L7
Effertsbach (A) 768-D6
Effingen (CH) 774-F2
Effretikon (CH) 775-K2
Efringen-Kirchen (D) 760-B8
Efrizweiler (D) 762-D8
Egarn (A) 782-D8
Egelfingen (D) 762-C3
Egelhofen (D) 763-L4
Egelsdorf (A) 784-E4
Egelsee (D) 763-J4
Egenhofen (D) 764-E1
Egenried (D) 764-F7
Egenstein (A) 768-B4
Egerbach (A) 780-A1
Egerkingen (CH) 774-D3
Egern, Rottach- (D) 765-K8
Egerndach, Staudach- (D) 766-C7
Egesheim (D) 761-M3
Egg (A) Dornbirn 127, 669, 777-H2
Egg (A) Hermagor-Tressegger 795-K3
Egg (A) Rohrbach an der Gölsen 770-D3
Egg (A) Schwarzach im Pongau 781-J4
Egg (CH) Schwyz 775-L5
Egg (CH) St. Gallen 776-C3
Egg (CH) Zürich 775-K4
Egg (D) Kr. Konstanz 762-C8
Egg (D) Kr. Waldshut 760-E9
Egg am Faaker See (A) 796-C3
Egg an der Günz (D) 763-K4
Egga (CH) Brig-Glis/Valais 788-E6
Egga (CH) Simplon/Valais 788-E7
Eggartskirch (D) 762-E7
Eggbergen (CH) 775-K8
Eggelsbach (D) 762-F4
Eggelsberg (A) 767-G3
Eggen (I) 728
Eggenberg (A) Graz 784-B5
Eggenberg (A) Vorchdorf 768-B4
Eggenbuch (A) 771-H6
Eggendorf (A) Hartberg 784-F2
Eggendorf (A) St. Pölten 770-B2
Eggendorf (A) Wiener Neustadt 771-H4
Eggendorf im Traunkreis (A) 768-C2
Eggenfeld (A) 784-A4
Eggenreute (D) 763-G7
Eggenthal (D) 763-M6
Egger Alm (A) Kreuzwirt 795-J2
Egger Alm (A) Mellach 795-K3
Eggerberg (CH) 788-D6
Eggerding (A) 767-M3
Eggersdorf (A) Amstetten 769-J2
Eggersdorf bei Graz (A) 784-C4
Eggersriet (CH) 776-E2
Eggerstanden (CH) 776-E4
Eggingen (D) 761-H8
Eggisried (D) 763-K5
Eggiwil (CH) 774-D8
Eggmannsried (D) 763-G5
Eggstätt (D) 766-B5
Eggstgöcke (Klettersteig) (CH) 434
Égl. Saint-Dalmas (F) 813-K3
Eglfing (D) 764-E7
Eglharting (D) 765-K3
Egling (D) Kr. Bad Tölz-Wolfratshausen 765-H5
Egling (D) Kr. Garmisch-Partenkirchen 764-F8
Egling an der Paar (D) 764-D2
Eglisau (CH) 761-J9
Egliswil (CH) 775-G3
Eglofs (D) Kr. Ravensburg 763-H8
Egmating (D) 765-K4
Egna/Neumarkt (I) 792-F6
Egnach (CH) 776-D1
Egolzwil (CH) 774-E5
Egringen (D) 760-C8
Egro (I) 801-H3
Egschi (CH) 790-D2
Eheim (D) 763-L5
Ehenbichl (A) 153, 778-B2
Ehersdorf (A) 766-E3
Ehestetten (D) 762-D1
Ehestetter Hof (D) 762-B2
Ehingen (D) 762-F1
Ehingen, Mühlhausen- (D) 761-L6
Ehrenburg/Casteldarne (I) 779-K9
Ehrenkirchen (D) 760-D5
Ehrensberg (D) Kr. Biberach 763-H4
Ehrensberg (D) Kr. Ravensburg 763-G6
Ehrenschachen (A) 770-F9
Ehrensdorf (A) 796-E3
Ehrnsdorf (A) 768-D4
Ehrsberg, Häg- (D) 760-E7
Ehrwald (A) 154, 156, 157, 669, 778-D3
Ehrwald-Obermoos (A) 154
Ehrwang (D) 764-B9
Ei (CH) 774-D7
Eibach (D) 766-A1
Eibiswald (A) 797-M1
Eibling (A) 796-D1
Eich (CH) Luzern 775-G5
Eich (CH) Solothurn 774-E3
Eichberg (A) 784-F1
Eichberg (A) Gloggnitz 771-G7
Eichberg (CH) 776-E3
Eichberg bei Hartmannsdorf (A) 784-E5
Eichberg-Trautenburg (A) 784-B9
Eichbühl (A) 771-G5
Eichbühl (D) 763-H4
Eichen (D) Kr. Biberach 762-F4
Eichen (D) Kr. Lörrach 760-D8
Eichen (D) Kr. Sigmaringen 762-D4
Eichenau (D) 764-F3
Eichenberg (A) 777-G1
Eichenberg (D) 763-J4
Eichendorf (D) 764-F7
Eichenhausen (D) 765-H5
Eichenried (D) 765-K1
Eicherloh (D) 765-J2
Eichet (A) 767-G7
Eichet (D) 766-C6
Eichfeld (A) 784-E9
Eichham (A) 768-B4
Eichheim (D) 766-C2
Eichholz (D) 760-D8
Eichkögl (A) 784-D5
Eichsel (D) 760-D9
Eichstegen (D) 762-E5
Eichstetten am Kaiserstuhl (D) 760-D3
Eidberg (CH) 775-L2
Eien (CH) 761-G9
Eiersdorf (A) 797-G2
Eigeltingen (D) 762-A6
Eigenthal (CH) 775-G7
Eiger (CH) 352, 354, 356
Eiken (CH) 774-E1
Eimeldingen (D) 760-C8
Einach (A) 782-C6
Einbach (D) 761-G1
Einersdorf (A) 797-J2
Einhart (D) 762-D5
Einharting (D) 766-D6
Einigen (CH) 788-C2
Einöd (A) 784-B8
Einöde (A) 771-G2
Einöden (A) 781-H3
Einödsbach (D) 777-K4
Einödsbach (D) 81
Einsbach (D) 764-F2
Einsiedeln (CH) 408, 410, 411, 714, 775-L6
Einsiedl (D) 764-F9
Einsiedling (A) 768-B4
Eintürnen (D) 763-G6
Eintürnenberg (D) 763-G6
Eisack (I) 500
Eisacktal (I) 499, 500, 501, 502
Eisbach (A) 783-M5
Eischoll (CH) 788-D6
Eisdorf (A) 783-J9
Eiselfing (D) 766-A4
Eisenärzt (D) 766-D7
Eisenbach (D) 761-G5
Eisenberg (A) 785-G3
Eisenberg (D) 764-A9
Eisenburg (D) 763-K4
Eisendorf (D) 765-L4
Eisenerz (A) 315, 769-J8
Eisenfelden (D) 766-E1
Eisengattern (A) 768-A4
Eisenharz (D) 763-H8
Eisenhüttl (A) 785-G4
Eisenkappel-Vellach (A) 797-H3
Eisenstadt (A) 771-J4
Eisenstraße (A) 301
Eisentratten (A) 781-L7
Eisenzicken (A) 785-H2
Eiskogelhöhle (A) 264
Eismannsberg (D) 764-E1
Eismerszell (D) 764-D3
Eisolzried (D) 764-F2
Eison (CH) 788-A8
Eispavillon Mittelallalin (CH) 391
Eisriesenwelt (A) 265
Eis-Safari (A) 173
Eisten (CH) 788-D7
Éita (I) 791-K6
Eitelsberg (A) 767-G4
Eiting (D) 766-C3
Eitweg (A) 783-J8
Eitzing (A) 767-K1
Eixendorf (A) Frauenstein 782-F8
Eixendorf (A) Klagenfurt 796-F1
Eizendorf (A) 769-H1
Elbach (D) 765-L7
Elbenschwand (D) 760-D7
Elberfelder Hütte (A) 780-E7
Elbigenalp (A) 152, 153, 777-L4
Elevaz (I) 799-H4
Elfingen (CH) 774-F1
Elgg (CH) 775-M2
Elixhausen (A) 767-G6
Elkofen (D) 765-L4
Ellbach (D) 765-H7
Ellbögen (A) 779-G5
Ellenbogen (A) 777-H3
Ellenried (D) 764-A2
Éllera (I) 815-L3
Ellerazhofen (D) 763-H7
Ellhofen (D) 763-H9
Ellighofen (D) 764-C5
Ellikon am Rhein (CH) 761-K9
Ellikon an der Thur (CH) 761-L9
Ellmannsweiler (D) 763-G3
Ellmau (A) 220, 222, 223, 669, 780-B1
Ellmauer Halt (A) 216, 221, 766-B9
Ellmosen (D) 765-L6
Ello (I) 802-D4
Ellwangen (D) 763-H5
Elm (CH) 433, 434, 435, 776-B8
Elmau (D) 778-E2
Elmen (A) 777-M3
Elmenau (D) 762-F8
Elsau (CH) 775-L2
Elsbeth (D) 766-B3
Elsbethen (A) 767-G7
Elsenheim (F) 760-B2
Eltendorf (A) 785-G5
Elva (I) 809-M9
Elvas (I) 793-J2
Elz (A) 784-D3
Elzach (D) 760-F2
Emagny (F) 772-A3
Emarèse (I) 800-C4
Embach (A) 781-G4
Embd (CH) 788-D7
Emberg (A) 795-H1
Embrach (CH) 775-K2
Embrun (F) 809-G8
Emerfeld (D) 762-D3
Emeringen (D) 762-E2
Emerkingen (D) 762-F2
Emershofen (D) 763-J2
Emertsham (D) 766-C3
Emmelhofen (D) 763-H7
Emmen (CH) 775-H6
Emmenbrücke (CH) 775-G6
Emmendingen (D) 760-E3
Emmenhausen (D) 764-C5
Emmenmatt (CH) 774-C7
Emmereis (D) 763-L9
Emmering (D) Kr. Ebersberg 765-L4
Emmering (D) Kr. Fürstenfeldbruck 764-F3
Emmersdorf (A) 796-C3
Emmersdorf (A) Klagenfurt 796-E2
Emmersdorf (A) Nötsch im Gailtal 795-M3
Emmerting (D) 766-E2
Emmetten (CH) 775-J8
Emmingen-Liptingen (D) 761-M5
Empagny (F) 798-B1
Empersdorf (A) Goßgöttfritz 784-C6
Empfing (A) 769-H2
Enchastrayes (F) 813-J2
Endenburg (D) 760-D8
Ender (D) 761-H8
Endine Gaiano (I) 803-H4
Endingen (CH) 775-H1
Endingen (D) 761-M2
Endingen am Kaiserstuhl (D) 760-D3
Endlhausen (D) 765-H5
Endorf (D) 762-A8
Enego (I) 805-J2
Enemonzo (I) 795-G5
Engadin (CH) 469, 473
Enge (CH) Bern 787-L5
Engedey (D) 767-G8
Engelberg (A) 768-F2
Engelberg (CH) 416, 417, 418, 419, 421, 714, 775-H9
Engelboldshofen (D) 763-H7
Engelburg (CH) 776-D2
Engelsberg (A) 769-G4
Engelsberg (D) 766-C3
Engelschwand (D) 760-F8
Engelsdorf (A) Friesach 782-F7
Engelsdorf (A) Grabenig 782-E8
Engelswies (D) 762-B4
Engen (D) 761-L6
Engerazhofen (D) 763-H7
Enges (CH) 773-J6
Engether (I) 792-F3
Engetried (D) 763-L5
Enggistein (CH) 774-B8
Enghagen (A) 296, 768-F1
Enghagen (A) Kirchdorf an der Krems 768-E7
Engi (CH) Glarus 776-B7
Engi (CH) Solothurn 774-C3
Engins (F) 808-A1
Engishausen (D) 763-K3
Engishofen (CH) 762-C9
Englannaz (F) 798-C4
Englertshofen (D) 764-E2
Englisberg (CH) 774-B8
Englisweiler (D) 763-H4
Englmeng (D) 765-L4
Engollon (CH) 773-J6
Engratsried (D) 763-M7
Engstlatt (D) 762-A1
Engstlenalp (CH) 420, 789-H1
Engwilen (CH) 762-B9
Enkenhofen (D) 763-H7
Enkenstein (D) 760-D8
Enna (I) 804-F4
Enneberg/Marebbe (I) 793-L2
Ennenda (CH) 435, 776-B7
Ennetach (D) 762-D4
Ennetbaden (CH) 775-H2
Ennetbühl (CH) 776-C5
Ennetbühls (CH) 776-B7
Ennetbürgen (CH) 775-H7
Ennetmärcht (CH) 775-M8
Ennetmoos (CH) 775-H8
Ennewasser/Transácqua (I) 792-C4
Enney (CH) 787-K3
Enns (A) 286, 298, 768-F1
Ennsbach (A) 769-K2
Ennsdorf (A) 768-F1
Ennsleite (A) 768-E3
Ennstal (A) 306
Eno (I) 803-M5
Enriez (F) 813-J6
en Sales (F) 812-D7
Ensisheim (F) 760-A6
Entbruck (A) 778-B6
Enterrottach (D) 765-K8
Entfelden (D) 766-C8
Entlebuch (CH) 422, 774-F7
Entraching (D) 764-D4
Entracque (I) 814-C4
Entrages (F) 812-E6
Entraigues (F) Rhône-Alpes 808-D4
Entraigues (F) Rhône-Alpes 808-F1
Entrampo Ovasta (I) 794-F4
Entrático (I) 803-G5
Entraunes (F) 813-J4
Entre-deux-Monts (F) 786-B2
Entre-les-Fourgs (F) 772-E9
Entremont (F) 798-D1
Entrenants (F) 798-B6
Entrepierres (F) 812-C4
Entrevaux (F) 813-J7
Entrevennes (F) 812-D7
Entrevernes (F) 798-C3
Entrèves (I) 799-J3
Entschendorf am Ottersbach (A) 784-D8
Entschendorf bei Gleisdorf (A) 784-D5
Entwasser (A) 779-H6
Envelier (CH) 774-B3
Enverse, la-Rivière- (F) 786-F8
Envie (I) 810-C7
Envy (CH) 786-E2
Enzelsdorf (A) Gallizien 797-G3
Enzelsdorf (A) Mellach 784-C6
Enzenreith (A) 770-E6
Enzenstetten (D) 764-A9
Enzersdorf (A) Pöls 783-G4
Enzersdorf an der Fischa (A) 771-J1
Enzesfeld-Lindabrunn (A) 770-F4
Enzian Hütte (I) 792-B5
Enzianhütte (A) Friesach 783-G8
Enzianhütte (A) Mittersill 780-C5
Enzing (A) 768-E2
Enzinger Boden (A) 780-D5
Enzkofen (D) 762-D4
Eoulx (F) 813-G8
Eourres (F) 812-A3
Epagny (CH) 787-K3
Epagny, Jonzier- (F) 786-B8
Epalinges (CH) 787-G3
Epautheyres (CH) 787-G1
Epauvillers (CH) 773-K3
Ependes (CH) Fribourg 787-K1
Ependes (CH) Vaud 786-F1
Epenouse (F) 772-E4
Epenoy (F) 772-E5
Épernay (F) 798-C5
Epersy (F) 798-A4
Epesses (CH) 787-G4
Epeugney (F) 772-B5
Epfach (D) 764-C6
Epfendorf (D) 761-K2
Epfenhausen (D) 764-C3
Epfenhofen (D) 761-J7
Epierre (F) 798-D7
Epinassey (CH) 787-J7
Epinel (I) 799-L5
Epiquerez (CH) 773-K3
Eppan a. d. Weinstr./Appiano s. Str. d. Vino (I) 492, 494, 495, 728, 792-E5
Eppenstein (A) 783-H5
Eppersdorf (A) 783-G9
Eppishausen (D) 763-M3
Epsach (CH) 773-L6
Eptingen (CH) 774-D3
Equevillon (F) 772-B9
Era (I) 790-D7
Eraclea (I) 806-E6
Eraclea Mare (I) 806-F6
Erba (I) 562, 802-C4
Erbach (D) 763-H1
Erbanno (I) 803-K3
Erbenschwang (D) 764-C7
Erbezzo (I) 795-L7
Erbisreute (D) 762-F7
Erbonne (I) 802-A2
Erbstetten (D) 762-E1
Erbusco (I) 803-H6
Erching (D) 765-J1
Erde (CH) 787-L7
Erdeihof (A) 771-M4
Erdesson (CH) 788-A7
Erding (D) 765-K1
Erdlinsbach (D) 761-H1
Erdmannsiedlung (A) 781-M9
Erdmannsweiler (D) 761-J3
Erdwegen (A) 784-E1
Eremita (I) 815-K4
Éremo di Rocca (I) 804-B6
Eresing (D) 764-D4
Eresried (D) 764-D2
Erfurter Hütte (A) 779-K2
Ergertshausen (D) 765-G5
Ergisch (CH) 788-C6
Erharting (D) 766-D1
Erich-Haus (A) 781-G2
Erisdorf (D) 762-E3
Eriskirch (D) 762-E9
Erisried (D) 763-L5
Eriswil (CH) 774-D6
Eriz (CH) 788-D1
Erkheim (D) 763-L4
Erl (A) 765-M8
Erla Brennhütte (A) 779-M4
Erla, Sankt Pantaleon (A) 768-F1
Erlach (A) Hollbruck 794-C1
Erlach (A) Pitten 771-G6
Erlach (A) Radenthein 782-A9
Erlach (CH) 773-K6
Erlach (D) 767-G1
Erlaheim (D) 761-L1
Erlauf (A) 769-L1
Erlbruck (A) 780-F3
Erlen (CH) 776-C1
Erlenbach (CH) Zürich 775-K4
Erlenbach im Simmental (CH) 350, 788-B2
Erlenmoos (D) 763-H4
Erli (I) 815-H5
Erling (D) 764-E5
Erlinsbach (CH) 774-F3
Erlsbach (A) 234, 237, 780-B8
Erlsberg (A) 782-D1
Erlstätt (D) 766-D6
Ermatingen (CH) 762-B8
Ermengerst (D) 763-K8
Ermensee (CH) 775-G5
Ermenswil (CH) 775-M4
Ernegg (A) 769-K3
Ernen (CH) 788-F5
Ernetschwil (CH) 776-A5

REGIONEN HOTELS KARTEN

Ernsthofen (A) 768-F2
Ernsting (A) 766-F4
Erolzheim (D) 763-J4
Erpfendorf (A) 766-C9
Erpfting (D) 764-C4
Erschmatt (CH) 788-C6
Erschwil (CH) 774-B3
Ersigen (CH) 774-C6
Ersingen (D) 763-G1
Erstfeld (CH) 775-K9
Ertingen (D) 762-E3
Ertl (A) 769-G4
Erve (I) 802-D3
Erzenerlen (CH) 774-F6
Erzherzog-Johann-Haus (A) 780-E6
Erzherzog-Johann-Klause (A) 765-K9
Erzingen (D) Kr. Waldshut 761-J8
Erzingen (D) Zollernalbkreis 761-L2
Eschach (D) Kr. Oberallgäu 763-K8
Eschach (D) Kr. Ostallgäu 764-B9
Eschach (D) Kr. Ravensburg 762-F8
Eschach (D) Kr. Weilheim-Schongau 764-B8
Eschach (D) Schwarzwald-Bazar-Kreis 761-J6
Eschau (D) 762-F8
Eschbach (D) 761-G1
Eschbach (D) Kr. Breisgau-Hochschwarzwald 760-C6
Eschbach (D) Kr. Breisgau-Hochschwarzwald 760-E4
Eschbach (D) Kr. Waldshut 761-G8
Eschbeck (D) 762-D6
Eschbronn (D) 761-J2
Eschen (CH) 776-E5
Eschenau (A) Schwarzach im Pongau 781-G3
Eschenau (A) Wilhelmsburg 770-B3
Eschenbach (CH) Luzern 775-H6
Eschenbach (CH) St. Gallen 775-M5
Eschendorf (D) 762-D5
Eschenlohe (D) 95, 764-E9
Eschenried (D) 765-G2
Eschenz (CH) 761-M8
Eschenzwiller (F) 760-A7
Eschers (D) 763-L6
Eschert (CH) 774-A4
Eschikofen (CH) 762-A9
Eschio/Aschl (I) 792-F3
Eschlikon (CH) Thurgau 761-L9
Eschlikon (CH) Zürich 761-L9
Escholzmatt (CH) 774-E8
Eselsdorf (A) 783-J8
Esemon di Sopra (I) 795-G5
Esemon di sotto (I) 795-G5
Esenhausen (D) 762-D6
Esery (F) 786-C8
Esino (I) 802-C1
Èsio (I) 801-J2
Esmonts (CH) 787-H2
Esnans (F) 772-E3
Esparron (F) 812-C1
Esparron-de-Verdon (F) 812-C9
Esparron-la-Bâtie (F) 812-E3
Espasingen (D) 762-A7
Espinasses (F) 812-E1
Essavilly (F) 772-C9
Essenbach (D) 764-F1
Essener-Rostocker-Haus (A) 780-B6
Esseratsweiler (D) 762-F9
Essert (CH) Fribourg 787-K1
Essert (CH) Vaud 786-F1
Essertes (CH) 787-H3
Essertines-sur-Rolle (CH) 786-D4
Essertines-sur-Yverdon (CH) 787-G1
Essert la Pierre (F) 787-G7
Essert-Pittet (CH) 786-F1
Essert-Romand (F) 787-G7
Essert-Salève (F) 786-C7
Essets-Blay (F) 798-D5
Esserval (F) 772-B9
Esslingen (CH) 775-L4
Eßlingen (D) 761-L5
Estavannens (CH) 787-K3
Estavayer-Gibloux (CH) 787-J1
Estavayer-le -Gibloux (CH) 787-J1
Estavayer-le-Lac (CH) 773-H8
Estenc (F) 813-J4
Estévenens (CH) 787-J2
Esting (D) 764-F2
Estoublon (F) 812-D7
Estoul (I) 800-C4
Étable (F) 798-B7
Etagnières (CH) 786-F3
Etalans (F) 772-D5
Etercy (F) 798-B2
Eternon (I) 799-K3
Eternoz (F) 772-B6
Etmißl (A) 769-L9
Etouvans (F) 773-H2
Etoy (CH) 786-E4
Etrappe (F) 773-G1
Etray (F) 772-E5
Etrelles-et-la-Montbleuse (F) 772-A1
Etroubles (I) 572, 799-L3
Etsch (I) 542
Etschtal (I) 542, 543
Ettal (D) 88, 90, 91, 88, 90, 91 764-E9
Ettaler Manndl (D) 89
Ettendorf (A) 797-K1
Ettendorf bei Stainz (A) 783-M7
Ettenhausen (CH) Thurgau 775-M2
Ettenhausen (CH) Zürich 775-L4
Ettenhausen (D) 766-C8
Ettenheim (D) 760-D2
Ettenheimmünster (D) 760-E2
Ettenheimweiler (D) 760-D2
Ettenkirch (D) 762-E8
Ettensberg (D) 763-K8
Etterschlag (D) 764-E4
Etting (D) 764-E7
Ettingen (CH) 774-B2
Ettishofen (D) 762-E7
Ettisweiler (D) 762-C5
Ettiswil (CH) 774-F5
Ettringen (D) 764-B3
Etupes (F) 773-J1
Etuz (F) 772-B3
Etzelkofen (CH) 774-B6
Etzen (A) 769-L2
Etzendorf (A) 783-M9
Etzersdorf (A) 784-D3
Etzerstetten (A) 769-K2
Etzgen (CH) 760-F9
Etziken (CH) 774-C5
Etzwihl (D) 760-F9
Etzwil (CH) 761-G9
Etzwilen (CH) 761-L8
Eugendorf (A) 767-H6
Éula (I) 814-F3
Eupilio (I) 802-C3
Eurasburg (D) 765-G6
Euratsfeld (A) 769-J3
Euring (A) 780-F2
Euringer Spitze (I) 522
Eurishofen (D) 764-B5
Europaweg (CH) 387
Euseigne (CH) 787-M8
Eutenhausen (D) 763-L5
Euthal (CH) 775-L6
Evenhausen (D) 766-B4
Évian-les-Bains (F) 786-F5
Evilard (CH) 773-L5
Evillers (F) 772-D6
Evionnaz (CH) 364, 787-J7
Evires (F) 786-C9
Evolène (CH) 375, 788-A8
Ewattingen (D) 761-J6
Ewil (CH) 775-G9
Ex Mga. Brenta alta (I) 792-C8
Excenevex (F) 786-D5
Excenex (I) 799-L4
Exincourt (F) 773-H1
Extrepieraz (I) 800-C4
Eyach (D) 764-E7
Eygliers (F) 809-J7
Eyguians (F) 812-B2
Eyholz (CH) 788-E6
Eysins (CH) 786-C5
Eysson (F) 772-E4
Eywald (CH) 787-M1
Eze (I) 815-J4

F

Faak am See (A) 336, 796-C3
Faaker See (A) 63, 334, 336, 669
Fàbbrica (I) 803-M7
Facca (I) 805-K6
Facen (I) 805-K1
Fachau (A) 782-E9
Fachelberg (A) 769-L2
Fachwerk (A) 769-J7
Fachwinkl (A) 769-J3
Fadalto (I) 794-C9
Fading (A) 784-B7
Fae (I) 794-B7
Faé (I) Venéto 806-D4
Faédis (I) 795-K8
Faedo (I) 792-E8
Faedo-Valtellina (I) 791-H8
Fafleralp (CH) 788-D5
Fagagná (I) 795-H8
Fagel (I) 795-G7
Faggen (A) 778-B6
Fagnano (I) 801-M8
Fagnano Olona (I) 801-L5
Fagnígola (I) 806-E3
Fahl (D) 760-F6
Fahrafeld (A) Berndorf 770-F3
Fahrafeld bei Böheimkirchen (A) 770-C1
Fahrenberg (A) 768-E7
Fahrenberg (D) 760-F5
Fahrnau (D) 760-D8
Fahrni (CH) 788-C1
Fahrwangen (CH) 775-G4
Fahy (CH) 773-J2
Fáida (I) 792-F9
Fai della Paganella (I) 542, 543, 729, 792-E8
Faido (CH) 402, 789-L4
Faidona (I) 794-E7
Faillefeu (F) 813-G4
Faimbe (F) 773-G1
Faist (A) 784-C2
Faistenau (A) 767-H6
Faistenberg (D) 765-G7
Faistenhaar (D) 765-J5
Faistenoy (D) 763-L9
Falbeson (A) 778-F7
Falcade (I) 532, 793-K6
Falcheren (CH) 789-G2
Falcl (I) 792-F5
Fäld (CH) 789-G6
Falera (CH) 444, 445, 446, 447, 715, 790-C1
Falicetto (I) 810-D8
Falkau (D) 760-F6
Falkendorf (A) 782-C5
Falken-Haus (A) 779-H3
Falkensteig (D) 760-F5
Falkenstein (A) 770-C9
Falkert (A) 319
Falkertsee (A) 319, 321
Fall (D) 765-H9
Fällanden (CH) 775-K3
Faller (I) 805 K1
Fallerans (F) 772-D5
Fallerscheinalpe (A) 778-A3
Fallon (F) 772-F1
Falmenta (I) 789-J9
Faloppio (I) 802-A3
Falterschein (A) 778-B5
Faltschen (CH) 788-C3
Falze (I) 806-A4
Falzè di Piave (I) 806-A3
Falzes/Pfalzen (I) 779-K9
Falzlében (I) 792-F2
Famea (I) 803-K5
Familienklettercamp (A) 329
Fanas (CH) 776-F7
Fane (I) 804-D6
Fane-Alm (I) 503
Fanes-Naturpark (I) 53
Fanesregion (I) 529
Fango (I) 793-J6
Faning (A) 796-E1
Fankhaus (CH) 774-E7
Fanna (I) 794-F7
Fantasina (I) 803-J6
Fantécolo (I) 803-H6
Fanzolo (I) 805-L5
Faoug (CH) 773-K8
Fara d'Adda (I) 802-E6
Fara Novarese (I) 801-H6
Fara Olivana con Sola (I) 802-F7
Fara Vicentino (I) 805-H4
Farchach (D) Kr. Starnberg 765-G5
Farchant (D) 94, 95, 778-E1
Farfengo (I) 803-H9
Farges (F) 786-A7
Farigliano (I) 815-G1
Farinate (I) 802-E8
Farla (I) 795-H8
Farnbüel (CH) 774-F7
Farnern (CH) 774-C4
Färnigen (CH) 789-J2
Farra (I) 805-L3
Farra d'Alpago (I) 794-C8
Farra d' Is. (I) 807-L2
Farra di Soligo (I) 806-A2
Farrach (A) St. Andrä 783-K9
Farrach (A) Zellweg 783-H4
Farrendorf (A) 796-D2
Farrò (I) 806-A2
Farvagny (CH) 787-K1
Fasanerie-Nord (D) 765-H2
Fasano (I) 804-A6
Faschina (A) 134, 669
Fäsilalpu (CH) 788-C6
Fassa (I) 544
Fassatal (I) 544
Fassern (A) 778-A6
Fatt. Marzotto (I) 807-G4
Fatt. Prandoni (I) 803-K8
Faucigny (F) 786-D8
Faucon-de-Barcelonnette (F) 813-J2
Faucon-du-Caire (F) 812-D2
Faugnacco (I) 795-J9
Faule (I) 810-D6
Faulenfürst (D) 761-G7
Faulensee (CH) 788-C2
Faure (I) 810-A4
Fava (I) 800-B5
Favari (I) 810-F5
Favaro (I) 800-E6
Favaro Véneto (I) 806-C7
Fáver (I) 792-F8
Faverga (I) 794-B8
Faverges (F) 798-D4
Faverois (F) 773-K1
Faverzano (I) 803-J8
Favirano (I) 802-D4
Favogno/Fennberg (I) 792-E7
Favoriten (A) 771-H1
Fávria (I) 800-B9
Fávrio (I) 804-C2
Faysset (F) 814-C7
Fécchio (I) 802-B4
Fêche-l'Eglise (F) 773-J2
Fechsen (D) 764-A7
Féchy (CH) 786-E4
Feckenhausen (D) 761-K3
Fedenberg (A) 785-G4
Fedèr (I) 793-L6
Federa (I) 806-B2
Fédio (I) 814-B3
Feeblitz (CH), Sommerrodelbahn 391
Fehraltorf (CH) 775-L3
Fehren (CH) 774-B3
Fehring (A) 784-F6
Feichsen (A) Purgstall 769-K3
Feichten (A) Serfaus 166, 167, 669, 778-B7
Feichten (A) Kitzbühel 780-A2
Feichten (D) 765-H7
Feichten an der Alz (D) 766-D3
Feichtenberg (A) 768-B4
Feigères (F) 786-B8
Feilongo (I) 800-A8
Feisóglio (I) 811-H9
Feissal (F) 812-E3
Feissons-sur-Isère (F) 798-E6
Feissons-sur-Salins (F) 798-F7
Feisternitz (A) 797-M1
Feistritz (A) Berg im Drautal 795-H1
Feistritz (A) Feldkirchen in Kärnten 782-D9
Feistritz (A) Metnitz 781-K9
Feistritz (A) St. Jakob im Rosental 796-D3
Feistritz im Kammersberg (A) 782-D4
Feistritz am Wechsel (A) 770-F7
Feistritz an der Drau (A) 795-M1
Feistritz an der Drau (A) 796-A1
Feistritz an der Gail (A) 795-M3
Feistritz bei Anger (A) 784-D3
Feistritz bei Knittelfeld (A) 783-J3
Feistritz bei Mürzzuschlag (A) 770-B8
Feistritz im Rosental (A) 796-E3
Feistritz ob Bleiburg (A) 797-J3
Feistritzwald (A) 770-D8
Feitzing (A) 769-G2
Felben (A) 780-C4
Felben (CH) 762-A9
Felbring (A) Wiener Neustadt 770-F4
Feld (A) 780-D7
Feld am See (A) 327, 782-A9
Feld am See (A) 796-A1
Feldafing (D) 764-F5
Feldbach (A) 784-E6
Feldbach (F) 773-L1
Feldbaum (A) 783-L7
Feldberg (A) 213
Feldberg (D) Kr. Breisgau-Hochschwarzwald 760-C7
Feldberg (D) Schwarzwald 760-F6
Feldbrunnen (CH) 774-B5
Feldern-Alm (A) 778-D3
Feldgeding (D) 765-G2
Feldham (A) 768-B4
Feldhausen (D) 762-C2
Feldkirch (A) 130, 133, 134, 776-E5
Feldkirch (D) 760-C5
Feldkirchen (D) Kr. Berchtesgadener Land 767-G6
Feldkirchen (D) Kr. München 765-J3
Feldkirchen (D) Kr. Rosenheim 766-A5
Feldkirchen bei Graz (A) 784-B6
Feldkirchen bei Mattighofen (A) 767-G3
Feldkirchen in Kärnten (A) 782-D9
Feldkirchen-Westerham (D) 765-K5
Feldkircher Ardetzenberg (A) 133
Feldmoching (D) 765-H2
Feldnerhütte (A) 781-H9
Feldthurns/Velturno (I) 500, 501, 502, 793-J2
Feldwies (D) 766-C6
Felettis (I) 807-J2
Feletto (I) 800-C9
Feletto Unberto (I) 795-J8
Felgitsch (A) 784-C6
Felixdorf (A) 771-G4
Felizzano (I) 811-L5
Fellach (D) 765-J5
Fellbach (A) 795-K1
Felleismühl (A) 769-H1
Fellheim (D) 763-J4
Fels (A) 781-K2
Felsberg (CH) 790-E1
Felsen-Therme Vals (CH) 441
Feltre (I) 805-L1
Feltrone (I) 794-F5
Fenalet-sur-Bex (CH) 787-J6
Fendels (A) 166, 778-B7
Fendringen (CH) 773-L8
Fenegrò (I) 801-M5
Fenèr (I) 805-L2
Fenestrelle (I) 809-M3
Fénières (F) 786-B6
Fenili Belasi (I) 803-J7
Fenils (I) 809-K4
Fenin-Vilars-Saules (CH) 773-J6
Fénis (I) 799-M4
Fenkrieden (CH) 775-H5
Fennberg/Favogno (I) 792-E7
Fentsch (A) 783-J3
Ferden (CH) 384, 788-C5
Ferenbalm (CH) 773-L7
Feriolo (I) 801-J2
Ferlach (A) 796-E3
Ferleiten (A) 780-F5
Ferlens (CH) 787-H3
Fermata di Ferrània (I) 815-K3
Ferme de Naverre (F) 812-E7
Ferme du Chinfret (F) 812-D7
Fernbach (A) 768-E2
Ferndorf (A) Neuhofen an der Ybbs 769-J3
Ferndorf (A) Paternion 795-M1
Ferney-Voltaire (F) 786-C6
Fernitz (A) 784-B6
Ferno (I) 801-K6
Fernpass (A) 57
Fernreith (A) 768-B2
Ferrània (I) 815-K3
Ferrara di M. Baldo (I) 804-C5
Ferrata Gruppo Alpini (I) 561
Ferrate (I) 800-E2
Ferrazza (I) 804-F6
Ferren (CH) 775-G5
Ferrenberg bei Wynigen (CH) 774-C6
Ferrera (I) Piemonte, Torino 809-M6
Ferrera (I) Piemonte, Vercelli 800-F3
Ferrere (I) 811-G5
Ferret (CH) 799-K2
Ferreyres (CH) 786-F2
Ferriere (I) 813-L2
Ferrières (F) 786-B9
Ferrières-le-Lac (F) 773-J4
Ferrières-les-Bois (F) 772-A4
Ferschnitz (A) 769-J2
Fertans (F) 772-C6
Ferthofen (D) Kr. Memmingen 763-J5
Fervento (I) 800-F3
Feschel (CH) 788-C6
Fesches-le-Châtel (F) 773-J1
Fescoggia (CH) 789-L9
Fessenheim (F) 760-B5
Fessevillers (F) 773-J4
Feßnach (A) 782-F5
Fessy (F) 786-E6
Festenbach (D) Kr. Miesbach 765-J7
Festiona (I) 814-B3
Festi Rasini (I) 803-H2
Féternes (F) 786-F5
Fétigny (CH) 787-J1
Fetzenbach (D) 760-E8
Feuerbach (D) 760-C7
Feuerthalen (CH) 761-K8
Feule (F) 773-G3
Feusisberg (CH) 775-L5
Feutersoey (CH) 347, 787-L5
Fextal (CH) 464
Fey (CH) Vaud 787-G2
Fey Valais Nendaz (CH)
Feyregg (A) 768-D3
Fiamenga (I) 814-F2
Fiammoi (I) 794-B8
Fiano (I) 810-D2
Fiaschetti (I) 806-D1
Fiaugères (CH) 787-H3
Fiavè (I) 804-C2
Fidaz (CH) 790-C1
Fideris (CH) 777-G8
Fie allo Sciliar/Völs am Schlern (I) 793-H4
Fieberbrunn (A) 228, 229, 230, 231, 670, 780-D2
Fiecht (A) 779-J3
Fiegl-H. (A) 778-E8
Fienili Lorina (I) 804-B3
Fiera di Primiero (I) 551, 793-K8
Fiernaz (I) 800-B3
Fierozzo (I) 793-G9
Fiesch (CH) 396, 397, 398, 399, 715, 788-F5
Fiescheralp (CH) 396
Fiescherhorn (CH) 355
Fieschertal (CH) 788-F5
Fiesco (I) 803-G9
Fiesso d' Artico (I) 805-M8
Fietta (I) 805-K3
Fiez (CH) 773-G9
Figino (CH) 801-M2
Figino Serenza (I) 802-B5
Figliaro (I) 801-M4
Fígliere (I) 814-B2
Fiksinci (SLO) 784-F8
Filago (I) 802-E6
Fildenmoos (D) 762-F8
Filippini (I) 805-J1
Filisur (CH) 790-F2
Filleuls (F) 813-J5
Fillinges (F) 786-D7
Fillistorf (CH) 773-L8
Filly (F) 786-D6
Fillys (F) 812-F1
Filmleithen (A) 784-C1
Filorera (I) 790-F7
Filovci (SLO) 785-H9
Filzbach (CH) 430, 431, 776-B6
Filzbuch (D) 765-G6
Filzen-Alm (A) 779-K6
Filzen-Sattel (A) 245
Filzingen (D) 763-J3
Filzmoos (A) 286, 287, 288, 289, 670, 781-L2
Filzmoos (A) Steinhöf 770-D9
Filzmooshörndl (A) 280
Fiming (A) 782-F9
Fimmelsberg (CH) 762-A9
Fimon (I) 805-H7
Finalborgo (I) 815-K5
Finale (I) 805-J9
Finale Lígure (I) 815-K5
Findeln (CH) 389, 788-C9
Finder (SLO) 796-B7
Findrol (F) 786-D7
Finello (I) 813-M1
Finero (I) 789-J9
Finetti (I) 804-F7
Finhaut (CH) 787-J8
Finiletti Pórtici (I) 803-G7
Finilu (CH) 788-E7
Finkenberg (A) 208, 211, 670, 779-K5
Finkenstein am Faakersee (A) 796-B3
Finklham (A) 768-B1
Finning (D) Kr. Landsberg 764-D4
Finnu (CH) 788-D6
Fino del Monte (I) 803-H3
Fino Mornasco (I) 802-A4
Finsing (D) Kr. Erding 765-K2
Finsterhennen (CH) 773-L7
Finsterlingen (D) 760-F8
Finstermünz (A) 777-M8
Finstersee (CH) 775-K5
Finsterwald (CH) 774-F7
Finsterwald (D) 765-J7
Fiola (I) 810-C4
Fionnay (CH) 371, 373, 787-L9
Fiorano al Sério (I) 803-G4
Fiorano Canav. (I) 800-C7
Fiorine (I) 803-H3
Firmano (I) 795-L9
Firngrat (I) 504
First (CH) Bern 788-F2
First (CH) Zürich 775-L2
Fischa (A) 784-E7
Fischach (A) 767-G6
Fischach (D) 764-B1
Fischamend-Markt (A) 771-J1
Fischbach (A) 770-C9
Fischbach (CH) 774-E5
Fischbach (D) Bodenseekreis 762-D8
Fischbach (D) Kr. Biberach 763-G4
Fischbach (D) Kr. Breisgau-Hochschwarzwald 761-G6
Fischbach (D) Schwarzwald-Baar-Kreis 761-J3
Fischbachau (D) 113, 115, 765-L7
Fischbachfall (A) 766-E8
Fischbach-Göslikon (CH) 775-H3
Fischböckau (A) 768-B4
Fischen (A) 768-D2
Fischen (D) Kr. Oberallgäu 79, 80, 81, 655, 777-K2
Fischen (D) Kr. Weilheim-Schongau 764-E5
Fischenberg (D) 760-D7
Fischen-Bolsterlang (D) 78
Fischenthal (CH) 775-M4
Fischerau (A) Brunn 769-J7
Fischerau (A) Grünau im Almtal 768-B6
Fischerhäuser (D) 765-J2
Fischerndorf (A) 768-A8
Fischhausen (D) 110, 765-K8
Fisching (A) Enns 768-E1
Fisching (A) Zeltweg 783-H4
Fischingen (CH) 775-M3
Fischingen (D) 760-C8
Fischinger Ski- und Heimatmuseum (D) 81
Fischlham (A) 768-B3
Fischtaging (A) 767-H5
Fisibach (CH) 761-H9
Fislis (F) 773-M1
Fislisbach (CH) 775-H2
Fiss (A) 162, 163, 670, 778-A7
Fißnacht (D) 760-F2
Fisto (I) 792-B9
Fiume Véneto (I) 806-F2
Fiumenero (I) 803-H1
Fiumesino (I) 806-E2
Fizzonasco (I) 802-B8
Fjesa (SLO) 807-M6
Flaach (CH) 761-K9
Flachau (A) 284, 286, 287, 289, 670, 781-K3
Fladenbach (A) 770-B9
Fladnitz an der Teichalm (A) 316, 671, 784-B3
Fladnitz im Raabtal (A) 784-D6
Flagey (F) 772-C6
Flagogna (I) 795-G7
Flaibano (I) 795-H9
Flaine (F) 751, 787-G9
Flaipano (I) 795-J6
Flamatt (CH) 773-L8
Flamberg (A) 784-B8
Flambruzzo (I) 807-H2
Flangebouche (F) 772-E5
Flanger-Hütte (A) 778-C6
Flanthey (CH) 787-M7
Fläsch (CH) 776-E7
Flaschberg (A) 795-G1
Flass/Valss (I) 792-F3
Flatschach (A) Feldkirchen in Kärnten 782-D9
Flatschach (A) Fohnsdorf 783-H4
Flatschach (A) St. Gandolf 796-E1
Flattach (A) 342, 343, 671, 781-H7
Flattendorf (A) 784-E3
Flattnitz (A) 782-C7
Flatz (A) 770-F6
Flaurling (A) 778-E4
Flavòn (I) 792-D7
Flawil (CH) 776-C3
Fléccia (I) 810-B4
Fleck (D) 765-H8
Flecken (A) 780-D1
Fleckendorf (A) 768-D2
Fleimstal (I) 548, 551
Fleischwangen (D) 762-E6
Flendruz (CH) 787-K4
Flerden (CH) 790-D2
Flérier (F) 786-F8
Flero (I) 803-K7
Fleurey (F) 773-H3
Fleurier (CH) 772-F8
Fließ (A) 168, 778-A6
Fliesser-A. (A) 777-L7
Flims (CH) 47, 444, 445, 446, 776-C9
Flims-Dorf (CH) 715
Flims-Waldhaus (CH) 715, 776-C9
Flimser Schlucht (CH) 47

Register

Flintsbach am Inn (D) 766-A7
Flirsch (A) 144, 777-L6
Flöcking (A) 784-D5
Floing (A) 784-D3
Flond (CH) 790-B1
Florianisiedlung (A) 771-K3
Florijan (SLO) 797-L4
Florimont (F) 773-K1
Flossing (D) 766-C2
Flözlingen (D) 761-J3
Flue (CH) 788-D9
Flüealp (CH) 788-C5
Flüelen (CH) 414, 775-K8
Flüeli-Ranft (CH) 775-G9
Fluh (A) 777-G2
Flühli (CH) 774-E8
Flumenthal (CH) 774-C4
Flumet (F) 798-E3
Flums (CH) 776-D6
Flumserberg (CH) 430, 431, 715
Fluorn-Winzeln (D) 761-J1
Flurlingen (CH) 761-K8
Flüssing (A) 784-B7
Fluttendorf (A) 783-M6
Fobello (I) 800-F2
Föching (D) 765-J6
Fochnitz (A) 770-B9
Föderlach (A) 796-C2
Födinger Siedlung (A) 768-D4
Foèn (I) 805-L1
Föggenbeuern (D) 765-H6
Foglizzo (I) 810-F1
Fohnsdorf (A) 783-H4
Fohra (A) 769-H2
Föhrenau (A) 771-G6
Föhrenbühl (D) 761-H2
Föhrental (D) 760-E4
Foirach (A) 783-L2
Fojde (SLO) 796-D8
Fokovci (SLO) 785-H8
Folárida (I) 729
Folchi (I) 814-D4
Folgaria (I) 804-F2
Folgensbourg (F) 760-B9
Follina (I) 805-M2
Fölling (A) 784-B4
Folsogno (I) 789-J8
Fölz (A) 769-L8
Folzano (I) 803-K7
Fomasе (I) 806-B7
Fomelli (I) Friuli-Venézia Giúlia 807-K3
Fomelli (I) Ligúria 815-J3
Fomesighe (I) 794-A6
Foncenex, Veigy- (F) 786-D6
Foncine-le-Bas (F) 786-B2
Foncine-le-Haut (F) 786-C2
Fondi (I) 805-G3
Fondo (I) 792-E5
Fondo Grande (I) 804-F3
Fondotoce (I) 801-J2
Fondovalle (I) 789-H6
Fondremand (F) 772-C1
Font (CH) 773-H9
Font Moulines (F) 809-H8
Fontagneu (F) 808-C4
Fontain (F) 772-C4
Fontaine (F) Rhône-Alpes 808-B1
Fontaine (F) Rhône-Alpes/Grésy-sur-Isère 798-C5
Fontaine (F) Rhône-Alpes/Moûtiers 798-E6
Fontaine de l'Ours (F) 809-G9
Fontaine-le-Puits (F) 798-E7
Fontaine-lès-Clerval (F) 772-F2
Fontainemelon (CH) 773-J6
Fontainemore (I) 800-D5
Fontaines (CH) Neuchâtel 773-J6
Fontaines-sur-Grandson (CH) Vaud 773-G8
Fontan (F) 814-D6
Fontana (I) Venéto, Belluno 794-E3
Fontana (I) Venéto, Treviso 805-M2
Fontana (I) Venéto, Vicenza 805-G3
Fontanacia (I) 793-K3
Fontanafredda (I) 806-D1
Fontanazzo (I) 793-J5
Fontane (F) 813-K7
Fontane (I) 809-M4
Fontane (I) Lombardia, Brescia 803-K6
Fontane (I) Lombardia, Mantova 803-M8
Fontanefredde/Kaltenbrunn (I) 793-G6
Fontanella (A) 133, 134, 671, 777-H5
Fontanella (I) 803-G7
Fontanelle (I) Lombardia 803-L8
Fontanelle (I) Piemonte 814-D3
Fontanelle (I) Venéto, Treviso 806-D3
Fontanelle (I) Venéto, Vicenza 805-J4
Fontanellette (I) 806-D3
Fontaneto (I) Piemonte, Torino 810-F4
Fontaneto d' Ag. (I) Piemonte, Novara 801-H5
Fontanetto Po (I) 811-J2
Fontanezier (CH) 773-G8
Fontanile (I) 811-K7
Fontanino di Celentino (I) 792-B6
Fontaniva (I) 805-K5
Fontannen (CH) 774-E7
Fontany (F) 787-G6
Fontasse (F) 813-L6
Fontcouverte-la-Toussuire (F) 798-C9
Fonte (I) 805-L4
Fonte Alto (I) 805-L4
Fonte Bracca (I) 802-F4
Fontenais (CH) 773-K2
Fontenelle-Montby (F) 772-E2
Fonteno (I) 803-H4
Fontenois-lès-Montbozon (F) 772-D1
Fontenotte (F) 772-E2
Fontgillarde (F) 809-K7
Fonti (I) 789-G8
Fontienne (F) 812-B6
Fontigo (I) 806-A3
Font-Sourne (F) 812-A2
Fonzaso (I) 805-K1
Foppa (CH) 776-C9
Fóppolo (I) 803-G1
Fòppolo (I) Lombardia 791-G9
Forame (I) 795-K7
Forand (F) 798-F5
Forani (I) 814-B3
Forcalquier (F) 812-B6
Forch (CH) 775-K4
Forchach (A) 152, 777-M3
Forchauberg (A) 784-F6
Forchheim (D) 760-D3
Forchtenau (A) 767-K1
Forchtenstein (A) 771-H6
Fòrcola (I) Lombardia 790-F8
Fórcola (I) Piemonte 799-M9
Forel (CH) Fribourg 773-J8
Forel (CH) Vaud 787-G3
Forel-sur-Lucens (CH) 787-H1
Foresti (I) 811-L8
Foresto (I) 804-B9
Foresto (I) Piemonte, Cuneo 810-E7
Foresto (I) Piemonte, Torino 809-M2
Foresto Sésia (I) 801-G4
Foresto Sparso (I) 803-H5
Forest-Saint-Julien (F) 808-E7
Forêt de la Palud (F) 813-K6
Forét Domaniale (F) 813-K4
Forette (I) 804-D9
Forgària nel Friuli (I) 795-G7
Forggensee (D) 63
Fórk (A) 795-M3
Formaga (I) 804-A5
Formegàn (I) 793-M9
Formeniga (I) 806-B2
Formigliana (I) 801-G8
Fornaca (I) 810-D7
Fornace (I) 792-F9
Fornach (A) 767-K4
Fornaci (I) Lombardia 803-J7
Fornaci (I) Venéto 806-D5
Fornális (I) 795-L8
Fornèr (I) 805-L3
Fornero (I) 801-G2
Fornet-Dessus (CH) 773-L4
Forni Avoltri (I) 794-F3
Forni di Sopra (I) 794-E5
Forni di Sotto (I) 794-E5
Forno (I) Piemonte 801-G2
Forno (I) Piemonte, Torino, Coazze 810-B3
Forno (I) Piemonte, Torino, Lémle 810-C1
Forno (I) Trentino-Alto Ádige 793-J6
Forno-Allione (I) 791-L9
Forno Canavese (I) 800-B8
Forno di Val (I) 793-L6
Forno di Zoldo (I) 794-B6
Fornovo San Giovanni (I) 802-F7
Foroglio (CH) 789-J6
Förolach (A) 795-L2
Foroni (I) 804-B9
Forst (A) Kumberg 784-C4
Forst (A) Wolfsberg 783-J8
Forst (A) Wundschuh 784-B7
Forst (D) 764-D6
Forstau (A) 671, 768-D4
Forstberg (A) 784-D4
Forstberg (A) Fischlham 768-B3
Forstenried (D) 765-H3
Forstern (A) 767-J4
Forstern (D) 765-L2
Forsting (D) Kr. Mühldorf am Inn 766-D2
Forsting (D) Kr. Rosenheim 766-D2
Forstinning (D) 765-K3
Fort de Marth (F) 814-C7
Fort de Saint-Ours (F) 813-K1
Fort-du-Plasne (F) 786-B2
Forte Masua (I) 804-C6
Fortezza/Franzensfeste (I) 779-H9
Fortogna (I) 794-B7
Fortschwihr (F) 760-B3
Forvilla (I) 810-D2
Forzo (I) 799-M7
Fossa (I) 803-M8
Fossabiuba (I) 806-D3
Fossalón (I) 807-L4
Fossalta (I) 805-M6
Fossalta di Piave (I) 806-D5
Fossalta di Portogruaro (I) 807-G3
Fossalta Maggiore (I) 806-D4
Fossalunga (I) 805-M5
Fossana (I) 805-J8
Fossano (I) 810-E9
Fossaz (I) 799-K4
Fosse (I) 804-D5
Fossemagne (F) 813-L5
Fossò (I) 805-M8
Fostaga (I) 803-L6
Foucherans (F) 772-C5
Fouillouse (F) Provence-Alpes-Côte d'Azur 809-K9
Fouillouse (F) Provence-Alpes-Côte d'Azur 812-D1
Founex (CH) 786-C5
Fouquet (F) 812-C7
Fourg (F) 772-A5
Fourneaux (F) 809-J2
Fournet (F) 798-A5
Fournet-Blancheroche (F) 773-H5
Foza (I) 805-J3
Frabaso Sottana (I) 814-F3
Frabertsham (D) 766-B4
Frabosa Soprana (I) 814-F3
Frácchia (I) 802-D8
Frachey (I) 800-C3
Fraelacco (I) 795-J7
Fraforeano (I) 807-H3
Fraganther Jugendherberge. (A) 781-G7
Fraham (A) Mattighofen 767-G4
Fraham (A) Mauerkirchen 767-J2
Fraham (D) 766-B2
Fráire (I) 810-C7
Fràis (I) 809-L3
Fraisse (I) 809-L3
Fraita (I) 810-B4
Frambouhans (F) 773-H4
Framrach (A) 783-J9
Franchella (I) 815-H4
Franchini (I) 811-K4
Francin (F) 798-B6
Franciscio (I) 790-D5
Franex (CH) 787-H1
Franey (F) 772-A4
Frangy (F) 786-A9
Franken (F) 760-A9
Frankenau-Unterpullendorf (A) 771-K8
Frankenberg (A) Gleisdorf 784-D5
Frankenberg (A) Vöcklermarkt 797-G1
Frankenburg am Hausruck (A) 767-K3
Frankenfels (A) 769-M3
Frankenhofen (D) Alb-Donau-Kreis 762-F1
Frankenhofen (D) Kr. Ostallgäu 764-B6
Frankenmarkt (A) 767-K4
Frankenried (D) 764-B6
Franking (A) 766-F4
Frannach (A) 784-C7
Franois (F) 772-B4
Franscia (I) 791-H7
Fransdorf (A) 783-K9
Frantschach (A) 783-J8
Franzendorf (A) 796-D3
Franzensfeste/Fortezza (I) 779-H9
Franz-Fischer-Hütte (A) 781-K4
Franz-Josefs-Höhe (A) 324, 780-E6
Franz-Senn-Hütte (A) 194, 778-E6
Fraroz (F) 772-C9
Frascaro (I) 811-L6
Fräschels (CH) 773-L7
Fraschietto (I) 800-B7
Frasco (CH) 789-L6
Frasdorf (D) 766-B7
Frasnacht (CH) 776-D1
Frasne (F) 772-C8
Frasne-le-Château (F) 772-B1
Frassenè (I) 805-K1
Frasses (CH) 773-H9
Frassilongo (I) 792-F9
Frassinello Monf. (I) 811-K4
Frassineto (I) 811-L3
Frassineto/Verschneid (I) 792-F4
Fràssino (I) Ligúria 815-H4
Frássino (I) Piemonte 810-B9
Frastanz (A) 776-F5
Fratta (I) Friuli-Venézia Giúlia, Pordenone 794-E8
Fratta (I) Friuli-Venézia Giúlia, Udine 807-L2
Fratta (I) Venéto, Treviso 806-B2
Fratta (I) Venéto, Venezia 807-G3
Fratte (I) Friuli-Venézia Giúlia 806-E2
Fratte (I) Venéto 805-L6
Frattina (I) 806-E3
Frattins (I) 795-J6
Fraubrunnen (CH) 774-B6
Frauchwil (CH) 773-M6
Frauenbach (A) 784-D7
Frauenberg (A) Admont 768-E8
Frauenberg (A) Bruck an der Mur 784-A1
Frauenberg (D) 764-F2
Frauenburg Unzmarkt (A) 782-F4
Frauenchiemsee (D) 766-C6
Frauendorf (D) 766-C2
Frauenfeld (CH) 762-A9
Frauenhofen (A) 784-E3
Frauenkappelen (CH) 773-M7
Frauenkirch (CH) 791-G1
Frauenkirchen (A) 771-M4
Frauenneuharting (D) 765-L4
Frauenornau (D) 766-B2
Frauenrain (D) 764-F7
Frauenreuth (D) 765-K5
Frauenried (D) 765-K7
Frauenstein (A) Braunau am Inn 767-H1
Frauenstein (A) Schedlbauer 768-D5
Frauenstein (A) St. Veit an der Glan 782-E9
Frauental (CH) 775-H5
Frauental an der Laßnitz (A) 783-M8
Frauenzell (D) 763-J7
Frauschereck (A) 767-J3
Fraveggio (I) 792-D9
Fraxern (A) 776-F4
Frayssinet (F) 808-F8
Frébouge (F) 798-F2
Frechenrieden (D) 763-L5
Frederik-Sims-Hütte (A) 777-L5
Freggio (CH) 789-L4
Fregiécourt (CH) 773-L2
Fregona (I) 806-C1
Freiamt (D) 760-E2
Freiberg Montefranco (I) 792-C3
Freiburg im Breisgau (D) 760-E4
Freiburg/Fribourg (CH) 773-L9
Freidorf (A) 783-M9
Freidorf (CH) 776-D2
Freidorf (D) 763-K9
Freidorf an der Laßnitz (A) 783-M8
Freien (D) 763-L6
Freienbach (CH) 775-L5
Freienbergdörfl (A) 784-D3
Freienfeld Campo di Trens (I) 499, 729, 779-H9
Freienstein (CH) 775-K1
Freienwil (CH) 775-H2
Freiham (D) Kr. München 765-G3
Freiham (D) Kr. Rosenheim 766-A4
Freiland (A) 770-B3
Freiland bei Deutschlandsberg (A) 783-L7
Freilassing (D) 767-G6
Freiling (A) 768-C1
Freimann (D) 766-E5
Freimehring (D) 766-A3
Freimettigen (CH) 774-C8
Frein an der Mürz (A) 770-B6
Freindorf (A) 768-D1
Freithof (A) 779-K5
Fréjus (F) 809-H4
Freney (F) 809-H1
Frenières-sur-Bex (CH) 787-K7
Frenkendorf (CH) 774-C1
Frenz (A) 769-G6
Fresach (A) 795-M1
Frescada (I) 806-B5
Fresen (A) 784-D3
Freseney (F) 798-A4
Fresens (CH) 773-G8
Fresing (A) 784-B8
Fresis (I) 794-F5
Fressinières (F) 809-H6
Freßlesreute (D) 764-B8
Freßnitz (A) 770-B8
Fréterive (F) 798-C5
Frétigney-et-Velloreille (F) 772-B1
Freudenberg (A) 796-F1
Freudental (D) 762-B7
Freudenthal (A) 767-J5
Freudenweiler (D) 762-B2
Freudwil (CH) 775-L3
Freundsam (A) 782-E9
Freutsmoos (D) 766-D4
Freydegg (A) 769-J2
Freyen (A) 769-M2
Freyenstein (A) 769-J1
Fr. Hintermayr-Haus (A) 780-D3
Friard (F) 772-D8
Friaul (I) 552
Fribourg/Freiburg (CH) 773-L9
Friburge (F) 799-G7
Frick (CH) 774-F1
Frickenhausen (D) 763-L4
Frickingen (D) 762-C7
Fridau (A) 770-B1
Fridingen an der Donau (D) 762-A4
Fridolfing (D) 766-F4
Friedauwerk (A) 769-K9
Friedberg (A) 770-F9
Friedberg (D) 762-D5
Friedburg (A) 767-H4
Friedenweiler (D) 761-G5
Friedersdorf (A) 770-E7
Friedling (D) 764-F4
Friedingen (D) Kr. Biberach 762-D3
Friedingen (D) Kr. Konstanz 761-M7
Friedlach (A) 782-E9
Friedlisberg (CH) 775-H3
Friedrichheim (D) 760-D7
Friedrichshafen (D) 762-E8
Friedrichshafner Hütte (A) 777-K7
Friedrichsheim (D) 760-D7
Frienisberg (CH) 773-M7
Friesach (A) 782-F7
Friesach (A) Gratkorn 784-A4
Friesenberghaus (A) 779-J6
Friesenhofen (D) 763-J7
Friesenried (D) 763-M6
Frießnitz (A) 796-D3
Frieswil (CH) 773-L7
Frinco (I) 811-J4
Frindorf (A) Mitterdorf an der Raab 784-C4
Frindorf (A) Traun 768-D1
Frinvillier (CH) 773-L5
Friola (I) 805-J5
Frisanchi (I) 804-F2
Frisanco (I) 794-F7
Frischmann-Hütte (A) 778-C6
Frise (I) 814-B2
Frisoni (I) 805-J2
Frittlingen (D) 761-L3
Fritzen-Alm (A) 779-H5
Fritzendorf (A) 795-K2
Fritzens (A) 779-H4
Frödenegg (A) 777-M6
Frohn (A) 794-F2
Fröhnd (D) 760-E7
Frohnleiten (A) 783-M3
Frohnloh (D) 764-F4
Frohnstetten (D) 762-B3
Frohsdorf (A) 771-G5
Froidefontaine (F) 772-C9
Froidevaux (F) 773-G3
Froideville (CH) 787-G3
Frojach (A) 782-E5
Fromaget (F) 812-F3
Fromm (A) 781-J1
Frommern (D) 761-M2
Fronau (D) 766-F8
Fronhofen (D) 762-E6
Fronreute (D) 762-E6
Front (I) 810-E1
Frontale (I) 791-L6
Frontenex (F) Rhône-Alpes/Albertville 798-D5
Frontenex (F) Rhône-Alpes/Annecy 798-D4
Frontignano (I) 803-J8
Frösau (A) 784-E5
Froschendorf (A) 797-G2
Froschhausen (D) 764-F8
Frotzhofen (D) 765-K3
Fruinz (I) 795-G7
Frümsen (CH) 776-E4
Frunt (CH) 440
Fruthwilen (CH) 762-B8
Frutigen (CH) 348, 788-C3
Frutigland (CH) 348
Frutten-Gießelsdorf (A) 784-F7
Fry (F) 786-F8
Ftan (CH) 470, 473, 791-K1
Fuans (F) 772-F5
Fubina (I) 810-C1
Fubine (I) 811-L4
Fuchsluke (A) 768-D9
Fuchstal (D) 764-C5
Fucine (I) Ligúria 815-J3
Fucine (I) Lombardia 803-K3
Fucine (I) Trentino-Alto Ádige 792-B6
Fucking (A) 766-F3
Fügen (A) 204, 206, 207, 672, 779-K3
Fügenberg (A) 779-K3
Führholz (A) 769-K1
Fuipiano (I) 802-E3
Fuit (SLO) 797-M6
Fulcheri (I) 814-E2
Fuldera (CH) 791-L3
Fulenbach (CH) 774-D4
Fulgenstadt (D) 762-D4
Füllinsdorf (CH) 774-D1
Full-Reuenthal (CH) 761-G9
Fully (CH) 787-K8
Fulpmes (A) 192, 193, 195, 672, 779-G5
Fumane (I) 804-C7
Fumero (I) 791-L6
Fúndres/Pfunders (I) 779-J8
Fúnes/Villnöß (I) 793-J3
Fünfehrlen (D) 762-E8
Fünfhaus (A) 770-C3
Fünfing (A) 784-D4
Funtek (SLO) 797-J6
Füramoos (D) 763-H5
Furato (I) 801-L7
Fürenalp (Klettersteig) (CH) 416
Fürholzen (D) 766-A2
Fürigen (CH) 775-H7
Furkapass (CH) 398
Furmeyer (F) 808-C8
Fürmoosen (D) 765-K3
Furna (CH) 776-F8
Fürnitz (A) 796-B3
Furrach (A) 782-D2
Fürstätt (D) 765-M6
Fürstenau (CH) 790-D2
Fürstenberg (D) 761-J6
Fürstenfeld (A) 785-G5
Fürstenfeldbruck (D) 764-F3
Fürstenried (D) 765-G3
Fürstensteig (LIE) 437
Furt (A) 768-C9
Fürth (A) 780-E4
Furth (A) Bad Gams 783-M7
Furth (A) Judenburg 783-G4
Furth (A) Kirnberg an der Mank 769-L2
Furth (A) Mattighofen 767-H3
Furth (A) St. Pölten 770-C1
Furth (A) Treglwang 769-G9
Furth an der Triesting (A) 770-E3
Fürther Haus (A) 780-C5
Furthof (A) 770-C4
Furtschaal-Haus (A) 779-K7
Furtwangen (D) 761-G4
Fusch an der Großglocknerstraße (A) 780-F4
Fuschl am See (A) 274, 275, 767-J6
Fusea (I) 795-G5
Fusina (I) 806-B8
Fusine (I) Lombardia 791-G8
Fusine (I) Venéto 794-A6
Fusine (I) Venéto 804-F4
Fusine in Valromana (I) 796-A4
Fusine in Volvomana (I) 796-A4
Fusino (I) 791-K6
Fusio (CH) 789-K5
Fußach (A) 776-F2
Füssen (D) 84, 85, 656, 764-B9
Füssener Seenplatte (D) 82
Fützen (D) 761-J7
Fuyens (CH) 787-J1

G

Gaaden (A) Heiligenkreuz 771-G2
Gaaden (A) Wiener Neustadt 770-F5
Gaal (A) 783-H3
Gaas (A) 785-J4
Gabelspitze (A) 236
Gaberc (SLO) 796-F5
Gaberke (SLO) 797-L4
Gabersdorf (A) 784-C8
Gabersee (D) 766-A4
Gabi (CH) 788-F8
Gabiano (I) 811-J2
Gablern (A) 797-H2
Gabrše (SLO) 796-F8
Gábria (I) 807-M2
Gábris (CH) 776-E3
Gabrje (SLO) 797-G8
Gabrje (SLO) 797-J8
Gabrovka (SLO) 797-L9
Gabrsko (SLO) 797-L7
Gabutti (I) 815-J2
Gaby (I) 800-D4
Gächlingen (CH) 761-J8
Gachnang (CH) 775-M1
Gad (I) 809-K3
Gadaunern (A) 781-H5
Gaden (D) 766-E5
Gadental (A) 131
Gadenweith (A) 770-F3
Gadmen (CH) 360, 789-H2
Gaflenz (A) 769-H5
Gafring (A) 769-J3
Gagering (A) 779-K3
Gaggina (I) 811-M7
Gággio (I) Trentino-Alto Ádige 792-F8
Gággio (I) Venéto 806-C6
Gaggiole (CH) 789-M8
Gaggiolo (I) 801-M3
Gagliánico (I) 800-E6
Gagliano (I) 795-L9
Gagnone-Oresco (I) 789-H8
Gähwil (CH) 776-A3
Gai (A) 783-K1
Gai (I) 806-C2
Gaiarine (I) 806-D3
Gaicht (A) 149, 778-A2
Gaicht (CH) 773-L6
Gaienhofen (D) 762-A8
Gaihof (A) 770-C9
Gailberg (A) 795-G1
Gailingen am Hochrhein (D) 761-L8
Gailitz (A) 795-M3
Gailtal (A) 331
Gaimberg (A) 780-F9
Gaina (I) 803-J5
Gainaga (I) 806-E5
Gainfarn (A) 771-G3
Gaio (I) 795-G8
Gaiola (I) 814-C3
Gais (A) 776-F5
Gais (CH) 426, 776-D3
Gais i. P. (I) 730, 779-L9
Gaisberg (A) 782-F7
Gaisbeuren (D) 762-F6
Gaisfeld (A) 783-M6
Gaishorn am See (A) 769-G9
Gaiß (D) 761-G8
Gaißach (D) 104, 765-H7
Gaißau (A) 776-F2
Gaisstein (A) 770-E3
Gaisweiler (D) 762-C5
Gaiswinkel (A) 768-B8
Gajach (A) 795-J1
Galanti (I) 811-L9
Galbiate (I) 802-D4
Galdina (I) 801-K7
Galgagnano (I) 802-D9
Galgenau (A) 768-C5
Galgenen (CH) 775-M5
Galgi (I) 805-J3
Galizère (F) 808-A1
Gallafilz (D) 764-F6
Gallarate (I) 801-K5
Gallareto (I) 811-H4
Gallaretto (I) 815-L1
Gallbrunn (A) 771-K2
Gallenkirch (CH) 774-F2
Galleno (I) 791-K8
Gallenweiler (D) 760-C6
Galleriano (I) 807-H1
Galletti (I) 815-K2
Galliate (I) 801-K7
Galliera Vèneta (I) 805-K5
Gallignano (I) 803-G8
Gallinazza (I) 807-K3
Gállio (I) 805-H3
Gallio Melette (I) 805-H2
Gallizien (A) 797-G3
Gallmannsegg (A) Geistthal 783-L4

Regionen Hotels Karten

Gallmannsweil (D) 762-A5
Gallspach (A) 767-M2
Gallzein (A) 779-K3
Galmiz (CH) 773-K7
Galmutshöfen (D) 763-G3
Gals (CH) 773-K6
Galten (CH) 774-F1
Galteren (CH) 787-L1
Galtür (A) 159, 160, 672, 777-K8
Galzignano Terme (I) 805-K9
Gamalero (I) 811-L6
Gamba (I) 805-G5
Gambarare (I) 806-B8
Gambasca (I) 810-B8
Gambellara (I) 805-G8
Gambugliano (I) 805-H6
Gamelloma (I) 815-H2
Gamerschwang (D) 763-G1
Gaming (A) Kienberg 300, 301, 769-K4
Gamischdorf (A) 785-H4
Gamlitz (A) 784-C9
Gammersdorf (A) 796-F1
Gammertingen (D) 762-C2
Gampel (CH) 788-C6
Gampelen (CH) 773-K7
Gampern (A) 767-L4
Gamprin (CH) 776-E5
Gams (CH) 776-D5
Gams bei Hieflau (A) 769-H7
Gamsblick (A) 780-C5
Gamsen (CH) 788-E6
Gamsfeld (A) 267
Gamsforst (A) 769-J7
Gamsgebirg (A) 783-M7
Ganagobie (F) 812C6
Gand Ganda d. Martello (I) 792-C4
Ganda (I) 791-H7
Gandaron (F) 812-C6
Gandellino (I) 803-H2
Ganden (A) 777-M6
Gandino (I) 803-H4
Gandosso (I) 803-G5
Gándria (CH) 802-A1
Ganfardine (I) 804-C8
Gängle-See (LIE) 436
Ganna (I) 801-L2
Gannertshofen (D) 763-K2
Ganon (F) 813-H5
Gänsbrunnen (CH) 774-B4
Gänsdorf (A) 783-G9
Gansingen (CH) 760-F9
Ganterschwil (CH) 776-B3
Ganz (A) 234
Ganzaie (I) 793-G6
Ganzendorf (A) 770-B2
Gap (F) 808-D8
Gapian (F) 808-E9
Garabiolo (I) 789-L9
Garanas (A) 783-L8
Garatshausen (D) 764-F5
Garavagna (I) 814-E3
Garavan (F) 814-C9
Garavóglie (I) 811-H1
Garbagna Nov. (I) 801-J8
Garba-Gnate (I) 802-A6
Garbagnate Mon. (I) 802-C4
Garce (F) 812-D5
Garching an der Alz (D) 766-D3
Garching bei München (D) 765-J2
Garda (I) Lombardia 791-L8
Garda (I) Venéto 558, 559, 804-B6
Gardaland (I) 804-B7
Gardasee (I) 33, 35, 39, 49, 51, 53, 59, 63, 554, 556, 558
Gardertal (I) 529
Gárdolo (I) 792-E9
Gardoncino (I) 804-A7
Gardone Riviera (I) 804-A6
Gardone Val Trómpia (I) 803-K5
Garduelle (F) 812-C4
Gares (I) 793-K6
Garéssio (I) 815-H4
Gargallo (I) 801-H4
Gargazon/Gargazzone (I) 792-F3
Gargazzone/Gargazon (I) 792-F3
Gargellen (A) 138, 141, 672, 777-H8
Gargnano (I) 804-B5
Garlate (I) 802-D4
Garlenda (I) 815-H6
Garmisch-Partenkirchen (D) 43, 49, 92, 93, 94, 95, 605, 656, 778-E2
Garnier (F) 812-F3
Garniga Terme (I) 804-E1
Garnweid (A) 768-D5
Garrach (A) 784-C3
Gars (F) 813-J8
Gars am Inn (D) 766-B3
Garstatt (CH) 787-M3
Garsten (A) 768-E3
Gartenstadt (A) 784-B5
Garzeno (I) 790-C8
Garzern (A) Gösseling 783-G9
Garzern (A) Kappel am Krappfeld 783-G9
Garziere (I) 805-G4
Garzigliana (I) 810-C6
Garzolino (I) 795-H7
Gaschbach (A) 782-F3
Gaschurn (A) 39, 138, 139, 141, 672, 777-J7
Gasel (CH) 773-M8
Gasen (A) 316, 784-C1
Gasenried (CH) 788-D8
Gasenzen (CH) 776-D5
Gaspoltshofen (A) 767-M2
Gassarest (A) 782-E8
Gasse (A) 778-E3
Gasse (D) 765-J7
Gasselsdorf (A) 783-G4
Gasselsdorf (A) Pölfing 784-A9
Gassen (A) Afritz 796-B1
Gassen (A) Paternion 795-L1
Gassing (A) 769-M9
Gássino Tor. (I) 810-F3
Gasteig (D) 766-F1
Gasteige (A) 782-F7
Gasteil (A) 770-E6
Gastein (A) 767-G5
Gasteiner Thermen (A) 276
Gasteinertal (A) 276, 279
Gastere (CH) 788-C5
Gastuna (A) 276
Gatschberg (A) 782-C2
Gatschen (A) 768-D9
Gattendorf (A) 771-M2
Gattersdorf (A) 783-G9
Gatti (I) 804-B9
Gáttico (I) 801-J5
Gattières (F) 813-M9
Gattikon (CH) 775-J4
Gattinara (I) 801-G6
Gattmannsdorf (A) 770-B1
Gattnau (D) 762-F9
Gattolino (I) 802-E9
Gaubert (F) 812-E5
Gauingen (D) 762-D2
Gauselfingen (D) 762-C2
Gausendorf (A) 783-K1
Gauting (D) 765-G4
Gavardo (I) 803-L6
Gavce (SLO) 797-L5
Gavelle (I) 805-J2
Gavénola (I) 815-G6
Gaverina Terme (I) 803-G4
Gavet (F) 808-C3
Gavirate (I) 801-K3
Gazzada-Schianno (I) 801-L4
Gazzadina (I) 792-E8
Gazzane (I) Lombardia, Brescia, Odolo 803-L5
Gazzane (I) Lombardia, Brescia, Roe Volciano 803-M6
Gazzaniga (I) 803-G4
Gazzelli (I) 815-G7
Gazzo (I) Lígúria 815-H5
Gazzo (I) Venéto 805-K6
Gazzoli (I) 804-C6
Gebenstorf (CH) 775-G2
Gebersdorf (A) 768-B1
Geboltskirchen (A) 767-L2
Gebrazhofen (D) 763-H7
Gederovci (SLO) 785-G9
Gedersberg (A) 784-B6
Geésy-sur-Isère (F) 798-C5
Gegend (A) 770-C4
Gehrenspitze (A) 153
Gehring (A) 771-G8
Geiersberg (A) 767-L2
Geiersdorf (A) 796-F1
Geiersnest (D) 760-D5
Geigelbach (D) 762-E5
Geinberg (A) 767-J1
Geipersdorf (A) 783-M8
Geiselbullach (D) 764-F2
Geiseldorf (A) 784-F3
Geiselharz (D) 763-G8
Geiselstein (D) 84
Geisenbrunn (D) 764-F3
Geisenhofen (D) 764-A7
Geisenried (D) 764-A7
Geisensheim (A) 768-B2
Geisingen (D) 761-K5
Geisingen (D) 762-D2
Geislatsried (D) 764-B7
Geislerspitzen (I) 516
Geislingen (D) 761-L1
Geismarkt (D) 763-L2
Geispitzen (F) 760-A8
Geiss (CH) 774-F6
Geißlingen (D) 761-H9
Geistthal (A) 783-L4
Geiswasser (F) 760-C5
Geitau (D) 114, 115, 765-L8
Gelfingen (CH) 774-B5
Gellin (F) 772-D9
Geltendorf (D) 764-D3
Gelterfingen (CH) 774-B9
Gelterkinden (CH) 774-D2
Gelting (D) Kr. Bad Tölz-Wolfratshausen 765-G6
Gelting (D) Kr. Ebersberg 765-K2
Geltwil (CH) 775-H4
Gemais (A) 209
Gemerello (I) 810-C6
Gemmenalphorn (CH) 353
Gemmersdorf (A) 783-K9
Gemona d. Friuli (I) 795-J6
Gempen (CH) 774-C2
Gena (I) 793-M8
Gendorf (A) 781-K9
Geneuille (F) 772-B3
Genève (CH) 786-C7
Geney (F) 773-G1
Genfer See (CH) 59, 362, 364, 398
Genhofen (D) 763-H9
Genivolta (I) 803-G9
Gennach (D) 764-B3
Gennes (F) 772-C4
Genola (I) 810-E8
Genolier (CH) 786-C4
Genthod (CH) 786-C6
Gentschach (A) 795-G2
Genzianella (I) 792-C7
Georgsberg (A) 784-A7
Gepatschhaus (A) 778-B8
Gera (I) 802-E6
Geraer Hütte (A) 779-J7
Geraise (F) 772-B7
Gera-Lário (I) 790-D8
Gerasdorf am Steinfeld (A) 770-F5
Geratsried (D) 763-J9
Gerbertshaus (D) 762-E8
Gerbi (I) 814-D1
Gerblinghausen (D) 765-H5
Gerbo (I) 810-E9
Gerbola (I) 810-D8
Gèrchia (I) 795-G7
Gerenzano (I) 801-M6
Gerersdorf (A) 768-D2
Gerersdorf bei Güssing (A) 785-H4
Geretsberg (A) 766-F3
Geretschlag (A) 771-G7
Geretseck (A) 767-J4
Geretshausen (D) 764-D3
Geretsried (D) 765-G6
Gerhaus (A) 771-L2
Gerholz (D) 763-J9
Gerichtsberg (A) 770-D3
Geristein (CH) 774-B7
Gerlafingen (CH) 774-B5
Gerlamoos (A) 781-J9
Gerlikon (CH) 775-M1
Gerlinci (SLO) 784-F8
Gerling (A) 780-F3
Gerlisberg (CH) 775-K2
Gerlos (A) 205, 206, 207, 673, 779-L5
Gerlosberg (A) 779-L5
Gerlotto (I) 811-M4
Germagnano (I) 810-D1
Germagno (I) 801-H3
Germagny (F) 798-B2
Germaringen (D) 764-B5
Germasino (I) 790-C8
Germéfontaine (F) 772-E4
Germering (D) 765-G3
Germerswang (D) 764-F2
Germignaga (I) 801-K1
Germondans (F) 772-C2
Gern-Alm (A) 779-H2
Gernlinden (D) 764-F2
Gernstall (D) 763-M4
Gerola-Alta (I) 790-E9
Gérolanuova (I) 803-H8
Gerold (D) 778-F2
Geroldswil (CH) 775-H2
Geroli (I) 804-E3
Gerosa (I) 802-E3
Gersau (CH) 775-J7
Gersbach (D) 760-E8
Gerschnialp (CH) 789-H1
Gersdorf (A) Deutschlandsberg 783-M7
Gersdorf an der Feistritz (A) 784-E4
Gersdorf an der Mur (A) 784-D9
Gersdorfberg (A) 784-E4
Gerstberg (A) 769-G2
Gerstruben (D) 777-K3
Gerzensee (CH) 774-B9
Gesäuse (A) 298, 299
Gesäuseeingang (A) 768-F8
Gescheid (D) 760-E3
Geschinen (CH) 789-G4
Geschwend (D) 760-E7
Geselhaus (A) 794-D1
Gessate (I) 802-D6
Gessertshausen (D) 764-B1
Gestratz (D) 763-H8
Gettnau (CH) 774-E5
Geuensee (CH) 774-F5
Gevaudan (F) 813-G7
Gex (F) 786-B5
Geyerbad (D) 761-M3
Gézier-et-Fontenelay (F) 772-B2
Gfäll (A) 777-H2
Gfangen (A) 784-F1
Gfrill (I) 792-F7
Gfrill/Caprile (I) 792-E4
Ghedi (I) 803-K8
Ghemme (I) 801-H6
Ghertele (I) 805-H2
Ghévio (I) 801-H4
Ghiffa (I) 801-K2
Ghigliani (I) 815-G1
Ghigo (I) 809-M5
Ghirano (I) 806-E3
Ghirla (I) 801-L2
Ghirlo (I) 793-L6
Ghirone (CH) 402
Ghisalba (I) 803-G6
Ghislarengo (I) 801-H7
Giaglione (I) 809-L2
Giàgnico (I) 803-K3
Giai (I) 806-E4
Giaòn (I) 794-B9
Giarabassa (I) 805-K6
Giare (I) 804-D6
Giarole (I) 811-M3
Giaroni (I) 805-K2
Giarre (I) 805-K9
Gias Bandia (I) 813-M2
Gias d'Ischietto (I) 814-C5
Gias la Grotta (I) 814-A4
Giavenale (I) 805-G5
Giaveno (I) 810-C3
Giávera del Monetello (I) 806-B3
Giavons (I) 795-H8
Giazza (I) 804-E5
Giazzera (I) 804-E3
Gibelflüe (CH) 775-H5
Giberto (I) 811-J5
Giboel (F) 814-B6
Gibswil (CH) 775-M4
Giebenach (CH) 774-D1
Giesenweiler (D) 763-G6
Giesing (D) 765-H3
Giessbach (CH) 788-E2
Giessen (CH) Zürich 775-K5
Gießen (D) 763-H8
Gießenberg (A) 783-M6
Gießener Hütte (A) 781-K7
Gießhübl (A) 771-G2
Giétroz (CH) 787-J9
Giez (CH) 773-G9
Giffers (CH) 787-L1
Gifflenga (I) 801-G7
Giggel (A) 777-M6
Gigging (A) 784-D6
Giggl (A) 778-A6
Gignese (I) 801-J3
Gigors (F) 812-E1
Gilbach (CH) 788-B4
Gilching (D) 764-F3
Gilette (F) 813-M8
Gilgenberg am Weilhart (A) 766-F3
Gillarens (CH) 787-H3
Gillersdorf (A) 785-G5
Gilley (F) 772-F6
Gillitschhütte (A) 783-K8
Gillois (F) 772-B9
Gilly (CH) 786-D4
Gilly-sur-Isère (F) 798-D4
Gimel (CH) 786-D3
Gimmelwald (CH) 788-D4
Gimpel (A) 146
Gimpering (A) 769-K2
Gimplach (A) 783-K1
Gimpling (A) 767-H1
Gindels (D) 763-K9
Ginestro (I) 815-G6
Gingins (CH) 786-C5
Ginzling (A) 211, 779-K6
Gionzana (I) 801-J8
Giornico (CH) 789-M5
Gioroani (I) 810-A2
Giovo (I) 792-E8
Gipf-Oberfrick (CH) 774-F1
Gippingen (CH) 761-G9
Giralba (I) 794-C3
Girardi (I) 810-C2
Girardière (F) 808-A3
Giravais (F) 813-G9
Girenbad bei Hinwil (CH) 775-M4
Girent (F) 813-L6
Girieud (F) 812-D8
Girlan (I) 792-F5
Girm (A) 771-K7
Gironico (I) 801-M4
Gisikon (CH) 775-H6
Gisingen (A) 776-E4
Gisuole (I) 815-H1
Giswil (CH) 774-F9
Gitschberg (I) 503
Gitschenen (CH) 775-J8
Gitschtal (A) 795-J2
Gittamelon (F) 798-E8
Giubiasco (CH) 790-A8
Giuliani (I) 815-K1
Giumaglio (CH) 789-K7
Giusiani Opaco (I) 810-B9
Giussago (I) 807-G4
Giussano (I) 802-B5
Giussin (I) 805-M3
Giustenice (I) 815-J5
Giustino (I) 541, 792-C8
Giusvalla (I) 815-K2
Givigliana (I) 794-F3
Givisiez (CH) 773-K9
Givoletto (I) 810-D2
Givrins (CH) 786-C4
Glacier Blanc (F) 586
Glaise (F) 808-B8
Glamondans (F) 772-D4
Gland (CH) 786-D5
Glanegg (A) Klagenfurt 782-E9
Glanegg (A) Salzburg 767-G7
Glanhofen (A) 796-D1
Glantschach (A) Eberndorf 797-G3
Glantschach (A) St. Veit an der Glan 782-E9
Glanz (A) 780-D7
Glanz (A) Lienz 780-E8
Glanz (A) Radenthein 795-M1
Glapigneux (F) 798-B7
Glarey (CH) 787-L6
Glaris (CH) 461, 791-G2
Glarner Land (CH) 51, 432, 434, 435
Glärnisch (CH) 432, 433
Glarsdorf (A) 783-K2
Glarus (CH) 432, 434, 435, 776-B7
Glashütte (D) Kr. Miesbach 765-J9
Glashütte (D) Kr. Sigmaringen 762-B3
Glashütte (D) Kr. Waldshut 761-G6
Glashütte, Todtmoos- (D) Kr. Waldshut 760-F8
Glashütten (A) Holzschlag 785-H1
Glashütten (A) Parfußwirt 783-L8
Glashütten (CH) 774-D4
Glashütten (D) Kr. Lörrach 760-E8
Glashütten (D) Kr. Waldshut 760-E8
Glasing (A) 785-J5
Glattbrugg (CH) 775-K2
Glattfelden (CH) 761-J9
Glatzau (A) 784-D7
Glatzental (A) 784-E7
Glaunicco (I) 807-G2
Glauning (A) 784-E8
Glay (F) 773-J2
Gleichenbach (A) 771-H7
Gleichenberg-Dorf (A) 784-E7
Gleiming (A) 781-L2
Glein (A) 783-K3
Gleink (A) 768-E3
Gleinkerau (A) 768-E7
Gleinstätten (A) 784-B8
Gleisdorf (A) 784-D4
Gleise (I) 809-K3
Gleiß (A) 769-H3
Gleißenfeld (A) 770-F6
Gleiwitzer Haus (A) 780-E4
Glemmtal (A) 252, 253
Glen (I) 792-F6
Glentleiten (Freilichtmuseum) (D) 97
Glera (I) 794-E8
Glère (F) 773-J3
Glèris (I) 807-G2
Glesiute (I) 795-J6
Gletsch (CH) 398
Gletschau (A) 783-H9
Gletschergarten Luzern (CH) 414
Gletterens (CH) 773-J8
Gliera (I) 793-K4
Glinje (SLO) 797-G6
Glion (CH) 787-J5
Glis (CH) 788-E6
Globasnitz (A) 797-H3
Glockner Treck Kals (A) 233
Glocknerblick (A) 781-G7
Glockturmkamm (A) 166
Glödnitz (A) 782-D8
Glogghüs (CH) 421
Gloggnitz (A) 770-E6
Glojach (A) 784-D7
Glonn (D) 765-K5
Glorenza/Glurns (I) 792-A2
Glorer-Hütte (A) 780-E7
Glosbach (A) 769-M3
Glotterbad (D) 760-E4
Glottertal (D) 760-E4
Glovelier (CH) 773-L3
Glums (I) 478
Glungezer Klettersteig (A) 188
Glungezer-Haus (A) 779-H5
Gluringen (CH) 715, 789-G5
Glurns/Glorenza (I) 477, 479, 791-M2
Gmaineck (A) 767-K4
Gmajnica (SLO) 797-G7
Gmünd (A) Mayrhofen 779-L5
Gmund am Tegernsee (D) 106, 108, 656, 765-J7
Gmunden (A) 272, 273, 767-M5
Gmünder-Haus (A) 779-L4
Gmünder-Hütte (A) 781-K6
Gmünd in Kärnten (A) 781-L8
Gnadenberg (D) 763-K9
Gnadenwald (A) 779-H3
Gnadenweith (A) 770-E6
Gnaning (A) 784-C6
Gnas (A) 784-E7
Gnesau (A) 782-C9
Gniebing (A) 784-E6
Gnies (A) 784-E4
Gnignano (I) 802-C9
Gnoppnitz (A) 781-J9
Gnosca (CH) 790-A7
Gobbera (I) 793-K8
Goberling (A) 785-H1
Gobernitz (A) 783-J4
Göblasbruck (A) 770-B2
Gobnik (SLO) 797-K9
Gockhausen (CH) 775-K3
Gódega di S. Urbano (I) 806-C2
Godenzo (I) 804-C1
Goderschach (A) 795-H2
Gödersdorf (A) 796-B3
Godesio (I) 795-J7
Gödnach (A) 780-F9
Goetheweg (A) 187
Göffingen (D) 762-E3
Göfis (A) 776-F5
Göflan/Covelano (I) 792-B3
Göggenhofen (D) 765-K5
Goggerwenig (A) 796-F1
Gögging (D) 766-A6
Göggingen (D) Kr. Augsburg 764-C1
Göggingen (D) Kr. Sigmaringen 762-C4
Goggitsch (A) 784-D5
Gòglio (I) 789-G6
Gohl (CH) 774-D7
Going am Wilden Kaiser (A) 223, 673, 780-B1
Goiserer Hütte (A) 767-L8
Golasecca (I) 801-K5
Golaten (CH) 773-L7
Goldach (CH) 776-E2
Goldach (D) 765-J1
Goldachhof (D) 765-J2
Goldau (CH) 410, 775-J7
Goldbach (CH) 774-C7
Goldberg (A) 768-E3
Goldberg (A) St. Daniel 795-H2
Goldegg (A) 246, 247, 781-H3
Goldegger See (A) 246
Goldern (CH) 789-G2
Goldingen (CH) 762-A5
Goldiwil (CH) 788-C1
Goldkofen (D) 765-H6
Goldrain/Coldrano (I) 792-C3
Goldried (A) 780-D7
Goldswil (CH) 788-D2
Goldwaschen (A) 263
Goletta (I) 814-A3
Golf Alpin (A) 340
Golino (CH) 789-K8
Gollenshausen am Chiemsee (D) 766-C5
Gollernsdorf (A) 768-F2
Göllesberg (A) 784-D5
Gollie (I) 799-M6
Golling an der Erlauf (A) 769-L1
Golling an der Salzach (A) 264, 266, 268, 269, 767-H8
Gollinger Wasserfall (A) 268
Golling-Haus (A) 782-A3
Gollion (CH) 786-F3
Gollrad (A) 769-M7
Göllsdorf (D) 761-K3
Golnik (SLO) 796-F5
Golometto (I) 807-L4
Gols (A) 771-M3
Göltschach (A) 796-F3
Gomagoi (I) 483, 791-M3
Gómbio (I) 803-J5
Gomilsko (SLO) 797-L6
Göming (A) 766-F5
Gommiswald (CH) 776-A5
Goms (CH) 398, 399
Gonárs (I) 807-J2
Goncelin (F) 798-A8
Gondenans-les-Moulins (F) 772-E1
Gondenans-Montby (F) 772-F2
Gondiswil (CH) 774-E5
Gondo (CH) 788-F8
Gondran (F) 798-C7
Gonowetz (A) 797-J2
Gonsans (F) 772-D4
Gonten (CH) 776-D4
Gontenbad (CH) 776-D4
Gontenschwil (CH) 775-G4
Goppenstein (CH) 384, 788-C6
Goppertshofen (D) 763-H4
Goppertsweiler (D) 762-F8
Göppinger Hütte (A) 777-J5
Goppisberg (CH) 788-F6
Gopprechts (D) 763-K9
Gorbio (F) 814-C9
Gorck (I) 792-B9
Gordevio (CH) 789-L7
Gordola (CH) 789-L8
Gordona (I) 790-D7
Gorduno (CH) 790-A7
Gore, Hrastnik (SLO) 797-M7
Gore, Idrija (SLO) 796-D9
Gorenja Vas (SLO) 795-M8
Gorenja Vas (SLO) 796-E8
Gorenja Vas (SLO) 796-F7
Gorenji Log (SLO) 796-B8
Gorge Alpin (CH) 393
Gorges du Pont du Diable (CH) 786-F6
Gorges du Risse (CH) 786-E7
Gorghi (I) 804-C2
Gorgier (CH) 773-H8
Gorgo (I) 807-H4
Gorgo al Monticano (I) 806-E3
Gorgonzola (I) 802-D7
Gorgusello (I) 804-D6
Goria (I) 809-M9
Göriach (A) 293, 782-A 1
Göriach (A) 795-M3
Göriach (A) Aflenz Land 769-M8
Göriach (A) Klagenfurt 796-E3
Göriach (A) Metnitz 781-K8
Göriach (A) St. Johann im Walde 780-E8
Göriach (A) Velden am Wörther See 796-D2
Göriachtal (A) 291
Gorica (SLO) 796-E5
Goričane (SLO) 796-F7
Goriče (SLO) 796-F5
Goričica (SLO) 797-H7
Görisried (D) 763-M8
Goritschach (A) Gallizien 797-G3
Goritschach (A) Pörtschach am Wörther See 796-D2
Goritschach (A) Rottenstein 796-F3
Goritschach (A) Sittersdorf 797-G3
Goritschach (A) St. Niklas an der Donau 796-C2
Goritschach (A) Villach 796-B2
Göritz (A) Bruck an der Mur 769-M9
Göritz (A) Kirchdorf an der Krems 768-C4
Göritz (D) 763-G9
Goritz bei Radkersburg (A) 784-F9
Gorizia (I) 807-M1
Gorizzo (I) 807-G2
Gorje (SLO) 796-C7
Gorla Magg. (I) 801-L5
Gorla Min. (I) 801-M5
Gorlago (I) 803-G5
Gorle (I) 802-F5
Gornate Olona (I) 801-L4
Gornere (CH) 788-D3
Gornergrat (CH) 388, 800-C1

REGISTER

Gornergratbahn (CH) 387
Gornhofen (D) 762-F8
Gornja Radgona (SLO) 784-F9
Gornje Cerovo (SLO) 807-M1
Gornje Ravne (SLO) 795-M6
Gornji Crnci (SLO) 784-F8
Gornji Grad (SLO) 797-J5
Gornji Petrovci (SLO) 785-G7
Gornji-Slaveci (SLO) 785-G7
Gorno (I) 803-G3
Goropeke (SLO) 796-E9
Gorra (I) 814-F1
Gorrè (I) 814-C2
Gorrea (I) 810-E5
Gortipohl (A) 673, 777-H7
Görtschach (A) Hermagor-Pressegger See 795-L2
Görtschach (A) Klagenfurt 796-E2
Görtschach (A) Lienz 780-F9
Görwihl (D) 760-F8
Gorzano (I) 811-H6
Gorzegno (I) 815-H1
Gorzone (I) 803-K3
Görzwinkel (A) 782-C9
Gosaldo (I) 793-L7
Gosau (A) 267, 270, 271, 673, 767-L9
Gosaukamm (A) 266, 287
Göschweiler (D) 761-H6
Gosdorf (A) 784-E9
Gosheim (D) 761-L3
Gösing an der Mariazeller Bahn (A) 769-M4
Gospoldshofen (D) 763-H6
Göss (A) Leoben 783-L2
Gossau (CH) St. Gallen 776-C3
Gossau (CH) Zürich 775-L4
Gösseling (A) 783-G9
Gösselsdorf (A) 797-H2
Gössenberg (A) 782-B2
Gossendorf (A) Fürstenfeld 784-F6
Gössendorf (A) Graz 784-B6
Gossensass/Colle Isarco (I) 496, 497, 498, 499, 730, 779-G8
Gossenzugen (D) 762-E2
Goßholz (D) 763-H9
Gößl (A) 768-B8
Gößlingen (D) 761-K2
Gossliwil (CH) 774-A5
Gößnitz (A) 783-K5
Gößnitz (A) Grafenberg 781-H8
Gösting (A) Graz 784-A5
Göstling an der Ybbs (A) 300, 673, 769-J6
Göstritz (A) 770-E7
Gotovlje (SLO) 797-M6
Gotschuchen (A) 796-F3
Gottasecca (I) 815-J2
Gottenau (D) 763-L5
Gottenheim (D) 760-D4
Gottesbichl (A) 796-F2
Gottestal (A) 796-C2
Gotthard-Basistunnel (CH) 402, 439
Gotthardpass (CH) 400
Gotthardsdorf (A) 782-F5
Gotting (D) 765-L6
Göttlesbrunn (A) 771-K2
Gottlieben (CH) 762-B8
Göttlishofen (D) 763-H8
Gottmadingen (D) 761-L7
Göttsbach (A) 769-K2
Göttschach (A) 770-E6
Gottsdorf, Persenbeug (A) 769-K1
Gottshaus (A) 767-M5
Gotzenalm (Mountainbiketour) (D) 124
Götzendorf (A) Gschaidt 771-G9
Götzendorf (A) Unterzeiring 783-G4
Götzendorf an der Leitha (A) 771-J2
Götzens (A) 191, 778-F5
Götzis (A) 776-F4
Götzwiesen (A) 770-E1
Gouhelans (F) 772-E2
Goumoens-la Ville (CH) 787-G2
Goumoens-le-Jux (CH) 786-F2
Goumous (F) 773-J4
Goux-lès-Dambelin (F) 773-G2
Goux-les-Usiers (F) 772-D7
Goux-sous-Landet (F) 772-B6
Govejk (SLO) 796-D9
Govone (I) 811-H6
Gozd. Koča (SLO) 796-B7
Gozd Martuneljek (SLO) 796-B4
Gozzano (I) 801-H4
Gozzolette (I) 803-J9
Gozzolina (I) 803-M9
Grabelsdorf (A) 797-G2
Graben (A) Bad Mitterndorf 768-B9
Graben (A) Kröllendorf 769-J3
Graben (A) Lambach 768-B3
Graben (A) Löllingen 783-G7
Graben (D) 764-C2
Grabenegg (A) 769-L2
Grabenring (A) 782-E8
Grabenstätt (D) 766-D6
Grabenwarth (A) 783-M6
Grabenweg (A) 770-E3
Gräbern (A) 783-J7
Grabersdorf (A) 784-E7
Grabiasca (I) 803-H1
Grabnerhof (A) 768-F8
Grabs (CH) 776-D5
Grächen (CH) 33, 389, 391, 715, 787-D7
Gracka Gora (SLO) 797-L4
Grad, Cerklje na Gorenjskem (SLO) 797-G6
Grad, Pomurska (SLO) 785-G8
Gradau (A) 768-D5
Gradella (I) 802-E8
Graden (A) 783-K5
Gradenegg (A) Pörtschach am Wörther See 796-D2
Gradenegg (A) St. Veit an der Glan 782-E9
Gradenfeld (A) 784-B6
Grades (A) 782-E7
Gradisca (I) 807-G1
Gradisca d'Isonzo (I) 807-L2
Gradišče, Kamnik (SLO) 797-J6
Gradišče, Litija (SLO) 797-K8
Gradisch (A) 796-D1
Gradišek (SLO) 797-H6
Graditschach (A) 797-K2
Grado (I) 807-K5
Gräfelfing (D) 765-G3
Grafenaschau (D) 764-E8
Grafenbach (A) Diex 783-H9
Grafenbach (A) St. Valentin 770-E6
Grafenberg (A) Flattach 781-H7
Grafenberg (A) Grafendorf bei Hartberg 784-F2
Grafendorf (A) Friesach 782-F7
Grafendorf (A) Lienz 780-F9
Grafendorf (A) St. Daniel 795-H2
Grafendorf bei Stainz (A) 784-A7
Grafengars (D) 766-B3
Grafenhausen (D) Kr. Waldshut 761-G7
Grafenhausen, Kappel- (D) Ortenaukreis 760-D1
Grafenherberg (D) 765-L8
Grafenmühl (A) 769-L4
Grafenort (CH) 775-H9
Grafenried (CH) 774-B6
Grafenschachen (A) 784-F3
Grafenstein (A) 796-F2
Grafing (D) 765-J5
Grafing bei München (D) 765-L4
Grafrath (D) 764-E3
Graglia (I) 800-E6
Graglio (I) 789-L9
Gragnolet (F) 808-D5
Grahovo ob Bači (SLO) 796-B7
Grainau (D) 95, 656, 778-D2
Grainbach (D) 766-A7
Gralendorf bei Hartberg (A) 784-F2
Graltshausen (CH) 762-C9
Gramais (A) 152, 777-M4
Gramatl (A) 770-F6
Gramatneusiedl (A) 771-J2
Grambach (A) 784-B6
Gramignana (I) 802-F9
Grammont (F) 772-F1
Gramsham (D) 766-D3
Grän (A) 676, 777-M2
Grän Haldensee (A) 149
Gran Paradiso (I) 568, 569, 570, 572
Grana (I) 811-K4
Grancare (I) 805-H7
Grancona (I) 805-H8
Grancy (CH) 786-E3
Grandate (I) 802-A4
Grand Cabane (F) 813-G1
Grand Chalesme (F) 786-B2
Grand-Combe-Châteleu (F) 772-F6
Grand' Combe-des-Bois (F) 773-H5
Grand Combin (CH) 370
Grandcour (CH) 773-J8
Grande (F) 786-A3
Grande Motte (F) 580
Grande-Serenne (F) 809-J9
Grandevent (CH) 772-F8
Grandfontaine (CH) 773-J2
Grandfontaine (F) 772-B4
Grandfontaine-sur-Creuse (F) 772-E5
Grand Golette (I) 799-H4
Grand-Naves (F) 798-E6
Grand Puy (I) 809-L3
Grand Raid Cristalp (CH) 372
Grand Salagine (F) 798-A3
Grandson (CH) 773-G9
Grand Soulieres (I) 809-M8
Grandval (CH) 774-A4
Grandvaux (CH) 787-G4
Grandvillard (CH) 787-K3
Grand Villaz (I) 800-A4
Granella (I) 805-K5
Granerolo (I) 801-H2
Grange (I) 810-D2
Grange de la Pie (F) 814-D5
Grange de la Vame (F) 814-D5
Grange di Front (I) 810-E1
Grange di Nole (I) 810-D1
Grange-de-Vaivre (F) 772-A6
Granges (CH) Valais 788-A7
Granges (CH) Veveyse/Fribourg 787-H4
Granges (F) 813-K3
Granges-de-Vesin (CH) Fribourg 773-H9
Granges-Maillot (F) 772-C7
Granges-Narboz (F) 772-D8
Granges-Paccot (CH) Fribourg 773-K9
Granges-près-Marnand (CH) Vaud 787-H1
Granges-Sainte-Marie (F) 772-D9
Grangettes (CH) 787-J2
Grangie (I) 813-K2
Granheim (D) 762-E1
Gränichen (CH) 774-F3
Granier (F) 798-F6
Granile (F) 814-D6
Granitz (A) 784-C2
Granitztal (A) 783-J9
Granozzo con Monticello (I) 801-J8
Grant (SLO) 796-C7
Gràntola (I) 801-L2
Grantortino (I) 805-J6
Grantorto (I) 805-K6
Granvilla (I) 794-E3
Granze di Frassanelle (I) 805-J8
Graper (SLO) 796-D9
Grasberg-Alm (A) 779-H2
Grasbeuren (D) 762-C8
Grasbrunn (D) 765-J4
Graschach (A) 784-A9
Graschnitz (A) 784-A1
Graschuh (A) 783-M7
Grasdorf (A) 784-D7
Graslehn (A) 778-B6
Gräslikon (CH) 761-K9
Graslitz (A) 782-E5
Graß (D) 765-K5
Grassaga (I) 806-E5
Grassau (D) 766-C7
Grasse (A) 778-B7
Graßnitz (A) 769-M8
Grassóbbio (I) 802-F5
Grasswil (CH) 774-C5
Graswang (D) 88, 90, 764-D9
Gratacasolo (I) 803-J3
Graticelle (I) 803-K4
Gratkorn (A) 783-M4
Gratosoglio (I) 802-B8
Gratsch (I) 484
Gratschach (A) 796-B2
Grattavache (CH) 787-J3
Gratteria (I) 814-F2
Gratwein (A) 783-M4
Gratzer Alm (A) 795-H2
Graubünden (CH) 136, 438, 440, 444, 448, 452, 454, 462, 470, 474
Graun (I) 792-F6
Graun i. Vinschgau/Curòn Venosta (I) 476, 477, 479, 730, 792-A1
Gràuno (I) 792-F7
Grautschenhof (A) 770-D7
Grautschier (A) 777-H6
Grauzària (I) 795-J4
Gravedona (I) 790-C8
Gravellona Lomell (I) 801-K9
Gravellona Toce (I) 801-H2
Gravesano (CH) 789-M9
Gravière (F) 812-C2
Gravin (F) 786-F9
Gravuzze (I) 807-G3
Gray (A) 782-E8
Graz (A) 316, 784-B5
Grazzano (I) 811-K4
Grda Dolina (SLO) 796-F9
Greggenhofen (D) 763-K9
Gréggio (I) 801-H7
Gregoc (SLO) 796-D8
Greich (CH) 788-E6
Greifenberg (D) 764-E4
Greifenburg (A) 795-J1
Greifensee (CH) 775-K3
Greiling (D) 765-H7
Greimeltshofen (D) 763-L3
Greimharting (D) 766-B6
Greimpersdorf (A) 769-J2
Greina (CH) 442
Greinbach (A) 784-F2
Greinberg (A) 769-H1
Greinsfurth (A) 769-H2
Greisdorf (A) 783-L7
Greit (A) 778-A8
Greith (A) Gußwerk 769-L6
Greith (A) Hartberg 784-E2
Greith (A) Kitzeck im Sausal 784-B8
Greith (A) Neumarkt in Steiermark 782-F5
Greith (D) 764-C9
Grellingen (CH) 774-C2
Gremmelsbach (D) 761-G3
Grenchen (CH) 773-M5
Greng (CH) 773-K8
Grengiols (CH) 788-F6
Grenilles (CH) 787-K1
Grenoble (F) 586, 606, 808-B1
Grens (CH) 786-C5
Grentzingen (F) 774-A1
Greny (F) 786-A7
Grenzach-Wyhlen (D) 760-C9
Gréolières (F) 813-K8
Gréolières-les-Neiges (F) 813-L8
Gréoux-les-Bains (F) 812-B8
Greppen (CH) 775-H7
Gresgen (D) 760-D8
Gressan (I) 572, 799-L4
Gressenberg (A) 783-L8
Gresso (CH) 789-K7
Gressoney St-Jean (I) 800-C4
Gressoney-la-Trinité (I) 572, 800-D3
Gressy (CH) 787-G1
Gresten (A) 769-K4
Grésy-sur-Aix (F) 798-A4
Gretzenbach (CH) 774-E3
Greut (D) 762-F7
Greuth (A) St. Jakob im Rosental 796-D3
Greuth (A) Völkermarkt 797-G2
Grevo (I) 791-L9
Gréyère (F) 812-E1
Grezhausen (D) 760-C5
Grezzago (I) 802-E6
Grezzana (I) 804-E7
Grezzano (I) 804-C9
Grgarske Ravne (SLO) 796-A9
Griante (I) 802-C1
Gribbio (CH) 789-L5
Grič (SLO) 796-C9
Gries (A) Bruck an der Großglocknerstraße 780-F4
Gries (A) Längenfeld 180 778-D6
Gries (A) Neuhofen an der Krems 768-D2
Gries (I) 793-K5
Gries am Brenner (A) 676, 779-H7
Gries bei Oberndorf (A) 769-L3
Gries im Sellrain (A) 191, 676, 778-E5
Griesalp (CH) 788-D4
Griesbach-Alm (A) 777-M4
Grieselstein (A) 785-G6
Griesen (D) 778-D2
Griesenau (A) 766-B9
Griesener-Alm (A) 766-B9
Griesheim (A) 769-K1
Grieshof (A) 784-D7
Griesingen (D) 763-G2
Grieskirchen (A) 767-M1
Griesleiten (A) 770-C7
Grießau (A) 777-M4
Grießen (D) 761-H9
Griesstätt (D) 766-A4
Grietz (I) 804-E5
Griffen (A) 783-H9
Grignano (I) 802-E6
Grignasco (I) 801-G5
Grigno (I) 805-J1
Grignon (F) 798-D5
Grignone (I) 563
Griže (SLO) 797-M6
Gril Šenkot (SLO) 797-J8
Grillenberg (A) Albeck 782-C8
Grillenberg (A) Berndorf 770-F4
Grilly (F) 786-C5
Grimacco (I) 795-M8
Grimaudés (F) 813-H2
Grimentz (CH) 379, 380, 381, 715, 788-B8
Griminitzen (A) 795-H2
Grimisuat (CH) 787-M7
Grimmelshofen (D) 761-J7
Grimmenstein (A) 770-F7
Grimmialp (CH) 788-B3
Grimoldsried (D) 764-A2
Grimsel Hospiz (CH) 789-H3
Grimselpass (CH) 360, 398
Grimstein (A) 778-B6
Grindel (CH) 774-B3
Grindelwald (CH) 39, 41, 55, 353, 354, 355, 356, 358, 359, 715, 788-F3
Grins (A) 777-M6
Grins (A) 778-A6
Grinzane Cavour (I) 811-G8
Grinzano (I) 810-E8
Grinzens (A) 191, 778-F5
Grions (I) 795-G9
Gris (I) 807-J2
Grisignano di Zocco (I) 805-J7
Griso (I) 804-F3
Grißheim (D) 760-C6
Grissian (I) 792-E4
Gritsch (A) 785-G6
Gritschenberg (A) 782-C1
Griva, Nova Gorica (SLO) 796-B8
Griva, Tolmin (SLO) 796-C8
Grizzo (I) 794-E8
Gröbenzell (D) 765-G2
Gröbming (A) 309, 310, 311, 676, 782-B2
Grod (CH) 774-E4
Gröden (I) 519
Grodey (CH) 787-M4
Grödig (A) 767-G7
Grodnau (A) 785-H1
Grödner (I) 517
Grödnerjoch (I) 51
Grödnertal (I) 55, 516, 518
Grodt (D) 762-F4
Grognardo (I) 811-L8
Groisbach (A) 770-E2
Groisy (F) 786-C9
Grolley (CH) 773-K9
Gromo (I) 803-H2
Gromo-S. Marino (I) 803-H1
Gron (I) 793-M8
Grône (CH) 787-M7
Grone (I) 803-H5
Grono (CH) 790-B7
Gronsdorf (D) 765-J3
Groppella d'Adda (I) 802-E7
Grosbois (F) 772-E3
Groscavallo (I) 799-K8
Grosen (SLO) 796-E7
Grosio (I) 791-K7
Grosotto (I) 791-K7
Gross (CH) 775-L6
Grossa (I) 805-K6
Grossaffoltern (CH) 773-M6
Großaigen (A) 769-M2
Großaitingen (D) 764-B2
Großarl (A) 280, 285, 676, 781-J4
Grossarltal (A) 280
Großau (A) Bad Vöslau 770-F3
Großau (A) Semmering 770-D6
Großbachselten (A) 785-H3
Großberghofen (D) 764-F1
Großbrannenberg (D) 765-M7
Großbuch (A) 796-E1
Grossdietwil (CH) 774-E5
Großdorf (A) Dornbirn 777-H2
Großdorf (A) Lienz 780-E7
Großdorf (A) Loeben 769-K9
Großdorf (D) 763-L9
Großedling (A) 783-J8
Großegg (A) Lassing 769-J6
Großegg (A) Spittal an der Drau 781-L9
Großenegg (A) 783-H9
Großenschwendt (A) 767-K5
Großer Ahornboden (A) 779-H3
Großer Alpsee (D) 63, 70
Großer Daumen (D) 76
Großer Krottenkopf (A) 151
Großer Priel (A) 294, 296
Großer Rettenstein (A) 260
Großer Törlweg (A) 239
Grosse Scheidegg (CH) 788-F2
Großes Tal (D) 760-E5
Großes Walsertal (A) 131, 134, 135
Große Zemm-Alm (A) 779-H1
Große Zinne (I) 537
Großfeistritz (A) 783-H4
Großgharter (A) 784-E8
Großglawoggen (A) 784-D5
Großglockner (A) 59, 232, 233, 322, 323, 324
Großglockner-Hochalpenstraße (A) 324
Großgmain (A) 766-F7
Großgraden (A) 783-M8
Großhardt (A) 784-F4
Großhartmannsdorf (A) 784-E4
Großhartpenning (D) 765-J6
Großhelfendorf (D) 765-K5
Großherrischwand (D) 760-F8
Grosshöchstetten (CH) 774-C8
Großhöflein (A) 771-J4
Großhöhenrain (D) 765-K5
Großholzhausen (D) 765-M7
Großholzleute (D) 763-J8
Großhöniggraben (A) 770-F1
Größing (A) 784-F8
Großkarolinenfeld (D) 765-M6
Großkemnat (D) 763-M6
Großkirchheim (A) 325, 677, 780-F7
Großkitzighofen (D) 764-C4
Großklein (A) 784-B9
Großkrottenbach (A) 770-E2
Großkrottendorf (A) 768-A2
Großlobming (A) 783-J4
Großmengersdorf (A) 768-D3
Großmittel (A) 771-G4
Großmürbisch (A) 785-J5
Großmutschen (A) 771-K8
Grosso (I) 810-D1
Großornach (D) 766-C4
Großpesendorf (A) 784-D4
Großpetersdorf (A) 785-H3
Groß Pichla (A) 784-C7
Großpienzenau (D) 765-K6
Großraming (A) 768-F5
Großreifling (A) 769-G7
Großschafhausen (D) 763-H2
Großschönach (D) 762-C6
Großseeham (D) 765-K6
Großsierning (A) 770-A1
Großsölk (A) 782-C2
Großstadelhofen (D) 762-C6
Großsteinbach (A) 784-E4
Groß St. Florian (A) 784-A8
Großstübing (A) 783-M4
Großsulz (A) 784-B6
Grossteil (CH) 775-G9
Großtissen (D) 762-E4
Großvenediger (A) 41, 233, 258
Großvolderberg (A) 779-H4
Grosswangen (CH) 774-F6
Großwarasdorf (A) 771-J8
Großweikersbach (A) 769-L1
Großweil (D) 764-F8
Großwilfersdorf (A) 784-F5
Großwöllmiß (A) 783-L6
Grötsch (A) 784-B7
Grottendorf (A) 770-F7
Grottes (F) 813-L5
Grotto (I) 790-B9
Gruaro (I) 806-F3
Grub (A) Heiligenkreuz 770-F2
Grub (A) Neuhofen an der Ybbs 769-J3
Grub (A) Steyr 768-F3
Grub (A) Weiz 784-D1
Grub (CH) 426, 776-E2
Grub (D) 765-K5
Grubbach (A) 768-B5
Grub bei Groß St. Florian (A) 783-M8
Grubberg (A) Weiz 784-C4
Grubberg bei Mooskirchen (A) 783-M6
Gruben (A) 780-D6
Gruben (CH) 788-C7
Grubenwald (CH) 787-M3
Gruber-Alm (A) 780-F5
Gruberau (A) 770-F2
Grubtal (A) 784-C9
Gruffy (F) 798-B3
Grugliasco (I) 810-D3
Grugnay (CH) 787-L7
Gruisla (A) 784-F8
Grumelduro (I) 803-G4
Grumello (I) 791-K9
Grumello dei Zanchi (I) 802-F4
Grumello del Monte (I) 803-G6
Grumès (I) 792-F7
Grùmolo delle Abbadesse (I) 805-J7
Grùmolo Pedemonte (I) 805-H4
Grün (D) 760-F4
Grünach (D) 761-G1
Grünangerhütte (A) Wolfsberg 783-K8
Grünau (A) Mitterbach am Erlaufsee 769-L6
Grünau an der Laßnitz (A) 784-A8
Grünau im Almtal (A) 39, 273, 768-B5
Grünbach (A) Wels 768-B2
Grünbach (D) 766-C2
Grünbach am Schneeberg (A) 770-E5
Grünburg (A) Klein St. Paul 783-G8
Grünburg (A) St. Nikola 768-D4
Grund (D) 763-G7
Grund bei Gstaad (CH) 787-L4
Gründau (A) 780-B3
Grundbach (CH) 788-B1
Gründberg (A) Steyr 768-E3
Gründegg (A) 285
Gründli (CH) 774-F8
Grundlsee (A) 303, 768-B8
Grundsheim (D) 762-F3
Grüneck (D) 765-J1
Grünen (CH) 774-D7
Grünenbach (D) 763-H9
Grünenmatt (CH) 774-C7
Grüner See (A) 57
Grunern (D) 760-D6
Grunertshofen (D) 764-E2
Grünewand-Haus (A) 779-L6
Grüngiebing (D) 766-A2
Grüningen (CH) 775-L4
Grüningen (D) Kr. Biberach 762-E3
Grüningen (D) Schwarzwald-Baar-Kreis 761-J5
Grünkraut (D) 762-F7
Grünsting (A) 770-D6
Grüntegernbach (D) 766-A1
Grünten (D) 39, 70
Grünthal (D) 766-B3
Grünwald (D) Kr. Breisgau-Hochschwarzwald 761-G6
Grünwald (D) Kr. München 765-H4
Grünwaldkopfbahn (A) 282
Grünwangen (D) 762-D7
Grupignano (I) 795-K8
Grüsch (CH) 776-F7
Grusiner (I) 799-L7
Gruska (A) 782-E8
Grussenheim (F) 760-B3
Grüt (CH) 775-L4
Gruyères (CH) 787-K3
Gryon (CH) 787-J6
Gschaid bei Birkfeld (A) 784-C2
Gschaid bei Weiz (A) 784-C3
Gschaidt (A) 771-G9
Gschaidt, Hochneukirchen- (A) 771-G9
Gscheid (A) 784-C2
Gscheid (A) Krumbachstal 770-B5
Gscheiderwirt (A) 770-C5
Gschnaidt (A) 783-L4
Gschnitz (A) 196, 779-F7
Gschnitzer (I) 496
Gschnitztal (A) 196, 197
Gschnon (I) 793-G7
Gschöder bei Brunn (A) 769-K7
Gschriet (A) 781-M9
Gschwandt (A) 767-K7
Gschwandt (A) Gmunden 768-A5
Gschwend (D) 763-M9
Gschwendt (A) Ried 767-L2
Gschwendt (A) Weiz 784-C4
Gsies/Valle di Casies (I) 730, 780-A9
Gsieser Tal (I) 509
Gsoll (A) 769-J8
Gspon (CH) 788-D7
Gstaad (CH) 344, 345, 346, 347, 716, 787-L4
Gstadt (A) 768-D5
Gstadt am Chiemsee (D) 766-C6
Gstaig (A) 767-G4
Gstättenschuster (A) 767-J7
Gstatterboden (A) 299, 769-G8
Gsteig (CH) 347, 787-L5
Gsteigwiler (CH) 788-D2
Gstetten (A) Fahrafeld 770-C2
Gstetten (A) Oberndorf an der Melk 769-L2
Gualda (I) 805-G7
Guanzate (I) 801-M5
Guarda (CH) 470, 471, 473, 791-J1
Guardabosone (I) 801-G5
Guarene (I) 811-G7
Guazzolo (I) 811-J3
Guben-Schweinfurter-Hütte (A) 778-D5
Gubian (F) 812-A6
Gudo (CH) 789-M8
Gudo Gambaredo (I) 802-A8
Gudo Visc. (I) 801-M8
Guémar (F) 760-A2
Guetisberg (CH) 774-C6

Regionen Hotels Karten

Guffert-Haus (A) 765-K9
Guffert-Haus (A) 779-K1
Gufflham (D) 766-D3
Gufidaun (I) 502, 503
Gugga (A) 769-M9
Guggenberg (A) 780-D7
Guggenberg (A) Hermagor-Pessegger See 795-J2
Guggenberg (A) St. Lorenzen im Lesachtal 794-E2
Guggenberg (D) Kr. Augsburg 764-B2
Guggenberg (D) Kr. Unterallgäu 763-L5
Guggenhausen (D) 762-E6
Guggenthal (A) 767-H6
Guggisberg (CH) 787-M1
Guggistafel (CH) 788-D5
Guggitzgraben (A) 784-C6
Guglia (I) 538
Guidizzolo (I) 804-A9
Guietta (I) 805-M2
Guillaumes (F) 813-K5
Guillestre (F) 809-J7
Guillon-les-Bains (F) 772-E3
Guire (F) 812-B1
Guizza (I) 805-L8
Gulitzen (A) Friesach 782-F7
Gulling (A) Oppenberg 782-E2
Gumattenkirchen (D) 766-C1
Gumbenstein (A) 768-C9
Gumefens (CH) 787-K2
Gumisch (A) 797-G2
Gümlingen (CH) 774-B8
Gümmenen (CH) 773-L7
Gummer/S. Valentino i. Campo (I) 793-H5
Gummern (A) 796-B2
Gumpachfall (A) 780-B7
Gumpenweiler (D) 763-M2
Gumperding (A) 767-G4
Gumpersdorf (D) 766-F1
Gumpertsham (D) 765-H5
Gumpoldskirchen (A) 771-G2
Gumprechtsfelden (A) 769-K2
Guncina/Guntschna (I) 793-G4
Gundelfingen (D) Kr. Breisgau-Hochschwarzwald 760-E4
Gundelfingen (D) Kr. Reutlingen 762-E1
Gündelhart-Hörhausen (CH) 762-A9
Gündelwangen (D) 761-H6
Gundendorf (A) 768-B4
Gundersdorf (A) Klagenfurt 796-F2
Gundersdorf (A) Stainz 783-M6
Gundersdorf (A) Steinerkirchen an der Traun 768-B3
Gundersdorf (A) Straßburg 782-F7
Gundersheim (A) 795-H2
Gundertshausen (A) 767-G3
Gundetswil (CH) 775-L1
Gundhabing (A) 780-B2
Gundholzen (D) 762-A8
Günding (D) 765-G2
Gündisau (CH) 775-L3
Gündlikon (CH) 775-L1
Gündlingen (D) 760-C4
Gündlischwand (CH) 788-E3
Gündorf (A) 784-B9
Gunglgrün (A) 778-B5
Güniken (CH) 775-H5
Günnenbach (D) 760-E9
Gunningen (D) 761-L4
Günsberg (CH) 774-B4
Günseck (A) 771-H9
Günselsdorf (A) 771-G3
Gunskirchen (A) 768-B2
Guntalingen (CH) 761-L9
Gunten (CH) 355, 788-C2
Guntershausen bei Aadorf (CH) 775-M2
Günterstal (D) 760-E5
Guntmadingen (CH) 761-J8
Guntramsdorf (A) 771-G2
Guntschna/Guncina (I) 793-G4
Günz (D) 763-K4
Günzach (D) 763-L7
Günzegg (D) 763-L6
Günzelham (D) 766-D4
Gunzenham (D) 766-A5
Gunzesried (D) 777-K1
Gunzgen (CH) 774-D4
Günzgen (D) 761-J9
Gunzing (A) 767-J2
Günzkofen (D) 762-D4
Günzlhofen (D) 764-E2
Gunzwil (CH) 775-G5
Gurbrü (CH) 773-L7
Gurgltal (A) 170
Gurk (A) 782-E8
Gurmels (CH) 773-L8
Gurnitz (A) 796-F2
Gurone (I) 801-L4
Gurro (I) 789-J9
Gurten (A) 767-J1
Gurtis (A) 776-F5
Gurtnellen (CH) 789-K2
Gurtschitschach (A) 797-H2
Gurtweil (D) 761-G8
Gurzelen (CH) 788-B1
Guschelmuth (CH) 773-K8
Gussago (I) 803-J6
Gussendorf (A) 784-A8
Güssing (A) 785-H5
Gußnigberg (A) 781-G8
Gußwerk (A) 769-M6
Gusterheim (A) 783-G4
Gutach (D) Kr. Emmendingen 760-F3
Gutach (D) Ortenaukreis 761-G2
Gutenacker (A) 784-A8
Gütenbach (D) 761-G4
Gutenberg (D) 764-B5
Gutenberg an der Raabklamm (A) 784-C3
Gutenburg (CH) 774-D5
Gutendorf (A) 784-F7
Gutenhof (A) 771-H2
Gutenhofen (A) 768-F2
Gutenhofgegend (A) 769-M4
Gutenstein (A) 770-D4
Gutenstein (D) 762-B4
Gutenswil (CH) 775-L3
Gutenzell-Hürbel (D) 763-H3
Gütighausen (CH) 761-L9
Gütle (A) 777-G3
Gutmadingen (D) 761-K5
Guttannen (CH) 360, 789-G2
Guttaring (A) 783-G7
Guttaringberg (A) 782-F7
Guttaringer Hütte (A) 783-H7
Güttenbach (A) 785-H3
Guttenburg (D) 766-C2
Guttet (CH) 788-C6
Güttingen (CH) 762-C9
Güttingen (D) 762-A7
Guyans-Durnes (F) 772-D5
Guyans-Vennes (F) 772-F5
Gwabl (A) 780-E8
Gwatt (CH) 788-C2
Gwigg (D) 763-G6
Gwiggen (A) 778-D4
Gy (CH) 786-D6
Gy (F) 772-A2
Gypsera (CH) 787-L2
Gys (F) 786-F6
Gysenstein (CH) 774-B8

H

Haaberg (A) 769-H2
Haag (A) Bad Gleichenberg 784-E7
Haag (A) Bad Wimsbach-Neydharting 768-B3
Haag (A) Steyr 768-F2
Haag (CH) Rheintal 776-E5
Haag-Alm (A) 778-E5
Haag am Hausruck (A) 767-L2
Haag in Oberbayern (D) 766-A3
Haar (D) 765-J3
Haarkirchen (D) 765-G5
Habach (D) 764-F7
Habegg (A) 784-F6
Haber (SLO) 797-J5
Haberberg (A) 783-J9
Habère-Lullin (F) 786-E7
Habère-Poche (F) 786-E6
Haberleiten (A) 769-L3
Habernau (A) 768-B6
Habersdorf (A) 784-F2
Habertsweiler (D) 764-A1
Habichen (A) 778-D5
Habigen (A) 777-L6
Habkern (CH) 788-D2
Habsburg (CH) 775-G2
Habsheim (F) 760-A7
Habstetten (CH) 774-B7
Habsthal (D) 762-D5
Hackenberg (A) 785-H4
Hackerberg (A) 785-G3
Hacking (A) 771-G1
Hadernigg (A) 783-L9
Hadersdorf (A) 770-A9
Haderswörth (A) 771-G6
Hadlikon (CH) 775-M4
Hadorf (D) 764-F4
Hafeld (A) 768-B3
Häfelfingen (CH) 774-E2
Hafendorf (A) 784-A1
Hafenegg (D) 764-B9
Hafling (I) 488, 730
Hafnerberg (A) 770-E3
Hafnerboden (A) 769-H7
Hafnergraben (A) 785-G5
Hafning (A) Mortautsch 784-C3
Hafning (A) Neunkirchen 770-F6
Hafning bei Trofaiach (A) 783-K1
Häg-Ehrsberg (D) 760-E7
Hägelberg (D) 760-D8
Hagen (A) 769-L5
Hagen (D) 764-F8
Hagenau (A) 767-G1
Hagenbuch (D) 763-G4
Hagenbuchen (D) 762-E8
Hägendorf (CH) 774-D3
Hagendorn (CH) 775-H5
Hagener Hütte (A) 781-H6
Hagenheim (D) 764-D5
Hagenried (D) 763-L1
Hagensdorf im Burgenland (A) 785-J5
Hagenthal-le-Bas (F) 774-B1
Hagenthal-le-Haut (F) 774-B1
Hagenwil bei Amriswil (CH) 776-C1
Hägerau (A) 777-K5
Haggen (A) 778-E5
Haggenegg (CH) 775-K7
Haggenmoos (D) 762-E5
Häggenschwil (CH) 776-D2
Hägglingen (CH) 775-G3
Haging (D) 765-L4
Hagnau (CH) 775-H4
Hagnau (D) 762-D8
Hagneck (CH) 773-L6
Hahnen (CH) 416
Hahnenkamm (A) 224
Hahnenkamm-Bergstation (Panoramaweg) (A) 225
Haid (A) Ansfelden 768-D1
Haid (A) Marchtrenk 768-D1
Haid (A) Ried 767-L2
Haid (A) Scharnstein 768-B5
Haid (D) Kr. Sigmaringen 762-E5
Haid (D) Kr. Weilheim-Schongau 764-D6
Haid Vöcklabruck (A) 767-K4
Haidach (A) 768-E2
Haidberg (D) 765-L2
Haidbichl (D) 766-A6
Haiden (A) 782-B5
Haidershofen (A) 768-F3
Haidgau (D) 763-G6
Haidhofsiedlung (A) 771-G3
Haidhub (D) 765-K6
Haiding (A) 768-B1
Haigerloh (D) 766-B2
Haigermoos (A) 766-F4
Hailafing (D) 765-H5
Hailtingen (D) 762-E3
Haimburg (A) 797-H1
Haimburgerberg (A) 783-K9
Haimhausen (D) 765-H1
Haiming (A) 778-C4
Haiming (D) 766-F2
Hainbach (A) Schörfling 767-L4
Hainbach (A) Wien 770-E2
Hainbach (D) 766-B7
Hainberg (A) 769-M2
Hainbuch (A) 768-F3
Haindlkarhütte (A) 299
Haindorf (A) St. Pölten 770-A1
Hainersdorf (A) 784-F4
Hainfeld an der Gölsen (A) 770-C3
Hainfeld bei Fürstenfeld (A) 784-F5
Hainsdorf im Schwarzautal (A) 784-D7
Hainsdorf-Brunnsee (A) 784-D9
Hainstetten (A) 769-J2
Hainzenberg (A) 779-L5
Hairenbuch (D) 763-L2
Hairlacher Alm (A) 778-D5
Haisterkirch (D) 763-G5
Haitzen (D) 763-K5
Halbarting (A) 768-D3
Halbenrain (A) 784-F8
Halblech (D) 84, 85, 764-C9
Halblehnen (A) 768-E4
Halbmeil (D) 761-H1
Halbturn (A) 771-M4
Halden (CH) Bischofszell 776-C2
Halden (D) 763-L3
Haldensee (A) 146, 777-M2
Haldenstein (CH) 776-E9
Haldenwang (D) 763-L7
Halfing (D) 766-B5
Hall (A) 299, 768-F8
Hallau (CH) 761-J8
Halldorf (A) 781-H3
Hallein (A) 35, 268, 269, 767-H8
Hall in Tirol (A) 187, 188, 189, 190, 191, 779-H4
Hallstatt (A) 35, 37, 270, 271, 767-L9
Hallstätter See (A) 35, 37, 47, 57, 63, 270
Halltal (A) 190, 769-M6
Hallthurm (A) 767-G7
Hallwang (A) 768-B3
Hallwang bei Salzburg (A) 767-G6
Hallwil (CH) 775-G3
Halsbach (D) 766-D3
Halt (A) 784-D2
Haltberg (A) 770-E5
Halten (CH) Obwalden 775-G8
Halten (CH) Solothurn 774-C5
Haltikon (CH) 775-H6
Haltingen (D) 760-C9
Haltsen (CH) 775-G8
Hamburger Haus (A) 781-H5
Hämikon (CH) 775-G4
Hämlismatt (CH) 774-C8
Hammegg (CH) 774-C7
Hammer (A) 771-J9
Hammer (D) Kr. Miesbach 765-L8
Hammer (D) Kr. Traunstein 766-E6
Hammerau (D) 767-F6
Hammereisenbach-Bregenbach (D) 761-H4
Hammersbach (D) 93, 778-D2
Hammerstein (D) 760-C8
Handegg (CH) 789-G3
Handenberg (A) 767-G3
Handersried (D) 764-E1
Hanfeld (D) 764-F4
Hankham (A) 767-H5
Hannebauer (A) 782-B7
Hänner (D) 760-F9
Hannersdorf (A) 785-J3
Hannigalp (CH) 788-D7
Hannover-Haus (A) 781-H6
Hans-Kammerlander-Trainingspfad (I) 505
Happach (D) 760-E7
Happerswil (CH) 762-C9
Happing (D) 766-A6
Happingen (D) 760-F8
Harbach (A) 769-L2
Harbach (A) Bad Hofgastein 781-H4
Harbatshofen (D) 763-H9
Hard (A) 776-F2
Hard (CH) Aargau 774-F2
Hard (CH) St. Gallen 776-E4
Hardern (CH) 773-M6
Hardt (D) 761-J2
Harenwilen (CH) 776-A1
Hargelsberg (A) 768-E2
Hargenwies (D) 91
Härkingen (CH) 774-D4
Harl (A) 784-D3
Harl (A) Geisfeld 783-M6
Harland (A) Blindenmarkt 769-J2
Harland (A) St. Pölten 770-C1
Harlanden (A) Melk 769-L1
Harmannsdorf (A) Hochneukirchen 771-G9
Harmersbach (D) 760-F2
Harmisch (A) 785-J4
Harnischwald (D) 760-E3
Harpfing (D) 766-C4
Harpoint (A) 767-J5
Harpolingen (D) 760-F9
Harrain (D) 765-K6
Harsbach (A) 768-E8
Hart (A) Amstetten 769-J2
Hart (A) Braunau am Inn 767-G3
Hart (A) Dirnreith 784-D5
Hart (A) Feldkirchen in Kärnten 796-D1
Hart (A) Graz 784-B5
Hart (A) Lavamünd 797-K1
Hart (A) Passail 784-B3
Hart (A) St. Pölten 770-B1
Hart (A) St. Veit an der Glan 782-E9
Hart (A) Villach 796-B3
Hart (D) Kr. Mühldorf am Inn 766-A3
Hart (D) Kr. Mühldorf am Inn 766-C1
Hart (D) Kr. Traunstein 766-D5
Hart an der Alz (D) 766-D3
Hart bei Straden (A) 784-E8
Hartberg (A) 784-F2
Hartberg bei Graz (A) 784-C5
Hartberg Umgebung (A) 784-E3
Hartegg (A) 785-G6
Hartensdorf (A) 784-E4
Harterding (A) 767-H1
Harthausen (D) Kr. Mühldorf am Inn 766-C1
Harthausen (D) Kr. München 765-J4
Harthausen (D) Kr. Rottweil 761-K2
Harthausen (D) Kr. Sigmaringen 762-C2
Harthausen auf der Scher (D) 762-B2
Hartheim (D) Kr. Breisgau-Hochschwarzwald 760-C5
Hartheim (D) Zollernalbkreis 762-A3
Harthof (D) 765-H2
Harthofen (D) 765-L2
Hartl (A) 784-E4
Hartl bei Fürstenfeld (A) 784-F5
Hartmannshausen (D) 764-D5
Hartschwand (D) 760-F8
Harzerhäuser (D) 761-G5
Hasberg (D) 763-L3
Haschendorf (A) Deutschkreuz 771-K7
Haschendorf (A) Ebenfurth 771-H4
Hasel (D) 760-E8
Haselbach (A) Braunau am Inn 767-G1
Haselbach (A) Feldbach 784-D6
Haselbach (A) Oberhaag 783-M9
Haselbach (D) 763-M2
Haselbach bei Weiz (A) 784-C3
Haselböckau (A) 768-C4
Häselgehr (A) 152, 777-L4
Haselhof (I) 792-B3
Haselsdorf, Tobelbad- (A) 784-A6
Haselsdorfberg (A) 784-A6
Hasenberg (A) 768-E7
Hasendorf im Burgenland (A) 785-H4
Hasenufer (A) 768-D2
Hasenweiler (D) 762-E6
Haslach (A) 780-C2
Haslach (A) Dietmannsdorf im Sulmtal 784-B9
Haslach (D) Kr. Biberach 763-J5
Haslach (D) Kr. Freiburg 760-D4
Haslach (D) Kr. Ravensburg 762-F5
Haslach (D) Kr. Ravensburg 763-G8
Haslach (D) Kr. Traunstein 766-D6
Haslach (D) Schwarzwald-Baar-Kreis
Haslach an der Stiefing (A) 784-C7
Haslach im Kinzigtal (D) 760-F1
Haslacheralm (A) 781-J9
Haslachsimonswald (D) 760-F3
Haslau (A) Graz 784-A5
Haslau (A) Kitzbühel 780-A2
Haslau (A) Mattighofen 767-H2
Haslau (A) Neumarkt am Wallersee 767-J5
Haslau bei Birkfeld (A) 784-C2
Haslau-Maria-Elend (A) 771-K1
Haslaurotte (A) 769-M4
Hasle (CH) Luzern 774-F7
Hasle bei Bern (CH) 774-C7
Hasle bei Burgdorf (CH) Bern 774-C7
Haslen (CH) 776-B7
Haslerhof (D) 762-C7
Hasliberg (CH) 360, 361, 789-G1
Hasreith (A) 784-A8
Haßbach (A) 770-F7
Hatswil (CH) 762-D9
Hattelberg (A) 781-J8
Hattenburg (D) 763-H4
Hattenhofen (D) Kr. Fürstenfeldbruck 764-E2
Hattenhofen (D) Kr. Ostallgäu 763-M7
Hattenweiler (D) 762-C6
Hatting (A) 778-E4
Hattingen (D) 761-L5
Hattingerberg (A) 778-E4
Hatzendorf (A) 784-F6
Hätzingen (CH) 776-B8
Haubach (D) 763-J7
Hauenstein (D) 760-F9
Hauenstein-Ifenthal (CH) 774-D3
Hauersdorf (A) 769-H2
Hauerz (D) 763-H5
Haufenreith (A) 784-B3
Hauingen (D) 760-C8
Haun (D) 766-B2
Hauningberg (A) 780-B1
Haunold (I) 514
Haunoldmühle (A) 768-D4
Haunoldstein (A) 770-A1
Haunshofen (D) 764-F6
Haunstetten (D) 764-C1
Hauptsee (CH) 775-K6
Hauptwil-Gottshaus (CH) 776-C2
Haus im Ennstal (A) 311, 677, 779-K5
Haus (A) Wörgl 779-L2
Hausach (D) 761-G1
Hausbach (A) 768-E5
Hausberg (A) Purgstall an der Erlauf
Hausdorf (A) Straßburg 782-E7
Hausdorf (A) Völkermarkt 783-G9
Hausen (D) Kr. Günzburg 763-K1
Hausen (D) Kr. Konstanz 761-L7
Hausen (D) Kr. Ostallgäu 764-B4
Hausen (D) Kr. Ostallgäu 764-B7
Hausen (D) Kr. Reutlingen 762-C1
Hausen (D) Kr. Rottweil 761-K3
Hausen (D) Kr. Sigmaringen 762-B4
Hausen (D) Kr. Starnberg 764-F4
Hausen (D) Kr. Tuttlingen 761-K5
Hausen (D) Kr. Unterallgäu 763-M3
Hausen (D) Schwarzwald-Baar-Kreis 761-J6
Hausen (D) Zollernalbkreis 762-B1
Hausen am Albis (CH) 775-J4
Hausen am Andelsbach (D) 762-C5
Hausen am Bussen (D) 762-F2
Hausen am Tann (D) 761-M2
Hausen an der Möhlin (D) 760-C5
Hausen bei Brugg (CH) 775-G2
Hausen bei Geltendorf (D) 764-D3
Hausen bei Hofhegnenberg (D) 764-D2
Hausen im Wiesental (D) 760-D8
Hausen ob Verena (D) 761-L4
Hauserbach (D) 761-G2
Hauserdörfl (D) 765-J7
Häusern (A) 779-J2
Häusern (D) 761-G7
Hausham (D) 765-K7
Hausleiten (A) 768-E2
Hausleiten (A) Steyr 768-E3
Hausmanning (A) 768-C5
Hausmannstätten (A) 784-C6
Hausmehring (D) 766-A1
Hausmening (A) 769-H3
Haut Auran (F) 812-F7
Hautal-Haus (A) 766-D8
Haut-Chardavon (F) 812-F2
Haut-Clignon (F) 813-H4
Haut-Crêt (F) 786-K4
Hautecour (le Chef-L'ieu (F) 798-E6
Hauteluce (F) 798-F4
Hautepierre-le-Châtelet (F) 772-D6
Hauterive (CH) Fribourg 787-K1
Hauterive (CH) Neuchâtel 773-J7
Hauterive-la-Fresse (F) 772-E7
Hautes-Duyes (F) 812-D4
Hauteville (CH) 787-K2
Hauteville (F) 798-C6
Hauteville-Gondon (F) 799-G5
Häutligen (CH) 774-B8
Hautzendorf (A) 784-B6
Hawangen (D) 763-K5
Hayingen (D) 762-E2
Hazar (A) 797-G3
Hebelhof (D) 760-F6
Hebenstreit (A) 769-H7
Hebertshausen (D) 765-G1
Hecheln (D) 762-A5
Hechenberg (D) 765-H6
Hechendorf (D) Kr. Garmisch-Partenkirchen 764-F8
Hechendorf (D) Kr. Starnberg 764-E4
Hechenrain (D) 764-E8
Hechenwang (D) 764-D4
Heckenau (A) 768-B6
Hecklingen (D) 760-D2
Hedelberg (D) 763-G4
Hedingen (CH) 775-J4
Hefenhofen (CH) 762-C9
Hefigkofen (D) 762-E7
Hegelhofen (D) 763-J1
Hégenheim (F) 760-B9
Heggbach (D) 763-H3
Hegge (D) 763-L8
Heggelbach (D) 763-H7
Heggen (D) 764-B8
Hegi (CH) Thurgau 776-D2
Hegi (CH) Zürich 775-L2
Hegnau (CH) 775-K3
Hehenberg (A) 768-D3
Heidbüel (CH) 774-D8
Heide (A) 769-H3
Heiden (CH) 426, 776-E2
Heidenhofen (D) 761-K5
Heidenstadt (D) 762-A3
Heidiland (CH) 49, 430, 431
Heidolsheim (F) 760-B2
Heidsee (CH) 448
Heilbronner Hütte (A) 777-J7
Heilbrunn (A) 784-C2
Heilham (D) 766-D4
Heiligenberg (D) 762-D7
Heiligenblut (A) 59, 322, 323, 324, 325, 677, 780-F6
Heiligenbronn (D) 761-J2
Heiligenbrunn (A) 785-J5
Heiligengeist (A) 796-A2
Heiligengrab (A) 797-J2
Heiligenkreuz (A) Baden 770-F2
Heiligenkreuz (A) Sölden 768-C3
Heiligenkreuz am Waasen (A) 784-C6
Heiligenkreuz im Lafnitztal (A) 785-H5
Heiligenleithen (A) 768-C4
Heiligenschwendi (CH) 788-C1
Heiligenstadt (D) 766-D2
Heiligenstatt (A) 767-H4
Heiligkreuz (A) 778-D8
Heiligkreuz (A) Innsbruck 779-G4
Heiligkreuz (CH) Luzern 774-F8
Heiligkreuz (CH) St. Gallen 776-D7
Heiligkreuz (CH) Thurgau 776-B2
Heiligkreuz (CH) Valais 788-F6
Heiligkreuz (D) Kr. Kempten 763-K7
Heiligkreuz (D) Kr. Traunstein 766-D4
Heiligkreuzhütte (I) 490
Heiligkreuztal (D) 762-D3
Heilstätte Grimmenstein (A) 770-F7
Heimbach (D) 760-D3
Heimberg (CH) 788-B1
Heimenegg (CH) 788-C1
Heimenegg (D) 763-M4
Heimenhausen (CH) 774-C5
Heimenkirch (D) 763-H9
Heimenschwand (CH) 774-C9
Heimertingen (D) 763-J4
Heimgarten (D) 97
Heimiswil (CH) 774-C6
Heimschuh (A) 784-C8
Heimstetten (D) 765-J3
Heinfels (A) 332, 794-C1
Heining (D) 766-F5
Heinrich-Hueter-Hütte (A) 777-G6
Heinrichshofen (D) 764-D2
Heinrichswil-Winistorf (CH) 774-C5
Heinstetten (D) 762-A3
Heinzl (A) 768-F5
Heising (A) 794-D1
Heising (D) 763-L7
Heißen (D) 763-G7
Heitenried (CH) 773-L9
Heiteren (F) 760-B5
Heitersheim (D) 760-C6
Heiterwang (A) 154, 156, 157, 778-B2
Helchenried (D) 763-M5
Heldenstein (D) 766-B2
Heldswil (CH) 776-C1
Helfbrunn (A) 784-E8
Helfrantzkirch (F) 760-A9
Hellbühl (CH) 775-G6
Hellengerst (D) 763-K8
Hellersberg (D) 763-M2
Hellikon (CH) 774-E1
Hellsau (CH) 774-C5
Helmberg (A) 768-C3
Helpersdorf (A) 768-D4
Helpfau-Uttendorf (A) 767-G2
Helsighausen (CH) 762-B9
Hemberg (CH) 776-B4
Hemhof (D) 766-B5
Hemishofen (CH) 761-L8
Hemmenhofen (D) 762-A8
Hemmental (CH) 761-K7
Hemmet (D) 760-E9
Hemmiken (CH) 774-E2
He Možnica Korita (SLO) 795-L5
Henau (CH) 776-B2
Hendschiken (CH) 775-G3
Henggart (CH) 761-K9
Hengsberg (A) 784-B7
Hengstberg (A) 769-J1
Hening (A) 784-D3
Henndorf am Wallersee (A) 767-H5
Hennenmatt (D) 760-E9
Hennersdorf (A) 771-H1
Henniez (CH) 787-H1
Henry-sur-Alby (F) 798-B3
Hepbach (D) 762-D8
Herbersdorf (A) 783-M7

REGISTER

Herbertingen (D) 762-D4
Herbertshofen (D) 762-F2
Herbetswil (CH) 774-C4
Herbeys (F) 808-C2
Herbishofen (D) 763-K5
Herbisried (D) 763-K6
Herbligen (CH) 774-B9
Herblingen (D) 761-J9
Herbolzheim (D) 760-D2
Herbrazhofen (D) 763-H6
Herbriggen (CH) 389, 788-D8
Herbstheim (A) 767-H2
Hercato Vécchio (I) 805-M4
Herdern (D) 762-A9
Herdern (D) Kr. Freiburg 760-E4
Herdern (D) Kr. Waldshut 761-J9
Herdwangen-Schönach (D) 762-C6
Hérémence (CH) 787-M7
Herfatz (D) 763-G8
Hergatz (D) 763-G8
Hergensweiler (D) 763-G9
Hergiswald (CH) 775-H7
Hergiswil (CH) Nidwalden 413, 414, 775-H7
Hergiswil bei Willisau (CH) Luzern 774-E6
Hérimoncourt (F) 773-J2
Herisau (CH) 426, 776-C3
Herlazhofen (D) 763-H7
Herlisberg (CH) 775-G5
Hermading (D) 767-H2
Hermagor-Pressegger See (A) 330, 331, 678, 795-K2
Hermance (CH) 786-D6
Hermannsdorf (A) 769-J2
Hermannsdorf (D) 767-M2
Hermann-von-Barth-Hütte (A) 777-L4
Hermatswil (CH) 775-L3
Hermenches (CH) 787-G2
Hermentingen (D) 762-C2
Hermetschwil-Staffeln (CH) 775-H3
Hermillon (F) 798-D9
Hermiswil (CH) 774-C5
Hermrigen (CH) 773-L6
Herndl (A) 767-L8
Hernstein (A) 770-F4
Herolfingen (CH) 774-B8
Herrenchiemsee (D) 766-C6
Herrenhäuser (A) 779-G4
Herrenschwand (D) 760-E7
Herrenschwanden (CH) 773-M7
Herrenstetten (D) 763-J3
Herrenzimmern (D) 761-K2
Herretshofen (D) 763-L3
Herrischried (D) 760-F8
Herrliberg (CH) 775-K4
Herrlisheim-près-Collmar (F) 760-A4
Herrnberg (D) 784-F5
Herrnzell (D) 764-E2
Herrot (D) 763-H7
Herrsching (D) 764-E5
Hers (I) 800-A4
Hersberg (D) 774-D2
Hersiwil (CH) 774-C5
Herten (D) 760-D9
Hertenstein (CH) 775-H7
Hertingen (D) Kr. Lörrach 760-C7
Hertingen (D) Kr. Ostallgäu 773-M9
Héry (F) Rhône-Alpes 786-A9
Héry (F) Rhône-Alpes, (Ugine) 798-E3
Herznach (CH) 774-F2
Herzogberg (A) 783-K9
Herzogenbuchsee (CH) 774-C5
Herzogenweiler (D) 761-H4
Herzograd (A) 768-F2
Herzogsägmühle (D) 764-D7
Herzogstand (D) 96, 97
Heselwangen (D) 761-M1
Hésingue (F) 760-B9
Hessenheim (F) 760-C2
Hessigkofen (CH) 774-A5
Hettenschlag (F) 760-B4
Hettenschwil (CH) 761-G9
Hettingen (D) 762-C2
Hettiswil (CH) 774-B7
Hettlingen (CH) 775-L1
Hettmannsdorf (A) 770-F5
Hetzendorf (A) 771-G1
Heuberg (A) 770-C1
Heudorf (D) Kr. Biberach 762-E3
Heudorf (D) Kr. Konstanz 762-A5
Heudorf (D) Kr. Sigmaringen 762-B5
Heudorf bei Mengen (D) 762-D4
Heufeld (D) 765-L6
Heufelden (D) 763-G1
Heufuß (A) 770-C6
Heugraben (D) 785-G4
Heustrich-Emdthal (CH) 788-C2
Heutal (A) 785-G5
Heuweiler (D) 760-E4
Hexenbänke, Puflatsch (I) 521
Hexenwasser (Themenpark) (A) 220
Heyre (F) 813-G4
Hieflau (A) 299, 769-H8
Hiemenhofen (D) 764-A6
Hierbach (D) 760-F8
Hierholz (D) 760-F8
Hiesbach (A) 769-H3
Hiesendorf (A) 768-F2
Hilbern (D) 768-D3

Hildesheimer-Hütte (A) 778-E8
Hildisriden (CH) 775-G5
Hilfikon (CH) 775-G3
Hilm (A) 769-H3
Hilpersdorf (A) 781-L7
Hilperting (CH) 765-L5
Hilsenheim (F) 760-C1
Hiltenfingen (D) 764-B3
Hiltensweiler (D) Bodenseekreis 762-F9
Hiltensweiler (D) Kr. Ravensburg 763-G8
Hilterfingen (CH) 788-C1
Hilzingen (D) 761-L7
Himberg (A) 771-H2
Himmelberg (A) 782-C9
Himmelried (A) 774-C2
Hinang (D) 777-K2
Hindelbank (CH) 774-B6
Hindelwangen (D) 762-A6
Hinrichssegen (D) 765-L6
Hintenburg (A) 770-E6
Hinter Klöntal (CH) 775-M7
Hinter Valzeina (CH) 776-F3
Hinteraichhalden (D) 761-J2
Hinterbach (D) 763-K7
Hinterberg (A) Haag 769-G3
Hinterberg (A) Leoben 783-K2
Hinterberg (A) Lienz 781-G9
Hinterberg (A) Weißenbach 768-C2
Hinterberg (A) 776-F8
Hinterbichl (A) Judenburg 782-F5
Hinterbichl (A) Virgen 780-B7
Hinterbrühl (A) 771-G4
Hinterbuchholz (A) 796-B1
Hinteregg (A) Hartberg 784-D3
Hinteregg (A) Matrei in Osttirol 780-D7
Hinteregg (CH) 775-K4
Hinteres Zillertal (A) 45, 208, 210
Hinteressach (A) 762-F8
Hinterfultigen (CH) 773-M9
Hinterglemm (A) 253, 780-D3
Hintergöriach (A) 782-A4
Hintergriesbach (D) 761-G4
Hintergschwend (D) 766-B7
Hintergumitsch (A) 783-J8
Hinterheubronn (D) 760-D7
Hinterhornbach (A) 152, 777-M3
Hinterimlau (A) 781-H2
Hinterkaidern (A) 782-D9
Hinterkappelen (CH) 773-M7
Hinterlangenbach (D) 761-H4
Hinterleiten (A) 770-E1
Hinterlobming (A) 783-K3
Hintermoos (A) 781-K4
Hintermoos (A) 762-F7
Hintermuhr (A) 781-K5
Hinternaßwald (A) 770-C6
Hinterotter (A) 770-E7
Hinterpassseier (I) 487
Hinterprechtal (D) 761-G2
Hinterrhein (CH) 790-C4
Hinterriß (A) 33, 779-G2
Hinterschellenbach (D) 763-M1
Hintersee (A) 767-J7
Hintersee (A) 766-F9
Hinterstadel (D) 763-M9
Hinterstein (D) 72, 73, 74, 75, 777-L2
Hintersteining (A) 767-K3
Hinterstoder (A) 294, 296, 297, 678, 768-D7
Hinterstraß (D) 761-G4
Hintersulgen (D) 761-H2
Hintertal (A) 781-G2
Hintertal (D) 761-G4
Hintertambergau (A) 768-D7
Hinterthal (A) 766-E9
Hinterthal (CH) 775-L7
Hintertheißenegg (A) 783-K7
Hinterthiersee (A) 765-M9
Hintertodtmoos (D) 760-F7
Hintertux (A) 209, 211, 678, 779-J6
Hinterwald (A) 782-B2
Hinterwildalpen (A) 769-J7
Hinterwinkl (A) 782-B9
Hinterwössen (D) 766-C7
Hinterzarten (D) 760-F5
Hintschingen (D) 761-K5
Hintstein (A) 769-G5
Hinwil (CH) 775-L4
Hinzing (D) 766-B5
Hipfelhütte (A) 783-K8
Hippach (A) 204, 205, 211, 678, 779-K5
Hippetsweiler (D) 762-C5
Hipping (A) 767-K5
Hirm (A) 771-J5
Hirnsberg (D) 766-B6
Hirnsdorf (A) 784-E3
Hirschau (A) 777-H3
Hirschbach (A) Schwarzau im Gebirge 770-C5
Hirschbach bei Mürzzuschlag (A) 770-C7
Hirschberghaus (D) 108
Hirschegg (A) Köflach 783-K6
Hirschegg (A) Sonthofen 777-K3
Hirschegg (D) 80
Hirschegg-Waldeck (D) 78
Hirschfelden (D) 763-L1
Hirschhalm (D) 766-E5
Hirschlatt (D) 762-F8
Hirschthal (D) 774-F4
Hirschwang an der Rax (A) 770-D6

Hirschzell (D) 764-B6
Hirsegg (CH) Bern 774-C6
Hirsegg (CH) Luzern 774-E9
Hirt (A) 782-F7
Hirten (D) 766-D3
Hirtenberg (A) 771-G3
Hirtenfeld (A) 784-C4
Hirtenfeld (A) Langegg bei Graz 784-C5
Hirtzfelden (F) 760-B5
Hirzel (CH) 775-K5
Hittelkofen (D) 763-G5
Hitterfingen (CH) 788-C1
Hittisau (A) 129, 777-H2
Hittistetten (D) 763-J1
Hittisweiler (D) 783-G6
Hittnau (CH) 775-L3
Hitzenboden (A) 457
Hitzendorf (A) 783-M5
Hitzkirch (CH) 775-G5
Hitzkofen (D) 762-C3
Hitzmannsdorf (A) 782-F6
Hl. Johannes (A) Ybbsitz 769-J4
Hlevišče (SLO) 795-L6
Höch (A) 784-B8
Hochart (A) 771-G9
Hochasten (A) 778-B5
Hochberg (A) Kr. Reutlingen 762-D2
Hochberg (A) Kr. Sigmaringen 762-C3
Hochberg (D) Kr. Sigmaringen, (Althausen) 762-C3
Hochberg (D) Kr. Traunstein 766-D6
Hochbrixen (A) 222
Hochdorf (CH) 775-H5
Hochdorf (D) Kr. Aichach-Friedberg 764-D2
Hochdorf (D) Kr. Biberach 763-G4
Hochdorf (D) Kr. Biberach, (Schwendt) 763-H3
Hochdorf (D) Kr. Freiburg 760-D4
Hocheck (A) 767-J3
Hochegg (A) 770-F7
Hochegg (A) Paternion 781-L9
Hocheggerwirt (A) 782-E4
Hocheichberg (A) 770-E1
Hochenegg (A) 784-E5
Höchenschwand (D) 761-G7
Hochfeilerhaus (I) 499
Hochfeistritz (A) 783-G9
Hochfeld (CH) 774-D7
Hochfelden (A) 775-J1
Hochfilzen (A) 228, 230, 231, 780-D2
Hochfügen (A) 779-K4
Hochgallmigg (A) 778-A6
Hochgurl (A) 70
Hochgreut (D) 763-L7
Hochgschaid (A) 770-D1
Hochgurgl (A) Sölden 678, 778-E8
Hochiss (A) 199
Hochkar (A) 301
Hochkönig (A) 51, 244, 245, 246, 247
Hochkrumbach (A) 777-J4
Hochmössingen (D) 761-J1
Hochneukirchen (A) 771-G9
Hochneukirchen (A) Gschaidt 771-G9
Hochosterwitz /Burg (A) 340, 782-F9
Hochpustertal (A) 33, 45, 241, 512, 514, 515
Hochreit (A) 770-C4
Hochrieß (A) 769-K2
Hochrindl-Kegel (A) 782-C8
Hochroterd (A) 770-F1
Hochsal (D) 760-F9
Hochsavoyen (F) 574
Hochschwab (A) 47, 314, 315
Hochsölden (A) 678, 778-D7
Hochsöll (A) 222
Höchst (A) 776-F2
Hochstadelhaus (A) 794-F1
Hochstadt (D) 764-F4
Höchstätt (D) 766-M5
Hochstein (A) 779-L5
Hochsteinhütte (A) 780-E9
Höchster Hütte (I) 792-C5
Höchstetten (A) 774-C5
Hochstetten (D) Kr. Biberach 763-H2
Hochstetten (D) Kr. Breisgau-Hochschwarzwald 760-C4
Hochstollen (A) 421
Hochstraß (A) Altlengbach 770-E1
Hochstraß (A) Lockenhaus 771-H9
Hochstraße (A) 784-B3
Hochstubai-Hütte (A) 778-E7
Hochtannberg (A) 126
Hochvogel (D) 72, 73
Hochwald (A) 760-F7
Hochwald (D) 761-K2
Hochwildalm-Haus (A) 780-C2
Hochwildehaus (A) 778-D9
Hochwolkersdorf (A) 771-G6
Hochwurzen (A) 310
Hoch-Ybrig (CH) 411, 775-L7
Hochzeiger (A) 172
Hockenalp (CH) 788-C5
Hödingen (D) 762-B7
Hodoš (SLO) 785-H7
Hof (A) 780-B2
Hof (A) Bleiburg 797-J2

Hof (A) Graz 784-C5
Hof (A) Heinfels 780-B2
Hof (A) Kirchberg an der Raab 784-D6
Hof (A) Knittelfeld 783-J3
Hof (A) Kr. Traustein 766-E4
Hof (A) Kr. Waldshut 760-F6
Hof am Leithaberge (A) 771-J3
Hof bei Salzburg (A) 767-H6
Hof bei Straden (A) 784-E8
Höfa (D) 764-E1
Hofamt Priel (A) 769-K1
Hofats (A) 76
Hofberg (A) Neustift-Graben 769-G5
Hofberg (A) Straden 784-E8
Höfen (A) 778-B2
Höfen (CH) Bern 788-B2
Höfen (CH) Zug 775-K6
Höfen (D) 760-E5
Höfen (D) 765-H9
Hoher Dachstein (A) 306, 307
Hohe Reisch (I) 491
Hohe Tauern (A) 247, 280
Hohe Wand (A) 770-F4
Hohe Warthe (A) 333
Hohfirst (CH) 776-C2
Höhi (A) 774-C8
Hohlbach (A) 783-M8
Hohlen (I) 793-G6
Höhnhart (A) 767-J2
Hohtenn (A) 788-C6
Hohwald (CH) 774-E8
Hohweg (D) 761-G2
Holdemach (A) 777-L6
Holderbank (CH) Aargau 775-G2
Holderbank (CH) Solothurn 774-D3
Höll (A) 785-J4
Holl (D) 760-D7
Höllbach (D) 763-G7
Hollenegg (A) 783-M8
Höllenstein (A) 781-J3
Hollenthon (A) 771-G7
Hollenzen (A) 779-K5
Hollerberg (A) 771-H6
Hollerberg (D) 766-E3
Hollern (A) 771-L1
Hollersbach im Pinzgau (A) 261, 780-A7
Hollersberg (A) 783-G8
Hölles, Matzendorf- (A) 771-G4
Höllgrund (A) 784-D7
Höllhund (A) 766-C3
Hölloch (CH) 410
Höllstein (A) 774-F2
Holtzwihr (F) 760-B3
Holz (A) 775-G6
Holzach (A) 762-A5
Holzberg (A) 783-M5
Holzburg (D) 764-E1
Holzegg (D) 775-K7
Holzen (D) Kr. Ebersberg 765-L5
Holzen (D) Kr. Lörrach 760-C8
Holzgau (A) 152, 153, 777-L4
Holzgünz (D) 763-K4
Holzham (D) 780-A2
Holzham (D) 765-L5
Holzhausen (A) St. Georgen bei Salzburg 766-F4
Holzhausen (D) Wels 768-C1
Holzhausen (D) Kr. Bad Tölz-Wolfratshausen 765-G6
Holzhausen (D) Kr. Berchtesgadener Land 766-E6
Holzhausen (D) Kr. Breisgau-Hochschwarzwald 760-D4
Holzhausen (D) Kr. Fürstenfeldbruck 764-F3
Holzhausen (D) Kr. Landsberg 764-E4
Holzhausen (D) Kr. Landsberg, (Buchloe) 764-B4
Holzhausen (D) Kr. München 765-H5
Holzhausen (D) Kr. Rosenheim 766-A5
Holzhausen (D) Kr. Traunstein 766-C4
Holzhäusl (A) 768-D2
Holzhüttenboden (A) 769-L5
Holziken (CH) 774-F3
Holzing (A) 769-K2
Holzkirchen (D) Kr. Fürstenfeldbruck 764-F3
Holzkirchen (D) Kr. Miesbach 765-K6
Hölzle (D) 762-B5
Hölzleboch (D) 765-G5
Holzleiten (D) 778-C4
Holzleiten (A) Haag 769-G2
Holzleiten (A) Perg 769-G1
Holzmann (D) 766-A7
Holzmannsdorf (A) 784-D5
Holzmuseum (A) 313
Holzolling (D) 765-K6
Holzöster (A) 766-F4
Holzschlag (A) 771-H9
Holzschlag (D) 761-G6

Höhenrain (D) 765-G5
Hohenraunau (D) 763-L2
Hohenreith (A) Blumau 769-G4
Hohenreuten (D) 763-L4
Hohenschäftlarn (D) 765-G5
Hohenschwangau (D) 82, 84
Hohenstein (A) Liebenfels 782-E9
Hohentannen (D) 776-C2
Hohentauern (A) 782-F1
Hohentengen (D) 762-D4
Hohentengen am Hochrhein (D) 761-J9
Hohenthann (D) 765-L5
Hohenthurn (A) 795-M3
Hohenwart (D) 766-E2
Hohenwarthhütte (A) 783-H7
Hohenweiler (D) 763-G9
Hohenwiesen (D) 765-H9
Hohenzell (A) 767-K2
Hohenzell (D) 764-D3
Höher (CH) Bern 788-B2
Höher (CH) Zug 775-K6
Höher (D) 760-E5
Höher (D) 765-H9
Hoher Dachstein (A) 306, 307
Hohe Reisch (I) 491
Hohe Tauern (A) 247, 280
Hohe Wand (A) 770-F4
Hohe Warthe (A) 333
Hohfirst (CH) 776-C2
Höhi (A) 774-C8
Hohlbach (A) 783-M8
Hohlen (I) 793-G6
Höhnhart (A) 767-J2
Hohtenn (A) 788-C6
Hohwald (CH) 774-E8
Hohweg (D) 761-G2
Holdemach (A) 777-L6
Holderbank (CH) Aargau 775-G2
Holderbank (CH) Solothurn 774-D3
Höll (A) 785-J4
Holl (D) 760-D7
Höllbach (D) 763-G7
Hollenegg (A) 783-M8
Höllenstein (A) 781-J3
Hollenthon (A) 771-G7
Hollenzen (A) 779-K5
Hollerberg (A) 771-H6
Hollerberg (D) 766-E3
Hollern (A) 771-L1
Hollersbach im Pinzgau (A) 261, 780-A7
Hollersberg (A) 783-G8
Hölles, Matzendorf- (A) 771-G4
Höllgrund (A) 784-D7
Höllhund (A) 766-C3
Hölloch (CH) 410
Höllstein (A) 774-F2
Holtzwihr (F) 760-B3
Holz (A) 775-G6
Holzach (A) 762-A5
Holzberg (A) 783-M5
Holzburg (D) 764-E1
Holzegg (D) 775-K7
Holzen (D) Kr. Ebersberg 765-L5
Holzen (D) Kr. Lörrach 760-C8
Holzgau (A) 152, 153, 777-L4
Holzgünz (D) 763-K4
Holzham (D) 780-A2
Holzham (D) 765-L5
Holzhausen (A) St. Georgen bei Salzburg 766-F4
Holzhausen (D) Wels 768-C1
Holzhausen (D) Kr. Bad Tölz-Wolfratshausen 765-G6
Holzhausen (D) Kr. Berchtesgadener Land 766-E6
Holzhausen (D) Kr. Breisgau-Hochschwarzwald 760-D4
Holzhausen (D) Kr. Fürstenfeldbruck 764-F3
Holzhausen (D) Kr. Landsberg 764-E4
Holzhausen (D) Kr. Landsberg, (Buchloe) 764-B4
Holzhausen (D) Kr. München 765-H5
Holzhausen (D) Kr. Rosenheim 766-A5
Holzhausen (D) Kr. Traunstein 766-C4
Holzhäusl (A) 768-D2
Holzhüttenboden (A) 769-L5
Holziken (CH) 774-F3
Holzing (A) 769-K2
Holzkirchen (D) Kr. Fürstenfeldbruck 764-F3
Holzkirchen (D) Kr. Miesbach 765-K6
Hölzle (D) 762-B5
Hölzleboch (D) 765-G5
Holzleiten (D) 778-C4
Holzleiten (A) Haag 769-G2
Holzleiten (A) Perg 769-G1
Holzmann (D) 766-A7
Holzmannsdorf (A) 784-D5
Holzmuseum (A) 313
Holzolling (D) 765-K6
Holzöster (A) 766-F4
Holzschlag (A) 771-H9
Holzschlag (D) 761-G6

Homberg (CH) 788-C1
Homberg (D) Bodenseekreis 762-D7
Homberg (D) Kr. Konstanz 762-A6
Homboll (D) 761-L7
Hombourg (F) 760-B7
Hombrechtikon (CH) 775-L4
Homburg (CH) 762-A9
Honau (CH) 775-H6
Honau (D) 766-A4
Hondingen (D) 761-K6
Hondrich (D) 788-C2
Höne (I) 800-C5
Höngg (CH) 775-J3
Hönigsberg (A) 770-C8
Hönigtal (A) 784-C5
Honsolgen (D) 764-B4
Honstetten (D) 761-M6
Hopfen am See (D) 764-B9
Hopfensee (D) 63
Hopferau (D) 764-B9
Hopfenbach (D) 762-F5
Hopfenbach (D) 763-L6
Hopfgarten (A) 768-B8
Hopfgarten im Brixental (A) 220, 223, 680, 779-M2
Hopfgarten in Defereggen (A) 780-D8
Hoppetenzell (D) 762-A6
Hörbach (D) 767-M2
Horbach (D) 760-F7
Hörbach (D) 764-E2
Horben (D) Kr. Breisgau-Hochschwarzwald 760-E5
Horben (D) Kr. Waldshut 761-H7
Horboden (CH) 788-B3
Horbourg-Wihr (F) 760-A3
Hörbranz (A) 777-G1
Hörbrunn (D) 779-M2
Hörenhausen (D) 763-H2
Höresham (D) 766-F3
Hörgattern (A) 767-L4
Horgen (CH) 775-K4
Horgen (D) 761-J3
Horgenberg (CH) 775-K4
Horgenzell (D) 762-E7
Hörgersdorf (D) 765-L1
Hörgerstall (A) 769-L2
Hörhausen (CH) 762-A9
Hörheim (D) 761-H8
Höri (CH) 775-J2
Höribach (A) 767-J6
Höring (A) 767-G3
Horitschon (A) 771-J6
Horjul (SLO) 796-F9
Hörlis (D) 763-L3
Hörlkofen (D) 765-L2
Hörmannsberg (D) 764-D1
Hörmanshofen (D) 764-B6
Hörmsdorf (A) 783-M9
Horn (CH) 776-E2
Horn (D) Kr. Konstanz 762-A8
Horn (D) Kr. Ostallgäu 764-B9
Hornberg (D) Kr. Waldshut 760-E8
Hornberg (D) Kr. Ortenaukreis 761-G2
Hornberg (D) Kr. Ortenaukreis 761-G2
Hörndl (A) 766-F3
Hörnerdörfer (D) 80
Hörnerkette (D) 76, 78, 80, 81
Hornstein (A) 771-H4
Hornstein (D) Kr. Bad Tölz-Wolfratshausen 765-G5
Hornstein (D) Kr. Sigmaringen 762-C3
Hornussen (CH) 774-F2
Hörpolding (D) 766-D5
Horrenbach-Buchen (CH) 788-D1
Horriwil (CH) 774-C5
Hörsching (D) 768-D1
Hörschwag (D) 762-C1
Hörsdorf (A) 769-M2
Hörstetten (D) 762-A9
Hörtendorf (A) 796-F2
Horw (CH) 775-H7
Horzach II (A) 797-G3
Hörzendorf (A) 782-F9
Höselhurst (D) 763-L1
Hosenruck (CH) 776-B2
Hosfeld (A) Perg 769-G1
Höslwang (D) 766-B5
Hospental (CH) 789-J3
Hossingen (D) 762-A2
Hoßkirch (D) 762-D5
Hotavlje (SLO) 796-D8
Hotel Badmeister (A) 781-H7
Hotel del Grappa (I) 805-K3
Hotovlja (SLO) 796-F8
Hötschdorf (A) 783-M6
Hötting (A) 779-G4
Hottingen (D) 760-F9
Hottwil (CH) 761-G9
Houssen (F) 760-A3
Houtaud (F) 772-D7
Hrastje (SLO) 796-F7
Hrastnik, Moravce (SLO) 797-J7
Hrastnik, zasavska (SLO) 797-L7
Hrušica (SLO) 796-D4
Ht. de Valfroide (F) 808-F3
Hub (A) 784-B4
Hub (CH) 775-M4
Hub (D) 763-J6
Hübeli (CH) 774-E6
Huben (A) Astlehen 778-D7
Huben (A) Matrei in Osttirol 235, 680, 780-D8
Huben (CH) 775-M1

832

Huben (D) 766-B8
Hubersdorf (CH) 774-C4
Hubertendorf (A) 769-J2
Hubertshofen (D) 761-H5
Huda Inkuja (SLO) 797-M4
Hudajužna (SLO) 796-C7
Huémoz (CH) 787-J6
Huez (F) 584, 808-D7
Hüfingen (D) 761-J5
Hügelheim (D) 760-C6
Hugelshofen (CH) 762-B9
Huggenlaubach (D) 763-H3
Huggerwald (CH) 774-A2
Huglfing (D) 764-E7
Hugo-Gerbers-Hütte (A) 781-G9
Hugstetten (D) 760-D4
Huldstetten (D) 762-D2
Humbach (D) 765-H6
Humbel (CH) 775-L3
Humilly (F) 786-B8
Humlangen (D) 763-H1
Humlikon (CH) 761-K9
Hummersdorf (A) Piesendorf 780-E4
Hummersdorf (A) Radkersburg 784-F9
Hummertsried (D) 763-G5
Hundersingen (D) Alb-Donau-Kr. 762-F2
Hundersingen (D) Kr. Sigmaringen 762-D4
Hundham (D) 765-L7
Hundsdorf (A) Bad Hofgastein 781-H5
Hundsdorf (A) Bruck an der Großglocknerstraße 780-F4
Hundsdorf (A) Friesach 782-D7
Hundsdorf (A) Gratkorn 783-M5
Hundsdorf (A) St. Johana im Rosental 796-E3
Hundsdorf (A) St. Paul im Lavanttal 783-J9
Hundsdorf (A) Villach 796-B1
Hundsham (A) 768-B1
Hundsheim (A) 771-M1
Hundstein (A) 780-F3
Hundstein-Weg (A) 256
Hundwil (CH) 426, 776-D3
Hünenberg (CH) 775-H5
Hünibach (CH) 788-C1
Hünikon (CH) 761-K9
Huningue (F) 760-B9
Hunkelen (CH) 775-G6
Hünlishofen (D) 763-H6
Hunsdörfl (A) 781-K3
Hüntwangen (CH) 761-J9
Hunzenschwil (CH) 774-F3
Hupfau (A) 768-C1
Hüpfenboden (CH) 774-D8
Huppenberg (D) 765-H7
Hürbel, Gutenzell- (D) 763-H3
Hurden (CH) 775-L5
Hurlach (D) 764-C3
Hürm (A) 769-M1
Hürrlingen (D) 761-H7
Hürth (A) 784-F8
Hurtières (F) 798-A9
Hüsere (CH) 787-M4
Hüsingen (D) 760-D8
Hüswil (CH) 774-E6
Hütt (A) 784-D8
Hüttau (A) 781-J2
Hütte (A) 780-C3
Hütte (A) Kössen 766-C8
Hütten (A) 780-E2
Hütten (A) Petersbaumgarten 770-F7
Hütten (CH) 775-K5
Hütten (D) 760-E8
Hüttenberg (A) 783-G7
Hüttendorf (A) 795-M2
Hüttenreute (D) 762-E5
Huttenwang (D) 763-M6
Hutterer Höss (A) 294
Huttererböden (A) 768-D7
Hüttikon (CH) 775-H2
Hütting (A) 769-G2
Huttingen (D) 760-B8
Hüttisheim (D) 763-H1
Hüttlingen (CH) 762-A9
Hüttschlag (A) 280, 781-J5
Huttwil (CH) 774-D6
Hüttwilen (CH) 761-M9
Hvalčk (SLO) 796-E7
Hydro-Speed (CH) 446
Hyémondans (F) 773-G2
Hyèges (F) 813-G6
Hyet (F) 772-C1
Hygna (A) 779-K3

I

Iamiano (I) 807-M3
Ibach (CH) 411, 775-K7
Ibach (D) 760-F7
Ibergeregg (CH) 775-L7
Ibm (A) 766-F3
i Boidi (I) 811-K7
i Brasi (I) 815-L3
i Carrari (I) 793-H9
Icking (D) 765-G5
Icogne (CH) 376, 787-M6
Idrija (SLO) 796-D9
Idrija pri Bači (SLO) 796-B8
Idro (I) 803-M4
Idrov. a Lison (I) 806-F4
Idrova (I) 806-F5
Idrsko (SLO) 795-M7
Iesizza (I) 795-M8
Iffeldorf (D) 764-F7
Iffigenalp (CH) 787-M5
Iffwil (CH) 774-B6
Ifwil (CH) 775-M2
Igelsberg (A) 780-E3
Igelschlatt (D) 761-H7
Igelschwang (A) 769-G2
Igelswies (D) 762-B4
Igis (CH) 776-E8
Igliano (I) 815-H2
Igling (D) 764-C4
Igls (A) 187, 188, 191, 196, 779-G5
Ignago (I) 805-H6
Ignaz-Mattis-Hütte (A) 781-M3
Igne (I) 794-B7
i Govoni (I) 814-F2
Ihan (SLO) 797-H8
Ihringen (D) 760-C4
Il Bot (CH) 790-D1
Il Fuorn (CH) 791-K2
il Giardinetto (I) 811-L4
il Giovo (I) 815-L2
il Loncòn (I) 806-E4
Ilanz (CH) 440, 441, 443, 716, 790-C1
Ilay (F) 786-A2
Ilgen (D) 764-C8
Ilgenberg (A) 782-D1
Illarsaz (CH) 787-J6
Illasi (I) 804-F7
Illégio (I) 795-H5
Illenberg (D) 760-F2
Illensdorf (A) 784-E3
Iller (D) 76
Illerbachen (D) 763-J4
Illerberg (D) 763-H2
Illerbeuren (D) 763-J6
Illerrieden (D) 763-J2
Illertal (D) 76
Illertissen (D) 763-J2
Illerzell (D) 763-J1
Illgau (CH) 775-L7
Illhaeusern (F) 760-B2
Illhart (CH) 762-B9
Illighausen (CH) 762-C9
Illiswil (CH) 773-M7
Illitsch-Rauth (A) 335
Illmensee (D) 762-D6
Illmitz (A) 771-L5
Illnau (CH) 775-L3
Illwangen (D) 762-D6
Illzach (F) 760-A7
Ilz (A) 784-E5
Ilzham (D) 766-B4
Ilztal (A) 784-D4
Im Fang (CH) 787-L3
Im Lehen (A) 784-D2
Imberg (D) 777-L2
Imbersago (I) 802-D5
Imèr (I) 793-K8
i Mistris (I) 794-F8
Imlau (A) 781-H2
Immelstetten (D) 763-M3
Immendingen (D) 761-L5
Immeneich (D) 760-F8
Immenhofen (D) 763-M7
Immenried (D) 763-G6
Immensee (CH) 775-J6
Immenstaad am Bodensee (D) 762-D8
Immenstadt im Allgäu (D) 39, 43, 69, 70, 71, 658, 763-K9
Immenstadt-Bühl (D) 71
Immenthal (D) 763-L6
Imming (A) 779-K3
i Molini (I) 804-E8
Imolkam (A) 767-J2
Impéria (I) 815-G8
Império (I) 801-J6
Imst (A) 35, 170, 171, 172, 680, 778-B5
Imsterberg (A) 778-B5
In der Eben (A) 784-D2
In der Krems (A) 768-C5
In der Leiten (A) 770-D9
Inarzo (I) 801-K4
Incino (I) 805-K2
Incisa Scapaccino (I) 811-K6
Incùdine (I) 791-L7
Indelhausen (D) 762-E1
Indemini (CH) 789-L9
Inden (CH) 382, 788-B6
Indevillers (F) 773-J3
Indlekofen (D) 761-G8
Indòvero (I) 790-D9
Indrod (I) 799-K5
Induno Olona (I) 801-L3
Ingelsberg (D) 765-K3
Ingenbohl (CH) 775-K7
Ingenried (D) Kr. Ostallgäu 764-A5
Ingenried (D) Kr. Weilheim-Schongau 764-C7
Ingerkingen (D) 763-G2
Inglagna (I) 794-E7
Ingoldingen (D) 763-G4
Ingolsthal (A) 782-E6
Ingria (I) 800-B7
Ingridhütte (A) 794-E2
Ingstetten (D) 763-K2
Inhausen (D) 765-H1
Inkwil (CH) 774-C5
Inn (A) 162, 204
Inneberg (D) 763-K4
Inneralpbach (A) 779-L3
Innerbach (A) 777-G6
Innerberg (A) 777-H6
Innerberg (CH) 773-M7
Innerbittlbach (D) 765-L2
Innerbraz (A) 777-H6
Innerbuchen (A) 777-H6
Innere Einöde (A) 796-B1
Innere Wimitz (A) 782-E8
Inneres Kaltenegg (A) 770-D8
Innerferrera (CH) 790-D4
Innerfragant (A) 781-H7
Innerfurth (A) 770-D1
Innergrub (A) 767-M5
Innergschlöß (A) 233, 780-C6
Innergschwend (A) 777-M2
Innerhörgersteig (A) 767-K3
Inneringen (D) 762-C2
Innerkrems (A) 321, 680, 781-M7, 782-A7
Innerlangesthei (A) 777-L6
Innerlaterns (A) 776-F4
Innerlehen (D) 760-F7
Innerleoben (A) 781-M8
Innermanzing, Neustift- (A) 770-D1
Innernöring (A) 781-L8
Innerroh (A) 768-A4
Innerthal (CH) 775-M6
Innertkirchen (CH) 360, 789-G2
Innervillgraten (A) 241, 780-C9
Innerzwain (A) 769-L8
Innichen/S. Càndido (I) 512, 514, 515, 730, 794-B1
Inning (A) 769-M1
Inning am Ammersee (D) 764-E4
Inningen (D) 764-C1
Innsbruck (A) 171, 181, 186, 187, 188, 190, 191, 192, 196, 488, 607, 680, 779-G4
Inntal (A) 170, 172, 173, 218
Ins (CH) 773-K7
Insone (CH) 790-A9
Interlaken (CH) 33, 37, 39, 41, 55, 346, 352, 353, 354, 355, 356, 358, 359, 716, 788-D2
Interneppo (I) 795-H6
Intissans (I) 795-G5
Intra (I) 801-J2
Intragna (CH) 789-K8
Intragna (I) 801-J1
Introbio (I) 802-D2
Introzzo (I) 790-D9
Intschi (CH) 789-K1
Inverigo (I) 802-C4
Inverso (I) 800-C7
Inveruno (I) 801-L7
Invico (I) 803-K5
Invillino (I) 795-G5
Invório-Inf. (I) 801-J4
Invório-Sup. (I) 801-H4
Invózio (I) 801-G4
Inwil (CH) Luzern 775-H6
Inwil (CH) Zug 775-J5
Inzago (I) 802-E7
Inzell (D) 120, 121, 658, 766-E7
Inzenhof (A) Erlach 771-G6
Inzenhof (A) Güssing 785-H5
Inzenhof (A) Wildon 784-C7
Inzersdorf (A) Wien 771-G1
Inzersdorf im Kremstal (A) 768-C5
Inzigkofen (D) 762-C4
Inzing (A) 778-E4
Inzing (D) 766-E4
Inzino (I) 803-J5
Inzlingen (D) 760-C9
Ipaveč (SLO) 797-H9
Ipfdorf (A) 768-E1
Ippingen (D) 761-K5
Ipplis (I) 795-L9
i Prati (I) 803-L8
Ipsach (CH) 773-L6
Iragna (CH) 789-M6
Irdning (A) 768-C9
Irma (I) 803-K4
Irndorf (D) 762-A4
Irnharting (A) 768-B2
Irnprechting (A) 767-G3
Irougne (F) 813-M6
Irpisdorf (D) 764-A5
Irringsdorf (A) 767-L1
Irrsdorf (A) 767-J4
Irschen (A) 781-G9
Irschenberg (D) 765-L6
Irschenhausen (D) 765-G5
Irsee (D) 763-M6
Irsengund (D) 763-H9
Irsingen (D) 764-B4
Irslingen (D) 761-K2
Irvey (F) 772-A6
Isallo (I) 815-J4
Isar (D) 47, 98, 103
Isarno (I) 801-J7
Isasca (I) 810-C8
Í. S. Biágio (I) 804-A6
i Scit (I) 801-J5
Ischgl (A) 158, 159, 160, 474, 682, 777-K7
Ischgl (Hochseilgarten) (A) 161
Ischia (I) 804-F1
Ischia Podetti (I) 792-E9
Ischl (D) 766-C5
Ischler Hütte (A) 767-M7
Isella (I) 801-H5
Iselle (I) 788-F7
Iselsberg-Stronach (A) 780-F9
Iseltwald (CH) 359, 788-E2
Isen (D) 765-L2
Isenfluh (CH) 359, 788-D3
Isenthal (CH) 775-J8
Iseo (CH) 801-L1
Iseo (I) 803-J5
Isèr (F) 584
Isera (I) 804-D3
Isérables (CH) 787-L8
Isiata (I) 806-E6
Ising (D) 766-C5
Isingen (D) 761-L1
Isleten (CH) 775-K8
Islikon (CH) 775-L1
Islisberg (CH) 775-J4
Ismaning (D) 765-J2
Isny (D) 69, 658, 763-J8
Isola (F) 813-L4
Ísola (I) Ligúria 814-F5
Isola (I) Lombardia 790-D5
Isola (I) Piemonte, Cuneo 814-F1
Isola (I) Piemonte, Vercelli 800-F3
Isola 2000 (F) 814-A4
Isolabella (I) 811-G5
Isolabona (I) 814-D8
Isola Bella (I) 565
Isola Brissago (I) 564
Isola d'Asti (I) 811-J6
Isola dell'Abbà (I) 805-L9
Isola di Fondra (I) 803-G2
Ísola di Garda (I) 804-A6
Ísola Grande (I) 815-H3
Isolalta (I) 804-D9
Ísola Mantegna (I) 805-K6
Ísola Morosini (I) 807-L4
Ísola Perosa (I) 815-G5
Ísola Picchi (I) 807-H4
Isolato (I) 790-D5
Ísola Vicentina (I) 805-H5
Isolella (I) 801-G4
Isolello (I) 800-E3
Isone (CH) 789-M8
Isperdorf (A) 769-J1
Ispra (I) 801-J3
Issengo/Issing (I) 779-K9
Issert (CH) 787-K9
Issiglio (I) 800-C7
Issime (I) 800-D5
Issing (D) 764-D5
Issing/Issengo (I) 779-K9
Isso (I) 802-F7
Issogne (I) 800-B5
Istein (D) 760-B8
Istighofen (CH) 776-B1
Istrago (I) 795-G8
Istrana (I) 806-A5
Ital-Rheding-Hofstatt (CH) 410
Itingen (CH) 774-D2
Í. Trimelone (I) 804-B5
Itschnach (CH) 775-K4
Ittelsburg (D) 763-K6
Ittendorf (D) 762-D8
Ittenhausen (D) 762-D2
Ittensberg (A) 777-H3
Ittenschwand (D) 760-E7
Ittenthal (CH) 774-F1
Itter (A) 223
Ittigen (CH) 774-B7
Itzling (A) 767-G6
Itzling (D) 765-K1
Ivanci (SLO) 785-H9
Ivano-Fracena (I) 793-H9
Ivoray (F) 786-F8
Ivork (SLO) 796-F8
Ivóry (F) 772-A7
Ivrea (I) 800-D7
Izano (I) 802-F9
Izgorje (SLO) 796-E9
Izlake (SLO) 797-K7
Iznang (D) 762-A8

J

Jaberg (CH) 788-B1
Jabing (A) 785-H3
Jablenca (SLO) 795-M6
Jabron (F) 813-G9
Jachenau (D) 765-G9
Jacobneuharting (D) 765-L4
Jadersdorf (A) 795-K2
Jadorf (A) 767-H8
Jagerberg (A) 784-D7
Jägerhäusel (A) 780-B3
Jagnjenica (SLO) 797-M8
Jakling (A) 783-J9
Jakobč (SLO) 796-C8
Jakobsbad (CH) 776-D4
Jakobsberg (A) 783-G6
Jakobsberg (D) 765-L5
Jakobshorn (CH) 791-G1
Jama Pod (SLO) 796-D6
Jambaz (F) 786-F7
Jamm (A) 784-F7
Jammering (A) 784-C6
Jamnig Hütte (A) 781-H7
Jamnik (SLO) 796-E6
Jamtal-Hütte (A) 777-K9
Janče (SLO) 797-J8
Jankar (SLO) 797-J4
Jarjayes (F) 808-E9
Jarrie (F) 808-B2
Jarrier (F) 798-C9
Jarček (SLO) 796-F7
Jarsy (F) 798-C5
Jarček (SLO) 796-F7
Jasberg (D) 765-J6
Jasčji (SLO) 796-F8
Jas de Bertin (F) 812-B5
Jas de Chabrier (F) 812-E4
Jas de Jordan (F) 812-B5
Jas de Mathieu (F) 812-C5
Jasnitz (A) 770-B9
Jas Roche (F) 812-B5
Jassbach (CH) 774-C9
Jauernig (A) 782-D7
Jauerning (A) 782-C7
Jaun (CH) 787-L3
Jaunstein (A) 797-H3
Jauring (A) 769-M8
Jausiers (F) 813-J2
Javerne (CH) 787-J7
Javor (SLO) 797-J9
Javorca (SLO) 796-A7
Javorje, črna na Koroškem (SLO) 797-K4
Javorje, Gorenja vas Poljane (SLO) 796-E7
Javorje, Litija (SLO) 797-K9
Javornik (SLO) 796-F6
Javorski Pil (SLO) 797-L8
Jazne (SLO) 796-D8
Jean Clare (F) 812-C2
Jebenstein (A) 768-C1
Jebsheim (F) 760-B3
Jechling (D) 766-F7
Jechtingen (D) 760-C3
Jedelstetten (D) 764-D3
Jedesheim (D) 763-J2
Jedl (A) 781-K5
Jegenstorf (CH) 774-B6
Jeging (A) 767-H4
Jehl (D) 765-J6
Jekelc (SLO) 796-D9
Jelendol (SLO) 796-F5
Jelenk (SLO) 796-B8
Jelovica (SLO) 796-D7
Jelzinen (CH) 788-C6
Jenaz (CH) 776-F8
Jenbach (A) 779-J3
Jenbach (D) 765-L7
Jenesien/San Genesio Atesino (I) 793-G4
Jengen (D) 764-B5
Jenhausen (D) 764-F6
Jenins (CH) 776-E7
Jenisberg (CH) 790-F2
Jennersdorf (A) 785-G6
Jens (CH) 773-L6
Jerago-Orago (I) 801-L5
Jereka (SLO) 796-C6
Jerzens (A) 778-B6
Jesachalm (A) 780-B8
Jesenica (SLO) 796-C7
Jesenice (SLO) 796-D4
Jesenovo (SLO) 797-L7
Jesenwang (D) 764-E3
Jeslane (SLO) 797-K5
Jésolo (I) 806-E6
Jeßling (D) 766-A2
Jestetten (D) 761-K8
Jetschwil (CH) 773-L9
Jettenbach (D) 766-B2
Jettenhausen (D) 765-H5
Jettingen (F) 760-A9
Jettkofen (D) 762-D5
Jevšček (SLO) 795-M7
Jezbirc (SLO) 796-D8
Jezerca (SLO) 795-M6
Ježica (SLO) 797-G8
Jinquins (F) 813-G2
Jobst (A) 784-F4
Joch (CH) 790-E1
Jochberg (A) Kitzbühel 780-C3
Jochberg (A) Mittersill 780-C4
Jochbergwald (A) 780-C3
Jochgrimm (I) 793-G6
Johannesberg (A) 783-K9
Johannserberg (A) 783-G9
Johnsbach (A) 769-G9
Johnsdorf (A) 784-F6
Jois (A) 771-L3
Jona (CH) 775-L4
Joncherey (F) 773-K1
Jonen (CH) 775-H4
Jongny (CH) 787-H4
Jonschwil (CH) 776-B2
Jonzier-Epagny (F) 786-B8
Jordanbad (D) 763-G4
Jörgen (A) 784-F8
Jormannsdorf (A) 785-G1
Josefsberg (A) 769-M5
Josefsthal (D) 765-K8
Jošk (SLO) 796-C8
Jöß (A) 784-C7
Jougne (F) 772-E9
Joussaud (I) 809-L4
Jouvernex (F) 786-E6
Joux (F) 798-D2
Jovençan (I) 799-L4
Juckern (CH) 775-M3
Judenburg (A) 783-H4
Judendorf (A) Gratkorn 783-M4
Judendorf (A) Leoben 783-L2
Judendorf (A) Steyr 768-E3
Judendorf (A) Tamsweg 782-A5
Judenstein (A) 779-H4
Juf (CH) 790-E5
Juffly (F) 786-D7
Juifenau (A) 778-E5
Julbach (D) 766-F1
Julianaberg (A) 768-D2
Jungholz (A) 763-L9
Jungholz (D) 760-E9
Jungnau (D) 762-C3
Junsberg (A) 779-J6
Jurez (SLO) 796-D7
Juriens (CH) 786-E2
Jussy (CH) 786-D7
Jussy, Pers- (F) 786-D8
Jusy (F) 786-E5

K

Kaag (A) 784-E5
Kadelburg (D) 761-H9
Kägiswil (CH) 775-G8
Kagl (A) 784-D3
Kaibing (A) 784-E3
Kaillhof (A) 768-F2
Kainach bei Voitsberg (A) 783-L4
Kainau (D) 766-C3
Kainbach (A) 784-C5
Kaindorf (A) 784-E3
Kaindorf an der Sulm (A) 784-C8
Kaindorf Nord (A) 782-D5
Kaindorf Süd (A) 782-D5
Kainisch (A) 768-B9
Kaisek (SLO) 797-M5
Kaiseraugst (CH) 760-C9
Kaiserbachtal (A) 212
Kaiserbrunn (A) 770-D6
Kaiserburg (A) 320
Kaiserebersdorf (A) 771-H1
Kaisergebirge (A) 212
Kaiserhaus (D) 760-F7
Kaiserhof (A) 221
Kaiserjoch-Hütte (A) 777-L5
Kaisers (A) 152, 777-K5
Kaisers (A) Sölden 778-B5
Kaisersberg (A) 783-K2
Kaisersdorf (A) 771-H8
Kaisersteinbruch (A) 771-K2
Kaiserstuhl (CH) Aargau 761-H9
Kaiserstuhl (CH) Obwalden 789-G1
Kaisertal (A) 216
Kaisertal-Haus (A) 766-B9
Kaiserwinkl (A) 37, 212, 214, 214, 215
Kaisten (CH) 760-F9
Kal nad Kanalom (SLO) 796-B8
Kal, Zagorje ob Savi (SLO) 797-L7
Kälberhart (A) 769-M2
Kalce (SLO) 797-J9
Kalch (A) 784-D4
Kalch (A) Bad Gleichenberg 784-F7
Kalch (I) 730
Kalch bei Mürzzuschlag (A) 770-B7
Kalchenbach (D) 763-K9
Kalchstätten (CH) 787-M1
Kale (SLO) 797-M5
Kalkgruben (A) 771-H7
Kalkkögel (A) 193
Kalkofen (D) 762-B6
Kalkreute (D) 762-D5
Kalksburg (A) 771-G1
Kalkstein (A) 780-B9
Kallnach (CH) 773-L7
Kals am Großglockner (A) 232, 234, 235, 236, 237, 683, 780-E7
Kalsdorf bei Graz (A) 784-B6
Kalsdorf bei Ilz (A) 784-F4
Kaltbach (CH) 774-F5
Kaltbrunn (CH) 776-A5
Kaltbrunn (D) 762-B7
Kalte Kuchl (A) 770-C4
Kaltenbach (A) 204, 207, 683, 779-K4
Kaltenbach (CH) 761-L8
Kaltenbach (D) 760-D7
Kaltenberg (A) Eberstein 783-G9
Kaltenberg (A) Edlitz 771-G7
Kaltenberg (A) Waldegg 770-E5
Kaltenberg (D) 764-D3
Kaltenbrunn (D) 765-J7
Kalten-Brunn Hohenberg (A) 784-D4
Kaltenbrunn/Fontanefredde (I) 793-G6
Kaltenbrunnen (A) 777-H6
Kaltenegg (A) 770-D9
Kaltenherberg (D) 761-G4
Kaltenleutgeben (A) 770-F1
Kaltenmarkt (A) 768-B5
Kaltental (D) 764-B6
Kaltern a. d. Weinstr./Caldaro s. Str. d. Vino (I) 492, 494, 495, 730, 792-F5
Kaltwasser (A) 782-C6
Kalwang (A) 783-H1
Kalzhofen (D) 763-J9
Kamering (A) 795-M1
Kameritsch (A) 795-K2
Kammer (D) 766-D5
Kammerhof (A) 770-B2
Kammern im Liesingtal (A) 783-J2
Kammlach (D) 763-L4
Kamnica (SLO) 797-H8
Kamnik, Osrednjeslovenska (SLO) 797-H6
Kamnik, Vransko (SLO) 797-K6
Kamno (SLO) 796-A7
Kamp (A) 783-K7
Kampenwand-Geigelstein-Höhenwanderung (D) 117
Kamperkogel (A) 783-K7
Kampidell/Campiello (I) 792-F3
Kampl (A) 779-G6

REGISTER

Kanal (SLO) 796-A8
Kanalski Vrh (SLO) 796-A8
Kandellen (I) 794-B1
Kanderbrück (CH) 788-C3
Kandergrund (CH) 348, 788-C3
Kandern (D) 760-C7
Kandersteg (CH) 348, 349, 716, 788-C4
Kandlhof (A) 770-B4
Kanin (A) 796-C3
Kaning (A) 781-M8
Kanisfluh (A) 128
Kanning (A) 768-F2
Kanting (A) 796-C2
Kanzach (D) 762-E4
Kanzelhof (A) 771-H2
Kanzelhöhe (A) 796-B2
Kanzelwand (D) 76
Kanzianiberg (A) 336
Kapauns-Alm (A) 779-L4
Kapellen (A) 770-C7
Kapfenberg (A) 784-A1
Kapfenstein (A) 784-F7
Kapfing (A) 779-K3
Kapla (SLO) 797-L6
Kappel (A) 777-L7
Kappel (CH) 774-D3
Kappel (D) Kr. Biberach 762-F4
Kappel (D) Kr. Breisgau-Hochschwarzwald 761-G6
Kappel (D) Kr. Freiburg 760-E5
Kappel (D) Kr. Ostallgäu 763-M9
Kappel (D) Kr. Ravensburg 762-D7
Kappel (D) Kr. Sigmaringen 762-C5
Kappel (D) Schwarzwald-Baar-Kreis 761-J3
Kappel am Albis (CH) 775-J5
Kappel am Krappfeld (A) 783-G8
Kappel an der Drau (A) 796-E3
Kappelen (CH) 773-L6
Kappelen (F) 760-B8
Kappel-Grafenhausen (D) 760-D1
Kappelleralm (A) 781-J9
Kappelwieser-Alm (I) 792-C4
Kappl (A) 158, 160, 683, 777-M2
Kappling (A) 768-B2
Kaprun (A) 254, 255, 256, 257, 683, 780-E4
Kar-Alm (A) 780-B3
Karawanken (SLO) 594
Karbach (A) 784-E8
Kardorf (D) 763-J5
Kareckhaus (A) 781-L6
Karerpass (I) 730
Karersee (I) 525, 730, 793-H5
Karl (A) 771-H8
Karlsbach, Sankt Martin- (A) 769-J2
Karlsbader Hütte (A) 780-F9
Karlsberg (A) 782-D8
Karlsdorf (A) 771-J2
Karlsdorf (A) St. Marein 782-F6
Karlsdorf (D) 765-L2
Karlsfeld (D) 765-G2
Karlstein (D) 766-F7
Karnburg (A) 796-E1
Karneid (I) 527, 731, 793-G4
Karnische Alpen (A) 329
Karnische Höhenweg (A) 328
Kärnten (A) 238, 276, 318, 322, 326, 328, 330, 331, 332, 334, 342
Kärpf (CH) 433
Karres (A) 778-C5
Karrösten (A) 778-C5
Karsau (D) 760-D9
Karsee (D) 763-G7
Karteis (A) 781-J5
Karthaus/Certosa (I) 792-D2
Kartitsch (A) 240, 241, 794-D2
Karwendel (D) 98, 186, 198
Käsacker (D) 760-C7
Kasern (A) 779-J6
Kasern/Casere (I) 504, 505, 506, 507, 779-M6
Käsers (D) 763-K6
Käserstatt (CH) 789-G1
Kasseler-Haus (A) 779-L6
Kastanienbaum (CH) 775-H7
Kastelbell-Tschars (I) 479, 792-C3
Kastelruth/Castelrotto (I) 520, 521, 522, 523, 731, 793-H4
Kasten (A) Lunz am See 769-K5
Kasten (A) Wundschuh 784-B6
Kasten bei Böheimkirchen (A) 770-D1
Kastenseeon (D) 765-K4
Kastl (D) 766-E2
Kat.- Koritnica (SLO) 795-M6
Katarija (SLO) 797-J7
Katsch an der Mur (A) 782-E5
Katschberg (A) 293, 684
Katzbach (A) 768-B2
Katzelsdorf (A) 771-G5
Katzenmoos (D) 760-F3
Katzensteig (D) 762-C6
Katzling (A) 783-G4
Kau (CH) 776-D4
Kau (D) 762-E8
Kaufbeuren (D) 764-A6
Kaufbeuren-Neugablonz (D) 764-B6
Kaufdorf (CH) 774-B9
Kaufering (D) 764-C4
Kaumberg (A) 770-D3
Kaunergrat (A) 166
Kaunergrat-Hütte (A) 778-C7
Kaunertal (A) 166
Kauns (A) 166, 778-B6
Kaunz (A) 783-H9
Kavkež (SLO) 797-J6
Kay (D) 766-E4
Kehlbach (A) 780-F2
Kehlegg (A) 777-G3
Kehlen (D) 762-E8
Kehlsdorf (A) 784-B7
Kehrsatz (CH) 774-B8
Kehrsiten (CH) 775-H7
Keinprecht-Haus (A) 781-M4
Kelchsau (A) 223, 779-M3
Kellerberg (A) 795-M2
Kellern (D) 765-H8
Kellmünz an der Iller (D) 763-J3
Kelmen (A) 778-B3
Kematen (A) 768-F8
Kematen in Innbach (A) 768-A2
Kematen an der Krems (A) 768-D3
Kematen an der Ybbs (A) 769-H3
Kematen in Tirol (A) 778-F4
Kematen/Caminata (I) 731, 779-H8
Kemater Alm (A) 778-F5
Kemathen (D) 765-L7
Kemating (A) 767-K2
Kemating (A) Braunau am Inn 767-K2
Kemating (A) Seekirchen 767-G5
Kemating (A) Seewalchen 767-L4
Kembs (F) 760-B8
Kemeten (A) 785-G3
Kemmelbach (A) 769-K2
Kemmeriboden (CH) 788-E1
Kemnaten in Taufers/Caminata di Tures (I) 779-L8
Kempfenhausen (D) 765-G5
Kempfing (D) 765-K1
Kempinski Grand Hôtel des Bains, St. Moritz (CH) 466
Kempten (D) 763-K8
Kemptthal (CH) 775-K2
Kenda (SLO) 796-D7
Kendlbruck (A) 782-B6
Kengelbach (CH) 776-B3
Kennelbach (A) 777-G2
Kenzingen (D) 760-D2
Keppenbach (D) 760-E3
Kernenried (CH) 774-B6
Kernhof (A) 770-B5
Kerns (CH) 420, 775-G8
Kerschbaum (A) Schwanberg 783-M8
Kerschbaumeralm-Schutzhütte (A) 794-F1
Kerschdorf (A) 795-L2
Kerschdorf (D) 766-A4
Kerschhakl-Hütte (A) 781-K7
Kerschham (A) 767-H4
Kerschlach (D) 764-E5
Kerzers (CH) 773-L7
Kesselfall (CH) 777-G6
Kesselfall-Alpenhaus (A) 780-E4
Kesselkogel (I) 545
Kesswil (CH) 762-D9
Kestenholz (CH) 774-D4
Ketschnweg (I) 501
Ketten (A) 768-D9
Kettenacker (D) 762-D2
Kettenreith (A) 769-M2
Ketterschwang (D) 764-B5
Kettershausen (D) 763-K3
Keutschach am See (A) 341, 796-E2
Khünburg (A) 795-K2
Kiechlinsbergen (D) 760-C3
Kiefersfelden (D) 114, 115, 766-A9
Kieler Wetterhütte (A) 777-K7
Kien (CH) 788-C3
Kienberg (A) Gaming 769-K4
Kienberg (A) Schedlbauer 768-D5
Kienberg (A) St. Andrä 783-H8
Kienberg (CH) 774-E2
Kienberg (D) 766-C4
Kienegg (A) 771-G7
Kienersrüti (CH) 788-B1
Kienertsham (D) 766-D4
Kienholz (CH) 788-F1
Kiens/Chiénes (I) 510, 731, 779-K9
Kiental (CH) 788-C3
Kierberg (A) 777-K5
Kiesen (CH) 774-B9
Kiesenbach (D) 761-G9
Kiffis (F) 773-M2
Kilb (A) 769-M2
Kilchberg (CH) Basel-Landschaft 774-E2
Kilchberg (CH) Zürich 775-J4
Killer (D) 762-B1
Killwangen (CH) 775-H2
Kimpling (A) 767-L1
Kimratshofen (D) 763-J7
Kindberg (A) 770-B9
Kindbergdörfl (A) 770-B9
Kindhausen (CH) 775-K3
Kindlehen (A) 768-F3
Kindtal (A) 770-B8
Kinsau (D) 764-C6
Kinsdorf (A) 784-E7
Kintzheim (F) 760-B1
Kinzigtal (D) 761-H1
Kippel (CH) 384, 385, 788-D5
Kippenhausen (D) 762-D8
Kippenheim (D) 760-D1
Kirchanschöring (D) 766-F5
Kirchasch (D) 765-L1
Kirchau (A) 770-F7
Kirchbach (A) 331, 795-J2
Kirchbach in Steiermark (A) 784-D6
Kirchberg (A) Graz 784-A5
Kirchberg (A) Kremsmünster 768-C3
Kirchberg (A) Seekirchen 767-H5
Kirchberg (CH) Bern 774-B6
Kirchberg (CH) St. Gallen 776-B3
Kirchberg (D) Kr. Traunstein 766-C4
Kirchberg (D) Kr. Traunstein 766-E5
Kirchberg am Inn (D) 767-G1
Kirchberg am Wechsel (A) 770-E7
Kirchberg an der Iller (D) 763-J3
Kirchberg an der Pielach (A) 770-A3
Kirchberg an der Raab (A) 784-D6
Kirchberg bei Lölling (A) 783-G7
Kirchberg bei Mattighofen (A) 767-G4
Kirchberg in Tirol (A) 224, 226, 684, 780-B2
Kirchbichl (A) 779-M1
Kirchbichl (A) 780-A1
Kirchbichl (D) 765-H7
Kirchbierlingen (D) 762-F2
Kirchdorf (A) Dornbirn 777-H2
Kirchdorf (A) Frohnleiten 783-M2
Kirchdorf (CH) Aargau 775-G2
Kirchdorf (CH) Bern 774-B9
Kirchdorf (D) Kr. Mühldorf am Inn 766-A2
Kirchdorf (D) Kr. Rottal-Inn 767-G1
Kirchdorf (D) Kr. Unterallgäu 763-M4
Kirchdorf (D) Schwarzwald-Baar-Kreis 761-J4
Kirchdorf am Haunpold (D) 765-K6
Kirchdorf an der Iller (D) 763-J4
Kirchdorf an der Krems (A) 768-C5
Kirchdorf in Tirol (A) 684, 766-C9
Kirchdörfel (A) 779-M2
Kircheiselfing (D) 766-A4
Kirchen (D) 762-F2
Kirchen, Efringen- (D) 760-B8
Kirchenberg (A) 768-E4
Kirchenhausen (D) 761-K6
Kirchenlandl (A) 769-H7
Kirchensur (D) 766-B4
Kirchenthurnen (CH) 774-B9
Kirchfeld (A) 769-H2
Kirchfidisch (A) 785-H3
Kirchham (A) 768-B4
Kirchham (A) Zell am See 780-F3
Kirchhaslach (D) 763-L3
Kirchhaunberg (D) 766-D1
Kirchheim (D) 766-E4
Kirchheim bei München (D) 765-J2
Kirchheim im Innkreis (A) 767-J2
Kirchheim in Schwaben (D) 763-M3
Kirchhof (D) 766-F5
Kirchhöfe (D) 760-F2
Kirchhofen (CH) 775-G8
Kirchhofen (D) 760-D5
Kirchleerau (CH) 774-F4
Kirchlhütte (A) 782-C8
Kirchlindach (CH) 773-M7
Kirchloibersdorf (D) 766-B3
Kirchötting (D) 765-K2
Kirchplatzl (A) 778-E3
Kirchrued (CH) 774-F4
Kirchsätt (D) 766-D5
Kirchschlag in der Buckligen Welt (A) 771-H8
Kirchschlagl (A) 771-G9
Kirchseeon (D) 765-K4
Kirch-Siebnach (D) 764-B3
Kirchstädt (D) 766-C4
Kirchstätt (D) 766-C4
Kirchstetten (A) 768-C1
Kirchthal (D) 764-A8
Kirchtrudering (D) 765-J3
Kirchweidach (D) 766-D3
Kirchzarten (D) 760-E5
Kirnbach (D) 761-G2
Kirnberg an der Mank (A) 769-M2
Kirschentheuer (A) 796-E3
Kisovec, Gorenja vas Poljane (SLO) 796-E8
Kisovec, Zagorje ob Savi (SLO) 797-L7
Kissing (D) 764-D1
Kißlegg (D) 763-H7
Kisslinger Kristallglas (A) 203
Kitschdorf (A) 783-G8
Kittenbach (A) 784-C6
Kittenberg (A) 784-C8
Kitzbühel (A) 43, 224, 226, 227, 608, 684, 780-C2
Kitzbühel (Liebfrauenkirche) (A) 225
Kitzbüheler Alpen (A) 218, 220, 248, 252
Kitzbüheler Horn (A) 224
Kitzeck im Sausal (A) 784-B8
Kitzladen (A) 784-F2
Kitzsteinhorn (A) 254
Klachau (A) 768-C9
Kladje (SLO) 797-M8
Kladnik (SLO) 797-J6
Klaffenbach (D) 765-H8
Klafferseen (A) 307
Klafterreith (A) 767-J3
Klagenfurt (A) 338, 339, 340, 341, 685, 796-E2
Klagenfurter Hütte (A) 796-E4
Klais (D) 778-F2
Klam (A) 769-H1
Klamberg (A) 782-A9
Klamberg (A) 796-A1
Klamm (A) Brand-Laaben 770-D2
Klamm (A) Gloggnitz 770-E7
Klamm (A) Rottenmann 768-E9
Klamm (A) Weiz 784-C3
Klammbach-Alm (A) 765-J9
Klariči (SLO) 807-M3
Klaus (A) Feldkirch 776-F4
Klaus (A) Landeck 777-M6
Klaus (A) Strengen 777-M6
Klaus (A) Ternitz 770-E5
Klaus (A) Weyer-Markt 769-G6
Klaus an der Pyhrnbahn (A) 768-D6
Klause (A) 778-B2
Klausen (A) 780-C4
Klausen (I) 500, 501, 502, 503, 731, 793-H3
Klausen-Leopoldsdorf (A) 770-E2
Klausenpass (CH) 432, 434
Klebham (D) 766-E4
Kleblachlind (A) 781-K9
Kledering (A) 771-H1
Kleinaitingen (D) 764-C2
Kleinandelfingen (CH) 761-K9
Kleinarl (A) 284, 285, 287, 289, 685, 781-J4
Kleinarler (A) 781-J4
Kleinarler Hütte (A) 285
Kleinarltal (A) 288
Kleinbachselten (A) 785-H3
Kleinbasel (CH) 760-C9
Kleinbergl (A) 795-J2
Kleinbösingen (CH) 773-L8
Kleindietwil (CH) 774-D5
Kleindorf (A) 797-H3
Kleindöttingen (CH) 761-G9
Kleine Scheidegg (CH) 355, 788-E3
Kleinedling (A) 783-J8
Kleinegg (A) 781-M9
Kleiner Halt (A) 216
Kleinfeistritz (A) 783-J5
Kleinfeiting (A) 784-C7
Kleinfeld (A) 770-F4
Klein Frankenau (A) 771-K8
Kleinfrauenhaid (A) 771-H5
Kleinglödnitz (A) 782-D8
Kleingraden (A) 783-M9
Kleinhartpenning (D) 765-J6
Kleinhelfendorf (D) 765-K5
Kleinherrischwand (D) 760-F8
Kleinhöflein im Burgenland (A) 771-J4
Kleinhöhenkirchen (D) 765-K5
Kleinhöhenrain (D) 765-K5
Kleinholzhausen (D) 765-M7
Kleinholzleute (D) 763-J8
Kleinkemnat (D) 763-M6
Kleinkems (D) 760-B8
Kleinkitzighofen (D) 764-B4
Kleinklein (A) 784-B9
Kleinkrottenbach (A) 770-E2
Kleinlobming (A) 783-J4
Kleinlungitz (A) 784-E1
Kleinlützel (CH) 774-A2
Klein Maria-Zell (A) 784-D5
Kleinmürbisch (A) 785-H5
Klein-Neusiedl (A) 771-J1
Kleinpetersdorf (A) 785-H3
Kleinpienzenau (D) 765-K6
Kleinpreding (A) 784-B7
Kleinraming (A) 768-F3
Kleinreifling (A) 769-G6
Kleinschafhausen (D) 763-H3
Kleinschlag (A) 784-E1
Kleinschönach (D) 762-C6
Kleinsemmering (A) 784-C4
Kleinsölk (A) 782-B2
Kleinsöll (A) 779-L2
Kleinstadelhofen (D) 762-C6
Kleinsteinbach (A) 784-F4
Klein St. Paul (A) 783-G8
Kleinstübing (A) 783-M4
Klein St. Veit (A) Feldkirchen in Kärnten 796-D1
Klein St. Veit (A) Vöcklermarkt 783-G9
Kleinsulz (A) 784-B6
Kleinteil (CH) 774-F9
Kleintissen (D) 762-E4
Kleintschater (A) 785-J3
Klein Vassach (A) 796-B2
Kleinvolderberg (A) 779-H4
Kleinwalsertal (A) 51, 76, 77, 78, 79, 80
Kleinwangen (CH) 775-H5
Kleinwarasdorf (A) 771-K7
Kleinweil (D) 764-F8
Kleinweiler (D) 763-J8
Kleinwinnaden (D) 762-F4
Kleinwolkersdorf (A) 771-G5
Kleinwöllmiß (A) 783-L6
Kleinzapfen (A) 797-G3
Kleinzell (A) 770-C3
Kleinzicken (A) 785-H3
Klemše (SLO) 797-K5
Klengen (D) 761-J4
Klerant/Cleran (I) 793-J2
Klettendorf (A) 784-D3
Klettgau (D) 761-H8
Kletzenberg (A) 768-F8
Kletzenmarkt (A) 768-B1
Klewenalp (CH) 775-J8
Kliening (A) 783-J7
Klimmach (D) 764-B2
Kling (D) 766-B4
Klingenbach (A) 771-J5
Klingersheim (F) 760-A7
Klingfurth (A) 771-G6
Klingnau (CH) 761-G9
Klippeneck (D) 761-L3
Klobenstein (A) 215, 492, 493, 495,
Klobenstein/Collalbo (I) 734, 793-H4
Klöch (A) 784-F8
Klöchberg (A) 784-F8
Klöntaler See (CH) 433
Klopein (A) 797-G2
Kloster (A) 783-L7
Kloster St. Mang (D) 84
Klosteranlage Säben (I) 500
Klosterbeuren (D) 763-K3
Klosterfrauenalm (A) 780-D8
Klosterhof (D) 763-M8
Klösterle (A) 134, 135, 685
Klösterle am Arlberg (A) 777-J6
Klosterlechfeld (D) 764-C3
Klostermarienberg (A) 771-K9
Klosters (CH) 456, 458, 459, 460, 461, 716, 777-H9
Klosterseeon (D) 766-C5
Klosters-Platz (CH) 777-H9
Klostertal (A) 130, 133, 135
Klostertaler Gscheid (A) 770-D5
Klosterwinkel (A) 783-L7
Kloten (CH) 775-K2
Kluftern (D) 762-D8
Klunkeraberg (A) 783-M8
Klus (CH) 774-C4
Knape (SLO) 796-E7
Knappenberg (A) 783-G7
Knappendorf (A) 770-C6
Knappenfeld (D) 766-E6
Knappenlöcher (A) 230
Knasweg (A) 796-D2
Knebis (D) 760-F2
Knesing (D) 766-D5
Kneške (SLO) 796-B7
Kneža (SLO) 796-F8
Kniebis (D) 764-C9
Knittelfeld (A) 783-J4
Knœringue (F) 760-A9
Knollengraben (D) 762-F7
Knonau (CH) 775-J5
Knöpflitz (A) 770-E5
Knopperhof (A) 784-C3
Knottenried (D) 763-K9
Knutwil (CH) 774-F5
Kobarid (SLO) 795-M7
Kobel (D) 766-A3
Kobelwald (CH) 776-E4
Kobenz (A) 783-J3
Kobersdorf (A) 771-H7
Kobilje (SLO) 785-J9
Kobl (A) 777-M8
Koblach (A) 776-E4
Koblenz (CH) 761-G9
Koc (SLO) 796-A6
Koca pod ö Olševo (SLO) 797-H4
Koča pri Savici (SLO) 796-B6
Kočar (SLO) 796-E8
Kochel am See (D) 96, 765-G8
Kochelsee (D) 96
Köchling (A) 769-K2
Köckberg (A) 794-C1
Köcking (A) 797-H2
Kodeljevo (SLO) 797-G8
Koder (SLO) 797-M7
Ködnitztal (A) 232
Kœstlach (F) 773-L1
Kœtzingue (F) 760-A8
Köfels (A) 778-D6
Köflach (A) 783-L5
Kogelsbach (A) 769-J5
Kogelweber (A) 783-K6
Kogl (A) Seewalchen 767-K5
Kogl im Burgenland (A) 771-H9
Koglhof (A) 316, 784-D2
Kohfidisch (A) 785-H3
Kohlberg (A) 784-E7
Kohldorf (A) Gallizien 796-F3
Kohldorf (A) Völkermarkt 797-H2
Kohleben (A) 770-C7
Kohlenberg (D) 763-L8
Kohlern (I) 492, 494
Kohlgraben (A) 784-F5
Kohlgrube (A) 767-L3
Kohlmayralm-Hütte (A) 781-K7
Kohlschwarz (A) 783-L5
Kojsko (SLO) 807-M1
Kokovnik (SLO) 797-K5
Kokrica (SLO) 796-F6
Kolar (SLO) 797-L5
Kolbental (A) 794-C1
Kolbermoor (D) 765-L6
Kolbing (D) 766-A4
Kolbingen (D) 761-M4
Köllach (A) 783-L2
Kollbrunn (CH) 775-L2
Kölldorf (A) 784-F7
Kollegg (A) 783-J8
Kollendorf (A) 768-C3
Kölliken (CH) 774-F3
Kollmarsreute (D) 760-E3
Kollnau (D) 760-E3
Kolmegg (A) 784-C5
Kolm-Saigurn (A) 263
Kolovrat (SLO) 797-K7
Kolsass (A) 779-H4
Kolsassberg (A) 779-J4
Komanija (SLO) 796-F8
Komenda (SLO) 797-G7
Kömmel (A) 797-J2
Kommingen (D) 761-K7
Komperdelalpe (A) 777-M7
Könbarn (D) 766-A5
Končar (SLO) 797-J8
Köndringen (D) 760-D3
Köngetried (D) 763-M5
Könghausen (D) 763-M2
Königsbauer bei Mürzzuschlag (A) 770-B8
Königsberg (A) Aspangberg-Sankt-Peter 770-F7
Königsbrunn (D) 764-C2
Königschaffhausen (D) 760-C3
Königsdorf (A) 785-G5
Königsdorf (D) 765-H7
Königsegg (A) 771-G8
Königseggwald (D) 762-D5
Königseich (A) 767-G2
Königsfeld im Schwarzwald (D) 761-J3
Königsgraben (A) 783-M4
Königsheim (D) 761-M3
Königsjodler (A) 246
Königsleiten (A) 260, 779-M4
Königsleiten (Sternwarte und Planetarium) (A) 261
Königsschlösser (D) 84
Königssee (D) 122, 125, 767-G9
Königsspitze (I) 480
Königsstuhl (A) 319
Köniz (CH) 773-M8
Konj (SLO) 797-K8
Konjšca (SLO) 797-L6
Konolfingen (CH) 774-C8
Konrad-Hütte (A) 781-J7
Konradsheim (A) 769-G4
Konradshofen (D) 764-B2
Konstantin (I) 793-H4
Konstanz (D) 762-C8
Konstanzer Hütte (A) 777-K7
Kopac (SLO) 796-F8
Kopačija (SLO) 797-K9
Kopfing bei Kaindorf (A) 784-E3
Köpfingen (D) 762-F7
Kopišar (SLO) 796-D8
Kopišča (SLO) 797-H5
Köppach (A) 767-M3
Köppel (A) 770-E9
Köppelreith (A) 784-D2
Koppigen (CH) 774-C5
Koppl (A) 767-H6
Köppling (A) 783-M6
Koprivna (SLO) 797-J4
Koprivnik (SLO) 796-C6
Kopsee (A) 139
Korada (SLO) 795-M9
Koralpenhaus (A) Wolfsberg 783-K8
Korbin (A) 783-M8
Koritnica (SLO) 796-C7
Kornat (A) 794-F2
Kornau (D) 777-K3
Koroška Bela (SLO) 796-D4
Korpitsch (A) 796-B3
Kortsch/Córzes (I) 792-B3
Koschach (A) 781-L7
Koseč (SLO) 795-M6
Koseze (SLO) 797-G7
Kössen (A) 37, 212, 214, 215, 685, 766-C8
Kossiach (A) 796-F3
Kößlwang (A) 768-B3
Köstendorf (A) Neumarkt am Wallersee 767-H5
Köstendorf (A) Seeboden 795-L2
Kostgefäll (D) 760-F3
Kostrevnica (SLO) 797-K7
Kotezicken (A) 785-H3
Kot pri Prevaljah (SLO) 797-K3
Kotredež (SLO) 797-L7
Kötsch (A) 783-H8
Kötschach (A) 767-G5
Kötschach-Mauthen (A) 59, 332, 333, 767-G5
Kötschendorf (A) 782-D8
Köttern (A) 782-D9
Kottgeisering (D) 764-E3
Kottingbrunn (A) 771-G3
Köttlach (A) 770-E6
Köttmannsdorf (A) 796-E3
Kottowitzer H. (A) 781-K6
Köttwein (A) 796-B2
Kottwil (CH) 774-F5
Kovkar (SLO) 797-J8
Kovor (SLO) 796-E5
Kozaršče (SLO) 796-B7
Kožbana (SLO) 795-L9
Kozbumovša (SLO) 796-C8
Kozjak (SLO) 797-M4
Kozjak pri Cersaku (SLO) 784-D9
Kozjek (SLO) 796-F8
Kozlna (SLO) 796-E8
Kozmerice (SLO) 796-A8
Kraa (A) 796-B1
Kracherberg (A) 785-G4
Kradolf-Schönenberg (CH) 776-C1
Kraftisried (D) 763-M7
Kraggenau (D) 764-D8
Krahof (A) 769-J2
Kraiburg am Inn (D) 766-C2
Kraig (A) 782-F8
Kräiligen (CH) 774-B5
Krailling (D) 765-G3

REGIONEN HOTELS KARTEN

Krainberg (A) 796-B3
Krajina (SLO) 785-G9
Krakaudorf (A) 312, 782-C4
Krakauhintermühlen (A) 782-C4
Krakauschatten (A) 782-C4
Krakautal (A) 312
Krammersdorf (A) 784-C3
Krampen (A) 770-B7
Kramsach (A) 202, 203, 685, 779-K2
Kranabethen (A) 768-A4
Kranichberg (A) 770-E7
Kranj (SLO) 594, 796-F6
Kranjska Gora (SLO) 590, 593, 755, 796-B4
Kranzberg (D) 99
Kranzegg (D) 763-L9
Krapfenleiten (A) 769-J5
Krašnja (SLO) 797-J7
Krasno (SLO) 795-L9
Kraßnitz (A) 782-E7
Krasta (A) 782-F8
Krašči (SLO) 784-F8
Krattigen (CH) 774-B6
Kraubath an der Mur (A) 783-K3
Krauchenwies (D) 762-C4
Krauchthal (CH) 774-B7
Kräuping (A) 782-F7
Krautbath in der Weststeiermark (A) 784-A7
Krautgarten (A) 769-H8
Krauthof (D) 765-K7
Kraxenberg (A) 767-J2
Kraxenberg (A) Krumbach 771-G8
Kred (SLO) 795-L7
Kreen (D) 764-B7
Kreenheinstetten (D) 762-B4
Kreenried (D) 762-E5
Kregelbach (D) 760-F3
Kreith (A) 779-G5
Krems (A) Kirchdorf an der Krems 768-C5
Krems (A) Voltsberg 783-L5
Krems in Kärnten (A) 781-M7
Kremsbrücke (A) 781-M7
Kremsdorf (A) Ansfelden 768-D2
Kremsmünster (A) 768-C3
Krenglbach (A) 768-B2
Krenkingen (D) 761-H8
Krennach (A) 784-E5
Krenngraben (A) 769-H5
Krensdorf (A) 771-H5
Krenstetten (A) 769-G3
Kresbach (A) Graz 783-M8
Kresnice (SLO) 797-J8
Kressbronn (D) 762-F9
Kreubach (A) 795-L3
Kreut (D) Kr. Bad Tölz-Wolfratshausen 765-G7
Kreut (D) Kr. Weilheim-Schongau 764-C7
Kreut (D) Kr. Weilheim-Schongau 764-D8
Kreuth (A) 795-J2
Kreuth (D) 106, 108, 765-J8
Kreuzanger (D) 764-B2
Kreuzberg (A) Bischofshofen 781-J2
Kreuzberg (A) Payerbach 770-D7
Kreuzberg (D) 764-C8
Kreuzen (A) 795-L2
Kreuzholzhausen (D) 764-F1
Kreuzjoch (A) 205
Kreuzkofel (I) 528
Kreuzlingen (CH) 762-C8
Kreuzpullach (D) 765-H5
Kreuzstraße (D) 765-J5
Kreuztal/Valcroce (I) 793-J2
Kreuzthal (D) 763-J8
Kreuzweg (CH) 788-C1
Kreuzwirt (A) 795-J1
Krichenlee (A) 784-B2
Kriechenwil (CH) 773-L8
Krieglach (A) 770-C8
Kriegham (A) 768-B3
Kriegstetten (CH) 774-B5
Kriens (CH) 414, 775-G7
Kriessern (CH) 776-F3
Krimml (A) 260, 261, 685, 780-A5
Krimmler Wasserfälle (A) 259
Krinau (CH) 776-B4
Krippau (A) 769-H7
Krippenmuseum Maranatha (I) 506
Krispl (A) 767-H7
Kristein (A) 768-E1
Kristendorf (A) 797-H3
Kriševci (SLO) 785-H8
Krivčevo (SLO) 797-H6
Kriz (SLO) 797-H7
Križate (SLO) 797-K7
Križna Gora (SLO) 796-F7
Krn (SLO) 796-A7
Krnice (SLO) 797-M7
Kroatisch Ehrensdorf (A) 785-J4
Kroatisch Geresdorf (A) 771-K8
Kroatisch Minihof (A) 771-K8
Kroatisch-Tschantschendorf (A) 785-H4
Krobathen (A) 797-G1
Krobotek (A) 785-G6
Kroisbach (A) 770-F9
Kroisbach (A) Wallsee-Sindelburg 769-G2
Kroisbach an der Feistritz (A) 784-E4
Kroisbach an der Raab (A) 784-D5
Kroisegg (A) 784-F1
Kröllendorf (A) 769-H3
Kronacker (D) 765-L3
Kronau (D) Kr. Ebersberg 765-L5
Kronau (D) Kr. Weilheim-Schongau 764-D7
Kronbühl (CH) 776-D2
Kronburg (D) 763-J6
Kronhof (A) 795-H2
Kronnersdorf (A) 784-E8
Kronplatz (I) 508, 510, 511
Kronstorf (A) 768-F2
Kropa (SLO) 796-E6
Kropa (SLO) 797-J6
Kropbach (D) 760-D6
Kropfing (A) 768-B3
Kropfsdorf (A) St. Pölten 770-C2
Kropfsdorf (A) St. Veit an der Gölsen 770-C3
Kropnik (SLO) 797-M9
Kröschenbrunnen (CH) 774-D8
Krößbach (A) 778-F6
Krottendorf (A) 768-C3
Krottendorf (A) Gaisfeld 783-M6
Krottendorf (A) Güssing 785-H5
Krottendorf (A) Lavamünd 797-K1
Krottendorf an der Laßnitz (A) 783-M8
Krottendorf bei Neuhaus (A) 784-F7
Krottendorf im Saßtal (A) 784-D7
Krottenhill (D) 764-B7
Krottenmühl (D) 766-A6
Krugzell (D) 763-K7
Krumau (A) 768-F8
Krumbach (A) Dornbirn 777-H2
Krumbach (A) Wiener Neustadt-Land 771-G8
Krumbach (D) Bodenseekreis 762-F8
Krumbach (D) Kr. Günzburg 763-L2
Krumbach (D) Kr. Sigmaringen 762-B5
Krumbachstal (A) 770-A5
Krumegg (A) 784-C5
Krumlinden (D) 760-D6
Krummenau (CH) 776-B4
Krummnußbaum (A) 769-K1
Krummschnabelsee (A) 282
Krumpendorf am Wörther See (A) 341, 796-E2
Krün (D) 100, 101, 778-F2
Krungl (A) 768-B9
Krusdorf (A) 784-E7
Küb (A) 770-E6
Küblis (CH) 777-G8
Kuchl (A) 767-H8
Kufstein (A) 33, 213, 216, 217, 686, 765-M9
Kühbach (A) 771-G7
Kühberg (A) 784-B7
Kühboden (CH) 788-F5
Kuhgrat (CH) 776-E5
Kühlenbronn (D) 760-D7
Kühnhausen (D) 766-E5
Kühnsdorf (A) 797-H2
Kühtai (A) 181, 778-D5
Kühweg (A) 795-L3
Kuk (SLO) 796-C7
Kukec (SLO) 785-H8
Kuklos, Drehrestaurant (CH) 366
Kukmirn (A) 785-G4
Kulm (A) 770-F6
Kulm am Zirbitz (A) 782-F6
Kulm bei Weiz (A) 784-D3
Kulm-Dörfl (A) 781-M2
Kulmerau (CH) 774-F4
Kulm-Hotel, St. Moritz (CH) 468
Kulm im Burgenland (A) 785-J4
Külml (A) 784-D3
Kuma (A) 770-F8
Kumberg (A) 784-C4
Kümmerazhofen (D) 762-F6
Kümmertshausen (CH) 762-C9
Kumpfmühl (A) 767-L1
Kumpitz (A) 783-G4
Kundl (A) 218, 779-L2
Küngoldingen (CH) 774-E4
Kunheim (F) 760-B3
Kunkels (CH) 776-D9
Künten (CH) 775-H3
Kupšinci (SLO) 785-G9
Küpfern (A) 769-G5
Kupljenik (SLO) 796-D5
Kurji Vrh (SLO) 796-C8
Kürnbach (D) 762-F5
Kürnberg (A) 768-F3
Kürnberg (D) 760-E8
Kürsinger-Haus (A) 780-B6
Kürsingerhütte (A) 258
Kurtatsch a. d. Weinstr./Cortaccia s. Str. d. Vino (I) 792-F6
Kurtinig an der Weinstraße (I) 792-F7
Kurzenei (CH) 774-D7
Kurzenkirchen (A) 768-D2
Kurzenried (D) 764-C7
Kurzheim (A) 783-K1
Kurzragnitz (A) 784-C7
Kurzras/Maso Corto (I) 478, 479, 792-C2
Kuščarji (SLO) 796-B9
Küsnacht (CH) 775-K4
Küssaberg (D) 761-H9
Küßnach (D) 761-H9
Küssnacht am Rigi (CH) 43, 414, 775-H6
Kuštanovci (SLO) 785-H8
Kuštrin (SLO) 796-D9
Küttigen (CH) 774-F2
Küttigkofen (CH) 774-B5
Kuzma (SLO) 785-G7
Kyburg (CH) 775-L2
Kyburg-Buchegg (CH) 774-B5

L

Laa (A) 784-B6
Laab im Walde (A) 770-F1
Laaben (A) 770-D2
Laafeld (A) 784-F9
Laag (I) 792-F7
Laak (A) 796-F3
Laakirchen (A) 767-M4
Laas (A) Kötschach-Mauthen 795-G2
Laas (A) Velden am Wörther See 796-C2
Laas/Lasa (I) 477, 478, 792-B3
Laastadt (A) 782-B9
Laatsch/Láudes (I) 791-M2
Laax (CH) 47, 444, 445, 446, 716, 790-C1
La Baita (I) 793-H6
la Balme (F) 808-D3
la Balme (I) 799-H4
la Balme Chet. (F) 798-C9
la Balme de-Sillingy (F) 786-B9
la Balme-deThuy (F) 798-D2
la Balmetta (I) 809-M7
la Barge (F) 809-K8
La Barillette (CH) 786-C4
la Barme (F) 808-F2
la Barre (F) 772-D2
la Bastide (F) Provence-Alpes-Côte d'Azur 812-F6
la Bastide (F) Provence-Alpes-Côte d'Azur 813-H9
la Bâthie (F) 798-E5
La Bâtiaz (CH) 787-J8
la Bâtie (F) 813-G5
la Bâtie-Montsaléon (F) 812-B1
la Bâtie-Neuve (F) 808-E8
la Bâtie-Vieille (F) 808-E8
la Batterie de Viraysse (F) 813-K1
la Baume (F) Provence-Alpes-Côte d'Azur 812-C4
la Baume (F) Rhône-Alpes 786-F6
la Baumette (F) 813-K5
L'Abbaye (CH) 786-D2
la Begude (F) 814-B9
la Bellonne (F) 812-A3
la Bérarde (F) 808-F4
L'Abergement (CH) 786-F1
Labergement-du-Navois (F) 772-C7
Labergement-Ste-Marie (F) 772-D9
la Bergue (F) 786-D7
Labientschach (A) 795-M3
Labinje (SLO) 796-D7
La Biolle (F) 798-A3
la Blache (F) 812-B2
La Blanche (CH) 773-K5
la Blanchére (F) 812-A5
la Blonnière (F) 798-C1
la Bollène- Vésubie (F) 814-B6
la Bolline (F) 813-M5
la Bollinette (F) 813-M6
la Bore (F) 812-D6
la Borgel (F) 786-F6
la Bosse (F) 773-G5
la Bréole (F) 812-F1
la Bretenière (F) 772-D2
La Brévine (CH) 773-G7
la Brigue (F) 814-D6
la Brillanne (F) 812-B7
Labuch (A) 784-D5
La Buse d'Véns (I) 795-K9
Labuttendorf (A) 784-D8
la Capelle (F) 814-B6
La Cassa (I) 810-D2
la Castellas (F) 813-G9
la Cavalerie (F) 812-B8
Lacchiarella (I) 802-B9
Lac de Louvie (CH) 370
la Celle (F) 808-F3
la Centrale (I) 793-G8
la Chabanene (F) 808-F3
La Châble (CH) 373
la Chal (F) 808-F1
la Chalannette (F) 813-J2
la Chalp (F) Provence-Alpes-Côte d'Azur/Arvieux 809-J6
la Chalp (F) Provence-Alpes-Côte d'Azur/St-Véran 809-K7
la Chalp (F) Rhône-Alpes 808-D4
la Chambre (F) 798-C8
La Chapelle (CH) 364
la Chapelle (F) Provence-Alpes-Côte d'Azur 812-B6
la Chapelle (F) Rhône-Alpes/Haute Savoie 799-G3
la Chapelle (F) Rhône-Alpes/Savoire 798-C7
la Chapelle-Blanche (F) 798-B7
la Chapelle-du-Bard (F) 798-B7
la Chapelle-en-Valgaudemar (F) 808-E5
la Chapelle-en-Valjouffrey (F) 808-D5
la Chapelle-Rambaud (F) 786-C8
la Chapelle-St-Quillain (F) 772-A1
la Chapello-sur-Furieuse (F) 772-A6
la Chapell-Saint-Maurice (F) 798-C3
la Charmette (F) 798-E3
la Charmotte (F) 772-A2
la Chasse (F) 798-E9
La Châtagne (CH) 773-G7
Lachau (A) 769-L2
la Chau (F) 808-D8
la Chaumusse (F) 786-B3
la Chaup (F) 808-D6
La Chaux (CH) Cossonay/Vaud 786-E2
La Chaux (CH) Sainte Croix/Vaud 772-F8
la Chaux (F) Franche-Comté 772-E6
la Chaux (F) Franche-Comté 772-E7
La Chaux d'Abel (CH) 773-J6
La Chaux-de-Fonds (CH) 773-H6
la Chaux-Denis (F) 772-A8
La Chaux-des-Breuleux (CH) 773-K4
la-Chaux-du-Dombief (F) 786-A2
La Chaux-du-Milieu (CH) 773-G7
la Chavanne (F) 798-B6
la Chavière Chets. (F) 799-G8
la Chaz Chet (F) 798-A6
Lachelle (I) 801-G9
Lachen (CH) 775-M5
Lachen (D) 763-K5
Lachen (D) Kr. Unterallgäu 760-F1
Lachen (D) Ortenaukreis 764-E5
Lachenal (F) 798-F7
la Chenalotte (F) 773-G5
Lachgruber (A) 768-C3
la Chiéaz (F) 798-B3
la Chiserette (F) 799-G7
Lachtal (A) 782-E4
Lacise (I) 558
Lacken (D) Kr. Landsberg 766-E6
Lackenbach (A) 771-J7
Lackendorf (A) 771-J7
Lackendorf (D) 761-J2
Lackenhof (A) 300, 686, 769-L5
Lac Léman (CH) 786-F4
Lac Lioson (CH) 367
la Cima (I) 789-J9
La Citadelle (CH) 772-F7
la Clapisse (F) 812-C3
la Clue Ferme (F) 812-E8
la Clusaz (F) Rhône-Alpes 786-F7
la Clusaz (F) Rhône-Alpes/Annecy 752, 798-E2
la Cluse (F) Franche-Comté 772-E8
la Cluse (F) Provence-Alpes-Côte d'Azur 808-B7
la Cochette (F) 809-J5
la Colle (F) Provence-Alpes-Côte d'Azur/Digne-les-Bains 812-B8
la Colle (F) Provence-Alpes-Côte d'Azur/Grasse 813-L8
la Colle (F) Provence-Alpes-Côte d'Azur/Nice 813-L5
la Colle-Saint-Michel (F) 813-H6
la Collette (F) 813-L9
La Comballaz (CH) 369, 787-K5
La Combaz (CH) 773-G8
la Combaz (F) 809-J2
La Combe (CH) 773-K4
la Combe (F) Provence-Alpes-Côte d'Azur/Annot 813-H6
la Combe (F) Provence-Alpes-Côte d'Azur/la Javie 813-G4
la Combe (F) Provence-Alpes-Côte d'Azur/Peyruis 812-C5
la Combe (F) Provence-Alpes-Côte d'Azur/Ribiers 812-B3
la Combe (F) Provence-Alpes-Côte d'Azur/Serres 812-A1
la Combe (F) Rhône-Alpes(Annecy 786-B9
la Combe (F) Rhône-Alpes/St-Michel-de-Maurienne 809-H2
la-Combe-de-Morbier (F) 786-B3
la Combes (F) 813-M8
La Comina (I) 806-E1
la Compôte (F) 798-C4
la Conche (F) 813-J2
la Conchette (F) 813-H2
la Condamine-Châtelard (F) 813-J1
La Condre (CH) Neuchâtel 773-J7
Laconnex (CH) 786-B7
Lacoue (F) 808-D6
La Corbatière (CH) 773-H6
La Corbaz (CH) 773-K9
la Corne de Chaux (F) 772-A5
la Corte (I) 804-E9
La Costa Valdástico (I) 805-G3
la Côte (F) 798-D3
la Côte d'Aime (F) 798-F6
la Côte d'Hyot (F) 786-D8
la Côte derrière (F) 798-E7
La Côte-aux-Fées (CH) 772-F8
la Côte-d'Arbroz (F) 787-G7
La Coudre (CH) Vaud 786-E2
la Cour (F) 798-F7
la Courbaisse (F) 814-A7
La Crêta (CH) 787-J8
la Croce (I) 806-B6
la Croisette (F) 786-C8
La Croix (CH) Valais 787-J8
La Croix (CH) Vaud 787-G4
la Croix de la Pigne (F) 808-C5
la Croix-de-la Rochette (F) 798-B7
la Croix-sur-Roudoule (F) 813-K6
la Crosetta (I) 806-C1
la Crosse (F) 798-A7
la Cuiller (F) 798-A7
la Culaz (F) 786-E7
La Cure (CH) 786-B4
La Cure (F) 786-B4
la Curnerie (F) 812-D1
la Daille (F) 799-H7
la Danchère (F) 808-D4
Laderding (A) 781-H5
Ladin (I) 531
Ladinertal (I) 528
Lading (A) 783-H8
Ladir (CH) 790-C1
Ladis (A) 162, 163, 686, 778-B6
la Doire (F) 813-H9
la Doye (F) 786-B4
la Dray (F) 798-E4
l'Adret (F) 798-A8
l'Adroit-de- Pontis (F) 808-F9
Ladu (CH) 788-D6
Ladurns (I) 497
Lafairs (A) 777-M7
la Fardelière (F) 808-F2
La Fare-en Champs. (F) 808-D7
la Faurie (F) 808-B8
la Favière (F) 772-B9
la Favière (F) 813-G4
la Féclaz (F) 798-A5
Lafen (A) 781-H5
La Ferrière (CH) 773-J5
la Ferrière (F) 772-E9
la Ferrière (F) 798-B8
la Fesse (F) 799-H9
Lafitte (F) 812-C2
la Flachère (F) 798-E7
La Flégère (F) 577
Lafnitz (A) 784-F1
La Fontaine (CH) 787-J9
La Forclaz (CH) Valais 788-B9
La Forclaz (CH) Vaud 368, 369, 787-K6
la Forclaz (F) 786-F6
la Forest (F) 813-H5
la Forêt (F) 813-H6
la Fougère (F) 798-B5
La Fouly (CH) 799-K2
la Fournache (F) 798-D9
la Foux (F) 813-H3
la Fouz d'Allos (F) 813-H3
la Frache (F) 813-J2
la Frasse (F) Rhône-Alpes/Haute-Savoie 786-F9
la Frasse (F) Rhône-Alpes/Savoie 798-D4
la Freissinouse (F) 808-D8
la Fuste (F) 812-B8
la Gabella (F) 814-B7
La Galleria (I) 811-J5
La Garde (CH) 787-K9
la Garde (F) Provence-Alpes-Côte d'Azur 813-G8
la Garde (F) Rhône-Alpes 584, 808-D3
la Gassende (F) 812-D8
Lagazuoi (I) 528, 529
Lager Lechfeld (D) 764-C3
Laggio (I) 794-D4
Laghel (I) 557
Laghi (I) Véneto, Verona 804-F3
Laghi (I) Véneto, Vicenza 805-K5
La Giandola l'Arpette (F) 814-D7
la Giettaz (F) 798-E2
la Gittaz (F) 798-E8
la Gitte (F) 798-F5
La Giudecca (I) 806-C8
La Glèsie-S. Leopoldo (I) 795-K4
Laglio (I) 802-B3
Lagna (I) 801-H4
Lagnasco (I) 810-D8
Lago (I) Trentino-Alto Ádige 793-H7
Lago (I) Véneto, Verona 804-F6
Lago (I) Véneto, Vicenza 805-H7
Lago di Garda (I) 804-A6
Lago di Pieve di Cadore (I) 794-C5
Lago di S. Croce (I) 794-C8
la Golette des Comoes (F) 798-D7
La Golisse (CH) 786-D2
Lágolo (I) 804-D1
Lago Maggiore (I) 35, 47, 564, 566, 761-J2
Lagorai (I) 548, 549
La Gouille (CH) 788-A9
la Goule (F) 773-J4
la Graille Bergerie (F) 812-B5
Lagrand (F) 812-B2
la Grande Combe (F) 772-C4
la Grange (F) 773-G4
la Grángia (I) 810-D8
La Grave (F) 589, 808-F3
la Grillère (F) 812-A5
la Gruvaz (F) 799-G3
Lagundo/Algund (I) 792-E2
la Gurraz (F) 799-H6
Lahn (A) 767-L9
Lähn (A) 778-C3
Lahneralm (I) 793-G6
Lahnsattel (A) 770-B6
Lahnstein (A) 768-M6
Lahntal (A) 780-F3
Lahnthal (A) 779-L2
Lähn-Wengle (A) 157
la Haute-Beaume (F) 808-A8
La Heutte (CH) 773-L5
Lahovče (SLO) 797-G6
Lahrnsdorf (A) 768-E4
Lai (CH) 790-E2
Laietto (I) 810-C2
Laiguéglia (I) 815-H7
Laim (D) 765-H3
Laimach (A) 779-K5
Laimbach (D) 762-F5
Laimgrub (D) 766-D5
Laimnau (D) 762-F9
Lain (CH) 450, 451, 790-F2
Lainach (A) 781-G8
Lainate (I) 802-A6
Laino (I) 802-B2
Laion/Lajen (I) 793-H3
Laipacco (I) 795-K9
Laissaud (F) 798-A7
Laissey (F) 772-D3
Laitraz (F) 786-E7
Laives/Leifers (I) 793-G5
Laiz (D) 762-C4
La Jarjatte (F) 808-B7
la Javie (F) 812-F4
Lajen/Laion (I) 734, 793-H3
Lajoux (CH) 773-K4
Lajoux (F) 786-B5
Lajoux (F) Rhône-Alpes 787-G5
La Joux (CH) 787-J2
la Joux (F) 786-B8
Lakovec (SLO) 796-D8
la Latette (F) 772-C9
la Laune (F) 812-C3
la Lauze (F) 814-C6
la Lauzette (F) 809-G3
Lalden (CH) 788-D6
la Lechère (F) 798-D5
la Lèchere (F) 798-E6
la Léchiere (I) 800-A2
la Léchere-les-Bains (F) 798-D6
La Lécherette (CH) 367, 369, 787-K5
La Lée (CH) 378
la Lescherette (F) 798-C8
la Lista (I) 801-G8
Lalley (F) 808-A6
Lalley-le Jocou (F) 808-A6
Lállio (I) 802-E5
La Loggia (I) 810-E4
la Longeville (F) 772-F7
la Loubière (F) 808-E5
la Loza (F) Rhône-Alpes 799-G9
la Loza (F) Rhône-Alpes 809-H2
la Lua (F) 786-D9
La Luette (CH) 787-M8
la Madeleine (F) 786-D8
la Madone (F) 813-L6
La Magdeleine (I) 800-B3
la Magne (F) 798-C3
la Máina (I) 794-F4
la Malachère (F) 772-C1
la Malgheria (I) 813-M4
la Mandaron (F) 813-G7
l'Amandelier (F) 812-D5
la Mandette (F) 809-G3
la Mandolière (F) 814-A6
la Martre (F) 813-H9
la Masure (F) 799-H5
Lamatrekking (A) 239
la Mattina (I) 815-G1
La Mauguettaz (CH) 787-G1
Lambach (A) Mürzzuschlag 770-C7
Lambach (A) Schwanenstadt 768-A3
Lambach (D) 766-C5
Lámbara (I) 805-J2
Lamberg (A) 784-B7
Lambert (F) 812-E4
Lamberti (I) 810-F8
Lambichl (A) 796-E3
Lamboing (CH) 773-K5
Lambrugo (I) 802-C4
Lambruisse (F) 813-G6
la Medecine (F) 812-E9
Lamerdingen (D) 764-B4
Lamerje (SLO) 785-G9
Laming bei Kapfenberg (A) 783-M1
Lamm (A) Neualbeck 782-C8
Lamm (A) Schönweg 783-J9
Lammer (A) 266, 268
Lammerau (A) 770-E2
Lammersdorf (A) 781-M9
Lammersdorfer Hütte (A) 781-M9
Lammertal (A) 35, 266, 267, 268, 269
Lamnitz (A) 781-G8
la Moia (I) 792-B9
Lamon (I) 805-K1
Lamone (CH) 801-M1
la Montagne (F) Provence-Alpes-Côte d'Azur/Serres 808-A9
la Montagne (F) Provence-Alpes-Côte d'Azur/Veynes 808-C8
la Montagne (F) Rhône-Alpes 798-F8
la Morige (F) 812-A5
la Morra (I) 811-G8
la Morte (F) 808-C3
la Motte (F) Franche-Comté 772-F6
la Motte (F) Rhône-Alpes/Bozel 798-F8
la Motte (F) Rhône-Alpes/Haute-Savoie 786-B8
la Motte (F) Rhône-Alpes/St-Jean-de-Maurienne 808-F2
la Motte-d'Aveillans (F) 808-B4
la Motte-du-Caire (F) 812-D2
la Motte-en-Bauges (F) 798-B4
la Motte-en-Champsaur (F) 808-D6

REGISTER

la Mouche (F) 798-D6
la Mouille (F) 786-B3
Lamoura (F) 786-B5
la Moussiere (F) 786-F7
la Moutière (F) Provence-Alpes-Côte d'Azur 813-H6
la Moutière (F) Rhône-Alpes 798-E9
Lampenberg (CH) 774-D2
Lamperstätten (A) 784-B8
Lampertsham (D) 766-B3
Lampertsweiler (D) 762-E5
Lampferding (D) 765-L5
Lampoding (D) 766-E5
Lamporo (I) 811-H1
Lamprecht-Mauthen (A) 795-G2
Lamprechtsberg (A) 797-K1
Lamprechtshausen (A) 766-F4
La Muda (I) 794-A7
la Muraz (F) 786-C8
la Mure (F) Provence-Alpes-Côte d'Azur 813-G6
La Mure (F) Rhône-Alpes 808-B4
La Mure-Argens (F) 813-G6
Lana (CH) 787-M8
Lana (I) 486, 488, 734, 792-E3
Lanans (F) 772-F3
Lanari (I) 805-J3
Lanau (A) 770-B7
Lancenigo (I) 806-B4
Lanchâtra (F) 808-E4
Lancy (CH) 786-B7
Landarenca (CH) 790-B6
Landau (A) 770-C9
Landbrücken (A) 782-F8
Landeck (A) 162, 168, 778-A6
Landeck (D) 760-E3
Landegg (A) 771-H4
Landenschwand (A) 777-L1
Landersdorf (D) 765-M1
Landerswil (CH) 773-L7
Landerting (A) 767-G3
Landfriedstetten (A) 769-L2
Landiona (I) 801-H7
Landl (A) 299, 769-H7
Landorf (A) 784-D8
Landquart (CH) 456, 776-E8
Landresse (F) 772-F4
Landriano (I) 802-G9
Landris (I) 793-M8
Landry (F) 799-G6
Landsberg am Lech (D) 764-C4
Landsberger Hütte (A) 777-M2
Landsberied (D) 764-E3
Landscha an der Mur (A) 784-C8
Landschach (A) 783-J4
Landschlacht (CH) 762-C9
Landsee (A) 771-H7
Landser (F) 760-A8
Landskron (A) 796-B2
Landstetten (D) 764-F5
Landswil (CH) 774-C7
La Neirigue (CH) 787-J2
Lanersbach (A) 211, 686, 779-J5
L'A Neuve (CH) 799-K2
La Neuveville (CH) 773-K6
Lanfredi (I) 815-H7
Lang (A) 784-C8
Langackern (D) 760-E5
Langau (A) 769-K5
Langdorf (A) Braunau am Inn 767-J2
Langdorf (A) Villach 796-D3
Lange (F) 812-A4
Langeck (A) 770-F8
Langeck im Burgenland (A) 771-H9
Langegg (A) 783-J9
Langegg bei Graz (A) 784-C5
Langelen (CH) 775-G3
Langen (A) 777-G2
Langen am Arlberg (A) 777-J6
Langenargen (D) 762-E9
Langenau (D) 760-D8
Langenbach (D) 761-H4
Langenberg (D) 763-L5
Langenbruck (CH) 774-D3
Längenbühl (CH) 788-B1
Langendorf (CH) 774-B4
Langenegg (A) 777-H2
Langenensingen (D) 762-D3
Längenfeld (A) 178, 179, 180, 778-D7
Längengrund (CH) 774-D8
Langenhard (CH) 775-L2
Langenhart (D) 762-B4
Langenhaslach (D) 763-L1
Längenlaich (D) 764-E7
Längenmoos (D) 764-E2
Langenneufnach (D) 764-A2
Langenordnach (D) 761-G5
Langenpfunzen (D) 766-A6
Langenrain (D) 762-B7
Langenried (D) 764-C7
Langenschemmern (D) 763-G3
Langenschiltach (D) 761-H3
Langenschwand (A) 763-M9
Langensteig (D) 763-J6
Langental (A) 771-J8
Langenthal (CH) 774-D5
Langenwang (A) 770-C8
Langenwang (D) 777-K2
Langerringen (D) 764-B3
Langesthei (A) 777-L6
Langezberg Alm (A) 777-M6
Längflue (CH) 788-D9
Langin (F) 786-D6
Langkampfen (A) 765-L9
Langkofel (I) 517, 521
Langkofelgruppe (I) 516, 520
Langnau (D) 762-F9
Langnau am Albis (CH) 775-J4
Langnau bei Reiden (CH) 774-E4
Langnau im Emmental (CH) 774-D8
Langon (F) 798-E5
Langosco (I) 811-M2
Langpettenbach (A) 768-C4
Langrickenbach (CH) 762-C9
Langtalereckhütte (A) 778-D9
Langtaufers (I) 479
Langwied (A) 767-G6
Langwied (D) 765-G2
Langwies (A) 768-A7
Langwies (CH) 454, 790-F1
Langwiesen (A) 782-E7
Langzelt Glockenberg (A) 785-H5
Lanhofen (D) 766-F1
Lannach (A) 784-A6
Lannenberg (D) 763-L5
Lans (A) 191, 779-G5
Lanslebourg-Mt-Cenis (F) 799-G9
Lanslevillard (F) 799-H9
Lanterswil (CH) 776-B1
Lanthen (CH) 773-L9
Lanthenans (F) 773-G2
Lantosque (F) 814-B7
Lantsch/Lenz (CH) 450, 451, 790-E2
Lantschern (A) 768-D9
Lanza (I) 792-D5
Lanzada (I) 791-G7
Lanzago (I) 806-C5
Lanzé (I) 805-J6
Lanzendorf (A) 771-H1
Lanzenhaar (D) 765-J4
Lanzenhäusern (CH) 773-M9
Lanzenkirchen (A) 771-G5
Lanzenneunforn (CH) 762-A9
Lanzerin (I) 805-K4
Lanzetta (I) 805-J9
Lanzewitzen (A) 781-K9
Lanzing (D) 766-E4
Lanzo d'Intelvi (I) 802-A2
Lanzo Torinese (I) 799-M9
Lanzoni (I) 806-D6
Laorca (I) 802-D3
la Palud (F) 813-K5
la Palud-sur-Vardon (F) 812-F8
la Pare (F) 813-H1
La Part Dieu (CH) 787-J3
la Partie (F) 812-D6
la Paute (F) 808-D2
la Pavona (I) 801-G6
la Peine (F) 812-F5
la Pelaisse (F) 786-A4
la Pène (F) 812-D3
la Penne (F) 813-L7
la Perrière (F) Provence-Alpes-Côte d'Azur 813-H4
la Perriere (F) Rhône-Alpes/Bozel 798-F7
la Perrière (F) Rhône-Alpes/la Chambre 798-D8
la Pesée (F) 798-F6
la Peyriére-Haute (F) 812-F5
la Pied de la Montée (F) 812-D2
la Pierre (F) 798-C9
La Pierreuse (Schutzgebiet) (CH) 345
La Pietra (I) 807-G4
La Pineda (I) 794-D7
Lápio (I) 805-H7
la Pirenta (I) 811-H3
La Plagne (F) 583, 798-F6
La Plaine (CH) 786-B7
la Plaine (F) 808-C8
la Planée (F) 772-D8
la Plantaz (F) 786-F6
La Polsa (I) 804-D4
la Pomme d'Or (F) 812-A8
la Pommeraie (F) 812-F5
la Posterie (F) 808-C6
Lappach (A) 784-C7
Lappach (D) 766-A2
Lappach/Lappago (I) 779-K8
Lappago/Lappach (I) 779-K8
La Praz (CH) 786-E2
la Praz (F) 809-G1
la Prégonde (F) 813-K2
la Prétière (F) 773-G2
La Punt-Chamues-ch (CH) 467, 791-H3
La Racine (CH) 773-L3
Laragne-Montéglin (F) 812-B2
la Ramasse (F) 799-H9
la Ravoire (F) 798-A5
la Ravoire (F) 798-B6
l'Arcehn (F) 809-H1
l'Arcelle (F) 809-L1
Larchach (A) 778-B5
Larche (F) 813-K1
Lärchfilzhochalm (A) 780-D2
Lardaro (I) 804-B2
Larderet (F) 772-B8
Lardier-et-Valença (F) 812-C1
Lardiers (F) 812-A5
la Reculaz (F) 799-H7
Larein (CH) 776-F8
la Reolanette (F) 809-J2
la Reste (F) 809-G8
Laret (CH) Samnaun/Graubünden 474, 777-L8
la Reynarde (F) 812-D5
Largario (CH) 789-M4
L'Argentière-la-Bessée (F) 588, 589, 809-H6
la Riaille (F) 809-K8
Larians-et-Munans (F) 772-D2
la Ribière (F) Provence-Alpes-Côte d'Azur 813-K5
Larido-Marazzone (I) 804-C1
La Rippe (CH) 786-C5
la Rivière (F) Provence-Alpes-Côte d'Azur 808-D8
la Rivière (F) Rhône-Alpes 786-A6
la Rivière-Drugeon (F) 772-D8
la-Rivière-Enverse (F) 786-F8
la Rixouse (F) 786-A4
Larizzate (I) 811-K1
l' Arni (F) 798-F5
Larnod (F) 772-B4
la Robine-sur-Galabre (F) 812-E4
La Roche (CH) 787-K2
la Roche (F) 814-A6
la Roche-de-Rame (F) 809-H6
la Roche-des-Amauds (F) 808-C8
la Roche-sur-Foron (F) 786-D8
la Rochette (F) Provence-Alpes-Côte d'Azur/Aspres-sur-Buëch 808-B8
la Rochette (F) Provence-Alpes-Côte d'Azur/Castellane 813-K7
la Rochette (F) Provence-Alpes-Côte d'Azur/la Bâtie-Neuve 808-E8
la Rochette (F) Provence-Alpes-Côte d'Azur/les Mées 812-C6
la Rochette (F) Rhône-Alpes/Chambéry 798-B7
la Rochette (F) Rhône-Alpes/Moûtiers 798-E6
La Rogivue (CH) 787-H3
la Romèyère (F) 813-H1
La Ronzière (F) 808-C1
la Roquette- sur-Var (F) 814-A8
La Rösa (CH) 791-J5
la Rosière (F) 799-H5
la Rouchaye (F) 812-E2
la Rouvière (F) 812-F7
l' Arpettaz (F) 798-D6
Larringes (F) 786-F5
Larsec-Gruppe (I) 545
Lasa/Laas (I) 792-B3
La Sage (CH) 375, 788-B8
La Sagne (CH) Neuchâtel 773-H6
La Sagne (CH) Vaud 772-F9
la Salette-Fallavaux (F) 808-D5
la Salle (I) 799-J4
la Salle-en-Beaumont (F) 808-C5
la Salle-les-Alpes (F) 588, 589, 809-H4
la Salute di Livenza (I) 806-F5
la Sapie (F) 812-E3
la Sappey (F) 786-C8
La Sarraz (CH) 786-F2
la Sassière (F) 799-H5
la Sauce (F) 798-E8
La Sauge (CH) 773-K7
la Saulce (F) 812-D1
la Sausée (F) 812-F4
la Saussaz (F) Rhône-Alpes/St-Jean-de-Maurienne 808-F2
la Saussaz (F) Rhône-Alpes/St-Michel-de-Maurienne 798-E9
la Saussette (F) 813-J6
la Savatte (F) 798-D3
las Échines-Dessus (F) 799-G5
la Seignotte (F) 773-H4
Lasern (A) 767-L8
la Serre (F) 813-L6
Lasès, Lona- (I) 792-F8
la Sétéria (F) 798-F9
Lasino (I) 804-D1
la Silve (F) 812-B3
Lasnigo (I) 802-C3
la Sommette (F) 772-F4
Lassach (A) 781-G8
Lassein (A) 797-G2
Lasselsdorf (A) 783-M7
Lassendorf (A) Klagenfurt 796-F1
Lasserdorf (A) 795-K2
Lassing (A) Göstling an der Ybbs 769-J6
Lassing (A) Liezen 768-E9
Laßnitz (A) 782-D6
Laßnitzhöhe (A) 784-C5
La Stanga (I) 793-M7
Laste/Asten (I) 532, 779-G9
Lastebasse (I) 804-F2
Lastra (I) 794-C9
la Table (F) 798-B6
la Tagna (F) 798-F7
La Taille (CH) 786-E3
Lateis (I) 553
Latemar (I) 524, 525, 548
Latemargruppe (I) 525, 526, 527
Laterns (A) 687, 776-F4
Lathuile (F) 798-C3
la Thuile (F) 798-B6
la Thuile (F) 799-G5
la Thuile (I) 799-H4
La Tine (CH) 787-J4
Latisana (I) 807-H4
Latisana Marittima (I) 807-H4
Latisanotta (I) 807-H3
Latkova Vas (SLO) 797-L6
la Torre (I) 801-J9
la Torre (I) 807-H5
la Tour (F) Provence-Alpes-Côte d'Azur 812-E5
la Tour (F) Rhône-Alpes 786-E8
La Tour d'Ai (CH) 367
la Tour Ronde (F) 808-D9
La Tour-de-Peilz (CH) 787-H4
La Tour-de-Scay (F) 772-D2
La Tour-de-Trême (CH) 787-K3
La Tourne (CH) 773-H7
la Tourre (F) 808-A8
la Tour-s.-V. (F) 814-A7
la Toussuire (F) 798-C9
la Traverse (F) 808-C4
la Trinite (F) Provence-Alpes-Côte d'Azur 812-C8
la Trinite (F) Rhône-Alpes 798-B6
La Tronche (F) 808-B1
la Trope (F) 798-B3
Latsch (CH) 791-G3
Latsch/Läces (I) 478, 479, 734, 792-C3
Latschach (A) Emmersdorf 796-C3
Latschach (A) Finkenstein am Faaker See 335, 796-C3
Latschach (A) St. Stefan im Gailtal 795-L3
Latscher Alm (I) 792-C3
La Tsintre (CH) 787-L3
Latte (I) 814-D9
Latterbach (CH) 350, 788-B2
la Tuiliere (F) 812-A6
la Turra (F) 809-J2
la Turraz (F) Rhône-Alpes/Orelle 809-H2
la Turraz (F) Rhône-Alpes/St-Michel-de-Maurienne 809-G1
Latz (A) 776-F5
Latz (CH) 776-F5
Latzendorf (A) 781-G8
Latzfons/Lazfons (I) 793-H2
Latzfonser Kreuz (I) 490
Laubach (D) 763-H4
Laubau (D) 766-D7
Laubbach (CH) 787-M1
Laubbach (D) 762-D5
Laubegg (A) 784-C8
Lauben (D) Kr. Oberallgäu 763-K7
Lauben (D) Kr. Unterallgäu 763-K4
L' Auberson (CH) 772-E9
Lauchdorf (D) 763-M5
Lauchernalp (CH) 788-D5
Laucherthal (D) 762-C4
Lauchringen (D) 761-H9
Làuco (I) 795-G5
Làudes/Laatsch (I) 792-A2
Lauenen bei Gstaad (CH) 787-L5
Lauerz (CH) 775-K7
Läufelfingen (CH) 774-D3
Laufen (CH) 774-B2
Laufen (D) Kr. Berchtesgadener Land 766-F5
Laufen (D) Kr. Breisgau-Hochschwarzwald 760-C6
Laufenburg (CH) 760-F9
Laufenburg (D) 760-F9
Lauffen (A) 767-L8
Lauffen ob Rottweil (D) 761-K3
Lauffohr (CH) 775-G2
Laufnitzdorf (A) 783-M3
Laufzorn (D) 765-H4
Launsdorf (A) 782-F9
Laupen (CH) Bern 773-L8
Laupen (CH) Zürich 775-M4
Laupersdorf (CH) 774-C3
Lauperswil (CH) 774-C7
Laupertshausen (D) 763-G3
Laupheim (D) 763-H2
Laurein Lauregno (I) 792-E5
Lauriano (I) 811-G2
Làuro (I) 805-L4
Lausanne (CH) 786-F4
Lausen (CH) 774-D2
Lausheim (D) 761-J7
Laussa (A) 768-F4
Laussabach (A) 768-E4
Lauter (D) 766-E6
Lauterach (A) 776-F2
Lauterach (D) 762-E2
Lauterbach (A) 767-G4
Lauterbach (D) Kr. Dachau 764-F2
Lauterbach (D) Kr. Günzburg 763-M2
Lauterbach (D) Kr. Mühldorf am Inn 766-B2
Lauterbach (D) Kr. Rosenheim 766-A6
Lauterbach (D) Kr. Rottweil 761-H2
Lauterbrunnen (CH) 359, 716, 788-E3
Lauterbrunnental (CH) 352, 356, 358
Lautersee (D) 99
Lautlingen (D) 762-A2
Lautrach (D) 763-J6
Lauwil (CH) 774-C3
Lauzacco (I) 807-K1
la Vacherie (F) 798-D2
la Vachette (F) 809-J4
Lavachey (I) 799-K3
Lavagna (I) 802-D7
Lavagno (I) 804-E8
Laval (F) Provence-Alpes-Côte d'Azur/Castellane 813-G5
Laval (F) Provence-Alpes-Côte d'Azur/Nice 814-B8
Laval (F) Rhône-Alpes 798-F5
Laval (I) 809-L4
Lavaldens (F) 808-C3
la Valette (F) Provence-Alpes-Côte d'Azur/Thorame-Haute 813-G5
la Valette (F) Rhône-Alpes 808-C4
la Valle (F) 813-L5
La Valle Agordina (I) 793-M7
La Valle/Wengen (I) 793-L2
La Valsainte (CH) 787-L2
Lavamünd (A) 797-K2
la Vancelle (F) 760-A1
Lavans-Duingey (F) 772-A5
Lavans-Vuillafans (F) 772-D6
Lavant (A) 780-F9
Lavarda (I) 805-J4
Lavariano (I) 807-J1
Lavarone (I) 804-F2
Lavars (F) 808-A5
La Vasta (F) 814-C8
Lavedrtezzo (CH) 404
la Vemea (F) 814-B9
Lavena (I) 801-L2
Laveno (I) 801-K2
Lavenone (I) 803-L4
Lavernay (F) 772-A4
la Vernaz (F) 786-F6
La Verrerie (CH) 787-J3
la Verrerie (F) 798-D1
Lavertezzo (CH) 789-L7
Lavey-les-Bains (CH) 363, 364
Lavey-Morcles (CH) 787-J7
la Vèze (F) 772-C4
Lavigny (CH) 786-E4
la Villa (I) 815-J2
la Villaron (F) 799-J8
la Ville (CH) 787-K5
la Ville des Glaciers (F) 799-G4
la Ville du Nant (F) 787-H6
la Villette (F) Provence-Alpes-Côte d'Azur 814-A8
la Villette (F) Rhône-Alpes 808-F1
Lavin (CH) 791-J1
Lavina (I) 814-F6
Lavina Sopra (I) 794-C8
la Violette (F) 772-F4
Laviron (F) 772-F4
Lavis (I) 792-E8
Lavorgo (CH) 789-L5
la Voûte (F) 808-D2
La Vraconnaz (CH) 772-F8
Lavregno/Laurein (I) 792-E5
Lavrica (SLO) 797-H9
la Vrine (F) 772-E7
Lavrio (I) 815-J4
Lavrovec (SLO) 796-E9
Lax (CH) 788-F5
Laxenburg (A) 771-H2
Laxiden-Alm (I) 509
Laye (F) 808-D7
Laze, Kamnik (SLO) 797-J6
Laze, Trbovlje (SLO) 797-L7
Laze, Velenje (SLO) 797-M5
Lazer (F) 812-B2
Lazfons/Latzfons (I) 793-H2
Lazise (I) 804-B7
Laznik (SLO) 797-K6
Lazzacco (I) 795-J8
Lazzaretti (I) 805-J2
Lazzaretto (I) 806-E6
Lazzate (I) 802-A5
le Bachas (F) 812-A2
le Banchet (F) 812-D1
le Barboux (F) 773-G5
le Bars (F) 812-C7
le Bas (F) 813-J7
le Bastidon Ferme (F) 812-D7
le Bélieu (F) 773-G5
Le Bémont (CH) 773-K4
Lebenbrunn (A) 771-H9
le Bersac (F) 812-B1
le Bès (F) 812-F4
le Besset (F) 808-F2
Lebetain (F) 773-J1
Lebewil (CH) 773-L9
le Bez (F) 812-E2
Lebing (A) Hartberg 784-F3
Lebing (A) Kleinschlag 784-E1
Lebing (A) Weiz 784-D3
le Biolley (F) 799-H6
le Biot (F) 786-F6
le Bizot (F) 773-G5
Lebmach (A) 782-E9
le Bochet (F) 809-G1
Le Boéchet (CH) 773-J5
le Boits (F) 798-E7
le Boréon (F) 814-B5
Le Borgeaud (CH) 787-J9
le Bouchet (F) 798-D3
le Bouérys (F) 813-J7
le Boulissoir (F) 798-F5
le Boulloud (F) 808-C2
Le Bourg (CH) 787-J8
le Bourg (F) 808-E5
Le Bourg-d'Oisans (F) 808-D3
le Bourget (F) Provence-Alpes-Côte d'Azur 808-F8
le Bourget (F) Provence-Alpes-Côte d'Azur 809-K5
le Bourget (F) Rhône-Alpes/Chambery 798-C5
le Bourget (F) Rhône-Alpes/St-Michel-de-Maurienne 809-J1
le Bourguet (F) Provence-Alpes-Côte d'Azur/Alpes-Maritimes 813-L4
le Bourguet (F) Provence-Alpes-Côte d'Azur/Var 813-G9
Le Bouveret (CH) 362, 364, 365, 787-H5
le Brask (F) 812-D2
Le Brassus (CH) 786-C3
Lebring-St. Margarethen (A) 784-C7
le Broc (F) 813-M8
le Brochiers (F) 812-F8
le Brusquet (F) 812-F4
Le Bry (CH) 787-K2
le Buisson (F) 798-B7
le Burdin (F) 798-B8
Leca (I) 815-J6
Le Cachot (CH) 773-G7
le Caire (F) 812-D2
le Casset (F) 809-G4
le Castellard-Melan (F) 812-D4
le Castellet (F) Provence-Alpes-Côte d'Azur 812-C7
le Castellet (F) Provence-Alpes-Côte d'Azur 813-G6
Lécchiore (I) 814-F8
Lecco (I) 49, 561, 562, 802-D3
le Cellier (F) 812-E1
Le Cerneux-Péquignot (CH) 773-G6
Le Cernil (CH) Bern 772-F7
Le Cernil (CH) Neuchâtel 773-K4
le Cernix (F) 798-E3
le Cernois (F) 786-C2
Le Châble (CH) 787-K9
le Châble (F) 786-B8
Le Chalet-à-Gobet (CH) 787-G3
Lech (D) 84, 151
Lech am Arlberg (A) 142, 687, 777-J5
le Chapelle-d'Abondance (F) 787-H6
l' Echapour (F) 798-D8
Lechaschau (A) 778-B2
le Chastel (F) 814-A5
le Chastellard (F) 813-H5
le Château (F) 812-E3
Le Châtel (CH) 787-J7
le Châtel (F) Rhône-Alpes/Lanslebourg-Mont-Cenis 809-K1
le Châtel (F) Rhône-Alpes/St-Jean-de-Maurienne 798-D8
Le Châtelard (CH) Fribourg 787-J2
Le Châtelard (CH) Valais 787-J9
le Châtelard (F) Rhône-Alpes 798-F4
le Châtelard (F) Rhône-Alpes/Chambéry 798-B4
le Châtelard (F) Rhône-Alpes/Moûtiers 798-E8
le Châtelard (F) Rhône-Alpes/Taninges 786-F8
le Chaudan (F) 814-A8
le Chaumet (F) 786-C8
Lechbruck am See (D) 764-C8
Léchelles (CH) 773-J9
Lechen (A) 784-F2
Lechen (A) Neuberg an der Mürz 770-C7
le Chêne (F) 786-C9
le Cheylas (F) 798-A8
le Cheziu (F) 809-G2
le Chinaillon (F) 798-E1
Lechleiten (A) 777-K4
Lechtal (A) 47, 153
Lechtaler Alpen (A) 168
le Clappe (F) 812-F6
le Claret (F) 809-G2
le Clos (F) 808-D1
le Clot (F) Provence-Alpes-Côte d'Azur/Forcalquier 812-D3
le Clot (F) Provence-Alpes-Côte d'Azur/Nice 814-B6
Ledenitzen (A) 796-C3
Ledine (SLO) 796-D9
L'Ecluse (F) 812-B2
le Cocche (I) 804-C6
le Cohard (F) 798-B8
le Coin (F) 799-J9
le Col (F) Rhône-Alpes/St-Jean-de-Maurienne 808-F2
le Col (F) Rhône-Alpes/St-Michel-de-Maurienne 809-G1
le Collet (F) Provence-Alpes-Côte d'Azur 808-E8
le Collet (F) Rhône-Alpes 808-F1
le Commandraut (F) 809-G2
le Comte (F) 808-B9
Le Coty (CH) 773-J6
le Coulet (F) 813-M8
le Coupeau (F) 799-G2
Le Couteray (F) 578, 787-H9
l' Ecouvotte (F) 772-D3
Le Crêt (CH) 787-J3
le Crêt (F) 787-G8
Le Crêt-du-Locle (CH) 773-H6
Le Crêt-pres-Semsales (CH) 787-J3
le Crochère (F) 798-B5
le Cropt (F) 798-D3
lé Cros d'Utelle (F) 814-A8
le Crot (F) 799-H5
le Crouzel (F) 786-C1
le Cugnet (F) 808-E1
le David (F) 798-B7
le Désert (F) 808-C3
le Durban (F) 812-B4
Leeder (D) 764-C5
le Fam (F) 813-J6
le Fayet (F) Rhône-Alpes/Haute-Savoie 799-G2
le Fayet (F) Rhône-Alpes/Isere 798-A7

le Fein (F) 808-F9
le Fernuy (F) 798-E2
le Ferrouils (F) 812-C4
Leffe (I) 803-G4
le Figaret (F) 814-B7
le Fins (F) 773-G6
le Fioget (F) 786-A2
le Fion (F) 786-F6
le Fontenil (F) 809-G3
le Forest (F) Provence-Alpes-Côte d'Azur/Digne-les-Bains 812-E4
le Forest (F) Provence-Alpes-Côte d'Azur/Seyne 812-E3
le Forest Lacour (F) 812-D2
le Forest-Loin (F) 812-E2
le Fornet (F) 799-J7
le Fournets (F) 772-F5
le Fourrier (F) 808-A9
le Foyasset (F) 798-C8
Le Frambourg (F) 772-E8
le Frasnois (F) 786-A2
Le Fratte (I) 804-F3
le Freyssinet (F) 809-H4
Le Fuet (CH) 773-L4
le Fugeret (F) 813-H6
le Ga (F) 809-K8
le Gau Bergerie (F) 813-G4
Legau (D) 763-J6
Legen (SLO) 797-M3
le Genevray (F) 808-A3
Legerbuch (A) 797-J1
Leggia (CH) 790-B7
Leggiuno (I) 801-K3
Leghe (I) 805-J4
le Glaizil (F) 808-C6
Legnano (I) 801-L6
Legnaro (I) 805-M9
le Golf (F) 814-C8
le Gr. Thiervoz (F) 798-B8
le Grach (F) 813-J1
le Grand Bois (F) 812-C1
Le Grand-Mont (F) 772-F7
Le Grand-Saconnex (CH) 786-C7
le Granges-de-la-Brasque (F) 814-A6
le Gratteris (F) 772-C5
le Grd Fond (F) 799-J9
le Gua (F) 808-A3
le Gua (F) 808-E3
le Guiaine (I) 806-E5
le Guillet (F) 798-B7
le Haut Chaudoul (F) 812-F7
Lehen (D) Kr. Freiburg 760-D4
Lehen (D) Kr. Waldshut 760-E7
Lehenrotte (A) 770-B3
Lehn (CH) 774-E8
Lehnacker (D) 760-D8
Leibenfeld (A) 783-M8
Leibertingen (D) 762-A4
Leiblfing (A) 778-E4
Leibnitz (A) 784-C8
Leibsdorf (A) 797-G2
Leibstadt (CH) 761-G9
Leidenberg (A) 783-J1
Leidenberg (CH) 774-F5
Leiding (A) 771-G6
Leidringen (D) 761-L2
Leifers/Laives (I) 793-G5
Leimbach (CH) Aargau 775-G4
Leimbach (CH) Thurgau 762-C9
Leimhof (A) 767-G2
Leimiswil (CH) 774-D5
Leini (I) 810-F2
Leipferdingen (D) 761-K6
Leisach (A) 780-E9
Leiselheim (D) 760-C3
Leising (A) 783-J3
Leissigen (CH) 788-D2
Leistach (A) 783-J3
Leiten (A) 779-J1
Leiten (A) 794-D2
Leiten (A) Achental 765-J9
Leitendorf (A) 783-K2
Leiterberg (D) 763-L7
Leitersdorf (A) Draßling 784-D8
Leitersdorf bei Hartberg (A) 784-F4
Leitersdorf im Raabtal (A) 784-F6
Leitersdorfbergen (A) 784-F4
Leitgering (D) 766-E3
Leithaprodersdorf (A) 771-J3
Leithen (A) Marchtrenk 768-C2
Leithen (A) Sierning 768-E3
Leithen (D) 764-D7
Leitsberg (A) 770-D1
Leitzing (A) 769-H2
le Jalier (F) 813-H4
le Jas Bergerie (F) 812-F5
le Jeu (F) Rhône-Alpes/Lanslebourg-Mont-Cenis 809-K1
le Jeu (F) Rhône-Alpes/Modane 809-J2
le Jeu (F) Rhône-Alpes/Orelle 809-H2
le Joseray (F) 799-H7
le Jotty (F) 786-F6
le Jourdil (F) 786-F7
le Labouret (F) 812-F4
le Lancheron (F) 798-D4
Le Landeron (CH) 773-K6
le Latet (F) 772-B9
le Laus (F) 809-J5
le Lauzeron (F) 813-H2
le Lauzet-Ubaye (F) 813-G1
Le Lavancher (F) 578, 799-H1
le Lavouet (F) 786-F6
le Leutaz (F) 798-F3
le Levet (F) 798-A8
Le Lieu (CH) 786-D2
Lellwangen (D) 762-D7
Le Locle (CH) 773-H6
le Lombard (F) 809-K6
le Loup (F) 798-D8
le Luhier (F) 773-G5
l'Eluiset (F) 786-B8
Le Maira (CH) 773-K2
le Manchet (F) 799-H7
le Manon (F) 786-B5
le Maréchet (F) 786-B2
le Mas (F) 813-K8
le Maupas (F) 812-C2
Lembach (A) 771-H8
Lembach (A) Laßnitzhöhe 784-C5
Lembach (D) 761-J7
Lemberg (A) 784-F3
le Meiller (F) 798-D7
le Melezet (F) 809-J2
le Mélèzin (F) 809-J5
le Mémont (F) 773-G5
Lémie (I) 810-B1
le Miroir (F) 799-H5
Lemma (I) 810-C9
Lemna (I) 802-B3
le Moilard (F) 798-D6
le Molard (F) 808-D2
le Mollard (F) Rhône-Alpes/Chambéry 798-A6
le Mollard (F) Rhône-Alpes/St-Michel-de-Maurienne 809-G2
le Mollard (F) Rhône-Alpes/Valbonnais 808-C4
le Monal (F) 799-H6
le Monestier-du-Percy (F) 808-A5
Le Monêtier-les-Bains (F) 589, 809-H4
le Mont (F) 787-G6
le Mont Caly (F) 786-F8
le Mont Chets. (F) 799-G9
Le Montenvers (F) 799-H2
le Monthion (F) 798-C8
Le Mont-sur-Lausanne (CH) 787-G3
le Mottey (F) 808-F1
le Moulin (F) Provence-Alpes-Côte d'Azur/la Motte-du-Caire 812-C3
le Moulin (F) Provence-Alpes-Côte d'Azur/Manosque 812-B8
le Moulin (F) Provence-Alpes-Côte d'Azur/Seyne 812-F3
Le Mouret (CH) 787-K1
le Moustier (F) 813-G5
le Moutaret (F) 798-B7
Lemprato (I) 803-M5
Le Muids (CH) 786-C4
Lemuy (F) 772-B8
le Nanty (F) 786-F8
Lenart (SLO) 796-E7
Lenart (SLO) 797-J5
l'Encrenanz (F) 786-F7
Lend (A) 262, 781-G3
Lendorf (A) Klagenfurt 796-E2
Lendorf (A) Pusarnitz 781-K8
l'Engarvin (F) 814-B8
Lengau (A) 767-H4
Lengberg (A) 780-F9
Lengdorf (A) 780-D4
Lengdorf (D) 765-L2
Lengenbach (CH) 398
Lengenfeld (D) Kr. Landsberg 764-D4
Lengenfeld (D) Kr. Ostallgäu 764-C5
Lengenwang (D) 764-A8
Lenggenwil (CH) 776-B2
Lenggries (D) 33, 39, 47, 102, 103, 104, 105, 659, 765-H8
Lengmatta (CH) 457
Lengmoos (D) 766-A3
Lengnau (CH) Aargau 775-H1
Lengnau (CH) Bern 773-M5
Lengstein (I) 793-H4
Lenk im Simmental (CH) 350, 351, 716, 787-M4
Lenkjöchlhütte (I) 505
Lenn (A) 778-D6
Lenna (I) 802-F2
Lenno (I) 561, 562, 802-B2
Leno (I) 803-K9
Le Noirmont (CH) 773-J4
le Noyer (F) Provence-Alpes-Côte d'Azur 808-D7
le Noyer (F) Rhône-Alpes 798-B4
Lens (CH) 376, 787-M6
Lent (F) 772-B9
Lenta (I) 801-H6
Lentate (I) 801-K4
Lentate sul S. (I) 802-B5
Lentiai (I) 805-M1
Lentigny (CH) 787-J1
l'Envers (F) 798-A8
Lenz (A) 784-A5
Lenz (CH) 451
Lenzanger (A) 263
Lenzburg (CH) 775-G3
Lenzerheide (CH) 448, 449, 450, 451, 716, 790-E2
Lenzima (I) 804-D3
Lenzing (A) Saalfelden am Steinernen Meer 780-F2
Lenzing (A) Vöcklabruck 767-L4
Lenzkirch (D) 761-G6
Leoben (A) 783-L2
Leoben (A) Gmünd 781-L7
Leobendorf (D) 766-F5
Leobersdorf (A) 771-G4
Leogang (A) 248, 249, 250, 251, 688, 780-E2
Leoganger Steinberge (A) 242, 248
Leombach (A) 768-C2
Leonacco (I) 795-J8
Leonstein (A) 768-D5
Leontica (CH) 789-M5
Leopersdorf (A) 770-B9
Leopoldsdorf (A) 771-H1
Leopoldshofstadt (A) 767-L2
Leopoldskron (A) 767-G7
Léouve (F) 813-K6
Lepa Njiva (SLO) 797-L5
le Pant l'Alpe (F) 809-G3
Le Pâquier (CH) Fribourg 787-K3
Le Pâquier (CH) Neuchâtel 773-J6
le Péage (F) 812-E5
Lepena (SLO) 796-A6
Lepence (SLO) 796-C6
le Périer (F) 808-D4
le Perrier (F) 808-B6
le Pessey (F) 798-A2
le-Petit-Bornand-les-Glières (F) 786-E9
le Petit Meunier (F) 813-G6
le Petit Vau (F) 808-B8
Le Peuchapatte (CH) 773-J5
le Piane (I) 805-G4
Le Pigeon (CH) 787-G3
le Pigeonnier (F) 812-E7
le Pilon (F) 812-D8
l'Epinay (F) 798-B9
le P. Orrol (F) 808-B5
le Pis (F) 813-J2
le Pissoux (F) 773-G6
le Plan (F) Provence-Alpes-Côte d'Azur 812-B3
le Plan (F) Rhône-Alpes 798-E2
le Plan de la Vache (F) 798-B8
le Plan de Lys. (F) 813-H6
le Planas (F) 812-E4
le Planay (F) Rhône-Alpes/Albertville 799-H6
le Planay (F) Rhône-Alpes/Haute-Savoie 798-F3
le Planay (F) Rhône-Alpes/Modane 809-J1
le Plan-du-Var (F) 814-A8
le Planellet (F) 798-F3
le Planet (F) 799-H1
le Planey (F) Rhône-Alpes/Beaufort 798-E5
le Planey (F) Rhône-Alpes/Bourg-St-Maurice 799-G7
le Planey (F) Rhône-Alpes/Lanslebourg-Mont-Cenis 809-K1
le Plantier (F) 814-B8
le Pleynet (F) 798-A9
le Poët (F) 812-C3
Le Pont (CH) 786-D2
le Pont (F) Provence-Alpes-Côte d'Azur/Ribiers 812-A3
le Pont (F) Provence-Alpes-Côte d'Azur/Veynes 808-B9
le Pont (F) Rhône-Alpes/le Châtelard 798-B4
le Pont (F) Rhône-Alpes/Lescheraines 798-B4
le Pont de Chab. (F) 808-B9
le Pont du Giffre (F) 786-E8
Le Pont-de-Claix (F) 808-B2
le Ponteil (F) 809-H7
le Pontet (F) 798-C6
le Pous (F) 813-L8
Leppen (A) 797-H3
Leppetalalm (A) 780-C8
le Pra (F) 813-K3
le Prallet Cht. (F) 798-B8
le Praz (F) Rhône-Alpes/Beaufort 798-E4
le Praz (F) Rhône-Alpes/Bozel 798-F7
le Praz (F) Rhône-Alpes/Hauteluce 798-F4
le Praz (F) Rhône-Alpes/la Chambre 798-D7
le Praz de Lys (F) 786-F8
Le Prédame (CH) 773-K4
Lepreno (I) 802-F3
le Preprost (F) 772-A5
Le Preprost (F) 772-A5
Le Prese (CH) 791-J7
Le Prese (I) 791-L6
Le Prévoux (CH) 773-G6
le Puy (F) 808-E4
le Quartier (F) 813-K5
le Queyron (F) 809-J7
Léquio Bérria (I) 811-H8
Léquio Tánaro (I) 810-F9
Lerchensang (D) 763-G8
le Recoin de Chamrousse (F) 808-C2
le Reculet (F) 786-A6
le Regnier (F) 798-E7
le Relais (F) 812-F4
l'Erellaz (F) 809-K1
le Reolat (F) 798-C8
le Replat (F) 798-A7
le Reposoir (F) 798-C4
le Restefond (F) 813-K2
le Revard (F) 798-A4
Leri (I) 811-J1
l'Erigné (F) 787-G8
Lerino (I) 805-J7
le Riou d'Ourgeas (F) 812-F7
le Rioufenc (F) 809-K7
le Rivier (F) 808-D3
l'Ermont (F) 786-F6
Lermoos (A) 154, 157, 688, 778-C3
Le Rocchette (I) 793-K8
le Rochas (F) 813-K2
Le Roselet (CH) 773-J4
Le Rosex (CH) 369, 787-K6
le Rosier (F) 809-J4
le Roure (F) 813-J6
le Roux (F) Provence-Alpes-Côte d'Azur 809-L6
le Roux (F) Rhône-Alpes 798-E8
le Russey (F) 773-H5
Lesa (I) 801-J3
le Sabat (F) 812-B6
Lesach (A) 780-E7
Lesachalmhütte (A) 780-E7
Lesach-Riegel-Hütte (A) 780-E7
Lesachtal (A) 59, 332, 794-F2
les Adres (F) 814-B6
Les Agettes (CH) 787-M7
le Sagne (F) 813-J8
le Sagnières (F) 812-F2
les Aiguilles (F) 809-G2
le Salse (I) 814-E5
le Sapey (F) Rhône-Alpes/Haute-Savoie 798-D2
le Sapey (F) Rhône-Alpes/Isere 808-C3
le Sapey (F) Rhône-Alpes/Savoie 798-B9
les Alaris (F) 813-H2
les Allemands (F) 787-G8
les Alliés (F) 772-E7
les Allues (F) 798-E7
les Amauds (F) 812-B1
les Amicons (F) 798-B6
les Angelvins (F) 812-C8
les Anglars (F) 812-A5
les Annes (F) 798-E1
Les Arcs (F) 582, 772-F6
les Argaux (F) 808-A1
le Sarret (F) Provence-Alpes-Côte d'Azur/Briançon 809-G5
le Sarret (F) Provence-Alpes-Côte d'Azur/Serres 812-B1
le Sarret la Baume (F) 813-H3
les Augustines (F) 809-H9
Le Sausey (F) 808-D1
les Autarets (F) 812-B4
le Sauze-du-Lac (F) 808-F9
les Avanchers-Valmorel (F) 798-E7
Les Avants (CH) 787-J4
Les Aviolats (CH) 787-K6
les Bains (F) 814-B6
les Bains Thermaux (F) 812-E5
les Baptaillards (F) 786-B4
les Baraques (F) 772-E6
les Bases Graves (F) 812-D2
les Bassots (F) 773-G6
les Bauches (F) 799-G6
les Baux (F) 808-C8
Les Bayards (CH) 772-F8
les Beauduns (F) 812-D5
les Bellets Berg (F) 812-D4
les Bemardins (F) 812-C3
les Bemards (F) 808-F8
les Bertrands (F) 812-C2
les Bessès (F) 813-G2
les Bez (F) 786-A3
Les Bioux (CH) 786-D2
les Blancs (F) Provence-Alpes-Côte d'Azur/Barême 812-F5
les Blancs (F) Provence-Alpes-Côte d'Azur/la Javie 813-G4
les Blancs (F) Rhône-Alpes 808-A5
Les Bois (CH) 773-J5
les Boisses (F) 799-H7
les Bosses (F) 808-C3
les Bottets (F) 798-D6
les Bottières (F) 798-C9
les Bourelles (F) 812-C6
les Bourillons (F) 812-F6
les Boursetons (F) 812-A3
les Bouvets d'Amont (F) 786-A3
les Bouviers (F) 786-A3
les Boyers (F) 812-B5
Les Brenets (CH) 773-G6
les Bréseaux (F) 773-H4
Les Breuleux (CH) 773-J4
les Brévières (F) 799-H6
les Brigands (F) 812-E4
les Bruins (F) 809-H6
les Brunets (F) 808-D8
les Bruveres (F) 808-E2
les Bruyères (F) 808-A2
les Buès (F) 812-F5
les Buye (F) 798-E8
l'Escaïoun (F) 813-J4
l'Escale (F) 812-D5
l'Escarène (F) 814-B8
les Cariots Chets. (F) 798-E8
les Carroz (F) Rhône-Alpes/Beaufort 798-E4
les Carroz (F) Rhône-Alpes/Haute-Savoie 786-F9
les Casses (F) 809-H7
les Cavaz (F) 798-B8
Lesce (SLO) 796-D5
Les Cerlatez (CH) 773-K4
Les Cernets (CH) Neuchâtel 772-E8
les Cerneux (F) 773-G6
les Chabanons (F) 812-C4
les Chaillans (F) 813-G6
les Chalesmes (F) 786-B2
les Chalps (F) 809-K5
les Chamousses (F) 809-H7
les Champs (F) 808-B4
les Champsaurs (F) Provence-Alpes-Côte d'Azur 812-E1
les Champsaurs (F) Provence-Alpes-Côte d'Azur 812-F2
les Chapelles (F) 798-F5
les Chapieux (F) 799-G4
les Chappes (F) 786-C9
Les Charbonnières (CH) 786-D2
les Charbonniers (F) 812-A6
les Charrieres (F) 786-B4
les Châtains (F) 808-E3
Leschaux (F) 798-B3
Les Chaux (CH) 787-K6
les Chavanes-en-Mauriennel (F) 798-C7
Les Chenevières (CH) 773-J4
les Chéney (F) 786-E8
Lescheraines (F) 798-B4
Les Chosalets (F) 578, 799-H1
les Clavaux (F) 808-C2
Les Clées (CH) 786-E1
les Clefs (F) 798-D2
les Clos (F) 814-B5
les Clots (F) 808-C2
les Coches (F) 799-G6
Les Cœudres (CH) 773-H6
les Combes (F) Franche-Comté 786-A4
les Combes (F) Rhône-Alpes/le Gua 808-A3
les Combes (F) Rhône-Alpes/Seythenex 798-D4
les Combes (F) Rhône-Alpes/St-Ferréol 798-D3
les Combes (F) Rhône-Alpes/St-Michel-de-Maurienne 809-H1
les Comtes (F) 812-B3
les Confins (F) 798-E2
les Contamines (F) 786-D9
les Contamines-Montjoie (F) 799-G3
Les Convers (CH) 773-J6
les Costes (F) 808-D6
Les Cotards (CH) 772-F7
les Côtes (F) 786-C9
les Côtes-de-Corps (F) 808-C5
les Coulais (F) 808-E2
les Courtilles (F) 812-A2
les Courtots (F) 772-E6
les Crapons (F) 786-D6
Les Crosets (CH) 364, 787-H7
Les Cullayes (CH) 787-G3
les Curtillets (F) 798-F4
les Déserts (F) Rhône-Alpes/la Ravoire 798-B5
les Déserts (F) Rhône-Alpes/St-Michel-de-Maurienne 809-G2
Les Deux-Alpes (F) 588, 589
Les Diablerets (CH) 366, 368, 369, 717, 787-K6
Lesdiguières (F) 808-D6
les Dorats (F) 812-E2
les Drines (F) 798-D6
les Durandons (F) 808-D9
Les Ecasseys (CH) 787-J3
Le Séchey (CH) 786-D2
Les Ecorces (F) 773-H4
Lesegno (I) 815-G2
le Seignus (F) 813-H4
Les Emibois (CH) 773-J4
Les Enfers (CH) 773-K4
Le Sentier (CH) 786-D2
Le Sepey (CH) 369, 787-J5
Les Eplatures (CH) 773-H6
le Serre (F) Provence-Alpes-Côte d'Azur/Alpes-Maritimes 813-K5
le Serre (F) Provence-Alpes-Côte d'Azur/Embrun 809-G9
le Serre (F) Provence-Alpes-Côte d'Azur/la Motte-du-Caire 812-D2
le Sert (F) 808-E3
les Estaris (F) 808-F7
les Etages (F) 808-F4
Les Etraches (F) 772-E7
Les Evouettes (CH) 787-H5
les Eygoires (F) 809-G9
les Faures (F) 808-D5
les Fauvins (F) 808-E8
les Favres (F) 798-A5
les Ferres (F) 813-M8
les Fins (F) 773-G6
les Fleuries (F) 786-D9
les Florins (F) 809-H8
les Fonds (F) 809-K5
les Fontanettes (F) 799-G8
les Fontenelles (F) 773-H5
les Fontenottes (F) 773-G6
les Fornets (F) 786-E7
les Foumiers (F) 812-C3
les Fourgs (F) 772-E8
les Frasses (F) Rhône-Alpes 799-G6
les Fraux (F) 808-C3
les Frenelots (F) 773-G6
les Frênes (F) 798-E8
Les Friques (CH) 773-J8
les Gageries (F) 813-H3
les Garcins (F) 808-C7
Les Gauffres (F) 772-E8
Les Geneveys-sur-Coffrane (CH) 773-H7
Les Genevez (CH) 773-K4
les Gets (F) 752, 787-G8
les Girards (F) 812-B1
les Gorges (F) 798-C8
Les Gorges de la Durance (Klettersteig) (F) 588
Les Granges (CH) 787-J8
les Granges (F) Provence-Alpes-Côte d'Azur 808-B8
les Granges (F) Rhône-Alpes/Haute-Savoie 787-G7
les Granges (F) Rhône-Alpes/Savoie 798-E8
Les Granges Bérard (F) 772-E8
Les Granges du Sillet (F) 772-C9
les Grangettes (F) 772-D8
les Gras (F) 772-F7
Les Grattes (CH) 773-H7
les Graus (F) 814-C6
les Grésonnières (F) 809-G5
les Grimandais (F) 808-C6
les Griots (F) 798-A3
les Guérins (F) Provence-Alpes-Côte d'Azur/Gap 808-E9
les Guérins (F) Provence-Alpes-Côte d'Azur/Tallard 808-C9
Les Haudères (CH) 375, 788-A9
Les Hauts-Geneveys (CH) 773-H6
les Hières (F) 808-F3
les Hodouls (F) 809-J7
les Hôpitaux-Neufs (F) 772-E9
les Hôpitaux-Vieux (F) 772-E9
les Hôtelleries (F) 812-E5
Les Houches (F) 578, 799-G2
les Iles (F) 799-H1
les Infournas (F) 808-E6
les Irets (F) 808-E8
Lesis (I) 794-D7
les Issards (I) 809-J3
Les Jailleux (F) 808-A2
les Jarrons (F) 772-F7
les Jaumes (F) 812-D3
les Jurans (F) 812-F2
Leska (A) 784-C3
les Karellis (F) 809-G1
Leskovec (SLO) 797-J9
les Lamberts (F) 798-C6
les Lanches (F) 799-G6
les Lattes (F) Franche-Comté 786-B3
les Lattes (F) Provence-Alpes-Côte d'Azur 813-J8
les Laugiers (F) 812-F5
les Légers (F) 798-A4
les Lindarets (F) 787-G7
les Lunels (F) 808-D8
les Lusettes (F) 808-A7
les Maisonnettes (F) 786-A3
les Majors (F) 773-G6
les-Marais (F) 786-B3
les Marches Chalets. (F) 809-H2
Les Marécottes (CH) 787-J8
les Méans (F) 809-G8
les Mées (F) 812-C6
les Mèles (F) 813-H6
Les Menuires (F) 583, 798-E8
les Mesches (F) 814-D6
les Michons (F) 812-A1
Lesmo (I) 802-C5
les Molanès (F) 813-H2
les Molards (CH) 787-K2
les Mollettes (F) 798-B7
les Mollettes le Chénevas (F) 808-C1
les Mondons (F) 808-E8
les Monnets (F) 786-B2
les Mortes (F) 786-C3
Les Mosses (CH) 366, 367, 368, 369, 717
les Mottets (F) 809-G3
les Mouchettes (F) 814-B9
les Mouillés Chapelle (F) 786-B3
les Moulieres (F) 812-E6
Les Moulins (CH) 787-K4
les Moulins (F) Provence-Alpes-Côte d'Azur/Guillaumes 813-J5
les Moulins (F) Provence-Alpes-Côte d'Azur/la Motte-du-Caire 812-C2
les Moulins (F) Rhône-Alpes 786-E7
les Moussières (F) 786-A5
les Mujouls (F) 813-K8
les Nans (F) 772-B9
Le Solliat (CH) 786-D2
les Ollières (F) 786-C9
les Olliviers (F) 808-E9
les Orres (F) 809-H9
les Ougiers (F) 808-D3
le Souillot (F) 772-D7
Les Paccots (CH) 787-J4
l'Esparcelet (F) 808-D6
Les Pars (CH) 787-K6
les Passerons (F) 812-C3
les Pelots (F) 812-D5
les Perches (F) 809-H2
les Périers (F) 812-D1
les Perrières (F) 787-G8
les Perriers (F) 786-E7
les Pestes (F) 798-D2
les Petits-Pierres (F) 786-C9
Les Petits-Ponts (CH) 773-H7

REGISTER

les Peyres (F) 812-A3
l'Espinasse (F) 812-E4
Les Places (CH) 772-E8
les Plagnes (F) 787-G7
les plains-et-Grands-Essarts (F) 773-J3
les Planches-en-Montagne (F) 786-B2
Les Planchettes (CH) 773-H6
les Planettes (F) 798-F9
les Plans (F) Franche-Comté 772-E6
les Plans (F) Rhône-Alpes 798-E2
Les-Plans-sur-Bex (CH) 787-K7
Les Pommerats (CH) 773-J4
les Pontets (F) 786-C1
Les Pontins (CH) 773-J5
Les Ponts-de-Martel (CH) 773-G7
Les Portes du Soleil (CH) 362, 364
Les Posses-sur-Bex (CH) 787-J6
les Pourcelles (F) 812-C6
les Pourchiers (F) 813-K5
Les Prailats (CH) 773-J5
les Prats (F) 813-J1
les Pratz (F) 786-B9
les Praz de Chamonix (F) 799-H2
Les Preaz de Chamonix (F) 578
les Prés (F) 798-F4
Les Près d'Orvin (CH) 773-L5
les Prés de Vaire (F) 772-E6
les Prés Plans (F) 808-F1
les Priots (F) 798-E8
Les Prises (CH) 772-F7
les Quergles (F) 808-D7
Les Rasses (CH) 772-F8
les Ravières (F) 772-F5
les Remises (F) 812-A4
Les Reussilles (CH) 773-K4
les Ricoux (F) 808-F7
les Rieux (F) 798-D8
les Rivets (F) 809-L1
les Roguets (F) 786-D8
les Rottes Chets (F) 809-J1
les Roubauds (F) 812-E4
Les Rouges-Terres (CH) 773-K4
les Rouines (F) 812-B4
les Rousses (F) Jura 786-B4
les Rousses (F) Provence-Alpes-Côte d'Azur 808-F8
les Roux (F) 812-D9
les Ruines (F) 786-B2
Less (I) 795-J7
Lessach (A) 293, 782-B4
les Sagnes (F) 813-H4
Les Sagnettes (CH) 772-F7
Les Sairains (CH) 773-K3
les Saisies (F) 798-F4
les Salles (F) 813-M8
les Salles sur-Verdon (F) 812-E8
les Sanières (F) 813-J2
les Sausses (F) 813-K8
les Sauvans (F) 812-E3
Les Sciernes-d'Albeuve (CH) 787-J4
les Seignes (F) 772-F6
les Sénières (F) 812-D3
les Sièzes (F) 808-B7
Leßnig (A) 781-K9
Lessoc (CH) 787-K4
Léssolo (I) 800-C7
Les Taillères (CH) 772-F7
Lestans (I) 795-G8
les Teilles (F) 813-J9
les Terres-de-Chaux (F) 773-H3
les Thévenins (F) 786-B2
Les Thioleyres (CH) 787-H3
les Thuiles (F) 813-H2
Les Tines (F) 578
Lestizza (I) 807-H2
les Touisses (F) 809-G9
les Tourengs (F) 808-F7
les Tourniaires (F) 812-D1
les Tourres (F) 813-K4
les Traveres (F) 813-L6
les Travers (F) 808-E3
les Traverses (F) Provence-Alpes-Côte d'Azur/la Javie 812-F4
les Traverses (F) Provence-Alpes-Côte d'Azur/Levens 814-A8
les Troncs (F) 798-E1
les Tuiles (F) 812-E2
le Subis Ferme (F) 812-F8
le Suffet (F) 799-G9
le Super Sauze (F) 813-J2
le Suquet (F) 814-B7
Les Vacheries (CH) 773-J4
Les Valettes (CH) 787-K9
les Vallons (F) 787-G8
les Varcins (F) 798-E7
les Verneys (F) 809-G2
Les Verrières (CH) 772-E8
Les Vieux-Prés (CH) 773-J6
les Vigneaux (F) 809-H6
les Villards-sur-Thônes (F) 798-D2
les Villas (F) 813-M6
les Villedieu (F) 786-D1
les Viollins (F) 809-G6
l'Etable des Génisses (F) 809-K7
le Tagliate (I) 815-K4
le Tassere (I) 804-A8
l'Etelley (F) 787-G8
le Terron (F) 814-B7
le Tertenoz (F) 798-D4
L'Etivaz (CH) 787-K5
Le Tour (F) 578, 787-H9
le Touvet (F) 798-A8
Létra (F) 798-C2
le Treige (F) 798-B2
Le Trétien (CH) 787-J8
Lettenstätten (A) 797-J2
Lettret (F) 808-D9
Leubas (D) 763-L7
Leuggelbach (CH) 776-B7
Leuggern (CH) 761-G9
Leuk (CH) 382, 788-B6
Leukerbad (CH) 51, 61, 382, 717, 788-B5
Leupolz (D) Kr. Kempten 763-L7
Leupolz (D) Kr. Ravensburg 763-G7
Leustetten (D) Bodenseekreis 762-C7
Leustetten (D) Kr. Berchtesgadener land 766-F5
Leutasch (A) 47, 154, 156, 182, 183, 184, 185, 688
Leutaschklamm (D) 100
Leutaschtal (A) 182, 184
Leutenhofen (D) 763-K8
Leutersberg (D) 760-D5
Leuterschach (D) 763-M7
Leutfritz (D) 763-K8
Leutkirch (D) 763-H7
Leutkircherhütte (A) 144
Leutstetten (D) 765-G4
Leutwil (CH) 775-G4
Leutzmannsdorf (A) 769-J2
Leuzingen (CH) 774-A5
Levá (I) 805-H5
Levada (I) Friuli-Venézia Giúlia 807-L3
Levada (I) Véneto, Conegliano 806-C2
Levada (I) Véneto, Pasova 805-M6
Levada (I) Véneto, Ponte di Piave 806-D4
Levada (I) Véneto, Treviso 805-M3
Levada (I) Véneto, Venezia 806-F4
Levade (I) 806-D3
Levaldigi (I) 810-E9
Le Valanvron (CH) 773-H5
le Valli (I) 803-G9
le Valloe (F) 809-G2
Levassaix (F) 798-E8
Levate (I) 802-E6
Le Vaud (CH) 786-D4
le Vaudioux (F) 786-B1
Lévego (I) 794-B8
Lévens (F) 812-F7
Levens (F) 814-A8
le Verneil (F) 798-C7
le Vernet (F) 813-G3
Leverone (I) 815-G6
le Versoud (F) 808-C1
le Vert (F) 808-D3
Levertsweiler (D) 762-D5
Lévice (I) 811-J9
Lévico Terme (I) 804-F1
Levier (F) 772-C7
le Vignal (F) 814-B8
le Villard (F) 814-B6
le Villard (F) Provence-Alpes-Côte d'Azur 813-G5
le Villard (F) Provence-Alpes-Côte d'Azur/Annot 813-J6
le Villard (F) Provence-Alpes-Côte d'Azur/Barles 812-F3
le Villard (F) Provence-Alpes-Côte d'Azur/Ceillac 809-K7
le Villard (F) Provence-Alpes-Côte d'Azur/Digne-les-Bains 812-F5
le Villard (F) Provence-Alpes-Côte d'Azur/le Brusquet 812-F4
le Villard (F) Provence-Alpes-Côte d'Azur/le Lauzet-Ubaye 813-G2
le Villard (F) Provence-Alpes-Côte d'Azur/le Monetier-les-Bains 809-H4
le Villard (F) Provence-Alpes-Côte d'Azur/Savines-le-Lac 808-F8
le Villard (F) Provence-Alpes-Côte d'Azur/St-Bonnet-en-Champsaur 808-D7
le Villard (F) Provence-Alpes-Côte d'Azur/St-Etienne-en-Dévoluy 808-C7
le Villard (F) Provence-Alpes-Côte d'Azur/Verdaches 812-F3
le Villard (F) Rhône-Alpes/Albertville 798-E5
le Villard (F) Rhône-Alpes/Apremont 798-A6
le Villard (F) Rhône-Alpes/Bozel 798-F7
le Villard (F) Rhône-Alpes/Grésy-sur Isère 798-D5
le Villard (F) Rhône-Alpes/le Châtelard 798-C5
le Villard (F) Rhône-Alpes/le Cheylas 798-A7
le Villard (F) Rhône-Alpes/les Allues 798-E7
le Villard (F) Rhône-Alpes/St-Pierre-d'Albigny 798-C5
le Villard (F) Rhône-Alpes/Thonnon-les-Bains 786-E6
le Villard d'Abas (F) 813-H3
le Villaret (F) 798-E7
le Villaret du Nial (F) 799-H7
le Villerey (F) 809-H1
Levis (A) 776-E5
le Virail (F) 812-C4
le Vivier (F) 812-D3
Levo (I) 801-J3
le Voisinal (F) 786-B2
le Volte (I) 815-H5
Levoncourt (F) 773-L2
Levone (I) 800-B9
Levpa (SLO) 796-B8
Levrange (I) 803-L5
Levron (CH) 787-K8
Ley (F) 786-E8
Leymen (F) 774-B1
Leysin (CH) 366, 367, 368, 369, 717, 787-J6
Leytron (CH) 787-L7
Lézat (F) 786-A3
Lézzeno (I) 802-C2
l'Hôpital (F) 812-D6
L'Hôpital-du-Grosbois (F) 772-D5
l'Hôpital-St.Lieffroy (F) 772-F2
l'Hortière (F) 809-K2
l'Hospitalet (F) 812-A5
Libano (I) 794-A8
Libaret (F) 814-B7
Libelice (SLO) 797-K2
Libingen (CH) 776-A4
Librie (I) 815-G3
Libušnje (SLO) 795-M7
Lichendorf (A) Maiersdorf 784-D6
Lichendorf (A) Murfeld 784-D9
Lichtenau (D) Kr. Miesbach 765-K7
Lichtenau (D) Kr. Weilheim-Schongau 764-E6
Lichtenberg (A) 767-K5
Lichtenegg (A) 784-E4
Lichtenegg (A) Edlitz 771-G7
Lichtenegg (A) Maiersdorf 784-D7
Lichtengraben (A) 783-J6
Lichtenhof (A) 783-M7
Lichtensteig (CH) 428, 776-B4
Lichtenwald (A) 784-F4
Lichtenwörth (A) 771-G4
Lichtpold (A) 796-C2
Liddes (CH) 799-K1
Lido (I) 806-C8
Lido d. Sole (I) 807-H5
Lido dei Lombardi (I) 806-E7
Lido del Faro (I) 806-E7
Lido di Jésolo (I) 806-E7
Lido di Lonato (I) 803-M7
Lido Ticino (I) 801-L9
Liebenau (A) 784-B5
Liebenau (D) 762-F8
Liebenfels (A) 782-E9
Liebensdorf (A) 784-C6
Liebenswiller (F) 774-A1
Liebetig (A) 796-D1
Liebewil (CH) 773-M8
Liebing (A) 771-J9
Liebistorf (CH) 773-L8
Liebloch (A) 784-A6
Liebsdorf (F) 773-L2
Liechtenstein (LIE) 436, 437
Liechtensteinklamm (A) 284
Liedering (D) 766-B4
Liedertswil (CH) 774-C3
Liefering (A) 767-G6
Lieffrens (CH) 787-H2
Liel (D) 760-C7
Lieli (CH) 775-H3
Liemberg (A) 782-E9
Lienheim (D) 761-H9
Lienz (A) 238, 239, 240, 241, 688, 780-F9
Lienz (CH) 776-E4
Lienzer Dolomiten (A) 238, 240, 241
Lienzer Hütte (A) 780-E8
Lienzer Klause (A) 780-E9
Lienzer-Dolomiten-Hütte (A) 780-F9
Lierna (I) 802-C2
Liesberg (CH) 774-A2
Lieserhofen (A) 781-L8
Liesfeld (A) 779-L2
Liesing (A) 794-F2
Liesing (A) Leoben 783-J2
Liesing (A) Wien 771-G1
Liesingau (A) 783-H2
Liesingtal (A) 783-K2
Liesle (F) 772-A6
Liesle (F) Franche-Comté 772-A6
Liestal (CH) 774-D2
Lieuche (F) 813-L6
Lieulever (F) 798-D6
Lièvremont (F) 772-E7
Liezen (A) 768-D8
Lifelen (CH) 775-G7
Ligerz (CH) 773-K6
Liggeringen (D) 762-B7
Liggersdorf (D) 762-B6
Ligist (A) 783-M6
Lignana (I) 811-K1
Lignano Pineta (I) 807-J5
Lignano Riviera (I) 807-J5
Lignano Sabbiadoro (I) 807-J4
Lignera (I) 815-J2
Lignerolle (CH) 786-E1
Lignières (CH) 773-K6
Lignitztal (A) 290
Ligo (I) 815-H6
Ligornetto (CH) 802-A3
Ligosullo (I) 795-H3
Ligsdorf (F) 773-M2
Ligugnana (I) 807-G2
Lilienfeld (A) 770-B3
Liliental (D) 760-C4
Lillaz (I) 799-M6
Lillianes (I) 800-D5
Limana (I) 794-B9
Limans (F) 812-A6
Limbach (A) Glojach 784-D7
Limbach (A) Schlag bei Thalberg 770-F9
Limbach (A) Strengberg 769-G2
Limbach im Burgenland (A) 785-G5
Limberg (A) Griffen 783-J9
Limberg bei Wies (A) 783-M9
Limbiate (I) 802-B6
Limeda (I) 792-C8
Limena (I) 805-L7
Limes (I) 804-A2
Limido Com. (I) 802-A5
Limmberg-Grund-Alm (A) 780-E3
Limone (I) 803-M6
Limone Piemonte (I) 814-D4
Limone sul Garda (I) 558, 804-C3
Limonetto (I) 814-D5
Limonta (I) 802-C2
Limpach (CH) 774-B6
Limpach (D) 762-D7
Linach (D) 761-G4
Linate (I) 802-C8
Lincel (F) 812-A7
Lind (A) Arnoldstein 796-A3
Lind (A) Griffen 797-J1
Lind (A) St. Peter 797-G2
Lind (A) Zeltweg 783-H4
Lind, Kleblach- (A) 781-K9
Lind bei Scheiflingen (A) 782-F5
Lind bei St. Veit (A) 784-D8
Lind ob Velden (A) 796-C2
Lindabrunn, Enzesfeld- (A) 770-F4
Lindach (A) 768-A4
Lindach (D) Kr. Fürstenfeldbruck 764-F2
Lindach (D) Kr. Traunstein 766-D4
Lindau (A) Weyer Markt 769-G5
Lindau (CH) 775-K2
Lindau-Westallgäu (D) 59, 69, 776-F1
Lindau (D) Kr. Waldshut 760-F7
Lindauer Hütte (A) 777-G7
Lindegg (A) 784-F4
Linden (A) 796-D2
Linden (CH) Bern 774-C9
Linden (CH) Eriz/Bern 788-D1
Linden (D) Kr. Bad Tölz-Wolfratshausen 765-H6
Linden (D) Kr. Ostallgäu 764-B6
Linden (D) Kr. Weilheim-Schongau 764-E7
Lindenberg (A) 784-B3
Lindenberg (D) Kr. Lindau 68, 69, 763-H9
Lindenberg (D) Kr. Ostallgäu 764-B4
Lindenhof (D) 761-J1
Lindental bei Boll (CH) 774-B7
Lindenthal (A) 767-J9
Linderhof (D) 764-D9
Lindgraben (A) 771-H7
Lindgrub (A) 770-F6
Lindhof (A) 783-J9
Lindl (A) 796-D1
Lindner Alpentherme (CH) 382, 383
Lindsberg (A) 781-G9
Lindsberg (A) 795-G1
Linduno (I) 801-J6
Lindwurm (A) 339
Linescio (CH) 789-J6
Lingenau (A) 126, 127, 128, 129, 777-H2
Lingheim (A) 769-L3
Lingotto (I) 810-E4
Lingueglietta (I) 815-M8
Linn (CH) 774-F2
Linsdorf (F) 773-M1
Linta (I) 805-H3
Linthal (CH) 51, 432, 434, 776-A8
Linz (A) 768-D1
Linz, Aach- (D) 762-C6
Lio Piccolo (I) 806-D7
Liòn (I) 805-L9
Lioson d'en Bas (CH) 368
Liouc (F) 813-K6
Lioux (F) 813-G7
Lipburg (D) 760-C7
Lipce (SLO) 796-B8
Lipe (SLO) 797-G9
Lipeta (SLO) 796-C8
Lipizach (A) 796-F2
Lipizzanergestüt (A) 200
Liplje (SLO) 797-J6
Lipomo (I) 802-B4
Lippendorf (A) 797-H2
Lippenrüti (CH) 775-G6
Lipperswil (CH) 762-B9
Lippertsreute (D) 762-C7
Lippitzbach (A) 797-J2
Lipsch (A) 784-D8
Liptingen, Emmingen- (D) 761-H5
Lisago (I) 801-L3
Liscate (I) 802-D7
Lischiazze (I) 795-K5
Lisignago (I) 792-F8
Lisio (I) 815-G3
L'Isle (CH) 786-E2
l'Isle-sur-le-Doubs (F) 773-G2
Lisòn (I) 806-F4
Lissaro (I) 805-K7
Lissone (I) 802-C6
Listolade (I) 793-M6
Litija (SLO) 797-J8
Litorale del Cavallino (I) 806-D7
Litorale di Lido (I) 806-C8
Littau (CH) 775-G7
Littenheid (CH) 776-A2
Littenweiler (D) 760-E5
Littisbach (CH) 787-M3
Littiwil (CH) 774-B7
Littring (A) 768-C3
Litzau (D) 764-C8
Litzelbach (D) 762-E5
Litzelsdorf (A) 785-G3
Litzelstetten (D) 762-C8
Litzirüti (CH) Graubünden, Langwies 777-G8
Litzirüti (CH) Graubünden, Sankt Antönien 776-F9
Litzistorf (CH) 773-L8
Litzldorf (D) 765-L7
Livet (F) 808-C2
Livigno (I) 791-J4
Livo (I) Lombardia 790-C8
Livo (I) Trentino-Alto Ádige 792-D5
Livorno Ferráris (I) 811-H1
Lizine (F) 772-B6
Lizzana (I) 804-D3
Lizzanella (I) 804-E3
Lizzola (I) 803-H1
Ljubija (SLO) 797-L5
Ljubinj (SLO) 796-B7
Ljubljana (SLO) 594, 797-G8
Ljubno, Radovljica (SLO) 796-E6
Ljubno, Savinjska (SLO) 797-J5
llonse (F) 813-M6
Loano (I) 815-J5
Loazzolo (I) 811-J8
Lobach (D) 764-A8
Lòbbia (CH) 790-F6
Lobersberg (A) 781-G8
Löbersdorf (A) 769-M1
Lóbia (I) Véneto, Padova 805-K6
Lóbia (I) Véneto, Verona 805-G8
Löblerberg (A) 784-E6
Lobsigen (CH) 773-L7
Locamo (I) 801-G4
Locana (I) 799-M8
Locara (I) 805-G8
Locarnese (CH) 404
Locarno (CH) 49, 401, 404, 405, 789-L8
Locasset (F) 798-D7
Locate di Triulzi (I) 802-B9
Locate Varésio (I) 801-M5
Locatello (I) 802-E3
Lochau (A) 777-G1
Lochen (A) 767-H4
Lochen (D) 765-H6
Locherhof (D) 761-J2
Lochhausen (D) 765-G3
Lochheim (D) 766-C1
Lochhofen (D) 765-J5
Löchle (D) 760-F1
Lochlehen (A) 778-F3
Lochwiesen (D) 777-K2
Lockenhaus (A) 771-H9
Loco (CH) 789-K8
Locum (F) 787-G5
Loda (F) 814-B7
Lodano (CH) 789-K7
Lödersdorf (A) 784-F6
Lodetto (I) 803-H7
Lodi (I) 802-D9
Lodísio (I) 815-J1
Lodrino (CH) 789-M6
Lodrino (I) 803-K5
Lods (F) 772-D6
Loëx (F) 786-D7
Lofer (A) 47, 242, 243, 688, 766-E9
Loferer STeinberge (A) 228, 242
Löffelbach (A) 784-E2
Löffingen (D) 761-H6
Log, Tržič (SLO) 796-E5
Log, Vrhnika (SLO) 796-F9
Logar (SLO) 797-J5
Logarska dolina (SLO) 797-H4
Logelheim (F) 760-A4
Logiano (CH) 790-C5
Logie (SLO) 795-L7
Logras (F) 786-A7
Lograto (I) 803-J7
Lohen (D) 766-A5
Lohn (CH) Graubünden 790-D3
Lohn (CH) Schaffhausen 761-K7
Lohn-Ammannsegg (CH) 774-B5
Lohnberg (A) 784-D4
Löhningen (CH) 761-J8
Löhningen (D) 761-H8
Lohnsburg (A) 767-J2
Lohnstorf (CH) 788-B1
Loibach (A) 797-J2
Loibegg (A) 797-H2
Loibersdorf (A) 768-E3
Loibichl (A) 767-K6
Loich (A) 769-M3
Loich (A) 770-A3
Loigistal (A) 768-D7
Ložice (SLO) 795-M9
Loimeth (A) 784-F4
Loinbruck (D) 766-B1
Ložnica (SLO) 797-M6
Loipersbach (A) Natschbach 770-F6
Loipersbach im Burgenland (A) 771-J6
Loipersdorf bei Fürstenfeld (A) 785-G5
Loipersdorf im Burgenland (A) 784-F2
Loipersdorf-Kitzladen (A) 785-G2
Loipl (D) 766-F8
Loisin (F) 786-D6
Loitersdorf (D) 765-L4
Loitsdorf (A) 769-M2
Loitzmannsdorf (A) 770-E7
Loka, Gorenjska (SLO) 796-E5
Loka, Mengeš (SLO) 797-H7
Lokar (SLO) 797-K6
Lokavec (SLO) 784-E9
Loke (SLO) 797-L6
Lokovc (SLO) 796-B9
Lokovica, Šoštanj (SLO) 797-L5
Lokovica, Miren-Kostanjevica (SLO) 807-M2
Lokve (SLO) 796-B9
Lola (I) 793-G7
Lölling (A) 783-G7
Lölling-Schattseite (A) 783-H7
Lölling-Sonnseite (A) 783-G7
Lom, Mežica (SLO) 797-J3
Lom, Tržič (SLO) 796-F5
Lomagna (I) 802-C5
Lomanose (SLO) 784-F9
Lomaso (I) 804-C1
Lomazzo (I) 802-A5
Lomb. S. Grato (I) 802-D9
Lombai (I) 795-M8
Lombard (F) 772-A6
Lombardei (I) 554, 560, 564
Lombardore (I) 810-F1
Lombrasco (I) 810-D6
Lombro (I) 791-K8
Lömmen-Schwil (CH) 776-D2
Lommis (CH) 776-A1
Lomont-sur-Crête (F) 772-E3
Lon (I) 792-D9
Lona-Lasés (I) 792-F8
Lonate Ceppino (I) 801-L5
Lonate Pozzolo (I) 801-K6
Lonato (I) 803-M7
Lonay (CH) 786-F3
Loncarovci (SLO) 785-H8
Loncòn (I) 806-F4
Loneriacco (I) 795-J7
Longa (I) 805-J5
Longara (I) 805-J7
Longare (I) 805-J7
Longarone (I) 794-B7
Longchamp 1650 (F) 798-D7
Longchaumoix (F) 786-A4
Longcochon (F) 772-C9
Longechaux (F) 772-E5
Longefoy (F) 799-G5
Longega/Zwischenwasser (I) 793-L2
Longemaison (F) 772-F6
Longetay (F) 798-F6
Longevelle (F) 772-A1
Longevelle-les-Russey (F) 773-G4
Longevelle-sur-Doubs (F) 773-G2
Longeville (F) 772-D6
Longevilles-Hautes (F) 772-D9
Longevilles-Mont-d'Or (F) 772-D9
Longhena (I) 803-J8
Longhi (I) 805-G2
Longiaru (I) 793-K3
Longirod (CH) 786-D4
Longone (I) 802-C3
Lònico (I) 802-E6
Lonigo (I) 805-G8
Lonzano (I) 795-L9
Loosdorf (A) Melk 769-M1
Loosdorf (A) St. Peter in der Au 769-G3
Lopagno (CH) 789-M9
Loppenhausen (D) 763-L3
Lóppio (I) 804-D3
Lora (I) 805-G5
Loray (F) 772-F5
Lörch (D) 760-E3
Loréggia (I) 805-L6
Loréggiola (I) 805-L6
Lorèglia (I) 801-H2
Lorentino (I) 802-D4
Lorenzaga (I) 806-E4
Lorenzenberg (A) Friesach 782-F7
Lorenzenberg (A) Lavamünd 797-K2
Lorenzenberg (D) 765-L4
Loreto (I) Piemonte, Asti 811-J7
Loreto (I) Piemonte, Novara 801-K6
Loretto (A) 771-J3
Lória (I) 805-L4
L'Orient (CH) 786-D3
Loritto (I) 791-L8
Lörrach (D) 760-C9
Lortallo (I) 801-H4
Lorüns (A) 777-G6
Lo-Sacapello-Massiv (I) 544
Loschental (A) 783-K9
Lósego (I) 794-B8
Losenegg (CH) 788-D1
Losenstein (A) 768-F4
Losensteinleiten (A) 768-E2
Lòsine (I) 803-L2
Losone (CH) 789-L8
Lossy (CH) 773-K9
Lossy (F) 786-D7
Lostallo (CH) 790-C6
Lostorf (CH) 774-E3
Lötschental (CH) 384
Lötschentaler Höhenweg (CH) 385
Lottigna (CH) 789-M5
Lottstetten (D) 761-K9

Lotzwil (CH) 774-D5
Louadey (F) 772-F6
Lougres (F) 773-G1
Loulans-Verchamp (F) 772-D2
Loulle (F) 786-A1
Lourtier (CH) 373, 787-L9
l'Oustallet (F) 813-K5
Lova (I) 806-A9
Lovadina (I) 806-B4
Lovagny (F) 798-B2
Lovara (I) 805-G6
Lóvari (I) 805-K5
Lovária (I) 807-K1
Lovatens (CH) 787-H2
Lovea (I) 795-H4
Loveno (I) 791-K9
Lovens (CH) 787-J1
Lover (I) 792-D7
Lóvera (I) 815-G1
Lóvere (I) 803-J4
Loveresse (CH) 773-L4
Lóvero (I) 791-K7
Lovertino (I) 805-J9
Lovišče (SLO) 795-M8
Lóvolo Vicentino (I) 805-J8
Lovran (SLO) 796-D8
Loye (CH) 788-A7
Loyer (F) 786-D6
Lózio (I) 803-K2
Lozzo (I) 789-L9
Lozzo di Cadore (I) 794-C4
Lózzolo (I) 801-G6
Lü (CH) 791-L3
Lu (I) 811-L4
l'Ubac de l'Aval (F) 809-J7
Lubiara (I) 804-C6
Lucchi (I) 810-F9
Luče ob Savinlj (SLO) 797-J5
Lucédio (I) 811-J1
Lucelle (CH) 773-L2
Lucelle (F) 773-L2
Lucens (CH) 787-H2
Lucéram (F) 814-B8
Lučine (SLO) 796-E8
Lüchingen (CH) 776-E3
Luchsingen (CH) 776-A8
Lucínasco (I) 815-G7
Luckner-Hütte (A) 780-E6
Ludenhausen (D) 764-D5
Ludersdorf (A) 784-D4
Ludesch (A) 777-G5
Ludiano (CH) 789-M5
Luditsweiler (D) 762-E5
Ludizzo (I) 803-K4
Ludmannsdorf (A) 796-D3
Ludmerfeld (A) 770-D1
Ludranski vrh (SLO) 797-K4
Ludriano (I) 803-H8
Ludwigsdorf (A) 769-H2
Ludwigshafen, Bodman- (D) 762-B7
Ludwigshof (A) 771-K2
Ludwigstal (D) 761-L4
Lueg (A) 767-J7
Lueg (CH) 788-C1
Lüen (CH) 790-F1
Lufingen (CH) 775-K2
Lugagnano (I) 804-C8
Luganer See (CH) 33, 53, 406
Lugano (CH) 33, 406, 407
Lugano (CH) 802-A1
Luggau (A) 781-H4
Lughezzano (I) 804-D6
Lugitsch (A) 784-D7
Lugnez (CH) 773-K1
Lugneztal (CH) 440
Lugnorre (CH) 773-K7
Lugo (I) Véneto, Venezia 806-A8
Lugo (I) Véneto, Verona 804-D6
Lugo di Vicenca (I) 805-H4
Lugrin (F) 787-G5
Lugugnana (I) 807-G4
Luimes (A) 779-G5
Luino (I) 566, 801-K1
Luins (CH) 786-D4
Luisago (I) 802-A4
Luisans (F) 772-F6
Luisetti (I) 810-C4
Luising (A) 785-J5
Lukmanierpass (CH) 400
Lukovica (SLO) 797-J7
Lullier (CH) 786-D7
Lullin (F) 786-F6
Lully (CH) 773-H9
Lully (CH) 786-E4
Lully (F) 786-E6
Lumbrein (CH) 443, 790-B2
Lumellogno (I) 801-J8
Lumezzane (I) 803-K5
Lumiago (I) 804-E7
Lumignacco (I) 807-J1
Lumignano (I) 805-J7
Lumini (I) 804-C6
Lumino (CH) 790-B7
Lumnezia (CH) 440, 442
Lunecco (I) 789-K9
Lünersee (A) 132
Lungau (A) 290, 292, 293
Lungauer Kalkspitze (A) 290
Lungendorf (A) 768-B4
Lungern (CH) 788-F1
Lungötz (A) 266, 688, 781-K1
Lunz am See (A) 300, 769-K5
Lupfig (CH) 775-G2
Lúpia (I) 805-J5
Lupicino/Wölfl (I) 793-G5
Lupnica (SLO) 797-K8
Lupsingen (CH) 774-C2
Lurago d'E. (I) 802-B4
Lurago Marin. (I) 801-M5
Lurano (I) 802-F6
Lurate Caccívio (I) 801-M4
Lurengo (CH) 789-L4
Lurisia (I) 814-E3
Lurnbichl (A) 781-L9
Lurnfeld (A) 781-K8
Lurs (F) 812-B6
Lurtigen (CH) 773-L8
Luša (SLO) 796-E7
Lusans (F) 772-D3
Lušce (SLO) 797-K9
Lüscherz (CH) 773-K6
Lüsen/Luson (I) 793-K2
Lüsens (A) 778-E6
Luseriacco (I) 795-J8
Luserna (I) 805-G2
Luserna S. Giovanni (I) 810-B6
Lusernetta (I) 810-B6
Lusévera (I) 795-J6
Lusiana (I) 805-J4
Lusiglié (I) 800-C9
Lusignano (I) 815-H6
Lüsis (CH) 776-D6
Lus-la-Croix-Haute (F) 808-B7
Luson/Lüsen (I) 793-K2
Lüß (D) 765-K2
Lussery (CH) 786-F2
Lüsslingen (CH) 774-B5
Lussy (CH) Fribourg 787-J1
Lussy (CH) Vaud 786-E4
Lustdorf (CH) 776-A1
Lustenau (A) 776-F2
Lustheim (D) 765-H2
Lutago/Luttach (I) 779-L8
Lütenegg (CH) 776-B2
Luterbach (CH) 774-B5
Lüterkofen-Ichertswil (CH) 774-B5
Lüterswil-Gächliwil (CH) 774-A5
Luth (F) 786-F9
Luthern (CH) 774-E6
Luthernbad (CH) 774-E7
Lütisburg (CH) 776-B3
Iutizzo (I) 807-G2
Lütoldsmatt (CH) 775-G8
Lutrano (I) 806-D3
Lutry (CH) 787-G4
Lutschaun (A) 770-B8
Lütschental (CH) 788-E3
Luttach/Lutago (I) 505, 506, 507, 734, 779-L8
Luttenwang (D) 764-E2
Lutter (F) 773-M2
Luttingen (D) 760-F9
Lutto1sberg (D) 763-J7
Lutverci (SLO) 784-F9
Lützelflüh (CH) 774-C7
Lutzenberg (D) 763-M2
Lutzmannsburg (A) 771-K8
Lutzmannsdorf (A) 782-D5
Luven (CH) 790-C1
Luvigliano (I) 805-K9
Luvinate (I) 801-L3
Luxiol (F) 772-E2
Luže, Šenčur (SLO) 797-G6
Luže, Mozirje (SLO) 797-K5
Luzein (CH) 777-G8
Luzern (CH) 346, 412, 413, 414, 609, 717, 775-H7
Luzier (F) 798-F1
Luzzana (I) 803-G5
Luzzogno (I) 801-H2
Lyaud (F) 786-F5
Lys (I) 568
Lyss (CH) 773-M6
Lyssach (CH) 774-B6

M

Maccagno (I) 789-L9
Mácchia (I) 800-B9
Macchietto (I) 794-B6
Maček (SLO) 796-A8
Macellei (I) 811-G7
Macello (I) 810-C5
Mâche (CH) 787-M8
Machendorf (D) 767-G1
Machério Biassono (I) 802-C6
Mâcheron (F) 786-E6
Machilly (F) 786-D6
Machtenstein (D) 764-F1
Machtfing (D) 764-F5
Mácina (I) 803-L7
Mackenheim (F) 760-C2
Mackovci (SLO) 785-G8
Maclamad (F) 798-B2
Maclódio (I) 803-J7
Mâcot-la-Plagne (F) 798-F6
Macra (I) 814-B1
Macully (F) 798-B1
Mad. d. Zucco (I) 795-G8
Mad. dei Laghi (I) 810-C3
Mad. Peraries (I) 794-F5
Mad. Perrero (I) 810-E1
Mada (I) 805-G4
Madau (A) 777-M5
Maddalena (I) Ligúria 815-L1
Maddalena (I) Lombardia 801-K5
Maddalena (I) Piemonte, Cuneo, Pontechianale 809-L8
Maddalena (I) Piemonte, Cuneo, Prazzo 813-L1
Maddalene (I) Piemonte 810-C1
Maddalene (I) Piemonte 814-E1
Mädelegabel (D) 76, 81
Mäder (A) 776-F3
Madern (A) 779-H6
Maderno, Toscolano- (I) 804-A6
Madésimo (I) 790-D5
Madignano (I) 802-F9
Madiswil (CH) 774-D5
Madone (I) 802-E5
Madone des Grâces (F) 814-C7
Madonna (I) Lombardia 791-J8
Madonna (I) Venéto 805-G8
Madonna del Bosco (I) 814-C1
Madonna del Frássino (I) 804-B8
Madonna del Pasco (I) 814-E2
Madonna del Pilone (I) 810-F7
Madonna del Sasso (I) 406, 801-H3
Madonna del Toce (I) 801-H2
Madonna della Grazie (I) 815-L1
Madonna della Pergolana (I) 804-B7
Madonna della Scoperta (I) 804-A8
Madonna delle Cármine (I) 814-E7
Madonna di Campiglio (I) 51, 538, 539, 540, 541, 734, 792-C7
Madonna di Frave (I) 814-F1
Madonna di Morette (I) 811-H7
Madonna di Rávere (I) 803-L9
Madonna di Senales/Unsere Frau (I) 792-C2
Madonna di Tirano (I) 791-K7
Madonna d. Laugu (I) 815-K1
Madonna d. Pieve (I) Lombardia 804-A9
Madonna d. Pieve (I) Piemonte 814-E2
Madonnina (I) Lombardia 791-H8
Madonnina (I) Piemonte 811-G2
Madonnina di Renón (I) 793-G3
Madra (CH) 790-B5
Madrisio (I) 807-H3
Madritschjoch (I) 482
Madulain (CH) 467, 468, 791-H3
Maeme (I) 806-B7
Maën (I) 800-B3
Maffiotto (I) 810-B2
Magadino (CH) 789-L8
Magasa (I) 804-A4
Magdalensberg (A) Lavamünd 768-C4
Magdalensberg (A) St. Paul im Lavanttal 797-K1
Magdalensberg (A) St. Veit an der Glan 782-F9
Magden (CH) 774-D1
Magdenau (CH) 776-C3
Magenbuch (D) 762-D5
Magenta (I) 801-L7
Mägenwil (CH) 775-G3
Magerbach (A) 778-C4
Mägerkingen (D) 762-C1
Magersdorf (A) 783-J9
Maggia (CH) 404, 789-K7
Maggianico (I) 802-D3
Maggiate-Inf. (I) 801-J5
Maggiate-Sup. (I) 801-J5
Maggio (I) 802-D2
Maggiora (I) 801-H5
Magglingen (CH) 773-L5
Maggmannshofen (D) 763-J7
Magland (F) 786-F9
Maglern (A) 795-M3
Magliano Alfieri (I) 811-H6
Magliano Alpi (I) 814-F1
Máglio (I) Véneto, Pádova 805-K5
Máglio (I) Véneto, Vicenza, Breganze 805-H5
Máglio (I) Véneto, Vicenza, Valdagno 804-F5
Magliolo (I) 815-J5
Maglione (I) 800-E8
Magnago (I) 801-L6
Magnaldi (I) 814-E3
Magnano (I) Piemonte 800-E7
Magnano (I) Véneto 804-D9
Magnano in Riviera (I) 795-J7
Magnetsried (D) 764-F6
Magno (I) Lombardia, Bréscia, Bovégno 803-K4
Magno (I) Lombardia, Bréscia, Gardone Val Trómpia 803-K5
Magnola (I) 803-L9
Magnonévolo (I) 800-E7
Magny-Châtelard (F) 772-D4
Magognino (I) 801-J3
Magozd (SLO) 795-M6
Magrano (I) 804-E7
Magras (I) 792-C6
Magrè (I) 805-G5
Magreglio (I) 562, 802-C2
Magrena (I) 803-L6
Magstatt-le-Bas (F) 760-A8
Magstatt-le-Haut (F) 760-A8
Mahlberg (D) 760-D1
Mahlspüren im Hegau (D) 762-A6
Mahlspüren im Tal (D) 762-B6
Mahlstetten (D) 761-L4
Mahrensdorf (A) 784-F7
Mahrersdorf (A) 770-F6
Maîche (F) 773-H4
Maidorf (A) 768-C3
Maien (A) 777-G3
Maien-A. (I) 793-H6
Maienfeld (CH) 430, 776-E7
Maierdorf (A) 784-E7
Maierhof (A) 765-H3
Maierhof (A) Berndorf 770-E3
Maierhof (A) Gleinstätten 784-B8
Maierhöfen (A) Aspang-Markt 770-F8
Maierhofen (A) Baichberg 769-H3
Maierhofen (A) Fürstenfeld 784-F5
Maierhofen (A) Glatzau 784-D6
Maierhöfen (A) Lunz am See 769-K5
Maierhöfen (D) 69, 763-J8
Maierklopfen (D) 765-L1
Maiersdorf (A) Lichtenegg 784-D6
Maiersdorf (A) Markt Piesting 770-F5
Maierstetten (D) 766-C3
Main, St-Gorgon- (F) 772-E6
Mainburg (A) 770-A2
Maingründel (D) 764-B1
Mainhartsdorf (A) 782-E4
Mainwangen (D) 762-A5
Mairano (I) Lombardia, Bréscia 803-J8
Mairano (I) Lombardia, Milano 802-A9
Mairengo (CH) 789-L4
Mairhof (A) 778-C5
Maisach (D) 764-F2
Maisenberg (D) 766-C3
Maishofen (A) 257, 780-F3
Maising (D) 764-F5
Maison du Parc (F) Provence-Alpes-Côte d'Azur 809-K6
Maison du Parc (F) Rhône-Alpes 808-D4
Maisonasse (I) 800-A5
Maison-du-Bois (F) 772-D9
Maison-Méane (F) 813-K1
Maisons-du Bois (F) 772-E7
Maisprach (CH) 774-D1
Maitenbeth (D) 765-M3
Maitratten (A) 782-C9
Maitschern (A) 768-D9
Maizières (F) 772-C1
Majano (I) 795-H8
Majastres (F) 812-F7
Majk (SLO) 797-J5
Mala (I) 792-F9
Mala Goričica (SLO) 797-K9
Mala Lašna (SLO) 797-H7
Mala Loka (SLO) 797-H8
Maladers (CH) 790-E1
Malafesta (I) 807-G3
Malamocco (I) Véneto, Venezia 806-C8
Malamocco (I) Véneto, Venezia, S.Michele a. Tagli. 807-H4
Malanghero (I) 810-E2
Malans (CH) Graubünden 776-E7
Malans (CH) 772-B6
Malapalud (CH) 787-G2
Malaura (I) 809-M6
Malaussène (F) 813-M7
Malborghetto (I) 795-K4
Malbrans (F) 772-C5
Malbuisson (F) 772-D9
Malbun (LIE) 436, 437, 717, 776-E6
Malbun (LIE), Falknerei Galina 437
Malcesine (I) 558, 804-C4
Malchamp (F) 786-B8
Malching (D) 764-F2
Malcontenta (I) 806-B8
Male (I) 738, 792-C6
Male Braslovče (SLO) 797-L5
Maleck (D) 760-E3
Malegno (I) 803-K2
Malene (I) 793-J9
Malenski Vrh Volča (SLO) 796-E7
Male Poljane (SLO) 797-J7
Malesco (I) 789-J8
Malesons (I) 795-H8
Malessert (CH) 787-J2
Malfalti (I) 811-K8
Malga Boffetal (I) 804-E4
Malga Ciapela (I) 532, 533, 793-L5
Malga Lessinia (I) 804-D5
Malga Sadole (I) 793-J7
Malga Seisera (I) 795-L4
Malga Sorgazza (I) 793-H8
Malgasot (I) 792-E4
Malgesso (I) 801-K3
Malghera (I) 791-J6
Màlgolo (I) 792-E6
Malgrate (I) 802-D3
Mali Lipoglav (SLO) 797-H9
Malics (F) 813-L7
Maliens (CH) 790-D1
Malijai (F) 812-D5
Malintrada (I) 806-E4
Malisana (I) 807-K3
Malix (CH) 451, 790-E1
Maljasset (F) 809-K8
Mállare (I) 815-K3
Mallefougasse-Augès (F) 812-C5
Mallemoisson (F) 812-D5
Mallenitzen (A) 796-C3
Malleray (CH) 773-L4
Málles Venosta/Mals i. Vinschau (I) 792-A2
Mallnitz (A) 276, 342, 343, 689, 781-H7
Malmishaus (D) 762-E6
Malnate (I) 801-L4
Malnik (SLO) 795-M5
Malnísio (I) 794-E8
Malo (I) 805-G5
Malocco (I) 803-M8
Maloja (CH) 33, 465, 467, 469, 717, 790-F5
Malonno (I) 791-L9
Malosco (I) 792-E5
Malo Trebeljevo (SLO) 797-J9
Malpaga (I) Lombardia, Bergamo 802-F6
Malpaga (I) Lombardia, Bréscia, Calvisano 803-L8
Malpaga (I) Lombardia, Bréscia, Casto 803-L5
Malpas (F) 772-D8
Malpasso (I) 815-K5
Malpertùs (I) 809-M6
Malpotremo (I) 815-H3
Malsburg-Marzell (D) 760-D7
Mals i. Vinschau/Málles Venosta (I) 479, 738, 792-A2
Malta (A) 781-L7
Maltaberg (A) 781-L7
Malterdingen (D) 760-D3
Maltern (A) 771-G9
Malters (CH) 775-G7
Maltschach (A) 796-D1
Malvagia (CH) 402, 790-A5
Malváglio (I) 801-L7
Malval (CH) 786-B7
Malvicino (I) 811-K9
Mama d'Avio (I) 804-D5
Mambach (D) 760-E7
Mambrotta (I) 804-E8
Mamiga (I) 804-C5
Mamirolle (F) 772-C4
Mamishaus (CH) 787-M1
Mamling (A) 767-H1
Mammendorf (D) 764-E2
Mammern (CH) 762-A8
Mamolj (SLO) 797-K8
Mancenans (F) 772-F2
Mancenans-Lizerne (F) 773-H4
Mandach (CH) 761-G9
Mandarfen (A) 174
Mandello del Lario (I) 562, 802-C2
Mandello Vitta (I) 801-H7
Mandeure (F) 773-H2
Mandling (A) 310, 781-L2
Mandolossa (I) 803-J6
Mandorf (A) 768-D4
Mandorf (A) Kötschach-Mauthen 795-G2
Mandre (I) 806-B3
Mándria (I) 805-K8
Mandria (I) Piemonte, Torino, Chivasso 811-G1
Mandria (I) Piemonte, Torino, Venaria 810-E2
Mane (F) 812-B7
Manera (I) 802-A5
Manérbio (I) 803-J9
Mangart (SLO) 795-M4
Mango (I) 811-J7
Manhartshofen (D) 765-H6
Maniago (I) 794-E8
Mánie (I) 815-K4
Manigod (F) 798-D2
Mank (A) 769-M2
Mannecy (F) 798-A1
Männedorf (CH) 775-K4
Mannens-Grandsivaz (CH) 787-J1
Mannersdorf (A) Matzleinsdorf-Zelking 769-L1
Mannersdorf (A) St. Pölten 770-A1
Mannersdorf am Leithagebirge (A) 771-J3
Mannersdorf an der Rabnitz (A) 771-J9
Manning (A) Leibnitz 784-C7
Manning (A) Vöcklabruck 767-L3
Männlichen (CH) 356
Manno (CH) 801-M1
Mannried (CH) 787-M3
Mannsberg (A) 783-G8
Manosque (F) 812-B8
Mansue (I) 806-D3
Manta (I) 810-C8
Mantana/Montal (I) 793-K1
Mantello (I) 790-E8
Manteyer (F) 808-C8
Mantovana (I) 811-M7
Mantrach (A) 784-B8
Mantscha (A) 784-A5
Mantua (I) 488
Manune (I) 804-D6
Manzana (I) 806-B2
Manzano (I) 807-K1
Manzell (D) 762-D8
Manzinello (I) 807-K1
Mapello (I) 802-E5
Mappach (D) 760-C8
Maracon (CH) 787-H3
Maragnole (I) 805-J5
Maraldi (I) 794-F7
Maran (CH) 455
Marangana (I) 801-H8
Marano (I) 806-A7
Marano di Valpolicella (I) 804-D6
Marano Lagunare (I) 807-J4
Marano Ticino (I) 801-K6
Marano Vicentino (I) 805-G5
Maranza/Meransen (I) 779-J9
Maranzana (I) 811-L7
Maras (I) 793-M8
Marbach (CH) Luzern 774-E9
Marbach (CH) St. Gallen 776-E3
Marbach (D) Kr. Sigmaringen 762-E4
Marbach (D) Kr. Villingen-Schwenningen 761-J4
Marbach an der kleinen Erlauf (A) 769-K2
Marcador (I) 793-M9
Marcallo con Casone (I) 801-L7
Marcellaz (F) Rhône-Alpes 786-D8
Marcellaz (F) Rhône-Alpes 798-A3
Marcellise (I) 804-E7
Marcellz-Albanais (F) 798-B2
March (D) 760-D4
Marchaux (F) 772-C3
Marcheno (I) 803-K5
Marchesino (I) 804-D9
Marchirolo (I) 801-L2
Marchissy (CH) 786-D4
Marchtrenk (A) 768-C2
Marchtring (A) 784-D7
Marciaga (I) 804-B6
Marcieu (F) 808-B4
Marckolsheim (F) 760-B2
Marclaz (F) 786-E5
Marco (I) 804-D3
Marcòn (I) 806-C6
Marcorengo (I) 811-H2
Marcorens (F) 786-D6
Marcoux (F) 812-E5
Marcovci (SLO) 785-H7
Mare (I) 805-H4
Mare Campolongo (I) 794-D3
Marebbe/Enneberg (I) 793-L2
Maregge (I) 804-E5
Mareit (I) 498, 499
Mareja (SLO) 797-K7
Marene (I) 810-E8
Marengo (I) 811-H8
Mareno di Piave (I) 806-C3
Mareson (I) 793-M5
Maretto (I) 811-H5
Margarethen (A) 771-G1
Margarethen am Moos (A) 771-J2
Margarethenberg (D) 766-D3
Margarita (I) 814-E2
Margencel (F) 786-E5
Margertshausen (D) 764-B1
Margh Borca (I) 809-J2
Marghera (I) 806-B7
Margioulins (F) 813-K6
Margno (I) 802-D1
Margone (I) Piemonte 810-B1
Margone (I) Trentino-Alto Ádige 804-D1
Margré s. Str. d. Vino/Margreid a. d. Weinstr. (I) 792-E7
Margreid a. d. Weinstr./Margré s. Str. d. Vino (I) 792-E7
Margrethausen (D) 762-A2
Marguery (F) 812-C4
Marhof (A) 783-M7
Maria Alm am Steinernen Meer (A) 248, 250, 251, 689, 780-F2
Maria Bild (A) 785-G6
Mariabrunn (D) 762-E9
Maria Buch (A) 783-H4
Maria Ebenort (A) 784-A3
Maria-Eck (D) 766-D7
Maria Ellend, Haslau- (A) 771-K1
Maria Enzersdorf am Gebirge (A) 771-G2
Maria Feicht (A) 796-E1
Maria Gail (A) 796-B3
Maria Gern (D) 767-G8
Maria Graben (A) 795-L3
Mariagrün (A) 784-B5
Mariahilf (CH) 773-L9
Mariahof (A) 782-F5
Maria Laah (A) 768-E2
Maria Lankowitz (A) 783-L5
Maria-Lanzendorf (A) 771-H1
Maria Luggau (A) 332, 794-E2
Maria Neustift (A) 769-G4
Mariano Com. (I) 802-B5
Mariapfarr (A) 292, 293, 689, 781-M5
Maria Rain (A) 796-E3
Maria Rojach (A) 783-J9
Maria Saal (A) 796-F1
Maria Schmolln (A) 767-H3
Maria Schnee (A) 771-G7
Maria-Schutz (A) 770-E7
Mariasdorf (A) 785-G1
Maria Seesal (A) 769-J4
Mariastein (A) 779-L1
Mariastein (CH) 774-B2
Maria Steinbach (D) 763-J6
Mariastollen (A) 201
Mariathal (A) 779-K2
Maria-Thann (D) 763-G8
Mariatrost (A) 784-B5
Maria Weinberg (A) 785-J4
Maria Weißenstein (I) 524, 793-G6
Maria Wörth (A) 338, 340, 341, 796-D2
Mariazell (A) 314, 315, 769-M6
Mariazell (D) 761-J2
Marie (F) 813-M6
Marienberg (D) Kr. Altötting 766-E3
Marienberg (D) Kr. Rosenheim 766-M5
Mariensee (A) 770-E8

REGISTER

Marienstein (D) 765-J7
Marignana (I) 806-F3
Marignier (F) 786-E8
Marigny-Saint-Marcel (F) 798-B3
Marilleva (I) 738, 792-C6
Marin (F) 786-F5
Marina (I) 807-G4
Marina di Andora (I) 815-H7
Marine (I) 800-C5
Marinel (F) 786-F5
Marinella (I) 807-H4
Marin-Epagnier (CH) 773-J7
Marinoni (I) 803-H2
Maritani (I) 815-H4
Mark (D) 764-B8
Markdorf (D) 762-D8
Markelfingen (D) 762-A7
Markersdorf (A) 770-B1
Markišavci (SLO) 785-G9
Markovnik (SLO) 797-J5
Marksee (A) 768-F1
Märkt (D) 760-C8
Markt Allhau (A) 784-F2
Markt Hartmannsdorf (A) 784-E5
Marktl (A) 770-B3
Marktl (D) 766-F1
Marktlberg (D) 766-F1
Markt Neuhodis (A) 785-J2
Marktoberdorf (D) 764-A7
Markt Piesting (A) 770-F4
Markt Rettenbach (D) 763-L5
Marktschellenberg (D) 125, 767-G7
Markt Schwaben (D) 765-K2
Markt St. Florian (A) 768-E1
Markt St. Martin (A) 771-H7
Markt Wald (D) 763-M3
Marlengo/Marling (I) 792-E3
Marlens (F) 798-D3
Marline (F) 798-A3
Marling/Marlengo (I) 792-E3
Marlioz (F) 786-B9
Marlstein (A) 778-D5
Marly (CH) 787-K1
Marmolada (I) 41, 532, 533, 547
Marmoladagipfel (I) 533
Marmora (I) 813-M1
Marmorera (CH) 452, 790-F4
Marmóres (I) 815-H6
Marmorito (I) 811-H3
Marnate (I) 801-M6
Marnaz (F) 786-F9
Marnbach (D) 764-E6
Marnkasern (A) 781-G9
Marnoz (F) 772-A7
Maro (I) 800-F4
Marocchi (I) 810-F5
Marocco (I) 806-B6
Marola (I) 805-J7
Marolta (CH) 789-M5
Maron (I) 806-D2
Marone (I) 803-J4
Maróstica (I) 805-J4
Marquartstein (D) 116, 117, 118, 119, 766-C7
Marságlia (I) Piemonte, Cueno 815-G2
Marságlia (I) Piemonte, Torino 799-M8
Marsán (I) 805-J4
Marsango (I) 805-L6
Marschall (D) 765-J6
Marseille (F) 586
Marsens (CH) 787-K2
Märstetten (CH) 762-B9
Marstetten (D) 763-J5
Marsure (I) 794-D8
Marsure di Sotto (I) 795-K8
Marta (I) 815-H6
Martassina (I) 799-L9
Martel-Dernier (CH) 773-G7
Martell/Martello (I) 482, 483, 792-C4
Martellago (I) 806-B6
Martelltal (I) 480, 482
Márter (I) 805-G1
Marterle (A) 781-G8
Marthalen (CH) 761-K9
Marthod (F) 798-D4
Martignacco (I) 795-J8
Martignano (I) 792-E9
Martigny (CH) 574, 787-K8
Martigny-Combe (CH) 787-J8
Martina (CH) 777-M9
Martina Olba (I) 815-M1
Martínček (SLO) 796-D8
Martinau (A) 777-M3
Martin-Busch-Hütte (A) 778-C9
Martinengo (I) 803-G6
Martinet (I) 793-K6
Martinetto (I) 815-H6
Martini (I) Piemonte, Alessandria 811-L4
Martini (I) Piemonte, Alessandria 815-K1
Martinja Vas (SLO) 797-M9
Martinje (SLO) 785-G7
Martinsried (D) 765-G3
Martinszell (D) 763-K9
Martisberg (CH) 788-F5
Martisegg (CH) 774-C8
Martjanci (SLO) 785-H9
Marul (A) 130, 134, 777-G5
Marvelise (F) 773-G1
Marwang (D) 766-D6
Märwil (CH) 776-B1
Marz (A) 771-H6
März (A) 779-K4
Marzana (I) 804-D7
Marzano (I) 802-D8
Marzell, Malsburg- (D) 760-D7
Marziai (I) 805-L1
Marzinis (I) 806-F2
Marzino (I) 801-L2
Marzoll (D) 766-F7
Mas (I) 793-L6
Masano (I) 802-F7
Masans (CH) 776-E9
Masate (I) 802-D6
Maschwanden (CH) 775-H5
Mase (CH) 787-M7
Masein (CH) 790-D2
Maselc (SLO) 796-B5
Maselheim (D) 763-H3
Maseltrangen (CH) 776-B5
Masèr (I) 805-L3
Masera (I) 789-G8
Maserà di Padova (I) 805-L9
Maserada sul Piave (I) 806-C4
Masèris (I) 795-G8
Masetti (I) 804-E2
Masi Cavalese (I) 793-H7
Masi d'Avio (I) 804-D5
Màsino (I) 790-F8
Másio (I) 811-L5
Masi Val di Redòs (I) 793-J7
Masnago (I) 801-L3
Maso (I) 806-A8
Maso Cantòn (I) 792-E8
Maso Casero (I) 793-G5
Maso Corto/Kurzrast (I) 792-C2
Màson (I) 793-K8
Mason (I) 806-E1
Maso Nuovo (I) 792-E7
Masón Vicentino (I) 805-J5
Maspiano (I) 803-J5
Mas Rebuffat (F) 808-B7
Mas Saint-Andrieux (F) 812-C7
Massagno (CH) 802-A1
Massanzago (I) 805-M6
Massazza (I) 800-F7
Masselli (I) Véneto, Verona 804-D5
Masselli (I) Véneto, Verona 804-D6
Massello (I) 809-M4
Massendorf (A) 769-M2
Masseranga (I) 800-F5
Masserano (I) 800-F6
Masseria/Meiern (I) 778-F8
Massif des Écrins (F) 586
Massignani (I) 805-G5
Massimeno (I) 792-C8
Massimini (I) 814-F1
Massimino (I) 815-H3
Massing (A) 770-B8
Massingy (F) 798-A3
Massino-Visconti (I) 801-J3
Massiola (I) 801-G2
Massoins (F) 813-M7
Massone (I) 555, 556, 558
Massongex (CH) 787-J7
Massongy (F) 786-D6
Massonnens (CH) 787-J2
Mastánico (I) 803-L5
Mastri (I) 800-C9
Mastrils (CH) 776-E8
Masuéria (I) 810-B8
Matanovše (SLO) 796-B9
Maternigo (I) 804-E7
Mathi (I) 810-D1
Mathod (CH) 786-F1
Mathon (A) 159, 777-K7
Mathonex (F) 787-G8
Matin (A) 777-G6
Matjaševci (SLO) 785-G7
Matke (SLO) 797-M6
Mator (SLO) 796-D8
Matran (CH) 787-K1
Matrei am Brenner (A) 196, 779-G6
Matrei in Osttirol (A) 232, 233, 234, 235, 236, 237, 689, 780-D7
Matrekar (SLO) 796-C7
Matringes (F) 786-F8
Matsch/Mázia (I) 792-A2
Matschiedl (A) 795-L2
Matt (CH) 435, 776-B8
Mattan (I) 794-D7
Mattarello (I) 804-E2
Mattassone (I) 804-E4
Mattelsberg (A) 784-B9
Matten (CH) 787-M4
Mättenbach (CH) 774-D5
Matten bei Interlaken (CH) 788-D2
Matterhorn (CH) 33, 386
Mattersburg (A) 771-H5
Mattighofen (A) 767-H3
Mattling (A) 794-F2
Mattmark-Stausee (CH) 390
Mattsand (CH) 788-D8
Mattsee (A) 767-G4
Mattsies (D) 763-M4
Mattstetten (CH) 774-B7
Mattwil (CH) 762-C9
Matzbach (D) 765-L1
Matzelsdorf (A) Radenthein 781-M9
Matzelsdorf (A) St. Nikolai ob Draßling 784-D7
Matzelsdorf (A) Stangersdorf 784-B7
Matzelsdorf (A) Steyr 768-E3
Matzendorf (CH) 774-C4
Matzendorf, Hölles- (A) 771-G4
Matzenhofen (D) 762-E6
Matzenweiler (D) 762-G8
Matzing (A) 768-B5
Matzing (D) 766-D5
Matzingen (CH) 775-M1
Matzleinsdorf-Zelking (A) 769-L1
Matzling (A) 782-B1
Maubec Chat (F) 798-E9
Mauborget (CH) 773-G8
Maubourg (F) 808-C7
Mauchen (D) Kr. Lörrach 760-C7
Mauchen (D) Kr. Waldshut 761-H7
Mauenheim (D) 761-L6
Mauensee (CH) 774-F5
Mauer (A) 771-G1
Mauer bei Amstetten (A) 769-H2
Mauerberg (D) 766-D2
Mauerham (D) 766-E4
Mauerkirchen (A) 767-H2
Mauerkirchen (D) 766-B5
Mauerschwang (D) 766-C2
Mauerstetten (D) 764-B6
Mauggen (D) 765-L1
Maugny (F) 786-E6
Maulburg (D) 760-D8
Maules (CH) 787-J2
Mauletta (I) 801-H6
Mauls/Múles (I) 499, 779-H9
Maur (CH) 775-K3
Maurach (A) Jenbach 198, 200, 201, 689, 779-J3
Maurach (A) Lofer 766-E9
Maurach (D) 762-C7
Mauraz (CH) 786-E3
Mauren (CH) 762-B9
Máuria (I) 794-D4
Maurion (F) 814-C6
Mauritzen-Alm (A) 781-K5
Mauroue (F) 812-D8
Maussang (F) 813-J8
Maussans (F) 772-D2
Mauterndorf (A) Judenburg 783-G4
Mauterndorf (A) Schladming 292, 293, 781-M5
Mautern in Steiermark (A) 783-J2
Mauthausen (A) 768-F1
Mauthausen (D) 766-F7
Mauthbrücken (A) 795-L1
Mauthnereck (A) 783-L9
Mautstatt (A) 784-A2
Mavčiče (SLO) 796-F7
Mavigna (I) 791-J8
Mavrič (SLO) 797-J5
Maxdorf (A) 766-F4
Maxendorf (A) 784-D6
Maxglan (A) 767-G6
Maxilly-sur-Léman (F) 786-F5
Maximilian (D) 766-C2
Maxlon (A) 784-C8
Maxlrain (D) 765-L5
Mayens-de-My (CH) 787-L6
Mayens-de-Nax (CH) 788-A7
Mayens-de-Riddes (CH) 787-L8
Mayerhöfen (A) 770-C2
Mayerhofen (A) 781-H4
Mayerling (A) 770-F2
Mayersdorf (A) Hitzendorf 784-A6
Mayersdorf (A) Vorchdorf 768-B4
Maynard (F) 812-D3
Mayoux (CH) 788-B7
Mayres-Savel (F) 808-B4
Mayrhofen (A) 204, 205, 208, 209, 210, 211, 690, 779-K5
Mayrhofen (A) Mittersill 780-C4
Mazembroz (CH) 787-K8
Mazerolles-le-Salin (F) 772-A4
Mázia/Matsch (I) 792-A2
Mazzano (I) 803-L7
Mazzaselva (I) 805-G3
Mazzè (I) 800-D9
Mazzi (I) 804-C9
Mazzin (I) 793-J5
Mazzin di Fassa (I) 546, 738
Mazzo di Valtelina (I) 791-K7
Mazzolada (I) 806-F4
Mazzoleni (I) 802-E3
Mazzorbo (I) 806-C7
Mazzunno (I) 803-J3
Mazzurega (I) 804-C6
Méailles (F) 813-H6
Meana di Susa (I) 809-M2
Meano (I) Lombardia 803-H8
Meano (I) Piemonte 810-A4
Meano (I) Trentino-Alto Ádige 792-E9
Meano (I) Véneto, 793-M9
Mèchel (I) 792-D6
Meckatz (D) 763-H9
Meckenbeuren (D) 762-E8
Meda (I) 802-B5
Medana (SLO) 807-L1
Medeglia (CH) 789-M9
Medel (CH) Lucmagn 789-L2
Medels im Rheinwald (CH) 790-C4
Medelz (A) 258
Medergen (CH) 777-G9
Medeuzza (I) 807-K2
Médière (F) 773-G2
Médières (CH) 787-L8
Mediglia (I) 802-C8
Medno (SLO) 797-G8
Medolago (I) 802-D5
Médole (I) 803-M9
Médon (F) 798-F2
Medraz (A) 778-F6
Meduna di Livenza (I) 806-E3
Meduno (I) 794-F7
Medvode (SLO) 797-G7
Medvodje (SLO) 796-F4
Meersburg (D) 762-C8
Megève (F) 753, 798-F2
Mégevette (F) 786-E7
Meggen (CH) 775-H7
Meggenbach (A) 767-L2
Meggenhofen (A) 767-M2
Mégolo (I) 801-G1
Mehring (D) Kr. Altötting 766-E2
Mehring (D) Kr. Berchtesgadener Land 766-E6
Mehrn (A) 203
Mehrnbach (A) 767-K2
Meiden (CH) 788-C7
Meidling (A) 771-D1
Meien (CH) 789-J2
Meienried (CH) 773-M5
Meierhof (CH) 443, 790-B2
Meiern/Masseria (I) 778-F8
Meierskappel (CH) 775-J6
Meiersmaad (CH) 788-C1
Mežica (SLO) 797-J3
Meije (F) 589
Meikirch (CH) 773-M7
Meilen (CH) 775-K4
Meilersdorf (A) 769-G2
Meiling (D) 764-F4
Meillerie (F) 787-G5
Mèina (I) 801-J4
Meinegt (F) 808-A2
Meinier (CH) 786-C6
Meiningen (A) 776-E4
Meinisberg (CH) 773-M5
Meiringen (CH) 360, 361, 717, 789-G2
Meiselding (A) 782-F8
Meisenberg (A) 782-D8
Meisham (D) 766-B5
Meissenedt (A) 768-E4
Meisterschwanden (CH) 775-G4
Meja (SLO) 796-F7
Mekinje (SLO) 797-H6
Mel (I) 793-M9
Melag/Melago (I) 778-B9
Melago/Melag (I) 778-B9
Melano (CH) 802-A2
Melazzo (I) 811-L8
Melchnau (CH) 774-D5
Melchsee (CH) 420
Melchsee-Frutt (CH) 420, 717, 789-G1
Melchtal (CH) 420, 775-G9
Meledo (I) 805-G8
Melegnano (I) 802-C8
Meletta (I) 805-J2
Meliše (SLO) 797-K5
Melide (CH) 802-A2
Melignon (I) 799-K5
Mella (I) 803-J8
Mellach (A) Hermagor-Pressegger See 795-K3
Mellach (A) Straßburg 782-F7
Mellach (A) Wundschuh 784-C6
Mellame (I) 805-K1
Mellana (I) 814-D3
Mellaredo (I) 805-L7
Mellau (A) 690, 777-G3
Melle (I) 810-B9
Mellea (I) 810-D9
Melleck (D) 766-E8
Mellikon (CH) 761-H9
Mellingen (CH) 775-G2
Mello (I) 790-E8
Mellstorf (CH) 761-H9
Mellweg (A) 795-K3
Melogno (I) 815-J4
Melon (F) 787-G6
Melotta (I) 803-G8
Mels (CH) 776-D7
Meltina/Mölten (I) 792-F3
Meltingen (CH) 774-C3
Melve (F) 812-C2
Melzo (I) 802-D7
Memhölz (D) 763-K8
Memmenhausen (D) 763-M2
Memmingen (D) 763-K5
Memmingerberg (D) 763-K5
Memminger-Hütte (A) 777-M5
Memmo (I) 803-K4
Menabo (I) 811-G5
Menaggio (I) 560, 562, 563, 802-C1
Menai (I) 810-F8
Menarola (I) 790-D6
Menas (I) 792-C6
Mencallo (I) 801-K4
Mendática (I) 814-F6
Mendelbeuren (D) 762-E6
Mendelpass (I) 492
Mendling (A) 769-J6
Mendrisio (CH) 406, 802-A3
Menegotto (I) 803-K5
Mengeš (SLO) 797-H7
Mengen (D) Kr. Beisgau-Hochschwarzwald 760-D5
Mengen (D) Kr. Sigmaringen 762-D4
Menglas (F) 808-B5
Ménières (CH) 787-H1
Menigggrund (CH) 788-B3
Menin (I) 793-L9
Menningen (D) 762-B4
Mennisweiler (D) 763-G6
Mennwangen (D) 762-D7
Menólzio (I) 809-M3
Mens (F) 808-B5
Mens (F) 812-D4
Menthonnex-en-Bornes (F) 786-C9
Menthonnex-sous-Clermont (F) 798-A1
Menthon-Saint-Bernard (F) 798-C2
Mentlhof (A) 325
Menton (F) 814-C9
Mentoulles (I) 809-M3
Menulla (I) 799-M8
Menzago (I) 801-K4
Menzberg (CH) 774-E7
Menzenschwand (D) 760-F6
Menziken (CH) 775-G4
Menzing (D) 765-G3
Menzingen (CH) 775-K5
Menznau (CH) 774-F6
Menzonio (CH) 789-K6
Méolans-Revel (F) 813-G1
Méolo (I) 806-D5
Méouilles (F) 813-G7
Meran/Merano (I) 45, 484, 486, 487, 488, 489, 490, 610, 738, 792-F2
Merana (I) 815-J1
Meraner Höhenweg (I) 487
Meraner Land (I) 39, 484, 486, 488
Meransen/Maranza (I) 502, 503, 738, 779-J9
Merate (I) 802-D5
Merazhofen (D) 763-H7
Mercenasco (I) 800-D8
Merching (D) 764-D2
Mercury (F) 798-D4
Mercy (F) 798-A3
Mer de Glace (F) 576
Merdingen (D) 760-C4
Merenschwand (CH) 775-H4
Mereta (I) 815-H4
Mereto di Tomba (I) 795-H9
Meretschialp (CH) 788-C7
Mérey-sous-Montrond (F) 772-C5
Mérey-Vieilley (F) 772-C3
Mergenthau (D) 764-D1
Mergoscia (CH) 404, 789-L7
Mergozzo (I) 801-H2
Méribel (F) 580, 583, 798-E7
Meride (CH) 802-A3
Mering (D) 764-D2
Meringerzell (D) 764-D2
Merishausen (CH) 761-K7
Merkendorf (A) 784-E7
Merlengo (I) 806-B5
Merligen (CH) 788-C2
Merlino (I) 802-D8
Merlischachen (CH) 775-H6
Merlo (I) 814-F2
Merone (I) 802-C4
Mersino (I) 795-L7
Meruzzano (I) 811-H8
Méry (F) 798-A5
Merzhausen (D) 760-D5
Merzligen (CH) 773-L6
Mésandans (F) 772-E2
Mescolino (I) 806-C2
Mese (I) 790-D6
Mesenzana (I) 801-L2
Mésero (I) 801-L7
Mésigny (F) 786-B9
Mésinges (F) 786-E6
Meslières (F) 773-J2
Mesmay (F) 772-A6
Mesocco (CH) 401, 402, 790-C6
Messen (CH) 774-A6
Messensach (A) 783-J9
Messery (F) 786-D5
Meßhofen (D) 763-K2
Meßkirch (D) 762-B5
Meßstetten (D) 762-A3
Messy (F) 786-E8
Mestrallet (F) 809-L1
Mestre (I) 806-B7
Mestriago (I) 792-C6
Mestrino (I) 805-K8
Métabief (F) 772-E9
Metnaj (SLO) 797-J9
Metnitz (A) Friesach 782-E7
Metnitz (A) Pusarnitz 781-K8
Mett (CH) 773-L5
Mettau (CH) 760-F9
Mettembert (CH) 773-M2
Mettenberg (D) Kr. Biberach 763-G3
Mettenberg (D) Kr. Biberach 763-H4
Mettenberg (D) Kr. Waldshut 761-G7
Mettendorf (CH) 762-A9
Mettenham (D) 119
Mettenheim (D) 766-C1
Mettensdorf (A) 769-G1
Mettersdorf (A) St. Paul im Lavanttal 783-J9
Mettersdorf (A) Stainz 784-A7
Mettersdorf am Saßbach (A) 784-D8
Méttien (I) 800-D4
Mettlen (CH) Bern 788-B1
Mettlen (CH) Thurgau 776-B1
Mettmach (A) 767-J2
Mettmenschongau (CH) 775-G4
Mettmenstetten (CH) 775-J4
Mett-Oberschlatt (CH) 761-K8
Metzerlen (CH) 774-B2
Metz-Tessy (F) 798-B1
Mex (CH) Valais 787-J7
Mex (CH) Vaud 786-F3
Meyenheim (F) 760-A5
Meylan (F) 808-C1
Meyriez (CH) 773-K8
Meyrin (CH) 786-B6
Meyronnes (F) 813-J1
Meythet (F) 798-B2
Mézel (F) 812-E6
Mézery (CH) 787-G1
Mézières (CH) Fribourg 787-J2
Mézières (CH) Vaud 787-H3
Mezzago (I) 802-D6
Mezzana (I) Piemonte 792-C6
Mezzana (I) Piemonte, Biella 800-F5
Mezzana (I) Piemonte, Torino 811-G2
Mezzane (I) 803-L9
Mezzane di Sotto (I) 804-E7
Mezzane di Spora (I) 804-E7
Mezzano (I) Piemonte, 811-L5
Mezzano (I) Trentino-Alto Ádige, 793-K8
Mezzavilla (I) 804-E7
Mezzegra (I) 802-C2
Mezzenile (I) 799-L9
Mezzeselva/Mittenwald (I) 779-H9
Mezzi (I) 810-F2
Mezzocanate (I) 794-B6
Mezzocorona (I) 792-E7
Mezzolago (I) 804-C3
Mezzoldo (I) 802-F1
Mezzolombardo (I) 792-E8
Mezzomerico (I) 801-J6
Mezzomonte (I) 794-D9
Mga. Cazzerga (I) 793-H8
Mga. di Fondi (I) 805-H4
Mga. Giuggia (I) 804-B1
Mga. Maima (I) 804-B2
Mga. Manderielle (I) 805-G2
Mga. Mare (I) 792-B5
Mga. Monzòn (I) 794-E2
Mga. Spora Piccola (I) 792-D8
Mga. Stablasòlo (I) 792-B5
Mga. Vallenaia (I) 792-C6
Mga. Valmaggiore (I) 793-J7
Miagliano (I) 800-E6
Miakar (SLO) 796-C9
Miane (I) 805-M2
Miasino (I) 801-H4
Miazzina (I) 801-J2
Micca (I) 800-E5
Michaelbeuern (A) 767-G4
Michaelerberg (A) 782-B2
Michaelsdorf (A) 783-J8
Michelbach Markt (A) 770-C2
Michelbach-le-Bas (F) 760-B9
Michelbach-le-Haut (F) 760-B9
Micheldorf (A) Friesach 782-F7
Micheldorf (A) Hermagor-Pressegger See 795-K3
Micheldorf in Oberösterreich (A) 768-C5
Michelsberg (A) 781-G9
Michelwinnaden (D) 762-F5
Michiei (I) 795-G7
Michlgleinz (A) 784-B8
Michlischwand (CH) 774-E8
Mickhausen (D) 764-B2
Micottis (I) 795-K6
Middes (CH) 787-J1
Mieders (A) 192, 193, 195, 690, 779-G5
Miedlingsdorf (A) 785-H2
Miège (CH) 788-B6
Mièges (F) 772-B9
Mieli (I) 794-F4
Mieming (A) 778-D4
Mieminger Kette (A) 154
Mieminger Plateau (A) 35
Mier (I) 794-A8
Mies (CH) 786-C6
Miesbach (D) 765-K7
Miesenbach (A) Grünbach am Schneeberg 770-E5
Miesenbach bei Birkfeld (A) 784-D1
Mietenkam (D) 766-C7
Mieterkingen (D) 762-E4
Mietingen (D) 763-H3
Mietraching (D) 765-L6
Mieussy (F) 786-F8
Miéville (CH) 787-J8
Miex (CH) 787-H6
Migelsbach (A) 767-J2
Migiandone (I) 801-H2
Migiondo (I) 791-L6
Migliandolo (I) 811-J5
Miglieglia (CH) 406, 801-L1
Mignágola (I) 806-C5
Mignete (I) 802-D8
Mignone (I) 804-B5
Mignovillard (F) 772-C9
Migojnice (SLO) 797-M6
Migolica (SLO) 797-L9
Mijoux (F) 786-B5
Mijuet (F) 786-D7
Mikeou (F) 809-H7
Miklauzhof (A) 797-H3
Milanere (I) 810-C3
Milano (I) 802-B7
Milano S. Felice (I) 802-C7
Milbing (D) 766-A7
Milders (A) 778-F6
Milez (CH) 789-K2
Miliès (I) 805-L2
Milken (CH) 787-M1
Millennium-Express (A) 330
Millésimo (I) 815-J3
Millrüti (A) 776-F3
Millstatt (A) 326, 327, 781-L9

● REGIONEN ● HOTELS ● KARTEN

Millstätter Hütte (A) 781-L8
Millstätter See (A) 63, 326
Milly (F) 786-D7
Milmase (F) 808-B5
Mils (A) 779-H4
Mils bei Imst (A) 778-B5
Milzanello (I) 803-K9
Mimmenhausen (D) 762-C7
Mincengo (I) 811-J2
Mindelau (D) 763-M4
Mindelberg (D) 763-L6
Mindelheim (D) 763-M4
Mindelheimer Klettersteig (D) 78
Mindelzell (D) 763-L2
Mindersdorf (D) 762-B6
Mindino (I) 815-G4
Minihof-Liebau (A) 785-G7
Minimundus (A) 339
Mining (A) 767-H1
Minseln (D) 760-D9
Minusio (CH) 789-L8
Minzier (F) 786-B8
Mióglia (I) 815-K1
Miogliola (I) 815-L1
Miola (I) 792-F9
Mione (I) 794-F4
Mira (I) 806-B8
Mirabeau (F) 812-D5
Mirabella (I) 805-J5
Mirabello Monf. (I) 811-L4
Mirail (F) 814-B7
Miralago (CH) 791-J1
Miraniga (CH) 443
Mirano (I) 806-A7
Mirasole (I) Lombardia 802-B8
Mirasole (I) Piemonte 801-J6
Mirchel (CH) 774-C8
Mirna (SLO) 797-M9
Mirnsdorf (A) 784-D8
Miróglio (I) 814-F3
Mis (I) 793-M8
Misano di Gera d'Adda (I) 802-F7
Mischendorf (A) 785-H3
Miserey-Salines (F) 772-B3
Misinto (I) 802-B5
Mišja Vas (SLO) 796-A6
Mislinja (SLO) 797-M4
Mislinjska Dobrava (SLO) 797-L3
Mison (F) 812-B3
Misságlia (I) 802-C5
Misselsdorf (A) 784-E9
Missen-Wilhams (D) 763-J9
Mission (CH) 788-B7
Missy (CH) 773-J8
Mistelbrunn (D) 761-H5
Mistlbach bei Wels (A) 768-C1
Mistrorighi (I) 804-F6
Misurina (I) 536, 537, 794-B3
Mitholz (CH) 348, 788-C4
Mitlödi (CH) 776-B7
Mitschig (A) 795-K2
Mittagberg (D) 70
Mittagshorn (CH) 392
Mittagskogel (A) 335
Mittbach (D) 765-L3
Mittelbach (A) 780-D8
Mittelberg (A) 777-J4
Mittelberg (A) Sölden 778-C8
Mittelberg (D) 77, 80, 174, 763-L9
Mittelbiberach (D) 763-G4
Mittelbuch (D) 763-H4
Mittelhäusern (CH) 773-M8
Mittelheubronn (D) 760-D7
Mittelminseln (D) 760-D9
Mittelneufnach (D) 764-A3
Mittelrieden (D) 763-L4
Mittelschollach (D) 761-G5
Mittelstetten (D) Kr. Augsburg 764-B2
Mittelstetten (D) Kr. Fürstenfeldbruck 764-E2
Mittelstetten (D) Kr. Landsberg 764-C4
Mitteltälli (CH) 791-H1
Mittelurbach (D) 763-G6
Mittelwihr (F) 760-A3
Mittelzell (D) 762-B8
Mittenkirchen (D) Kr. Miesbach 765-K6
Mittenkirchen (D) Kr. Rosenheim 765-K6
Mittenwald (D) 98, 99, 100, 101, 659, 778-F2
Mittenwald/Mezzeselva (I) 779-H9
Mittenwalder Höhenweg (D) 99
Mitterau (A) 768-B8
Mitterbach am Erlaufsee (A) 300, 769-M5
Mitterberg (A) Hartberg 784-F3
Mitterberg (A) Paternion 795-M1
Mitterbergen (A) 785-G4
Mitterdarching (D) 765-J6
Mitter-di mezzo (I) 792-E3
Mitterdombach (A) 784-E3
Mitterdorf (A) 767-J2
Mitterdorf (A) Bad Kleinkirchenheim 782-B9
Mitterdorf (A) Judenburg 783-G4
Mitterdorf (A) St. Peter am Kammersberg 782-D4
Mitterdorf (A) Straßburg 782-E7
Mitterdorf an der Raab (A) 784-C4
Mitterdorf im Mürztal (A) 770-B8
Mittereck (A) 785-G6
Mitteregg (A) 778-B3
Mitteregg (A) Aspang 770-F8
Mitteregg (A) Kitzeck im Sausal 784-B8
Mitteregg (A) Meisenberg 782-C8
Mitteregg (A) St. Marein bei Graz 784-C6
Mitteregg (A) Steyr 768-E4
Mitterfeldau (A) 705 G4
Mitterfeld (A) 770-C1
Mitterfelden (D) 767-G6
Mitterfischen (D) 764-E5
Mitterfladnitz (A) 784-E5
Mittergars (D) 766-B3
Mitterhofen (A) 780-F3
Mitterhorn (A) 766-D9
Mitterkirchen im Machland (A) 769-G1
Mitterlaab (A) 768-C2
Mitterlabill (A) Manning 784-C7
Mitterlaßnitz (A) 784-C5
Mittermühl (A) 785-G3
Mitterndorf (A) St. Nikola an der Donau 769-J1
Mitterndorf (A) Tittmoning 766-F3
Mitterndorf an der Fischa (A) 771-H3
Mitterperwend (A) 768-C1
Mitterpullendorf (A) 771-J8
Mitterroidham (D) 766-E4
Mittersill (A) 261, 690, 780-C4
Mitterstraßen (A) 783-L9
Mittertrixen (A) 797-G1
Mitterweerberg (A) 779-J4
Mitterweißenbach (A) 767-L7
Mitterweng (A) 768-E7
Mittewald (A) 796-B3
Mittewald an der Drau (A) 794-D1
Mittewald ob Villach (A) 796-B2
Mittlern (A) 797-H2
Mittling (D) 766-E2
Mixnitz (A) 317, 784-A2
Miznikar (SLO) 796-E7
Mizoën (F) 808-E3
Mizzole (I) 804-E7
Mlaka, Gorenja vas-Poljane (SLO) 796-E7
Mlaka, Kranj (SLO) 796-F6
Mlaka, Radovljica (SLO) 796-E5
Mlatjinci (SLO) 785-H9
Mlinše (SLO) 797-K7
Mlinar (SLO) 797-H5
Moščanci (SLO) 785-G8
Mošnje (SLO) 796-E5
Močila (SLO) 797-J7
Močilno (SLO) 797-M8
Moano (I) 815-G6
Moasca (I) 811-K7
Möbersdorf (A) 783-H4
Mocasina (I) 803-L7
Mocchi (I) 804-D2
Mocenigo (I) 792-D5
Mochenwangen (D) 762-F6
Mochl bei Dirnsdorf (A) 783-J1
Möchling (A) 797-G2
Modane (F) 809-J1
Möderbrugg (A) 782-F3
Möderndorf (A) 330, 795-K3
Möderndorf (A) Steyr 768-D4
Möderndorfer Alm (A) 795-K3
Mödersdorf (A) 769-M9
Moderstock (A) 779-M3
Mödishofen (D) 764-B1
Mödling (A) 771-G2
Modriach (A) 783-L6
Mödring bei Hundsdorf (A) 782-D7
Moena (I) 544, 546, 739, 793-J6
Moëns (F) 786-B6
Mœrnach (F) 773-L1
Mogelsberg (CH) 776-B3
Mogersdorf (A) 785-H6
Möggers (A) 763-G9
Möggingen (D) 762-A7
Moggio (I) 802-E2
Moggio Udinese (I) 795-J5
Moghegno (CH) 789-K7
Móglia (I) 803-M5
Mogliano Véneto (I) 806-B6
Móglio (I) 815-H6
Mognard (F) 798-A3
Mogno (CH) 789-K5
Moh (SLO) 796-B7
Möhlin (CH) 760-D9
Mohndorf (A) 783-G6
Mohor (SLO) 796-B7
Mohrenhausen (D) 763-K2
Möhringen (D) Kr. Biberach 762-E3
Möhringen (D) Kr. Tuttlingen 761-L5
Möia (I) 791-H8
Moiazza (I) 51
Moietto (I) 804-E3
Moimacco (I) 795-K8
Móio de Calvi (I) 802-F2
Moiola (I) 814-C3
Moirano (I) 811-L7
Moiry (CH) 786-E2
Moissey (F) Rhône-Alpes 786-A8
Mojstrna (SLO) 593, 796-C4
Mökriach (A) 797-H2
Molare (CH) 789-L4
Molare (I) 811-M8
Molassa (I) 794-D7
Mölbling (A) 782-F8
Molençon (F) 798-E6
Moleno (CH) 789-M7
Moléson-Village (CH) 787-J3
Moletta (I) 804-D2
Molette (I) 805-G5
Molevana (I) 795-G7
Molfritz (A) 770-F7
Moličnik (SLO) 797-J5
Molignonpass (I) 525
Molina (I) Véneto, Verona 804-D6
Molina (I) Véneto, Vicenza 805-H5
Molina di Ledro (I) 558, 804-C3
Molinat (I) 794-F8
Molinazzo (CH) 790-A8
Moline (I) Piemonte 814-F3
Moline (I) Trentino-Alto Ádige 792-D9
Moline (I) Véneto 793-K9
Molines en Champsaur (F) 808-E6
Molines-en-Queyras (F) 809-K7
Molinetto (I) 803-L7
Molini (I) Ligúria 815-G7
Molini (I) Lombardia 803-M7
Molini (I) Véneto, Verona 804-C4
Molini (I) Véneto, Vicenza 804-F3
Molini di Triora (I) 814-F7
Molini di Túres/Mühlen (I) 779-L8
Molinis (CH) 790-F1
Molino Braida (I) 807-H2
Molino Nuovo (I) 804-E2
Molino Romano (I) 795-H9
Mölkham (A) 767-H4
Möll (A) 342
Mollaro (I) 792-E7
Möllbrücke (A) 781-K8
Molle (I) 805-H5
Mollens (CH) Valais 376, 788-B6
Mollens (CH) Vaud 786-E3
Möllersdorf (A) 771-G2
Mollesule (F) 786-E9
Mollette (I) 810-B2
Mollia (I) 800-E3
Mollie-Margot (CH) 787-G3
Mollières (F) 813-M5
Mollières (I) 809-K4
Molliessoulaz (F) 798-E4
Mollis (CH) 776-B6
Mollitsch (A) 784-B8
Molln (A) 768-D5
Mollram (A) 770-F5
Mölltal (A) 35, 342
Molondin (CH) 787-G1
Molpertshaus (D) 763-G6
Molpré (F) 786-C3
Mols (CH) 776-C6
Moltedo (I) 815-G8
Mölten/Meltina (I) 739, 792-F3
Molteno (I) 802-C4
Möltern (A) 771-G8
Moltrasio (I) 802-B3
Molunes (F) 786-A5
Molvena (I) 805-J4
Molveno (I) 539, 542, 543, 739, 792-D8
Molz (A) 770-E7
Molzano (I) 790-B9
Molzbichl (A) 781-L9
Mombaldone (I) 811-K9
Mombarcaro (I) 815-H2
Mombarone (I) 811-H4
Mombaruzzo (I) 811-L7
Mombasiglio (I) 815-G3
Mombello (I) Lombardia, Milano 802-B6
Mombello (I) Lombardia, Varese 801-K3
Mombello di Torino (I) 811-G3
Mombello Monf. (I) 811-J3
Mombercelli (I) 811-K6
Mombracco (I) 810-B8
Momo (I) 801-J6
Mompantero (I) 809-M2
Mompé Medel (CH) 789-L2
Mompellato (I) 810-C2
Mompé-Medel (CH) 438
Mompiano (I) 803-K6
Mon (CH) 790-E3
Monale (I) 811-H5
Monastero (I) Friuli-Venézia Giúlia 807-K3
Monastero (I) Lombardia 790-F8
Monastero (I) Piemonte, Asti 811-K8
Monastero (I) Piemonte, Biella 801-G7
Monastero (I) Piemonte, Cuneo, Dronero 814-C1
Monastero (I) Piemonte, Cuneo, Mondovì 814-E2
Monastero di Lanzo (I) 799-M9
Monastero di Vaso (I) 814-F3
Monasterolo (I) 810-D1
Monasterolo Casotto (I) 815-G3
Monasterolo del Castello (I) 803-H4
Monasterolo di Savigliano (I) 810-E7
Monastièr di Treviso (I) 806-D5
Monate, Travedona- (I) 801-K4
Monatshausen (D) 764-F6
Monbello (I) 800-F6
Monbiel (CH) 461, 777-H9
Moncalieri (I) 810-E4
Moncalvo (I) 811-J4
Moncey (F) 772-C2
Mönch (CH) 41, 352, 354, 356
Mönchaltorf (CH) 775-L4
Mönchhof (A) 771-M3
Monchiero (I) 811-G9
Mönchmeierhof (A) 785-H2
Mönchweiler (D) 761-J3
Monclássico (I) 792-C6
Moncley (F) 772-B3
Moncolombone (I) 810-C2
Moncrivello (I) 800-E9
Moncucco Torinese (I) 811-G3
Mondadizza (I) 791-L6
Mondon (F) 772-E2
Mondovì (I) 814-F2
Mondsee (A) 767 J6
Mondzeu (CH) 787-L8
Mónesi (I) 814-E6
Monesíglio (I) 815-H1
Monest.-d'Ambel (F) 808-C6
Monestier-de-Clermont (F) 808-A4
Monêtier-Allemont (F) 812-C2
Monfalcone (I) 807-L3
Monfallito (I) 811-K5
Monforte d'Alba (I) 811-G9
Monfumo (I) 805-L3
Mongardino (I) 811-J6
Mongrando (I) 800-E7
Mongreno (I) 810-F3
Monguelfo/Welsburg (I) 794-A1
Monham (D) 766-C2
Monible (CH) 773-L4
Mönichkirchen (A) 770-F8
Mönichkirchen (A) 785-H2
Mönichwald (A) 770-E9
Moniego (I) 806-A6
Moniga del Garda (I) 803-M7
Monigo (I) 806-B5
Monnetier-Mornex (F) 786-C7
Monniaz (CH) 786-D6
Monno (I) 791-L8
Monslacon (F) 798-D6
Monsola (I) 810-D9
Monstein (CH) 457, 461, 791-G2
Mont (F) 798-E3
Mont Collon (CH) 374
Mont Dauphin (F) 586
Mont Piton (F) 786-D9
Mont Pourri (F) 580
Mont Ventoux (F) 55
Montà (I) 811-G6
Montabone (I) 811-K7
Montafia (I) 811-H4
Montafon (A) 39, 136, 137, 138, 140, 141
Montagna (I) 815-K4
Montagna in Valtr. (I) 791-H8
Montagna/Montan (I) 793-G6
Montagnac-Montpezat (F) 812-D8
Montagnaga (I) 792-F9
Montagne (I) 804-B1
Montagne de Romont (CH) 773-M5
Montagne de Sorvilier (CH) 773-M4
Montagney-Servigney (F) 772-E1
Montagnier (CH) 787-L9
Montagnola (CH) 801-M2
Montagnon (CH) 787-K7
Montagny (CH) 786-F1
Montagny (F) Rhône-Alpes/Bozel 798-F7
Montagny (F) Rhône-Alpes/le Châtelard 798-B4
Montagny-les-Lanches (F) 798-B2
Montailleur (F) 798-C5
Montaimont (F) 798-D8
Montal/Mantana (I) 793-K1
Montalbert (F) 798-F6
Montalchez (CH) 773-G8
Montaldo (I) Piemonte, Alessandria 811-J3
Montaldo (I) Piemonte, Alessandria, Spigno 815-K1
Montaldo Bórmida (I) 811-M7
Montaldo di Mond. (I) 814-F3
Montaldo Roero (I) 811-G6
Montaldo Scarampi (I) 811-J6
Montaldo Tor. (I) 810-F3
Montalenghe (I) 800-D9
Montalto Dora (I) 800-D7
Montalto Ligure (I) 814-F7
Montamat (F) 808-A7
Montan/Montagna (I) 793-G6
Montana (CH) 788-B6
Montanaro (I) 810-F1
Montanaso (I) 802-D9
Montana-Vermala (CH) 788-A6
Montana-Village (CH) 788-A6
Montancy (F) 773-K3
Montandon (F) 773-H3
Montanera (I) 814-E1
Montano-Lucino (I) 802-A4
Montarlot-les-Rioz (F) 772-B2
Montavon (CH) 773-L3
Montbardon (F) 809-K7
Montbéliard (F) 773-H1
Montbéliardof (F) 773-G5
Montbenoît (F) 772-F7
Montbenoît (F) Franche-Comté 772-F7
Montblanc (F) 49, 575, 577, 579, 579, 813-J8
Montblanc-Gebiet (F) 574, 576, 578
Montboillon (F) 772-B2
Montborget (CH) 787-H1
Montbouten (F) 773-J2
Montbovon (CH) 787-J4
Montbozon (F) 772-D1
Montbrand (F) 808-A8
Montbrelloz (CH) 773-H8
Montcel (F) 798-A4
Montchabaud (F) 808-B2
Montchavin (F) 799-G6
Montcherand (CH) 786-F1
Montclar (F) 812-F2
Montclus (F) 812-A1
Mont-Dauphin (F) 809-H7
Mont-de-Lans (F) 808-E3
Mont-de-Laval (F) 773-G5
Mont-de-Vougney (F) 773-G4
Monte (CH) 802-A3
Monte (I) Lombardia 802-E8
Monte (I) Piemonte 811-H2
Monte (I) Véneto, Verona 805-C6
Monte (I) Véneto, Vicenza 805-H4
Monte Baldo (I) 33, 557
Montebello Vicentino (I) 805-G7
Monte Belloca (I) 804-F7
Montebelluna (I) 805-M4
Monte Boglia (CH) 407
Monte Calvarina (I) 804-F7
Montecampione (I) 803-K3
Monte Carasso (CH) 789-M8
Montécchia di Crosara (I) 804-F7
Montècchio (I) Lombardia 803-K3
Montécchio (I) Piemonte 801-J5
Montécchio (I) Véneto 804-D7
Montécchio Maggiore (I) 805-G7
Montécchio Precalcino (I) 805-H5
Montécheroux (F) 773-H3
Montechiane (I) 804-E6
Montechiaro Alto (I) 811-K9
Montechiaro d'Asti (I) 811-H4
Montecrestese (I) 789-H8
Monte Cristallo (I) 534, 535
Monte Croce (I) 793-K9
Monte Demo (I) 791-L9
Monte di Malo (I) 805-G5
Montefallónio (I) 814-E3
Monteforte d'Alpone (I) 805-G8
Montefosca (I) 795-K7
Montefranco/Freiberg (I) 792-C3
Montefredo (I) 815-J3
Montegalda (I) 805-J8
Montegaldella (I) 805-J8
Montegiardino (I) 803-H7
Montéglin (F) 812-B2
Montegrázie (I) 815-G7
Montegrino-Valtraváglia (I) 801-L2
Montegrosso d'Asti (I) 811-J6
Montegrosso Pian Latte (I) 814-F6
Montegrotto (I) 805-K9
Monte Laura (CH) 790-B7
Monte Legnone (I) 563
Montelera (I) 810-D2
Montello (I) 803-G5
Montelupo Albese (I) 811-H8
Monte Lungo (I) 805-J7
Montemaggiore (I) Friuli-Venézia Giúlia 795-K6
Montemaggiore (I) Friuli-Venézia Giúlia 795-L7
Montemagno (I) 811-K4
Monte Magrè (I) 805-G5
Montemale (I) 814-B2
Monte Marenzo (I) 802-D4
Montemarzo (I) 811-J6
Montemerlo (I) 805-K8
Monte Mirabello (I) 804-F7
Montenars (I) 795-J7
Montendry (F) 798-C6
Monteneve/S. Martino (I) 778-E8
Montenois (F) 773-G1
Montenol (CH) 773-L3
Montenótte (I) 815-J2
Montenotte Superiore (I) 815-K2
Montenvers (F) 576
Monteortone (I) 805-K9
Montepeloso (I) 793-G8
Monte Peralba (I) 552, 553
Montépile (F) 786-A5
Monte Pora (I) 803-J3
Montereale (I) 794-E8
Monterosso Grana (I) 814-B2
Monterovere (I) 805-G2
Monte San Salvatore (CH) 33
Montescheno (I) 789-G9
Montesiro (I) 802-C5
Montesover (I) 793-G7
Montespulga (I) 790-D4
Montet (CH) Fribourg 773-H9
Montet (CH) Glâne 787-H2
Montet (CH) Vaud 773-K7
Monteu da Po (I) 811-H2
Monteu Roero (I) 811-G6
Monte Vaccino (I) 792-E9
Montevecchia (I) 802-D5
Monteviale (I) 805-H6
Montévraz (CH) 787-L1
Monteynard (F) 808-B3
Monte Zeda (I) 567
Montezémolo (I) 815-H2
Montfalcon (F) 798-C9
Montfarcy (F) 798-A9
Montfaucon (CH) 773-K4
Montfaucon (F) 772-C4
Montfavergier (CH) 773-K3
Montferrand-le-Château (F) 772-B4
Montflovin (F) 772-E7
Montfort (F) Franche-Comté 772-B6
Montfort (F) Provence-Alpes-Côte d'Azur 812-C5
Montfort (F) Rhône-Alpes 798-F7
Montgardin (F) 808-E8
Montgauvie (F) 809-J7
Montgenèvre (F) 589, 809-J4
Montgesoye (F) 772-D6
Montgilbert (F) 798-C6
Montgirod (F) 798-E6
Montgodioz (F) 798-D6
Montgoutoux (F) 798-B8
Montgros (F) 813-H3
Monthal (CH) 775-G1
Montherod (CH) 786-E4
Montheron (CH) 787-G3
Monthey (CH) 362, 363, 364, 365, 787-J7
Monthion (F) 798-D5
Monti (I) Ligúria815-J2
Monti (I) Piemonte 799-L9
Montiardier (F) 798-B4
Monticelle (I) 803-H7
Monticelli Brusati (I) 803-J6
Monticello (CH) 790-B7
Monticello (I) Piemonte, Biella 800-E6
Monticello (I) Piemonte, Novara 801-J8
Monticello (I) Véneto, Vicenza 805-J8
Monticello (I) Véneto, Vicenza, Lonigo 805-G8
Monticello Br. (I) 802-C5
Monticello Conte Otto (I) 805-H6
Monticello d'Alba (I) 811-G7
Monticello di Fara (I) 805-G8
Montichiari (I) 803-L8
Montiglio Monf. (I) 811-H3
Montignez (CH) 773-K1
Montinelle (I) 804-A6
Montirone (I) 803-K8
Montivernage (F) 772-E3
Montizel (F) 786-D9
Montjoie (F) 773-J3
Montjovel (I) 800-B4
Montlaux (F) 812-B5
Mont-la-Ville (CH) 786-E2
Montlebon (F) 773-G6
Montlingen (CH) 776-E4
Montmagny (CH) 773-J8
Montmahoux (F) 772-B7
Montmaur (F) 808-C8
Montmélian (F) 798-B6
Montmerlet (F) 798-A6
Montmin (F) 798-C3
Montmollin (CH) 773-H7
Montnoiron (F) 773-J3
Montórfano (I) 802-B4
Montorge (F) 772-B8
Montório (I) 804-E8
Montorso Vicentino (I) 805-G7
Montoso (I) 810-B6
Montourioux (F) 813-G2
Montpascal (F) 798-D8
Montpella (F) 798-D2
Montperreux (F) 772-E8
Montpreveyres (CH) 787-G3
Montremont (F) 798-D2
Montreux (CH) 346, 787-J5
Montricher (CH) 786-E3
Montrigon (F) 799-G5
Montrigone (I) 801-G5
Montrioher (F) 809-G1
Montriond (F) Rhône-Alpes 786-F7
Montriond (F) Rhône-Alpes 787-G7
Montroc (F) 787-H9
Montrond (F) Franche-Comté 772-A9
Montrond (F) Provence-Alpes-Côte d'Azur 812-B2
Montrond-le-Château (F) 772-B5
Montsapey (F) 798-D6
Mont-Saxonnex (F) 786-E9
Montsevelier (CH) 774-B3
Mont-St-Michel (F) 798-A6
Mont-sur-Rolle (CH) 786-D4
Mont-Tramelan (CH) 773-K5
Montursin (F) 773-J3
Montussaint (F) 772-D2
Montvaleza (F) 799-H5
Montvernier (F) 798-D8
Monumento a Baracca (I) 806-B3
Monvalle (I) 801-K3
Monviso (I) 53
Monza (I) 802-C6
Monzambano (I) 804-B8
Moorbad (A) 768-B3
Moorenweis (D) 764-E3
Moos (A) 780-C8
Moos (A) Bleiburg 797-J2
Moos (A) Enns 768-E1
Moos (A) Liezen 768-D9
Moos (A) Tamsweg 782-B5
Moos (CH) 774-F6
Moos (D) Kr. Konstanz
Moos (D) Kr. Ostallgäu
Moos S. Giuseppe (I) 794-C2
Moos i. Pass./Moso i. Pass. (I) 488, 778-E9
Moosach (D) Kr. Ebersberg
Moosach (D) Kr. München
Moosaffoltern (CH) 774-A6
Moosbach (A) Braunau am Inn 767-H2
Moosbach (A) Wilhelmsburg 770-B4
Moosbach (D) 763-L8
Moosbeuren (D) 762-F3
Moosbrunn (A) 771-H2
Moosburg (A) 340, 341, 796-D2
Moosburg (D) 762-F4
Moosdorf (A) 767-G4
Mooseurach (D) 765-G7

REGISTER

Moosham (A) 767-H1
Moosham (D) Kr. Bad Tölz-Wolfratshausen 765-H6
Moosham (D) Kr. Mühldorf am Inn 766-A2
Mooshausen (D) 763-J5
Moosheim (A) 782-B2
Moosheim (D) 762-E4
Mooshofalm (A) 780-C9
Mooshuben (A) 769-M6
Moosinning (D) 765-K1
Mooskirchen (A) 783-M6
Mooslandl (A) 769-H7
Mooslargue (F) 773-L1
Moosleerau (CH) 774-F4
Moosrain (D) 765-J7
Moosseedorf (CH) 774-B7
Mooswald (A) 795-M1
Moranda (I) 810-C3
Morandan (I) 805-H9
Morano (I) 806-C7
Morano sul Po (I) 811-K2
Moransengo (I) 811-H3
Moranzani (I) 806-B8
Moraro (I) 807-L2
Mörasing (A) 767-K4
Moravče, Litija (SLO) 797-L9
Moravče, Osrednjeslovenska (SLO) 797-J7
Moravske Toplice (SLO) 785-H9
Morbegno (I) 790-E8
Morbello (I) 811-L8
Morbier (F) 786-B3
Mórbio Inferiore (CH) 802-A3
Mórbio Superiore (CH) 802-A3
Mörbisch am See (A) 771-K5
Morcote (CH) 406, 801-M2
Mörel (CH) 717
Morena (I) 810-B7
Morengo (I) 802-F7
Morens (CH) 773-J8
Moreri (I) 810-B6
Morêtel-de Mailles (F) 798-A8
Moretta (I) 810-D6
Moretti (I) Piemonte, Alessandria 815-L1
Moretti (I) Piemonte, Torino 800-D8
Morez (F) 786-B3
Morgàn (I) 794-A9
Morgano (I) 805-M5
Morge (I) 799-J4
Mörgen (D) 763-M3
Morgenbach (D) 764-D8
Morgensdorf (A) 784-D5
Morges (CH) 786-F4
Morgex (I) 571, 572, 799-J4
Morghengo (I) 801-J7
Morgins (CH) 718, 787-H7
Morglione (I) 811-G9
Morgonaz (I) 799-M4
Morguetta (F) 814-B8
Mori (I) 555, 558, 804-D3
Moriago d. Battaglia (I) 805-M3
Morialdo (I) 811-G4
Moriez (F) 813-G7
Mörigen (CH) 773-L6
Morignole (F) 814-E6
Morignone (I) 791-L6
Möriken-Wildegg (CH) 775-G2
Morillon (F) 787-G8
Morimondo (I) 801-M9
Moriondo Tor. (I) 811-G4
Morissen (CH) 790-B2
Möriswil (CH) 773-M7
Mörlbach (D) 765-G5
Morlisa (I) 805-H4
Morlon (CH) 787-K2
Mormont (CH) 773-K2
Mörmoosen (D) 766-D2
Mornaga (I) 804-B5
Mornago (I) 801-K4
Mornex, Monnetier- (F) 786-C7
Mornico al Sério (I) 803-G6
Moron (CH) 773-L4
Morondo (I) 801-G3
Morozzo (I) 814-E2
Morra (I) 814-C1
Morra del Villar (I) 814-C1
Morre (F) 772-C4
Morsano al Tagliamento (I) 807-G3
Morsano di Strada (I) 807-J2
Morsasco (I) 811-M8
Morschach (CH) 409, 410, 411, 775-K7
Mörschwil (CH) 776-D2
Mörsingen (D) 762-D2
Morsone (I) 803-M6
Mortantsch (A) 784-C3
Morteau (F) 773-G6
Mortegliano (I) 807-J2
Mörtelsdorf (A) 782-A5
Mörtendorf (A) 783-K2
Mortenotte Inferiore (I) 815-K2
Morteratsch (CH) 468, 791-H5
Morteratschgletscher (CH) 462
Morterone (I) 802-E3
Mortise (I) 805-L8
Mórtola (I) 814-D9
Mörtschach (A) 324, 325, 781-G8
Mortzing (I) 792-F4
Moruri (I) 804-E7
Moruzzo (I) 795-H8
Morzg (A) 767-G7
Morzine (F) 753, 787-G7
Mosca (I) 805-H3
Moschendorf (A) 785-J4
Möschenfeld (D) 765-J4
Moscheri (I) 804-E3
Moscona (I) 803-G9
Mösel (A) 783-G7
Mosen (A) 779-K2
Mosen (CH) 775-G4
Mösendorf (A) 767-K4
Mosenmättle (D) 761-H2
Mosermandl (A) 291
Mösern (A) 182, 185, 690, 778-E4
Mosern (A) Wolfsberg 783-J9
Mosezzo (I) 801-J7
Mosisgreut (D) 763-G7
Mosnang (CH) 776-A3
Mosnigo (I) 805-M3
Mosogno (CH) 789-K8
Moso i. Pass./Moos.i.Pass. (I) 778-E9
Mossa (I) 807-M2
Mossano (I) 805-J8
Mossel (CH) 787-H3
Mößlacheralm (A) 795-K1
Mössling (D) 766-C1
Mößna (A) 782-C3
Mosso Sta Maria (I) 800-F5
Mossòn (I) 805-H4
Most (SLO) 796-B8
Mostacins (I) 795-G8
Moste, Žirovnica (SLO) 796-D4
Moste, Ljubljana (SLO) 797-H8
Mostel (CH) 775-K6
Mostviertel (A) 300, 301
Motella (I) 803-H9
Môtier (CH) 773-K7
Môtiers (CH) 773-G8
Motnik (SLO) 797-K6
Motovilci (SLO) 785-G8
Mötschendorf bei Leoben (A) 783-K2
Mötschwil (CH) 774-B6
Motta (CH) 789-L7
Motta (I) 790-D5
Motta (I) 805-H6
Motta de Conti (I) 811-L2
Motta di Livenza (I) 806-E4
Motta Naluns (CH) 791-K1
Mottalciata (I) 800-F7
Mottec (CH) 788-B8
Mottinello (I) 805-K5
Mottschieß (D) 762-C5
Motvarjevci (SLO) 785-J8
Mötz (A) 778-D4
Moudon (CH) 787-H2
Mouillvillers (F) 773-H3
Mouissière (F) 809-H7
Moulin de la Frête (F) 798-A7
Moulin Vleux (F) 808-C3
Moulinet (F) 814-C7
Mourex (F) 786-C5
Mournans-Charbonny (F) 772-B9
Moussy (F) 786-D8
Moustiers-Sainte-Marie (F) 812-E8
Mouthe (F) 786-C1
Mouthier-Haute-Pierre (F) 772-D6
Moutier (CH) 773-M4
Moûtiers (F) 580, 583, 798-E7
Moutoux (F) 772-B9
Mouxy (F) 798-A4
Moye (F) 798-A2
Mozirje (SLO) 797-K5
Mozzánica (I) 802-F7
Mozzate (I) 801-M5
Mozzio (I) 789-G7
Mozzo (I) 802-E5
Mrcinje (SLO) 796-A8
Mrzli Studenec (SLO) 796-C5
Mšič (SLO) 796-E7
Mu (I) 791-L8
Muštar (SLO) 796-D7
Muceno (I) 801-K2
Muespach (F) 774-A1
Muespach-le-Haut (F) 760-A9
Muggenau (A) 784-B8
Muggenbrunn (D) 760-E6
Muggendorf (A) 770-E4
Muggenthalberg (A) 784-D6
Muggio (CH) 802-A3
Muggiò (I) 802-C6
Mugnai (I) 805-K1
Muhen (CH) 774-F3
Mühlau (A) 767-L3
Mühlau (A) 768-F8
Mühlau (CH) 775-H5
Mühlau (D) 766-C7
Mühlbach (A) Innsbruck 779-G6
Mühlbach (A) Mittersill 780-C4
Mühlbach (A) St. Jakob im Rosental 796-C3
Mühlbach (A) Zell am See 780-E4
Mühlbach (D) 765-H8
Mühlbach am Hochkönig (A) 245, 246, 247, 694, 781-H3
Mühlbach/Rio di Pusteria (I) 502, 739, 779-J9
Mühlbach/Riomolino (I) 779-L9
Mühlbachl (A) 779-G6
Mühlberg (D) 763-H5
Mühldorf (A) Metnitz 781-K8
Mühldorf (A) Scharnstein 768-B5
Mühldorf (A) St. Paul im Lavanttal 783-J9
Mühldorf (A) Weißkirchen in Steiermark 783-H5
Mühldorf (D) 766-C2
Mühldorf bei Feldbach (A) 784-E6
Mühldorfer Alm (A) 781-J8
Mühle (D) 104, 765-H7
Mühlebach (CH) 788-F5
Mühleberg (CH) 773-L7
Mühleberg (D) 761-G3
Mühledorf (CH) Bern 774-B9
Mühledorf (CH) Solothurn 774-B5
Mühlehorn (CH) 776-B6
Mühlein (A) 769-G5
Mühlen (A) 783-G6
Mühlenbach (D) 760-F2
Mühlen in Taufers/Molini di Túres (I) 739, 779-L8
Mühlethal (CH) 774-E4
Mühlethurnen (CH) 788-B1
Mühleweg (CH) 774-D6
Mühlfeld (D) 764-E5
Mühlgraben (A) 784-F7
Mühlgrub (A) 768-D4
Mühlhausen (D) Kr. Biberach 763-G5
Mühlhausen (D) Kr. Villingen-Schwenningen 761-K4
Mühlhausen-Ehingen (D) 761-L7
Mühlheim am Inn (A) 767-H1
Mühlheim an der Donau (D) 762-A4
Mühlhofen, Uhldingen- (D) 762-C7
Mühling (A) 769-K2
Mühlingen (D) 762-A5
Mühlrading (A) 768-F2
Mühlreith (A) 768-B9
Mühlrüti (CH) 776-A3
Mühltal (A) 218, 219, 779-G5
MühltalVorchdorf (A) 768-B4
Mühlthal (A) Wörgl 779-L2
Mühlwald/Selva dei Molini (I) 507, 779-K8
Mühlwinkel (A) 785-H5
Muhr (A) 293, 782-B6
Muhr (A) Mauterndorf 781-L6
Mühring (A) 767-K2
Mulazzano (I) 802-D8
Mülchi (CH) 774-B6
Muldain (CH) 450, 451, 790-E2
Mulden (D) 760-D6
Mulegns (CH) 790-F4
Mülenen (CH) 788-C3
Müles/Mauls (I) 779-H9
Mulhouse (F) 760-A7
Mulin (CH) 790-D1
Muliparte (I) 805-M3
Mülital (CH) 773-L8
Mülleck (A) 783-M7
Müllendorf (A) 771-H4
Müller am Baum (D) 765-K7
Müllheim (CH) 762-A9
Müllheim (D) 760-C6
Mülligen (CH) 775-G2
Müllnern (A) 796-B3
Müllner-Peter-Museum (D) 118
Mullwil (CH) 774-F4
Mumenthal (CH) 774-D4
Mümliswil-Ramiswil (CH) 774-C3
Mumpf (CH) 760-E9
Münchberg (D) 766-D2
München (D) 765-H3
Münchenbuchsee (CH) 774-A7
Münchendorf (A) 771-H2
Münchenreute (D) 762-F5
Münchenstein (CH) 774-C1
Münchenwiler (CH) 773-K8
Münchhöf (D) 762-A6
Munchhouse (F) 760-B6
Münchingen (D) 761-H6
Münchringen (CH) 774-B6
Münchweier (D) 760-E2
Münchwilen (CH) Aargau 774-E1
Münchwilen (CH) Thurgau 776-A2
Mund (CH) 788-E6
Mundeldingen (D) Alb-Donau-Kreis 762-F2
Mundelfingen (D) Schwarzwald-Baar-Kreis 761-J6
Munderfing (A) 767-H3
Munderkingen (D) 762-F2
Mundingen (D) Alb-Donau-Kreis 762-E1
Mundingen (D) Kr. Emmendingen 760-E3
Mundorfing (A) 767-L1
Mundraching (D) 764-C5
Münichholz (A) Steyr 768-E3
Münichtal (A) 769-J8
Münsing (D) 765-G6
Münsingen (CH) 774-B8
Münster (A) 779-K2
Münster (CH) Valais 398, 718, 789-G4
Münster (D) Kr. Augsburg 764-B2
Münster (D) Kr. Breisgau-Hochschwarzwald 760-D6
Münster (D) Kr. Ebersberg 765-K5
Münster-Geschinen (CH) 399
Münsterhalden (D) 760-D6
Münsterhausen (D) 763-L1
Münsterlingen (CH) 762-C9
Münstertal (D) Schwarzwald 760-D6
Munt (CH) 791-K1
Muntelier (CH) 773-K7
Munter (CH) 790-E3
Muntigl (A) 767-G6
Müntschemier (CH) 773-K7
Muntzenheim (F) 760-B3
Munwiller (F) 760-A5
Münzdorf (D) 762-E1
Munzen Haus (A) 781-J3
Munzing (D) 766-B6
Munzingen (D) 760-D5
Muolen (CH) 776-D1
Muotathal (CH) 410, 411
Muottas Muragl (CH) 463
Mur (A) 312
Mur (CH) Bern 774-D7
Mur (CH) Vaud 773-K7
Mura (I) Lombardia 803-L5
Mura (I) Véneto 806-A2
Muráglia (I) 815-H3
Muralto (CH) 789-L8
Muratella (I) 802-F6
Muratello (I) 803-K6
Murau (A) 312, 694, 782-D5
Muraunberg (A) 783-F9
Muravalle (I) 804-E4
Murazzano (I) 815-G1
Murazzo (I) 814-E1
Murbach (D) 761-L8
Mure (I) 806-E3
Mureck (A) 784-E9
Murello (I) 810-E7
Murenz (I) 813-L2
Mûres (F) 798-B3
Murfeld (A) 784-D9
Murg (CH) 776-C6
Murg (D) 760-F9
Murgenthal (CH) 774-D4
Muri (CH) 775-H4
Muri bei Bern (CH) 774-A8
Muriáglio (I) 800-C8
Murialdo (I) 815-J3
Murianette (F) 808-C1
Muriaux (CH) 773-J4
Mùris (I) 795-G7
Murisenghi (I) 810-C5
Murisengo (I) 811-H3
Murist (CH) 787-H1
Murlis (I) 806-F1
Murnau am Staffelsee (D) 764-E8
Murnau-Westried (D) 764-E8
Mürren (CH) 359, 718, 788-D3
Murska Sobota (SLO) 785-G9
Murski Petrovci (SLO) 785-G9
Murtal (A) 312
Murten (CH) 773-K8
Murzalis (I) 795-H3
Murzelen (CH) 773-M7
Mürzhofen (A) 770-A9
Murzio (I) 815-G6
Mürzsteg (A) 770-B7
Mürzzuschlag (A) 770-C7
Musau (A) 778-B1
Musbach, Ebersbach- (D) 762-E5
Muschetto (I) 807-H2
Muschieto (I) 815-H5
Muscoline (I) 803-L6
Muse (I) 795-G3
Musel (A) 769-K7
Müselbach (A) 777-G2
Müselbach (CH) 776-B3
Museo (I) 806-E2
Musetta di Sopra (I) 806-E5
Museum Le Hameau (CH) 372
Musi (I) 795-K6
Musièges (F) 786-A9
Musignano (I) 789-L9
Muslone (I) 804-B5
Mußbach (D) 760-E2
Mussenhausen (D) 763-L5
Mussi (I) 814-E3
Mussig (F) 760-B2
Musso (I) 790-C9
Mussolente (I) 805-K4
Mussons (I) 807-G3
Mussotto (I) 811-H7
Müstair (CH) 472, 473, 791-M3
Musterharten (A) 769-G2
Müswangen (CH) 775-H4
Muta (SLO) 797-M2
Muthmannsdorf (A) 770-F4
Muthmannshofen (D) 763-J7
Mutrux (CH) 773-G8
Mutschellen (CH) 775-H3
Muttekopf-Hütte (A) 778-B4
Mutten (CH) Bern 774-C8
Muttendorf (A) 784-B6
Muttensweiler (D) 762-F4
Muttenz (CH) 774-C1
Mutters (A) 191, 694, 779-G5
Muttersberg (A) 134
Muttershofen (D) 763-M1
Muttersholtz (F) 760-B1
Mutterslehen (D) 760-F7
Mutwil (CH) 776-C2
Mutzenfeld (A) 784-E5
Mützlenberg (CH) 774-C7
Muzzana d. Torgnano (I) 807-J3
Muzzano (CH) 802-A1
Muzzano (I) Lombardia 802-D8
Muzzano (I) Piemonte 800-E6
Muzzolòn (I) 805-G6
Myon (F) 772-B6

N

Naarn (A) Perg 769-G1
Naarn im Machlande (A) 769-G1
Naas (A) 784-C3
Nabegg (A) 769-J1
Nabernik (SLO) 797-G5
Nace (SLO) 796-E8
Na Čelih (SLO) 796-B8
Nack (D) 761-K9
Nadelbach (A) 770-B1
Nadelburg (A) 771-G4
Nadling (A) 796-C1
Nadro (I) 803-L1
Näfels (CH) 434, 435
Näfels (CH) 776-B6
Nagelfluhkette (D) 68, 70
Nageltschach (A) 797-G2
Naggio (I) 790-C9
Nago (I) 556, 558
Nago-Tórbole (I) 804-D3
Naichen (D) 763-L1
Naintsch (A) 784-C2
Naisey-les-Granges (F) 772-D4
Na Jamah (SLO) 797-H5
Naklo (SLO) 796-F6
Nálles/Nals (I) 792-F4
Na Logu (SLO) 796-B5
Nals/Nálles (I) 792-F4
Nambride (F) 787-H9
Nambsheim (F) 760-C5
Namlos (A) 778-B3
Nampolach (A) 795-L3
Nancray (F) 772-D4
Nancy-s.-c. (F) 786-F9
Nänikon (CH) 775-K3
Nannhofen (D) 764-E2
Nanno (I) 792-D6
Nans (F) 772-E1
Nans-sous-Saint-Anne (F) 772-B7
Nant (CH) 773-K7
Nante (CH) 789-K4
Nantesbuch (D) 765-G7
Nantes-en-Ratier (F) 808-C4
Nanto (I) 805-J8
Na Pečeh (SLO) 796-C6
Na Plavžu (SLO) 796-D7
Napplach (A) 781-J8
Nar (I) 804-A3
Narboins (F) 813-L7
Narrath (A) 784-B9
Narzole (I) 810-F8
Nas (CH) 775-K6
Nasari (I) 814-C1
Nasgenstadt (D) 763-G2
Nasino (I) 815-G5
Nasolino (I) 803-H2
Naspern (A) 769-L2
Nassau (A) 784-A8
Nassen (CH) 776-B3
Nassenbeuren (D) 763-M4
Nassenhausen (D) 764-E2
Nassereith (A) 778-C4
Nassfeld (A) 330, 331, 795-J3
Nassfeld-Hermagor (A) 328, 330
Naßweg (A) 796-D1
Naters (CH) 397, 713, 788-E6
Nationalpark Hohe Tauern (A) 232, 236, 237, 258, 262, 276, 280, 290, 322, 342
Nationalpark Stilfserjoch (I) 480, 483
Nationalpark Val Grande (I) 566
Nationalparkregion Hohe Tauern (A) 325
Natschbach-Loipersbach (A) 770-F6
Nattenhausen (D) 763-L2
Natters (A) 189, 191, 779-G5
Natumo (I) 792-D3
naturatrafoi (I) 481
Naturns (I) 486, 487, 488, 740
Naturpark Adamello Brenta (I) 539
Naturpark Fanes-Sennes-Prags (I) 512
Naturpark Gran Paradiso (I) 570
Naturpark Rieserferner-Ahrn (I) 504
Naturparkhaus, Toblach (I) 514
Natz-Schabs/Naz-Sciaves (I) 793-J1
Nauderer Hütte (A) 777-M9
Nauders (A) 164, 165, 694, 777-M8
Nauders/S. Benendetto (I) 779-J9
Nave (I) Lombardia 803-K6
Nave (I) Véneto 793-M9
Nave S. Rocco (I) 792-E8
Navene (I) 804-C4
Nâves-Parmelan (F) 798-C1
Navette (F) 808-E6
Navezze (I) 803-J6
Naviante (I) 815-G1
Navis (A) 196, 779-H6
Navole (I) 806-E3
Navono (I) 803-L4
Navrški vrh (SLO) 797-K3
Nax (CH) 787-M7
Nax (F) 786-B6
Nazarje (SLO) 797-K5
Naz-Sciaves/Natz-Schabs (I) 793-J1
Nebbione (I) 800-F8
Nebbiuno (I) 801-J3
Nebelhorn (D) 76
Nebenau (D) 760-C8
Nebersdorf (A) 771-K8
Nebikon (CH) 774-E5
Nechnitz (A) 784-B2
Neckenmarkt (A) 771-J7
Necker (CH) 776-B3
Neder (A) 193, 778-G6
Neerach (CH) 775-J1
Neffes (F) 808-D9
Neftenbach (CH) 775-K1
Negarine (I) 804-D7
Negrar (I) 804-D7
Negrisia (I) 806-D4
Négron (F) 812-F2
Neidingen (D) 762-B3
Neirivue (CH) 787-K4
Néive (I) 811-H7
Nella (I) 805-M8
Nemški Rovt (SLO) 796-C6
Némbia (I) 792-D9
Nembro (I) 802-F4
Nemilje (SLO) 796-E6
Nendaz (CH) 718, 787-L7
Nendeln (CH) 776-E5
Nendingen (D) 761-M4
Nenningkofen (CH) 774-B5
Nenzing (A) 134, 776-F5
Nenzingen, Orsingen- (D) 762-A6
Nenzinger Himmel (A) 776-F6
Nenzlingen (CH) 774-B2
Neraissa-Inf (I) 813-M3
Neraissa-Sup. (I) 813-M3
Nernier (F) 786-D5
Nervesa della Battaglia (I) 806-B3
Nerviano (I) 801-M6
Neschwil (CH) 775-L2
Nese (I) 802-F4
Nespoledo (I) 807-H1
Nesselwang (D) 86, 87, 659, 763-M9
Nesselwangen (D) 762-B7
Nesselwängle (A) 148, 694, 778-A2
Nesselwängle-Haller (A) 149
Nessendorf (A) 796-F2
Nessental (CH) 789-G2
Nesslau (CH) 428, 776-C5
Nesso (I) 802-B2
Nestelbach bei Graz (A) 784-C5
Nestelbach im Ilztal (A) 784-E4
Nestnberg (A) 784-B8
Netro (I) 800-D6
Netstal (CH) 435, 776-B7
Nettelkofen (D) 765-L4
Netterndorf (D) 765-K5
Nettershausen (D) 763-M2
Netting (A) 770-F5
Nettingsdorf (A) 768-D2
Neuägeri (CH) 775-J5
Neualbeck (A) 782-D8
Neu-Albern (A) 771-H1
Neuallschwil (CH) 760-B9
Neualm (A) 782-E2
Neualplseen (A) 239
Neuarzl (A) 779-G4
Neuaubing (D) 765-G3
Neubau (A) Hörsching 768-D1
Neuberg (A) 785-H5
Neuberg an der Mürz (A) 770-C7
Neuberg im Burgenland (A) 785-H3
Neubeuern (D) 766-A7
Neubiberg (D) 765-J4
Neubronn (D) 762-D6
Neubrunn (CH) 775-M2
Neuburg (D) Alb-Donau-Kreis 762-F2
Neuburg (D) Kr. Günzburg 763-L1
Neuchâtel (CH) 773-J7
Neuchâtel Urtière (F) 773-G2
Neuching (D) 765-K2
Neudau (A) 785-G3
Neudauberg (A) 785-G3
Neudingen (D) 761-K5
Neudorf (A) 784-D4
Neudorf (A) Semriach 784-B3
Neudorf (A) St. Niklas an der Drau 796-C2
Neudorf (A) Weyher Markt 769-G5
Neudorf (A) Wildon 784-C7
Neudorf (CH) 775-G5
Neudorf an der Mur (A) 784-C8
Neudorf bei Ilz (A) 784-D4
Neudorf bei Landsee (A) 771-H7
Neudorf bei Mooskirchen (A) 783-M6
Neudorf bei Parndorf (A) 771-M2
Neudorf bei Passail (A) 784-B3
Neudorf bei St. Johann (A) 783-M6
Neudorf bei Stainz (A) 784-A7
Neudorf in Sausal (A) 784-B8
Neudorf ob Wildon (A) 784-B7
Neudörfl (A) Bad Radkersburg 784-F9
Neudörfl (A) Wiener Neustadt 771-G5
Neue Bamberger Hütte (A) 780-A4
Neuegling (D) 764-F8
Neuenburg (D) 760-B6
Neuendorf (CH) 774-D4
Neuenegg (CH) 773-L8
Neuenhof (CH) 775-H2
Neuenkirch (CH) 775-G6
Neuenried (D) 763-M6
Neuenweg (D) 760-D7
Neue Prager Haus (A) 780-C6
Neue Praxmar-Alm (A) 778-E6
Neuerlaa (A) Wien 771-G1
Neuershausen (D) 760-D4
Neues Regensburger Haus (A) 778-F7
Neuesting (D) 764-F2
Neu St. Johann (CH) 428, 776-C5
Neufahrn (D) Kr. Bad-Tölz-Wolfratshausen 765-G5
Neufahrn (D) Kr. Erding 765-L1
Neufahrn (D) Kr. Starnberg 765-G5
Neufahrn bei Freising (D) 765-J1
Neufarn (D) 765-K3
Neuf-Brisach (F) 760-B4

● Regionen ● Hotels ● Karten

Neufeld an der Leitha (A) 771-H4
Neufinsing (D) 765-K2
Neufisching (A) 783-H4
Neufra (D) Kr. Biberach 762-E3
Neufra (D) Kr. Rottweil 761-K3
Neufra (D) Kr. Sigmaringen 762-C2
Neufrach (D) 762-D7
Neufurth (A) 769-H3
Neugablonz, Kaufbeuren- (D) 764-B6
Neugötz (A) 778-F5
Neu-Guntramsdorf (A) 771-G2
Neuharting (D) 765-L2
Neuhaus (A) Lavamünd 797-K2
Neuhaus (A) Mariazell 769-L6
Neuhaus (A) Pottenstein 770-F3
Neuhaus (CH) Fribourg 787-L1
Neuhaus (CH) St. Gallen 775-M5
Neuhaus (D) Bodenseekreis 762-E7
Neuhaus (D) Kr. Miesbach 110, 765-K8
Neuhaus am Klausenbach (A) 784-F7
Neuhaus am Randen (D) 761-K7
Neuhaus an der Gail (A) 796-B3
Neuhaus in der Wart (A) 785-H3
Neuhausen (D) Kr. Konstanz 761-L6
Neuhausen (D) München 765-H3
Neuhausen (D) Schwarzwald-Baar-Kreis 761-J3
Neuhausen am Rheinfall (CH) 761-K8
Neuhausen ob Eck (D) 762-A5
Neuhäusle (D) 762-F8
Neuheim (CH) 775-K5
Neuherberg (D) 765-H2
Neuhof (A) Naarn 769-G1
Neuhof (A) Parndorf 771-L2
Neuhof (A) Übelbach 783-L3
Neuhof (D) 760-E6
Neuhofen (A) Bad Mitterndorf 768-B9
Neuhofen (A) Seckau 783-J3
Neuhofen (D) 766-F2
Neuhofen an der Krems (A) 768-D2
Neuhofen an der Ybbs (A) 769-H3
Neuhofen im Innkreis (A) 767-K2
Neuhornbach-Schihütte (A) 777-J4
Neukeferloh (D) 765-J3
Neukematen (A) 768-D3
Neukirch (D) Bodenseekreis 762-F8
Neukirch (D) Kr. Rottweil 761-L2
Neukirch (D) Schwarzwald-Baar-Kreis 761-G4
Neukirch an der Thur (CH) Thurgau 776-D1
Neukirchen (A) 767-L5
Neukirchen (D) Kr. Altötting 766-D3
Neukirchen (D) Kr. Miesbach 765-K6
Neukirchen am Großvenediger (A) 41, 260, 261, 694, 780-B4
Neukirchen am Simsee (D) 766-A6
Neukirchen am Teisenberg (D) 766-E6
Neukirchen an der Enknach (A) 767-G2
Neukirchen an der Vöckla (A) 767-K4
Neukirchen bei Lambach (A) 767-M3
Neukissing (D) 764-D1
Neulassing (A) 768-E9
Neumarkt am Wallersee (A) 767-H5
Neumarkt an der Raab (A) 785-G6
Neumarkt an der Ybbs (A) 769-K2
Neumarkt im Tauchental (A) 785-H2
Neumarkt in Steiermark (A) 782-F5
Neumarkt/Egna (I) 792-F6
Neumitterndorf (A) 771-J2
Neunerkopf (A) 146
Neunkirch (CH) 761-J8
Neunkirch (CH) Graubünden 790-D2
Neunkirchen (A) 770-F6
Neuötting (D) 766-D2
Neuparadies (CH) 761-K8
Neu-Pischelsdorf (A) 771-J2
Neupullach (D) 765-L3
Neuratting (A) 767-J2
Neuravensburg (D) 763-G9
Neu-Reisenberg (A) 771-J2
Neuried (D) Kr. Fürstenfeldbruck 764-F3
Neuried (D) Kr. München 765-G3
Neuried (D) Kr. Weilheim-Schongau 764-F7
Neurißhof, Blumau- (A) 770-G3
Neurur (A) 778-C7
Neusach (A) 328, 329, 331, 795-K1
Neusaß (A) 796-E3
Neuschitz (A) 781-L8
Neuseiersberg (A) 784-B6
Neusieden (D) 767-G8
Neusiedl (A) 784-E4
Neusiedl (A) Berndorf 770-F4
Neusiedl (A) Pernitz 770-E4
Neusiedl (A) Sankt Egyden am Steinfeld 770-F5
Neusiedl (A) Sankt Leonhard am Forst 769-L2
Neusiedl am See (A) 771-L3
Neusiedl am Walde (A) 770-E5
Neusiedl bei Güssing (A) 785-G4
Neustadt (A) Frohnleiten 784-A3
Neustadt, Titisee- (D) 761-G5
Neustadtl an der Donau (A) 769-J1
Neustift (A) Bad Gleichenberg 784-F7
Neustift (A) Graz 784-B4
Neustift (A) Scheibbs 769-L3
Neustift an der Lafnitz (A) 784-F1
Neustift bei Güssing (A) 785-H5
Neustift bei Schlaining (A) 785-G1
Neustift bei Sebersdorf (A) 784-F3
Neustift im Stubaital (A) 192, 193, 194, 195, 694, 778-F6
Neustift/Novacella (I) 793-J2
Neustift-Innermanzing (A) Altlengbach 770-D1
Neustiftsgraben (A) 768-F5
Neutal (A) 771-J8
Neutersdorf (A) 784-D8
Neuthal (CH) 775-M3
Neutrauchburg (D) 763-J8
Neuvecelle (F) 786-F5
Neuvelle-les-Cromary (F) 772-C2
Neuve-Vie (F) 772-E6
Neuwald b. Frein (A) 770-B6
Neuweiler (D) 762-B2
Neuwilen (CH) 762-B9
Neuwiller (F) 774-B1
Neuzeltweg (A) 783-H4
Neuzeug (A) 768-E3
Névache (F) 809-H3
Neviglie (I) 811-H7
Ney (F) 786-A1
Neydens (F) 786-B8
Neyruz (CH) 787-K1
Neyruz-sur-Moudon (CH) 787-H2
Niardo (I) 803-L2
Nibbia (I) 801-J7
Nibbiola (I) 801-J8
Nibionno (I) 802-C4
Nibles (F) 812-D3
Nichelino (I) 810-E4
Nicklheim (D) 765-M7
Niclasreuth (D) 765-L5
Nidau (CH) 773-L5
Nidfurn (CH) 776-B7
Nidwalden (CH) 408
Niederachen (A) 766-C8
Niederachen (D) 766-E7
Niederaigen (A) 770-B8
Niederalm (A) 767-G7
Niederalpl (A) 770-A7
Niederarnsdorf (A) 766-F5
Niederau (A) 218, 219, 779-M2
Niederaudorf (D) 766-A8
Niederbiegen (D) 762-F6
Niederbipp (CH) 774-C4
Niederböllen (D) 760-D7
Niederbreitenbach (A) 779-M1
Niederbrunnern (A) 768-E3
Niederbuchsiten (CH) 774-D4
Niederbüren (CH) 776-C2
Niederbütschel (CH) 774-A9
Niederdorf (A) Bruck an der Mur 769-L9
Niederdorf (A) Klagenfurt 796-F2
Niederdorf (A) Leoben 783-K3
Niederdorf (CH) 774-D3
Niederdorf (D) 763-K6
Niederdorf/Villebassa (I) 512, 514, 740, 794-A2
Niederdörfl (A) Feistritz im Rosental 796-E3
Niederdörfl (A) Ferlach 796-F3
Niederdossenbach (D) 760-E9
Niedereggenen (D) 760-C7
Niederentzen (F) 760-A5
Niedererlinsbach (CH) 774-F3
Niedereschach (D) 761-J3
Niedere Tauern (A) 306
Niedergams (A) 783-M7
Niedergebisbach (D) 760-E8
Niedergesteln (CH) 788-D6
Niederglatt (CH) 775-J2
Niedergösgen (CH) 774-E3
Niedergottsau (D) 766-F2
Niederhasli (CH) 775-J2
Niederhausen (D) 760-D2
Niederhausleiten an der Ybbs (A) 769-H3
Niederheldenstein (D) 766-B2
Niederhelfenschwil (CH) 776-C2
Niederhergheim (F) 760-A4
Niederhof (D) 760-F9
Niederhofen (A) Kilb 769-M2
Niederhofen (A) Stainach 768-C9
Niederhofen (D) Alb-Donau-Kreis 763-G1
Niederhofen (D) Kr. Ravensburg 763-H6
Niederholzham (A) 767-M3
Niederhorn (CH) 353
Niederhünigen (CH) 774-C8
Niederlaab (A) 768-C2
Niederland (A) 766-E8
Niederlarg (F) 773-L1
Niederlenz (CH) 775-G3
Niederlindach (A) 768-E3
Niedermettlen (CH) 773-M8
Niedermuhlern (CH) 774-A8
Niedermuhren (CH) 773-L9
Niederndorf (A) Kufstein 766-A8
Niederndorf (A) Ybbs an der Donau 769-J1
Niederndorferberg (A) 766-A8
Niederneuching (D) 765-K2
Niederneukirchen (A) 768-E2
Niederneunforn (CH) 761-L9
Niedernsill (A) 780-E4
Niedernzell (D) 763-H3
Niederöblarn (A) 782-C1
Niederolang (I) 510
Niederönz (CH) 774-C5
Niederösch (CH) 774-C6
Niederösterreich (A) 300
Niederperwend (A) 768-C1
Niederpframmern (D) 765-K4
Niederrasen/Rasun di Sotto (I) 793-M1
Niederraunau (D) 763-L2
Niederrickenbach (CH) 775-H8
Niederried bei Interlaken (CH) 788-E2
Niederried bei Kallnach (CH) 773-L7
Niederrieden (D) 763-K4
Niederrimsingen (D) 760-C4
Niederrohrdorf (CH) 775-H2
Niederrotweil (D) 765-G1
Niederrotweil (D) 760-C3
Niederscherli (CH) 773-M8
Niederschöckel (A) 784-B4
Niederschongau (CH) 775-G4
Nieder-Schongau (CH) 775-G4
Niedersdorf (I) 515
Niederseeon (D) 765-K4
Niedersonthofen (D) 763-K9
Niederstaufen (D) 763-G9
Niederstocken (CH) 788-B2
Niederstraß (D) 766-F6
Niederstuttern (A) 768-C9
Niedertal (D) 760-E2
Niedertegernau (D) 760-D8
Niederthalheim (A) 767-M3
Niedertrum (A) 767-H4
Niederurnen (CH) 435, 776-B6
Niederuzwil (CH) 776-B2
Niederwald (CH) 789-G5
Niederwangen (CH) 773-M8
Niederwangen (D) 763-G8
Niederwasser (D) 761-G2
Niederweiler (D) 760-C6
Niederweningen (CH) 775-H1
Niederwichtrach (CH) 774-B9
Nieder-Wichtrach (CH) 774-B9
Niederwihl (D) 760-F9
Niederwil (CH) Aargau 775-H3
Niederwil (CH) Solothurn 774-B4
Niederwil (CH) Zürich 761-L9
Niederwil bei Cham (CH) Zug 775-J5
Niederwil bei Gossau (CH) St. Gallen 776-C2
Niederwinden (D) 760-E3
Niederwinklern (A) 782-D9
Niederwölz (A) 782-F5
Niederzell (D) 762-B8
Niella Belbo (I) 815-H1
Niella Tánaro (I) 815-G2
Niemthal (A) 770-E3
Nierlet-les-Bois (CH) 773-K9
Niesenberg (CH) 775-G4
Nietzsche-Haus (CH) 465
Niffer (F) 760-B7
Nifflon (F) 786-F6
Nigerhütte (I) 793-H5
Nikelsdorf (A) 795-M1
Nikitsch (A) 771-K7
Niklasdorf (A) 783-L2
Niklasreuth (D) 765-L7
Nikolsdorf (A) 781-G9
Nimburg (D) 760-D3
Nimis (I) 795-J7
Niosa (I) 815-J1
Niozelles (F) 812-B7
Niquidetto (I) 810-C2
Nirasca (I) 815-G6
Nitscha (A) 784-D4
Niva (CH) 789-J7
Nivo (CH) 789-L5
Nizza Monferrato (I) 811-K6
Noale (I) 805-M6
Noasca (I) 799-L7
Nobiallo (I) 790-C9
Nobile (I) 802-C4
Nöbling (A) 795-H2
Nóboli (I) 803-K5
Noceto (I) 815-H1
Nockberge (A) 290, 318, 320
Nods (CH) 773-K6
Nods (F) 772-E5
Noël-Cerneux (F) 773-G6
Noës (CH) 788-A6
Nofels (A) 776-E4
Noflen (CH) Bern 788-B1
Noflen (CH) Fribourg 773-L8
Nogare (I) 805-M3
Nogaredo (I) Friuli-Venézia Giúlia 807-K2
Nogaredo (I) Lombardia 790-D7
Nogaredo (I) Trentino-Alto Ádige 804-D2
Nogaredo di Corno (I) 795-H9
Nogaredo di Prato (I) 795-H9
Nogarole Vicentino (I) 804-F6
Nöggenschweil (D) 761-G8
Nogheredo (I) 806-E1
Noiáriis (I) 795-G4
Nožlce (SLO) 797-H7
Noiraigue (CH) 773-G7
Noiray (F) 798-C4
Noire Combe (F) 786-A4
Noirefontaine (F) 773-H3
Noironte (F) 772-B3
Nole (I) 810-D1
Noli (I) 815-K4
Nomenj (SLO) 796-D6
Nomi (I) 804-E2
Nona (I) 803-J1
None (I) 810 D5
Nonfoux (CH) 787-G1
Nonglard (F) 798-B2
Nongruella (I) 795-K7
Nònio (I) 801-H3
Nonnenhorn (D) 762-F9
Nórcen (I) 805-L1
Nordhalden (D) 761-K7
Nordholz (D) 763-K2
Nordic-Fitness-Park Tölzer Land (D) 103
Nordschwaben (D) 760-D9
Nordstetten (D) 761-J4
Nordweil (D) 760-D2
Nórea (I) 814-E3
Noréaz (CH) Vaud 787-J1
Noreia (A) 783-G6
Nörning (A) 784-E3
Nörsach (A) 781-G9
Norsingen (D) 760-D5
Nosadello (I) 802-E8
Nosate (I) 801-K6
Nosellari (I) 804-F2
Nossage-et-Bénévent (F) 812-B2
Nöstach (A) 770-E2
Nöstlbach (A) 768-D2
Nöstlbach (D) 766-B5
Nostra (A) 794-F2
Notranje Gorice (SLO) 797-G9
Notre-Dame (F) 808-B2
Notre-Dame-de-Bellecombe (F) 798-E3
Notre-Dame-de-Commiers (F) 808-B3
Notre-Dame-de-la-Gorge (F) 799-G3
Notre-Dame-de -Mésage (F) 808-B3
Notre-Dame-des-Millières (F) 798-D5
Notre-Dame-du-Cruet (F) 798-C8
Notre-Dame-du-Pré (F) 798-F6
Nötsch im Gailtal (A) 331, 795-M3
Nottwil (CH) 774-F6
Notzing (D) 765-K1
Notzingermoos (D) 765-K1
Novacella/Neustift (I) 793-J2
Novaggio (CH) 801-L1
Nováglie (I) 804-E7
Novagli-Mattina (I) 803-M8
Novale (I) 805-G5
Novale (Welsburg)/Ried Welsburg (I) 793-M1
Novale/Ried (I) 779-G8
Novaledo (I) 805-G1
Novalesa (I) 809-L2
Novalles (CH) 772-F9
Nova Levante/Welschnofen (I) 793-H5
Nova Mil. (I) 802-B6
Novara (I) 801-J8
Novare (I) 804-D7
Novaretto (I) 810-C2
Novate Mezzola (I) 790-D7
Novate Mil. (I) 802-B7
Nova Ponente/Deutschnofen (I) 793-G5
Novazzano (CH) 802-A3
Nove (I) 805-J4
Novedrate (I) 802-B5
Novel (F) 787-H5
Novelle (I) 791-L9
Novello (I) 811-G9
Noventa di Piave (I) 806-D5
Noventa Padovana (I) 805-L8
Novíglio (I) 802-A9
Novillars (F) 772-C3
Noville (CH) 787-H5
Novoledo (I) 805-H5
Noyers-sur-Jabron (F) 812-B4
Nozeroy (F) 772-B9
Nozno (SLO) 795-M9
Nozza (I) 803-L5
Nua (I) 804-C3
Nucetto (I) 815-H3
Nufenen (CH) 790-C4
Nuglar-Sankt Pantaleon (CH) 774-C2
Nunningen (CH) 774-C3
Nunwil (CH) 775-G5
Nuolen (CH) 775-M5
Nuova-Olònio (I) 790-D8
Nuòvo (I) 794-F7
Nürensdorf (CH) 775-K2
Nürnberger-Haus (A) 778-F7
Nus (I) 571, 799-M4
Nuskova (SLO) 784-F7
Nusplingen (D) Kr. Sigmaringen 762-B3
Nusplingen (D) Zollernalbkreis 761-M3
Nußbach (A) 768-D4
Nußbach (D) 761-G3
Nußbaum (D) 766-A3
Nussbaumen (CH) 761-L9
Nußberg (D) 764-F6
Nußdorf (A) Lienz 780-F9
Nußdorf (D) Bodenseekreis 762-C7
Nußdorf (D) Kr. Traunstein 766-D5
Nußdorf am Attersee (A) 767-K5
Nußdorf am Haunsberg (A) 767-G5
Nußdorf am Inn (D) 766-A7
Nusshof (CH) 774-D2
Nützling (A) 770-C1
Nuvilly (CH) 787-H1
Nuvolento (I) 803-L7
Nuvolera (I) 803-L7
Nüziders (A) 777-G5
Nyffenegg (CH) 774-D6
Nymphenburg (D) 765-G3
Nyon (CH) 786-D5

O

Ob (D) 764-B7
Obdach (A) 783-H5
Obelfing (D) 765-K3
Obenhausen (D) 763-K2
Oberaach (CH) 762-C9
Oberägeri (CH) 775-K6
Oberaha (D) 760-F6
Oberaich (A) Bruck an der Mur 783-L1
Oberaich (A) Spittal an der Drau 781-K9
Oberaichwald (A) 796-C3
Oberallach (A) 795-K1
Oberalm (A) 767-H7
Oberalmlach (A) 781-L9
Oberalpfen (D) 761-G8
Oberaltenweg (D) 761-G5
Oberalting (D) 764-F4
Oberammergau (D) 88, 89, 90, 91, 659, 764-E9
Oberaschbach (A) 769-G2
Oberau-Wildschönau (A) 695, 779-M2
Oberau (D) Kr. Berchtesgadener Land 767-G8
Oberau (D) Kr. Garmisch-Partenkirchen 95, 218, 219, 764-E9
Oberau (I) 793-G4
Oberaudorf (D) 114, 115, 659, 766-A8
Oberauerbach (D) 763-L4
Oberauerling (A) 783-J6
Oberauersbach (A) 784-D7
Oberaurach (A) 780-C2
Oberbaldingen (D) 761-K5
Oberbalm (CH) 773-M8
Oberbalzheim (D) 763-J3
Oberbayern (D) 98
Oberberg (A) 795-H1
Oberbergen (A) Grein 769-H1
Oberbergen (A) Markt Allhau 785-G2
Oberbergen (A) St. Michael im Burgenland 785-H4
Oberbergen (D) Kr. Breisgau-Hochschwarzwald 760-C3
Oberbergen (D) Kr. Landsberg 764-D4
Oberbergkirchen (D) 766-B1
Oberbergla (A) 783-M9
Oberbeuren (D) 764-A6
Oberbiberg (D) 765-H5
Oberbichl (A) 784-A5
Oberbichtlingen (D) 762-B5
Oberbinnwang (D) 763-K6
Oberbipp (CH) 774-C4
Oberbleichen (D) 763-L2
Oberboden (A) 782-C9
Oberböllen (D) 760-D7
Oberbottigen (CH) 773-M8
Oberbözberg (CH) 775-G2
Oberbozen (I) 492, 493, 740
Oberbränd (D) 761-H5
Oberbrunn (A) 767-K2
Oberbrunn (D) Kr. München 764-F4
Oberbrunn (D) Kr. Traunstein 766-C5
Oberbrunnern (A) 768-E3
Oberbrunnham (D) 766-D3
Oberbuch (D) 766-D4
Oberbuchen (D) 765-G7
Oberbuchsiten (CH) 774-D4
Oberbüren (CH) 776-B2
Oberburg (CH) 774-C7
Oberburgfried (A) 784-E7
Oberburgkirchen (D) 766-D2
Oberburgstallberg (A) 781-M7
Oberbütschel (CH) 774-A9
Oberdachsberg (A) 769-L3
Oberdambach (A) 768-E4
Oberdanegg (A) 770-F6
Oberdarching (D) 765-J6
Oberdiessbach (CH) 774-C9
Oberdießen (D) 764-C5
Oberdigisheim (D) 762-A3
Oberdill (D) Kr. München 765-G4
Oberdill (D) Kr. Ostallgäu 764-A9
Oberdischingen (D) 763-G1
Oberdöbernitzen (A) 795-J2
Oberdorf (A) 769-L9
Oberdorf (A) Bruck an der Mur 783-L1
Oberdorf (A) Heiligenkreuz am Waasen 784-C7
Oberdorf (A) Lavamünd 797-J2
Oberdorf (A) Neumarkt in Steiermarkt 782-F6
Oberdorf (A) Salzburg 767-H6
Oberdorf (A) Velden am Wörther See 796-C2
Oberdorf (A) Weißensee 331, 795-J1
Oberdorf (A) Weiz 784-C4
Oberdorf (A) Wiegen 782-F6
Oberdorf (CH) 774-F5
Oberdorf (CH) Basel-Landschaft 774-D3
Oberdorf (CH) Nidwalden 775-H8
Oberdorf (CH) Solothurn 774-B4
Oberdorf (CH) St. Gallen 776-C3
Oberdorf (D) Bodenseekreis 762-E9
Oberdorf (D) Kr. Fürstenfeldbruck 764-E2
Oberdorf (D) Kr. Konstanz 762-B8
Oberdorf (D) Kr. Oberallgäu 763-K9
Oberdorf (F) 774-A1
Oberdorf am Hochegg (A) 784-D6
Oberdorf bei Thannhausen (A) 784-C3
Oberdorf im Burgenland (A) 785-G3
Oberdörfl (A) Eberndorf 797-G3
Oberdörfl (A) St. Egyden 796-D3
Oberdörfl (A) St. Margareten im Rosental 782-C8
Oberdrauburg (A) 795-G1
Oberdrosen (A) 785-G7
Oberdrum (A) 780-E9
Oberdürnten (CH) 775-M4
Obere Au (A) 769-M8
Obere Bergen (A) 785-G3
Oberebersol (CH) 775-H5
Obere Biber-Alm (A) 777-K4
Obereching (A) 766-F4
Obere Draßnitz (A) 781-H9
Obereck (A) 771-G7
Obereck (D) 766-A7
Obere Flatschberg-Alm (I) 792-C4
Oberegg (CH) 776-E3
Oberegg (D) Kr. Günzburg 763-L1
Oberegg (D) Kr. Unterallgäu 763-M5
Oberegen (I) 524, 527, 740, 793-H6
Obereggenen (D) 760-C7
Oberegisee (A) 768-D2
Oberehrendingen (CH) 775-H2
Oberei (CH) 788-D1
Obereisenbach (D) 762-F8
Oberellegg (D) 763-L9
Oberembrach (CH) 775-K2
Oberems (CH) 788-C6
Oberengadin (CH) 33, 41, 452, 462, 464, 466, 468
Oberengstringen (CH) 775-J3
Oberentfelden (CH) 774-F3
Oberentzen (F) 760-A5
Obere-Palfau (A) 769-H7
Oberer Wienerweg (A) 768-D5
Obererlinsbach (CH) 774-F3
Oberes Gailtal (A) 332
Obereschach (D) 761-J3
Oberessendorf (D) 763-G5
Ober-Etrach (A) 782-C4
Oberfarrach (A) 783-J3
Oberfarrach (D) 766-A4
Oberfeistritz (A) 784-D3
Oberfeldkirchen (D) 766-C4
Oberfellach (A) 796-B2
Oberferlach (A) 796-C3
Oberfils (A) 768-A2
Oberfinning (D) 764-D4
Oberflachs (CH) 774-F2
Oberflacht, Seitingen- (D) 761-L4
Oberfladnitz (A) Weiz 784-C3
Oberfladnitzl (A) Fladnitz im Raabtal 784-E5
Oberföhring (D) 765-H3
Obergail (A) 794-F2
Obergaimberg (A) 780-F8
Obergebisbach (D) 760-E8
Obergeislbach (D) 765-L1
Obergermaringen (D) 764-B5
Obergessertshausen (D) 763-M2
Obergesteln (CH) 789-H4
Obergiblen (A) 777-L4
Obergiem (A) 784-E6
Oberglan (A) 796-D1
Oberglatt (CH) 775-J2
Oberglottertal (D) 760-F4
Obergnas (A) 784-E7
Obergoldbach (CH) 774-C7
Obergöriach (A) 796-D2
Obergösgen (CH) 774-E3
Obergossen (A) 783-G7
Obergottesfeld (A) 781-K9
Ober-Grafendorf (A) 770-B1
Obergrainau (D) 778-D2
Obergralla (A) 784-C8
Obergreith (A) 784-C4
Obergreutschach (A) 783-H9
Obergriesingen (D) 763-G2
Obergrünburg (A) 768-D4
Obergründberg (A) 768-E3
Obergschwend (D) 765-L7
Obergumtschach (A) 796-F3
Obergünzburg (D) 763-L6
Obergurgl (A) 177, 180, 181, 695, 778-D9
Oberhaching (D) 765-H4
Oberhafing (D) 766-D4
Oberhalbstein (CH) 452
Oberhall (A) 768-F8
Oberhallau (CH) 761-J8
Oberhasel (A) 771-H9

REGISTER

Oberhasli (CH) 775-J2
Oberhasling (D) 765-K6
Oberhaus (A) 781-M2
Oberhausen (D) Kr. Emmendingen 760-D2
Oberhausen (D) Kr. Landsberg 764-D5
Oberhausen (D) Kr. Neu-Ulm 763-K1
Oberhausen (D) Kr. Weilheim-Schongau 764-E7
Oberheischbach (A) 768-B3
Oberhelfenschwil (CH) 776-B3
Oberhenndorf (A) 785-G6
Oberhepschingen (D) 760-E7
Oberhergheim (F) 760-A5
Oberherrnhausen (D) 765-G6
Oberhocherenz (A) 768-C1
Oberhochstätt (D) 766-D6
Oberhof (A) 770-C6
Oberhof (CH) 774-F2
Oberhof (D) 760-F9
Oberhofen (CH) Aargau 760-F9
Oberhöfen (D) 763-G3
Oberhofen (D) Kr. Mühldorf am Inn 766-C1
Oberhofen (D) Kr. Oberallgäu 763-K7
Oberhofen (D) Kr. Ravensburg 762-F7
Oberhofen am Irrsee (A) 767-J5
Oberhofen am Thunersee (CH) 788-C2
Oberhofen bei Kreuzlingen (CH) Thurgau 762-C9
Oberhofen im Emmental (CH) Bern 774-C8
Oberhofen im Inntal (A) 778-E4
Oberhöflein (A) 770-F5
Oberhof-Schattseite (A) 782-D7
Oberhofsiedlung (A) 768-F8
Oberhof-Sonnenseite (A) 782-D7
Oberhöll (D) 760-F5
Oberholz (CH) 775-M4
Oberholzheim (D) 763-H2
Oberhömbach (A) 769-H3
Oberhörnbach (A) 769-H1
Oberhöslwang (D) 766-B5
Oberhünigen (CH) 774-C8
Oberhüseren (CH) 774-F7
Oberibach (D) 760-F7
Oberiberg (CH) 411, 718, 775-L7
Oberigling (D) 764-C4
Oberinn/Auna di Sopra (I) 793-G4
Oberjahring (A) 784-B8
Oberjettenberg (D) 766-E8
Oberjoch (D) 72, 74, 147, 659, 777-L1
Oberjostal (D) 761-G5
Oberkammlach (D) 763-L4
Oberkirch (CH) 774-F5
Oberkirchen (D) 764-A9
Oberkirnach (D) 761-H3
Oberkohlstätten (A) 785-H1
Oberkolbnitz (A) 781-J8
Oberkühberg (A) 770-D1
Oberkulm (CH) 774-F4
Oberkürnach (D) 763-K8
Oberkurzheim (A) 783-G4
Oberlaasen (A) 784-F8
Oberlabill (A) 784-C6
Oberlaindern (D) 765-J6
Oberlamm (A) 784-F6
Oberland (A) 769-H5
Ober Längenfeld (A) 778-D6
Oberlappach (D) 764-F2
Oberlarg (F) 773-L2
Oberlatein (A) 783-M9
Oberlauchringen (D) 761-H9
Oberlaus (D) 765-K5
Oberlech (A) 777-J5
Oberlehen (D) 760-F7
Oberleibnig (A) 780-E8
Ober Leins (A) 778-B5
Oberleiten (A) 769-J2
Oberlengdorf (A) 782-B1
Oberlienz (A) 780-E9
Oberlimbach (A) 784-F3
Oberlinach (D) 761-G4
Oberlöchlers (D) 764-B7
Oberloisdorf (A) 771-J9
Oberlugnitz (A) 784-F2
Oberlunkhofen (CH) 775-H4
Obermaiselstein (D) 80, 81, 777-K2
Obermarchtal (D) 762-E2
Obermatt (CH) 775-H9
Obermauer (A) 780-C7
Obermeckenbeuren (D) 762-E8
Obermeitingen (D) Kr. Augsburg 764-C3
Obermettingen (D) Kr. Waldshut 761-H8
Obermettlen (CH) 773-M8
Obermieger (A) 796-F2
Obermillstadt (A) 781-L9
Oberminathal (A) 767-H3
Oberminseln (D) 760-D9
Obermitterbach (A) 770-B4
Obermöllenbronn (D) 762-F5
Obermonten (CH) 787-L1
Obermoos (A) 778-D2
Obermöschach (A) 795-J2
Obermühlbach (A) 782-F9
Obermuhlern (CH) 774-A8
Obermühlham (A) 767-J4
Obermühlhausen (D) 764-D5
Obermumpf (CH) 774-E1
Obermünstertal (D) 760-D6
Obern (A) 778-E3
Obernach (D) 764-F9
Obernau (CH) 775-G7
Obernberg am Brenner (A) 196, 779-G7
Obernberger Tribulaun (I) 496
Oberndorf (A) Gschwand 768-B4
Oberndorf (A) Kiefersfelden 766-A9
Oberndorf (D) Kr. Mühldorf am Inn 765-L4
Oberndorf (D) Kr. Mühldorf am Inn 766-A2
Oberndorf (D) Kr. Sigmaringen 762-B6
Oberndorf an der Melk (A) 769-L3
Oberndorf bei Salzburg (A) 766-F5
Oberndorf bei Schwanenstadt (A) 767-M3
Oberndorf in Tirol (A) 780-C1
Oberndorf Kr. Rottweil (D) 761-K1
Oberneuching (D) 765-K2
Oberneufnach (D) 763-M3
Oberneukirchen (D) 766-C2
Oberneunforn (CH) 761-L9
Obernheim (D) 761-M3
Obernitschaberg (A) 784-D4
Oberönz (CH) 774-C5
Oberopfingen (D) 763-J4
Oberornau (D) 766-A2
Oberort (A) Gurktal 782-D8
Oberort (A) Pichl 769-K8
Oberösch (CH) 774-C6
Oberostendorf (D) 764-B5
Oberösterreich (A) 270, 272, 294
Oberottmarshausen (D) 764-C2
Ober Peischlach (A) 780-D8
Oberperfuss (A) 188, 191, 695, 778-F4
Oberpetersdorf (A) 771-H7
Oberpettnau (A) 778-E4
Oberpfaffenhofen (D) 764-F4
Oberpframmern (D) 765-K4
Ober-Piesting (A) 770-F4
Oberpilsbach (A) 767-L3
Oberpinswang (A) 778-B1
Oberpinzgau (A) 41, 45, 258, 260
Oberpirkbach (A) 795-G1
Oberplanken/Planka di Sopra (I) 780-B9
Oberpodgoria (A) 785-H2
Oberprätis (A) 784-D2
Oberprechtal (D) 761-G2
Oberpreitenegg (A) 783-K7
Oberpullendorf (A) 771-J8
Oberpurkla (A) 784-F8
Oberrabnitz (A) 771-H8
Oberrackitsch (A) 784-D8
Oberradl (A) 770-A1
Oberragnitz (A) 784-C7
Oberrammingen (D) 763-M4
Oberramsern (CH) 774-B6
Oberrasen/Rasun di Sopra (I) 793-M1
Oberregau (A) 767-L4
Oberreggen (I) 525
Oberreit (A) 780-F3
Oberreithen (D) 764-C8
Oberreitnau (D) 762-F9
Oberrettenbach (A) 784-D4
Oberreute (D) Kr. Emmendingen 760-D3
Oberreute (D) 69, Kr. Lindau 763-H9
Oberrhena (D) 762-C6
Oberrickenbach (CH) 417, 418, 775-H8
Oberried (A) 778-D6
Oberried (CH) Bern 788-A5
Oberried (CH) Fribourg 787-L1
Oberried (D) Kr. Breisgau-Hochschwarzwald 760-E5
Oberried (D) Kr. Günzburg 763-K2
Oberried am Brienzer See (CH) 359, 788-E2
Oberrieden (CH) 775-K4
Oberrieden (D) 763-L4
Oberriedgarten (D) 763-G7
Oberriet (CH) 776-E4
Oberrimsingen (D) 760-C5
Oberrindal (CH) 776-B3
Oberrohr (A) 784-F3
Oberrohr (D) 763-L2
Oberrohrbach (A) 783-K6
Oberrohrdorf (CH) 775-H2
Oberroidham (D) 766-E4
Oberroth (D) Kr. Dachau 764-F1
Oberroth (D) Kr. Neu-Ulm 763-K3
Oberrotweil (D) 760-C3
Oberrussenried (D) 762-F8
Oberrüti (CH) 775-H5
Obersaasheim (F) 760-C4
Obersacherberg (A) 784-F5
Obersafen (A) 784-F2
Obersalzberg (D) 123, 767-G8
Obersammelsdorf (A) 797-G2
Obersaxen (CH) 440, 441, 442, 443, 718
Oberschaffhausen (D) 760-D4
Oberschan (CH) 776-E6
Ober-Scharten (A) 768-C1
Oberschauersberg (A) 768-B2
Oberscheffau (A) 268
Oberscherli (CH) 774-A8
Oberschleißheim (D) 765-H2
Oberschlierbach (A) 768-D5
Oberschmeien (D) 762-B3
Oberschmidbach (A) 769-M2
Oberschnadt (A) 768-D2
Oberschöckel (A) 784-B4
Oberschönau (D) 767-G8
Oberschöneberg (D) 763-M1
Oberschönegg (D) 763-K3
Oberschönenfeld (D) 764-B1
Oberschongau (CH) 775-G4
Ober-Schongau (CH) 775-G4
Oberschrot (CH) 787-L1
Oberschütt (A) 796-A3
Oberschützen (A) 785-G1
Oberschwandorf (D) 762-A5
Oberschwarza (A) 784-D9
Oberschwarzach (D) 763-H5
Oberschwarzenberg (D) 763-M8
Oberschwarzhalden (D) 761-G7
Oberschweinbach (D) 764-E2
Obersdorf (A) 768-B9
Oberseehütte (A) 780-B8
Obersiggenthal (CH) 775-H2
Obersiggingen (D) 762-D7
Obersöchering (D) 764-F7
Oberspitz (A) 784-E8
Oberspitzenbach (D) 760-F2
Oberstadion (D) 762-F3
Oberstadl (A) 784-C4
Oberstallbach (A) 768-E2
Oberstammheim (CH) 761-L9
Oberstaufen (D) 68, 69, 659, 777-J1
Oberstdorf (D) 37, 45, 51, 53, 61, 76, 78, 79, 80, 81, 660, 777-K3
Obersteckholz (CH) 774-D5
Obersteinach (CH) 776-D2
Obersteinbach (D) 104, 765-G8
Obersteinberg (CH) 788-D4
Oberstenweiler (D) 762-D7
Oberstetten (D) Kr. Biberach 763-H4
Oberstocken (CH) 788-B2
Oberstorcha (A) 784-D6
Obersulgen (D) 762-F8
Obersulmetingen (D) 763-G2
Obertal (A) 779-F7
Obertal (D) 760-F3
Obertall/Tall di Sopra (I) 792-F2
Obertauern (A) 282, 696, 781-L4
Obertaufkirchen (D) 766-B1
Oberteisendorf (D) 766-E6
Oberterzen (CH) 776-C6
Oberteuringen (D) 762-E8
Oberthal (CH) 774-C8
Oberthalhofen (D) 777-K2
Oberthambach (A) 768-B2
Oberthan (A) 768-B2
Oberthann (A) 783-H4
Oberthingau (D) 763-M7
Obertiefenbach (A) Hartberg 784-E3
Obertiefenbach (A) Kaindorf 784-D4
Obertiefenbach (A) Riegersburg 784-F5
Obertiefenbach (A) St. Pölten 770-C1
Obertiefental (D) 763-G7
Obertilliach (A) 332, 333, 794-E2
Obertöllern (A) 796-F3
Obertraun (A) 270, 271, 767-M9
Obertrixen (A) 783-G9
Obertrum am See (A) 767-G5
Obertrumm (A) 784-A3
Obertschern (A) 782-A9
Obertweng (A) 782-A9
Oberuhldingen (D) 762-C8
Oberumbach (D) 764-E1
Oberurnen (CH) 776-B6
Oberuzwil (CH) 776-B2
Obervellach (A) 331, 342, 343, 795-K2
Obervierschach/Versiaco di Sopra (I) 794-B2
Obervogau (A) 784-C9
Oberwachingen (D) 762-F2
Oberwalchen (D) 766-D5
Oberwald (A) 783-L6
Oberwald (CH) Bern 774-D6
Oberwald (CH) Valais 398, 399, 789-H4
Oberwalder Haus (A) 780-E6
Oberwaldhausen (D) 762-E6
Oberwallern (A) 768-E4
Oberwaltersdorf (A) 771-G3
Oberwang (A) 767-K5
Oberwangen (CH) Thurgau 776-A2
Oberwangen (D) 761-H7
Oberwangen bei Bern (CH) Bern 773-M8
Oberwarming (A) 780-D2
Oberwarngau (D) 765-J6
Oberwart (A) 785-G2
Oberweg (A) 783-G5
Oberweidach (A) 778-E3
Oberweikertshofen (D) 764-E2
Oberweilbach (D) 765-G1
Oberweiler (D) 760-C6
Ober Weißburg (A) 781-L5
Oberweißenbach (A) 784-E6
Oberwellbach (A) 781-H7
Oberweng (A) 768-E7
Oberweningen (CH) 775-H2
Oberwernberg (A) 796-C2
Oberweschnegg (D) 761-G8
Oberwiesenbach (D) 763-L1
Oberwietingberg (A) 783-G7
Oberwihl (D) 760-F9
Oberwil (CH) Basel-Landschaft 774-B1
Oberwil bei Büren (CH) 773-M5
Oberwil bei Zug (CH) Zug 775-J5
Oberwilen (CH) 775-G9
Oberwil im Simmental (CH) 350, 787-M2
Oberwil-Lieli (CH) 775-H3
Oberwilzingen (D) 762-E2
Oberwinden (D) 760-F3
Oberwinklern (A) 796-C2
Oberwölfern (A) 768-E3
Oberwöllan (A) 782-B9
Oberwollanig (A) 796-B2
Oberwölz Stadt (A) 782-E4
Oberwössen (D) 119, 766-C8
Oberzeillern (A) 769-H2
Oberzeiring (A) 782-F3
Oberzeismering (D) 764-F6
Oberzeitlarn (D) 766-D3
Oberzell (D) Kr. Konstnaz 762-B8
Oberzell (D) Kr. Ostallgäu 764-B6
Oberzell (D) Kr. Ravensburg 762-E7
Oberzirknitz (A) 784-D7
Obfelden (CH) 775-H4
Obgrün (A) 784-E4
Obing (D) 766-C4
Öblarn (A) 307, 311, 782-C1
Oblizza (I) 795-M8
Obrekar (SLO) 796-C8
Obrežje (SLO) 797-M7
Obrne (SLO) 796-D6
Obsee (CH) 788-F1
Obstalden (CH) 430, 776-B6
Obstanser See-Hütte (A) 794-D2
Obsteig (A) 697, 778-D4
Obsweyer (A) 769-G5
Obtarrenz (A) 778-C4
Obwals (A) 778-B6
Occagno (I) 802-B2
Occhieppo (I) 800-E6
Occimiano (I) 811-L3
Ochenburg (A) 770-C2
Ocherling (A) 782-C5
Ochlenberg (CH) 774-D5
Ochsattel (A) 770-C4
Ochsenbach (A) 769-K2
Ochsenbach (D) 762-D6
Ochsendorf (A) 797-G1
Ochsenhausen (D) 763-H4
Ochsner-Haus (A) 780-E6
Ockert (A) 769-L2
Odalengo Grande (I) 811-J3
Odalengo Piccolo (I) 811-J3
Odecla (I) 791-L9
Odelsham (D) 766-A4
Odelzhausen (D) 764-E1
Ödenpullach (D) 765-H5
Oderding (D) 764-E7
Oderzo (I) 806-D4
Ödlitz (A) 770-F3
Odogno (CH) 789-M9
Ódolo (I) 803-L5
Oed (A) Amstetten 769-H1
Oed (A) Waldegg 770-E4
Oedenstockach (D) 765-J3
Oedgegend (A) 769-M3
Oed-Oehling (A) 769-G2
Oedt (A) Lebring 784-C7
Oedt (A) Traun 768-D1
Oedt bei Feldbach (A) 784-E6
Oensingen (CH) 774-C4
Oerlikon (CH) 775-J3
Oerlingen (CH) 761-K9
Oeschenbach (CH) 774-D6
Oeschgen (CH) 774-F1
Oeschinensee (CH) 348, 788-C4
Oeschseite (CH) 787-M4
Oetwil am See (CH) 775-L4
Oetwil an der Limmat (CH) 775-H2
Oetz (A) 178, 179, 180, 697, 778-C5
Oey (CH) 788-B2
Oeynhausen (A) 771-G3
Ofenbach (A) 771-G6
Ofenbach (A) Erlach 785-G5
Ofenbach (A) Wieselburg 769-L2
Ofenegg (A) 771-G9
Offanengo (I) 802-F8
Offenhausen (A) 768-A2
Offenseealm (A) 768-A7
Offingen (D) 762-E3
Offlaga (I) 803-J8
Offling (D) 766-C4
Offnadingen (D) 760-D5
Öfingen (D) 761-K5
Öflingen (D) 760-E9
Oftering (A) 768-C1
Ofteringen (D) 761-H8
Ofterschwang (D) 78, 660, 777-K2
Oftringen (CH) 774-E4
Oga (I) 791-L5
Ogens (CH) 787-G1
Oggau am Neusiedler See (A) 771-K4
Oggebbio (I) 801-K1
Oggelsbeuren (D) 762-F3
Oggelshausen (D) 762-F4
Oggiona con S.Stéfano (I) 801-L5
Oggiono (I) 802-C4
Ogliánico (I) 800-B9
Ogliano (I) 806-C2
Ognato (I) 803-J7
Ognissanti (I) 804-D8
Öhling, Oed- (A) 769-H2
Ohlsdorf (A) 767-M4
Ohlstadt (D) 764-F9
Ohmstal (CH) 774-E5
Ohnenheim (F) 760-B2
Ohnhülben (D) 762-D2
Öhningen (D) 761-M8
Ohrensbach (D) 760-E4
Oia (I) 810-E6
Oira (I) 789-G8
Oisching (A) 769-L6
Oiselay-et-Grachaux (F) 772-B2
Oisnitz (A) 784-A7
Okrog (SLO) 797-L9
Olang/Valáora (I) 508, 509, 511, 740, 793-M1
Olanger Kindersommer (I) 510
Olántreghe (I) 794-B6
Olbendorf (A) 785-G3
Olbersdorf (A) 770-F7
Olbicella (I) 815-M1
Olcella (I) 801-L6
Olcenengo (I) 801-G8
Olching (D) 764-F2
Olcio (I) 802-C2
Olda (I) 802-E3
Oldésio (I) 804-B4
Oléggio (I) 801-J6
Oléggio Castello (I) 801-J4
Óleis (I) 795-K9
Olera (I) 802-F4
Oleyres (CH) 773-K8
Olgia (I) 789-J8
Olgiasca (I) 790-C9
Olgiate Com. (I) 801-M4
Olgiate Molgora (I) 802-D5
Olgiate Ol. (I) 801-L6
Olginàsio (I) 801-K3
Olginate (I) 802-D4
Olgishofen (D) 763-K3
Oliero (I) 805-J3
Oliosi (I) 804-C8
Olivè (I) 804-E7
Olivetta (I) 814-D8
Olivetta-San Michele (I) 814-D8
Olivi (I) 806-B1
Olívola (I) 811-K4
Olivone (CH) 402, 789-M4
Ölkam (A) 768-E1
Ölkofen (D) 762-D4
Ollans (F) 772-D2
Ollarzried (D) 763-L6
Olle (I) 805-H1
Ollersdorf im Burgenland (A) 785-G3
Ölling (A) 768-B4
Ollomont (I) 799-L3
Ollon (CH) 787-J6
Olme (I) 806-B6
Olmi (I) 806-C5
Olmo (I) Lombardia, Bréscia 803-K9
Olmo (I) Lombardia, Sondrio 790-D6
Olmo (I) Véneto, Venezia 806-B7
Olmo (I) Véneto, Vicenza 805-H7
Olmo (I) Véneto, Vicenza, Bassano del Grappa 805-K3
Olmo al Brembo (I) 802-F2
Olmo Gentile (I) 811-J9
Olperer (A) 209
Olsa (A) 782-F7
Olsach (A) 781-L9
Olsberg (CH) 774-D1
Olschnögg (A) 782-E7
Olševek (SLO) 797-G6
Olten (CH) 774-E3
Oltigen (CH) 773-L7
Oltingen (CH) 774-E2
Oltingue (F) 773-M1
Oltre il Colle (I) 802-F3
Oltrecastello (I) 792-E9
Oltris (I) 794-F5
Oltrona (I) 801-K3
Oltrona di S. Mamette (I) 801-M4
Olzreute (D) 762-F3
Ombrena (I) 794-F7
Ombriano (I) 802-E9
Ombriano di M. (I) 803-K4
Ome (I) 803-J6
Omegna (I) 565, 566, 801-H3
Omersbach (D) 760-E1
Onach/Onies (I) 793-K2
Onans (F) 773-G1
Onay (F) 772-A7
Oncedis (I) 795-H6
Oncino (I) 810-A7
Ondres (F) 813-H5
Oneta (I) 803-G3
Onex (CH) 786-B7
Ongarie (I) 806-A5
Ongles (F) 812-A5
Onglières (F) 772-B9
Onies/Onach (I) 793-K2
Onigo (I) 805-L3
Onnens (CH) Fribourg 787-K1
Onnens (CH) Vaud 773-G8
Onnion (F) 786-E7
Onno (I) 802-C2
Ono Degno (I) 803-L4
Onore (I) 803-H3
Ono S. Pietro (I) 803-L1
Onstmettingen (D) 762-A1
Ontagnano (I) 807-J2
Onzato (I) Lombardia, Bréscia 803-J7
Onzato (I) Lombardia, Bréscia 803-J7
Onzo (I) 815-H6
Opale (SLO) 796-E9
Opatje Selo (SLO) 807-M3
Ópera (I) 802-C8
Opfenbach (D) 763-G9
Opferdingen (D) 761-J6
Opfershofen (CH) 762-C9
Opfertshofen (CH) 761-K7
Opfikon (CH) 775-K2
Opfingen (D) 760-D4
Öpfingen (D) 763-G1
Oppenberg (A) 768-E9
Oppens (CH) 787-G1
Oppi (I) 805-G9
Oppligen (CH) 774-B9
Opponitz (A) 769-H5
Opreno (I) 802-E4
Ora/Auer (I) 548, 792-F6
Oraison (F) 812-C7
Orange (F) 786-D9
Orasso, Cùrsolo- (I) 789-J9
Orbassano (I) 810-D4
Orbe (CH) 786-F1
Orbessy (F) 798-A2
Orchamps-Vennes (F) 772-F5
Orcier (F) 786-E6
Orcières-Merlette (F) 589, 808-F7
Orco-Feglino (I) 815-K4
Oregne (I) 793-M8
Orehek (SLO) 796-C8
Orehovlje (SLO) 807-M2
Orelle (F) 809-H1
Oreno (I) 802-C6
Orezzo (I) 803-G4
Orfengo (I) 801-J8
Orges (CH) 772-F9
Orgiano (I) 805-H9
Orgnano (I) Friuli-Venézia Giúlia 807-J1
Orgnano (I) Véneto, Venezia 806-A7
Orgnano (I) Véneto, Verona 804-F8
Orgnese (I) 794-F8
Oriago (I) 806-B7
Oriano (I) 801-K4
Origlio (CH) 801-M1
Orino (I) 801-K3
Orio al Sério (I) 802-F5
Òrio Can. (I) 800-D9
Oriolo (I) 803-L6
Oris-en-Rattier (F) 808-C4
Orle (SLO) 797-H9
Orlek (SLO) 797-K8
Ormalingen (CH) 774-E2
Ormaret (F) 798-F2
Ormea (I) 815-G5
Ormelle (I) 806-D4
Ormenans (F) 772-D1
Ormône (CH) 787-M7
Ornago (I) 802-D6
Ornans (F) 772-C5
Ornavasso (I) 801-H2
Ornding (A) 769-L1
Ornica (I) 802-E2
Ornon (F) 808-D3
Orny (CH) 786-F2
Oron-la-Ville (CH) 787-H3
Oron-le-Châtel (CH) 787-H3
Oropa (I) 800-E5
Orpierre (F) 812-A2
Orpund (CH) 773-M5
Orsago (I) 806-C2
Orsans (F) 772-E4
Orsar Bórmida (I) 811-L7
Orsária (I) 795-K9
Orschweier (D) 760-D1
Orschwiller (F) 760-A2
Orsenhausen (D) 763-H2
Orsenigo (I) 802-B4
Orsières (CH) 787-K9
Orsingen-Nenzingen (D) 762-A6
Orsio (I) 800-D3
Orsolina (I) 794-C3
Orsonnens (CH) 787-J1
Ort (A) 768-E3
Ort (D) 765-G8
Orta S. Giulio (I) 801-H3
Ortereralm (D) 765-H9
Ortesei (I) 791-K6
Orthof (A) 770-D7
Orthofen (D) Kr. Dachau 764-F1
Orthofen (D) Kr. Ebersberg 765-K4
Ortise (I) 792-C6
Ortler (I) 481
Ortlerblick (I) 792-A3
Ortler-Region (I) 480, 482
Ortmann (A) 770-E4
Ortmühl (A) 769-K4
Ortovero (I) 815-H6
Ortschwaben (CH) 774-A7
Ortsee (A) 328
Orüti (CH) 775-M3
Orve (F) 772-F3
Orvegno (I) 814-D7
Orvin (CH) 773-L5
Orzano (I) 795-K9
Orzens (CH) 787-G1
Orzinuovi (I) 803-H8
Orzivecchi (I) 803-H8
Osasco (I) 810-B5
Osasio (I) 810-E5
Oschenitzen (A) 797-H1
Oschiena (I) 811-J1
Oschwand (CH) Burgdorf/Bern 774-C5
Oschwand (CH) Ochlenberg/Bern 774-C7

Osco (CH) 789-L4
Osíglia (I) 815-J4
Osigo (I) 802-C3
Osio Sopra (I) 802-E6
Osio Sotto (I) 802-E6
Oslip (A) 771-K4
Osmate (I) 801-K4
Osnabrücker Hütte (A) 781-J6
Osnago (I) 802-D5
Osogna (CH) 790-A6
Osojnica (SLO) 796-D9
Osoppo (I) 795-H7
Ospedaletti (I) Véneto, Treviso 804-E4
Ospedaletti (I) Véneto, Verona 814-E9
Ospedaletto (I) Trentino-Alto Ádige 805-H1
Ospedaletto (I) Véneto 804-C7
Ospedaletto (I) Véneto 805-M5
Ospitale di Brenta (I) 805-K6
Ospitale di Cadore (I) 794-B6
Ospitaletto (I) 803-J7
Ospizio (I) 792-A7
Ossana (I) 792-B7
Ossario (I) Véneto, Treviso 806-B3
Ossario (I) Véneto, Verona 804-C8
Ossário di Rávere (I) 804-A8
Ossasco (CH) 789-J4
Osse (F) 772-D4
Osselle (F) 772-A5
Ossiach (A) 336, 337, 796-C2
Ossiacher See (A) 63, 334, 336
Óssimo-Inf. (I) 803-K2
Ossingen (CH) 761-L9
Ossona (I) 801-M7
Ossuccio (I) 562, 802-B2
Osswald-von-Wolkenstein-Ritt, Völs (I) 522
Ostallgäu (D) 82
Ostana (I) 810-A7
Ost. del Términe (I) 805-G2
Ostdorf (D) 761-M1
Osterberg (D) 763-K3
Osterfingen (CH) 761-J8
Ostergau (CH) 775-G6
Osterhofen (D) Kr. Miesbach 115, 765-L8
Osterhofen (D) Kr. Ravensburg 763-G5
Osterhofen (D) Kr. Weilheim-Schongau 765-H6
Osterhorngruppe (A) 266
Osteria (I) 806-C1
Osterlauchdorf (D) 763-M5
Ostermanigen (CH) 773-L7
Ostermiething (A) 766-F4
Ostermuhre (A) 778-D5
Ostermünchen (D) 765-L5
Ostermundingen (CH) 774-B7
Osterwarngau (D) 765-J6
Osterwitz (A) 783-L7
Osterzell (D) 764-B6
Ostheim (F) 760-A2
Ostin (D) 765-J7
Östlicher Chiemgau (D) 120
Ostrach (D) 72, 762-D5
Ostriach (A) 796-C2
Ostschweiz (CH) 422, 424, 428, 430, 432
Osttirol (A) 232
Oswaldgraben (A) 783-K4
Oswald-Hütte (A) 781-H7
Otalež (SLO) 796-D8
Otelfingen (CH) 775-H2
Othmarsingen (CH) 775-G3
Ötlingen (D) 760-C8
Otovci (SLO) 785-G7
Ötscher (A) 300, 301
Ötschergräben (A) 300
Ötscherland (A) 300
Ottacker (D) 763-L9
Ottava Presa (I) 807-G5
Ottenbach (CH) 775-H4
Ottenberg (A) 784-C9
Ottendichl (D) 765-J3
Ottendorf (A) 767-G3
Ottendorf (A) Strengberg 769-G2
Ottendorf an der Rittschein (A) 784-E5
Ottenhausen (A) 767-G3
Ottenhofen (D) 765-K2
Ottenhusen (CH) 775-H5
Ottenleuebad (CH) 787-M1
Otterfing (D) 765-J5
Otterloh (D) 765-J4
Otternitz (A) 784-A8
Ottershausen (D) 765-H1
Otterswang (D) Kr. Biberach 762-F5
Otterswang (D) Kr. Sigmaringen 762-C5
Otterthal (A) 770-E7
Ottíglio (I) 811-K3
Ottikon (CH) Gossau/Zürich 775-L4
Ottikon bei Kemptthal (CH) 775-L2
Otting (A) 795-G1
Otting (D) 766-E5
Ottiswil (CH) 773-M6
Ottmanach (A) 782-F9
Ottmannshofen (D) 763-J6
Ottmarsheim (F) 760-B7
Ottnang am Hausruck (A) 767-L3
Ottobeuren (D) 763-K5
Ottobrunn (D) 765-J4
Ottone-Brentari-Klettersteig (I) 540
Ottsdorf (A) Kirchdorf an der Krems 768-C5
Ottstorf (A) Wels 768-C2
Ottwangen (D) 760-D9
Ötzidorf (A) 179
Ötztal (A) 49, 55, 59, 176, 177, 178, 179, 180, 181, 778-C5
Ötztaler Alpen (A) 168
Ouchy (CH) 786-F4
Ougney-Douvot (F) 772-D3
Ouhans (F) 772-D7
Oulens sous-Echallens (CH) 787-G2
Oulens sur-Lucens (CH) 787-H2
Oulles (F) 808-D3
Oulx (I) 809-K3
Outrechaise (F) 798-D4
Outschena (A) 796-C3
Ouvans (F) 772-F4
Ovada (I) 811-M8
Ovanengo (I) 803-H8
Ovaro (I) 795-G4
Ova Spin (CH) 791-K2
Ovedasso (I) 795-J5
Ovíglia (I) 811-G4
Ovíglio (I) 811-L6
Ovronnaz (CH) 787-K7
Owingen (D) 762-C7
Oy (D) 75
Oyace (I) 799-M3
Oye-et-Pallet (F) 772-E8
Oy-Mittelberg (D) 660, 763-M8
Oz (F) 808-D2
Oz en Oisans (F) 584
Oze (F) 808-B9
Ozegna (I) 800-C8
Ozein (I) 799-K5
Ozzano Monf. (I) 811-K3
Ózzero (I) 801-M8

P

Paal 782-6 (A)
Paalsdorf (A) 784-E5
Pabing (A) 767-G5
Pacengo (I) 804-B7
Pacha (A) 770-D9
Pachfurth (A) 771-L2
Pachschallern (A) 768-E3
Pack (A) 783-K6
Padaro (I) 804-C2
Pademello (I) 803-H9
Padenghe sul Garda (I) 803-M7
Padergnone (I) 804-D1
Paderno (I) Friuli-Venézia Giúlia 795-L9
Paderno (I) Véneto, Belluno 793-M8
Paderno (I) Véneto, Treviso 806-B4
Paderno d'Adda (I) 802-D5
Paderno del Grappa (I) 805-L3
Paderno Dugnano (I) 802-B6
Paderno Franciacorta (I) 803-J6
Pàdola (I) 794-D3
Pádova (I) 805-L8
Padri (I) 805-G4
Paesana (I) 810-B7
Paese (I) 806-B5
Paganella (I) 51, 542, 543
Paganin (F) 814-D6
Pagazzano (I) 802-F7
Paghera (I) 803-L2
Pagig (CH) 790-F1
Pagliate (I) 801-J8
Pagnacco (I) 795-J8
Pagnano (I) 805-L3
Pagno (I) 810-C8
Pagnona (I) 790-D9
Pagnoncini (CH) 791-J7
Pagnoz (F) 772-A7
Pähl (D) 764-E6
Pai (I) 804-B5
Paierdorf (A) 783-K9
Paildorf (A) 783-J8
Pailly (CH) 787-G2
Paina (I) 802-B5
Pairana (I) 802-C9
Paisco (I) 791-K9
Paitone (I) 803-L6
Pala (I) 548
Paladina (I) 802-E5
Pala-Gruppe (I) 548
Palais Audiffredi (I) 814-D2
Palanfrè (I) 814-C4
Palanzo (I) 802-B3
Palazzago (I) 802-E4
Palazzi Revedin (I) 806-D4
Palazzina (I) 804-D8
Palazzo (I) 811-G5
Palazzo del Comando (I) 804-B8
Palazzo della Magnifica Communità (I) 548
Palazzolo (I) 804-C8
Palazzolo d. Stella (I) 807-H3
Palazzolo sull' Óglio (I) 803-G6
Palazzolo Vercellese (I) 811-J2
Palazzo Moneta (I) 804-F8
Palazzo Pignano (I) 802-E8
Palbersdorf (A) 769-L8
Paldau (A) 784-E6
Palermo (I) 810-F6
Palestro (I) 801-J9
Palézieux-Gare (CH) 787-H3
Palézieux-Village (CH) 787-H3
Palfau (A) 769-H7
Palfnerscharte (A) 277
Pallanza (I) 801-J2
Pallanzeno (I) 789-G9
Pállare (I) 815-J3
Pallarea (I) 815-G4
Pallaretto (I) 815-H3
Palline (I) 803-J2
Palling (D) 766-D4
Pallon (F) 809-H6
Pallud (F) 798-D4
Palmanova (I) 807-K2
Palmsdorf (A) 768-A4
Palo (I) 815-L1
Palosco (I) 803-G6
Palse (I) 806-E2
Palsweis (D) 764-F2
Palten (A) 768-D5
Palting (A) 767-H4
Palù (I) Friuli-Venézia Giúlia 792-E8
Palù (I) Trentino-Alto Ádige 804-E9
Paludea (I) 795-G7
Palù del Férsina (I) 793-G8
Paludi (I) 794-C8
Paludon (I) 795-G7
Paluello (I) 805-M8
Paluzza (I) 795-H4
Palzo. Presudin (I) 794-D8
Pamhagen (A) 771-M6
Pampaluna (I) 807-J3
Pamparato (I) 815-G4
Pampeago (I) 793-H6
Pampigny (CH) 786-E3
Pancalieri (I) 810-D6
Pance (SLO) 797-H9
Panchià (I) 793-H7
Pandino (I) 802-E8
Panello del Lar. (I) 790-C9
Panevéggio (I) 793-J6
Panex (CH) 787-J6
Pang (D) 765-M6
Panigai (I) 806-E3
Panoramazug (CH) 345
Pantasina (I) 815-G7
Pantigliate (I) 802-D8
Pany (CH) 777-G8
Panzane (I) 793-K8
Paolório (I) 810-F7
Paparino (I) 807-L3
Paparotti (I) 795-J9
Papenberg (A) 782-M7
Papferding (D) 765-L1
Parabiago (I) 801-M6
Paradies (A) 768-F8
Paradiže (SLO) 796-E9
Parapatitschberg (A) 785-H2
Parático (I) 803-H5
Parc la Mutta (CH) 447
Parchines/Partschins (I) 792-E2
Parco Giardino (I) 804-B8
Parco Giardino Allomíncio (I) 804-B8
Pardöll (A) 777-L6
Parè (I) Lombardia 801-M4
Parè (I) Véneto 806-B3
Parella (I) 800-C8
Paréssine (I) 806-E3
Pareto (I) 815-K1
Parfußwirt (A) 783-L8
Parlasco (I) 802-D1
Parndorf (A) 771-L2
Paroldo (I) 815-H2
Parona di Valpolicella (I) 804-D7
Parpan (CH) 451, 790-E1
Parre (I) 803-H3
Parrocchia (I) 814-B1
Parsberg (D) 765-K7
Parsch (A) 767-G6
Parschallen (A) 767-K6
Parschlug (A) 769-M9
Parsdorf (D) 765-K3
Parstogn (CH) 790-D1
Partenen (A) 138, 140, 141, 697, 777-J8
Partenkirchen, Garmisch- (D) 778-E2
Partidor (I) 794-E8
Partnachklamm (D) 95
Partnun (CH) 777-G7
Partschins/Parchines (I) 487, 488, 792-E2
Partschinser Wasserfall (I) 488
Paruzzaro (I) 801-J4
Parz (A) 767-H4
Parzánica (I) 803-H4
Pasa (I) 793-M9
Pascaretto (I) 810-C5
Paschera (I) 814-C2
Paschero (I) 810-C4
Páscoli (I) 794-A8
Pascolo (I) 801-H4
Pasian di Prato (I) 795-J9
Pasiano di Pordenone (I) 806-E3
Pasing (D) 765-G3
Paška Vas (SLO) 797-L5
Paški Kozjak (SLO) 797-M4
Pason (I) 804-F5
Paspardo (I) 791-L9
Paspels (CH) 790-D2
Pasquale (I) 815-H4
Pasquero (I) 814-E2
Passail (A) 316, 784-B3
Passarella (I) 806-E6
Passarella di Sotto (I) 806-E6
Passarera (I) 802-F9
Passariano (I) 807-H2
Passauer Haus (A) 780-E2
Passavant (F) 772-E4
Passeiertal (I) 39
Passerano (I) 811-G3
Passering (A) 782-F8
Passionsspielhaus (D) 91
Passirano (I) 803-H6
Passo della Fobbiola (I) 804-A5
Passo d. Fugazze (I) 804-F4
Passo di Monte Moro (CH) 800-E1
Passo di Mortirolo (I) 55
Passo di Riva (I) 805-J5
Passonfontaine (F) 772-E5
Passo Tonale (I) 741, 792-A7
Passons (I) 795-J9
Paßriach (A) 795-K2
Passugg (CH) 790-E1
Passy (F) 799-G2
Pasterze (A) 323
Pastetten (D) 765-L2
Pastoria (I) 804-B2
Pastrengo (I) 804-C7
Pasturago (I) 802-A9
Pasturèl (I) 810-B8
Pasturo (I) 802-D2
Patergassen (A) 321, 782-B9
Paternion (A) 795-M1
Paterzell (D) 764-D6
Patriasdorf (A) 780-E9
Patro (I) 811-K3
Patsch (A) 779-G5
Pattemouche (I) 809-L4
Pattenberg (D) 766-D7
Pattigham (A) 767-K2
Patting (D) 766-F6
Paudex (CH) 787-G4
Paularo (I) 795-H4
Paulhof (A) 771-L4
Paullo (I) 802-D8
Paurach (A) 784-E6
Pàuse (I) 794-C3
Pausendorf (A) 783-J4
Pautasso (I) 810-E5
Paute (I) 799-J4
Pavaglione (I) 810-A2
Pavarano (I) 805-H9
Pavarolo (I) 810-F3
Pavia (I) 47
Pavia di Udine (I) 807-K1
Pavignano (I) 800-E6
Pavillo (I) 792-E6
Paviola (I) 805-K6
Pavone (I) 803-M5
Payerbach (A) 770-D6
Payerne (CH) 773-J9
Pays d'Enhaut (CH) 344, 345, 347
Paznaun (A) 140, 159, 777-K7
Paznauntal (A) 158, 160
Pazzòn (I) 804-C6
Peagna (I) 815-J6
Peaio (I) 794-B5
Pec (SLO) 797-J9
Pecarovci (SLO) 785-G8
Peccetto Torinese (I) 810-F4
Peccia (CH) 789-K5
Pecco (I) 800-C7
Peče (SLO) 797-J7
Pecetto (I) 800-E2
Pechgraben (A) 768-F4
Pečice (SLO) 797-L9
Pečine (SLO) 796-B8
Pečnik (SLO) 796-D9
Pedavena (I) 805-K1
Pedeguarda (I) 806-A2
Pedemonte (I) Friuli-Venézia Giúlia 794-D9
Pedemonte (I) Lombardia 790-F8
Pedemonte (I) Piemonte 801-H2
Pedemonte (I) Véneto, Verona 804-D7
Pedemonte (I) Véneto, Vicenza 805-G2
Pedenosso (I) 791-L4
Pederiva (I) 805-H8
Pederiva di Biadene (I) 805-M3
Pederobba (I) 805-L3
Pederù (I) 508
Pedescala (I) 805-G3
Pedesina (I) 790-E9
Pedócchio (I) 805-H7
Pedratsches (I) 529, 530, 531, 741, 793-K3
Pedrengo (I) 802-F5
Peesen (A) 784-D3
Peferne (I) 795-M7
Peggau (A) 784-A4
Peghera (I) 802-E3
Péglio Sta. Midel (I) 790-C8
Peiching (A) 770-F6
Peiden (CH) 790-C2
Peil (CH) 790-C3
Peille (F) 814-C9
Peillon (F) 814-B9
Peillonex (F) 786-D8
Peipin (F) 812-C4
Peïra-Cava (F) 814-B7
Peisching (A) 769-K6
Peisching (A) Waldegg 770-F4
Peisey-Nancroix (F) 799-G6
Peiß (D) 765-K5
Peißenberg (D) 764-E7
Peissy (CH) 786-B7
Peist (CH) 790-F1
Peiting (D) 764-C7
Péjo (I) 741, 792-B6
Pélasquen (F) 814-B7
Pelestor (F) 812-D8
Pella (I) 801-H4
Pellafol (F) 808-C5
Pelleautier (F) 808-D9
Pellendorf (A) Wien 771-H1
Pellenghi (I) 810-A5
Pellio-Intelvi (I) 802-A2
Pellizzano (I) 792-C7
Pelós (I) 794-D4
Pelosi (I) 804-E5
Pelousey (F) 772-B3
Peltrengo (I) 801-J8
Pelugo (I) 792-B9
Pemmering (D) 765-L2
Pemmern (I) 492
Penasa (I) 792-C5
Peney (CH) Genéve 787-K6
Peney (CH) Vaud 772-F9
Peney-le-Jorat (CH) 787-G2
Penia (I) 544, 546, 547, 793-K5
Penk (A) Bleiburg 797-J3
Penk (A) Gloggnitz 770-F6
Penk (A) Spittal an der Drau 781-J8
Penkkopf (A) 285
Patergassen
Pénnes/Pens (I) 793-G1
Pennesières (F) 772-C1
Pennewang (A) 768-A3
Penning (A) 779-M2
Pens/Pénnes (I) 793-G1
Penserjoch (I) 490, 498
Pentenried (D) 764-F4
Penthalaz (CH) 786-F2
Penthaz (CH) 786-F3
Penthéréaz (CH) 786-F2
Penz (A) 768-F3
Penzberg (D) 765-G7
Penzendorf (A) 784-F2
Penzendorf (A) Assling 780-E9
Penzing (D) Kr. Landsberg 764-D4
Penzing (D) Kr. Rosenheim 766-A4
Péone (F) 813-K5
Peonis (I) 795-H7
Pera (I) 544
Perabruna (I) 814-F4
Perach (D) Kr. Altötting 766-E1
Perach (D) Kr. Berchtesgadener Land 767-F6
Peraga (I) 805-L7
Peraro (I) 805-J5
Perarolo (I) 805-H7
Perarolo (I) 805-M8
Perarolo di Cadore (I) 794-C5
Perasdorf (A) 769-J2
Peratschitzen (A) 797-H2
Perbersdorf (A) 784-D8
Perbersdorf bei St. Peter (A) 784-E8
Perbla (SLO) 796-B7
Percha (D) 765-G5
Percha (I) 741
Perchau am Sattel (A) 782-F5
Perchting (D) 764-F4
Perchtoldsdorf (A) Wien 771-G1
Percy (F) 808-A5
Perdioni (I) 814-B3
Perdonig/Predonico (I) 792-F4
Peregallo (I) 802-C6
Pérego (I) 802-D4
Perèr (I) Véneto, Belluno 805-K1
Perèr (I) Véneto, Treviso 805-L4
Peretshofen (D) 764-E2
Peretshofen (D) 765-H6
Pergatti (I) 811-K5
Pergern (A) 768-E3
Pérgine Valsugana (I) 792-F9
Peri (I) 804-D5
Perinaldo (I) 814-E8
Perini (I) 804-E3
Perjen (A) 778-A6
Perlà (I) 809-M6
Perlach (D) Kr. Garmisch-Partenkirchen 764-F8
Perlach (D) München 765-H3
Perledo (I) 802-C1
Perlegg (A) 784-D5
Perlen (CH) 775-H6
Perletto (I) 811-J8
Perlo (I) 815-H3
Perloz (I) 800-C6
Perlsdorf (A) 784-E6
Perly-Certoux (CH) 786-B7
Permannsberg (A) 768-C3
Permanseck (A) 780-E2
Pernasca (I) 801-J9
Pernate (I) 801-K7
Perneck (A) 767-L7
Pernegg (A) 796-D2
Pernegg an der Mur (A) 784-A2
Pernersdorf (A) 768-F3
Pernesreith (A) 784-B2
Pernitz (A) 770-E4
Pernovo (SLO) 797-M5
Pernzell (A) 768-D4
Pero (I) Ligúria 815-L3
Pero (I) Lombardia 802-B7
Péron (F) 786-A7
Peron (I) Véneto, Belluno, Pieve 794-C6
Peron (I) Véneto, Belluno, Sospirolo 793-M8
Perosa Argentina (I) 810-B4
Perosa Can. (I) 800-C8
Perosso (I) 803-M9
Pêroulaz (I) 799-L4
Perovo Selo (SLO) 797-K9
Perpat (A) 777-L6
Perrata Rino Pisetta (I) 555
Perrefitte (CH) 773-M4
Perrero (I) Piemonte 809-M4
Perrero (I) Piemonte, Torino 800-B9
Perreux (CH) 773-H7
Perrigner (F) 786-E6
Perroix (F) 798-C2
Perrona (I) 811-J4
Perroy (CH) 786-E4
Pers (I) 795-J6
Persal (A) 779-K5
Persenbeug-Gottsdorf (A) 769-K1
Persiana (I) 806-F3
Pers-Jussy (F) 786-D8
Persone (I) 804-A4
Personico (CH) 789-M6
Pertegada (I) 807-H4
Pertengo (I) 811-K1
Pertéole (I) 807-K3
Perti (I) 815-K5
Pértica Alta (I) 803-L4
Pértica Bassa (I) 803-L4
Pertisau (A) 198, 199, 200, 201, 697, 779-J2
Pertlsham (D) 766-B3
Pertlstein (A) 784-F6
Pertoca (SLO) 784-F8
Pertúsio (I) 800-B8
Perucca (I) 814-E1
Perwang am Grabensee (A) 767-G4
Perwarth (A) 769-J3
Perwurzalm (A) 782-E2
Péry (CH) 773-L5
Perzacco (I) 804-F9
Pesàriis (I) 794-F4
Pesariner Berge (I) 552
Pescantina (I) 804-C7
Pescarzo (I) 803-L2
Peschdorf (A) 768-D3
Peschiera del Garda (I) 39, 557, 558, 804-B8
Peschiere (I) 800-F6
Pescia (CH) 791-J7
Pescincanna (I) 806-F2
Pescul (I) 793-M5
Peséggia (I) 806-B6
Pesendorf (A) Kurzragnitz 784-C7
Pesendorf (A) Steyr 768-E4
Pesentheim (A) 781-L9
Peseux (CH) 773-J7
Péseux (F) 773-G3
Pésina (I) 804-C6
Pessano con Bornago (I) 802-D6
Pessans (F) 772-A6
Pessenbach (D) 765-G8
Pessenhausen (D) 764-D5
Pessinea (I) 810-C1
Pessinetto (I) 799-M9
Pessione (I) 810-F4
Pestarena (I) 800-E2
Pestenacker (D) 764-D3
Pestotnik (SLO) 797-G5
Petač (SLO) 796-F8
Peter Wiechenthaler Haus (A) 780-F2
Peterdorf (A) 782-E4
Petersbaumgarten (A) 770-F7
Petersberg (A) 782-A2
Petersberg (I) 43, 741, 793-G5
Petersdorf (A) 784-E6
Petersdorf I (A) 784-F6
Petersdorf II (A) 784-D6
Petershausen (D) 762-C8
Peterskirchen (A) 767-K1
Peterskirchen (D) 766-C3
Petersthal (D) 763-L9
Peterzell (D) 761-J1
Peterzell (D) Schwarzwald-Baar-Kreis 761-H3
Petit-Chaux (F) 786-C1
Petit-Coeur (F) 798-E6
Petit-Landau (F) 760-B7
Petit-Martel (CH) 773-H7
Petit Paris (F) 772-E6
Petit-Villard (F) 772-C9
Petronell-Carnuntum (A) 771-L1
Petrovc (SLO) 797-H8
Petrovo Brdo (SLO) 796-C7
Pettenasco (I) 801-H3
Pettenbach (A) 768-C4
Pettenbach (A) Gloggnitz 770-E6
Pettendorf (A) 769-H5
Petterhouse (F) 773-L1
Pettighofen (A) 767-L4
Pettinengo (I) 800-F6
Petting (D) 766-E5
Pettneu am Arlberg (A) 144, 145, 697, 777-L6
Petzelsdorf (A) 769-K3
Petzelsdorf bei Fehring (A) 784-F6
Petzelsdorf in der Weststeiermark (A) 784-A8
Petzendorf (A) 784-B7
Petzenhausen (D) 764-D3
Petzenkirchen (A) 769-K2
Peustelsau (D) 764-D8
Peuterey (I) 799-H3
Peuterey-Grat (F) 579
Peveragno (I) 814-E3
Peynier (F) 813-G2
Peyres-Possens (CH) 787-G2
Peyresq (F) 813-H5
Peyroules (F) 813-H8
Peyruis (F) 812-C6
Pez (I) 793-L9
Pezzan (I) Véneto, Treviso 806-B5

Register

Pezzan (I) Véneto, Treviso, Istrana 805-M5
Pezzana (I) 811-L1
Pezzáze (I) 803-K4
Pezzeit (I) 795-K5
Pezzo (I) 791-M7
Pezzolo (I) 803-J2
Pezzolo Valle Uzzone (I) 811-J9
Pfäfers (CH) 776-E7
Pfäfers, Bad (CH) 776-E7
Pfaffenberg (D) 760-E7
Pfaffendorf (A) 783-H4
Pfaffenhausen (D) 763-L3
Pfaffenhofen (A) 778-E4
Pfaffenhofen (D) Kr. Dachau 762-C7
Pfaffenhofen (D) Kr. Fürstenfeldbruck 764-E3
Pfaffenhofen (D) Kr. Rosenheim 766-A6
Pfaffenhofen an der Glonn (D) Kr. Dachau 764-E1
Pfaffenkirchen (D) 766-B2
Pfaffenried (CH) 787-M2
Pfaffenschwendt (A) 780-D2
Pfaffenweiler (D) Kr. Breisgau-Hochschwarzwald 760-D5
Pfaffenweiler (D) Schwarzwald-Baar-Kr. 761-J4
Pfäffikon (CH) Schwyz 775-L5
Pfäffikon (CH) Zürich 775-L3
Pfaffing (A) Frankenburg 767-K4
Pfaffing (A) Pettenbach 768-B4
Pfaffing (D) 765-M4
Pfaffing (D) Kr. Fürstenfeldbruck 764-F3
Pfaffing (D) Kr. Rosenheim 766-C4
Pfaffing (D) Kr. Traunstein 766-C4
Pfafflar (A) 778-A4
Pfaffnau (CH) 774-E5
Pfaffstätt (A) 767-H3
Pfaffstätten (A) 771-G2
Pfalzau (A) 770-E1
Pfalzen/Falzes (I) 741, 779-K9
Pfänder (A) 777-G2
Pfannsdorf (A) 797-H3
Pfärrenbach (D) 762-E7
Pfärrich (D) 763-G8
Pfarrkirche St. Andreas, Kitzbühel (A) 225
Pfarrkirchen bei Bad Hall (A) 768-D3
Pfarrwerfen (A) 264, 265, 781-H2
Pfeffikon (CH) 775-G4
Pfeffingen (CH) 774-C2
Pfeffingen (D) 762-A2
Pfeiferstocker (A) 783-K8
Pfelders plan (I) 778-E9
Pfennigbach (A) 770-E5
Pfitsch/Val di Vizza (I) 779-H8
Pfitz (A) 776-F5
Pflach (A) 153, 778-B2
Pflaumdorf (D) 764-D4
Pflegerhof, St. Oswald (I) 523
Pflerscher (I) 496
Pflerschtal (I) 498
Pflugdorf (D) 764-C5
Pflügelhof (A) 781-K7
Pflugern (A) Klagenfurt 782-F9
Pflugern (A) St. Veit an der Glan 782-E9
Pflummern (D) 762-D3
Pfohren (D) 761-J5
Pfoisau (A) 769-L3
Pfongau (A) 767-H5
Pfons (A) 779-G6
Pforzen (D) 764-A5
Pforzheimer Haus (A) 778-E6
Pfraundorf (D) 766-M7
Pfraunstetten (D) 763-G1
Pfrein (I) 793-H2
Pfronstetten (D) 762-D2
Pfronten (D) 86, 87, 661, 763-M9
Pfrontener Bergwiesen-Heukur (D) 87
Pfronten-Steinach (D) 87
Pfrungen (D) 762-D6
Pfullendorf (D) 762-C5
Pfunders/Fúndres (I) 502, 779-J8
Pfunds (A) 697, 777-M8
Pfung/Vallone (I) 793-M2
Pfungen (CH) 775-K1
Pfyn (CH) Thurgau 762-A9
Pfyn (CH) Valais 788-B6
Pheline (F) 812-C9
Piággia (I) 814-E6
Piágio (I) 789-K9
Piagu (I) 804-D4
Piah (I) 804-F4
Pialpetta (I) 799-L8
Piampaludo (I) 815-M2
Piamprato (I) 800-B6
Piana (I) 800-F3
Piana Críxia (I) 815-J1
Pianavia (I) 815-G7
Pianáz (I) 793-M5
Pianazzo (I) 790-D5
Pian Belfè (I) 799-L9
Pian Bernardo (I) 815-G5
Piancada (I) 807-H3
Pian Camuno (I) 803-J3
Piancavallo (I) 794-D8
Piandema (I) 799-M8
Pian d'Audi (I) 800-A8
Piàn del Cansiglio (I) 794-C9
Pian del Colle (I) 809-J3
Piàn del Moro (I) 814-E7
Pian di Borno (I) 803-K2
Pian di Luni (I) 794-A8
Pian d. Merie (I) 794-E7
Piàn d. Torno (I) 810-B6
Piane Sésia (I) 801-G5
Pianengo (I) 802-F8
Pianeta (I) 805-G6
Pianetto (I) Piemonte, Torino, Usséglio 810-B1
Pianetto (I) Piemonte, Torino, Volprato Soana 800-B6
Pianezza (I) Piemonte 810-D3
Pianezze (I) Véneto 805-M2
Pianezzo (CH) 790-A8
Pianféi (I) 814-E2
Piani dell' Avaro (I) 802-E1
Piàni Gelassa (I) 809-M3
Piani Resinelli (I) 802-D3
Pianico (I) 803-H4
Pianiga (I) 805-M7
Pianissolo (I) 815-J3
Pian Munè (I) 810-A8
Piano (I) Lombardia 803-G4
Piano (I) Trentino-Alto Ádige 792-C6
Pians (A) 777-M6
Pian San Giacomo (CH) 790-C5
Piàn Soprano (I) 815-J4
Pian Sottano (I) 815-J3
Piante (I) 794-D9
Piantedo (I) 790-D8
Piantorre (I) 815-G2
Piàrio (I) 803-H3
Piasco (I) 810-C9
Piateda (I) 791-H8
Piatta (I) Lombardia 791-G8
Piatta (I) Piemonte 814-B2
Piatto (I) 800-F6
Piave (I) 35
Piave Vecchia (I) 806-E6
Piavón (I) 806-D4
Piazza (I) Lombardia 791-L5
Piazza (I) Piemonte 814-F2
Piazza (I) Trentino-Alto Ádige 804-E3
Piazza Rivalunga (I) 804-E9
Piazza Vecchia (I) 806-A8
Piazzano (I) 811-J2
Piazzatorre (I) 802-F2
Piazzo (I) Piemonte 811-G2
Piazzo (I) Trentino-Alto Ádige, Tento, Segonzano 792-F8
Piazzo (I) Trentino-Alto Ádige, Trento, Rovereto 804-D2
Piazzogna (CH) 789-L8
Piazzola (I) 792-C5
Piazzola sul Brenta (I) 805-K7
Piazzolo (I) Lombardia 802-F2
Piazzolo (I) Piemonte 811-M4
Piber (A) 783-L5
Piberbach (A) 768-D2
Piberegg (A) 783-K5
Piburger See (A) 178, 180
Picchetta (I) 801-K7
Picchi (I) 810-C4
Picciola (I) 788-F8
Piccolini (I) 801-L9
Picheldorf (A) 783-L1
Pichelhofen (A) 782-F4
Pichl (A) Bruck 780-F4
Pichl (A) Judenburg 783-G4
Pichl (A) Knittelfeld 783-J3
Pichl (A) Leoben 769-K9
Pichl (A) Prednitz 782-B6
Pichl (A) Weyer Markt 769-G5
Pichl (A) Windischgarsten 768-E7
Pichl bei Wels (A) 768-B2
Pichla (A) 784-C7
Pichla bei Mureck (A) 784-D9
Pichla bei Radkersburg (A) 784-F8
Pichl-Auhof (A) 767-K6
Pichlern (A) 781-M6
Pichlern (A) 782-D9
Pichlern (A) Sierning 768-E3
Pichling (A) Linz 768-E1
Pichling (A) Wolfsberg 783-J8
Pichling (A) Zeltweg 783-H4
Pichling bei Köflach (A) 783-L5
Pichling bei Mooskirchen (A) 783-M6
Pichling bei Stainz (A) 783-M7
Pichl-Kainisch (A) 768-B9
Pichl-Mandling (A) 306, 311, 697
Pichl-Preunegg (A) 781-L2
Pickelbach (A) 784-D6
Piding (D) 766-F7
Pied des Prats (F) 813-G2
Piedicavallo (I) 800-E5
Piedilago (I) 789-H7
Piedimulera (I) 789-G9
Pié Fourcha Bergerie (F) 813-G3
Piégut (F) 812-E1
Piei (CH) 789-J7
Piemont (I) 564, 586
Piène-Basse (F) 814-D7
Piène-Haute (F) 814-C8
Pieng Alm (A) 777-M9
Piepasso (I) 811-K5
Pierabec (I) 794-F3
Pieránica (I) 802-E8
Piereni (I) 793-K7
Pièria Osasis (I) 794-F4
Piéris (I) 807-L3
Pierlas (F) 813-L6
Pierling (D) 766-D5
Pierrafortscha (CH) 787-L1
Pierre Aigue (F) 808-F1
Pierre Grosse (F) 799-J9
Pierre-Châtel (F) 808-B4
Pierrefeu (F) 813-L8
Pierrefontaine-lès-Blamont (F) 773-H3
Pierrefontaine-les-Varans (F) 772-F4
Pierrerue (F) 812-B6
Pierrevert (F) 812-A8
Pieselwang (A) 768-D4
Piesendorf (A) 780-E4
Piesenham (A) 767-K2
Piesenhausen (D) 766-C7
Piesenkam (D) 765-J7
Piesing (D) 766-F2
Pießling (A) 768-E7
Pietenberg (D) 766-C2
Pieterlen (CH) 773-M5
Pietling (D) Kr. Traunstein 766-E4
Pietrabruna (I) 814-F8
Pietra Lígure (I) 815-J5
Pietramurata (I) 804-D1
Pietzing (D) Kr. Rosenheim 766-B6
Pieve (I) Lombardia, Brescia 803-M6
Pieve (I) Lombardia, Brescia 804-B4
Pieve (I) Lombardia, Brescia, Carpenédolo 803-L9
Pieve (I) Lombardia, Brescia, Chiari 803-H7
Pieve (I) Piemonte 810-C4
Pieve (I) Véneto, Belluno 794-A6
Pieve (I) Véneto, Padova 805-K6
Pieve (I) Véneto, Treviso 805-L3
Pieve (I) Véneto, Verona 804-F8
Pieve d. Liv (I) 793-L4
Pieve d' Alpago (I) 794-C8
Pieve di Bono (I) 804-B2
Pieve di Cadore (I) 794-C5
Pieve di Ledro (I) 804-B3
Pieve di Scalenghe (I) 810-D5
Pieve di Soligo (I) 806-B2
Pieve di Teco (I) 815-G6
Pievedizio (I) 803-J8
Pieve Em. (I) 802-B9
Pieve Tesino (I) 793-H9
Pievetta (I) 815-G4
Pieve Vécchia (I) 803-M5
Pieve-Vergonte (I) 801-G1
Pigette (F) 812-B9
Pigna (I) 814-E7
Pignan (I) 805-M5
Pignano (I) 795-G8
Pignia (CH) 790-D3
Pigniu (CH) 790-B1
Pigozzo (I) 804-E7
Pigra (I) 802-B2
Pila (I) (Piemonte, 800-E4
Pila (I) Valle d' Aosta 572, 799-L5
Pilastro (I) 805-H9
Pilatus (CH) 412, 415
Pilcante (I) 804-D4
Piletta (I) 800-E7
Pilgersdorf (A) 771-H9
Pill (A) 779-J4
Pille (I) 804-B8
Piller (A) 778-B6
Pillerseetal (A) 228, 230, 231
Pilone d Piovale (I) 810-B6
Pilsbach (A) 767-L4
Pilzone (I) 803-J5
Pimoutier (F) 812-A8
Pin (F) 772-A3
Pincru (F) 786-E9
Pineda (I) 807-H5
Pinedo (I) 794-C7
Pinerolo (I) 810-B5
Pineta (I) 793-G5
Pinggau (A) 770-F9
Pinié (I) 794-D4
Pinis (A) 779-F6
Pinkafeld (A) 785-G1
Pino (I) 789-L9
Pino d'Asti (I) 811-G3
Pino Torinese (I) 810-F3
Pinsdorf (A) 768-M5
Pinsec (CH) 378, 788-B7
Pinsot (F) 798-B8
Pinswang (A) 153, 778-B1
Pinzano al Tagliamento (I) 795-G7
Pinzgauer Haus (A) 780-E3
Pinzolo (I) 540, 541, 741, 792-C8
Pióbesi d'Alba (I) 811-G7
Piòbesi Torinese (I) 810-D5
Piode (I) 800-E4
Piodina (CH) 789-K9
Pioltello (I) 802-C7
Piombino Dese (I) 805-L6
Pionca (I) 805-L7
Piopverno (I) 795-H6
Piossasco (I) 810-C4
Piotta (CH) 789-K4
Piovani (I) 814-E1
Piove di Sacco (I) 805-M9
Piòvega (I) 805-M9
Piovene-Rocchette (I) 805-G4
Pióvere (I) 804-B5
Piovero (I) 811-J9
Piovezzano (I) 804-C7
Piozzo (I) 814-F1
Pipay (F) 798-A9
Pipurg (A) 778-C5
Pirach (D) Kr. Altötting 766-E3
Pirach (D) Kr. Traunstein 766-E4
Piracot (F) 798-A2
Pirago (I) 794-B7
Piran (SLO) 807-M6
Pircha (A) 784-D3
Pircha (A) Geisdorf 784-C5
Pircha (A) Kumberg 784-C4
Pirchegg (A) 784-E3
Pirching am Traubenberg (A) 784-C6
Pirching an der Raab (A) 784-D5
Piregg (A) 784-C1
Pirešica (SLO) 797-M5
Piringsdorf (A) 771-J9
Pirk (A) 796-F2
Pirka (A) Graz 784-B6
Pirkach (A) 783-H3
Pirkach im Knittelfeld (A) 783-H4
Pirkdorf (A) 797-J3
Pirkhof (A) 783-M6
Pirtendorf (A) 780-D4
Pisano (I) 801-J4
Piscadù-Klettersteig (I) 530
Pischeldorf (A) 796-F1
Pischelsdorf (A) Götzendorf 771-J2
Pischelsdorf am Engelbach (A) 767-G3
Pischelsdorf in der Steiermark (A) 784-D4
Pisching (A) Knittelfeld 783-H1
Pischlach (D) 764-D7
Piscina (I) 810-C5
Piscine (I) 793-G7
Pisogne (I) 803-J4
Pissenavache (F) 772-D7
Pistorf (A) 784-B8
Pistotnik (SLO) 797-J5
Pisweg (A) 782-E8
Pitasch (CH) 790-C2
Pitschgau (A) 784-A9
Pitten (A) 771-G6
Pittenhart (D) 766-C5
Pittermann (A) 784-D1
Pitzenberg (A) 767-M3
Pitzenklammbrücke (A) 174
Pitzling (D) 764-C4
Pitztal (A) 41, 172, 173, 174
Piugna (I) 795-G5
Piverone (I) 800-E7
Piz Bernina (CH) 462
Piz Buin (A) 140, 159, 160
Piz Palü (CH) 41
Piz Palü (CH) 462
Pizzabrasa (I) 802-C9
Pizzanco (I) 788-F8
Pizzano (I) 792-B7
Pizzoletta (I) 804-C9
Pizzon (I) 804-B6
Pizzo Rotondo (CH) 402
Placey (F) 772-A4
Plaffeien (CH) 787-L1
Plaggowitz (A) 783-G7
Plagne (CH) 773-M5
Plagne 1800 (F) 798-F6
Plagne Bellecôte (F) 799-G6
Plagne-Villages (F) 798-F6
Plaik (A) 768-F2
Plaika (A) 769-K1
Plaimbois-du-Miroir (F) 773-G4
Plaimbois-Vennes (F) 772-F5
Plaine Dranse (F) 787-H7
Plainfeld (A) 767-H6
Plaino (I) 795-J8
Plainpalais (F) 798-B5
Plambuit (CH) 787-J6
Plan (CH) 474
Planaise (F) 798-B6
Planaval (I) 799-J5
Planay (F) 799-G7
Plan Bas (F) 813-G3
Plan Bouchet (F) 809-H1
Planca di Sotto/Unterplanken (I) 794-B1
Plancherine (F) 798-D5
Plan d'Arriou (F) 814-B9
Plan de Charmy (F) 787-G6
Plan de l'Aiguille (F) 799-H2
Plan de la Tnn (F) 798-F8
Planegg (D) 765-G3
Plangeroß (A) 778-C7
Planina, Cerkno (SLO) 796-D8
Planina, Dobrova Polhov Gradec (SLO) 796-E8
Planina, Idrija (SLO) 796-C9
Planina, Jesenice (SLO) 796-D4
Planina, Ljubno (SLO) 797-K4
Planinšek (SLO) 797-H5
Planitzing (I) 792-F5
Planka di Sopra/Oberplanken (I) 780-B9
Planken (LIE) 436, 776-E5
Plankenau (A) 781-H3
Plankenstein (A) 769-L3
Planlebon (F) 798-E8
Plan-les-Ouates (CH) 786-C7
Plan Maison (I) 800-B2
Plan Montmin (F) 798-C3
Planneralm (A) 782-D2
Plan Peisey (F) 799-G6
Planpincieux (I) 799-J3
Plansee (A) 778-C2
Planvillard (F) 798-E7
Plaschischen (A) 796-D2
Plasèncis (I) 795-H9
Plasselb (CH) 787-L1
Plata/Platt (I) 778-E9
Platano (I) 804-C6
Platischis (I) 795-K7
Platt/Plata (I) 778-E9
Platta (CH) 789-L3
Platten (A) 769-G5
Plattenrain (A) 172
Plattner Bienenhof (I) 494
Platz (A) 781-L8
Platzers Plazzoles (I) 792-E4
Platzhof (D) 760-D8
Platzl (A) 778-E3
Plauener-Haus (A) 779-M6
Plaugiers (F) 812-B4
Plaus (I) 792-E3
Plave (SLO) 795-M9
Plavz (SLO) 796-D4
Plazera (A) 777-G5
Plazzola (I) 791-M5
Pl. Dom (SLO) 796-D6
Pl. Dom na Gori (SLO) 797-L5
Pl. dom P. Skalarja (SLO) 795-L5
Pleigne (CH) 773-M2
Plello (I) 801-G4
Plemo (I) 803-K2
Plénise (F) 772-B9
Plenzengreith (A) 784-B3
Plescherken (A) 796-D2
Plesio (I) 790-C9
Pleß (D) 763-J4
Plessiva (I) 807-L1
Plestätten (A) 797-K1
Pletre Hachée (F) 798-A6
Pletzergraben (A) 780-D2
Pleujouse (CH) 773-L2
Pliening (D) 765-K2
Plitvica (SLO) 784-F9
Pl. Košutna (SLO) 797-H5
Plnet (F) 808-C1
Plöckenpass (A, I) 59
Plódio (I) 815-J3
Plona (CH) 776-E4
Plons (CH) 776-D7
Plosdorf (A) 770-C1
Plose (I) 793-J2
Plužna (SLO) 795-L6
Pl. Zav (SLO) 797-K6
Poče (SLO) 796-C7
Poasco (I) 802-B8
Pobersach (A) 795-J1
Pobietto (I) 800-E9
Pocapáglia (I) 810-F7
Pocenia (I) 807-H3
Pochettino (I) 810-E5
Pocivavnik (SLO) 797-K5
Pockau (A) 769-K4
Pöckau (A) 796-A3
Pöcking (D) 764-F5
Pocol (I) 537, 793-M4
Podčela (SLO) 795-L6
Podbela (SLO) 795-L7
Podblica (SLO) 796-E6
Podboršt (SLO) 797-M8
Podbrdo, Moravče (SLO) 797-J7
Podbrdo, Tolmin (SLO) 796-C7
Podersdorf am See (A) 771-L4
Podgora, Šmartno ob Paki (SLO) 797-L5
Podgora, Gorenja vas Pljane (SLO) 796-D8
Podgora, Ljubljana (SLO) 797-G8
Podgora, Ravne na Koroškem (SLO) 797-K3
Podgorica, Grosuplje (SLO) 797-H9
Podgorica, Ljubljana (SLO) 797-H8
Podgorje, Braslovče (SLO) 797-L5
Podgorje, Gornja Radgona (SLO) 784-E9
Podgorje, Kranj (SLO) 797-H6
Podgorje, Slovenj Gradec (SLO) 797-L3
Podgrad (SLO) 797-H8
Podhom (SLO) 796-D5
Podkoren (SLO) 796-B4
Podkorica (SLO) 796-D6
Podkrajnik (SLO) 797-H6
Podkum (SLO) 797-L8
Podlaka (SLO) 796-B9
Podlanig (A) 795-G2
Podlebelca (SLO) 797-G5
Podler (A) 785-H2
Podlipa (SLO) 796-E9
Podlipovica (SLO) 797-K7
Podljubelj (SLO) 796-E5
Podlog (SLO) 797-M6
Podlonk (SLO) 796-D6
Podmeja (SLO) 797-L7
Podmelec (SLO) 796-B7
Podmolnik (SLO) 797-H9
Podnart (SLO) 796-E6
Podoben (SLO) 796-E7
Podpečnik (SLO) 797-H5
Podpeca (SLO) 797-J3
Podrain (A) 797-H3
Podsmreka (SLO) 797-G8
Podutik (SLO) 797-G8
Podvin (SLO) 797-L5
Podvrh (SLO) 796-E7
Poet-Morand (F) 809-J5
Poffabro (I) 794-E7
Poggersdorf (A) 796-F2
Poggi (I) Ligúria 815-G8
Poggi (I) Piemonte 815-G3
Poggialto (I) 814-F7
Poggiana (I) 805-L4
Poggio (I) 814-F8
Poggiridenti (I) 791-H8
Poglednik (SLO) 797-J6
Pogliana (I) 801-L3
Pogliano Milanese (I) 801-M7
Pogliola (I) 814-F2
Pogmunkl (A) 768-C4
Pognan-Lario (I) 802-B3
Pognano (I) 802-F6
Pogno (I) 801-H4
Pogöriach (A) 795-M2
Pogöriach (A) Villach 796-C3
Pöham (A) 781-J2
Pohlern (CH) 788-B2
Poiana di Granfion (I) 805-K7
Poiane (I) 803-K9
Poianella (I) 805-J5
Poiano (I) 804-D7
Poigenberg (D) 765-L2
Poigern (D) 764-E2
Poing (D) 765-K3
Pointvillers (F) 772-B6
Poirino (I) 810-F5
Poisy (F) 798-B1
Pokraj (SLO) 797-M5
Polággia (I) 791-G8
Polana (SLO) 785-G9
Pólava (I) 795-M7
Polaveno (I) 803-J5
Polazzo (I) 807-L2
Polcenigo (I) 806-D1
Polde (SLO) 797-J6
Polena (SLO) 797-K3
Poleo (I) 805-G4
Pölfing (A) 784-A9
Pölfing-Brunn (A) 783-M9
Polhov Gradec (SLO) 796-F8
Poliane (SLO) 797-J8
Polica (SLO) 797-J9
Poliez-le-Grand (CH) 787-G2
Poliez-Pittet (CH) 787-G2
Poligny (F) 808-D7
Polinik-H. (A) 781-J8
Poljšica (SLO) 796-D5
Poljče (SLO) 796-E5
Poljana (SLO) 797-K3
Polje, Lubljana (SLO) 797-H8
Polje, Tolmin (SLO) 796-C8
Poljubinj (SLO) 796-B7
Pöllaberg (A) 769-L2
Põllan (A) 795-M2
Pollau (A) 770-F3
Pöllau (A) 784-E2
Pöllau (A) Frohenleiten 784-A3
Pöllau (A) Jagerberg 784-D7
Pöllau (A) Perlsdorf 784-E6
Pöllau (A) St. Marein 782-F6
Pöllau bei Gleisdorf (A) 784-E5
Pöllauberg (A) 784-E2
Pollegio (CH) 789-M6
Pollein (I) 799-L4
Pollham (A) 768-A1
Pollheim (A) 783-J8
Pölling (A) St. Veit an der Glan 783-G9
Pölling (A) Treffen 796-B2
Pölling (A) Wolfsberg 783-J8
Polling (D) Kr. Mühldorf am Inn 766-D2
Polling (D) Kr. Weilheim-Schongau 764-E7
Polling im Innkreis (A) 767-J2
Polling in Tirol (A) 778-E4
Pollone (I) 800-E6
Polonghera (I) 810-E6
Polpenazze d. Garda (I) 803-M6
Polpresa (I) 810-C1
Pöls (A) 783-G4
Pöls (A) Graz 784-B7
Polsing (D) 766-D4
Polšnik (SLO) 797-K8
Pölten (A) 784-F8
Polverara (I) 805-M9
Polzela (SLO) 797-L5
Polzing (D) 765-L1
Pomarolo (I) 804-E2
Pomassino (I) 814-F5
Pómbia (I) 801-K5
Pomeano (I) 810-A5
Pomerolo (I) 810-D8
Pompaples (CH) 786-F2
Pompelana (I) 814-F8
Pompiano (I) 803-H8
Pompierre-sur-Doubs (F) 772-F2
Pomy (CH) 787-G1
Poncarale (I) 803-J7
Ponchiera (I) 791-G8
Ponciach (I) 792-F8
Pondel (I) 799-K5
Ponderano (I) 800-E6
Pöndorf (A) 767-J4
Ponfeld (A) 796-E2
Pongratzen (A) 784-E2
Ponholz (A) 771-G8
Ponigl (A) 784-C3
Ponigl (A) Weiz 784-C3
Ponigl (A) Wildon 784-B7
Ponikve (SLO) 796-B8
Ponna (I) 802-B2
Ponsonnas (F) 808-B4
Pont (I) Valle d' Aosta 799-K6
Pont (I) Véneto 805-L1
Pontagna (I) 791-M7
Pontarlier (F) 772-E8
Pontarso (I) 793-H9
Pontasio (I) 803-J4

● Regionen ● Hotels ● Karten

Pontboset (I) 800-C6
Pont Canav (I) 800-B8
Pontcharra (F) 798-A7
Pont de Clans (F) 814-A7
Pont-de-Roide (F) 773-H2
Pont de l'Abîme (F) 798-B3
Pont de la Chauxo (F) 786-B2
Pont de Nant (CH) 787-K7
Pont du Moulin (F) 813-H5
Ponte (I) Piemonte 789-H6
Ponte (I) Véneto 805-H4
Ponte Alto (I) Véneto, Belluno 793-M7
Ponte Alto (I) Véneto, Venezia 806-E5
Ponte Arche (I) 804-C1
Pontebba (I) 795-K4
Pontebernardo (I) 813-L2
Ponte Biello (I) 807-G5
Ponte Caffaro (I) 803-M3
Pontecasali (I) 806-F4
Pontechianale (I) 809-L8
Ponte Crepaldo (I) 806-F6
Pontedássio (I) 815-G7
Ponte del Giulio (I) 794-E8
Ponte di Barbarano (I) 805-J8
Ponte di Legno (I) 791-M7
Ponte di Mossano (I) 805-J8
Ponte di Nava (I) 814-F5
Ponte di Piave (I) 806-D4
Ponte di Véja (I) 804-D6
Ponte Gardena/Waldbruck (I) 793-H3
Pontegatello (I) 803-J7
Ponte Giurino (I) 802-E4
Pontegrande (I) 800-F1
Ponte in Valtellina (I) 791-H8
Ponte Lambro (I) 802-C3
Pontemaglio (I) 789-H8
Ponte Maranghetto (I) 807-G5
Ponte Maria (I) 813-L1
Ponte Mármora (I) 813-M1
Ponte nelle Alpi (I) 794-B8
Pontenet (CH) 773-L4
Ponte Nossa (I) 803-G3
Ponte Priula (I) 806-B3
Pontenárica (I) 802-F4
Ponte Rosso (I) 803-K9
Ponterotto (I) Ligúria 815-K2
Ponterotto (I) Véneto 805-K7
Ponte San Lorenzo (I) 805-K3
Ponte San Marco (I) 803-L7
Ponte San Nicolò (I) 805-L8
Ponte San Pietro (I) 802-E5
Ponte Selva (I) 803-H3
Pontesesto (I) 802-B8
Pontestura (I) 811-K2
Ponte Tresa (CH) 801-L2
Pontetto (I) 789-G8
Ponte Vécchio (I) 801-L7
Pontey (I) 800-B4
Ponte Zanano (I) 803-K5
Ponthaux (CH) 773-K9
Ponti (I) 811-K8
Ponti Sul Míncio (I) 804-B8
Ponticino/Bundschen (I) 793-G3
Pontida (I) 802-E4
Pontinvrea (I) 815-L2
Pontirolo Nuovo (I) 802-E6
Pontirone (CH) 790-A6
Pontis (F) 808-F9
Pont-la-Ville (CH) 787-K2
Pont-les-Moulins (F) 772-E3
Pontnig (A) 783-K9
Pontóglio (I) 803-G6
Ponton (I) 804-C7
Pontoncello (I) 804-E8
Ponto-Valentino (CH) 789-M4
Pontresina (CH) 463, 464, 465, 466, 469, 718, 791-H4
Pont Romain (F) 813-G1
Pont-Serrand (I) 799-H4
Pont-St-Martin (I) 568, 800-D6
Pont-Trentaz (I) 800-D4
Ponzana (I) 801-H8
Ponzano Monf. (I) 811-J3
Ponzano Véneto (I) 806-B5
Ponzone (I) Piemonte, Alessandria 811-L9
Ponzone (I) Piemonte, Biella 800-F5
Poppendorf (A) Bad Gleichenberg 784-E7
Poppendorf (A) St. Pölten 770-B1
Poppendorf im Burgenland (A) 785-H5
Poppenreith (A) 767-L1
Poppichl (A) 796-E2
Poppino (I) 801-L1
Pora (I) 804-B5
Porcella (I) 804-C8
Porcellengo (I) 806-A5
Porcèn (I) 805-L1
Porcía (I) 806-E2
Pordenone (I) 806-E2
Poreber (SLO) 797-H6
Porettina (I) 790-D7
Pöring (D) 765-K3
Porle (I) 803-L6
Porlezza (I) 790-B9
Pornássio (I) 814-F6
Porpetto (I) 807-J3
Porrentruy (CH) 773-K2
Porri (I) 815-K2
Porsel (CH) 787-H3
Porstenberg (A) 768-F3
Port (CH) 775-M8
Portacomaro (I) 811-J4
Portalban (CH) 773-J8
Porte (F) 786-D8
Porteghetti (I) 805-K2
Portegrandi (I) 806-D6
Portels (CH) 776-D6
Portese (I) 804-A6
Portes du Soleil (CH, F) 53, 363
Pórtico (I) 802-F8
Portirone (I) 803-H5
Portis (I) 795-J6
Port-Lesney (F) 772-A6
Port-Lesney (F) Franche-Comté 772-A6
Portobuffole (I) 806-D3
Porto-Ceresio (I) 801-M3
Porto di Brenzone (I) 804-C5
Porto Dusano (I) 804-A7
Portogruaro (I) 807-G4
Pórtole (I) 803-J5
Pörtolo (I) 792-E7
Porto Maurizio (I) 815-G8
Porto Portese (I) 804-A6
Portorož (SLO) 807-M6
Porto San Pancrázio (I) 804-D8
Porto Santa Margherita (I) 807-G6
Porto Secco (I) 806-C9
Porto-Valtraváglia (I) 801-K2
Pörtschach (A) 341, 797-G2
Pörtschach am Wörther See (A) 796-D2
Portula (I) 800-F5
Port-Valais (CH) 787-H5
Porza (CH) 802-A1
Porzano (I) 803-K8
Porzus (I) 795-K7
Posa (I) 805-L3
Poscante (I) 802-F4
Poschenhöh (A) 769-J7
Pöschenried (CH) 787-M5
Poschiavo (CH) 791-J6
Posieux (CH) 787-K1
Pósina (I) 804-F4
Posmòn (I) 805-M4
Possagno (I) 805-L3
Possau (A) 796-F1
Possenhofen (D) 764-F5
Pößmoos (D) 766-C4
Postaja B-čela (SLO) 795-L5
Postal (I) 792-F3
Postalésio (I) 791-G8
Postioma (I) 806-B4
Postoncicco (I) 807-G1
Pòstua (I) 800-F5
Potoče (SLO) 797-G6
Potok, Bovec (SLO) 795-L6
Potok, Dobrova Polhov Gradec (SLO) 796-E9
Potok, Kamnik (SLO) 797-J6
Potsdamer Haus (A) 778-F6
Pöttelsdorf (A) 771-H5
Pottendorf (A) 771-H4
Pottenstein (A) 770-F3
Pottschach (A) 770-E6
Pöttsching (A) 771-H5
Potzneusiedl (A) 771-M2
Pougny (F) 786-A7
Pouilley-Francais (F) 772-A4
Pouilley-les-Vignes (F) 772-B4
Pouilly (F) 786-C9
Pouligney- (F) 772-D3
Poully-Saint-Genis (F) 786-B6
Pove d. Grappa (I) 805-K4
Povéglia (I) 806-C8
Povegliano (I) 806-B4
Povegliano Veronese (I) 804-C9
Pòvici (I) 795-J5
Povolaro (I) Friuli-Venézia Giúlia 794-F4
Povolaro (I) Véneto 805-J6
Povoletto (I) 795-K8
Pozirno (SLO) 796-E7
Poznanovci (SLO) 785-G8
Pozza (I) 804-F4
Pozzácchio (I) 804-E3
Pozza di Fassa (I) 532, 546, 741, 793-J5
Pozzecco (I) 807-H2
Pozzengo (I) 811-J3
Pozzis (I) 795-G6
Pozzo (I) Friuli-Venézia Giúlia, Pordenone, Pasiano 806-E3
Pozzo (I) Friuli-Venézia Giúlia, Pordenone, Spilimbergo 795-G9
Pozzo (I) Friuli-Venézia Giúlia, Udine 807-G1
Pozzo (I) Véneto 804-D8
Pozzobòn (I) 805-M5
Pozzo Catena (I) 803-M8
Pozzo d'Adda (I) 802-E6
Pozzolengo (I) 804-B8
Pozzoleone (I) 805-J5
Pozzolo (I) 805-H8
Pozzo Moletto (I) 804-C8
Pozzuolo del Friuli (I) 807-J1
Pozzuolo Martesana (I) 802-D7
Prà (I) 792-B9
Pra (I) 814-F4
Präbach (A) 784-C5
Prabalayre Bergerie (F) 812-E3
Pra Bataglier (F) 813-K6
Prabernardo (I) 788-F9
Präbichl (A) 769-J9
Prabione (I) 804-B4
Pra Combère (CH) 787-M6
Pracorno (I) 792-C6
Prad a. Stj. (I) 482, 483, 742
Prada (CH) 791-J6
Prada (I) 804-D4
Pradalunga (I) 803-G4
Prade (I) 793-K8
Pradeboni (I) 814-D3
Pradella (CH) 791-L1
Pradella (I) 803-J1
Pradeltorno (I) 810-A5
Praden (CH) 790-E1
Pradielis (I) 795-J6
Pra di Levada (I) 806-E4
Pradipaldo (I) 805-J4
Pradipozzo (I) 806-F3
Pradis (I) 794-F6
Pradléves (I) 814-B2
Pradonego (I) 804-C5
Prads-Haute-Bléone (F) 813-G4
Pradumbli (I) 794-F4
Präg (D) 760-E7
Prägart (A) 771-G8
Pragelato (I) 809-L3
Prägrad (A) 796-D1
Prägraten am Großvenediger (A) 235, 698, 780-C8
Prags (I) 514, 742
Pragser Wildsee (I) 512, 513, 514
Prahins (CH) 787-G1
Prailes (F) 786-D6
Prale (I) 815-G5
Prali (I) 809-M5
Pralognan-la-Vanoise (F) 582, 583, 798-F8
Pralong (CH) 787-M8
Pralong (F) 786-F9
Pralongo (I) Véneto, Belluno 794-A6
Pralongo (I) Véneto, Venezia 806-D5
Pralormo (I) 810-F5
Pra Loup (F) 813-H2
Pralungo (I) 800-E6
Pram (A) 767-L1
Pramaggiore (I) 806-F3
Pramain (F) 799-G6
Pramallè (I) 814-C1
Pramerdorf (A) 767-L2
Pramet (A) 767-K2
Pramouton (F) 809-H9
Pra Mouton (F) 809-H8
Prándaglio (I) 803-M6
Prangins (CH) 786-D5
Prankh (A) 783-J3
Pranölz (I) 806-B1
Prantach/Prantago (I) 792-F1
Prantago/Prantach (I) 792-F1
Pranzo (I) 804-C2
Prapert (F) 798-A9
Prapetno (SLO) 796-B7
Prapic (F) 809-G7
Prapótnizza (I) 796-A7
Prapoutel (F) 798-A9
Praprece (SLO) 797-K6
Praprotno (SLO) 796-E7
Praranger (F) 798-E8
Prarath (A) 784-B9
Prarolo (I) 811-L1
Praroman (CH) 787-L1
Prasco (I) 811-M8
Prascorsano (I) 800-B8
Praše (SLO) 796-F7
Prasdorf (A) 769-J2
Praso (I) 804-B2
Prasomaso (I) 791-H8
Prà Sottano (I) 815-K3
Prat Hauts (F) 809-K6
Prata (I) 789-G9
Prata di Pordenone (I) 806-E2
Prata-Camportaccio (I) 790-D7
Pratavécchia (I) 814-C1
Pratello (I) 803-M7
Prati (I) 804-E6
Prati Nuovi (I) 807-H5
Prati/Wiesen (I) 779-G8
Pratiglione (I) 800-B8
Prato (CH) Leventina 789-L4
Prato alla Drava/Winnebach (I) 794-C1
Prato Carnico (I) 794-F4
Pratolungo (I) 814-A3
Pratomorone (I) 811-H5
Prato Nevoso (I) 814-F4
Prato Noero (I) 811-G9
Pratorotondo (I) 813-L2
Prato S. Pietro (I) 802-D2
Prato Sésia (I) 801-H5
Prato-Sornico (CH) 789-K5
Pratovigero (I) 810-C4
Pratrivero (I) 800-F5
Pratsdorf (A) 768-C4
Pratteln (CH) 774-C1
Praturlone (I) 806-F2
Pratval (CH) 790-D2
Praubert (F) 787-G5
Pravel (F) 808-F2
Praveyral (F) 809-H8
Pravisdómini (I) 806-E3
Pray (I) 800-F5
Prayon (CH) 799-K2
Präz (CH) 790-D2
Praz (CH) Vully 773-K7
Praz (I) 800-A3
Praz de Fort (CH) 799-K1
Prazignan (F) 798-E9
Praz-Jean (CH) 787-M8
Praz-Raye (I) 800-B2
Praz-sur-Arly (F) 798-F3
Prazzo (I) Piemonte 813-M1
Prazzo (I) Piemonte, Cuneo 811-G6
Prea (I) 814-E3
Preabocco (I) 804-C6
Preara (I) 805-H5
Prebacevo (SLO) 796-F7
Preben (A) 313
Prebensdorf (A) 784-D4
Prebl (A) 783-J7
Prebl-Brunnen (A) 783-J7
Prebold (SLO) 797-L6
Prebuch (A) 784-D4
Precasàglio (I) 791-M7
Precenicco (I) 807-H3
Précherel (F) 798-C4
Prechtal (D) 760-F2
Pré Clos (F) 809-G8
Precna (SLO) 797-L7
Preda (CH) 791-G3
Preda Rossa (I) 790-F7
Predaia (I) 794-D8
Predanovci (SLO) 785-G9
Predazzo (I) 549, 550, 551, 742, 793-J6
Preddvor (SLO) 796-F6
Pré de Bar (I) 799-J2
Pre di Ledro (I) 804-C3
Preding (A) Weiz 784-C3
Preding (A) Wettmannstätten 784-B7
Predlitz (A) 782-B6
Predoir/Prettau (I) 779-M7
Predonico/Perdonig (I) 792-F4
Predore (I) 803-H5
Predoslje (SLO) 796-F6
Pré du Loup (F) 813-L4
Preg (A) 783-J3
Preganziòl (I) 806-B6
Pregasina (I) 804-C3
Pregasso (I) 803-J5
Pregassona (CH) 802-A1
Preghena (I) 792-D5
Pregnana Milan. (I) 801-M7
Prégnin (F) 786-B6
Pregny (CH) 786-C7
Preims (A) 783-H7
Prein an der Rax (A) 770-D7
Preinardo (I) 813-L2
Preiner Gscheid (A) 770-C7
Preinrotte (A) 770-D7
Preinsfeld (A) 770-F2
Preintal (A) 770-C5
Preisegg (A) 768-D6
Preisendorf (D) 765-L2
Preiska (SLO) 797-M5
Preit (I) 813-L2
Preitenegg (A) 783-K7
Prekova (A) 782-E7
Prelá (I) 815-G7
Prélenfrey (F) 808-A3
Prelesje (SLO) 797-L8
Preliga (I) 789-G8
Prellenkirchen (A) 771-M1
Prellerberg (A) 784-C4
Prem (D) 764-C8
Premach (D) 763-L2
Premàdio (I) 791-L5
Premana (I) 790-D9
Prémanon (F) 786-B4
Premaòr (I) 806-A2
Premaore (I) 805-M8
Premariacco (I) 795-K9
Premeno (I) 801-J2
Premenugo (I) 802-D7
Premetovec (SLO) 796-E8
Premier (CH) 786-E1
Prémin (F) 813-H3
Premolo (I) 803-G3
Premosello (I) 801-G1
Premstätten (A) 784-C5
Pren (I) 793-L9
Prennegg, Pichl- (A) 781-L1
Prentl (A) 784-F9
Preone (I) 795-G5
Preonzo (CH) 789-M7
Preore (I) 804-C1
Pré Oudot (F) 772-F6
Pré-Petitjean (CH) 773-K4
Prepotto (I) 795-L9
Pré Riond (F) 809-J7
Prés l'Amoux (F) 812-F5
Prese (I) 799-K7
Preséglie (I) 803-L5
Presegno (I) 803-L4
Presenàio (I) 794-E3
Présentevillers (F) 773-G1
Presezzo (I) 802-E5
Présilly (F) 786-B8
Presina (I) 805-K6
Presinge (CH) 786-D7
Prés-Jacquier (F) 772-E7
Preska (SLO) 797-K9
Presle (F) 798-B7
Pressano (I) 792-E8
Preßguts (A) 784-D4
Pressingberg (A) 781-M7
Preßnitz (A) 783-K2
Presson (I) 792-C6
Pré-St-Didier (I) 799-H4
Pré St. Didier (Abenteuerpark) (I) 571
Prestenberg (D) 762-F8
Prestento (I) 795-K8
Préstine (I) 803-L2
Prestone (I) 790-D6
Pretalgraben (A) 770-B8
Pretin (F) 772-A7
Prettau/Predoir (I) 504, 505, 507, 779-M7
Pretul (A) 770-C8
Pretzen (D) 765-K1
Prevalje (Prävali) (SLO) 797 K3
Prevalle (I) 803-L7
Pré Valloire (F) 809-G2
Préverenges (CH) 786-F4
Prévessin-M. (F) 786-B6
Prevoje (SLO) 797-H7
Prévondavaux (CH) 787-H1
Prévonloup (CH) 787-H2
Preynes (F) 812-E7
Prez-vers-Noréaz (CH) 787-J1
Prez-vers-Siviriez (CH) 787-H2
Prezzo (I) 804-A2
Priami (I) 800-E3
Pribelsdorf (A) 797-H2
Pridahof (A) 784-F8
Priebing (A) 784-D8
Priel (A) 294, 296, 764-F2
Prield (A) 783-J8
Prien am Chiemsee (D) 766-B6
Prienbach (D) 767-G1
Priental (D) 116, 119
Priero (I) 815-H2
Priesshütte (A) 782-B8
Prigglitz (A) 770-E6
Pri Jezeru (SLO) 796-C7
Prikrnica (SLO) 797-J7
Pri Krnskih Jezerih (SLO) 796-A6
Prilly (CH) 786-F3
Primaluna (I) 802-D2
Primau (A) 766-B8
Primolan (I) 805-J2
Primolo (I) 791-G7
Primoz pri Ljubnem (SLO) 797-J5
Pringy (CH) 787-K3
Pringy (F) 798-B1
Prio (I) 792-E7
Priocca (I) 811-H6
Priola (I) 815-G4
Prissian Prissiano (I) 792-E4
Pristava (SLO) 796-F5
Prittlbach (D) 765-G1
Prittriching (D) 764-D2
Privilasco (CH) 791-J6
Pro cária (I) 799-M9
Proa (F) 813-K6
Probstried (D) 763-L7
Prodnik (SLO) 797-K5
Prodolone (I) 806-F2
Progens (CH) 787-H3
Proh (I) 801-J7
Prolango (I) 793-J8
Proleb (A) 783-L2
Prolin (CH) 787-M8
Promasens (CH) 787-H3
Promberg (A) 765-G7
Promenthoux (CH) 786-D5
Proméry (F) 798-B1
Promied (I) 800-B4
Promo (I) 803-L5
Promontogno (CH) 790-E6
Propstei St. Gerold (A) 130
Prosdorf (A) 784-C6
Prosecka vas (SLO) 785-G8
Prosenjakovci (SLO) 785-H8
Proserpio (I) 802-C3
Prosito (CH) 789-M7
Prova (I) 805-G8
Prováglio d'Iseo (I) 803-J6
Prováglio Val Sábbia (I) 803-L5
Provagna (I) 794-C7
Proveis Proves (I) 792-D5
Provence (CH) 773-G8
Provenchère (F) 773-G4
Provesano (I) 795-G9
Provincia di Como (I) 562
Provonda (I) 810-B4
Prózzolo (I) 805-M8
Pruggern (A) 698, 782-B2
Prugiasco (CH) 789-M5
Prun (I) 804-D6
Prunetto (I) 815-H1
Prunières (F) 808-F8
Pruno (I) 779-G9
Prutting (D) 766-A6
Prutz (A) 166, 778-B6
Prymhäuser (A) 770-E3
Pržgavec (SLO) 796-C9
Pte. S. Quirino (I) 795-L8
Pti. di Tremeacque (I) 806-E3
Pubersdorf (A) 796-F2
Publier (F) 786-F5
Puch (A) Paldau 784-D6
Puch (A) Villach 796-A2
Puch (D) 764-F2
Puch bei Hallein (A) 767-G7
Puch bei Weiz (A) 784-D3
Puchberg (A) 768-B2
Puchberg am Schneeberg (A) 770-E5
Puchegg (A) 784-E1
Puchenstuben (A) 300, 769-M4
Puchheim (D) 764-F3
Puchkirchen am Trattberg (A) 767-L3
Puchschlagen (D) 764-F1
Pucking (A) 768-D2
Puconci (SLO) 785-G9
Pudiano (I) 803-H8
Pudlach (A) 797-K1
Puegnago s. Garda (I) 803-M6
Puessans (F) 772-E2
Pufels Bulla (I) 793-J4
Pugerna (CH) 802-A2
Puget-Rostand (F) 813-K6
Puget-Théniers (F) 813-K7
Pugnai (I) 793-J8
Pugnello (I) 805-G6
Pugnetto (I) 810-C1
Pugny-Chatenod (F) 798-A4
Pugrad (A) 796-D3
Pühringer Hütte (A) 303
Púia (I) 806-E3
Puidoux (CH) 787-H4
Puimichel (F) 812-C6
Puimoisson (F) 812-D8
Púlfero (I) 795-L7
Pullach (D) Kr. Rosenheim 765-L6
Pullach im Isartal (D) Kr. München 765-H4
Pullenhofen (D) 765-K4
Pullir (I) 793-L9
Pully (CH) 787-G4
Pulpitsch (A) 796-C3
Pulst (A) 782-E9
Pumenengo (I) 803-G7
Pummersdorf (A) 770-B1
Punitz (A) 785-H4
Punta Belvedere (I) 804-A6
Punta di Sirmione (I) 804-A7
Puntigam (A) 784-B5
Punt la Drossa (CH) 791-K3
Puos d'Alpago (I) 794-C8
Pupplinge (CH) 786-C7
Puppling (D) 765-G5
Pura (CH) 801-L2
Purano (I) 804-C6
Purbach (A) Pernitz 770-E4
Purbach am Neusiedler See (A) 771-K3
Purfing (D) 765-K3
Pürgen (D) 764-C4
Pürgg (A) 309, 768-C9
Pürgschachen (A) 768-E8
Purgstall an der Erlauf (A) 769-K3
Purgstall bei Eggersdorf (A) 784-C4
Purk (D) 764-E3
Pürstling (D) 766-M5
Pusarnitz (A) 781-K8
Pusea (I) 795-G5
Pusiano (I) 802-C4
Pušno (SLO) 796-A8
Pusserein (CH) 776-F7
Pussy (F) 798-E6
Pust (SLO) 796-C6
Pustemo (I) 805-J2
Pustertal (I) 508
Pusterwald (A) 782-E3
Pusto Polje (SLO) 797-K5
Pustote (SLO) 796-E7
Pustov Mlin (SLO) 797-K8
Pustritz (A) 783-J9
Putschall (A) 780-F7
Putscherkofel (A) 186
Putz (CH) 777-G8
Putzbrunn (D) 765-J4
Putzmannsdorf (A) 770-E6
Pux (A) 782-E5
Puy Saint-Eusèbe (F) 809-G8
Puygros (F) 798-B5
Puy-St-André (F) 809-H5
Puy-St-Vincent (F) 589, 809-G5
Puževci (SLO) 785-G8
Puzzatsch (CH) 790-B3
Pyburg (A) 768-F1
Pyhra (A) St. Pölten 770-C1
Pyhrafeld (A) 769-J3
Pyhrn (A) 294, 296, 768-D8
Pyhrn-Priel (A) 35, 297
Pyramoos (D) 766-M2

Q

Quadrmi (I) 804-C9
Quantin (I) 794-B8
Quaranti (I) 811-L7
Quaregna (I) 800-F6
Quarelli (I) 811-K8
Quargnenta (I) 804-F6
Quargnento (I) 811-L5
Quarona (I) 801-G4
Quartara (I) 801-J8
Quarten (CH) 776-C6
Quartino (CH) 789-M8
Quarto d'Altino (I) 806-C6
Quarzina (I) 814-F5
Quassolo (I) 800-C7
Quattórdio (I) 811-K5
Quazzo (I) 815-H4
Queige (F) 798-E4
Quenoche (F) 772-C1
Quero (I) 805-L2
Quet-en-Beaumont (F) 808-C5
Quetta (I) 792-E7
Queyrieres (F) 589, 809-H6
Quiliano (I) 815-K3
Quincinetto (I) 800-C6
Quincy (F) Rhône-Alpes/Chilly 786-A9
Quincy (F) Rhône-Alpes/Clarafond 786-A8
Quingey (F) 772-A5

REGISTER

Quinsod (I) 800-C4
Quinson (F) 814-B7
Quintal (F) 798-B2
Quintanella (I) 810-D6
Quintano (I) Lombardia, Bréscia 803-G6
Quintano (I) Lombardia, Cremano 802-F8
Quinten (CH) 776-C6
Quinto (CH) 789-K4
Quinto di Treviso (I) 806-B5
Quinto di Valpantena (I) 804-D7
Quinto Romano (I) 802-B7
Quinto Vercellese (I) 801-G8
Quinto Vicentino (I) 805-J6
Quinzanello (I) 803-J8
Quinzano (I) 804-D7
Quinzy (F) 786-E8

R

Raaba (A) 784-B5
Raabau (A) 784-E6
Raach (A) 784-A5
Raach am Hochgebirge (A) 770-E7
Raas (A) 784-C3
Raat (CH) 761-J9
Rabach (A) 768-E5
Rabbi (I) 792-C5
Rabenden (D) 766-C4
Rabendorf (A) 784-D2
Rabenstein (A) Frohnleiten 783-M3
Rabenstein (A) Lorenzenberg 797-K2
Rabenstein an der Pielach (A) 770-A2
Rabenstein/Corvara (I) 778-E9
Rabenwald (A) 784-D2
Rabing (A) 782-F8
Rabius (CH) 789-M2
Rabland (A) 794-C1
Rabland/Rabla (I) 792-E2
Rabnitz (A) 784-B4
Rabou (F) 808-D8
Racconigi (I) 810-E7
Račeva (SLO) 796-E9
Rachau (A) 783-J4
Račica (SLO) 797-J8
Racines (I) 779-G8
Rački Vrh (SLO) 797-H7
Radau (A) 767-K6
Radeče (SLO) 797-M8
Radein (I) 793-G6
Radelfingen (CH) 773-L7
Radendorf (A) 796-B3
Radenthein (A) 781-M9
Radenzicco (I) 795-G9
Raderach (D) 762-D8
Radersdorf (A) 784-D6
Radfeld (A) 779-L2
Radgonica (SLO) 797-L8
Radhof (A) 769-G2
Radiga (A) 784-B9
Radkersburg Umgebung (A) 784-F9
Radlach (A) Buchkirchen 768-B1
Radlach (A) Seeboden 795-J1
Radlje ob Dravl (SLO) 797-M2
Radmer an der Hasel (A) 769-H9
Radmer an der Stube (A) 769-H8
Radmirje (SLO) 797-J5
Radnig (A) 795-K2
Radochen (A) 784-E8
Radochenberg (A) 784-E8
Radolfzell am Bodensee (D) 762-A7
Radomlje (SLO) 797-H7
Radons (CH) 453, 790-E4
Radovci (SLO) 785-G8
Radovljica (SLO) 594, 796-D5
Radovna (SLO) 796-C5
Radsberg (A) 796-F2
Radstadt (A) 286, 287, 288, 289, 698, 781-K2
Radstädter Tauernpass (A) 282
Raduha (SLO) 797-J5
Raduse (SLO) 797-L3
Radweg (A) Feldkirchen in Kärnten 796-D2
Radweg (A) St. Veit an der Glan 782-F9
Raedersdorf (F) 773-M2
Raffa (I) 803-M6
Raffelstetten (A) 768-E1
Räfis (CH) 776-E6
Rafolče (SLO) 797-H7
Rafting Sterzing (I) 497
Rafz (CH) 761-J9
Ragada (I) 792-B8
Raggaalm (A) 781-H8
Raggal (A) 134, 698, 777-G5
Ragglach (A) 783-K9
Raglitz (A) 770-F5
Ragnitz (A) 784-C7
Ragogna (I) 795-G7
Rágoli (I) 804-C1
Rahon (F) 772-F3
Rai (I) 806-C3
Raich (D) 760-D7
Raiding (A) 771-J7
Rain (A) Anras 794-D1
Rain (A) Ebental 782-F6
Rain (A) Saalfelden am Steinernen Meer 780-E2
Rain (CH) 775-G6
Rainbach (A) 783-L7
Rainberg (A) 769-L2
Rainfeld (A) 770-C2
Rain in Taufers/Riva di Túres (I) 507, 779-M8
Raisting (D) Kr. Weilheim-Schongau 764-E5
Raitbach (D) 760-E8
Raiten (D) 766-C7
Raitenbuch (D) 761-G6
Raitenhart (D) 766-D2
Raitenhaslach (D) 766-E3
Raithaslach (D) 762-A6
Rajach (A) 796-C2
Rakovlje (SLO) 797-L6
Raldòn (I) 804-E9
Rallo (I) 792-D6
Ralndorf (A) 782-D8
Rambaud (F) 808-E8
Ramello (I) 801-J2
Ramera (I) 806-C3
Ramerberg (D) Kr. Südliche Weinstraße 766-A4
Ramering (D) 766-B2
Ramersberg (CH) 775-G8
Ramersdorf (D) 765-H3
Rametzhofen (A) 770-A2
Ramezzana (I) 811-J2
Ramingdorf (A) 768-F3
Ramingstein (A) 292, 293, 782-B6
Ramlinsburg (CH) 774-D2
Rammersdorf (A) 797-G1
Rammingen (D) Kr. Unterallgäu 764-A4
Ramolhaus (A) 778-D9
Ramòn (I) 805-L5
Ramosch (CH) 777-L9
Rampazzo (I) 805-J6
Ramplach (A) 770-F6
Rampónio-Verna (I) 802-B1
Ramsach (D) 764-D4
Ramsau (A) Bad Aussee 767-M8
Ramsau (A) Bad Ischl 767-L8
Ramsau (A) Dirngraben 768-D3
Ramsau (A) Micheldorf in Oberösterreich 768-D5
Ramsau (A) Waidhofen 769-H2
Ramsau (A) Wilhemsburg 770-D3
Ramsau (A) Wörgl 779-L2
Ramsau (D) Kr. Bad Tölz-Wolfratshausen 765-G7
Ramsau am Dachstein (A) 41, 308, 310, 311, 698, 781-M2
Ramsau bei Berchtesgaden (D) 124, 125, 205, 766-F9
Ramsau im Zillertal (A) 779-K5
Ramsbach (D) 761-G2
Ramsei (CH) 774-C7
Ramseiden (A) 780-F2
Ramsen (CH) 761-L8
Ramuscello (I) 807-G2
Ranalt (A) 192, 194, 195, 778-F7
Rancate (CH) 802-A3
Rances (CH) 786-F1
Ráncio-Valcuvia (I) 801-L2
Ranco (I) 801-J4
Randa (CH) 389, 788-D8
Randegg (A) 769-J3
Randegg (D) 761-L8
Randen (D) 761-K6
Randens (F) 798-D6
Randevillers (F) 772-F3
Randogne (CH) 376, 788-B6
Ranè (I) 806-C1
Ranflüh (CH) 774-C7
Rang (F) 772-F2
Rangersdorf (A) 781-G8
Ranggen (A) 778-E4
Rango (I) Lombardia 803-M5
Rango (I) Trentino-Alto Ádige 804-A3
Ranham (D) 766-D4
Ranharting (D) 766-E3
Ránica (I) 802-F5
Raning (A) 784-E7
Rankovci (SLO) 785-G9
Rankweil (A) 776-F4
Rannersdorf (A) 771-H1
Rannersdorf am Saßbach (A) 784-D8
Ranoldsberg (D) 766-B1
Ransdorf (A) 771-G7
Ranshofen (A) 767-G2
Ranspach-le-Bas (F) 760-B9
Ranspach-le-Haut (F) 760-A9
Rantechaux (F) 772-E5
Ranten (A) 782-D5
Rantzwiller (F) 760-A8
Ranzánico (I) 803-H4
Ranzano (I) 806-D1
Ranzi Pietra (I) 815-J5
Ranzo (I) 815-G6
Raossi (I) 804-E4
Raperswilen (CH) 762-B9
Rappen (D) 763-L5
Rappensee-Hütte (A) 777-K4
Rappersdorf (A) Spittal an der Drau 781-K8
Rappersdorf (A) Wels 768-C3
Rapperswil (CH) Bern 774-A6
Rapperswil (CH) St. Gallen 775-L5
Rappertsweiler (D) 762-F9
Rappitsch (A) 796-C2
Raron (CH) 788-D6
Rasa (I) 801-L3
Rasai (I) 805-K1
Raschiacco (I) 795-K8
Raschvella (CH) 777-L9
Rasen-Antholz/Rasun-Anterselva (I) 742, 780-A9
Rasing (A) 769-M6
Rasquaro (I) 800-B9
Rassa (I) 800-E4
Rassach (A) 783-M7
Raßbach (D) 761-H8
Raßnig (A) 795-H1
Rast (D) 762-B5
Rastal (A) 769-L9
Rastiglione (I) 801-H4
Rasun di Sopra/Oberrasen (I) 779-M9
Rasun di Sotto/Niederrasen (I) 793-M1
Rasun-Anterselva/Rasen-Antholz (I) 780-A9
Rasura (I) 790-E9
Rateče (SLO) 590, 796-A4
Rateče-Planica (SLO) 593
Räterschen (CH) 775-L2
Rath (A) 768-D3
Ratholz (D) 763-J9
Rätikon (A) 136, 436
Ratkovci (SLO) 785-H8
Ratschendorf (A) 784-E8
Ratschfeld (A) 782-C5
Ratschings (I) 496, 497, 498, 499, 742
Ratschitschach (A) 797-H2
Ratshausen (D) 761-L2
Ratten (A) 770-D9
Rattenberg (A) Brixlegg 202, 203, 779-K2
Rattenberg (A) Frohnsdorf 783-H4
Rattendorf (A) 795-J2
Rattenkirchen (D) 766-B2
Rattersdorf (A) 771-J9
Ratting (A) 782-B2
Ratzenau (A) 784-E9
Ratzendorf (A) 796-F1
Ratzenegg (A) 796-E2
Ratzenried (D) 763-H8
Raubling (D) 766-A7
Rauchegg (A) 783-M6
Rauchenwarth (A) 771-J2
Rauchhaus (A) 767-H6
Räuchlisberg (CH) 776-C1
Rauchwart im Burgenland (A) 785-H4
Rauden (A) 784-C6
Rauhekopfhütte (A) 778-C9
Rauhenzell (D) 763-K9
Rauhriegel (A) 785-H2
Raumberg (A) 782-C1
Rauris (A) 262, 263, 698, 781-G4
Raurisertal (A) 262
Rauscedo (I) 794-F9
Rausch (D) 764-E4
Rauschberg (D) 120, 121
Rauschelesee (A) 339
Raut (A) 794-E2
Raut (D) 764-F8
Rauta (I) 792-F9
Rauth (A) 778-A2
Rauth (I) 793-H6
Ravaisch (CH) 474
Ravascletto (I) 795-G4
Ravensburg (D) 762-F7
Ravensburger Hütte (A) 777-J5
Ravina (I) 804-E1
Ravinsis (I) 795-H3
Ravne, Cerkno (SLO) 796-C8
Ravne, Idrija (SLO) 796-D9
Ravne, Litija (SLO) 797-L8
Ravne, Šoštanj (SLO) 797-L4
Ravne, Tolmin (SLO) 796-B8
Ravne na Koroškern (SLO) 797-K3
Ravne v Bohinju (SLO) 796-C6
Ravni Laz (SLO) 795-L5
Ravoire (CH) 787-J8
Ravoledo (I) 791-K7
Rax (A) 785-G6
Raxen (A) 770-C7
Raxenbachrotte (A) 770-B4
Razborca (SLO) 797-M3
Razor (SLO) 797-K7
Razori (SLO) 796-C8
Rbniiška koca (SLO) 797-M3
Re (I) 789-J8
Rea (I) 815-H1
Reáglie (I) 810-E3
Realdo (I) 814-E6
Reale (I) 815-G7
Réallon (F) 808-F8
Realp (CH) 789-J3
Realta (CH) 790-D2
Reana d. Roiale (I) 795-J8
Reane (I) 794-C3
Reano (I) 810-C3
Reauz (A) 796-E3
Reberty (F) 798-E8
Rebeuvelier (CH) 774-A3
Rebévelier (CH) 773-L4
Rebière (F) 813-G6
Rebstein (CH) 776-E3
Recetto (I) 801-H7
Rechberg (A) 797-G3
Rechberg (D) Kr. Lörrach 760-C8
Rechberg (D) Kr. Waldshut 761-H8
Rechenau (D) 115
Recherswil (CH) 774-C5
Réchesy (F) 773-K1
Rechnitz (A) 785-J2
Rechtenbach (D) 760-F5
Rechtenstein (D) 762-E2
Rechthalten (CH) 787-L1
Rechtis (D) 763-K8
Rechtmehring (D) 766-A3
Réchy (CH) 788-A7
Rečica (SLO) 797-L5
Reckenberg (D) 760-E4
Reckingen (CH) 789-G4
Reckingen (D) 761-H9
Réclère (CH) 773-J3
Recoaro (I) 804-F5
Recoaro Terme (I) 804-F5
Recolaine (CH) 774-A3
Recologne (F) 772-A3
Reconvilier (CH) 773-L4
Recours Maison Ferme (F) 808-B8
Recuit (F) 812-F4
Reculfoz (F) 786-C1
Redl (A) 767-K4
Redleiten (A) 767-K3
Redlham (A) 767-M4
Redlmühl (A) 768-B5
Redlschlag (A) 771-H9
Redltal (A) 767-K2
Redona (I) 794-F7
Reedsee (A) 277
Refental (CH) 774-F3
Refranche (F) 772-B6
Refrancore (I) 811-K5
Refróntolo (I) 806-B2
Refuge I Re Magi (F) 809-J3
Refuge d'Anterne (F) 787-G9
Refuge de Bayasse (F) 813-J3
Refuge de Bousiéyas (F) 813-K3
Refuge de Fontanalba (F) 814-C6
Refuge de Furfande (F) 809-J6
Refuge de Gialorgues (F) 813-K4
Refuge de la Cantonnière (F) 813-J4
Refuge de la Cayolle (F) 813-J3
Refuge de la Madone de Fenestre (F) 814-B5
Refuge de Rabuons (F) 813-L3
Refuge de Salèse (F) 814-B5
Refuge de Sestrière (F) 813-K3
Refuge de Valmasque (F) 814-C5
Refuge de Vens (F) 813-L3
Refuge du Glacier Blanc (F) 587
Regau (A) 768-C3
Regau (D) 766-A8
Regelsbrunn (A) 771-K1
Regensberg (CH) 775-J2
Regensdorf (CH) 775-J2
Regglisweiler (D) 763-J2
Regitt (A) 795-J2
Regnana (I) 793-G8
Regoledo (I) 790-E8
Réguisheim (F) 760-A5
Regusse (F) 812-A8
Rehenberg (A) 777-H3
Rehetobel (CH) 776-E2
Rehgraben (A) 785-H4
Rehlings (D) 762-F9
Rehmen (A) 777-H4
Reibersdorf (D) 766-A1
Reichau (D) 763-K4
Reichenau (A) St. Georgen ob Murau 321, 782-C5
Reichenau (A) Winkl-Reichenau 782-B8
Reichenau (CH) 790-D1
Reichenau (D) 762-B8
Reichenau an der Rax (A) 770-D6
Reichenbach (D) Kr. Biberach 762-F4
Reichenbach (D) Kr. Emmendingen 760-E3
Reichenbach (D) Kr. Oberallgäu 777-K2
Reichenbach (D) Kr. Ostallgäu 764-B6
Reichenbach (D) Ortenaukreis 761-H2
Reichenbach am Heuberg (D) Kr. Tuttlingen 761-M3
Reichenbach im Kandertal (CH) 788-C3
Reichenburg (CH) 775-M5
Reichendorf (A) 784-D4
Reichenfels (A) 783-H6
Reichenhag (A) 770-C1
Reichenhofen (D) 763-H6
Reichenstein (D) 762-E2
Reichenthal (A) 770-E4
Reichenthalheim (A) 767-K4
Reichersbeuern (D) 765-J7
Reichersdorf (D) 765-K6
Reichersdorf Krottendorf im Saßtal (A) 784-D7
Reichertsheim (D) 766-B2
Reichertshofen (D) 763-M2
Reichgruben (A) 770-C1
Reichling (D) 764-D5
Reicholzried (D) 763-K7
Reichraming (A) 768-F5
Reichraminger Hintergebirge (A) 35
Reichsdorf (A) 767-H2
Reiden (CH) 774-E4
Reidenbach (CH) 787-M3
Reidermoos (CH) 774-E4
Reifling (A) 783-G5
Reiflingviertel (A) 769-G7
Reifnitz (A) Maria Wörth 340, 341, 796-E2
Reifnitz (A) Völkermarkt 797-H2
Reigersberg (A) 784-E4
Reigersdorf (A) 796-F2
Reignier (F) 786-D8
Reigoldswil (CH) 774-C3
Rein (A) 783-M4
Reinach (CH) Aargau 775-G4
Reinach (CH) Basel-Landschaft 774-C2
Reindlmühl (A) 767-M5
Reinersdorf (A) 785-J5
Reinhardsried (D) 763-M7
Reinhartshausen (D) 764-B2
Reinhartshofen (D) 764-B2
Rein im Reintal /Riva (I) 505, 779-H8
Reinisch (CH) 788-C3
Reinsberg (A) Gresten 769-K3
Reinsberg (A) Gurktal 782-D8
Reinstetten (D) 763-H3
Reinswald/S. Martino (I) 490, 793-G2
Reintal (A) 780-F8
Reipersdorf (A) 782-F9
Reipertshofen (D) 763-H7
Reisach (A) 795-H2
Reisberg (A) 783-J8
Reisch (A) 780-B1
Reisch (D) 764-C4
Reischach (D) Kr. Altötting 766-E1
Reischach (D) Kr. Sigmaringen 762-C5
Reischach (I) 510
Reischenhart (D) 766-A7
Reischmann (D) 763-G8
Reisdorf (A) 783-G9
Reiselfingen (D) 761-H6
Reisenberg (A) 771-J3
Reisiswil (CH) 774-D5
Reißeck (A) 781-K8
Reißeck-Haus (A) 781-K8
Reisstraße (A) 783-J5
Reit (A) 766-E8
Reit im Winkl (D) 116, 117, 118, 119, 661, 766-C8
Reitdorf (A) 781-K3
Reitenbuch (D) 764-B1
Reiteralm (A) 306
Reiterdörfl (A) 766-C9
Reiterhof Podesser (A) 327
Reiterkogel (A) 253
Reitern (A) 768-D5
Reiterndorf (A) 767-L7
Reitersberg (A) 770-F6
Reith (A) Burghausen 766-F2
Reith (A) Kleinsölk 782-B2
Reith (A) St. Andrä-Höch 784-B8
Reith (A) Waisenegg 770-C9
Reith (A) Weiz 784-D2
Reith bei Hartmannsdorf (A) 784-E5
Reith bei Kitzbühel (A) 226, 780-B2
Reith bei Seefeld (A) 182, 184, 185, 699, 778-F4
Reitham (A) 780-C1
Reitham (D) 765-J6
Reitham (D) 766-C5
Reither Spitze (A) 183
Reithofen (D) 765-L2
Reith im Alpbachtal (A) 202, 203, 699, 779-K2
Reitmehring (D) 766-A4
Reitnau (CH) 774-F4
Reitsham (A) 767-H4
Reitsteg (A) 781-K2
Reka (SLO) 796-C8
Rekar, Peddvor (SLO) 797-G5
Rekar, Tržič (SLO) 796-F5
Rekingen (CH) 761-H9
Rellerli (CH) 346
Rellshüsle (A) 777-G6
Rellstal (A) 777-G6
Remanzacco (I) 795-K8
Remaufens (CH) 787-H4
Remetschwiel (D) 761-G8
Remetschwil (CH) 775-H3
Remigen (CH) 775-G1
Remnatsried (D) 764-B7
Remollon (F) 812-E1
Rémondans-Vaivre (F) 773-G3
Remonzino (I) 811-J6
Remoray-Boujeons (F) 772-D9
Rempertshofen (D) 763-G7
Rems (A) 768-F1
Remschening (A) 797-H4
Renan (CH) 773-J5
Renate (I) 802-C5
Réndale (I) 805-J2
Renédale (F) 772-D6
Renens (CH) 786-F3
Renetsham (A) 767-K2
Rengetsweiler (D) 762-C5
Rengg (CH) 774-F7
Renhardsweiler (D) 762-E5
Renko (SLO) 796-B9
Rennaz (CH) 787-H5
Rennersdorf (A) 770-B2
Rennertshofen (D) 763-K2
Rennes-sur-Loue (F) 772-A6
Rennweg (A) 782-D9
Rennweg am Katschberg (A) 781-L6
Reno (I) 801-J3
Renon/Ritten (I) 793-G4
Renquishausen (D) 762-A4
Rensberg (D) 761-G3
Rensch (I) 793-G4
Reonis (I) 795-G6
Reotier (F) 809-H7
Repenšek (SLO) 797-J6
Repergo (I) 811-J6
Replach (A) 797-J2
Replain (F) 798-D4
Repnje (SLO) 797-G7
Repperweiler (D) 762-D5
Resana (I) 805-L5
Rescaldina (I) 801-M6
Reschen/Resina (I) 479, 742, 777-M9
Reschenpass (A) 164, 476, 478
Reschensee (I) 477
Reschigliano (I) 805-L7
Resera (I) 806-B2
Résia (I) 795-K5
Resina/Reschen (I) 777-M9
Resiutta (I) 795-J5
Ressudens (CH) 773-J8
Retsch (A) 770-B9
Retschwil (CH) 775-G5
Rettenbach (A) Bernstein 771-G9
Rettenbach (A) Deutschlandsberg 783-L7
Rettenbach (A) Hollenegg 783-M8
Rettenbach (A) Mittersill 780-C4
Rettenbach (A) Mörtschach 780-F8
Rettenbach (A) Seggauberg 784-C8
Rettenbach (A) St. Johann in Tirol 780-C1
Rettenbach (A) Westendorf 780-A3
Rettenbach (D) Kr. Rosenheim 765-M4
Rettenbach (D) Kr. Traunstein 766-D5
Rettenbach am Auerberg (D) Kr. Ostallgäu 764-B7
Rettenberg (A) Graz 784-B8
Rettenberg (D) 70, 71, 661, 763-K9
Rettenegg (A) 770-D8
Rettenschöss (A) 766-B8
Retznei (A) 784-C9
Reuchenette (CH) 773-L5
Reugney (F) 772-C6
Reuhartig (A) 768-B3
Reusch (CH) 787-L6
Reute (CH) 776-E3
Reute (D) Kr. Biberach 763-G4
Reute (D) Kr. Bodenseekreis 762-D8
Reute (D) Kr. Emmendingen 760-D3
Reute (D) Kr. Ravensburg 762-F6
Reute (D) Kr. Sigmaringen 762-B5
Reute im Hegau (D) Kr. Konstanz 761-M6
Reutehof (D) 761-H9
Reutenen (CH) 762-A8
Reuthe (A) 699, 777-H3
Reuti (CH) Bern 789-G2
Reuti (CH) Thurgau 776-B1
Reutigen (CH) 788-C2
Reutin (D) 762-F9
Reutlingendorf (D) 762-E2
Reutte (A) 47, 150, 152, 153, 154, 699, 778-B2
Revédoli (I) 806-F6
Revel (F) 808-C1
Revello (I) 810-C8
Reven (SLO) 796-C9
Revereulaz (CH) 787-H6
Reverolle (CH) 786-E3
Revest-des Brousses (F) 812-A6
Revest-les-Roches (F) 813-M8
Revest-Saint-Martin (F) 812-B6
Revigliasco d'Asti (I) 811-J5
Revine-Lago (I) 806-B1
Revislate (I) 801-J5
Revò (I) 792-E6
Reymond (F) 808-D3
Reyvroz (F) 786-F6
Rezar (SLO) 797-J5
Režen (SLO) 796-E8
Rezzago (I) 802-C3
Rezzato (I) 803-L7
Rezzo (I) 814-F6
Rezzonico (I) 561
Rhätische Bahn (CH) 445, 457
Rhäzüns (CH) 790-D1
Rheinau (CH) 761-K8
Rheinfelden (CH) 760-D9
Rheinhausen (D) 760-D2
Rheinheim (D) 761-H9
Rheinklingen (CH) 761-L8
Rheinschlucht (CH) 445
Rheinsulz (CH) 760-F9
Rheintal (A) 133
Rheinweiler (D) 760-B8
Rhemes-Notre-Dame (I) 572, 799-K6
Rhêmes-St-Georges (I) 799-K5
Rhina (D) 760-F9
Rho (I) 802-A7
Rhône (CH) 398
Rhuilles (I) 809-K5
Riale (I) 789-H5
Rialmosso (I) 800-E5
Rialto (I) 815-J4
Riaz (CH) 787-K2
Riazzolo (I) 801-M8
Ribče (SLO) 797-J8
Ribčev Laz (SLO) 755, 796-C6
Ribčeva Planina (SLO) 796-D6
Ribeauville (F) 760-A2
Ribecco (I) 803-M9
Ribiers (F) 812-B3
Ribinca na Pohorju (SLO) 797-M3

● REGIONEN ● HOTELS ● KARTEN

Riburg (CH) 760-D9
Ricaldone (I) 811-L7
Ricchiardo (I) 810-F6
Ricengo (I) 802-F8
Richebourg (F) 787-G6
Richenthal (CH) 774-E5
Richiáglio (I) 810-C1
Richigen (CH) 774-B8
Richinen (CH) 788-F5
Richisau (CH) 775-M7
Richter-Haus (A) 779-M6
Richterswil (CH) 775-K5
Richtolsheim (F) 760-C2
Ricken (CH) 776-B4
Rickenbach (CH) Basel-Landschaft 774-D2
Rickenbach (CH) Luzern 775-G5
Rickenbach (CH) Schwyz 411, 775-K7
Rickenbach (CH) Solothurn 774-D3
Rickenbach (CH) Thurgau 776-B2
Rickenbach (CH) Zürich 761-L9
Rickenbach (D) Bodenseekreis 762-C7
Rickenbach (D) Kr. Waldshut 760-E9
Ricourt (I) 800-D5
Ridanna/Ridnaun (I) 778-F8
Riddes (CH) 787-L8
Ridello (I) 804-A9
Ridnaun/Ridanna (I) 496, 497, 499, 778-F8
Ried (CH) Eischoll/Valais 788-C6
Ried (CH) Fribourg 773-L7
Ried (CH) Sankt Stephan/Bern 787-M4
Ried (CH) Schwyz 775-K7
Ried (CH) Zermatt/Valais 788-C9
Ried (D) Kr. Aichach-Friedberg 764-D1
Ried (D) Kr. Augsburg 764-A1
Ried (D) Kr. Bad Tölz-Wolfratshausen 765-G8
Ried (D) Kr. Lörrach 760-D7
Ried (D) Kr. Ostallgäu 763-M8
Ried (D) Kr. Ostallgäu 764-A8
Ried (D) Kr. Starnberg 764-E4
Ried (I) Monguelfo 794-A1
Ried (Welsburg)/Novale (I) Welsburg 793-M1
Ried/Novale (I) 779-G8
Riedbach (CH) 773-M7
Riedbach (D) 766-B2
Riedbad (CH) 774-E7
Ried bei Worb (CH) Bern 774-C8
Riedböhringen (D) 761-J6
Ried-Brig (CH) 788-E6
Riedel (A) 768-B4
Rieden (A) 778-B2
Rieden (CH) 776-B5
Rieden (D) Kr. Garmisch-Partenkirchen 764-E8
Rieden (D) Kr. Landsberg 764-E5
Rieden (D) Kr. Ostallgäu 84, 764-B5
Rieden (D) Kr. Ravensburg 763-J6
Rieden am Forggensee (D) Kr. Ostallgäu 764-B9
Rieder (D) Kr. Ostallgäu
Rieder Hütte (A) 767-M6
Riederalp (CH) 394, 395, 396, 397, 718, 788-E5
Riederau (D) 764-E5
Riederfurka (CH) 396
Riedering (D) 766-A6
Riedern (CH) 776-B7
Riedern (D) 761-J9
Riedern am Wald (D) 761-H8
Riedetsweiler (D) 762-C5
Riedhausen (D) 762-D6
Riedheim (D) Bodenseekreis 762-D8
Riedheim (D) Kr. Konstanz 761-L7
Riedhirsch (D) 763-H9
Riedhof (D) 764-B7
Riedholz (CH) 774-B4
Riedichen (D) 760-E8
Riedikon (CH) 775-L3
Ried im Innkreis (A) 767-K2
Ried im Oberinntal (A) 699, 778-B7
Ried im Traunkreis (A) 768-C4
Ried im Zillertal (A) 204, 779-K4
Rieding (A) 783-K8
Riedingalm (A) 247
Riedis (D) 763-L9
Riedisheim (F) 760-A7
Riedlham (A) 767-H1
Riedlingen (D) Kr. Biberach 762-E3
Riedlingen (D) Kr. Lörrach 760-C7
Riedlingsdorf (A) 785-G2
Riedlkam (A) 767-G4
Riedmatt (D) 760-D9
Riedmoos (D) 765-H1
Ried-Mörel (CH) 788-E6
Riedöschingen (D) 761-K6
Riedt (CH) 776-C1
Riedtwil (CH) 774-C5
Riedwihr (F) 760-B3
Riefensberg (A) 699, 777-H2
Riegel am Kaiserstuhl (D) 760-D3
Riegelsdorf (A) 783-J8
Rieger (D) 764-B2
Riegersbach (A) 770-E9
Riegersburg (A) 770-E9
Riegersburg (A) 784-F5
Riegersdorf (A) 784-F4
Riegerting (A) 767-J2
Rieggis (D) 763-K9
Riegl (A) 770-D9
Riegsee (D) 764-F8
Riehen (CH) 760-C9
Riein (CH) 790-C2
Rielasingen-Worblingen (D) 761-L7
Riello (I) 805-H7
Riemenstalden (CH) 775-K8
Ries (A) 784-B5
Riese Pio (I) 805-L4
Rietbad (CH) 776-C5
Rietheim (CH) 761-G9
Rietheim (D) 761-J4
Rietheim-Weilheim (D) 761-L4
Rietz (A) 778-D4
Riex (CH) 787-G4
Riez (F) 812-D8
Riezlern (A) 777-K3
Riezlern (D) 79, 80
Riffano/Rifian (I) 792-F2
Riffelalp (CH) 800-C1
Riffelberg (CH) 800-C1
Riffenmatt (CH) 787-M1
Rifferswil (CH) 775-J4
Riforano (I) 814-E2
Rifugio al Faggio (I) 804-B2
Rifugio Alpino (I) 792-C7
Rifugio A. Sonino (I) 793-M5
Rifugio Baranci (I) 794-B2
Rifugio Bárbara (I) 809-M7
Rifugio Bédole Adamello Collini (I) 792-A8
Rifugio Bianchet (I) 794-A7
Rifugio Biancoia (I) 805-J3
Rifugio Brentei (I) 792-C8
Rifugio Chiara (I) 814-D4
Rifugio Croisle (I) 805-H3
Rifugio d'Alpago (I) 794-C8
Rifugio Dosa dei Cembri (I) 792-B6
Rifugio Fodora Vedla (I) 793-M3
Rifugio Fodara Vedla (I) 794-A3
Rifugio G. Cecchin (I) 805-H1
Rifugio Galassi (I) 794-B4
Rifugio Ghedina (I) 792-C9
Rifugio Gias del Piz (I) 813-L3
Rifugio Gilberti (I) 795-L5
Rifugio Gioveretto/Zufritt-Haus (I) 792-B4
Rifugio Gránezza (I) 805-H3
Rifugio Havis De Giórgio (I) 814-E5
Rifugio Júlia (I) 795-L5
Rifugio L. d. Malghette (I) 792-C7
Rifugio la Maceta (I) 794-B5
Rifugio Malgazza (I) 792-C5
Rifugio Migliorero (I) 813-L3
Rifugio Miralago (I) 793-K7
Rifugio Mondovì (I) 814-E4
Rifugio Montagnoli (I) 792-C7
Rifugio Nevegàl (I) 794-B9
Rifugio Nórdio (I) 795-L3
Rifugio O. Bruno (I) 792-C7
Rifugio Padova (I) 794-C5
Rifugio Papa (I) 804-F4
Rifugio Passo Pertica (I) 804-E5
Rifugio Pederú (I) 793-M3
Rifugio Pradalago (I) 792-C7
Rifugio Pso. Coe (I) 804-F3
Rifugio Pussa (I) 794-E6
Rifugio Refavaie (I) 793-J7
Rifugio Regole (I) 792-E5
Rifugio Revolto (I) 804-E5
Rifugio San Remo (I) 814-E6
Rifugio Saracco (I) 814-E5
Rifugio Scarfiotti (I) 809-K2
Rifugio Selleries (I) 810-A3
Rifugio Socède (I) 793-H8
Rifugio Sorg. d. Piave (I) 794-E3
Rifugio Talarico all'Ubac (I) 813-L3
Rifugio Tognola (I) 793-K7
Rifugio V. Alpini Feltre Cadore (I) 794-D4
Rifugio Vedema (I) 793-K8
Rifugio XII Apostoli (I) 540
Rigaud (F) 813-L6
Riggenbach (D) 760-F7
Riggenschwil (CH) 776-B3
Riggisberg (CH) 774-A9
Righi (I) 804-F5
Rigi (CH) 412, 413
Rigi-Kaltbad (CH) 775-J7
Rigi-Scheidegg (CH) 775-J7
Rigney (F) 772-D2
Rignosot (F) 772-D2
Rigolato (I) 794-F3
Rigole (I) 806-D3
Rigoni (I) 805-H3
Rigons (F) 814-A6
Rigosa (I) 802-F4
Rigrasso (I) 810-E8
Riken (CH) 774-D4
Rikon (CH) 775-L2
Rillans (F) 772-E2
Rima-S. Guiseppe (I) 800-E3
Rimasco (I) 800-E3
Rimbach (D) 766-A2
Rimella (I) 800-F2
Rimplas (F) 813-M6
Rimske Toplice (SLO) 797-M7
Rimsting (D) 766-B6
Rina (I) 793-L2
Rinco (I) 811-J4
Rindbach (A) 767-M6
Rindenmoos (D) 763-G4
Rinderberg (CH) 787-M4
Rinegg (A) 782-D5
Ringgenbach (D) 762-B5
Ringgenberg (CH) 359, 788-E2
Ringgenweiler (D) 762-E7
Ringham (D) 766-F5
Ringingen (D) 762-B1
Ringoldswil (CH) 788-C1
Ringschnait (D) 763-G4
Ringsheim (D) 760-D2
Ringwil (CH) 775-M4
Riniken (CH) 775-G2
Rinkenberg (A) 797-J2
Rinkolach (A) 797-J2
Rinn (A) 779-H4
Rinnegg (A) 784-B4
Rinnen (A) 778-B3
Rino (I) 791-L8
Rio Bianco/Weissenbach (I) 779-K8
Riobianco/Weißenbach (I) 793-G1
Rio di Lagundo (I) 792-E3
Rio di Pusteria/Mühlbach (I) 779-J9
Riofreddo (I) 795-L4
Riofreddo (I) 815-H4
Riolo (I) 802-E9
Riomolino/Mühlbach (I) 779-L9
Riom-Parsonz (CH) 790-E3
Rio Sala (F) 813-J5
Rioz (F) 772-C2
Riozzo (I) 802-C9
Ripalta Guerina (I) 802-F9
Ripalta N.va (I) 802-F9
Ripalta-Cremasca (I) 802-F9
Ripóira (I) 810-B7
Rippolingen (D) 760-E9
Risano (I) 807-J1
Risch (CH) 775-J6
Risoul (F) Provence-Alpes-Côte d'Azur 809-J8
Rißegg (D) 763-G4
Rissordo (I) 814-F1
Rißtissen (D) 763-G2
Ristolas (F) 809-L6
Ritani (I) 815-L3
Ritornato (I) 799-M9
Ritort (F) 798-F9
Rittana (I) 814-C2
Ritteln (D) 762-F7
Ritten/Renon (I) 492, 493, 494, 793-G4
Rittersdorf (A) 795-G1
Rittis (A) 770-B8
Rittner Horn (I) 493
Rittschein (A) 784-F5
Ritzengrub (A) 769-M1
Ritzenried (A) 778-C6
Ritzersdorf (A) 783-G4
Ritzing (A) 771-J7
Ritzingen (CH) 789-G5
Ritzisried (D) 763-K2
Riva (I) Ligúria 815-H7
Riva (I) Lombardia 802-B3
Riva (I) Piemonte 810-F7
Riva/Rein (I) 779-H8
Riva del Garda (I) 557, 558, 559, 804-C3
Riva di Solto (I) 803-J4
Riva di Sotto/Unterrain (I) 792-F4
Riva di Túres/Rain in Taufers (I) 779-M8
Rivago (I) 807-G4
Rivai (I) 805-K1
Rivaira (I) 791-M3
Rivalba (I) 811-G3
Rivale (I) 805-M7
Rivalgo (I) 794-B6
Rivalta (I) 811-G8
Rivalta Bòrmida (I) 811-M7
Rivalta di Torino (I) 810-D3
Rivamonte Agordino (I) 793-L7
Riva presso Chieri (I) 811-G4
Rivara (I) 800-B9
Rivarolo Canav. (I) 800-C8
Rivarossa (I) 810-F1
Rivarotta (I) Friuli-Venézia Giúlia, Pordenone 806-E3
Rivarotta (I) Friuli-Venézia Giúlia, Udine 807-H3
Rivarotta (I) Véneto 805-J4
Riva San Vitale (CH) 406, 802-A2
Rivasco (I) 789-H6
Rivasecca (I) 810-C5
Riva Valdobbia (I) 800-E3
Rivaz (CH) 787-H4
Rive (I) 811-L2
Rive d'Arcano (I) 795-H8
Rive Haute (CH) 787-K9
Riveo (CH) 789-K6
Rivera (I) 810-C3
Rivignano (I) 807-H2
Rivis (I) 807-G1
Rivo (I) 795-G4
Rivodora (I) 810-F3
Rivóira (I) 814-D3
Rívoli (I) 810-D3
Rivoli di Osoppo (I) 795-H7
Rívoli Vergonese (I) 804-C6
Rivolta d'Adda (I) 802-E7
Rivoltella (I) 804-A7
Rivotta (I) 795-H8
Rix (F) 772-B9
Rixheim (F) 760-A7
Rizio (I) 794-C3
Rizza (I) 804-F9
Rizzardina (I) 805-M5
Rizzolaga (I) 792-F8
Rizzolo (I) 795-J8
Roa (I) 793-J9
Roà Marenca (I) 814-F3
Roach (A) 796-D3
Roana (I) 805-H3
Roáschia (I) 814-C4
Roáscio (I) 815-G2
Roásio (I) 801-G6
Roata Chiusani (I) 814-D1
Roata Rossi (I) 814-D2
Roatta (I) 815-G3
Roatto (I) 811-H4
Rob (SLO) 796-D8
Robanov kot (SLO) 797-H4
Robasso-mero (I) 810-D2
Róbbiate (I) 802-D5
Ròbbio (I) 801-J9
Robecchetto con Induno (I) 801-L7
Robecco sul Navíglio (I) 801-L8
Robegano (I) 806-A6
Robella (I) Piemonte, Asti 811-H3
Robella (I) Piemonte, Cuneo 810-B8
Roberso (I) 809-M4
Robič (SLO) 795-L7
Robidišče (SLO) 795-L7
Robidnica (SLO) 796-D7
Robièi (CH) 789-J5
Robilante (I) 814-D3
Roblekov dom (SLO) 796-E4
Roboaro (I) 815-K1
Roburent (I) 815-G3
Rocca (I) Ligúria 815-H7
Rocca (I) Véneto 805-K2
Rocca-Bernarda (I) 795-L9
Rocca Ciglié (I) 815-G2
Rocca d'Arazzo (I) 811-K5
Rocca de Baldi (I) 814-F2
Roccaforte Mondovì (I) 814-E3
Rocca Grimalda (I) 811-M8
Roccaoruna (I) 814-B1
Rocca Pietore (I) 532, 793-L5
Rocca Pratobotrile (I) 810-B2
Roccarolo (I) 803-L4
Rocca-Sparvera (I) 814-C3
Roccati (I) 810-F3
Roccaverano (I) 811-J9
Roccavignale (I) 815-H3
Roccavione (I) 814-C3
Roche Melon Chalets. (F) 808-E2
Rocchetta (I) Piemonte, Alessandria 811-K3
Rocchetta (I) Piemonte, Asti 811-K9
Rocchetta Belbo (I) 811-H8
Rocchetta Cáiro (I) 815-K2
Rocchetta Céngio (I) 815-J2
Rocchetta Nervina (I) 814-D8
Rocchetta Palafea (I) 811-K7
Rocchetta Tánaro (I) 811-K6
Roccolo (I) 792-C8
Roče (SLO) 796-B8
Roche (CH) 787-J5
Rochebrune (F) 812-E1
Roche-d'Or (CH) 773-J3
Rochefort (CH) 773-H7
Rochefort (F) 786-A5
Rochejean (F) 772-D9
Roche-lès-Clerval (F) 772-F3
Roche-lez-Beaupre (F) 772-C3
Roches (CH) 773-M4
Roches-lés-Blamont (F) 773-H2
Roche-sur-Linotte-et-Sorans-les-Cordiers (F) 772-D1
Rochetaillée (F) 808-D2
Rochmolles (I) 809-J2
Rocinj (SLO) 796-A8
Rocourt (CH) 773-J2
Roda (I) 793-J7
Rodallo (I) 800-D9
Rodano (I) 802-D7
Rodarm (A) 794-D2
Rodaun (A) 771-G1
Roddi (I) 811-G7
Roddino (I) 811-H9
Rodeano (I) 795-G8
Rodello (I) 811-H8
Rodels (CH) 790-D2
Rodeneck/Rodengo (I) 502, 793-J1
Rodengo-Saiano (I) 803-J6
Roderis (CH) 774-C2
Rodern (F) 760-A2
Rodero (I) 801-M3
Rodersdorf (CH) 774-B2
Rodica (SLO) 797-H7
Rodi-Fiesso (CH) 789-L4
Rodine (SLO) 796-E5
Roding (A) 766-F4
Rödleiten (A) 767-L3
Ro di Sopra (I) 803-L8
Ro di Sotto (I) 803-L8
Ròdolo (I) 790-F8
Rodoretto (I) 809-L5
Rödschitz (A) 768-B9
Roe Alte (I) 793-M8
Roe-Volciano (I) 803-M6
Rofan (A) 198, 200
Rofanspitze (A) 200
Rofen (A) 778-C9
Rogač (SLO) 797-J8
Rogašovci (SLO) 784-F8
Rogelj (SLO) 797-J5
Rogeno (I) 802-C4
Roggenbeuren (D) 762-D7
Roggenburg (CH) 773-M2
Roggenburg (D) 763-K2
Roggendorf (A) 769-M1
Roggenhouse (F) 760-B5
Roggenstein (D) 764-F2
Roggenzell (D) 763-G9
Roggersdorf (D) 765-J6
Roggiano-Valtravàglia (I) 801-K2
Roggliswil (CH) 774-E5
Roggwil (CH) Bern 774-D4
Roggwil (CH) Thurgau 776-D2
Rognaix (F) 798-E5
Rogno (I) 803-J3
Rognon (F) 772-E2
Rògulo (I) 790-E8
Rogoredo (I) 802-C5
Roguet (CH) 774-E8
Rohmatt (D) 760-E7
Rohnsdorf (A) 782-E9
Rohr (A) 784-C7
Rohr (CH) Aargau 774-F3
Rohr (CH) Fribourg 773-L9
Rohr (CH) Solothurn 774-E3
Rohr (D) 761-G8
Rohr an der Raab (A) 784-E6
Rohrau (A) 771-L2
Rohrbach (A) Ansfelden 768-E1
Rohrbach (CH) Riggisberg 787-M1
Rohrbach (D) Kr. Aichach-Friedberg 764-D1
Rohrbach (D) Kr. Mühldorf am Inn 766-D1
Rohrbach (D) Kr. Ravensburg 763-G6
Rohrbach (D) Schwarzwald-Baar-Kreis 761-G4
Rohrbach am Kulm (A) 784-D3
Rohrbach am Rosenberg (A) 784-D8
Rohrbach an der Gölsen (A) 770-D3
Rohrbach an der Lafnitz (A) 784-F1
Rohrbach an der Teich (A) 785-H3
Rohrbach bei Huttwil (CH) 774-D6
Rohrbach bei Mattersburg (A) 771-H6
Rohrbach bei Waltersdorf (A) 784-F3
Rohrbachgraben (A) 770-E6
Rohrbachgraben (CH) 774-D6
Rohrbach-Steinberg (A) 783-M5
Rohr bei Hartberg (A) 784-F3
Rohrberg (A) Hartberg 784-F3
Rohrberg (A) Mayrhofen 779-L4
Rohrbrunn (A) 785-G4
Rohrdorf (D) Kr. Ravensburg 763-J8
Rohrdorf (D) Kr. Rosenheim 766-A7
Rohrdorf (D) Kr. Sigmaringen 762-B4
Rohregg (A) 784-E3
Rohrhardsberg (D) 761-G3
Rohr im Burgenland (A) 785-G4
Rohr im Gebirge (A) 770-C4
Rohr im Kremstal (A) 768-D3
Rohrmatt (CH) 774-E6
Rohrmoos (A) 311, 700, 781-M2
Röhrwangen (D) 763-G3
Roia (I) 793-M1
Róia/Rojen (I) 791-M1
Roide, Autechaux (F) 773-H2
Roidham (D) 766-D3
Roisan (I) 799-L4
Roissard (F) 808-A4
Roith (A) Gmunden 767-M6
Roith (A) Wels 767-M1
Roitham (A) Wels 767-M2
Roitham (D) 766-D4
Roithen (A) Wels 768-B2
Roithwalchen (A) 767-H4
Roja (I) 793-K4
Rojen/Róia (I) 791-M1
Roletto (I) 810-B5
Rolino (I) 801-G6
Rolle (CH) 786-D4
Rolle (I) 806-B2
Rollepass (I) 548
Rollini (I) 811-K3
Rollsdorf (A) 784-D4
Romagnano (I) Trentino-Alto Ádige 804-E1
Romagnano (I) Véneto 804-E7
Romagnano Sésia (I) 801-H5
Romain (F) 772-E2
Romainmôtier (CH) 786-E2
Romairon (CH) 773-G8
Romallo (I) 792-E5
Romanel (CH) 786-F3
Romanel-sur-Morges (CH) 786-F3
Romanengo (I) 803-G8
Romanens (CH) 787-J2
Romano (I) 800-D8
Romano Banco (I) 802-B8
Romanò Brianza (I) 802-C4
Romano d'Ezzelino (I) 805-K4
Romano di Lombardia (I) 803-G7
Romans (I) Friuli-Venézia Giúlia 807-H2
Romàns (I) Friuli-Venézia Giúlia 807-L2
Romanshorn (CH) 762-D9
Romatschachen (A) 784-D3
Romatsried (D) 763-M6
Romeno (I) 792-E6
Romentino (I) 801-K7
Römerswil (CH) 775-G5
Romme (F) 786-F9
Romont (CH) Bern 773-M5
Romont (CH) Fribourg 787-J2
Romoos (CH) 774-F7
Romperein (I) 799-L5
Roncà (I) 805-G7
Roncade (I) 806-C5
Roncadelle (I) Lombardia 803-J7
Roncadelle (I) Véneto 806-C4
Roncadello (I) 802-E9
Roncagli (I) 815-H7
Roncáglia (I) Lombardia 790-E8
Roncáglia (I) Piemonte 811-L6
Roncáglia (I) Véneto 805-L8
Roncale (I) 791-K7
Roncegno (I) 805-G1
Roncello (I) 802-D6
Ronchat (F) 798-E6
Ronche (I) Friuli-Venézia Giúlia 806-D2
Ronche (I) Lombardia 803-G9
Ronchena (I) 805-M1
Ronchi (I) 815-J3
Ronchi (I) Friuli-Venézia Giúlia, Gorizia 807-L3
Ronchi (I) Friuli-Venézia Giúlia, Udine 807-K1
Ronchi (I) Piemonte, Asti 811-K6
Ronchi (I) Piemonte, Cuneo 814-D2
Ronchi (I) Piemonte, Vercelli 811-G1
Ronchi (I) Trentino-Alto Ádige, Trento 804-E1
Ronchi (I) Trentino-Alto Ádige, Trento, Rovereto 804-E4
Ronchi (I) Véneto, Padova 805-L9
Ronchi (I) Véneto, Padova, Castelfranco Véneto 805-M6
Ronchi (I) Véneto, Verona 804-B8
Ronchi di Campanile (I) 805-K7
Ronchi Valsugana (I) 793-G9
Rónchis (I) Friuli-Venézia Giúlia 795-K8
Ronchis (I) Friuli-Venézia Giúlia 807-H3
Ronco (CH) 789-J4
Ronco (I) 564, 801-H3
Ronco all Adige (I) 804-F9
Roncobello (I) 803-G2
Ronco Biellese (I) 800-F6
Ronco Brianza (I) 802-D5
Ronco Canavese (I) 800-B7
Ronco Chiesa (I) 793-J8
Róncola (I) 802-E4
Ròncole (I) 801-G4
Roncone (I) 804-B2
Rond (F) 786-F8
Rondefontaine (F) 772-C9
Rond de Fosse (F) 772-E6
Rondissone (I) 811-G1
Róndole (I) 805-H8
Rongellen (CH) 790-D2
Rongio (I) 801-G6
Ronohaux (F) 772-B6
Ronried (D) 763-M7
Röns (A) 776-F5
Ronsberg (D) 763-L6
Ronsecco (I) 811-K1
Ronzo Cieniz (I) 804-D3
Ronzoia (I) 792-C7
Ronzone Cavareno (I) 792-E5
Root (CH) 775-H6
Ropa Zuaniers (I) 795-G7
Ropasija (SLO) 797-K6
Roppen (A) 778-C5
Roppentzwiller (F) 773-M1
Róppolo (I) 800-E8
Ropraz (CH) 787-G3
Roquebillière (F) 814-B6
Roquesteron (F) 813-L8
Roquesteron-Grasse (F) 813-L8
Rorà (I) 810-A6
Rorbas (CH) 775-K1
Rore (I) 810-B8
Roreto (I) 810-F8
Rorgenwies (D) 761-M6
Rorigmoos (CH) 774-E8
Rorschach (CH) 776-E2
Rorschacherberg (CH) 776-E2
Rorschwihr (F) 760-A2
Rosa (I) Friuli-Venézia Giúlia 807-G2
Rosà (I) Véneto 805-K4
Rosaro (I) 804-D6
Rosasco (I) 811-M1
Rosate (I) 801-M9
Rosazza (I) 800-E5
Rosazzo (I) 807-K1
Röschenz (CH) 774-B2
Rosegg (A) 339, 341, 784-C3
Rosenalm (A) 205, 779-L4
Rosenau (F) 760-B8
Rosenau am Hengstpaß (A) 768-E7
Rosenau am Sonntagsberg (A) 769-H3
Rosenbach (A) 796-D3
Rosenbachsiedlung (A) 783-H6
Rosenberg (A) 785-H5
Rosenberg (D) 766-A3
Rosendorf (A) 785-G6
Rosenegg (A) 780-D2
Rosenfeld (A) 769-M1
Rosenfeld (D) 761-L1
Rosengarten (I) 490, 492, 524, 525, 526, 527
Rosenheim (A) 781-K9
Rosenheim (D) 766-A6
Rosenlaui (CH) 788-F2
Rosental (A) Schrattenbach 770-E5
Rosental (A) St. Ulrich 784-C6
Rosental an der Kainach (A) 783-L5
Rosenthal (A) 780-B4
Roset-Fluans (F) 772-A5

REGISTER

Rosières-sur-Barbèche (F) 773-G3
Rosignano Monf. (I) 811-L3
Rosingo (I) 811-J3
Rosk (SLO) 797-J8
Rosna (D) 762-D5
Rossa (CH) 790-B6
Rossa (I) Lombardia 803-H8
Rossa (I) Piemonte 800-F3
Rossana (I) 810-C9
Rossano Vèneto (I) 805-K5
Rossau (CH) 775-J5
Roßbach (A) Braunau am Inn 767-H2
Roßbach (D) 764-F1
Roßberg (A) 768-E5
Roßberg (D) 763-G6
Rossegg (A) 784-C2
Rossemaison (CH) 773-M3
Rossenges (CH) 787-H2
Rossens (CH) Fribourg 787-K1
Rossens (CH) Vaud 787-J1
Rosset (F) 786-A7
Rossfall (CH) 776-C4
Roßhaupten (D) 84, 764-B8
Rosshäusern (CH) 773-L8
Roßholzen (D) 766-A7
Rossi (I) Ligúria, Imperia 815-H7
Rossi (I) Ligúria, Savona 815-J4
Rossignago (I) 806-A7
Rossignoli (I) 810-D2
Rossinière (CH) 787-K4
Roßleithen (A) 294, 768-D7
Rossrüti (CH) 776-B2
Rossura (CH) 789-L5
Rosswald (CH) 788-E6
Roßwangen (D) 761-L2
Rossy (F) 786-B9
Rosta (I) 810-D3
Rostagni (I) 810-B5
Rosureux (F) 773-G4
Rot (D) Kr. Biberach 763-H2
Rota (I) 804-F8
Rot an der Rot (D) Kr. Biberach 763-J4
Rotbüel (A) 777-H8
Rote Wand (A) 143
Rötenbach (D) Kr. Breisgau-Hochschwarzwald 761-H6
Rötenbach (D) Kr. Ravensburg 763-G7
Rötenbach (D) Ortenaukreis 761-H2
Rötenberg (D) Kr. Rottweil 761-J1
Rotenboden (CH) 800-C1
Rotenbuck (D) 760-D6
Rotenbüel (CH) 774-D7
Rotenturm an der Pinka (A) 785-G2
Rotenzimmern (D) 761-K2
Roter Flüh (A) 146
Rotgülden (A) 781-K5
Rotgüldensee-Hütte (A) 781-K5
Roth (D) 762-B5
Rothanschöring (D) 766-E5
Rothaus (D) 761-G7
Rotheau (A) 770-B2
Röthelstein (A) 784-A2
Röthenbach (D) 763-H9
Röthenbach bei Herzogenbuchsee (CH) 774-C5
Röthenbach im Emmental (CH) 774-C9
Rothenbrunn (A) 778-F5
Rothenbrunnen (CH) 790-D1
Rothenbuch (A) 766-F2
Rothenburg (CH) 775-G6
Rothenfluh (CH) 774-E2
Rothenhausen (CH) 776-B1
Rothenlachen (D) 762-C5
Rothenthurm (A) Judenburg 783-G4
Rothenthurm (A) Spittal an der Drau 781-L9
Rothenthurm (CH) 775-K6
Rotherens (F) 798-B7
Rothgmos (A) 784-E4
Rothholz (A) 779-K3
Röthis (A) 776-F4
Rothnensidl (A) 771-H1
Rothorn (CH) 449
Rothornhütte (CH) 788-C9
Rothrist (CH) 774-E4
Rothwald (CH) 788-E7
Rothwein (A) 783-L9
Rotkreuz (CH) 775-H6
Rotmoos (A) 769-L7
Rotonda Bidasio (I) 806-B3
Rötsch (A) 783-H5
Rotstock (CH) 416
Rott (D) Kr. Landsberg 764-D6
Rotta (I) 806-F5
Rottach (D) 763-K9
Rottach-Egern (D) 106, 107, 108, 661, 765-K8
Rott am Inn (D) Kr. Rosenheim 766-A5
Rottau (D) 766-C7
Rottbach (D) 764-F2
Rottenacker (D) 762-F2
Rottenbach (A) Ried 767-L2
Rottenbuch (D) Kr. Mühldorf am Inn 766-A1
Röttenbuch (D) Kr. Weilheim-Schongau 764-D7
Rottendorf (A) 796-D1
Rottenhof (A) 769-K1
Rottenmann (A) 768-E9
Rottenmann (A) Murau 782-D5
Rottenried (D) 764-F3
Rottenschwil (CH) 775-H4
Rottenstein (A) 796-F3
Rottenstein (A) Seefeld 781-J9
Rottenstein (A) St. Georgen am Längsee 782-F9
Rottum (D) 763-H4
Rottweil (D) 761-K3
Rottweilaltstadt (D) 761-K3
Rotwand (D) 111
Rötz (A) 783-M5
Rotzel (D) 760-F9
Rotzingen (D) 760-F8
Rotzo (I) 805-G3
Rouainette (F) 813-H7
Roubin (F) 812-C5
Roubion (F) 813-L5
Rouès (F) 812-D6
Rougemont (CH) 347, 718, 787-K4
Rougemont (F) 772-E1
Rougemontot (F) 772-D2
Rouges-Truites les Martins (F) 786-B3
Rougnouse (F) 812-B3
Rougon (F) 812-F8
Roulans (F) 772-D3
Roumoules (F) 812-D8
Roure (F) 813-M5
Roure (I) 809-M4
Rourebeau (F) 812-D4
Rousillon (F) 814-A7
Rousset (F) 808-F9
Routelle (F) 772-A5
Routhennes (F) 798-B5
Rouveiret (F) 812-E5
Roux (F) 812-C2
Rova (SLO) 797-H7
Rovagnate (I) 802-D4
Rovasenda (I) 801-G6
Rovato (I) 803-H6
Rovegliana (I) 804-F5
Rovegro (I) 801-J2
Rovellasca (I) 802-A5
Rovello Porro (I) 802-A5
Rovenaud (I) 799-K5
Rover (I) 805-L3
Roverbasso (I) 806-D3
Roverè della Luna (I) 792-E7
Roverè Veronese (I) 804-E6
Roveredo (CH) 402, 790-B7
Roveredo (I) 807-H2
Roveredo in Piano (I) 806-E1
Rovereto (I) 555, 804-E3
Rovetta (I) 803-H3
Rovi (SLO) 796-C9
Roviasca (I) 815-K3
Rovio (CH) 802-A2
Rovišče (SLO) 797-K7
Rovizza (I) 804-B8
Rovlen (SLO) 797-L5
Rovolòn (I) 805-J8
Rovtarica (SLO) 796-D6
Rovte (SLO) 796-E9
Roya (F) 813-L4
Royères (I) 809-K3
Roženberk (SLO) 797-M9
Rozza (I) 795-J6
Rozzano (I) 802-B8
Rua (I) 806-B2
Rua Bernardo (I) 814-D2
Ruata Volpe (I) 814-C2
Rubano (I) 805-K8
Rùbbio (I) 805-J3
Rubi (D) 777-K2
Rubiana (I) 810-C2
Rubianetta (I) 810-D2
Rubigen (CH) 774-B8
Rubland (A) Paternion 795-M2
Rubland (A) Weiz 784-D3
Rubring (A) 768-F2
Ruche (F) 798-A8
Ruchwil (CH) 773-M7
Rückersdorf (A) 797-G3
Rückholz (D) 763-M8
Rückstetten (D) 766-E6
Rucorvo (I) 794-C6
Ruda (I) 807-K3
Rudatos (I) 793-M5
Rudelsdorf (A) 768-C2
Ruden (A) 797-J1
Rudenberg (D) 761-G5
Rudenz (CH) 789-G1
Ruderatshofen (D) 764-A7
Rudersdorf (A) 785-G5
Ruderstallgassen (A) 766-F3
Rüderswil (CH) 774-C7
Rudiano (I) 803-G7
Rüdlingen (CH) 761-K9
Rudnik, Ljubljana (SLO) 797-H9
Rudnik, Moravče (SLO) 797-J7
Rudno (SLO) 796-E6
Rudno Polje (SLO) 796-C5
Rudolfingen (CH) 761-K8
Rudolfs Haus (A) 780-D5
Rudolfstetten (CH) 775-H3
Rüdtligen-Alchenflüh (CH) 774-B6
Rue (CH) 787-H2
Rüedikon (CH) 775-G4
Rüedisbach (CH) 774-C6
Rüediswil (CH) 774-F6
Ruefswil (CH) 774-E6
Rüeggisberg (CH) 774-A9
Ruéglio (I) 800-C7
Rüegsau (CH) 774-C7
Rüegsauschachen (CH) 774-C7
Rüegsbach (CH) 774-C7
Rüegsegg (CH) 774-C8
Ruelisheim (F) 760-A6
Rueras (CH) 789-L2
Rueren (CH) 787-M3
Rüeterswil (CH) 775-M4
Rueun (CH) 790-B1
Rueyres (CH) Vaud 787-G2
Rueyres-les-Prés (CH) 773-J8
Rueyres-Saint-Laurent (CH) 787-J2
Rüfenach (CH) 775-G1
Rüfenacht (CH) 774-B8
Ruffey-le-Château (F) 772-A3
Ruffia (I) 810-D7
Rufi (CH) 776-B5
Rüfikopf (A) 143
Rufreddo (I) 794-A3
Ruggell (CH) 776-E5
Ruggell (LIE) 436
Ruhans (F) 772-C1
Ruhbühl (D) 761-G6
Ruhestetten (D) 762-C6
Ruhpolding (D) 120, 121, 661, 766-D7
Ruhstadt (A) 797-G2
Ruine Ehrenberg (A) 150
Ruine Eppan (I) 492
Rulfingen (D) 762-C4
Rum (A) 779-G4
Rumeltshausen (D) 765-G1
Rumendingen (CH) 774-C6
Rumering (D) 766-C3
Rumersheim-le-Haut (F) 760-B6
Rumianca (I) 801-G1
Rümikon (CH) 761-H9
Rumilly (F) 798-A2
Rumisberg (CH) 774-C4
Rümlang (CH) 775-J2
Rümligen (CH) 774-B9
Rumlikon (CH) 775-L3
Rümlingen (CH) 774-D2
Rummelsthausen (D) 763-K4
Rümmingen (D) 760-C8
Rumo (I) 792-D5
Rumpersdorf (A) 785-H2
Runaz (I) 799-K4
Rünenberg (CH) 774-E2
Rungg (I) 793-H4
Rupa (SLO) 796-C8
Rupertiberg (A) 796-D3
Ruperting (A) 782-A2
Rupertshofen (D) 762-F3
Rüplisried (CH) 773-L8
Ruppersdorf (A) 784-F5
Rupperswil (CH) 774-F3
Ruppoldsried (CH) 774-A6
Rupprechts (D) 763-H5
Ruprechtshofen (A) 769-L2
Ruprechtshofen (A) Hofkirchen 769-G2
Ruprechtshofen (A) Linz 768-E2
Rurey (F) 772-B5
Ruscala (I) 810-D6
Rüschegg (CH) 787-M1
Rüschegg-Gambach (CH) 787-M1
Rüschegg-Graben (CH) 774-A9
Rüschegg-Heubach (CH) 787-M1
Ruschein (CH) 790-C1
Ruschletalm (A) 780-B9
Rüschlikon (CH) 775-J4
Ruschweiler (D) 762-D6
Ruscletto (I) 795-H8
Rußbach am Paß Gschütt (A) 267, 268, 269, 700, 767-K8
Rußberg (D) 761-L4
Russikon (CH) 775-L3
Russin (CH) 786-B7
Russo (CH) 789-K8
Rüßwihl (D) 760-F8
Russy (CH) 773-J9
Rust (A) 771-K5
Rust (D) 760-D1
Rústega (I) 805-M6
Rustenfeld (A) 771-H1
Rustenhart (F) 760-B5
Rüstenschwil (CH) 775-H5
Rustignè (I) 806-D4
Rüstorf (A) 767-M3
Ruswil (CH) 774-F6
Rut (SLO) 796-C7
Rüte (CH) 776-D4
Rütene (CH) 774-C8
Rüthi (CH) 776-E4
Rüti (CH) 775-L4
Rüti (CH) Glarus 776-A8
Rüti (CH) Wisenthal 775-J2
Rüti (CH) Zürich 775-J2
Rüti bei Büren (CH) 773-M5
Rüti bei Lyssach (CH) 774-B6
Rüti bei Riggisberg (CH) 788-A1
Rütihof (CH) 774-F3
Rütli (CH) 775-K7
Rütschelen (CH) 774-D5
Rutschwil (CH) 761-L9
Ruttach (A) Bleiburg 797-J2
Ruttach (A) Feistritz 797-J3
Rütte (D) Kr. Lörrach 760-E6
Rütte (D) Kr. Waldshut 760-E8
Ruttehof (D) 760-E8
Rüttenen (CH) 774-B4
Rutzenham (A) 767-M3
Rutzenmoos (A) 767-M4
Rutzing (A) 768-D1
Rychestei (CH) 787-M4

S

S. Agata (I) 790-D8
S.'Agata (I) 789-K9
S. Albano Stura (I) 814-E1
S. Alberto (I) 806-A6
S. Alò (I) 806-F5
S. Ambrogio (I) Lombardia 801-L3
S. Ambrógio (I) Véneto 806-A6
S. Ambrógio di Valpolicella (I) 804-C7
S. Anastáso (I) 806-E4
S. Andràt del Cormor (I) 807-J2
S. Andrea (I) Friuli-Venézia Giúlia 806-E3
S. Andrea (I) Lombardia 803-H7
S. Andrea (I) Véneto 804-E6
S.'Andrea (I) Véneto, Padova 805-L7
S.'Andrea (I) Véneto, Verona 805-G9
S. Andrea/St. Andrä i. Monte (I) 793-J2
S. Ángelo (I) Véneto 805-M7
S. Angelo (I) Véneto 806-B5
S.'Ángelo di Piove di Sacco (I) 805-M9
S. Ángelo Lomellina (I) 811-M1
S. Anna (I) 804-E4
S. Anna (I) Lombardia 801-J4
S. Anna (I) Piemonte, Asti 811-J6
S. Anna (I) Piemonte, Cuneo 810-A9
S. Anna (I) Piemonte, Cúneo 814-D3
S. Anna (I) Piemonte, Cúneo, Bernezzo 814-C2
S. Anna (I) Piemonte, Cúneo, Chiusa di Pésio 814-E4
S. Anna (I) Piemonte, Cúneo, Dronero 814-B2
S. Anna (I) Piemonte, Torino 809-M2
S. Anna (I) Véneto 805-K5
S. Anna d' Alfredo (I) 804-D6
S. Anna di Boccafossa (I) 806-F5
S.'Anna di Valdieri (I) 814-B4
S. Anna Marosina (I) 805-L6
S. Antoni (I) 805-H5
S. Antonino (I) Piemonte 811-H1
S. Antonino (I) Véneto 806-B5
S. Antonino di Susa (I) 810-B3
S. Antonino Ticino (I) 801-K6
S. Antònio (CH) 791-J6
S. António (I) Friuli-Venézia Giúlia 807-K3
S. António (I) Ligúria 814-D9
S. Antonio (I) Lombardia 791-K8
S. António (I) Lombardia 803-H4
S. António (I) Piemonte 814-C3
S. António (I) Piemonte, Cuneo 810-D7
S. Antonio (I) Piemonte, Cuneo, Fassano 810-E9
S. António (I) Piemonte, Torino 800-B9
S. Antonio (I) Véneto 794-D3
S. Antonio (I) Véneto 805-G8
S. António (I) Véneto, Trento 804-F4
S. António (I) Véneto, Vicenza 805-H3
S. António d'Adda (I) 802-E4
S. António di Mavignola (I) 792-B8
S. Avre (F) 798-D8
S. Bárnaba (I) 814-D1
S. Barthélemy (F) 809-K1
S. Bartolomeo (CH) 789-L7
S. Bartolomeo (I) 806-C4
S. Bartolomeo (I) Lombardia, Bergamo 803-G3
S. Bartolomeo (I) Lombardia, Cremona 802-F9
S. Bartolomeo (I) Piemonte, Cuneo 811-G8
S. Bartolomeo (I) Piemonte, Cúneo 814-E4
S. Bartolomeo (I) Piemonte, Cuneo, Fossano 810-F9
S. Bartolomeo (I) Piemonte, Verbania 789-K9
S. Bartolomeo al Mare (I) 815-H8
S. Benedetto Belbo (I) 815-H1
S. Benedetto/Nauders (I) 779-J9
S. Benigno (I) 814-D1
S. Benigno Canavese (I) 810-F1
S. Bernadino (CH) 790-C5
S. Bernado (I) Piemonte 789-G7
S. Bernado (I) Trentino-Alto Ádige 792-C5
S. Bernando (I) 814-C3
S. Bernardino (I) 802-F9
S. Bernardiono-Verbano (I) 801-J2
S. Bernardo (I) 791-L6
S. Bernardo (I) Lombardia 791-H8
S. Bernardo (I) Piemonte 811-H2
S. Bernardo (I) Piemonte, Cúneo 810-D9
S. Bernardo (I) Piemonte, Torino 810-E6
S. Bernolfo (I) 813-L3
S. Biágio (I) 803-M6
S. Biagio (I) 805-K8
S. Biágio (I) Piemonte, Cuneo 814-D1
S. Biágio (I) Piemonte, Cúneo, Mondavi 814-E2
S. Biágio di Callalta (I) 806-C5
S. Bonifácio (I) 804-F8
S. Bononio (I) 800-F5
S. Bórtolo delle Montagne (I) 804-F6
S. Brera (I) 802-C8
S. Briccio (I) 804-E8
S. Brigida (I) 805-M5
S. Cándido/Innichen (I) 794-B1
S. Canzian d'Isonzo (I) 807-L3
S. Carlo (CH) Val Bavona 789-J5
S. Carlo (I) 802-F3
S. Carlo (I) Lombardia 791-K5
S. Carlo (I) Lombardia 802-B6
S. Carlo (I) Piemonte 811-H5
S. Carlo Canavese (I) 810-E1
S. Carlo, Vanzone- (I) 800-F1
S. Cassiano (I) Lombardia, Moutova 803-M9
S. Cassiano (I) Lombardia, Sondrio 790-D7
S. Cassiano/St. Kassian (I) 793-L3
S. Caterina (I) Piemonte 811-K6
S. Caterina (I) Trentino-Alto Ádige 804-F1
S. Caterina (I) Véneto 805-G4
S. Chiaffredo (I) 814-D1
S. Cipriano (I) 806-C5
S. Clemente (I) 806-C8
S. Clerico (I) 810-E9
S. Colombano (I) 809-L2
S. Colombano Belmonte (I) 800-B8
S. Cristina (I) Piemonte 801-H5
S. Cristina (I) Véneto 806-A5
S. Cristina Valgardena/St. Chrstina in Gröden (I) 793-J3
S. Cristoforo (I) 804-F1
S. Croce (I) 801-H5
S. Croce (I) Lombardia 790-D6
S. Croce (I) Piemonte 814-C2
S. Damiano (I) Ligúria 815-H6
S. Damiano (I) Piemonte 814-B1
S. Damiano d'Asti (I) 811-H6
S. Daniele del Friuli (I) 795-H8
S. Defendente (I) 814-D1
S. di Cussano (I) 810-E8
S. Didero (I) 810-B2
S. Domenico (I) 789-G7
S. Donà di Piave (I) 806-E5
S. Donato (I) Piemonte 811-H8
S. Donato (I) Véneto 793-J9
S. Donato Mil. (I) 802-C8
S. Dono (I) 805-M6
S. Élena (I) Véneto, Trevisio 806-C5
S. Elena (I) Véneto, Venezia 806-C8
S. Élena (I) Véneto, Venezia, S. Donà di Piave 806-F5
S. Erasmo (I) 806-C7
S. Eufémia (I) 805-M7
S.'Eulália (I) 805-K3
S. Faustino (I) 803-L5
S. Fedele-Intelvi (I) 802-B2
S. Felice (I) Piemonte 811-M4
S. Felice (I) Véneto 805-H6
S. Felice del Benaco (I) 804-A6
S. Feliciano (I) 805-G9
S. Fermo (I) Lombardia, Bergamo 803-H5
S. Fermo (I) Lombardia, Varese 801-L3
S. Fermo Battáglia (I) 802-A4
S. Filippo (I) Ligúria 815-K4
S. Filippo (I) Véneto 807-H4
S. Fior (I) 806-C2
S. Fior di Sotto (I) 806-C2
S. Floriano (I) 805-L5
S. Floriano (I) Véneto, Treviso 806-C5
S. Floriano (I) Véneto, Verona 804-D7
S. Floriano d. Cóllio (I) 807-M1
S. Foca (I) 794-E9
S. Fosca (I) 806-C6
S. Francesco (I) 795-G6
S. Francesco (I) 814-D2
S. Francesco al Campo (I) 810-E1
S. Gácomo di Musestrelle (I) 806-C4
S. Gaetano (I) 805-J3
S. Gaetano (I) Véneto 805-M4
S. Gaetano (I) Véneto 807-G5
S. Gallo (I) 803-L6
S. Gaudénzio (I) 801-K6
S. Genesio Atesino/Jenesien. (I) 793-G4
S. Genuário (I) 811-J2
S. Germano Chisone (I) 810-B5
S. Germano dei Berici (I) 805-H8
S. Germano Verc. (I) 801-G8
S. Gerólamo (I) 811-J8
S. Gervasio (I) 807-J3
S. Giácome (I) Piemonte, Vercelli 811-H1
S. Giàcomo (I) Lombardia 791-J8
S. Giácomo (I) Lombardia 804-A9
S. Giacomo (I) Piemonte 810-E2
S. Giacomo (I) Piemonte 814-F3
S. Giácomo (I) Piemonte, Biella 800-F7
S. Giácomo (I) Piemonte, Cuneo 810-B7
S. Giácomo (I) Piemonte, Cuneo 814-D3
S. Giácomo (I) Piemonte, Cuneo, Demonte 814-A3
S. Giácomo (I) Trentino-Alto Ádige 792-D6
S. Giacomo (I) Trentino-Alto Ádige 804-D4
S. Giácomo (I) Véneto 806-C6
S. Giácomo (Val di Vizze) (I) Trentino-Alto Adige 779-H7
S. Giácomo (Valle Aurina) (I) Trentino-Alto Adige 779-L7
S. Giácomo Vercellese (I) 801-G7
S. Giacomo-Filippo (I) 790-D6
S. Gillio (I) 810-D2
S. Giórgie Can. (I) 800-C8
S. Giórgio (I) Lombardia 803-L8
S. Giòrgio (I) Véneto 804-C7
S. Giórgio (I) Véneto 804-E5
S. Giórgio (I) Véneto 805-G4
S. Giórgio (I) Véneto 805-J4
S. Giórgio/St. Georgen (I) 779-L9
S. Giórgio delle Pertiche (I) 805-L6
S. Giórgio di Livenza (I) 806-F5
S. Giorgio di Nogaro (I) 807-J3
S. Giorgio d. Richinvelda (I) 794-F9
S. Giórgio in Bosco (I) 805-K6
S. Giórgio in Sálici (I) 804-C8
S. Giórgio Monf. (I) 811-L3
S. Giórgio Scarampi (I) 811-J8
S. Giórgio su Legnano (I) 801-L6
S. Giovanni (I) Friuli-Venézia Giúlia, Pordenone 806-F2
S. Giovanni (I) Friuli-Venézia Giúlia, Pordenone, Fontanafredda 806-D1
S. Giovanni (I) Friuli-Venézia Giúlia, Pordenone, S. Quirino 794-F9
S. Giovanni (I) Friuli-Venézia Giúlia, Udine 807-L1
S. Giovanni (I) Ligúria 814-E8
S. Giovanni (I) Lombardia 791-J8
S. Giovanni (I) Piemonte 811-G4
S. Giovanni (I) Piemonte, Cueno, Carrú 814-F1
S. Giovanni (I) Piemonte, Cuneo 810-F8
S. Giovanni (I) Piemonte, Cuneo 814-D5
S. Giovanni (I) Piemonte, Cuneo, Mondavi 814-F2
S. Giovanni (I) Piemonte, Cuneo, S. Albano Stura 814-F1
S. Giovanni (I) Piemonte, Novara 801-K6
S. Giovanni (I) Piemonte, Torino 800-C8
S. Giovanni (I) Piemonte, Torino, Luserna 810-B6
S. Giovanni (I) Véneto, Treviso 805-M3
S. Giovanni (I) Véneto, Treviso, Motta di Livenza 806-E4
S. Giovanni (Valle Aurina) (I) Trentino-Alto Adige 779-L7
S. Giovanni al Monte (I) 804-C2
S. Giovanni Bianco (I) 802-F3
S. Giovanni di Livenza (I) 806-D2
S. Giovanni Ilárione (I) 804-F7
S. Giovanni Lupatoto (I) 804-E8
S. Giovenale (I) 814-D3
S. Giúlia (I) 815-J1
S. Giuliana (I) 805-G2
S. Giuliano (I) 806-C7
S. Giuliano Mil. (I) 802-C8
S. Giúlio (I) 811-H6
S. Giuseppe (I) Lombardia 803-H7
S. Giuseppe (I) Piemonte 811-G7
S. Giuseppe (I) Piemonte, Cuneo 814-C1
S. Giuseppe (I) Piemonte, Cuneo, Mondavi 814-F2
S. Giustina (I) Ligúria 815-L2
S. Giustina (I) Lombardia 803-K8
S. Giustina (I) Véneto 805-G8
S. Giustina in Colle (I) 805-L6
S. Giusto Canavese (I) 800-C9
S. Glovanni (I) 814-C1
S. Gotardo (I) 795-J8
S. Gottardo (I) 800-F2
S. Grato (I) Piemonte 814-E2
S. Grato (I) Piemonte, Cuneo 811-G6
S. Grato (I) Piemonte, Cuneo, Montá 811-G6
S. Grée (I) 815-G4
S. Gregório (I) 805-G9
S. Gregório (I) 814-E7
S. Gregório n. Alpi (I) 793-L9
S. Grisante (I) 811-H2
S. Guiseppe (I) 815-J3
S. Guiseppe (I) Lombardia 791-G7
S. Guiseppe, Rima- (I) 800-E3
S. Jaques (I) 800-C3
S. Lazzaro (I) Trentino-Alto Ádige 792-E8
S. Lazzaro (I) Véneto 805-H7
S. Leonardi i. PasS. /St. Leonhard i. PasS. (I) 778-F9
S. Leonardo (I) 795-L8
S. Leonardo i. PasS. /St. Martin i. PasS. (I) 792-F1
S. Leonardo Valcellina (I) 794-E8
S. Leonardo/St. Leonhard (I) 793-J2
S. Liberale (I) 806-C6
S. Ilário (I) 815-J1
S. Loranzo (I) 814-B4
S. Lorenzo (I) Friuli-Venézia Giúlia 807-K1
S. Lorenzo (I) Friuli-Venézia Giúlia 807-L4
S. Lorenzo (I) Friuli-Venézia Giúlia, Pordenone 806-F1

● REGIONEN ● HOTELS ● KARTEN

S. Lorenzo (I) Friuli-Venézia Giúlia, Udine 807-H1
S. Lorenzo (I) Ligúria 814-E9
S. Lorenzo (I) Lombardia 791-J8
S. Lorenzo (I) Piemonte 799-M7
S. Lorenzo (I) Piemonte 810-E8
S. Lorenzo (I) Piemonte, Cuneo 814-D3
S. Lorenzo (I) Piemonte, Cuneo, Caráglio 814-C2
S. Lorenzo (I) Piemonte, Verbania 789-G8
S. Lorenzo (I) Véneto, Treviso 806-B1
S. Lorenzo (I) Véneto, Vicenza 805-J2
S. Lorenzo al Mare (I) 815-G8
S. Lorenzo in Banale (I) 541, 792-D9
S. Lorenzo Isontino (I) 807-L2
S. Lorenzo Russoledo (I) 794-E8
S. Luca (I) 806-A5
S. Luca (I) Piemonte, Alessandria 811-M9
S. Luca (I) Piemonte, Torino 810-C6
S. Lucano (I) 793-L6
S. Lucia (I) Lombardia 791-L5
S. Lucia (I) Piemonte 814-E3
S. Lucia (I) Véneto 804-C8
S. Lucia di Budoia (I) 806-D1
S. Lucia di Piave (I) 806-B3
S. Macário (I) 801-L6
S. Maddalena Vallanta/St. Magdalena (I) 780-B9
S. Magno (I) 814-D3
S. Marco (I) 805-K8
S. Marco (I) Lombardia 802-F4
S. Marco (I) Piemonte 801-G7
S. Marco (I) Véneto 805-L5
S. Margherita (I) Lombardia 802-A1
S. Margherita (I) Piemonte 810-E3
S. Margherita (I) Piemonte 814-E3
S. Margherita (I) Trentino-Alto Ádige 804-E4
S. Maria (I) 810-C8
S. Maria (I) Lombardia, Cremona 803-G8
S. Maria (I) Lombardia, Sandrio 791-J4
S. Maria (I) Piemonte 800-F7
S. Maria (I) Piemonte 810-D6
S. Maria (I) Véneto 804-D7
S. Maria d.Mare (I) 806-C9
S. Maria d'Croce (I) 802-F8
S. Maria del Monte (I) 801-L3
S. Maria di Lugana (I) 804-B7
S. Maria di Sala (I) 805-M7
S. Maria di Sciaunicco (I) 807-J1
S. Maria di Zévio (I) 804-E8
S. Maria in Stelle (I) 804-E7
S. Maria/Aufkirchen (I) 794-B1
S. Maria-Rezzònico (I) 790-C9
S. Marino (I) 805-J3
S. Marmette (I) 802-A1
S. Martino (I) Friuli-Venézia Giúlia 807-H2
S. Martino (I) Ligúria 814-E8
S. Martino (I) Ligúria 815-L2
S. Martino (I) Lombardia, Brescia 803-M5
S. Martino (I) Lombardia, Sondrio 790-F7
S. Martino (I) Piemonte 815-H2
S. Martino (I) Piemonte, Cuneo 811-G9
S. Martino (I) Piemonte, Novara 801-L8
S. Martino (I) Trentino-Alto Ádige 804-D2
S. Martino/St. Martin (I) 780-B9
S. Martino/Reinswald (I) Trentino-Alto Ádige, Bozen 793-G2
S. Martino al Tagliam. (I) 794-F9
S. Martino Alfieri (I) 811-H6
S. Martino Buon Albergo (I) 804-E8
S. Martino Canav. (I) 800-C8
S. Martino d'Alpago (I) 794-C8
S. Martino di Campagna (I) 794-E9
S. Martino di Castrozza (I) 551, 743, 793-K7
S. Martino di Lupari (I) 805-L5
S. Martino di Terzo (I) 807-K3
S. Martino Olearo (I) 802-C8
S. Martino Monteneve (I) 778-E8
S. Marzano Oliveto (I) 811-K7
S. Marzanotto (I) 811-J5
S. Mássimo (I) 815-J1
S. Mássimo All'Adige (I) 804-D8
S. Matteo (I) 814-C2
S. Maurizie (I) 814-D4
S. Maurizio (I) Lombardia 802-B3
S. Maurizio (I) Piemonte 810-B9
S. Maurizio Canav. (I) 810-E1
S. Maurízio d'Op. (I) 801-H4
S. Máuro (I) Piemonte 814-C3
S. Mauro (I) Trentino-Alto Ádige 792-F8
S. Mauro (I) Véneto 807-G3
S. Máuro di Saline (I) 804-E6
S. Máuro Torinese (I) 810-F3
S. Michele (I) 813-L1
S. Michele (I) Lombardia 804-B4
S. Michele (I) Piemonte, Alessandria 811-M5
S. Michele (I) Piemonte, Cuneo 810-D9
S. Michele (I) Piemonte, Cuneo 814-C2
S. Michele (I) Piemonte, Torino 810-C6
S. Michele al Tagliamento (I) 807-G4
S. Michele all'Adige (I) 792-E8
S. Michele d. Bedesse (I) 805-L6
S. Michele di Piave (I) 806-C3
S. Michele Extra (I) 804-E8
S. Michele Mondovì (I) 815-G2
S. Nazário (I) 805-J3
S. Nazzaro (CH) 789-L8
S. Nazzaro (I) 803-K9
S. Nazzaro Sésia (I) 801-H8
S. Nazzaro-Val. Cavargna (I) 790-B9
S. Niccolò (I) 791-L5
S. Nicola (I) 810-D6
S. Nicoló (I) Friuli-Venézia Giúlia 807-K3
S. Nicolo (I) Trentino-Alto Ádige 804-E3
S. Nicolò (I) Véneto, Treviso 806-D4
S. Nicolo (I) Véneto, Venezia 806-C7
S. Nicolò di Comèlico (I) 794-D3
S. Nicolo/St. Nikolaus (I) 792-C4
S. Novo (I) 802-B8
S. Odorico (I) 795-G9
S. Omobono (I) 802-E4
S. Osvaldo (I) Friuli-Venézia Giúlia, Pordenone 807-G1
S. Osvaldo (I) Friuli-Venézia Giúlia, Udine 795-J9
S. Pancrazio (I) 814-D8
S. Pancrázio (I) Lombardia 803-H6
S. Pancrázio (I) Piemonte 810-D3
S. Paolo (I) Friuli-Venézia Giúlia 807-G2
S. Pàolo (I) Lombardia 803-H9
S. Páolo (I) Lombardia 811-M2
S. Páolo d'Argòn (I) 803-G5
S. Paolo-Cervo (I) 800-E5
S. Pàolo-Solbrito (I) 811-G4
S. Pelágio (I) 806-B5
S. Pellegrino Therme (I) 802-F3
S. Peretto (I) 804-D7
S. Piar (I) 807-L3
S. Pietro (I) 802-E3
S. Pietro (I) Friuli-Venézia Giúlia 795-L8
S. Pietro (I) Ligúria 815-H7
S. Pietro (I) Lombardia 790-B9
S. Pietro (I) Lombardia, Brescia 803-H6
S. Pietro (I) Lombardia, Brescia 804-C4
S. Pietro (I) Lombardia, Brescia, Montichiari 803-M8
S. Pietro (I) Lombardia, Milano 802-B8
S. Pietro (I) Piemonte 788-F9
S. Pietro (I) Piemonte 799-M9
S. Pietro (I) Véneto 806-C7
S. Pietro (I) Véneto, Treviso 805-M2
S. Pietro (I) Véneto, Verona 804-E8
S. Pietro/St. Peter (I) 779-M7
S. Pietro d'Olba (I) 815-M1
S. Pietro d'Orzio (I) 802-F3
S. Pietro del Gallo (I) 814-D2
S. Pietro di Cadore (I) 794-D3
S. Pietro di Feletto (I) 806-B2
S. Pietro in Cariano (I) 804-C7
S. Pietro In Gu (I) 805-J6
S. Pietro Mosezzo (I) 801-J7
S. Pietro Mussolino (I) 804-F6
S. Pietro V. Lémina (I) 810-B5
S. Pietro Valdástico (I) 805-G3
S. Polo di Piave (I) 806-C3
S. Pòncio (I) 811-J8
S. Ponso (I) 800-B8
S. Postino (I) 802-E9
S. Quírico (I) 804-F5
S. Quirico (I) 814-D1
S. Quirino (I) 794-E9
S. Raffaele-Cimena (I) 810-F2
S. Remo (I) 814-E9
S. Rocco (I) Lombardia, Brescia 803-L8
S. Rocco (I) Lombardia, Lodi 802-E9
S. Rocco (I) Lombardia, Sondrio 791-J8
S. Rocco (I) Piemonte 811-L6
S. Rocco (I) Piemonte, Asti 811-G6
S. Rocco (I) Piemonte, Cuneo 814-D2
S. Rocco (I) Piemonte, Cuneo, Busca 814-D1
S. Rocco (I) Piemonte, Cuneo, Ceva 815-H1
S. Rocco (I) Piemonte, Torino 810-D5
S. Rocco (I) Piemonte, Verbania 789-H6
S. Rocco (I) Trentino-Alto Ádige 804-E1
S. Rocco (I) Véneto, Verona 804-E6
S. Rocco (I) Véneto, Verona, Narano di Valpulicella 804-D6
S. Rocco (I) Véneto, Vicenza 805-G4
S. Rocco di Bernezzo (I) 814-C2
S. Romerio (CH) 791-J7
S. Romolo (I) 814-E8
S. Salvatore (I) 801-M4
S. Salvatore (I) Friuli-Venézia Giúlia 795-H7
S. Salvatore Monferrato (I) 811-M4
S. Sebastiano (I) Lombardia 803-K5
S. Sebastiano (I) Piemonte 810-E9
S. Sebastiano da Po (I) 811-G2
S. Secondo di Pinerolo (I) 810-B5
S. Sérvolo (I) 806-C8
S. Sicário (I) 809-K4
S. Sigismondo/St. Sigmund (I) 779-K9
S. Silvestro (I) 800-F7
S. Stefano (I) Friuli-Venézia Giúlia 795-H7
S. Stéfano (I) Piemonte, Asti 811-K5
S. Stéfano (I) Piemonte, Cuneo 814-C2
S. Stéfano (I) Piemonte, Cuneo, Fossano 810-F9
S. Stéfano (I) Trentino-Alto Ádige 792-B8
S. Stéfano (I) Véneto 805-M2
S. Stéfano al Mare (I) 815-G8
S. Stéfano Belbo (I) 811-J7
S. Stéfano Roero (I) 811-G6
S. Stéfano Ticino (I) 801-M7
S. Tomá (I) 805-G8
S. Tomaso (I) Friuli-Venézia Giúlia 795-H7
S. Tomaso (I) Lombardia 803-L7
S. Tomaso Agordino (I) 793-L6
S. Tomio (I) 805-G5
S. Trovaso (I) 806-B5
S. Ulderico (I) 805-G4
S. Urbano (I) Lombardia 804-A5
S. Urbano (I) Véneto 805-G7
S. Valentino (I) 804-D4
S. Valentino (I) Friuli-Venézia Giúlia 807-L3
S. Valentino (I) Véneto 804-E6
S. Valentino alla Muta/St. Valentin a. d. Heide (I) 792-A1
S. Valentino i. Campo/Gummer (I) 793-H5
S. Vendemiano (I) 806-C2
S. Vérolo (I) 804-B6
S. Vettore (I) 805-G8
S. Vidotto (I) 807-G2
S. Vigílio (I) 804-B6
S. Vigilio (I) Lombardia, Brescia 803-K6
S. Vigilio (I) Lombardia, Mautova 803-M9
S. Vincenzo (I) 794-F6
S. Vitale (I) Piemonte 810-D9
S. Vitale (I) Véneto 804-E6
S. Vito (I) Lombardia 803-L7
S. Vito (I) Piemonte 810-E3
S. Vito (I) Piemonte 811-G6
S. Vito (I) Véneto 804-D7
S. Vito (I) Véneto, Treviso 805-L2
S. Vito (I) Véneto, Treviso, Montebelluna 805-L4
S. Vito al Tagliamento (I) 806-F2
S. Vito al Torre (I) 807-K2
S. Vito di Cadore (I) 537, 794-B5
S. Vito di Fagagna (I) 795-H9
S. Vito di Legguzzano (I) 805-G5
S. Vittore (CH) 790-B7
S. Vittore (I) Lombardia 790-D6
S. Vittore (I) Piemonte 810-D9
S. Vittore Olona (I) 801-M6
S. Vittória d'Alba (I) 811-G7
S. Zeno (I) 804-D8
S. Zeno (I) Lombardia 804-A8
S. Zeno (I) Véneto, Verona 804-C9
S. Zeno (I) Véneto, Vicenza 805-K4
S. Zeno di Montagna (I) 804-B6
S. Zeno Nav. (I) 803-K7
S. Zenone (I) 802-C9
S. Zenone degli Ezzelini (I) 805-K4
Saag (A) Lambach 768-B3
Saag (A) Velden am Wörther See 796-D2
Saager (A) 797-G3
Saak (A) 795-M3
Saak (A) 796-A3
Saalach (A) 47
Saalachtal (A) 242
Saalbach-Hinterglemm (A) 252, 253, 700, 780-D3
Saaldorf-Surheim (D) 766-F6
Saalen/Sáres (I) 793-K1
Saalfelden (Hochseilgarten) (A) 250
Saalfelden am Steinernen Meer (A) 245, 248, 249, 250, 251, 700, 780-F2
Saanen (CH) 346, 347, 718, 787-L4
Saanenland (CH) 344, 346
Saanenmöser (CH) 347, 718, 787-L4
Saas Almagell (CH) 392, 718, 788-E9
Saas Balen (CH) 392
Saas Balen (CH) 788-E8
Saas Fee (CH) 41, 45, 390, 392, 393, 719, 788-E8
Saas Fee Wildi (CH) 391
Saas Grund (CH) 41, 392, 719, 788-E8
Saas im Prättigau (CH) 777-G8
Saasenheim (F) 760-C2
Saaß (A) 768-E3
Saastal (CH) 41, 390, 392
Saaz (A) 784-E6
Sàbbia (I) 801-G3
Sàbbio (I) 803-L5
Sàbbio Sopra (I) 803-L5
Sabbionara (I) 804-D4
Sabbionera (I) 807-H4
Sabbioni (I) 805-H9
Sacca (I) 803-K3
Sacca Séssola (I) 806-C8
Sacco (I) 790-E9
Saccolongo (I) 805-K8
Sacconago (I) 801-L6
Saccudello (I) 807-G3
Sachenbach (D) 765-G9
Sachendorf (A) 783-J4
Sachet (I) 793-L6
Sachrang (D) 119, 766-D8
Sachseln (CH) 775-G9
Sachsenburg (A) 781-K9
Sachsenkam (D) 765-J7
Sachsenried (D) 764-C6
Sacilato (I) 807-G3
Sacile (I) 806-D2
Saciletto (I) 807-K3
Saclentz (CH) 787-L8
Sadinja Vas (SLO) 797-H9
Sadnig-H. (A) 781-G7
Safengau (A) 784-F2
Safenwil (CH) 774-E4
Saffen (A) 769-L3
Saffioz (F) 786-A2
Safien (CH) 790-C2
Safien Platz (CH) 790-C2
Safnern (CH) 773-M5
Sagbauer bei Mürzzuschlag (A) 770-B8
Sägendobel (D) 760-F4
Sagerberg (A) 797-H3
Saggau (A) 784-B9
Sagl (A) 778-E4
Sagliano Micca (I) 800-E5
Sagnes (F) 812-E2
Sagno (CH) 802-A3
Sagogn (CH) 446, 790-C1
Sagrado (I) 807-L2
Sagritz (A) 781-G7
Sagron Mis (I) 793-L7
Sahlenbach (D) 762-C6
Saicourt (CH) 773-L4
Saifen-Boden (A) 784-D2
Saig (D) 761-G6
Saignelégier (CH) 773-J4
Saillon (CH) 787-K8
Saizenay (F) 772-B7
Sajach (A) 784-C8
Sal (I) 558
Sala (I) Véneto, Belluno 793-L6
Sala (I) Véneto, Treviso 805-M5
Sala al Barro (I) 802-D3
Sala Biellese (I) 800-E7
Salabue (I) 811-K3
Sala Comac. (I) 802-B2
Sala Monf. (I) 811-K3
Saland (CH) 775-M3
Salàrs (I) 795-G4
Salasco (I) 801-G9
Salassa (I) 800-B8
Salavaux (CH) 773-K8
Salay (CH) 788-B9
Salaz (CH) 776-E8
Salbertrand (I) 809-K3
Salboro (I) 805-L8
Salce (I) 794-A8
Salcedo (I) 805-H4
Salchendorf (A) 783-G9
Salchendorf (A) 797-G1
Sale (I) 803-J6
Sale delle Langhe (I) 815-H2
Sale Marasino (I) 803-J5
Sale S. Giovanni (I) 815-H2
Sálea (I) 815-J6
Salem (D) 762-C7
Salen-Reutenen (CH) 762-A8
Salenstein (CH) 762-B8
Salenwang (D) 763-M6
Saléon (F) 812-B2
Salerano Canav. (I) 800-D7
Salérans (F) 812-A3
Sales (CH) Fribourg 787-K1
Sâles (CH) Gruyère 787-J2
Sales (F) Rhône-Alpes 786-D7
Sales (F) Rhône-Alpes 798-A2
Saletta (I) 811-K2
Saletto (I) Friuli-Venézia Giúlia, Pordenone 807-G3
Saletto (I) Friuli-Venézia Giúlia, Udine 795-K5
Saletto (I) Véneto 805-L7
Saletto di Piave (I) 806-C4
Saletto/Wieden (I) 779-H8
Salettuòl (I) 806-C4
Salez (CH) 776-E5
Salgareda (I) 806-D5
Salgen (D) 763-M3
Salgesch (CH) 788-B6
Saliceto (I) 815-J2
Salignac (F) 812-C4
Salines-les-Thermes (F) 798-E7
Salin-les-Bain (F) 772-A7
Salino (I) 795-H4
Salins (CH) 787-M7
Salionze (I) 804-B8
Sali Vercellese (I) 801-G9
Salla (A) 783-K5
Sallaberg (A) 768-D9
Sallagriffon (F) 813-K8
Sallanches (F) 798-F2
Sallegg (A) 784-C2
Sallenôvs (F) 786-B9
Sallneck (D) 760-D7
Sallongy (F) 798-B1
Salmannsdorf (A) 771-H9
Salmannskirchen (D) 765-L1
Salmanskirchen (D) 766-B1
Salménega (I) 793-M9
Salm-Haus (A) 780-E6
Salmour (I) 810-F9
Salmsach (CH) 762-D9
Šalmenci (SLO) 785-G8
Salò (I) 803-M6
Salobbi (I) 792-E5
Salomino (I) 800-F9
Salonetto/Schlaneid (I) 792-F3
Salorno/Salurn (I) 792-F7
Salouf (CH) 790-E3
Šalovci (SLO) 785-H7
Šalovski Breg (SLO) 785-H7
Salro (I) 800-B8
Salsach (A) 784-E8
Salsásio (I) 810-E5
Salt (I) 795-K8
Saltaria/Saltner (I) 793-J4
Salterana (I) 800-F4
Saltner/Saltaria (I) 793-J4
Saltria (I) 522
Salúggia (I) 811-H1
Salurn/Salorno (I) 792-F7
Salussola (I) 800-E7
Saluzzo (I) 810-C8
Salva (CH) 791-J6
Salvagny (F) 787-G9
Salvan (CH) 787-J8
Salvarolo (I) 806-F3
Salvarosa (I) 805-L5
Salvatoronda (I) 806-C2
Salvirola (I) 803-G9
Salvisberg (CH) 773-L7
Salwidili (CH) 788-E1
Salza (A) 47
Salza di Pinerolo (I) 809-L4
Salzach (A) 266, 268, 284
Salzahammer (A) 769-M6
Salzano (I) 806-A7
Salzbergwerk Hall/Bergbaumuseum (A) 190
Salzburg (A) 123, 238, 261, 269, 611, 767-G6
Salzburger Land (A) 254, 256, 258, 262, 266, 274, 276, 280, 284, 290
Salzburger Saalachtal (A) 242, 243
Salzburger Sonnenterrasse (A) 247
Salzburger Sportwelt (A) 284, 286, 288
Salzerbad (A) 770-C3
Salzetto (I) 800-B6
Salzkammergut (A) 63, 270, 272, 274, 302
Salzwelten Altaussee (A) 305
Salzwelten Salzburg (A) 268
Samaranger See (A) 57
Samarate (I) 801-L6
Sambo (I) 795-K6
Sambrusòn (I) 806-A8
Sambuco (I) 813-M3
Sambughe (I) 806-B6
Samedan (CH) 468, 469, 719, 791-G4
Samendorf (A) 768-F3
Samerberg (D) 766-A7
Sammardenchia (I) 807-J1
Sammelplatz (CH) 776-D3
Samnaun (A) 158, 162, 474, 475, 719, 777-L8
Samoëns (F) 753, 787-G8
Samòlaco (I) 790-D7
Samone (I) 793-H9
Sampéyre (I) 810-A8
Sampiere (I) 806-A9
Samprogno (I) 806-A1
Samsonumzug (A) 290
Samstagern (CH) 775-K5
Samtheim (I) Trentino-Alto Ádige 793-G3
Sämtisersee (CH) 425
Samun (CH) 790-D1
Sancey-le-Grand (F) 772-F3
Sancey-le-Long (F) 773-G3
Sand (A) 768-E4
Sanda (I) 815-L3
Sandblatten (CH) 775-G6
Sandigliano (I) 800-E7
Sand in Taufers/Campo Túres (I) 504, 505, 506, 507, 742, 779-L8
Sandon (I) 805-M8
Sandrà (I) 804-C7
Sandrigo (I) 805-J5
Sanfrè (I) 810-F7
Sanfrónt (I) 810-B8
Sangano (I) 810-C3
Sangernboden (CH) 787-M2
Sangiano (I) 801-K3
Sanico (I) 811-J4
Sano (I) 804-D3
Santandrà (I) 806-B4
Sant'Antonio di Mavignola (I) 541
Santel (I) 542, 792-D8
Sántena (I) 810-F5
Santhià (I) 800-F8
Santicolo (I) 791-K8
Santino (I) 801-J2
Säntis (CH) 424
Säntisgipfel (CH) 425
Santner Spitze (I) 522
Santo (I) 795-L8
Santoche (F) 772-F2
Santorso (I) 805-G4
Santuário (I) Ligúria 815-L3
Santuário (I) Piemonte 799-K8
Santuário di Prascondù (I) 800-A7
Santuário di Vicoforte (I) 814-F3
Sanvarezzo (I) 815-J1
Sanzeno (I) 792-E6
Saonara (I) 805-M8
Saône (F) 772-C4
Saorge (F) 814-D7
Sapin Haut (CH) 787-K8
Sapois (F) 772-B9
Sappada (I) 552, 553, 794-E3
Sappade (I) 793-K6
Sappl (A) 781-M9
Sarano (I) 806-B3
Sarasdorf (A) 771-K2
Saraz (F) 772-B6
Sarcedo (I) 805-H5
Sarche (I) 804-D1
Sardagna (I) 804-E1
Sardières (F) 809-K1
Sardonne (F) 808-D2
Sarego (I) 805-G8
Sarentino/Sarnthein (I) 793-G3
Sáres/Saalen (I) 793-K1
Saretto (I) Friuli-Venézia Giúlia, Gorizia 814-B2
Saretto (I) Friuli-Venézia Giúlia, Udine 813-L1
Sarezzo (I) 803-K5
Sargans (CH) 776-D7
Säriswil (CH) 773-M7
Sarling (A) 769-K1
Sármede (I) 806-C1
Sarmego (I) 805-J7
Sarmenstorf (CH) 775-G4
Sarméola (I) 805-K8
Sarn (CH) 790-D2
Sarnen (CH) 775-G8
Sárnico (I) 803-H5
Sarnonico (I) 792-E5
Sarns (I) 793-J2
Sarntal (I) 490
Sarnthein/Sarentino (I) 490, 743, 793-G3
Sarone (I) 806-D1
Saronno (I) 802-A5
Sarrageois (F) 786-D1
Sarre (I) 572, 799-L4
Sarreyer (CH) 371, 372, 373, 787-L9
Sartena (I) 793-M9
Sartori (I) 804-E6
Sarzens (CH) 787-H2
Sasbach am Kaiserstuhl (D) 760-C3
Sassel (CH) 787-H1
Sassello (I) 815-L1
Sasseneire (CH) 374
Sasso (I) Lombardia 804-B5
Sasso (I) Piemonte 800-D2
Sasso (I) Véneto 805-J3
Sasso Stefani (I) 805-J3
Sasso/Stein (I) 793-H2
Satarma (CH) 788-A9
Satigny (CH) 786-B7
Satteins (A) 776-F5
Sattel (CH) 411, 775-K6
Sattelbach (A) 770-F2
Sattelbach (D) 762-E7
Sattendorf (A) 796-C2
Sattledt (A) 768-C3
Sattler (A) 769-L9
Sattler (A) 770-D2
Saubersdorf (A) 770-F5
Saubichl (A) 771-G9
Saubraz (CH) 786-D3
Sauc (I) 793-K5
Sauerbrunn (A) 783-G4
Sauerfeld (A) 782-B5
Sauerlach (D) 765-J5
Sauggart (D) 762-F3
Saulcier (F) 799-J9
Saulcy (CH) 773-L3
Sauldorf (D) 762-B5
Saulengrain (D) 763-M5
Saules (CH) 773-L4
Saules (F) 772-D5
Saulgau (D) 762-E4
Saulgrub (D) 90, 91, 764-D8
Säuling (D) 82, 83
Saulueg (A) 779-L2
Saumane (F) 812-A5
Saume Longe (F) 813-G3
Saurachberg (A) 782-C9
Saurau (A) 782-E5
Sauris (I) 552, 553, 794-E4
Sauris di Sopra (I) 553
Sauris di Sotto (I) 553
Saurs (A) 778-B5
Saurüssel (A) 769-H5
Saury (F) 798-C3
Säusenbach (A) 769-K7
Sausengalm (A) 795-J2
Säusenstein (A) 769-K1
Sausheim (F) 760-A7
Sausses (F) 813-J6
Sautens (A) 180, 778-C5
Sautern (A) 768-C4
Sauvagney (F) 772-B3
Sauverny (F) 786-C6
Sauze (F) 813-K5
Sauze di Cesana (I) 809-K4
Sauze d'Oulx (I) 809-K3
Sava (SLO) 797-K8
Savagnier (CH) 773-J6
Savalons (I) 795-H9
Savièse (CH) 787-L7
Savigliano (I) 810-E8

Register

Savigny (CH) 787-G3
Saviner (I) 793-L5
Savines- le-Lac (F) 809-G9
Saviore d'Adamello (I) 791-L9
Savogna (I) Friuli-Venézia Giúlia, Gorizia 807-M2
Savogna (I) Friuli-Venézia Giúlia, Udine 795-L8
Savognin (CH) 452, 453, 719, 790-F3
Savona (I) 815-L3
Savonera (I) 810-D3
Savorgnanutto (I) 806-F2
Savournon (F) 812-B1
Savoyen (F) 580, 582, 586
Sax (CH) 776-D5
Saxen (A) 769-H1
Saxeten (CH) 788-D3
Saxon (CH) 787-K8
Says (CH) 776-E8
Sazza (I) 801-H4
Sazzo (I) 791-H8
Scagnello (I) 815-G3
Scaiano (CH) 789-L9
Scalenghe (I) 810-D5
Scaléres/Schalders (I) 793-H2
Scaletta Uzzone (I) 815-J1
Scalòn (I) 805-L2
Scaltenigo (I) 805-M7
Scandeluzza (I) 811-J3
Scandolara (I) 806-A6
Scandole (I) 804-D5
Scanzorosciate (I) 802-F5
Scära (CH) 776-F8
Scardevara (I) 804-F9
Scareglia (CH) 790-A9
Scareno (I) 801-J1
Scarmagno (I) 800-D8
Scarnafigi (I) 810-D7
Scarpizzolo (I) 803-H8
Scenna/Schenna (I) 792-F2
Sceut (CH) 773-L3
Scey-Maisières (F) 772-C5
Schaan (LIE) 436, 776-E5
Schaanwald (CH) 776-E5
Schabenhausen (D) 761-J3
Schachadorf (A) 768-C4
Schachau (A) 769-L2
Schachen (A) 768-B8
Schachen (CH) Luzern 774-F7
Schachen (CH) Schwyz 775-L7
Schachen (D) Kr. Lindau 762-F9
Schachen (D) Kr. Ravenburg 762-F6
Schachen (D) Kr. Rottweil 761-H1
Schachen (D) Kr. Waldshut 760-F9
Schachen am Römerbach (A) 784-D4
Schachen bei Herisau (CH) 776-C3
Schachen bei Vorau (A) 784-E1
Schachendorf (A) 785-J2
Schaching (A) 769-G2
Schadenbirndorf (D) 760-F9
Schadendorf (A) Graz 784-A6
Schadendorf (A) Lieboch 784-B6
Schadendorf (A) Wieselburg 769-K2
Schäffern (A) 770-F8
Schafferwerke (A) 784-A2
Schaffhausen (CH) 761-K8
Schafflerhofsiedlung (A) 771-G3
Schafhausen im Emmental (CH) 774-C7
Schafisheim (CH) 775-G3
Schaftal (A) 784-B4
Schaftlach (D) 765-J7
Schäftlarn (D) 765-G5
Schaiblishausen (D) 763-G2
Schaitten (A) 769-K3
Schalchen (A) 767-H3
Schalchen (CH) 775-L3
Schalchen (D) 766-D3
Schalders/Scaléres (I) 793-H2
Schallbach (D) 760-C8
Schallberg (CH) 788-E6
Schalldorf (D) 765-M4
Schallendorf im Burgenland (A) 785-H4
Schaller (A) 777-M6
Schallstadt (D) 760-D5
Schaltberg (A) 769-H1
Schalunen (CH) 774-B6
Schambach (D) 766-B3
Schamberg (A) 783-M8
Schandorf (A) 785-J2
S-chanf (CH) 468
Schangnau (CH) 774-D9
Schänis (CH) 776-B5
Scharans (CH) 790-E2
Schareck (A) 323
Scharfling (A) 767-K6
S-charl (CH) 472, 473
Schärlig (CH) 774-E8
Scharling (D) 765-J8
Scharnachtal (CH) 788-C3
Scharndorf (A) 771-L1
Scharnitz (A) 182, 184, 185, 701, 778-F3
Scharnstein (A) 768-B5
Schartenalm (A) 794-F1
Scharwand-Hütte (A) 781-L1
Schattdorf (CH) 775-K9
Schattdörfer-Bergen (CH) 775-K9
Schattendorf (A) 771-J6
Schattenhalb (CH) 360
Schattwald (A) 149
Schattwald (A) 777-M2
Schau- und Lehrstollen Arzberg (A) 317
Schaubergwerk Hochfeld (A) 260
Schaubergwerk Kupferplatte (A) 227
Schaubergwerk Prettau (I) 506
Schaubergwerk Silberberg (CH) 459
Schauching (A) 770-C1
Schauerberg (A) 771-G7
Schaueregg (A) Krumbach 771-G8
Schaueregg (A) Tauchen 770-F8
Schauinsland (D) 760-E5
Schechen (D) Kr. Bad Tölz-Wolfratshausen 764-F7
Schechen (D) Kr. Rosenheim 765-L5
Schedlbauer (A) 768-D5
Scheer (D) 762-C4
Scheffa (A) 268
Scheffau (D) 777-G1
Scheffau am Tennengebirge (A) 767-H9
Scheffau am Wilden Kaiser (A) 220, 222, 223, 267, 269, 701, 780-B1
Scheffauer (A) 216
Scheibbs (A) 300, 769-L3
Scheiben (A) 782-F4
Scheibler (A) 145
Scheiblingkirchen-Thernberg (A) 770-F7
Scheibrand (A) 778-C6
Scheid (CH) 790-D1
Scheidegg (D) 68, 69, 763-G9
Scheidzun (CH) 788-D1
Scheifling (A) 782-F5
Scheifling (A) St. Veit an der Glan 782-F9
Scheikl (A) 770-A7
Schelingen (D) 760-C3
Schellenbach (D) 763-M1
Schellen-Ursli (CH) 468
Schelten (CH) 774-B3
Scheltenpass (CH) 774-B3
Schemmerberg (D) 763-G2
Schemmerhofen (D) 762-F2
Schendrich (D) 764-D7
Schenkenzell (D) 761-H1
Schenkon (CH) 774-F5
Schenna (I) 486, 488, 743
Scherbling (A) 769-H3
Scherenau (D) 764-D9
Scherstetten (D) 764-B3
Scherwiller (F) 760-B1
Scherz (CH) 775-G2
Scherzboden (A) 782-B9
Scherzingen (CH) 762-C9
Scherzingen (D) 760-D5
Schesaplana (A) 131
Schetteregg (A) 129
Scheuchenstein (A) 770-E5
Scheunen (CH) 774-A6
Scheunenberg (CH) 773-M6
Scheuren (CH) 773-M5
Scheuring (D) 764-C3
Schianno, Gazzada- (I) 801-L4
Schiavoi (I) 806-D2
Schiavòn (I) 805-J5
Schied (A) 781-H4
Schiederweiher (A) 296
Schiedlberg (A) 768-D3
Schiefer (A) 784-F6
Schiefertafelfabrik Elm (CH) 434
Schiefling (A) 783-J7
Schiefling am See (A) 796-D2
Schienen (D) 761-M8
Schiers (CH) 776-F8
Schießen (D) 763-K1
Schießlingalm bei Göriach (A) 769-M8
Schievenin (I) 805-L2
Schiffenen (CH) 773-L8
Schiggendorf (D) 762-C8
Schignano (I) 802-B2
Schildbach (A) 784-E2
Schildern (A) 771-G6
Schildorn (A) 767-K2
Schillersberg (D) 764-F7
Schilpário (I) 803-J1
Schiltach (D) 761-H1
Schiltern (D) 766-A2
Schilting (A) 783-J8
Schiltwald (CH) 774-F4
Schindelberg (D) 777-H1
Schindellegi (CH) 775-L5
Schindlthal (A) 768-F4
Schins (CH) 790-E2
Schinznach Bad (CH) 775-G2
Schinznach Dorf (CH) 775-G2
Schio (I) 805-G5
Schlacht (CH) 775-G5
Schlacht (D) 765-K4
Schlächtenhaus (D) 760-D8
Schlachters (D) 763-G9
Schladming (A) 306, 307, 308, 310, 311, 701, 781-M2
Schladminger Tauern (A) 282, 307
Schladnitzdorf (A) 783-K2
Schlag (A) Kaltenberg 771-G7
Schlag (A) Schäffern 771-G8
Schlagbauer (A) 770-D9
Schlag bei Thalberg (A) 770-F9
Schlag bei Thalberg (A) 784-F1
Schlagenhofen (D) 764-E4
Schlagenten (D) 760-F8
Schlagl (A) 770-E7
Schlaiten (A) 780-E8
Schlanders/Silandro (I) 477, 479, 792-C3
Schlaneid/Salonetto (I) 792-F3
Schlanitzen (A) 795-J3
Schlans (CH) 790-A1
Schlappin (CH) 777-H8
Schlatt (A) 767-M3
Schlatt (CH) Thurgau 761-K8
Schlatt (CH) Zürich 775-L2
Schlatt (D) Kr. Beisgau-Hochschwarzwald 760-C5
Schlatt am Randen (D) Kr. Konstanz 761-K7
Schlatten (A) 796-D3
Schlattham (A) 768-C9
Schlatt-Haslen (CH) 773-M8
Schlatt unter Krähen (D) Kr. Konstanz 761-L7
Schlatzendorf (A) 769-M2
Schlaugenham (A) 767-M3
Schleching (D) 119, 215, 766-C7
Schlechtenfeld (D) 762-F2
Schlechtnau (D) 760-E6
Schleebuch (D) 763-K1
Schleedorf (A) 767-H5
Schleefeld (D) 766-A3
Schlegeisspeicher (A) 210
Schlegelsberg (D) 763-L4
Schlegldorf (D) 765-H8
Schlehdorf (D) 96, 764-F8
Schleinikon (CH) 775-H2
Schleis/Clùsio (I) 792-A2
Schleißheim (A) 768-C2
Schleitheim (CH) 761-J7
Schlern (I) 492, 520, 522
Schlerngebiet (I) 523
Schlicker Alpin-Erlebnispark (A) 194
Schliefau (A) 769-J3
Schliengen (D) 760-C7
Schlier (D) 762-F7
Schlierbach (A) 768-C4
Schlierbach (CH) 774-F5
Schlierbach (F) 760-A8
Schlieren (CH) 775-J3
Schlierenzau (A) 778-C5
Schliern bei Köniz (CH) 773-M8
Schliersbergalm (Ferienpark) (D) 110
Schliersee (D) 110, 661, 765-K7
Schlingen (D) 764-A5
Schlinig/Slingia (I) 479, 792-A2
Schlins (A) 776-F5
Schlitters (A) 204, 207, 779-K3
Schloss (CH) 776-C3
Schloss Chillon (CH) 364
Schloss Fenis (I) 573
Schloss Hohenaschau (D) 119
Schloss Köttlachsiedlung (A) 769-K3
Schloss Linderhof (D) 89
Schloss Neuschwanstein (D) 82
Schloss Prösels (I) 522
Schlossrued (CH) 774-F4
Schloss Tarasp (CH) 471
Schloss Tirol (I) 484
Schlosswil (CH) 774-C8
Schluchsee (D) 761-G6
Schluderbach (I) 537
Schluderns/Sluderno (I) 478, 479, 743, 792-A3
Schluein (CH) 790-C1
Schlüßlberg (A) 768-A1
Schmalegg (D) 762-E7
Schmalzkopf (A) 165
Schmelz (A) 769-M5
Schmelz (D) 766-E7
Schmerikon (CH) 775-M5
Schmidham (A) 767-K4
Schmidham (D) Kr. Miesbach 765-J6
Schmidham (D) Kr. Traunstein 766-C4
Schmidhausen (D) 765-L5
Schmidhofen (D) 760-C6
Schmiding (A) 768-B2
Schmiechen (D) 764-D2
Schmieding (A) 768-E2
Schmiedleithen (A) 768-D5
Schmiedrait (A) 771-G9
Schmiedrued (CH) 774-F4
Schmieheim (D) 760-E1
Schmirn (A) 196, 779-H6
Schmitten (CH) Fribourg 773-L8
Schmittenhöhe (A) 255, 256
Schmitzingen (D) 761-G8
Schmocken (CH) 788-D2
Schnabling (D) 766-D3
Schnaitsee (D) 766-B4
Schnalstal (I) 478, 743, 792-C2
Schnann (A) 144, 777-L6
Schnarrndorf (A) 768-C2
Schnauders/Snodres (I) 793-J2
Schnaupping (D) 765-M2
Schnaus (CH) 790-C1
Schneebauerhütte (A) 782-E9
Schneeberg (A) 770-D5
Schneeberg, Erlebnisbergwerk (I) 487
Schneebergdörfl (A) 770-D5
Schneegattern (A) 767-J4
Schneidbach (D) 763-M9
Schneisingen (CH) 775-H1
Schneizlreuth (D) 120, 121, 766-E8
Schnellerviertel (A) 784-E1
Schnelling (A) 768-B3
Schnepfau (A) 777-H3
Schnerkingen (D) 762-B5
Schnerzhofen (D) 764-A3
Schneßnitz (A) 782-E7
Schnetzenhausen (D) 762-D8
Schnifis (A) 776-F5
Schnottwill (CH) 773-M6
Schnürpflingen (D) 763-H2
Schoberegg (A) 783-H5
Schocherswil (CH) 776-B1
Schöcklbartl (A) 784-B4
Schödendorf (A) 782-F7
Schöder (A) 782-D4
Schœnau (F) 760-C2
Schöffau (D) 764-E8
Schöffelding (D) 764-D4
Schöfflisdorf (CH) 775-H2
Schöftland (CH) 774-F4
Schölbing (A) 784-F3
Schollach (A) 769-M1
Schollach (D) 761-G5
Schölllang (D) 777-K2
Schömberg (D) 761-L2
Schomburg (D) 763-G8
Schön (A) Alm 771-H7
Schön (A) Micheldorf in Oberösterreich 768-c5
Schönabrunn (A) 771-L1
Schonach im Schwarzwald (D) 761-G3
Schönach, Herdwangen- (D) 762-C6
Schönangeralm (A) 779-L3
Schönau (A) Bad Schallerbach 768-B1
Schönau (A) Kottingbrunn 771-G3
Schönau (A) Kremsmünster 768-C3
Schönau (A) Stadtschlaining 785-H2
Schönau (A) Wörgl 779-L1
Schönau (D) Kr. Lindau 763-H9
Schönau (D) Kr. Lindau 763-H9
Schönau (D) Kr. Lörrach 760-E7
Schönau (D) Kr. Rosenheim 765-L5
Schönau/Belparte (I) 778-E8
Schönau am Königssee (D) Kr. Berchtesgadener Land 124, 125, 662, 767-G8
Schönau an der Enns (A) 769-G6
Schönau an der Triesting (A) 771-G3
Schönberg (A) 783-H3
Schönberg (D) Kr. Altötting 766-E3
Schönberg (D) Kr. Rosenheim 766-B4
Schönberg (D) Kr. Weilheim-Schongau 764-D8
Schönberg an der Laßnitz (A) 784-B7
Schönberg im Stubaital (A) 192, 195, 701, 779-G5
Schönberg-Lachtal (A) 782-E4
Schönbronn (D) 761-J2
Schönbrunn (D) 766-A2
Schönbuch (A) 769-L1
Schönbüel (CH) 788-F1
Schönbühl (CH) 774-B7
Schondorf am Ammersee (D) 764-E4
Schönebach (D) 763-M1
Schöneberg (D) 763-L3
Schönebürg (D) 763-H3
Schönegg (A) Frohnleiten 784-A3
Schönegg (A) Leibnitz 784-C9
Schönegg (D) 765-H6
Schönegg bei Pöllau (A) 784-E3
Schönenbach (A) 777-J3
Schönenbach (D) Kr. Breisgau-Hochschwarzwald 761-G7
Schönenbach (D) Schwarzwald-Baar-KReis 761-G4
Schönenberg (CH) Zürich 775-K5
Schönenberg (D) 760-E7
Schönenbuch (CH) Basel-Landschaft 774-A2
Schönenbuch (CH) Schwyz 775-K7
Schönengrund (CH) 426, 776-C4
Schönenwerd (CH) 774-F3
Schöneschach (D) 763-M5
Schongau (D) 764-C7
Schöngeising (D) 764-E3
Schönherrn (A) 771-G9
Schönhof (A) 782-F6
Schönhöfe (D) 760-F4
Schönholzerswilen (CH) 776-B2
Schönleiten-Haus (A) 780-E2
Schönrain (D) 765-G7
Schönram (D) 766-F5
Schönried (CH) 346, 347, 719, 787-L4
Schonstett (D) 766-A5
Schönwald (I) 793-H6
Schönwald im Schwarzwald (D) 761-G3
Schönweg (A) 783-J9
Schönwies (A) 778-B5
Schönwieshütte (A) 778-D9
Schopfheim (D) 760-D8
Schoppernau (A) 126, 127, 701, 777-H4
Schörfling am Attersee (A) 767-L5
Schörgendorf (A) 769-L9
Schoried (CH) 775-G8
Schörzingen (D) 761-L3
Schottwien (A) 770-E7
Schötz (CH) 774-E5
Schrambach (A) 770-B3
Schramberg (D) 761-H2
Schranawand (A) 771-H3
Schrankbaum (D) 766-C3
Schranzbg.-Hütte (A) 779-H6
Schrattenbach (A) 770-E5
Schrattenbach (D) 763-K6
Schrattenfluh (CH) 422
Schreckensee (D) 762-E6
Schrems bei Frohnleiten (A) 784-A3
Schröcken (A) 129, 701, 777-J4
Schröckendorf (A) 768-F8
Schroffengegend (A) 769-M3
Schromenau (A) 770-E3
Schröttelhofalm (A) 795-G1
Schrötten (A) 784-E8
Schrötten an der Laßnitz (A) 784-B7
Schruns (A) 39, 136, 137, 138, 141, 701, 777-H6
Schübelbach (CH) 775-M5
Schulau (A) 771-H7
Schülen (CH) 774-E6
Schüpbach (CH) 774-C8
Schupfart (CH) 774-E1
Schüpfen (CH) 773-M6
Schüpfheim (CH) 422, 775-J1
Schupfholz (D) 760-D4
Schura (D) 761-K4
Schüttbach (A) 781-L9
Schüttdorf (A) 780-F4
Schuttertal (D) 760-E1
Schützen am Gebirge (A) 771-K4
Schützing (A) 784-E6
Schützing (D) 766-E2
Schwabaich (D) 764-B3
Schwabbruck (D) 764-C6
Schwabegg (A) 797-J1
Schwabegg (D) 764-B3
Schwabering (D) 766-A5
Schwaberwegen (D) 765-K3
Schwabhausen (D) Kr. Dachau 764-F1
Schwabhausen (D) Kr. Landsberg 764-D3
Schwabing (D) 765-H3
Schwäblishausen (D) 762-C5
Schwabmühlhausen (D) 764-B3
Schwabmünchen (D) 764-B3
Schwabniederhofen (D) 764-C6
Schwabsoien (D) 764-C6
Schwackenreute (D) 762-B5
Schwaderloch (CH) 761-G9
Schwadernau (CH) 773-M5
Schwadorf (A) 771-J2
Schwadorf (A) St. Pölten 770-B1
Schwägalp (CH) 424
Schwaig (A) 781-L9
Schwaiganger (D) 764-F8
Schwaigen (D) 764-E9
Schwaigern (A) 767-J4
Schwaighausen (D) 763-K4
Schwaighof (A) Bischofshofen 781-J3
Schwaighof (A) Eisenerz 768-F8
Schwaighof (A) Friedberg 770-F9
Schwamham (D) 765-L6
Schwaming (A) 768-E3
Schwanberg (A) 783-M9
Schwand (CH) 775-H9
Schwand (D) Kr. Lörrach 760-D7
Schwand (D) Kr. Oberallgäu 777-K3
Schwändelen (CH) 775-M6
Schwanden (CH) Bern 774-C7
Schwanden (CH) Glarus 435, 776-B7
Schwanden (CH) Sigriswil/Bern 360, 788-C1
Schwanden (D) 763-J8
Schwanden bei Brienz (CH) 788-F1
Schwanden im Emmental (CH) Bern 774-C7
Schwändi (CH) 776-B7
Schwändili (CH) 774-F7
Schwand im Innkreis (A) 766-F2
Schwanenstadt (A) 767-M3
Schwangau (D) 82, 84, 85, 662, 764-B9
Schwangau (Königliche Kristall-Therme) (D) 85
Schwaningen (D) 761-J7
Schwarenbach (CH) 788-B5
Schwarz (A) 796-F3
Schwarzach (A) 777-G2
Schwarzach im Pongau (A) 246, 247, 781-H3
Schwarzau am Steinfelde (A) 771-G6
Schwarzau im Gebirge (A) 770-C5
Schwarzau im Schwarzautal (A) 784-D7
Schwarzbach (D) 766-F7
Schwarzeck (D) 766-F8
Schwarzenau (A) 779-M3
Schwarzenbach (A) Bad Ischl 767-K7
Schwarzenbach (A) Hochwolkersdorf 771-H7
Schwarzenbach (A) Mittersill 780-D4
Schwarzenbach (A) St. Lambrecht 782-E6
Schwarzenbach (A) St. Margarethen 797-K1
Schwarzenbach (A) St. Veit an der Gölsen 770-C2
Schwarzenbach (A) Trieben 768-F9
Schwarzenbach (CH) 776-B2
Schwärzenbach (D) 761-G5
Schwarzenbach (D) Kr. Ravensburg 762-E5
Schwarzenbach (D) Kr. Waldshut 760-E7
Schwarzenbach (D) Schwarzwald-Baar-Kreis 761-G3
Schwarzenbach am Größing (A) 783-H5
Schwarzenbach an der Pielach (A) 770-A4
Schwarzenbachgegend (A) 769-M4
Schwarzenberg (A) 127, 129, 701, 777-G3
Schwarzenberg (CH) 775-G7
Schwarzenbühl (CH) 787-M1
Schwarzenburg (CH) 773-M9
Schwarzenegg (CH) 788-C1
Schwarzengründe (A) 770-E5
Schwarzenmatt (CH) 787-M3
Schwarzensee (A) 770-F3
Schwarzhäusern (CH) 774-D4
Schwarzsee (CH) 800-C1
Schwarzsee Bad (CH) 787-L2
Schwaz (A) 701, 779-J3
Schwechat (A) 771-H1
Schweigbrunnen (D) 766-F4
Schweighausen (D) 760-E2
Schweighof (D) 760-C6
Schweinberg (A) 769-H2
Schweinhausen (D) 763-G4
Schweinhöf (D) 777-H1
Schweinlang (D) 763-M7
Schweinsegg (A) 768-E4
Schweinz (A) 784-E5
Schweizer Nationalpark (CH) 471
Schweizer Rheintal (CH) 49
Schwellbrunn (CH) 776-C3
Schwemm (A) 784-E8
Schwendau (A) 779-K5
Schwendberg (A) 779-K5
Schwende (A) 777-K3
Schwende (CH) 776-D4
Schwenden (CH) 788-B3
Schwendgraben, Unterrabnitz- (A) 771-H8
Schwendi (CH) Bern 788-D2
Schwendi (CH) St. Gallen 776-D7
Schwendi (D) 763-H3
Schwendi Kaltbad (CH) 774-F8
Schwendt (A) 215, 704, 766-C8
Schwendterdörfl (A) 779-M2
Schwenningen (D) 762-A3
Schwenningen, Villingen- (D) 761-J4
Schwersberg (A) 781-G8
Schwerting (A) 766-F4
Schwerzen (D) 761-H8
Schwerzenbach (CH) 775-K3
Schwifting (D) 764-D4
Schwindegg (D) 766-A1
Schwindkirchen (D) 766-A1
Schwöbingen (A) 770-A8
Schwobsheim (F) 760-C2
Schwoich (A) 779-M1
Schwörstadt (D) 760-E9
Schwörzkirch (D) 763-G1
Schwußner-Hütte (A) 781-J6
Schwyz (CH) 408, 410, 411, 414, 775-K7
Schwyzer Panoramaweg (CH) 409
Schynen (CH) 774-D7
Schynige Platte (CH) 788-E2
Sciarborasca (I) 815-M2
Sciez (F) 786-E6
Sciliar (I) 793-J4
Sciolzè (I) 810-F3
Scionzier (F) 786-F9
Sclaunicco (I) 807-J1
Scóglio della Stella (I) 804-B6
Scolari (I) 792-C6
Scomigo (I) 806-B2
Scopa (I) 800-F4
Scopelle (I) 801-G3
Scopello (I) 800-E4
Scorgnano (I) 804-E7
Scorzè (I) 806-A6
Scottini (I) 804-E3
Scubina (I) 795-L7
Scudellate (CH) 802-A2
Sculms (CH) 790-D1
Scuol (CH) 53, 61, 470, 471, 472, 473, 719, 791-L1
Scurelle (I) 793-H9
Scurzolengo (I) 811-J4
Ščvlje (SLO) 796-E7
Sdruzzinà (I) 804-D4
Sebeborci (SLO) 785-H8
Sebenje (SLO) 796-F5
Sebersdorf (A) 784-F3
Seborga (I) 814-E8
Séchex (F) 786-E5
Séchin (F) 772-D3
Séchllienne (F) 808-C3
Seckau (A) 783-H3
Secoveljske Soline (SLO) 807-M7
Sécula (I) 805-J7
Sedegliano (I) 807-G1
Sédeilles (CH) 787-J1
Sedéna (I) 803-M7
Sédico (I) 793-M8
Sedilis (I) 795-J7
Sédime (I) 810-E1
Sedlo (SLO) 795-L7

Sedraž (SLO) 797-M7
Sedrano (I) 794-E9
Sedriano (I) 801-M7
Sedrina (I) 802-F4
Sedrun (CH) 39, 438, 439, 720, 789-L2
See (A) Bad Gastein 781-J5
See (A) Bad Ischl 767-K6
Seebach (A) Brubnico 780-A/
Seebach (A) Klagenfurt 796-E2
Seebach (A) Krakaudorf 782-C5
Seebach (A) Pichl 768-E7
Seebach (A) Reichenau 782-B8
Seebach (A) Völkermarkt 797-H2
Seebach (A) Wels 768-B3
Seebach (CH) 775-J2
Seeben (A) 770-A1
Seeben-Alm (A) 778-D3
Seebensee (A) 155
Seebenstein (A) 770-F6
Seeberg (CH) 774-C5
Seeboden (A) 326, 327, 781-L9
Seebodensee (CH) 361
Seebödenspitze (I) 477
Seebruck (D) 47, 766-C5
Seedorf (CH) Bern 773-M6
Seedorf (D) 761-J2
Seefeld (A) 767-L6
Seefeld (D) 764-F4
Seefelden (D) Bodenseekreis 762-C7
Seefelden (D) Kr. Breisgau-Hochschwarzwald 760-C6
Seefelder Spitze (A) 183
Seefeld in Tirol (A) 47, 182, 183, 184, 185, 704, 778-E4
Seeg (D) 84, 764-A8
Seegatterl (D) 119, 766-D8
Seegräben (CH) 775-L3
Seeham (A) 767-G4
Seehaus (A) 768-B7
Seehausen am Staffelsee (D) 764-E8
Seehof (A) 771-K4
Seehof (CH) 774-B4
See im Paznaun (A) Landeck 160, 704 777-M6
Seekarspitze (A) 283
Seekirch (D) 762-F3
Seekirchen am Wallersee (A) 767-H5
Seekofel (I) 513
Seelbach (D) 760-E1
Seelfingen (D) 762-B6
Seelgut (D) 760-F4
Seelisberg (CH) 775-K7
Seemoos (D) 762-D8
Seemuseum (A) 766-C3
Seen (CH) 775-L2
Seengen (CH) 775-G3
Seeon (D) 766-C5
Seerotte (A) 769-M5
Seeseiten (D) 764-F6
Seeshaupt (D) 764-F6
Seestall (D) 764-C5
Seestraße (A) 769-J8
Seetal (A) 782-C5
Seethal (D) 766-C6
Seewalchen (A) 767-H5
Seewalchen am Attersee (A) 767-L4
Seewald (A) 767-J8
Seewen (CH) Schwyz 775-K7
Seewen (CH) Solothurn 774-C2
Seewiesen (A) 769-M7
Seewigtal (A) 308
Seewil (CH) 773-M6
Seewis im Prättigau (CH) 776-F7
Séez (F) 799-G5
Seftigen (CH) 788-B1
Sega (I) Véneto, Treviso 806-B1
Sega (I) Véneto, Verona 804-C7
Sega (I) Véneto, Vicenza 805-K4
Sega Digon (I) 794-D3
Segabiello (I) 803-J7
Segeten (D) 760-F8
Seggauberg (A) 784-C8
Seghe (I) 805-G4
Segilière (F) 813-K5
Seglingen (CH) 761-J9
Segnacco (I) 795-J7
Segnas (CH) 789-L2
Segnes (CH) 438
Segno (I) Ligúria 815-K4
Segno (I) Trentino-Alto Ádige 792-E6
Segonzano (I) 792-F8
Segrate (I) 802-C7
Segusino (I) 805-L2
Seibersdorf (A) 771-J3
Seibersdorf (D) 766-F2
Seibersdorf am Hammerw. (A) 784-F2
Seibersdorf bei St. Veit (A) 784-D9
Seiboldsdorf (D) 766-D6
Seibranz (D) 763-H6
Seibuttendorf (A) 784-D7
Seidlwinkltal (A) 263
Seidolach (A) 796-F3
Seiersberg (A) 784-B6
Seifertshofen (D) 763-L2
Seifriedsberg (D) 777-K1
Seigbichl (A) 796-E2
Seigneux (CH) 787-H1
Seille (F) 808-B8
Seimetzbach (A) 769-M1
Seiry (CH) 773-H9
Seis am Schlern (I) 520, 521, 522, 523, 743, 793-H4
Seisenbergklamm (A) 243
Seisenegg (A) 769-J2
Seiser Alm (I) 520, 521, 522, 523, 744
Seisset (F) 812-F6
Seissogne (I) 799-M4
Seiten (A) 778-D8
Seitenstetten (A) 769-G3
Seitingen-Oberflacht (D) 761-L4
Seiz (A) 783-J2
Sekull (A) 796-D2
Sela (SLO) 797-H6
Selbig (D) 760-F2
Selca (SLO) 796-E6
Selce (SLO) 797-L8
Selesen (A) 783-G9
Sélestat (F) 760-B1
Seletz (I) 795-G6
Seleute (CH) 773-K3
Selgetsweiler (D) 762-B6
Selino Alto (I) 802-E4
Selkingen (CH) 789-G5
Selklach (A) 796-D3
Sella (I) Friuli-Venézia Giúlia 807-H3
Sella (I) Trentino-Alto Ádige 805-G1
Sellastock (I) 55, 516, 528
Séllere (I) 803-J4
Séllero (I) 791-L9
Sellrain (A) 188, 778-F5
Sellthüren (D) 763-L7
Selma (CH) 790-B6
Selo pri Bledu (SLO) 796-D5
Selo, Žiri (SLO) 796-D8
Selo, Ljubljana (SLO) 797-H9
Selo, Moravske Toplice (SLO) 785-H8
Selo, Trebnje (SLO) 797-L9
Selo, Zagorje ob Savi (SLO) 797-L7
Selonc (SLO) 796-E7
Seloncourt (F) 773-J2
Selonnet (F) 812-F2
Selpritsch (A) 796-C2
Seltenheim (A) 796-E2
Seltisberg (CH) 774-C2
Seltschach (A) 795-M3
Selva (CH) 789-K3
Selva (I) Friuli-Venézia Giúlia, Pordenone 794-E7
Selva (I) Friuli-Venézia Giúlia, Pordenone, Maniago 794-E8
Selva (I) Lombardia 803-G5
Selva (I) Trentino-Alto Ádige, Trento 805-G1
Selva (I) Trentino-Alto Ádige, Trento, Grigno 805-H1
Selva dei Molini/Mühlwald (I) 779-K8
Selva del Montello (I) 806-B4
Selva di Cadoce (I) 793-M5
Selva di Cadore (I) 794-A5
Selva di Progno (I) 804-E6
Selva di Trissino (I) 805-G6
Selva di Val Gardena/Wolkenstein in Gröden (I) 793-K4
Selvággio (I) 810-B3
Selvavécchia (I) 804-D5
Selvazzano Dentro (I) 805-K8
Selvetta (I) 790-F8
Selvino (I) 803-G4
Selzach (CH) 774-A5
Selzthal (A) 768-E9
Sembrancher (CH) 787-K9
Sementina (CH) 789-M8
Semione (CH) 789-M5
Semlach (A) 783-G7
Semmering (A) 770-D7
Semogo (I) 791-K5
Semon (I) 799-L3
Semonzo (I) 805-K3
Sempach (CH) 775-G6
Šempeter (SLO) 797-L6
Semriach (A) 784-B3
Semsales (CH) 787-J3
Senaga (I) 804-C5
Senago (I) 802-B6
Senarclens (CH) 786-E3
Senaso (I) 792-C9
Šenčur (SLO) 797-G6
Senden (D) 763-J1
Sendling (D) 766-A4
Senèdes (CH) 787-K1
Senez (F) 812-F7
Senftenbach (A) 767-K1
Senftenberg (A) Ochsenbach 769-J3
Sengg (CH) 788-E2
Senica (SLO) 796-A8
Senna Comasco (I) 802-B4
Senneshütte (I) 509
Sennhof (A) 778-D6
Sennhof (CH) 775-L2
Sennwald (CH) 776-E4
Senožeti (SLO) 797-J8
Senožeti (SLO) 797-K7
Sensau (D) 765-L4
Sensine (CH) 787-L7
Sensole (I) 803-H5
Sent (CH) 470, 473, 791-L1
Sentenhart (D) 762-B6
Sentiero delle Bocchette Centrale (I) 543
Šentilj pod Turjakom (SLO) 797-M3
Sentjanz (SLO) 797-L2
Šentjošt (SLO) 796-E9
Šentlambert (SLO) 797-K7
Sentpavel (SLO) 797-K9
Sentrupert (SLO) 797-L9
Šentvid (SLO) 797-G8
Šentvid pri Zavodnu (SLO) 797-K4
Šentviška (SLO) 796-C8
Senzano (I) 803-J5
Seon (CH) 775-G3
Seppenhofen (D) 761-H6
Seppenröth (A) 767-K4
Seppiana (I) 789-G9
Seppois-le-Haut (F) 773-L1
Septenne (F) 813-K5
Septfontaines (F) 772-D7
Septmoncel (F) 786-A5
Sequáls (I) 794-F8
Sera (I) 803-L8
Serafini (I) 805-J1
Séranon (F) 813-J9
Seraplana (CH) 777-L9
Serdica (SLO) 784-F7
Seregno (I) 802-B5
Serèn del Grappa (I) 805-K1
Serfaus (A) 162, 163, 704, 778-A7
Sergey (CH) 786-F1
Sergnano (I) 802-F8
Sergy (F) 786-B6
Sergy-Dessus (F) 786-B6
Seriate (I) 802-F5
Serina (I) 802-F3
Serlas (CH) 791-H4
Serle (I) 803-L6
Sermerio (I) 804-B4
Sernaglia della Battaglia (I) 806-A3
Serneus (CH) 461
Sernio (I) 791-K7
Serole (I) 811-J9
Serra (I) 815-G3
Serra (I) Piemonte 811-K5
Serra (I) Trentino-Alto Ádige 792-C5
Serrada (I) 804-E3
Serralunga d'Alba (I) 811-G8
Serralunga di Crea (I) 811-J3
Serraval (F) 798-D3
Serravalle (I) 811-H5
Serravalle all'Adige (I) 804-E3
Serravalle Langhe (I) 811-H9
Serravalle Sésia (I) 801-G5
Serre (I) 810-A7
Serre delle Pianche (I) 813-M3
Serre Nauzet (F) 812-F2
Serre-Chevalier (F) 589
Serre-les-Sapins (F) 772-B4
Serres (F) 812-A1
Serro (I) 810-B8
Sertig Dörfli (CH) 461, 791-G2
Servin (F) 772-F3
Servion (CH) 787-H3
Servo (I) 793-K9
Servoules (F) 812-C3
Servoz (F) 799-G2
Šešče (SLO) 797-M6
Sessa (CH) 801-L1
Sessame (I) 811-K8
Sessana (I) 811-J2
Sessant (I) 811-H5
Sesto (I) 802-C8
Sesto al Reghena (I) 806-F3
Sesto Calende (I) 801-K4
Sesto S. Giov. (I) 802-C7
Sesto/Sexten (I) 794-C2
Sestrière (I) 53, 809-K4
Settala (I) 802-D8
Sette (I) 806-F5
Sette Fontane (I) 793-G8
Settequerce/Siebeneich (I) 792-F4
Settimo (I) Piemonte 800-D6
Séttimo (I) Véneto 804-D7
Séttimo (I) Véneto 806-F3
Séttimo di Gallese (I) 804-D9
Séttimo Mil. (I) 802-A7
Séttimo Rottaro (I) 800-E8
Séttimo Torinese (I) 810-F2
Seuzach (CH) 775-L1
Sévaz (CH) 773-H8
Sevce (SLO) 797-M7
Sevelen (CH) 776-E6
Sévery (CH) 786-E3
Séveso (I) 802-B5
Sevgein (CH) 790-C1
Sevraz (F) 786-E7
Sevrier (F) 798-C2
Sewen (CH) 774-F8
Sexau (D) 760-E3
Sexten/Sesto (I) 33, 512, 514, 515, 744, 794-C2
Seyne (F) 812-F2
Seynod (F) 798-B2
Seyssinet-Pariset (F) 808-A1
Seyssins (F) 808-A1
Seysterac (F) 812-D5
Seythenex (F) 798-C4
Seytroux (F) 786-F7
Sezzádio (I) 811-M6
Sfruz (I) 792-E6
Sgerea (I) 814-D7
Sghittosa (I) 794-F7
Sgny (F) 786-B6
Siat (CH) 790-B1
Siberatsweiler (D) 762-F9
Siblingen (CH) 761-J8
Siboling (D) 766-C4
Sibratsgfäll (A) 128, 129, 777-J3
Sibratshofen (D) 763-J9
Sichart (A) 784-D1
Sicheldorf (A) 784-F9
Sicina (I) 793-G7
Sicking (A) 767-M4
Siders (CH) 380
Sidraž (SLO) 797-H6
Siebenaich (A) 782-F9
Siebenbrunn (A) 784-E3
Siebenbrunn (D) 764-C1
Siebending (A) 783-J9
Siebeneich/Settequerce (I) 792-F4
Siebenhaus an der Triesting (A) 771-G3
Siebenhirten (A) Böheimkirchen 770-C1
Siebenhirten (A) Wien 771-G1
Sieben-Seen-Tal (SLO) 595
Sieben-Seen-Wanderung (I) 497
Sieberatsreute (D) 762-F7
Siebers (D) 763-G9
Siebing (A) 784-C7
Siebing (A) Lipsch 784-D8
Siebnach (D) 764-B3
Siebnen (CH) 775-M5
Siedling Thann (A) 770-E6
Siedlung St. Egyden (A) 770-F5
Siegel-A. (A) 777-M3
Siegelau (D) 760-E3
Siegelsdorf (A) Wolfsberg 783-J8
Siegendorf (A) 771-J5
Siegenfeld (A) 770-F2
Siegensdorf (A) 784-D6
Siegerlandhütte (A) 778-E8
Siegersdorf (A) Pottendorf 771-H4
Siegersdorf (A) St. Margarethen 784-D6
Siegersdorf bei Herberstein (A) 784-D3
Siegershausen (CH) 762-B9
Siegertsbrunn, Höhenkirchen- (D) 765-J4
Siegertshaft (A) 767-H5
Siegertshofen (D) Kr. Augsburg 764-B2
Siegertshofen (D) Kr. Bad Tölz-Wolfratshausen 765-H6
Sieggraben (A) 771-H6
Siegsdorf (D) 120, 121, 766-D6
Siehen (CH) 774-D9
Siensbach (D) 760-F3
Sierentz (F) 760-B8
Sierling (A) 783-M7
Sierling (A) 784-A7
Sierning (A) 770-E5
Sierning (A) Steyr 768-E3
Sierninghofen (A) 768-E3
Sierre (CH) 376, 788-B6
Sierre-Anniviers (CH) 380
Sießen (D) Kr. Sigmaringen 762-E5
Sießen im Wald (D) Kr. Biberach 763-H2
Siévoz (F) 808-C4
Siezenheim, Wals- (A) 767-G6
Sigale (F) 813-L8
Siget in der Wart (A) 785-H2
Siggen (D) 763-H8
Siggenham (D) 766-B6
Sighartstein (A) 767-H5
Sigigen (CH) 774-F6
Sigirino (CH) 789-M9
Sigiswang (D) 777-K2
Sigleß (A) 771-H5
Siglistorf (CH) 761-H9
Sigmaringen (D) 762-C4
Sigmaringendorf (D) 762-C4
Sigmarszell (D) 763-G9
Sigmertshausen (D) 765-G1
Signau (CH) 774-C8
Signayes (I) 799-L4
Signoressa (I) 806-A4
Sigonce (F) 812-B6
Sigottier (F) 812-A1
Sigoyer (F) 812-C2
Sigriswil (CH) 788-C2
Sigurta (I) 804-B9
Sihlbrugg (CH) 775-K5
Silandro/Schlanders (I) 792-B3
Silberegg (A) 783-G8
Silberkar-Hütte (A) 781-M2
Silbersau (D) 760-E7
Silbertal (A) 137, 139, 141, 704, 777-H6
Sile (I) 806-F2
Silea (I) 806-C5
Silenen (CH) 789-K1
Sillavengo (I) 801-H7
Silley-Amancey (F) 772-C6
Silley-Bléfond (F) 772-E3
Sillian (A) 240, 241, 332, 512, 704, 794-C1
Sillianer Hütte (A) 794-C2
Sillingy (F) 798-B1
Sils im Domleschg (CH) 790-E2
Sils im Engadin/Segl-Maria (CH) 791-G5
Sils Maria (CH) 459, 464, 465, 466, 467, 720
Silsersee (CH) 63, 466, 467
Silvaplana (CH) 469, 720, 791-G5
Silvaplanersee (CH) 63
Silvelle (I) 805-M6
Silvretta (A) 139, 158, 159, 160, 470
Silvrettadorf (A) 777-J8
Silvretta-Hochalpenstraße (A) 140
Silvrettastausee (A) 140
Silz (A) 778-D4
Simbach am Inn (D) 767-G1
Similaunhütte (A) 792-C1
Simling (A) 766-E4
Simmental (CH) 350
Simmerberg, Weiler- (D) 763-H9
Simmering (A) 771-H1
Simmerlach (A) 795-G1
Simonswald (D) 760-F3
Simony-Hütte (A) 767-L9
Simplon (CH) 788-F7
Simssee (D) 766-A6
Sinabellkirchen (A) 784-E4
Sinard (F) 808-A4
Sindacale (I) 807-G4
Sindelburg, Wallsee- (A) 769-G2
Sindelsdorf (D) 764-F8
Singen (D) 761-M7
Singerin bei Hirschbach (A) 770-C5
Singlin (I) 800-B2
Singsdorf (A) 768-F9
Sinich (I) 792-F3
Sínio (I) 811-H8
Sinkingen (D) 761-J3
Sinkovec (SLO) 796-C9
Sinnersdorf (A) Pinkafeld 770-F9
Sinnersdorf (A) Weißkirchen an der Traun 768-C2
Sinningen (D) 763-J3
Sins (CH) 775-H5
Sion (CH) 787-M7
Sion (F) 798-A2
Sipbachzell (A) 768-C3
Sipplingen (D) 762-B7
Sirchenried (D) 764-D1
Sirmec (SLO) 797-J4
Sirmione (I) 804-A7
Sirnach (CH) 775-M2
Sirnitz (A) 782-D8
Sirod (F) 772-B9
Sirone (I) 802-C4
Siròr (I) 793-K8
Sirta (I) 790-F8
Sirtoti (I) 802-C4
Siselen (CH) 773-L6
Sisikon (CH) 775-K8
Šiška (SLO) 797-G8
Sissach (CH) 774-D2
Sisseln (CH) 760-E9
Sisteron (F) 812-C4
Sistrans (A) 191, 779-G5
Sitran (I) 794-C8
Sittenberg (A) 769-K1
Sittendorf (A) Heiligenkreuz 770-F2
Sittersdorf (A) 797-H3
Sittich (A) 796-D1
Sittlisalp (CH) 789-L1
Sittmoos (A) 795-G2
Sitzenkirch (D) 760-C7
Siviano (I) 803-J5
Siviez (CH) 787-L8
Sivigliano (I) 807-H2
Siviriez (CH) 787-H2
Sixenstein (A) 770-E5
Sixt-Fer-à-Cheval (F) 787-G9
Siziano (I) 802-B9
Sizzano (I) 801-H6
Skakovci (SLO) 785-G9
Skale (SLO) 796-A9
Skale (SLO) 797-L4
Škalske Cirkovce (SLO) 797-M4
Skarbin (A) 797-G2
Skaručna. (SLO) 797-G7
Skobelj (SLO) 796-E8
Skodlar (SLO) 796-F9
Škofja Loka (SLO) 594, 755, 796-E7
Škofljica (SLO) 797-H9
Škrob (SLO) 796-E7
Skrotnik (SLO) 797-J6
Skvarc (SLO) 796-C8
Slabe (SLO) 796-E9
Slavče (SLO) 795-L9
Sleme (SLO) 591
Slevica (SLO) 796-F9
Slíngia/Schlinig (I) 792-A2
Slovenj Gradec (SLO) 797-L3
Slov.vas (SLO) 797-M9
Slowenien (SLO) 590, 594
Sluderno/Schluders (I) 792-A3
Smarano (I) 792-E6
Šmartno ob Paki (SLO) 797-L5
Šmartno pri Sl. Gradcu (SLO) 797-L3
Šmartno, Brda (SLO) 795-M9
Šmartno, Kamnik (SLO) 797-J6
Šmartno, Litija (SLO) 797-K8
Šmartno, Nazarje (SLO) 797-K6
Smast (SLO) 795-M7
Šmihel nad Mozirjem (SLO) 797-K4
Smiklavz (SLO) 797-L4
Šmiklavž (SLO) 797-J6
Smlednik (SLO) 797-G7
Smokuc (SLO) 796-E5
Smrečje (SLO) 796-E9
Snebišče (SLO) 796-C8
Snezna jama (SLO) 797-J4
Snive (I) 814-D3
Snodres/Schnauders (I) 793-J2
Soave (I) 804-F8
Soazza (CH) 790-C6
Soboth (A) 797-L1
Sobrače (SLO) 797-K9
Sobrio (CH) 789-M5
Soča (SLO) 47, 57, 593, 795-M5
Soča-Quelle (SLO) 591
Sočatal (SLO) 35
Socchieve (I) 794-F5
Söchau (A) 784-F5
Sochaux (F) 773-H1
Söchtenau (D) 766-A5
Söcking (D) 764-F4
Söding (A) 783-M6
Söding (A) 784-A6
Södingberg (A) 783-L5
Soffranco (I) 794-B7
Soffratta (I) 806-C3
Soglio (CH) 790-E6
Sóglio (I) Piemonte 811-H4
Soglio (I) Piemonte 814-A1
Sogn Gions (CH) 789-L3
Sohl (D) 762-C6
Soiano del Lago (I) 803-M7
Sòis (I) 794-A8
Sola (I) 802-F7
Solagna (I) 805-K3
Solaizon (F) 786-E9
Solalex (CH) 787-K6
Solalinden (D) 765-J3
Solaro (I) Lombardia, Brescia 803-K9
Solaro (I) Lombardia, Milano 802-B6
Solarolo (I) 801-J6
Sölb (D) 764-E5
Solbiate (I) 801-M4
Solbiate Arno (I) 801-L5
Solbiate Ol. (I) 801-L5
Solcava (SLO) 797-H4
Soldanella (I) 793-J5
Soldano (I) 814-E8
Sölden (A) 176, 179, 180, 181, 704, 778-D8
Sölden (D) 760-D5
Soleihas les Bailes (F) 813-H8
Soleils (F) 813-G9
Solemont (F) 773-G3
Solere (I) 810-D8
Solero (I) 811-L5
Solferino (I) 804-A8
Solighetto (I) 806-B2
Soligno (I) 806-A2
Solimbergo (I) 794-F8
Sölktal (A) 311
Söll (A) 223, 705, 780-A1
Söll (I) 792-F6
Söll/Hopfgarten (A) 222
Sollach (D) 765-J5
Sollazzetto (I) 807-G4
Solle (I) 806-B2
Sollenau (A) 771-G4
Söllhuben (D) 766-B6
Sollières-l'Endroit (F) 799-G9
Solliet (F) 809-K1
Sölling (A) 769-K3
Solln (D) 765-H4
Sologno (I) 801-J7
Solonghello (I) 811-K3
Solothurn (CH) 774-B5
Solto Collina (I) 803-H4
Solva (I) 815-J6
Solvio (I) 800-F3
Solza (I) 802-D5
Som la Proz (CH) 787-K9
Somaggia (I) 790-D7
Somana (I) 802-C2
Somano (I) 811-G9
Somazzo (CH) 802-A3
Sombacour (F) 772-D7
Someda (I) 793-J6
Someo (CH) 789-K7
Someranro (I) 801-J3
Somma Lombardo (I) 47, 801-K5
Sommacampagna (I) 804-C8
Sommand (F) 786-F7
Sommaprada (I) 803-K2
Sommariva (I) 794-B6
Sommariva del Bosco (I) 810-F6
Sommariva Perno (I) 811-G7
Sommavilla (I) 804-C5
Sommentier (CH) 787-J2
Sommeralm (A) 784-C2
Sommerau (A) Salzburg 767-H8
Sommerau (A) Wolfsberg 783-H6
Sommerau (D) Kr. Waldshut 761-G6
Sommerau (D) Schwarzwald-Baar-Kreis 761-H3
Sommerein (A) 771-K2
Sommerholz (A) 767-J5
Sommeri (CH) 762-C9
Sommersberg (D) 763-K6
Sommersried (D) 763-G7
Sommet de Lure (F) 812-B4
Somp Cornino (I) 795-H7
Somplago (I) 795-H6
Sомrabbi (I) 792-C5
Sona (I) 804-C8
Sonceboz-Sombeval (CH) 773-L5
Soncino (I) 803-G8
Sóndalo (I) 791-L6
Sonderbuch (D) 762-E2
Sonderdilching (D) 765-K6
Sonderdorf (D) 777-K2
Sondermoning (D) 766-D5
Sondersdorf (F) 773-M2
Sondrio (I) 791-G8
Sónego (I) 806-C1
Songavazzo (I) 803-H3
Sonham (D) 766-C3
Sònico (I) Lombardia 791-L8
Sonico (I) Lombardia 803-K5
Sonnberg (A) Edlitz 771-G7

Register

Sonnberg (A) Feldkirchen in Kärnten 796-C1
Sonnberg (A) Öblam 782-C1
Sonnenberg (I) 792-B4
Sonnenburg/Castelbadia (I) 779-L9
Sonnendorf (D) 765-K2
Sonnenreuth (D) 765-K7
Sonnenspitze (A) 154
Sonnering (D) 766-B5
Sonnhofen (A) 784-D2
Sonnleiten (A) Feldkirchen in Kärnten 782-D9
Sonnleiten (A) Knöpflitz 770-D5
Sonnleitn (A) 795-J3
Sonntag (A) 132, 134, 777-H5
Sonntag-Boden (A) 133
Sonntagsberg (A) 769-H4
Sonogno (CH) 404, 789-L6
Sonterswil (CH) 762-B9
Sontheim (D) Alb-Donau-Kreis 763-G2
Sontheim (D) Kr. Unterallgäu 763-L4
Sonthofen (D) 70, 71, 662, 777-K2
Sonvico (CH) 789-M9
Sonvilier (CH) 773-J5
Sool (CH) 776-B7
Sooß (A) Baden 771-G3
Sooß (A) Melk 769-M1
Sopracastello (I) 805-K4
Sopramonte (I) 792-E9
Soprana (I) 800-F5
Soprapralo (I) 795-J7
Sora (SLO) 796-F7
Soraga di Fassa (I) 544, 744, 793-J5
Soral (CH) 786-B7
Sorans-lès-Breurey (F) 772-C2
Soranzèn (I) 793-L9
Sorbiéras (F) 813-M5
Sordevolo (I) 800-D6
Sórdio (I) 802-D9
Sörenberg (CH) 422, 720, 788-F1
Sörenberg (Hochseilpark) (CH) 422
Sörenberg-Flühli (CH) 422
Sorens (CH) 787-K2
Soresina (CH) 789-M8
Sörg (A) 782-E9
Sorga (I) 546
Soriano (I) 801-M7
Sòrico (I) 790-D8
Sorine (F) 812-D4
Soriso (I) 801-H4
Sorísole (I) 802-F4
Sormano (I) 802-C3
Sorne (I) 804-D4
Sornetan (CH) 773-L4
Sorni (I) 792-E8
Sorrelley (I) 799-L4
Sorriva (I) 805-K1
Sorvilier (CH) 773-M4
Sorzana (I) 803-L7
Sospel (F) 814-C8
Sospirolo (I) 793-M8
Sossano (I) 805-H8
Šoštanj (SLO) 797-L4
Sostegno (I) 801-G5
Sostro (SLO) 797-H8
Soteska, Bohinj (SLO) 796-D6
Soteska, Kamnik (SLO) 797-H6
Sottana (I) 814-D4
Sottens (CH) 787-G2
Sotto (I) 801-H3
Sotto il Monte Giov.XXIII (I) 802-E5
Sottocastello (I) 794-C5
Sottochiesa (I) 802-E3
Sottoguda (I) 532, 793-L5
Sottomonte (I) 794-F7
Sottosassa (Klettergarten) (I) 550
Soubey (CH) 773-K3
Souboz (CH) 773-L4
Soulce (CH) 773-L3
Soulce-Cernay (F) 773-H3
Souliers (F) 809-K6
Sourans (F) 773-G2
Sourribes (F) 812-D4
Sous Etraz (F) 786-D6
Soussillon (CH) 788-B7
Sousvillé (F) 808-B4
Sovazza (I) 801-H3
Šove (SLO) 796-E8
Sover (I) 793-G7
Sóvere (I) 803-H4
Sovérzene (I) 794-B7
Sovico (I) 802-C5
Sovizzo (I) 805-G7
Soye (F) 772-F2
Soyen (D) 766-A3
Soyhières (CH) 773-M3
Sozzago (I) 801-K8
Sp. Bela (SLO) 796-F6
Sp. Brnik (SLO) 797-G6
Sp. Danje (SLO) 796-D7
Sp. Dobrunje (SLO) 797-H8
Sp. Dolic (SLO) 797-M4
Sp. Fužine (SLO) 797-G5
Sp. Indrija (SLO) 796-D9
Sp. Jelenje (SLO) 797-L8
Sp. Log (SLO) 796-A8
Sp. Otok (SLO) 796-E5
Sp. Ponikva (SLO) 797-M5
Sp. Razbor (SLO) 797-L4
Sp. Rečica (SLO) 797-K5
Sp. Zavine (SLO) 797-K7
Spadacenta (I) 806-E4
Spagola (I) 805-G1
Spaichingen (D) 761-L4
Spannagel-Klettersteig (A) 210
Sparbach (A) 770-F2
Sparberegg (A) 770-F9
Sparone (I) 800-A8
Spatenhof (A) 784-A6
Spatzenhausen (D) 764-E8
Špečko (SLO) 797-L8
Speicher (CH) 776-D3
Speikboden (I) 505
Speik-Fußbäder (A) 320
Speilbrunn (A) 784-F4
Speltenbach (A) 784-F5
Spengelried (CH) 773-L8
Spercenigo (I) 806-C5
Sperina (I) 810-E7
Sperrenhaus (A) 778-B8
Spert (I) 794-C8
Spessa (I) 805-G9
Spiazzi (I) 804-C5
Spiazzo (I) 792-B9
Spider Highway (CH) 355
Spiegelsee (A) 306
Spielberg bei Knittelfeld (A) 783-H4
Spielberg Haus (A) 780-D2
Spieldorf (A) 768-B4
Spielfeld (A) 784-D9
Spielmannsau (D) 777-L3
Spielmannsau (D) 79
Spiez am Thunersee (CH) 350, 788-C2
Spigno Monferrato (I) 811-K9
Spignon (I) 795-L8
Spilimbergo (I) 795-G8
Spin (I) 805-K4
Spina (CH) 457
Spinas (CH) 791-G4
Spindelwag (D) 763-H5
Spinea (I) 806-B7
Spineda (I) 805-L4
Spineto (I) 800-B8
Spinetta (I) 814-D2
Spinga (I) 779-J9
Spinges (I) 503
Spino d'Adda (I) 802-D8
Spinone al Lago (I) 803-H4
Spins (CH) 773-M6
Spirano (I) 802-F6
Spirenwald (CH) 788-D2
Spiringen (CH) 775-L9
Spiriti (I) 815-L1
Spiss (A) 777-L8
Spital am Pyhrn (A) 295, 705, 768-E7
Spital am Semmering (A) 770-D7
Spittal an der Drau (A) 326, 327, 781-L9
Spitzen (CH) 775-K5
Spitzhorn (CH) 344
Spitzingsee (D) 110, 662, 765-K8
Spitzkofel (A) 238
Spitzmauer (A) 294, 296
Spitzwald (D) 761-H5
Spitzzicken (A) 785-H2
Splügen (CH) 790-C4
Spoccia (I) 789-K9
Spöck (D) Kr. Rosenheim 766-B6
Spöck (D) Kr. Sigmaringen 762-D5
Spöck (D) Kr. Unterallgäu 763-M3
Spodnaja Vižinga (SLO) 797-M2
Spodnje Jezersko (SLO) 797-G4
Spora (I) 801-H3
Spormaggiore (I) 792-D7
Sporminore (I) 792-D7
Sportgastein (A) 781-H6
Sporthotel Lavanze (I) 793-H6
Sportinia (I) 809-K4
Sporz (CH) 790-E2
Spotorno (I) 815-L4
Spratzeck (A) 771-H7
Spratzern (A) 770-B1
Sprè (I) 792-E9
Spreitenbach (CH) 775-H2
Spresiano (I) 806-B4
Spriana (I) 791-G7
Spronser Seen (I) 485, 486
Spruga (CH) 789-J8
Sp-Sorica (SLO) 796-D7
Squaneto (I) 815-K1
Sr. Bela (SLO) 796-F6
Sr. Dolic (SLO) 797-M4
Sr. Gamelje (SLO) 797-G7
Sr. Vas, Šenčur (SLO) 797-G6
Sr. Vas, Bhinj (SLO) 796-C6
Sr. Vas, Gorenja vas Poljane (SLO) 796-E8
Sr. Vas, Tolmin (SLO) 796-C7
Srednja Vas (SLO) 797-H6
Srpenica (SLO) 795-L6
St. Aegidi (A) 769-J4
St. Aegyd am Neuwalde (A) 770-B5
St. Agatha (A) 767-L7
St. Alban (D) 763-M6
St. Alban-des- Hurtieres (F) 798-C6
St. Alban-des Villards (F) 798-C8
St. Ämilian (A) 782-D8
St. Andrä (A) Villach 796-B2
St. Andrä (A) Weitenfeld im Gurktal 782-D8
St. Andrä (A) Wolfsberg 783-J9
St. Andrä am Zicksee (A) 771-M4
St. Andrä-Höch (A) 784-B8
St. Andrä i. Monte/S. Andrea (I) 744, 793-J2
St. Andrä im Lungau (A) 782-A5
St-André (F) 798-A6
St-André (F) 808-D8
St-André (F) 809-J1
St. Andreas (A) 795-G2
St. André-de-Boëge (F) 786-E7
St. André d'Embrun (F) 809-H8
St-André-les-Alpes (F) 813-G7
St. Anna am Aigen (A) 784-F7
St. Anna am Lavantegg (A) 783-H6
St. Anna-Kapelle (CH) 440
St. Anna ob Schwanberg (A) 783-L9
St. Antoine (F) 772-E9
St. Antoine (F) 809-G5
St. Antoine (F) 812-F2
St. Anton am Arlberg (A) 51, 141, 144, 145, 705, 777-K6
St. Anton an der Jeßnitz (A) 769-L4
St. Antoni (CH) 773-L9
St. Antönien Ascharina (CH) 777-G8
St. Anton im Montafon (A) 705, 777-G6
St. Antonin (F) 813-L7
St-Apollinaire (F) 808-F8
St-Arey- (F) 808-B5
St-Auban (F) Provence-Alpes-Côte d'Azur/Château-Arnoux-St-Auban 812-C5
St-Auban (F) Provence-Alpes-Côte d'Azur/Grasse 813-H8
St-Auban-d'Oze (F) 808-B9
St-Aubert (F) 812-B3
St-Aubin (CH) 773-J8
St-Aubin-Sauges (CH) 773-H8
St-Avons (F) 812-A2
St-Barthélemy (CH) 786-F2
St-Barthélemy (F) 813-G2
St. Barthelemy (I) 570
St. Barthélemy-de-Séchilienne (F) 808-B3
St. Bartholomä (A) 783-M5
St. Bartholomä (D) 122
St. Bartlmä (A) 796-D2
St-Baudille-et-Pipet (F) 808-B6
St. Benedikten (A) 783-J3
St-Benoit (F) 813-J7
St. Bitnje (SLO) 796-F7
St-Blaise (CH) 773-J7
St-Blaise (F) 809-H5
St-Blaise (F) Provence-Alpes-Côte d'Azur 814-A8
St-Blaise (F) Rhône-Alpes 786-B8
St. Blasen (A) 782-E5
St. Blasien (D) 760-F7
St-Bonnet-en-Champsaur (F) 808-D7
St-Bon-Tarentaise (F) 798-F7
St-Brais (CH) 773-K3
St-Cergue (CH) 786-C4
St-Cergues (F) 786-D7
St-Chaffrey (F) 809-H4
St. Christina (A) 778-B7
St. Christina in Gröden/S. Cristina Valgardena (I) 516, 519, 744, 793-J3
St. Christoph (A) 770-E6
St. Christoph (D) 765-L3
St. Christoph am Arlberg (A) 144, 705, 777-K6
St. Christophe (I) 799-L4
St-Christophe-en-Oisans (F) 808-E4
St-Cierges (CH) 787-G2
St-Claude (F) 786-A5
St-Clément (F) 812-F3
St-Clément-sur-Durance (F) 809-H7
St-Colomban (F) 814-B7
St-Colomban-des-Villards (F) 798-C9
Ste-Colombe (F) Franche-Comté 772-D8
Ste-Colombe (F) Provence-Alpes-Côte d'Azur 812-A3
St. Corona (A) 770-F7
St. Corona am Schöpfl (A) 770-E2
St-Crépin (F) 809-H7
Ste-Croix (CH) 772-F9
Ste-Croix- de-Verdon (F) 812-D9
Ste-Croix-en-Plaine (F) 760-A4
St-Dalmas (F) 814-A6
St-Dalmas- de-Tende (F) 814-D6
St-Dalmas-le-Selvage (F) 813-K3
St. Daniel (A) 328, 795-H2
St. de la Madone d'Utelle (F) 814-A7
St-Denis (F) 786-E7
St. di Cálcio (I) 803-G7
St-Didier (F) 786-E6
St. Dionysen (A) Leoben 783-L1
St. Dionysen (A) Linz 768-D1
St. Donath (A) 782-F9
St-Donnat (F) 813-M6
St. Egidi (A) 782-D5
St. Egyden (A) 796-D3
St. Egyden am Steinfeld (A) 770-F5
St. Erasmus (D) 766-C2
St.-Erhard (CH) 774-F5
St-Etienne (F) 786-E8
St-Etienne-de-Cuines (F) 798-C8
St-Etienne-de-Tinée (F) 813-K4
St-Étienne-de-Tinée (F) 813-L3
St-Étienne-en-Dévoluy (F) 808-C7
St-Étienne-le-Laus (F) 808-E9
St-Étienne-les Orgues (F) 812-A5
St-Eurosie Chapelle (F) 813-L4
St-Eusèbe-en-Champsaur (F) 808-D6
St-Eustache (F) 798-C3
St-Félix (F) 798-A3
St. Felix/S. Felice-Unsere Liebe Frau im Walde/Senale (I) 792-E4
St-Ferréol (F) 798-D3
St. Fiden (CH) 776-D2
St. Filippen (A) 797-G1
St-Firmin (F) 808-D6
St-Firmin (F) 813-G7
St. Florian (A) 767-H2
St. Florian (A) Kappel am Krappfeld 783-G8
Ste-Foy-Tarentaise (F) 799-H6
St-François-de-Sales (F) 798-B4
St-François-Longchamp (F) 798-D7
St. Gallen (A) 299, 769-G7
St. Gallen (CH) 424, 426, 776-D2
St. Gallenkappel (CH) 775-M5
St. Gallenkirch (A) 141, 706, 777-H7
St. Gandolf (A) Glanegg 796-E1
St. Gandolf (A) Köttmannsdorf 796-E3
St-Gemain-en-Montagne (F) 772-B9
St-Geniez (F) 812-D3
St-Genis (F) 812-B2
St-Genis, Poully- (F) 786-B6
St-George (CH) 786-D3
St. Georgen (A) Braunau am Inn 767-G2
St. Georgen (A) Katschberghöhe 781-M6
St. Georgen (A) Keprun 780-F4
St. Georgen (A) Rabenwald 784-C2
St. Georgen (A) Rottenmann 768-E9
St. Georgen (A) Straßburg 782-F7
St. Georgen (A) Villach 796-B2
St. Georgen (A) Wilhelmsburg 770-B2
St. Georgen (CH) 776-D3
St. Georgen (D) Bodenseekreis 762-E8
St. Georgen (D) Kr. Altötting 766-D2
St. Georgen (D) Kr. Freiburg 760-D5
St. Georgen (D) Kr. Traunstein 766-D5
St. Georgen (D) Schwarzwald-Baar-Kreis 761-H3
St. Georgen/S. Giórgio (I) 779-L9
St. Georgen am Fillmannsbach (A) 767-G3
St. Georgen am Längsee (A) 782-F9
St. Georgen am Leithagebirge (A) 771-J4
St. Georgen am Reith (A) 769-J5
St. Georgen am Weinberg (A) 797-G1
St. Georgen am Ybbsfelde (A) 769-J2
St. Georgen an der Leys (A) 769-L3
St. Georgen an der Stiefing (A) 784-C7
St. Georgen bei Grieskirchen (A) 767-M2
St. Georgen bei Grieskirchen (A) 768-A2
St. Georgen bei Neumarkt (A) 782-F6
St. Georgen bei Salzburg (A) 766-F4
St. Georgen im Attergau (A) 767-K5
St. Georgen im Gailtal (A) 795-M3
St. Georgen im Lavanttal (A) 783-K9
St. Georgen im Lavanttal (A) 797-K1
St. Georgen in der Klaus (A) 769-G4
St. Georgen in Obdachegg (A) 783-H5
St. Georgen ob Judenburg (A) 782-F4
St. Georgen ob Murau (A) 312, 782-D5
St-Georges-Armont (F) 772-F2
St-Georges-de-Commiers (F) 808-B3
St-Georges-des-Hurtières (F) 798-C6
St.-Georgs-Kirche (A) 765-K5
St-Germain (F) 799-G5
St. German (CH) 788-D6
St. Gerold (A) 131, 134, 777-G5
St. Gertraud (A) 783-J7
St. Gertraud (I) 483, 792-C5
St. Gertraud/Sta. Geltrude (I) 489, 792-A4
St. Gertraudi (A) 779-K3
St-Gervais-les Bains (F) 799-G2
St. Gilgen (A) 274, 275, 706, 767-J7
St. Gilgen (D) 764-F3
St-Gingolph (CH) 362, 364, 787-H5
St-Gingolph (F) 787-H5
St-Girod (F) 798-A3
St-Gorgon-Main (F) 772-E6
St. Gotthard (A) 769-M3
St. Heinrich (D) 764-F6
St. Helena (A) 780-E8
Ste-Helene-du-Lac (F) 798-B6
Ste-Helène-sur-Isère (F) 798-D5
St-Hilaire (F) 772-D3
St-Hippolyte (F) 760-A2
St-Hippolyte (F) 773-H3
St-Honoré (F) 808-B4
St. Ilgen (A) 314, 315, 769-L8
St-Imier (CH) 773-J5
St-Jacques (F) 812-F6
St-Jacques-en-Valgodemard (F) 808-D6
St. Jakob (A) Straßburg 782-E7
St. Jakob (A) Völkermarkt 797-H1
St. Jakob (CH) 775-H8
St. Jakob (I) 793-G5
St. Jakob (Val di Vizze) (I) Trentino-Alto Adige 779-H7
St. Jakob im Ahrntal (Valle Aurina) (I) Trentino-Alto Adige 745, 779-L7
St. Jakob am Arlberg (A) 144, 777-K6
St. Jakob am Thurn (A) 767-H7
St. Jakob an der Straße (A) 796-F2
St. Jakob im Defereggental (A) 234, 235, 706, 780-B8
St. Jakob im Lesachtal (A) 795-G2
St. Jakob im Rosental (A) 796-D3
St. Jakob im Walde (A) 770-D9
St. Jakob in Haus (A) 230, 231, 780-D1
St. Jean (CH) 381
St-Jean (CH) 788-B7
St-Jean (F) 809-H6
St-Jean (F) 812-C2
St-Jean (F) 812-F1
St-Jean la Riviére (F) 814-B7
St-Jean St. Nicolas (F) 808-E7
St-Jean-d'Arves (F) 808-F1
St-Jean-d'Arvey (F) 798-A5
St-Jean-d'Aulps (F) 787-G7
St-Jean-de-Belleville (F) 798-E7
St-Jean-de-Gonville (F) 786-A7
St-Jean-de-la-Porte Montlambert (F) 798-B6
St-Jean-de-Maurienne (F) 798-D9
St-Jean-de-Sixt (F) 798-E2
St-Jean-de-Tholome (F) 786-D8
St-Jean-de-Vaulx (F) 808-B3
St. Jean-d'Hérans (F) 808-B5
St-Jeannet (F) 812-D6
St-Jeoire (F) 786-E8
St-Jeoire-Prieuré (F) 798-A6
St. Jodok (A) 196, 197, 779-H6
St. Johann (A) Köflach 783-L5
St. Johann (A) Wolfsberg 783-J8
St. Johann (CH) Müstair (Kloster) 472
St. Johann (D) 763-L4
St. Johann im Ahrntal (Valle Aurina) (I) Trentino-Alto Adige 745, 779-L7
St. Johann am Pressen (A) 783-G7
St. Johann am Tauern (A) 782-F2
St. Johann am Walde (A) 767-J3
St. Johann bei Friesach (A) 782-F7
St. Johann bei Herberstein (A) 784-E3
St. Johann im Münstertal (CH) (Kloster) 470
St. Johann im Pongau (A) 39, 280, 284, 285, 289, 706, 781-H3
St. Johann im Rosental (A) 796-E3
St. Johann im Saggautal (A) 784-B9
St. Johann im Sierningtale (A) 770-E6
St. Johann im Walde (A) 780-E8
St. Johann in der Haide (A) 784-F2
St. Johann in Engstetten (A) 769-G3
St. Johann in Tirol (A) 33, 228, 229, 230, 231, 706, 780-C1
St. Johann ob Hohenburg (A) 783-M6
St-Jorioz (F) 798-C3
St. Josef (A) Weststeiermark 784-A7
St. Josef a. See (I) 792-F6
St-Juan (F) 772-E3
St-Julien (F) 809-G9
St-Julien-d'Asse (F) 812-D7
St-Julien-du-Verdon (F) 813-G7
St-Julien-en-Beauchêne (F) 808-B7
St-Julien-en-Champsaur (F) 808-E7
St-Julien-en-Genevois (F) 786-B7
St-Julien-lès-Montbéliard (F) 773-G1
St-Julien-lès-Russey (F) 773-G4
St-Julien-lès-Russey (F) 773-H4
St-Julien-Mt.-Denis (F) 798-D9
St-Jurs (F) 812-E7
St. Justina (A) 780-D9
St. Kanzian am Kolpeiner See (A) 797-G2
St. Kassian/S. Cassiano (I) 528, 529, 531, 746, 793-L3
St. Katharein an der Laming (A) 769-L9
St. Kathrein (A) 796-D3
St. Kathrein am Hauenstein (A) 770-C9
St. Kathrein am Ofenegg (A) 316, 706, 784-C2
St. Kathrein im Burgenland (A) 785-J4
St. Kathrein-Therme (A) 318, 319
St. Kind (A) 784-F5
St. Klementen (A) 783-G8
St. Kollmann (A) 797-J1
St. Koloman (A) 767-H8
St. Konrad (A) 768-B5
St-Lambert (F) 813-K9
St. Lambrecht (A) 312, 313, 782-E6
St. Laurent (A) Eisenerz 769-K9
St-Laurent (F) 814-C8
St-Laurent (F) Provence-Alpes-Côte d'Azur/Barcelonnette 813-J3
St-Laurent (F) Provence-Alpes-Côte d'Azur/Tallard 808-C9
St-Laurent (F) Rhône-Alpes 786-D9
St-Laurent-du Cros (F) 808-E7
St-Laurent-du-Verdon (F) 812-D9
St-Laurent-en-Beaumont (F) 808-C5
St-Laurent-en-Grandvaux (F) 786-B3
St-Leger (F) 798-C7
St-Léger (F) 813-J6
St-Léger-les-Mélèzes (F) 808-E7
St-Légier-la-Chiésaz (CH) 787-H4
St-Léonard (CH) 787-M7
St. Leonhard (A) Feldkirchen in Kärnten 782-C9
St. Leonhard (A) Liebenfels 782-E9
St. Leonhard (A) Salzburg 125, 767-G7
St. Leonhard (A) Villach 796-B2
St. Leonhard/S. Leonardo (I) 793-J2
St. Leonhard am Forst (A) 769-L2
St. Leonhard am Walde (A) 769-J3
St. Leonhard am Wonneberg (D) Kr. Traunstein 766-E5
St. Leonhard an der Saualpe (A) 783-H8
St. Leonhard im Forst (D) Kr. Weilheim-Schongau 764-D6
St. Leonhard im Passeier/S. Leonardi i. Pass. (I) 486, 487, 488, 746, 778-F9
St. Leonhard im Pitztal (A) 174, 706, 778-C6
St-Lions (F) 812-F6
St-Livres (CH) 786-E4
St. Lorenz (A) 767-J6
St. Lorenz (D) 763-K7
St. Lorenzen (A) Eibiswald 797-M1
St. Lorenzen (A) Katsch 782-D5
St. Lorenzen (A) Lorenzenberg 797-K2
St. Lorenzen (A) Poggersdorf 796-F2
St. Lorenzen (A) Reichenau 782-C8
St. Lorenzen (A) Völkermarkt 797-H2
St. Lorenzen (I) Trentino-Alto Adige 511, 746, 793-L1
St. Lorenzen am Steinfelde (A) 770-F6
St. Lorenzen am Wechsel (A) 770-E9
St. Lorenzen bei Knittelfeld (A) 783-J3
St. Lorenzen bei Scheifling (A) 782-F5
St. Lorenzen im Gitschtal (A) 795-J2
St. Lorenzen im Lesachtal (A) 332, 794-F2
St. Lorenzen im Mürztal (A) 769-M9
St. Lorenzen im Paltental (A) 768-F9
St. Lorenzen ob Murau (A) 707, 782-D5
St-Louis (F) 760-C9
St-Louis-la-Chaussée (F) 760-B9
St-Luc (CH) 379, 380, 381, 788-B7
St. Lugan (I) 548
St. Magdalena (A), Bergkirche 197
St. Magdalena/S. Maddalena Vallanta (I) 508, 780-B9
St. Magdalena am Lemberg (A) 784-F3
St-Maime (F) 812-B7
St-Marcel (F) Rhône-Alpes/Moûtiers 798-A2
St-Marcel (F) Rhône-Alpes/Rumilly 798-F6
St.-Marcel (I) 799-M4
St-Marcellin (F) 808-B8
St-Marcellin (F) 809-J8
St. Marco (I) 809-K3
St. Marein (A) Wolfsberg 783-J8
St. Marein bei Graz (A) 784-D5
St. Marein bei Knittelfeld (A) 783-J3
St. Marein bei Neumarkt (A) 782-F6
St. Marein im Mürztal (A) 770-A9
St. Margareten im Rosental (A) 796-F3
St. Margarethen (A) 767-H8
St. Margarethen (A) 797-H4
St. Margarethen (A) Bleiburg 797-J2
St. Margarethen (A) Köttmannsdorf 796-E3
St. Margarethen (A) Reichenau 782-B9
St. Margarethen (A) St. Paul im Lavanttal 797-K1
St. Margarethen (CH) Thurgau 776-A2
St. Margarethen an der Raab (A) 784-D5
St. Margarethen an der Sierning (A) 770-D1
St. Margarethen bei Knittelfeld (A) 783-J4
St. Margarethen bei Lebring (A) 784-C7
St. Margarethen im Burgenland (A) 771-K5
St. Margarethen im Lavanttal (A) 783-J8
St. Margarethen im Lungau (A) 707, 781-M6
St. Margareten im Rosental (A) 796-F3
St. Märgen (D) 760-F4
St. Margrethen (CH) St. Gallen 776-F2

● REGIONEN ● HOTELS ● KARTEN

Ste-Marguerite (F) 808-D8
Ste-Marguerite (F) 809-H6
St. Maria in der Au 78-G9 (A)
Ste-Marie (F) 773-G1
Ste-Marie (F) 809-J8
Ste-Marie-d'Alloix (F) 798-A7
Ste-Marie-de-Cuines (F) 798-C8
St. Marien (A) 768-D2
St. Marienkirchen am Hausruck (A) 767-L2
St. Martha (A) 783-J3
St. Martin (A) Feldkirchen in Kärnten 782-D9
St. Martin (A) Innsbruck 189, 779-H4
St. Martin (A) Kapfenberg 783-M1
St. Martin (A) Klagenfurt 796-E2
St. Martin (A) Linz 768-D1
St. Martin (A) Mauterndorf 781-M5
St. Martin (A) St. Paul im Lavantthal 791-J1
St. Martin (A) Traun 768-D1
St. Martin (A) Villach 796-C3
St. Martin (A) Völkermarkt 797-H1
St-Martin (CH) Fribourg 787-H3
St-Martin (CH) Neuchâtel 773-J6
St-Martin (CH) Valais 787-M8
St-Martin (F) Provence-Alpes-Côte d'Azur/Guillaumes 813-J6
St-Martin (F) Provence-Alpes-Côte d'Azur/Mézel 812-E6
St. Martin/S. Martino (I) 780-B9
St. Martin a. Vorbg./S. Martino a. Monte (I) 792-C3
St. Martin am Grimming (A) 768-C9
St. Martin am Kofel (I) 478
St. Martin am Krappfeld (A) 782-F9
St. Martin am Schneeberg/S. Martino Monteneve (I) 496, 498, 778-E8
St. Martin am Silberberg (A) 783-G6
St. Martin am Techelsberg (A) 796-D2
St. Martin am Tennengebirge (A) 268, 269, 707, 781-K2
St. Martin am Wöllmißberg (A) 783-L6
St. Martin an der Raab (A) 785-G6
St. Martin bei Lofer (A) 242, 766-E9
St-Martin-Bellevue (F) 798-C1
St-Martin-d'Arc (F) 809-H1
St-Martin-de Queyrières (F) 809-H5
St-Martin-de-Belleville (F) 798-E8
St-Martin-de-Brômes (F) 812-C8
St-Martin-de-Clelles (F) 808-A5
St-Martin-de-la Porte (F) 809-G1
St- Martin-de-la-Cluze (F) 808-A3
St-Martin-d'Entraunes (F) 813-J5
St-Martin-d'Hères (F) 808-B2
St-Martin-d'Uriage (F) 808-C2
St-Martin-du-Var (F) 814-A8
St. Martin i. Pass./S. Leonardo i. Pass. (I) 488, 792-F1
St. Martin in Thurn/St. Martino i. Badia (I) 510, 531, 746, 793-L2
St. Martin im Sulmtal (A) 784-A8
St. Martin in Aime (F) 581
St. Martin in der Wart (A) 785-G2
St. Martin-Karlsbach (A) 769-J2
St-Martin-les-Eaux (F) 812-A7
St-Martin-les-Seyne (F) 812-E2
St. Martino i. Badia/St. Martin i. Thurn (I) 793-L2
St-Martin-sur-Arve (F) 798-F2
St-Martin-Vésubie (F) 814-B5
St. Marxen (A) 797-H2
St-Maurice (CH) 364, 787-J7
St-Maurice-Colombier (F) 773-G2
St-Maurice-en-Trièves (F) 808-A6
St-Mâurice-en-Valgodemard (F) 808-D5
St-Maximin (F) 798-B7
St. Meinrad (CH) 775-L5
St. Michael (A) Bleiburg 797-J2
St. Michael (A) Villach 796-B2
St. Michael (A) Völkermarkt 797-J1
St. Michael (A) Wattens 779-H4
St. Michael (I) 793-H3
St. Michael am Bruckbach (A) 769-G3
St. Michael am Zollfeld (A) 782-F9
St. Michael im Burgenland (A) 785-H4
St. Michael im Lungau (A) 292, 293, 707, 781-M5
St. Michael in Obersteiermark (A) 783-K2
St. Michael ob der Gurk (A) 797-G1
St-Michel-de-Chaillol (F) 808-E7
St-Michel-de-Maurienne (F) 809-H1
St-Michel-en-Beaumont (F) 808-C5
St-Michel-l'Observatoire (F) 812-A7
St. Moritz (CH) 33, 41, 61, 462, 463, 464, 465, 466, 467, 468, 469, 471, 720, 791-G4
St.-Nicolas (I) 799-K4
St-Nicolas-de-Véroce (F) 799-G3
St-Nicolas-la-Chapelle (F) 798-E3
St. Niklas an der Drau (A) 796-C2
St. Niklaus (CH) Valais 389, 788-D8
St. Niklaus bei Koppigen (CH) 774-C6
St. Niklausen (CH) 775-H7
St. Nikola (A) 768-D4
St. Nikolai (A) 796-E2
St. Nikolai (A) Feldkirchen in Kärnten 796-D1
St. Nikolai (A) Völkermarkt 797-J2
St. Nikolai im Sausal (A) 784-B8
St. Nikolai im Sölktal (A) 782-C3
St. Nikolai ob Draßling (A) 784-D8
St. Nikolaus (A) 785-H5
St. Nikolaus (D) 760-D4
St. Nikolaus/S. Nicolò (I) 489, 746, 792-C4
St-Offenge-Dessous (F) 798-B4
St-Offenge-Dessus (F) 798-B4
St. Orsola/Therme (I) 792-F9
St. Oswald (A) 794-D1
St. Oswald (A) Eberstein 783-G8
St. Oswald (A) Radenthein 782-A8
St. Oswald (A) Unterzeiring 782-F3
St. Oswald (I) 793-H4
St. Oswald bei Plankenwarth (A) 783-M5
St. Oswald in Freiland (A) 783-L7
St. Oswald ob Eibiswald (A) 783-L9
St. Ottilien (CH) 774-F6
St-Oyen (F) 798-E6
St.-Oyen (I) 799-K3
St-Oyens (CH) 786-D4
St-Pancrace (F) 812-C7
St-Pancrace (F) 814-C9
St. Pankraz (A) 768-D6
St. Pankraz/S.Pankrazio (I) 489, 746, 792-E3
St. Pankrazen (A) 783-L4
St. Pantaleon (A) 766-F4
St. Pantaleon-Erla (A) 768-F1
St. Paul an der Gail (A) 795-L3
St. Paul im Lavantthal (A) 783-J9
St-Paul-de-Varces (F) 808-A2
St-Paul-en-Chablais (F) 786-F5
St-Paul-les-Monestier (F) 808-A4
St. Pauls (I) 792-F5
St-Paul-sur-Isère (F) 798-D5
St-Paul-sur-Ubaye (F) 809-J9
St. Peter (A) Graz 784-B5
St. Peter (A) Gurk 782-E8
St. Peter (A) Klagenfurt 796-E2
St. Peter (A) Moosburg 796-D2
St. Peter (A) Spittal an der Drau 781-L9
St. Peter (A) St. Georgen 781-L6
St. Peter (A) St. Georgen am Längsee 782-F9
St. Peter (A) Steinerberg 797-G2
St. Peter (CH) 776-F9
St. Peter (D) 760-F4
St. Peter (I) 746, 793-J3
St. Peter/S. Pietro (I) 779-M7
St. Peter am Hart (A) 767-G1
St. Peter am Kammersberg (A) 782-D4
St. Peter am Ottersbach (A) 784-D8
St. Peter am Wallersberg (A) 797-H2
St. Peter am Wechsel (A) 770-F8
St. Peter-Freienstein (A) 783-K2
St. Peter im Lavantthal (A) 783-H6
St. Peter im Sulmtal (A) 783-M9
St. Peter in der Au (A) 769-G3
St. Peter in der Tweng (A) 782-A9
St. Peter in Holz (A) 781-K9
St. Peter ob Judenburg (A) 783-G4
St. Peterzell (CH) 776-B4
St-Pierre (F) 786-A3
St-Pierre (F) Provence-Alpes-Côte d'Azur/Digne-les-Bains 812-E4
St-Pierre (F) Provence-Alpes-Côte d'Azur/Guillaumes 813-L5
St-Pierre- d'Argençon (F) 808-A9
St-Pierre-Avez (F) 812-B3
St-Pierre-d'Albigny (F) 798-B5
St-Pierre-d'Allevard (F) 798-B8
St-Pierre-de-Clages (CH) 787-L7
St-Pierre-de-Méaroz (F) 808-B5
St-Pierre-de-Soucy (F) 798-B6
St-Pierre-en-Faucigny (F) 786-D8
St-Point-Lac (F) 772-D9
St. Pöltner Haus (A) 780-D5
St-Pons (F) Provence-Alpes-Côte d'Azur/Barcelonnette 813-H2
St-Pons (F) Provence-Alpes-Côte d'Azur/Seyne 812-F2
St-Prex (CH) 786-E4
St. Radegrund bei Graz (A) 784-B4
St. Radegund (A) Tittmoning 766-E3
St. Radegund (A) Völkermarkt 797-J1
Ste-Reine (F) 798-C5
St. Rémy-de-Maurienne (F) 798-C7
St.-Rhémy (I) 799-K3
St-Roch (F) 808-D8
St-Ruph (F) 798-C4
St. Ruprecht (A) Albeck 782-C8
St. Ruprecht (A) Feldkirchen in Kärnten 796-D1
St. Ruprecht (A) Klagenfurt 796-E2
St. Ruprecht (A) Villach 796-B2
St. Ruprecht an der Raab (A) 784-C4
St. Ruprecht ob Murau (A) 313, 782-C5
St. Salvator (A) 782-F7
St-Saphorin (CH) Lavaux 787-H4
St-Saphorin-sur-Morges (CH) 786-E3
St-Sauveur (F) 798-F4
St-Sauveur (F) 809-H9
St-Sauveur- sur-Tinée (F) 813-M5
St-Savoumin (F) 812-E7
St. Sebastian (A) Mariazell 769-M6
St. Sebastian (A) St. Veit an der Glan 782-F9
St-Sébastien (F) 808-B5
St-Sébastien (F) 813-M9
St-Sigismond (F) 786-F8
St. Sigmund im Sellrain (A) 778-E5
St. Sigmund/S. Sigismondo (I) 779-K9
St-Silvester (CH) 787-L1
St-Silvestre (F) 798-B2
St-Simeon (F) 814-C8
St. Sisinius (I) 792-B3
St-Sixt (F) 786-D9
St. Stefan (A) 796-D3
St. Stefan (A) Bleiburg 797-H2
St. Stefan (A) Friesach 782-F7
St. Stefan (A) Wolfsberg 783-J8
St. Stefan am Krappfeld (A) 782-F8
St. Stefan im Gailtal (A) 795-L2
St. Stefan im Rosental (A) 784-D7
St. Stefan ob Leoben (A) 783-K2
St. Stefan ob Stainz (A) 783-M7
St. Stefaner Alm (A) 795-L2
St. Stephan (CH) 350, 787-M4
St-Sulpice (CH) Neuchâtel 772-F8
St-Sulpice (CH) Vaud 786-F4
St-Théoffrey (F) 808-B3
St-Thiébaud (F) 772-A7
St. Thomas (A) 767-K2
St. Thomas (A) Klagenfurt 796-F2
St-Thomas (F) 786-F5
St-Triphon (CH) 787-J6
Ste-Tulle (F) 812-A8
St. Ulrich (A) Feldkirchen in Kärnten 782-D9
St. Ulrich (A) Maria Rain 796-F3
St. Ulrich (A) Villach 796-C2
St. Ulrich (A) Wolfsberg 783-K9
St. Ulrich (D) 760-D5
St. Ulrich/Ortisei (I) 516, 517, 518, 519, 746, 793-J3
St. Ulrich am Johannserberg (A) 783-G9
St. Ulrich am Pillersee (A) 228, 229, 230, 231, 707, 780-D1
St. Ulrich am Waasen (A) 784-C6
St. Ulrich bei Steyr (A) 768-E3
St. Ulrich in Greith (A) 784-A9
St. Urban (A) Feldkirchen in Kärnten 782-D9
St. Urban (A) Steindorf am Ossiacher See 796-C2
St. Urban (CH) 774-D4
St-Ursanne (CH) 773-K3
St. Ursen (CH) 787-L1
St. Valentin (A) Linz 768-F2
St. Valentin (A) Ternitz 770-F6
St. Valentin a. d. Heide/S. Valentino alla Muta (I) 476, 479, 520, 747, 792-A1
St. Veit (A) 766-D9
St. Veit (A) Graz 784-B4
St. Veit (A) Wien 771-G1
St. Veit am Vogau (A) 784-C7
St. Veit an der Glan (A) 782-F9
St. Veit an der Gölsen (A) 770-C3
St. Veit an der Triesting (A) 770-F3
St. Veit im Innkreis (A) 767-J2
St. Veit im Jauntal (A) 797-G2
St. Veit im Pongau (A) 246, 247, 781-H3
St. Veit in Defereggen (A) 234, 780-C8
St. Veith (A) 782-F6
St-Véran (F) Provence-Alpes-Côte d'Azur/Aiguilles 809-K7
St-Veran (F) Provence-Alpes-Côte d'Azur/Digne-les-Bains 812-E5
St. Vigil (I) 508, 510, 511, 747, 793-L2
St-Vincent (F) 814-C8
St.-Vincent (I) 572, 800-C4
St-Vincent-les-Forts (F) 812-F1
St-Vincent-sur-Jabron (F) 812-B4
St. Vinzenz (A) Lamprechtsberg 783-K9
St-Vit (F) 772-A4
St-Vital (F) 798-C5
St. Walburgen/Sta. Valburga (I) 489, 747, 792-D4
St. Walburgen (A) 783-G9
St. Wallburg (I) 488
St. Wilhelm (D) 760-E6
St. Wolfgang (A) Kienberg 274, 275, 708, 783-G5
St. Wolfgang (D) 766-A2
St. Wolfgang im Salzkammergut (A) 767-K7
St. Wolgang (CH) 773-L9
St. Zyprian, Tiers (I) 526, 527
Sta. Bàrbara (I) 804-D3
Sta. Brigida (I) 802-F2
Sta. Caterina-Valfurva (I) 791-M5
Sta. Colomba (I) 792-E9
Sta. Croce (I) 794-C9
Sta. Croce Bigolina (I) 805-K5
Sta. Domenica (CH) 790-B6
Sta. Geltrude/St.Gertraud (I) 792-A4
Sta. Giuliana (I) 795-H9
Sta. Giustina (I) 793-M9
Sta. Maria (I) 800-F2
Sta. Maria (I) 805-J7
Sta. Maria di Veggiano (I) 805-K8
Sta. Maria-Maggiore (I) 789-J8
Sta. Maria Val Müstair (CH) 791-L3
Sta. Massenza (I) 792-D9
Staad (CH) Solothurn 773-M5
Staad (CH) St. Gallen 776-E2
Staad (D) 762-C8
Stabello (I) 802-F4
Stábie (I) 805-M1
Stabio (CH) 802-A3
Stabiuzzo (I) 806-C4
Stabiziane (I) 794-B4
Stablo (I) 792-B6
Stade de Neige du Margeriaz (F) 798-B5
Stadel (CH) 775-L1
Stadel (D) 764-A1
Stadl (D) Kr. Landsberg 764-C5
Stadl (D) Kr. Mühldorf am Inn 766-B3
Stadl an der Mur (A) 782-C6
Stadler (D) 766-C3
Stadler Haus (A) 780-C7
Stadlern (D) 766-B3
Stadlhof (I) 792-F6
Stadling (A) 783-J9
Stadlkirchen (A) 768-E2
Stadl Paura (A) 768-A3
Stadolina (I) 791-L7
Städtli (CH) 775-H8
Stadtschlaining (A) 785-H2
Stadtweg (A) 796-E1
Stäfa (CH) 775-L4
Stafal (I) 800-D3
Staffarda (I) 810-C7
Staffelbach (CH) 774-F4
Staffelegg (CH) 774-F2
Stafflach (A) 779-H6
Stafflangen (D) 762-F4
Staffling (A) 769-G1
Stáffolo (I) 803-M8
Stáffolo (I) 806-F5
Stahovica (SLO) 797-H6
Stahringen (D) 762-A7
Staig (D) Kr. Biberach 763-H1
Staig (D) Kr. Ravensburg 762-F6
Stainach (A) 768-C9
Stainz (A) 783-M7
Stainz bei Straden (A) 784-E7
Stainztal (A) 783-M7
Stalden (CH) Aargau 775-G2
Stalden (CH) Obwalden 775-G8
Stalden (CH) Schwyz 775-L7
Stalden (CH) Valais 788-D7
Stalden im Emmental (CH) Bern 774-C8
Staldenried (CH) 788-D7
Staldig (CH) 774-F7
Stall (A) 781-G8
Stallavena (I) 804-D7
Stallehr (A) 777-G6
Staller Alm (A) 780-B8
Stallhof (A) 783-M7
Stallhofen (A) Klagenfurt 796-D2
Stallhofen (A) Mallnitz 781-J8
Stallhofen (A) Mattighofen 767-H3
Stallhofen (A) Voltsberg 783-M5
Stallikon (CH) 775-J3
Stallwies (I) 792-B4
Staltach (D) 764-F7
Staltannen (D) 764-C8
Stambach (A) 784-E2
Stammeregg (A) 797-M1
Stammham (D) 766-F1
Stampa (CH) 790-E6
Stampfhof (A) 768-F2
Stams (A) 778-D4
Stams (CH) 776-F8
Stanežiče (SLO) 796-F8
Stang (A) Kirchschlag 771-H8
Stang bei Hatzendorf (A) 784-F6
Stanga (I) 779-G8
Stangau (A) 770-F2
Stangental (A) 770-B3
Stangersdorf (A) 784-C7
Stanjevci (SLO) 785-G7
Stanovišče (SLO) 795-L7
Stans (A) 779-J3
Stans (CH) 775-H8
Stanserhorn (CH) 412
Stansstad (CH) 775-H7
Stanz (A) 168
Stanz bei Landeck (A) 777-M6
Stanz im Mürztal (A) 770-B9
Stanzach (A) 777-M3
Stapar (SLO) 797-G5
Stara Vas (SLO) 796-D8
Staranzano (I) 807-L3
Stari Dvor (SLO) 797-M8
Starkenbach (A) 778-B5
Starkenbach (CH) 776-C5
Starkenburger-Haus (A) 778-F6
Starkenhofen (D) 763-H6
Starleggia (I) 790-D5
Starnberg (D) 764-F4
Staro (I) 804-F4
Staro Selo (SLO) 795-L6
Starrberg (CH) 776-A5
Starrkirch-Wil (CH) 774-E3
Starzeln (D) 762-B1
Statenbach (CH) 774-F6
Station de Seythenex (F) 798-D4
Station des Agneliers (F) 813-H2
Station Eigernordwand (CH) 788-E3
Station Eismeer (CH) 788-E3
Stattegg (A) 784-B4
Stattersdorf (A) 770-C1
Staubbach-Wasserfall (CH) 358
Staudach (A) Pasching 768-C1
Staudach (A) Radenthein 782-A8
Staudach (D) 764-F6
Staudach-Egerndach (D) 766-C7
Staudachhof (A) 782-E7
Staudham (D) 766-D2
Staufen (CH) 775-G3
Staufen (D) 761-G7
Staufen im Breisgau (D) 760-D6
Stava (I) 793-H6
Stavèl (I) 792-B7
Stàvoli (I) 795-H5
Stazzona (I) 790-C8
Stechelberg (CH) 359, 788-E4
Steckborn (CH) 762-A8
Steeg (A) Bad Ischl 767-L8
Steeg (A) Mittelberg 152, 153, 706, 777-K5
Steeg (D) 766-B1
Stefansberg (D) 764-F2
Stefansfeld (D) 762-C7
Stefanskirchen (D) 766-B1
Steffisburg (CH) 788-C1
Steg (A) 784-D2
Steg (CH) Valais 788-C6
Steg (CH) Zürich 775-M3
Steg (LIE) 436
Stegen (D) 760-E5
Stegendorf (A) 796-E1
Stegersbach (A) 785-G4
Stegersbacher (A) 785-G4
Stegg (A) 769-L9
Stehle (D) 760-E8
Steibis (D) 68, 69, 777-J1
Steiermark (A) 298, 302, 306, 312, 314, 316
Steig (D) 763-H8
Stein (A) Bludenz 777-H5
Stein (A) Enns 768-F1
Stein (A) Fürstenfeld 785-G5
Stein (A) Landeck 778-B6
Stein (A) Lienz
Stein (A) Ramingstein 782-B6
Stein (A) St. Marien 768-D2
Stein (A) Winklern 780-F8
Stein (CH) Aargau 760-E9
Stein (CH) Appenzell A. Rh. 776-D3
Stein (CH) St. Gallen 776-C5
Stein/Sasso (I) 793-H2
Steinabrückl (A) 771-G4
Steinach (A) 778-A7
Steinach (CH) 776-D2
Steinach (D) Kr. Aichach-Friedberg 764-D2
Steinach (D) Kr. Ostallgäu 763-M9
Steinach (D) Ortenaukreis 760-F1
Steinach am Brenner (A) 196, 197, 706, 779-H6
Steinakirchen am Forst (A) 769-K3
Stein am Rhein (CH) 761-M8
Stein an der Enns (A) 782-B2
Stein an der Traun (D) 766-D4
Steinbach (A) Stegersbach 785-G3
Steinbach (D) Kr. Altöffing 766-E1
Steinbach (D) Kr. Altötting 764-B8
Steinbach (D) Kr. Fürstenfeldbruck 764-D2
Steinbach (D) Kr. Weilheim-Schongau 764-F7
Steinbach am Attersee (A) 767-L6
Steinbach am Ziehberg (A) 768-C5
Steinbach an der Steyr (A) 768-D4
Steinbach im Burgenland (A) 771-H8
Steinberg (A) 783-M6
Steinberg (D) Kr. Alb-Donau-Kreis 763-H1
Steinberg am Rofan (A) 199, 201, 779-K1
Steinberg-Dörfl (A) 771-J8
Steinberg-Oberhaus (A) 783-K9
Steinberg-Unterhaus (A) 783-K9
Steinbichl (A) 782-E8
Steinborghaus (A) 780-A3
Steinbronnen (D) 762-E4
Steinbrücken (A) 778-B7
Steinbrunn (A) 771-H4
Steinbrünning (D) 766-F5
Steinbrunn-le-Bas (F) 760-A8
Steinbrunn-le-Haut (F) 760-A8
Steinburg (A) 767-M8
Steindorf (A) Falkendorf 782-C5
Steindorf (A) Mauterndorf 781-M5
Steindorf (A) Mittersill 780-E4
Steindorf (A) Neumarkt am Wallersee 767-H5
Steindorf (A) Seewalchen 767-L4
Steindorf (A) Weitenfeld im Gurktal 782-D8
Steindorf (A) Wundschuh 784-B7
Steindorf (D) 764-D2
Steindorf am Ossiacher See (A) 796-C1
Steindorf-Weißbriach (A) 336
Steinebach (D) Kr. Landsberg 764-D4
Steinebach (D) Kr. Starnberg 764-E4
Steinebrunn (CH) 776-D1
Steinegaden (D) 763-H9
Steinegg (CH) 776-D4
Steinegg (I) 527, 745, 793-G5
Steinekirch (D) 764-A3
Steinen (CH) 775-M3
Steinen (CH) Schwyz 775-K7
Steinen (D) 760-D8
Steinen bei Signau (CH) 774-C8
Steinenbach (D) 762-F5
Steinenbrücke (CH) 776-B5
Steinenstadt (D) 760-B7
Steinental (D) 763-H5
Steiner Alm (A) 795-H2
Steinerberg (A) 797-G2
Steinerberg (CH) 775-K7
Steinerhochalm (A) 278
Steinerkirchen an der Traun (A) 768-B3
Steinernes Meer (A) 143, 248
Steinersdorf (A) 768-D4
Steinfeld (A) 781-J9
Steinfeld (A) 795-J1
Steinfelden (A) 768-B5
Steinfurt (A) 785-J4
Steingaden (D) 764-C8
Steingau (D) 765-J6
Steingraben (A) 785-H5
Steingrün (D) 761-G2
Steinhart (D) 766-A4
Steinhaus (A) 768-C3
Steinhaus (CH) 788-F5
Steinhaus am Semmering (A) 770-D7
Steinhaus/Cadipietra (I) 745, 779-L7
Steinhausen (CH) 775-J5
Steinhausen (D) 762-F4
Steinhausen an der Rottum (D) 763-H4
Steinhauserhütte (A) 796-B1
Steinhäusl (A) 770-E1
Steinheim (D) 763-J4
Steinhilben (D) 762-C1
Steinhöf (A) 770-D9
Steinhof (CH) 774-C5
Steinhögl (D) 766-F6
Steinhöring (D) 765-L3
Steinhusen (CH) 774-F7
Steinibach (CH) 774-E8
Stein im Allgäu (D) 763-K9
Stein im Jauntal (A) 797-G2
Steinkirchen (D) Kr. Ebersberg 765-L4
Steinkirchen (D) Kr. Mühldorf am Inn 766-B2
Steinmannwald (I) 793-G5
Steinmaur (CH) 775-J2
Steinparz (A) 769-M1
Steinrast-Alm (I) 792-D4
Steinreib (A) 783-M7
Steinsee (CH) 361
Steinsoultz (F) 774-A1
Steintal (CH) 776-B5
Steirisch Laßnitz (A) 782-E6
Steißlingen (D) 762-A7
Stella (I) Ligúria 815-L2
Stella (I) Piemonte 810-C5
Stella Malemaséria (I) 795-J7
Stellanello (I) 815-G7
Stèlvio/Stilfs (I) 791-M3
Stelzen (A) 767-J3
Stelzenberg (D) 766-D3
Stemeritsch (A) 796-F3
Štengar (SLO) 797-J8
Sténico (I) 804-C1
Stenzengreith (A) 784-B3
Stephanshart (A) 769-H2
Stephanskirchen (D) 766-A6
Stephansried (D) 763-L5
Steppach (D) 766-A4
Stern la Villa (I) 528, 531, 745, 793-L3
Sterna (I) 801-G4
Sternenberg (CH) 775-M3
Sterpo (I) 807-H2
Sterzen (A) 794-E2
Sterzing (A) 181, 490, 496, 497, 498, 499, 745, 779-G8
Stetten (A) 769-K2
Stetten (CH) Aargau 775-H3
Stetten (CH) Schaffhausen 761-K7
Stetten (D) Alb-Donau-Kreis 762-F2
Stetten (D) Bodenseekreis 762-C8
Stetten (D) Kr. Biberach
Stetten (D) Kr. Konstanz 761-L6
Stetten (D) Kr. Rosenheim 766-B6
Stetten (D) Kr. Tuttlingen 761-M4
Stetten (D) Kr. Unterallgäu 763-L4
Stetten (D) Kr. Waldshut 761-J9
Stetten (D) Zollernalbkreis 762-C1
Stetten (F) 760-A8
Stetten am kalten Markt (D) 762-B3
Stetten ob Rottweil (D) 761-J3
Stettfurt (CH) 775-M1
Stettlen (CH) 774-B7
Steuerberg (A) 782-D9
Stevani (I) 811-L3
Stevenà (I) 806-D2
Steyen (A) 768-E5
Steyr (A) 768-E3
Steyrbrücke (A) 768-D6
Steyrermühl (A) 767-M4
Steyrling (A) 768-C6
Stezzano (I) 802-F5
Stickelberg (A) 771-G7
Stickler-Hütte (A) 781-K5
Stiedelsbach (A) 768-F4
Stief Griffen (A) 797-H1
Stiefelberg (A) 769-J2
Stiefenhofen (D) 763-H9
Stierva (CH) 790-E3

Register

Stiftes (I) 779-H9
Stigliano (I) 805-M7
Stilfs/Stèlvio (I) 483, 791-M3
Stilfserjoch (CH, I) 55, 59, 470, 480, 481, 745
Stillebach (A) 778-C7
Stilli (CH) 775-G1
Stillupper-Haus (A) 779-L6
Stilluppgrund (A) 211
Stinatz (A) 785-G3
Stiwoll (A) 783-M5
Stixneusiedlung (A) 771-K2
Sto. Stéfano (I) 805-G9
Sto. Stèfano di Cadore (I) 794-D3
Sto. Stino di Livenza (I) 806-E4
Stoarnerne Mandlen (I) 491
Stoccareddo (I) 805-H3
Stockach (A) 777-L4
Stockach (D) 762-A6
Stöckalp (CH) 420, 789-G1
Stockalperweg (CH) 395
Stockburg (D) 761-H3
Stöcken (CH) 775-L6
Stocken (D) 764-B6
Stockenboi (A) 795-L1
Stockenhausen (D) 762-A2
Stocker (A) 767-K8
Stockham (A) 768-B3
Stockham (D) 766-C4
Stockheim (D) 764-B5
Stockhornkette (CH) 351
Stockhütte (CH) 775-J8
Stocking (A) 784-C7
Stöcklichrüz (CH) 775-L5
Stocklitz (A) 796-D1
Stockmatt (D) 760-D7
Stockwinkl (A) 767-K6
Stoffen (D) 764-C4
Stoffenried (D) 763-K1
Stögersbach (A) 770-F9
Stögersdorf (A) 783-M6
Stojen (A) 770-C7
Stolle del Salúbio (I) 793-H9
Stollhof (A) 770-F5
Stollwitz (A) 795-H2
Stolvizza (I) 795-K5
Stolzalpe (A) 782-D5
Stolzenhofen (D) 763-L3
Stóner (I) 805-J2
Stonik (SLO) 797-H6
Stoob (A) 771-J8
Stoos (CH) 775-K7
Storo (I) 804-A3
Storzeln (D) 761-L7
Storzingen (D) 762-B3
Stössing (A) 770-D2
Stötten am Auerberg (D) 764-B7
Stöttera (A) 771-J5
Stottham (A) 767-K5
Stöttham (D) 766-C5
Stöttwang (D) 764-B6
Stotzing (A) 771-J4
Stožice (SLO) 797-G8
Strà (I) 805-M8
Strad (A) 778-C4
Strada (I) 815-H5
Strada degli Alpi (CH) 401
Stradelle (I) 805-L7
Straden (A) 784-E8
Straganz (A) 782-F8
Strahinj (SLO) 796-F6
Strajach (A) 795-G2
Strallegg (A) 770-D9
Stramare (I) 805-L2
Strambinello (I) 800-C8
Strambino (I) 800-D8
Strammentizzo (I) 793-G7
Stranach (A) 780-F8
Stranig (A) 330, 795-H2
Straninger Alm (A) 795-H2
Straß (A) Kirchschlag 771-G8
Straß (D) Kr. Berchtesgadener Land 766-F6
Straß (D) Kr. Ravensburg 762-C6
Straß (D) Kr. Rosenheim 766-C5
Straß (D) Kr. Unterallgäu 763-J6
Straß im Attergau (A) 767-K5
Straß im Zillertal (A) 204, 205, 207, 779-K3
Straß in Steiermark (A) 784-D9
Strassberg (CH) 791-G1
Straßberg (D) Kr. Augsburg 764-C2
Straßberg (D) Zollernalbkreis 762-B3
Straßburg (A) 782-E7
Straßengel (A) 784-A5
Strassgang (A) 784-A5
Straßkirchen (D) 766-A5
Straßlach-Dingharting (D) 765-H4
Strassoldo (I) 807-K2
Straßtrudering (D) 765-J3
Straßwalchen (A) 767-J4
Straubinger Haus (A) 766-C9
Straußdorf (D) 765-L4
Stravignino (I) 803-K4
Stravino (I) 804-D1
Stražišče, Kranj (SLO) 796-F6
Stražišce, Prevalje (SLO) 797-K2
Strebersdorf (A) 771-K8
Strechau (A) 768-E9
Strechau (A) 782-E1
Stregna (I) 795-M8
Strehar (SLO) 796-E7
Strehovci (SLO) 785-J9
Streichen (D) 762-A2
Streichenbach (D) 761-G4
Streining (A) 768-B4
Streitberg (D) 760-E2
Štrek (SLO) 796-E8
Strella (I) 801-G9
Strem (A) 785-J5
Strembo (I) 792-B9
Stremíz (I) 795-K7
Strengberg (A) 769-G2
Strengberg (A) Puchberg am Schneeberg 770-E5
Strengelbach (CH) 774-E4
Strengen (A) 777-M6
Stresa (I) 566, 801-J3
Stresweg (A) 795-G1
Stretti (I) Friuli-Venézia Giúlia 795-L5
Stretti (I) Véneto 806-F5
Strettweg (A) 783-H4
Strevi (I) 811-L7
Strgar (SLO) 797-M8
Strieden (A) 781-G9
Striegel (CH) 774-E4
Strimitzen (A) 782-C1
Stringo (I) 793-H9
Stripsenkopf (A) 213
Strittmatt (D) 760-F8
Stritzlödt (A) 769-H4
Strmec (SLO) 797-L8
Strmec nad Dobrna (SLO) 797-M4
Strobl (A) 274, 707, 767-K7
Strobler Hütte (A) 767-K8
Ströblitz (A) 769-K2
Ströden (A) 233
Strohham (D) 766-F2
Strohwilen (CH) 762-A9
Strojna (SLO) 797-K2
Stromberg (A) 782-F8
Strombiano (I) 792-B6
Strona (I) Piemonte, Biella 800-F5
Strona (I) Piemonte, Verbania 801-H2
Stroppari (I) 805-K5
Stroppiana (I) 811-L1
Stroppo (I) 813-M1
Strozza (I) 802-E4
Strub (A) 766-D9
Strub (D) 767-G8
Strubb (A) 769-H5
Strugarjach (A) 796-E4
Strunjan (SLO) 807-M6
Struppbauer (A) 769-G7
Strutkovci (SLO) 785-G8
Stržnica (SLO) 796-C8
Stržišče (SLO) 796-C7
Stubachtal (A) 258
Stubai (A) 195
Stubaier Alpen (A) 186, 193
Stubaital (A) 41, 192, 193, 194
Stubaitalbahn (A) 192
Stuben (A) 777-M8
Stuben (A) Bernstein 771-G9
Stuben (A) Landeck 777-M8
Stuben (D) 762-E6
Stuben am Arlberg (A) Bludenz 707, 777-J6
Stubenberg (A) 784-D3
Studen (CH) Bern 773-M6
Studen (CH) Schwyz 775-L6
Studena alta (I) 795-J4
Studena bassa (I) 795-J4
Studenzen (A) 784-D6
Stüdl-Hütte (A) 780-E6
Stuerda (I) 810-F5
Stuetta (I) 790-D5
Stuhlalm (A) 266
Stuhlfelden (A) 261
Stuhlfelden (A) 780-D4
Stühlingen (D) 761-J7
Stuhlpfarrer (A) 782-F2
Stuhlsdorf (A) 784-C4
Stuiben (D) 70
Stulles/Stuls (I) 778-F9
Stumm (A) 204, 779-K4
Stuppach (A) 770-E6
Šturm (SLO) 796-D7
Sturmannshöhle Obermaiselstein (D) 79
Sturmberg (A) 784-C3
Stüsslingen (CH) 774-E3
Stuttern (A) 796-F1
Stuttgarter Hütte (A) 777-K5
Suberg (CH) 773-M6
Subil (I) 795-K7
Subingen (CH) 774-C5
Suchy (CH) 786-F1
Sucinva (I) 803-K2
Südtirol (I) 476, 480, 484, 490, 492, 496, 500, 512, 516, 520, 528
Südwiener H. (A) 781-L4
Suèglio (I) 790-D9
Suello (I) 802-C3
Suen (CH) 787-M8
Suerta (I) 793-G9
Suetschach (A) 796-D3
Sufers (CH) 790-D4
Sufferloh (D) 765-J6
Suggental (D) 760-E4
Sugiez (CH) 773-K7
Sugnens (CH) 787-G2
Suha Gora (SLO) 797-M8
Suhl Vrh (SLO) 785-H8
Suhr (CH) 774-F3
Suino (CH) 801-L1
Suísio (I) 802-E5
Šujica Dobrova (SLO) 796-F8
Sulb (A) 784-A9
Sulbiate-inf. (I) 802-D6
Suld (CH) 788-D3
Sulden (I) 480, 481, 482, 483, 747, 792-A4
Sule (I) 805-G9
Sulfertalerhof (I) 793-G3
Sulgen (CH) 776-C1
Sulgen (D) 761-J2
Šulgi (SLO) 796-B8
Sullens (CH) 786-F3
Sull'Oro (I) 800-F3
Sulmeck-Greith (A) 784-A9
Sulmingen (D) 763-G3
Sulpach (D) 762-F6
Sulz (A) Feldkirch 776-F4
Sulz (A) Fürstenfeld 785-H4
Sulz (CH) Aargau 774-F1
Sulz (CH) Luzern 775-G5
Sulz (CH) Zürich 775-L1
Sulz (D) 760-E1
Sulz bei Gleisdorf (A) 784-D5
Sulz im Wienerwald (A) 770-F2
Sulzano (I) 803-J5
Sulzau (A) 767-H9
Sulzau (A) Neukirchen 780-B4
Sulzbach (A) Altenmarkt an der Triesting 770-E3
Sulzbach (A) Gams bei Hieflau 769-H7
Sulzbach (A) Pichl bei Welz 768-A2
Sulzbach (CH) 775-L4
Sulzberg (A) 777-H1
Sulzberg (D) 68, 129, 763-L8
Sulzboden (CH) 776-A6
Sulzburg (D) Kr. Breisgau-Hochschwarzwald 760-C6
Sulzegg (A) 784-D8
Sulzemoos (D) 764-F1
Sulzenau-Haus (A) 778-E7
Sulzfluh (A) 136
Sulzhof (A) 784-A8
Sulzrain (D) 765-H1
Sulzriegel (A) 785-G2
Sulzschneid (D) 764-B8
Sumetendorf (A) 785-J5
Sumirago (I) 801-K4
Sumiswald (CH) 774-D7
Summaga (I) 806-F4
Sumpfohren (D) 761-J5
Sundhoffen (F) 760-B4
Sundhouse (F) 760-C2
Sundlauenen (CH) 788-D2
Suníglia (I) 810-E8
Sunnenrüti (CH) 790-F1
Sunnibergbrücke (CH) 459
Suno (I) 801-J6
Sunthausen (D) 761-K4
Super Morzine (F) 787-G7
Superga (I) 810-F3
Supt (F) 772-B8
Sur (CH) 790-F4
sur la-Seigne (F) 773-G6
Surava (CH) 790-F3
Surberg (D) 766-E6
Surcasti (CH) 790-B2
Surcuolm (CH) 443, 720, 790-B1
Surheim, Saaldorf- (D) 767-G6
Süri (CH) 773-L8
Surier (I) 569, 799-J6
Surin (CH) 790-B2
Surlej (CH) 791-G5
Surmont (F) 773-G4
Surpierre (CH) 787-H1
Sursee (CH) 774-F5
Surville (F) Provence-Alpes-Côte d'Azur 808-C9
Surville (F) Provence-Alpes-Côte d'Azur 812-F2
Susà (I) 804-F1
Susa (I) 53, 809-M2
Susans (I) 795-H7
Susauna (CH) 791-H3
Suscévaz (CH) 786-F1
Susch (CH) 791-J2
Susegana (I) 806-B3
Suseneo (I) 814-E8
Sussis (F) 813-J5
Susten (CH) 788-B6
Sustenpass (CH) 360
Susville (F) 808-B4
Šutna (SLO) 796-F7
Sútrio (I) 795-G4
Sutz-Lattrigen (CH) 773-L6
Sužid (SLO) 795-L7
Suzzolins (I) 807-G3
Sv. Ana (SLO) 797-J3
Sv. Danijel, Dravograd (SLO) 797-L2
Sv. Danijel, Prevalje (SLO) 797-J2
Sv. Duh (SLO) 796-F7
Sv. Jakob (SLO) 797-J4
Sv. Jurij (SLO) 784-F8
Sv. Primož (SLO) 797-M2
Svecane (SLO) 784-D9
Švenerija (SLO) 796-C9
Svetlik (SLO) 796-D9
Svibno (SLO) 797-L8
Svino (SLO) 795-M7
Svislar (SLO) 796-D0
Swiss Alphorn Academy (CH) 423
Swiss Topwalk First (CH) 354
Syam (F) 786-B1
Syens (CH) 787-H2

T

Tabina (I) 807-G1
Tabing (D) 766-C5
Täbingen (D) 761-L2
Tabland Tabla (I) 792-D3
Tablat (CH) 775-M3
Tabor (SLO) 797-L6
Taceno (I) 802-D1
Tâche (I) 799-K5
Tachenberg-Syhrn (A) 770-E7
Tacherting (D) 766-D3
Taching am See (D) 766-E5
Taconotti (I) 811-L6
Tading (D) 765-L2
Tafers (CH) 773-L9
Tafertshofen (D) 763-K2
Tafertsweiler (D) 762-D5
Tagelswangen (CH) 775-K2
Tagensdorf (A) 784-D7
Tägerig (CH) 775-G3
Tägertschi (CH) 774-B8
Tägerwilen (CH) 762-B8
Taggenbrunn (A) 782-F9
Taggi di Sotto (I) 805-K7
Tággia (I) 814-F8
Taglaching (D) 765-K4
Tagliaretto (I) 810-B4
Tagliata (I) 810-E7
Taibòn Agordino (I) 793-M6
Taiedo (I) 806-F2
Tailfingen (D) 762-A2
Taillcourt (F) 773-H1
Tainach (A) 797-G2
Tainate (I) 802-A8
Taino (I) 801-J4
Táio (I) 792-E6
Taioli (I) 804-E6
Taipana (I) 795-K7
Tairano (I) 801-G4
Taisersdorf (D) 762-C6
Taiskirchen im Innkreis (A) 767-L1
Taisten/Tésido (I) 747, 793-M1
Takern (A) 784-D5
Talamona (I) 790-F8
Taldorf (D) 762-E7
Taleggio (I) 802-E3
Talergraben (A) 770-E7
Talhausen (D) 761-K2
Talheim (D) Alb-Donau-Kreis 762-E2
Talheim (D) Kr. Konstanz 761-K7
Talheim (D) Kr. Tuttlingen 761-K4
Tall di Sopra/Obertall (I) 792-F2
Tallans (F) 772-D2
Tallard (F) 812-D1
Tallenay (F) 772-C3
Talloires (F) 798-C2
Tallorno (I) 800-B6
Talmassons (I) 807-H2
Talósio (I) 799-M7
Talponada (I) 806-D4
Talucco (I) 810-B4
Tamai (I) 806-E2
Tamaroz (I) 795-K5
Tamatten (CH) 788-E8
Tambosi (I) 804-D1
Tambre (I) 794-C8
Tamers/Tamóres (I) 793-L2
Tamina-Therma Bad Ragaz (CH) 431
Tamins (CH) 790-D1
Tamsweg (A) 292, 293, 708, 782-B5
Tanaron (F) 812-E4
Tanas/Tannas (I) 792-B3
Tanay (CH) 787-H6
Tancua (F) 786-B3
Tangern (A) 781-L9
Taninges (F) 786-F8
Tankham (D) 765-L1
Tann (CH) 774-F5
Tannas/Tanas (I) 792-B3
Tannau (D) 762-F8
Tannay (CH) 786-C6
Tannegg (CH) 775-M2
Tannen (CH) 789-H1
Tannenbach (A) 777-G2
Tannenberg (D) 764-C7
Tannenbodenalp (CH) 776-C6
Tannenhof (CH) 773-K7
Tannenkirch (D) 760-C8
Tannern (D) 765-H9
Tannhausen (D) 762-F5
Tannheim (A) 45, 148, 149, 708, 777-M2
Tannheim (D) 763-J5
Tannheim (D) Kr. Biberach 761-H4
Tannheimer Hütte (A) 147
Tannheimer Tal (A) 146, 148, 149
Tannweiler (D) 762-F5
Tanrus (I) 530
Tanze (I) 809-M2
Tanzelsdorf (A) 784-A8
Tanzenberg (A) Bischofsberg 782-C8
Tanzenberg (A) Klagenfurt 796-F1
Tapigliano (I) 801-J3
Tapogliano (I) 807-K2
Tappenkarsee-H. (A) 781-K5
Taradel (F) 813-H4
Tarantasca (I) 814-D1
Tarasp (CH) 473
Tarcenay (F) 772-C5
Tarcento (I) 795-J7
Tarcetta (I) 795-L8
Tardivière (F) 808-C6
Tarentsaise (F) 580, 582
Tarlapini (I) 810-F7
Tarrenz (A) 778-B4
Tarsch/Tárres (I) 792-C3
Tarscher Alm (I) 792-C3
Tarsdorf (A) 766-E3
Tàrtano (I) 790-F9
Tartar (CH) 790-D2
Tartegnin (CH) 786-D4
Tartonne (F) 812-F5
Tarvísio (I) 795-L4
Tarzens (A) 779-G5
Tarzo (I) 806-B2
Täsch (CH) 386, 389, 720, 788-C9
Taschachhaus (A) 778-C8
Taschelbach (A) 769-L5
Tassé (I) 792-C6
Tassei (I) 794-B9
Tassulo (I) 792-D6
Tattendorf (A) 771-G3
Tattenhausen (D) 765-M5
Taubenbach (D) 766-F1
Tauchen (A) 771-G9
Tauchendorf (A) Feldkirchen in Kärnten 782-E9
Tauchendorf (A) St. Marein bei Neumarkt 782-F6
Tauern (A) 284, 796-C2
Tauernhaus-Spital (A) 780-C5
Tauerntal (A) 276
Taufenbach (A) 782-F5
Tauferer Ahrntal (I) 504, 506, 507
Taufers/Tubre (I) Trentino-Alto Ádige, Sondrio 791-M3
Taufers/Túres (I) Trentino-Alto Ádige, Bolzano/Bozen 779-L8
Täuffelen (CH) 773-L6
Taufkirchen (D) Kr. Mühldorf am Inn 766-C3
Taufkirchen (D) Kr. München 765-H4
Taufkirchen an der Trattnach (A) 767-M1
Tauka (A) 785-G7
Taunleiten (A) 768-E1
Taunried (D) 764-B3
Tauplitz (A) 305, 708, 768-C9
Tauriano (I) 794-F8
Tautenbronn (D) 762-C6
Tautendorf bei Fürstenfeld (A) 784-F5
Tauting (D) 764-E7
Tavagnacco (I) 795-J8
Tavagnasco (I) 800-C6
Tavanasa (CH) 790-B2
Tavannes (CH) 773-L4
Tavazzano (I) 802-D9
Tavernette (I) 810-C4
Tavernelle (I) 805-G7
Tavernerio (I) 802-B4
Tavérnola Bergamasca (I) 803-H5
Tavérnole (I) 804-E6
Tavérnole sul Mella (I) 803-K4
Taviglíano (I) 800-E5
Tavo (I) 805-L7
Távole (I) 814-F7
Tavòn (I) 792-E6
Taxa (D) 764-E1
Taxenbach (A) 262, 263, 781-G4
Taxlberg (A) 768-C3
Teàio (I) 792-F8
Tebaldi (I) 804-F5
Techanting (A) 796-B3
Techelsberg am Wörther-See (A) 796-C2
Techendorf (A) 331, 795-J1
Techensdorf (A) 784-D8
Tecknau (CH) 774-E2
Teesdorf (A) 771-G3
Tegelberg (D) 33, 82
Tegerfelden (CH) 761-H9
Tegernau (D) Kr. Lörrach 760-D7
Tegernau (D) Kr. Mühldorf am Inn 765-L4
Tegernbach (D) 764-E2
Tegernsee (D) 37, 106, 108, 662, 765-J8
Tegernseer Hütte (D) 107
Tegernseer Tal (D) 106, 108
Téglio (I) 791-J8
Téglio Véneto (I) 807-G3
Tegna (CH) 789-L8
Tehovec (SLO) 796-F8
Teich (A) 771-J9
Teichalm (A) 316
Teichstätt (A) 767-H4
Teis/Tiso (I) 503, 793-J3
Teisendorf (D) 766-F6
Teisenham (D) 766-B5
Teising (D) 766-D2
Telfes (A) 192, 708, 779-G5
Telfes (I) 779-G8
Telfs (A) 708, 778-E4
Telgate (I) 803-G6
Telve (I) 793-H9
Temavasso (I) 810-F6
Tempesta (I) 804-C3
Témpio (I) 806-D3
Temù (I) 791-M7
Ten. Marianis (I) 807-H4
Ten. Marzotto (I) 807-H4
Tencarola (I) 805-K8
Tencin (F) 798-A8
Tende (F) 814-D6
Tenero (CH) 404, 789-L8
Tengen (D) 761-K6
Tengenstadt (D) 761-K7
Tengia (CH) 789-L5
Tengling (D) 766-E4
Tenigerbad (CH) 789-M2
Teningen (D) 760-D3
Tenna (CH) 790-D2
Tenna (I) 804-F1
Tenneck (A) 781-H1
Tennenbach (D) 760-E3
Tennenbronn (D) 761-H2
Tennengebirge (A) 35, 266, 284
Tenniken (CH) 774-D2
Tenno (I) 804-C2
Tennwil (CH) 775-G4
Tentlingen (CH) 787-L1
Teolo (I) 805-J9
Teónghio (I) 805-H9
Teor (I) 807-H3
Tepe (SLO) 797-K8
Tepfenhard (D) 762-E7
Tercier (F) 813-G4
Terdobbiate (I) 801-K8
Terenten/Terento (I) 747, 779-K9
Terfens (A) 779-H4
Terlago (I) 792-E9
Terlago Bassi (I) 792-E8
Terlan/Terlano (I) 792-F4
Terme ch Brénnero/Brennerbad (I) 779-H7
Terme di Lurisia (I) 814-E3
Terme di Valdieri (I) 814-B4
Termen (CH) 788-E6
Termeno s. Str. d. Vino/Tramin a. d. Weinstr. (I) 792-E6
Termignon (F) 583, 799-G9
Términe (I) 806-F6
Termine di Cadore (I) 794-C6
Termon (I) 792-D7
Ternate (I) 801-K4
Ternberg, Scheiblingskirchen- (A) 768-E4
Ternengo (I) 800-F6
Ternitz (A) 770-F6
Terno d'Ís. (I) 802-E5
Terpetzen (A) 783-G9
Terramare (I) 807-J4
Terramont (F) 786-E6
Terranova (I) 811-L2
Terrasa (I) 811-M2
Terrazze (I) 811-G4
Terre Rouge (F) 808-A7
Térres (I) 792-D6
Territet (CH) 787-J5
Terrossa (I) 805-G7
Terrúggia (I) 811-L3
Terz (A) 770-A6
Terzo (I) Piemonte 811-L8
Terzo (I) Véneto 806-C7
Terzo d'Aq. (I) 807-K3
Terzoglio (I) 801-G6
Terzolàs (I) 792-D6
Tešanovci (SLO) 785-H9
Tese (I) 810-C1
Tésero (I) 748, 793-H7
Tésido/Taisten (I) 793-M1
Tésimo/Tisens (I) 792-E4
Tésis (I) 794-F8
Tesna (SLO) 796-B9
Tessenberg (A) 794-C1
Tessens (F) 798-F6
Tessera (I) 806-C7
Tesserete (CH) 406, 789-M9
Tessin (CH) 400, 404
Testeni (SLO) 796-B8
Téstico (I) 815-G7
Tettelham (D) 766-E5
Tettenhausen (D) 766-E5
Tetti (I) Piemonte, Cuneo 814-B1
Tetti (I) Piemonte, Cuneo, Ceva 815-G1
Tetti Chiaramelli (I) 810-F8
Tetti dei Milanesi (I) 810-F7
Tetti Mauriti (I) 810-E5
Tetti Merlet (I) 814-D4
Tetti Pésio (I) 814-D2
Tettnang (D) 762-E8
Tetto della Colla (I) 814-C4
Tettorosso (I) 814-B1
Teuchl (A) 781-J8
Teufelhof (A) 770-B1
Teufen (CH) Appenzell A. Rh. 776-D3
Teufen (CH) Zürich 761-J9
Teufenbach (A) 782-E5
Teufenthal (CH) 774-F3
Teuffenthal (CH) 788-C1
Teveno (I) 803-J2
Texelgruppe (I) 486
Texing (A) 769-M3
Texingtal (A) 769-L3
Tezze (I) Lombardia, Brescia 803-L7
Tezze (I) Lombardia, Brescia, Carpenedolo 803-M9
Tezze (I) Trentino-Alto Ádige 805-J2
Tezze (I) Véneto, Treviso 806-C3
Tezze (I) Véneto, Venezia 806-E4
Tezze (I) Véneto, Vicenzia 805-G7
Tezze sul Brenta (I) 805-J5
Tezzon (I) 806-F5
Tgantieni (CH) 790-E2
Thaining (D) 764-D5
Thal (A) Au 769-M8
Thal (A) Graz 784-A5
Thal (A) Kirchschlag 771-G8

● REGIONEN ● HOTELS ● KARTEN

Thal (A) Laakirchen 768-A4
Thal (A) Lienz 780-E9
Thal (CH) 776-E2
Thal (D) Kr. Bad Tölz-Wolfratshausen 765-H7
Thal (D) Kr. Mühldorf am Inn 765-M3
Thal (D) Kr. Neu-Ulm 763-J1
Thal (D) Kr. Rosenheim 765-K5
Thalgau (A) 767-J6
Thalham (D) Kr. Miesbach 765-K6
Thalham (D) Kr. Traunstein 766-C4
Thalheim (A) Judenburg 783-G4
Thalheim (CH) 774-F2
Thalheim (D) 762-B4
Thalheim an der Thur (CH) 761-L9
Thalheim bei Wels (A) 768-C2
Thalhof (A) 770-E3
Thalhofen (D) Kr. Ostallgäu 764-A7
Thalhofen (D) Kr. Ostallgäu 764-B6
Thaling (A) 768-F2
Thaling (A) Pöls 783-G4
Thalkirch (CH) 790-C3
Thalkirchdorf (D) 777-J1
Thalkirchen (D) 765-H3
Thallern (A) 771-G2
Thalwil (CH) 775-J4
Thambach (D) 766-A2
Thanei/Thanai (I) 792-B2
Thanheim (D) 762-A1
Thankirchen (D) 765-H6
Thann (A) 769-K6
Thann (A) Linz 768-E2
Thann (A) Opponitz 769-H5
Thann (A) Ternitz 770-F6
Thann (D) Kr. Miesbach 765-J6
Thann (D) Kr. Mühldorf am Inn 766-B2
Thann (D) Kr. Rosenheim 765-L5
Thannhausen (A) 784-C3
Thannhausen (D) Kr. Mühldorf am Inn 763-M1
Thanning (D) 765-H5
Thanstetten (A) 768-D3
Thaur (A) 779-G4
Thayngen (CH) 761-L7
The Cradle Skatepark (A) 203
Theilingen (CH) 775-L3
Theinselberg (D) 763-K5
Theinstetten (A) 769-K1
Theißenegg (A) 783-J7
Thénésol (F) 798-D4
Thenneberg (A) 770-E3
Theodor-Körner-Hütte (A) 781-K1
Theresienfeld (A) 771-G4
Therme (I) 805-K9
Thernberg (A) 771-G6
Therwil (CH) 774-B1
Thésy (F) 772-B7
Theuerwang (A) 768-B4
Théus (F) 808-E9
Theys (F) 798-A8
Thèze (F) 812-C2
Thial (I) 792-B4
Thiancourt (F) 773-J1
Thiébouhans (F) 773-H4
Thieffrans (F) 772-E1
Thielle-Wavre (CH) 773-K6
Thien (A) 784-E7
Thiénans (F) 772-D1
Thiene (I) 805-H5
Thieneggberg (A) 784-E7
Thierachern (CH) 788-B1
Thierbach (A) 218, 219, 779-L2
Thiergarten (D) 762-B4
Thierrens (CH) 787-G2
Thiersee (A) 216, 708, 765-L9
Thiéry (F) 813-L7
Thièze (F) 786-F5
Thise (F) 772-C3
Thoard (F) 812-E4
Thoiry (F) Rhône-Alpes 786-B6
Thoiry (F) Rhône-Alpes 798-B5
Thollon-les-Mémises (F) 787-G5
Tholomaz (F) 786-D6
Thomasberg (A) 771-G7
Thomasroith (A) 767-L3
Thomatal (A) 781-M6
Thomatal (A) 782-A6
Thon (A) 797-G2
Thon (F) 812-F8
Thondorf (A) 784-B6
Thônes (F) 798-D2
Thônex (CH) 786-D7
Thonon-les-Bains (F) 786-E5
Thoraise (F) 772-B5
Thorame-Basse (F) 813-G5
Thorame-Haute (F) 813-G5
Thorame-Haut-Gare (F) 813-H6
Thorenc (F) 813-J8
Thorens-Glières (F) 786-C9
Thörigen (CH) 774-C5
Thörishaus (CH) 773-M8
Thörl (A) 769-L9
Thörl (A) Arnoldstein 795-M3
Thörl (A) Bad Mitterndorf 768-B9
Thorméroz (F) 798-B5
Thorwarting (A) 769-K2
Thovex (I) 799-J4
Thuet (F) 786-E8
Thulay (F) 773-H2
Thumersbach (A) 256, 257, 780-F3
Thumtaler (A) 241
Thun (CH) 788-C1
Thundorf (CH) 775-M1
Thundorf (D) 766-F6
Thunstetten (CH) 774-D5
Thuoux (F) 808-A9
Thur (CH) 428
Thuras (I) 809-K5
Thures (I) 809-K5
Thurey-le-Mont (F) 772-C2
Thurhofwang (A) 769-J3
Thüringen (A) 777-G5
Thüringerberg (A) 777-G5
Thurn (A) 780-F9
Thürn (A) 783-J8
Thurn (Gebietsmuseum, Schloss Thurn) (I) 525
Thürnbuch (A) 768-F2
Thürnen (CH) 774-D2
Thurnham (A) 768-C5
Thurnhofen, Unter- (A) 769-M1
Thurnsdorf (A) 768-F2
Thusis (CH) 790-D2
Thusy (F) 798-A1
Thuy (F) 798-D2
Thyez (F) 786-E8
Thyon (CH) 720, 787-M8
Tiago (I) Vénéto, Belluno 794-A9
Tiago (I) Vénéto, Belluno, Mel 805-M1
Tiarno di Sopra (I) 804-B3
Tiarno di Sotto (I) Trentino-Alto Ádige, Trento 804-B3
Tiarno di Sotto (I) Trentino-Alto Ádige, Trento, Riva del Garda 804-B3
Tibitsch (A) 796-D2
Tičar (SLO) 797-J8
Ticengo (I) 803-G8
Ticineto (I) 811-M3
Ticino (CH) 401
Tiefbrunnau (A) 767-J7
Tiefenbach (A) Gloggnitz 771-G8
Tiefenbach (CH) 789-J3
Tiefenbach (D) Kr. Biberach 762-F4
Tiefenbach (D) Kr. Neu-Ulm 763-J2
Tiefenbach (D) Kr. Oberallgäu 777-K3
Tiefenbach (D) Kr. Oberallgäu 777-L2
Tiefenbach bei Kaindorf (A) 784-E3
Tiefencastel (CH) 448, 452, 790-E3
Tiefengraben (A) 769-H7
Tiefenried (D) Kr. Unterallgäu 763-M2
Tiefernitz (A) 784-D6
Tiefgraben (A) 767-J5
Tiemo (I) 804-D3
Tiengen (D) Kr. Freiburg im Breisgau 760-D5
Tiengen, Waldshut- (D) Kr. Waldshut 761-G8
Tierfed (CH) 775-M8
Tiergarten Hütte (A) 767-L9
Tieringen (D) 762-A2
Tiers/Tires (I) 524, 527, 748, 793-H5
Tieschen (A) 784-F8
Tiestling (A) 768-E2
Tiezzo (I) 806-E2
Tiffen (A) 796-D1
Tiffnerwinkl (A) 782-C9
Tigerfeld (D) 762-D2
Tiglieto (I) 815-M1
Tíglio (I) 795-L8
Tigliole (I) 811-H5
Tignale (I) 804-B4
Tignes (F) 580, 582, 583, 799-H7
Tignes (I) 794-C8
Tignousa (CH) 378
Tigny (F) Rhône-Alpes/la Chambre 798-C7
Tigny (F) Rhône-Alpes/St-Michel-de Maurienne 809-G2
Tigring (A) 796-E1
Tihaboj (SLO) 797-L9
Tihoja (A) 797-H3
Tilisuna-Hütte (A) 777-G7
Tillmitsch (A) 784-C8
Tillysburg (A) 768-E1
Tils/Tiles (I) 793-J2
Tima (SLO) 797-K8
Timau (I) 795-G3
Timelkam (A) 767-L4
Timenitz (A) 796-F1
Timmelsjoch (A, I) 55, 59
Timmersdorf (A) 783-K2
Timoline (I) 803-H6
Timónchio (I) 805-G4
Tinizong (CH) 452
Tinning (D) Kr. Rosenheim 766-D4
Tinning (D) Kr. Traunstein 766-A6
Tiolo (I) 791-L6
Tione di Trento (I) 804-B1
Tipschern (A) 782-B1
Tirano (I) 791-K7
Tires/Tiers (I) 793-H5
Tirol/Tirolo (I) 792-E2
Tiroler Ache (A) 214
Tiroler Inntal (A) 202
Tiroler Lechtal (A) 150, 152
Tiroler Seenland (A) 202
Tiroler Zugspitz-Arena (A) 154, 156
Tisens/Tésimo (I) 792-E4
Tiser (I) 793-J8
Tiso/Teis (I) 793-J3
Tisoi (I) 794-A8
Tissano (I) 807-K1
Tissenbach (A) 768-B5
Titele (I) 793-L7
Titiano di Gorgo (I) 807-H4
Titisee-Neustadt (D) 761-G5
Titlis (CH) 416
Titlmoos (D) 766-B3
Titterten (CH) 774-C3
Tittmoning (D) 766-E3
Toara (I) 805-H8
Tobadill (A) 777-M6
Tobaj (A) 785-H4
Tobelbad (A) 784-B6
Tobel-Tägerschen (CH) 776-A2
Toberazhofen (D) 763-H7
Tobis (A) 784-B7
Tobitsch (A) 782-B9
Tobitsch (A) 796-B1
Toblach/Dobbiaco (I) 512, 514, 515, 748, 794-B2
Tobra (A) 769-G1
Töbring (A) 796-B2
Toceno (I) 789-J8
Tochtermannsberg (D) 760-F2
Todesca (I) 792-B8
Tödling (A) 768-E1
Todocco (I) 815-J1
Todraž (SLO) 796-E8
Todtmoos (D) Kr. Waldshut 760-F7
Todtmoos-Au (D) Kr. Waldshut 760-E8
Todtmoos-Glashütte (D) Kr. Waldshut 760-F8
Todtmoos-Weg (D) Kr. Waldshut 760-E7
Todtnau (D) 760-E6
Todtnauberg (D) 760-E6
Tofanen (I) 534
Toffen (CH) 774-B8
Toffol (I) 793-M5
Toffoz (I) 800-C4
Toggenburg (CH) 425, 428
Toggenburger Sagenweg (CH) 429
Töging (D) 766-D1
Togliano (I) 795-K8
Tóglie (I) 810-C1
Toirano (I) 815-J5
Tola (I) 791-L5
Tolcinasco (I) 802-B9
Toldi (I) 804-E3
Toline (I) 803-J4
Tollegno (I) 800-E6
Töllerberg (A) 797-G1
Tollet (A) 767-M1
Tolmezzo (I) 795-H5
Tolmin (SLO) 37, 796-A7
Tolminske (SLO) 796-B7
Tolochenaz (CH) 786-E4
Tolsti vrh (SLO) 797-K2
Tölzer Haus (A) 779-G2
Tölzer Land (D) 103, 104
Tomanegger (I) 792-F4
Tomaz (SLO) 797-H8
Tomažek (SLO) 797-G6
Tomba (I) Friuli-Venézia Giúlia, Udine, Basiliano 795-H9
Tomba (I) Friuli-Venézia Giúlia, Udine, Buia 795-H7
Tombazosana (I) 804-F9
Tombelle (I) 805-M8
Tombolino (I) 806-E6
Tómbolo (I) 805-K5
Tomo (I) 805-L1
Tomple de l'Oure (F) 812-D2
Ton (I) 792-E7
Tonadico (I) 793-K8
Tonco (I) 811-J4
Tonengo (I) Piemonte, Asti 811-H3
Tonengo (I) Piemonte, Torino 800-D9
Tonezza del Cimone (I) 805-G3
Tonin (I) 793-K5
Tonzolano (I) 795-H7
Topla (SLO) 797-J3
Töplach (A) 782-F8
Toplice (SLO) 796-D8
Töplitsch (A) 796-A2
Toplitzsee (A) 304
Topol (SLO) 797-J5
Topolšica (SLO) 797-L4
Toppelsdorf (A) 796-E3
Toppo (I) 794-F7
Torano (I) 804-A4
Torassi (I) 811-G2
Törbel (CH) 788-D7
Torbiato (I) 803-H6
Torbole (I) 554, 555, 556, 558, 559
Torbole-Caságlia (I) 803-J7
Torcegno (I) 793-G9
Torcello (I) 806-D7
Tórchio (I) Piemonte 801-H5
Tórchio (I) Trentino-Alto Ádige 792-F9
Torchione (I) 791-G8
Torgnon (I) 801-K1
Torgon (CH) 364, 787-H6
Torino (I) 810-E3
Torlano di Sopra (I) 795-K7
Tórmeno (I) 805-H7
Tórnaco (I) 801-K9
Tornadri-Vetto (I) 791-H7
Torner (I) 793-M7
Tornetti (I) 799-L9
Torno Molina (I) 802-B3
Torny-le-Grand (CH) 787-J1
Torny-le-Petit (CH) 787-J1
Toron (F) 814-B6
Torra (I) 792-E7
Torrate (I) 806-F2
Torrazza (I) 800-F7
Torrazzo (I) 800-D7
Torre (CH) 789-M4
Torre (I) Lombardia, Bergamo 802-F5
Torre (I) Lombardia, Brescia 803-L7
Torreano (I) Friuli-Venézia Giúlia, Udine, Martignacco 795-J8
Torreano (I) Friuli-Venézia Giúlia, Udine, S. Pietro 795-L8
Torre Balfredo (I) 800-D7
Torrebelvicino (I) 804-F5
Torre Bórmida (I) 811-J9
Torre Canav. (I) 800-C8
Torre Daniele (I) 800-D6
Torre de Busi (I) 802-E4
Torre dei Bressani (I) 814-F2
Torre dei Frati (I) 814-D2
Torre di Fine (I) 806-F6
Torre di Mosto (I) 806-F5
Torre di S. Maria (I) 791-G7
Torréglia (I) 805-K9
Torre Mandelli (I) 801-K7
Torre Mondovì (I) 815-G3
Torrentalp (CH) 788-C6
Torre Pallavicina (I) 803-G8
Torre Péllice (I) 810-B6
Torreselle (I) Vénéto, Padova 805-M5
Torreselle (I) Vénéto, Vicenza 805-G6
Torre S.Giórgio (I) 810-D7
Torresina (I) 815-G2
Torretta (I) 802-D9
Torria (I) 815-G7
Torricella-Taverne (CH) 789-M9
Torri del Benaco (I) 804-B6
Torri di Confine (I) 805-G8
Torri di Quartesolo (I) 805-J7
Törring (D) 766-E4
Torrione (I) 811-K2
Torrione Quartara (I) 801-J8
Torsa (I) 807-J2
Tórtima (I) 805-J4
Tortin (CH) 787-L8
Tórtola (I) 803-J2
Torviscosa (I) 807-K3
Törwang (D) 766-A7
Toscana (I) 542, 792-D8
Töschling (A) 796-D2
Toscolano-Maderno (I) 804-A5
Tösens (A) 778-A7
Töss (CH) 775-L2
Toss (I) 792-E7
Tosse (I) 815-K4
Totenkirchl (A) 216
Totes Gebirge (A) 294
Tötzham (D) 766-B3
Toudon (F) 813-M7
Touët- de-l'Escarène (F) 814-B8
Touët-sur-Var (F) 813-L7
Tougin (F) 786-B5
Tougues (F) 786-D6
Touillon-et-Loutelet (F) 772-E9
Tourette-du-Château (F) 813-M8
Tourette-Levens (F) 814-B9
Tour de France (F) 584
Tour des Dents du Midi (CH) 363
Tour des Glaciers de la Vanoise (F) 581
Tour du Montblanc (F) 576
Touristenrast (A) 779-H7
Tournans (F) 772-E2
Tournefort (F) 813-M7
Tournon (F) 798-D5
Tournoux (F) Provence-Alpes-Côte d'Azur/Barcelonnette 813-J1
Tournoux (F) Provence-Alpes-Côte d'Azur/Tallard 812-D1
Tourronde (F) 787-G5
Tours-en-Savoie (F) 798-E5
Tovena (I) 806-A1
Tovo (I) 815-H7
Tovo di S. Agata (I) 791-K7
Tovo S. Giácomo (I) 815-J5
Trabaye (F) 812-C7
Trabesing (A) 796-E3
Traboch (A) 783-K2
Trabuchello (I) 801-G2
Trachselwald (CH) 774-C7
Trachslau (CH) 775-L6
Tradate (I) 801-M5
Tradigist (A) 770-A3
Trafficanti (I) 803-G4
Traffiume (I) 789-K9
Trafoi (I) 483, 748, 791-M4
Trafößß (A) 783-M2
Trag (A) 783-M8
Tragöß (A) 314, 315, 769-K9
Trahütten (A) 783-L8
Traidersberg (A) 783-K2
Traisen (A) 770-B3
Traisensiedlung (A) 770-B3
Traiskirchen (A) 771-G2
Traitiéfontaine (F) 772-C2
Tralenta (F) 799-J8
Trambileno (I) 804-E3
Tramelan (CH) 773-K4
Tramin a. d. Weinstr./Termeno s. Str. d. Vino (I) 792-E6
Traming (A) 782-E8
Tramonti di Mezzo (I) 794-F6
Tramonti di Sopra (I) 794-F6
Tramonti di Sotto (I) 794-F6Trana (I) 810-C3
Trans (CH) 790-E1
Transacqua (I) 794-D3
Traona (I) 790-E8
Trappa (I) 815-G4
Tràrego-Viggiona (I) 789-K9
Trasácqua (I) 793-K8
Trasácqva (I) 792-C4
Trasadingen (CH) 761-J8
Trasàghis Taboga (I) 795-H6
Traselingen (CH) 775-G5
Trasischk (A) 781-L8
Trasquera (I) 789-G7
Trata (SLO) 796-E8
Tratten (A) Arnoldstein 795-L2
Tratten (A) Gloggnitz 770-E7
Trattenbach (A) 770-E7
Trattenbach (A) Wendbach 768-E5
Trattenbach-Alm (A) 780-A4
Trattenberg-Alm (A) 780-B3
Traubach (CH) 788-D1
Traubing (D) 764-F5
Trauch (A) 770-C5
Trauchgau (D) 84, 764-C9
Traun (A) 47, 768-D1
Traundorf (A) 767-M5
Traundorf (A) Globasnitz 797-H2
Traundorf (D) 766-D6
Traunkirchen (A) 272, 273, 767-M6
Traunreut (D) 766-D5
Traunsee (A) 39, 47, 57, 63, 272
Traunstein (A) 272, 768-A5
Traunstein (D) 662, 766-D6
Traunstorf (D) 766-D6
Traunwalchen (D) 766-D5
Trausdorf (A) 784-D6
Trausdorf an der Wulka (A) 771-J4
Trausdorfer Feriensiedlung (A) 771-J4
Trausella (I) 800-C7
Trautenfels Pürgg (A) 768-C9
Trautmannsdorf an der Leitha (A) 771-J2
Trautmannsdorf in Oststeiermark (A) 784-E7
Travagliato (I) 803-J7
Travedona-Monate (I) 801-K3
Travers (CH) 773-G7
Traversara (I) 792-E5
Traversella (I) 800-C7
Traverses (I) 809-L4
Tráves (I) 810-C1
Travesio (I) 794-F7
Travignolo (I) 550
Travnik (SLO) 796-B8
Traxl (D) 765-L4
Trboje (SLO) 797-G7
Trbonje (SLO) 797-L2
Trbovlje (SLO) 797-L7
Trdkova (SLO) 785-G7
Trebaséleghe (I) 806-A6
Trébbio (I) 803-L5
Trebelno (SLO) 797-H6
Trebesing (A) 781-L8
Trebesinger Hütten (A) 781-L8
Trébutine (F) 798-E6
Tre Capitelli (I) 803-L4
Trecate (I) 801-K8
Trédolo (I) 794-E5
Treffay (F) 786-B1
Treffelsdorf (A) 782-F9
Treffen (A) 796-B2
Treffling (A) Mölbling 782-F8
Treffling (A) Seeboden 781-L8
Treffort (F) 808-A4
Tregásio (I) 802-C5
Tregiovo (I) 792-E5
Treglwang (A) 769-G9
Tregnago (I) 804-F7
Treherz (D) 763-J5
Treib (CH) 775-K7
Treibach (A) 782-F8
Tréiso (I) 811-H7
Treiten (CH) 773-K7
Trélex (CH) 786-C5
Tremalzo (I) 53
Tremea (I) 805-M1
Treménico (I) 790-D9
Tremezzo (I) 802-C2
Tremignòn (I) 805-K7
Tréminis (F) 808-B6
Tremona (CH) 802-A3
Tremosine (I) 804-B4
Treni (I) 804-C2
Trenkwald (A) 778-C7
Trennp (I) 802-B7
Trenta (SLO) 796-A5
Trenta-Museum (SLO) 593
Trentino (I) 534, 538, 542, 544, 548, 554
Trento (I) 804-E1
Trenzano (I) 803-H7
Trepalade (I) 806-C6
Trepalle (I) 791-K4
Trepelice (I) 810-D6
Tre Piere (I) 806-D4
Treponti (I) 803-L7
Treporti (I) 806-D7
Trépot (F) 772-C5
Treppo Carnico (I) 795-H4
Treppo Grande (I) 795-J7
Tres (I) 792-E6
Très les Pierres (F) 787-H7
Treschiera (I) 803-G6
Trescléoux (F) 812-A2
Trescore Balneário (I) 803-G5
Trescore Crem. (I) 802-E8
Tresdorf (A) Rangersdorf 781-G8
Tresenda (I) 791-J8
Tresilley (F) 772-C2
Tresivio (I) 791-H8
Tressandans (F) 772-E1
Treßdorf (A) 795-J2
Trettachspitze (D) 76, 81
Treubach (A) 767-H2
Trévano, Uggiate- (I) 802-A3
Trevasco (I) 802-F4
Trevíglio (I) 802-E7
Trevignano (I) 805-M4
Trevignin (F) 798-A4
Treviolo (I) 802-E5
Trevisago (I) 801-K3
Treviso (I) 806-B5
Treviso Bresciano (I) 803-L5
Trévlliers (F) 773-J4
Trey (CH) 787-J1
Treycovagnes (CH) 786-F1
Treytorrens (CH) Payerne 773-H9
Treyvaux (CH) 787-K1
Trezzano Rosa (I) 802-D6
Trezzano s. Nov (I) 802-B8
Trezzolano la Costa (I) 804-E7
Trezzolasco (I) 802-F8
Trezzone (I) 790-D8
Trezzo s. Adda (I) 802-E6
Trezzo Tinella (I) 811-H8
Triàngia (I) 791-G8
Triberg im Schwarzwald (D) 761-G3
Tribiano (I) 802-D8
Tribil Sup. (I) 795-M8
Triboltingen (CH) 762-B8
Tribulaun-Haus (A) 779-G7
Tribuswinkel (A) 771-G3
Tricerro (I) 811-K1
Tricesimo (I) 795-J8
Trichiana (I) 794-A9
Trichtingen (D) 761-K1
Tridis (I) 794-F7
Trieben (A) 768-F9
Triebenbach (D) 766-F5
Triebendorf (A) 782-E5
Triebl bei Hirschbach (A) 770-C5
Triengen (CH) 774-F4
Trient (CH) 787-J9
Trient/Trento (I) 542, 548, 612, 804-E1
Triesen (LIE) 436, 776-E6
Triesenberg (LIE) 436, 437, 776-E6
Triftalp (CH) 788-E8
Trigance (F) 812-F9
Triglav (SLO) 590, 591, 592
Trignana (I) 792-D6
Trígolo (I) 803-G9
Trimbach (CH) 774-E3
Trimmelkam (A) 766-F4
Trimmis (CH) 776-E8
Trimstein (CH) 774-B8
Trin (CH) 446, 790-D1
Trinità (I) Friuli-Venézia Giúlia 806-D2
Trinità (I) Piemonte, Cuneo, Demonte 814-B3
Trinità (I) Piemonte, Cuneo, S. Albano Stura 814-F1
Trinita (I) Piemonte, Cuneo, Valdieri 814-C4
Trinità (I) Piemonte, Torino 809-M2
Trino (I) 811-K2
Trins (A) 196, 779-G6
Triora (I) 814-E7
Trisanna (A) 158
Trischiamps (I) 795-G4
Trisóbbio (I) 811-M8
Trissino (I) 805-G6
Tristach (A) 780-F9
Tristolz (D) 763-H5
Triúggio (I) 802-C5
Triulzo (I) 802-C8
Trivero (I) 800-F5
Trivignano (I) 806-B6
Trivignano Udin. (I) 807-K2
Trivigno (I) 791-K8
Trnava (SLO) 797-L6
Trnov ob Soči (SLO) 795-L6
Trnovo (SLO) 797-G8
Trobasco (I) 801-J2
Tröbelsberg (A) 795-J1
Troblje (SLO) 797-L3
Trochtelfingen (D) 762-C1
Trofaiach (A) 783-K1
Trofarello (I) 810-F4
Trofeng (A) 769-J8
Trogen (CH) 425, 776-E3
Trögern (A) 797-G4
Trogkofel (A) 330
Trognano (I) 802-C9
Troicol (F) 798-F5
Troinex (CH) 786-C7
Troistorrents (CH) 364, 787-H7
Trojica (SLO) 797-H7
Trontano (I) 789-H8
Tronzano (I) 789-K9
Tronzano Vercellese (I) 800-F9
Tröpolach (A) 330, 795-J3
Trošćine (SLO) 797-J9
Trössengraben (A) 784-D6
Trossey (F) 787-G5
Trössing (A) 784-E7
Trossingen (D) 761-K4
Trossy (F) 786-F6
Trostberg (D) 766-D4
Trovasta (I) 814-F6

REGISTER

Trstenik (SLO) 796-F5
Trtnik (SLO) 796-C7
Trub (CH) 774-D8
Trübbach (CH) 776-E6
Trubschachen (CH) 774-D8
Trübsee (CH) 419
Truc di Miola (I) 810-D2
Truccazzano (I) 802-D7
Trucchi (I) 814-E2
Trucco (I) 814-D8
Truchet (F) 812-B2
Truchtlaching (D) 763-J5
Truchtlaching (D) 766-C5
Truckenstetten (A) 769-J2
Trudnen Trodena (I) 793-G6
Truilz (D) 763-H5
Trüllikon (CH) 761-K9
Trumau (A) 771-H3
Trümmelbachfälle (CH) 352
Trun (CH) 789-M2
Trunkelsberg (D) 763-K5
Trüschhübel (CH) 788-D1
Truttendorf (A) 797-F2
Truttikon (CH) 761-L9
Tržič (SLO) 796-F5
Trzin (SLO) 797-H7
Tschachoritsch (A) 796-E3
Tschagguns (A) 138, 139, 141, 708, 777-H6
Tschagguns/Latschau (A) 140
Tschanigraben (A) 785-H5
Tschappina (CH) 790-D2
Tscharmut (CH) 789-K3
Tschau (A) 796-B3
Tschengla-Hochplateau (A) 133
Tschengls/Céngles (I) 792-B3
Tschepbach (CH) 774-B5
Tscherberg (A) 797-J2
Tscherlach (CH) 776-D6
Tscherms/Cérmes (I) 748, 792-E3
Tschiertschen (CH) 790-F1
Tschierv (CH) 791-L3
Tschingel (CH) 788-C2
Tschingelhörner (CH) 444
Tschinowitsch (A) 796-B3
Tschirgant (A) 172
Tschirland Cirlano (I) 792-D3
Tschlin (CH) 777-L9
Tschrietes (A) 783-H9
Tschugg (CH) 773-K6
Tschuggen (CH) 791-H1
Tschurndorf (A) 771-H7
Tta. Franzona (I) 807-G4
Tualis (I) 795-G4
Tuass (LIE) 437
Tubre/Taufers (I) 791-M3
Tuderschitz (A) 796-E2
Tudersdorf (A) 785-H4
Tuenna (I) 792-D6
Tuenno (I) 792-D6
Tufertschwil (CH) 776-B3
Tuffbad (A) 794-F1
Tüfingen (D) 762-C7
Tuggen (CH) 775-M5
Tuilerie (F) 812-E6
Tujetsch (CH) 438, 789-L2
Tulfer/Tulfe (I) 779-H8
Tulfes (A) 191, 779-H4
Tulling (D) 765-L3
Tulmerhäuser (A) 785-G3
Tultschnig (A) 796-E2
Tulwitz (A) 784-B3
Tumeltsham (A) 767-K1
Tumpen (A) 778-C5
Tunau (D) Bodenseekreis 762-E9
Tunau (D) Kr. Lörrach 760-E7
Tünes (I) 779-G8
Tuninetti (I) 810-F6
Tuningen (D) 761-K4
Tunsel (D) 760-C5
Tuntenhausen (D) 765-L5
Tunzendorf (A) 782-B2
Tuómaz (I) 795-L7
Tupaliče (SLO) 797-G6
Turano (I) 804-E7
Turate (I) 801-M5
Turbach (CH) 787-M4
Turbenthal (CH) 775-M2
Turbigo (I) 801-K7
Turcio (I) 805-H3
Turdanitsch (A) 796-B3
Túres/Taufers (I) 779-L8
Turgi (CH) 775-G2
Turin (F) 586
Turje (SLO) 797-M7
Türkenfeld (D) 764-E3
Türkheim (D) 764-B4
Turnacher Höhe (A) 318
Turnau (A) 314, 769-M8
Turnau-Seewiesen (A) 315
Turni (I) 800-F2
Türnitz (A) 770-B4
Turpino (I) 811-K9
Turrach (A) 782-B7
Turracher Höhe (A) 321, 708
Turriaco (I) 807-L3
Turrida (I) 795-G9
Turriers (F) 812-E2
Turtmann (CH) 788-C6
Turtmann Hütte (CH) 788-C8
Tušar More (SLO) 796-D8
Tüscherz-Alfermée (CH) 773-L5
Tussenhausen (D) 763-M3
Tüßling (D) 766-D2
Tussui (I) 793-L9
Tutschach (A) 769-M8
Tutschfelden (D) 760-D2
Tutten (A) 784-E2
Tuttlingen (D) 761-L5
Tuttwil (CH) 775-M2
Tutzach (A) 796-F2
Tützenberg (CH) 773-L9
Tutzing (D) 764-F5
Tux (A) 208, 210, 211
Tuxer Alpen (A) 186, 190
Tuxer Tal (A) 209
Tuxer-Joch-Hütte (A) 779-J6
Twann (CH) 773-L6
Tweng (A) 282, 781-L4
Twerenegg (CH) 774-E6
Twimberg (A) 783-J7
Tyrlaching (D) 766-D4
Tyrlbrunn (D) 766-D4
Tyrnau (A) 784-B2

U

Ubaga (I) 815-G6
Ubaghetta (I) 815-G6
Übelbach (A) 783-M3
Übendorf (D) 763-H6
Überacker (D) 764-F2
Überackern (A) 766-F2
Überauchen (D) 761-J4
Überbach (D) 763-L7
Überfeld (A) 782-F8
Übergang (A) 769-M4
Überlingen (D) Bodenseekreis 762-C7
Überlingen (D) Kr. Konstanz 762-A7
Übersaxen (A) 776-F4
Übersbach (A) 784-F5
Übersee (D) 766-C6
Ubiale-Clanezzo (I) 802-E4
Ubine (F) 787-G6
Uboldo Caronno- (I) 802-A6
Uboldo Origgio (I) 801-M6
Ubraye (F) 813-J7
Uccea (I) 795-K6
Uderns (A) 204, 709, 779-K4
Údine (I) 795-J8
Udligenswil (CH) 775-H6
Ueberstorf (CH) 773-M8
Uebeschi (CH) 788-B1
Uebewil (CH) 773-L9
Ueken (CH) 774-F2
Uerikon (CH) 775-L5
Uerkheim (CH) 774-F4
Uerschhausen (CH) 761-L9
Uerzlikon (CH) 775-J5
Uesslingen (CH) 761-L9
Uetendorf (CH) 788-B1
Uetikon (CH) 775-K4
Üetliburg (CH) 776-A4
Uettligen (CH) 773-M7
Uezwil (CH) 775-G4
Ufer (A) 769-G2
Uffheim (F) 760-B8
Uffikon (CH) 774-F5
Uffing am Staffelsee (D) 764-E8
Ufhusen (CH) 774-E6
Uf Prätsch (CH) 790-F1
Uggiate-Trévano (I) 802-A3
Uggowitz (A) 796-A2
Ugine (F) 798-E4
Ugovizza (I) 795-K4
Uhldingen-Mühlhofen (D) 762-C8
Ühlingen-Birkendorf (D) 761-H8
Uhwiesen (CH) 761-K8
Uigendorf (D) 762-E3
Uina Dadaint (CH) 791-L1
Uitikon (CH) 775-J3
Ukanc (SLO) 796-B6
Ukanje (SLO) 795-M8
Úlfas/Ulfass (I) 778-F9
Ulfass/Úlfas (I) 778-F9
Ulisbach (CH) 776-B4
Ulmerfeld (A) 769-H3
Ulmich (A) 777-L7
Ulrichen (CH) 789-G4
Ulrichsbrunn (A) 784-B3
Ulten/Ultimo (I) 792-D4
Ultental (I) 488, 489
Ultimo/Ulten (I) 792-D4
Umberg (A) 796-C2
Umerboden (CH) 775-M8
Umhausen (A) 177, 178, 179, 180, 778-D6
Umiken (CH) 775-G2
Umkirch (D) 760-D4
Ummendorf (D) Kr. Biberach 763-G4
Ummendorf (D) Kr. Landsberg 764-C4
Ummenhofen (D) 764-B5
Umrathshausen (D) 766-B6
Unadingen (D) 761-H6
Undervelier (CH) 773-L3
Unering (D) 764-F4
Unfriedshausen (D) 764-D3
Ungenach (A) 767-L3
Ungerbach (A) 771-H8
Ungerberg (A) 785-G3
Ungerdorf (A) 784-D5
Ungerdorf (A) Jagerberg 784-D7
Ungerhausen (D) 763-K5
Ungersdorf (A) 783-M3
Unken (A) 242, 766-E8
Unkenberg (A) 766-E8
Unlingen (D) 762-E3
Unna (I) 791-L5
Unsere Frau/Madonna di Senales (I) 792-C2
Unsere liebe Frau (A) 795-G2
Unsere Liebe Frau im Walde/Senale-St.Felix/S.Felice (I) 792-E4
Unsere Liebe Frau im Walde-St.Felix/S.Felice (I) 792-E4
Unter Längenfeld (A) 778-D6
Unter Leins (A) 778-B5
Unter Peischlach (A) 780-D8
Unter Tösens (A) 778-A7
Unter Weißburg (A) 781-L5
Unterach am Attersee (A) 767-K6
Unterägeri (CH) 775-K6
Unteraha (D) 760-F7
Unteraich (A) 782-E7
Unteralkus (A) 780-E8
Unteralm (A) 770-B9
Unteralmlach (A) 781-L9
Unteralpfen (D) 760-F8
Unteralting (D) 764-E3
Unterammergau (D) 89, 90, 91, 764-D9
Unterankenreute (D) 762-F7
Unterapfeldorf (D) 764-D6
Unterau (D) Kr. Bad Tölz-Wolfratshausen 764-F8
Unterau (D) Kr. Berchtesgadener Land 767-G8
Unterauerbach (D) 763-L4
Unterauersbach (A) 784-D7
Unteraurach (A) 780-C2
Unterbach (A) 777-H3
Unterbäch (CH) 788-D6
Unterbach (CH) 788-F2
Unterbaldingen (D) 761-K5
Unterbalzheim (D) 763-J3
Unterbau (D) 764-D7
Unterberg (A) Embach 781-H4
Unterberg (A) Fürstenfeld 785-G5
Unterberg (A) Schied 781-H4
Unterberg (A) Steindorf am Ossiacher See 796-C1
Unterbergen (A) Ferlach 796-E3
Unterbergen (A) Lavamünd 797-K1
Unterbergen (A) Oberwart 785-G2
Unterbergen (A) Völkermarkt 797-G1
Unterbergen (D) 764-D2
Unterberghorn (A) 212
Unterbergla (A) 784-A8
Unterbeuern (D) 764-D5
Unterbichtlingen (D) 762-B5
Unterbierbronnen (D) 761-G8
Unterbierwang (D) 766-B3
Unterbleichen (D) 763-L1
Unterbözberg (CH) 775-G2
Unterbränd (D) 761-H5
Unterbromberg (A) 771-G6
Unterbruckendorf (A) 783-G9
Unterbrunn (D) 764-F4
Unterbuchen (D) 765-H7
Unterburg (A) 768-C9
Unterdambach (A) 768-G4
Unterdanegg (A) 770-F6
Unterdarching (D) 765-J6
Unterdeka (A) 782-F8
Unterdießen (D) 764-C5
Unterdigisheim (D) 762-A3
Unterdöbernitzen (A) 795-J2
Unterdombach (A) 784-F3
Unterdorf (A) Salzburg 767-H6
Unterdorf (A) Völkermarkt 797-J2
Unterdörfl (A) 782-C8
Untere Au (A) 769-M8
Untere Bergen (A) 785-G3
Untereching (A) 766-F4
Untereck (D) 766-A7
Untere Draßnitz (A) 781-H9
Unteregg (D) 763-M5
Unteregen (CH) 776-E2
Untereggingen (D) 761-H8
Untere Gößnitzer Hütten (A) 781-H8
Unterehrendingen (CH) 775-H2
Untereichen (D) 763-J3
Untere Laaser-Alm (I) 792-B4
Unterems (CH) 788-C6
Unterendingen (CH) 761-H9
Unterengadin (CH) 53, 470, 472
Unterengstringen (CH) 775-J3
Unterentfelden (CH) 774-F3
Untere-Palfau (A) 769-H7
Untere-Pleißing-Alm (A) 781-K4
Unterer-Wienerweg (A) 768-D5
Unteres Pitztal (A) 172
Unteressendorf (D) 763-G5
Unter-Etrach (A) 782-C4
Unterfahrenberg (A) 784-C8
Unterfarrach (A) 783-J3
Unterfeistritz (A) 784-D3
Unterfellach (A) 796-B2
Unterferlach (A) 796-C3
Unterfinning (D) 764-D4
Unterfladnitz (A) 784-C4
Unterflossing (D) 766-C2
Unterföhring (D) 765-J2
Unterfrauenhaid (A) 771-J7
Unterfreundorf (A) 768-B1
Untergaimberg (A) 780-F9
Untergeisenfelden (D) 766-F4
Untergermaringen (D) 764-B5
Untergiblen (A) 777-L4
Untergiem (A) 784-E6
Unterglottertal (D) 760-E4
Untergösle (A) 783-J7
Untergossen (A) 783-G7
Untergrainau (D) 778-D2
Untergreith (A) 784-C4
Untergreuth (A) 796-C3
Untergreutschach (A) 783-H9
Untergriesingen (D) 763-G2
Untergrimming (A) 768-C9
Untergrünburg (A) 768-D4
Untergschwend (D) 765-L7
Unterguntschach (A) 796-F3
Untergurgl (A) 778-D8
Unterhaching (D) 765-H4
Unterharprechts (D) 763-H8
Unterhart (A) 768-C3
Unterhasel (A) 771-H9
Unterhäselgehr (A) 777-M4
Unterhauenstein (CH) 774-E3
Unterhaus (A) 768-F2
Unterhaus (A) Krumbach 771-G8
Unterhaus (A) Seeboden 795-L1
Unterhaus (A) Spittal an der Drau 781-L9
Unterhaus (A) Wildon 784-C7
Unterhausen (D) 764-E6
Unterheid (CH) 788-F2
Unterhenndorf (A) 785-G6
Unterherrnhausen (D) 765-G6
Unterhofkirchen (D) 765-L1
Unterhöflein (A) 770-F5
Unterholz (A) 768-C1
Unterholzhausen (D) 766-D2
Unterhömbach (A) 769-H3
Unterhöslwang (D) 766-B5
Unteribach (D) 760-F7
Unteribental (D) 760-F4
Unteriberg (CH) 411, 775-L6
Unterigling (D) 764-C4
Unterirrbach (A) 768-B2
Unterirsingen (D) 764-B4
Unterjettenberg (D) 766-F8
Unterjoch (D) 74, 777-L1
Unterkammlach (D) 763-L4
Unterkarlaberg (A) 784-E8
Unterkirchen (A) 778-F3
Unterkirnach (D) 761-H4
Unterkohlstätten (A) 771-H9
Unterkolbnitz (A) 781-J8
Unterkosten (A) 780-D9
Unterkulm (CH) 774-F4
Unterkürnach (D) 763-J7
Unterlaa (A) 771-H1
Unterlaasen (A) 784-F8
Unterlamm (A) 784-F6
Unterlangenegg (CH) 788-C1
Unterlangkampfen (A) 779-M1
Unterlappach (D) 764-F2
Unterlatschach (A) 782-F9
Unterlaus (D) 765-K5
Unterlehen (D) 760-F7
Unterleibnig (A) 780-E8
Unterlengdorf (A) 782-B1
Unterlimbach (A) 784-F3
Unterloibl (A) 796-E3
Unterloisdorf (A) 771-J9
Unterlungnitz (A) 784-F2
Unterlunkhofen (CH) 775-H4
Untermaiselstein (D) 763-K9
Untermarchtal (D) 762-F2
Untermatt (CH) 775-H7
Untermberg (D) 104, 765-H8
Untermeitingen (D) 764-C3
Untermettingen (D) 761-H8
Untermieger (A) 796-F2
Untermieming (A) 778-D4
Unterminathal (A) 767-H3
Untermitterdorf (A) 797-J1
Untermoia/Antermója (I) 748, 793-K2
Untermühl (A) 785-G3
Untermühlbach (A) 782-F9
Untermühlegg (D) 777-K2
Untermühlhausen (D) 764-C4
Untermünstertal (D) 760-D6
Untermur (A) 783-J3
Unternarrach (A) 797-G2
Unternberg (A) Gloggnitz 770-F7
Unternberg (A) Mauterndorf 781-M5
Unternberg (A) Völkermarkt 797-H1
Unterneukirchen (D) 766-D2
Unternogg (D) 764-D8
Unteropfingen (D) 763-J4
Unterort (A) 769-K9
Unterostendorf (D) 764-B5
Unterperfuss (A) 778-F4
Unterpetersdorf (A) 771-K7
Unterpettnau (A) 778-E4
Unterpfaffenhofen (D) 764-F3
Unterpilsbach (A) 767-L4
Unterpinswang (A) 778-B1
Unterpirach (D) 766-C4
Unterpirkbach (A) 795-G1
Unterplanken/Planca di Sotto (I) 794-B1
Unterprätis (A) 784-D2
Unterprechtal (D) 760-F2
Unterpremstätten (A) 784-B6
Unterpullendorf (A) 771-J8
Unterpurkla (A) 784-F8
Unterrabnitz (A) 771-H9
Unterrabnitz-Schwendgraben (A) 771-H8
Unterradl (A) 770-A2
Unterrain (A) 779-J1
Unterrain Riva di Sotto (I) 792-F4
Unterrammingen (D) 764-A4
Unterramsau (A) 769-G2
Unterramsern (CH) 774-B6
Unterregau (A) 767-M4
Unterrehna (D) 762-C6
Unterreit (D) 766-B3
Unterreithen (D) 764-C8
Unterreitnau (D) 762-F9
Unterrettenbach (A) 784-E4
Unterried (A) Längenfeld 778-D6
Unterried (A) Wilhelmsburg 770-D3
Unterrieden (D) 763-L3
Unterriedgarten (D) 763-G7
Unterrohr (A) 784-F3
Unterrohrbach (A) Köflach 783-K6
Unterrohrbach (A) Wilhelmsburg 770-C2
Unterroth (D) 763-K2
Unterrothan (D) 764-A2
Untersacherberg (A) 784-F5
Untersafen (A) 784-F2
Untersalzberg (D) 767-G8
Unterschächen (CH) 775-L9
Unter-Scharten (A) 768-C1
Unterschauersberg (A) 768-B2
Unterschleißheim (D) 765-H1
Unterschmeien (D) 762-B4
Unterschönau (D) 767-G9
Unterschönegg (D) 763-K3
Unterschütt (A) 796-B3
Unterschützen (A) 785-G2
Unterschwandorf (D) 762-A5
Unterschwarza (A) 784-D9
Unterschwarzach (D) 763-G5
Unterschwarzenberg (D) 763-M8
Unterschweinbach (D) 764-E2
Untersedlhof (D) 764-D7
Untersee (A) 767-L8
Untersee (CH) 454, 455
Unterseen (CH) 788-D2
Untersiggenthal (CH) 775-G2
Untersiggingen (D) 762-D7
Untersimonswald (D) 760-F3
Untersöchering (D) 764-E7
Untersonnberg (A) 768-F9
Unterspitzenbach (D) 760-F2
Unterstadion (D) 762-F2
Unterstallbach (A) 768-E2
Unterstalleralm (A) 780-B9
Unterstang bei Hatzendorf (A) 784-F5
Untersteckholz (CH) 774-D5
Untersteig (D) 760-E2
Unterstein (D) 767-G8
Unterstein (D) 777-G1
Untersteinbach (D) 765-G7
Unterstillern (D) 764-E6
Unterstorcha (A) 784-E6
Untersulmetingen (D) 763-G2
Untertal (A) Innsbruck 779-G7
Untertal (A) Leoben 769-L9
Untertal (D) Ortenaukreis 760-E1
Untertal (D) Ortenaukreis 761-G1
Untertal-Rohrmoos (A) 781-M2
Untertauern (A) 282, 781-L3
Unterterzen (CH) 776-C6
Unterteuringen (D) 762-E8
Unterthalhofen (D) 777-K2
Unterthambach (A) 768-B2
Unterthann (A) 783-H4
Unterthingau (D) 763-M7
Unterthurn (A) 770-D1
Unter-Thurnhofen (A) 769-M1
Untertiefenbach (A) 784-E3
Untertiefenbach (A) Riegersdorf 784-F5
Untertilliach (A) 332, 794-E2
Untertriesting (A) 770-E2
Untertweng (A) 782-A9
Unteruhldingen (D) 762-C8
Unterumbach (D) 764-E1
Unterumberg (A) 769-J2
Untervaz (CH) 776-E8
Untervellach (A) 795-K2
Unterwachingen (D) 762-F2
Unterwald (A) 768-E3
Unterwaldhausen (D) 762-E6
Unterwaltersdorf (A) 771-H3
Unterwändnerhütte bei Flattnitz (A) 782-C7
Unterwangen (D) 761-H7
Unterwart (A) 785-G2
Unterwasser (A) 766-D9
Unterwasser (CH) 428, 720, 776-C5
Unterwassern (CH) 789-H4
Unterweidach (A) 778-E3
Unterweilbach (D) 765-G1
Unterweiler (D) Kr. Sigmaringen 762-D5
Unterweiler (D) Kr. Ulm 763-H1
Unterweißenbach (A) 784-E6
Unterwernberg (A) 796-C2
Unterweschnegg (D) 761-G8
Unterwiesenbach (D) 763-L1
Unterwietingberg (A) 783-G8
Unterwilzingen (D) 762-E2
Unterwinklern (A) 796-D2
Unterwolfern (A) 768-E3
Unterwöllan (A) 782-B9
Unterwössen (D) 118, 119, 766-C7
Unterzarnham (D) 766-B3
Unterzeil (D) 763-H6
Unterzeiring (A) 783-G4
Unterzeismering (D) 764-F6
Unterzirknitz (A) 784-D7
Untrasried (D) 763-L6
Unzmarkt-Frauenburg (A) 782-F4
Uors (CH) 790-C2
Upaix (F) 812-C2
Úpega (I) 814-E5
Upflamör (D) 762-D2
Urach (D) 761-G4
Urago (I) 803-K6
Urago d' Óglio (I) 803-G7
Urbe (I) 815-M1
Urberg (D) 761-G7
Urbersdorf (A) 785-J5
Urbiano (I) 809-M2
Urdorf (CH) 775-H3
Urfahrn (D) 766-C6
Urfeld (D) 764-F9
Urgersbach (A) 770-D5
Urgnano (I) 802-F6
Uri (CH) 408, 432
Urigen (CH) 775-L9
Urine (F) 786-F6
Urio (I) 802-B3Urlau (D) 763-J7
Urisee (A) 151
Urmein (CH) 790-D2
Urnäsch (CH) 426, 776-C4
Urnau (D) 762-D7
Urnerboden (CH) 775-M8
Urreiting (A) 769-J3
Ursberg (D) 763-L2
Urscha (A) 784-D5
Urschalling (D) 766-B6
Urschendorf (A) 770-F5
Urschenheim (F) 760-B3
Ursellen (CH) 774-B8
Ursenbach (CH) 774-D6
Ursendorf (D) 762-D4
Ursinins (I) 795-H7
Ursins (CH) 787-G1
Uršlja gora (SLO) 797-K3
Urspring (D) 764-C8
Ursprung (A) 784-B4
Urswil (CH) 775-H5
Ursy (CH) 787-H2
Urtenen (CH) 774-B7
Urtiére (F) 773-J4
Urwies (D) 766-F7
Usago (I) 795-G7
Usillon (F) 786-D9
Usmate (I) 802-D5
Usseaux (I) 809-M3
Usséglio (I) 810-B1
Ussel (I) 800-B4
Uster (CH) 775-L3
Ustersbach (D) 764-A1
Utelle (F) 814-A7
Utik (SLO) 797-G7
Uttendorf (A) 260, 261, 709, 780-D4
Uttendorf, Helpfau- (A) 767-G2
Uttenheim/Villa Ottone (I) 779-L9
Uttenhofen (D) Kr. Augsburg 763-M1
Uttenhofen (D) Kr. Konstanz 761-K7
Uttenweiler (D) 762-F3
Uttigen (CH) 788-B1
Utting (D) 764-E4
Uttwil (CH) 762-D9
Utzenaich (A) 767-K1
Utzenbichl (D) 766-A3
Utzenfeld (D) 760-E7
Utzenstorf (CH) 774-B6
Utzigen (CH) 774-B7
Uvernet-Fours (F) 813-H2
Uzelle (F) 772-F1
Uznach (CH) 775-M5
Uzwil (CH) 802-A3

V

Vacallo (CH) 762-A2
Vaccarino (I) 805-K7
Vaccarolo (I) 803-M8
Vače (SLO) 797-K7
Vach du Collet (F) 814-A5
Vachenau (D) 766-D7
Vachendorf (D) 766-D6
Vacheresse (F) 787-G6
Vacil (I) 806-C4
Vacile (I) 795-G8
Vadaione (I) 541, 792-C8
Vadarci (SLO) 785-G8
Vadena (I) 792-F5
Vadice (SLO) 796-E5
Vado (I) 807-G4
Vado Ligure (I) 815-L4
Vadura (CH) 776-E8
Vaduz (LIE) 436, 776-E6
Vagen (D) 765-K6
Vaggimál (I) 804-D6
Vaghezza (I) 803-K4
Vaglio (CH) 789-M9
Vagna (I) 789-G8
Vago (I) 804-E8
Vahrn/Varna (I) 793-J2
Vaiale (I) 803-L4
Vaiano (I) Lombardia, Cremona 802-E9
Vaiano (I) Lombardia, Lodi 802-D8
Vailate (I) 802-E7
Vailly (F) 786-F6
Vairano (CH) 789-L8
Vajolet (I) 793-H5
Vajònt (I) 794-E8

● Regionen ● Hotels ● Karten

Valabre (F) 813-M5
Valangin (CH) 773-J7
Valáora/Olang (I) 793-M1
Valata (CH) 443,790-B1
Valavoire (F) 812-D3
Val Bedretto (CH) 400, 402
Valbella (CH) 448, 450, 451
Valbelle (F) 812-C4
Valberg (F) 813-K5
Valbione (I) 791-M7
Val Blu (A) 133
Valbondione (I) 803-H1
Valbonnais (F) 808-C4
Valbrembo (I) 802-E5
Valbrona (I) 802-C3
Valbruna (I) 795-L4
Valburga (SLO) 796-F7
Valcanale (I) 803-G2
Valcasotto (I) 815-G4
Valcava (I) 793-G8
Valcellina (I) 794-E8
Valchava (CH) 791-L3
Valchiusella (I) 800-C6
Val Cismon (I) 548
Val Claret (F) 799-H7
Val Cogne (I) 570
Valcolla (CH) 790-A9
Valcona (I) 814-E6
Valcroce/Kreuztal (I) 793-J2
Valda (I) 792-F8
Valdagno (I) 804-F5
Valdahon (F) 772-E5
Valdander (Bauernbad) (I) 510
Val d'Anniviers (CH) 378, 380
Val da Pont (I) 794-C6
Valdarmella (I) 814-F5
Val d'Ayas (I) 568
Val de Bagnes (CH) 370, 371, 372
Val-de-Chalvagne (F) 813-J7
Val della Torre (I) 810-C2
Val-del-Prat (F) 809-J4
Valdelserro (I) 811-G4
Val de Morgins (CH) 364
Valdengo (I) 800-F6
Val-de-Roulans (F) 772-D3
Valderoure (F) 813-J9
Val-des-Prés (F) 589
Valdestali (I) 794-F7
Val de Villé (F) 760-A1
Val d'Hérens (CH) 374
Valdichiesa (I) 811-G4
Valdidentro (I) 791-K4
Valdieri (I) 814-C3
Valdifabbro (I) 805-J2
Val di Fassa (I) 37, 41, 544, 546
Val di Fiemme (I) 548, 550
Val di Gressoney (I) 568
Val d'Illiez (CH) 363, 364, 365, 721, 787-H7
Valdimolino (I) 805-G6
Valdinferno (I) 815-G4
Val d'Isère (F) 51, 580, 582, 583, 799-J7
Valdisotto (I) 791-L5
Val di Vizza/Pfitsch (I) 779-H8
Valdo (I) 789-H6
Valdobbiádene (I) 805-M3
Valdóbbia (I) 800-D4
Valdoneghe (I) 804-C6
Valdrigo (I) 806-C5
Valdúggia (I) 801-G4
Val du Prè (F) 814-E6
Valdurna/Durnholz (I) 793-G2
Valé (CH) 790-B3
Vale (I) 795-H6
Valéggio Sul Mincio (I) 804-B9
Valemes (F) 812-C3
Valempoulières (F) 772-A8
Valendas (CH) 444, 446,790-C1
Valens (CH) 776-E8
Valensole (F) 812-C8
Valent (I) 794-F7
Valentigney (F) 773-H2
Valentini (I) 815-J1
Valentinis (I) 795-G6
Valenzani (I) 811-K5
Valepp (D) 765-K9
Valeriano (I) 795-G8
Valetti (I) 792-F8
Valeyres-sous-Rances (CH) 786-F1
Valeyres-sous-Ursins (CH) 787-G1
Valezan (F) 798-F6
Valfenera (I) 811-G5
Valforiana (I) 793-G7
Valfréjus (F) 809-J2
Valfura (I) 791-L5
Valgatara (I) 804-D7
Valgelade (F) 812-D4
Valgera (I) 811-J5
Valgióie (I) 810-B3
Valgòlio (I) 803-H2
Valgrana (I) 814-C2
Valgrande (I) 794-C3
Valgreghentino (I) 802-D4
Valgrisenche (I) 572,799-J5
Valjouffrey (F) 808-D5
Vallà (I) 805-L5
Vallada Agordina (I) 793-L6
Vall'Alta (I) 803-G4
Vallamand (CH) 773-K8
Vallandry (F) 799-G6
Vallanzengo (I) 800-F6
Vallarga/Weitental (I) 779-J9
Vallassina (I) 561,791-K1
Valle (I) Friuli-Venézia Giúlia 795-K8
Valle (I) Ligúria 815-H3
Valle (I) Lombardia 790-F8
Valle (I) Piemonte, Cuneo 811-G9
Valle (I) Piemonte, Savona 815-J2
Valle (I) Véneto 794-D3
Valle Aurina/Ahrntal (I) 779-M7
Vallebona (I) 814-E9
Valle di Blenio (CH) 400, 402, 403
Valle di Cadore (I) 794-C5
Valle di Casies/Gsies (I) 780-A9
Valle Dorizzo (I) 803-M3
Valleiry (F) 786-A8
Valle Leventina (CH) 400, 402
Valle Maggia (CH) 49, 404
Valle Mosso (I) 800-F5
Vallenoncello (I) 806-E2
Valleroy (F) 772-C2
Válles/Vals (I) 779-J9
Vallesana (I) 804-B7
Valle San Felice (I) 804-D3
Valle San Floriano (I) 805-J4
Valle San Nicolao (I) 800-F6
Valle Sauglio (I) 810-F4
Vallese (I) 804-E9
Valleve (I) 802-F1
Valleversa (I) 811-J4
Valley (D) 765-J6
Valli (I) 805-M6
Valli del Pasúbio (I) 804-F4
Vallières (F) 798-A2
Vállio (I) 806-D5
Vállio Terme (I) 803-L6
Vallming/Valmigna (I) 779-G8
Vallo (I) 811-G1
Vallo Tor (I) 810-D1
Valloire (F) 809-G2
Vallon (CH) 773-J8
Vallonara (I) 805-J4
Vallone/Pfung (I) 793-M2
Vallongo (I) 810-F5
Vallonto (I) 806-D3
Vallorbe (CH) 786-E1
Vallorcine (F) 578,787-H9
Vallória (I) 815-G7
Valloriate (I) 814-B3
Vallortigara (I) 804-F4
Vallouise (F) 589,809-H5
Vallunga (I) 811-H4
Valmacca (I) 811-M3
Valmadrera (I) 802-D3
Valmàggia (I) 801-G3
Valmaggiore (I) 803-H4
Valmala (I) 810-C9
Valmarana (I) 806-B8
Valmareno (I) 806-A2
Val Masino (I) 790-F7
Valmeinier (F) 809-H2
Valmesta (I) 793-K7
Valmiana (I) 799-L6
Valmigna/Vallming (I) 779-G8
Valmórbia (I) 804-E3
Valmorea (I) 802-A3
Valmorel (F) 798-E7
Valmorèl (I) 794-B9
Valmoresca (I) 802-F1
Valnegra (I) 802-F2
Valnogaredo (I) 805-J9
Valnontey (I) 799-L6
Valonne (F) 773-G3
Valoreille (F) 773-H3
Val Paradiso (I) 805-G1
Valparolo (I) 811-M4
Valpeline (I) 571,799-L3
Val Pelouse (F) 798-C7
Valperga (I) 800-B8
Valpetina (I) 807-H5
Valpiana (I) 802-F3
Valpiana di sotto (I) 793-K8
Valpicetto (I) 794-F4
Valpina (I) 801-H4
Valprato Soana (I) 800-B7
Valpredina (I) 803-G5
Val Rezzo (I) 790-B9
Val Rosera (I) 791-G7
Valrovina (I) 805-J4
Vals (A) 196, 441, 443, 501, 502, 503, 779-H7
Vals (CH) 61,790-C3
Vals/Válles (I) 779-J9
Valsavarenche (I) 572,799-K6
Valsaviore (I) 791-L9
Valsecca (I) 802-E3
Valsenestre (F) 808-D4
Valseresino (I) 803-G9
Valserres (F) 808-E9
Valsertal (CH) 440
Val Sesia (I) 565
Val Sesis (I) 552
Valsolda (I) 790-A9
Valsorda (I) 804-E1
Valss/Flass (I) 792-F3
Valstagna (I) 805-J3
Val Surses (CH) 452
Valt (I) 793-K6
Valtanna (CH) 776-E8
Val Thorens (F) 583,798-F9
Vältina (I) 778-F9
Valtorta (I) 802-E2
Valtournenche (I) 568, 748,800-B3
Valtrighetta (I) 793-G8
Valvasone (I) 807-G1
Val Verzasca (CH) 49, 404
Valvestino (I) 804-A4
Valzeina (CH) 776-F8
Valzur (A) 159
Valzúrio (I) 803-H2
Vanca vas (SLO) 785-G9
Vanclans (F) 772-E5
Vandans (A) 141, 709,777-G6
Vandelans (F) 772-C2
Vandœuvres (CH) 786-C7
Vandóies/Vintl (I) 779-J9
Vandoncourt (F) 773-J2
Vaneca (SLO) 785-G8
Vanescha (CH) 790-B3
Vanezze (I) 804-E1
Vannoz (F) 772-A9
Vanoise-Nationalpark (F) 580
Vanoni (I) 804-C9
Vantone (I) 803-M4
Vanzaghello (I) 801-K6
Vanzago (I) 801-M7
Vanzi (I) 804-F3
Vanzone-S. Carlo (I) 800-F2
Váprio (I) 802-F8
Váprio d' Agogna (I) 801-J6
Váprio d' Adda (I) 802-E6
Varallo (I) 565, 566,801-G3
Varallo Pómbia (I) 801-K5
Varano Borghi (I) 801-K4
Vararo (I) 801-K2
Varazze (I) 815-M3
Varcland (F) 787-G8
Varda (I) 806-D2
Varedo (I) 802-B6
Varen (CH) 382,788-B6
Varena (I) 793-H6
Varenna (I) 560, 562,802-C1
Varese (I) 801-L3
Variano (I) 795-H9
Varigotti (I) 815-K5
Varisella (I) 810-D2
Varmo (I) 807-H2
Varna/Vahm (I) 793-J2
Varon (F) 812-B6
Varpolje (SLO) 797-K5
Varzo (I) 789-G7
Vas (I) 805-L2
Vas (SLO) 797-M2
Vasca (I) 814-F3
Vascòn (I) 806-C4
Vaše (SLO) 796-F7
Vásia (I) 815-G7
Vaso (I) 803-L9
Vasoldsberg (A) 784-C5
Vasön (CH) 776-E8
Vassena (I) 802-C2
Vaterstetten (D) 765-J3
Vaticano el Belo (I) 793-L8
Vattaro (I) 804-F2
Vättis (CH) 776-D8
Vattiz (CH) 443,790-B2
Vauchamps (F) 772-D4
Vauclo (I) 792-B9
Vaucluse (F) Franche-Comté/Maîche 773-G4
Vaucluse (F) Franche-Comté/St-Claude 786-A4
Vauclusotte (F) 773-G4
Váuda Canavese (I) 800-B9
Vaudagne (F) 799-G2
Váuda Inf. (I) 800-B9
Vauderens (CH) 787-H2
Vaudrivillers (F) 772-E4
Vauffelin (CH) 773-M5
Vaufrey (F) 773-J3
Vaugelas (F) 798-A9
Vaugondry (CH) 773-G8
Vaujany (F) 584,808-D2
Vaulion (CH) 786-E2
Vaulnaveys-le-Bas (F) 808-B2
Vaulnaveys-le-Haut (F) 808-B2
Vaulruz (CH) 787-J3
Vaulx (F) 798-B1
Vaumarcus (CH) 773-H8
Vaumeilh (F) 812-C3
Vaunières (F) 808-A7
Vautenaivre (CH) 773-J4
Vautravers (F) 798-A8
Vauverdanne (F) 786-E6
Vauvert (F) 812-D9
Vauvray (F) 798-F2
Vaux-et-Chantegrue (F) 772-D9
Vaux-le-Moncelot (F) 772-B1
Vaux-les-Prés (F) 772-A4
Vazzola (I) 806-C3
Vécchia (I) 803-M6
Vecérsio (I) 815-H5
Vechigen (CH) 774-B8
Vedano al L. (I) 802-C6
Vedano Olona (I) 801-L4
Vedelago (I) 805-M5
Vedeseta (I) 802-E3
Vedet (SLO) 797-L5
Vedrijan (SLO) 795-L9
Vedúggio con C. (I) 802-C4
Vedun (I) 799-K4
Veggiano (I) 805-K7
Véglia (I) 810-F7
Veglio (I) Lombardia 802-B2
Veglio (I) Piemonte 800-F5
Vegna (I) 792-A2
Vegri (I) 804-F5
Veigy-Foncenex (F) 786-D6
Veirera (I) 815-L2
Veitsau (A) 770-F3
Veitsch (A) 770-B8
Vela (I) 792-E9
Velate (I) Lombardia, Milano 802-C5
Velate (I) Lombardia, Varese 801-L3
Velden am Wörther See (A) 338, 340, 341,796-D2
Velenje (SLO) 797-L5
Velesmes-Essarts (F) 772-A4
Vèleso (I) 802-B2
Velesovo (SLO) 797-G6
Velika Kostrevnica (SLO) 797-K8
Velika Ligojna (SLO) 796-F9
Veliki Ćirnik (SLO) 797-M9
Veliki Dolu (SLO) 797-L7
Veliki Trnih (SLO) 796-B7
Vella (CH) 443,790-B2
Vellano (CH) 790-B8
Vellau/Velloi (I) 487, 488,792-E2
Velleclaire (F) 772-B2
Vellefrey-et-Vellefrange (F) 772-A2
Vèllego (I) 815-G6
Vellemoz (F) 772-A1
Vellerat (CH) 773-M3
Vellerot-lès-Belvoir (F) 773-G3
Vellerot-lès-Vercel (F) 772-E4
Vellevans (F) 772-F3
Velloi/Vellau (I) 792-E2
Velm (A) 771-H2
Velmàio (I) 801-L3
Velo d'Astico (I) 805-G4
Velon (I) 792-B7
Velo Veronese (I) 804-E6
Velsio (I) 804-B4
Veltheim (CH) 775-G2
Velturno/Feldthurns (I) 793-J2
Venanson (F) 814-B6
Venaria (I) 810-E2
Venasca (I) 810-C9
Vénascle (F) 812-E8
Venas d. Cad. (I) 794-B5
Venáus (I) 809-L2
Vendlincourt (CH) 773-L2
Vendoglio (I) 795-J7
Vendone (I) 815-H6
Vendri (I) 804-E7
Vendrogno (I) 790-D9
Venegazzù (I) 806-A4
Venegono Inferiore (I) 801-M4
Venegono Superiore (I) 801-M4
Veneria (I) 801-G9
Venet (A) 168
Venetien (I) 552, 554
Venetregion (A) 168
Venézia (I) 806-C8
Veniano (I) 801-M5
Venise (F) 772-C3
Vennans (F) 772-D3
Vennes (CH) 787-G3
Vennes (F) 772-F5
Venosc (F) 808-E3
Vens (F) 813-K3
Vens (I) 799-K4
Vent (A) 177, 180, 709,778-D9
Ventavon (F) 812-C2
Venter Hüttenwanderweg (A) 177
Venterol (F) 812-D1
Venthon (F) 798-E4
Venthône (CH) 788-B6
Ventimíglia (I) 814-D9
Venturelli (I) 804-C8
Venzone (I) 795-J6
Verago (I) 804-C6
Verano Brianza (I) 802-C5
Verano/Vöran (I) 792-F3
Veravo (I) 815-H5
Verbania (I) 565, 566,801-J2
Verbier (CH) 370, 371, 372, 373, 721, 787-L8
Verbier (CH) Abenteuerpark 372
Verbier (CH) Festival & Academy 373
Verbois (CH) 786-B7
Verceia (I) 790-D8
Vercelli (I) 801-H9
Vercel-Villedieu-le-Camp (F) 772-E5
Verchaix (F) 787-G8
Vercorin (CH) 380, 381,788-B7
Vercurago (I) 802-D4
Verdabbio (CH) 790-B7
Verdaches (F) 812-F3
Verdasio (CH) 789-K8
Verdeggia (I) 814-E6
Verdellino (I) 802-E6
Verdello (I) 802-F6
Verdério Sup. (I) 802-D5
Verdevant (F) 786-F8
Verdins (I) 794-F4
Verditz (A) 796-B1
Verdon (F) 49
Verduno (I) 811-G8
Vereina (CH) 791-H1
Véreitre (F) 786-D6
Vérel (F) 798-C3
Vérel-Pragondran (F) 798-A5
Verezzo (I) 814-E8
Vergalden (A) 777-H8
Vergein (A) 780-D9
Vergeletto (CH) 789-J7
Vergiate (I) 801-K4
Vergnasco (I) 800-F7
Vergobio (I) 801-K2
Vergons (F) 813-H7
Vergötschen (A) 778-B7
Vergranne (F) 772-E2
Veringendorf (D) 762-C3
Veringenstadt (D) 762-C3
Verla (I) 792-E8
Vermegliano (I) 807-L3
Vermeil (F) 812-D2
Vermes (CH) 774-B3
Vermezzo (I) 801-M8
Vermíglio (I) 792-B7
Vermogno (I) 800-E7
Vermol (CH) 776-D7
Vermondans (F) 773-H2
Verna (I) Piemonte, Torino, Cumiana 810-C4
Verna (I) Piemonte, Torino, Montelera 810-C2
Vernago/Vernagt (I) 792-C2
Vernagt/Vernago (I) 479,792-C2
Vernagthütte (A) 778-C9
Vernamiège (CH) 787-M7
Vernante (I) 814-D4
Vernasso (I) 795-L8
Vernayaz (CH) 787-J8
Verne (F) 772-E2
Vernéaz (CH) 773-G8
Vernetta (I) 811-H9
Vernier (CH) 786-B7
Vernierfontaine (F) 772-D5
Vernois-le-Fol (F) 773-J3
Vernois-lès-Belvoir (F) 773-G3
Vernuga (I) 791-K6
Verolanuova (I) 803-H9
Verolavécchia (I) 803-H9
Verolengo (I) 811-G2
Véron (F) 787-G5
Verona (I) 804-D7
Veronella (I) 805-G9
Veronese (I) 804-B6
Vérossaz (CH) 787-J7
Verrayes (I) 800-B4
Verrens-Arvey (F) 798-C5
Verrès (I) 800-C5
Verrières-de-Joux (F) 772-E8
Verrières-du-Grosbois (F) 772-D4
Verrone (I) 800-F7
Verrua Savóia (I) 811-H2
Vers (F) 786-B8
Versa (I) 807-L2
Versahl (A) 777-K7
Versal-Hütte (A) 777-J7
Versam (CH) 444,790-D1
Versam-Safien (CH) 446
Vers-chez-Grosjean (CH) 786-D2
Vers-chez-les-Blanc (CH) 787-G3
Vers-chez-Perrin (CH) 787-J1
Verschneid/Frassineto (I) 792-F4
Verscio (CH) 789-L8
Versegères (CH) 373,787-L9
Vers-en-Montagne (F) 772-B8
Versiaco di Sopra/Obervierschach (I) 794-B2
Versino (I) 810-C1
Versiola (I) 807-G3
Vers-l'Eglise (CH) 369,787-K6
Versoix (CH) 786-C6
Versonnex (F) 786-C6
Versoye-les-Granges (F) 799-G5
Versutta (I) 807-G2
Versvey (CH) 787-J6
Vertemate con Minóprio (I) 802-B4
Vertier (F) 798-C3
Vertine (I) 803-J5
Vértova (I) 803-G4
Veruno (I) 801-J5
Vérvio (I) 791-K7
Vervò (I) 792-E6
Verwall (A) 158, 160
Véry (F) 786-B9
Verzasca (CH) 57
Verzascatal (CH) 404
Verzègnis (I) 795-G5
Verzuolo (I) 810-C8
Vescancy (F) 786-B5
Vescous (F) 813-M8
Vescovado (I) 807-G4
Vésenaz (CH) 786-C6
Vésenex Crassy (F) 786-C5
Vésime (I) 811-J8
Vesin (CH) 787-H1
Vespolate (I) 801-K9
Vessálico (I) 815-G6
Vesta (I) 803-M4
Vestenanuova (I) 804-F6
Vešter (SLO) 796-F7
Vestigne (I) 800-D8
Vestone (I) 803-L5
Vestreno (I) 790-C9
Veternigo (I) 805-M7
Vétraz-Monthoux (F) 786-D7
Vétraz-Nangy (F) 786-D7
Vetrego (I) 806-A7
Vétria (I) 815-H4
Vetriolo Therme (I) 805-G1
Vétroz (CH) 787-L7
Vettignè (I) 800-F8
Vetto, Tornadri- (I) 791-H7
Véveri (I) 801-K7
Vevey (CH) 787-H4
Vex (CH) 787-M7
Veyges (CH) 787-J6
Veynes (F) 808-B8
Veyrier (CH) 786-C7
Veyrier-du-Lac (F) 798-C2
Veysonnaz (CH) 721,787-L7
Veytaux (CH) 787-J5
Vezia (CH) 802-A1
Vezio (CH) 789-M9
Vezza d'Alba (I) 811-G6
Vezza d'Oglio (I) 791-L7
Vezzano (I) 792-D9
Vezzi Pórtio Voze (I) 815-K4
Vezzo (I) 801-J3
Viadana Bresciana (I) 803-L8
Viadánica (I) 803-H5
Via Ferrata Franco Gadotti (I) 546
Via Ferrata Monte Albano (I) 555
Viajano (I) 811-G9
Viale d' Asti (I) 811-H4
Vialfrè (I) 800-C8
Viano (CH) 791-J7
Viarigi (I) 811-K4
Viboldone (I) 802-C8
Vic (SLO) 797-G8
Vicenza (I) 805-J6
Vich (CH) 786-D4
Vich (I) 794-B8
Vichères (CH) 787-K9
Vicht (A) 767-M4
Vico (I) Lombardia, Bréscia 803-M5
Vico (I) Lombardia, Como 790-C8
Vico (I) Piemonte 811-K9
Vico Canavese (I) 800-C7
Vicoforte (I) 814-F2
Vicolungo (I) 801-H7
Vicosoprano (CH) 790-F6
Vicques (CH) 773-M3
Vidalengo (I) 802-F7
Vide (I) 792-C6
Videm, Dol pri Ljubljana (SLO) 797-H8
Videm, Ivančna Gorica (SLO) 797-K9
Vidmar (SLO) 796-E7
Vidolasco (I) 802-F8
Vidonci (SLO) 785-G7
Vidòr (I) 805-M3
Vidulis (I) 795-G8
Viechtwang (A) 768-B5
Viehbergalm-Runde (A) 308
Viehdorf (A) Amstetten 769-J2
Viehdorf (A) St. Valentin 768-F2
Viehhofen (A) 780-E3
Vieilley (F) 772-C3
Vière (F) 813-G3
Viering (I) 800-B5
Viertalalm (A) 780-D3
Viertelfeistritz (A) 784-C3
Vierwaldstättersee (CH) 57, 63, 412, 414
Viéthorey (F) 772-E2
Vietti (I) 799-M9
Vieugy (F) 798-B2
Vieux-Ferrette (F) 773-M1
Viévol (F) 814-D5
Viex (F) 773-H1
Vieyes (I) 799-L5
Vif (F) 808-A3
Vigalzano (I) 792-F9
Viganella (I) 789-G9
Viganello (CH) 802-A1
Vigano (I) 802-C5
Vigano San Martino (I) 803-G4
Vigásio (I) 804-D9
Vigaun (A) 767-H8
Vigéllio (I) 800-F7
Vigévano (I) 801-L9
Viggiona, Tràrego (I) 789-K9
Viggiù (I) 801-M3
Vighizzolo (I) Lombardia, Bréscia 803-L8
Vighizzolo (I) Lombardia, Como 802-B4
Vigliano Biellese (I) 800-F6
Viglierchi (I) 815-H2
Vigna (I) 814-E3
Vignai (I) 814-E7
Vignale (I) 801-J7
Vignale Monferrato (I) 811-K4
Vignarello (I) 801-K9
Vignate (I) 802-C7
Vignogn (CH) 790-B2
Vignola-Falesina (I) 804-F1
Vignole (I) Trentino-Alto Ádige 804-D3
Vignole (I) Véneto 793-M8
Vignolo (I) Ligúria 815-G5
Vignolo (I) Piemonte 814-C3
Vignone (I) 801-J2
Vigo (I) Trentino-Alto Ádige 804-D2
Vigo (I) Véneto 805-H6
Vigo Anáunia (I) 792-E7
Vigo di Cadore (I) 794-D4
Vigo di Fassa (I) 545, 546, 748,793-J5
Vigo Rendena (I) 792-B9
Vigodárzere (I) 805-L7
Vigolo (I) Lombardia 803-H5
Vigolo (I) Trentino-Alto Ádige 792-D9
Vigolo Vattaro (I) 804-F1
Vigone (I) 810-C6
Vigonovo (I) Friuli-Venézia Giúlia 806-D1
Vigonovo (I) Véneto 805-M8
Vigonza (I) 805-M7
Vigorovea (I) 805-M9
Viguri (I) 793-L9
Vikrče (SLO) 797-G7
Viktorsberg (A) 776-F4
Viktring (A) 341,796-E2
Vil/Villa (I) 793-J1
Vilgertshofen (D) 764-D5
Vill (I) 792-F6
Villa (CH) Ticino 789-J4
Villa (CH) Valais 788-B8
Villa (I) Friuli-Venézia Giúlia 795-G5
Villa (I) Ligúria 815-K1

REGISTER

Villa (I) Lombardia, Bréscia, Gargnano 804-B5
Villa (I) Lombardia, Bréscia, Marcheno 803-K5
Villa (I) Lombardia, Bréscia, Serle 803-L6
Villa (I) Lombardia, Lecco 802-D4
Villa (I) Piemonte, Torino, Ceresole Reale 799-K7
Villa (I) Piemonte, Torino, Giaveno 810-C3
Villa (I) Valle d'Aosta 799-L3
Villa (I) Véneto 807-G4
Villa (I) Véneto, Belluno 794-A6
Villa (I) Véneto, Venezia 806-F4
Villa (I) Véneto, Verona 804-D7
Villa/Dörfl (I) 780-B9
Villa/Vil (I) 793-J1
Villa-Agnedo (I) 805-H1
Villa Alba (I) 803-M6
Villa Albertini (I) 804-B6
Villabalzana (I) 805-H7
Villabella (I) Piemonte 811-M4
Villabella (I) Véneto 804-F8
Villa Borgiál (I) 810-B1
Villa Bruna (I) 807-J3
Villabruna (I) 793-L9
Villacaccia (I) 807-H1
Villacampagna (I) 803-G8
Villa-Carcina (I) 803-K6
Villa Carla (I) 807-H4
Villa Cassel (CH) 396
Villach (A) 334, 336, 337, 590, 613, 796-B2
Villacher Fahrzeugmuseum (A) 335
Villacher-Hütte (A) 781-K6
Villachiara (I) 803-H9
Villach-St. Niklas (A) 335
Villach-Warmbad (A) 336, 710
Villa Cortese (I) 801-L6
Villa d'Adda (I) 802-D5
Villa d'Allegno (I) 791-M7
Villa d'Almè (I) 802-F4
Villa d'Arco (I) 806-E1
Villadeati (I) 811-J3
Villa del Bosco (I) 801-G6
Villa del Conte (I) 805-L6
Villa del Foro (I) 811-L5
Villa di Chiavenna (I) 790-E6
Villa di Ferro (I) 805-H8
Villa di Sério (I) 802-F5
Villa di Tirano (I) 791-J8
Villa di Villa (I) Friuli-Venézia Giúlia 806-C1
Villa di Villa (I) Véneto 805-M1
Villa d'Ogna (I) 803-H2
Villadolt (I) 806-E1
Villadósia (I) 801-K4
Villadossola (I) 789-G9
Villafalletto (I) 810-D9
Villa Faraldi (I) 815-H7
Villa Fortuna (I) 801-K7
Villafranca d'Asti (I) 811-G5
Villafranca di Verona (I) 804-C9
Villafranca Padovana (I) 805-K7
Villafranca Piemonte (I) 810-C6
Villaga (I) 805-H8
Villagana (I) 803-H9
Villaganzerla (I) 805-J8
Villa Gatti (I) 811-L8
Village-Neuf (F) 760-B9
Villággio Turistico (I) 804-B3
Villagrande (I) 794-C3
Villa Guárdia (I) 802-A4
Villa Guarienti (I) 804-B6
Villair (I) Valle d'Aosta, Aoste, Courmayeur 799-J3
Villair (I) Valle d'Aosta, Aoste, la Salle 799-J4
Villa la Pompeiana (I) 802-D8
Villa Lagarina (I) 804-D2
Villalta (I) Friuli-Venézia Giúlia 795-H8
Villalta (I) Véneto 805-J6
Villamaggiore (I) 802-B9
Villamezzo (I) 795-H3
Villamiróglio (I) 811-J3
Villa Monastero (I) 560
Villanders/Villandro (I) 500, 793-H3
Villandova (I) 806-E2
Villandro/Villanders (I) 793-H3
Villanova (I) Friuli-Venézia Giúlia, Pordenone 806-F2
Villanova (I) Friuli-Venézia Giúlia, Treviso 806-E3
Villanova (I) Friuli-Venézia Giúlia, Udine, Lusévera 795-J7
Villanova (I) Friuli-Venézia Giúlia, Udine, Rive d'Arcano 795-G8
Villanova (I) Piemonte 800-F7
Villanova (I) Véneto, Pordenone 807-G3
Villanova (I) Véneto, Treviso, Istrana 806-A5
Villanova (I) Véneto, Treviso, Motta di Livenza 806-E4
Villanova (I) Véneto, Treviso, Sernaglia della Battaglia 806-A3
Villanova (I) Véneto, Treviso, Valdobbiádene 805-L3
Villanova (I) Véneto, Venezia 807-G4
Villanova (I) Véneto, Verona 804-B5
Villanova Canavese (I) 810-D1
Villanova d. Judrio (I) 807-K1
Villanova d'Albenga (I) 815-H6
Villanova d'Asti (I) 811-G5
Villanova di Camposampiero (I) 805-M7
Villanova Mondovì (I) 814-E3
Villanova Monferrato (I) 811-L2
Villanova Solaro (I) 810-D7
Villanovo (I) 794-B5
Villanuova (I) Lombardia, Brescia 803-H7
Villanuova (I) Lombardia, Cremona 803-G8
Villanuovo sul Clisi (I) 803-M6
Villaorba (I) 807-H1
Villa Ottone/Uttenheim (I) 779-L9
Villa-paiera (I) 805-L1
Villapia (I) 801-M7
Villapiana (I) 805-M1
Villapiccola (I) 794-C4
Villapinta (I) 790-F8
Villàr Dora (I) 810-C2
Villa Rendena (I) 541, 804-B1
Villàr Focchiardo (I) 810-B3
Villàr Pellice (I) 810-A6
Villàr Perosa (I) 810-B5
Villar S. Costanzo (I) 814-C1
Villaraboud (CH) 787-J2
Villaraspa (I) 805-J4
Villarbeney (CH) 787-K2
Villarbóit (I) 801-G8
Villard (F) Provence-Alpes-Côte d'Azur 813-H4Villard (F) Rhône-Alpes 786-C5
Villard de Touage (F) 808-B5
Villard dessus (F) 799-G5
Villar-d'Arêne (F) 808-F3
Villard-Benoît (F) 798-D6
Villard-d'Hery (F) 798-B6
Villard-Leger (F) 798-C6
Villard-Notre-Dame (F) 808-D3
Villard-Reculas (F) 808-D2
Villard-Sallet (F) 798-B6
Villard-St- Christophe (F) 808-C3
Villard-sur-Bienne (F) 786-A4
Villard-sur-Doron (F) 798-E4
Villareale (I) 801-L9
Villarembert (F) 798-C9
Villarepos (CH) 773-K8
Villaret Rouge (F) 798-B4
Villaretto (I) 809-M2
Villargerel (F) 798-E6
Villargondran (F) 798-D9
Villariaz (CH) 787-J2
Villarimboud (CH) 787-J1
Villarlod (CH) 787-J2
Villar-Loubière (F) 808-E5
Villarlurin (F) 798-E7
Villarly (F) 798-E7
Villaro (I) 815-G3
Villarodin (F) 809-J1
Villaroger (F) 799-H5
Villaroux (F) 798-B7
Villars (F) 814-B6
Villars-Boson (CH) 786-E3
Villars-Bramard (CH) 787-J1
Villars-Burquin (CH) 773-G8
Villars-Colmars (F) 813-H4
Villarsel-Gibloux (CH) Fribourg 787-J2
Villarsel-sur-Marly (CH) Fribourg 787-L1
Villars-Epeney (CH) 787-G1
Villarsiviriaux (CH) 787-J2
Villars-le-Comte (CH) 787-H1
Villars-le-Grand (CH) 773-J8
Villars-les-Blamont (F) 773-J3
Villars-le-Sec (F) 773-J2
Villars-le-Terroir (CH) 787-G2
Villars-Lussery (CH) 786-F2
Villars-Mendraz (CH) 787-G2
Villars-Reyssier (F) 813-H5
Villars-Sainte-Croix (CH) 786-F3
Villars-sous-Dampjoux (F) 773-H3
Villars-sous-Ecot (F) 773-G2
Villars-sous-Mont (CH) 787-K3
Villars-sous-Yens (CH) 786-E4
Villars-St-Georges (F) 772-A4
Villars-St-Georges (F) 772-A5
Villars-sur-Fontenais (CH) 773-K3
Villars-sur-Glâne (CH) 773-K9
Villars-sur-Ollon (CH) 787-J6
Villars-sur-Var (F) 813-M7
Villars-Tiercelin (CH) 787-G2
Villar-St-Pancrace (F) 809-J5
Villarvolard (CH) 787-K2
Villarzel (CH) 787-J1
Villa San Andrea (I) 793-L7
Villasanta (I) 802-C6
Villa Santina (I) 795-G5
Villa Sera (I) 803-K6
Villastanza (I) 801-M7
Villastellone (I) 810-F5
Villata (I) Piemonte, Cuneo 814-C1
Villata (I) Piemonte, Vercelli 801-H8
Villatalla (I) 814-F7
Villa Taranto (I) 801-J2
Villate (I) 800-D8
Villatella (I) 814-D8
Villatico (I) 790-D8
Villauret (F) 808-C9
Villaverla (I) 805-H5
Villavesco (I) 802-D9
Villa Viani (I) 815-G7
Villa Vicentina (I) 807-K3
Villaviera (I) 807-G4
Villaz (F) Jura 798-E3
Villaz (F) Rhône-Alpes 798-C1
Villaz (I) 800-C5
Villaz-Saint-Pierre (CH) 787-J1
Villazzano (I) 804-E1
Ville (F) 813-H7
Ville (I) 815-J2
Villebassa/Niederdorf (I) 794-A2
Ville del Monte (I) 804-C2
Ville-du-Pont (F) 772-F7
Ville-en-Sallaz (F) 786-E8
Ville-la-Grand (F) 786-D7
Villemartin (F) 798-F7
Villemus (F) 812-A7
Villeneuve (CH) Fribourg 787-H1
Villeneuve (CH) Vaud 787-J5
Villeneuve (F) 589
Villeneuve (F) Provence-Alpes-Côte d'Azur 812-B7
Villeneuve (F) Rhône-Alpes 786-B6
Villeneuve (I) 799-K4
Villeneuve-d'Amont (F) 772-B7
Villeneuve-d'Entraunes (F) 813-J5
Villeplane (F) 813-J6
Villeret (CH) 773-K5
Villers-Bouton (F) 772-B1
Villers-Buzon (F) 772-A4
Villers-Chief (F) 772-E4
Villers-Grélot (F) 772-D3
Villers-la-Combe (F) 772-F4
Villers-le-Lac (F) 773-G6
Villers-Pater (F) 772-D1
Villers-sous-Chalamont (F) 772-B7
Villers-St-Martin (F) 772-E3
Villesse (I) 807-L3
Ville-sur-Nus (I) 799-M4
Ville-sur-Sarre (I) 799-K4
Villetale (F) 813-K6
Villetta (CH) 787-M8
Villetta (I) 813-M3
Villette (CH) Lavaux 372, 373, 787-G4
Villette (F) 798-F6
Villette (I) 789-J8
Villevieille (F) 813-J7
Villiers (CH) 773-J6
Villiers-sous-Montrond (F) 772-C5
Villigen (CH) 775-G1
Villingendorf (D) 761-K2
Villingen-Schwenningen (D) 761-J4
Villmannsdorf (A) 768-E9
Villmergen (CH) 775-G3
Villnachern (CH) 775-G2
Villnöß/Fúnes (I) 502, 749, 793-J3
Villnößtal (I) 33
Villongo (I) 803-H5
Villorba (I) 806-B4
Villotta (I) Friuli-Venézia Giúlia, Pordenone, Azzano Decimo 806-F3
Villotta (I) Friuli-Venézia Giúlia, Pordenone, Prata di Pordenone 806-E2
Villutta (I) 806-F2
Viluzza (I) 795-G8
Villy-le-Bouveret (F) 786-C9
Villy-le-Pelloux (F) 786-C9
Vilmaggiore (I) 803-J1
Vilmezzano (I) 804-C6
Vilminore di Scalve (I) 803-J1
Vilpian/Vilpiano (I) 792-F4Vils (A) 778-B1
Vilpiano/Vilpian (I) 792-F4
Vils (D) 87, 153
Vilsalpsee (A) 146
Vilsingen (D) 762-B4
Vilters-Wangs (CH) 776-D7
Vimercate (I) 802-D6
Vimodrone (I) 802-C7
Vimogno (I) 802-D2
Vinaders (A) 779-G7
Vinadi (CH) 474, 777-M8
Vinádio (I) 813-M3
Vinadl (A) 777-M8
Vinchio (I) 811-K6
Vincy (CH) 786-D4
Vinelz (CH) 773-K6
Vingerel (F) 798-A3
Vinje (SLO) 797-H8
Vinon-sur-Verdon (F) 812-B9
Vinovo (I) 810-E4
Vinschgau (I) 479, 481
Vinschgauer Oberland (I) 476, 478
Vinška Gora (SLO) 797-M5
Vintébbio (I) 801-G5
Vintl/Vandóies (I) 502, 779-J9
Vinzáglio (I) 801-J9
Vinzel (CH) 786-D4
Vinzier (F) 786-F5
Viola (I) 815-G3
Vione (I) 791-K7
Vionnaz (CH) 364, 787-H6
Viotto (I) 810-C5
Viozene (I) 814-F5
Vipolze (SLO) 807-L1
Vira (CH) Gambarogno 789-L8
Virago (I) 805-L3
Virani (I) 811-G6
Virgen (A) 235, 236, 780-C7
Virgental (A) 234
Virle Piemonte (I) 810-D5
Virmaše (SLO) 796-F7
Virti (I) 804-F2
Viry (F) 786-B8
Viscano (I) 800-D9
Vische (I) 800-D9
Visco (I) 807-K2
Visgnola (I) 802-C2
Visinale (I) 806-E2
Visinale di Sopra (I) 806-E2
Visino (I) 802-C3
Visintini (I) 807-M2
Visletto (CH) 789-K6
Visnà (I) 806-C3
Visnadello (I) 806-B4
Visome (I) 794-B8
Visone (I) 811-L8
Visp (CH) 788-D6
Visperterminen (CH) 788-D7
Vissignano (I) 806-F2
Vissoie (CH) 378, 788-B7
Vistorta (I) 806-D2
Vito d'Asio (I) 795-G7
Vitrolles (F) 812-C1
Vittório Véneto (I) 806-C1
Vittuone (I) 801-M7
Vitznau (CH) 412, 414, 775-J7
Viù (I) 810-C1
Viuz-en-Sallaz (F) 786-E8
Viuz-la-Chiesaz (F) 798-B3
Vivaro (I) Friuli-Venézia Giúlia 794-F9
Vivaro (I) Véneto 805-H6
Viverone (I) 800-E8
Viv. Forestale (I) 815-J4
Vizille (F) 808-B2
Vizza (I) 806-B1
Vizzola Ticino (I) 801-K6
Vizzolo (I) 802-C9
Vla. Longo (I) 805-H1
Vnà (CH) 791-L1
Vnanje Gorice (SLO) 797-G9
Vò (I) Véneto, Padova 805-J9
Vò (I) Véneto, Vicenza 805-H7
Vobarno (I) 803-M5
Vocca (I) 800-F3
Vöchera am Weinberg (A) 783-M7
Vochera an der Laßnitz (A) 783-M8
Vockenberg (A) 782-E5
Vöcklabruck (A) 767-L4
Vöcklamarkt (A) 767-K4
Voderkrems (A) 781-M7
Vodice (SLO) 797-G7
Vodo di Cadore (I) 537, 794-B5
Vogach (D) 764-E2
Vogau (A) 784-C9
Vogelbach (D) 760-C7
Vogelgrun (F) 760-C4
Vogelsang (CH) 775-G5
Vogelsang (CH) 775-H1
Vogelsang (D) 761-H7
Vögelsberg (A) 779-H4
Vogelsheim (F) 760-B4
Vögisheim (D) 760-C7
Voglau (A) 268
Vögling (D) 766-E6
Voglje (SLO) 797-G7
Vogogna (I) 801-G1
Vogorno (CH) 789-L7
Vogt (D) 763-G7
Vogtareuth (D) 766-A5
Vogte (D) 761-H3
Vogtsburg im Kaiserstuhl (D) 760-C3
Vöhrenbach (D) 761-H4
Vöhringen (D) 763-J2
Voillans (F) 772-E2
Voires (F) 772-D5
Voitsberg (A) 783-L5
Voitsdorf (A) 768-C4
Voje (SLO) 796-C6
Vojsk (SLO) 796-C8
Vojsko (SLO) 796-C9
Voklo (SLO) 796-F7
Volano (I) 804-E2
Volargne (I) 804-C7
Volarje (SLO) 796-A7
Volavlje (SLO) 797-J8
Volče (SLO) 796-A7
Volderau (A) 778-F6
Volders (A) 779-H4
Volderwildbad (A) 779-H4
Voldómino (I) 801-K1
Voldöpp (A) 779-K2
Volken (CH) 761-K9
Völkermarkt (A) 797-H1
Volkersdorf (A) Enns 768-E1
Volkersdorf (A) Purgstall 784-C4
Volkersheim (D) 762-F2
Volkertshausen (D) 761-M6
Volketswil (CH) 775-K3
Volkratshofen (D) 763-J5
Völlan Foiana (I) 792-E3
Vollèges (CH) 787-K9
Völlegg (A) 770-C9
Vollenweid (CH) 775-J4
Völlerndorf (A) 770-B1
Völlkofen (D) 762-D4
Vollon (I) 800-C4
Vologa (SLO) 797-K6
Volon (I) 804-E9
Volonne (F) 812-D5
Volpago del Montello (I) 806-A4
Volpetta (I) 799-L8
Volpiano (I) 810-F2
Volpino (I) 805-G8
Völs (A) 778-F4
Völs am Schlern/Fie allo Sciliar (I) 523, 749, 793-H4
Volta (I) Friuli-Venézia Giúlia 807-H4
Volta (I) Lombardia 803-K7
Volta Brusegana (I) 805-L8
Volta Mantovana (I) 804-B9
Voltago Agordino (I) 793-L7
Völtendorf (A) 770-B1
Voltino (I) 804-B4
Voltorre (I) 801-K3
Volvera (I) 810-D4
Volx (F) 812-B7
Vomp (A) 779-J3
Vomperbach (A) 779-J3
Vomperberg (A) 779-J3
Vondernöring (A) 781-L8
Vongy (F) 786-F5
Voragno (I) 799-L9
Vöran/Verano (I) 792-F3
Vorarlberg (A) 136
Vorau (A) 767-G4
Vorau (A) 770-E9
Voray-s.-l'Ognon (F) 772-C3
Vorchdorf (A) 768-B4
Vordemwald (CH) 774-E4
Vorderberg (A) Sankt Stefan im Gailtal 795-L3
Vorderberg (A) Zwickenberg 781-G9
Vorderbockbach (A) 777-K5
Vorderbruck (A) 770-E4
Vorderburg (D) 763-L9
Vorderdorf (D) 760-F6
Vordere Pollesalm (A) 778-D7
Vordere Rauth (A) 777-M8
Vorderes Zillertal (A) 204, 206
Vorderettenberg (D) 767-G8
Vorderfischen (D) 764-E5
Vorderfultigen (CH) 773-M9
Vordergriesbach (D) 760-F3
Vordergschwend (D) 766-B7
Vordergumnitsch (A) 783-J8
Vorderheubach (D) 761-H1
Vorderhindelang (D) 777-L2
Vorderholz (D) 760-E7
Vorderhornbach (A) 777-M3
Vorderlanersbach (A) 209, 210, 211, 779-J5
Vorderlangenbach (D) 761-H4
Vorderlimberg (A) 783-J7
Vordermiesenbach (D) 766-D7
Vordernberg (A) 769-K9
Vorderriß (D) 765-G9
Vordersdorf (A) 783-M9
Vordersee (A) 767-H7
Vorderstoder (A) 297, 768-D7
Vordertal (D) 761-G1
Vordertambergau (A) 768-D7
Vorderthal (CH) 775-M6
Vordertheißenegg (A) 783-J7
Vorderthiersee (A) 765-M9
Vorderwinkl (A) 782-B9
Vorderwölch (A) 783-J7
Vorderzinken (D) 760-F3
Vorfrutt (CH) 775-M9
Vorges-les-Pins (F) 772-B5
Vorimholz (CH) 773-M6
Vorlobming (A) 783-K3
Vormoos (A) 767-G4
Vornholz (A) 784-D1
Vorsee (D) 762-E6
Vorstadt (A) Kapfenberg 783-M1
Vörstetten (D) 760-E4
Vò Sinistro (I) 804-D4
Vorwald (A) 782-B8
Vösendorf (A) 771-G1
Vöstenhof (A) 770-E6
Vottero (I) 810-B7
Vottignasco (I) 810-D9
Vötz (A) 784-D5
Vougron (F) 786-F5
Vougy (F) 786-E9
Voujeaucourt (F) 773-H1
Vouvry (CH) 364, 787-H6
Vovary (F) 798-B2
Vovary-en-Bornes (F) 786-C8
Vò Vécchio (I) 805-J9
Vranja Peč (SLO) 797-H6
Vranji vrh (SLO) 784-D9
Vransko (SLO) 797-K6
Vrantij (SLO) 784-E9
Vrata (SLO) 797-M2
Vrbanoc (SLO) 796-F9
Vregille (F) 772-B3
Vrh (SLO) 797-M9
Vrhovec (SLO) 797-K6
Vrhovlje (SLO) 795-M9
Vrhpolje (SLO) 797-H6
Vrin (CH) 441, 442, 443, 790-B3
Vrsnik (SLO) 796-A6
Vrsno (SLO) 796-A7
Vrtače (SLO) 797-L7
Vrzdenec (SLO) 796-E9
Vuadens (CH) 787-J3
Vuarmarens (CH) 787-H2
Vuarrengel (CH) 787-G2
Vuarrens (CH) 787-G2
Vucherens (CH) 787-H2
Vucja Gomila (SLO) 785-H8
Vuezzis (I) 794-F3
Vufflens-la-Ville (CH) 786-F3
Vufflens-le-Châtea (CH) 786-E3
Vugelles-La Mothe (CH) 772-F9
Vuhred (SLO) 797-M2
Vuillafans (F) 772-D6
Vuillecin (F) 772-D7
Vuippens (CH) 787-K2
Vuissens (CH) 787-H1
Vuisternens-devant-Romont (CH) 787-J2
Vuisternens-en-Ogoz (CH) 787-K2
Vuitebœuf (CH) 772-F9
Vulbens (F) 786-A8
Vullagana (I) 805-G6
Vulliens (CH) 787-H2
Vullierens (CH) 786-E3
Vulmix (F) 799-G5
Vuzenica (SLO) 797-M2
Vyt-lès-Belvoir (F) 773-G3

W

Waag (CH) 775-L7
Waakirchen (D) 765-J7
Waal (D) 764-B5
Waalhaupten (D) 764-C5
Waalweg (I) 477
Waasen (A) Purgstall an der Erlauf 769-L2
Waasen (A) Siebing 784-C6
Waasen (A) Ybbs an der Donau 769-K2
Waasen am Berg (A) 784-E8
Wabelsdorf (A) 797-G2
Wabern (CH) 774-A8
Wachseldorn (CH) 788-C1
Wachsenberg (A) 782-D9
Wackendorf (A) 797-H3
Wackersberg (D) 765-H7
Wäckerschwend (CH) 774-C6
Wackershofen (D) 762-B5
Wädenswil (CH) 775-K5
Wagen (CH) 775-M5
Wagenau (D) 766-E7
Wagenbach (A) 784-F3
Wagendorf (A) 784-C8
Wagenham (A) 767-G3
Wagenhausen (CH) 761-L8
Wagenstadt (D) 760-D2
Wagensteig (D) 760-F5
Wagerberg (A) 784-F4
Waggendorf (A) 782-E9
Waggershausen (D) 762-D8
Wagham (A) 767-H2
Waging am See (D) 766-E5
Wagna (A) 784-C8
Wagneritz (D) 763-K9
Wagnitz (A) 784-B6
Wagrain (A) 286, 287, 288, 289, 709, 781-J3
Wagrainer Hohe (A) 781-J3
Wagram (A) Enns 768-F1
Wagram (A) Linz 768-D1
Wagsberg (D) 763-J6
Wahlbach (F) 760-A8
Wahlen bei Laufen (CH) 774-B2
Wahlendorf (CH) 773-M7
Wahlern (CH) 773-M9
Wahlwies (D) 762-A7
Waich (D) 766-D7
Waidach (A) 767-H8
Waidegg (A) 795-J2
Waidern (A) 768-D3
Waidhofen an der Ybbs (A) 769-H4
Waidmannsfeld (A) 770-E4
Waidring (A) 228, 229, 230, 231, 710, 766-D9
Waiern (A) 796-D1
Wain (D) 763-H3
Waisacher Alm (A) 795-J2
Waisenberg (A) 797-G1
Waisenegg (A) 784-C1
Waitschach (A) 783-G7
Walbersdorf (A) 771-H5
Walbertsweiler (D) 762-B5
Walchau (A) 781-K3
Walchen (A) Kaprun 780-E4
Walchen (A) Seewalchen am Attersee 767-K4
Walchensee (D) 57, 63, 96, 662, 764-F9
Walchsee (A) 212, 213, 214, 215, 710, 766-B8
Walchstadt (D) Kr. Bad Tölz-Wolfratshausen 765-G5
Walchstadt (D) Kr. Starnberg 764-E4
Walchwil (CH) 775-J6
Wald (A) 134, 135, 777-H6
Wald (A) Imst 778-C5
Wald (A) Mauterndorf 781-K5
Wald (A) St.Pölten 770-C2
Wald (A) Telfs 778-D5
Wald (CH) 776-A4
Wald (CH) Appenzell A. Rh. 776-E3
Wald (CH) Luzern 775-H6
Wald (CH) Zürich 775-M4
Wald (D) Kr. Mühldorf am Inn 766-B2
Wald (D) Kr. Ostallgäu 763-M8
Wald (D) Kr. Sigmaringen 762-C5
Wald, Markt- (D) Kr. Unterallgäu 764-A3
Wald am Schoberpaß (A) 783-H1
Wald an der Alz (D) 766-D3
Waldau (D) 761-G5
Waldbach (A) 770-D9
Waldberg (D) 764-B2
Waldbeuren (D) 762-D6
Waldbichl (I) 792-F3
Waldbruck/Ponte Gardena (I) 793-H3
Waldburg (D) 762-F7
Walde (CH) 776-A4

● Regionen ● Hotels ● Karten

Waldegg (A) 770-F4
Waldegg (CH) 788-D2
Waldenburg (CH) 774-D3
Waldenstein (A) 783-J7
Wälderbähnle (A) 127
Waldhausen (D) Kr. Biberach 762-D3
Waldhausen (D) Kr. Traunstein 766-C3
Waldhausen (D) Schwarzwald-Baar-Kreis 761-H5
Waldhäusern (CH) 775-H3
Wäldi (CH) 762-B9
Waldi (CH) 775-G5
Waldighofen (F) 774-A1
Wald im Pinzgau (A) 207, 261, 710, 780-B4
Wald in der Weststeiermark (A) 783-M7
Walding (D) 766-D2Walding (A) 768-B2
Waldkirch (CH) 776-C2
Waldkirch (D) Kr. Emmendingen 760-E3
Waldkirch (D) Kr. Waldshut 761-G8
Waldkraiburg (D) 766-B2
Wäldle (D) 777-J2
Waldmössingen (D) 761-J2
Waldneukirchen (A) 768-D4
Waldried (CH) 787-M2
Waldruhe (I) 792-E4
Waldsberg (A) 784-E7
Waldschach (A) 784-B8
Waldshut (D) 760-E2
Waldshut-Tiengen (D) 761-G9
Waldstatt (CH) 776-C3
Waldstein (A) 783-M3
Waldtrudering (D) 765-J3
Waldzell (A) 767-K3
Walenpfad (CH) 417
Walensee (CH) 430
Walenstadt (CH) 776-C6
Walenstadtberg (CH) 776-C6
Walgau (A) 133
Wali (CH) 443
Walkersaich (D) 766-B1
Walkersdorf (A) 784-E5
Walkertshofen (D) Kr. Augsburg 764-A2
Walkertshofen (D) Kr. Dachua 764-F1
Walkringen (CH) 774-C8
Wall (D) Kr. Miesbach 765-J7
Wall (D) Kr. Rosenheim 766-A8
Wallbach (CH) 760-E9
Wallbach (D) 760-E9
Wallberg (D) 107
Wallburg (D) 760-E1
Wallenberg (D) 765-K7
Wallenbuch (CH) 773-L8
Wallendorf (A) 785-H6
Wallenried (CH) 773-K8
Wallenwil (CH) 775-M2
Wallern an der Trattnach (A) 768-B1
Wallern im Burgenland (A) 771-M5
Wallersee-Zell (A) 767-H5
Walleshausen (D) 764-D3
Wallfahrtskirche Maria Rain (D) 75
Wallgau (D) 100, 101, 778-F1
Wallhausen (D) 762-B7
Wallig (A) 767-K4
Wallis (CH) 362, 366, 370, 373, 374, 376, 378, 382, 384, 390, 394, 398
Wallisellen (CH) 775-K3
Walliswil bei Wangen (CH) 774-C4
Wallmersdorf (A) 769-H3
Wallsee-Sindelburg (A) 769-G2
Walpersbach (A) 771-G6Walperswil (CH) 773-L6
Walpertshofen (D) Kr. Biberach 763-H2
Walpertshofen (D) Kr. Dachau 765-G1
Walpertskirchen (D) 765-L2
Walsberg (A) 767-K4
Walserland (CH) 440
Walsertal (A) 130
Wals-Siezenheim (A) 767-G6
Waltalingen (CH) 761-L9
Waltendorf (A) 784-B5
Waltenhausen (D) 763-L2
Waltenhofen (D) Kr. Fürstenfeldbruck 764-E1
Waltenhofen (D) Kr. Oberallgäu 763-K8
Waltenhofen (D) Kr. Ostallgäu 764-B9
Waltensburg/Vuorz (CH) 790-B1
Waltenschwil (CH) 775-H3
Waltenstein (CH) 775-L2
Waltersberg (D) 764-E8
Waltersdorf (A) 783-H4
Waltershofen (D) Kr. Freiburg 760-D4
Waltershofen (D) Kr. Ravensburg 763-H7
Walterswil (CH) 774-D6
Walter Zoo (CH) 426
Waltikon (CH) 775-K3
Waltlham (D) 766-B3
Waltra (A) 784-F7
Walzenhausen (CH) 776-E2
Walzlings (D) 763-K7
Wambach (D) 760-D7
Wamberg (D) 778-E2
Wampersdorf (A) 771-H3
Wandelitzen (A) 783-H9
Wang (A) 769-K3
Wang (D) 766-B3
Wangen (CH) Schwyz 775-M5
Wangen (CH) Zürich 775-K3
Wangen (D) Alb-Donau-Kreis 763-J2
Wangen (D) Kr. Konstanz 762-A8
Wangen (D) Kr. Ravensburg 763-G8
Wangen (D) Kr. Sigmaringen 762-D5
Wangen (D) Kr. Starnberg 765-G4
Wangen an der Aare (CH) 774-C4
Wangen bei Olten (CH) Solothurn 774-E3
Wangenried (CH) 774-C5
Wangheim (A) 771-M2
Wängi (CH) 775-M2
Wängle (A) 778-B2
Wangs (CH) 431, 721
Wank (D) 763-M9
Wankham (A) 767-M4
Wannersdorf (A) 784-A3Wantendorf (A) 770-B2
Wanzbach (A) 768-C4
Wanzenöd (A) 768-F3
Wanzwil (CH) 774-C5
Warmbader Quellen (A) 335
Warmisried (D) 763-M5
Warnblick (A) 783-M8
Warngau (D) 765-J6
Warnsdorfer-Haus (A) 780-B6
Wartau (CH) 776-E6
Wartaweil (D) 764-E5
Wartberg an der Krems (A) 768-C4
Wartberg im Mürztal (A) 770-B8
Warth am Arlberg(A) 127, 129, 710, 777-K4
Warth (A) Neunkirchen 770-F7
Warthausen (D) 763-G3
Warth-Weiningen (CH) 761-M9
Wartmannstetten (A) 770-F6
Wäschers (D) 763-K7
Wasen im Emmental (CH) 774-D6
Wasenbruck (A) 771-J3
Wasendorf (A) 783-H4
Wasentegernbach (D) 766-A1
Wasenweiler (D) 760-C4
Wassen (CH) 789-J2
Wasser (D) 760-E3
Wasserauen (CH) 424, 425, 426, 776-D4
Wasserburg (D) Bodensee 762-F9
Wasserburg am Inn (D) 766-A4
Wasserhub (A) 768-C4
Wasserleith (A) 783-J3
Wasserwendi (CH) 789-G1
Wasterkingen (CH) 761-J9
Watschig (A) 795-J3
Watt (CH) 775-J2
Wattenberg (A) 779-H4
Wattens (A) 189, 191, 779-H4
Wattenweiler (D) Kr. Biberach 762-F5
Wattenweiler (D) Kr. Günzburg 763-L1
Wattenwil (CH) Seftigen 788-B1
Wattenwil bei Worb (CH) 774-B8
Watterdingen (D) 761-K6
Wattwil (CH) 776-B4
Watzelsdorf (A) 797-H2
Watzling (D) 765-M2
Watzmann (D) 41, 122
Watzmann-Hocheck (D) 124
Watzmannkinder (Ferienclub) (D) 123
Wauwil (CH) 774-F5
Weberleitner (A) 784-C1
Webling (D) 765-G1
Wechling (A) 769-K2
Wechselberg (D) 766-E3
Weckolsheim (F) 760-B4
Weer (A) 779-J4
Weerswilen (CH) 762-B9
Weesen (CH) 776-B6
Weg der Tugend - Orte der Kraft (A) 152
Wegenstetten (CH) 774-E2
Weggis (CH) 412, 414, 775-H7
Wegleiten (A) 767-L4
Weglosen (CH) 775-L7
Wegscheid (A) 779-M3
Wegscheid (D) 765-H8
Wegscheid in Zeller Staritzen (A) 769-M7
Wehingen (D) 761-L3
Wehr (D) 760-E8
Wehrabach (A) 770-B3
Wehrhalden (D) 760-F8
Wehringen (D) 764-C2
Weiach (CH) 761-J9
Weibelsried (CH) 787-L3
Weibern (A) 767-M2
Weibhausen (D) 766-E5
Weibnitz (A) 770-F6
Weichselbaum (A) 785-G6
Weichselboden (A) 769-L7
Weichstetten (A) 768-E2
Weicht (D) 764-B5
Weiden (D) 761-K1
Weiden am See (A) 771-L3
Weiden bei Rechnitz (A) 785-H2
Weidenbach (D) 766-B1
Weidenburg (A) 795-H2
Weidener-Haus (A) 779-J5
Weidenthal (A) 766-F2
Weienried (A) 763-G9
Weier (CH) 774-D6
Weifersdorf (A) 768-D2
Weiffendorf (A) 767-J2
Weigelsdorf (A) 771-H3
Weigersdorf (A) 768-C5
Weigheim (D) 761-K4
Weigstadt (A) 769-L3
Weihenlinden (D) 765-L6
Weiher (D) 766-C7
Weihungszell (D) 763-H2
Weikersbach (A) 780-F2
Weikersdorf am Steinfelde (A) 770-F5
Weikertsham (A) 767-G4
Weil (D) Kr. Konstanz 761-K6
Weil (D) Kr. Landsberg 764-C3
Weil am Rhein (D) 760-C9
Weilbach (A) 767-J1
Weilbach (A) Wels 768-B2
Weilbach (D) 763-L3
Weildorf (D) Bodenseekreis 762-C7
Weildorf (D) Kr. Berchtesgadener Land 766-F6
Weilen unter den Rinnen (D) 761-L2
Weiler (A) 776-F4
Weiler (D) Kr. Konstanz 762-A8
Weiler (D) Kr. Neu-Ulm 763-J3
Weiler (D) Kr. Ravensburg 762-E6
Weiler (D) Kr. Unterallgäu 763-L3
Weiler (D) Kr. Unterallgäu 763-M3
Weiler (D) Schwarzwald-Baar-Kreis 761-J3
Weilersbach (D) Kr. Breisgau-Hochschwarzwald 760-E5
Weilersbach (D) Schwarzwald-Baar-Kreis 761-J3
Weiler-Simmerberg (D) 68, 69, 662, 763-H9
Weilham (D) 766-E4
Weilheim (D) Kr. Waldshut 761-G8
Weilheim in Oberbayern (D) Kr. Weilheim-Schongau 764-E6
Weilheim, Rietheim- (D) 761-L4
Weilkirchen (D) 766-C1
Weilstetten (D) 761-M2
Weinberg (A) 784-F3
Weinberg (A) Eberndorf 797-H3
Weinberg (A) Grieskirchen 768-A1
Weinberg (A) Hartberg 784-E3
Weinberg (A) Mattighofen 767-H3
Weinberg an der Raab (A) 785-G6
Weinburg (A) Priebing 784-D8
Weinburg bei Wilhelmsburg (A) 770-B2
Weindlau (A) 768-F2
Weindorf (A) 782-F9
Weindorf (D) 764-F8
Weinfelden (CH) 762-B9
Weingarten (CH) 775-M1
Weingarten (D) 762-F7
Weingraben (A) 771-H8
Weinhausen (D) 764-B5
Weiningen (CH) 762-A9
Weinitzen (A) 784-B4
Weinried (D) 763-K3
Weins (A) 769-K1
Weinstetten (D) 763-H1
Weinzettl (A) 784-A6
Weinzierl (A) 769-K2
Weinzirl (A) Haag
Weinzirl (A) Micheldorf in Oberösterreich 768-C5
Weipertshausen (D) 765-G5
Weisham (D) Kr. Rosenheim 766-B5
Weisham (D) Kr. Rosenheim 766-B6
Weißbach (D) Kr. Berchtesgadener Land 766-F7
Weißbach (D) Kr. Ostallgäu 763-M9
Weißbach an der Alpenstraße (D) Kr. Berchtesgadener Land 121, 766-E7
Weißbach bei Lofer (A) 242, 780-E1
Weissbad (CH) 426, 776-D4
Weißberg (A) 782-D8
Weißbriach (A) 330, 331, 795-J2
Weißenau (D) 762-F7
Weißenbach (A) Bad Ischl 767-L2
Weißenbach (A) Bodingbach 769-K5
Weißenbach (A) Dirnberg 768-F5
Weißenbach (A) Gloggnitz 770-E7
Weißenbach (A) Gnesau 782-C9
Weißenbach (A) Graz 784-D6
Weißenbach (A) Hinterstoder 768-C7
Weißenbach (A) Riegersberg 770-E9
Weißenbach (A) Riegersburg 784-E6
Weißenbach (A) Schladming 781-M2
Weissenbach (CH) 787-M3
Weissenbach/Rio Bianco (I) 779-K8
Weißenbach/Riobianco (I) 793-G1
Weißenbachegg (A) 784-D6
Weißenbach am Attersee (A) 767-L6
Weißenbach am Lech (A) 147, 778-B2
Weißenbach an der Enns (A) 769-G7
Weissenbach an der Triesting (A) 770-E3
Weißenbach bei Liezen (A) 768-D8
Weissenbach bei Mödling (A) 771-G2
Weißenbach bei St. Lambrecht (A) 782-E5
Weißenberg (A) 768-D2
Weissenburg (CH) 788-A2
Weißenegg (A) 783-J9
Weißenfeld (D) 765-J3
Weißenhorn (D) 763-J1
Weißenkirchen im Attergau (A) 767-K5
Weißensberg (D) 762-F9
Weißensee (A) 328, 795-J1
Weißensee (D) 764-A9
Weißenseehaus (A) 781-G7
Weißenstein (A) 796-A2
Weißes Rössl (A) 274, 275
Weissfluhjoch (CH) 458
Weisshorn Hütte (CH) 788-C9
Weißkirchen an der Traun (A) 768-C2
Weißkirchen in Steiermark (A) 783-H4
Weißlahnbad (I) 793-H5
Weisslingen (CH) 775-L2
Weissmies (CH) 41
Weißpriach (A) 781-M5
Weißpriachtal (A) 290
Weißschrofenspitze (A) 144
Weisstannen (CH) 776-D7
Weistrach (A) 768-F3
Weisweil (D) Kr. Emmendingen 760-C2
Weisweil (D) Kr. Waldshut 761-J8
Weitenau (D) Kr. Lörrach
Weitenau (D) Kr. Oberallgäu 763-J7
Weitendorf (A) Graz 784-B7
Weitendorf (A) Klagenfurt 797-G2
Weitenried (D) 764-E1
Weitensfeld im Gurktal (A) 782-D8
Weitental/Vallarga (I) 779-J9
Weiterdingen (D) 761-L7
Weitersdorf (A) 768-C2
Weitersfelden an der Mur (A) 784-D9
Weiterskirchen (D) 765-K5
Weitgraben (A) 769-J2
Weitnau (D) 69, 763-J9
Weitnau-Wengen (Miniwelt) (D) 69
Weitprechts (D) 763-G6
Weitwörth (A) 767-G5
Weixelbaum (A) 784-E8
Weiz (A) 317, 784-C3
Weizelsdorf (A) 341, 796-E3
Weizen (D) 761-J7
Weizern (D) 764-A9
Welden (D) 764-C5
Welgersdorf (A) 785-H3
Wellendingen (D) Kr. Rottweil 761-L3
Wellendingen (D) Kr. Waldshut 761-H7
Wellersdorf (A) 796-E3
Wellhausen (CH) 762-A9
Welmlingen (D) 760-B8
Wels (A) 768-C2
Welsbach (A) 782-F8
Welsberg/Monguelfo (I) 749, 794-A1
Welschellen (I) 793-L2
Welschenrohr (CH) 774-B4
Welschensteinach (D) 760-F1
Welschingen (D) 761-L6
Welschnofen/Nova Levante (I) 525, 526, 527, 749, 793-H5
Welser-Hütte (A) 767-K8
Welshofen (D) 764-F1
Welten (A) 785-G6
Welzelach (A) 780-C7
Wembach (D) 760-E7
Wendbach (A) 768-E4
Wendelstein (D) 112, 113, 114
Wendelstein (Geo-Park) (D) 113
Wendelsteinhöhle (D) 113
Wendling (A) 767-L1
Weng bei Admont (A) 299, 768-F8
Weng im Innkreis (A) 767-H2
Wengen (CH) 359, 529, 531, 721, 788-E3
Wengen (D) 763-J8
Wengen/La Valle (I) 749, 793-L2
Wengenreute (D) 763-H6
Wengernalp (CH) 788-E3
Wengerwinkl (A) 264
Wengi (CH) Bern 773-M6
Wengi bei Frutigen (CH) Bern 788-C3
Wengle (A) 778-C3
Wenglingen (D) 763-M6
Wengliswil (CH) 787-L1
Wengwies (D) 764-F9
Wenig (A) Neumarkt am Wallersee 767-H5
Wenigglein (A) 784-B8
Wenigmünchen (D) 764-E1
Wenigzell (A) 770-D9
Wennedach (D) 763-H3
Wenns (A) Imst 172, 174, 710, 778-B5
Wenns (A) Neukirchen 780-C4
Wenslingen (CH) 774-E2
Wenten (A) 769-H6
Wentzwiller (F) 760-B9
Weppersdorf (A) 771-J7
Werberg (A) 766-F3
Werdenfels (D) 94
Werentzhouse (F) 773-M1
Werenwag (D) 762-B4
Werfen (A) 264, 265, 781-H1
Werfenweng (A) 265, 264, 710, 781-J2
Weritzstafel (CH) 788-D5
Wermatswil (CH) 775-L3
Wernberg (A) 796-C2
Werndorf (A) 784-B7
Wernersdorf (A) 783-M9
Werning (A) 770-E6
Werschling (A) 782-D9
Wertach (D) 74, 75, 763-L9
Wertachau (D) 764-B3
Werthenstein (CH) 774-F6
Wertschach (A) 795-M3
Wesnitz (A) 797-K2
Wessingen (D) 762-A1
Weßling (D) 764-F4
Wessobrunn (D) 764-D6
Westach (D) 765-L2
Westallgäu (D) 43, 47, 68
Westendorf (A) 220, 223, 780-A2
Westendorf (D) 764-B5
Westenhofen (D) 110
Westerham (D) Kr. Rosenheim 765-L6
Westerham, Feldkirchen- (D) Kr. Rosenheim 765-K6
Westerheim (D) 763-K4
Westernach (D) Kr. Rosenheim 766-B6
Westernach (D) Kr. Unterallgäu 763-M4
Westerndorf (D) 765-M6
Westfalen-Haus (A) 778-E6
Westlicher Chiemgau (D) 116, 118
Westried, Murnau- (D) 764-E8
Wettelbrunn (D) 760-D6
Wettenberg (D) 763-G4
Wetterhorn (CH) 356
Wetterstein (D) 98
Wettersteinkamm (D) 101
Wettingen (CH) 775-H2
Wettlkam (D) 765-J5
Wettmannstätten (A) 784-B8
Wettswil (CH) 775-J3
Wetzawinkel (A) 784-D5
Wetzeldorf bei Jagerberg (A) 784-D7
Wetzelsdorf (A) Graz 784-B5
Wetzelsdorf bei Riegersburg (A) 784-E6
Wetzelsdorf in der Weststeiermark (A) 784-B7
Wetzikon (CH) Thurgau 776-A1
Wetzikon (CH) Zürich 775-L4
Wetzisreute (D) 762-F7
Wetzwil (CH) 775-K4
Weyarn (D) 765-K6
Weyer (A) 783-M3
Weyer Markt (A) 769-G5
Weyerbach (A) 768-C2
Weyer-Heilstätte (A) 769-G5
Weyern (A) 782-B1
Weyhern (D) 764-E1
Weyregg am Attersee (A) 767-L5
Wickendorf (A) 768-E3
Wickerschwihr (F) 760-B3
Widdersberg (D) 764-E4
Widderstein (D) 76
Widen (CH) 775-H3
Widensohlen (F) 760-B4
Widnau (CH) 776-F3
Wiechs (D) Kr. Konstanz 762-A7
Wiechs (D) Kr. Lörrach 760-D8
Wiechs (D) Kr. Rosenheim 765-L7
Wiechs am Randen (D) 761-K7
Wieden (A) 783-M8
Wieden (D) 760-E6
Wieden/Saletto (I) 779-H8
Wiedenzhausen (D) 764-F1
Wiederberg (A) 785-H5
Wiedergeltingen (D) 764-B4
Wiederhofen (D) 763-J9
Wiederndorf (A) 797-J2
Wiederschwing (A) 782-B9
Wiedlisbach (CH) 774-C4
Wiegen (A) 782-F6
Wiehre (D) 760-E5
Wiel (A) 783-L9
Wieladingen (D) 760-E9
Wielandsberg (A) 770-B2
Wielenbach (D) 764-E6
Wielfresen (A) 783-L9
Wieling (D) 764-F5
Wielitsch (A) 784-C9
Wien (A) 771-H1
Wienacht (CH) 776-E2
Wiener Neudorf (A) 771-G2
Wiener Neustadt (A) 771-G5
Wienerbruck (A) 301, 769-M5
Wienerherberg (A) 771-J2
Wienern (A) 768-B8
Wienersdorf (A) 771-G3
Wienerwald (A) 770-F2
Wiersdorf (A) 784-D7
Wies (D) Kr. Lörrach 760-D7
Wies (D) Kr. Weilheim-Schongau 764-C8
Wies bei Mauk (A) 769-M2
Wies in Sulmeck-Greith (A) 783-M9
Wiesbaueralm (A) 781-G8
Wiesberg (A) 778-A6
Wiesberg-Hütte (A) 767-L9
Wiese (A) 778-C6
Wieselburg (A) 769-K2
Wieselhof (I) 793-G5
Wieselsdorf (A) 784-B7
Wiesen (A) Lienz
Wiesen (A) Radentheim 782-A9
Wiesen (CH) 790-F2
Wiesen/Prati (I) 779-G8
Wiesenau (A) 783-J7
Wiesen bei Mattersburg (A) 771-H5
Wiesenberg (CH) 775-H8
Wiesendangen (CH) 775-L1
Wiesenegg (A) 780-C3
Wiesenfeld (A) 770-B3
Wiesenhöf (A) 769-K9
Wiesenhöft (A) 770-F9
Wiesenschwang (A) 780-C1
Wieserberg (A) 795-H2
Wiesfleck an der Wehrkirchenstraße (A) 771-G8
Wiesfleck bei Pinkafeld (A) 785-G1
Wiesham (D) 765-L4
Wiesholz (CH) 761-L8
Wiesing (A) 780-F2
Wiesing (A) Jenbach 710, 779-K3
Wieslet (D) 760-D8
Wiesmath (A) 771-G7
Wiesmühl (D) Kr. Traunstein 766-D3
Wiesmühl (D) Kr. Traunstein 766-E4
Wiesner Alp (CH) 790-F2
Wietersdorf (A) 783-G8
Wieting (A) 783-G8
Wiezikon (CH) 776-A2
Wifling (D) 765-K2
Wiggen (CH) 774-E8
Wiggenreute (D) 763-G7
Wiggensbach (D) 763-K7
Wiggiswil (CH) 774-A6
Wiggwil (CH) 775-H5
Wigoltingen (CH) 762-B9
Wihr, Horbourg (F) 760-A3
Wikartswil (CH) 774-B8
Wikon (CH) 774-E4
Wil (CH) Aargau 761-G9
Wil (CH) St. Gallen 428, 776-B2
Wil (CH) Zürich 761-J9
Wila (CH) 775-L3
Wilchingen (CH) 761-J8
Wildalpen (A) 769-K7
Wildbachhütte (A) 782-B7
Wildbad-Kreuth (D) 765-J9
Wildberg (CH) 775-L2
Wildberg (D) 763-M8
Wildbichl (A) 766-B8
Wildenau (A) 767-J2
Wildeneck (A) 767-J5
Wildenhag (A) 767-K5
Wildenholzen (D) 765-K4
Wildenroth (D) 764-E3
Wildenstein (A) 797-G3
Wildenwart (D) 766-B6
Wilder Kaiser (A) 212, 220, 222, 224
Wilder Pfaff (A) 192
Wildermieming (A) 170, 778-D4
Wilderswil (CH) 359, 788-D2
Wildgerlostal zur Zittauer Hütte (A) 259
Wildgrub (D) 766-A8
Wildgutach (D) 760-F4
Wildhaus (CH) 428, 722, 776-D5
Wildhorn (CH) 344
Wildkogel (A) 260
Wildkogel-Haus (A) 780-B4
Wildon (A) 784-B7
Wildpark Wildbichl (A) 214
Wildpoldsried (D) 763-L7
Wildschönau (A) 218
Wildseeloderhaus (A) 229, 780-D2
Wildspitze (A) 41, 173
Wildsteig (D) 764-D8
Wildstrubel (CH) 348
Wildungsmauer (A) 771-L1
Wilen (CH) 776-B2
Wilen bei Neunforn (CH) 761-L9
Wiler (CH) Bern 773-M6
Wiler (CH) Solothurn 774-B3
Wiler (CH) Valais 358, 722, 788-D5
Wiler (CH) Zürich 761-K9
Wiler bei Utzenstorf (CH) 774-B5
Wileroltigen (CH) 773-L7
Wiler vor Holz (CH) 773-L9
Wilfertsweiler (D) 762-E5
Wilfingen (D) Kr. Rottweil 760-F8
Wilfleinsdorf (A) 771-K2
Wilflingen (D) 762-D3
Wilflingen (D) Kr. Biberach 761-L3
Wilhams, Missen- (D) 763-J8
Wilhelmsberg (A) 767-M2
Wilhelmsburg (A) 770-B2
Wilhelmsdorf (A) Merkendorf 784-F7
Wilhelmsdorf (A) Mittersill 780-D4
Wilhelmsdorf (D) 762-D6
Wilhelmskirch (D) 762-E7
Wilhelm-Tell-Denkmal Altdorf (CH) 413
Wiliberg (CH) 774-F4
Wilihof (CH) 774-F5
Wilischwand (CH) 774-E8
Willadingen (CH) 774-C5
Willaringen (D) 760-E9
Willendorf (A) 770-F5
Willenhofen (D) 762-F3
Willerazhofen (D) 763-H7
Willersdorf (A) Maria Saal 796-F1
Willersdorf (A) Mariasdorf 785-G1

Register

Willersdorf (A) St. Radegrund bei Graz 784-B4
Willersdorf bei St. Pölten (A) 770-B2
Willerzell (CH) 775-L6
Willigen (CH) 789-G2
Willing (D) 765-L6
Willisau Stadt (CH) 774-E6
Willisdorf (CH) 761-L8
Willmatshofen (D) 764-B1
Willmendingen (D) 761-H8
Willofs (D) 763-L6
Wilsingen (D) 762-D1
Wilzhofen (D) 764-E6
Wimberg (A) 768-D4
Wimmern (D) 766-F6
Wimmertal-Alm (A) 779-L5
Wimmis (CH) 350, 788-C2
Wimpasing (D) 766-C2
Wimpassing an der Leitha (A) 771-H3
Wimpassing im Schwarztale (A) 770-F6
Windach (D) 764-D4
Windau (A) 780-A3
Windblosen (CH) 775-G6
Windeck (D) 760-F5
Windegg (D) 762-A6
Winden (A) 768-D3
Winden (D) 766-A2
Winden am See (A) 771-K3
Winden im Elztal (D) 760-F3
Windenreute (D) 760-E3
Windhag (A) 769-H4
Windhof (A) 784-B3
Windi (CH) 389
Windisch (CH) 775-G2
Windischberg (A) 796-D2
Windisch-Bleiberg (A) 796-E4
Windischbühel (A) 783-K2
Windischendorf (A) 769-J2
Windischgarsten (A) 294, 296, 297, 710, 768-E7
Windisch-Minihof (A) 785-G7
Windisch-Rutschen (A) 797-J1
Windlach (CH) 775-J1
Windpassing (A) Enns 768-F1
Windpassing (A) Neustadtl an der Donau 769-J1
Windpassing (A) Purgstall an der Erlauf 769-K3
Windpassing bei Altmannsdorf (A) 770-C1
Windshausen (D) 766-A8
Wineden (D) 763-L5
Winhöring (D) 766-D1
Winikon (CH) 774-F4
Winkel (A) 783-L7
Winkel (A) St. Pölten 770-A1
Winkel (CH) Luzern 775-H7
Winkel (CH) Zürich 775-J2
Winkel (F) 773-L2
Winkelmatten (CH) 389
Winkeln (CH) 776-C3
Winkel-Reichenau (A) 782-B8
Winkl (A) Bad Ausee 767-M9
Winkl (A) Heinfels 794-D1
Winkl (A) Kapfenberg 769-M9
Winkl (A) Mauterndorf 782-B6
Winkl (A) St. Jakob im Rosental 796-C3
Winkl (D) 764-C3
Winkl (D) Kr. Berchtesgadener Land 766-F8
Winkl (D) Kr. Trauenstein 766-D6
Winklarn (A) 769-H2
Winkl-Boden (A) 784-D2
Winklern (A) Donnersbach 782-D1
Winklern (A) Klagenfurt 796-F1
Winklern (A) Lienz 325, 780-F8
Winklern (A) Pölling 796-B2
Winklern bei Oberwölz (A) 782-E4
Winkling (A) 768-E2
Winkling (A) Wolfsberg 783-J8
Winklmoosalm (D) 766-D8
Winnebach/Prato alla Drava (I) 794-C1
Winnebachsee-Haus (A) 778-E6
Winnis (D) 763-H7
Winten (A) 785-J4
Winterbach (A) 769-L4
Winterbach (D) 762-E7
Winterberg (CH) 775-K2
Winterlingen (D) 762-B3
Winterreute (D) 763-G4
Winterrieden (D) 763-K3
Wintersingen (CH) 774-D2
Winterspüren (D) 762-B6
Winterstall (A) 778-D8
Winterstetten (D) 763-J7
Winterstettendorf (D) 762-F5
Winterstettenstadt (D) 763-G5
Wintersulgen (D) 762-D6
Winterswеiler (D) 760-B8
Winterthur (CH) 775-L2
Winzendorf (A) Hartberg 784-E2
Winzendorf (A) Wiener Neustadt 770-F5
Winzer (D) 763-L2
Winznau (CH) 774-E3
Wipfing (A) Eberstalzell 768-B3
Wippelsach (A) 784-B8
Wippenham (A) 767-J2
Wipptal (A) 196, 496, 498
Wirrensegel (D) 762-D8
Wirtsbauer-Alm (A) 780-F7
Wirzweli (CH) 775-H8
Wislikofen (CH) 761-H9
Wisperndorf (A) 783-J6
Wissberg (CH) 416
Witra (A) 783-H8
Witschwende (D) 763-G6
Wittelbach (D) Ortenaukreis 760-E1
Wittenbach (CH) St. Gallen 776-D2
Wittenbach (D) Schwarzwald-Baar-Kreis 761-G2
Wittenheim (F) 760-A6
Wittenhofen (D) 762-D7
Wittenschwand (D) 760-F7
Wittental (D) 760-E4
Wittenwil (CH) 775-M2
Wittershausen (D) 761-K1
Witterswil (CH) 774-B2
Wittinsburg (CH) 774-D2
Wittisheim (F) 760-C1
Wittlekofen (D) 761-H7
Wittlingen (D) 760-C8
Wittmannsdorf (A) 784-D8
Wittnau (CH) 774-E2
Wittnau (D) 760-D5
Wittwil (CH) 774-F4
Witwil (CH) 775-G5
Witzelsberg (A) 770-F6
Witzighausen (D) 763-J1
Witzling (A) 767-L4
Witzmannsdorf (A) 769-G2
Witzmoning (D) 766-C3
Witzwil (CH) 773-K7
Wöbring (A) 782-D7
Wocheiner See (SLO) 594
Wodmaier (A) 794-F2
Wöglerin (A) 770-F1
Wohlen (CH) Aargau 775-G3
Wohlen bei Bern (CH) 773-M7
Wohlenschwil (CH) 775-G3
Wohlfahrtsbrunn (A) 769-L1
Wohlmuthing (A) 766-C9
Wohlsdorf (A) 784-B8
Wohmbrechts (D) 763-G8
Wolfach (D) 761-G1
Wolfartsweiler (D) Kr. Biberach 762-D5
Wolfartsweiler (D) Kr. Ravensburg 763-G5
Wolfau (A) Bad Gastein 781-J5
Wolfau (A) Pinkafeld 784-F3
Wolfegg (A) 784-D4
Wolfegg (D) 763-G7
Wolfenschiessen (CH) 775-H8
Wolfenweiler (D) 760-D5
Wolferazhofen (D) 763-H7
Wölferberg (A) 784-D7
Wolfern (A) 768-E3
Wolfertschwenden (D) 763-K6
Wolfertswil (CH) 776-B3
Wolfesing (D) 765-K3
Wolfgang (CH) 791-G1
Wolfgangsee (A) 63, 274
Wolfgantzen (F) 760-B4
Wolfhalden (CH) 776-E2
Wolfis (D) 763-K9
Wolfisberg (CH) 774-C4
Wölfl/Lupicino (I) 793-G5
Wölflinswil (CH) 774-E2
Wölfnitz (A) 783-H9
Wölfnitz (A) Klagenfurt 796-E2
Wolfpassing (A) 769-K2
Wolfratshausen (D) 765-G5
Wolfsbach (A) 769-G3
Wolfsberg (A) 783-J8
Wolfsberg im Schwarzautal (A) 784-D7
Wolfsegg am Hausruck (A) 767-L3
Wolfsgraben (A) 770-F1
Wolfsgruben/Costalovara (I) 793-G4
Wolfshütte (A) 767-L3
Wolfsohl (A) 770-F5
Wolfsried (D) 763-H9
Wolfurt (A) 777-G2
Wolfwil (CH) 774-D4
Wolhusen (CH) 774-F6
Wolkenstein in Gröden/Selva di Val Gardena (I) 516, 517, 518, 519, 749, 793-K4
Wolkersdorf (A) Trofaiach 783-K1
Wolkersdorf (A) Wies 769-M2
Wolkersdorf (D) Kr. Berchtesgadener land 766-E5
Wolkersdorf (D) Kr. Traunstein 766-D6
Wolketsweiler (D) 762-E7
Wöll (A) 783-G4
Wöllach (A) 782-C9
Wollbach (D) 760-C8
Wollerau (CH) 775-L5
Wöllersdorf (A) 770-F4
Wöllersdorf (A) Laaben 770-D2
Wölling (A) 783-J7
Wollishofen (CH) 775-J3
Wollmatingen (D) 762-B8
Wöllmerdorf (A) 783-H4
Wollmetshofen (D) 764-A1
Wollsberg (A) 768-C3
Wollsdorf (A) 784-C4
Wolpadingen (D) 760-F8
Wolpertswende (D) 762-F6
Wolschwiller (F) 773-M2
Wolterdingen (D) 761-J5
Wölting (A) 782-B5
Wölzing (A) 783-J9
Wonneberg (D) 766-E5
Wopfing (A) 770-F4
Woppendorf (A) 785-J3
Worb (CH) 774-B8
Worben (CH) 773-M6
Worblingen, Rielasingen- (D) 761-M8
Wörgl (A) 218, 219, 779-M2
Woringen (D) 763-K5
Worndorf (D) 762-A5
Wörnsmühl (D) 765-K7
Wörschach (A) 768-D9
Wörterberg (A) 785-G3
Wörth (A) Bad Gleichenberg 784-D7
Wörth (A) Rauris 262, 263, 781-G5
Wörth (D) Kr. Erding 765-K2
Wörth (D) Kr. Mühldorf am Inn 766-B1
Wörth an der Lafnitz (A) 784-F3
Wörth bei Kirchberg an der Raab (A) 784-D6
Wörthersee (A) 43, 63, 338, 340, 341
Wörthsee (D) 764-E4
Wriesen (A) 783-H9
Wrießnitz (A) 796-E1
Wuchzenhofen (D) 763-J7
Wufing (A) 767-M3
Wülflingen (CH) 775-K2
Wulkaprodersdorf (A) 771-J5
Wullenstetten (D) 763-J1
Wunderstätten (A) 797-J1
Wundschuh (A) 784-B7
Wünnewil-Flamatt (CH) 773-L8
Wuppenau (CH) 776-B2
Wurdach (A) 796-E3
Würenlingen (CH) 775-G1
Würenlos (CH) 775-H2
Würflach (A) 770-F5
Wurmansau (D) 764-D8
Wurmlach (A) 795-G2
Wurmlingen (D) 761-L4
Würtemberger-Hütte (A) 778-A5
Wurzach (A) 795-M2
Wurzen (A) 796-C2
Wuschan (A) 784-B7
Wutach (D) 761-H6
Wutöschingen (D) 761-H8
Wutschdorf (A) 784-C6
Wyhl am Kaiserstuhl (D) 760-C2
Wyhlen, Grenzach- (D) 760-C9
Wynau (CH) 774-D4
Wynigen (CH) 774-C6
Wysachen (CH) 774-D6
Wyssbach (CH) 774-D5

XYZ

Yach (D) 760-F3
Ybbs an der Donau (A) 769-K1
Ybbsbachamt (A) 769-K4
Ybbsitz (A) 769-J4
Ybbssteinbach (A) 769-J6
Ybourgues (F) 812-A6
Yens (CH) 786-E3
Yiéga (F) 814-C8
Yssarpaye Ferme (F) 812-E8
Yverdon-les-Bains (CH) 773-G9
Yvoire (F) 786-D5
Yvonand (CH) 773-G9
Yvorne (CH) 787-J6
Žabče (SLO) 796-B7
Žabnica (SLO) 796-F7
Zabrajda Lov Koča (SLO) 795-M5
Zabrekve (SLO) 796-E6
Zabukovica (SLO) 797-M6
Žabže (SLO) 796-C8
Zaessingue (F) 760-A8
Žaga (SLO) 795-L6
Žagar (SLO) 796-D7
Zagersdorf (A) 771-J5
Zaglbauern (A) 768-D5
Zagomila (SLO) 795-M9
Zagorica pri Aatežu (SLO) 797-L9
Zagorje (SLO) 797-L7
Zagorje ob Savi (SLO) 797-L7
Zagozd (SLO) 797-L8
Zahling (A) 785-G5
Zahmer Kaiser (A) 212
Zähringen (D) 760-E4
Zaiama (I) 795-K7
Zaiertshofen (D) 763-K2
Zaisering (D) 766-A5
Zaisertshofen (D) 763-M3
Zaka (SLO) 796-D5
Zakobiljek (SLO) 796-E7
Zakovkar (SLO) 796-C7
Zakriž (SLO) 796-C8
Zala (SLO) 796-D7
Žalec (SLO) 797-M6
Zali Log (SLO) 796-D7
Zalisec (SLO) 796-B7
Zallinger Hütte (I) 793-J4
Zalog, Gerklje na Gorenjskem (SLO) 797-G6
Zalog, Ljubljana (SLO) 797-H8
Zambana (I) 792-E8
Zambana Vecchia (I) 792-E8
Zambla (I) 803-G3
Zammelsberg (A) 782-D8
Zams (A) 168, 778-A5
Zanano (I) 803-K5
Zandlacher Hütte (A) 781-J8
Zandòbbio (I) 803-G5
Zanè (I) 805-H5
Zanga (I) 800-E7
Zangenberg (D) 766-C1
Zánica (I) 802-F6
Zankenhausen (D) 764-E3
Zanotti (I) 805-G6
Zanser Alm (I) 793-K3
Zapotocco (I) 795-L7
Zapotok (SLO) 795-M8
Zappello (I) 802-F9
Zapuže (SLO) 796-E5
Zarnik (SLO) 796-D5
Zarnsdorf (A) 769-K2
Za Robom (SLO) 796-B7
Zarten (D) 760-E5
Zasip (SLO) 796-D5
Zastenar (SLO) 796-A7
Zastler (D) 760-E5
Zatolmin (SLO) 796-A7
Zauberberg (CH) 456
Zauberfondue (D) 104
Zauberwinkl (A) 779-M2
Zauchen (A) Rechberg 797-G3
Zauchen (A) Thörl 768-B9
Zauchensee (A) 289
Zaugenried (CH) 774-B6
Zaunhof (A) 778-C6
Zavanasco (I) 802-B9
Zavodnje (SLO) 797-L4
Zavratec (SLO) 797-M8
Zavratnik (SLO) 797-G5
Zavrh (SLO) 797-H6
Završe (SLO) 797-K5
Završnik (SLO) 796-E8
Zäziwil (CH) 774-C8
Zbilje (SLO) 797-G7
Žbontar (SLO) 796-D7
Zebrù (I) 480
Zederhaus (A) 293, 781-L5
Zedlach (A) 780-D7
Zedlitzdorf (A) 782-C9
Zeglingen (CH) 774-E2
Zehensdorf (A) 784-D8
Zehetner (A) 768-D4
Zehndorf (A) 784-B8
Zeihen (CH) 774-F2
Zeilerviertel (A) 784-E1
Zeilhofen (D) 765-M1
Zeiling (A) 767-K4
Zeillern (A) 769-H2
Zeiningen (CH) 760-E9
Zeiselberg (A) 796-F2
Zeit bei Stubenberg (A) 784-D3
Zeitlarn (D) 766-D3
Zeitlham (A) 768-D2
Žejnik (SLO) 797-L9
Zelarino (I) 806-B7
Zelbio (I) 802-B2
Železniki (SLO) 796-E6
Zelking-Matzleindorf (A) 769-L1
Zell (A) Ferlach 796-F2
Zell (A) Klagenfurt 796-F2
Zell (A) Kufstein 765-M9
Zell (CH) Luzern 774-E5
Zell (CH) Zürich 775-L2
Zell (D) Kr. Bad Tölz-Wolfratshausen 764-F8
Zell (D) Kr. Biberach 762-E2
Zell (D) Kr. Oberallgäu 763-J9
Zell (D) Kr. Ostallgäu 763-M9
Zell (D) Kr. Sigmaringen 762-C5
Zell (D) Kr. Traunstein 766-E7
Zell (D) Kr. Unterallgäu 763-K6
Zell, Wallersee- (A) 767-H5
Zellach (A) 783-J8
Zell am Moos (A) 767-J5
Zell am Pettenfürst (A) 767-L3
Zell am See (A) 45, 59, 254, 255, 257, 261, 711, 780-F3
Zell am Ziller (A) 204, 205, 206, 207, 711, 779-K4
Zell an der Rot (D) 763-J4
Zell an der Ybbs (A) 769-H4
Zellbach (A) 783-J9
Zellberg (A) 779-K4
Zellenberg (F) 760-A2
Zeller (I) 804-B1
Zeller See (A) 254, 256
Zellerreit (D) 766-A4
Zellers (D) 777-H1
Zell im Wiesental (D) 760-D8
Zellina (I) 807-J3
Zell-Oberwinkel (A) 796-E4
Zellsee (D) 764-D6
Zelo (I) 802-D8
Želodnik (SLO) 797-H7
Zelo Surrigone (I) 801-M8
Zelsach (A) 781-L8
Zelsheim (F) 760-C1
Zeltschach (A) 782-F7
Zeltweg (A) 783-H4
Zemendorf (A) 771-J5
Zemmtal (A) 210
Ženavlje (SLO) 785-G7
Zendri (I) 804-E4
Zeneggen (CH) 788-D7
Zengermoos (D) 765-J1
Zenkovci (SLO) 785-G8
Zenndorf (A) 768-C3
Zenson di Piave (I) 806-D5
Zepfenhan (D) 761-L2
Žepovci (SLO) 784-E9
Zeriolo (I) 806-A5
Zerjav (SLO) 797-K3
Zerlach (A) 784-D6
Zermán (I) 806-B6
Zermatt (CH) 33, 41, 59, 386, 387, 388, 389, 398, 568, 722, 788-C9
Zermeghedo (I) 805-G7
Zernez (CH) 473, 791-J2
Zero Branco (I) 806-B6
Zervreila-Stausee (CH) 440
Zettersfeld (A) 138
Zettling (A) 784-B6
Žetina (SLO) 796-E7
Zetzwil (CH) 775-G4
Zeutschach (A) 782-F6
Zévio (I) 804-E8
Zezikon (CH) 776-A1
Zg. Špeh. (SLO) 797-J5
Zg. Besnica (SLO) 796-E6
Zg. Brbnik (SLO) 797-G6
Zg. Dobravo (SLO) 796-E6
Zg. Duplje (SLO) 796-F6
Zg. Fužine (SLO) 797-G5
Zg. Gameljne (SLO) 797-G7
Zg. Goreljek (SLO) 796-C5
Zg. Gorjuse (SLO) 796-D6
Zg. Jamnica (SLO) 797-K2
Zg. Jezersko (SLO) 797-G5
Zg. Kokra (SLO) 797-G5
Zgornja-Vižinga (SLO) 797-M2
Zgoša (SLO) 796-E5
Zg. Radovna (SLO) 796-C4
Zg. Razbor (SLO) 797-L4
Zg. Rečica (SLO) 797-M7
Zg. Tuhinj (SLO) 797-J6
Zg. Velka (SLO) 784-D9
Zg.-Lipnica (SLO) 796-E5
Zgartenalm (A) 782-C8
Ziánigo (I) 806-A7
Ziano di Fiemme (I) 793-H7
Žiberci (SLO) 784-E9
Zibido S. Giac. (I) 802-A8
Ziebl (A) 781-L9
Ziefen (CH) 774-C2
Ziegelbach (D) 763-G6
Ziegelberg (D) 763-K6
Ziegelbrücke (CH) 776-B6
Ziegel-Haus (A) 781-G3
Ziegelried (CH) 773-M6
Ziegelsdorf (A) 796-E2
Ziegelsham (D) 766-B1
Ziegelwies (D) 84
Ziegenberg (A) 784-E5
Ziegenburg (A) 770-C7
Zielebach (CH) 774-B5
Zielfingen (D) 762-C4
Ziemetshausen (D) 763-M1
Zienken (D) 760-C6
Žiganja Vas (SLO) 796-F5
Zignau (CH) 790-A2
Zihlschlacht-Sitterdorf (CH) 776-C1
Zillenberg (D) 764-D1
Ziller (A) 204, 210
Zillertal (A) 204, 207, 211, 504
Zillertal Radweg (A) 206
Zillham (D) 766-B4
Zillhausen (D) 762-A2
Zillingdorf (A) 771-H4
Zillingdorf-Bergwerk (A) 771-H4
Zillingtal (A) 771-H5
Zillishausen (D) 763-H3
Zillis-Reischen (CH) 790-D3
Zimeck (A) 768-D5
Zimella (I) 805-G9
Zimlisberg (CH) 773-M6
Zimmerau (A) 769-L2
Zimmerholz (D) 761-L6
Zimmern (D) Kr. Tuttlingen 761-L5
Zimmern (D) Kr. Zollernalbkreis 762-A1
Zimmern ob Rottweil (D) 761-K3
Zimmern unter der Burg (D) 761-L2
Zimmersheim (F) 760-A7
Zimmerwald (CH) 774-B8
Zimone (I) 800-E7
Zinal (CH) 378, 380, 381, 722, 788-B8
Zindelstein (D) 761-H5
Zinggen (CH) 774-F7
Zinken (D) 760-E3
Ziprein (A) 784-D7
Ziracco (I) 795-K8
Žiri (SLO) 796-D8
Zirkitzen (A) 782-B9
Zirl (A) 191, 711, 778-F4
Zirnitz (A) 768-F8
Žirovnica (SLO) 796-D5
Zischgalm (I) 793-H6
Zistl (A) 782-F3
Ziteil (CH) 452
Zitoll (A) 783-M3
Zittauer-Haus (A) 779-M5
Zittel Haus (A) 781-G6
Zivido (I) 802-C8
Zizenhausen (D) 762-A6
Zizers (CH) 776-E8
Zlan (A) 795-L1
Zlatten (A) 783-M2
Zlem (A) 768-C9
Zmutt (CH) 800-C1
Zobava (SLO) 797-K6
Zöbing an der Raab (A) 784-D5
Zöblen (A) 149, 777-M2
Zofingen (CH) 774-E4
Zogenweiler (D) 762-E6
Zogno (I) 802-F4
Zoia (I) 803-M4
Zoldo Alto (I) 793-M6
Zollbrück (CH) 774-C7
Zollenreute (D) 762-F5
Zollhaus (CH) 787-M2
Zollhaus-Blumberg (D) 761-J6
Zollikerberg (CH) 775-K3
Zollikofen (CH) 774-A7
Zollikon (CH) 775-K3
Zollmuseum Gandria (CH) 407
Zomeals (I) 795-J7
Zompicchia (I) 807-H2
Zompitta (I) 795-J7
Zone (I) 803-J4
Zoppè (I) 806-C3
Zoppel di Cadore (I) 794-A5
Zóppola (I) 806-F1
Zóreri (I) 804-F3
Zorneding (D) 765-K3
Zortea (I) 793-K8
Zorten (CH) 450, 451, 790-E2
Zorzoi (I) 793-K9
Zorzone (I) 803-G3
Zosen (A) 783-G7
Zottièr (I) 794-A9
Zovello Cercivento di sotto (I) 795-G4
Zovencedo (I) 805-H8
Zovo (I) 805-G5
Zoznegg (D) 762-B6
Zsigmondyspitze (A) 209
Zuane (I) 804-C6
Zuberbach (A) 785-H2
Züberwangen (CH) 776-B2
Zubiena (I) 800-E7
Zuccarello (I) 815-H5
Zucchea (I) 810-C6
Zuchwil (CH) 774-B5
Zuckenriet (CH) 776-B2
Zuckerhütl (A) 41, 192
Zuclo (I) 804-C1
Zuèl (I) 794-A4
Zufikon (CH) 775-H3
Zufritt-Haus/Rif. Gioveretto (I) 792-B4
Zug (A) 777-J5
Zug (CH) 775-J5
Zügenschlucht (CH) 459
Zuger See (CH) 775-J5
Züggen (A) 771-G9
Zugliano (I) 805-H4
Zúglio (I) 795-H4
Zugspitze (D) 92, 154, 155
Zugspitzweg (D) 93
Zuino (I) 804-B5
Zullwil (CH) 774-C3
Zumaglia (I) 800-E6
Zumelle (I) 807-H5
Zumholz (CH) 787-L1
Zumikon (CH) 776-F3
Zum See (CH) 788-C9
Zum See (I) 792-B4
Zúnico (I) 802-C9
Zunig (A) 235
Zünikon (CH) 775-L1
Zunzgen (CH) 774-D2
Zunzingen (D) 760-C6
Zuort (CH) 777-L9
Zuoz (CH) 467, 469, 791-H3
Župan (SLO) 797-L6
Zürchersmühle (CH) 776-C4
Zürich (CH) 353, 775-J3
Zur heiligen Pankraz (A) 767-G1
Zurlengo (I) 803-H8
Zürner (A) 769-K4
Zürs am Arlberg (A) 142, 152, 711, 777-J5
Zurzach (CH) 761-H9
Zußdorf (D) 762-D6
Züün (CH) 788-F2
Zuzgen (CH) 774-E1
Zuzwil (CH) Bern 774-B6
Zuzwil (CH) St. Gallen 776-B2
Zvirče (SLO) 796-E5
Zwain (A) 769-L8
Zwanzgerberg (A) 796-F2
Zwaring (A) 784-B7
Zwattendorf (A) 782-E9
Zweidlen (CH) 761-J9
Zweiersdorf (A) 770-F5
Zweikirchen (A) 782-E9
Zweilütschinen (CH) 788-E3
Zwein (A) 782-F8
Zweinitz (A) 782-E8
Zwei-Seenland (D) 96
Zweisimmen (CH) 350, 722, 787-M3
Zwenewaldalm (A) 780-D8
Zwerbach (A) 769-L2
Zwickenberg (A) 781-G9
Zwiefalten (D) 762-E2
Zwiefaltendorf (D) 762-E2
Zwiesel (D) 103
Zwieselalmhaus (A) 767-K9
Zwieselberg (CH) 788-B2
Zwieselberg (D) 764-B9
Zwieselstein (A) 177, 711, 778-D8
Zwillikon (CH) 775-H4
Zwingen (CH) 774-B2
Zwischbergen (CH) 788-F8
Zwischenbach (A) 777-G6
Zwischenbergen (A) 781-G9
Zwischenwasser (A) 776-F4
Zwischenwasser/Longega (I) 793-L2
Zwölfaxing (A) 771-H1
Zwölferhorn (A) 275
Železniki (SLO) 755

BILDNACHWEIS

Panoramen:
AFW • Ambrosig • Andreatta • Berann • Bieder • Brötz • Cormar • Création Zeltner-Sierre • Francoise AM • Gejer • Gloggnitzer • H.J.Egger • Hausamann • Kettler • Krabichler • Mayr • Nedoschinsky • Novat • Oberbacher • Oberschneider • Panfilo • Petschko Werbung • Pointner • Projet Alpnetsystem Sarl • Rohweder • RS • Sitour • Sporer/Bad Ischl • Stummvoll • Tétaz • Tourisvis.com • Vielkind • wiesner & borioni B&W

Satellitenbilder und Satellitenpanoramen:
PlanetObserver M-Sat, Clermont-Ferrand

Fotos:
Achensee Tourismus 54/55, 199 u., 200 u.r. • Adelboden Tourismus 349 • Agence NUTS Alpe d'Huez 584/585 • Agence NUTS Office du Tourisme Val d'Isère 580 • Aletsch-Goms Tourismus 396 o. • Allgäu Marketing 70 • Allgäu Werbung 71 • Almenland/Teichalm 316-317 • Alp d'Huez Tourisme 43 2.v.o. • Alpenregion Bludenz 49 u., 130 l., 131 o./m., 132 u.r., 133 o./m., 134 • Alpin Center 396 u.r. • Alpines Museum München 18/19 • Alto Adige/Bernhart U. 511 • Appenzeller Land 424/427 • Alta Badia 13 u., 55 l./3.v.o. - Planinschek F. 528/531 • Ammon E./AURA 376, 377 r. • Amt für Naturparke 514 u.r. • Antes&Antes 107 o. l./u., 108 o. r./o. l./u., 111 o. r., 159 o.l./m., 160 u., 166 l., 167 o.l./u., 173, 187 o.r./u.r., 188 u., 189 o./u.r., 190 o., 194 u., 197 r., 485 m., 486 o.l./u., 487 m./u.l., 489 u., 549 o./m. , 550 o. • APT Cortina d'Ampezzo 552 • APT Garda 556 u./l., 557 u.l., 558/559 • APT Lago di Garda 49 2.v.u. • APT Paganella 542/543 • APT Val di Fassa 544/545 • APT Val di Fiemme 548, 549 u., 550 m./u., 551 • Archiv Assessorat Tourismus Aosta 598 • Archiv Beck 131 u. • Archiv BZB 93 m. l./u., 94 o. • Archiv Freiburger Hütte Ch. Ruffer 143 r. • Archiv Gletschergarten 414 m. • Archiv Graubünden Marathon 449 o.r. • Archiv Hans-Berger-Haus 217 m. • Archiv Heckmair 77 u.r. • Archiv Hotel Kulm 468 o. • Archiv Hotel Piné/M. Psenner 525 u.r. • Archiv Jochhütte 420 l. • Archiv Johannisbad 90 o. • Archiv Öbf 275 o.r. • Archiv Sachenbacher 117 u.r. • Archiv Sport Sexten 515 • Archiv Stricker 476 l. • Arno Gisinger©Pharmaziemuseum Brixen 502 u. • Arosa Tourismus 454 u., 455 • atelierke.ch 360 l. • AV Sektion Bergland 89 o. r. • Bad Kleinkirchheimer Tourismus GmbH 319 m.r./u./l, 320-321 • Bahnmüller W. 326 r. • Bandion D.G. 535/536 • Bayer. Schloesserverwaltung www.schloesser.bayern.de 89 u., 90 u. • Bellwald M. 385 m. • Berchtesgaden Tourismus GmbH 123 u.l., 124 m., 600 o./u. - Ammon 122 r., 123 o., 125 r. - Liedtke&Kern 124 o. - Storto 123 u.r. , 125 l. • Benediktinerabtei Ettal 88 u. • Bergsport Total 156 o./u. • Bernhard H. 339 m. • Bettmeralp Tourimus 396 u.l. • Bildarchiv WTG 338, 340 o., 341 • Bitsch M. 74 m., 80 • Blank H. 163, 315 m, 557 o. • Blue Balls Music 414 o. • Bodenbender J. 106 • Böhringer U. 59 o./2.v.o., 58 o. • Brandl 120 r., 121 o.l. • Braunwald Tourismus 433 o.l., 434 m.r. • Bregenzerwald Tourismus 126, 127 o./m./u./l., 128 o.r./u. • Breycha 263 u.r. • BR/Foto Sessner 5 • Burmester E. 557 u.r. • CAF 581 m. • Campiglio SPA 539/541 • Centro Dannemann 565 u. • Chablais Tourisme SA 363 m., 365 • Chambery Tourisme 364 o.l. • Chiemgauer Hochseilgarten GmbH 117 u.l. • Chiemgau Tourismus 118 u. • Coco-Cola/www.fotobruckner.com 282 l. • Concept Messen & Congresse GmbH 269 • Cormier F.E. 576 o./u. • Cortina Turismo 525 u. • Crans Montana Tourismus 377 l. • creative pr Figaro Kaprun 255 o.r. • CVRA-TORIVM PRO AGVNOTO 239 m.l. • Davos Tourismus 458 l. • Deutscher Alpenverein e.V. (DAV) 616–627 • DAV Archiv 93 m. r. • DAV Sektion Berlin 210 u.l. • DAV Sektion Mindelheim 78 o. • DAV Sektion Stuttgart 151 u.r. • Diablerets Tourisme 367 m., 368, 369 o. • Dick A. 556 u.r. • DMC Tourismus 294 o., 295 u., 296 u.r. • Dorsaz-Sport 388 u.r. • DSV 112 l. • Dutoit Ph. 383 u. • Eder Otto 272 l. • Engadini Scuol 472 • Engelhardt S. 555 u., 556 o.r. • Enit.it 571 o., 572 o., 573 • Erlmoser R. 277 u.r. • Ehn W. 92, 99 o. • Ferienregion Brigels Waltensburg 45 3.v.u. • Ferienregion Ebensee 63 m. • Ferienregion Tauferer Ahrntal 504/505 • Ferienregion Heidiland 249 m., 431 • Ferienregion Lungau 290 o., 291 o.l./u.o.r./u.r. • Ferienregion Tiroler Lechtal 152 o.r. • Festivo Aschau 117 o.r. • Fittnesspoint 354 o. • fitundfun 333 r. • Flaschberger 326 l. • Flugplatz Zell a. See 255 m.l. • fotocommunity.de 477 o. • Foto Heinz 230 m. • Foto Hörl 229 u.l. • Foto Kälin 408 o., 409 u. • Foto Martins 175 • Fotostudio Geiger 127 m.r. • Fuchs D. 56/57 • Funk G. 574, 577 m., 578 l., 602 • Gästeinformation Lenggries 103 u. r. • Gelder B. 103 o. l. • Gmd. Hinterstoder 294 o., 296 u.l., 297 o. • Gram R. 494 m. • Greina Stiftung Maeder H. 442 m./l. • Grindelwald Sports 355 o., 356 o. • Grindelwald Tourism 354 u., 355 m., 356 u. • Gischuna Churwalden 451 r. • Grünau/Almtal Tourismus 273 l. • Gstaad Saanenland Tourismus 344-347 • Haas R. 555 o. • Hagmann 57 u. • Heer U. 432, 434 u.r. • Heller H. 110 r. • Hempel M. 401 u.l., 405 u. • Herbke St. 12 u., 13 o., 19 o., 36, 37 o.r., 61 o.l, 61 r., 96, 97 o./m., 111 o. l., 117 o.l., 119 o., 182, 183 o./u., 184 r., 185, 199 o., 201, 227 r., 323 o.l., 433 o., 477 m., 632 • Hinterstoder-Wurzeralm Bergbahnen AG 296 m. • Hirz H. 102 r. • Hirzel O. 459 o.r. • Hösle L. 74 o. l. • Hofmann G. 315 o. • Holzmann Th. 591 o.r. • Horace-Bénédict de Saussure »Voyage dans les Alpes« 1779-1794 IV. 26 • Hüsler E. 534, 553 o., 561 o., 562/563 • Infobüro Kals 233 o., 234 u., 235 o. • infodolomiti.it 553 u. • Innsbruck Tourismus 186, 187 o.l./u.l., 188 o., 189 m. • Inzeller Touristik GmbH 121 • Joobst M. 68 l. • Kärnten Werbung 340 u. • Karnische Tourismus GmbH 329/330 • Kefrig U. 57 2.v.o. • Klagenfurt Tourismus 339 u., 340 m. • Kleinwalsertal Tourismus 76, 77 u.l. • Klemmer A. 209 u., 328, 408 u. • Klien B. 43 2.v.u., 139 m./u.r. • Klimmer Th. 144 o.r. • Knollmann R. 595 u. • Kostner M. 553 m. • Krapohl W. 606 • Kulturzentrum Toblach 513 u. • Kurdirektion Berchtesgadner Land 600 m.r. • Kurdirektion Garmisch-Partenkirchen 93 o., 94 u., 95, 605 r. • Kur- und Verkehrsamt Kiefersfelden 114 u., 115 • Kur- und Verkehrsverein St. Moritz 43 3.v.o., 463, 464 o./u.l., 465u., 466 o., 467 m., 468 m./u. • Kurverein Zermatt 387 u.r. • Kurverw. Bayrischzell 112 r., 113, 114 o. • Kurverw. Fischen 81 o.r. • Kurverw. Isny, 68 r., 69 o. • Kurverw. Oberstdorf 77 m., 78 u., 81 o.l. • Kurverw. Schwangau 84 u. • Lanfranchi M. 561 m./u. • Lang W. 592 u.l. • La Tarentaise Tourisme 581 u., 582 o. • Lavey-les-Bains 363 u.l. • Lebeau P./SFI/ATD/Savoie 582 u. • Lech Zürs Tourismus 142, 143 l. • Leclaire F. 577 o. • Lehofer G. 239 o./u., 238 l., 240 o.l., 323 u. • Leitner Graphics 501 o.r. • Lenk-Simmental Tourismus 37 m., 350 r., 351 l. • Leonhard W. 151 o.l. • Leysin Tourisme 366 u. • Liechtenstein Tourismus 436-437 • Magarinos G. 264 u. • Magnien B. 575 u. • Mallaun Josef 286 o. • Mallaun L. Söll Vorsatz, Nachsatz, 2/3, 6/7, 8/9, 10/11, 27 u., 30/31, 64/65, 98, 105 m., 130 r., 136, 145, 154, 158 o., 162 l., 165 r., 172 o., 176, 192 o., 193 u., 196 r., 198, 204, 205 u.l., 212 r., 216 r., 220 l., 221 u.l., 232, 242, 252, 266 o., 268 m., 306, 348 r., 462, 464 u.r., 596/597, 605 l., . 608 o., 614/615, 628/629, 756/757 • Matterhorn Gotthard Bahnen 388 u.l. • Mayr R. 295 o. • mediaarchiv.ch 416/418 • Mehrer B. 502 m • Meraner Land 484 u., 485 o./u., 487 u.r., 488, 489 o. • Millstätter See Tourismus 327 • Modlmeier K.H. 560 • Montafon Tourismus 137, 138 o./u., 139 o./u./l., 140 • Mosler A. 565 o., 566 • Mostviertel Tourismus/G. Böck 300 o., 301 o.l./u. • Mountain Pictures 592 u.r. • Museumsverein 118 m. • Naturarena Kärnten 331 • Naturpark Nockberge 319 m. • Naturpark Rieding 291 u.l. • Nausester P. 159 u., 533 r • Neuhauser St. 575 o., 579, 586 o.r., 587 o., 588/589 • Nidwalder Museen 414 u. • Niederhorn Gondeli 353 o. • NP Hohe Tauern 41 o., 63 l., 79 o., 260 o.l., 483 Stukhard 263 l. • NP Val Grande 566 o.r. • NP Verw. Bgd 124 u. • Oberammergau Tourismus 88 o., 89 o.l./m., 91 • Obermaiselstein Tourismus 79 u.l. • Obertauern Info 282 r., 283 l. • OeAV Sektion Austria 300 u. • Olympiaregion Seefeld 183 m., 184 l. • Osttirol Werbung 233 m./u., 234 u., 235 m./u., 236 • Pause M. 27 o., 535 m, 592 o.l. • Pebök W. 295 m. • P. Petschko Werbung 228, 229 o. • Pfeiffer 301 o.r. • Pralognon Tourisme 581 o. • Pfronten Tourismus 86 o., 87 • Pinn M. 554, 591 o.l. • Plaum R. 78 m, 79 u.r. • Puy Saint Vincent 586 u.l., 587 u. • Raffalt H. 307 u. • Rauch V. 318, 319 o. • Rauris Tourismus 262 •

BILDNACHWEIS

Rauschel W. 533 l. • Reibnegger C. 323 o.r. • Rein Florian 102 l. • Rieder F. 22 u. l., 23 o./m., 258 o., 259 u.l., 633 • Rier H. 520, 521 o.l., 522 u., 523 • Ritschel B. 83 o. l., 532 • Rockrohr 69 u. • Ruhpolding Tourismus GmbH 120 l. • RV Dachstein Tauern 39 l., 40 o., 51 2.v.o., 52, 138 m., 307 o.l./m. , 309 m. • RV Die Obere Steiermark 315 u. • R&B Werbeagentur 314 • Saalfelden Leogang Touristik GmbH 35 o., 37 o., 39 u./2.3.v.u., 45 u., 63 u., 248/249 • Saas-Fee Tourisme 390/392 • SAC 350 l. • SalzburgerLand 34 u., 47 o., 55 2.v.o., 55 u., 247, 263 o.r., 266 m., 267 o.r., 268 o./u., 277 o.r., 284 u., 285 m./u., 286 m., 287 o.l./u., 291 o.r., 292 o.l., 611 • Hutter C. 290 u. • Samnaun Tourismus 355 u., 474-475 • Sattel-Hochstuckli AG 411 • Savongin Tourismus 452/453 • Sedrun Bergbahnen 439 u. • Sedrun Disentis Tourimus 438, 439 o./m. • Sengers M. 434 o.r. • Sierre Anniviers Tourisme 23 .u., 40 u., 379 o., 380 o./u., 381 • Siepmann M. 591 u., 600 m.l. • Slovenija Tourism 592 o.r., 631 - Skok J. 590, 594, 595 o./m. • Sörenberg Flühli Tourismus 422 r. • Spescha e Grünenfelder 441 u. • Sportwelt Amadé 287 o.r., 288 o. • Südtirol Marketing 484 o., 486 o.r., 487 o., 491 l., 492 l., 495, 496 o., 499/500, 501 o.l., 502 o.l., 518 o.r., 601, 610 • Andermatten H. 525 o.l. • Bernhart U. 490 • Chwascca J. 491 r • Milanesio 22 o. • Südtiroler Achäologiemuseum 22 u. re. • swissimage.ch 375, 378: Alpenarena 53 u.; Baar A. 446 u.; Boegli 55 3.v.u.; Bösch R. 366 o.; Brawand D. 413 o.; Danusa G. 444, 445 m., 445 o.l., 447 l.; Davos Tourismus 456, 457 o./m., 459 o.l., 460, 604; Degonda L. 42 o., 354 m., 358 o., 440 r., 603 o., 609 m.; Die Post 404; Donatsch P. 445 o.; Engelberg-Titlis Tourismus 417 m.; Engler St. 39 o./3.v.o., 358 u.r., 364 m., 603 m./u.; Giegel Ph. 45 2.v.u., 384, 385 o.l., 397; Graubünden Ferien 441 o., 449 o.l., 472 u.l.; Gyger M. 351 r.; Jungfraubahnen 353 u.; Klosters Tourismus/Pajarola 457 u.r., 459 u.; Luzern Tourismus 412 o.; Maurer P. 449 u.; Mohr T. 387 o.l./u.l.; Perret Chr. 53 3.v.u., 63 2.v.o., 415, 457 u.l., 458 o.; Pfenniger F. 406; Poschung G. 471 o.; Rentsch A. 363 o.; Rüegger P. 412 u.; Sonderegger Ch. 33 3.v.u./u., 38/39, 39 2.r.o., 47 u., 49 l., 55 o./2.v.u., 62, 63 o., 352, 359, 360 r., 361, 388 o., 395 m./u., 398, 405 o., 443, 448, 450 u.r., 451 l., 466 u., 470, 472 u.r., 473, 567, 609 u.; Schilthornbahn AG 352 u. 358 u.l.; Schmid M. 399 r., 410 u.l., 454 o.; Schneller G. 445 u., 446 o.r.; Schönbächler R. 423 l.; Schwab H. 59 u., 395 o., 410 m., 609 o.; Switzerland Tourism 33 3.v.o., 371 u.r., 385 o.r., 430; Storto W. 32 o., 413 u., 466 m.; Studer P. 367 o. • Swiss Knife Valley AG 410 o. • Valais Tourisme 59 m. • Switzerland Tourism Villiger F. 369 u. • Schiess H.•P. 127 u.r. • Schifferle R. 497 u. • Schüpbach Th. 399 l. • Schwyz Tourismus 409 o., 410 u.r. • Steiermark Tourismus 302 l. • Sternwarte Königsleiten 261 • Storto Walter 387 o.r. • Strafinger Tourismuswerkstatt P. Prokup 144 o.l. • Stubaier Gletscherbahn 193 m., 195 • Tanner Werbung 82, 83 u. l., 84 o. l., 86 u. • Tenero Tourismo 564 • Thierseer Passionsspielverein 216 l. • Ticino Tourismo 400, 401 o., 402 o.l./u., 403, 407 r., 566 o.l., 599 • Tirol Werbung 12 o., 33 o., 34. o., 35 o., 41 3.v.o./3.v.u., 42 o., 43 3.v.u., 44 o., 45 3.v.o., 47 2.v.o./2.v.u., 53, 151 u.l., 177 m., 179 m., 178 m., 181, 199 g.u., 200 u.l., 209 o., 607, 630 • Umfahrer P. 200 o. • Toggenburg Tourismus 428/429 • Tourismusbüro Dienten 246 m.r. • Tourismus Halblech Lichtlau 83 o. r., 84 o. r. • Tourismus Zernez 471 u. • Touristico Biasca 402 o.r. • Tourist-Info Bad Tölz 97 u., 103 o. r/ o. m./u. l., 105 o. l/r. • Tourist-Info Marquartstein 118 o. • Tourist-Info Mittenwald 99 u., 100 ., 101 l. • Tourist-Info Oberaudorf 114 m. • Tourist-Info Reit im Winkl 116 o./u. • Tourist-Info Tegernsee 107 o.r., 109 • Tournair P. 577 u. • Trenta Museum 593 • Trentino 546 u. • Trento touristica 612 • Tummer T. 440 l. • TV Allgäu/Schwaben 81 o.r. • TV Al Plan 509 o.l./u.r. • TV Aschau 119 u., 133 u.l. • TV Bolsterlang 77 o • TV Brand 132 o./u. • TV Briançon 586 o.l. • TV Brixen 500 u., 502 o.r. • TV Eppan 492 r. • TV Europa Sportregion Zell a. See 254, 255 u., 256 • TV Feldkirch 133 u.r. • TV Ferienregion Alpachtal 202, 203 m./u. • TV Galtür 160 m. • TV Gargellen 49 o., 51 l. • TV Gasteinertal 63 2.v.u., 276, 277 o.l./m., 278 • TV Genferseegebiet 367 u. • TV Gesäuse 41 u./3.v.u., 46/47, 298/299 • TV Gitschberg Jochalm 503 • TV Goldegg 246 o./m.l. • TV Gröbminger Land 309 l. • TV Großarltal Wirnsperger Th. 280-281 • TV Hall 189 u.l., 190 m./u. • TV Haus 308 u. • TV Heiligenblut-Großglockner 58 u., 322, 324, 326 m. • TV Hochpustertal 240 u., 241, 512, 513 o., 514 o./m. • TV Imst-Gurgltal 170, 171 • TV Jungholz 75 l. • TV Kaiserwinkl 213 o./m.l., 214 o./m. • TV Kals am Großglockner 48 • TV Kaltern am See 494 o. • TV Kaunertal 166 r., 167 o.r. • TV Kirchberg 225 m.l. • TV Kitzbühel 43 o., 608 l. , Niederstrasser A. 224, 225 o./m.r./o.l. • 226, 227 l. • TV Kleinarltal 284 m., 285 o. • TV Krimml 259 o.r./u. • TV Kronplatz/Gruber A. 509 u.l. • Kunst M. 509 u.r. • Risser P. 508, 510 o.r. • TV Ladis 162 r. • TV Längenfeld 51 o. • TV Lammertal 266 u., 267 u. • TV Lenzerheide 450 m.l. • TV Leukerbad 51 2.v.u., 382, 383 o.l. • TV Lötschberg 348 l. • TV Mayrhofen 210 u. • TV Melchsee-Frutt 420 r., 421 • TV Muotta 44 u. • TV Nauders 164 • Kobrath A. 165 l. • TV Neukirchen 260 u. • TV Niederdorf 514 u.l. • TV Obervellach 342 • TV Ötztal Ritschel B. 41 2.v.o., 45 o. • TV Olang 510 u.r. • TV Pfalzen 509 o.r. • TV Pillersee 230 o./u.l./u.r., 231 • TV Ramsau 307 o., 309 o.r./o.l., 310 u. • TV Reith 203 o. • TV Ritten 493 u. • TV Saalbach-Hinterglemm 253 • TV Salzkammergut 270/271, 274 • TV See 158 l. • TV Sölden Ötztal Arena Nösig l. 179 u.r. • Ritschel B. 178 o.r. • Spöttel B. 179 o.r. • TV Sulden 480, 481 o./m., 482 o./m. • TV St. Anton/Arlberg 144 u. • TV St. Johann-Alpendorf 284 o., 288 u.r. • TV St. Johann i. T. 229 m./u. • TV Sterzing 496 u., 497 o., 498 o.r./m.l. • TV Stubai 51 u. • TV Tannheimer Tal 146, 147, 148, 149 o./u.l. • TV Tiers 59 2.v.u., 524, 526 o.r. • TV Tiroler Zugspitzarena 155 o./u., 156 m. • TV Tirol West 168, 169 l. • TV Uttendorf/Weissensee 258 u. • TV Vent 177 o./m., 178 o.l., 179 u.l. • TV Vinschgau 476 r., 477 o., 478, 481 u., 482 u. • TV Wagrain 289 • TV Walchsee 213 m.r. • TV Werfenweng 264 • Eisriesenwelt GmbH 265 u. • TV Wilder Kaiser Brixental 23 o, 220 m./u., 221 o., 222, 223 • TV Wildschönau 218 l., 219 l. • TV Wipptal 196 l. 197 l. • TV Zedernhaus 291 u. • TV Zell 205 o.l., 207 • TV Zillertal Mitte 210 o., 211 l. • Eberhart 206 u. • TV Zillertal Information Ritschel B. 208 • TVB Ausseerland 302•305 • TVB Bad Hindelang 72 o. r./u., 73, 74 o. r., 75 m./r. • TVB Croutor 510 o.l./m. • TVB Eisacktal 498 u., 501 o.l./u.r. • TVB Hochkönig's Bergreich 244, 245, 246 u. • TVB Ischgl 159 o.r., 161 • TVB Kufstein 217 o./u. • TVB Lienz 238 r., 239 m.r., 240 o.r. • TVB Oetz 178 u., 179 l., 180 • TVB Paznaun 160 o. • TVB Pitztal 45 2.v.o., 174, Niederstrasser A. 172 u. • TVB Radstadt 286 u., 288 u.l. • TVB Reutte 151 o.r., 152 u.r./u.l., 153 • Ritschel B. 150 • TVB Rosengarten Latemar 525 u.l., 545 o.r., 546 o. • Capobussi 526 o.l. • Seehauser O. 526 u.l. • TVB Salzburger Saalachtal 243 • TVB Seiser Alm Schlerngebiet 521 o.m./u., 522 o./m. • TVB Stubaital 192 u., 193 o., 194 o./m. • TVB Traunkirchen/Westermann K.M. 272 r. • Urlaubs-information Mallnitz 343 • Urlaubsregion Murau 312/313 • VA Bozen 493 o.l., 494 u. • Valais Tourisme 363 u.r., 364 r./u.l., 370 o., 379 u., 380 m.r., 386 • Val Gardena 516/519 • Valle d'Aosta 568 o., 569 u., 570 o., 572 u., 582 m. • Droz E. 571 o. • Enrico S. 568 u., 570 u.l. • Giani 569 m. • Morelli S. 570 u.r. • Schiaparelli M. 569 o. • Tonini M. 568 m. • Vbüro Elm 434 m.l. • Verbier Tourismus 32, 33 2.v.o./2.v.u., 43 o., 49 o., 53 2.v.o., 370 u., 371 o./m./u.l., 372/373 • VI-FA-OS Tourismus GmbH 334/335, 613 • Volken M. 401 u.r. • Vuarand JF./OT Chatel 362 • VV Lesachtal 332, 333 • VV Sils 467 o. • Bösch R. 465 o. • VV Val Lumnezia 441 m., 442 o. • Weirather H. 149 u.r. • Werbeagentur Schmitz 85 • Werth H. 74 u. • Wildersil Tourismus 353 m. • Wilms Rolf 394 • WL Werbegrafik 122 l. • www.bergfex.at 283 r. • www.gosaunet.at 267 o.l. • www.klettersteige.ch 434 o.l. • www.kletterzentrum-badtoelz.de 104 u. • www.paragleiten.net 275 o.l. • Zak H. 537 • Zauberkabinett 104 m. • Zillertal Arena 205 o.r./m./u.r. • Zillertal Information 37 o.l., Hruschka 206 o., Ritschel 211 r.